SÆCULUM XII

EUGENII III

ROMANI PONTIFICIS

EPISTOLÆ ET PRIVILEGIA

ACCEDUNT

ULGERII ANDEGAVENSIS EPISCOPI, OGERII LUCEDII ABBATIS, GUILLELMI ABBATIS S. THEODORICI PROPE REMOS, HERMANNI ABBATIS S. MARTINI TORNACENSIS, ALGERI CANONICI LEODIENSIS, TEULFI MAURINIACENSIS MONACHI, JOANNIS MONACHI S. LAURENTII LEODIENSIS, ARNULFI DE BOERIIS HENRICI SALTERIENSIS

SCRIPTA QUÆ SUPERSUNT

ACCURANTE J.-P. MIGNE

BIBLIOTHECÆ CLERI UNIVERSÆ

SIVE

CURSUUM COMPLETORUM IN SINGULOS SCIENTIÆ ECCLESIASTICÆ RAMOS EDITORE

TOMUS UNICUS

VENIT : 8 FRANCIS GALLICIS

EXCUDEBATUR ET VENIT APUD J.-P. MIGNE EDITOREM
IN VIA DICTA *D'AMBOISE*, PROPE PORTAM LUTETIÆ PARISIORUM VULGO *D'ENFER* NOMINATAM
SEU PETIT-MONTROUGE

1855

ELENCHUS

AUCTORUM ET OPERUM QUI IN HOC TOMO CLXXX CONTINENTUR.

HERMANNUS ABBAS S. MARTINI TORNACENSIS.

	Col.
Tractatus de Incarnatione Domini nostri Jesu Christi.	9
De Miraculis S. Mariæ Laudunensis.	37
De restauratione abbatiæ S. Martini Tornacensis.	39

TEULFUS MAURINIACENSIS MONACHUS.

Chronicon Mauriniacense.	131

JOANNES MONACHUS S. LAURENTII LEODIENSIS.

Visio status animarum post mortem.	177

GUILLELMUS ABBAS S. THEODORICI PROPE REMOS.

Epistola ad fratres de Monte-Dei de vita solitaria.	205
Meditativæ Orationes.	205
De contemplando Deo.	249
De natura et dignitate divini amoris.	249
Disputatio adversus Petrum Abælardum.	249
Disputatio catholicorum Patrum adversus dogmata Petri Abælardi.	283
De erroribus Guillelmi de Conchis.	333
De sacramento altaris.	341
Speculum fidei.	365
Ænigma fidei.	397
Brevis commentatio in priora duo capita Cantici cantic. ex S. Bernardi sermonibus.	441
Commentarius in Cantica canticorum e Scriptis Ambrosii collectus.	441
Excerpta in libris S. Gregorii papæ super Cantica canticorum.	441
Expositio altera in Cantica canticorum.	473
Expositio in Epistolam ad Romanos.	547
De natura corporis et animæ.	695
Vita S. Bernardi.	725

D. ALGERUS CANONICUS LEODIENSIS.

De sacramentis corporis et sanguinis Domini.	727
De sacrificio missæ.	853
Liber de misericordia et justitia.	857
Libellus de libero arbitrio.	969

HENRICUS SALTERIENSIS.

De purgatorio S. Patricii.	973

EUGENIUS III PONTIFEX ROMANUS.

Epistolæ et privilegia.	1013

ULGERIUS ADEGAVENSIS EPISCOPUS.

Relatio pro monasterio Rotensi.	1649
Ulgerii epistolæ.	1655
— Testamentum.	1655
Marbodi Redonensis epitaphium duplex auctore Ulgerio.	1657

OGERIUS LUCEDII ABBAS.

Sermones.	1657

ARNULFUS DE BOERIIS.

Speculum monachorum.	1657

Ex typis Migne, au Petit-Montrouge.

PATROLOGIÆ
CURSUS COMPLETUS
SIVE
BIBLIOTHECA UNIVERSALIS, INTEGRA, UNIFORMIS, COMMODA, OECONOMICA,

OMNIUM SS. PATRUM, DOCTORUM SCRIPTORUMQUE ECCLESIASTICORUM
QUI

AB ÆVO APOSTOLICO AD INNOCENTII III TEMPORA
FLORUERUNT;

RECUSIO CHRONOLOGICA
OMNIUM QUÆ EXSTITERE MONUMENTORUM CATHOLICÆ TRADITIONIS PER DUODECIM PRIORA
ECCLESIÆ SÆCULA,

JUXTA EDITIONES ACCURATISSIMAS, INTER SE CUMQUE NONNULLIS CODICIBUS MANUSCRIPTIS COLLATAS,
PERQUAM DILIGENTER CASTIGATA;
DISSERTATIONIBUS, COMMENTARIIS LECTIONIBUSQUE VARIANTIBUS CONTINENTER ILLUSTRATA;
OMNIBUS OPERIBUS POST AMPLISSIMAS EDITIONES QUÆ TRIBUS NOVISSIMIS SÆCULIS DEBENTUR ABSOLUTAS
DETECTIS, AUCTA;
INDICIBUS PARTICULARIBUS ANALYTICIS, SINGULOS SIVE TOMOS, SIVE AUCTORES ALICUJUS MOMENTI
SUBSEQUENTIBUS, DONATA;
CAPITULIS INTRA IPSUM TEXTUM RITE DISPOSITIS, NECNON ET TITULIS SINGULARUM PAGINARUM MARGINEM SUPERIOREM
DISTINGUENTIBUS SUBJECTAMQUE MATERIAM SIGNIFICANTIBUS, ADORNATA;
OPERIBUS CUM DUBIIS TUM APOCRYPHIS, ALIQUA VERO AUCTORITATE IN ORDINE AD TRADITIONEM
ECCLESIASTICAM POLLENTIBUS, AMPLIFICATA;
DUOBUS INDICIBUS GENERALIBUS LOCUPLETATA: ALTERO SCILICET RERUM, QUO CONSULTO, QUIDQUID
UNUSQUISQUE PATRUM IN QUODLIBET THEMA SCRIPSERIT UNO INTUITU CONSPICIATUR; ALTERO
SCRIPTURÆ SACRÆ, EX QUO LECTORI COMPERIRE SIT OBVIUM QUINAM PATRES
ET IN QUIBUS OPERUM SUORUM LOCIS SINGULOS SINGULORUM LIBRORUM
SCRIPTURÆ TEXTUS COMMENTATI SINT.
EDITIO ACCURATISSIMA, CÆTERISQUE OMNIBUS FACILE ANTEPONENDA, SI PERPENDANTUR: CHARACTERUM NITIDITAS,
CHARTÆ QUALITAS, INTEGRITAS TEXTUS, PERFECTIO CORRECTIONIS, OPERUM RECUSORUM TUM VARIETAS
TUM NUMERUS, FORMA VOLUMINUM PERQUAM COMMODA SIBIQUE IN TOTO OPERIS DECURSU CONSTANTER
SIMILIS, PRETII EXIGUITAS, PRÆSERTIMQUE ISTA COLLECTIO, UNA, METHODICA ET CHRONOLOGICA,
SEXCENTORUM FRAGMENTORUM OPUSCULORUMQUE HACTENUS HIC ILLIC SPARSORUM,
PRIMUM AUTEM IN NOSTRA BIBLIOTHECA, EX OPERIBUS AD OMNES ÆTATES,
LOCOS, LINGUAS FORMASQUE PERTINENTIBUS, COADUNATORUM.

SERIES SECUNDA,
IN QUA PRODEUNT PATRES, DOCTORES SCRIPTORESQUE ECCLESIÆ LATINÆ
A GREGORIO MAGNO AD INNOCENTIUM III.

ACCURANTE J.-P. MIGNE,
BIBLIOTHECÆ CLERI UNIVERSÆ,
SIVE
CURSUUM COMPLETORUM IN SINGULOS SCIENTIÆ ECCLESIASTICÆ RAMOS EDITORE.

PATROLOGIA BINA EDITIONE TYPIS MANDATA EST, ALIA NEMPE LATINA, ALIA GRÆCO-LATINA. — VENEUNT
MILLE ET TRECENTIS FRANCIS SEXAGINTA ET DUCENTA VOLUMINA EDITIONIS LATINÆ; OCTINGENTIS
ET MILLE TRECENTA GRÆCO-LATINÆ. — MERE LATINA UNIVERSOS AUCTORES TUM OCCIDENTA
TUM ORIENTALES EQUIDEM AMPLECTITUR; HI AUTEM, IN EA, SOLA VERSIONE LATINA DONA

PATROLOGIÆ TOMUS CLXXX.

EUGENIUS III, PONT. ROM. ULGERIUS EPISCOPUS. OGERIUS ABBAS. GUILLELMUS ABBAS.
HERMANNUS ABBAS. ALGERUS CANONICUS. TEULFUS MONACHUS. JOANNES MONACHUS.
ARNULFUS DE BOERIIS. HENRICUS SALTERIENSIS.

EXCUDEBATUR ET VENIT APUD J.-P. MIGNE EDITOREM,
IN VIA DICTA *D'AMBOISE*, PROPE PORTAM LUTETIÆ PARISIORUM VULGO *D'ENFER* NOMINATAM,
SEU PETIT-MONTROUGE.

1855

ANNO DOMINI MCXLVII

HERMANNUS
ABBAS S. MARTINI TORNACENSIS

NOTITIA

(Fabric. *Biblioth. med. et inf. Lat.*, t. III, p. 240 et 241)

1. Hermannus abbas S. Martini Tornacensis ord. Bened. ab anno 1127 ad 1137, incertum quot annis superstes post abdicatum munus fuerit. Exstat ejus *Narratio restaurationis abbatiæ S. Martini Tornacensis* ad Patres, fratres et filios universos illius cœnobii. Primus vulgavit Lucas Dacherius tom. XII Spicilegii, pag. 358 seq. (editionis novæ tom. II, pag. 888), cum additionibus aliorum auctorum pag. 922 et 926, ab Anno 1127 usque ad Annum 1160. Hoc est scriptum de quo tum adhuc inedito Vossius, pag. 433 : *Multa in eo leguntur de Regibus Galliæ ac Comitibus Flandriæ, atque ut Episcopatus Tornacensis separatus sit a Novionensi*.
2. *De Incarnatione Jesu Christi Domini nostri*, tractatus ad Stephanum Viennensem in Gallia archiepiscopum, editus primum a Casimiro Oudino inter Opuscula sacra Veterum aliquot Galliæ et Belgii Scriptorum, Lugd. Bat. 1692.
3. *De miraculis B. Mariæ Laudunensis* libri tres, quos vulgavit Dacherius ad calcem Operum Guiberti Novigentini, pag. 526, Horum librorum duo priores miracula illa persequuntur, tertius autem, isque prolixior, tractat de ornata per S. Norbertum et Bartholomæum episcopum, et Monasteriis locupletata diœcesi Laudunensi. Bartholomæus ille præfuit ab Anno 1113 usque ad 1150. Vide Sammarthanos tom. II Galliæ Christ., pag. 620 seq. Idem Hermannus testatur scripsisse se *vitam S. Hildefonsi*, Toletani Archiepiscopi, eamque libris ejus tribus de Virginitate sua præmisisse. Hermannum hunc in genealogia illius Bartholomæi tradenda testem omni exceptione majorem laudat Petrus de Marca, Marcæ Hispanicæ libro IV, pag. 455.

MONITUM IN TRACTATUM SEQUENTEM.

(Galland1 *Biblioth. Patr.*, tom. XIV, pag. 381. Venetiis 1781, fol.)

Hermannus, sive Herimannus, S. Martini Tornacensis abbas tertius post Segardum III *Kal. Feb. anni* 1127 *vita functum, natus est Radulpho patre. Vix expletis novem sui regiminis annis in paralysin lapsus, clavum sponte deseruit resignavitque in manus Simonis Tornacensium episcopi. Dicitur post dimissum regimen Romam missus fuisse et mox Hierosolymam petiisse. Quid in eo itinere actum de illo sit non constat, aliis captivum, aliis martyrem obiisse docentibus. Inter cætera cum abbas esset scripsit opusculum* De Incarnatione Domini *ad Stephanum archiepiscopum Viennensem, quod ex codice abbatiæ Viconiensis edidit Oudinus inter opuscula quorumdam scriptorum Galliæ et Belgii, nosque exinde recudendum accepimus. Pietatem ubique et non vulgare ingenium redolet. Descriptus est codex ille anno* 1149, *ut ad calcem habetur.*

HERMANNI ABBATIS
TRACTATUS
DE INCARNATIONE JESU CHRISTI DOMINI NOSTRI.

PRÆFATIO.

Reverendo Patri et domino suo Stephano Dei gratia Viennensi archiepiscopo, frater Herman- A nus omnium monachorum minimus, in æternum gaudere cum Christo, de Christo, per Christum, in Christo.

De benignitate quæ me de longinqua regione, id est de urbe Tornaco, quæ in finibus Francorum sita, metropolis Flandriæ dignoscitur esse, venientem tam hilariter suscipere et vobiscum dignatus estis retinere, non quales debeo, sed quales valeo vestræ paternitati gratias refero, utque ipse pro cujus amore hoc fecistis, vobis Dominus retribuat pro me, ipsius misericordiam exoro. Quia vero majestas vestra dignata est petere ut opusculum, quod de incarnatione Domini parvitas mea fecerat, vobis ostenderem, ecce libens pareo jussioni vestræ, orans ut, si quid in eo perperam dictum est, per vos corrigatur; quod vero bene, per vos approbetur. Sciatis tamen me in eo nihil de meo posuisse, sed quod in sanctis doctoribus legeram, et maxime in libro domini Anselmi Cantuariensis archiepiscopi, quem de eadem materia compositum, *Cur Deus homo* nominavit, velut in uno vasculo congregasse. Præterea dominus Odo Cameracensis episcopus piæ memoriæ vir, nostri cœnobii, id est beati Martini Tornacensis, primus monachus et primus abbas, qui me et patrem meum tresque germanos meos monachos fecit, et cui ego, licet indignus, in ejusdem cœnobii regimine tertius abbas successi, is, inquam, abbas, Odo, in vigilia Nativitatis Domini, de eadem incarnatione ejus sermonem per pulchrum et prolixum fratribus nostris in capitulo singulis annis facere consueverat, adeo ut cum mane inciperet, usque ad horam fere sextam eum protenderet. Et quia tunc eram adolescens et capacis ingenii, non pauca ex ejus verbis memoriæ commendavi, quæ nunc etiam referam vobis et omni legere volenti. Itaque pronuntiato ex more Evangelio : *Cum esset desponsata*, etc. (*Matth.* 1), sicut mihi videtur, hoc modo solebat incipere :

CAPUT PRIMUM.
Quæ fuerit necessitas incarnationis Filii Dei, hic quæritur.

Redemptoris nostri nativitatem annua devotione celebraturi, fratres charissimi, sollicite et diligenter considerare debemus, qua ratione vel necessitate carnis nostræ infirma suscepit, passionisque simul opprobria pertulit. Quam quæstionem non solum fideles, sed et infideles quique solent discutere, illi quidem addendo, isti vero pie et religiose causam hujus mysterii perscrutando. Quæ enim, inquiunt, necessitas fuit ut Deus in utero femineo novem mensibus incarnatus et inclusus gestaretur, deinde sicut alii parvuli lacte materno aleretur, et vagiens pannis involveretur; ad ultimum inter latrones tam contemptibiliter delusus, consputus et suspensus moreretur? Quibus cum respondemus illud Apostoli quod *propter nimiam charitatem suam qua dilexit nos Deus* (*Ephes.* XLIV), *Filium suum misit, in similitudinem carnis peccati* (*Rom.* VIII), ut nos redimeret et educeret de potestate diaboli, qui nos captivos tenebat peccato primi parentis, illico subjungunt : Quæ ratio est ut Deus propter hoc de cœlo ad terram descenderet, et tot passiones ac ludibria sustineret, præsertim cum de eo per Psalmistam dicatur : *Omnia quæcunque voluit fecit in cœlo et in terra?* (*Psal.* CXXXIV, 6.) Si enim *in voluntate ejus universa sunt posita, et non est qui possit resistere voluntati ejus* (*Esther.* XIII, 9), quare non, sicut dixit *Fiat lux, et facta est lux* (*Gen.* 1, 3), ita etiam supra thronum majestatis suæ in cœlo residens, præcepit ut captivus homo de diaboli manu liberaretur et in cœlum cum angelis levaretur? Nam sicut rex aliquis præpotens, cum posset servum suum ab aliis servis captum solo jussu eripere et libertati reddere, si nollet eum aliter liberare nisi se ipsum pro eo in vinculis poneret, non misericordia, sed nimia insipientia deputaretur, ita et Dominus Deus, cum solo nutu, nedum jussu, posset hominem de diaboli potestate liberare, ut salva pace ejus dicatur, stultum et incredibile videtur ut pro ejus ereptione vellet prius per semetipsum experiri utrum lac in matris uberibus amarum esset an dulce? Uterque enim a Deo creatus, uterque Dei fuerat servus, homo scilicet et diabolus. Et si servus nequam simplicem servum fraudulento consilio seduxerat, et proprio domino subtractum sibimet subjugaverat, nonne justum fuit ut servus nequam pro sua nequitia puniretur, et servus simplex de ejus dominio liberaretur? Cum hæc dicunt, non considerant illam divinæ Scripturæ sententiam, quod sapientia vincit malitiam, *attingens a fine ad finem fortiter, et disponens omnia suaviter* (*Sap.* LXXXI). Non solum enim fortitudo Deo convenit, sed etiam suavitas; suavitas autem non solum in amicis sed etiam in inimicis, *Suavis enim Dominus universis, et miserationes ejus super omnia opera ejus* (*Psal.* CXLIV, 9). Ut ergo diligentius perscrutari valeamus cur Deus homo factus fuerit; primo consideremus cur Deus ipsum primum hominem creaverit.

CAPUT II.
Cur Deus ipsum primum hominem creavit.

Omnipotens itaque Deus, Pater, et Filius, et Spiritus sanctus, trinus quidem est in personis, sed unus in substantia, unus in majestate. Deus quidem est Pater, Deus Filius, Deus Spiritus sanctus. Non tamen idem est Pater qui Filius aut Spiritus sanctus; nec idem est Filius qui Pater aut Spiritus sanctus; nec idem Spiritus sanctus qui Pater aut Filius. Ipse, juxta cujusdam sapientis dictum, supra cuncta, subter cuncta, inter cuncta, extra cuncta, supra cuncta nec elatus, subter cuncta nec substratus, intra cuncta nec inclusus, extra cuncta nec exclusus. Supra cuncta præsidendo, subter cuncta sustinendo, intra cuncta adimplendo, extra cuncta complectendo. Ipsius potestas, vel divitiæ, aut opes nec augeri possunt nec minui; quia nec ditior fuit, cum totum mundum creavit, nec pauperior esset, si totus mundus deficeret et in nihilum rediret. Unde nulla necessitate, sed sola benignitate mundum creavit, sicut de eo nobilis ille consul Boetius cecinit dicens :

O, qui perpetua mundum ratione gubernas,
Terrarum cœlique sator, qui tempus ab ævo

Ire jubes, stabilisque manens das cuncta moveri.
Quem non externæ pepulerunt fingere causæ
Materiæ fluitantis opus, verum insita summi
Forma boni, livore carens. Tu cuncta superno
Ducis ab exemplo, pulchrum pulcherrimus ipse
Mundum mente gerens, etc.

Placuit itaque ipsi supremo regi, Domino Deo nostro, ædificare civitatem sibi, illam cœlestem de qua dicitur in Psalmo, *Gloriosa dicta sunt de te, civitas Dei* (Psal. LXXXVI, 3), cujus muros non ex sua substantia, sed de nihilo creavit. Intellectumque eis contulit quo ipsum quidem Dominum et Creatorem suum, se vero servos et creaturam ejus esse cognoscerent, ipsique sine aliquo labore vel difficultate obediendo in perpetua cum eo beatitudine feliciter permanerent. Nec tamen eos omnes in uno gradu æquales esse ordinavit, sed sicut per Isaiam dicitur ei qui cæteris est prælatus : *Omnis lapis pretiosus operimentum tuum, sardius, topazius, et jaspis, et chrysolithus, onyx et berillus* (Ezech. XVIII, 13), *sapphirus, carbunculus et smaragdus.* Quod beatus Gregorius in Homilia decem drachmarum exponens : « Ecce, inquit, novem dixit nomina lapidum, quia profecto novem sunt ordines angelorum, quibus omnibus ille unus angelus fuit prælatus. » Sed magnitudinem atque excellentiam gloriæ et claritatis suæ ferre non sustinens, contra Creatorem suum intumuit, sicut rursus ei per eumdem Isaiam dicitur : *Quomodo cecidisti de cælo, lucifer, qui mane oriebaris, qui dicebas in corde tuo: In cælum conscendam, super astra cæli exaltabo solium meum, ascendam super altitudinem nubium, similis ero Altissimo?* (Isa. XIV, 12.) Illo vero contra Creatorem superbe intumescente, non defuerunt ex angelis qui se ei conjungerent et adversus Dominum cum eo superbirent. Sed ille justus judex, nihil inordinatum in sua civitate relinquere volens, illos pretiosos virtutum cœlestium lapides, qui contra Conditorem sese erexerant, protinus de cœlo dejecit et præcipitavit. Sicque qui prius fuerant angeli, nunc appellantur diaboli, hoc ipsum Domino in Evangelio testante ubi dicitur : *Videbam Satanam sicut fulgur de cœlo cadentem* (Luc. X, 18). Hic si aliquis quærat quomodo ad tam præcelsam dignitatem angelorum, in cœlis positorum, tam mala tamque noxia pestis superbiæ ascendere vel irrepere potuerit, quisve primus ejus auctor exstiterit, vel quomodo tantæ celsitudinis creatura ea corrumpi vel inflci potuerit, legat librum præfati domini Anselmi *de casu diaboli*, ubi tractat cur Deus ei perseverantiam non dedit, ibique multa proficua invenire poterit. Quidam etiam sapiens, inde requisitus, sic breviter et eleganter quatuor versiculis respondit :

Quid petis unde malum, cum sint bona cuncta creata?
Defectu proprio sunt mala, quæ mala sunt.
Cum vitio careant etenim, vitium tamen ex se,
Et per se citius dulcia poma trahunt.

Ruentibus autem superbis angelis et libero arbitrio quod prius habuerant male abusis, hi qui fideles Creatori suo remanserant, in tantum ab eo roborati et confirmati sunt ejusdem liberi arbitrii perfecta et immutabili soliditate, ut nullam ulterius peccandi vel superbiendi habeant voluntatem. Unde etiam mystice in Genesis exordio, cum dictum fuisset : *In principio creavit Deus cælum et terram* (Gen. I, 1) : Postea in secundi diei creatione repetitur quod *vocavit Deus firmamentum, cælum* (Gen. I, 8). Quod beatus Gregorius exponens dicit virtutes angelicas, quæ, ruentibus sociis, cum Deo remanserunt, in tanta soliditate fuisse confirmatas, ut, ad comparationem hujus firmitatis, videantur prius quasi infirmi et imbecilles fuisse ; sed in secundo die, id est in hac sequenti confirmatione, merito cœlum pro soliditate vocari debere. Ecce ergo gloriosa illi summi regis civitas gravem ruinam pertulit, murusque ejus non parva ex parte interruptus fuit. Cum autem longe post ruinam illam Daniel propheta de his qui remanserunt dixerit : *Millia millium ministrabant ei, et decies millies centena millia assistebant ei* (Dan. VII, 10) : quis æstimare, quis cogitare sufficiat quatenus decor domus illius fuerit vel urbis, quandiu cunctis civibus suis integra mansit? Ne ergo tam speciosam civitatem ruina illa vel interruptio diutius dedecoraret, placuit superno opifici pro ejus restauratione aliquam creaturam condere. Si vero aliquis quærat cur ex eis qui ceciderant angelis eam non restaurarit, cum viderit in subsequentibus difficultatem reparationis humanæ ; facile per seipsum poterit perpendere lapsos angelos nullatenus jam reparari posse. Creavit itaque Deus hominem, sed non tantæ sublimitatis quantæ angelos fecerat, ne forte et ipse gloriam suam non ferens, contra Deum superbiret et periret. Ex anima ergo rationali et carne eum consistere voluit, quatenus anima quidem rationali assimilaretur angelis, carne vero quæ de limo terræ esset, semper ad humilitatem provocaretur, dum se ex ea parem bestiis fore contemplaretur. Felicem tamen et omnis infirmitatis vel indigentiæ seu corruptionis immunem in eo statu eum creavit, ut, si peccare nollet, nunquam moreretur, si vero Creatori inobediens esset, protinus morti obnoxius fieret. Quia vero de terra factus fuerat, in terrestri loco, id est in paradiso eum posuit, intellectum rationalem ei contulit, nihilque aliud obedientiæ, nisi ut de una sola arbore non comederet, ei injunxit. Quod si contemneret, mortem illico subsecuturam ei comminando prædixit; si vero servaret, tempore congruo de terra levandum, et cum angelis in cœlo cognosceret se fore collocandum. Sociam quoque ei de costa sua, id est de semetipso factam, quæ ei prolem generaret, addidit ; et quid facere deberent utrosque elocuit. Invidens diabolus illuc hominem de limo terræ factum ascendere, unde ipse tam præclarus sciebatur corruisse, sicut omnibus notum est, per serpentem mulierem seduxit, et per eam viro fructum vetitum comedere suasit, sicque utrumque sibi subdidit, ac per hoc, consilium Dei, quod ei disposuerat, cassare studuit, imo se cassasse exsultavit. Ecce ergo homo ad imaginem Dei factus universæque creaturæ quam sub cœlo Deus fecerat prælatus, *Cum in honore esset, non intellexit* (*Psal.* XLVIII, 21), imo noluit intelligere ut bene ageret (*Psal.* XXXV, 4), ideoque justo Dei judicio *comparatus est jumentis insipientibus, et similis factus est illis* (*Psal.* XLVIII, 21). In præsenti vita, *brevi vivens tempore, repletur multis miseriis* (*Job* XIV, 1), moriens infernalibus adducitur tenebris. Quid ergo miser faciet? Quo se convertet? Quomodo poterit resurgere seque de diaboli manu vel servitute liberare? Per se certe surgere non potest. Clamet ergo ad Dominum et dicat: *O Domine! quia ego servus tuus, et filius ancillæ tuæ* (*Psal.* CXV, 16). *Educ de carcere animam meam* (*Psal.* CXLI, 8). *Eripe me de inimicis meis, Deus meus* (*Psal.* LVIII, 2).

CAPUT III.

Conveniens fuit ut homo post peccatum non redimeretur, nisi cum aliqua satisfactione facta Deo.

Sed quid faciet Dominus Deus? verum certe: quia *omnia quæcunque voluit, fecit in cœlo et in terra* (*Psal.* CXXXIV, 6) : nihil tamen facere potest vel debet injuste. Et si præceperit diabolo ut dimittat eum exire de inferno, quem injuste et per invidiam seduxit, poterit ei diabolus respondere : Verum quidem est, Domine, quod per invidiam eum decepi; sed tamen si violenter eum mihi abstuleris, injuste me tractabis. Non enim meum mihi violenter subdidi quoniam per violentiam nihil ei facere potuissem. Tu ei præcepisti de ligno non comedere, ego suasi ei comedere; tu ei prædixeras quod si comederet, moreretur, ego ei dixi quod non moreretur; ipse autem magis credidit mihi quam tibi, et propter consilium meum sponte despexit præceptum tuum. Cum ergo eum violenter peccare non fecerim, sed tantummodo ut peccaret suaserim, injustum certe erit si eum mihi violenter abstuleris. Dimitte potius eum congredi mecum, et sicut sese sponte mihi supposuit, ita si potuerit, eripiat se de manibus meis. Ista certe posset Deo diabolus objicere. Quanquam etsi aliqua pietas vel misericordia (quod impossibile est) moveret diabolum erga hominem, nihil tamen ejus pietas homini proficeret. Etiamsi Deo diceret : « Domine Deus, saturatus sum miseriis et pœnis infelicis hominis, jamque me pœnitet quod eum per invidiam seduxerim, et concedo ut educas eum de inferno, imo etiam deprecor ut sicut proposuisti, eum colloces cum angelis in cœlo, nihil hæc tota ejus bonitas homini conferret. Homo enim, si diligenter suspiciatur, nihil debebat diabolo, vel in manu vel potestate ejus consistebat. Contra Deum peccaverat, dum præceptum ejus utpote Domini sui contempserat, ideoque Deus eum in carcere suo, id est in inferno posuerat; justo tamen judicio illum ei tortorem tradiderat, cui ipse stulte crediderat. Si Deo aliquo modo reconciliari posset, ut Deus illi iram suam indulgeret, et peccatum quod fecerat dimitteret, tunc, vellet, nollet diabolus, facile de inferno educi posset. Hæc autem reconciliatio sine aliqua peccati ipsius satisfactione fieri non potest. Alioquin etiamsi Dominus Deus misericordia motus homini peccatum indulgeret, eumque de inferno educeret, essetne justum et conveniens ut eum sic sordidum et maculatum, nullaque satisfactione lotum vel mundatum, cum angelis tam mundis et gloriosis qui nunquam Deum offenderunt in cœlo collocaret? Et ubi esset quod dicit Apostolus: *Quæ communicatio luci ad tenebras?* (*II Cor.* VI, 14.) Hoc revera inconveniens esse omni sano sapienti patet. Quapropter aliquam satisfactionem oportet hominem facere, qua possit Deum placare. Cujusmodi autem debeat esse ipsa satisfactio, videamus sub exemplo. Verbi gratia. Sit rex aliquis præpotens, qui unum ex principibus suis contumacem sibi et rebellem ejiciat de regno suo. Si postea illi regi domino suo voluerit reconciliari, primum oportet ut ex integro reddat quidquid ei abstulit, aut si illud non potest reddere, reddat quod tantumdem valeat. Deinde pro contumacia et superbia, qua contra eum rebellavit, secundum leges curiæ suæ et judicium optimatum suorum ei satisfaciat. Quandiu enim retinet et non reddit quod ei abstulit, non est conveniens vel digna satisfactio, nec ad honorem regis. Si enim rex sua retinenti indulserit, veniamque donans in regnum suum redire permiserit, dicent utique homines ideo eum indulsisse, quia emendare vel sibi eum aliter subjicere non po uit, sicque hujusmodi satisfactio vel reconciliatio, ad vilitatem ac dedecus, seu opprobrium fiet regis. Similiter ergo homo qui pro culpa sua ejectus est de paradiso et relegatus in inferno, si Domino Deo vult reconciliari et gratiam ejus recipere, primum oportet ut ex integro reddat quidquid ei abstulit, aut quod tantumdem valeat. Deinde pro superbia, qua Creatoris sui præceptum contempsit et ejus hosti adhæsit, ei satisfaciat. Si hoc ordine non satisfecerit, satisfactio ejus non erit ad honorem Dei. Videamus ergo quid Deo abstulit, quando de ligno vetito comedit.

CAPUT IV.

Quid homo Deo abstulit, quando de ligno vetito comedit.

Deus certe, ut supradictum est, ideo illum creavit, ut ex illius genere ruinam restauraret supernæ civitatis. Dicit etiam beatus Gregorius, in præfata Homilia decem drachmarum, quod tantum numerum credimus ad eam ascensurum electorum hominum, quantum illic contigit remansisse electorum angelorum. Cum ergo præceptum divinum transgrediens peccavit, tot utique animas Deo abstulit, quot ipse in cœlum levare disposuerat cum angelis. Itaque si vult Deo reconciliari et ad paradisum reverti, oportet ut primo solvat ei damnum quod intulit, tot scilicet homines, quot Deus disposuit in cœlum levare, et tam mundos atque ab omni peccato immunes, sicut fuit Adam antequam peccasset. Aut si non potest tot homines mundos et immaculatos reddere, solvat quod tantumdem valeat, alioquin satisfactio ejus, sicut dictum est, non erit ad honorem Dei. Etsi Deus, antequam reddatur sibi quod ablatum est, misericordia motus homini peccatum suum indulserit, eumque angelis in cœlo sociaverit, non erit certe justitiæ congruum, ut raptorem suum, furem suum, homicidam suum, qui tot homines sibi rapuit, tot furatus est, tot interfecit, conjungat filiis suis, amicis suis, qui semper sibi ac si dulcissimo patri servierunt, nunquam eum offenderunt, nunquam mandatum ejus præterierunt. Reddat ergo homo, reddat Deo quod ei abstulit, ut gratiam ejus recipere possit. Sed quomodo reddet ei tot homines tales, quales fuit Adam antequam peccasset? Ut de tot hominibus taceam, unum certe solum hominem talem, qualis fuit Adam antequam peccasset in toto genere suo, id est in tota natura humana, non invenitur. Quando enim peccavit Adam, innocentiam et munditiam suam perdidit, peccatorque et immundus factus est. Qualis autem factus est, tales utique generavit, quia peccator et immundus nonnisi peccatores et immundos generare potuit : *Quis enim, sicut Job ait, potest facere mundum de immundo conceptum semine?* (*Job* xiv, 4.) In tota ergo linea generationis humanæ, non reperietur unus homo sine peccato, nedum tot millium multitudo. Pecator autem homo, si semetipsum in mortem pro peccatis aliorum offerat Deo, nec se solum poterit justificare, nedum alios. Nam nec Isaac sanctus et de sanctis parentibus natus, si inter manus patris, Dei præcepto obedientis, occisus fuisset, de inferno se liberare potuisset, sicut nec Abel sanctus et Dei voce laudatus. Quod ergo Deo abstulit, nullo genere reddere potest.

Sed nunquid saltem quod tantumdem valeat reddere poterit? Non utique. Nam licet in lege a Deo per Moysen data sacrificia fieri jubeantur de bestiis et volatilibus, tamen, sicut ait Apostolus : *Impossibile erat sanguine taurorum et hircorum auferri peccata* (*Hebr.* x, 4). Omnes enim hirci vel tauri, imo omnes bestiæ agri et volatilia cœli, et, ut amplius dicam, totus mundus cum sole et luna et sideribus non potest comparari uni homini, licet immundo, licet peccatori, nec valet eum, quia ipse ad imaginem Dei factus est, quamvis peccando eam in se corruperit. Et animam rationalem habet, et in fine sæculi resuscitandus et ad judicium est venturus, postque in æternum, licet in pœnis, victurus. Nec damnum ergo quod Deo intulit, nec quod tantumdem valeat, potest homo reddere de toto mundo, vel de suo genere. Sed si Deus novum aliquem hominem justum et mundum faceret, sicut fecit Adam, qui se pro peccatis omnium hominum in sacrificium Deo offerret, possetne sufficiens hostia esse? Nequaquam. Unus enim homo, talis qualis fuit Adam antequam peccasset, non valeret nisi solum Adam redimere, aut unum hominem, solum ei similem; et sanguis unius talis hominis non valeret nisi ad redemptionem unius solius hominis. Quanquam etiamsi valeret ad redemptionem omnium hominum (quod impossibile est), tamen, ut concedamus posse valere, illud certe patet quod, etsi valeret, non tamen in pristinam dignitatem natura humana per ejus sanguinem restituta esset. Justum enim esset ut ei natura humana subjiceretur et serviret per quem se redemptam esse cognosceret : quod si fieret, jam pristinæ dignitati restituta non esset. Quando enim Adam factus est, nulli nisi soli Deo subjectus est, licet pro substantia carnis per David dicatur : *Minuisti eum paulo minus ab angelis* (*Psal.* viii, 6). Nunc autem si alius esset cui subjiceretur, jam a priori dignitate inferior fieret, nec æqualis esset angelis, qui nemini subjecti sunt, nisi soli Deo. Præterea ille novus et justus homo, quare moreretur, qui nullum peccatum fecisset? Mors enim non est nisi pœna peccati : et si Adam non peccasset, nunquam utique moreretur. Novus itaque et sanctus ille homo, ab omni peccato liber et immunis, non debet puniri pro peccatore, sed qui peccavit debet pœnam et supplicium subire peccati. Hoc idem posset dici et cogitari de quolibet angelo, si fieret homo. Unde dicitur in Psalmo : *Frater non redimit, redimet homo* (*Psal.* xlviii, 8). Fratres enim nostri angeli sunt, quibus secundum animam æquales sumus, per quam ad imaginem suam nos condidit Deus. Sed cum frater, id est angelus tam sanctus, tam gloriosus, nos redimere non possit, quomodo redimet homo, de immundo semine conceptus et in peccatis genitus? *Non dabit placationem suam et pretium redemptionis animæ suæ* (*ibid.*). Quid ergo faciet? *Et laborabit in æternum* (*ibid.*, 9). Patet itaque quod nec angelus, nec novus aliquis homo, nedum vetus et peccator, potest humanum genus redimere. Quamobrem nulla omnino creatura, neque totus mundus potest pro peccato primi hominis digne satisfacere. Sed quod non potest angelus, vel homo vel totus mundus facere, Deus utique qui omnipotens est, posset facere, quia *omnia quæcunque voluit, fecit in cœlo et in terra* (*Psal.* cxxxiv, 6). Si ergo vellet, posset utique nos redimere, quod nec angelus, nec homo, neque alia quælibet creatura potest facere.

Sed jam dixi quod pro peccato non debet mori nisi illa natura quæ peccavit, Deus autem non peccavit, ideoque non debet mori. Redemptionem ergo istam non potest facere nisi Deus, nec debet illam facere nisi homo. Quoniam itaque non potest illam facere nisi Deus, nec debet illam facere nisi homo, necesse est ut eam faciat Deus homo. Compleatur igitur illud Psalmistæ : *Redemptionem misit Dominus populo suo* (*Psal.* cx, 9); nisi enim de cœlo mittatur, in terra non invenietur. Unde rursum dicitur : *Quia prospexit de excelso sancto suo, Dominus de cœlo in terram aspexit, ut audiret gemitus compeditorum, ut solveret filios interemptorum* (*Psal.* ci, 20, 21). Sed cum Deus constet in tribus personis, non tamen Trinitatem necesse est incarnari, quia quæcunque ex tribus personis incarnetur, Deus incarnabitur, quoniam unaquæque per se singillatim persona verus est Deus. Quærendum itaque est cui personæ magis conveniat incarnatio. De quo tamen non est opus diutius immorari. Quia convenientius est ut Filius se offerat Patri in sacrificium pro nobis et supplicet Patri, quam Pater Filio. Præterea si Pater incarnaretur et Filius esset Virginis, tunc duo Filii essent in Trinitate, Filius scilicet Dei Patris et ipse Deus Pater, qui esset filius Virginis. Ac per hoc quædam confusio sequeretur personarum, et, dum de Filio tractaretur, dubitaretur utrum de Filio Dei, an de filio Virginis esset locutio. Idem etiam contingeret, si Spiritus sanctus incarnaretur. Multo ergo aptius, multo est convenientius ut Filius incarnetur, sitque una persona in Trinitate permanens sine aliqua dubietatis confusione, Filius Dei et filius Virginis : per hoc quod ex Patre genitus est, verus Deus permanens ; per hoc quod de Virgine natus est, verus homo exsistens. Alioquin nisi se de nostro genere novum hominem faceret, ad nos utique ejus natura non pertineret, nec pro nobis mori deberet ; quia de natura illa quæ peccaverat, natus non esset. Nunc autem cum de carne Adam veram carnem sumat absque peccato, quia non de virili semine, sed de Spiritu sancto conceptus et natus est, licet ipse peccatum non fecerit, nec inventus sit dolus in ore ejus, ac per hoc mori non mereatur, propter consortium tamen et participationem humanitatis nostræ, recte et convenienter poterit et debebit, si voluerit mori pro fratribus suis, qui ejusdem generis, ejusdem sunt secum naturæ. Unde et Apostolus : *Decebat enim*, inquit, *eum propter quem omnia et per quem omnia, qui multos filios in gloriam adduxerat, auctorem salutis eorum per passionem consummare. Unde debuit per omnia fratribus assimilari, ut misericors fieret et fidelis pontifex ad Deum, ut repropitiaret delicta populi* (Hebr. II, 10, 17). Dicens ergo *debuit per omnia fratribus assimilari*, non ita hoc intulit, quod debuerit mori pro peccato sicut alii moriuntur, sed solummodo pro misericordia et participatione humanitatis nostræ.

CAPUT V.

Congrua et decens redemptio naturæ humanæ.

Intueamur vero nunc quam congrue et decenter sequatur redemptio humanæ naturæ. Diximus superius quod humana natura debet primum Deo reddere quod ei abstulit, id est tot homines quot ad civitatem suam restaurandam vel complendam necessarios esse disposuit, vel quod tantumdem valeat. Dei ergo Filius, unus cum Patre Deus existens, nonne melior est quam non solum illi qui ad supernæ civitatis ædificium restaurandum erant necessarii, verum etiam omnes angeli et archangeli, imo universa generaliter creatura totius mundi? Creator, inquam, omnis creaturæ nonne melior est omni creatura? Deus omnipotens qui omnia solo jussu fecit, et, si perirent, solo jussu in momento omnia reficeret, nonne melior est et plus valet omnibus quæ fecit? Dum ergo se obtulit in sacrificium Deo Patri pro nobis, mortemque suscipiens vitam suam tradidit pro peccatis nostris, nonne centies millies in infinitum plus valuit quod ipse reddidit pro nobis, quam valuissent omnes illi homines quos Adam diximus Deo abstulisse, cum peccavit? Quomodo itaque se Deus Pater continere posset, ut humano generi peccatum suum non dimitteret, iram antiquam non indulgeret paradisumque redderet, cum Filium suum dilectum, coæqualem sibi et coæternum, pro eis in cruce pendentem, manibus ad se extensis, tantam sibi cerneret solvere redemptionem? Hinc et præfatus Apostolus in eadem Epistola : *Qui in diebus*, inquit, *carnis suæ, preces supplicationesque ad eum qui possit illum salvum facere a morte, cum clamore valido et lacrymis offerens, exauditus est pro sua reverentia* (Hebr. v, 7). Solvit ergo misericorditer pro nobis, quod pro se non debebat, dicens cum propheta David : *Quæ non rapui, tunc exsolvebam* (Psal. LXVIII, 5). Hinc et Isaias : *Vulneratus est propter peccata nostra, attritus est propter scelera nostra : disciplina pacis nostræ super eum, et livore ejus sanati sumus* (Isai. LIII, 5). Disciplinam enim mortis et dolorum atque passionem, quam pro peccatis nostris merueramus, ipse pro nobis suscepit, et per eam nos Deo Patri, sibique ipsi et Spiritui sancto, id est sanctæ Trinitati quæ unus Deus est, reconciliavit ; pacemque inter nos et Deum in sanguine suo pius mediator reformavit. Ipse est enim sacerdos a quo et per quem reconciliati sumus, ipse hostia qua reconciliati sumus, ipse est Deus cui reconciliati sumus.

CAPUT VI.

Fit Deo condigna satisfactio per incarnationem.

Postquam ergo per ipsum Dei et hominum mediatorem Christum Jesum, humana natura reddidit Deo pretium, quod multo plus valebat, quam omnes homines quos ei abstulerat, videamus etiam nunc quomodo de contumacia et contemptu, quo ejus præceptum transgressus est, satisfaciat. Sic enim superius rectum ordinem regiæ satisfactionis proposuimus, ut princeps expulsus et reconciliandus primum solveret regi ex integro quod ei abstulerat, aut æquipollens ; deinde pro contemptu regiæ majestatis et contumaciæ modum consideremus. Hominem Deus, ut supra dictum est, ex duabus naturis composuit, id est ex spirituali et corporali : ex spirituali secundum animam, ex corporali secundum carnem, quæ de terræ limo facta est. Sed secundum animam, quæ et rationalis est et immortalis, factus est homo ad imaginem et similitudinem Dei ; secundum carnem vero, quæ de terra facta est, non factus est ad similitudinem Dei, quia Deus nec oculos, nec aures, nec aliquod membrum corporale habet, quoniam summus et incircumscriptus spiritus est. Et quod legitur in Psalmis : *Manus tuæ, Domine, fecerunt me et plasmaverunt me* (Psal. CXVIII, 73) : itemque : *Oculi Domini super justos et aures ejus in preces eorum* (Psal. XXXIII, 16), et similia multa. Non simpliciter ad litteram sunt accipienda, sed figuraliter intelligenda : *Littera enim occidit, spiritus autem vivificat* (II Cor. III, 6). Alioquin et alas Deus habebit, quia de illo legitur : *Et ascendit super cherubim et volavit, volavit super pennas ventorum* (Psal. XVII, 11). Anthropomorphitæ ergo hæretici, qui dicunt hominem secundum corpus factum ad imaginem Dei, aut ostendant hominem volare, quia Deus legitur volasse, aut recognoscant fatuitatem nimiæ simplicitatis suæ. Sola itaque rationalis creatura, angelica scilicet atque humana, similitudinem Dei in se continet, quamvis angelus non legatur factus ad imaginem Dei. Sic enim per Isaiam dicitur : *Tu signaculum similitudinis, plenus sapientia et perfectus decore, in deliciis Paradisi Dei fuisti* (Ezech. XXVIII, 13). Quod beatus Gregorius exponens : « Notandum, inquit, quod non ad similitudinem Dei factus, sed *signaculum similitudinis* dicitur, ut quo in eo subtilior est natura, eo in illo imago Dei subtilius vel similius insinuetur expressa. » Similius ergo in angelo qui nihil habet corporale, sed solummodo spiritus est, imago Dei est expressa, quam in homine qui corpus gestat terrestre, licet dicat idem beatus Gregorius in Expositione Ezechielis quod, ad comparationem summi illius et incircumscripti spiritus qui est Deus, etiam angeli corporei possunt dici. Secundum animam itaque homo factus est ad imaginem Dei, et similis est angelis, imo æqualis ; secundum corpus vero inferior est angelis, testante Psalmista qui ait : *Minuisti eum paulo minus ab angelis* (Psal. VIII, 6). Adam itaque per rationalem sibi intellectum sibi a Deo datum, debuit cognoscere sese minorem esse angelis ; per superbiam conatus est superior esse angelis, et Deo consimilis. Mulier etenim credens serpenti dicenti : *Scit Deus quod in quocunque die comederitis ex eo, aperientur oculi vestri, et eritis sicut dii scientes bonum et malum* (Gen. III, 4), ea intentione comedit et viro comedere suasit, quia speravit quod futuri essent dii. Unde et ipse Deus : *Ecce,* inquit, *Adam quasi unus ex nobis factus est, sciens bonum et malum* (ibid. XXII). Ecce quanta superbia quod homo de terræ limo factus conatur excellere angelos, et par esse Deo creatori suo! Unum ergo idemque est vitium superbientis angeli et superbientis hominis. Quamobrem justo Dei judicio parem culpam par pœna sequitur, quia ille de cœlo, et hic ejicitur de paradiso. Sed illum sine aliqua spe recuperationis lapsum credimus, quamvis legatur Origenem scripsisse quod Salvator noster, sicut perditum hominem reparavit, ita quoque post resurrectionem prolapsum angelum peracto judicio liberabit. Homo vero qui jam per mediatorem Jesum Christum solvit Deo quod ei abstulerat, pretium scilicet sanguinis ejus plus valentis quam illud quod ei abstulerat, nunc superest ut pro contumacia et superbia, qua contra eum tumuit, digne ei satisfaciat.

Quæ ergo dignior vel convenientior potest esse satisfactio pro contumacia hominis, qui superbe voluit esse similis Deo, quam ut Filius Dei humiliter fiat homo? Quia enim homo stulte voluit esse Deus, misericorditer Deus factus est homo. Hinc et beatus Apostolus : *Hoc* , inquit, *sentite in vobis quod et in Christo Jesu, qui, cum in forma Dei esset, non rapinam arbitratus est esse se æqualem Deo* (Philipp. II, 6). Ecce quam distincte superbiam hominis et humilitatem Christi notavit. Homo enim per rapinam conatus est Deo esse æqualis, et hoc arbitratus est se per fructus vetiti comestionem posse assequi ; Christus autem non rapina, sed natura æqualis Deo fuit. Homo cum in forma servi, imo Dei servus esset, superbe se voluit extollere ad similitudinem Dei : Christus vero *cum in forma Dei esset, semetipsum exinanivit formam servi accipiens, in similitudinem hominum factus, et habitu inventus ut homo* (ibid., 7). Adam sine aliqua necessitate præceptum Dei transgressus est, et obedientiam ejus servare contempsit ; Christus vero dicens : *Non veni facere voluntatem meam, sed ejus qui me misit* (Joan. VI, 38), per multarum tribulationum difficultates et angustias, factus est obediens Patri, servavitque irrefragabiliter ejus obedientiam non ad tempus, sed usque ad mortem. Nec ipsam jucundam aut suavem vel honorabilem mortem, sed duram et ignominiosam, mortem scilicet crucis. Unde et ipse hæc omnia sciens et passioni propinquans, cum discipulos, imo totum genus humanum Deo Patri commendans, oraret pro omnibus : *Et pro eis,* inquit, *sanctifico meipsum, ut sint et ipsi sanctificati in veritate* (Joan. XVII, 19). Ac si diceret : Pro eis offero meipsum, qui plus valeo quam omnes homines quos tu i abstulerunt, qui pro eis, cum essem Deus, Filius tuus unigenitus, homo factus sum, et usque ad mortem tibi obediens sum. *Dirigatur ergo pro eis oratio mea sicut incensum in conspectu tuo, et elevatio manuum mearum* in cruce fecit pro eis *sacrificium vespertinum* (Psal. CXL, 2), ut dimissa omni peccati originalis macula, *sint et ipsi sanctificati.* Sic ergo : *Cum clamore valido et lacrymis offerens, exauditus est pro sua reverentia,* peractoque sacrificio et satisfactione ad integrum completa : *Consummatum est,* inquit, *et inclinato capite emisit spiritum* (Joan. XIX, 50). Quodque magis mirandum est, et dulci memoria retinendum, jugique ruminatione venerandum : non solummodo sanguinem suum, qui majoris est pretii quam tota creatura quæ Deus non est, Patri suo pro nobis recompensavit, sed etiam omnes homines, quos primus parens Deo abstulerat, ei ex integro reddidit per virtutem ejusdem sacrificii. Dicit enim apostolus quia *quicunque baptizati sumus in Christo Jesu, in morte ipsius baptizati sumus* (Rom. VI, 3). Habet namque fides Catholica quod unusquisque fidelis baptizatus ab omni peccato originalis maculæ sit liber ; et plene mundatus atque purgatus ejusdemque est meriti, cujus Adam antequam peccaret. Hic si aliquis quærat quare, dimisso peccato originali, non dimittitur, nec removetur, sed fixa retinetur pœna ejusdem peccati, id est mors, hanc quæstionem beatus Augustinus in libro De libero arbitrio ita solvit : « Omnis, inquit, summa salutis nostræ in fide est, quia *sine fide impossibile est placere Deo* (*Hebr.* xi, 6), et *justus ex fide vivit* (*Rom.* 1, 17). » *Est autem fides*, sicut dicit Apostolus : *sperandarum substantia rerum, argumentum non apparentium* (*Hebr.* xi, 1). Si ergo viderent Judæi atque Pagani quoque baptizatos ultra non mori, utique non propter Christianæ fidei dilectionem, sed propter devitandam corporis mortem, omnes currerent etiam non vocati ad baptismum, sicque fides proprium perderet meritum. Cum itaque duæ sint mortes, prima scilicet carnis et secunda animæ, unde dicitur in Apocalypsi: *Qui vicerit, non lædetur a morte secunda* (*Apoc.* xii, 2); utramque incurrit primus homo, dum vetitum lignum comedit : in præsenti quidem mortem carnis, in futuro vero mortem animæ, id est damnationem. Veniens autem Redemptor noster, simplam suam mortem, id est carnis, duplæ nostræ opposuit, et per eam nos ab utraque liberavit, dum, per suam, nostram destruxit, dicens per Osee prophetam : *O mors! ero mors tua* (*Ose.* xiii, 14), quamvis si diligenter consideremus, etiam in anima sola duæ mortes inveniantur, una in præsenti, altera in futuro. Quando enim facit aliquis criminale peccatum, moritur in eo anima ; dicit namque beatus Augustinus quod sicut vita corporis anima, ita vita animæ Deus est. Egrediente anima mortuum remanet corpus, et recedente Deo propter peccatum, moritur anima. Propter hanc mortem animæ orabat David : *Illumina oculos meos, ne unquam obdormiam in morte, nequando dicat inimicus meus : Prævalui adversus eum* (*Psal.* xii, 4, 5). Quandiu enim resistimus adversario et pugnamus contra eum, cujuscunque criminis nobis tentationes inferat, non morimur propter eas, imo coronam nobis et salutem operantur. Si autem nobis cedentibus et devictis, potuit dicere inimicus, *prævalui adversus eum,* heu! ecce in corpore vivo et lascivo mortua jacet anima. Unde et Apostolus : *Vidua,* inquit, *quæ in deliciis est vivens mortua est* (*I Tim.* v, 5). Post hanc vero primam mortem animæ quæ fit in præsenti, sequitur in futuro secunda, quoniam nisi hic per pœnitentiam resurgat, hinc exeuntem recipit mors, id est damnatio æterna. Pro hac damnatione dicitur in Evangelio de reo illo ministris a rege : *Mittite eum in tenebras exteriores* (*Matth.* xxii, 13). Quoniam nisi hic quisque, per peccatum incurrens cæcitatem mentis, decidat in tenebras interiores cordis, illuc post mortem, non mittitur in tenebras exteriores inferni. Per tenebras ergo interiores deciditur in tenebras exteriores, quia per mortem peccati infelix anima mortem incurrit damnationis. Pro hac morte Dominus dicit in Evangelio : *Qui credit in me, etiamsi mortuus fuerit, vivet; et omnis qui vivit et credit in me, non morietur in æternum* (*Joan.* xi, 25, 26). Pro hujus primæ mortis, id est peccatorum diversitate, tres mortui a Domino resuscitati leguntur in Evangelio, puella in cubiculo, juvenis extra portam, Lazarus quatriduanus in sepulcro, significantes peccatores pro criminis sui modo vel qualitate, alios privata, alios publica, alios diutina pœnitentia fore resuscitandos. De his ergo omnibus mortis generibus anima in baptismo liberatur, et, deposito veteri homine, novus homo et Filius Dei per lavacrum regenerationis efficitur, ejusdemque munditiæ et sanctitatis existens, cujus fuit Adam antequam peccaret, de baptismo egreditur. *Quotquot autem receperunt eum, dedit eis potestatem filios Dei fieri* (*Joan.* 1, 12). Mors tamen carnis retinetur, ne non propter animæ, sed propter carnis mortem devitandam ad baptismum veniant. Veniet autem tempus quando *novissima inimica destruetur* (*I Cor.* xv, 26), in resurrectione scilicet. Cum integro numero, collectis omnibus qui ad complendam perfectionem cœlestis illius gloriosæ civitatis Jerusalem fuerint necessarii, dabuntur singulis, non singulæ, sed binæ, stolæ albæ, id est perfecta immortalitas animæ et corporis; sicque *corruptibile nostrum induet incorruptionem, et mortale nostrum induet immortalitatem. Deinde fiet sermo qui scriptus est : Absorpta est mors in victoria* (*I Cor.* xv, 53, 54), nosque perpetuo lætantes videbimus quomodo erit *Deus omnia in omnibus* (*ibid.*, 28). Amen.

CAPUT VII.
Quomodo antiqui Patres, ante legem, et post desideraverunt adventum incarnationis.

Ecce ergo, fratres charissimi, jam audivimus qua ratione Deus, homo factus, operatus est salutem in medio terræ : nunc vero, si placet, audiamus quomodo antiqui Patres, ante legem et sub lege in eum credentes, ejus desideraverunt adventum, quomodo cum lacrymis ut eum viderent suspiraverunt, quomodo mysterium incarnationis ejus et verbis et factis prænuntiaverunt. Si quis enim diligenter inspicere velit, quidquid nunc diximus de incarnatione Domini in antiquis Scripturis reperire poterit. Verum quia non omnia Scripturæ divinæ testimonia facile possunt replicari, illud certe quod Moyses omnium primum ponit, inspiciamus quomodo consonet his quæ supra dicta sunt : *In principio,* inquit, *creavit Deus cœlum et terram* (*Gen.* 1, 1), cœli nomine cœlestem creaturam, id est angelos; terræ vero, terrenam, id est humanam volens intelligi. Quia vero non de angelis, sed de homine referre proposuerat, cœlo interim dimisso, addit : *Terra autem erat inanis et vacua* (*ibid.*, ii) : id est humana natura, bene a Deo creata, protoplasti peccato prorsus inanis, totius boni et vacua virtutibus ita facta est, ut nihil in ea prioris dignitatis vel munditiæ inveniretur. *Et tenebræ erant supra faciem abyssi* (*ibid.*). Abyssi nomine cor humanum potest intelligi, Jeremia dicente : *Pravum est cor hominis et inscrutabile, quis cognoscet illud ?* (*Jer.* xvii, 9.) Sicut enim profundum abyssi nullus nostrum penetrare valet nec ad ejus finem pertingere, sic et humani cordis altitudinem, vel ingenium, aut versutias, non facile dijudicare vel cognoscere possumus. Ita ut quem nobis magis blandiri exterius conspicimus, ab eo sit nobis nonnumquam potius cavendum interius, dum dolos vel astutias ejus non intelligimus. *Tenebræ ergo erant supra faciem abyssi*, quia post illud peccatum protoplasti corda humana divinæ cognitionis tanta contexit ignorantia, ut etiam, relicto Creatore, deos esse crederent sua opera vel figmenta, nec cur facti, vel a quo facti essent homines, aliquis pene eorum cognosceret. *Et spiritus Dei ferebatur super aquas* (Gen. 1, 2), per ora prophetarum qui, Spiritu sancto edocti, prænuntiabant per aquas baptismatis reddendam esse salutem generi humano. Ecce quam breviter descripsit, per inanitatem et vacuitatem terræ et per tenebras abyssi, ignorantiam totius mundi: quæ tanta erat, ut, exceptis paucis intra Judæam hominibus vel prophetis, vix aliquis sciret cur natus fuerit. Sed cum tenebræ istæ, jam per quinque millia et eo amplius annos mundum contexissent, illudque tempus advenisset de quo dicit David: *Tu exsurgens Domine, misereberis Sion, quia tempus miserendi ejus, quia venit tempus* (Psal. ci, 14): dixit Deus: *Fiat lux* (Gen. 1, 3). Quæ est ista lux? Nisi Filius Dei, Deus de Deo, lumen de lumine; quæ erat quidem cum Patre, non facta, sed genita, et videbatur ab angelis, quos claritatis suæ illustrabat aspectu, sed ab hominibus videri non poterat, quia oculos eorum tenebrarum densitas operuerat. Nam nec cæcus solem clare fulgentem videre potest, quoniam non habet oculos quibus eum videat. Non ergo culpa solis est, quod non videtur, sed culpa cæci. Sic et homines non poterant videre lucem illam præcipuam, quia visum illum quo Deus videtur, amiserant. Erat itaque lux ista apud Patrem, sed facta non erat, quia Filius Dei nec factus, nec creatus, sed tantum a Patre est genitus. Quia ergo homo infixus in limo profundi tantæ altitudinis lucem videre non poterat, dixit Deus: *Fiat lux*. Ac si diceret: Quoniam miser homo, tenebrarum caligine pressus, non potest videre lumen mihi coævum et coæquale, id est Filium meum, volo ut Filius meus per quem omnia facta sunt, illi condescendens, fiat talis lux quam ab homine videre oculis corporeis possit, id est incarnetur et fiat homo. Ut quia homo non potest videre Deum, qui spiritus est, Deus fiat homo, et ab homine videatur ut homo, quatenus hominem videndo et Deum hunc esse recognoscendo, per visionem hominis paulatim redeat et ascendat ad visionem Dei, *Et facta est lux* (ibid.), id est *Verbum caro factum est* (Joan. 1, 14).

Dum ergo medium silentium tenerent omnia, et nox in suo cursu medium iter haberet omnipotens sermo Dei de cælis a regalibus sedibus venit (Sap. xviii, 14). Hoc licet de vindicta Dei quæ facta est media nocte in Ægypto, quando omnia primogenita occisa sunt, dictum sit, tamen etiam de incarnatione Domini convenienter intelligitur. Duæ quippe voces in mundo sonuerunt, primo vox prophetarum venturum Christum prædicentium, secundo vox apostolorum eum venisse clamantium. Quas duas voces significabant duo seraphim de quibus dicit Isaias quod clamabat alter ad alterum, et dicebant: *Sanctus, Sanctus, Sanctus, etc.* (Isa. vi, 3). Quod enim futurum prophetæ prædixerunt, apostoli factum esse prædicaverunt. Sed tempore Dominicæ nativitatis, prophetis jam ex majori parte defunctis, prophetia pene refriguerat, apostolorum vero prædicatio necdum intonuerat, sicque inter voces, medium silentium intercesserat. Ante adventum etiam Christi dictum fuerat. *Notus in Judæa Deus, in Israel magnum nomen ejus* (Psal. lxxv, 2); eo autem adveniente, nox in suo cursu medium iter habebat, quia tanta noctis et tenebrarum, id est ignorantiæ caligo excreverat, ut nec ipsi Judæi qui prophetas legebant, nec gentiles eum cognoscerent, sicut Joannes dicit: *In mundo erat, et mundus per ipsum factus est, et mundus eum non cognovit: in propria venit, et sui eum non receperunt* (Joan. 1, 10, 11). In tanta ergo tenebrarum densitate subita lux, de cœlo refulgens, venit illuminare his qui in tenebris et in umbra mortis sedebant, ut compleretur illud Isaiæ: *Populus qui ambulabat in tenebris, vidit lucem magnam, habitantibus in regione umbræ mortis, lux orta est eis* (Isa. ix, 2). Hanc lucem significat etiam ille cereus quem singulis annis in vigilia Paschæ pulcherrimo more sancta Ecclesia novum facere et accendere consuevit. Unde et ipsi cereo inscribitur quotus annus sit Dominicæ Incarnationis, quatenus per hoc etiam pueri patenter intelligant, ad recordationem cum fieri illius novæ lucis, quæ de cœlo in terra refulsit. Nam et ipsæ tenebræ quæ tribus diebus ante Pascha recoli jubentur, easdem tenebras de quibus locuti sumus, significant: quas Christus veniens illustravit. Et bene tribus diebus fiunt, propter tria tempora quæ ipsam lucem præcesserunt: Primum tempus ante legem, secundum sub lege, tertium sub gratia. Ante legem a principio mundi, id est ab Adam usque ad Moysen; sub lege a Moyse usque ad Joannem, sic enim ipse Dominus in Evangelio determinat dicens: *Lex et prophetæ usque ad Joannem, et ex eo regnum Dei evangelizatur* (Luc. xvi, 16). Bene ergo etiam tempore gratiæ, licet jam nato Christo, tenebræ durant, quia ab Abel justo usque ad passionem Christi, quantumcunque pie et juste viverent sancti, morientes tamen in tenebras et in infernum ire cogebantur, licet nequaquam igne vel tormentis sicut impii punirentur. Hinc est quod sancta Ecclesia, quamvis probatissimi Patres ante Christum fuerint, de nullo tamen eorum qui prinsquam Christus pateretur mortui sunt, diem agere consuevit solemnem, excepto sancto Joanne Baptista, et Innocentibus, septemque fratribus Machabæis; quia omnes pariter ducebantur ad infernum. Quando enim festum alicujus sancti colimus, congaudemus ei utique et Deum collaudamus de eo quod animam ejus eductam de corpore levaverit ad cœlum. Quorum autem animæ ducebantur ad infernum, quomodo de eis fiet solemnitas? Quibus magis videtur compatiendum quam congaudendum. Postquam autem Christo ad inferos descendente, populus sanctorum qui ambulabat in tenebris, vidit lucem magnam, et educti sunt a Domino in manu forti et brachio extento, statim impletum est illud Apostoli: *Quoniam tenebræ transierunt, et lumen verum jam lucet (1 Joan. II, 8).*

Hæc tria tempora significant etiam illæ tres missæ quas in præsenti Natalis Dominici die celebraturi sumus. Prima enim missa in nocte significat tempus ante legem, quando, exceptis paucis patriarchis, nox ignorantiæ contegebat fidem vel agnitionem Dominicæ incarnationis. Secunda missa aurora apparente significat tempus sub lege, quando in psalmis et prophetis, remota ex parte magna priori nocte, incipit apparere fulgor nascituri solis. Tertia vero missa in die designat tempus gratiæ, quando exortum est in tenebris lumen rectis corde. Unde et angelus qui eamdem nativitatem pastoribus nuntiavit, cum lucis claritate apparuit, quod nunquam antea legitur contigisse, insinuans jam priores tenebras spiculo novi solis penitus effugandas esse. Postquam ergo dixit Deus: *Fiat lux, et facta est lux* (Gen. I, 3), recte subjungitur: *Et vidit Deus lucem quod esset bona, et divisit lucem a tenebris* (ibid. 4). Videre Dei, et approbare et laudare est. *Vidit ergo lucem quod esset bona,* id est placuit ei et laudavit quidquid ille verus sol faciebat, dicens super eum in Jordane baptizatum vel in monte transfiguratum: *Hic est Filius meus dilectus in quo mihi complacui* (Matth. III, 17, 17, 5). *Et divisit lucem a tenebris* (Gen. I, 4), dicens ei: *Sede a dextris meis, donec ponam inimicos tuos, scabellum pedum tuorum* (Psal. CIX, 1). Vel lucem possumus hic intelligere apostolos ejus, qui participatione veræ lucis et ipsi facti sunt lux, sicut eis dicitur a Domino: *Vos estis lux mundi* (Matth. V, 14). Illos divisit a tenebris dicens eis: *De mundo non estis, sed ego elegi vos de mundo, propterea odit vos mundus* (Joan. XV, 19). Et alibi: *Veni separare hominem adversus patrem, et filiam adversus matrem,* etc. (Matth. X, 35). *Appellavitque lucem diem et tenebras noctem* (Gen. I, 5). Diem se nominari Dominus designat dicens Apostolis: *Nonne duodecim sunt horæ diei?* (Joan. XI, 9.) Quia videlicet ipse dies duodecim habebat apostolos. Apostoli quoque dies vocantur, dicente psalmio: *Dies diei eructat verbum* (Psal. XVIII, 3), et item: *Dies formabuntur et nemo in eis* (Psal. CXXXVIII, 16). Noctem et tenebras vocari impios, nullus ignorat. Statim vero de passione ejus subditur: *Factumque: est vespere et mane dies unus* (Gen. I, 5). Per vespere et mane, intelligi passionem et resurrectionem David breviter ostendit, dicens: *Ad vesperum demorabitur fletus, et ad matutinum lætitia* (Psal. XXIX, 6), scilicet apostolis, qui, Christo patiente tristati, resurgente vero sunt lætati. Et sub persona Christi: *Elevatio manuum mearum sacrificium vespertinum* (Psal. CXL, 2). Notandum autem quam congrue noluerit dicere, *Factum est vespere et mane dies primus,* sicut dicit de consequentibus, sed *dies unus* (Gen. I, 5), quod multum valet contra hæreticos, qui alteram Dei, alteram hominis dixerunt esse personam. Ponit ergo: *Factum est vespere et mane dies unus,* ac si dixisset optius: Licet Christus passus sit ac mortuus non ex divinitatis, sed ex humanitatis natura, resurrexit autem per Deitatis potentiam, non tamen ex duabus personis constare dicendus est, sed ex duabus naturis; nec in eo Deus est ab homine separandus, quia Deus et homo unus est dies, id est unus est Christus. Unde et congrue sancti Patres instituerunt ut sanguis Christi in sacrificium altaris nunquam de vino puro consecretur, sed semper in calice cum vino aqua misceatur; per vinum divinitatem, per aquam vero intelligi volentes Christi humanitatem.

CAPUT VIII.
De beata Maria destinata ab æterno, ut ad exsecutionem incarnationis concurreret.

His vero de Christi nativitate, passione ac resurrectione, nostraque redemptione breviter a Moyse prælibatis, rursus post operationem sex dierum de tabernaculo in quo requievit, id est, de beatissima matre ejus domina nostra sancta Maria, dignam memoria protulit sententiam dicens: *Plantaverat autem Dominus paradisum voluptatis a principio, in quo posuit hominem quem formaverat* (Gen. II, 8). Hoc si solummodo de illo paradiso in quo positus est Adam ad litteram dictum intelligatur, mirum videtur quomodo a principio planiatus esse dicatur. Nam non in principio, sed die tertio jubente Deo: *Protulit terra herbam viventem, lignumque faciens fructum* (Gen. I, 12). Si ergo die tertio primitus factæ sunt arbores, quomodo a principio paradisus iste plantatus dicatur? Sed si figurate de domina nostra dictum intelligatur, omnis quæstio solvitur. Plantaverat enim eam revera Dominus a principio, et cum ab ipso Filio ejus in Evangelio dicatur: *Omnis plantatio quam non plantavit Pater meus cœlestis eradicabitur* (Matth. XV, 13), liquet profecto quod illa quam plantavit, fixe et altius stabilita eradicari non potest. Plantaverat ergo eam Dominus a principio, quia *Antequam quidquam faceret a principio, ab æterno ordinata erat, et ex antiquis antequam terra fieret* (Prov. VIII, 22); immobiliter in præscientia sua Deus proposuerat et diffinierat per ejus fructum reparare genus humanum. Paradisum autem eam sæpe vocat sancta Ecclesia, cum in ejus laude illud Cantici canticorum decantat: *Emissiones tuæ, paradisus malorum punicorum cum pomorum fructibus* (Cant. IV, 13). Paradisus namque, *locus deliciarum* interpretatur. Et quis magis locus deliciarum intelligi potest, quam venter ille in quo panis angelorum et deliciæ eorum novem mensibus reconditus mansit? *Plantaverat itaque Dominus Deus paradisum voluptatis a principio, in quo posuit hominem quem formaverat,* id est paraverat aulam regiam a principio, in qua poneret Filium suum, coæqualem sibi et coæternum, cum hominem formaverat. Sed quomodo plantaverat et qualem plantaverat hunc paradisum? Plane talem, cui nulla deesset voluptatis causa. Cum enim vult rex aliquis dives sibi ædificare aulam, in qua fessus requiescere et frequentius velit habitare, eligit utique competentem locum, id est aquis irriguum, arboribus consitum, locorum natura munitum, nemori contiguum, hortorum abundantia circumseptum.

Videamus si aliquid ex his defuit illi cœlesti aulæ, dominæ nostræ. Aquis fuit irriguus iste paradisus, quia *fons ascendebat de terra irrigans universam superficiem terræ* (Gen. II, 6). Et paulo post : *Et fluvius egrediebatur de loco voluptatis ad irrigandum paradisum, qui inde dividitur in quatuor capita* (ibid., 10). Quis est iste fons, sive fluvius qui egrediebatur de loco voluptatis ? Nimirum iste est de quo dicit Isaias : *In die illa erit fons patens domui David, in ablutionem peccatoris et menstruatæ* (Zach. XIII, 1). Iste egredietur de loco voluptatis, de utero scilicet sanctæ Mariæ irrigans universam superficiem terræ, id est sanctæ Ecclesiæ peccatores abluens, justos dulci potu reficiens, juxta illud : *Super aquam refectionis educavit me* (Psal. XXII, 2) ; et item : *Inebriabuntur ab ubertate domus tuæ, et torrente voluptatis tuæ potabis eos* (Psal. XXXV, 9). Qui inde dividitur in quatuor capita, quia unicuique evangelistarum divisit, quid vel quantum de se dicere deberet. Et vide quam mirabiliter etiam ipsos evangelistas exprimit et determinat : *Nomen uni Phison, ipse est qui circuit omnem terram. Hevilath, ubi nascitur aurum ; et aurum terræ illius optimum est* (Gen. II, 11, 12). Quia aurum pretiosius est omnibus metallis, et divinitas Christi pretiosior est humanitate, non incongrue per Phison, qui circuit terram in qua nascitur aurum, intelligimus Joannem, qui altius cæteris de divinitate Christi contemplatus est et locutus. *Et nomen fluvio secundo Gehon ; ipse est qui circuit omnem terram Æthiopiæ* (ibid., 13). Matthæum in Æthiopiam ad prædicandum missum esse, eamque prædicando circuisse et ad fidem convertisse, ibique passum fuisse legimus. Ideoque per Gehon, recte ipse designatur. *Nomen vero fluminis tertii Tygris, ipse vadit contra Assyrios* (ibid., 14). Lucam natione Syrum fuisse legimus, qui ad Christum conversus, vadit contra Assyrios, dum contra errorem paternum scribit Evangelium, ideoque per Tygrim potest designari. *Fluvius autem quartus ipse est Euphrates* (ibid.), qui circuit Babyloniam et Alexandriam in qua Marcus prædicavit et Evangelium scripsit, atque passus est : et ideo non incongrue per Euphratem potest idem Marcus designari.

Paradisus ergo iste, id est Dei Genitrix *hortus conclusus, fons signatus, puteus aquarum viventium* (Cant. IV, 12, 15), quam *sicut dies verni circumdant flores rosarum et lilia convallium* (Eccli. L, 8) ; quæ *sicut cinnamomum et balsamum aromatizans suavissimo jugiter flagrat odore* (Eccli. XXIV, 20). Paradisus inquam iste, videamus quam forti polleat munitione. Dicitur in amoris Cantico : *Sicut turris David collum tuum, quæ ædificata est cum propugnaculis suis ; mille clypei pendent ex ea, omnis armatura fortium*

(Cant. IV, 4). Collum inter caput et corpus medium est, caputque jungit corpori. Collum ergo sanctæ Ecclesiæ competenter domina nostra intelligitur, quæ inter Deum et homines mediatrix existens, dum Dei Verbum incarnatum genuit, quasi caput corpori, Christum Ecclesiæ, divinitatem humanitati nostræ conjunxit. Hæc sicut turris David constructa dicitur, quia hanc rex David ille manufortis contra Nabuchodonosor regem Babylonis erexit et munivit, in hanc contra eum pugnaturus intravit, sicut in Evangelio dicitur : *Intravit Jesus in quoddam castellum* (Luc. X, 38). Ex hac castellum illud expugnavit, ad quod invadendum præmittens milites suos, dicit eis : *Ite in castellum quod contra vos est, et invenietis asinam*, id est naturam humanam *alligatam* a rege Babylonis, *Solvite et adducite mihi* (Matth. XXI, 2). Ex hac turre fortem illum devicit, qui, in pace extenus atrium suum custodiens, sedebat in medio fluminum suorum teste Isaia et dicebat : *Sicut colliguntur ova quæ derelicta sunt, sic universam terram ego congregavi : et non fuit qui moveret pennam, et aperiret os et ganniret* (Isa. X, 14). Ex hac inquam turre egrediens ille verus David, *rufus et pulcher aspectu* (I Reg. XVI, 12) : *Rufus* propter aspersionem sanguinis de latere vel pedibus ac manibus defluentis : *Pulcher aspectu*, quia *speciosus forma præ filiis hominum* (Psal. XLIV, 3), Goliath superbum in fronte percussit, prostratumque gladio proprio interficiens, universa arma ejus in quibus confidebat abstulit, et spolia ejus distribuit. Sicque victor ad milites suos cum triumpho rediens : *Confidite*, ait, *ego vici mundum* (Joan. XVI, 33) ; et : *Nunc princeps mundi hujus ejicietur foras* (Joan. XII, 31). Hæc itaque turris ædificata est cum suis propugnaculis, virtutibus scilicet principalibus, vel donis Spiritus sancti protegentibus eam, sicut ei per Gabrielem dicitur : *Spiritus sanctus superveniet in te, et virtus Altissimi obumbrabit tibi* (Luc. I, 35). *Mille clypei pendent ex ea, omnis armatura fortium* (Cant. IV, 4). Per millenarium qui perfectus est numerus, significatur universis refertam fuisse virtutibus : unde et ab angelo recte *Gratia plena* dicitur (Luc. I, 28). Quod etiam tunc confirmatur cum dicitur, *omnis armatura fortium*, quia videlicet omnes virtutes, quibus fortes, id est sancti viri singuli ab angelis Dei dono muniti fuerant, ista sola universaliter in se suspensas et quasi insertas et infixas habuit. Quis autem cogitare vel æstimare sufficiat, quomodo angelicæ cohortes, ad obsequium ejus deputatæ, ei assisterent jugiter, unde et in eodem Cantico : *En lectulum*, inquit, *Salomonis sexaginta fortes ambiunt ex fortissimis Israel, omnes tenentes gladios et ad bella doctissimi* (Cant. III, 7). Quis enim lectuli nomine convenientius, quam ille venter designatur ? In quo verus ille Salomon, rex scilicet pacificus, cujus vultum desiderat universa terra, novem mensibus dulciter jacens requievit, et postea de eo tanquam de thalamo sponsus processit. Hunc lectulum *sexaginta fortes ambiunt ex fortissimis Israel*, quia non minores angelised *sexaginta*, id est perfectæ et infinitæ supremarum virtutum et potestatum legiones ad ejus servitium directæ, assidue illam circumdant et ambiunt, quatenus et ei aliquid præcipienti sine mora obediant, et appropinquantes forte adversarios illico procul ab ea repellant.

Hunc itaque paradisum voluptatis a principio Deus plantavit, in quo posuit hominem quem formavit, id est Filium suum sibi coæternum Verbum, carnem factum, beatæ Virginis alvo coadunavit. *Ut operaretur*, inquit, *et custodiret illum* (Gen. II, 15). Quid operaretur, Isaias aperit, dicens : *Ut faciat opus suum, peregrinum est opus ejus ab eo* (Isa. XXVIII, 21). Quid enim tam alienum est Deo, quam vagire et femineo lacte nutriri? Quid Deo tam peregrinum, quam mori? Opus illud prospiciens Habacuc, Domine, inquit, *audivi auditum tuum, et timui; consideravi opera tua, et expavi* (Habac. I, 5). De hoc opere, rursum dicit Dominus ipse per Isaiam : *Obstupescite et admiramini* (Isa. XXIX, 9), quia opus ego operor in diebus vestris, quod nemo credet, cum enarrabitur. Hinc ipse Isaias : *Domine*, inquit, *quis credidit auditui nostro, et brachium Domini cui revelatum est?* (Isa. LIII.) Hoc autem opus ex quo in ventre matris incarnatus est Deus, cœpit operari, quia nimirum ideo homo factus est, ut hominem redimeret. Quod vero dicitur, *et custodiret eum*, expositione non indiget, quoniam et prius quam in beata Virgine incarnaretur, et cum in ea clausus fuit, et postquam ex ea natus est, semper eam in omni sanctitate et munditia servavit, quæ

Gaudia matris habens cum virginitatis honore,
Nec primam similem visa est, nec habere sequentem.

Nulla vero lingua dicere, nulla mens potest excogitare quanta divini amoris dulcedine flagraret, dum Deum in utero clausum portaret. Cum enim David qui solummodo per speculum et in ænigmate Deum contemplabatur, ex magna tamen devotione dicat : *Quam magna multitudo dulcedinis tuæ, Domine!* (Psal. XXX, 20.) Quid sentiendum est de ea, in qua tanto tempore habitavit plenitudo divinitatis corporaliter? Depromebat revera in ea, sicut dicit quidam sapiens, universarum copia virtutum cœlestem quamdam et ineffabilem harmoniam, quia sine suavis modulationis spirituali cantilena, non est credendum vel una hora Deum in ea mansisse. Nemo autem miretur quod eam per paradisum vel lectulum Salomonis significari posse dixerim, quia ei beatus Augustinus in libro *De doctrina Christiana* dicit, nihil obesse, imo etiam prodesse si eadem sententia diversis modis intelligatur ; tantum ut a catholico sensu et dilectione Dei et proximi non recedatur. Cum ergo per lectulum Salomonis sanctam Ecclesiam figurari nullus contradicat, quia in ea Dominus requiescit juxta illud : *Super quem requiescet spiritus meus? nisi super humilem et quietum et trementem sermones meos* (Isa. LXVI, 2). Si, inquam, super humilem ipse requiescit, quis humilior ea inveniri potest? Quæ cum ab angelo mater Domini futura diceretur, ancillam ejus se vocavit dicens : *Ecce ancilla Domini, fiat mihi secundum verbum tuum* (Luc. I, 38). Et in cantico suo, postpositis omnibus aliis virtutibus, *Quia respexit*, inquit, *humilitatem ancillæ suæ* (ibid., 48). Cum ergo et in anima ejus Deus spiritualiter habitaverit propter incomparabilem humilitatem, et in carne corporaliter propter susceptam humanitatem, non video quæ ratio obsistat, ut non magis ipsa lectulus Salomonis appelletur, quam quilibet alius sanctæ Ecclesiæ fidelis. Quod si aliquis dicere velit, sufficere posse expositionem antiquorum Patrum et novam vel insolitam superaddi non debere, respondemus juxta illam Ruth Moabitidis sententiam, quæ paupertate oppressa loquitur ad Noemi socrum suam : *Si jubes, vadam in agrum et colligam spicas remanentes post terga metentium* (Ruth. II, 3).

CAPUT IX.

Idem locus S. Scripturæ potest exponi variis modis. Iterum de beata Virgine Maria, magnus illius encomiastes.

Sic ergo et nos colligimus spicas quæ metentium manus reliquerunt, imitantes illud Isaiæ : *Et erit sicut colligens spicas in valle Raphaim* (Isa. XVII, 5). Messores namque sancti Patres et doctores Ecclesiæ fuerunt, quibus a Domino dicitur : *Rogate ergo dominum messis ut mittat operarios in messem suam* (Matth. IX, 38). Et alibi : *Ego misi vos metere, quod vos non laborastis* (Joan. IV, 38). Qui quoniam breves dies hominis sunt, morte utique præventi, non totum agrum metere, id est non omnem Veteris Testamenti Scripturam exponere potuerunt, sed multas nobis spicas colligendas, id est plures sententias aliter atque aliter intelligendas reliquerunt. Qua si nos perscrutantes velit aliquis reprehendere, videat ne non sit ejusdem bonitatis, cujus fuit Booz : qui eam cœpto operi persistere exhortans, præcepit pueris suis ne quis ei molestus esset, imo de suis manipulis ei projicerent, et ex industria remanere permitterent, ut absque rubore colligeret. Sicque ipsa usque ad vesperam colligens et quæ collegerat virga excutiens, invenit hordei tres modios, per hoc typice nobis insinuans, ut si quid forte memoria dignum in Scriptura sacra nos intellexisse senserimus, protinus virga, id est rectitudine subtilis examinis, illud diligenter discutere studeamus, ne forte dictis antiquorum Patrum quantumcunque contraire inveniatur. Sed potius ad mensuram trium modiorum, id est fidem sanctæ Trinitatis operationemque trium virtutum, fidei, spei et charitatis coerceatur. Hoc quoque quod eadem Ruth per ipsam spicarum collectionem, prædicti Booz familiaritatem adepta, et postmodum ei conjugali thoro legitime sociata, ad tantum honorem pertingere meruit, ut ex ipsius stirpe ipse Dominus Jesus Christus descenderit, mystice nos hortatur quod, si ejus actus spiritualiter imitari studeamus, nos quoque per eos ad Domini dilectionem perducamur. Nemo ergo, ut dixi, reprehendi debet, si aliquam Veteris Testamenti sententiam aliter exponat quam in antiquis inveniat, tantum ut nihil eis contrarium intermisceat, quia et ipsi antiqui doctores non uno eodemque modo eamdem sententiam semper exposuerunt. Beatus enim Augustinus exponens illum versum : *Qui emittis fontes in convallibus, inter medium montium perstransibunt aquæ* (Psal. CIII, 10), montium nomine ibi intelligendos dicit apostolos. Beatus autem Gregorius longe post, in homilia *Anno quintodecimo* ejusdem versus mentionem faciens, nomine montium intelligendos dicit superbos, convallium vero humiles. Et cum multa distantia sit inter superbos et apostolos, neuter tamen horum doctorum alteri contrarius exstitit, quia per utrumque et in utroque Spiritus sanctus loquitur; et licet diverso modo, tamen ex utriusque ore in proximorum mentibus ædificationem operatur. Si ergo nos quoque creationem terræ, ad recreationem humanæ naturæ referamus, minime exinde reprehendendi sumus. Nam ipsa quoque creatio primi hominis, secundo homini, id est Christo, in multis locis convenienter potest aptari. Ille enim factus est sexta die, iste vero sexta ætate. Ille non de nihilo, sed de limo terræ factus est; iste de carne Virginis in ejus ventre a Deo formatus est. De illius costa dormientis, ædificavit Deus mulierem; de istius latere in cruce mortui profluxit sanguis et aqua, quibus duobus ædificatur Ecclesia, quia nisi quis aqua baptismatis renatus, et sanguinis Christi perceptione ei conjunctus fuerit, nec Christi nec Ecclesiæ membrum, vel filium se appellare poterit. De Adam et Evæ omnes secundum carnem nascimur, de Christo et Ecclesia omnes spiritualiter renascimur.

Jam vero ipsa verba quæ de Eva Adam dixit consideremus. *Hoc nunc*, inquit, *os ex ossibus meis, et caro de carne mea* (Gen. II, 23). Per ossa fortes Ecclesiæ, per carnem debiles intelliguntur. Dominus itaque ostendens infirmos quosque in Ecclesia a fortibus despici non debere, cum præmisisset per Adam *hoc nunc os ex ossibus meis*, subjecit *et caro de carne mea*. Os ex ossibus Christi intelligi possunt quibus dicitur : *Nolite timere eos qui occidunt corpus* (Matth. x, 28) ; caro vero infirmiores, quibus dicitur : *Cum persecuti vos fuerint in civitate una, fugite in aliam* (ibid., 23). Ossibus dicitur : *Nolite portare sacculum neque peram neque calceamenta* (Luc. x, 4). Carni dicitur : *Sed nunc qui habet sacculum, tollat similiter et peram* (Luc. XXII, 56). Et cum de eo Paulus dicat : *Qui proposito sibi gaudio sustinuit crucem, confusione contempta* (Hebr. XII) : carni tamen, id est infirmioribus compatiens, et ne subitaneo timore pressi desperarent exhortans : *Tristis est*, inquit, *anima mea usque ad mortem* (Matth. XXVI, 38) ; et : *Pater, si possibile est, transeat a me calix iste* (ibid., 39). Ne ergo infirmi desperent, sese eis sociat dicens : *Et caro de carne mea*. Gallinæ etiam magis quam alii avi se comparat, quæ pullis suis plus omnibus avibus compatiens, voce fit rauca, plumis hispida. Hinc est quod ipsam principalem et primam columnam Ecclesiæ permisit Petrum apostolum se tertio negando cadere, ut post casum resurgens, disceret infirmis cadentibus condescendere dicens ei : *Et tu aliquando conversus, confirma fratres tuos* (Luc. XXII, 32). Quamobrem relinquet, inquit, *homo patrem suum et matrem suam, et adhærebit uxori suæ, et erunt duo in carne una* (Gen. II, 24). Quod Apostolus exponens : *Sacramentum*, inquit, *hoc magnum est ; ego autem dico in Christo et in Ecclesia* (Ephes. V, 32). Ipse enim patrem suum et matrem, id est Synagogam, de cujus stirpe secundum carnem natus fuerat relinquens, adhæsit uxori suæ, sanctæ scilicet Ecclesiæ; et sunt duo in carne una, sponsus et sponsa, caput et corpus, Christus et Ecclesia. Hæc autem coadunatio facta est in glorioso et nobilissimo illo thalamo, id est in beatæ Virginis utero, cujus adventum ipse Deus serpenti maledicto comminando, pronuntiat ita dicens : *Inimicitias ponam inter te et mulierem, et semen tuum et semen illius. Ipsa conteret caput tuum, et tu insidiaberis calcaneo illius*. Caput enim serpentis superbia est, quia et ipse ejectus est de cœlo, et hominem ejecit de paradiso, dicente apostolo : *Initium omnis peccati superbia* (Eccli. x, 15). Hoc autem caput, id est superbiam ipsa valde contrivit et per se et per semen suum, id est Filium suum : per se quidem, cum dicit, *ecce ancilla Domini* (Luc. I, 38) ; per filium vero suum, qui cum Deus esset, *humiliavit semetipsum factus obediens usque ad mortem* (Philipp. II, 8). Verum de Adam et Eva ista sufficiant, nunc vero adhuc de Noe quomodo passionem Dominicam præsignaverit, unum exemplum ponamus, et sic sermonem finiamus.

CAPUT. X.
Quomodo nudus Noe passionem Christi figuraverit.

Plantavit, inquit, *Noe vineam, et bibens vinum inebriatus est et nudatus in tabernaculo suo* (Gen. IX, 21). Per Noe in hoc loco personam Domini intelligimus, qui *plantavit vineam*, populum scilicet Judaicum de quo in psalmo dicitur : *Vineam de Ægypto transtulisti, ejecisti gentes et plantasti eam* (Psal. LXXIX, 9). De hac et Isaias : *Vinea facta est dilecto in cornu, in loco uberi, et exspectavi ut faceret uvas, et fecit labruscas* (Isai. v, 1, 2). Per vinum quod Noe bibit, intelligimus dilectionem quam Dominus ad populum Judaicum habuit. Licet enim totum mundum sanguine suo redemerit, tamen specialius pro eis se venisse testatur, dicens in Evangelio : *Non sum missus nisi ad oves quæ perierunt domus Israel* (Matth. XV, 24). Hoc autem vinum tantæ fortitudinis fuit, ut bibens illud inebriatus sit. Quod Apostolus exponens : *Propter nimiam*, inquit, *charitatem suam qua dilexit nos Deus* (Ephes. II, 4). *Filium suum misit in similitudinem carnis peccati* (Rom. VIII, 3). Sicut enim ebrius sensu perdito non considerat quid faciat, sic et Dominus propter nimiam vim dilectionis, fecit quod nunquam eum aliquis credidisset facturum, nec pertinere videbatur ad majestatis ejus excellentiam ut faceret, nasci videlicet de femina, lacte ejus ali, colaphis caedi, exspui, crucifigi et mori; sed haec omnia quasi ebrius pertulit. Ne cui autem incredibile videatur, quod Noe ebrium figuram Domini gestare diximus, consideret quod per David dicitur : *Et excitatus est tanquam dormiens Dominus, tanquam potens crapulatus a vino* (Psal. XVII, 65). Dicitur etiam in amoris Cantico : *Fortis est ut mors dilectio* (Cant. VIII, 6). Crapulatus ergo a vino, id est nimietate dilectionis erga nos flagrans, nudatus est in tabernaculo suo, quia in populo Judaico qui proprie tabernalum et domus ejus esse debuit, exhonoratus et consputus, et etiam corporaliter a Pilati militibus vestimentis suis nudatus, et nudus in cruce fuit suspensus. Cham autem filius ejus minor qui patrem nudatum derisit, incredulum populum designat, id est eos qui Christum videntes nudum in cruce suspensum, irridentes eum et capita sua moventes dicebant : *Alios salvos fecit, se salvum faciat, si hic est Christus Dei dilectus* (Marc. XV, 31). Per Sem vero et Japheth majores filios, prophetae et apostoli designantur, qui videntes eum nudatum, vel in spiritu prophetae, vel in corpore apostoli, non despexerunt, sed honoraverunt eum. Ex his unus est Isaias, qui prospiciens eum nudatum dicit : *Non est ei species, neque decor, et vidimus eum et non erat aspectus, et desideravimus eum; despectum et novissimum virorum, virum dolorum et scientem infirmitatem : Et quasi absconditus vultus ejus et despectus ; unde nec reputavimus eum, Vere languores nostros ipse tulit, et dolores nostros ipse portavit : et nos putavimus eum quasi leprosum, et percussum a Deo et humiliatum* (Isai. LIII, 2-4). Cui alter [consonans Paulus scilicet Apostolus : *Nos,* inquit , *praedicamus Christum crucifixum, Judaeis quidem scandalum, gentibus autem stultitiam; ipsis autem vocatis Judaeis atque Graecis , Christum Dei virtutem et Dei sapientiam* (I Cor. I, 23, 24). Sed evigilans Noe, non ipsum filium qui se deriserat, sed Chanaan filium ejus maledixit; duos autem qui se honoraverant, benedixit. Qua Christus resurgens ex mortuis et ascendens in coelum, prophetas quidem et apostolos, omnesque qui praedicationi eorum crediderunt, secum glorificavit; semen vero incredulum puniri praecepit, sicut in supradicto psalmo dicitur : *Et percussit inimicos suos in posteriora, opprobrium sempiternum dedit illis* (Psal. LXXVII, 66). In posteriora quippe inimicos suos percussit, quia in posteros eorum qui se crucifixerunt, et in praesenti vita sententiam dispersionis et captivitatis, et in futura jaculum aeternae damnationis intorsit. Sed quia de Christi incarnatione et passione multa jam dicta sunt tempusque est tam prolixi sermonis terminandi, ad dominam nostram misericordiae matrem, iterum oculos vertamus; et per cujus benedictum fructum salvati sumus, in ipsa finem loquendi faciamus.

CAPUT XI.

Auctor vertit sermonem suum ad beatam Virginem, quam deprecatur ut misericordiae matrem.

Est enim revera mater illa de qua dicitur : *Et vocavit Adam nomen uxoris suae Eva, eo quod mater esset omnium viventium* (Gen. III, 20). Eva quippe illa recte dicitur mater morientium, quia per illius culpam omnes sententiam mortis incurrimus : haec est autem mater viventium, quia per istam omnes vitam perditam recepimus. Sequentes enim Apostolum dicentem : *Sicut in Adam omnes moriuntur, ita et in Christo omnes vivificabuntur* (I Cor. XV, 22), et nos de gloriosa matre ejus dicere possumus : Sicut per Evam omnes morimur, ita per Mariam omnes vivificamur. Paradisi namque porta per Evam cunctis clausa est, et per Mariam virginem iterum patefacta est. De hac revera a Domino dictum convenienter potest intelligi : *Faciamus ei adjutorium simile sibi* (Gen. II, 18); sicut enim caeteris corporalibus creaturis a Domino solo jussu creatis, hominem quem ad imaginem suam formavit per quem Christum significari intelligere possumus, quasi non sine consilio creare voluit dicens : *Faciamus hominem ad imaginem et similitudinem nostram* (Gen. I, 26), ita et mulierem quasi per consilium creavit dicens : *Non est bonum hominem esse solum, faciamus ei adjutorium simile sibi* (Gen. II, 18). Quod de Eva quidem ad litteram nemo dubitat dictum, de sponsa vero simul et matre Dei sancta Maria, et per eam de sancta Ecclesia non minus praedictum, convenienter potest intelligi. Licet enim per Isaiam dicatur : *Si ego qui alios parere feci, ipse non pariam? dicit Dominus. Et si ego qui aliis generationem tribuo, sterilis ero ? ait Dominus Deus tuus* (Isai. LXVI, 9); Tamen ante beatam Mariam quasi sterilis fuit, qui quamvis omnia ut Deus creaverit, nullum tamen eo modo, quo postea filium peperit. Ubi vero dicente Deo *faciamus ei adjutorium simile sibi,* unigenito Filio suo carnem quasi sponsam in utero beatae Virginis tanquam in thalamo sociavit ; et sicut dixit Adam : *Erunt duo in carne una* (Gen. II, 24), ita Deum et hominem in uno Christo copulavit. Illico sterilitate remota Deus parere coepit illos filios, de quibus dicit Joannes : *Quotquot autem receperant eum, dedit eis potestatem filios Dei fieri, qui non ex sanguinibus neque ex voluntate viri, sed ex Deo nati sunt* (Joan. I, 12, 13). Ecce ergo quam competenter de domina nostra dictum intelligitur, *faciamus ei adjutorium simile sibi.* Deus enim est Pater rerum creatarum, et Maria mater rerum recreatarum. Deus qui de nihilo creavit omnia, voluit ea corrupta reparare sine Maria. Deus omnia creavit, et Maria Deum generavit, et quia Dei Filium genuit Maria, sponsa utique Dei facta est Maria. Non tamen solum Deum Maria genuit, sed post illum et per illum multos filios Dei generavit, qui ei quotidie clament devote : *Pater, qui es in caelis* (Matth. VI, 9). Illos filios non dedignatur bonus filius Mariae fratres appellare dicens :

Narrabo nomen tuum fratribus meis (Psal. XXI, 23); et : *Ite, nuntiate fratribus meis (Matth.* XXVIII, 10). Denique filius Mariæ, frater noster est; et consequenter etiam Maria mater nostra est. O quid Mariæ debemus! Per Mariam Deus factus est Pater noster, quia per illam Dei Filius factus est frater noster. Per Mariam Deus creator noster factus est Pater noster; per Mariam Deus judex noster, factus est frater noster. Quid jam timendum nobis est, quando judex noster est frater noster; et judicis nostri mater, est etiam nostra mater? Si propter peccata nostra nobis forte iratus est judex noster, non desperemus, quia ipsius mater est etiam nostra mater. Placet ergo pia mater pium filium reis filiis; reconciliet bona mater iratum fratrem fratribus miseris. Scripsit de ea quidem bonus servus ejus, ille scilicet jam supra sæpe memoratus, domnus Anselmus, in quadam oratione ad eam facta, hoc modo : « Meminimus, inquit, et meminisse delectabile est, quomodo apparens cuidam servo suo in extremis agenti, et interrogans utrum cognosceret, cum ille, *Minime, domina,* tremens responderet, quam dulciter ei dixisti : *Ego sum misericordiæ mater.* Apud quam ergo rectius et confidentius miseri calamitates suas deplorabunt, quam apud te, quæ meruisti mater existere ejusdem Redemptoris et Judicis nostri? Te præfiguravit urna illa aurea, in qua Deo jubente positum est manna, panis scilicet angelorum, quem per te manducavit humana natura. Hunc ergo panem, pia mater porrige esurientibus filiis tuis, et ut illum digne percipere possint, sana in eis palatum interioris hominis. Quamvis enim ipse Filius tuus dicat : *Qui mandu-cat carnem meam et bibit sanguinem meum', in me manet et ego in eo (Joan.* VI, 55) : terret nos tamen multum quidam de dapiferis ejus dicens : *Qui manducat et bibit indigne, judicium sibi manducat et bibit (Cor.* XI, 29). Scimus enim revera tanti mysterii nos prorsus fore indignos, qui in multis eum offendimus. Ideoque licet eum desideremus, tamen conscientia intrinsecus graviter remordente, eum suscipere formidamus. Sed ad te confugientes, mediatrix nostra, quæ est post Deum spes sola, tibi peccata nostra confitemur : teque inter nos et Deum mediatricem et interventricem fieri exoramus. Sed quid miseri faciemus? Angustiæ nos premunt undique. Cum enim Dei Filium offendimus, utique etiam matrem ejus quam ipse multum diligit, pariter offendimus. Quomodo ergo Filio reconciliari petimus per matrem, qui similiter offendimus matrem ? Sed quia utrumque offendimus, ad utriusque misericordiam recurramus, et alteri per alterum reconciliari exoremus. Bona ergo mater, reconcilia bono Filio tuo reos filios tuos. Bone frater, reconcilia bonæ matri tuæ reos fratres tuos. Bonus tu, et bona tu; dulcis tu et dulcis tu. Bone ergo Domine, et bona domina, dulcis frater et dulcis mater, obsecramus misericordiam vestram, quatenus sic præsens festum Natalis pii fratris et partus piæ matris, sic nos recolere concedatis, ut per illud festum ad æterna festa nos perducatis, ubi vos videamus, videntes gaudeamus, gaudentes collaudemus per omnia sæcula sæculorum. Amen.

Hic liber sanctæ Mariæ de Casa Dei (1) *scriptus anno Incarnati verbi millesimo centesimo quadragesimo nono.*

---

(1) Nunc Viconia, cœnobium ordinis Præmonstratensis.

HERMANNI ABBATIS
DE MIRACULIS S. MARIÆ LAUDUNENSIS

ET

DE GESTIS BARTHOLOMÆI EPISCOPI ET S. NORBERTI

LIBRI TRES.

Vide Patrologiæ tom. CLVI, *col.* 961, *Append. ad Guibertum Novigentinum.*)

MONITUM IN OPUSCULUM SUBSEQUENS.

(Dom. Lucas d'Achery; *Spicil.* edit. de la Barre, tom. II, pag. 888.)

Narrationem sive historiam restaurationis Tornacensis monasterii S. Martini, perantiquæ fundationis ord. S. Benedicti, quam damus in lucem, accepimus a longe eruditissimo et antiquarum rerum peritissimo carmelita discalceato Josepho Ignatio a S. Antonio, ex illustriss. familia toparcharum de Rebec oriundo, qui eam descripsit, et adnotatiunculis, quæ multum lucis mihi attulere, adornavit; iis voces aliquot et varia loca in contextu comprehensa elucidantur.

Auctor Hermannus semel prodit monachum, post abbatem Sancti Martini Tornacensis, scribitque in prologo causam cur ad hoc opus se accinxerit; et fatetur ingenue, cum diruta abbatia multis sæculis permanserit, seu varios casus pertulerit et vicissitudines, sæpiuscule in illa narratione exaranda sese tenebris fuisse obvolutum, quippe qui nihil pene antiquorum monumentorum reperit, quandoquidem nobile istud asceterium ædificiis destructis plane spoliatum fuerit ornamentis pretiosis, chartis, redditibus, ac proinde nonnisi labore summo ad notitiam aliquam pervenire valuerit anterioris ac veteris ævi, et priorum Patrum, qui cœnobium istud incoluere : atque ut historiæ filum texat et chronologiæ ordinem observet, rebus monasticis pontificum, regum principum et dynastarum adjicit actus. Singularia hac in narratione animadvertet haud dubie eruditus lector, ea potissimum quæ tanquam oculatus, auritusque testis affirmat Hermannus suo tempore evenisse. Nihil hic attexo; percurre, si lubet, adnotationes adjectas.

Hermannus sui operis exordium sumit a Samsone Remorum archiepiscopo, et Innocentio II Catholicam Ecclesiam regente, dum Romæ ageret, quemadmodum ipse testatur in præfatione : *Ne penitus*, infit, *tam longi temporis tædio deperеам in Lateranensi palatio, restaurationis Ecclesiæ nostræ ordinem scribere aggredior, etc.* In his autem verbis: *Et ex consortio eorum melius esset, quam si seorsim essent sepulti*, desiisse reor. Quæ porro sequuntur a numero 105 ad finem, alterius arbitror esse relationem, quippe Hermannum summa animi demissione aliisque virtutibus præclarum, in tot sui laudes prorupisse minime fas est credere. Continuator ille suam relationem absolvit anno 1160.

NARRATIO RESTAURATIONIS
ABBATIÆ
SANCTI MARTINI TORNACENSIS
AUCTORE HERMANNO.

PROLOGUS.

Dilectissimis dominis, Patribus, fratribus, et filiis universis Beati Martini Tornacensis cœnobii monachis, Frater HERMANNUS ultimus eorum servulus, super flumina Babylonis supernæ Sion jugiter recordari.

Pro dilectione, quam mihi ab infantia mea exhibuistis, pro sincera obedientia, quam mihi quandiu abbas vester esse volui (2), sine aliquo scrupulo semper et præsenti et absenti impendistis, Deo et omnibus vobis gratias refero, utque vobis ipse Dominus pro me retribuat, ejus misericordiam exoro. Quia vero nonnulli vestrum a me petierunt multoties ut modum constructionis, sive restaurationis ecclesiæ nostræ litteris mandando tam futuris quam præsentibus notificarem, ecce petitioni eorum libenter satisfacere volo, sciens priorum notitiam plerumque posteris profuisse, eorumque ignorantiam sæpenumero non parvum detrimentum intulisse. Nostis autem ex quo adolescentulus fui me idem facere voluisse et etiam tabulis aliqua impressisse, sed dum considerarem primos ecclesiæ nostræ inceptores adhuc vivere, adulationis naevum timuisse, si eorum actus viventibus ipsis viderer scribere, sicque ea quæ inceperam delevisse. Nunc vero quia jam duobus primis defunctis, ego tertius abbas successi, ac de prioribus monachis aut nullum, aut paucos superstites video, simul etiam jam quinquagesimum annum restaurationis nostræ transisse non ignoro, ecce securior petitioni vestræ possum acquiescere. Si enim ulterius differam, tempore prætereunte multa possunt paulatim oblivioni tradi, quæ necesse fuisset describi. Quia ergo, sicut nostis, præterito nuper Natali Domini, cum domino nostro Samsone Remorum archiepiscopo Roma rediens, litteras domini papæ Innocentii Tornacum detuli, præcipientes Tornacensibus ut proprium sibi episcopum eligerent, et ab obedientia Noviomensis episcopi omnino absoluti essent, sicque electo ad episcopatum domno Absalone S. Amandi abbate, statim pro eo Romam rogatus sum redire; dumque domini papæ responsum exspecto, jam ab octavis Paschæ usque ad octavas Pentecostes me Romæ demoratum esse conspicio; ne penitus tam longi temporis tædio deficiam, vel otio depeream in Lateranensi palatio, restaurationis Ecclesiæ nostræ

---

(2) *Esse volui.* Scilicet abdicavit munus abbatiale an. 1136, in fine vel initio seq., cum præfuisset x ferme annos, ut infra habetur.

ordinem scribere aggredior, descriptumque vobis transmittere cupio, summopere deprecans ut si forte (quod multum timeo), nimio calore ingravescente mori me Romæ contigerit, servuli vestri animam Domino precibus commendetis. Duobus sane fraternitatem vestram jugiter hortor insistere, religioni scilicet et mutuæ dilectioni ; per hæc enim duo tam intrinsecus quam extrinsecus, Deo favente, proficere poteritis. Hæc duo quotiescunque firmiter tenuimus, exterius sævientes mundi procellas deridendo despeximus, et despiciendo calcavimus : si quando vero ea vel leviter inter nos frigescere permisimus, exteriorem prosperitatem nihil nobis commodi conferre probavimus. Sed hæc præmisisse jam sufficiat, nunc subjungatur relatio verissima.

Explicit Prologus.

INCIPIT LIBER.

De restauratione ecclesiæ Sancti Martini Tornacensis.

1. Francorum regni sceptra gerente rege Philippo filio Henrici filii Roberti, filii Hugonis Capeti, qui reges de stirpe inclyti Caroli de regno expulit, et principatum obtinuit, fuit quidam clericus Aurelianensi civitate oriundus, patre Gerardo, matreque Cæcilia progenitus, nomine Odo. Hic a pueritia studiis litterarum instanter intentus, intra tempus adolescentiæ tantum scientiæ est adeptus ut nemini sui temporis Francigenarum in ea judicaretur secundus. Unde magistri potius quam discipuli nomine dignior habitus, primo in urbe Tullensi scholasticos docuit, deinde a canonicis Beatæ Mariæ Tornacensis urbis evocatur, scholæ eorum magister constituitur, quam fere per quinquennium regens adeo sui nominis opinionem dilatavit, ut non solum ex Francia, vel Flandria, seu Northmannia, verum etiam ex ipsa quoque longe remota Italia, Saxonia, atque Burgundia clericorum catervæ diversorum ad eum audiendum quotidie confluerent, ita ut si civitatis plateas circuiens greges disputantium conspiceres, cives omnes relictis aliis operibus soli philosophiæ deditos crederes ; jam vero si scholæ appropiares cerneres magistrum Odonem, nunc quidem Peripateticorum more cum discipulis docendo deambulantem, nunc vero Stoicorum instar residentem, et diversas quæstiones solventem, vespertinis quoque horis ante januas ecclesiæ usque in profundam noctem disputantem, et astrorum cursus digiti protensione discipulis ostendentem, zodiacique seu lactei circuli diversitates demonstrantem, a quibus cum plurima ei darentur, unus inter cæteros annulum ei dedit aureum, in quo hic versiculus decenter erat sculptus :

Annulus Odonem decet aureus Aureliensem.

Sed cum omnium septem liberalium artium esset peritus, præcipue tamen in dialectica eminebat, et pro ipsa maxime clericorum frequentia eum expetebat. Scripsit etiam de ea duos libellos, quorum priorem, ad cognoscenda devitandaque sophismata valde utilem, intitulavit *Sophistem* ; alterum vero appellavit librum *Complexionum*, tertium quoque *De Re et Ente* composuit ; in quo solvit si unum idem- que sit *res et ens*. In his tribus libellis, sed et in cæteris opusculis suis cum sese opportunitas inseruit sui nominis proferendi, non se Odonem, sed sicut tunc ab omnibus vocabatur nominabat Odardum.

2. Sciendum tamen de eodem magistro quod eamdem dialecticam non juxta quosdam modernos in *voce*, sed more Boethii antiquorumque doctorum in *re* discipulis legebat : unde et magister Raimbertus, qui eodem tempore in oppido Insulensi dialecticam clericis suis in *voce* (3) legebat, sed et alii quamplures magistri ei non parum invidebant et detrahebant, suasque lectiones ipsius meliores esse dicebant, quamobrem nonnulli ex clericis conturbati cui magis crederent hæsitabant, quoniam et magistrum Odardum ab antiquorum doctrina non discrepare videbant, et tamen aliqui ex eis more Atheniensium aut discere aut audire aliquid novi semper humana curiositate studentes, alios potius laudabant, maxime quia eorum lectiones ad exercitium disputandi, vel eloquentiæ, imo loquacitatis et facundiæ plus valere dicebant. Unus itaque ex ejusdem ecclesiæ canonicis, nomine Gualbertus, qui postmodum monachus noster, deinde in episcopatu Catalaunensi abbas exstitit, tanta sententiarum errantiumque clericorum varietate permotus, quemdam pythonicum surdum et mutum, sed in eadem urbe divinandi famosissimum, secreto adiit, et cui magistrorum magis esset credendum digitorum signis et nutibus inquirere cœpit. Protinus ille (mirabile dictu !) quæstionem illius intellexit, dexteramque manum per sinistræ palmam instar aratri terram scindentis pertrahens, digitumque versus magistri Odonis scholam protendens, significabat doctrinam ejus esse rectissimam ; rursus vero digitum contra Insulense oppidum protendens, manuque ori admota exsufflans, innuebat magistri Raimberti lectionem nonnisi verbosam esse loquacitatem. Hæc dixerim, non quod pythonicos consulendos, vel eis contra præceptum divinum arbitrer esse credendum, sed ad redarguendum quorumdam superborum nimiam præsumptionem, qui nihil aliud quærentes nisi ut dicantur sapientes, in Porphyrii Aristotelisque libris magis volunt legi suam adinventitiam novitatem,

---

(3) *In voce.* Hos Nominales, alios Reales vocant.

quam Boethii cæterorumque antiquorum expositionem. Denique D. Anselmus Cantuariensis archiepiscopus in libro quem fecit De *Verbi incarnatione*
non dialecticos hujusmodi clericos, sed dialecticæ
appellat hæreticos, *Qui non nisi flatum*, inquit, *uni-
versales putant esse substantias*, dicens eos de sapientum número merito esse exsufflandos.

3. Cum ergo magister Odardus (3*) pro scientia
sua ubique laudaretur, tanta nihilominus in eo religionis pollebat dignitas, ut non minus pro ipsa ab
omnibus undique celebris et famosus haberetur;
quando enim præcedentem et ad ecclesiam tendentem ducentorum fere clericorum cohortem ultimus
ipse suo more subsequebatur, vix in aliquo districtissimo
monachorum cœnobio majorem invenire
potuisses religionem; nullus enim socio colloqui,
nullus ridere, nullus audebat mussitare, nemo dextera lævaque vel modicum oculos præsumebat deflectere: ubi vero in choro ventum fuisset, super-
flue aliquis districtionis causa alium Cluniacum
quæsisset. De frequentationibus vero feminarum,
de crinium, seu vestium incompositione, vel simi-
lium quæ hodie passim exerceri videmus abusione,
supervacaneum est aliquid dicere, quoniam hujusmodi pestes sine dubio aut schola pepulisset, aut
scholæ magisterium reliquisset. Tanti præterea rigoris erat, ut nullum omnino laicum ingredi claustrum hora legendi permitteret; nam cum ante adventum ejus milites et cives ad audiendas et termi-
nandas forenses causas ex consuetudine claustro
canonicorum abuti soliti essent, ita jam omnes penitus inde eliminaverat, ut ne ipsum quidem Everardum, potentissimum ejusdem urbis castellanum,
qui castellum Moritaniæ (4), antea prorsus inexpu-
gnabile, eodem tempore militari strenuitate violenter captum dominio Tornacensi addiderat, pro
hujusmodi causis nec ad horam quidem in eo residere permitteret, licet eum exinde non parum offendi sciret. Nihil enim minus quam injustas divitum
vel potentum iras pertimescebat, magnumque dedecus viri sapientis esse dicebat, si pro favore vel
gratia principum vel modicum a tramite rectitudinis
declinet. Pro talibus ergo moribus non solum a canonicis, verum et ab ipso domno Rabodo, ejus
temporis ejusdem urbis venerabili episcopo, cunctisque civibus diligebatur, meritoque honorabatur.
Quamvis autem nonnulli dicerent eum hanc distri-
ctionem non exercere causa religionis, sed potius
antiquæ philosophiæ consuetudinis, facile tamen
lector animadvertere potest cujusmodi post conversionem fuerit, quem in vita sæculari tanti constat fuisse rigoris. Sed jam de his quæ in scholis
gessit hæc dixisse sufficiat, nunc ad ejus conversionis veniamus exordia.

4. Cum scholæ Tornacensi fere per quinquennium præfuisset, oblatus est ei a quodam clerico
liber beati Augustini *De libero arbitrio*, quem magister ob solum bibliothecæ suæ comparans supplementum, in scrinio cum cæteris libris projecit,
utpote qui adhuc mundanæ sapientiæ deditus magis
delectabatur lectione Platonis quam Augustini. Cum
ergo post duos fere menses Boethium *De consolatione
philosophiæ* discipulis legens, ad quartum librum,
in quo *De libero arbitrio* disserit, pervenisset, recordatus empti libri, cogitansque si quid dignum
memoria in eo posset inveniri, quem de ea materia
constabat intitulari, vocato ministro suo jussit sibi
eum deferri. Allatum itaque aperiens, et duas vel
tres paginas legens paulatim eloquii cœpit delectari
venustate; protinusque convocatis clericis utpote
omnis expers invidiæ, et inventi thesauri volens
eos participes esse : « Vere, inquit, hactenus igno-
ravi Augustinum tantæ tamque delectabilis fuisse
facundiæ. » Dixit, statimque librum ipsum a capite
incipiens, non solum tunc, sed et sequenti die cœpit
eis studiose legere, et in locis obscurioribus diligenter exponere, cum ecce legendo ad tertium librum pervenitur, in quo præfatus doctor, servo pro
criminibus suis de priori dignitate pulso et mun-
dandæ cloacæ deputato, comparat peccatrices animas, quæ cœlestem quidem gloriam pro sceleribus
suis perdunt, hunc vero mundum cloacæ fetidæ similem quodammodo decorant quandiu in eo vivunt.
Hanc ergo sententiam cum magister Odardus audientibus discipulis legisset, tactus nimio dolore
cordis intrinsecus, ex imo pectore trahens alta
suspiria : « Heu, inquit, quam fortiter ista nos premit sententia ! hæc revera tam proprie mihi videtur
nobis congruere, ac si propter nos solummodo
fuerit scripta; hunc siquidem fetidum mundum
quantulacunque scientia nostra perornamus; cœlesti vero gloria post mortem digni non erimus, quoniam nullum Deo servitium facimus, nec scientiam
nostram in ejus famulatu expendimus, sed in sæculi
vanitate pro mundana laude male ipsa abutimur. »
His dictis surrexit, totusque lacrymis perfusus
ecclesiam intravit. Tota subito schola turbatur,
canonicorum etiam conventus admiratione nimia
concutitur. Post hæc ergo paulatim cœpit sese scholis
absentare, ecclesiam plus solito frequentare, pecuniam congregatam omnibus quidem pauperibus, sed
maxime clericis egentibus erogare, jejuniorum rigorem attentare, ita ut multoties panem pugno includens, et quod exterius eminebat cultello præci-
dens, non plus ad comedendum retineret quam in
pugno remansisset : et ecce homo quondam lactei
candoris corpulentique nitoris, subito jejuniorum
maceratione attritus, in tantum macer et tenuis,
ossibusque prominentibus siccus, et exilis intra paucos dies redditus est, ut ab his qui eum videre con-

---

(3*) *Odardus.* Non igitur expungendus est ex catalogo Camerac. Episcoporum Odardus episc., cum
idem sit ac Odo.

(4) *Moritaniæ*, vulgo *Mortaigne*, ad Scaldim flumen,
Tornacum inter et oppidum S. Amandi Elnonens.
Hinc Everardi successores nomen de *Mortaigne*
assumpserunt.

sueverant in alterum virum mutatus putaretur, vixque jam a multis recognosceretur. Fama protinus per totam circumvolat regionem, quantocius renuntiaturum sæculo magnum Odonem, unde quatuor ex ejus clericis ipsum sequentes eique adhærentes, promittunt ei quocunque iret, se eum indivisibiliter fore secuturos, et ab eo responsum accipiunt quod nihil faceret absque eorum communi assensu. Hos autem his nominibus appellatos fuisse accepimus : Odo abbas, cujus anniversarius est XIII Kalendas Julii; Gerbertus, qui IV Idus Aprilis obiit; Rodulfus, qui et ipse IV Kalendas Martii; Willelmus, qui decimo Kalend. Maii obiit; Lamfridus quintus, eorum socius, fuga lapsus periit. Protinus abbates totius provinciæ, tam monachorum quam canonicorum sigillatim Tornacum adveniunt, magistrumque Odonem et ejus socios ad suam unusquisque ecclesiam invitat. Clericis vero magistri canonicorum magis quam monachorum ordinem placet assumere, quia et in ecclesiasticis officiis, et in quotidiano victu et vestitu canonici tolerabiliorem ritum ducerent quam monachi. Quamobrem nunc ad montem Sancti Eligii, nunc vero Gautenias, ubi canonici districtioris vitæ manebant, visitationis gratia proficiscentes, sollicite explorabant quo loco remanere sibi competentius foret, sed divina dispositio jam aliter de eis ordinaverat.

5. Erat siquidem tunc temporis extra ejusdem urbis portam meridianam modica ecclesia, in honore beati Martini in monte modico constructa. Hanc fama vulgaverat antiquitus abbatiam fuisse, sed tempore persecutionis Wandalicæ cum cæteris Gallicanis ecclesiis a paganis destructam, ad nihilum devenisse : quædam tamen terræ ejus in provincia remanserant, quæ ad omnibus adhuc terræ Sancti Martini vocabantur, sed in laicorum manus devenerant, qui eas in beneficio de manu episcopi tenebant. Ipsa vero ecclesiola ad tantam solitudinem fuerat redacta, ut nullum omnino fieret in ea divinum officium, quoniam nec presbyteri qui parochiales ecclesias ejusdem urbis tenebant, in ea missam cantare volebant, utpote nullo superveniente qui eis ibi aliquid offerret. Pauperes solummodo, qui nihil penitus habebant, et procul a parochialibus ecclesiis mortui non inveniebant qui eos ad illas deferret, ad hanc, quia propior erat, deferebantur. Tuncque superveniens presbyter de vicina Sancti Piati ecclesia eos sepeliebat, et si quid ab aliquo fideli forte oblatum fuisset, asportabat.

6. Eodem tempore illa ignea pestilentia divino judicio nimis ipsam provinciam oppresserat, qua plurimorum pedes invisibili igne, qui ignis inferni vocabatur, publice comburi videbantur, quamobrem non solum de ipsa provincia, verum etiam de remotis longeque positis regionibus eodem igne combusti ad ecclesiam Beatæ Mariæ, in urbe Tornacensi constructam, quotidie gregatim deferebantur, quoniam probatum longeque diffamatum erat, ejus misericordia quamplures jam sanatos fuisse in ea. Sed cum ipsa ecclesia eorum multitudine jam undique fuisset repleta, nimiumque fetorem utpote succensæ carnis humanæ, vel, ut decentius loquar, nidorem jam nullus pene ingredientium sufferre valeret, necessitate compulsi canonici præceperunt ut quorum jam pedibus combustis tibiæ succensæ fuerant, sanitatisque eorum nulla spes supererat, de ipsa ecclesia ejicerentur. Sic itaque ejecti, quoniam nec in aliis parochialibus ecclesiis pro eodem intolerabili nidore recipiebantur, ad præfatam Sancti Martini ecclesiolam, utpote vacuam et solitariam, a proximis suis deferebantur, ibique ejusdem ignis ustione tandem defuncti sepeliebantur. Cujus pestis immanitate permotus supradictus Rabodus venerabilis episcopus, totius provinciæ populum ad eamdem Sanctæ Mariæ congregari fecit ecclesiam, factoque cunctis generali sermone, omnibusque nimium perterritis, plusquam mille juvenum comas totondit, vestesque per terram defluentes, et libidini potius quam necessitati servientes præcidit : deinde universis una feria sexta integra usque ad noctem jejunare, ita ut etiam infantuli nutricum papillas non sugerent, indixit. Præterea in sequenti sanctæ crucis Exaltatione universum populum cum sanctorum pignoribus nudis pedibus totam urbem forinsecus processionem faciendo circuire constituit; sicque iram Domini in misericordiam conversam experti sunt cuncti, multis pro ea orationibus et eleemosynis factis. Quæ processio in præfata sanctæ crucis Exaltatione per ejusdem urbis circuitum usque in hodiernum diem servatur (5), ita ut de circumpositis regionibus nonnunquam ad eam fere centum millia plebis diversi sexus et ætatis congregari videantur, nisi quod jam non nudis pedibus eam faciunt, sed potius milites, et juvenes ludos exercent in ea diversarum vanitatum, et cursus equorum; plusque ipsa die ibi inveniatur levitatis quam religionis, vel devotionis, plurimis jam pro diuturnitate temporis ignorantibus qua necessitate vel causa eadem processio fuerit instituta.

7. Præfatos ergo infirmos invisibilis ignis incendio temporaliter concrematos, sed, ut credimus, a peccatis suis eodem supplicio purgatos, cum seniores urbis cives viderent ad præfatam ecclesiolam S. Martini deferri, compassionis misericordia permoti lacrymas fundebant, totiusque urbis thesaurum ad S. Martinum deferri dicebant, eorumque precibus ibidem sepultorum quamcitius Dominum ejusdem ecclesiæ miserturum, eamque restauraturum, fideli corde subjungebant. Nec fefellit eos pia fides.

8. Vitalis etiam quidam senex, opibus pauper, moribus dives, cum festis diebus ibidem advenientes juvenes, utpote in spatioso et solitario loco videret cursibus, variisque ludis et clamoribus lasciviendo insistere, increpabat eos, dicens : « Nolite, dulcis-

---

(5) *Servatur.* Isthæc processio etiamnum celebratur quotannis. Dominica præcedente, a concionatore annuntiatur causa hujusce processionis.

simi pueri, inquietare animas fidelium hic quiescentium : in veritate enim dico vobis, eorum precibus placatum Dominum magnum quid infra breve tempus hoc in loco facturum. » Cumque hoc frequenter omnibus audientibus senex ille protestaretur, canonicorum præpositus, vir strenuus, nomine Hermannus, irridens eum utpote vetulum, ludendo interrogabat quidnam illud esset magnum quod ibi toties prædicabat futurum. Cui statim ille coram universis respondebat, dicens : « Certe tu illud videbis oculis tuis, sed ego non videbo. » Quod verum fuisse finis probavit, siquidem præpositus cum germano suo Sigero, canonicorum præcentore, postea in cœnobio nostro monachus factus, pluribus vixit annis, idque sibi ab illo sene fuisse prædictum frequenter nobis narravit.

9. Præterea Fastredus ejusdem urbis advocatus, terras ecclesiæ ipsius de manu episcopi tenebat in beneficio. Cum videret Idam conjugem suam, germanam Theoderici de Avesniis, easdem terras rusticis suis ad excolendum et inhabitandum distribuentem, corripiens eam dicebat quod male faceret, quæ Sancti Martini terras alienis distribueret, et quod priusquam moreretur hoc se fecisse doleret, quoniam citius divina pietas eidem ecclesiolæ subveniret. Quod etiam verum fuisse rei probavit exitus; nam et ipsa Ida post obitum viri sui apud nos sanctimonialis effecta, cum pro earumdem terrarum redemptione videret nos contra ipsos rusticos, quibus eas tradiderat, contendere, pectus suum cum gemitu valido percutiens, se hujus rei culpabilem fatebatur, sibique hoc a marito suo sæpius prædictum fatebatur. Idem etiam Fastredus multoties cum militibus suis equitans dum ante ipsam ecclesiolam pertransiret, manus et oculos ad januas attollens cum lacrymis aiebat : Ah! sancte Martine, quare non respicis istam tuam tandiu desolatam ecclesiam! Jam, quæso, ejus miserere et eam restaurari concede. Quem cum talia sæpius orantem milites sui audientes, suaderent ei ut de comprovincialibus cœnobiis aliquos illic monachos intromitteret, respondebat se nullum invenire qui in tanta paupertate vellet introire. « Cæterum si quem, aiebat, reperirem qui hic vellet habitare, hanc quoque ecclesiolam restaurare, Deum testor et sanctos ejus quod de tota terra mea non passum quidem pedis filiis dimitterem, sed omnia quæ habeo huic ecclesiæ contraderem. » Qui tamen ante domini Odonis adventum in festo Sancti Medardi ab inimicis suis occisus, quod diu desideraverat videre non potuit, filiosque suos non tam benevolos erga locum existentes reliquit.

10. In eadem etiam urbe Tornacensi duo milites manebant, quorum unus, nomine Gualterus, filius Huberti, de potentioribus provinciæ optimatibus habebatur; alter vero Radulfus de Osmunt (6) nullo civium inferior videbatur. Hos ergo duos milites quidam juvenis vidit in somnis in præfata ecclesia stantes, et antiquas ejus ruinas restaurare molientes. Quod cum evigilans matri suæ retulisset, illa protinus similem aliis sententiam protulit, dicens : « Crede, fili, eamdem ecclesiam Domini misericordia citius restaurandam, hosque duos milites eidem loco multum profuturos. » Quod sic postmodum contigit : nam ambo in eadem ecclesia Sancti Martini monachi sunt facti; quotque labores in ea vel pro ea protulerunt, testis est ille pro quo laboraverunt.

11. Cum ergo in Tornacensi regione hujusmodi sermones a diversis pronuntiarentur de ejusdem ecclesiæ restauratione, videntes cives magistrum Odonem cum suis quinque clericis sæcularem vitam velle relinquere, necdumque quo iri ituri essent deliberasse, præfatum episcopum domnum Rabodum adeunt, ut eos in eadem ecclesia remanere exhortaretur unanimiter deposcunt, totiusque civitatis auxilium eis non defuturum promittunt. Congaudet episcopus, eisque secreto convocatis petitionem civium innotescit, multaque suasoria supperaddit. Quinque clerici respondent quidquid vellet magister Odo se concessuros : tota summa concessionis vel negationis in magistri pendet arbitrio. Episcopus proinde preces replicat, utque tanti boni intrepidus inceptor existat assidue exorat. Sed ille videns ibi nonnisi unam ipsamque veterem et semidirutam consistere ecclesiolam, tanti ponderis sarcinam aggredi pavitabat. Egreditur de domo episcopi nullo certe responso reddito, nec tamen cessat episcopus iterum iterumque animum ejus ad hoc opus aggrediendum accendere; vidensque se parum proficere, quemdam religiosum presbyterum Gislebertum accersit, qui in eadem regione tunc temporis ac si propheta quilibet honorabatur, quique nunc in ecclesia Sancti Petri Helnonensis (7) coram altari sepultus quiescit. Hoc ergo sibi juncto, iterum totis viribus animum magistri nititur inflammare, proponens Apostoli sententiam, quod qui plus laboraverit, plus mercedis accipiet, et *quoniam per multas tribulationes oportet nos intrare in regnum Dei (Act.* XIV, 21); quodque honorabilius et commodius ei foret apud Deum et homines si novum fundamentum Ecclesiæ ipse fieret, quam si aliquod cœnobium olim constructum ingrediens, super alienum fundamentum ædificaret. Tot tantisque sententiarum spiculis tandem magister devictus ad ultimum respondet se ibidem remansurum, si episcopali privilegio ab omni exactione libera sibi traderetur eadem ecclesiola. Supra modum pontifex exhilaratus canonicorum conventum evocat, utque hoc benigne concederet exorat, sed illi quodammodo futurorum præanuntii conjectores id omnino concedere denegant, dicentes comprovinciales matrem ecclesiam deserturos, et Sancti Martini monasterium pro inhabitantium re-

---

(6) *Radulfus de Osmunt.* Pater auctoris hujus historiæ.

(7) *Helnonensis.* In ecclesia Sancti Amandi in Pabula IV leucis a Tornaco.

ligione frequentaturos; sicque se quidem diminuendos, illos vero super se fore augmentandos. Talibus objectionibus cernens episcopus per aliquot dies suam petitionem prolongari, metuensque ne in his dilationibus magistrum Odonem contingeret alias proficisci, rursum evocatis canonicis, ubi vidit omnes preces suas incassum effundi, aliquantulum animo motus : « Eia, inquit, jam nunc in nomine Domini, et virtute obedientiæ præcipio vobis ut dicatis si ecclesiam, quæ in manu mea est et ad vestram communionem nequaquam pertinet, non liceat mihi tradere his qui in ea Deo serviant, et ad honorem Dei eam construere studeant. » Tunc illi obedientiæ vinculo constricti, scientesque ecclesiam illam in manu episcopi esse, et quod vellet exinde licere ei facere, nec se jure canonico aliquid contra dicere posse, tandem consilio accepto dicunt se quod episcopo de ea placeret esse concessuros, ea tamen conditione ut de parochianis suis absque sua concessione nullum liceret, postquam in sæculari vita defunctus esset, ibidem sepeliri. Episcopus itaque magnifice gratulatus, sequenti Dominica, quæ fuit vi Nonas Maii, in crastino apostolorum Philippi et Jacobi, congregata maxima processione canonicorum totiusque populi, præfatum magistrum Odonem cum suis quinque clericis ad ecclesiam, in honorem sanctissimi Christi confessoris atque pontificis Martini fundatam, quæ pro impetu barbarico olim facto, amisso monachorum obsequio sibi sub abbate servientium, destructa fuerat, eos deducit, eamque eis liberam et episcopali privilegio confirmatam coram omnibus tradit, sicque eos ibidem sub regula Sancti Augustini canonice in habitu clericali Deo servituros dimisit. Facta vero sunt hæc anno Dominicæ Incarnationis 1092, apostolicæ sedi præsidente papa URBANO, Remensi vero archiepiscopo Rainaldo, Tornacensi ac Noviomensi episcopo domno Rabodo, Francorum regnum regente Philippo, Romanorum imperatore Henrico, Anglis etiam principante inclyto rege Guillelmo, Roberti Northmannorum comitis filio, qui, Heraldo rege cum exercitu suo devicto, violenter sibi Angliam subjecerat, Flandrensium comitatum tenente juniore Roberto Frisionis filio.

12. Robertus iste filius fuit Balduini comitis, qui ecclesiam Sancti Petri oppido Islensi ædificavit, et canonicos in ea posuit, seque ibidem sepeliri mandavit. Quo mortuo Balduinus filius frater præfati Roberti ei successit, qui ecclesiam Sancti Petri Hasnoniensis construxit, ibique monachos posuit, et in ea se sepeliri mandavit. Hic Balduinus præcepto patris sui Balduini comitis Richeldem, uxorem Hermanni comitis Montensis, post mortem ejus conjugem duxit, et ex ea duos filios Balduinum et Ernulfum genuit, sicque pacata diutiùs seditione, quæ longo tempore inter eos duraverat, utrumque comitatum, Flandrensem scilicet et Montensem, tenuit. Quod audiens Leo tunc temporis papa Romanus, qui prius fuerat Tullensis episcopus, et vocabatur Bruno, dixit conjugium illud non esse legitimum quoniam consanguinitatis linea propinqui erant, prophetavitque posteros Balduini non diu possessuros utrumque comitatum. Quod verum fuisse finis probavit; nam Balduinus, qui Insulæ jacet, timens ne post mortem suam seditio nasceretur inter filios suos Balduinum et Robertum, totam terram suam in vita sua Balduino dedit, et optimates suos hominium et fidelitatem promittere fecit, ita ut apud Aldenardam super reliquias sanctorum, præsente patre et filio multisque principibus, idem Robertus publice juravit quod nec ipsi Balduino, nec hæredibus ejus aliquo modo de terra Flandriæ noceret, quo juramento completo, de Flandria exivit et in Frisiam secessit.

13. Post aliquot vero annos audiens Balduinum germanum suum defunctum, et in cœnobio Hasnoniensi sepultum, filiumque ejus Ernulfum jam Flandrensem comitem factum, quibusdam Flandriæ principibus secrete convocatis multisque muneribus promissis, Flandriam intravit, prætermissoque juramento quod fecerat, bellum contra nepotem suum paravit. Quod audiens Ernulfus, juncto sibi Philippo Francorum rege, de cujus manu terram susceperat, patruo suo Roberto cum exercitu suo apud castrum Casletum occurrit : ibique prælio conserto et Ernulfo interfecto, Robertus Flandriam obtinuit, et Richeldis mater Ernulfi de Flandria pulsa cum altero filio suo Balduino, comitatum Hainoensem repetiit, sicque prophetiam Leonis papæ veram esse claruit. Robertus autem statim legatos ad Henricum imperatorem direxit, rogans ut, si necesse esset, sibi adjutor existeret. Ex his legatis fuit unus Balduinus advocatus Tornacensis, qui postea monachus fuit domini Anselmi Cantuariensis archiepiscopi, quique retulit quod, dum Coloniæ propinquassent, obviaverunt cuidam matronæ honestæ et ignotæ, a qua requisiti qui essent, unde venirent, quo tenderent, cum nollent ei rem sicut erat revelare : Scio, inquit, vos esse legatos Roberti Flandrensis comitis, qui juramentum quod patri suo pro germano suo fecerat prætergressus, filium ejus interfecit, et terram ejus invasit; vos quoque nunc ad imperatorem Henricum propter obtinendam gratiam et amicitiam dirigit. Sciatis itaque vos prosperum iter et gratiam Cæsaris habituros, ipsumque Robertum cum filio suo Flandriam pacifice possessurum, sed nepotem suum qui ex filio suo genitus fuerit, sine prole moriturum, cui succedet quidam pulcher juvenis de Dacia veniens, qui tamen et ipse sine prole morietur : post quem duo alii de Flandria contendent, alterque eorum alterum interficiet, et victor Flandriam obtinebit, ipsiusque hæredes Flandriam possidebunt usque ad tempus Antichristi. Hæc ego adhuc parvulus a præfato Balduino Tornacensi advocato, qui unus ex legatis fuerat, narrari audivi. Nunc autem jam in senium vergens vera esse propriis oculis, sicut dixerat, conspicio.

14. Robertus namque prædictus in magna pace

Flandriam tenuit, multæque potentiæ fuit, adeo ut privignam suam (8) duxerit Philippus rex Francorum, de qua genuit regem Ludovicum. Sororem accepit Guillelmus comes Northmannorum, qui, interfecto Heraldo rege Angliæ, violenter Anglia capta duos principatus obtinuit, existens comes Northmannorum et rex Anglorum, ita ut in sigillo (9) suo ex una parte sederet super equum ut comes, ex alia super thronum cum sceptro ut rex, genuitque ex Mathilde filia comitis Flandrensis tres filios, Guillelmum scilicet, qui ei primus successit; Robertum cui comitatum Northmanniæ dedit. Tertius filius fuit Henricus, qui primo quidem nihil habuit, ita ut defuncto patre suo inclyto rege Guillelmo non nisi miles cum cæteris esse videretur, sed mirabilis fortuna eum prosecuta est; nam germanus ejus Guillelmus rex juvenis cum post decem (10) annos fere regni sui in silvam isset venatum, et vidisset unum cervum transeuntem, præcepit militi suo, nomine Waltero Tirello, ut cum arcu et sagittis stans contra se, ex alia parte non permitteret cervum transire; sed miles, tenso arcu pro cervo sagittam jaciens, regem in corde percussit, et sine mora exstinxit; sicque Henricus germanus qui nihil antea habuerat, ei in regno successit. Cumque vidisset fratrem suum Robertum comitem Northmannorum contra se rebellantem, et regnum Angliæ repetentem eo quod major natu esset, et Guillelmo germano suo succedere majori jure deberet, Henricus congregato exercitu mare transivit, Northmanniam intravit, prælioque conserto Robertum fratrem suum victum et captum in Anglia reduxit, et usque ad diem mortis suæ in quodam castello clausum tenuit, quidquid tamen ei necessarium in rebus corporalibus erat sicut sibimet exhiberi et ministrari præcepit; sicque rursum regnum Angliæ et comitatum Northmanniæ solus obtinuit, et sigillum paternum sibi fieri præcepit. De quo Henrico quia mentionem feci, et alius referendi locus non erit, licet multum a cœpta narratione digredi videar, quiddam tamen memoria dignum dicam.

15. Hic ergo confirmatus in regno, voluit conjugem habere puellam quamdam, filiam David regis Scotiæ, dixitque D. Anselmo, tunc temporis Cantuariensis urbis venerabili archiepiscopo, ut eam sibi benediceret et solemnibus nuptiis benedictam in conjugium sociaret. Respondit archiepiscopus se nolle eam benedicere, nec suo consilio regem in conjugium eam sibi sociaturum, quoniam velum sanctimonialium, sicut ipse certo didicerat, gestasset super caput suum, quo se cœlestis potius quam terreni regis monstrasset fore sponsam. Rex contra dixit se promisisse, et etiam jurejurando confirmasse patri ejus regi David quod eam conjugem duceret, ideoque pro conservando juramento suo se non eam dimissurum, nisi canonico judicio fuisset determinatum, præcepitque ut, adscito archiepiscopo Eboracensi, congregaretur concilium episcoporum et abbatum totiusque Angliæ ecclesiasticarum personarum, ad diffiniendum ecclesiastica censura tantum negotium. In generali (11) ergo concilio requisita est abbatissa, in cujus monasterio puella illa fuerat nutrita, utrum ne revera more sanctimonialium velo capiti imposito benedictione episcopali fuisset consecrata. Respondit abbatissa publice coram omnibus: « Revera rex David pater ejus mihi eam commendavit, non ut sanctimonialis fieret, sed ut solummodo in ecclesia nostra propter cautelam cum cæteris puellis nostris coætaneis suis nutriretur, et litteris erudiretur; cum autem jam adolevisset, nuntiatum mihi quadam die regem Guillelmum, domini mei regis Henrici germanum, qui tunc vivebat, propter eam videndam venisse, jamque cum militibus suis ante januas ecclesiæ nostræ descendisse, utque januæ sibi orandi gratia aperirentur præcepisse. Hoc audiens nimiumque perterrita, ne forte ille ut juvenis et rex indomitus, qui omne quod animo sibi occurrisset illico facere volebat, visa pulchritudine puellæ aliquam ei illicitam violentiam faceret, qui tam improvisus et insperatus propter eam videndam advenisset, in secretius cubiculum eam introduxi, rem ei sicut erat aperui, eaque volente velum unum capiti ejus imposui, quatenus eo viso rex ab illicito complexu revocaretur. Nec me fefellit spes mea. Rex siquidem quasi propter inspiciendas rosas, et alias florentes herbas claustrum nostrum ingressus, mox ut eam vidit cum cæteris puellis nostris velum capite gestantem, claustro exivit, et ab ecclesia recessit, aperte ostendens se nonnisi propter eam venisse. Cum autem rex David pater puellæ infra eamdem hebdomadam ad ecclesiam nostram venisset, velumque super caput filiæ suæ vidisset, iratus velum conscidit, et ad terram projectum pedibus suis conculcavit, filiamque suam secum reduxit. » Inquisita inde abbatissa quot annorum tunc fuisset puella, respondit duodennem esse potuisse. Tunc rege monente archiepiscopum ut juberet super hoc judicium fieri, episcopi et abbates, consilio accepto lectisque diversis capitulis canonum, in commune judicaverunt propter hujusmodi factum non ei prohibendum conjugium, quoniam quandiu infra legitimam ætatem sub tutela patris fuerat, nihil ei sine ejus assensu facere licuerat. Finito judicio, rex interrogavit archiepiscopum si quid vellet in eo calumniari. Respondit dominus Anselmus se non illud calumniaturum, quoniam revera secundum canonum decreta recte judicassent. Tunc rex: « Quandoquidem, inquit, judicium prolatum laudatis, volo ut puellam mihi desponsetis. » Et dominus Anselmus: « Judicium, inquit, non reprehendo; sed si majestas vestra mihi

---

(8) *Privignam suam.* Bertam, filiam Florentii Hollandiæ comitis.

(9) *In sigillo suo.* Habetur simile sigillum Guillelmi apud Seldenum ad Eadmeri hist. Novor., p. 166.

(10) *Post decem.* Imo post *tredecim* vide Henricum Huntindon. lib. vii.

(11) *In generali.* Vide Eadmerum, lib. iii Hist. Novor., pag. 57. Malmesbur. fol. 88.

credere vellet ut eam non duceretis consulerem, quoniam, quomodocumque contigerit, tamen velum super caput suum portavit, et sufficienter de filiabus regum aut comitum vobis invenire possetis. » Rege vero in eo quod cœperat perseverante, subjunxit ille vir sanctissimus : Vos quidem, domine rex, consilio meo prætermisso facietis quod vobis placuerit, sed qui diutius vixerit, puto quod videbit non diu Angliam gavisuram de prole quæ de ea nata fuerit. Hæc ego adolescens eum dixisse audivi, nunc vero magna parte video jam contigisse.

16. Rex itaque de ea duos filios et unam filiam genuit, e quibus filii jam adolescentes, dum de Northmannia in Angliam redirent, fracta nave cum multis aliis in mari perierunt, filiam vero, cum multis opibus sibi a patre transmissam, Henricus Romanorum imperator conjugem duxit, nuptiasque Leodii cum magna gloria celebravit ; sed, uno filio ex ea genito, celeri morte præventus eam viduam reliquit. Quæ viduata rursus comiti Andegavensi nupsit, cum, subito patre ejus in urbe Rotomagensi defuncto, Anglorum proceres Stephanum comitem Boloniensem, comitis Theobaldi Campaniensis germanum, super se regem constituunt. Unde Robertus Henrici regis ex concubina filius, graviter indignatus, contra eum palam rebellavit, eumque in prælio captum in quodam castello, quod sibi pater suus dederat, vinctum reclusit, et sorori suæ ut cum filio suo citius in Angliam transiret et regnum paternum susciperet mandavit. Illa, putans se cuncta prospera reperturam, celeriter pertransivit, sed secus quam crediderat invenit ; nam conjux Stephani principis sibi junctis fortiter ei restitit. Ipse quoque Stephanus post paucos dies quibusdam pactionibus Roberto reconciliatus, et de vinculis eductus, rursus Anglorum regum obtinuit, sicque filia regis Henrici vana spe delusam fore ingemuit, et futurorum quidem incerti sumus. Hoc vero unum aperte videmus secundum prophetiam domini Anselmi non diu gavisam esse Angliam de prole illius reginæ, quæ post velum portatum regi Henrico nupserat, imo diutina seditione vastatam et oppressam de pristinis divitiis ad magnam paupertatem devenisse. Non ergo contemnenda, sed potius veneranda et timenda sunt verba sapientium et Ecclesiæ prælatorum, quoniam et supradictam prophetiam Leonis papæ de Balduino comite Flandrensi, qui consanguineam suam duxit, et sequentem domini Anselmi de rege Anglorum veras fuisse manifestum est. Nunc autem ad ea quæ de Roberto Flandrensi comite ignota illa matrona legatis ejus prædixit redeamus, et quam vera fuerint paucis explicemus.

17. Robertus itaque ille, ut supra scriptum est, privignam suam dedit regi Francorum Philippo, sororem Northmanniæ comiti Guillelmo, e duabus filiabus, unam regi Danorum Canuto, de qua natus est Carolus ; aliam vero comiti Bruxellensi Henrico. Qui cum audisset Everardum Tornacensem castellanum strenuissimos milites secum habere, Tornacum venit propter audaciam eorumdem videndam. Quadam ergo die cum exiens, et juveniliter de fortitudine sua exsultans rogavit unum ex opposita acie, nomine Cosceguinum *de Forest*, ut solus contra se solum veniret : Respondit ille se non venturum, quoniam dominus suus erat, et ne fortuito casu eum læderet timebat ; comes vero, iterum atque iterum cum in se provocans jamque eum timidum et ignavum appellans, ut contra se veniret nimio tædio extorsit. Tandem miles, crebra ejus admonitione provocatus, lanceam levavit, et equo vehementi calcaribus impulso adversus eum cucurrit, volensque eum militari ludo de equo suo dejicere, lanceam ei in corde fixit, sine mora exstinxit, totamque regionem nimio luctu complevit : maximæ enim famæ et inclyti nominis ille comes tunc temporis erat, et ita omnes raptores et latrones de terra sua expulerat, ut in nulla regione major pax et securitas inveniretur quam in sua. Eo ergo tanta levitate, seu stultitia sine prole interfecto, uxor ejus relicta vidua nupsit prope Saxoniam Simoni duci Auxatiæ, peperitque ei plures filios.

18. Robertus itaque comes Flandrensis tam nobiliter distributis filiabus suis, totam Flandriam moriens Roberto filio suo reliquit. In cujus tempore domnus Odo cum clericis suis sæculo renuntians, sancti Martini Tornacensis ecclesiam intravit, ipsumque comitem cum Clementia sua liberalem sibi adjutorem invenit. Quæ nimirum Clementia de Burgundia orta, filia fuit Guillelmi Burgundionum ducis, germanaque domni Guidonis Viennensis archiepiscopi, qui postmodum papa Romanus effectus, vocatus est Calistus, tenuitque Remis concilium generale tempore Radulfi archiepiscopi, qui vocatus est Viridis ; successorque fuit Manassæ, prædecessor vero Rainaldi Andegavensis episcopi. Hæc vero Clementia cum de viro suo comite Roberto genuisset tres filios infra tres annos, timens ne si plures adhuc generaret inter se de Flandria contenderent, arte muliebri egit ne ultra pareret. Quod ultione divina sic vindicatum est, ut et filii ejus omnes diu ante eam morerentur, et ipsa postmodum in viduitate sua alios comites cernens, multaque mala ab eis sustinens, sero defleret sese cum prole sua exhæredatam fore.

19. Post duos vero semiannos conversionis domini Odonis Urbanus papa in concilio Claremontensi monuit universos episcopos quatenus sibi subjectis populis pro remissione peccatorum suorum injungerent Jerosolymam ire, et sepulcrum Dominicum una cum ipsa civitate de paganorum manibus liberare. Tunc vero cerneres innumerabilem populum de Occidentis partibus, ac si divinitus præceptum fuisset, genitale solum relinquere et Jerusalem tendere. Hac itaque occasione præfatus comes Robertus una cum Godefrido comite Boloniensi, Roberto comite Northmanniæ, Raimundo comite sancti Ægidii, Hugone comite Vermandensi, Balduino comite Montensi, Anselmo de Ribemonte, Clarenbaldo de Vendolio, multisque aliis principibus, relicta Flandria cum

populo Dei proficiscitur. Obsessa captaque Antiochia, multisque aliis civitatibus, ad ultimum auxiliante Deo Jerosolymam victor ingreditur, expulsisque aut interfectis paganis, et Christianis intromissis, regeque constituto Flandriam regreditur, et cum magna gloria susceptus per xii fere annos provinciæ dominatur.

20. Post hæc cum a rege Francorum Ludovico sororis suæ filio, ad expugnandum quoddam castellum quod vocatur Domni Martini fuisset evocatus, dum more suo fortiter certat in prælio, et longius fugat regis adversarios, laboris nimietate defessus ad lectum portatur, et post triduum ibidem defunctus, ab eodem rege regnique principibus cum magno luctu Atrebatum defertur, et in ecclesia Sancti Vedasti sepelitur. Quo sepulto, statim rex Balduinum filium ejus adolescentulum, necdum militem factum, cum matre sua vocavit, totamque paternam terram ei reddidit, et optimatibus Flandriæ, ut ei coram se hominium facerent, præcepit, sicque in Franciam rediit. Quid ergo dicam de Balduino, cujus animi etiam in tenera ætate fuerit?

21. Recedente rege optimates suos vocavit, pacem se velle tenere insinuavit, utque se inde adjuvarent rogavit, et si quis eam primus violaret, justitiam se de eo facturum prædixit, nullum tamen eorum pacem jurare coegit. Principes pacem se servaturos promiserunt, sicque soluta est curia plurimis dicentibus per talem puerum non facile pacem posse fieri, quoniam nullus eum timeret.

22. Post duos fere menses mulier quædam paupercula duas vaccas a quodam raptore sibi ablatas esse comiti conqueritur, et ubi raptor maneret ostendit. Illico juvenis comes raptorem insequitur, eumque comprehensum Brugias ducit: rogantibus cunctis ne militem suspendi, vel oculos ejus erui faceret, neutrum se facturum respondit. Protinus vero vas æneum maximum, quod vulgus lebetem seu caldariam vocat, publice in foro, videntibus cunctis, in sublime appendi et aqua impleri præcepit, igneque magno supposito, dum nimis ferveret aqua, militem illum cum omnibus indumentis suis etiam gladio accinctum in caldariam projici fecit, sicque eum in aqua fervente necavit. Tantus timor illico omnes invasit, ut nullus deinde in tota Flandria aliquid auferre præsumpserit.

23. Quadam die ecclesiam S. Petri Gaudensis propter audiendas vesperas ingrediebatur, cum subito quædam paupercula vaccam suam sibi furto ablatam esse conquesta est, quam cum comes dulciter exoraret, ut se exspectaret ad ostium donec vesperas audisset, illa vero responderet præ multitudine militum et principum eum circumstantium, sibi ulterius non dandam facultatem ei loquendi, ille protinus extractum pallium suum ei dedit, et ut illud sibi usque post vesperas servaret, præcepit: finitisque vesperis dum comitem circumdantes principes de aliis negotiis loqui voluissent, ille se nulli responsurum, donec pauperculæ vacca sua reddita fuisset juravit; sicque millies ab ea benedictus petitioni ejus satisfecit.

24. In villa quæ dicitur Turholdis (12), singulis annis in festo sancti Joannis mercatum magnum esse consuevit. Dictum est comiti quod decem milites fiducia parentum suorum abstulissent cuidam negotiatori ad mercatum venienti aliquid de sarcina sua. Protinus comes exsiliens eos cepit, et in quadam domo reclusit, parentes vero eorum nimis perterriti, et celeriter venientes ad misericordiam comitis, urgebant ut quantumcunque vellet pecuniæ vel equorum susciperet, tantummodo ut eos non suspenderet. Comes autem, simulans se precibus eorum satisfacturum, dixit eis ut parum exspectarent, donec ipse domum introgressus, reisque illis collocutus rursus ad eos exiret. Dixit, statimque cum paucis viris ingressus, eos intra domum eamdem suspendi præcepit; rogantibus autem viris ut sibi parceret, nec perpetuam parentum eorum inimicitiam eos incurrere faceret, parcens eis, præcepit reis illis ut qui ex eis evadere vellet socium suum suspenderet. Sic ergo novem suspensis, cum decimus superesset, comes ei jussit, ut funem ultra trabem jaceret, et super scamnum stans de ipso fune laqueum in collo suo aptaret. Quo facto, comes scamnum pede longius propellens eum duobus cubitis a terra pendentem reliquit; sicque cum viris domum regressus, rursus a parentibus eorum exoratus: Eia, inquit, egredimini et eos educite, eductosque ne aliquid ulterius in terra mea capiant admonete. Dixit, statimque equum ascendens a loco recessit. Parentes vero domum ingressi, omnes cognatos suos suspensos, et jam mortuos invenerunt nimisque perterriti fugerunt. Pro hujusmodi ergo gestis ita omnes raptores exterruerat, ut non solum aliquid auferre, verum etiam si vestem pretiosam, vel scyphum aureum in via reperisset, nullus levare auderet. Felicem se Flandria dicere posset, si tantum principem diu habere meruisset, sed ille ubi tanta pace facta, nullam sibi per totum annum querimoniam afferri vidit, turpe deputans domi quietum residere utpote juvenis et vix xxx annorum existens, armis militaribus seipsum cœpit exercere, et quocunque milites præliandi gratia convenisse audiebat, illico simul adesse ardebat.

25. Eo tempore Henricus præfatus rex Anglorum ingressus Northmanniam, contra fratrem suum Robertum comitem præliabatur, eumque victum duxit in Angliam; cujus filius Guillelmus puer decennis exhæredatus ad Balduinum Flandrensem comitem confugit; quem ille nutriens xiv ætatis suæ anno militem fecit, eumque contra patruum suum regem Angliæ, qui genitorem suum clausum tenebat, rebellare admonens, sæpius cum eo Northmanniam aggredi cœpit. Rex vero Henricus man-

---

(12) *Turholdis,* vulgo *Torholt* prope Brugas.

davit, ut ab infestatione sua desisteret, alioquin Brugias cum exercitu se venturum sciret. Protinus ille remandavit ei ne tantum laborem subiret, sed potius se ei Rothomagi occursurum sciret. Dixit, statimque legatum cum quingentis militibus subsecutus est, Rothomagum urbem, in qua rex morabatur, advenit, lanceaque in porta civitatis defixa, ut regi comitem Flandrensem adesse dicerent civibus exclamavit. Rex vero quia duo millia militum secum habebat, ut tantum strepitum tantamque audaciam vidit, utpote vir prudentissimus se contra insensatum juvenem non egressurum dixit, cunctisque militibus suis ut nullus de porta exire præsumeret comminando præcepit, « quoniam cum fatigatus, inquit, fuerit revertetur et de terra mea nihil secum deferet. » Comes itaque nimis contristatus eo quod nullum de civitate posset extrahere, dum civitatis muros vociferando circuiret, et quid agere posset ignoraret, non enim tantam urbem tam paucis militibus expugnare valebat, conspicit eminus gregem cervorum quos rex in proximo nemore recluserat. Exclamansque juvenis : « Etsi, inquit, nihil aliud possum facere, saltem cervos istos de claustris eripiam, et liberos reddam. » Dixit, statimque cum militibus currens gladiis evaginatis fortissimam sepem illam quæ de stipitibus facta cervos reclusos tenebat, abscidit, cervosque per agros dispersit, et sic nullo negotio peracto Flandriam rediit.

26. Interea Carolum amitæ suæ (13) filium, quem de Canuto Danorum rege pepererat, post mortem patris sui ad se venientem libenter retinuit, eique germanam (14) Radulfi Peronnensis comitis conjugio sociavit, et ut Flandriam se absente servaret commendavit ; sicque securior Northmanniam frequentare cœpit; sed hæc armorum et militiæ exercitatio, licet ei magnam exsultationem, utpote juveni, inferret, monachis tamen et clericis cæterisque sapientibus ingentem exhibebat tristitiam, quoniam omnes præconabantur non diu eum inter tot pericula vivere posse. Nec eos fefellit opinio, quinimo timor quem timebant evenit eis, nam dum nimis assidue infestat Northmanniam, a quodam milite gladio super nasum vulneratur; nec tamen propter vulnus prælio cedens, nimio calore solis concussus exæstuat, vulnusque intumescens eum invitum coegit reverti Atrebatum, ibique medicis ascitis facile curatus fuisset, si cibis noxiis abstinere voluisset. Sed dum ne carnem anserinam, nec alia similia dimitteret, vulnere gravatus deficit, totoque anno lecto decumbit ; propter tædium tamen devitandum se multoties de loco ad locum facit in lectica deferri. Ad ultimum cum jam videret se non posse evadere, præfatum Carolum successorem sibi constituens, Flandriam ei tradidit, sicque apud Sanctum Bertinum monachus factus, et infra octo dies defunctus, ingentem luctum et tristitiam cunctis Ecclesiis dereliquit, et quod nullus in viribus suis confidere debeat edocuit. Carolus ergo consanguineus ejus succedens, in justitia quidem tenenda minor eo non fuit; in prudentia vero et cautela, quoniam aliquantulum provectioris ætatis erat, omnino eum vicit: Ecclesias quoque sic tuebatur, ut jam Pater Ecclesiarum vocaretur ; de quo unum referam quod memoriæ occurrit, ut per hoc cujus devotionis fuerit agnoscatur.

27. In die Epiphaniæ, dum curiam suam Brugis vidisset abbatem Sancti Bertini, domnum scilicet Joannem, ingredientem, protinus vocans eum : « Domine, inquit, abba, quis hodie cantavit majorem missam in ecclesia Sancti Bertini ? » Respondente abbate non defuisse qui eam honorifice cantaret, quoniam plusquam centum monachi in conventu suo essent, comes subjunxit : « In tanta solemnitate debuissetis eam cantare, et cum fratribus in refectorio comedere, eisque qui tota nocte vigilaverunt ad Matutinos, de his quæ comites antecessores mei dederunt bonam refectionem providere, non in curia mea residere. » Dicente vero abbate se libentius missam cantasse quam illuc advenisse, sed propter militem quemdam qui sibi auferebat terram quam ecclesia sua plusquam LX annis quiete possederat, illuc venire compulsum fuisse, addit comes ; « Et quare hoc mihi per famulum vestrum non mandastis ? vestrum enim est pro me orare, meum vero ecclesias tueri et defendere. » Dixit, statimque milite accersito interrogavit cur ecclesiam Sancti Bertini inquietaret de terra illa, quam tanto tempore possederat ? Respondente milite ecclesiam terram illam injuste tenuisse, quoniam juris sui esset, ait comes : « Sicut pater vester inde tacuit, sic et vos tacete, quia per animam comitis Balduini juro quod si exinde querimoniam audiero, nihil aliud faciam de vobis, nisi quod ipse comes de illo fecit, quem Brugis in caldaria bullivit. » Sic pacem sibi a comite factam narravit mihi præfatus abbas Joannes.

28. Sed quia tali principe digna non fuit Flandria, viri impii, Bertulfus scilicet Brugensis Ecclesiæ præpositus, et cognati ejus, qui se comitis servos esse denegabant pro justitia quam faciebat, confœderati in unum secreto contra eum conjuraverunt. Quod cum comiti apud Ypram nuntiatum fuisset, et ne Brugias iret a multis admoneretur, ille respondit se pro justitia, si Deus vellet, mori paratum, nec se a justitia relaxandum, statimque cum militibus suis Brugias veniens munitionem quamdam quam iidem conjuratores fecerant succendit, et ad propriam domum rediit, in crastino vero summo mane surgens, et de solio palatii sui ad solium ecclesiæ Sancti Donatiani transiens, missam a capellano suo ibidem sibi cantari præcepit; erat enim feria quarta secundæ hebdomadæ in Quadragesima. Cum ergo jam in Epistola oratio Esther legeretur, et co-

---

(13) *Amitæ suæ.* Adelæ filiæ Roberti senioris Flandriæ comitis.

(14) *Germanam.* Margaritam sororem Radulfi comitis Viromand. filiam Rainaldi Claromont. et Adelæ præfatæ.

mes in oratione prostratus psalterio aperto psalmos legeret, quædam paupercula superveniens eleemosynam ab eo poposcit; et de xiii nummis quos more suo comes super psalterium posuerat, de manu ejus unum accepit. Quo accepto cum ei eadem mulier exclamasset : « Domine comes, cavete, » levante caput comite ut videret quid esset, ecce Burcardus præfati præpositi nepos, qui loricatus evaginato gladio tacite advenerat, fronti ejus gladium infixit, multisque vulneribus superadditis eum ibidem coram altari interfecit, unoque cum eo occiso, cæteros qui aderant perterritos in fugam convertit. Tristis illico fama totam complevit regionem in ecclesia occisum esse gloriosum Carolum comitem.

29. Domnus Gislebertus abbas Sancti Petri Gandensis v. r. veracissimus et religiosissimus, mihi retulit, et sub testimonio veritatis asseruit, quod erat tunc temporis Brugis quidam pauper claudus sibi notissimus, cui comes multoties eleemosynam dare consueverat. Hic ergo fama tam tristi audita flens et ejulans cum magno clamore ad ecclesiam venit, nimioque labore repedo manibus et cruribus per gradus lapideos usque ad solium lapideum in quo comes interfectus fuerat, ascendit, solumque corpus ejus ibi jacens sanguine cruentatum invenit, eumque admiratus omnes tam cito pariter illud solum reliquisse juxta illud resideret altosque gemitus et voces præ nimio dolore cordis ederet, de sanguine qui copiose defluebat crura sua et tibias cœpit linire, non quod, ut ipse dicebat spem aliquam haberet curationis, sed solum propter dulcedinem et dilectionem ejus qui sibi tanta bona fecerat, cum subito divina misericordia se perfecte curatum sentiens, instar capreæ per gradus exsiliendo descendit, totumque currendo oppidum circuiens, universo populo se sanatum ostendit. Quæ res homicidis illis grandem confusionis nebulam intulit, majoremque intulisset, nisi pauper ille potentia illorum perteritus id publice exsiliendo prædicare destitisset; magnas enim opes sibi de redditibus comitis, quibus eos præposuerat, contraxerant, adeo ut cum paulo ante suam necem comes eis diem audientiæ apud castrum Casletum posuisset, ubi se servos ejus non esse judicio optimatum suorum comprobarent, Bertulfus ejusdem ecclesiæ præpositus Burcardi avunculus tria millia militum illuc secum palam adduxerit, ita ut comes timens ne tumultus aliquis a tanto populo excitaretur, causam ipsam in diem alium distulerit.

« 50. Corpus ergo comitis cum ibidem sepeliri non posset, siquidem domnus Simon episcopus, cujus sororem (15) idem comes conjugem habuerat, audito tanto scelere, divinum officium in eadem ecclesia ex toto interdixit, ad aliam vero ecclesiam illud transferri provinciales nullo modo paterentur, præfatus Bertulfus præpositus quantum poterat se de morte ejus volens excusare, de columnis marmoreis pretiosum illi sepulcrum in eodem loco cœnaculi ubi interfectus fuerat, protinus construi fecit, ibique corpus positum fere LX diebus jacuit. Tanta vero turbatio subito in tota Flandria exstitit ut illud quod in Apocalypsi legitur : *Post mille annos solvetur diabolus* (Apoc. xx, 2), in illa provincia ad litteram contigisse videretur, duobus tertium ubicunque solum invenissent, aut spoliantibus, aut etiam occidentibus, ita ut tunc palam quilibet simplicissimus facile intelligere posset, quanta vis in uno solo illo principe exstitisset, qui eam indomitam gentem ac si monachos claustrales jugiter quiescere coegisset.

31. Principes vero Flandriæ, et maxime Balduinus (16) Gandensis frater Ivonis Nigellensis, qui nunc est comes Suessionensis, videntes tantam turbationem, condicto die in unum conveniunt, pacem inter se componunt, et ne tantum scelus eis in opprobrium verteretur sempiternum, si remaneret inultum, congregato exercitu Brugias tendunt. Cum vero homicidæ illi, multis fulti auxiliatoribus, cum magna multitudine militum et peditum contra eos pugnaturi processissent, Balduinus ille lorica et galea protectus altiori voce exclamans : « Non, inquit, contra vos, o viri boni, venimus, nec Brugense castrum expugnare quærimus; sed injustam necem domini nostri ulcisci volumus, ne forte dicatur quod et nos proditionis ejus rei sumus, sicque semper ulterius proditores appellemur. Si ergo contra nos pugnatum venitis, tanti sceleris vos participes esse testabimini, sicque opprobrium perpetuum incurretis. Quamobrem moneo, et consulo ut nobiscum potius sitis, et ad confundendos proditores domini nostri nos adjuvetis. » His dictis, populus vociferando exclamat, junctusque Balduino, versa vice eos cum quibus venerat, debellat. Protinus illi in fugam vertuntur, et quia aliam evadendi viam non habebant, in castrum regrediuntur, turrim comitis introeunt, et in ea conclusi a Balduino duobus fere mensibus obsidentur.

32. Interea rex Francorum Ludovicus, quem de matertera Caroli genitum supra diximus, tam duro nuntio cognati sui perculsus Atrebatum venit, et quia Carolus sine prole obierat, quem vellent habere comitem a principibus Flandriæ sciscitatur. A nonnullis ipsum regem propinquiorem fore dicebatur, et quia plures filios habebat, ut uni eorum Flandriam daret suggerebatur; sed rex ut vir prudentissimus, considerans nullum filiorum suorum adhuc esse duodennem, nec sine magistro, qui ei jugiter adhæreret, tam indomitam posse regere gentem, ei se non posse semper adesse præsentem, timens ne aliquid exinde mali eis contingeret, altiori consilio refugit aliquem ex eis terræ præficere.

---

(15) *Cujus sororem.* Margaretam uterinam ex alio patre natam, scilicet Renaldo Claromont.

(16) *Balduinus.* Scilicet cognomento Luscus et Barbatus. Vide apud D. du Cange, dissertat. 21 ad Historiam S. Ludovici, qui intelligatur ista fraternitas.

33. Erat tunc quidam Balduinus comes Montensis, quantum sua ætas patiebatur satis strenuus armis, cujus atavus fuerat ille constructor cœnobii Hasnoniensis, qui, ut supra dictum est, Richeldem comitissam Montensem conjugem ducens, utrumque comitatum tenuerat, Flandrensem scilicet et Montensem, quique de eadem Richelde duos filios genuit, Ernulfum, qui patri succedens a patruo suo Roberto Casleti est occisus, et Balduinum qui cum matre sua Montensem comitatum tenuit, unoque filio Balduino genito, Jerosolymitanum iter cum aliis principibus in principio exstitit, unde necdum rediit, et utrum occisus an captus fuerit usque hodie sciri nequivit; filius vero ejus Balduinus cum comes factus fuisset, Clementia Flandrensis comitissa ut quamdam puellam neptem suam in conjugium acciperet ei suasit, seque cum ea mille marchas argenti ei daturam promisit. Consensit juvenis, seque eam die statuta desponsaturum juravit, parique modo juramentum desponsationis ab ea publice coram multis testibus accepit. Infra vero diem statutum juvenis, prætermisso juramento quod fecerat, Jolendem filiam Gerardi Babinbergensis comitis uxorem duxit. Unde comitissa frendens, maxime quia germanum suum Guidonem Viennensem archiepiscopum videbat jam papam Romanum effectum et Calixtum nominatum, conquesta est ei genus suum a tantillo comite fuisse vilipensum. Protinus ille litteris directis mandat Radulpho archiepiscopo Remensi, ne perjurium illud differret ulcisci. Præsul convocatis episcopis et abbatibus, aliisque ecclesiasticis multis personis, comitem jubet adesse et de pactione conjugii respondere. Conqueritur Clementia quod neptem suam se conjugem accepturum die præfixa jurejurando promisisset, subjungens se habituram inde trecentos nobiles testes, si hoc negare voluisset. Respondet Balduinus se nec velle, nec posse quod dixerat negare, quoniam verum constabat eam dixisse, tamen se jam aliam conjugem duxisse, et solemnibus factis nuptiis, ei sociatum fuisse, ac deinde subjunxit quidquid judicatum exinde fuisset, se facturum fore. Multa super his judices invicem conferentes, ad ultimum pro reverentia domini papæ inducias petierunt, et ut tanta causa judicio ejus Romæ deferretur, oraverunt. Factum est, Romam (17) perlata est, convenerunt cardinales, et voluntati papæ faventes, primam fidem, juxta Apostolum, irritam sine damnatione non posse fieri, ideoque eam quam primo juraverat conjugem debere duci ducernebant. Interea quidam magnæ auctoritatis cardinalis, nomine Bruno (18), qui cæteris diversa dicentibus omnino reticebat, a papa sententiam suam dicere commonitus, respondit se aliorum dictis non repugnaturum. Ubi vero papa ei per obedientiam præcepit ut, si quid super hoc revera sentiret, aperiret, ille, diligenter singula discurrendo proponens, in primo quidem conjugio non nisi solum jusjurandum factum, in secundo vero et jusjurandum, et desponsationem, et presbyteri benedictionem, et solemnes nuptias, postremo utriusque copulationem, integrum matrimonium factum esse intulit; prolatisque canonum diversis capitulis, secundum conjugium ulterius non posse dissolvi, de priori vero perjurio pœnitentiam comiti debere imponi subjunxit. Cui sententiæ papa cum cardinalibus assentiente, reversisque nuntiis in Franciam cum litteris apostolicis, tunc quidem comes Balduinus exsultavit Jolendem sibi remansisse; puella vero doluit se comitis conjugio privatam fuisse, sed repente miserabili fortuna, imo Dei misericordia subsequente, Ludovico regi Francorum conjugio est copulata, hujusque qui nunc rex est Ludovici, aliorumque regis filiorum mater effecta, quod prius non contigisse doluit, inde postmodum vehementer exsultavit, quoniam magis voluit dici et esse Francorum regina quam Montensis comitissa. Hic ergo Balduinus de præfata Jolende genuit alium Balduinum, et Richeldem Everardi Castellani Tornacensis conjugem. Quia ergo Richeldis Everardo hujus provinciæ principi nupsit, libet de illa per excessum parum dicere.

34. Fuit enim hæc Richeldis sicut genere nobilissima, sic facie pulcherrima, et in actibus sæculi nequam strenuissima, quæ genuit Balduinum pulcherrimum et nobilissimum adolescentem; sed, heu! in flore juventutis febre correptus, cum morte pactum iniit, sepultusque est in claustro sanctæ Dei genitricis Mariæ; Richeldis vero Everardum et Godefridum filios speciosos, et Jolendem filiam moriens reliquit. Qui Everardus cum adhuc ætate tener esset, terram paterni juris malefactoribus abundantissime subjectam frendens dentibus nimium induluit. Quibus cum indignatione et ira evaginato gladio, oculis turbatis asperitate superbiæ et feritatis in manu valida cum impetu velociter occurrit, omnesque in brevi de finibus suis exturbavit, terramque suam paci, et pacem terræ reformavit. Post hæc autem filiam Lamberti Leodiensis comitis, Gertrudem nomine, uxorem accepit, de qua Balduinum filium genuit: Jolendis vero soror ejus Flandrensi dapifero Rogerio nupsit.

35. Nunc autem de Balduino Montensi comite, qui patri suo Balduino in ætate juvenili defuncto successerat, et comitis Namurcensis germanam conjugem duxerat, jam adolescens milesque strenuus erat, quando Carolo principe viduata est Flandria, pauca explicemus. Hic ergo Balduinus audiens regem Francorum Atrebatum venisse, et de constituendo Flandriæ comite consilium quærere, assumptis secum nobilibus et sapientibus terræ suæ principibus, regem adiit, avum suum Balduinum, qui

---

(17) *Romam*. Id est, ad curiam Romanam, ut ego arbitror. Nondum enim Callistus Romæ fuerat.

(18) *Bruno*. Id est Bruno episcopus Siguinus, ut opinor. Vide Chronicon Cassin. lib. IV, c. 31, pag. 497.

Jerusalem profectus fuerat, injuste a patruo suo Roberto de Flandria pulsum et exhæredatum conquestus est palam coram optimatibus regis, ut sibi terram et hæreditatem avitam redderet humiliter regem postulavit, et ubicunque rex sibi in toto regno suo diem posuisset se ire paratum, et quod nullus se propinquiori vel rectiori ac majori jure hæc res Flandriæ esse deberet armis et duello sui proprii corporis probaturum subjunxit. Petitioni ejus milites qui cum eo venerant acclamabant, regique magnam in tota provincia pacem exinde venturam suggerebant, aliaque negotio præsenti expetentia plurima subnectebant. Rex prudentissimus benigne omnibus respondebat, ipsumque comitem consanguineum suum vocans, multa spe animum ejus ad impetrandum quæ petebat, sublevabat; sed quia juxta Salomonem : *Cor regis in manu Domini, quocunque voluerit inclinabit illud* (Prov. xxi, 1), aliter voluntas regis quam comes voluerit versa est. Cum enim multi certos se esse putarent quod Flandria eidem comiti reddenda foret, repente nescio cujus venti flatu impellente auditum est eam datam esse cuidam juveni, Guillelmo scilicet Roberti Northmanniæ comitis, qui a germano suo rege Anglorum Henrico tunc temporis adhuc in custodia clausus servabatur, quique de filia Roberti senioris comitis Flandrensis, ut longe superius dictum est, fuerat genitus. Hic ergo præfatus adolescens Balduinus spe sua frustratus, a facie regis iratus abscessit, et contra Flandriam arma corripuit, paucisque post diebus transactis oppidum quod dicitur Aldenarda invadens, totam usque ad cineres combussit, ita ut in ecclesia Sanctæ Walburgis plusquam centum diversi sexus et ætatis fuerint cremati. Rex vero cum novo comite Flandriam ingressus Burgis venit, domnoque Simoni Tornacensi episcopo mandavit ut congregatis diœcesis ejusdem abbatibus ad sepeliendum corpus gloriosissimi comitis Caroli quantocius veniret. Quod tunc de ipso corpore vidi, fidenter refero. Accersivit parvitatem meam dominus episcopus cum domino Absalone abbate Sancti Amandi, multisque præsentibus sepulcrum illud quod de columnis marmoreis Bertulfus præpositus, ut paulo ante diximus, construi fecerat, eversum est; corpusque comitis inde levatum ad ecclesiam Sancti Christophori martyris, in eodem oppido sitam, est a rege cum magna processione delatum, quatenus die statuta congregatis principibus et universo populo ecclesia Sancti Donatiani reconciliaretur, et corpus ad eamdem relatum decenter in terra sepeliretur. Cum ergo timeremus ne forte odor corporis bajulos ejus gravaret, jam enim plusquam ᴌ dies a morte ejus transierant, pro nihilo omnes timuisse misericors Deus evidenter ostendit; nullum enim omnino ex eo sensimus noxium odorem manasse, imo (quod magis mirum est) linteum quo fuerat corpus involutum ita candidum et incorruptum vidimus, ut nulla omnino signa in eo nisi recentis sanguinis cerneremus. Quantus ibi gemitus, quantus dolor, quis clamor et planctus, qualis lacrymarum fluctus a rege cunctisque principibus, imo universo populo fusus fuerit, prætereo quia hæc etiam me tacente facile potest advertere pia legentis intentio. Post quinque ergo dies reconciliata eadem ecclesia, et post missæ celebrationem decenter sepulto comitis corpore, protinus rex dominum Rogerium juvenem clericum in sede præpositi statuit, quoniam Bertulfus præpositus jam aufugerat. Quo facto, turrem, in qua proditores adhuc clausi et obsessi detinebantur, rex invasit; sed quia fortissima erat, illique viriliter repugnabant, non tam facile eam capere potuit. Nocte sequenti Burchardus cum avunculo suo Bertulfo de turre clam exeuntes fugerunt, aliosque omnes in mortis periculo reliquerunt. Qui, cum vidissent frustra se repugnare, ad ultimum se regi reddiderunt, eumque ingredi permiserunt. Rex vero cunctos simul captos, primo in ejusdem turris carcere per triduum jussit servari; dehinc eductos, et superius reductos, de propugnaculis ipsius altissimæ turris singillatim fecit præcipitari, sicque xxx homines præcipitio interfecit. Bertulfus vero et Burchardus, cum jam de provincia exissent et etiam usque Tornacum venissent, divino tamen judicio effugere nequiverunt; sed rursus in partibus Flandriæ comprehensi, turpissime suspensi vitam indignam misera morte finierunt.

36. Rex itaque Franciam rediens Guillelmum in Flandria comitem reliquit, qui primo quidem in ingressu suo, etiam coram rege Flandrensibus tam militibus quam oppidanis bona promisit, libertatemque, et leges suas more antecessorum suorum se servaturum publice jurejurando firmavit. Ubi vero omnes sibi subjectos vidit, protinus elatus, bona et substantias eorum diripere, deinde eos etiam vinculis astrictos et custodiæ mancipatos ad redemptionem sui cœpit compellere. Confestim Flandrenses perterriti utpote talium non assueti, et de malis pejora exspectantes, unanimiter rebellare disponunt, et mori potius quam talia pati eligunt : primique Insulenses, quos magis affligebat, ei palam resistere ausi sunt. Erat tunc temporis in Lotharingiæ provincia quæ dicitur Auxatia, juvenis quidam miles, nomine Theodoricus, filius Simonis ducis Auxatiæ, quem ex filia Roberti senioris comitis Flandriæ genuerat, quæ prius Henricum comitem Bruselliæ maritum habuerat, sed eo apud Tornacum interfecto præfato Simoni duci nupserat. Hunc ergo juvenem scientes Flandrenses propinquiorem Caroli fuisse, utpote materteræ ejus filium, secreto ad eum legatum dirigunt, et ut Flandriam veniat poscunt. Protinus Theodoricus vix tribus militibus comitatus Flandriam venit, veniens gaudenter suscipitur. Jamque Guillelmo fidentius repugnatur. Rursum petente Guillelmo rex cum archiepiscopo (19) Atrebatum revertitur. Theodoricus quasi alieni juris

(19) *Archiepiscopo.* Scilicet Remensi.

invasor, ad audientiam archiepiscopi venire commonetur; venire nolens, cum omnibus fautoribus suis publice excommunicatur, et Insulæ ubi tunc morabatur divinum officium interdicitur, ipseque quantocius de Flandria exire, et in terram suam redire a rege jubetur. Præbet ille surdas aures, et eventum rei præstolatur rex cum Guillelmo congregato exercitu, intra Insulam clausum obsidet Theodoricum, terque in die in tribus locis oppidum invadens, portas intrare, et clausos expugnare conatur, sed nihil proficiens, sexto die sine aliquo effectu Atrebatum, inde in Franciam revertitur. Egreditur de Insula Theodoricus, Flandriamque peragrans, et aliquoties Guillelmo congressus, nunc inferior, nunc superior invenitur, omnibus cum timore exspectantibus quis eorum vincat et quis vincatur. Rursum vero Guillelmus congregato equitatu, in castello quod dicitur Alos conclusum obsidet Theodoricum. Sed dum fortiter præliando castellum expugnare nititur, mense Augusto in manu sub pollice a quodam pedite vulneratus, et calore nimio gravatus, sentiens sibi brachium intumescere, ducem Godefridum qui secum erat facit secrete evocari, seque protinus moriturum prædicens, ut caute exinde equitatum reducere studeat, consulit. Dux sentiens adversam fortunam, callide per internuntios Theodoricum evocat, simulansque se pacem inter ipsum et Guillelmum velle componere, caute exercitum eduxit, et cum jam procul esset Theodorico mortuum esse Guillelmum mandavit. Sic ergo vulnere modico Guillelmo defuncto, et apud Sanctum Bertinum juxta comitem Balduinum sepulto dominatum totius Flandriæ rege concedente Theodoricus obtinuit, et conjuge sua defuncta, germanam comitis Andegavensis, filiam scilicet Fulconis regis Jerusalem, uxorem duxit; talique fine probatum est non falsam fuisse prophetiam illius matronæ, quæ Balduino Tornacensi advocato et sociis suis legatis Roberti junioris comitis id ante quamplures annos sic futurum prædixerat. Balduinus enim Roberti junioris comitis sine prole obiit. Juvenis autem pulcher, quem Dacia venturum pronuntiavit, haud dubium quin Carolus fuerit; duo autem comites, quos post eum venturos, et de Flandria litigaturos subjunxit, quorum alter alterum interficeret, Guillelmus et Theodoricus fuerunt. Quod vero in fine intulit victorem cum posteris suis Flandriam possessuros usque ad tempus Antichristi, Dei notitiæ et futurorum relinquimus, experientiæ, hoc unum videmus Theodoricum jam esse comitem securum, plurimisque lætificatum, filiamque suam jam promisisse Henrico Theobaldi comitis filio, licet rex Francorum conjugium nitatur dissolvere, tertio gradu consanguinitatis dicens eos invicem propinquos esse. Verum quia per reges et comites longam nimis digressionem fecimus, jam quasi prolixo expleto itinere ad domnum Odonem et clericos ejus redeamus, ne nobis per diversa vagantibus fame moriantur.

37. Recedente itaque domno Rabodo episcopo cum processione, remanserunt pauperi Martino quinque pauperes clerici, mox vero auxilio civium empta una domo lignea a monacho, qui provisor erat curiæ Sancti Amandi de Villemel, et juxta ecclesiola ædificata, paulatim crescere cœperunt, ita ut anno altero adventus eorum jam XVIII fratres invenirentur. Paupertatem tamen non parvam in primis ibi substinuerunt, ita ut unde viverent non haberent, sed a quibusdam religiosis laicis sacci publice per urbem quotidie circumferebantur, et ut pauperibus Sancti Martini succurrerent clamabatur; talique subsidio integro anno transierunt.

Generosa Alulfi conversio.

38. Interea adolescens quidam clericus, nomine Alulfus, Sigeri canonicorum Sanctæ Mariæ præcentoris filius, relictis sæcularibus divitiis sese illis sociavit. Quod ubi patri ejus nuntiatum est, continuo congregatis propinquis suis ad S. Martinum furibundus venit, adolescentem per capillos apprehensum, terræ prostratum, graviterque cæsum domum reduxit. Sequenti die adolescens dum putaretur ad ecclesiam Sanctæ Mariæ ire, furtim se subducens ad Sanctum Martinum rediit; sed rursum a patre suo continuo reducitur, et in compedibus ponitur. Cumque hoc sæpius fieret, adolescente scilicet ad S. Martinum quandocunque poterat fugiente, et patre suo eum protinus reducente, contigit domnum Haimericum Aquicinensem abbatem Tornacum venisse ad invisendos et confortandos pauperes illos. Quem cum magister Odo consuleret quid sibi agendum foret super adolescente illo qui quotidie a patre suo violenter reducebatur, protinus abbas ut vir sapiens, competenti comperta occasione, id quod ante moliebatur erupit, dicens: Vere, bone magister, idem vobis non solum de isto juvene, sed etiam de aliis fratribus vestris contingit, nisi monachi efficiamini; juxta enim urbem habitatis, et facile fratres vestri juniores a sæcularibus clericis sociis suis decepti ad sæculum reducentur, quia unus idemque vester et ipsorum est habitus; si autem monachi essetis, postea nullum de vestris tentarent reducere, quoniam cum monachorum niger sit habitus, clericorum vero candidus, tanto horrori clerici habent habitum monachorum, ut quem semel viderint monachum, nunquam deinceps dignentur habere socium. Considera etiam quod mollior et remissior sit vita clericorum, etiam regulariter viventium, quippe cum lineis induantur, carnibus frequenter vescantur, festis diebus non nisi novem lectiones legant. Cum ergo tu famosus ubique et celebris habearis, et sæculo renuntiaveris, si mihi credere velles, magis consulerem tibi clericisque tuis rigidiorem quam remissiorem expetere ordinem. His abbatis Aquicinensis persuasionibus magister Odo animatus socios evocat, abbatis consilium narrat, consensumque eorum super hoc expostulat. Protinus dictis ejus consentiunt, et ne ab aliquo si differretur averti posset, abbatem præfa-

tum ea nocte ibi manere deposcunt, seque die sequenti monachos futuros promittunt.

Odo abbas S. Martini cum sociis relinquit institutum clericorum, et assumit Benedictinum. Sigerus præcentor et Hermannus præpositus fratres fiunt monachi.

Crastino igitur summo mane, finito capitulo ad altare S. Martini XII clerici eunt, vestem clericalem deponunt, et monasticam cum benedictione et triduano silentio per manum abbatis Haimerici suscipiunt, ita ut cum Matutinos et Primam ritu clericali cantassent, jam Tertiam et omnes sequentes Horas usque in hodiernum diem monachorum more cantaverint. Nec fefellit magistrum boni consilii susceptio, siquidem Sigerus ille canonicorum præcentor, videns adolescentem filium suum monachum factum, nequaquam illum ultra retrahere tentavit, sed ad perseverandum vehementer accendit, imo ipsemet præterea nutu Dei compunctus relictis mundanis divitiis, una cum fratre suo Hermanno majoris ecclesiæ præposito, cujus longe superius mentionem fecimus, in coenobio nostro monachus est factus, et quinque altaria quæ alteri filio suo, nomine Adam, canonico acquisierat, nobis dari impetravit, quæ nobis singulis annis plusquam XXX librarum pecuniam reddunt. Completo itaque triduano silentio abbas Haimericus monachis quos fecerat, ut jam sibi abbatem eligerent consuluit. Cunque magister Odo unum de sociis suis eligere conaretur, omnes super eum irruentes unanimiter ipsum eligunt, electumque domno Rabodo episcopo præsentant confirmandum, consecratusque est sequenti Dominica Tornaci in ecclesia Sanctæ Mariæ IV Nonas Martii, anno tertio conversionis suæ. Adolescens vero ille quem prædiximus, Alulfus, monachus factus in coenobio nostro, armarii, seu cantoris officium XLVII annis tenuit, omnesque libros beati Gregorii sæpius relegens, imitatus Paterium universas tam Veteris quam Novi Testamenti sententias ab eo expositas excerpens, tres exinde codices (20) composuit, et quartum de diversis et valde utilibus sententiis superaddidit, eisque Gregorialis nomen indidit, sicque XLVIII conversionis suæ anno in bono proposito vitam terminavit. Sigerus vero, pater ejus cum primum factus fuisset monachus, quadam meridiana in lecto dormiens vidit in somnis unum ex canonicis Sanctæ Mariæ ante plures annos defunctum sibi apparentem, et de diversis colloquentem; cumque ille mortis ejus non immemor interrogaret ut sibi panderet quomodo se haberent animæ in alia vita, ille protinus respondit : « Domne Sigere, quid quæritis de alia vita? In veritate dico vobis quod qui propter Deum hic pauper fuerit, ibi erit dives. » Statim Sigerus ad sui consolationem id se vidisse intellexit, Deumque super hoc glorificans nobis protinus enarravit.

Monachi S. Martini solitudinis amore locum deserunt, sed jussu episcopi redeunt.

59. Domnus itaque Odo abbas factus, cum monachis suis instituta et collationes, seu Vitas Patrum assidue coepit legere, et quidquid legissent illico volebant opere adimplere. Unde factum est ut zelum Dei habentes, sed forte non secundum magnam scientiam, tertio adventus sui anno conqueri inciperent se non in bono loco remansisse, ubi clamores juvenum, cantilenas puellarum audiebant, ubi secularium vestes videbant, quibus ab intentione sua plurimum animus eorum impediretur; desertum potius expetendum, ubi liberius divinæ possent vacare meditationi. Hæc et his similia per dies singulos invicem conferentes, et multoties exinde graviter suspirantes, tandem unanimi accepto consilio, dum quadam nocte solito temperius Matutinos decantassent, finitis illis, vestes suas et libros plaustro imponunt, sicque ante mediam noctem ecclesiam vacuam relinquentes, præcedente abbate, omnes, nullo civium sciente, quantocius de provincia exire satagunt. Mane vero facto cum cives ecclesiam S. Martini orationis gratia ex more adeuntes quod gestum fuerat comperissent, illico quasi urbis interitus immineret, gemere, alter alteri quod audierant cum moerore nuntiare, non se dignos eorum consortio fuisse proclamare, postremo ad ipsam ecclesiam catervatim currere, ubi dormierant, ubi comederant, cum lacrymis circuire, universæque regioni novam quamdam calamitatem superventuram ejulando coeperunt pronuntiare. Ubi vero per sanctimoniales quasdam, prope ecclesiam commanentes, didicerunt eos Noviomum ire, quatenus a domno Rabodo episcopo, qui tunc ibi morabatur, abeundi licentiam peterent, protinus evocato Everardo castellano totius regionis illius principe, cunctisque majoribus urbis in unum celeriter congregatis, accepto generali consilio ad episcopum festinato miserunt, mandantes ei ut nullam spem ulterius ingredi Tornacum haberet, si eis licentiam daret. Legatus itaque equo vehementer calcaribus fatigato monachos prævenit, episcopo rem gestam retulit, deinde principis ei civium verba subjunxit. Protinus episcopus lacrymis perfusus respondit hoc superfluo cives mandasse, quoniam etiamsi ipsi rogarent ut monachos abire permitteret, ipse nullo modo super hoc eis assensum præberet. Continuo ergo in via qua eos venturos sperabat, ipse explorandi gratia legatum dirigit; eisque propinquantibus in occursum eorum pergit, vidensque eos omnes fere XXX pedites venientes, militibus et clericis suis, ut de equis descenderent, et monachos ascendere facerent præcepit. Monachi vero ascendere nolentes usque ad episcopum perveniunt, et in medio portæ Noviomensis urbis pedibus ejus prostrati, abeundi licentiam deposcunt. Protinus episcopus cum nimio fletu

---

(20) *Tres exinde codices.* Exstant in Biblioth. S. Martini Tornac. in quatuor voluminibus, in quorum ultimo legitur :

*Hæc de Gregorii qui traxit opuscula libris
Gregorii precibus in pace quiescat Alulfus.*
Alulfi opus editum est Parisiis.

e contra pedibus eorum prosternitur, et hoc se nullo modo facturum jurejurando profitetur: sicque ad domum suam eos ducens, ac pro tanti laboris levamine triduo secum retinens, liberaliterque reficiens, ad ultimum eos obedientiæ vinculo constrictos Tornacum redire coegit. Quod ubi civibus innotuit, illico quasi post tenebras solem cernerent redeuntem exsultant, et procul ab urbe eis occurrere præparant. Contigit autem eos redire in Exaltatione sanctæ crucis (an. 1095), quando celebrem illam processionem per circuitum urbis superius diximus institutam a Rabodo episcopo pro ignea pestilentia. Canonici itaque qui jam urbe cum sanctorum pignoribus egressi fuerant, ut eos reverti audierunt, cum tota processione fere LX millium hominum eis obviam pergunt, et cum gaudio ad S. Martini ecclesiam eos reducunt.

40. Exinde cœpit Ecclesia nostra paulatim cum Dei adjutorio crescere et multiplicari usque in præsentem diem. Tunc primum cives Tornacenses certiores facti de eorum stabilitate, præfatum episcopum adeunt, terrarum antiquarum S. Martini, quæ quondam destructo cœnobio in manu episcopi devenerant, et de manu episcopi in beneficio tenebant, mentionem faciunt, utque eas S. Martino redderet unanimiter deposcunt. Ea tempestate Balduinus ille advocatus Tornacensis, cujus superius mentionem feci, jam sæculo renuntiaverat, et in cœnobio Beccensi, quod in Northmannia situm est, sub venerabili abbate domno Anselmo postmodum archiepiscopo Cantuariensi, monachus factus fuerat. Radulfus vero germanus ejus miles strenuissimus ei in advocatione successit terrasque Sancti Martini cum advocatione in beneficio de manu episcopi suscepit. Hunc itaque Radulfum episcopus secrete convocans, suasoriis verbis ad eleemosynam accendere cœpit, et ad ultimum ut easdem terras monachis illis pauperibus pro anima sua dimitteret, rogavit; et, o incredibilis Spiritus sancti clementia! inflammatum illico cor hominis est, benigne ad omnia respondit, et sine ulla dilatione terras illas episcopo reddidit; episcopus vero eas privilegii (21) sui auctoritate Sancto Martino liberas reddidit. Sed quia præter illud privilegium nullum antiquæ scripturæ habemus testimonium, quod ecclesia nostra antiquitus abbatia fuerit, nisi solummodo quod continetur in Vita sancti Eligii episcopi, qui moriens evocato Balderedo Tornacensi abbate, præcepit ei ne ad suos Turonis rediret, minus confidenter eam confirmans abbatiam fuisse; fuerit ergo necne, illud fidenter asserimus domnum Odonem nihil in ea invenisse. Quid etiam mihi in adolescentia contigerit dicam.

41. Quidam ex monachis nostris Corturiacum ad Clementiam comitissam directus, invenit ibi quemdam abbatem qui ad eamdem venerat. A qua interrogatus unde esset; cum de Sancto Martino se esse respondisset, abbas protinus ille percunctari cœpit, ubi esset, et cujusmodi esset abbatia Sancti Martini Tornacensis. Cumque monachus prope eam esse, nec antiquam, sed novam, et ante viginti annos constructam fuisse dixisset, abbas protinus subjunxit, « Vere, frater, plusquam trecenti anni sunt ex quo abbatia Sancti Martini Tornacensis facta est; nam in ecclesia nostra adhuc servantur privilegia sancti Martini Tornacensis, quæ monachi ejus Wandalorum persecutionem fugientes ad nos attulerunt, et ibi reliquerunt. Ego ipse vero multoties quæsivi ubinam terrarum sit ecclesia Sancti Martini Tornacensis, sed hactenus scire nequivi. » Tunc monachus abbatem sciscitante unde esset, abbatem de Ferrariis se esse respondit. Rogatus vero multum ut Tornacum veniret, non sibi vacare respondit. Monachus rediens cum hoc nobis retulisset, illico rursus cum alio litterarum perito Corturiacum sciscitandi plenius gratia remittitur; sed abbas qui jam discesserat, non invenitur. Magnus nobis dolor, magna quæstio exoritur ubi sit Ferrariensis Ecclesia; quærimus, sed discere nequivimus.

42. Post duos annos generale concilium a papa Calixto Remis indicitur, qui papa frater erat Clementiæ comitissæ, qui prius fuit Viennensis archiepiscopus, et vocabatur Guido. Ibi spes aliquid audiendi nobis renascitur, negotii hujus indagatio mihi imponitur, cum necdum, sicut puto, essem diaconus. Tota die circumeo ecclesiam Sanctæ Mariæ, et in tanto conventu oppressus, cuicunque monacho obvio ubi sit Ferrarias requiro, et per triduum nihil proficio. Interdum deficio, sed vires reddit mihi ille versiculus:

. . . . Labor omnia vincit
Improbus. . . . .
(VIRGIL. *Georg.* 1, 145, 146.)

Tandem in episcopatu Parisiensi Ferrarias esse audio, *Deo gratias* clamo, per clericos Parisienses abbatem Ferrariensem agnosco, protinus illum adire cupio, sed turba impediente nequeo. Tandem diu desideratam papa donante comedendi licentiam, abbati me conjungo; verba quæ monacho Sancti Martini Tornacensis apud Corturiacum ante biennium dixerat recolo, facile eum recordari gaudeo; quid in illis privilegiis quæ apud se servari dixerat contineatur sciscitor. Respondit Caroli regis Francorum esse privilegium, sigillo ejus confirmatum, et in eo scriptum esse quod, petente Ingelranno comite de Castellandum rex Carolus dederit Sancto Martino Tornacensi, villam quæ vocatur Supas (22) in pago Parisiensi, cum molendinis et omnibus aquis, opportunitatibus, appositis in fine testibus, et die simul ac loco donationis. Rogo illud mihi dari privilegium, quoniam ipsi non erat proficuum. Respondet se non gratis illud daturum. Pro-

---

(21) *Privilegii.* Id privilegium refert D. Ægidius Duquesne Prior S. Martini Tornacensis in Historia ms. ejusdem cœnobii.

(22) *Supas* Gall. *Suppres-sur-Loin* [f. *Supt*], in diœcesi Senonica.

mitto ei centum solidos: diem mihi ponit, quo ad eum veniam, viam docet qua pergam, ut scilicet primum Parisius, deinde Castellandum, inde Ferrarias proficiscar. Tornacum gaudens redeo, audita refero, pecuniam defero, Parisius transiens Ferrarias venio, abbati nummos ostendo, privilegium mihi dari postulo; sed abbas sicut monachi ejus mihi dixerunt timens offendere militem qui villam tenebat, respondit privilegium illud se post concilium invenire nequivisse. Accepto tamen a me uno pretioso cingulo ad villam ipsam, quæ Supas dicitur, et duobus milliaribus aberat me duci fecit; ubi visis molendinis et loci opportunitatibus lacrymas tenere nequivi: ingressusque ecclesiam, unum vetustissimum codicem jam pene dissolutum et putrefactum inveni; in quo scriptum vidi: *Liber Sancti Martini Tornacensis cœnobii*. Egrediens cuidam seni et decrepito rustico obviavi, eumque cujus esset illa villa quæsivi. Respondit: « Joscelini militis, et aliorum quorumdam. » Cui ego: « Quæso, inquam, pater, dic si aliquando eam audisti alicujus sancti fuisse. » « Scimus, inquit, omnes hanc villam fuisse cujusdam abbatiæ quæ dicitur Sancti Martini de Tornaco, sed nescimus ubi sit; et miramur quid faciant maledicti monachi illius abbatiæ, qui talem villam non repetunt. » Tum ego: « Et quomodo, inquam, pater, audisti talem villam datam tam ignotæ et longinquæ abbatiæ? » « Audivi, inquam, quemdam militem hujus regionis, cujus erat hæc villa, in illam provinciam cum aliis militibus solidarium abiisse, ibique vulneratum et desperatum in abbatia illa monachum factum fuisse, sed postea sanatum rediisse, et villam suam per regem Carolum eidem abbatiæ Sancti Martini confirmasse. » Hæc audiens, sed nihil amplius facere valens, tristis reversus sum; super hoc tamen gaudens quod aliquantulum certior fui de abbatiæ nostræ antiquitate. Unde certissimum factum certissimum reddit quod alias me legisse recolo.

43. Sanctus enim Audoenus Rothomagensium metropolitanus, gesta B. Eligii clare et fideliter describens, inter cætera refert ipsum primitus aurificem fuisse in curia Lotharii, regis Francorum, filii Chilperici qui ecclesiam Beatæ Mariæ Tornacensis valde ampliavit, de quo postea dicemus, ipsoque rogante expensasque præbente universas tumulum beati Martini Turonis ex auro et lapidibus pretiosis composuisse: qua occasione atque opportunitate, nec sine Domini voluntate, ut postmodum claruit, factum est, ut duos dentes de maxilla sancti detraheret, sibique pro reliquiis retineret. Quando post longum tempus septimo loco a beato Eleutherio sortitus est dignitatem cathedræ episcopalis Tornacensis Ecclesiæ, et pastorali cura regendas suscepit plebes Tornacenses atque Noviomagenses anno Domini 649, quas rexit per XVII annos, id est usque ad annum Dominicum 665, quo paucis diebus sacerdotio administrato placuit Deo qui illi suggesserat dentes sancti a corpore separare, qua-

tenus jam ageretur opus, quo beata pignora in finibus Galliæ venerationi haberentur, et quod saluti venerantium plurimum patrocinaretur. Moxque divino inflammatus instinctu, mira erga sanctum accensus est devotione; deinde mente pertractans cum quanta reverentia excolendæ essent reliquiæ, nec fas est eas sub modio latere, visum est ei per hoc præstantissimum honorem, atque potissimam frequentationem obtinere si tali loco reponerentur, quo memoria alicujus sancti hactenus minime habita fuisset, sed solummodo pro sui eximietate locus deinceps a populis frequentaretur. Igitur uno dente Noviomi in ecclesia beatæ Mariæ recondito, alterum Tornaci detulit. Erat tunc in introitu ejusdem civitatis ad plagam meridianam mons eminentissimus silva opertus, arbustis pomiferis diversi generis consitus, ubi sic segnis animus recreabatur, ac si partem amœnitatis paradisi se occupasse gratularetur. In hoc dicebatur antiquitus beatus Martinus corpore consedisse, prædicationis gratia Gallias perlustrando; mortuumque ibi suscitasse, et innumeris infirmis multa sanitatum beneficia præstitisse, per quæ non modicam turbam gentilium ad cultum Dominicum convertit. Hunc ergo locum a beato Martino præelectum, et per suam præsentiam sacratum, Dei famulus Eligius expetiit eligendum. In quo dentem sancti reponens, domum illic baptismatis in honore ipsius ædificavit, quo ad laudes divinas sacramentorum ministris celebrantibus, populus Deo dignus posset confluere, et charismata divina percipere. Qui nequaquam oblitus sui desiderii destinationem, habitationes monachorum ibidem construxit. Verum progrediente tempore, et crescente paululum devotione fidelium erga ipsum locum, videns nonnullos animatos ad hoc quod diu mente tractaverat, scilicet ad serviendum Deo sub regulari norma, atque communi vita vivere paratos, ne præparata habitatio sine habitatoribus esset, collegit ibidem quamplures ex diversis gentibus tam servos quam ingenuos, abbatemque ad cujus nutum penderent, eis præfecit. Vitæ vero institutionem tam districtam indidit, ut pene singularis fuerit vita eisdem monachis præ cæteris Galliæ monasteriis. Tunc undique nobiles inibi convenire cœperunt, ac se in omnipotentis Dei famulatum tradentes possessiones suas etiam hæreditarias eidem loco delegaverunt. Ipse quoque Eligius amplioribus prædiis locum illum ditavit, terras, redditus sufficienter delegavit, et omnia quæ essent monasterio necessaria, solerti satis cura providit: ex quibus nonnulla de episcopalibus redditibus possederat, quædam pretio comparaverat, quædam ex munere regio perceperat, aliquanta vero ab aliis potentibus gratuita largitate data susceperat. Regi namque Clodoveo, cujus imperii tertio anno pontificalem susceperat infulam, et cunctis primoribus ejus pro anterioris fraternitatis conjunctione, quam cum eo in palatio sub patre suo Dagoberto atque avo Lothario habuit in tantum charus erat, ut quidquid ab eo postulasset, absque dilatione impetrasset;

quidquid vero adipisci poterat cuncta prædicto loco tribuebat, quem novissime in finibus Galliæ fundaverat, post præclara coenobia quæ per diversa loca construxerat. Unde factum est ut brevi elapso tempore res ibidem delegatæ, usibus fratrum illic Deo servientium per omnia sufficerent. Quarum possessionum sub hoc tempore Ecclesiæ collatarum exstant monumenta usque in hodiernum diem, quæ quomodo ad notitiam nostram pervenerint, hoc loco inserere dignum duximus.

44. In ecclesia Beatæ Mariæ Tornacensis quidam canonicus, nomine Erbaldus, exstitit, qui officium thesaurarii in ea pluribus annis administravit, sed post aliquanta annorum curricula lethali infirmitate depressus, ad Beati Martini confugit auxilium. Cui ægrotanti dum quadam die assisteremus, et de antiquitate hujus ecclesiæ mutuo confabularemur, subito, æger ut erat, talem sermonibus nostris responsionem consequentem intulit, dicens: « Vere, Fratres, hic locus abbatia dudum fuit; quoniam ego in vetustissimis membranis infra ambitum ecclesiæ Beatæ Mariæ repositis antiquas possessiones et redditus hujus ecclesiæ descriptos sæpissime legi, ubi etiam servorum ejus atque ancillarum non minima multitudo, continebantur. » Quæ verba vel scripta antiquitati ecclesiæ testimonium reddunt. Neminem tamen ex servis aut ancillis vel possessionibus nominatim indicavit, quoniam quæ posteritates vel familiæ hodie ex eis existant, vel quibus successoribus in dominium nunc tenentium devenerint, propter diuturnam exhæredationem non facile edicere valuit. Cujus verba cum canonicis Beatæ Mariæ referimus, et veritatem nobis plenius sciscitamur aperiri, respondent nullum scriptum possessionum nostrarum nominatim tota bibliotheca sua haberi, sed priscis temporibus evenire potuit, ut aliquæ determinationes finium nostrorum cum scriptis suorum intermiscerentur, quæ jam vetustate nimia deleta nusquam apparent, sed et si qua fuerunt, quandiu integra mansexerant, Erbaldus, cujus custodiæ mancipata erant, sæpe legendo reperire facile potuit, quod aliis nequaquam occurrit. Hæc audientes, sed nihil proficere valentes dolemus; firmissime tamen tenemus quod relatione paterna didicimus, ut scilicet tempore persecutionis Northmannicæ nonnulla de supellectili ecclesiæ nostræ, et possessionibus cum dente beati Martini, in cujus veneratione fundatum erat coenobium monachorum a beato Eligio, in canonicorum Beatæ Mariæ dominium tunc devenirent, aut ad custodiendum suscipientes, aut aliqua mutuæ vicissitudinis gratia juri suo mancipantes; usque in hodiernum etenim diem apud eos dens haberi dicitur, et per verba subscripta dignoscitur. Verba autem Erbaldi vera fuisse non dubitamus, quia nos qui in chartis scribendis hodie frequentatur, jam ab illis temporibus inolevit; sicut enim de possessionibus et altariis quæ hodie a principibus et episcopis Ecclesiis dantur duo chirographa videmus conscribi, quorum unum ex propria impressione sigilli datoris sigillatum Ecclesiæ, cui traditur possessio, delegatur; alterum vero non sigillatum Ecclesiæ ubi sedes est episcopi, remanet. Ita scripta illarum possessionum quæ antiquitus hæc Ecclesia possedit, eodem modo canonicis sanctæ Mariæ tradita fuisse liquido patet.

45. Nostris etiam temporibus homines provectioris ætatis secus Scaldum circa Helcin et Sanctum Genesium fuerunt, qui se ab antecessoribus suis audisse dixerunt quod Ecclesia ista antiquitus infra fines memoratos præclaros redditus possederit; ipsas vero possessiones determinantes dicebant, quod altaria villarum memoratarum, prata, nemora, terras arabiles, servos, ancillas, et cæteros redditus, quos nunc ibi tenet episcopus, canonici et milites de episcopo. Altaria quoque de Curtraco, et de Henniis monachis discedentibus juris sui allodium effecerunt, quia autem restaurata est ipsa ecclesia, ejus antiquitatis monumenta idcirco non deteguntur, ne inter filios utriusque ecclesiæ aliquod dissidium vel controversia oriatur pro repetendis possessionibus. Quod vero habeant privilegia ecclesiarum Sancti Quintini de foro, beatique Petri de media urbe in quibus congregationes Christo famulantium olim manserunt, et adhuc irrestauratæ manent, possessionesque earum teneant, plenissime fatentur.

46. Sed et aliud testimonium ejus antiquitatis, quod usque in præsens tempus permanet, nequaquam silentio tegendum esse arbitror. Mos antiquitus institutus tunc temporis servabatur in ecclesiis, ut nomina fratrum circum adjacentium ecclesiarum, quibus se mutuas orationes debere vel societatem promisisse noverant, super sanctum altare scripta ponerentur, quatenus sacerdos missam cantantibus nominatim recitaret, cum ad illum locum venisset, quo dicitur: *Memento, Domine, famulorum famularumque tuarum, qui nos præcesserunt cum signo fidei, et dormiunt in somno pacis.* Tunc enim unus ministrorum altaris ei propinquans præsentabat recitanda. Hanc autem conjunctionis fraternitatem antiquos monachos coenobii hujus cum monachis Sancti Armandi Helnonensis novimus habuisse. Scriptum namque illud, in quo nomina fratrum Sancti Martini cum nominibus fratrum ecclesiarum finitimarum continebantur, usque ad nostra tempora in eodem coenobio Helnonensi permansit; quod etiam quidam nostrorum manibus tenuerunt et oculis inspexerunt. His itaque testimoniis assumptis, quæ aut scriptis aut successionibus cognovimus, fidenter antiquitus hunc locum abbatiam fuisse confirmamus; neque tam præclara testimonia superius relata in vanum usque præsentem diem conservata fuissent; quanquam profiteamur non omnia notitiæ nostræ occurrisse.

47. Idem vero auctor noster beatus Eligius; ut in gestis ejus legitur, simili modo in pago Medenantense municipii Tornacensis, quod vocatur Sicli-

nium (23), tumulavit beatum Piatonem martyrem, ecclesiam jam a passione ejusdem martyris constructam, juxta facultatem virium suarum, amplificans Dei se omnipotentis comitante auxilio, ac officia Domino famulantium clericorum constituens, sicut usque impræsentiarum cernimus, sed nos Siclinienibus augmentationes finium suorum monimentis tradere relinquentes, ad narrandum modum desolationis primitivæ ecclesiæ nostræ calamum temperemus.

48. Percepta Tornacensis civitas cognitione fidei Domini nostri Jesu Christi a beato Piatone anno fere 300 ab Incarnatione Domini, cessante etiam persecutione atrocissima, quam Diocletianus in Oriente, et Maximianus Herculius in Occidente exercuerant, sub qua idem martyr passus fuerat, fundatis quoque ecclesiis Beatæ Mariæ Sanctique Martini, atque in deifica pace proficientibus, tam interioribus quam exterioribus, cœperunt plebes Tornacenses crescere nomine, multiplicari propagine, dilatari possessione, gloriari vanitate, jucundari prosperitate, epulari delicate, propriisque delectationibus frui per annos sexcentos minus XIX, id est usque ad annum Dominicum 881. Quibus deliciis non tantum feliciter usi, quantum infeliciter decepti sunt; vitiis namque concupiscentiæ veram religionem neglexerunt, Deum offenderunt, ejusque iram incurrerunt, cum subito eisdem prosperitatis temporibus animositatem durissimarum gentium Deus commovit, iram offensionis suæ contra populos diversarum gentium vindicaturus; tuncque multitudo Northmannorum properans truculenter, ut anno Dominicæ Incarnationis 453 Wandalos fecisse legimus temporibus sanctissimi Nicasii, Meroveo regnante super Francos; subvertit munitiones multarum urbium, gladioque et igni interemptis utriusque sexus progenitoribus cum filiis, ac per triginta fere annos Galliam depopulare insistens, Tornacensis quoque civitatis inter cætera facinora sua destruxerunt muros, et ædificia depopulati sunt, cives et populos desolati sunt, possessiones et supellectilia universa cum ecclesiis finitimis, ac inhabitabilem penitus reddiderunt. Quod qualiter factum sit mandare scriptis, notificare posteris decrevimus, quantum ex scriptis chronographorum vel dictis modernorum colligere possumus.

49. In chronographia Sigeberti monachi Gemblacensis reperitur quod, Northmanni, adjunctis sibi Danis, anno Domini 881, Franciam et Lotharingiam pervagantes, Atrebatis, Ambianis, Corbeiam, Cameracum, Tarvennam, fines Menapiorum Brachatensium, omnemque circa Scaldum flumen terram, Tornacum scilicet et ejus confinia, Gandavum, Cortracum, abbatiam Sancti Amandi Helnonensis in Cordato supra ripam Scaldi, sedem sibi ponentes primo anno episcopatus Heidilonis Tornacensium episcopi, monasteria Sancti Wallarici et Richarii, Leodium, Trajectum, Tungris, Coloniam, Bunnam cum adjacentibus castellis, Aquis oppidum et Palatium, monasteria Stabulaus, Malmundarium, Indam,

Prumiam, Treverim, Metim ferro et igni devastaverint. Qua tempestate Tornacus sedes episcopalis erat, et per CCC ante transactos annos minus XVI ipsam dignitatem comprobatur obtinuisse, quia ab anno Domini 484 sanctus Eleutherius pontificatum illius rexit, et ante paucis diebus præfuit Theodorus, de quo nec ortus, nec ordinatio, aut quantum temporis præfuerit scitur: sed tantum quod spiculo divino, id est ictu tonitrui interemptus sit, memoratur.

50. Exstat et alia chronographia de hac infestatione Northmannica, proprie composita a quodam monacho Marceniensi, qui supradictæ testimonium dat, nomine tenus scribens Tornacum tunc depopulatum esse, et ad nihilum redactum fuisse, addens quod Emmo Tornacensis pontifex a Northmannis interfectus sit anno Domini 860 ante hanc devastationem XXI annis. In quo opere idem digestor temporum præclaro stylo digerit bella ac prælia, quæ Northmanni ob insatiabilem sitim fundendi humanum sanguinem habuerunt adversus Remenses, Parisienses, Aurelianenses, atque Compendienses viriliter decertando.

51. Ea tempestate monachi Sancti Martini de civitate Tornaco dispersi, unusquisque per loca opportuna, in quibus se commodius acturos, vel amplius profuturos sperabant, et locum proprium, et cives, quorum tutamine dudum profecti fuerant, divino auxilio roborati, beneficio amplificati reliquerunt. Unde quidam eorum cum essent dispersi per amplissima mundi spatia, bonis quoque quæ ubique repererunt jucundati, et consuetudine locorum quam invenerunt contenti, ut multorum verba testantur, loca sua prius desiderabilia, nunc in planitiem deducta ulterius repetere neglexerunt, neque laborem ipsas ruinas relevandi assumere voluerunt, sed illis in locis quo fugerant præsentem vitam terminaverunt, possessiones suas hæreditarias pro beneficiis acceptis eisdem locis perpetua donatione tradentes. Nonnulla vero pro penuria et incommoditate necessitatum suarum accepto pretio vendiderunt. Quædam vero tutore et defensore carentes, in dominium laicarum potestatum transierunt. Ad abbatiam vero quæ erat in episcopatu Parisiensi sita, in oppido Ferrarias nominato, pars quædam eorum quibus devotio major in Deum, et mens sanior inerat diverterunt, deferentes secum de supellectili Ecclesiæ suæ pauca quædam, vel quæ utiliora sibi fore arbitrati sunt, cum qua specialiter fuisse chirographum villæ cujusdam illius regionis, quæ dicitur Supas, indiciis supra relatis deprehendimus anno fere XX secundæ restaurationis. Habebant enim in proximo quasi in spatio duarum leugarum eamdem villam amplis possessionibus dilatatam, redditus copiosos reddentem, ad quam idcirco diverterunt, ut ex ejus redditibus opportunius sustentarentur, ipsisque custodiendis vigilantius insisterent, quatenus usibus suis valentiores existere possent. Quam quomodo possederint, quia superius diximus, hic reca-

(23) *Siclinium* vulgo Seclin en Mélanchois.

pitulare superfluum duximus. Congregationi vero illi idcirco se sociaverunt, ut vota labiorum suorum, observantiam scilicet regulæ, qua Deo et beato confessori ejus Martino se noverant devovisse, quia in loco quo quidem potuerunt promittere, nequaquam valebant persolvere, saltem in alio loco regularium præceptorum integra observatione recompensarent.

52. Quo tempore credimus factum fuisse ut dentem beati Martini cum scriptis declaratis et quibusdam utensilibus hujus ecclesiæ usurparent canonici ecclesiæ B. Mariæ; quædam vero quæ deferre non potuerunt, sub terra circa ambitum Ecclesiæ absconderunt, sicut usque in præsentem diem dicitur. Unde et ille thesaurus qui ad caput capellæ B. Mariæ ostensus est in somnis cuidam clerico nominato Bernardo, filio Vitalis, de quo supra dictum est, quem multi nostrum noverunt, de hac ecclesia creditur fuisse. Vidit enim assistere sibi quamdam puellam facie decoram, crinitis crinibus comptam, compositis vestibus ornatam, et dicentem : « Respice feretra, cruces, textus, phylacteria, aliaque ornamenta Ecclesiæ, quæ ad solem defero. » Quæ omnia cum ille diutius intuitus esset, adjecit puella et ait : « Vide ut nemini dicas hæc tibi fuisse ostensa, quoniam si dixeris et mandatum meum præterjeris, infra xxx dies morieris. » Statim ille evigilans, præ nimia cordis exhilaratione, quæ viderat silentio tegere nequivit; sed plenissime enarrans, secundum verba puellæ ante diem xxx obiit, ita ut cum vespere sanus dormitum iret, mane inventus esset mortuus. Sed quia thesaurum revelatum necdum videmus, somnium ejus verum fuisse non confirmamus; tamen per hoc quod ad diem xxx non pervenit, falsum omnino non fuisse quod sonuit, claret. Forte enim necdum venit tempus eum revelandi, aut necdum cui repositum est advenit. Fuerit ergo necne quod ei ostensum est, nos tamen frequenti relatione antecessorum nostrorum didicimus copiosos thesauros circa ambitum ecclesiæ repositos haberi, loca quoque ubi conservantur, nostris temporibus quibusdam per somnium revelata sunt, e quibus una matronarum existit, Hersendis nomine, quæ duo loca nobis designavit, dicens demonstratum sibi fuisse in uno puteum haberi, atque in altero thesaurum conservari. Puteum quæsivimus in loco designato, et invenimus nimium perspicuam aquam habentem, in quo etiam reperimus vasa quædam ærea usibus Ecclesiæ satis congrua, locum vero thesauri in proximo versus occidentalem plagam designato nondum effodimus, ideoque si aliquid veritatis in eo contineatur, ignoramus.

53. In præfata persecutione beatus Piatus Sicliniensis asportatus est Carnotum, ubi priusquam Tornacum veniret Christi nomen prædicaverat; sed illis prædicationem ejus non recipientibus, Tornacum petiit, ibique fidem Domini nostri defendit. De cujus corpore usque ad nostra tempora litigatio grandis exstat dicentibus nobis Siclinii relatum esse ad loca passionis suæ; Carnotensibus e contrario affirmantibus usque in præsentem diem apud se reservari. Ad quam litem sedandam fateri necesse est quod a majoribus nostris accepimus, ut scilicet relato apud nos corpore, pars aliqua ibi credenda sit remansisse; apud Siclinium enim detecta arca, qua corpus martyris servabatur, anno Dominicæ Incarnationis 1143 populo demonstratus est (24). De cujus corpore dentem suscipere meruerunt monachi S. Martini Tornacensis, deinde pristino loco restitutus magna cum custodia servatur, gaudetque Ecclesia Siclinii martyris præsentia se non esse destitutam.

54. In populo Sicliniensi sæviebat pestilentia illa quæ vulgo dicitur ignis [inferni,] adeo ut quosdam non solum membris privaret, sed et vitam eis auferret; e quibus multi ad beati martyris basilicam Siclinii constitutam manibus alienis sunt delati. Hinc ecclesia clamoribus turbatur, Deique auxilium et martyris suffragium ab omnibus imploratur. In feretro autem, quo conservabantur beati martyris reliquiæ, sculptæ erant x virgines evangelicæ, v videlicet *prudentes* et v *fatuæ* (*Matth*. xxv, 2). Hæ itaque omnes affectum martyris ostendentes, miserorum doloribus condolentes, et Domini voluntatem exsequentes, ita flebant ut crederentur sensibiles; in quo facto summæ virtutis potentia, et beati martyris Piatonis claruit præsentia, qui sicut dum in corpore viveret, et populos ad fidem Christianam cohortaretur, non solum lacrymarum copiam, sed proprium ad extremum pro his fudit sanguinem, ita tunc affectus magnitudinem per subjectas demonstravit imagines. Ex oculis namque prudentium guttæ sanguinis emanabant, ex oculis autem aliarum lacrymæ velut aquæ fluebant. Post hoc autem miraculum divinum auxilium et martyris solatium infirmi persentirent, et qui mori putabantur, sanitati redonantur. His de præsentia corporis beati Piatonis, atque de antiquitate abbatiæ nostræ dictis, ad ea unde digressi sumus redeamus.

55. Cum ergo Dominus Rabodus Ecclesiæ nostræ terras antiquas reddidisset, veniens ad capitulum consuluit abbati Odoni cæterisque fratribus ne sibimetipsis ulterius crederent, nec quæcunque in Vitis Patrum legebant protinus facere vellent, sed potius aliquod cœnobium eligerent, cujus consuetudines servarent. Placet consilium episcopi. Eligitur cœnobium Aquicinense quod xv annis ante nostrum fuit constructum, quodque solum tunc temporis in provincia nostra religionem et consuetudines servabat Cluniacensis cœnobii. Domnus itaque Odo abbas, Abbatem Aquicinensem Haimericum expetit, et quia tam se quam omnes suos monachos ejus esse recognoscebat, utpote ab eo factos et benedictos, ut etiam qualiter vivere debeant edoceat exorat. Annuit religiosus abbas, statimque de suis monachis in cœnobio nostro priores instituens, ac de nostris

---

(24) *demonstratus est.* Per Simonem episcopum Tornac.

Aquicinum secum docens libenter nobis collaborat, et tam ipse quam fratres ejus efficiuntur nobis in consilio ut patres, in auxilio ut fratres, in famulatu ut servi. Unde præ cæteris provincialibus cœnobii majorem semper familiaritatem erga Aquicinenses habuimus, ita ut communia sint omnia nostra, tam intrinsecus quam extrinsecus, et quidquid agimus pro fratribus nostris vivis vel defunctis, hoc pro illis nos agere concesserimus, idem reciproca vicissitudine ab eis accipiamus.

56. Cœperunt interea sæculo renuntiantes quamplures utriusque sexus ad ecclesiam nostram conversionis gratia venire, nobisque de suis facultatibus tradere. Prima ergo, quantum mihi videtur, ad conversionem venit Ida illa nobilis matrona, cujus superius memoriam feci, quæ fuerat conjux Fastradi advocati, qui magnopere restaurationem Ecclesiæ nostræ videre desideravit, sed morte præventus videre nequivit. Hæc nobis inter cætera unam domum in urbe, et molendinum inferius supra Mairam donavit, quæ usque in præsentem diem tenemus; et cum nobilissima, nunquam tamen inter alias sanctimoniales nisi ultimæ ancillæ officium tenere voluit. Hæc fuit germana nobilis illius principis Theoderici de Avesniis, qui eodem tempore in propria terra sua, cœnobium Lesciense a fundamentis construxit, omnibusque officinis peractis monachos ibi posuit, et unde victum et vestitum haberent abundanter providit: cujus quando mentio incidit, et alius referendi locus non erit, quiddam de eo dicam unde legenti cuilibet et imitari volenti utilitas possit conferri. Hic itaque Theodericus vir nobilis et magnæ potentiæ, dum contra comitem Montensem Balduinum frequenter bellum gereret, quadam die congregata non modica militia, terram ejus violenter intravit, multamque prædam exinde abducens, inter cætera quæ ibi gessit etiam duo monasteria sanctimonialium, Sanctæ scilicet Waldet rudis Montensis, et Sanctæ Aldegundis Malbodiensis, concremavit, pro eo quod ibidem milites sibi resistentes comes posuerat.

57. Eremita quidam in proxima silva, quæ Brocherota vocatur, commanens solitarius, vidit, sicut ipse referebat, non dormiendo, sed vigilando, media die sanctam Dei genitricem Mariam, in cœlo instar reginæ præcelso throno residentem, illasque duas prænominatas sanctas pedibus ejus se prosternentes, et de Theoderico Avesniensi, qui ecclesias earum combusserat, ultionem postulantes. Cumque vehementer conquerentes acrius justitiam expeterent, sancta Virgo sic eis respondebat: « Parcite, quæso, mihique nolite esse molestæ, quia nolo ad præsens eum gravare; uxor enim ejus domina Ada quoddam servitium mihi facit, quo me sibi sic familiarem astringit, ut nec ipsi, nec marito ejus pati possim aliquid inferri gravaminis. Cumque illæ sanctæ requirerent, quod esset illud servitium, respondebat angelicam illam salutationem (25), quæ in terris principium mihi lætitiæ exstitit, singulis diebus mihi sexagies replicat; et vigies quidem prostrata, vigies genibus flexis, vigies autem stando aut in ecclesia aut in cubiculo suo, aut in aliquo secreto loco « Ave, Maria, gratia plena, Dominus tecum, benedicta tu in mulieribus, et benedictus fructus ventris tui (Luc. 1, 28), mihi commemorat. » Cum vero illæ sanctæ, instantius multa replicantes, sese vindicari importune exigerent, tandem sancta Virgo sic eis respondit: « Rogo ut mihi ad præsens de hac ultione inducias detis, et ego promitto vobis quod veniet tempus quando de eo vobis justitiam faciam, et contra dominum Adam nihil delinquam. » Hoc ego in pueritia mea audiens falsum esse credidi, postea vero verum esse potuisse non nimium dubitavi. Siquidem abbas noster Odo post duodecimum fere conversionis suæ annum ad episcopatum Cameracensis urbis fuisset promotus, sanguinei ejusdem Theoderici contristati, quod de conjuge sua prolem non haberet, consanguinitatis linea quarta eos propinquos esse coram eodem episcopo accusaverunt, et die statuta jurejurando confirmaverunt, sicque ecclesiastico judicio, cum jam plusquam xx annis simul mansissent, conjugium illud dissolvi fecerunt. Vix autem dimidius annus transierat, et ecce præfatus Theodericus in silvam venatum pergens ab Isaac de Berlenmonte insidiis circumventus occiditur, et ad cœnobium Lesciense quod ædificaverat relatus, in capitulo ante sedem abbatis sepelitur. Tuncque vulgatum est verum esse potuisse quod solitarius se audisse dixerat, sanctam Mariam promittentem quia eas vindicaret, et contra dominam Adam jam ab eo separatam nihil delinqueret. Eadem vero domina, a marito suo disjuncta, continuo relicta sæculari pompa ad cœnobium præfatum, quod cum viro suo construxerat, abiit, nec tamen ex toto proprietatem dimisit, sed ædificata juxta ecclesiam sibi domo lapidea, nolens gravare Ecclesiam, de redditibus suis usque ad finem vixit, frequenterque monachis quæ necessaria erant tribuit, et quod retulimus verum fuisse multis narravit. In tantum vero id diffamatum est, ut etiam Gosceuginus filius dominæ Adæ primæ sanctimonialis nostræ, qui avunculo suo præfato Theoderico successit, easdem salutationes beatæ Mariæ quotidie replicaret, militibusque suis eas dicere suaderet. Quamobrem et ipse licet multa mala fecerit, tamen bono fine vitam terminavit; nam sentiens se valida ægritudine laborare, in eodem cœnobio monachus factus, sicque defunctus, juxta avunculum suum in capitulo est sepultus. Qui quoniam de Agnete conjuge sua, filia Anselmi de Ribotmont, prolem non habuit, Galterum optimum juvenem, germani sui Fastradi filium, successorem sibi in vita sua constituit. Præfata vero Agnes uxor ejus, dominam Adam imitata, relicta sæculari pompa ad idem cœnobium abiit, et de redditibus suis vivens, calices aureos, et candelabra, multaque alia pretiosa ornamenta

---

(25) *Salutationem.* Nota Rosarium B. Virginis, vulgo *Chapelet*, tunc usitatum.

Ecclesiæ illi fecit componi. Fastradus autem iste, quem nunc nominavi patrem Walteri, filius fuit illius Idæ primæ sanctimonialis nostræ, qui etiam Fastradus, cum advocatus Tornacensis pluribus annis fuisset, ægritudine correptus in nostro cœnobio monachus est factus, sicque defunctus : cujus uxor Richeldis imitata præfatam Idam, mariti sui matrem, relicto sæculo, apud nos sanctimonialem habitum suscepit, et, cum fuisset nobilissima et ditissima, per XX tamen annos nihil omnino superbiæ inter alias ostendit, sicque humiliter degens bono fine quievit. Gualterus vero ejus filius videns patrem suum et matrem apud nos sepultos esse, pro animabus eorum et sua dedit nobis unum molendinum supra Ries fluviolum, et quandiu vixit, quasi pater Ecclesiæ nostræ ubique fuit : duxit autem conjugem Idam filiam Everardi castellani Tornacensis, ex qua plures filios et filias genuit, omnesque antecessores suos potentia et opibus superavit. Fuit enim primo advocatus Tornacensis, deinde succedens patruo suo tenuit castrum Avesniense, totamque pene regionem illam, quæ dicitur Bracbantus. Volens autem pacifice vivere, et pœnitens multorum quæ commiserat scelerum, tentansque mitigare bella quæ inter Montenses comites, et principes Avesnienses multis annis duraverant, sororem Balduini comitis Montensis filio suo Theoderico, adolescenti militi, conjugio sociavit, sicque totam provinciam pacificavit. Sed inimicus generis humani non diutius pacem illam toleravit; Theodericus enim ille adolescens nolens esse contentus paternis opibus, sed ubique discurrens velut equus indomitus, non modo de proximis, verum etiam de longinquis regionibus, de terra scilicet ducis Lovaniensis, episcopi Leodiensis frequenter prædas et captivos cœpit adducere, donec quadam die frequentibus elatus victoriis cum centum militibus longius progrediens redire non potuit, sed a peditibus undique irruentibus occisus, et cum magno periculo ad Lætiense cœnobium super equos relatus, omnibus amicis suis magnum luctum intulit. Tunc pater nimio mœrore perculsus, timensque diversos fortunæ casus, alteri filio suo Nicolao castrum Avesniense et Bracbantum in vita sua donavit, eique castellum quod dicitur Walecurtis superaddidit. Tertio vero filio advocationem Tornacensem tradidit. Quarto etiam clerico facto Everardo duos archidiaconatus, Cameracensem scilicet et Tornacensem, necnon præposituram Nivellensem, aliosque multos honores ecclesiasticos acquisivit, et quatuor filias divitibus maritis dedit. Ipseque, sicut mihi multoties dixit, libenter monachus factus fuisset, si conjugis suæ licentiam habere potuisset. Præsenti vero anno post festum Omnium Sanctorum, dum apud Montense castrum in aula comitis Balduini contra eum pro Trellum castello, quod ei comes auferre volebat, placitaret, subitanea ira percussus loquelam perdidit, deinde a comitissa in lecto comitis positus, sequenti nocte defunctus est. Indeque a filiis suis ad Lætiense cœnobium delatus, et cum prioribus suis sepultus, magno totius provinciæ mœrore, quia pater pauperum et Ecclesiarum ab omnibus vocari solebat. Sed de his ista sufficiant. Nunc vero ad duos illos milites, Walterum et Radulfum, quorum longe superius mentionem feci, veniendum est, breviterque ostendendum quam verum fuerit illud somnium, quo in ecclesia Sancti Martini stare et parietes illius renovare visi sunt.

58. Walterus iste, ut prædixi, vocabatur filius Huberti, eratque unus de potentioribus Tornacensis provinciæ optimatibus. Hic cum uxore sua ad conversionem veniens, dedit nobis molendinum illud super Mairam fluviolum, ubi tota annona molitur, de qua fit panis qui in cœnobio comeditur; tenebat etiam quamdam terram in nemore de Pevela juxta Templovium, quam nobis dare volebat, sed non poterat, quia eam in beneficio tenebat de Roberto juniore tum temporis Flandrensi comite. Comes enim tantam terram quæ de beneficio, vel feodo suo erat, gratis concedere Ecclesiæ nolebat. Cum ergo ut hoc comes concederet laboraretur, forte Radulfus ille miles prænominatus unum equum magni pretii habebat, pro quo comes ille XL marcas dare volebat. Rogavit ergo comitem idem Radulfus ut equum illum acciperet, et terram illam pro anima sua in eleemosynam Sancto Martino daret. Consensit comes, et privilegii sui auctoritate eamdem terram cœnobio nostro confirmavit; sicque molendinum præfatum cum eadem terra plusquam mille libras nobis postea reddidit. Jam vero factus monachus qualiter se habuerit, nullus facile explicabit, cum nullo optimatum regionis fuerit inferior, omnibus rusticis se viliorem exhibuit. Ipse aquam ad coquinam deferre, scutellas et ollas abluere, farinam cribrare, clibanum succendere, equorum stabula mundare, fimum deferre, cernentibus, et præ admiratione plorantibus militibus et cognatis suis, nunquam erubuit, multosque exemplo suo convertit. Ipse ecclesiam novam de donationibus fidelium incepit, et Deo favente, sicut hodie videtur, centum monachis sufficientem consummavit.

59. At vero Radulfus duos germanos milites in urbe habebat, quorum major Thetbertus, alter vocabatur Theodericus monetarius : Tetbertus præpositus Rabodi episcopi erat, et fidelem se ei sicut domino suo exhibebat. Unde Fastradus advocatus contra eum iratus, quoniam pauperes rusticos episcopi ubique defendebat et tuebatur, primum dolose ei se familiarem fecit, filiumque ejus in baptismo suscipiens compater ei fuit, sed post paucos dies nihil mali suspicantem, venatuque lepores insequentem prosecutus, eumque utpote compatrem suum dolose osculatus, protinus in festo sancti Bartholomæi apostoli incautum occidit, et de provincia statim fugiens ad avunculum suum Theodericum Avesniensem secessit, et cum eo fere per triennium mansit. Tuncque advocationem ejus domnus Rabodus episcopus Radulfo militi Noviomensi

dedit. Fastradumque omnino pro scelere exhaeredavit. Quidam dixerunt hoc Dei voluntate accidisse, quoniam Radulfus ille novus advocatus terras Sancti Martini, quas tenebat, petente episcopo, sicut supra dictum est, facile reddidit, quas, ut Fastradus postea multoties asseruit, si tunc tenuisset, nullo modo reddidisset. Sed cum jam in ultionem hujus sceleris duo milites Fastradi occisi fuissent, apparuit idem Tetbertus cuidam religioso civi Tornacensi, nomine Rainero, non dormienti, sed vigilanti. Cumque ille nimis perterritus an ipse esset dominus Tetbertus, et quomodo se haberet inquireret, ipsum se esse respondit, et ne timeret admonuit, ac deinde subjunxit : « In tormentis quidem sum pro peccatis meis, et maxime pro eo quod post obitum conjugis meae concubinam habui ; sed misericordiam habebo, quia injuste occisus sum pro fidelitate domini mei episcopi, et sanctus quoque Bartholomaeus, in cujus festo interfectus sum adjutor mihi est, pro eo quod eum in hora mortis meae invocavi. Rogo ergo te ut ad fratres meos, et filios pergas, utque pro anima mea necem meam Fastrado indulgeant, nec me ulterius ulcisci quaerant ex parte mea depreceris, quoniam si hoc fecerint, multum animae meae ad salutem promerendam proderit. » Respondente vero Rainero se quidem mandata ejus eis dicturum, sed illos sibi minime credituros, defunctus protinus ei inter signa, quae unicuique diceret injunxit, sicque disparuit. Ille vero ad germanos defuncti et filios veniens, mandata ejus eis aperuit, signa subjunxit, sicque eos ad concordiam faciliores reddidit. Unde post aliquot annos Fastradus nudis pedibus cum amicis suis, pedibus eorum provolutus, et amicitiam eorum, et haereditatem suam ab episcopo recepit. Pro confirmatione vero amicitiae filiam suam Sarram Gosceguino filio Theoderici monetarii (26) qui fuerat germanus Tetberti, conjugio sociavit. Viginti etiam libras nummorum, quas ab eo pro concordia acceperunt fratres occisi, protinus Sancto Martino dederunt.

60. Post haec Radulfus Tetberti germanus, puellam quamdam conjugem accepit Mainsendem, de militibus provinciae genitam, filiam scilicet Hermanni praepositi Sancti Amandi Helnonensis, genuitque ex ea tres filios, Theodericum scilicet, Walterum, et Hermannum, quorum primum Theodericum quinquennem litteris docendum tradidit, et in ecclesia S. Mariae praebendam unam ei dari suadentibus canonicis ab episcopo Rabodo petiit et impetravit, promissis ei propter eam xxx marcis argenti. Quod ubi puero et canonicis congratulantibus in schola nunciatum est, ille vespere facto domum reversus coenare noluit, sed tristis ad mensam sedit ; pater vero puans eum pro more puerorum fuisse verberatum a magistro, finita coena duxit eum a parte et quid haberet curve tristis esset quaesivit. Cui puer protinus respondens : « In nomine Domini, inquit, nonne merito possum contristari, cum vos sciam hodie pro me in inferno demersum esse ? Nonne audistis quod qui praebendas emunt, vel vendunt, excommunicati sunt ? Certe videte quid de anima vestra faciatis ; nam me sciatis citius de hac provincia egressurum quam de ea comesturum. » Admiratus super his pater : « Fili, inquit, ne amplius super hoc contristeris, quia testor Deum te nunquam eam amplius habiturum. » Dixit, statimque episcopo remandavit ut de praebenda sua faceret quod vellet quoniam filius suus eam habere nollet.

61. Eodem anno Radulfus febre validissima usque ad mortem pene correptus, ubi Deo volente convaluit, quemdam monachum, nomine Walterum, conjugis suae germanum virum prudentissimum secrete adiit, et de salute animae suae consulere his verbis coepit : « Cum fidem Deo debeatis sicut monachus, et mihi sicut sororis tuae marito, per eamdem fidem quam Deo et mihi debetis, vos obtestor ut mihi quomodo salvus fiam consulatis ; nuper enim aegrotans, et mori timens, consilium a canonicis Sanctae Mariae quaesivi, et illi mihi consuluerunt, ut veraciter confiterer peccata mea, corpus Domini acciperem, oleo sancto ungerer, et salvum me futurum securus essem. Feci quod consuluerunt : sed ubi convalui, rursus me peccatis sentio obligatum, et hoc mihi non videtur vera esse confessio, quando infirmus peccata confiteri, quando convalesco peccatis iterum sordidari. Unde precor propter Deum ut mihi quid agere debeam consulatis. » Et respondit monachus : « Et quid vobis proderit consilium meum audire, cum illud nolitis facere ? — Consilium, inquit miles, dicite, et si illud non fecero, non vobis imputabitur. » Tunc monachus : « In veritate, inquit, dico vobis quod quandiu in saeculo vixeritis sicut hactenus vixistis, non video quomodo salvari possitis, sed si revera salvus esse vultis, saeculum relinquite ; et monasticam vitam assumite. — Et quomodo, inquit miles, hoc faciam sine licentia sororis vestrae conjugis meae ? » Tum monachus : « Cum Dominus, inquit, in Evangelio dicat : *Si quis venit ad me, et non odit patrem, et matrem, et uxorem, et filios propter nomen meum, non potest meus esse discipulus* (*Luc.* xiv, 26), » nunquam consulam vobis ut pro sorore mea animam vestram perdatis : licentiam tantum ab ea quaerite, quam si illa noluerit dare, consulo ut ea relicta, parteque substantiae vestrae ei dimissa, ad Deum fugiatis. » His auditis, miles gratias ei agens, domum revertitur, ingressusque cubiculum et lectulo residens amarissime flere incipit. Mainsendis superveniens eumque sic flentem videns, quid novi acciderit unde se ita cruciaret inquirit. Vult ille celare, sed, illa nimis instante, omnia quae germanus ejus domnus Gualterus, Sancti Amandi monachus et praepositus, dixerat revolvit. Tum illa :

---

(26) *Monetarii*. Eo quod praesidebat monetae, quam Philippus. Aug. in urbe Tornac. instituerat. Ita *Consuetudines*, Tornac.

« Et quare propter hæc sic vos cruciatis? — Quia, inquit, nisi propter te dimitterem, monachus revera quantocius fierem. » Protinus illa subjungens : « Propter me, inquit, bene agere non dimittatis, quia sicut vos de anima vestra timetis, sic et ego de mea, et quacunque die sæculum reliqueritis, ego similiter relinquam, et in præsenti, si vultis, licentiam vobis do, et me caste victuram promitto. » Tunc miles : « Et quid, inquit, faciemus de tribus filiis nostris? — Non in manu diaboli, ait mulier, relinquamus, sed potius nobiscum eos Deo præsentemus, divites enim sumus, et quocunque voluerimus libenter cum eis suscipiemur. » Exhilaratus super his verbis Radulfus : « Et ubi, inquit, tibi videtur ut competenter cum eis habitum religionis accipiamus? » Tunc temporis magister Odo scholam Tornacensem regebat, nullaque conversionis ejus mentio exstiterat. Quamobrem mulier, quo diverteret nesciens : « Ad Sanctum Amandum, inquit, mihi videtur quod competenter ire possumus, quoniam et pater meus inde fuit præpositus, et frater meus ei successit; sed et ego inde nata sum, ibique nutrita.» Concedit Radulfus, statimque legato directo, præfatum domnum Walterum monachum mandat, quæ dicta sunt enarrat; et sancto Amando per manum ejus unum molendinum prope Tornacum super Marvis fluviolum situm donat. Inde conjugem suam advocans : « Qui bene, inquit, vult agere non debet differre, quoniam callidus diabolus semper quærit occasiones, quibus servos Dei a bono proposito possit impedire. Unde mihi videtur ut crastina die sine dilatione sæculum relinquamus. » Tunc illa : « Hoc, inquit, domine, non tam cito potest fieri; quiddam enim secreti necdum dixeram vobis, quoniam jam menses duo sunt ex quo me concepisse sensi, et utique rationabile non esset ut prægnans de sæculo exirem : præparemus ergo interim omnia necessaria, quatenus, postquam peperero, statim renuntiemus mundo. Verumtamen quoniam jam licentiam dedi vobis, licet nullus post Deum testis interfuerit, expedit utique ut jam nihil maritalis, vel conjugalia operis invicem faciamus, sed continenter deinceps vivamus.» Post hæc, sicut ipsi multoties mihi retulerunt, anno integro et dimidio in vita sæculari manserunt, in uno lecto indivisi jacuerunt, nec tamen aliquid carnale gesserunt, non sua fortitudine, sed Christi gratia eos protegente. Erat autem Mainsendis juvenilis ætatis, ita ut quando sæculum reliquit, nonnisi viginti quatuor annos haberet. Nascitur ergo eis quartus filius, et in baptismo vocatur Radulfus.

Eodem anno magister Odo sæculo renuntiat, et cum clericis suis, sicut supra narravimus, ecclesiam S. Martini intrat. Mainsendis eos frequentat, multoties eis suas transmittens eleemosynas, nullo tamen adhuc intra urbem sciente quæ cum marito suo agere disposuerat. Quadam ergo Dominica missam eorum auditura, et processionem visura cum filio suo Theoderico parvulo clerico jam fere septenni ad ecclesiam S. Martini pergit, et exspectat donec missa cantata fuit; puer vero ea ignorante se clericis illis conjunxit, et cum eis remansit. Finita missa mulier filium suum inter vicinas requirit; credens vero eum cum pueris ludere, domum revertitur. Parato prandio puer quæritur : mater dicit secum abiisse ad S. Martinum. Nullus conversionis ejus suspicionem habebat; finito prandio miles equum conscendit, ad domum germani sui Theoderici veniens, tam ibi quam et in cæteris domibus propinquorum suorum filium suum quærit; nullum signum de eo audit. Inde ad S. Martinum pergit, abbatem Aquicinensem Haimericum cum abbate Odone invenit, puerumque coram eis sedentem, et eos audientem conspicit. Militem abbates secum sedere faciunt, et de mandatis Dei libenter audientem instruunt. Vespere propinquante miles abeundi licentiam ab abbatibus petit et accipit; filioque suo ut secum domum redeat præcipit. Tunc primum puer voluntatem suam aperiens : « Vos, inquit, si vultis, domum redite, matremque meam, et fratres meos salutate, et ut pro me orent eis dicite; ego enim nunquam amplius domum vestram ingrediar, sed hic cum pauperibus istis remanebo, nec patrem, aut matrem me habere cognosco nisi Deum et S. Martinum. » Tunc pater admirans, et eum ludendo hoc dicere credens : « Veni, inquit, quoniam non haberes hic quod hac nocte comederes, vel lectum in quo jaceres. » Et puer : « Etsi non habent, inquit, quod manducent, ego urbem circuiens eleemosynas petitas eis afferam, nocte vero super nudam humum quiescam. » Ridente patre, et hæc puerilia fore dicente, puerumque violenter reducere volente, tandem abbas Haimericus vir prudentissimus : « Domine, inquit, Radulfe, si mihi credideris, puero modo nullam violentiam inferetis; dimittite eum nobis; sufficienter enim una nocte providebimus quæ necessaria ei fuerit : et si quidem ex Deo ista voluntas venit, crastino apparebit; si vero ex infantia, non cogatis eum, quia sponte domum revertetur. » His auditis, miles acquievit, domumque reversus, conjugi suæ hæc retulit. Protinus illa genibus flexis, manus et oculos ad cœlum levans : « Gratias, inquit, ago Deo, quia primogenitum filium meum servitio suo mancipavit. Videtur ergo, mi domine, quod Deus vult quod ecclesiolam illam ex facultate nostra ædificemus; et hoc signum divinæ voluntatis habebimus, si puer in incepto perseveraverit, tunc certi simus verum esse quod dixi; si vero redierit, tunc aliud vult Deus de nobis. » Mane facto rursum miles equum conscendit, Sanctum Martinum repetit, puerum in eo quod cœperat constantissime perseverantem reperit. Protinus Theodericum germanum suum, cæterosque propinquos suos accersit, filium suum utpote puerum septennem necdumque legitimæ ætatis existentem Sancto Martino coram altari offert, et cum eo quatuor molendina quæ super Ries fluviolum habebat, confert. Postmodum Radulfus licet in sæculo manens totam illius ecclesiolæ curam suscepit, nec minus quæ necessaria erant providens, quam si jam monachus factus fuisset.

62. Eodem anno (1095) per abbatem Haimericum, sicut supra dictum est, clerici illi monachalem habitum susceperunt. Tuncque idem puer Theodericus cum eis factus est monachus. Cum vero monachi, ut superius relatum est, ab ecclesia discedentes deserta petere voluissent, Theodericum ibidem relinquere voluerunt, sed cum remanere noluisset, nec tamen utpote puer octo annorum itineris laborem pedes sustinere posset, plaustro eum cum libris suis superposuerunt, sicque secum abduxerunt. Quod cum Radulfo adhuc in lecto suo dormienti summo mane nuntiatum est, illico festinus surgit, ecclesiam Sanctæ Mariæ petit, canonicorum conventum celeriter convocat, teloneum eorum, quod violenter eatenus tenuerat, eis liberum reddit, et de illata violentia veniam petit, voluntatem suam aperit, quod scilicet illico sæculum relinqueret, et monachos S. Martini qui discedebant prosequeretur. His dictis, comitatus clericorum et populi maxima turba, domum revertitur, conjugisque manum tenens, et ad cœlum oculos levans : « Domine Deus, inquit, tu mihi dedisti hanc conjugem, et ego ei te teste usque in hodiernum diem legitimam servavi fidem, nunc autem pro amore tuo eam relinquo, tibique eam commendo. » Post hæc filios suos parvulos Walterum et Hermannum sumens, et sursum elevans, Deo eos obtulit et commendavit. Quantus ibi omnium luctus præ dulcedine fuit, cum vidissent quartum filium Radulfum, adhuc lactentem, cum cunabulo allatum, et de cunis a patre extractum, sursum levatum Deoque commendatum. Sic ergo equo statim conscenso, cuidam pauperi clerico Rainero, quem pro Deo secum per biennium tenuerat, tunc etiam se relinquere nolenti alterum equum dedit, et cum eo monachos celeriter sequens, antequam Siclinium venirent eis se sociavit : prostratus abbatis Odonis pedibus ut se comitem peregrinationis suæ esse permitteret postulavit. Admiratus abbas tantum hominis divitis ardorem, monachos qui secum pedites ibant, convocavit, et de conversione ejus sumens initium exhortationis : « Ecce, inquit, nos monachi aliquid nos fecisse putabamus, et tamen a sæculari Zachæo publicano victi sumus. » Sic ergo cum eis Noviomum pergens, episcopo Rabodo voluntatem suam aperuit, Episcopus vero præ nimia admiratione lacrymas fundens, eumque exosculando Deo gratias agens, per manum comprehensum in manu abbatis posuit; sicque subjunxit : « Dic nunc, bone abba, cur vis relinquere Tornacum ; parumne te profecisse putas, qui talem peccatorem diabolo abstulisti, et Deo conjunxisti? revertere ergo lætus et festinus, quoniam revera per hunc adhuc Deus lucrabitur alium. Reversus ergo Tornacum, cum rursus abbatis prostratus pedibus ut susciperetur rogaret : « Non te, inquit abbas, suscipiam, donec proberis secundum Regulam sancti Benedicti dicentis : *Probate spiritus, si ex Deo sunt* (cap. 58). Vade ergo et publice coram populo victum tuum laborando quære, aquam ad tabernas portando, ligna cædendo, equorum stabula mundando, et similia ubi opus videris faciendo. Exsequitur ille libenter abbatis imperium, omnique rubore procul posito vilissimis se submittit operibus. Videns hoc Mainsendis, quondam uxor ejus, nullo timore terretur, sed, ascito Theoderico Monetario, Radulfi germano totiusque urbis ditissimo, ad Sanctum Martinum pergit, filios suos Deo tradit : minimumque cum cuna super altare ponit non sine lacrymis multorum circumstantium. Theodericus vero eorum patruus misericordia motus, concedente abbate, infantes ad domum suam causa nutriendi facit deferri, multoque tempore secum detinet. Mainsendis vero super ducentas marcas argenti ponit ; duo molendina super Costenten, et reliqua omnia quæ sibi maritus suus reliquerat Sancto Martino tradit ; sicque omnibus spoliata pedibus abbatis prosternitur, orans ut suscipiatur. Cui abbas : « Prius, inquit, oportet te probari. Vade ergo per urbem, et victum tuum quære nendo, texendo, lanam pectendo, et si forte tibi aliquis vir vel femina integrum panem dare voluerit non suscipias, sed frusta panis more pauperum eleemosynas petentium conscisa. » Exsultat femina talibus pasci deliciis, pulsoque rubore publice eleemosynas petit, matronis quæ hæc videbant flentibus et per pedissequas suas copiam panum cum ea ad Sanctum Martinum mittere volentibus. Hujusmodi ergo fuit conversio Radulfi et Mainsendis, cujus non credo pium Jesum posse oblivisci.

Hæc sunt vero quæ ecclesiæ nostræ contulit : quatuor molendina super Ries, quæ Scaldo sunt propinquiora. Quintum autem super Scaldum habebat ; sed quia autumnali tempore, crescente aqua Scaldi, facile redundantia ejus absorbebatur, postmodum illud ex toto fecit destrui : stipites tamen in testimonium antiqui molendini jussit relinqui et reservari, ob eam solummodo causam ne quis futuro tempore aliquod molendinum sub illis quatuor usque ad Scaldum posset ædificare, quoniam, si construeretur, constaret non parvum detrimentum eis per illud facile posse contingere. Duo etiam molendina super Costenten nobis dedit cum adjacenti terra, quæ de paterno jure ei provenerat, super quam unam curtem fecit construi, quæ usque in hodiernum diem permanet : gregem etiam equarum nobis dedit, cujus proles usque in hodiernum diem in pascuis nostris servatur, de quibus et quadrigas ad excolendam terram nostram frequenter sumpsimus, et equos magni pretii nutrivimus et vendidimus. Sicque in diversis expensis jam plusquam mille librarum commodum ex eis habuimus. De pecunia vero, quam conjux ejus dedit, terras circa ecclesiam sitas redimimus, et alias in eadem regione emimus, quia quando ipse ad conversionem venit, non passum quidem terræ arabilis adhuc habebamus. Molendinum vero unum super Marviz habebat, sed quando primum voluntatem habuit sæculo renuntiandi, sicut supra dictum est, Sancto Amando illud dedit, quia in ejus cœnobio quod Helnonense dicitur monachus fieri voluit, quoniam nostri cœnobii necdum mentio aliqua apud homines facta fuerat.

63. Erat tunc temporis ejusdem cœnobii Sancti Amandi Helnonensis venerabilis abbas, nomine Hugo, qui ipsam ecclesiam Sancti Amandi ante paucos annos casu combustam a fundamentis renovans, decentissime cum claustro et turribus et officinis, sicut hodie cernitur, ædificavit. Hic itaque charitatis dulcedine plenus, videns Radulfum cum uxore et filiis divitem Sancti Amandi ecclesiam reliquisse et pauperculam Sancti Martini expetisse, convocatis monachis suis in capitulo : « Ecce, inquit, fratres dilectissimi, sæcularis ille miles Radulfus divitiis nostris paupertatem Sancti Martini prætulit, et in paupertate ecclesia monachus fieri voluit. Charitatis itaque viscera nos habere demonstremus, et molendini quod nobis dedit medietatem pauperi ecclesiæ Sancti Martini conferamus, sicque ejusdem molendini beatum Martinum cum patrono nostro sancto Amando participem faciamus. » Consenserunt omnes, et ne unus quidem paternæ charitatis se degenerem fore ostendit. Sicque præfatus domnus Hugo Tornacum veniens pauperum monachorum societatem et fraternitatem in capitulo toto corpore prostratus expetiit et accepit, medietatem illius molendini eis donavit, semperque deinceps paterna viscera se super nos habere monstravit; nam etiam quando monachi cum domno Odone deserta petere volentes, ut superius dictum est, de ecclesia Sancti Martini discesserunt, præfatus domnus Hugo abbas Sancti Amandi quinque de monachis suis, ne ecclesia Sancti Martini divino careret officio, illuc direxit, victumque quotidianum eis dirigens, usque ad reditum monachorum Sancti Martini eos ibidem morari præcepit.

64. Per hunc ergo Radulfum multi de Tornacensi urbe cœperunt ad conversionem venire, ejusque fervoris imitatores existere; e quibus Henricus vir ditissimus cum uxore sua, nomine Bertha, et filio suo Joanne adhuc lactente, duabusque filiabus Trasberga et Julitta eodem pene modo quo Radulfus ad conversionem venit. Pecuniam magnam, de qua dormitorium constructum est, cum aliis officinis, et terras quasdam ecclesiæ donavit; ipseque publice eleemosynas petere ab abbate jussus, et quod revera magni fervoris esset probatus, sic tandem monachus est factus, pluribusque annis in cœnobio nostro cellerarius existens, et boni exempli omnibus existens post xxii fere annos conversionis suæ laudabilem vitam bono fine concludens, paschali tempore in die xvii Kalend. Maii, Deo spiritum reddidit. Filius vero ejus Joannes cum Radulfo, Radulfi filio in monachico habitu nutritus, omnes ordines ecclesiasticos cum eo suscepit, et usque in hodiernum diem sacerdotali functus officio, bonæ arboris se fructum bonum esse ostendit. Mater vero ejus Bertha, et sorores Trasberga atque Julitta, in sanctimoniali habitu multis annis irreprehensibiliter viventes, et ipsæ de labore jam ad requiem transierunt.

65. Post hunc vero Henricum videres mirum in modum juvenes et virgines, senes cum junioribus de tota provincia sæculo relicto ad conversionem venientes, ita ut sicut in Actibus apostolorum legitur, vendentes ea quæ habebant, pretia rerum suarum domno abbati Odoni deferrent, et si quidem tunc abbas ille more abbatum hujus temporis pecunias, et facultates sibi datas voluisset retinere, et in ecclesiæ commodis expendere, non parum eam potuisset, quantum pluribus videbatur, amplificasse, sed quia tunc temporis supra memoratus Everardus Tornacensis castellanus, contra Robertum comitem Flandrensem rebellans, magnam militiam tenebat, et de terra comitis multos, tam divites quam pauperes, frequenter capiens redimi cogebat, illi, compedibus et fame oppressi, ad abbatem Odonem gregatim currebant suisque miseriis subveniri cum lacrymis exorabant. Abbas vero, eorum fletibus compatiens, pecuniam quæ sibi deferebatur abundanter eis erogabat, sicque multos redimebat.

66. Eodem tempore quidam presbyter et monachus religiosus, nomine Radulfus, genere Northmannus, qui unus ex quinque primis sociis abbatis Odonis fuerat, de horis pulsandis jussu abbatis sollicitudinem gerebat, et, sicut ejusdem officii moris est procuratoribus, in remotiori Ecclesiæ parte lectulum suum posuerat, non pro custodiendo ecclesiæ thesauro, qui nullus adhuc erat; nam nec calicem argenteum, nec crucem, nec textum abbas habere volebat, sed solummodo pro pulsatione vigiliarum diligenter providenda. Cum ergo quadam nocte, sicut idem Radulfus vir veracissimus nobis multoties retulit, in lectulo suo recubans, psalmis et orationibus pervigil insisteret, audivit in choro quasi aliquam multitudinem advenientem, et modesta voce Responsorium illud de sancta Trinitate cantantem : *Benedicamus Patrem et Filium cum sancto Spiritu.* Completo vero Responsorio audivit duos ad altare procedentes, et Versum Responsorii, id est *Benedictus es, Domine, in firmamento cœli*, dulcissima et protracta melodia subjungentes, finitoque Versu, rursus chorum finem Responsorii repetisse, sicque siluisse. Cumque hoc aliquoties religiosus ille monachus audiens domno abbati Odoni et quibusdam spiritualibus senioribus secrete retulisset, omnes in commune dixerunt se dicere quod animæ bonorum ibidem quiescentium essent, quæ de ecclesiolæ illius restauratione Deo gratias agerent.

67. Præfatus itaque abbas, instituta et doctrinam antiquorum Patrum assidue legens, et etiam sæcularis illius poetæ versiculum recolens :

Dicite, pontifices : In sancto quid facit aurum?
(Pers., sat. ii, vers. 69.)

non cruces aureas fabricare cupiebat, sed omnem

quæ sibi deferebatur pecuniam egentibus et oppressis erogabat. Omnes tamen ad conversionem venientes retinebat, sententiam Domini imitari studens dicentis : *et eum qui venit ad me non ejiciam foras* (Joan. VI, 37). Nullum vero antequam probaretur recipere volebat, et in ipsa probatione tanta eis onera imponebat, ut omnes antiquorum probationes excedere videretur. Nam cuidam converti volenti præcepit ut saxum enorme, quod vix a pluribus moveri posset, ultra urbem Tornacum solus duceret. Videres hominem, nunc brachiis ac manibus, nunc toto corpore sese saxo totis viribus supponentem, rivumque sudoris omni ex parte emittentem, et pro posse obedientiam magistri implere conantem.

Aliis etiam præcipiebat ut, plures dies ac noctes sub stillicidiis domorum immobiliter permanentes, pluviarum imbres ruentes sustinerent; sed quamvis eis tam dura et importabilia onera imponeret, miro tamen modo multo plures tunc ad conversionem pro ecclesia nostra, tam milites quam clerici, veniebant, quam hodie venire videamus cum jam nullus probatur, imo ut veniat multis blanditiis et promissionibus demulceatur.

Eo siquidem tempore etiam ex canonicis Sanctæ Mariæ aliqui ibidem conversi sunt, domnus scilicet Amandus, qui pluribus annis prioratum Aquicinensis Ecclesiæ tenuit, deinde abbas Marceniensis effectus, ecclesiam illam pene destructam, tam interius in religione, quam exterius in divitiis renovando, correxit. Domnus etiam Walbertus, qui in Ecclesia nostra prior existens post multos annos in Cameracensi episcopatu in cœnobio qui dicitur Mons S. Martini abbas est factus, ibique defunctus. Domnus etiam Gonstardus qui multis annis prioratum Ecclesiæ nostræ tenuit; domnus quoque Bernuinus. Hos ergo quatuor divites primo clericos, postea vero pauperes monachos, si quomodo ab abbate Odone probati fuerint, referre audisses, vix præ immensitate lætitiæ risum tenere potuisses, videns siquidem eos nimis esse superbos, per aliquot dies eos vaccas mulgere, et caseum facere præcepit, sicque probatis monasticum habitum tradidit. Et si quidem tunc altaria quæ ipsi tenuerant recipere voluissemus, forsitan usque hodie ecclesia nostra exinde ditior esse potuisset, sed quia proposuerat nec altaria, nec ecclesias, vel decimas accipere, sed solummodo de labore manuum suarum, et de agricultura quadrigarum, nutrimentisque pecorum suorum vivere, nihil de ecclesiasticis redditibus quos ipsi tenuerant voluit habere, dicens talia non a monachis, sed solummodo a clericis possideri debere. Et hæc quidem ejus intentio vitæ et institutis antiquorum monachorum concordabat; postea vero cognovit a monachis, juxta urbem habitantibus, quos populares sive sæculares quidam nominant, non ex toto antiquorum instituta posse servari.

68. Nam cum omnes secum vult ad Deum pertrahere, tantam multitudinem mulierum non solum pauperum, sed et divitum suscepit, ut eis seorsum monasterium nec esset, nec videretur posse construi. Quamobrem considerans abbas domum lapideam, quæ quondam fuerat prædicti Radulfi militis, et quam ei veniens ad conversionem conjux ejus dederat, non parvæ esse amplitudinis, distinctis in ea parietibus, oratorium, refectorium, dormitorium composuit, et LX fere mulieres conversas ibidem intromisit, sororemque suam sanctimonialem, nomine Eremburgim, eis præposuit (27). Inter cæteras vero mulieres, etiam Mainsendem quondam Radulphi conjugem ibi manere præcepit, et in alia ejusdem urbis parte totidem nihilominus conversas sub alia magistra constituit. Mainsendis ergo post aliquot dies gravissima ægritudine depressa, in eadem quondam domo sua lectulo decumbere cogitur, sentiens autem se magis ac magis infirmitate gravari, a præfata magistra sua domni abbatis germana poposcit, ut se faceret communicari. Tunc pro instanti necessitate, quia domus illa remota erat ab ecclesia Sancti Martini, concessit domnus abbas ut a presbytero Sancti Piati, qui prope manebat, viaticum et absolutionem ægrotantes conversæ acciperent. Mandatus ergo domnus Hellinus presbyter a magistra, ut Mainsendem cum viatico visitaret, libentissime advenit, quia in sæculari vita parochiana ejus fuerat, et nonnulla obsequia ab ea susceperat. Veniente itaque presbytero, præcepit magistra Mainsendi ut non ei loqueretur nisi de peccatis suis. Confessa est igitur Mainsendis presbytero, et corpus Dominicum suscepit, astante magistra et quidquid dicebatur audiente. Recedentem itaque presbyterum Mainsendis exorat ut sui memor esset, et pro se Deum rogaret. Statim vero post discessum presbyteri magistra ad eam accedens : Vere, inquit, excommunicata es, quia contra obedientiam meam de re alia quam de peccatis tuis presbytero locuta es. Cui Mainsendis : « Vere, inquit, domina, non putavi me delinquere, quia dum rogavi ut pro me oraret, non intellexi de salute corporis, sed remissione peccatorum meorum. » Tunc illa vocans alias sorores, excommunicatam eam esse dixit, et ut foras expellatur præcepit. Prosternuntur omnes pedibus magistræ, misericordiam petunt; sed impetrare nequeunt : quæ tamen de lectulo surgere non poterat, jubente magistra cum lecto extra domum defertur, et sub gradu ligneo per quem in curtem descensus erat, ponitur, ita ut ablationes coquinæ superius sitæ super eam deflueront. Ibi ergo per triduum jacens, licet infirmitate gravaretur, animo tamen exsultabat, quia in domo cujus olim domina fuerat, nunc pro Deo tribulationem sustinebat; sed quia benignus Deus post tribulationem infert consolationem, ecce post triduum præfatus Henricus, jam monachus fa-

---

(27) Ne quidem hujus monasterii superest vestigium.

ctus, jussu abbatis fascem magnum lini super caput suum deferens causa nendi, domum sororum expetit, portamque curtis ingressus, videt Mainsendem sub gradu in lectulo recumbentem. Admiratus interrogat unam de sororibus, cui linum recipienti sibi loqui licebat, cur ibi sic jaceret. Audiens vero causam, nec tamen Mainsendi loqui audens, hoc tantum omnibus audientibus in consolationem ejus dicere præsumpsit : « O S. Alexi, qui in domo patris tui decem et septem annis peregrinus jacuisti, et exinde magnam gloriam apud Deum acquisivisti, conforta istam famulam Dei, quæ in domo cujus quondam domina fuit, modo tantam tribulationem sustinet. Audiens hoc Mainsendis ita exhilarata est, ut, sicut postea multoties mihi dixit, omnino infirmitatis suæ obliviscereur. Reversus vero Henricus cum abbati ea quæ audierat retulisset, abbas protinus mandavit ut cum aliis intra domum referretur.

69. Eodem anno victualium penuria et famis atrocitas totam provinciam vehementer afflixit, et abbas omnibus pauperibus ad se confugientibus quidquid habere poterat misericorditer tribuere cœpit, ita ut nec in horreo nec in cellario aliquid remanserit. Tuncque demum necessitate et anxietate compulsus, fratribus per totum annum claustro reclusis, jugique silentio domitis et quæ foris agebantur nescientibus, rem sicuti erat in capitulo aperuit, magnam scilicet multitudinem virorum ac mulierum se suscepisse, et unde vel una die viverent se non habere. Obstupefacti omnes admirati sunt tantam rem eum sine alicujus consilio fecisse, rogaveruntque eum ut exteriorum curam alicui viro prudenti committeret, ipse vero doctrinæ et saluti animarum insisteret, nec deinceps aliquem absque fratrum consilio susciperet, et quos suscipiebat non more antiquorum gravia et importabilia onera imponendo probaret, sed institutis et Regula Cluniacensis cœnobii contentus esset, quod solum et fama et religione, necnon et charitate universis Galliæ monasteriis eo tempore præminebat, et a venerabili abbate Hugone regebatur. Acquiescit abbas consilio fratrum, statimque domnum Henricum ordinans cellarium, Radulfo committit præposituram, sociumque ei donat Walterum filium Huberti. Hisque tribus totius Ecclesiæ commendans in exterioribus provisionem, ut sine licentia egrederentur permittit, cæteris ut secum religioni et silentio instarent indicit. Illi, de capitulo egressi, coquinam introeunt, quod fratribus præparari posset quærunt ; sed nihil inveniunt. Ingrediuntur deinde portam urbis, et civibus, sibi occurrentibus ac veluti de longa carceris custodia ereptis, quomodo se haberent inquirentibus, illi læto vultu prospera omnia esse respondent ; sed post paululum eis necessitatem fratrum innotescunt. Protinus cives, invicem colloquentes, et alio frumentum, alio siliginem, alio fabas dante, eos confortantes et exhortantes, hilares et lætos ad fratres remittunt.

Radulfus etiam, germano suo Theoderico inopiam Ecclesiæ indicans, rogat ut sibi pecuniam ad emenda fratribus necessaria commodet. Protinus ille XL marcas argenti ei commodat, quas tamen nunquam postea recipere voluit ; sed pro anima sua ecclesiæ dimisit, unum etiam hortum super Scaldum prope Sanctum Medardum (28) valde utilem ecclesiæ nostræ donavit, et in multis præ aliis civibus semper nobis profuit ; nam quando postmodum prædictus Walterus jussu abbatis templum ædificare ex eleemosynis fidelium cœpit, statim idem Theodericus ei centum solidos in initio dedit, ad ædificandum quoque refectorium centum solidos, et ad cellarium centum solidos. Quoties vero conventui refectionem plenariam piscium miserit, ipsi numerandum et renumerandum relinquatur pro quo misit.

70. Quantam autem inopiam panis pauper conventus illo anno integro pertulerit, vix potest credi. Panis triticei, aut vini, nisi forte ab aliquo divite eis transmitteretur, nulla erat mentio ; siligo etiam omnino deerat. Sola avena eis molebatur, de molendino relata, nec cribro, nec tamisio farina purgabatur ; sed statim aqua calida superfusa panis exinde fiebat, qui coctus et monacho appositus paleis prominentibus ustilari posse videbatur, et quando cultello præcidebatur, major palearum quam micarum coram monacho videbatur acervus ; et quia, juxta Salomonem, animæ esurienti etiam amara dulcia videntur (*Prov.* XXVII, 27), monachi fame tabescentes tanta aviditate panem illum avenacium comedebant, ut de eo nec micæ nec paleæ superessent. Nonnulli etiam ex illis adhuc supersunt, quorum unus est domnus Ascelinus, qui domno Henrico in cellarii provisione, vel obedientia successit, qui adhuc testatur se tunc multoties cogitasse si aliquando posset videre diem quo ecclesia Sancti Martini tam dives esset, ut ipse pane solummodo saturari posset. Quicunque ergo successorum nostrorum hæc legerint, orent pro animabus antecessorum suorum qui panem non hordeaceum, sed avenacium cum paleis comedendo, copiam eis panis triticei patientia sua per Dei gratiam acquisiverunt.

71. Radulfus ergo, videns et sciens Ecclesiam pauperem, redditibus carentem, sine agricultura non facile posse subsistere, totum studium suum ad emendas et acquirendas terras convertit. Quatuor itaque quadrigas jumentorum in Ecclesia posuit, et terras eis sufficientes partim ex donationibus fidelium, partim emptas pecunia deputavit. Deinde quatuor domos sive mansiones, quas abusive curtes vocamus, in pago Tornacensi infra unum pene milliarium prope ecclesiam construxit, quarum prima dicitur Varnavia, secunda Dusiolpetra, tertia Longacalix, quarta Tintenias. In his quatuor curtibus decem quadrigas posuit, terramque eis sufficientem acquisivit. Quintam curtem construxit inter Namen garetæ translati sunt, ob arcem a Ludovico XIV constructam.

---

(28) *Medardum* Abbatia S. Medardi an. 1671 et 72 destructa canonici regul. in parochiam S. Mar-

et Templovium in terra, quam a comite Roberto ut superius dictum est, pro equo suo ecclesiæ dari impetraverat; sextam vero apud Canfen, et septimam apud Costenten in terra quæ ei ex paterna hæreditate provenerat, octavam apud Audolmansum super Scaldum fluvium, nonam apud Galren, decimam apud Domerias, undecimam apud Catebias.

72. Interea domnus Rabodus episcopus, qui fuit avunculus Everardi Tornacensium castellani, qui ipsum Tornacense castellum cum castello de Moritania, ante paucos dies ceperat et dominationi suæ sul dideral, legitimos hæredes de eis expellens, Gerulfum de Tornaco et Hugonem de Moritania, hic Rabodus vir nobilis, et magnæ probitatis existens, inter cætera quæ laudabiliter fecit, etiam cœnobium nostrum restaurare curavit, sicut supra dictum est. Sed, heu! sicut per beatum Job dicitur, quod in angelis suis Deus reperit pravitatem (*Job* xv, 15), ita etiam hic tantæ probitatis episcopus apud Romanam sedem cœpit accusari, quod per pecuniam regi datam adeptus fuisset episcopatum. Unde cum multoties apud papam pulsaretur, nonnulla ornamenta Tornacensis Ecclesiæ, pro sui redemptione vendita, suis adjutoribus dedit, nonnullos redditus altari Sancti Salvatoris de Brugis vendidit canonicis S. Donatiani; nonnullos vero alios redditus tam altariorum cæterorum quam terrarum episcopi distraxit. Cum vero judicatum fuisset, ut cum duobus episcopis se de Simonia purgaret, magister Anselmus, tunc temporis Laudunensis scholæ doctor præcipuus, et per totam Franciam pro sua scientia famosissimus, auxilium episcoporum ei consilio suo abstulit, conscius eos secure non posse jurare eum innocentem fore. Ubi vero ei multis intervenientibus concessum est ut sola manu se purgaret, Hugo Lugdunensis archiepiscopus, et apostolicæ sedis legatus videns eum velle jurare, surgens coram omnibus: « Quid facis, inquit, infelix, qui male jurando animam tuam interficere quæris? desine ab hoc juramento, et nos impetrabimus, ut modo non deponaris, sed per biennium dilationem habens, postea pontificatum sponte quasi religionis vel senectutis causa honeste dimittas; si enim juraveris, ecce tibi prædico quod de hoc anno cum honore non exibis. » Episcopus, sicut cœperat, manum super textum Evangelicum posuit, et se innocentem de Simonia jurans, securus de concilio exivit, et Tornacum rediit. Post paucos dies Brugis abiit, et pro infirmitate sua minui sanguine volens, dum medicus exspectatur, ipse pro corporea necessitate interiora cubiculi ingreditur, ubi cum diutius moraretur, unus ex ministris eum secutus, videt eum coram sede resupinum cecidisse, et cum nimio exclamat dolore. Protinus omnes introgressi inveniunt eum, paralysi dissolutum, membrorum simul et linguæ officium perdidisse. Inter manus levatum ad lectum deferunt, et post paucos dies deflent morientem. Eo itaque Tornacum deportato, et in ecclesia Sanctæ Mariæ sepulto, succedit ei in episcopatu domnus Baldericus Noviomensis archidiaconus.

73. Radulfus autem suasit domno abbati Odoni ut si quis ecclesiæ nostræ vellet dare altaria sine simonia pro anima sua, non renueret ea more aliorum religiosorum abbatum suscipere. Annuente abbate, primus dedit nobis altare d'Esplecin quidam canonicus Beatæ Mariæ, nomine Wericus; deinde Balduinus cantor cum filio suo Tetberto altare de Samium. Letbertus quoque canonicus pater domni Walteri hujus cœnobii abbatis, altare de Paschendal; sed et Gerricus canonicus cum Wenemaro milite partes quasdam altaris de Templovio. Rabodus episcopus, cujus tempore cœnobium nostrum restauratum est, altare de Eurengiis, Adam quoque canonicus rogante patre suo Sigero præcentore; qui cum germano suo Hermanno præposito apud nos monachus fuit, sicut longe supra dictum est, dedit nobis quinque altaria scilicet, de Haltra, Sarra, Ilsengein, Gudelengein, et Estenputh; Erpulfus clericus altaria de Villesbecca, et de Fivia. Monachi de Dunis pro quadam terra, quam supra mare habebamus a domno Simone Tornacensi episcopo, duo altaria scilicet de Beverna et de Lendegein dari nobis fecerunt; Desiderius Tornacensium archidiaconus, et præpositus Insulanus, altaria de Guerra et de Liedda Geraldus episcopus, et clerici de Ecurt, pro curte de Brugis altare de Muscherum altaria de Anulino, et de Alelnis nobis dari fecerunt, monachi de Lhos, pro curte, de Pevela a domino Geraldo episcopo. Omnia hæc habemus in episcopatu Tornacensi. Letbertus canonicus altaria de Zulte et de Wachines; Bartholomæus episcopus altaria de Fasti et de Proisi; Thomas de Marla altare de Froimont. Hæc tria habemus in episcopatu Laudunensi. In episcopatu Cameracensi hæc; Albertus, altare de Siran, Werricus decanus, altari de Galren et de Quarta; Ubaldus, altare de Hacheniis; domnus Odo primus abbas hujus loci, cum factus fuisset episcopus Cameracensis, altare de Malda; Odo presbyter de Bouniis, altaria de Ostiolo et de Papengain; Walterus decanus Tornacensis, qui postea episcopus fuit, altare de Vais. Tetbaldus Rothnacensis præpositus, pater Radulfi Cameracensis archidiaconi, ad conversionem veniens dedit, nobis altare de Floresbech, de Ormegniis et de Balluel et de Lierda S. Martini, ad quod altare pertinebat quædam terra super Tenram fluvium, ubi præfatus Radulfus præpositus ædificavit duodecimam curtem, et optimum molendinum construxit. Deinde Mascelino Lutosensis Ecclesiæ præposito cum uxore sua Mainsende, et filio suo Alexandro ad conversionem veniente, nobisque duo altaria, scilicet de Boveniis et de Branteniis dante, præfatus Radulfus in iisdem parochiis tres alias curtes superaddidit, sicque quintum decimum numerum complevit: Sextam decimam apud Veson, decimam septimam apud Merbiis, octavam decimam apud Toreliis, nonam decimam apud Fro-

janam, vicesimam vero prope Brugias in ecclesiola, quæ S. Trunonis dicitur, ædificavit.

74. In pago Noviomensi prope castrum quod dicitur Torota (29) ecclesiolam unam, in honore Sancti Amandi constructam, invenit, sed ita vacuam ac pauperculam, ut non passum quidem terræ, nec domum, vel aliquid ad victum pertinens invenerit. Adamato itaque loco illo solitario, et longe ab hominum habitatione remoto accedens ad domnum Baldericum, Noviomensem episcopum, Ecclesiolam illam nobis dari poposcit et impetravit. Inde contra voluntatem multorum nostri cœnobii monachorum, qui dicebant eum frustra tam procul et in tanta solitudine laboraturum, a domno abbate Odone impetravit ut illuc ire permitteret quemdam monachum presbyterum, genere Northmannum, nomine Radulfum, qui pro infirmitate corporis laborem conventus sustinere non poterat. Hunc itaque illuc mittens, nec tamen fodere aut ligone silvam eradicare cogens, sed de substantia et pecunia ecclesiæ nostræ ei tribuens, sic eumdem locum Dei gratia donante provexit ut intra breve tempus plures ibi Deo servire gauderet, ubi primo nihil præter vacuam ecclesiolam vepribus circumseptam invenerat. Canonici siquidem Noviomenses, eumdem locum frequentantes et solitarie Deo servire volentibus aptum esse videntes, primo de suis rebus ibi conferre, deinde ad conversionem venire, et monachi fieri cœperunt, benedictionem tamen monachi professione facta in ecclesia Sancti Martini ab abbate accipientes, inter quos quidam, nomine Petrus, aliorum canonicorum quasi pater existens, relicto sæculo monachus factus duas optimas vineas Noviomi sitas dedit, tantæque religionis cœpit esse, ut non solum clericis et militibus, verum etiam totius provinciæ monachis se imitabilem præberet, ita ut a multis frequentaretur, et quasi divinitus datum consilium ejus audiretur; ipse tamen humilitatis esse custos, nec ordinem presbyteratus licet ab abbate et fratribus rogatus, suscipere voluit; nec advenientibus nisi accepta a priore licentia loqui consensit; ipsum autem priorem frequenter de eleemosyna pauperibus commonebat.

75. Quodam tempore cum fames nimia totam provinciam opprimeret, et præfatus prior Radulfus de fratrum penuria sollicitus pauperibus more solito eleemosynas erogare trepidaret, domnus vero Petrus ne aliquid de consueto numero minueretur suaderet, ecce subito pauperibus supervenientibus minister panes defecisse respondit. Cui domnus Petrus: « Vade, inquit, et quære si forte aliquod frustum panis in arca remanserit. » Cum vero minister se eadem hora vacuam arcam dimisisse diceret, ille vero ad quærendum instigaret, minister instantia ejus fatigatus ad arcam rediit, et quam paulo ante vacuam dimiserat, usque ad summam superficiem repletam panibus invenit. Ex fide ergo ejus cœpit idem prior Radulfus omnibus supervenientibus pauperibus sic abundanter tribuere, ut nulli omnino panis negaretur. Quanto vero plus erogabat, tanto magis substantiola domus Dei nutu augmentari videbatur, ita ut usque in hodiernum diem præfata Sancti Amandi ecclesiola a vicinis multum diligatur et frequentetur; jamque non solum de noviomo, sed etiam de Compendio aliisque propinquioribus locis plures, tam viri quam matronæ, ad conversionem venientes, eidem loco multa conferant; fratresque Tornacenses qui contra Radulfum præpositum prius murmuraverant quod pecuniam de Tornaco transmitteret, nunc gaudent et laudant quod voluntati eorum non crediderit. Præfatus autem domnus Petrus, multoties nobis familiariter loquens, dicebat se in cathedra Sancti Petri natum et baptizatum fuisse, et ad conversionem venisse, addens se credere quod in eodem festo moriturus esset; quod et contigit; nam in cathedra Sancti Petri de labore, sicut credimus, ad requiem transiens, in claustro prope ostium ecclesiæ Sancti Amandi cum magno fratrum et cum provincialium luctu sepultus est. Ipse autem præfatus prior Sancti Amandi Radulfus, quem genere Northmannum fuisse diximus, habebat in ecclesia nostra tres germanos magnæ religionis viros, domnum scilicet Guillelmum, Godefridum et Rogerum, qui cum domno Odone abbate a primo tempore conversi fuerant, paupertatisque onus cum eo sustinuerant.

76. Unus ex his supra memoratis, Godefridus, scriptor peritissimus fuit, multosque codices in Ecclesia nostra scriptos dimisit, Moralia scilicet beati Gregorii super Job in xxx voluminibus divisa; historiam etiam optimam, quæ a Parabolis Salomonis incipiens omnes prophetias et apostolorum actus atque epistolas continet; missalem in quo quotidie utraque missa in conventu cantatur, textum Evangeliorum, Augustinum De civitate Dei, et Enchiridion ejus, multosque alios libros (30), qui ex similitudine pennæ ab eo scripti fuisse facile possunt adverti. Hic ergo Godefridus cum adhuc in juventute positus, post plures codices scriptos domnum abbatem ægrotantem sanus visitans ei colloqueretur, subito ipse infirmitate comprehensus nobis mirantibus ad lectum defertur, et post triduum oleo sancto ungitur. Cum vero aliis recedentibus ego, qui domno abbati serviebam, cum eo remansissem et quomodo se haberet quærerem, ille nihil omnino mali vel doloris se sentire respondit; suadenti vero mihi ut se supra cilicium ad terram deponi permitteret, quatenus exemplo beati Martini etiam duritiem et asperitatem terræ sentiret, illico libenter consensit. Depositus ergo rogavit me ut ei fidem Catholicam, id est *Quicunque vult*, etc., legerem, quo facto interrogavi eum si vellet tabulam pulsari, et conventum pro suo exitu evocari. Respondit se nihil mali

---

(29) *Torota.* Prope Compendium; inde nobilis familia nomen traxit, quæ produxit viros illustres sago et infulis.

(30) *Libros.* Nonnullos codices mss. ex his transtulit in suam Bibliothecam illustriss. D. Carolus le Tellier archiep. Remens. anno 1668.

sentire, fratres tamen libenter velle videre. Protinus ego currens tabulam festinanter pulsavi. Conveniunt fratres, litaniam circa ægrotum decantant. Cumque genibus flexis, et aure ori ejus apposita interrogassem si fratres videret, si ea quæ dicebant audiret, respondit se et fratres videre, et sanctorum nomina audire, nihil se doloris sentire, sed in magna lætitia esse. Quo dicto statim spiritum emisit, non sine luctu et damno totius Ecclesiæ nostræ. Hujus socius in scribendis libris fuit D. Gislebertus a D. abbate Odone cum Theoderico filio Radulfi præpositi in schola nutritus, qui et ipse scripsit historiam totius Veteris Testamenti, necnon et duos grandes et valde utiles libros amplissimæ ac lucidæ scripturæ, in quibus continentur Lectiones omnium Dominicarum et festivitatum totius anni, quorum unus æstivalis, alter vocatur hiemalis; qui obiit in Purificatione beatæ Mariæ cum maximo luctu totius nostri conventus.

77. Cum vidisset igitur domnus Radulfus præpositus, aliquantulum sibi juxta votum contigisse de ecclesiola Sancti Amandi in pago Noviomensi, etiam Laudunensem regionem expetiit, vidensque ibi pro bello, quod erat inter Thomam de Marla et Rogerum de Petreponte, plures terras ac villas vacuas desolatasque remansisse, data pecunia eidem Rogero rogavit eum, ut pro salute animæ suæ de eadem terra aliquid daret Ecclesiæ nostræ, ubi possemus laborantes proficere. Statim Rogerus assensu Ermengardis conjugis suæ dedit nobis vacuam terram in loco qui dicitur Canteliva, et coram domino Ingelranno tunc temporis Laudunensi episcopo confirmavit. Nec mora : Radulfus domum unam ibi construxit, vidensque terram fertilem et sufficientem, quatuor carrucas ibidem posuit, ovibus ac bobus replevit. Inde ad alium principem, qui vocabatur Gerardus de Cherisi, accessit; dataque ei non modica pecunia rogavit ut et ipse imitando Rogerum aliquid pro anima sua daret ecclesiæ Sancti Martini: tunc ille terras quas habebat apud Liviri et Brangicurtem nobis dedit, et quia de feodo regis erant, per Ludovicum regem Francorum fecit confirmari ; hocque fuit primum privilegium quod ecclesia nostra de regibus habuit. Sic ergo Radulfus unam curtem apud Liviri, et alteram apud Brangicurtem construxit; molendinum etiam, quod prius destructum erat reparavit. Quartam etiam curtem non procul ab aliis in villa quæ dicitur Moncellis construxit; quæ tamen non ex unius, sed ex multorum donatione et agricultura consistit. Post aliquod vero tempus, cum præfatus Thomas de Marla videns curtem nostram abundantia pecorum repletam, cupiditate ductus, eam deprædatus fuisset; indeque excommunicatus absolvi deposceret, altare unum in villa quæ dicitur Foinons pro prædæ restauratione nobis dedit; et privilegio episcopi Laudunensis, de quo illud in feodo tenebat, confirmari fecit ; sic illius facti absolutionem recepit. Has ergo quatuor curtes sæpe dictus Radulfus præpositus in pago Laudunensi construxit, et per eas non parum ecclesiam nostram ampliavit.

78. Aliam etiam curtem in pago Suessionensi construxit in nemore de Pinon, et privilegio domini Lisiardi Suessorum episcopi confirmari fecit ; filiumque suum Walterum ad construendum in eodem loco posuit, ita ut ecclesiolam lapideam ex eleemosynis fidelium in honore sanctæ Dei genitricis Mariæ ibidem ædificatam., a præfato episcopo consecrari impetraverit.

79. In his itaque domibus, sive, ut usitatius dicamus, curtibus, quas in diversis locis præfatus Radulfus præpositus construxit, plus quam sexaginta carrucas posuit, sicque Deo juvante, tam ex agricultura quam ex nutrimentis pecorum toti conventui ecclesiæ nostræ in victu et vestitu necessaria providebat; super quo domnus abbas Odo valde gaudebat, et Deo gratias agebat, quod sibi talem virum dedisset, qui se a sollicitudine et tumultu exteriori prorsus immunem et liberum esse fecerat : commissa namque ei totius ecclesiæ nostræ cura exteriori, ipse religioni et silentio tam ferventer insistebat, ut multoties integro mense de claustro non exiret, sed jugiter lectioni intentus, scribendis libris totum studium daret; scriptorum quippe copiam a Domino sibi datam exsultabat, ita ut si claustrum ingredereris videres plerumque XII monachos juvenes, in cathedris sedentes et super tabulas diligenter et artificiose compositas cum silentio scribentes; unde omnes libros Hieronymi in explanatione prophetarum, omnes libros beati Gregorii, et quoscumque invenire potuit B. Augustini, Ambrosii, Isidori, Bedæ, necnon etiam domini Anselmi tunc temporis abbatis Beccensis, postea vero Cantuariensis archiepiscopi, tam diligenter fecit describi, ut vix in aliqua vicinarum ecclesiarum similis inveniretur Bibliotheca, omnesque pro corrigendis libris suis de nostra ecclesia peterent exemplaria. Magni nominis, magnæque religionis tunc erat in cœnobium nostrum, quia in toto archiepiscopatu Remensi eo tempore nonnisi tres inveniebantur ecclesiæ, quæ consuetudines Clunniacenses servarent, Acquicinensis scilicet, Haffligemiensis et nostra. Cluniacense si quidem cœnobium tunc in toto regno Francorum erat excellentissimæ religionis, quoniam nondum germinaverat rigor Cisterciensis, nec de domno Norberto adhuc aliqua mentio erat.

80. Ea tempestate domnus Lambertus cœnobii Sancti Bertini abbas effectus, cum videret ecclesiam suam præ nimia dissolutione sic destitutam, ut vix pauci monachi in ea subsistere possent, summa necessitate compulsus domnum Hugonem, præfati cœnobii Cluniacensis tunc temporis famosissimum abbatem, expetiit, ejusque magisterio seipsum cum tota sua Ecclesia committens, professionem publice in ipso cœnobio fecit, sicque susceptos ab eodem domno Hugone XII monachos secum reducens, et ecclesiam Sancti Bertini eis regendam committens, in tantum brevi tempore gratia Dei juvante per eos

profecit, ut ubi prius vix xii monachos invenisses, postmodum centum quinquaginta omni abundantia refertos reperisses. Quod cernens inclytus comes Flandrensis Robertus, quia jam Jerusalem capta in terram suam redierat, sumptos ex eodem cœnobio Sancti Bertini monachos in ecclesiam Sancti Vedasti Atrebatensis, sanctique Petri Gandensis posuit, multumque eas correxit. Domnusque Odo venerabilis abbas Sancti Remigii Remensis susceptos a præfato abbate Sancti Bertini monachos in cœnobio suo posuit; deinde Ludovicus rex Francorum videns alias ecclesias per easdem consuetudines proficere, in cœnobio Sancti Medardi Suessionensis eas violenter servari fecit; sicque per gratiam Dei vix jam invenitur in Francia, vel Flandria aliquod cœnobium in quo non videas Cluniacenses consuetudines servari : sed cum ut prædictum est inter vicinas ecclesias magna fama, prosperitate cœnobium nostrum floreret; ecce subito cecidit corona capitis nostri, et defecit gaudium cordis nostri.

81. Dominus siquidem Manasses Remorum archiepiscopus, ad concilium generaliter mandans alios abbates, inter alios nominatim evocavit Odonem abbatem Sancti Martini Tornacensis, cumque exinde admirantes quid de concilio nobis referretur, attoniti et suspensi exspectaremus, ecce repente audimus ad Cameracensis sedis episcopatum eum fuisse electum, et sine mora ab archiepiscopo et comprovincialibus episcopis consecratum (an. 1105). Quis eo die luctus totum conventum nostrum repleverit, quis singultus pectora nostra concusserit, nullus facile explicare poterit. Vix tamen octo dies transierant, et rursum nobis quædam redditur consolatio, quoniam ipse, rebellante ac resistente Galchero episcopo, pacifice ingredi non valens Cameracum urbem, rursum nobis ab archiepiscopo remittitur, et per annum integrum nobiscum demoratur. Quæ autem ejusdem rebellionis causa fuerit, paucis aperiendum videtur, licet a cœpta narratione digrediamur.

82. In vita beati Gregorii legitur quod cum ad apostolicæ sedis regimen fuisset electus, et reluctaretur, Romani assensum Mauricii imperatoris petierunt, et per eum in sede pontificali electum levaverunt; sed et beatum Eligium et sanctum Audoenum, a Dagoberto Francorum rege ad pontificatum electos et promotos fuisse legimus; cumque idem etiam multis aliis in locis legatur, sanctos scilicet viros a regibus ad pontificatum fuisse promotos, ecce subito Henrici senioris imperatoris temporibus papa Romanus, qui primum vocatus est Hildebrandus, postea vero Gregorius septimus, prohibet ne quisquam ab eo eligatur, vel promoveatur, et omnes qui ab eo promoti fuerant, vel baculum seu annulum de manu ejus susceperant, excommunicantur et deponuntur; in toto etiam regno ejus, in partibus duntaxat Teutonicis divinum officium interdicitur. Fit maxima sanctæ Ecclesiæ perturbatio, ita ut multi dicerent tunc impleri illam prophetiam Ezechiæ regis : *Ecce in pace amaritudo mea amarissima* (Isa. xxxviii, 17). Amara namque fuit Ecclesiæ amaritudo tempore martyrum a paganis occisorum, amarior tempore hæreticorum, amarissima in pace Christianorum. Henricus namque imperator non ferens auferri sibi dignitatem antecessorum suorum, et dicens papam non hoc facere pro libertate Ecclesiæ, sed potius ut sub occasione et prætextu justitiæ majorem posset pecuniam congregare, alium papam elegit, nomine Guibertum, eumque qui se excommunicaverat facit excommunicari, et contra præceptum ejus in regno suo divinum officium cogit celebrari. Dehinc congregato exercitu Romam obsidet, totamque provinciam devastat. Gregorio papa moriente, succedit Urbanus (an. 1095), et eadem quæ antecessor ejus statuerat, confirmat, atque inter cætera quæ in Claromontensi concilio decrevit, etiam Gualcherum Cameracensem episcopum pro eo quod episcopatum per pecuniam adeptus fuerat, et virgam atque annulum de manu imperatoris susceperat, excommunicationis gladio percutit, et ab episcopali officio deponit; ille violentia regali fultus pluribus annis episcopatui superbe præsidet, et contra papæ præceptum in urbe Cameracensi divinum officium celebrari jubet. Urbano papæ morienti Paschalis succedens, et Gualcherum in diutina obstinatione pertinaciter perseverare dolens, missis litteris Manassæ Remensi archiepiscopo apostolica auctoritate præcipit, ut congregatis comprovincialibus episcopis Cameracensi Ecclesiæ episcopum omissa dilatione eligat et consecret. Sic ergo abbas noster domnus Odo eligitur et consecratur. Sed quia archiepiscopi auctoritate Gualcherus expelli non valet, abbas noster jam consecratus nobis remittitur, et episcopale quidem officium ubique gerit : ingressum vero urbis et redditus regales non habet.

83. Interea callidus papa Henricum adolescentem filium Henrici imperatoris litteris adversus patrem concitat, et ut Ecclesiæ Dei auxilietur admonet; ille regni cupidus, et gaudens se competentem occasionem ex apostolica auctoritate invenisse, contra patrem ferociter armatur, eumque regno propellit, ita ut præter Autbertum Leodiensem episcopum nullum inveniret qui sibi adhæreret. Juvenis frendens eo quod contra voluntatem suam a prædicto episcopo pater suus in urbe Leodiensi retineretur, exercitum congregat, et in die sancto Parasceves Leodium violenter intrare parat. Præcedente igitur feria quinta cum episcopus, jam vesperis finitis, ex more ecclesiastico pedes canonicorum lavaret, et cœnam Dominicam celebraret, ecce subito nuntiatur milites juvenis regis castrum, quod Visetum dicitur obtinuisse. Exsiliunt cum impetu Leodienses, et præcedente Namurcensi comite obviam venientibus ire festinant. Ecce autem dum militia novi regis inconsulte et præpropere pontem Mosellæ fluminis conscendit, repente pons fluminis frangitur, et quingenti fere milites loricati et armati *cum equis*

in flumine corruentes necantur. Sicque rex juvenis, quod contra patrem tam solemni die pugnare voluisset, sero renitens, non sine magna confusione retrocedere, Moguntiam redire compellitur, sed quia jam totum regnum excepto Leodio obtinuerat, rursum resumptis viribus contra patrem armatur, donec pater omni principum auxilio destitutus, in quodam castello ab eo includitur. Exstat quædam epistola (31), ab eodem patre Philippo regi Francorum directa, in qua de filio suo conqueritur; quam si quis legerit, et non fleverit, videtur mihi duri esse cordis.

84. Mortuo ergo patre Henrici Henrico seniore (an. 1106), non quidem armis sed tristitia cordis, filius ejus, jam optato regno potitus, mandavit Cameracensibus ut Gualcherum excommunicatum ab urbe pellerent, domnum Odonem reciperent. Tuncque primum domnus Odo, urbem sedis suæ pacifice ingrediens, præcepit nobis ut abbatem eligeremus, et consilio ejus domnum Segardum priorem nostrum elegimus, virum religiosum, jejuniis et orationibus deditum, qui jam a multis annis prioratum Ecclesiæ nostræ tenuerat. Præfatus vero Henricus regnum adeptus, sed in patris sui sententia permanens, nec antiquorum regum dignitate carere volens, qui episcopos eligere consueverant, congregato exercitu Romam tendit, dicens se pro consecratione et corona de manu domini papæ suscipienda illuc ire. Susceptus itaque a Romanis cum magno gaudio et processione, venit ad Sancti Petri ecclesiam, ubi domnus papa residens eum exspectabat. At ubi ex more pedibus papæ submissus ad osculum ejus levatus est, protinus proditionem et perfidiam diu præmeditatam aperuit, voceque Teutonica signum dans militibus armatis domnum papam, quem jam osculatus fuerat, cum omnibus cardinalibus, qui eum pro tam festiva processione circumdederant, violenter captum in sua castra duxit, et custodiæ mancipavit, pluresque Romanorum qui sibi resistere voluerant, trucidavit; cum exercitu enim magno venerat. Illi autem nullam doli suspicionem habentes, omnino ad bellum imparati erant, ideoque non mirum fuit si facile sunt superati. Papa ergo videns periculum non solum episcoporum et cardinalium, qui secum capti erant, sed totius regionis quam hostiliter, non ut imperator, sed ut tyrannus devastabat, pro imminenti necessitate magis voluit sententiam ad tempus mutare, quam his non providere quorum cervicibus gladius imminebat; concessit itaque, regi, et etiam privilegii sui auctoritate confirmavit, ut assensu ejus electiones pontificum fierent, electis autem per virgam et annulum investituram faceret; cum vero rex hujus concessionis fidejussionem quæreret, papa ei corpus Domini in ore posuit. « Hoc, inquiens, corpus Domini tibi trado loco fidejussoris, quod de iis quæ tibi promisi nihil ulterius violabo. » Sic itaque rex lætus papam cum omnibus quos ceperat dimisit, et in terram suam, id est in Lotharingiam, rediit, filiamque Henrici regis Anglorum Leodii, sibi a patre cum multis divitiis præsentatam, uxorem duxit (an. 1114), divino tamen judicio non diutina prosperitate gavisus est, sed præfatam reginam viduam sine prole relinquens, regno simul et vita citius privatus est (an. 1125). Siquidem post discessum ejus ab urbe Roma diversi pontifices in unum convenientes, et Apostolicæ proditionis eum infamantes, paremque Judæ eum fore dicentes, qui post osculum et per osculum tradidit Dominum, privilegium quoque illud quod ei papa dederat, non privilegium sed pravilegium vocantes, sententia anathematis eum percusserunt, et quidquid domnus papa necessitate compellente dispensative fecerat, irritum esse decreverunt.

85. Quidam clericus, nomine Norbertus, qui in eadem captione capellanus imperatoris fuerat, videns tantam nequitiam domini sui regis, pœnitentia ductus pedibus domini papæ se prostravit, et absolutione ab eo suscepta sæcularem vitam relinquens, in Franciam venit, et in episcopatu Laudunensi locum quemdam solitarium reperiens qui Præmonstratus dicitur, ibidem Deo sub regula sancti Augustini, imo multum rigidiori et arctiori servire cœpit, sicque per Dei gratiam brevi tempore profecit, ut nullum post apostolos videamus hodie tantum fructum in Ecclesia fecisse; nam cum necdum conversionis ejus tricesimus annus sit, jam fere centum monasteria a sequacibus ejus per diversas orbis partes constructa audivimus, ita ut etiam in Jerusalem usque regula eorum servetur; nam ut de aliis taceam, in urbe Laudunensi commissa est ei a domino Bartholomæo episcopo quædam paupercula ecclesia, in honore sancti Martini constructa, in qua idem Norbertus paucos ex fratribus suis ponens, abbatum eis præfecit virum religiosum, nomine Walterum, cui Deus tantam gratiam contulit, ut hodie in ipsa ecclesia fere quingenti fratres degere videantur; jamque ex ipsa x fere alia monasteria processerunt. Ipse vero Norbertus, postmodum in urbe Magdeburgensi archiepiscopus factus, tempore Lotharii imperatoris, qui Henrico successit, defunctus est. Sed nunc jam ad nostrum cœnobium redeamus.

86. Cum domnus Odo fere xiii annis illud rexisset, episcopus factus domno Segardo priori nostro illud regendum reliquit, quo tempore maxima tribulatio nobis supervenit. Canonici siquidem Tornacenses, jam domno Odone episcopo facto, ne aliquem extraneum sepeliremus nobis interdicere cœperunt, dicentes ecclesiam nostram non esse abbatiam, sed potius juris sui capellam, nec nos in ea remansuros, nisi quandiu ipsi vellent: unde duo archidiaconi Cameracenses, Anselmus scilicet et Radulfus, filius domini Tetbaldi monachi nostri, qui

---

(31) *Epistola*. Edita a Reinero Reineccio ad Vitam Henrici IV inter ejus epistolas.

frequentabant episcopum suum, adhuc nobiscum commorantem, tali contradictione canonicorum Tornacensium commoti, cum litteris deprecatoriis domni Odonis episcopi Romam petiverunt, privilegiumque domni Paschalis papæ nobis detulerunt : in quo nobis concedebat ut omnes qui apud nos sepeliri vellent, nisi excommunicati essent, libere et absque ulla contradictione sepeliremus; adjunxerunt etiam, plurimis nostrum ignorantibus, ut decimas laborum nostrorum, quos circa monasterium laboramus, ulterius non solveremus, quoniam a domno papa nobis remittebantur. Quod ut canonicis innotuit, illico contra insurgunt, totumque orbem adversum nos incitant, incendiis et rapinis Ecclesiam nostram valde perturbant. Cumque cœnobii nostri præpositus esset frequenter superius memoratus Radulfus, canonicorum vero Gonterus filius germani ejus, Tetberti, dum inter se non solum ecclesiasticis, sed etiam secularibus armis decertarent patruus et nepos, videbatur inter duas Ecclesias geri non solum civile, sed etiam plusquam civile bellum. Domnus tamen papa nunquam auxilium suum nobis impendere destitit; sed ad se frequenter redeuntibus pie consuluit, unde etiam hujusmodi litteras Baldrico episcopo nostro inter multas alias transmisit:

87. Paschalis episcopus, servus servorum Dei, venerabili fratri Baldrico Noviomensi seu Tornacensi episcopo, salutem et apostolicam benedictionem. Fraternitati tuæ jam secundas litteras misimus; etc. *Vide in Paschali, Patrologiæ tom. CLXIII, epist. num.* 353.

88. Clerici namque Tornacenses, Roma reversi et omnia quæ domnus papa eos sibi promisisse dixerat prætergressi, rursum nos incendiis devastare, militibus etiam ut nostra diriperent, pecuniam dare cœperunt; quadam vero die advesperascente servientes suos ad curtem nostram Dusiolpetram deprædendam transmiserunt. Quod cum domno abbati Segardo nuntiatum fuisset; præmisit quemdam monachum, nomine Gerulfum, qui in vita sæculari strenuus miles fuerat, optimatumque regionis cognatus erat; ad reprimendam audaciam raptorum. Illi autem cum armis et multitudine venientes, curtem deprædati sunt, monachumque sibi resistere volentem tam fortiter verberaverunt, ut enim in lectulo ad ecclesiam nostram necesse esset referri. Unde cognati ejus vehementer commoti, post paucos dies contra clericos et fautores eorum convenerunt; initoque bello ex servientibus eorum decem et octo occiderunt, quorumdam vero pedibus abscissis omnes pariter in fugam converterunt. Dixerunt etiam quidam ex militibus se in eodem certamine vidisse S. Martinum in aere, super equum album sedentem et adversarios exerto gladio effugantem; et cum multo major eorum numerus quam nostrorum fuisset, nostris tamen victoria cessit. De qua victoria videns domnus Segardus abbas quosdam juvenum nostrorum exsultantes, ingressus ecclesiam et coram altari prostratus, vehementissime flere cœpit, tam pro animabus eorum qui interfecti fuerant quam pro periculo fratrum qui exinde exsultaverant. Unde protinus convocatis omnibus in capitulum; præcepit ut sequenti die totus conventus unanimiter in pane et aqua jejunaret; et sicut in Parasceve nudis pedibus mane surgentes post Primam totum psalterium legerent, et processionem facerent; in capitulo etiam omnes generaliter disciplinas susciperent, cujus devotio quod Deo placuit protinus effectus monstravit.

89. Adhuc enim nobis in capitulo sedentibus, ecce subito Everardus castellanus, totius regionis princeps, cujus longe superius mentionem fecimus, insperatus ostium claustri pulsavit, et ut in capitulum venire permitteretur rogavit. Ingressus igitur cum quibusdam viris sapientibus : « Valde, inquit, domini mei, de restauratione hujus ecclesiæ gravisimus, cujus cum necdum vicesimus compleatur annus, jam de ejus destructione nihilominus valde contristamur; scimus enim revera quod clerici vobis injuste prohibent sepulturam eorum qui non sunt sui parochiani; et nihilominus vos eis injuste decimas suas vultis auferre; licet enim terras nostras pro animarum nostrarum salute dederimus, decimas tamen dominæ nostræ Sanctæ Mariæ vobis dare non potuimus. Quod ergo vobis dedimus tenete; et Sanctæ Mariæ vos sancti viri, nolite auferre quod nos peccatores ei dabamus. Si vero ei jus suum, quod jam quingentis annis tenuit; vultis auferre; nescio quid vobis prosit sæcularem vitam reliquisse, quoniam (ut salva gratia vestra dicam) cupidiores et rapaciores, atque pejores nobis esse videbimini, qui licet pauperibus sua auferamus; Deo tamen suas decimas reddimus. Unde precor vos, dulcissimi domini mei, quatenus ab incepta desistentes pertinacia, pro singulari et insolita libertate provinciam non perturbetis, sed vicinarum abbatiarum, quæ antiquiores et ditiores vobis sunt, morem sequamini, et nos eamdem libertatem sepulturæ quam ipsi habent, velint nolint clerici, faciemus vobis concedi; si vero precibus nostris acquiescere nolueritis, tunc utique contra torrentem brachia tenditis, quoniam nos nullo modo patiemur dominæ nostræ decimas suas auferri. Huic ergo præfati principis orationi conventus noster acquiescens, suasioni ejus cessit; sicque statuto die convenientibus vicinis abbatibus multisque aliis ecclesiasticis personis utrinque statutum est, et chirographo confirmatum est, ut nos more solito daremus decimas et de sepultura idem nobis liceret quod ecclesiæ Sancti Amandi et cæteris vicinis ecclesiis. Finita itaque concordia, clerici qui dudum nos radicitus evertere conabantur, tanta nobis rursum conjuncti sunt amicitia, ut ipse præfatus Gonterus præpositus vir strenuissimus, nostris necessitatibus omni conatu subveniret, et mala quæ nobis tempore discordiæ fecerat, nobis serviciis et auxiliis diluere et emendare studeret. Tanta ergo deinceps dilectio et familiaritas inter nos et illos fuit, ut præ cæteris vicinis Ecclesiis ad invicem amoris vinculo conjungeremur:

Unde etiam in negotio, quod post factam concordiam protinus inceperunt, quasi fratres et socii eis fuimus. Est autem hujusmodi negotium.

90. Tornacensis civitas olim proprium habuit episcopum. Unde in vita sancti Medardi legitur quod, cum esset puer in schola discens, prædixit Eleutherium, quemdam comparem suum, summum Dei pontificem in urbe Tornaco futurum : quod postea rei probavit eventus. Cum ergo beatus Eleutherius in urbe Tornaco, sanctus vero Medardus in Vermandensi factus fuisset episcopus, Ludovicus rex Francorum, quem baptizavit sanctus Remigius, Tornacum venit, eumdem sanctum Eleutherium (32) rogavit ut pro peccato quod commiserat et confiteri erubescebat, Christi misericordiam imploraret : quod vir Dei faciens, ab angelo se exauditum esse cognovit, ipsumque regi crimen scriptum attulit. Unde rex exhilaratus Deo, et beato ejus confessori gratias retulit, multaque dona ei relinquens ad propria rediit. Postea contigit ut beatus Eleutherius Tornacensis episcopus, præ nimia senectute et infirmitate, caligantibus oculis, officium episcopale implere non posset; pro antiqua ergo familiaritate rogavit sanctum Medardum Vermandensem episcopum ut se juvaret ad explendos ordines sacros et consecrandas ecclesias, cæteraque peragenda officia episcopalia. Acquievit ille, sæpiusque visitans Tornacum, et verbum Dei prædicans non modicum favorem adeptus est totius cleri ac populi. Cum vero defunctum beatum Eleutherium idem sanctus Medardus missa celebrata in ecclesia Sancti Petri Blandiniensis solemniter sepelisset, et clerici Tornacenses ad eligendum episcopum convenissent, videntes religionem et probitatem sancti Medardi, sicut Suessionis in Vita ejus scriptum reperi, eum sibi elegerunt episcopum, dicentes quod sicut vivente beato Eleutherio per aliquod tempus utrumque episcopatum bene rexisset, ita etiam post obitum ejus facere posset. Reluctatur vir beatus et contradicit, dicens nec canonicum, ne possibile sibi esse ut duos episcopatus teneat, ideoque se tantum onus non suscepturum, cujus gravamine pressus deficeret. Tornacenses incepta sententia permanentes beatum Remigium tunc temporis Remorum archiepiscopum adeunt, et ut ei Tornacensis Ecclesiæ providentiam injungeret deposcunt. Flexus eorum precibus sanctus Remigius, simulque considerans et eorum devotionem, et beati Medardi religionem, obedientiæ vinculo Tornacensis Ecclesiæ ei injungit sollicitudinem. Postmodum autem sanctus Medardus sedem episcopalem mutavit, et de urbe Vermandensi Noviomum eam transtulit, sicque duos episcopatus, Noviomensem scilicet et Tornacensem, in vita sua retinuit; post obitum quoque ejus successores ipsius, Noviomenses scilicet episcopi utrumque episcopatum tenuerunt; seroque Tornacenses clerici se sanctum Medardum elegisse pœnituerunt, videntes quod semel concesserant se ulterius non poss; mutare.

91. In Vita sancti Remigii Remorum pontificis continetur quod tempore ejus Remensis Ecclesia metropolis duodecim episcopos sub se habebat, scilicet Silvanectensem, Catalaunensem, Ambianensem, Belvacensem, Suessionensem, Laudunensem (qui antiquitus non fuerat, sed ab ipso sancto Remigio institutus est, dans ei de suis municipiis cum ipso Lauduno qui de parochia Remensi exstiterat) Noviomensem, Atrebatensem, quem etiam primus ordinavit (33), Cameracensem, Tornacensem, Morinensem et Boloniensem.

92. Defuncto beato Medardo, atque Suessionis sepulto, Lotharius rex Francorum filius supra dicti Ludovici ecclesiam super corpus ejus ædificavit. Post aliquot vero annos idem rex moriens, et in eodem loco sepultus, quatuor filios hæredes regni reliquit Karebertum, Guntrannum, Sigebertum, Chilpericum, qui regnum inter se dividentes, Karebertus sedem sibi constituit Parisius, Guntrannus Aurelianis, Sigebertus Remis, Chilpericus Suessionis. Chilpericus duxit uxorem, nomine Audoveram, habens concubinam, nomine Fredegundem. Quæ Fredegundis Audoveram reginam tali fraude decepit : suasit ei ut filiam, quam ex Chilperico habebat ipsa de sacro fonte, non alia susciperet : quod illa seducta fecit. Quamobrem a marito suo separata est, sicque Fredegundis concubina in conjugium transiit. Episcopus qui puerum baptizavit exsilio damnatur. Franci, qui sub ditione Chilperici erant, ad Sigebertum transeunt; Chilpericus vero fugiens fratrem suum, petiit civitatem Tornacum, quæ in divisione sua continebatur, quem cives ejusdem urbis susceperunt, et cœperunt pugnare contra præfatum Sigebertum, qui congregato exercitu obsedit in urbe Tornaco fratrem suum. Fredegundis vero Chilperici uxor verens, ne populus Tornacensis pertæsus obsidionis, se et maritum suum traderet inimicis, convocavit duos juvenes ferocis animi, pollicens eis præmia et honores, si regem Sigebertum interficerent. Qui consiliis ejus acquiescentes regem adierunt, et quasi ei aliquid secretius locuturi, seorsum evocaverunt; deinde pugionibus interfecerunt. Chilpericus vero a Tornaco egressus exercitum ad se reduxit, fratrem vero suum in vico qui dicitur Lambrias juxta Duacum sepelivit, civibus Tornacensibus gratias reddidit, et ecclesiæ beatæ Virginis Mariæ multa beneficia contulit pro salute animæ suæ et animæ fratris sui, qui improvise interemptus occubuerat, jura sua regalia, quæ in eadem civitate possidebat inter episcopum et clerum distribuit ; episcopo delegavit monetam civitatis, mairiam, justitiam, districtum, advocationem hominum Beatæ Mariæ, wionagia plaustrorum et vehiculorum, quæ venalia in civitatem afferunt. Clero vero tribuit teloneum, poutina-

(32) *Eleutherium*. Eleutherius et Medardus multo post Clodovei obitum episcopi fuere, postque Remigii decessum.

(33) *Ordinavit*. Id est restituit; jampridem enim sedes vacaverat.

gium, ut ex eorum redditibus vestimentorum suorum necessaria compararent, et ut victum copiose et sufficienter haberent, omnem terram quæ jacet inter duos fluviolos, Ries scilicet et Mairam, eorum ditioni subdidit, ut ex ejus agricultura absque penuria sustentarentur. Cunctaque molendina quæ tunc erant in Scaldo eis superaddidit, sex ex iis episcopo reservatis cum quinque quadrigis terræ. Foragia vero cambarum, vel quod scyphicationes apothecarum alii vocant, et redditus vasorum vini, inter utrosque æquis partibus divisit. Hoc itaque modo amplificata ecclesia Beatæ Virginis Mariæ cum honore ad propria rediit ; deinde confirmatus in regno corpus fratris sui Suessionis transtulit, et juxta patrem suum sepelivit in ecclesia Sancti Medardi. Ipse vero post aliquod tempus astu uxoris suæ Fredegundis a Landerico majore domus cum quo eadem Fredegundis adulterabat, occiditur, et in basilica Sancti Vincentii Parisius sepelitur.

93. Post beatum Medardum præfuit Ecclesiæ Noviomensi atque Tornacensi Augustinus, Augustino Gundulfus, Gundulfo Ebrulfus, Ebrulfo sanctus Acharius, cujus tempore legitur fuisse S. Amandus Trajectensium episcopus, qui cœnobium monachorum Helnone construxit ; post beatum Acharium, sanctus Eligius. Iste sanctus inter præclara cœnobia quæ per Galliam construxit, etiam ecclesiam Sancti Martini Tornacensis in loco ubi nunc restaurata est, ædificavit ; sancto Eligio S. Mummolenus successit, Mummoleno Gundulfus, Gundulfo Guarulfus, Guarulfo Crasmarus, Crasmaro Framigerus, Framigero Hunuanus, Hunuano Guido cum Enutio ; deinde Eliseus, Eliseo Adelfredus, Adelfredo Dido, Didoni Gislebertus qui fuit abbas Sancti Amandi Helnonensis, qui pro parochia Sancti Martini, quæ sita est apud Helnonem in episcopio Atrebatensi, dicitur episcopo Atrebatensi, seu Cameracensi dedisse pro commutatione Marceniensem abbatiam, quæ in episcopatu Tornacensi jacet. Gisleberto successit Pleon, Pleoni Guandelmarus, Guandelmaro Ronegarius, Ronegario Fichardus, Fichardo Emmo qui a Northmannis occisus est ; Emmoni Rainelmus, Rainelmo Heidilo, sub quo cives Tornacenses apud Noviomum se contulerunt propter devastationem et oppressionem Northmannorum, quando etiam monachi Sancti Martini ejusdem civitatis apud Supas villam suam in episcopio Parisiensi sitam diverterunt ; Heidiloni Raubertus, Rauberto Airardus, Airardo Gualbertus, Gualberto Transmarus, Transmaro Radulfus. Post hunc præfuerunt episcopi quidam, quos melius puto vocari debere raptores quam gubernatores, dissipatores quam rectores, mercenarios quam pastores ; beneficia enim Ecclesiæ disperdiderunt, et pene ad nihilum redegerunt, ita ut de antiquis possessionibus nihil amplius eam cernamus hodie tenere quam tria molendina episcopi, tresque quadrigas terræ ejus, et canonicorum teloneum, pontinagium foragiorumque suam partem, exceptis paucis terris et molendinis quæ per fidelium oblationes recuperaverunt. Quod quomodo acciderit verba quæ a majoribus nostris accepimus, posteris tradimus.

94. Radulfo successit in episcopatu Fulcherus. Hic existens spurius generatione, ex patre scilicet ignobili natus, filius fuit principis coquorum regis Franciæ ; qui ambiens episcopatum, regem Galliæ et optimates curiæ ejus simoniacos effecit, eosque sibi favorabiliter confœderavit : cujus ordinatio quia contra sacros canones fuit, per omne tempus quo præfuit, contra Deum et sanctam Ecclesiam intumuit, vitamque indignam omnimodis duxit. Adeptus ergo gradum cupitum, tres ecclesias in Noviomo subvertit, permittente rege, et primoribus ejus, quibus earum prædia et possessiones tradidit, ut eum quasi dominum attollerent, dominiumque et fidelitatem promitterent, sicut antecessoribus ejus facere consueverant. Quæ dum juxta votum obtinuisset, deliberavit etiam regionem Tornacensem invisere ; qui Tornacum veniens cum et a clero et populo fuisset receptus, duas ecclesias finitimas subvertit, videlicet beati Quintini de Foro, in qua canonici commanebant, beatique Petri de media urbe, ubi sanctimoniales degebant, suadentibus militibus quos secum adduxerat, quibus etiam prædia earum distribuit pro captanda benevolentia eorum, terras etiam quasdam hæreditarias Sancti Martini, quæ in persecutione Northmannica devastatæ fuerant, et adhuc sine incolis incultæ jacebant, invasit ; eisque ad augmentum suæ damnationis addidit beneficia quoque sua, quæ de manu regis prædecessores ejus susceperant, illis superadjiciens monetam, scilicet civitatis, mairiam, justitiam, districtum, advocationem, vionagia, tria molendina de sex supra positis, episcopatum modo miserabili pessumdedit. Clericorum quoque bona magna ex parte lacerans, infra breve tempus dignas ultionis pœnas exsolvit. Cum enim de Tornaco Noviomum redisset, protinus infirmitate correptus, sequenti nocte vidit in somnis quod esset inter duo altaria quæ erant in presbyterio ecclesiæ Sanctæ Mariæ Tornacensis sedis episcopalis ; videbat etiam ignem maximum inter eadem altaria succendi, et puellam speciosissimam sed scissis vestibus indutam, juxta majus altare stantem, et complosis manibus crines suos et faciem cædentem, ac de Fulchero, qui vestes suas sciderat, qui se nudaverat, justitiam a Deo cum magno clamore et gemitu querentem, ipsumque Fulcherum in flammas illius ignis impellentem et dicentem ei : « O crudelis tyranne, avidus pervasor meæ ecclesiæ, quare me ita lacerasti ? cur tantis dedecoribus me infecisti ? » Cumque Fulcherus contra reluctaretur, ne in ignem mitteretur, et diceret : « Domina totius orbis, non vos sic dehonestatam reddidi. » Adjecit puella dicens : Quoties bona mihi famulantium defraudasti, toties in me tela opprobriorum jaculasti. » De qua tremenda visione statim evigilans, vehementer clamare cœpit, et clamore suo totam familiam suam excitavit. Concurrentibus universis, et clamoris causam sciscitantibus, quid in somnis vidisset

retulit, et puellam illam sanctam Dei Genitricem esse exposuit, quæ Filio suo conquesta est quod ecclesiam suam sui juris terris quasi suis vestibus nudasset, et militibus Noviomensibus dedisset, ideoque se mala morte quantocius periturum, et gehennæ flammis demergendum subjunxit. Perterritis omnibus et finem rei præstolantibus, ecce subito apprehendit eum dolor dirus viscerum, et morbo intercutaneo percussus, ut de Herode dicitur, videntibus cunctis, cœperunt vermes, qui pediculi vocantur, de corpore ejus glomeratim ebullire, gutturque et faciem ejus cum toto corpore operire; et hoc tandiu factum est donec animam redderet. Cumque corpus defuncti lotum, et vestibus ex more fuisset indutum, nunquam pediculi cessabant ebullire, totasque vestes operire, donec ministri, necessitate compulsi, aliis vestibus indutum in corio cervino consuerunt, sicque sepelierunt. Huic Fulchero successit Hadulfus, Hadulfo Leudulfus, Leudulfo Rabodus, Rabodo Harduinus. Hic fuit tempore Roberti Francorum regis filii Hugonis Capeti: in quo finita est posteritas regum Franciæ qui fuerunt de stirpe illius Caroli inclyti regis, qui pro nimia probitate sua a Romanis evocatus, coronatus est in regem, et Carolus, cognomento Magnus appellatus, imperavit tam Romanis quam Francis postea XIV annis, cujus hæredes per XI generationes regnum Francorum tenuerunt. Sed Hugo Capet cum esset dux Parisiensis, proditione et dolo Ascelini Laudunensis episcopi nocte Laudunum ingressus cum militari manu, Carolum regem cognatum suum, qui cognominabatur infatuatus, in turre Laudunensi cepit, vinctumque catenis regno privavit. Qui principatum adeptus, a Gerberto Remensi archiepiscopo diademate coronatus, et rex Francorum appellatus est; cujus filius præfatus Robertus, sciens Balduinum Barbatum Flandrensium comitem tunc temporis magnæ esse potentiæ, filiam Adelam adhuc puellulam filio ejus adolescentulo Balduino Insulano desponsavit, patrique ejus nutriendam tradidit.

95. Ea tempestate habebat idem Robertus rex turrim Noviomi sitam infra terminos ecclesiæ Beatæ Dei genitricis Mariæ secus curiam episcopi, per quam multa mala ejusdem urbis populo intulit; miles enim, cui a rege custodienda tradita fuerat, ferocis animi existebat, adeo ut exactiones episcopales juri suo mancipare vellet; cunctis placitis, causisque forensibus, quæ in curia episcopi determinanda erant, principari volebat, nihilque episcopum constituere licebat, nisi quod ipse prior disposuisset. Sic itaque episcopum et cives exasperans, nonnulla servitia eis ingerebat. Cum ergo longo tempore id ageret, nullisque exhortationibus religiosorum resipiscere vellet, ultra vecordiam ejus ferre non valentes, episcopus cum clero et populo valde afflicti proponunt omnino resistere, modumque quo ad effectum perveniant, cœperunt exquirere. Tandem eis videtur quod si turris eversa fuisset (quæ materia pertinaciæ ejus erat) facile pacem obtinerent. Accidit ergo quadam die ut is qui custodire arcem debebat, casu fortuito deesset, nec nullus ex tota familia ejus superesset nisi solummodo conjux ejus cum famulabus suis. Cernens ergo episcopus opportunum tempus accidisse quo præmeditatum consilium de subversione turris complere posset, civibus arma apprehendere præcepit, cunctosque gladiis accingere fecit, ut si quis in armis obvians eis resistere vellet, facile expugnaretur; et mittit matronæ episcopus per nuntios verba suasoria, quibus eam deciperet cum dolo, dicens: Habeo pallium sericum, de quo mihi casulam, vel planetam facere volo, sed non reperio qui eam sciat tam decenter incidere, et convenienter componere sicut te scire comperi; ideoque deprecor ut castis manibus tuis præparetur; jube ergo fores reserare it ad te pergere valeam, et quid operis de serio facere possimus simul inspiciamus. » Illa gratulabunda effecta de visitatione pontificis, et dolos quos machinabatur prorsus ignorans, continuo ostia patefacere præcepit, ipsaque ei obviam processit, et usque ad thalamum suum eum perducens consedere fecit. Cumque aliquandiu simul mutuo sermocinati essent, videns episcopus familiam suam congregatam, apparatum ad subvertendum habentem, quæ facere disposuerat aperit dicens: « Pro calumniis et injuriis quas vir tuus et curiæ meæ, et civibus crebro intulit, convenerunt isti adversus hanc arcem, ut eam dejiciant, cunctaque propugnacula ejus solo sternant, quamobrem egrediamur illæsi, ne cum ejus ruinis pariter involvamur et pereamus. » Illa, his verbis perterrita et velut exanimis effecta, in terra procubuit, quam episcopus blande consolans, verbisque suasoriis tristem demulcens, apprehendit manum ejus, educensque secum servavit illæsam. At famuli episcopi continuo circumquaque ignem accendunt, cuncta ædificia evertunt, machinas ad subvertendum undique instruunt, immensam ejus altitudinem solo coæquant, de summo lapide usque ad imum comminuunt, deinde domum redeunt. Quæ sic eversa usque in hodiernum diem inrestaurata manet; signa tamen ejus apparent, saxa scilicet ingentia. Audito ergo rex quod acciderat, vehementer iratus est, et contra episcopum qui fidelitatem ei debebat, de perditione domus suæ conqueri cœpit, satisfactionem proditionis apertis querelis exigens secundum judicium optimatum suorum. Cumque curia regis episcopum de regno Francorum expellendum, et exsilium subire judicaret, veritus animositatem regis, sciensque nullum principum plus apud regem posse quam comitem Flandrensem, Balduinum scilicet Barbatum, ad eum confugit. Cujus filius jam juvenilis ætatis primis auspiciis pollens Adelam filiam prædicti regis ducere debebat uxorem, ut dictum est; quique etiam ecclesiam S. Petri in oppido Islensi ædificavit, et in ea canonicos posuit, seque ibidem sepeliri mandavit. Causam doloris sui episcopus apud utrumque exposuit; preces fudit ut de præsenti discrimine eum liberent, et iram regis,

quæ juste exarsit mitigare studeant, dona præclara pollicetur, si regi et proprio solio eum reconciliatum reddiderint, effectumque petitionis celeriter consecutus fuerit. Sciscitante vero comite, et interrogante quæ esset recompensatio tallonis pro legatione hujus negotii, respondit episcopus : « Possideo in regione Flandrensi, quæ ditioni vestræ subjacet, altaria quamplura ex quibus xii locupletiora vobis et filiis vestris per tres generationes tenenda trado; quarta autem revertantur ad episcopum. Et ne inter successores meos et posteros vestros exinde aliqua controversia oriatur, testamentum confirmationis vobis facio, in quo tempus determinatum, et nomina altarium atque testium curiæ meæ ac vestræ qui interfuerint assensumque præbuerint, annotabo. Comes ergo, mercede effusus, regem socerum filii sui adiit, precem pro episcopo fudit, veniam facile impetravit, eumque regi, et proprio solio cito reconciliatum reddidit; deinde altaria sibi delegata tenuit, quorum hæc sunt nomina : De Corturiaco, de Putten, de Turult, de Aldenardia, de Henniis, de Hulten, de Dunza, de Nivella, de Rodenbruc, de Alenbruc, de Mallenghin, de Sclipies. Qua donatione ab episcopo facta, optimates Flandrenses a comite petierunt sibi ea concedi in beneficium, quæ accepta optimates militibus sibi servientibus rursus in feodum distribuerunt, sicque paulatim de jure pontificali penitus in jus militum transierunt. Hoc ergo pacto Tornacensis Ecclesia xii altaria perdidit. Quæ si episcopus Tornacensis ad mensam suam sicut olim libera possideret, multos exinde pauperes secum reficere posset. Harduino successit Hugo, Hugoni Balduinus, Balduino Rabodus.

96. Hujus Rabodi tempore comitatum Flandrensem tenebat Robertus filius Balduini Insulani, et Adelæ filiæ regis, quibus data fuerant altaria. Veniens ergo ad eum Rabodus episcopus oravit eum ut xii altaria quæ Harduinus de mensa Tornacensis episcopi tulerat, et Balduino Barbato comiti avo ejus concesserat, Tornacensi Ecclesiæ pro anima sua redderet, quoniam jam tempus transierat quo reddita esse debuissent; tres enim comites ea tenere debuerant qui jam decesserant, scilicet Balduinus Barbatus, avus hujus Roberti, Balduinus Insulanus pater ejus, Balduinus Hasnoniensis frater ejusdem Roberti. Quem cum episcopus rogaret altaria reddere, dilationem postulavit, donec a matre sua veritatem hujus rei audiret. Cum ergo matrem suam præfatam Adelam (34) super hoc consuluisset, illa utpote religiosa et timens Deum respondit : « Verum est, inquit, fili, quia jam tempus transiit quo a patre tuo, et avo promissa fuerant reddi. Quia ergo tibi Deus hæreditatem tuam quam perdidisti, id est Flandriam, reddidit, magnumque exinde honorem tibi fecit, consulo tibi ut etiam super hoc honorem ei facias, et Sanctæ Mariæ matris ejus altaria sua reddas. » His comes compunctus episcopo se ea rediturum spopondit; sed antequam de manibus militum ea tenentium libera fierent morte præventus, non implevit quod proposuerat. Ipse quoque episcopus non multo post longum tempus moriens (an. 1093), quod inceperat non terminavit; sed ad augmentum destructionis episcopatus, terras arabiles episcopi circa Tornacum Theoderico monetario, et aliis primoribus hujus regionis vendidit. Nemus et silvam de Helein, et de Sancto Genesio distraxit, tradens singulos bonarios ad redditum quatuor denariorum singulis annis sibi solvendorum. Hic inter cætera quæ laudabiliter fecit, etiam cœnobium nostrum, quod a barbaris quondam destructum fuisse ferebatur, restaurare curavit anno Dominicæ Incarnationis 1092. Rabodo successit Baldricus.

97. Cum ergo jam per trecentos fere annos Ecclesia Tornacensis pastore proprio viduata fuisset, tempore domni Hugonis Cluniacensis abbatis, cujus superius mentionem fecimus, accidit ut quidam Remensis Ecclesiæ canonicus magnæ probitatis vir, nomine Odo, vitam sæcularem relinqueret, et in eadem Cluniacensi Ecclesia monachus fieret. Cumque ibi per aliquot annos religiosissime vixisset, et domnus papa Gregorius VII eidem domno Hugoni abbati mandasset ut sibi aliquos de monachis suis viros sapientes transmitteret, quos competenter episcopos ordinare posset, domnus Hugo ei inter cæteros præfatum Odonem transmisit, quem papa in urbe Ostiensi episcopum consecravit. Defuncto papa Gregorio Victor successit ; post quem idem Odo, ad apostolicæ sedis pontificatum eligitur, et Urbanus nominatur. Qui, quoniam in Ecclesia Remensi educatus fuerat, valde eam super alias diligebat, et ut antiquam ei dignitatem xii episcoporum reddere posset non parum desiderabat. Cum ergo superius memoratum Gualterum Cameracensem episcopum pro simonia in concilio Claromontensi excommunicasset, protinus Atrebatensibus mandavit ut sibi proprium eligerent episcopum, privilegii sui auctoritate urbem Atrebatensem a Cameracensis episcopi subjectione liberam deinceps et immunem esse concessit, et ut episcopum proprium semper haberet confirmavit. Mandavit etiam clericis Tornacensibus, ut ad eum irent recepturi libertatem proprii episcopi. Protinus canonici duos honorabiles viros de Ecclesia sua Romam miserunt, Elbertum scilicet et Geldulfum; sed papam Urbanum jam defunctum invenerunt, et sine effectu redierunt. Urbano successit Reinerus, abbas Sancti Pauli, et vocatus est Paschalis; cujus tempore cum clerici Romanam curiam sæpius frequentarent pro dissensione quæ inter nos et ipsos erat, Romani qui semper novorum negotiorum sunt cupidi, cœperunt nos incitare ad repetendum proprium episcopum ; accidit autem, cum jam nobiscum concordati fuissent, ut domnus Baldricus episcopus noster, pro quadam causa commotus, absque omni audientia et judicio canonico, missis lit-

---

(34) *Adelam.* Hæc fundavit abbatiam monial. Benedictinarum, nomine Messinez prope Ipras.

jeris in urbe Tornacensi divinum officium interdiceret. Unde præfatus Gonterus præpositus canonicorum conventum evocat, et ad repetendam antiquam libertatem incitat. Continuo duo ex ipsis, Galterus scilicet qui postea abbas Sancti Martini claruit, et Movinus præcentor ecclesiæ cum litteris capituli Romam petunt, et litteras domni papæ Paschalis Tornacum deferunt, præcipientes clericis et abbatibus cæterisque personis episcopatus ut, remota dilatione, proprium sibi eligerent episcopum, alias quoque domno Radulfo Remensi archiepiscopo detulerunt, præcipientes ei ut eidem electioni efficaciter insisteret, et electum consecraret. Illis necdum reversis contigit domnum Baldricum episcopum mori.

98. Noviomenses autem, scientes clericos Tornacenses Romam abiisse, callide agentes Lambertum Tornacensem archidiaconum sibi in episcopum elegerunt, scientes eum pecunia abundare, et per eam confidentes propositum Tornacensium cassari posse. Electus ergo Noviomi Lambertus Flandriam rediit, et apud Corturiacum congregatis abbatibus et personis episcopatus, ut electioni suæ faverent impetravit. Solus abbas noster domnus Segardus, ut assensum præberet postulatus, respondit non Corturiaci, sed Tornaci in capitulo Sanctæ Mariæ, ubi sedes episcopalis erat, hujus rei assensum debere fieri, nec se aliquid concessurum nisi præsentes videret decanum Tornacensis Ecclesiæ et præpositum. Sic ergo commotis adversus eum aliis personis Tornacum rediit. Nec mora: legati cum litteris papæ Roma redeunt, abbati nostro de responso suo gratias agunt, ejusque consilio in capitulo suo unanimiter omnibus congregatis elegerunt sibi in episcopum quemdam Morinensis Ecclesiæ archidiaconum, nomine Herbertum, litterasque domni papæ Joanni Morinensi episcopo deferentes, eumdem electum suum sibi liberum tradi petierunt et impetraverunt. Inde præfatum archiepiscopum Remensem adeuntes, ut eum secundum domni papæ præceptum consecraret exorarunt. Sed Lambertus eos præveniens, ut dicitur, jam animum archiepiscopi pecunia corruperat, adeo ut ejus consilio etiam rex Ludovicus muneratus, duos episcopos, Aurelianensem scilicet et Parisiensem, pro cassanda Tornacensium electione Romam transmitteret. Clericis itaque Tornacensibus electi sui consecrationem petentibus, respondit archiepiscopus se nec Lambertum, nec Herbertum consecraturum, donec legati regis duo episcopi, quos pro eodem negotio ad papam transmiserat, Roma redirent. Ita utriusque electi consecratio suspensa et incerta fluctuabat, cum ecce episcopi Roma redeunt, litteras domni papæ archiepiscopo deferunt, in quibus papa idem negotium in manu et provisione archiepiscopi ponebat, dicens sibi archiepiscopum mandasse, quod si Tornacenses proprium episcopum haberent, et episcopalis dignitas plurimum vilesceret, et Noviomensis Ecclesiæ redditus nequaquam episcopo ad necessaria sola sufficerent. His litteris susceptis, sibi subditos episcopos archiepiscopus convocat, diemque statuit qua Lambertum consecrare debebat : ipso vero die rex Ludovicus Remis adveniens omnes episcopos advocat, et ut diligenter de eodem negotio inter se tractarent admonet. « Si enim, inquit, videritis magis ad Dei honorem et animarum salutem competere ut Tornacensis Ecclesia proprium episcopum habeat, ego libenter concedo, quia nihil me in hoc perdere video, nec voluntati Dei, vel animarum saluti in aliquo resistere volo; neque volo ut aliquis per me dicat hoc bonum remansisse, vel se sub mea palliatione coram Deo paret excusare. » Cui domnus Joannes, Morinensis episcopus, vir religiosus, respondens : « Vere, inquit, domine rex, hoc dicto animam vestram liberastis. Nunc videant domni nostri episcopi quid agere debeant. » Archiepiscopus tamen in eo quod cœperat perseverans, prædictum Lambertum super utramque Ecclesiam consecravit episcopum, multis mirantibus quod magis diligeret pecuniam reponere, quam Remensi Ecclesiæ antiquam dignitatem reddere, quod utique facere potuisset facile, et regis permissu et auctoritate domni papæ.

Nec tamen audaci Turno fiducia cessit.
(VIRG. *Æneid.* IX, 126.)

Quia Gontero præposito cor non defuit; quin potius assumpto secum domno Segardo abbate nostro electum suum Herbertum Romam duxit, non per Franciam, quia timebat regem et archiepiscopum, sed per Lotharingiam ad probandam domni papæ constantiam. Lambertus quoque episcopus, jam consecratus, confidens in multitudine divitiarum suarum Romam tendit, certus quod non multum sibi consecratio jam facta prodesset, si papa Tornacensis Ecclesiæ electum consecraret. Utrique ergo coram papa conveniunt, et nunc his, nunc illis curia favet, ad ultimum tamen etiam Roma immensitate pecuniæ superatur, nolens illam Sallustii sententiam falsam esse qua dicitur : *Omnia venalia Romæ.* Sed ne ex toto papa Tornacensibus defuisse videretur, mandavit eis per litteras ut archidiaconum sibi eligerent, quoniam Lambertum archidiaconum eorum audierat Noviomensis Ecclesiæ esse episcopum consecratum, Archiepiscopo etiam mandavit ut ei Ecclesias Tornacensis episcopatus ex toto interdiceret. Archiepiscopus autem videns instabilitatem et mutabilitatem Romanam, in urbe Tornacensi tam clericis quam monachis interdixit divinum officium, nisi reciperent Lambertum episcopum. Lambertus quoque experiri volens utrum eum susciperent, Tornacum venit; quidam vero illusores eo veniente omnes batillos campanarum furati sunt, ut eis non sonantibus vilior fieret processio. Quod cernens episcopus, se scilicet sine honore susceptum fuisse a canonicis, civibus inde conquestus, protinus urbe exiit, et omnes Ecclesias tam monachorum quam clericorum quas in Flandria habebant, invasit. Gonterus iterum Romam rediens, omnia hæc papæ retulit, et ab eo litteras archiepiscopo retulit, in quibus de interdicto quod Ecclesiæ Tornacensi fecerat valde eum increpabat, ipsumque interdictum irritum esse præcipiebat; et ne Lambertus Ecclesiam Tornacensem gravaret, in manu et tuitione sua eam suscipiebat. His litteris susceptis, archiepiscopus comprovinciales episcopos convocavit, litterasque dulcissimas et humillimas Tornacensibus mittens, eos ad concordiam cum episcopo suo vehementer exhortavit, tandemque eos, quia auxilia eis deerant, inflexit. Papa quoque eis per litteras mandavit ne moleste ferrent quia propter scandalum regni pro tempore adhuc pati volebat ut Noviomensis episcopus etiam Tornacensem regeret episcopatum. Sic Tornacenses clerici Romanam tergiversationem experti quieverunt, seque post decessum Lamberti suam libertatem assequi posse speraverunt.

99. Lamberto decedente Noviomenses canonici quem Iam Simonem adolescentem sibi in episcopum elegerunt, filium Hugonis comitis, cognomento Magni, qui cum cæteris principibus ad accipiendam Jerusalem profectus in itinere mortuus fuerat. Quia ergo idem Simon germanus erat Radulfi comitis Peronensis, et inclytus Carolus comes Flandrensis sororem ejus conjugem habebat, pater etiam prædictus Hugo germanus fuerat Philippi regis Francorum, cujus filius Ludovicus tunc regnum habebat, ideo clerici Noviomenses propter frustrandam spem Tornacensium eum ad episcopatum elegerunt, et Tornacenses protinus interveniente glorioso comite Carolo absque ultra contradictione consenserunt, certi quod si vellet optime Tornacensem Ecclesiam regere posset. Quia tamen adhuc infra ætatem et infra ordines Ecclesiasticos erat, archiepiscopus Remensis Radulfus sibi præsentatum consecrare distulit, donec ille Romam petens gratiam papæ obtinuit, et utrique Ecclesiæ præfuit.

100. Interea Gonterus præpositus, dum rursus Romam repetit, in villa quæ dicitur Sarracenas, in diœcesi Lunensi moritur, et in ecclesia Sanctæ Mariæ sepelitur; succeditque ei Theodericus adolescens filius Theoderici patris sui. Domnus quoque Odo, Cameracensis episcopus, cum germano suo domno Benedicto monacho nostro et eleemosynario petenti altare de Malda ad expensas pauperum dedisset, et quosdam libellos, scilicet de canone missæ, de disputatione contra Judæum, de origine animæ, composuisset, infirmitate corporis gravatus episcopatum reliquit, seque Aquicinctum in lectica deportari fecit. Quod domnus Segardus abbas noster audiens, protinus cum monachis suis illuc tendit, utque se ad ecclesiam Sancti Martini quam a fundamentis construxerat, ubi primo monachus, primusque abbas exstiterat, deferri permittat, expetit. Sed abbas Aquicinensis Aluisus dicit se nullo modo passurum, ut quem sibi Deus dederat, alibi deferretur. Sicque infra octo dies idem episcopus defunctus, in ecclesia Aquicinensi coram crucifixo cum magno honore sepelitur: et de candido marmore imago ejus super sepulcrum ejus sculpitur; succeditque in episcopatu quidam Burchardus.

101. Interea quidam Tornacensis, nomine Movinus videns se prolem non habere, ecclesiam quamdam, in honore sancti Medardi, prope Tornacum sitam, de opibus suis amplificat: utque in ea religiosos clericos ponat a domno Simone episcopo postulat. Cujus ille petitioni favens, quemdam religiosum canonicum, nomine Ogerum de monte Sancti Eligii, ibi abbatem fecit, ipsamque ecclesiam ei liberam tradit. Ille vero protinus auxilio Dei et civium ibi se posse proficere videns, locum tamen illum angustum esse sciens pro construendis officinis conventui fratrum necessariis, terram quamdam super planitiem Scaldi fluminis inferius emit, ibique ecclesiam lapideam in honorem sancti Nicolai cum officinis congruentibus construxit, pluresque tam clericos quam laicos, necnon et mulieres ibidem congregavit, ipsamque abbatiam appellari fecit Sancti Nicolai de Prato.

102. Eo tempore fames vehementissima totam provinciam oppressit, ita ut plures fame intumescerent; comes etiam Carolus per totam Flandriam pro avenæ penuria cervisiam componi prohiberet, dicens melius esse ut divites aquam biberent quam pauperes fame perirent. Domnus etiam abbas noster Segardus, misericordia motus, calices argenteos, et alia quædam ornamenta vendidit, et ex eis panem in alimoniam pauperum emit. Non multo post defunctus est domnus Radulfus ille Northmannicus, prior S. Amandi ecclesiæ nostræ, quæ sita est in pago Noviomensi, sepultusque est in claustro prope ostium ecclesiæ a domno Theoderico abbate Sancti Eligii Noviomensis, qui eum pro religione sua valde diligebat: de cujus obitu cum domnus Radulfus præpositus noster nimium contristaretur, ipse quoque non multo post gravissima corporis infirmitate cœpit fatigari; cujus quanta dilectio esset circa Ecclesiam, et quam integrum et sanum sensum etiam in febris valetudine haberet facile omnibus potuit innotescere. Cum enim oleo sancto a domno abbate, totoque conventu lacrymante, perunctus fuisset, eumque quatuor filii sui ad terram super cilicium deposuissent, rogantes ut, juxta exemplum sancti Martini, in cinere et cilicio tribus aut quatuor diebus super terram jacere libenter pateretur, Theodoricus germanus ejus, vir dives et sæcularis, audiens eum sic infirmari, protinus visitandi gratia supervenit, eumque cum in cilicio jacentem videns vehementer fleret, ille eum de sæculi contemptu exhortari cœpit, dicens omnino parvipendandas mundi divitias, quoniam si Adam, inquit, ab initio mundi usque in hodiernum diem in divitiis vixisset, et hodie eum mori contingeret, nihil ei prodesset quod tamdiu eas habuisset. Inter cætera etiam sic terræ jacens interrogavit ubi comes Carolus esset, vel quid faceret. Cui cum filii sui dicerent ne de talibus inquireret, sed solummodo animæ suæ sollicitudinem haberet, ille respondens: « Vere, inquit, de pace, et statu tam boni principis omnino solliciti esse debemus, quoniam in pace illius erit pax Ecclesiarum, in tur-

batione autem ejus etiam Ecclesiæ perturbabuntur; unde et vivens de eo sollicitus sum, et etiam post mortem meam si, Deo donante, requiem haberem, libenter pro eo orarem. » Cum vero post hæc mortem jamjamque imminere sentiret, de quadam terra, quam in episcopatu Laudunensi a Clarenbaldo de Roseto nuper emerat, quæ dicitur Sparciacus, rogavit fratres circumstantes ne eam relinquerent, sed diligenter excolere studerent, quoniam multum proficere ibi possent.

Post hunc ergo sermonem Dominica ante Natale Domini, in ecclesia conventu Nocturnas decantante, circa mediam noctem, ea pene hora qua sanctus Martinus transierat, fidelis servus ejus Radulfus Deo et ipsi animam suam commendans, ex hoc mundo migravit. Quem cum domnus Segardus abbas vellet in capitulo ante sedem suam sepelire, ideo maxime quoniam ecclesiam partim ex substantia sua, partim labore et industria sua ex majore parte videbatur construxisse, quatuor filii ejus prohibuerunt, et ut potius cum fratribus suis in cœmeterio sepeliretur petierunt, dicentes superbiæ vel elationi ascribi posse si in capitulo sepeliretur; ipsum vero humilitati potius quam elationi semper deservisse: nam cum xxx fere annis præpositus ecclesiæ fuisset, nullus omnino, non dicam de monachis, vel fratribus, sed nec de famulis quidem inventus est, quem stultum vel fatuum vocarit, vel super quem iratus manum miserit. Sic itaque domnus abbas, precibus eorum satisfaciens, eum in cœmeterio secus et prope capellam Sanctæ Mariæ, quam ipse eodem anno construxerat, retro scilicet altare cum multis lacrymis eadem Dominica ante Natale Domini sepelivit, filioque ejus Herimanno consilio omnium fratrum præposituram commisit. Mainsendis vero quondam uxor ejus post mortem Radulfi fere xii annis vixit, completisque in sanctimoniali habitu plusquam xl annis præsentem vitam terminavit, et in eodem cœmeterio sepulta est. Ideo vero filii eorum patrem et matrem suam magis in cœmeterio quam in capitulo, vel in ecclesia sepeliri voluerunt, quoniam revera credebant ibidem bonorum hominum corpora esse sepulta, et ex consortio eorum melius illis esse quam si seorsim essent sepulti.

103. (35) Hermannus ergo præpositus factus, cœpit pro posse paternos mores imitari, et maxime ut in habitu, factisque suis humilitas potius quam superbia posset notari. Cumque a Natali Domini usque ad Pascha præposituram tenuisset, visum est ei in somnis quod loqueretur cum patre suo, et an ex integro requiem invenisset requirebat. Cui pater respondebat: « Vere, fili, si in claustrali vita manere mihi licuisset, et præpositura mihi injuncta non fuisset, absque omni debito perfectam requiem invenissem. » Protinus Hermannus evigilans, et hujusmodi somnium pro correctione sua se vidisse re-

A putans, illud apostolicum apud se retractans: *Sæcularia judicia si habueritis inter vos, contemptibiles qui sunt in Ecclesia, illos constituite ad judicandum* (I Cor. vi, iv). Necnon et illud B. Gregorii quod qui lectioni et orationi invigilant, ipsi sunt vasa aurea et argentea, quæ per Moisem in tabernaculo testimonii ad servitium et officium altaris fieri jussa sunt. Porro saga cilicina, quibus tabernaculum operitur, significant eos qui exterioribus intenti, pluviis et imbribus ventorumque patent impulsibus. Hæc et his similia multa divinæ paginæ secum revolvens, omissa omni dilatione, universum Ecclesiæ debitum ex integro solvit; sicque in capitulum veniens, et domni Segardi abbatis pedibus prostratus, somnium prædictum retulit, et ut de præpositura absolveretur petiit, et nimis insistens impetravit; postique more suo libris scribendis et ecclesiasticæ psalmodiæ insistere cœpit, quoniam Deo donante erat corpore sanus, et ad tolerandum silentium claustri, laboremque tam nocturnæ quam diurnæ psalmodiæ nullo penitus fratrum inferior, vel tardior esse volebat, sed nec ab aliquo scriptorum in assiduitate, vel velocitate scribendi se vinci permittebat. Scripsit enim quatuor breviarios, pluresque B. Augustini libros. Pro talibus studiis multum a domno Segardo abbate domnoque Gerberto priore diligebatur, ita ut etiam ei coram se injungerent Dominicis et festis diebus sermones in capitulo fratribus proferre, quoniam cum cæteris aliis donis, etiam intelligentiam Scripturarum, et disertitudinem ea quæ sentiebat proferendi ei Dominus contulerat.

104. Defuncto ergo Radulfo præposito, etiam domnus Segardus abbas paulatim cœpit debilitari, et viribus deficere corporis. Eodem ergo anno longa infirmitate gravatus, evoluto unius anni spatio, in sequentis Natalis Domini die cum missam de luce idem *Lux fulgebit* cantassemus, ipse præ nimia lassitudine videns se deficere, ante gradum præsbyterii se in majori ecclesia fecit deferri, ibique oleo sancto peruncius, et Dominici corporis perceptione munitus post Primam in capitulum venit, totumque conventum absolvit, seque ab eo absolvi petiit, inde ad lectulum rediit, atque post paucos dies idem iii Kalendas Februarii spiritum reddidit die Dominica anno Dominicæ Incarnationis 1127 indictione v, epacta vi, concurrente v. Præfuit autem huic ecclesiæ annis xxi.

105. Eodem anno gloriosus comes Carolus Flandrensium, in ecclesia Sancti Donatiani apud Brugias ab inimicis suis clanculo interfectus fuit. Post mortem ejus, legitimis hæredibus decedentibus, datus est comitatus Flandrensis a rege Ludovico cuidam Willelmo juveni, filio Roberti Northmannorum comitis. Ad quem Simon episcopus Tornacensium veniens intervenienie eodem rege cognato suo, ei notificavit quomodo Harduinus episcopus Balduine Barbato comiti xii altaria, sicut superius relatum

---

(35) Sequentia non videntur conscripta ab Herimanno, sed ab alio.

est, de mensa Tornacensis episcopii ad tempus concesserit, et quia jam tempus transierat, quo reddita esse debuissent, rogavit ut jam nunc tandem ea Ecclesiæ Tornacensi et sibi redderet. Comes verba episcopi multorum testimonio vera esse cognoscens, commonente rege, protinus ea præfato episcopo libera reddidit, seque ei exinde nullam illaturum molestiam spopondit. Sed comes non diu est passus Flandrenses in sua consistere libertate, sed paulatim cœpit eos opprimere, et servitutis legibus subjicere. Unde illi perterriti quasi jam in foribus mortem adesse videntes, primo mussitando, deinde apertius colloquendo incipiunt consulere quomodo de hujus novi Pharaonis tam intolerabili jugo colla sua possint excutere. Quid multa? audiunt quemdam adolescentem ex Theoderico duce, et matertera (36) Caroli comitis genitum in Auxatia consistere, Theodericum nomine, quem secrete accersentes post varios pugnarum eventus apud castellum quod dicitur Alos, a quodam pedite in manu sub pollice vulneratus mortuus est. Quo apud Sanctum Bertinum sepulto, dominatum totius Flandriæ rege concedente Theodericus obtinuit, quem Simon episcopus rogavit, ut sicut Willelmus prædecessor ejus Tornacensi Ecclesiæ jus suum recognoverat de XII altaribus, quæ jam antecessores ejus injuste multis annis tenuerant, ita ipse quoque recognosceret, et redderet ea sibi, sicut Willelmus coram rege reddiderat. Tunc comes episcopo ea reddidit, et libera dimisit, seque nunquam ei super eis molestiam illaturum spopondit; sed pro istis recognitionibus comitum nondum optimates Flandriæ qui ea in beneficium acceperant reddere voluerunt, sicque ecclesiam exhæredatam esse dolemus. Hic ergo episcopus longo tempore præfuit; altaria recuperare nequivit, sed ea altaria quæ decedentibus personis sibi remanserunt, ecclesiis tradidit, cujus relatione multorumque testimonio cognovi quod redditus episcopatus præbendarumque canonicorum Ecclesiæ Tornacensis singulis annis fere centum marchis argenti adauxerit.

106. De antiqua vero possessione a rege Chilperico tradita usque in præsens tempus retinent teloneum, et pontinagium, et foragiorum suam partem. Quibus ea quæ a fidelibus eis quotidie dantur conjungentes, præbendas instituerunt multum opimas, de quibus magnifice sustentantur. Totum etiam studium suum ad emendas terras, et ad acquirenda altaria converterunt: Unde factum est ut ecclesiam B. Quintini de Foro, in qua congregatio canonicorum olim mansit, beatique Petri de media urbe a sanctimonialibus dudum inhabitatam, quæ, ut præmisimus, a Fulchero episcopo subversæ sunt, cum cæteris ecclesiis parochianis repeterent a militibus Noviomensibus, quibus idem episcopus eas in feodum tradidit, et sui juris subderent, cum quibus etiam nonnullas possessiones earum antiquas receperunt; sicque fines suos plurimum dilataverunt.

107. Interea piæ memoriæ religioso Segardo defuncto, atque in capella Beatæ Mariæ ante altare sepulto, successit ei in regimine monasterii Herimannus tertius, filius Radulfi præpositi. Hic cum reliquis fratribus suis Theoderico, Waltero, Radulfo ad pedes magistri Odardi litterali scientia apprime eruditus, divini verbi claruit prædicator maximus, egregie Evangelizans et affirmans testimoniis Scripturarum Christum Dei virtutem, mundi Redemptorem et Salvatorem, et lingua ejus principaliter inter principes loquebatur sapientiam. Cujus temporibus ecclesia nostra dedicata est a domno Simone episcopo anno Dominicæ Incarnationis 1132, ab instauratione vero ejusdem cœnobii quadragesimo. In administratione autem monasterii decem annis nondum expletis, gravem quæ paralysis vocatur incurrit ægritudinem; qui mansuetudine nimia, et humilitate cordis pollens juxta exemplum summi Magistri, qui ait: *Discite a me quia mitis sum et humilis corde* (*Matth.* XI, 29), nemine prorsus cogente, sed propria voluntate, et humilitate curam sibi commissam, baculumque suscepti regiminis in manu reddidit nobili honorificoque Simoni, Dei gratia Tornacensium pontifici.

108. Post quem Ecclesiæ nostræ gubernacula quartus suscepit Walterus; et hic Tornaci natus, nutritus, episcopii canonicus exstitit, vir quidem secundum sibi a Deo datam sapientiam zelum Dei habens, qui restaurationem ecclesiæ nostræ commemoratam superius per omnia noscens, utpote qui septennis erat eodem tempore quo cœpta est, ab ipso Odone primo abbate hujus loci sæpe admonitus est, ut lenocinia mundi relinqueret, et cum coævis suis filiis Radulfi præpositi habitum sacræ religionis acciperet, sed cum per dies singulos hujuscemodi sermonibus animum ejus accendere cuperet, et ille nequaquam assensum præberet, tandem diuturna admonitione fatigatus abbas quasi ludendo prædixit ei quod, priusquam vitæ cursum terminaret, monachus S. Martini existeret. Sed quia *neque qui plantat est aliquid, neque qui rigat, nisi incrementum dederit Deus* (*I Cor.* III, 7) eo tempore verbum prædicationis in eo non convaluit, sed per quadraginta fere postea annos in sæculari vita remansit. Tunc namque cernens Dominus opportunum tempus accidisse, quo prophetia domni Odonis impleri debuisset, percussit eum gravi invaletudine corporis, et toto stomacho deficiente, hamo suo extraxit eum ab amore sæcularis vitæ, et in cœnobio S. Amandi Helnonensis monachus factus est. Cumque illic per biennium laudabiliter vixisset, et pro sua probitate prior ibidem factus fuisset, petivimus eum nobis dari in abbatem, et accepimus; sicque [juxta] prophetiam domni abbatis Odonis constat, quia ex eo tempore non solum monachus S. Martini, sed etiam provisor, et famulus totius domus ejus ac dispensator omnium in ea Christo famulantium fuit: qui ordinatus est a domno Simone anno Dominicæ

---

(36) *Matertera*. Gertruda filia Roberti Senioris Fland. comitis.

Incarnationis 1136, indictione XIV, concur. III, epact. XV. Hic etiam apud sæculares tantæ reverentiæ effulsit, ut quadam vice in curia Flandrensi cum requireretur a comitissa utrum de negotio quod ventilabatur auderet jurare, responderit præpositus Brugiensis Rogerius, vir religiosus et opinionis bonæ, non ita oportere, imo quod abbas Tornacensis solo verbo, hoc ipse cum omnibus Flandriæ religiosis personis jurejurando auderet confirmare. In hujus ergo domni Walteri diebus Tornacensem Ecclesiam respexit Deus, reddens ei proprium episcopum ac propriam dignitatem tot annis perditam.

109. Cum domnus Simon jam fere XXIV annis pontificatum tenuisset, nullamque omnino diminutionis suspicionem haberet, contigit ut quidam adolescens canonicus Beatæ Mariæ, nomine Henricus, paschali tempore feria secunda XI Kalend. Maii, vespertina hora, jam incumbente nocte, solus forte per novam fabricam ecclesiæ Sanctæ Mariæ sine aliquo timore transiret, et ecce subito voces quasdam velut cum impetu terribili advenientes magnæ multitudinis audivit; torrem etiam flammeum super se venientem vidit, ita ut particulam tunicæ suæ ac carnis sub ea de brachio juxta pugnum combusserit. Statimque perterritus in terram cecidit, et continuo quasi in exstasi raptus vidit quamplures ad se venientes, sibique colloquentes: quos jam defunctos esse sciebat, quosque viventes cognoverat. Postea ei visum est quod esset in campo rosarum, et liliorum floribus totiusque dulcedinis amœnitate repleto; in quo consistens, et præ nimia suavitate prioris terroris horrore effugato exhilaratus, et velut totus recreatus et renovatus, vidit quatuor albis vestibus indutos cum candelabris, ac thuribulis ad se venientes. Hos sequebantur tres honorabiles viri, episcopalibus indumentis decorati, baculos pontificales in manibus tenentes, mitras aureas etiam in capitibus portantes, in quibus cujusque nomen scriptum continebatur; nam in ejus mitra qui medius incedebat scriptum erat: S. ELEUTHERIUS EPISCOPUS; in ejus qui ad dexteram gradiebatur, S. ELIGIUS EPISCOPUS; in ejus qui ad sinistram stabat, S. ACHARIUS EPISCOPUS. Post eos vero sequebatur domnus Gerardus presbyter, vir religiosus, veste sacerdotali indutus, qui fidelis procurator eleemosynariæ Sanctæ Mariæ exstiterat. Beatus itaque Eleutherius, juveni propinquans, quasi blandiendo manipulum suum super eum projecit; deinde librum vitæ suæ, quem in manu sua gestabat, ei ostendit, et coram se legere præcepit; perlectumque ab eo recipiens in sinu suo reposuit, et ad locum in quo prius steterat rediit. Postea beatus Eligius juveni appropinquans librum vitæ suæ ei obtulit, et juvenis eum sibi satis notum esse dicens legere noluit. Sanctus quoque Acharius ei in dextera sua scriptum ostendit: *In nomine Domini Jesu per me mortuus resuscitatus est.*

Et post hæc illi eo ordine quo venerant discesserunt. His ergo visis adolescens de ecstasi ad seipsum reversus de terra surrexit, et ad patris sui domum rediens tota nocte lectulo infirmus decubuit. Mane facto aqua benedicta se aspergi rogavit, sicque recreatus particulam vestis suæ combustam, et carnem sub ea liquefactam ostendit, et ex his quæ viderat nonnulla retulit. Sequenti feria VI, accersito secrete Guillelmo canonicorum decano, qui postea abbas in ordine Clarevallensi claruit, peccata sua confessus est, acceptaque ab eo absolutione et pœnitentia injuncta, proxima Dominica corpus Domini suscepit, quo percepto mirum dictu vitam B. Eleutherii, quam ante sex dies in exstasi legerat, memoriæ revocatam cunctis audientibus ac si orationem Dominicam, cursim legere cœpit. Obstupefacti, rei novitate percussi convenimus (37), et multa ad invicem super tam mirabili visione conferre, et conjicere cœpimus. Licet enim quidam adolescentem dictandi et versificandi peritum dicerent, hanc vitam potuisse componere, nos tamen scientiæ ejus non ignari, certi eramus hujusmodi dictaminis nunquam eum assuetum fuisse, et quanquam etsi eam composuisset, nullo modo tamen eam sine libro tam cursim memoriter, et corde tenus totam legere valuisset. Consilio itaque cum religiosis viris habito, domno nostro Samsoni Remorum archiepiscopo, domnoque Bernardo Clarevallensi abbati, nec non et aliis episcopis atque abbatibus pro audiendis et discutiendis libris magistri Petri Abailardi in octavis Pentecostes cum rege Francorum in Senonensi (38) urbe congregatis, visionem istam scriptam transmisimus, et quid eis exinde agendum videatur, consuluimus. Illi nobis mandaverunt ut divinæ voluntatis effectum deinceps exspectaremus.

110. Et ecce post paucos dies præfatus juvenis quibusdam signis prænoscens beatum Eleutherium rursum sibi manifestandum, summo mane peccata sua confessus, missam audivit, corpus Domini suscepit. Deinde secretarium, in quo sancti viri feretrum positum erat, oraturus cum paucis ingreditur, cum subito ad terram cecidisse foris positis nuntiatur. Ingrediuntur quamplures; cum quibus et nos ingredimur. Ingressi autem eum supra terram clausis oculis ac si exanimem jacentem conspicimus, et admirantes finem rei exspectamus, et ecce post paululum eum sancti Eleutherii elevationem legere audimus, et ad multa quæ interrogabamus eum respondere admiramur. De exstasi vero reversus, ea quæ legerat scripsit. Post hanc itaque visionem quam videramus, certiores facti de prima, cui nullus interfuerat, in commune Deum rogabamus, ut si ex ipso foret hæc visio, manifestaretur etiam tertio.

111. Necdum quadraginta dies transierant, et

(37) *Convenimus.* Videtur continuator hujus historiæ fuisse canonicus, post monachus S. Martini Tornac.

(38) *In Senonensi.* Concil. Senon. celebratum fuit an. 1142, non vero 1140, ut quidam volunt. Vide adnot. ad num. 108.

prædictus juvenis sentiens tertiam visionem citius adfuturam, feria sexta ante festum sancti Laurentii rursum mane peccata sua confessus, et audita missa, Dominici corporis perceptione confirmatus, præfatum secretarium cum paucis oraturus ingreditur. Nec mora: nos extra positi audientes eum cecidisse accurrimus, videmusque eum more solito clausis oculis in terra velut exanimem jacentem. Vix quarta pars horæ transierat, et ecce audivimus eum legere quædam miracula sancti Eleutherii, nobisque interrogantibus stupemus, eum respondere ad plurima, inter quæ palam prædixit quod Ecclesia Tornacensis infra non multum tempus proprium esset episcopum habitura, et pristinam dignitatem receptura. Quæ visio et prophetia futuræ libertatis nobis indicia contulerunt.

112. Quo tempore contigit ut tam ecclesia Sanctæ Mariæ Tornacensis quam ex ipsa diœcesi multi clerici famosi conversionis gratia dominum Bernardum abbatem Clarevallensem sequerentur. Quorum relatione idem abbas de antiqua dignitate Tornacensis Ecclesiæ instructus, et quanta necessitas esset ut propter infinitam multitudinem populi proprium haberet episcopum edoctus, ex visione adolescentis sumpta occasione, aggreditur secrete Simonem episcopum proponensque ei periculum tot animarum sub cura sua degentium, ut Tornaci proprium episcopum ordinari benigne permittere dulciter hortatur. Protinus dulci exhortatione abbatis compunctus episcopus, consensit precibus ejus, eo tamen pacto ut de redditu Tornacensis Ecclesiæ partem pecuniæ in vita sua liceret ei retinere. Sed Noviomenses clerici hoc audito Radulfum Vermandensem adeunt, et germanum suum Simonem vendidisse suum episcopatum derogantes, propositum abbatis per eum evacuant et evertunt.

113. Per idem tempus inter papam Innocentium et regem Ludovicum filium superioris Ludovici, cognatosque ejus supra memoratos, Simonem scilicet episcopum et Radulfum comitem lis exorta est. Pro qua rex cum comite Christianitate privatus est, et in annum tenti sunt; episcopus vero ab officio episcopali per aliquod tempus suspensus. Papa enim clericum quemdam, cognatum cancellarii sui, in Bituricensem archiepiscopum consecravit; quod quia rex concedere noluit, Christianitate privatus est. Comes vero volens in matrimonium sibi copulari germanam Alienoræ, reginæ Francorum, uxorem suam legitimam de consanguinitatis linea calumniari cœpit. Sed quia absque judicio canonico ab ea separari non valuit, præfatum Simonem germanum suum junctis aliis duobus episcopis, Laudunensi scilicet atque Silvanectensi, fecit per sacramentum testari, sic se propinquitatis linea cum uxore sua conjungi, ut fœdera matrimonialia abinvicem deberent dissolvi. Quo juramento completo, ab ea se disjunxit, et germanam reginæ duxit. Quæ ambæ fuerunt filiæ comitis Pictavorum et ducis Aquitanorum: quæ etiam propinquiores ei erant.

Fama hujus perjurii per totam disseminata regionem, etiam ad apostolicam audientiam delata est per comitem Theobaldum, Burgundiorum principem; hujus enim erat neptis ea quam Radulfus comes dimiserat, et dedecus repulsæ eum spectabat. Quam querimoniam cum per nuntios suos auribus papæ deposuisset, comitem vinculo anathematis ligavit, et episcopos ab officiis episcopalibus per aliquod tempus suspendit. Hac ergo dissensione inter papam et regem atque episcopum Noviomensem comperta, Theodericus præpositus, qui Gunthero successit, ardens desiderio cum clericis Tornacensibus ut Ecclesia sua pristinam dignitatem reciperet, domnum Herimannum, qui quondam abbas noster exstitit, secrete alloquens, ut Romam eat et animum papæ super hac causa caute exploret hortatur. Domnus Herimannus favens eorum precibus Romam pergit, Innocentio papæ litteras, quas olim Paschalis papa Tornacensibus transmiserat ostendit, totumque rei supra scriptæ ordinem pandit: tandemque ipse etiam litteras ab eo accipit, in quibus Tornacenses commonuit, et auctoritate apostolica præcepit ut communicato religiosorum et discretorum virorum consilio, remotis dilationibus episcopum proprium religerent, electum autem Remensi metropolitano consecrandum præsentarent; quod si ipse nollet perficere, ad suam præsentiam ducerent. Has litteras domnus Herimannus præsentat Tornacensibus, diem electioni ponimus, et personas diœcesis convocamus.

114. Initoque consilio cum religiosis viris Absalonem abbatem Sancti Amandi virum religiosum unanimiter nobis in episcopum eligimus. Protinus electio Remensi archiepiscopo notificatur; sed ipse dicit quod non auderet eum consecrare pro regis et Radulfi comitis timore. Unde necessitate cogente compellimur Romam remittere, et ipse quidem electus, ut vir sapiens, renuit ire, veritus (quod postea accidit) ne Romana curia per pecuniam a sententia flecteretur, sicque sibi in dedecus verteretur, si repulsam pateretur. Clerici autem Tornacenses juncto sibi domno Herimanno Romam proficiscuntur, litteras suas pro electione facta papæ ostendunt, et ab eo gratissime suscepti de die in diem exspectant ejus terminale responsum, cum subito Simon episcopus eos subsecutus adesse nuntiatur, ingressusque palatium cum clericis suis papæ conqueritur super clericis Tornacensibus, qui prætergressi fidelitatem et obedientiam quam sibi promiserant, electionem alterius episcopi contra se fecerant. Respondet papa a fidelitate et obedientia quam ei promiserant se eos absolvisse, et ut proprium episcopum eligerent eis præcepisse, ideoque super his nihil eos deliquisse. Subjunxit quoque domnus Herimannus annuente sibi papa ut diceret clericos Tornacenses nullam contra episcopum Simonem accusationem coram papa detulisse, sed ei utpote nobili viro et laudabili bonum testimonium ferre, nec pro aliqua malevolentia alium episcopum

elegisse, sed si non inferioris meriti bono Martino ipse esset, eos tamen desiderare ut mater sua Tornacensis Ecclesia pristinam dignitatem proprii episcopi reciperet; tantam autem necessitatem hujus rei esse, ut cum in episcopatu Tornacensi plusquam pccc millia populi diversi sexus, et ætatis continerentur, tamen propter absentiam episcopi, teste ipso episcopo, mortui essent infra decem annos plusquam centum millia qui non fuerant consecrati oleo de manu episcopi, plusquam etiam,.... tam homicidio quam aliis criminibus implicatos ibi esse, qui non suscepissent pœnitentiam criminum suorum ab episcopo. Cumque hæc et alia multa in præsentia episcopi domnus Herimannus retulisset, quorum episcopus nihil negavit, papa stupefactus electionem Tornacensium coram omnibus confirmavit, seque eam perfecturum promisit, ac cardinales qui circum sedebant exhortatus, ut se exinde adjuvarent, de sede sua surrexit, et in secretarium cum eis intravit, legatis nostris sperantibus causam suam citius terminandam; postea eos plusquam xv diebus papa detinuit, donec domnus Simon quingentis marchis argenti per curiales distributis gratiam domni papæ recepit. Qui tamen eum in secretarium nobis præsentibus evocans, coram cardinalibus præcepit ei sub periculo ordinis sui ut nullam omnino malevolentiam in facto vel verbo Tornacensibus ostenderet, qui præcepto suo electionem episcopi fecerant. Sicque legatis nostris cum osculo reconcilians, litteras ei dedit, in quibus nobis mandavit quod de electione nostra voluntatem non mutasset, sed ad præsens per consilium differret, donec convocato episcoporum et metropolitanorum conventu quod cœperat confirmaret. Interim autem præcipiebat ut ei solitam obedientiam exhiberemus. Sic itaque legatos nostros tristes dimittens, et multis male loquendi occasionem dans, sequenti anno moriens Cœlestinum habuit successorem. Qui infra unius anni spatium defunctus, Gerardo cancellario, qui Lucius dictus est, apostolicam sedem dimisit; eo quoque similiter infra annum defuncto Eugenius succedit; qui primo Bernardus vocatus, in cœnobio Clarevallensi monachus fuerat, deinde ab Innocentio papa in monasterio Sanctæ Anastasiæ abbas Romæ ordinatus fuerat. Hic ergo cum ab omnibus nobis nuntiaretur avidus pecuniæ non esse, per internuntios de negotio nostro e locutus, et quid exinde facere vellet requisitus, respondit se facturum quidquid abbas Clarevallensis inde sibi per litteras mandasset. Cum itaque dubii sermones inter nos pro hac causa renovarentur, ecce subito Theodericus præpositus ecclesiæ Sanctæ Mariæ infirmitate nimia gravatur, et monachus factus in hoc cœnobio moritur, a que ante capitulum est sepultus. Sequenti etiam anno electus noster Absalon abbas Sancti Amandi vitæ terminum fecit; sicque nobis ostensum est quod nec ipse, nec Herbertus Morinensis archidiaconus a Deo prædestinatus fuit ut fieret Tornacensis episcopus; alii enim istud officium servabatur. Sed nec Gunterus præpositus, nec Theodericus successor ejus patrui sui filius, licet Ecclesiæ suæ ferventissimi amatores exstiterint, et in sæcularibus satis potentes fuerint, hoc honore digni fuerunt, ut per eos tantum opus consummaretur; nam et hic honor alii repositus erat.

115. Cum ergo isti defuncti defuissent, filius sororis Theoderici, nomine Letbertus, ei in præpositura successit, cujus instinctu alius Letbertus, cognomento Blandus, qui postea cancellarius, deinde præcentor ecclesiæ Sanctæ Mariæ fuit, cum litteris abbatis Clarevallensis Romam petiit, Eugenio papæ negotium Tornacensis Ecclesiæ pandit, utque tandem debito fine opus quod sibi Deus reservaverat terminare et consummare studeat, suppliciter exposcit. Volente papa ei litteras dare, ut rursum Tornacenses electionem episcopi facerent, respondit ille se nunquam hujusmodi litteras laturum, sed si papa sibi consecratum manu sua traderet episcopum, cum ipso se reversurum, eumque a Tornacensibus cum honore debito suscipiendum. Quid multis morer? Instanti ejus petitione et constanti pertinacia flexus papa, quærit ab eo quem velit in curia sua eligere; ille ut sapiens juvenis consilium suum in ore domni papæ ponit. Convocat papa cardinales, et quid sibi super tanto negotio faciendum sit, consulit. Venerat tunc forte Romam Anselmus abbas Sancti Vincentii Laudunensis, qui in cœnobio Sancti Medardi Suessionensis monachus factus fuerat, sed fama religionis et probitatis suæ ubique præconante a monachis Sancti Vincentii expetitus abbas est ordinatus. Qui etiam multis annis idem cœnobium laudabiliter rexit, ita ut de monachis ejus tempore suo in diversis cœnobiis decem abbates venerabiles exstiterint. Hic ergo illis diebus pro Ecclesiæ suæ necessitatibus Romam veniens, et in curia papæ notissimus, primum ab ipso papa nominatur, statimque a Letberto et ejus sociis eligitur, et papæ consecrandus præsentatur; reluctatur et contradicit dicens se valida infirmitate detentum, et de morte potius quam de episcopatu sollicitum. Persistit papa in sua sententia, et obedientiæ vinculo coactum Dominica *Lætare, Jerusalem*, solemniter consecrat, et consecratum cum litterarum suarum auctoritate novum pastorem civibus Tornacensibus destinat, et eos ab obedientia Noviomensis episcopis absolvit, utque semper habeant proprium episcopum auctoritate privilegii sui promulgavit.

116. Regi vero Francorum Ludovico, qui etiam fuit dux Aquitanorum, et qui ad admonitionem Eugenii papæ ad expugnandos inimicos Christianæ religionis in Jerusalem expeditionem paravit, deprecatorias litteras idem papa misit, alias quoque comiti Flandrensium Theoderico, necnon et civibus Tornacensibus, in quibus exorabat ut episcopum, quem ad honorem Dei, et propter animarum salutem ordinaverat, omnes simul benigne concederent esse; et redditus episcopatus deinceps ipsi persolverent. Rex autem cum comite et civi-

bus, interveniente religioso viro Alviso Atrebatensi episcopo, paucis interpositis diebus papæ annuit petitioni. Sicque novum episcopum in sede pontificali recepimus. Alias etiam litteras episcopo Noviomensi legavit, in quibus eum exhortabatur ut patienter ferret Tornacenses proprium habere episcopum, et ne vel per se, vel per subjectam sibi personam ei aliquam molestiam inferre præsumeret. Metropolitano quoque Remensi et comprovincialibus episcopis mandavit quatenus eum manutenerent, et in omnibus juvarent, atque ab omni præsumptione episcopum Noviomensem desistere monerent, et cum eo ad pacem concordarent. Sed idem Simon mitissimus homo erat, et malefactoribus mala retribuere nesciebat. Unde factum est ut neque verbo, vel facto contra præceptum papæ facere tentaret; quod etiam ad nobilitatem generis sui pertinebat. Sic ergo Deus ordinavit ut Herbertus, et Absalon Tornaci eligerentur et Anselmus Romæ consecraretur. Sic Deus permisit ut Paschalis et Innocentius Tornaci juberent fieri electionem, et Eugenius Romæ faceret consecrationem. Sic Deus disposuit ut Gunterus et Theodericus præpositi laborarent in electione, et Letbertus gauderet de facta consecratione. Alii ergo secundum evangelicam sententiam laboraverunt, et Letbertus in labores eorum introivit. Alii seminaverunt, Letbertus messuit. Benedictus Deus qui prosperum fecit iter ejus. Acta est consecratio domni Anselmi episcopi Romæ anno incarnati Verbi Dei 1146, quo anno fuit fames gravissima, ita ut Tornaci venderetur sextarius tritici LVI solidis. Sicut ergo per sanctum Medardum dignitatem proprii episcopi perdidimus, dum ipse curam episcopi Tornacensis sibi injunctam a clero et metropolitano tenuit, ita etiam per eumdem libertatem nostram recepimus, dum Deus proprium nobis pastorem restituens monachum Sancti Medardi in episcopum dedit. Benedictus Deus qui tales filios sancto Medardo imbuendos tradidit, per quorum ministerium Christus in filios adoptionis divina charismata ostenderet, et Ecclesiam suam sine ruga et macula conservare vellet.

117. Eodem tempore Eugenius papa litteras exhortatorias in Galliam direxit, ad exhortandum strenuos quosque homines quatenus Jerusalem ad terram quam Christus sua præsentia sanctificavit, pergerent, et fines illos qui a gentibus conculcabantur defenderent, et ditioni Christianorum subderent. Cujus exhortatione animati Ludovicus rex Francorum et dux Aquitanorum, Conradus quoque Romanorum imperator, et rex Teutonicorum, junctis sibi nonnullis principibus, cum multis legionibus Christianorum illuc properaverunt. Domnus etiam Herimannus quondam abbas noster cum eisdem principibus gloriosum Domini Jesu Christi sepulcrum invisere multo ardore sitiens, anno Dominicæ Incarnationis, ni fallor 1147, Jerosolymam religioso cum apparatu ire perrexit. In itinere quid egerit, actum quid de eo sit, nihil certi habemus; alii enim pro Christi nomine et proximi dilectione martyrizatum, alii captivum abductum referunt.

118. Domno Anselmo defuncto atque in ecclesia Sanctæ Mariæ ante majus altare sepulto, Gerardus abbas Villariensis ei successit anno Dominicæ Incarnationis 1149, cujus temporibus domno Valtero abbate nostro defuncto, atque a tota processione sanctæ Mariæ et duobus episcopis, Tornacensi scilicet et Laudunensi honorifice ante altare sancti Joannis Baptistæ sepulto, domnus Ivo ei successit anno Dominicæ Incarnationis 1160, indictione VIII, concur. V, epacta XI.

Additio alia manuscripta.

119. Ivoni successit domnus Joannes, dictus de Necin, qui magnæ religionis fuisse perhibetur. Isti Joanni successit domnus Milo abbas Marciniensis, quondam monachus Suessionensis, et post abbas ejusdem monasterii sui. Miloni successit domnus Joannes, dictus de Sobrengien; Joanni successit domnus Amandus; Amando successit Radulfus; Radulfo successit domnus Ægidius, dictus de Cella; Ægidio successit Simon, dictus Baras; Simoni successit D. Joannes Carpentarius; Joanni successit D. Jacobus de Insula; hic per mensem rexit, potens Christus sibi Rex sit; Jacobo successit domnus Ægidius de Warnaria; Ægidio successit domnus Theodericus de Parco; Theoderico successit domnus Ægidius II, Maisis prior, electus abbas decimus septimus anno 1531.

ANNO DOMINI MCXLV.I

MAURINIACENSIS MONASTERII
CHRONICON

Ab anno Christi 1108 usque ad annum 1147, quo rex Ludovicus VII in Terram Sanctam profectus est,

AUCTORIBUS

TEULFO ET ALIIS EJUSDEM LOCI MONACHIS.

(DUCHESNE *Script. rer. Franc.*, t. IV, p. 359, ex bibliotheca viri cl. Alexandri Petavii senatoris Parisiensis.)

LIBER PRIMUS
Cujus major pars desideratur

Noveritis, o posteri nostri, diabolum et angelos ejus primordiis hujus Ecclesiæ multum invidisse, crebris eam impugnationibus vexavisse, tribulationes sæpe graves concitavisse, et penitus eam exstinguere tentavisse. Sed Dominus, proreta bonus, navim suam per hoc mare magnum et spatiosum currentem, a vertiginibus undarum, a vorticibus fluctuum, a turbinibus ventorum semper eripuit. Qui etsi quando dormire visus est, tamen lacrymis et precibus servulorum suorum pulsatus evigilavit, ventis et mari ut conquiescerent imperavit, et ut tempestatem magnam magna tranquillitas sequeretur, gratia sua effecit. Cavete ergo, o posteri nostri, cavete ab hostibus tam inmanibus, qui non transeunt nobis transeuntibus, qui non dormiunt nobis dormientibus, qui non moriuntur nobis morientibus. Numerositas autem tribulationum nostrarum frequentius occasiones accepit ex simultate abbatum et monachorum invicem invidentium, invicem mordentium. Atqui hostis malignus, quo nihil est malignius, ex loco vulnus infligit libentius, quo mortem infert facilius. Hostis enim hostem citius volens exstinguere, non manum aut pedem amputat, non aures aut nares truncat, non orbes eruit, non alias corporis partes impetit, sed cruento gladio caput a cervice rescindit, et ita facile uno vulnere omnia membra occidit. Sic et diabolus congregationem totam quærens occidere, abbatem a congregatione, quasi caput a corpore, gladio discordiæ satagit separare. Quomodo enim poterit corpus animantis vivere sublato capite? Hic facio finem, ne quem scribendo fatigem.

.....Medietatem Stripiniacensis ecclesiæ dedit nobis, sicut in principio dictum est, Ansellus filius Arenberti, alteram medietatem Haimo filius Senechildis de Firmitate Baudüini, necnon et Verrulnas. Echenvillerum autem dederunt nobis duo nobiles viri Goffredus et Isembardus frater ejus Pitneris oriundi. Ecclesias de Firmitate Baudini Guido Trossellus (1) hujus loci fidelissimus, concedentibus uxore sua Adelaide, et patre suo Milone vicecomite, et matre sua vicecomitissa, quæ præcedente nocte per somnium viderat ramum oleaginum se manu tenere. Nos autem ab ipsa audientes somnium, omnes diximus competenter ad id quod clementer et divinitus ab eis nobis tribuebatur pertinere. Ecclesiam de Bovinis et terram et lucum dederunt nobis duo fratres Goffridus et Bernardus; Helia monacho nostro, eorum consanguineo, eos ad hoc animante. Ecclesiam S. Juliani, ubi antea fuerat abbatia sanctimonialium, dedit nobis Emmauricus Stampensis oppidanus, vir egregius, filiis suis et uxore concedentibus : quam multi monachi etiam data multa pecunia voluerunt nobis subripere. Ecclesiam de Guinevilla dedit nobis Bernodalius nobilissimus de Firmitate, et uxor ejus Mathildis, quæ nobis fecit thuribulum argenteum magnum, et calicem similiter argenteum deauratum, quæ et prima ecclesiæ fundamina jecit, et in aliquantam altitudinem eduxit, et Lisiardus Flandrensis filius eorum, qui nobis vitream majorem in capitio fecit. Ecclesiam S. Germani primam partem dedit nobis noster Ansellus, secundam Helias prædictus, tertiam et quartam filii Albereæ Urso et Arnaldus, quintam

---

(1) Forsan filius famosi illius Milonis de Leherii-Monte, et frater minor Milonis vicecomitis Trecensis. Cf. Sugerii Vitam Ludovici Grossi, cap. 8.

vel sextam necdum habebamus tunc quando ista scribebamus, sed quandoque nostram futuram esse non dubitabamus. Ecclesiam de Bona dedit nobis Mile Rainardi filius. Ecclesiam de Serni dedit nobis Bernodalius Potinus. Ecclesiam de Verres dedit nobis Engenulfus. Ecclesiam de Cesiaco Elizabeth de Maci, ecclesiam S. Ebrulfi Segoredus. Belouillam dedit nobis Herbertus Bornius erga nos largissimus, cujus animam beatificet Christus. Ecclesias de Stampis veteribus, id est S. Martini, S. Albani, S. Medardi, dedit nobis rex Philippus, et litteris regalibus dationem hanc confirmavit, et Ludovico regi designato filio suo, ut idipsum concederet præcepit. Qui Ludovicus, assumptis secum Emmaurico Montisfortis domino, et Simone Nealphæ, in capitulum nostrum venit, participium beneficiorum nostrorum humiliter petiit et accepit, donum quod rex pater suus nobis fecerat concessit, et sumptas in manibus litteras super altare posuit, et ita donum patris confirmavit. Ecclesiam de Bolreto dedit nobis Arraudus de Corboilo. Villam quæ dicitur Mesuns, tali modo conquisivimus, imo non villam, sed desertum. Terra illa erat sanctimonialium S. Eligii, sed eam redegerat in desertum multitudo invasorum, et incursio crebra prædonum. Nos autem abbatissæ et cæteris sanctimonialibus data pecunia condigna, et annuo censu denominato, concedentibus omnibus quorum combentia de his expetenda erat, terram prædictam diu incultam accepimus excolendam. Cumque in omni congregatione nostra aliquem tanto labori aptum quæreremus, et non inveniremus, Bauduinus ille, de quo longe supra mentionem feci, quem et in monasterii, et in dormitorii opere tantum laborasse narravi, nunc quoque adhuc laboris immensitate imperterritus, ultroneus sese obtulit, et pro fratrum suorum utilitate pondus pene importabile insumpsit. Quibus verbis viri hujus labores referam, quibus iterum in ædificatione villæ laboravit? Credo quod nec ipse qui passus est facile referre posset. Locum diu incultum excoluit. Vepres et tribulos, silices et dumos, et cætera rudera terræ visceribus inhærentia, nunc aratro, nunc ligonibus, nunc cæteris ruricolarum armis eradicavit. Hospites oblatiarios pene octoginta inibi congregavit. Quidam viri impii videntes ita locum proficere, cœperunt lacessere, et calumnias quasdam inferre facere. Quorum alii sibi minaciter expetebant furfuragium, alii gallinagium, alii tutamentum, quod vulgo dicitur tensamentum. Mea est, aiebat iste, viaria. Ille petebat illo, iste ista: et ita Bauduinum nostrum, et vere nostrum, tribulabant vexatione continua. Ille pro posse unus multis obsistebat, et nunc placitando, nunc pecuniam dando, impetus irruentium refringebat. Hac necessitate compulsus, tempore messis totam prope Belsiam circuibat, obdurata fronte ab omnibus annonam petebat: de qua aliquanta conquisita pecunia, tyrannidem impetentium leniebat, et terram a consuetudinariis gravaminibus relevabat. Quodam messis tempore, cum nimio tibiarum, surarum vel pedum dolore laboraret, et neque pede neque equo ire valeret, eo vehiculo quod vulgo birotum dicitur, circumferri per Belsiam ad petendam annonam pie frontosus non erubuit, imo erubescere quam cœpta non perficere maluit. Homo tantæ devotionis Bauduinus erga locum hunc exstitit. Retribuat ei Deus quæ bene, probe, fideliter gessit. Nec solum illi, sed et omnibus hujus loci exstructoribus, provectoribus, tutoribus, vel quocunque modo substantiatoribus misereatur Deus. Mihi quoque Teulfo, qui hæc dictavi, qui nescio utrum aliquid unquam huic loco profecerim, excepto quod totam bibliothecam hanc a Genesi usque ad ultimam Pauli Epistolam, Augustinum de Trinitate Dei, De verbis Domini super Joannem, Moralia Gregorii, et quosdam alios prout melius potui emendavi, et accentibus distinxi. Qui diu præcentor fui, postea vero prioratum regere tentavi; sed ita regere ut dignum foret, partim ignorantia, partim incuria, partim infirmitate non corporis, sed morum, præpediente, non potui. Qui hæc legeris, obtestor te per dulcissimum nomen Domini mei Jesu Christi, ut affectu quo poteris dicas: « O Deus natura misericors, misericordiam impendendo miserator, qui omnium misereris, precor, miserere Teulfo misericordiæ tuæ indigno. » Quod si viscera tua a me clauseris, et precem meam surda aure transieris, in Deum, qui charitas est, et in me peccabis.

PROLOGUS LIBRI SECUNDI.

Legitur in libro qui Actus apostolorum inscribitur, in primitiva Ecclesia tantam plebis devotionem fuisse, et ita populi Christiani floruisse primitias, ut post acceptam fidem nemo domum, vel aliquid suum proprium possideret: sed jure fraternitatis essent illis omnia communia: scilicet ut qui eodem consortio religionis tenebantur, eodem consortio fruerentur et vitæ. Nefas enim putabant religiosi viri eum sibi participem non asciscere in substantia, qui particeps esset in gratia. Sic enim ibi scriptum est: « Quotquot possessores agrorum aut domorum erant, vendentes afferebant pretia eorum quæ vendebant, et ponebant ante pedes apostolorum, et distribuebantur unicuique prout opus erat (Act. IV, 34, 35). » Et hæc siquidem consuetudo per quorumdam qui in Ecclesia religiosiores erant, felicem successionem usque ad tempora beati Urbani papæ et martyris emanavit. Sed vir Deo plenus, et sanguinis testimonio sequens Agnum, utili dispensatione providit, vel provisione dispensavit, ut possessiones non venderentur, sed Ecclesiis a fidelibus traderentur, quatenus hi qui divino servitio mancipati jejuniis et orationibus vacabant, facultates haberent unde sustentari potuissent. Ab illo igitur tempore usque ad nostram ætatem terrenis opibus mirabiliter excrevit Ecclesia. Cum enim, juxta vaticinium Isaiæ (XLV, 14), labor Ægypti et negotiatio Æthiopiæ, virique sublimes sæculi, videlicet istius principes, ad Ecclesiam venirent, tot tantisque possessionum beneficiis eam per diversa loca totius hujus orbis ditaverunt, ut nulla hominum memoria nulloque sermone valeat comprehendi. Id vero intra Gallias per maxime factum est. Nam Clodoveus, qui primus Francorum rex a beato Remigio Remensium archiepiscopo baptizatus, titulo Christianitatis meruit insigniri : plurimique post eum reges liberalissima munificentia vel Ecclesias fundavere, vel fundatas ab aliis ipsi suis muneribus amplificare studuerunt. Proceres vero regni ejusdem gratiæ cupientes fieri participes allique omnium generum viri ad tam celeberrimum opus pro possibilitate sua tota mentis alacritate cucurrerunt. Unde post aliquanto tempore factum est ut paleæ quæ intra Ecclesiam erant, divitiis intumescerent, et nostri etiam ordinis professores, quod non sine gemitu dicendum est, religione calcata, post concupiscentias suas efflerent. Cæterum ille qui tempore Eliæ septem millia virorum sibi reliquit qui non curvaverunt genua sua ante Baal (*III Reg.* XIX, 18 ; *Rom.* XI, 4), quædam vasa misericordiæ nostris temporibus reservavit, viros scilicet bonos et religionis amatores, qui Christi paupertatis et humilitatis sectatores multos ad admirationem sui imitationemque provocaverunt. Alii vero quidam, qui tantum gratiæ munus non merebantur assequi, ut sumerent psalmum, tympanum dabant, seminantes carnalia ut meterent spiritalia, de suis facultatibus et possessionibus novitiis ecclesiis, et quasi Christi pauperibus libentius erogabant. Inter quos Ansellus quidam annis et consilio strenuus, religione et familiaritate Flaviacensium monachorum provocatus, primum quidem ecclesiam Stripiniaci, et quæ in villa illa possidebat, monachis Flaviacensibus obtulit, ac deinde Mauriniacense prædium, in quo ecclesia ista in honore sanctæ Trinitatis fundata est, Christi gratia præeunte, contulit. Et quoniam pene omnia, quæ a fundamento hujus Ecclesiæ usque ad nostra tempora decucurrerunt, a Teulfo quodam, qui juvenis in ecclesia ista nutritus, in abbatem monasterii Sanctorum Crispini et Crispiniani apud Suessonicam urbem promotus est, superiore libro veraciter edita sunt, eorum quæ vidimus et audivimus pauca prælibantes, quæ necessaria judicavimus posteritati transmittere curavimus.

Explicit prologus.

INCIPIT LIBER SECUNDUS.

Anno incarnati Verbi 1108, Philippus rex Francorum apud Miledunum castrum rebus humanis exemptus, juxta votum et deliberationem suam monasterio Floriaco, quod in honore sancti Benedicti super fluvium Ligerim situm est, honorifice tumulatur. Fuit hic vir miræ prudentiæ, et erga istum locum, qui suo tempore cœpit, et benevolentissimus et munificentissimus; cumque videret abbatiam istam procerum suorum virorum Stampensium donis supra spem excrescere, vir altioris ingenii ut eam in eleemosynam possideret, emit eam ab Ebrardo, de cujus feodo pendebat, qui dominus Puteoli habebatur, et Jerusalem proficiscebatur. Successit autem ei in regnum Ludovicus filius ejus, homo simplicis naturæ, magnanimus, atque in militia præclarus. Qui in dilectione et amplificatione hujus ecclesiæ, ut boni patris bonus filius, per omnia decessorem suum imitatus est, nisi quod in negotio quod inter nos et canonicos Stampenses habitum est, quorumdam consilio deturbatus, aliquantisper aberravit. Regni ejus anno II Rainaldus, hujus loci primus abbas, post innumerabiles prosperitatum et adversitatum deinimicationes, viam universæ carnis ingreditur, et in capitulo nostro sepultus ultimum Salvatoris adventum exspectat. Convenientes in unum fratres et de electione, sicut ecclesiastica consuetudo requirit, tractantes, Teulfum illum, de quo in prologo fecimus mentionem, hominem bonæ famæ et satis litteratum, ex prioratu promovent in abbatem. Sed solita facilitate usi eorum quidam contumeliis eum afficiunt, et antequam consecraretur, a promotione dejiciunt. Consilio tamen quorumdam sapientium acquiescens, voluntatibus eorum et ipse consensit. Igitur aliis alia sentientibus, cum de eligenda persona, sicut moris est, diu sententia titubasset, tandem Hugoni cuidam juveni satis eleganti, et post primores regionis hujus claris natalibus oriundo, communi decreto se supponunt. Regem præterea, qui id omnino fieri prohibuerat, dictis ambiguis refellentes, electum suum ad consecrandum Senones ducunt, et per illius amicorum interventum rege reconciliato, abbate potiuntur optato. At ille nondum anni circulo completo, contradicentibus sibi et amicis et familiaribus, sponte suam et abbatiam dimittit, et ecclesiam Sancti Juliani prope Turrim Brunichildis sitam sortitus est, ibique privatam degens vitam morabatur dum scriberentur hæc. Ea tempestate nimietate famis tota Gallia laborabat, sicque per septem continuos annos eorum omnium quæ victui necessaria sunt inopia grassata est, ut multos enecaret, innumerabiles etiam locupletes deduceret ad pauperiem. Qua de causa omnibus propriis necessitatibus intentis, beneficia Stampensium, quibus Ecclesia hæc a fundamento sustentata est, penitus defecerunt, conturbatis et nimium anxiis omnibus hujus loci habitatoribus, et abbatis absentia et omnium rerum penuria. Denique cum ex aliis monasteriis personas expeterent, quas non potuissent adipisci, ad ecclesiam Columbensem, cum qua maximam societatis familiaritatem habebant, recurrunt, et Thomam illum, de quo superiore libro mentio facta est, ætate quidem juvenem, sed litteris præditum, veluti quodam jure reposcunt. Nam sub abbate Alberto, scholis sæcularibus abnegatis, in ecclesia hac monachium professus fuerat, et Columbis per decennium vitæ claustrensi, et litterarum studio deditus, demoratus est. Benedictione paulo post Epiphaniorum dies regulariter percepta, magnis et fratrum suorum et totius populi favoribus excipitur. Satis namque et amabilis et affabilis erat, et omnes qui eum noverant movebat ad pietatem, quod in tantam veniebat paupertatem. Sic enim et temporis importunitate, et abbatis abscessione, omnia temporalia bona deperierant, ut nihil eorum seu panis, seu vini, seu pecudum, seu aliarum necessariarum rerum penitus haberetur. Magno res erat in periculo. Mirare, qui legis hæc, et antiquorum nostrorum lauda constantiam, qui per tot penurias, per tot tribulationes hoc in loco perseveraverunt, et ædificia omnia hæc quæ cernis ex pauperum eleemosynis construxerunt. Non rex, non comes, non aliquis magnatum horum aliquid instituit. Thomas autem, intolerabili paupertate comperta, primum quidem vehementer expavit, ac deinde solius fugæ remedium cogitans, abscedere tentavit. Sed se loci hujus monachum recognoscens, bonorum virorum consilio refocillatus est. Primo igitur consecrationis suæ anno, in ecclesia Beatæ Mariæ Stampis, divinum sermonem cujus rei maximam gratiam habebat, fecit ad populum. Cui vir magnificus Ansellus, dapifer et consiliarius regis, cum multis nobilibus et castri proceribus, interfuit. Qua occasione, familiaritate illius percepta, in necessitatibus hujus ecclesiæ et providum consiliarium et optimum auxiliatorem multoties habuit. Nam Robertum quoque de Ocunvilla, malignum et raptorem hominem, qui maximam partem terræ de Mesuns calumniabatur, hujus auxilio depulsavit. In quo sedulitas et instantia abbatis laudanda est vehementer, qui nec novitate sua, nec paupertate detentus est. Sed cum nec etiam proprium equum haberet super quem ascenderet, non prius a proposito destitit quam, proceribus hujus castri sæpius adunatis et ad placita conductis, calumniatorem a falsis spebus penitus exueret.

Viam tritam atque regalem quæ inter ecclesiam et vineas erat, et honestati providens et utilitati, multis sibi contradicentibus, et inde ad odium provocatis, obstruxit. Divina prædicatione populo sibi conciliato, confraternitatem instituit, per quam et pars ecclesiæ cooperta, et vitrea illa magna quæ in fronte navis ecclesiæ habetur, inter cætera facta fuit. Monachi de Sancto Yonio censum vii solidorum diu nobis abstulerant. De quo Rainaldus, abbas ante Ivonem episcopum, Cartonensem placitum acceperat; et quia nec interfuerat, nec legitime contramandaverat, deciderat a causa. Sed Thoma annitente, rursus ad rectitudinem monachi revocantur, et quod aliquibus novum fuit, quatenus ad caput causæ rediretur judicatum est. Neque enim personæ negligentia proprium jus ecclesia debet amittere, sed mortua, vel mutata persona, potest qui succedit infra canonicum terminum justitiam requirere. Ibi monachis deficientibus, per Paganum Sancti Yonii dominum, et Henricum, venerabilem de Longoponte priorem, pluribus coram positis testibus, res ad hunc finem deducta est, ut quod amissum erat condonaretur, et census uno quoque anno redderetur, sicut in litteris quæ de hoc factæ sunt plenius continetur. Sed de his hactenus. Eorum vero quæ magna cura magnisque sumptibus indiguerunt, quædam dicenda sunt. Ante illius adventum amplissimam terram, quæ Belotivilla dicitur, miles quidam, Herbertus nomine, veniens ad extrema hujus ecclesiæ dederat. Sed renitente Goffredo quodam, qui sororem Herberti in conjugio habebat, adhuc inculta erat. Datis igitur viro denariorum libris decem, uxori ejus, et uxoris sorori, quæ domi habebatur, solidis quadraginta, Vulgrinum illum, cujus tot tantaque beneficia libro superiore commemorantur, excellentissimum loci istius benefactorem, qui aliquantulum a dilectione nostra tepuerat, blandis sermonibus excitavit, et ad excolendum terram ultra, si dici potest, quam loci hujus facultas pateretur, sibi plurima subministravit. Vulgrinus vero totis nisibus rem aggreditur et magno sumptu ædificia fabricavit, carrucas instituit, peculium aggregavit. Res erat in augmento dum scriberemus ista, et magnis existimationibus, ut a panis penuria, quam ab initio omnibus pene annis patiebamur, erueret nos, pascebat animos nostros. Iisdem fere temporibus abbas commonitus a fratribus, quatenus in solemnitate beati Martini quæ hiemalis dicitur, ad ecclesiam Veterum Stamparum in honore ejusdem confessoris dedicatam, quam Philippus rex dederat, præceptoque firmaverat, pergeret, missamque cantare deberet, acquievit. Sed canonicis reclamantibus atque rebellantibus, ægre repulsus est. Sapienti usus consilio tumultum devitavit, et quam festinanter ad regem se contulit. Pandit injuriam, modeste conqueritur, libenter exauditur. Impetrat denique, Anselli dapiferi fretus auxilio, ut clerici Stampis in palatio in unum congregarentur, donoque consentirent. Ipse quoque rex, quod antea non fecerat, scripto proprioque sigillo donum confirmavit. Cujus exemplum infra scriptum est. Sic de dono ecclesiarum Veterum Stamparum, quantum ad regiam potestatem pertinebat, diffinitum est. Cæterum abbas ex bonis successibus audendi majora spem concipiens, Ansello mediante regi supplicat, ut ipse Senonensem archiepiscopum, in cujus diœcesi ecclesiæ illæ sunt, rogaret, quatenus eleemosynam suam laudaret atque confirmaret. Petitione laudata, auxilium promisit, et ut se Miledunum sequeretur, ubi ei archiepiscopus occurrebat, admonuit. Regebat tum Senonensem Ecclesiam Daimbertus, vir æque nobilis atque sapiens, sed qui in dilectione hujus Ecclesiæ minime per omnia prædecessorem suum Richerium hominem placidæ mentis imitaretur. Regis precibus auditis, primo quidem vehementissime cœpit obniti. Monachos impetuosos atque rebelles episcopis existere, conquerebatur. Tandem vero regis multorumque procerum interventibus atque ratione devictus, clericorum suorum consilium necessarium sibi fore respondit, et ut abbas ad eum Senones veniret indixit. Ipse vero archipresbyterum suum nomine Radulfum, loci hujus amatorem, Stampas misit, qui clericos congregaret, et si consentirent vel reclamarent audiret, sibique renuntiaret. Complevit ille jussa, atque in ecclesia Beatæ Mariæ clericis congregatis, simulque coram multis testibus assensum præbentibus, ipse quod audierat per seipsum ad archiepiscopum reportavit. Cum maximis igitur difficultatibus, quas brevitatis gratia scribere supersedimus, abbas impetravit ut archiepiscopus dono consentiret, et proprio privilegio, sicut ecclesiastica requirit consuetudo, muniret. Voto demum potitus, et donum de manu archiepiscopi suscepit, et privilegium quod apud nos habetur detulit in hæc verba.

In nomine Domini. Daimbertus archiepiscopus. Sciant præsentes pariter et futuri, quoniam venerabilis frater abbas Mauriniacensis cœnobii, nomine Thomas, accedens humiliter ad metropolitanam sedem nostram, cum omni devotione et humilitate nobis supplicavit, ut ecclesiam de Veteribus Stampis in honore Domini et commemoratione beati Martini dedicatam sibi et successoribus suis perpetuo possidendam concederemus, sicut Philippus rex et Ludovicus filius ejus itidem rex sibi donum fecerant. Eamdem enim ecclesiam ipsi reges Mauriniacensi cœnobio regia largitate, jam prius attribuerant, et ut ipsam largitionem confirmaremus regiæ nos preces incitabant. Nos autem illud potius Dominicum attendentes, ubi dicitur: « Petite et dabitur vobis, pulsate et aperietur vobis, » religiosi fratris petitionem irritam esse nequaquam sustinuimus, sed juxta illud evangelicum, petenti cum fide, pulsanti cum spe aperuimus: divinis obtutibus placere, et regiis precibus satisfacere, et fraternæ utilitati providere sub uno opere nos posse credentes. Igitur ad laudem et honorem Domini, ex consensu et voluntate fratrum, canonicorum scilicet ejusdem ecclesiæ, concessimus Mauriniacensi cœnobio prædictam ecclesiam perpetuo possidendam, ea vi- delicet ratione ut canonici præsentes suas quandiu vixerint in pace teneant præbendas, nisi forte remota omni violentia Mauriniacensi abbati eas quirpiam consentiant. Post obitum vero singulorum, singulæ præbendæ transeant in jus et dominium Mauriniacensis abbatis. Salvo tamen jure Senonensis Ecclesiæ per omnia, a primis per medium usque ad ultima. Data Senonis mense Januario, indictione v, regnante Ludovico rege anno iv. Daimbertus archiepiscopus subscripsit. Ansellus archidiaconus subscripsit. Hato archidiaconus subscripsit. Tetbaudus archidiaconus subscripsit. Girardus archidiaconus subscripsit. Burchardus archidiaconus subscripsit. Girardus cancellarius scripsit.

Et donum quidem regis et assensus pontificis taliter habent. Quibus ita prospere gestis, abbas ut rem ad unguem deduceret, Romam pergere disposuit, canonico quodam Carnotensi, Pagano cognomine, homine ditissimo, et hujus loci benefactore, id sibi potius admonente. Sumptis igitur quæ huic operi necessaria sunt, cum Alberico monacho nostro, simplice et bono viro, comite etiam Pagano, Romam profectus est. Ibi in curia Romana per unum mensem et eo amplius demorans, a bonæ memoriæ papa Paschali secundo meruit adipisci et sedis apostolicæ tuitionem, et domi istius confirmationem. Sed quæ ad ecclesias Veterum Stamparum pertinere videbantur, sufficienter, ut arbitror, explanata sunt. Crescebat autem et multiplicabatur vinea Domini, quæ in paupere loco plantata fuerat, et circumquaque palmites suos extendebat. Apud Dordinchum, quod regium municipium est, ecclesiam Beati Petri adepta est. Apud Stripiniacum Guarsadonius, Anselli nostri fundatoris filius, qui Hierusalem proficiscens Clusæ jacet, et Adelina soror illius, quæ in claustro nostro sita est, censum plus minus L solidorum et dimidietatem viariæ huic ecclesiæ dederunt, Bartholomæo tunc loci illius priore, ut talia fierent, maxime procurante. Apud firmitatem Bauduini ecclesias Bonæ, quas Milo dederat et abstulerat, veniens ad nos et eas reddidit, et donum ampliavit. Rex quoque Ludovicus dimidietatem decimæ pedagii, quod apud Berovillam colligitur, nobis donavit, et x solidos annui census, quos regi debebamus, pro anima Anselli dapiferi sui condonavit. Nundinas etiam denominatas in festivitate nostra æstivali incipientes, et tota hebdomada perdurantes, cum mercato omnibusque consuetudinibus regia munificentia contulit. Guido etiam vicecomes Stampensium, familiarissimus abbati et amicissimus hujus loci, aliam dimidietatem decimæ supradicti pedagii, et decimam molendini quem apud Veteres Stampas habebat, et in Stamparum medio fluvio Calo hospitem unum valde utilem nobis dedit. Hic siquidem Guido illius magni Hugonis, domini Puteoli, in cujus feodo ecclesia ista fundata est, filius fuit. Qui sortitus uxorem Marchi, Stampensium vicecomitis filiam, unde sibi vicecomitatus accidit, cum proceres Francorum, et maxime cognati illius contra regem Ludovicum rebellarent, abbate nostro super omnes instigante, sanum cepit consilium, et per multa discrimina regi fidelissimus exstitit. De qua dissensione, quia se præbuit occasio, licet ad præsens negotium minime pertinere videatur, tamen si ad posterorum cautelam aliquid prælibaverimus, non erit absque re. Quod ut planius fiat, ab origine mali oriendum est.

Regnante Philippo rege, Henricus rex Anglorum, filius illius magni Guillelmi, qui Northmannorum comes Angliæ regnum vi militari acquisierat, Robertum fratrem suum de Hierosolymis regressum bello cepit, et eo in vinculis tradito, comitatum illius regno suo sociavit. Ludovicus rex designatus, et adhuc adolescens, quorumdam suorum collateralium consilio deceptus, ut talia gererentur assensit, patre sapiente viro sibi contradicente, et malum quod postea accidit spiritu præsago sibi prædicente. Fuit autem Henricus ille in divitiis, et in regiminis sapientia, omnibus pene sui temporis principibus incomparabilis. Habebat etiam ex sorore nepotem Theobaldum nomine, comitem Carnotensium, Blesensium, Meldensium, aliarumque multarum provinciarum. Qui comes palatinus, et intra Franciam secundus a rege, divitiis et nobilitate tumefactus, ab adolescentia sua velut hæreditario bellorum jure regem Ludovicum cœpit infestare. Cujus occasione scandali tota Francia bellis accensa est, proceribus utriusque partis id volentibus, et animos amborum ad odium inflammantibus. Inter quos Hugo de Creciago, velut horum omnium malorum fomes, impiis consiliis et facinoribus alios anteibat. Vir audax et manu promptus, simulator et dissimulator cujusvis rei, oppressor pauperum, et agricolarum cupidus interemptor, qui omnia vellet uno momento et facinora et flagitia transvolare. Hic irreconciliabilis inimicis regiis [f. inimicus regis, vel in amicis regiis] velut minister diaboli furebat, et omnia quæ poterat circumquaque vastabat. Fiunt hominum cædes, inter quos et Ansellus regis dapifer apud Puteolum castrum interfectus est. Omnibus conturbatis, regnum aliquantulum titubavit, donec respexit ex alto qui cuncta disponit ab æterno, et impium Hugonem peccatis exigentibus taliter permisit illaqueari, ut et pax rebus humanis redderetur, et exemplum cavendæ traditionis posteritati relinqueretur. Ipse namque Milonem de Montelihberico, optimæ indolis et strenuissimum in armis juvenem, dominum suum, cognatum suum, traditione cepit, et captum compedibusque ligatum carcerali custodiæ mancipavit. Sed juxta divinum oraculum, cecidit in foveam quam ipse paravit; et unde sibi partam victoriam atque gloriam, regique damnum intolerabile credebat, inde regi gaudium exortum est incredibile, sibi vero detrimentum atque perpetuum dedecus, Domino pro meritis ei digna reddente. Nam cum eum in vinculis diutius retinere non posset, redimere vero atque dimittere non auderet, quoniam illum sibi acriorem hostem futurum timeret, ductum per diversa loca atque reductum, cum diu dubitaret quid ageret, scelerum suorum enormitate ductus, et violentissimi dæmonis instinctu tractus, nefandissimo et abominabili super omnia genere mortis, quod vulgo *murt* vocatur, hominem innocentem nocte suffocavit, et per fenestram ligneæ turris, in qua vinculatus erat, quasi si ipse Milo diffugere voluisset, clanculo projecit. Inventus mane, admirabilem stuporem et inenarrabilem dolorem cunctis videntibus et audientibus incussit. Traditor autem pallidus effectus, et trementibus labiis cum facie tormentum animi et infernalem conscientiam signis exterioribus manifestissime demonstrans, divino judicio suæ destructionis ad festinationem, corpus permisit asportari, et apud Longum pontem, quod regulare cœnobium, et antecessorum Milonis eleemosyna erat, sepeliri. Fama dicto citius pervolante, ex vicinis oppidis, villis atque municipiis confluit omnis sexus. Mirantur omnes, et sceleris inauditi novitate perculsi lacrymas fundunt uberrimas, et ad æthera clamorem sustollunt. Advolat et rex Ludovicus a Lutetia civitate, quæ Parisius appellatur, procerum ac militum maxima multitudine prosequente. Quo viso atque lacrymante, fletus, dolores, gemitus multiplicantur, et immensis clamoribus ab omnibus vindicta requiritur. Viro, sicut decebat, in claustro decentissime sepulto, ferventibus animis et impetu concitato concurritur communiter ad arma, et castrum Gumet, quod vicinum erat, divina eos ducente providentia, invadunt et capiunt. Terror vehemens Hugonem occupat, anathematizatur ab omnibus, relinquitur a suis, stupet in se, et testimonio conscientiæ ligatus, vires amittit. Fit mira atque lætissima mutatio rerum. Nam cum traditor de morte Milonis se duellio purgare cogeretur in curia Amaurici de Monteforti, post palatinos comites in provincia ista viri excellentissimi, cujus et ipse Hugo filiam parvulam desponsaverat, derelictus ab eo, in quo spem singularem habebat, belli discrimen ingredi non ausus est. Sed convictus et coram omnibus culpam profitens, ad pedes regis se prostravit, veniam postulavit, terram suam in manu illius dimisit, et monachilem habitum illico induit. Rex Angliæ et comes Theobaldus, velut amisso stimulo quo Ludovicum regem exagitabant, obstupescunt et pacem expetunt. Quid plura? Post horridam bellorum tempestatem pacis serenitas arrisit, regibus pacificatis, comiteque. Tunc misericordia Dei super Franciam respiciens, perfectissimam concordiam inter eos misit, et capite seditionis exstincto, quietis securitas agricolarum pectora lætificavit. His ad posterorum notitiam et cautelam veraciter et breviter excursis, ad ea quorum gratia incœpimus, stylus dirigendus est.

Anno Incarnationis Dominicæ 1119 papa Romanus Gelasius II, qui et Joannes Gaitanus, primo ordinationis suæ anno ab Urbe causis emergentibus egressus est, et per maritima loca cymba potatus, Massiliæ, quæ una civitas Galliarum est, allabitur.

Illic ab adolescentia sua nutritus in palatio, industria et litterarum scientia excellentissime roboratus, apud Remim metropolim regni concilium disponebat, in quo se magna dispositurum credebat. Sed divino judicio, quod occultum, nunquam tamen injustum est, aliter disponente, præventus ægritudine gravissima, Cluniaco, quod super omnia monasteria tunc temporis et religione et divitiis effulgebat, se fecit portari. Ibique deficiens, et carnis vinculis absolutus, sicut decebat summum sacerdotem, honorifice sepultus est. Erat autem inter summum sacerdotem et regem Teutonicorum, qui per Karoli Magni regis Francorum successionem patricius Romanorum erat, gravissima et inveterata de investituris pontificum et abbatum dissensio, quæ per quadraginta et eo amplius annos Romanam sedem turbaverat, et omnes ferme totius Latinitatis Ecclesias fatigaverat. Rex etiam Burdinum quemdam Bracarensem archiepiscopum, litteratum et curialem et eloquentem virum, Romæ pseudopapam subrogaverat, et militaribus armis intrusum ad propria revertens in sede reliquerat. Qui postea a domino papa Calixto II apud Sutriam vi captus, et per Romam ductus, apud Caveam, quod districtissimum monasterium super Salernam situm est, monachus effectus et incaveatus est. Ii igitur qui cum Gelasio venerant, quasi præsago spiritu ducti, antequam ab Urbe discessissent, cum his qui Romæ remanebant consilium, et ab his assensum acceperant; ut si, quod evenit, papa rebus humanis excessisset, ipsi in partibus nostris eligendi pontificem potestatem habuissent. Eo vero mortuo sepultoque, cardinales cæterique Romani cum maxima pontificum atque procerum multitudine quæ inibi confluxerat, statim in eodem loco Widonem Viennensem archiepiscopum, strenuum et incomparabiliter genere nobilem virum, eligunt, et pontificalibus induunt insignibus; quibusdam tamen ob rei novitatem, aliis, ut ferebatur, ob invidiam murmurantibus, et aliter sentientibus. Illic Viennæ reversus, rebusque dispositis per Gallias transitum faciens, Tolosæ primo, Remis secundo celebrato concilio, Romam cum maximo tripudio sicut decebat intravit, Burdinoque capto, contra tyranni voluntatem cathedram summi pontificatus obtinuit. Inter cæteros quoque nobilitatis illius maximos titulos, proneptim ejus Ludovicus rex conjugem habebat. Qui dignitati illius congaudens, cum nuper electus esset, et per Alverniam transiret pro quibusdam sibi necessariis, cum Petro Belvacensi episcopo, et domno Conone Præneslino et apostolicæ sedis legato, Thomam hujus loci abbatem primum responsalem ad eum transmisit. Cæterum ea tempestate inter nos et canonicos Stampenses fœdissima et turbulentissima de sepeliendis corporibus quæstio versabatur. Fovebat eorum partes Algrinus quidam palatinus et regalis clericus, et Stephanus cancellarius Anselli dapiferi frater, et privatissimus regis consiliarius, cujus tunc temporis arbitrio regnum Francorum disponebatur. Qui ambo canonici Stampenses erant, et deo canonicos quantum poterant in hac causa sustentabant. His justitiæ causam opprimentibus, et cor regis evertentibus, cum ad dominum papam noster abbas contra votum mitteretur, quia regis non poterat, reginæ confugit ad auxilium, et postulatis et impetratis deprecatoriis litteris, securus iter arripuit. Cum ergo dominum papam in partibus Alverniæ reperissent, et ea quorum gratia legatio facta fuerat, convenienter definissent, abbas notitiam curiæ adeptus, et Cononis precibus adjutus, ad munimentum suæ partis privilegium, cujus exemplar infra scriptum est, impetravit et asportavit.

Verumtamen abbas in acquisitione hujus privilegii vehementissime quidem laudabilis, sed inopinato magnoque repletus gaudio, pueriliter aliquantisper exsultavit, et sicut oportebat usquequo necessitas exposceret suæ defensionis baculum non celavit, sed illico manifestando ac propalando quibuslibet quod acciderat, gravissimum et pene importabile sibi scandalum generavit. Canonici namque Stampenses cum auribus attonitis talia percepissent, ecclesiam suam a fundamentis erutum iri putaverunt, et discurrentes, et vim se perpessos vociferantes, ad auxilium Algrini clerici regalis, canonici militaris, hominis animalis, domnique Stephani cancellarii regis et a secretis confugerunt, aulamque regiam querimoniis innumerabilibus repleverunt. Istis porro tamen fortissimis intervenientibus, providentia quorum consilium regis regnique dispositio eo tempore potius ferebatur quam regebatur, precibus et assuetis verborum illaqueationibus adductum, muneribus quoque conductum, suæ partis patronum ac defensorem regem efficiunt. Cujus ope relevati, apud Miledunum castrum in privato quodam colloquio, quod rex idem cum quibusdam suis episcopis habebat, ipso rege prolocutore archiepiscopo Senonensi de abbate clamorem faciunt. Abbate absente, clamor facilius atque libentius excipitur, et nemine contradicente, quanto importunitas monachorum elevatur, tanto causa deprimitur. Diriguntur exinde nobis ab archiepiscopo litteræ graves atque tonantes, quæ velut invasionibus obvient, donec Romanus pontifex sicut exspectabatur adveniat qui regis precibus victus, privilegium ipse per se rescindat. His imparatis tumultibus abbas exterritus, primum quidem ad Dei confugit auxilium, dehinc litteris archiepiscopalibus per litteras ipse respondit. Seriem quarum, ut hujus negotii notitia plenior habeatur, huic operi subter inserere decrevimus.

Domino venerando, et in Christo dilectissimo Patri D. Dei gratia Senonensium archiepiscopo, Thomas Mauriniacensium minister indignus salutem et debitam obedientiam. Legimus in litteris vestris quod apud Miledunum canonici Stampenses de nobis gravissime conquesti sunt, quoniam ecclesiam Beatæ Mariæ et redditus canonicorum quantum in nobis est, ut aiunt, omnino annullare satagimus, et sepulturam loci ipsius tam ad vos ex parte contraximus, et etiam parochiæ ipsius ecclesiæ terminos occupavimus. Sensimus etiam paternæ correctionis verba, quæ licet graviora sint quam vel causa vel persona mea promeruisset, reversus tamen ad me, cogitare studui, quod pœnitentiæ locum in Ecclesia teneam, cœpique ruminare quod, juxta Salomonem, « *Verba sapientium sunt quasi clavi in altum defixi* (Eccle. XII, 11). » *Scribitur et infra, puto, ad consilium dandum, non ad incutiendum terrorem, regem L. huic clamori interfuisse, qui favet omnimodo partibus clericorum, et detestatur et improbat graves et intolerabiles impetus monachorum. Movemurque ut in hac causa ita nos deinceps habeamus, ne forte super his quæ paulo ante tetigistis, regis odium importabile incurramus. Ad hæc nostra est hæc responsio brevis. Primum quidem, quod canonici, spreta Senonensis Ecclesiæ auctoritate, ad sæcularem curiam fugiunt, regem pecunia contra privilegium Romanæ Ecclesiæ conducunt, contra canones faciunt. Deinde mendaciter et impie dicunt sepulturam loci illius nos ex parte contraxisse, parochiæ terminos occupasse. Nihil enim horum facimus. Scimus namque quam detestabile malum sit accipere sepulturam, et divinarum Scripturarum eruditione, et pauperum oppressione, quos in vicinia nostra, et solum in diœcesi vestra videmus ad sepulcra mortuorum plorare magis amissiones bonorum quam corpora defunctorum. Juxta vero antiquam Ecclesiarum consuetudinem, juxta vestram institutionem (neque enim adhuc Romanæ dignitatis privilegium nominamus) sciatis non et ambulare et ambulasse. Quod si in aliquo foret excessum, debuissem ab illis canonice pulsari, non sic inaniter et de nullis adhuc coram episcopis exclamari. Cæterum, pace vestra dixerim, vestrum esset, si vestræ paternitati placuisset, contra latratus eorum, qui se putant amittere quidquid nobis datur a fidelibus, baculum defensionis opponere : tum propter parvulam ac novitiam Mauriniacensem Ecclesiam, quæ vestra est, et a vestro decessore piæ memoriæ R. fundata, talibus initiis excrevit; tum quia per privatum ac fidelissimum vobis legatum eorum laqueos præveniens mandaveramus, quod vestro tota res penderet arbitrio. De rege postremo quid dicam ? Didici præcepto primi pastoris et Deum timere et regem honorificare. Satis et illius et habuimus et habemus præter hoc negotium familiaritatem, et in multis, si dici fas est, ei necessarii fuimus. Sed quibus multoties abducatur consiliis, vos qui totius vestræ regionis caput estis, experimento aliquando didicistis. Sed ne multis immorer, timeant eum qui divitiis et deliciis suffocantur, vel ad utilitatem proximorum ecclesiasticis honoribus occupantur. Nam nos Christi pauperes sumus. Vulgare, mi domine, proverbium est :* « *Nudus homo non potest exspoliari.* » *Nemo timet amittere quod appetit sponte sua deserere. Ut veritatem vobis pandam, ante mori paratus sum quam contra privilegium aliquid facere. Valete.*

Hæc ad archiepiscopum. Ad regem vero per seipsum, quia familiarissimus erat ei, velociter tetendit, et cum rationis ostensione, tum cujusdam moderationis dispensatione regis iram mitigavit. Interea rerum dispositor, qui comprehendit sapientes in astutia sua, more solito suæ pauperis Ecclesiæ tribulationem respexit, et regem aliquantisper humiliatum, quod qualiter sit factum, aliis dicendum reliquimus, hoc aliter tractare coegit. Porro Tolosæ celebrato concilio, Pictavorum, Andegavensium, Turonorum finibus peragratis, in nostris partibus domini papæ jam nuntiabatur adventus. Cono etiam Prænestinus episcopus, apostolicæ sedis legatus, de quo et superius fecimus mentionem, quem Remim necessaria dispositurum papa præmiserat, obviam ei rediens, ob solitam abbatis familiaritatem, apud nos hospitium sumpsit. Cujus consiliis abbas animatus, ut a domino papa ecclesiam nostram dedicari fecisset, iter cum eo disposuit. Quod ne alicui videatur absurdum, quia libro superiore narratum est oratorium fuisse dedicatum, sciat altare de loco in quo tunc erat, postea motum fuisse, et canonica sententia est : « Si altare motum fuerit, denuo consecretur. » Exterius etiam tabernaculum, quod ecclesiæ navis a populo vocatur, consummationis perfectionem acceperat. Sed cum Aurelianis advenissent, et dominum papam per Carnotum iter dirigere percepissent, imperacto negotio digrediens a sociis abbas revertitur. At cum regem Ludovicum de Northmannia cum exercitu revertentem Carnotum adventasse, urbisque partem papa cognovisset concremasse, mutato consilio per Stampas transiturus, Aurelianis improvisus advenit. Abbas autem, rei tam subito stupefactus eventu, cum quid ageret diu dubitasset, divino reor provocatus instinctu (a Domino enim gressus hominis diriguntur [Prov. XX, 24]), regem de Carnoto Stampas die alio reversum præceps adiit, preces fundit, ut litterarum præventione papam rogaret, quatenus Mauriniacensem ecclesiam ipse dedicaret. Nec mora, precibus exauditis, cum Hugone monacho, nostro tunc secretario, legatus regius cum litteris Aurelianis summa cum festinatione dirigitur. Litteræ aperiuntur, consilium cum cardinalibus accipitur, debere fieri postulatio regis adjudicatur. Quo renuntiato, dici non potest quantæ festinationis inquietudo communiter et abbatem et nos omnes brevissimi temporis articulo deprehensos, duobus scilicet tantummodo diebus mediantibus, exagitavit. Cæterum summo pontifice summa cum reverentia Stampis in palatio suscepto, clericis Stampensibus murmurantibus et detrahentibus nobis, inimicus homo qui superseminat zizania, per quemdam Stephanum de Vesontio crudelissimum et avarissimum hominem, dominique papæ camerarium, consilio cujus privata curia regebatur, totum boni hujus operis incœptum pene dissipavit. Porro abbas mortuum se judicans, si jam cœleste munus velut a manibus eriperetur, in præsentia domini papæ cardinales congregavit, cum rege, cum regina preces multiplicavit, et landem quod postulabat firmiter impetravit. Quid plura? gaudium inæstimabile nostris, et omnium amicorum nostrorum pectoribus infunditur. Exsurrexit enim Deus, et dissipati sunt inimici ejus. Stupebat Algrinus, et omnes invidi et inimici nostri sicut fumus deficiunt a facie Dei.

Anno igitur incarnati Verbi 1120 dedicata est ecclesia Mauriniacensis cœnobii a domino papa Calixto secundo, v Non. Octobris, cum maximo honore et reverentia, in honore sanctæ Trinitatis et sanctæ crucis, ac beatæ semperque virginis Mariæ, et beatorum apostolorum Petri et Pauli, et omnium sanctorum Dei. Inter eas venerabiles personas quæ huic sanctæ dedicationi adfuerunt, venerabiliores fuerunt Cono Prænestinus episcopus, totius Franciæ, ac Teutoniæ, Alamanniæ, ac Saxoniæ legatus; Boso de titulo S. Anastasiæ totius Hispaniæ legatus, cujus ope et industria Majorica insula et Cæsaraugusta, nobilissima Hispanorum civitas, subacta est; Tostanus Eboracensis archiepiscopus, Gaufridus Carnotensis episcopus, Galo S. Pauli episcopus de Britannia, Bernerius abbas S. Florentini de Bonavalle, Stephanus abbas S. Joannis de Valcia, multique alii sapientes viri, et optimæ personæ. Rex etiam Francorum Ludovicus, et Adelais uxor ejus, et Wilermus dapifer, qui senescallus appelatur. Stephanus quoque cancellarius, frater ejus, cujus consilio tota Francia regebatur. Emmauricus de Montefort, Guido de Gualardone, multique alii Francorum proceres et nobiles viri.

Annua quoque peccatorum remissione in dedicationis anniversario constituta regio Stampensis, et sublimata et lætificata est. Spiritus vero vehemens, qui venit ab Aquilone, frequentissimis exhalationibus in hanc domum insufflavit, sed Deo propitio illam non exsufflavit. Celebrato namque Remis maximo generalissimoque Concilio, domnus papa cum omni comitatu suo Burgundiam ingressurus, Romamque profecturus, de Parisius Corbolium advenerat. Ibi canonici Stampenses, quoniam in procuratione illius partem mittebant, inventa occasione loquendi, et nobis obloquendi, ipsi papæ de abbate, de monachis clamorem faciunt, suorum parochianorum corpora sibi violenter auferri, et alia multa quæ non oportet dici, de novo maxime privilegio conquerentes. Ipse etiam papa abbati sibi ob ejus reverentiam apud Milidunum obviarti querimonias eorum narravit, et ut se præpararet, quatenus de talibus ante ipsum placitando ratio ventilaretur, invitavit. Rursus pœnæ, rursus curæ, rursus timoris laborisque tumultus oriuntur. Clerici latrabant, rex eorum partes fovebat, domnus Stephanus a rege secundus instabat, Algrinus furebat. In itinere quoque, quo die sequente Ferrarias, quæ regalis abbatia est, tendebant, domnus Stephanus apertissime in contentionem atque certamen contra abbatem exivit; terrores, minas, verbera potius quam verba multiplicavit. Ad hæc illius complicumque suorum tota nitebatur intentio, ut si regis, si collateralium suo-

rum amicitiam abbas retinere voluisset, ipse privilegium quod habebat discinderet. Ast paupertate sua fortior securiorque factus abbas, paucis pro tempore peroratis, tandem se magis mori fore paratiorem quam facere postulata respondit. Papam, archiepiscopum suum, curiamque Romanam inpræsentiarum esse, judicium se nequaquam subterfugere. Veritate quippe subnixus cardinales notitia servitiisque paraverat, et contra hanc importunitatem justitiæ suæque partis defensores armaverat. Ad illum vero locum rex et regina a domino papa discessuri, valeque facturi, proceres atque pontifices, multæque personæ confluxerant. Pertractatis siquidem ibidem plurimis negotiis, et abbate præsente, ac si quisquam ei obvius esset, parato respondere, de justitia diffisi canonici tacuerunt, et judicium penitus ingredi subterfugerunt. Accepta igitur a domino papa et ab omnibus cardinalibus cum benevolentia licentia, domnus abbas per regem, qui Castello-Nantonis erat, indeque domi securus ingreditur. Verumtamen Algrinus juratus atque publicatus hostis monachorum, fervidus atque infringibilis in exsecutionibus suis, assumptis secum canonicis duobus, Simone cantore, atque Philippo, suæ fraudis nequitiæque comitibus, cum quibusdam regiis mandatis domnum papam Senones insequitur. Exhinc quod inæstimabilis inanitatis atque falsitatis fuit, contra nostrum privilegium contrariam sententiam privilegium continens asportasse se garrierunt. Crediderunt tamen et obstupuerunt quamplurimi; sed divinæ dispositionis ordinatione odium totius populi procerumque Stampensium omnium importabile, si regis defensio non obviasset, sibi generaverunt. Impii et sceleratissimi judicantur ab omnibus, anathematizantur ab omnibus. Igitur a quibusdam Stamparum primoribus ad dominum papam pro talibus investigandis legatus emittitur. Ab abbate vero ad domnum Grisogonum domini papæ cancellarium pro hac eadem causa in hæc eadem verba epistola transmittitur :

Grisogono sanctæ Dei Romanæ Ecclesiæ diacono cardinali ac bibliothecario, Thomas Mauriniacensium abbas salutem. Cum audissem legatum Stampensium procerum pergere ad dominum papam, commisi sibi litteras, in quibus et vos salutarem, eorum hactenus inauditorum malorum, quæ circa no. aguntur, pauca vobis intimarem. Confisus de promissa mihi amicitia vestra, imo de ea charitate, quæ nos sub capite uno in corpore uno facit unum, quod et justa et canonica diligatis, et ad ea corrigenda, quæ dignitatem sanctæ Romanæ Ecclesiæ sauciant, consilium præbeatis. Fecissem id libentius per me, sed multis ex causis retentus sum, sperans et confidens in eo qui non deserit sperantes in se, vos in vestra prosperitate devotius et officiosius aliquando me visurum. Canonici quidam in vicinia nostra, si tamen canonici dicendi sunt, qui irregulariter et turpiter vivunt, qui in templo Dei columbas et vendunt et emunt, qui de præbendis suis filios suos hæredes faciunt, qui de baptismate pretium de mortuis sepulturam violenter exigunt, dum essetis in partibus nostris judicium subterfugerunt, et in discessione vestra ad auxilia quorumdam, qui in Ecclesia illa et reddituum et facinorum participes sunt, confugerunt. His interventoribus, quorum consiliis regnum Francorum turbatur et turpatur, simplices aures regis sicut et in aliis multis deceperunt, et a domino nostro, si tamen id credi potest, privilegium, quod nusquam et nunquam auditum fuit, latenter (non audeo enim dicere qualiter ipsi dicunt) extorserunt. Has insidias et Dei et vestro auxilio me putaveram prævenisse. Sed, ut video, non est via hominis in manu ejus, nec viri est ut dirigat gressus suos. A Domino enim gressus hominis diriguntur (Prov. xx, 24). Ipsi vero, quod ad ignominiam domini nostri papæ sanctæque Romanæ Ecclesiæ pertinet, privilegium contra privilegium se habere garrientes, solito nequiores effecti sunt. Et contra patrium morem, contra consuetudinem omnium Ecclesiarum, contra jus, contra canones, contra Deum sepulturas graviores exigunt, et omnibus, ut alibi pro salute animæ suæ sepeliri non possint, contradicunt. Dici non potest quantus hinc populi tumultus oriatur, quantæ nobilium querimoniæ, quanta convicia, quantæ maledictiones! Scandalum hoc jam multa homicidia seminavit. Stupent et admirantur omnes a vobis, qui sepulturam tam severe damnastis, tantis mali fomenta progredi potuisse. Non enim diversas sicut se res habet, sed penitus contrarias canonici sententias asseverant, et quod solo auditu nefas est, privilegio privilegium contrivisse se jactitant. Precor igitur Excellentiam tuam ut subvenias animabus pro quibus Christus mortuus est, ne princeps tenebrarum et prædo nocturnus eas rapiendi per vos inveniat occasionem. Ut enim juvarentur orationibus sancte ac regulariter viventium, et sua et amicorum suorum corpora non solum in loco nostro, verumetiam et alio loco et temporibus nostris, et antequam locus noster fundaretur, consuetudinarie faciebant portari, libere sepeliri. Quod quam justum sit et ratio monstrat, et auctoritas firmat, et consuetudo clamat. Exceptis autem his quæ de hac sententia in promptu vos habere conspexi, accipe quid hinc beatus Augustinus sentiat. Scribit enim sic, in libro De cura agenda pro mortuis, ad Paulinum Nolanum episcopum : « Si patena, vestris et annulus, ac si quid hujusmodi tanto charius est posteris quanto erga parentes major affectus est, nullo modo ipsa spernenda sunt corpora, quæ utique multo familiarius atque conjunctius quam quælibet indumenta gestamus. Quod si verum est, profecto etiam provisus sepeliendis corporibus apud memoriam sanctorum locus, bonæ effectionis humanæ est erga funera suorum. Quoniam si nonnulla religio est ut sepeliantur, non potest nulla esse quando ubi sepeliantur attenditur. » Hæc Augustinus. Sollicitus igitur de salute animæ tuæ, fac ut legatus iste loquendi locum habeat, et suggere domino nostro ut tam horrendo, tam pessimo malo medicinam provideat. Misereatur animarum earum quæ se petierint adjuvari, et non poterint adipisci. Misereatur pauperis ecclesiæ, quam ipse propria manu dedicavit; ad cujus oppressionem, imo destructionem, tales machinas diabolus fabricavit. Vale.

Legatus a Tartona Italiæ civitate regressus, a domino papa litteras detulit, in quibus privilegium contra privilegium nunquam se fecisse dixit; et si quid quæstionis inter monachos et canonicos haberetur, ad domnum Cononem, qui nostris adhuc in partibus vicarius ejus morabatur, ut pergerent indixit. Sic illis deficientibus fraudulentæ subreptionis ars deperiit, et fabrica, quæ falsitatis fundamentum habuit, evanuit. Sed quoniam innumerabiles in hac causa minutiæ narrationum nobis occurrunt, et brevitati servire decrevimus, diffusiorem atque diligentiorem rei hujus narrationem posteritati disserendam reliquimus. Vos vero qui Mauriniacensis Ecclesiæ filii estis, qui domum vestram diligitis, nullum eos habere privilegium contra vos pro certo credatis. Si quid habent, profecto contra vos nihil habent. Ad cumulum etiam persecutionis promissis ingentibus rex Ludovicus attentatus est, quatenus donum ecclesiarum Veterum Stamparum, quod pater ejus et ipse fecerat dissiparet. Sed nunquam Deo propitio precibus vel præmiis ad tantum facinus potuit inclinari. Inter hos autem harum maximarum nebulosissimos turbines inquietudinum, Ecclesia Dei caput erigebat, et velut granum sinapis frequentissimis contusionibus fortius redolebat. Nequaquam enim abbas consuetæ regiæ familiaritatis privilegio frustratus est. Sed si in aliquo deciderat frequentibus et colloquiis et servitiis resarcivit. Inspirante igitur primum divina gratia, sine cujus auxilio nullus bene potest operari, ac deinde abbatis industria subsequente multo tempore, multis precibus, multis itineribus peractis, commune regis præceptum ad munimentum hujus loci nostrarumque possessionum omnium tam futurarum quam præsentium adipisci promeruit. Fecerat idem, sicut ferebatur, rex Philippus in initio constitutionis hujus ecclesiæ; sed fundatores monachi Flaviacenses vel illud amiserant, vel, sicut opinio verisimilior habebatur, hinc discedentes et dissidentes illud abstulerant. Sed semper nostris successibus Satanas conabatur obviare, et turrem David quæ ædificabatur contra Damascum, moliebatur oppugnare. In tantam enim iram tantumque furorem regii servientes, et ii maxime qui de Stampis Veteribus erant, pro sententia quæ de partitione illiorum facta fuit, si conjunctio nostrorum fieret, clientumque regiorum exarsertur (sic), ut querimoniis et maledictionibus omnia replerent, nos omnes et omnia nostra in maximum odium verterent, abbatem, si facultatem haberent, interficerent. Sed propitia nobis Divinitas mentes eorum sedavit, et non multum post tempus insaniam illam in favillam mutavit. Miles etiam quidam, Teudo nomine, veniens ad extrema, torcularis cujusdam medietatem, et pratum quoddam juxta hortum nostrum, et terrulam ante grangiam de Bellovidere sitam, quæ valde nobis necessaria erant, huic dedit ecclesiæ. Quæ ideo digna relatu judicamus, quia hoc velut in vestituram dedit terræ ac vinearum, quæ circa proximam ecclesiam S. Germani jacent, totiusque territorii quod infra parochiam illam tenebat, si unica parvula filia sine hærede moreretur, quam habebat. Instaurata quoque secundo virorum ac mulierum Stampensium confraternitate, vitreæ omnes hujus ecclesiæ, simulque pons lapideus super fluvium, perfecta sunt. Ad hoc exemplar et Robertus quidam monachus noster, per vicinam regionem de annona valde utilem confraternitatem instituit. Necnon et Garsadonius, Anselli fundatoris nostri filius, primum quidem Stampis coram multis primatibus illius loci, deinde vero cum Hierosolymis ire disponeret, in capitulo nostro de Gummarvilla donum fecit, ut si in via Dei, quod accidit, moreretur, nos eam (erat enim in vadimonio) redimeremus, et in perpetuum possidendam haberemus. Quo mortuo, cum validissimi calumniatores contra nos insurgerent, potius a Dei quam ab hominis nos eam accepisse dono, patientissimis indiciis declaratum est. Adelais namque, Garsadonii mater, et in aliis et in hoc primum quidem dono nobis benevolentissima, sed postea muliebri levitate mutata, cum de domo cujusdam divitis pedes reverteretur, ubi de impedimento istius doni fuerat collocuta, in media plana via nullo obstaculo posito corruit, et sic pedem extorsit, quod in omni vita sua recta ambulare non potuit. Stephanus quidam, qui neptim istius mulieris in conjugio habebat, Herardi filius, vir potentissimus, et malitia ingeniosissimus id nunquam permittere, stationem suam in villam facere, se monachos interficere furens adjurabat. At cum nullorum precibus vinci, nec regiis minis potuisset mitigari, divino judicio percussus, et ad extrema deductus, coram multis testibus et clamorem dimisit et vitam amisit. Hostibus autem omnibus nequior miles quidam, nomine Bonardus, homo profanæ mentis, Garsadonii sororem conjugem habens, contra nos insurrexit, et primo quidem villam illam, deinde granchiam de Mesuns, postea in loco qui super Stripiniacum positus Toschetum vocatur, domos quasdam, et in eis boves sex, oves viginti sex decies igne nocturno concremavit. Habitabat vero in terra Guidonis, domini de Rupe-Forti, qui tunc Hierosolymis erat, et ideo aut vix aut nunquam ad justitiam poterat adduci. Cumque nimiis dæmonum exagitationibus insaniret, et non solum nostra, sed etiam ipsam istam ecclesiam, nisi villam relinqueremus, se concremare jactasset, propitiante Deo Guido, de Hierosolymis rediens improvisus advenit. Cujus adventus percepto nuntio, festinus abbas ei obvius occurrit. Viro salutato, atque sicut mos exigit, osculato, ut ad nos hospitandi gratia diverteret, et se suscipi cum processione, quippe de Hierosolyma rediens, permitteret, abbas ab eo postulavit et impetravit. Honorificentissime suscipitur, et cum his omnibus qui secum venerant, et qui de castellis suis occurrerant, devotissime procuratur. Et abbas quidem tunc siluit. Sed die postera, quæ Dominica fuit, cum eum usque ad Sanctum Arnulfum de Aquilina deduxisset, ibi rursus eum cum processione suscepisset, audientibus multis proceribus, qui partibus e diversis illuc advenerant, abbas de Bouardo clamorem fecit, et ut sibi justitiam faceret, rationis atque servitii compedibus religatum Widonem coegit. Nec mora, die subsequente, apud Rupem-Fortem Bonardus ad justitiam deducitur, et præsente atque annitente Guidone, Stampensium vicecomite, Guidonis illius cognato, et loci istius amicissimo, abbas sibi quæ nobis foris fecerat condonavit, et ipse cum uxore et filiis suis calumniam quam faciebat dimisit, et eorum omnium quæ nobis Garsadonius et pater ejus donaverant concessionem fecit. Post nimios igitur labores, post LXX librarum et eo amplius expensionem, depulsis et aliis quorumdam calumniis, Gummarvilla a nobis pacifice possessa est. In eodem confinio Buxetum habemus, cujus dimidietatem Ansellus fundator noster antiquitus cum in Hispaniam pergeret dedit. Lisiardus vero aliam dimidietatem, Bonardus Petri filius, milites Stampenses totius illius territorii decimam dederunt. Sic ibi maximam possessionem Mauriniacensis Ecclesia divinæ propitiationis largitionibus adepta est. Sunt et alia dona quæ, quia mediocria sunt et alibi scripta sunt, silentio præterire decrevimus. Mordebat autem abbatis et aliorum quorumdam fratrum conscientiam, quod antecessores nostri ecclesias ac decimas quasdam non solum donis, verumetiam pecuniis acquisierant. Neque enim tunc, in initio scilicet constitutionis hujus Ecclesiæ, questio de simonia sic ventilata erat, sicut posterorum diligentia factum est. Sed si quid ecclesiasticum a sæcularibus hominibus emeretur, non emptio, sed redemptio vocabatur. Sed cum diutius super hac re titubassent, divina providentia factum est ut rursus domnus Cono Prænestinus episcopus, et apostolicæ sedis legatus, apud nos hospitandi gratia divertisset, habens secum velut auxiliatorem magnum Willelmum Catalaunensem episcopum, qui sublimes scholas rexerat, et tunc zelum Dei habens super omnes episcopos totius Galliæ, divinarum Scripturarum scientia fulgebat. Abbas igitur in manu cardinalis omnia illa de quibus scrupulum habebat, reddidit, ut in ejus dispositione esset quidquid inde facere voluisset. Die subsequente, viri sapientes et ecclesiastici dispensatores ante præsentiam suam abbatem vocaverunt, et ut ea de manu beati Petri acciperet, secure in abbatia Deo serviret, per obedientiam injunxerunt. Hæc idcirco dicta sunt, ut posteri nostri et de talibus provideant, et de transactis timorem non habeant.

Interea defuncto Willelmo, Anselli dapiferi germano, Stephanus cancellarius, de quo superius fecimus mentionem, frater amborum, major regiæ domus effectus est. Hoc retroactis generationibus fuerat inauditum, ut homo qui diaconatus fungebatur officio, militiæ simul post regem duceret principatum. Hic vir industrius, et sæculari præditus sapientia, cum multis ecclesiasticorum honorum redditibus, tum familiaritate regis, quam sic habebat, ut ei potius a quibusdam diceretur imperare quam servire, temporali felicitate supra cæteros mortales nostris temporibus efflorebat. Tradita vero nepti sua in conjugio Amalrico de Monte-Forti, cum honore de Rupe-Forti, qui puellæ de matrimonio obvenerat, tumefactus oblitusque sui, Adelam reginam frequentissimis molestiis sibi reddidit infestam, odiisque crescentibus, rege denique turbato depositus ab honore, pulsatur a curia. Ipse vero veluti quadam arreptus insania, regnum turbare totis viribus enititur, et viri in armis strenui, Amalrici dico, fretus auxiliis, patriam hanc bellis accendit. Sed cum suos affectus deducere non posset ad effectus, reversus ad semetipsum, senescalciam, quam jure possidere se dicebat hæreditario, dimisit, et cum rege Ludovico, simulque cum Philippo filio illius, qui jam rex unctus erat, Adelaide regina interveniente, pacificatus est. His per excessum de viro breviter prælibatis, ea quorum gratia talia præmisimus, exsequamur. Dum regia floreret in aula, et illius post regem cuncta penderent arbitrio, Bosonis abbatis S. Benedicti promissionibus illectus, regem, cujus super omnes a secretis erat, de ecclesiis Veterum Stamparum invadit, et suggerit patrem suum, qui apud S. Benedictum sepultus est, de ecclesiis his illi nobili loco prius donum fecisse. Et licet cor regis ad voluntatem suam inclinare tum non posset, Vulgrinus tamen ille familiarissimus amicorum nostrorum, qui inibi præsens erat, vehementer indoluit, et concitus ad nos advolavit, remque sicut audierat enarravit. Stupefactus abbas, et hujus tam gravissimæ quæstionis impulsus molestia, cum apud Stephanum, qui Stampas advenerat, preces inanes effudisset, ad regem se velociter contulit. Assumptisque secum Guidone, vicecomite, Vulgrinoque nostro, in claustro Castelli-Fortis tali eum aggreditur oratione: « Scio siquidem, domine rex, quod pietatis vestræ serenitatem graviter offenderim, qui munificentiæ vestræ velut ingratus jam diu monachos in ecclesiis Veterum Stamparum miserim. Sed nostra non negligentia, sed inopia peperit hunc reatum. Nec vero diu boni hujus dilatio vestram crudescat in iram, vim mihi facio, nostræque paupertatis pro reverentia vestra oblitus, de redditibus nostris inibi victuros monachos ponere dispono. » Hoc argumento rex illaqueatus, quod olim admonuerat ut fieret, dicere ne fieret erubuit, et Stephanum, qui tunc præsens aderat, quatenus hoc opus concederet et laudaret, admonuit, impetravitque. Igitur die Dominica quæ post instabat, Widone vicecomite, multisque aliis proceribus pagi hujus comitantibus, in ecclesia Beati Martini apud Veteres Stampas, licet quibusdam clericis murmurantibus, et pene vim facientibus, monachi Mauriniacenses intromissi sunt. Id vero quasi quoddam miraculum nostri temporis permaximum fuit. Ut enim in pace hoc opus impleretur, videbatur impossibile. Sicque quod diu multumque optaverat Ecclesia Mauriniacensis, Dei benevolentia, regis munificentia, abbatis industria, ecclesias Veterum Stamparum quiete possedit. At humani generis inimicus, et omnium malorum instigator diabolus turpissima discordiarum zizania nocte superseminavit, et divino judicio permittente, quidquid a domino in die monastici tritici fuerat illic jactatum, pene suffocavit. Clerici quippe, quia per vim monachos expellere non poterant, callidis id facere machinationibus aggrediuntur. Cum enim apud Remim, nobilissimam Galliæ metropolim, rex Ludovicus primogenitum filium suum Philippum ungi faceret in regem secumque coronari, et Thomas, loci hujus abbas, cum Bartholomeo S. Martini priore, huic tam celebri interesset conventui, quidam qui præ cæteris signifer odiorum erat, Hugo nomine, sacerdotis et cantoris in ecclesia illa fungens officio, cum quibusdam suis complicibus seducendi nactus occasionem, quod dictu nefas est, tendiculas opposuit. Hunc pecunia corruptum, et unius præbendæ promissione, si monachi taliter potuissent expelli, in ecclesiam latenter introducunt, ipsi in carnario, qui locus infra septa ecclesiæ illius ossa continet mortuorum, fraudulenter absconditis, monachum, sicut multoties consueverat (erat enim senex, fatuus atque dissolutus) solum cum puero fabulantem, quasi scelus illud operantem, de latibulis egressi corripiunt. Igitur homines sic mente corrupti, ut etiam insanire viderentur, fugato humanitatis respectu monachum illico vestibus exspoliant, arreptisque ecclesiæ tintinnabulis populum convocant, infamiam tam intolerabilem disseminant; cæteros omnes monachos tales esse mendaciter exclamant, omnia conturbant. Populus inauditi flagitii novitate percussus vertitur in amentiam, domumque monachorum cum maximis clamoribus invadentes, fustibus alii, alii lapidibus nituntur effringere, monachos in ea commanentes obruere. Sed monachis intra plorantibus et ad Deum vociferantibus, Christus a somno surrexit, et naviculam periclitantem de procellis eripuit, militibus quibusdam loci illius commotis, et effrenem impetum populi repellentibus. Contigit quoque Henricum Senonensem archiepiscopum per Veteres Stampas hebdomada sequenti transitum fecisse. Hostes nostri pontificis adventum curiosius explorant, et per diversa loca vulgi suarumque meretricum turmas præordinant. Eo villam illam ingrediente, confusus clamor et auribus etiam nos minus diligentium fastidiosus attollitur, monachos turpes et incestos expelleret, clericis ecclesiam suam restitueret. Jam superiores esse videbantur, vel auxiliis quibusdam confusi, quos per omnia nobis fideles esse sperabamus, regem et illius curiam per pecuniam devincere contendunt, ut eorum vota perduceret ad effectus. Denique apud

Pissiacum inter monachos et canonicos in præsentia regis dies placiti statuitur. Res hæc tum propter loci hujus inopiam, tum propter infamiam importabilis abbati cæterisque fratribus videbatur. Sed medicus ille qui sic est potens ut sit omnipotens, qui de veneno facere novit antidotum, etiam malis bene utens, comprehensis his sapientibus in astutia sua (ceciderunt quippe in foveam quam ipsi paraverint); et eos vanis spebus penitus exspoliavit, et nos talibus tribulationibus expurgavit. Abbas namque noster jampridem nullis beneficiis archiepiscopum nobis alligaverat, ita ut etiam dum per Veteres Stampas transitum faceret, furentis vulgi detestaretur errores atque clamores, et pene inpræsentiarum ab eorum abstineret excommunicatione. Regem vero clericis reddidit infestum et eorum perversitas, et abbatis familiaritas. Convocatis ergo ab abbate apud Pissiacum tunc temporis honestissimis atque famosissimis personis, Sugerio abbate S. Dionysii, qui tunc etiam in aula regia præclarus et optimus causidicus habebatur, Odone S. Remigii Remensis abbate, qui noster professus erat, et de ecclesia beatorum martyrum Crispini et Crispiniani, quam optime rexerat, ad illam celsiorem ecclesiam per Cononem legatum Romanæ Ecclesiæ translatus fuerat; Hugone quoque S. Germani Parisiensis abbate, multa circa regem procerum atque militum residente caterva, postquam ad lucem judicii venit, cœpit expallere proditionis impietas : et corporalem etiam incurrisset pœnam, ubi sanctorum canonum restitisset auctoritas. Illi tamen clerici dico carceribus mancipati suppliciter abbatis implorant auxilium, cui nuper tam secure minitabantur exitium. Burgenses omnes totumque populum Veterum Stamparum rex iratus Parisius submonet ad justitiam, sperans hinc se maximas pecunias adepturum. Quapropter ingens et intolerabile murmur exoritur, monachos maledicere atque detestari, per abbatem qui versutus erat, et propter eos hunc laborem pati, eos omnes, cum reverterentur, combustum iri. In his horrendis et fœdissimis tempestatibus, Vulgrinus noster extremum diem obiit, et juxta matrem suam in claustro nostro, quod ipse jampridem ædificaverat, tumulatus est. Rex autem illius omnia et ea etiam quæ nobis in eleemosynam dederat, (quoniam de) familia ejus ortus, et sine hærede mortuus fuerat, in manibus suis assumpsit. Has inter tantas impenetrabilium veluti Thermopylarum angustias abbas tota mente deficiens, disposuit abbatiam dimittere, et ad quietiorem vitam transire. Sed optimi et religiosissimi socii et consiliarii sui Garini prioris refocillatus est et consilio et auxilio. Hic Sparnonis honestis et nobilibus parentibus fuit oriundus; crevere simul abbas et ille a pueritia comites individui, et effecti juvenes studendi gratia Stampas devenere. Warinus Alberto tum temporis abbati hujus loci notus et familiaris effectus, quem etiam consanguinitate tangebat, instigante quodam suo priore, Rogerio nomine, qui po-

stea in abbatia Columbensi clarissima lampas monasticæ religionis enituit, plus minus xx annos natus, valefaciens rebus humanis, nostræ militiæ sumpsit armaturam. Thomas, veluti meliore sui parte truncatus, vivere sæculo non potuisset, cum diu vagabundus animo vario anxiæ mentis æstus ferre non posset, Warini sequitur vestigia, gaudens in ordine nostro homine prævium, quem socium semper habuerat. Cum igitur Albertus, hac abbatia dimissa, Columbis remeasset, eos secum abducens ex licentia capituli hujus inibi professionem religavit. Thomas promotus in abbatem nostrum, et remeans ad nos, illum suum unanimem ad nos reduxit. Erat sane Warinus optimis moribus, atque mitissimus, et de mundo totius pene libidinis expers evaserat. Monachi semitas ingressus, sobrietatis fervidus amator fuit, ita cibo potuque parcus, ut cunctis nostri temporis monachis incomparabilis haberetur. Super hoc fundamentum cæterarum virtutum perfectionem ædificaverat. Præclara pudicitiæ vexilla sic erexit, ut conscientia Deo, fama proximo conservata, nemini vel inimico posset esse suspectus. Statura procerus, vultu facieque decorus, verbo moderatus et incessu, quod interius erat exterius sine typo quodamque naturali modo demonstrans, seipsum dabat omnibus exemplar vivendi. Multa verissima de eo dicerentur, nisi quia dum scriberemus hæc, sua nos adhuc illustrabat præsentia. Hujus tanti viri fidelitati atque familiari amicitiæ se totum commiserat abbas. Nec mirum. Jam enim tricesimus volvebatur annus, ex quo monachum professi fuerant, et nulla unquam inter eos vel ad momentum intercesserat animi dissensio. Illo, sicut in cæteris omnibus tribulationibus, a pusillanimitate abbatem revocante, rursus regi Parisius se præsentavit, et pericula quibus laborabat, vulgique præcipitis insanias cum lacrymis enarravit. At propitia sapientia illa quæ « attingit a fine usque ad finem fortiter, et disponit omnia suaviter (*Sap.* VIII, 1), » in cujus manu corda regum sunt, et quæ dicit : « Per me reges regnant (*Prov.* VIII, 15), » Ludovicus rex precibus illius ad pietatem motus, et omnia quæ Vulgrinus reliquerat benigne dimisit, et populum, quem iratus evocaverat, pacificatus lætos ad propria remisit. Sicque, quod omnibus impossibile videbatur, dante Deo, cui omnia possibilia sunt, post horrida nubila tempestatis hujus, felix nobis serenitas prosperitatis arrisit. Unde gratulantibus animis in die solemni, qui post talia propriæ contigit festivitatis hujus Ecclesiæ, hoc est in octavis Pentecostes, a domno Thoma tunc temporis loci istius abbate, assensu omnium fratrum, in communi capitulo hæ institutiones factæ et confirmatæ sunt. Institutum est ut anniversarium regis Philippi solemniter annuatim celebretur, et prior Stampensis ad refectionem fratrum, ad pisces scilicet emendos, xx solidos illo die sine dilatione largiatur. Hic etenim rex ecclesiæ huic, quæ suo tempore fundata fuit, munificus exstitit. Eam namque ab Ebrardo Puteoli domino, de cujus feodo res erat, e libris emit. Ecclesias Veterum Stamparum nobis dedit, et alia multa regia munificentia largitus est. Similiter et de anniversario Anselli Arenberti filii, fundatoris loci nostri, institutum est. Et eo die prior Stripiniaci x solidos persolvet. Eodem modo et de Garsadonio Anselli filio institutum est. Et monachus Buxeti die illo solidos x persolvet. Similiter etiam de Rainaldo loci istius primo abbate. Et monachus de Mesuns solidos x persolvet. Pro Vulgrino etiam, qui multa nobis beneficia contulit, eadem servabitur institutio. Et monachus de Belotivilla solidos x persolvet. Rogavit etiam in eodem capitulo fratres et Thomas hujus consuetudinis institutor, ut sibi illud idem concederetur, sive abbas, sive ex-abbas moreretur. Concessum et confirmatum est. Et monachus de Guillar-villa illo die solidos x persolvet. Eamdem enim possessionem cum multis aliis possessionibus nobis acquisivit et ædificavit. Posuit autem in manu prioris totiusque capituli, ut si aliquis negligens vel contumax institutum censum ad refectionem fratrum diebus supradictis reddere dissimulaverit, non exspectato abbate, graviter corripiatur, et donec denarios persolvat claustro retineatur. Quisquis has institutiones ausu temerario infringere tentaverit, anathema sit! His ad eorum doctrinam, qui post nos futuri sunt, elicitis, cætera texenda sunt.

Anno Incarnationis Domini nostri Jesu Christi 1129, Honorius II, qui post Calixtum papam super cathedram Petri sederat, Romæ in ecclesia beati Andreæ, quam apud clivum Æmilii Scauri beatus ac præcipuus doctor magnus Gregorius suis sumptibus ædificavit, defunctus est. Cardinales, qui cum cancellario inibi aderant, et Honorio infirmanti assederant, Gregorium quemdam scientia ac religione præclarum sibi præficiunt, et nimis festinanter, ut a quibusdam dicitur, pontificalibus induunt insignibus. Id illius gratia dispensationis factum dicunt, ut Petrum quemdam, qui sæculariter ad papatum videbatur aspirare, spe sua frustrarent. Fuit hic Petrus Petri filius, filii Leonis. Leo vero a Judaismo pascha faciens ad Christum, a Leone baptizari, et ejus nomine meruit insignari. Hic vir, quia scientissimus erat, in curia Romana magnificus effectus, genuit filium nomine Petrum, magnæ famæ magnæque potentiæ post futurum. Ea tempestate inter regem Teutonicorum, qui ex successione Karoli Magni Romanorum patricius erat, et Ecclesiam Romanam illa turbulentissima de investituris orta est seditio. In qua vir ille, in tantum armis strenuus, consilio providus, et Ecclesiæ Romanæ fidelis exstitit, ut ei cum cæteris munitionibus quæ Romæ sunt, illam quoque quæ illius urbis videtur obtinere similitudinem, turrim dico Crescentii, quæ a parte Galliarum in capite Tiberini pontis sita est, papa committeret, et eum præ cæteris familiarem haberet. Hac occasione mirabiliter excrescens quotidie sui melior

efficiebatur, et divitiis, possessionibus, honoribus augmentabatur. Inter cæteram sobolem, cujus plurima multitudine sexus utriusque a quibusdam Antichristus gloriabatur, genuit hunc Petrum, de quo sermo nunc est, qui litteris traditus, a quibusdam Antichristi præambulus appellabatur. Iste studii gratia Gallias atque Parisius adiit, et cum repatriaret, apud Cluniacum ditissimum atque sanctissimum cœnobium monachilem habitum induit. Aliquantisper inibi regularibus institutionibus imbutus, a papa Paschali II patris admonitione retrahitur ad curiam, et cardinalis effectus tempore Calixti papæ, cum eodem Gregorio legatus missus ad Gallias, Carnoti Belvacique concilia celebravit. Mortuo Honorio, potentissima fratrum suorum familiæque quam maximæ numerositate fretus, et Portuensis episcopi cujusdam litteratissimi, et, sicut putabatur religiosissimi senis impetu animatus, pontificatus culmen arripit, cleri populique non parva consuetudine sibi consentiente. Id in Ecclesia Dei seminarium maximi schismatis erat, et ut sæcularis ille historiographus de aliis dicit (2) : Res mala, spes multo asperior. Gregorius autem, qui juxta consuetudinem præsulatus assumpti Innocentius appellatur, consiliis suorum acquiescens, navimque conscendens, a Roma discedens, Pisæ littoribus allabitur, et mox ab illa vicinisque civitatibus libentissime suscipitur. Dum hæc in Italia aguntur, rex Ludovicus archiepiscopos Remensem, Senonensem, Bituricensem, Turonensem, simulque episcopos regni sui et abbates Stampis convocat, communicatoque consilio Innocentium, quia et vita sanctior, et fama melior, et electione superior apparebat, cum omni regno suo Romanum papam sibique Patrem denuntiat. Ad Gallias descendenti cum Philippo filio suo, apud Floriacum, Sancti videlicet Benedicti super Ligerim, situm monasterium, supplex obviam venit, acclinis juxta morem pedem osculatur, ut Christi Petrique vicarium lætus veneratur. Rex Angliæ Henricus, qui tunc in Northmannia morabatur, hoc exemplo provocatus, ut eum videret Carnotum properat, et illum papam suscipiens maximis muneribus honorat. Statutum est in curia hinc ad patricium Romanorum Teutonicorum regem iter dirigere, et de Carnoto statione prima Mauriniacum hospitati. Cumque ab astantibus dominis et amicis nostris, Henrico archiepiscopo Senonensi, et Gaufrido episcopo Carnotensi, loci hujus paupertas ostenderetur et objiceretur, papa noluit precantibus acquiescere, et locum et abbatem affirmat se bene cognoscere. Ipse enim cum suo illo adversario Petro, quando legatione fungebantur in Gallia, hospitium sumpserat apud nos, et diebus duobus satis accurate fuerat procuratus. Contigit abbatem nostrum et Garinum, priorem in Aquilina ultra S. Leodegarium ad loculum quorumdam eremitarum tum esse. Fratres turbati ex insperato nuntiato tanti pontificis adventu,

---

(2) Sallust. *Catilina*, xx, 13.

quippe qui importabilia esse videbatur, tum qua id uno solo praecedente die mandaverat, tum quia cum gravi atque maxima multitudine superveniebat, mittunt velociter ad abbatem qui talia nuntiet, et venire festinet. Abbas autem priorque nocte illa alio ire disposuerant, et cum ante lucem surrexissent, et per unam leugam militassent, miraculum fuit, cum Dei providentia ipsi nuntio, noctis adhuc tenebris durantibus, obviassent. Accurrunt velociter, et jam pene ingredientem Mauriniacum dominum papam suscipiunt gaudenter, procurant solemniter. Altera vero die (nam biduo apud nos mansit) papam curiamque abbas supplex adiit, quatenus altare quod erat ante crucifixum consecraret, humiliter postulavit et impetravit. Anno igitur Incarnati Verbi 1130, XIII vero Kal. Februarii, a domino papa Innocentio II in ecclesia Mauriniacensis coenobii consecratum est altare ante crucifixum, in honore S. Laurentii et omnium martyrum Christi. Inter eas venerabiles personas, quae huic sanctae consecrationi adfuerunt, venerabiliores fuerunt, episcopi cardinales: Guillelmus Praenestinus, Matthaeus Albanensis, Joannes Ostiensis, Guido Tiburtinus. Cardinales presbyteri: Joannes Cremensis de titulo S. Grisogoni, Petrus Rufus de tit. S. Clementis, Gotielmus de tit. Sanctae Caeciliae. Diaconi cardinales: Romanus de tit. Sanctae Mariae in Porticu, Haimericus cancellarius, diaconus cardinalis de tit. Sanctae Mariae Novae; Guido de tit. Sanctae Mariae in Valata; Adinulfus abbas Farfensis, Bernardus abbas Clararum-Vallium, qui tunc temporis in Gallia divini verbi famosissimus praedicator erat; Petrus Abailardus, monachus et abbas, et ipse vir religiosus, excellentissimarum rector scholarum, ad quas pene de tota Latinitate viri litterati confluebant; Girardus abbas, vir aeque et litteratus et religiosus; Sanxon abbas S. Luciani de Belvaco. Henricus vero Senonensis archiepiscopus juxta domnum papam in loco capellani fuit. Gaufridus autem Carnotensis episcopus ad populum sermonem fecit. His ita cum maximo tripudio peractis, haec tertia domnus papa cum suo comitatu laetus discessit, ac maximas gratias pro hospitalitate reddens, ad suum colloquium, quod apud Leodium fuit, profectus est.

Ubi Lotharius, rex Alamannorum, patricius ac imperator Romanorum, qui post Henricum illum qui Romae Paschalem II dolo captum incarceravit, per electionem more gentis illius in Germania regnabat, cum omnibus archiepiscopis, episcopis et proceribus regni sui, Innocentium papam patremque recognoscit, et se cum eo Romam iturum, et in sedem propriam restituturum sacramento spopondit. Exinde rediens Innocentius ad Galliam, diuque Antissiodoro commoratus, cum tempus convocati concilii quod in festivitate beati Lucae evangelistae Remis celebraturus erat, appropinquaret, conciliato prius apud Turonum Gaufrido Martello, nobilissimo et strenuissimae indolis adolescente, comite Andegavensium, Turonorum atque Cenomannensium, rursus per Aurelianensem Stampensemque rediens provinciam, sua praesentia Parisius illustravit. Ingredienti tota civitas obviam ivit. Sic homo ille et comitate vultus, et affabilitate sermonis intuentium mereatur benevolentiam. A rege Ludovico filioque ejus Philippo favorabiliter excipitur, et egrediens ab urbe honorabiliter educitur. Ast, ut ille ait,

Omnia sunt hominum tenui pendentia filo.

Inter enim hujus lucidissimam prosperitatis serenitatem, subiti fulguris inopinatus casus oboritur, qui corda omnium suae nimietatis horrore concuteret, et non minus stuporis quam doloris mentis obtutibus densissimas tenebras offunderet. Philippus namque rex et regis filius amoenissimus puerorum flos, annos plus minus quatuordecim a nativitate, a consecratione vero duos et sex menses habens, dum veluti puer regius et totius orbis dignus imperio, quippe qui forma corporis et egregia faciei simplicitate prae cunctis mortalibus sui temporis et aetatis eminebat, super velocissimum equum cum quibusdam sequipedis luderet, in ipsa urbe, in angiportu quodam porcus occurrens ex adverso in pedes equi incarnatis irruit, et equum cum assessore super se dejecit. Comitibus prae timore huc illucque diffugientibus, manibus pauperum personarum ad proximam domum delatus, membris omnibus pene confractis, die sequenti vitae spiritum ultimum exhalavit. Sic puer ille tener, et in quo regni Francorum spes tota sita erat, horrenda morte tormentatus rebus humanis exemptus est. Credi non potest quantus omnium regem etiam minus diligentium maeror animos invasit. Pater ejus iratus quibusdam Vilcassini pagi proceribus, qui suis imperiis non obtemperabant, de sibi subjectis civitatibus, castellis locisque ad rebellionem opprimendam comprovinciales milites evocaverat. Denique dominum papam Remim proficiscentem, episcoporum, abbatum, litteratorum nobiliumque clericorum grandis numerus, qui sequebatur, ipso die Parisius advenerat. Sic ordinis utriusque totiusque sexus et aetatis multitudine congregata, luctus intolerabilis et ejulatus sustollitur ad sidera, affectu naturali, ut in re hujuscemodi fieri solet, aliis alios excitantibus, corpus pueri ad ecclesiam Beati Dionysii deportatum ibique sepultum est. Multi de proceribus illius prae nimio dolore pene exanimes facti, ad sua hospitia manibus aliorum deportati sunt. Incomparabilis formae speciositas, et jam subitae mortis atrocitas, animis omnium, nescio si dicam, miseriam vel misericordiam ingerebant, et doloribus augmentabant fomenta. Fuerunt qui asseverarent bestiam illam, per quam puer offocatus est, nunquam comparuisse, et ideo aliquam de potestatibus adversariis fuisse, a pluribus aestimatum est. Talis hujus Philippi simplicis et innocentis pueri, peccatis aliorum exigentibus, a praesenti vita, sicut reor, inauditus exitus fuit. Caeterum mortis hujus audito nuntio, papa praecordialiter permotus, mittit a latere suo ad consolandum regem venerabiles episcopos, Gaufridum Catalaunensem, et Matthaeum Albanensem, qui ex prioratu Beati Martini de Campis per Honorium papam Romam vocatus, et ad episcopatum fuerat subrogatus. Initur consilium, ut rex quantocius ad concilium properaret, et Ludovicum filium, qui post Philippum natus erat, subrogaret in regem. Igitur rex Ludovicus die Sabbati cum Radulfo Vermendensium comite, qui sibi cognatus et major regiae domus erat, multisque Francorum proceribus, concilium ingreditur, tribunal ascendit, domini papae pedes osculatur, juxta quem cathedra posita sedit, pauca pro filio defuncto peroravit, omnes ad lacrymas excitavit. Papa vero in regem convertens intuitum, sic orsus est fari : *Oportet*, inquit, *te, rex optime, qui super nobilissimam Francorum gentem tenes imperium, ad illius summi Regis, per quem reges regnant, majestatem, mentis oculos attollere, et ejus voluntatem per omnia venerari. Ipse enim gubernat omnia qui creavit omnia, et omnium habens scientiam, in universitate rerum nihil omnino vel facit, vel fieri permittit injuste, quamvis multa fiant injusta. Morem habet ille piissimus Dominus, o bone rex! fideles suos et prosperitatibus consolari, et adversitatibus erudire. Sicut enim in sancta Scriptura legimus, quae ejus Epistola de coelo per Spiritum sanctum ad nos in terra positos directa est, ipse percutit et medetur (Job* v, 18), *et flagellat omnem filium quem diligit* (Hebr. xii, 6). « *Ego*, inquit, *occidam, et ego vivere faciam, percutiam, et ego sanabo (Deut.* xxxii, 39). » *Ne videlicet homo, qui ad imaginem Dei conditus reatu transgressionis ad hujus mortalitatis tenebras devolutus est, pro patria diligat exsilium, sed quantocius redire festinet ad illam, de qua peregrinatur in terris, coelestem civitatem sanctam Hierusalem, cujus fundamenta sunt in montibus sanctis, hoc est in apostolis nostris, quae sursum est, quae est mater nostra. Advenae etenim sumus et peregrini, sicut omnes patres nostri, nec habemus hic manentem civitatem, sed futuram inquirimus. In ea cum Deo perenniter exsultant, qui carnales hic concupiscentias virenter conculcant. Ad eam filius tuus simplicitatis et innocentiae puer emigravit. Talium enim est regnum coelorum. David, o rex! qui bonis regibus exemplar virtutum fuit, dum filius illius languesceret, gravissime ploravit; postquam vero mortuus nuntiatus est, de cinere et cilicio in quo jacebat exsurrexit, vestes mutavit, manus lavit, ad convivium familiam convocavit. Impossibile enim est non fieri quod factum est, et sciebat vir Deo plenus quantum peccaret, qui divinae justitiae vel voto contrairet. Depone nunc igitur hanc, quam tibi carnalis generavit affectus, quam pectore vultuque geris, animi maestitiam, quia qui sibi unum secum regnaturum suscepit, plures qui postea regnare possent tibi dereliquit. Debes etiam et nos consolari, scilicet homines extraneos, et a propriis sedibus expulsos, quos tu primus omnium pro amore Dei et beati Petri in regno tuo honorifice suscepisti, obsequiis honorasti, beneficiis onerasti. Reddat tibi Dominus vicem et perpetuam mercedem, domine rex, in illa, de qua gloriosa dicta sunt, civitate, in qua est vita sine morte, aeternitas sine labe, gaudium sine fine.* Hujus orationis mirabili velut antidoto sauciuni cor regis sanctus apostolicus delinivit. Ac protinus surgens in pedes, oratione Dominica, sicut mos Christianus exigit, dicta sub silentio, pueri defuncti animam absolvit. Dein archiepiscopos, episcopos, abbates, per obedientiam monuit, quatenus sacris atque festivis, sicut erant in conventu, vestibus induti, die crastina, quae Dominica futura erat, sese repraesentarent, et consecrationi novi regis interessent.

Igitur eo die solito clarior sol illuxit, et rebus agendis suum obsequium ovanter praestare visus est. Papa mane summo de palatio pontificis egrediens cum suis curialibus et archiepiscopis, episcopis et abbatibus, ad ecclesiam beati Remigii, ubi rex cum filio hospitatus erat, perrexit, et cum magna devotione atque processione monachorum decentissime suscipitur. Ibique Romani pontificis omnibus insignibus indutus, ac ut sibi consuetudinis est in sacris magnisque festivitatibus, frigio coronatus, innumera ecclesiastici atque militaris ordinis, plebisque multitudine constipatus, ad ecclesiam matricem, quae in honore beatae Mariae consecrata est, cum puero consecrando pervenit. Ante fores ecclesiae eos exspectabant rex, proceres ejus, archiepiscopi, quidam episcopi, abbates, monachi, canonici, clerici, conscholastici, qui de diversis Galliae ac Germaniae partibus ad concilium confluxerant. Intrant ecclesiam, puerum ad altare praesentant, et oleo quo sanctus Remigius per angelicam manum sibi praesentato Clodoveum regem Francorum in Christianum unxerat, puerulum decem annos plus minus habentem cum ingenti tripudio Dominus papa eis sacravit. Fuerunt qui dicerent nunquam in Francia similé evenisse concilii celebrationem, et ab ipso Romano pontifice factam regis consecrationem. Itaque rex Ludovicus, sumpta post lamentationem consolatione, cum conjuge et filio et curia ad tractanda regni negotia reversus est. Caeterum die crastina domino papae in concilio residenti per quemdem Magdeburgensem archiepiscopum (3) praesentatae sunt litterae a Lothario rege Alamannorum, in quibus rursus et obedientia promittitur, et quod se ad expeditionem (4) cum viribus omnibus regni sui praepararet intimatur. Similiter etiam rex Anglorum Henricus per Hugonem archiepiscopum Rothomagensem, et ornatissimas litteras misit, et fidelem obedientiam promisit. Reges quoque citerioris Hispaniae, senior Hildefonsus (5), et interioris junior Hildefonsus (6), missis per episcopos suarum provinciarum epistolis

---

(3) Sanctum Norbertum.
(4) Nempe Italicam.

(5) Scilicet Alphonsus VI, Aragoniae et Navariae rex.
(6) Scilicet Alphonsus VII, Castellae rex.

papam salutant, sese filios et obedientes denuntciant, auxilium contra Christiani nominis inimicos, et regionum illarum invasores Morabitos suppliciter efflagitant. Fuerunt siquidem et lætitiæ et admirationi ad id negotium pertinentes excellentissimorum eremitarum Carthusiensium litteræ, quæ per quemdam venerabilem abbatem de ordine Cistellensi delatæ, et in concilio per Gaufridum Carnotensem episcopum recitatæ sunt. Erant autem Carthusienses in jugis Alpium angelicam degentes vitam, supereminentissimæ religionis et incomparabilis auctoritatis viri. Et quoniam nos utilitati posterorum damus operam, epistolam eorum opusculo huic inserere decrevimus. Est autem hujusmodi:

Domino et Patri charissimo et reverentissimo apostolicæ sedis summo pontifici Innocentio, servuli filii Carthusiæ pauperes illam quam mundus dare non potest pacem, suæque parvitatis devotam servitutem, et licet non necessarium obsequium. Multas ad vestri apostolatus sacras aures preces,... Reliqua vide inter variorum ad Innocentium epistolas, Patrologiæ, tom. CLXXIX.

PROLOGUS IN LIBRO III HISTORIÆ.

Sicut verbo Verbi humana edocetur infirmitas, non ideo ab aliquo lucerna accenditur, ut in abscondito, vel sub modio celanda ponatur. Et sine dubio divinæ pietatis munificentia idcirco justitiæ rigorem mortalibus quibusdam impertit, ut de intimis animæ penetralibus per bonum operum instantiam in patulum prodiens, eorum qui in circuitu ambulant viciosam fortitudinem audaci invectione reprehendere possit. Hinc est, quod divina sapientia beatum illum virum secundum novercalem voluosi Pharaonis promulgationem, inænigmatico tenebrosæ Ægypti flumine violenter expositum, piæ provisionis intuitu reservari voluit. Cui sacramentis altioribus imbuendo, rubum absque consumptionis passione ardentem ostenderet, per quem multorum signorum nova ostensione inimicantis Pharaonis cor durum et impœnitens emolliret; cui populi diu exsulantis onerosum ducatum committeret; ad cujus nutum marinus fluctus cederet, petra percussa contra consuetudinem latices ministraret; quem, repulsa extera multitudine, in montem evocans, familiaris collocutionis privilegio insigniret; cui tabulas testamenti cœlesti arcano consecratas traderet, per quem populo veteri toga recenter exuto novas sacrificiorum species ederet, moresque gentis sibi consecratæ honitatis suæ modulo innormaret. Multa sunt inquam hujusmodi specula, quæ nobis ipsa proposuit. Quæ si humana fragilitas jugiter ante oculos habeat, ex eorum consideratione accipiet quomodo tentationum laqueos fugiat, et ex imitationis vestigio qualiter in bonorum operum perseverationem assurgat. Igitur cujuslibet sancti hominis in hac vita positi debet conversatio inspici, ex qua utilis possit imitatio assumi. Ex quo autem terrestris domus hujus habitationis dissolvitur, opus est ut ejusdem memoria obsolescere non sinatur. Sed quamvis, eum a sæculo dispensatoria mors absentet, pro religiosis tamen operibus honestæ opinionis ipsam fragrantiam repræsentent. Ego itaque juxta de-

bilem mei ingenii tenuitatem ordinem historiæ prosecuturus, imprimis abbatis Thomæ facio mentionem, qui etiamsi humani oris laude non recolitur, pro ipso tamen opera ejus loquuntur. Hic igitur Thomas ex humili descenderat femore, sed ipsam naturalem pauperiem redimebat morum non mediocri honestate. Qui cum ferventissime ad Dominicum aratrum manum misisset, et eum post Hugonem ad obtinendum loci hujus regimen cœlestis dispensatoris provisio subrogasset, non tantum voluit præesse quam prodesse. Memorque illius dicti prophetici: « *Virga tua et baculus tuus ipsa me consolata sunt* (*Psal.* XXII, 4), » et virgam in disciplina tenuit, et baculum in consolatione non dimisit. Tanto discretionis temperamento utraque menti ejus insederant, et juste consulens misericordia et pie sæviens disciplina, ut neque multa asperitate subditos exulceraret, neque nimia lenitate dissolveret. Huic autem viro multimoda divinorum donorum gratia inerat, quem inter cætera sermo scientiæ eminentiori prærogativa ornabat. Ipsius vero scientiæ dono in modum otiosi ferramenti uti nolebat, nec fructum emolumenti, quod ex ipso est, in sola ejus possessione constituebat. Tota erat ejus sedulitas circa cultum divinum, tota circa procurationem fratrum. Quid plura? Tempore suo ordinis rigorem viriliter obtinens, ædificia de paucis in plurima, de minimis in maxima transfigurans, non habita sapienter acquirens, acquisita fideliter dispensans, dispensata strictissime conservans, usque in hanc diem celebre nomen adeptus est. Et ut vere dicam, ista laus ei ascripta parva videbitur, si in cordis trutina cum multitudine operum appendatur. Porro ne vini acumen aqua immista consumat, et modicum fermentum totam massam corrumpat, hæc pauca quæ de ipsius laude præloquimur, inter nostri sermonis rusticitatem et locutionis suæ celsitudinem loco idus (7) habeantur.

Explicit prologus.

---

(7) d est divisionis.

INCIPIT LIBER TERTIUS.

Eo igitur tempore quo Innocentius, Honorio decedente, ad agendas vices apostolicas recenter promotus, post solemnem concilii celebrationem a Francia repedavit, Guillelmum Pictavorum comitem ad S. Jacobum peregre profectionem aggressum aspera infirmitate detineri, et usque ad mortis difficultatem contigit perduci. Ille itaque cum a Deo provisa fatalis filii occasio (8) propinquasset, et inevitabilem spiritus exhalationem sibi imminere conspiceret, terræ suæ proceres et optimates accersiens, eos coactitio jurisjurandi vinculo constrinxit, ut filiam suam Ludovico regis Ludovici filio copularent, et terram suam ambobus secundum consuetudinem connubii manciparent. Ipse vero Guillelmus, rebus humanis exemptus, in eadem ecclesia Beati Jacobi est tumulatus. Enimvero prædicti regis filius, nomine Ludovicus, juvenis erat corporis elegantia clarus, morum honestate et religione magnifice præditus, sensus et sapientiæ vivacitate acutus. Hunc, ut ita dicam, sapiens ille artifex inter alios coætaneos suos quasi flosculum redolentiorem protulerat, qui futuri in se valoris in ipsa primæ ætatis teneritudine jam manifeste indolem præferebat. Igitur imminente destinatæ sibi virginis ductione, pater Ludovicus itineri necessaria præparat, et ut tanta res cito effectui mancipetur elaborat. Imperialis itaque edicti taxatione ubique publicata, militum agmina non parva properanter conveniunt, et ad ampliationem regii comitatus urbes et oppida suorum multitudinem habitatorum emittunt. Inter quos erant præcipui et famosissimi optimates, Theobaudus comes Blesensis, Radulfus Vermendensis, Guillelmus Nivernensis, Rotrodus Perticensis. Isti ex propria et regis voluntate copiam militum suorum adduxerant, regique ut domino suo honorem et reverentiam exhibebant. Erat etiam inter eos Gaufridus Carnotensis provinciæ episcopus, scientiæ quidem litteralis non indigus, sæcularium quoque negotiorum dispositor ac tractator famosus. Hunc præcedentes apostolici amicum semper et familiarem habuerant, et pro valoris vel elegantiæ, quæ præditus erat, magnitudine, totius ei Aquitaniæ legationem indixerant. Igitur iter a Galliis promoventes, Burdegalis veniunt, ibique ad celebrandas regales nuptias celebriores apparatus fiunt. Nec Ludovico præcedens militum adunatio sufficit, insuper et Pictavorum multitudinem immensam accersit. Indicitur omnibus communis lætitia ex communis domini glorificatione abstracta. Sine mensura et numero omnes se præsentant et exhibent, quasi in Regalium loculorum vacuationem unanimiter conjurassent. Quam multimoda ibi expensarum facta fuerit munificentia, vix Tullii ore proferri, vel regalium ferculorum et deliciarum preciosa varietas illa memorabili Senecæ posset memoria comprehendi. Igitur universis Aquitaniæ pontificibus cum archiepiscopo suo Gaufrido astantibus, Ludovicus est puellæ nomine Ænorde legali vinculo sociatus. Ibique uterque est impositione aureorum diadematum insignitus. Ibi etiam Ludovicus fidelitatum et homagiorum pacta accepit, et in proprio habere cœpit. Sed quia diem nox premit, et crebro mutantur vices felicitatis humanæ, fortuna, quæ sibi in magnifica illius honoris gloria hilaris ac læta adriserat, demum vultus sui deceptorium colorem mutavit, et importuno luctu extrema gaudii occupavit. Omnibus enim adhuc illius deliciosæ epulationis plenitudine et lætitia dissolutis, ecce legatus pernici cursu delatus advolat, et Ludovicum regem, qui diu gravi diarrhia laboraverat, vitam Parisius finisse denuntiat. Hujus regis vita vel probitas ideo a nobis non exponitur, quia adhuc in mentibus hominum per memoriam scripta esse videtur. Si quis vero infirmitatis illius, qua decubuit, angustiam, vel Christianæ confessionis eminentiam, quam vivens tenuit, moriturus edidit, aut ipsius mortis modum, pretiosum etiam sepulturæ locum plenius scire desiderat; quasdam lectiones quæ a Suggerio (9) viro sapienti editæ in ejus anniversario leguntur, studiose revolvat. Porro nobis ad superiora redeundum est.

Audito itaque, ut supra diximus, fine patris, tener ille animus novi sponsi sine mensura confunditur, et exuto indumento lætitiæ tunica mœroris vestitur. Eique unius amissio magnum dolorem incussit, quem alterius susceptio valde lætificavit. Et quem conjugalis copulæ inexperta lex in aliena fecerat proficisci, hunc genitalis dulcedinis memoria cogebat in nativa reverti. Communicato itaque cum proceribus et sapientibus viris de necessitate reversionis consilio, omnium sententia et deliberatio est, ut in partes Galliarum festinato se conferat, ne minoribus inhærendo majora amittat. Sed quia mentem ejus conjugalis remordet affectus, aliquem præstantiorem virum providere placet, cui uxoris suæ custodiam regiæ potestatis præceptione interminet. Gaufridus Carnotensis episcopus eligitur, eique ipsius dominæ cura et necessitatum provisio ex toto indicitur, quoadusque pro amborum requisitione ab ipso rege nuntius remittatur. Ab Aquitania itaque Ludovicus disgrediens, quæ inter alias eminentior est urbes, Parisius petit, ibique hæreditali sibi lege debitum regni imperium suscipiens, sine alicujus

---

(8) Leg.: *occatio*, id est præcisio, ab *occa*, rastro, Gallice *herse*.

(9) Vide apud nos in Sugerio, ad an. 1152.

contradicentis refragatione possidens gubernavit. Prælibatus vero Innocentius, de cujus electione et aliquantis operibus superiori libro plenius digestum est, a partibus Galliarum secedens, Romam unde venerat intravit. Sed quia Petrus injustus convicarius maximam partem sibi sociaverat civitatis, in illo temporis puncto plenitudinem debiti sibi honoris adipisci non potuit. Imo quodammodo bipertito apostolicæ dignitatis culmine, Innocentius ecclesiam Beati Petri, in qua divini sacerdotii dignitas pendebat, solus per se obtinuit, Petrus vero Lateranensis palatii sedem, ad quam imperialis celsitudo pertinet occupavit. Exinde cœptæ venenatæ illius dissensionis jam manifestior ubique amaritudo diffundi, et tota civitas evidentioribus odiosi schismatis rivulis dissipari. Jam nunc verum videbatur illud rusticanum proverbium : « Difficile est, ut unius habitaculi circulus lupum simul et agnum contineat. » Porro quia illa discissio nisi cito finem susciperet, populo, urbi, dignitati, maximi damni occasio fieret, Innocentius violentiæ locum præbens, saniori consilio accepto, Pisam se contulit. Erat sane in illo persecutorum tumultu Engolismensis quidam Girardus nomine livoris incitamentum, radix peccati, malitiæ nutrimentum. Hujus hominis fretus suffragatione Petrus honorem illum arroganter rapuerat, et iniquitatem, quam per illum sine ratione inchoaverat, ipso instimulante ducere ad perfectionem volebat. Girardus iste multos quidem jam annos excesserat, sed adhuc iniquitas potissimum in illo florebat. Illi semper jurgia et dissentiones placuerant, et expulsis omnibus bonis affectibus ejus animum quasi jure hæreditario possidebant. Tali itaque vitio in consuetudinem adducto jam carere non poterat, quia mala opera sua, quod ultimum est malorum, amabat. Et idcirco ex hoc vitio in quo diu jacuerat, ablui difficile erat, quia non inquinatus, sed infectus erat. Ilic ergo quia Petro ejusque complicibus, iniquitatem suam pravis admonitionibus malitiose affricuerat, eos contra Innocentium semper acriores reddebat. Innocentius autem tandiu Pisis demoratus est, quoadusque Petrus apostolicæ sedis dignitatem morte terminante reliquit. Et tunc Romam regrediens, et suæ et alterius partis favore et acclamatione honorifice susceptus, et in summi pontificatus honorem gloriose est sublimatus; et quod prius ex parte tenuit, ex toto possidere perfecte et integre cœpit. Qui post illi usque inter ipsum et Petrum fuerat altercationis placationem universalis Ecclesiæ principale concilium Romæ aggregat, ut in ipso imminentes Ecclesiæ necessitates decenter ordinet et disponat. Facto igitur incomparabili omnium prælatorum conventu, ipse ut erat habitus pretiositate excellentior, ipsius etiam faciei aspectu aliis reverentior : ut etiam doctrinali litterarum scientia eminentior, de rebus quæ opportuniores videbantur tractaturus, inter alios assurgens ita exorsus est. Ad vos, inquit, sermonis mei summa ex toto dirigitur, qui non semen Chanaan, sed hæredes sveciales

A estis, et filii Excelsi omnes. Qui pro divinæ geniturœ signis armillam continentiæ, baculum rigoris et justitiæ, annulum perfectionis a vero Juda suscipientes, eä per discretionis modum in brachio, in manu, in digito gestatis, et qui unus cum Deo spiritus effecti, nihil aliud sapitis. Vos, inquam, quorum astuta provisio super curam animarum invigilat, quibus ipsius authenticæ nuncupationis dignitas proprietatem operationis inoculat. Nostis, quia Roma caput est mundi, et quia a Romani pontificis licentia ecclesiastici honoris celsitudo quasi feodalis juris consuetudine suscipitur, et sine ejus permissione legaliter non tenetur. Scitis etiam, quia ejus proprium est, ut dissentientes pacificet, et confusa sapienter disponat et ordinet. Porro, impossibile est, ut unguentum in barbam de-
B scendat, si in capite non redundat. Debile namque caput totum dat debile corpus. Neque in usu est, ut quemlibet ægrotum ille medicus curet, quem ejusdem infirmitatis cruciatus tenet. Et si a Deo per malit am pontifex summus disjungitur, vix effici potest ut per eum Deo alii reconcilientur. Igitur quotiescunque æternosus hostis contra pacem a Deo in terra hominibus bonæ voluntatis datur, et adversus canonica instituta venenosum caput conatur attollere, toties ab illa forti muliere, quæ a Salomone commendatur, zelo justitiæ conteri debet, ne si primo aut secundo conflictu impune superaverit, perniciosius postmodum insolescat. Longe etenim ante nos dictum est, venena invidiæ posse quidem ratione superari, sed difficile conquiescere. Quæ dum sæpe auditu percepta cogno-
C vimus, nunc ea tamen ipso effectu manifestante experti sumus. Et quod sine lacrymis dicendum non est, eo usque servati sumus, ut viderimus fas omne calcari, potestate pro jure uti, patriæ leges solvi, negari jus viventibus, pacem civibus, divini cultus observantiam prævaricari. Oportuerat denique uberiori quadam deploratione et miserrimo ejulatu præire nos funus quoddam maternæ solemnitatis, et velut quasdam exsequias prosequi divini mysterii intermissa obsequia, provocante nos præsumptuoso quorumdam instinctu, qui non intelligentes mensuram suam : sed sicut Nemroth quondam confusionis turrem contra Dominum erigere conatus est, sic isti contra Deum, quia Spiritus sanctus Deus est, et adversum christos
D ejus cervicositatis suæ profanum tumorem moliti sunt attollere, et segregati inter se diversitatibus errorum, quasi per dissonantiam linguarum ab unitate Ecclesiæ divisi, in Spiritum sanctum offenderunt : quia unitatem cum fratribus non tenentes, charitatis gratia privati sunt. Qui enim Ecclesiæ non diligit unitatem, non habet Dei charitatem. Verba siquidem Augustini testantur, quoniam quisquis a Catholica Ecclesia fuerit separatus, quantumlibet laudabiliter se vivere æstimet, hoc solo scelere quod a Christi unitate disjunctus est, non habet vitam in se, sed ira Dei manet super eum. Eorum igitur qui tales sunt, improbanda temeritas nostri livoris, imo justæ indignationis incentiva causa exstitit, qui ruptis divinæ ordinationis vinculis, sacerdotalis reverentiæ curam non habentes, tanti

nominis auctoritatem, et spiritualis gratiæ potestatem prosternere, et annihilare tentaverunt. Eo per se ascendentes, quo nec canonicarum auctoritas institutionum provexit, nec rationabilium virorum voluntas permisit. Igitur quia præcepta divinæ legis, et sanctorum canonum irrefragabiles sanctiones ferramenta fuerunt in pace Ecclesiæ, arma esse debent in tempore belli. Et quæ diu intacta remanserunt, in tam exitiali necessitate festinanter arripienda sunt.

His et hujusmodi assertionibus domnus apostolicus cæteris prælatis divini sermonis favos impertiens, omnibus propatula ratione ostendit quod Petrus Leonis non aliorum assentatione, imo rapina se apostoli Petri vicario fecisset æqualem. Cunctisque religiosis viris, quibus illud detestabile schisma displicuerat, verbis ejus cum magna laude unanimiter acclamantibus, respondit : *Unde quia inordinatæ personæ inordinato sunt decreta, quodcunque ille statuerat destruimus, quoscunque exaltaverat degradamus, et quotquot consecraverat exordinamus et deponimus. Et quicunque per Girardum Engolismensem ad altaris officium accesserunt, apostolica auctoritate interdicimus, ne ipsum impleant, et in illo ordinis gradu perenniter demorantes, ad superiorem non ascendant.* His dictis, singulos quos reos cognoverat propriis nominibus exprimens, eisque cum indignatione et jurgio exprobrans, pastorales baculos de manibus violenter arripuit, et pontificalia pallia, in quibus summa dignitas consistit, de humeris verecundose abstraxit. Ipsos quoque annulos, in quibus ad ipsos pertinens Ecclesiæ desponsatio exprimitur, sine respectu misericordiæ abstulit. Gaufridus etiam Carnotensis episcopus, ut supra dictum est, totius Aquitaniæ legatus, accepta domini papæ præceptione, omnem Galliæ regionem, ipsius quoque Aquitaniæ, studiose circuiens, omnia sanctorum ecclesiarum altaria, quæ vel Girardus ille seditionis auctor et obtentor, vel Gilo Tusculanensis episcopus, aut eorum complices, chrismalis unctionis benedictione in illius odiosi schismatis tempore consecraverant, propriis manibus dissipavit, nec relinquens lapidem super lapidem, quem non destrueret, solo funditus adæquavit, et ratione dictante alia eorum loco restaurare curavit. Ab illius prædicti concilii speciali conventu abbatem Thomam pro cujusdam necessitatis eventu contigit absentari. Unde et assumpta occasione ab archiepiscopo Henrico suspensus est, quamvis rex Ludovicus eidem archiepiscopo pro illo excusatoriæ epistolæ suffragium delegasset. Sed post aliquot dierum evolutionem, quidam ecclesiæ monachus Bartholomæus nomine, sapiens, et nobilium prosapia oriundus, Archiepiscopum adiens, et tam precum inquietatione, quam rationis demonstratione eum placabilem abbati reddens, ut iterum pastorale officium exsequeretur, ab eo meruit impetrare. Revertens denique quod egerat nuntiavit, omnesque Mauriniaci monachos valde lætificans, Abbatem locum suum recuperare coegit. Erat vero idem Bartholomæus Veterum Stamparum tunc tem-

poris prior, et cum impetratione veniæ erga abbatem in illo itinere ab archiepiscopo petiit ut redditus ecclesiæ S. Martini, qui determinatus tunc ad vi libras erat, usque ad xv. libras augmentaretur, quod et ab ipso libenter obtinuit. Abbas autem frequentium molestiarum quæ illatæ fuerant injuria fractus, tuncque insurgentium negotiorum et persecutionum violentia desolatus, non diu in reddito honore permansit quoniam cujusdam Odonis professi nostri tunc Sancti Remigii abbatis consilio pravo infatuatus, sine acceptione pontificalis licentiæ, sine conventus sibi commissi assensu et permissione, abbatiæ suæ curam deserens, apud Sanctum Martinum de Campis, quæ ecclesia rigore ordinis tunc famosissima erat, gratia secretioris vitæ, et spiritalis quietudinis appetendæ secessit. Thoma igitur a monasterii hujus regimine taliter circa mediam Quadragesimam absentato, diu fuimus pupilli absque patre, et mater nostra quasi vidua. Audiens vero rex Thomæ eliminationem, abbatiæ desolationem, et futurum nisi cito subveniretur ordinis detrimentum, ne ecclesiam provisoris solertia nudatam onus indigentiæ, vel importuna pauperies defatiget, ut efficaciæ nostræ negotium electionis approximet, magno studio promaturare satagit et indulget. Qui licet juxta sæculares, qui lippi sunt, oculos, operam daret operi pio, non tamen juste, et ad nostræ Ecclesiæ honorem ab ipso fiebat ipsius operis exsecutio. Abbatiam enim liberam, et a tempore avi sui per liberalitatem Wulgrini ab omni obnoxietate emancipatam, in illo jam proximæ electionis articulo potestativæ coactionis districtione ad hoc tentavit pertrahere, ut monachi nostri in electione sua liberam vocem non haberent, sed ut subjugales abbatem, qui per manum aliorum et considerationem eis esset impositus, susciperent.

Hujus igitur violentiæ causa explendæ, mittuntur ad nos Odo S. Remigii, et Joscelinus S. Petri Milidunensis abbates, et hi secum litteras regiæ voluntatis indices asportabant. Voluntas vero regis hæc erat, ut quemcunque monachum de conventu beati Martini nobis nominassent, excluso omni dilationis ausu loco Thomæ subrogaremus. Jamjam venerat tempus ad implendum regis imperium acceptabile, sed non ad honorem nostrum dies salutis. Jamjam de eligendo tractabant, cum Rex summus, cui servire regnare est, terreni regis ordinationi suam prætulit, et quod fieri præceperat eventu subito deturbavit. Allatæ sunt enim in præsentia abbatum Senonensis archiepiscopi nobis utiles litteræ, quæ electionem, si facienda esset, interdicerent ; si facta, ad nihilum deducerent. Continebatur quippe in illis litteris justa et rationalis ejusdem archiepiscopi querimonia, super hoc quod Thomas abbatiæ regimen, quod per ipsum acceperat, sine ejus licentia, sine fratrum sibi suppositorum acclamatoria consensione subito stulte et inconsulte reliquerat. Hujus archiepiscopi tunc temporis erga nos maxima benevolentia erat, et ideo etiam rege nobis adversante, partium nostrarum utilitatem fovebat. Secundo dirigit rex ad nos amplæ famæ personas, Natalem cancellarium suum, Rasbacensem abbatem; Alvinum Atrebatensem episcopum, magistrum Hugonem de S. Victore in litteratura, magistros etiam plurimos excedentem, gravi præceptione interminans, ut ad illorum discretionem nostra electio penitus pendeat, et ut illorum considerationi noster conventus obtemperare non negligat. Nos vero linceis oculis quid nobis necessarium esset intuentes, propalavimus nos non esse filios ancillæ, sed liberæ, et contra contrariam opinionis suæ valentiam procedentes, ora eorum, ut ita dicam, præloquendo obstrusimus, quasi pari conclamantes assensu, nos Macharium priorem de Longoponte in abbatem et Patrem nobis eligere. Prior autem ille nepos erat Alberici Ostiensis episcopi, in quo adeo probitatis et sapientiæ pullulaverat, et usque ad perfectionem excreverat ramus, ut regi et optimatibus Franciæ familiaris haberetur.

Tali igitur ac tanto viro a nobis electo, quia magnæ erat auctoritatis, qui pro coactione venerant non ausi sunt aliquatenus refragari. Sed quem pro adipiscenda libertate assumpseramus, ipsa conservata accepimus. Transfretato igitur tanti periculi pelago, æmulos nostros, ut ita dicam, in mari confusionis pudore oppressos submersimus, et præsentantes regi electionem factam, assensum benignitatis suæ accepimus, ipso magnis præconiis attollente nostri valoris vivacitatem, et libertatis solitæ invincibilem defensionem. Notificata est iterum archiepiscopo Senonensi nostra electio, sed non potuit ab ipso extrahi factæ electionis concessio. Iterum namque objecit quod Thomas a curæ pastoralis officio per ipsum absolutus non fuerat, et ideo nullus in ejus loco ordinari et substitui regulariter poterat. Igitur cum iterum ad regis notitiam hæc processissent, nolens laborem ecclesiæ, quem finitum esse putaverat, secundo iterari, mandavit Thomæ ut patrino suo, ne diu vexari Mauriniacenses taliter pateretur, sed pergens Senonas curam pastoralem in manu archipræsulis absolutus relinqueret. Thomas itaque a priore S. Martini Senonas ductus, cœpit super dimissione sua cum archiepiscopo agere. Cumque curæ pastoralis ministerium, quod per baculum acceperat, per librum reddere voluisset, renuit Henricus, dicens quia sicut facta fuerat regiminis per cambutæ traditionem susceptio, ita fieret per ejusdem redditionem dimissio. Quod et factum est. Illo itaque a monasterii nostri gubernatione hora eadem excluso, duo ex monachis nostris, qui in præsentia erant, Landricus scilicet et Robertus, electionem de domno Macharium factam archiepiscopo præsentaverunt. Quo audito, archiepiscopus in risum applaudens dissolvitur. *Cum Thomas*, inquit, *usque in hunc diem Pater vester exstiterit, qua ratione aliam eligere præsumpsistis ? Et nunc ipsam electionem, quam irritam apud nos esse per litteras* innotuimus, nobis quasi auctorizabilem præsentatis? Scitote quia huc usque laboris vestri series in vanum impensa est. Amodo libera potestate utimini, ite, et secundum institutoris vestri regulam electionem facite. Hæc prætaxati monachi audientes, ad nos cito repedare festinant, et quæ ipsis archiepiscopus intimasset, capitulo communi renuntiant. Accersitis iterum ad consilium ecclesiæ sapientioribus, quo facto sit opus discutitur. Et ut ita dicam, conventus noster telam quam incœperat filo non alternato orditur. Electioni de Machario factæ omnes consentiunt, et ipsam elongata omni mutabilitate stabiliunt. Prælibatos itaque monachos Cluniacum mittimus, et ut ab abbate loci illius Macharium a jugo obedientiæ absolvi et emancipari postulent intimamus. Qui susceptam legationem implentes, Cluniacum veniunt, et de re pro qua jurant litteras suscipientes revertuntur, archiepiscopum pro benedictione abbatis expetunt, litteras emancipatorias postulanti ostendunt. Quibus lectis, non inveniens archiepiscopus perfectam in ipsis emancipationis demonstrati nam, benedictionem distulit, ne forte si subjugatum benediceret, inde majorem nobis quam susceperamus tribulationis vexationem inferret. Remandavit igitur nobis, ut perfectiorem emancipationem ab abbate Cluniaci expeteremus, asserens se nunquam ei benedictionis consuetudinem impensurum, nisi plenius a jugo obedientiæ cognosceret absolutum. Indicitur iterum Roberto Brugeriensi itineris hujus obedientia. Qui acceptis regalibus litteris, comitantibus secum Petro regis capellano, et magistro Simone de Pissiaco, quos pro quibusdam negotiis Romam rex dirigebat, Cluniacum venit. Litteras igitur ad suæ voluntatis deliberationem factas accipiens, ad archiepiscopum detulit, quarum integritatem archiepiscopus amplexus est. Ductus igitur domnus Macharius Senonas, benedictus ab illo solemniter, et pastoralis officii commissa cura, ad nos relegatus, et solemni a nobis processione receptus est.

His diebus acciderunt quædam repræsentationis elucidatione digna. Clerici enim Veterum Stamparum solitam venenati cordis, quam semper post monachorum introductionem habuerant, vesaniam evomentes, in vigilia sancti Martini in monachos nostros audaci refragatione insurrexerunt, ex quibus alios inhonestis et turpibus verbis, alios etiam verberibus afflixerunt. Domnus Macharius tunc Romam profectus erat. Ad quem prior legatum dirigens, omnia prout acta a clericis fuerant ei intimavit. Qui ut clericis maleficiorum suorum occasionem penitus a radice auferret, apostolicum super illorum ab illa ecclesia eliminatione privilegium in illo itinere acquisivit, et ita eos, vellent nollent, sagaciter expulit. Privilegium etiam de institutione confraternitatis secum attulit. In illis quoque diebus Henricus Senonensis archiepiscopus finem vitæ sortitus est, succedente sibi Hugone venerabili tunc illius Ecclesiæ præcentore. Tunc temporis etiam

Ecclesia Bituricensis sui pastoris defunctione non mediocriter desolata, gravis et importuni schismatis morbo insolente concussa est. In tantum vero discordiæ hujus malum processit, ut usque ad apostolicum et Franciæ regem perveniret. Quidam enim prædictæ Ecclesiæ clerici, assentiente rege, Cadurcum quemdam sibi volebant præficere. Altera pars illorum Petro, Haimerici Romani cancellarii consobrino, prærogativam illius honoris affectabant. Papa vero cancellarium diligens, contribulem quoque suum pro ipso diligebat. Unde et ipsi consecrato in archiepiscopum suum integre auxilium impendebat. Et licet contra regis voluntatem ipse præficiendus esset, ipsum misit Bituriges, Cadurcum vero omni ecclesiastico honore privavit. Videns rex voluntatem suam ad efficaciam non potuisse pertingere, non modico fremitu iræ concussus est; et quasi in auctoritatem apostolici volens indignationem conceptam retorquere, Petro totius terræ suæ introitum interdixit. Innocentius vero gladium ecclesiasticum in ultionem exerens, per omne regis dominium divini celebrationem officii interdixit. Hujus autem discordiæ malum omnibus diebus vitæ suæ integre dulcorari non potuit. Unde et contigit domnum Macharium causa pacificandi Romam profectum, per cardinalium intercessionem plurima impetrasse, sed ad reconciliationis gratitudinem nec precibus nec muneribus attingens, reversus est. In qua regressione detulit secum quoddam privilegium, omnem aliorum abbatum acquisitionem continens, ita ut in illo pene singillatim cuncta numerarentur, quæ majoris auctoritatis erant.

Per hunc Macharium multa ecclesiæ nostræ bona evenisse certum est, e quibus aliqua hic interpolare dignum duximus. In prima igitur, de qua jam diximus, regressione a Roma, attulit secum partem crucis Dominicæ pretiosi metalli fabrefactoriâ superductione veneranter opertam. Attulit et tria pallia pretiosa, ex quibus quædam indumenta composita sunt. Augmentata quoque est ab ipso hæc ecclesia religionis et Cluniacensis ordinis institutione, rerum quoque exteriorum sagaci et provida dispensatione. Prædictus autem papa Innocentius debitum humanæ conditionis exsolvens, Romæ defunctus est. Cujus honori subrogatus est Cælestinus, qui alio nomine magister Guido de Castellis nominatus est. Hic vero prælatione illa dignissimus erat, quoniam ei tria, quæ inter homines pene habentur præcipua, simul confluxerant, celebremque magistrum reddiderant: nobilitas scilicet generis, mentis industria in omni statu æqualis, litterarum quoque, quarum doctrinæ intentissimus fuit, scientia multiformis. Ad hunc rex noster legatos pro pace ineunda misit, quam ita dulcissima impetratione obtinuerunt, ut in conspectu illorum multorumque nobilium, quorum frequentia Roma fremere solet, benigne assurgeret, manuque elevata signum benedictionis contra regionem hanc faciens, ipsam a sententia interdictionis absolveret.

Mors vero nemini parcens tantum pontificem septimo infulationis suæ mense sæculo præmatura abstractione eripuit. Quo ergastulo carnis exuto, substitutus est in papam Lucius, Girardus de Sancta Cruce qui et ipse strenuissimus erat; sed a morte citius præoccupatus est. Hic diversarum Ecclesiarum statui consulere volens, duos legatos a latere suo mittere curavit, Albericum Ostiensem in Franciam, Haimerum Tusculanensem in Angliam. Qui ea quæ perniciosa erant evellentes, et quæ utilia ædificantes, invenerunt abbatiam beati Benedicti in pernicioso statu positam, tam monachorum levitate, quam pastorum assensu. Cupientes igitur humilitate pia subventione in opportuno tempore suffragari, abbate qui illi præerat ab ipsis deposito, transtulerunt domnum Macharium ad illius statum juxta Cluniaci consuetudinem viriliter innormandum. Absolventes ergo nos ab illius obedientia, licentiam nobis et facultatem Patris eligendi dederunt. Nos vero spiritus consilii, quam super hoc nobis attulerat, intimationem sequentes; elegimus Thevinum Argenteoli priorem, multimoda sapientiæ laude famosum. De quo sine mendacii ambiguitate possum affirmare quia in omni tempore suo non est in Francia elegantior et speciosior visa persona. Hanc electionem cum rex et prædicti episcopi confirmassent, domnus Thoinus Senonas profectus, et a Gaufredo Carnotensi episcopo, qui archiepiscopo absente ejus in officii exsecutione vicarius esse solet, benedictione solemni sublimatus est.

Prænominatus autem papa Lucius parvo tempore, quinto videlicet mensium in prælatione expleto, res sublunares inevitabilis passione eclipsis reliquit. Cujus successionem obtinuit Eugenius, qui et Bernardus Pisanus, tunc temporis Claravallensis monachus, vir continentissimæ conversationis et vitæ. Abbas vero noster primo exaltationis suæ anno, quid sibi esset necessarium prævidit, et aliquantam pecuniam congregavit, quæ et eum ab onere paupertatis defenderet, et expensarum usibus sufficienter serviret. Secundo autem anno ecclesiam nova opertura novique laquearis tabulatu insignivit. Similiter et de dormitorio egit. Huic namque viro in dispensandis ecclesiæ rebus tantam gratiam virtus divina contulerat, ut quod alteri difficillimum esset, ipse ad efficiendum levi penderet, et quidquid molimine subtilis intellectus conceperat, mancipare affectui sine dilationis obstaculo satagebat. Unctio ergo Spiritus sancti, in cujus præceptis ab ineunte ætate delectatus fuerat, eum docebat de omnibus, ut et ordinem statutum firmiter servari faceret, et exteriorum operum strepitu superari more insipientis non posset. Cujus providentia cum domui nostræ nonnulla bona asciverit, quædam præcipua placuit hic referre. Infra muros igitur abbatiæ aulam nobilem cum quibusdam appendiciis magno sumptu ædificavit, apud Veteres Stampas aliam optimam, apud Firmitatem alteram mediocrem, quartam apud Stripiniacum nominatis omnibus præcellentem.

Præterea emit decimam Gomarvillæ, terramque dimidiæ carrucæ arabilem, cum multis aliis, quæ ideo narrare supervacuum esse duximus, quia Cartbularium repræsentantibus litteris apud nos determinata habemus. Si autem ad necessaria monasterii recurritur, ipsum calicibus, libris, casulis, cappis, palliis, multisque aliis ornamentis decorasse cognoscitur. Primo vero quo nobis præfuit anno, Thomas, qui quondam nobis Pater extiterat, apud Columbense monasterium commorans, ad diem est pertractus extremum. Quo etiam anno domnus Theoinus abbas regem apud Aurelianum commorantem adiens, ut privilegium quod Pater suus ecclesiæ nostræ dederat, præcepti sui astipulatione stabile ex sua parte faceret, petiit, et quod petierat impetrans, præceptum illud, quidquid pater suus dederat vel concesserat amplectens, secum detulit.

Eodem quoque anno Edessa civitas ab inimicis crucis Christi, nostrorum dormitante providentia, capta, Saracenorum dominationi repente accessit. Unde et eos qui in regione Hierusalem adjacente manebant, doloris immoderata angustia usque ad intima perculit. Venerunt ergo ab Antiochia et Hierusalem in nostram regionem legati a primoribus partium illarum missi suppliciter exorantibus, ut Francorum invincibilis probitas periculum quod evenerat emendaret, et futura repelleret. Audiens rex noster, ut erat piissimus, miseriæ transmarinorum condoluit, et ut concepta inde pietas fructum aliquem afferret, celsiores regni sui in Pascha apud Viziliacum, ut exigebat necessitas, convocavit. Omnesque pio modulo alloquens, solitamque Francorum probitatem commemorans : *Magnum*, inquit, *dedecus nobis emerget, si exprobrari cœperit Philistæus familiæ David; si possidere cœperit gens dæmoniaca, quæ gens cultui divino dedita tempore longo obtinuit : si canes mortui vividam probitatem deluserint, maximeque Francorum, quorum virtus etiam inter vincula libera fuit : quæ in quantalibet necessitate arctata, contumeliam etiam illatam pati non potuit, quæ amicis in tempore opportuno adjutorium prompte tulit, inimicos etiam post mortem persequi non cessavit. Non insolescat igitur ipsa virtus, sed amicos Dei et nostros, transmarinos scilicet Christianos, subventu virtuoso relevet : inimicos autem viles, nec etiam hominum nomine dignos, gravi persecutione deturbet. Eamus, viri virtutis, resistamus idolorum cultoribus, proficiscamur ad loca quæ Dei hominis pedibus calcata olim fuisse cognoscimus, in quibus etiam passus est quæ ejus præsentia et corporali visitatione digna fuerunt. Exsurget autem Deus nobiscum, et dissipabuntur inimici ejus, et fugient qui oderunt eum a facie nostra. Confundentur, inquam, et convertentur retrorsum omnes qui oderunt Sion: si viriliter egerit probitas nostra, et a Deo non recesserit confidentia nostra. Magnum super hoc scitote jam mihi devotionem incumbere. Unde et vos obnixe deprecor, ut meam studeatis voluntatem vestro comitatu et auxilio roborare.* Multis igitur eorum qui convenerant cordetenus infixus est sermo regis. Quapropter assumptis cum ipso rege crucibus, Hierusalem post tempus modicum tetenderunt. Famosiores autem inter omnes qui cum rege hujus itineris angustiam subierunt, fuerunt hi : Alamannorum imperator Henricus, Robertus frater regis, Meldensis comes Henricus, Flandriæ Gaufridus [*leg.* Theodoricus]. Aluinus episcopus Atrebatensis, Giraudus episcopus Lingonensis, Gaucherius de Monte-Gaii, comes de Warena, Rainaldus Tornedorensis, Manasses de Bullis, Eurardus de Bretolio. Rex autem volens tutelam regni sapienti consilio disponere, congregare fecit apud Stampas Franciæ primores, ibique ipsius regni provisionem Sugerio abbati S. Dionysii commisit, viro in sæcularium causarum dispensatione nulli secundo, titulo etiam scientiæ litteralis præclaro; Radulfo etiam Viromandensium comiti consanguineo suo. Priusquam vero rex proficisceretur, Eugenius papa quod Dei inspiraverat spiritus persuasione solidaturus in Franciam venit. Cujus benedictione lætificati, iter illius piæ peregrinationis statim aggressi sunt. Domnus vero papa Remis celebrato concilio Parisius venit, ibique aliquandiu demoratus est. Post..... niens in ipsa urbe diebus aliquot..... ut tantum decebat virum, amplissime ab..... fierent, Gallicanæ multum ex hoc gravatæ sunt Ecclesiæ. Noster quoque abbas in ipsius procuratione xx libras submonente archiepiscopo Senonensi attribuit. Postea domnus apostolicus repatriare in patriam volens, omnes qui regnum ante regis reditum inquietare auderent, anathematis sententiæ subdidit. Rex deinde noster cœptum iter laboriose, sed non sapienter prosequens, consilia non recipienda recepit, et non tritam viam ambulans, pedibus spinas infigendas non cavit. Unde et vastato exercitu, debilitatisque viribus, tandem Hierusalem vix pervenit. Ubi per unius anni spatium et eo amplius commorans, nihil utile, nihil memorandum, nihil pl..... Franciæ dignum agere potuit. Unde et obscuro a..... transmarinis partibus iter mo..... ipsamque recessu suo valde....... Quarto autem post....... abbas noster Thevinus tunicam carnis corruptibilis exspolians, ante altare abbatiæ sepultus est, tanto majori a Deo donandus et glorificandus munere, quanto in ornanda ejus sponsa studiosius cognoscitur laborasse.

Pater sancte, vale, tibi donum spirituale.

ANNO DOMINI MCXLVII

JOANNES

MONACHUS S. LAURENTII LEODIENSIS

NOTITIA

(D. Bern. Pezius Præfatio ad tom. IV, *Thes. Anecdot.*, p. xvii.)

Quæcumque de auctore sequentis opusculi dici possunt, paucis Reinerus, Joannis disciplinus, lib. I De scriptoribus monasterii sui, cap. 16, complexus est. Quin etiam *Johannes*, inquit, *tam spiritu quam carne illius (Gisleberti) frater, scholasticus et eruditione et officio fuit, cujus extremui plerumque ferulam puer, ut clavam Herculis nemo unquam plus extremuerit. Heu quoties, dum nostra exigit aut discutit opuscula, et aduncis correptas manibus obliquo tabellas oculo intuetur! Heu quoties illum Virgilii monoculum me putavi Polyphemum incurrisse! Idem aliquando infirmatus, miroque satis ordine extra se et supra se factus plurima vidit memoratu digna, quæ et gratia œdificationis scripto edidit. Binos etiam cantus composuit, id est: de sancto Christophoro martyre, de sancta Maria Ægyptiaca. Historiam Tobiæ, itemque Martyrium S. Stephani protomartyris heroico pede percurrit, et Cantica canticorum aliquanta ex parte antiphonatim modulatus est. Ex his nihil præter* Visionem status animarum post mortem, etc., in Bibliotheca sua hodie superesse graviter apud me questus est cl. et diligentissimus P. Lombardus, qui et notavit Joannem sub utroque Wazelino abbate floruisse, quorum primus monasterium S. Laurentii regere desiit ac obiit anno 1147, alter anno 1156.

VISIO

STATUS ANIMARUM POST MORTEM

ET

MIRACULUM S. LAURENTII MARTYRIS.

(Ex ms. cod. S. Laurentii Leodiensis eruit R. et Cl. D. P. Cœlestinus Lombardus, ejusdem loci bibliothecarius; edidit R. P. D. Bernardus Pezius, *Thesauri Anecdot.* tom. IV, parte iii, pag. 5.)

INCIPIT

Visio cujusdam monachi de statu animarum post mortem.

§ I. In illo tempore frater erat in hoc cœnobio Beati Laurentii, Johannes nomine, frater Gisleberti monachi, qui de pluribus sanctis cantus composuit; cui ex incautela phlebotomiæ accenso ardentium febrium sanguine inflammavit cerebrum. Cum per quatriduum languor cresceret; natalis beati Martini episcopi supervenit dies. Jussu ergo abbatis sui deportatus est in cellulam secretiorem. Et cum clangentibus signis ad vespertinæ laudis officium omnes concurrerent, solus ibidem in lectulo suo relictus est, putantibus iis, qui eum custodire susceperant, quod obdormisset.

Ille autem factus in exstasi, id est in excessu mentis, vidit se quasi in quodam vestibulo stare, cui ante oculos pictura obtendebatur. Videbat ergo supra crucifixionem Domini digestam; infra vero de gestis Sampsonis, mortem ejus, ruinamque domus. Cum hæc attenderet, quasi supra verticem sentiebat stare personam tenentem in manu radium eburneum, et rationem hanc habentem cum circumstantibus quibusdam : « O quam delectabile et jocundum divinis rebus intendere animum, quoniam proficuum sapientes quique in talium gestorum materia possent tenere studium, et ad utilitatem animarum suarum dare pulchritudinis eloquium. Hanc intentionem et hoc studium iste habere debuisset, si suæ animæ salutem, suorumque fratrum utilitatem cordi habuisset. »

Audiebat ille frater hæc, venitque ei in mente quod beatus Laurentius esset. Itaque stabat attonitus, exspectans quod amplius loqueretur.

§ II. Beatus ergo martyr radium quem manu tenebat, intentans ejus capiti, sic ait : Quis ex omnibus sanctis majora tibi bona contulit ? Sub cujus umbraculo magis profecisti ? Quis aluit ? Quis docuit ? Quis Deo servire te posuit ? Fatere, inquam, si non vis ex præsenti infirmitate finire vitam. Ad hæc ille intremuit. Et quid, ait, respondere possum qui tam tristia incipio audire, quid boni de cætero potero sperare ? Beatus equidem Laurentius patronus meus est ; ille me puerum suscepit, ipse nutrivit et docuit, et præ omnibus sanctis gratias debeo illi. »

Cum hæc dixisset, subvenit ei in mente ne forte illusio esset, quod videbat, cœpitque frontem suum signo crucis armare. Ad hæc beatus martyr Laurentius : « Non, frater, phantasmate deluderis : et nobis familiare est signum crucis. Signo crucis Deus per nos dignatus est plura operari. » His auditis frater ille miserantibus eum cunctis circumstantibus ad genua ejus est prostratus, clamans et petens ejus misericordiam.

Tunc benignissimus beatus martyr Laurentius ad voluntatem circumstantium flexus est, et jacentem virgula tangens : « Spera, ait, et diffidere noli : quoquo modo hactenus vixeris, aut quid egeris, interim omittetur discuti, et tol annis vita in corpore prolongabitur tibi. Ego inspector et testis adero, quomodo de die in diem tua perficietur correctio, tuæ salutis sollicitudo, negligentiumque opportuna et modesta admonitio. Horum, inquam, omnium testis adero, et si frustra fuerit ista vitæ tuæ dilatio, terribilis negligentiarum et contemptus tui examinator. »

§ III. His verbis frater in spem reductus, jamque præsumens loqui et levare caput : « Ecce, inquit, domine mi, quanta infirmitate deprimor, et ut dicitur mihi, ardentium febrium dolore insanabili ! — Quid de præsenti salute, beatus Laurentius patronus ait, dubitas ? Ex hoc nunc incommodo minime morieris. »

Respondens autem frater suppliciter dixit : « Benedictionem da super me, beatissime, post quam non potero dubitare de salute. » Quam consecutus surrexit, jamque confidens de gratia patroni sui ad nutum ejus tantum præducem in altum sequi cœpit, sentiebatque se per aeris spatia ascendere, præser-

tim cum audiret adhuc duo majora, ecclesiæ signa ad officium vespertinum sub se porro infra per maximum aeris spatium parili souitu clangere : recognovit quid esset, advertitque quod altissime per nubila tinnitus ille transiret. Cum hoc intenderet, non tamen obliviscebatur ascensionis suæ, beatumque patronum longissimo intervallo sequens aliquando non videbat, et cum se eum perdidisse timeret, prope ante se sentiebat eum.

Directo ergo tramite sursum videbatur ascensio esse, donec ad circulum pervenit, supra quem mirabiliter hæsit. Videbatur ei orbis mirabili sonitu volvi, voxque resonabat, dicens : « Quis respondebit tribulanti ? » Sub illo orbe videbat aerem tenebrescere, et de deorsum quasi quasdam larvas sursum versus subsilire. Sed cum volventis supra orbis somnum audirent, sicut deficit fumus, deficiebant, et secundum nomen diaboli deorsum fluebant. Vox illa, vel sonus quasi ignis erat eis, et quasi fulmen de cœlo terribile. Videnti et admiranti fratri recordatio facta est quod Venerabilis Beda dicit, supra lunarem circulum dæmonum prohiberi accessum, cum et beati Pauli apostoli recordaretur dicentis : « Non est nobis colluctatio adversus carnem et sanguinem, sed adversus mundi rectores tenebrarum harum, contra spiritualia nequitiæ in cœlestibus, » cogitare cœpit ne forte hoc esset interliminium arcens a superis dæmonum accessum. De verbo autem quod audierat « Quis respondebit tribulanti ? » cum intelligere sensum vellet, talem subito mente percepit intellectum, vox illa contra dæmones est, quærens quis Deo resistere potest, vel respondere, id est rationem cum eo ponere ? Tribulantem autem dicit Deum, quia dæmones neque justum neque æquum, sed forte et pro fortitudine sua eos tribulantem sentiunt Deum.

§ IV. Ecce autem a parte orientali sedes longissima apparuit ei intuenti, supra quam personæ sedebant in habitu monachali. Sedebant silentes et subtristes, et sine suppedaneis eorum dependebant pedes. Semi-ratæ (sic) et demissæ eorum erant facies. Habebant sane pro consolatione maxima quod in purgatoriis positi carebant visu et infestatione dæmonum, beatam spem retinentes de salvatione sua, consolati, quod eis sublustris habitatio erit in pœnitentia sua.

Fuerunt quos ibi recognovit, quique eum viderunt, sed nec sede moveri, nec ei colloqui præsumpserunt. Vidit et patrem suæ carnis retro projectum absolvi catenis quibus ligatus fuerat in carceralibus pœnis. Ibi diu frater substitit, et de animabus, quod nesciebat, intellexit.

Duæ sunt egredientium animarum distributiones secundum meritorum diversitates, quibuscum omnibus salus quandoque futura est ; sicut egredientes animæ, quæ statim sub dæmonum rediguntur potestatem, quibus in suis tormentis et cruciatibus insultant, minas damnationemque sempiternam intentant. Harum pœnitentia animarum gravissima est, quia quandiu his tortoribus traditæ sunt, neque visitationem angelicam, neque lucem, neque salutis spem habent aliquam. Nec tamen in inferno inferiori demersæ sunt, quibus post aliquod tempus et ereptio a dæmonum comitatu, et pœnitentia levior in locis aliis indulgetur.

Agitur item purgatio animarum, quæ ve. vitæ merito, vel commendatione fidelium, vel beatissimorum patronorum interventu quieta purgationis suæ loca adipiscuntur. Harum sors beatissima est, quia et spes salutis, et visitatio angelica pro tempore, et lux eis non deest. Animæ, quarum felix pœnitentia est, quia sine dæmonibus agitur, cum nec eos vident, nec ab eis territantur, suspicetur aliquis quod patiantur? Expendunt omnia quæ egerunt in hac terra contra salutem suam, quæ minus egerunt in servitio Dei per negligentiam suam. Quam vellent se his caruisse vitiis, et obstitisse omnibus peccatis etiam minimis! quam vellent omni tempore se astitisse divinis servitiis, nec defuisse saltem ullis momentis! Expendunt in fame et siti quæ hic indulserunt in cibis et potibus inserviendo ventri, quibus solutum est vinculum timoris Dei, ut laxata sunt frena noxiæ voluptati. Expendunt in nimio frigore quæ hic exarserunt incentivo igne. Et ut paucis plurima advertantur, exsolvunt passionibus diversis quæcunque hic peccaverunt affectibus illicitis. Suspirant quod non admittuntur contemplationi divinæ, cui, cum debuissent, neglexerunt inhærere. Unde nunc cum passione sua eas afficiunt, interim a contemplationis dulcedine suis amaritudinibus retrahunt, iræque Dei eas cogunt experiri flagellum. Sunt ergo oculi, id est intentiones earum ad Dominum Deum suum, donec misereatur, et visitatione angelica solvat eas a passione sua. Beatæ enim animæ quæ passionibus carent, et quæ ad Deum, qui est fons vitæ, sitiunt, quemadmodum desiderat cervus ad fontes aquarum!

Miserrime autem excipiuntur animæ, quæ patronos suos, quibus in hac vita vel commissæ sunt, vel se commiserunt, pro quavis occasione, ut sunt animi hominum non pro perfecta conversatione, deseruerunt, quia aut dæmonibus committuntur, dum proprii patroni carent interventu, aut si parcitur eis, dæmonum tamen persecutionibus exponuntur.

Est autem talis persecutio eorum, ut licet miseris animabus non queant inferre cruciatum, non desistant tamen eis auferre omnem quietis locum vel in terra vel in mari, vel per aeris spatium. Desiderant animæ ad purgationem in hac terra positæ divinum sitienter audire servitium, quibus dolor intolerabilis est, cum infestatio, vel timor, vel insecutio dæmonum tam salubre earum confundunt desiderium.

§ V. De duobus monachis frater idem datum audivit exemplum, ne quis leviter ducat proprium non habere patronum. Unus eorum subitanea et improvisa morte præventus ad judicium est raptus; qui quamvis lubricitati obnoxius fuerit, maximi tamen patroni meruit patrocinio liberari. Et dum suis exigentibus peccatis damnari debuisset, ejus interventu placato judice felici pœnitentiæ et placidæ purgationi absque dæmonum incursu traditus est.

Alter vero propter animi sui inpatientiam loco suo, id est patroni, prætulit alium serviens ibi Deo, non tamen culpæ ducens sanctum quemquam præferre patrono. Excessit suo tempore et ipse, qui procacitatis quidem linguæ inter cætera, reus, sed quod pro nichilo deputaverat, sui proprii defensione patroni destitutus, deputatus est cum miseris, quorum pœnitentiæ sors gravissima agitur sub infestatione dæmonica, numerusque annorum illi prolongatus est multum.

§ VI. Cum hæc et alia de distributionibus animarum didicisset frater, magni ductoris sui recordatus secutus est præeuntem, intellexitque non eum solum esse, sed se præter eum nullum videre. Erat autem ibi claritas maxima, ad quam ejus pene caligabat anima. Cum ergo ante se beatum patronum sentiret (nam frequentius eum sentiebat quam videbat), cogitationi ejus incidit quærere ab eo de concentu cœli, an audire posset quod legerat in Scripturis. Cujus cogitationi respondens maximus ductor ait : « Sustine, frater, quod quæris, imaginabitur tibi paulisper. » Qui exspectans promissam harmoniam, vidit ante oculos erectam maximam sphæram. Erat autem coloris aurei, non adeo rotunda, sed longa et ductilis, cujus magnitudo erat quasi longitudo et latitudo alicujus maximi templi, præter quod in templo quadratura est non rotunditas : quæ rotunditas licet duplo longior quam latior in illa cœlestis orbis effigiatione apparebat, volvebatur celeritate grandi. De cujus inferiori vertice, qui erat acclinis polo australi, resonare cœperunt voculæ modo mirabili quasi de fistulis æris, si forte consonarent cytharædis cytharizantibus in cytharis suis.

Et cum huic concentui paulatim reboanti delectabiliter intenderet, repente a superiori vertice volventis sphæræ similes reddi cœperunt voces. Consonabant ergo voces vocibus conficientes concentum, qualem non possunt æstimare vel cogitare mentes hominum. Cumque conjubilatio illa paulatim resultaret, et anima quæ hanc audiebat ineffabili affectu rapi cœpisset, repente præreptus sonus et sphæralis effigies conticuit ac disparuit.

Piissimus itaque ductor fratrem regressurum alloquens ait : « Esto tui sollicitus, et devita opprimi nimiis occupationibus, nisi sit causa inevitabilis. Quod si injuncta possis recte exsequi, præmissa semper sollicitudine divini servitii, bene tecum erit. Cum descendes per spatium aeris, si de ductore tuo, ubi sit, requireris, responde, quod sanctus Laurentius ductor tuus sit; et si dæmones te terrere cœperint suis phantasiis, ejus nomen in faciem inclama illis. » Illis dictis disparuit.

§ VII. Jam paululum semotus frater versus orientem intendit, viditque equites econtra venientes; respondit ei statim cogitatio quod sanctus Mauritius esset qui tali specie apparebat. Appropinquante eo cum suis comitibus, quorum non attendit numerum (sex tamen aut octo esse potuerunt), factus est certissimus frater quod sanctus Mauritius esset. Reverenterque accedens præsumpta fiducia dixit eis : « O quanta fortitudo vobis erat in tantæ proceritatis et integræ juventutis corporibus, milites Christi, quoniam viriliter inimicis resistere, et victoriam ex idololatris consequi potuissetis, si armis materialibus placuisset uti ? » Ad hæc dux placidissimus : « Quid, frater, inquit, nonne victoriam de inimicis vitæ sumus consecuti ? Nulla nobis victoria clarior et laude dignior esse potuit, quam inimicum sua manu prosternere, et morte corporis vitam animæ acquirere. »

Erat autem chlamyde purpurea indutus. Quam cum frater idem diu intueretur, ait Mauritius : « Hac veste, quam sic inspicis, milites nostri temporis discernebantur a popularibus, nec nisi de pallio aut purpura licebat militi Romano chlamydem inter alios habere. » Incidit autem cogitatio fratri an eum B. Mauritius cognitum haberet. Cui cogitationi ipse placide respondens : « Scio, ait, quod sis monachus de patrocinio beati Laurentii; sed aliquid querelæ habeo adversum te, quia transacto anno cum prædium ubi ecclesiola nomini meo ædificata est (1), frequenter inviseres, triduum, vel amplius illic faciens, nunquam vel semel missarum solemnia celebrasti, vel saltem divini servitii horas ante altare memoriæ meæ erectum decantasti. » Audiens hoc ille, consciusque hoc verum esse, quod quidem et ipse olim perpenderat, sed tædio quodam, et quia animus non erat ei in loco illo, neglexerat, culpæ quam recognoscebat, obtendens excusationem hanc sancto martyri reddidit satisfactionem : « Non pones in animo, domine, hanc servuli tui offensam, quod si perpendere digneris quam sustinui contradictionem, afflictionem, et tentationem in anima mea, cum esset prædium illud sub cura mea, non aggravabis cor tuum super me ex hac negligentia. » Placido ergo vultu annuens B. Mauritius dixit : « Facile tibi hujus offensæ do veniam, quia satis superque istius piaculi exsolvisti pœnam. » Ac ille respondit : « Cum tam exigui oratorii memoreris ita, ut attendas quæ aguntur illic ; mirabile est cur pauperes colonos prædii ejusdem non protegis ; cur inimicis eorum non palam facis, quod curare digneris ipsius loci. » Ad quod respondens beatus martyr : « Non inimicis, inquit, sed tibi palam faciam quod nescis. »

His dictis vidit se repente in ipso oratoriolo cum sancto Mauritio esse. Stabat autem sanctus Mauritius innixus lateri altaris, quod est versus viam, tenens ipsum fratrem dextera contra latus suum quasi lactentem puerum directa facie ad populum, qui videbatur per ecclesiam stare, jubens fratri eodem intuitum dirigere, diligenterque attendere. Stabat itidem in medio ecclesiæ ejusdem pauper cœtus utriusque sexus, protensisque manibus orare videbatur. Dicebat ergo unus eorum erigens faciem et palmis complodens contra altare : « O sancte Mauriti, magne martyr, cur me non adjuvas ? Cur non vindicas de prædonibus qui me rebus omnibus exspoliaverunt, nudumque capere et occidere quærunt? » Cujus verbis sanctus occurrens, eumque, quem tenebat quasi ad attendendum concutiens respondit : « Tu ipse pro posse tuo pessimus es prædo et socius furum, nullum, ubi licet, omittens agere malum ? Væ tibi qui prædaris, quia et ipse prædaberis. » Item alteri dicenti : « Quid dormis, quid precibus nostris aurem tuam obclaudis ? Quare, o maxime sancte, non respicis miserias nostras ? Ecce devastor a malis hominibus, cum pecunia amitto annonam ? » Beatus martyr subintulit : « Merito hæc pateris, mirumque, quod te terra non deglutit, qui nunquam causæ Dei, cujus tu es, et de qua vivis, fidelis fuisti, in decima detrahenda sacrilegus, in censu defraudator, in omni debito servitii subterfugiens, et ideo sic omni hosti expositus, ut tibi subvenire despiciat omnis sanctus. » Sic omnibus objiciebat quæ fecerant, et inde miserias suas coacervabant. Audiebat omnia frater idem diligentissime, sciens propter se hæc ostensa ut sciret quod nesciebat ; mirabaturque tam subito se in oratorio esse, cujus ædificium omne recognoscebat, et quod tam prompte a tanto martyre talis ostensio fiebat. In hac admiratione positus subito se vidit esse cum sancto et comitibus ejus, ubi primo fuerat ei locutus

§ VIII. Iterum miræ dignationis et modestiæ sanctus per cogitationem sciscitanti ei plura dixit quæ ad evitandam invidiam et incredulitatem prætermissa sunt, non quod utilitatis haberent plurimum.

Sensit frater idem dolere sibi pedes, petiitque humiliter plurimum ut benedictionem sibi daret, et signum crucis super dolorem ederet. Ad hæc placidissimus : « Nullum est, inquit, periculum doloris hujus. » Confirmatum ergo benedictione et obtestatum de salutis sollicitudine, reverenter adorantem emisit a se, et cum paululum processisset, disparuit.

Frater autem subito a superis elapsus dicto citius descendit. Monstrabantur ei in aere, qui a dæmonibus pervagatur, cadavera jacentia, ubi videri poterat humana miseria. Imaginabantur illic corpora voluptuosorum suaviter viventium, et in luxuriis ea enutrientium : hæc illic videbat projecta, aliqua corrosa usque ad pectus, vel solum ventrem relictum. De aliquibus aliqua raptabantur a dæmonibus : insultabant ei, quem per linguam trahebant, falsa testimonia, perjuria, cæteraque impro-

---

(1) Hoc est in Wasega pago, in Namurcensi comitatu sito, ubi erat ecclesiola sub titulo Sancti Mauritii, prædium istud adhuc nostræ Ecclesiæ subditur.

rantes: quem per fauces, de nimio cibo et potu; quem per oculos, de immundo visu; quem per manus, de illicito opere. O quanti erant viri et feminæ, quorum dilacerabantur loca genitalia! Quis hoc videns non admirabitur? quis audiens non emendabitur?

Tenebat frater in memoria quod beatus patronus ejus revertenti (si de ducatu ejus quæreretur, ut se nominaret) injunxerat. Hac fiducia fretus, interritus transibat. Sed cum ad hoc ventum esset ut corpus intraret, cœperunt se ostendere quædam diræ facies, personæ terribiles, uncis manibus eum corripere conitentes. Quibus ipse in faciem nomen sui ductoris, id est: *Laurentius martyr*, inclamavit: quod quasi fulmen de cœlo eos penitus dispulit, nec ultra apparuerunt illi. Ipse autem subito nescio quo ordine se sensit in corpore, et quasi evigilans erecto capite per cubiculum cœpit respicere, admirans, ubi esset, unde venisset, aut quid vidisset.

§ IX. Secum itaque quod viderat revolvere cœpit et aliquibus fratrum aliqua retulit. Sed cum præ infirmitate diu loqui non posset, jussum est ut fieret ei quies donec levius haberet. Cum triduo in augmento languoris decubuisset quarto vesperascente die in sudore positus multum de naribus emittere cœpit sanguinis fluxum, quo per totum longissima noctis spatium continue fluente mane similis mortuo jacens, utpote sanguine vacuefactus, somno ciboque pene jam septimo die non usus, biduo per vices paululum turbatus est, sensu intercepto vacuitatis simulacris. Danda est venia humanæ fragilitati, quæ siccato cerebro et corpore vacuo et sanguine non valet subsistere sine periculo vitæ.

Diligenter ergo custoditus, post biduum cœpit, contra spem eorum qui eum viderant, quasi reviviscere, tenuiterque somno ciboque uti. Inde per dies convalescens ubi primum potuit, accito fratre uno, ea quæ viderat excipere eum fecit in tabellis, ne forte exciderent illi; quæ postea relegens scripto tradidit addens hæc narrationi: « Sicut meæ potestatis non fuit infirmari, vivere, vel mori: ita non fuit meum videre et referre, per aerem ascendere vel descendere. Unum est pro certo, quia nisi expertus fuissem, non timuissem, nisi vidissem, non retulissem. Cæterum non præsumpsi subtrahere quod forte alicui poterit prodesse. Arbitrio vero legentium judicium subjacet suam adhibere vel fidem vel derogationem. Omnes tamen stabimus ante tribunal Christi, nec discutietur meritum videndi sed vivendi. »

INTRA ANNUM DOMINI MCXLVIII—MCLII

GUILLELMUS

ABBAS S. THEODORICI PROPE REMOS

NOTITIA

(FABRIC., *Biblioth. med. et inf. Lat.*, tom. III, pag. 167.)

Guillelmus, abbas S. Theodorici, ord. S. Benedicti, in Monte Aureo prope Remos, ab anno 1120, inde factus circa 1137 in gratiam S. Bernardi, amici sui, monachus Cisterciensis in cœnobio Signiacensi, diem obiit ante Bernardum, h. e. ante annum 1153 (1). De eo Bulæus tom. II Hist. Academ. Paris., pag. 743, et Oudinus tom. II, pag. 1434 seq.

Scripta ejus hæc vulgata sunt a Bertrando Tissierio, sive Textore, tomo IV Bibliothecæ Cisterciensis, Bonofonte, 1669, fol.

1. Tractatus sive *Epistola ad Haimonem priorem et fratres de Monte Dei*, Carthusianos, *de vita solitaria* inter S. Bernardi Opera et sub *Bernardi* nomine sæpius prodierat: a Mabillonio verisimilius vindicata Guigoni priori Carthus. et sub ejus nomine in tres tributa libros exhibetur. Tissierium et jam pridem Henricum Gandavensem cap. 10 De scriptor. eccles. et alios apud Trithemium, ut Guillelmo tribuerent, permovit prologus a librariis præmissus volumini ex Guigonis et Guillelmi constantibus lucubrationibus, et ex utriusque contextus prologo, in quo et aliorum suorum opusculorum facit Guillelmus mentionem.

---

(1) Emendandum quod apud præstantiss. Caveum ad annum 1140 legitur, Ordinem Cisterciensem induisse an. 1153.

2. *Speculum fidei.*

3. *Ænigma fidei.*

4. *Meditationum liber*, editus pridem Lovanii 1546, Antwerp. 1550, 1590, atque recusus in Bibliothecis Patrum, ut in Lugd. tom. XXII, pag. 1143-1159. Guillelmus ipse, Meditationes, *Novitiis ad orandum formandis spiritibus, non usquequaque inutiles* appellat.

5. *De natura et dignitate amoris divini*, itidem Lovan. et Antwerpiæ atque in Bibliothecis Patrum et edit. Lugd. 1159-1163, nec non inter S. Bernardi Opera, tom. V, edit. Mabillonianæ, pag. 256.

6. *De contemplando Deo liber*, itidem inter S. Bernardi Opera, tom. V, pag. 246. Hic enim est qui in codicibus quibusdam *Liber Soliloquiorum Bernardi* inscribitur.

7. *De natura corporis et animæ* libri II, ad Theophilum.

8. *Disputatio Catholicorum Patrum contra Petri Abælardi dogmata*, libri III, ad Hugonem archiepiscopum Rothomagensem, cum præmissa epistola ad Gaufridum Carnotensem episcopum et ad Bernardum abbatem Clarævallensem, qua eos ad oppugnandam theologiam Abælardi hortatur, quod et ambo fecerunt. Hæc Guillelmi epistola, circa annum Christi 1139 data, etiam inter S. Bernardi epistolas 391 (in editionibus Mabillonianis 326) legitur, cum Bernardi responsoria, qua illius consilium atque operam testatur sibi probari.

9. *De erroribus Guillelmi de Conchis*, de quo supra pag. 138 seq., 144 seq. et tom. I, pag. 408.

10. *Expositio in Cantica canticorum*, quod alio opere adversus Abælardum suscepto imperfectum reliquit, cum venisset ad verba III, 3 : *Num quem diligit anima mea, vidistis?* Incip., *Os sponsi, inspiratio Christi.*

11. *Commentarius in Epistolam ad Romanos*, cujus mentio in appendice ad Henricum Gandavensem, c. 6.

Præter hæc a Tissierio vulgata, exstat ejusdem Guillelmi *Commentarius* diversus a superiore *in Cantica canticorum*; *et duplex* quidem, unus ab eo collectus ex scriptis S. Ambrosii, atque editus ad calcem Operum S. Ambrosii, tom. I, edit. Benedictin., pag. 1543-1618. Incip. : *Non hic fœditatis incentiva, sed castitatis celebrantur mysteria*. Alter ex libris S. Gregorii papæ, quem inter veterum aliquot Galliæ et Belgii Scriptorum opuscula sacra vulgavit Casimirus Oudinus Lugd. Bat., 1692, 8°. Incip. : *Potest per os Dei unigenitus Filius designari.*

De Vita S. Bernardi liber I, desinens in annum 1130, apud Surium, 20 Aug., et cum S. Bernardi Operibus sæpius editus.

Opusculum *Sententiarum* (2) *de fide ex S. Augustino*, Thomæ Blampino ut in appendice ad ultimum S. Augustini tomium ederet, tradidisse se narrat Oudinus tom. II, pag. 1438. Nihil autem tale invenio in Augustino Benedictinorum, nisi in appendice ad tomum sextum, pag. 782 seq. *Miscellaneas sententias incerti auctoris*, opusculum breve, et moralis potius quam dogmatici argumenti.

Guillelmus ipse præterea scripsisse se testatur libellum *De sacramento altaris*, quem memorat etiam Trithemius cap. 583, et Carolus Vischius pag. 137 Bibl. Cisterc., qui addit etiam librum *contra errores Gilberti* Porretani.

Ad hunc Guillelmum non modo plures epistolas scripsit et ab eo accepit S. Bernardus, sed etiam illi dicavit Apologiam suam adversus monachos Cluniacenses, tom. I edit. novæ, pag. 531, et librum *De gratia et arbitrio*, pag. 609.

(2) Trithemius quoque post Guillelmi *Speculum fidei*, et *Ænigma fidei*, memorat ejus librum *Sententiarum fidei*.

NOTITIA ALTERA IN GUILLELMUM.

(*Histoire littéraire de la France par des religieux bénédictins*, t. XII, p. 312. Paris, 1763, 4°.)

§ I. *Histoire de sa vie.*

Guillaume (2'), né de parents nobles à Liége, vint faire ses études à Reims avec Simon son frère. La vie édifiante qu'on menait à l'abbaye de Saint-Nicaise dans la même ville, les ayant touchés l'un et l'autre, ils y embrassèrent l'état monastique. Leur mérite perça bientôt à travers le voile dont ils s'efforçaient de le couvrir. Tous deux furent élus abbés l'an 1119 (3), Simon, de Saint-Nicolas aux Bois dans le diocèse de Laon, Guillaume, de Saint-Thierri près de Reims. Celui-ci n'était encore que simple étudiant à Saint-Nicaise, lorsqu'il alla voir pour la première fois S. Bernard, et lia avec lui cette étroite amitié qui dura toute leur vie. Guillaume aurait bien souhaité dès lors pouvoir se fixer auprès du saint; mais la Providence fit toujours naître des obstacles à ce dessein, qu'il conserva dans le cœur tant qu'il en jugea l'exécution possible. La dignité abbatiale, loin d'en affaiblir les traces, ne servit qu'à les fortifier. Insensible aux distinctions, il soupirait sans cesse pour être déchargé d'un emploi qu'il n'avait accepté qu'à regret. Son élévation fut bientôt suivie d'une maladie longue et fâcheuse. La nouvelle en étant venue à S. Bernard, il lui envoya son frère Gérard pour l'inviter à venir à Clairvaux (3'), avec assurance qu'il y serait promptement délivré de tous ses maux, ou par la mort, ou par une guérison parfaite. Pour une âme attachée à la

(2') *Gall. Chr.* nov., t. IX, p. 187 et 616.
(3) Bern. Opp. vol. II, p. 298.

(3') Bern. Opp. vol. II, p. 1085.

terre l'alternative aurait eu sans doute quelque chose d'effrayant. Il n'en fut pas de même de Guillaume. Il obéit sans hésiter, vint à Clairvaux, et y recouvra la santé sous les yeux et par la prière du saint abbé. Ceci arriva dans le carême de l'an 1120. La même année, et peu après son retour, il apprit que saint Bernard était lui-même aux portes de la mort. Il revint en diligence comme pour recueillir ses derniers soupirs. Mais à son arrivée les symptômes funestes avaient disparu. La convalescence, qui ne se fit pas attendre longtemps, acheva de dissiper ses alarmes. On peut juger combien elles furent grandes par le zèle extraordinaire qu'il témoignait en toute rencontre pour les intérêts de cet illustre ami. Plus jaloux de sa réputation que lui-même, on ne pouvait y donner atteinte sans lui causer la plus vive douleur. Les religieux de Cluni censuraient en quelques points la conduite du saint, notre abbé ne lui donna point de repos qu'il n'eût mis la main à son *Apologie* contre leurs reproches (4).

Cet attachement de Guillaume pour la personne de ce grand homme était fondé sur la plus haute idée de ses lumières et de sa vertu. Saint Bernard faisait réciproquement un grand cas du mérite de l'abbé de Saint-Thierri. « Comment, écrivait-il à l'abbé de Cuissi (ep. 79), vous êtes-vous avisé de consulter une personne aussi éloignée de vous que je le suis, ayant à votre porte Guillaume, abbé de Saint-Thierri, cet homme excellent qui joint à une rare prudence et à une égale habileté l'affection la plus sincère pour votre maison? » Oger, chanoine régulier, ayant voulu s'excuser auprès du saint d'avoir communiqué sans son ordre un écrit dont il lui avait fait confidence : « Eh! pourquoi, répondit l'abbé de Clairvaux (ep. 88), mon petit livre craindrait-il les yeux d'une personne à qui je voudrais pouvoir découvrir le fond de mon cœur? Vous ne connaissez pas assez mes sentiments pour l'abbé de Saint-Thierri. J'aurais mille biens à vous dire de lui, si les bornes d'une lettre me permettaient de m'étendre sur son sujet. » Il prie ensuite Oger d'aller voir cet ami commun afin d'examiner ensemble son ouvrage et d'y corriger ce qu'ils jugeraient en avoir besoin. On remarque les mêmes sentiments d'estime et de déférence dans la lettre qu'il écrivit à Guillaume lui-même (5), pour l'engager à revoir son traité *De la grâce et du libre arbitre*. Enfin, si l'on veut voir les effusions de cœur les plus tendres d'un ami parlant à un ami, il faut lire la lettre (ep. 85) où il répond aux plaintes que Guillaume lui avait faites sur l'indifférence qu'il lui supposait à son égard. Tel était le retour de saint Bernard envers l'abbé de Saint-Thierri.

L'an 1130 les Bénédictins tinrent leur premier chapitre général à Saint-Médard de Soissons. Guillaume, l'un des présidents de cette assemblée, signala son zèle par les sages règlements qu'il y fit faire. On s'imaginerait qu'à son retour il ne s'occupa qu'à les faire observer dans sa maison, cependant ce fut alors qu'il pensa plus sérieusement que jamais à se retirer à Clairvaux. Il en écrivit à saint Bernard (ep. 86). Mais la réponse ne fut nullement favorable à ses vues. L'abbé de Clairvaux lui manda qu'il persistait dans le même sentiment où il savait bien qu'il était; que l'un et l'autre ils devaient préférer la volonté divine à la leur; qu'il ne courrait aucun risque en suivant ce conseil, au lieu qu'il s'exposerait beaucoup en sacrifiant à son attrait particulier le soin des âmes dont la Providence l'avait chargé. Guillaume parut se rendre à cet avis, et se fit effectivement violence durant les cinq années suivantes pour s'y conformer ; mais à la fin l'amour de la vie privée triompha dans son cœur. Il abdiqua l'an 1135, et alla se confiner, non à Clairvaux, où il le prévoyait bien que sa démarche ne serait point approuvée, mais à l'abbaye de Signi du même ordre, au diocèse de Reims. Là, suivant le témoignage d'un écrivain domestique (6), il partagea tout son loisir entre l'étude et la contemplation.

Du fond de sa retraite il ne cessa point de veiller aux intérêts de la religion. Persuadé qu'un solitaire, plus que tout autre, est obligé de la défendre suivant la mesure de ses talents, il employa les siens avec succès pour repousser les assauts qu'une nouvelle méthode de raisonner commençait à lui livrer. Ce fut lui qui sonna l'alarme contre les attentats d'Abaïlard, qui le mit aux prises avec l'abbé de Clairvaux, et qui dans la suite lui porta lui-même les derniers coups. Il exerça son zèle aussi heureusement contre d'autres novateurs de son temps, comme on le verra dans le détail de ses écrits. C'est là que nous réservons à prouver qu'il vivait encore en 1148. On n'a rien de plus précis touchant la date de sa mort, sinon qu'elle précéda celle de saint Bernard, arrivée le 20 août de l'an 1153. La Chronique de Signi la rapporte en ces termes : « Guillaume s'étant saintement endormi dans le Seigneur, son corps fut enterré dans le cloître, près de la porte du chapitre. » Mais quatre-vingts ans après sa mort, Gilles, IX• abbé de Signi, fit transporter ses ossements dans l'intérieur de l'oratoire, avec ceux d'Arnoul, abbé de Saint-Nicaise, et de Gérard, abbé de Florenne, et les mit dans un sépulcre honorable, *in quadam theca honore debito sepelivit* (7).

§ II. *Ses écrits.*

La plume de Guillaume a produit un grand nombre d'écrits presque tous excellents, dont il nous a donné lui-même le catalogue, sans préjudice de ceux qui sont venus depuis qu'il l'eut dressé. Ils ont été recueillis pour la plus grande partie dans le IV• tome de la *Bibliothèque de Cîteaux*, imprimée à Bonne-Fontaine l'an 1669. Nous suivrons en les détaillant l'ordre qu'ils gardent entre eux dans cette collection, quoique différent de celui que l'auteur leur donne, et où il paraît les avoir publiés.

I. Le traité de la *Vie solitaire*, en forme de lettre, adressé aux Chartreux du Mont-Dieu. Ce traité, dont les uns ont voulu faire honneur à saint Bernard, les autres au vénérable Guigues, appartient réellement à notre auteur. Nous ne répéterons point ici les moyens qui ont été employés pour établir ce point de critique. On a pareillement fait voir que la date de l'ouvrage ne peut devancer l'an 1144, puisque le prologue s'adresse à Haimon prieur du Mont-Dieu, qui succéda cette année à Geoffroi. Dans ce prologue, Guillaume déclare qu'en composant son ouvrage il a eu moins en vue le corps des solitaires de cette maison, trop éclairés, selon lui, pour avoir besoin de ses lumières, que son frère Etienne, l'un d'entre eux, et sans doute le plus jeune. Il fait ensuite l'énumération des livres qu'il avait composés jusqu'alors, et dont il leur conseille la lecture. Cet article manque, à la vérité, dans quelques exemplaires manuscrits; mais comme il se rencontre dans les plus anciens, rien n'oblige à le rejeter à titre de fourrure. C'est la remarque de D. Mabillon, qui a fait reparaître ce prologue entier, avec le traité, parmi les œuvres supposées de saint Bernard (8).

Le corps de l'ouvrage est partagé, dans la *Bibliothèque de Cîteaux*, en trente-deux chapitres, que D. Ma-

---

(4) Bern. Opp. vol. I, p. 527.
(5) *Ibid.*, p. 603.
(6) *Chron. Signiac.*
(7) *Chron. Signiac.*
(8) Bern. Opp. vol. II, p. 135.

billon a réduits à seize, avec des sommaires beaucoup plus clairs et plus précis. On y trouve d'abord des principes généraux sur la vie religieuse. « Votre profession, dit l'auteur, est sublime; elle s'élève jusqu'aux cieux, elle égale en pureté l'état des anges. Vous n'avez pas seulement voué la sainteté, mais la perfection de toute sainteté, et le comble même de la perfection. Votre condition n'est point de languir dans la pratique des préceptes ordinaires, ni d'examiner ce que Dieu vous commande; mais de rechercher ce qu'il souhaite de vous, et de vous étudier à connaître en toute occasion quelle est sa volonté, ce qui est bon, ce qui est agréable à ses yeux, ce qui est parfait. Aux autres il suffit de servir Dieu; pour vous, un de vos devoirs essentiels est de lui être intimement unis. Aux autres, c'est assez de croire en lui, de savoir qu'il est, de l'aimer, de l'adorer; pour vous, le connaître, le comprendre, le savourer, en jouir est votre partage. » Il fait voir ensuite qu'une société naissante ne saurait pratiquer ses devoirs avec trop de ferveur, parce que son exemple doit servir de règle à la postérité.

Entrant dans le détail des obligations monastiques, il distingue trois états de la vie du cloître : l'animal, le raisonnable et le spirituel. Le premier est celui des commençants; le second, de ceux qui sont avancés dans la vertu; le troisième, des parfaits. Tout ce que dit Guillaume sur chacun de ces états, qui font le partage de son livre, est admirable, et perdrait trop à être abrégé. Nous renvoyons à l'ouvrage même les lecteurs curieux de s'instruire et de s'édifier.

En parlant de la forme des cellules, notre auteur fait une sortie sur celles du Mont-Dieu, trop somptueuses, à son gré, et trop peu conformes à l'esprit de pauvreté. Il conseille de les détruire, ou d'en changer la destination, en les réservant pour loger les malades.

Gerson, dans son sermon de la *Cène*, pense qu'on doit lire avec précaution ce que Guillaume avance touchant la ressemblance de l'homme juste avec Dieu. Mais on n'aperçoit dans cet endroit que le langage commun des mystiques, et l'on sait assez que leurs expressions ne doivent pas toujours être prises à la lettre.

Ce traité se rencontre dans toutes les éditions de saint Bernard. Il est de plus à la tête du VI° volume de la *Bibliothèque de Cîteaux*. Enfin, on le voit à la suite de la Règle de saint Benoît avec l'opuscule de Hugues de Saint-Victor *De modo orandi* dans un volume in-8°, publié chez Bade Ascensius, à Paris, l'an 1521 (9). Pour le mettre à la portée de ceux qui n'entendaient point la langue latine, on en donna, dès le siècle même de l'auteur, une traduction française, dont on conserve un exemplaire manuscrit dans la bibliothèque des Jésuites du noviciat de Paris. M. Le Beuf en a publié le commencement dans le XVII° volume des Mémoires de l'Académie des Belles-Lettres (p. 721). Cette traduction est vraisemblablement la même que celle que D. Martène dit avoir vue parmi les manuscrits de la Chartreuse du Mont-Dieu (10). Dans le dernier siècle le sieur Lami fit une nouvelle traduction de ce traité, qui fut très-bien accueillie, et dont il y a deux éditions à Paris, la première en 1651, chez Ant. Vitré, la seconde en 1656, chez Pierre le Petit. L'une et l'autre sont en un volume in-12, qui comprend de plus aux autres écrits de saint Bernard mis en français par le même traducteur; savoir, celui de la *Conversion des mœurs*, et le traité des *Commandements* et de la *Dispense*. Dans une dissertation qui sert de préface à ce recueil, on s'efforce, mais sur des raisons frivoles, de revendiquer l'ouvrage qui nous occupe à Pierre, abbé de Celles, et depuis évêque de Chartres.

II. Un recueil de *Méditations*, au nombre de douze, sur divers sujets de piété. Guillaume, parlant lui-même de ces *Méditations* dans le prologue du précédent traité, dit qu'elles sont utiles pour former l'esprit des moines à la prière. Ce jugement ne dit rien de trop : l'estime qu'on a toujours faite de cet ouvrage est attestée par la multiplicité des éditions. Il parut pour la première fois à Paris, sous le nom de S. Bernard, en 1499, chez George Mithelius, en un volume in-8°. Depuis il fut remis sous presse à Louvain, in-16, avec les *Méditations* de Guigues, en 1546; à Anvers en 1550, 1589, 1590; à Paris en 1600. Nouvelles éditions dans toutes les grandes *Bibliothèques des Pères*, y compris celle de Lyon, au vingt-deuxième tome de laquelle il se trouve, sans parler de la *Bibliothèque de Cîteaux*. Nous remarquerons encore qu'elles ont été mises en français par Jean Guitot, et publiées sous le nom de S. Bernard, à Rouen, l'an 1627, en un volume in-16, à la suite des *Méditations* attribuées à S. Augustin et de celles de S. Anselme.

III. Un livre *De la manière de contempler Dieu*. Les anciennes éditions de S. Bernard, d'après quelques manuscrits, le donnent à ce Père sous le titre de *Livre des soliloques*. L'éditeur de la Bibliothèque de Cîteaux l'a restitué le premier à l'abbé de Saint-Thierri; mais l'exemplaire sur lequel il l'a publié n'était pas entier. Dom Mabillon en a donné depuis une édition complète parmi les œuvres supposées de S. Bernard (10'). L'ouvrage est composé de dix chapitres, qui roulent uniquement sur les caractères de l'amour divin. L'auteur y débite une spiritualité très-déliée, et néanmoins très-solide. On voit qu'il a pris pour modèle les *Confessions* et les *Soliloques* de S. Augustin. Nous nous contenterons d'extraire de ce livre les paroles suivantes, où l'on marque énergiquement la différence des vertus du paganisme et de celles des chrétiens. « Les philosophes, Seigneur, ont autrefois cultivé la justice et par un mouvement d'amour, et par la pratique des œuvres qu'elle prescrit; jusque-là qu'ils disaient eux-mêmes de leurs œuvres : *Les bons haïssent le péché par amour de la vertu*. Cependant ils sont convaincus de n'avoir pas aimé véritablement la justice, parce qu'ils ne vous ont pas connu, vous qui êtes la source et l'origine de la vraie justice, vous à qui elle doit être rapportée comme à sa dernière fin, vous, en un mot, sans lequel toutes nos justices sont comme les choses les plus souillées. Ces hommes, en effet, n'avaient point la foi qui opère par la charité, quoiqu'ils fissent parade d'un certain amour du bien, et que quelques-unes de leurs œuvres fussent conformes aux loix de l'honnêteté. Mais comme elles ne partaient point du principe de la vraie justice, ni ne tendaient à la fin de cette même justice, ces hommes s'égaraient avec d'autant moins de ressource qu'ils couraient avec plus d'ardeur hors de la voie. Car la voie unique, Père tout-puissant, c'est votre Christ qui a dit lui-même : *Je suis la voie, la vérité et la vie* (11). »

(9) On voit à l'abbaye de la Couture du Mans un exemplaire parfaitement conforme à celui-ci, daté de l'an 1519. Il y a bien de l'apparence qu'ils n'appartiennent point à deux éditions différentes.

(10) *Voy. lit.*, p. 115.

(10') Bern. Opp., vol. II. p. 233.

(11) Philosophi mundi hujus olim eam (justitiam) coluerunt, et affectu amoris et effectu operis, in tantum ut diceretur ab eis de eis:

Oderunt peccare boni virtutis amore.

Sed convincuntur justitiam non amasse quia non noverunt te, a quo fons et origo, et in quem finis et recursus veræ justitiæ, et sine quo omnes justitiæ hominum sicut pannus menstruatæ. Non enim habebant fidem quæ per dilectionem operatur, licet affectatum quemdam amorem et opera quædam haberent honestatis; quæ quia a fonte veræ justitiæ non prodibant, et ad veræ justitiæ finem non ibant, tanto desperatius errabant, quanto fortius extra viam currebant. Via enim, Pater, Christus tuus qui dixit : *Ego sum via, veritas et vita.*

IV. *Le traité de la nature et de la dignité de l'amour.* C'est une suite de l'ouvrage précédent. Il est distribué en vingt chapitres dans la *Bibliothèque de Cîteaux*, et en quinze dans la nouvelle édition de saint Bernard (12). L'auteur y montre en quelle manière et par quels degrés on peut s'élever jusqu'à la perfection de l'amour en cette vie. On le rencontre aussi dans toutes les éditions de S. Bernard, à commencer par l'édition de Jean Tiraqueau.

V. La *physique du corps et de l'âme*, ou traité de la connaissance de soi-même. Guillaume dit lui-même qu'il avait divisé cet écrit en deux parties sous le nom de Théophile. La première traite de la structure du corps humain : c'est un abrégé d'anatomie assez superficiel. On y voit que les physiciens d'alors comptaient deux cent quarante et un os dans le corps de l'homme, sept paires de nerfs qui partent du cerveau, trente et une paires et un impair qui prennent leur racine dans la nuque du col. L'auteur, dans la seconde partie qui concerne la physique de l'âme, dit que les bêtes semblent agir par un mouvement volontaire, mais que la raison parfaite ne se rencontre que dans l'homme, que l'âme diffère des sens, qu'elle est tout entière en chaque endroit du corps, qu'elle a été créée à l'image de Dieu, que les vices qui sont en elle n'appartiennent point à sa nature primitive, quoiqu'ils forment celle des bêtes; qu'elle est faite pour user des créatures et jouir de Dieu seul. Il explique ce que c'est que la rectitude d'esprit. Il fait consister la différence de l'âme heureuse et de l'âme malheureuse en cette vie, dans la différence de son amour. Il finit par une peinture touchante du bonheur des saints et des misères des damnés.

VI. *Le Miroir de la foi.* C'est, à proprement parler, un traité des trois vertus théologales. Ces vertus, dit l'auteur, ne viennent point de nous; elles sont l'ouvrage de la grâce. « Si donc vous voulez le bien, ô homme! et si vous croyez comme il faut, cela ne dépend ni de votre volonté, ni de votre course, mais de la miséricorde de Dieu. Il est vrai que si vous ne voulez pas croire, vous ne croyez pas; et que vous croyez, si vous le voulez : mais vous ne croirez jamais, si la grâce ne vous prévient; parce que personne ne vient au Fils, à moins que le Père ne l'attire. Et comment l'attire-t-il? En créant en lui cette volonté libre par laquelle il veut librement ce qu'il veut; ce qui fait que le bien qu'il veut appartient à sa volonté (13). »

VII. L'*Enigme de la foi.* L'excellence et la simplicité de la foi sont l'objet de cet écrit. Guillaume avoue que cette foi se trouve bien plus hérissée de difficultés dans les écrits des SS. docteurs que dans les divines Ecritures. « Je ne vois point dans celles-ci, dit-il, le nom de Trinité; je n'y trouve point que le Père, le Fils et le Saint-Esprit ne font qu'un, si ce n'est dans l'épître de S. Jean, où il est dit : *Il y en a trois qui rendent témoignage dans le ciel, le Père, le Verbe, et le Saint-Esprit ; et ces trois ne font qu'un.* Mais cela ne se rencontre point dans l'ancienne version. Je ne parle au reste que des noms, et nullement des choses qu'ils expriment, car les Ecritures attestent que Dieu le Père, Dieu le Fils, et Dieu le Saint-Esprit, ne font qu'un seul Dieu. Mais elles ne parlent point de trois personnes dans la Divinité; elles ne font pareillement aucune mention de leurs relations, ni du fameux *Consubstantiel*, et d'autres semblables mots que la nécessité de repousser les nouveautés des hérétiques a obligé d'imaginer. Car je suis bien assuré que sans cela les Pères s'en seraient abstenus. Mais je respecte et reçois ces expressions comme le signal de la foi. » L'auteur continue dans la suite du livre à discourir sur le mystère de la Trinité, qu'il explique d'une manière fort orthodoxe, et beaucoup plus claire que les raisonnements subtils des scolastiques de son temps sur ce mystère.

VIII. Les livres d'Abailard étant tombés entre les mains de Guillaume l'an 1139, il fut extrêmement choqué de la doctrine qu'ils renfermaient, et prit aussitôt la plume pour les réfuter. Il adressa son ouvrage à Geoffroi, évêque de Chartres, et à S. Bernard, par une lettre écrite de ce style pathétique et véhément, qui jamais n'est mieux employé que pour la défense de la religion. « C'est, leur dit-il, avec une extrême confusion que je me vois forcé par votre silence et celui de tous les autres, de vous parler d'une affaire importante qui intéresse tous les fidèles en commun. Etait-ce à un homme de néant tel que je le suis, à vous prévenir, vous qui êtes mes seigneurs et mes Pères ? Mais d'un autre côté, comment puis-je me taire à la vue des dangers que court, sans que personne s'y oppose, la foi de notre commune espérance ; cette foi, dis-je, que Jésus-Christ a scellée de son propre sang, pour la défense de laquelle les apôtres et les martyrs ont versé le leur, que les veilles et les travaux des SS. docteurs ont transmise pure et sans tache au siècle malheureux où nous vivons. Oui, je sèche de douleur au dedans de moi-même ; et le saisissement de mon cœur est tel, que pour le soulager il faut que j'élève ma voix en faveur d'une cause dont je m'estimerais heureux d'être la victime, s'il était nécessaire, et si l'occasion s'en présentait. Ne vous imaginez pas qu'il soit question ici de bagatelles : la foi de la sainte Trinité, la personne du Médiateur, celle du Saint-Esprit, la grâce de Dieu, le Sacrement de notre rédemption, voilà les objets qui sont en péril. Pierre Abailard recommence à enseigner et à écrire des nouveautés. Ses Livres passent les mers, ils vont au-delà des Alpes, ils suivent de province en province, de royaume en royaume. Partout ils sont vantés avec enthousiasme et défendus impunément, jusques-là qu'ils sont estimés, dit-on, à la Cour de Rome. Je vous le dis donc à vous et à toute l'Eglise, le silence où vous demeurez peut devenir funeste. Eh quoi ! nous comptons pour rien cette foi pour laquelle nous avons renoncé à nous-mêmes. La crainte d'offenser un homme accrédité bannit de nos cœurs celle d'offenser Dieu. Je vous le répète, prévenez le mal, tandis qu'il ne fait qu'éclore : car si vous le laissez croître, vous ne serez plus en état de le réprimer. Il est temps de vous détailler les motifs de mon appréhension. » Il rapporte ensuite les erreurs d'Abailard, qu'il partage en treize chefs, qui sont les mêmes que foudroya le concile de Sens. Il proteste en finissant qu'il n'en veut qu'à ces erreurs, et nullement à la personne de l'auteur qu'il a aimé ci-devant et qu'il voudrait encore pouvoir aimer : *Dilexi ego eum et diligere vellem, Deus testis est ; sed in causa hac nemo unquam mihi proximus erit vel amicus.* Vient après cela le traité dans lequel il réfute en particulier chacune de ces erreurs. Il a pour titre : *Dispute des Pères catholiques contre les dogmes de Pierre Abailard.* Nous n'en donnerons point l'analyse, parce que les raisons qu'il renferme ont été ci-devant employées dans l'examen de la doctrine d'Abailard.

La lettre de Guillaume se trouve parmi celles de S. Bernard avec la réponse de ce saint, dans les éditions

---

(12) Bern. Opp., vol. II, p. 243.

(13) Non ergo volentis neque currentis, sed miserentis est Dei quod bene vis, o homo! et quod credis. Equidem si non vis credere, non credis; credis autem si vis : sed non vis nisi a gratia præveniaris, quia nemo venit ad Filium, nisi Pater traxerit eum. Quomodo? Utique creando in eo et inspirando ei liberam voluntatem qua libere vult id quod vult, hoc est ut voluntatis ejus sit quod vult.

d'Horstius et de dom Mabillon, ainsi que dans la *Bibliothèque de Cîteaux*. Le traité qui la suit n'est que dans ce dernier recueil.

IX. Après Abailard il s'éleva un nouveau philosophe qui entreprit de faire revivre quelques-unes de ses erreurs, et d'y en ajouter d'autres. C'était Guillaume de Conches, auteur, entre autres ouvrages, d'une *Somme ou Abrégé de Philosophie* en quatre livres. Un homme de bien étant venu à Signi pour s'y retirer, apporta cette *Somme* avec lui. Guillaume de Saint-Thierri, l'ayant parcourue, crut devoir encore la déférer à son oracle l'abbé de Clairvaux ; c'est ce qu'il fit par une lettre où il impute au philosophe de Conches divers écarts, dont nous donnerons le détail à l'article de ce dernier. On remarque dans cette lettre la même chaleur et la même force d'expressions et de raisonnements, mais non pas toujours la même habileté à saisir la pensée de son adversaire que dans l'ouvrage contre Abailard.

X. Notre auteur ne traita pas avec aussi peu de ménagements l'abbé Rupert dans la lettre qu'il lui écrivit pour relever certaines expressions de son traité des *Offices divins*. On a rendu compte sur celui-ci de l'objet de leur dispute, et on a fait voir qu'elle était mal fondée du côté de l'abbé de Saint-Thierri. Mais il faut ajouter ici que sa lettre est assaisonnée de toute la politesse et de toutes les marques les plus sensibles d'estime et de charité. Il s'agissait dans cette contestation de la manière dont le corps de Jésus-Christ est dans l'Eucharistie. Rupert pensait dans le fond comme Guillaume ; mais ce dernier avait mal interprété ses expressions.

XI. Indépendamment de cette erreur de fait, Guillaume était fort éclairé sur la matière de la présence réelle. Il l'avait étudiée de longue main dans les sources, il en avait examiné les preuves et les difficultés, et il avait recueilli, d'un côté les autorités des Pères les plus claires et les plus précises pour établir le véritable sentiment, de l'autre celles qui lui avaient paru les plus obscures et les plus propres à causer du trouble et de l'incertitude dans les esprits faibles. De tout cela il composa dans la suite un opuscule intitulé : *Du corps et du sang de Jésus-Christ*. Mais avant que de le mettre au jour il en fit part à l'abbé de Clairvaux, afin qu'il y corrigeât ce qu'il jugerait à propos. C'est ce que l'on voit dans la lettre au saint qui est à la tête de cet ouvrage, dont il est à propos de donner le précis.

Douze chapitres en font le partage, sans compter le prologue où l'on s'attache à prouver que la raison doit se laisser conduire par la foi, loin de vouloir lui servir de guide. Dans le premier chapitre l'auteur fait voir combien sont grandes les perfections que l'union de la nature humaine au Verbe procure au corps de Jésus-Christ depuis le moment de son incarnation, telles que sa subtilité et son agilité, dont il y a des preuves dans les divers états par où il a passé, c'est-à-dire, avant comme après sa glorification. De là il conclut que rien n'empêche de dire que le corps de Jésus-Christ, surtout depuis qu'il est glorifié, peut se trouver en divers lieux à la fois, quoiqu'il ne soit pas vrai que ce corps soit partout comme la Divinité. Car s'il est nécessaire que la Divinité se rencontre en tout lieu, puisque rien ne peut subsister hors de sa présence ; il ne l'est pas de même que le corps de Jésus-Christ existe partout, mais seulement où l'intérêt de notre salut exige qu'il soit présent. « Or, cette présence multipliée dans un même instant en divers lieux, est non-seulement possible, mais certaine, non par les lois de la nature créée, mais par celles de la nature créatrice : car l'essence de la nature créée étant d'être soumise aux lois de la nature créatrice, si celle-ci permet quelquefois à l'autre de changer la marche qu'elle lui a prescrite, il n'en faut pas conclure que l'auteur et le modérateur de cette nature créée se trompe ou s'écarte du bon ordre, surtout à l'égard de cette nature privilégiée qui en vertu de l'union personnelle est jointe au Verbe par qui toute nature créée a été faite, et sans lequel elle ne pourrait subsister en aucune façon (14). » Le second chapitre est employé à faire voir en quelle manière la présence de Jésus-Christ nous est maintenant nécessaire. L'auteur y dit que le corps de Jésus-Christ dans les jours de sa chair a dû se rendre visible et palpable, puisqu'autrement il n'aurait pu accomplir le mystère de notre rédemption ; mais qu'aujourd'hui ce corps ne doit plus être sensible, parce qu'étant destiné à nous servir de nourriture, il faut qu'il nous soit présenté sous une forme qui le déguise. Or cela n'a pu se faire d'une manière plus convenable qu'en nous donnant ce corps sous les espèces qui tiennent le premier rang entre les aliments, tels que sont le pain et le vin. Dans le troisième chapitre il s'agit des accidents absolus. Le quatrième a pour objet la transsubstantiation : l'auteur ne se sert point de cette expression, mais il emploie celle de transmutation, qui est équivalente. Dans le cinquième il traite de la manducation spirituelle du corps de Jésus-Christ. Le sixième roule sur la distinction de la double chair de Jésus-Christ. Cette chair, dit l'auteur d'après saint Jérôme, se prend en deux manières, tantôt pour celle qui a été crucifiée et ensevelie, tantôt pour cette chair divine et spirituelle dont le Sauveur dit lui-même : *Ma chair est une vraie nourriture*. La foi de l'Eglise à laquelle appartient le sacrifice, quel que soit le mérite de celui qui l'offre, produit le corps de Jésus-Christ dans le sacrement. Mais pour cette chair spirituelle du Sauveur, c'est la pureté de la vie et la ferveur de l'amour qui nous y font participer. Le septième chapitre tend à prouver qu'on peut manger l'une des deux chairs sans l'autre. Le huitième traite de la manducation corporelle, et l'on y prouve deux choses, 1° que cette manducation n'est point de nécessité absolument indispensable pour le salut, le baptême étant suffisant en certaines rencontres ; 2° que le corps de Jésus-Christ n'est point sujet aux suites honteuses de la digestion. Le neuvième a pour objet les divers sacrements ou signes mystérieux du corps de Jésus-Christ. Le dixième est une récapitulation de tout l'ouvrage. Dans les deux derniers l'auteur examine pourquoi dans les Pères il se trouve tant d'expressions obscures sur le sacrement de l'Eucharistie ; et la raison qu'il en donne, c'est que les Pères ne s'étant appliqués à éclaircir les dogmes qu'à mesure qu'ils étaient attaqués par les hérétiques ; ils ont dû parler moins nettement sur celui-ci que sur les autres, parce qu'il n'avait de leur temps essuyé aucune contradiction. Il finit par rapporter différents textes de saint Ambroise, de S. Jérôme et de S. Augustin, qui semblent se combattre, et les accorde d'une manière très-plausible. Cet ouvrage est imprimé sous le nom de S. Anselme dans les éditions anciennes de ce Père d'après différents manuscrits (15). Mais comme on y rencontre des endroits empruntés du traité des Offices de Rupert, composé en 1111, deux ans après la mort du saint prélat, c'est une preuve sensible de la fausseté de l'attribution. François

---

(14) Sic ergo constat in diversis locis uno horæ momento esse posse corpus Christi, sed lege creatricis naturæ non creatæ. Cum autem naturæ creatæ natura sit creatricis naturæ legibus in omnibus obedire : si hæc aliquando pacta sua illi resolvenda permittit, qui eam instituit et ordinat, non debet videri errare vel deviare ab ordine suo, maxime in illa natura quæ in virtute personæ conjuncta est in Verbo per quod facta est omnis creatura, et præter quod non posset aliquo modo esse.

(15) Anselm. Opp. t. I, édit. Gerb., in censura opp.

Titelman dans l'édition qu'il en donna l'an 1532 in-8° à Anvers (16), en fit honneur à Ernaud, abbé de Bonneval, avec aussi peu de fondement. L'éditeur de la *Bibliothèque de Cîteaux* l'a restituée à son véritable auteur, sur quatre manuscrits, dont deux de Signi où le nom de Guillaume est marqué jusqu'à cinq fois, un de Clairvaux et un d'Igni.

XII. Guillaume était occupé à commenter le Cantique des cantiques lorsqu'on lui apporta les écrits d'Abailard. Il crut devoir interrompre ce travail pour les réfuter, et il ne paraît pas qu'il l'ait repris. Quoi qu'il en soit, l'ouvrage est imparfait tant dans les manuscrits que dans la *Bibliothèque de Cîteaux*. L'auteur déclare dans la préface, qu'il ne considère que le sens moral de son texte, et l'on peut assurer qu'il a heureusement exécuté son dessein. Nous parlerons ci-après d'autres commentaires qu'il a faits sur le même livre.

XIII. Le Cantique des cantiques n'est pas la seule portion de l'Ecriture, que Guillaume ait entrepris d'expliquer; nous avons de lui un commentaire sur l'Epître de S. Paul aux Romains. Il est partagé en sept livres, et précédé d'une belle préface, où l'auteur dit que cette Epître étant pleine de grandes difficultés, il a formé le dessein de les aplanir, non par une explication suivie et tirée de son cerveau, mais en recueillant avec choix ce qui peut y avoir rapport dans les écrits des SS. docteurs, et particulièrement Origène, S. Ambroise, S. Augustin et les maîtres de son temps les plus attachés à la doctrine de l'antiquité. Le principal motif, ajoute-t-il, qui m'a porté à ce travail, c'est le plaisir de contempler cette grâce divine que l'Apôtre est continuellement occupé à défendre contre les Juifs en écrivant aux Romains, que les SS. docteurs par leurs écrits ont fait triompher des efforts de l'hérésie, et que chacun de nous doit attirer par ses désirs pour entrer dans les sentiments d'une humilité profonde et produire les œuvres d'une solide dévotion. Car ceux qui se sont entièrement dévoués au culte de Dieu, doivent savoir que ce culte n'est autre chose que la piété, qu'il n'y a point de vraie piété sans actions de grâces, et point d'actions de grâces sans la connaissance de la grâce même. C'est par la méditation fréquente de cette vérité, que nous devenons ces heureux pauvres d'esprit à qui appartient le royaume de Dieu, parce qu'ils ont mis tout leur espoir en son secours : car la grâce nous a prédestinés avant que nous n'existassions et lorsque nous étions encore dans le néant; elle nous a appelés lorsque nous étions éloignés de Dieu; elle nous a justifiés après nous avoir retournés vers lui; enfin, après nous avoir justifiés, si nous ne lui manquons point par notre ingratitude, elle doit nous glorifier. Cette préface est terminée par une prière touchante à Jésus-Christ. Un début aussi favorable invite le lecteur à connaître l'ouvrage, et son attente n'est point trompée en le lisant. Il y trouve un tissu presque continuel des expressions ou des pensées des Pères, choisies avec goût et appliquées avec intelligence aux différentes parties du texte de l'Apôtre. Donnons quelques échantillons de ce Commentaire. Sur ces paroles : *Où est donc le sujet de votre gloire? Il est anéanti. Par quelle loi? Est-ce par la loi des œuvres? Non, mais par la loi de la foi.* « Il faut savoir, dit Guillaume, en quoi diffèrent la loi des œuvres et la loi de la foi; car l'une et l'autre disent : *Vous ne convoiterez pas* (défense qui comprend tous les péchés dont la convoitise est la source commune) : l'une et l'autre ont pareillement leurs œuvres sacramentelles, lesquelles à la vérité ne se ressemblent pas. Or pour déterminer la différence de ces deux lois, nous disons qu'elle consiste en ce que la loi des œuvres montre la justice d'un Dieu qui commande, et la loi de la foi nous fait voir la miséricorde de même Dieu qui vient à notre secours : car, ce que la loi des œuvres ordonne en menaçant, la loi de la foi l'obtient en croyant. Par la première Dieu dit : *Fais ce que je commande.* Par la seconde l'on dit à Dieu : *Seigneur, donnez ce que vous commandez.* La loi ne commande en effet que pour nous avertir de ce que la foi doit faire; c'est-à-dire, afin que celui à qui le commandement est adressé sache ce qu'il doit demander, s'il ne peut l'accomplir; et connaisse, s'il le peut aussitôt accomplir et le fait avec obéissance, de qui il a reçu ce pouvoir. Telle est cette sagesse qu'on nomme piété par laquelle on honore le Père des lumières, auteur de toute grâce excellente et de tout don parfait. Car, c'est par le sacrifice de louanges et par l'action de grâces qu'on lui rend le véritable culte, afin que son serviteur ne se glorifie qu'en lui, et nullement en soi-même, et que le vrai fils de la foi sache de qui il doit attendre ce qu'il n'a pas encore et d'où lui vient ce qu'il a déjà. Cependant la loi des œuvres est sainte, le commandement est saint, juste et bon. Mais par ce bien même le péché a causé la mort parce que le commandement proscrit et excite en même temps la concupiscence, en tant qu'il ordonne et n'aide pas, qu'il punit et ne délivre point. » Sur ce verset : *Les dons et la vocation de Dieu sont immuables, et il ne s'en repent point* (Rom. XI, 29). « Tous ceux, dit-il, qui appartiennent à cette vocation sont enseignés de Dieu; et personne d'entre-eux ne peut dire : j'ai cru afin d'être appelé. Mais la grâce les prévient tous, parce qu'ils sont appelés avant qu'ils croient : car tous ceux qui sont enseignés de Dieu viennent au Fils, puisqu'ils ont ouï et appris du Père par le Fils, qui dit nettement : *Quiconque a ouï du Père et a appris, vient à moi* (Joan. VI, 45). Personne de ceux-là ne périt, parce qu'il ne perd aucun de ceux que le Père lui a donnés (17). » Il explique à la manière de saint Augustin et de ses disciples, ces paroles : *Tout ce qui ne vient point de la foi, est péché.* « Non-seulement, dit-il, toutes les actions des infidèles, mais toute leur vie est péché. Car où manque la connaissance de la vérité immuable, il n'y a que fausse vertu, même dans les mœurs les mieux réglées (18). » Ces exemples peuvent suffire pour faire juger du mérite de ce Commentaire.

XIV. Abailard, comme il a été dit à son article, après sa condamnation prononcée au concile de Sens, publia son Apologie, pièce très-différente de sa confession de foi, et non moins injurieuse à ses juges que peu conforme à la saine doctrine. L'artifice dont elle était remplie et l'air de confiance que l'auteur y affectait firent craindre aux gens de bien qu'elle n'accrût le nombre de ses partisans. Hugues d'Amiens, archevêque de Rouen, chargea Guillaume d'y répondre. En conséquence de cet ordre il fit un écrit en trois livres, dans lequel il suit pied à pied son adversaire, démêle avec sagacité ses déguisements, relève l'atrocité de ses injures, et confond ses erreurs par des autorités précises et multipliées des SS. Pères. Cette réponse prouve mieux qu'aucun autre ouvrage de Guillaume combien il était versé dans l'étude de la tradition.

(16) *Mag. Bibl. Eccl.* p. 576, n. 2.

(17) *Sine pœnitentia enim sunt dona Dei et vocatio*, id est sine mutatione stabiliter fixa sunt. Quicunque enim ad hanc vocationem pertinent, omnes sunt docibiles Dei; nec potest quisquam eorum dicere : credidi ut vocarer. Sed prævenit omnes gratia Dei, quia sic sunt vocati ut crederent. Omnes enim docibiles Dei veniunt ad Filium, quoniam audierunt et didicerunt a Patre per Filium qui evidentissime dicit : *Omnis qui audivit a Patre et didicit, venit ad me*. Istorum nemo perit, quia omne quod dedit ei Pater, non perdit ex eo quemquam.

(18) *Omne quod non est ex fide, peccatum est*. Non omnis actus tantum, sed omnis infidelium vita peccatum est. Ubi enim deest agnitio incommutabilis veritatis, falsa virtus est etiam in optimis moribus.

C'est dommage que le commencement du premier livre manque dans les manuscrits comme dans l'imprimé. Cette lacune est ancienne, et dès le XIIe siècle, peu d'années après la mort de S. Bernard, Geoffroi, son successeur, mandait au cardinal Henri d'Albane que le premier cahier de cet ouvrage manquait dans l'exemplaire de Clairvaux (19). Il ignorait même le nom de l'auteur, et savait seulement, disait-il, que c'était un abbé de l'ordre de Saint-Benoît. Cependant s'il eût pris la peine de comparer cette pièce avec la lettre adressée à l'évêque de Chartres et à S. Bernard, et avec d'autres écrits de Guillaume qui devaient se trouver à Clairvaux, il aurait facilement jugé qu'elle partait de la même plume. On reconnaît en effet au premier coup d'œil le style et la phrase de notre auteur, les expressions modestes dont il a coutume de se servir en parlant de lui-même, le fond des raisonnements et plusieurs des passages qu'il avait employés la première fois en réfutant le même adversaire, enfin la vivacité qui le caractérisait dans la dispute. L'éditeur de la *Bibliothèque de Citeaux* était encore plus à portée de confronter tous ces écrits, et Manrique (20), qui est de notre sentiment, l'avertissait de le faire. Néanmoins il s'est contenté d'insérer ces trois livres dans son Recueil, sous le simple titre de *Dispute d'un abbé anonyme contre Abailard*. Duboulay, suivi des bibliographes modernes, n'a pas hésité de même à les donner à Guillaume; mais tous ont confondu et pris pour un seul et même ouvrage, les deux réfutations d'Abailard composées par Guillaume de Saint-Thierri.

Ici se termine dans la *Bibliothèque de Citeaux* la collection des Œuvres de notre auteur; mais cette collection, comme nous l'avons déjà dit, ne renferme pas toutes les productions de sa plume. En voici d'autres qui ne s'y rencontrent point:

I. Trois commentaires sur le Cantique des cantiques, outre celui dont nous avons déjà rendu compte. Le premier de ceux-là est à la vérité moins l'ouvrage de Guillaume que de S. Bernard. Il précède en date tous les autres, et fut fait à l'occasion suivante: Notre auteur raconte lui-même qu'étant malade à Clairvaux, il pria S. Bernard de lui expliquer le Cantique des cantiques suivant le sens moral, en laissant à part les mystères qu'il renferme. Le saint fit ce qu'il demanda, et dans une suite d'entretiens il lui developpa la morale de ce livre (21). « J'avais soin chaque jour, dit Guillaume, après qu'il m'avait quitté, de mettre par écrit les choses qu'il m'avait dites, autant que ma mémoire pouvait me les rappeler. » Nous pensons avec dom Mabillon, que ce résultat, dressé par notre auteur, est la même chose qu'une explication des deux premiers chapitres du Cantique des cantiques, que ce savant a fait imprimer parmi les œuvres supposées de S. Bernard, sur un manuscrit de l'abbaye des Dunes. Le style décèle manifestement l'abbé de Saint-Thierri. Le second commentaire est tiré des écrits de S. Ambroise; il fut livré à l'impression pour la première fois sous le nom d'Antoine Démocharès ou de Mouchi à la fin du cinquième volume des Œuvres de ce Père, publiées à Paris l'an 1569. On prit dans cette édition le nom du copiste pour celui de l'auteur, parce qu'en effet le manuscrit sur lequel on publia ce commentaire était de la main de Démocharès; mais le P. Hommei l'a restitué à son véritable auteur dans son Supplément de la Bibliothèque des Pères (p. 260), où il est imprimé. Les derniers éditeurs de S. Ambroise l'ont reproduit d'une manière plus correcte et d'après un exemplaire de l'abbaye de Signi, qu'on regarde comme l'original. Le troisième est extrait des Œuvres de S. Grégoire le Grand. Il fut mis au jour l'an 1692 à Leyde, en un volume in-8[o] qui comprend d'autres écrits anciens, par les soins de Casimir Oudin.

II. Guillaume ne se contenta pas d'admirer les vertus de S. Bernard et de les prendre pour modèle de sa conduite; il eut encore soin d'en transmettre le souvenir à la postérité. Nous avons le livre qu'il composa de la Vie de ce grand homme, dont il ne conduit l'histoire que jusqu'en 1130. Son ouvrage a été continué successivement par Ernaud de Bonneval et Geoffroi de Clairvaux. On ne sait ni la raison pour laquelle il ne poussa pas lui-même son travail plus avant, ni le temps précis où il y mit la main. Dom Mabillon prouve fort bien qu'il ne l'entreprit qu'après l'an 1140. Ce fut peut-être sa dernière composition que la mort apparemment l'empêcha de finir. On rencontre ce livre dans toutes les éditions de S. Bernard, dans Surius au 20 d'août, et dans Bollandus sous la même date. Nous parlerons ailleurs des traductions qui en ont été faites.

Tels sont les écrits de Guillaume dont le public est en possession. On conserve encore manuscrit son livre des *Sentences sur la foi*. Duboulai, qui ne connaissait de cet ouvrage que par l'étiquette, s'est imaginé que notre auteur avait inventé la méthode de traiter la théologie par sentences, et que les premiers scolastiques avaient pris de lui le nom de *sententiaires* (22). Mais nous avons nommé ci-devant plusieurs productions de divers écrivains qui sont intitulées de même que celle-ci, et paraissent la précéder dans l'ordre du temps. D'ailleurs, comme le remarque Oudin (23), si l'historien de l'Université de Paris avait vu le livre dont il s'agit, il en aurait pris une tout autre idée. Il existe en original à l'abbaye de Signi avec cette inscription: *Sententiæ de fide potissimum ex sancto Augustino et aliis Patribus*, et commence par ces mots: *Essentia est res, quæ est ex quibus est, et quæ in eo quod manet subsistit*. L'auteur y traite d'après S. Augustin et Boèce, et souvent en employant leurs propres expressions, de l'essence et des attributs de Dieu, de la trinité des personnes divines et de l'unité de leur substance, de la création des anges, de l'homme, etc. Mais la méthode qu'il suit dans cette compilation est très-différente de celle de ces scolastiques et *sententiaires* dont parle Duboulai. Oudin, qui nous fournit cette notice (car nous n'avons point vu l'ouvrage), ajoute qu'il en avait envoyé une copie fidèle du manuscrit de Signi à dom Thomas Blampin, pour lui donner place dans la nouvelle édition de saint Augustin. Cependant on ne voit pas que cet éditeur en ait fait usage; car les *Mélanges de sentences*, d'un auteur inconnu, que l'on voit dans l'appendice du sixième tome de S. Augustin, sont un ouvrage très-court et beaucoup plus moral que dogmatique.

Un autre écrit de Guillaume, qui n'a pas encore vu le jour et dont peu de bibliographes ont fait mention, est un traité *des Relations divines contre les erreurs de Gilbert de la Porrée*. La bibliothèque du collège Louis le Grand en possède un exemplaire enrichi de notes marginales du Père Labbe. Il y en avait un autre à Morigny près d'Étampes; mais nous ne savons où les manuscrits de cette abbaye ont été transportés depuis le malheur de sa destruction. Guillaume mit la main à cet ouvrage peu de temps après le concile de Reims, où les nouveautés de Gilbert furent proscrites, c'est-à-dire vers la fin de l'an 1148. On le voit par le début où il dit: *Quatuor in his schedulis capita, lector, invenies, quæ in magna nuper Ecclesia propalata et reprobata sunt tanquam manifeste repugnantia veritati*. Ces quatre articles sont réfutés avec la même force de raisonnement et la même vivacité qu'on remarque dans les autres ouvrages de notre

---

(19) Oudin., *Script.* t. II, col. 1435-1436.
(20) Ad an. 1140, c. 6, n. 5.
(21) *Vita S. Bern.*, c. 12.

(22) Egas. Bul., t. II, p. 743.
(23) *Script.* t. II, p. 1438.

auteur. Il finit par l'éloge des célèbres théologiens de son temps en ces termes : *Ut ad hæc specialiter capitula quæ in manibus sunt, revertamur, nunquid non audientibus hæc tam nova dogmata considerandum fuerat quantos sapientes et litteratos viros non longe ante hæc tempora habuisset Ecclesia sanæ opinionis et doctrinæ, qui manifeste contraria senserant et docuerant. Dico autem insignes illos Laudunenses Anselmum et Radulfum, magistrum etiam Albericum Remensem prius; Bituricensem archiepiscopum, et fidelissimum divini verbi tractatorem Hugonem de Sancto Victore, sed et Robertum Pullanum apostolicæ sedis cancellarium, cæterosque quamplures quorum præsentia adhuc aut memoria recens in benedictione est, quorum communis exstat sententia, quidquid in Deo est, Deum esse.*

Outre ces écrits Guillaume en avait composé d'autres qui ont succombé à l'injure du temps. On regrette surtout le grand nombre de lettres qu'il écrivit à S. Bernard et à d'autres personnes distinguées avec lesquelles il fut en commerce. Il nous apprend lui-même qu'il avait composé un Traité des universaux adressé à maître Thierri (24).

Duboulai (t. IV, p. 743) soupçonne mal à propos que notre auteur est ce maître Guillaume, moine, à qui Gautier de Mortagne écrivit une lettre (*ibid.*, p. 74) pour réfuter l'opinion où il était que le baptême conféré par un hérétique aux enfants ne leur servait de rien avant l'usage de raison. Car 1° il est douteux, comme il le remarque lui-même, si ce terme de *moine* n'était pas un surnom plutôt qu'un nom de profession; 2° le titre de *maître* désignait alors un homme qui donnait des leçons publiques, ce que notre auteur n'a jamais fait; et quand même ce titre serait équivoque par lui-même, le commencement de la lettre de Gautier suffit pour le déterminer au sens que nous lui donnons dans le cas présent. Voici comme elle débute : *Magistro Guillelmo monacho Gualterus de Mauritania salutem. Dixistis quod non credatis*, etc. Ce mot *dixistis* ne prouve-t-il pas que Gautier n'attaquait pas un écrit, mais un discours prononcé de vive voix et en public par un professeur ? Enfin, il est hors de vraisemblance qu'une opinion aussi absurde que celle qu'on relève dans cette lettre, soit entrée dans l'esprit de l'un des plus savants hommes du XII° siècle.

Guillaume était tel en effet, et dans presque tous les genres de littérature qui convenaient à son état. Logicien subtil et exact, personne n'entend mieux que lui l'art de pousser un raisonnement, de parer les objections de ses adversaires et de démêler les sophismes dans lesquels ils s'enveloppent. Physicien, comme on pouvait l'être alors, la connaissance qu'il avait des choses naturelles égalait celle des plus habiles de son temps. Théologien profond, à une grande lecture des Pères il réunissait un jugement sûr et pénétrant qui lui faisait apercevoir la correspondance, l'application et la fécondité des principes qu'il avait trouvés épars dans leurs écrits. Mystique raisonnable et sublime dans tous les sujets de spiritualité qu'il traite, il parcourt avec le flambeau de la foi tous les degrés qui conduisent à la hauteur de son objet, et ne va point au delà. Il parle au cœur et à la raison tout ensemble; il élève celle-ci sans lui faire perdre terre, il échauffe l'autre sans lui inspirer un enthousiasme outré. Interprète sage des saintes Ecritures, il ne force point la lettre pour la faire plier à son sens particulier, il n'affecte point de dire des choses neuves, mais il prend toujours la tradition pour règle dans l'explication de ces livres profonds et divins. Ecrivain d'ailleurs clair, méthodique, éloquent, rempli d'onction où les sujets en demandent et pour tout dire en un mot, l'auteur de son siècle qui a le plus approché de S. Bernard.

(24) *Bibl. Cist.*, p. 253. col. 1.

IN OPERA BEATI GUILLELMI

PRÆFATIO

VITAM ET CATALOGUM LIBRORUM EJUS EXHIBENS.

(D. Tissier, *Biblioth. Cisterc.*, t. IV, p. 1, ex anonymo scriptore, ex Vita et epistolis S. Bernardi, et ex Chronico Signiacensi.

Beatus Guillelmus Leodii genere nobili ortus, adolescens studiorum causa Remos missus, absoluta encyclopædia religionis vestem in cœnobio S. Nicasii Remensis induit, et post aliquot annos S. Theodorici ad Remos abbas est electus. Circa illud tempus fama virtutum S. Patris Bernardi longe lateque jam diffusa, Claramvallem adiit, et cum sancto viro sacrum fœdus iniit, atque ab eo die arctissima illi necessitudine devinctus fuit ; de qua multa scribit ille lib. I Vitæ ejusdem S. Bernardi : ubi etiam ait se, cum in suo S. Theodorici cœnobio adversa laboraret valetudine, a S. Bernardo Claramvallem accersitum, et per B. Gerardum ejus fratrem illuc deductum : ubi quantum ex convictu et sermonibus sancti profecerit, declarat. Mutuum hunc amorem eorum scripta demonstrant. Guillelmus in epist. quæ præcedit librum De sacramento altaris, sic Patrem sanctum salutat : *Charissimo suo electo ex millibus, suus ille, seipsum. Et in alia, quæ non exstat. Suus ille,* inquit, *quod suus.* Huic respondet epist. 86 S. Bernardus pari quoque salutatione. Epistola autem 85 amice cum eo expostulat, quod scripsisset, minus se a D. Bernardo diligi, quam Bernardum a se. *Forte,* inquit, *verum est quod dicis, minus scilicet a me amari te, quam me diligis : sed certus sum, certum non esse tibi. Et infra Deum alloquens. Quod,* inquit, *diligam illud,* scilicet Guillelmum, *ex dono tuo et suo merito, tu scis, et ego sentio; quatenus autem diligam, tu scis, ego nescio.* Denique S. Bernardus suum De gratia et libero arbitrio librum, itemque Apologiam pro Cisterciensibus, Guillelmo ; et hic vicissim suum De sacramento altaris opusculum, et alterum adversus Petrum Abælardum Bernardo nuncupavit : in quibus etiam quanti alter alterius eruditionem æstimaret, declaratur.

Guillelmi siquidem censuram pro evulgando aut supprimendo libro prædicto exspectare se dicit S. Pater : qui et epist. 79, ab abbate Cuissiacensi consultus, Guillelmi nostri sapientiam his verbis commendavit : *Miror, quid tibi visum fuerit, me tam remotum expetere consultorem: cum prope habeas virum sapientem, vestri ordinis, et tuæ præcipue domus amatorem, Guillelmum abbatem S. Theodorici.* Cum tanta inter illos animorum esset unio, optaret que Guillelmus ad Cisterciensem ordinem migrare, dissuasit tamen illam mutationem S. Bernardus : ut ex ejus epistola 86, constat. Prævaluit tamen Guillelmus, ac Signiacense cœnobium adiit : ubi reliquum vitæ tempus egit. Testes sunt anonymus vitæ Guillelmi scriptor, et Burchardus abbas, in nota quæ sequitur librum Vitæ S. Bernardi : uterque autem synchronus fuit horum sanctorum. Idem testatur chronicon Signiacense, et passim alii codices manuscripti ordinis, quorum quidam mox producendi. Prius autem quam Signiacum peteret, cum Suessionem iret, consulturus quemdam amicum, sopore gravi in via cœpit urgeri, et sub arbore prope Bazochias dormienti beata Virgo apparuit, caput ejus blande complectens ac demulcens, et mira suavitate animum ejus afficiens. Cum autem Signiacum adiisset, ejus secessum moleste ferentes abbatis vicini interposita D. Rainaldi Remensis archiepiscopi auctoritate, et missa ad eum legatione, illum revocare tentarunt, sed non profecerunt. Postea vero gravi tentatione concussus est super asperitate victus : sed a monacho, qui eum secutus erat, et præpositus S. Theodorici olim fuerat, roboratus est, ut prius Christus ab angelo. Socios habuit in eodem monasterio alios duos insignes viros, Arnulphum fratrem domini de Moriomez, abbatem S. Nicasii Remensis, et Gerardum fratrem domini de Orcimonte, abbatem Florinensem : qui cum duodecim e suis monachis Signiacum venerat. Guillelmo nostro aliquando in ipso Signiacensi cœnobio ægrotanti monachus quidam assidens, somno pressus vidit matronam venerabilem sibi pelliceam offerentem, ac dicentem : « His operi illum. » Monacho autem quærenti quænam ipsa esset, respondit : « Ego sum domina de Bazochiis. » Ignorabat ille quid hoc esset, nesciens B. Virginem alias Guillelmo prope Bazochias apparuisse. Mox autem convaluit Guillelmus, postquam ei visionem suam monachus indicavit. Demum vitæ suæ cursum sancto fine beatus Guillelmus absolvens, obdormivit in Domino. Corpus ejus in claustro, juxta introitum capituli, traditum est sepulturæ. At octogesimo circiter anno post mortem, translatum est cum corporibus prædictorum Arnulphi et Gerar. domno Egidio nono Signiaci abbate de quo præfatum chronicon : *Ipse ossa D. Guillelmi quondam ab. S. Theodorici, Arnulphi ab. S. Nichasii, et Gerardi ab. Florinensis, de tumulis in quibus usque ad tempus illud jacuerant, levavit, et eadem intra murum oratorii, et juxta introitum ecclesiæ, a parte claustri, in quadam theca cum honore debito collocavit.* Huic autem translationi vicini abbates interfuerunt. Effigies eorum ibi depictæ adhuc cernuntur, et nomina subscripta. Porro quidam monachus ei familiaris olim rogarat eum, ut post mortem sua eum dignaretur visitatione, quod et promiserat B. Guillelmus : qui elapso anno eidem cum aliis duobus apparens, rogatus, quomodo sibi esset, bene, inquit, mihi erit. De se quoque monachus ille sciscitatus quando esset moriturus, unus ex comitibus Guillelmi respondit, nondum eum oportere hoc scire. Multum autem perpendebat idem monachus verbum illud, *bene mihi erit*, quo tantus vir significabat se nondum gloriam assecutum esse. Nec tamen consequens erat, eum purgatorio igne puniri ; cum multi post mortem solo desiderii purgatorio affligantur post pœnam ignis, aut sine illa. Nunc de scriptis Guillelmi agendum.

Horum catalogum texuit ipse in epistola ad P. de Monte Dei præfixa libro, *De vita solitaria*, non qualis passim cernitur, mutila scilicet et media sui parte truncata, sed qualis in bibliothecis ordinis reperitur : nominatimque in Signiacensi, ubi illa ab auctore exarata fuit : qui exordium ducit ab ipso libro *De vita solitaria*, quem vocat laborem suum quotidianum : alii enim libri quos postea recenset, jam editi erant. Hi autem sunt : *Speculum fidei*, *Ænigma fidei*, liber *De contemplando Deo*, liber *De natura et dignitate amoris*, libellus *De sacramento altaris*, *Meditationes*, *In Cantica canticorum*, usque ad illum locum, *Paulul. cum pertransissem eos*, etc. *Contra Petrum Abælardum*, *Expositio epistolæ ad Romanos*, *Sententiæ Fidei*, liber *De natura corporis* : et liber *De natura animæ*. Scripsit et idem Pater postmodum librum primum *Vitæ S. Bernardi*, cui immortuus est. Librum autem *De vita solitaria*, ad Pat. de Monte Dei, S. Bernardo a quibusdam ascriptum, illius non esse, jamdudum persuasum fuit etiam iis qui veteres operum ejus editiones adornarunt. Nam codices omnes typis cusi, ante librum illum hanc notam habent. *Hactenus habes opera, a D. nostro Bernardo composita* : proinde quæ sequuntur illam notam, S. Bernardi esse negantur. Inter illa autem, quæ illius esse negantur, primo loco ponitur liber ille seu epist. *Ad frat. de Monte-Dei*. Codices vero manuscripti ad unum omnes opusculum illud Guillelmo abbati S. Theodorici ascribunt. Vidi Signiacense, quo et usus sum, exemplar : vidi et Longipontanum, ac Carol.locense. Dunense se vidisse testatur noster Henriquez, alii alia : quæ omnia Guillelmum parentem agnoscunt Nosterium Manrique eumdem librum eidem Auctori indubitanter tribuit. Bellarminus item opusculum ipsum ait spiritum Bernardi habere, non stylum : communiter autem tribui Guillelmo. Anonymus quoque scriptor Vitæ ipsius Guillelmi, in catalogo operum ejus librum illum *De vita solitaria* ponit. Exstat et vetus codex in cœnobio S. Theodorici continens eorumdem operum catalogum, in quo etiam idem liber, seu epistola ad Carthusiensem scripta, memoratur. Olim etiam in cœnobio Montis Dei ipsum autographum Guillelmi habebatur, ut testatus est mihi venerabilis domnus Ganeron, ejusdem loci religiosus ; qui exemplar ex illo descriptum habet. Denique, qui librum illum scripsit, cum sibi vindicet duodecim alia opuscula jam recensita, si librum illum S. Bernardo tribuimus, ei etiam tribui duodecim alia prædicta opuscula debent : quæ tamen Guillelmi nomen præferunt. Illius ergo est et prædictus liber *De vita solitaria ad Patres de Monte Dei*. Librum *De Sacramentis* quidam Anselmo tribuunt, sed immerito, quia Anselmus jam obierat, quando editus est liber ille. Nam Eadmerus Anselmi discipulus, in ejus Vita, ait illum anno 1093 creatum episcopum, et in episcopatu vixisse annos 13. Ideoque obiit anno 1106. At liber ille *De sacram. altaris* scriptus est post annum 1111. Prior enim pars hujus libri ad Rupertum Tuitiensem scripta est, ejusque verba quæ habentur lib. II *De Offic.*, c. 9, refutantur. At libri *De officiis* scribebantur an. 1111. Nam lib. VIII, c. 4, refert miraculum ipso an. factum. *Hoc*, inquit, *sancto Paschæ Sabbato, quo cereo annus ab Incarnat millesimus centesimus undecimus inscriptus est*, etc. Non potuit autem Anselmus refutare librum post ejus mortem scriptum. 2. Eadmerus in catalogo operum Anselmi non meminit hujus insignis libri *De sacramento altaris* : cur autem illum omisisset si hunc Anselmus scripsisset ? Denique hic liber in manuscriptis Guillelmi passim ascribitur, Anselmo nunquam. Duo exemplaria habui ex Signiacensi cœnobio : utrumque autem quinquies exprimit nomen Guillelmi auctoris. Sic et exemplar Vallisclaræ. In cœnobio item Igniacensi libris Ruperti *De officiis*, præmittitur epistola prædicta, quæ ejus errorem confutat, et Guillelmo nostro tribuitur eadem epistola. Circa disputationem adversus Abælardum nota exstare aliam disputationem cujusdam abbatis adversus (25) eumdem.

---

(25) Est etiam ipsius Guillelmi. EDIT.

tribus libris comprehensam, sed imperfectam, et ex qua jampridem exciderunt nonnulla, quæ Ganfr. ab. Altæcumbæ amissa quondam querebatur: sed illa usque hodie manet imperfecta. Hanc nostro Guillelmo quidam ascripserunt: verum, quam hic exhibeo, ex Signiacensi cœnobio, ubi scripta est ab auctore nostro sumpta es' Quis fuerit alter abbas ille, ignoratur. Ut tamen curiosis fiat satis, illam addere visum fuit.

EPISTOLA AD FRATRES DE MONTE DEI

DE VITA SOLITARIA.

(Exstat inter Opera S. Bernardi Patrologiæ, t. CLXXXIV, col. 298.)

MEDITATIVÆ ORATIONES.

Bibliotheca Cisterciensis, curis Bertrandi Tissieri, t. IV, p. 22, Bonofonte, 1669, fol.)

MEDITATIO PRIMA.

Contemplatur anima præscientiam Dei, præaestinationem ac reprobationem.

O altitudo sapientiæ et scientiæ Dei: quam incomprehensibilia sunt judicia ejus, et investigabiles viæ ejus! Quis enim cognovit sensum Domini: aut quis consiliarius ejus fuit? (*Rom.* XI.) Misereris enim, Domine, cujus misereris; sed misericordiam præstas, cujus misertus eris. Nec enim volentis vel currentis est, sed miserentis tui Deus noster (*Rom.* IX). Resilit hic vas fictile a manu ejus, qui se finxit: qui dicit per prophetam: *Ego feci, et ego feram* (*Isa.* XLVI); resilit a manu tenentis et portantis, casurum, confringendum, conterendum; et clamat: *Quid adhuc quæritur? Voluntati enim ejus quis resistit?* (*Rom.* IX.) Et addit: *Quid me fecisti sic?* (*Ibid.*) Sic tibi dicit, o æterna sapientia, vas fictile et luteum, vas contumeliæ et iræ aptum in interitum, cum potius tremere ad te haberet, et orare te deberet, qui habes potestatem, ex eadem luti massa facere, aliud quidem vas in honorem, aliud in contumeliam. Sed permanent vasa honoris et electionis; vasa misericordiæ, quæ præparasti in gloriam; quæ non hoc dicunt, sed agnoscunt te Creatorem, et figulum suum, se autem lutum compactum in manu tua, de qua, si ceciderint, væ eis, quia confringentur, conterentur, et redigentur in nihilum. Hoc sciunt; et ex gratia tua non deficiunt. Miserere, Domine, miserere, tu plastes noster, et nos lutum. Adhuc tamen quomodocumque cohæremus; adhuc manu virtutis tuæ portamur; adhuc de tribus digitis tuis, fide, spe et charitate dependemus; in quibus appendis molem terræ, soliditatem, scilicet sanctæ Ecclesiæ tuæ. Miserere, tene nos, ne de manu tua cadamus. Ure renes et cor nostrum igne sancti Spiritus tui, et confirma quod operatus est in nobis, ne dissolvamur et in lutum nostrum vel in nihilum redigamur. Ad te creati sumus, et ad te conversio nostra; te factorem et formatorem cognoscimus; tuam in disponendo sapientiam, in continendo et conservando bonitatem et misericordiam, adoramus et invocamus. Perfice nos, qui fecisti nos; perfice usque ad formam plenam imaginis et similitudinis tuæ, ad quam formasti nos. Dicit tibi vas luteum luto destinatum, et vox ejus est cadentis et crepantis. Quid me fecisti sic? Vas in honorem non hoc dicit. Corde enim credit ad justitiam, ore autem confitetur ad salutem (*Rom.* x), quia bonus bene omnia fecisti; et ipsum in honorem, illud vero in contumeliam bene fecisti; utrique dans liberum arbitrium, ut uterque non cogente necessitate, sed spontanea voluntate faceret, quod faceret; et proprium haberet virtutis meritum; Virtus enim est spontaneus in bonum bonæ voluntatis assensus. Habens autem omnium scientiam, præsciebas de utroque, o æterna sapientia, quomodo libero arbitrio uterque uti deberet, qualisque futurus esset sui rerumque arbiter, utrique paratam habens gratiam, qui non eam in vacuum susciperet. Præscientia autem tua non utique cogit eos esse, quod futuri sunt, tanquam necessario sic sint futuri, quia sic eos esse futuros præscisti, quin potius quia sic futuri erant, ideo tu sciens omnia, priusquam fiant, etiam hoc præscisti: et omnino non potest falli præscientia tua. Est autem præscientia tua, Deus, ipsa sapientia tua, quæ ab æterno æternaliter tibi coest, etiamsi nulla esset creatura, in qua sunt æternaliter causæ omnium quæ fiunt temporaliter, et ipsa præscientia creaturæ in tempore suo creandæ. Quæ tamen tibi futura non erat; quia in consubstantiali tibi ipso Verbo tuo, per quod factum est, quidquid est factum, vita erat (*Joan.* I): sic existens in eo vita, sicut futura erat;

sic omnino futura, quia in ipso vita erat. Vita autem, non cogens ut ita sit, sed sic existens in eo quod sic futurum sit.

Quid igitur? Modus futuri temporalis, causa est in Deo ejus quod est, id est æternitatis? Nam si sic non esset futurum temporaliter, videtur in Verbo Dei non posse esse æternaliter. Sed scientia vel præscientia tua, Deus, ipsa est Veritas tua, quæ dicit: *Ego sum veritas* (*Joan.* xiv). Et sicut tu, Deus, præsciendo, non cogis fieri quod futurum est, sic nec cogi potes præscire, ab eo quod futurum est. Tibi quippe nihil est præteritum, nihil futurum; sed es semper quod es: illud autem quomodocumque sit, sive præsens, sive præteritum, sive futurum, in verbo tuo vita est. *In circuitu impii ambulant* (*Psal.* xi). Collige te, o homo, a circuitu erroris ad centrum veritatis. Vas luteum sic redigitur in lutum suum; ut non eum cogat ad hoc Dei præscientia; quia eum non latuit sic futurum: quod tamen quia sic futurum præscivit, in interitum prædestinavit. Præscientia etiam Dei, bonitas ejus est: quæ ab æterno parata est omnibus, quamvis non ab omnibus suscipienda. A quibus autem suscipienda sit, a quibus non, neque hoc alienum est a Dei præscientia, quæ, sicut dictum est, quantum ad bonitatem Dei, omnibus ab æterno parata est, etiamsi nulla esset creatura. Bonitas enim hæc Spiritus sanctus est, Patri, Filioque coæternus. Unde in creatione mundi: *Spiritus*, inquit, *Domini ferebatur super aquas* (*Gen.* i); scilicet omnibus se offerens, ad omnes se exhibens, benefaciendo, et utilia providendo, quod proprium est Spiritus sancti; sed malivolam refugiens animam, in quam non potest introire sapientia (*Sap.* i). Itaque præscientia de creatura, quantum ad Deum, præscientia est; quantum ad homines, prædestinatio. Ipsa est electio vel reprobatio. Unde est: *Non vos me elegistis; sed ego vos* (*Joan.* xiv). Prædestinatio autem est gratiæ præparatio. Gratia vero, ipse est effectus. In quam cur unus assumatur, alter reprobetur; noli velle quærere, si non vis errare. Si superbus es, non latet Dei præscientiam; nec effugis ipsius providentiam, qua prædestinatus es in pœnam superbis præparatam. *Deus enim superbis resistit; humilibus autem dat gratiam* (*Jac.* iv). Superbia ergo et meritum est, et signum reprobationis, sicut humilitas meritum et signum est electionis. Dicat ergo luteum vas: Quid me fecisti sic, id est, quare me prædestinasti in interitum? et respondet ei Veritas: Ut secundum te loquar, quia præscivi te futurum vas iræ aptum in interitum, futurum fatuum, qui nescias, vel nobis salvari; superbum, qui contemnas humiliari; ideoque nihil jam queror, sed tu irremediabiliter ibis in interitum. Voluntati autem meæ non resistis, cum sit voluntas mea, ut miseris, id est, qui miseros se cognoscunt, proxima sit misericordia: potentes autem in iniquitate potenter tormenta patiantur. Nec nisi humilibus volo misereri: qui misereor, cujus misereor.

Perge quærere. Cur non dedisti mihi humilitatem? Quia dedi tibi quod majus est, arbitrii libertatem, et tu ex ipso quasi potens in iniquitate, dilexisti malitiam super benignitatem: insuper etiam declinasti in me mala tua, et de eis sic niteris excusare te ut velis accusare me. Non vis, ut inveniatur iniquitas tua ad odium: ideo ibis in locum tuum, vas aptum iræ in interitum.

MEDITATIO II.

Sistit se Deo anima, cupiens ab eo illuminari, et SS. Trinitatem, avulsa a sensibilibus mente, cogitare.

1. *Accedite ad eum et illuminamini: et facies vestræ non confundentur* (*Psal.* xxxiii). » Confundor, Domine Deus, confundor confusione tetra et horribili, quoties accedens ad te, clausam mihi invenio januam visionis tuæ; et pene mihi videor audire vocem illam terribilem: « *Amen dico vobis: Nescio vos* (*Matth.* xxv). » Et qui illuminari a te desiderabam, sic a dolore cordis mei, et perturbatione sensus, totus tenebresco, ut pene mihi melius fuisse videatur, non accessisse. Quis enim me consolabitur, si desolare tu volueris? Abeant et pereant omnia solatia mea, quæ tu non es, vel ex te non sunt. « Væ soli, » ait Salomon (*Eccle.* iv). Vere væ mihi soli, si non fueris tu mecum, vel ego tecum. Beatum et beatissimum, Domine, me credo, si sentio te esse mecum; sed tædet me mei, et odio mihi sum, quoties sentio me non esse tecum. Quandiu sum tecum, sum etiam mecum; non sum autem mecum, quandiu non sum tecum. Et væ mihi, quotiescunque tecum non sum; sine quo nunquam esse possum. Non enim haberem subsistere, quovis modo subsistendi, sive in corpore, sive in anima, nisi præsente virtute tua; non desiderarem, non quærerem te, nisi ex præsente gratia tua; nunquam invenirem te, nisi occurreret mihi misericordia et bonitas tua. Sed cum in omnibus his ego tecum sum, sentio in me operantem gratiam tuam: bonum est mihi quod sum, quod vivo; in Domino laudatur anima mea. Si autem cum tu mihi benefaciendo es præsens, ego cogitatione vel affectu sum absens; sic mihi videntur circa me beneficia gratiæ tuæ, sicut circa mortuum sollicita et officiosa cura sepulturæ. Si aliquando sentio te transeuntem; non stas mihi, sed præteris me clamantem post te, sicut Chananæam illam (*Matth.* xv): cumque quasi clamoribus importunis necessitatis meæ fatigaris, objicis ignominiosæ conscientiæ meæ præteritam canis immunditiam, præsentem impudentiam, et canem tuum a mensa tua jejunum et famelicum, et flagellis conscientiæ afflictum, expellis, vel abire permittis. Ergone ulterius accedam? Utique, Domine. Nam et catelli a domo domini sui cum flagellis ejecti statim redeunt, et circa domus custodiam vigilantes, panem suum quotidianum recipiunt. Expulsus redeo, exclusus clamo, flagellatus obsecro. Absque hominis contubernio canis vivere nescit, nec anima mea absque Domino Deo

suo. Aperi ergo mihi, Domine, ut accedam ad te, et illuminer a te. Tu in cœlis tuis habitas, et posuisti tenebras latibulum tuum, tenebrosas aquas in nubibus aeris (*Psal.* xvii); nubemque, sicut dicit propheta, opposuisti, ne transeat oratio (*Thr.* iii). Ego vero in terra computrui, et aggravavi contra me densum lutum, scutumque cordis; nec lucent mihi sidera tua cœlestia; sol obscuratus est: luna non dat lumen suum. Audio enim in psalmis et hymnis et canticis spiritualibus magnalia tua; rutilant mihi in Evangeliis tuis dicta vel facta tua; verberant assidue oculos meos et aures, exempla servorum tuorum; concutiunt me terroribus, et vellicant promissis Scripturæ veritatis tuæ, quæ se assidue ingerunt oculis meis, et strepitu suo contundunt surditatem aurium mearum. Ego vero usu pravo, et stupore nimio mentis obdurui; et didici, et assuevi contra solis splendorem dormitare; non videre occurrentia; in mari positus non audire maris rugitum, vel cœli tonitruum mortuus a corde.

Usquequo, Domine, usquequo? Usquequo non disrumpis cœlos tuos et descendis, et non concutis stoliditatem meam in ira consummationis tuæ, ut non sim quod sum, ut sentiam te dominantem Jacob, et finium terræ, et convertar saltem ad vesperam, et famem patiar ut canis, et circumeam civitatem tuam (*Psal.* lviii), quæ adhuc partim peregrinatur in terris; sed ex majore parte sua jam gaudet in cœlis, si forte inveniam, qui me recipiat in tabernacula sua deficientem, nec proprium habentem cubile, ubi caput reclinem? Audio quidem nonnunquam vocem Spiritus tui, sed pertranseuntem quasi sibilum auræ tenuis (*III Reg.* xix), et intelligo dicentem: « Accedite ad eum, et illuminamini (*Psal.* xxxiii). » Audio et concutior; surgensque quasi a somno, et excutiens meipsum, aliquatenus destupesco; os meum aperio, et attraho spiritum; distendo sensus animæ meæ, ut depigrescant; egredior de interioribus nocturnæ conscientiæ meæ; exeo ad lucem orientis mihi solis justitiæ. Sed cum somnolentos oculos in eum volo dirigere; reverberantur desuefacti luci, et assuefacti tenebris. Et ad insolitum splendorem tremente et palpitante pupilla rationis cum palpebris suis, exercitii manu detergo quantum possum, ab eis rheuma diuturnæ somnolentiæ. Si, te donante, invenio fontem lacrymarum, qui in humiliatæ et contritæ animæ vallibus cito solet exoriri; lavo manus operationis et faciem devotionis. Deinde, sicut extendit accipiter alas suas ad austrum ut plumescat, expando manus meas ad te, Domine, et anima mea sicut terra sine aqua tibi; et sicut terra deserta, invia et inaquosa, sic in sancto appareo tibi, ut videam virtutem tuam et gloriam tuam (*Psal.* lxii). Cumque oculos mentis, sensum rationis ad te erigo, o sol justitiæ, contingit mihi, quod contingere solet ebriis a somno, vel infirmis oculis, ut unam rem aspicientes, duos aut tres esse arbitrentur, donec videndi processu incipiant intelligere, vitium esse oculorum, non rei, quæ videtur. Nam ab usu vel ab oblectatione sensuum et sensibilium expergefactæ animæ meæ prima occurrit imaginatio, quæ assuetam sensibilibus animam, sensibus obturatis, sensibilium obscurat imaginibus: ut sicut tota sensibilibus solebat vacare, sic nihil jam nisi imaginationem sensibilium cogitare sciat vel intelligere. Propter quod cum a somno negligentiæ expergefactus subito respicio in Deum, de quo me lex divina instruit, dicens: « Audi, Israel, Dominus Deus tuus, Deus unus est (*Deut.* vi); » et in eum a quo sum illuminandus, quem sum adoraturus, vel oraturus, dirigere omnino habeam mentis intuitum: occurrit mihi Trinitas Deus, quam fides catholica a progenitoribus mihi incantata, usu ipso inculcata, a te ipso tuisque doctoribus commendata, mihi demonstrat. Sed eam fatua animæ meæ imaginatio sic accipit, sic intuetur, ut Trinitatis numerum simplici illi divinitatis substantiæ inesse somniet: quæ extra omnem numerum existens, in pondere et numero et mensura omnia fecit; et singulis in Trinitate personis quasi suum unicuique locum deputet, ut sic Patrem oret per Filium in Spiritu sancto, ut de uno ad alterum transeundum sibi videatur per tertium. Sicque mens caligans in uno, dissipatur in tribus, tanquam tribus discernendis instat vel uniendis corporibus.

Cum hoc imaginatio, id est mens imaginans, etiam nolens imaginatur, vel imaginatum invita et reclamans patitur, venit fides et reprobat; ratio per fidem dijudicat; auctoritas condemnat, pariterque conclamant omnia, quæ intra me sunt, quod supra dictum est: « Audi, Israel, Dominus Deus tuus, Deus unus est (*Deut.* vi). » Nam cum et fides et ratio et auctoritas cogitare me doceant, Patrem per se, Filium per se, Spiritum sanctum per se; nil tamen in sancta Trinitate censent admittendum, quod tempore, vel loco, vel numero, substantiæ faciat divisionem, vel personarum sonare videatur confusionem. Sic enim astruunt Trinitatis unitatem, ut solitudinem removeant; sic Trinitatem unitatis, ut in Deitatis substantia non recipiant numeri pluralitatem. Omne enim meritum, omnem scientiæ prudentiam, omnemque virtutem præveniens in nobis gratia tua, Domine, dat nobis nostri tuique quantulamcunque cognitionem; ipsa vero subjicit nos humilitati, humilitas auctoritati, auctoritas fidei; fides instruit rationem, ratio per fidem erudit, vel destruit, et abjicit imaginationem; fidem vero non instruit ipsa ad intelligentiam, sed per fidem desursum eam exspectat a Patre luminum, a quo omne datum optimum est, et donum perfectum (*Jac.* i). Intelligentiam autem, non quæ ex ratione colligitur, vel ratiocinatione formatur; sed quæ de sede magnitudinis tuæ merito fidei adducitur, et sapientia tua formatur; similis omnino suæ origini, quæ veniens in mentem fidelis tui rationem ad se colligit, et sibi conformat; fidem vero vivificat et illuminat. Stat igitur oratura Deum suum pavida et stupens anima, semetipsam in manibus suis semper portans, quasi eam tibi oblatura; pavida a consuetis, stupens ad insolita, ad inveniendum te portans signaculum fidei tuæ; sed non adhuc inveniens, cui illud resolvat; vultum tuum, Domine, vultum tuum requirens, nec sciens, nec omnino nesciens quid requirat. Cordis sui phantasmata de te abominatur ut idola. Amat te, qualem te sibi fides describit; sed mens videre non sufficit. Ardensque faciei tuæ desiderio, cui sacrificium pietatis et justitiæ suæ offerat, oblationes et holocausta, cum differtur, magis turbatur. Et cum non tam cito fidei tuæ, cui se credidit, impetrat illuminationem; in tantum nonnunquam stupescit, ut credere se in te vix sibi credat, ut oderit se, quia, ut sibi videtur, non te amat. Absit autem ut non credat in te, quæ sic anxiatur desiderio tui, ut non amet te, quæ desiderat te usque ad contemptum omnium quæ sunt, et etiam sui! Usquequo, Domine, usquequo? Tu si non illuminas lucernam meam, si non illuminas tenebras meas, non eripiar ab hac tentatione, nec, nisi in te, Deo meo, transgrediar murum hunc.

MEDITATIO III.

Anima desiderium videndi Deum exprimit, et circa objectum ipsum fruendum exspatiatur.

Jam non audeo intendere in faciem tuam, Domine, quam desidero usque ad mortem, quia dixisti Moysi : *Non videbit me homo, et vivet* (*Exod.* XXXIII); sed licet mori velim ut videam, vel videre ut moriar; operio tamen vultum meum, sicut idem Moyses; non audens respicere te contra te. Sic enim ibi legitur : *Porro Moyses operuit vultum suum : non enim audebat respicere contra Dominum* (*Exod.* III). Nam forsitan contra Dominum respiceret : si vellet respicere Deum, non quis, sed quid esset. Nam quis esset, audiebat. *Ego*, inquit, *sum Deus Abraham, Deus Isaac, Deus Jacob* (*ibid.*). Tamen eidem Moysi, audita morte sua, eodem adhuc desiderio æstuanti et oranti ostendi sibi gloriam tuam, respondisti : *Ego ostendam tibi omne bonum* (*Exod.* XXXIII). Et, o Domine, ubi est omne bonum, nisi in vultu tuo? Unde et David eodem desiderio ardens : *Adimplebis me*, inquit, *lætitia cum vultu tuo* (*Psal.* XV). Ignosce, ignosce, impatiens est ad te cor meum; vultum tuum requiro; exquiro faciem tuam per temetipsum, ne in finem avertas eam a me. Scio enim et certus sum, quia qui ambulant in lumine vultus tui non offendunt, sed secure ambulant; quorum omne judicium de vultu tuo prodit. Ipsi sunt, qui vivunt; quia sic vivunt, sicut in exemplari vultus tui legunt et intelligunt. Domine, non audeo respicere te contra te, ne amplius obstupescam. Stans autem coram te sicut pauper, mendicus et cæcus, sicut tu vides me non videntem te, plenum desiderio tuo pectus, totumque me quidquid sum, quidquid possum, quidquid scio, et hoc ipsum quod post te langueo et deficio, offero tibi; sed ubi te inveniam non invenio.

Ubi es, Domine, ubi es? Et ubi, Domine, non es. Scio certe et certe certus sum quia hic modo mecum es, in quo movemur et sumus; et ex cujus saluberrima præsentia ardet et deficit in salutare tuum anima mea. Scio certe verissime, sentio saluberrime, te esse mecum; scio et sentio, adoro, et gratias ago. Sed cum tu sis mecum, cur et ego non sum tecum? Quid obstat? quid impedit? quid intercedit? Si tu mecum es, bene mihi faciendo; cur et ego non sum tecum, te bono omnium bonorum meorum fruendo? Propter peccata mea? Et ubi est, qui tulit ea de medio, et affixit ea cruci suæ? Num quia eum non amo? Nonne centies et millies mori velim pro te, Domine Jesu? Si hoc non sufficit tibi, nec mihi sufficit; quia nihil sufficit animæ meæ, nec videtur sibi omnino amare te, nisi fruatur te. Frui autem te non poterit, nisi pro dono tuo et modo suo te viderit et intellexerit. Cur autem te non videt? Qui modo te amo usque in mortem, tunc amarem usque in vitam æternam. Ipsam, Domine, jam mihi spirat nescio quis odor tuus : qui saltem si perficeretur in me, nunc interim non quærerem amplius. Siquidem mittis mihi aliquando, quasi quasdam consolationis tuæ buccellas; sed quid hoc ad desiderium famis meæ? Obsecro, dic animæ meæ, o salus ejus, quare ei tuum inspiraveris desiderium. Num ut tantum torqueat me, discerpat et occidat? Et utinam occidisset. Obsecro, Domine, hæccine est mea gehenna? Et hæc sit. Nec unquam me desinat torquere, nec unquam desinam in ea ardere; nec in aliquo liceat respirare una die, una hora, uno momento, donec appaream in conspectu tuo, et appareat mihi gloria tua, et faciei tuæ festivitas æterna illuxerit animæ meæ. Habuerit, Domine, vetus ille Moyses opertum ad te vultum suum, et velatam faciem, formam gerens populi cui præerat, semper a facie Domini fugientis. Paulus tuus, et totus noster, quia totus tuus, Novi Testamenti tuba, pro se loquens, et pro suis in desiderio et amore tuo discipulis : *Nos*, inquit, *omnes revelata facie gloriam Domini speculantes, in eamdem imaginem transformamur, a claritate in claritatem* (*II Cor.* III). Homo iste tuus non fugiebat a facie tua; sed ad faciem tuam. Ignosce, Domine, ignosce improbitati et importunitati meæ; adhuc audemus, quia ardemus. Ignis tuus urget nos, quem venisti in terram mittere, et voluisti vehementer accendi (*Luc.* XII). Obsecro te per omnipotentissimam bonitatem tuam, per mansuetissimam semper in nos patientiam tuam, patere me aliquid adhuc quærentem; et dic animæ meæ quid est quod desiderat, cum faciem tuam desiderat. Sic enim cæca est, sic ad meipsum turbata, ut et desiderio tabescat, et ignoret qui desiderat. Nunquid vult te videre sicuti es? Et quid est, sicuti es? Num qualis, aut quantus? Sed nec qualis, nec quantus es; quia nec qualitas nec quantitas in te est, qui es quod es. Quid ergo est, sicuti es? Hoc videre supra nos est; quia videre quod tu es, hoc est esse quod es. Nemo autem videt Patrem, nisi Filius et Filium, nisi Pater; quia hoc est esse Patri, quod videre Filium; et hoc est esse Filio, quod videre Patrem.

Sed sequitur et dicit. *Et cui voluerit Filius revelare* (*Matth.* xi). Voluntas autem non alia est Patris, alia Filii; sed una et eadem, quæ est Spiritus sanctus. Ergo per Spiritum sanctum alicui amico Dei, quem nimis honorare voluerit, revelat semetipsa Trinitas Deus. Sed nunquid homo videt Deum, sicut Filium Pater, vel Patrem Filius: quibus, sicut dictum est, alium alii videre, hoc est non esse aliud et aliud, sed unum Deum? Sic omnino, sed non per omnem modum. Quod ut aliquantum nobis dilucidius pateat, de visu et naturali ejus potentia videndum est, quid habeat physicus intellectus. Omnis sensus corporeus, ut sensus sit et sentiat, oportet ut quadam sensibili affectione aliquomodo mutetur in id quod sentit; visus scilicet in hoc quod ei fit visibile, auditus in audibile; sicque de reliquis. Alioqui nec sentit, nec sensus est. Nisi enim rem sensam, sensu rationi renuntiante, anima sentientis quadam sui transformatione mutetur in rem, vel rei qualitatem quæ sentitur; nec sensus est, nec sentire potest. Ideoque si sentit, amore qui sensus suus est, Deum bonum; et amat, quia bonum: non hoc potest, nisi bono ipsi affectu communicans, et ipsa bona efficiatur. Si ad sensum animæ revertatur, nonne hoc est, quod Paulus dicit: *Gloriam Domini speculantes, in eamdem imaginem transformamur?* (*II Cor.* iii.) Sic enim est quodammodo de sensu animæ. Sensus enim animæ amor est: per hunc sive cum mulcetur, sive cum offenditur, sentit quidquid sentit. Cum per hunc in aliquid anima extenditur, quadam sui transformatione in id quod amat transmutatur: non quod idem sit in natura, sed affectu rei amatæ conformatur, utpote non bonum aliquem amare potest, quia bonus est, nisi et ipsa in ipso bono bona efficiatur. Nonne hoc est: *Sentite de Domino in bonitate?* (*Sap.* i.) Et Sapientia: *Scire enim te, sensus est consummatus* (*Sap.* vi). Et Apostolus: *Hoc sentite in vobis, quod et in Christo Jesu* (*Philip.* ii). Hæc est charitas, qua qui diligit, *in Deo manet, et Deus in eo* (*I Joan.* iv). O charitas, charitas, quæ usque huc nos adduxisti, ut, amando Deum, et Filium Dei, dii et filii et Dei nominemur et simus. Etsi non lum apparet, quod erimus, *cum apparuerit, similes ei erimus: quia videbimus eum sicuti est* (*I Joan.* iii).

Domine, bonum est nos hic esse; libet hic immorari; et utinam liceret immori! Sed meditantibus et loquentibus et scribentibus de te, da, quæso, sensus sobrios; verba circumcisa et disciplinata; cor ardens de te, o Jesu, in apertionem Scripturarum, quæ de te sunt. Ignosce, Domine, ignosce; amor amoris tui agit me; tu scis, tu vides. Non sum scrutator majestatis tuæ, sed pauper gratiæ tuæ. Obsecro te per dulcedinem tuæ dulcissimæ mansuetudinis, non opprimat me majestas tua; sed sublevet gratia tua. Ignosce, inquam, quia proprium est fidei desiderium visio Dei: hic in ænigmate, ibi vero facie ad faciem. Non enim præsumas, neque confidas, o homo, neque hic stes, quisquis vir desideriorum es, sicut Daniel; nec dicas, sufficit. Quidquid hic de Deo sentis, quidquid vides, quidquid de eo hic te docet fides, ænigma est: aliud quidem obscurius, aliud autem expressius. Et ipsum tamen quam dulce sit, cum adest; quam desiderabile, cum videtur deesse; sciunt, qui sentiunt. Hic est enim calculus habens nomen scriptum, quod nemo scit, nisi qui accepit (*Apoc.* ii).

Porro de eo quod erit facie ad faciem, dictum est: *Non enim videbit me homo, et vivet* (*Exod.* xxxiii). Nam et hic qui videt, non vivet, sed dicet: *Infelix ego homo, quis me liberabit de corpore mortis hujus* (*Rom.* vii)? tunc demum sperans se esse victurum, quando perfecte visurus. Quid hic sensus? quid imaginatio valet? quid ratio potest? quid intelligentia rationalis? Nam etsi ratio, Deus, nos ad te mittit; per se tamen te non attingit; nec intelligentia ea quidem, quæ de inferioribus ex ratione consistit, rationis terminos excedit, nec mensuram habet pertingendi usque ad te. Quæ vero desursum est, quod sursum est redelet; nihil humanum, sed totum divinum: et ubi se infundit, rationes secum defert sui generis, non communicantes inferiori rationi, nisi in quantum eam habent ex obedientia fidei. Hæc in Trinitate sancta nil dividit, nil compingit; sed sensum fidelem sic quando, et quantum, et quomodo vult Spiritus sanctus, perstringit; ut orantes te vel contemplantes supergressi nonnunquam omne quod tu non es, videant aliquatenus te, qui es, quamvis non videant te sicut es; sed tamen medium quid devotæ mentis demulceat intuitum, quod constet nec de eis esse, quæ tu non es, nec, etsi non sit omnino totum quod es, alienum tamen esse, ab eo quod es. Sic enim Spiritus Domini quietum et humilem suum, super quem requiescit, induit repente, et mutat in virum alterum, ut sensum intuentis non dividat. Trinitas, non confundat unitas; non offendat Trinitas pietatem unum Deum quærentis; non contristet substantiæ unitas charitatem Patris et Filii dilectione gaudentis; in neutro conturbet solitudo vel pluralitas, sed etiam ad hoc ei valeant unitas Trinitatis, et Trinitas unitatis, ut pio et sobrio intellectu comprehendat, non comprehendendo majestatem divinæ incomprehensibilitatis. Sicque gustans et videns quam suavis est Dominus, repente sic totus gustando dulcedinem ejus dulcescit, sic vivendo lucem veritatis ejus lucescit; sic de repentina summi boni plenitudine in gaudio S. Spiritus exhilarescit, ut si hoc in eo perficiatur, confidat se vitam obtinuisse æternam. *Hæc est enim*, inquit, *vita æterna, ut cognoscant te solum verum Deum, et quem misisti, Jesum Christum* (*Joan.* xvii). *Accedite* ergo *ad eum, et illuminamini; et facies vestræ non confundentur* (*Psal.* xxxiii).

MEDITATIO IV.

Orandi donum petit, statum suum priorem, ac novissimam solitudinem suam describit.

Miserator et misericors, Domine, patiens, et multum misericors; suavis es, Domine, universis, et miserationes tuæ super omnia opera tua (*Psal.* CXLIV). Hortaris nos, Domine, et tu, et per tuos Spiritus sanctus tuus, ut oremus et vigilemus in oratione. Hortaris nos, et doces sicut pius, sicut misericors; sicut misereri desiderans; et causam præparas nobis, faciens nobis judicium et justitiam, ut orantibus nobis quemadmodum oportet orare, quasi justam habeas causam miserendi. Quin etiam orandi formam ipse nobis dictasti, ne in aliquo causæ nostræ deesses, ipse judex, ipse advocatus. Et confidenter nos petere jussisti in nomine tuo; et credere, quia quæcunque petierimus, accipiemus, et fient nobis (*Joan.* XVI; *Marc.* XI). Tibi, Domine, hoc suggerit tua bonitas; nobis autem gravis incumbit necessitas: et tamen, te hortante, pigrescimus; te dictante, negligimus; te promittente, non credimus. Tu autem in misericordia et miseratione tua multa pigros et negligentes concutis; in patientia tua incredulos dissimulas: quin etiam, quia quemadmodum nos oportet orare (*Rom.* VIII), nec scimus, nec possumus; mittis nobis Spiritum sanctum tuum, qui adjuvet infirmitatem nostram, et interpellet pro nobis gemitibus inenarrabilibus. Oramus itaque, quia tu hortaris; petimus confidenter, quia tu promittis; statimque occurris, et orantes exaudis; inveniens, quia faciens, in quo nobis propitieris. Suavis, Domine, universis, suavitates tuas nobis multiplicas; et miserationes tuæ super omnia opera tua incipiunt apparere nobis. Nam tu, Deus appropinquans, et non elongans, cum nobis incipis appropinquare, et consolationes tuæ lætificare animas nostras; continuo ex odore et tactu saluberrimæ præsentiæ tuæ emortui animæ sensus reviviscunt, fides exsultat, fiducia hilarescit, cor accenditur, lacrymæ fluunt, non quæ ignem accensum exstinguant, sed ascendant amplius. Et cum Spiritus tuus adjuvat infirmitatem nostram, flemus ubertim lacrymas pingues et dulces ex dulcedinis tuæ affectu: quas cum pia consolationis manu detergis, fluunt uberius, et fiunt nobis panes die ac nocte, et fortis et grata refectio; quia dulce habemus plorare coram te Domino Deo nostro, qui fecisti nos; qui sumus populus tuus, et oves pascuæ tuæ (*Psal.* XCIV). Ego ego, Domine, sicut dicit propheta tuus, *vir videns paupertatem meam* (*Thren.* III); *pauper sum, et in laboribus a juventute mea; exaltatus autem, humiliatus sum et confusus* (*Psal.* LXXXVII). *Quantas enim ostendisti mihi tribulationes multas et malas: et conversus vivificasti me, et de abyssis terræ iterum reduxisti me. Multiplicasti magnificentiam tuam: et conversus consolatus es me* (*Psal.* LXX). Nam cum in paradiso tuo olim me creasses, ipsumque lignum vitæ in possessionem mihi juris perpetui donasses, voluisti vel permisisti, ut etiam ad fructum ligni scientiæ boni et mali manum mitterem (*Gen.* II, III), ut quasi bonorum meorum interiorum pertæsus, experirer, quid foris possem, Eva mea, carne mea, in hoc consentiente. Gustavi, et vidi non suavitatem tuam, sed confusionem meam, ut viderem me esse, cujus turpitudo velamento egeret: cujus nuditas ad occursum tuum paveret, cujus libertas opus haberet cohibente legum disciplina. Inventus enim sum in oculis tuis nudus ab omnibus, quæ intra me homines putabant; turpis in occultis meis, in quibus nec me, nec te latebam; egens rectore, qui regendos alios susceperam. Ideo, Domine, abscondi me intra ligna paradisi: ideo refugi in tenebras meas; elongavi fugiens, non tamen a te, sed ad te, et mansi in solitudine (26): ibi te exspecto, qui salvum me fecisti a pusillanimitate spiritus et tempestate (*Psal.* LIV). Posui in pulvere os meum, si forte sit spes; onager solitarius attrahens ventum amoris mei (*Jer.* II). Cumque totus mihi redditus sedeo solus et tacens, nec audiens clamorem exactoris vel sonitum præliii, videns quia tempus me juvat, et vaco vacare mihi, discutio meipsum, quis sim, unde venerim. Et invenio me unum filiorum Adam, filium iræ per naturam (*Ephes.* II), sed ancillæ tuæ sanctæ Ecclesiæ per gratiam; unum exsulum paradisi, habitantem et laborantem in terra maledictionis, cui maledixisti in operibus Adam: quam cum operatus fuero, non dat fructus suos, sed spinas et tribulos generat mihi. In sudore vultus mei vescor pane meo, secundum severissimam sententiam justi judicii tui, qua increpasti superbos et maledictos, qui declinant a mandatis tuis.

O bone Creator! quam bene me creaveras! quam gloriose formaveras! quam feliciter locaveras! Creaveras enim me, Domine, sicut dicit Apostolus tuus, *in operibus bonis* (*ibid.*), quæ præparaveras, ut ambularem in eis: formaveras me ad imaginem et similitudinem tuam, et locaveras in paradiso voluptatis tuæ, ut operarer, et custodirem illum, operarer bonorum studiorum exercitiis, custodirem, ne serpens irreperet. Serpens irrepsit, Evam meam seduxit, et per eam me prævaricatorem constituit. Propter quod expulsus de paradiso bonæ conscientiæ, exsul factus sum in terra aliena, in regione dissimilitudinis. Sed, o Domine, qui omnia creasti, et vidisti cuncta quæ creasti, quia sunt bona valde (*Gen.* I), nunquid per opus meum malum peribit bonum tuum? Siquidem non propter paradisum me, sed propter me paradisum constituisti, cum me hominem super terram fecisti. Non te pœniteat, o Creator, hominem me fecisse super terram; sed præcipe, sicut ab initio, ut sim homo rationalis, potestatem habens super terram meam, ut corpus

---

(26) Secessum in cœnobium Signiacense videtur auctor verbis illis describere: *Elongavi et mansi in solitudine*, etc. Indicat enim jam ante illum recessum se in paradiso sanctæ religionis habitasse.

meum subditum sit spiritui, spiritus tibi. Non te pœniteat donatæ homini dignitatis, ut sim super bestias terræ meæ, truces et indomitos motus affectionum animæ; reptilia etiam cogitationum humi repentia, et de veneno terræ, cui jugiter inhærent, noxia vel mortifera; pisces maris et volucres cœli, cogitatus scilicet de spiritu hujus mundi, curiosa sæculi, altitudinemque dici ejus scrutantes et sectantes; jumenta etiam, sensus istos corporis, ad hoc ut secundum nomen suum juvent nos, nobis concreatos. Da nobis, qui ea dedisti nobis, ut patiantur frenum rationis, zeli boni stimulos, stabulum disciplinæ, ubi cibis suis pascantur et nutriantur, producenda ad usum, cum res exegerit; non autem silvescere permittantur in latitudine publici erroris. Veniet, dicit, qui promittit; veniet dies, cum leo et agnus cubabunt simul (*Isa.* XI); cum, quæ modo nocent, non nocebunt in omni monte sancto tuo: jumenta quoque pascentur in pascuis uberrimis, non jam infirmitatis nostræ jumenta, sed beatæ felicitatis instrumenta.

Interim, Domine, exaudi cœlos, et cœli exaudiant terram; et terra exaudiat vinum, et oleum, et frumentum: et hæc exaudiant Jesrael (*Ose* II), id est semen Dei, quod seminasti in nobis. Lactasti enim me, ut ait propheta, Domine, et eduxisti in solitudinem; promittens quia ibi loquereris ad cor servi tui (*ibid.*). Jam gratias tibi, locutus es semel et iterum, et aliquoties, et dicenti tibi animæ meæ, Deus meus es tu; respondes aliquando placide ac benigne: Salus tua ego sum. Et nunc, o desiderium animæ meæ, vacare tibi aliquantisper desiderans ipsa anima mea, et gustare et videre, quam suavis es Dominus; precatur benignissimam misericordiam tuam, ut ab omnibus, quæ extra sunt vel intra, pacem mihi facias et silentium, ut in ea quæ intra me sunt, jus mihi conserves quod dedisti; exterius autem percutias mihi fœdus cum bestia agri, et reptili terræ, et volucri cœli: et arcum, et gladium, et bellum, conteras de terra mea: ut in pace fiat totus locus meus, et in Sion habitatio mea (*ibid.*). Da mihi, Domine, consolationem solitudinis meæ, cor solitarium et colloquium tuum frequens. Non enim ero solus, quandiu tu mecum eris, Deus meus: sed si me deserueris væ soli: quia si obdormiero, non erit qui calefaciat dormientem; si cecidero, non erit qui sublevet cadentem. Sed adhuc, o refugium meum et virtus, deduc me ad interiora deserti tui, sicut duxisti famulum tuum Moysen, ubi ardet rubus et non comburitur (*Exod.* III), ubi sancta anima, quæ ad hoc assumi meruerit, in plenitudine ignis sancti Spiritus tota ardet, sicut seraphim totum ardens et non comburitur, sed purgatur: et tunc primum melius subsistit, quod est miraculum omnium miraculorum tuorum, et visio visionum: ubi locus sanctus est, in quo non statur, non proficitur, nisi solutis corrigiis impedimentorum carnalium nudis pedibus, id est, mundis et puris affectibus incedatur; ubi qui est, etsi non potest videri

sicut est, auditur tamen dicens: *Ego sum, qui sum* (*ibid.*); ubi operiendus est vultus interim, ne videat contra Dominum, sed in humilitate obedientiæ exercendus auditus, ut audiat quid in eo loquatur Dominus Deus suus. Absconde me, Domine, interim in abscondito tabernaculi tui in die malorum horum; in abscondito faciei tuæ a contradictione linguarum. Jugum quidem tuum suave, et onus leve imposuisti mihi: et cum ostendis mihi servitutis tuæ distantiam, et servitutis sæculi, blande et leniter me interrogas utrum melius sit servire tibi Deo viventi, an diis alienis. Ego manum imponentis adoro, jugum deosculor, et onus amplector: et multum mihi suave est sub eo desudare. Multum enim et multo tempore possederunt me domini absque te, quorum jugum non est suave, nec onus leve. Tui juris esse cupio, tuum jugum recognosco, et onus leve, quod sublevat me, non premit. Sed ingrediens novam servitutis tuæ disciplinam, videor mihi videre cœlos novos et terram novam: et ecce mihi nova facis omnia (*Apoc.* XXI). Doce me, Domine, hominem rusticanum de rure sæculi venientem, civitatis tuæ mores disciplinatos, et curiæ tuæ venustas urbanitates; deforma me a forma sæculi, cui me conformaveram; conforma me civibus tuis, ne inter eos deformis appaream; doce etiam me linguam quam non novi (*Psal.* LXXX), quam egrediens de terra Ægypti audire incipio, sed inveteratus in terra aliena, non intelligo; linguam scilicet, qua loqueris filiis tuis, et ipsi tecum. Fac me etiam intelligere nutus tuos, quibus intelligere facis intelligentes, quæ sit voluntas tua bona, beneplacens, et perfecta (*Rom.* XII).

Et jam anima mea, gratias tibi, pater dulcis; cum ei loqueris, vocem tuam incipit agnoscere, sed non satis intelligit, quid ei loquaris; quia vox tua nunquam vacua venit, quia vox tua gratia tua est, non sonans exterius, sed potenter et dulciter interius operans. Cum etiam ego loquor tibi, intendo tibi, et in hoc etiam bene mihi est: et quaquaversum eat oratio, nunquam gratis te oro vel adoro; cum etiam in orando fiat mihi retributio multa. Doce ergo me, sancte Spiritus, sine intermissione orare, ut des mihi in te sine intermissione gaudere. Nam, etsi plorat, cum orat pauper tuus, pauper spiritu, vel peccatorum suorum memor, vel in angustiis constitutus, dum vehementius dolet, vehementius gaudet; sicut e contrario qui gaudet in sæculo, cum vehementius gaudet, tunc si quid sapit, in occultis conscientiæ suæ vehementius torquetur et dolet. Pia ergo et pura oratio nunquam est sine gaudio.

MEDITATIO V.
Diversos modos orandi recenset; passionem Christi et peccata sua in memoriam revocat.

Cum ad jugiter et efficaciter orandum excitare, et exercitare, et assuefacere cor meum desidero, nullius in hoc magisterio malim erudiri, quam tuo, o Domine Jesu, sapientia Dei Patris. Recogito ergo modos orationum, quibus orans coram hominibus in terris formam nobis dabas perfectæ orationis: et invenio te aliquando quidem orantem solum (*Matth.* xiv), aliquando in turba (*Joan.* xii), aliquando in exsultatione spiritus (*Luc.* x), aliquando in sanguineo sudore (*Luc.* xxii), aliquando exaltatum in cruce (*Joan.* xii). Exsultatio spiritus et solitudo orandi, dulcissima mihi sunt ad imitandum: sed, nisi tu me prævenias in benedictionibus dulcedinis tuæ, locum quidem facile invenio, sed non tam facile cor solitarium. Exsultatio vero spiritus fit ex puritate conscientiæ, cujus ego mihi conscius non sum, vel ex abundantia gratiæ tuæ, cujus ego indignus sum. Orare in turba tuum fuit, cui nihil defuit: quod tamen, cum sic exigit res, nec nos refugimus. Scio, Domine, scio, quia pernecessaria esset mihi oratio illa sanguinea, et oratio crucis; quia, cum sentio quid oratio in me habeat exsudare, quod crux excruciare, non quidem habeo sanguineum sudorem, sed sanguineas lacrymas exsudat cor meum in oculis tuis. Nec invenit corpus meum crucem in qua crucifigatur, sed infelix anima mea super omnem crucis dolorem in seipsa cruciatur. Concrucifixus tamen tibi sum, Domine Jesu, utcunque in cruce professionis, quam de munere tuo quotidie et jugiter tibi offero, quia munera tua data tua; sed de meæ crucis deliciis contemplans passionem tuæ crucis, clavis timoris tui confixus confundor, et totus contabesco; non ex dolore crucis meæ, qui ex gratia tua jam mihi nullus est, sed ex dolore cordis, quo considero opus tuum in medio annorum vivificatum; in omnes annos et ante et post, effectu redemptionis clarificatum, cui nihil compensari potest, cui nulla mors, nulla vita respondere sufficit: quod tamen mundus per ipsum redemptus decipicit. Usu enim ipso jam pro nihilo habemus crucifixum te videre; cogitare te mortuum et sepultum: et quod amplius et penetrabilius est ad corda transpungenda, cæsum alapis et flagellis, irrisum, consputum, clavis et lancea confixum, spinis coronatum, potatum felle vel aceto, qui in cruce tua nonnisi salutem nostram sitiebas. Te crucifixo terra tremuit, nos ridemus: cœlum cum luminaribus suis obscuratum est, nos clarere in sæculo æstuamus: petræ scissæ sunt, nos corda nostra obduramus: monumenta aperta reddiderunt mortuos suos (*Matth.* xxvii), nos in stratis lasciviæ luxuriantes sepelimus mortuos tuos.

Tres, Domine, in tempore passionis tuæ, si bene adverti, Deo Patri obtulisti orationes, in quibus totum constat esse inclusum, quod in ipsa passione tua pretio sanguinis erat agendum pro te, pro amicis, pro inimicis. Pro te quidem cum orasti, non laborasti; quia, sicut dicit Apostolus, exauditus es pro tua reverentia (*Hebr.* v). Orasti et pro amicis in tentationibus tuis tecum permanentibus, et pro inimicis crucifigentibus te, sed nescientibus quid facerent. Ubi est oratio pro scienter peccantibus (27)? Quandiu sic sunt, extra amplexum crucifixi sunt, qui, extensis in cruce manibus, etiam forma patibuli amplecti videbatur omnes, pro quibus patiebatur. Itaque sicut dicit Apostolus: *Voluntarie peccantibus jam non relinquitur pro peccatis hostia* (*Hebr.* x). Quæ nisi pœnitentia deleat, nisi sanguineus sudor exsudet, et crux excruciet, voluntarie et scienter peccantes non invenio partem habere, vel in oratione sanguinem sudantis, vel in sacrificio in cruce pendentis. Heu me, quem conscientia accusat, quem veritas non excusat, ut dicere possit, non enim scivit, quid fecit. Ignosce ergo, Domine, in pretio pretiosi sanguinis tui, omnibus peccatis meis, in quæ incurri scienter et nescienter: et dic peccatori tuo, insinua pauperi tuo, quid faciat pro eis, et maxime pro eis, quæ commisi scienter. Nam si omnes scienter peccantes videris exclusisse, væ universo mundo, quia paucissimos videris inclusisse. *Voluntarie peccantibus*, ait Apostolus, *jam non relinquitur pro peccatis hostia. Irritam quis faciens legem Moysi, sine ulla miseratione, duobus vel tribus testibus moritur. Quanto magis putatis deteriora mereri supplicia, qui Filium Dei conculcaverit, et sanguinem testamenti pollutum duxerit, in quo sanctificatus est, et spiritui gratiæ contumeliam fecerit? Scimus enim qui dixit: Mihi vindictam; ego reddam* (*Hebr.* x). Vere, Domine, voluntarie post acceptam veritatis notitiam et multum peccavi, et spiritui gratiæ contumeliam feci; a quo gratis in baptismo accepta remissione peccatorum, post acceptam notitiam veritatis reversus sum ad ea, sicut canis ad vomitum. Sed nunquid te, fili Dei, conculcavi? Conculcavi, si negavi, quamvis nec arbitrer Petrum conculcasse, quem contigit negasse: qui tunc ardentissime te diligebat, etiam cum semel, et iterum, et tertio te negabat. Num sanguinem testamenti pollutum duxi? Qui hoc sentit, anathema sit. Absit ut unquam hoc senserit cor meum! absit ut unquam hæc confessio transeat per os meum!

Non quod Satanas aliquoties non expetierit fidem meam, ut cribraret sicut triticum, sed oratio tua usque ad me pertigit, ut nunquam deficeret a te fides mea. Virtus est voluntarius assensus animi in bonum. Tu scis quam voluntarium semper eum habui in fidem tuam; tu conserva eum mihi usque in finem. Semper in te credidi; nunquam te negavi; semper te amavi, etiam cum in te peccavi. Pœnitet me peccati mei usque ad mortem, sed amoris tui non me pœnitet, nisi quia etiam tunc non sic te amavi, sicut debui; quia, si sic te amassem,

---

(27) Videtur negare Christum orasse pro voluntarie peccantibus; fortassis quia etiam suos interfectores de ignorantia excusavit, quando pro eis oravit; vel quia specialiter non oravit pro illis sicut pro ignorantibus, cum tamen generaliter pro omnibus oraverit. Denique eo sensu exponendus est auctor, quo Paulus (*Hebr.* x), post notitiam veritatis acceptam peccantibus hostiam non relinqui asserens.

non peccassem. Sed heu! quam timeo ne hoc ipsum quod tunc te amavi, proveniat mihi in judicium; quia, si tam grave est peccare post acceptam notitiam veritatis, quam gravissimum post gustum boni tui, post acceptam dulcedinem tuæ dilectionis! Nam etiam in ipsa pueritia mea puer impurus jam ex gratia tua te amabam, et tamen non pueriliter in te peccabam. Extunc usque nunc nunquam cessavi peccare, nec tu mihi bene facere. Quid restat, nisi ut dicatur mihi: *Recepisti bona in vita tua* (*Luc.* xvi). Sed converte, Domine, judicium tuum in misericordiam, et de peccato damna peccatum, ut qui juste me damnare habes, pro tantillo amore quo tunc te amabam, accepta nunc ex gratia tua plenitudine amoris tui, veniam in judicium tuum, et appaream in sancto tuo, et in oculis misericordiæ tuæ, ea ratione qua apparuit peccatrix illa, de qua dixisti: *Dimittuntur ei peccata multa, quoniam dilexit multum* (*Luc.* vii). Sed primum dignare cor meum igne perfecti amoris tui, exsudet a me magnus ejus ardor, et excoquat omne peccati venenum; exploret et diluat lacrymis oculorum meorum omne conscientiæ meæ contagium; excruciet crux tua quidquid concupiscentia carnis, concupiscentia oculorum et superbia vitæ longo negligentiæ meæ situ est contractum; pereat ab increpatione vultus tui, quidquid ex voluntate carnis vel consensu mentis, incensum est et suffossum. Domine, qui vult audiat, et irrideat me confitentem; videat cum peccatrice tua ad pedes misericordiæ tuæ jacentem, lavantem lacrymis cordis, et unguentem piæ devotionis ungentem. Eat omnis substantia mea, quantulacunque est, sive in corpore, sive in anima, in pretium placiti tibi unguenti, quod effundam super caput tuum, cujus caput Deus; et super pedes tuos, cujus pars ima humilitatis nostræ natura est. Murmuret Pharisæus: Tu miserere mei, Deus meus. Fremat in me dentibus fur loculos habens, dum tibi placeam, non magnipendo cui displiceam. Sit tibi, o amor cordis mei, quotidiana, imo continua hæc unctio mea; quia, cum ungo te, ungo etiam me. Natura quippe mea nequitiæ inveteratæ respondens duritiam, facta est sicut uter in pruina; quæ nisi unguenti hujus suavitate continua demulceatur, rigescit, durescit, et crepat, et effundit, si quid boni tui intus habere videtur.

Dixisti: *Quod habuit hæc fecit* (*Marc.* xiv). Da mihi, Domine, fideliter facere tibi, quidquid habeo, quidquid scio, quidquid sum, quidquid possum; nihil mihi reservem. Tecum habeo causam, cum nullo hominum; ad pedes misericordiæ tuæ jaceo, ibi jacebo, ibi plorabo, donec me facias audire vocem tuam bonam, judicium oris tui, sententiam justitiæ tuæ et meæ, quia a te mihi datæ, *dimittuntur ei peccata multa, quoniam dilexit multum* (*Luc.* vii). Domine, per omne judicium, quod dedit tibi Pater, præveni me hoc merito, et judica me hoc judicio, quia amore amoris tui malo hoc judicio justificari et salvari, quam alio magnificari et glorificari. Domine, non excludas me ab amplexu redemptionis tuæ; qui per omnia desidero communicare cruci tuæ.

Tu dixisti: *Mihi vindictam; ego retribuam* (*Rom.* xii). Nequaquam, o benignissime. Sed mihi vindictam, ut ego pœniteam. Horrendum est incidere in manus Dei viventis. Præcipe quidquid vis; sed da mihi intelligere et posse, quod præcipis, qui jam in hoc dedisti paratum cor meum, ut a facienda voluntate tua in nullo se subtrahat cor vel corpus meum. Tu cognovisti sessionem meam, et resurrectionem meam, et omnia mea novissima et antiqua (*Psal.* cxxxviii). Deforma me a sæculo, cui me conformavi; forma et conforma me gratiæ tuæ ad quam confugi, et da cordi meo formam placitæ tibi pœnitentiæ. Da etiam mihi, Domine, fidem puram et devotam, piam, fortem et inconcussam, ut dicas etiam mihi, gratiam dans pro gratita. « Vade, quia fides tua te salvum fecit (*Luc.* vii). »

MEDITATIO VI.

Anima gaudium beatorum, ac cœlum, id est Deum, et arcam testamenti, id est humanitate Christi, contemplatur

« Vidi ostium apertum in cœlo, » ait beatus Joannes, « et vox prima quam audivi, quasi tubæ loquentis mecum, dicens: Ascende huc (*Apoc.* iv). » O Domine, qui cœlum et terram creasti, terram autem in peccato et opere Adam maledixisti, et filiis ejus deputasti inhabitandam, in qua quicunque habitant, sub maledicto sunt, cum et veteris maledicti pœnas luunt continuas, declinando a mandatis tuis, novis quotidie cumulantur, de quibus dicitur: « Maledicti qui declinant a mandatis tuis (*Psal.* cxviii), » pertæsus tot maledictionum novarum et antiquarum, quibus et quæ non rapui, cogor exsolvere, et quæ rapui, cum multiplici fenore exigor: quam libenter, quam desideranter fugerem de terra nostra in cœlum tuum, quod semel mundatum a superbia, projecto inde superbo, tibi retinuisti, si ascensum invenirem et ostium apertum. Audio nihil esse ibi malorum omnium quæ hic patimur; non esse ibi matutinum et vesperam, matutinum lætitiæ non demorantis, vesperam demorantis fletus, quorum exitus tu scis quantum me delectaret; sed unam ibi esse diem de visionis tuæ continua gloria festivam, feriatam ab omnibus, quæ festum vultus tui interturbare possint. Audio, quia ignis, grando, nix, glacies, spiritus procellarum, illuc non ascendunt, quæ ad affligendos nos, facientia verbum tuum, super nos huc assidue descendunt; nulla ibi mors vel corruptio corporum vel animarum, remota penitus omnis perturbationum pestis, una ibi virtus, una felicitas et gaudium, charitas tua fruens bono suo absque suspicione perdendi. Audio adhuc festivam diem illam angelorum gaudiis et laudibus celebrem, apostolorum et martyrum coronis gloriosam, et omnium bonorum, qui ab initio tibi placuerunt, Ecclesiam inibi congregatam, et ad diem festum hunc perpetuas fixisse mansiones. Quorum cum duos aut tres in terris aliquando videmus in nomine tuo congregatos, te in medio eorum existente, si tam bonam et tam jucundam videmus eorum cohabitationem, tam plenam unguento Spiritus sancti, ut palam sit omnibus tuam illic mandatam benedictionem; quanto maxime ubi congregasti sanctos tuos, qui ordinaverunt testamentum tuum super sacrificia, et facti cœli annuntiant justitiam tuam (*Psal.* ix)?

Non enim solus ille dilectus discipulus tuus illuc invenit ascensum; nec soli illi ostensum est ostium in cœlo apertum. Palam quippe omnibus pronuntiasti, non per præconem, vel per prophetam quemlibet, sed per temetipsum, dicens : « Ego sum ostium; per me si quis introierit, salvabitur (*Joan.* x). » Tu ergo es ostium. Et cum dicis : « Per me si quis introierit, » omnibus intrare volentibus videris apertum. Sed si ostium patens in cœlo videmus, nos qui in terra sumus; quid prodest nobis, qui illuc ascendere non possumus? Respondet Paulus : « Qui ascendit ipse est, et qui descendit (*Ephes.* iv). » Quis hic est? Amor. Amor enim ad te, Domine, in nobis illuc ascendit, quia amor in te huc ad nos descendit. Quia enim amasti nos, huc descendisti ad nos; amando te, illuc ascendemus ad te. Sed tu ipse qui dixisti : « Ego sum ostium, » per temetipsum te obsecro, aperi nobis temetipsum; ut ostendas evidentius cujus domus ostium sis, quando et quibus apertum. Domus cujus ostium est, sicut jam dictum est, cœlum est, quod Pater inhabitat, de quo legitur : « Dominus in cœlo sedes ejus (*Psal.* x). » Si quidem nemo venit ad Patrem, nisi per te, qui es ostium. Sed dicit quidam servus tuus : Qui visibilibus adhuc pulchritudinibus delectantur, nec possunt de Deo spirituale aliquid cogitare, quoniam terræ præferunt cœlum; tolerabilior est eorum opinio, si Deum, quem adhuc corporaliter cogitant, in cœlo potius esse credant quam in terra. Nam, o conditor omnium, et locorum et temporum, tu nec tempore moveris, nec loco teneris, nec cœlo corporeo sustentaris ne cadas, nec sic in eo habitas ut cœlum et terram non impleas : ubique præsens, si de illocali hoc dici potest; ubique totus, si in te vel de te prædicari potest totitas, in quo non est particularitas. Tu ipse tamen docuisti nos dicere : « Pater noster, qui es in cœlis (*Matth.* vi). » Et hæc opinio sic omnes complectitur, ut ab omnibus hominibus, etiam Judæis et ethnicis, in cœlis Deus habitare perhibeatur. Sed alia est sententia, quod falsum est, opinantium; alia, quod verum est proferentium talibus rerum nominibus, ut et ab intelligentibus veritas possit intelligi, et opinantes, quia res sicut sunt, cogitare vel intelligere non possunt, ex rerum nominibus aliquanto tolerabilius permittantur opinari. Unde Propheta qui dicit, « Deus autem in cœlo (*Psal.* cxiii), » paulo post : « Qui habitat, inquit, in Jerusalem (*Psal.* cxxiv). » Ad te ergo tendentibus, post te anhelantibus responde, obsecro. Rabbi, ubi habitas? Cito respondes et dicis : « Ego in Patre, et Pater in me (*Joan.* xiv); » et alibi : « In illo die vos cognoscetis, quia ego sum in Patre meo, et vos in me, et ego in vobis (*ibid.*); » item : « Ego in eis, et tu in me, ut sint consummati in unum (*ibid.*). » Locus ergo tuus Pater est, et tu Patris; et non solum, sed etiam nos locus tuus sumus, et tu noster. Cum ergo, o Domine Jesu, tu es in Patre, et Pater in te, o summa et individua Trinitas, tu tibi locus es; tu tibi cœlum es; sicut non habens ex quo, sic non indigens in quo subsistas, nisi ex teipso in teipso.

Cum autem nos inhabitas, cœlum tuum sumus, utique, sed non quo sustenteris ut inhabites, sed quod sustentes ut inhabitetur; tu quoque cœlum nobis existens, ad quem ascendamus, ut inhabitemus. Nostra ergo, ut video, in te, vel tua in nobis habitatio, nobis cœlum est : cœlum vero cœli tibi æternitas tua, qua es, quod es in teipso, Pater in Filio, et Filius in Patre; et unitas qua Pater et Filius unum estis, id est, Spiritus sanctus, non quasi aliunde veniens et medium se faciens, sed coessendo in hoc ipsum existens. Unitatis vero, qua in nobis vel in te unum sumus, auctor et ordinator est idem Spiritus sanctus, filios Dei faciens nos per gratiam, qui filii iræ eramus per naturam, dicente Apostolo. « Videte qualem charitatem dedit nobis Pater, ut filii Dei cognominemur et simus (*I Joan.* iii). » Dono utique, qui est Spiritus sanctus. Et post pauca : « Charissimi, nunc filii Dei sumus : et nondum apparuit, quid erimus. Scimus quoniam, cum apparuerit, similes ei erimus, quoniam videbimus eum sicuti est (*ibid.*). » Nativitas vero Filii de Patre, æternitatis natura est; nativitas in nobis, gratiæ adoptio est. Illa nec fit, nec facit unitatem, sed ipsa in Spiritu Sancto unitas est, ista non est, sed fit per Spiritum sanctum, in quantum similitudine Dei insignitur, equidem ultra modum naturæ humanæ, sed citra essentiam divinæ. Nam et semen hujus nativitatis Spiritus sanctus dicitur, de quo dicit idem Apostolus : « Omnis qui natus est ex Deo, non peccat, quoniam semen ipsius in eo manet, et ideo non potest peccare (*ibid.*). » Similitudinem autem ipsam Dei conferet nobis visio ejus, qua Deum videbimus, non quod est, sed sicut est; et ipsa est similitudo, qua similes ei erimus. Nam videre Patri Filium, hoc est esse quod Filius; et e contrario. Nobis autem videre Deum, hoc est similes esse Deo. Hæc unitas, hæc similitudo, ipsum est cœlum, quo Deus in nobis habitat, et nos in Deo. Tu autem cœlum cœli es, o summa Veritas, qui est quod es, qui a te tibi es, tuus tibi, sufficiens tibi; cui nihil deest, nihil redundat; apud quem nulla discrepantia, nulla confusio, transitio nulla, nulla transmutatio vel vicissitudinis obumbratio; nulla indigentia, nulla mors; sed est ibi summa concordia, summa evidentia, summa plenitudo, summa vita. Creaturæ autem tuæ nulla tibi turpitudo turpis est; nec nocet malitia; nec error errat : qui bonis suas singulis virtutum vel beatitudinis præordinasti mansiones ad quas omnino pervenire habent, quæcunque impediat vel retardet necessitas, malisque in malo suo terminos præfixisti, quos præterire non sit potestas, etiamsi non desit voluntas.

O Domine, hæc altitudo, hoc profundum, hæc sapientia, hæc virtus; nunquid hoc cœlum, cujus tu es ostium? Sic plane, sic est. Unde et aperto ostio, sicut dicit idem Joannes : « Arca testamenti visa est in cœlo (*Apoc.* I). » Quid enim est arca testamenti recognita in cœlo, nisi, sicut dicit Apostolus, dispensatio sacramenti absconditi a sæculis in Deo, qui omnia creavit (*Ephes.* III) ? Tu enim vere arca testamenti es, in quo reconditum est a sæculis, et in novissimo tempore impletum quidquid ab initio mundi a sanctis omnibus et prophetis testificatum est, lege, prophetiis, signis et prodigiis. Tu arca es circumtexta ex omni parte auro mundo ; quia in te requievit, teque totum complexa est glorificans sapientiæ Dei plenitudo. In te est urna aurea habens manna, sancta et immaculata anima, quam corporaliter inhabitavit plenitudo divinitatis ; et virga Aaron quæ fronduerat, dignitas sacerdotii æterni; et tabulæ testamenti, quibus hæres gratiæ tuæ constitutus est mundus, gentesque positæ sunt cohæredes, et concorporales, et compartecipes promissionis tuæ. Supra quæ Cherubim gloriæ, plenitudo scientiæ; supra autem, non quasi dignitate præeminentia, sed ab his portari et fulciri indigentia; obumbrantia propitiatorium, id est, mysteriorum propitiantis gratiæ tuæ incomprehensibilitatem testantia. Hæc bona a sæculis in cœlo secreti tui abscondita, in fine sæculorum desideranti mundo ostendisti, cum temetipsum ostium in cœlo aperuisti. Aperuisti autem, cum apparuit gratia tua omnibus hominibus, erudiens nos; cum apparuit benignitas et humanitas tua, non ex operibus justitiæ quæ fecimus nos, sed secundum misericordiam tuam salvos nos faciens (*Tit.* II). Tunc aperto cœlo omne bonum, omnis suavitas cœli se terris infudit. Tunc quanta in te esset bonitas circa nos, o Deus, qui proprio Filio tuo non pepercisti, sed pro nobis omnibus tradidisti eum, omnibus palam innotuit; cum notum fecisti mundo salutare tuum, et in conspectu gentium revelasti justitiam tuam, quam in sanguine unici tui nobis fecisti; cum ipse casiam charitatis obedientiam circa salvationem nostram impendit tibi, nobis autem obedientiæ ipsius charitatem. Tunc enim benedixisti terram nostram, et extunc cœpit dare fructum suum. Extunc ad cœlum tuum strata est via publica, trita apostolorum vestigiis, et martyrum, et sanctorum omnium, qui exemplo et gratia charitatis accepta a te, dilexerunt te usque ad contemptum sui, et pro te animas suas ponere non timuerunt. Investigabiles istæ divitiæ gloriæ tuæ, Domine, penes te latebant in cœlo secreti tui, donec lancea militis aperto latere Filii tui Domini et Redemptoris nostri in cruce (*Joan.* XIX), redemptionis nostræ effluxere sacramenta, ut in latus ejus non jam digitum mittamus, aut manum,

A sicut Thomas (*Joan.* XX), sed in apertum ostium toti intremus usque ad cor tuum, Jesu, certam sedem misericordiæ, usque ad animam tuam sanctam, plenam omnis plenitudinis Dei, plenam gratiæ et veritatis, salutis et consolationis nostræ. Aperi, Domine, ostium lateris arcæ tuæ, ut ingrediantur omnes salvandi tui a facie diluvii hujus inundantis super terram; aperi nobis latus corporis tui ut ingrediantur qui desiderant videre occulta Filii, et suscipiant profluentia ex eo sacramenta, et pretium redemptionis suæ. Aperi ostium cœli tui, ut videant bona Domini in terra viventium redempti tui, qui adhuc laborant in terra morientium; videant et concupiscant, ardeant et currant, quibus factus es via, per quam illuc itur; veritas ad quam

B itur; vita propter quam itur; via, exemplum humilitatis; veritas, puritatis; vita, vita æterna.

Hæc omnia factus es nobis, misericors Pater, suavis Domine, dulcis frater, qui sumus filioli tui, quibus dicebas: *Filioli mei*, *adhuc modicum vobiscum sum* (*Joan.* XIII) : servi tui, quibus dicebas : *Vos vocatis me, Magister et Domine; et bene dicitis; sum etenim* (*ibid.*) : fratres tui, quibus mandasti, ut irent, ubi te viderent. O bone Pater, dulcis frater, suavis Domine, bonus quidquid es, et dulcis, et suavis, in quo abundat tota bonitas, aperi nobis te, ut de te usque ad nos manet tua suavitas, impleat nos. Aperi mihi te, qui es ostium, ut per te aliquoties affectu, etsi adhuc non mereor pleno effectu, ingrediar in locum tabernaculi admirabilis usque ad

C domum Dei (*Psal.* XLI). Revelasti enim aliquando auriculam servi tui, ut aliquando subaudierit vocem illic exsultationis et confessionis soni epulantis; sed procedere non licuit. Propter quod merito tristis es anima mea; merito conturbas me. Sed spera in Deo, quoniam adhuc confitebor illi, salutare vultus mei et Deus meus (*ibid.*). Aperi mihi, Domine, ut, quia homo alienus, non sum dignus adhuc civis illic ascribi, donante te, vel aliquoties vel aliquantulum ibi liceat mihi peregrinari, ut videns videam gloriam tuam, nec nisi expulsus exeam. Si sæpius illuc meruero ascendere, si aliquandiu immorari, si serius redire, innotescam civibus tuis, illis non lætantibus, sed sicut lætantibus omnibus habitanti-

D bus illic, quorum lætitiam nulla verba exprimunt, quorum participatio in idipsum, nec ut alienum me habebunt, si aliquando in aliqua tuæ illius domus parte jubeas me inter eos requiescere. Domine, inquietum et impatiens est ad te cor meum, nec extra te requiem ei invenio. Propter quod, cum expellor a cœlo, a tædio vitæ meæ libet etiam me aliquando descendere ad infernum viventem (ne contingat me illuc descendere morientem), ut videam quid etiam ibi agatur. Sed cum in primo ejus limine scriptum invenio, quia in inferno non est qui confitebitur tibi, anathema ei dicens, inde refugio. Audio intro fletum oculorum et stridorem dentium; sed non mihi contingat, Domine, usque illuc descendere. Ad te, Domine, ad te oculi mei semper, qui habitas in cœlis; ad domum tuam, ad civitatem tuam, Jerusalem, unde ad nos descendisti; cujus tecum tam mirabile exemplar nobis detulisti. A quo accensus, ardenter et cupide sæpe illuc recurro. Si te ostium invenio apertum, ingredior; et bene mihi est, quandiu licet : si clausum invenero, confusus redeo. Et prohibitus videre gloriam tuam, remittor miser in domum meam, et cogor pati domesticam et familiarem paupertatem meam. O si videbo, o si durabo, o si unquam aliquando audiero : *Intra in gaudium Domini tui* (*Matth.* xxv); ut sic introeam, ut ultra non exeam. Potens es, Domine, et veritas tua in circuitu tuo. Perfice quod fecisti, dona quod promisisti.

MEDITATIO VII.

Anima videndi Dei desiderium exprimit.

Tibi dixit cor meum : Exquisivit te facies mea : faciem tuam, Domine, requiram. Ne avertas faciem tuam a me; ne declines in ira a servo tuo (*Psal.* xxvi). Comparare quidem faciem meam faciei tuæ, Domine Deus, inspector et judex cordium, temerarium nimis videtur et insolens, cum, si introieris in judicium cum servo tuo, non habeat facies injustitiæ meæ, nisi fugere a facie justitiæ tuæ. Sed si, donante te, charitas ardens excusaret, humilitas pia adjuvaret paupertatem meam; fugiant qui oderunt, ego non fugerem a facie tua. Altera enim præsumit, altera nutrit fiduciam. Harum ego conscius mihi non sum, sed amicum profiteor. Si enim interrogas me, sicut interrogasti Petrum : *Amas me* (*Joan.* xxi), dicam plane, dicam confidenter : Domine, tu omnia nosti; tu scis quia volo amare te. Quod etiam sic vult, ut nihil sic velit cor meum, quam amare te. Humilitatem etiam amplector, quam diffiniunt diffinientes, contemptum propriæ excellentiæ : sed dum quasdam excellentiarum minutias nonnunquam inscius incurro, vel cum offeruntur, non satis cito me inde excutio, optime scio, quia humilis non sum. Est alia humilitatis species, scilicet notitia sui, in qua si judicor, secundum ea quæ in me novi, actum est de me : et malo, ut aiunt, omine tetendi pedem in justitiam judicii tui. Si autem hoc apud te virtus judicatur, si peccatum meum coram me est semper, hujus virtutis non omnino expertem me arbitror : cum etiam nolenti mihi, et rebus melioribus intento, sic sæpe fœda peccatorum meorum facies mentis meæ oculis se ingerat, ut propter ipsa ipse me oderim. O Domine, quid multa dicam de ignominiosa facie conscientiæ meæ? Qualiscunque, quomodocunque sit; sic tota ejus facies tuam faciem desiderat, ut omnia quæ sunt vitæ hujus, ipsamque vitam, præ amore ejus fastidiat et despiciat; nec curet omnino quid videar, dum te videat.

Sic interim, o visu desiderabilis! exquirit te facies mea; faciem tuam requiro, ne, obsecro, avertas eam a me (*Psal.* xxvi). Sed doce me interim, o æterna sapientia, illustratione ipsius vultus tui, quæ sit ista facies et facies; quia, licet desiderio alterius ad alteram contabescam, neutram tamen satis novi. Scio enim quia, si non est datum Paulo apostolo ut videret in hac vita te facie ad faciem, et dilecto discipulo tuo, sicuti es, quod sic diligenti et sic dilecto non conceditur, non sani est capitis, a quo hoc speratur vel quæritur. Tamen ubi audio in David faciem et faciem, non possum desperare, quod audio de te aliquem sperare : non quod oblitus sim, quis sim; sed spero de indulgentia misericordiæ tuæ : et quia licet misere in hoc proficiam, nollem te minus amare ab ullo te amante. Nam licet Moysi videatur esse negatum, quod tamen David nullo modo erat desperatum (*Exod.* xxxiii); tamen de eodem Moyse, cæterisque patribus cantat et psallit iste David : Quia *non in gladio suo possederunt terram, et brachium eorum non salvavit eos; sed dextera tua, et brachium tuum, et illuminatio vultus tui* (*Psal.* xliii). De seipso etiam, Domine, inquit, *in voluntate tua præstitisti decori meo virtutem. Avertisti faciem tuam a me, et factus sum conturbatus* (*Psal.* xxix). Eam ergo, dulcissime, faciem, quam avertisti aliquando a sancto David, et factus est conturbatus, converte ad me, et ero consolatus; quam priusquam avertisses ab eo, in voluntate tua præstitisti decori ejus virtutem. Et possideat terram meam dextera tua, et brachium tuum, et illuminatio vultus tui, quæ terram patrum possedit, in quibus complacuisti. Nam de vultu tuo et facie tua neminem audio tam sæpe, tam familiariter agere et loqui quam David (*Psal.* xvi) : nec credendum est eum vultus tui inexpertum, de quo precatur omne judicium suum prodire, et cum vultu tuo lætitia se præsumit adimplendum. Qui etiam beatificans beatum populum, qui scit jubilationem : *Domine*, inquit, *in lumine vultus tui ambulabunt* (*Psal.* lxxxviii). Quam attentius possum, o Deus cordis mei, consulens ipsum vultum tuum, ut de eo super hoc judicium meum prodeat, conclamante in hoc omni conscientiæ meæ assensu, vultum tuum hunc, et faciem tuam invenio esse notitiam veritatis tuæ; cui beatus populus tuus facies exhibens bonæ voluntatis, jubilat gaudium in Spiritu sancto, et magni anni jubilæi festum in contemplatione et fruitione ipsius veritatis tuæ; in cujus etiam lumine ambulat, gressus suos et omnia sua dirigens secundum judicia justitiæ tuæ. Est quidem alia facies, et alius vultus notitiæ tuæ, de qua dictum est ad Moysen : *Facies mea non videbitur tibi : non enim videbit me homo et vivet* (*Exod.* xxxiii) : visio vel scientia divinæ majestatis tuæ, quæ in hac vita melius nesciendo scitur, et scire aliquem, quomodo eam nesciat, hæc in hac vita summa ejus scientia est. Sed, o Domine, licet tenebras ignorantiæ nostræ et cæcitatis humanæ posueris latibulum faciei hujus; tamen in circuitu tuo tabernaculum tuum, luminosi scilicet tui, sancti aliqui fuerunt, qui de luminis et ignis tui contubernio lucentes et ardentes, verbo et exemplo cæteros illuminabant et accendebant, et hujus supereminentis notitiæ tuæ solemne gaudium in futura nobis vita denuntiabant, qua videberis sicuti es, vel facie ad faciem : interim vero per eos fulgura veritatis tuæ alluxerunt orbi terræ, et illuxerunt coruscationes, ad quas hilarescunt, qui sanos habent oculos ; commoventur autem et conturbantur, qui diligunt tenebras magis quam lucem. Nam manifestatio hic veritatis tuæ, per quoscunque fiat, sic est sicut sol tuus, quem facis oriri super justos et injustos (*Matth.* v), qui in suæ naturæ puritate permanens, utitur rerum materiis, sicut eas invenit, lutum stringens, ceram solvens, illustrans omnem oculum et videntem et cæcum, videntem, ut illustratus plus videat, cæco in sua cæcitate permanente. Sic et tu, o sapientia Dei et lux veritatis, cum venisti in mundum, per quem mundus factus est, illuminasti omnem hominem venientem in hunc mundum ; sed tenebræ te non comprehenderunt. Quotquot autem te receperunt, et lucem veritatis tuæ, dedisti eis potestatem filios Dei fieri.

MEDITATIO VIII.
De multiplici facie hominis, et osculo atque amplexu sponsi et sponsæ.

Fulgurans omnibus, o sol justitiæ, lumen vultus tui, et veritatis tuæ splendorem, sponsam tuam, quæcunque illa sit, invitas, dicens : *Ostende mihi faciem tuam, soror mea* (*Cant.* II). Statimque anima bonæ voluntatis, cui de cœlo pax annuntiatur, qui frater est Christi, cujus anima soror ejus appellatur, sicut est, sic in sancto tuo desiderat apparere tibi, et in lumine tuo videre lumen. Si peccator est, ostendit tibi faciem miseriæ suæ, requirens faciem misericordiæ tuæ; si sanctus est, occurrit tibi in facie justitiæ suæ, et invenit in te faciem similitudinis suæ, qua justus Dominus justitias diligit. Porro cui frons est meretricis, non vult erubescere, et fugiens veritatem tuam incurrit severissimam justitiam tuam. Quot enim anima humana habet affectiones, tot ad te habet facies. Tu autem, o Veritas, omnes excipis, et omnibus te mutuans, in te ipsa non mutaris. Invenit in te pia humilitas familiarem gratiam; invenit ardens amor suavem olei materiam; invenit humilis cordis contritio paratam sibi a te justitiam; invenit frons meretricis confusionem suam. Sic, o summa justitia, misericordia in te et veritas obviant sibi (*Psal.* LXXXIV), cum veritas humanæ justitiæ in anima justa humiliter confitetur, et tuæ justitiæ veritas in veritate confitenti quasi juste misereatur. Et dum porrigit illa osculum justæ confessionis, tu eam excipis in osculo pacis. Hoc est osculum sponsi et sponsæ, cujus facies ut digna inveniretur osculo tuo, o Domine, tua facies consputa est; ut illius appareret decora et speciosa, tua facies alapis palmarum, et arundinum ictibus facta est livida ; tua in oculis hominum saturata est opprobriis, ut illius pulchra et speciosa appareret in oculis tuis. Quin insuper fecisti ei lavacrum tui pretiosi sanguinis, in quo lavarentur filii Dei, horribilia pro nobis patiens, qui fecimus horribilia, pro quibus faciei summæ justitiæ in nullo satisfacere

potuisset facies cujusvis pœnitentiæ, nisi eis quæ pro nobis passus es, addita fuisset tua innocentia : et quia cum esses Filius, exauditus es pro tua reverentia. Pro meis enim manibus, Domine, quæ fecerunt quæ non debuerunt, tuæ manus clavis transfixæ sunt : pedes tui pro meis pedibus, oculi tui pro illicito visu meo, aures pro auditu, in mortem obdormierunt. Lancea militis apertum est latus tuum, ut de impuro corde meo per vulnus tuum totum aliquando efflueret, quidquid in eo longa labe fuerat incensum igni et suffossum. Ad ultimum mortuus es, ut ego viverem : sepultus ut ego resurgerem. Hoc est osculum dulcedinis tuæ ad sponsam tuam : iste est amplexus dilectionis ad amicam tuam. Væ ei qui hujus osculi particeps non fuerit! væ qui de amplexu isto ceciderit. Hoc osculum accepit in cruce latronis confessio (*Luc.* XXIII); hoc accepit Petrus, cum respexit eum Dominus negantem, et egressus foras flevit amare ; et plurimi eorum qui te crucifixerunt, post passionem tuam ad te conversi, in hoc osculo tibi confœderati sunt. In amplexu isto exsultabat Maria illa, septem olim dæmoniorum possessio (*Joan.* XX) : de quo ceciderat discipuli proditoris malitia. In hoc amplexu stringebantur publicani et peccatores : quorum conviva et amicus factus es (*Matth.* IX). Illic Raab meretrix conversa, Babylon te sciens, alienigenæ, Tyrus, et nigri Æthiopes (*Psal.* LXXXVI).

Quo autem, Domine, trahis eos, quos amplecteris et astringis, nisi ad cor tuum ? Cor tuum dulce est illud manna divinitatis tuæ (*Hebr.* IX), quod intus habes, o Jesu, in urna aurea supersapientis animæ tuæ. Beati, quos ad eam tuus trahit amplexus; beati, quos in abscondito absconditi illius abscondisti, in medio cordis tui, et scapulis tuis obumbrantur a conturbatione hominum, nec habent spem, nisi sub pennis tuis protegentibus et foventibus. Scapulis enim virtutis tuæ obumbrantur, qui in abscondito cordis tui absconduntur; suaviter dormientes, et dulci exspectatione lætantes inter medios cleros meriti sanctæ conscientiæ, et exspectationis præmii promissionis tuæ; non propter pusillanimitatem deficientes, vel propter impatientiam murmurantes. Sed et qui se dulcius osculantur, mutuo sibi suos spiritus infundunt : quorum quibusdam odoribus dulce habent perfundi. Accipe tibi, Domine, nec respuas totum spiritum meum, quem totum in te effundo, qui totus olet; infunde mihi totum tuum, qui totus quod est redolet ; ut de tui suavitate meus ultra non oleat; et tui dulcis odor, o dulcissime, semper ulterius in me permaneat. Hoc est quod agitur, cum facimus, quod in tui commemorationem nos facere præcepisti (*I Cor.* XI): quo in salutem filiorum tuorum nil dulcius, nil potuit provideri potentius : cum manducantes et bibentes incorruptibile epulum corporis et sanguinis tui, sicut munda animalia tua ab intestino memoriæ cogitandi dulcedine, quasi ad os reducimus; et in novum et perpetuum salutis nostræ effectum novo semper pietatis affectu ruminantes, rursum suaviter in ipsa recondimus memoria, quid pro nobis feceris, quid fueris passus. Ubi dicis animæ desideranti: *Dilata os tuum, et ego implebo illud* (Psal. LXXX); et illa gustans et videns suavitatem tuam sacramento magno et incomprehensibili, hoc efficitur quod manducat, os ex ossibus tuis, et caro de carne tua, ut sicut orasti Patrem iturus ad passionem (Joan. XVII); hoc Spiritus sanctus hic in nobis operetur per gratiam, quod in Patre et te Filio ejus est ab æterno per naturam: ut sicut vos unum estis, ita et nos in vobis unum simus. Hæc est, Domine, facies tua ad faciem te desiderantis; hoc est osculum oris tui ad os te amantis; hic est amplexus dilectionis tuæ ad amplexum sponsæ tuæ suspirantis tibi et dicentis: *Dilectus meus mihi, et ego illi: in medio uberum meorum commorabitur* (Cant. I et II). Et: *Tibi dixit cor meum: Exquisivit te facies mea* (Psal. XXVI). Nam si facies animæ nostræ tuam faciem non requirit, non est facies ejus naturalis, sed bestialis aliqua larva. Quis non requirat eam? Quis non infirmabitur pro ea? Quis non languebit? Quis non deficiet? Quis non morietur? Miserere, Domine. Jam post eam mortuus fuissem nescio quali morte, nisi visitatio tua custodisset spiritum meum. Econtra invenit in te inimicus in tempore vultus tui cibanum ignis, peccator partem calicis sui, laqueos, ignes, sulphur, spiritus procellarum: superbus potentiam qua superbis resistit; hypocrita, lucem veritatis quam odit. Et hi omnes propriis privatorum malorum suorum faciebus cauteriatas habentes conscientias, quasi generalem habent faciem malitiæ impœnitentis; et tu excipis eam in facie justitiæ juste judicantis, et odientes justitiam in odio iniquitatis. Quia enim probaverunt se Deum non habere in notitiam; tradidisti eos, Deus, in reprobum sensum, ut faciant ea, quæ non conveniunt (Rom. I): quæ turpia sunt ad commemorandum ante te; quæ tamen impudenter et irreverenter fiunt ante te; et de concupiscentiis suis et filiabus earum, et de peccatis, et eorum filiis, et filiis filiorum, nectunt sibi lacrymosam illam duram et longam catenam, de multitudine peccatorum, quasi de connexione ansularum ferrearum suaviter interim stridentem, sed insolubiliter stringentem, per quam trahuntur in infernum: ubi nullus ultra confitebitur tibi, o Deus; ubi nulla spes, nullus inde regressus. De quibus miror, si positis in inferno scire quoquo modo dabitur, quantum sit bonum te fruendi: quod si aliquo modo datur eis scire, non puto in inferno majus esse tormentum, quam tua visione carere. Sed, heu, heu! qui horribilia commiserunt horribilia insuper patientur, quia impœnitentibus sanguis tuus, Christe, non subveniet: quin potius rei judicabuntur sanguinis tui, quem peccando et non pœnitendo conculcaverunt. Hæc est facies furoris tui, quam Propheta pavet, et tremit ad faciem eorum, quos exspectat, sicut dicit Apostolus: *Terribilis quædam exspectatio judicii, et ignis æmulatio, quæ consumptura est adversarios* (Hebr. X). Domine Deus, judex vivorum et mortuorum, isti sunt duo greges dexteræ tuæ et sinistræ in die judicii tui. Et inter medias sortes has, et cleros hos, sortem mortis et vitæ, perditionis et redemptionis, iræ et gratiæ, ubi parebo?

O veritas, veritas, per gloriam et majestatem faciei tuæ, ne abscondas eam a me; sed fulgura in me totas ejus coruscationes, ut in lumine ejus videam lumen, scilicet quid facies mea sit ad tuam, quid tua ad meam: utrum sicut est veritas in te, Jesu, sic veritas sit in me deponere me secundum pristinam conversationem veterem hominem, qui corrumpitur secundum desideria erroris. Omnino enim, o veritas, quod te quæram, scio; sed utrum vere quæram, nescio. Hæc est facies mea ad te, magnæ miseriæ meæ, et magnæ cæcitatis meæ. Licet enim consolationes tuæ nonnunquam lætificent animam meam; scio tamen quis fuerim, modo autem nescio, quid sim. Unam petii a Domino, hanc requiro: ut sicut ad te anxiatur facies miseriæ meæ; sic super me amplius et amplius illustret se facies misericordiæ tuæ, usque ad omnimodam consumptionem omnis miseriæ et caliginis meæ.

MEDITATIO IX.

Anima discutit, seu in judicium vocat cogitationes suas et affectus.

Tanta, Domine, est in me miseriæ meæ densitas et immensitas, ut nec sufficiam eam per partes dispicere, nec totitatis ejus enormem faciem pervidere. Nam ecce sicut solet, caligo ejus me obvolvit: nec ad te Dominum Deum meum, cui loqui, quem audire desidero, liber est visus, vel expeditus auditus. Sic mihi semper facit, sic a se me rejicit domus propria conscientiæ meæ. Nunquid hoc est, *Tollatur impius, ne videat gloriam Dei* (Isa. XXVI)? Et cum mentis oculis obtenebratis, palpando quodam modo nitor quo tendebam, lassata et quassata ardentis desiderii intentione, de altis tuis in profunda mea recido; a te in me; a me subtus me; et resoluta omni conatus mei machina, sicut inane quiddam pulveris projectum a facie terræ efficior ventorum ludibrium per phantasmata cogitationum, voluntatum, affectionum, tot quot vultus hominum, quot horarum momenta, quot rerum vel eventuum incursus vel occursus. Ideo cum facies bonitatis tuæ super me semper intendat benefaciendo, facies miseriæ meæ stolidam semper terram respiciens sic cæcitatis suæ caligine obvolvitur, ut nec sciat, nec possit coram te apparere, nisi inquantum faciei veritatis omnia transvidentis quomodocunque sit, non potest latere. Propter quod relinquens munus meum ante altare, indignans mihi et excutiens me, surgo in memetipso, et accensa verbi Dei lucerna in indignatione et amaritudine spiritus mei ingredior tenebrosam domum conscientiæ meæ; quasi pervisurus unde tenebræ istæ, unde caligo odibilis, dividens inter me et lumen cordis mei.

Et ecce quasi quædam muscarum pestis ruens in

oculos meos, et pene exturbans me a proprio conscientiæ meæ domicilio. Ingredior tamen sicut in rem juris mei; et ecce cogitationum turba tam procax, tam indisciplinata, tam varia, tam confusa, ut discernere eas non sufficiat cor hominis, quod eas genuit. Resideo tamen quasi judicaturus eas. Jubeo eas stare prope me, ut vultus singularum nationesque dignoscam, singulis suum apud me locum daturus. Priusquam perspiciam, priusquam dignoscam, dissiliunt, et aliæ pro aliis se offerentes irridere videntur judicantem. Indignor et irascor mihi. Exsurgo quasi severius in eas acturus pro potestate, sicut in regno meo. Adduco mihi, et quasi ad consilium assidere mihi facio, quas certas et stabiles aliquando expertus sum, haustas de fontibus Salvatoris : ipse judex, ipse accusator, ipse testis. Secerno in partem immundas et pessimas, quasi indignas audiri, et absque omni judicio damnandas, et debita pœnitentiæ pœna plectendas. Otiosas, odiosas, quasi quasdam muscarum importunitates abigo. Admitto interim quasi rationabiliter audiendas et emittendas, negotiosas vel occupatorias, sua eis tempora, suaque loca distribuens. Quæ damnantur judicio propriæ conscientiæ, absque murmure suam suscipiunt sententiam. Otiosæ rem videntes serio actitari, diffugiunt, vel efficiuntur lentiores; verentes interturbare quæ geruntur. Negotiosæ negligi se videntes, et sicut causis suis cessantibus ad modicum utiles, jam prope inter otiosas computari se erubescentes, recedunt. Sic ergo discussa aliquantisper cogitationum caligine, converto me ad earum originem, ad ordinandam scilicet affectuum disciplinam, et invenio necessitate solitudinis in quam transfugi, obstructos eis aditus et exitus, in his quæ carnis sunt : quos si invenirem patentes, confiteor miseriam meam, suspectissimam haberem infirmitatem meam. Sed et princeps eorum amor, per gratiam ejus qui me confortat, uni illi, quam peto, assidue vacans, omnem eorum turbam sibi redigit in servitutem : leges dat, modos informat, præfigit terminos, quos præterire non licet. Jam ergo discussa omni caligine, saniores in te oculos converto, o lux veritatis ; et exclusis omnibus, tecum, o veritas, me includo ; et abscondens me in abscondito vultus tui, secretius et familiarius te alloquor; et omnes conscientiæ meæ sinus tibi aperiens, et projecta veste pellicea Adæ, quam ei fecisti ad protegendum opprobrium confusionis suæ, nudum me sicut me creasti, tibi exhibens, aio : Ecce me, Domine, non qualem me fecisti ; sed qualem me feci, ex quo a te defeci. Ecce vulnera mea recentia et antiqua : nihil subtraho, omnia tibi expono, et bona tua, et mala mea. Ad imaginem tuam me creasti ; in paradiso tuo me collocasti ; in media sorte filiorum tuorum locum nominatum mihi dedisti ; ab ipsa pueritia mea impura super me lumen vultus tui signasti. Ego de paradiso fugi ; pro loco quem dederas cloacam inveni, et in ea me obvolvi. Signaculum vultus tui affectu semper tenui, sed opere abjeci : quia sequendo concupiscentias meas et vanitates cordis, adolescentiam meam perdidi : et pene viam canis ingressus sum. Semper autem spiritus meus te dilexit : etiam cum caro neglexit.

Cum ab his fugerem, ad te confugi ; et tu de sæculi voragine me extraxisti ; fœdus tecum pepigi; juravi et statui custodire judicia justitiæ tuæ. Et tu misericordiæ tuæ sinum mihi aperiens, in eum me collegisti, in quo cum suaviter quiescerem, diem hominis vidi et concupivi. Et emisisti et nolentem et volentem ; sed tamen me a te non dimisisti. Si obliviscebar aliquando Dei mei, et si extendebam manus meas quo non debebam, statim interius omnia ossa animæ meæ baculo disciplinæ tuæ confringebant secreti conscientiæ meæ tortores, exterius vero supra dorsum meum fabricaverunt peccatores. Sic cadentem, resurgentem, morientem, reviventem, multo me tempore sustinuisti et sustentasti. Cum ad ultimum et corpore deficerem et mente, et de ventre inferi clamarem ad te, statim mihi adfuisti : porrexisti manum, de lacu miseriæ me eduxisti. Restituisti in antiquum, et ampliorem quam prius salutatis tui lætitiam mihi reddidisti. Sic fui, Domine, sic sum : en totus tibi adsum. Mala mea quæ patent, nec te nec me latent : sed sunt plura quæ me per cæcitatem meam vel oblivionem latent, quæ tamen tibi patent. Si bona in me ulla, incorrupta nulla, quia plura mihi præripuit inimicus : vel si hoc non potuit, quovis modo corrupit : quamvis plura ego mihi, quam inimicus. Ecce coram te facies mea, cujus nomen est miseria, ad faciem tuam, o summa misericordia. Angulos ejus occultos et recessus non tibi occulto ; tu scis, o veritas ; et precor te, ut coram te hoc sit veritas. Nullum enim sic timeo sicut me ipsum, ne vel sciens vel nesciens decipiam meipsum. Nunquid non credo te, non credo tibi, non credo in te, Deus meus? Non irrideant me diffinientes fines et terminos fidei meæ; corde, ore, manu, scripto, tibi offero, lux veritatis, scilicet voluntarium et plenum credendi assensum in omnibus quæ de te credit Ecclesia catholica. Hos fidei meæ fines, si sufficiunt, imple ; si minus sunt, supple. De spe autem confidenter dico ; quia non vere credo, si aliud spero, quam quod credo. Te credo, te spero ; te mihi da, aliud non quæro. Sed non spero, si non amo ; nec amo, si non spero. Ideo, Pater, quia misere amo, languide spero. Sicque dum quod supercrevit de radice fidei, marcescit ; ipsa etiam radix lentescit. Credo tamen adhuc te, et spero, et amo, o vita æterna.

O patria, patria, quam de longe te video et saluto ; ubi mala nulla, bona omnia. De malis scio, quod ibi non sint mala, quæ me perfecte docuit longa et tædiosa experientia : de bonis vero quæ ibi sunt, inquantum longe est experientia mea, intantum peregrinatur ab eis scientia mea. Miserere, Domine, ecce cucurri et direxi ; exsurge in occursum meum, et vide (*Psal.* LVIII) ; notum fac mihi finem meum, et numerum dierum meorum, qui est, ut sciam quid desit mihi (*Psal.* xxxviii). In fide tua sto, in spe proficio, de amore tuo pauper assisto et mendicus. O amor, o ignis, o charitas, veni in nos. Esto dux et lux, ignis ardens et consumens in pœnitentia peccatorum. Paracletus, consolator, advocatus, et adjutor in causis orationum nostrarum. Ostende nobis quod credimus; insinua quod speramus; fac faciem, quam faciei Dei comparemus, ut dicamus : *Tibi dixit cor meum, exquisivit te facies mea* (*Psal.* xxvi).

MEDITATIO X.
Incarnationis et passionis Christi consideratio.

Mihi absit gloriari nisi in cruce Domini nostri Jesu Christi (*Galat.* vi). Ad crucifixum meum conversio mea. Crux ejus gloria mea, qua frons mea insignitur, hilarescit mens, dirigitur vita, mors amatur. Non despiciant me, Domine, super hoc, qui merentur videre te sedentem super solium excelsum et elevatum divinitatis tuæ, et majestate tua replentem omnem terram; quia et ea quæ sub te sunt humanæ dispensationis mysteria, omnis contemplationis replent templum, cujuscumque sit magnitudinis. Habeant sancti angeli tui in cœlis gloriam suam; sed nonnunquam communicent etiam nobis in terris gratiam suam; quia et de nostris adhuc proficere amat, et dulce habet beata eorum perfectio, cum, sicut dicit Apostolus, *innotescit principatibus et potestatibus in cœlestibus per Ecclesiam multiformis sapientia Dei* (*Ephes.* iii). Propter quod ignoscant nobis, Domine, etiam in hoc, si amor tuus eo aliquando nos abducit, ut desideremus videre cum eis, quod cum eis amamus : quibus nos plena charitate gratulamur, videntibus quod adhuc videre non meremur. Contemplentur feliciter in sapientia tua divinitatis tuæ majestatem, quæ ante medium nostrum et post inspecta, totum quidquid illud est, præteriti vel futuri, intra præsens æternitatis suæ includens, attingit a fine usque ad finem fortiter; media autem nostra, quæ sunt humanæ dispensationis tuæ, charitate construit, disponens omnia suaviter, propter filias Jerusalem, devotas, sed infirmas adhuc animas : quæ ad contuenda sublimia illa nondum habentes exercitatos sensus, amant affici circa humilia tua, et resolvi, sicut circa similia sibi. Inter quas meum quoque spiritum, Domine, docebit aliquando, te, qui spiritus es, adorare in spiritu et veritate; carne jam adversus cum non concupiscente, vel lentius id agente. Sed nunc interim, quia non potest in ea quæ tua sunt, sic fortiter expediri, sicut ei expedit, dispones ei quæ sua sunt, sic suaviter, sicut ei competit. Cum enim sensualis imaginationis meæ rudimenta necdum supergressus sim, permittes et gratum habebis, ipsa mentis imaginatione circa humilia tua, infirmam adhuc animam meam suam indolem exercere; scilicet nascentis amplecti præsepia, et sanctam adorare infantiam, pendentis in cruce lambere vestigia, tenere et deosculari pedes resurgentis, mittere manum in loca clavorum, et exclamare : *Dominus meus et Deus meus*. Et in his omnibus, sicut dicit Job, visitans speciem meam *non peccabo, cum orabo et adorabo, quod imaginando videbo, quod audiam, quod manus meæ contrectabunt de verbo vitæ*. Audacter enim dicam, in suavi dispositione sapientiæ tuæ hanc ab æterno provisam nobis gratiam et de præcipuis Incarnationis tuæ causis hanc apud te fuisse non minimam, ut parvuli tui in Ecclesia tua lacte adhuc indigentes, et non solido cibo, nec spiritualiter, et tuo te modo cogitare prævalentes, haberent in te non ignotam sibi formam, quam in sacrificio orationum suarum proponerent sibi absque fidei scandalo, non sufficientes adhuc intueri in claritatem illam divinæ majestatis tuæ.

Quapropter, etsi jam te non novimus secundum carnem, secundum hoc tamen quo glorificatus sedes in dextera Patris in excelsis, tanto melior angelis effectus quanto præ illis differentius nomen hæreditasti, ipsam carnem nostram, quam non adjecisti, sed glorificasti, quæ est scabellum pedum tuorum, oramus, adoramus, obsecramus, David nos ad hoc exhortante et dicente : *Adorate scabellum pedum ejus, quoniam sanctum est* (*Psal.* xcviii). Et o beatum illud sancti Spiritus templum, de quo exaltatum in cruce Christum nulla exterminat oblivio et recens semper decurrit sanguis in salutem credentis et amantis, et jugiter operatur quod postulat Propheta. *Redime me, et miserere mei* (*Psal.* xxv.) Toties enim redemptionis nostræ in nobis celebratur effectus, quoties eam recolit supplicantis affectus. Sed quia neque hoc possumus, ut volumus, ideo adhuc amplius audentes, proponimus nobis formam passionis tuæ ut habeant etiam oculi carnis, quod videant, cui inhæreant, non adorantes picturæ imaginem, sed in imagine passionis tuæ veritatem. Cum enim attentius respicimus in imaginem passionis tuæ silente ipsa, videris nobis dicere de cruce : *Cum dilexissem vos, in finem dilexi vos. Mors et infernus mordeant me in mortem suam; comedite vos amici, et inebriamini, charissimi, in vitam æternam*. Sicque crux tua linteum illud nobis efficitur, quod beato Petro ostensum, et quatuor initiis demissum de cœlo; in quod omnes intrantes, et munda et immunda animalia, in cœlum nos levari gratulamur, in quo et mundamur, qui sumus immundi. Mediante namque imagine passionis tuæ, Christe, cogitatum a nobis circa nos bonum tuum repente nos transfert in summi boni affectum. Cujus faciem in opere salutis tuæ das nobis videre, non jam quasi humano conatu exorta intelligentia, et trementibus oculis mentis, et refugientibus lucem tuam, sed placido amoris sensu, et bono usu videndi et fruendi suavitate, sapientia tua quæ nostra sunt disponente nobis suaviter. Laborat enim, qui ascendit aliunde. Qui vero per te intrat, o ostium, per planum graditur, et venit ad Patrem, ad quem nullus venit nisi per te; nec jam laborat in intellectu supereminentis scientiæ; sed totus resolvitur in suavitate bene affectæ conscientiæ. Et abundantiore fluminis impetu lætificante animam illam, videtur sibi videre te sicuti es, dum de mirabili passionis tuæ sacramento cogitandi dulcedine ruminat bonum tuum circa nos, tantum, quantus ipse es, vel quod ipse es: videtur sibi videre te facie ad faciem, cum summi boni facies appares ei in cruce et opere salutis tuæ, et ipsa crux efficitur ei ad Deum facies mentis bene affectæ. Quid enim melius præparatum, quid suavius potuit esse dispositum, quam quod ascensuro homini ad Deum suum, offerre dona et sacrificia secundum præceptum legis, non sit ei ascendendum per gradus ad altare ejus, sed per planum similitudinis, placide et pede inoffenso eat homo ad hominem similem sibi, in primo ingressu limine dicentem sibi: *Ego et Pater unum sumus (Joan.* x): statimque per Spiritum sanctum affectu assumptus in Deum, et ipse Deum in seipsum excipiat venientem, et mansionem apud eum facientem, non tantum spiritualiter, sed etiam corporaliter per mysterium sancti et vivifici corporis et sanguinis Domini nostri Jesu Christi? Hæc est, Domine, facies tua ad nos, et nostra ad te, plena bonæ spei. Indue me hoc salutari tuo, et forma mihi hanc faciem Christi tui; quia impossibile est, ut avertas eam, quotiescunque in sancto tuo apparuerit tibi. Vade, o homo, quicunque thesaurum istum absconditum invenis in agro cordis tui; vende omnia quæ habes, et temetipsum in servum perpetuum, ut possideas eum jure hæreditariæ possessionis, et beatus eris, et bene tibi erit. Thesaurus in possessione tua; Christus in conscientia

MEDITATIO XI.

Cæcitatem suam exponit, cupiens a Deo illuminari, et pastorale onus abdicare.

Deus virtutum converte nos; et ostende faciem tuam, et salvi erimus (Psal. LXXIX.) Cum enim ex munere gratiæ tuæ, Domine, ad ea quæ carnis sunt faciem cordis non habeam, sed posueris ea mihi dorsum; mundum, et quæcunque ejus sunt, posueris mihi deorsum: quid est obsecro, quod in toto corde exquirens te, cum faciem tuam apprehendisse me gratulor, quam solam facies mea desiderat, repente me invenio seorsum? Cur eam abs condis? Nunquid arbitraris me inimicum tuum? Num consumere tu me vis peccatis adolescentiæ meæ? Nunquid ego non sum ad te conversus vel tu adhuc es a me aversus? Si non sum conversus, Deus virtutum convertere. Et iterum: *Convertimini ad me, et ego convertar ad vos (Zach* I). Tu scis donum gratiæ tuæ in corde pauperis tui; paratum cor meum Deus, paratum cor meum. Præcipe quod vis, fac me intelligere quod præcipis; da posse, qui dedisti velle, et fiet in me vel de me, quidquid vis. Ut faciam voluntatem tuam Deus volui, et legem tuam in mandatis amplector in medio cordis mei. Sed est alia lex tua immaculata convertens animas, sed nescio eam, Domine; latet in abscondito vultus tui, quo ego ingredi non mereor. Si semel dares mihi sic intrare illuc, ut viderem eam, calamo scribæ velociter scribentis Spiritus sancti tui transcriberem eam super cor meum dupliciter et tripliciter, ut haberem quo recurrerem, et intelligens opera mea, ambularem deinceps simpliciter et confidenter. Nunc autem sum sicut cæcus palpans in meridie, quocunque assensus me tendo pedem laqueum timens et ruinam. Et sicut cæco dicitur mihi: Huc vel illuc, hac vel illac; ego vero sicut qui non videt, neque huc scio, neque illuc, neque hac neque illac. Emitte mihi, Domine, lucem tuam et veritatem tuam; ipsa me deduxerunt et adduxerunt in montem sanctum tuum, et in tabernacula tua. Dicis mihi: Ego sum via, per quam ibis; veritas, ad quam ibis; vita, propter quam ibis. Et quo eundum sit scitis, et viam scitis. Et ego, Domine, nescio quo vadam; et quomodo possum viam scire? *Tenuisti manum meam: et in voluntate tua deduxisti me (Psal.* LXXII). Tenuisti manum meam, cum tuam cæco porrexisti, clamanti post te et ploranti, et dixisti: *Venite ad me omnes, qui laboratis et onerati estis, et ego reficiam vos (Matth.* xi).

Quo audito, in viam mandatorum tuorum cucurri, cum dilatares cor meum. Veni ad te, paratum tibi offerens cor meum Deus, paratum cor meum, et dicens: Quid me vis facere? Et dixisti mihi: Vade, vende omnia quæ habes, et da pauperibus; et veni, sequere me. Abii, cucurri, vendidi omnia quæ habui ipsum corpus meum, ipsam animam meam; pauperibus nihil dedi, quia nihil habui. Et tibi, Domine, vendidi, quæcunque habui, et pretium meum tu es. Tu scis, quia nihil mihi retinui; vel si effugit me aliquid, et latet adhuc in abdito aliquo conscientiæ meæ, exquiram illud, et fideliter offeram tibi. Sed cum quæro a te pretium, tu imputas mihi delicta juventutis meæ, antiquum debitum. Obsecro, Domine, patientiam habe in me; non habeo unde reddam tibi. Hucusque veni, hic sto, procedere non licet. Sedens ergo secus viam transeunte te, cæcus pauper, mendicus, clamo ad te: *Fili David, miserere mei (Matth.* xv.) Et turbæ opprimunt faciem meam et increpant ut taceam. Ego vero multo magis clamo: Miserere mei, fili David. Laboravi clamans, raucæ factæ sunt fauces meæ; defecerunt oculi mei, dum spero in Deum vivum; tu vero clamantem pertransis. Aliquando stas, mihi, sed ad modicum. Jubes me venire ad te, et dicis mihi: *Quid vis faciam tibi?* Ego vero et omnia ossa mea dicunt tibi: *Domine, ut videam (Luc.* XVIII.) Tu vero pertransis. Miserere mei, fili David. Sequi te non possum, quia cæcus sum. Miserere mei. Habui ex te quantulamcunque rationem quæ me adduxit ad te, non habeo virtutem quæ me faciat currere post te. Miserere mei, fili David. Miseremini mei, saltem vos Domini mei, servi Dei mei et dicite ei: *Dimitte eum, quia clamat post nos (Matth.* xv). Heu mihi, quia incolatus meus prolongatus est; multum incola fuit anima mea in domo tenebrarum. Quid feci? Dominus est, faciet quod bonum est in oculis suis. Sedebo secus viam. Viam non derelinquam. Redibit aliquando forsitan sine turbis; et videbit non videntem, et miserebitur. Adest enim bonum verbum ejus in corde meo dicens: *Exspecta Dominum, viriliter age; et confortetur cor tuum, et sustine Dominum* (*Psal.* xxvi). Congregamini ad me interim, anima mea, et omnia quæ intra me sunt; et sermo Dei vivus et efficax, et penetrabilior omni gladio ancipiti, et pertingens usque ad divisionem animæ et spiritus, compagum quoque et medullarum, et discretor cogitationum et intentionum cordis, et non est ulla creatura invisibilis in conspectu ejus; omnia autem mea nuda et aperta sunt oculis ejus. Ad ipsum nobis sermo. Dixi Domino, Deus meus es tu; in manibus tuis sortes meæ. Mittamus sortem, cujus peccato malum hoc acciderit nobis, ut avertat Deus faciem suam a puero suo. Sententia sortis meæ, inventio, Deus, veritatis tuæ. Vivit Dominus, quia si dextera manus mea, si oculus, si pes scandalizaverit me, non parcam ei; sed amputabo eum, et projiciam a me. Dic mihi, o Verbum Dei, nunquid non bonum est, quod feci, credens tibi quod relictis omnibus secutus sum te? Omnes cogitationes meæ, et intentiones cordis, anima et spiritus, compages et medullæ respondent, quia bonum est. Addo quærere. Nunquid etiam bonum hoc non bene factum est? Submurmurant cogitationes, et loquendi accepta licentia ajunt. Dixit Dominus Petro: « Petre, amas me? Respondit: Tu scis, quia amo te. Pasce oves meas (*Joan.* xxi), » Et hoc tertio ut funiculus triplex sententiæ hujus non facile videatur rumpendus; quia pastio gregis probatio est amoris.

Intentiones. Pastor, et qui non est mercenarius, etiamsi pro grege animam suam posuerit, vix ei sufficit. Sed gravissimum est ei præesse, ubi non potest prodesse. Fuerit aliquando, ut rex David sic infirmus corpore, ut lecto decumberet; sic senio frigens, ut vestibus calefieri non posset; de lecto solo verbi imperio populum Dei regeret, et oculi totius Israel de omnibus in eum intenderent. Nondum sic fascinatio nugacitatis obscurabat bona; nondum sæculi senescentis dura nequitia sic incaluerat, ut senibus emeritis non servaretur sua reverentia. Nunc vero cum pastoribus Ecclesiæ incumbat pascere gregem Domini in corpore simul et anima; de anima autem maxime Deus requirat, dicens: *Primum quærite regnum Dei* (*Matth.* vi); de corpore autem quasi secundario securos faciat, subjungens: *Et hæc omnia adjicientur vobis* (*ibid.*): quis hoc hodie audiat prædicantem? Quis parcat seni? Infirmo quis ignoscat? Prudentia carnis, spiritus hujus mundi, curiositas, urbanitas, et alia hujusmodi a magistris Ecclesiæ hodie requiruntur; irridetur simplicitas, religio despicitur, humilitas nullius momenti est. Et si sufficere videtur, adhuc utcunque qui præest ad subministranda interiora, cui hoc hodie sufficit, nisi sufficienter abundet etiam exteriora? Et utinam terminos suos sufficientia cognosceret. Propter hoc væ nobis, quia peccavimus. Propter hoc, sicut dicit propheta: *Ægypto dedimus manus et Assyriis, ut saturemur pane* (*Thren.* v). Nam contra Apostolum, *servi facti sumus hominum* (*I Cor.* vii) raptorum, feneratorum, filiorum alienorum in hoc sæculo abundantium. Si non hujusmodi hominibus ad nutum hodie qui præest obsequatur; si sæculo huic sic formato non conformetur, nisi hominibus impositis super caput suum aduletur, subditis, multa simulando, dissimulando plurima, non blandiatur: quid faciet? Quid poterit? Ubi parebit? Hodie enim plane obsequium vix paucos, ipsosque labiles et volatiles parit amicos; veritas manifestos, et crudeles, et pertinaces inimicos. Sed sit hoc interim animas ponere pro fratribus; sit sagorum cilicinorum exterius pati molestias aeris hujus, ut in decore suo intrinsecus permaneat domus Dei. Sed utinam non perveniat gladius ad animam! Nam fascinatione nugacitatis et instantia concupiscentiæ obstupuimus, et indurata sunt corda nostra; et facti sumus Ephraim vitula docta ad trituram. Sic enim a nobis recessimus; sic in ea quæ erant necessitatis transivimus per affectum cordis; ut quibus id agere incumbit, solo usu agendi, in eis quæ pati pudori est et horrori, delectemur; quin etiam ambiant ad hoc, quibus non imponitur. Ubi est hodie querela Marthæ, quod sola dimittitur ministrare? Nonne hodie Mariæ potius murmur totam replet domum, quod permittitur ad pedes Domini sedere? Propter quod et corpore periclitantes et anima, per longam militiam et vires longo laboris usu attritas, fas est, ut æstimamus, jam ad manus regiæ munificentiæ respicere, ut senectutem nostram jam patiatur vocari emeritam, et largiatur ei melius, quam ipsa sibi conscia sit se esse promeritam. Semper Jacob Liæ suæ lippitudinem sustinebit? Semper serviet pro Rachel, et nunquam eam adipiscetur? Quin etiam omnia quæ peribant, ab eo exigebantur, cum quotidie mutarentur mercedes ejus, ut nigra pro albis acciperet. Intus uxores zelantes, foris Laban, cum filiis jurgantes. Oportet Jacob aliquando providere etiam domui suæ, justumque videtur, ut saltem senescens et defectus in domum patris sui redire permittatur.

Compages. Si sic res agi incipit, finis est. Compago enim totius corporis dissolvitur, et pereunte unitate, necesse est ut partes fiant, et divisum regnum desoletur, domusque super domum cadat. Sapiens paterfamilias peregre proficiscens, et ordinans domum suam, unicuique servorum data potestate cujusque operis, janitorem posuit in limine. Domus sine janitore publicum est diverticulum. Qui vult intrat et exit, infert et tollit. Domus Ecclesia est: ipse janitor qui janua, Christus Jesus. Qui per eum non intrat vel exit, fur est ascendens vel descendens aliunde. Ipse obediens factus est Patri usque ad mortem. Qui hanc obedientiæ regulam non tenet, a Christo recessit, sicut dicit Apostolus: *Recogitate enim eum, qui talem sustinuit a peccatoribus adversus semetipsum contradictionem; ut non fatigemini animis vestris deficientes. Nondum enim usque ad san-*

guinem restitistis (Hebr. xii). Nullum senectus, nullum infirmitas excusat, donec qui induxit, ipse educat. Alioqui si sit janua absque janitore et patens omnibus, quid restat nisi ut sicut exeundi, sic etiam et intrandi sit par et æqua licentia?

Medullæ. Heu, heu, in circuitu impii ambulant; secundum altitudinem tuam multiplicasti, o Deus, filios hominum. Acti enim in circuitu erroris, quadam capitis vertigine obstupescimus, ut ad veritatis centrum et unitatis punctum immobile non pertingamus, quod stabile permanens dat cuncta moveri. Ipse est Veritas. Ipse est qui dixit: *Ego sum veritas* (Joan. xiii). Et: *Cognoscetis veritatem, et veritas liberabit vos* (Joan. viii). Utique a circuitu erroris. Consulamus ergo centrum veritatis, utrum ab ipso et per ipsum ducatur circuitus, in quo rotamur. Legibus quidem ejus, si bene ducitur in rectum, sibi concurrit; sin autem, error manifestus est. Considerentur affectus et actus. Affectus figatur in centro veritatis, et convenienter sibi respondebit exterioris actus orbiculata rotunditas. Totus quippe affectus debetur Deo, Cui cum fideliter adhæretur, quaqua rotetur circulus operationis, errare non potest a recto, sed bene sibi concurrit: ut in omni parte æque respondeat ad centrum veritatis. Et potest esse punctum sine circulo; circulus autem nullatenus bene duci potest sine puncto. Sufficit enim affectus, si res non exigit, vel possibilitas deest, ut exerceatur actus. Cum enim actum exigit necessitas charitatis, debet eum, sive Deo, sive proximo, veritas charitatis; si non exigitur, habere nos debet vacantes sibi charitas veritatis. Et sicut semper debetur Deo totus affectus, sic tunc ei debetur etiam totus vacantis actus. Et ubi non expostulat necessitas proximi, qui de affectu vel actu aliquid extrinsecus a Deo dissipat, committit rem sacrilegii. Sed et quemcunque expostulet necessitas, non sic prompta debet esse ejus voluntas, ut non discutiatur possibilitas. Quæ utrum sit an non centrum veritatis in veritate consulendum est. Si non est, et præsumit, non inhæret centro; ideoque orbis exterioris perfectionem confundit. Nam sunt, qui stabilitatis puncto nunquam amant inhærere, sed semper foris orbiculari. Hi sunt impii, qui in circuitu ambulant; hi sunt filii hominum, quos cum altitudo judiciorum Dei in hoc sæculo multiplicat, vel multiplicari permittit, unitatis et veritatis efficiuntur inimici. Hic est finis. Si vere potest, qui expostulatur, in veritate figat affectum, nec recuset servitutis actum. Si consulta veritas insufficientem eum respondet, et non idoneum, vacet interius stabilitati veritatis, ne exterius positus ut rota, mittatur in præcipitium erroris. Tamen quem consulta veritas absolvit, si expostulante necessitate absque timore magno de possibilitate sua judicat in favorem propriæ voluntatis, magnus eum error involvit. Nam si scienter errat, et in proximum reus est negligentiæ, et in veritatem fallaciæ; et jam nec actum habet, nec affectum. Non errat adeo, si errat nescius; sed errat omnino, si est securus. Non autem penitus alienus est a veritate, qui judicium veritatis non reformidat. Propter quod intraturi in judicium veritatis, brevi et fideli compendio devitemus omnes anfractus erroris: et quia forsitan volumus non posse, ut quasi in judicio veritatis non inveniamur mendaces, mendaces non confiteamur secundum judicium propriæ voluntatis; et super hoc et affectu et actu petentes indulgentiam, in judicio veritatis magis apparebimus veraces. Non enim dolose nobis agendum est in conspectu veritatis, ut inveniatur iniquitas nostra ad odium.

Spiritus. Assentio. Et hæc vere est medulla et centrum veritatis, morbum non palpare, sed exulcerare totum virus interioris nequitiæ.

Anima. Sic est. Sicut enim olim delectabat me præesse, sic voluntatis est nunc subesse; et propria voluntas mea gratam mihi efficit necessitatis excusationem; et attendere me non permittit fratrum necessitatem.

Spiritus. Licet, o anima necessitatis fratrum plena, non desit compassio; sic tamen ut dicis, tua est affectio. Ideo nil restat nisi confessio humilitatis, et omnis conatus virtutis, ut quomodocunque infructuosi et inutiles appareamus exterius; interius non omnino inanes inveniamur et steriles. Et licet turbæ opprimant os nostrum, toto corde, tota mente clamemus: *Jesu, fili David, miserere mei.*

MEDITATIO XII.

Confessio peccati, et desiderium amandi Deum hic exprimitur.

Domine, exaudi orationem meam, auribus percipe obsecrationem meam; in veritate tua exaudi me in tua justitia (Psal. cxlii). Domine, qui prope es omnibus invocantibus te in veritate, sicut Scriptura veritatis tuæ nobis promittit, sicut veritas est coram te, voluntatem mihi esse invocandi te in veritate hodie; sic, o Veritas, exaudi me in multitudine misericordiæ tuæ. Nam dixi; nunc cœpi; sit hæc mutatio tua, o dextera Excelsi. In malis enim meis præteritis et peccatis quæ magna sunt, et innumerabilia, in quibus inveteravi, factus sum mihimetipsi vilis et despectus; in bonis, si qua in me visa sunt fuisse, scrupulosissime ipse mihi sum suspectus. Venio igitur hodie ad te, quasi mortua tota vita præterita, in te, o principium novæ vitæ, facturus principium. Si qua bona feci, tua sunt, tibi ea consigno; tu redde ea mihi in tempore beneplaciti tui. Mala quæ gessi, mea sunt; heu quot et quanta sunt, quæ ex maxima sui parte a memoria mea perierunt! Utinam et a tua congrua ea deleat pœnitentia, quæ pro sui horrore longe aliter memoriæ meæ affixa sunt, quam ut ea abolere ulla possit oblivio! Quorum tamen sic odi memoriam, ut sæpe velim funditus, olim oblitum fuisse omnia. Sed tu, Domine, delicta juventutis meæ ne memineris; fuerunt hæc primogenita Ægypti, quæ in Ægypto peremisti; et quæ feci in Ægypto in Ægypto dimiseram, cum inde exivi. Longo enim tempore per desertum postea circumduxisti me, et docuisti, et custodisti ut pupillam oculi; corripuisti peccantem; consolatus es dolentem; erudisti nescientem, donec jam prope ad introitum terræ repromissionis perduxisti. Ubi cum sto, te monstrante, contemplans delicias terræ viventium, et recordor quod Moysi dictum est : *Videbis eam, et non intrabis* (*Deut*. xxxiv); totus horrore concutior. Si enim hoc ille audire meruit ob unius peccati excessum; quid auditurus sum ego, qui tot et tanta peccata mea hodie ipse coram te delaturus sum? Omnia tamen hodie, et quæ memoria teneo et quæ non, mala mea præterita, et merita eorum non præterita, sicut coram te sunt, o veritas, etiam me tacente, sic hodie coram te veniant, me confitente. Sed proferantur quasi in fasciculum unum ad comburendum ; imo in fascem grandem, et importabilem; si non est qui adjuvet. Non discutio ea, non dinumero, nec enim possum : sed quantumcunque vel quomodocunque verum est, me coram te pecasse, o Veritas : sicut me scis peccatorem, sic me esse confiteor. Nullus mihi ea leviget, nullus exaggeret ; nullus minuat, nullus multiplicet; nec egomet mihi. Coram te enim, Deus, res agitur. Non parcam mihi; tu parce, Domine. Verumtamen non sic parcas, ut ex hac die arbitreris me inimicum tuum, et scribas contra me amaritudines ad consumendum me in peccatis præteritæ vitæ meæ. O custos hominum , ne ponas me ulterius contrarium tibi, in quo nimis factus sum mihimetipsi gravis; sed tolle peccatum meum, quod dividit inter me et te. Si ignoscis, Domine, ignosce : si placet tibi ulcisci, et ego ulciscar tecum. Verumtamen plaga inimici ne conteras me. Quoniam ego in flagella manus tuæ paratus, et dolor meus erit in conspectu tuo semper. Quoniam iniquitatem meam annuntiabo et cogitabo me pati pro peccato meo. Non enim credo me manibus inimici : sed cum omni fiducia tuis me committo, quas crebro expertus sum. Quare cum una me percutit, altera blanditur : cum una dejicit, altera supponit se, ne collidar. Sed aliquando etiam super iram inimicorum extendis manum tuam, gravius feriens quam quilibet inimicus, cum iratus avertis a nobis faciem tuam ; et fit nobis cœlum æneum, et terra ferrea ; et dura omnia, et mala omnia, quæ fieri solent in aversione vultus tui. Propter nomen tuum, Domine, in hoc parce servo tuo. Quantum vis flagella, dum semper illumines vultum tuum super nos, et miserearis nostri. Verumtamen Dominus ultionum es, libere agens in remittendis eis vel levigandis. Declinasti enim in te mala nostra : et in passione tua exsolvens quæ non rapuisti, parasti in judicio thronum tuum, ut injuste judicatus juste judicatos absolvas in tua justitia. Judicia ergo tua, Domine adjuvabunt me, et aspicies in me secundum judicium diligentium nomen tuum, sicut judicasti aliquando de peccatrice te amante. *Dimittuntur ei peccata multa, quoniam dilexit multum* (*Luc*. vii). Ipse amor tuus sit mihi hodie in causa mea patronus : quem si negavero in terra, timeo ne et ipse me neget in cœlis, si erubuero, et ipse me erubescat. Quem profecto erubesco, quia sicut debeo, non habeo. Et quia hodie judicii mei dies est, in hoc etiam, o Judex cordis mei, judica me hodie; et discerne causam meam, utrum vere patronum habeam, quem prætendo. Hoc est enim in quo sic caligat mentis meæ intuitus, ut penitus hæsitem an videar mihi videre quod non videam, an non videre quod videam. Certissimus quippe mihi esse videor quod amorem tuum semper amo : intantum, ut afficiar quotiescunque de eo vel admonear, vel recorder. De te autem semper cum recordor, vel admoneor, et non moveor, non afficior, timeo quia forsitan non semper te amare convincor, cum ubique et undique verberent vel excitent in hoc stoliditatem sensuum meorum signa præsentissimæ potentiæ et bonitatis tuæ. O lux veritatis, disjice mihi hodie tenebras istas, et dissolve caliginem. Ciba me in hoc pane vitæ et intellectus, et pota aqua sapientiæ salutaris. Etenim in intelligendo quæ tua sunt, et cibus est et potus, quia sunt in quibus tenendis et quasi masticandis exercemur et laboramus : quædam autem, quasi potus, *sicut* sunt transeunt, et suo modo nos reficiunt.

Cum enim amorem tuum per intellectum quærimus, et nonnunquam invenimus, ipse est panis vitæ confirmans cor hominis : quem sæpe cum magno labore quærimus, priusquam habeamus, quem in pœnam peccati Adæ vescimur in sudore vultus nostri. Aliquando vero Spiritus tuus ubi vult, et quando vult, spirat, et amoris tui gratiam nobis aspirat : vocem ejus audimus, quia sensum amoris accipimus; sed nescimus ex quo misericordiæ tuæ judicio veniat, et quo justitiæ tuæ judicio aliquando dulcius, aliquando levius quasi salutatos nos pertranseat. Ipse est potus. Ciba me hodie pane tuo, qui dat mundo vitam; et de his quæ de amore tuo quæro, et solidior mihi detur intellectus ; et gratiæ tuæ suavitate, sicut potu salutari, cibum ipsum ordina et modifica, ne minus capacem sensum meum lædat potius quam confortet cibus solidior. Quæro, Domine, utrum habeam amorem tuum. Si invenero me habere, hoc est in quo solo laudatur anima mea, et placet mihi; sin autem, odio est mihi, et nihil est quod amem, cum meipsum oderim. Sentio et confiteor habere me amorem amoris tui, in tantum ut omnino nisi in ipso vel propter ipsum nil amare velim, nec meipsum : cujus faciem ut plene mererer inspicere, in cujus lumine ut manifeste mererer ambulare, et frui ejus deliciis, non curarem penitus quomodo pro ipso vel in mortem vel in vitam darem meipsum. Hæc est conscientia mea coram vocata et discussa in lumine veritatis tuæ, intrepide mihi de amore amoris tui videtur respondere. De te autem, utrum semper te amet, et satis amet, respondere trepidat in judicio tuo. Amorem quippe tuum ubicunque in quocunque videro, et signa ejus evidentia, totus hilaresco;

tuæ vero bonitatis vel potentiæ præsentiam cum semper omnia mihi undique testentur, vix in hoc aliquando moveor.

Unde si quæras hodie a me quod olim a B. apostolo tuo quærebas, *Amas me?* respondere trepido, *scis quia amo te* (Joan. xxi), sed alacri et secura conscientia respondeo. Tu scis quia volo amare te. Revela, Domine, oculos meos, et considerabo mirabilia hæc de lege tua, de lege amoris tui. Forsitan ideo videor mihi amare amorem tuum, quia aliquoties cogitans de te vel de eo, aliquatenus sentio, video, sapio eum; te vero non sentio, vel vix sentio; non video vel vix video; rarissime et parcissime sapio. Difficile vero res amatur, quæ per semetipsam non innotescit amatori suo. Nam crebra et magna beneficia tua, et ipse amor tuus quem certissime amo, mittunt me ad te; sed cum te non invenio, recido in eum, et in eo non sine spe requiesco. Nam cum amorem tuum suaviter sentio affectu, te autem quæro ipsius amoris intellectu, amo quod sentio, desidero quod quæro, et in desiderando languens deficio. Nam, etsi aliquando dono tuo modo meo afficitur ipse intellectus, non permittitur glutire totam salivam gustus boni, sed quasi de ore ei aufertur, et recidit in famem et ignorantiam suam; nec permittitur stare in lumine vultus tui, donec in eo discernat et finiat hæsitationis hujus molestiam.

Cumque in meditatione mea exardescit ignis, et scire laboro, quid sit mihi, et quid desit mihi, ordior mihi viam ascendendi ad te, postulans in hoc auxilium abs te. Dispono ergo in corde mihi ascensiones istas. Primum necessaria videtur voluntas magna, deinde illuminata, deinde affecta. Hæc in omni ascendente primum est magna, secundum posse suum; illuminata, secundum donum tuum; affecta, secundum modum tuum. Magna, quantum eam creasti; illuminata, quantum dignam fecisti; affecta, sicut eam formasti. Formasti autem sine forma; quia, cum tu nec forma sis, nec formatum quid nec etiam amoris tui aliqua forma esse potest, ut formetur circa aliquid quasi formatum. Ipse est enim sapientia, de qua dicitur : *Vapor est virtutis Dei, et emanatio quædam claritatis omnipotentis Dei sincera* (Sap. vii) : et ideo nihil inquinatum in eam incurrit. Candor est enim lucis æternæ, et speculum sine macula Dei majestatis, et imago bonitatis illius : propterea non eum apprehendimus cum volumus; et nisi ipse prior ad nos veniat, et nisi gratia ejus nos præveniat, parum aut nihil nos promovet conatus quilibet nostri intellectus. Nam quod dicit Apostolus, *In forma Dei* (Philip. ii), te esse, forma Deitatis tuæ ipsa est simplicitas naturæ vel substantiæ tuæ, cui similem oportet esse amorem suum. Nam, sicut dicit sapiens quidam de fide tua : Quia sicut res est, sic de ea fidem capere tentare debemus; sic et tanto magis hoc de amore tuo intelligendum est, quanto fidei supereminet charitas. (Boetius.) Hoc autem solus discernit affectus.

Voluntatem tui vel ad te habeo, qua majorem habere non possum; et mallem non esse, quam eam non habere. Cujus scuti protectio si non olim me coronasset, cum exsurgerent homines in nos, forsitan vivos absorbuissent nos. Gratiæ vero illuminantis et afficientis charitatis aliquando aliqua sensi dulcia irritamenta; sed longe fluunt a me plenitudinis eorum experimenta. Et cum raro et parum voluntas, quantam eam mihi dedisti, illuminetur (facientibus peccatis meis) et rarius afficiatur misere in hoc concurrentibus studiis et meritis meis, nescio utrum amor vocari debeat. Sola quidem vehemens voluntas a diffinientibus amor diffiniri solet; sed qui hoc diffiniunt, de finibus amoris tui judicare non noverunt. Si desiderium vocetur, non renuo. Nam revera desidero te. Sed quandiu coram te tam pauper, tam misera apparebit professio mea, non potest gaudium habere conscientia mea. Rideat me vel irrideat qui vult, ego scio quid in hoc patior. Et scio, quia nullus in hoc mihi compatitur, qui hoc ipsum vel non passus sit, vel non patiatur. Mihi vero lacrymæ meæ panes erunt die ac nocte, quandiu dicetur mihi : Ubi est Deus tuus? id est, quandiu erit in anima mea aliquis affectus, in quo suo modo non sit Deus meus; maxime amor, qui propria ejus sedes esse debet in me. Dolorem hunc non mihi relevabit, donec seipsum mihi revelabit; cum videbo quod amabo, et certo mentis gaudio amabo quod videbo; tamen interim quod ex parte sentio, ex parte amo: quod nisi aliquatenus sentirem, nullatenus amarem.

Nam cum in mensa tua filios tuos epulantes video in deliciis amoris tui, jejunus amorem tuum amo in eis, vehementer, et ipsos te amantes in medio cordis mei amplector dulciter. Et video eos congaudentes gaudio meo, quod habeo de gaudio eorum, et volentes nec valentes exprimere modum gaudii sui. Affectus enim, quo te amando fruuntur, sensibili quidem suavitate cujusdam gaudii spiritualis vel divini potest sentiri; sed sicut sapor cibi cujuslibet nulli insinuari potest, nisi gustanti, sic sapor ille nec ratione discuti, nec exponi verbis, nec sensibus potest concipi. Divinum quiddam est, et arrha vel pignus Spiritus, quo in hac vita pauperem tuum Deus lætificas et pascis, ne deficiat in via; et de gaudio vitæ æternæ annuntias, sicut dicit Job, amico tuo, quod possessio ejus sit, et ad eam possit pervenire (Job xxxvi). Reformatur enim anima sancta ad imaginem Trinitatis, ad imaginem ejus qui creavit eam, etiam ipso modo beatitudinis suæ. Nam illuminata voluntas et affecta, id est intellectus et amor, et fruendi habitus, sicut de Trinitate Deo dicitur et creditur, quodammodo tres sunt affectionum personæ; sed una beatitudinis substantia, quia quod amatur, nonnisi intelligendo amatur, nec nisi amando intelligitur, nec nisi amando et intelligendo fruitur eo, qui meretur frui. Hoc enim ibi est habere vel frui, quod intelligere vel amare. Felix conscientia, cujus affectus ordinatæ charitatis tenes viam, indeclinabili constantia sic ad te proficiendo proficiscitur ; sic cooperante ei gratia tua in proficiscendo prosperatur, ut non deficiat donec tu perficias, qui multitudinem dulcedinis tuæ, quam abscondis timentibus, perficis sperantibus, maxime quorum opera lucent in conspectu filiorum hominum, ad gloriam tuam, o pater, qui es in cœlis. Hi sunt qui te amant : tales cum video, et inter eos me non invenio, tædet me vivere. Quorum sapientia non est de spiritu hujus mundi, vel de prudentia hujus sæculi ; sed quia non cognoverunt litteraturam, introierunt in potentiam Domini, et pauperes spiritu memorantur justitiæ tuæ solius. Propter quod docuisti eos, ut vita et conversatione sua pronuntient mirabilia tua. Ipsi enim sunt simplices servi tui, cum quibus esse solet sermocinatio tua ; qui in eundo ad te non in curribus ingeniorum suorum, vel in equis virium suarum spem habent, sed tantum in nomine Domini. Ideo sapientia tua suaviter eis omnia disponente, compendio brevi, sarcina levi, ad destinatum finem perveniunt, ubi currus et equites deficiunt. Qui non formant vel conformant sibi amorem tuum subtiliter indagando ; sed ipse amor tuus simplicem in eis inveniens materiam, format eos, et conformat sibi et affectu et effectu, ut absque eo quod intrinsecus latet, gloria scilicet et divitiis in domo bonæ conscientiæ, non artificiali conamine, sed quasi naturali quadam complexione, lux interior in vultu eorum exteriori reluceat, intantum ut de vultus et habitus eorum venusta quadam simplicitate, quædam provocatio charitatis tuæ procedens, rudes etiam nonnunquam ac barbaros animos solo visu ad amorem tuum compungat. Siquidem redeunte natura ad suam originem, absque doctore fiunt docibiles Dei, et cum spiritus eorum, adjuvante infirmitatem eorum tuo Spiritu, in divinas transeunt affectiones, spirituali quadam disciplina modificatis sensibus, etiam corpora eorum spirituales quasdam induunt effigies, et facies plusquam humanas, et singularem quamdam gratiam habentes. Sed et caro eorum studiis boni exercitii seminata in corruptionem, jam incipit resurgere in gloriam, ut pariter et cor et caro exsultent in Deum vivum, et sitiente in te anima, quam multipliciter sitiat et caro. Possident enim beati mites corporis sui terram, quæ spiritualium exercitiorum studiis fecunda, bono usu etiam dimissa sibi et inculta, sponte fructificat in jejuniis, in vigiliis, in laboribus ; parata ad omne opus bonum absque contradictione, vel pigritia. Istos cum video, in amorem amoris tui, qui hoc in eis operatur, totus afficior, quem in eis deprehendo certa quadam experientia cognita amantibus. Amo ergo eos, quia te amant, et multum amo, sicut amo amorem quo amaris, quem in ipsis amo. Et si eos hoc modo amo, ut in eis, et in affectu eorum naturali nil amem nisi te, cum ipsum affectum ob hoc tantum amem, quia plenus est te ; sed in meipso nunquam meum amem affectum, nisi cum ipso affectum me invenio de te, in eis quos amo in te et in me ipso, quem nonnisi in te amare volo, quid amo, nisi te ? Nil penitus. Nam et si illos, et si meipsum alio quovis modo sentio amare me, plus in hoc odio habeo me, quam amo.

Invenio igitur te, Domine, in amore meo, sed utinam semper inveniam ! Cum enim amor non sit, nisi amet ; semper autem in me vehemens sit voluntas tui, id est amor urgens me in te, cur non semper afficior de te ? Nunquid aliud est amor ; aliud ipsius affectus amoris ? Ut video amor naturæ est ; amare te gratiæ est ; affectus gratiæ manifestatio est : de qua dicit Apostolus : *Unicuique datur manifestatio Spiritus ad utilitatem* (*I Cor.* XII). Nam quandiu corpus quod corrumpitur aggravat animam, et terrena inhabitatio deprimit sensum multa cogitantem, necesse est ut animæ quantumvis amantis defectus fiat et profectus ; quorum alterum nisi consolaretur, alterum contineret iste affectus, in omnimodum rueretur defectum, de quo nullus sublevaret profectus. Semper ergo in anima pauperis tui Deus amor tuus est ; set latens sicut ignis sub cinere, donec Spiritus qui ubi vult spirat, placitum habuerit, sicut et quantum voluerit illum ad utilitatem manifestare. Adesto ergo, adesto, sancte amor adesto, sacer ignis ; ure delectationes renum et cordium, cogitationes late sicut vis, ad faciendam flammæ manifestationis tuæ copiosiorem humilitatis materiam ; appare quando vis ad manifestandam bonæ conscientiæ gloriam, et divitias quas habet in domo sua. Manifesta, ut sollicitum facias ad custodiendum, absconde, ne temerarium facias ad dissipandum, donec qui cœpit perficiat, qui vivit et regnat per omnia sæcula sæculorum.

DE CONTEMPLANDO DEO

LIBER.

(Vide tom. III Operum S. Bernardi, col. 365.)

DE NATURA ET DIGNITATE DIVINI AMORIS

(Vide ubi supra, col. 379.)

DISPUTATIO

ADVERSUS PETRUM ABÆLARDUM

AD

GAUFRIDUM CARNOTENSEM ET BERNARDUM,

Ut Dei et Ecclesiæ causam adversus Petri Abælardi errores, quorum aliquot capitula producit, tueantur.

Reverendis in Christo dominis et Patribus Gaufrido Carnotensium episcopo, et Bernardo Claræ-vallis abbati, vitam et dies bonos.

Confundor, Deus scit, etc. *Hanc epistolam vide Operum S. Bernardi editionis nostræ tomo I, col. 531.*

CAPUT PRIMUM.

In primo limine theologiæ suæ fidem diffinivit « æstimationem rerum non apparentium, nec sensibus corporis subjacentium, æstimans fortasse, vel communem fidem nostram æstimationem esse, vel licitum esse, in ea quodlibet cuilibet ad libitum æstimare. Beatus Augustinus (28): « Fides enim, ait, non conjectando vel opinando habetur in corde in quo est, ab eo cujus est, sed certa scientia acclamante conscientia. » Absit enim ut hos fines habeat Christiana fides, æstimationes scilicet, sive opiniones academicorum sint æstimationes istæ, quorum sententia est nihil credere, nihil scire, sed omnia æstimare. Similem quippe fidem similis spes, similis charitas comitatur. Si enim fides hæsitat, palpitat spes, charitas nulla est. « Scio enim, » ait Apostolus, « cui credidi; et certus sum (*II. Tim.* 1). » Ipse vero de omnibus amat putare, qui de omnibus vult disputare, de divinis æque ac de sæcularibus.

CAPUT II.

Deinde egregia et laudabili professione præmissa de fide Trinitatis trium personarum in unius substantia deitatis, post aliquanta personas ipsas in minus aliquid a subsistentibus personis videtur extenuare velle, cum dicit : « Videtur nobis supra positis trium personarum nominibus summi boni perfectio diligenter esse descripta, ut cum videlicet prædicatur Deus esse Pater, et Filius, et Spiritus sanctus, eum summum bonum, atque in omnibus perfectum hac distinctione intelligamus. Patris quippe nomine divinæ majestatis potentia designatur, qua quidquid vult efficere potest : Filii seu Verbi appellatione sapientia Dei significatur, qua scilicet cuncta discernere valet, ne in ullo decipi queat, sancti vero Spiritus vocabulo charitas ejus seu benignitas exprimitur, qua optime vult cuncta fieri, sive disponi. » Unde et alibi manifestius dicit : « Notandum quod ista tria nomina, Pater, et Filius, et Spiritus sanctus, quamvis, sicut et alia nomina, de Deo improprie dicantur ; tamen ad commendationem summi boni in descriptione ipsius convenienter sunt appo-

---

(28) Aug. lib. XIII De Trin. c. 1.

sita, per quæ potentia Dei designatur, et sapientia et benignitas. Si enim, ait, omnipotens esset, et non omni sapiens, summe bonus non esset. Iterum; si benignus non esset, ejus potentia perniciosa et inutilis esset. O quam longe est hæc sententia ab eo, ubi hoc est posse quod sapere : sapere quod benignum esse : et hoc totum quod esse. Omitto hic frivola de Deo et inepta verba, et insulsas de summi boni essentia dictiones usque ad impatientiam verberantes aures meas, scilicet ideo habendam esse Deo sapientiam, hoc est Filium generandum, ne in aliquo decipi queat : ideo habendam benignitatem, hoc est Spiritum sanctum, ne perniciosa sit potentia ejus sive sapientia, tanquam hoc non esset habendum, si illud non esset cavendum. Omitto etiam quod ibi dicit, quasi ex auctoritate B. Augustini, non esse Deum omnipotentem, scilicet quia non potest, nisi ea tantum quæ vult : quod brevitatis causa prætermisimus. Hæc, inquam, omnia omitto, quæ verba sunt; et verbis ad ea occurrere facile est; ad causam veniamus.

Dicit nomina Patris et Filii et Spiritus sancti impropria esse in Deo; sed in descriptione summi boni ad commendationem apposita. Poterat autem simpliciter accipi, de qua dicit, summi boni descriptio, nisi in ipso statim exordio narrationis ex descriptione partium in unitate divinæ essentiæ videremus exoriri scandalum divisionis. Ipse enim illud summe ac singulariter unum statim in descriptionis suæ exordio dissecat in tria, in majus, et in minus et minimum, sicut in sequentibus melius apparebit. Propter quod dicimus, quoniam cum in nomine Patris et Filii et Spiritus sancti a Catholicis Patribus divinitas prædicatur; fidei est hæc professio, non divinitatis descriptio. Quæ si posset describi, posset et circumscribi. Sicut enim quod describitur, per partes suas describitur, sic quod circumscribitur, utique per totum suum. Nempe ubi constat esse partes ad describendum, necesse est etiam esse totum ad circumscribendum. Nam etsi spiritualis substantia sit, pro corporeis partibus et localibus dimensionibus, habet spiritualis naturæ qualitates, quæ certe sicut suo queunt modo discerni ad describendum, sic suo queunt modo comprehendi ad circumscribendum. Horum vero omnium natura illa expers est, ubi mera simplicitas, et simplex unitas et idipsum, non habens partes per quas describatur, non qualitates quibus discernatur. Tres sunt, sed unum; unum in tribus, totum in singulis, si tamen totum ibi est, ubi pars non est, si tantum, ubi neque quantitas neque qualitas est. In tribus nullus alterum includit, nullus alterum excludit, sed, sicut dictum est, tres sunt, et unum sunt : unus Deus, una essentia ubi, sicut supra dictum est, hoc est posse quod sapere ; sapere, quod velle ; et hoc totum quod esse. Nec, sicut dicit, sunt apposita ab homine, sive per hominem, tria hæc trium nomina distincta personarum in Deo ad commendationem, sive adhibita ad summi boni particularem descriptionem, sive perfectionem, sed sunt in Deo vere, et naturaliter, et æternaliter : annuntiata vero sunt hominibus, ut cum auditum fuerit unum in tribus, tres in uno, si quis aliquid ibi putaverit describendum, sive circumscribendum ; unitas non usque ad solitudinem, Trinitas non usque ad divisionem omnem compescat et absterreat humanæ rationis conatum. Absit enim a fide Catholica et prædicatione de Patre, et Filio et Spiritu sancto, ut, sicut dicit novus hic magister, alter ibi in altero, sive ad alterum, summum bonum aliquatenus vel dicatur vel credatur perficere, cum ad omnem summi boni plenitudinem singulus quisque sibi ibi credendus sit sufficere. Absit, ut superabundet in tribus, quod in singulis plenum est, ut particulariter dispertiatur quod simplex et individuum unum est, ut in solitudinem redigatur quod Trinitas est, ubi quod alter est ex altero, vel alter ad alterum, non est dissipatio unitatis, sed distinctio personarum, quia licet alter ibi vere prædicetur ad alterum, non tamen ibi est alterum et alterum, sed simplex unum.

Hoc de Deo cogitare, in nomine Patris, et Filii, et Spiritus sancti credentibus, sperantibus, amantibus, pium est audire jucundum, familiare proloqui, ardenti fidei super omne quod desideratur desiderabile ad intelligendum, illuminato vero amori dulce super omne quod dulce est, quoties fuerit aliquanta intelligentiæ experientia compertum. In hujusmodi etenim, sicut dicit B. Gregorius (29), « amor ipse intellectus est. » Non autem hoc modo nobis repræsentat illum quem dicit Ezechiel sonum sublimis Dei (*Ezech.* I), pro nominibus Patris et Filii inducta potentia, potentia discernendi, de potentia tam gerendi quam discernendi, quasi quiddam ad totum, sicut noster theologus dicit. Non quod sæpius in Scripturis et in usu loquendi, et consuetudine tractandi Patri non ascribatur potentia, sapientia Filio, benignitas seu charitas Spiritui sancto, sed secundum rationem fidei et intellectum pietatis, ut semper et quantum ad omnipotentiam efficiendi, et quantum ad benignitatem miserendi, non tantum potens, sed et omnipotens intelligatur Pater, omnipotens Filius, omnipotens Spiritus sanctus et tamen non tres omnipotentes, sed unus omnipotens, sic etiam sapiens, vel, sicut ipse solet dicere, omnisapiens, et omnibenignus, non solus Pater, sed et Filius, et Spiritus sanctus. Etenim dicitur de Deo Patre, quia « omnia quæcunque voluit fecit (*Psal.* CXIII), » et dicit Apostolus « Christum Dei virtutem et Dei sapientiam (*I Cor.* I) : » et quia « charitas Dei diffusa est in cordibus nostris per Spiritum sanctum, qui datus est nobis (*Rom.* V). » Per quam etenim Trinitatis personam aliquid de Deo, sive in aliquo Deus potissimum hominibus innotuit, ipsam in eo ipso adorandam esse divinitas revelavit ; et homo consuevit.

---

(29) Greg. hom. 27 in Evang.

non autem solam exceptis aliis, sed sicut in hoc operantem, æque et indifferenter cooperantibus aliis. Minus autem proprie hujusmodi nomina summæ et supereminentis essentiæ naturam designare videntur, quando cum hujusmodi additamento proferuntur, quibus Deus, non in eo quod ad semetipsum, sed in eo quod ad creaturam est, denominatur: videlicet cum dicitur potentia gerendi quæcunque vult, et discernendi, sive sapientia, hoc est potentia discernendi quam, saltem cum absolute pronuntiantur, ut dicatur tantummodo summa potentia divina essentia, cui hoc est esse; quod posse, quod sapere, quod benignum esse, si tamen pronuntiantur cum hujusmodi additamento creaturæ, videntur quasi non esse, nisi quasi respectu creaturæ, vel videntur esse ad creaturam, quasi qualitas quædam relativa. Nomina vero Patris, et Filii, et Spiritus sancti, propria ibi sunt, exprimentia rem, sicut supra dictum est, et usitato modo cogitandi et familiari usu loquendi, secundum veritatem generationis in veritate gignentis et geniti. Quibus cum adjicitur deitas, ut dicatur Deus Pater, Deus Filius, Deus Spiritus sanctus, certissima fides naturalis in deitate unitatis omnem perimit in veritate substantiæ pro Trinitate personarum suspicionem multitudinis, et multiplicitatis, et divisionis et diversitatis. Etenim tametsi dicatur ad aliquid Pater, ad aliquid Filius, ad aliquid Spiritus sanctus, et ipse quippe Spiritus sanctus ad aliquid dicitur, inquantum donum est, tamen quantum ad veritatem naturalis coessentiæ, extra naturalis unitatis metas, nequaquam aliquem eorum aliqua defert relationis necessitas. Semper quippe prædicatur unum, quamvis non unus, Pater, et Filius, et Spiritus sanctus, et prædicatio hujus veritatis ex ipsius veritatis auctoritate, in obsequium fidei et confessionis suæ captivum redigit omnem intellectum humanæ rationis (*II Cor.* x).

Contra hoc vero quod dicit impropria esse in Deo nomina Patris, et Filii, et Spiritus sancti, tanquam aliud significantia, quod in nominibus ipsis sonat: hoc est contra Arianos beatus Ambrosius in libro De Spiritu sancto dicit: « Audis Filium Dei: aut dele nomen aut confitere naturam. Quid te quæstionum tormenta delectant? Mihi licet scire de Filio Dei quod natus est, non licet scire quomodo natus est. » Item: « Non sunt nuda hæc nomina, sed operatricis virtutis indicia. Non enim ipse Pater qui Filius, sed inter Patrem et Filium generationis est expressa distinctio, ut ex Deo Deus intelligatur. » Virtus ergo operatrix, cujus indicia nomina illa sunt, generatio est incogitabilis, quæ solis ipsis cognita est, quibus eam nosse, hoc ipsum quod sunt, hoc est generantem et genitum, Patrem et Filium esse, est. Proprium ergo, et proprie proprium Patris illius est paternitatis nomen, ex quo in omnibus, in quibus est, est cognomen, sicut Apostolus dicit: « Flecte genua mea ad Patrem Domini mei Jesu Christi, a quo omnis paternitas in cœlo et in terra nominatur (*Ephes.* III). » Ibi quippe nomina hæc nequaquam sicut in hominibus patre et filio sunt ex causa accidente accidentis geniturae, sed qui Pater est sive Filius, nunquam non fuit Pater et Filius; semper Pater, semper Filius; non temporali sempiterna, sed sempiterna æternitate; non ex mutatione accidenti, sed ex natura incommutabili. Ne tamen amore veritatis videamur a veritate recedere, si impropria dixisset nomina Patris et Filii, propter mutuam ad alterutrum relationem: videlicet quia nominibus istis non tam quod sunt, quam quod ad invicem sunt, designari videatur, nonnihil dixisset. Ad quod tamen, quid ibidem beatus Ambrosius dicat contra eos qui in natura divinitatis Patris et Filii calumniabantur diversitatem, audiamus. « Cum, » inquit, « dico genitum, non proprietatem naturæ, sed significationem generationis expressi, sicut, si dixero generaliter filium, nec addam cujus, potest intelligi et filius hominis, et filius iniquitatis, vel fetus pecudum, vel pulli columbarum, et ideo in appellatione filiorum non est expressio significata naturæ. Si vero naturam voluero designare, aut hominem nuncupabo, aut equum, aut avem, ut natura possit intelligi. Ita ergo, si naturam cupio designare divinam, Deum verum debeo nominare. Cum autem filium dico generatum significo, cum vero patrem, generasse declaro. » Nomina ergo patris et filii impropria quidem sunt naturæ, sed propria geniturae, in veritate gignentis et geniti patrem et filium significantia. Quibus remotis nominibus, et abjudicatis, theologus noster tanquam improprie et rerum aliarum significativis; et sicut ipse dicit, Trinitatis reperta veritate, qua summi boni plenitudo perficitur, potentia scilicet in Deo gerendi ac discernendi, et genitæ de ipsa sapientiæ, hoc est potentia discernendi et benignitate Dei, cum ipsam etiam generationem significativum quid esse velit in Deo, proponit ex potentiis ipsis et benignitate demonstrare quid sit, quid significet, quod prædicatur in Deo generatio Filii de Patre, et processio Spiritus sancti de utroque. Sed primo de Patre et Filio tractandum est; deinde Spiritui sancto suus locus reservandus. Hoc enim ordine et ipsi incedendum esse videtur.

CAPUT III.

Proponit ergo in unitate divinæ essentiæ non tam distinctionem, sicut ipse promittit, quam destructionem personarum, demonstrare volens et his quæ de materia et forma, vel ad similitudinem materiæ et formæ dixerunt consistere philosophi, seriem divinæ generationis; scilicet quid sit Filium esse, vel genitum esse de Patre, dicit: « Sigillum æreum est æs ita formatum. Idem itaque essentialiter est ipsum æs, quod materia ærei sigilli, cum tamen in suis proprietatibus ita sint distincta, ut aliud sit proprium æris, aliud ærei sigilli. Et quamvis idem sint essentialiter, sigillum tamen æreum est ex ære, non æs ex æreo sigillo; et æs materia sigilli est, non sigillum æris. » Deinde aliquibus interpositis subjungit: « Sicut ex ære est æreum sigillum, et ex ipso quodammodo generatur, ita ex ipsa Patris substantia Filius habet esse, et secundum hoc ex ipso genitus dicitur. Ut enim supra ostendimus, specialiter nomine Patris divina potentia declaratur, sicut nomine Filii divina sapientia. Est autem divina sapientia, quædam, ut ita dicam, ipsius Dei potentia, quia videlicet ab omni fallacia vel errore sibi providere potest. Cum igitur sapientia quædam ut dictum est, sit potentia, sicut æreum sigillum est quoddam æs, liquet profecto divinam sapientiam ex divina potentia esse suum habere, ad eam videlicet similitudinem, qua sigillum æreum ex ære dicitur esse, quod est ejus materia, vel species ex genere, quod quasi materia speciei dicitur esse, ut animal hominis. Sicut enim ex eo quod est æreum sigillum, exigit necessario, ut æs sit, et homo ut animal sit, sed non econverso, ita divina sapientia, quæ est potentia discernendi, exigit quod sit divina potentia, sed non e converso. Quippe sicut æs tam ad æreum sigillum quam ad alia se habet; et animal tam ad hominem quam ad alia; sic et divina potentia tam ad discernendum quam ad operandum se habet. Et sicut æreum sigillum de ipsa æris substantia vel essentia dicitur esse, cum esse videlicet æreum sigillum sit esse æs quoddam, et esse hominem, hoc est animal rationale mortale, sit esse animal quoddam, ita divina sapientia de substantia divinæ potentiæ dicitur esse; cum videlicet esse sapientiam, hoc est potentiam discernendi, sit esse potentiam quamdam. Et hoc est Filium de Patre esse; sive genitum esse, videlicet sicut species ex genere philosophi dicunt gigni, sive creari. »

Hæc est nova novi theologi theologia de Patre et Filio, sanctam Christianæ fidei simplicitatem alienis vestiens exuviis reluctantem, et obscuriorem efficiens, dum nititur facere clariorem. Cum etenim in fide Trinitatis pro Patre et Filio producuntur nobis potentia gerendi ac discernendi, et de ea potentia gerendi potentia discernendi, tanquam filius de patre species de genere, materiatum de materia, quasi cacophaton videtur ingerere auribus fidelium ipsa novitas tam verborum quam sensuum, et, bonorum euphonia nominum amissa, ipsa quasi resilit ab intellectu, scilicet quia non suis agitur instrumentis, et communi artificio subjici dedignatur divina materia. Hæc, inquam, sunt verba, et iste est sensus magistri Petri de generatione Filii Dei, sic enarrat eam quam inenarrabilem putabat qui dicebat : *Generationem ejus quis enarrabit?* (*Isa.* LIII.) *Ex utero*, ait Deus Pater, *ante luciferum genui te* (*Psal.* CIX). Uterum illum homines Dei loquentes in spiritu Dei interpretari solebant imperscrutabile secretum Patris Dei, de quo ab æterno genitus est Filius Dei. Sed secretum illud jam secretum non est; quod humanis rationibus tam pervium factum est. Miror autem vehementer, hominem aliquid scientem, in essentia summæ ac simplicissimæ unitatis genus et species, quæ non nisi ex differentibus prædicantur, sive materiam et materiatum, quæ suo similiter modo a se disparantur producere, cum natura illa non nisi simplex unum sit; nec nisi ex semetipsa et propter semetipsam sit, nec ulla ei nisi ipsa sibi, et causa et ratio sit, ut sit, sed quidquid est, ex seipsa, et in seipsa, et per seipsam, ipsa sit sibi. Miror etiam vehementer, cum in hac ipsa theologia sua bene et catholice sæpe prædicet homousion ὁμοούσιον Trinitatem, Filium per omnia similem Patri et consubstantialem; quid sibi velit hæc æris et ærei sigilli similitudo, quæ per omnia ad hoc videtur niti, ut inter Patrem et Filium inæqualitatis appareat dissimilitudo. Quid enim aliud agit, cum dicit quia sicut ex eo quod æreum est sigillum, exigit necessario ut æs sit, et homo, ex eo quod est homo, ut animal sit, sed non e converso, ita divina sapientia, quæ est potentia discernendi, exigit quod sit divina potentia; sed non e converso? Quid enim, non e converso? Scilicet, sicut omne æreum sigillum est æs, sed quoddam; sic sapientia, quæ est potentia discernendi, est potentia, sed quædam. Et sicut non convertitur ut omne æs æreum sigillum sit, cum sigillum non sit, nisi æs quoddam, sic non convertitur ut omnis potentia sapientia sit, cum sapientia non sit nisi potentia quædam. Quod est dicere quia sicut omne æs in æreo sigillo non expenditur, sic in sapientia non omnis inesse potentia intelligitur. In promptu ergo est videre in æreo sigillo adductæ similitudinis dissimilitudinem, in fusili opere multorum inconvenientium confusionem, et sensum alienum, in loco non suo sedem sibi quærentem, nec invenientem. Si enim ad æreum sigillum et æs comparamus sapientiam divinam et potentiam, scilicet ut hoc sit illa sapientia ad illam potentiam, quod est æreum sigillum ad æs, o Israel, jam Dominus Deus tuus Deus unus non est, in quo majus et minus est, scilicet ejusmodi potentia ad potentiam, Filius ad Patrem, cujusmodi est ad totum æs, æs quoddam, ad genus suum animal quoddam; pars ad totum, materiatum ad materiam. Hoc enim est quod dicit quia, cum sapientia sit quædam potentia, sicut æreum sigillum est æs quoddam, liquet profecto divinam sapientiam ex divina potentia esse suum habere, ad eam videlicet similitudinem, qua sigillum æreum ex ære esse dicitur, quod est ejus materia, vel species ex genere, quod quasi materia speciei dicitur,« Quippe, » inquit, « sicut æs tam ad æreum sigillum quam ad alia se habet; et animal tam ad hominem, quam ad alia; sic et divina potentia tam ad operandum quam ad discernendum se habet, » ut subaudiamus quod non habet sapientia, quæ non est nisi quædam potentia, videlicet discernendi. Ditior ergo est Pater potentia quam Filius sapientia, qui dicit : « Omnia quæ habet Pater, mea sunt (*Joan*. XV). »

Deinde docens quid sit quod significet generatio illa Filii de Patre, et ipsam quippe significativam potius quam realem, astruere nititur, sicut ipsa nomina gignentis et geniti, hoc est Patris et Filii; subsequitur et dicit : « Sicut æreum sigillum de ipsa aeris substantia vel essentia dicitur esse, cum esse videlicet aereum sigillum sit esse aes quoddam; et esse hominem, hoc est animal rationale mortale, sit esse animal quoddam, ita divina sapientia de substantia divinae potentiae dicitur esse, cum videlicet esse sapientiam, hoc est, potentiam discernendi, sit esse potentiam quamdam. » Deinde quasi concludit, sed ex inconcessis, et dicit : « Et hoc est Filium de substantia Patris esse, sive genitum esse, sicut dicunt philosophi, species ex genere gigni, sive creari. » Ex his omnibus quid judicent alii, viderint ipsi : sed nobis videtur quoniam quod subsistentes et plenas personas, quas Graeci hypostases ὑπόστασις vocant, coaequales sibi per omnia, et consimiles et consubstantiales, in potentiam et semipotentiam extenuare nititur, quantum ad destructionem personarum Sabellianum est ; quantum ad dissimilitudinem et imparilitatem, hoc in sententiam Arii pedibus ire est. Sed haereses istae antiquae et vetustissimae veterum sunt. Quod autem homo dialecticus sic agit de Deo Patre ac Filio, sicut de materia et materiato, cum hujusmodi omnia longe ab illa substantia sint ; et quod Filium ex Patre, quasi speciem praedicat ex genere, haec nova haeresis prorsus et propria ejus est, et in hoc, sicut de Paulo dicebant Athenienses, ipse, ut mitius loquamur, *novorum deorum annuntiator* apparuit in mundo (*Act.* XVII). Ubi enim jam Trinitas Deus? Ubi personae gignentis et geniti, et ab utroque procedentis ? Ubi unitas, de qua dicit Veritas : *Ego et Pater unum sumus ?* (*Joan.* X). Etenim destructio personarum, destruit in Deo Trinitatem; dissimilitudo majoris et minoris unitatem. Deus scientiarum, judex conscientiarum, tu scis, tu vides quod mallem me in verbis ejus errare quam ipsum in fide, sed de verbis ejus, nisi alius me doceat, meo sensu saniorem intellectum nequeo eliquare.

CAPUT IV.

Jam ad Spiritum sanctum veniamus, quin potius ipse veniat in nos, nec de se aliena nos sapere patiatur, sed per omnia nos faciat consentire veritati spiritus veritatis. De quo plurima quae dicit utinam non diceret, utinam saltem contra semetipsum non scriberet. In eis siquidem quae praemissa sunt, tametsi dicat saepe quod offendit; tamen aliud et aliud dicendo, dat quodammodo intelligi, non se ex diffinito dicere quod dicit. Hic autem absque omni velamento simulationis tam libere currit sententia, ut omnino etiam defendere velle videatur quod dicit. Dicit ergo : « Spiritus quasi a spirando dictus. Unde et Veritas dicit : Spiritus ubi vult spirat. Et Propheta convenienti metaphora spiritum Domini distinguens spiritum oris ejus ipsum appellat (*Psal.* XXXII) ; ideoque ipso nomine suo procedere ex Deo Patre et Filio, potius quam gigni, declaratur. Benignitas quippe ipsa, quae hoc nomine declaratur, non est in Deo potentia sive sapientia, cum videlicet ipsum benignum esse, non sit in aliquo potentem esse, sive sapientem, sed haec ejus bonitas magis secundum ipsum charitatis affectum, sive effectu, accipienda est. Charitas autem, teste beato Gregorio, minus quam inter duos haberi non potest. Nemo enim, ait, ad semetipsum habere charitatem dicitur, sed dilectione se in alterum extendit, ut charitas esse possit. Procedere ergo Dei est sese in aliquam rem per affectum charitatis quodammodo extendere, ut eam videlicet diligat, ac se ei per amorem conjungat. Cum itaque tam Filius quam Spiritus sanctus ex Patre sit, hic quidem genitus, ille procedens, differt in eo processio a generatione, quod is qui generatur ex ipsa Patris substantia est, cum ipsa, ut dictum est, sapientia ipsum esse habeat, ut sit quaedam potentia : ipse vero charitatis affectus magis ad benignitatem animi, quam ad potentiam attineat. Unde bene sapientia, ex potentia, Filius ex Patre esse dicitur, hoc est, ex ipsa Patris substantia esse ; Spiritus vero, quamvis ejusdem sit substantiae cum Patre et Filio, etiam Trinitas ipsa homousion ὁμοούσιον, id est unius substantiae praedicatur, minime tamen est ex substantia Patris et Filii, quod esset ipsum ex Patre Filioque gigni ; sed magis ab ipsis habet procedere : quod est Deum se per charitatem ad alterum extendere quodammodo. Nemo enim sibi ipsi benignus esse potest ; sed alteri. Tunc vero Deus qui nullius indiget, in se per benignitatem remaneret, si sibi benignus esse posset, aliquod sibi beneficium impendendo. »

Haec est theologia magistri Petri de Spiritu sancto; hoc de eo praedicat : et utinam non contra eum ! Ad libitum suum summae sibi essentiae format effigiem; a forma vero fidei ab apostolis tradita, a Spiritu sancto per ipsos formata et omnibus commendata fidelibus, aufert quae vult, apponit quae vult, nova faciens omnia, nova verba, nova dogmata, quorum nonnisi ipse sibi auctor est. Cavendum autem quod quasi impropriis sublatis de fide sacris nominibus Patris et Filii et Spiritus sancti, credentes sibi primo irretire nititur ratione nominum aliorum, quorum quasi rationabili consequentia inducat eos in novitatem sensuum suorum. Si enim secundum regulas et formam fidei, et evangelicam et apostolicam disciplinam, agatur de Patre, et Filio, et Spiritu sancto, quae nobis nomina ipsa Veritas dictavit cum dixit : « Baptizantes in nomine Patris et Filii, et Spiritus sancti (*Matth.* XXVIII), » repente in divina essentia fides et intellectus unitatis uno veritatis radio dissipat omnem hanc undecunque collectam caliginem erroris. Sicut enim jam supra dictum est, cum praedicamus Patrem, et Filium, et Spiritum sanctum, exprimimus veritatem Trinitatis, cum vero adjicimus, Deus Pater, Deus Filius, Deus Spiritus sanctus, fides indubitata deitatis format in cordibus nostris veritatem summae et individuae unitatis. Nolo ergo recedere a nomine bono, in quo baptizatus sum, in quo Christianus sum designatus ; nec prorsus loqui scio de Deo, sive audire, sive intelligere aliquid, nisi in nomine Patris, et Filii, et Spiritus sancti. De potentia vero in Deo, sive sapientia, sive benignitate, hoc solum credo et certus sum, quod omnipotens Deus Pater, omnipotens Filius, omnipotens Spiritus sanctus; et sicut ipse dicere solet, omnisapiens Pater, omnisapiens Filius, omnisapiens Spiritus sanctus, omnibenignus Pater, omnibenignus Filius, omnibenignus Spiritus sanctus; hi tres unum sunt, unus potens, unus sapiens, unus bonus Deus, qui est benedictus in sæcula. De semipotentia vero in Deo, quam ipse dicit esse in Filio; et nulla potentia, quam prædicat in Spiritu sancto, tam procul semper sit, quod dicit, a corde meo, quam procul esse constat ab omnipotente Deo. Ut ergo ad ea quæ dicit de Spiritu sancto respondeamus quod ipse dederit Spiritus sanctus, primo de ipso ejus nomine dicamus : « Spiritus, ait, sanctus a spirando dictus est. Unde et Dominus dicit : « Spiritus ubi vult spirat (*Joan.* III). » Et propheta congruenti metaphora spirituum Domini distinguens, spiritum eum oris Domini appellat dicens : « Et spiritu oris ejus omnis virtus eorum (*Psal.* XXXII). »

Nos ergo dicimus quod a Patribus accepimus, scilicet quod a subtiliori natura et digniori Deus spiritus dictus est, dicente Domino : « Deus spiritus est (*Joan.* IV). » Cum ergo Pater etiam sit spiritus, et sanctus; Filius quoque spiritus, et sanctus, oportuit censeri aliquo nomine quod commune esset amborum, ipsum, qui communis est, et communitas est amborum; et commune amborum, quidquid commune est eorum; charitas, amplexus et osculum, bonitas, suavitas et gaudium, et ut totum concludam, divinitas amborum. Quod non ego ex me, sed beatus Augustinus hoc dicit (30) : « Deus etiam, » inquit, « spiritus est. Non dixit, Deus Dei est, sed Deus spiritus, ut ipsa deitas Patris et Filii hoc loco dictus sit Deus, quod est Spiritus sanctus. » Congrua vero illa metaphora oris Domini non tam, sicut dicit, valet ad distinguendum inter nativitatem illam ac processionem, quam ad declarandam omnimodam earum similitudinem. Cujus enim oris et legitur et intelligitur esse spiritus Domini, ejusdem et Verbum Dei, ejusdem sapientia Dei, quæ dicit : « Ego ex ore Altissimi prodii (*Eccli.* XXIV). » De processione vero, ego, inquit Filius, « processi a Patre, et veni (*Joan.* VIII). » Sequitur theologus, et dicit : « Benignitas quæ Spiritus sancti nomine declaratur, non est in Deo potentia, sive sapientia, cum videlicet ipsum benignum esse, non sit in aliquo potentem esse, sive sapientem. » Ubi miror, quomodo magis sapientia intelligenda sit potentia discernendi quam benignitas potentia benevolendi. Esto tamen ipsum ipsius sensum prosequamur, et inveniemus quoniam sicut satis superius claruit, quemadmodum et dissimilitudine essentiæ et inæqualitate potentiæ dissimilem et inæqualem Patri constituit Filium, simili modo, vel potius vastiori dissimilitudinis intervallo dividit a Patre et Filio Spiritum sanctum. Cum enim dicit quia benignitas Dei, quæ sancti Spiritus nomine declaratur, non sit in Deo potentia aliqua, sicut ad plenam potentiam quæ Pater est, Filius quædam potentia est, quid hoc est dicere, nisi quod Filius quidem ejusdem cum Patre substantiæ sit quodammodo, quod Spiritus sanctus non est ullo modo, qui non potentia, sed benignitas est? Patris enim substantia potentia tam gerendi quam discernendi est, cui Filius sapientia, hoc est potentia discernendi, sicut semi-potentia ad potentiam, licet manca quadam beatitudine, tamen utcunque consubstantialis est. Sanctus vero Spiritus cum nulla prorsus potentia sit, a divinæ gloria consubstantialitatis penitus alienus est. Unde etiam sequitur et dicit : « Sed hæc ejus bonitas magis secundum ipsum charitatis affectum sive effectum, accipienda est. » Hoc est dicere. Quia processio Spiritus sancti, sive potius Dei, qua secundum suæ charitatis affectum, qui Spiritus sanctus est, in creaturam suam procedit Deus, non tam substantialis est, quam affectualis. Inde est quod sequitur : « Charitas autem, teste beato Gregorio, minus quam inter duos haberi non potest. Nemo enim, » inquit, « ad semetipsum charitatem habere dicitur, sed dilectione se in alterum extendit, ut charitas esse possit. Procedere ergo Dei est sese in aliquam rem per affectum charitatis quodammodo extendere, ut eam diligat, ac se ei per amorem conjungat. » Et post pauca : « Nemo, » inquit, « sibi ipsi benignus esse potest, sed alteri. Tunc vero Deus, qui nullius indiget, in se per benignitatem remaneret, si sibi benignus esse posset, aliquod sibi beneficium impendendo. »

Illic Theologus noster palam omnibus est quomodo carnem potius sapiat quam spiritum, hominem quam Deum. Moveri enim affectu, sive in aliquid extendi, quam inconveniens sit incommutabili Deo, luce clarius est. Quod vero Spiritum sanctum quasi definiens, benignitatem Dei in creaturas, sive affectum, dicit : si Spiritus sanctus affectus seu benignitas Dei in creaturas est, non jam tam tertia in Trinitate persona, quam qualitas quædam Dei est, sicut de Filio Dei sapientia Dei dicit beatus Augustinus (31).

« Si, » inquit, « Deus Pater ex ea sapientia, quam ipse genuit, sapiens est; filius qualitas ejus est, non proles. Super quo, quod beatus Gregorius (32) de charitate videlicet proximi, hominis ad hominem dicit, ipse ad Deum transfert, quasi ex hoc probans, quod charitatem Deus ad semetipsum, sive in semetipso non habeat, nec charitas Dei charitas sit, nisi per eam in aliud aliquid Deus se extendat. Sed inspectum in semetipso summum bonum intelligendum se præbet pie quærentibus, non tam secundum affectum quem ad creaturas habeat, ipsum esse, seu dici bonum sive benignum, quam secundum semetipsum, cum Deus bonum omnium bonorum, remotis

---

(30) Aug. De fide et symbol. c. 9.
(31) Lib. VI De Trinit.

(32) Greg. hom. 17, in Ev. de dilectione humana loquitur, non de divina.

etiam vel non existentibus omnibus bonis, qui ex eo boni, sive quæ ex eo bona sunt, non tamen intelligendum sit in semetipso minus esse bonum, hoc est minus esse quod est, sive etiam potentiam, sive sapientiam, sive benignitatem. Nam neque in hominibus quemquam arbitror in alterum posse esse bonum sive benignum, quem non primo in semetipso secundum bonæ mentis statum constiterit esse bonum. Maxime vero in Deo charitas sive bonitas, non in eo quod procedit in creaturam, est, sed procedit in creaturam ex eo sive in eo, quod est. Quod dicit Deum ad creaturam se extendere quodammodo, hoc de Deo nullo cogitandum est modo, qui in omni sua creatura est potius suo modo, quo scilicet modo sicut Deus ubique est. Quod dicit « quia charitas Dei in alium tendit, ut charitas esse possit, nec potest Deus diligere semetipsum, » nos dicimus cum multimoda sanctarum auctoritate Scripturarum, et secundum ipsam fidei rationem, quia nusquam Deus diligendo se extendit, qui non diligit nisi semetipsum. Et cum se diligit, hoc est, est quod est; quoniam sicut ipse suum bonum, sic ipse sibi sua dilectio est. Cum autem diligit hominem, hoc est dignum cum efficit cui infundat dilectionem suam Spiritum sanctum, ut de ipso et in ipso homine Deus rectissime et misericordissime diligat semetipsum. In quo cum spiritus hominis Spiritui sancto afficitur; unus cum eo spiritus efficitur, et in eo ipso quod diligitur, diligit, quia cum Deus in homine diligit se, hoc est quod hominem diligit in se, hoc est quod homo diligit Deum, et quod homo in Deo est, et Deus in homine. In quo nequaquam Deus homini, sed homo Deo afficitur, cum sicut dicit Apostolus, in hoc a Deo efficitur. « Qui enim, » ait Apostolus, « in hoc ipsum nos efficit Deus (*II Cor.* v). »

Non ergo Deus procedendo extenditur ad hominem per benignitatis affectum, id est per Spiritum sanctum, sed bene affectus homo in Spiritu sancto colligitur et assumitur ad Deum, et sit quod legitur. « Quia Domini est assumptio nostra (*Psal.* LXXXVIII). » Sicut enim Verbum Dei Patris non est prolatum, sed natum, ut sit qui est Filius, sic non recedit, cum procedit, qui est Spiritus sanctus. Semper quippe Filius in Patre est, de quo nascendo est, semper Spiritus sanctus in Patre et Filio, de quibus procedendo est. Sunt in Patre Filius et Spiritus sanctus, in quantum quod ille est, et ipsi sunt, sunt de Patre, alter nascendo, alter procedendo, in quantum a Patre habent esse quod sunt; est Pater in utroque, in quantum hoc est, quod illi sunt. Hic humiliter ei erat petendum, ut acciperet, quærendum pie ut inveniret; pulsandum, ut aperiretur ei. Ipse vero transilit, et quasi ex sententia diffinit, ac dicit : « Procedere Dei est sese in aliquam rem per affectum charitatis extendere. » Non ergo est processio Spiritus sancti, sed Dei ; qua agit Deus in creaturam per affectum charitatis suæ, hoc est per Spiritum sanctum. Non ergo est, cui de Patre ac Filio procedere, esse est; quia non ipse a Patre ac Filio, sed potius per eum ipsi procedunt in creaturam, et, sicut jam supra dictum est, Spiritus sanctus non tam tertia jam in Trinitate persona, quam qualitas quædam habitusve Dei ad creaturam est. Amplius. Si processio Dei, sive etiam Spiritus sancti, sicut ab eo diffinitum est, in creaturam tantummodo est; remota ergo creatura processio non est, et plurimum bonorum nostrorum eget ut sit, cui procedere esse est. Cogitari autem potest creaturam non esse, quæ aliquando non fuit; et in arbitrio Conditoris est, quandiu sit : cogitare vero Spiritum sanctum non procedere, hoc est esse, prima fronte blasphemum est. Sed est utique; et hæc processio, qua procedit Deus per Spiritum sanctum in creaturam; est autem in Deo non secundum affectus, sed secundum effectus, quibus sit in creaturam, ut sit scilicet creatura ipsa, sive ut bene sit; quia causali bonitate ab æterno in ea processione vita est, qua Spiritus sanctus a Patre procedit et Filio, et procedendo Spiritus sanctus est. Est autem ibi præscientiæ virtute, et gratia prædestinationis, fit autem in tempore in creaturam, cum Spiritus sanctus ubi et quando vult spirat. Est enim processio in Deo altera naturæ, altera gratiæ. Quæ natura est, æterna ibi est; propria ejus est, cui semper a Patre et Filio procedere est, etsi nulla sit omnino creatura, quæ vero gratiæ est, et ipsa ibi, sicut dictum est, æterna est, et communis totius Trinitatis est; sit autem per Spiritum sanctum, non quasi per affectum, sed cum, secundum effectus suos modo quo supra dictum est, bonitas Dei se exhibet in creatura. Illa est Spiritus sanctus propria de Patre et Filio, ista fit per Spiritum sanctum cooperante Patre ac Filio. Illa siquidem Deus est; hæc autem mirificum Dei opus est.

Deinde in eis quæ sequuntur, quando arguitur, et quæritur ab eo unde hoc habeat quod cum Spiritum sanctum pariter nobiscum de Patre et Filio procedere confiteatur; adjicit, « sed non ex ipsa ejus substantia : » quærit et ipse vicissim unde habeamus et nos quod ex ipsa eorum substantia eum procedere prædicamus. Utique ex eo quod tam nos quam ipse, eum ex Patre et Filio procedere confiteamur. Et enim procedere ex ipsis quid est, nisi procedere ex eo quod sunt? Quid enim sunt? Deus. Procedit ergo Deus de Deo, Spiritus sanctus de Patre et Filio, unus cum eis Deus. Utique, ait, sed non ex ipsa eorum substantia. Et recurrens ad philosophicum præsidium suum, tria, inquit, sunt in æreo sigillo, æs, sigillum, hoc est sigillabile, quasi aptum ad sigillandum et sigillans. Sigillum autem ex ære est, ex ipsa æris substantia, videlicet quia ut sigillum sit, necesse est in hoc assumi ex ære æris quiddam. Sigillans vero ex ære et æreo sigillo procedit, et ab utroque habet esse, sed non ex ipsa eorum substantia; ex qua scilicet nihil assumitur, ut sigillans sit. « Sic, » inquit, « Spiritus sanctus a Patre et Filio est: verumtamen non ex ipsa eorum substantia est, vel procedit. » Scilicet sicut assumitur ex ære, ex ipsa æris substantia, æs quoddam, ut suo modo formatum sigillum sit, sic de potentia Dei est sapientia tam gerendi quam discernendi, ut nativitas in Deo sit, ut Filius sit de Patre, ut genitus sit. Hoc enim, ait, gigni est, esse de ipsa gignentis substantia. Et hoc est, esse de ipsa gignentis substantia; esse de toto quiddam. Sicut ergo æreum sigillum est de toto ære æs quoddam, sic est de potentia sapientia, hoc est potentia quædam. Hoc ergo quia Spiritus sanctus non habet, nec inter potentias Dei meretur ascribi, sicut dicit theologus noster, quia benignitas Dei, inquit, nulla potentia est. Nec est, ait, de ipsa substantia Patris, quod esset Filium esse, et de Patre gigni; sed secundum propheticam illam metaphoram, de qua supra dictum est, procedit ex ore Dei. Ubi si requisitus quod sit illud os, quæ sit illa processio, de quo Spiritui sancto procedere, est esse quod est, ignorare se dixerit, facile ei ignoscendum est. Verum, quodcunque sit illud os, quæcunque illa processio, ex quo, vel per quam uterque, procedit, et habet uterque, tam Filius quam Spiritus sanctus esse quod est, sicut ex Scripturis jam propheticis manifestum factum est, certe in utroque; et ore scilicet et processione, identitas nominum omnimodam exprimit similitudinem rerum, nativitatis scilicet Filii, et processionis Spiritus sancti. Quæ utraque; cum Scriptura ex eodem ore Domini altissimi eodem processionis nomine esse perhibeat, tanta sibi similitudine confœderantur, ut, sicut dicit beatus Augustinus, cum uterque a Patre procedat, insolubilis in hac vita quæstio sit, cur non uterque Filius dicatur. Quod autem alter Filius sit, alter Spiritus sanctus, ipse Dominus in mundo manifestavit dicens. « Pater diligit Filium (*Joan.* III). » Et alibi : « Spiritus qui a Patre procedit (*Joan.* XV). » Uterque etiam, sicut jam sæpe dictum est, et procedere, et ex eodem ore procedere perhibetur. Porro nativitatem Filii determinans beatus Augustinus, sicut homo potuit, dicit : « Erat Filius atque est, quia ab eo est, qui id quod est semper est. Ab eo autem hoc esse, hoc est a Patre quod est, nativitas est. Esse autem semper, ab eo qui est semper, æternitas. »

« Quod etiam exceptis nominibus nativitatis et processionis, similiter de Spiritu sancto prædicandum esse palam est, ut dicamus. Erat Spiritus sanctus atque est, quia ab eo est, qui id quod est semper est. Ab eo autem Spiritui sancto esse, quod est, hoc est a Patre, processio est. Esse autem semper, ab eo qui est semper, æternitas est. Unde etiam legimus quia Ariani, cum olim principibus hujus sæculi patrocinantibus sive faventibus, Orthodoxorum fidei insultarent, de eo quod Filium natum de substantia Patris prædicarent, urgebant dicentes : Si de Deo natus est, de intra Deum. Si de intra Deum non est, de Deo non est. At contra Orthodoxi dicebant. Absit! Illa enim natura neque extra neque intra habet, neque fides Catholica hoc habet. Sed credimus, propter quod et loquimur, Filium genitum de patre, hoc est, Filium hoc esse, quod Pater est, et a Patre nascendo habere hoc quod est. Quod exceptis no- minibus, de quibus supra dictum est, Filii scilicet atque nativitatis, quis etiam in Spiritu sancto dubitet esse prædicandum, ut dicamus similiter Spiritum sanctum procedere a Patre, hoc est, Spiritum sanctum hoc esse, quod Pater est, et procedendo habere a Patre hoc quod est? Et hoc est quod credimus et confitemur Filium ex Patre esse, sive genitum esse ex ipsa ejus substantia, anathema etiam dicimus ei, quicunque ille est qui negaverit Spiritum sanctum similiter a Patre esse sive procedere, hoc est ex ejus substantia. Unde etiam beatus Augustinus in libro De Trinitate in toto ille prolixo opere, quod sicut ipse dicit, juvenis incœpit, senex edidit, in eo quod novus hic theologus invenisse se gloriatur, queritur intellectui suo nunquam se sufficiens potuisse invenire eloquium; ipsumque intellectum suum conatum in hoc semper potius habuisse quam effectum; scilicet ad discernendum, in quo generatio illa et processio differant; cum utraque a Patre sit. Nam processio Spiritus sancti, quæ esse prædicatur et a Patre et a Filio, sicut dicit idem doctor, a Patre quidem principaliter est a quo etiam hoc habet Filius nascendo, quod Spiritus ipse sanctus procedendo ab ipso est; ut sit utriusque donum Spiritus sanctus, non conditione doni et dominantium, sed concordia doni et donantium. Propter quod dicit idem præfatus doctor inter illam nativitatem et illam processionem tantam esse similitudinem, ut a nullo hominum in hac vita æstimet inveniri posse certam earum, si qua est, dissimilitudinem, sed in futuro, ait, « videbitur ab eis qui digni erunt; mente contemplante, quod videri hic non potest, ratiocinante. » Dicendum ergo est magistro Petro, quia, sicut cum talibus aliqua ignorare valde tutum est; sic in ejusmodi inveniendis tales velle præcedere vanum nimis et periculosum est. Dicendum ei quia non frustra tantopere a sanctis Patribus nativitas illa et processio similes esse prædicatæ sunt; sed quia secundum modum tam nascendi quam procedendi consimiles sunt. Quod autem videtur esse aliqua in nominibus ipsis dissimilitudo; cum necdum placuerit Deo revelare in mundo, cur vel quomodo hoc sit; patiatur hoc interim solos eos hoc scire, quibus hoc perfecte scire, esse est. Quod vero, sicut jam supra dictum est, queritur nusquam inveniri Spiritum sanctum procedere a Patre et Filio ex ipsa eorum substantia; nos dicimus nusquam potius inveniri non procedere. Procedere enim ex eis, quid est; nisi ex eo quod sunt? Quin potius procedere Spiritum sanctum a Patre et Filio cum dicitur, propria locutio est : cum vero dicitur procedere Spiritum sanctum a Patre et Filio, et additur, ex ipsa eorum substantia, jam figurativa locutio est. Patiatur ergo, obsecro, Spiritum sanctum suam, id est plenam et parem cum Filio ad Patrem Deum habere cognationem; a qua minus philosophico præjudicio eum proscripsit, dicens et scribens « Filium tantæ ad Patrem esse cognationis, ut non solum ex eo sit, et ex eo genitus sit; sed etiam ex ipsa ejus substantia; sanctus vero Spiritus ex eo sit, et ex ipso procedat, sed non ex ipsa ejus substantia. »

CAPUT V.

Et in his omnibus a contumeliis Spiritus sancti non est furor ejus aversus; sed adhuc manus ejus extenta. Dicit enim animum esse Deum, secundum Catonem; Spiritum sanctum animam esse mundi, secundum Platonem. Quod miror quo spiritu ipse dicat de Spiritu sancto, qua præsumptione, qua fiducia, tantam, tam insolitam et inauditam rem de Deo dicere, sive scribere præsumat; cum a nullo hoc penitus auctore habeat, nisi a semetipso, nec ab ipso Platone, quem in hoc præcipue se habere auctorem gloriatur. Bene, inquit, cum animal esse mundum Plato dixerit, ipsum quoque intelligentem hoc est rationale animal, esse perhibuit, secundum hoc scilicet, quod ejus anima quanto cæteris præstantior existit, tanto rationabilius in eo cuncta agit ac disponit; quippe penes quam, sicut penes Deum, sunt causæ omnium quæ proveniunt, et divina ei omnium naturarum providentia assignatur in qua omnia quæ facta sunt, vita sunt, etiam quæ mala sunt, quæ optime per bonitatem ejus disponuntur. Mundum autem dicit quidquid intra se providentia Conditoris includit; hoc est omnem omnino creaturam. De hoc ergo mundo astruere nititur novus Platonicus ex auctoritate Platonis, quoniam præter sensuum instrumenta, quæ eum habere non necesse sit, cum nulla extra remaneant, ad quæ ista habeant opportunitatem aliquam, per Spiritum sanctum universa vis animæ in eo consummetur. Addit adhuc multa, quæ cum ex Scripturis sanctis non habeant auctoritatem, et in regulis fidei nullam possint habere rationem, ex hoc ipso faciliora nobis sunt ad reprobandum. Sed sensum hunc de anima mundi legimus jam olim a beato Augustino reprobatum; qui forsitan expertus aliquem talia sentientem, dicit, cum de origine animæ tractaret, in libro super Genesim ad litteram : « Quod, inquit, scriptum est quia sufflavit Deus in faciem hominis flatum vitæ (*Gen.* 2), de subjecta sibi creatura fecisse Deus animam intelligendus est, in eo quod sufflasse dictus est. Si ergo diceremus Deum tanquam corporei hujus mundi animam, cum ipse mundus esset tanquam corpus unius animantis, recte non eum diceremus sufflando fecisse animam hominis nisi corpoream, de isto aere subjacente sibi ex corpore suo. Nunc vero quia non tantummodo mundi corpus Deo esse subditum dicimus, sed illum solum esse supra omnem creaturam, sive corporalem, sive spiritualem; nec de ipso, nec de corporeis elementis credendus est animam fecisse sufflando. » Item : « Fortasse ex aere est anima. Huic elemento flatus competit. Sed noster, non Dei. Unde supra diximus hoc potuisse congruenter putari; si animam mundi tanquam unius maximi animantis Deum crederemus, ut ita eam flaverit de aere corporis sui, sicut nostra de sui. Cum vero Deum constet esse supra omne mundi corpus et supra omnem spiritum quem creavit incomparabili distantia, quomodo id recte dici posset? » Item : « Manichæi, qui se Christianos putant, sive putari volunt, eo sunt philosophis gentium in opinione animæ detestabiliores, quod animæ naturam illi a Dei natura discernunt, isti autem, cum aliud nihil dicant esse animam quam ipsam Dei substantiam, atque id omnino quod Deus est, non trepidant eam tam turpiter commutabilem dicere : ut nullum sit herbæ, seu vermiculi genus, ubi eam non esse commistam opinentur. »

Item ad Evodium de Trinitate et columba, dicit, nullam omnino creaturam in unitate personæ Deo aliquando coaptatam, « præter solum, » inquit, « hominem ex Virgine assumptum, qui quia propter ipsam naturam liberandam ipsa omnia fiebat, in unitatem personæ Verbi Dei mirabili et singulari susceptione coaptatus est; permanente tamen Verbo in sua natura incommutabiliter, in qua nihil compositi cum quo subsistat, ulla phantasia humani animi suspicandum est. » Adhuc etiam, si anima mundi Spiritus sanctus est, partem eum esse mundi constat, sicut anima hominis pars hominis est. Sed et hoc modo Spiritus sanctus una cum mundo isto persona est; et colendus jam a nobis mundus est, et adorandus, sicut in Christo adoramus hominem in unitate personæ Deo conjunctum, de quo scriptum est : « Adorate scabellum pedum ejus, quoniam sanctum est (*Psal.* xxviii). » Credimus certe et confitemur, quoniam « Spiritus Domini replevit orbem terrarum (*Sap.* 1); » et sicut a principio superferri dictus est aquis (*Gen.* 1), sic jugiter superfertur fluitanti creaturæ; vel sicut habet verior Scripturæ illius translatio, fovet eam, sicut avis fovet pullos suos; omnia continens ut sint, disponens ut bene sint, ordines suos conservando, dans esse lapidibus, vivere arboribus, sentire pecoribus, discernere hominibus. Sed sicut nusquam deest divina præsentia, et tamen aliter est in hujusmodi creaturis, aliter in sanctis suis; sic etiam Spiritus sanctus spiritus vitæ aliter eos vivificat, de quibus dictum est : « Spiritus est qui vivificat (*Joan.* vi), » aliter cætera viventia; aliter eos qui vivunt de ipso, et ipse vita eorum est; aliter ea quæ vivunt in semetipsis agente ipso, et qualiscunque anima eorum in eis est. Nam etsi in aliquibus sanctis hominibus, spiritus eorum unus aliquando cum Deo efficitur ex participatione gratiæ; procul tamen omnis omnino creatura tam a naturæ divinæ consortio, quam ab unitate personæ cum Deo.

CAPUT VI.

« Quæritur etiam, » inquit, « utrum omnes homines ita sola misericordia Dei salventur, ut nullus sit qui bonam voluntatem habere possit, nisi gratia præveniente Dei, quæ cor moveat, et bonam voluntatem inspiret, et inspiratam multiplicet, multiplicatam conservet. Quod si ita est, scilicet ut homo nihil ex se boni operari possit, ut aliquo modo ad divinam gratiam suscipiendam per liberum arbitrium sine auxilio gratiæ, prout dictum est, se erigere non possit, non videtur ratio, quare si peccaverit, puniatur. Si enim non potest ex se aliquid facere boni, et talis factus est, ut pronior sit ad malum quam ad bonum; nonne si peccat, immunis est a peccato? Nunquid Deus qui talem eum fecit, laudandus est de tali creatione, et non potius culpandus? » Et post aliquanta, his similia, subjungit et dicit : « Sed quia ita non est, sed longe aliter ; dicendum est, prout veritas se habet. Dicendum est igitur quod homo per rationem a Deo quidem datam gratiæ appositæ cohærere potest ; nec Deus plus facit isti qui salvatur, antequam cohæreat gratiæ, quam illi qui non salvatur. Sed sicut qui lapides pretiosos exponit venales, et desiderium videntium excitat ad emendum; similiter Deus gratiam suam apponit omnibus, consulit Scripturis, et exemplis provocat ; ut homines per libertatem arbitrii quam habent, gratiæ cohæreant. Qui prudens est, per libertatem arbitrii sui cohæret gratiæ; piger et carnalis, quamvis per liberum arbitrium possit, negligit, et ideo negligitur a Deo. Quod autem sicut mortuus Lazarus non potuit reviviscere, nisi Deo suscitante, sic ad bene volendum non posse surgere hominem, nisi gratia vivificante, dicitur aut creditur ; ideo vivificatio ista tribuitur gratiæ ; quia ratio qua homo discernit et intelligit a malo abstinendum et bene agendum, est a Deo. Et ideo hoc inspirante Deo agere dicitur, quia Deus per rationem, quam dedit homini, facit, eum peccatum ipsum agnoscere. » Hæc plane Pelagiana hæresis est. Contra quam quantis librorum voluminibus, quantis tractatibus a sanctis doctoribus Augustino, Hieronymo, multisque aliis pugnatum est, et quomodo jam olim ab Ecclesiæ liminibus et fidelium cordibus anathematizata est, neminem arbitror ignorare qui vel leviter divinorum librorum familiarem habuerit lectionem. Sed qui hoc audet dicere, non ex æquo rem cum Deo videtur dividere. Deus enim, sicut ipse dicit, hominem eum facit rationalem : ipse quod longe melius est, semetipsum efficit secundum rationem viventem vel agentem. Contra quod Dominus dicit : « Sine me nihil potestis facere (*Joan.* xv). » Augustinus (33) : « Qui *nihil* dixit, nihil excepit. » Et Paulus : « Deus est qui operatur in vobis et velle et perficere, pro bona voluntate (*Philipp.* II). » Cujus enim est rationem dare, ipsius est datam illuminare. Vanissimæ mentis est, et nimium elongatæ a Deo tentatio ista ; superborum mente cordis sui est ista præsumptio. « Nequaquam, » inquit, « plus facit Deus ei qui salvatur ab eo qui non salvatur ante cohæsionem gratiæ. »

Quid ergo agit prædestinatio? Quid vocatio? Augustinus : « Non potest homo bene velle, nisi ab eo qui non potest male velle. » Dicit quia dat Deus tantummodo rationem, et provocat cupiditatem. Qui vero vivit de spiritu vitæ, certissime scit, quia certissimo experimento sentit in semetipso, sicut idem doctor dicit, nihil posse in homine, seu rationis discretionem, seu etiam docentis commonitionem, ubi præveniens gratia ad liberandum arbitrium non sanaverit delectationem ; et ubi non dederit non solum volendi, sed et perficiendi virtutem. Nec sicut calumniatur, sic facta est a Deo humana natura ; sed in hoc per peccatum est corrupta et dejecta, ut hominis arbitrium ad malum tantummodo liberum sit ; ad nullum vero bonum sit, nisi liberante gratia. Ex quo, sicut beatus Augustinus dicit (34), « multa facit Deus in homine bona, quæ non facit homo : et nulla facit homo, quæ non faciat Deus, ut faciat homo. Justo enim judicio alieno omnes peccato tenemur, a quo aliena in fide in baptismo liberamur per gratiam Salvatoris ; quamvis in pœnam peccati maneat concupiscentia carnis, in qua erudiamur. A qua nemo potest esse liber, nisi ab indebita gratia liberatus : contra quod nemo murmurat, nisi ad mortem prædestinatus. » Hæc omnia quæ præmisimus, beati Augustini verba sunt, ex libro De libero arbitrio ad Bonifacium Papam.

Item in libro De spiritu et littera : « Illis, » inquit, « acerrime ac vehementissime resistendum est qui putant sine adjutorio Dei per seipsam vim voluntatis humanæ vel justitiam posse efficere, vel ad eam tenendam posse proficere. Et cum urgeri cœperint, quo modo id præsumant asserere fieri sine ope divina, reprimunt se, nec hanc vocem audent emittere ; quoniam vident, quam sit impia et non ferenda. Sed aiunt, ideo ista sine ope divina non fieri, quia et hominem creavit Deus cum libero arbitrio voluntatis, et dando præcepta ipse docet, quemadmodum homini sit vivendum : et ideo utique adjuvat quod docendo aufert ignorantiam, ut sciat homo in operibus suis quid vitare et quid appetere debeat ; quo per liberum arbitrium naturaliter insitum viam demonstratam ingrediens, continenter, juste, et pie vivendo, ad beatam, eamdemque æternam vitam, pervenire mereatur. Nos autem dicimus, humanam voluntatem sic divinitus adjuvari ad faciendam justitiam, ut præter quam quod creatus est homo cum libero voluntatis arbitrio, et præter doctrinam, qua ei præcipitur quemadmodum vivere debeat, accipiat Spiritum sanctum, quo fiat in eo delectatio dilectioque summi illius atque incommutabilis boni, quod Deus est, etiam nunc cum per fidem ambulatur, nondum per speciem, ut hac sibi arrha data gratuiti muneris, inardescat inhærere Creatori, atque inflammetur accedere ad participationem veri illius luminis, ut ex illo ei bene sit, a quo habet ut sit. Nam neque liberum arbitrium quidquam nisi ad peccandum valet, si lateat via veritatis, et cum id quod agendum est, et quo nitendum est, cœperit non latere, nisi etiam delectet et ametur, non agitur, non suscipitur, non bene vivitur. Ut enim diligatur, charitas Dei diffunditur in cordibus nostris, per Spi-

---

(33) Vide *Aug.* ad Evodium de Trinitate.

(34) *Aug.* lib. De arb. ad Bon.

ritum sanctum qui datur nobis, non per liberum arbitrium, quod surgit ex nobis.» Item in Enchiridio, de libero arbitrio primi hominis (*cap.* 105-107): « Sic oportebat primo fieri hominem, ut et bene posset velle et male : nec gratis, si bene, nec impune, si male... Quamvis sine gratia nec tunc ullum meritum esse potuisset, quia etsi peccatum in solo erat libero arbitrio constitutum, non tamen justitiæ retinendæ sufficiebat liberum arbitrium, nisi participatione incommutabilis boni divinum adjutorium præberetur. Sicut enim mori est in hominis potestate, cum velit, nemo enim est qui, ut nihil aliud dicam, non vescendo, non possit seipsum occidere; ad tenendam vero vitam voluntas non satis est, si adjutoria alimentorum desint; sic homo in paradiso ad se occidendum, justitiam relinquendo, idoneus erat per voluntatem : ut autem ab eo teneretur vitæ justitia, parum erat velle, nisi ille qui eum fecerat, adjuvaret... Sic ergo factus est homo rectus, ut et manere in eadem justitia posset, non sine divino adjutorio; et suo fieri perversus arbitrio; et utrumlibet horum elegisset, Dei voluntas fieret, aut etiam ab illo, aut recte de illo. Proinde voluntas facta est Dei, de eo qui suam maluit facere voluntatem, quam Dei; cum ex eadem massa perditionis, quæ de illius stirpe profluxit, facit per gratiam aliud vas in honorem, aliud in contumeliam per judicium, ut nemo glorietur in homine, ac per hoc, nec in se.»

CAPUT VII.

Deinde ingreditur causam cum Deo homo ingratus, et astruere velle videtur quod Christus gratis mortuus sit. Quod et scholares ejus quasi ex sententia ejus submurmurant, ex propositis quæstionum calumniis dicentes, si auderet, non fuisse necessarium in mundo Christi adventum. Sicut enim præ manibus habetis, et legere potestis, invadit sacramentum communis salutis, de passione et morte Christi, et quantum in ipso est, destruens et exagitans illud, quasi dissipat et discerpit, et mittens illud in ventum, gladium longe nudat post illud. Si durius hic loquor, ignoscite si durius gemo, ubi gravius doleo. « Sciendum,» ait, « est, quod doctores nostri post apostolos in hoc conveniunt, quod diabolus dominium et potestatem habebat super hominem, et jure eum possidebat, ideo scilicet, quod homo ex libertate arbitrii quam habebat, sponte diabolo consensit. Aiunt namque quod si aliquis aliquem vicerit, victus jure servus victoris constituitur. Ideo, sicut dicunt doctores, hac necessitate incarnatus est Filius Dei, ut homo qui aliter liberari non poterat, per mortem innocentis jure liberaretur a jugo diaboli. Sed, ut nobis videtur, nec diabolus unquam in homine habuit jus aliquod, nisi forte Deo permittente, sicut carcerarius, nec Filius Dei, ut hominem liberaret, carnem assumpsit.» Ut nobis, inquit, videtur. Melius ergo ipse aliquid asseret nobis, quam in quo omnes doctores post apostolos convenerunt et consentiunt? Meliusne aliquid ei revelatum est, vel ipse per se adinvenit, quam quod nos docuerunt qui a Domino didicerunt? Num sapientia ei profundior? Num sensus acutior? Num vita sanctior? Num auctoritas gravior? « Nobis,» ait, « non videtur.» Quid si ipsi sapientiæ Dei hoc visum est, si apostolo Paulo et cæteris apostolis hoc visum est? Nam in ipsum Dominum quasi invehitur, ac dicit : « Quæ necessitas, quæ ratio, quid opus fuit, propter redemptionem nostram Filium Dei carne suscepta tot et tantas inedias, opprobria, flagella, sputa, et» sicut paulo post dicit, viderit ipse unde acceperit, « spineam coronam capiti ejus usque ad cerebrum impressam, denique ipsam crucis asperrimam et ignominiosam mortem sustinere, et cum iniquis patibulum sustinere?» Et in Apostolum : « Quomodo,» inquit, « Apostolus reconciliari hominem Deo per mortem dicit Filii Dei (*Rom.* v), qui tanto plus adversus hominem irasci debuit, quanto amplius homines in crucifigendo Filium ejus deliquerunt quam in transgrediendo ejus præceptum gustu unius pomi?» Et plurima in hunc modum. Et huic homini quid dicemus, qui neque ipsi credit Veritati, neque apostolis, neque doctoribus apostolicis? Possunt quidem contra ea quæ dicit multa afferri ex Scripturis authenticis, in quibus simplicibus filiis Dei credentibus, sperantibus, amantibus, de sacramentis salutis humanæ elucent testimonia Domini fidelia, sapientiam præstantia parvulis; justitiæ Domini rectæ recta lætificantes corda, et judicia Domini vera justificata in semetipsa : sed, sicut Apostolus dicit de sapientibus hujus mundi (*I Cor.* ii), hæc omnia stultitia sunt illi. Denique videte ad expugnandam veritatem undecunque congestarum aggerem calumniarum, vim et saporem degustate singularum quæstionum per ordinem subsequentium, et sentietis de qua radice prodeant. Erubescit Evangelium Dei, viluit apud eum Christianæ fidei simplicitas. Qui utinam vel ea benevolentia legeret Evangelium Dei, qua Platonem legit. Platonem cum legit, ubi eum intelligit, sensum in eo philosophicum magnifice prædicat et extollit, ubi vero non intelligit, vel secundum spiritum hujus mundi secus eum aliquid dicere deprehendit, in meliorem semper partem interpretari conatur. Utinam et in hoc imitaretur Platonem, quem amat, quod ille cum de Deo agit, caute et prudenter edicit, quod ipso revelante æstimando de creatura Creatorem, de eo sentit vel intelligit, cætera cum philosophica reverentia patienter ignorans, inquirentes mittit ad ideas, quas esse dicit in mente summi Dei, in quibus omnium rerum originales species et rationales causas dicit contineri, plus illis deferens quam Petrus deferre velit eis, ad quæ Paulus nos mittit, altitudini sapientiæ et scientiæ Dei, et incomprehensibilibus judiciis ejus, et investigabilibus viis ejus (*Rom.* ii); sensui et consilio ejus, quæ omnia investigare et dijudicare nititur per vim humanæ rationis! Credit Platoni? Scio quia credit. « Quæ,» inquit Plato, « fuit causa Dei mundum faciendi? Bonitas sua. Quæ, quia bonus, nulli invidit : fecit quam melius fieri potuit. » Hoc Seneca de Platone.

Quod dicendo Plato rationabili cautela et philosophica prudentia mundum appellans omnem omnino creaturam, omnium quæ in mundo facta sunt breviter reddit rationem, scilicet bona esse, et bene fieri omnia quæcunque fiunt a tam bono Conditore. Dicamus et nos : Quæ fuit causa Deo, faciendi novam in Christo creaturam? Bonitas sua. Ideo summe bonus fecit eam, quam melius fieri oportuit. Pro quo si in sapientia Dei « oportuit Christum pati et resurgere, et ita intrare in gloriam suam (*Luc.* xiv), » quid in hoc calumniari potest humanæ rationis ingratitudo? Propter quod dicit in propheta : « Ego feci, ego feram, dicit Dominus (*Isa.* xlvi). » Quinimo cum multi præsto essent modi salvationis humanæ, omnipotenti et sapienti Deo; cur, sicut dicit beatus Augustinus, hunc recusaret, imo cur non hunc potius præ cæteris omnibus eligeret, ubi de divinitatis gloria nihil omnino est imminutum, et de humilitate et passione Salvatoris tantum in mundo bonum est effectum? Amplecteretur certe et hic communis salutis effectum, nec tam temere vel curiose scrutaretur salvandi modos; si credendo et amando tantum deferret Christo mundi Salvatori, quantum Plato æstimando detulit Deo mundi Creatori. Ait beatus Augustinus : « Potestatem autem in mundo diabolum nimiam habuisse ante adventum Christi, in passione ejus amittendam, ipse Dominus instante hora passionis suæ testatus est dicens : Nunc judicium est mundi; nunc princeps hujus mundi ejicietur foras (*Joan.* xii). » Et iterum: « Ecce venit princeps hujus mundi, et in me non inveniet quidquam (*Joan.* xiv). » Nisi enim diabolus potestatem exercendo in mundo esset, nequaquam diceretur, « ejicietur foras. » Et nequaquam in Domino quidquam requireret, si in cæteris hominibus nihil haberet. Potestas autem hæc diaboli in homine ab illo cœpit, quem primo decepit, non quod Deus diabolo in homine dederit potestatem, sed mox, cum peccantem Deus juste deseruit hominem, seductor invasit peccatorem. Primus siquidem homo cum conditus esset liberi arbitrii, hoc est, liberum habens si vellet perpetuam habere cum immortalitate justitiam, sponte consensit inimico suggerenti, cum nondum pateretur quod patiebatur qui dicebat : « Condelector enim legi Dei, secundum interiorem hominem, carne autem legi peccati. Video autem aliam legem repugnantem legi mentis meæ, et captivum me ducentem in legem peccati, quæ est in membris meis (*Rom.* vii). » Sicque potestas a diabolo est in hominem non jure acquisita, sed nequiter præsumpta, et a Deo juste permissa, qua homo servus ejus factus est a quo superatus est, et illaqueatus laqueis diaboli captivatus est, sicut Apostolus dicit, ab eo ad ejus voluntatem, subaudis faciendam. Sic enim ibi scriptum est : « Ut resipiscant a laqueis diaboli, a quo captivi tenentur ad ejus voluntatem (*II Tim.* ii). » Cum enim æque omnes persequatur, tam justos quam injustos, ipsi soli sub potestate ejus sunt qui secundum voluntatem ejus vivunt. Servitus autem hæc servitus est concupiscentiarum, qua vivit homo secundum voluntatem seductoris, cui nemo valet resistere, nisi in regno gratiæ. Non autem est sub ejus voluntate, in quo quod vult, non potest efficere.

Huic potestati ante Christi adventum totus pene mundus erat obnoxius, cum servirent ei omnes injusti, nec omnino immunes ab ea erant pauci, qui tunc erant justi; cum a diabolo immisso peccato originali obnoxii omnes mundum hunc ingrediebantur, qui de carne peccati nascebantur, migrantes autem de sæculo justi, cum non essent in tormentis cum injustis et cum diabolo, non tamen erant cum Deo, in quantum in tenebris Deum non videndi detinebantur. Quæ vero sit justitia in sanguine Christi, qua justificatur homo apud Deum, et quomodo sit hominis reconciliatio ad Deum per mortem Filii ejus, difficilis quæstio est, non agitanda in tumultu, sed pie et humiliter quærenda in spiritu. Ipsum etenim est sacramentum, de quo Apostolus dicit : « Et certe magnum est pietatis sacramentum; quod manifestatum est in carne, justificatum est in Spiritu (*I Tim.* iii). » Hoc est quod factum est in carne Domini Jesu, sive visu, sive auditu, manifestum factum est omnibus : justitia vero quæ per fidem est in sanguine ejus, non nisi in spiritu apparet quibusdam spiritualibus. In quo tamen qui amat non laborat, quia ipse ei amor intellectus est, qui sensum Christi habet (*I Cor.* ii), sicut Apostolus se dicit habere, qui bonum gratiæ justificantis sentiendo in Christo Jesu, in semetipso etiam hoc ipsum meretur sentire, nequaquam illud valens sentire in semetipso, nisi prius pleno illuminante fidei sensu sentiat in Christo. Unde et scriptum est : « Hoc sentite in vobis, quod et in Christo Jesu (*Philipp.* ii). » Ipsa quippe est fides, quam sicut Dominus dicit Petro, non revelat caro et sanguis, sed Pater qui est in cœlis (*Matth.* xvi). Unde et alibi dicit ad discipulos : « Sunt de hic stantibus, qui non gustabunt mortem, donec videant Filium hominis in regno suo (*ibid.*). » Stare quippe in fide, multorum est; videre autem in hac vita Filium hominis in regno suo, paucorum : quibus hoc illuminatis oculis fidei revelat, non caro et sanguis, sed Pater, qui est in cœlis. Videt autem etiam in hac vita Filium hominis in regno suo quicunque, regnum Christi effectus, et fidei intellectu et amoris affectu, et vitæ effectu manens in Christo, ipsumque habens in se manentem, secundum Apostoli præceptum, novit eum sanctificare in corde suo. Hæc fides testimonium est illud fidele, sapientiam præstans parvulis, contemplans in sacramentis suis justitias Domini rectas, recta « lætificantes corda; præceptum Domini lucidum, illuminans oculos (*Psal.* xviii); » timorem Domini sanctum permanentem in sæculum sæculi; « judicia Domini vera justificata in semetipsa (*ibid.*), » super omnia quæ desiderantur desiderabilia, ut intelligantur; super omne quod dulce est dulcia, cum intelliguntur. In hac fide, cum habetur, omni eam habenti, sicut idem dicit Propheta, « rectum est verbum Domini, et omnia opera ejus (*Psal.* xxxii): » nulla in ea quæstio, nulla hæsitatio, sed fruens tantum affectus. Procul scandalum crucis, sola ei gloria in cruce Domini nostri Jesu Christi, « qui factus est nobis, » sicut Apostolus dicit, « justitia a Deo, et sanctificatio, et redemptio, ut, quemadmodum scriptum est, « Qui gloriatur, in Domino glorietur (*I Cor.* i). » Ipsa intelligit, quæ sit justitia in sanguine Christi, quæ hominis ad Deum reconciliatio, in quantum in charitate crucifixi homo ille unus efficitur spiritus cum Deo. Hæc sapientiam habens in mysterio absconditam, ut manifestum sit omnibus, quoniam res Dei est, non est in persuasibilibus humanæ sapientiæ verbis, sed in ostensione spiritus et virtutis, ut non sit in sapientia hominum, sed in virtute Dei. Veritas est, lux est, tenebras odit, sponte venit ad lucem. Nil propter eam simulandum, nil in ea dissimulandum est. De prope spectari amat, propius eam spectat qui purius amat. Res quippe Dei est, cujus proprium esse amari, in hoc maxime dignoscitur, quod quidquid de eo est, amore maxime intelligitur. Reconciliatio vero magistri Petri quam fingit in Deo, et imponit nobis, procul fiat ab ipso, sicut procul est a nobis; tanquam hominis irati et implacabilis, nisi per mortem innocentis Filii, cum, sicut ipse dicit, magis debuerit irasci pro morte injusta innocentis Filii sui quam pro gustu unius pomi. Sed Deus, in quo non est iniquitas, in quo non est, est et non, sed est in illo est, qui fecit ab æterno cuncta quæ futura sunt, et quidquid ab eo factum est in ipso vita est; bona cuncta per quemcunque fiant, a seipso facienda prædestinavit: quorum sicut bona omnia concluduntur intra bonitatem prædestinantis, sic mala nulla effugere queunt ordinem providentiæ juste et recte omnia disponentis. Prædestinavit ergo mundum faciendum bonitas Conditoris, et hominem in mundo, ut de homine instauraret ruinam angelicæ prævaricationis. Quem cum sponte peccaturum præsciret, cum liberi futurus esset arbitrii, et in peccato ejus periturum genus humanum, rursum prædestinavit faciendum alterum hominem Christum Dominum, qui peccare non posset, cum et Deus futurus esset, et in ipso prædestinavit salvandum et liberandum de genere humano genus Christianum. Ipsi sunt illi duo homines, de quibus Apostolus dicit, alterius debitum in omnes processisse in condemnationem; alterius vero justitiam in omnes homines in justificationem vitæ, ut « sicut per unius inobedientiam peccatores constituti sunt multi, ita et per unius obedientiam justi constituerentur multi (*Rom.* v). » Faciens autem Deus primum hominem, liberi eum constituit arbitrii, ut posset et bene velle et male; ut vel bona ejus voluntas meritum apud Deum haberet gratia misericorditer adjuvante; vel si mala esset, meritum et ipsa haberet malivolum gratia juste deserente, et justitia Dei malum ejus in pœnam ejus recte ordinante. Factus Adam et positus in paradiso peccavit, et iratus est ei Deus, et factæ sunt inimicitiæ inter Deum et hominem. Ira Dei cum tranquillitate omnia judicantis justa vindicta fuit peccati immissa peccatori; inimicitiæ in Deum et hominem non aliæ quam quæ esse solent inter justitiam et peccatum.

Cum autem venit tempus miserendi, ad salvandum mundum misit Deus Filium suum, faciens eum hominem propter salvandum hominem. Quem cum Salvatorem mundi prædestinasset, præscivit etiam quod in mundo occideretur, et prædestinavit, quid de ipsa morte ejus ageretur, scilicet salus mundi. Et enim cum peccati auctor peccatum ei persuadere non posset, occidit eum quanto potuit, crudelius, pœnam peccati infligens non peccatori. Et Dominus qui poterat, si vellet, non mori, quia non homo tantum, sed et Deus erat, et ab omni remotissimus peccato, pœnæ peccati, hoc est, morti nihil debebat, sponte suscepit mortem, quam violenter se intulisse arbitratus est inimicus, et transtulit in se pœnam omnium peccatorum in ipso spiritualiter regenerandorum, sicut Adam peccaverat in pœnam omnium de ipso carnaliter generandorum. Transfuditque in omnem Christianæ fidei posteritatem originalem justitiam per regenerantem gratiam, sicut in omnem posteritatem carnis peccati Adam transfuderat inficientem tabem orginalis peccati per carnalem generationem, ut viverent aliena justitia filii gratiæ, sicut alieno moriebantur peccato filii iræ. Sicque in regno justitiæ malum non remansit inordinatum, cum in eo qui pro peccatoribus mortuus est, nullum remansit justificati hominis peccatum impunitum. Tantique valuit pretium sanguinis illius innocentis, ut quicunque etiam interfectorum ejus per fidem Christo adhærerent, per indebitam ejus mortem temporalem, æternam debitam evaderent. Nec, sicut queritur Petrus, sacer ille sanguis diabolo quasi in pretium redemptionis pro homine datur, sed appetenti malitiæ est permissus, ut cum in gaudium ejus funderetur, per justificationem ejus innumera multitudo prædestinatorum, ne in gaudium ejus cum eo perirent, ei tolleretur. Nec a Deo Patre quasi ad satisfaciendum est requisitus, cum tamen et plenissime satisfecerit oblatus. Nam in cooperatione humanæ salutis manifeste se declaravit unitas Trinitatis, quando, sicut Apostolus dicit, « Deus erat in Christo mundum reconcilians sibi (*II Cor.* v), » et Christus in sanguine suo reconciliabat nos Deo, cum effunderetur sanguis ejus, qui per Spiritum sanctum semetipsum obtulit immaculatum Deo, ad emundandum conscientiam nostram ab operibus mortuis, ad serviendum Deo viventi (*Hebr.* ix). Nam et prædestinatio qua hoc totum ab æterno prædestinatum est, bonitas Dei, hoc est Spiritus sanctus est, charitas communis Patris et Filii, communis suavitas, communis gratia, communis misericordia: quæ, sicut ab antiquo, jugiter superfertur creaturæ fluitanti, non indiga voluntate, sed proflua bonitate. Ipsa est de salute hominis voluntas Patris, et obedientia Filii, dilectio Patris et Filii, et divina bonitas ad creaturam suam. Bonitas quippe Patris ad Filium et ad creaturam, ipsa est imperium Patris ad Filium de salute humana, eademque bonitas Filii ad Patrem, qui est Spiritus sanctus, ipsa est in salvando homine, modo quo id fieri oportebat, Christi obedientia.

Cui perfecte affectus homo Christus, novam per eam obtinuit justitiam patiendo pœnam peccati sine peccato : quam, cum etiam Deus esset omnipotens et bonus, largitus est Christiano generi, cum humano genere morienti in peccato suo. Erant etenim et ipsi natura filii iræ, sicut et cæteri, natura corrupta contagione originalis peccati. In quibus postmodum originali justitia per regenerantem gratiam, multo dignius ac potentius obtinuit regnum quam prius per carnalis concupiscentiæ generationem carnalem regnasset in eis veniens ab Adam originale peccatum, cum, qui filii iræ erant, filii gratiæ effecti in sanguine Christi occultiore mysterii virtute justificati sunt, non solum ab originali peccato, sed ab omni peccato : et insuper accipere merentur Spiritum adoptionis sanctum, testimonium perhibentem conscientiis eorum quod sunt filii Dei. Sicque sublato, hoc est dimisso, peccato, cui justitia inimicabatur, plena facta est Dei et hominum reconciliatio, et finis iræ, hoc est justæ vindictæ in Deo. Fit autem finis vindictæ, sed æternæ, eis qui ad æternitatem regenerantur, manente sententia pœnæ temporalis ad erudiendam fidem æternitatis. Unde beatus Augustinus dicit in libro De baptismo parvulorum : « Caro quæ primo facta est, non erat caro peccati, quæ noluit homo inter delicias paradisi servare justitiam. Unde statuit Deus ut post ejus peccatum propagata caro peccati ad recipiendam justitiam laboribus et molestiis reniteretur. Propter hoc etiam de paradiso demissus Adam contra Eden habitavit, hoc est contra sedem deliciarum, ut significaret quod in laboribus, qui sunt deliciis contrarii, erudienda esset caro peccati ; quæ in deliciis obedientiam non servavit, antequam esset caro peccati. Sicut ergo illi primi homines postea juste vixerunt, unde merito credantur per Domini sanguinem ab extremo supplicio liberati, nec tamen meruerunt in illa vita ad paradisum revocari : sic et caro peccati, etiamsi remissis peccatis homo in ea juste vixerit, non continuo meretur eam mortem non perpeti quam trahit de propagine peccati. Tale quid insinuatum est de patriarcha David in libro Regnorum (*II Reg.* XII). Ad quem cum propheta missus esset, eique propter peccatum quod admiserat, ventura mala ex iracundia Dei comminaretur, confessione peccati veniam meruit, respondente propheta, quod ei flagitium facinusque dimissum sit, et tamen consecuta sunt quæ Deus fuerat minatus, ut sic humiliaretur a filio. Unde et si hic dicitur, — Si Deus propter peccatum illud fuerat comminatus, cur, dimisso peccato, quod fuerat minatus implevit ? — rectissime respondebitur, remissionem illam peccati factam, ne homo impediretur a percipienda vita æterna· secuturum vero illius comminationis effectum, ut pietas hominis in illa humilitate exerceretur ac probaretur. Sic et mortem corporis et propter peccatum hominibus Deus inflixit; et post peccatorum remissionem propter exercendam justitiam non ademit. » Hæc beatus Augustinus.

Deinde magister Petrus propositas quæstiones, sicut legere poteritis, scrupulosas et plenas scandalis indiscussas præteriens, et multo studio effossam foveam perditionis simplicioribus apertam relinquens, quasi redit ad sensum Catholicum, tanquam immunem se faciens, quicunque ceciderit in eam. Cum enim in dispensatione Mediatoris tria præcipue intelligenda sint fidelibus, scilicet sacramentum redemptionis et reconciliationis omnium, et ad eos qui maxime per superbiam peribant, xemplum humilitatis; et ad eos, quorum amor in terrenis computruerat, provocatio charitatis : primo leviter perstricto, secundo penitus neglecto, tertio totus incumbit, dicens hoc fuisse consilium, et hanc esse causam incarnationis et passionis Domini. ut luce sapientiæ suæ mundum illuminaret, et ad amorem suum accenderet, tanquam posset provocari homo superbus ad amorem Dei, nisi primo humiliaretur ab amore sui, et nisi prius sacramento redemptionis solveretur ligatus a conditione et vinculo peccati. Ubi cum totum legeritis quod queritur, quod scribit, quod astruit, quod exaggerat, quod solvit, quod docet, quod emendat, vestri sit judicii, utrum secundum præceptum legis, foveam quam effodit, sic operuerit, ut si cujus bos aut asinus ceciderit in eam, non jure ab eo exigendum sit (*Exod.* XXI). In quam certe periculosa nimis ruina jam delapsi sunt, qui ex sententia ejus astruere nituntur, si plene auderent, Christum Dominum gratis passum, gratis venisse in mundum. Quibus non est dissimulandum ; sed ingerendum periculum suum et ex verbis Apostoli sæpius conveniendi sunt dicentis : « Vosmetipsos tentate. Si estis in fide ipsi vos probate. An non cognoscitis vosmetipsos, quia Jesus Christus est in vobis, nisi forte reprobi estis? » (*II Cor.* XIII.) Est autem in eis Christus, quibus placet Christus. Christus illi placet, qui non nisi in fide Christi Jesu sibi placet. Sed non omnium est fides. ' Unde idem dicit Apostolus : « Si autem opertum est Evangelium nostrum, in his qui pereunt est opertum : in quibus Deus hujus sæculi excæcavit mentes infidelium, ut non fulgeat eis illuminatio Evangelii gloriæ Christi, qui est imago invisibilis Dei (*II Cor.* IV). » Necessarius vero in mundo in tantum fuit Christi adventus et passio ejus, ut hoc singulariter modo servandus esset mundus : sed hoc isto potissimum modo faciendum fuit, cum isto potissimum modo congruentius et efficacius faciendum in sapientia sua providentia Dei præordinasset consilio, quod ipse novit.

CAPUT VIII.

Iterum dicit de persona Mediatoris, Deum ab homine secernens, sicut Nestorius : « Sciendum, » ait, « est quod licet concedamus quod Christus tertia sit persona in Trinitate, non tamen concedimus quod hanc persona, quæ Christus est, sit tertia persona in Trinitate. » Notanda insipientissima loquentis de Deo protervia. « Hoc, » inquit, « concedimus, illud non concedimus, » tanquam de Christo, sive in Christo nil sit, vel esse possit, nisi quod ille concesserit. Deinde contra illud Psalmi : « Israel, non erit in te Deus recens (*Psal*. LXXX), » recentem nos in fide nostra Deum habere causatur, si quid in Deo esse, quod ab æterno non fuerit, profitemur. Hæc hæresis proprie Agnoitarum est, quæ olim tempore beati Gregorii in Ecclesia apparuit, de qua idem scribens ad Eulogium patriarcham Alexandrinum, sic inter cætera dicit : « Nemo potest esse Agnoita, qui Nestorianus non sit. » Sicut enim olim Nestorius nisus fuerat astruere Mariam θεοτόκον, hoc est matrem Dei, non fuisse, sic et isti, pro eo quod in Evangelio dicitur de die judicii, quia diem illum et horam « neque angeli, neque Filius novit (*Marc*. XIII); » et quia Dominus legitur venisse ad ficulneam, quærens in ea fructum, et non invenit (*Matth*. XXI); et quod requisivit de Lazaro, « Ubi posuistis eum (*Joan*. II), » multa dicebant filium hominis ignoravisse. Sed sicut dicit idem doctor, diem judicii Pater solus dicitur scire, quia consubstantialis ei Filius ejus, ex natura quæ est super angelos, habet ut hoc sciat quod angeli ignorant. Incarnatus enim Unigenitus Dei, factusque pro nobis homo perfectus, in natura quidem divinitatis novit diem et horam judicii, sed tamen hunc non ex natura humanitatis novit. Quod ergo in ipsa humanitate novit, non ex ipsa novit, quia Deus homo factus diem et horam judicii non nisi per divinitatis suæ potentiam novit. Unde et nos similiter dicimus, Christum Filium hominis in ipsa natura humanitatis suæ, sed non ex ipsa, secundum eam quam cum Deo habet unionem, tertiam esse in Trinitate personam, quia sicut incarnatus Deus factus est filius hominis propter hominem assumptum, sic assumptus homo factus est Filius Dei propter assumentem Deum. Unde dicit idem doctor in epistola sua : « Diem et horam judicii scit Deus et homo, sed ideo homo, quia Deus est ipse homo. Scientiam vero, quam ex humanitatis natura non habuit, ex qua cum angelis creatura fuit; hanc et cum angelis qui creatura sunt, habere denegavit. » Ad quod et nos dicimus, quoniam si in Trinitate, quæ Deus est, tres sunt personæ quod ipse non contradicit, et Christus Deus et homo una est persona, quod etiam ipsum non contradicit : quam tamen tertiam in Trinitate esse personam nullatenus concedit; jam utique recentem ab eo Deum habemus, quartam scilicet in Deo cum Trinitate personam, et in fide nostra quaternitas potius quam Trinitas nobis proponitur adoranda. Sed sicut dicit beatus Augustinus ad Evodium (35), « assumpto homine nequaquam personarum numerus auctus est, sed eadem Trinitas mansit. » Nos vero, ipsum quem Deus exaltavit, hoc est, si dici fas est, hominem Dominicum, (et dedit illi nomen quod est super omne nomen, ut in nomine Jesu omne genu flectatur cœlestium terrestrium et infernorum (*Philip*. II), scilicet ut ab omnibus tanquam Deus adoretur); ipsum, inquam, et nos, et omnis lingua confitetur quia est in gloria Dei Patris : quod non est aliud, quam quia est tertia persona in majestate summæ Trinitatis, sed secundum hoc quod et ipse est Dei Filius, hoc est in unitate personæ conjunctus vel potius unitus Filio Dei, sicut et Deum Dei Filium natum temporaliter credimus, et passum, secundum eamdem personæ unitatem, absque omni calumnia recentis in Deo novitatis.

Propter quod etiam B. Augustinus in libro Retractationum (*cap*. 19) pœnitere se dicit, alicubi se dixisse hoc quod et nos paulo ante manifestandæ rei causa diximus, hoc est, « Dominicum hominem, » scilicet inquiens, tanquam homo ipse non sit Dominus; qui, sicut ipse alibi dicit, ex quo ipse esse cœpit, Dominus et Deus esse cœpit. Ubi sicut audire refugit fides Christiana in Christo Deo et homine personæ divisionem, sic etiam abhorret divinæ substantiæ cum humana substantia confusionem, sive commistionem. Unde dicit B. Augustinus in libro De Trinitate et columba, sicut jam supra posuimus : « Nec sonus ille vocis, quo dictum est : *Tu es Filius meus dilectus*, qui continuo esse destitit, coaptatus est in unitatem personæ Patris, nec illa species corporalis columbæ (*Luc*. III) coaptata est in unitatem personæ Spiritus sancti, sicut neque ille ignis (*Act*. II) qui eumdem Spiritum sanctum demonstravit, et officio significationis impleto mox esse destitit. Sed solus homo, quia propter ipsam naturam liberandam illa omnia fiebant, in unitatem personæ Verbi Dei mirabili et singulari susceptione coaptatus est, permanente tamen Verbo in sua natura incommutabiliter, in quo nihil compositi cum quo subsistat ulla phantasia humani animi suspicandum est. Homo enim Verbo accessit, non Verbum in hominem convertibiliter decessit; atque ita Filius Dei simul cum homine suscepto dicitur. Unde idem Filius Dei incommutabilis est, atque coæternus Patri; sed in Verbo solo. Et sepultus est Filius Dei, sed in carne sola. » Item Leo (*ep*.11) papa de Christo : « Totus, » inquit, « Deus est propter assumentem Deum, totusque homo propter hominem assumptum. Nec tamen Verbum in carnem, sive caro in Verbum mutata est; sed utrumque manet in utroque, et unus in utroque Christus, nec diversitate divisus, nec commistione confusus. Nec alter est ex Patre, alter est ex matre; licet aliter sit ex Patre, aliter ex matre : ex Patre ante omne principium, ex matre in fine sæculorum, ut esset mediator Dei et hominum Jesus Christus, in quo habitaret plenitudo divinitatis corporaliter, quia non assumentis dejectio sed assumpti provectio est : quod Deus illum exaltavit, et dedit illi nomen, quod est super omne

---

(35) August. epist. 102.

nomen, ut in nomine Jesu omne genu flectatur, cœlestium, terrestrium, et infernorum : et omnis lingua confiteatur quia Dominus Jesus Christus in gloria est Dei Patris *(Philipp.* II). » Ubi licet una persona sit Dei et hominis, aliud tamen est, unde communis gloria, aliud unde communis est contumelia. Sicut enim in Trinitate Deus Pater et Deus Filius unius substantiæ, sed non unius personæ, sic in forma Mediatoris Deus et homo sunt unius personæ, sed non unius substantiæ. « Nec interest, » ait S. Leo, « ex qua Christus substantia nominetur, cum inseparabiliter manente unitate personæ idem sit et totus hominis filius propter carnem, et totus Dei Filius propter unam cum Patre substantiam. » Dicit ergo magister Petrus : « Non concedimus quod Christus hæc persona, hoc est, Deus et homo, tertia sit persona in Trinitate. »

Nos vero dicimus, secundum præmissas sententias Patrum, quia Christus Deus et homo hæc persona, secundum quod Deus est, tertia est in Trinitate persona. Dicet : Ergo, non secundum quod homo est. Utique, sed est ibi etiam homo, propter inseparabilem unitatem, qua una est persona cum Deo. Absit autem, ut per hoc recens aliquid asseramus in Deo, cum, sicut Leo papa sentit, et Augustinus consentit, hominem ab æterno ad hoc prædestinatum, et in tempore beneplaciti Dei in hoc glorificatum, simul dicimus cœpisse esse, et Deum esse, cum non sit nisi unus Deus ! Sed permanente divinitate Filii Dei in sua natura, sicut dicit B. Augustinus, incommutabiliter, sine omni composito humani phantasmatis, cum quo subsistat, mirabili et incomparabili susceptione in unitatem personæ homo ei est appositus, sive aptatus ; non prius creatus et postmodum assumptus, sed simul in ipsa assumptione creatus. Et sicut dictum est, simul cœpit esse, et Deus esse, sed gratia, non natura, nomine vel persona, non essentiali substantia. Unde dicit Apostolus : « Dedit illi nomen quod est super omne nomen *(Philipp.* II). » Et B. Augustinus in libro contra sermonem Arianorum : « Hanc unitatem personæ Christi Jesu Domini nostri sic ex natura utraque constantem, ut quælibet earum vocabulum etiam suum impertiat alteri, et divina humanæ, et humana divinæ, beatus ostendit Apostolus : « Hoc, inquiens, sentite in vobis, quod et in Christo Jesu ; qui cum in forma Dei esset, humiliavit semetipsum, etc. *(ibid.).* »

Cum ergo Christi nomen sit ex eo quod unxit eum Deus præ participibus suis oleo exsultationis, hoc est quod homo factus humiliavit semetipsum, de ipso tamen eodemque Christo dictum est quia in forma Dei esset, antequam ab illo forma servi esset accepta. Nondum quippe erat filius hominis, sed Filius Dei ; cui Patris æqualitas non erat rapina, sed natura. Verum, si quæramus quis est ille, qui cum in forma Dei esset, non rapinam arbitratus est esse se æqualem Deo, respondetur nobis voce apostolica :

A Christus Jesus. Ergo et illa divinitas hujus humanitatis nomen accepit. Item si quæramus quisnam sit factus obediens usque ad mortem ; rectissime respondetur ; Ille, qui cum in forma Dei esset, non rapinam arbitratus est, esse se æqualem Deo. Ergo et ista humanitas illius divinitatis nomen accepit. Apparet tamen idem ipse Christus geminæ gigas substantiæ, secundum quid obediens, secundum quid æqualis Deo, secundum quid filius hominis, secundum quid Filius Dei, secundum quid dicit : « Pater major me est *(Joan.* XIV) : » secundum quid, « Ego et Pater unum sumus *(Joan.* V). » Propter hæc omnia dicimus Mariam theotocon [Θεοτόκον], hoc est matrem Dei, Christum genuisse Deum et hominem unam personam ; hominem, in quantum ex ea esse cœpit ; Deum, in quantum de ea Deus et homo esse cœpit. Sicque ipsam Christi personam tertiam in Trinitate fatemur personam : Deum Filium Dei, in quantum una ipse substantia cum Patre et Spiritu sancto est ; hominem filium hominis, in quantum ipse cum Deo Dei Filio una persona est : illum qui ab æterno natura Deus est ; istum, qui ex quo cœpit esse, non solum homo, sed etiam ex coessentiæ divinæ beatitudine gratia Deus est, salva tamen Christianæ pietatis cautela, propter vitandam recentis Dei suspicionem, qua supra beatum Augustinum meminimus dixisse, permanere semper Verbum in sua incommutabilitate, in qua nihil esse compositi, cum quo subsistat, ulla phantasia humani animi suspicandum est.

CAPUT IX.

Jam ad alia transeamus. Dicit etiam magister Petrus de sacramento altaris, substantia panis et vini mutata in substantiam corporis et sanguinis Domini ad peragendum sacramenti mysterium, accidentia prioris substantiæ remanere in aere. Obsecro, ut quid in aere ? Quid ibi factura sunt ? Nobis vero videtur, si vobis etiam videtur quod accidentia illa, sive prioris forma substantiæ, quæ, ut puto, non nisi consonus in unum accidentium concursus est, si ibi est, in corpore Domini est, non formans illud, sed virtute operantis in ea sapientiæ Dei aptans illud, et modificans, ut secundum ritum mysterii et modum sacramenti, habile fiat et tractabile, et gustabile in forma aliena, quod non poterat esse in propria, agens exterius ut tractari possit, et sumi corporaliter agente interiore gratia, ut sumatur incorruptibiliter , et credenti sapiat, et amantem vivificet et nutriat spiritualiter. Hinc etenim dicit B. Augustinus (36) : « Quod videtis in altari, panis est et calix, quod vobis renuntiant oculi vestri : quod autem fides postulat instruenda, panis corpus, calix vero sanguis est Christi. » De quibus etiam alibi dicit : « Quia et eadem sunt, et in aliud commutantur, et quia quod in eis exterius sensibus subjacet, in percipiendo consumitur. » Unde et dicit in libro contra Faustum (37) : « Quid sunt aliud quæque corporalia sacramenta, nisi quædam quasi verba visi-

---

(36) *August.* Tomo primo supplementi, p. 394.

(37) *August.* Contra Faustum lib. XIX, cap. 16.

bilia, sacrosancta quidem, sed tamen mutabilia, et temporalia? » Item alibi : « Si ad ipsas res visibiles, quibus sacramenta tractantur, animum conferamus, quis nesciat eas esse corruptibiles? Si autem ad id quod per illas agitur, quis non videat non posse corrumpi? » Hæc ergo sunt quæ nobis videntur de sacramentis divinis, diversis negligentiæ sive ignorantiæ casibus exposita, non corpus Domini, sicut dicit magister Petrus, quod quidquid accidat in hujusmodi, remotissimum esse credendum est ab omni dignitatis suæ injuria.

CAPUT X.

Deinde aliam movet quæstionem dicens : « De suggestione diaboli solet quæri quomodo possit suggerere hominibus, cum nec verbis, nec signis hoc faciat. « Ad quod dicimus, » ait, « quia facit hæc per physicam rerum, lapidum, vel herbarum, quia sicut in natura quorumdam lapidum est ferrum trahere, vel libidinem exstinguere, ita quidam lapides sunt, vel herbæ, quibus libido, ira, et cætera vitia excitantur. Quando ergo diabolus vult suggerere alicui libidinem, vel iram, vel alia vitia, apponit ei lapidem illum, sive herbam, quam scit talem habere virtutem. » Hoc ridiculum est, nec nisi ad risum movendum dixisse eum hoc æstimo, vel scripsisse, cum sancti doctores manifeste dicant quia agit hoc spiritualis potius nequitia, spirituali potentia hominibus incognita. Nec enim Judæ Satanas lapidem aliquem sive herbam intulit, cum immisit in cor ejus, ut traderet Dominum, vel cum in eum introivit, noc est, sicut dicit B. Augustinus, totum eum juri suo mancipavit. Ubi etiam miror hominem aliquid sapientem, ad astruendum quod affert de aeris corporibus dæmonum, auctoritatem afferre de fabula Salomonis, dæmones intra vitreum vas includentis. Sunt adhuc multa, quæ in theologia vel philosophia magistri Petri me movent, sed plurima prætermisi, quia nisi vos hæc moverint, nec illa moverent. Nunc precor reverentiam vestram per eum, qui in Ecclesia sua speculatores et pastores vos constituit, ut de his interim sic agat prudentia vestra, ut iis qui in his scandalizantur satis fiat, qui læsi sunt in fide curentur; qui in Deo vos diligunt et prædicant non erubescant in vobis, sed de vobis in Domino glorientur.

CAPUT XI.

Dicit etiam ab Adam originalis peccati trahere nos pœnam, non culpam. Ut quid ergo parvuli baptizantur? Sed in baptismo, sicut dicunt Patres, sicut supra sufficienter exposuisse diximus beatum Augustinum, culpa dimittitur : pœna ad exercitium vitæ hujus manet, quæ est mors corporis et cæteræ tribulationes vitæ hujus.

CAPUT XII.

Dicit nullum esse peccatum, nisi in solo consensu mali, et in contemptu Dei, quem habet homo in consensu peccati. Etenim nullam concupiscentiam, nullam delectationem malam, nullam voluntatem malam dicit esse peccatum, sed naturam. « Concupiscere, » inquit, « alienam uxorem, sive concumbere cum alterius uxore, non est peccatum, sed solus in hoc consensus et contemptus Dei peccatum est. » Et sicut in concupiscentia et delectatione nullum peccatum committi, sic peccatum consensus nullo actu peccati dicit augmentari.

CAPUT XIII.

Dicit per ignorantiam nullum fieri peccatum. Dicit quoniam si ideo gentilis sive Judæus contemnit fidem Christi, quia contrariam eam credit Deo, non peccat. Dicit quia qui ideo martyres occiderunt, quia arbitrati sunt in hoc obsequium se præstare Deo, non peccaverunt. « Propter quod, » inquit, « Judæi qui Stephanum lapidaverunt, et Dominum crucifixerunt, non peccaverunt; imo plus peccavissent, si contra conscientiam æstimationis suæ ei pepercissent. » Dicit concupiscentiam et delectationem carnis non esse in nobis occidendam, sed odiendam, sicut præcipit, inquit, Dominus, patrem et matrem odiendos propter Deum, non occidendos, ut semper habeamus contra quod pugnemus. « Quod enim, » ait, « cum labore et certamine bene agitur, hoc est quod coronam et præmium meretur : quod vero cum pace et delectatione, nihil meretur. » Hoc docet, hoc scribit moralis magister, parum sciens ut arbitror, et inexpertus, quid sit libertas spiritus. Qui adhuc alia docet, et scribit quam plurima, tam in spiritualibus, quam in moralibus, non minus reprehensibilia vel periculosa, quæ prosequi longum esset. Ad reprobandam vero vel destruendam ejus doctrinam cui hæc non sufficiunt, nulla sufficient.

RESCRIPTUM BERNARDI AD GUILLELMUM.

Libellum contra Petrum Abælardum conscriptum laudat, etc.

Guillelmo charissimo suo frater Bernardus. Motum vestrum, etc. *Vide Opp. S. Bernardi, t. I, col* 533, *epist.* 327.

DISPUTATIO CATHOLICORUM PATRUM
ADVERSUS
DOGMATA PETRI ABÆLARDI.
(Bibliotheca Cisterciensis, t. IV, p. 238.)

MONITUM DOMNI TISSIERI.

Hanc Disputationem Andreas a Quercu, noster Manrique, et alii, Guillelmo a S. Theodorico tribuunt (38) Verum supra Guillelmi legitimum partum unico libro contentum protulimus, Gaufrido Carnotensi et S. Bernardo scriptum, quo errores Abælardi nondum eis cogniti declarantur. Hoc autem alterum opus tribus libris distinctum et præsuli Rothomagensi nuncupatum, editum est, postquam S. Bernardus Petri Abælardi errores insectatus est; et hic se inique a sancto Patre impetitum in Apologia adversus eumdem scripta mendaciter calumniatus est. Hic ergo noster abbas anonymus beatum Bernardum tuetur, et demonstrat verbis Abælardi adductis errores ei a sanctissimo Patre imputatos, vere ab ipso traditos et evulgatos. Horum autem abbatum, Guillelmi scilicet et anonymi hujus testimoniis, imo verbis Abælardi, quæ ipsi referunt, refutabitur calumnia eorum qui B. Bernardum contra Petrum Abælardum disputantem, larvas duntaxat et chimæras dicunt insectatum, non doctrinam, quam ille tueretur. Quæ injuria in sedem apostolicam, et in concilium Senonense, coram quibus capitula librorum Abælardi lecta sunt, et ab eis damnata, redundat. Qui tanta facilitate S. Patrem ignorantiæ damnant, et Abælardum absolvunt, in tam pravum judicium forsan inducti sunt ex lectione responsionis ejusdem Abælardi, ante 30 annos cum aliis quibusdam ejus operibus editæ, in qua errores sibi scriptos damnat, et suos esse inficiatur. Verum responsio illa potius inscribenda erat, *Retractatio errorum Petri Abælardi*, quam Responsio contra calumnias objectorum, cum Guillelmus, et anonymus abbas sententias ejusdem Abælardi fuse referant, errores de quibus accusabatur apertissime continentes. Nec quemquam moveat, quod in operibus Abælardi nuper editis non reperiantur illi errores, nam libri illi qui hos continebant, non sunt typis excusi. Illi enim cæteris operibus, quibus admisti fuissent, perniciem certam attulissent. Porro initium illius disputationis non edidimus. Primus enim quaternio deest exemplari, quod unicum reperitur, et illud fuit olim bibliothecæ Clarævallis, atque in ejus initio hæc verba jam olim scripta sunt. Deest unus quaternus, qui habuerit obedientiam librorum requirat. At non solum non repertus est ille quaternus, sed etiam codex ille e bibliotheca illa sublatus : quem Andreas a Quercu vivens possedit, et ego illum ipsum exscripsi. Adverte hunc anonymum in tertio hujus operis libro illam Abælardi sententiam refellere, qua statuebat omnibus gratiam Dei offerri. Verum hæc non Abælardi propria est, sed scholasticorum doctorum communis, imo et Patrum; quam inter cæteros egregie tuetur Prosper Augustini discipulus in libris De vocatione gentium : qui etiam illam ad parvulos sine baptismo decedentes extendit. Sane nec Guillelmus, nec S. Bernardus hanc sententiam in Abælardo damnarunt; imo ipsi eam passim docent. Pelagianismi quidem Abælardum insinularunt, quod diceret nos viribus liberi arbitrii posse bona agere, etc. Sed hac de re iterum in adnotationibus nostris infra.

(38) Et merito. Vide quæ de hac disputatione disserunt auctores Galliæ litterariæ supra, col. 197, n. XIV. EDIT. PATR.

LIBER PRIMUS.

(Deest principium, ut jam monuimus : in eo autem quod superest, refutatur dogma Abælardi, potentiam soli Patri, sapientiam Filio, benignitatem Spiritui sancto hæretico sensu tribuentis.)

« Si tam evangelica quam apostolica dicta discutiamus, juxta ipsius locutionis proprietatem intelligimus, ea quæ ad potentiam pertinent, Patri specialiter ascribi, ut hinc quoque aperte colligi possit, vocabulo Patris omnipotentia ipsa specialiter designari. Ait quippe Filius : *Quæ Pater posuit in sua potestate* (*Act.* I), non, quæ Filius et Spiritus sanctus. » Et infra de eodem : « Cum ait Apostolus, ipsum a mortuis resurrexisse per gloriam Patris (*Rom.* VI), innuitur, magis ad personam Patris pertinere, juxta ejus, ut dictum est, proprietatem, ea quæ potentiæ sunt, ascribenda esse; sicut Filio, ea quæ ad animi rationem vel sapientiam pertinent, sicut judicare est, quod discretionis est. Unde scriptum est : *Pater omne judicium dedit Filio* (*Joan.* IV). » A quia sapientiæ cedit potentia in discussione judicii, ubi æquitas magis examinanda est, quam vis potentiæ exercenda. » Et infra : « Ut ex supra positis jamdudum specialiter nomine Patris divina potentia declaratur; sic nomine Filii sapientia significatur. Est autem divina sapientia quædam, ut ita dicam, potentia ipsius Dei. » Et infra de Spiritu sancto : « Benignitas ipsa, quæ nomine Spiritus sancti demonstratur, non est aliqua in Deo potentia, sive sapientia, ut videlicet ipsum benignum esse, sit esse potentem, vel sapientem : sed hæc ejus bonitas magis secundum ipsum charitatis affectum vel effectum accipienda est. » Hæc autem eodem ordine verbis eisdem, licet locis diversis, sicut hic posita sunt, ab antiquo serpente per eum in diabolia illa evomita sunt. Quis unquam Arius, quis Eunomius, quis alius hæresiarcha de Deo tam male sensit, tam male scripsit? Quid agitis, o nostrates philosophi? Cur oculos avertitis? O nobilissimi juvenes, o mundi flores, o aurea scientiæ sæcularis vasa; cur talia discitis, cur dicitis, cur scribitis? Utinam magistri vestri scripta vana tantummodo essent, non tam perniciosa! Apostolica sanctio est, *omne quod non est ex fide, peccatum est (Rom. XIV).* Quid est ergo, quod destruit fidem? Sed ne diutius olidum cœnum removentes nauseam incurramus, relegamus superiora. Dicit, quod Pater est omnipotentia. Verum est, hic nulla quæstio est. At quod *specialiter* adjungit, suspectus mihi factus est, venenum portat. Vult enim, quod Pater habeat omnipotentiam quamdam, quam Filius non habeat, id est, quod Pater potest esse a seipso, Filius non potest esse a seipso. Ad hanc fallaciam veridica responsione denodandam postea revertemur. Dicit, quod sapientia Patris, quæ est Filius, non est omnipotentia, sed aliquid de Patre, id est, quædam potentia de omnipotentia Patris. Id pluries replicat. Dicit, quod benignitas ipsa, quæ est Spiritus sanctus, non est aliqua in Deo potentia vel sapientia; quia aliud est, benignum esse; aliud, sapientem vel potentem esse. Dicit, quia sapientiæ cedit potentia in discussione judicii, ubi æquitas magis examinanda est, quam vis potentiæ exercenda. Dicit, quod Pater quædam posuit in sua potestate, quæ non posuit Filius, vel Spiritus sanctus. His non tam argutiis, quam mendaciis, sicut ordo propositionis requirit, et Deus, pro quo et de quo loquimur administraverit, respondendum est. Ac primum requiro cur sanctæ religionis et magni nominis abbatem insimulet falsa finxisse; quia in theologia sua scripserit, Filium esse quamdam potentiam, Spiritum sanctum nullam. Id enim in Apologia sua, quam contra abbatem Petrus ipse dirigit, se dixisse denegat, scilicet quod divina sapientia quædam sit potentia Patris, non Filius; et quod amor Patris et Filii, sit nulla potentia, non Spiritus sanctus, se dixisse profitetur, et verum esse pertinaciter contendit. Sed væ contentionibus hominum. Vere juxta Jeremiam stultus est factus omnis homo a scientia. Miror ego homullulus quidam famæ tenuis, et scientiæ nullius, tam eruditum, tam celebrem magistrum, talibus næniis tam turpiter involutum fuisse. Non debuisse vel idiota quilibet aeriarum aranearum tam floccidis cassibus irretiri. Si enim sapientia Dei est Filius Dei, et e converso; et amor Patris et Filii est Spiritus sanctus, et e converso; sapientiam Patris quamdam potentiam esse, et Filium non esse, et amorem Patris et Filii nullam potentiam esse, et Spiritum sanctum non esse, per me videre non possum. Licet enim non Pater per Filium, sed Filius per Patrem sapiens sit, Pater enim a nullo est, Filius a Patre est. quidquid est; ipse Petrus tamen qualiter de sapientia Patris agat, maxime in Apologia sua manifestat, ubi super hoc capitulum ita dicit : « Sicut ergo sapientia, quam

Filium ejus intelligimus, quædam potentia est, vel facultas omnia discernendi sive cognoscendi, ne per ignorantiam errare possit; sic amor ipsius, sive benignitas, quam Spiritum sanctum dicimus, optima est ejus voluntas, potius quam potestas. » Expergiscimini, qui dormitis in lectis eburneis, et lascivitis in stratis vestris, sapientiæ sæcularis amatores; et videte, quam cæca sit præsumptionis audacia. Hic aperte dicit, sapientiam Dei, id est, Filium Dei, quamdam Dei potentiam esse vel facultatem, omnia scilicet discernendi vel cognoscendi : tacet faciendi, ne omnipotentiam ascribat Filio, cum scriptum sit : *Omnia per ipsum facta sunt (Joan. I)*: et amorem Dei, sive benignitatem Dei, id est Spiritum sanctum, optimam esse voluntatem, non potestatem. Quid amplius quæritis? Planum est. Dicit quidem : « Pater est omnipotentia, Filius quædam potentia, Spiritus sanctus nulla potentia. » Cur igitur invehitur pro capitulis his, velut ab eo factis, quem criminatorem suum appellat, in abbatem? Nunc ergo, non voce Judæorum, sed orthodoxorum judicio simul omnes exclamemus : *Reus est mortis (Matth. XXVI).* At coluber ille tortuosus modo reflexus in gyros, modo secundum sententiam judicis, gradiens supra pectus, quantum potest erectus, latebrosissimæ ac obscurissimæ disputationis antrum ingreditur, et velut in altissima rupe Parmenidis sibilat inaudita ; per Apologiam suam theologiam impejorat, novos veteribus erroribus adjungit, et eos pertinaciter et contentiose, quod hæreticum hominem facit, defendere contendit; novitatum amatores, ac simplices auditores, sophisticis importunitatibus eludit; abbatem litteratissimum, et quod majus est, religiosissimum, vocat inexpertum artis illius, quæ magistra est disserendi : quasi non legisset in Apostolo quod *sapientia mundi stultitia est apud Deum (I Cor. III).* Sed et illud maxime de Apostolo, et in eodem Apostolo : « Videte ne quis vos spoliet per philosophiam et inanem deceptionem, secundum traditionem hominum, et secundum elementa mundi, et non secundum Christum » : in quo inhabitat omnis plenitudo divinitatis corporaliter *(Coloss. II).* »

His itaque, pro eo quod capitula illa abbatem finxisse commemorat, excursis, jam nunc ratio nos cogit, ut ad præjacentia mendacia redeamus, et ea non viribus nostris, sed sanctorum Patrum patrociniis discutiamus. Cunctis vero scientibus liquet, quod latet falsitas sub veritate, et quia per se turpis est, semper contegi nititur sub illius umbraculo. Verum est enim, omnipotentia pertinet ad Patrem, quia Pater omnipotens est, et a nullo est: et ut B. Dionysius Areopagita in Hierarchia sua dicit: « Fons Deitatis est Pater; » Filius vero naturaliter est de Patre suo, et Spiritus sanctus de Patre et Filio : sed quod omnipotentiam sic proprie assignat Patri, ut eam vitet assignare Filio vel Spiritui sancto, ut per id scilicet distinctionem personarum faciat, Patris per omnipotentiam, Filii per sapientiam, id est, secundum se quamdam potentiam, Spiritus sancti per nullam vel potentiam, vel sapientiam, quia per benignitatem solam, venenum est, error est, hæresis est; et ut verbis magistri sui, de quo plus justo gloriatur, utar, fallacia est. Neque enim habet aliquam omnipotentiam Pater, quam non habeat Filius; quia quidquid habet Pater, habet et Filius; quia de omnipotente est Filius omnipotens. Alioquin verum non est illud evangelicum, ubi Filius dicit ad Patrem: « Omnia mea tua sunt; et omnia tua mea sunt (*Joan.* XVII). » Æqualis enim est Patri per omnia Filius secundum divinitatem; licet quod est, de eo sit; quia de Deo Deus natus est, quæ ipse, non ipse; et ubi est naturalis æqualitas, ibi æqualis et naturalis est potestas. Videamus si assertioni huic sanctorum Patrum concinat auctoritas. Hilarius ille splendidissimus Galliarum sol, et hæreseos Arianæ præcipuus et validissimus oppressor, in libro VII De Trinitate dicit: « Non ambigitur, quin æqualitas nihil differat. Æqualitas vero nunquam ibi esse contradicitur, ubi unio est, nec tamen illic reperitur, ut differat. Ita similitudinis æqualitas nec solitudinem habet, nec diversitatem; quia omnis æqualitas nec diversa, nec sola est. » Et in eodem paulo post: « Itaque Filius in natura Patris eadem est, cui omnia posse naturæ est. » Et noster Aristoteles B. Augustinus, similiter in libro VII De Trinitate: « Ergo et Pater ipse sapientia est, et ita dicitur Filius sapientia Patris, id est ut quemadmodum lumen de lumine, et utrumque verum lumen, sic intelligatur sapientia de sapientia, et utraque una sapientia. Ergo et una essentia, quia hoc est ibi esse, quod sapere. Quod enim est sapientiæ sapere, et potentiæ posse, æternitati æternum esse, justitiæ justum esse. Pater igitur et Filius simul una essentia, et una magnitudo, et una veritas, et una sapientia, et una omnipotentia. » Videtisne, o Parisienses academici, quod proprie, id est ad distinctionem personarum, omnipotentia soli Patri non debeat ascribi? Sed ne aliqua, vel parvissima dubitationis nebula remaneat, videte, quid in octavo ejusdem operis libro magister idem de re eadem prosequatur: « Ea, inquit, dicuntur proprie in illa Trinitate distincte ad singulas personas pertinentia, quæ relative dicuntur ad invicem, sicut Pater et Filius, et utriusque donum Spiritus sanctus. Non enim Pater Trinitas, aut Filius Trinitas, aut Trinitas donum. Quod vero ad se dicuntur singuli, non debet dici pluraliter, tres, sed una ipsa Trinitas, sicut Deus Pater, Deus Filius, Deus Spiritus sanctus; Deus bonus Pater, bonus Filius, bonus Spiritus sanctus, et omnipotens Pater, omnipotens Filius, omnipotens Spiritus; nec tamen tres dii, aut tres boni, aut tres omnipotentes, sed unus Deus, bonus, omnipotens, quod est ipsa Trinitas. »

His attestationibus sufficienter, quantum arbitror, ostensum est, quod omnipotentia proprie Patri soli non debet ascribi. Sed video quid Petrus hic velit et in quibus dumetis opinionis novæ se inferat, quantum Deus dat, intelligo. Profitens in superioribus quod verum est, quia æqualiter Patri Filius omnipotens est, quantum ad operationis effectum; idcirco tamen specialiter omnipotentia Patri attribuitur, quia non est æqualiter ei Filius omnipotens modo quodam, id est, quantum ad subsistendi modum. Id trahere videtur a quodam Maximo, quem puto Græcum fuisse, quem et Joannes Scotus usque ad hæresim imitatus est. Talibus hoc in loco Petrus verbis utitur: « Quidquid ad omnipotentiam attinet, non solum quantum ad operationis effectum, verum etiam quantum ad subsistendi modum, Patri tanquam proprium debet attribui, ut tale sit scilicet, quod Maximus dixerit, quod Pater per ingenitam Deitatem omnipotens sit. » Ac si aperte dicat: Per hoc quod Deus est, et ingenitus, eum utroque modo omnipotentem esse. Ergo et omnipotens est, quantum ad operationis effectum, sicut et Filius, et Spiritus sanctus; et omnipotens est quantum ad subsistendi modum; quod non possunt esse Filius, nec Spiritus sanctus; quia Pater potest esse a seipso, quod Filius non potest, nec Spiritus sanctus. Diversus ergo est, secundum te, in illa simplici essentia subsistendi modus. Subsistit enim Pater eo modo, ut habeat proprie hanc omnipotentiam, quam non habeat Filius, vel Spiritus sanctus. Huic falsiloquio Senecæ scitum aptari potest: « Quidquid adinventium est, fundamento caret. » Si enim ita est, fallit vel fallitur, qui dicit in Evangelio: « Ego et Pater unum sumus (*Joan.* X). » Ego, et Pater, et sumus, ad personarum proprietatem, unum ad essentiæ pertinet unitatem. Sed non fallit, quia veritas est; nec fallitur, quia sapientia est, et omnipotentia: non qui Pater, sed quod Pater. Non est igitur in illa simplici essentia diversus subsistendi modus (39), ubi ejusdem naturæ est, quidquid ibi est; et tantus Deus est solus Pater, quantus Pater et Filius et Spiritus sanctus; quia unaquæque persona sigillatim perfectus Deus, et tota simul Trinitas nonnisi unus Deus. Augustinus in lib. VI De Trinitate: « In rebus, inquit, corporeis non tantum res una, quantum tres simul; et plus aliquid sunt duæ, quam una res. Cæterum in summa Trinitate, quæ Deus est, tantum est una, quantum tres simul; tantum est una, quantum duæ, et in se infinita sunt. Ita et singula sunt in singulis, et singula in omnibus, et omnia in omnibus, et unum in omnibus. Qui videt hoc vel ex parte, vel per speculum et in ænigmate, gaudeat cognoscens Deum, et sic Deum honoret, et gratias agat. Qui autem non videt, tendat ad videndum per pietatem, non per cæcitatem ad calumniandum etiam quia unus est Deus, sed tamen Trinitas. » Hæc Augustinus ad conterendos novos fidei inimicos, et ad ostendendam individuæ unitatis incomprehensibilem sublimitatem, fortiter atque fideliter disseruit. Cla-

---

(39) Negat esse in Deo diversum subsistendi modum; sed ibi *subsistere* sumit pro *existere*, non ut hypostasis seu personæ proprietatem notat.

ret igitur, nisi his qui superbiæ et contentionis spiritu insipiens et impœnitens cor habent, thesaurizantes sibi iram in die iræ et revelationis justi judicii Dei; claret, inquam, diversum subsistendi modum ibi non esse, ubi principaliter et ineffabiliter unum et verum est esse. Denique nihil aliud est rei essentia, quam res ipsa; et, teste Augustino, Deus relative non subsistit, sicut relative dominatur. Ut enim in lib. VII De Trinitate dicit : « Omnis res ad seipsam subsistit, quanto magis Deus, si dignum est, ut dicatur Deum subsistere. » Et quoniam in Deo nihil aliud est, sapientem esse vel potentem esse quam esse, sicut in superioribus et ratione, et tanti doctoris eruditione potenter et patenter declaratum est, inconveniens dictum est de Deo, et Pater potest esse a seipso : nam est a seipso, quod Filius non est, quia Filius a Patre est. Videte quod turbatus, vel turbare volens sit, qui de re etiam non simplici dicit. Res ista potest esse res ista. Sed ne verbosus sim, et per me, præsertim talis in talibus deficiam in me, ad præcellentissimum doctorem, Augustinum dico, revertor. Homo ille Dei scribit ad sanctum Evodium, qui eum de quibusdam rebus obscurissimis epistolis interrogaverat; in quibus, ut sibi videbatur, probaverat ratione, cogi Deum esse; et velut flumen repletum aquis in secunda epistola ad eumdem Evodium prorupit in hæc verba : « Habes, inquit, in libro De vera religione quem si recoleres atque prospiceres, nunquam tibi videretur ratione cogi Deum esse, vel ratiocinando effici, Deum esse debere : quandoquidem in ratione numerorum, quam certe in usu quotidiano habemus, si dicimus, septem et tria debent esse decem, minus considerate loquimur. Non enim decem debent esse, sed decem sunt. De quibus itaque rebus recte dicatur, quod esse debeant, sive jam sint; sive jam non sint, satis, quantum æstimo, disputavimus in eis libris, quos commemoravi. Homo enim sapiens esse debet : si est, ut maneat; si non est, ut fiat. Deus autem sapiens non esse debet, sed est. » Similiter potens non esse debet, sed est : sicque de omnibus. Omnia enim quæ in eo sunt, nihil aliud quam ipse sunt; sed hic modus loquendi nostræ congruit infirmitati. Hinc Hilarius De Trinitate : « Per id quod habet Deus, ipsum illud significat habendo; quia non humano modo ex compositis Deus est, ut in eo aliud sit, quod ab eo habetur, et aliud sit ipse qui habeat; sed totum quod est, una est natura, perfecta scilicet et absoluta et infinita, et non ex disparibus constituta, sed vivens ipsa per totum. » Hæc Petrus non vidit, qui confidens in viribus ingenii, et in adinventionibus suis sibi placens (valde vero stulto homini placet, qui sibi placet), sanctorum Patrum per humilitatis ac fidei semitam gradientium elimatam doctrinam contempsit : et ob id justo judicio Dei in hujus obscurissimæ caliginis cæcam foveam projectus est, ut sentiret, doceret, scriberet, quatenus quoniam Pater a seipso esse potest, quod Filius non potest, ideo omnipotentiam debere Patri specialiter ascribi; Filio non ascribi, sed quamdam potentiam; Spiritui sancto nullam, quia benignitatem solam. Stupeo, dum hæc scribo, et omnia viscera mea contremiscunt. Deum testor et angelos ejus, quoniam qui mendacia hæc ob eruditionem legunt, nisi resipiscant, filii perditionis sunt : et eorum qui fabricatores mendacii, et cultores perversorum dogmatum fuerunt, sortem maledictionis elegerunt, et æternæ damnationis sibi acquirunt. Sed quoniam de falsiloquio hoc, quo suo supra dicto modo Petrus omnipotentiam Patri specialiter ascribit, piis lectoribus, ut arbitror, satisfactum est : fidei et auctoritatis lumine præeunte inspiciamus et reliqua.

Sequitur non minor perversitas, nec minoris pestilentiæ morbus, cum velut ex sæculari fornace scholasticis suis furfuream scoriam ministrat, et vanitates evomit, imo insanias mendaces; mentiens de Filio Dei, in quo est salus mundi. Dicit enim quod sapientia Patris, quæ est Filius Dei, non est omnipotentia, sed aliquid de Patre, id est quædam potentia de omnipotentia. Sed ut luce clarius intueamur, quod pessima, quod detestanda doctrina hæc, imo fallacia, non doctrina sit, superiore disputatione debemus adjuvari, et luminosis auctoritatibus eorum qui Deum vident, et cum eo regnantes in perpetuas æternitates lucent, ad depellendas has tenebras adjuvari. Est etenim indissimilis et consubstantialis Patri Filius secundum divinitatem per omnia; licet ex eo sit quod est : quod nihil aliud est, quam natum esse unum de uno, verum de vero, totum de toto, coæternum de æterno; et sic de ipso, quod sit in ipso; ubi non est essentiæ diversitas, sed personæ proprietas. Non est igitur Filius quædam potentia de omnipotentia; imo est omnipotentia de omnipotentia. Non est, inquam, aliquid de Patre, quia licet sit alius quam Pater, non tamen est aliud quam Pater. Hinc Hilarius in lib. VII De Trinitate : « Deus, inquit, Filius qui est, non est aliud quam Deus. Nam, cum audio, *et Deus erat Verbum* (Joan. I), non dictum solum audio verbum, sed demonstratum intelligo esse quod Deus est : et res significata a substantia est, cum dicitur, *Deus erat*. Esse enim non est accidens nomen, sed subsistens veritas, et manens causa, et naturalis generis proprietas. » Idem, in libro ejusdem operis tertio : « Patrem autem in Filio, et Filium in Patre esse, plenitudo divinitatis in utroque perfecta est. Non enim diminutio Patris est Filius, nec Filius imperfectus a Patre est. » Idem de eodem in libro IV : « Unus est ergo ab uno, neque præter innascibilem Deum innascibilis Deus alius est; neque præter unigenitum Deum unigenitus Deus quisquam est, ac sic uterque Deus : cum inter unum et unum, id est ex uno unum, divinitatis æternæ non sit secunda natura. » Et in septimo : « Tenet itaque nativitas eam, ex qua subsistit, naturam; et Filius Dei non aliud quam quod Deus est, subsistit. » Sed et hoc apertius in octavo : « Hoc, inquit, Ecclesia intelligit, hoc Synagoga non credit, hoc philosophia non sapit, unum ex uno, et totum ex toto Deum et Filium; neque per nativitatem deesse, quod totus est, neque hoc ipsum totum non secum nascendo tenuisse. » Et in duodecimo : « Tua res est, Filius tuus et unigenitus tuus est, non portio, non protensio, non secundum efficientiarum opinionem nomen aliquod inane; sed Filius ex te vero Deo Patre Deus verus, et a te in naturæ tuæ ingenitæ genitus potestate. » Videtisne ergo, o purpurati juvenes, vel vos saltem, o cucullati amici, qui thalami Salomonis secreta rimamini, videtis, inquam, quam devius sit a vero, qui sapientiam Patris, id est Filium Dei, dicit, non omnipotentiam, sed quamdam potentiam de omnipotentia? vel aliquid ex Patre, cum totus totum idem sit quod Pater naturaliter et æternaliter cum Patre, licet Deus Filius natus sit ex Patre? Fides quæ supra firmam petram fundata est, invadi quidem, sed moveri non potest.

Sed ne tantorum multiplicitate verborum sermo noster silvescat, et severis vilescat judicibus, jam et nunc quod ejusdem perditionis præruptum teneat iter, de Spiritu sancto loquens, inexploratum non relinquam. « Benignitas, » inquit, « ipsa, quæ est Spiritus sanctus, non est in Deo aliqua potentia, vel sapientia; quia aliud est, benignum esse; aliud est, potentem esse; aliud sapientem esse. » Cur legitis hoc, o insani? Quis nisi delirus hæreticus et a Deo traditus in reprobum sensum, audet talia dicere, præsertim defendere? Quis de consolatore orphanorum Christi, quis de vero doctore apostolorum Christi, quis de illuminatore sanctarum animarum, quas introducit in omnem veritatem, tam impie mentitus est? « Qui dixerit blasphemiam in Patrem aut Filium, remittetur ei; qui autem dixerit in Spiritum sanctum, non remittetur ei, neque in hoc sæculo, neque in futuro (*Matth.* XII). » Ad Spiritum namque sanctum, quia donum est, pertinet proprie peccatorum remissio. At istud *proprie* non est Petri, sed Augustini; quia non est ad personæ distinctionem, sed ad ostensionem; quia quod Pater et Filius peccata dimittunt, per suam bonitatem, hoc est, per Spiritum sanctum dimittunt, id est, non ex debito, sed gratuito dono. Apostoli vox est : « Ex ipso, et per ipsum, et in ipso sunt omnia (*Rom.* XI). » Quasi diceret, Ex Patre, per Filium, in Spiritu sancto. Eorum enim et natura eadem est et operatio. « Ex ipso, » namque « et per ipsum, et in ipso, » voces sunt unam eamdemque substantiam significantes, quod Apostolus clausula subsequenti patentissime declaravit : « Ipsi, » inquit, « non ipsis, gloria in sæcula sæculorum. Amen. » Emersit ab inferis nuper alter Macedonius, qui callidis disputationibus intentus prædicaret, Spiritum sanctum non esse Deum. Si enim omnipotens non est, Deus non est : quia si Deus est, omnipotens est; quippe qui ubi vult spirat, qui scrutatur arcana Dei, qui replet orbem terrarum, qui apostolos inebriat, qui Ecclesiam fecundat, qui peccata relaxat, qui unus atque idem spiritus, dividens singulis prout vult, charismata dispensat. Hæc non creaturæ, sed Creatoris opera sunt. Igitur Spiritus sanctus non creatura, sed Creator est; quia quidquid est, aut Creator, aut creatura est. Si igitur Creator est, omnipotens est, omnisapiens est, si ita dici potest; et quidquid in illa ineffabili simplicique natura intelligendum est; æternus, immortalis, incorruptibilis, immutabilis, vivus, sapiens, potens, sanctus, justus, bonus, beatus, creator. Augustinus in lib. V De Trinitate : « Si, » inquit, « quidquid in se manet, et gignit et operatur aliquid, principium est ejus rei quam gignit, vel ejus quam operatur, non possumus negare Spiritum sanctum recte dici principium ; quia non eum separamus ab appellatione Creatoris : et scriptum est de illo, quod operatur, et utique in se manens operatur. Non enim in aliquid eorum quæ operatur, ipse mutatur et vertitur. »

Et expositis his, quæ juxta Apostolum operatur, idem Augustinus concludit sic : « Quis tanta potest operari, nisi Deus? Sicut igitur Filius Dei semper de Deo natus semper est Deus ; sic et Spiritus sanctus de Patre et Filio semper procedens, semper est Deus. » Idem Augustinus in libro eodem De Trinitate : « Semper procedit Spiritus sanctus , et non ex tempore, sed ex æternitate procedit : sed quia sic procedebat, ut esset donabile, jam donum erat, et antequam esset cui donaretur. Aliter enim intelligitur, cum dicitur donum, aliter cum dicitur donatum. Nam donum potest esse et antequam detur : donatum autem, nisi datum fuerit, nullo modo esse potest. » Et in libro contra assertiones Arianorum : « Inde Spiritus sanctus audit, unde procedit. Scit enim Dei Verbum procedendo inde, unde nascitur Verbum, ita ut sit communiter Spiritus et Patris et Verbi. » Et in lib. VI De Trinitate : « Quapropter etiam Spiritus sanctus in eadem unitate et æqualitate substantiæ consistit. Sive enim sit unitas amborum , sive sanctitas, sive charitas ; sive ideo unitas, quia charitas; et ideo charitas, quia sanctitas : manifestum est , quia aliquis duorum non est, quo uterque conjungatur, quo genitus a gignente diligatur, genitoremque suum diligat ; sintque non participatione , sed essentia sua, neque dono superioris alicujus, sed suo proprio, servantes unitatem Spiritus in vinculo pacis. Ita sunt illa tria, Deus unus, solus, magnus, sapiens, sanctus, beatus, omnipotens, benignus. » Et infra : « Spiritus sanctus commune est aliquid Patris, et Filii, quidquid illud est. At ipsa communio consubstantialis et coæterna est. Quæ si amicitia convenienter dici possit, dicatur; sed aptius dicatur charitas. » Et S. Hilarius in libro XII De Trinitate : « Creaturæ nomen ne in sancto Spiritu quidem tuo patiar, ex te profecto, et per Filium misso. » Sane san doctrina præeunte satis in omnium in fide S. Trinitatis regeneratorum communi confessione, rationisque simul et auctoritatis attestatione, liquido propalatum atque confirmatum est Spiritum sanctum Deum esse. At Deum esse, hoc est, unum esse, simplex esse, verum esse, imo esse. Sic enim Moysi jubetur : *Hæc dices filiis*

Israel: Qui est, misit me ad vos (Exod. III). Mentitur ergo in caput suum, et justæ sibi damnationis parit interitum, qui in illo æternaliter, veraciter, simpliciter, ineffabiliter uno esse, dicit aliud benignum esse, aliud sapientem esse, aliud potentem esse. Augustinus in libr. v De Trinitate : « Hoc est Deo esse, quod est, magnum esse. » Eadem causa nec tres magnos dicimus, sed unum magnum ; quia nec participatione magnitudinis, sed seipso magnus est ; quia ipse est sua magnitudo. Hoc et de bonitate, et de æternitate, et de omnipotentia, et de sapientia Dei dictum sit. Et in VI : « In Deo eadem bonitas quæ sapientia, et omnipotentia, et magnitudo, et eadem veritas est illa omnia ; et non est ibi aliud beatum esse, aliud omnipotentem esse, aut magnum esse, aut sapientem esse, aut verum aut bonum esse, aut omnino esse. Nec quoniam Trinitas, ideo triplex putandus est. » Hæc ille cœlestis seminiverbius in libris illis ; et in aliis operibus suis multifarie prosecutus est, quæ nos brevitati servientes prætermisimus ex industria. Veruntamen ne videar invehi vehemens in Petrum, cui strictissima familiaritate conjunctus fui, quam ferreo falsitatis cuneo veritatis viscera dissecare nitatur, videatur. In Apologetico, id est excusatorio, secundum se, secundum quod verum est, accusatorio suo, ventilat istam sententiam, de qua loquimur, his verbis : *Amor itaque Dei,* inquit, *sive bonitas, est optima ejus voluntas faciendi optime, vel disponendi, ut diximus, omnia, non potentia faciendi vel disponendi illa. Nusquam enim, sive in nobis, sive in Deo, amor vel benignitas debet dici potentia, cum nequaquam amare vel benignum esse, sit potentem esse ; cum sæpe hi qui magis diligunt, ve' benigniores sunt, minus possint implere quod volunt, et minus sint potentes, qui plus sunt benevoli ; divites affectu, pauperes effectu.*

Arreptitii verba sunt hæc. Quid enim de nobis ad illam eminentiam ? An divinitatis incomprehensibilis immensitas comprehensibili creaturæ parvitate poterit includi ? Sed bene, quod me non latet, quod se non contegit. Dicit aperte: « Nusquam enim, sive in nobis, sive in Deo, amor vel benignitas dici debet potentia. » Quam absurdissimum sit id de Deo sentire, superiora proclamant, et alia quam plurima, quæ nunc huc inducerem, nisi tædium lectoribus ingerere pertimescerem. Nullus antecessorum suorum tam miserabilis pestilentiæ morbo laboravit. Nec hoc solum contentus est, ut de divina mentiatur essentia, nisi et de operatione Trinitatis ejusdem noxiis involvatur erroribus. Versatur circa idem, et sæpius ebullit, ut omnipotentia specialiter ascribatur Patri, quia quædam Pater posuit in sua potestate, quæ non ipse Filius, vel Spiritus sanctus. Hoc trahere videtur a libro Actuum apostolorum, ubi interrogantibus discipulis, quando Dei Filius restitueret regnum Israel, respondit : « Non est vestrum, nosse tempora vel momenta, quæ Pater posuit in sua potestate (*Act.* I) : » quasi divinæ Scripturæ non sit consuetudo notissima his qui Deum diligunt,

et pane hyperousio, id est supersubstantiali, cibo videlicet evangelico, qui non perit, animas suas pascunt, ut quod facere dicitur una persona, faciat simul tota Trinitas sancta. Apostolus dicit, quod Pater « proprio Filio non pepercit, sed pro nobis omnibus tradidit illum (*Rom.* VIII). » Nunquid et Filius non tradidit seipsum ? Tradidit plane. Nam idem Apostolus de Filio dicit : « Qui dilexit me, et tradidit semetipsum pro me (*Galat.* II). » Rursus Filius dicit ad Judæos : « Solvite templum hoc, et in triduo suscitabo illud (*Joan.* II). » Nunquid non Pater suscitavit Filium ? Sed Apostolus testatur, quod Pater suscitavit Filium. Et Petrus in Actibus apostolorum dicit : Quomodo « eum Deus suscitavit a mortuis, solutis doloribus inferni (*Act.* II). » Et quod Spiritus sanctus ubi vult spirat, non est extraneum a Patre et Filio ; quia quidquid Spiritus sanctus potest, a Patre et Filio potest ; a quibus esse habet, quod est. Quorum igitur una essentia est, eorum una potestas est, una voluntas et operatio. Augustinus in lib. XIII De Trinitate : « Omnia ergo, » inquit, « simul et Pater et Filius et amborum Spiritus pariter concorditer operantur. Hoc fide, hoc orthodoxorum auctoritate proclamatum est.

Sed dicet, quia Christus dicit in Evangelio, quod diem judicii neque angeli, neque Filius hominis scit, sed Pater solus (*Matth.* XXIV). In maxima fuit Arianorum hæreticorum calumnia, ne Filius haberet cum Patre æqualitatem, cum quo non haberet æqualem scientiam. Quorum Dominici gregis pastores optimi, qui circa caulas ovium suarum sagaciter ac fortiter excubabant, omnia cornua confregerunt, et vespertinorum luporum ora viriliter obturaverunt. Sanctus Hilarius multo subtilior et acutior cæteris disputatoribus ecclesiasticis in lib. IX De Trinitate hujus occasione quæstionis multa prolixius exsequitur, de quibus hic pauca supposita sufficiunt. « Loquitur, inquit, Deus ad Abraham dicens : — Clamor Sodomæ et Gomorrhæ impletus est, et peccata eorum magna valde. Descendam ergo et videbo (*Gen.* XVIII), si secundum clamorem eorum venientem ad me consummabuntur ; sin autem, ut sciam. — Habes ergo nescientem Deum, quod tamen non nesciebat. Nam cum peccata magna valde sciat esse, et rursum descendit, an consummata sint, et si nondum consummata sint, ut sciat, intelligimus eum scire quæ nescivit ; sed tamen scire, cum tempus sit ad agendum. Scire ergo Domini, non est, ignorantiæ demutatio, sed temporis plenitudo Exspectatur enim adhuc, ut sciat. Et cum non possimus id de eo intelligere ut nesciat, cum tamen adhuc exspectetur ut sciat, necesse est, ut quod sciens nescit, et nesciens scit, nihil aliud quam vel loquendi dispensatio sit, vel agendi. » Et de eodem in fine libri ejusdem : « Non ergo quia nescire se diem et momentum Filius dicit, nescire credendus est ; sicut neque cum secundum hominem flet aut dormit, aut tristis est, Deus obnoxius esse aut lacrymis, aut timori, aut somno, confitendus est. Sed, sicut salva

Unigeniti in severitate secundum carnis infirmitatem, fletum, somnum, inediam, sitim, lassitudinem, metum, pati, necesse est; sic secundum hominis naturam, diei atque horæ professus esse intelligatur inscitiam. » Et Ambrosius in libro De fide, ad Gratianum imperatorem : Ergo, inquit, « qui fecit omnia quæ futura sunt, eo genere quo futura sunt, cognoscit : si hoc de sæculis, multo magis de judicii credendum est die, eo quod cognitionem ejus habeat Dei Filius, tanquam a se jam factæ. Sed si quærimus, qua ratione momenta designare noluerit, inveniemus non ignorantiæ esse, sed sapientiæ. Nobis enim scire non proderat, ut dum certa in Deo momenta futura nescimus, tanquam in excubiis constituti, et in quadam specula collocati peccandi consuetudinem declinemus, ne nos inter vitia dies Domini comprehendat. » Augustinus in libro I De Trinitate : « Secundum formam servi non est doctrina ejus, sed ejus qui misit illum ; et de die et hora nemo scit neque angeli in cœlo, nec Filius, nisi Pater. Hoc enim nescit, quia nescientes fecit, id est, quod non ita sciebat, ut tunc discipulis indicaret, sicut dictum est ad Abraham, — Nunc cognovi, quoniam tu times Deum (*Gen.* XXII), — id est, nunc feci, ut cognosceres ; quia ipse, scilicet Abraham in illa tentatione probatus innotuit. » Hieronymus super Matthæum, XII, de eodem capitulo : *De die autem illa et hora nemo scit, neque angeli cœlorum, nisi Pater solus* : « In quibusdam Latinis codicibus additum est, neque Filius, cum in Græcis, et maxime in Adamantii et Pierii exemplaribus, hoc non habeatur ascriptum. Sed quia in nonnullis legitur, videtur disserendum. Gaudet enim Arius et Eunomius, quasi ignorantia magistri gloria discipulorum sit ; et dicunt, — Non potest esse æqualis, qui novit, et qui ignorat. — Sed cum omnia tempora fecerit Jesus, hoc est Verbum Dei : *Omnia* enim *per ipsum facta sunt, et sine ipso factum est nihil* (*Joan.* I) ; in omnibus autem temporibus etiam dies judicii sit, qua consequentia potest ejus partem ignorare, cujus totum noverit ? Denique major notitia Patris, quam diei judicii, et ipse Filius dicit : Omnia quæ Patris sunt, mihi tradita sunt (*Matth.* XI). Si igitur omnia quæ Patris sunt, Filii sunt, qua ratione unius sibi diei Pater notitiam reservavit, et noluit eam communicare Filio ? Igitur quia probavimus, Filium non ignorare consummationis diem, causa reddenda est, cur ignorare dicatur. Apostolus super Salvatore scribit : *In quo omnes sunt sapientiæ et scientiæ thesauri absconditi* (*Coloss.* II). Sunt ergo omnes thesauri in Christo sapientiæ et scientiæ, sed absconditi sunt. Quare absconditi ? Post resurrectionem interrogatus ab apostolis de die, manifestius respondit : *Non est vestrum, nosse tempora vel momenta, quæ Pater posuit in sua potestate* (*Act.* I). Quando dicit : *non est vestrum scire*, ostendit quod ipse sciat, sed quod non expediret nosse apostolis : ut semper multi [incerti?] de adventu judicis, sic quotidie vivant, quasi die alia judicandi sint. Denique et consequens Evangelii sermo idipsum cogit intelligi. Dicens quoque solum Patrem id nosse, in Patre comprehendit et Filium. Omnis enim pater filii nomen est. » Harum ergo, post primitias, secundarum columnarum doctrinis et præsidiis, pura puerorum Christi fides suffulta constanter asserit, non ex ignorantia, sed ex providentia et dispensatione salutis humanæ Dominum Jesum dixisse, quod diem judicii nesciret.

Cum igitur essentiæ ejusdem, potentiæ ejusdem, sapientiæ ejusdem, sint Pater et Filius et Spiritus sanctus, non Pater posuit quædam in sua potestate, quæ Filius et Spiritus sanctus non posuerit ; quia non est vera aliqua diversitas, ubi est et in voluntate et in potestate et in operatione vera unitas. Vitandus ergo, et a societate fidelium segregandus, qui tot et tanta fidei nostræ contraria dogmatizat. De propositis autem superioribus vanitatibus et insaniis falsis restat extremum perversitatis incommodum, quo dicit, quia sapientiæ cedat potentia in discussione judicii, ubi æquitas magis examinanda est, quam vis potentiæ exercenda. Hac in disputatione tam profundo somno soporatus, ac veluti lethargico morbo sepultus stetit ; vel ego sic nescio cuius imprecationis infortunio fascinatus et infatuatus sum ut quæ sentit, plene investigare non possim. Sic enim recens adinventio et profana vocum novitas est, ut huic calumniæ nemo sanctorum doctorum respondisse per me valeat reperiri.

Nec mirum. Non enim præcaverunt, quod unquam exoriri posset, qui diceret in discussione extremi judicii, in Domino Jesu Christo, qui est sapientia, et ipsa potentia, et æquitas, et veritas, quod sapientiæ potentia cederet; quasi illa recederet, et ista succederet; et quod in illo judicio magis æquitas examinaretur, quam vis potentiæ exerceretur. Utrumque namque in judicio illius erit, id est æquitas examinabitur, vel ut magis catholice dicam, manifestabitur, et vis potentiæ exercebitur, de quo scriptum est : « Paravit in judicio thronum suum, et ipse judicabit orbem terræ in æquitate, judicabit populos in justitia (*Psal.* IX). » Et : « Judicabit orbem terræ in æquitate; et populos in veritate sua (*Psal.* XCV). » Non enim in judicio sapientia Dei, vel scientia proficiet, cum libris conscientiarum uniuscujusque apertis liber vitæ apertus fuerit, id est divina præscientia, quæ novit omnia simul ante constitutionem mundi. Ibi Deus homo, Deus virtus et sapientia, mundum judicabit, justos coronans, reprobos condemnabit. Annon erit ibi potentia, quando qui venit agnus in primo, leo veniet in adventu secundo ? Leo rugiet, quis non expavescet ? Leo rugiet in peccatorum discussione, qui tacuit agnus in sua passione. « Tacui, » inquit per Isaiam, « semper silui, quasi parturiens loquar (*Isai.* XLII). » Et per David : « Ignis in conspectu ejus exardescet; et in circuitu ejus tempestas valida (*Psalm.* XLIX). » Et per Moysen : « Ignis successus est in furore meo, et ardebit usque ad inferni novissima (*Deut.* xxxii). » Pro furore isto clamabat tremebundus ille in psalmo, qui inscribitur « Pro octava: Domine, ne in furore tuo arguas me (*Psal.* vi).» Sicut ergo per humilem sapientiam et sapientem humilitatem facta fuit humana redemptio, sic per sapientem potentiam, et potentem sapientiam fiet extrema discussio. Non enim in Christo Jesu sapientia vel potentia accidentia sunt, cum ipse Christus sit ipsa sapientia, ipsa potentia, ipsa veritas, ipsa æquitas, vita vivorum, et resurrectio mortuorum. Potentia igitur Christi, quam Petrus removet a discussione judicii, maxima tunc erit, cum venerit Christus in majestate sua, et Patris, et sanctorum angelorum; cum virtutes cœlorum commovebuntur, cum elementa calore solventur, cum omnes astabunt ante tribunal Judicis, reddituri rationem de eo quod unusquisque gessit per corpus, sive bonum, sive malum; cum videbunt in quem pupugerunt, cum tolletur impius, ne videat gloriam Dei, cum plangent super se omnes tribus terræ, cum dicent montibus: « Cadite super nos, et collibus : Operite nos (*Luc.* xxiii); » cum audient hædi : « Ite, maledicti, in ignem æternum, qui paratus est diabolo et angelis ejus (*Matth.* xxv); » cum potentes potenter tormenta patientur, cum vermis eorum non morietur, et ignis eorum non exstinguetur; cum caput iniquorum, potestate seducendi penitus eversa, suis tormentis subjectus perenniter incarcerabitur, cum de damnatione impiorum electi purgabuntur. Claret igitur, quod in judicio potentiæ vis exercebitur. Veraciter ergo potest concludi, quoniam qui hoc contradicit, mentitur. At quoniam diu est, quod harum blasphemiarum contradictionibus inhæsimus, relinquamus arbitrio legentium, quæ non per nostram scientiolam, sed per sanctorum Patrum doctrinam disputata sunt : si quid verum diximus, de Deo; sin secus, de nostro est. De erratis ergo non timeamus reprehendi. Nullus enim reprehensor metuendus est veritatis amator. Etenim aut amicus aut inimicus reprehensurus est. Si ergo inimicus insultat ferendus est. Amicus autem si errat, docendus; si docet, audiendus est. Sed quæ sequuntur, alterius tomi sumantur exordio.

LIBER SECUNDUS.

Scio, Pater optime, quam immane, quam profundum, et quam proximum sit præcipitationi præcipitium, et quod nullatenus evadere possit impunita stultæ præsumptionis audacia. Hoc et sapientium doctrinis, et antiquorum exemplis et præsentium satis exclamatum est. Cumque sit semper et ubique noxia, illa tamen longe præ cæteris infestior habetur atque detestabilior, quæ suis viribus nitens, de rebus divinis abdita præsumit inquirere, et sæcularis scientiæ fastu non plena, sed tumida, lumen fidei sequi, et sanctorum Patrum vestigia contemnit imitari. Non enim per inanem philosophiam, quæ de terra est, ut testatur Apostolus (*Coloss.* ii), sed per eam sapientiam, quæ juxta Jacobum « desursum est, primum quidem pudica, deinde pacifica (*Jac.* iii), » Christianæ religionis, id est veritatis, referantur arcana. Cujus sapientiæ per Spiritum sermo datus velociter currit, vivus et efficax, penetrabilior omni gladio, et simplicis credulitatis corusco vibramine terrenam tenebrosamque spissitudinem dissecat errorum; non artificio humano, sed potentatu divino. Deus enim « superbis resistit, humilibus autem dat gratiam (*I Petr.* v, *Jac.* iv). Ad aperiendam regiam paradisi, non auream, non argenteam, sed ligneam clavem summi fabri filius malleis passionum in crucis incude fabricavit. Viam, quæ sola est itinerantibus in Jerusalem cœlestem, quæ sursum est, quæ est mater nostra, quæ ædificatur in idipsum; in qua non auditur malleus vel securis; in quam non ingreditur hostis; de qua non peregrinatur civis; in qua neque sol, neque luna, sed Christus lucerna est: pretiosissimis virtutum lapidibus Salvatoris humilitas stravit. Hæc idcirco dixerim, quoniam dum ecclesiastica sacramenta tractantur, dum de eis tractatur, scientia Platonis et Aristotelis fatiscit argutia, infatuatur omnium peritia prudentium ad illam Scripturam, cujus altitudine superbi irridentur, profunditate attenti terrentur, veritate magni pascuntur, affabilitate parvi nutriuntur. Hac duce vera de Deo novit, qui vere credit. Argumentum mihi est, quod impulsione nulla nutare potest, quidquid veritas dicit in Propheta, in Evangelio, in Apostolo. Vitans igitur præsumptionis periculum, non in humanis adinventionibus, non in meis viribus fiduciam habeo ; sed lucis illius ducatu regi volo, de quo dicitur: «Lucerna pedibus meis verbum tuum, Domine (*Psal.* cxviii) : » « dante Deo, cujus spiritu et fundata et illuminata est. Concipiens ergo ex supradictorum catholica prosecutione bonam spem, in Domino Deo meo fiduciam habeo, quia quod cœpit in nobis, perficiet, solidabitque. Exhibitio enim præteritorum futurorum est certitudo. Securior ergo et alacrior errorum latebras invadam : et eos non meo sensu, sed divinis oraculis, id est orthodoxorum verbis « refellam. » Vox enim hominis, quod Seneca dicit, de Deo vera loquentis divinum oraculum est; ac per hoc pestiferos errores et improbandos fideliter expediam, si dederit effectum, qui dedit affectum. Nec id faciam eo ordine quo positi sunt, sed eo quem mihi suggerere dignabitur divina propitiatio. Post tractatum igitur sanctæ et individuæ Trinitatis, in qua summa nostra beatitudo est, qualiter de incarnatione divini Verbi Petrus sentiat, ipsius verbis aperiam : per quam solam, incarnationem Christi dico, reconciliati in sanguine Filii Dei, accessum habemus ad Patrem suum, et Patrem nostrum, et Patrem luminum. De ea in Theologia sua sic agit per hæc eadem verba : « Homo, inquit, res corporea, et membris composita est et dissolubilis est. Deus vero nec corporea res est, nec membris constat, ut dissolvi possit. Deus ergo nec homo, nec caro proprie dicendus est. Alioquin et homo e converso proprie Deus esset dicendus. Unde aliquid creatum, vel quod non semper fuit, concedi oporteret Deum esse, cum videlicet constet, hominem creaturam esse, atque habere initium. »

Profitetur hic ore profano, Nestorianæ hæreseos involutus errore, quod Jesus Christus, secundum quod homo est, non est in Trinitate persona; quia jam aliquid creatum, vel quod non semper fuit, concedi oporteret esse Deum; cum constet hominem creaturam esse, et habere initium. Abhorret ergo, hominem illum Deum esse, quia creatura est, et habet initium. Nam si in Trinitate non est, Deus non est. Sicut enim quidquid est in Trinitate, Deus est, quod nihil est aliud dicere, quam Deum Trinitatem esse, vel Trinitatem Deum esse; sic quidquid in trinitate non est, Deus non est. « Unus autem, » ut Apostolus prædicat, « Deus » Pater, « ex quo omnia; » et unus Dominus Jesus Christus, « per quem omnia (*I Cor.* VIII); et unus Spiritus sanctus « dividens singulis prout vult (*Rom.* XI), » spirans ubi vult, introducens sanctos in omnem veritatem, quomodo vult. Hic est rex sæculorum, immortalis, invisibilis, solus Deus, vita æterna. Quisquis aliquid præter hunc colit vel adorat, eo cultu, qui apud Græcos latria (λατρεία) dicitur, idololatra est, serviens creaturæ potius quam Creatori, qui est benedictus in sæcula. Si igitur Petrus totum Christum adorat, id est, et secundum quod homo est, et secundum quod Deus est; quia Christus, quem Petrus sibi fingit, secundum quod homo est, in Trinitate non est : qui talem adorat, quoniam creaturam adorat, Petrus idololatra est. Si totum Christum non adorat, id est, et secundum quod homo est, et secundum quod Deus est, Petrus Christianus non est. Christus enim divisus non est, et scriptum est : « Adorate scabellum pedum ejus, quoniam sanctum est (*Psal.* XCVIII), » id est terram, id est carnem ejus. Sed immoderato feror impetu, et nimis præceps sum. Hæc enim paulo post investigatione diligentiori perscrutabimur. Oportet enim prius impietatis hujus virus curiosius exprimere, et post ex gazophylaciis eorum qui exspectant mortem, quasi effodientes thesaurum, gaudentque vehementer, cum sepulcrum invenerint, antidotum apponere. Sed antequam veniam ad expressionem illam, pedicam, quam more suo prætendit, si potero, relaxabo. Præterea enim amicitia familiaris suæ artis disserendi, quæ juxta Marcianum sub hamata chlamyde colubrum portat, suum quo superius usus est, « proprie » non obliviscitur : per quod cisternas has, in quibus non aquam, sed solum lutum est, aperiat; et in quas stulta ac devia cadant animalia, et moriantur. Hæc siquidem illi consuetudo est, ut in propositione aliquid quod novum et velut acutum sit, apponat; quo concesso, velut admirabilis et incomparabilis artifex ecclesiasticæ locutionis usum destruat. Sicut enim superiori disputatione per hoc « proprie » omnipotentiam Patri, sapientiam Filio, benignitatem Spiritui sancto ascribit, ut per hæc vocabula, quæ ibi substantialia sunt, personarum faciat distinctionem, quod minime fieri potest : sic et hic, cum dicit, homo non est proprie Deus dicendus, quia jam e converso proprie diceretur Deus homo, laqueum parat, quem fraude contegit. Videtur namque servare naturarum proprietatem, quod bonum est; quia nec divinitas in humanitatem, nec humanitas versa est in divinitatem. Sed eos, qui illuminatos cordis oculos habent lumine, in quo videtur lumen : (qui enim Filium videt, videt et Patrem) non fallit. Nititur enim ad hoc, ut per suum « proprie » concludat, quia Christus Jesus secundum quod homo est, in Trinitate non sit : quod esse falsissimum sequens sermo declarabit. Non nescius sum, quantum aliter, quia sapienter, hoc vocabulo « proprie » beatus utatur Augustinus in tractatu De Trinitate. Duodecimo enim libro sic dicit : « Sicut ergo unicum Dei Verbum proprie vocamus nomine sapientiæ, cum sit universaliter et Spiritus sanctus et Pater ipse sapientia; ita Spiritus proprie nuncupatur vocabulo charitatis cum sit Pater et Filius universaliter charitas. » Quam circumspecte ista Augustinus dicit! Veraciter dicere potest cum Apostolo : Nam « arma militiæ nostræ non carnalia, sed potentia Deo, ad destructionem munitionum, et omnem altitudinem extollentem se adversus scientiam Dei (*II Cor.* X). » Cum enim dixisset sapientiæ nomine Filium, charitatis vero proprie Spiritum sanctum nuncupari, ne per id distinctionem personarum fecisse videretur, solerter adjungit quod universaliter dicatur sapientia et charitas, Pater et Filius et Spiritus sanctus, hoc est ipsa sancta et una Trinitas, et trina unitas.

His itaque dictis, ne suum « proprie » relinqueremus indiscussum : jam nunc ad perforandam latentem putredinem et virus exprimendum, vulneri stylus, animus, manus apponenda sunt. In Apologetico suo responsione sua super hoc capitulum furiis exagitatus Petrus insanit, et sic nimis intemperanter invehitur in hominem Dei, ut non eum loqui quæ loquitur, sed per eum Satanam, qui transformat se in angelum lucis, asseveret. Ibi post venerabilis abbatis exprobrationem, per hæc eadem verba, quod gestabat in pectore venenum effudit : « Cum me arguis, inquit, quod non dico, quia Deus et homo una sunt in Trinitate persona, patenter te id sentire profiteris. Quod quantum sanæ fidei contrarium sit, volo tuum errorem recognoscere. Non enim Deus et homo duæ istæ naturæ, sive singulæ, sive simul accipiantur, una dici possunt in Trinitate persona. » Et infra. « Non igitur homo ille a Verbo assumptus aliqua de tribus illis in illa æternitate personis dicendus est; sed Verbum ipsum, cui est unitus. Si autem de Deo et homine singulis non est dicendum, quod sint ibi aliqua persona, multo minus de illis duabus simul naturis dici convenit. Non enim illæ duæ naturæ aliquid æternum possunt esse, cum una earum careat æternitate. » Et infra : « Id solum, quod semel fuit in illa Trinitate, semper in eadem permanet persona, et nihil novum in eamdem Trinitatem incidit, quia nec recentem Deum fas est existimari. » Hæc pluries replicat, et verba multiplicat usque ad tædium. Et se judice superior, dum puerilitate insultat, non cavet præcipitium. Denique dum epilogat, non celat timorem, propter quem irreligiose pavidus incidit in errorem. Sic enim dicit : « Modis omnibus cavendum est, ne tale quid ibi astruamus esse, quod semper ibi non fuerit; nec aliquid temporale in illa constituamus esse, quod semper ibi non fuerit ; nec aliquid temporale in illa constituamus æternitate, nec aliquid compositum in illa simplicitate, nec aliquid corporeum in illa incorporalitate, nec aliquid novum in illa antiquitate. » Ecce in quantam perfidiæ voraginem ductu suæ familiaris in præceps abiit : qui sic in Christo videt naturarum proprietatem, ut non attendat personæ unitatem; et Nestorianam fæcem sequens, sic dividit Christum, ut secundum id solum quod Verbum est, in Trinitate sit, secundum id quod homo nullo modo sit. Hæc est illa scientiæ sæcularis altitudo, extollens se adversus humilem scientiam Dei : quæ armis non carnalibus, sed potentibus Deo destruetur, et præcipitabitur in profundum inferni. De talibus scriptum est : « Et dimisit eos secundum desideria cordis eorum, ibunt in adinventionibus suis (*Psal*. LXXX). Est enim non solum vana, sed etiam profana nova hæc adinventio, ac fundatissimam catholicam fidem pro posse suo penitus evertit, qui dicit : « Christus, secundum quod homo, non est in Trinitate ; » quod non est aliud, nisi, secundum quod homo est, non est in Deitate. Nihil est enim illa summa Trinitas, nisi vera Deitas, et illa vera Deitas, nisi illa summa Trinitas. Totus ergo Christus, quia dividi non potest, in illa Trinitate, quæ Deus est, una persona est : sed modus considerandus est ; id est non mutatione naturæ, sed unione personæ.

Nec aliquid novi accidit Deo Christo : quod in seipso æternaliter habuit, in seipso temporaliter exhibuit, et quando voluit, et quomodo voluit. Deus enim semper fuit, nec quod erat minuit, dum quod non erat, se fecit. Neque est alius Dei Filius, et alius hominis filius : licet aliud sit, secundum id quod Filius Dei est ; et aliud secundum id quod filius hominis est. Hinc Leo papa Magnus ad Julianum episcopum contra Eutychen : « Nec Verbum igitur in carnem, nec in Verbum caro mutata est ; sed utrumque in uno, et Deus in utroque est ; non diversitate divisus, non permistione confusus, nec alter ex Patre, alter ex matre ; idem ante principium, idem in fine sæculorum. » Sic fuit ab æterno in Dei præscientia antequam mundum faceret, quando faceret, et qualiter faceret; et quando per mortem unigeniti Filii sui eum reficeret, hoc est, in æterno Verbo suo erat æternaliter, quando et qualiter Verbum homini, et homo Verbo uniretur temporaliter, ita ut Deus veraciter et catholice dici posset homo, et homo Deus, non humanitate in divinitatem consumpta, sed a divinitate personaliter assumpta : proprie, id est propria locutione dici posset, quia non phantastica opinione, sed veraci confessione, Ecclesia sancta corde crederet ad justitiam, ore autem confiteretur ad salutem, et prædicaret ad prædestinatorum utilitatem, quia Christus et Deus et homo est, et homo et Deus est ; et totus quia dividi non potest, una in Trinitate persona est. Verum est enim, quod ille homo fecit cœlum et terram, qui pependit in ligno, et mortuus est in ligno ; et verum est, quia Dei filius, de Deo Deus, et Patri coæternus, pependit in ligno et mortuus est in ligno. Hæc est firma et ab ipso Christo laudata Petri confessio : Tu es, inquit, Christus Filius Dei vivi (*Matth.* XVI). » Et Centurio clamat ante crucem. « Vere Filius Dei erat iste (*Matth.* XXVII). » Augustinus de hoc in libro De Trinitate : « Apostolus Paulus dicit : Si cognovissent, nunquam Dominum gloriæ crucifixissent (*I Cor.* II). Ergo secundum formam servi crucifixus est, et tamen Dominus gloriæ crucifixus est. Talis enim erat illa susceptio, quæ Deum faceret hominem, et hominem Deum. » Quid tamen, propter quid, et secundum quid dicatur, Deo juvante, prudens et diligens et pius lector intelligat. Homo igitur Deus, et Deus homo est dicendus, quod Petrus dicere reformidat. Ad hoc enim Deus homo factus est, ut homo Deus fieret. Sic enim noster magister dicit, quod talis illa susceptio fuit, quæ Deum hominem faceret, et hominem Deum. Verbum enim caro factum est, ut qui erat in veritate divinitatis sine tempore, idem esset in veritate humanitatis in tempore, totus una in Trinitate persona, quia totus ex duabus et in duabus naturis una substantia. Non enim propter scandalum infirmorum, et minus locutionis ecclesiasticæ modos intelligentium audeo dicere, quod hic Hieronymus dicit, [*Deest aliqua particula*] substantia, sed oculos habens in thesauris domus Domini, ubi juxta prophetam, salus nostra est, doctrinis dico sanctorum Patrum, qualiter ipsi sequentes intelligibilem David, hostes fidei fundæ lapidibus obruant, diligentius explorabo. Hilarius ille mirabilis, qui ob constantiam catholicæ fidei a Constantio Augusto magni Constantini filio arianissimo imperatore, apud Phrygiam exsilio relegatus fuit, subtilitatis immensæ, et post canonicam Scripturam utilitatis incomparabilis libros duodecim De Trinitate composuit, in quibus velut nostra periculosa tempora prospiciens, multa de causa hac, quam tenemus in manibus, copiosissime disseruit, sed ut de abundantia divini fontis illius nostra refocilletur inopia, pauca hic excipienda sunt.

In libro ix operis illius sic dicit : « Verbum caro factum Deus et homo Jesus Christus Dominus majestatis, mediator ipse in se ad salutem Ecclesiæ constitutus, illo ipso inter Deum et homines mediatoris sacramento, utrumque unus existens est, dum ipse ex unitis in idipsum naturis naturæ utriusque res eadem est. » Idem de eodem in libro eodem : « Non assumptio nostra Deo profectus est, sed contumeliæ suæ voluntas nostra proventio est, dum nec amittit ille quod Deus est, et homini acquirit, ut quod Deus est, sit homo. Natus est igitur unigenitus Deus ex Virgine, homo secundum plenitudinem temporum in semetipso provecturus in Deum hominem, locutus et gerens homo universa quæ Dei sunt; loquens deinde et gerens Deus universa quæ hominis sunt. Hæc autem jam ante constitutionem mundi sacramenta sunt cœlestium mysteriorum constituta; ut unigenitus Deus homo nasci vellet, mansuro Deo in homine in æternum. » Item : « Confessio itaque hæc erit, Jesum in gloria Patris, et natum hominem jam non in infirmitate nostri corporis manere, sed in Dei gloria : et hoc omnis lingua confitebitur. » Horum verborum attestationibus planum est, quod Dominus Jesus, secundum etiam quod homo est unitus Verbo, in Trinitate est : non assumpta, sicut superius dictum est, natura in naturam, sed assumpta per unitatem personæ in Dei gloriam. Audite, quomodo idipsum sermo sequens explicet. Idem in eodem : « Deo naturale est, quod vivit; et per id nos corpori nostro mori oportet, ut Deo vivamus in Christo Jesu, qui peccati nostri corpus assumens totus jam Deo vivit, naturæ nostræ societate in communione divinæ immortalitatis unita. » Et infra in eodem : « Summa disputationis hæc erat, ut totus nunc Filius, homo scilicet et Deus, per indulgentiam paternæ voluntatis unitati paternæ naturæ inesset; et qui manebat in virtute naturæ, maneret quoque in genere naturæ. Id enim homini acquirebatur ut Deus esset, sed manere in Dei unitate assumptus homo nullo modo poterat, nisi per unitatem Verbi in unitatem Dei naturalis evaderet; ut per hoc quod in natura erat Deus Verbum, Verbum quoque caro factum rursum in Dei natura inesset. » Sic ille. Sufficienter inveni quod quærebam : hominem nostrum in Christo Deum esse, et unitum Dei Verbo unam Trinitatis in Trinitate personam esse.

Sed quoniam legis et Evangelii testimoniis sancitum est, quod in ore duorum vel trium testium stat omne verbum, quid eodem spiritu repleti sentiant alii, inquirendum est. Augustinus ille Domini gallus succinctus, alis contemplationis et actionis corpusculum percutiens, optime canorus ad effugandos nocturnos lemures, sicut jam superius prælibatum est, dicit, quod illa susceptio talis fuit, quæ Deum hominem, et hominem faceret Deum. Dicitur igitur, quod et Deus homo est, et homo Deus. Unde idem in libro iv De Trinitate : « Ita sane factum est, ut ibi sit non tantum Verbum Dei hominis caro, sed etiam rationabilis hominis anima; atque hoc totum et Deus dicatur propter Deum, et homo propter hominem. » Idem in Enchiridion : « Gratia, inquit, Dei nobis sine ullis præcedentibus meritis in homine Christo commendatur; quia nec ipse ut tanta unitate Deo vero conjunctus una cum illo persona Filius Dei fieret, ullis meritis est assecutus; sed ex quo homo esse cœpit, ex illo est etiam Deus. » Idem in libro contra assertiones Arianorum : « Unam quippe ostendit esse personam in utraque natura, ne si duas faciat, quaternitas incipiat esse, non Trinitas. » Hæc ille. Igitur cur sophistice loqueris hic, o belle magister? Si igitur, non quaternitas, sed Trinitas in Deo est, quia Deus et homo una persona in Christo est, ergo Pater et Filius totus, id est Deus et homo, et Spiritus sanctus, una Trinitas est. Idem in libro eodem : « Si quæramus, inquit, quis est ille, qui cum in forma Dei esset, non rapinam arbitratus est, esse se æqualem Deo (*Philip.* II), respondetur voce apostolica, Christus Jesus. Ergo et illa divinitas hujus humanitatis nomen accepit. Item si quæramus quisnam sit factus obediens Patri usque ad mortem, mortem autem crucis (*ibid.*), rectissime respondetur, ille, qui « cum in forma Dei esset, non rapinam arbitratus est, esse se æqualem Deo. Ergo et ista humanitas divinitatis nomen accepit. » Sic affectus, sic acerrime talibus intentus est, ut Nestorianam jugulans perfidiam, Eutychetis videatur juvare improvidis lectoribus insaniam. Nestorius enim duas in Christo personas, Eutyches autem unam prædicabat naturam : diversis hæresibus inconsutilem vestem Christi, prout in ipsis erat, dividentes. In libro v De Trinitate, quod opus, ut ipse testatur, juvenis incœpit, et senex edidit, ad expressionem ex duabus naturis unionis in Christo, verbo commistionis etiam utitur hoc modo : « Spiritus mediatoris nulla pœna peccati usque ad mortem carnis accessit; quia non eam deseruit invidus, sed quia voluit, quando voluit, quomodo voluit : quippe Dei verbo ad unitatem commistus. Hinc ait : « Potestatem habeo ponendi animam meam, et iterum sumendi eam (*Joan.* x). » Et in Epistola ad Volusianum : « Sicut in unitate personæ anima utitur corpore ut homo sit, ita in unitate personæ Deus utitur homine, ut Christus sit. In illa vero persona mistura est animæ et corporis; in hac persona mistura est Dei et hominis. » Sed vide quam media et trita via gradiatur, et catholicæ provideat doctrinæ. Subjungit : « Si tamen, inquit, recedat auditor a consuetudine corporum, quo solent duo liquores ita misceri, ut neuter servet integritatem suam, quanquam et in ipsis corporibus aeri lux incorrupta misceatur. » Et Hilarius in libro II De Trinitate : « Deus homo factus ex Virgine naturam in se carnis accepit, ut per hujus admistionis societatem sanctificatum universi generis humani corpus existeret. Ast hæc, ut ex his ipsis verbis piis lectoribus elucet, admistio, vel commistio, non est naturarum confusio; sed ex ipsis naturis vera in Christo personalis unitio, vel etiam unio. Inde canit Ecclesia: « Deus homo factus est, non commissionem passus, neque divisionem. » Commistionem contra Eutychen, divisionem contra Nestorium.

Jam vero nunc alius, id est tertius testis, intromittendus est. Sanctus Hieronymus veluti nostri temporis prævidens argutias, nescio si dicam, vel ineptias, cæteris omnibus auctoribus audacior in hac causa, et commistionem nominat, et hominem illum in Christo Deo coæternum in unitate personæ confirmat. Verba illius in Sermone de Assumptione B. Mariæ, qui est : « Cogitis me, o Paula, et Eustochium, » hæc eadem sunt : « Hoc, inquit, Verbum quod erat in principio, et apud Deum erat, et Deus erat verbum, ipsum Verbum genuit nobis beata et gloriosa Virgo Maria, ex se carnem factum. » Et paulo post : « Scit enim omnia Deus, et potest. Propterea quia ita est, scivit se, ac potuit in utero Virginis sine sui corruptione misceri atque uniri, ut unus esset Christus Deus et homo, una persona, unaque substantia. Et infra beata et gloriosa virgo semper Maria incomparabilis universis virginibus decenter potuit in se suscipere divinitatis admistionem, salva utraque natura. » Et adhuc : « Constat tempus non præjudicasse sacramentum uniti Dei et hominis, ita ut jam esset in illo per unitatem personæ ab initio sæculi, qui necdum erat natus ex Maria virgine : quod multis Scripturæ declaratur locis. » Id dum diutius testimoniis Scripturarum approbavit, sic concludit : « Et ideo Christus jam erat in Filio, qui populum educebat, et Christus in eo tentabatur; quoniam semper per sacramenti unitatem in Deo fuisse non dubitatur. Alioqui nisi ita credideris, aut Christus Deus non erit omnino, aut contra prophetam, Deus recens esse videbitur. » Idem post pauca : « Unus siquidem Christus in carne sua, unus in spiritu, unus in sacramento est; nec admittit omnino, ut alius filius hominis, alius Filius Dei intelligatur, qui nec tempore præscribitur, nec passione separatur; sed totus in Christum, et Christus in Deum transit, ut quidquid Dei Filius est, Christus dicatur; et quidquid in carne Christus pertulit, id Deus pertulisse credatur; quapropter nec nos hominem seorsum colimus, quod fas non est, nec adoramus; quia nihil in se pro assumpto homine est adauctus; nihilque quod Verbum caro factum est, imminutus vel immutatus. » Amplius idem de eodem : « Gratia Dei est in Christo Jesu, in quo est Deus et homo sic unitus in una eademque persona, ut legatur quam sæpe in divinis litteris homo Deo coæternus propter unionem substantiæ : ac deinde Deus videatur homini compassus, cum nec initiabilis sit homo, nec passibilis Deus. » Quid dicitis hic, viri cordati? Miraculum mihi est, quod animus hominis hujus sic divinitus inspiratus est ut itinere directo securus velificet inter Syrtes atque Charibdin, ut nec Nestorianæ hæreseos navem impingat in periculum, nec Eutychianæ perfidiæ incurrat naufragium, ex utrisque et in utrisque naturis unitate personæ commendata, et in ipsa unione personæ utriusque substantiæ veritate confirmata. Miraculum mihi est quod a tam longo tempore et a tantis viris, quorum doctrina fulget Ecclesia, ut sole luna, nostro Abælardo responsum non est, qui criminatur abbatem, quod dicat Deum et assumptum a Deo hominem unam esse in Trinitate personam, cum homo res corporea, et membris composita, et dissolubilis sit; Deus vero nec corporea res sit, nec membris constans, ut dissolvi possit. Unde nec Deus homo, nec homo Deus dicendus est, ne aliquid secundum se creatum vel quod non semper fuit concedi oporteret Deum esse. Unde infert, illas duas naturas nec singulas, nec simul junctas, unam esse in Trinitate personam.

Quænam mens unquam meditari, quæ lingua loqui, quæ manus scribere tantum nefas potuit? Quæ terra veneficii hujus mortifera pondera sustinere prævaluit? Schismatici veteres Dathan et Abiron non tantum deliquerant, quos telluris hiatus vivos absorbuit. Cur enim Christiani sumus, si ita est ut Petrus asserit. Quomodo juxta Apostolum, *Corpus Christi, quod est Ecclesia, crescit in augmentum Dei?* (*Coloss.* II.) Si Christus Deus et homo non est una in Trinitate persona, Christus non est una persona ; quia si Christus est una persona, Christus est una in Trinitate persona. Sed Christus Deus et homo una persona est. Licet ex duabus vel in duabus naturis sit, una tamen res est, ita ut juxta Hieronymum, una substantia sit, id est unum quid individuale per se subsistens, propter unionem, quæ ibi et non alibi talis est. Quid enim est persona, nisi rationalis et individualis substantia? Ubi illa est, non deest; et ubi est, tota est. Si enim divisa est, illa non est. Sicut autem Deus de Deo, Christus cum eo, et non unus, sed unum est; sic e converso Deus unitus homini, unus quidem, sed non unum est, quia Deus et homo est; et quia unus est, nulla potest divisione sejungi. Dic ergo, dum Christus moreretur in cruce, erat cum eo Deus, aut non erat. Si non erat, cur ergo dicitur Dominus gloriæ crucifixus ab Apostolo? Sed erat. Si ergo Deus erat in homine moriente, morte crucis reconcilians sibi mundum; et prævaricationis chirographum affigens cruci, potestates aerias amplificans, quia non potest dividi, cur non idem ipse homo qui mortuus fuerat ex infirmitate nostra, et resurrexerat ex virtute Dei unitus Verbo Dei, non erit in gloria Dei, propter eamdem causam, quia non potest dividi? Quis enim alius est fructus passionis, nisi per gloriam resurrectionis et ascensionis, beata et immortalis excellentia deificationis? Alioquin abolita est promissio, exinanita est fides nostra, fallax est apostolica doctrina, quæ dicit : « Qui descendit ipse est, et qui ascendit super omnes cœlos, ut adimpleret omnia (*Ephes.* IV.) » Sed quis est, qui impleret omnia, nisi qui fecit omnia? Et quomodo ascendit et descendit, qui vere est, nisi in homine assumpto, unito, clarificato, deificato? Et manifeste, ut ipse dicit ad Timotheum, « magnum est pietatis sacramentum, quod manifestatum est in carne, vivificatum in spiritu, apparuit angelis, prædicatum est gentibus, creditum est mundo, assumptum est in gloria (*I Tim.* III). » Dicat et ipse, qua gloria : « Christus, inquit, factus est pro nobis obediens usque ad mortem, mortem autem crucis. Propter quod et Deus exaltavit illum , et donavit illi nomen quod est super omne nomen, ut in nomine Jesu omne genu flectatur cœlestium, terrestrium et infernorum. Et omnis lingua confiteatur, quia Dominus Jesus Christus in gloria est Dei Patris (*Philip.* II). » Id dici de Domino Jesu, secundum hoc quod homo est, apostolica probat hæc assertio. Nam secundum quod Deus est, erat in gloria Dei Patris ante mundi constitutionem. Unde et in Epistola ad Hebræos : « Eum, inquit, qui modico quam angeli minoratus est, videmus Jesum propter passionem crucis gloria et honore coronatum, ita ut gratia Dei pro omnibus gustaret mortem (*Hebr.* II). » Et infra : « Hic autem unam pro peccatis offerens hostiam, in sempiternum non sedet in dextera Dei (*Hebr.* X). » De qua gloria sermo sit, ipse Christus protestatur in Evangelio loquens ad Patrem sic : Clarifica me, Pater, claritate quam habui, antequam mundus esset, apud te (*Joan.* XVII). » Sed melius id sanctorum Patrum verbis, quam meis, explanabo.

Hilarius in libro IX De Trinitate : « Filius hominis glorificatur, et glorificatur in eo Deus, et Deus glorificatum Deum in homine glorificavit in sese. » Item in eodem : « Christum natum hominem Deus glorificavit in sese. Nunquid extra se est, quod glorificat in sese ? » Idem in XI : « Quia glorificatus in Christo Deus est, ideo glorificavit eum in sese Deus, ut quia jam regnat in gloria, quæ Dei gloria est, ipse exinde in gloriam Dei transeat. In se enim eum Deus glorificavit, id est in ea natura, qua Deus est id quod est, ut sit Deus omnia in omnibus, et toto jam Christo in Deo ex ea dispensatione qua homo est, mansuro. » Dormis, an vigilas hic, optime o Petre? Si dormis, evigila, quia hora est jam nos de somno surgere. Jam tertiani nostri vino deificationis inebriantur, ab ubertate domus Dei, et torrente voluptatis ejus potati rerum novitate, stupido mundo magnalia Dei loquuntur. Si vigilas, intentis auribus quid cœleste sonet oraculum, ausculta. « Ipse Christus homo ex ea dispensatione qua homo est, totus in Deo manet. » Non ego, sed Hilarius est, cujus hæc verba sunt, Ecclesiæ firmissima columna, doctor insignis, hæreseon oppressor, verborum contumelias, inimicitias regum, exsilii squalores et vincula pro Christo passus, fidei, sanctitatis, doctrinæ prærogativa præcipuus. Hoc solo molari lapide tota tuæ artis machina subvertitur. Christus igitur totus, id est, etiam secundum quod homo est, glorificatus in Deum, una est in Trinitate persona. Sed et Leo papa stannei lapidis ictu, de quo legitur in Zacharia propheta (*Cap.* IV), idolum hujus tuæ superioris adinventionis confregit et comminuit, contra Eutychen scribens in hunc modum : « Quamvis unus sit Dominus Jesus Christus, et veræ divinitatis, et veræ humanitatis in ipso una eademque persona sit, neque hujus unionis soliditas ulla possit divisione sejungi; exaltatione tamen qua illum exaltavit Deus, et donavit illi nomen quod est super omne nomen, ad eam intelligimus pertinere formam, quæ ditanda erat glorificationis augmento. Forma namque servi, per quam impassibilis Deitas sacramentum magnæ pietatis implevit, humana humilitas est, et in gloriam divinæ pietatis inuncta est, in tanta unitate ab ipso conceptu Virginis Deitate et humanitate connexa, ut nec sine homine divina, nec sine Deo agerentur humana. Propter quod sicut Dominus majestatis dicitur crucifixus, ita qui ex coæternitate æqualis est Deo, dicitur exaltatus. Nec interest, ex qua substantia nominetur Christus, cum inseparabiliter manente unitate personæ idem sit et totus hominis filius, propter carnem, et totus sit Dei Filius, propter unam cum Patre Deitatem. » Idem in sermone de jejunio septimi mensis : « Veri Dei Filius Deus verus, unitatem et æqualitatem habens cum Patre et cum Spiritu sancto, idem verus homo esse dignatus est, sic humanitatem sibi uniens, ut Deus incommutabiliter permaneret; sic deitatem homini impartiens, ut eum glorificatione non consumeret, sed augeret. » Idem in Sermone de Ascensione Domini: « Ad sananda infidelium cordium vulnera, clavorum et lanceæ erant servata vestigia, ut non dubia fide, sed constantissima scientia teneretur, eam naturam in Dei Patris consessuram throno, quæ jacuerat in sepulcro. » Et infra : « Humani generis natura, in Christo ultra archangelorum altitudinem elevata est, nullis sublimitatibus modum suæ provectionis habitura, nisi æterni Patris recepta consessu, illius gloriæ sociaretur in throno cujus naturæ copulabatur in Filio. » Et in alio sermone : « Naturæ nostræ humilitas in Christo super omnem cœli militiam, supra omnes ordines angelorum, et ultra omnium altitudinem potestatum ad Dei Patris est provecta consessum. » Idem in sermone de Pentecoste : « Dominus supra omnem cœlorum altitudinem ad dexteram Dei Patris consessurus ascendit. » Hieronymus ad Hedibiam : « *Noli me tangere; nondum enim ascendi ad Patrem meum* (*Joan.* XX) ; et est sensus : Quem mortuum quæris, viventem tangere non mereris. Si necdum me putas ascendisse ad Patrem, sed hominum fraude sublatum, meo tactu indigna es. Hoc autem dicebat, non ut studium quærentis obtunderet, sed ut dispensationem carnis assumptæ in divinitatis gloriam sciret esse mutatam. » Et Augustinus contra assertiones Arianorum : « Ipse, inquit, unus est Christus et Dei Filius natura, et hominis filius ex tempore assumptus gratia. Repulsis igitur filiis diffidentiæ superiorum errorum defensoribus, Ecclesia sancta sponsa Christi, quæ est sine macula et ruga, quia lavit eam Christus sanguine suo, ne haberet maculam; et extendit eam agnus fullo in cruce ne haberet rugam, Ecclesia, inquam, fideliter firmiterque, quod credit praedicat, adhortatur. *Adorate scabellum pedum ejus, quoniam sanctum est* (*Psal.* XCVIII). Adoramus quippe scabellum pedum ejus, sed quia sanctum est, id est carnem ejus, non quia creatura est, sed quia Verbo Dei personaliter unita est, id est cum mente et divinitate una persona est, id est unus Christus Dei Filius et hominis filius; faciens divina, patiens humana. » Ambrosius in libro De fide ad Gratianum imperatorem : « *Et adorent eum omnes angeli ejus* (*Hebr.* I). Adorent autem non solum divinitatem, verum etiam scabellum pedum ejus, quoniam sanctum est; quia in Christo incarnationis etiam adoranda mysteria sunt; in quibus velut vestigia quaedam divinitatis sunt impressa. » Et paulo post : « Per scabellum terra intelligitur, per terram autem caro Christi, quam hodie in mysteriis adoramus, et quam apostoli adoraverunt. Neque enim divisus est Christus, sed unus : neque dum adoratur tanquam Filius Dei, natus de Virgine negatur. » Augustinus in expositione psalmi XCVIII : « Adorate scabellum pedum ejus, quoniam sanctum est : Anceps factus sum. Timeo adorare terram, ne damnet me qui fecit coelum et terram. Rursus timeo non adorare scabellum pedum Domini mei, quia psalmus mihi dicit : *Adorate scabellum pedum ejus*, et dicit mihi Scriptura : *Terra scabellum pedum meorum* (*Isai.* LXVI). Fluctuans converto me ad Christum, quia ipsum quaero hic, et invenio, quomodo sine impietate adoretur scabellum pedum ejus. Suscepit enim de terra terram, quia caro terra est et de carne Mariae carnem assumpsit. Et quia in ipsa carne hic ambulavit, et ipsam carnem nobis manducandam ad salutem dedit; nemo autem illam carnem manducat, nisi prius adoraverit, inventum est, quemadmodum adoretur tale scabellum pedum Domini; et non solum non peccemus adorando, sed peccemus non adorando. » Et de eodem Cassiodorus senator in Expositione psalmorum : « A Verbo Dei corpus assumptum quamvis gloriosum, quamvis magnum, quamvis adorabile sit, tamen propter humilitatem humanitatis scabellum pedum Dei competenter accipimus. Nam cum ipse dicat : Coelum mihi sedes est, terra autem scabellum pedum meorum (*ibid.*), corpus terrenum quod de Maria virgine sumpsit, bene dicitur, opinor, scabellum pedum ejus, et eadem similitudine probatur intelligi, ut scilicet corpus ejus a Deitate mentis contemplatione non discerneres, sed ad unam personam referres, id est ad Verbum quod caro factum est, et habitavit in nobis. »

Non igitur recentem Deum colimus, qui carnem Christi adoramus, qui credimus Christum in carne venisse ex semine David secundum Evangelium Pauli (*Rom.* II); nec introducimus in illam simplicitatem veram aliquid compositum, nec in illam antiquitatem aliquid temporaneum; qui non dicimus naturam in naturam mutatam, sed exaltatam in Dei gloria humanitatem, per mirabilem et ineffabilem personae unitatem : per quam et Deus homo, et homo Deus est, quod qui negat haereticus est. Evecti jam nunc per sancti Spiritus gratiam contra spem et meritum de fragosissimis locis tempestuosarum ac periculosissimarum quaestionum, cursum sistimus paulisper ad quietem; alia quae sequuntur, alio prosecuturi rursus exordio.

LIBER TERTIUS.

Jam libri tertii labor occurrit mihi, sanctae Trinitatis tractatores, et cultores solis justitiae tertia die resurgentis, imitanti; qui divinitus impleverunt cum Abraham Dei praeceptum, quo jussum est ei : « Exi de terra tua, et de cognatione tua, et de domo patris tui (*Gen.* XII); » et cum Moyse duce gentis Hebraeae, sublatis vasis aureis et argenteis, cum omni familia sua triduo recesserunt ab Aegypto, ut libere sacrificare Domino possent Aegyptiorum abominationes in deserto. Divinae siquidem dignationis ex indulgentia processit, non ex merito, quod acutissimo viro, sapientissimo, famosissimo, hebes, insipiens, ignotusque, superioribus veridicis prosecutionibus potui respondere; et pertractata perspiciens, meque per semitas orthodoxorum incedere non ambigens, sub patre orphanorum et judice viduarum securus sum, quia catholici bravii non privabor donativo. Illius igitur ipsius ope, cujus supra dicta explanata sunt, sequentium quaedam perscrutabor, non omnia, ne tibi domino meo, cui talia praecipue scribo, aliisque severis viris, taedio sim, o clarissima Rothomagensium lucerna, et nostri temporis stella matutina, qui catholico pectore de Deo tuo sentis, catholico ore loqueris, et catholica manu caeteris excellentius scribis. De multis ergo profanis et mortiferis novitatibus, quae adhuc restant, quas stulte Petrus in Theologia sua, stultius in Apologia sua delirans profudit, tria tantum sequestravi, quae et rempublicam nostram graviter infestant, atque bonis aemulatoribus excitant majorem zeli, qui candet in domo Dei, fervorem. Unum est, quod Filius Dei semper de Deo nascitur. Secundum est, quod Deus facere non potest, nisi quod facit, nec alio modo, nec alio tempore, nec dimittere quin faciat quod facit. Tertium, quod gratia illa qua salvantur electi, communis est omnibus hominibus. His ex ordine respondendum est, sed prius verba illius, sicut superius feci, ipsa quidem, sed quam brevius potero, ponam, atque quod auctoritas et ratio suggesserit, Domino juvante, supponam. Non enim apud nos ratio præcedit, sed subsequitur auctoritatem, sicut in Sententiis Prosperi legimus, quas ex verbis B. Augustini diligenter excerpsit, et quasdam earum decenter metrificavit. Petri vero de proposita sententia in Theologia sua verba sunt hæc, brevia quidem, sed magnum pondus habentia : « In hoc, inquit, quod per Prophetam dicitur : « Ego hodie genui te (*Psal.* II), » ostenditur Filium Dei semper de Patre nasci, et semper natum esse. » Ac primum quidem quæ convenientia possit esse verborum horum, semper nasci, et eamdem rem semper, id est ab æterno, natam esse, non video. Non enim idem est nasci, et natum esse, quod beati Augustini attestatione melius in consequentibus ostendetur. Nec tamen nescius sum, plerosque viros magni nominis et esse, et fuisse, qui quod Dei Filius semper nasceretur senserunt, et suis scriptis reliquerunt. Sed quia simpliciter gradiebantur, et non ingrediebantur pompatice domum Domini, non sunt excussi a gremio matris Ecclesiæ, quia filii et hæredes sanctorum erant pro Christo graviter excussorum. Et, ut Augustinus in libro De hæresibus ad Quodvultdeum diaconum Carthaginensem dicit, « error non facit hominem hæreticum, sed erroris defensio. » Quod autem ita de Filio Dei senserunt vel sentiunt, reor ex hoc accidisse, quia vera fidei confessio profitetur, quod illa juxta Isaiam inenarrabilis filii Dei de Patre generatio nec cœpit esse, nec desiit (*Isa.* LIII); quia nec habuit initium, nec finem habebit.

Hujus occasione sententiæ Ariani spiritu superbiæ damnabiliter excæcati Catholicos infestabant, et quasi eos cornibus ventilantes, impingebant in eos, his utentes argutiis : Si Dei Filii de Deo Patre generatio, secundum vos, nec initium habuit, nec finem habebit, ergo Pater semper gignit Filium. Si semper Filium gignit, semper a Patre Filius gignitur. Si semper a Patre Filius gignitur, adhuc a Patre Filius gignitur. Si semper a Patre Filius gignitur, imperfectus est Filius, qui adhuc a Patre gignitur. Quod enim adhuc gignitur, imperfectum esse non dubitatur. Ad hoc namque omnis eorum error intendebat, ut Filius Patri non esset coæternus, sed perfectissima omnium creaturarum creatura, de non exstantibus factus, non de Deo genitus. Indissolubilis certe prorsus hæc eorum esset argumentatio, si Christi generatio aliqua foret actio. Nam actio respicit ad creaturam, quam Deus, quando voluit, et quomodo voluit, egit, id est fecit; et antequam eam faceret, nihil egit. At Filii generatio non est actio, quia omnem excedit actionem, omnem supergreditur creationem; quia ipse semper, id est ab æterno a Patre genitus est, totus de toto, verus de vero, æternus de æterno, perfectus de perfecto, Deus de Deo. Omnia enim per ipsum facta sunt : quod verum non esset, si factura Christus esset, non enim per se factus esset. Nihil enim creatum per se factum est. Cum ergo dicitur : Christi generatio nec cœpit esse, nec desiit; nec initium habuit, nec finem habebit; non ad hoc dicitur, ut Filius Dei semper gigni dicatur, sed uti illius generatio sempiterna monstretur. Et ideo semper genitus dicitur, ut per « semper » æternitas, per « genitum » perfectio designetur. In generatione namque illa nihil temporale est, quia nihil prius aut posterius, nihil majus aut minus, nihil diversum. Prius ac posterius excludit æternitas, diversum identitas, id est consubstantialitas, quod est Græce ὁμοούσιον. Non igitur semper gignitur Filius, quia si semper gignitur Filius, modo gignitur Filius. Si modo gignitur Filius, ergo temporalitatis et imperfectionis non evadit angustias. Sed intemporalis et perfectus sicut Pater, de quo est, Filius est. Semper ergo, id est ab æterno, hoc est sine principio, sine fine est, quia semper genitus est. Hoc est enim genitum esse, quod Filium esse, quod Deum esse, quod semper de Patre esse. Sed ut sermonis hujus ratio firmior sit, jam nunc audiamus quid hinc divina prædicent oracula. Hilarius cæteris excellentior in talibus, in libro II *De Trinitate* : « Deus, inquit, Dominus noster Jesus Christus, non ab aliquo, neque per aliquid Deus est, sed Deus natus est; et qui ex perfecta generatione perfectus Deus est, non post nativitatem in Deum per causam proficit; sed in eo quod natus est, nihil aliud nascendo, quam Deus. » Idem in ejusdem operis libro XII : « Ab æterno Patre æterna nativitas est. Deus autem quod semper est, etiam æternum; sed tamen non omne quod æternum est, innatum est ; quia quod ab æterno natum est, habet æternum esse, quod natum est. Quod enim ex æterno natum est, id si non æternum natum est, jam non erit et Pater æternus. Item, si semper Patri proprium est, quod semper est Pater, necesse semper est Filio proprium esse, quod semper est Filius. » Hinc securus infero : Ergo proprium est Filio, quod semper est natus. Hoc etiam in eodem libro explanat : « Qui, inquit, ab æterno et semper fuit, necesse est sine nativitate non fuisse ; dum et semper fuisse supra tempus est, et natum semper esse, nativitatem est sempiternam esse. Natum itaque unigenitum Deum, sed natum ante æterna tempora confitemur. » Et ego : Ergo et tu, et socii tui, in quibus est Christus unus, nec recens, nec confusus, nec divisus, quibus est cor unum et anima una in Domino, qui habitatis unanimes in domo Domini, Filium Dei semper natum confitemini. Si enim ante tempora æterna natum, ergo semper natum. Et ille quasi cuneum figens, piis adhuc cœptis instat. « Quod, inquit, ante tempus natum est, semper natum est; quia id quod est ante æternum tempus, semper est. Item, ante omnia sæcula et tempora æterna, et ante sensum omnium natus confitendus est esse ; quia per id quod ita natus est, semper est. Natus itaque semper est, quia nihil aliud de se patitur intelligi et dici posse, nisi natum esse. » Et ego : Non igitur adhuc nascitur Filius Dei. Nam qui semper nascitur, nunquam natus erit; semper ergo imperfectus erit. At imperfectus non est. Natura enim Filii, natura Patris est. Hinc Leo papa dicit : « Natura Unigeniti natura est Patris, natura est Spiritus sancti. » Et Hilarius in libro II De Trinit·te : « Unigenitus Deus habet in se naturam Dei omnipotentis, dum natus ex Deo est, et perfecti hominis absolutionem, dum ei est partus ex Virgine, et cum veritate corporis subsistens in natura Dei ; et cum Dei natura manens in corporis veritate. » Habes igitur hic quod natura Dei naturam hominis accepit; quia perfectam hominis absolutionem, id est totam absolutam hominis naturam. Ubi sunt ergo, qui magistrum erroris sequentes, perstrepunt in scholis dicentes : non natura personam, quod verum est; nec persona personam, quod item verum est; nec natura naturam, quod falsum est, suscepit : Tota enim natura divinitatis in Filio Dei est, et totus Dei Filius totum hominem suscepit. Tota igitur natura divinitatis totam suscepit naturam humanitatis. Solus tamen Filius incarnatus est, et in solo Filio tota plenitudo divinitatio habitat corporaliter. Ad hujus rei manifestationem haberemus etiam alios testes, nisi vitaremus fastidium. Igitur ut redeamus ad rem, qui de Deo toto totus Deus alioquin non esset Deus, natus est ab æterno, semper est natus.

Ad hujus assertionis confirmationem S. Hilarius concludit sic : « Ut igitur Patri proprium est sine nativitate esse, ita Filio proprium est per nativitatem esse : hoc est proprium, quod facit distinctionem personarum. » Hæc Hilarius, et beatus Augustinus catholicæ fidei loro deducitur in hunc sensum. Sic enim dicit in libro De Trinitate nono : « In Deo nihil quidem secundum accidens dicitur, quia nihil in eo mutabile; nec tamen omne quod dicitur, secundum substantiam dicitur. Dicitur enim ad aliquid, sicut Pater ad Filium, et Filius ad Patrem. Quod non est accidens; quia et ille semper Pater, et ille semper Filius ; et non ita semper, quasi ex quo natus est Filius, aut ex eo quod nunquam desinat esse Filius, Pater non desinat esse Pater, sed ex eo quod semper est, natus est Filius. » Gravi siquidem somno temporanei nostri premuntur, si verbis his excitati non evigilaverint, in quibus B. Augustinus paternitatis et filiationis omnem excludit corporalitatem, et dicit, quia ideo semper natus est Filius, quia sicut semper, id est ab æterno Pater est, ita et Filius semper, id est ab æterno est Filius. Igitur aut perfectum genuit Pater Filium, aut imperfectum. Si imperfectum, ergo aut noluit, aut non potuit generare perfectum. Si noluit, invidus est; si non potuit, omnipotens non est. Perfectum ergo genuit. Semper ergo perfectus est, et semper natus est. Qui semper natus est, non fuit Filius ante vel natus. Igitur non semper nascitur, quia imperfectus esse videretur, si semper nasceretur. Non mihi tamen ambiguum est, quod sint quidam divinæ lectionis etiam amatores, qui putent B. Augustinum huic sententiæ concessisse, quod Filius Dei semper nascatur de Patre. Scribens enim ad Pascentium comitem Arianum, sic dicit : « Quid ergo dicimus? Si natus est Filius Dei de Patre, jam Pater destitit gignere. Et si destitit, coepit. Si autem coepit gignere, fuit aliquando sine Filio. Sed nunquam fuit sine Filio; quia Filius sapientia ejus est, quæ candor est lucis æternæ. Ergo semper gignit Pater, et semper nascitur Filius. » Audis, inquiunt, quia concludit et dicit : Ergo semper gignit Pater et semper nascitur Filius. Quid igitur habes remedii, qui Filium Dei negas semper nasci? Ast aliter est. Qui taliter namque sentiunt, non subtiliter intuentes quod dicitur, qualiter dicitur, obscura verborum complexione falluntur.

Et primum quidem oportuisset homines eductos de fornace ferrea Ægypti, et euntes ad civitatem habitationis absque dubitatione sentire virum hunc tam acris ac præclari ingenii, tam eruditi ac spiritualis animi, tam catholici pectoris, præsertim de causa Dei, nunquam posse sibi dissentire. Deinde Arianæ perfidiæ fallaciam, et sapientiam rescribentis animadverte. Non enim illatio hæc : Ergo semper gignit Pater, et semper gignitur Filius, a concessis oboritur, sed ab adversario, quasi malo verborum aucupatore jaculatur. Nullus enim catholicus et eruditus scriba in regno Dei primæ consequentiæ consentit. Falsissima enim est, quæ dicit : Si natus est Filius Dei de Patre, jam Pater destitit gignere. Scientibus loquor, et callentibus artem disserendi. Clamavimus in scholis, adhuc etiam pueri ; clamant et alii, ut arbitror, nunc quoque, verum est antecedens, et falsum consequens. Verum est enim, quod natus est Filius Dei de Patre ; et falsum est, quod Pater destitit gignere. Non enim unquam destitit, qui nunquam coepit, sicut in superioribus dilucide fuit ratiocinatum. Quæ ergo sequuntur : si destitit, coepit; fuit aliquando Pater sine Filio, telæ aranearum hæreticæ pravitatis fallaciis intexuntur. Assumptio vero quæ sequitur, sed nunquam fuit Pater sine Filio, quia Filius ejus sapientia ejus est, quæ candor est lucis æternæ, verissima est. Sed enim id imponitur, ut falsitas hæc inferatur : Semper ergo gignit Pater, et semper gignitur Filius ; quod minime procedit, quia illa generatio non fuit, nec est actio. Ad hoc enim nitebantur Ariani, ut probarent Dominum Jesum, vel non semper natum, et ideo Patri non coæternum, qui aliquando nasci coepisset et desiisset; vel si natus semper esset, semper nasceretur, et ideo imperfectus videretur. Per *semper* enim, quasi cujusdam actionis intelligebant continuationem. Sed *semper* hic non nominat continuationem temporalem, sed intemporalem sempiternitatem, id est æternitatem, quæ nec habuit initium, nec habebit finem. Falluntur ergo, qui B. Augustini putant hanc esse conclusionem : hoc ipse declarat versu sive interpretatione sequenti, sic inquiens : « Hoc rursus timendum est, ne putetur imperfecta generatio, si non dicamus natum esse, sed nasci. » Sed quare non vibramus pilum, quod tandiu tenemus manu, quod magister hic fabricavit et elimavit, et ora contradicentium oppilavit? Iste namque sanctus vir incomparabilis prudentiæ et egregiæ simplicitatis, jam senio fractus, et sua Sunamitide calefactus, libros suos retractavit, et tractavit ibi diligentissime sententiam istam his verbis : « Est et inter illa quæ scripsimus, quoddam prolixum opus, qui tamen unus deputatur liber, cujus est titulus : De diversis quæstionibus octoginta quinque. » Et paulo post : « Has jam episcopus collegi, et unam ex eis librum feci. Harum vero trigesima septima est, cui titulus est : De semper nato. » Sententia vero, quam pilum superius appellavi, et quæ subsequitur, his eisdem verbis exprimitur : « Melior est semper natus, quam qui semper nascitur. Quia qui semper nascitur, nondum est natus, et nunquam natus est, aut nunquam erit, si semper nascitur. Aliud est enim nasci, aliud natum esse : ac per hoc nunquam Filius, si nunquam natus. Filius autem quia natus, semper Filius, semper igitur natus. » Huic igitur assertioni obniti, hominis est sui juris, et cui dicitur : « Si quis contentiosus est, nos talem consuetudinem non habemus, neque Ecclesia Dei (*I Cor.* XI). » Addatur etiam tertius testis, qui tam veris et manifestis utitur verbis, ut ei debeat omni subjectione consentiri. Gregorius ille magnus, qui juxta nominis sui proprietatem vigilavit in Christo, et nobilitate, scientia, fide, sanctitate, sede aliis eminuit, vicesimum nonum librum De moralibus, sic incipit : « Dominus noster Jesus Christus, in eo quod sapientia et virtus est, de Patre ante tempora natus est. Vel potius, quia nec cœpit esse, nec desiit, dicamus verius, semper natus. Non enim possemus dicere, semper nascitur, ne imperfectus esse videatur. At vero ut æternus designari valeat et perfectus, et natus, et semper, dicamus : quatenus et natus ad perfectionem pertineat, et semper ad æternitatem, ut quoquomodo illa essentia sine tempore temporali valeat designari sermone, quamvis hoc ipsum, quod perfectum dicimus, multum ab illius veritatis perfectione deviamus; quia quod factum non est, non potest dici perfectum. « Tantorum virorum talibus assertionibus obniti, non est eorum quibus Deus dexteram suam notam fecit, et per eum eruditum cor habent in sapientia. Et quoniam satis ostensum est, quod Filius Dei semper natus sit, nec semper nascatur de Patre, imminet ut discutiamus quidnam sit quod Petrus dicit, quod Deus non potest facere, nisi quod facit, nec alio tempore. Sed prius sicut consuevimus, ipsius verba ponenda sunt, ac post falsitati veritas opponenda.

His verbis in Theologia sua, veræ simplicitatis ac simplicis veritatis oppressor insanit : « Si quod facit, inquit, Deus, eum facere oportet, justum est utique ut faciat quidquid facit, aut sine dubio, quidquid facere debet. Quod si debet, non potest profecto dimittere quin faciat. Omne quippe quod justum est, injustum est dimitti. Et quisquis hoc non facit, quod ratio exigit, æque delinquit, ac si id faciat quod rationi minime concordat. » Et paulo post : « Si illud solum quod facit Deus, fieri ab eo bonum est, profecto illud solum quod facit, facere potest, qui facere nihil potest, nisi quod ab eo fieri bonum est. Hac itaque ratione id solum posse facere videtur Deus, quod facit ; vel dimittere, quod dimittit : cum videlicet in singulis faciendis vel dimittendis rationabilem habeat causam, cur ab eo fiant vel dimittantur ; ne ipse quidquam, qui summa ratio est, contra id quod rationi congruit, aut velle, aut agere debeat. » Ac deinde : « Ex his, inquit, tam de ratione quam de scripto collatis, constat, id solum posse facere Deum, quod aliquando faciat. » Dein ingenii sui, non Ezechielis sartaginem positis opponit, et quæ fabricaverat, quasi nititur et videtur obruere, ea calliditate ut rursus ea melius confirmet, omnibus annullatis, quæ prioribus videbantur obviare. Sic enim concludit : « Prædictis rationibus vel objectorum solutionibus liquere omnibus reor, ea solummodo Deum posse facere, vel dimittere, quæcunque facit vel dimittit, et eo modo quo facit vel dimittit, et illo tempore quo facit tantum, non alio. » At in Apologia sua multo vehementius spiritu vertiginis abducitur, ac infelicius ægrotat. Diligentiore siquidem tractatu, et quasi viribus in unum collectis hoc capitulum cæteris diffusius exsequitur, et ad hujus novæ adinventionis, imo noxii erroris confirmationem totus incumbit. Ponit enim in cœlum os suum, et ad divinæ incommutabilitatis altitudinem transcendit, et voluntatem Dei ac potestatem idem esse ostendit, dicens : « Generaliter, inquit, et indubitanter tenendum est, quod quidquid boni Deus in se habeat, nullatenus in ipso vel crescere vel minui potest. Cui profecto sicut potentia ejus vel sapientia coæterna est, ita voluntas quam habet in quibuscunque faciendis vel disponendis, ipsi coæterna est. » Verum dicit, sed et laqueum more suo prætendit. « Non est enim in Deo aliud potentem esse, aliud bene volentem esse, cui est id ipsum esse, et Deum esse, quod superiora declarant ; et voluntas ejus et potentia ejus nihil aliud est quam ipse. » Augustinus in septimo libro Confessionum : « Non cogeris, inquit, invitus ad aliquid, quia voluntas tua non est major quam potentia tua. Esset autem major, si teipso tu ipse major esses. Voluntas enim et potentia Dei Deus ipse est. » Ecce quam vera Petrus proponit ; sed in hoc vitandus est, quod ex veris falsa concludit. Sic enim dicit : « Si ergo id solum facere potest, quod eum facere seu velle convenit, profecto id solum facere, atque velle facere potest, quod quandoque facit ; et eo modo tantum, et eo tempore similiter, quo facit ; quia videlicet nec alio modo nec alio tempore convenit, vel hoc eum facere, vel velle etiam facere. » Hoc inculcat, hoc longa verbositatis prosecutione, imo curiositate multiplicat. Sed quid agis, o infelix anima mea? Ergo sic intemperanter exæstuas? Cur lectionis et orationis tempora perdis? Cur talia meditando tabescis? Cur quantulumcunque acumen ingenii velut ad saxum elidens grossescere facis?

Quis Augustinus, quis Gregorius, vel aliquis talium in horum ruderum horrendam spissitudinem te projicit? Nullus eorum hoc dicere ausus fuit: Deus non potest facere, nisi quod facit. Si hoc etiam verum esset, melius erat ut taceretur, quam diceretur, nedum scriberetur.

Sed jam, quem dante Deo video, nodus enodandus est. Diverso modo agit de voluntate Dei; modo secundum id quod est; modo secundum id quo se ad res conditas habet, id est, aliquando secundum essentiam, aliquando secundum actionem, id est, rerum conditionem. A conditione enim rerum coeperunt et spatia locorum, et cursus temporum. Mansit igitur incommutabilis in se dum commutabilia faceret; manet semper incommutabilis, regens et faciens universa. Non ei aliquid novi accidit, quoniam non ea quia sunt, novit; sed ideo sunt, quia novit; nec se, quia lumen incircumscriptum est, in creatura sua conclusit. In Filio quippe suo totus naturaliter inest; quia non eum fecit, sed ex se genuit æternaliter. « Ex utero, inquit, ante Luciferum genui te (*Psal.* cix), » id est, ex mea substantia ante initium, hoc est sine initio. In creatura vero sua non inest; quia non eam de se genuit, sed eam de nihilo fecit. Extra eum igitur sunt omnia, quæ fecit; quia licet ex ipso, et per ipsum, et in ipso sint, ipse tamen est super omnia, et non includitur in aliqua creatura, licet inhabitet in sanctis angelis, et in electis suis, non per naturam, sed per gratiam. Augustinus ad Dardanum (epist. 57): « Deus ergo ubique præsens, et ubique totus præsens est, nec tamen ubique habitans, sed in templo suo, cui per gratiam benignus ac propitius est. » Et infra: « Ideo enim ubique esse dicitur, quia nulli parti rerum absens est. Ideo totus, quia non parti rerum partem suam præsentem præbet, et alteri parti alteram partem, æquales æqualibus, minori vero minorem, majori majorem. Sed non solum universitati creaturarum, verum etiam cuilibet parti ejus totus adest. » Ut igitur magni doctoris hujus probat assertio, Deus præsens est universitati rerum, nec concluditur vel in parte universitatis rerum, vel in universitate. Major ergo non mole, sed potentia, sed sapientia, sed bonitate, sed æternitate, Deus universitate rerum. Excedit igitur et voluntas ejus et potentia ejus, quæ nihil aliud sunt quam essentia ejus, universitatem rerum. Mendax est igitur, et fallax, qui voluntatem Dei, vel potestatem ejus, id est Deum, intra creaturam includit sicut ille facit, qui dicit Deum de creatura sua non posse facere, nisi quod facit; cum voluntas Dei sit ante universitatem rerum, et causa sit universitatis rerum. Hinc idem doctor super Genesi contra Manichæos: « Voluntas, inquit, Dei causa est omnium quæ sunt. Si enim habet causam voluntas Dei, est aliquid quod antecedat voluntatem Dei, quod nefas est credere. Quisquis ergo dicit, quare fecit Deum cœlum et terram, respondendum est illi, quia voluit. Voluntas enim Dei causa est cœli et terræ; et ideo major est voluntas Dei, quam cœlum et terra. Qui autem dicit: Quare voluit Deus facere cœlum et terram, majus aliquid quærit quam est voluntas Dei. Nihil autem majus inveniri potest. Compescat ergo se humana temeritas, et id quod non est, non quærat, ne id quod est, non inveniat. Qui ergo voluntatem Dei nosse desiderat, amicus Deo fiat. »

Hæc, ut arbitror, mirabilis ille philosophus non legerat. Si enim hæc legisset, sentire non audeo quod postea talia, tam nova, tam noxia docuisset. Dicit enim quod in faciendis vel dimittendis rationabilem habeat Deus causam, cur ab eo fiant, vel dimittantur. Sed, Augustino teste, ratio contradicit, et dicit, quia in rebus agendis vel dimittendis voluntate Dei nulla causa superior sit; et errat qui superiorem quærit. Potens igitur est Deus de rebus multa facere, quæ non facit. Nec accepit, nec accipit Deus a rebus causam, quando vel quomodo faceret, vel disponeret, vel eas gubernaret; quia ipse est causa omnium, ut sint, et in se habet scientiam et potentiam, qualiter omnia ordinata sint. Ipse namque est et Creator, et gubernator, et ordinator omnium, non solum bonorum, quæ omnia ab illo sunt, sed et malorum, quæ omnino ab illo non sunt et ideo nec vere sunt; quia non res, sed rerum privationes; vel si melius dicitur, corruptiones sunt; et sunt in natura ex natura. Nulla enim mala sunt, nisi in bonis, quamvis multa bona sint sine malis. De talibus non dubitant, qui summi nostri disputatoris, Augustini dico, verbis exercitati sint. Quæ quia multa sunt huic assertioni fidem facientia, gratia brevitatis prætereo. Ad hoc autem hoc toto labore desudatur, ut veraciter ostendatur, quod voluntas Dei, vel ejus potentia, legi creaturæ supposita, vel in ea inclusa non sit: et ideo Deus de ea multa potest facere, quæ non facit. Mentitur igitur, qui hæc dicit, quod non possit. Cum ergo dicitur: Dei voluntas vel potestas augeri vel minui non potest; verum dicit, quia secundum essentiam dicitur, quæ Deus est, quæ augeri vel mutari non potest. Et cum dicitur: Deus malum facere non potest, verum dicitur, quia malum nihil est: non enim res, sed rei corruptio est; et Deus qui incommutabilis est, non bonus esse non potest. Et hæc ejus impotentia omnipotentia est. At cum dicitur: Deus non potest pluere, nisi quando pluit, vel de creatura sua facere, nisi quod facit, fallacia est. Non enim jam de voluntate aut potestate Dei, eo modo quo superius agitur, id est simpliciter, id est secundum essentiam, quod est secundum id quod est; sed etiam secundum actionem, id est secundum effectum rerum, quod est secundum id quod se habet ad aliquid, hoc est, Creator ad creaturam. Creator enim creaturæ Creator est, et creatura Creatoris creatura est.

Et aliter intelligimus et loquimur de re, secundum id quod est; aliter intelligimus ac loquimur de re, secundum id quod se ad aliud habet, licet res eadem sit. Hoc ille Aristoteles acutissimus prædicamentorum inventor, dispositor ac disputator, diligenter legentibus et sapienter intelligentibus ostendit, qui de singulis prædicamentis agens, eorum proprietates subtiliter ac sigillatim exposuit. Quia igitur universitas rerum subdita est Creatori, et ejus voluntati vel potestati resistere non potest, potest Deus de ea multa facere, quæ non facit, qui nihil contra voluntatem suam facit. « Omnia enim quæcunque voluit, in cœlo et in terra facit (*Psal.* CXXXIV).» Augustinus in Enchiridio : « Et ubi est potentia, quæ in cœlo et in terra omnia quæcunque voluit, fecit, si colligere filios Jerusalem voluit, et non fecit? An potius et illa quidem ab illo filios suos colligi noluit; sed, ea quoque nolente, filios ejus collegit ipse, quos voluit? Quia in cœlo et in terra non quædam voluit et fecit; quædam vero voluit et non fecit; sed omnia quæcunque voluit, fecit. » Cum ergo et voluntas et potestas Dei idem sint in eo, diverso tamen modo se habet rerum effectus; quia multa potest facere, quæ facere non vult, qui facit in cœlo et in terra quæcunque facere vult. Potens est enim de lapidibus istis suscitare filios Abrahæ, id est, de vasis iræ facere vasa misericordiæ; et tamen de omnibus non facit. Sed cur de illis faciat, de illis non faciat, secretum est penes ipsum est, abyssus est. « Judicia enim Dei abyssus multa (*Psal.* XXXV). » Et quoniam, ut Augustinus in libro super Genesi ad litteram longiusculæ disserit, bipartitum est opus divinæ providentiæ : quædam namque causæ sunt in Deo æternales et incommutabiles, quædam vero rebus insitæ sunt originaliter, primordialiter, causaliter, ab eo qui vivit in æternum : et juxta prophetam, « creavit omnia simul (*Eccli.* XVIII);» secundum superiores inconvulsum est, quidquid statutum est; secundum inferiores multa possunt fieri et non fieri, quæ contingit fieri vel non fieri. Secundum inferiores de uva vinum exprimitur, et de farina panis efficitur; secundum superiores aqua in vinum mutatur, et nunc quinque millia hominum quinque panibus saturantur hordeaceis, nunc quatuor millia septem panibus triticeis, per eum, qui veteris ac Novi Testamenti pabulo reficit esurientes ac sitientes justitiam. Sed melius eruditissimi ac dulcissimi doctoris B. Gregorii verbis hujus profunditatis sinus explicabo. Sic enim dicit in libro IX Moralium, dum capitulum illud exponit : « Deus, cujus iræ nemo potest resistere (*Job* IX). » Mirum, inquit, valde est, quod iræ Dei nemo resistere dicitur, cum multos indignationi supernæ animadversionis obviasse eloquia divina testentur. » Et facta mentione de Moyse, et Aaron, et Phinees, David et Elia, post aliquanta sic concludit : « Iræ igitur Dei resisti potest, quando ipse qui irascitur opitulatur; et resisti omnino non potest, quando se et ad ultionem excitat, et ipse precem, quæ ei funditur, non aspirat. Quod ergo iræ Dei resisti potest, secundum inferiorem causam dictum est, sicut sermo divinus dicit ad Jeremiam : « Si autem mutaverit gens illa aut regnum illud malitiam suam;

et ego non inducam super eam malum, quod locutus sum, dicit Dominus (*Jer.* XVIII). » Non enim a Chaldæis destrueretur Jerusalem, si mutasset bonitate malitiam. Nam Deus manens incommutabilis in se, mutasset etiam ipse damnationis illius sententiam. Non fecit igitur Deus quod facere potuit; quia nec se creaturæ angustiis, nec liberum arbitrium lege necessitatis astrinxit. Quod vero iræ ejus resisti non potest, secundum superiorem causam est, sicut rursum ad ipsum Jeremiam dictum est : « Tu ergo noli orare pro populo hoc, et noli assumere pro eo laudem et orationem, quia non exaudiam te (*Jer.* VII). Et rursus : Si steterit Moyses et Samuel coram me, non est anima mea ad populum istum (*Jer.* XV). » Defixum ergo erat apud ipsum ut Jerusalem et populus ejus destrueretur. Et quod apud eum defixum erat ut fieret, secundum superiorem causam necesse erat ut fieret; quia præscientia ejus falli non poterat. Et quid faceret de Jerusalem, ipse ante sæcula noverat. Secundum inferiorem vero causam necesse non erat; quia si illa mutasset malitiam, et ille sententiam. Habebat enim illa in se, ut hoc facere posset, si vellet. Sed et ipse noverat ante constitutionem mundi, quod illa nollet. » Idem doctor in eodem opere lib. XII, in expositione sententiæ illius : « Constituisti terminos ejus, qui præteriri non poterunt (*Job* XIV). » « Statutum est quoque, inquit, homini, quantum in ipsa vita mortali vivat. Nam etsi annos quindecim Ezechiæ regi ad vitam addidit omnipotens Deus, tunc eum mori permisit, cum eum præscivit esse moriturum. Nec propheta igitur mendax, quia tempus mortis innotuit, quo vir ille mori merebatur; nec Dominica statuta convulsa sunt, quia ut ex largitate Dei anni vitæ crescerent, hoc quoque quod ante sæcula præfixum fuit, atque spatium vitæ quod inopinate foris additum est sine augmento præscientiæ fuit intus statutum. » Sic ille.

Patet igitur his qui contentionis spiritum non habent, quod secundum inferiorem causam dictum est : « Dispone domui tuæ, quia morieris tu, et non vives (*Isai.* XXXVIII)', quia sic meruerat : et anni additi sunt secundum superiorem causam, secundum quam verum erat, necesse est Jerusalem a Chaldæis destrui; secundum inferiorem non erat verum, necesse est Jerusalem a Chaldæis destrui, vera est enim hæc hypothetica. Si præscitum est a Deo Jerusalem a Chaldæis destrui, tunc necesse est Jerusalem a Chaldæis destrui. Omne enim quod a Deo præscitum est, ut fiat, necesse est fieri; alioquin præscientia ejus falleretur; quod abhorret a vero. Nec tamen ideo vera est hæc categorica per se. Necesse est Jerusalem a Chaldæis destrui. Posset enim Jerusalem mutare malitiam, si vellet, et illam, quæ sub conditione posita erat, mutaret sententiam. De natura igitur Dei loquor secundum superiorem causam; de natura vero rerum secundum inferiorem; veluti cum dico : Si David et Petrus prædestinati sunt ad vitam æternam, David et Petrus damnari non possunt : sed hoc non ab ipsis, sed ab ipso Deo est, cujus prædestinatio falli non potest. Item verum est, si David in adulterio, Petrus in negatione morerentur, quod bene secundum inferiorem causam contingere posset, David et Petrus damnarentur : sed hoc non a Deo, sed ab ipsis est. Rebus igitur non incumbit necessitas, sed relatio de rebus ad providentiam facit conditionalem necessitatem. Et de hoc luculentissimus ac acutissimus doctor Boetius in VI De consolatione philosophiæ : et nos, quamvis maxime ad hoc nihili simus, in tractatu De rebus universalibus ad magistrum Theodoricum, pro modulo nostro diffusius egimus. Universitas igitur rerum, ut ratio probat et auctoritas approbat, voluntati Creatoris subdita est, a quo de nihilo facta est. Et ideo ipse de illa secundum inferiorem causam multa facere potest, quæ non facit, qui tamen contra id quod apud ipsum præfixum est nihil facit. Et hic est diversus intelligendi respectus, et diversus loquendi modus, id est, secundum Dei voluntatem, potestatem, providentiam, hoc est, ejus essentiam : (non enim aliud est ejus essentia, aliud in eo illa); et secundum id quod se, nescio si dicam, habet vel habent ad naturam rerum, vel effectus earum. De quo conjunctim agens novitatum amator, ac subtilissimus temporis academicus, pedicam tendit ad capiendas animulas vanitati deditas, minus legentes, et minus quæ Dei sunt intelligentes. At contra hanc adinventionem quæ de Deo male loquebatur, hæc dicta sint. De propositis igitur restat extremum, quod videndum est, et tali fine finietur hoc opus. Petrus hic Abælardus, contra cujus commentitia figmenta scribimus, vestris orationibus et præcepto sanctitatis vestræ roborati, Pater optime Hugo, quibusdam viris nobilitate, studio, scientia fulgentibus, et inter illos aliis magis curiosis quam studiosis, per vanam et inanem philosophiam placens, de his quæ ad Deum pertinent non tam catholice quam philosophice tractavit; ac per hoc longe factus a populo, de quo legitur : « In populo gravi laudabo te (*Psal.* XXXIV), vento subtilitatis erravit, nostræ fidei simplicitati turpiter obvius, et veritati damnabiliter contrarius. In fornace namque Ægyptia operum suorum vascula fabricavit, ac philosophos Platonem, Virgilium, Macrobium, intonsos et illotos ad convivium summi Regis introduxit. Sic enim Platonem maxime sequens in theologia sua dicit : « Nunc verba Platonis de anima mundi diligenter excutiamus, ut in eis integerrime Spiritum sanctum designatum esse agnoscamus. » Et infra : « Illud quoque, quod ait Plato animam locatam esse a Deo in medietate mundi, eamque per omnem globum totius orbis æqualiter porrigi, pulchre designat gratiam Dei omnibus communiter oblatam, juxta illud, Spiritus Domini replevit orbem terrarum (*Sap.* I, 7). Huic etiam involucro, de positione scilicet animæ in medio mundi locatæ, hoc est de gratia Dei omnibus communiter oblata divina facta concordant;

quia Dominus noster Jesus Christus rex operatus est salutem in medio terræ. » Quod autem temporalitatis hujus cursum vocat involucrum, Joannem Scotum sequitur, qui frequentius hoc inusitato vocabulo usus, et ipse pro sua subtilitate de hæresi notatus est.

Cunctis autem hæc legentibus et vera scientibus liquet, quod ex philosophica disciplina animam mundi Spiritum sanctum dicit; cum secundum ipsos philosophos anima mundi multum differat a Creatore et mente divina, quam νοῦν appellant; et secundum veram fidem et ecclesiasticam doctrinam idem Spiritus sanctus Patri et Filio consubstantialis sit, et in nullo differat, et coæternus sit ambobus. Dicit itaque gratiam Dei, quam Spiritum sanctum vocat, omnibus esse communiter oblatam. In Apologia vero sua primum quidem se strenue defendit, et Pelagianam anathematizans hæresim, de gratia Dei catholice sentit et scribit : sed postea more suo subtilis, ac velut alter Proteus, lubricus elabitur, et revertitur in idipsum. Verba illius hoc melius probabunt. Hæc prima sunt : « Ego, inquit, gratiam Dei voco, quidquid ad salutem hominis de ipso Deus disponit, vel ei confert quod ipse non meruerit. Ait quippe Apostolus : « Reliquiæ secundum electionem gratiæ salvæ factæ sunt (*Rom.* XI). » Si autem ex gratia, jam non ex operibus, alioqui gratia jam non est gratia. Igitur Dei est in electis suis, quod eos ab æterno prædestinaverit, quod et fidem eis inspiraverit, quæ utique nostra præcedunt merita, et sine quibus eum diligere non valemus, ut salvari mereamur. Ipsa enim dilectio, quam ipse per ea, quæ dicta sunt primo in nobis efficit, effectus ipsius Dei, sive donum ejus est : et ejus imputanda est gratiæ, antequam etiam nihil salutis possimus promereri. Unde et Apostolus : « Quid, » inquit, « habes, quod non accepisti? (*I Cor.* IV.) » Hæc a Paulo dicta de Dei gratia, magis veritatis quam Petri verba sunt. Quid enim verius, quid elimatius, quid salubrius dici potest? Sed sta hic, quæso mecum. Familiaris tibi fui, quantum potui. Ut fraternæ dilectionis norma jubet, hominem non persequor, sed errorem. Nisi me fallas, istius ipsius assertionis tuæ funibus alligatus es. Dicis enim, quod gratia Dei est, quidquid ad salutem hominis Deus disponit, quod secundum Apostolum electio ex gratia est, alioqui gratia jam non est gratia, quod per eam electos suos ab æterno prædestinaverit; quod per eam fidem eis inspiraverit, quod ipsa dilectio, quam ipse in nobis efficit et sine qua nemo potest salvari, gratiæ Dei imputanda est. Secundum igitur hanc ipsam tuam definitionem loquor tecum de gratia Dei. Dic, oro te, gratia sic accepta estne communis omnibus hominibus? Prædestinat Deus omnes homines ad salutem, inspirat in omnibus fidem, et eam, per quam salventur, dilectionem? Subtilissime, famosissime, lepidissime magister, erudi me; si non insanis, respondebis, Non est. Non est igitur hæc gratia communis omnibus (40). Nam, si esset, omnes salvarentur, quod minime concedes : alioquin Dei dispositio, prædestinatio, fidei et ipsius dilectionis inspiratio, falleretur, Dei donum frustraretur : quod de Deo sentire, sacrilegum est. Si autem (quod minime credo), respondebis : Est; arguit te ratio, catholica prædicatio, auctoritas Patrum, effectus rerum. Hæc enim gratia nunquam inanis esse potest, quæ de corde lapideo cor carneum facit, de animali spirituale, de cæco illuminatum, de infirmo sanum. Per hanc Spiritus sanctus non omnes, sed quas vult, animas inarrhat. Hanc solam prædicator egregius gratiam appellat; hanc in Epistolis suis, et maxime in ea quæ est ad Romanos, defendit et prædicat. Per hanc de blasphemo et persecutore et injurioso, benignus, mitis, discipulus effectus est, de lupo agnus, de Saulo Paulus. Per hanc Deus vocat quosdam electos ante constitutionem mundi, quorum certus est numerus, qui perire non possunt, quod non ex ipsis, sed ex Deo est; quia præscivit illos, et prædestinavit conformes fieri imaginis Filii sui, ut sit ipse primogenitus in multis fratribus. Alteram non novit Paulus, de alia non disputat Augustinus. Licet ex dono Dei sit, quod sumus, quod vivimus, imo quidquid in nobis et in omni creatura est. Quod enim omnis creatura est, et quidquid boni in ea est, ex dono Dei, id est ex bonitate ejus est. Sed quia Pelagianistæ hæretici oppugnatores divinæ gratiæ ad hæc confugiebant, et quod modo supra dicto verum est, dona naturæ Dei gratiam vocabant, bene, subtiliter, utiliter a catholicis tractatoribus distinctum est inter dona naturæ et dona gratiæ; quia dona naturæ communia sunt et electis et reprobis : dona vero gratiæ omnibus electis, reprobis nullis. Sicque gratiam ecclesiasticæ consuetudinis usu vocaverunt illius electionis effectum, per quæ ille qui habet ventilabrum in manu sua, et purgat aream suam, separat grana a paleis, et ea mittit in horreum suum. At Petrus brevi mutat vultus suos, et ad solita rediens, nobis efficitur alienus. Adjuvate nunc, quæso, fratres ; fortis est, vincula dirumpit, magisterio fulget, eum retinere non possum. Dicit nullis interpositis, quod mihi magni miraculi res est. « Ergo, inquit, et ipsum liberum arbitrium quia bonum est, divinæ gratiæ est donum : et ipsa ratio, in qua ipsum consistit. » Verum est, sed aliter agis. Nam et liberum arbitrium, et ratio in qua illud consistit, communia sunt et electis et reprobis. Obloqueris, et sophisticus es, non sic agebamus de gratia. Sed vehementior efficitur in sequentibus. Nam dicit: « Cum igitur Dominus tam electis quam reprobis rationem tribuat, et viam ostendat, qua perveniendum sit ad beatitudinem: et ad hanc percipiendum, quam omnibus offert, præceptis et exhortationibus suis nos jugiter invitet; alii super hæc eum audiunt, et præceptis obtemperant, bene vivendo, ut oblata percipiant præmia; alii contemnunt, et in sua remanentes ignavia, obedientiæ laborem refugiunt. » Miror, si vigilabat qui talia scribebat, tam sibi dissentiens de re eadem pene loco eodem. En quo validus concionator, et divinæ gratiæ defensor, citius quam sperabam, evanuit, et contempto disputationis ordine legitimo, tritas familiaris suæ semitas deseruit. Ponit namque rete mendacii, dum asserit quod ad percipiendam beatitudinem, quam secundum se offert omnibus Deus, præceptis et exhortationibus, omnes invitet.

Transeo de pueris recens natis, tam de gentibus quam de Christianis parentibus procreatis, non baptizatis, et morte præventis; transeo de pluribus in pluribus locis nunc degentibus, qui predicationem Christi non audierunt, sine qua nemo potest pervenire ad veram beatitudinem. Respondeat si potest de gentibus innumeris ante Salvatoris adventum pene toto orbe cultui idololatriæ deditis: notus enim tantum erat in Judæa Deus (*Psal.* LXXV). Cur, sicut legitur in Actis apostolorum, permisit illas Deus ingredi vias suas (*Act.* XIV); quasi diceret, vias eorum, non vias mandatorum Dei, ne pervenirent ad salutem, nisi occulto, sed nunquam injusto judicio? quærit jam nunc quia sic placet ei, qui philosophiæ abyssi puteos exhausit, et modo non audiens : « Altiora te ne quæsieris, et majora te ne scrutatus fueris (*Eccli.* III), inscrutabilia Dei judicia temerarius investigator cum Porphyrio philosopho; quærit, inquam, cum Juliano Augusto apostata (qui in expeditione contra Evangelia Christi libros scripsit octo,) cur Deus Christianorum, qui secundum eos mundi Salvator erat, in novissimis temporibus ortus est, et innumerabilibus jam damnatis in inferno tam tarde salutem operatus est. Audiat a Propheta : « Judicia Dei abyssus multa (*Psal.* XXXV). » Audiat ab Apostolo : «O altitudo divitiarum sapientiæ et scientiæ Dei, quam inscrutabilia sunt judicia ejus, et investigabiles viæ ejus! » (*Rom.* XI.) Quid ergo restat, nisi

---

(40) Hæc sententia non est tenenda, nec Abælardus oppositam sequens recte in hoc arguitur. Ratio quoque, quam auctor offert, inefficax est et fallax. Nam ex eo quod non omnibus reprobis collata sunt omnia dona quæ gratia nomine appellari possunt, male infert non omnibus gratiam dari seu offerri ; sic enim etiam inferret nullum habere Dei dona, quia nullus habet omnia. Sufficit ergo aliquam gratiam reprobis concedi, qua si bene uterentur, ad majorem et majorem pensatim promoverentur, et tandem ad salutem pervenirent. Certe Patres reprobis gratiam concedunt ; et inter hos S. Prosper, qui etiam illam abortivis non negari censet. Quia autem illorum verba alibi adduxi, hoc loco non est necesse ea referre. Ideo nec Guillelmus hanc sententiam Abælardi notavit, quem tamen Pelagianismi damnavit, quod hominem solis viribus naturæ bonum posse agere senserit. Notanda etiam hic fraus Abælardi, qui cum Pelagianis gratiam Dei in lege et in libero arbitrio constituebat. Denique ex utroque auctore, Guillelmo scilicet et isto anonymo, constat illos errare qui Abælardum putant liberum arbitrium negasse, cum potius de gratia male senserit, ut liberum statueret arbitrium, ut ex prædictis auctoribus omnino sit manifestum.

ut aut tot tantisque testibus decredat, et Christianus non sit; aut si credit, scrutari desinat inscrutabilia, et quietus sit? De hac tamen profunditate qui fideliter inquirere voluerit, legat secundum capitulum, quod est de tempore Christianæ religionis libelli illius, quem composuit B. Augustinus (epist. 49, quæst. II) ad presbyterum, qui vocabatur Deogratias. At Petrus domi cum Jacob habitare simplex dedignatur; sed fortis venator ut Esau silvas ingreditur umbrosas; et ex arcu perverso quem diutius extenderat, conditionis hujus toxicatam sagittam emittit. Sic enim, inquit « ad bene vivendum reprobos præparari, sicut electos, id videlicet dicendo et admonendo, et facultatem præbendo ut nulla jam supersit excusatio. » Et loquens cum adversariis adjungit, dicens : « Sed dicis quia Deus bonam voluntatem in reprobis non fecit, sicut in electis. » Et qui catholicæ firmitudinis fundamentum modis omnibus destruit, et more suo de suo loquens sic destruit: « Culpandi, » inquit, reprobi non sunt, si recte non vivunt, sicut electi: cum ad rectitudinem vitæ illis sit illa negata gratia, sine qua recte vivere nullatenus possunt. » Hæc est vetustissima Pelagianorum hæreticorum argutio : hac machina gratiæ singularis excellentiam oppugnabant, sed non expugnabant. Et ad hoc usque hæc falsa benevolentia eos trahebat, quatenus infantes sine originali peccato nasci perhiberent, et sine baptismo in regno cœlorum eos ingredi prædicarent. Sed quantum ista falsa sint, latet neminem qui catholica doctrina, et maxime beati verbis Augustini eruditus sit. Petrus ergo, qui superius Pelagianam heresin anathematizaverat, et contra eam fortiter, veraciter, catholice disputaverat, nunc talibus obligationibus erroris involvitur, ut patent r asserat, ad illam suam communiter omnibus, id est, et electis et reprobis, oblatam gratiam, nullam cordis a Deo præparationem fore necessariam; sed hanc ex libero arbitrio omnibus inesse, quod eam quisque potest recipere et quod Deus bonam voluntatem non faciat in electis suis, sicut nec in reprobis: qui tamen si id faceret in electis, et non similiter faceret in reprobis, bene de rectitudine vitæ reprobi se possent excusare. Ecce ad quantas fæces liberi defensor arbitrii delapsus est, cum Apostolus dicat: « Deus est qui operatur in nobis et velle et perficere (*Philip.* II); » quia illa gratia, quam prædicamus, talis est ut faciat hominem, quod nolebat, bene velle; et quod non poterat, posse. Non enim sic collata est, ut vacans sit, quia divinæ propitiationis inspiratio est, et erigit jacentes, et cæcos illuminat, et infirmos fortes facit, et mortuos suscitat, et quoscunque prædestinavit, ad vitam æternam perducit. Non est impotens, non fallit, non est omnibus communis. Eorum præcordiis a Deo infunditur, quorum certus est numerus, quorum nemo perit, quia nemo potest rapere oves Christi de manu Patris Christi.

Hoc assertionis nostræ munimentum sanctorum Patrum testimoniis firmandum est, ut sic liberum prædicetur arbitrium, ne gratia negetur, et sic gratia confirmetur, ne liberum destruatur arbitrium. Augustinus in epist. 1 ad Valentinum abbatem: « Dominus Jesus, inquit, non prius venit ut judicaret mundum, sed ut salvaretur mundus per ipsum ; postea judicabit ipse mundum quando venturus est judicare vivos et mortuos. Si ergo non est Dei gratia, quomodo salvat mundum? et si non est liberum arbitrium, quomodo judicat mundum? » Et infra in eadem : « Cavete ergo, quod tantus Apostolus tam terribiliter dicit, et ubi sentitis non vos intelligere, interim divinis eloquiis credite, quia et liberum arbitrium nec converti potest ad Deum, nec proficere in Deo. » Idem in epist. 2 ad eumdem : « Fides catholica liberum arbitrium non negat, sive in malum, sive in bonum; neque tantum ei tribuit, ut sine Dei gratia valeat aliquid, sive ut ex malo convertatur ad bonum, sive ut in bono perseveranter proficiat, sive ut ad bonum sempiternum perveniat. » Idem ad Julianam : « Liberum arbitrium, nisi gratia Dei juvetur, nec ipsa bona voluntas in homine esse potest. » Et in libro De verbis Domini : « O malum liberum arbitrium, nisi Dei gratia juvetur. » Et ad Optatum : « Merito videretur injustum quod fiunt vasa iræ ad perditionem, si non esset ipsa massa universa ex Adam damnata. Quod ergo fiunt nascendo vasa iræ, pertinet ad debitam pœnam ; quod autem fiunt renascendo vasa misericordiæ, pertinet ad indebitam gratiam. » Item ad eumdem : « Non solum justus, sed et misericors figulus alia vasa in honorem secundum gratiam, non secundum debitum, facit, dum et parvulis subvenit, quorum nulla merita dici possunt ; et majores prævenit, ut habere aliqua merita possint. » Idem in libro De civitate Dei : « Dicitur etiam voluntas Dei, quam facit in cordibus obedientium mandatis ejus : de qua dicit Apostolus : « Deus est enim, qui operatur in vobis velle (*Philip.* II). » Ubi est ergo Petrus et sequentes ejus, qui confidentes in virtute sua, et in simulacris mendaciorum suorum, dicebant: non est hominibus necessaria cordis præparatio a Deo ; non facit Deus bonam voluntatem in electis suis. Resistitisne adhuc? Audite, quid gratia faciat in homine. Augustinus in Enchiridio : « Sola gratia secernit a perditis, quos concreaverat in eadem massa perditionis ducta ab origine causa communis. » Et in libro De perfectione justitiæ hominis. « Si per seipsum potest esse homo sine peccato, ergo Christus gratis mortuus est. Non autem gratis Christus mortuus est. Non igitur potest homo sine peccato esse, etiamsi velit, nisi adjuvetur gratia Dei per Jesum Christum Dominum nostrum. » Et in libro De natura et gratia : « Sicut oculus corporis etiam plenissime sanus, nisi candore lucis adjuvetur, non potest cernere ; sic et homo etiam perfectissime justificatus, nisi æterna luce justitiæ divinitus adjuvetur, recte non potest vivere. » Item in eodem : « Charitas Dei diffusa est in cordibus nostris, non naturæ possibilitate, nec libero arbitrio, quod est nobis; sed per Spiritum sanctum, qui datus est nobis. » Audite, quod etiam voluntas a Domino præparatur. Augustinus in libro De correptione et gratia : « Nam quis ignorat tunc fuisse perituram fidem Petri, si ea, quæ fidelis erat, voluntas deficeret; et permansuram, si eadem voluntas maneret? Sed quia sicut scriptum est, « præparatur voluntas a Domino Deo, » ideo pro illo Christi non potuit esse inanis oratio. »

Item audite, quod gratia bonam voluntatem faciat in homine. Augustinus in libro De gratia et libero arbitrio : « Semper est in nobis voluntas libera, sed non semper est bona. Aut enim a justitia libera, quando servit peccato, et tunc est mala; aut a peccato libera est, quando servit justitiæ, et tunc est bona. Gratia vero Dei semper est bona; et per hanc fit ut sit homo voluntatis bonæ, qui prius fuit voluntatis malæ. Audite, quod gratia inanis non sit. Prædestinatio enim, ut Augustinus definit, « est gratiæ præparatio, gratia vero est prædestinationis effectus. » Prædestinatio vero falli non potest, nec gratia frustrari, quæ non solum bonum infundit, sed etiam primitus malum expellit. Augustinus ad Prosperum et Hilarium, qui eum suis epistolis de talibus interrogaverant, in libro De prædestinatione sanctorum : « Hæc gratia, quæ occulte humanis cordibus divina largitate tribuitur, a nullo duro corde respuitur. Ideo quippe tribuitur, ut cordis duritia primitus auferatur. Quando ergo Pater intus auditur et docet ut veniatur ad Filium, aufert cor lapideum, et dat cor carneum. » Audite quod gratia communis non sit. Augustinus ad eosdem in eodem libro : « Non omnium est fides, cum fidem posse habere sit omnium. Non autem ait Apostolus, quid autem potes habere, quod non accepisti, ut possis habere? sed ait : « Quid autem habes, quod non accepisti? » (I Cor. iv.) Proinde posse habere fidem, sicut posse habere charitatem, naturæ est omnium hominum ; habere autem fidem, quemadmodum habere charitatem, gratiæ est fidelium. » Idem ad Valentinum in libro De gratia et libero arbitrio : « Hoc etiam Pelagiani ausi sunt dicere, gratiam esse ipsam naturam in qua creati sumus, ut habeamus mentem rationalem, qua intelligere possimus, facti ad imaginem Dei. Sed non est hæc gratia, quam commendat Apostolus per fidem Jesu Christi. Hanc enim naturam etiam cum impiis et infidelibus certum est nobis esse communem. Gratia vero Jesu Christi eorum tantummodo est, quorum est ipsa fides, id est, electorum : non enim omnium est fides. » Idem de eodem super psalmum LXXVII : « Cum essent, inquit, antiquis patribus communia omnia sacramenta, non communis erat omnibus gratia, quæ sacramentorum virtus est ; sicut et nunc jam revelata fide, quæ tunc velabatur, omnibus in nomine Patris et Filii et Spiritus sancti baptizatis commune est lavacrum regenerationis : sed ipsa gratia, cujus ipsa sunt sacramenta, qua membra corporis Christi cum suo capite regnatura sunt, non communis est omnibus. » Sentit idem sanctus Innocentius papa, et Petri cathedram defendens ab errore, ad eumdem et cæteros Afros episcopos, qui de concilio Milevitano scripse-rant, eis loquitur in hunc modum : « O pravissimarum mentium perversa doctrina ! Adverte tandem quod primum hominem libertas ipsa ita decepit, ut dum indulgentius frenis ejus utitur, in prævaricationem præsumptione conciderit, nec ex hac possit erui, nisi ei per providentiam regenerationis statum pristinæ libertatis Christi Domini reformaret adventus. »

Videte, qui legitis et intelligitis, si districtius dictum est alicubi a B. Augustino, sicut hic ab Innocentio, ad quid valeat libertas arbitrii, si non adjuvetur gratia Dei. Cum enim, ut Augustinus dicit in Enchiridio, « Primus homo peccavit, et se, et liberum perdidit arbitrium. Aliter enim habuit liberum arbitrium ante peccatum, aliter post peccatum ; aliter per gratiam, aliter habebit, cum habebit vitam æternam. Ante peccatum sic liberum habuit, ut in bono stare posset, si vellet ; post peccatum sic debilitatum, ut de malo per se nunquam surgere possit, sed per gratiam non communiter omnibus oblatam, sed tantummodo in cordibus electorum per Spiritum sanctum diffusam sic melioratum, ut bonum agere et velit, et possit. » Sed alterius temporis hæc disputatio est. Beatus denique Gregorius hæc eadem confirmat, dicens ita libro XXVII Moralium : « Dum ergo prædicatores sancti et vocantur ad Macedoniam et ab Asia prohibentur (Act. XVI); istinc occultarum mensurarum linea ducta est, hinc reducta. Illinc tenditur, ut Macedonia intra sanctæ Ecclesiæ spatia colligatur; hinc attrahitur, ut ad fines fidei Asia relinquatur. » Et infra in eodem : « Istæ mensuræ et lineæ occultorum judiciorum Dei tendebantur, cum sicut legimus in Evangelio, alius secuturum se promittit et repellitur, alius relaxandum se postulat, et retinetur. » Et in XXIX ejusdem operis : « Quia omnipotens Deus sanctos suos de impiis elegit, et quam multos electos adhuc intra pravorum vitam repositos habeat, novit apte in nive vel grandine thesauros habere se perhibet. Thesauri quippe ἀπὸ τοῦ θέσεος, id est a positione nominantur, et plerosque in vite frigida diu latentes respicit, quos ad medium cum jubet producit ; justitiæ nitorem candidus per supernam gratiam facit. » Et hæc catholicorum disputatorum de gratia testimonia sufficiant. Scripsit autem idem Petrus aliud opusculum, quod « Scito teipsum » intitulavit ; et suam, ni fallor, Ethicam appellavit. In eo, sicut et in supradictis sua vocum acceptione novitatis incude vana et animarum saluti noxia cudens, plurima de moribus contra morem ecclesiasticum disputavit. At ut ei contradicant, aliis relinquimus, qui dignitate loci, et acrimonia ingenii et labore studii, et fervore belli, mihi abjecto in domo Dei mei, meique similibus, incomparabiliter præferuntur. Cæterum, quoniam propitia divinitate profundissimarum quæstionum naufragia incolumi nave, non ingeniolo meo, sed sanctorum Patrum remis evasi; stylo theca reposito, quieto lectionis et orationis portu lætus ac securus excipior, Christo Deo meo, vestræque excellentiæ grates accumulatissimas agens; quorum, illius scilicet inspiratione, vestraque jussione, præsens opus explevi.

RESPONSIO PETRI ABÆLARDI

CONTRA CALUMNIAS OBJECTORUM.

Hæc responsio potius inscribenda fuit : Retractatio calumniosa errorum Petri Abælardi. *Constat enim ex disputationibus supra relatis Guillelmi abbatis* S. Theodorici, *et alterius abbatis anonymi, errores, qui in hac responsione damnantur, a Petro Abælardo fuisse propugnatos et scriptos, ut ex ipsiusmet verbis, quæ illi auctores retulerunt manifestum est. Quod si nihil horum docuisset, quid ex ejus libris in concilio Senonensi lectis, ut in Vita S. Bernardi habetur, decerpi potuisset, quod aures prælatorum læderet? Cur ibi non probavit, se nihil eorum, quæ objiciebantur, docuisse, aut in scriptis suis reperiri posse? Calumniosa ergo est hæc responsio, et vere docuit errores Abælardus, qui hic, sive ab ipso, sive ab alio, ejus nomine damnantur.*

Universis sanctæ Ecclesiæ filiis, PETRUS ex eis unus, sed in eis minimus.

Notum proverbium est, *nihil tam benedictum, quod non possit depravari :* et ut meminit beatus Hieronymus, *qui multos scribit libros, multos sumit judices.* Ego quoque cum scripserim pauca vel ad comparationem aliorum nulla, reprehensionis notam effugere non potui : cum tamen in iis, de quibus graviter accusor, nullam, sciat Deus, meam recognoscam culpam; nec, si qua fuit, procaciter defendam. Scripsi fortassis aliqua per errorem, quæ non oportuit : sed Deum testem atque judicem in animam meam invoco, quia de iis, de quibus accusor, nihil per superbiam, aut per malitiam præsumpsi. Multa in scholis multis locutus sum; nec aquam furtivam, vel panem absconditum habuit doctrina mea. Palam locutus sum ad ædificationem fidei infirmorum, quod mihi salubrius visum est. Et quæcunque scripsi, omnibus libenter exposui; ut eos judices, non discipulos haberem. Quod si uspiam per multiloquium excessi, ut scriptum est : *In multiloquio non effugies peccatum* (Prov. x), nunquam importuna defensio me fecit hæreticum, paratum semper de male dictis meis corrigendis, sive delendis. In quo certe proposito usque in finem perseverabo. Sed sicut male dicta mea, si qua sunt, vellem corrigere ; sic crimina non recte mihi objecta propulsare me convenit. Cum enim dicat beatus Augustinus : « Crudelis est, qui famam suam negligit ; » ac juxta Tullium : « Taciturnitas confessionem imitatur ; » conscriptis contra me capitulis æquum duxi respondere : ea videlicet ratione servata, quam circa detrahentium linguas beatus Gregorius fideles his instituit verbis : « Sciendum est, quia linguas detrahentium sicut nostro studio non debemus excitare, ne ipsi pereant: ita per malitiam suam excitatas debemus æquanimiter tolerare, ut nobis meritum crescat : aliquando autem compescere, ne dum mala de nobis disseminant, eorum qui audire nos ad bona poterant, corda innocentium corrumpant. » Agnoscat ergo fraterna charitas, me qualemcunque filium Ecclesiæ, cum ipsa me recipere integre cuncta quæ recipit; respuere, quæ respuit; nec me unquam veritatem fidei scidisse, cum impar sim cæteris morum qualitate. Quod mihi igitur per malitiam aut per errorem impositum est; quod de *Deo* scripserim, quia Pater est plena potentia, Filius quædam potentia, Spiritus sanctus nulla potentia : hæc ego verba, non tam humana quam diabolica, sicut justissimum est, abhorreo, detestor, et ea cum auctore suo pariter damno : quæ si quis in meis reperiat scriptis, non solum me hæreticum, sed etiam hæresiarcham profiteor. Tam Filium quam Spiritum sanctum ex Patre profiteor esse, ut ejusdem sint cum Patre substantiæ, ejusdem voluntatis penitus atque potentiæ ; quia quorum est eadem essentia, nulla potest vel voluntatis diversitas esse, vel potentiæ inæqualitas. Quisquis autem me scripsisse asserit, quod de substantia Patris et Filii Spiritus etiam sanctus non sit, malitiæ id vel ignorantiæ maximæ fuit. Solum Filium Dei incarnatum profiteor, ut a servitute peccati et a jugo diaboli nos liberaret, et supernæ aditum vitæ morte sua nobis reseraret. Ipsum Christum sicut verum et unicum Dei Filium ex substantia Patris ante sæcula genitum, ita in Trinitate tertiam personam, Spiritum quoque sanctum tam ab ipso Filio quam a Patre procedentem, et credens assero, et asserens credo. Gratiam Dei ita omnibus necessariam dico, ut nec naturæ facultas, nec arbitrii libertas, sine illa sufficere possit ad salutem. Ipsa quippe gratia nos prævenit, ut velimus; ipsa subsequitur, ut possimus; ipsa nos conservat, ut perseveremus. Deum ea solummodo facere credo, quæ ipsum facere convenit, et quod multa facere posset, quæ non facit. Multa quoque per ignorantiam facta culpæ sunt ascribenda, maxime cum negligentia nostra contingit nos ignorare quod nobis necessarium erat nosse : qualis ille fuit, de quo Psalmista : « Noluit intelligere, ut bene ageret *(Psal.* XXXV). » Mala Deum frequenter impedire fateor, quia non solum effectum malignantium prævenit, ne quod volunt, possint; verum etiam voluntatem eorum immutat, ut a malo, quod cogitaverunt, penitus desistant. Ex Adam, in quo omnes peccavimus, tam culpam quam pœnam nos contraxisse assero, quia illius peccatum nostrorum omnium peccatorum origo exstitit atque causa. Crucifixores Christi in ejus crucifixione gravissimum peccatum fateor commisisse. Multa de Christo dicuntur, quæ non tam secundum ipsum caput, quam secundum corpus ipsius, quod est Ecclesia, sunt accipienda : ut ille spiritus timoris, qui est initium sapientiæ, quem videlicet timorem perfecta charitas foras mittit. Hujus spiritum timoris in anima Christi, quæ perfectissimam habuit charitatem, nunquam fuisse credendum est : qui tamen inferioribus ejus membris non deest. Tantæ quippe perfectionis et tantæ securitatis anima illa exstitit per ipsam Verbi unionem, ut sciret, nihil omnino posse committere, unde pœnas incurreret, vel Deum offenderet. Castum ergo timorem in sæculum sæculi permanentem, qui proprie reverentia charitatis dicitur, tam ipsi quidem animæ Christi, quam electis angelis ejus semper recognosco. Unde de supernis spiritibus scriptum est : « Tremunt potestates. » Potestatem ligandi atque solvendi omnibus successoribus apostolorum, æque in ipsis apostolis, concessam esse profiteor : et tam dignis quam indignis episcopis, quandiu eos Ecclesia recipit. Omnes in dilectione Dei et proximi æquales, æqualiter bonos profiteor, et merito pares : nec quidquam apud Deum meriti perit, si bonæ voluntatis affectus in suo præpediatur effectu. Non enim angelus, cum a Deo missus, quod facere vult, impleverit, aut ipsa anima Christi melior efficitur, cum suæ voluntati effectum addidit : sed æque quilibet bonus permanet, sive tempus operandi habeat, sive non, dummodo bene operandi æqualem voluntatem habeat. Deum Patrem æque sapientem, et Filium æque benignum, ut Spiritum sanctum confiteor ; quia in nulla boni plenitudine, in nulla dignitatis gloria differre una persona potest ab alia. Adventum Filii in fine sæculi posse attribui Patri, nunquam, sciat Deus, in mentem meam venit, nec se verbis meis inseruit. Sic animam Christi non per se ad inferos descendisse, sed per potentiam, omnino a meis verbis et sensu remotum est. Novissimum capitulum scripsisse criminor, quod neque opus, neque voluntas, neque concupiscentia, neque delectatio, quæ movet eam, peccatum sit ; nec debemus eam velle exstingui ; nec minus a meis dictis quam scriptis alienum est. Quod autem capitula contra me scripta tali fine amicus noster concluserit, ut diceret : « Hæc capitula partim in libro theologiæ, partim in libro Sententiarum ejusdem, partim in libro, cui titulus : *Scito teipsum*, reperta sunt, » non sine admiratione maxima suscepi : cum nunquam aliquis liber, qui Sententiarum dicatur, a me scriptus reperiatur. Sed sicut cætera contra me capitula, ita et hoc quoque per malitiam et ignorantiam prolatum. Si quid igitur consolationis in Christo Jesu, si qua viscera pietatis, fraternam charitatem vestram exoro, ut innocentiam, quam a culpa veritas liberat, infamiæ veneno respergendo, non delinquat, charitatis quippe est, opprobrium non accipere adversus proximum ; et quæ dubia sunt, in meliorem partem interpretari ; et illam semper Dominicæ pietatis sententiam attendere : « Nolite judicare, et non judicabimini ; nolite condemnare, et non condemnabimini (*Luc.* vi). »

Præclara est hæc fidei professio, hoc excepto quod Abælardus oppositos errores se docuisse, aut scripsisse inficiatur, et S. Bernardum, aliosque, qui prædictos errores ei objecerunt, ignorantiæ, aut malitiæ insimulat. Ut autem magis convincantur, qui hoc mendacio Abælardi persuasi sunt, ut dicerent sanctum Patrem et alios sapientissimos viros contra larvas pugnasse, Abælardum impugnantes, disputationi abbatis anonymi adversus eumdem Abælardum attexere visum est testimonium unius ex discipulis ejusdem. Hic est Gaufridus olim S. Bernardi notarius, et qui tres ultimos Vitæ ejus libros scripsit, eique in regimine successit, quarto loco Claravallensis abbas creatus, qui prius discipulus et auditor Petri Abælardi fuerat. Is unum ejus errorem occasione materiæ quam tractabat, verbis sequentibus refellit.

Gaufridus sermone 8, de Resurrectione Domini, in illud : « Expurgate vetus fermentum, » etc.

« Jam vero in his paschalibus epulis non nobis est prætereundum, quod ejusdem agni caput cum pedibus et intestinis vorare præcipimus ; nec rite pascha celebrat, qui ista omnia non vorat. Pedes ejus non inconvenienter accipimus operum exempla : quos fideliter vorat, qui efficaciter eadem imitatur. Intestina ejus affectio intimæ charitatis, quam nobis tantam exhibuit, ut animam poneret pro amicis. Infelix nimium, qui illa non vorat, cui illa non sapiunt ; qui non reficitur, non satiatur, non saginatur, ruminando et redamando. Cæterum, ego mihi aliquando magistrum fuisse recordor, qui cum pedibus et intestinis nil amplius de agno paschali aut ipse vorans, aut discipulis exhibens, et se pariter et suos non modica ejus parte fraudabat. Siquidem pretium redemptionis evacuans, nil aliud nobis in sacrificio Dominicæ passionis commendabat, nisi virtutis exemplum, et incentivum amoris. Quod enim Scripturæ perhibent de potestate diaboli pretioso sanguine humanum genus esse redemptum, in eo solo constare dicebat, quod exemplum nobis exhibitum est usque ad mortem pro justitia et veritate certandi, et adhibitum velut quoddam incentivum amoris, cum pro impenso amore occasio data est redamandi. Et quidem magna hæc et vera, sed non sola. Benedictus Dominus, qui mihi simul et vobis magistrum postea dedit meliorem, per quem prioris redarguit ignorantiam, insolentiam confutavit. Ille enim tanquam verus Hebræus avide prorsus vorabat, et vorandum nobis sollicite commendabat caput cum pedibus et intestinis : sic imitandum prædicans Dominum patientem, sic redamandum amantem, ut principalem hujus sacrificii causam velut Agni caput redemptionis in eo profiteretur et adoraret humanam. » Hæc Gaufridus in prædicto sermone, propter quæ aliqui existimarunt eum scripsisse librum adversus Petrum Abælardum ; ex quo sumpto sint prædicta ejus verba. Sed nihil aliud scripsit in eum, nisi verba relata in sermone prædicto

DE ERRORIBUS GUILLELMI DE CONCHIS

AD SANCTUM BERNARDUM.

(*Bibliotheca Cisterciensis*, tom. IV, pag. 127.)

Domino BERNARDO abbati Claravallis, frater GUILLELMUS claritatem æternæ visionis.

Vereor multum molestus esse vobis, et multiplicibus occupationibus vestris; maxime cum toties vobis sim propheta malus et importunus, annuntians vastitatem. Ecce enim de radice colubri ascendit regulus, obscuri quidem nominis, et nullius auctoritatis; sed tamen veneno pestifero ipsum aerem communem corrumpens. Etenim post theologiam Petri Abælardi, Guillelmus de Conchis novam affert philosophiam, confirmans et multiplicans quæcunque ille dixit, et impudentius addens adhuc de suo plurima, quæ ille non dixit. Cujus novitatum vanitates licet apud omnes qui eum noverunt, viles faciat et despicabiles in homine illo nota levitatis; quia tamen non omnibus nota est persona; ad quos per ea quæ scribit, pervenit ejus doctrina; adducenda in medium est ipsa doctrina ejus. Venit enim nuper ad nos frater quidam fugiens de sæculo, et Deum quærens : inter cæteros libros quos habebat unum deferens hominis illius, cujus titulus erat : Summa philosophiæ. Ubi magni promissor hiatus promittens se docturum de omnibus quæ sunt, et non videntur, principium faciens a Deo; philosophatur de eo sicut legere potestis : « In Trinitate, ait, omnia gubernando dixerunt esse philosophi potentiam gubernandi, sapientiam et voluntatem. Si enim potuit et nescivit, quomodo tam pulchra fecit? Si etenim nolens fecit, aut ignorans, aut coactus. Sed quid ignoraret, qui scit etiam cogitationes hominum? Et quis cogeret Omnipotentem? Est ergo in divinitate potentia, sapientia et voluntas. Has tres sancti personas vocant, vocabula illis a vulgari propter affinitatem quamdam transferentes; potentiam appellantes Patrem; sapientiam Filium, voluntatem Spiritum sanctum. Potentia dicitur Pater, quia cuncta creavit, et paterno regit affectu. Sapientia dicitur Filius ante sæcula genitus; quia, sicut Filius temporaliter est a Patre, ita sapientia coæternaliter et consubstantialiter est a potentia. Voluntas vero divina dicitur Spiritus. Est enim proprie spiritus anhelitus. Sed quia in spiritu vel anhelitu sæpe voluntas hominis deprehenditur; aliter quippe spirat lætus, aliter iratus : divinam voluntatem vocaverunt Spiritum, sed antonomastice sanctum. » De generatione vero divina « quod, inquit, propheta dicit, generationem ejus quis enarrabit? (*Isa.* LIII) difficultatem ostendit, non impossibilitatem. » Deinde quasi eam enarraturus : « Pater, inquit, genuit Filium, hoc est divina potentia sapientiam; quando providit quomodo res crearet, et creatas disponeret. Et quia hoc ante sæcula providit, ab æterno sapientiam genuit, et coæterna ei est sua sapientia. Et hoc est, quod ex se et non ex alio potentia sapientiam genuit; quia non alterius doctrina, neque usus experientia; sed ex propria natura hoc scire habuit. Sanctum vero Spiritum nihil est aliud a Patre Filioque procedere, quàm divinam voluntatem se ex potentia sapientiaque usque ad creationem rerum extendere. » Ecce excogitatus Deus, sicut ipsi dicunt, Deum excogitasse animam mundi : ecce fides ficta quam reprobat Apostolus ; dicens : *Et fide non ficta* (1 *Tim.* 1). Vera autem reclamat fides de corde in quo est; ad eum, a quo est, et dicit : « Domine, vim patior, responde pro me (*Isa.* XXXVIII). » Doce me quid respondeam contradictoribus meis his; da mihi intellectum tuum de te, quem per illuminantem gratiam format veritas tua, et amor tuus in ratione hominis, quam conformat sibi, ut in ipso intelligam, quam nullus sit intellectus omnis humanus, quem de te per se humana ratio format sibi.

Ut autem cum de Deo loquimur, formam non solum sanæ fidei, sed et sanorum in fide verborum teneamus, sicut philosophus hic noster loqui amat ex philosophis suis; sic et nos loquamur quidquid loquemur ex Patribus, et doctoribus et ductoribus nostris, ipsis eorum verbis sensus eorum afferentes, vestigiis eorum inhærentes, nil de nobis præsumentes. Periculosum enim nimis est audere in talibus, nisi ubi vel evidens tuetur auctoritas; vel manifesta ducit ratio fidei. Ratio autem fidei est omnem rationem humanam fidei postponere, vel in obsequium fidei captivatam redigere; terminos fidei ipsius, quos posuerunt patres nostri, non ignorare, nec in aliquo eos præterire. Hic autem homo, cujus sunt quæ præmissa sunt, et Petrus Abælardus; quantum ex scriptis eorum potest adverti, et modo loquendi et similitudine errandi unius spiritus sunt, eodem spiritu ambulant, eisdem vestigiis; spiritui gratiæ contumeliam facientes, cum spiritu hujus mundi scrutantur alta Dei. Idem sapiunt, idem dicunt; nisi quod alter alterum, dum nescit, prodit; cum aliquando alter dissimulat, alter præcipitat, quod uterque sentit. Videant enim, qui legunt totum contextum fidei hominis istius, et philosophiam de

Deo, quam assumpsit per os suum, si quid in ea vel omnino sanum, vel non omnino sit insanum atque hæreticum. Insuper orat lectores suos, ut si quid ibi invenitur quod alibi scriptum non sit, non continuo hæresis judicetur. « Non enim, inquit, quia alibi scriptum non est, ideo hæresis est, sed si contra fidem est. » Paulus vero dicit : « Sed licet nos, aut angelus de cœlo evangelizaverit vobis præterquam quod evangelizavimus vobis, anathema sit (*Galat.* 1). » Et iterum, ut iteratio esset et confirmatio : « Sicut, inquit, prædiximus vobis, et nunc dico : Si quis evangelizaverit vobis præterquam quod accepistis, anathema sit. » Et quid, obsecro, magis anathematizandum, quid magis, non dicam hæreticum, sed ethnicum, quam publica professione verbo negare et scripto, Patrem, et Filium, et Spiritum sanctum? Nunquid enim hoc non est negare Patrem et Filium, et Spiritum sanctum velle asserere, eos non veritate naturæ esse hoc quod dicuntur, sed nuncupative hoc dici? Hoc in antiquis orthodoxorum Patrum conciliis, in tractatibus eorum, in gestis et scriptis eorum, quanta auctoritatis censura jam olim damnatum sit et anathematizatum, neminem potest latere, qui ecclesiasticarum scripturarum notitiam aliquatenus assecutus sit. Ubi omitto interim gravem et Sabellianæ hæresis notam, quam ipse sibi in caput suum contrahit, cum de Deo dicturus Patre et Filio et Spiritu sancto Deum pro eis potentem, sapientem volentemque constituit : quod Deum qui in semetipso et ex semetipso est, quod est, ad creaturam dicit esse totum, quod est ; ad ea quæ proposuit veniamus. Docturus humanum genus, quod hactenus nescivit, et quasi a fide ad intellectum omnium perducturus, altissimum illud in Deo mysterium Trinitatis, proponit in divinitate potentiam, sapientiam et voluntatem, ex quibus Trinitatem Deum conficiat. Et hæc quidem tria in divinitate esse, manifestum est. Sed cum et alia quamplurima his similia constet esse in Deo, quemadmodum tria hæc : tribus his ad conficiendam, ut dictum est, Trinitatem, quæ Deus est, assumptis, miro præjudicio cætera omnia ejusdem in divinitate conditionis excludantur a consortio tantæ dignitatis. Sed agamus serio de re tam seria.

Quæramus quomodo sint in Deo non solum potentia, sapientia et voluntas ; sed et virtus Dei, veritas, charitas, bonitas, justitia, et cætera his similia. Nempe sicut beatus Augustinus dicit : « Quidquid, inquit, in Deo est Deus est. » Et adhuc expressius in libro De Trinitate (41) : « Præcipue, inquit, tenendum est, quia quidquid ad se dicitur præstantissima illa et divina sublimitas ; substantialiter dicitur : quod autem ad aliquid, relative : tantamque vim esse ejusdem substantiæ in Patre et Filio et Spiritu sancto, ut quidquid ad selpsos dicitur, non pluraliter ; in summa, sed singulariter dicatur. » Scilicet Deus Pater, Deus Filius, Deus Spiritus sanctus ; et tamen non tres dii, sed unus Deus. Potens sive potentia Pater, potentia Filius, potentia Spiritus sanctus : et tamen non tres potentes, sive tres potentiæ, sed una potentia, et unus potens. Sic etiam de sapientia, de bonitate, de veritate, de charitate, intelligendum est ; et de omnibus, quæ, sicut dictum est, essentialiter de Deo Patre, et Filio, et Spiritu sancto et ad se, prædicantur. Essentia ergo in natura divinitatis, et nomina hæc omnia, quæ, sicut dictum est, de Patre et Filio et Spiritu sancto essentialiter et ad se dicuntur, nonnisi simplicissimam præferunt unitatem ; relatio vero Patris ad Filium, Filii ad Patrem, Spiritus sancti ad utrumque, et utriusque ad ipsum, ipsaque nomina relativa, ipsa sunt quæ multiplicant Trinitatem. Frustra ergo ibi quæritur Trinitas, ubi non est, sed simplex ibi unitas est. Quapropter nequaquam quasi ad conficiendam Trinitatem in Deo, potentia ejus, sapientia et voluntas proponenda sunt : quæ secundum præmissam regulam fidei, et rationem, licet pluraliter in tribus personis pronuntiari possint, in summa tamen et in illa natura, ubi hoc est posse quod sapere, sapere quod velle, unum sunt. Quæ autem in divinitate secundum catholicam fidem Trinitas prædicanda sit, beatus Hieronymus in hunc modum scribit ad Damasum papam (42) : « Confundentes, inquit, Arium, unam eamdemque substantiam Trinitatis dicimus. Impietatemque Sabellii declinantes, tres personas expressas sub proprietate distinguimus. Non enim nomina tantum, sed etiam nominum proprietates, id est personas, sive, ut Græci exprimunt, hypostases, hoc est subsistentias, confitemur. » Et beatus Augustinus ipsas personas suis designans nominibus (43) : « Certissime, inquit, et de Scripturis cognoscitur, et pie credendum est, et aspectus mentis in hoc indubitata perceptione perstringitur, et Patrem esse, et Filium esse, et Spiritum sanctum esse ; nec eumdem esse Filium, qui Pater est ; nec Spiritum, qui Pater est, vel Filius ; unius tamen essentiæ, non trium, Patrem, et Filium, et Spiritum sanctum. » Et subtilius adhuc de essentia et relatione disserens : « Nullum, inquit, essentiale in Deo nomen est, quod sic unius personæ sit, ut non conveniat tribus. Nullum sic tribus convenit, ut non in summa unum sit. » In eis autem quæ relative de Deo dicuntur, nequaquam sic una persona singulariter dicitur, ut non ad alteram ipso suo nomine referatur. Relativo enim vocabulo sic quælibet persona dicitur in se, ut non dicatur ad se. Relatio ergo, sicut dictum est, facit Trinitatem, essentia unitatem.

Quod autem in Scripturis aliquando quædam nominum horum proprie assignantur Patri, quædam Filio, quædam Spiritui sancto, sicut idem doctor dicit, *sciendum est quid, propter quid*. Sic enim totum quod est ipsa natura, commune tribus invenitur personis, ut aliquid tamen aliquando sit, quo de Temp.

---

(41) Lib. v De Trin., c. 7.
(42) Apud Hieron., tom. IV, et Aug., ser. 191
(43) Aug., vii De Trin., c. 5.

proprie unaquæque persona cognoscatur. Ubi quamvis Pater aliquando quasi singulariter dicitur potentia, Filius sapientia sive veritas, Spiritus sanctus voluntas sive charitas : ad id tamen semper reditur, ut Pater et Filius et Spiritus sanctus una sit potentia, una sapientia, unum quidquid sunt. Deinde subtexit et dicit : « Has tres, id est potentiam, sapientiam, voluntatem, sancti tres personas vocant, vocabula illis a vulgari propter affinitatem quamdam transferentes : potentiam appellantes Patrem, sapientiam Filium, voluntatem Spiritum sanctum. Potentia dicitur Pater, quia creavit, et creata paterno regit affectu. Sapientia dicitur Filius a Patre ante sæcula genitus, et tamen illi coæternus; quia sicut Filius aliquis temporaliter est a Patre, ita sapientia coæternaliter et consubstantialiter est a potentia. Voluntas vero divina dicitur Spiritus. Est enim proprie spiritus anhelitus. Sed quia in spiritu et anhelitu sæpe voluntas hominis perpenditur; aliter quippe spirat lætus, aliter iratus; divinam voluntatem vocaverunt Spiritum, sed antonomastice sanctum. » Ecce quomodo Sabelliano spiritu, quantum in ipso est, destruit in S. Trinitate veritatem personarum. Et de nomine quidem personæ constat, quod ab hominibus repertum est. Etenim, sicut dicit beatus Augustinus, cum opus esset copiosa disputatione adversus hæreticorum insidias et errores, necessitate loquendi de ineffabili, inventum est hoc nomen : ut cum quæritur de Trinitate sancta, quid tres, et congruum eis nomen non invenitur, necessitate respondendi et usu loquendi ex multis incongruis hoc proferatur, ut dicatur tres personæ : non ut eo res, sicut est, edicatur, sed ne omnino taceatur. Porro divinorum ipsorum nominum, Patris scilicet, et Filii, et Spiritus sancti, neminem dicimus auctorem vel credimus, nisi ipsam divinam naturam gignentis et geniti, et ab utroque procedentis. Natura vero ipsa æternitas est, et æternum est, quidquid naturæ illius est. Pater ergo et Filius et Spiritus sanctus sicut ab æterno hoc sunt, sic ab æterno hoc dicuntur; etsi non verbo hominis, sed verbo Dei, Verbo Deo, quod est apud Deum.

Augustinus : « Non possunt per nostras voces, quæ utique corporales sunt, et corporaliter sonant, Pater et Filius et Spiritus sanctus nisi suis propriis intervallis temporum certa separatione distinctis, quæ suæ cujusque vocabuli syllabæ occupant, nominari. In sua vero substantia, ubi tres unum sunt, nullo temporali motu, super omnem creaturam idipsum fit, sine ullo intervallo temporum vel locorum. » Item : « Ubi per Verbum, non quod profertur et sonat et transit, sed Verbo quod est apud Deum, et Deus est Verbum et omnia per ipsum facta sunt, Verbo æquali sibi, semperque incommutabili, semper atque incommutabiliter dicit semetipsum. Etenim nomina quæ de Deo digne dicuntur, aliter dicuntur Verbo Dei, aliter lingua angelorum, aliter lingua hominum. Verbo enim Dei ea dici rem nominum est esse quod est : lingua angelorum, contemplari eam et intelligere sicuti est : lingua hominis interioris, corde credere ad justitiam; exterior autem, ore confiteri ad salutem. » Quod autem Filium Dei hoc dici nuncupative astruere nititur; non sicut dicit, hoc dicunt aliqui sancti, sed contradicunt omnes sancti. Augustinus : « Credimus Dei Filium ante omne prorsus initium, hoc est sine aliquo suæ nativitatis initio, de Patris substantia genitum, Deum de Deo, Dominum de Domino : non ex nihilo, quia de Patre; non nuncupative, quia nomen habet ex veritate naturæ : non ex aliqua materia, quia non fuit aliquid coæternum Deo, unde origo præstaretur Filio. Quid autem prodest Filio, ut nuncupetur unigeniti nomine, si privetur vocabuli veritate ? » Item Ambrosius contra Arianos : « Quid te, » inquit, « quæstionum tormenta delectant? Patrem audis, Filium audis. Aut dele nomen; aut confitere naturam. » Item super Lucam : « Hic est Filius meus dilectus, in quo mihi bene complacui. Ubi sunt Ariani, quibus displicet Filius, in quo complacuit sibi Pater ? Hoc non ego dico, non hominum quisquam dicit; neque per hominem Deus, neque per angelos, neque per archangelos; sed ab ipso Patre vox missa signavit. Qui ergo Filium non credit, non credit Patri. Testis enim est ille de Filio. » Augustinus de Trinitate : « Ridenda est dialectica Eunomii, qui cum non potuisset intelligere, nec credere voluisset, Unigenitum Dei Verbum, per quod facta sunt omnia, Filium Dei esse natura, hoc est de substantia Patris genitum; non naturæ sive essentiæ dixit esse Filium, sed voluntatis : scilicet quia Filium charitatis Dei eum appellat Apostolus. » Deinde nomina ipsa Patris et Filii et Spiritus sancti, non in veritate generantis et geniti et ab utroque procedentis, in Deo esse, sed æquivocali quadam affinitate translata in Deum esse, astruere nititur dicens : « Potentia dicitur Pater, quia cuncta creavit, et paterno disponit affectu. Sapientia dicitur Filius a Patre ante sæcula genitus, et tamen illi coæternus, quia sicut Filius temporaliter est a Patre, ita sapientia æternaliter et consubstantialiter est a potentia. »

Hic palam omnibus est, quomodo occurrit fidei, adversatur veritati; cum dicit Patrem, hoc quod Pater est non esse ad Filium, sed ad creaturam, non natura, sed affectu : quin potius Patrem non esse; potentiam autem Patrem dici, propter affectum creandi, et affectum gubernandi. Augustinus : « Quod Pater est, ad Filium : quod Dominus, ad creaturam. » Sapientiam vero Filium dicit appellari, eo quod sicut filius quilibet temporaliter gignitur de patre suo, sic illa æternaliter de potentia. Videte ebrium offendentem, ruentem. Ponit sapientiam ad potentiam tanquam filium, ad patrem; potentiam vero patrem, non ad sapientiam, sed ad creaturam. Sed et sapientiam de potentia nasci, neque ex auctoritate habemus, neque ex ratione colligimus : quin potius ex usu rationis humanæ sæpius et efficacius generatur potentia de sapientia, quam sapientia de potentia. De sancto vero Spiritu quod dicit, scilicet qua affinitate a vulgari nostro in illam naturam nomen ipsum Spiritus sancti translatum sit, nisi quod de Spiritu sancto agimus, tam frivolum ac ridiculum est, ut, nonnisi ridendo aut irridendo, de Spiritu sancto hoc eum dixisse putaverim. Et credo quia qui habitat in cœlis, irridebit eum, et Dominus subsannabit eum.

Datus enim in reprobum sensum homo physicus et philosophus, physice de Deo philosophatur; et sicut supra Patrem ab affectu, sic Spiritum sanctum ab anhelitu dictum jocatur. Sed super hoc, Petro Abælardo idem garrienti, sufficienter, ut æstimo, supra responsum est. De eo vero quod dicit, nihil aliud esse, Spiritum sanctum a Patre Filioque procedere, quam voluntatem Dei ex potentia et sapientia in opus creaturæ procedere; beatus Augustinus dicit : « Si Spiritus sanctus non procedit, nisi cum datur; nec procederet utique, priusquam esset, cui daretur; et jam non est ipse substantia, si non est, nisi quia datur. Sed procedit semper, ut sit, etiam cum non datur; sicut Filius non tantum ut sit Filius, quod relative dicitur, sed omnino ut sit ipsa substantia, nascendo habet. Sed et quia ab æterno sic procedit Spiritus sanctus ut esset donabile, jam donum erat et antequam daretur. » De generatione vero divina enarranda, quod dicit Prophetam non impossibilitatem denuntiasse, sed difficultatem, cui magis credendum sit, ipsi an sanctis doctoribus, facile judicium est. Augustinus : « Generatio Christi ex matre, supra rationem est : quæ vero ex Patre, supra intellectum. » Item : « Sic non est aliud Filio videre Patrem, quam nasci de Patre; sicut non aliud ei est, videre Patrem operantem, et pariter cum eo operari. » Ambrosius : « Vis nosse generationem divinam? In principio erat Verbum, et Verbum erat apud Deum, et Deus erat Verbum. Hoc erat in principio apud Deum. » Item : « Quomodo Filius a Patre sit genitus, impossibile est scire. Mens deficit, vox silet : non hominis tantum, sed et angelorum. Super angelos est, super cherubim, super seraphim, super omnem sensum. Credere jubemur; discutere non permittimur. Aufer argumenta, ubi fides quæritur. Licet scire, quod natus sit : quomodo autem natus sit, scire non licet. » Fateatur ergo philosophus noster ignorantiam suam, ubi tanti viri solam profitentur admirationem. Intelligat autem, quoniam si præscientia creaturæ generatio Filii Dei, sive sapientiæ Dei est, jam id quod est temporale, causa æternitatis est. Intelligat in simplicitate summæ essentiæ non esse Trinitatis numerositatem, et ideo non substantiæ consubstantialitatem, non æternitatis coæternitatem.

Deinde creationem primi hominis philosophice, seu magis physice describens, primo dicit corpus ejus non a Deo factum, sed a natura, et animam ei datam a Deo, postmodum vero ipsum corpus factum a spiritibus, quos dæmones appellat, et a stellis. Ubi in altero quidem stultorum quorumdam philosophorum videtur sententiam sequi, dicentium nihil prorsus esse præter corpora et corporea; non aliud esse Deum in mundo quam concursum elementorum, et temperaturam naturæ; et hoc ipsum esse animam in corpore.: in altero manifestus Manichæus est, dicens animam hominis a bono Deo creatam, corpus vero a principe tenebrarum.

In creatione vero mulieris palam omnibus legentibus est, quam stulte, quam superbe irridet historiam divinæ auctoritatis; scilicet excostasse Deum primum hominem, ad faciendam de costa ejus mulierem. Et physico illud sensu interpretans, nimis arroganter veritati historiæ suum præfert inventum, parvipendens magnum illud sacramentum, de quo Apostolus dicit : « Hoc nunc os ex ossibus meis, et caro de carne mea. Ego autem dico in Christo et in Ecclesia (*Gen.* II; *Ephes.* V). » Augustinus : « Adam qui erat forma futuri, rerum imaginem et magnum judicium sacramenti nobis præbuit, imo Deus in illo. Nam et dormiens meruit accipere uxorem, quæ de costa ejus facta est : quoniam de Christo in cruce dormiente futura erat Ecclesia de latere ejus dormientis, quia de latere in cruce pendentis lancea perfosso sacramenta Ecclesiæ profluxerunt. Magnum sacramentum. Potuit Deus carnem detrahere homini, unde faceret feminam, et magis videtur quasi congruere potuisse. Fiebat enim sexus infirmior; et magis de carne infirmitas fieri debuit, quam de osse. Sed de osse, hoc est de costa viri, formata est mulier, et in loco ossis caro adimpleta est. Poterat pro osse os facere; poterat ad faciendam mulierem non costam, sed carnem detrahere. Quid igitur hæc significant? Facta est mulier in costa tanquam fortis : factus est Adam in carne tanquam infirmus, Christus in Ecclesia. Illius enim infirmitas nostra fortitudo fuit. » Hoc si crederet, non irrideret. Sed quid agimus? Qui enim arguit derisorem, ipse sibi injuriam facit. Deinde gloriabundus, quasi cui mysteria a sæculis abscondita revelata sint, totus tacito nomine in viros religiosos invehitur; satis tamen subauditur in quem, vel in quos : scilicet qui agentes pascha, hoc est tractantes de divinis, cum ipsi pro paupertate sensus sui ad esum agni non sufficiant, ipsum tanquam vicinum, hoc est in eadem fide commanentem ex præcepto legis non dignentur advocare. Sed sicut audio ab eis qui eum noverunt, vicinus quidem olim fuit, sed ab eis de quibus dicit, tam longe recessit, ut nisi redeat in domum, de qua prævaricatus est, nec paschalis sacramenti particeps ulterius debeat fieri; nec ad esum agni dignus sit, sive advocari, sive admitti.

DE SACRAMENTO ALTARIS
LIBER,

Falso, ut in notitia prævia ostendimus, S. Anselmo a quibusdam ascriptus.

Bibl. Cisterc. IV, p. 130.

GUILLELMI EPISTOLA
AD QUEMDAM MONACHUM (44) QUI DE CORPORE ET SANGUINE DOMINI SCRIPSERAT.

Fratri in Christo charissimo, illuminatos oculos cordis. Lego et relego, charissime, opus vestrum De officiis, multumque me delectat ejus lectio, tum pro sui utilitate, tum pro auctoris dulcissima mihi charitate. Sed quoniam veritas charitatis, et charitas veritatis adulationis odit fucum, videor mihi videre in facie pulchri operis nævum unum, qui etsi inter nos interim benevola quadam dissimulatione tegatur vel coloretur, si opus hoc exierit in manus eorum, qui carpere amant aliorum etiam bene dicta, futurum est in signum, cui a multis contradicetur. Cum enim in ordine divini sacrificii illa tria digesturus, materiam, intentionem, finalem causam, de materia ageretis, dixistis post multa : « Sed dicit mihi adversarius : Vivens et sensibilis in corpore suo, mobilisque est Deus et homo Christus. Corpus autem sacrificii vitam non habet; sensum non habet, mobile non est; corpus ergo Domini non est (45). » Ad hæc vos contra adversarium : « Obsecro te, quam in corpore Domini vitam requiris ? Est enim vita animalis, est et spiritualis. Animalis vita quinque sensibus fungitur; visu, odoratu, auditu, gustu et tactu. Hæc vita animalis est; carnalis est ; caro est. Dominus autem dicit, quia caro non prodest quidquam. » Et post aliquanta : « Solam ergo spiritualem vitam in sacrificio nobis administrare sapientiam ejus decebat : quæ est sanctificatio, benedictio, misericordia et veritas, justitia et pax. Hæc autem vita spiritualis sic est in corpore sacrificii absque ejus vita animali, quomodo lux solis absque calore ejus in corpore lunæ. » Primum, quid hic corpus sacrificii appelletis, penitus non adverto. Cum enim ad benedictiones mysticas operante invisibiliter verbo Dei corpus in corpus, substantia mutata sit in substantiam, sicut in mensa nuptiali aqua in vinum mutata, solum adfuit vinum, in quod aqua mutata erat ; sic in mensa altaris solum adest corpus Domini, in quod vere mutata est vera panis substantia : nisi quod de aqua nihil remansit in mutatione illa ; de pane vero mutato ad peragendum sacri institutum mysterii sola remanet species visibilis. Unde B. Ambrosius : « Ne, inquit, horror cruoris fieret, ideo in similitudine accipis sacramentum (46). » Nam panis substantiam post Domini corporis consecrationem in altari superesse, semper abhorruit pietas Christiana, nuperque damnavit in Berengario Turonensi, ejusque sequacibus. Nam si hoc admitteretur, jam Verbum non incarnatum tantum, sed etiam, si dici posset, diceretur impanatum, si sicut ille dicebat, panis sic in corpus Domini transiret, ut tamen panis esse non desineret.

Corpus igitur sacrificii non aliud intelligo, quam quod mortuum est, et resurrexit : quod non corpus sacrificii, sed, sicut vere est, appellamus corpus Domini. Quod idipsum esse, quod in altari sacrificatur qui non credit in eorum numero se constituit, qui abierunt retro, dicentes, *Durus est hic sermo* (Joan. VI). Sed et vos corpus illud sacrificii aliquando appellatis corpus Domini. Sed, pace vestra dictum sit, infertis quod nescio an corpori sacrificii, sed corpori Domini non convenit. Nam corpus Domini, imo Dominum Jesum in corpore suo, ipso inquam corpore in quo nobis præsto est in altari; quod non est aliud quam quod sedet ad dexteram Patris, motum et sensum habere, et per omnia nostræ esse naturæ, licet alterius gloriæ, contradicet nullus, nisi insipiens ille qui dicit in corde suo *Non est Deus* (Psal. XIII). Quod si corpus sacrificii visibilem illam speciem appellatis, quæ apparet in altari, videlicet propter similitudinem panis corporalis, stultus et ineptus erit ille adversarius qui ea requiret in specie panis quæ propria sunt viventis corporis, id est vitam, sensum, et motum, et non potius ea quæ propria sunt illius speciei; ut est rotunditas, albedo, et cætera hujusmodi

---

(44) Hic monachus est Rupertus, qui postea Tuitiensis factus est abbas.

(45) Ruperti verba lib. II De Offic.
(46) Ambros. lib. De sacram.

Nam similitudo illa panis, quæ in altari carnis oculis se ingerit, per se inspecta, non est corpus Domini. Sed cum esset quiddam priori substantiæ, id est pani inhærens, vel accidens, migrante in Dominicum corpus substantia cui inhærebat, remansit, ad peragendum sacri instituti mysterii. Quod quidem contra usum et rationem est mundanæ sapientiæ, ut sublata substantia substantiæ accidens subsistat. Sed legi naturæ non subjacet Deus; imo ipsius legis lex est creator suus. Potestque accidentia subducto substantiæ fundamento, vel continere, vel in aliam transferre substantiam; qui terram, vel secundum unum prophetam *appendit in nihilum* (*Job* xxvi), vel secundum alium, *super maria fundavit, et super flumina præparavit eam* (*Psal.* xxiii). Qui etiam de hoc ipso corpore suo de quo agimus, hoc mirabiliter operatur, quod etiam de divina ejus substantia vix capere potest humanæ animæ infirmitas, ut clausis januis illud introducat, et palpabile præbeat (*Joan.* xx); et cum in sacramento distribuitur fidelibus, faciat de eo quod scriptum est : *Qui multum, non abundavit; et qui modicum, non minoravit* (*II Cor.* viii): unoque horæ momento et in dextera Patris sedeat in cœlis, et sacrificetur in mensa altaris : itemque uno momento a solis ortu usque ad occasum, et ab aquilone ad austrum, præsto sit omnibus fidelibus, hoc quod tradidit ipse, in sui memoriam fideliter celebrantibus. Quod de corpore cogitare non potest aliquis, qui sit in corpore. Est igitur in mysteriis vera Dominici corporis substantia, sed absque visibili specie sua ; et est vera species visibilis panis, sed absque substantia sua. Unde beatus Augustinus : « Quod, inquit, videtis in altari, panis est et calix, quod oculi renuntiant vobis; quod autem fides postulat instruenda, panis corpus est Christi; et calix sanguis est Christi. » Et B. Ambrosius : « Ut sint quæ erant, et in aliud commutentur. » Nihil enim falsum putandum est in sacrificio veritatis, vel sicut fit in magorum præstigiis, ubi delusione quadam falluntur oculi, ut videatur illud esse quod non est omnino; sed vera species visibilis panis, quæ fuit in pane, ipsa facta præter substantiam suam, quodammodo in aliena peregrinatur, continente eam qui fecit eam, et ad suum transferente corpus.

Quæ tamen translata ad corpus Domini, non eo modo est ad illud, quomodo accidens ad substantiam; quia corpus Domini, quantum in sua substantia, nec album efficit albedo illa, nec rotundum rotunditas illa ; sicque de reliquis. Sed quia, sicut dicit B. Augustinus, visibiliter necesse est celebrari, quod tamen necesse est invisibiliter intelligi : ad quod necessaria est species illa ad mysterii ritum, ad gustus suffragium, necessario et pio consilio quasi perfunctorie admittitur : quo peracto, in percipiendo sacramento consumitur. Consumptibilis enim erat, et obnoxia corruptioni : quod esse non potest sanctum illud, de quo Propheta : *Non dabis*, inquit, *Sanctum tuum videre corruptionem* (*Psal.* xv). Deinde cum corpus illud sacrificii vivere negatis vita animali, vellem diceretis apertius, quam ibi vitam animalem dicatis. Dicit enim Apostolus : *Ut spiritus vester et anima et corpus conservetur in diem Domini* (*I Thessal.* v). Secundum hanc distinctionem, quam in omni homine possibile est inveniri, duæ vitæ discernuntur, quæ invicem sibi adversantur: spiritualis et animalis.

Horum enim trium, spiritus videlicet, animæ, et corporis, cum duo ultima primo serviunt, vita est spiritualis; cum duo prima ultimo, vita est animalis. Hanc vitam appellare animalem consuetudo est Scripturarum. Talis quippe est homo, qui non percipit ea, quæ Dei sunt. Hac autem vita animali, qui vivere dicit corpus Christi, non vivit ipse, pejorque est omni animali. Quod si nomen animalitatis in hoc coarctemus, ut animalem vitam dicamus, qua vivificatur tantum corpus et sensificatur; quicunque corpori Christi post resurectionem ex mortuis derogat vitam, et sensus nostræ naturæ, licet alterius gloriæ, videat unde astruat, quod dicit; maxime cum membris auferat resurrectionis spem, quam in capite videtur perimere. Ecce hoc est, quod in opere vestro me offendit, et nonnullos fratrum nostrorum. In quem sensum etiam illud concurrere videtur, quod paulo superius dixeratis. Sic enim ib' legitur : « Quapropter qui visibilem panem sacrificii comedit, et invisibilem a corde suo non credendo repelli: Christum occidit, qui vitam a vivificato sejungit, et dentibus suis mortuum laniat corpus sacrificii ; ac per hoc reus est corporis et sanguinis Domini. » Et in hunc sensum consonare videtur, quidquid propositum vel assumptum est in sententia illa de materia sacrificii sancti. Quod utrum correctione indigeat, vestro legentiumque judicio derelinquo. Nunc unum est, quod precor charitatem vestram, per ipsum qui est charitas; ne me quasi de integritate fidei vestræ dubitantem, quod longe sit a corde meo et conscientia mea, æstimetis in opus studii vestri quasi censoriam tulisse sententiam jactabunda quadam temeritate; sed fraterna charitate et sollicitudine amica, teste Deo, loquor pro vobis sollicitus, sic vellem et hoc et omne opus studii vestri et laboris exquisitum esse et circumspectum, priusquam exiret in manus eorum, qui foris sunt, ut qui rodere illud vellet, non inveniret, ubi dentem posset infigere ; et ut sincerum vas nullus posset incrustare. Valete.

(*In utroque codice manuscripto, qui præ manibus est, hæc verba prædictam epistolam sequuntur :* « Finit epistola domini Guillelmi, quondam abbatis S. Theodorici ; sed præ nimio desiderio perfectionis, et exoptatæ paupertatis, ad ultimum monachi Signiacensis. »)

Incipit prologus D. Guillelmi ad abbatem Clarævallis S. Bernardum.

Charissimo suo electo ex millibus, suus ille seipsum. Cum nuper, re ipsa exigente, cuidam fratri breviter de sacramentis scripsissem, sumpto inde cogitandi exordio, rationes quasdam ex Patrum sententiis sumptas cœpi invicem conferre; et quædam quæ in libris eorum, et maxime B. Augustini, super hac re nonnullos turbare solent, in unum colligens, tentare cœpi, utrum aliquid inde possem conficere. Cumque ex conflatione illa opusculum hoc nescio quomodo exisset, vobis præ omnibus putavi destinandum, mihi et vobis solummodo habendum: ut cum in eo correxeritis quæ corrigenda sunt, et meum opus, et vestrum sit; cum ego fecerim, vos correxeritis, nisi quod magis erit vestrum quam meum: si non bene factum a me, bene fuerit a vobis correctum. Post finem vero opusculi per se sententias ipsas Patrum congessi, pro quibus explanandis, et sibi invicem conciliandis, opus ipsum aggressus sum; licet per ipsum opusculum passim eas disverserim: et ubi opportunum fuerat, ipsa verba eorum ponere maluerim, quam mea. *Explicit prologus.*

INCIPIT LIBER D. GUILLELMI
DE CORPORE ET SANGUINE DOMINI.

Cum Christianæ fidei veritas hoc quasi speciali præmineat jure, ut non ipsa per intellectum, sed per eam ejus quærendus sit intellectus; omnem a se compescit superbum vel curiosum inquisitorem, vel eum, qui multis et variis quæstionibus in fide non quærit nisi gloriam suam; vel eum, qui quasi ratiocinando et retractando dubiis quibusdam deliberationibus explorat, utrum credendum sit, quod credendum indicit divina auctoritas. Beati pauperes spiritu, qui parvulos se cognoscentes et lacte nutriendos, donec apti sint ad solidum cibum, accedunt simpliciter ad fidem: quos suscipit et exercet; et eorum est, quæ non omnium est, fides. Aliud enim est fides, aliud scientia. Scientia ratione et intellectu colligitur: fides vero sola auctoritate indicitur. Qui ergo nil credere vult, nisi ratione vel intellectu præcedente, hic rem confundit. Et scire omnia volens, nil credere fidem quantum in ipso est, videtur annullare. Sed *credere oportet accedentem ad Deum, quia est* (Hebr. XI). Et: *Justus ex fide vivit* (Hebr. X). Unde et ego de sacramentis Sancti sanctorum corporis Domini nostri Jesu Christi, quod dederit ipse scripturus, non abs re puto de hoc et de hujusmodi cogitantes vel loquentes mecum pariter commonere, non nimis inniti sensui suo, sed prudentiæ suæ ponere modum; intendere vero aciem mentis in rem de qua agitur: et secundum Boetii viri prudentissimi sententiam, sicut res est, sic de ea fidem capere tentare. Non enim est hominis rationem habentis, cum tractat divina, pensare ea ex his rebus quæ infra Deum sunt, et omnipotentiæ immensitatem intra terminos nostræ possibilitatis angustare: eamdemque naturam quodammodo disputando velle informare ad exemplum naturæ mutabilis: in qua stant æternaliter omnes causales formæ rerum labentium temporaliter. In hujusmodi enim de sursum, non de deorsum, trahenda sunt rationum exempla, vel probationum argumenta. Alioqui, qui hoc non facit, similis ei æstimandus est, qui fontem rivo, et non fonti rivum attribuit.

CAPUT PRIMUM.

Quomodo æstimandum sit de corpore Domini: et quod in diversis locis sit uno eodemque tempore, non tamen ubique.

Hac igitur consideratione in mysteriis Christi carnem sapere non debemus secundum carnem. Nam etsi Christum secundum carnem novimus; sed nunc jam non novimus (*II Cor.* V). Rursumque carnis veritatem non sic debemus quasi spiritualiter rimando attenuare, ut naturam ejus Verbo Dei unitam, non tamen in Verbum mutatam, quasi ratiocinando videamur destruere. Nam *Jesus Christus heri et hodie, ipse est et in sæcula* (*Hebr.* XIII). Qui naturam illam, in qua carni communicavit et sanguini, ut fratribus per omnia assimilaretur misericors pontifex, sic glorificavit, ut non destrueret; sic provexit, ut non exinaniret. Sic enim est cogitandum corpus Domini, sicut est: nostræ scilicet naturæ, sed alterius gloriæ. Si enim nostræ humilitatis corpus resurrectione glorificatum spirituale erit, inquantum spirituali potentia et incorruptione et gloria præminebit; quanto magis illud in quo habitat omnis plenitudo divinitatis corporaliter, ejus qui resurrexit a mortuis primitiæ Christus? Si in nobis fiet tunc, ut quidquid mortale fuerit absorbeatur a vita, quidquid hominis est, in melius suum commutabitur; ut quod nunc est spiritus, anima et corpus, tunc sit totum spirituale vel spiritus; quanto magis qui ex unitis naturis in idipsum naturæ utriusque res est, neutro carens, in utroque Deus et homo Christus, cum in virtute resurrectionis suæ ea quæ erant passibilis et mortalis hominis, finem fecit habere, formam illam quæ ditanda erat tantæ glorificationis augmento, eo in semetipso provexit ut, sicut dicit Apostolus, exaltaret illam, et donaret *illi nomen, quod est super omne nomen?* (*Philip.* II.)

Et si natura carnis, ex quo illi naturæ summæ unita est, in tanta unitate ei ab ipso conceptu Virginis est conserta, ut nec sine homine divina, nec sine Deo agerentur humana, et per hanc unitatem etiam in diebus carnis suæ homo Christus potuit divina; quanto magis cum exaltatione qua illum exaltavit Deus, humilitas ejus mutata est in gloriam, infirmitas in virtutem, mors in vitam! Nam quod de humanitate ejus per resurrectionem glorificata sæcularis philosophiæ ratiocinationibus videtur insusceptibile, ut clausis ad discipulos januis palpabilis intraret (*Joan.* II), et passibilis et mortalis exercuit, dum de thalamo suo uteri virginalis ad currendam viam dispensationis humanæ clausis naturæ januis processit. Quod si corpus illud intrare et exire per clausa potuisse virtus auctoris et pietas fidei fecit esse credibile; alia etiam quæ præter naturam corporum sunt, posse corpus illud vel potuisse, non video quid facere possit incredibile. Nam et spiritus noster, in quo ad imaginem Dei conditi sumus, cum secundum imaginem ejus qui creavit eum in regno machinæ corporalis, cui præest, sic quodammodo se habeat, quomodo Creator in regno creaturæ suæ, ut sicut ille ubique locorum est, et totus est, sic iste in toto corpore suo sit, et ubique totus sit, licet ratio humana non comprehendat modum quo id fiat: cur difficile videbitur naturam carnis illi summæ naturæ sic unitam, ut ejus facta sint omnia, quæ illius sunt, maxime post resurrectionis glorificationem in divina potentia posse, ut in diversis locis sit, non diverso tempore? Nam, ut ait Apostolus, « etsi crucifixus est ex infirmitate; vivit » tamen « ex virtute Dei (*II Cor.* XIII). » Licet enim dignioris et subtilioris naturæ spiritum rationalem constet esse, quam quodlibet corpus; illud tamen corpus quod super omnes cœlos in eo, qui supra omnia est, meruit exaltari, dignius, et ad omnia quæ voluerit, subtilius et efficacius puto esse, quam sint aliqui, non solum inferiores spiritus, sed etiam omnes illi, qui cœlorum nomine meruerunt appellari. Nam quamvis etiam corporalis ejus elevatio, qua super cœlos elevata est illa natura, procul dubio sit credenda; tamen exaltatio, qua exaltata creditur super cœlos cœlorum, sic verissime intelligenda est ut dignitate, et gloria, et potestate super omnia cœlestia credatur glorificata. Consedit enim, ut Apostolus ait, « ad dexteram majestatis in excelsis : tanto melior angelis effectus, quanto differentius præ illis nomen hæreditavit (*Hebr.* I). » Quæ profecto dextera non aliud intelligenda est, quam ea quæ illa majestas habet potiora. Nec tamen naturam illam corporis Dominici ubique esse dico; quia nec opus est, nisi ubi vult, et ubi certo fidei sacramento hoc operatur, ad quod assumpta est et glorificata, mysterium scilicet salvationis humanæ. Ambrosius (47) : « Non enim secundum naturam divinitatis interpretandum est, quod præter naturam illam est. Nam et si credamus a Christo carnem susceptam, non tamen discernamus naturam Verbi et carnis, nobis dicitur: Si recte offeras, et non recte dividas, peccasti. » Deus enim solus necessario ubique est; quia cum omnia in ipso constent, nihil posset esse, ubi illum contingeret deesse : ideoque substantiæ ejus et potentiæ præsentiam ubique adesse, inevitabile exigit necessarium. Sic ergo constat in diversis locis uno horæ momento esse posse corpus Christi; sed lege creatricis naturæ, non creatæ.

Cum autem naturæ creatæ natura sit, creatricis naturæ legibus in omnibus obedire; si hæc aliquando pacta sua resolvenda illi permittit, qui eam instituit, et ordinat, non debet videri errare vel deviare ab ordine suo, maxime in illa natura, quæ in virtute personæ conjuncta est illi Verbo, per quod facta est omnis facta natura, et præter quod non posset aliquo modo esse, nisi, sicut dicit evangelista, in ipso vita esset (*Joan.* I). Si tamen cogitemus illam personæ unitatem, qua « licet Deus sit et homo; non duo tamen, sed unus est Christus (48), » secundum quam ipse Dominus: « Nemo, inquit, ascendit in cœlum, nisi qui descendit de cœlo, Filius hominis, qui est in cœlo (*Joan.* III); » et de qua Apostolus. « Si, inquit, cognovissent, nunquam Dominum gloriæ crucifixissent (*I Cor.* II) : » cum homo Christus, quantum in suæ proprietate naturæ Dominum gloriæ crucifigi possibile fuerit; si, inquam, hanc personæ cogitemus unitatem secundum participationem humanæ cum Deo naturæ, et in cœlo, et in terra, et ubique, etiam ante conceptum Virginis et fuisse et esse credendus est homo Christus; quemadmodum secundum participationem divinæ cum homine naturæ procul dubio Deus credendus est et crucifixus. Secundum hanc enim unitatem uno momento Christus Dominus cum in sepulcro quievit, et in cœlo et in terra, et ubique fuit, sed secundum divinitatem solam; eodem temporis momento in sepulcro quievit, sed in carne sola; eodem tempore erat in inferno suos liberans, sed in anima sola; eodem tempore in cœlo ad dexteram Patris sedebat, sed in Deitate sola : et si de quolibet horum requiramus, Christus Dominus plane respondendus est fecisse; sed secundum proprietatem cujusque substantiæ.

Sed de hac corporis ejus præsentia non modo agitur. Secundum vero illam, de qua agere cœperamus, adest uno tempore in diversis locis Dominus in corpore suo, incomprehensibili et incarnabili modo, certa tamen fide, ubicunque exigit res salutis humanæ. Qui tamen in manifestatione illa corporis sui, in qua post resurrectionem suam ascendit in cœlum in jubilatione apostolicæ congratulationis, et voce tubæ angelicæ testificationis, uno aliquo loco continetur, quicunque ille locus sit, quem nemo velit investigando quærere, qui non vult errare; futurus ibi usque ad tempora restitutionis omnium; et tunc demum venturus, quemadmodum visus est ascendere in cœlum.

CAPUT II.

Quomodo necessaria nobis sit modo corporis Domini præsentia.

Sicut enim exigit necessitas salutis humanæ, ut adsit ubi opus est; sic etiam exigit, ut sic adsit corpus ejus, sicut opus est. Jam enim non est necessaria nobis illa ejus manifesta præsentia, qua cum hominibus conversatus est Christus, cum natura nostra ejus morte redimenda fuit, in qua solus

(47) Lib. I Incarn., cap. 4.

(48) Athanas., in Symbol.

innocentem se invenit: et cum aliter crucifigi non potuit, nisi ex infirmitate, et nisi in manifestatione carnis et distinctione membrorum exhiberet se talem, qui crucifigi posset. Necessaria tamen nobis est praesentia ejus, eo modo quo eam necessariam ipsa Veritas testata est, dicens: « Nisi manducaveritis carnem meam, et biberitis sanguinem meum, non habebitis vitam in vobis » manentem (Joan. vi). Oportet igitur nos carnem Christi manducare, si vitam in nobis manentem volumus habere. Nam caro ejus vere est cibus, sanguis ejus vere est potus. Quod enim cibo et potu appetitur, in hoc solo cibo praestatur; scilicet, ut ultra non esuriatur. Et sicut communi cibo id appetitur ut vivatur, sic ad eam vitam qua vere vivitur, solummodo per hunc cibum pervenitur. Cibus enim hic ad vitam aeternam animae conferendam collatus est; non ad ruinas sustentandas hujus miserae vitae, quae *vapor est ad modicum parens* (Jac. iv). Hic ergo modus est, quo necessaria nobis est ad salutem et vitam praesentia corporis ejus, videlicet ut manducetur a nobis factus panis noster quotidianus. Oportebat autem, ut sicut cum necessaria nobis fuit visibilis ejus praesentia, invisibile in suis, visibile factum est in nostris Verbum caro factum; sic cum res exigit salutis nostrae, ut manducetur caro ejus, quod non est ipsa caro in natura sua, fiat in aliena, manducabilis scilicet. Quod in nullis rebus aptius fieri potuit, quam in eis, quae inter omnia humani corporis victualia quodammodo tenent principatum: quae sunt panis et vinum. Nam etiam ad litteram prae cunctis cibis panis cor hominis confirmat, et vinum laetificat. Qua igitur dignatione et pietate dignatus est in humeros suos levare ovem perditam, id est, in unitatem personae suae assumere corruptam naturam nostram: eadem nunc terrenam substantiam panis suscipiens, in virtute divinae potentiae, cui in omnibus, et per omnia subest cum voluerit posse, transmutat in veritatem carnis suae.

CAPUT III.
De visibili specie in sacramento corporis Christi.

Cum vero mutat naturam in naturam, substantiam in substantiam, corpus in corpus, hoc solum de eo quod mutatum est facit superesse, quod res exigebat, scilicet ut cum panis substantia in illam transierit substantiam, quae sedet in dextera Patris, de qualitate prioris substantiae hoc sibi vindicet, ut secundum mysterii ritum tractabile fiat et gustabile ex illa natura, quod non erat ex sua. Sed contra omnem saecularis philosophiae rationem et intellectum mutata panis substantia in aliam substantiam, ad quoddam mysterii obsequium quaedam accidentia quae illi inhaerebant, sic transtulit non mutata, ut corpus Domini, licet adsit albedo, non fiat album; nec rotunditas rotundum, sed hujusmodi omnia sic reservavit ut, licet vero humanitatis ejus corpori adsint, non tamen insint: non tamen illud inficiant, vel afficiant sicut accidentia substantiam cui accidunt, sed exterius servientia ad corpus Domini quodam modo obtegendum, quod in forma et natura sua vere persistit, unum quiddam quod pani inerat naturaliter, et non inerat corpori Domini, et in esse illi exigebat res sacramenti, tegminis sui obsequio in illud faciant transire, ut vere fiat secundum ritum mysterii tractabile et gustabile, quod non erat in qualitate naturae suae. Et haec mihi videtur illa species panis visibilis in sacramento altaris. Nec magis hoc est mirandum, quod praeter substantiam facit Deus subsistere accidentia, quam hoc quod ipse est substantia, nulla recipiens accidentia, quidquid est, substantialiter existens; sine qualitate bonus, sine quantitate magnus, sine loco ubique praesens, nihilque patiens, et sic de reliquis.

CAPUT IV.
Quid in sacrificio secundum naturam, quid supra naturam sit.

Sed libet de communi et naturali, et secundum naturam possibili, naturarum vel formarum transmutatione, subtilius aliquid indagare, ut videamus et intelligamus quid in sacrificio sancto secundum naturam, quid supra naturam faciat naturarum omnium Creator Deus. Boetius: « Sola quippe mutari transformarique in se possunt, quae habent unius materiae commune subjectum. » Nec haec omnia, sed ea quae in se et facere et pati possunt. Id vero probatur hoc modo. Neque enim potest aes in lapidem permutari, nec vero idem in herbam, nec quodlibet aliud corpus in quodlibet aliud transfigurari potest, nisi et eadem sit materia rerum in se transeuntium; et a se facere et pati possint, ut cum vinum et aqua miscentur, utraque sunt talia, quae actum passionemque sibi communicent. Potest enim aquae qualitas a vini qualitate aliquid pati; potest item vini ab aquae qualitate aliquid pati. Atque idcirco si multum fuerit aquae, vini vero paululum, non dicuntur immista; sed alterum alterius qualitate corrumpitur. Si quis enim vinum fundat in mare, non mistum est mari vinum, sed in mare corruptum: idcirco quoniam qualitas aquae multitudine sui corporis nihil passa est a qualitate vini; sed potius in se ipsam vini qualitatem propria multitudine commutavit. Si vero sint mediocres, sibique aequales, vel paulo inaequales naturae, quae a se facere aliquid aut pati possunt; illae miscentur, et mediocribus inter se qualitatibus temperantur. Atque haec quidem in corporibus; neque his omnibus, sed tantum quae a se, ut dictum est, et facere et pati possunt, communi atque eadem materia subjecta. Omne enim corpus, quod in generatione et corruptione subsistit, communem videtur habere materiam; sed non omne ab omni vel in omni, vel facere aliquid vel pati potest.

Corpora vero in incorporea nulla ratione poterunt permutari; quoniam nulla communi materia subjecta participant, quae susceptis qualitatibus in alterutram permutetur. Corpus autem Domini cum pane unius habet commune materiae subjectum, inquantum enim corpus Domini et generari potuit et tiori, communem cum pane isto terreno videtur sortiri materiam. Inquantum vero panis cum corpore Christi communem habet materiam, possibile habet in illud transmutari; nec cum hoc fit, a natura usquequaque receditur. Si enim multitudini maris modicam vini guttam in suam transmutare naturam, intantum ut de ea nihil penitus videatur residuum, est possibile; multitudini vel magnitudini virtutis Christi, qua cum Deo Patre unum est homo Christus Jesus, omnipotenti Creatoris actione, et obedientissima creaturæ passione panem in suum transmutare corpus erit impossibile? Et cui creare de nihilo et formatum et formam fuit facile, mutare formatum, et conservare formam, quomodo erit difficile? Sic itaque, ut dictum est, ad mysterii ritum, ad gustus suffragium, quibusdam mutatis, quibusdam minime, a pio Redemptore nostro possibile factum est nobis, pie et sancte et vere corpus ejus manducare, quoties nobis benedicit panem istum, hoc est transmutat in corpus suum.

CAPUT V.
De spirituali manducatione corporis Christi.

Sed cum homini animali, qui non percipit ea quæ Dei sunt, absurdum et plenum horroris videatur, ut servus manducet dominum suum, omni diligentia considerandum nobis est quomodo ad veram vitam talis cibus sic nobis necessarius sit, ut sine hoc ad illam pervenire impossibile sit. Modus etiam manducandi subtilius discutiendus videtur, ne omnis qui corporaliter videtur manducare, confidat se vitam in semetipso manentem habere. Sed jam dictum est, quæ sit ipsa vita : ad quam nos vivificet iste cibus. Quod enim per hunc vita potius animæ quæratur quam corporis, nulli est dubium. Liquet etiam omnibus, quod sicut vita corporis est anima : ita animæ Deus. « Deus autem est charitas (I Joan, IV). » Vita ergo animæ rationalis est charitas Dei.

Ut igitur ille ametur, qui est ipse amor suus, et qui habetur ubi amatur, ad hoc enutrire nos debet cibus iste. Quidquid enim Redemptor noster in carne fecit, ob hoc utique fecit, ut amaretur a nobis, non quod egeret ipse nostro amore, qui bonorum nostrorum non indiget, per omnia sufficiens ipse sibi, sed quia quos beatos ipse facere susceperat, nisi cum amando non poterant esse beati. Ideoque non solummodo amore, quo nos prior dilexit, sed omnimodis amoris obsequiis, ut amaretur a nobis quodammodo elaborabat mereri, infirma nostra curando, mortua suscitando, ignobilia mundi eligendo, fortia ejus confundendo, terrenorum odium, cœlestium amorem commendando. Ideo quippe descenderat ad nos, ut amorem nostrum in terrenis dispersum et putrefactum beneficia pietatis exhibendo in se recolligeret, et in novitatem vitæ reformaret, et abstractum et emundatum a fæce carum rerum, quæ cum ipso pariter amari non possunt, secum levaret sursum. Augustinus, in libro Confessionum : « Sic enim illa summa majestas su-perioribus creaturæ suæ partibus supereminens, subditos erexit ad seipsam. In inferioribus enim ædificavit sibi humilem domum de limo nostro : per quam subdendos deprimeret a seipsis, et ad se trajiceret, finiens timorem, et nutriens amorem, ne fiducia sui progrederentur longius, sed potius infirmarentur, videntes ante pedes suos infirmatam divinitatem ex participatione tunicæ pelliceæ nostræ, et lassi prosternerentur in ea; illa autem surgens levaret eos. Quid enim faceret miser homo? quis eum liberaret de corpore mortis hujus, nisi gratia Dei per Jesum Christum Dominum nostrum? In quo cum princeps mundi hujus non inveniret quidquam morte dignum, occidit eum; et sic evacuatum est chirographum, quod erat contrarium nobis. Ille vero libens pro omnibus gustavit mortem : et liberavit eos, qui per totam vitam timore mortis obnoxii erant servituti. Sicque in mortis consortio Filius Dei nobis fieri dignatus est amicus, ut Deum agnosceremus similem quodammodo nobis factum, ejusque fiducia relinqueremus hostem nostrum; et fugeremus ad Redemptorem nostrum. » Qui intantum descendit ad sublevandum nos, ut neque hoc abhorreret a nobis pro nobis suscipere, in quo majorem et digniorem nostra natura inimicus se gloriabatur existere. Cedendo enim illi in passionibus, et moriendo, paulo minus minorari visus ab ipsis apostaticis angelis, quia mori potuit; illi qui mori non poterat impotens apparuit, et non formidabilis. Sic enim, ut ait propheta Osee, attrahendi eramus in vinculis charitatis (Oseæ XI). Sic curandi erant, qui se amabant usque ad contemptum Dei, ut discerent Deum amare usque ad contemptum sui. Hoc enim non propter se, sed propter nos provocabat in nobis, quod propter ipsos nos in seipso exhibebat nobis, videlicet ut disceremus eum amare usque ad contemptum nostri, qui nos prior amavit usque ad contemptum quodammodo sui

Salvo enim alio redemptionis nostræ sacramento, hujus rei gratia carnem suscepit, susceptamque necessitatibus naturæ injuriisque et passionibus exposuit, fecitque vel dixit quidquid per carnem vel in carne fecit vel dixit. Cum ergo de carne sua amandi se tantam ingerit materiam, magnam et mirificam animabus nostris vitæ alimoniam ministrat. Quam tunc avidis faucibus sumimus, cum dulciter recolligimus, et in ventre memoriæ recondimus quæcunque pro nobis fecit vel passus est Christus. Et hoc est convivium de carne Jesu et sanguine : cui qui communicat, habet vitam in se manentem. Tunc autem communicamus, cum fide ardente quæ per dilectionem operatur, reponimus in mensa Domini qualia inde sumpsimus, videlicet ut sicut ille se præbuit pro salute nostra, nulla sua necessitate; sic nos totos fidei ejus et charitati exhibeamus necessitate salutis nostræ. In hoc enim convivio quicunque saginatur, nescit panem suum otiosus comedere, sed sollicite cum muliere forti de nocte hujus sæculi consurgit ad lucernam verbi

Dei, ut labores manuum suarum manducet, ut beatus sit, et bene ei sit. Sicque in Christo manet bonus conviva Christi per piæ dilectionis affectum; habetque Christum in se manentem per sanctæ operationis effectum. Quod cum utrumque donum Dei sit, totum accessit magis ac magis ad cumulum amoris amplioris in illum, quem perfecte amare hoc est perfecte beatum esse. Hunc autem cibum plus manducat, qui plus amat; et plus amando rursum, plus et plus manducat, et plus et plus amat, licet hujus amoris in hac vita nonnisi pignus quoddam accipiamus, plenitudinem ejus in præmium ejus in futuro sæculo exspectantes. Ecce, hoc est manducare illam carnem, de qua dicit Jesus: *Qui manducat meam carnem, in me manet, et ego in eo* (Joan. vi).

CAPUT VI.
De duplici corpore Christi.

Hieronymus in Epistolam ad Ephesios: « Sed dupliciter intelligitur caro Christi; vel spiritualis illa atque divina, de qua ipse dicit: Caro mea vere est cibus; vel caro illa quæ crucifixa est et sepulta. » De carne enim illa priori, quæ crucifixa est, hæc altera procedit. Et secundum Psalmistam educit Deus panem de terra (*Psal.* ciii): cum a terreni corporis agro quem a nobis assumpsit, mysterium profert cœlestis panis ac poculi salutaris, quo reficitur Ecclesia. Et sicut corpus Domini quod mortuum est, in Evangelio granum frumenti vocatur cadens in terram, sic in psalmo adeps frumenti vocatur illa mystica caro, ad quam Dominus hortans discipulos dicebat: *Nisi manducaveritis carnem meam, et biberitis meum sanguinem, non habebitis vitam in vobis manentem* (Joan. vi). Et in sacramentis corpus Domini facit sanctæ Ecclesiæ fides, cujus generaliter est ipsum sacrificium, cujuscunque sit meriti per quem fit: spiritualem vero illam carnem per gratiam Dei vitæ meritum efficit et affectus mentium in cordibus ministrantium vel percipientium. Unde illud: *Ut nobis fiat corpus et sanguis Filii tui* (49). Nobis, inquit, fiat. Fit enim procul dubio corpus Domini in mensa altaris semper, cum solemne illud celebratur mysterium ritu quo debet; sed non semper eis fit, per quos fit.

CAPUT VII.
Quod unum corpus Domini sumatur sæpe sine altero.

Cumque hac ratione dupliciter hæc caro intelligatur, sicut altera intelligi potest sine altera, sic etiam manducatur altera sine altera. Unde illud item in canone: « Ut quotquot ex hac altaris participatione sacrosanctum Filii tui corpus et sanguinem sumpserimus, omni benedictione cœlesti, et gratia repleamur. » Non enim omnes qui corporaliter manducant, spiritualiter illa benedictione cœlesti, et gratia replentur. Unde est illud: « Ut quod temporaliter gerimus, æternis gaudiis consequamur. » Item: « Ut quæ visibilibus mysteriis sumenda percipimus, invisibili consequamur effectu. » Et multa in hunc modum. Nam secundum Isaiam, omnes voluptatum amatores magis quam Dei, sanctificantur in hostiis et liminibus; quia mysteria veritatis non valent introire: et comedunt cibos impietatis, dum non sunt sancti corpore et spiritu; nec comedunt carnem Jesu, neque bibunt sanguinem, de quo ipse loquitur: *Qui manducat carnem meam* (ibid.), et reliqua. Sanctificantur quippe in liminibus, qui in sacramento hoc solum attendunt, quod corporaliter accipiunt; et ut sanctum quoquomodo venerantur, sicque comedunt cibos pietatis; sed pietatem ipsam repellentes a corde, sanctificationem gratiæ cœlestis intra domus suæ limina nolunt recipere. Non enim efficiuntur corpus Christi, sumendo corpus Christi. Ideoque carnem illam Jesu, de qua supra diximus, non manducant, neque sanguinem bibunt: quod autem manducant et bibunt, ad judicium sibi manducant et bibunt. Nam sicut sol uno radii sui calore hinc ceram solvit, inde lutum stringit, et non diversus in se diverse operatur in rebus, rerum utens materiis sicut eas invenit; sic Christi gratia quantum in ipso est, uno modo se in omnes infundit, sed diversos inveniens animos diverse in eis operatur, hunc in amorem sui misericorditer emolliens, illum juste non miserando indurans. Nam *cui vult misereretur, et quem vult obdurat* (*Rom.* ix). Augustinus: « Talis fuit Judas in convivio Salvatoris, cui fuit venenum buccella Dominica, quam de manu ejus suscepit: quam cum accepit, inimicus in eum intravit; non quia malum, sed quia bonum male malus accepit. » De uno pane et Judas accepit et Petrus; sed tamen quæ pars fideli cum infideli? Petrus enim accepit ad vitam; Judas ad mortem. Itaque secundum diversum intellectum, et diversum effectum, cum unus sit panis Christi, alter tamen quodammodo quem sumpsit Petrus, alter ille quem sumpsit Judas; alterque potest sumi sine altero.

CAPUT VIII.
De corporali manducatione corporis Domini.

Sed jam de spirituali manducatione spiritualis carnis Christi satis, ut puto, dictum est: quæ ut multa breviter concludam, non est aliud quam ponere corda in virtute ejus, et rem ducere in opus et effectum; jamque ipse rei ordo videtur exigere, ut etiam de corporali aliqua disseramus. Corporalis autem manducatio est corpus Domini corporaliter percipere, sive digne, sive indigne, sive ad vitam, sive ad mortem. Licet enim illa sufficiat, si sic inevitabile cogat necessarium, tamen et hæc non est omittenda. Sufficit enim illa per se, quia nulli est aliquatenus ambigendum, tunc unumquemque fidelium corporis sanguinisque Dominici participem fieri, quando in baptismate membrum corporis Christi efficitur; nec alienari ab illius panis calicisque consortio, etiamsi antequam comedat panem illum, et calicem bibat, de hoc sæculo in unitate corporis Christi constitutus abscedat. Sacramenti

---

(49) In canone missæ.

quippe illius participatione ac beneficio non privatur, quando ipse, hoc quod illud sacramentum significat, invenitur. Non est tamen negligenda sacramenti perceptio, quia uterque domus nostræ postis, id est corpus et anima, signandus est agni sanguine, ne ab exterminatore vastetur, et ne flagellum appropinquet tabernaculo nostro. Sed et natura nostræ carnis quæ in primo parente suo cibo vitiata illicito, originali propagine, peccato et pœna peccati tota erat infecta, et morti æternæ et corruptioni contradita; alterius cibi curanda erat antidoto, sicut pulcherrime Christianus poeta dicit Sedulius:

*Qui pereuntem hominem retiti dulcedine pomi
Instauras meliore cibo, potuque sacrati
Sanguinis infusum depellis ab angue venenum.*

Sumpta ore carnis nostræ caro Christi nequaquam æstimanda est lege communium ciborum. Hic enim cibus non est ventris, sed mentis. Dissimilis omnino ab illis cibis, de quibus dicitur: *Omne quod in os intrat, in ventrem vadit, et in secessum emittitur* (*Matth.* xv). Hic est cibus, qui non vadit in corpus, quia nequaquam sicut alii cibi, in naturam vertitur corporis, sed corpus nostrum in suam vertit naturam; et futuræ resurrectioni et perpetuæ incorruptioni illud præparans et coaptans, et in nobis est, et ubi erat, scilicet in dextera Patris. Sic enim naturalis per sacramentum proprietas perfectæ sacramentum fit unitatis, cum hæc accepta atque hausta id efficiunt, ut et nos in Christo, et Christus in nobis sit. Est ergo in nobis ipse per carnem; et sumus in eo, secundum hoc quod nos sumus, in Deo est. Hæc ergo vitæ nostræ causa est, quod in nobis carnalibus per carnem Christum manentem habemus, victuris nobis per eum ea conditione, qua vivit ille per Patrem.

CAPUT IX.
De diversis corporis Domini sacramentis, et ipso nomine sacramenti.

Sciendum autem, quod carnis illius vel corporis spiritualis, de quo jam supra multa diximus, sacramentum est caro vel corpus Christi, quod in ara crucis et in altari sacrificatur, et corporaliter manducatur. Nemo autem novitatis me arguat præsumptiorem, quod corpus Christi sacramentum appellem corporis Christi. Nam et Paulus ad Timotheum *magnum dicit esse pietatis sacramentum, quod manifestatum est in carne* (*I Tim.* III). Sed et beatus Ambrosius in libro ad Gratianum dicit, apparuisse hominibus unigenitum *Patris per sacramentum assumpti hominis.* Cæteriqua Ecclesiæ doctores sacramento tenus eos dicunt corpus Christi manducare, qui manducant indigne. Quos tamen manducare corpus Christi, jam supra præstructum est, licet non manducent carnem illam, quæ vivificat per Spiritum vivificantem. Permittuntur siquidem sicut Judas ad judicium suum in carnem illam, ut ita dicam, incurrere, de qua dicit Apostolus: *Et reconciliavit nos in corpore carnis suæ per mortem* (*Coloss.* 1.; quæ illius alterius carnis est sacramentum. Permittuntur mira Dei patientia Christi corpus indigne manducando, ipsum Christum rursum sibimet, ut ait Apostolus, crucifigere, et ostentui habere: et quasi invitum indignis et pollutis manibus quodammodo sibi alligare, dum sacramento tenus manducant corpus ejus, quod ipse paraverat in cibum vitæ æternæ. Qui nisi pollutum ducerent sanguinem testamenti, considerarent horrendum esse incidere in manus Dei viventis: in quem cruentas manus ipsi injicient, dum manducant, non dijudicantes corpus Domini. Mitis tamen Jesus, dum tempus patientiæ est, qua pietate Judæos toleravit irridentes, conspuentes, crucifigentes; eadem et istos tolerat, quales illi fuerunt, tales proprie circa eum existentes.

Sicut igitur dicere cœperamus, altera Christi caro alterius est sacramentum. Sacramentum enim est sacræ rei signum. Signum autem est, quod præter speciem quam ingerit, facit aliquid in mentem venire. Caro autem illa, quæ ideo dicitur esse cibus, quia veram efficit vitam, sacramentum habet item carnem Christi, quæ crucifixa est, et resurrexit; quia consideratio hujus, cur fuerit assumpta, cur sic dispensata, illam facit in mentem venire, et fideliter sumpta ore corporis facit illam venire in refectionem mentis. Rursumque caro quæ crucifixa est, in panis visibilis forma suum habet sacramentum; quia cum in mysteriis consideratur fractio, depositio, et elevatio ejus, et cætera, quæ licet visibiliter ibi celebrentur, invisibiliter tamen intelliguntur; facit venire in mentem fidelium mortem vel sepulturam, vel ad cœlos ascensionem, totumque ordinem rei, cujus est sacramentum. Licet etiam in eo quod panis inter omnes cibos tenet principatum, visibilis illa species ejus carnis possit esse sacramentum: quæ ideo dicitur vere cibus, quia nutrit ad veram vitam.

Sed materialis caro Christi; cum sit sacramentum illius spiritualis carnis, tamen vere est caro Christi; illa vero species panis non est caro vel corpus Christi per se considerata, nisi quod hoc nuncupatur ea consuetudine Scripturarum, qua plerumque sacramenta sortiuntur nomina earum rerum, quarum similitudinem aliquam gerunt; ideoque earum sacramenta sunt. « Si enim sacramenta quamdam similitudinem earum rerum, quarum sacramenta sunt, non haberent, omnino sacramenta non essent (50). » Propter quam similitudinem sicut petra dictus est Christus, « Petra, inquit, erat Christus (*I Cor.* x); » sic corpus Domini potest nuncupari etiam manna illud, quod patres incredulorum Judæorum in sacramentum corporis Domini manducaverunt, et mortui sunt (*Exod.* xvi): non quia malum erat manna, sed quia male manducaverunt. Et hac ratione corpus Domini quod de nobis sumpsit; et manna illud

---

(50) Aug., ep. 23.

(*Num.* xi), non quidem in eo quod sunt; sed in eo quod significant, comparantur, et paria sunt. Corpus enim Domini cujus rei sacramentum sit, jam supra satis expositum est. Ejusdem etiam rei manna typum gessit, et similitudinem expressit; non in una re, sed in multis, quas modo longum est exsequi : ideoque ejus sacramentum jure appellatur. Itaque licet non sint unum, unum tamen significant manna et corpus Domini, panem scilicet qui de cœlo descendit. Augustinus : « Hunc panem significavit manna; hunc panem significat altare Dei. » Sacramenta illa fuerunt ; sacramenta et ista sunt. In signis diversa sunt ; in re quam significant, paria. Omnes eamdem escam spiritualem manducaverunt; spiritualem utique eamdem, nam corporalem aliam, quia illi manna, nos aliud ; spiritualem vero eamdem quam nos. Et omnes eumdem potum spiritualem biberunt ; aliud illi, aliud nos ; sed specie visibili : quod tamen hoc idem esset virtute spirituali. Quomodo enim eumdem potum ? « Bibebant, inquit, de spirituali consequente eos petra. Petra enim erat Christus (*I Cor.* x). » Idem panis, idem potus. Petra Christus in signo ; verus Christus in carne et Verbo. « Hic est ergo panis de cœlo descendens, ut si quis ex hoc manducaverit, non moriatur (*Joan.* vi); » sed quod pertinet ad virtutem sacramenti, non quod pertinet ad visibile sacramentum. Qui manducat intus, non foris; qui manducat corde, non qui premit dente. « Panis, inquit, quem ego dabo, caro mea est pro mundi vita (*ibid.*). » Hoc quando caperet caro, quod dixit panem carnem ? Vocatur caro quod non capit caro : et ideo magis non capit caro, quia vocatur caro.

Eadem etiam similitudinis ratione idem corpus Christi, quod de terra sumptum est, et sacramentum ejus visibilis illa species, sacramenta sunt alterius corporis Christi, quod est Ecclesia, cujus caput est Christus. Quod enim est in corpore diversitas membrorum, hoc in Ecclesia diversitas gratiarum ; illamque et istam diversitatem charitas redigit in unitatem. Sicut enim diversa in corpore membra subserviendo, et subministrando, et cohærendo sibi invicem, unitatem corporis efficiunt ; sic et Ecclesiæ membra capiti suo et sub ipso invicem sibi cohærentia, pulcherrimam sui corporis efficiunt unitatem. Rursumque considera species illas, in quibus voluit Dominus commendare corpus et sanguinem suum. In eis enim rebus, quæ ad unum aliquid ex multis rediguntur. Namque panis ex multis granis unum efficitur; vinum autem ex multis acinis in unum confluit. Quod ejusdem rei est sacramentum. Et cum hoc similitudinis sacramento in illo sancto mysterio simus, magis tamen per illam reciprocam naturarum communionem ; quia factus hoc quod eramus nos, fecit nos quod erat ipse, caput nostrum Christus Jesus. Sic enim per unitatem naturæ, per amorem Spiritus, ubicunque ille est, et nos sumus ; et corpus ejus et plenitudo ejus effecti, hoc quod sumus ab eo accipimus, dum corpus ejus manducamus.

CAPUT X.
Recapitulatio, quomodo cogitandum sit de sacramentis.

Cum ergo sic se habeat res sacramenti, res, sicut sunt debemus æstimare, spiritalia spiritualiter pensare. Et cum de altari sumimus carnem Jesu, curemus sollicite, ne cogitatione remaneamus in carne, et a Spiritu non vivificemur; ne si non vivificamur a Spiritu, caro nobis non prosit quidquam. Nam si cogitatione remaneamus in carne Salvatoris, non solum non vivificamur a Spiritu, sed nec intelligere possumus, quomodo caro hominis Christi ab homine possit manducari, nisi sicut intellexerunt illi duri corde, quibus durus visus est sermo Christi, et abierunt retro (*ibid.*). Acceperunt enim illud stulte, carnaliter illud cogitaverunt, quod præcisurus esset particulas de corpore suo, et daturus illis ad manducandum. Debemus ergo illud corpus Domini spiritualiter et divino quodam modo cogitare, humiliterque dijudicare ; id est ab aliis omnibus cibis diversum cogitare, et spiritualem carnem Jesu spiritualiter manducare, in sacramento veræ ejus carnis, quæ in mensa altaris percipitur. Rursumque credere debemus, ipsam carnem crucifixam et sepultam sub suo item sacramento non occidi a nobis, non discerpi, non devorari more communis carnis ; sed sub specie panis incorruptibiliter tractari, incorruptibiliter frangi et immolari, et nunquam consumi. Non enim a nobis impie occiditur, sed pie sacrificatur ; et hoc modo mortem Domini annunciamus donec veniat.

Hoc enim hic per eum humiliter agimus in terris, quod pro nobis ipse potenter, sicut Filius pro sua reverentia exaudiendus, agit in cœlis, ubi apud Patrem pro nobis quasi advocatus intervenit. Cui est pro nobis intervenire : carnem quam pro nobis et de nobis sumpsit, Deo Patri quodammodo pro nobis ingerere. Sacrificamus ergo corpus Christi, dum certa fidei pietate sanctum illud credimus et sanctificamus, et hanc fidem offerimus ad honorem ejus, ex quo « qui sanctificat et qui sanctificantur, ex uno omnes (*Hebr.* ii). » Mortem enim Christi non opus est iterari ; quia semel facta potens est ad salutem sempiternam. Christus enim semel mortuus est, et factus est oblatio pro peccatis nostris. Quid ergo nos ? Nonne per singulos dies offerimus ? Offerimus utique, sed ad recordationem mortis ejus : et una est hostia, non multæ. Quomodo una, et non multæ ? Quia semel oblatus est Christus. Hoc autem sacrificium exemplum illius est. Idipsum semper, idipsum proinde hoc est sacrificium. Alloqui quoniam in multis locis offertur, multi Christi sunt ? Nequaquam, sed unus ubique Christus ; et hic plenus existens, et illic plenus. Sicut enim quod ubique offertur unum corpus est, et non multa corpora : ita et unum sacrificium. Pontifex autem ille est, qui hostiam mundantem nos obtulit. Ipsam offerimus etiam nunc, quæ tunc oblata quidem consumi non potest. Quod nos facimus, in commemorationem fit ejus quod factum est. « Hoc facite, inquit, in meam commemorationem (*I Cor.* xi). » Non aliud sacrificium ; sed ipsum semper offerimus. Magis autem sacrificii recordationem operamur ; eique dona ejus in nobis, nosque ipsos vovemus et reddimus ; et beneficiorum ejus solemnibus festis et diebus statutis dicamus sacramusque memoriam, ne volumine temporum ingrata subrepat oblivio.

CAPUT XI.
Cur tam obscuræ sententiæ inveniantur in libris Patrum de sacramentis.

Jam postquam ex confragosis locis utcunque evasimus, considerare libet attentius, cur super hac re in sanctorum Patrum tractatibus reperiuntur tam dubiæ sententiæ, et tam scrupulosæ, et quæ etiam sibi invicem nonnunquam contrariæ videantur ; ut non solum qui contendendi intentione illas congregant, materiam in eis inveniant errandi ; sed et qui eis astruere velint fidem catholicam, non facile se queant expedire. « Oportet, inquit Apostolus, hæreses esse, ut probati manifesti fiant (*ibid.*). » Quod in hoc evidentissime comprobatur. Jam enim obscurissimam de Trinitate sententiam claram omnibus effecerunt Arianorum contentiones, et disputationes subtilissimæ ; jam de Incarnatione Domini graves et perplexas quæstiones, Apollinaris, Nestorii et Eutichetis, multorumque aliorum hæreticorum errores claras et evidentes fecerunt in Ecclesia Dei : quod nisi coegisset necessitas de re de qua quærebatur, viros sanctos et eruditos altius aliquid sentire et proferre, semper timidæ hominum mentes habuissent obscurum. Unde quia ab initio sanctæ Ecclesiæ usque ad nostra pene tempora hæc ab omnibus quæstio intacta relicta est, sancti Patres quod non impugnabatur non defendebant, nisi quod aliquando in tractatibus suis hoc inde proferebant, quod res postulabat, quæ in manibus habebatur. Quod quia quæstionibus non respondebat, quæ nondum erant ; parum modo sufficere videtur ad eas cum exsurgunt compescendas.

Contra quas quia tunc non vigilabat intentio eorum ; plurima de sacramentis sanctis in scriptis suis reliquerunt : quæ suo loco, suo sensu bene dicta, ab eis qui contendere vel errare amant, eruta de locis suis aliud per se videntur sonare, quam ibi sonent, unde sumpta sunt, et quam senserit, qui scripsit. Sed et multa de eadem re ab eis relicta sunt : quæ bene dicta, sed obscurius, utpote ab eis, qui ut homines venturas omnes errorum calumnias non poterant prævidere ; male intellecta materiam errandi vel contendendi perditis videntur præstare. Quod beato Augustino in multis accidisse non ignorat, qui librorum ejus lectionem familiarem habet. Antequam enim Pelagiana hæresis exsurgeret, in libris quos jam ediderat non pauca posuerat, quæ exsurgens illa hæresis sic sumpsit ad patrocinium sui erroris, ut etiam secum paria sentire jactaret virum per omnia catholicum. Unde illi necessitas importata est, plures postea libros contra pestem illam edere ; et confiteri crebro, bene dicta sua, ad de- vitandum tamen pravum legentium intellectum, aliter quam dixerat, se dixisse debuisse. Quod scire potest, qui libros Retractationum ejus legerit, aliosque duos ille scripserit. Quin etiam super hac re de sacramentis scilicet, prædicto viro simile quid videtur accidisse. Sed qui errare vult, vel errorem docere ; nihil est tam bene dictum, quod non possit malo intellectu depravare. Nam ut alia nunc omittam ; quis credere possit virum eruditissimum edidisse in scriptis suis, quod ignavus quilibet si scripsisset, prima se facie respuendum et conspuendum non dubitaret ? Quid enim magis ignavum quam uno in loco contraria sibi edere ? Nam cum psalmum tractaret nonagesimum octavum : « De carne, inquit, Maria carnem accepit, et in ipsa carne hic ambulavit ; et ipsam carnem nobis manducandam ad salutem dedit. » Statimque post pauca : « Non, inquit, hoc corpus, quod videtis manducaturi estis ; nec bibituri illum sanguinem, quem effusuri sunt, qui me crucifigent. »

Quid magis contrarium ? Sed prudens lector, et qui ea benevolentia ecclesiastica legit, qua a sæcularibus sæcularia leguntur, inter quos plurimum laudatur ille, qui quemlibet auctorem docere potuerit, melius dixisse ; non ambigens, quod ipse potius errare dicetur, si persuadere voluerit, illum in aliquo errare : qui sic, inquam, legit ecclesiastici doctoris librum, si quid in eo quasi dubium et scrupulosum invenit, non statim illud exsecrando invadit ; sed inspicit et discutit et retractat ex lectionis circumstantia, et ex aliis scriptis ejusdem auctoris : et ad ultimum prius eligit confiteri se ignorare, vel non intelligere, quam illi notam erroris impingere. Sic autem illud B. Augustini intelligendum est, quia et ipsum est corpus, et non ipsum. Ipsum quidem est materiali essentia, non ipsum autem visibili forma. Quod autem B. Augustino accidisse diximus, hoc etiam sancto Hieronymo de Origenistis et eisdem Pelagianis, et aliis doctoribus de aliis accidisse hæresibus, non potest ignorare, quicunque ecclesiasticæ bibliothecæ laribus familiarius fuerit obversatus. Porro, sicut jam dictum est, inter omnes hæresum diversitates, quæ singulæ suo tempore impugnaverint petram super petram ædificatam, et quæ in soliditate sua permanente petra, collisæ in illam, ut lutea vasa sunt confractæ, hujus quæstionis nec mentio facta est, nisi in Nestoriana hæresi sola. In qua assertores ejus in persona Christi divina ab humanis penitus separantes, Mariam θεοτόκον, id est Dei genitricem penitus negantes, sed solius hominis matrem esse affirmantes, cum requirerentur corpus quod de mensa Christi sumimus, cujus esse profiterentur ; hæretica temeritate ad suum errorem detorquebant verba Domini dicentis : « Nisi manducaveritis carnem Filii hominis (*Joan.* vi), » et reliqua. Ex his verbis astruere conabantur, quod ibi sumimus, carnem esse tantum Filii hominis, scilicet ne si illud Domini corpus consisterent esse, contra se loquerentur, consentientes in Christo Deo et homine unitatem esse personæ. Dicebant ergo carnem illam esse viri sanctificati, et Verbo conjuncti secundum dignitatis unitatem, aut sicut divinam possidentis habitationem. Contra quos Cœlestino papa et Cyrillo Alexandrino adnitentibus celebrata est Ephesina synodus, una de quatuor, quas B. Gregorius in summo culmine auctoritatis instituit. In qua contra pestiferum errorem delirantium episcopi inibi congregati, Nestorio hujus mali repertori sic inveniuntur scribere (51) : « Ad benedictiones mysticas accedimus et sanctificamur, participes sancti corporis et pretiosi sanguinis effecti; non ut communem carnem percipientes ; quod absit ! nec ut viri sanctificati et Verbo conjuncti secundum dignitatis unitatem, aut sicut divinam possidentis habitationem ; sed vere vivificatricem, et ipsius Verbi propriam factam. Vita enim naturaliter ut Deus existens, qui propriæ carni unitus est; vivificatricem eam professus est esse. Et ideo quamvis dicat ad nos : Amen amen dico vobis : nisi manducaveritis carnem Filii hominis, et biberitis ejus sanguinem, non tamen eam carnem hominis unius ex nobis æstimare debemus. Quomodo enim hominis caro juxta naturam suam vivificatrix esse poterit? Sed ut vere propriam ejus factam, qui propter nos filius hominis et factus est et vocatus. » Et circa finem concilii : « Si quis non confitetur carnem Domini vivificatricem esse, et propriam ipsius Verbi Dei Patris, sed velut alterius per ipsum conjuncti eidem per dignitatem, aut quasi divinam habentis habitationem, et non potius vivificatricem esse, quia facta est propria Verbi vivificare valentis, anathema sit. »

CAPUT XII.
De trino corpore Domini.

Quisquis ergo in sanctorum Patrum tractatibus se exercens, in his et similibus inoffenso vult pede incedere; primas sibi intellectus lineas de hujusmodi fidei ponat simplicitatem : quam cum catholicos Patres modo obscurius, modo apertius in omnibus constet prædicare; cum in fidei convenientiam eorum viderit concurrere sententias, gaudeat de inventione veritatis; cum minimo id ei claruerit, illorum veneretur sensum, suum vero accuset tarditatis. Porro opinionum suarum rationem, qualemcunque speciem prima fronte præferant, si exitus earum præscriptas fidei lineas inveniuntur vel non implere, vel excedere, plenas esse non dubitet erroris, quas veritati constat non convenire. Cum enim per apostolos et apostolicos viros omnem veritatem jam olim nos docuerit Spiritus veritatis, non jam ad examen rationum fides, sed ad examen fidei corrigendæ rationes sunt, et secundum apostolicum præceptum destruenda est omnis altitudo extollens se adversus scientiam Dei; et in captivitatem redigendus omnis intellectus in obsequium Christi.

Ubicunque ergo prudens lector in libris aliquid invenerit de carne vel corpore Dei Jesu, recurrat ad illam triplicem definitionem carnis vel corporis ejus, quam supra, non præsumptione mea adinveni, nec meo sensu formavi, sed protuli ex Patrum sententiis ut videat et discernat, scilicet quemadmodum illic agatur de corpore seu de carne Jesu ; sicque ad scriptoris sensum, suum formet intellectum. Aliter enim cogitanda est caro illa, vel corpus, quod pependit in ligno, et sacrificatur in altari : aliter caro ejus, vel corpus, quod qui manducaverit, habet in se vitam manentem, aliter caro vel corpus ejus, quod est Ecclesia. Nam et Ecclesia caro Christi dicitur, ut ibi : « Hoc nunc os ex ossibus meis : et caro de carne mea (*Gen.* II). » — « Sacramentum hoc, » inquit Apostolus, « magnum est. Ego autem dico in Christo et in Ecclesia (*Ephes.* v). » Non quod tricorpor a nobis Christus describatur, sicut de Geryone illo ferunt fabulæ, cum unum esse corpus Christi testetur Apostolus ; sed quodam fidei respectu intellectus vel affectus facit diversitatem hanc. Res vero ipsa simplicitatis suæ puram obtinet veritatem. Hæc enim trinitas corporis Domini non est aliud intelligenda quam ipsum Domini corpus, cogitandum secundum essentiam, secundum unitatem, secundum effectum. Nam corpus Christi, quantum in se est, omnibus se præbet cibum vitæ æternæ, et fideliter se sumentes unum vivere secum efficit, et amore spiritus, et ipsius consortio naturæ, caput existens corporis Ecclesiæ. Præterea cum in Scripturis, sicut supra ex verbis B. Augustini diximus, sæpe sacramentum earum rerum nomina sortiatur, quarum sacramentum est : visibile istud, quod oculis præsto est, in sacramento corporis Domini, nonnunquam in Scripturis appellatur corpus Christi ; et in aliis hujusmodi, hoc prudens lector, et qui rudis non erit in lectione divina horum librorum, prudenter discernat, quem singula requirant intellectum : in quo quid agendum putaverit, indifferenter videat, quomodo se expediat de sententiis Patrum quas subjecimus, multisque aliis, quæ in hunc modum passim per omnes earum tractatus inveniuntur.

Diversæ sententiæ sanctorum Patrum de corpore Domini.

Augustinus : « Donec sæculum finiatur, sursum est Dominus ; sed tamen et hic nobiscum est veritas Dominus. Corpus enim Domini in quo resurrexit, in uno loco esse oportebat, veritas autem ejus ubique est diffusa. » Ambrosius in epistolam ad Hebræos : « Unus ubique est Christus, et hic plenus existens, et illic plenus : sicut enim quod ubique offertur unum corpus est, et non multa corpora, ita et unum sacrificium. » August. De doctrina Christiana : « Nisi manducaveritis carnem Filii hominis, etc. Figura est, præcipiens passioni Domini esse communicandum, et suaviter atque utiliter recondendum in memoria, quod pro nobis caro ejus crucifixa sit et sepulta. » Item, De civitate Dei : « Non sunt dicendi manducare corpus Christi, qui non in membris com-

---
(51) Conc. Ephesin., epist. ad Nestor.

putantur Christi. Denique ipse dicit : Qui manducat carnem meam, etc. Tanquam diceret : Qui non in me manet, non se dicat aut existimet manducare corpus meum. » Hieronymus in epistola ad Ephesios : « Dupliciter intelligitur caro Christi; vel spiritualis illa atque divina, de qua ipse dixit : Caro mea vere est cibus; vel caro illa, quæ crucifixa est et sepulta. » Item super Isaiam : « Secundum tropologiam possumus dicere, omnes amatores voluptatum magis quam Dei sanctificari in hortis et in liminibus; quia mysteria veritatis non valent introire, et comedere cibos pietatis, dum non sunt sancti corpore et spiritu ; nec comedunt carnem Jesu, nec bibunt sanguinem, de quo ipse loquitur. Qui manducat carnem meam, et bibit sanguinem, » etc. Item in Aggæum : « Sanctum quidem est, quod offertur in altari; sed non tam sanctificaris ex hostiis, quam ex eo quod in convallibus habitas, et interes mortuis operibus, pollueris. » Item in psal. CIII : « Ut educas panem de terra, et vinum lætificet cor hominis. A terreni corporis agro, quem a nobis assumpsit, proferens mysterium cœlestis panis ac poculi Salvatoris, quo reficitur Ecclesia. » Item in Isaiam : « Cibavit ex adipe frumenti : qui adipes non aliud intelligendi sunt, quam mystica caro, ad quam Dominus invitat discipulos suos dicens : Nisi manducaveritis carnem meam, etc. Unde et in valle Gethsemani traditus est, quod significat vallem aromatum adipeam. » Augustinus super Joannem : « Spiritualis virtus sacramenti ita est ut lux, et ab illuminandis pura excipitur, et si per immundos transeat, non inquinatur. Etiam qui fuerit superbus minister cum zabulo computatur, sed non contaminatur. » Hieronym. in Sophon. : « Sacerdotes quoque qui eucharistiæ serviunt, et sanguinem Domini populis ejus dividunt, impie agunt in legem Christi, putantes eucharistiam imprecantis facere verba, non vitam; et necessariam esse tantum solemnem orationem, et non sacerdotum meritum. » Augustinus super Joannem : « Judas cum sanctis discipulis suis intrabat et exibat, ad ipsam cœnam Dominicam pariter accessit : de uno pane et Judas accepit et Petrus; sed Petrus ad vitam, et Judas ad mortem. » Item de pœnitentia : « Buccella Dominica fuit Judæ venenum; quam cum accepit, inimicus in eum intravit. Non quia malum, sed quia male bonum malus accepit. » Item : « Vivent corda eorum in sæculum sæculi. Nam cibus ille cordis est, non ventris. » Ambrosius : « Non est ista esca corporalis. » Item : « Non est iste panis, qui in corpus vadit. » Augustinus, De civitate Dei : « Qui manducat carnem meam, etc. Ostendit quid sit, non sacramento tenus, sed revera corpus Christi manducare. Hoc enim in Christo manere est; ut in illo maneat et Christus. » Item contra Faustum : « Quid sunt aliud corporalia sacramenta, nisi quædam quasi verba visibilia sacrificii, sed tamen mutabilia et temporalia? » Item de uno baptismo : « Si ad ipsas res visibiliter, quibus sacramenta tractantur, animum conferamus, quis nesciat, eas esse corruptibiles? Si autem ad id quod per illas agitur, quis non judicat, non posse corrumpi? » Item de fide ad Petrum : « Sacrificium panis et vini in fide et charitate sancta Ecclesia per universum orbem terræ offerre non cessat. » Item in sermone de sacram. : « Commendavit nobis in isto sacramento corpus et sanguinem suum, quod etiam fecit et nos ipsos. Nam et nos corpus ejus sumus, et per misericordiam ejus, quod accipimus nos ipsi sumus. Recordamini, et vos non fuistis, et creati estis; ad aream Dominicam comparati estis; laboribus boum, id est annuntiantium Evangelium, triturati estis, quando catechumeni differebamini, in horrea servabamini; munera vestra dedistis, cepistis majora, et ex porticiniis postea ad aquam convenistis, et cum spiritu ejus estis, et panis Dominicus facti estis. Ecce quod accepistis. Quomodo ergo unum videtis esse, quod factum sit, unum estote vos diligendo, et tenendo unam fidem, unam spem, individuam charitatem, sicut unum in multis racemis fuit, et modo vinum est. Unus est in suavitate calix post pressuram torcularis. Et vos post illa jejunia in vase Christi tanquam ad calicem venistis; et ibi vos estis, et nos vobiscum : simul enim nos sumus, hoc simul bibimus, quia simul nos vivimus. » Item ad Bonifacium : « Sæpe ita loquimur, ut Pascha appropinquante, dicamus crastinam vel perendinam esse Domini passionem, cum ille ante tam multos annos passus sit, nec omnino nisi semel passio illa facta sit. Nempe ipso die Dominico dicimus : Hodie Dominus resurrexit, cum ex quo resurrexit, tot anni transierint; tamen nemo tam ineptus est, ut nos ita loquentes arguat esse mentitos, videlicet quia istos dies, secundum illorum quibus hæc gesta sunt, similitudinem nuncupamus : ut dicatur ipse est dies, qui non est ipse; sed revolutione temporis similis est ejus : et dicantur illo die fieri, propter sacramenti celebrationem, quæ non illo die, sed jam olim facta sunt. Nonne semel immolatus est Christus in seipso, et tamen in sacramento non solum per omnes Paschæ dies, sed omni die populis immolatur? nec utique mentitur, qui interrogatus, eum responderit immolari. Si enim sacramenta quamdam similitudinem rerum earum, quarum sacramenta sunt, non haberent, omnino sacramenta non essent. Ex hac similitudine plerumque etiam ipsarum rerum nomina accipiuntur. Sicut ergo secundum quemdam modum sacramentum corporis Christi corpus Christi est; sacramentum sanguinis Christi, sanguis Christi est, ita et sacramentum fidei, fides est. » Item super Joannem : « Caro vas fuit. Quod habebat, attende; non quod erat. Accedat spiritus ad carnem, sicut charitas ad scientiam, et prodest plurimum. » Hieronymus in epist. ad Ephes. : « Quomodo enim caput in animalibus habet membra sibi subjecta, ex quibus nonnulla vitiosa et debilia, ita et Dominus noster Jesus Christus cum sit Ecclesiæ caput, habet membra subjecta eos omnes qui in Ecclesia congregantur tam sanctos videlicet, quam peccatores ; sed sanctos voluntate, peccatores vero sibi necessitate subjectos. Atque ita fit ut inimici etiam subjecti sint pedibus ejus. » Item in Osee. : « Super tritico et vino falsis mysteriis corporis et sanguinis Christi hæretici conciduntur, et diversa sibi constituunt tabernacula, et eversi sunt in nihilum : si enim veritas Deus est, quidquid est contrarium veritati, mendacium est, et nihil nominatur. » Item in psal.

(52) Ex codicibus manuscriptis.

CLXV : Dat escam esurientibus : Putat quis, quod panem cœlestem de mysteriis dicat. Et de hoc quidem accipimus; quia vere caro Christi est. Cæterum dicamus aliter, panis Christus, caro ejus sermo divinus est, et doctrina cœlestis, quæ animam nostram reficit. »

Explicit liber domni Guillelmi de corpore et sanguine Domini (52).

SPECULUM FIDEI.

(*Bibliotheca Cisterc.* ubi supra, p. 79.)

Inter omnia salutaria Dei salutarium nostrorum, quæ Deus noster, Deus salvos faciendi (53), homini ad salutem suam proposuit observanda, sicut dicit Apostolus (*I Cor.* XIII), « manent tria hæc, fides, spes, charitas, » maxime observanda salvandis mortalibus. Hanc enim trinitatem constituit Trinitas sancta in mente fideli, ad imaginem et similitudinem suam, qua renovamur ad imaginem ejus qui nos creavit, in homine nostro interiori ; et ipsa est machina illa salutis humanæ, cui ædificandæ ac construendæ in cordibus fidelium invigilat omnis Scriptura divinitus inspirata. A fide enim incipit homo. Interim quippe dum peregrinamur a Domino, non nos fallit Apostolus, qui dicit (*Ephes.* III), Christum per fidem habitare in cordibus nostris. Sed et spes peregrinationi nostræ necessaria est. Ipsa enim est quæ consolatur in via. Tolle enim viatori spem perveniendi, franguntur vires ambulandi. Cum autem venerimus quo tendimus, jam non erit fides. Nunquid enim dicetur nobis, Crede ? Non utique, quia videbimus Deum, et contemplabimur eum. Sed neque spes jam erit necessaria, quando erit res. Quod enim videt quis, quid sperat? (*Rom.* VIII.) Nec tamen fides et spes peribunt, sed in res suas transibunt : cum, quod credebatur, videbitur ; habebitur, quod sperabatur. Charitas vero non tantum erit, sed perfecta erit : cum, quod nunc diligitur credendo et sperando, tunc diligetur videndo et tenendo. Interim vero homini in illud lumen incircumscriptum intendere cupienti quam necessaria sint tria hæc, facile est advertere. Tria namque habeat necesse est oculus, quibus jam bene uti possit, ut aspiciat et videat. Oculus vero animæ mens sive ratio est, ab omni malo pura atque purgata : quod ei primo nihil aliud præstat quam fides. Si enim non credat se visuram quod adhuc demonstrari non potest ægrotanti, quia nequit videre nisi sana, non dat operam suæ sanitati. Sed quid, si credat quidem et rem se habere, sicut dicitur, atque ita si videre potuerit, se esse visuram, sanari tamen se posse desperet, nonne se prorsus abjicit atque contemnit, nec præceptis medici obtemperat, præsertim quia præcepta ipsa necesse est ut morbus dura sentiat? Ergo fidei spes adjicienda est. Quid si, et credat ita se habere omnia, et se speret posse sanari, ipsam tamen quæ promittitur lucem non amet, non desideret : suisque tenebris, quæ jam ei in consuetudine jucundæ sunt, se arbitretur debere esse contentam : nonne nihilominus medicum respuit ? Ergo tertia charitas necessaria est, et nihil tam necessarium. Igitur sine tribus istis anima nulla sanatur. ut possit Deum videre, hoc est intelligere. Cum ergo sanos habuerit oculos, restat ut aspiciat. Aspectus autem animæ ratio est. Sed quia non sequitur ut omnis qui aspicit, videat : aspectus rectus atque perfectus, id est quem visio sequitur, virtus vocatur. Virtus namque est recta vel perfecta ratio. Sed et ipse aspectus, quamvis jam sanos oculos convertere in lucem non potest, nisi tria illa permaneant ; fides, qua creditur ita rem se habere, ad quam convertendus est aspectus, ut visa faciat beatum ; spes, qua cum bene aspexerit, se visurum esse præsumat ; charitas, qua videre perfruique desideret.

Jamque aspectum sequitur illa visio Dei, quæ est finis aspectus ; non quo jam non sit, sed quo nihil amplius habeat quo se intendat : et hæc est vero perfecta virtus, ratio perveniens ad finem suum, quam beata vita consequitur. Ipsa autem visio intellectus ille est, qui est in anima, cum animæ intelligere, hoc est Deum videre, contigerit. Ita cum justus ex fide vivat (*Rom.* I), manent utique ad formandam vitam fidelium tria hæc. Hinc namque fit ut pares cum eis mores non habeant infideles, qui hæc tria cum fidelibus paria non habent. Qui enim a fidelibus alia credit, alia sperat, alia diligit,

(53) Quædam ex margine codicis in textum videntur irrepsisse quæ sensum conturbant.

necesse est ut etiam aliter vivat. Nam etsi usus quarumdam rerum similis esse nobis cum gentibus videtur, longe tamen aliter his rebus utimur, qui ad alium finem usum earum referimus, aliter de eis gratias agendo, de quo prava et falsa non credimus; et easdem res non ad eumdem finem referendo, sed ad finem divini legitimique præcepti, charitatem de corde puro, et conscientia bona, et fide non ficta. Nam et homo fide, spe et charitate subnixus, eaque inconcusse retinens, non indiget Scripturis, nisi ad alios forte instruendos. Ita multi per hæc tria etiam in solitudine sine codicibus vivunt. Unde et in illis arbitror jam impletum esse quod dictum est, quoniam « sive prophetiæ evacuabuntur; sive linguæ cessabunt; sive scientia destruetur (*I Cor.* XIII). » Quibus tamen quasi machinis tanta in eis fidei, spei et charitatis surrexit instructio, ut perfectum sine illis apprehendant, quale potest esse perfectum vitæ hujus, quod per fidem, spem et charitatem, apprehendi potest.

Perfectio namque hujus vitæ non alia est quam per fidem, spem et charitatem, perfecte quæ retro sunt oblivisci, et in ea extendi quæ ante sunt. Nam et Apostolus hoc dicit : « Quotquot, » inquit, « perfecti sumus, hoc sapiamus (*Philip.* III). » Quicunque ergo vere quærunt Deum Trinitatem, trium virtutum harum affectent in semetipsis habere trinitatem, et conformare se studeant ad earum disciplinam. Conscientia earum paradisus voluptatis est, pollens affluentia gratiarum, et castis sanctarum deliciis virtutum; ubi homo incola paradisi ipsius cum Deo conversatur; et sæpe eum videt, semper ab eo videtur, sæpe cum eo loquitur. Tres autem cardinales istæ virtutes ubi sunt, ad aliquam similitudinem Trinitatis Dei sic sibi invicem connexæ sunt et conjunctæ, ut sint singulæ in omnibus, et omnes in singulis; ut quod, et quantum, et quomodo, quis credit; hoc etiam, et tantum, et eo modo speret et amet : sic etiam speret, quod credit et amat; sic amet, quod credit et sperat. Fides enim nomen virtutis est, et magnæ et eximiæ virtutis. Sed fides quæ spem et charitatem non habet, virtus non est. Sic enim et dæmones credunt, et homines, qui sicut dæmones credunt (*Jac.* II), nisi quod pejores esse videntur ipsis dæmonibus homines quidam, in eo quod homines nec timent, ubi dæmones contremiscunt (*ibid.*). Certamque esse fidem oportet, ut certa sit spes, certa charitas. Sicut enim recte credi non potest sine spe, nec sperari nisi præcedente fide, sic nec alterius formæ spes esse potest quam fides. Creditum quippe bonum suum spei format appetitum, cum credita bonitas crediti dat fiduciam sperandi. Ad similitudinem ergo summæ Trinitatis sicut fides spem gignit, sic charitas ab utroque, hoc est a fide et spe procedit, cum non potest non amari quod creditur et speratur; et eodem utique modo amari, quo creditur et speratur. Sicut enim ibi tres personæ coæternæ sibi sunt et consubstantiales, ita et hic fides, spes, charitas, non tempore alia prior, alia posterior est, quantum ad virtutis substantiam quodammodo consubstantiales licet videantur habere secundum formam differentis affectus, quasi differentias quasdam personales. Rationalis quippe animi virtus generalis est recta ratio, cujus tot sunt species quot rationalis hominis dicuntur virtutes.

Nam et trium virtutum harum, fidei, spei et charitatis, una virtutis forma, quia tota a fide proficiscitur, in hac vita, in qua credimus, speramus, amamus quod non videmus, fides est, et fides nominatur : per quam hic ambulamus, quandiu a Domino peregrinamur : tota futura et dicenda charitas in futura vita, et gratia nominis et merito perfectionis; cum fide et spe non pereuntibus, sed in res suas transeuntibus, videbitur et habebitur, quod nunc creditur et speratur. Nam et in hac vita, in quantum aliquando proficitur in idipsum summæ veritatis, per affectum sentiendi de Domino in bonitate, fides et spes nonnunquam, non tam charitati conformantur, quam uniuntur : adeo ut tribus ipsis in lumine vultus Dei proficiendo ambulantibus, licet suæ unicuique maneat species proprietatis, sæpe tamen in tribus non nisi una sit seu appareat facies charitatis. Ascendentibus enim de valle lacrymarum ad supernarum celsitudinem promissionum, charitas hæc, seu dilectio, seu amor hic ab initio fidei inchoatur, ubi homini primitus ab infidelitatis tenebris progredienti continuo sol iste justitiæ exoritur; cum non solum credi incipit et sperari quod non videtur; sed etiam diligitur in quantum creditur et speratur, quamvis in hac vita dilectionis ipsius plenitudo seu perfectio nulli prorsus, cujuscunque profectus fuerit, speranda sit, quousque illuc perveniatur ubi videntium facie ad faciem tota erit beatitudo habere quod diligetur, et omnis virtus diligere quod habebitur. Interim vero ambulantium per fidem est, eo niti, eo suspirare, ubi a fatigatione viæ, et tædio peregrinationis, sperant respirare. Species namque summi boni ad amorem sui et cognitionem naturaliter semper suscitat et trahit omnem rationalem intellectum, quo mundiorem, eo jam sibi propinquiorem, eo ardentiorem ad videndum, quod videndum beatis mundicordibus promittitur : quod nonnisi mundis cordibus videtur; ad quod videndum, nonnisi fide corda mundantur. Cui suspirat, quicunque affectat diligere Dominum Deum suum ex toto corde suo, et ex tota anima sua, et ex omni mente sua; et proximum suum in quantum prævalet, adjuvat in hoc ipsum, quem diligit sicut semetipsum. Sed quandiu ex peccato primi hominis, et pœna peccati ejus, in filiis carnis ejus, qui etiam sunt filii gratiæ, fit quod dicit Apostolus de seipso, « Condelector, » inquiens, « legi Dei secundum interiorem hominem, video autem aliam legem in membris meis repugnantem legi mentis meæ, et captivum me ducentem in legem peccati, quæ est in membris meis (*Rom.* VII); et caro concupiscit adversus spiritum, et spiritus adversus carnem (*Galat.* V) : » quandiu sic est homo, valam omnibus est, quam non diligat Dominum Deum suum, sicut debitor est; scilicet ex toto quod homo est, quod vivit; qui toties tam multa, tam carnaliter extra Deum concupiscit. Quandiu enim hic vivitur, carnalis concupiscentia minui potest, frenari potest; exstingui vero ut penitus non sit, non potest.

Quapropter perfecta illa dilectio quæ ex toto est, quæ secundum præceptum legis Domino Deo debetur, præcipitur in hac vita, sed nequaquam a quoquam perficitur. Præcipitur tamen, ut quo nos extendere debeamus, non ignoretur. Quæ in quantum proficit in nobis, in tantum concupiscentias carnis minui necesse est, donec ibi perficiatur, ubi extra Deum jam nulla concupiscentia est. In quo hic proficere, per fidem ambulare est. In quo quicunque proficiens invenietur exiens de hac vita, indubitanter de eo credendum est et sperandum, perficiendum eum in futura vita. De fide autem non rectam fidem habemus; si non intelligimus fideliter ante omnia, cujus donum sit. Est autem fides res liberi arbitrii, sed liberati a gratia. Nequaquam enim liberum potest esse arbitrium hominis venundati sub peccato, nisi liberante eo, de quo dicitur: « Si vos filius liberaverit: tunc vere liberi eritis (*Joan.* viii). » Ad peccatum tantum per se liberum est: qua libertate peccant omnes, quicunque delectatione vel amore peccati peccant. Sed hac libertate servi facti sunt peccati, liberi justitiæ; nullum fructum justitiæ liberum habentes vel velle vel perficere, nisi liberante gratia liberari a peccato servi facti fuerint justitiæ. In quo in filiis Adæ venientibus ex massa damnationis antiquæ, quem vult juste deserendo indurat debita justitia: cujus vult subveniendo miseretur indebita misericordia. Ubi offert bonam et liberam voluntatem, et accipit fidem adjutus, jactat quæstionem, et meretur damnationem desertus et reprobatus. Dicit enim: « Quid adhuc quæritur? Voluntati enim ejus quis resistit? » (*Rom.* ix.) Tremat qui sperat; ubi sic audet, qui desperat. Non quærat rationem, sed imploret miserationem: et ex eo qui reprobatur, nisi subveniret gratia, discat quid et ipse merebatur. Nam, sicut dicit Apostolus: « Non omnium est fides (*II Thess.* iii). » Quorum ergo est? « Fundamentum Dei, » ait, « stat: habens signaculum hoc. Novit Dominus, qui sunt ejus: et, discedant ab iniquitate omnes qui invocant nomen Domini (*II Tim.* ii). » Quicunque enim ab æterno in præscientia Dei sunt præcogniti, ipsi sunt qui crediderunt, qui credunt, qui sunt credituri. Ipsi sunt, et extra eos nullus, oves Domini, oves pascuæ ejus, quæ vocem ejus audiunt (*Joan.* x), quas nemo rapit de manu ejus; populus ejus, scientes quoniam Dominus ipse est Deus. Ipsi sunt vere credentes, veri adoratores in spiritu et veritate: ab æterno præsciti, cum non essent; prædestinati, ut aliquid essent; vocati, cum aversi essent; justificati, cum peccatores essent; glorificandi, cum immortales fient.

Noti ergo et præcogniti in Dei præscientia, notificantur etiam sibi in conscientia sua, in quantum invocant nomen Domini; et testimonium reddit Spiritus sanctus conscientiæ eorum, quod sunt filii Dei; noti etiam fiunt hominibus, in quantum discedunt ab iniquitate præ cæteris hominibus. Sed in magna domo non solum sunt vasa aurea et argentea, sed et lignea ac fictilia; et alia quidem sunt in honorem, alia vero in contumeliam (*II Tim.* ii). Quod quare sit, vel quomodo sit, arbiter est figulus: qui habet potestatem ex eodem luto facere quod vult, sive in honorem, sive in contumeliam. Nec habet super hoc respondere figmentum figulo, homo Deo, lutum plasmanti, creatura Creatori suo: qui cum faciat omnia causa vel ratione, qua ipse novit, cum sit Dominus omnium, libere de omnibus, quod bonum est in oculis ejus facit; et certe bonus bene omnia facit. In quo sicut humilitas credentis certissimum est signum ovis Domini, quæ ponenda est a dextris; sic superba quæstio non credentis, signum est hædi ponendi a sinistris. Nam apud Deum nullus, nisi humilis spiritu salvatur; in ostium fidei, nisi humiliato capite, nullus ingreditur. Foramen acus est fides; non potest per eam intrare camelus enormis et tortuosus, nisi ad humilitatem et simplicitatem Christi attenuatus fuerit et directus. Venit enim ad ostium fidei superbus et elatus, et dum vocatur ad credendum, invitatur ad ingrediendum, stat et disputat contra ostiarium cur, alio admisso, alius excludatur; donec justo judicio ostiarii clauditur ei ostium, et de admissis et exclusis disceptans, ipse inter exclusos invenitur. Dicit enim ad singula quæ non capit: « Durus est hic sermo (*Joan.* vi); » durior ipse: et abiens et conversus retro, in eis quæ retro sunt ordinatur. Pauper vero spiritu, qualium est regnum Dei, cum timore et tremore salutem suam operans, nec ponens in cœlum os suum, venit ac plorat; et ut admittatur, orat; et cum admittitur, adorat; semper pavidus, ubique trepidus ad arbitrium figuli quodcunque voluerit de luto suo facientis. Ingressus etiam non est securus, quandiu gravat eum sensus carnis suæ; incedens cum timore, proficiens cum amore, ardens ad intelligenda quæ videt, timens vero scrutari quæ non debet. Non ergo volentis, neque currentis, sed miserentis est Dei (*Rom.* ix), et quod bene vis, o homo, et quod credis. Equidem si non vis credere, non credis; credis autem, si vis: sed non vis, nisi a gratia præveniaris: quia nemo venit ad Filium, nisi Pater traxerit eum (*Joan.* vi). Quomodo? Utique creando in eo, et inspirando ei liberam voluntatem, qua libere vult id quod vult, hoc est, ut voluntatis ejus sit, quod bene vult. Deo enim inspirante fit in nobis voluntarius mentis assensus in his quæ ab ipso sunt, et corde creditur ad justitiam, ore autem confessio fit ad salutem (*Rom.* x); et ipsa est fides. Sic ergo dictum est: Si vis credis, sed non vis, nisi a Patre traharis: et si vis, ideo utique vis, quia a Patre traheris. Ideo « vosmetipsos, » ait Apostolus, « tentate; si estis in fide, ipsi vos probate. An non cognoscitis vosmetipsos, quia Christus in vobis est? Nisi forte reprobi estis (*II Cor.* XIII). » Quomodo autem est Christus Jesus in nobis? Utique per bonam voluntatem, quia pax hominibus bonæ voluntatis : volendo scilicet, ut habitet Christus per fidem in cordibus nostris. Voluntas enim hæc aliquantus jam amor Christi est, sine quo fides in Christum omnino esse non potest. Pia namque fides sine spe et charitate esse non potest. Omnimoda ergo bonæ voluntatis absentia signum est omnimodæ reprobationis, et obduratæ infidelitatis, sicut bona ejus conscientia testimonium est Domini fidele, quod sumus filii Dei et gratiæ adoptantis. Cur enim non credis, o infidelis? Utique quia non diligis. Non credis, quia non diligis; non diligis, quia non credis. Neque enim alterum esse potest sine altero; quia alterum pendet ex altero. Incipe diligere, hoc est, age ut velis; et incipies credere; et tantum credes, quantum voles, hoc est, quantum diliges. Voluntas enim initium amoris est. Amor siquidem vehemens voluntas est. Et amor crediti, suggerit facultatem credendi. A carnali affectione accipe similitudinem ad Patrem Deum.

Credit se homo majorum auctoritati, et quod nullo didicit experimento, patris et matris suæ filium se esse indubitanter tenet; quia crediti patris et matris tanti apud eum est auctoritas, ut eam nec refellere velit, quia diliguntur; nec possit, quia digni habentur in judicio diligentis, quibus absque dubitatione credendum videatur. Amplectere et tu gratiam divinæ adoptionis, hæres Dei et cohæres Christi. Flecte genua tua ad Patrem Domini nostri Jesu Christi, « a quo omnis paternitas in cœlo et in terra nominatur, » ut det tibi « secundum divitias gloriæ suæ, virtutem corroborari per spiritum ejus in interiori homine, habitare Christum per fidem in corde. (*Ephes.* III) » tuo, et agnosce generis tui dignitatem, ne degenerem te comprobes per incredulitatem. Nam et secundum generationem carnalem, abnegare parentes gravis naturæ injuria est. Agnosce matrem gratiam; patienter sustine ut te nutriat in sinu auctoritatis lacte simplicis historiæ, et inhia uberibus ut cito crescas. Crescere, proficere; decrescere vero, deficere est. Nec nasci, nec crescere secundum carnem, voluntatis est; spiritualis vero nativitas et incrementa spiritualia voluntatis sunt. Voluntas vero in hoc filia gratiæ est.

Gratia generat, gratia lactat, gratia nutrit ac provehit, et ad perfectum usque perducit; hoc est, ut charitas, id est magna et bene affecta voluntas fiat; charitate vero operante multo dulcius omni affectu carnali et multo certius, præsto sit Spiritus ad testimonium perhibendum filiis gratiæ, quod sint filii Dei, quam natura filiis hominum, quod sint filii parentum suorum. Qui vero credit, scire debet, quid credat; quo auctore, quo docente, quod credit credat. Qui enim vere fidelis est et bonæ voluntatis circa fidem, nequaquam in eis quæ fidei sunt, quid credat eligit; sed sine omni retractatione et hæsitatione, quidquid credendum indicit divina auctoritas,

credit. Nec novas ipse sibi fides confingendo, sapit ea, quæ quasi carnali ejus sensui magis conveniunt; sed semper ea sapere appetit, quæ vera sunt, ipsis rationem conquirens, et doctrinam coaptans; nec de eis hæsitans humana ea ratione dijudicando, sed certa habens, fide et amore inhærendo. In quo tamen fit aliquando, ut sint qui fidem habeant, qua majorem nemo habere possit; in confessione ejus parati dare animas suas, sicut Domino attestante majorem nemo charitatem habet, quam ut animam suam ponat quis pro amicis suis (*Joan.* XV) : qui in credendo tamen, hoc est in cogitando ea quæ fidei sunt, caligant et laborant. Humani autem hæc animi gravitas, et gravis infirmitas, et mira cæcitas est. Facillimum quippe et optabile etiam sæpe multis est, si necessitas vel occasio ingruerit, mori etiam propter fidem : quibus in credendo, hoc est de eis quæ fidei sunt cogitando, non facile est iosius fidei assequi puritatem.

Nec mirum, cum sæpe etiam promptissime moriantur propter fidem; quibus difficile nimis est vivere secundum fidem. Hinc namque est, quod cum ea quæ fidei sunt in Scripturis, seu historialiter audiuntur, seu moraliter a sanctis doctoribus traduntur, seu in mysteriis quibusque vel sacramentis tractantur, nonnunquam quidem non consentiente sensu, nonnunquam vero etiam errante consensu, a plerisque etiam fidelibus tam difficulter et tam scrupulose accipiuntur, ea quæ dicuntur. Infirmi quippe ingenii, sed infirmioris fidei homines animales, non percipientes, aut vix percipientes ea quæ Dei sunt, licet repugnante ratione fidei rationi et consuetudini humanæ; sæpe etiam nolentes, quasi infinitatem divinæ potentiæ metiuntur de infirmitate sensus humani, seu fidei suæ, quasi suggerente natura humana et sensu ejus, Deum nil posse, vel esse, vel agere, nisi quod homo de eo videtur sibi posse intelligere, sacramenta fidei, sanctarum mysteria Scripturarum figmenta esse humanarum adinventionum. Porro vir fidei et virtutis, quicunque ille fuerit ad vitam prædestinatus, præventus a gratia, et sicut Paulus misericordiam consecutus, ut sit fidelis (*I Tim.* 1), etsi aliquando in eis quæ fidei sunt patitur aliquem carnis suæ sensum, nullum prorsus præbet assensum, sed, sicut divinæ auctoritatis fidele mancipium primo omni studio animi subjicit se disciplinæ fidei ejus quæ discitur; deinde omni pietatis affectu ambit ad eam quæ donatur : primo ad eam quam revelat caro et sanguis; deinde ad eam quam non revelat nisi Pater qui est in cœlis : primo ad scientiam, quam nox nocti indicat; deinde ad verbum quod dies diei eructat : satagitque discere non solum quod creditur, sed etiam quibus contra inimicos fidei fides ipsa muniatur; quo fiat fides ipsa ubi non est, confirmetur ubi est : vitam etiam moresque coaptans, ut quod creditur, non solum credatur, sed et speretur et diligatur; et diligendo intelligatur, et intelligendo diligatur. Sic enim creditus cum Deo spiritus meretur Spiritum sanctum, gratia gratiam, fides intellectum et affectum pietatis, et intellectum amoris, in captivitatem redigentem omnem intellectum in obsequium Christi (*II Cor.* x), ut secundum quod scriptum est, « nisi credideritis non intelligetis (*Isai.* vi), » qui credit, amando intelligere mereatur quod credit. Sicut enim olim priusquam veniret fides, sub lege custodiebamur conclusi in eam fidem, quæ revelanda erat, et lux pædagogus noster fuit in Christo Jesu, ut ex fide justificaremur (*Galat.* iii) : at ubi venit fides, jam non sumus sub pædagogo, sed recepta adoptione filiorum inventi sumus filii Dei, accepto in cordibus nostris Spiritu Dei, in quo clamamus : Abba, Pater (*Rom.* viii) : sic etiam in ipso tempore gratiæ, priusquam splendescere incipiat in cordibus nostris illuminatio Evangelii gloriæ Christi, custodiri et concludi habemus sub auctoritate ejusdem Evangelii in gratiam revelandam nobis tempore illuminantis nos misericordiæ Dei. Sit ergo interim auctoritas pædagogus noster in Christo Jesu, ut per humilitatem credendi a gratia mereamur illuminari.

Cum enim venerit illuminans gratia, jam non sumus sub pædagogo, quia ubi fuerit Spiritus Domini, ibi libertas (*II Cor.* iii). Accepto enim Spiritu Filii Dei, efficimur et ipsi filii Dei; et intelligentes et sentientes nos patrem habere Deum, cum omni jam fiducia renuntiantes auctoritati, dicimus ei, quod mulieri Samaritanæ dicebant concives sui : « Quia jam non propter tuam loquelam credimus : ipsi enim audivimus, et scimus, quia hic est vere Salvator mundi (*Joan.* iv). » Interim vero dum præparatur credendo, id est in his quæ fidei sunt cogitando, intellectui locus suus agatur necesse est, ut in cogitatione detur auctoritati magnus locus. In eo ergo quod nec sensu concipi, nec ulla valet ratione interim investigari, obedientissime cedatur et credatur divinæ auctoritati, sicuti est de Salvatore humanæ dispensationis evangelica historia, et gestorum ejus, quæ eis qui tunc fuerunt, tunc facta sunt ad videndum et ad credendum quod non videbant; nobis autem credenda indicuntur, quia sic facta sint, et per ea credendum est quod et illi credebant. Sed etsi in corde ebullire incipiunt sensuum carnalium tentationes, scandala fidei, tristes hæsitationes, et quæstiones tenebrosæ, quibus non tam ex placito voluntatis, quam ex incuria neglectæ mentis, vel levitate naturalis de rationalitate fervoris, fidelis etiam animus nonnunquam caligare solet; nulli melius animus regendum se credit et committit, quam divinæ auctoritati; scilicet quam divinitas in tam eminenti culmine dignitatis constituit; et quam verbo et scripto, et vita et morte sua nobis commendaverunt tot et tanti homines Dei. In qua cum pie et humiliter acquiescitur, bene ibi et quasi in tuto requiescitur, donec per operationem sancti Spiritus ipsa, sicut dicit propheta, experientia intellectum incipiat dare auditui (*Isai.* xxviii); donec obtineat fides, ut res cujus præcessit fides, credentis illucescat affectui, ut de fide Jesu Christi fiat in corde ejus et exemplum humilitatis, et incentivum amoris, et sacramentum redemptionis; ut, sicut dicit Apostolus, fiat ei Jesus Christus a Deo Patre justitia, sapientia, et sanctificatio et redemptio (*I Cor.* i). Etenim tunc jam bene creditur, tunc de fide digne fidei cogitatur, quamvis non jam tam cogitatur, quam agitur; quia quidquid fidei est, Spiritus sanctus in anima illa actualiter quodammodo operatur, cum affectus fidei fervet in conscientia; in intellectu vero fulget illuminans gratia, et affectus boni operis resplendet in vita

Relicta vero in initio credendi auctoritate duce, necesse est perire de via justa ambulantes in sensu carnis suæ; nonnullos vero etiam de numero fidelium sæpius offendere : qui etsi non sic offendunt ut cadant, non tamen sine aliquo viæ discrimine et sancti in fide profectus detrimento, inveniuntur pertransire. « Dicit enim insipiens in corde suo : Non est Deus (*Psal.* xiii). » Alius vero dicit : « Quomodo scit Deus, aut si est scientia in excelso (*Psal.* lxxii); » dubitans de providentia Dei. Miratur alius, si pro salute hominis vel debuit Deus homo fieri. Et multa in hunc modum. Nam etiam ferventiores in religione animos, sed teneriores adhuc in fide, attentare sæpe solent hujusmodi de fide tentationes, non occurrendo in faciem venientes, sed latenter quasi a latere insidiantes, et quasi vestem fidei a tergo vellicando, non dicentes : « Est est, Non non (*Jac.* v); » sed *forsitan* et *forsitan* susurrantes. Forsitan, inquiunt, sic est; forsitan non est. Forsitan aliter fuit, aliter scriptum est; propter aliquid quod scriptum non est. Et respiciente rationis judicio disparent omnia, et integra quidem licet inveniatur fidei vestis, vellicata tamen sentitur et concussa. Siquidem et ratio videtur esse quæ impugnat, et ratio quæ repugnat : illa animalis et carnaliter sapiens, hæc autem spiritualis et spiritualiter dijudicans omnia ; illa quasi de inexpertis hæsitando, hæc vero auctoritati omnia subdendo : insuper ægre ferendo in aliqua sui parte aliquatenus sibi rem venire in dubium; cui ex auctoritate divina et fide non ficta, non dubium tribuit assensum. Sed quid faciat creditus cum Deo spiritus? Legit sibi evangelica tam verba Domini quam miracula, et in omnibus veneratur et adorat veritatis sancta vestigia. Requisitus fidem : « Tu es, » inquit, « Christus Filius Dei (*Matth.* xvi); » requisitus amorem : « Tu scis, » inquit, « quia amo te; et animam meam pono pro te (*Joan.* xxi). » Et cum cuncta quæ fidei sunt intrepido corde credat ad justitiam, ore autem confiteatur ad salutem, ex regula auctoritatis; ab aure tamen cordis excutere non potest *forsitan* et *forsitan*, susurrium tentationis, non illud dicens sibi, sed molestissime ferens ab aliquo animæ suæ sensu dici sibi. Gemit ergo ad verba Apostoli, et nimium ipse suspectus est sibi. « Vosmetipsos, » inquit, « tentate si estis in fide; ipsi vos probate. Annon cognoscitis vos ipsos, quia Christus Jesus in vobis est, nisi forte reprobi estis? » (*II Cor.* xiii.) Et alibi : « Nemo loquens in Spiritu sancto, dicit anathema Jesu (*I Cor.* xii). » Cui constantissime ipse subjungit : « Imo, si quis non diligit Dominum Jesum Christum, sit anathema maranatha (*I Cor.* XVI). » Et tamen in omnibus his ab occulto nescio quo conscientiæ excutere non potest aculeum mortis, non quidem transpungentem, sed tamen pungentem; nonnunquam vero nec pungentem, nec tamen recedentem. Multumque veretur, ne Christus Jesus in aliqua sui parte non sit, si quid sit in aliqua parte conscientiæ suæ, quod contra eum sit : cum hæc ipsa timoris et doloris anxietas veræ fidei manifestum argumentum sit. Non sentit hoc, nisi qui pugnat; et qui jam quod credit amat, et timet perdere quod jam tenet, qui spiritualiter examinatur : cui non sufficit communis cum multis consuetudo assentiendi, et professio confitendi : qui expertus jam aliquid, incipit scire quid desit sibi. Quid autem timet in hujusmodi, quid anxiatur, quid dolet nisi fides? Statuit ergo se contra se homo Dei; et ipse semetipsum spiritualiter examinans dicit : Quid est, o anima, in quo conturbas me? Non fidestas? Non credis? Et duo hæc proponendo sibi conferens, et agens secum, de utroque sibi respondeat cor suum. Discutit utrumque quid sit, et invenit quia fides voluntarius est assensus mentis in eis quæ fidei sunt; credere vero cum assensu de eis cogitare. Omnesque terminos fidei suæ circumspiciens, et puram sibi voluntatem in corde, et assensum in oris confessione, opera etiam fidei inveniens in proposito et professione usque ad martyrii et mortis necessitatem, si forte ingrueret; interim de fide bene respondet sibi. Cogitans deinde mentis suæ statum, qualis sit, cum de fide cogitat, invenit certum quidem in ea liberi arbitrii assensum in fide, aliquid tamen in cogitatione contra assensum. Idipsum vero penes se discutiens quid sit, quod sibi velit, invenit rationem ex obedientia fidei simpliciter ire in assensum, et omissa in dubiis naturali via ratiocinandi, per viam gratiæ incedentem omnia subdere auctoritati.

Cumque mens abducta a via naturæ in viam gratiæ per aliam viam miratur se reduci in regionem suam, aptans tamen se ad credendum, hoc est de rebus fidei cum simplici assensu cogitandum, vim illico patitur recurrentis naturæ, et scire volens ubi suum commodet assensum, etiam contra voluntatem, ratiocinatur contra auctoritatem : licet enim simpliciter iræ, quo jubetur assentit, tamen rationem respiciens, quasi consuetam sibi viam requirit. Nam etsi possibile est rationi in cogitando de fide libramine judicii omnia subdere auctoritati, tamen rationalitati eripi non potest vis vel motus naturalis ratiocinandi. Menti siquidem ad inquisitionem veritatis naturaliter semper tendenti, sicut finis solet esse quærendi, inventio ipsa veritatis, ad quam tenditur; sic via ad inveniendum solet esse ratiocinatio, qua veritas inveniatur. Cum ergo fides ei indicitur per auctoritatem, et a fine se differri videt, quem sperabat, et viam intercludi, per quam incedere solebat, nisi quod per hanc dilationem promitti sibi gaudet super eminentem scientiæ charitatem : ibi se certissime inventuram credens quod perfectum est, evacuato quod ex parte est, cum tamen ratiocinationi auctoritatem, et fidem interim scientiæ jubetur anteponere, tanquam certitudini opinionem, et sapientiæ hujus mundi stultum Dei : hæsitat nonnunquam et palpitat, sed non usque ad contradictionem; quia non tam ratio voluntatem, quam voluntas trahere videtur rationem ad fidem. Sicque agitur, donec, illuminante gratia, incipiat aliquando boni sui fides capere intellectum, spes appetitum, charitas sensum. Interim vero fiunt hæc in homine ad manifestationem infirmitati suæ, ut ostendat et ipse se sibi; simul etiam ut peccato vitiata natura et nimis prona in sensum carnis suæ a servitute carnis liberetur, et, operante Spiritu sancto, per exercitia pietatis paulatim cogitandis spiritualibus rebus et divinis conformetur. Magni quippe exercitii est, nec sine magno auxilio gratiæ Dei effici potest, non accepta ratione, absque hæsitatione, quod credendum indicitur, credere et amare, et amore crediti ipsum credere amare : in tantum ut magnitudo amoris tollat scrupulum suspicionis, cum in fide etiam certa, sicut certa esse potest fides, quamdiu fides est, non possit esse cognitio certa; nec alia, quam de qua Apostolus dicit : « Nunc cognosco ex parte (*I Cor.* XIII). » In quo qui non recipit disciplinam, perit cito de via gratiæ, et reducitur in viam corruptæ naturæ, et efficitur animalis, qui non percipit ea quæ Dei sunt, et incipit male credere, id est de fide male cogitare. Cujus cogitationibus, cum admiscet se is qui tentat, aufert nonnunquam etiam fidem de corde ejus, et abit retro, et fiunt novissima hominis illius pejora prioribus. Fidem etenim in servo Dei ad vexandum vel cribrandum, vel etiam, si potest, ad perimendum, maxime impetit inimicus; quia non ignotum habet, devotam Deo conscientiam in nullo se periculosius dejicere, vel gravius contristare, quam in eo quod faciei Dei faciem ejus conciliat; in quo viam ad Deum habet devotio servi sui, et viam ad cor hominis consolatio vel gratia Domini Dei sui; ex quo incentivum ei fit omnium bonorum suorum; in quo ei est consolatio unica laborum ac dolorum suorum.

Primus siquidem accessus ad Deum est fides, dicente Apostolo : « Accedentes ad Deum credere oportet, quia est; et inquirentibus se remunerator sit (*Hebr.* XI). » Fides est radix est omnium virtutum, et fundamentum bonorum operum. Nec virtus est, quæ non est ex fide; nec ædificatio sed ruina, extra fidei fundamentum. Propter quod antiqui serpentis malitia primo hanc radicem inficere; primo hoc fundamentum semper aggreditur labefactare, agens, si potest, ut fides vel omnino non sit, vel imperfecta sit, vel ut obscuretur in ea sensus gratiæ illuminantis, vel subducatur ei adeps pinguedinis spiritualis. Ideo blasphemus ille coluber etiam nunc paradiso Dei non timet irrepere, fidelium mentes attentare, insibilare blasphemias, varias in fide suspiciones incantare. Sed qui jam in fide proficit, sciat noxium ejus caput, semper melius despicien lo, esse conterendum, quam ad singula ei respondendo ipsa consuetudine colloquii improbæ malitiæ robur addendum; quia non effugiet contagium veneni mortiferi, si non venenati oris pestiferum a se penitus removerit afflatum. Sunt etenim duæ in homine tentationes, seu vitia ex pœna peccati ipsi concreta naturæ, concupiscentia carnis, blasphemia Spiritus, ex quo primo primis parentibus generis humani insibilata est a serpente vetiti cibi concupiscentia, et blasphemia in Deum, dicente illo ad mulierem : « Cur præcepit vobis Deus ne comederetis de ligno, quod est in medio paradisi ? Sciebat enim, quia qua die comederitis, eritis sicut dii (*Gen.* III). » His enim verbis et credenti mulieri, Deum in hominem fuisse invidum, facile persuasum est ; et mulier per serpentem, et vir per mulierem ad divini præcepti transgressionem per concupiscentiam cibi vetiti impulsus est. In quibus cum tota tunc esset, tota peccavit humana natura. Et idcirco ex tunc concupiscente carne adversus spiritum, et spiritu adversus carnem, factus est impotens sui homo venundatus sub peccato, concupiscens sæpe quæ non vult, et cogitans etiam sæpe de Deo, quæ non vult ; maxime incentoribus malorum horum spiritu blasphemiæ et spiritu fornicationis imminentibus. Fornicatio vero et blasphemia inter omnes tentationum pestes hoc insigne mali habere videntur, ut rationis tantum judicio, et cogitationis exercitio reluctantibus fortius obluctentur et imminent, facilius vel effugiantur a fugientibus, vel a contemnentibus superentur. Unde Apostolus : « Fugite, ait, fornicationem (*I Cor.* VI). » Fugienda enim est, vel contemnenda omnis omnino ejus memoria, uti ne saltem sub occasione reluctantis polluatur conscientia recordantis, cum ad cogitatus vel levissimi contactum statim moveatur naturalis ille carnis pruritus. De blasphemia vero tentanti diabolo ac dicenti : « Hæc omnia tibi dabo, si procidens adoraveris me (*Matth.* IV), » nonnisi scutum veritatis vel auctoritatis doctor veritatis opposuit, dicens : « Scriptum est : Dominum Deum tuum adorabis, et illi soli servies (*ibid.*). » Sed et in libro Regum cum blasphemarent Dominum pueri regis Assyriorum, mandavit suis Ezechias, dicens : « Ne respondeatis eis (*I Reg.* XVIII). »

Non enim respondendum est aliquatenus spiritui blasphemiæ, vel colloquendum cum eo, sed tantum scutum ei fidei opponendum : cujus virulenta malitia quidquid attuleris, polluere nititur ; nec agit ut respondendo ei satisfiat : ad hoc tantum ambit, ut vel contristet conscientiam credentis, vel corrumpat in aliquo fidei puritatem.

Geminorum vero malorum horum alterum stimulus carnis est, alterum animæ : utrumque circa desides quasi naturale commonitorium, ab eo, sicut dictum est, trahens originem, qui ex incantatione colubri antiqui esse sicut Deus concupivit ; statimque traditus in concupiscentiam carnis suæ, semetipsum erubuit, tegens eas corporis partes quas tegmine non egentes bene creaverat qui creavit. Utrique tamen vitio suum adhibendum est antidotum. Non enim omnibus membris una convenit medicina. Non sanat pedem, quod sanat caput; non vitia carnis, quod vitia animæ. Tentatio enim carnis afflictiones carnis requirit, et corporales labores ; tentatio vero animæ, orationis, lectionis, meditationis, exposcit auxilium ; et si qua sunt alia studi spiritualis. Præcipue autem fidei puritatem non assequitur, nisi vera et profunda humilitas cordis, et devotio pia, et pervigilis instantia orationis. Orandum ergo sæpe est, ac dicendum : « Domine, auge nobis fidem (*Luc.* XVII). » Nam sæpe etiam qui in ea proficit, si non habeat adjuvantem gratiam, molestam patitur naturam. Rationalitas enim, sicut dictum est, in seipsa inquieta et improba, ubi ratiocinandi habet facultatem, fidem sæpius aggreditur, etsi non studio contradicendi ; non ut illi velit occurrere sed quasi illam sibi occurrere. Nam sicut solet agere in rebus humanis humana ratio, quasi per mediam credendi necessitatem irrumpere nititur in rerum divinarum cognitionem : sed tanquam aliunde ascendens, offendit, impingit, labitur, donec revertatur ad ostium fidei ; ad eum qui dixit, « Ego sum ostium (*Joan.* X) : » et humiliata sub jugo divinæ auctoritatis, quanto humilius, tanto securius ingrediatur. Sed in aliis non sentit tentationem negligentiæ magnitudo, in aliis rationis hebetudo, in aliis illuminatæ fidei concepta certitudo.

Negligenti enim et hebeti sufficit interim fides a carne et sanguine revelata, nec tentatur, quia nec spiritualiter examinatur ; quando sufficit ei vel consuetudo assentiendi, vel professio confitendi, nescienti utique quid sit fides : quod si sciret, daret certe operam intelligere quod credit. Altera siquidem est fides, quam revelat caro et sanguis ; altera, quam revelat Pater qui est in cœlis. Altera, et non altera. Eadem fides, sed alter affectus. Illa docet quid sit credendum ; ista fidei suum suggerit intellectum, et plenam intellectus etymologiam, cum qui credit intus in affectu cordis legit quod credit. Illa pædagogus est, tutor vel auctor humanæ infirmitatis ; ista vero ipsa est hæreditas et perfectio libertatis. Illa vero tolerat negligentes, nec excludit hebetes, formam omnibus præferens veritatis ; ista non suscipit nisi spiritu ferventes, Domino servientes, habentes illuminatos oculos cordis. Non autem hebetes hos dicimus, simplices filios Dei, cum quibus crebro ejus sermocinatio sit ; quorum proprium est meritum et singularis gratia, qui fidem accipere merentur revelante Deo ; non eam solam quam revelat caro et sanguis, sed illam etiam quam revelat Pater qui est in cœlis : docibiles Dei et absque omni verborum, sive cogitationum disceptantium strepitu a sancto Spiritu discentes : ad quod docendum, si non adsit ipse Spiritus et docenti et discenti, deficiunt perstrepentes rationum ratiocinationes. Hujusmodi enim non negligentes, sed simpliciter et singulariter strenui sunt in fide et prudentes : nec in silentio suo hebetes æstimandi sunt, sed in eo quod acceperunt singulariter sapientes : quia sentiunt de Domino in bonitate, et sentiunt sensu amoris quidquid de Deo credunt: et sapit eis quod sentiunt: et ubi lassescunt et deficiunt ratiocinationes, ipsi currunt; et quia ambulant simpliciter, ambulant confidenter. Non enim in curribus ingeniorum suorum, vel in equis fiduciæ humanæ, sed in nomine Domini. Non in literatura : in potentiis Domini, et in justitia ejus solius. Nihil enim dijudicantes in fide, nihil discernentes, omne rationis suæ judicium Spiritu sancto jugiter illuminandum offerentes, et dirigentes omnem suum sensum in fidei assensum; spirituales ejus fructus dulciter capiunt et confidenter. Sentiuntque de Domino in bonitate (*Sap.* 1), quia simplicitate cordis quærunt illum; et invenitur ab his, quia non tentant illum; apparet autem eis, quoniam fidem habent in illum; impleturque in eis quod pro discipulis Patrem orans dicit Dominus Jesus Christus. « Et hi cognoverunt vere, quia a te exivi. (*Joan.* xvii). » Quomodo cognoverunt? Sequitur. « Et crediderunt, quia tu me misisti. » Utique ideo cognoverunt vere, quia crediderunt vere. Hebetes vero sunt circa fidem alii, qui naturaliter nec intelligunt, nec intelligere possunt: alii quos ad intelligendum facilitati comparandæ dignum piget operam dare, cum possint. Nequaquam vero simplicem simpliciter credentem extollimus, quasi ad depressionem spiritualis examinatoris: qui si non sit scrutator majestatis, sed æmulator pietatis, et imitator simplicitatis, tentationum laqueos non solum illæsus evadit, sed etiam magnifice in eis eruditus proficit. Quorum alia gratia est.

Aliud enim est habere simplicem fidem, et fructus ejus simpliciter in corde capere suavitatem: aliud intelligere quod creditur, et paratum esse semper ad reddendum de fide rationem. Simplex fides sapit, sed non lucet; et est a tentationibus remotior. Hæc autem etsi nonnunquam cum labore sapit, lucet tamen, et est contra tentationes tutior. Licet enim pedetentim in fide proficiat, habitantem per fidem gerens in corde Christum, quæcunque fidei sunt, certa tenet scientia acclamante conscientia, et eam fidem firmissimo fovet amplexu quam ei revelavit caro et sanguis, et ad eam suspirat, et cum ei datur, suaviter in ea respirat, quam revelat Pater qui est in cœlis. Et licet sanctæ simplicitatis compendio sæpe a simplici prævenitur, ipse tamen a fonte gratiæ, qui omnibus patet, non repellitur. Aliquando enim de maledictione Adæ in doloribus laborans sibi, in spinis et tribulis terræ suæ, in tentationibus corruptæ naturæ suæ, in sudore vultus sui vescitur pane suo; aliquando dum nescit, sicut Jacob invenit benedictiones Domini in agro cordis sui. Non enim inanis esse potest labor exercitii spiritualis in fide fideliter expensus: nec dolor dilationis suo potest defraudari præmio pietati impensus. Sæpe enim adest fidei laboranti illuminans gratia; et sic quasi in transpuncto infert ei invisibilium cognitionem et spem, et in cognitione et spe amorem, ut sine ullo temporis intervallo et sensus distinctione, continuo et amor ex fide, spe mediante, per cognitionem oriatur, et fides itidem in amore per cognitionem solidetur: intantum ut, sicut jam supra dictum est, fidei cognitio, et spes, et amor, licet intelligantur tria quædam in ipsa fide dividua, in virtute tamen fidei ipsius quodam conjunctionis argumento ex tribus una fiat, in sensu credentis, sperandarum rerum substantia individua, cum quod creditur, credendo etiam cognoscitur; quod vero cognoscitur, ex cognitione boni sui speratur; et speratum et cognitum amatur. Quod de fide, spe, et charitate, semper debet esse fideli animæ in fide, tamen ipsi non semper esse possit in intellectu. Istæ enim speciales sunt animæ virtutes, in quibus robur ejus omne consistit. Hæc ossa, de quibus crebrius Psalmista commemorat; quæ « custodit Dominus in sanctis suis (*Psalm.* xxxiii). » Quæ cum ad invicem conjunguntur fit ex eis « unum os, quod non contereretur (*Exod.* xii; *Num.* ix; *Joan.* xix). » Hæc est perfectio fidei in hac vita, de quo alibi dicit: « Non est occultatum os meum a te, quod fecisti in occulto (*Psalm.* cxxxviii). » Divisa vero ab invicem facile conturbantur, et animam conturbant valde; et vel confringuntur, et exprobrant nobis inimici nostri: vel dissipantur, et secus infernum nos constituunt. Quibus cum adhærent carnes, id est cæteræ animæ affectiones; et ipsæ ab ossibus robur, et ossa ab eis trahunt salubris succum pinguedinis; et fit eucrasis, id est bona complexio animæ. Si vero solvuntur ab invicem, et carnes defluentes in semetipsis tabescunt, et morientia ossa, fides sine operibus, spes sine consolatione dilationis, charitas sine dulcedine pietatis, in semetipsis sicut cremium arescunt. Cum ergo carnes ossibus adhærent, bene et cum ossibus, et cum carnibus agitur, quia et carnes ex ossium robore solidantur, et ossa a carnibus nutriuntur. Quod si os carni adhæret, sicut quodam loco idem propheta deplorat dicens, « Adhæsit os meum carni meæ (*Psalm.* ci); » mollescit in carnem, et totum caro fit. Hoc est, si fidei conformantur affectiones animæ, homo ille spiritu vivit, spiritu et ambulat, et quasi totus spiritus est; si vero spirituales illæ virtutes resolvuntur in affectiones carnales, totum caro fit, et dicitur de illo homine, « Non permanebit spiritus meus in homine isto, quia caro est (*Genes.* vi).

Nutrienda ergo est suis alimentis fides, spirituali huic examinatori, et ante omnia spiritu humilitatis Deo afficienda, donec piæ devotioni apparere incipiat ipsa speratarum substantia rerum: ut fervor naturalis rationalitatis, sicut jam dictum est, operante gratia vertatur in fervorem amoris, et importuna ratiocinatio efficiatur pia contemplatio, scientia inventi, gaudium fruendi. Interim vero dum exercetur, dum eruditur natura, et docetur quid valeat sine gratia, et si ratione rationalitatis fervorem naturalem, ne usque ad contradictionem ebulliat, cohibemus, ut tamen non ferveat quod fervet, vix efficimus, ut scientiæ naturalis appetitus scrupulose aliquatenus non suspiciat ad credendum, quo attingere ei non licet sensu aliquo vel rationis vel corporis ad discutiendum. Sed ne timeas, serve Dei; non moveantur pedes tui, non effundantur gressus. Infideles signa petunt ; hæsitantes sapientiam requirunt. Tu vero amplectere Christum crucifixum, prædestinatis ad ruinam scandalum, sapientibus in oculis suis stultitiam, sed vocatis omnibus et justificandis, Dei sapientiam, et Dei virtutem ; quia quod stultum est Dei, sapientius, et quod infirmum, fortius est omnibus hominibus (*I Cor.* 1). Si sensum carnis consulis, stultum videtur et infirmum : si autem cum Apostolo sensum Christi habueris, intelliges Verbum Dei summam esse sapientiam, sed stultitiam hujus sapientiæ esse carnem Verbi; ut quia carnales quique per carnis prudentiam pertingere non valebant ad sapientiam Dei, per stultitiam prædicationis et fidei simplicitatem, id est per carnem Verbi, sanentur. Stultus esto, ut sapiens fias, et illuminabitur tibi dispensatio sacramenti absconditi a sæculis in Deo, qui omnia creavit, infirmare ad infirmum Dei, et disces quam sit supereminens magnitudo virtutis ejus in nos qui credidimus, secundum operationem potentiæ virtutis ejus.

Nec terreat animum fidelem momentanea et prætervolans trepidatio in credendo, cui de fide non deest bonæ conscientiæ, et conscientiæ Spiritus sancti testimonium, si etiam sub examinatione martyrii facta fuerit interrogatio. O fidelis anima, non te damnat insons natura, sed stupet ad insolita ; non detrectans, aliquid scire appetens. Vide matrem Domini, speciale fidei signum. Accepto bono nuntio salutis nostræ, et conceptionis suæ, et pignore sancti Spiritus, certissime matrem Domini futuram se credens, aliquid tamen, id est mysterii hujus adimplendi modum, scire voluit dicens. « Quomodo fiet istud, quoniam virum non cognosco ? » (*Luc.* 1.) Item fide tenebat ; modum scire desiderabat. Rem amplectebatur anima fidelis, confortante eam ipsa gratia qua erat plena, sed modum quo id fieret mirabatur stupens natura. Sentiebat siquidem jam in seipsa singulariter operantem Spiritum sanctum, sed mirabilia quæ credebat nesciebat eum in carne sua sine auxilio carnis operaturum. Cui angelus. « Spiritus, inquit, sanctus superveniet in te, et virtus Altissimi obumbrabit tibi (*ibid.*). » Ac si diceret : Digitus Dei est hic. Sic de spirituali regeneratione baptismi, modum ejus sciscitanti Nicodemo Dominus respondit : « Spiritus ubi vult spirat, et vocem ejus audis, et nescis unde veniat, aut quo vadat. Sic est omnis qui natus est ex spiritu (*Joan.* III). » De sacramento quoque corporis et sanguinis sui scandalizatis, « Spiritus est, inquit, qui vivificat ; caro autem non prodest quidquam (*Joan.* VI). » Omnia enim hæc operatur unus atque idem Spiritus, sicut vult, constituens sacramenta fidei, alia ut sint sacræ rei signa corporalia et visibilia, sicut in baptismo, sicut in sacramento corporis et sanguinis Domini ; alia ut sint tantum sacra recon-

dita spirituali intellectu ipso Spiritu sancto præduce investiganda ; de quibus dicit Apostolus. « Ut notum faceret nobis sacramentum voluntatis suæ (*Ephes.* 1) » Occultum enim voluntatis Dei et altissimum est, et omnium sacramentorum sacramentum; quod notum facit secundum bonum placitum suum, quibus vult, et sicut vult : quod sicut divinum est, sic modo quodam divino revelat ei qui donante ipso dignus est. Quin potius non divinum, sed Deus est, quia ipse est Spiritus sanctus, qui substantialis Dei voluntas est. Hæc enim est voluntas Dei, qua facit omnia quæ vult Deus, de quo scriptum est. « Omnia quæcunque voluit Dominus fecit (*Psal.* cxxxiv). » Ipse ergo Spiritus sanctus, ei cui se infundit, ipsa Dei voluntas ei in quo fit innotescit, nec innotescit alibi quam ubi sit. Nam etsi a charitate luminis et veritatis ejus abscondere se non potest oculus humanæ rationis, non tamen nisi qui eam facit, et in quo fit, volendo scilicet, quod vult Deus, particeps potest esse ejus suavitatis. Sicut enim non sentit, nisi qui vivit, quia nonnisi viventis vita est quæ sentit; sic illam nemo scit in quo non fit, quamvis non omnes eam sciant vel sentiant in quibus fit, sicut in infantibus et idiotis.

Sicut enim multi habentes animam nesciunt quid sit anima, sic multi habentes gratiam nesciunt eam. Ei vero quem sibi afficit, revelat exteriora sacramenta cum omnium res sacramentorum sua in eo operatur significativa. Ipse enim ea sacrat Spiritus sanctus, ut sint tantæ rei sacramenta : ipse ea revelando, fideli conscientiæ commendat, in qua rem ipsam operatur occulta gratia. Omnibus enim interioribus nostris interior Deus, in exterioribus nostris, hoc est in sensibus corporis exteriora nobis credidit sacramenta, per quæ interiora nostra ad sua introduceret interiora, per corporalium sacramentorum operationem paulatim suscitans in nobis gratiam spiritualem : qui etiam ad hoc inclinaverat se ad consortium humanitatis nostræ, ut participes nos efficeret divinitatis suæ.

Ideo jubente salutis nostræ auctore in aqua baptismi caro lavatur exterius, interius vero Spiritu sancto operante anima purificatur ; et sic in fide filii hominis et Filii Dei justificati homines peccatores efficiuntur filii Dei. Corporalem etiam, sed incorruptibilem cibum corporis et sanguinis Domini manducat homo fidelis corporaliter, sed incorruptibiliter ; intantum corporaliter nobis congruentem, quantum incorruptibiliter nos levantem ; intantum intellectualis rationis sensum Deo conformantem, inquantum gustu amoris illuminati Deo unientem. Temporalibus enim assueti, temporalibus sumus purgandi ; nec purgati merebimur æternorum contemplationem, nisi purgandi temporalibus adhibuerimus fidem. Temporalia vero hæc et transitoria sunt, et tamen per primitias Spiritus præferunt primitias æternorum : et utrique congruunt, et promittenti fidei, et implendæ veritati, et mortalitati nostræ, et æternitati futuræ. Quod potissimum in persona mediatoris elucet nobis, qui in seipso manens Deus æternus, in tempore est homo factus, ut per temporalem et æternum a temporalibus ad æterna transeamus. Ideo, sicut dictum est, corpus Domini manducamus, et sanguinem bibimus corporaliter, sed reficimur spiritualiter; corporaliter in baptismo lavamur, sed spiritualiter purificamur. Sic enim quibusdam Christianæ pietatis rudimentis paulatim erudiendus erat fidei nostræ assensus: in quo cum non tentamus Dominum Deum nostrum, sed simpliciter et fideliter credimus cum eo spiritum nostrum, et ipse incipit nobis credere seipsum, ut jam non simus de illis, de quibus legitur in Evangelio, quia credebant in Jesum, ipse vero non se credebat eis (*Joan.* II): abusive quippe dictum de illis est, quia credebant in eum, quem non diligebant. Credere enim in eum, amando in eum ire est. Illi vero Christum eum esse credebant, sed non sicut Christum diligebant. Nec ipse eis se credebat quorum interioribus oculis judicio quo noverat ipse, in ea forma, in qua nequaquam potest non diligi a quibus potest videri, non apparebat. Primo ergo in rebus Dei absque omni retractatione vel hæsitatione, simplicem et purum debemus fidei assensum: deinde ad intelligenda quæ credimus cum omni observatione et obedientia mandatorum Dei credere debemus Spiritui sancto totum spiritum nostrum et intellectum; non tam ambientis conatu rationis, quam affectu pii ac simplicis amoris. Sicque plus studiis humillimæ pietatis, quam viribus potentis ingenii, promerebimur, ut incipiat se credere nobis Jesus, cum illuminante gratia intellectum rationis, fidei assensus efficietur amoris sensus: qui ad sacramentum cognoscendum internæ Dei voluntatis, jam non habeat opus exterioribus sacramentis. Quorum tamen sacrosancta religione quandiu hic vivitur, religantur exteriora nostra, et per ea interiora nostra, ne in aliena diffluant: propter quod et religio a religando nomen accepit.

Nam in corpore positi corporalibus sacramentorum formis cohibendi eramus et continendi, et corporalium sacramentorum corporalibus formis ex obedientia instituentis sapientiæ Dei commonendi, et ad interiorem eorum gratiam, et significata interiora, exterioribus eorum significationibus revocandi. Ægroti quippe sumus, de corruptione naturæ languentes, et sanitatem desiderare debemus. Ægritudo nostra mutabilitas nostræ mortalitatis est; medicina qua hinc illuc transitur, mediatoris est. Fides autem maxime est rerum temporaliter pro nobis gestarum, per quam corda nostra mundantur, ut ad æterna non credenda, sed intelligenda, idonea inveniantur. In qua si fideliter nos agimus, et fides meretur veritatem: et mutabilitas transit ad creditæ rei incommutabilem æternitatem. Hic ergo quandiu purgamur, suam sacramentis rerum reddamus reverentiam, ipsis vero rebus fidem, ut his purgati et adjuti proficiamus ad ea, quibus et res gestæ servierunt, et sacramenta earum serviunt, et fides ipsa ad æternorum scilicet contemplationem. Porro immunda anima, impura conscientia, superbus animus, curiosa jactantia, merito ab inquisitione divinorum sacramentorum vel mysteriorum arcetur quia Spiritus disciplinæ effugiet fictum, nec habitabit in corpore subdito peccatis, et in malivolam animam non introibit sapientia (*Sap.* I.) Humilis autem pietas, fidelis amor, et pura conscientia, simplices filii Dei et pauperes spiritu, et cum reverenter fugiunt, provocantur a Spiritu sancto; et quodammodo attrahuntur ad hæc requirenda. Amant etenim, et ideo quærunt cum quærunt; et ut amplius ament, quærunt. Tu ergo, o fidelis anima, cum in fide tua naturæ trepidanti ingeruntur occultiora mysteria; aude et dic, non studio occurrendi, sed amore sequendi. Quomodo fiunt ista? Quæstio tua, oratio tua sit, amor sit, pietas sit, et humile desiderium; non in sublimibus scrutans Dei majestatem, sed in salutaribus Dei salutarium nostrorum quærens salutem: et respondebat tibi magni consilii angelus. « Cum venerit Paracletus, quem ego mittam vobis a Patre; ille suggeret vobis omnia, et docebit vos omnem veritatem (*Joan.* XIV.) » Nemo enim « scit, quæ sunt hominis, nisi spiritus hominis qui in ipso est; ita et quæ sunt Dei, nemo cognovit, nisi Spiritus Dei. (*I Cor.* II.) » Festina ergo particeps esse Spiritus sancti. Adest cum invocatur; nec nisi jam adsit, invocatur. Cumque invocatus venit, in abundantia venit benedictionis Dei. Fluminis impetus est, lætificans civitatem Dei. Et cum venerit, si te invenerit humilem et quietum, et trementem sermones Dei, requiescet super te; et revelabit tibi, quod aufert Deus Pater a sapientibus et prudentibus hujus sæculi; et illucescere tibi incipient ea quæ potui sapientia discipulis in terra dicere; sed illi non poterant portare, donec veniret Spiritus veritatis, qui doceret eos omnem veritatem. In qua percipienda vel discenda, frustra hoc exspectatur ab ore cujusvis hominis, quod percipi non potuit, vel disci, ex lingua ipsius veritatis. Sicut enim ipsa Veritas dicit « Spiritus est Deus (*Joan.* IV.) »

Et sicut necesse est eos qui adorant eum, in spiritu et veritate adorare; sic scire eum vel cognoscere desiderantibus, nonnisi in Spiritu sancto intellectum fidei, et puræ ac nudæ illius veritatis sensum expedit quærere. In tenebris enim et ignorantia vitæ hujus, pauperibus spiritu ipse est lumen illuminans; ipse trahens charitas; ipse afficiens suavitas; ipse hominis ad Deum accessus; ipse amor amantis; ipse devotio; ipse pietas. Ipse ex fide in fidem revelat fidelibus Dei justitiam; cum pro gratia dat gratiam, pro fide auditus fidem illuminatam. Sunt, ait Apostolus, quidam « formam quidem pietatis habentes; virtutem vero abnegantes. » (*II Tim.* III.) Forma quidem fidei, quæ verbis et ecclesiasticæ disciplinæ institutis tradi potest hominibus ab hominibus, in assensu bonæ voluntatis præsto est omnibus hominibus: cum adhuc videt in speculo et in ænigmate, et in imagine pertransit homo; in speculo, a quo erudimur; et in obscuriore ænigmate, in quo exercemur; et in simplici et evidenti imagine, in qua dulcius afficimur: ipsa vero pietas, ipsa veritas, nonnisi a Spiritu sancto traditur aut docetur; nec nisi digito Dei menti inscribitur. Credo ergo indubitanter sanctam Trinitatem, Patrem, et Filium et Spiritum sanctum, unius substantiæ, inseparabili æqualitate divinam habere unitatem: ideoque, non tres esse deos, sed unum Deum; Deum autem factum hominem pro nobis ad sanandum superbiæ nostræ tumorem summum medicamentum, ad redemptionem nostram et solvenda peccata nostra altum sacramentum, fecisse miracula, et a mortuis surrexisse. Si scis quid sit omnipotentia, crede de omnipotente, quia potuit; si sapis quid sit summum bonum, summa bonitas, ubi tanta fuit necessitas perditorum, crede de summo bono, quia voluit; si potes cogitare, quid in mundo egerit humiliata divinitas, senti de Domino in bonitate, quomodo Deum suum hoc opus decuit. Primo, cum in causa salutis humanæ Pater Filio, vel ipse sibi Filius non pepercit, in forma sua summum bonum mundo innotuit, et Deum diligere sicut diligendus est, hominem perdocuit. Diligens enim hominem quodammodo usque ad contemptum sui, docuit hominem Deum diligere usque ad contemptum sui, qui nesciebat miser diligere nisi semetipsum etiam usque ad contemptum Dei. Et hæc est pietas, hic est proprius Dei cultus, quo a creatura sua colendus est Deus. Hæc est sapientia, quam attulit in mundum summa sapientia, creans in ea tot gloriosos martyres, tot sæculi suique perfectos contemptores. Hæc est enim sapientia Dei, qua sapit Deus sapienti; viventi de spiritu vitæ ejus usque ad sensum amoris ejus; amanti usque ad imitationem similitudinis ejus; in temporalibus sentienti in se ipso, quod et in Christo Jesu domino nostro; in æternis vero et ad Deum, eum habenti sensum, de quo dicit quidam sapiens: « Scire enim te, sensus est consummatus (*Sap.* vi). » Proprie enim in forma mediatoris resplendet antiqua illa sapientiæ diffinitio, qua determinatur rerum humanarum divinarumque cognitio, ut intelligatur, vel potius sentiatur, sicut jam supradictum est, usque ad saporem amandi, ad affectum imitandi: « Cum in forma Dei esset, non rapinam arbitratus æqualem se esse Deo, » Dominus noster Jesus Christus; cum humiliavit « semetipsum formam servi accipiens, usque ad mortem crucis » (*Philip.* ii): quis, quid, pro quibus fecit. In quo summæ sapientiæ commemorando, intelligendo, et amando, conformis factus, sapiens Dei, ex ea quamdam deducit sapientiam Deum colendi sicut Deum: qua etiam vitam, mores, actusque suos, et omnia sua, divino quodam sapore condit ad omnes homines, et oleo quodam lætificantis gratiæ allinit, ut videntes homines bona opera ejus, glorificent Patrem, qui in cœlis est, habens gratiam ad amicos, patientiam cum benignitate ad inimicos, ad quoscunque potest beneficentiam, ad omnes omnino homines benevolentiam, et legem illam naturalem, qua nemini facere vult, quod sibi fieri noluerit, omnibusque facere vult, inquantum potest, quæcunque ab aliis sibi vult fieri.

Rursumque ex hac sapientia scientiam, quam secernit in sapiente suo summa sapientia, non eam, quæ vana hujus mundi sectatur; sed quæ servit fidei, in qua stamus, et gloriamur in spe gloriæ filiorum Dei. Scientia vero hæc modus quidam est vel habitus mentis, ad suscipienda ea, quæ proprie fidei sunt; eas scilicet res quæ sensibiliter menti inferuntur per sensus suos, sive alienos, vel sui sentientis, vel alterius narrantis sive scribentis, sicut sunt facta Domini temporalia, historica cognitione illata; nativitas ejus, passio, resurrectio, ascensio ejus, patrata inter homines miracula. Quorum cognitionem non invenit ratio hominis penes se, sicut invenit divina quælibet et æterna: sed quolibet genere discendi suscipit, seu videndo, seu audiendo, seu legendo, quasi aliunde adventitia. Menti siquidem ad æternitatem creatæ, ut ejus per intelligentiam sit capax, per fruitionem particeps, quali naturali quadam affinitate conjuncta videntur, quæ æterna sunt ac divina, intantum, ut etsi stolidior facta forte fuerit ex vitio, nunquam tamen eorum privetur appetitu. Nam etsi invisibilia forte cogitare non poterit, sic tamen eorum cognitio rationi humanæ concreta est, ut a boni et pulchri, beatitudinis et immutabilitatis amore seu delectatione nequaquam aliquando recedat, nisi cum in appetitu, vel amore boni, falso bono decipitur. In quibus tametsi habet natura appetitum ex gratia creante, non tamen ea perfecte dignoscit, nisi ex gratia illuminante; nec apprehendit, nisi Deo donante.

Cum ergo reminiscitur qui convertitur ad Dominum, facile invenit quod notum est Dei, insidens naturaliter menti suæ vel rationi. Quæ vero temporalia temporaliter discuntur, et quasi adventitia aliunde per sensus inferuntur, non ea facilitate adhærent menti, donec fide proficiente, et gratia illuminante, scientia temporalium transformetur in sapientiam æternorum, et res temporis induant gratiam æternitatis, cum Christus Jesus incipit jam non secundum carnem agnosci, et secundum ipsum facta ejus intelligi, et opera æstimari. Nam secundum Prophetam qui dicit: « Annuntiaverunt opera Dei, et facta ejus intellexerunt (*Psal.* lxiii), » non est magnum annuntiari opera Dei, si facta ejus non intelliguntur. Omnia enim facta Verbi verba nobis sunt, in quibus nobis loquitur, semetipsum indicans nobis in factis suis bene intellectis. Intelliguntur autem non solum per mysticas interpretationes in cogitatione vel sermone scientiæ, sed multo dulcius et efficacius per pii affectionis amoris in meditatione vel sermone sapientiæ. Hinc est, quod dicit Apostolus, alii dari per Spiritum sermonem sapientiæ; alii sermonem scientiæ (*I Cor.* xii). Interim vero donec formetur Christus in nobis, fides, quia scientiæ res est, quasi naturaliter scire appetit, quidquid ei credendum indicitur, et cum non potest, turbatur. Scientia vero hæc, sive modus suscipiendi ea quæ fidei sunt, hic est ordinante cum summa sapientia in suscipientis conscientia. Primo ex obedientia Domini dicentis : « Qui crediderit, salvus erit; qui vero non crediderit, condemnabitur (*Marc.* xvi), » rebus, sicut jam dictum est, extrinsecus venientibus ex præcipientis obedientia per simplicem assensum quasi hospitalis gratia non negatur. Deinde vero per bonæ voluntatis familiaritatem, quasi in jus civile et socialis vitæ consortium, in communione ejusdem panis atque ejusdem calicis suscipiuntur. Postmodum vero quasi per mutua connubia junguntur affectus; cum ex sensibilibus intellectis intelligibilia, et ex intelligibilibus commendantur sensibilia, cum quasi invicem conferunt sibi, de quibus abundant ; temporalibus Deum commendantibus, et intelligibilem facientibus omnipotentem Dei bonitatem : bonitate vero et potentia Domini astruentibus temporalium fidem ; quia bonus et potens voluit, et potens potuit facere pro salute humana, quod vix credere sufficit natura humana. Invisibilia enim Dei in hoc maxime « per ea quæ facta sunt Intellecta conspiciuntur (*Rom.* ii), » cum bene credita temporalis dispensatio Mediatoris per fidem, vel eam quæ fidei est scientiam, erudit et enutrit ad æterna capienda cor credentis, et bene cogitata æterna faciunt temporalium testimonia credibilia nimis. Magnitudinem siquidem divinæ bonitatis in corde diligentis testatur dignitas operis, et intellectum aliquatenus summum bonum in sensu amoris constituit dignum Deo opus suum. In hoc enim de regno charitatis, quod est in statu æternitatis, illuxit nobis summa sapientia secundum posse doni sui, supra posse captus nostri, cum qui erat in forma Dei factus est in forma servi, docuit intelligentes per ea quæ fecit, quid boni sit, quod nos maneat in illa regione summi boni. Quod quidem temporaliter est factum ; sed in eo qui in principio erat apud Deum (*Joan.* i); vita erat opus suum, et æternaliter erat apud Deum. Ex quo profluxit in mundum nova sapientia, sapientia super omnem sapientiam mundi hujus, et stultam eam faciens, intelligentium et sapientium, stulta et infirma Dei fortiora esse omnibus hominibus; sapientium suavi mentis sapore humilitatem filii usque ad mortem, mortem autem crucis, passiones patientis pro nobis, irrisiones, alapas, sputa, flagella, spinas et clavos, et cætera, quæ anima vulnerata charitate vix aliquando potest recordari præ pondere doloris; nunquam vero oblivisci eam patitur affectus amoris. Ex quo fiunt temporalia Domini opera in corde fideli æternitatis mira quædam sacramenta, et ad imitationem earumdem passionum incentiva mirifica, ut amans quantum potest, ardeat amare plusquam potest humana infirmitas, et pati pro eo plusquam pati potest infirma humanitas. Hoc autem fit, cum secundum præceptum Apostoli sanctificat homo fidelis Dominum Jesum Christum in corde suo (*I Petr.* iii) ; et ipse Dominus sanctificat semetipsum in eo (*Joan.* xvii). Hanc fidem utinam omnes assequerentur, qui profitentur ! omnes haberent, qui in numero fidelium se censeri gloriantur ! Non enim arbitrandum est, quod possit hanc ad Deum habere fidem, quicumque sæculo huic adhuc probatur servare fidem. Propter quod dicit apostolus, quia « bonam conscientiam quidam repellentes, circa fidem naufragaverunt (*I Tim.* i). » Mala enim conscientia facile patitur naufragium; nec probe, nec probabiliter habere se potest circa fidem; qui concupiscentia carnis vel sæculi corruptam habuerit mentem. Unde item dicit Apostolus de quibusdam. « Corrupti mente, reprobi circa fidem (*II Tim.* iii). » Si quis vero vere fidelis est, sicut ad levissimam cordis vel cerebri læsionem, vel earum in corpore partium, in quibus vita continetur, tota repente stupescit natura ; sic ad pulsum fidei vel levissimum, tota in eo contremiscit bonæ voluntatis substantia, et sicut prudentia serpentis totum corpus objicere solet pro capite tuendo, in quo vita ejus continetur, sic homo fidelis nil agere vel pati recusat, dum fidei suæ sua semper maneat sanitas imperturbata. Orandus ergo nobis est assidue Pater noster qui est in cœlis, ut fidem nostram etsi probandam, aliquando usque ad tentationem patitur perduci, non quasi reprobandam patiatur induci ; sed præstet cum tentatione proventum, ut possimus sustinere. Omnibus etiam studiis pietatis contra sensum carnis et fervorem naturæ quærendum est auxilium gratiæ ; ne fides fatiscat, ne deficiat ; sed fructum afferat in patientia, donec paulatim gratia Spiritus sancti totam illam naturæ trepidantis effigiem mirificet in substantiam quamdam perfectæ fidei; perficiens in ea quod David precatur. « Amputa opprobrium meum, quod suspicatus sum (*Psal.* cxviii). » Adsciscat sibi prudens animus munimentum fidei, ad confirmandum cor, ad illuminandam fide conscientiam, magna Ecclesiæ luminaria ; summos viros spiritualis scientiæ, summæ sapientiæ, sanctitatis probatæ, doctrinas et scripta eorum, opera eorum et martyria, dicatque sibi contra motus tentationum suarum : Tunc istis melior est, aut sapientior, sanctior, aut perspicacior, qui hoc in mundo docuerunt quod a Deo didicerunt, magnifice prædicaverunt, luculenter descripta ad nos transmiserunt, vita et miraculis confirmaverunt, morte et martyrio sacraverunt? Hujusmodi autem fidei cogitationes, mentiumque mutationes et hæsitationes cogitationum, maxime circa humanitatem Salvatoris agitantur, et ea fidei mysteria quæ nobis in ea revelantur. Nam de Deo utrum sit, utrum agantur omnia per ejus providentiam, quæ creata sunt et condita per ejus omnipotentiam, ad omnem conscientiam, quæ rationis est capax, sic naturaliter se demonstrat veritas summæ essentiæ, et manifestam se facit, ut non sit, qui a Deo se esse non intelligat, qui de seipso scit quod sit ; in tantum ut nec ipse insipiens audeat dicere nisi in corde suo : « Non est Deus (*Psal.* XIII) ; » in corde scilicet insipienti et fatuo. In nullo enim hominum quis satis sit compos mentis suæ, sic invenitur depravata humanitas, ut non intelligat omnis creaturæ creatorem esse Deum ; qui sit super omnem creaturam, in quantum ab ipso omnis creatura est ; extra omne tempus quod apud eum nullum est ; extra omnem locum, qui apud eum nullus est, qui immutabilis movet omnia : penes quem auctorem omnium et motuum et mobilium, indubitanter æstimandum est esse immobilem potestatem, et causalem rationem omnium, et creandorum et movendorum.

Qui cum ab æterno certis et immobilibus causis omnia quæ futura sunt prædestinavit, jam secundum prophetam, omnia quæ futura sunt, fecit. Hæc omnia libere de Deo cogitare paucorum est ; omnem tamen hominem rationalem penes se hæc habere naturaliter, humanæ rationis est. Propter quod ex imagine summæ veritatis ac summi boni ab omnibus hominibus veritas etiam non cognita diligitur , et nonnisi quod creditur vel intelligitur, bonum appetitur, æternitas et incorruptibilitas amatur. Quapropter si quis sibi in hoc moverit quæstionem, cito invenit penes semetipsum quo compescat ratiocinationem tumultuantem, vel se accusans tarditatis, occultam veneretur veritatem. De humanitate vero Salvatoris non aliud docere, non aliud ab homine, neque per hominem possumus discere, quam, « qui crediderit, salvus erit ; qui vero non crediderit, condemnabitur (*Marc.* XVI). » Deum quippe facere vel potuisse, vel debuisse, quæ fecisse eum astruit evangelica prædicatio, præsto sunt multæ et multiplices, et ipsa causa dignissimæ rationes ; fecisse vero, extra auctoritatem evangelicam apud pias quidem aures et mentes gravissimam et reverendissimam, apud infideles sive hæsitantes, quas afferemus rationes ? Nec ipsum, sicut dicunt ore, submurmurant corde, nec opera ejus viderunt, qui dixit : « Si mihi non creditis, vel operibus credite (*Joan.* x.) » Non viderunt apostolos in nomine ejus facientes miracula ; non eos, qui per eos crediderunt, signa sequentia ; de quibus ipse dixit. « Signa eos qui crediderint, hæc sequentur (*Marc.* XVI). » Quamvis usque hodie non desint signa et miracula in Ecclesia Dei, et publica et privata ; sed fiunt suis locis, suisque temporibus ; non ad voluntatem hæsitantium, vel ad quæstiones incredulorum, sed in adjutorium fidelium et consolationem pro fide vel in fide laborantium, quæ vel in illis, vel per illas fiunt, non ut credant, sed quia credunt. Sed errare amant increduli, habentes amores quos nolunt vincere, et per illos missi in errores, a quibus non inveniunt qua redire. Sed et sensus in eis carnis, qui etiam de spiritualibus nescit cogitare, nisi corporaliter, multo minus de iis, quæ humanæ dispensationis sunt in Domino Jesu Christo, scit vel potest cogitare nisi carnaliter. Nisi enim Spiritus sanctus adjuvet infirmitatem etiam fidelium pie quærentium, humiliter petentium, religiose pulsantium ; facilius multo est homini de Deo sentire divina quam vel divina in homine, vel humana in Deo cogitare ; donec ipso Spiritu adjuvante, et Domino Jesu Christo semetipsum in cordibus credentium sanctificante, illuminatæ fidei apparere incipiat in una eademque persona mediatoris, et divinitas, quæ sunt humanitatis clarificans in majestate sua et humanitas, quæ divinitatis sunt clarificans in humilitate sua, fiat in eis, quod ipse Dominus dicebat aliquando orans pro discipulis suis : « Nunc clarificatus est filius hominis, et Deus clarificatus est in eo. Si Deus clarificatus est in eo, et Deus clarificavit eum in semetipso (*Joan.* XIII). » Etenim secundum modum vel profectum puritatis interioris in cordibus credentium, et glorificatur Christus in pulchritudine glorificatæ humanitatis, et in gloria divinitatis apparet piæ fidei in affectibus eorum. Non enim omnium est, nec omnibus conceditur in hac vita, quod speciali quadam prærogativa gratiæ aliquibus in Evangelio Dominus repromittit, dicens. « Sunt de hic stantibus, qui non gustabunt mortem, donec videant filium hominis in regno suo (*Matth.* XVI). » Aliter eum vidit Stephanus in ipso articulo martyrii sui, cum « intuens in cœlum vidit cœlos apertos, et Jesum stantem a dextris Dei (*Act.* VII); » aliter eum videbat, cui ipse post resurrectionem suam dicebat. « Noli me tangere : nondum enim ascendi ad Patrem meum (*Joan.* XX). » Quem etiam aliter vident per fidem cogitando, qui digni sunt, cum soli sibi sunt ; aliter, cum per afficientem gratiam ipse est in ipsis per affectum devotionis. Cum enim speculatur gloriam Domini anima sitiens ad Deum vivum, ducente gratia, offendit in Mediatorem Dei et hominum, hominem et Deum, imaginem Dei invisibilis, Dominum Jesum Christum. Quæ cum ex magnitudine bonitatis qua pro nobis homo factus est, et virtute majestatis qua Deus est sentit in seipsa splendorem gratiæ Dei, et figuram substantiæ ejus fit quod dicit Apostolus : « Nos, inquit, revelata facie gloriam Domini speculantes, in eamdem imaginem transformamur a claritate in claritatem, tanquam a Domini Spiritu (*II Cor.* III). » Amat enim, et amor suus sensus suus est, quo sentit eum quem sentit ; et quodammodo transformetur in id quod sentit, non enim eum sentit, nisi in eum transformetur, hoc est nisi ipse in ipsa, et ipsa in ipso sit.

Etenim sicut se habet sensus exterior corporis ad corpora et corporalia, sic est interior ad similia sibi, id est, rationabilia ac divina, vel spiritualia. Interior vero animæ sensus intellectus ejus est. Major tamen et dignior sensus ejus, et purior intellectus, amor est, si fuerit ipse purus. Hoc enim sensu ipse Creator a creatura sentitur, intellectu intelligitur quantum sentiri vel intelligi potest a creatura Deus. Sensus enim vel anima hominis cum se movet ad sentiendum sentiendo mutatur in id quod sentit : alioqui non est sensus, ut puta, sicut physici autumant, vis visibilis a cerebro per radios oculorum egressa offendit in formam vel colores visibilium : quas cum menti renuntiat, conformatur eis mens ipsa, et fit visus. Non enim aliter videret videns. Quod æque de cæteris sensibus intelligendum est. Sic mens pro sensu habet intellectum, eo sentit quidquid sentit. Cum sentit rationabilia, ratio in ea progreditur : qua renuntiante, mens in ea transformatur, et fit intellectus. In eis vero quæ sunt ad Deum, sensus mentis amor est : ipso sentit, quidquid de Deo secundum spiritum vitæ sentit. Spiritus autem vitæ Spiritus sanctus est, de quo amat quicunque amat quod vere amandum est.

Cum enim nihil ametur, nisi quia bonum est, aut bonum putatur, datur intelligi, quoniam soli summo bono omnis amor debetur, et totus amor : et ad ipsum recurrit semper, si non captivus ac vinctus alicubi tenetur, ubi falso bono decipitur.

Amori vero nostro, affectui nostro illi naturali, sic est amor Dei, sicut corpori nostro anima sua est. Si in ipso est, vivit ; sin autem, nonnisi morticinum quoddam est, quod non sentit, quod sentiendum est. Cum autem vivit homo, et sentiens per eum quod sentiendum est sentit, in id quod sentit transformatur, plus in hoc valente amantis affectu, quam vel sensu in corporibus, vel in rationalibus intellectu et unus spiritus efficitur homo cum Deo, cui afficitur. Habet enim voluntas animæ ad copulandas res etiam corporeas vim tantam, ut sensibus eas admovens tanta nonnunquam intentione sensus ipsos in eis formatos detineat, ut voluntas ipsa efficiatur amor, vel cupiditas, vel libido : ferventiore intentionis vehementia intantum rebus sensis inhians, ut de eis ipsum corpus inhiantis vel amantis sic afficiat vel inficiat, ut aliquando illud in simileam vel speciem vel colorem transfundat. Non hoc latuit patriarcham Jacob (*Gen.* xxx), qui colores quos volebat artificiali et naturali machinamento pecudibus nascituris indidit, ne hominis barbari nequitia laboris sui mercede defraudaretur.

Quod multo potentius digniusque agitur, cum ipse qui est substantialis voluntas Patris et Filii, Spiritus sanctus, voluntatem hominis sic sibi afficit ut Deum amans anima, et amando sentiens, tota repente transmutetur non quidem in naturam divinitatis, sed tamen in quamdam supra humanam, citra divinam, formam beatitudinis, in gaudium illuminantis gratiæ, et sensum illuminatæ conscientiæ : intantum ut spiritus hominis qui paulo ante vix in Spiritu sancto poterat dicere, « Dominus Jesus, » jam inter filios adoptionis confidenter clamet « Abba Pater (*I Cor.* xii ; *Rom.* viii) : » nec tantum spiritus, sed et caro ejus promissæ incorruptionis et glorificationis suæ jam aliquas sentiens primitias, gratanter abneget se sibi, alacriter currens post spiritum suum, sicut ille post Deum. Et hæc est jubilatio beati populi scientis jubilationem, in lumine vultus Dei ambulantis in nomine ejus exsultantis : quibus exaltationis justitia Deus est ; et gloria virtutis eorum ipse est. Hæc enim assumptio Domini, et sancti Israel regis nostri ; cum sentimus de eo in bonitate, qui similis factus est nobis ; et sentimus in nobis, quod et in Christo Jesu Domino nostro, cum similes efficimur ei gratanter compatiendo nunc, postmodum similes ei futuri conregnando. Nec enim major potest esse suavitas homini in hac vita, quam cum in imagine conditoris in similitudinem bonitatis ejus invenit se bene affecta conscientia. Hanc quicunque desiderat suavitatem, nequaquam onerosam habeat in exercitio fidei laboriosam necessitatem : quoniam « tribulatio patientiam operatur, patientia probationem, probatio vero spem : spes autem non confundit (*Rom.* v) ; » quia post probationem diffunditur in corde charitas : et mox per Spiritum sanctum ordinatur sua præ menti suavitas, et fit ei in hoc crebra visitatio Dei, custodiens, sicut dicit sanctus Job (*Job* x), spiritum servi sui. Quæ enim potest esse visitatio dulcior, consolatio major, lumen divinius sperantibus, in tenebris hujus vitæ laborantibus filiis lucis, quam vel in transcursu fulguris gratiæ illuminantis oculis cordis aliquando aliquatenus videre demonstrantem, sentire promittentem, et quid apud Dominum misericordiæ et copiosæ redemptionis, quid propitiationis sit, intelligere ; laborantibus in regione mali quid in regione boni promittitur suspicere ; ante revelatam faciem gratiæ revelatam offerre faciem bonæ conscientiæ ! O ergo quicumque desideras et affectas habere in fide tua, in vita ista, gaudium, hoc diusculum Domini Dei tui esto non dubius, non hæsitans, sed certissimus arbiter cordis tui. Habe in fide certa gaudium certum in fundamento suo, fundatum cum conscientia bona ; et hoc tuum erit, et nemo tollet illud a te. Deinde postquam cœperis videre, satage ut crebrius videas ; efficacius sentias, ut incipias cognoscere. Ex hoc enim fideli suo jam illucescere incipiet nova quædam fidei facies in cognitione Dei, promittens se tantum in hac vita, plenissime vero se datura in futura vita, de qua orans Dominus pro discipulis, dicebat ad Patrem : « Hæc est vita æterna, ut cognoscant te verum Deum, et quem misisti Jesum Christum (*Joan.* xvii). »

Cognitio autem hæc Dei alia fidei est, alia amoris vel charitatis. Quæ fidei est, hujus vitæ est ; quæ vero charitatis, vitæ æternæ : vel potius, sicut Dominus dicit, « hæc est vita æterna. » Aliud quippe est cognoscere Deum sicut cognoscit vir amicum suum, aliud cognoscere eum sicut ipse cognoscit semetipsum. Cognitio communis est cogniti hominis, seu cognitæ rei, ex aliquanta visione conceptam penes se in memoria habere phantasiam, qua res ipsa vel absens cogitatur, vel præsens cognoscitur. Hæc cognitio in Deo, fidei est ; non quod sit similitudo aliqua phantasmatis, sed aliquis affectus pietatis : qui ex fidei forma conceptus et commendatus memoriæ, quoties redit ad experientiam recordantis, suaviter afficit conscientiam cogitantis. Ea vero cognitio quæ mutua est Patris et Filii, ipsa est unitas amborum, qui est Spiritus sanctus; nec aliud eis est cognitio, qua se mutuo cognoscunt et substantia qua sunt in quod sunt. Hac vero cognitione « nemo novit Patrem, nisi Filius; et nemo novit Filium, nisi Pater, vel cui ipsi voluerint revelare (*Matth*. XI). » Verba hæc Domini sunt. Aliquibus ergo revelant, scilicet quibus volunt, quibus innotescunt, hoc est, quibus largiuntur Spiritum sanctum, qui communis notitia, vel communis voluntas est amborum. Quibus ergo revelat Pater et Filius, hi cognoscunt, sicut Pater et Filius se cognoscunt, quia habent in semetipsis notitiam mutuam eorum, quia habent in semetipsis unitatem amborum, et voluntatem vel amorem, quod totum Spiritus sanctus est. Sed aliter hoc est in divina substantia, in qua cum Patre et Filio consubstantialiter ipse unum est, aliter in inferiore materia; aliter in Creatore, aliter in creatura; aliter in propria natura, aliter in gratia; aliter in donante, aliter in accipiente; aliter in æternitatis incommutabilitate, aliter in temporali permutatione. Ibi enim mutua charitas, unitas, similitudo, cognitio, et quidquid commune est ambobus, naturaliter et consubstantialiter Spiritus sanctus; hic autem facit illud in eo in quo fit, et faciendo per gratiam in ipso est. Ibi mutua cognitio Patris et Filii unitas est, hic hominis ad Deum similitudo, de qua dicit apostolus Joannes in Epistola sua : « Similes ei erimus, quoniam videbimus eum sicuti est (*I Joan*. III). »

Similem enim ibi esse Deo, videre Deum, sive cognoscere erit : quem in tantum videbit, sive cognoscet, qui cognoscet vel videbit, in quantum similis erit : in tantum erit ei similis, in quantum eum cognoscet vel videbit. Videre namque ibi seu cognoscere Deum, similem est esse Deo; et similem ei esse, videre seu cognoscere cum est. Hæc cognitio perfecta vita erit æterna, gaudium quod nemo tollet habenti. Nequaquam enim hic plenum esse potest, quod non nisi in plena Dei cognitione impleri potest, quia quæ de Deo hic sciuntur vel cognoscuntur, nequaquam sciri possunt vel cognosci, sicut in vita illa, ubi videbitur facie ad faciem, et sicuti est. Qui cognitionis modus non est hic exspectandus ab ore alicujus hominis, quia non potuit addisci ex ore ipsius Veritatis. Non quod Dominus non potuerit docere, sed humana infirmitas non posset portare. Nec tamen hic omnino eum aufert a dilectis dilectoribus suis, ut sciant quid desit sibi. Etenim pauperum spiritu amori indigo et egeno, et ad id quod amant anxio, superfertur Spiritus sanctus amor Dei, hoc est facit opera sua in eis, non per indigentiæ necessitatem, sed per abundantiam gratiæ et beneficentiæ suæ. Hoc significabat, cum superferebatur super aquas (*Gen*. I), quæcunque fuerint aquæ illæ.

Sicut enim sol superfertur aquis calefaciens eas et illuminans, et calore suo trahens eas ad se vi quadam naturali, ut pluvias inde subministret terræ sitienti, in loco et tempore misericordiæ Dei; sic amor Dei amori fidelis sui superfertur aspirando et benefaciendo rapiens eum ad se naturali quodam appetitu se sequentem, et instar ignis vim habentem naturalem sursum tendendi; et unit eum sibi, ut creditus cum Deo unus cum eo fiat spiritus hominis et credentis. Quodque communiter vocantur Pater et Filius, « Spiritus enim est Deus (*Joan*. IV), » quodque proprie vocari oportuit Spiritum sanctum, qui non tam est unius eorum, quam in quo apparet communitas amborum, ipsum vocabulum spiritus communicat homini ipse Spiritus sanctus, ut secundum Apostolum (*I Cor*. VI), sit homo Dei cum Deo unus spiritus, et gratia nominis, et affectu virtutis : non unus tantum homo, sed multi homines cor unum habentes in ipso et animam unam ex derivatione illius summæ charitatis, in cujus fonte est, quod est unitas Trinitatis.

Et hæc est mira Creatoris ad creaturam dignatio, magna gratia, incogitabilis bonitas, pia creaturæ ad Creatorem fiducia, dulcis accessus, bonæ conscientiæ suavitas, in amplexu et osculo Patris et Filii, qui Spiritus sanctus est, hominem quodammodo invenire se medium, et ipsa charitate Deo uniri, qua Pater et Filius unum sunt, in ipso sanctificari, qui sanctitas est amborum. Hujus boni sensus, et suavitas experientiæ, quanta potest esse in hac misera vita et falsa, jam quamvis non plena, vera tamen est vita, et vere beata; in futuro futura plena et plene beata, et incommutabiliter æterna; scilicet cum cognoscet Paulus sicut et cognitus est (*I Cor*. XIII), cum evacuabitur quod ex parte est, et veniet quod perfectum est, cum videbitur Deus sicuti est. In hac enim vita cognitionis hujus plenitudinem promittere periculosa præsumptio est; et in hujusmodi sicut circa credenda infidelitas, sic circa intelligenda temeritas cavenda est. Sed regat interim auctoritas fidem, veritas intelligentiam.

Interim etenim etsi non potest Deus videri, vel cognosci sicuti est, non parum proficit proficiens, si nil pro Deo suscipit quod ipse non est, ut quidquid corporeum locale occurrerit, quidquid alicujus prætulerit formam qualitatis vel dimensionem quantitatis, respuat mens fidelis et improbet : ipsamque veritatem sicut potuerit cogitet, et certissime eam cognoscat et amet; quæ quam vera sit, ex hoc evidenter dignoscitur, quia etiam non cognita amatur. Hæc veritas Deus est, qui est quod est; et ex quo, et per quem, et in quo, est omne quod est : hoc ipsum summum bonum est, ex quo, et in quo, et per quem est bonum, bonum quodcunque est. Remove quæcunque ex veritate vera, quæcunque ex bono bona sunt; ipsamque veritatem, ipsum bonum cogita, si potes. Quis cogitat, et non amat? Nimirum Deus est idipsum est, quod cogitare et amare idipsum est. Ipsum dico, non de ipso. De ipso enim multi cogitant, qui non amant, ipsum autem nemo cogitat, et non amat. Semper vero inhiandum est, ut quantum datum fuerit, gustetur quam suavis est Dominus, cum vero mens pia, mens humilis, admitti non meretur in illam puritatem, propter suam impuritatem, vel si admittitur ad gustandum, non sufficit stare ad fruendum propter suam imbecillitatem, non sine gemitu amoris et lacrymis doloris, inde pellatur, et amplectatur bonitatem Domini ad disciplinam : bonitatem in eo quod indigna admittitur; disciplinam, quod repulsa eruditur; feratque patienter, quandiu mundatur, et dignam se faciat quæ crebrius admittatur, diutius immoretur : ubi et aliquando in æternum habitare mereatur, ut possit esse in Christo, ubi ipse est; in Patre esse cum illo, in quo ipse est. Quod non est hujus vitæ, sed ejus in qua videbitur sicuti est : videbitur, cognoscetur, non credetur. Utinam intelligeremus quæ dicimus. Videt hæc, intelligit hæc beatus populus, qui scit jubilationem, qui ambulat in lumine vultus Dei. Non vero verba jactamus, verbis involvimur, et impedimur ab eo quod nullis verbis exprimi potest : et tamen non nisi verbis de eo aliquid dici potest. Suas enim formas verba habent in significandis rebus in locutione; et eas imaginant in loquentis vel audientis cogitatione. Et cum significant formas et formata, mentem ab interioribus suis foras trahunt ad res, quarum ipsa signa sunt. Cum vero rerum spiritualium vel divinarum signa sunt, intus quidem nos mittunt, sed intro non nisi impediunt, et oculis mentis caliginem obducunt. Sic enim mentem admissa inficiunt imaginationibus suis, ut vix sine eis cogitari possint spiritualia vel divina, quarum nullæ penitus formæ vel imagines sunt.

Verbi gratia, Deus quid est? Nomen timoris. Dominus quid est ? Nomen potestatis. Si rei ipsius nomen requiris, « Ego sum, inquit, qui sum (*Exod.* III). » Hoc nomen, sicut ipse dicit, ei est ab initio, quia ad significandam rem, nullum ei aliquando verbum propius accessit. Non tamen sicut est exprimit, quia pertransit, quod autem significat, est æternum, nec plene illud significat, nisi verbum coæternum. De ipso ergo multa multis edicere fas est, ipsum autem cui præter ipsum ? Amor tamen, amor illuminatus, qui intus Deo loquitur, melius hoc agit; et humilis devotio, cujus conatus pietas est, accessus oratio, inventio, vel intellectus, ipsa rei fruitio ubi colloquitur affectus et gratia, respondent sibi fides et intellectus : spes et res conveniunt, misericordia et veritas obviant sibi, justitia et pax se osculantur. Sed quia fides nutrit amorem, quæ sanat ad hæc oculum mentis, quod intelligimus, sine obscuritate capiamus, quod non intelligimus, sine ambiguitate credamus nec a verbis omnino recedamus, quandiu nescientibus eorum ministerio ingeritur nobis quod verbis nobis percipiendum est, et tamen sine omni verborum forma credendum est nobis. Nam et ideo Verbum Dei in forma hominis apparuit, ut multifariam multisque modis olim Deus locutus patribus in prophetis, novissime diebus istis loqueretur nobis in Filio (*Hebr.* I) : hoc est efficaciter, sicut in ipso Verbo suo, quia quod temporaliter et corporaliter in eo fiebat, quasi ad suscipiendum manibus fidei porrigebat : ipsum autem Verbum, per quod facta sunt omnia, per corporalia et temporalia purgandis promittebat : et purgatis in æterna beatitudine plenius contemplandum et habendum reservabat. Ubi sicut Christus non secundum hominem cognoscetur ; sic et hic a desiderantibus aliquatenus eum supra hominem cognoscere verbis quæ de eo sunt non nimis inhæreatur, sed eis quasi navigio a fide ad speciem transeatur. Cum enim dicitur, quia « Pater in Filio, et Filius in Patre est (*Joan.* XVII), » et ipsi in nobis, et nos in ipsis, si verbotenus hæc intelligimus, quid nisi idolum in cordibus nostris fabricamus ? Cum enim locus sit unicuique ubi est, si ex his verbis cogitamus locum vel locale quid in Deo, longe a veritate aberramus. Sicut igitur jam dictum est sive in verbis, sive in verborum formis non parum proficitur, si nil in corde cogitatum pro Deo recipitur, quod ipse non est, quandiu non potest cogitari Deus, sicuti est. Sed cum alius sit Pater, alius Filius, hoc est esse Patrem in Filio, id esse quod est Filius; hoc esse Filium in Patre, id esse quod Pater est. Nos vero sumus in eis per piam affectionem, ipsi vero in nobis per misericordissimam pietatis ejus operationem. Sed et illa verba Domini, et hæc nostra illa exponentia usu vel ratione docuimus dicere os nostrum, et cogitare cor nostrum quoties volumus, quæ tamen non aliquando intelligimus, nisi per affectus experientiam, et interiorem sensum amoris illuminati, etsi multum velimus. Ideo ipse Dominus apparens in carne hominis, sicut de mundo abstulit vanitatem idolorum, sic dum cogitationibus Deum proposuit in Trinitate unitatem, Trinitatem in unitate, fulgurans coruscatio divinitatis omnem tulit a cogitatione fidei de Deo vanitatem imaginationis. Cum enim divinitatis intellectum docuit esse supra homines, suo inde modo docuit cogitare homines. Omnia ergo facta vel verba Verbi Dei unum nobis verbum sunt; omnia quæ de eo legimus, audimus, loquimur, meditamur, sive provocando amorem, sive incutiendo timorem, ad unum nos vocant, ad unum nos mittunt, de quo multa dicuntur, et nihil dicitur, quia ad id quod est, non pervenitur, nisi occurrat ipse qui quæritur, et illuminet vultum suum super nos, et illustret faciem suam, ut in lumine vultus ejus sciamus qua gradiamur. Vultus ejus sensui amantis innotescens voluntas ejus est, facies ejus cognitio veritatis ejus. Nec unquam bene de Deo sentitur, nisi cum Deus facie hac formatur, vel faciei huic conformatur sensus de Deo sentientis : nec de sensis bene judicatur, nisi de vultu illo prodeat judicium judicantis; nec bene quid agitur, nec bene aliquando vivitur, nisi inde formentur actus vel vita, secundum Deum vivere volentis; nec inde quæritur, nec inde accipitur nisi ex dono gratiæ omne meritum prævenientis. O ergo, quem nemo quærit vere, et non invenit, quippe cum ipsa veritas te quærendi in conscientia quærentis non suspectum jam habet responsum aliquatenus inventæ veritatis; inveni nos, ut inveniamus te; veni in nos, ut eamus in te, et vivamus in te, quia vere non est volentis, neque currentis, sed tui miserentis. Tu prior inspira, ut credamus; tu conforta, ut speremus; tu provoca et accende, ut amemus; totumque de nobis tuum sit, ut bene nobis in te sit, in quo vivimus, movemur et sumus.

ÆNIGMA FIDEI.

(Bibliotheca Cisterciensis t. IV, p. 93.)

Humanæ infirmitatis religiosa confessio est, de Deo hoc solum nosse, quod Deus est. Cæterum essentiam ejus vel naturam, et secreta illa imperscrutabilis judicii ejus decreta investigare quidem et perscrutari pium est: quæ tamen cum mens terrena non penetret, inscrutabilia et investigabilia esse confitendum est. Quorum alterum religiosæ voluntatis est, alterum imperscrutabilis naturæ. Unde et Apostolus, cujus fidem homo sæculi non capit, et cujus sensus dicta alius præterquam ipsius verba non explicant, perscrutando et investigando ea stupet: et dicit: « O altitudo divitiarum sapientiæ et scientiæ Dei: quam incomprehensibilia sunt judicia ejus, et investigabiles viæ ejus *(Rom.* II). » Ubi ergo tanta fortitudo trepidat, humanæ verecundiæ modum religiosa omnipotentiæ fides concludat, neque se infirmitas intelligentiæ nostræ ad perscrutanda ea quæ perspiciendi naturam non habent, extendat. Si enim cernentibus solis claritatem virtus contuentis virtute luminis obstupescit, intantum, ut si quando causam radiantis lucis sollicitius acies curiosæ contemplationis inquirat, usque ad emortuum videndi sensum oculorum natura revocetur, accidatque magis nitendo videre ne videat: quid nobis in Dei rebus et sole justitiæ exspectandum est? Nonne volenti supersapere incumbet stultitia? Nonne ipsum acre intelligendi lumen stupor hebetis desipientiæ occupabit? Non enim causa inferior causam naturæ potioris intelligit, nec subjacet humanæ conceptioni ratio cœlestis. Nam intra conditionem infirmitatis erit, quidquid infirmi hominis conscientiæ subdetur. Sed in quantum ratio cœlestis se permittit intelligi, in tantum expetenda est; ne si contenti ejus indulgentiæ moderamine non sumus, amittamus indulta. Estne ergo in Deo, quod percipi possit? Est plane, si modo hoc velis, quod possis. Cæterum si ultra quam potes, speres, id quoque quod potuisti, non poteris. Visio namque facie ad faciem, et plena cognitio nemini hic datur, sed pro merito fidei, qua credimus hic quod non videmus, in futuro promittitur. Habemus enim interim hic promissorum bonorum lumen in fide: in qua tanquam per speculum et in ænigmate felicium rerum, et futurorum bonorum imaginem intuemur. Si enim quæritur, utrum in hac vita mortali a mortali homine potest videri Deus, respondemus, potest: sed non corporeis oculis, sicut videmus hunc solem; vel mentis obtutu, sicut unusquisque semetipsum videt aliquid quærentem aut scientem; sed fide, quæ canonicarum Scripturarum auctoritate muniatur.

Visus est tamen a Patribus ea specie quam voluntas elegit, non natura formavit (Aug. epist. 112). « Deum enim nemo vidit unquam, » ait evangelista Joannes *(Joan.* I); utique sicut videntur ista, quæ visibilia dicuntur. Propter quod et continuo subjunxit: « Unigenitus qui est in sinu Patris, ipse narravit. » Deum enim corporeis oculis istis nemo unquam vidit; sed narrante Unigenito, qui est in sinu Patris, narratione ineffabili, creatura rationalis munda et sancta impletur de visione ineffabili: quæ sic potest intelligere narrantem, sicuti verbum non sonus auribus strepens, sed imago mentibus innotescens, ut illud et interna et manifesta luce clarescat, quod dictum est a Domino: « Philippe, qui videt me, videt et Patrem *(Joan.* XIV). » Desiderium enim veraciter piorum, quo videre Deum cupiunt, non, ut opinor, in eam speciem flagrat contuendam, qua quando vult, sicut vult, apparet quod ipse non est, sed in eam substantiam, qua ipse est id quod est. Videri enim hic mundo corde potest, comprehendi non potest. Sed in hac quæstione Deum videndi, plus mihi videtur valere vivendi modus, quam loquendi. Nam qui didicerit a Domino Jesu Christo mitis esse et humilis corde, plus in hoc cogitando et orando proficiet, quam legendo vel audiendo, quamvis nonnunquam et legendo et audiendo proficiat. Nemo autem se dicat velle Deum videre, qui mundando cordi curam tantæ rei dignam noluerit impendere. Nemo enim valet Deum videre et vivere; quia necesse est attrahi ab hac vita mentem, quæ in illius visionis ineffabilitatem assumitur. Alterius namque et potioris vitæ est visio illa, quæ in futuro promittitur, sed jam hic in cunctis filiis gratiæ inchoatur.

Unigenitus ergo Filius Deitatis naturam atque substantiam insonabiliter narrans dignis idoneisque oculis tanto conspectui, etiam in hac vita invisibiliter monstrat: et qui potest Deum invisibiliter videre, potest etiam et invisibiliter adhærere. Deus enim invisibilis et incorruptibilis, « qui solus habet immortalitatem, et lucem habitat inaccessibilem, quem nemo hominum vidit, vel videre potest (*I Tim.* vi), » per id quod videt homo corporeus corpora, per hoc ab hominibus videri non potest. Qui si et mentibus piorum esset inaccessibilis, non diceretur : « Accedite ad eum, et illuminamini (*Psal.* xxxIII). » Et si mentibus piorum esset invisibilis, non diceretur, « quia videbimus eum sicuti est (*I Joan.* III). » Perspiciamus totam ipsam Epistolam Joannis. Dilectissimi, inquit, « nunc Filii Dei sumus, et nondum apparuit quid erimus. Scimus autem, quoniam cum apparuerit, similes ei erimus, quoniam videbimus eum sicuti est (*ibid.*). » In tantum ergo eum videbimus, in quantum similes ei erimus : et inde eum videbimus, unde similes ei erimus, mente scilicet : quia et nunc intantum non videmus, inquantum dissimiles ab eo sumus. Quis autem vel dementissimus dixerit, corpore nos similes Deo fore? In interiore ergo homine similitudo ista est, qua renovatur homo de die in diem in agnitione Dei, secundum imaginem ejus qui creavit eum : ubi tanto ei efficimur similiores, quanto magis in ejus cognitionem charitatemque proficimus ; et intantum eum propinquius ac familiarius videmus, inquantum cognoscendo eum ac diligendo efficimur ei similiores. In quo quantuscunque hic profectus fuerit, longe est ab illa perfectione, qua Deus videbitur sicuti est facie ad faciem : ubi tanta erit excellentia, ut multo plus adipiscatur charitas, quam vel fides credidit, vel spes desideravit : plus inveniat adeptio, quam formabat cogitatio. Regio namque est illa viventium ac videntium, intellectualium et intelligibilium, ubi sine ulla corporis similitudine veritas cernitur, nullis opinionum falsarum nebulis offuscatur. Ibi enim sicut in Trinitate quæ Deus est, mutuo se vident Pater et Filius, et mutuo se videre, unum eos esse est, et hoc alterum esse, quod alter est; sic qui ad hoc prædestinati sunt, et in hoc assumpti fuerint, videbunt Deum sicuti est, et videndo efficientur sicut ipse est, similes ei. Ubi etiam sicut in Patre et Filio, quæ visio, ipsa unitas est; sic in Deo et homine, quæ visio, ipsa similitudo futura est. Spiritus sanctus unitas Patris et Filii, ipse etiam charitas et similitudo Dei et hominis ; sed aliter in summa essentia, aliter in inferiore natura. Ibi enim videbitur claritas Domini, non per visionem significantem, sive corporalem, sicut visa est in monte Sina (*Exod.* III), sive spiritualem sicut vidit Isaias (*Isai.* vi), vel Joannes in Apocalypsi (*Apoc.* 1), sed per speciem; non per speculum et in ænigmate, sicut hic videtur ab hominibus qui digni sunt hac visione, quantum eam capere potest mens humana secundum assumentis gratiam, sed facie ad faciem. Quod quisquis arbitratur homini vitam istam mortalem adhuc agenti posse contingere, scilicet ut dimoto atque discusso omni nubilo phantasiarum corporalium atque carnalium, serenissima incommutabilis veritatis luce potiatur, et mente penitus a consuetudine vitæ hujus alienata, illi constanter et indeclinabiliter hæreat : nequaquam quid quærat, intelligit. Alterius enim vitæ hoc est; et quisquis omnia quæ ibi habenda sunt vult hic habere, ostendit se fidem non habere. Sed credenti colligitur meritum, videnti redditur præmium.

Credat ergo potius sublimi auctoritati minimeque fallaci, quandiu sumus in corpore, peregrinari nos a Domino, et ambulare nos per fidem, non per speciem (*I Cor.* v); ac sic perseveranter retinens atque custodiens fidem, spem et charitatem, intendat in speciem, ex pignore Spiritus sancti, quod accepimus; qui nos docebit omnem veritatem, cum Deus qui suscitavit Dominum Jesum Christum a mortuis, vivificabit et mortalia corpora nostra per inhabitantem Spiritum ejus in nobis. Prius autem quam vivificetur, hoc quod mortuum est propter peccatum, procul dubio corruptibile est, et aggravat animam. Quæ quando adjuta excedit hanc nebulam qua tegitur omnis terra, id est hanc carnalem caliginem qua tegitur omnis vita terrena, tanquam rapida coruscatione perstringitur, et in suam infirmitatem redit, vivente desiderio quo rursus erigatur, nec sufficiente munditia, qua figatur. Quod quanto quisque magis potest, tanto major est; quanto autem minus, tanto minor. Si autem nihil adhuc tale mens hominis experta est, in qua tam a habitat Christus per fidem, insistendum est minuendis et mortificandis concupiscentiis carnis et oculorum, et superbiæ vitæ hujus; et cum morali actione virtutis omni studio fidei robur addendum, quoadusque perfecte mortificatus ea morte de qua dictum est Moysi : « Non enim videbit me homo et vivet (*Exod.* xxxIII); » incipiat vivere ea vita, de qua item Dominus dicit, orans Deum Patrem pro discipulis suis :« Hæc est autem vita æterna, ut cognoscant te Deum verum, et quem misisti Jesum Christum (*Joan.* xvII). »

In quo qui evigilavit jam in Deum, Spiritus sancti calore excitatus, atque in ejus amore coram se ipse viluit sibi; volensque intrare ad eum nec valens, eoque lucente sibi attendit in se; invenitque se et suam ægritudinem illius munditiæ contemperari non posse : flere dulce habet, et eum precari, ut etiam atque etiam misereatur, donec exuat totam miseriam, et precari cum fiducia jam gratuito pignore salutis accepto per ejus unicum Salvatorem hominum et illuminatorem. Hunc vero ita egentem et dolentem scientia non inflat, quia charitas ædificat. Præposuit enim scientiam scientiæ; præposuit scire infirmitatem suam, magis quam scire mundi mænia, fundamenta terrarum et fastigia cœlorum; et hanc opponendo scientiam apposuit dolorem, dolorem peregrinationis suæ ex desiderio patriæ suæ, et Conditoris ejus beati Dei sui. In hoc genere hominum, in familia Christi tui, Domine Deus meus, si inter pauperes tuos gemo pauper, da mihi de pane tuo: et quærentem vultum tuum, Domine; requirentem et esurientem et sitientem justitiam tuam in contemplatione vultus tui; da mihi satiari de veritate tua, non de phantasmate cordis mei; ne repellendo tuam veritatem, resiliam et recidam in vanitatem meam. Ego certe sentio quam multa figmenta pariat cor humanum. Quid enim est cor meum, nisi cor humanum? Sed hoc oro te Deum cordis mei, ut nihil ex his figmentis, mihi pro solido vero inhæreat; sed inde veniat mihi lumen veritatis tuæ, unde mihi quamvis projecto a facie oculorum tuorum, et de longinquo redire conanti per viam quam stravisti nobis humanitate Unigeniti tui, aura veritatis ejus aspergitur: quam intantum, licet mutabilem, gratanter haurio, inquantum in ea nil mutabile video; nec locis et temporibus sicut corpora; nec solis temporibus, et quasi locis, sicut spirituum nostrorum cogitationes, nec solis temporibus, et nulla vel imagine locorum, sicut quædam mentium nostrarum ratiocinationes. Omnino enim essentia tua, qua es quod es, nihil habet mutabile, nec in æternitate, nec in veritate, nec in voluntate; quia æterna ibi est veritas, et vera ibi est charitas, vera æternitas, et chara ibi est æternitas, chara veritas. Idcirco namque, quoniam exsulavimus ab incommutabili gaudio, nec tamen inde præcisi sumus vel abrupti, ut non etiam in istis mutabilibus et temporalibus æternitatem, veritatem, beatitudinem, quæramus: nec mori enim, nec falli, nec perturbari volumus; missa sunt nobis divinitus, missa congrua peregrinationi nostræ, quibus admoneremur, non hic esse, quod quærimus; sed illuc ab ista esse redeundum; unde nisi penderemus, hic ea non quæreremus. « Cum » enim « venit plenitudo temporis misit Deus Filium suum, factum ex muliere, factum sub lege (Galat. iv): » usque adeo parvum, ut factum; et eo utique missum, quo factum. Venit mira docens et mirabiliter ea hominibus persuadens: contemptum eorum quæ videntur, præ amore eorum quæ non videntur; contemptum sui, præ amore Dei. Venit incredibilia faciens, et incredibilius ea hominibus credenda contradens. Humiliatus enim est Dominus Jesus Christus, ut nos humiles esse doceret. Conceptus est continens omnia, natus est gignens omnia, mortuus est vivificans omnia. Post triduum resurrexit et ascendit in cœlum, et humanam carnem quam assumpserat ad Patris dexteram collocavit. Mirabile hoc est: sed multo mirabilius est totum mundum rem tam incredibilem credidisse.

Quod et si ipse modus consideretur a nobis, quo credidit mundus, etiam ipse vere divinus advertitur et valde mirabilis invenitur. Ineruditos namque liberalibus disciplinis, et omnino quantum ad doctrinas sæculi pertinet, impolitos homines, non peritos grammatica, non armatos dialectica, piscatores Christus cum retibus fidei ad mare sæculi paucissimos misit, duodecim, ex quibus unus abiit retrorsum. Et tamen sic per eos omni genere piscium replevit Ecclesias, ut plurimi etiam ex ipsis sapientibus sæculi; quibus videbatur ignominiosa crux Christi, ea in fronte signentur; et de qua erubescendum putabant, eam in arce pudoris constituant. Cum ergo ægrotaret totus mundus, hoc modo venit ad eos Verbum Dei carne velatum, ad sanandum eum de interitionibus suis, manibus suis medicamenta conficiens, et spargens ea super morbos orbis terrarum, Evangelium regni quod prædicandum erat in universo mundo, et Scripturam Veteris et Novi Testamenti, quæ de ipso est. Tantamque ei dedit auctoritatem in universo mundo, quantam habere oportebat rem per quam Deus innotescere vellet hominibus, et ab hominibus credi sibi. Cui cum se humiliter credunt homines, et credendo ei subjiciuntur; ipsa est fides per quam mundantur beati mundo corde, quibus hoc promittitur videndum, visuri nonnisi per fidem mundantur. Quia enim ad æterna capessenda idonei non eramus, sordesque peccatorum nos prægravabant, temporalium rerum amore contractæ, et de propagine mortalitatis tanquam naturaliter inolitæ, purgandi eramus. Purgati autem ut contemperaremur æternis, nonnisi per temporalia poteramus; quamlibet jam contemperati tenebamur.

Quia enim in temporalia devenimus, et eorum amore ab æternis impedimur, quædam nos temporalis medicina suscipit curandos; quæ non scientes, sed credentes ad salutem vocat, non naturæ excellentia, sed temporis ordine prior. Nam in quem locum quisque ceciderit, ibi debet incumbere et inniti ut resurgat. Formæ carnales amore suo nos detinent, in quem per consensum peccati cecidimus, ipsis innitendum est, ut surgamus. Idcirco Filius Dei qui in forma Dei erat, exinanivit semetipsum formam servi accipiens, ut homines in homine Deum credendo recipientes, accepta potestate, efficerentur filii Dei. Non enim ad eum qui ubique præsens est, locis movemur; sed bono studio bonisque moribus. Quod non possemus, nisi ipsa sapientia tantæ infirmitati nostræ congruere dignaretur, et vivendi nobis præberet exemplum, non aliter quam in homine, quoniam et nos homines sumus. Sed quia nos cum ad illam venimus, sapienter facimus; ipsa cum ad nos venit ab hominibus superbis quasi stulte fecisse putatur. Et quoniam nos cum ad illam venimus, convalescimus; ipsa cum ad nos venit, quasi infirmata est. Sed quod stultum est Dei, sapientius est quam homines; et quod infirmum, fortius quam homines. Cum ergo omnibus modis medeatur animis Deus pro temporum opportunitatibus, quæ mira sapientia ab ipso ordinantur, nullo modo beneficentius consuluit generi humano, quam cum ipsa Dei sapientia, id est unicus Filius consubstantialis Patri et coæternus, totum hominem suscipere dignata est, Verbum caro factum est, et habitavit in nobis. Ita enim demonstravit carnalibus, et non valentibus intueri mente, veritatem, corporeisque sensibus deditis, quam excelsum locum inter creaturas habeat humana natura; quod non solum visibiliter, nam id poterat et in aliquo æthereo corpore ad nostrorum aspectuum tolerantiam temperato, sed hominibus in vero homine apparuit. Ipsa enim natura suscipienda erat, quæ liberanda : et ne quis forte sexus a suo Creatore se contemptum putaret, virum suscepit, natus ex femina est. Nihil egit vi, sed omnia suadendo et monendo.

Vetere quippe servitute transacta, tempus novæ libertatis illuxerat, et opportune jam homini suadebatur atque salubriter, quam libero creatus esset arbitrio. Miraculis conciliavit fidem Deo, qui ipse erat; passione homini, quem gerebat. Satellites voluptatum divitias perniciose populi appetebant; pauper esse voluit. Honoribus et imperiis inhiabant : Rex esse noluit. Carnales filios magnum bonum putabant; tale conjugium prolemque contempsit. Contumelias superbissime horrebant; omne genus contumeliarum sustinuit. Injurias intolerabiles esse arbitrabantur : quæ major injuria, quam justum innocentemque damnari? Dolores corporis exsecrabantur; flagellatus atque cruciatus est. Mori metuebant; morte multatus est. Ignominiosum genus mortis crucem putabant; crucifixus est. Omnia quæ habere cupientes non recte vivebamus, carendo vilefecit. Omnia quæ vitare cupientes a pietatis studio deviabamus, perpetiendo dejecit. Nullum enim peccatum committi potest, nisi dum appetuntur ea, quæ ille contempsit; aut fugiuntur, quæ ille sustinuit. Tota igitur vita ejus in terris, per hominem quem suscipere dignatus est, disciplina morum fuit. Quæ cum incunctanter creduntur, et cum fide cogitantur ad diligendum quod creditur, et videndum sicut creditur, quid nisi mundatur cor, ad videndum quod mundis cordibus promittitur?

Quoniam vero divina providentia non solum singulis hominibus quasi privatim, sed et universo humano generi tanquam publice consulit; quid cum singulis agatur, ipse Deus scit, qui agit, atque ipsi cum quibus agitur sciunt; quid autem agatur cum genere humano per historiam commendari voluit, et per prophetiam, et ad utrumque fides habenda est, ut unusquisque hominum fidelium, et ex eo quod singulariter a Deo accepit, et ex eo quod cum genere humano, credat fideliter cum Deo spiritum suum. Temporalium autem rerum fides, sive visibilium, sive invisibilium, magis credendo quam intelligendo valet; ubi nisi credatur quod dicitur, nulla prorsus ratione id persuaderi potest. Hujus ergo religionis sectandæ caput est historia et prophetia temporalis dispensationis divinæ providentiæ, pro salute generis humani in æternam vitam reformandi atque reparandi. Quæ cum credita fuerint, mentem purgabit vitæ modus divinis præceptis conciliatus, et exemplis conformatus; et idoneam faciet spiritualibus percipiendis, quæ nec præterita sunt nec futura; sed eodem modo semper manentia, et nulli mutabilitati obnoxia; id est, unum ipsum Deum, Patrem, et Filium, et Spiritum sanctum. Et visibilium quidem rerum præteritarum, quæ temporaliter transierunt, sola fides est; quoniam non adhuc videnda sperantur, sed facta et transacta creduntur, sicut est illud, quod Christus semel pro peccatis nostris mortuus est et resurrexit; quod jam non speratur futurum, sed tantum diligitur factum. Ea vero quæ nondum sunt, sed futura sunt, ita creduntur, ut etiam videnda sperentur, et etiam diligantur; sicut est spiritualium corporum nostrorum resurrectio, licet ostendi modo nullo possint modo. Quæ vero ita sunt, ut neque prætereant, neque futura sint, sed æterna permaneant; partim sunt invisibilia, sicut sapientia et justitia; partim visibilia, sicut Christi jam immortale corpus. Sed invisibilia intellecta conspiciuntur, ac per hoc et ipso modo quodam sibi congruo videntur; et cum videntur, multo certiora sunt, quam ea quæ corporis sensus attingit. Sed ideo dicuntur invisibilia, quia oculis istis carnalibus videri omnino non possunt. At illa quæ visibilia sunt permanentia, possunt, si ostendantur, etiam his corporalibus oculis ostendi ; sicut Dominus semetipsum discipulis post resurrectionem ostendit (*Matth.* xxviii); et post ascensionem Paulo apostolo (*I Cor.* xv) et Stephano diacono (*Act.* vii). Proinde ista visibilia permanentia ita credimus, ut, etiamsi non demonstrentur, speremus ea nos quandoque visuros; nec ea conemur ratione intellectuque comprehendere, nisi ut ea quia visibilia sunt, ab invisibilibus quasi distinctius cogitemus, cogitatione ea sicut occurrerint imaginantes, cum sæpius aliter sint, quam quomodo ea imaginamur. Justitiam vero et sapientiam, et quidquid ejusmodi est, non aliter imaginamur; aliter contuemur; sed hæc invisibilia mentis atque rationis intentione intellecta conspicimus sine ullis formis vel molibus corporalibus; sine ullis figuris lineamentisque membrorum, sine ullis localibus finibus, sive spatiis infinitis.

Similiter contuemur et lumen ipsum, quo cuncta ista discernimus, speciem scilicet æternæ rationis : in qua nobis satis apparet, quid credamus incognitum, quid cognitum teneamus : quam formam sensu corporis recordemur, quam cogitatione fingamus; quid corporis sensus attingat, quid imaginetur animus simile corpori, quid certum et omnium corporum dissimillimum intelligentia contempletur. Hoc enim lumen, ubi hæc cuncta dijudicantur, non utique, sicut hujus solis et cujusque corporei luminis fulgor, per localia spatia circumquaque diffunditur, mentemque nostram quasi visibili splendore collustrat; sed invisibiliter et ineffabiliter, et tamen intelligibiliter, lucet : tamque nobis certum est, quam nobis efficit certa, quæ secundum ipsum cuncta conspicimus.

Cum autem tria sint rerum genera quæ videntur, unum corporeum, sicut hoc cœlum et terra ista, et quidquid in eis corporeus sensus cernit et tangit; alterum simile corporalibus, sicut sunt ea quæ spiritu cogitata imaginamur, sive recordata vel oblata quasi corpora contuemur : unde sunt etiam visiones quæ in somnis vel in aliquo mentis excessu his quasi localibus quantitatibus ingeruntur; tertium ab utroque discretum, quod neque sit corpus, neque habeat aliquam similitudinem corporis, sicuti est sapientia, quæ mente intellecta conspicitur, et in cujus luce de his omnibus veraciter judicatur : in quo istorum generum credenda est, quam nosse volumus, Trinitas Deus? Profecto aut in aliquo, aut in nullo. Si in aliquo, eo utique quod est aliis duobus præstantius, sicut est sapientia. Quod si donum ejus in nobis est, et minus est quam illa summa et incommutabilis sapientia, quæ Dei sapientia dicitur ; puto quod non debemus dono suo inferius cogitare donantem. Si autem aliquis splendor ejus est in nobis, quæ nostra sapientia dicitur, quantumcunque ejus per speculum et in ænigmate capere possumus, oportet ut eum et ab omnibus corporibus, et ab omnibus corporalibus secernamus.

Si autem in nullo generum horum pronuntianda est esse ista Trinitas, et sic est invisibilis, ut nec mente videatur, multo minus de illa opinionem hujusmodi habere debemus, ut eam rebus corporalibus, vel corporalium rerum imaginibus similem esse credamus. Non enim corpora pulchritudine aut molis magnitudine superat, sed dissimilitudine ac disparilitate naturæ, etsi discreta est a comparatione bonorum animi nostri, qualia sunt justitia, sapientia, charitas, et cætera talia : quæ certe non pendimus mole corporis, nec eorum quasi corporeas formas cogitatione figuramus; sed ea, quando recte ea intelligimus, sine aliqua corpulentia vel similitudine corpulentiæ in luce mentis aspicimus, quantum est ab omnium comparatione quantitatum et qualitatum discretior? Nec tamen eam omnino ab intellectu nostro abhorrere, Apostolus testis est, ubi ait : « Invisibilia ejus per ea quæ facta sunt, intellecta conspiciuntur; sempiterna quoque ejus virtus ac divinitas *(Rom. 1).* » Quapropter licet eam, in his quæ nostris adjacent sensibus corporalibus, vel quod nos ipsi in interiore homine nostro sumus, scientia comprehendere laboremus, nec sufficiamus; non tamen impudenter in ea quæ supra nos sunt, divina et ineffabilia, pietas fidelis inardescit : quam non virium suarum arrogantia inflat; sed gratia et desiderium ipsius Conditoris ac Redemptoris inflammat. Attendat autem homo intellectu suo quo Deum capere desiderat, nil in natura sua esse melius; et videat utrum ibi videat ulla lineamenta formarum, nitores colorum, spatiosam granditatem, partium distantiam, molis distensionem, aliquas per locorum intervalla motiones, vel quid hujusmodi. Nil certe tale invenimus in eo, quo in natura nostra nihil melius invenimus; hoc est in intellectu nostro, quo sapientiam ipsam capimus, inquantum ejus capaces sumus. Quod ergo non invenimus in meliore nostro, nequaquam admittere debemus in cogitando, id quod tam incomparabiliter melius est omni meliore nostro.

Sed tanta vis est amoris ut ea quæ cum amore diu cogitaverit humanus animus, eisque curæ glutine inhærescit, attrahat secum, etiam cum vel ad seipsum redit, sive ad eam quæ supra ipsum est, naturam divinitatis : et quia illa corpora sunt, quæ foris per sensus corporis adamavit, eorumque diuturna quadam familiaritate implicatus est, nec secum potest introrsum tanquam in regionem corporeæ naturæ ea inferre; imagines eorum secum trahit, vix semetipsum vel naturam, ut dictum est, divinitatis, aliud esse imaginans, quam id, sine quo eam cogitare non potest. Hæc enim est maledictio, Domine Deus, qua maledixisti terram in opere Adam et filiorum ejus : quam cum operati fuerint, non reddit fructum suum, sed spinas ac tribulos germinat eis, ut in sudore vultus sui comedant panem suum *(Gen. III).* Et quid facient pusilli tui, filii hominis, non tam de terra terreni, quam de cœlo cœlestis, viri dexteratuæ quem confirmasti tibi, jam primitias spiritus habentes, et ex ipsis exspectantes redemptionem corporis sui? Nam et ipsi intra se ingemiscunt, jam olim a peccato liberati, sed nondum a pœna peccati; ex pœna primi peccatoris euntes et flentes et mittentes semina sua ; et licet viventes de mensa tua ; vix tamen aliquando, nisi post lacrymosos sudores et spinosas compunctiones pane suum quotidianum accipientes de manu tua. Panis enim vivus et vivificans eis est memoria abundantiæ suavitatis tuæ, gratia visitationis, et alicujus visionis tuæ; gaudium in sensu amoris tui et bonitatis tuæ. Mundo namque gaudente, ipsos permittis flere ac lugere, illis desolationem, istis vero promittens consolationem : vis eos esurire ac sitire, sed promittis eis æternam satietatem. Sed facis dilationem ad exercitium amoris, rursumque nonnunquam visitationis ac visionis tuæ aliquam eis copiam facis ad solatium dilationis. Et ubi per prævenientem gratiam puram invenis voluntatem et intentionem, tu in hora illa visitationis tuæ, virtute præsentiæ et abundantia gratiæ tuæ, perficis in mente fideli puritatem ; et puritas pro captu suo meretur visionem, sed sicut Apostolus dicit, « ex parte; per speculum, et in ænigmate *(I Cor. XIII).* »

Quandiu enim peregrinantur in carne a te Domino Deo suo, nequaquam videndi te facultatem habent, nisi ex parte, inquantum vivit in eis adhuc ex parte, quod ad vivendum te facie ad faciem, et sicuti es, perfecte tendentibus, prius mortificandum esse testatur Dominus loquens ad Moysen : « Non enim, » inquit, « videbit me homo et vivet *(Exod. XXXIII).* » Quod quid est, nisi corpus in nobis peccati naturaliter concretarum nobis concupiscentiarum carnis? Hinc namque tam anxie et lacrymabiliter liberari deposcebat, qui dicebat : « Infelix ego homo, quis me liberabit de corpore mortis hujus? Gratia Dei per Dominum nostrum Jesum Christum *(Rom. VII).* » Qui enim hoc dicebat, nequaquam per impatientiam hujus vitæ desiderabat corporaliter mori ; sed a viventibus adhuc in eo aliquibus concupiscentiis carnis liberari, a quibus nemo liberat, nisi gratia Dei per Dominum nostrum Jesum Christum, charitatem suam diffundendo in cordibus nostris per Spiritum sanctum, quem dat nobis (*Rom.* VIII). Ipsa namque est lex, spiritus vitæ, liberans, sicut dicit idem Apostolus, a lege peccati et mortis : concupiscentiis scilicet carnis, quæ sicut sordes interioris oculi hominis, impedientes eum a videndo eo, quod nonnisi mundo corde videtur : et a vita æterna, de qua Dominus dicit : « Hæc est autem vita æterna, ut cognoscant te Deum verum, et quem misisti Jesum Christum (*Joan.* XVII). » Ut enim ibi videat oculus interior ad videndum Deum factus, hic mundatur, ubi inchoatur visio, quæ ibi perficitur. Inchoatur enim hic sanctitate vitæ, et usu divinæ contemplationis; ubi amor meretur visionem, cum creditur, speratur ac diligitur, quod non videtur : perficienda ibi, ubi visio pascet amorem; cum omnis virtus erit, diligere quod habebitur, et tota beatitudo, habere quod diligetur. Idcirco dicebat, qui sic erat; et dicunt qui sic sunt : « Cupio dissolvi, et esse cum Christo : multo enim melius (*II Cor.* V). » Sic autem sunt, qui per fidem ambulantes, et si perfecti sunt viatores, nondum tamen sunt perventores : perfecti, inquantum ea quæ retro sunt obliti, in interiora se extendunt ; viatores, inquantum adhuc in via sunt. Domine Deus cordis mei, et pars mea in æternum, finis omnis desiderii mei, et destinatum intentionis; inter hos, quamvis longe infra eos, et dissimiliter ab eis, jam olim aggressus viam ad te per fidem ambulandi ad recte vivendum, et disciplinam cordis mundandi ad videndum te et contemplandum ; in hoc consenui, et nondum cœpi.

Sæpius autem cogitanti mihi de communi fide nostra in te, sine qua impossibile est placere tibi Domino Deo nostro, et in qua salutem omnium constituisti ; et ideo omnium esse debet, tam pusillorum in Ecclesia Dei, quam magnorum ; quomodo, cum quæritur apud sanctos doctores scientia ejus tantis invenitur quæstionum perplexitatibus involuta, tantis disputationum ænigmatibus obscurata, ut vix a paucissimis hominibus puritas ejus queat apprehendi, visum est aliquando ad felicissima illa et aurea evangelicæ simplicitatis tempora prima recurrere, et ad proprium illum stylum Spiritus sancti tui, quo per ministerium eorum, qui unigenitum tuum Salvatorem nostrum venturum in carne potuerunt prævidere, seu qui venientem meruerunt videre, primo cœpit inscribi lex spiritus vitæ in tabulis cordis carnalibus credentium. Ubi cum plana omnia invenio, et rem communem tam sapientibus quam simplicibus, et quæ sic fortes exerceat, ut infirmos quosque a se non absterreat ; redit ad memoriam exprobratio illa prophetica in populum Judæorum, quod contempserunt aquas Siloe domesticas, decurrentes cum silentio (*Isa.* VIII), ierunt in viam Ægypti bibere aquas turbidas fluminis Ægyptii (*Jerem.* II). Non enim sicut per alium prophetam quidam deplorant, cogimur ibi aquas nostras pecunia comparare, nec dare manus Ægypto et Assyriis, ut saturemur pane (*Thren.* V) ; sed gratis omnia accipimus. Præsto ibi est omnibus divina auctoritas, cui contradicere nefas est, dicens : « Crede tantum, et salvus eris ; et omnia possibilia credenti (*Marc.* V). » Audientes ergo ibi, Domine Deus noster, dicentem veritatem : « Ite, baptizate omnes gentes in nomine Patris, et Filii, et Spiritus sancti (*Matth.* XXVIII) : » statim credimus in te. Patrem, Filium et Spiritum sanctum.

Neque enim Veritas hoc diceret, nisi hoc essetis. Nec baptizari nos juberes, Domine Deus, in ejus nomine, qui non esset Dominus Deus. Nec in nomine, sed in nominibus, nisi vos, Pater, et Filius, et Spiritus sanctus, essetis unus Deus. Non enim diceretur voce divina : « Audi, Israel, Dominus Deus tuus, Deus unus est (*Deut.* VI), » nisi unus Deus essetis, qui Pater, et Filius, et Spiritus sanctus estis. Et si tu Deus Pater, ipse esses Filius tuus, Verbum tuum Christus ; et ipse esses donum tuum, et donum Filii tui Spiritus sanctus, non legeremus in litteris veritatis : « Misit Deus Filium suum ; » nec tu, Unigenite, diceres de Spiritu sancto, qui a Patre et a te procedit : « Quem mittet Pater in nomine meo (*Joan.* XIX);» et : « Quem ego mittam vobis a Patre (*Joan.* XV). » Non ergo ipse Pater, qui Filius; non ipse Filius, qui Spiritus sanctus. Ad hanc regulam fidei dirigens omnem intentionem meam, quantum posse me facies, quæram, Domine, vultum tuum ; vultum tuum, Domine, requiram semper. Domine Deus meus, una spes mea, exaudi, ne fatigatus nolim te quærere, sed quæram te semper ardenter. Da quærendi vires, qui voluntatem dedisti ; et quantum sat erit, adauge voluntatem quam dedisti. Meminerim semper tui, intelligam te, diligam te ; donec fideliter reminiscentem tui, et sobrie intelligentem te, et veraciter diligentem te, o Trinitas Deus, juxta plenitudinem quam tu scis, reformes me ad imaginem tuam, ad quam me creasti. Totum ergo hic habeo de Domino Deo meo, quod interim quærebam, sine tormentis quæstionum, sine sophismatum insidiis, sine strepitu disputationum : scilicet quod sit, quod Pater, et Filius, et Spiritus sanctus sit. Hæc de Deo est mea fides ; quia ipsa est catholica fides. Credo enim quod lego vel audio, quia ut credere, et hoc ipsum præcepit, qui veritatem se nominavit. Dixit enim : « Qui crediderit, salvus erit ; qui vero non crediderit, condemnabitur (*Marc.* XVI). » Et cui creditur, si non creditur veritati ?

Ipse est Dominus Jesus Christus : cui qui credere, et in eum credere, noluerit, non est Christianus. Ego Christianum me profiteor ; credo ei in quem credo ; et credo Scripturis, in quibus vitam me habiturum confido. Hoc enim fundamentum est, quod sapientia Dei ordinavit ; Verbum Dei dictavit; apostoli sicut sapientes architecti posuerunt : cui quicunque superædificare voluerit, videat quid superædificet; de fundamento autem securus sit. Fundamentum enim stabit : quod autem superædificabitur ignis probabit (*I Cor.* III). De compositione autem fundamenti viderit ipse, qui composuit. Quid enim mihi quærere? Quod in hac vita sciri non potest? Verbi gratia, quid mihi quærere quomodo Trinitas ibi unitas sit, vel tres unum; cum Dominus et apostoli, et ante eos prophetæ, sic esse de Domino Deo nostro docuerunt, nec amplius aliquid addiderunt? Quod si Verbum et Sapientia Dei in hac vita nos scire voluisset, nemo melius quam ipse per semetipsum, seu per apostolos suos in mundo hoc docuisset. Nam et sancti Patres nostri doctores Ecclesiæ, post apostolos, confidenter dico, si licuisset, nil amplius dixissent; nec quandiu potuerunt, super hoc aliquid addere voluerunt. Percurramus omnem seriem canonicarum Scripturarum, tam Veteris quam Novi Testamenti; nusquam quantum ad nomen Trinitatis, Trinitas Deus legitur; nusquam saltem tres esse, Patrem, et Filium, et Spiritum sanctum, invenitur nisi in Epistola Joannis, ubi dicitur: « Tres sunt, qui testimonium perhibent in cœlo, Pater, Verbum, et Spiritus sanctus : et hi tres unum sunt (*I Joan.* V). » Quod et ipsum in antiqua translatione non habetur.

De nomine tamen et numero tantum hoc dico, non de sensu seu intellectu Trinitatis. Sicut enim jam dictum est, Deum Patrem, et Deum Filium, et Deum Spiritum sanctum, omnes illæ Scripturæ clamant unum esse Deum. Nusquam vero ibi prædicatur in divinitate tres personæ; nusquam relativa earum prædicatio; nusquam famosum illud homoousion nomen consubstantialitatis, vel saltem nomen simplicis substantiæ, nusquam ad aliquid, et si qua sunt his similia. Sed cum cœperunt in Ecclesia hæreses oriri, contra novitatem et verborum et sensuum cœperunt hæc et hujusmodi verba seu nomina in causa fidei inveniri : sine immutatione tamen sensuum antiquorum, et corruptione canonicarum Scripturarum. Propter quod etiam in idipsum auctoritatis ac reverentiæ nomina ipsa apud omnes fideles assumpta sunt ab antiquo; nomina Patris, et Filii et Spiritus sancti, et cætera antiqua nomina omnia rerum earum, quarum signa et hæc et illa sunt. In nominibus enim divinis, seu verbis quibuslibet, quibus aliquid dicitur de Deo, non tam signa ipsa nominum vel verborum attendenda sunt, quam id quod per signa ipsa designatur. Instabat enim tempus cribrandæ Catholicæ fidei, ut purgaretur; exercendæ, ut probaretur. Et ideo ineffabilis illa natura summi boni paulo indulgentius in verba humana passa est seipsam demittere, in adjutorium humanæ ad Deum pietatis; non tamen usque ad angustias humanæ rationis. Hujusmodi enim cum sint communis rationis instrumenta circa res communes; cum in causa fidei assumuntur, nonnisi scandala sunt, si non rationi fidei fideliter coaptentur. Nec renuit magnus Dominus et sapientia ejus cujus non est numerus, numerorum nomen Trinitatis in eo quod simpliciter dicebatur, Deus Pater, Deus Filius, Deus Spiritus sanctus : nec novum nomen homoousion in eo quod qui Pater, et Filius, et Spiritus sanctus dicebantur unus Deus, alterum secundum quod alterutrum sunt; alterum secundum quod ad se sunt, et unum sunt.

Prius enim quam in Ecclesia exsurgeret Sabellius, ipsum prædicaturus esse Patrem, qui Filius est; ipsum Spiritum sanctum, qui Pater est vel Filius, prædicatio fidei de Patre et Filio et Spiritu sancto, non indigebat nomine Trinitatis. Quod ubi in causa fidei susceptum est, et tres cœperunt dici, Pater, Filius et Spiritus sanctus, et quæri cœpit, quid tres; nec tunc, nec usque nunc inventum est, quid responderetur, sicut oporteret, et secundum quod res se habet. Quod enim dicitur, tres personæ, alia ratio est. De quo postmodum dicetur.

Sic et priusquam insurgeret Arius, qui inæqualitatem ac dissimilitudinem astruendo, conatus est nobis ingerere turbam deorum, nomen homoousion ratio fidei ignorabat, licet sensum nominis non haberet incognitum, quod ab initio prædicabat. Nunquid enim ignorare poterant fideles temporis illius, quod Dominus dixit : « Ego et Pater unum sumus ? » (*Joan.* X.) Hoc enim est homoousion, nihil aliud.

Nomen enim, sicut jam diximus, novum est, et in prædicatione fidei pro tempore necessarium; sed res eadem est. Sicut ergo contra Sabellium admissum est in causa fidei nomen Trinitatis, sic contra Arium homoousion oppositum est nomen consubstantialitatis. Sicque numerus, si tamen numerus, inventus est vel assumptus in illa natura creatrice omnium, quæ pondus etiam, et mensuram, et numerum creavit, in quibus disponit cuncta quæ creavit. Quis autem, vel qualis numerus? Non augens, non minuens, non separans, non conjungens; non divisus, non confusus. Non enim quomodo in Trinitate trium hominum tres homines sunt ; sic tres ibi dii æstimandi vel computandi sunt. Unum enim ibi sunt, qui tres ; tres, qui unum. Nec Trinitatis ibi pars tertia est unus; nec major pars duo, quam unus; nec majus aliquid tres simul, quam singuli, quia spiritualis, non corporalis est magnitudo. Tres ergo ibi, sicut propter singulorum perfectionem partes unius Dei non sunt; sic nec tres dii, seu perfecti seu imperfecti æstimandi, seu cogitandi sunt. Ubi ergo numerus? Numerus qui ibi est, et numerus est, et numerus non est. Est enim ibi quoddam ineffabile, quod verbis explicari non potest. Cum enim dicis, Pater, Filius, Spiritus sanctus, tres numerari videantur; sed nullius ibi numerus est. Si enim quæris quid tres, deficit numerus. Ubi cogitare cœperis, incipis numerare ; ubi numeraveris, quid numeraveris non potes respondere. Singulus quisque ibi Deus est. Num tres dii? Absit ! Singulus quisque omnipotens. Nunquid tres sunt omnipotentes? Minime. Non sunt tres dii, non tres omnipotentes, non tres sapientiæ, non tres sapientes, non tres magni, nec tres magnitudines. Substantialiter enim hæc omnia in Deo dicuntur. Et tanta est vis summæ illius substantiæ in Patre, et Filio, et Spiritu sancto, ut quidquid de singulis ad seipsos dicitur, non pluraliter in summa, sed singulariter accipiatur. Dicimus enim, Deus Pater, Deus Filius, Deus Spiritus sanctus, sed in summa non tres dicimus deos, sed unum.

Et hæc generalis est regula omnium, non solum quæ, ut dictum est, substantialiter de Deo dicuntur; sed eorum etiam quæ ad creaturam, sicut cum dicitur Creator, Dominus, et cætera talia. Hujusmodi enim, sicut sunt magnitudo, bonitas, et cætera, prout in rebus sunt, accidentia sunt; non autem in Deo. In Deo enim cum hæc dicuntur, intelligendus est inquantum possumus sine qualitate bonus, sine quantitate magnus, sine indigentia Creator, sine situ præsens, sine habitu continens, sine loco ubique totus, sine tempore sempiternus, sine sui mutatione mutabilia faciens, nihilque patiens. Cum ergo quæritur de Patre, et Filio, et Spiritu sancto quid tres sint, non hoc quæritur in eo quod ad alterutrum sunt, sed in eo quod sunt; nec magis tres boni, seu tres magni, vel aliquid hujusmodi, quam tres dii dici possunt, secundum supradictam regulam substantialium nominum in Deo. Sed instat humana infirmitas, numerorum et rerum numerabilium consuetudine infecta; et dicit : Omne quod relative ad aliquid dicitur, est etiam aliquid ad se, præter id quod relative ad aliquid dicitur. Verbi gratia, tres homines sunt pater et filius, et quilibet amicus eorum. In eo quod ad se sunt, tres homines sunt; in eo quod ad invicem, pater, et filius, et amicus sunt. Nisi id quod ad se sunt, essent; quod ad invicem sunt, esse non possent. Tria ergo aliqua, seu tres aliqui ad se sunt; qui Pater, et Filius, et Spiritus sanctus adinvicem sunt. Quid tres? Quid tria? Hic nisi respondeatur, obtinuit Sabellius id, pro quo hæreticus dicitur. Excedit vero supereminentia divinitatis omnem communis eloquii facultatem. Si enim rem sicut est perpendimus, procul dubio est Pater, est Filius, est Spiritus sanctus; nec ipse est Filius qui Pater, nec ipse est Spiritus sanctus, qui Pater et Filius. Tres ergo sunt. Dices : Nunquid tres essentiæ? Absit! Nam secundum supradictam regulam nominum divinorum, essentia est Pater, essentia Filius, essentia Spiritus sanctus; sed tamen non tres essentiæ, sed una essentia. Ergo quid tres? Deficiunt humana verba ad verba Verbi confugiamus. Cum enim loqueretur Dominus Judæis de semetipso, et de Patre suo, dixerunt : « Ubi est Pater tuus? » (*Joan.* VIII.) Ac si dicerent : Duos esse dicis, te et Patrem tuum; te videmus, ubi est Pater tuus? Respondit Dominus : « Ego et Pater unum sumus (*Joan.* x). » Ac si diceret : Unum, quia unus sum cum Patre Deus, sumus, quia ego et Pater duo sumus.

Sicut ergo requisitus Dominus se et Patrem dicit esse unum; sic et nos ab eo edocti de Trinitate quæ Deus est, requirenti quid tria, quid tres, respondemus, unum. Si improbus est, et adhuc pergit quærere, quid unum, dicimus, unus Deus. Nec tamen improbus erit, si homo fidelis est, ut apponat quærere, quis Deus, cum non sit nisi unus Deus, Pater, et Filius, et Spiritus sanctus : Pater ergo et Filius, non unum est, sicut dicit Sabellius, sed unum sunt, sicut dicit Dominus. Sanctus quoque Spiritus nisi esset Deus homoousios, hoc est ejusdem substantiæ cum Patre et Filio, nequaquam Dominus diceret : « Spiritus est Deus (*Joan.* IV). » Et alibi : « Si in spiritu Dei ejicio dæmonia (*Luc.* XI). » Item : « Misit me Dominus, et Spiritus ejus (*Isa.* XLVIII). » Et omnes in hoc conveniunt Scripturæ, unum esse Deum cum Patre et Filio Spiritum sanctum. Et hæc est una, vel hoc est unum, quod petit a Domino David, ac requirit ad contemplandum, dicens : « Unam petii a Domino, hanc requiram (*Psal.* XXVI). » Unum autem hoc non numero unum est, sed natura, videlicet solidum idipsum, non habens partes, sed in omni quod est vel habet, habens integrum totum suum; si tamen omne, vel totum, vel integrum dici potest, ubi partes nullæ sunt. Ubicunque autem in Scripturis plura aliqua unum dicuntur, et non additur quid unum, sicut additur ubi dicitur, cor unum et anima una (*Act.* IV) : eadem natura in nullo dissimilis vel dissentiens significatur. Inquantum ergo tria aliqua sic sunt, intantum unum sunt. Sed vere sic tria aliqua esse, solius est Trinitatis illius, quæ Deus est. Nam etsi sunt aliquando tres homines ejusdem naturæ, ejusdemque voluntatis vel consensus, certe tres homines tres semper homines sunt; et si aliquando in aliquibus consentiunt, in multis dissentiunt. In Trinitate vero quæ Deus est, qui tres sunt verissime unum sunt; et non tres dii, sed unus Deus sunt, unius naturæ, ejusdem essentiæ. Unius enim essentiæ prædicatio perfectam concludit unitatem. Cum ergo quæritur de Patre, et Filio, et Spiritu sancto, si tres, quid tres? ex auctoritate Domini, et secundum rationem fidei, nil melius seu convenientius veritati respondetur, quam unum. Placuit tamen Patribus propter disputandi necessitatem, seu tractandi vel colloquendi difficultatem, exceptis relativis nominibus, pluralem numerum admittere : et ut uno nomine respondeatur quid tria, dicere tres personas; sic tamen, ut nullæ ibi moles, nulla intervalla cogitentur, nulla distantia cujuscunque dissimilitudinis, nulla separabilis distinctio seu personalis confusio. Non pars ibi cogitetur vel totum; non majus aliquid Trinitas quam una persona, non minus persona quam Trinitas tota. Licet enim a se invicem determinari videantur, tamen sicut fide intelligi potest, infinita in se intelligenda sunt tria illa, quæ tres personæ dicuntur; et singula esse in singulis, et singula in omnibus; et omnia in omnibus, et omnia unum. Cum enim ineffabile hoc quod ex sensibus et verbis sanctorum Patrum pene ineffabiliter fari conati sumus, conaretur humana inopia loquendo proferre ad sensum hominum, inquantum illud in secretiori mentis pro captu tenebat, de Domino Deo suo, sive per piam fidem, sive per qualemcunque intelligentiam, timuit catholica pietas dicere tres essentias, ne in illa summa æqualitate ulla intelligeretur diversitas. Certissime quippe et de Scripturis cognoscitur, et pie credendum est, et in hoc etiam aspectus mentis perstringitur, esse et eum qui Pater est, et eum qui Filius est, et eum qui Spiritus sanctus est; nec eumdem esse Patrem, qui Filius est; neque ipsum esse Spiritum sanctum, qui Filius aut Pater est. Cum tamen non auderet tres essentias dicere, quæsivit, quid sine offendiculo diceret, et dixit tres personas. Quibus nominibus non diversitatem intelligi voluit, sed singularitatem noluit, ne quasi singulus intelligeretur Deus, scilicet ut non solum ibi intelligatur unitas ex eo quod dicuntur tres personæ: quod etsi res sicut est, non diceretur, non omnino tamen taceretur, cum quæreretur, quid tria, vel quid tres: sed communi etiam modo loquendi aliquid responderetur. Non solum autem, sed et per hæc nomina trium personarum facta est omnibus fidelibus fandi de ineffabili copia copiosior, et compendiosior, et ad respondendum cautius inimicis; et ad subtilius inquirendum de Deo, et conferendum cum amicis: et confessio fidei formam habet sanorum verborum; et ad tractandum vel disputandum aptum verbi instrumentum.

Diffinitur autem persona a diffinientibus duobus modis: sive, rationalis naturæ individua substantia: sive, cujus pro sui forma certa sit agnitio. Prima diffinitio nomen substantiæ præferens, quo se offerat, non ambiguus intellectus est: videlicet ad consortium nominum eorum quæ substantialiter ad se de Deo dicuntur: ut sicut dicitur Deus Pater, Deus Filius, Deus Spiritus sanctus; et tamen non tres dii, sed unus est Deus: sic si de Deo persona prædicetur, dicatur persona Pater, persona Filius, persona Spiritus sanctus, in summa vero una persona. Et secundum hanc diffinitionem non magis ibi fas est dicere tres personas, quam tres deos. Porro juxta alteram diffinitionem requisiti quid tres, respondemus tres personas: cum singulæ earum ex forma pronuntiationis suæ, qua dicitur, sive persona Patris, sive persona Filii, sive persona Spiritus sancti, certam sui præferentes agnitionem; ad respondendum quid tres, aliquam habeant facultatem. Respondetur enim et dicitur, tres personæ communi nomine, sicut tres homines sive tres personæ, quasi tria propria relativa, ut intelligantur persona Patris, persona Filii, persona Spiritus sancti. Et cum proprium sit Patris quod genuit; proprium Filii, quod genitus est; proprium Spiritus sancti, quod ab utroque procedit: in his propriis nulla intelligitur naturæ separatio, sed quædam personalis agnitio. Hæc de nomine personæ, quod in causa et ratione fidei a sanctis Patribus appositum est. Non enim injustum visum est Ecclesiæ Dei, in ordinando dogmate fidei sanctos Patres magnam habere debere auctoritatem, qui magnum pro fide pertulerunt laborem, usque ad effusionem sanguinis sui, et mortificationem corporum suorum. Credo ergo et confiteor unum in tribus personis Deum, tres personas expressas sub proprietate distinctas; non nomina tantummodo, sed et nominum proprietates, id est personas, sive ut Græci dicunt, hypostases, hoc est subsistentias. Nec Pater Filii aut Spiritus sancti aliquando personam excludit: nec rursus Filius aut Spiritus sanctus Patris nomen personamque recipit; sed Pater semper Pater est, Filius semper Filius, Spiritus sanctus semper Spiritus sanctus. Itaque substantia unum sunt, personis ac nominibus distinguuntur. Et hæc est mea fides; quia hæc est catholica fides de Domino Deo nostro, Patre, Filio, et Spiritu sancto: cujus intellectu, qualis in hujusmodi rebus intellectus esse potest, ad cognitionem divinitatis, qualis et ibi cognitio esse potest, pertenditur, primo de credendis nulla infidelitate dubitando, deinde de intelligendis nulla infidelitate dubitando, deinde de intelligendis nulla temeritate definiendo, postmodum vero veritati cum apparuerit, fideliter et ardentissime inhærendo.

Tribus enim intelligentiæ gradibus proficerent fidei ascendendum est ad Deum, et ad cognitionem ejus. Primus gradus est, diligenter investigatum habere, quid sibi de Domino Deo suo sit credendum; secundus, quomodo de eo quod recte creditur, recte nihilominus ei cogitandum sit et loquendum; tertius, ipsa jam rerum experientia est in sentiendo de Domino in bonitate, sicut sentiunt qui simplicitate cordis quærunt illum. Primus tam facilis est ascendenti, quam credere facile est volenti, sed cui datum est. Sicut enim Apostolus dicit, « non omnium est fides (*II Thess.* III). » Secundus eo difficilior, quo a natura rerum remotior, eorum est, qui, sicut idem dicit Apostolus pro consuetudine « exercitatos habent sensus ad discretionem boni et mali (*Hebr.* V), » quamvis et a curiosis præsumatur. Tertius perfectorum est, qui de toto corde suo, de tota anima sua, et ex omni mente sua, affectant diligere Dominum Deum suum: primitias jam et pignus Spiritus habentes, quod sint Filii Dei. Item primus gradus in auctoritate fundatus, fidei est, habens formam fidei, probatæ auctoritatis probabilibus testimoniis fundatam. Secundus rationis est, non rationis humanæ, sed ejus quæ propria fidei est; habens et ipse formam sanorum in fide verborum divinæ auctoritati per omnia concordem. Hujus est scire, non solum cogitare et loqui de Deo rationabiliter secundum rationem fidei; sed et quomodo fides eadem fiat ubi non est, nutriatur et adjuvetur ubi est, et qualiter contra inimicos defendatur. Tertius jam gratiæ illuminantis et beatificantis est, finiens fidem, seu potius beatificans in amorem, a fide ad speciem transmittens, inchoando cognitionem non eam quæ fidei est, et cum fide hic incipit esse in homine fideli, sed de qua Apostolus dicit: « Nunc cognosco ex parte; tunc autem cognoscam, sicut et cognitus sum (*I Cor.* XIII). » Illa enim est, quam perfecta charitas inchoat in hac vita, perficiendam in futura. Hæc vero præsentis temporis fidei res est, seu potius ipsa fides est, per quam Deus cognoscitur, sicut per fidem cognosci potest; et inquantum creditur, intantum cognoscitur. Hæc enim in primo intelligentiæ gradu habet exordium; in secundo incrementum, in tertio quodammodo deficiendo perficitur; cum transitur a fide credentis et sperantis in cognitionem et gaudium habentis et fruentis, seu habere et frui incipientis. Duæ enim istæ cognitiones tantum ab invicem sunt differentes, quantum differt a Deo in eo quod ipse in semetipso est, quidquid homo secundum hominem de Deo seu cogitando seu loquendo sentire potest. De Deo vero melius posse hominem cogitare quam loqui, ipsum autem longe aliter esse, quam possit homo de eo cogitare sive loqui, omnibus vel tenuiter de Deo sentientibus manifestum est. Et tamen prima hæc ad Deum cognitio est, rationabiliter secundum rationem fidei scire de Deo vel cogitare, vel loqui. Quod cum multis non sicut oporteret credentibus sæpe magis in promptu sit, quam pluribus vere fidelibus, recte quidem credentibus, sed id quod credunt discernere non sufficientibus, manifeste datur intelligi, nequaquam hanc esse perfectam cognitionem veritatis, quæ præteriens aliquando veritatis verissimos amatores, non se negat multis amatoribus vanitatis. Multi enim hujusmodi multa sciunt de Deo, vel scire student; seu ut tantum sciant, curiose agentes seu ut scire vel videantur vel sciantur, gloriam suam quærentes, et non Dei. Ipsa enim est scientia de Deo, de qua Psalmista dicit, quia nox eam indicat nocti (*Psal.* XLIV), hoc est homo homini caro et sanguis carni et sanguini, infidelis nonnunquam infideli, longe distans a sapientia illa, et verbo illo, quod dies diei, seu spiritalis homo spirituali homini, seu ipse per se Spiritus sanctus sancti cujusque hominis spiritui non indicat, sed eructat, hoc est, cum sensu quodam divinitatis et sapore summæ sapientiæ, occulta aliqua inspiratione insinuat. Quæ tamen cum ad exercitium pietatis plurimum necessaria sit, si studiis pietatis delegata pie tractetur, omnibus omnino hominibus appetenda est, et cum omni studio amplectenda; non inutilis futura in profectu fidei, si sobrie et secundum rationem fidei dispensetur. Sicut enim in his quæ de Deo sunt, alta sapere periculosum nimis est; sic sapere ad sobrietatem, laudabile. Scilicet si quis non modo eloquio vel scripto, sed vel sola cogitatione aggrediendum putaverit omnem de summa et incommutabili et imperscrutabili natura pertractare quæstionem compescendus omnino ac refrenandus est omnis animus humanus a tam immani et inani præsumptione. Ad perscrutanda tamen ea duntaxat, quorum facultas homini non negatur, vel quæ fidelem hominem prorsus ignorare non licet adjuvandus potius, et exhortandus est spiritus hominis fidelis, non exstinguendus.

Etenim sicut non posse scire de Domino Deo Creatore nostro, quod supra hominem est, non reputatur in peccatum; sic et qui cum posset scire aliqua, non studet, vel qui nondum potest, ut possit, dignam dare operam dissimulat, non solum apud Deum ignorantiæ Dei reus judicatur, sed etiam in pœnam meritis suis debitam ordinatur, ut hic qui scire vel agere cum potuit, noluit, cum voluerit, non possit; Sed et in eis quæ neglecto Deo curiose sectatur, in præsenti affligitur; in futuro vero mittitur in tenebras exteriores, quæcunque illæ sint, de quibus in Evangelio legitur. Semel ergo ingressi viam Deum quærendi, non lacescamus, non desistamus; fidelis est, qui repromisit dicens : « Quærite et invenietis (*Luc.* XI). » Et Apostolus : « Sic currite, ut comprehendatis (*I Cor.* IX). » Et de semetipso: « Fratres, inquit, ego me non arbitror comprehendisse. Unum autem, quæ retro sunt oblitus, ad ea vero quæ sunt anteriora extendens meipsum, ad destinatum persequor, ad palmam supernæ vocationis; in Christo Jesu Domino nostro. » Et addidit : « Quotquot ergo perfecti sumus, hoc sapiamus. » Quid? Scilicet, « quandiu peregrinamur a Domino, per fidem ambulantes (*Philipp.* III), » viatores nos esse, non perventores. Et in via fidei strenuum esse viatorem, perfectio vitæ hujus est. Perventio autem, alterius vitæ est.

Pie ergo et humiliter in via hac qua ambulamus, præcedentium Patrum vestigia venerantes procedamus: et primæ interim cognitionis Dei, quæ per fidem est, ænigmata attentantes, ipsum invocemus, qui posuit tenebras latibulum suum; non ut non videatur, sed ut diligentius quæratur, et quo diligentius fuerit quæsitus, eo dulcius ametur, cum fuerit inventus. Ambiamus et agamus, ipso adjuvante et docente, ut interim quantum ipse dederit, per fidem eum cognoscamus: deinde ipsius etiam gratiæ erit, ut de fide ad speciem transeamus. Cognitionis ergo divinæ quæ per fidem est, qua per fidem cognoscitur Deus, quasi prima sunt elementa nomina divina, quibus apud homines nominatur Deus; et congrua eis forma sanorum in fide verborum. Nam et a notitia nomina dicuntur: Ut enim gradatim, sicut jam supra prælibavimus, secundum rectum ordinem ad Deum proficiendi, procedamus, primo cognoscendum est de re cognoscenda, quid sit; quod nonnisi nomine aliquo designatur: deinde quale vel qualiter sit, ut sicut res est, sic de ipsa fides capiatur. Sicut enim secundum rationem litteraturæ prima elementa colliguntur in syllabas, syllabæ in dictiones; illæque copulatæ ad arbitrium copulatis sensum aliquem efficiunt in corde legentis; sic nomina divina, quibus apud homines dicitur Deus, coaptata sibi secundum formam sanorum in fide verborum et rationem fidei, circa occultum illud divinitatis in corde credentis aliquem fidei efficiunt intellectum. Hinc Paulus apostolus dilectum discipulum in fide, de quibus oportebat, erudiens : « Formam, inquit, habens sanorum verborum, quæ a me audisti in fide et in charitate; in Christo Jesu. Bonum depositum custodi (*II Tim.* I). » Ex quo discimus, ad custodiendum depositum fidei et formam ejus, formam sanorum in ea verborum plurimum observandam. Est quippe forma fidei, et est forma sanorum in ea verborum. Forma fidei est, de Patre, et Filio, et Spiritu sancto, sicut jam sæpe dictum est, Deum Patrem esse, Deum Filium, Deum Spiritum sanctum; et tamen non tres deos esse, sed unum Deum. Forma vero sanorum in fide verborum est, proprius quidam modus loquendi de Deo, secundum hæc ipsa quæ præmisimus: quem ex auctoritate Christi Domini, et apostolorum et apostolicorum doctorum, jam olim usus Christianæ pietatis obtinuit circa nomina divina, et ea quæ in confessione fidei dicuntur de Patre, et Filio, et Spiritu sancto. Modus autem hic loquendi de Deo propriam quamdam habet disciplinam regulis ac terminis fidei munitam; ad docendum loqui de Deo rationabiliter secundum rationem fidei, et præparandos homines ad cogitandum ac sentiendum ineffabiliter de ineffabili. Idcirco autem dicimus, secundum rationem fidei, quia modus hic loquendi de Deo habet quædam propria verba, rationabilia quidem, sed non intelligibilia, nisi in ratione fidei, non autem in ratione sensus humani. Quod enim paulo ante diximus, quia « Deus est Pater, Deus Filius, Deus Spiritus sanctus, et tamen non tres dii, sed unus est Deus, » utcunque capitur, secundum rationem sensus humani. In rebus enim humanis humana ratio parat sibi fidem: in divinis vero præcedit fides, deinde ipsa sui generis format sibi rationem. Sicut enim res est, sic de ea fidem captare, et locutionis formam fidei coaptandam esse, rectissima ratio est. Amat autem locutio sive inquisitio de Deo, humiles ac simplices in paupertate spiritus Deum quærentes, quos ad inquirendum non curiositas agit, sed pietas trahit. Amat loqui, non verbis præcipitationis et alienis; sed ipsis quibus semetipsum et Patrem et Spiritum sanctum manifestavit mundo Verbum Dei ipso locutionis charactere, quo fidem Trinitatis propagaverunt in mundo homines Dei. Odit contentiones, animositates, novitates, pugnasque verborum et inanium tormenta quæstionum; ipsa magis experientia docens credentes, et informans per meritum et usum fidei pervenire ad præmium contemplationis. Nomina autem, quæ prima ejus elementa esse diximus, sunt, sive quibus per semetipsum ipsa se divinitas revelavit in mundo, scilicet Patris, et Filii, et Spiritus sancti, sive quibus ex diversa consideratione sui diverso se modo apud homines nominari fecit. Homini siquidem condito ad imaginem Dei, naturalis inest appetitus cognitionis Dei et propriæ originis. Ex eo enim quod nullus est animus humanus quantumvis rationis capax, quem natura ipsa dubitare permittat, quin Deus sit; quin sit Creator omnium, et omnium potestas et providentia penes ipsum sit; satagit etiam et ambit semper quasi naturaliter humana et pietas et curiositas aliquatenus suspicere de eo, quid sit. Quapropter seu invisibilia Dei per ea quæ facta sunt intelligenda, seu per naturalem sensum rationis, seu per donum gratiæ revelantis, quot de Deo homines considerationes habuerunt, tot eum nominibus nuncupaverunt, scilicet potentem, sapientem, sapientiam, potentiam, et aliis in hunc modum quampluribus nominibus.

Quibus cum etiam homines plerumque nuncupentur, dicuntur enim et ipsi sapientes et potentes; nemo tamen dicitur sapientia sive potentia, vel aliquid hujusmodi; quia nemo eo modo sapiens sive potens est, quomodo Deus; cum hoc sit Deo esse, quod sapere, quod posse; et ipse sua sapientia, ipse sua potentia sit. Sic de veritate, de charitate, et aliis hujusmodi nominibus intelligendum est, scilicet quibus substantialiter Deus dici potest. Divinorum enim nominum non uniformis ratio est. Alia enim de Deo substantialiter dicuntur; alia aliter. Nam in rebus quoque omne quod est, aut subjectum, aut in subjecto est, hoc est aut substantia, aut accidens. Non tamen sic est in Deo. Nunquam enim de Deo dicitur aliquid secundum accidens, sed neque semper secundum substantiam. Dicitur enim et ad aliquid.

Ubi primo sciendum est quoniam prædicamenta hujusmodi aliena a natura fidei sunt, sicut substantia et accidens, et quod dicitur ad aliquid, et genus, et species, et cætera talia. Instrumenta quippe sunt hæc communia et vulgaria rationis et artis humanæ ad discernendas res communes; rebus autem divinis prorsus indigna, et a forma sanorum in fide verborum aliena. Ratio tamen fidei quasi morem gerens humanæ rationi illata sibi ab hominibus non respuit omnino vel abjicit; sed assumit ea sibi, et conformando singula suis regulis et coaptando, in obsequium fidei ac servitutem captivatam quodammodo redigit eorum intellectum. Hinc est, quod tam multa nomina, quæ in rebus communibus nomina rerum accidentium sunt, translata ad Deum, ubi secundum rationem fidei non admittitur aliquid secundum accidens, prædicari substantialiter inveniuntur. Verbi gratia, cum dicitur Deus sine quantitate magnus, sine qualitate bonus, quid intelligitur, nisi quod ea quæ hujusmodi sunt, secundum quod accidentia sunt, non admittuntur, et tamen admittuntur, et secundum hoc quod naturaliter in Deo sunt, quomodo nusquam alibi sunt, substantialiter prædicantur? Sed et ubi accidens non est, neque substantia est, nec esse potest, quæ nullis accidentibus subest, vel subesse potest. Nullorum vero prorsus accidentium susceptrix esse potest summa illa divinæ naturæ simplicitas: quæ si susciperet, simplicitas non esset. Illa nempe natura simplex vere dicenda est, cui non sit aliquid habere quod possit amittere: quod sive accedendo, sive decedendo, videri possit mutabile, id quod immutabile, sive quæ non aliud sit habens, aliudque quod habet. Et secundum hoc summa illa natura vere simplex est, eo quod non aliud est in ea qualitas vel quantitas, aliud substantia; nec aliena participatione est id quod est, sive potens, sive sapiens, sive beata.

Melius ergo essentia dicitur quam substantia, sicut in sequentibus plenius apparebit. Et tamen ipso usu loquendi, crebrius in Deo nomine substantiæ abutimur. Potest tamen forsitan nomen hoc secundum aliam considerationem in Deo dici, ut intelligatur quasi per semetipsum subsistens, sive quod quasi subsit omnibus quæ sunt, sicut principium et causa et ratio subsistendi. Alias autem, improprie omnino dicitur substantia in Deo. Dum ergo de Deo agendum est, non semper secundum substantiam, nunquam vero secundum accidens, est agendum: nec etiam cum dicitur ad aliquid, sicut cum dicitur Pater ad Filium, Filius ad Patrem, ad utrumque Spiritus sanctus, nequaquam secundum accidens intelligendum est. Nunquam enim accessit æterno ac sempiterno Patri Filius, ut Pater fieret, quod quasi non fuerit prius, cum semper fuerit, vel potius semper sit Pater; semperque de æterno Patre consubstantialis ei et coæternus sit Filius, semper de Patre et Filio coæternus eis et consubstantialis Spiritus sanctus.

Sed neque secundum genus et speciem intelligenda aliquatenus est Trinitas Deus; licet hoc aliqui confingant perverse de Deo sentientes: qui tres personas quasi tres esse species unius essentiæ astruere moliuntur, cum et ratio fidei profiteatur, et veritas clamet, nec refelli omnino possit, essentiam ipsam nihil aliud esse quam tres personas, et tres personas ipsam esse essentiam. Non ergo secundum genus et speciem cogitari debet Trinitas Deus. Sed neque relative omnino, nisi secundum fidei mensuram. Relatio quippe unius Dei, non magis quam unius hominis est. Relatio tamen ibi est Patris ad Filium, Filii ad Patrem, Spiritus sancti ad utrumque, faciens Trinitatem, cum extra omnem regulam relativorum una substantia suam verissimam ac solidissimam teneat unitatem. Serviant ergo quæ hujusmodi sunt in rebus Dei; quoniam non semper inutilia inveniuntur, si rationabiliter secundum rationem fidei adhibita dispensentur. Cum ergo hujusmodi aliquid admittitur, non tam ipsum, quam quid de ipso ratio fidei efficere velit, attendatur; nec rationibus seu ratiocinationibus hominum subjiciamus causam fidei nostræ, sed omnia illi. Serviant ubi oportet; non se ingerant plus quam oportet. In via enim simplici simpliciter gradiendum est. Secundum Evangelium loquantur, qui secundum Evangelium se vivere profitentur. Ut ergo jam de divinis nominibus prosequamur, primo de iis sollicite observandum est, quomodo æstimentur, scilicet communia sicut communia; singularia vero sicut singularia. Communia vero dicuntur, quæ secundum substantiam de Deo prædicantur, sicut potentia, sapientia, charitas, Deus; singularia vero, quæ dicuntur ad aliquid, sicut Pater, Filius, Spiritus sanctus. De quibus præcipue hoc tenendum est, quod jam supra diximus; quoniam quidquid ad se dicitur præstantissima illa et divina sublimitas, substantialiter dicitur: quod autem ad aliquid, non substantialiter, sed relative; tanquamque vim esse ejusdem substantiæ in Patre, et Filio, et Spiritu sancto, ut quidquid de singulis ad seipsos dicitur, non pluraliter in summa, sed singulariter accipiatur. Propter quod et nomina omnia quæ hujusmodi sunt, communia dicuntur. Dicitur ergo Deus Pater, Deus Filius, Deus Spiritus sanctus; et tamen non sunt tres dii, sed unus Deus. Magnus Pater, magnus Filius, magnus Spiritus sanctus; et tamen non tres magni, sed unus magnus. Sicque de potentia, de sapientia, de charitate, de veritate, et de omnibus nominibus divinis sentiendum est: quibus, sicut dictum est, ad se et substantialiter dicitur divina majestas. Quæ cum quodlibet horum dicitur, non qualis sit, sed quid sit, pronuntiatur. Propria vero seu singularia quomodo ad invicem referantur, manifestum est: Pater scilicet ad Filium, Filius ad Patrem, Pater et Filius ad Spiritum sanctum, et ad ipsos ipse. Hoc ergo modo et ea summæ essentiæ nomina, quæ ad se sunt; et ea Trinitatis, quibus tres ad invicem sunt: et prædicant unitatem, et non tacent Trinitatem, suo modo singula. Illa enim in eo quod tribus communia sunt, personalem monstrant Trinitatem; in eo quod in summa semper unum sunt, consubstantialem unitatem; hæc autem in eo quod singulorum propria sunt singula, Trinitatis veritatem; in eo autem quod ad invicem sunt, et se alterum ad alterum ipso singularitatis suæ nomine referri ostendunt, substantiæ unitatem.

Nunc de essentia Dei et ejus nominibus prosequamur: scilicet quæ ab ipsa essentia essentialia dicuntur. Quorum principium ex eo est, quod Deus famulo suo Moysi sciscitanti nomen suum: « Ego sum, inquit, qui sum (*Exod.* III.) » Sic, ait: Dices filiis Israel: « Qui est, misit me ad vos (*ibid.*). » Sicut enim ex eo quod est subsistere, substantia dicitur, sic ab eo quod est esse, essentia. Substantia enim quomodo non conveniat Deo, licet hoc nomine sæpe Scripturæ abutantur, jam supra dictum est. Cui quam verius ac dignius conveniat essentiæ nomen, palam omnibus est. Solus quippe vere esse dicendus est, qui ab æterno incommutabiliter est, et hoc est ei esse, quod est; et quod est, semper est; et sicut est, sic semper est. Non in se habet posse non esse, quod est; quia nec in se habet posse esse, quod non est; et quod sic est, non initio prævenitur, non fine clauditur, non temporibus volvitur, non locis continetur, non ætatibus variatur. Nihil ibi deest, quia totum in eo est; nihil superest, quia nihil extra eum est. Cui ergo naturaliter est, semper posse esse, quod est; ipse solus aut pene solus esse, dicendus est. Certissime ergo et de Scripturis cognoscitur, et pie credendum est, hunc Patrem esse, hunc Filium esse, hunc esse Spiritum sanctum: nec eumdem esse Patrem, qui Filius, nec ipsum Spiritum sanctum esse, qui Pater est vel Filius. Tres tamen ibi essentias dicere non minus devitamus, quam tres deos; cum non sit ibi aliud essentia, aliud Deum esse, sed idem est. Ideo secundum formam sanorum in fide verborum, et præmissam ex ratione fidei regulam de essentialibus Dei nominibus, dicimus essentiam Patrem, essentiam Filium, essentiam Spiritum sanctum; et tamen non tres essentias, sed unam essentiam. Hæc autem omnia nomina, quæ ab essentia essentialia dicuntur, originis suæ et rei cujus nomina sunt, formam quamdam præferentia, sicut tres ibi sunt, et unum tres, sic ipsa omnia sunt unum, et unum omnia. Sic enim uno nominum horum censetur Deus, sicut omnibus; nec magis omnibus, quam uno eorum. Sic unum bonorum eorum est, quæ tam multis nominibus significantur, sicut omnia; omnia sicut unum. Hoc enim ibi est posse, quod velle, quod sapere, quod nosse, et quod cætera omnia; quæ, ut dictum est, essentialiter et ad se de Deo prædicantur. Non enim aliter potest, aliter vult, aliter sapit, aliter novit, qui non aliter et aliter hoc et hoc est; sed simpliciter est, quod est. Non enim cogitandum est aut credendum, quasi compositum ex omnibus bonis his summum bonum, quod non minus est in singulis quam in omnibus, sed totum in singulis est, et in omnibus unum. Alioquin non simplex esset Deus noster, sed multiplex. Non solum autem, sed et omnia hæc simul sic sunt singularum in Trinitate personarum; ut sicut in Deo unum sunt hæc omnia, sic hæc omnia sit quælibet in Trinitate persona.

Dicitur quidem aliquando potentia Pater, Filius sapientia, bonitas Spiritus sanctus; sed vigilanter, cum hoc dicitur, debet sensus catholicus, et prudenter animadvertere, eorum quæ tribus communia sunt, hoc modo quædam nonnunquam singulis ascribi, ad contexendum quodammodo et ordinandum ad humanam intelligentiam divinæ cooperationis consensum. Sed et sicut Trinitatis trium personarum una operatio est, sic et in his omnibus, quantum in Deo est, una et indissimilis operatio intelligenda est, quamvis non sic eadem operatio ad creaturam perveniat, quæ tamen sic a Deo proficiscitur. Sicut enim non aliter potens est Deus, aliter sapiens, aliter bonus; sic nec, quantum in ipso est, aliter agit quæ sunt potentiæ, aliter quæ sunt sapientiæ, aliter quæ bonitatis, licet in creaturis ab invicem dissimilibus dissimilis pareat indissimilis illius operationis effectus. Sed et cum hujusmodi nominum divinorum quæ, sicut dictum est, naturali unitate personis æque tribus in Trinitate conveniunt, quædam familiarius ac frequentiore usu quibusdam in Trinitate personis coaptari videntur; sicut ea quæ præmisimus, scilicet potentia Patri, sapientia Filio, bonitas Spiritui sancto: fit hoc ad discretionem personarum ut discernantur, non ut separentur. Exceptis enim relativis nominibus, quibus licet ad invicem dicantur Pater et Filius et Spiritus sanctus, tamen propria sunt singula singulorum: quocunque nominis vocabulo unus eorum nominatur, omnes pariter nominantur; quia unum omnes inveniuntur esse in eo quo nominantur. Dicitur autem Filius non solum sapientia Deus, sed et sapientia Dei, et Spiritus sanctus bonitas Dei: quod sane et secundum rationem fidei intelligendum est. Sapientia quippe Patris Filius est; non sapientia, qua sapiens sit Pater, cum sit ipse per se sapientissimus, et summa sapientia, sed in eo sapientia est Patris quod, cum sapientia sit, a Patre hoc ei esse est, a quo est ei omne quod est. Est autem Filius de Patre, sapientia de sapientia, una cum Patre sapientia; sicut substantia, vel potius essentia de essentia, una cum Patre essentia. Si enim eo modo Filius sapientia Patris dicitur, quasi Pater per eam sapiens sit; jam Filius non tam Filius quam qualitas Patris erit. Sed et cum hoc sit Deo sapere, quod esse; et sapientia Patris una cum Patre essentia sit; si eo modo Filius sapientia Patris esset, ut nonnisi ea sapientia, quæ Filius est, Pater sapiens esset; jam Filius non tam Filius Patris, quam essentia ejus esset, et jam secundum Sabellium ipse Filius qui Pater esset. Eodem modo et de bonitate, quæ Spiritus sanctus dicitur, intelligendum est. Sed ne singularitatis hujus pronuntiatione qua Pater dicitur potentia, Filius sapientia, Spiritus sanctus bonitas, personæ ipsæ separabiles quovis modo intelligantur; adest continuo ratio fidei, qua eadem singula singulorum communiter etiam de tribus dicantur, ut non solus Pater dicatur potentia, sed et Filius, et Spiritus sanctus; nec solus Filius sapientia, sed et Pater, et Spiritus sanctus, nec solus Spiritus sanctus bonitas; sed et Pater, et Filius. Cumque circa providentiam creaturæ prædicatur potentia Patris, sapientia Filii, bonitas Spiritus sancti; non aliud intelligendum est in his nominibus divinitatis, quam quod eo modo prædicatur operatio omnipotentis et sapientis, et benignissimæ divinitatis, ut in his quæ dicuntur, intelligi etiam queat cooperatio Trinitatis (54).

De qua cum sancta Scriptura sic loquitur, ut aut in factis, aut in verbis, aut in hujusmodi nominibus, aliquid singulis assignet, quod singulis videtur convenire personis, non perturbetur fides catholica, sed doceatur, ut per proprietatem aut vocis aut operis, insinuetur nobis veritas Trinitatis; et tamen non dividat intellectus, quod distinguit auditus. Ob hoc enim quædam sive sub Patris, sive sub Filii, sive sub Spiritus sancti appellatione promuntur, ut confessio credentium in Trinitate non erret. Quæ cum sit inseparabilis, nunquam intelligeretur Trinitas, si semper inseparabilis diceretur. Bene ergo difficultas loquendi cor nostrum ad intelligentiam trahit; et per infirmitatem nostram cœlestis doctrina nos adjuvat, ut quia in Deitate Patris et Filii et Spiritus sancti, nec singularitas est nec diversitas cogitanda; vera unitas et vera Trinitas possit quidem aliquatenus mente sentiri, et si non possit simul ore proferri. Hæc interim de essentialibus Dei nominibus dicta sint. De quibus nihil est quod dicimus, quia nihil ad eum est, quidquid de eo dici potest; quoniam non potest explicari verbis, quod ineffabile est. Deficiunt verba, caligat intellectus. Tamen quoniam præcipimur faciem Domini quærere

---

(54) Verba Leonis pap., ser. 2 in Pentec.

semper; et quod divinitus præcipitur, quodammodo promittitur; nec desperandum est : expediendus est intellectus, et verborum conatus erigendus quousque potest; et ubi defecerit humana possibilitas, res Dei silentio honoranda est.

Sciendum autem quoniam summa illa majestas, quæ dicitur Deus, potens, sapiens, et cætera hujusmodi, quibus essentialiter et ad se dicitur: hæc etiam omnia ad creaturam dici potest. Etenim Deus, qui in semetipso est qui est, ipse ad creaturam, omnium quæ sunt Deus est; inquantum omnium quæ non sunt quod ipse, et Conditor, et rector, et Dominus est. Qui potens est in semetipso esse quod est, ipse per omnia ad omnem creaturam non solum potens, sed et omnipotens est. Cui etiam semetipsum scire vel sapere, esse est; ipsius non alia ad semetipsum de semetipso, alia ad creaturam de creatura, scientia seu sapientia est. Qui in semetipso non tam bonus est, quam ipsum essentiale bonum, quo bonum est, quidquid quovis modo bonum est : ipse ad omnem creaturam suam summum bonum est, et summe bonus, quo nil melius potest cogitari; et de quo bene est, cuicunque quovis modo bene est. Eodem modo et de omnibus pene nominibus divinis, quibus ad se dicitur Deus, intelligendum est, scilicet, ipsis etiam dici cum ad creaturam nominibus, quibus ad se dicitur non tam relative, quasi a creatura habendo esse, quod ad eam dicitur; quam, si sic dici possit, collative, donando creaturæ, ut sit, ad quam dicatur. Hinc magnus dicitur Deus ad creaturam comparatione ipsius creaturæ; magnus in seipso sine omni comparatione; justus ad creaturam, juste cuncta disponendo : in eo autem quod ipse est, sicut eum esse, justum est, justissimus in semetipso; et cætera in hunc modum. Quæcunque autem nominibus hujusmodi Dei ad creaturam intelliguntur, sic Deus est, ut sicut de essentialibus ejus nominibus dictum est, sit, non quasi habens esse suum ex his partibus suis, qui non est hoc et hoc particulariter; non hoc vel hoc singulariter : non est in parte, quod in parte non est; sed est quod est, qui omnia hæc est, et horum nil ex accidenti est, quia hæc omnia non aliunde mutuans, sed essentialiter habens, nil habet in semetipso, nisi quod ipse est. Et sicut hæc omnia in ipso non aliud et aliud, sed simplex unum sunt; sic nec aliter et aliter, sed simpliciter et uno modo sine omni modo in ipso sunt.

Sane sunt aliqua nominum horum, quæ cum dicuntur in Deo, speciem videntur præferre accidentium relativorum, sicut cum dicitur ad creaturam Creator, Dominus aut principium. Sed nequaquam hoc modo accipienda sunt, cum accidentium omnium sit mutare subjectum; quorum nullum accidere potest incommutabili substantiæ. Sempiternum tamen esse Deo Creatorem esse, seu Dominum, seu principium, cum non semper fuerit creatura, cujus est Creator, Dominus ac principium : difficilis intellectus est. Conantes enim homines fari quovis modo de ineffabili, nec valentes nisi verbis, nec ad dicenda ea,

quæ hoc modo dicenda sunt, his verbis aptiora verba ibi invenientes, ubi nulla apta sunt, dixerunt Deum Creatorem, Dominum, principium. Quæ verba cum in eo quod cuncta creaverit Deus, quodque omnium Dominus sit ac principium, manifesta ac verissima sint; temporaliter tamen incidens æternitati temporalis nomen creaturæ, sicut dictum est, difficile intellectu est, quomodo accidens non sit. Omne vero accidens, sicut dictum est, sive accedendo, sive decedendo, necesse est mutare subjectum : quod incommutabili Deo non convenit. Sed hæc et his similia cum dicuntur in Deo, sic in illa incommutabili substantia accipienda sunt, ut proprio quodam divinitatis modo ita dicantur relative ad creaturam, ut quamvis temporaliter aliquid horum incipiat aliquando dici Deus, non tamen hoc ipsi substantiæ Dei accidisse intelligatur, quæ sic dicitur; sed illi naturæ ad quam dicitur. Unde etiam cum ad eum refugimus, in ipso, seu in natura ejus nulla fit mutatio; nos autem mutamur, cum meliores ex deterioribus efficimur. Sic et cum Pater noster esse incipit, non mutatur; nos vero per gratiam ejus, qui dedit nobis potestatem filios Dei fieri, regeneramur et filii Dei efficimur. Et cum efficimur filii Dei, nostra quidem substantia in melius transmutatur; ille vero incipit esse Pater noster, sine ulla mutatione substantiæ suæ.

Et cum justus aliquis incipit fieri amicus Dei, ipse mutatur; Deus autem absit ut mutetur, qui nullum temporaliter diligit, quasi nova dilectione quæ in ipso ante non fuerit; qui dilexit nos ante mundi constitutionem, et apud quem nec præterita transierunt, et futura jam facta sunt! Quod ergo temporaliter incipit dici Deus, quod antea non dicebatur, manifestum est relative dici; non tamen secundum accidens Dei quod ei acciderit, sed plane secundum accidens ejus ad quod incipit relative dici. Res enim divinæ cum hoc modo dicuntur, nequaquam suo modo dicuntur; sed eo modo quo affectu humano utcunque capi possit, quod dicitur. Idcirco cum de Deo verbis agitur, rationes verborum rebus coaptandæ sunt; non illæ illis. Rationis enim humanæ omnis verbosa ratiocinatio nonnisi veritatis esse debet investigatio : quæ ubicunque se obtulerit, jam ratio non est ratio, si non continuo abjecta cura verborum, veritati acquiescit. Nihil autem verius ac manifestius, quam nec creaturam aliquam, nec aliquid prorsus a creatura accidere incommutabili Deo. In Creatore enim omnium Deo, in quo tempus omne, et quidquid temporis est, æternitas et vita est, et quid quo tempore futurum sit, jam ab æterno præsentissimum est, nullo hoc agit tempore creata in tempore creatura, ut Deus aliquando Creator incipiat esse, quod quasi non fuerit prius, licet hoc dici incipiat aliquo tempore. Sed Creator creans creaturam, hoc agit de ea sine tempore, ut quæ non erat, sit suo tempore. Neque in hoc tam accidit illi, quam, si sic fas est dici, ille illi. Non quod accidens ulla ratione dici queat illa substantia, in qua subsistunt quæcunque sunt; sed ad dicendum quod de rebus hujusmodi sentiri utcunque potest, verba deficiunt. Hoc ergo modo nomina divina ea quæ ad creaturam sunt, relative intelligenda sunt : quæ licet sint ad temporalem et mutabilem creaturam, æternæ tamen et incommutabilis essentiæ nomina sunt, et suo modo æstimanda sunt. Cum enim in Deo, in quo quod factum est, vita est, et in quo quidquid est, Deus est, ab æterno sit principalis essentia omnium quæ temporaliter sunt, nonnisi exemplum summi illius exemplaris, et similitudo aliqua interioris veritatis est omnis hæc forensis creatura; non illi accidens, sed inde procedens, et naturali origine, et causali ratione, et ordine providentiæ. Ubi cum omnia scienti Deo hoc sit esse, quod scire; non ideo, ibi scitur omnis hæc forensis creatura, quia est; sed quia ibi scitur, ideo est : quæ quomodocunque in semetipsa mortalis sit, in incommutabili verbo vita est. Cui ergo scire semetipsum est esse quod est : non aliter scit semetipsum, aliter creaturam, qui non aliter et aliter est. Scit enim tempus sine tempore Creator, ac dispositor mutabilium omnium sine sui mutatione : quæ quomodocunque in semetipsis sint, omnia in ipso vita sunt. Nec vivere vero aliquando cœpit, nec potest mori, quidquid in æternitate vita est.

Quæcunque ergo illa creatura sit, seu vivens seu non vivens, seu intelligens seu non intelligens, quæ in Deo vita est, quod omnis creatura est, quomodocunque in semetipsa mutetur vel corrumpatur, incipiat et finiatur; prima et principalis ejus essentia et veritas existendi, quæ in Deo est, et Deus est, nec mutatur nec corrumpitur; omnia mutabilia ejus summa sapientia immutabiliter ordinavit, sicut ipsa mutabilia immutabiliter creat. Ubi quidquid principio suo similius est, verius est; minus autem est, quod minus ei simile est. Hoc ergo modo secundum rationem et formam fidei, et nomen Creatoris de creatura essentiale Deo est, in eo quod Deus omnis creaturæ principalis essentia est; et nomen creaturæ ad Creatorem relativum est, inquantum ab ipso creatura ipsa est. Unde quidquid diximus eo spectat, ut licet nomina creaturæ ad Creatorem relative dicantur; nomina tamen Creatoris ad creaturam non relative accidentia, sed principalem in Deo essentiam creaturæ significantia intelligantur: propter quod secundum regulam omnium essentialium in Deo nominum, ipsa etiam pronuntiantur, cum dicitur, creator Pater, creator Filius, creator Spiritus sanctus, et tamen non tres sunt creatores, sed unus Creator. Similiter de nomine Domini sive principii, sive omnibus nominibus, quibus Deus ad creaturam dicitur, intelligendum est. Hac ergo ratione his etiam nominibus quibus ad creaturam dicitur Deus, cum eis nominibus computatis, quibus essentialiter et ad se dicitur, ad relativa transeamus: quibus in Trinitate quæ Deus est, ad invicem relative dicuntur Pater, Filius, Spiritus sanctus. Prius tamen dicendum est, quia sicut essentia continet unitatem; sic relatio prædicat Trinitatem. Errare autem in fide unius illius, de quo Dominus dicit : *Ego et Pater unum sumus* (Joan. x), nec communem de eo omnium æstimationem habere, scilicet quod Dominus Deus, Deus unus sit (Deut. vi), nemo potest, qui rationis humanæ quantumvis parum sit particeps. Ex quo enim illuxit in mundo Dominus noster Jesus Christus, non solum erubuit mundus vel homo adorare opera manuum suarum; sed fugit pene de toto orbe terrarum multorum cultus deorum et dæmonum; et in cultu unius Dei consentiunt omnes, non solum Judæus et Christianus, sed etiam ethnicus et barbarus; nec communi omnium huic sententiæ de Deo occurrere aliquando ausus est quisquam manifeste, seu hæreticus Christianorum vel Judæorum, seu gentium philosophus. Propter quod etiam fides Trinitatis cum scandalo crucis, quæ jam olim a tempore patriarcharum et prophetarum cœperat in mundo manifestari aliquibus hominibus, ex quo temporibus gratiæ omnibus cœpit prædicari, factum est in signum, cui a tam multis contradicitur, quasi culturæ trium deorum, cum improperio crucifixi. Ut enim mittam eos qui foris sunt, sunt aliquando fideles in Ecclesia, qui cum non capiunt quod dicitur, dicunt : Ut quid nobis prædicatio Trinitatis? Unus tantummodo Deus, quicunque vel quomodocunque ille est, prædicaretur et coleretur. Errat autem quicunque hoc dicit, et gratiæ Dei contradicit. *Deum enim nemo vidit unquam : Unigenitus qui est in sinu Patris ipse narravit* (Joan. 1). Ad hoc enim venit in mundum, hoc effecit, ut Deus Trinitas innotesceret. Nusquam autem in hac vita divinitas melius humano intellectu comprehenditur, quam in eo quo magis incomprehensibilis esse intelligitur : hoc est in prædicatione Trinitatis. Idcirco enim Verbum caro factum est, et habitavit in nobis, ut, sicut ipse Dominus Jesus Christus orans dicit ad Patrem, manifestaret nomen Patris hominibus, et charitatem Dei diffunderet in cordibus nostris per Spiritum sanctum quem dedit nobis (Rom. v). Denique hoc est ænigma fidei, terribile impiis, ad deterrendos eos et fugandos a facie Domini; blandum piis, ad excitandos eos et provocandos quærere faciem ejus semper : quod sicut jam sæpe dictum est, dicimus Deum Patrem, Deum Filium, Deum Spiritum sanctum, non tres Deos, sed unum Deum.

In quo quicunque notitiam aliquam Trinitatis seu rerum divinarum investigans per signa verborum, labyrinthum divinæ revelationis ingreditur, non scrutator majestatis opprimendus a gloria, sed pauper spiritu, cui proxima semper est misericordia, scire debet alium esse ordinem discendi in rebus humanis, propter quas significandas cuncta quæcunque sunt verba reperta sunt; alium in divinis, quibus significandis nulla prorsus verba idonea sunt. In illis enim primo studio discendi quærenda est notitia verborum, per quam ad notitiam rerum perveniatur; in his autem econtrario non tam disciplinæ alicujus studio quam fidei pietate et fervore amoris ad intellectum et sensum rerum aliquem primo ambiendum est, et continuo verborum quibus de rebus agitur, notitia offeret se proficienti. Verbi gratia inquirenti de relativis in Deo, primo se offerunt nomina ista seu verba propria singula singulis, et ad invicem relativa, « Pater, Filius, Spiritus sanctus; gignens, et procedens. » Hæc autem sic suscipienda sunt nobis, sicut ad inveniendum Deum divina quædam instrumenta per homines Dei Deo plenos a Deo nobis transmissa, sed tamen rerum notitiam, quarum signa sunt, minime impleta. Quæ quandiu ad profectum cognitionis Dei nos adjuvant, quantum nos verba adjuvare possunt, veneranda et amplectenda nobis sunt; ubi vero deficiunt verba, sicut verba, cum gratia ejus qui nominatur et benedictione, pertranseunda sunt. Cum enim dicitur « gignens, genitus, et ab utroque procedens; Pater, Filius, Spiritus sanctus, » verba sunt seu nomina divinæ veritatis plena; sed in eo quod etiam rerum humanarum aliquam prætendunt significationem, a terrenis et humanis parum nos sublevantia, nisi cum illa dicuntur, quæ fidei sunt intus cogitentur; scilicet in generatione et nativitate illa, et processione, nihil esse activum, nihil passivum, nil temporale, nil locale, nil differens vel separabile; sed idipsum et unum Deum. Alterum enim ibi esse de altero, alii nativitas, alii processio est: æternum esse de æterno, coæternitas trium; et alterius ab altero seu æterna nativitas, seu æterna processio est. Ubi cum Filius nascendo a Patre gignitur, et Spiritus sanctus, a Patre et Filio procedit, nequaquam alter ab altero recedit. Æternaliter enim et incommutabiliter est Pater in Filio, et Filius in Patre, Spiritus sanctus in Patre et Filio, et ipsi in ipso, veritate unius divinæ essentiæ; et est Filius de Patre, et de Patre et Filio et Spiritus sanctus, veritate Trinitatis et personarum singularitate. Ipsa ibi Trinitas est, quæ unitas; unitas quæ Trinitas: nec minus aliquid est una persona summæ illius Trinitatis, quam Trinitas tota; non plus tota Trinitas, quam una in Trinitate persona. Neque Pater ut haberet Filium minuit semetipsum; sed ita genuit de se alterum se, ut totus maneret; et tantus esset in Filio, quantus in se. Similiter Filius integer est de integro, tantus in Patre, quantus de Patre; semper in Patre, semper de Patre; non minuens eum nascendo, nec augens hærendo: et sicut Filius de Patre et cum Patre; sic Spiritus sanctus de utroque est, et cum utroque; nisi quod Filius nascendo est de Patre, ille procedendo de Patre et Filio. Sicut enim Filio a Patre esse, et hoc esse quod est ille, natum semper esse est; sic Spiritui sancto a Patre esse et a Filio, et hoc esse quod illi sunt, æterna processio est. Hoc ergo modo prædicandus est Trinitas Deus, si tamen modus ullus in illo est, a quo et sub quo modus omnis est: et habent se alter ad alterum; si tamen habitus ibi ullus est, ubi nihil habet Deus, nisi quod est. Et hæc sunt, quæ ut capiantur ab hominibus, proferenda ad homines vestiuntur nomine Trinitatis seu trium personarum, seu mutuarum ad invicem relationum, ut quocunque modo ab hominibus capiatur, quod de Deo pene ineffabiliter prædicatur. Rerum enim divinarum intellectus, quarum hæc signa videntur esse, non tam per hæc datur, quam ad intelligendum de Deo quod cupimus, forma hac sanorum in fide verborum informamur et nutrimur. Ut ergo jam de relativis quod cœpimus prosequamur, dicuntur ad invicem tres personæ relativæ, sed extra regulam et ordinem relativorum; quia non secundum accidens. Dicuntur enim ad aliquid, sicut Pater ad Filium, et Filius ad Patrem.

Quod nequaquam in Deo secundum accidens intelligitur. Quod enim Pater dicitur Pater, et Filius dicitur Filius, æternum eis et incommutabile est. Semper enim Pater Pater est, et Filius semper Filius est. Et non ita esse semper, quasi ex quo natus est Filius, vel ex eo quod Pater nunquam esse desinat Pater, et Filius nunquam desinat esse Filius; sed ex eo quod semper natus est Filius, nec Pater aliquando cœpit esse Pater, nec Filius cœpit esse Filius. Quod si aliquando cœpissent esse, aut desinerent, secundum accidens diceretur. Et tamen relative dicuntur non solum Pater ad Filium, et Filius ad Patrem; sed et Spiritus sanctus ad Patrem et Filium, et illi ad ipsum, inquantum eorum Spiritus est; et ipse procedit ab eis, et ipsi eum emittunt. Quod etiam jam supra breviter perstrinximus, hic plenius dicendum est judicet omnis qu. de hujusmodi judicare potest, quam sit contra omnem rationem, et usum omnium relativorum; quod dicimus. Omnis essentia quæ relative dicitur, est etiam aliquid, excepto relativo suo, sicut homo dominus, et equus jumentum. Homo enim et equus ad se dicuntur, et essentiæ sunt; dominus et jumentum ad aliquid relative dicuntur. Si non essent homo et equus aliquæ substantiæ, non essent qui relative dicerentur dominus et jumentum. Quapropter si et pater non est aliquid quod dicatur ad semetipsum, et filius similiter; non sunt omnino, qui relative ad invicem dicantur. Sed homo dominus, et homo servus cum ad invicem dicuntur, duo homines sunt. Deus autem Pater et Deus Filius, non duo dii, sed unus Deus sunt. Tamen revera cum Pater non sit Filius, et Filius non sit Pater, et Spiritus sanctus ille qui etiam donum Dei vocatur, nec Pater sit nec Filius, tres utique sunt. Ideoque pluraliter dictum est: « Ego et Pater unum sumus (Joan. x). » Non enim *unum est* dixit, quod Sabelliani dicunt; sed *unum sumus*. Cum ergo quæritur de Patre et Filio et Spiritu sancto, quid sint, qui sint, si tres aliqui, si tria aliqua, exceptis relativis, quibus ad invicem sunt, quid dicemus? Exceptis enim relativis, cum nulla apud homines nomina trium illorum, sive propria, sive communia inveniantur, non sine causa hoc esse fides pia intelligit, sed ineffabile esse id de quo agitur intelligens, ad cognitionem divinitatis ex cogitatione humanæ ignorantiæ magis eruditur. Communia vero nomina sunt, cum dicitur tres homines; propria, cum dicitur Abraham, Isaac et Jacob.

Hic autem nil occurrit præter naturam vel essentiam summi boni, quod profecto si summum est, non tria sunt, sed unum est; et nomen ejus, « Deus, » quod nonnisi unius nomen est, quia nonnisi unus Deus est. Hoc autem illud unum est, de quo Dominus dicit: « Ego et Pater unum sumus. » Unum vero illud solidum ac divinum nequaquam ex differentibus est, quod neque ex partibus constat, neque in partes dissolvi potest. Licet enim ipsa ibi sit Trinitas quæ unitas, et unitas quæ Trinitas; nequaquam tamen significat ibi nomen unitatis sub nomine Trinitatis, quasi numerosam triplicitatis conjunctionem, sed inseparabilem divinæ essentiæ simplicitatem. Propter quod etiam tres personæ, quæ in Trinitate inseparabili dicuntur, a se invicem quovis modo separabiles dici, fas omnino non est, non magis quam ipsam Trinitatem. Trinitas enim inseparabilis dici non debet, si tres illæ personæ aliquatenus valent separari. Tres enim personæ etsi non possunt simul dici; non tamen nisi simul debent intelligi. Hoc enim vere inseparabile dicitur; quod nullatenus recepit separationem. Quod si quisquam separari posse putat tres in Trinitate personas, non Trinitas separabilis dicenda est, sed unitas. Quippe in personis constat Trinitas, in natura unitas. Natura enim Trinitatis, quæ sola est ubique tota, sicut ubique habet suum esse et unum et totum; sic separationem non potest recipere personarum. Nominantur quippe ibi personæ ipsæ singulariter; sed ita se voluit Trinitas ipsa inseparabilem ostendere in personis, ut nullum ibi nomen sit, quo sic nominetur quælibet persona, ut non aut tribus naturali unitate conveniat, sicut cum dicitur potens, sapiens, bonus, et cætera hujusmodi; aut alteram ad alteram referri, etiam in ipso singularitatis nomine demonstret, sicut cum dicitur, « Pater, Filius, Spiritus sanctus. » In relativis enim nominibus nequaquam sic una persona singulariter dicitur, ut non ad alteram ipso suo nomine referatur. Relativo quippe vocabulo sic una persona singulariter dicitur in se, ut non dicatur ad se. Idcirco relatio ipsa vocabuli personalis personas separari vetat, quas cum simul nominat, simul etiam insinuat. Cum enim dicitur « Pater, » intelligitur pariter et Filius, cujus est Pater; cum dicitur « Filius » intelligitur et Pater, cujus Filius est. Cum vero Spiritus sanctus « donum » dicitur, sicut « Verbum » Filius ad dicentem, sic et « donum » ad donantem inseparabiliter refertur.

Sciendum etiam de relativis, quia cum nomina Patris, et Filii, et Spiritus sancti propria eorum sint nomina, singulorum singula: et propriæ etiam sint quædam singulorum operationes, sicut Patris quod genuit, Filii quod genitus est, Spiritus sancti quod ab utroque procedit, et alia his similia; in his tamen propriis nulla est naturæ illius separatio, sed personalis agnitio. Dicuntur enim singulariter tres personæ, ut cognoscantur, non ut separentur: in quibus sic nulla est separatio, sicut nulla eis inesse potest confusio. Neque, inquam, quisquam separabiles in aliquo eas audeat dicere, cum nullam ante aliam, nullam post aliam, nullam sine alia, vel existentem, vel operantem valeat invenire, vel debeat cogitare. Ubi sicut nulla potest esse separabilitas operis, ita naturaliter manet unitas incommutabilis. Verbi gratia, formam quam unigenitus Deus assumpsit, tota Trinitas fecit: quam tamen certum est a tota Trinitate factam ad solam Filii pertinere personam. Neque enim sicut est totius Trinitatis operatio; sic illa totius Trinitatis invenitur acceptio. Etenim proprietas personalis, quia non ipse est Pater, qui Filius neque Spiritus sanctus est, qui Pater aut Filius, ostendit aliquid a Patre et Filio factum: quod tamen a solo Filio invenitur acceptum. Similiter de voce Patris in baptismo intelligendum est, dicentis : « Hic est Filius meus dilectus (*Matth.* III): » similiter de columba et igne, in quorum specie super Dominum et super apostolos Spiritus sanctus visus apparuisse. Cujus rei exemplum nullum in creaturis potest inveniri; quia excepta Trinitate, quæ Dominus Deus est naturaliter, nulla est natura quæ possit in se habere tres inseparabiles personas. Sic ergo duæ istæ prædicationes, essentialis et relativa, de Deo Patre, et Filio, et Spiritu sancto, cum altera se habeat circa ea quæ ad se sunt, servando ubique unitatem; altera circa id quod ad invicem sunt, prædicando Trinitatem, contrariæ sibi esse videntur. Sed in hoc magis conveniunt et amica charitate in unitate pacis illius quæ exsuperat omnem sensum se complectuntur, cum et essentialis prædicatio unum Deum dicit, et tres personas non contradicit; et relatio tres personas relative se habentes ad invicem dicit, sed tres deos dici omnino contradicit. Sicque semper unaquæque sine injuria alterius prædicat quod suum est, ut neque id quod suum est deserat, neque interturbet in aliquo quod alterius est; et ex utroque constet, quod catholicæ fidei est, scilicet ratio fidei, ipsam prædicans unitatem, quam Trinitatem; ipsam Trinitatem, quam unitatem; unum Deum. Sunt autem et alia nomina relativa, quibus relative dicitur Deus, sicut cum Deus Pater principium divinitatis relative principium dicitur ad Filium, qui de ipso est; et simul cum Filio ad Spiritum sanctum, qui de ipsis est.

Unum enim sunt principium Spiritus sancti, Pater et Filius, sed principaliter Pater, quoniam et hoc Filius a Patre nascendo accepit, ut cum Patre unum et ipse principium Spiritus sancti sit. Ubi vero principaliter hoc esse dicitur Pater, non anteritas temporis, non præcessio seu gradus intelligendus est dignitatis, non majoritas seu minoritas majestatis; sed innuitur quis de quo sit, seu quis ad quem, et quid ad quid, in natura illa consubstantialis Trinitatis. Pater enim ex nullo originem ducens, origo divinitatis est. De ipso vero habet Filius, quod nascendo ab eo accepit, ut naturali essentia unum cum ipso sit. Ab ipso etiam et a Filio, sed principaliter, ut dictum est, ab ipso Patre est Spiritus sanctus; qui procedendo ab utroque, commune habet cum utroque ut sit, quod illi sunt. Dicitur etiam Filius relative « Verbum » Patris dicentis, sanctus quoque Spiritus « donum » Dei donantis. Ubi, sicut cum dicitur « Pater et Filius, » nequaquam cogitanda est posteritas derivativa gignentis et geniti, sed æternæ nativitatis secretum; sic nec cum dicitur « Verbum » Dei, æstimandum est verbum prolativum, sed consubstantiale dicenti et cœternum; sic nec cum dicitur Spiritus sanctus « donum » Patris et Filii, cogitanda est quasi conditio dati, et dominatio dantium, sed concordia dati et dantium.

Singularis enim relationis illius ratio est, ut licet inæquales ibi videantur relationes, sicut Patris ad Filium, dicentis ad Verbum, doni ad donantem; summa tamen ibi æqualitas sit, cum unum sint, alter et qui de altero est, et unus qui de duobus, et duo de quibus unus est. Ubi cum a recte de Deo scientibus et pie cogitantibus, illud unum, de quo Dominus dicit : « Ego et Pater unum sumus (*Joan.* x), » nullus inveniatur primus, vel medius, vel novissimus; oportet tamen ut ibi tres distincte dicantur; quos etiam necesse est pronuntiari suo ordine, ut quis de quo sit intelligatur. Primoque loco ponitur Pater qui genuit, secundo Filius qui genitus est, tertio Spiritus sanctus qui ab utroque procedit. Quod etiam in operatione divinitatis, seu cooperatione Trinitatis, quæ cum relatione trium personarum magnam videntur habere cognationem, providentissime animadvertendum est, sicut verbi gratia in eo quod Apostolus dicit : « Ex quo omnia, per quem omnia, in quo omnia, ipsi gloria in sæcula sæculorum, amen (*Rom.* xi). » Ubi cum a Patre per Filium in Spiritu sancto condita omnia commemorari videantur, tamen in diversis præpositionum appositionibus nulla intelligenda est diversitas operationis, sed simplex cooperatio. Æque enim ex Patre et ex Spiritu sancto sunt omnia, sicut ex natura omnium creatrice, æque per Patrem et per Filium, et per Spiritum sanctum, sicut per Deum omnium opificem; æque in Patre et Filio et Spiritu sancto, sicut in Deo omnia continente.

In hujusmodi vero positionibus trium personarum, vel præpositionum appositionibus tantummodo intelligenda est personalis adnotatio Trinitatis; sic tamen ut omnia recolligantur ad intelligendam in Trinitate veritatem divinæ unitatis, subjungente continuo Apostolo ac dicente : « ipsi, inquit, non, ipsis. » Quæ tamen singula singulis distribuuntur, cum ex Patre dicuntur esse omnia, ex quo principaliter est omnis creatura; et per Verbum quo ipse dixit, et omnia facta sunt; et in Spiritu sancto, qui Patris et Filii bonitas est, continens omnia. Nam et quod cooperari dicuntur, quorum, sicut una essentia, sic una operatio est, cooperari dicuntur in eo quod tres sunt; et una eorum operatio est, in quantum unum sunt. Unde et Dominus in Evangelio dicit : « Non potest Filium a se facere quidquam, nisi quod viderit Patrem facientem. Quæcunque enim Pater facit, hæc et Filius facit. Pater enim diligit Filium et demonstrat ei omnia quæcunque facit (*Joan.* v). » Videre enim Filio Patrem, hoc est esse, quod ille est; videre operantem, cooperari est. Item : « Omnia per ipsum, » hoc est, per Verbum, « facta sunt (*Joan.* i). » Ubi sicut cooperatio intelligitur, in eo quod Pater et Verbum duo sunt; sit simplex intelligitur operatio, in eo quod dicitur Deum omnia fecisse per Verbum suum, hoc est, per id quod unum sunt, ipse et Verbum suum. Quod tamen intelligendum est, de eo quod fit, vel quod factum est, hoc est de creatura, quæ vel fit ab eo, ut sit quæ non erat; vel aliquid fit circa eam, ut facta subsistat. Quod enim in Creatore omnium Deo non fit, sed est; secundum æstimationem creaturæ habendum est. Scilicet genuit Pater, quod Filius non facit; genitus est Filius, quod non facit Pater, qui genuit. Sed hoc non est factura, sed facientis omnia divinitatis essentia. Nam et, cum Verbum caro factum est, tota Trinitas cooperando fecit, id quod solum Verbum factum est, carnem scilicet, quæ facta, a solo verbo in unitate personæ assumpta est, in quo temporaliter factum dicitur Verbum, quod Deus apud Deum est. Sed et vocem Patris, quæ super Dominum audita est, dicens : « Hic est Filius meus dilectus (*Matth.* iii), » tota Trinitas fecit, quamvis a solo Patre insonuit, et columbam in qua super Dominum Spiritus sanctus apparuit. Hæc enim omnia temporaliter facta sunt; nec aliter de eis æstimandum est, quam sicut dixi. Diximus quæ potuimus, de nominibus divinis, quæ sive secundum substantiam, sive relative in Deo dicuntur; et de relatione ipsa, qua juxta nominum ipsorum proprietatem ad invicem dicuntur Pater, et Filius, et Spiritus sanctus, haurientes quæcunque diximus, non de fontibus nostris, sed de fontibus Salvatoris, ex Scripturis sanctis, et certissimis auctoritatibus sanctorum Patrum, investigantes aliquam rerum cognitionem ex indiciis nominum suorum. Nomina autem ipsa recentia quidem sunt apud homines in prædicatione fidei; nomina, inquam, non res nominum. Res enim nominum horum, non tam coæternæ Deo, quam Deus sunt. Nam et ipsum nomen Dei, quid est, vel unde dictum est? Aut quis hoc nomen imposuit Deo? Inferiori enim, ab eo qui supra ipsum est, solet imponi nomen. Quid ergo est, quod summa illa majestas tam communi usu et generali omnium sententia ab omnibus prorsus hominibus dicitur Deus?

Vox quædam est naturalis in homine timoris, ad summam essentiam qua utcunque de ea edicit, quod sit, volens nec valens edicere, quid sit. Nam et a Græco quod dicitur θεός, quod timorem significat, dicitur Deus. Significat autem naturalem, ut dictum est, timorem hominis ad summam essentiam, nomen ei imponere non audentis, et tamen rem, cui, nullum nomen aptum est, potius quodam humanæ vocis usu, quam aliqua nominandi proprietate utcumque significantis. Hinc namque est, quod cum de eo fari volumus, nec valemus, de compendio ineffabilem nominamus, et invisibilem quem non possumus videre ; et sic de eo qui supra omnem sensum et intellectum est, minus dicendo plus dicimus.

Porro cum, sicut jam supra dictum est, omnia nomina divina sint unum, intelligendum est nomen Domini Dei nostri esse aliquam ejus notitiam, quæ omnibus his nominibus utcumque commendatur fidelibus, et qua quando vult, innotescit quibus vult, et quomodo vult. Hoc namque nomen est, quod præceptis salutaribus moniti, et divina institutione formati, quotidie a Patre nostro qui est in cœlis oramus sanctificari in nobis. Quod tunc sanctificatur in nobis, cum ex sensu vitæ, qui in nomine ipso est, ipse qui nominatur, sanctificando non innotescit nobis ; cum, seu in loquendo de Deo, seu in orando eum, in Spiritu sancto nominatur a nobis eo nominandi modo, quod dicit Apostolus : « Dominus Jesus, in Spiritu sancto (*I Cor.* xii). » Nam et quicunque hoc modo « nomen Domini invocaverit, salvus erit (*Rom.* x) ; » et : « Sperant in eo quicunque noverunt hoc nomen ejus (*Psal.* ix) : et gloriantur in eo, qui diligunt nomen ejus (*Psal.* v) : et desiderant judicari secundum judicium diligentium nomen ejus (*Psal.* cxviii). » Quod fit, cum invocantibus eis qui sic sunt, nomen Domini, gratia interius operante, res nominis dulcescit in corde, et nomen sapit in ore ; cum Dominus invocatur, qui jam in affectu invocantis dominatur : cum in Spiritu sancto clamatur Deo : « Abba, Pater, » et conscientia sua testimonium perhibet clamanti, quod sit Filius Dei. Quod et de reliquis Domini nominibus intelligendum est. Nullum quippe nomen Dei est, quod non secundum formam sui similem gratiam spiret invocanti. Hoc enim est nomen novum, quod in Apocalypsi victori mundi hujus promittitur, scriptum in calculo novo, non stylo ferreo, sed digito Dei (*Apoc.* ii).

Calculus quippe totus teres et rotundus catholica fides est, quam qui rodere voluerit, non invenit ubi dentem figat. Huic inscribitur nomen Domini novum, hoc est, innovans fideliter nominantem, cum formæ fidei spiritualis Dei notitia informatur. Hoc autem fit, cum fides incipiens operari per dilectionem, incipit etiam ipsa formari in dilectionem, et per dilectionem in intellectum, et per intellectum in dilectionem, seu in intellectum simul et dilectionem. Difficile enim est homini sic affecto discernere quid de quo, cum jam in corde credentis et intelligentis et amantis tria hæc unum sint, ad similitudinem quamdam summæ Trinitatis. Sed exteriorem nunc fidei rationem de Trinitate, et publicam ejus formam investigare suscepimus, quam formatam in interiore homine nostro post modum ejus erit vivificare, de quo legitur, quod « formavit Deus hominem » primo « ad imaginem et similitudinem suam (*Gen.* i) ; » deinde vero « inspiravit in faciem ejus spiraculum vitæ, et factus est in animam viventem (*Gen.* ii). » Attentato ergo et attrectato paululum, quantum licuit, quantum Dominus dedit, quod de divinis nominibus attingere potuimus, non nostris, sed sanctorum Patrum sensibus innitentes, cum timore adhuc et tremore procedimus, ut procidamus et ploremus, Trinitas sancta, coram te Domino Deo nostro, qui fecisti nos, et in hoc ipsum efficis nos orantes et obsecrantes, ne nos errare permittas aliquatenus in contemplatione vel fide formæ ejus, cui conformari et nos ambimus, et tu præcipis nobis in omnibus Scripturis quæ de te sunt : ut, sicut tres unum estis, ita et nos per virtutem fidei qua hoc credimus, unum efficiamur in vobis (*Joan.* xvii).

Forma ergo fidei cui serviunt omnia, quæcunque supra diximus, hæc est, sicut jam sæpe diximus, Patrem Deum, Deum Filium, Deum Spiritum sanctum ; et tamen non tres deos, sed unum Deum. Nec lineamentis spatiisque membrorum hæc Trinitatis et unitatis forma distenditur ; nec Pater Filium localiter in se suscipit manentem, nec Filius Patrem in se habitantem ; aut evacuantur Pater et Filius, cum Spiritum sanctum emittunt ad illustrandam omnem creaturam suam. Tres quippe sunt, sed non disjuncte ; unum sunt, sed non confuse : sed, cum tres sint, unum sunt ; cum sint unum, tres sunt : tres propter Sabellianum, unum propter Arianum. Nec in uno Deo est Trinitas ipsa, sed Trinitas ipsa Deus est ; nec Deus est in Trinitate, sed Deus ipsa Trinitas est. Neque enim Deus amplius aliquid quam Trinitas ipsa est ; nec Trinitas aliud quam unus Deus est. Cum ergo ad confitendum Patrem, et Filium, et Spiritum sanctum aciem mentis intendimus, procul ab animo formas rerum visibilium, et ætates temporalium naturarum ; procul loca corporum et corpora locorum repellamus. Discedat ab anima quod spatio distenditur, quod fine clauditur, et quidquid nec semper est ubique, nec ubique totum. Denique cogitatio de Trinitatis Deitate concepta, nihil per distantiam intelligat, nihil per gradus quærat ; ac si quid Deo dignum senserit, nulli hoc ibi audeat negare personæ. Omnibus enim existentiæ gradibus exclusis, una est et incommutabilis in Trinitate divinitatis substantia, indivisa in opere, concors in voluntate, par in omnipotentia, æqualis in gloria, simul implens omnia, et continens universa. Quæ sic in tribus confitenda est personis, ut et unitatem servet unius essentiæ inseparabilis æqualitas ; et solitudinem non recipiat Patris et Filii et Spiritus sancti Trinitas. Solus quippe Deus est, Pater, et Filius, et Spiritus sanctus, præter quem alius Deus non est : sed non est solus aliquando Deus Pater, qui semper ad Filium est, quod est ; nunquam solus Filius, qui semper ad Patrem est ; nunquam solus Spiritus sanctus qui semper ad Patrem et ad Filium est.

Nec tamen triplex dicendus seu æstimandus est Deus, qui cum sit unus in tribus personis, totus tamen est in singulis. Nihil enim ibi triplicitas involvit, vel unitas confundit; quia divinus quidam numerus ab omni prorsus numerali differentia remotissimus, sic ibi efficit eam, quæ ibi est, Trinitatem, ut forma simplicis Deitatis alienam ab ea faciat omnem triplicitatis confusionem. Nec alicubi forma hæc, nisi ibi est, ubi numerus est super numerum, quo tres unum sunt, et unum tres. Nec quærat homo mortalis humana ratione investigare modum, quo hæc de Deo supra humanum modum dicuntur, cum tu, Domine Deus noster, nulla ratione nulloque modo cogitandus sive credendus sis subditus esse, ulli modo : sub quo et a quo potius est omnis modus, quo est quidquid est, seu esse possibile est : tu vero et essentia tua, ipsa tibi et causa et modus existendi es. Idcirco qui sic es, investigabile totus profundum es, et imperscrutabile; totus autem, non ut per hoc diffinitus in modo, sed ut intelligaris, sicut intelligi potes, in immenso. Videbunt hoc in futura vita te fruendo, quos hic dignos feceris credendo, ubi videbunt te facie ad faciem sicuti es, et videndo efficientur sicuti es. Sic enim promittit nobis dilectus apostolus tuus Joannes : « Similes, » inquit, « ei erimus ; quoniam videbimus eum sicuti est (*I Joan.* III). » Ibi qui te videbunt, non mentientur ultra, nec fallentur ; nec dubiæ ultra erunt visiones eorum, nec cogitationes ab aliis in alia transeuntes, et euntes, et redeuntes ; sed omnem scientiam suam, quæ nonnisi de te erit, o veritas Deus, uno simul cernent intuitu. Non enim visio illius contemplationis, seu contemplatio illius visionis, a Patre transibit ad Filium, a Filio ad Spiritum sanctum ; non in tres dividetur, nec colligetur in unum, sed beata perpetuitate, et perpetua beatitudine non jam quærentes sed fruentes contemplabuntur te unum et verum Deum, Patrem, et Filium, et Spiritum sanctum viventem in sæcula sæculorum. De Deo Patre proprie dictum videtur, quod Dominus dicit : « Nemo bonus, nisi solus Deus (*Luc.* XVIII). » Et illud : « Ut cognoscant te solum ac verum Deum (*Joan.* XVII). » Et quod Apostolus dicit : « Regi autem sæculorum, immortali, invisibili, soli Deo honor et gloria (*I Tim.* I). » Item : « Beatus ac solus potens Rex regum et Dominus dominantium ; qui solus habet immortalitatem, et inhabitat lucem inaccessibilem : quem nemo hominum vidit, vel videre potest (*I Tim.* VI). » Sed hæc et hujusmodi sunt, quæ proprie de Deo dicuntur ; quæ non ita sunt propria Patris, quasi minus in aliquo propria sint Filii et Spiritus sancti. Etenim consubstantialiter, sunt Pater, Filius et Spiritus sanctus ; sed principaliter Pater, non principaliter quasi præcipue, vel principalitate aliqua seu temporis seu dignitatis, sed originis.

Est enim Deus Pater quasi fons quidam et origo divinitatis, principium Filii et Spiritus sancti ; qui ab ipso sunt, ab ipso habentes esse, quod sunt. Sed cum sit Deus Pater principium Filii, et principium Spiritus sancti, et tres sint principium omnis creaturæ ; absit tamen ut tria vel quatuor principia esse credantur Pater, Filius et Spiritus sanctus : qui sic unum sunt principium, sicut unus Deus. Neque enim dicendus est Pater principium principii, in eo quod Filius, cujus ipse principium est, principium est cum ipso Spiritus sancti : sed sic ibi intelligendum est esse principium de principio, sicut Deus de Deo, unus Deus, unum principium, Pater Filii, et cum illo Spiritus sancti, et cum Filio et Spiritu sancto omnis creaturæ. Oramus etiam Deum Patrem et adoramus, et gratias ei agimus semper non sine Filio et Spiritu sancto ; et tamen per Filium, sicut per mediatorem Dei et hominum Dominum nostrum Jesum Christum, in Spiritu sancto Paracleto nostro, et advocato orationum nostrarum apud Deum ; sine quo nec quemadmodum nos oporteat orare, scimus, nec orantes exaudimur. Cum autem oramus Patrem per Filium in sancto Spiritu, sicut alium per alium in alio, nonnisi unum Deum oramus in nullo differentem a Deo, sed fiduciam habemus ad Deum quem oramus, non quasi ex nobis, sed ex justitia quæ est, per fidem Domini nostri Jesu Christi, et exaudibiles efficimur per consolantem ac vivificantem nos interius gratiam Spiritus sancti. De Filio dicitur : « In principio erat Verbum, et Verbum erat apud Deum ; et Deus erat Verbum (*Joan.* I). » Ubi cum dicitur, « erat, erat, erat, » de eo quod semper est hoc primo est intelligendum, quia non refert quomodo in Deo tempora pronuntientur, cum nullum inveniatur tempus, quo congrue significari possit, quod dicitur, id est æternitas. Ubi cum dicitur : « In principio erat Verbum, » signatur Patris et Filii coæternitas, in eo quod « Verbum erat apud Deum, » personarum veritas, in eo quod « Deus erat Verbum, » Verbi ad dicentem consubstantialitas. Dicitur quoque Filium esse de Patre, quæ est divina nativitas, sempiternumque esse Filium de sempiterno Patre, quæ est divinæ nativitatis æternitas.

Et natus enim, et semper natus intelligendus est Dei Filius : natus, ne quolibet modo imperfecta putetur illa nativitas ; semper, ut nativitatis ipsius ipsa sese prædicet æternitas. Natus enim pertinet ad perfectionem, semper ad æternitatem, ut quocunque modo illa essentia sine tempore temporali valeat designari sermone. Filius est, quia vere natus est Deus de Deo, vera sed divina et imperscrutabili et inenarrabili nativitate. « Generationem enim ejus quis enarrabit ? » (*Isa.* LIII.) Non tamen refugimus prædicare in Deo verum nomen generationis et nativitatis, sicut Manichæi, sive quidam Ariani, qui creaturam esse dicunt Filium Dei ; sed credimus et profitemur natum de Deo Deum ; unumque esse eum qui genuit, et eum qui genitus est. Sicut autem Filius, Filius dicitur gignentis, sic et Verbum dicentis, ut multis modis utcunque dicatur, quod nullo edici modo potest. Verbum enim Dei magno occultoque mysterio apud homines humani verbi et nomen gerit, et aliquam similitudinem. Est enim in homine in interiore cordis ejus verbum aliquod de quacunque re conceptio aliqua veritatis, sine voce, sine syllabis, sine forma aliqua.

Sicut autem verbum hominis ut manifestetur sensibus hominum, vox quodam modo fit, assumendo eam; sic Verbum caro factum est, assumendo eam in qua manifestaretur hominibus. Et sicut verbum hominis fit vox, nec mutatur in vocem; ita et Verbum Dei factum est caro: sed absit a fide fidelium omnium, ut credatur mutatum in carnem. Factumque caro Verbum Dei factum est nobis et verbum doctrinæ, non humanæ, sed divinæ, docens nos de compendio implere omnem legem dicens : « Diliges Dominum Deum tuum in toto corde tuo, et in tota anima tua, et ex tota mente tua: et proximum tuum sicut teipsum (*Deut.* vi). » Deinde : « In his » inquit, « duobus mandatis tota lex pendet, et prophetæ (*Matth.* xxii). » Deinde tota vita ejus in terris per hominem quem suscipere dignatus est, doctrina et disciplina morum fuit. Divitias, honores, voluptates, et omnia quæ habere cupientes non recte vivebamus, carendo et docendo vile fecit; paupertatem, contumelias, injurias, dolores, mortemque corporis, et omnia quæ vitare cupiendo a studio bene vivendi solent homines deviare, perpetiendo dejecit. Docuit etiam carnales homines sensibus carnis deditos, nec valentes mente intueri veritatem, quam excelsum locum inter creaturas haberet humana natura, in eo quod hominem assumendo, Verbum Dei ex duabus naturis factum est una persona. Hinc enim est, quod dicit Propheta : « Misit verbum suum, et sanavit eos; et eripuit eos de interitionibus eorum (*Psal.* cvi). » In qua tamen missione duo sunt, quæ subtilius pensanda sunt, scilicet ne missio Filii a Patre quasi separabilis intelligatur, aut temporalis. Nam cum hoc a Patre et Filio fieret, ut Filius in carne appareret, congruenter dictus est missus ille, qui in carne apparuit; misisse autem ille, qui in ea non apparuit, quoniam ea quæ coram corporis oculis geruntur foris, ab interiore apparatu naturæ spiritualis existunt; et propterea convenienter missa dicuntur; porro forma illa suscepti hominis Filii est, non etiam Patris.

Quapropter Pater invisibilis una cum Filio secum invisibili eumdem Filium visibilem faciendo, misisse eum dicitur. Qui si eo modo visibilis fieret, ut cum Patre invisibilis esse desineret, id est, substantia invisibilis Verbi in creaturam visibilem transiens mutaretur; ita missus a Patre Filius intelligeretur, ut tantum missus et non mittens inveniretur. Cum vero ita accepta est forma servi, ut maneret incommutabilis forma Dei; manifestum est, quod a Patre invisibili et ab invisibili Filio, et ab invisibili Spiritu sancto factum sit, quod appareret in Filio, id est, quod ab illis invisibilibus visibilis ipse mitteretur. Servilem enim formam, quam unigenitus Deus assumpsit, tota Trinitas fecit; sed licet sit in ea totius operatio Trinitatis, acceptio tamen ejus solius Filii est, non totius Trinitatis. Quod si in Christo una fuisset facta natura divinitatis et carnis, totius ex hoc crederetur incarnatio Trinitatis. Sed natura in Christo est una, quam invenitur unigenitus Dei inseparabilem quidem habere cum Patre et Spiritu sancto; propriam vero habet humanitatem suam, cum qua divinitas ejus non unam naturam, sed unam invenitur habere personam. Sed neque temporalis credenda est missio Verbi; cum in ipso Verbo, in ipsa sapientia Dei ab æterno sine tempore fuerit tempus, quo illam in carne apparere oporteret. Quæ plenitudo temporis cum venisset, hac ratione dicitur Deum misisse Filium suum, ut cum esset Deus et homo, sicut in utroque nasceretur, sic non coactus sed sponte moreretur in utroque. Passa enim est divinitas cuncta quæ carnis erant in carne; quia passibilem carnem cum humanis affectibus Deus suscepit; non tamen compassa est enim carne, quia impassibilis semper in sua natura divinitas permansit. Idem enim erat Deus, idem homo. Nam et hoc certissima fide discernendum ac tenendum est; quia, sicut in Trinitate quæ Deus est, tres confitemur personas, unam naturam; sic in Domino Jesu Christo duas debemus naturas intelligere, et unam personam.

Et sicut inseparabiles in natura divinitatis necesse est credi tres personas; sic] in persona Christi duas naturas. Credimus ergo Dei Filium sine aliquo nativitatis suæ initio de Patris substantia genitum, Deum de Deo; non ex nihilo, quia de Patre; non nuncupativum, sed nomen habentem ex veritate naturæ. Quid enim prodest Filio, ut nuncupetur unigeniti nomine; si privatur nominis veritate? Frustra namque unigenitus dicitur, si in ejus generatione non naturalis de Deo generante veritas, sed ex donante largitas prædicatur. Et aliis enim, quotquot receperunt eum, credit potestatem filios Dei fieri. Sed in illo sempiternæ nativitatis arcano sempiternus atque immutabilis Pater alterum genuit, non diversum: et quantum generando protulit, tantus ipse permansit. Personaliter distinxit a se, quem naturaliter totum habet in se. Ille igitur ineffabilis de Patre sine initio natus, postquam venit plenitudo temporis (*Galat.* iv), ut missus a Patre fieret ex muliere, totus regnans in sinu Patris, totum semetipsum formans in sinu matris, totus venit in uterum virginis. Neque enim pars ejus remansit in Patre, et pars ejus venit in Virginem, cum totus in Patre maneret, quod erat; et totus in Virgine fieret quod non erat. Sic ergo verus Deus ac summus totum hominem in se accepit : et sic plenitudo divinitatis veritate divinæ humanæque substantiæ inconfusibiliter permanente semetipsam pleno conjunxit homini, ut unitate deinceps manente personæ, nec homo Christus a sua divinitate, nec idem Deus Christus a sua possit humanitate disjungi: Hæc enim personæ inseparabilis unitas, in qua Deus et homo natus est Christus, fecit, ut et homo Christus per gratiam nasceretur ex Deo, salva veritate ac plenitudine humanæ naturæ, et idem Deus Christus voluntarie pateretur in carne salva impassibili plealtitudine divinæ substantiæ. Quapropter divinitatem Christi, quam immutabilem sancta Scriptura commendat, sic passam fatemur in carne, ut tamen credamus eam non compassam fuisse cum carne. Ideo enim in carne Deus passus est, quia passibilem carnem accepit. Ideo autem carni compassus non est : quia in carne patiens impassibilis divina natura permansit. « Spiritus Deus est, » ait Dominus (*Joan.* IV). Spiritus est Pater, Spiritus Filius, Spiritus qui dicitur Spiritus sanctus; et tamen non tres Spiritus sunt, sed unus Spiritus, de quo Dominus dicit: quoniam « Spiritus est Deus, » sicut non sunt tres dii, sed unus Deus. Cum autem unusquisque eorum sit Spiritus, et utique sanctus, Spiritus sanctus qui communis est duorum, et proprie censetur eo nomine, quod commune est amborum, sicut ipse commune est amborum quidquid commune est eorum, divinitas eorum, charitas, suavitas, beatitudo, et cætera.

Sicut enim Filius a Patre est nascendo, sic Spiritus sanctus a Patre, et Filio procedendo ; sed principaliter a Patre cum et hoc Filius a Patre nascendo acceperit ut Spiritus sanctus procedendo de ipso æque ac de Patre sit. Nascendo quippe Filius de Patre hoc accepit ut Deus de Deo, unusque cum Patre Deus sit. Quod tamen reciprocari ad Filium ratio fidei non permittit : scilicet ut cum similiter Pater et Spiritus sanctus unus sit Deus, similiter etiam de Spiritu sancto æque ac de Patre, Filius esse intelligatur. Fieret enim a duabus partibus unius Filii nativitas confusio Trinitatis, quod a ratione fidei remotissimum est. Cum ergo sit Spiritus sanctus spiritus Patris et Filii, et ab utroque procedat, sitque charitas et unitas amborum ; manifestum est, quod non sit aliquis duorum, quo uterque conjungitur, quo genitus a gignente diligitur, genitoremque suum diligit, ut sint non participatione aliena sed propria essentia, nec alterius dono sed suo proprio servantes unitatem spiritus in vinculo pacis. In processione vero qua procedere dicitur Spiritus sanctus a Patre et Filio, divina ejus coessentia ad eos intelligitur : in eo autem quod etiam in creaturam procedit, donum esse Dei declaratur. Donum enim Dei intantum est Spiritus sanctus, ut donorum Dei quæ nemo omnia habet, nemo ullum habeat, qui Spiritum sanctum non habet, quorum quicunque habet ullum non nisi in Spiritu sancto habet. Dantur autem dona multa per Spiritum sanctum, præter charitatem sine qua nihil sunt, nihil prosunt. Nam neque proprie dicitur Spiritus sanctus donum, nisi propter charitatem, de qua dicitur ; « Charitas Dei diffusa est in cordibus nostris per Spiritum sanctum qui datus est nobis (*Rom.* IV). » Hoc enim dono nihil excellentius, quod solum dividit inter filios regni et filios perditionis, solumque, etiamsi cætera charismata non habeantur, perducit ad regnum. Nam et fides ipsa præter charitatem utcunque potest esse, sed non potest prodesse. Sola enim prodest, quæ per dilectionem operatur. Sanctus enim Spiritus charitas est Patris et Filii ; qua se diligunt, et unitas qua unum sunt. Hic cum datus fuerit homini, accendit eum in dilectionem Dei ac proximi. Et ipsa dilectio est qua Deus charitas est; nec habet homo unde diligat Deum nisi ex Deo. Unde etiam dicitur, quoniam « Prior »Deus « dilexit nos (*Joan.* IV); » et quia nos ideirco eum diligimus , quoniam ipse prior dilexit nos. Prior enim Deus dilexit nos, non affectu, sed effectu charitatis, cum ante sæcula in adoptionem filiorum nos prædestinavit; in tempore vero beneplaciti sui charitatem suam per Spiritum sanctum diffudit in cordibus nostris. Neminem enim temporaliter diligit æternus, nec efficitur, qui incommutabilis est. Ipse est Spiritus Domini replens orbem terrarum (*Sap.* I) omnipotentiæ suæ bonitate, ingenti ubertate superabundantis gratiæ perfundens omnia pro captu et modo singulorum, ut ordines suos singula teneant, et sponte locis suis acquiescant; largiens bona, disponens utilia, piis et fidelibus impertiens divisiones gratiarum; impiis et infidelibus sæpe pacem tribuens temporum, corporum sanitatem, prosperitatem rerum, de rore cœli et de pinguedine terræ abundantiam, et his similia, quæ nonnunquam subtrahit sanctis ad probationem sanctitatis, et sceleratis ea et peccatoribus indulget, ad provocationem et ædificationem charitatis. Ipse filiis gratiæ, pauperibus spiritu, in præsentis vitæ exsilio advocatus est et consolator, virtus in adversis, in tribulationibus adjutor. Ipse docens orare, quomodo oportet, hominemque Deo afficiens, et placentem et exaudibilem efficiens, illuminat intellectum, format affectum ; faciens, perficiens, et solus, si solus esse potest, vel dici debet, sufficiens, sed ideo solus sufficit quia separari a Patre et Filio non potest, cum quibus inseparabiliter facit cuncta quæ facit.

BREVIS COMMENTATIO

IN PRIORA DUO CAPITA CANTICI CANTICORUM

Ex S. Bernardi sermonibus contexta.

(Exstat Operum S. Bernardi tomo III, Patrologiæ CLXXXIV, col. 407.)

COMMENTARIUS IN CANTICA CANTICORUM

E SCRIPTIS S. AMBROSII COLLECTUS.

(Vide Patrologiæ tom. XV, Operum S. Ambrosii II, col. 1851.)

EXCERPTA EX LIBRIS S. GREGORII PAPÆ

SUPER

CANTICA CANTICORUM.

(GALLAND, Biblioth. vet. Patr. XIV 394.)

Hæc (55) Excerpta excerpsit domnus GUILLELMUS abbas Sancti Theodorici Remensis, postea monachus Signiaci.

CAPUT PRIMUM.

VERS. 1. — *Osculetur me osculo oris sui.* (56) Potest per os Dei unigenitus Filius designari, quia sicut brachium ejus dicitur, quia per eum cuncta Pater operatur, de quo propheta ait : *Brachium Domini cui revelatum est?* (Isai. LI) et de quo Joannes evangelista dicit : *Omnia per ipsum facta sunt* (Joan. I), ita etiam os dicatur, per quem nobis omnia loquitur. Hinc est enim quod per prophetam ait : *Os enim Domini locutum est hoc* (Isai. I); ac si oris nomine patenter diceretur Verbum. Sicut nos quoque pro verbis linguam dicere solemus, ut cum Græcam vel Latinam linguam dicimus, Latina vel Græca verba monstremus. Os ergo Domini non immerito ipsum Filium ejus accipimus. Orat itaque sponsa ad Patrem sponsi, et ait : *Osculetur me osculo oris sui.* Ac si dicat : Tangat me dulcedine præsentiæ unigeniti Filii Redemptoris mei. (57) Ac si aper- tius diceretur : Ille qui ante incarnationem suam tot mihi præcepta facienda per prophetarum ora mandaverat, incarnatus ipse ad me veniens, ore suo proprio loquatur. Sancta quippe Ecclesia quod præcepta ejus prædicatione cognovit, quasi tot oscula oris ejus accepit. Unde et Matthæus cum præcepta ab eo dari in monte describeret, ait : *Aperiens os suum dixit* (Matth. v). Ac si patenter dicat : Tunc os suum in præceptis aperuit, qui prius aperuerat ora prophetarum. (58) De peccatrice muliere, quæ pedes Domini, quos lacrymis infundebat et capillis tergebat, osculari non cessabat, Pharisæo indignanti Dominus ait : *Osculum mihi non dedisti, hæc autem ex quo intravi, non cessavit osculari pedes meos* (Luc. VII). Osculum dilectionis est signum. Per pedes vero ipsum mysterium incarnationis Domini intelligitur, quo divinitas terram tetigit, quia carnem assumpsit : *Verbum enim caro factum est,*

---

(55) Ita cod. ms. autographus abbatiæ Signiaci. Constat hæc expositio totidem verbis quibus S. Gregorius usus est dum passim ex occasione loca quædam cantic. interpretatus est. Fortasse Guillelmus nullum agnoscebat S. Gregorii commentarium ex- pansum in Cantica.
(56) Moral. lib. XXVII, cap. 10.
(57) Lib. XIV Moral., cap. 20.
(58) Homil. 33 in Evangelia.

et habitavit in nobis (Joan. 1). Quem autem Pharisæus de falsa justitia præsumens, nisi Judaicum populum? quem peccatrix mulier, sed ad vestigia Domini veniens et plorans, nisi conversam gentilitatem designat? Et infidelis ille populus Deo osculum non dedit, quia charitate amare eum noluit qui ex timore servivit. Vocata autem gentilitas Redemptoris sui vestigia osculari non cessat, quia ejus continuo amore suspirat, mysterium incarnationis ejus ex toto corde diligit. Et quia se Conditori suo obsequi per amorem parat, osculum ejus recte desiderat dicens: *Osculetur me osculo oris sui.*

Meliora sunt ubera tua vino. (59) Ubera sponsi sunt prædicatores sancti, ista enim sunt ubera, quæ in arca peccatoris fixa lacte nos potant, quia ipsi, arcanis summæ contemplationis inhærentes, subtili prædicatione nos nutriunt.

VERS. 2. — *Adolescentulæ dilexerunt te.* (60) Scriptura sacra sæpe adolescentem pro novitate vitæ ponere consuevit; universæ quippe Ecclesiæ, quæ unam Catholicam faciunt, adolescentulæ vocantur; non jam vetustæ per culpam, sed novellæ per gratiam; non senio steriles, sed ætate mentis ad spiritualem congruæ fecunditatem. (61) Venienti igitur sponso dicitur, *adolescentulæ dilexerunt te,* id est sanctorum animæ gratia baptismatis renovatæ, quæ non in vitæ veteris usu deficiunt, sed novi hominis conversatione decorantur.

VERS. 3. — *In odorem unguentorum tuorum curremus.* (62) Hoc sponsa sponsum desiderans ait. In Scriptura sacra unguentorum odoribus opinio solet signari virtutum. Unde et Paulus apostolus, virtutum laude fragrare se sciens, ait: *Christi bonus odor sumus Deo* (II Cor. xv).

VERS. 4. — *Nigra sum, sed formosa* (63). Tanto fit quisque vilior Deo, quanto pretiosior sibi; tanto pretiosior Deo, quanto propter eum vilior sibi, *quia humilia respicit, et alta a longe cognoscit* (Psal. cxxxvii). Justi enim nequaquam de justitiæ luce superbiunt, sed per humilitatis gratiam, peccatorum in se nigredinem confitentur. Hinc Joannes ait: *Si dixerimus quia peccatum non habemus, nosipsos seducimus* (Joan. 1).

VERS. 5. — *Posuerunt me custodem in vineis: vineam meam non custodivi.* (64) Est quidam, fratres charissimi, quod me de vita pastorum vehementer affligit, quod prædictæ sententiæ congruit; sed ne cui hoc injuriosum videatur fortasse quod assero, me quoque pariter accuso. Ad exteriora enim negotia dilapsi sumus, et aliud ex honore suscipimus, atque aliud officio actionis exhibemus; ministerium prædicationis relinquimus, et ad pœnam nostram, ut video, episcopi vocamur, qui nomen honoris, non virtutem tenemus. Relinquunt namque Deum hi qui nobis commissi sunt, et tacemus; in pravis actionibus jacent, et correctionis manum non tendimus; quotidie per multas nequitias pereunt, et eos ad infernum tendere negligenter videmus. Sed quando nos vitam corrigere valemus alienam, qui negligimus nostras? Curis enim sæcularibus intenti, tanto insensibiliores intus efficimur quanto ad ea quæ foris sunt studiosiores videmur. Usu quippe curæ terrenæ ad cœleste desiderium animus obdurescit, et dum ipso suo usu durus efficitur per actionem sæculi, ad ea non valet emolliri quæ pertinent ad charitatem Dei. Unde bene sancta Ecclesia de membris suis infirmantibus dicit: *Posuerunt me custodem in vineis; vineam meam non custodivi.* Vineæ quippe nostræ actiones sunt, quas usu quotidiani laboris excolimus; sed custodes in vineis positi nostram vineam minime custodimus, quia dum extraneis actionibus implicamur, ministerium actionis nostræ negligimus.

VERS. 6. — *Indica mihi quem diligit anima mea. Ubi pascis, ubi cubas in meridie?* (65) Pascitur Dominus, cum nostris actibus bonis delectatur; cubat vero in meridie, cum ex desideriis carnalibus ardenti corde reproborum discedens, apud electorum suorum pectora refrigerium invenit cogitationis bonæ. Ferventior quippe in meridie æstus exardescit, et umbrosum locum Dominus quærit, quem æstus igne non afficit. In illis ergo cordibus Dominus requiescit, quæ amor præsentis sæculi non incendit, quæ carnis desideria non exurunt, quæ incensa suis curiositatibus in hujus mundi concupiscentiis non arescunt. Unde et Mariæ dicitur: *Spiritus sanctus superveniet in te, et virtus Altissimi obumbrabit tibi* (Luc. 1). Umbrosa igitur loca in meridie ad pascendum Dominus requirit, quia talibus mentibus pascitur quæ per respectum gratiæ temperatæ corporalibus desideriis non uruntur. Plus ergo Maria peccatrix, sed pœnitens, pascebat intus quam Pharisæus Dominum pascebat foris, quia ab æstu carnalium Redemptor noster ad illius mentem fugerat, quam post vitiorum ignem pœnitentiæ umbra temperabat.

VERS. 7. — *Nisi cognoveris te, o pulchra inter mulieres, egredere, et abi post vestigia gregum, et pasce hædos tuos.* (66) Solerter electi quique a quo et ad quid creati sint conspiciunt, et, recta consideratione acceptæ imaginis, sequi vulgi multitudinem dedignantur. Unde sponsus sponsam suam alloquitur dicens: *Nisi cognoveris te, o pulchra inter mulieres,* id est nisi honorem tuum, quo ad similitudinem Dei es condita, bene vivendo cognoveris, a conspectu meæ contemplationis egredere, et imperitorum vitam imitare populorum. Nam gregum nomine imperiti populi designantur. Semetipsam namque ea quæ est inter mulieres pulchra cogno-

---

(59) Lib. xxx Moral., cap. 10.
(60) Lib. xix Moral., cap. 8.
(61) Lib. xxiv Moral., cap. 4.
(62) Hom. 33 in Evangelia.
(63) Moral. lib. xviii, cap. 19.
(64) Homil. 17 in Evangelia.
(65) Homil. 33 in Evang., post medium.
(66) Lib. xvi Moral., cap. 21.

scit, quando electa quæque anima, etiam inter peccatores posita, quia ad auctoris sui imaginem ac similitudinem sit condita meminit, et juxta perceptæ similitudinis ordinem incedit. Quæ si se non cognoscit, egreditur, quia a secreto sui cordis expulsa, in exterioribus concupiscentiis dissipatur. Egressa vero abit post vestigia gregum, quia sua interna deserens, ad latam videlicet viam ducitur et sequitur exempla populorum. Nec jam agnos, sed hædos pascit, quia non innoxias cogitationes mentis, sed nutrire pravos motus carnis intendit.

VERS. 11. — *Donec rex in recubitu suo est, nardus mea dedit odorem suum.* (67) Ac si sancta Ecclesia, in electis suis quamdam fragrantiam suavitatis odorata, apertius dicat : Quousque meis obtutibus Rex apud se in requie secreti cœlestis absconditur, electorum vita miris virtutum odoribus exercetur, ut quo adhuc eum quem appetit non videt, ardentius per desiderium fragret. Rege quippe in suo recubitu posito, nardus odorem dat, dum in beatitudine sua quiescente Domino, sanctorum virtus in Ecclesia magnæ nobis gratiam suavitatis administrat. Electorum enim virtutes proficientium, in cæterorum notitiam hominum, quasi suavitate fragrant odoris. Hinc est enim quod per Paulum dicitur : *Christi bonus odor sumus Deo (II Cor.* II).

CAPUT II.

VERS. 2. — *Sicut lilium inter spinas, sic amica inter filias.* (68) In sancta Ecclesia nec mali esse sine bonis, nec boni sine malis possunt. Quousque namque hic vivimus, necesse est ut viam præsentis sæculi permisti pergamus; tunc autem discernimur, cum pervenimus. Boni enim soli nusquam sunt nisi in cœlo, et mali soli nusquam sunt nisi in inferno. Hæc autem vita quæ inter cœlum et infernum posita est, sicut in medio consistit, ita utrarumque partium cives communiter recipit, quos tamen sancta Ecclesia et nunc indiscrete suscipit, et post in egressione discernet. Si igitur boni estis, quandiu in hac vita subsistitis, æquanimiter tolerate malos; nam quisquis malos non tolerat, ipse sibi per intolerantiam suam testis est quia bonus non est. Abel esse renuit quem Cain malitia non exercet. Sic in natura areæ grana sub paleis premuntur, sic flores, inter spinas oriuntur, et rosa quæ redolet crescit cum spina quæ pungit. Duos quippe filios habuit primus homo, unus horum electus est, alter reprobus fuit. Tres filios Noe arca continuit; sed duobus in humilitate persistentibus, unus ad patris irrisionem ruit. Duos filios Abraham habuit, sed unus innocens, alius vero fratris persecutor fuit. Duos filios Isaac habuit, unus in humilitate servatus, alter vero et prius quam nasceretur reprobatus fuit. Duodecim filios habuit Jacob, sed unus ex his propter innocentiam venditus est; alii vero per malitiam venditores fratris fuerunt. Duodecim apostoli sunt electi, sed unus ex his commistus est re-

probis, qui eos persequens probaret, ne improbati remanerent. Septem sunt diaconi ab apostolis ordinati, sed sex in fide recta permanentibus, unus exstitit auctor erroris. Anteacta itaque, fratres charissimi, tempora ad mentem reducite, et vos ad malignorum tolerantiam roborate. Si enim filii electorum sumus, restat necesse est ut per eorum exempla gradiamur. Bonus enim non fuit qui malos tolerare recusavit ; neque autem valde laudabile est bonum esse cum bonis, sed bonum esse cum malis. Sicut enim gravioris culpæ est inter bonos bonum non esse, ita immensi præconii, bonum etiam inter malos existere. Hinc namque est quod de seipso beatus Job asserit dicens : *Frater fui draconum et socius struthionum (Job* xxx). Hinc Petrus magnis Lot laudibus extulit, quia bonum inter reprobos invenit, dicens ; *Et justum Lot oppressum a nefandorum injusta conversatione eruit; aspectu enim et auditu justus erat, habitans apud eos qui de die in diem animam justi iniquis operibus cruciabant (II Petr.* II). Qui nimirum cruciari non posset, nisi prava propinquorum opera et audiret et cerneret. Et tamen *aspectu et auditu justus* dicitur, quia iniquorum vita non delectando justi aures atque oculos, sed feriendo tangebat. Inde etiam beatus Job in terra gentilium inter iniquos vixisse describitur, ut ejus meritum virtutis exprimatur; et hoc ejus laudibus proficiat, quod bonus inter malos fuit, et juxta sponsi præconium inter spinas lilium crevit. Hinc Paulus discipulorum vitam et laudat et reprobat dicens : *In medio nationis pravæ et perversæ, inter quos lucetis, sicut luminaria in mundo (Philipp.* II). (69) Ecce fratres charissimi, pene omnia percurrendo cognovimus, quia bonus non fuit, quem malorum pravitas non probavit. Nos autem conqueramur cur non omnes boni sunt qui nobiscum vivunt, quia mala proximorum ferre nolumus. Omnes sanctos jam debere esse decernimus, dum esse nolumus quod ex proximis portemus. Sed hac in re patet, dum malos portare renuimus, quam multum adhuc ipsi de bono minus habeamus. Neque enim perfecte bonus est, nisi qui fuerit et cum malis bonus. Ut enim ita loquar, ferrum nostræ animæ nequaquam perducitur ad sublimitatem acuminis, si hoc non eraserit lima pravitatis. Sæpe etiam cum de vita proximorum quærimur, mutare locum conamur, et secretum vitæ remotioris eligere, videlicet ignorantes quia, si desit spiritus, non adjuvat locus. Lot cum in Sodomis sanctus exstitit, in monte peccavit. Quia autem loca mentem non muniunt, ipse humani generis primus testatur parens, qui in paradiso cecidit. Si locus salvare potuisset, Satan de cœlo non caderet. Unde Psalmista ubique in hoc mundo tentationes esse conspiciens, quæsivit locum quo fugeret, sed sine Deo invenire non potuit munitum: Ex qua re et ipsum sibi locum fieri petiit, propter quem locum

---

(67) Lib. xxxv Moral., cap. 13.
(68) Homil. 58 in Evang., ante medium.
(69) Homil. 9 in Evang., post medium.

quæsivit dicens : *Esto mihi in Deum protectorem et in locum munitum, ut salvum me facias* (*Psal.* xxx). Tolerandi ergo ubique sunt proximi, quia Abel fieri non valet, quem Cain malitia non exercet. Unum vero est, pro quo vitari societas malorum debent, ne si fortasse corrigi non valent, ad imitationem sui et alios trahant, et cum ipsi a malitia sua non mutantur, eos qui sibi conjuncti fuerint pervertant. Unde Paulus ait : *Corrumpunt mores bonos colloquia prava* (*I Cor.* xv). Et per Salomonem dicitur : *Noli esse amicus homini iracundo, nec ambules cum homine furioso, ne forte discas semitas ejus, et sumas scandalum animæ tuæ* (*Prov.* xxii). Sicut ergo perfecti viri perversos proximos non debent fugere, quoniam et illos sæpe trahunt ad rectitudinem, et ipsi ad perversitatem nunquam trahuntur, ita infirmi quoque societatem declinare debent malorum, ne mala quæ frequenter aspiciunt et corrigere non valent, delectentur imitari. Sic ergo verba proximorum audiendo, quotidie sumimus in mente, quemadmodum flando atque respirando aerem trahimus corpore. Et sicut malus aer assiduo flatu tractus inficit corpus, ita perversa locutio assidue audita infirmantium inficit animum, ut tabescat delectatione pravi operis, assidua iniquitate sermonis. Sic autem justo et perfecto viro peccator cum malitia jungitur, sicut in fornace auro palea cum igne sociatur, ut quo ardet palea, purgetur aurum. Illi ergo veraciter boni sunt, qui in bonitate persistere etiam inter malos possunt.

VERS. 3. — *Sub umbra illius quem desideraveram sedi.* (70) Obumbratio in sacro eloquio aliquando incarnatio Domini ponitur, vel mentis refrigerium a fervore carnalium cogitationum : unde et appellatione umbræ ex superna protectione hoc ipsum refrigerium cordis insinuatur, unde Psalmista ait : *Sub umbra alarum tuarum protege me* (*Psal.* xvi). Sponsa itaque adventum sponsi præstolata prænuntiat dicens : *Sub umbra illius quem desideraveram sedi.* Hic per umbram ex superna protectione refrigerium cordis exprimitur. Ac si sponsa dicat : Ab æstu desideriorum carnalium sub adventu illius protectione requievi. Nam quod Dominica incarnatio servata veritate historiæ, obumbrationis appellatione signetur, angelicus sermo testatur, qui ad beatam Mariam dicit : *Virtus Altissimi obumbrabit tibi* (*Luc.* 1). Quia enim umbra non aliter exprimitur, nisi per lumen et corpus, virtus ei Altissimi obumbravit, quia in ejus utero lux incorporea corpus sumpsit, ex qua videlicet obumbratione omne in se refrigerium mentis accepit.

VERS. 5. — *Fulcite me floribus, stipate me malis, quia amore langueo.* (71) Menti sponsum suum fortiter amanti, devota vitæ præsentis una solet esse consolatio, si per hoc quod ipsa ab ejus visione differtur aliorum animæ ejus verbo proficiant, et ad cœlestem sponsum amoris facibus inardescant. Merito, quia differri se conspicit, triste est ei omne quod aspicit, quia illum adhuc non videt quem videre concupiscit. Sed est, ut dixi, non parva consolatio, quod, cum fervens anima differtur, per eam multæ colliguntur, ut tarde cum multis videat quem sola videre citius volebat. Unde sponsa hic dicit : *Fulcite me malis, quia amore langueo.* Quid namque sunt flores, nisi animæ bonum jam opus inchoantes et desiderio cœlesti redolentes ? Quid mala de floribus, nisi perfectæ jam bonorum mentes, quæ ad fructum perveniunt boni operis de initio sanctæ propositionis ? Quæ ergo amore languet fulciri floribus quærit et stipari malis, quia, si illum quem desiderat, videre adhuc non permittitur magna ei est consolatio, si de aliorum profectibus lætetur. Anima ergo sancto amore languet, floribus malisque fulcitur, ut requiescat in bono opere proximi, quæ adhuc contemplari non valet vultum Dei. Pensemus ergo qualis mens Pauli fuerat, qui dicebat quia : *Mihi vivere Christus est et mori lucrum* (*Philipp.* 1). Omnipotenti Deo in quanto amore se junxerat qui sibi vitam tantummodo et mori lucrum esse deputabat ? Hinc est quod iterum dicit : *Desiderium habeo dissolvi, et esse cum Christo, multo magis melius* (ibid.). Sed ecce qui dissolvi desiderat quo amore langueat videmus, quia interim differri se conspicit, fulciri se floribus non requirit. Quærit plane : nam sequitur : *Permanere autem in carne necessarium propter vos* (ibid.). Et proficientibus discipulis dicit : *Quæ est enim nostra spes aut gaudium aut corona gloriæ ? Nonne vos ante Dominum nostrum Jesum Christum ?* (*I Thess.* II).

IBID. — *Vulnerata charitate ego sum.* (72) Duobus modis omnipotens Deus vulnerat, quos ad salutem reducere curat. Aliquando enim foris in carne verbera eis admovet, ut virus delictorum curet. Aliquando, etiamsi flagella exterius cessare videantur, intus vulnera infligit qui mentis nostræ duritiam suo desiderio percutit. Sed percutiendo sanat, quia terroris suo jaculo transfixos, ad sensum nos rectitudinis revocat. Corda enim nostra male sana cum nullo Dei amore sauciantur, cum peregrinationis suæ ærumnam non sentiunt, cum erga infirmitatem proximi nec quamlibet minimo affectu languescunt. Sed vulnerantur ut sanentur, quia amoris sui spiculis mentes Deus insensibiles percutit, moxque has sensibiles per ardorem charitatis reddit. Unde hic sponsa dicit : *Vulnerata charitate ego sum.* Male enim sana anima atque in hujus exsilii statum cæca securitate prostrata, nec videbat Deum, nec videre requirebat. Percussa autem charitatis ejus spiculis vulneratur in intimis affectu pietatis, ardet desiderio contemplationis, et miro modo vivificatur ex vulnere, quæ prius mortua jacebat in salute. Æstuat, anhelat, et jam videre desiderat quem fugiebat, ejus

---

(70) Lib. xxxiii Moral., cap. 3.
(71) Homil. 15 in Evang., sub initium.

(72) Lib. vi Moral., cap. 14.

desiderio ardet, nulla jam quæ in mundo sunt concupiscit, præsentis vitæ longitudinem pœnam reputat, exire festinat et amoris amplexu in cœlestis sponsi visione requiescere. Mens itaque quæ jam talis est nullam præsentis vitæ consolationem recipit, sed ad illum quem diligit medullitus suspirat, fervet, anxiatur. Ipsa salus sui corporis, quæ transfixa est vulnere amoris; mala autem salus est cordis, quæ dolorem hujus vulneris nescit. Cum vero anhelare jam in cœleste desiderium et sentire vulnus amoris cœperit, fit anima salubrior ex vulnere quæ prius ægrotabat ex salute; et percussione ad salutem reducitur quæ ad securitatem quietis intimæ amoris sui perturbatione revocatur. Hoc amore et desiderio arsit quisquis ad veritatem pertingere potuit. Hinc namque David ait: *Sitivit anima mea ad Deum fortem, vivum: quando veniam et apparebo ante faciem Dei?* (Psal. XLI.) Hinc nos admonet dicens: *Quærite faciem ejus semper* (Psal. CIV). Hinc Isaias propheta ait: *Anima mea desideravit te in nocte, sed et spiritu meo in præcordiis meis de mane vigilabo ad te* (Isai. XXVI). Hinc ergo sancta Ecclesia, quæ ei dicit: *Vulnerata charitate ego sum.* Justum est ut ex visione medici pertingat ad salutem qui, per æstum ejus desiderii, vulnus amoris portat in pectore.

Vers. 6. — *Læva ejus sub capite meo, et dextera illius amplexabitur me.* (73) Sic vobis quæ suppetunt exterius, serviant quatenus a supernæ dilectionis studio animum non inflectant, ne luctum nobis internæ peregrinationis temperent ea quæ in exsilium positis subsidium præbent: et quasi felices nos in transitoriis gaudeamus, quia ab internis nos interim miseros cernimus. Hinc est quod electorum voce hic dicit Ecclesia: *Læva ejus sub capite meo, dextera illius amplexabitur me.* Quid namque per sinistram, nisi vita præsens? quid vero per dexteram, nisi perpetua vita signatur? Sinistram Dei, prosperitatem videlicet præsentis vitæ quasi sub capite posuit, quam intensione summi amoris premit. Dextera vero Dei eam amplectitur, quia sub æterna ejus beatitudine tota devotione continetur. Hinc per Salomonem dicitur: *Longitudo dierum in dextera ejus, in sinistra vero illius divitiæ et gloria* (Prov. III). Divitiæ itaque et gloria qualiter sint habenda docuit, quæ posita in sinistra memoravit. Hinc Psalmista ait: *Salvum me fac dextera tua* (Psal. LIX). Neque enim ait manu, sed dextera, ut videlicet, cum dexteram diceret, quod æternam salutem quæreret indicaret. Hinc rursum scriptum est: *Dextera manus tua, Domine, confregit inimicos* (Exod. XV). Hostes enim Dei, etsi in sinistra proficiunt, dextera franguntur, quia plerumque pravos vita præsens elevat, sed adventus æternæ beatitudinis damnat.

Vers. 8. — *Ecce venit saliens in montibus, transiliens colles.* (74) Veniendo quippe ad redemptionem nostram, Dominus quosdam, ut ita dicam, saltus dedit. Vultis, fratres charissimi, ipsos ejus saltus agnoscere? de cœlo venit in uterum, de utero venit in præsepe, de præsepe venit in crucem, de cruce venit in sepulcrum, de sepulcro redit ad cœlum. Ecce, ut nos post se currere faceret, quosdam pro nobis saltus manifestata per carnem Veritas dedit, quia *exsultavit ut gigas ad currendam viam* (Psal. XVIII), ut nos ei ex corde diceremus: *Trahe me, post te curremus in odorem unguentorum tuorum* (Cant. I). Unde, fratres charissimi, oportet ut illuc sequamur Dominum corde, ubi eum corpore credimus ascendisse.

Similis est dilectus meus capreæ, hinnuloque cervorum. Cervorum quippe hinnulus Dominus appellatur; juxta assumptam carnem, antiquorum filius patrum. Unde Apostolus: *Quorum patres, ex quibus Christus secundum carnem, qui est super omnia Deus benedictus in sæcula* (Rom. V).

Vers. 9. — *En ipse stat post parietem nostrum, respiciens per fenestras, prospiciens per cancellos.* (75) Redemptor noster, incarnatus pro nobis misericorditer, ante humanos oculos quasi post parietem stetit, quia et per humanitatem visibilis apparuit, et sese invisibilem in divinitate servavit. Hinc enim Judæi, qui hunc ex prophetarum sustinuerant promissione, perfidiæ suæ turbati sunt confusione, quia eum quem ad ereptionem suam venire crediderant mortalem videbant. Miracula itaque ejus videntes trahebantur ut crederent; sed rursum passiones illius perpendentes dedignabantur Dominum credere quem carne videbant mortalem: unde factum est ut de ejus cognitione dubitarent. Videbant enim esurientem, sitientem, comedentem, bibentem, lassescentem, dormientem; et purum hunc hominem esse existimabant. Videbant mortuos suscitantem, leprosos mundantem, cæcos illuminantem, dæmonia ejicientem: et esse hunc ultra hominem sentiebant. Ipsa ejus miracula in eorum corde cogitata humanitas perturbabat: unde sancta Ecclesia sub sponsi voce aperte speciem ejus videre desiderans in divinitate, nec tamen valens, quia æternitatis illius formam quam intueri concupiverat, ab ejus oculis assumpta humanitas abscondebat. Mœrens hic dicit: *En ipse stat post parietem nostrum.* Ac si aperte dicat: Ego hunc in divinitatis suæ jam specie videre desidero, sed adhuc a visione illius per assumptæ carnis parietem excludor. Qui enim humanis oculis hoc quod de mortali natura assumpsit ostendit, et in seipso invisibilis permansit, in aperto se videre quærentibus quasi post parietem stetit, quia videndum se manifestata majestate non præbuit. Quasi enim post parietem stetit, qui humanitatis naturam quam assumpsit ostendit, et divinitatis naturam humanis oculis occultavit. Unde et subditur: *Respiciens per fenestras, prospiciens per*

---

(73) Pastoralis parte III, admonitione 27.
(74) Homil. 29 in Evang., sub finem.

(75) Homil. 13 in Ezech., sub finem.

cancellos. Quisquis enim per fenestras vel per cancellos respicit, nec totus videtur, nec totus non videtur; sic nimirum Redemptor noster ante dubitantium oculos factus est, quia miracula faciens, si nihil protulisset ut homo, plene eis apparuisset ut Deus, et rursus humana patiens, si nulla fecisset ut Deus, purus putaretur homo. Sed quia et divina fecit et humana tulit, quasi per fenestras vel per cancellos ad homines prospexit, ut Deus et appareret ex miraculis, et lateret ex passionibus, et homo cerneretur ex passionibus, si tamen esse ultra hominem ex miraculis agnosceretur.

VERS. 10. — *Surge, propera, amica mea, columba mea, formosa mea et veni. Jam enim hiems transiit, imber abiit, et recessit, flores apparuerunt in terra, tempus putationis advenit.* (76) Hiems quippe est vita præsens, in qua nos etsi jam spes ad superna erigit, adhuc tamen mortalitatis nostræ frigidus torpor astringit, quia scriptum est : *Corpus quod corrumpitur, aggravat animam, et deprimit terrena inhabitatio sensum multa cogitantem* (Sap. IX). Habet hæc hiems imbres, rectorum procul dubio prædicationes, de quibus videlicet imbribus per Moysen dicitur : *Exspectetur sicut pluvia eloquium tuum, et descendant sicut ros verba mea* (Deut. XXXII). Hi nimirum imbres hiemi conveniunt, æstate cessabunt, quia nunc cum carnalium oculis vita cœlestis absconditur, necesse est ut sanctorum nobis prædicationibus irroretur. Cum vero æterni judicii æstus incanduerit, nullus verba prædicantium necessaria tunc habebit. Quia autem prædicationes sanctæ cum vita præsenti, id est imbres cum hieme cessabunt (77), recte sanctæ Ecclesiæ vel animæ exeunti atque ad æterna æstiva properanti, et veri luminis diem quasi tempus vernale præstolanti, sponsi voce suadentis dicitur : *Surge, propera, amica mea, columba mea, formosa mea, et veni. Jam enim hiems transiit, imber abiit et recessit.* (78) Sive enim sancta Ecclesia, seu unaquæque electa anima, cœlestis sponsi est amica per amorem, columba per spiritum, formosa per morum pulchritudinem. Quæ cum jam de corruptione carnis educitur, ei procul dubio hiems transit, quia præsentis vitæ torpor abscedit. *Imber quoque abiit et recessit*, quia cum ad contemplandum in sua substantia omnipotentem Deum elucitur, jam verborum guttæ necessariæ non erunt, ut pluvia prædicationis debeat infundi. Transeunte quippe hieme, imber recedit, quia cum vita præsens peragitur, in qua nos ignorantiæ nubilo carnis corruptibilis torpor astrinxerat, omne ministerium prædicationis cessat. Clarius quippe et amplius per nos tunc videbimus, hoc quod sanctorum nunc vocibus obscurius et minus audimus. Tunc apparent flores in terra, quia cum de æterna beatitudine quædam suavitatis primordia prægustare anima cœperit, quasi jam in floribus odoratur exiens. Postquam egressa fuerit, fructum uberius habebit. Unde et subditur, *tempus putationis advenit*. In putatione quippe sarmenta sterilia reciduntur, ut ea quæ prævalent, uberius fructum ferant. Nostræ itaque putationis tempus nunc advenit, quando infructuosam hanc nos jam corruptionem carnis deserimus, ut ad fructum animæ pervenire valeamus, qui fructus erit nobis uberrimus, visio Dei.

CAPUT III.

VERS. 1-3. — *In lectulo meo per noctes quæsivi quem diligit anima mea; quæsivi illum et non inveni. Surgam et circuibo per civitatem, per vicos et plateas quæram quem diligit anima mea. Quæsivi illum, et invenerunt me vigiles qui custodiunt civitatem.* (79) Sub uniuscujusque animæ specie hoc loquitur sponsa, sanctis desideriis animata et occultis stimulis sancti amoris excitata. Sciendum est autem quod in sacro eloquio lectus, cubile, vel stratum secretum solet cordis intelligi. In lectulo igitur et per noctem dilectus quæritur, quia nimirum invisibilis Conditoris species expressa omni corporeæ visionis imagine in cubili cordis invenitur, quia intra secreta cordis cubilia, in tribulatione Spiritus desideratur. (80) Dilectum in lectulo quærimus, quando in præsentis vitæ aliquantula requie Redemptoris nostri desiderio suspiramus. Per noctem quærimus, quia etsi in illo jam mens vigilat, tamen adhuc oculus caligat. Quem tamen quærens sponsa non invenit, quia electa quæque anima jam quidem videre Deum concupiscit, jam ad eum exire desiderat, jam carere præsentis vitæ tenebris anhelat; sed quamvis amore magno desideret, adhuc tamen ei non conceditur videre quem amat, ut dilatus amor ex ipsa sua dilatione proficiat, et ardenti desiderio quasi quod negatur crescat, ut desideria dilata crescant, et crescentia quod invenerint accipiant. Sponsus ergo prius non inventus quæritur, ut post inventus strictius teneatur; sancta enim desideria dilatione crescunt, si vero dilatione deficiunt, desideria non fuerunt. (81) Abscondit itaque se sponsus cum quæritur, et differtur quærens sponsa ne inveniat, ut tarditate sua capacior reddita multiplicius quandoque inveniat quod quærebat. Sed qui dilectum suum non invenit, restat ut surgat, civitatem circumeat, id est sanctam electorum Ecclesiam mente et inquisitione percurrat; per vicos eum et plateas quærat, id est per angusta et lata gradientes aspiciat, et, si qua invenire in eis valeat, ejus vestigia exquirat, quia sunt nonnulli etiam vitæ sæcularis qui imitandum aliquid habeant de actione virtutis. Sponsa itaque, dilectum suum prius quærens et minime inveniens, rursus defectum inventionis ingeminat dicens : *Quæsivi illum et non inveni.* Sed quia diu inventio non elongat, si inquisitio non desistat, adjungit : *Invenerunt me vigiles qui custo-*

---

(76) Lib. XXVII Moral., cap. 14.
(77) Lib XXVII Moral., cap. 14.
(78) Homil. 17 in Ezech., post medium.

(79) Lib. VIII Moral., cap. 13.
(80) Homil. 25 in Evang., sub initium.
(81) Lib. V Moral., cap. 4.

diunt civitatem. (82) Quos enim vigiles qui custodiunt civitatem, nisi sanctos Patres et prophetas atque doctores debemus accipere qui student ad custodiam nostram sanctae praedicationis voce vigilare? Unamquamque ergo animam, Redemptoris sui speciem requirentem, sancti Patres et solliciti doctores inveniunt qui Ecclesiae statum custodiunt, quia bonis ejus studiis occurrunt, ut eam solo vel verbo scripto doceant. Sed cum Redemptorem suum Ecclesia quaereret, in ipsis Patribus et doctoribus spem figere noluit, quae dicit :

VERS. 4. — *Paululum cum pertransissem eos, inveni quem diligit anima mea.* (83) Quippe invenire non posset, si istos pertransire noluisset. In istis se custodibus infideles fixerant, qui Christum Dei Filium unumquemlibet esse illorum credebant. Voce autem ac fide Petri vigiles inventos sancta Ecclesia transiit, quae prophetarum Dominum, unumquemlibet ex prophetis credere contempsit. (84) Ita etiam visionis ejus mens avida, nisi prophetarum aestimationem, nisi patriarcharum celsitudinem, nisi apostolorum et doctorum cunctorumque hominum mensuram transcenderit, in eum qui est super homines non veniet. Quia Redemptor noster, etsi humilitate homo inter homines, divinitate tamen super homines fuit. *Transire ergo vigiles* est etiam eos quos miratur anima in ejus comparatione postponere, in ipsis spem nolle figere. Cum ergo *transeuntur vigiles*, dilectus invenitur, quia cum prophetas et apostolos et doctores infra ipsum esse conspicimus, illum qui natura Deus est, esse supra homines consideramus, si homo quidem, sed tamen extra mensuras hominum credatur.

VERS. 6. — *Quae est ista quae ascendit per desertum, sicut virgula fumi, ex aromatibus myrrhae, et thuris et universi pulveris pigmentarii?* Hic sponsae virtus sponsi voce laudatur. Sancta itaque electorum Ecclesia, cum ab hoc mundo in sanctis precibus ardenti amore se erigit, per desertum quod deserit ascendit. Qualiter vero ascendat, adjungit : *Sicut virgula fumi ex aromatibus,* fumus de incenso nascitur, et per Psalmistam dicitur : *Dirigatur oratio mea sicut incensum in conspectu tuo* (Psal. CXL). Fumus excutere lacrymas solet. Itaque fumus est ex aromatibus, compunctio orationis concepta ex virtutibus amoris; quae tamen oratio fumi virgula dicitur, quia dum sola coelestia postulat, erecta progreditur, ut ad terrena atque temporalia petenda, minime reflectatur. (85) Sancta itaque Ecclesia sicut fumi virgula ex aromatibus ascendit, quia ex vitae suae virtutibus in interni quotidie incensi rectitudinem proficit, nec sparsa per cogitationes diffluit, sed sese intra arcana cordis in rigoris virga constringit. Et notandum quod oratio non virga, sed virgula nuncupatur, quia inter-

dum in compunctionis ardore tantae subtilitatis est vis amoris, ut hanc nec ipse animus possit comprehendere quam illuminatus meruit habere. Bene autem *myrrhae et thuris*; thus enim ex lege Domini in sacrificio incenditur, per myrrham vero mortua corpora condiuntur, ne vermibus corrumpantur. Myrrhae ergo et thuris sacrificium offerunt qui et carnem affligunt, ne eis corruptionis vitia dominentur, et redolentem in conspectu Domini amoris sui hostiam incendunt, seque ipsos Deo in sanctis virtutibus exhibent. Unde et illuc subditur, *Et universi pulveris pigmentarii,* pulvis enim pigmentarii, virtus bene operantis. Et notandum quod virtutes bene operantium non pigmenta, sed pulvis dicuntur; cum enim quaelibet bona agimus, pigmenta offerimus; cum vero ipsa etiam bona quae agimus retractamus, et ne quid in his sinistrum sit, judicio retractationis attendimus, quasi ex pigmentis pulverem facimus, ut orationem nostram per discretionem et amorem subtilius incendamus. (86) Itaque dum ea quae agimus, recogitare semper ac retractare non definimus, myrrham quidem et thus habemus in opere, sed pulverem in cogitatione. Per compunctionis ergo lacrymas, nihil terrenum, charissimi, nihil transitorium quaerere debemus; solus ipse nobis sufficiat qui fecit omnia. Transcendamus per desiderium omnia, ut mentem colligamus in unum, non jam timore poenarum, non memoria vitiorum, sed amoris flamma succensi, ardeamus in lacrymis cum odore virtutum.

VERS. 7. — *En lectulum Salomonis sexaginta fortes ambiunt ex fortissimis Israel.* (87) Sancti etenim quique sine ulla debilitate desiderii internam requiem contemplantur, quibus per Psalmistam dicitur : *Viriliter agite et confortetur cor vestrum, omnes qui speratis in Domino* (Psal. XXX). Justi quippe sunt fortes carnem vincere, propriis voluptatibus contraire, delectationem vitae praesentis exstinguere, hujus mundi aspera pro aeternis praemiis amare, prosperitatis blandimenta contemnere, adversitatis metum in corde superare, ad mundi pericula pro mundo toleranda an sint debiles studere, finem suum conspicere, vita praesens quam sit transitoria attendere, et pro ea renuere perpeti labores exterius, cujus delectationem vincunt extrinsecus.

VERS. 8. — *Omnes tenentes gladios, et ad bella doctissimi.* (88) Quid in divina Scriptura per gladium figuretur, Paulus aperuit dicens : *Et gladium spiritus, quod est verbum Dei* (Ephes. VI). Salomon itaque, dum fortes spiritualis pugnae describeret bellatores, non ait, Omnes habentes gladios, sed tenentes, quia videlicet verbum Dei non est mirabile solummodo scire, sed facere. Habent quippe, sed

---

(82) Lib. XVII Moral., cap. 27, circa medium.
(83) Ibidem.
(84) Lib. XXVII Moral., cap. 1, post medium.
(85) Lib. I Moral., cap. 19, sub finem.

(86) Ibidem.
(87) Lib. VII Moral., cap. 8.
(88) Lib. XIX Moral., cap. 16, ad finem.

non tenent gladium qui divinum quidem eloquium norunt, sed secundum illud vivere negligunt. Et doctus esse jam ad bella non valet qui spiritualem quem habet gladium minime exercet. Nam resistere tentationibus omnino non sufficit, qui lucem verbi Dei tenere gladium male vivendo postponit.

IBID. *Uniuscujusque ensis super femur suum, propter timores nocturnos.* (89) Hoc de fortibus supernæ patriæ bellatoribus dicitur. Ensis super femur ponitur, quando sanctæ prædicationis seumine, prava suggestio carnis edomatur. (90) Ensis supra femur est custodia vigilans, carnis illecebras premens. Nocturni vero timores sunt insidiæ tentationis occultæ. Per noctem quippe nostræ cæcitas infirmitatis exprimitur, quia quidquid adversitatis in nocte imminet, non videtur. Uniuscujusque ergo ensis super femur suum, propter timores nocturnos, quia videlicet sancti viri dum ea quæ non vident, metuunt, ad intentionem certam in his parati, semper assistunt. Sancti etenim viri sic de spe certi sunt, ut tamen semper sint de tentatione suspecti, quippe quibus dicitur : *Servite Domino in timore, et exsultate ei cum tremore* (*Psal.* II), ut et de spe exsultatio, et de suspicione nascatur timor. Ne ergo nocturnus timor, id est occulta et repentina tentatio subrepat, semper necesse est ut femur nostrum superpositus custodiæ ensis premat.

VERS. 9, 10. — *Ferculum fecit sibi rex Salomon de lignis Libani. Columnas ejus fecit argenteas, reclinatorium aureum, ascensum purpureum, media charitate constravit propter filias Jerusalem.* (90*) Non est credendum Salomonem, tantæ magnitudinis regem, qui sic immensis divitiis affluebat, et pondus auri ejus æstimari non posset et argentum in diebus ejus pretium non haberet, quod ferculum sibi ligneum, sicut hic sponsa loquitur, fecit. Sed est Salomon, rex videlicet et pacificus noster, qui sibi de lignis Libani ferculum fecit. Libani quippe ligna cedrina, valde sunt imputribilia. Ferculum itaque Regis nostri sancta Ecclesia est, quæ de fortibus Patribus, id est de imputribilibus mentibus est constructa; quæ recte ferculum dicitur, quia ipsa fert quotidie animam ad æternum convivium Conditoris sui. Cui ferculo columnæ argenteæ factæ sunt, quia prædicatores Ecclesiæ sanctæ, eloquii luce resplendent. Est autem, cum columnis argenteis reclinatorium aureum, quia per hoc quod a sanctis prædicatoribus lucide dicitur, mentes audientium fulgorem claritatis intimæ in qua reclinetur, inveniunt. Per hoc enim quod occulta aperte audiunt, in illud quod clarescit in corde requiescunt. Columnæ ergo argenteæ, et reclinatorium aureum factum est, quia per lucem sermonis, invenitur apud animam claritas quietis. Ille jam quippe fulgor internus mentem irradiat, ut per intentionem ibi requiescat, ubi prædicationis gratia non quæratur. De eadem quippe sancta Ecclesia scriptum est : *Pennæ columbæ dear-*

(89) Pastoralis parte III, admonitione 3.
(90) Moralium lib. XX, cap. 5.

gentatæ, et posteriora dorsi ejus in specie auri. Quæ enim hic spiritu mansuetudinis impleta, quasi columba pennas deargentatas habet, in posterioribus dorsi speciem auri continet, quia hic prædicatores suos sermonis luce induit, in posteriori autem sæculo fulgorem in se claritatis ostendit. Sed ad hoc quod clarum intus ostenditur, qualis sit ascensus adjungit, cum de eodem ferculo protinus subditur, *ascensum purpureum*. Vera quippe purpura, quia de sanguine tingitur, non immerito in colore sanguinis videtur. Et quia maxima multitudo fidelium in exordio nascentis Ecclesiæ per martyrii sanguinem pervenit ad regnum, rex noster ascensum purpureum fecit in ferculo, quia ad clarum quod intus aspicitur, per tribulationem sanguinis pervenitur. Quid ergo; nos miseri atque ab omni fortitudine destituti, quid acturi sumus ? Ecce in hoc ferculo columnæ esse non possumus, quia in nobis nec fortitudo operis, nec lumen emicat prædicationis. Reclinatorium aureum non habemus, quia necdum, sicut oportet, per intellectum spiritualem, requiem internæ claritatis aspicimus. Ascensus purpureus non sumus, quia pro Redemptore nostro sanguinem fundere non valemus. Quid ergo de nobis agendum est ? Quæ spes erit, si nullus ad regnum pervenit, nisi qui summis præditus virtutibus fuerit ? Sed adest quoque nostra consolatio. Amemus, inquantum possumus, Deum, diligamus proximum, et simul quoque nos ad Dei ferculum pertinemus, quia illic scriptum est : *Media charitate constravit.* Habe quippe charitatem, et ibi sine dubio pervenis, ubi et columna argentea erigitur, et ascensus purpureus tenetur. Nam quia hoc propter nostram infirmitatem dicitur, aperte monstratur, cum illa protinus subditur : *Propter filias Jerusalem.* Sermo etenim Dei qui non filios, sed filias dicit, quid aliud per sexum femineum, quam mentium infirma signavit ? Inter columnas autem argenteas, et reclinatorium aureum, et ascensum purpureum, inesse media charitas dicitur, propter filias Jerusalem, quia et qui virtutibus infirmantur, si ipsa bona quæ possunt facere cum charitate, non negligant, a Dei ferculo alieni non sunt.

CAPUT IV.

VERS. 1. — *Quam pulchra es, amica mea, quam pulchra ! Oculi tui columbarum, absque eo quod intrinsecus latet.* (91) Sponsus sponsam suam pulchram narrat et pulchram replicat, quia alia ei est pulchritudo morum, in qua nunc cernitur, atque alia pulchritudo præmiorum, in qua tunc per Conditoris sui speciem sublevatur. Cujus videlicet membra omnes electi, quia ad cuncta simpliciter incedunt. Ejus oculi columbarum vocantur, quia magna luce irradiant, quia et signorum miraculis coruscant. Sed quantum est hoc omne miraculum, quod videri potest ? Illud de internis miraculum est mirabilius, quod videri nunc non potest, de quo illic aperte

(90*) Homil. XV in Ezech., in medio.
(91) Lib. IX Moral., cap. 6, sub finem.

subditur, *absque eo quod intrinsecus latet.* Magna quippe est gloria aperti operis, sed longe incomparabilis occultæ remunerationis. Pulchrum est omne hoc, quod quasi in cœli faciem divina dispensatione cernitur; sed longe illud et incomparabiliter pulchrius ad quod invisibiliter pervenitur.

VERS. 2. *Dentes tui sicut grex tonsarum ascendentium de lavacro.* (92) Sanctæ Ecclesiæ dentes accipimus sanctos prædicatores, qui prædicationibus suis peccantium duritiam conterunt : qui non immerito detonsis ac lotis ovibus comparantur, quia innocuam vitam sumentes in lavacro baptismatis, conversationis pristinæ vellera vetusta posuerunt.

VERS. 3. *Sicut vitta coccinea labia tua, sponsa, et eloquium tuum dulce.* (93) Vitta crines capitis astringit. Quid autem per crines, nisi defluentes animi cogitationes accipimus ? Labia ergo sponsæ sicut vitta sunt, quia exhortatione sanctæ Ecclesiæ, cunctæ in auditorum mentibus diffusæ cogitationes ligantur, ne remissæ diffluant, ne sese per illicita spargant, ne sparsæ cordis oculos deprimant ; sed quasi ad unam se intentionem colligant, dum vitta eas sanctæ prædicationis ligat. Quam recte et coccineam asserit, quia sanctorum prædicatio solo charitatis ardore flammescit !

VERS. 4. *Sicut turris David collum tuum, quæ ædificata est cum propugnaculis suis : mille clypei pendent ex ea, omnis armatura fortium.* (94) In collo guttur, in gutture vox est. Quid ergo per collum sponsæ, cui hæc a sponso dicuntur, nisi sacra sanctæ Ecclesiæ eloquia designantur ? In quo dum mille clypei dependere memoraliter, per hunc perfectum numerum numerus universitatis ostenditur, quia universa nostra munitio in sacro eloquio continetur. Ibi quippe sunt præcepta Dei, ibi exempla justorum. Si enim torpet animus a Conditoris sui desiderio, audiat quod dicitur : *Diliges Dominum Deum tuum ex tota mente tua, et ex tota virtute tua* (*Matth.* XXII). In odium fortasse labitur proximi ? Audiat quod dicitur : *Diliges proximum tuum sicut teipsum* (*ibid.*). Res aliena concupiscit ? Audiat quod illic scriptum est : *Non concupisces rem proximi tui* (*Exod.* XX). De injuria quæ proximi ore vel facto illata est, ad iram mens accenditur ? Audiat quod dicitur : *Non quæres ultionem nec memor eris injuriæ civium tuorum* (*Levit.* XIX). In carnis concupiscentiam malis agitata mens ascenditur ? Ne sequatur oculus mentem, audiat quod paulo superius dictum est : *Qui viderit mulierem ad concupiscendam eam, jam mœchatus est eam in corde suo* (*Matth.* V). Contra inimicum forsitan quisquam animum suum relaxare disponit in odium ? Audiat quod illic scriptum est : *Diligite inimicos vestros, benefacite iis qui vos oderunt* (*ibid.*). Sed is qui aliena jam non rapit, adhuc forsitan sua inordinate retinet ? Audiat quod illic dicitur : *Vendite quæ possidetis, et date eleemosy-* nam (*Luc.* XII). Infirmantis animus perfrui desiderat Deo simul et sæculo ? Audiat quod illic scriptum est : *Nemo potest duobus dominis servire* (*Matth.* VI). Alius non ad necessitatem stipendii, sed ad voluntatem desiderii possessa retinet ? Audiat quod illic dicitur : *Qui non renuntiaverit omnibus quæ possidet, non potest meus esse discipulus* (*Luc.* XIV). Quidam enim relinquunt omnia, multi autem etiam possidendo renuntiant, quia sic ad usum possessa retinent, ut eis ex desiderio non succumbant. Torpere quisquam appetit, et laborem subire pro Domino etiam cum prævalet, refugit ? Audiat quod illic scriptum est : *Qui mecum non colligit dispergit* (*Luc.* XI). In collo ergo Ecclesiæ, id est in sacri eloquii prædicatione, quod, pro sua munitione et altitudine, turri David simile dicitur, mille clypei dependent, quia quot illic præcepta sunt, tot etiam pectoris nostri munitiones. Ad servandam itaque innocentiam, etiam læsi a proximo, perdurare in humilitate festinamus ? Abel ante oculos veniat, qui et occisus a fratre scribitur, et non legitur reluctatus. Mentis munditia etiam in conjugali copula eligitur ? Enoch debet imitari, qui et in conjugio positus *ambulavit cum Deo* (*Gen.* V), *et non inveniebatur, quia transtulit illum Deus* (*Hebr.* XI). Præcepta Dei festinamus præsenti nostræ utilitati præponere ? Noe ante oculos veniat, qui, cura domestica postposita, ex jussione omnipotentis Domini per centum annos ad arcæ fabricam vixit occupatus. Subire obedientiæ virtutem nitimur ? Aspicere Abraham debemus, qui, relicta domo, cognatione, patria, obedivit exire in locum quem accepturus erat in hæreditatem : « Et exiit, nesciens quo iret (*Hebr.* XI). » Qui paratus exstitit, ut pro æterna hæreditate dilectum quem acceperat occideret hæredem et quia unicum Deo offerre non distulit, universam multitudinem gentium in semine accepit. Morum simplicitas placet ? Isaac ad mentem veniat, quem in omnipotentis Dei oculis vitæ suæ tranquillitas ornavit. Laboriosa fortitudo ut obtineri debeat, quæritur ? Jacob ad memoriam deducatur, qui, postquam scit fortiter servire homini, ad eam quoque virtutem perductus est, ut non potuisset a luctante angelo superari. Conamur carnis illecebras vincere ? Joseph ad memoriam redeat, qui studuit carnis continentiam etiam cum vitæ periculo custodire. Unde factum est ut quia membra sua bene noverat regere, regendæ quoque omni Ægypto præesset. Mansueti esse quærimus ? Moysen ante oculos deducamus, qui exceptis parvulis et mulieribus, sexcenta millia armatorum virorum regens, mitis fuisse describitur super omnes homines, qui habitabant super faciem orbis terræ. Rectitudinis zelo contra vitia accendimur ? Phinees ante oculos deducatur, qui coeuntes gladio transfigens, castitatem populo reddidit : et iram Dei iratus placavit. De spe omnipotentis Dei

---

(92) Lib. XXXIII Moral., cap. 23 ; et lib. XI, cap. 15.

(93) Lib. II Moral., cap. 27, post medium.
(94) Homil. XV in Ezech., circa finem.

præsumere in dubiis quærimus? Josue ad memoriam revocemus, qui, dum dubia certamina certa mente adiit, ad victoriam sine dubietate pervenit. Jam mentis inimicitias ponere cupimus, in benignitate animum dilatare? Samuel in cognitionem deducatur, qui de principatu dejectus a populo, cum idem populus peteret ut pro eo Domino preces effunderet, respondit dicens : « Absit a me hoc peccatum in Domino, ut cessem orare pro vobis ! (*I Reg.* xii.) Culpam quippe vir sanctus se perpetrare credidit, si eis, quos adversarios pertulerat usque ad ejectionem, benignitatem gratiæ non reddidisset in prece. Qui rursus cum jubente Domino mitteretur ut David ungeret in regem, respondit : « Quomodo vadam? Inveniet me Saul et occidet me (*I Reg.* xvi.) » Et tamen quia iratum Deum eidem Sauli cognoverat, in tanto se luctu afflixerat, ut ei per se Dominus diceret : « Quousque tu Saulem luges, cum ego illum abjecerim? (*Ibid.*) Pensemus ergo ejus animum quantus dolor charitatis incenderat, qui et illum flebat a quo timebat occidi. Cavere autem volumus quem timemus? sollicita nobis mente pensandum est ne, si locum fortasse reperiremus, malum pro malo reddamus ipsi quem fugimus. David ergo ad memoriam redeat, qui persequentem se regem et invenit ut potuisset occidere, et tamen in ipsa feriendi potestate positus, elegit bonum quod ipse deberet facere, non autem malum quod ille merebatur pati, dicens : « Absit a me, ut mittam manum meam in christum Domini ! » (*I Reg.* xxvi.) Et cum idem Saul post ab hostibus fuisset interemptus, eum quem persecutorem, dum viveret, pertulit, flevit occisum.

Errantibus hujus mundi potentibus, libere loqui decernimus? Joannis auctoritas ad animum reducatur, qui Herodis nequitiam reprehendens, pro verbi rectitudine occidi non timuit. Et quia Christus est veritas, ipse ideo pro Christo, quia pro veritate animam posuit. Carnem jam nostram pro Deo ponere in mortem festinamus? Petrus ad mentem veniat, qui inter flagella gaudet, qui cæsus principibus resistit, qui vitam suam pro vita despicit. Cum mortis appetitu, disponimus adversa contemnere? Paulus ante oculos deducatur, qui non solum alligari, sed et mori paratus pro Christo, non facit pretiosiorem animam suam quam se. Succendi cor nostrum igne charitatis quærimus? Joannis verba pensemus, cujus omne quod loquitur, charitatis igne vaporatur. Quia ergo in voce sacri eloquii, cujuslibet, dum quærimus, munimen virtutis invenimus : « Mille clypei pendent ex ea, omnis armatura fortium. Si enim pugnare contra spiritualia nequitiæ volumus, in collo Ecclesiæ quæ nobis sicut David turris erecta est, id est in divino eloquio, protectionis arma requiramus, ut ex discretione præcepti, contra vitia sumatur virtus adjutorii. Ecce enim contra aereas potestates festinamus fortes existere?

In hac turri armaturam nostræ mentis invenimus, ut inde præcepta Conditoris, inde sumamus exempla præcedentium, per quæ contra adversarios nostros inexpugnabiliter armemur. Deum enim quamlibet virtutem subire appetis, et hanc illic a Patribus jam impletam vides, ibi armaturam tuam invenis, per quam contra spiritualia bella muniaris. Dependent quippe in ea mille clypei. Si quis pugnare appetit, assumat, et ex ea virtute pectus muniat, et verborum jacula emittat. Et notandum quia ædificata cum propugnaculis suis dicitur. Hoc quippe agunt propugnacula quod clypei, quia utraque pugnantem muniunt. Sed inter utraque distat, quia clypeum pro nostro munimine ubicunque volumus, movemus; propugnaculo autem defendi possumus, sed hoc movere non possumus. Clypeus in manu tenetur; sed propugnaculum non tenetur. Quid ergo inter propugnacula et clypeos distat, nisi quod in sacro eloquio Patrum præcedentium et miracula legimus, et virtutes bonorum operum audimus? Ibi namque cognoscimus, quod alius potuit mare dividere, alius solem figere, alius mortuum suscitare, alius paralyticum verbo erigere, alius umbra ægrotos curare, alius per sua semicinctia infirmantium febribus obviare. Qui tamen omnes et patientiæ longanimitate mites, et zelo rectitudinis ferventes fuerunt, verbi prædicatione divites, simul et misericordiam largientes. Hi itaque quam vera de Domino dixerunt, testantur miracula, quia talia per eum non facerent, nisi de illo vera narrarent. Et quam pii, quam humiles, quam benigni exstiterunt, testantur eorum operationes. Si igitur de fide tentamur, quam ex illorum prædicatione concepimus, loquentium miracula conspicimus, et in fide quam ab eis accepimus confirmamur. Quid ergo illorum miracula, nisi nostra sunt propugnacula? Quia et muniri per illa possumus, attamen hæc in manu nostri arbitrii non tenemus, nam talia facere non valemus. Clypeus vero in manu est, et defendit, quia virtus patientiæ, virtus misericordiæ, præcedente nos gratia et in potestate est arbitrii, et a periculo protegit adversitatis. Turris itaque nostra cum propugnaculis suis ædificata est, in qua mille clypei dependent, quia in Scriptura sacra et sub miraculis Patrum a jaculis abscondimur, et conversationis sanctæ munimina etiam in manu operis tenemus (95). Nolite ergo, fratres charissimi, despicere scripta nostri Redemptoris, quæ ad nos missa sunt. Multum valde est quod per ea animus refricatur ad calorem, ne iniquitatis suæ frigore torpescat. Cum in illa præcedentes justos fortiter egisse cognoscimus, et ipsi ad fortitudinem bonæ operationis accingimur, sanctorum exemplorum flamma animus legentis incenditur. Videt itaque quæ fortiter ab eis facta sunt, et valde indignatur sibi, quia talia non imitatur.

Vers. 5. « *Duo ubera sicut duo hinnuli capreæ gemelli, qui pascuntur in liliis, donec aspiret dies*

---

(95) Ibidem, aliquanto antea.

et inclinentur umbræ (96). Debemus, fratres charissimi, semper justorum vitam conspicere, ut subtiliter nostram possimus deprehendere : quod quidem omnes electi facere non cessant, quia meliorum vitam considerant, et deterioris usus conversationem mutant. Quæ enim sunt duo ubera sponsæ, cui loquitur sponsus, nisi ex Judæa et gentilitate veniens uterque populus, qui in sanctæ Ecclesiæ corpore per intentionem sapientiæ, arcano cordis est infixus? Ex quo populo hi qui electi sunt, idcirco capreæ hinnulis comparantur, quia per humilitatem quidem parvos se et peccatores intelligunt, sed eis per charitatem currentibus, si qua obstacula de impedimento temporalitatis obviant, transeunt, et latis contemplationis saltibus ad superna conscendunt. Qui ut hæc agant, præcedentium sanctorum exempla conspiciunt, unde et in liliis pasci referuntur. Quid enim per lilia, nisi illorum vita declaratur, qui veraciter dicunt : « Christi bonus odor sumus Deo? » (*II Cor.* II.) Electi ergo ut assequi summa prævaleant, conspecta odorifera et candida justorum vita satiantur. Jam quidem videre Deum sitiunt, jam de ejus contemplatione satiari charitatis æstibus inardescunt; sed, quia in hac vita positi necdum valent, præcedentium interim Patrum exemplis pascuntur. Unde et apte illic tempus de ipsorum liliorum pastu definitur, dum dicitur : « Donec aspiret dies, et inclinentur umbræ. » Tandiu quippe refici justorum exemplis indigemus, donec præsentis mortalitatis umbras æterno die aspirante transeamus. Cum enim hujus temporalitatis umbra transacta hac mortalitate fuerit inclinata, qua ipsius diei internum lumen cernimus, nequaquam jam appetimus ut ad amorem ejus per aliorum exempla flagremus. Nunc autem, quia necdum eum intueri possumus, summopere necesse est ut eorum qui illum perfecte secuti sunt conspectis actionibus incitemur. Intueamur ergo quam pulchra est agilitas sequentium, et videamus quam turpis sit tepitudo pigrorum. Statim namque ut bene agentium gesta conspicimus, nosmetipsos confusione intima ulciscente judicamus. Mox verecundia mentem concutit, mox justo sæviens reatus addicit, et vehementer hoc etiam displicet quod adhuc fortasse turpiter libet. Qui itaque perduci ad summa desiderant, semper necesse est ut meliorum provectibus intendant, quatenus tanto districtius in se culpas judicent, quanto in illis altius quod admirentur vident.

Vers. 8. — *Coronaberis de capite Amana, de vertice Sanir et Hermon, de cubilibus leonum.* (97) Venienti sponso dicitur quod de cubilibus leonum coronabitur. Quid autem aliud leonum nomine quam dæmonia intelliguntur, quæ ira contra nos atrocissimæ crudelitatis insæviunt ? Cubilia vero dæmoniorum corda fuerunt iniquorum, quæ, quia ad pravitatem propriam traxerunt, quasi in eorum habita-

tione requieverunt. Sed obstetricante manu Domini, leones de propriis cubilibus expulsi sunt, quia dum nobis divina gratia medetur, is qui nos tenuerat a nobis antiquus hostis ejicitur, sicut incarnata Veritas dicit : « Nunc princeps hujus mundi ejicietur foras *(Joan.* XII.)» Et quia peccatores ad fidem vocati sunt, quorum quondam corda leonum cubilia fuerunt, dum vicisse mortem Dominus eorum confessione creditur, quasi de leonum cubilibus coronatur. Remuneratio quippe victoriæ corona est. Toties ergo ei coronam fideles offerunt, quoties hunc vicisse mortem ex resurrectione confitentur.

Vers. 11. — *Mel et lac sub lingua tua.* (98) Plerique justorum cum quosdam agere perverse conspiciunt, qui duris sunt increpationibus feriendi, in lingua asperitatem sumunt; sed sub lingua mentis suæ benignitatem contegunt. Qui enim mentis suæ dulcedinem aperire infirmis nolunt, sed loquentes quadam eos asperitate feriunt, et tamen inter verba aspera quasi latentes quasdam dulcedines intermittunt, hi videlicet non in lingua, sed sub lingua habent dulcedinem, quia inter dura quæ proferunt emittunt quædam blanda et dulcia, quibus contristati mens possit ex benignitate refoveri. Perversi autem et hypocritæ malum non in lingua, sed sub lingua habent, quia sermonibus dulcia prætendunt, et cogitationibus perversa moliuntur.

Vers. 16. — *Surge, aquilo, et veni, auster, perfla hortum meum, et fluent aromata illius.* (99) Pro eo quod ventus aquilo constringit in frigore, non incongrue torpor maligni spiritus designatur aquilonis nomine, Isaia quoque propheta testante, qui secessurum in lateribus aquilonis diabolum dixisse denuntiat. In lateribus enim aquilonis sedet, quia frigidas mentes hominum possidet. Per austrum vero qui nimirum calidus ventus est, non immerito fervor Spiritus sancti designatur : quo quisque dum tangitur, ab iniquitatis suæ torpore liberatur; et quo dum repletus quisque fuerit, ad amorem patriæ spiritualis ignescit. Aquilo itaque sponsi voce jubetur ut surgat, ut nimirum is qui mortalium corda in torpore restringit, adversarius spiritus fugiat. Cum autem jubente Deo frigidus spiritus recedit, calidus spiritus mentem fidelium occupat, qui hortum Dei, id est sanctam Ecclesiam et aromata ejus diffluant, perflat, quia nimirum dum sanctam Ecclesiam donorum suorum virtutibus Spiritus veritatis impleverit, ab ea longe lateque odores boni operis spargit, ut opiniones virtutum ejus ad multorum notitiam velut aromata diffluant. Recedente etenim aquilone, id est maligno spiritu, Spiritus sanctus mentem quasi auster replet; qui dum calefaciendo flaverit, statim de fidelium cordibus aromata virtutum fluunt. Et ex eis mox opinio virtutum aspergitur, ut jure jam sanctorum lingua quasi hortus perflatus dicat : « Christi bonus odor sumus Deo. »

---

(96) Lib. XXIV Moral., cap. 6
(97) Lib. XVII Moral., cap. 20.
(98) Lib. XV Moral., cap. 5, sub finem.

(99) Homil. II in Ezech., sub medium, et lib. XXVII Moral., cap. 23; et lib. IX, cap. 6, sub medium.

CAPUT V.

VERS. 2. — *Ego dormio, et cor meum vigilat.* (100) In Scriptura sacra figurate positus, tribus modis somnus vel dormitio accipitur : Aliquando enim somno mors carnis, aliquando torpor negligentiæ, aliquando vero exprimitur, calcatis terrenis desideriis, quies vitæ. Somni namque vel dormitionis nomine mors carnis intimatur, sicut Paulus ait : « Nolo vos ignorare, fratres, de dormientibus (*Thess.* IV). » Et paulo post : « Ita et Deus eos qui dormierunt per Jesum, adducet cum eo (*ibid.*). » Somno rursum torpor negligentiæ designatur, sicut ab eodem Paulo dicitur : « Hora est jam nos de somno surgere (*Rom.* XIII) ; » et rursum : « Evigilate, justi, et nolite peccare (*I Cor.* xv). » Somno quoque, calcatis carnis desideriis, quies vitæ signatur, sicut hic sponsæ voce dicitur : « Ego dormio et cor meum vigilat. » Ac si diceret (101) : Dum per exteriores sensus ab hujus vitæ sollicitudinibus sopio, vacanti mente vivacius interna cognosco. Foris dormio, sed intus cor vigilat, quia dum exteriora quasi non sentio, interiora solerter apprehendo. (102) Sancta etenim mens, quo se a strepitu temporalis concupiscentiæ comprimit, eo verius interna cognoscit; et tanto alacrius ad intima vigilat, quanto se ab exteriori inquietudine occultat. Vigilanti itaque corde dormit, qui per hoc quod interius contemplando proficit, ab inquieto foris opere quiescit. Quisquis ea quæ mundi sunt agere appetit, quasi vigilat; quisquis vero internam quietem quærens, hujus vitæ strepitum fugit, velut obdormiscit.

VERS. 4. — *Dilectus meus misit manum suam per foramen, et venter meus intremuit ad tactum ejus.* (103) Larga est misericordia Creatoris nostri, quia sive Judaico et gentili populo, seu justis et peccatoribus, sed post peccata conversis, æque aditus regni cœlestis aperitur. Non solis qui in innocentia permanent, sed etiam peccatoribus peccata sua pœnitendo damnantibus, aperiuntur cœlestis regni gaudia, ut ineffabilia mysteria patriæ cœlestis agnoscant, agnoscendo sitiant, sitiendo currant, currendo perveniant. Hæc interni gaudii secreta cognoverat, qui dicebat : *Sitivit anima mea ad Deum vivum. Quando veniam et apparebo ante faciem Dei? (Psal.* XLI.) Prædicator gentium ad hunc aditum regni cœlestis anhelabat cum diceret : *Cupio dissolvi et esse cum Christo (Philipp.* 1). Hæc exsultationis occultæ secreta cognoverat sponsa, quæ hic dicit : *Dilectus meus misit manum suam per foramen, et venter meus intremuit ad tactum ejus.* Dilectus etenim manum per foramen mittit, quando virtute sua Dominus nostrum animum per subtilem intellectum pulsat. Et venter in tactu ejus contremiscit, quia infirmitas nostra per hoc quod cœlestis gaudii intellectu tangitur, ipsa sua exsultatione turbatur. Et fit menti pavor in lætitia, quia jam sentit quod de cœli gaudio diligat; et adhuc metuit ne non percipiat quod vix tenuiter sentit. Quid igitur restat, nisi ut se ad perfectioris vitæ cursum dirigant omnes qui illa gaudia patriæ cœlestis agnoscunt?

VERS. 5. — *Manus meæ stillaverunt myrrham; digiti mei pleni myrrha probatissima.* (104) Hoc sancta Ecclesia de suis operariis usque ad mortem pro Deo certantibus, dicit. Per myrrham namque carnis nostræ mortificatio figuratur. De Magis qui ab Oriente venerunt in Bethlehem adorare Dominum, scribit evangelista : *Et apertis thesauris suis obtulerunt Domino aurum, thus et myrrham* (*Matth.* 1). Myrrham quoque nos ipsi offerimus, si carnis vitia per abstinentiam mortificamus : per myrrham namque, ut diximus, agitur ne mortua caro putrefiat. Mortuam vero carnem putrescere est hoc mortale corpus fluxu luxuriæ desævire, sicut de quibusdam per prophetam dicitur : *Computruerunt jumenta in stercore suo* (*Joel.* 1). Jumenta quippe in stercore suo computrescere est carnales homines in fetore luxuriæ vitam finire. Myrrham ergo Deo offerimus, quando hoc mortale corpus a luxuriæ putredine per condimentum continentiæ custodimus.

VERS. 6. — *Anima mea liquefacta est, ut dilectus locutus est.* (105) Mens hominis Conditoris sui speciem non quærentis male dura est, quoniam in seipsa remanet frigida. At dum occultæ locutionis aspiratione tangitur, a statu suæ fortitudinis infirmata, ipso quo absorbetur desiderio liquatur; et cum ardere jam ex desiderio cœperit ad sequendum quem diligit, liquefacta per ignem amoris currit, et tanto frigescit a studio sæculi, quanto surgit ardentior in amore Dei. Fit desiderio anxia, vilescunt in sæculo cuncta quæ placebant, nihil est extra Conditorem quod libeat; et quæ prius delectabant animum, fiunt postmodum vehementer onerosa. Nihil ejus mœstitiam consolatur, quousque adhuc qui desideratur, non aspicitur. Mœret mens, lux ipsa fastidio est, talique igne in mente decoquitur rubigo culpæ, et succensus animus quasi aurimore, quia per usum speciem perdidit, per incendium clarescit.

VERS. 7. — *Quæsivi et non inveni illum, vocavi et non respondit mihi. Invenerunt me custodes qui circumeunt civitatem; percusserunt me, vulneraverunt me. Tulerunt mihi pallium meum custodes murorum* (106). Dilectum quærens sponsa non invenit, quoniam electa quæque anima jam quidem amoris ejus facibus fragrat, sed etiam quæsiti negatu species, ut amantis desiderium crescat. Et quasi in siti aqua subtrahitur, ut ejusdem sitis æstus augeatur; et quo hanc diutius sitiens desiderat, eo, quandoque cum venerit, avidius sumat. Sed hanc quærentem vigiles inveniunt, eamque vulnerant et ejus

---

(100) Lib. v Moral., cap. 22.
(101) Lib. XXII Moral., cap. 12, post medium.
(102) Lib. v Moral., cap. 22.
(103) Homil. XIX in Ezech., ante medium.

(104) Homil. X in Evang., sub finem.
(105) Lib. IV Moral., cap. 30; et Homil. XXV in Evangelia, post initium.
(106) Lib. XXVII Moral., cap. 1.

pallium tollunt, quia unamquamque animam Redemptoris sui speciem jam requirentem cum solliciti doctores inveniunt, hanc per prædicationis verbum cœlestis amoris spiculis vulnerant. Et si quod ei adhuc de vetusta conversatione tegmen inest subtrahunt, ut quo exuta ab hujus mundi onere redditur, eo is qui quæritur ab illa citius inveniatur.

VERS. 11. — *Caput ejus, aurum optimum.* (107) Appellatione auri, ipsa intima divinitatis claritas designatur, cum a sponsa species sponsi describitur. Quia enim caput Christi Deus, nihil vero est in metallis auro fulgentius. Sponsi caput aurum dicitur, quia ejus humanitas ex divinitatis suæ nobis claritate principatur.

CAPUT VI.

VERS. 3. — *Pulchra es, amica mea, suavis et decora, sicut Jerusalem, terribilis ut castrorum acies ordinata.* (108) Sancta universalis Ecclesia sub specie dilectæ describitur : quia enim Jerusalem *visio pacis* interpretatur, cujus nomine patria cœlestis exprimitur, sancta Ecclesia suavis et decora ut Jerusalem dicitur, cujus vita et desiderium visioni jam pacis intimæ comparatur, ut in eo quod auctorem suum diligit, quod ejus speciem videre concupiscit, de quo scriptum est : *In quem desiderant angeli prospicere* (I Petr. I); per ipsa jam amoris sui desideria angelis similis dicatur, quæ quantum Deo amabilis efficitur, tanto agitur ut malignis spiritibus terribilis fiat. Qualiter autem sit terribilis, subjuncta comparatione ostenditur, id est *ut castrorum acies ordinata.* Quid est quod sancta Ecclesia hostibus suis ut castrorum acies sit timenda ? Non enim a magno intellectu vacat ista comparatio, et idcirco est subtiliter intuenda. Scimus et constat quia castrorum acies tunc hostibus terribilis ostenditur, quando fuerit ita constipata atque densata, ut in nullo loco videatur interrupta. Nam, si ita disponitur ut locus vacuus per quem hostis possit ingredi dimittatur, profecto jam suis hostibus terribilis non est. Et nos ergo cum contra spiritus malignos spiritualis certaminis aciem ponimus, summopere necessarium est ut per charitatem semper uniti atque constricti, et nunquam interrupti per discordiam inveniamur. Quia quælibet in nobis bona opera fuerint, si charitas desit, per malum discordiæ locus aperitur in acie, unde ad feriendos nos hostis valeat intrare. Antiquus vero hostis inveniens castitatem in nobis, si sine charitate fuerit, non timet, quia ipse nec carne premitur, ut in ejus luxuria dissolvatur. Abstinentiam non timet, quia ipse cibo non utitur qui necessitate corporis non urgetur. Distributionem terrenarum rerum non timet, si eidem operi charitas desit, quia divitiarum subsidiis nec ipse eget. Valde autem charitatem in nobis veram, id est humilem amorem quem nobis vicissim impendimus timet, et nimis concordiæ nostræ invidet, quia hanc nos tenemus in terra

quam ipse, tenere nolens, amisit in cœlo. Bene ergo dicitur ! *Terribilis ut castrorum acies ordinata,* quia electorum multitudinem eo maligni spiritus pertimescunt, quo eos per charitatis concordiam unitos contra se et conglobatos aspiciunt. Quanta autem sit concordiæ virtus ostenditur, cum sine illa virtutes reliquæ, virtutes non esse monstrantur. Magna enim est virtus abstinentiæ ; sed, si quis sic ab alimentis abstineat ut cœteros in cibo dijudicet, et alimenta eadem, quæ Deus creavit ad percipiendum cum gratiarum actione, in fidelibus etiam damnet, quid huic virtus abstinentiæ facta est, nisi laqueus culpæ ? Unde Psalmista quoque, nullam esse abstinentiam sine concordia designans, ait : *Laudate eum in tympano et choro* (Psal. CL). In tympano enim curvum siccum resonat, in choro autem voces concorditer cantant. Quid ergo per tympanum nisi abstinentia, et quid per chorum nisi charitatis concordia designatur ? Qui itaque sic abstinentiam tenet, ut concordiam deserat, laudat quidem in tympano, sed non laudat in choro. Et sunt nonnulli, qui dum sapere plusquam necesse est student, a proximorum pace resiliunt, dum eos velut hebetes stultosque contemnunt. Unde per se Veritas admonet, dicens : *Habete in vobis sal, et pacem habete inter vos* (Marc. IX). Quisquis habere sal sapientiæ studet, curet necesse est, quatenus a pace concordiæ nunquam recedat. Quod vero de his duabus virtutibus diximus, hoc de cæteris omnibus sentiendum est. Unde Paulus terribiliter admonet dicens : *Pacem sectamini cum omnibus et sanctimoniam sine qua nemo videbit Deum.* Quia autem nihil sine concordia Deo placeat, ipsa per se Veritas demonstrat, dicens : *Si offers munus tuum ad altare, et ibi recordatus fueris quia frater tuus habet aliquid adversum te, relinque ibi munus tuum ante altare, et vade prius reconciliari fratri tuo, et tunc veniens offeres munus tuum* (Matth., V, 23). Ecce a discordantibus non vult accipere sacrificium, holocaustum suscipere recusat. Hinc ergo perpendite quantum sit malum discordiæ, propter quod et illud abjicitur, per quod culpa laxatur. Recte ergo sancta Ecclesia terribilis dicitur ut *castrorum acies ordinata,* quia electi qui castra spiritualis exercitus sunt, quoniam bellum contra potestates aereas susceperunt, semper in charitate sunt conjuncti, et hæc eadem eorum charitas malignis spiritibus, id est antiquis suis hostibus pœnam incutit timoris.

VERS. 6. — *Sicut cortex mali punici genæ tuæ absque occultis tuis.* (109) Genæ quippe sunt sanctæ Ecclesiæ spirituales Patres, qui pro eo quod charitate pleni sunt, carnem abstinentia domant, corda audientium prædicationis lumine illustrant, signa faciunt, virtutes operantur, miraculis coruscant. Per hoc quod eorum bona nobis foris innotescunt, non immerito in facie sanctæ Ecclesiæ venerabiles apparent. Cum enim videmus multos mira agere, ven-

---

(107) Lib. XXXIV Moral., cap. 13.
(108) Homil. VIII in Ezechielem.

(109) Homil. X in Ezech., in medio.

tura prophetare, mundum perfecte relinquere, cœlestibus desideriis ardere, *Sicut cortex mali punici sanctæ Ecclesiæ genæ habentur.* Sed quid est illud omne quod miramur in illius rei comparatione de qua scriptum est : *Quod oculus non vidit, nec auris audivit, nec in cor hominis ascendit, quæ præparavit Deus diligentibus se?* (*I Cor.* II.) Bene ergo cum miraretur genas Ecclesiæ, tunc subdit, *absque occultis tuis,* ac si aperte diceretur, ea quidem quæ in se non latent, magna sunt, sed illa valde inæstimabilia quæ latent.

VERS. 9. — *Quæ est ista quæ progreditur, quasi aurora consurgens?* (110) Aperte sancta Ecclesia quam sponsus hic admiratur, aurora comparata describitur : quæ peccati tenebras deserens ad lucem jam erupit æternitatis, quæ per cognitionem fidei a peccatorum suorum tenebris in clara luce justitiæ permutatur. Quia enim aurora a tenebris in lucem vertitur, non immerito auroræ nomine, omnis electorum Ecclesia designatur. Ipsa namque dum ab infidelitatis nocte ad lucem fidei ducitur, velut auroræ more in diem post tenebras splendore supernæ claritatis aperitur. Sancta itaque Ecclesia cœlestis vitæ præmia appetens, aurora vocata est, quia dum peccatorum tenebras deserit, justitiæ luce fulgescit. *Quasi aurora consurgit,* quia pravitatis pristinæ tenebras deserit, et sese in novi luminis fulgorem convertit. Habemus tamen subtilius aliquid, quod considerata qualitate auroræ pensemus. Aurora namque noctem quidem interiisse nuntiat, nec tamen diei claritatem ostendit, sed dum illam pellit, hanc suscipit, lucem tenebris permistam tenet. Quid itaque in hac vita, omnes qui veritatem sequimur, nisi aurora sumus? Quia et quædam jam quæ lucis sunt, agimus, et tamen quibusdam adhuc tenebrarum reliquiis non caremus. Per prophetam quippe Deo dicitur : *Non justificabitur in conspectu tuo omnis vivens* (*Psal.* CXLII). Rursumque scriptum est : *In multis offendimus omnes* (*Jac.* III). Paulus quoque ait : *Video aliam legem in membris meis repugnantem legi mentis meæ, et captivum me ducentem sub lege peccati, quæ est in membris meis* (*Rom.* VII). Ubi ergo lex peccati cum lege mentis contendit, profecto adhuc aurora est, quia lux quæ jam emicuit, necdum prætereuntes tenebras funditus pressit. Adhuc aurora est, quia dum lex carnis legem mentis et lex mentis legem carnis percutit, inter se vicissim lux et umbra confligunt. Unde rursum Paulus cum diceret : *Nox præcessit* (*Rom.* XIII), nequaquam subdidit, *dies venit ;* sed *dies autem appropinquavit* (*ibid*). Qui enim post discessum noctis non jam venisse, sed appropinquasse diem insinuat, esse se procul dubio ante solem post tenebras adhuc in aurora demonstrat. Tunc autem plene sancta electorum Ecclesia dies erit, quando interni luminis perfecto fervore claruerit. Tunc plene

dies erit, quando nullam malorum suorum tentantem memoriam tolerans, omnes a se tenebrarum etiam reliquias absconderit. Nunc autem adhuc tentationum molestias sustinens, quia per intentionem cordis ad aliud festinat Ecclesia, ad locum suum progreditur consurgens quasi aurora. Quis est enim locus auroræ, nisi perfecta charitas visionis æternæ ? Ad quem cum perducta venerit, jam de transactæ noctis tenebris nihil habebit. Quem locum si mente non cerneret, in hujus vitæ tenebris remaneret. Sed dum quotidie augeri locum suum jam conspicit, et plenæ sibi clarescere solem quærit, locum suum aurora considerat, quando sancta anima ad contemplandam Conditoris sui speciem flagrat. Ad locum suum pertingere aurora satagebat, cum David diceret : *Sitivit anima mea ad Deum vivum. Quando veniam et apparebo ante faciem Dei?* (*Psal.* XLI.) Ad hunc locum quem cognoverat, pervenire aurora festinabat, cum desiderium habere se diceret *dissolvi et esse cum Christo* (*Philipp.* I). Et rursus : *Mihi vivere Christus est, et mori lucrum* (*ibid.*). Et rursum : *Scimus quoniam si terrestris domus nostra hujus habitationis dissolvatur, quod ædificationem ex Deo habemus, domum non manufactam, æternam in cœlis* (*II Cor.* V). De hac aurora beatus Job loquitur dicens : *Sit nox illa solitaria nec laude digna, exspectet lucem et non videat, nec ortum surgentis auroræ* (*Job* III). (111) In illa igitur luce quæ in districti Judicis adventu monstratur, corpus damnati hostis ortum surgentis auroræ non videt, quia cum districtus judex ad retributionem venerit, iniquus quisque suorum caligine meritorum pressus, quanta claritate sancta Ecclesia in intimum lumen cordis surgat, ignorat. Tunc namque electorum mens in altum rapitur ut divinitatis radiis illustretur et quo ejus respectu perfunditur, eo ultra se gratia coruscante sublevatur. Tunc sancta Ecclesia plena aurora fit, cum mortalitatis atque ignorantiæ suæ tenebras funditus amittit. In judicio ergo adhuc aurora est, sed in regno dies, quia etsi jam cum restauratione corporum videre lumen in judicio inchoat, ejus tamen visum in regno plenius consummat. Ortus itaque auroræ est exordium clarescentis Ecclesiæ, quem videre nequeunt reprobi, quia a conspectu districti Judicis malorum suorum pondere ad tenebras pressi pertrahuntur. Unde recte quoque per prophetam dicitur : *Tollatur impius, ne videat gloriam Dei* (*Isa.* XXVI).

CAPUT VII.

VERS. 4. — *Nasus tuus sicut turris Libani.* (112) Quæ rogo laus est, fratres charissimi, ut sponsæ nasus sponsi voce turri comparetur ? Sed quia rem quam oculis non cernimus, plerumque odore prævidemus, per nasum quoque semper odores fetoresque discernimus, quid per nasum Ecclesiæ, nisi sanctorum et prælatorum provida discretio designa-

---

(110) Lib. IV Moral., cap. 14, in medio ; et lib. XXIX, cap. 2.
(111) Lib. IV. Moral., cap. 4, in medio.

(112) Pastoralis, parte III, admon. 33 ; et lib. XXXI Moral. cap. 17, post medium. Item homil. XI in Ezechielem post initium.

tur Turris vero speculationis in altum ponitur, ut hostis veniens a longe videatur. Recte ergo nasus Ecclesiæ turri, quæ est in Libano, similis dicitur, quia sanctorum provida discretio dum sollicite circumquaque conspicit, in altum posita priusquam veniat culpa, deprehendit, eamque quo vigilantius prænotat, eo fortius declinat. Recte nasus Ecclesiæ turri quæ est in Libano similis dicitur, quia discreta sanctorum providentia ita in alto sita est, ut tentationum certamina et priusquam veniant, et contra ea dum venerint, munita subsistat. Quæ enim futura prævidentur, cum præsentia fuerint, minoris virtutis fiunt, quia dum contra ictum quisque paratior redditur, hostis, qui se inopinatum credidit, eo ipso quo prævisus est, enervatur. Recte nasus Ecclesiæ turri quæ est in Libano similis dicitur, quia videlicet præpositorum discretio et munita semper debet esse ex circumspectione, et in altitudine vitæ consistere, id est in valle infirmi operis non jacere. Sicut enim turris in monte idcirco ad speculandum ponitur, ut hostes qui veniunt longius videantur sic prædicatoribus vita semper in alto debet fixa permanere, ut more narium discernat fetores vitiorum odoresque virtutum, incessus malignorum spirituum longe prospiciat, et commissas sibi animas per suam prudentiam cautas reddat. (113) Esse ergo speculatoris vita et alta debet semper et circumspecta. Neque hoc speculatori sufficit ut alte vivat, nisi et alte loquendo ad alta auditores suos pertrahat, eorumque mentes ad amorem cœlestis patriæ loquendo succendat. Ne enim terrenarum rerum amori succumbat, alta fit ne occulti hostis jaculis feriatur, ex omni latere sit circumspecta.

VERS. 12. — *Mane surgamus ad vineas; videamus si vinea floruit, si flores fructus parturiunt.* (114) Florent quippe vineæ, cum mentes fidelium bona opera proponunt, sed fructus non parturiunt, si ab eo quod proposuerunt aliquibus victi erroribus infirmantur. Non ergo intuendum est si vineæ floreant, sed si flores ad partum fructuum convalescant, quia mirum non est si quis bona inchoet, sed valde mirabile est si intentione recta in bono opere perduret. Unde fit plerumque ut, si in bono opere recta intentio non tenetur, etiam ipsum hoc opus bonum quod creditur amittatur. Pensandum namque nobis est qualiter vinea in primo flore læditur. Si florentem vineam per inæqualitatem aeris immoderatum frigus attigerit, protinus ab omni humore viriditatis arefacit. (115) Et sunt nonnulli qui post perversa itinera, sanctas vias sectari appetunt, sed priusquam in eis, ut diximus, desideria bona roborentur, quædam illos præsentis sæculi prosperitas accipit. Quæ eos rebus exterioribus implicat, et eorum mentem dum calorem intimi amoris retrahit, quasi ex frigore exstinguit; et quidquid in eis de virtutum flore apparere videbatur interficit. In terrenis quippe actibus valde frigescit animus, si necdum fuerit per intima dona solidatus. Unde necesse est ut loca majora vel exteriora opera quæ sint humanis necessitatibus profutura, illi suscipiant exercenda qui hæc dijudicare atque sub semetipsis premere ex intima virtute noverint. Nam cum infirmus quisque, vel ad locum regiminis vel ad exteriora agenda retrahitur, quo quasi extra se ducitur, eradicatur, quia et arbor quæ radices in altum prius non mittit, citius ventorum impetu sternitur, si se ad altum verticis extollit: eoque citius ad ima corruit, quo altius in aere sine radicibus excrevit. Nonnunquam vero florentem vineam non frigus, sed æstus arefacit, cumque immoderato calore tangitur, discusso flore botrus tabescit. Et plerumque contingit ut hi qui ad bona recta intentione non veniunt, cum placere se hominibus vident, ad exercenda hæc eadem opera, vehementius accendantur, humanis placitura oculis agere anxie studeant, et quasi in sancto studio fervescant. Quid itaque istos, nisi in flore æstus contigit, quos humanæ laudis appetitio, a fructu alienos fecit? Sed sciendum est quod hæc semper eis eveniunt qui Deum puro ac simplici studio non sequuntur.

CAPUT VIII.

VERS. 5. — *Quæ est ista quæ ascendit de deserto, deliciis affluens?* (116) Nimirum sancta Ecclesia, nisi verborum Dei deliciis afflueret, de deserto vitæ præsentis ascendere ad superiora non posset. Deliciis ergo affluit et ascendit, quia dum mysticis intelligentiis pascitur, ad superna quotidie contemplanda sublimatur. Deliciis affluere est in amore omnipotentis Scripturæ sacræ deliciis satiari: in cujus nimirum verbis tot delicias invenimus, quot ad profectum nostrum intelligentiæ diversitates accipimus. Ut modo nuda nos pascat historia, modo sub textu litteræ velata medullitus nos reficiat moralis allegoria, modo ad altiora suspendat contemplatio, in præsentis vitæ tenebris jam de lumine æternitatis intermicans. Et sciendum quod quisquis deliciis affluit, in quadam sui parte resolvitur, atque a laboris studio quasi ex lassitudine relaxatur, quia nimirum anima, cum interius deliciis abundare cœperit, terrenis jam operibus incubare minime consentit. Sed amore Conditoris capta est, et sua captivitate jam libera, ad contemplandam ejus claritatem deficiendo suspirat, et quasi lassescendo convalescit, quia dum sordida onera portare jam non valet, ad illum per quietem properat, quem intus amat. Hinc etiam Psalmista ait: *Et nox illuminatio mea in deliciis meis* (Psal. CXXXVIII); quia, dum per intellectum mysticum studiosa mens reficitur, jam in ea vitæ præsentis obscuritas fulgore diei subsequentis illuminatur, ut etiam in hujus corruptionis caligine in intellectum illius vis futuri luminis erumpat, et verborum deliciis pasta prægustando discat quid de pabulo veritatis esuriat.

---

(113) Homil. XI in Ezech., paulo ante prædicta.
(114) Lib. XII Moral., cap. 24.

(115) Ibidem, paulo antea.
(116) Lib. XVI Moral., cap. 9.

Quæ est ista quæ ascendit dealbata? (117) Quia sancta Ecclesia cœlestem vitam naturaliter non habet, sed superveniente Spiritu, pulchritudine donorum componitur, non alba, sed dealbata, sponsi voce memoratur. Unde etiam cum hæretici in Ecclesia superbientes increparentur, fideles quique veraciter humiles, tincturæ mundissimæ nominati sunt, cum a beato Job dicitur : *Nec tincturæ mundissimæ componentur (Job* XXVIII). Tincturæ mundissimæ vocantur hi qui veraciter sunt humiles et veraciter sancti, qui sciunt quidem quia ex semetipsis virtutum speciem non habent, sed hanc ex dono gratiæ supervenientis tenent ; tincti enim non essent, si sanctitatem naturaliter habuissent. Sed mundissimæ tincturæ sunt, quia humiliter custodiunt supervenientem in se virtutum gratiam, quam acceperunt. Tincturæ mundissimæ recte nominantur, hi qui prius per prava opera fœdi fuerant, superveniente tamen Spiritu, nitore gratiæ vestiuntur, ut longe aliud appareant esse quam erant. Unde etiam baptisma, id est tinctio, dicitur ipsa nostra in aquam descensio. Tingimur quippe, et qui prius indecori eramus deformitate vitiorum, accepta fide reddimur pulchri gratia et ornamento virtutum.

VERS. 6. — *Pone me ut signaculum super cor tuum.* (118) Solet Scriptura sacra pro fide appellare signaculum, nam filius junior qui, consumpta substantia, ad patrem rediit, in munere annulum accepit. Gentilis enim populus qui, immortalitate perdita, ad Deum pœnitendo revertitur, per fidei signaculum munitur. Idcirco autem signaculum rebus ponitur, ne qua diripientium præsumptione temerentur. Sponsus ergo qui hic Ecclesiæ loquitur, in cor signaculum ponit, quando fidei ejus mysterium in custodia nostræ cogitationis imprimitur, ut ille infidelis servus, nimirum noster adversarius, cum signata fide corda considerat, tentando ea irrumpere non præsumat.

IBID. — *Fortis est ut mors dilectio.* (119) Fortitudo charitatis veræ sanctæ Ecclesiæ voce laudatur, et virtuti mortis dilectio comparatur, quia videlicet sicut mors corpus interimit, sic ab amore rerum corporalium, et a dilectione mundi mentem, quam semel cœperit, æternæ vitæ charitas funditus occidit. Nam quem perfecte absorbuerit, ad terrena foris desideria velut insensibilem reddit, et tanto huic violentius in auctoritatem erigit, quanto et insensibilem contra terrores reddit. (120) Quisquis enim in solo æternitatis desiderio figitur, nec prosperitate attollitur, nec adversitate quassatur ; dum nihil habet in mundo quod appetat, nihil est de mundo quod pertimescat. An non Paulus igne hujus dilectionis ardebat, qui dicebat : *Certus sum enim quia neque mors, neque vita, neque angeli, neque principatus, neque instantia, neque futura, neque fortitudo,* neque altitudo, *neque profundum, neque creatura alia poterit nos separare a charitate Dei, quæ est in Christo Jesu Domino nostro* (Rom. VIII).

VERS. 8. — *Soror nostra parvula est, et ubera non habet.* (121) Sicut uniuscujusque hominis, sic sanctæ Ecclesiæ ætas describitur. Parvula quippe tunc erat, cum a nativitate recens verbum prædicare non poterat ; quia nimirum priusquam proficeret per incrementa virtutis, infirmis quibusdam auditoribus præbere non potuit ubera prædicationis. Adulta vero Ecclesia dicitur, quando verbo Dei copulata, Spiritu sancto repleta, per prædicationis mysterium in filiorum conceptione fetatur, et quos exhortando parturit, convertendo parit.

VERS. 13. — *Quæ habitas in hortis, amici auscultant : fac me audire vocem tuam.* (122) Ecclesia quippe cui hæc sponsi colloquio dicuntur, in hortis habitat, quæ ad viriditatem intimam exculta, plantaria virtutum servat. In hortis est sancta Ecclesia, in hortis unaquæque anima habitat, quæ jam viriditate spei et bonorum operum fertilitate repleta est. Sicca quippe species hujus sæculi, quia omnia quæ hic amantur, cum festinatione marcescunt. Et Petrus apostolus nos festinare admonet, dicens : *In hæreditatem incorruptibilem et incontaminatam et immarcessibilem (I Petr.* I). Quæ ergo jam in hortis habitat, oportet ut sponsum suum vocem suam audire faciat, id est in tantum bonum prædicationis emittat, in qua ille delectetur quem desiderat. Quam videlicet vocem sponsus audire desiderat, quia ad prædicationem ejus per electorum suorum animas anhelat. Quia *amici auscultant,* videlicet omnes electi, qui ut ad cœlestem patriam reviviscant, verbum vitæ ab ea, verbum prædicationis illius audire desiderant. Quisquis igitur in sancta Ecclesia videndo spiritualia proficit, oportet ut hæc loquendo etiam aliis propinet. Videt quippe ut annuntiet qui in se proficit ; etiam prædicando de profectu proximi curam gerit. Unde et alibi scriptum est : *Qui audit, dicat : Veni* (*Apoc.* XXII). Cui enim jam vox vocantis Dei efficitur in corde, necesse est ut proximo per prædicationis officium erumpat in voce, et idcirco alium vocet, quia jam ipse vocatus est.

VERS. 14. —*Fuge, dilecte mi, fuge.* (123) Fugit nos, dicimus, quoties menti nostræ in quo reminisci volumus, non occurrit ; fugit nos, dicimus, quando id quod volumus, memoria non tenemus. Sancta ergo Ecclesia postquam mortem ac resurrectionem Domini ascensionemque descripsit, clamat ei prophetico plena spiritu : *Fuge, dilecte mi, fuge.* Ac si diceret : Tu qui ex carne comprehensibilis factus es, ex divinitate tua intelligentiam nostri sensus excede, et in teipso nobis incomprehensibilis permane. (124) Unde recte per Psalmistam dicitur : *Caligo sub pedibus ejus, et ascendit super cherubim et vola-*

---

(117) Lib. XVIII Moral., cap. 27, in fine.
(118) Lib. XXIX Moral., cap. 4.
(119) Lib. X Moral., cap. 12, in fine.
(120) Aliquanto antea.

(121) Lib. XIX Moral., cap. 9.
(122) Pastoralis, parte III, admon. 26.
(123) Lib. XVII Moral., cap. 15.
(124) Ibidem, aliquanto antea.

nit, volavit super pennas ventorum, et posuit tenebras latibulum suum (Psal. XVII). Caligo est namque ei sub pedibus, quia non ea claritate ab inferioribus cernitur, qua in superioribus dominatur. *Ascendit enim super Cherubim et volavit.* Cherubim quippe plenitudinem scientiæ dicitur. Proinde super plenitudinem scientiæ ascendisse perhibetur et volasse, quia majestatis ejus celsitudinem scientia nulla comprehendit. *Volavit igitur,* quia longe in altum ab intellectu nostro se rapuit. *Volavit super pennas ventorum,* quia scientiam transcendit animarum. *Et posuit tenebras latibulum suum,* quia dum caligine mentis nostræ obscuramur, per ignorantiam nostram nobis absconditur, ne a nobis modo in æterna et intima claritate videatur. Majestatis suæ potentiam mortalibus abscondit, nec a nobis in hac vita regni ejus gloria quanta intrinsecus habetur, agnoscitur; et sicut est illa cœlestis regni gloria non videtur. Unde, fratres charissimi, oportet ut illuc sequamur Dominum corde, ubi eum corpore ascendisse credimus. Desideria terrena fugiamus, nihil jam nos delectet in infimis, qui Patrem habemus in cœlis. Et hoc nobis est magnopere perpendendum, quia is qui placidus ascendit, terribilis redibit, et quidquid nobis cum mansuetudine præcepit, hoc a nobis cum districtione exiget. Nemo ergo indulta pœnitentiæ tempora parvipendat, nemo curam sui dum valet agere, negligat, quia Redemptor noster tanto tunc in judicium districtior veniet, quanto nobis ante judicium magnam patientiam prærogavit. Hæc itaque nobiscum, fratres, agite, hac in mente sedula cogitatione versate, quamvis adhuc rivum perturbationibus animus fluctuet, jam tamen spei nostræ anchoram in æterna patria figite, intentionem mentis in vera luce solidate. Ecce ad cœlum ascendisse credimus Dominum, hoc ergo servemus in meditatione quod credimus; etsi adhuc hic tenemur infirmitate corporis, sequamur tamen eum passibus amoris. Non autem deserit desiderium nostrum ipse qui dedit, Jesus Christus Dominus noster, qui vivit et regnat cum Patre in unitate Spiritus sancti Deus per omnia sæcula sæculorum. Amen.

EXPOSITIO ALTERA SUPER CANTICA CANTICORUM.

PRÆFATIO AUCTORIS.

Domine, Deus noster, qui ad imaginem et similitudinem tuam creasti nos, scilicet ad te contemplandum, teque fruendum; quem nemo usque ad fruendum contemplatur, nisi in quantum similis tibi efficitur; summi boni species, quæ rapis omnem animam rationalem desiderio tui, tanto ad te ardentiorem quanto in se mundiorem, tanto autem mundiorem quanto a corporalibus ad spiritualia liberiorem, libera a servitute corruptionis id quod tibi soli deservire debet in nobis, amorem nostrum. Amor enim est qui cum liber est, similes nos tibi efficit in tantum, in quantum nos tibi afficit sensus vitæ, quo te sentit; quicunque vivit de spiritu vitæ, qui, sicut dicit Apostolus, « revelata facie, » speculans gloriam tuam, « in eamdem imaginem » transformatur « a claritate in claritatem, sicut a Domini spiritu *(II Cor.* III). » Cum enim amamus quamcunque creaturam, non ad utendum ad te, sed ad fruendum in se, fit amor jam non amor, sed cupiditas vel libido, sive aliquid hujusmodi, cum damno libertatis perdens etiam gratiam nominis, et comparatur miser homo jumentis insipientibus et similis eis efficitur. Hoc autem est omne peccatum ejus male frui et male uti, cum amat vel rem quamcunque, vel proximum, vel seipsum, non ad utendum, ut dictum est, ad te, sed ad fruendum in se. Quamvis et proximo et seipso fruendum sit, sed non nisi in te, te vero, o vita vitarum et bonum omnium bonorum, et in te, et in se. Et hic est vivens et luminosus amor, liber et liberans a corruptione, quanto purior, tanto dulcior; quanto fortior in affectu, tanto constantior in effectu, dum per pietatem dulcescit in conscientia; per justitiam vero viget in operis materia. Libera eum, Domine, in nobis; ut caste amet Sponsa tua, anima Christiana, donata sanguine tuo, pignorata spiritu tuo, ut inter vitæ hujus ærumnosas pressuras in tædio peregrinationis suæ a te et prolongati incolatus in terra aliena cantet tibi amatoria sua, et respiret, et levior ei fiat dolor suus, afficiatur tibi, et interim obliviscatur ubi est, accipiat aliquid per quod intelligat quod ei deest. Jam tempus miserendi, jam venit tempus, cum lactasti eam, et eduxisti in solitudinem, ut ibi loquereris ad cor ejus.

Loquere ergo, et dic ad eam et ad cor ejus: « Salus tua ego sum *(Psal.* XXXIV), » dic ut audiat, inspira ut sentiat, da ut habeat, ut benedicant tibi omnia interiora ejus, et dicant tibi omnia ossa ejus: « Domine, quis similis tibi *(ibid.)*, » o adjutor ejus et susceptor, et in alloquio tui solius confusione confundantur multi qui dicunt ei: « Non est salus illi in Deo ejus *(Psal.* III). » Colloquio tuo amor, si non est, fiat; si est, crescat et invalescat, donec captiva ancilla tua jure belli et sorte victoriæ conquisita, inveniens gratiam in oculis tuis per fructus dignos pœnitentiæ, secundum legem, amputatis a te omnibus ejus superfluis, perpetua charitate et insolubili conjunctione transeat in amplexum victoris. Ob hoc epithalamium, canticum nuptiale, canticum sponsi et sponsæ aggredientes revolvendum et inspiciendum opus tuum, sancte Spiritus, te invocamus, ut amore tuo repleamur, o amor, ad intelligendum canticum amoris, ut et nos colloquii Sponsi et Sponsæ aliquatenus efficiamur participes, ut agatur in nobis quod legitur a nobis. Ubi enim de affectibus agitur, non facile nisi a similiter affectis capitur quod dicitur. Afflue ergo nos tibi, sancte Spiritus, sancte Paraclite, sancte Consolator, consulare paupertatem solitudinis nostræ, nullum extra te solatium requirentis, illumina et vivifica desiderium tendentis, ut efficiatur amor fruentis. Adesto, ut vere amemus, ut de fonte amoris tui prodeat quidquid sentiemus vel dicemus. Canticum amoris tui sic a nobis legatur, ut amorem ipsum in nobis accendat: ipse vero amor canticum suum per se nobis aperiat. Non autem profundiora illa mysteria, quæ in eo continentur, attentamus de Christo et Ecclesia, sed cohibentes nos intra nos, et in nobismetipsis nosmetipsos metientes, de sponso ac sponsa, de Christo et de Christiana anima, sensum tantummodo moralem aliquem, in quo omnibus audere licet, pro sensus nostri paupertate perstringimus, laboris nostri non alium requirentes fructum, quam similem materiæ, id est amorem ipsius.

EXPOSITIO.

Liber ergo hic Salomonis Canticum canticorum inscribitur, vel quia sensuum dignitate et materiæ prærogativa super omnia antiqua patriarcharum seu prophetarum cantica excellere videtur, agens de sponso ac sponsa, Christo et rationali anima, vel quia sanctorum potius affectuum convenientia jubilatur a beato populo, qui scit jubilationem, in lumine vultus Dei ambulans, quam diversorum sonorum vocali concordia decantetur. Agit enim de amore Dei, vel quo Deus amatur, vel quo ipse Deus amor dicitur, qui utrum amor dicatur, an charitas, an dilectio non refert, nisi quod in amoris nomine tener quidam amantis indicari videtur affectus, tendentis vel ambientis; in nomine vero charitatis spiritualis quædam affectio, vel gaudium fruentis; in dilectione autem rei delectantis appetitus naturalis: quæ tamen omnia in amore sponsi et sponsæ unus atque idem Spiritus operatur. Amori vero sponsi et sponsæ ad cantandum Canticum novum sic serviunt omnium sanctarum virtutum affectus, ut si bene et suo ordine processerint earum profectus, omnes transeant et terminentur in ejus effectus. Cætera quidem evacuantur: « Charitas nunquam excidit (*I Cor.* XIII). » Vel Canticum canticorum dicitur, quia quatuor in se videtur cantica continere. Quatuor siquidem divisionibus distinguitur, quæ singulæ suo accubitu, id est sponsi ac sponsæ conjunctione terminantur. Quam conjunctionem, ob reverentiam sacramenti magni in Christo et Ecclesia, placuit Spiritui sancto honestiore nomine honorare, et accubitum potius appellare quam concubitum, dicente sponsa: « Dum esset rex in accubitu suo nardus mea dedit odorem suum (*Cant.* I). » Unusquisque vero accubitus præmissum habet epithalamium suum, id est canticum nuptiale, quo sponsus et sponsa quasi deducuntur ad thalamum, et in hoc concluditur, ut sponsæ in amplexu sponsi quiescenti, agente ipso sponso, pax ordinetur et quietis securitas, adjurante eo ac dicente: « Adjuro vos, filiæ Jerusalem, ut non suscitetis, neque evigilare faciatis amicam, donec ipsa velit (*Cant.* II). » Quartus tamen, qui et ultimus, altiore mysterio aliter videtur concludi, quia cum alii de conjunctione sponsi et sponsæ, quasi festivum videantur gaudium præcinere, ille sic terminatur, ut magnopere fuga sponso indicatur a sponsa prædicante ac dicente: « Fuge, dilecte mi, et assimilare capreæ hinnuloque cervorum (*Cant.* III). » Quod quale sit, si sponsus ipse dignabitur revelare, suo loco dicetur. Scribitur autem Canticum hoc in modum dramatis et stylo comico, tanquam per personas et actus recitandum, ut sicut in comœdiis recitandis personæ diversæ et diversi actus, sic et in hoc Cantico concurrere sibi videantur personæ et affectus, ad peragendum susceptum negotium amoris, et mysticum contractum divinæ et humanæ conjunctionis. Personæ vero quatuor sunt: Sponsus et sodales ejus, sponsa et adolescentularum chorus. Sodales sponsi angeli sunt, bonis nostris congaudentes et congruis in hoc ministeriis deservire amantes. Porro adolescentulæ sunt teneræ ac novellæ animæ, quæ, in disciplinam ac professionem spiritualis amoris datis nominibus, humilitatis obsequiis et imitationis studio sponsæ, id est perfectioribus, gaudent adhærere. Sic tamen amantibus tota amoris actio relinquitur; ut silentibus coamantibus, et stantibus, et audientibus, et gaudio gaudentibus ad vocem sponsi et sponsæ, in toto hoc Cantico vix audiatur vox, vel locutio interseratur, nisi sponsi ac sponsæ.

Propositi vero dramatis historialis, fabulæ, seu parabolæ hoc potest esse argumentum. Rex Salomon filiam Pharaonis Ægyptii duxit uxorem. Cui primo sponsalis et amoris et osculi aliquantam gratiam indulsit, deinde vero post ostensas ei ex parte divitias et parte gloriæ suæ, et a mutua conjunctione et ab osculi gratia eam amovit, donec Ægyptia nigredine deposita, barbaræ nationis exuta consuetudine, digna fieret quæ ad thalamum regium admitteretur. Sensus autem spiritualis hic est. Conversa ad Deum anima, et verbo Dei maritanda, primo prævenientis gratiæ divitias intelligere perdoceretur, et permittitur gustare quoniam suavis est Dominus: postmodum vero in domum conscientiæ suæ remittitur erudienda, castificanda in obedientia charitatis, et perfecte mundanda a vitiis, et perornanda virtutibus, ut ad spiritualem gratiam pietatis admittit, et affectum virtutum, qui sponsi thalamus est, digna habeatur.

Hæc in principio præmitti oportuit, ut deinceps itinere expedito curramus in odorem sponsi, præfixa tamen conditione, ut, si alicubi interdum pulchritudo viæ paulo curiosiores nos habuerit inspectores, non offendat conviantem. Sed et priusquam propositum aggrediamur iter, cum omnes Cantici hujus partes non nisi diversi sint status orantium, vel formæ, vel causæ, vel materiæ orationum; de variis orationum modis aliqua disserenda esse videntur, ut studiosus ac pius lector Cantici ipsius lectionem percurrens, semper recurrat ad semetipsum, et cum invenerit eos in Cantico sancto, recognoscat eos in corde suo. Tres ergo status esse orantium vel orationum, manifestum est: animalem, rationalem, spiritualem. Unusquisque secundum modum suum format sibi, vel proponit Dominum Deum suum, quia qualis est ipse qui orat, talis ei apparet Deus quem orat. Etenim, qui fideliter orat, sicut solidum quid dignumque Deo offerre semper nititur in oratione quod offerat, sic anxium habet cor ac suspectum, donec aliquatenus videat coram quo illud deponat, vel cui committat. Homo vero animalis orans Deum, sed nesciens orare quemadmodum oportet, petens aliquid a Deo, præter ipsum, vel ad ipsum, et ut multum proficiat in ordine suo, et prudentior inveniatur in generatione sua, non ut munda sit conscientia a malis operibus et corde a pravis cogitationibus, talem se Deo offert qualis est, aliud quid scilicet per ipsum desiderantem ac petentem, nec alterius formæ requirit Deum quam cujus ipse est, id est præter semetipsum, alia quæ petuntur præstantem. Quod et si aliquando intendere videtur in eum quem orat, sufficit ei quasi oculis cordis proponere sibi vel cogitare incogitabilem, invisibilem, incomprehensibilem, nec cogitare nec suspicere sufficit Deum, in eo quod est, sed in eo solo quod potens est postulata præstare. Homo hic aliquando orat spiritu, non mente, et spiritus ejus, id est voluntas, orat; mens autem ejus sine fructu est. Nunquam enim sine mentis fructu in Deum intenditur, cum intenditur, etiam cum aliud quid quam quod ipse est rationabiliter postulatur. Homo hic, oratione sua verba multiplicans, aliquando etiam sine sensu, cogitationes sine intellectu, sensum vel affectum ad Deum non requirit: quem, etiamsi quasi ultro ei ingeritur, in aliud convertit, et ideo sicut carnali olim Israel semper ei Deus in caligine est quem orat.

Hunc autem orationis modum Canticum amoris non recipit, in quo non nisi unum petit, unum orat, quæ unum desiderat, unum amat. Est etiam animalis quædam sanctorum oratio, quæ, etsi aliquando etiam in beneplacitis hominum operantium iniquitatem, sicut pro temporali pace, pro fertilitate terræ, pro sanitate corporum, non tamen in hoc communicant cum electis eorum, quia, etsi petunt aliud, non tamen propter aliud vel ad aliud quam ad unum. Petunt autem pie, sancte, committentes totum, ac dimittentes voluntati ejus quem orant, utrum dandum sit vel non dandum quod postulant. Et aliquando quidem qui sic est proponit mentis suæ oculis Dominum Salvatorem secundum formam humanam, et sicut homo ad hominem humanam quamdam et quasi corpoream induit orationis affectionem, constituens sibi eum quem orat, rem quasi in medio, pro qua orat, et secundum formam constitutionis suæ format etiam modum orationis suæ. Modus tamen hic orandi plus solet esse simplicitatis religiosæ non percipientis adhuc quæ Dei sunt, quam vel animalitatis ignavæ, vel prudentiæ humanæ. Quæ, cum coram Jesu pio judice fideliter hoc quod habet exponit, et ad pedes ejus se componit, lacrymis pedes ejus lavans, et ungens unguento piæ devotionis spiritualiter; hoc ipsum tamen plus ipsa sibi imaginans corporaliter, ex dulcedine ipsius animalis imaginationis sæpe illuminari meretur, et incalescere in affectum spiritualis orationis vel contemplationis; modo quodam sibimet incognito, de imaginationibus ipsis corporeis quædam sibi concipiens sacramenta pietatis; plus hoc agente in corde simplici præstantis gratia, quam studio precantis. Diligit enim multum, et ideo præstatur vel dimittitur ei multum; et in eis etiam quæ foris sunt, sæpe meretur impetrare multum. Nempe pium est etiam sic ad Deum accedere, et sicut dicit Job, etiam sic *visitans* homo *speciem suam* in Deo (*Job* v), hoc est similitudinem suam cogitans, non peccat; et adorandus et colendus est Dominus Deus omnium ex multarum personis facierum. Sed tamen usque hodie dicit Jesus discipulis suis: « Expedit vobis ut ego vadam (*Joan.* XVI), » hoc est, subtraham aspectibus vestris humanitatis meæ personam: « Nisi enim abiero, Paraclitus non veniet ad vos (*ibid*); » quia quandiu ab orante, in eo quem orat corporeum quid cogitatur, pie quidem, sed non omnino spiritualiter oratur. Deus enim « spiritus est (*Joan.* IV)', » et necesse est qui eum adorat « in spiritu et veritate adorare (*ibid.*). »

Modus autem hic orandi formari solet ex forma fidei, vel symbolo; cum de Christianæ fidei pietate quod fideliter creditur, veraciter ac simpliciter amatur; et transit in affectum imaginatio corporearum in Domino Jesu Christo dispensationum. Ideo qui rationalis est, et ratione agitur, hoc ipsum ratione suggerente in laboribus laborans sibi agit satagitque, donec victor sui hæc omnia supergrediatur, et in ea quæ spiritus sunt evadat; voluntas bona transeat in mentem bonam; desiderium tendentis in intellectum videntis, vel amorem fruentis. Cumque adjuvante Spiritu sancto infirmitatem hominis, imagini Dei sua incipit species renovari, superveniens gratia rationem, mentem, vitam, mores, ipsum etiam corporis temperamentum, efficit et conformat in unum affectum pietatis, in unam effigiem charitatis, in unam faciem Deum exquirentis; cum affectat homo cognoscere Deum, inquantum fas est, et cognosci ab eo; revelari sibi faciem ejus gratiæ, ipsum vero conscientiæ suæ; ut cognoscens eum, et cognitus ab eo, oret eum et adoret, sicut oportet, in spiritu et veritate. Et ipse est Sponsus, et ipsa est Sponsa; et ipsum est mutuum eorum colloquium. Cum enim juxta promissum Domini ad diligentem se venire incipit, et mansionem facere dignatio divinitatis (*Joan.* XIV), aliquatenus innotescit ei; et quoniam non potest homo faciem ejus videre et vivere, hoc est plenam ejus cognitionem in hac vita apprehendere, collocat in sensu amantis, et commendat aliquam cognitionis suæ effigiem, non præsumpti phantasmatis, sed piæ cujusdam affectionis; quam vivens adhuc in carne capere possit homo vel sustinere. Ipsæ sunt primitiæ spiritus, arrha, sive dos sponsa thalami; tanto dignior et largior, quanto thalamo Sponsi fit Sponsa aptior, sive propinquior. Hanc vir desideriorum acceptam a Deo commendat, non tam arbitrio suo in memoria quam gratiæ Dei in conscientia sua; unde rediturus ad orationem eam repetat, et auctori suo rem suam, et gratiæ suæ pignus ingerens, fiducialius coram eo appareat. Quæ quo sæpius redditur principio suo, et devotius ac fidelius reconsignatur; eo dignior Deo fit, et efficacior ac dulcior possessori suo; nam et vulgaris solet esse ista rerum quarumlibet cognitio, imaginem cognitæ rei, menti seu memoriæ impressam habere; et tanto habere rem cognitam notiorem, quanto penes se imaginem ejus habet expressiorem. Quod cum de Deo fit in homine, licet menti utcunque cognitæ divinitatis magna quædam nonnunquam informetur similitudo, hoc in ea absque omni phantastica imaginatione, agente puritate simplicis affectus et illuminati sensus amoris; quod circa communem rerum cognitionem agere videtur imaginatio earum in memoria cognoscentis. Magnam tamen in hoc facit dissimilitudinem naturæ illius celsitudo; quia fit similitudo illa tanto inferior, quanto in inferiore natura; tanto dissimilior, quanto in dissimiliore materia, Creatoris scilicet in creatura, Dei in anima. Sed rursum divinæ gratia illa cognitionis, quæ, sicut dictum est, non fit nisi in sensu vel intellectu illuminati amoris, super omnes cogitationes rerum ditat de se et beatificat cognitorem suum; condescendens ei ac sublevans eum ad se, tantoque dulcius ei celsitudinis suæ majestates in familiares quasdam et amicas convertens affectiones et experientias divinæ cujusdam suavitatis et bonitatis, quanto beatus pauper spiritu et humilis et quietus, et tremens sermones Domini, et simplex animus, cum quo solet esse sermocinatio Spiritus sancti, ante cognitionis vel intellectus ipsius reverentiam, paupertatis et humilitatis et simplicitatis suæ verius et devotius recognoverit infirmitates; et sensus ad hoc attulerit, tanto subtiliores quanto simpliciores; non tam in litteratura, quam in potentiis Domini, et in justitia ejus solius.

Hic est calculus candidus de Apocalypsi, « habens nomen in se scriptum, quod nemo scit, nisi qui accipit (*Apoc.* XIX). » Hæc est suavitas, de qua scriptum est in laude Sapientiæ : « quia non invenitur in terra suaviter viventium (*Job* XXVIII). » Habet ergo orator iste rationalis vel spiritualis (quandiu quippe ratione agente nititur ad hoc rationalis est; postquam vero fuerit adeptus, in quantum fuerit adeptus, jam spiritualis est), habet, inquam, similitudinem et imaginem Dei in mente sua, ex gratia creante, tanto similiorem et cognitioni Dei propinquiorem, quanto æternorum capaciorem; tantoque capaciorem æternorum, quanto a transitoriis mundi hujus mundiorem ex gratia illuminante. Quandiu enim non videtur Deus nisi per speculum et in ænigmate, tandiu ad contemplandum Deum non nisi in imagine pertransit homo. Sive illud speculum sit, sive ænigma, id est manifestior vel obscurior imago; omnino quandiu hic vivitur, illuc non nisi in imagine pertransit homo. Quanto tamen mens in se ipsa imaginis Dei fidelius obtinuerit dignitatem et veritatem, tanto fidelioribus et veritati propinquioribus imaginibus nititur ad Deum; non phantastica, non superstitiosa præsumptione fingens in Deo, vel de Deo, in seipsa quod non est; sed qua potest, qua ei datur, ea affectionis forma accedens ad eum qui est. Visionis enim vel cognitionis Dei perfectionem promittere vel sperare in hac vita vanissimæ præsumptionis est. Hujusmodi hominem Deum orare sicut Deum, monet ratio, docet profectus, format affectus : qui, se conformans Deo, non Deum sibi, nihil petit ab eo, nisi ipsum et ad ipsum; nullo frui acquiescens nisi ipso, vel in ipso; nullo saltem uti, nisi ad ipsum. Illic, ut dictum est, quandiu purgatur, rationalis est : purgatus autem jam spiritualis est. Sed sicut expedit rationalem statum semper in spiritualem proficere, sic necesse est, spiritualem nonnunquam in rationalem redire. Semper quidem spiritualem spiritualiter agi, non hujus vitæ est; semper tamen debet esse homo Dei vel rationalis in appetitu, vel spiritualis in affectu. Illic aliquando in oratione non sine labore ac certamine obluctando omnem incursantis imaginationis caliginem superare sibi videtur et transcendere : nonnunquam vero sola operante gratia pium bonæ voluntatis conatum nec imaginatio impedit, nec caligo involvit; sed repente ubi non se parabat, invenit se orantis affectus; et si occurrunt imaginationes, serviunt et adjuvant potius quam impediunt. Non enim infirmioribus oculis semper inutilis est vel noxius omnis intercurrentium imaginationum usus. Quarum quasi corporali vehiculo, ipso usu videndi et cogitandi corpora et corporalia assuefactus spiritus orantis vel contemplantis, defertur ubi est veritas; et licet in imagine, tamen per ipsum cogitatæ imaginis pertransit homo in idipsum afficientis veritatis.

Ideo Spiritus sanctus, Canticum amoris spiritualis traditurus hominibus, totum spirituale vel divinum ejus interius negotium exterius vestivit carnalis amoris imaginibus; ut cum non nisi amor plene capiat quæ sunt divina, adducendus et migraturus amor carnis in amorem spiritus cito apprehenderet sibi similia; et cum impossibile esset verum amorem cupidum veritatis diu hærere vel quiescere in imaginibus, citius pertransiret via sibi nota in id quod imaginaretur; et, quamvis spiritualis homo, tamen carnalis amoris naturales suas pro participatione carnis delicias captivatas a sancto Spiritu in obsequium spiritualis amoris amplecteretur. Unde hic quædam quasi ex occulto aliquo inverecundius prosiliens, nec quæ, nec unde sit, nec quid loquatur edicens : « Osculetur, inquit, me osculo oris sui (Cant. 1). » O Amor, a quo omnis amor cognominatur, etiam carnalis ac degener, Amor sancte et sanctificans, caste et castificans, et vita vivificans, aperi nobis sanctum Canticum tuum, revela osculi tui mysterium, venasque susurri tui, quibus virtutem tuam et suavitatis tuæ delicias incantas cordibus filiorum tuorum. Doce nos occultos nutus tuos, quibus te participibus tuis insinuas; quos, ut tui mereantur esse capaces, primo emundas a sordibus earum rerum, cum quarum concupiscentia vel delectatione tu habitare non dignaris, nec debes; cum tu desursum sis, et sursum trahas, illa vero omnia deorsum. Doce nos ingredi in locum illum tabernaculi admirabilis usque ad domum Dei, in voce exsultationis et confessionis soni epulantis : in eum mentis statum, de quo processit hic sonus epulantis, vel potius epulas vehementius esurientis ; « osculetur me osculo oris sui. » Conjicere enim licet ex ordine gestorum sequentium et forma verborum, sicut Ægyptia illa venit aliquando ad Salomonem, sic animam peccatricem conversam venisse ad Christum; et in Sponsam, solemniter exceptam, liberaliter dotatam, et in cellaria introductam, ubi regiæ divitiæ continebantur, ibique uberibus Sponsi lactatam, et perfusam odore unguentorum, revelatum ei nomen Sponsi et mysterium nominis; deinde Sponsum quasi amoris igne in corde Sponsæ succenso repente exisse et abiisse; et cum eo omnem gratiam et gloriam cellariorum; et sicut dicitur de Judæis, subtrahendo ei præsentiam gratiæ suæ vultusque lætitiam, abiisse et abscondisse se ab ea (Joan. VIII). Non autem prætereundum regiarum divitiarum vel deliciarum regis nostri apothecas in cellariis contineri; quarum usus solidus est et efficax, et vitalis fruitio. Comeduntur et vivificant, bibuntur et lætificant, nutriunt et confirmant; intra utentis vel fruentis substantiam omnis earum usus et fruitio est. Non sunt sicut aurum et argentum, et res hujusmodi; quarum hoc solum quod videntur, quod habentur, omnis usus est. Quædam vero earum reponuntur in cellariis; quarumdam non nisi in cella vinaria locus est. Cellaria vero et cella vinaria plurimo a se disparantur intervallo, non loci, sed meriti, et gratiæ et dignitatis. Hæc enim sunt de quibus dicit propheta : « Divitiæ salutis sapientia et scientia (Isa. XXXIII). » In cellariis scientiæ abundantia designatur : quæ etiam ideo plurali nomine centur; quia sicut dicit alius propheta. « Pertranseunt tempora et multiplex fit scientia (Dan. XII). » Sapientiæ enim, quæ per cellam vinariam designatur, non nisi unum necessarium est. Scientia autem hæc Christianæ pietatis est, non inflans, sed in charitate ædificans : in intellectu Scripturarum, et circa fidem moresque ac vitam, docta prudentia. Hæc est in anima humana portio rationalis, fidei ac spei propria officina, nec charitatis omnino expers; quamvis cella vinaria propria ejus habitatio sit.

Sicut enim impossibile est amare Deum, si non creditur; sic omnino non potest non amari, si vere creditur, vel speratur, vel scitur. Cella vero vinaria sapientiæ est; ipsa est et pietas, qua cultus De. designatur; et animi erectio ab imis ad superiora, non alta sapiendo, sed pie amando; id est cum spiritus hominis in ea, quæ in spiritualibus excelsiora sunt, se erigit, ut æternam Dei incommutabilitatem, inquantum mutabili homini fas est, incommutabiliter sapiat, et incommutabiles ejus rationes ad dijudicanda mutabilia apprehendat : Quæ quamvis supra hominem sint, tamen ab humanæ rationis natura non omnino eas esse alienas ex hoc dignoscitur, quia non nisi de illis vera et justa nonnunquam discernunt et judicant, etiam qui prave vivendo contra eas ire moliuntur. Quidquid enim ratio humana recte agit vel sentit, non nisi de illis formam vel scientiam ducit, ex quibus constant omnia, et in quibus consistunt, et omnium quæ sunt, ad illas conversio est. Sicut etiam scientiæ est et fidei, agere vel sentire de Christo, secundum ea quæ sunt humanæ dispensationis; sic sapientiæ et amoris est sapere et contemplari gloriam in ipso divinæ majestatis, vel etiam in humanis rebus divinæ ejus operationis virtutem. Quantum vero ad mores, quod scientiæ vel rationi est in actu; hoc sapientiæ est etiam in affectu. Congregat scientia, sed non sibi; mellificat ut apes, sed alii, quia rerum congregatarum quidam exterior ei usus permittitur; sapor vero earum interior alii et alibi reservatur. Scientiæ hujus studium socialis vitæ disciplinam desiderat; perfectio vero sapientiæ solitarium secretum, vel cor etiam in multitudine solitarium. In cellaria vero introducta Sponsa, multa de

Sponso, multa didicit de seipsa. Ubi quæcunque ei collata sunt primo accessu ad Sponsum, irritamen amoris et gratia fuit trahentis; lac uberum, fragrantia unguentorum, nominis Sponsi cognitio et effusio unguenti ejus. Deinde vero actus eam excipit purgatorius, exercendam, purgandam, non usquequaque deserendam. Egresso enim et abeunte Sponso vulnerata charitate desiderio absentis æstuans, sanctæ novitatis suavitate affecta, gustu bono innovata, et repente destituta ac derelicta sibi, jam cellaria ipsa quasi inania ac deserta fastidiens, scientiam scilicet absente Sponso non nisi dolorem apponentem, sicut enim scriptum est: « Qui apponit scientiam apponit dolorem (*Eccle.* 1): » comitantibus adolescentulis, quas in gratia cellariorum aliquatenus consortes habuerat, in odorem fugientis excurrit. Et ab æstu desiderii sui sancto Cantico principium imponens clamat et dicit:

CAPUT PRIMUM.

« Osculetur me osculo oris sui. » Vidi, inquit, super me faciem ejus illuminatam, concepi vultus ejus lætitiam, sensi diffusam gratiam in labiis ejus. Nemo interveniat, nihil intercurrat, ipse me osculetur osculo oris sui; quia jam ultra non sustineo, non suscipio spiritum osculi alieni. Cætera mihi omnia pravum quid olent, sponsi vero osculum divinum quid redolet. Osculum amica quædam et exterior conjunctio corporum est, interioris conjunctionis signum et incentivum. Quod oris ministerio exhibetur, ut non tantum corporum, sed ex mutuo contactu etiam spirituum conjunctio fiat. Sponsus vero Christus Sponsæ suæ Ecclesiæ, quasi osculum de cœlo porrexit, cum Verbum caro factum in tantum ei appropinquavit, ut se ei conjungeret; intantum conjunxit ut uniret, ut Deus homo, homo Deus fieret. Ipsum etiam osculum fideli animæ sponsæ suæ porrigit et imprimit, cum de memoria communium bonorum privatum ei et proprium commendans gaudium, gratiam ei sui amoris infundit; spiritum ejus sibi attrahens, et suum infundens ei, ut invicem unus spiritus sint. Hoc osculo abeuntis Sponsi Sponsa ex parte in cellariis accepto, ad perfectionem ejus et plenam exarserat suavitatem: De qua Dominus ad Patrem orans pro discipulis: « Volo, » inquit, « Pater, ut sicut ego et tu unum sumus, ita et ipsi in nobis unum sint (*Joan.* XVII), » ut dilectio qua dilexisti me in eis sit, et ego in eis. Quid? nisi quæ de plenitudine ejus acceperat, et gratiam pro gratia (*Joan.* 1), hoc est gratiam amoris pro gratia fidei, ipsam jam plenitudinem desiderabat, plenitudinem Spiritus sancti, qui unitas est et dilectio Patris et Filii, plenumque in eo gaudium, quod nemo tollat ab ea? Dissolvi volebat, et esse cum Christo, post summi boni gustum permanere sibi in carne non arbitrans esse necessarium. (*Philipp.* 1). Discant qui non didicerunt: convertantur ad videndum, fiant curiosi ad experiendum quomodo actitentur hæc in conversatione vel conscientia eorum qui versi ad Dominum in novitate vitæ ambulant. Quorum affectum vitamque totam sibi dividunt dolor ipse et hoc gaudium; dolor de Sponsi absentia, gaudium de præsentia; et perpetuum de visione hujus gaudium unica eorum exspectatio est. Hoc enim apud eos non semel, vel uno modo; sed sæpe, multisque ac variis modis fit, omnisque hic sancti exercitii labor in corde amantis, vel vita proficientis, non unius diei est; sed multi temporis; multiplex, varius, secundum pietatem diversorum affectuum, et proventum profectuum. Quandiu enim dicis ad Sponsam: « Vado et venio (*Joan.* XIV), » nec manes cum ea in æternum, o castarum Sponse animarum, tandiu exsulantibus in terra non tua filiis tuis, o Pater orphanorum, provido consilio sapientiæ tuæ sinis eos nonnunquam in desiderii sui dolore, quasi foris exclusos a te affligi, et tabescere amore amoris tui, mundans eos in camino paupertatis suæ, ipsa difficultate suscipiendi fortius eos trahens ad te. Nonnunquam vero ex dulcedine gratiæ tuæ sponte aperis pusillis tuis, nec repellis pervenientes usque ad te; et cubare eos sinis, et plorare in sinu tuo, ubi plorantes nolunt consolari, ut non plorent tibi, a quo hoc ipsum pro summo dono habent, ut plorent tibi, quia optimum ac dulce habent plorare coram te Domino Deo suo, qui fecisti eos; et ut plorent tibi in hoc ipsum efficis eos. Cumque tu dignaris tergere lacrymas fluentes, ipsæ magis fluunt, et quia manus ipsa tergentis causa eis efficitur suavis cujusdam doloris afficientis, blandientis, et in eo quod vehementius dolent, vehementius ex bonæ spei conscientia se consolantis. Etenim et fluminis ille impetus lætificans manifeste denuntiat adesse præsentiam tuam, et incolatus filiorum tuorum in terra aliena non potest oblivisci peregrinationem suam; et dum simul se inveniunt illud gaudium et ille dolor, suaves illas ac dulces lacrymas faciunt effluere: lacrymas, quia doloris; suaves, quia amoris et amoris tui, o Amor; cui dolere magnum gaudium est, cui flere magna consolatio est, in quo gaudere summa beatitudo est. Hanc suavitatem consolantis ac dolentis, trahentis et currentis, alloquentis et respondentis, blandientis et amantis, continet tota Cantici hujus tam verborum quam gestorum prosecutio. Fit autem jugiter in conscientia et corde Sponsæ, quæcunque illa est, effundentis coram Domino Deo suo animam suam, et cum gaudio audientis, quid loquatur in ea Dominus Deus. Collocutio autem Sponsi et Sponsæ testimonium est, ac devotio conscientiæ bene affectæ; cum testificatum Sponsæ Sponsus in conscientia sua meritum suum, et Sponsæ devotio non ingrata reddit Sponso debitum pietatis affectum.

Egressa ergo Sponsa a cellariis Regis, quo fuerat introducta ad contemplanda Sponsi amabilia, et a bonorum eorum gustu et jucunda experientia, jam non nisi ipsum desiderans amabilem, quem sua commendant amabilia, accepto pignore Spiritus, deficiens in salutare Dei. Tædet, inquit, inanium, absente Sponso, cellariorum horum, quotidianarum promissionum harum, sacramentorum involutorum horum, parabolarum ac proverbiorum horum, speculi et ænigmatis. Mysterium regni Dei desidero, palam mihi annuntiari de Patre deposco; faciem ad faciem, oculum ad oculum, osculum ad osculum : « Osculetur me osculo oris sui. » Quare autem « osculetur, » tanquam de absente, et non potius « osculare? » Videtur in cellariis multum eam adnisam facie ad faciem, et sicuti est eum videre ac cognoscere, sicut ipsa est cognita ab eo : quod est osculum perfectionis. Sponsum vero per prophetarum, sive apostolorum, cæterorumve doctorum ministeria, per scientiam Scripturarum, varia ei quasi oscula gratiæ suæ porrexisse, sicque quasi satisfacto ei (125) recessisse, et abiisse; illam vero jam quasi de absente conqueri, impatienterque post eum clamare ac dicere : « Osculetur me osculo oris sui. » Ac si dicat : Quousque, mihi aliena oscula scientiæ, apponetis dolorem? Etsi non mereor osculum illud perfectionis, vel aliquod mihi, priusquam a me recedat, indulgeat osculum oris sui. Bonum quidem est osculum transmissum, sed gratiæ suæ non plenam retinere videtur virtutem, de vase in vas transfusum. Innotescit quod infert minister ejus; sed sapit quod inspirat spiritus oris vel osculi ejus: quod tunc sapiet ad plenum, cum in ipso erit gaudium plenum; deinde intuitu quo potest prosequens abeuntem, et dulce habens alloqui, etiam jam non exaudientem, « quia, » inquit, « meliora sunt ubera tua vino. » Quasi enim interrogata, unde tam festina præsumptio, tam fidens osculi exactio; ab uberibus, inquit, Domine, consolationis tuæ (*Isa.* LXVI), « quia meliora sunt ubera tua vino. » Dulciora ad sugendum, potentiora ad lætificandum, faciliora ad inebriandum; iis enutrita sum ad osculum desiderandum, inebriata ad præsumendum. Quandiu enim hic vivitur, quandiu hic laboratur, quæcunque charismatum dona, quæcunque consolationum genera filiis gratiæ donantur, in gratiarum distributione, in profectuum proventu vel virtutum successu, in splendoribus divinæ illuminationis, in affectibus piæ compunctionis, in excessibus divinæ contemplationis, o æterna Sapientia, ubera tua sunt, nutrientia sanctam parvulorum tuorum infantiam, et testantia usque ad consummationem sæculi tuam eis non deesse præsentiam. Absit autem ut in tempore suo, in tempore beneplaciti tui, ora eorum indigna reputentur ad osculandum os tuum in plenitudinem perfectæ cognitionis tuæ, quibus in tempore patientiæ ac sustinentiæ suæ per media ubera hæc lactandum præbes pectus tuum in nutrimentum spiritualis scientiæ et profectum perfectionis tuæ! Nam et si virulentum aliquid aliquando aliunde suxerunt, necesse est sanari ea ac mundari ad contactum sacrorum uberum horum, et virtutem et odorem salubrium unguentorum tuorum.

Cum ergo a perenni illa ac beata conjunctione et æternitatis osculo pro infirmitatis humanæ conditione sponsa deficit, circa hæc se afficit, et ad os illud tuum non pertingens, os suum reflectit ad ubera tua, et in eis requiescit dicens, « quia meliora sunt ubera tua vino. » Simul etiam nota, in petitione osculi, supremum in oratione humanæ possibilitatis affectum in lumen illud vultus Dei suum direxisse aspectum, sed, reverberante charitatis illius claritate, mox ad ea quæ communiora sunt reflexum et in eis semetipsum exercentem, cum dicit, « quia meliora sunt ubera tua vino, fragrantia unguentis optimis. Oleum effusum nomen tuum. » Mox, inquit, ut veni ad te, nudasti mihi ubera dulcedinis tuæ, prima nutrimenta gratiæ tuæ, et ex dulcedine suavitatis tuæ et conscientiæ bono, meliora super omne vinum sapientiæ sæcularis, vel lætitiam carnalis voluptatis, fragrantia unguentis optimis, donis septiformis Spiritus. Dona enim ipsa, cum te operante, ordine suo venirent in me, primo timor tuus apprehendit me, severius urgens ad te (*Job* XXVIII). Secundo loco occurrit pietas, suaviter excipiens me in te. Quæ cum, sicut scriptum est, cultus tuus sit; pietas enim, ait Job, cultus Dei est, cum doceret me colere te, docuit me dicere in Spiritu sancto, « Dominus Jesus (*I Cor.* XII). » Et mox in odorem suavitatis et virtutem sanitatis, effusum est a te, et infusum est in me, oleum ipsius nominis tui emolliens omnia dura mea, leniens aspera, sanans infirma. Computruit jugum antiquæ captivitatis meæ, a facie olei nominis hujus; jugum autem tuum, Domine, factum est mihi suave, et onus leve. Audito enim nomine tuo, sive Domini, sive Jesu, sive Christi, continuo auditui meo datum est gaudium et lætitia (*Psal.* L). Quia mox ut nomen sonuerit in auditu, mysterium etiam nominis effulget in corde, amor in affectu, suggerens ad Dominum devotam servitutem, ad Salvatorem, quod sonat Jesus, pietatem et amorem, ad Christum regem, obedientiam ac timorem. Merito enim, Domine Jesu, in omni nomine tuo omne genu flectitur, cœlestium, terrestrium et infernorum (*Philipp.* II); quia nullo nomine nominaris, nisi aliqua ad nos relatione : nec ulla est alicujus nominis tui relatio, quæ non sit aliqua alicujus boni tui ad nos delatio, quia Dominus dominaris benefaciendo, Jesus salvas, Christus, id est unctus rex vel sacerdos, regis vel propitiaris. Nam et illa relatio Filii ad Patrem, qua prædestinatus et factus es Filius Dei in virtute, novorunt qui in Spiritu sancto clamare didicerunt : « Abba, Pater; » quique per hoc ipsum filios Dei fratresque tuos se factos intelligunt, cujus et quanta nobis facta sit olei effusio : qui in hoc ipsum nos redemisti, o Frater bone, qui nisi redimeres, non redimeret homo, non angelus, non creatura aliqua. Veniens quippe Filius unicus noluisti esse unus; sed multos filios adduxisti in gloriam, quos non confunderis fratres vocare, dicens : « Nuntiabo nomen tuum fratribus meis (*Hebr.* II). »

---

(125) Id est, quasi satisfactum esset ei.

Ideo, ait Sponsa, propter uberum tuorum suavitatem, propter nominis et olei tui sanitatem, mecum etiam « adolescentulæ dilexerunt te, » novellæ in servitute tua plantationes, novellæ animæ, innovatæ spiritu mentis suæ, in novitate spiritus ambulantes, ascensiones in corde suo disponentes, et de virtute in virtutem euntes, proficientes a claritate in claritatem sicut a Domini spiritu; dicentes singulæ, « Trahe me post te; » dicentes pariter, « in odorem unguentorum tuorum curremus. » Odor unguentorum ad proficientes adolescentulas est fragrans in Sponso virtutum opinio; tractus, charitatis provocatio. Unctio vero docens de omnibus Sponsam manet. Et inter illum odorem, et inter istam unctionem, magna distantia est. Exclusa tamen a cellariis, et deserta a Sponso, jam pene cum adolescentulis paris conditionis est, cum non nisi odore Sponsi pascitur. Unde cum illis et ipsa dicere videtur, « in odorem unguentorum tuorum curremus. » Trahitur autem currens quæ provocatur volens; et dum ei gratia odoris virtutem aspirat unctionis, nulla in spiritualium cursu profectuum mora vel difficultas est. Prosequiturque fugientem confessione et commemoratione beneficiorum suorum, uberum scilicet et unguentorum, odoris et olei effusi, quia optimum et rationabile est orandi genus, gratumque Deo, et efficax ad obtinenda futura beneficia, non ingrata recordatio præteritorum. Deinde, « Trahe me post te, » ait Sponsa, « in odorem unguentorum tuorum curremus. » Vide jam lassam et deficientem et egentem trahi; nisi quod odor ejus, quem jam non videt, adhuc eam trahit et currere facit. Unde et dicit, « in odorem unguentorum tuorum curremus. » Ac si dicat: Etsi interim non mereor gaudium vultus tui, vel osculi oris tui, saltem odorem mihi ne subtrahas unguentorum tuorum. Sponsi enim præsentia, bene affecta de ipso memoria est, et mens, in lumine vultus ejus illuminata, et unctio Spiritus sancti docens de omnibus; odor unguentorum cum eo abeuntium, sensus quidam est adhuc memoriæ inhærens abeuntis suavitatis, et in reliquiis cogitationis festiva memoria de recordatione habitæ consolationis. In odorem ergo, ait, unguentorum tuorum curremus; quo perseverante et trahente nos, perseveramus currere, et ipso deficiente, nos etiam deficere necesse est.

Propter quod subjungit, beneficia accepta commemorans et dicit: « Introduxit me Rex in cellaria sua. » Primo delectat Regem appellare a quo regi desiderat, sicut dicit in Spiritu sancto, « Dominus Jesus (*I Cor.* xii) » quem servire delectat, qui mentem et voluntatem suam sono vocis enuntiat. Deinde ex hoc ipso spem concipiens largiorem, et ex spe ipsa in amorem abeuntis recalescens majorem, et quasi post abeuntem rursus oculos convertens; « exsultabimus, » inquit, « et lætabimur in te, memores, uberum tuorum, » quorum lacte nutrita sum, delinita unguentis, odore confortata. Vide co-

nantem, vide anxiantem; modo illi, modo de illo loquitur. Non sufficit amanti una via ad id quod amat: unde propensius adhuc in contemplationem jam absentis suspirans, « Recti, » inquit, « diligunt te. » Omnia animalia naturaliter in ventrem et in terram curvantur. Solus homo rectitudine corporis in cœlum erigitur, monstrante in hoc natura aliquid eum commune habere cum cœlestibus. « Recti » ergo, inquit, « diligunt te, » id est homines, quia qui diligendo te rectus non est, non homo, sed pecus est. Pensanda sunt tria hæc et suis distinctionibus digerenda, prolata de cellariis Regis, nec digna celari, memoria acceptorum honorum, spes futurorum, et pro utroque in gratiarum actionem rectitudo dilectionis. « Exsultabimus, » inquit, et « lætabimur in te : » hoc de futuro; de præterito vero, « memores, » ait, « uberum tuorum. » Tertium est : « Recti diligunt te. » Memoria præteritorum adhæremus Domino Deo nostro; spes de futuro continet nos, ne ab eo recedere velimus; recta dilectio confirmat, ne possimus. Quod autem abeunte Sponso recordatur cellariorum, admonet filios Sponsi subtracta sibi gratia spiritualis consolationis refugiendum esse ad consolationem Scripturarum. Sicut enim quæ Sponsa est, cum mente excedit Deo, Agnumque sequens quocunque ierit, totam se exhibet in affectu. Sic, cum sobria fit sibi, totam se colligere debet in intellectu, et spiritualis scientiæ fructu mentem pascere feriatam; et redeundum ei est ad memoriam cellariorum et uberum; hoc est sicut dictum est, refugiendum ad consolationem Scripturarum, ubi duo Testamenta duo ei sunt Sponsi ubera, ex quibus lac sugitur omnium sacramentorum, pro salute nostra æterna temporaliter gestorum, ut perveniatur ad cibum, quod est verbum Dei, Deus apud Deum. Humilis enim Christus lac nostrum est; qualis Deo Deus cibus noster est. Lac nutrit, cibus pascit. Suguntur autem ubera hæc in cellariis; quia intelliguntur mysteria ista in Scripturis. Ubera suxit sponsa, cum primo intellexit; fit memor uberum, cum meditatur de intellectis. Ubi sua corpori exsultatio, sua menti lætitia comparatur; cum corpori incorruptio de incorruptione, menti vero visio Dei promittitur, et in dilectione Dei sua rectitudo ordinatur. Sed sicut sole abeunte noctem subsequi necesse est, sic abeunte ac moram faciente Sponso, incipit Sponsa pristinum amittere decorem, et in se ipsa denigrari, privarique gratia sua omnia opera ejus: ut jam nec pristinus color sit in corde, nec color in opere. Sicut enim lux ista exterior regina quædam est colorum omnium, sine qua nihil decoris, nihil habent virtutis; sic gratia illuminans virtus est omnium virtutum, et lux bonorum operum; sine qua nec virtutes suos effectus, nec opera bona suos possunt habere proventus. Vel si utcunque videatur habere, non vigent, non lætificant, non habent oleum lætitiæ, non unctionem docentem, non gustum divinæ suavitatis, non odorem æternitatis, non efficacem spiritualium sensuum experientiam. Unde erubescens sibi, metuens autem eis, quibus imitationi esse solebat et admirationi, « Nigra sum, » inquit, « sed formosa, filiæ Jerusalem ; sicut tabernacula Cedar, sicut pelles Salomonis; » quæ plus videntur habere utilitatis quam decoris. Ac si dicat: Forma quidem mihi integra est, quamvis color immutatus, quia « spiritus quidem promptus est, caro autem infirma (*Matth.* xxvi); » stabilis fides, sed obscuratus intellectus; eadem voluntas, sed debilitatus affectus. Confitetur se nigram ob caliginem turbatæ conscientiæ, licet formosam non diffiteatur per fidei rectitudinem ; sciens, sicut in cellariis regis enutrita, non humilitatis esse, sed impietatis, fidem negare. Non solum enim fidem, sed etiam spem et bonam voluntatem sicut non habere mortiferum est, sic habitam negare criminosum. Formosam quippe secundum rectam fidei formam, et puritatem intentionis et devotionem voluntatis, Sponsa semper se invenit, quandiu Sponsa esse non desinit nec unquam diffitetur ; licet nonnunquam ex conscientia peccatorum præteritorum vel impugnatione vitiorum, vel humanæ ignorantiæ cæcitate, nigredinem suam humiliter confiteatur.

« Sicut tabernacula Cedar, sicut pelles Salomonis. » Per Cedar, quod *tenebræ* interpretatur, vult intelligi tenebras conscientiæ, vel rationis caligantis; per tabernacula vero vel pelles tabernaculorum quæ circumferuntur, instabilitatem mentis: quæ quantum interno lumini contemplando officiunt, manifestum est. Quæ tamen tunc Salomonis, id est veri pacifici sunt, cum fraternæ militiæ, vel ecclesiasticæ paci deserviunt. Semper tamen cavere studet pia charitas, ne quemquam lædat incauta ejus humilitas ; ne confessio reatus vel infirmitatis suæ fiat exemplum, vel occasio fraternæ ruinæ. Ideo subjungit et dicit : « Nolite considerare me, quoniam fusca sum, quia decoloravit me sol. » Non sic sum fusca ut sim cæca, tanquam non habeam oculos rationis; sed sol justitiæ subtraxit mihi lumen gratiæ suæ, sine quo omnis oculus frustra patet, nullus color viget, omnis color friget. Carbo, inquit, fui desolatorius ; nunc autem desolatus. Candui quandiu in igne fui, calefaciens et illuminans; recedente igne denigrata sum. Tamen integram semper ad imitandum propono vobis formam meam, licet decoloratam, quia etsi amoris a me decor recessit, sed substantia remansit. Unde ne miremini, quia in absentia Sponsi etiam publica præda facta sum. Nam et « filii matris meæ pugnaverunt contra me. » Quomodo? « Posuerunt me custodem in vineis ; vineam meam non custodivi. » Usitatum in Scripturis est gaudium per vinum intelligi, quod cor hominis lætificat. Sicut enim vini mater vinea est, sic pax sæculi, sæcularis gaudii ; pax vero spiritualis, spiritualis gaudii mater est. Sive ergo filii matris meæ, naturæ videlicet humanæ originales concupiscentiæ, pugnantes contra me, egerunt in me, ut vellem hominibus præesse; sive filii matris meæ Ecclesiæ tulerunt me mihi, et posuerunt præsse sibi, et pro nutriendis gaudiis carnis suæ custodem me posuerunt exterioris pacis suæ, cui, cum attentius invigilo, negligens facta sum interiorum gaudiorum meorum in neglectu interioris pacis meæ. Sic decoloravit me sol; dum sollicitudo mihi fraternæ charitatis occupationum suarum caligine obscuravit interioris speciem puritatis. Intelligendum est Sponsam, dum circumducitur et docetur, et variis tentationibus eruditur, necessitatem etiam incurrisse prælationis : in qua cum dividitur ad multa, non sufficit ad singula ; et cum circa alienos profectus sollicitius invigilat, deficit in suis : et circa privata damna sua turbatur, in conscientia sua. Vide sibi derelictam, nutantem, fluctuantem. Vult orare, nec sufficit, meditari secum, et deficit; loquitur ad præsentem quasi ad absentem ; ad absentem quasi ad præsentem. Et tamen sicut regiorum cellariorum alumna, non negligit apostoli consilium dicentis; « Confitemini alterutrum peccata vestra (*Jac.* v) : » in tribulationibus tentationum suarum non erubescens virtutem confessionis, dum sodalibus revelare non hæsitat conscientiæ damna latentia, cum dicit. « Nigra sum, sed formosa, filiæ Jerusalem. » Unde et post confessionem ardentior rediit ad orationem dicens.

« Indica mihi, o quem diligit anima mea, ubi pascis, ubi cubas in meridie. » Et vide evidentissimam gratiam. Cum post confessionem venit ad orationem, repente Sponsum, quem quærit, meretur invenire ; quem toto charitatis amplexu attrahens in cor suum, et quasi os ad osculum ei porrigens, « O, » inquit, « quem diligit anima mea. » Nam juxta sensum historicum, amanti et quærenti se obtulit Sponsus, sed adhuc quasi avertens, et excutiens se ab ea, et probans eam in abscondito tempestatis, in osculo contradictionis. Quem illa ardenti amore aggrediens, « O » inquit, « quem diligit anima mea. » In quo primo manifestum est, Spiritum sanctum jam infirmitatem orantis adjuvare; quia Spiritus sanctus ipsa dilectio est, de qua dicit Sponsa, o quem diligit anima mea. « Quem, » inquit, « diligit anima mea. » Totus quippe pene homo anima est ; minima ejus portio corpus est. Ideo cum diligit te, Domine Jesu, anima Sponsæ tuæ neglecto et quasi jam abjecto corpore, tota sequitur te desiderans propter te mortificari tota die; et amans perdere semetipsam in hoc mundo, ut in vita æterna possideat se in te. Et certe nequaquam dubitandum est ipsam pulchritudinis tuæ faciem aliquando ei illuxisse, quæ sic diligit te spiritu oris tui aliquatenus afflatam, quæ sic suspirat ad te ; expertam suavitatem amplexuum tuorum, quæ tam familiariter resolvitur in te. Diligit enim te, non nisi de te, qui es ipsa dilectio, qua diligit te; et in tantum diligit te in se, ut se ipsam in nullo diligat nisi in te. Si enim pulchrum diligitur, tu pulchritudo es omnis pulchri ; si bonum, tu es bonum omnis boni, si utile, te utitur omnis homo etiam qui odit ; fruitur vero omnis qui diligit. « Indica » ergo, ait, « mihi, o quem diligit anima mea, ubi pascis, ubi cubas in meridie. » Notandum, quo Sponsam provehat virtus et humilitas confessionis, quo cum superius osculum peteret, et osculo Sponsi se compararet, nec aspirare potuit sublimitas contemplationis; ad cubandum scilicet in sinu Jesu, sicut aliquando cubabat dilectus ille discipulus concipiens inde summum principium et in principio Verbum, et Verbum apud Deum. « Indica, » ait, « mihi. » Intus, ait, in corde, dic mihi, ut sentiam in memetipsa per sensum certissimæ experientiæ; inspira mihi, ut sciam per experimentum fruentis conscientiæ: quo vivendi genere, quo statu animæ, quo mentis habitu, quo dono gratiæ, in affectu ejus quem dignum facis, tu qui misereris cujus misereris (neque enim hoc volentis est, vel currentis, sed tui miserentis); pascis amantis intellectum de cognitione veritatis tuæ, de multitudine dulcedinis tuæ, ejusque tibi sacras memoriam, in qua cubes jugiter ac delectabiliter; ipse ei existens amoris ardentis et cauma meridianum et refrigerium. Splendor luminis meridiani et umbraculum. Vel notum sibi postulat fieri finem suum in tribulatione exercitii sui, ut sciat quid desit sibi. Et in consolationem mutabilitatis suæ revelari sibi orat diem æternitatis; non qui incipit a mane et desinit in vesperam, sed semper manet in meridiano caloris et luminis, sapientiæ et intellectus, amoris et beatæ fruitionis; ubi Sabbatismus datur populo Dei, ut cubet et requiescat ab operibus suis, sicut a suis Deus; ubi in æterna beatitudine pascit de seipso tam angelorum quam sanctorum hominum societatem, semper plenam ob perfectionem beatitudinis; semperque in eum respicere desiderantem, ob pietatem et dulcedinem amoris. Vel, o quem diligit anima mea, dic diligenti animæ meæ, per inspirantem gratiam et inspiratam experientiam, quis ille sit status mentis, quæ suavitas sentientis, quod gaudium fruentis, cum diligenti te fidei, quantum potest diligere fides, insinuatur ipsa, quanta in hac vita mortali insinuari potest, species; et fit in diligente, quod de ipso aliquando dixisti. « Qui diligit me, diligetur a Patre meo : et ego diligam eum, et manifestabo ei meipsum (*Joan.* xiv). » Cum enim aliquando sic diligendo collegerit sibi meritum dignioris aliquantum gratiæ, incipit diligens etiam diligi. Hinc dilectionis diligentis se Sponsi amicas suavitates per illuminati sensum amoris largius ac dulcius Sponsa incipit experiri, et fit in ea quod Apostolus dicit. « Charitas Dei diffusa est in cordibus nostris per Spiritum sanctum, qui datus est nobis (*Rom.* v). » Jam enim incipit cognoscere, sicut prior cognita est; et in quantum cognoscitur diligere, sicut prior dilecta est. Prior enim Sponsi ad Sponsam cognitio divinæ fuit sapientiæ donatio; prior dilectio sancti Spiritus gratuita infusio; cognitio vero Sponsæ ad Sponsum et amor idem est; quoniam in hac re amor ipse intellectus est. Hoc cum abundantiore gratia in corde Sponsæ agitur ad horam, ad tempus, ipse est, quem in hac vita tantopere anxia requirit Sponsa, Sponsi meridianus accubitus meridiani luminis in cognitione, meridiani fervoris in amore, in quo cum amor unde venit, eo regreditur, Sponsus et pascit et pascitur. Utrumque enim sonat hoc verbum pascit. Vel si, inquit, indignam me reputas osculo seu Verbo tuo, seu Spiritu oris tui, ostende mihi saltem aliquem hominem tuum, in quo inveniam, non matutinum ac novitium, non vespertinum ac remissum, sed meridianum ac stabilem, et luminosum fervorem amoris tui, in cujus corde cubes et requiescas, de quo pascas me, cum docebit me quod a te didicerit. Vel desiderata affici Sponso Sponsa et deficit, vult exhilarare cor in lumen vultus ejus, et in semetipsa tenebrescit. Et cum non prævalet interius seipsam componere ad desideratam affectionem, non habens pacem in semetipsa, gestit exire a semetipsa in aliquam affectionis ipsius exteriorem actionem, in qua bona conscientia amantis Sponsum inveniat vel pascentem eam, vel cum ea accubantem. Horum ergo aliquid, sive hæc omnia scire desiderabat, qui dicebat : « Indica mihi, o quem diligit anima mea, ubi cubas, ubi pascis in meridie. »

« Ne vagari incipiam post gregem sodalium tuorum. » Nondum vagatur, sed vagari timet. Nullum adhuc amat, præter Sponsum; si enim alium amaret, Sponsa non esset. Quantum enim ad animum, amore movemur quocunque movemur : ideo qui unum amat, non movetur, non vagatur. Sed et qui una et recta via graditur quo pervenire desiderat, non vagatur, non errat, sed aliquando pervenit ad finem, exeunti vero de via campus erroris patet, qui non habet finem. Error autem est falsa pro veris approbare. Agitatur quidem adhuc in cogitationibus suis, sicut tabernacula Cedar, sicut pelles Salomonis, quæ circumferri solent ; et impugnatur a concupiscentiis suis, sicut dicit, « Filii matris meæ pugnaverunt contra me. » Sed stans adhuc in loco suo judicium amoris non movetur, sed illuminari deposcit, et confortari desiderat. Amo, inquit, vel potius desidero, quia turbato oculo mentis ex instantia concupiscentiæ de variarum phantasmate cogitationum, non video quem amo; ratione sopita non intelligo quod desidero. Et ideo etiam nuto, et instabilis fio in amore meo, non eum deserendo, sed ipso ad finem suum per diversa abeundo; sicque etiam in hoc instabilis efficior, non nolendo et volendo : sed ad id quod stabiliter et singulariter volo, viam compendiosiorem et aptiorem mihi quærendo. Ejusdem enim semper sum voluntatis; sed donec bona voluntas, bona mens fiat, semper desidero, non autem semper amare mihi videor, in quantum, sicut dictum est, in affectu non semper mihi præsto est quod desidero. Nam alius est amor desiderantis, alius fruentis. Amor quippe desiderii etiam in tenebris ardet, sed non lucet; amor vero fruentis totus in luce est, quia fruitio ipsa lux amantis est. Quid multa? Sponsa, quæ ad videndum Deum anhelat, mundum cor, mundam conscientiam desiderat; mundum sensum, mundum intellectum, munda omnia. Virtutem quippe amoris perturbare non potest ignis aut gladius, aut ullum periculum; sed deliciarum ejus fruitio pacem cordis desiderat et serenum mentis, « Ne, » inquit, « vagari incipiam post greges sodalium tuorum. » Sciunt qui non errant quantos sibi greges in mundo error fecerit, mortem sibi pro vita eligentium, miseriam pro beatitudine amplectentium, Deum negligentium, seipsos amantium, tritas hujus sæculi vias gradientium, et gregatim euntium in infernum, et sua post se vestigia relinquentium multorum hominum, multorum populorum. Trahit enim eos post se princeps spiritualis nequitiæ, qui operatur in filiis diffidentiæ; qui sodalem se faciens Sponso dixit: « Ero similis Altissimo (*Isa.* xiv). » Ipse est princeps mundi hujus, et qui mundum vel sæculum quasi ex æquo cum Sponso partiri videtur; sed multo plures ac densiores sibi errantium greges facere invenitur. Sed et in corde etiam ejus, quæ Sponsa jam esse meruit, nonnunquam intuitum mentis ab unius veritatis inquisitione deficiente, statim excipit cogitationum multiplex diversitas: in quam divisus animus, evagari incipiens per tot errorum vias, a seipso abducitur, per quot cogitationum phantasmata ab intentione boni rectitudine dissipatur. Ipsæ nempe cogitationes variæ magnos et varios de se greges facientes, quasi Sponsi se sodales faciunt, cum Sponsæ mentem cum eo sibi dividentes, suis vicibus, suis temporibus, sibi eam deservire compellunt.

Sequitur: « Si ignoras te, o pulchra inter mulieres, egredere et abi post vestigia gregum. » Ac si dicat: Quæ indicari tibi petis a me, non ignoras, sed te ignoras: idcirco enim videris tibi ignorare me: quia ignoras te. Ideo ignoras te, quia egressa es a te. Sed primo notanda sunt utrinque amatoria blandimenta. « O, » ait Sponsa, « quem diligit anima mea. » Sponsus vero: « O pulchra inter mulieres, o amica mea. » Cuicunque intentionis fervore, in veritate conscientiæ suæ sonare videntur reciproca hæc nomina amoris et laudis, non sunt signa deserti, vel deserentis. Beata conscientia, quæ quidquid incurrerit, quidquid ingruerit, semper eodem spiritu dicit, « Dominus Jesus; » eadem pietate profitetur, « o quem diligit anima mea; » et cujus fides, quidquid accidat, sub testimonio veritatis nullum patitur damnum pulchritudinis suæ vel laudis. « Pulchra, » inquit, « inter mulieres, » fortis inter molles : a mollitie quippe mulier dicitur; virgo inter prægnantes, quibus a Domino væ denuntiatur, cum dicit: « Væ prægnantibus et nutrientibus in die illa (*Marc.* xiii; *Luc.* xxi). »

« Pulchra, » ait, quia formosa; formosa vero, in quantum gratia te in hoc formante, diligit me anima tua : quamvis subnigra, in quantum destituta ab illuminante gratia. « Si, » inquit, « ignoras te, o pulchra inter mulieres, egredere. » Potest etiam videri pulchritudinis ista commemoratio neglectæ pulchritudinis exprobratio, sicut cum dicit, « egredere, » non est consilium amici, sed quasi permissio irati. « Si, » inquit, « ignoras te, egredere, » hoc est ideo a temetipsa egrederis, quia ignoras te. Sed cognosce te, quia imago mea es, et sic poteris nosse me, cujus imago es, et penes te invenies me. In mente tua, si fueris mecum, ibi cubabo tecum, et inde pascam te. Quære ergo Deum in simplicitate, senti de eo in bonitate, satage eum jugiter habere in memoria, et amando intelligere, et intelligendo amare; et in sensu bonitatis ejus percipies sensum æternitatis ejus, vitæ modum, statum mentis bonæ. « Si ignoras te, egredere. » Quo egrediar, Domine? Egressam vel ejectam a facie tua sicut Cain quicunque prior invenerit me, occidet me (*Gen.* iv). « Egredere et abi. » Ac si dicat: Abi a me, a similitudine mea, in locum dissimilitudinis; a te vero in devia concupiscentiæ vel curiositatis. Abi ergo, ait, « et pasce hædos tuos, » qui ad sinistram deputantur, lascivos scilicet motus tuos, in eis quæ sunt extra te. « Abi, post vestigia gregum » pereuntis multitudinis, in pascuis semetipsos pascentium; semetipsos amantium, circa tabernacula eorum, quorum tabernacula in progenie et progenie : qui « vocaverunt nomina sua, » sicut dicit Psalmista, « in terris suis (*Psal.* xlviii), » nec habent ea scripta in cœlis. Sed non sic, o Sponsa Christi: quin potius cognosce temetipsam: præsto tibi esto ad discernendam temetipsam. Si vis, ut concupiscat rex Dominus Deus tuus decorem tuum, accedens ad eum obliviscere populum tuum, et domum patris tui; corpora quibus per sensus corporis assuefacta es, et delectationes eorum quibus per amorem adhæsisti; imagines eorum, quas fruendi cupiditate memoriæ altius impressisti. Per hæc enim a temetipsa egrediens abiisti a te, per affectum in vestigia intentionum tuarum, sic ea impressa habens memoriæ, ut etiam cum absunt corpora, non absint eorum imagines, cum cessant actus, non cessent eorum affectus; cum voces silent, perstrepant earum significationes. Munda te, exerce temetipsam ad pietatem, et intra te invenies regnum Dei. O imago Dei, recognosce dignitatem tuam; refulgeat in te auctoris effigies. Tu tibi vilis es, sed pretiosa res es. Quantum ab eo defecisti cujus imago es, tantum alienis imaginibus infecta es. Sed cum in id quod creata es, respirare cœperis, si fortiter apprehenderis disciplinam, superductos adulterarum imaginum fucos, nec satis inhærentes, cito excuties, cito effugies. Adesto ergo tota tibi, et tota te utere ad cognoscendum te, et cujus imago sis, ad discernendum et intelligendum quid sis, quid possis in eo cujus imago es. Sta in gradu tuo, ne succumbas, ne degeneres. Virtus autem est stationis tuæ cognitio gratiæ; si ingrata non es, quod præscita es, quod prædestinata, quod prælecta, quod cognita. Præscientia enim Dei de te, circa te bonitas est ; prædestinatio jam operans bonitas, electio opus ipsum, cognitio signaculum gratiæ, de quo Apostolus dicit. « Fundamentum Dei stat, habens signaculum hoc : Novit Dominus qui sunt ejus (*II Tim.* 11). » Si cognoscis, scito quia præcognita es; si eligis, scito quia electa es, si credis, in hoc es creata; si amas, in hoc es formata. Cumque in hoc te Sponsus efficit, cubat in te; cum in hoc te afficit, accumbis cum eo, et ipse pascit te. Ibique te docet experientia luminis et fervoris meridiani, cum in lumine Dei videtur lumen; cum de magnitudine ac puritate amoris testimonium perhibet conscientiæ hominis Spiritus sanctus, quod sit filius Dei. « Nemo enim novit Patrem, nisi Filius, et cui ipse voluerit revelare (*Matth.* xi). » Solum etenim lumen vultus Dei docet hoc; sensus vitæ, de spiritu vitæ indicat hoc; gratia pro gratia; magna fruitio summi boni pro præmio magni desiderii. Nec unquam anima se cognoscit, quid sit, quid possit, nisi cum in his se invenit; nec libet eam aliquo egredi a se, quandiu in his datur frui se. Beatus vir et jucundus homo, qui gloriam hanc et divitias hujus gratiæ habet in domo cordis sui, in thesauro conscientiæ suæ. Confirmatum est cor ejus, non commovebitur, hoc est non egredietur ad aliena, concupiscendo, seu curiosa agendo, domi dives, et pacem habens, et pietatem cum sufficientia in conscientia bona. Divitiæ istæ pauperum spiritu sunt, in simplicitate cordis Deum quærentium, constanter agentium quod præcipitur, forti fide exspectantium quod promittitur, certitudine spei jam prælibantium quod exspectatur, et ideo sentientium de eo in bonitate, non alta sapientium, sed humilibus consentientium, jugum Domini non recusantium, nec contra stimulum disciplinæ ejus calcitrantium. Procul hinc spiritus hujus mundi, et nugigerula ejus sapientia, sensus magnus Assyriorum, phalerata eloquentia.

Ipsi sunt equitatus tuus, o qui regis Israel, non equis superbiæ et curribus vanitatis, sed in nomine Domini velocitate currentis Spiritus et fortitudine amoris tui. Scientes enim ereptos se per te ab exterminatore, quod sonat nomen Pharaonis, a regione tenebrarum, quod est Ægyptus, in effusione sanguinis et sacramento agni paschalis, Hebræi, id est « transeuntes, » phase, quod est « transitus Domini, » peragunt festinantes, transeuntes a vitiis ad virtutes, a temporalibus ad æterna, a terra ad cœlum, a semetipsis ad Deum, in aquis rubentibus de sanguine Agni submersis, persequentibus peccatis ac vitiis; in adversis quasi in timore nocturno lumen habentes, ignem et fortitudinem Spiritus sancti quasi columnam ignis; in prosperis vero tanquam in luce diei, obumbrantem eos quasi nubem virtutem Altissimi, ideo sequitur ac dicit: « Equitatui meo in curribus Pharaonis assimilavi te, o amica mea. » Nec prætereundum quod primo pulchram vocat inter mulieres, postmodum vero amicam suam, in hoc videlicet omnia concludens, ut intelligatur secundum pulchritudinis quantitatem futurum esse amicitiæ modum. In eo etiam quod dicit, « equitatui meo assimilavi te, o amica mea, » addit adhuc pia Sponsi sapientia egredientem a se Sponsam ad se revocare; et in quo plurimum sapere sibi videtur, amplioris eam redarguit insipientiæ, periculum ei vitæ denuntians et amoris detrimentum; cujus divitias solummodo requirit, et refugit exercitium. Solet quippe hæc mentis incuria teneros et incautos incipientium animos involvere, et a fine perfectionis præpedire; quia cum vel leviter degustare cœperint novas contemplationis suavitates, et dulciores experientias, continuo decertandi cum vitiis carnis et animæ omnes se existimant evasisse necessitates. Cumque virtutum naturaliter per seipsas delectantium sola somniant oblectamenta, firmam et certam negligunt earum possessionem, dum refugiunt necessaria earum exercitia, et fiducia degustatæ dulcedinis, quæ miserentis potius Dei est quam volentis et currentis, negligunt pericula gravia, militantia in seipsos de seipsis. Ideo post manifestatam puritatis viam, post apertam januam contemplativæ libertatis, subjungit et dicit: « Equitatui meo in curribus Pharaonis assimilavi te, o amica mea. » Etsi sis amica, et quantumvis amica, tamen scias adhuc et equitandum tibi et currendum esse, laborandumque ac pugnandum; ideo tamen non minus amica. Cavendum quidem tibi est vitium curiositatis, et semper comitantis eam concupiscentiæ sæcularis vel carnalis; non tamen seu pro temetipsa, seu pro fratribus est recusandus actus necessitatis, vel necessitas charitatis. Sequitur.

« Pulchræ sunt genæ tuæ sicut turturis. » Genæ Sponsæ, et ad Sponsum semper nuda facies, sancta conscientia est; verecundia in facie, affectuosa pœnitentia est et pia reverentia ad arguentem. Fidelis quippe anima, quandiu vel in tentationibus laborat, quid in seipsa agatur, ignorat; sæpe, et cum nescit, proficit; et approbatur, cum se reprobari æstimat. Afflicta etenim humiliatur, humiliata purgatur; et dum infra semetipsam deponit eam assumpta humilitas, in multiplicitate dolorum, non ab ipsa, sed tamen in ipsa formatur sancta illa simplicitas, de qua scriptum est: « In simplicitate cordis quærite illum (*Sap.* 1). » Et cum semetipsam dignam habet, quæ argui meruerit et affligi, ad arguentem se induit pia conscientia sanctam quamdam et beneplacentem faciem verecundiæ, per quam veteris fiduciæ procacitate emendata audire meretur: « Pulchræ sunt genæ tuæ sicut turturis. » Et vide quomodo in ipsa, quasi critica accessione tentationis, repente adest remedium divinæ consolationis; et secundum multitudinem dolorum in corde ejus, adsunt consolationes Domini lætificantes animam ipsius. Sicut enim in tempore aversionis mens affecta carni, caro peccato, faciem in ea formaverunt vulturis, sic in hora visitantis gratiæ mens affecta Deo, caro menti, faciem in ea formaverunt turturis præferentem humilitatem, castitatem, et sanctæ gratiam simplicitatis. Nam quemadmodum conscientia ipsa sibi verissima interpres est afficientis gratiæ, sic facies exterior testis esse solet ad homines bene affectæ conscientiæ, quin etiam pudor in facie apparens, indicium esse solet boni alicujus latentis in corde. Nam cum quod videre cogitur anima, vel indignum reputat ut videat, vel indignam se quæ videat, sicut aiunt physici, refugit intro, obducto sibi naturali velamine sanguinis, qui in ipsa hora verecundiæ in facie rubere videtur, contestans interiorem pudicitiam suam, vel odium habere oblati dedecoris, vel humilitatem seu reverentiam oblati honoris. Et apte satis Sponsa turturi comparatur, quæ a dolore amissi comparis alium non requirens, solo se gemitu consolatur. Jamque probata et digna reperta, illuminante gratia, laudibus Sponsi propensius attollitur, hoc est Sponsi laude dignis muneribus accumulatur. Unde subjungit et dicit : « Collum tuum sicut monilia. » Collum Sponsæ sancta intentio est, qua capiti suo, quod est Christus, totum operis corpus conjungitur; de quo idem caput nostrum dicit : « Si oculus tuus, id est operis intentio, simplex fuerit, totum corpus tuum lucidum erit (*Matth.* vi). » Sicut vero monilia ornamenta collis sunt, sic bonæ intentionis sanctarum insignia virtutum. Collum vero Sponsæ sicut monilia est, quoniam cum monilium sit collum ornare, econtrario collum Sponsæ omnes ornat virtutes suas; quæ nisi ex recta intentione dependeant, nec decus suum, nec decorem, sed neque ipsum comprobantur habere nomen virtutum. Vel colli Sponsæ ornamentum, amor Sponsi est, absque quo omnis intentio fœda ac perversa est. Cum vero intentio transit in affectum, efficitur collum Sponsæ sicut monile suum.

Deinde quasi sua ei imponens ornamenta : « Murenulas, inquit, aureas faciemus tibi, vermiculatas argento. » In auro sapientia intelligitur, quia, sicut Apostolus dicit, « Christus factus est nobis sapientia (*I Cor.* i), » vel eo tempore, quo in similitudinem hominum factus, habitu inventus est ut homo, et infirmum ejus fortius, et stultum ejus sapientius apparuit omnibus hominibus; vel ex quo ei hærere incepimus, ut in illo sapiamus. Ipse ergo collo Sponsæ aurea ornamenta imponit, dum sanctæ intentioni suæ gratiam sapientiæ adjicit, ut tendat non solum ardenter, sed et sapienter. Quæ vermiculatæ sunt argento, cum ad prædicandam gloriam Sponsi, accepta gratia luculente et sonoræ prædicationis, disponit sermones suos in judicio. Murenulæ autem, sicut per argentum, ut dictum est, nitorem eloquentiæ, sic in opere bono perseverantiæ longanimitatem designant; perfectionem vero in rotunditate. Sed quare vermiculatæ? Ut per figuram vermium admonita eloquentia, caveat vitium jactantiæ. Sicut enim vel lignorum vel fructuum quælibet materia proprium unaquæque habet vermem, quasi naturalem inimicum sospitatis suæ, sic omnis virtus, seu bona mentis compositio, proprium habet aliquem in vitiis inimicum. Unde scriptum est : « Vermis divitiarum superbia. » Sicut autem proprius divitiarum vermis superbia est, sic eloquentiæ jactantia, a quo nisi caveatur, quidquid virtutis vel utilitatis habere videtur, corrumpi necesse est. Sive autem longitudo, sive rotunditas, omnia in auri substantia fundantur, quia nulla boni perseverantia, nulla perfectio, nulla pulchritudo vel utilitas, nisi in sapientia, id est in amore Dei et spirituali sensu solidatur. Sed « faciemus, » inquit. Quis, vel qui? Utique qui dixit de dilectore suo. « Ad eum veniemus, et mansionem apud eum faciemus (*Joan.* xiv). » Dominus scilicet Jesus Christus, et Deus Pater, et Spiritus sanctus. Vel ego, inquit, faciam angelico mihi in hoc ministerio deserviente. Congaudet etenim angelica pietas bonis hominum, et in salutis eorum ministeriis deservire amant, quorum sanctis in religione studiis semper præsto sunt, licet non semper appareant. Unde etiam cum repente ab aliquibus aliquando videntur, apparere dicuntur, quod proprie dicitur de re præsente, sed latente, et repente semetipsam visibilem exhibente. Habet enim facultatem quamdam naturalem, sicut sibi invicem, sic etiam spiritibus hominum quælibet suggerendi vel insinuandi, angelorum spiritualis potentia, de quo per Prophetam dicitur : « Egressus est angelus, qui loquebatur in me (*Zach.* ii), » et « dixit unus angelus ad alterum angelum. Curre et annuntia puero huic (*ibid.*). » Quorum occultos nutus, quibus suggerenda insinuant, sive boni angeli in bonum, Deo volente; sive mali angeli in malum, Deo permittente: Apostolus linguas angelorum appellare videtur, ubi dicit : « Si loquar linguis angelorum, charitatem autem non habeam, nihil sum (*I Cor.* xiii). » Sanctis ergo proficientium studiis et cohortando et cooperando semper adsunt angeli Dei, tanto devotius congaudentes spiritualibus Sponsæ ornamentis, quanto verius in eis recognoscunt opera digitorum Dei, et artificium Spiritus sancti. Non solum autem, sed et doctores sancti in Ecclesia Dei in sponsalibus ornamentis Sponso intelligendi sunt cooperati. Sequitur :

« Dum esset rex in accubitu suo, nardus mea dedit odorem suum. » Aiunt qui sagittandi habent peritiam sensum quemdam inesse manui sagittantis, per quem sæpe non latet etiam non videntem, cum non in vanum abiit sagitta de manu mittentis. Eodem modo quemdam pietatis sensum nonnunquam constat inesse fideli fideliter oranti, per quem non eum latet, cum sua ad Deum pervenit oratio, et ex responso illuminantis gratiæ, et sensu bonæ conscientiæ, nulla remanet dubitatio exauditionis. Hunc ergo Sponsa, disciplinæ corripientis magisterio erudita ac sapientiæ dote glorificata, induens affectum, incipit jam perfectius semetipsam cognoscere, et intelligere ac discernere quid intra semetipsam agatur. Jamque indicante Sponso, hoc est illuminante gratia, incipiens penes se invenire, quod quasi alibi quærebat cum dicebat : « Indica mihi, o quem diligit anima mea, ubi pascis, ubi cubas in meridie, » scilicet regnum Dei intra se, locum Domino, tabernaculum Deo Jacob, incipit contemplari, non eo contemplationis modo, quem primo vel novitii fervoris præsumptione invaserat, vel acceptum ab gratuita gratia ardenter potius quam sapienter expenderat, sed ea contemplandi pietate quæ animæ, tentationibus probatæ, et corripiente disciplina eruditæ et purioris conscientiæ merito illuminatæ, ultro se incipit aperire. Unde subjungit et dicit :

« Dum esset rex in accubitu suo, nardus mea dedit odorem suum. » Duobus modis accumbitur, vel ad consortium carnalis voluptatis; vel ad perceptionem cibi. Utrumque, sed spiritualiter requirebat, quæ supra interrogando dixerat : Indica mihi ubi pascis, ubi cubas in meridie. Locus vero cubitus vel accubitus Sponsi ac Sponsæ memoria est, intellectus et amor. In his autem accumbunt Sponsus et Sponsa : ille gratiam infundendo, illa pie memorando, humiliter intelligendo, ardenter amando. Hunc locum Deo anxia pietate quærebat, qui dicebat : « Si dedero somnum oculis meis, et palpebris meis dormitationem, donec inveniam locum Domino, tabernaculum Deo Jacob (*Psal.* cxxxi). » Cujus cor, in quantum in hoc sancto desiderio æstuabat, in tantum jam profecto locus Dei erat; sed stare ad fruendum, seu stabiliter frui desiderabat. Memoriam jam implebat, et plenissime possidebat crucians voluntas, vel desiderium, hoc est vehemens voluntas. Sed quia intellectui deerat lumen suum, amor in fruendo nequaquam poterat invenire gaudium suum, de quo postmodum dicit : « Adorabimus in loco ubi steterunt pedes ejus (*ibid.*). » Qui enim Deum quem orat præsentem non sentit, sicut sentiendus est, anxie orat; qui vero præsentem tenet, præsente fruitur, gratanter adorat. Ideo Sponsa cum Sponsi reminisceretur, vel eum cogitaret ad intelligendum, absentem arbitrabatur, quandiu non intelligebat ad amandum. Sed bona voluntas jam initium amoris est. Vehemens autem voluntas, vel quasi ad absentem, desiderium est; vel affecta circa præsentem amor est, cum amanti id quod amat in intellectu præsto est. Amor quippe Dei ipse intellectus ejus est : qui non nisi amatus intelligitur, nec nisi intellectus amatur, et utique tantum intelligitur quantum amatur, tantumque amatur quantum intelligitur. Accumbit ergo Sponsus Sponsæ, cum primo in ea gratuita gratia liberi arbitrii sibi sanctificat assensum, non autem ei accumbere sibi videtur Sponsa, quandiu intellectus ejus in amore amorque fruendi in affectu non invenit gaudium suum, quandiu psallit spiritu, sed non psallit mente (*I Cor.* iv) : et spiritus ejus psallit vel orat, mens vero psallentis vel orantis sine fructu est. Et jam potenter in ea operatur occulta gratia, sed illa, donec facienti perfecte afficiatur, cubanti nequaquam sibi accubare videtur. Ideo dicit : « Dum esset rex in accubitu suo, nardus mea dedit odorem suum. » In accubitu, inquit, « suo, » non nostro, hoc est in quo Sponsa a Sponso efficitur, sed nondum sicut vult, ei afficitur, sicut postmodum de lecto dicit, lectus noster floridus. « Nardus mea dedit odorem suum. » Nardus humilis herba est, comas vel spicas habens uberes : per quam significatur humilitas fecunda virtutibus. Calida est,

æstum sancti desiderii designans. Apta est unguentis, quia sine humilitatis virtute nulla est apud Deum cujuslibet affectio devotionis. Odorem habet præcipuum : per quem signatur in humilitate confessio peccatorum. Hinc est enim de quo supra dicebat : « Nigra sum, sed formosa. » Inde est alabastrum unguenti nardi pistici vel spicati pretiosi, quod misit in corpus Jesu humilis devotio mulieris, præveniens illud ungere in sepulturam (*Matth.* xxvi; *Marc.* xiv). Unde et de odore humilis nardi, hoc est piæ confessionis, illic subditur, « et domus repleta est ex odore unguenti (*Joan.* xii).» Quærebam ego, ait Sponsa, extra me, quasi absentem, quem intra me jam habebam accubantem ac pascentem : cujus accubitum in corde meo manifestabat pietas bonæ voluntatis, pastum vero interius operantis gratiæ eructatio placitæ Deo confessionis. Sed ubi pasceret, ubi cubaret, nesciebam quia licet hæc omnia in me agerentur bono assensu voluntatis ac judicio rationis, sensum tamen spiritualis affectus, quo præsentiæ ejus suavitas sentitur, non habebam.

Deinde spiritualis accubitus gratiam subtilius describens, primoque adjiciens in gratiarum actione delicias suas accumulare memoriæ, « Fasciculus, inquit, myrrhæ dilectus meus mihi; in medio uberum meorum commorabitur; » oculumque spiritualis intellectus lumini gratiæ aperiens, « Botrus ait, Cypri, dilectus meus mihi; » et sensui amoris suam contrahens suavitatem, « in vineis, inquit, Engaddi. » Beneficiis etenim Dei non ingrata memoria cite spiritualis intellectus gaudium meretur : qui etiam continuo in suaves quasdam amoris experientias delectabiliter potius quam scienter resolvitur Intellectus etenim spiritualis, cum illuminari cœperit abundantiore gratia Spiritus sancti, tanto differentius operatur in anima humana ab intellectu humano, quanto sublimius a natura ipsius animæ differt natura luminis incircumscripti. Quod enim naturali intellectu intelligit anima, capit, illo autem intellectu non tam capit quam capitur. Quod enim naturaliter intelligendo capit, rationabiliter discernit; quod vero non sufficit percernere, non prævalet discernere. Sanctus etenim Spiritus sicut ubi vult spirat, sic quando vult, et quomodo vult, et in quantum vult, homo vero vocem ejus audit, hoc est gratiam sentit operantis, sed nescit unde veniat aut quo vadat (*Joan.* iii), cujus potestati vel arbitrio non subjacet, seu principium, seu finis, seu modus ipsius operationis. Nescit unde veniat, aut quo vadat : cui sensibile quiddam fit divini cujusdam gaudii, et illuminantis ac beatificantis gratiæ, quod solus amor illuminatus sentire permittitur; suavitas quædam, quam meretur amor, et ipse eam operatur, quam nescit usitatus intellectus, sed sentit affectus; substantia solidissima rerum sperandarum, argumentum non apparentium ; fidei Christianæ testimonium Domini fidele, sapientiam præstans parvulis. Sapit enim gustanti gustata Dei suavitas, in tantum, ut quæcunque sunt animæ quæ carnis, quæ sæculi, vel creaturæ omnis, cuncta ei desipiant, ut libeat immori, dum liceat immorari. Cumque sentit quod nescit, orat quod ignorat, quia Spiritus est qui pro eo postulat secundum Deum, non secundum hominem; qui sentire eum ac postulare et desiderare facit, idipsum quod sentiendo nescit, ac nesciendo sentit. Solus enim qui scrutatur cor, scit quid desiderat Spiritus, hoc est quod desiderare facit desiderantem. Agitur autem hoc cum ea, vel in ea anima quæ Sponsa esse meruit, cum ex eis, de quibus Dominus dixit, « et quidem ea quæ de me sunt, finem habent (*Luc.* xxii), » scilicet de dispensatione Dominicæ humanitatis, et ex multiplicibus beneficiis, quæ exinde nobis profluxerunt, symbolum fidei quasi quemdam colligens fasciculum myrrhæ, locum ei præbet in medio uberum suorum, in corde, in sede certa memoriæ et teneritudine bene affectæ conscientiæ, quo nec facile accessum habeat inimica tentatio, nec læsionem vel minimam fidei pati possit ipsa amoris teneritudo. Myrrha quippe mortuorum corpora condiuntur, et amari saporis est secundum amaritudinem passionis quam passus est Dominus propter nos, et odoris est boni secundum suavitatem amoris quo dilexit nos. Et vide spiritualis amoris jucundas delicias. Post monilia et murenulas, post donum sapientiæ, post gratiam eloquentiæ, additur quasi olfactoriolum pectori affigendum, ad afficiendam jugis suavitate odoris devotam Sponsæ memoriam, passionum Domini ac mortis jugiter spirans charitatem. Nam etiam secundum physicam myrrhæ virtutem, gustus ejus vim memoriæ confortare dicitur. Fasciculus autem, non fascis, quia totum Dominicæ passionis fascem nulla posset humana virtus sufferre. Fasciculus quippe deliciarum est; nec deprimit, sed sublevat portantem pie commemorari et recogitare dulciter bonitatem et causam patientis et amoris ejus suavitatem; sacramentum redemptionis, exemplum humilitatis, provocationem charitatis ac resurrectionis virtutem. Si vero, sicut dicit Apostolus, « tantam neglexerimus salutem (*Hebr.* ii), » et in judicio crucifixi, crucis, et passionis et conculcati ejus sanguinis exigimur rationem, Domine, Domine, quis sustinebit? « Terribilis illa est exspectatio judicii, quæ consumpta est adversarios (*Hebr.* x). » Sed et qui geminæ in Christo naturæ altissimum mysterium per vim naturalis ingenii penetrare se confidens altiora se requisierit, vel promiserit, gravem super se tulit fascem, et cui eum succumbere necesse sit. Magnum etenim illud in Christo pietatis sacramentum, sicut Apostolus dicit, etsi manifestatum est in carne, non justificatur nisi in spiritu (*I Tim.* iii), hoc est justitiæ quæ per fidem est, nulla homini seu per hominem ratio reddi potest dignitati rei sufficiens, nisi cui Spiritus sanctus dignatus fuerit revelare. Sponsa vero sub fasciculo suo non laborat, quia amat. Nam qui amat, non laborat. Sed et ideo in medio uberum Sponsæ memoria Sponsi collocari et commorari dicitur, ut a filiis Sponsi lac inde sacrorum nutrimentorum fugatur. Duo enim hæc ubera Sponsæ, sapientia et scientia sunt, de quibus Apostolus dicit : « Alii datur per spiritum sermo sapientiæ, alii sermo scientiæ (*I Cor.* xii.) » Ex his etenim trahunt filii Sponsi veræ vitæ subsidium, hoc est amorem Dei. Conditi sane ad imaginem et similitudinem Creatoris cecideramus a Deo in nos per peccatum, et a nobis infra nos, in tantum profundum dissimilitudinis, ut nulla esset spes. Sed venit Filius Dei, æterna sapientia, et inclinavit cœlos suos et descendit, et fecit de semetipso quiddam in nobis quod simile esset nobis, quod apprehenderemus; et simile sibi per quod levaremur : cujus mysterii continua memoria continua esset medicina. Et fasciculus myrrhæ est quod apprehendimus, botrus vero Cypri, per quod levamur. De quo subdit et dicit.

« Botrus Cypri dilectus meus mihi, in vineis Engaddi. » Quos enim amaritudo myrrhæ contristat, vinum lætificat. In myrrha enim intelligitur amaritudo passionis; in vino botri lætitia resurrectionis; in fasciculo myrrhæ per fidelem memoriam quæcunque fuerunt in Christo humanæ passibilitatis et mortalitatis; in vino botri per spem et intellectum gaudium de virtute resurrectionis; in vineis Engaddi et balsamo per amorem Spiritus unctio a sancto, et gaudium in Spiritu sancto. Cyprus autem insula maris et Engaddi locus Judeæ longe ab invicem disparantur, tam locorum diversitate quam generosæ fertilitatis dissimilitudine. Cyprum etenim insignem reddit fertilitas vinearum; Engaddi vero balsami nobilitas. Sed conjunguntur in unum pietatis sacramentum, ut amaritudinem myrrhæ de dolore passionis temperet botrus Cypri et vinum lætificans, ob virtutem et lætitiam resurrectionis; balsamumque ei conjungitur Engaddi ad omnis consummationis perfectionisque finem per infusionem Spiritus sancti. Fasciculus ergo myrrhæ et botrus Cypri in medio uberum Sponsæ commoratur, cum de Sponso affecta memoria, de altero, hoc est de myrrha humiliatur; de altero, hoc est de botro sublevatur : neutrum tamen nisi in balsamo Engaddi, hoc est nisi visitante Spiritus sancti gratia, et memoria afficiatur, et intellectus illuminetur, et amor accendatur. Botrus etiam in memoria Sponsi ob multitudinem acinorum multiplicem, Cyprus vero insignem designat materiam gaudiorum : balsamum autem Engaddi majus aliquid digniusque omni vino, hoc est omni vitæ hujus gaudio, oleum scilicet lætitiæ, et unctionem Spiritus sancti, quo ipsum etiam Sponsum Deum unxit Pater Deus præ participibus suis. Quæ enim ex fide et spe, ex memoria et intellectu sunt, aliquem amoris et gaudii videntur habere affectum; gaudium vero in Spiritu sancto, in plenitudine amoris, in supereminentem omni gaudio quemdam beatitudinis proficit effectum : qui in eo perficitur, quod oculus non vidit, nec auris audivit, nec in cor hominis ascendit, in civitate illa Dei, de qua in Psalmo legitur : « Sicut lætantium omnium habitatio est in te (*Psal.* LXXXVI). » Sicut lætantium, ait quia non solum lætantium, sed et plusquam lætantium. Non habet nomen illa lætitia; nisi sicut lætitia, vel plusquam lætitia. Ad quod etiam hoc astipulari videtur, quod vineæ Cypri et vineæ Engaddi nonnullam videntur habere similitudinem: sed longe eas disparat, ut dictum est, fertilitatis dispar nobilitas. Arbusta quippe balsami similia esse videntur arbustis vinearum, in eo quod ad vinearum quidem similitudinem se aliquando in altitudinem duorum cubitorum extollere videntur, sed sine alienis adminiculis : quod vineæ non possunt. Sed et semen eorum gustu vel sapore vinum imitari videtur. Perpetua vero comæ gloria vineas superant, præferentia vel designantia gaudium æternæ beatitudinis : quod etiam subsistendi nullo egeret auxilio, quia nullam sui habet materiam, nisi ex semetipso. Adhuc etiam Engaddi fons hædi interpretatur, id est fons gratiæ, in quo hædus a sinistra transiens ad dexteram agnus efficitur. A dextris quippe agni; a sinistris vero hædi constituuntur (*Matth.* xxv). Pungitur autem virgultum, et profert balsamum, significans de punctione lateris Domini profluens sacramentum ; vel de compunctione cordis procedentem remissionem peccatorum; vel illud quod Salomon dicit : « Punge oculum, et profert lacrymam, punge cor, et profert sensum (*Eccli.* XXII). » Sequitur :

« Ecce tu pulchra es, amica mea; ecce tu pulchra. » Ecce, hoc est in hoc affectu pietatis, in hac forma confessionis, in hac specie perfectionis, in imagine Dei. In hoc etenim homo ad imaginem Dei conditus est, ut, pie Dei reminiscens, hoc est ad intelligendum, humiliter intelligens, hoc est ad amandum ; ardenter ac sapienter amans, usque ad fruendi affectum, animal rationale existeret. Hoc est enim Deum timere, et mandata ejus observare : quod « est omnis homo (*Eccl.* XII). » Et hæc est imago et similitudo Dei in homine; talis vel tanta, qualis vel quanta esse potest in tam dissimili materia. Similitudo quippe ista ratio est, qua distat homo a pecore. Dei enim non reminisci, pecoris est; reminisci, non ad intelligendum, plus aliquid pecore, sed minus homine est ; reminisci ad intelligendum, hominis est ; intelligere usque ad amandum, vel amando fruendum, jam hominis perfectæ rationis est, siquidem pia memoria cito clarescit in quemdam intellectum de Deo, vel rationalem cogitationem : purus intellectus, seu cogitatio rationabilis, statim calescit in amorem, amor vero per affectum boni continuo summi boni induit imaginem, talem vel tantam, qualis vel quantus ipse est. Hæc bonæ memoriæ per assensum præsto est puro intellectui per cogitationem, affecto amori per fruitionem : amori hoc est Sponsæ amanti, per habitum mentis: aliis vero per appetitum bonæ voluntatis. Sponsæ namque memoria de Sponso est in simplicitate cordis Sponsum quærere: intellectus, sentire de eo in bonitate: amor, ipsi affici, ipso frui,

esse sicut ipse est. In hoc ergo statu seu habitu mentis Sponsus Sponsam inveniens : « Ecce, » inquit, « tu pulchra es, amica mea, ecce tu pulchra. » Recoloratum namque erat in pulchritudine Sponsæ a sole justitiæ quidquid fuerat decoloratum, recoloratum ejus præsentia quod decoloratum fuerat in ejus absentia. Etenim substantia Sponsæ, de qua dicit Apostolus, « Est » enim « fides sperandarum substantia rerum (*Hebr.* x), » suos habet colores egregios, sanctas videlicet virtutes ; quæ, sicut jam supra dictum est, decolorantur in ea, sive recolorantur, cum ab illuminante gratia destituuntur, sive illuminantur. Recoloratam ergo Sponsæ faciem Sponsus suspiciens, in laudem ejus attollitur, ac dicit : « Ecce tu pulchra es, amica mea, ecce tu pulchra. » Iteratio confirmationem significat, seu proficientis pulchritudinis argumentum. Vel pulchra es, inquit, in opere, pulchra, in affectione. Pulchra, quia formosa ; pulchra, quia colorata. Ecce ergo, ait, dum mundas mihi memoriam, humilias intellectum, afficis amorem ; tu pulchra es amica mea, ecce tu pulchra ; in tantum amica mea, in quantum pulchra. In quibus quoniam contemplativa perfectio consistit, subjungit de ea et dicit : « Oculi tui columbarum. » Duo sunt oculi contemplationis : ratio, et amor, et secundum quod dicit propheta, « Divitiæ salutis sapientia et scientia (*Isa.* XXXIII) : » alter secundum scientiam, quæ sunt humana; alter vero divina scrutatur, secundum sapientiam. Cum vero illustrantur a gratia, multum se adjuvant ad invicem, quia et amor vivificat rationem, et ratio clarificat amorem, fitque columbinus intuitus simplex ad contemplandum, prudens ad cavendum. Fiuntque sæpe duo isti oculi unus oculus, cum fideliter sibi cooperantur, cum in contemplatione Dei, in qua maxime amor operatur, ratio transit in amorem, et in quemdam spiritualem vel divinum formatur intellectum ; qui omnem superat et absorbet rationem. Ipse est de quo in posterioribus dicit Sponsa ad Sponsum : « Vulnerasti cor meum in uno oculorum tuorum, et in uno crine colli tui (*Cant.* IV). » Deinde Sponsa, accepta a Sponso pulchritudinis laude, parem reddit gratiam dicens :

« Ecce tu pulcher es, dilecte mi, et decorus. » Par quidem pari redditur, cum Sponsa pulchra, et pulchra et amica ; Sponsus vero pulcher, et decorus et dilectus appellatur. Ex quo enim erudita tentationibus, mundata per pœnitentiam, divinitus illuminata, semetipsam cœpit cognoscere et in semetipsa quem quærebat invenire, jam Sponsus et Sponsa amico consortio, familiari colloquio invicem se sibi insinuantes, invicem placentes, invicem laudantes, prælibant gaudium mutuæ conjunctionis. Sicque dum negotium amoris agitur, dum ad mensuram donandæ a Deo perfectionis passim vel gradatim proficitur, Sponsus et Sponsa ad invicem loquuntur, Sponsa devotionis affectu, Sponsus vero gratiæ operantis effectu. Vel Sponsi alloquium opus est afficientis gratiæ; Sponsæ responsum, ipsum gaudium bene affectæ conscientiæ. Sive Sponsam Sponsum alloqui, est ipsam, qualis est, in oculis ejus apparere; Sponsum vero ipsam alloqui, est ipsam, vel de ipsa in ipsius intellectu ordinare vel disponere. Quidquid etiam hic Sponsus dicit in laudem Sponsæ, sanctæ conscientiæ testimonium est: quod vero Sponsa in Sponsum, devotionis affectus, seu contemplationis pietas est. Nullus etenim est sic in semetipso perversus, vel a Deo aversus, qui rationis aliquatenus capax sit, in quo aliquando non loquatur Deus. Quanto magis in Sponsa, quæ, sicut mulier cum viro una caro, sic ipsa cum Deo unus spiritus est. Pulchra ergo, et pulchra amica appellata, reciproca laude, non ingrata pietate, pulchrum ac decorum, dilectumque Sponsum appellat, hoc est intelligit ac certum tenet quidquid habet laude dignum, ab eo se habere qui omnis boni bonum, omnis pulchri pulchritudo est: cui laudare est laudanda tribuere. Hanc autem reciprocam ad alterutrum gratiam, ipsa de qua agimus, facit mutua pulchritudinis similitudo, mutua adinvicem Sponsi Sponsæque fruitio. Non solum etenim nos fruimur Deo, sed et Deus fruitur bono nostro; in quantum delectatur, et gratum illud habere dignatur. Et, pro mensura profectus seu similitudinis, sit mensura fruitionis; quia nec similitudo esse potest nisi in fruitione eam afficiente, nec fruitio nisi in similitudine eam afficiente. Quæcumque enim anima ad utilitatem suam aliquam donante Deo accipit gratiam, cum dono ipso donantis etiam accipit intelligentiam, ut non sit homo Deo ingratus, sed ad donantem semper sit conversio ejus. Cui cum ardentius intendit humilis amor, ipsi cui intendit conformatur, quia intendendo in hoc ipsum ab ipso efficitur. Cumque efficitur ad similitudinem facientis, fit homo Deo affectus, hoc est cum Deo unus spiritus, pulcher in pulchro, bonus in bono: idque suo modo, secundum virtutem fidei, et lumen intellectus et mensuram amoris, existens in Deo per gratiam quod ille est per naturam. Nam et cum nonnunquam superabundat gratia usque ad certam de Deo, et manifestam experientiam rei, fit repente sensui illuminati amoris modo quodam novo sensibile, quod nulli sensui corporis sperabile, nulli rationi cogitabile, nulli intellectui extra intellectum illuminati amoris fit capabile, ubi homini illi Dei non est aliud de Deo sentire quam per bonæ experientiæ affectum similitudinem ejus contrahere, secundum qualitatem et sensæ speciei et sentientis amoris. Sicut enim, in rebus per corpus sensibilibus, sensus est sentiendo per quamdam mentis phantasiam in ipsam mentem contracta quædam sensæ rei similitudo, secundum qualitatem sensus sentientis et rei sensibilis, ut, verbi gratia, si ad sensum pertinet videndi quod sentitur, videri omnino non possit a vidente, si non prius visibile ejus per similitudinem cujusdam phantasmatis formetur in anima videntis, per quam transformetur sentiens in id quod sentitur, sic et multo magis idem operatur visio Dei in sensu amoris quo videtur Deus: siquidem et in illo corporearum sensu rerum, nisi cum sensu pariter etiam amor operetur, sensus ipse vix ad aliquem pervenit effectum, quia refugit continuo sentiens, si non aliquo amoris appetitu adhæreat rei quæ sentitur. In visione vero Dei, ubi solus amor operatur, nullo alio sensu cooperante, incomparabiliter dignius ac subtilius omni sensuum imaginatione: idem agit puritas amoris ac divinus affectus, suavius afficiens, fortiusque attrahens, et dulcius continens sentientem, totumque et mente et actu in Deum transfundens fideliter amantem, et confortans et conformans, et vivificans ad fruendum. Idcirco de fruitione statim subjungit, ac dicit:

« Lectulus noster floridus, » Lectulus floridus est amœna conscientia, et gaudium in ea Spiritus sancti, et in ipso fonte suo jugis fruitio veritatis. Hic est de quo idem Sponsus dicit: « Super quem requiescet Spiritus meus; nisi super humilem et quietum, et trementem sermones meos?(*Isa.* LXVI.) » Libet ad lecti floridi consistere decorem, et ad jucundas ejus ambire delicias, castitatis atque charitatis decore vernantes, spiritualium gratia sensuum seu intellectuum fragrantes, odoremque divinitatis et æternitatis virtutem spirantes. In hoc siquidem fit conjunctio illa mirabilis, et mutua fruitio suavitatis, gaudiique incomprehensibilis, incogitabilis illis etiam in quibus fit, hominis ad Deum, creati spiritus ad increatum. Qui Sponsa dicuntur ac Sponsus, dum verba quæruntur quibus lingua hominis utcunque exprimi possit dulcedo et suavitas conjunctionis illius, quæ non est alia quam unitas Patris et Filii Dei, ipsum eorum osculum, ipse amplexus, ipse amor, ipsa bonitas, et quidquid in unitate illa simplicissima commune est amborum. Quod totum est Spiritus sanctus, Deus, charitas, idem donans, idem et donum. Ibi etenim comparat se sibi ille amplexus, et illud osculum, quo cognoscere incipit Sponsa sicut et cognita est; et, sicut solet in amantium osculis, suavi quodam contactu mutuo sibi spiritus suos transfundentium, creatus spiritus in hoc ipsum creanti cum spiritui totum se effundit; ipsi vero Creator spiritus se infundit, prout vult, et unus spiritus homo cum Deo efficitur. Hic filiorum Sponsi a persecutionibus et pressuris unicum est refugium in ærumnis vitæ hujus, requies unica laborum, et consolatio dolorum, speculum vitæ, robur fidei, pignus spei, amoris seu charitatis in Deum proficientis dulce nutrimentum. Unde et Vas electionis, cum, sicut ipse dicit, exhibuerat aliquando semetipsum sicut Dei ministrum « in multa patientia, in tribulationibus, in necessitatibus, in angustiis, in plagis, in carceribus, in seditionibus, in laboribus, in vigiliis, in jejuniis, in castitate, in scientia, in longanimitate (*II Cor.* VI) ; » quasi, post tantorum defatigationem laborum, ad lectum floridum et quietum ejus refugiebat, in eo quod subjungens addit, « in suavitate, in Spiritu sancto (*ibid.*). » Beata conscientia, quæ faciem Domini quærens semper, post laborum corporalium pressuras, post spiritualium exercitiorum tribulationes paratum semper penes semetipsam habet domicilium quietis, lectulum, inquam, floridum, proprii scilicet testimonii privatum gaudium : de quo idem ipse Doctor gentium ait : « Gloria nostra hæc est, testimonium conscientiæ nostræ (*II Cor.* 1). » Beata nihilominus conscientia, quæ a gaudio interioris hujus suavitatis, quocunque ad opus necessitatis, ad imperium charitatis fecerit ingressum, paratum semper illuc habet regressum ; quod non semper illi in promptu est, qui totus egreditur, quoties egrediendum est. Cum enim egrediendum est aliquando lecti floridi delicato alumno in aliena, nequaquam unquam totus inde alienandus est ; sed aliquid semper sui intus relinquendum est, quod sibi suum locum fideliter custodiat ; cui id quod exire compellitur, forti semper vinculo amoris cohæreat, ne longius recedat : Maneat semper intus charitas veritatis, etiam cum exire cogitur in aliena necessitas charitatis ; nec tantum aliquando prævaleat vis exterioris necessitatis, ut totam obrumpat Sponsæ mentem a virtute interioris suavitatis.

Cum autem cum figura mundi hujus pertransierit omnis iniquitas, tunc etiam pertransierit omnis ista necessitas ; et tunc conjunctio Sponsi ac Sponsæ plena et perpetua fiet in plenitudine similitudinis, cum non solum videbitur Sponsus sicuti est, sed et quæcunque Sponsa esse meruerit, erit sicut et ipse est ; fletque osculum plenum, cum oculo ad oculum, amplexu ad amplexum plena fiet et perpetua fruitio. Tunc jam ultra nemo Sponsam suscitabit, vel evigilare faciet, donec ipsa velit ; ipsa vero nequaquam volet ultra. Interim in pressuris hujus vitæ in adjutorium laboris, ad solatium dilationis, bonæ menti sua paradisus, et bonæ conscientiæ lectulus ordinatur floridus ; et in eo non osculum illud æternum et perfecta conjunctio, sed osculi ipsius et perfectionis affectata imitatio, et conjunctionis ac similitudinis illius aliqua similitudo. Nam per Spiritum sanctum spiritui hominis, et sensui amoris illuminati raptim aliquando illuc attingenti, dulcescit illud quidquid est, et rapit amantem, amatum potius quam cogitatum, gustatum quam intellectum ; sicque ad tempus, ad horam afficit amantem, figit tendentem ; ut jam non in spe, sed quasi in re, ipsam sperandarum substantiam rerum de verbo vitæ quodam experientis fidei argumento, et videre oculis, et tenere ac contrectare manibus sibi videatur. Hæc etenim est consolatio tua, o Pater, ad filios tuos, quibus promisisti dicens : « Non vos relinquam orphanos ; vado et venio ad vos (*Joan.* XIV). » Vinctis etenim spei filiis tuis in exsilii hujus carcere inclinans cœlos tuos condescendis, et inhabitas et inambulas in eis ; et fidei eorum, quam tu prior dedisti in corda ipsorum, informas paulatim gratiam tuam, gratiam pro gratia : qua operante ipsi eidem conformant mentem vitamque suam, et sit illa similitudo quam statim comitatur illa fruitio. Bonus enim Pater, bonusque Dominus, bonusque quidquid es, bonum te sicut es, in eorum affectus exhibes, et manifestas ; et cum semper virtus de te exeat ad sanandos languores nostros, quasi ex contactu vel sensu boni tui eos afficis, et de temetipso bonos eos efficis, et sic bonus a bonis amaris, et tu ipse es amor tuus in eis, ipse de te misericorditer ac suaviter eos afficiens, et rectissime ac justissime ac sapientissime amans te de eis. Non enim alienum est a te quod te sapit, nec longinquum quod te capit, si tamen capit quem nullus locus sive sensibilis sive intelligibilis, nullus sensus sive per instrumentum corporis sive per intellectum rationis capit. Sed amoris dilatatus sinus, secundum magnitudinem tuam se extendens, dum amat te, vel amare affectat quantus es, incapabilem capit, incomprehensibilem comprehendit. Quid vero dicimus ; capit ? Quin potius amor ipse, hoc est quod tu es ; Spiritus sanctus tuus, o Pater, qui a te procedit et Filio, cum quo tu et Filius unum es. Cui cum meretur affici spiritus hominis, spiritus spiritui, amor amori, amor humanus divinus quodammodo efficitur ; et jam in amando Deum homo quidem est in opere, sed Deus est qui operatur. Non enim Paulus, « sed gratia Dei » secum (*I Cor.* XV).

« Lectulus, » ergo, ait, « noster floridus. » Offert Sponso quod ab ipso accipere desiderat. Oblatio ista oratio devota est. Recrudescit enim amor in id quod singulariter amatum commemorat ; et desiderium magnum commemorantis pia oratio est. Nihilque est aliud commemoratio ista quam invitans intra semetipsam consciam suum sancta conscientia, habens jam flores lectuli floridi, hoc est sanctarum gratiam virtutum, donante Sponso in assensu bonæ voluntatis, sed earum affectu frui non valens, nisi præsens sit Sponsus sibi, et ipsa in ipso sibi. Lectulum ergo ingerit, ad lectulum invitat, accubitum implorans, in pace in idipsum quietem desiderat. Ex continuæ ejus præsentiæ illuminante gratia fixam in Deum, et stabiliter affectam vult habere memoriam illuminatam de ipso intellectum, supereminentem in eum scientiæ charitatem, et in effectu virtutum continuam afficientis gratiæ suavitatem. « Lectulus noster floridus. » Sicut flos maturescere gestit in fructum, sic voluntas bona in affectum. Eo Sponsa ambit, illuc parturit, illuc anxiatur. Amare vult, frui desiderat, non in accubitu voluntatis, sed in habitu mentis, cum lectulum floridum exoptat. Non enim in sensu animæ Deum quærentis potest esse non præsumptibilis Dei fruitio, in quo præcesserit ejus similitudo. Ideo dicit : « Lectulus noster. » Cum, inquit, noster erit, mihi tibique communis, sanctas spirabit delicias, et calebit amore mutuo : qui quandiu meus est, in quo per noctem quæro quem diligo, et non invenio, nihil habet florum, nihil odorum ; parum gratiæ, minimum lætitiæ ; lectulus est noctis, non diei ; totus friget, et væ soli quiescenti in eo, quia non est qui calefaciat eum. Non ergo lectulus meus, sed « lectulus noster floridus. » Experta aliquando aliquem de Sponso affectum, suspirat ad lectum, degustato ad horam quod ex parte est, accubitum seu requiem desiderat in eo quod perfectum est. In contemplatione namque summi boni ex naturali boni ipsius gratia, præsumptibile statim fieri solet credenti, quidquid amantem delectat; et in lumine vultus Dei, sicut non potest esse aliquando amor sine re; sic neque intellectus sine spe. Sequitur :

« Tigna domorum nostrarum cedrina. » Non solum, ait lectulus, sed et domus nostræ oderunt solitudinem. Sicut enim in lectulo, sic et væ soli habitanti in domo. Non autem unam tantum, sed quot virtutes habet Sponsa, tot habet domos ad habitandum, seu Sponso cohabitandum. Domus Sponsæ sanctæ virtutes sunt, de quibus in psalmo legitur : « Deus in domibus ejus, » Sponsæ videlicet « cognoscetur, cum suscipiet eam, » ipse Sponsus (*Psal.* XLVII). Sponsus quippe in domibus Sponsæ cognoscitur, cum susceptæ vel acceptæ et placitæ in oculis ejus præsentiæ ipsius gratia illustrantur. Alia siquidem est castitas quam facit charitas, alia quam facit sola continentia. Omnesque ac singulæ virtutes aliæ sunt in solo appetitu voluntatis ex judicio rationis, aliæ in affectu gratiæ vivificantis. Quandiu etenim communes sunt Sponso ac Sponsæ domus suæ, domus virtutum, munimen habent suum egregium, tigna cedrina, et decorem interiorem, laquearia cypressina. Tigna cedrina et imputribilia sunt in domibus virtutum fides et spes æternitatis; sub tecto protectionis Dei cœli erectæ in cœlum virtute rectæ intentionis. Laquearia vero cypressina, et decore operis ordinati, et odoris virtute, interiorem significant decorem : qui est in sollicitudine servandi unitatem spiritus. Ipsa est in charitate Dei mutua in invicem charitas filiorum Sponsi, invicem diligentium, invicem suscipientium, sicut in laquearibus ligna lignis illaqueantur ad perficiendum interiorem decorem, interiusque munimen, ne quid irrepat, ne quid se ingerat quod contristet inhabitantes, cum una charitas in invicem et capabiles facit et capaces. Virtutes quippe animi habere videntur etiam aliqui infideles; sed nullæ esse comprobantur, quæ per fidem et spem in Deum non eriguntur, et quæ intra ecclesiasticæ pietatis domesticam unitatem non continentur (126). Omnes namque homines invitare ad se vel trahere videtur ipsa virtutum honestas naturalis ; sed nisi in Deo raros suscipit earum charitas, nullum veritas. Ideo, sicut dictum est, etiam qui foris sunt, virtutes aliquas aliquando videntur habere usque ad actum, ad voluntatem, etiam usque ad amorem, in tantum ut inveniatur aliquis eorum, solos eos homines bonos pronuntiare, qui oderunt peccare virtutis amore (HORAT. *epist.* lib. I, ep. 16, 52). Sed quibus Christus sapientia est; ipsis ipse omnis virtus est. Etenim in sapientia omnis virtutum plenitudo continetur. Nec aliqua virtus virtus est ; quæ

non sapit habenti in eo qui omnium virtutum sapientia est. In quo sicut vera et solida virtus est, non solum studium laboris, vel ambitus voluntatis, sed affectus animi, habitusque bonæ mentis; sic ad ipsum verus ac vivens amor est; cum qui amatur, amanti per intellectum seu sensum amoris ipsius præsto est : et tunc lectulus et noster, et floridus est. Sic ergo quæcunque hic de lectulo florido et domibus contignatis ac laqueatis ad Sponsum dicuntur ab Sponsa, non sunt aliud, quam in cor suum conscium Deum invitans pia conscientia. Vel sub tignis fidei et spei, hoc est in communi fidelium vita, requirit Sponsa lectum floridum : et sub laquearibus vitæ socialis, fixæ stationis certam mansionem ; cui mutuæ cum Sponso fruitionis et amoris secretius negotium committatur. Sed aptiorem hæc locum desiderant, et jucundiorem ad accumbendum ; secretiorem ad fruendum, securiorem ad manendum. Ipsa est charitas, « de corde puro, et conscientia bona, et fide non ficta (*I Tim.* I) : » et seu in solitudine, seu in turba, cor in Deo solitarium. Sequitur :

CAPUT II.

« Ego flos campi, et lilium convallium. » Solet spiritus sapientiæ ditandum suum prius in suo spiritu pauperare, sublimandum humiliare; ut veræ altitudinem perfectionis consolidet in fundamento veræ humilitatis. Cellæ vero vinariæ altitudo, ad quam Sponsus Sponsam parat introducere, alienas non recipit altitudines, nisi eam de qua dicitur : « Quanto major es, humilia te in omnibus (*Eccli.* III). » Etenim sicut omnis virtus in infirmitate, sic omnis justitia in humilitate perficitur. Unde baptizandus Dominus in Jordane dicebat ad Joannem : « Sine modo; sic enim decet nos implere omnem justitiam (*Matth.* III). » Adimpletionem ergo justitiæ Sponsus in Sponsa, non tam probans quam approbans humilitatis virtutem : « Ego, inquit, « flos campi, et lilium convallium. Sicut lilium inter spinas; sic amica mea inter filias. » Ac si dicat: Si tendis ad plenitudinem fruitionis, age, satage, ut habeas similitudinis meæ plenitudinem, hoc est in omni perfectione virtutem perfectæ humilitatis, cujus exemplar tibi sum, flos campi et lilium convallium. Inter florem campi et lilium convallium, non minima distantia est. Est quippe humilitas quædam, quasi campestris ac plana, a qua nemo Christiani nominis particeps facere se potest excusatum, communis omnibus hominibus etiam naturali judicio rationis, scilicet majori subesse et pari se non præferre. Est et alia sublimior perfectionis præmium exspectans, scilicet in Deo minori se subdere et parem sibi præferre, non tantum judicio rationis, sed etiam ipso affectu conscientiæ. Hæc est lilium convallium altorum cordium, sanctarum mentium, hominum perfectorum honore se invicem prævenientium, superiores sibi invicem arbitrantium. Vicinos etenim montes convallis dividit altitudo, unit

---

(126) Quod hic videtur auctor cum Augustino negare virtutes illas sine fide et spe reperiri, pie exponendum est de virtutibus quæ ad regnum cœlorum promerendum valeant.

profundum. Ipsi quippe sunt de quibus Apostolus dicit : « Divisiones » donationum, sive « gratiarum sunt, idem autem spiritus (*I Cor*, XII). » Ipsi sunt de quibus Psalmista dicit : « Qui emittis fontes in convallibus (*Psal*. CIII). » Et alibi : « Valles abundabunt frumento (*Psal*. LXIV). » Hos in altitudine diversorum meritorum separat diversæ sanctitatis celsitudo; in inferioribus vero conscientiæ se humiliantis, consociat eos sibi pia æstimatio charitatis. In quibus quanto sublimior est altitudo sanctitatis, tanto profundior invenitur convallis humilitatis. Et ibi est lilium sicut lilium, hoc est ad deificæ in Christo humilitatis exemplar conformatum et coaptatum exemplum. Alia siquidem est humilitas simplicis hominis, cum ex conditione et cognitione sui, coram Deo vel proximo ipse vilescit sibi; alia Dei et hominis ad sublevandum hominem in ultima conditionis humanæ semetipsum sponte deponentis. In Mediatore etenim Dei et hominis, ex solo bonitatis fonte prodiens Dei ad homines condescensio, humiliatio potius quam humilitas est. Unde dicit Apostolus : « Humiliavit semetipsum (*Philipp*. II); » in homine vero cognitio sui humilitas est semper; et est seu in nolente confusio necessitatis, seu in volente affectus virtutis. Flos ergo campi, hoc est communis exemplum humilitatis homo Christus apparuit, de quo scriptum est, quia « subditus erat » parentibus suis (*Luc*. II). In sorte etiam tributariæ conditionis, et in redditione, et in quantitate tributi, parem Petrum non renuit, cui, tributum exigentibus terreni imperii ministris, dixit : « Vade ad mare, et mitte hamum, et primum piscem qui occurrerit, aperi os ejus, et invenies staterem; da eis pro me et pro te (*Matth*. XVII). » Lilium etiam fuit convallium, vel cum homo homines sibi præferens, pro impiis vel illi viverent, volens ipse mortuus est; vel cum Deus homo ab hominibus perversis sponte eis subditus, et ab eis injuste judicatus est. Ergo habet, inquit, in me et communis vitæ planities, et altioris vitæ professio, quod imitetur de virtute humilitatis. Aliis etenim flos campi, aliis lilium, quod cæteris floribus præeminet, in exemplum perfectionis apparui. Qui cum in forma Dei essem, non rapinam arbitratus æqualem me esse Deo, exinanivi memetipsum, in similitudinem hominum factus, et habitu inventus ut homo. Tu vero pulchro intendens, ut pulchra de pulchro fieres, hoc sensisti sensu amoris in te quod sensu fidei sensisti in me, et complantata lilio facta es sicut lilium, non deflexa a rectitudine imitationis meæ, vel mollitie feminea, quod sonat nomen filiarum, vel pungente aculeo spinarum, hoc est malitia cohabitantium. Inter malos etenim bene vivere, jam perfectionis alicujus culmen est. Sciendum autem quoniam licet a Christo summum homini semper humilitatis prodeat exemplum, alia tamen humilitas in Christo, alia in Christiano. Siquidem in puro quolibet homine vera est humilitas æstimare de semetipso id quod est, et ex cognitione sui seipsum vilescere sibi. Veritas vero Jesus Christus, quamvis præ cæteris hominibus humilia faciebat vel docebat, de semetipso non nisi quod erat æstimare poterat. Licet enim ipse Deus et homo esset, sic tamen Deo dignus erat homo ille, ut non esset in eo aliquid, unde ipse sibi vilesceret. Non ergo in æstimatione humilitas ei erat, sed in opere. Qui in hoc semetipsum humiliabat, quod non solum docebat humilia ; sed et præ cunctis hominibus humillima, et majestati ejus indignissima, vel faciebat, vel tolerabat. Sponsus ergo flos campi et lilium convallium ; Sponsa vero, sicut lilium. Sed Sponsa humilitatem amplectens imitationis, et devotæ similitudinis, sed altitudinem expavescens parilitatis, humilis quidem lilii, sed infecundi non abnuit similitudinem : Sponsum vero celsæ ac fructiferæ malo, sub cujus umbra lateret, et de fructu viveret, comparat, dicens :

« Sicut malus inter ligna silvarum, sic dilectus meus inter filios. Sub umbra illius quam desideraveram sedi, et fructus ejus dulcis gutturi meo. » Nusquam enim hominis ad Deum comparatio, nec in ipsa similitudine humilitatis. Sicut enim omnipotentis divinitatis incomparabilis est potestas, inscrutabilis majestas, virtus inæstimabilis, sapientia incogitabilis, sic cum ad nostra ventum est, infirmum fortius, stultum sapientius, et humile ejus sublimius repertum est omnibus hominibus. Unde ipse Dominus cum de Joanne loqueretur : « Inter natos, ait, mulierum non surrexit major Joanne Baptista, » scilicet in humilitate. « Qui autem minor, » hoc est humilior « est in regno cœlorum, major est illo (*Matth*. XI). » In quo? In humilitate. Magna quippe in regno cœlorum, hoc est in Ecclesia, effulsit Joannis humilitas, in qua tamen major eo apparuit qui major omnibus se minimum exhibuit. Qui quanto de altiori ad nostra infima descendit, tanto omnibus humilibus humilior in mundo apparuit. Ideo Sponsa a Sponso edocta, tentationibus erudita, devota ad imitationem, pavida ad parilitatem, sub figura celsæ mali commemorans Domini discipulorumque ejus accubitum in domo Pharisæi, seipsam vero quasi peccatricem venientem, et Dominum justificantem, totam illam evangelicæ pietatis historiam in semetipsam transfigurat, dicens : « Sicut malus » fructifera « inter » stabilia « ligna silvarum » suo ea decore venustans, lætificans odore, fructu honorans; « sic dilectus meus inter filios » dulcis affectionis et masculæ virtutis, apostolos scilicet accumbens, quos virtutibus illustrat, confortat exemplis, confirmat operibus, et doctrina lætificat. « Sub umbra » vero defensionis ejus condemnante Pharisæo, protegi et abscondi desideravi anxia; audiens vero judicium diligentium nomen Domini ex ore ejus, « sedi » secura. Dixit enim : « Dimissa sunt ei peccata multa, quoniam dilexit multum (*Luc*. VII). »

« Et fructus ejus dulcis gutturi meo, » scilicet sapor amoris ejus replens in bonis desiderium meum, cum lætificat conscientiam meam plenitudo indulgentiæ ejus, ipso dicente : « Vade in pace, fides tua te salvam fecit (*Luc*. VII). » Desideravi autem, cum per fidem et spem ambivi; sedi, cum per amorem spiritus in ipsum acquievi; et fructus ejus dulcis gutturi meo, cum per illuminati virtutem amoris suavitatis ejus experientias degustare cœpi. Sequitur:

« Introduxit me rex in cellam vinariam. » Jam enim quæ superius in nativa pietate egressa a cellariis anxiabatur ad contemplandum, in omnibus probata, et ad purum mundata, congrue humiliata, ingredi incipit in locum tabernaculi admirabilis usque ad domum Dei, ut accumbat jam ad fruendum, quod supra tam impatienter desiderabat, cum dicebat : « Indica mihi, o quem diligit anima mea, ubi pascis, ubi cubas in meridie. » Sicut enim jam supra dictum est, ipsæ sunt de quibus Propheta loquitur : « Divitiæ salutis sapientia et scientia (*Isa.* xxxiii). » In scientia, hoc est in cellariis, pascitur ratio et intellectus; in sapientia, quæ est cella vinaria, amor et affectus. Sciuntur illa, sapiunt ista. Ibi laborat diligentia discernentis; hic non nisi gaudet experientia fruentis. Quæ enim scientiæ sunt, non omnium sunt; sed cum labore a discentibus quasi deforis inferuntur; quæ vero sunt sapientiæ a simplicibus etiam filiis Dei, sentientibus de Domino in bonitate et in simplicitate cordis Deum quærentibus, quasi concreta naturæ intus et absque labore gratis parta inveniuntur. Cella quippe vinaria est secretum quoddam sapientiæ Dei, status mentis Deo plenius affectæ, qui, solo mortalitatis hujus interposito velo, sicut Dei templum separatur a cœlestibus, hoc est a Sancto sanctorum, certam quamdam ac familiarem communionem cum cœlestibus habens, secundum proficientis mensuram et donum gratiæ illuminantis. Ibique est lectus floridus, lectus deliciarum; quem paulo ante Sponsa requirebat, non eum acceptura sub tignis fidei vel spei, sed in plenitudine charitatis, quæ est cella vinaria. Charitas etenim, seu perfectionis ejus bona conscientia, cella vinaria est; vinum vero cellæ hujus vinariæ gaudium in Spiritu sancto est. In cella ergo vinaria nihil est, nisi vinum. Quidquid illud ingreditur, quidquid ingeritur, vinum vel est, vel fit, quia ignis amoris Dei totum sibi sumit et absumit, et sicut ignis iste communis, in suam convertit substantiam, cum diligenti Deum omnia operantur in bonum. Ubi a vini copia et ubertate domus Dei, et torrente voluptatis, in tantum fervet charitas; et exundat in excessus suos, et in id quo tendit exhilaratur, ut sæpius videatur exordinari, nisi a rege reordinetur, ut optet Paulus anathema esse a Christo pro fratribus suis (*Rom.* ix); et Moyses deleri se expostulet de libro vitæ, nisi populo Dei peccatum mortiferum dimittatur (*Exod.* xxxii). Sed et si conscientia bona secundum Deum in hujusmodi quæ charitatis sunt, aliquando contristatur, si compatitur, si condolet; hoc gaudium ejus non minuit, sed auget. Gaudium etenim Domini in conscientia bona (in qua suam posuit stationem), nulla sæculari tristitia incurrente interscinditur, vel vana lætitia obscuratur; sed fideliter ac firmiter in continuum tenorem suum contexitur, semper et ubique tranquillum, nec mutatur, licet ad multa se mutuet. Nihil ibi agunt conturbationes hominum, seu contradictiones linguarum. Procul hinc vana lætitia, omnis tristitia, ubi mortificato penitus homine veteri, solus vivit de gustu summi boni sensus suavitatis et affectus pietatis. Procul, quæ deforis ingerere se solent, vanæ ac nugatoriæ hilaritates, frontem depingentes, pectus non implentes, cutem perfundentes, interiora non penetrantes. Hæc etenim sunt gaudia sæculi vastatoria, vanas oblectamentorum imaginationes afferentia; quidquid vigoris vel virtutis erat in animo auferentia, abeuntia, et transeuntia, et perniciosiora omni tristitia. Gaudium vero Domini res severa est, opus ejus omne serium est gaudentium et exsultantium, non solum cum audiunt nomina sua scripta esse in cœlis, et mercedem copiosam; sed et cum qui ejusmodi sunt incidunt in tentationes varias, et cum propter Deum quem amant, mundus eos odit, et ejiciunt eos homines, et exprobrant nomen eorum tanquam malum. Gaudium quippe deforis veniens facile reexit; sancta vero conscientia quæ non de alieno gaudet, semper gaudet, quia intus habet unde gaudet. Domestica enim possessio et certa felicitas est bonæ conscientiæ, de qua Propheta dicit, beatum virum prædicans qui timet Dominum : « Gloria et divitiæ in domo ejus (*Psal.* cxi). » Et Apostolus : « Gloria nostra hæc est, testimonium conscientiæ nostræ (*II Cor.* i). » Quæ autem est conscientia bona, nisi in amore Dei placens sibi, et in amoris ipsius fideli servitute bene respondens sibi ? Gaudium hoc non est in risu oris, sed in jubilo cordis, cum qui sic gaudet, quidquid ingruat, quidquid irruat, ex bono conscientiæ semper est alacer et securus; et semper omne quod occurrit in Deum erectus; gaudium quippe est bona amatæ rei fruitio.

Quapropter secundum modum sive qualitatem amoris, modus etiam vel qualitas gaudii comitatur : solidius gaudium efficere solet solidior amoris materia. Ideo amor Dei proprium habet gaudium suum, gaudium in Spiritu sancto, quod nemo tollet ab amante, quia suum est, quia illius conscientiæ certa illa possessio est. Et hoc est vinum cellæ vinariæ. Hoc inebriatus erat qui dicebat : « Quis nos separabit a charitate Dei ? Tribulatio, an angustia, an persecutio, an fames, an nuditas, an periculum, an gladius ? Certus sum enim quia neque mors, neque vita, neque angeli, neque principatus, neque potestates, neque virtutes, neque instantia, neque futura, neque fortitudo, neque altitudo, neque profundum, neque creatura aliqua poterit nos separare a charitate Dei quæ est in Christo Jesu Domino nostro (*Rom.* viii). » Et Psalmista : « Calix meus inebrians quam præclarus est ! (*Psal.* xxii). » Hoc nempe vinum est, novi illius jam spirans virtutem, quod bibit Jesus cum discipulis suis in regno Patris sui; vinum, sicut dicit propheta, « creans virgines (*Zach.* ix); vinum, » sicut dicit Psalmista, « compunctionis; » sive «lætificans cor hominis (*Psal.* LX,CIII). Et quidem contraria quodammodo sibi videntur compunctio desiderantis, et lætitia fruentis; sed utrumque tamen cellæ vinariæ et bonæ conscientiæ res est, prodiens de uno fonte amoris. Inducitur ergo Sponsa in domum vini, in gaudium Domini et Sponsi sui; sed ad primas boni illius experientias modi vel rationis impatiens a vini copia exordinatur usque ad ebrietatem nimii fervoris, usque ad languorem infirmitatis humanæ deficientis in salutare Dei. Amans nempe et multum amans, nisi in ipso amore inordinata esset, si prudenter, si temperanter, si fortiter, si juste amaret, non langueret. Quid enim etiam in corporibus languorem facit, nisi inordinati humores? Naturalis siquidem est ordo sancti amoris per prudentiam intelligere seu sapere, sed ad sobrietatem, id est ad temperantiam; per fortitudinem agere intellecta, sed secundum justitiam. Cum vero prudentia sapit non ad sobrietatem, fortitudo vero nititur ultra justitiam; omnia exordinantur, et languor fit. Amor quippe exordinatus exordinat omnia; et dum inordinate sequitur, non assequitur; sed deficit et languet. Nititur etenim aliquando vehementius justo, et in quantum suæ sibi conscius est puritatis, ipse sibi lex, ipse sibi ordo esse præsumit, impatiens ordinantis. Ordinante tamen et regente Rege sic languor ipse in languente ordinatur, ut quomodocunque agitetur aut cribretur qui languet, tota languoris ipsius et exercitii salutaris pia disciplina plus gaudii sit quam mœroris. Multum namque se amant, et quasi concordissimis quibusdam sibi respondent antithetis, gaudium illud et iste dolor, fruentis pius affectus, et desiderantis anxius appetitus. Ideo qui languet, non vult curari; qui dolet, non consolari. Gaudet quippe se in amore deficere; cum amorem ipsum in ipso defectu suo sentit proficere. Gustatoque ad aliquid quoniam suavis est Dominus, incipiens sentire de Domino in bonitate, sentire aliquatenus summum bonum, intueri vel contemplari summum pulchrum, intelligere intellectu jam ex parte fruentis beatitudinem et gaudium incorruptibilitatis et immutabilitatis; et totus eo nitens homo corruptibilis et mutabilis evadere, cum non potest, fit ei gravi tædio corruptio mortalitatis suæ; et cum ei dicitur, « Non videbit me homo et vivet (*Exod.* XXXIII), » vitam suam, quæcunque illa est, quæ tardat vel impedit viam videndi Deum, vehementer incipit odisse. Mori ergo libet, sed non licet; mori pro Christo, nec ei datur; mori in Christo, sed differtur. Ordinat in Christo vivere, et caligat intellectus; vacare Deo, nec permitit eum suus æstus; operari, nec locus est operi ejus. Vult impendere, nec habet de quo; impendi et super impendi, nec invenit in quo. Dicit, clamat : « Domine, quid me vis facere (*Act.* IX), » nec respondetur ei; « Quid me vis fieri, » et dimittitur ipse sibi. Vult etenim ex ratione facere justa, et deficit in discernendo; fieri justus ex affectu, nec potest nisi a Deo. Legitur languenti medicina sua, nec attendit,

A amori lex sua, nec capit; exordinato ordo suus, nec advertit. Jubetur quippe diligere Dominum Deum suum in toto corde suo, et in tota anima sua, et in tota mente sua, et in omnibus viribus suis; et proximum suum tanquam seipsum; sed ubique impetu amoris prævalente aliquando nescit amare vel seipsum, vel proximum, præ amore Dei; aliquando vel Deum vel proximum præ amore sui; aliquando Deum vel semetipsum præ amore proximi, cum si ordine suo et modo suo procedat, verus amor vel sui vel proximi non sit nisi amor Dei. Hic est languor Sponsæ amore languentis; hæc fortis ut mors dilectio, hæc dura velut infernus æmulatio, hæc ebrietas ab ubertate domus et torrente voluptatis Dei.

Est et alius languor Sponsæ in cogitando de B Sponso, cum ex vitio aliquando neglectæ conscientiæ, aliunde sordente memoria, hebet intellectus et languet amor. Hæc enim tria sunt, memoria, intellectus, et amor, quæ secundum qualitatem suam vel quantitatem formant de Deo cogitationem. Ubi si incidens aliunde, vel aliorsum fuerit spectans de Deo memoria; si remissa, si negligens, seu infidelis, nullus, aut rarus, aut tenuis, et pronus in errorem sequitur intellectus, amor nullus vel corruptus, scilicet cum cogitatur propter aliud quam ut ametur, vel amatur propter aliud quam propter semetipsum Deus. Si vero in cogitatione fidei fervet memoria ad intelligendum, nequaquam ibi finem constituens, sed nitens ad amorem per intellectum : amanti, tendenti, beata quadam experientia sæpe præsto fit C quod quæritur, cum transit intellectus in amorem, seu amor in intellectum secundum gratiam donantis, et studium seu pietatem accipientis. Ubi cum videt, aliquid sed non pervidet intellectus : sicut apposita scientia apponit dolorem, sic apposita sapientia apponit amorem : gaudens ad videndum, languens ad pervidendum, non satis requiescens in eo quod accepit, quod ex parte est, dum anxie anhelat ad id quod nondum accepit, quod perfectum est. Quod enim amandum est, intelligendum est. Quod intelligendum est, cogitandum est. Quod enim amandum est, nisi præsto fiat amanti per memoriam, innotescat per intellectum, amor ipse obsolescit et languet; maximeque in eis rebus, in quibus amori per D memoriam solummodo et intellectum sua paratur fruitio, sicut in rationabilibus, magis autem in spiritualibus, præcipue vero in divinis. Mens ergo, cui amor patriæ Patrisque Dei insedit, odit vehementer peregrinantem in alienis memoriam suam, et intentum occupationibus alienis intellectum. A quibus cum perfecte se excutere amor non prævalet, voluntate quadam carnis non voluntaria irretitus, languet in semetipso patiturque. Quod dicitur per prophetam : « Vivit Dominus, cujus ignis est in Sion, et caminus in Jerusalem (*Isa.* XXXI.) » Ignis etenim naturaliter semper sursum impetum habens, camino inclusus eo magis æstuat in semetipso quo fortius alienis obicibus detinetur. Deinde torrens detentus vehementius exundat, ignis inclusus fortius æstuat, amor Sponsæ cohibitus non se capit, legisque impatiens, cum carnis vinculo detinente totus evadere non potest quo totus fertur, proxima quæque quasi ignis corripit, totumque se spiritus amantis refundit in proximum, si forte vel hac via compendiosius mereatur ascendere purior ad Deum. Propter quod conversa Sponsa adolescentulas, ad filias Jerusalem, filias supernæ pacis, compares desiderii sociasque amoris sui.

« Fulcite me, » inquit, « floribus; stipate me malis, quia amore langueo. » Non enim potest in aliis non amare, unde ipsa in seipsa singulariter consolatur dolorem suum; animusque vere Deum amans, amorem ejus ubicunque invenit, amat et amplectitur. Cujus formam cum attendit in proximo, sæpe plus placet quam in semetipso, quia conscientiam non videns nisi suam, in se videt et quod patet hominibus et quod latet; in proximo, non nisi quod patet, fructus scilicet aliquos spiritus vel amoris quod videt, per quos interiorem in eo conjicit et amat amorem quem non videt. In seipso videt et quid desit et quid adsit sibi, in proximo vero non nisi de eo quod videt potest judicare. Insuper quæ sua sunt, districta justitia insequitur; quæ vero proximi benevola charitate omnia in bonum interpretatur. Ideo plus ei sæpe placet modicum quid boni in proximo, cujus non videt interiorem misturam, quam multum in semetipso, cujus misturæ solus ipse patitur fixuram; plus placet alter cum incipit quam ipse sibi qui proficit, plus alterius profectus quam sua sibi perfectio. Fruitur ergo ex fraternæ charitatis benevolentia in proximo, quo frui non potest in semetipso, etiam cum adest, et plusquam in proximo, quia, sicut dictum est, in illo latente conscientia sola patet facies boni, quod sicut in semetipso amplectitur in congratulatione fraternæ charitatis, in seipso vero in tantum conscientiæ incumbit quod offendit, ut etsi in ea forte fuerit quod placere possit, nec apparere audeat ante faciem semetipsum districtius judicantis. Ordinante ergo in hoc ipsum charitatem Sponsæ auctore ipso charitatis, pertæsa suorum defectuum tota egreditur et resolvitur in congratulationem aliorum profectuum; approbans, ut dictum est, magis alterius principium quam suum finem, plus alterius profectum quam suam perfectionem. In floribus quippe, in quibus spes fructus est, bona spes designatur incipientium; in malis vero, fructus perfectorum. In illis fulcitur ad delicias, in istis ad virtutem stipatur. Et suavius ei in incipientibus redolent flores novæ in Christo creaturæ quam in seipsa fructus perfectionis suæ, fructus alienæ justitiæ quam conscientia cujuslibet sanctitatis suæ. In illis ergo virtutis accipit incitamentum; in istis firmamentum. Sed et secundum exteriora habet sanctæ juventutis indoles in disciplina pietatis quamdam gratiæ prærogativam, et sancta canities, ob certioris fiduciæ robur reverentiam suam. Tenera quippe ætas hilarem habet et aptam ad cuncta materiam; et instar ceræ mollis facile recipit quidquid ei imprimitur, et decentius retinet, maxime cum quod naturale, hoc est quod virtutis est committitur. Et sicut ætati virtus addit decorem, sic virtuti flos ipse ætatis gratiam apponit potiorem. Ætas etiam in bonum provecta ad omnem se conscientiam commendat, in qua boni aliquis amor est; quam et de præterito anteacta vita facit laudabilem, et de futuro ab omni mutabilitatis suspicione reddit immunem probata virtus, et ipso jure naturæ reverentiam consciscit sibi emerita senectus. Et sicut in juventute virtus apparet gratior, sic tutior in senectute, et quasi in sede propria formosior. Juniorum ergo floribus Sponsa fulcitur, seniorum autem malis stipatur; cum illis delectatur, in istis confirmatur, et de singulorum profectibus defectus suos consolatur. Et cum meliorem æstimat homo Dei proximum quam seipsum, non solum diligit eum sicut seipsum, sed et observat eum plusquam semetipsum.

Hic enim est ordo charitatis, et languentis legitimus terminus amoris. Primum siquidem diligitur Dominus Deus in toto corde, ut pia jugiter memoria cogitetur; in tota anima, ut in ipso semper, et ad ipsum vivatur; in omnibus viribus humanis, ut in opus servitutis ejus fideliter expendantur; in omni mente, ut perfecte et intelligibiliter ametur. Deinde cum omni homine secundum Deum fœdus habendum naturæ et bonæ voluntatis, ad semetipsum vero, et ad proximum sicut ad seipsum, affectus religiosi amoris, ut proximus sit quicunque domesticus est fidei, et in proximis plus ille diligatur, ut propinquior, qui Deo; in quo proximus est, et diligitur, vitæ merito et pietatis affectu conjunctior invenitur. Sic autem dilectus Dei ac dilector bene et secundum ordinem diligit seipsum, si suam carni curam fecerit, non in desideriis, sed propter spiritum, suam spiritui suo in Spiritu sancto habuerit charitatem propter Deum. Non enim propter corpus vivimus; sed sine corpore vivere nequimus. Vivimus autem, ut spiritu Deo adhæreamus, et pie et sinceriter eum amando sobrie in nobis, juste ad proximum, et pie ad Deum vivamus, sicque vivendo beate et at realiter in Deo aliquando vivere mereamur. Ergo juxta Apostolum, qui dixit : « Nemo unquam carnem suam odio habuit (Ephes. v), » sufficit non odisse corpus, cui tamen cura habenda est, sed citra servitutem; spiritui vero sua habenda est charitas, cultus suus exhibendus, usque ad omnem corporis servitutem. Debetur enim corpori cura aliqua spiritus, ut corpus vivat; spiritui vero servitus omnimoda corporis, ut spiritus vigeat; Deo utrinque, ut totus homo Deo serviat. Sic qui ordinatæ charitatis est, diligit Dominum Deum suum, et in ipso seipsum, et proximum suum sicut seipsum, ipsa qualitate, ipsa quantitate. Nam etsi major forsitan est perfectio charitatis in ipso quam in proximo, tantam utique in eo fore desiderat, quantam amplectitur in semetipso. Si vero majorem eam deprehendit, vel æstimat apud proximum, dulcius eo in Deo fruitur, et plus eum, ut dictum est, observat, quam semetipsum. Hoc est ergo homini diligere Deum, sicut Dominum Deum suum; et recte diligere seipsum, et proximum sicut seipsum. Hic est ordo charitatis a lege spiritus vitæ ordinatus, a verbo Dei in Spiritu sancto editus; dignito Dei in corde ordinate amantis descriptus, et in ipsa hominis ratione naturali quodam schemate a Deo deformatus.

Hinc est quod discernit eum judicium rationis, et approbat sensus bonæ voluntatis; sed non habet, nisi Spiritus sancti aspirante gratia, affectus bonæ mentis. Primo ergo in cellam vinariam Sponsa introducitur, deinde charitas in ea ordinatur. Primo siquidem ingressu inordinata adhuc et ebria nititur facere plusquam potest, et complere aggreditur, quasi uno impetu amoris, quæcunque vult Deus; sed deficiens in salutare Dei languet, donec ulteriore progressu, et beato profectu, ordinante in ea rege charitatem, incipiat etiam velle quod vult Deus. Et tunc per similitudinem voluntatis unus cum Deo spiritus fit; ebriusque fit sobrius, languens fit sanus, et vehemens ordinatus, ebrius festinat ad somnum, languens ad lectum floridum, vehemens ad amplexum; sicque Sponsi ac Sponsæ jucundissima conjunctio sit. O Charitas Deus, sancte Spiritus, amor Patris ac Filii, et substantialis voluntas, habita in nobis, et ordina nos, ut fiat voluntas tua in nobis. Voluntas tua fiat voluntas nostra, ut facturi voluntatem Domini Dei nostri, legem ordinemque ejus inveniamus in medio cordis nostri. Da illuminatos oculos cordis, quibus inspiciamus in lumen incommutabilis veritatis tuæ, ut exinde formetur ordo mutabilitatis nostræ, et mutabilis ac mutabundæ voluntatis nostræ. Sponsa tua anima nostra amans te, in ipso amore tuo intelligat, quid faciendum sibi sit de se. Quin potius tu habitans in ea, Deus, qui es ipse in ea amor tuus, fac in ea, amet te de te, o amor ejus, et tu ipse in ipsa de ipsa ames te, et de ipsa in ipsa facias et ordines omnia secundum te. Ideo olim dicebas famulo tuo Moysi. « Vide ut omnia facias secundum exemplar quod tibi ostensum est in monte (*Exod.* xxv.) » In monte siquidem Moysi exemplar vitæ sanctitatisque monstratum est, cum in altitudine contemplationis summæ ei incommutabilis ordo revelatus est, ut de omnibus secundum interiorem visionem exteriorem ordinaret actionem. Sic et Sponsam tuam animam tibi devotam, quæcunque illa est, cum introducitur in secretum Sponsi, ancilla in gaudium Domini sui, sentiendo de te in bonitate, secundum exemplar tuæ bonitatis totam eam ordinat, sibique conformat gaudium ipsum charitatis tuæ. Non quod ibi aliud præcipiatur, aliud vetetur; sed in affectu amoris illuminati nihil licet, nihil libet, quod ad modicum offendat seu convenientiam ordinis, seu conscientiam illius gaudii. Beata conscientia, quæ sive prospera, sive adversa habeat in mundo, exemplar utendi et vitæ modum trahit e cœlo, et quocunque se vertit, de vultu tuo Deus judicium ejus procedit, ut semper tibi jungatur similitudine idem volendi, a quo non recedit, nisi dissimilitudine volendi. Ideo quæcunque Sponsa est, hoc solum desiderat, hoc affectat, ut facies ejus faciei tuæ jungatur jugiter in osculo charitatis, hoc est, unus tecum spiritus fiat per unitatem ejusdem voluntatis; forma vitæ ejus formæ amoris tui imprimatur vehementer vehementia magni amoris, vel etiam, si durior fuerit materia, infringatur virtute disciplinæ ordinantis. Hoc autem cum consummatum fuerit super Sponsam tuam, amicam tuam, formosam tuam, signatur, Domine, lumen vultus tui, et lætitia sua in anima pia ordinatur, cum omnia secundum ordinem charitatis rite procedentibus, in pace in idipsum dormiens ac requiescens, gaudet in amplexu Sponsi, et dicit:

« Læva ejus sub capite meo; et dextera ejus amplexabitur me. » Amplexus iste circa hominem agitur, sed supra hominem est. Amplexus etenim hic Spiritus sanctus est. Qui enim Patris et Filii Dei communio, qui charitas, qui amicitia, qui amplexus est; ipse in amore Sponsi ac Sponsæ ipsa omnia est. Sed ibi majestas est consubstantialis naturæ, hic autem donum gratiæ; ibi dignitas, hic autem dignatio; idem tamen, idem planem spiritus. Amplexus autem iste hic initiatur, alibi perficiendus. Abyssus hæc alteram abyssum invocat; exstasis ista longe aliud quam quod videt somniat, secretum hoc aliud secretum suspirat: gaudium hoc aliud gaudium imaginatur, suavitas ista aliam suavitatem præorditur. Et boni quidem hujus ei illius eadem materia, sed facies dissimilis, eadem natura, sed alia dignitas, sensus similis, sed diversa majestas. Hoc siquidem mortalitatis est, illud æternitatis; hoc viæ, illud stationis; hoc sancti profectus, illud consummatæ perfectionis, et perfectæ beatitudinis. Cum enim plene revelabitur facies ad faciem, et perficietur mutua cognitio, et cognoscet Sponsa, sicut et cognita est, tunc erit plenum osculum, plenusque amplexus, cum non indigebitur læva fulciente, sed totam amplexabuntur Sponsam delectationes dexteræ Sponsi usque in fine æternitatis infinitæ. Tunc, inquam, plenum erit osculum, plenusque amplexus, cujus virtus sapientia Dei, suavitas Spiritus sanctus, perfectio plena fruitio divinitatis, et Deus omnia in omnibus. Non ibi palpitabit fides, non spes pavebit, quia plena charitas in plena visione Dei omnes affectus in unum gaudendi atque fruendi mirificabit effectum, omni eo quod corruptionis vel mortalitatis erat, vel emortuo vel resuscitato in vitam æternam. Interim vero, « Læva, » inquit, « ejus sub capite meo, et dextera ejus amplexabitur me. » Post exercitium quippe ordinandæ charitatis, subordinatur fomentum et consolatio necessariæ ac desideratæ suavitatis, omnes exercitii illius molestias suaves quidem, molestias tamen, in quasdam novæ gratiæ convertens experientias et primitias, vel gustum futuræ illius beatitudinis. Ut enim in pace in idipsum dormire jam incipiat Sponsa, ac requiescere, suscipitur aliquando, non semel, sed quoties placuerit ordinanti gratiæ, sicut dilectus ille discipulus in sinu Jesu supra pectus ejus, et admittitur in occulta Filii, ubi sunt absconditi omnes thesauri sapientiae ac scientiae Dei.

Ubi beata Sponsae conscientia suaviter quiescens, Sponsi laeva fulcitur; dextera vero ejus totam eam amplexatur, cum ordinatur in ea pietas cum sufficientia, ut totam eam obtineat spiritualium gratia consolationum, nec pro aliqua corporalium rerum indigentia, caput ejus, quod est principale mentis, Sponsi pietas terrae inhaerere patiatur. Nam et si aliquibus aliquando opus habet; sed nullo indigere permittitur. Necesse quippe est, habitis eum rebus succumbere; quem constiterit non habitis indiguisse. Unde et Apostolus : « Nullius, inquit, egentes, multos autem locupletantes (*II Cor.* vi). » Indiget qui desiderat. Qui vero non desiderat, vel non amat, sive habeat sive non habeat, securus cum Apostolo dicit : « Ego enim didici in quibus sum sufficiens esse. Scio humiliari, scio et abundare. Ubique et in omnibus institutus sum, et satiari et esurire et abundare et penuriam pati (*Philipp.* iv). » Hoc de sinistra quam, sicut dicit Psalmus, Dominus supponit justo, ne interim collidatur (*Psal.* xxxvi). De dextera vero amplexante, statim subjungit : « Omnia enim possum, in eo qui me confortat (*Philipp.* iv). » Amplexus etenim dexterae, hoc est spiritualis gratiae, animam confortat, ne exterioribus vel non habitis, indigeat, vel habitis succumbat. Quibus sicut succumbit qui eget, sic ea subigit qui uti novit, cum ea si non habet, non curat; si vero habet, non servat serviliter, sed liberaliter dispensat. Laevam ergo Sponsa sub capite habet, cum deditae Deo menti temporalium consolationum sufficientia subministratur, vel rerum non habitarum contemptus. Dextera vero, id est spirituales eam consolationes amplexantur, cum eis et fovetur in praesenti, et de aeternorum certitudine promissorum in futuro confirmatur. Laevaque ac dextera astringitur ad cor Sponsi, cum et bonus temporalium usus, et aeternorum pia fruitio, et omnia ei cooperantur in amorem Dei, et inter medios hos cleros dormit, cum, moram faciente Sponso, patienter agit. Aliter etiam charitas ordinata laevam habet ac sinistram. Amplexus siquidem hic charitatis est. Habet dexteram laboriosam, laevam vero amicam quietis, hoc est activae exercitium vitae satagens circa frequens ministerium, studiumque contemplationis, capiti Sponsae lene praebens fulcimentum. Sicque quasi duobus brachiis seu duabus manibus, Sponsa dilecta ad cor, ut dictum est, Sponsi astringitur, id est actionis bonae et sanctae contemplationis : rationis et amoris, vel rationabilis scientiae et efficacis sapientiae. Bene etenim per laevam, quae minus actuosa est, amor contemplativus, seu sapientia designatur : cui unum sufficit, et quae unum tantummodo habet necessarium. Unde dicitur de Sapientia in libro nominis ejus. « Qui minorantur actu, apprehendent illam (*Eccli.* xxxviii). » Bene etiam per dexteram sagacitas exprimitur rationis, vel scientiae rationalis,

de qua item legitur : « Pertransibunt tempora, et multiplex erit scientia (*Dan.* xii). » Ratio ergo attrahit, et amor amplectitur, dum quod rationabiliter eligitur, amatur. Caput vero Sponsae, hoc est principale cordis, in laeva fovetur; cum mens bene affecta, eo quod amat, per intellectum amoris ipsius fruitur, sicque alterum alteri cooperatur in bonum. Dum amor rationem confortat ad attrahendum, ratio amorem ad amplectendum, amor ratione munitur, ratio vero ab amore illuminatur. Quin potius, praeveniente gratia praedestinantis, et eligentis et vocantis ratio afficit amorem, amor autem afficit rationem, ut spiritualis effectus animus dijudicet omnia, ipse vero a nemine judicetur. Dextera etiam laborat contra tribulationes, angustias, persecutiones, famen, nuditatem, periculum ac gladios, et exercetur in labore et aerumna, et vigiliis multis; laeva vero patiens est, benigna est, non quaerit quae sua sunt, non irritatur, non cogitat malum, non gaudet super iniquitate, congaudet autem veritati, omnia suffert, omnia credit, omnia sustinet. Quae dexterae sunt, non sine multis ac gravibus exercitiorum laboribus tam mentis quam corporis actitantur; quae autem laevae sunt, in quiete et silentio observari possunt, nec magnum requirunt corporis exercitium. Utraque tamen, ut jam saepe dictum est, tam laeva quam dextera, Sponsa Sponso astringitur, quia et dexterae patientia, et laevae bona conscientia ad amorem ejus eruditur, pacemque ac jugem bene affectae mentis tranquillitatem. Dextera facit ac tuetur; laeva fruitur. Sive ergo hoc, sive illo modo, sive et hoc et illo, Sponsa in amplexu Sponsi soporata absconditur nonnunquam in abscondito faciei ejus a contradictione hominum; protegitur in tabernaculo ejus a contradictione linguarum, et mente modo excedens Deo, modo sobria proximo, semper parata est et latere et prodire, ad arbitrium abscondentis et protegentis. Denique audi abscondentem et protegentem : « Adjuro vos, filiae Jerusalem, per capreas, hinnulosque cervorum, ut non suscitetis, neque evigilare faciatis amicam, donec ipsa velit (*Cant.* iii, v). » Adjuratio haec necessitatis est indicio; hoc est virtutis Dei efficax operatio. Adjurantur autem filiae Jerusalem, recentiores ac teneriores in religione animae, singulae per virtutes quas acceperunt, cum inspiratur eis timor perdendae gratiae, qua in exercendis virtutibus utuntur, si sponsalis secreto thalami negligant exhibere reverentiam suam, et debitum congratulationis affectum. Adjurantur autem per capreas, quae acutioris visus esse perhibentur et amicae montium; et per hinnulos cervorum serpentium inimicos et agiles ad currendum, cum oculum purioris contemplationis, et coelestium amorem odiumque vitiorum, et in virtutum profectibus perdere verentur properum et prosperum, quem habere videntur, successum; si minore necessitate, si majore importunitate, temerare vel inquietare praesumpserint Sponsi et Sponsae mutuae conjunctionis et fruitionis gaudium. « Ut non suscitetis, ait, neque evigilare faciatis amicam, donec ipsa velit. » Cogitur Sponsa evigilare, cum a somno contemplationis inquietatur; suscitatur, cum vocatur ad laborem. Vult autem a somni sui quiete aliquando evigilare, aliquando non vult, quia in somno contemplationis sola ei sapit charitas veritatis. Unde suscitari et avocari non vult, nisi cum eam a contemplatione charae veritatis avocat ipsa veritas charitatis; et tunc nequaquam recusat opus vel officium necessitatis. Deinde in excessu suo seu exstasi, in somno quietis, audiens Sponsa vocem adjurantis; hoc est sentiens gratiam inspirantis, et virtutem videns operantis, illasque sibi deferentes, nec tamen minus proficientes: « Vox, inquit, dilecti mei. » Haec, inquit, adjuratio, haec inspiratio, haec gratia, vox dilecti mei est, qui sic diligens, plurimum diligendus est. Haec, ait, pax, haec suavitas, hic somnus quietis, a Domino est; vox Domini est, praeparantis cervorum hinnulos in profectibus filiarum, mihi vero dilectae suae in exstasi mentis, revelantis condensa mysteriorum et sacramentorum suorum. « Vox, dilecti mei. » Pauca verba, sed opulenta gratia. In hoc siquidem statu mentis nequaquam verbis res agitur, sed spiritualis virtute intellectus et affectuum pietate unum ibi verbum fit: Verbum quod est apud Deum, Deus Verbum quod fit in Sponsa, in eo quod operatur in ea. Vox tamen potius dicitur quam verbum, quia non distinguitur syllabis, non lingua formatur, sed puro fit affectu in illuminato intellectu, sopito vel feriato omni sensu corporis vel rationis; et totum rei negotium sancto Spiritu operante in sensu amoris. Vox verbi hujus virtus est efficax divinitatis confringens cedros Libani, fastus humanae sapientiae, et altitudinis mundanae. Vox ista non nisi in silentii secreto auditur, non nisi in mundo corde operatur, Ubi vero sonat vel operatur, non aliter quam sicut ipsa est operatur. Verbum nostrum quasi in litteris creatum, in syllabis distinctum, in verbum formatum cum profertur a loquente, simile quid et similiter operatur in audiente, easdem litteras, easdem syllabas, idem verbum.

Sic et Verbum Dei, in forma Dei natum de Deo inseparabiliter, fit in Sponsa in eo quod facit in Sponsa; et fit indissimiliter, quia quaecumque facit Deus Pater, haec et Filius facit similiter (*Joan.* v). Et ideo cum Sponsae vel in Sponsa loquitur, non aliud vel aliter quam quod ipsum est, et sicut ipsum est, loquitur vel operatur, non loquens vel operans seipsum ut sit, sed de seipso operans in ea, ut ipsa in ipso sit. Cumque loquitur ei, seipsum ei loquitur, sicque in seipso quidquid vult ut sciat, innotescere facit et cui loquitur, factus ei sapientia, quodcunque vult facit in ea, vel per eam, ipse virtus ejus, ipse justitia justificans ei existens, et sanctificatio sanctificans. Loquiturque ei, quae Sponsa est, Verbum Dei, seipsum et Patrem suum, in Spiritu oris ejus, in tantum ut de plenitudine gratiae illustrantis tota affecta amantis conscientia, flammam cordis sui vix in pauca haec verba evaporet, cum dicit: « Vox dilecti mei. » Fitque vox ipsa et Sponsi ad Sponsam, et Sponsae ad Sponsum, in gaudio mutuae conjunctionis et fruitionis, in quo jugiter sibi loquuntur et respondent, et bonitas dantis, et amor accipientis. Sicque in cella vinaria, in fervore et gaudio consummatae charitatis, in lecto conscientiae florentis, componitur Sponsi et Sponsae, et coaptatur beatus ille accubitus, de quo idem Sponsus promittit dicens: « Si quis diligit me, diligetur a Patre meo: et ego diligam eum, et manifestabo ei meipsum: et ad eum veniemus et mansionem apud eum faciemus (*Joan.* xiv). » Amor amorum cui servit Canticum canticorum, quod assumere per os suum quicunque utcunque potest non amans; nemo tamen potest cantare nisi amans et vere amans: tu scis quod ambiat cor meum, tractando canticum tuum. Nunquid, o Spiritus scrutans omnia et scientiam habens omnis vocis, aliud in hoc quaerit cor servi tui, aliud pauperis tui parturit intentio, quam ut videndo claritatem tuam, sentiendo charitatem tuam, illuminetur in te conscientia mea; castificetur de te anima mea, tractando quae proprie tua sunt, dulcius te sapiunt, suavius redolent, sapiat mihi gustus tuus, spiret odor, et tota in te et de te formetur vita mea? Veni, veni, in abundantia benedictionum tuarum in me servum tuum, in cor meum, locum tuum, quem, nisi tu prior inveneris mihi, non possum invenire tibi, locum Domino, tabernaculum Deo Jacob. Quem donec inveniam tibi, non ascendam in lectum strati mei, non dabo somnum oculis meis, et palpebris dormitationem (*Psal.* cxxxi). Gratias tibi, quoniam per primitias Spiritus tui amores mei antiqui odibiles, qui alieni a te alienabant me a te, jam non sunt, cum teste scientia tua in conscientia mea, unum unice te amem, semper certe libero judicio rationis, et, quando liber et compos sui esse potest animus meus, integro affectu mentis. Sed scaturiunt adhuc in memoria mea antiquorum amorum reliquiae quaedam, quasi umbra sine corpore, forma sine substantia, sensus quidam in cogitatione inanis et vacuae delectationis absque nutu voluntatis, quibus conscientia infecta vix aliquando in te ad purum meretur esse affecta, a quibus donec ex integro converteris captivitatem meam, nequaquam plene respirare possum in libertatem tuam, sive puritatem, sive stabilitatem. Sed cum veneris in divitiis plenitudinis tuae, et deliciis bonitatis tuae in pauperem tuum, et ostendere coeperis ei certa experientia in conscientia sua, quam vere Deus charitas es, quamque sit unum Deus et amor suus, gaudium in Spiritu sancto, et Spiritus sanctus, suavitas amandi et initium fruendi, amor ipse et intellectus ejus, tunc a charitate orante et interpellante pro nobis de nobis gemitibus inenarrabilibus, et illuminatis affectibus, non tam ratione cogente ad desiderium, quam te, o amor contemplante, ad fruendum, a puero tuo in cantico tuo sacrificium laudis honorificabit te, et illic iter quo ostendas ei salutare Dei. Interim egenus et pauper amor meus nitendo et palpando sequatur qua ducitur, suspiret quo vocatur, per figuras amatorias et imperfectum suum, ad perfectum tuum; et quandiu per fidem ambulat et non per speciem, pie et sapienter suis utatur rudimentis, donec exterior hæc parabola dramatis fiat in eo historia veritatis. Tunc parebit in lumine tuo quantum in intellectu tuo præcedit pietas simplicissimi amantis prudentiam eruditissimi ratiocinantis, cum retroacta ratione amor pius ipse efficietur intellectus suus.

Jam ergo in gaudio festi nuptialis primo accubitu utcunque digesto, et suo ei Cantico, prout potuimus, assignato, qui novitii fervoris rudimentis videtur deservire, secundi auxiliante Deo aggrediamur exordium, in quo prudentiore patientia et doctiore prudentia ad secundos se reparet Sponsi Sponsa amplexus. Sed primo sequentis cantici sensus historicus succincte prælibandus est, et spiritualis ei comparandus. Sicut habemus ex libro Paralipomenon, rex Salomon rex pacis, pacem habens in regno suo, subactis circumquaque inimicis, et ædificata in Jerusalem domo Domini, et domo regia: « Non, » inquit, « habitabit uxor mea in domo David patris mei regis Israel, eo quod sanctificata sit, quia ingressa est in eam arca Domini (*II Paral.* VIII). » Idcirco uxori suæ Ægyptiæ filiæ Pharaonis exstructa domo in Libano, extra Jerusalem, et procul a domo regia eam habitare præcepit, donec ad plenum deposuisset barbaram naturam, et totam Ægyptiam conspersionem, ubi tamen aliquando visitaretur a rege, aliquando etiam ipsa vocaretur in civitatem et domum regiam, et regis thalamum, non ad habitandum, sed quasi visura gloriam regis, et thalami regii gratia aliquatenus fruitura, et sic reversura in locum suum. Sic etiam Rex pacis æternæ Christus, Sponsus Ecclesiæ ex gentibus congregatæ, Sponsus animæ fidelis de tenebris peccatorum, quod interpretatur Ægyptus, liberatæ, post resurrectionem carnis suæ absorpta morte in victoria, accepto sibi regno in Jerusalem superna, Sponsam suam, quandiu in carne vivit, a supercœlestis cohabitationis suæ gloria pro conditione mortalitatis sequestratam, in proviso ei loco quiescere præcepit, cum ascendens in cœlum dixit ad discipulos suos: « Sedete in civitate, quoadusque induamini virtute ex alto (*Luc.* XXIV). » Quod tunc dicebat discipulis suis, propter promissum eis adventum Spiritus sancti, et omnibus filiis Sponsi usque hodie dicit, propter perpetuæ cohabitationis cum eis promissionem usque in finem sæculi, et gratiam præsentioris aliquando et manifestioris visitationis (*Matth.* XXVIII). Civitas hæc Ecclesia est in peregrinatione hujus vitæ, ædificata in Libano, hoc est in ædito et amœno loco gratiæ candidantis. Libanus enim *candidatio* interpretatur. Ibi habitans Sponsa Christi Ægyptia, fidelis anima per gratiam Dei in fide Ecclesiæ in purum candidanda, anxia pietate assidue eo cor dirigit suum, quo præmisit thesaurum suum, exspectans et accipiens quotidie induentem eam ex alto quotidianam virtutis divinæ visitationem, donec soluta aliquando a vinculo carnis, recipi mereatur ad æternam Sponsi cohabitationem. Ibi ergo in Ecclesia, in unitate fidei, quæ Sponsa est, sæpe per internæ visitationis gratiam illustratur; sæpe per contemplationis virtutem usque ad visionem supernæ pacis et regii thalami dignitatem, Sponsum Sponsa pio amore prosequitur. Sed terrena conversatione aggravante nequaquam diu ibi commorari permittitur, acceptoque pignore spiritus Sponsi, et relicto apud eum pignore spiritus sui, citius remittitur in domum paupertatis suæ a contemplatione divitiarum Sponsi, sciens aliquatenus quid desit sibi. Hinc ergo deinceps usque in finem totum hoc sanctum amoris canticum contexitur; hoc totum opus ejus atque negotium est, hinc discernuntur ejus partes, et partium sibi conciliantur divisiones, spe festinante, cruciante desiderio, sapientia ordinante, amore currente, gratia occurrente; quoadusque in fine Cantici ipsius dolor desiderantis a tædio dilationis, mutua tandem conjunctione vertatur in gaudium fruentis.

Reddita ergo sibi Sponsa post primum primi accubitus excessum, quo mente excesserat Deo, et sobria facta sibi, et gustatæ suavitatis memoriam ruminans, post sacrorum affectuum digestionem secretum appetens, fugitans publicum, in abdito cellæ, in solitudine cordis, in recessu conscientiæ sedere amat ad studium cordis mundandi, in speculo et ænigmate sollicita emundare faciem, ad videndum facie ad faciem. Ibi enim quæ Sponsa est, quæ sicut Apostolus dicit, uni adhærens, « divisa non est, sed sollicita est eorum tantum quæ Domini sunt, quomodo placeat Domino, cui se probavit (*I Cor.* VII), » studet fieri sancta corpore et spiritu, sine macula criminis, sine duplicitate simulationis, studet ad id quod honestum est, et quod facultatem præbeat Dominum obsecrandi. Suspensaque ad reditum Sponsi, ad vocem ejus, ad faciem ejus, repente quasi a longe venientis et colloquentis cum sodalibus tenue quoddam murmur exaudiens, « vox, » inquit, « dilecti mei. » Quod enim dicit, vox dilecti mei, et superius et inferius aptari potest; et finis primi accubitus, et secundi potest esse principium. Quod etiam rei quæ agitur apte congruere videtur, quoniam sicut ex vespertino præteritæ diei sequentis lucis matutinum suum constat principium ordiri, sic interioris diei consummatio principium sæpe et causa alterius diei invenitur. « Vox, » ergo inquit, « dilecti mei. » Et exsiliens in occursum venientis, « ecce, » inquit, « iste. » Vox Sponsi ad Sponsam est repentina gratia bene afficiens memoriam amantis, verbum ejus, in intellectum suum formatus affectus. Ad vocem ergo Sponsi venientis dicit Sponsa « ecce; » ad verbum jam præsentis et colloquentis, quasi digito præsentem ostendens, « iste, » inquit. Exit autem Sponsa in occursum Verbi Dei, cum pia affectio gestit ad intellectum. Videtque venientem, cum in semetipsa misericorditer sentit operantem. Quid enim est misericordia ejus super nos, quam bonitas ejus in omnibus præveniens nos? Propiore autem et propriore amoris intellectu Sponsa Sponsi ad se adventum contemplatur : cum ejus omnem ad se veniendi modum in semetipsa tam effectualiter quam affectaliter experitur. Contemplatur enim, quomodo Deus montium venit in colles; et quod in illis contemplatur, hoc sicut dictum est, in semetipsa experitur. Videt autem venientem ad montes, in montibus saliendo; ad colles, transiliendo eos. Mons est terra super terram exaltata, scilicet cum intellecto quolibet, per amorem cœlestium in contemplatione divinitatis, quod hominis est, supergreditur humana natura. Hoc autem inter fideles qui potentius agit, mons est; qui vero remissius, collis est. Mons etiam est de humilitate cordis in altitudinem spei exsurgens conscientia justitiæ; collis et ipse pro modo suo in eadem spei gratia constitutus, ex gratia Dei et conscientia fructuosæ pœnitentiæ. Ille quippe in altitudine justitiæ excrevit, sed in humilitate fundatur; hunc autem cum sua etiam justitia exaltet apud Deum, ex timore tamen humilis conscientiæ ipse intra semetipsum a semetipso cohibetur ac deprimitur. Saltus vero Sponsi sunt, de quibus Propheta dicit : « Exsultavit ut gigas ad currendam viam. A summo cœlo egressio ejus; et occursus ejus usque ad summum ejus (*Psal.* XVIII). » Cum ergo contemplatur Sponsa a summo cœlo egressum Sponsi, et occursum ejus usque ad summum ejus, inter hæc autem a cœlo eum venientem in uterum, ab utero in præsepe, a præsepi ad crucem, a cruce in sepulcrum, a sepulcro in cœlum, quid nisi quosdam saltus ejus mirabiles per tantorum altitudines operum, quasi per summorum juga montium miretur? Cum autem magnorum aliquorum hominum intellectibus per aspirationem sui amoris saltuum horum fidem infundit, quid nisi in montibus salit? Saliens autem in montibus, transilit colles; cum plures fideles, quos fides continet, præterit iste intellectus. Veniens ergo Sponsus ad Sponsam, in montibus salit et colles transilit : cum alios per contemplationis gratiam in altiora sustollens, alios circa inferiora necessariæ actionis ordinatos disponit. Saltus autem isti sive transsaltus sunt, quibus in cœlestia se subrigunt homines terreni, cum ex consideratione operum Dei, et magnæ circa nos bonitatis ejus, charitas Dei diffunditur in cordibus nostris per Spiritum sanctum qui datur nobis (*Rom.* V). Et de imis quidem in alta per amorem spiritus se vibrant humanorum conatuum saltus; sed de sursum a Patre luminum virtutem effectus sui accipiunt. Ex quo cum fiunt in salientibus sanctæ quædam exsultationes, ipsæ sunt humani sensus extra humanum usum et modum quasi saltationes, tanto alacriores et altiores, quanto salientem trahunt experientiæ suaviores. Sed saltus isti montium sunt, in quibus salit Sponsus, non collium quos transilit : qui, licet stent in fide radi-

cati et fundati, non tamen sentiunt pedes transilientis, hoc est non habent sensum gratiæ afficientis. Sed sicut saliens de terra citius in terram relabitur, sic adventus Sponsi ad Sponsam quandiu adhuc procul est. Amodo vero propior factus saltus istos mutabit in illuminatos accessus, de quibus dicitur : « Accedite ad eum, et illuminamini (*Psal.* XXXIII) : » in dispositos ascensus, de quibus idem Propheta dicit : « Beatus vir, cujus est auxilium abs te; ascensiones in corde disponit in valle lacrymarum, in locum quem posuit. Etenim benedictionem dabit legislator, ibunt de virtute in virtutem; videbitur Deus deorum in Sion (*Psal.* LXXXIII). » Interim autem venit, sicut dictum est, Sponsus, saliendo scilicet et transiliendo. Quamvis et aliter possint intelligi saltus isti et transsaltus, in montibus scilicet, hoc est in sanctis, saltus liberi sine obstaculo peccati; in collibus vero, hoc est minus perfectis, transsaltus, non sine offendiculo, ubi tamen non offendat saliens, sed transiliat, omnia peccata dimittendo et impendendo gratiam. Sed et qui justus et perfectus est, in via Dei salit, hoc est libere incedit; qui vero adhuc minus perfectus est, habet quidem in quo offendat, sed tamen fortiter transilit quidquid ei sive de suo, sive de alieno contradicit. Sequitur :

« Similis est dilectus meus capreæ hinnuloque cervorum. » Jam Sponsus veniens Sponsæ propior efficitur; jam etsi nondum facie ad faciem, propioribus tamen figuris ei insinuatur. Et aliquando quidem se ei exhibet per affectus quosdam participes divinæ virtutis et bonitatis, aliquando per effectus humanæ suæ dispensationis. Deus ergo hoc nomen, quod quasi proprie proprium summæ illius naturæ, a Græco sumptum esse, nemo est qui ambigat. Est autem sive a verbo quod est θεωρῶ, sive ab eo quod est θέω; seu magis ab utroque : θεωρῶ, quippe *video* interpretatur θέω *curro*. Quid enim velocius currit stabili illo motu, qui stabilis in seipso manens movet omnia? quid tam velociter cuncta percurrit quam qui dixit, et facta sunt omnia? Facile etiam omnia et simul videt, in quo sunt omnia, et in semetipso videt omnia. Divina ergo natura in Sponso per capream designatur tum propter velocitatem cursus, tum propter acumen visus. Per hinnulum quoque cervorum, apte satis humana natura in Sponso exprimitur. Apparuit nempe in mundo homo Christus, quasi hinnulus cervorum, hoc est filius Judæorum. Ipse quippe filius dilectus unicornium; ipse etiam filius cervorum multicornium. Cervus enim in uno cornu plura videtur cornua habere. Sunt autem Judæi unicornes, hoc est de singulari legis justitia præsumentes; sunt etiam multicornes in mandatis et cæremoniis, et multiplicibus observationibus legis gloriantes. Apparuit ergo in mundo Christus filius Judæorum, tanquam hinnulus cervorum, qui novus homo sine peccato venit in mundum, et sine peccato vixit in mundo. Et sicut legitur, « cerva gratissima, et gratissimus hinnulus (*Prov.* v), » de gratissima matre Virgine gratissimus apparuit filius, unctus oleo lætitiæ præ participibus suis. Ipse etiam quotidie venit ad Sponsam suam, fidelem animam, sicut caprea visus acuti, et velocis cursus, cum efficit et mundat in ea oculum contemplationis, et veloces perficit effectus in ministerio bonæ actionis. Mirabili enim condescensione gratiæ sapientia Dei adveniens, intellectum hominis sibi subjungit et conformat; sicque ex illuminante gratia et illuminata intelligentia modo quodam ineffabili fit quasi quædam composita sapientia complectens omnes virtutes; ut et feratur in Deum homo Dei per illuminatum intellectum, nec tamen animus virtutum in exteriora et inferiora sanctitatis suæ deneget effectus. Ibi ergo videt, hic currit, cum nequaquam posset impleri in uno homine uniformitas tam diversa, nisi fieret ex Verbi Dei et intelligentiæ humanæ, ex gratia Dei et humanæ pietatis, amica quadam et efficaci conformitate. Venit etiam ad eam quasi hinnulus cervorum, hoc est sicut Filius hominis, cum sicut aliquando Sponsæ Ecclesiæ, veniens in mundum, sacramentum susceptæ humanitatis attulit in pignus amoris, sic ejusdem gratiæ fidelem memoriam fideli animæ efficacius inspirat in provocatione charitatis. Sic ergo Sponsus ad Sponsam similis habetur capreæ hinnuloque cervorum, cum de hujusmodi quibusdam theoriis sive theophaniis esurientem pascit, reficit afflictam: quæ non nisi cum vultu ejus lætitia adimpletur. Et veniens non semper salit aut transilit, sed aliquando etiam appropinquat et stat, cum plusculo quodam gaudio semetipsum ei indulgens, tædium desiderantis, et lassitudinem tendentis et amantis pietatem abundantiore gratia consolatur. Unde et subditur : « En ipse stat post parietem nostrum. » Ubi notandum quod, cum videret venientem, *ecce*, inquit, *iste*, et cum videt appropinquantem, *en*, inquit, *ipse*; hoc est iste ipse est; quia est qui est, non in propheta, non in angelo, non in apostolo; sed supra speculum et ænigma se mihi exhibens aliquatenus in semetipso. Quem enim dicit istum ipsum, appropinquasse sibi fatetur, non solum sensu gratiæ, sed et suavitate experientiæ, in tantum ut in hora illa, seu in tempore illo divinæ visitationis, a pleno osculo mutuæ conjunctionis, a pleno amplexu mutuæ fruitionis, Sponsum et Sponsam solus dividat paries hujus mortalitatis. Et iste ipse est cui dicebat Moyses : « Ostende mihi teipsum (*Exod.* xxxiii); » et item Dominus ad Moysen : « Non enim videbit me homo et vivet (*Ibid.*). » Invisibilem ergo post parietem videre est tantum eum videre, quantum eum videre in vita ista possibile est. « En, inquit, ipse stat post parietem nostrum. » — *En*, sensum sonat præsentiæ ; *ipse* gaudium experientiæ ; statio suavitatem fruitionis. Vel paries est dirimens Sponsum et Sponsam ; de quo Propheta dicit : « Et in Deo meo transgrediar murum (*Psal.* xvii). » Quod quid aliud est quam mens et memoria et conscientia per concupiscentiam carnis, et oculorum et ambitionem vitæ exterioribus infecta ; quæ quandiu sic est, non potest esse Deo affecta ? Hinc est quod propheta de hujusmodi dicit : « Usquequo aggravant contra se densum lutum ? » (*Habac.* ii.) Et alibi : « Peccata vestra separant inter vos et Deum. » Sed cum per densum hunc parietem luti nulla Sponsæ ad Sponsum pateat via contemplationis, tu tamen, o desiderium animæ ejus, tu tibi facis in eo fenestras rectas, per quas in directum eam aspicias, et cancellos obliquos, per quos quasi ex obliqua ei prospicias. Fenestræ autem rectæ ipsæ sunt justitiæ tuæ rectæ, recta corda lætificantes; cancelli obliqui, adinventiones bonitatis et misericordiæ tuæ, ex immerito et insperato quasi ex obliquo venientes. Per fenestras bonæ Sponsæ approbando aspicis; per cancellos ei, in quibus misericordia indiget, miserando prospicis. Sicque tu prior videns eam facis videntem te, et stans illi stabilem facis tibi, donec miserantis et amantis mutua appropinquatio solvat omnino inimicitias peccati, medium maceriæ dividentis, et fiat mutua visio, mutuus amplexus, mutuum gaudium, unus spiritus. Interim etiam aliquando non in se, sed in te Domino Deo suo transgrediens murum, admittitur ad lucidius aliquid intelligendum, ad perfectius cognoscendum, ad dulcius amandum, non solum ut experiatur apud te fontem vitæ, et in lumine tuo lumen, sed ut etiam permittatur aliquantisper stare ad fruendum, tam efficaci sensu, tam valido affectu, tam manifesto intellectu, ut, sicut jam supra dictum est, a perfectione plenæ visionis, solo sibi distare videatur interstitio humanæ mortalitatis. Hoc est quod dicit, « En ipse stat post parietem nostrum. » Ipse, inquit, ipse est, cui Moyses dicebat : « Ostende mihi teipsum (*Exod.* xxxiii). » Et Psalmista : « Tu autem idem ipse es (*Psal.* ci). » Primo nempe visus est ei, non ipse, sed iste saliens in montibus, transiliens colles ; nunc autem ipse stans. Magna distantia inter istum et ipsum. Iste exterius quasi digito demonstratur ; ipso in semetipsa Sponsa gloriatur ac fruitur. Iste, in saltuum sive transsaltuum nutu; ipse in bonæ mentis statu. *En* etiam conjunctio propinquius aliquid designat quam *ecce*. Ecce enim demonstrat quidquid sensibus præsto est, quantumvis longe sit ; *en* vero, quod præ manibus, sive in manibus habetur. « Post parietem nostrum. » Meus, ait Sponsa, fuerat paries iste mortalitatis, communis conditione peccati, et corruptione et passione naturæ, sed appropinquans mihi Sponsus suum etiam eum effecit dignatione gratiæ et compassione bonitatis suæ. Nostrum ergo, ait, parietem, in quo misericordia et veritas obviaverunt sibi, cum post primi hominis peccatum veritas et veritatis severitas parietem ipsum communis mortalitatis contexuerit mihi ; tempore autem miserendi misericordia ipsum contexuerit sibi. In quo, sicut supra dictum est, fenestræ sunt et cancelli ; fenestræ directæ justi Domini et justitias diligentis ;

cancelli obliqui peccatori multum diligenti multum dimittentis. Appropinquans etiam Sponsus Sponsæ *per fenestras* respicit, et prospicit *per cancellos*, cum prope factus invocanti se in veritate, et in eis quæ divinitatis suæ sunt et in eis quæ humanitatis eam sibi afficit, cum in semetipso suo singula modo contemplanda ei exhibens, de utroque solemniter pascit affectum amantis. Sed et animæ Deum quærenti fenestra est, qua Deum contemplatur oculus rationis, per quem illuminante gratia spiritualia sive divina speculatur, ad hoc principaliter factus in homine, ut per eum Deus videatur ab homine. Et sicut illuminante lumine solis hujus oculus corporis ubi liberum habet ab omni obstaculo intuitum, et puri transitum aeris, quocunque intendit, tandiu videndo procedit, donec ipse in semetipso visus ex propria infirmitate deficiat; sic agente et illuminante gratia in directum divinæ contemplationis tendens ratio, nisi aliunde contrahat tenebras erroris, in simplicitate et puritate divinæ substantiæ nil aliquando patitur contradictionis, donec oppressa a seipsa in semetipsa lassescat et succumbat. Fenestræ autem sunt, per quas Sponsa Sponsum speculatur, pietas, charitas, sapientia, quæ cultus Dei dicuntur, per quas, cum contemplando de gaudio Sponsi, spirituale sive divinum aliquid concipit, tunc eam videt Sponsus, hoc est videntem facit. In temporali vero dispensatione Mediatoris : cancellus est, quo Sponsa contemplatur, fides temporalium, qua in æterna erigitur ; in qua obliquari necesse est intuitum Deum contemplantis, cum in una Christi persona et sacramentum indubitanter miratur geminæ naturæ ; et utramque in Mediatore adorat in unitate personæ. In quo in partem quidem assumptæ humilitatis ad Deum tendens plurimum sibi videtur obliquari ratio humana, donec fidem illuminante gratia, incipit non tantum credi, sed et intelligi Deus, qui homo est ; et homo, qui Deus ; et tunc in uno jucundissime pasci incipit mens contemplativa. Tunc intelligenti spiritus loquitur mysteria, et verbum Dei loquitur semetipsum, et velociter sermo ejus currit in affectum, cum in eo cui loquitur, fiunt efficaciter, quæ intelligibiliter audiuntur. Surgitur enim et properatur, et fit quidquid sermo sequens, ut fiat, sive præcipere, sive docere videtur. Sequitur enim :

« En dilectus meus loquitur mihi ? Surge, propera, amica mea, columba mea, formosa mea, et veni (*Cant.* II, 10). » Vocat amicam, cum amicam eam sibi facit, omnia ei nota faciens quæcunque audivit a Patre suo. Columbam dicit, cum suam eam efficit ; hoc est capacem Spiritus sancti, qualis apparuit in baptismo super Dominum : quam hortatur assumere sibi pennas spiritualium intellectuum, et fugere in solitudinem cordis, et simplicis conscientiæ secretum. Formosam suam denominat : quam secundum antiquæ conditionis dignitatem imagini et similitudini suæ reconformat. Jubet eam non solum surgere et venire, sed et properare, hoc est, non solum amare sed et vehementer amare. Jubet eam surgere a terrenis, cum terrenorum ei omnium fastidium inspirat : jubet venire, quam trahit ; properare, quam compellit. Sic ergo, inquit Sponsa, « dilectus meus loquitur mihi, » hoc est verbum Dei fit in corde audientis et amantis, cum, sicut dictum est, auditus omnipotentis verbi jam affectus est in id quod auditur. Auditur autem per sensus corporis, sicut ex intuitu lectionis, et auditu doctrinæ, aliquando per gratiam aspirationis internæ, evocans audientem a carne ad spiritum, a sensibus ad interiorem intellectum, ut non sit in carne, sed in spiritu. Hoc agit, cum dicit, « surge ; » excutit torporem, cum dicit, « propera ; » allicit amorem, cum dicit, « amica mea ; » ponit gratiam, cum dicit, « columba mea ; » componit vitam et mores, cum dicit, « formosa mea. » Deinde, « hiems, » inquit, « transiit, imber abiit et recessit, » cum pertransire facit hiemem perturbationum, et vitiorum dissipat procellas, in hoc ipsum nos efficiens Deus. Primo siquidem hortatur ut surgat ; deinde obedienti, ne deficiat metu tentationum, abiisse dicit hiemem et pluvias cum mitigato turbine vitiorum, quasi sponte se offert sanctarum virtutum grata temperies. Et cui latenti et pavidæ hactenus in hieme tentationum et procellis vitiorum, sufficiebat tutam ipsam in semetipsa commorari, nulla ei cura, nulla ei sollicitudo, nisi in semetipsa ; nullus extra se processus, nulli in divinis litteris flores, nusquam spiritualium gratia gaudiorum, sive fructus spiritus, quod significatus in odore et floribus vinearum, et grossis ficuum : recessus nullus in profundiora secretioris sapientiæ, quod significatur in turture, quæ in remotis a multitudine locis, hoc est inter perfectos loquitur mysteria ; jam audit :

« Surge, propera, amica mea, columba mea, formosa mea, et veni. Jam enim hiems transiit, imber abiit et recessit : flores apparuerunt, in terra nostra, tempus putationis adest : vox turturis audita est in terra nostra ; sicut protulit grossos suos, vineæ florentes odorem dederunt (*Cant.* II, 11, 12, 13). » Deinde iteratis familiaris gratiæ nominibus, iterato surgere jubetur, et properare, et venire, cum primo præveniente gratia, deinde etiam rationis et liberi arbitrii subsequente judicio suscitatur, et, testimonium perhibente sibi conscientia quod sumus filii Dei, dulcius ac familiarius se commendat bonitas suscitantis. Hoc est quod sequitur :

« Surge, propera, amica mea, speciosa mea, et veni ; columba mea, in foraminibus petræ ; in cavernis maceriæ (*Cant.* II, 13, 14). » Fitque quod dicitur ; exsequitur Sponsa quod Sponsus hortatur. Recedente hieme datur tranquillitas, apparente Sponso exsultat Sponsa. Libet progredi, et lætiora promittentis quocunque ierit sequi vestigia extra domum, extra civitatem, hoc est extra naturam humanæ conditionis, extra communis consuetudinem conversationis : in occultis filii, quæ sunt foramina petræ ; in secretis legis, quæ sunt cavernæ maceriæ. Non enim undique clausa est petra Christus, sed habet foramina quibus revelatur Deus; et maceria legis, qua duo a se populi disparantur, penetrabiles habet cavernas in verbo Dei, quod penetrabilius est omni gladio ancipiti, quibus diversa sibi et adversa conciliantur. Ubi etiam tempus putationis est; quia nascentibus iis quæ utilia sunt, solent plerumque internasci inutilia et noxia, nisi cautius præcidantur. Sequitur : « Ostende mihi faciem tuam; sonet vox tua in auribus meis. Vox enim tua dulcis, et facies tua decora. » Solet in foraminibus petræ nidificare columba, et in cavernis maceriæ; et inde ostendere faciem suam, et auditam facere vocem suam, faciem gratam et vocem gemebundam. Quidnam hoc est, nisi solidata in Christo et in fide ejus, fructus spiritus faciens conscientia, gratam ad Deum habens vocem confessionis, et in spe futurorum gemituum dilationis? Hanc faciem Sponsa ostendit Sponso desideranti, cum in lumine vultus ejus sancta conscientia amat apparere suo Creatori. Hæc vox Sponsæ in auribus Sponsi dulcis est, cum sic ad eum pervenit, quomodo ab ea proficiscitur, videlicet sicut eam amor exprimit.

Redeamus paululum ad superiora, et seriem rei secundum ordinem gestorum, et rationem verborum recenseamus. Sedebat Sponsa penes semetipsam, exspectans reditum Sponsi, pignus habens spiritus mature eum rediturum, orans, plorans, desiderans ut rediret. Et subito videtur sibi primo audire quod non videt, et sentire sensu interiore quod non intelligit, præsentiam divinitatis, et dicit : « Vox dilecti mei. » Hilarescunt sensus omnes animæ fidelis, et gestit in occursum, cum paululum progressa videt eum venientem ad se saliendo, id est properando, transilientem autem eos, qui modicæ fidei sunt, nec sufficiunt suscipere adventum properantis, vel supersalientem omnem intellectum, et transilientem omnem rationem. Et videns eum venientem ad se, ad suscipiendum eum recolligit semetipsam in se, sentiens appropinquantem et stantem post parietem. Vidensque eum aspicientem per fenestras, prospicientem per cancellos, et semetipsum offerentem desideranti, incipit ipsa experientia intelligere mysteria divini amoris, scilicet idcirco sæpius eum a se recedere, ut ardentius quæratur; idcirco reddere se aliquando amanti, ne vehementiore tristitia absorbeatur. Cumque ad vocem vocantis et hortantis surgit ad videndum, properat ad tenendum, repente disparet qui apparuit, et cum eo omnis illa spiritualis ac divina amœnitas vinearum et florum. Recedentem quippe auctorem suavitatis sequitur omnis suavitas sua, omnesque deliciæ suæ; lætitia florum, odor vinearum, opulentia fructuum. Recedit ab amica fiducia amicitiæ, a columba decor faciei, et dulcedo vocis, a formosa gratia conformitatis divinæ. Relinquitur amicæ solitudo sua, columbæ gemitus suus, formosæ habitus privatus; clauduntur foramina petræ, et obstruuntur cavernæ maceriæ, non recipientes columbam non habentem cor. Insuper irruunt in vineas florentes vulpes parvulæ, hoc est, lædunt mentes bene affectas suggestiunculæ inimici subtiliores sive parvulas demoliuntur vineas fraudulentæ scandalorum immissiones. Utrumque enim habet quod sequitur, vel, « Capite nobis vulpes parvulas, quæ demoliuntur vineas, » vel, « capite nobis vulpes, parvas quæ demoliuntur vineas. » Parvas quippe vineas vulpes demoliuntur; quas vineæ provectiores non timent. Non enim scandalizantur nisi pusilli, de quibus Dominus dicit : « Qui scandalizaverit unum de pusillis istis (*Matth.* XVIII). — Capite, » inquit, « nobis vulpes. » Vulpes has sibi capit quicunque, discretionem spirituum habens, peccati subrepentis fraudulentiam cito deprehendit, et subjicit sibi appetitum ejus. Sapiens tamen sponsa rogat eas capi sibi, hoc est ad utilitatem suam a doctoribus sanctis, sive a sanctis angelis custodibus suis nequaquam a proprio sensu, sive a propria virtute, semetipsam satis in hoc credens sibi, ut sufficiat eas capere sibi. In hoc enim qui tentantur manifesti fiunt quis ad probandum, quis ad reprobandum tentetur : quod alter eorum in tentationibus suis semetipsum nulli minus credit quam sibi; alter vero nulli credit semetipsum, nisi sibi. Ipsi autem Sponsæ vulpes capiuntur, quia ipsius maxime proficit saluti, quod intemerata Sponso vinea sua conservatur. Nam, inquit, « vinea nostra floruit. » Non penitus deserta est, cujus adhuc vinea in flore, hoc est mens in spe est. Non enim eousque quæ Sponsa est, aliquando deseritur a Sponso, ut deserat deserentem; præsente fruens humiliter, et absentem sustinens patienter. Ipsa enim est vinea Domini Sabaoth, de qua dicit Dominus ad Prophetam (*Ose.* III). « Fodi eam mihi, et dixi ei : Dies multos exspectabis me; non fornicaberis, et non eris viro; sed et ego exspectabo te. » Propter quod ipsa sponsa, quæ et vinea, sequitur et dicit :

« Dilectus meus mihi, et ego illi; qui pascitur inter lilia, donec aspiret dies, et inclinentur umbræ (*Cant.* II, 16). » Felix mens, et beata conscientia, et vere sponsa sponsi, cujus desertæ vox hæc est, cujus delictum inferiorum est justitia; cujus defectus filiarum sponsi perfectio est. « Beatus, enim, cujus Dominus Deus ejus est, » (*Psal.* CXLIII) et ipse totus ejus, in quo gratia Dei, quomodocunque aliquando afficiat conscientiam; jam instauravit naturam. Aliud namque est bonæ mentis status, aliud affectus. Aliud est, operante gratia stabiliter innovatæ in Deo naturæ bona compositio; aliud, eadem gratia afficiente bonæ ipsius compositionis ad tempus, ad horam, in Deum assumptio. Illud est sponsæ factæ, hoc autem est perfectæ. « Dilectus meus, ait, mihi et ego illi. » Alii, inquit, aliis; dilectus meus mihi. Aliæ aliis, ego soli. Non est prostitutæ alienis amoribus conscientiæ vox hæc : non est fidei trepidantis, et dubii amoris ista professio ; turbatæ conscientiæ, intentionis hæsitantis. Semper, inquam, felix mens, et beata conscientia, cui in exspectatione tardantis Sponsi, et prolongatione incolatus vitæ hujus, hæc consolatio est; in æstu malitiæ sæcularis, hujus conscientia spei est, umbra refugii, solamen doloris, levamen laboris; incentivum amoris, dilatatio cordis in pressuris vitæ hujus; et de futuro certitudo fidei et exspectationis. Ipse est qui dicit. « In omnibus tribulationem patimur, sed non angustiamur. Aporiamur, sed non destituimur; persecutionem patimur, sed non derelinquimur; dejicimur, sed non perimus, etc. (*I Cor*. iv). » Status iste bonæ mentis pietas est, quæ secundum Job « cultus » Dei est (*Job* xxviii): secundum Apostolum, « utilis ad omnia, et promissionem habens vitæ quæ nunc est, et futuræ (*I Tim.* iv), » forma fidei et virtutis, spiritualium capax gratiarum: idonea sacris affectionibus, proxima semper divinis intellectibus. In hoc statu constitutis dicit Apostolus: « Sic state in Domino, charissimi (*Philip.* iv). » Et iterum: « Verumtamen ad quod pervenimus, ut in eo permaneamus (*Philip.* iii). » Hic tamen flores adhuc sunt vineæ florentis, spes fructus, non fructus ipse. Sed hic jam ascendentibus a convalle lacrymarum, a regione cœlestis beatitudinis, spirare incipit aura veritatis et odor suavior unguentorum Sponsi proficienti animæ, Sponsæ amanti, de divini mysterio amoris primitias spiritus afferens largiores, dulciores affectus, experientias certiores: quæ quo crebriores fiunt et dulciores, eo purioris vitæ mirificant charitatem ipsa jam præmia puritatis. Compositæ siquidem vitæ habitus et status bonæ mentis sic inest animæ, sicut sano corpori sanitas sua: hæc autem omnia sic sunt bonæ menti, sicut sano corpori actus sanitatis ad usum necessitatis, sive ad libitum voluntatis. Sicut enim sanitas corporis quodammodo semetipsam nescit, nec magni sibi est ante necessitatis usum seu voluntatis; sic sanitas illa animæ semetipsam nescit, nec magni sibi est in flore spei, ante fructus spiritus. Habitatio ergo parata requirit habitatorem; lectus vacuus comparem amoris, fides sustinens gaudium fruentis. Hoc est quod dicit: « Dilectus meus mihi, et ego illi. » Ipse, ait, mihi, in hoc ipsum me efficiens Deus; ego illi, in hoc ipsum effecta. Ipse mihi, gratiam prærogando: ego largitori, non ingrata, Ipse mihi fidem dando; ego illi servando.

Et Sponsus quidem in Sponsa etiam nesciente, eo pascitur, quo illa cruciatur, cum illa citra amplexum et osculum, citra mutuæ conjunctionis suavitatem non recipiat consolationem. Unde sequitur et dicit: « Qui pascit inter lilia. » Lilium flos est inter flores pulcherrimus sed sterilis. Recto autem ac virente calamo a terra in altiora se subrigens, candidi exterius, interius vero ignei coloris est: gratum admodum ad visum, suave ad odoratum, naturalem habens virtutem dura emolliendi. Videas autem lilium ante solis ortum a facie frigoris nocturni et tenebrarum noctis, quasi refugiens et delitescens intra semetipsum, teneras delicias suas clausas penes se continere; mox autem ut solis orientis serenior ei facies illuxerit, quasi arridendo totum ei semetipsum aperire, et omnem gloriam suam suo reconsignare auctori. Ipse est bonæ mentis status ex gratia creante sterilis adhuc ab intelligentiæ et sapientiæ fructibus: quos exspectat ex gratia illuminante. Ipsa est directæ in Deum voluntatis et intentionis conscientia, apud homines castitatis et exteriorum fidei operum præferens candorem, ad Deum jugis desiderii interiorem fragrantiam. Christi bonum odorem circumferens in omni loco, in tribulationibus et pressuris, virtutem habens patientiæ ad emolliendam omnem duritiam humanæ malitiæ, cuncta bona sua habens in occulto gratiæ creantis et donantis; donec educatur quasi lumen justitia ejus, et judicium ejus tanquam meridies in manifestatione gratiæ illuminantis. In verbo autem quod est, « pascit, » duo intelliguntur: et qui pascit alterum, et ipse qui pascitur. Inter hujusmodi ergo lilia pascit, hoc est pascitur Sponsus, cum in mœsta sterilis lilii conscientia solemniter eum delectat Sponsæ voluntas secunda, pascit etiam Sponsam ignorantem, cum in ea dilatione ipsa sui suum nutrit amorem. Quamvis scit quidem Sponsa, quid in ea agatur, quid in ea agat Sponsus, quandiu invicem sunt sibi: sed non sentit, quandiu invicem non adsunt sibi. Sunt enim sibi fide, adsunt amore, vel amore sibi sunt, affectu adsunt. Et bene quidem se res habet, quandiu sunt sibi: optime vero, cum adsunt sibi. Hoc est, quod sequitur. « Donec aspiret dies, et inclinentur umbræ. » Cum enim aspirabit dies, et inclinabuntur umbræ, tunc jam Sponsus et Sponsa non tam erunt sibi mutuo ad consentiendum quam aderunt ad fruendum; nec in sterili amœnitate liliorum pascet Sponsus, sed in plena ubertate fructuum spiritus. Cum enim per aspirationem sancti Spiritus etiam in hac vita nox nostra sicut dies illuminabitur ad horam, ad tempus; et sæcularium umbræ vanitatum inclinabuntur, cedentes lumini veritatis, seu magis in occasu vitæ hujus, quæ nox est, et non lux, et susceptione matutina alterius vitæ, seu potissimum in matutino æternitatis, in die generalis resurrectionis: tunc Sponsus et Sponsa incipient sibi non esse per fidem, sed adesse per speciem, facie ad faciem: nec pascet Sponsus Sponsam instar sterilium liliorum in flore spei, sed in fructu rei. Et tunc omnes omnino umbræ vanitatis sæculi hujus inclinabuntur; hoc est ab æstimationis suæ statu dejicientur.

Tunc, sicut olim nova gratiæ sacramenta finem imposuerunt veteribus sacramentis: res ipsa sacramentorum omnium finem imponet omnibus omnino sacramentis. In sacramentis quippe Novi Testamenti cœpit aspirare novæ gratiæ dies: in illo vero omnis consumptionis fine erit meridies, ubi non erit speculum et ænigma, et ex parte, sed visio faciei ad faciem, et summi boni plenitudo, cum quo solebat ambire ratio, figetur intellectus; quo amor æstuare, fruetur affectus, non intellectus rationis, sed illuminati amoris, non affectus ab affecto utcunque confectus, sed divino modo a Deo effectus, sicut Apostolus dicit: « Qui nos efficit in hoc ipsum Deus (*Cor.* v). » Hominis enim conglorificali Deo omnes animæ vires, virtutes, voluntates, intentiones, affectiones, per virtutem resurrectionis liberatæ a servitute corruptionis, et subjectione vanitatis, incommutabiliter stabilientur ad plene videndum quod sensim credebatur; ad certissime habendum quod trepide sperabatur, ad solide fruendum quod fide amabatur. Hæc enim dies vitæ hujus aspirans mutabilis est, nec continuum habet gaudium luminis sui, sed horas habet suas, vicissitudines gratiæ illucescentis accedendi ad Deum, ad illuminandum.

Dies autem cœli, dies æternitatis, dies super dies, ab omnibus omnino umbris sæculi hujus feriatus; totus vacat lumini suo, gaudio suo, sine desiderio plus volendi, sine metu perdendi, sine dolore perditi. Interim vero exspectatio creaturæ revelationem filiorum Dei exspectans, ingemiscit et parturit usque adhuc : et ipsi primitias spiritus habentes intra semetipsos gemunt, adoptionem filiorum Dei exspectantes, redemptionem corporis sui (*Rom.* VIII). Conserva eas habentibus, largire non habentibus, o Sponse charitatis et castitatis, ut Sponsa tua, quæcunque illa est, fidelis anima languens post te, et deficiens in se, deficiens in salutare tuum, sed non a salutari tuo, prælibet hic interim horas aliquas diei tuæ, donec accipiat diem plenum, quæ in hoc sæculo exsultat sicut fidelis Abraham, ut videat diem tuum, videat et gaudeat, et gaudium ejus nemo tollat ab ea (*Joan.* VIII). De profundis noctis caliginis vitæ hujus sperantibus in te, suspirantibus et aspirantibus ad te, aspira, o dies dierum, dies virtutis, dies super dies, dies qui es, et non deficis; et mutans intra te omnia, non mutaris. Jam ab aliquanto lumine tuo quod aspirasti nobis, o sol justitiæ, radiis tuis manifestissimæ veritatis tuæ, aliquatenus umbræ istæ mortis, umbræ vanitatis sæculi hujus inclinantur nobis, et manifesta fit nobis vanitas vanitatum, et vanitatem esse omnia manifestum et luce clarius fit nobis : Et utinam in semetipsa sic eluceret nobis tua veritas, sicut in lumine ejus apparet nobis ista vanitas ! Prudenter enim advertentibus, et de lumine veritatis tuæ ista æstimantibus, ipsa ex inseparabili indigentia sua, et insita miseria, et indeficiente defectu, vana se produnt esse et contemptibilia. Propter quod gratias tibi agunt omnes filii lucis tuæ, et quicunque non sunt rebelles lumini tui, quibus jam eatenus illuxisti, ut in te jam hæc omnia eis innotescant, nec decipiant, licet illiciant eos aliquando adhuc et impediant, cum jam non ex affectu amentur, licet aliquando ex necessitate curentur. Nam et si memoria sæculi nonnunquam subrepit in mentem, seu venit in cogitationem cum aliqua delectatione, statim obviat voluntas evigilante in memoria ratione, et adjuvante sancto Spiritu humanam infirmitatem, continuo aspirante lumine tuo inclinantur umbræ illæ ex contemplatione illius vanitatis, et conceptione tuæ veritatis voluntate conversa in amorem tuum, intantum, ut jam extra te non recipiat aliquam delectationem. Statimque lux tua, o dies dierum, memoriæ sæculi incutit horrorem sui, et pro sæcularis delectationis vana dulcedine, veram et amarissimam aspergit amaritudinem. Ex quo, o charitas castæ generationis et sanctarum Sponse animarum, Sponsa tua ad te semper devotam habens voluntatem, aliquando quidem in desiderio cruciante, aliquando vero in amore fruente, jugis gaudii stabilitatem in te, de te obtinere non potest in tempore vicissitudinis hujus, quam etsi ex responso bonæ conscientiæ desiderii tui jugiter habet in bonæ voluntatis statu, non tamen in affectu. Cum enim secundum sapientiæ tuæ rationem, et libitum beneplaciti tui, et judicium justitiæ tuæ, vadis et venis, nonnunquam sicut cerva gratissima et gratissimus hinnulus permittis te fide apprehendi; sæpe etiam dignaris meditatione teneri, aliquando etiam amore demulceri. Sed cum vehementius teneris et delectabilius haberis, repente elaberis, et currentis post te amoris anxia lassitudine et fatigatione delectaris, dum plorat et clamat post te dicens :

« Revertere, similis esto capreæ hinnuloque cervorum super montes Bethel (*Cant.* II, 17). » Quasi dicit : Si quandiu tempus et tempus est, non mihi concedis, ut habeam te jugiter ad fruendum, saltem esto velocior ad redeundum, sicut velox es ad abeundum et me deserendum. Sit vicissitudo frequentior, fuga tardior, celerior reditus, præsentia familiarior ac diuturnior. Magni mihi est vel momentanea præsentia, vel modica copia tui, in visu tui, intellectus mei quantulacunque licentia; susurrium aliquod vocis tuæ, gustus vel modicus suavitatis tuæ, odor unguentorum tuorum, aliqua dignatio osculi tui, et amplexuum tuorum. Hæc enim mihi sunt pignus spiritus, arrha beatitudinis æternæ, firmamentum fidei, spei robur, incentivum amoris. « Revertere » ergo inquit, revertere. Revertere, quamvis statim reiturus; illapsus lætifica, elapsus mœstifica. Bonum mihi est quidquid abs te mihi est, quoniam bonus bene omnia facis; et sive abeas, sive redeas, jugiter me consolatur iste affectus, quoscunque a te patiar defectus. Etenim, sicut jam supra diximus, ut ex usu carnalis amoris circa spiritualem amorem et affectum Sponsi et Sponsæ aliquem sentiamus experientiæ sensum, videtur sæpe Sponsus Sponsæ quasi lasciviente amore illudere, et crebro subducere se vehementer amanti, rursumque reddere desideranti; egredi aliquando et abire tanquam non rediturus, ut ardentius requiratur; regredi aliquando et intrare ad illam quasi perpetuo mansurus, quo dulcius ad oscula invitetur; aliquando stare post parietem, et aspicere per fenestras, ut ad excitandum desiderium amantis videatur blandiens, sed non totus; audiatur vocans seu invitans, sed remotus. Deinde vero quasi igne successo in corde amantis, abit prorsus ac recedit, ut nec videatur, nec audiatur, nec sentiatur. Sponsa vero cum tenere non potest abeuntem, saltem aliquando eum redire postulat ac dicit : « Revertere, dilecte mi, similis esto capreæ hinnuloque cervorum super montes

Bethel. » Beata Sponsæ conscientia hoc nomine crebrius Sponsum invocantis, « dilecte mi. » Hoc enim est, quod ille dicebat : « Tu scis Domine quia amo te (*Joan.* XXI). » Cum enim dilecti nomine vocat dilecta dilectum, nomen dilecti amorem vocantis et ostendit et excitat, commendatque vocantem, et attrahit quem vocat conscientia et pietas diligentis. Felix et bene auspicata oratio ad Deum, quæ in Spiritu sancto hoc nomine invocat quem orat; beata anima cujus orationem fiducia conscientiæ hujus commendat. Quid enim non speret, qui sic orat? Orat reverti, quem habet : quæ, quem amat, habet. Hinc scriptum est : « Prope est Dominus omnibus invocantibus eum in veritate (*Psal.* CXLIV). » Veritas enim invocandi in affectu amantis; certum fit argumentum in conscientia invocantis, præsentissimæ præsentiæ ejus qui dixit : « Ego sum veritas (*Joan.* XIV). » — « Revertere » ergo, ait, « dilecte mi, » Siquidem abeunte te, omnia turbantur; avertente te faciem tuam, sanctæ affectiones ruunt in defectus, fit amaritudo in conscientia, et irrationabilis tristitia; in conversatione fratrum plena omnia scandalis, in solitudine tumultus mentis, fugit lux interior, involvunt tenebræ conculcantes, languet fides, spes palpitat, charitas lassescit, fit animus ebrius, nec compos sui ; corpus oneri menti, mens corpori ; nutat oratio, sordet lectio, squalet meditatio ; fit omnimoda sterilitas mentis a duritia cordis, et pugnat contra miserum et insensatum orbis terrarum. Revertente autem te, seu convertente te faciem tuam ad me, a lætitia vultus tui, a suavitate sensus tui, serena omnia fiunt et tranquilla ; fit sancta lætitia de sancta conscientia, viget intellectus, fervet studium, illuminatur affectus, mens in Deo hilarescit, sæculum vilescit, corpus servit, accrescunt vires, roborantur virtutes, illuminatur fides, spes confortatur, charitas ordinatur. Fit frequens gaudium in Spiritu sancto, cum fratribus conversatio dulcis, dulcior cum Deo solitudo ; mens stabilis, et sensuum spiritualium fecunda ; alacris oratio, utilis lectio, rationabilis meditatio ; et studium spirituale ad omnia prosperatur. Fit seria actio, otiumque sanctificatur, nusquam scandalum, nusquam contradictio , humilitas in prosperis, fortitudo in adversis ; et quandiu custodis atrium tuum fortis armatus, in pace sunt omnia quæ possides (*Luc.* XI).

« Revertere » ergo, « dilecte mi ; similis esto capreæ hinnuloque cervorum. » De caprea quid dicemus ? Acutioris visus est. Nolo ergo, ait, abscondere me sicut Adam (*Gen.* III) a facie omnia videntis, sive approbantis, sive arguentis ; sed vultum tuum, Domine, requiro ; faciem tuam exquirit facies mea (*Psal.* XXVI). Dabis etiam mihi aciem oculorum interiorum meorum ad intendendum tibi, et providendum mihi. Et sicut velox est caprea, dabis etiam mihi velocitatem spiritus ad intelligendum de te, sicut velociter currit sermo tuus. Quid de hinnulo cervorum ? Vis ei inest paternæ naturæ ut fugiant eum serpentes, venena non lædant. Sic Filium Dei, quocunque se vertit, serpens ille antiquus fugit ; et ad virtutem ejus omnem perdit vim suam, omne venenum. « Super montes Bethel, » sive « Bether. » Bethel interpretatur *domus Dei* ; Bether *domus consurgens* sive *domus vigiliarum*. Bethel ergo sunt in quibus Deus familiarius inhabitat, simplices filii ; Dei, humiles et quieti, et trementes sermones ejus, super quos Spiritus sanctus requiescit. Ipsa est domus consurgens, quæ semper nititur ad altiora ; domus vigiliarum, in qua jugiter vigilant, qui pia ac sollicita exspectatione exspectant Sponsum Dominum, quando revertatur a nuptiis. Orat ergo Sponsa Sponsum, ut sæpius conversetur super domum Bethel sive Bether, sive illuminando eam in contemplatione sui, sive sublevando eam in contemptu mundi præ amore Dei ; sive pervigiles ad eum mentes ad interiora et silentia bonæ conscientiæ gaudia introducendo in fruitione sui. Orat eum etiam crebrius venire super montes, hoc est super altitudinem humanæ perfectionis, scilicet ut fluant montes a facie Domini, cum nihil se esse æstimaverint quilibet magni homines in comparatione Dei, et sine gratia ipsius. Cum ergo Sponsa Christi, fidelis anima, aliquatenus aliquando admittitur ad contemplandum gaudium suum, sed stare non prævalet diutius ad fruendum, sed illud quidquid sit, sicut illabitur nonnunquam inopinanti, sic repente elabitur tenenti, fit quod sequitur : « Similis esto capreæ hinnuloque cervorum. » Ubi quod dicit, « esto, » consensus est voluntatis humanæ bene affectæ cum voluntate Dei, certissime credentis, quia sive dignatur desiderantem invisere, sive quasi recedendo videtur deserere, bonum est ipsi, cui hoc fit, quidquid ab optimo Deo fit. Et cum, quem delectabiliter tenebat illapsum, continuo anxie requirit elapsum, fit quod sequitur :

CAPUT III.

« In lectulo meo per noctem quæsivi quem diligit anima mea. » Ubi primo intuendum, quia sicut recedente die nox est, et absente luce frustra oculi corporis in tenebris patent, sic Sponsæ ad contemplandum quod desiderat sine adjutorio gratiæ illuminantis frustra nititur intentio per vim rationis. Ideo dicit : « In lectulo meo per noctem quæsivi quem diligit anima mea. » Sed primo videndum est quid in hoc nobis, etiam juxta litteram innuatur. Sponsa Sponsum requirens, neque diem neque noctem potest habere feriatam. Etenim etiam, ad litteram, ad spiritualis exercitii studia vigiliæ nocturnæ quantam habeant opportunitatem, quos fructus spiritus afferant vigilantibus ad reditum Sponsi, norunt ipsi vigilantes. Proprium quippe tempus hoc mentis est, et eorum quæ mentis sunt. Vacant sensus ; nec per eos aliquid obstrepit. Fit primo secretum cubilis, deinde per somnum corporis quies ; cum post diurnos labores et ærumnas vitæ hujus, sicut sanctum Job (*Job* VII), meditantem de Deo consolatur lectus suus : cujus non est lectus sepultura mortui, vel diversorium ebrietatis, sed spiritualium studiorum officina, et sacrarum locus visionum, ubi libet somniare quod libuit cogitare, et sæpe revelatur dormienti quod non patuit vigilanti. Deinde, post ciborum et curarum et cogitationum hesternarum digestionem, redit sobrietas tam mentis quam corporis. Tunc sicut jejunus stomachus cibos quos primo suscipit efficacius decoquit, suavius digerit, et utilius coaptat naturæ, sic jejuna mens evigilantis tenacius insidet et inhæret ei quæ primo occurrit cogitationi; maxime in qua consentit. Propter quod evigilanti ei, quæ Sponsa est, post somnum sobrium, et qui tantummodo sufficiat naturæ, curandum summopere est ut continuo quasi impolluta adhuc et virgo copuletur Sponso, adhæreat Deo, et tota in quantum prævalet afficiatur, ut deinceps tota nocte, tota die sancta et immaculata permanens et corpore et spiritu non dividatur, sed tota sit ei cui se probavit, nec degeneris alicujus alterius affectionis recipiat commistionem. Altiori vero sensu Sponsa Sponsum, quem foris amisit, intus quærit; in cubili cordis, in secreto mentis, in conscientia. Foris enim quod ad rem attinet actitatur, Sponsus præcipit, Sponsa obsequitur; intus autem quæ amoris sunt, secreta colloquia, occulta mysteria tractantur; sed quandiu Sponsus adest. Absente enim Sponso perpetua ibi nox est, formidolosa solitudo, tædiosa habitatio, quies nulla. Ubi cum semper sit indeficiente potentia, secreto tamen consilio sapientiæ suæ non ibi jugiter est præsidente gratia. Etenim sicut Salomon dicit : « Tempus est amplexandi, et tempus longe fieri ab amplexibus (*Eccle.* III). » Propter quod subjungit dicens : « Quæsivi illum, et non inveni. » Quem cum non invenit, tanto eum clamore vocat, quanto ad eum desiderio anhelat, sed non respondet ille vocanti, quandiu ad votum sui copiam non facit desideranti. Hoc autem agit in nocte, quam non piget in hoc crebrius pernoctare; quam a studio quærendi tenebræ vitæ hujus et densa sæculi caligo, nox tentationum sive tribulationum, etsi aliquando præpediunt, non possunt deterrere. Beatus homo qui veretur « omnia opera sua (*Job* IX), » et « semper est pavidus (*Prov.* XXVIII) : » non sicut timida semper solet esse nequitia, sed sicut cæcitas et infirmitas humana semper sibi debet esse suspecta. Has enim amoris ærumnas circa Sponsum, tribulationes tardantis, gaudium habiti, timorem perdendi, dolorem perditi, sola novit quæ amat et quæ Sponsa est. Optime autem quærit eum in cubili, quæ semper ad hoc satagit, ut semper eum secum habeat in cubili, cubile cordis ei præparando, ut habeat eum in conscientia et meditatione, in intellectu et affectu, in obsequio pietatis cum testimonio devotæ operationis. « Quæsivi » ergo, inquit, illum « in lectulo meo, » ubi familiarius et frequentius eum invenire consuevi : quæsivi utrum ibi esset in veritate quærendi, ut proficiente ordine charitatis ipsa quoque cum illo adessem, in videndi gaudio et fruendi suavitate, qui semper prope esse solet omnibus invocantibus se in veritate. « Quæsivi illum, et non inveni. » Quare? Forte quia nox erat; et intentione lassata paululum imminuta erat et quærenti lux, et fervor seu calor desideranti. Si enim quæsisset ex affectu, invenisset eum in intellectu; et optime illi fuisset in ejus amplexu. Videtur autem magis congruere, ut sicut pro consolando tædio Sponsæ Sponsi fit ad eam accessio, sic et comprobando, sive ipsius desiderio etiam accedendo, ejusdem nonnunquam fiat abscessio. Desideria enim non sunt, quæ dilatione deficiunt. Unde Sponsa quid in Sponsi egerit absentia, subdendo manifestat :

« Surgam et circuibo civitatem ; per vicos et plateas quæram quem diligit anima mea. » Quænam est ista civitas, qui vici, quæ plateæ, in quibus Sponsus quærendus esse videtur, nec invenitur? Nempe ipsa est civitas, de qua psalmus dicit : « Vidi iniquitatem et contradictionem in civitate : die ac nocte circumdabit eam super muros ejus iniquitas ; et labor in medio ejus et injustitia, et non defecit de plateis usura et dolus (*Psal.* LIV) ; » ubi homo unanimis, qui simul cum ipso Sponso dulces capit cibos, ampliat super eum supplantationem (*Psal.* XL), ubi caro concupiscit adversus spiritum (*Gal.* V), sive proximus adversus proximum. Quæ est hæc civitas? Sæculum. Quæ est hæc civitas ? Ut cum dolore dicam, sæculum sæculare, Ecclesia in sæculo. Plus dicam, et dolens dicam ; omnis ordo, omnis habitus religionis. Sæculum quidem quod sæculi est, si quæ sæculi sunt agit, ut patientius feramus, ut minus de eo doleamus, usus ac desperatio facit. Verum in Ecclesia Dei vivi, quæ, sicut Apostolus dicit : « Columna est et firmamentum veritatis (*I Tim.* III), » maxime in ordinibus religionum, quæ arctioris vitæ studia profitentur, quis non defleat usque ad lacrymas sanguinis et cordis, periculosa illa tempora devenisse quæ in novissimis diebus futura Apostolus prævidit, scilicet « homines seipsos amantes, habentes quidem formam pietatis, virtutem autem ejus abnegantes? » (*II Tim.* III.) Hæc civitas jam totus mundus est ; et sicubi videtur esse Jerusalem, licite sibi eam, et absque ulla contradictione, et præsidia facit, et in plateas redigit Syria et Damascus. Quis enim hodie profitens paupertatem Christi, non conetur, non satagat, opibus distento sinu, atque refertis marsupiis, supergredi etiam divites mundi? Maxima pars mundi possessio religiosorum est. In eremis palatia exstruuntur, in solitudinibus et speluncis aromaticæ cellæ fabricantur. Nemo veniens ad religionem ulterius dignatur propriis pedibus vel parvissimum iter conficere ; et cum Christianos vel discipulos Christi se gaudeant nuncupari, non in hoc, ut aliquantulum mitius dicam, sufficienter imitantur exemplum, vel Christi, vel discipulorum Christi. Discit equitare, qui non novit ; qui novit, erubescit dediscere. Quis etiam hodie angulus invenitur, in quo non abundet delictum illud tam signanter notatum ab Apostolo, scilicet quod judicia habemus inter nos? (*I Cor.* VI.) Et utinam ipsa judicia secundum nomen suum essent, ut videlicet injusta non essent. Esto, non rapimus, non fraudamus; sed nec raptores nec fraudantes pati possumus, non tempus redimere, ut quidquam perdamus, ut nostrum negotium agentes, panem nostrum cum silentio manducemus. In concupiscentia sæculi obnoxii sumus hominibus sæculi, peccantibus adulantes, non ipsos, sed quæ ipsorum sunt, quærentes. Nonne istæ sunt latæ plateæ sæculi, quibus itur in mortem? Nonne isti sunt vici sæculi, varii quidem, sed tamen secundum sæculum modi vivendi? Si sane saperemus, timeremus illud, quod dicit unus de nihil habentibus, et omnia possidentibus, vas electionis apostolus Paulus : « Qui volunt, inquit, divites fieri, incidunt in tentationes et laqueos diaboli, et desideria multa et nociva, quæ mergunt homines in interitum damnationis (*I Tim.* vi). » Etenim quacunque occasione, sub quacunque specie subrepat avaritia, «radix» semper est « omnium malorum (*ibid.*) : » et quicunque appetunt eam, « inserunt se doloribus multis (*ibid.*). » Sed tamen in tanta multitudine divitum periclitantium et ridentium invenitur nonnunquam pauper spiritu homo Dei, cui quasi de tumultuantis perturbatione maris erepto, secumque in portu placidissimæ atque pacatissimæ charitatis seorsum constituto, dicat idem Apostolus : « Certa bonum certamen fidei; apprehende vitam æternam (*ibid.*). » Quæcunque enim supra dicta sunt, homo Dei quicunque ille est, fugit et effugit, laborem fortiter exercens, omnem vero sollicitudinem suam in Deum projiciens; cavens negligentiam, in Deo habens fiduciam, eique placendi firmam semper retinens concupiscentiam; bonam habens voluntatem omnibus concurrendi, sine vitio concupiscendi, cum labore siquid potest parando, siquid paraverit prudenter ac benigne dispensando, ubique affectum diligendi provocans et appetens, appetitum placendi exsecrans et fugiens. Religio enim in qua avaritia dominatur, plateæ sunt in Jerusalem Syriæ et Damasci (*III Reg.* xx); et vici in quibus Sponsus non invenitur.

« Per vicos et plateas quæsivi *al.*, quæram] quem diligit anima mea. » Quidnam hoc est? Nunquid Sponsus in publico est? Nunquid in plateis et vicis? Sed amor impatiens ubique putat esse quærendum, nusquam cum invenire voluerit, non inveniendum. « Quem, » inquit, « diligit anima mea. » Cur non magis spiritus? Quia non prius quod spirituale, sed quod animale est, deinde quod spirituale. Per animam quæ vivificat, vita intelligitur, eo loquendi genere, quo per efficiens effectum intelligitur. Ejus ergo anima diligit et quærit Sponsum, cui vivere Christus est, in cujus vita Christus glorificatur; cui servit quidquid in ipso est ac vivit; cui ad hoc tantum vivere libet, ut ipsi serviat totum quod vivit.

« Quæsivi [*al.* quæram] », ergo, ait, « quem diligit anima mea. » Elapsum dolens quem tenebat, circuit omnia, omnem locum, omne studium, omne hominum genus, omnem vivendi modum. Nauseat ad omne pulchrum visu, saporum gustu, sonorum auditu, fragrans odoratu, blandiens attactu, concupiscibile ad habendum, delectabile ad fruendum. Facit instabilem amor stabilis, mobilem intentio immobilis, mutabilem affectus immutabilis. Libet quærere ubicunque inveniendus speratur; qui nonnunquam inveniri solet, etiam ubi non speratur. Invenit autem aliquod Sponsi vestigium, ubicunque et in quocunque invenit aliquod virtutis indicium, exemplum pietatis, speculum integritatis, religionis ardorem et amorem puritatis. « Quem diligit anima mea. » Iterum et iterum, ac jugiter beata anima, cui ad Dominum Deum suum jugiter in conscientia, crebro est in lingua, « quem diligit anima mea. Quæsivi illum et non inveni. Invenerunt me vigiles, qui custodiunt civitatem. Num quem diligit anima mea vidistis? Paululum cum pertransissem eos, inveni quem diligit anima mea. » Paululum ad superiora redeamus, ut historicum sensum et ordinem dramatis inspiciamus. Jam quidem Sponsus ad Sponsam veniens, saliens in montibus et transiliens colles, aspiciens per fenestras, prospiciens per cancellos, ipsam in lectuli otioso negotio, sive negotioso otio feriantem, nec nisi quæ lectuli sunt agentem vel cogitantem, excitaverat semel et iterum, ac tertio, ad surgendum, ad properandum, ad veniendum, invitaverat ad amoris sui occultiora mysteria, ad faciem plenioris visionis suæ, ad studium manifestioris cognitionis suæ, ad altiora præmia beatitudinis æternæ; deinde vero abiens, et in secretum se divinitatis suæ recipiens, abscondensque ab ea desiderabilem illum vultum suum, in quem non solum angeli in cœlis, sed et angelicæ æmuli perfectionis homines in terris prospicere concupiscunt : posuerat tenebras latibulum suum. Delicatius quippe habitam, et in deliciis gratiæ enutritam, gratuitæ Sponsi visitationes pigriorem effecerant, et remissam a spiritualibus exercitiis, solis orationibus deditam, et spiritualibus otiis ac meditationibus, nec alia curantem : propter quod nec vocata surrexit, nec properavit, nec venit; sed ipsum ad se crebrius reverti deprecatur, dicens : « Revertere, similis esto capreæ hinnuloque cervorum. » Et cum non revertitur ad votum deprecantis, quasi a deliciis, a calore lectuli pedem tendere non valens, versat se a latere in latus, sine labore spiritualis exercitii consueta oscula et consuetos requirens amplexus, sine gravedine exterioris laboris jugiter inventuram se ibi confidens gratiam consuetæ delectationis. Tardante vero Sponso sensit tandem surgendum sibi esse, commodius fore judicans egredi ad imperium Sponsi, quam solam in lectulo otii sui, non tam absente Sponso pausare, quam pigritari. Denique otium sine ipso, magis sepulturam viventis arbitratur, quam requiem. « Surgam » ergo, inquit, « et circuibo civitatem; per vicos et per plateas quæram quem dilexit anima mea. » Quod est dicere : Quæram opportunitatem exterius bonæ actionis, in auxilium internæ contemplationis. « Quæram, » inquit, « quem dilexit anima mea. » Veriora enim sic habent exemplaria. « Quem, » inquit, « dilexit. » Videtur enim sibi Sponsa jam quasi non diligere

Sponsum, quandiu divinæ ejus bonitatis flamma ipsius non inflammat affectum; quandiu memoriæ abundantiæ suavitatis illius nec sua afficitur memoria, nec conformatur intellectus. Abeunte quippe ipso, repente disparent et fugiunt omnes consolationes Sponsæ; mens sterilis a pristinis fructibus redditur; amor sine affectu efficitur; cogitatio sine intellectu, et sine devotionis est fructu. « Surgam » ergo, inquit, « et ibo, » quocunque me amoris, vel potius desiderii mei æstus rapuerit, sequar quocunque traxerit. Et cum interim indigna sim, quam solita gratia visitet Sponsus, quæram aliquos, quos in hoc ipsum efficit Deus, ut fruendo in Deo illis, vel sic fruar Deo in illis. Ipsi enim aliquando inveniuntur in plateis, cum, proh dolor! non inveniuntur in cœnobiis; inveniuntur in vicis, cum non inveniuntur in eremis. Non quod non sint in cœnobiis frequentius, et familiarius in eremis; sed cum quæritur Deus, sicut nusquam invenitur, nisi prior ipse inveniat se quærentem, sic nusquam non invenitur, cum prævenerit quærentem.

« Invenerunt me vigiles, qui custodiunt civitatem. » Vigiles intelliguntur sive administratorii spiritus missi propter eos qui hæreditatem capiunt salutis, sive doctores sancti et prædicatores ad civitatem Ecclesiæ custodiendam ordinati singuli in custodiis suis. Sunt enim angeli pauperum et pusillorum Dei, semper faciem Domini videntes, et ex judicio vultus illius eam quæ Sponsa est adjuvantes et protegentes; et secretis quibusdam suggerendi modis monita ei utilia, et consilia salubria subministrantes. Hos ergo Sponso Sponsa se dicit interrogasse, sed non respondisse eos dicit, quoniam non semper ad omnia interrogata nostra præsto sunt responsa divina, sive per occultas inspirationes, sive per angelicam subministrationem, sive per hominem docentem; et maxime in tempore tentationis. Sunt enim etiam sancti doctores Ecclesiæ, pastores vigilantes et custodientes vigilias noctis super gregem suum, per quos, sive per verba hic viventium, sive per scripta jam cum Deo regnantium, sæpe de occultis nostris, de necessitatibus nostris, in tempore prosperitatis et gratiæ illuminantis semper præsto nobis est responsum divinum. Porro in tempore tribulationis, in diebus abductionis, fit cœlum æneum et terra ferrea; non est propheta vel prophetia; non est visio a Domino; periit sermo a doctore, et consilium a sapiente. Isti sive verbo, sive scripto, sive exemplo, Sponsam quærentem inveniunt, sed non subveniunt; et sicut miseris accidere solet, et consiliatores ei fiunt multi, adjutor nullus, quia avertente Deo faciem suam omnia turbantur; verba non nisi verba, scripturæ non nisi litteræ sunt. Nullus est, qui loquatur ad cor dolentis, cum multi ad aures strepant; nullus respondet interroganti, nullus manum dat erranti. « Invenerunt me vigiles qui custo-

diunt civitatem. » Invenerunt quærentem; quam gratia fecerat amantem. Sed neque hic eam invenire potuissent, nisi a gratia præventa fuisset. Sicut enim nullus potest sensus insinuari nisi sentienti, ut puta visus ei qui nunquam vidit, auditus ei qui non audivit, sicque de reliquis; sic etiam, imo multominus sensus interior gratiæ nisi ab ipsa gratia potest vel dari non habitus, vel restitui amissus. Prædicari potest ab habentibus non habentibus gaudium Domini, et commendari; consilium dari in quærendo; modus aliquis insinuari in recuperando, et etiam nonnunquam, si gratia comes fuerit, moveri voluntas, incuti desiderium; illud vero gaudium nullius est, nisi cui ipsum se infundit; ad sublime illud nemo ascendit, nisi cui ipsum condescendit: bonum illud nemo sentit, nisi quem ipsum sibi conformat: vita illa nemo vivit, nisi quem ipsa vivificat. Pertranseuntur ergo vigiles: qui sicut non potuerunt facere quærentem, sic nec perficere potuerunt invenientem. Denique « charitas » diffunditur « in cordibus nostris; » non per hominem docentem, sed « per Spiritum sanctum, qui datur nobis (Rom. v). » Et nullus est sermonis effectus undecunque venientis, ubi non operatur virtus gratiæ prævenientis. Ideo dicit eis: « Num quem dilexit anima mea vidistis? » Aliter, inquit, mihi sonat, aliter loquitur interioris sonus dulcedinis animæ meæ, aliter exterior sermo prædicationis vestræ. Habet ejus quem quæro sensum quemdam dilectio mea, quem tametsi vos quoque habetis, non tamen exprimunt vel vestra, vel cujuslibet alterius verba. Quamvis longe melius et dignius me sentitis, per verba tamen vestra neque nos quod quærimus invenimus, neque vos quod desideratis attingitis. Denique multa nobis dicitis, et non perducitis, quia rem, sicut est, non innotescitis. Multum quidem conferunt ex studiis ministratæ nobis lectionum consolationes spiritualiumque meditationum occasiones; et etiam ex imitatione sancti desiderii vestri assiduæ orationes, cæteraque exercitia, sive spiritualia, sive corporalia; sed tamen pertranseundi estis in omnibus his, perveniendumque ubi non legitur nisi in libro veritatis; ubi æterna sapientia datur pro meditatione, visio pro consolatione, facies ad faciem pro speculo et ænigmate. Sed hoc longe ultra vos est, quoniam futuræ vitæ et æternæ beatitudinis status iste est, omnem excedens et transcendens infirmitatem. Paululum vero ultra vos est status quidem pietatis, in quo ad hæc degustanda Sponsus nonnunquam adjuvat Sponsæ suæ, quæcunque illa est, infirmitatem, ut, sicut aer ultra lunam, infra cœlum, dicitur non habere pluvias, grandines, et cæterarum spiritus procellarum, sed serenum ibi perpetuum est, sic ex profectu bonæ voluntatis effectus status bonæ mentis, et ab inferioribus tenebris liberetur, et a superiori lumine vicinius illustretur.

Huc usque suam in Cantica expositionem perduxit B. Guillelmus, et imperfectam dimisit, ut Petro Abælardo de fide male sentienti et scribenti bellum indiceret, ut ipsemet in epistola ad PP. Carthusienses, libro De vita solitaria, præfixa, monet: hanc autem postea non resumpsit, sed vitam S. Bernardi adhuc viventis scribere adorsus, nec eam quidem potuit absolvere, morte præventus. Scripsit et in Cantica alterum opus, quod ex operibus B. Ambrosii contexuit, ut idem ipse in prædicta ad PP. Carthusienses epistola asserit. Illud autem inter opera B. Ambrosii novissimæ editionis Antonio Demochari perperam ascriptum reperitur.

EXPOSITIO IN EPISTOLAM AD ROMANOS.

PRÆFATIO

(127) Epistolam Pauli ad Romanos multis et variis et difficillimis quæstionibus involutam suscepimus, non ut exponamus, quod supra nos est, sed ut aliqua sanctorum Patrum, et maxime B. Augustini, sensa in eam, vel scripta ex libris eorum et opusculis hinc inde collecta in unum hoc opusculum compingentes, suppressis, quæ in ea sunt quæstionum molestiis, unam continuam, non nostram, sed ipsorum texamus explanationem : quæ tanto debebit gratior esse lectoribus, quanto eam non novitatis, seu vanitatis præsumptio adinvenit, sed magnorum doctorum magna commendat auctoritas; præcipue, sicut dictum est, beati Augustini, deinde vero Ambrosii, Origenis, et nonnullorum aliorum doctorum; aliquorum etiam magistrorum nostri temporis, de quibus certum habemus, non præteriisse eos in aliquo terminos, quos posuerunt Patres nostri. Nemo ergo furti nos arguat, ipsi nos prodimus. Secundum poeticam fabulam, aviculam nostram diversarum plumis avium, et coloribus solemniter vestivimus; quæ si venerint, et abstulerint singulæ, quæ recognoverint sua, nuda vel nulla remanebit nostra cornicula. Me autem ad hoc compulit contemplandæ gratiæ Dei jucunditas, et gloria ejus omnibus prædicanda : quam in tota Epistola hac constantissimus propugnator ejus Apostolus apostolica auctoritate et prudentia defendit contra Judæos, sancti Patres ubique contra hæreticos; nos autem ad plenæ humilitatis affectum, et puræ devotionis effectum, nostrorum cordibus desideramus inscribi. Qui cum totos cultui se divino devoverint, scire debent quia sicut Scriptura dicit, « pietas cultus Dei est (*Job* XXIII); » pietas autem nulla est sine gratiarum actione; gratiarum actio nulla est sine gratiæ agnitione. Hoc enim crebro meditantes, efficiuntur, « beati pauperes spiritu (*Matth.* V), » quorum est regnum Dei, quorum cum Deo totus spiritus creditus est. Gratia enim priusquam essemus, cum nihil essemus, nos prædestinavit, aversos vocavit, conversos justificavit; justificatos, si ingrati non fuerimus, glorificabit. Ipsa bonum operatur in nobis, ut velimus; cooperatur cum volumus, sine qua nihil boni vel velle vel perficere valemus. Sicut enim ex nullis subsistentibus a Deo creati sumus, ut aliquid simus in ejus creaturis, sic a gratia ex nullis meritis creati sumus in operibus bonis. Et exinde si quid meremur gratia est ; quod autem meremur, gratia pro gratia est. Acceptæ quippe gratiæ reddere fructus, gratiæ augmentatio est, sicut accepisse primum gratiam, gratia est. Gratia prævenit nos ut oremus; adjuvat cum oramus ; exaudit quod oramus. Hac, Virgo ut mater Dei fieret, plena facta est (*Luc.* I) : hac de virgine natus plenus inventus est. Hanc Noe, Abraham, Moyses, cæterique Patres sancti, apud Deum perhibentur invenisse; hæc ipsi Paulo apostolo alia quærenti jubetur sufficere (II *Cor.* XII). Nam et cum speciosus forma præ filiis hominum venisti, Domine Jesu, speciali prærogativa diffusa est gratia in labiis tuis, quia hoc ipsum fuit oleum lætitiæ quo unctus apparuisti præ participibus tuis (*Psalm.* XXXXIV) propter quod adolescentulæ dilexerunt te, currentes in odorem unguentorum tuorum (*Cant.* I). Hanc enim in hoc ipsum ab ipsa præventi viderunt in facie tua telonarius publicanus, et relicto telonio abiit post te (*Matth.* IX); Petrus et Andreas, Jacobus et Joannes et relictis retibus et patre secuti sunt te. Hæc usque hodie quiddam sonans in verbis tuis ad aures eorum quos prævenit, quod ad aures aliorum non pervenit, vocat ea quæ non sunt tanquam ea quæ sunt, et humilibus facit consentire, quia fratres sunt, et amputare opprobrium, quod de te suspicati sunt, humilium exhilarans corda, et facies gratificans, quia sic sunt, sicut creati sunt et sic in aliena abducti sunt. In hac gratis præstas quidquid præstas nobis, nihil quod non dederis tu accipiens a nobis : in qua etiam cum gratis a nobis vis amari, hoc nobis pro gratuito computas, quod amamus te, propter te, cum majus quid dare nobis non possis, o omnipotens, pro merito amoris tui, quam ipsum amare te. Insuper ex usuris et iniquitate flagitiorum et facinorum nostrorum redimens animas nostras, honorabile facis coram te nomen nostrum, ut filii gratiæ tuæ nominemur et simus, tanquam gratis te amantes quibus, ut dignos nos facias ipso amore tuo, primum prærogas remissionem tot ac tantorum peccatorum. Sed tua est, et a te nobis est gratia, ideo, Domine Deus noster, tibi soli sit gloria. Si quis autem gloriatur, nonnisi in te glorietur. Neque enim vel ipsa fides in nobis esse potest, si non a te sit, sine qua in homine nullum opus bonum fit, quia quidquid non est ex fide, peccatum est (*Rom.* XI).

(127) Expositio hæc ex scriptis Augustini et aliorum Patrum contexta.

LIBER PRIMUS.

CAPUT PRIMUM.

VERS. 1. — « Paulus servus Christi Jesu. » Magnus es, Domine, et excelsus, et humilia respicis, et alta a longe cognoscis. Tu cognovisti Saulum a superbo rege et persecutore formam trahentem, tam persecutionis quam nominis; sed non a longe cognovisti eum. Tu enim humiliasti eum sicut vulneratum superbum; et in brachio virtutis tuæ, et spiritu gratiæ tu de Saulo fecisti Paulum (*Act.* IX), Benjamin adolescentulum in mentis excessu cœlos penetrantem; et in paradiso Dei audientem verba arcana, quæ non licet homini loqui, lupum olim rapacem, sed ad vesperum prædam dividentem. Retulit tamen inde nobis aliqua, quæ licuit quidem homini loqui, sed nulli ad purum licet intelligere, qui non aliquid plus homine habuerit. Hebraice dicebatur Saul, Latine Saulus, quasi Saülus; sicut Jacob Jacobus, Joseph Josephus, et his similia. Assumptus autem a te in vas electionis ad prædicandam gentibus gratiam tuam, de Saulo maluit vocari Paulus, quasi Paululus, humilis ac quietus, super quem Spiritus sanctus requiescit, ut ipso nomine superbiam eorum confunderet, qui gratiam tuam suis applicare meritis præsumebant. Hoc ad humilitatem suam. Ad gloriam vero tuam cum Paulum proconsulem Asiæ sub leve jugum tuum misisset, regni tui provincialem effectum, ipse quoque ex Saulo Paulus vocari maluit, ob insigne tam magnæ victoriæ (*Act.* XIII). Plus enim hostis vincitur in eo quem plus tenet. Plus autem hostis antiquus tenet superbos nomine nobilitatis; et de his plures nomine auctoritatis. « Servus Christi Jesu. » Servientis hujus professio et humilitatis est, et gloriæ, et auctoritatis eximiæ, cum se servum ejus quasi gloriabundus profitetur, qui dicit, « Magnum est tibi vocari servum meum (*Isai.* XLIX), » cui sicut ipse dicit, serviebat in Evangelio Filii ejus. « Christi Jesu. » Jesus proprium nomen, Christus vero nomen sacramenti est. Idipsum etenim est quod Messias. In nomine ergo Christi Jesu intelligitur virtus regis Salvatoris, quia non nisi a rege Salvatore salus speranda est. « Vocatus apostolus. » Vocatus per gratiam, quia nemo sumere sibi debet honorem, nisi qui vocatur a Deo tanquam Aaron. « Apostolus. » Apostolus dicitur *missus*, vel potius *retro missus*, id est missus ad eos vocandos qui hactenus retro fuerant, de quibus propheta dicit : « Pones eos dorsum (*Psal.* XX). » Retro quippe et post dorsum sunt qui sæculo huic, quod posthabendum est, dediti sunt : « Segregatus in Evangelium Dei. » Notandum quod segregatum ipso verbo designare maluit, quo segregavit eum, qui dixit : « Segregate mihi Paulum et Barnabam in opus ad quod assumpsi eos (*Act.* XIII). »

Opus autem in quod assumptus est, Evangelium est.

VERS. 2. — « Quod ante promiserat per prophetas suos. » Incœpit enim a prophetis, consummatum est per apostolos.

VERS. 3. — « In Scripturis sanctis, » hoc est ad fixam et stabilem omnium memoriam editis a Spiritu sancto habitis. « De Filio suo, » hoc est ante luciferum et omne tempus æternaliter de ipso genito. Qui unus semper existens Deus de Deo genitus, « ei, » hoc est ipso volente ac disponente, et honore ac bonitate ejus hoc exigente, temporaliter est homo factus. Factus est autem homo Dei Filius, quia qui factus est, sic a Dei Filio, qui non factus, sed natus est, in unitatem personæ est assumptus, ut idem sit Filius Dei, qui filius hominis, natus a Patre Deo secundum divinitatem, « factus ex semine David secundum carnem. » Ex semine « David. » Scilicet ad quem facta est repromissio : evidentius quam ad Abraham.

VERS. 4. — « Qui prædestinatus est Filius Dei in virtute. » Præclarissimum ad homines lumen prædestinationis et gratiæ ipse Salvator apparuit, cum eadem gratia operante fit ab initio fidei suæ homo quicunque Christianus, qua gratia ab initio suo homo ille factus est Christus. Prædestinatus est ergo Jesus, et futurus secundum carnem filius David, et tamen in virtute Filius Dei. Prædestinata est autem in eo naturæ humanæ tam summa et alta subvectio, ut quo attolleretur altius non haberet; sicut pro nobis ipsa divinitas humilius non habuit, quousque se deponeret. Ex quo enim homo ille cœpit : etiam Filius Dei esse cœpit. Vel secundum græcæ translationis veritatem, non prædestinatus, sed destinatus est, qui semper Deus erat, et venit in virtute, hoc est in eo quod erat. Christus enim virtus Dei est, et Dei sapientia. Prædestinatus etiam est Christus seu destinatus in virtutem, id est sine omni obligatione peccati, quod vel origine traheret, vel voluntate perpetraret. Hæc autem ejus prædestinatio, ipsa est ipsius claritas; quam qui in mundo natus est homo, habuit apud Patrem, « priusquam mundus fieret (*Joan.* XVII). » Ubi sicut ipse prædestinatus est, ut esset caput nostrum : sic et in ipso prædestinati sumus, ut membra ejus essemus. « Secundum spiritum sanctificationis. » Prædestinatus quippe est nasci secundum spiritum sanctificationis, de cujus matre dictum est ad Joseph : « Quod enim in ea natum est; de Spiritu sancto est (*Matth.* I). » Et ad matrem ipsam : « Spiritus sanctus superveniet in te, et virtus Altissimi obumbrabit tibi (*Luc.* I). » Licet enim caro de carne vere nasceretur, conceptio tamen carnis ipsius spiritualis omnino fuit, hoc agente in ea amore Dei, et Spiritu sanctificationis quod in cateris hominibus agere solet peccati originalis tabe omnes inficiens fomes peccati et amor carnis. Ubi tamen Christianæ pietati de Christo scandalum fidei cavendum est, ne dicat vel credat Filium esse Spiritus sancti de Spiritu sancto conceptum. Concepit enim Maria de Spiritu sancto, non quod de substantia Spiritus sancti semen partus acceperit, sed quia per operationem Spiritus sancti divino partui natura substantiam ministravit. Nam quia in sancta ejus anima amor Spiritus sancti singulariter ardebat, ideo in carne ejus virtus ejusdem Spiritus mirabilia faciebat. Sequitur : « Ex resurrectione mortuorum Jesu Christi Domini nostri. » Potest intelligi quod ex resurrectione mortuorum, quos resuscitavit Christus, vel quos in resurrectione sua resurrectionis ejusdem habere voluit testes et consortes, manifestum fecit et evidens, esse se Filium Dei. Sed etsi rursum referatur hoc quod dicit, ex resurrectione mortuorum Jesu Christi Domini nostri, hoc modo, ut dicatur Paulus unus ex resurrectione mortuorum Jesu Christi Domini nostri, scilicet pro quorum vita Jesus Christus Dominus noster mortuus est, ut eos a morte animæ suscitaret, non debet videri absurdum, quia nec in Scripturis est insolitum. Sic enim et illud est : « Daniel ex filiis captivitatis Judæ (*Dan.* v). » Sed cum paulo superius præmiserit, « Paulus servus Christi Jesu, » ut quid hic iterum, « Jesu Christi Domini nostri? » Usitatus invenitur modus hic locutionis in Scripturis, maxime veteribus, sicut ibi : « Et fecit Moyses, sicut præceperat Dominus Moysi (*Exod.* XL). » Vel quod credibile magis videtur, dulce quiddam Paulo nomen ejus sapiebat in ore, cujus ei amor ardebat in corde; et suave ei erat dicta seu scripta sua, quæ de illo erant, crebra nominis ipsius commemoratione respergere. Sed et pronominibus nominis ipsius, sicut est, « in quo, per quem, in ipso, per ipsum, » tam crebro ubique et importune uti videtur, ut nonnunquam tædium legenti facere videatur, si non cogitetur scribentis affectus.

VERS. 5. — « Per quem accepimus gratiam et apostolatum. » Per quem, sicut reconciliatorem pro peccatis nostris, accepimus gratiam, id est ipsorum remissionem peccatorum, per quem, sicut per sapientiam in contemptum præsentium, sapit nobis gratia futurorum. « Per quem, inquit, accepimus gratiam et apostolatum : » gratiam ad laborum patientiam, apostolatum ad prædicationis auctoritatem, gratiam in persuadendo ea quæ persuadenda sunt, apostolatum in coercendo eos qui coercendi sunt. « Ad obediendum fidei in omnibus gentibus. » Tantam etenim gratiam in hujusmodi apostoli adepti sunt, ut gentes quæ erant alienæ a testamento Dei et conversatione Israel, non solum in suscipiendo fidem prædicatoribus crederent, sed etiam novum vitæ modum et religiosæ conversationis ordinem pro nominis Christi reverentia suscipere obedirent.

VERS. 7. — « Omnibus qui sunt Romæ, dilectis Dei, vocatis sanctis. » Non primum vocatis sanctis, et postmodum quasi pro sanctitate dilectis, sed primum gratuito dilectis, et postmodum vocatis sanctis, id est vocatis ut sancti sint, ut gratia sit gratia. « Vocatis, inquit, sanctis. » Usu communis locutionis fabri discipulus quantumvis recens, jam faber dicitur, similiterque in cæteris artium disciplinis. Sic quicunque vocatus jam nomen dedit in professione sanctitatis, jure jam sanctus vocari potest. Unde et propheta confidenter : « quoniam, inquit, sanctus sum (*Psal.* LXXXV). » Scribit autem Paulus vocatus apostolus discipulis vocatis sanctis, quoniam sicut vocatus est per gratiam Paulus, ut esset Christi Apostolus, sic quilibet eorum vocatus est per eamdem gratiam, ut esset Christianus, et dilectus sanctus. « Gratia vobis et pax a Deo Patre nostro, et Domino Jesu Christo. » Gratia Dei est, qua nobis peccata dimittuntur, ut reconciliemur Deo; pax, qua reconciliamur, sicut dictum est, « lex et prophetæ, » cum constet quia in lege et prophetæ continentur. Utrumque enim et remissio et pax, ad generalem Dei gratiam spectat. Benedictio autem hæc apostolica gratiæ et pacis, in omnem Ecclesiam data intelligenda est, nec minoris æstimanda virtutis a benedictionibus illis Abraham, Isaac, et Jacob, super liberos suos, cum confidenter de semetipso idem Apostolus prædicet dicens : « An experimentum quæritis ejus qui in me loquitur Christus? » (*II Cor.* XIII.) Et iterum : « Puto, ait, quod et ego spiritum Dei habeam (*I Cor.* VII). » Ex apostolica hac benedictione usque hodie credendæ sunt florere Ecclesiæ. In quibus autem invenitur pax Dei; procul dubio est et gratia. Sin autem, longe fit a peccatoribus salus gratiæ, ad prædicantem vero revertitur pax sua, sicut Dominus in Evangelio dicit ad discipulos. « In quacunque, inquit, domum intraveritis, dicite : Pax huic domui. Et si fuerit in ea filius pacis, requiescet super eum pax vestra. Sin autem ad vos revertetur (*Luc.* X). »

VERS. 8. — « Primum quidem gratias ago Deo meo. » Optimum gratiæ prædicator a gratia sumpsit exordium, ut sicut primo Deus adorandus, postmodum vero orandus. Unde Psalmista : « Laudans, inquit, invocabo Dominum (*Psal.* XVII) : » sic a prædicatore gratiæ, primo gratiæ ei agantur, a quo gratia omnis speratur et accipitur; deinde vero suo ordine gratia ipsa prædicetur. Placet enim summo et bono Deo in bonum nostrum in donis suis sensus accipientis non ingratus, et humilis ac pius intellectus divinæ bonitatis; placet ei multum de profectu fraterno ad Deum in affectu congratulantis fraternæ sacrificium charitatis. Et sicut apud eum nullum peccatum majus deputatur quam gratiæ ejus esse ingratum, sic animo fideli, et divinarum fideliter assueto gratiarum, nil dulcius, nil jucundius est in profectu sui, sive proximi, ipsarum actione gratiarum. Agimus autem gratias pro nobis, cum gratiam ipsam quam accipimus, quam gratis accipimus a Deo fideliter cogitamus, et cogitando in amorem largientis devotius nos et humilius excitamus, sive cum boni operis facultatem, quam gratis accipimus in affectu, gratanter Deo reddimus in effectu, ipsa gratia etiam hoc operante in nobis. Pro proximo vero gratias agimus, cum in eo quem in Deo diligimus, gratiam nos accipere gratulamur. Qui ergo gratus semper in his coram Domino studet apparere, et in semetipso semper potiora dona accipere, meretur, et dignus est et aptus etiam pro aliis intervenire. « Primum, » ergo ait: « gratias ago Deo meo. » Magna hominis fiducia, magnus affectus pietatis suum dicere Dominum Deum omnium. Sic tamen est. Qui enim dulci et pio affectu, et secura et præfidenti charitate dicit, « Deus meus, » securus dicit quia suum sibi fecit eum cujus ipse est, et secure coram eo cui offert, deponit quidquid offert, cui tam præsenti semper sibi præsentissimus semper et ipse est. Non potest hoc dicere, cujus deus venter est, sive aliud quid, quod pro Deo amat, vel cum Deo; non autem propter Deum. Solus quippe amandus est Deus : nec aliquatenus coinquinari patitur amoribus alienis amor ejus, qui solus sufficit amanti. Dominus etiam Deus omnium hominis illius proprie Deus est cui placet in semetipso, et propter semetipsum Deus, et in omnibus judiciis suis fixa in hoc statione voluntatis perseverat animus ejus. Placitum etenim animi, quieta voluntas est. Quod proprie singulariter in amando Deo intelligendum est; citra quem, et ultra quem, et extra quem, nihil quod propter eum et in ipso non ametur amandum est. Qui enim labi cum labente non vult, in stabili figat gressum necesse est. Sed et beatus homo, cujus est Dominus Deus ejus, fit vicissim homo Dei, cum, sicut Apostolus serviebat Deo in Evangelio Filii ejus in spiritu suo, sic quilibet in spiritu suo, de Spiritu sancto servit in rebus Dei. Hoc est quod in Cantico canticorum dicit Sponsa de Sponso : « Dilectus meus mihi, et ego illi ; in medio uberum meorum commorabitur (*Cant.* 1). — « Gratias, ergo, ait, « ago Deo meo, per Jesum Christum, pro omnibus vobis. » Sic enim Apostolus summus prædicator gratiæ, ad Dominum Deum cordis sui redeundam semper esse sentiebat de omnibus, cum gratiarum actione, nec nisi per Pontificem Jesum et Mediatorem Dei et hominum; ut per quem a Deo deferuntur nobis gratiarum donationes, per ipsum ei semper referantur ipsarum gratiarum actiones. Ubi etiam observandum quia ad diversos scribens Apostolus, in aliis gratias agit pro omnibus ; in aliis gratias agit, sed non pro omnibus; in aliis nec gratias agit. Ubi pro omnibus gratias agit, culpas in eis nullas vel probra exaggerat : ubi gratias agit, sed non pro omnibus, sicut ad Corinthios et Colossenses, innuit in eis aliquid esse reprehendendum : ubi vero omnino supersedet gratias agere, grave aliquid in eis esse denotat, quod gratiarum actioni judicet esse contrarium. « Quia fides vestra annuntiatur in universo mundo. » Ipsa est, inquit, vestra fides, quæ omnium in universo mundo Catholica est fides, quia forma et exemplum vestræ fidei institutio

est universi mundi. Forsitan jam prævidebat Apostolus in spiritu, Romæ, ubi sedes erat terreni imperii, futuram fore primam sedem Christiani sacerdotii; unde velut a fonte derivaretur, quod in toto mundo salubriter prædicaretur et crederetur. Unde non solum gratias agit; sed et de futuro orat, sicut dicit :

VERS. 9. — « Testis enim mihi est Deus, cui servio in spiritu meo in Evangelio Filii ejus, quod sine intermissione memoriam vestri facio semper in orationibus meis. » Nec malum faciebat, qui juratione bene utebatur : quæ etsi bona non est, dicente Domino, « sit sermo vester est est, non non; quod autem amplius est a malo est (*Matth.* v), » necessaria tamen est, ut alteri suadeatur quod utiliter suadetur, licet sit a malo ejus, cui juratur. Fit enim ab infirmitate ejus, quæ utique mala est, cui aliter persuaderi vel non potest, vel non speratur. Nullum autem majus hoc juramentum esse æstimandum est, quam ad ea quæ dicuntur, testem invocare Deum. In quo summopere cavendum est omni juranti, ne contra præceptum legis assumat aliquando in vanum nomen Dei sui (*Exod.* xx). « Testis ergo, ait, mihi est Deus, cui servio in spiritu meo. » Servitus hæc libera est; quia amoris et pietatis est. Servio, inquit, in spiritu meo, quoniam volens id ago ; non impulsu timoris, non spe mercedis, sed conscientia justitiæ, et amore veritatis. « In Evangelio » enim ait, « filii ejus. » Et quid poterat esse gratius, quid servo fideli assumpto in hoc vasi electionis delectabilius ac jucundius quam servire Deo in Evangelio Filii ejus ? Sequitur :

VERS. 10. — « Quod sine intermissione memoriam vestri facio in orationibus meis. » Memoriam, inquit, vestri facio in orationibus meis semper et sine intermissione; hoc est, in orationibus meis, quas facio semper et sine intermissione. Certum enim est ipsum implevisse quod discipulis præcipiebat dicens : « Sine intermissione orate (*I Thess.* v). Obsecrans, si quomodo tandem aliquando prosperum iter habeam in voluntate Dei veniendi ad vos. » Considerandum quod ad opus Evangelii proficiscens, opus sanctum, exspectat donec obsecrationibus imploret, non solum prosperum iter sibi fieri; sed et in voluntate Dei prosperum, quia semper iter itinerantis in voluntate Dei prosperatur. Tunc autem in voluntate Dei itineris, prosperitas est, cum similis est causa causæ quam subdit dicens.

VERS. 11 et 12. — « Desidero enim videre vos; ut aliquid impertiar vobis gratiæ spiritualis, ad confirmandos vos, id est simul consolari in vobis, per eam quæ invicem est, fidem vestram atque meam. » Primo siquidem omnium scire debemus opus esse apostolicum, fratres desiderare, sive visitare, sed non ob aliud, nisi ut aliquid gratiæ spiritualis vel eis impertiamur, vel ab eis accipiamus. Alias autem, probabile non est, circuire fratres. Gratia autem, alia spiritualis, alia non. Verbi gratia spiritualis, virginitas; non spiritualis, nuptiæ ; cum tamen utrumque donum Dei sit. Maxime autem spiritualis gratia sunt, sive in moralibus, sive in mysticis, spiritualis intelligentiæ charismata : quæ spiritualiter spiritualibus comparanda sunt. Quos ergo apostolus ad perfectionis robur incitat, eis quæ spiritus sunt, impertiri præoptat. Quod cum sit, et ipse accipit consolationem, opus suum in discipulorum profectu firmum videns et stabile, et illi consolantur qui participes fiunt apostolicæ gratiæ. Nec enim deesse potest mutua ad alterutrum fidei ædificatio, cum et discipuli vident in magistro quod imitentur, et magister ex discipulorum profectu ad majores pro evangelio labores animatur. Nec suam circa fratres sollicitudinem vult eos ignorare, ut in cordibus eorum rebus docendis locum præparet cognita benevolentia doctoris.

VERS. 13. — « Et prohibitus sum usque adhuc. » A quo prohibitus? Si dicimus a Deo, non est certe indignum Deo, disponere actus servorum suorum, qui novit super quam civitatem pluere debeat pluvia verbi Dei, et super quam non. Unde est et in Actibus apostolorum: « Voluimus ire in Bithyniam ; sed prohibuit nos Spiritus Jesu (*Act.* xvi). » Si autem, sicut alibi dicit manifestius, prohibitum eum dicimus a Satana (*I Thess.* II), patitur et hoc nonnunquam Deus, ad probationem perseverantiæ servorum suorum. Verum tamen sciendum est quia intentionem sanctam et quod in proposito cordis sanctum molitur consilium nullo modo scire, sive interturbare potest Satanas; nisi signis illud exterioribus aliquibus deprehendat. Quod vero per exteriorem exhibetur actionem impedire potest, si tamen permiserit Deus. « Ut aliquem fructum habeam in vobis, sicut et in cæteris gentibus. » Ubique Apostolus talenta Domini dispensabat, undique ei lucra contrahebat. Ubique seminabat; undique metebat. Ut aliquem , inquit, fructum habeam in vobis. Non enim prætereundum est quod bonorum aliquem fructum singulariter sæpius pronuntiare videtur; opera vero carnis, quæ exprobrat, pluraliter. Hinc enim alibi dicit : « Fructus enim spiritus est, charitas, gaudium, pax, etc. (*Gal.* v). » De fructibus vero carnis, « manifesta, » inquit, « sunt; quæ sunt fornicatio, immunditia, etc. (*Ibid.*). » Hoc ideo, quoniam sicut etiam gentium philosophis placet, virtutes omnes una virtus sunt; quarum aliquam qui perfecte habet, omnes habet; vitia vero etiam compugnantia sibi adinvicem sunt. Sequitur :

VERS. 14. — « Græcis ac barbaris, sapientibus et insipientibus debitor sum. » Nescit cogi charitas , nescit coarctari. Omnibus se debet, omnibus exhibet. Non refugit Græcam sapientiam; non barbarorum insipientiam. Neminem æstimat deserendum. Dum aliis tanquam sapientibus sapientiam loquitur, aliis tanquam insipientibus nihil se scire protestatur, nisi Christum Jesum, et hunc crucifixum (*I Cor.* II) : alios ex lege docet et prophetis, alios vero signis suadet et virtutibus. Hinc est quod ad Timotheum ægrotantem non virtute curationis, sed consilio utitur medicinæ (*I Tim.* v); Trophimum etiam reliquit infirmum Mileti (*II Tim.* IV) : patrem vero Publii dysenteria et febribus laborantem solo verbo et oratione curavit (*Act.* XXVIII) : et lapsum de cœnaculo Eutychium vitæ et sanitati restituit (*Act.* XX). Signa quippe non fidelibus, sed infidelibus, non sapientibus, sed insipientibus debentur. Gratissime vero subdit.

VERS. 15. — « Ita, quod in me promptum est et vobis qui Romæ estis evangelizare. » Hoc est, vobis, qui Romæ estis, debitor sum evangelizare, quod in me promptum est, sive quod, id est quantum in me est. Ac si dicat : Vos qui Romæ estis, de insipientibus non estis. Promptum enim erat sapienti sapientibus loqui, cum et de insipientibus hoc sentiendum sit quod alibi dicit : « Si enim, » inquit, « invitus hoc egero, dispensatio mihi credita est; et væ mihi, si non evangelizavero (*I Cor.* IX). » Omnibus enim sapientibus et insipientibus loqui, necesse est evangelizanti : sed illis evangelizare promptus est, de quibus scriptum est. Beatus qui loquitur in aure audientis. Jam ergo, ut breviter quæ dicta sunt recapitulentur, postquam Apostolus non in humanæ sapientiæ doctis et persuabilibus verbis, sed in simplicitate, sicut ex deo susceptum ad Romanos Evangelii negotium satis commendavit, ex persona evangelizantis, ex auctoritate mittentis, ex causa ipsa, postquam quasi ingrediens per Epistolam urbem Romam in abundantia benedictionis Christi, sicut ipse Dominus instituit, in pace eam salutavit, et piæ sollicitudinis affectu et orationis officio auditorum sibi benevolentiam præparavit, ipsum eis Evangelium prædicare aggreditur, videnssque quasi ad adjutorium suum tam ex Judæis quam ex gentibus Romanis mundanam confluere sapientiam, et requievisse super eos pacem suam, in qua eos salutaverat, exorsus est dicens :

VERS. 16. — « Non enim erubesco Evangelium Dei. » Prima siquidem fronte objiciendum sibi sciebat improperium crucifixi, Judæis quidem scandalum, gentibus autem stultitiam. Ipsi vero nec confusio potuerat esse in conscientia jam sanata, nec verecundia in fronte tam libera. « Virtus enim Dei est, » inquit, « in salutem omni credenti. » Unde et ad Corinthios dicit : « Nos autem prædicamus Christum crucifixum, Judæis quidem scandalum, gentibus autem stultitiam : ipsis autem vocatis Judæis atque Græcis, Christum Dei virtutem, et Dei sapientiam (*I Cor.* I). » Non ergo erubescebat, quasi improperium crucis Christi non sustinens; non quasi aliter docens, et aliter vivens, aut quasi in virtute miraculorum deficiens : « Virtus » autem « Dei est, » inquit, « in salutem omni credenti », ut intelligatur virtus etiam esse Dei in perditionem non credendi. Est enim virtus Dei etiam in perditionem. De qua scriptum est : « Disperde illos in virtute tua (*Psal.* LVIII). » Nam et propter has virtutum differentias, dextra et sinistra in Deo nominantur. « Judæo, primum et Græco. » Primum Judæo, deinde Græco, hoc est gentili, « quia salus ex Judæis est (*Joan.* IV). » Græci etiam primum omne hominum genus duabus appellationibus censuerunt, omnem hominem dicentes esse Græcum vel barbarum; barbarus esset, quicunque Græcus non esset. Sed multo veriore distinctione utitur Paulus, Judæos primum ponens, deinde Græcos, et postmodum barbaros. Cum enim Græci ideo se cæteris præferrent, quia legibus utebantur, merito ab Apostolo ipsis etiam Græcis Judæi prælati sunt, qui ante omnes leges a Deo perceperunt. Nunc de ea primum virtute, quæ in salutem est, exsequitur, dicens :

VERS. 17. — « Justitia enim Dei in eo revelatur ex fide in fidem, sicut scriptum est : Justus enim ex fide vivit. » Justitia hæc quæ credentes justificat, fides est; quæ in Veteri Testamento velata, in Evangelio est revelata. Quæ ideo justitia dicitur, quia quos continet, justos efficit. Ideo autem Dei, quia et ipsa fides ex gratia est. Proficit vero vel tendit fides hæc, justitia hæc, ex fide annuntiantium in fidem obedientium, ex fide Veteris Testamenti in fidem Novi, ex fide in qua ministratur Deo in fidem qua fruatur Deo, ex fide hic imaginis in fidem præsentissimæ illic veritatis, ex fide verborum, quibus hic credimus in fidem rei, quam in æternum obtinebimus. Revelatur autem in Evangelio justitia Dei, quia non jam barbarus, non Scytha, nec omnino aliquis excluditur a regno Dei (128); sed omnibus æque patet porta gratiæ. « Sicut scriptum est, » ait, « Justus ex fide vivit. » Bene hoc in propheta Habacuc scriptum est : « Justus ex fide vivit (*Habac.* II) » : quia credendo intelligere nos facit fides ipsa, quia non ex nobis, sed ex Deo nobis est, non solum quod bene credimus, sed etiam quod bene vivimus. Neque enim ipsum recte vivere nobis ex nobis est, nisi credentes adjuvet et orantes, qui et ipsam fidem dedit, qua nos ab ipso adjuvandos esse credamus. Erubescat hic hæretica superbia, quæ boni sibi operis primas partes vindicat, dum bonæ sibi voluntatis initium homo usurpat, quasi a seipso sibi sit.

VERS. 18. — « Revelatur enim ira Dei de cœlo. » Commendata in revelatione Evangelii pietate fidei, qua justificati Deo grati esse debemus; commendata etiam virtute Dei in salutem omni credenti, ex hoc articulo ad contrarium conversus, hoc est ad virtutem ejus in condamnationem non credentium, videtur dicere. Non solum in Evangelio revelatur credentium justitia et glorificatio, sed et non credentium injustitia et ira, quæ est justa in eos damnatio. Ira enim in homine motus animi ad vindictam; in Deo vero justa vindictæ exsecutio est. « Quis » autem « novit præ timore » Dei « iram » ejus « dinumerare? » (*Psal.* LXXXIX.) Ira siquidem Dei, vana est et seductoria felicitas impiorum, tribulationis corporalis afflictio, interior obcæcatio mentis, in peccato aculeus conscientiæ, et censura ultionis æternæ, et interdum in eis qui abutuntur, sicut philosophi gentium et sapientes hujus mundi, ipsa illuminatio mentis. De quibus subdit : « Super omnem impietatem et injustitiam hominum eorum qui veritatem Dei in injustitia detinent. » Hujusmodi enim hominibus multo melius erat, veritatem Dei ignorasse quam in injustitia eam detinuisse. « Super omnem » autem, ait, « impietatem et injustitiam, » scilicet tam Judæi quam Græci, legem habentis et non habentis. Qui enim peccat in cultum Dei, impius est, quia sicut in Job legitur, « pietas cultus Dei est (*Job* XXVIII). » Ex impietate vero injustitia procedit, cum defertur creaturæ, quod debetur Deo. Ipsi etiam sunt injusti qui peccant in fidem, qua justus vivit. Quos etiam vigilanter Apostolus homines appellat; sicut aliis quibusdam, alibi quasi approbando loquitur, dicens : « Nonne homines estis (*I Cor.* III). » Sed unde notitia veritatis eis, quibus Deus legem non dedit?

VERS. 19. — « Quia quod notum est Dei, manifestum est in illis. » Non solum illis, sed et in illis manifestum est, hoc est per naturalem intelligentiam quæ in illis est, manifestum est illis. Hoc est quod sequitur : « Deus enim illis manifestavit. » Quomodo vero manifestavit?

VERS. 20. — « Invisibilia enim Dei a creatura mundi per ea quæ facta sunt intellecta conspiciuntur: sempiterna quoque virtus ejus et divinitas. » Quare manifestavit? « Ut sint inexcusabiles. » Unde ergo culpabiles?

VERS. 21-22. — « Quia cum cognovissent Deum, non sicut Deum glorificaverunt, aut gratias egerunt. » Sed quid? « Evanuerunt in cogitationibus suis. » Nec impune : « Obscuratum enim est insipiens cor eorum, » et superbia perdiderunt quod curiositate perceperunt. Hæc vero cordis obcæcatio vel obscuritas et peccatum est, et pœna peccati præcedentis, et causa subsequentis. Cujus? Superbiæ. Superbi enim facti sunt, « dicentes se esse sapientes. » Familiare quippe solet esse superbis, proximos esse stultitiæ. Licet enim non omnis stultus superbus sit, omnis superbus stultus esse convincitur. Superbia vero rursum et pœna est præcedentis peccati, et causa subsequentis. Cujus? Stultitiæ. « Dicentes enim se esse sapientes, stulti facti sunt. » Et stultitia pœna est præcedentis peccati et causa subsequentis. Cujus? Idololatriæ. Unde sequitur :

VERS. 23. — « Et mutaverunt gloriam incorruptibilis Dei in similitudinem imaginis corruptibilis, » primum « hominis, » deinde « volucrum, » postea « quadrupedum, » novissime etiam « serpentium. » Rursum idololatria facta est causa sequentis immunditiæ.

VERS. 24. — « Propter quod, » sicut sequitur et

---

(128) Hæc verba et quæ subjungit, asserens omnibus patere januam gratiæ, quibus similia alibi sæpe habet, ut et sanctus Bernardus, serm. 1 in Purificat., et alii, ostendunt satis Deum gratiam omnibus dare, secundum horum Patrum mentem. Hoc ideo notavi quia infra opinionem contrariam unius avi illius auctoris horum oppositione refellere decrevi.

dicit, « tradidit eos Deus in desideria cordis eorum, in immunditiam. » Sicut ergo in Evangelio profectus justitiæ Dei multiplici gratia revelatur ex fide in fidem, sic impietatis et injustitiæ defectus in damnationem et mortem. « Tradidit autem, » ait, « eos Deus in desideria cordis eorum. » Quomodo tradidit? « Dimisit eos, » sicut Psalmus dicit, « secundum desideria cordis eorum, » ut irent « in adinventionibus suis (*Psal.* LXXX). » Tradere quippe dimittere est, hoc est cæcos non illuminare, errantes non corripere, infirmos non adjuvare. « Tradidit eos in desideria cordis eorum. » Hoc Apostolus, hoc Psalmista. Cor eorum erat cor sibi derelictum, per se obcæcatum, a gratia non illuminatum, in quo ad ultimum dicit insipiens : « Non est Deus (*Psal.* XIII). » Adinventiones autem eorum factæ sunt secundum desideria cordis eorum, quæ nollent vincere, sed adimplere. Ideo traditi dicti sunt in desideria cordis eorum. Quæ autem fuerunt desideria cordis eorum? Immunditia affectu excedendi humanum modum, actu humanum usum, in tantum ut corpora sua ipsa inconvenientia, naturali repugnantia, contumeliis naturæ afficerent in semetipsis, et quadam vi applicarent, ut vitio facerent aptiora. Sed quia hæc ad declarandam rei seriem per transcursum dicta sunt, paululum ad superiora redeundum est. « Revelatur, » inquit (*Vers.* 18), « ira Dei super omnem impietatem et injustitiam hominum eorum, qui veritatem Dei in injustitia detinent, quia quod notum est Dei, manifestum est in illis. Deus enim illis manifestavit. » Agit hic de philosophis hujus mundi, magnis siquidem viris, magni studii, præclari ingenii ; qui potuerunt æstimare creaturam, et de creatura Creatorem, digni utique laude, si non eos juste percuteret sermo ille propheticus. « Accinxi te, et non cognovisti me (*Isai.* XLV). » Potuerunt etenim videre Deum esse quamdam vitam æternam, immutabilem, intelligibilem, intelligentem, sapientem, et sapientes facientem, veritatem fixam, stantem, indeclinabilem, ubi quod factum est vita est, ubi omnes rationes rerum et creaturarum sunt æternaliter dispositarum, vel euntium temporaliter. Viderunt enim isti philosophi, quos cæteris non immerito fama prætulit, nullum corpus esse Deum, et ideo cuncta corpora transcenderunt, quærentes Deum. Viderunt quidquid mutabile est non esse summum Deum, et ideo animam omnem omnesque mutabiles spiritus transcenderunt, quærentes summum Deum. Deinde viderunt omnem speciem in re quacunque mutabili, qua est quidquid illud est, quomodocunque, et qualiscunque natura est, non esse posse, nisi ab illo qui vere est, quia incommutabiliter est, ac per hoc sive universi mundi corpus a cælo usque ad terram, et quæcunque in eis corpora sunt, sive omnem vitam, non nisi ab illo esse posse, qui simpliciter est, cui id quod est esse, hoc est illi vivere, hoc est illi intelligere, hoc beatum esse. Et propter hanc incommutabilitatem et simplicitatem, intellexerunt eum et omnia hæc mutabilia fecisse, et ipsum a nullo fieri potuisse. Consideraverunt enim quicquid est, vel corpus esse, vel vitam, meliusque aliquid vitam esse quam corpus, speciem corporis esse sensibilem, intelligibilem vitæ. Proinde intelligibilem speciem sensibili prætulerunt. Sensibilia dicimus, quæ visu, tactu, seu quolibet corporis sensu sentiri ; intelligibilia, quæ conspectu mentis intelligi queunt. Nulla enim est pulchritudo corporalis, sive in statu corporis, sicut est figura, sive in motu, sicut est cantilena ; de qua non animus judicet : quod profecto non posset, nisi melior illo esset. Animus autem species est sine tumore molis, sine strepitu vocis, sine spatio loci vel temporis. Sed et ipse quoque nisi mutabilis esset, non alius alio melius, nec ipse modo melius, modo minus, de specie sensibili judicaret. Unde ingeniosi et docti homines facile collegere non esse in eis rebus primam speciem, ubi mutabilitas esse convincitur. Cum igitur in eorum conspectu et corpus et animus magis minusque speciosa essent, si autem omni specie carere possent, omnino nulla essent, viderunt esse aliquid, ubi esset species prima et incommutabilis, et ideo his nec comparabilis, atque aliud esse rerum principium rectissime crediderunt, quod factum non esset, et ex quo cuncta quæ facta sunt, essent. Ita « quod notum est De. » manifestavit eis ipse ; cum ab eis « invisibilia ejus per ea quæ facta sunt, intellecta conspiciuntur : sempiterna quoque virtus ejus, » quæ regit et continet omnia, « et Divinitas, » quæ implet omnia. Hæc de Deo philosophi gentium et sapientes hujus sæculi viderunt, sed de longinquo viderunt. Quæsierunt viam, sed eam perdiderunt, quia humiles esse noluerunt. Quæsierunt Deum superba curiositate, quem quærere debuerunt humili pietate, inveniendum arbitrantes in regione rationis, et recessu occultioris scientiæ, qui non invenitur nisi in regno charitatis et lucidissima sede sapientiæ : sapientiæ autem, non in loquacitate ventosa, sed in charitate perfecta, « de corde puro et conscientia bona, et fide non ficta (*I Tim.* 1). » Quamvis fuerunt inter eos qui vitam ipsam, ratione duce, aliquatenus invenerunt, sed præsumentes de semetipsis, in ea defecerunt. Unde egregius eorum Plato : « Fugiendum, » inquit, « est ad clarissimam patriam, ubi Deus Pater est, et lucida veritas. » Quæ est hæc classis? Quæ fuga? Similitudo. In tantum enim a Deo longe efficimur, in quantum dissimiles. In quantum ei similes efficimur, in tantum propinquamus. Super hos igitur revelatur ira Dei, quia sicut in Sapientia legitur, non debet ignosci, quia si tantum potuerunt scire, ut possent æstimare sæculum (*Sap.* XIII), quomodo non facilius hujus Dominum ad glorificandum invenerunt? « Revelatur ergo ira Dei de cælo super omnem impietatem et injustitiam eorum, » cum in prædicatione Evangelii annuntiatur eis judex venturus de cælo, judex impiorum atque injustorum, qui, sicut propheta dicit, gloriam Dei converterunt in idolum (*Jer.* 11), similitudinem adorantes hominum, et volucrum, et quadrupedum, et serpentium. Qui hæc saltem viventia melius adorarent, nisi dicentes se esse sapientes, nimium stulti facti fuissent. « Qui veritatem Dei in injustitia detinent. » Veritas Dei apud homines, vera et naturalis Divinitatis cognitio est, scilicet vere Deum esse, et curare res humanas, regere ac disponere quæcunque creavit, ipsum qui creavit, quod nulli homini dubium esse potest, penes quem ratio humana est, maximeque illis hominibus, quorum professio erat philosophia, quæ rerum humanarum ac divinarum scientia est. Veritatem autem hanc detinent in injustitia quicunque eam detinent in idololatria. Idololatria quippe injustitia est, quæ justitiæ fidei omnino discontraria est. Homines ergo idola colentes veritatem Dei in injustitia detinent, quasi reluctantem et invitam ; ipsa humana natura in humanæ rationis conscientia reclamante ac contradicente, ac redarguente religionis falsitatem; « etenim quod notum est Dei, manifestum est in illis. Deus enim illis manifestavit (Vers. 19). » Quod notum est Dei, quod de Deo humana potest ratio attingere per naturam, non ad quod pervenire charitati datur per gratiam, Deus illis manifestavit, rationem sublimioris intelligentiæ capacem donando eis ex natura, intelligentiam vero ipsam ex gratia. Etenim per creaturæ visibilis visibilia manifestavit eis invisibilia sua ; per visibilem creaturam invisibilem Creatoris potentiam, per visibilem ordinem rerum invisibilem sapientiam, per visibilia beneficia gratiæ bonitatem sive charitatem invisibilem, sive, quod Apostolus dicit, sempiternam virtutem ac divinitatem. Sempiterna autem Dei virtus et sapientia, ipse est, de quo ipse Apostolus alibi dicit : « Nos autem prædicamus Christum crucifixum, Judæis quidem scandalum, gentibus autem stultitiam : ipsis autem vocatis Judæis atque Græcis, Christum Dei virtutem et Dei sapientiam (I Cor. 1). » Divinitas vero est Spiritus sanctus, divinitas Patris et Filii; qui sicut intelligitur charitas eorum, et bonitas eorum, sic etiam divinitas est communis amborum, et est commune prorsus amborum, quidquid commune est eorum. Hoc est quod sequitur.

Vers. 20 et 21.—« Invisibilia enim ejus a creatura mundi per ea quæ facta sunt intellecta conspiciuntur, sempiterna quoque virtus ejus ac divinitas, ita ut sint inexcusabiles, quia cum cognovissent Deum, non sicut Deum glorificaverunt, aut gratias egerunt; sed evanuerunt incogitationibus suis, et obscuratum est insipiens cor eorum. » Est quippe Deus substantia invisibilis, sive essentia intelligibilis, lux illuminans et perfundens conversos, feriens et confundens aversos, splendor præsto ei qui se quærit, calor a quo nemo se abscondit, species omnem animam ratione utentem rapiens ad contemplandum amorem veritatis, socordem et vanum redarguens conscientia vanitatis. Cujus cum legibus æternis et immobilibus motus instabilis rerum mutabilium perturbatus esse non sinitur, frenisque circumeuntium sæculorum semper ad similitudinem stabilitatis revocatur,

indicat se a statu immobilis et immutabilis æternitatis, quantum ad conditionem creaturæ, trahere naturale genus originis. Ubi quæ conditione tantum naturæ aguntur, sicut quælibet insensibilia sive irrationabilia, in ordine suo disponuntur potentia, sapientia et bonitate Conditoris, rationalis autem homo dimittitur arbitrio propriæ voluntatis et judicio acceptæ rationis, ut si præveniente gratia voluerit, quo rationis virtute perducitur, ibi inhæreat amoris affectu, et profectu pietatis conformetur, et pulchritudine justitiæ, et beatitudinis perennitate, ipsius plenitudine justitiæ ad plenitudinem perennis beatitudinis suæ, gratus existens gratuito illuminatori, et adjutori suo Deo, et glorificans eum in semetipso. Et ipsi sunt qui cum cognoverint Deum, gratias agunt ei, et glorificant eum. Quod quia non fecerunt sapientes hujus sæculi, de quibus ait Apostolus, « sed evanuerunt in cogitationibus suis, dicentes se a se « sapientes esse, » a gratia deserti, et a facie cognitionis Dei projecti sunt, et « obscuratum est insipiens cor eorum : » et, sicut jam dictum est, perdiderunt idipsum quod curiositate didicerunt. In tantum quippe stulti facti sunt, et insipientes, ut dicerent in corde suo, in corde fatuo et penitus a gratia derelicto. « Non est Deus (Psal. xi); » et, sicut jam supra dictum est, mutarent gloriam incorruptibilis Dei in similitudinem imaginis corruptibilis hominis, et volucrum, et quadrupedum et serpentium. « Propter quod tradidit illos Deus in desideria cordis eorum. » Augustinus in libro De gratia et libero arbitrio (cap. 21). « In quo manifestum est operari Deum in cordibus hominum ad inclinandas eorum voluntates quocunque voluerit, sive ad bonum pro sua misericordia, sive ad mala pro meritis eorum; judicio suo utique aliquando aperto, aliquando occulto, semper autem justo, eos deserendo. » Quæritur autem, ei qui traditur, quamvis pro peccatis suis tradatur in concupiscentias, utrum juste sit imputandum esse eum in concupiscentiis, sicut ei qui pro criminibus suis carceri deputatur, apte nullus imputare debeat, quod licet juste, invitus tamen sit in tenebris. Sed sicut idem dicit Apostolus, homo spiritus, et anima, et corpus esse dicitur. Inter spiritum vero et carnem familiaris illa rixa nimis omnibus nota est. Quem non trahit gratia carni sociatur et efficitur una caro, et dicitur de homine illo : « Non permanebit spiritus meus in eo, « quia caro est (Gen. vi). » Quem vero trahit gratia, sociatur spiritui, et unus cum eo spiritus efficitur, et dicitur ei : « Vos autem non estis in carne; sed in spiritu (Rom. viii). » Trahi ego vel non trahi, hoc est tradi vel non tradi. Cur autem trahitur ille, ille non trahitur, hæc occulta Filii sunt, noli velle quærere, si non vis errare. Si non traheris, ora ut traharis, et si jam fideliter oras, jam traheris, nec traderis. In illis qui trahuntur, nec traduntur, sola gratia Dei est, in eis vero qui traduntur, nec trahuntur, irreprehensibilis ejus justitia est. Quibus vero traditur qui traditur? Immundis dæmonibus immunda desideria suggerentibus, ut in eorum impletione et implentium perditione, sicut in materia sui operis glorientur. Manifestum enim est, hujusmodi homines ipso Dei judicio Satanæ penitus contraditos in interitum carnis ac spiritus; nisi celeri misericordia Dei præveniantur. Unde et antiqui canones computandos censent hujusmodi inter energumenos, et sic pro eis sicut pro dæmoniacis orandum. Totus iste locus vitiorum sordibus scatens, et immunditiæ κακεμφατον præferens, negligendus potius videtur quam legendus. Quod tamen Apostolum scribere prudentissime nec puduit nec piguit, ut superbos humiliaret, et commoneret eos quos exitus habeat contemptus Dei. Ad quem etiam finem cultores suos perducit avaritia; quæ servit potius creaturæ quam Creatori, dum plus diligit nummum quam Deum. Hi ergo quali judicio usi sunt circa divinitatis venerationem, fœdas ei præferentes animalium imagines, tali etiam vice erga semetipsos utuntur, viventes irrationabilium more bestiarum; et abjecta Dei imagine, eorum imagines adorantes. Et hæc est merces, quam ut oportuit, justo judicio Dei in semetipsis receperunt. Quare?

Vers. 25. — « Quia commutaverunt veritatem » creaturæ « Dei in mendacium, » Deum appellantes opus manuum suarum. « Et sicut probabiliter monstraverunt Deum non habere in notitia, tradidit illos Deus in reprobum sensum, » ut qui sensum adjecerant Dei, in suo sensu probarentur reprobi. Ipsi enim credendi sunt Deum habere in notitia, ubique scientes ejus esse præsentiam, qui coram eo vel nolunt, vel non audent peccare. Unde Propheta pœnitens deplorat dicens : « Coram te peccavi (*Psal.* L). »

Vers. 29. — « Repletos omni iniquitate, » id est omnibus his iniquitatis partibus, « Malitia. » Malitia fons est et sentina, et quasi matrix quædam malorum omnium. Scriptum est : « Sapientia odit malitiam. » Sapientia quippe contraria est malitiæ, quia sicut bonum huic, sic malum illi sapit in cogitatione. « Nequitia. » Nequam est qui tantum facere nequit, quantum malitia cordis ejus suggerit. « Invidia, » odium est felicitatis alienæ, cum nocere non possit. Prætereunda sunt, quæ sunt manifesta, nisi quod hoc prætereundum non est, quod susurrones conjunxit et detractores, quos pariter pronuntiavit Deo esse odibiles. Ad ultimum vero insipientes posuit et incompositos, quia hæc omnia quæ cœperint, ad quamdam cordis perducent insipientiam, et fatuam incompositionem morum, in tantum ut in quemdam naturæ stuporem incidentes, nullam ad proximum ullum habeant affectionem, vel ad quamlibet habiti cujuslibet fœderis fidem, nullam in necessitate alicujus misericordiam. Quod quam sit legi naturæ contrarium, ipsius etiam naturæ evidens documentum est. Tres enim in corpore inveniuntur affectiones, sanitas, stupor, immortalitas. Sanitas ægritudinem non habet; cum tamen molestatur, dolet. Stupor non dolet, amisit sensum doloris, tanto pejor, quanto insensibilior. Rursum immortalitas absumpta omni corruptione non dolet. Nullus ergo dolor in corpore immortali, nullus in stupido; et tamen vicinior est immortalitati sanitas dolentis quam stupor non sentientis. Sic non sine affectu existens anima sapientis, dicit de sensu sanitatis : « Quis infirmatur, et ego non infirmor? Quis scandalizatur, et ego non uror? (*II Cor.* 11) etc. » Ex fonte ergo superbiæ, in quo dicentes se esse sapientes stulti facti sunt, omnis malorum horum quæ dinumerata sunt, pestifer fluvius emanavit, cujus formidolosus avertendus est excursus et cavendus. Per hunc enim omnes reprobi suaviter in infernum navigantes, tres voluptatum suarum portus attentant, et in singulis singulas patiuntur traditiones. Verbum autem hic traditionis, quantum ad Deum qui tradit, sententia est juste judicantis; quantum ad eum qui traditur, deceptio est peccati fallentis. Primo ergo superbiam amplectentes et idololatriam, traduntur in desideria cordis in immunditiam, secundo quasi sapientiores et proficientes in pejus, nec tantum idolis, quantum rerum naturæ sacrificandum esse judicantes, traditi passionibus ignominiæ gravioribus accumulantur flagitiis; tertio abjecta jam Dei notitia traditi in reprobum sensum, in puteum omnis nequitiæ, et desperati interitus demerguntur, et judicio mortis æternæ os suum puteus urget super eos; judicante Apostolo et dicente :

Vers. 32. — « Quia qui talia agunt digni sunt morte. » Agunt, inquit, non egerunt. Nam qui egerunt, et jam non agunt, sed pœnitentiam agunt, vita digni sunt. Et notandum primo et secundo loco superbiam plecti talibus pœnis, ut siquid saperent, jam eis ulterius superbiendum non esset. In tertio vero jam plenarie totam induunt insipientiam, ut tanto plus superbire libeat, quanto minor sit superbiendi materia. Sorores quippe sunt individuæ stultitia et superbia, nisi quod tanto tolerabilior est stultitia, quanto nonnunquam sine superbia invenitur; superbia vero nunquam est sine stultitia. « Cum justitiam Dei cognovissent, non intellexerunt, quia qui talia agunt, digni sunt morte. » Oculus quippe sibi erant, ideo cognoscebant; lumen vero esse sibi ipsi non poterant : ideo non intelligebant. Habebant quippe a Deo rationem naturæ, quam sibi proterve arrogantes, non curabant quærere auxilium gratiæ : ideo intelligere non potuerunt quod plurimum eis expediret intelligere. « Non solum qui faciunt ea, sed etiam qui consentiunt facientibus. » Consentire est cum peccante, quantum ad peccati affectum, idem sentire. Vel consentire est fovere errorem et tacere, cum possit arguere.

CAPUT II.

Vers. 1. — « Propter quod inexcusabilis es, o homo omnis qui judicas. » Doctor egregius et miræ in Evangelio prudentiæ, qui omnibus omnia fieri noverat, gentium Apostolus, ministerium suum semper sollicitus et ædificare et honorificare, postquam satis partem gentium secundum priorem statum depressit et humiliavit, quia sic expediebat, jam ne cornua adderet insultationi Judæorum, flagellum correptionis in eos convertit, ut quos pares censura disciplinæ faceret, par etiam consolatio in pace Christi dulcius uniret. Et cum eadem quæ gentibus, quantum ad idololatriæ et immunditiæ sordes gravissime eis imputare posset, quippe quibus libri prophetarum pleni sunt, prudenter tamen parcit, ne cum ventum fuerit ad legis quæstiones, quas molestissimas eis futuras non dubitabat, patientia lassescens caderet sub pondere, si nimis onerata esset. Quin etiam de specie conversa ad genus, publicam hic facit esse omnium eorum correptionem corripientis modestia, ut et alii in correctione eorum proficerent, et ipsi, ut dictum est, in patientia non deficerent. Quia ergo, inquit, omnes, et qui faciunt, et qui consentiunt, digni sunt morte, « inexcusabilis es, o homo. » Inexcusabilis est, quem non latet veritas, et perseverat in eo iniquitas. « O homo. » Homo qui in honore positus legem Dei habes, et secundum legem Dei judicas, et cum eo homo omnis peccator, vel ex reatu originis, vel ex additamento propriæ voluntatis, sive qui novit, sive qui non novit, quia et ipsa ignorantia in eis qui intelligere noluerunt, sine dubio peccatum est; in eis autem qui non potuerunt, pœna peccati. Propterea, o homo, qui ex lege judicas, inexcusabilis es, sed et tu omnis homo, qui nec legem nosti, nec judicas, nihilominus inexcusabilis es. Non enim admittit excusationem, qui scit se hominem rectum fecisse, et insuper obedientiæ dedisse præceptum : testimonium conscientiæ in lege naturæ. In neutro ergo justa est excusatio; sed in utrumque justa damnatio. Si enim inexcusabiles illi, qui invisibilia Dei a creatura mundi per ea quæ facta sunt intelligere non potuerunt, quanto magis qui ex lege ejus instructi, confidunt se esse duces cæcorum, et lumen eorum qui in tenebris sunt? Ad eos quippe hic sermo dirigitur : « O homo, » non spiritus, humana quippe superbia excusare te niteris, humana sapiens, et secundum hominem judicans. « In quo enim judicas alterum, te ipsum damnas. Eadem enim agis quæ judicas. » Hominibus in hominibus judicantibus, vel etiam punientibus quæ ipsi agunt, mundus plenus est; qui cum alios judicant, in seipsos sententiam dictant.

Vers. 2. — « Scimus enim quoniam judicium Dei est secundum veritatem in eos qui talia agunt. » Cum aliquando quædam, quæ mala videntur, bono animo fiant, et bona malo; alia vero sint, in quibus sive in bono sive in malo operantis animus concordat : ejus solius est in veritate judicium, qui corda novit dijudicare.

Vers. 3. — « Existimas autem hoc, o homo, qui judicas eos qui talia agunt et facis ea, quia tu effugies judicium Dei? Fugiant qui oderunt eum a facie ejus (*Psal.* LXVII). » Qui enim Deum diligunt judicia ejus non fugiunt, sed appetunt, quia in eis justificandos se esse confidunt. Porro qui fugiunt, effugere non possunt. Sequitur :

Vers. 4. — « An divitias bonitatis ejus et patientiæ et longanimitatis contemnis? » Jam contemptorem reddidit sollicitum : ideo causam patientiæ subnectit dicens : « Ignoras quoniam benignitas Dei ad pœnitentiam te adducit? » Bonitas Dei inæstimabiles divitiæ sunt, quia sicut solem suum oriri facit, sic etiam cætera bona sua diffundere non cessat super bonos et malos. Patientia vero Dei est in eos qui contemnunt, longanimitas in eos qui infirmitate potius quam proposito delinquunt. Perseverantibus quippe peccatoribus in nequitia, perseverat Deus in patientia, per pauca in hoc sæculo puniens, ne divina providentia non esse credatur, multa extremo examini reservans, ut futurum judicium commendetur. Animus vero male sibi conscius jam totus datus in pœnam, cum nullam sibi pœnam videtur pati, credit quia non judicet Deus. Ipse est sensus reprobus, ipsa est cæcitas et obduratio cordis; ipsæ sunt interiores tenebræ, quibus ab interiori luce Dei peccator secludatur; non autem penitus quandiu in hac vita est. Sunt enim tenebræ exteriores, quæ magis ad diem judicii pertinere intelliguntur, ut penitus extra Deum sit qui corrigi non vult, dum tempus habet. Penitus autem esse extra Deum, quid est, nisi esse in summa cæcitate? Siquidem Deus habitat lucem inaccessibilem, quo ingrediuntur quibus dicitur : « Intra in gaudium Domini tui (*Matth.* xxv). Ignoras, inquit, quoniam benignitas Dei ad pœnitentiam te adducit? » Hoc, quandiu tempus est misericordiæ. Vis audire tempus judicii?

Vers. 5. — « Secundum duritiam tuam et cor impœnitens, thesaurizas tibi iram in die iræ et revelationis justi judicii Dei. » Duo sunt genera pertinaciter peccantium; alterum misericordiam Dei sibi promittentium; alterum ob scelerum suorum enormitatem desperantium. Propter illos, qui ex spe misericordiæ dilationibus illuduntur, extremum diem fecit Deus incertum; propter eos, qui desperando periclitantur, indulgentiæ portum. Et sive hic, sive ille, nisi cito se corrigat, in die iræ iram sibi thesaurizat. Thesaurus est, ubi diversarum opum divitiæ quasi minutatim reconduntur, ut quasi simul in unum ubi cumulum inveniantur. Tres ergo thesauri inveniuntur in Scripturis, thesaurus in terra, thesaurus in cœlo, et hic qui thesaurus iræ appellatur. Qui corde impœnitenti in thesauro iræ actus suos recondit, durus dicitur; qui thesaurizat in terra, stultus nominatur. « Stulte, » inquit, « hac nocte animam tuam repetunt a te (*Luc* xi). » Sapiens autem et in Deum dives, quæcunque agit, digna facit regno cœlorum. Thesaurizat ergo carnalis in terra, animalis in ira, spiritualis in cœlo. Dies iræ dies judicii, ubi unicuique fideliter proferetur, quis, quid, vel ubi thesaurizaverit. Ubi judex non tam adnotabit facultatem, quam coronabit voluntatem. Voluisti, nec forsitan potuisti, sic te adnotabit, quasi feceris quod voluisti; et de te quoque dicetur, « unicuique secundum opera ejus. » Quanta vero hic diversitas meritorum tanta ibi erit vel gloriæ vel suppliciorum. Ubi tamen absit, ut impediant justum a vita æterna quædam peccata venialia, sine quibus hæc vita vix, aut nunquam transigitur, sicut nec proderunt impio quædam bona opera, sine quibus difficillime vita cujuslibet pessimi hominis invenitur. Sed miseri homines cum audiunt hic ignem æternum, promittunt sibi ibi purgatorium. Multi, inquiunt, salvabuntur ibi, sic quasi per ignem. O spem desperatorum! Primo sciendum est quia nihil in hac vita illo igne durius cogitari potest. Tamen, testante Apostolo, utique per ignem ibi salvabitur qui super fundamentum Christum, non « aurum, argentum, lapides pretiosos, » sed « ligna, fenum, stipulam » ædificat (*I Cor.* III), » non tamen respuit ne recipiat, nec receptum respuit fundamentum, idque omnibus carnalibus suis, quibus capitur vel succumbit, delectationibus anteponit, cum ad hunc articulum ventum fuerit, ut aut illa deserantur, aut Christus. Ubi si non anteponitur Christus, non illi est fundamentum. Omnibus quippe structuræ posterioribus partibus, anteponitur fundamentum. Nec etiam quemquam ibi Christi vel boni quæcunque ignorantia sic aliquem excusat, ut sempiterno igne non ardeat, nisi quod si ideo non credidit, quia non audivit, forsitan minus ardebit. Hæc interim dicta sint pro die iræ, « in qua reddet Deus unicuique secundum opera ejus: his qui secundum patientiam boni operis, gloriam et honorem et incorruptionem quærentibus, vitam æternam (*Vers.* 6 et 7). » Hoc est quod dicit, et hic ordo sensus subsequentis. Quærentibus, inquit, gloriam, et honorem et incorruptionem, pro boni operis patientia, vita æterna dabitur a Deo, non solum Judæis, quibus credita videntur eloquia Dei, sed etiam Græcis; quia justum est judicium Dei : non tantum Deus Judæorum est, sed et gentium. His vero qui per contentionem mentis et animi pravitatem veritati non credunt, sed iniquitatem sequuntur, reddetur ira et indignatio, tribulatio et angustia, non solum gentili, sed et Judæo, quia non est personarum acceptio apud Deum. Hæc quidem, quantum ad sermonum ordinem spectant; sed nunc quæ ad interiorem sensum pertinent requiramus. « His, » inquit, « qui secundum patientiam boni operis, » id est qui fructum afferunt in patientia ; « gloriam et honorem. » Gloria hæc, incorruptionis et immortalitatis erit in resurrectione, tam in corpore quam in anima beata felicitas. Honor autem ipse erit, quem habuit homo, priusquam compararetur jumentis insipientibus, et similis eis efficeretur, cum scilicet deliciis paradisi Dei affluens, visione Dei et collocutione assidue fruebatur. Reddentur autem hæc in vita æterna, quærentibus vitam æternam; de qua ipsa vita dicit : « Hæc est autem vita æterna, ut cognoscant te solum verum Deum, et quem misisti Jesum Christum (*Joan.* XVII). » Deum ergo propter Deum quærentibus ipse erit vita æterna, ipse honor, ipse gloria; ipse erit omnia in omnibus. (*Vers.* 8). « His autem qui ex contentione, et non acquiescunt veritati, credunt autem iniquitati, ira et indignatio (*Rom.* II), etc. » Intellige prudens lector, quæ apponuntur tibi, et vide quod bene operantibus reddere dicitur Deus gloriam et honorem, et vitam æternam; reprobos autem ira exspectat et indignatio, angustia et tribulatio; quæ tamen a Deo non reddenda dicuntur. Nam quæ bona sunt a Deo accipimus; mala vero ipsi nobis consciscimus. « His, » inquit, « qui sunt ex contentione. » Contentio est, quæ hereses facit, et schismata et scandala suscitat : ex quo fit ut non obediatur veritati, credatur autem iniquitati. His ergo ira, et indignatio, angustia et tribulatio. Ira est ex peccati conscientia incussus animæ cruciatus. Indignatio vero, ipsius iræ, et quasi vulneris, tumor quidam intelligitur, et per singula quæque commotio, ut si verbi gratia vulnus aliquod pessimum iram ponamus, cujus tumor et distentio indignatio vulneris appelletur. Tribulatio vero est, non quæ latitudinem faciat, de qua dicitur : « In tribulatione dilatasti mihi (*Psal.* IV), » sed eam potius faciat angustiam, quæ dilatationi illi contraria est; id est, in bene agendo ex gratia Dei exhilaratæ voluntati. « Judæo primum, » qui scivit voluntatem Domini, et non fecit digna; et ideo vapulabit multis (*Luc.* XII). « Deinde Græco, » qui quia non cognovit, forsitan vapulabit paucis (*ibid.*). Interest enim cognovisse Deum, et non cognovisse voluntatem ejus. Potuit quippe gentilis cognoscere Deum a creatura mundi : voluntas autem Dei cognoscitur a lege et prophetis.

LIBER SECUNDUS.

SEQUITUR CAPUT II.

VERS. 11, 12. — « Non enim est personarum acceptio apud Deum. » Omnis anima rationalis, etiam cupiditate cæcata, tamen cum cogitat et ratiocinatur, quidquid in ipsa ratiocinatione ei verum elucet, non ei tribuendum est, sed ipsi lumini veritatis, quo vel tenuiter illustrata, verum aliquid sentit ratiocinando. Nulla est enim anima quamvis perversa, quæ tamen ratiocinari possit, in cujus conscientia non loquatur Deus. Manus enim formatoris nostri in ipsis cordibus nostris scripsit : « Quod tibi non vis fieri, alii ne feceris (*Tob.* IV) » ; et : « Quodcunque vultis ut faciant vobis homines, et vos facite eis similiter (*Matth.* VII). » Hoc etiam antequam daretur lex, nullus ignorare permissus est, ut esset unde judicarentur, etiam qui legem scriptam non accepissent. Sed ne sibi aliquid homines deesse quererentur, scriptum est, et oppositum oculis eorum quod in conscientia videre cogerentur. Sed legem scriptam soli acceperunt Judaei; legem vero naturalem, tam gentiles quam Judaei. Opera vero legis scriptae bipertita sunt; et partim in sacramentis, partim in moribus accipiuntur. Ad sacramenta pertinet circumcisio, Sabbatum, et alia hujusmodi. Ad mores vero: « Non occides, Non moechaberis, » et his similia. In observationibus, si non intelliguntur et observantur, sola servitus est. Si intelliguntur et observantur, prosunt, sed in suo tempore, sicut a Moyse et prophetis observata sunt, cum adhuc talis servitus utilis esset, ut sub tutore et timore custodirentur. Nihil autem tam pie terret animam quam sacramentum non intellectum. Intellectum vero, gaudium parit; et celebratur libere, si opus est congruum tempori. Sin autem, cum suavitate spirituali legitur tantum et tractatur. Omne autem sacramentum cum intelligitur, aut refertur ad contemplationem veritatis, aut ad bonos mores. Contemplatio veritatis in solius Dei dilectione fundatur; boni vero mores in dilectione Dei et proximi; in quibus « tota lex pendet et prophetae *(Matth. xxii).* » Quantum spectat ad mores, lex scripta et lex naturalis pene eadem est, aeque communis tam Judaeis quam gentibus, nisi quod alter scriptam eam habet in tabulis et in ratione, alter in sola ratione. Vis quippe illa naturalis inest utrisque, qua rationale animal legitimum aliquid et sentit et facit. Ideo sicut hic dicitur, « non est personarum acceptio ; » sed « qui peccavit in lege (vers. 12), » id est in observatione legis scriptae positus, secundum legem judicabitur, quae peccata prohibet, et suam singulis peccatis poenam inscribit : « qui vero sine lege » scripta « peccavit, » judicabitur « sine lege, » id est, non per legem quam non accepit : sufficiente ei ad judicium ea, quam accepit.

VERS. 13. — « Non enim auditores legis, sed factores » sive scriptae, sive naturalis, « justificabuntur apud Deum. » Quod dicit factorem legis tantum justificari apud Deum : sanum intellectum desiderat, videlicet ne contrarium videatur ad id quod alibi dicitur: « Si ex operibus, jam non ex gratia *(Rom. xi),* » et : « gratia non est gratia *(ibid.).* » Absit enim, ut quasi facienti legem ex operibus ipsius legis accedat justitia, sed ad hoc ut faciat legem, in eo ipso quod eam facit, justificatur a gratia ; non prius factor legis, ut quasi pro facta lege justus fiat : sed sicut creatur homo, ut sit homo, sic faciens legem justificatur, ut sit justus ; vel esse appareat quod in faciendo est, id est justus. Sciendum autem quia de Judaeis hic loquitur conversis ad Dominum, legem spiritualiter implentibus. Gentilis etiam conversus naturaliter quae legis sunt facit, et faciens justificatur : quia legem naturalem cordi ejus naturaliter inscriptam a Deo, sed deletam ex vitio, instaurat in eo spiritus gratiae. Cui converso ad Dominum, hoc est legem Dei habere scriptam, non in tabulis sed in corde, intimo cordis affectu justitiam legis amplecti ; ubi fides per dilectionem operatur. Unde et sequitur :

VERS. 14-16. — « Cum enim gentes quae legem non habent, naturaliter ea quae legis sunt faciunt ; ejusmodi legem non habentes, ipsi sibi sunt lex : qui ostendunt opus legis scriptum in cordibus suis, testimonium reddente illis conscientia ipsorum, et inter se invicem cogitationum accusantium aut etiam defendentium, in die cum judicabit Deus occulta hominum, secundum Evangelium meum, per Jesum Christum. » Cogitationum, inquit, accusantium. Graecam consuetudinem sequi videtur Latinus interpres, qui cum casum ablativum non habeant, genitivo utuntur pro ablativo. Cogitationum autem dixit, quia ex cogitatione opera dijudicantur, et innocens quis vel reus dijudicatur. Cogitationum vero dixit, non earum quae tunc erunt, sed quae modo sunt, quia et facta nostra omnia ; et cogitata, licet pereant a memoria, non pereunt a conscientia : quae coram judice Deo omnia proferentur in lucem. Tremendum sane judicium, ubi extrinsecus nihil adducitur, sed de conscientia totum producitur, et accusator, et testis, et judex, et causa.

VERS. 17. — « Si autem tu Judaeus cognominaris, et requiescis in lege. » Ingreditur hic Apostolus validam et necessariam disputationem de lege, non tantum adversus Judaeos, sed et contra inimicos gratiae, et eos quos paulo supra ex contentione denotavit. In qua plurimum adjuvabit lectoris studium, si quatuor differentias vel legis, vel profectus in lege, memoriae commendatas habuerit. Cum enim in altissimis ignorantiae tenebris nulla resistente ratione secundum carnem vivitur, haec sunt prima hominis. Deinde cum per legem cognitio fuerit facta peccati, si nondum divinus adjuvat spiritus, secundum legem volens vivere, vincitur, et sciens peccat, id agente scientia peccati, ut peccatum operetur in homine omnem concupiscentiam, et cumulo praevaricationis adjecto impleatur quod scriptum est : « Lex subintravit, ut abundaret delictum *(Rom. v).* » Haec sunt secunda hominis : Si autem respexerit Deus, ut ad implenda quae mandat ipse adjuvare credatur, et homo coeperit Dei spiritu, cum concupiscitur adversus carnem, fortiore robore charitatis, ut quamvis adhuc sit quod homini repugnet ex homine, nondum tota infirmitate sanata, ex fide tamen justus vivat, justeque vivat, in quantum non cedit male concupiscentiae, vincente delectatione justitiae : haec sunt tertia bonae spei hominis. In quibus si pia perseverantia quisquam proficiat, postrema pax restat ; quae post hanc vitam in requie spiritus, deinde in resurrectione etiam carnis implebitur. Harum quatuor differentiarum prima est ante legem, secunda sub lege, tertia sub gratia, quarta in pace plena atque perfecta. Gratia tamen nec ante defuit, quibus eam oportuit impertiri, quamvis pro temporis dispensatione velata et occulta. Secundum has quatuor differentias, per totum corpus hujus epistolæ agitur, modo de homine Dei singulariter, modo de populo Dei generaliter. « Si, » inquit, « tu Judæus cognominaris. » Peritus animarum medicus, de duobus ægrotis alterum, id est genus suum, periculosius videns ægrotare, infirmatur cum infirmis, gentiles durius redarguens, nec parcens; eadem vero in Judæis crimina denotans, et leniter perstringens, ut per gentium obedientiam istos provocet ad patientiam, donec more medicorum causam morbi mitiget, id est superbiam, ut, sicut medici solent dicere, causa mitigata, securius curam adhibeat circa causativum. Unde et ad solatium infirmitatis nequaquam singulariter adhuc eos coarguit, sed pariter cum aliis. Nunc vero post communem admonitionem, jam liberiorem sibi accessum ad ægrum suum aucupans, validis rationum vinculis primum aggreditur ligare phreneticum, ut quia gentes facile sequaces habebat, etiam Judæorum duritiam gratiæ coaptaret. Uterque enim secundum prædictas differentias sub lege, seu scripta, seu naturali, repertus est.

VERS. 17-20. — « Si autem tu Judæus cognominaris, et requiescis in lege, et gloriaris in Deo, et nosti voluntatem ejus, et probas utiliora, instructus per legem, confidis teipsum esse ducem cæcorum, lumen eorum qui in tenebris sunt; eruditorem insipientium, magistrum infantium, habentem formam scientiæ et veritatis in lege. » Sciendum est omnia, quæ hic quasi in laudem falsi Judæi proferuntur, per ironiam prolata. Quidquid enim hic dicit, quasi emplastrum est; quo tumorem superbiæ facit, ut comprimatur vanitas, et detumeat inanitas. Quid enim tam inane quam jactare quod non habet, quod non facit prædicare? Languebat quippe populus ille circa secunda populi Dei, id est circa legem, de qua accepta superbiebat, nec tamen eam implebat vel carnaliter; et quasi præsumens de se, ad gratiam tardius accedebat. Si enim vere requiesceret in lege, et gloriaretur in Deo : non faceret, quod non faciendum prædicaret. « Si, » inquit, « tu Judæus cognominaris, » quod non es, vera quippe Judæa Ecclesia est, cujus confessionis decorem Dominus Deus induit, et cognomen ducere videris a Patribus, a quibus degeneras, qui circumcisionem carnis habebant ob signaculum fidei, circumcisionem vero cordis ob ipsam fidem. Reges etiam soliti eratis habere de tribu Juda, propter quod etiam omnes Judæi appellabamini. Sed cum Christum regem de tribu Juda negastis; et regnum et nomen pariter perdidistis. « Requiescis » vero « in lege, » condemnans et irridens varios errores gentilium : vel requiescens in carnali legis intellectu; nil amplius judicas quærendum. « Et gloriaris in Deo : » quasi peculiaris Dei populus, et quia quasi notus in Judæa tantum Deus. « Et nosti voluntatem ejus, quia non fecit taliter omni nationi, et judicia sua non manifestavit eis (*Psal.* CXLVII). » — « Et probans » de utilibus « utiliora, » instructus per legem, « confidis » præsumendo, « teipsum » sine duce Spiritu sancto, « esse ducem cæcorum, » ut utrique cadatis in foveam : « lumen eorum qui in tenebris sunt, » quasi per te illuminandorum, « eruditorem » gentium, quasi in lege « insipientium, » magistrum infantium, ut quasi fari discant de lege nænias fabularum vestrarum, « habentem formam scientiæ et veritatis in lege, » id est formatam et veram legis scientiam, cui supera adjicere quidquam audeat nemo.

VERS. 21. — « Qui ergo alium doces, teipsum non doces? Qui prædicas non furandum, furaris. » Fures quippe Judæi inter se rerum suarum; et quod pejus est, furari volebant de lege sanum intellectum : de Ecclesia gratiam, de mundo Christi adventum. Sic etiam carnaliter, plus autem spiritualiter mœchabantur, post concupiscentias suas eundo. Sequebantur etiam idola gentium, plus autem idola cordium suorum; in utroque sacrilegi, non sacra collocantes in sacro. Inhonorabant etiam Deum legis per prævaricationem ipsius legis, in qua sibi æstimabant gloriandum. Inhonorabant vero, quia nomen ejus inter gentes blasphemari faciebant. Nomen Christi Christianus : quod cum blasphematur, in auctorem nominis blasphemia revertitur. Hoc autem de Ezechiele propheta assumptum est. Qui enim hic arguuntur Judæi, jam Christiani nominis erant participes, sed quia de priori statu suo stulte gloriabantur, gentibus se præferebant; de ipso priori statu prudenter ab Apostolo humiliantur. Propter quod etiam unde se magis conspicabiles arbitrabantur, et gloriosos, id inutile jam comprobat esse, et supervacuum, legem scilicet et circumcisionem : quæ potius ad confusionem eis erant, quam ad gloriam. De lege jam dixit, de circumcisione vero :

VERS. 25. — « Circumcisio, » inquit, « prodest, si legem observes; » legem utique circumcisionis. Circumcisio enim est mala a se amputare; lex circumcisionis bonis operibus insistere, ut fiat quod scriptum est : « Declina a malo, et fac bonum (*Psal.* XXXVI). » Circumcisio etiam vera est, circumcisio cordis, id est pura ab omni concupiscentia voluntas: quod non fit littera docente et minante sed spiritu adjuvante et sanante. « Circumcisio ergo prodest, si legem observes. Si autem prævaricatores legis, » ut carnalem potius observes circumcisionem, « circumcisio tua præputium facta est, » id est ad infidelitatem deputabitur. Sequitur :

VERS. 26 et 27. — « Si ergo præputium justitias legis custodiat, nonne præputium illius in circumcisionem reputabitur : et judicabit quod ex natura est præputium legem consummans, te qui per litteram et circumcisionem prævaricator legis es? » Si præputium, inquit, id est qui ex præputio venerunt. Hos enim justitias legis custodientes componit et comparat Judæis, qui per litteram et circumcisionem carnis legem prævaricantur. Non autem, ait, ipsam legem, id est legem operum custodiant, vel sacramentorum, sed justitias legis ; id est moralem ejus disciplinam, quam custodiendo præputium in tantum præfertur circumcisioni prævaricanti legem, ut judicet eam. Et bene addidit, « legem consummans. » Ille enim qui secundum litteram vivit, legem observat, qui secundum spiritum, consummat ; perfectio vero in eo est qui dicit : « Non veni legem solvere, sed adimplere (*Matth.* v). Ideo non qui in manifesto Judæus est, neque quæ in manifesto est in carne circumcisio ; sed qui in abscondito Judæus est, et circumcisio cordis in spiritu non littera cujus laus non ex hominibus, sed ex Deo est. » Observandus est cautius sensus apostolicæ disputationis ne, dum ex varietate personarum modo hos, modo illos alloqui videtur, quasi via perdita ordo sensus in directum procedentis turbetur ; et ad eum finem pervenire non possit legentis intellectus, quo eum ducit disputantis intentio. Qui finis, ut breviter dicatur, gratia est, vel gratiæ commendatio. Ut ergo paulo superius recurramus, Paulus utrosque et Judæos et gentiles paterno fovens affectu, Judæos amplectens et in carne et in spiritu, gentes vero ob Evangelii gratiam et ministerii sui honorificentiam, his qui erant ex contentione, sive his, sive illis, iram et quæ sunt iræ interminatus ; bene operantibus vero, sive his, sive illis, repromisit quæ gloriæ sunt et honoris : deinde vero, modo hos, modo illos, alternatim deprimens vel sublevans, vel coæquans, sic omnia temperare nititur et dirigere, ut neutro majorem gloriam faciat vel invidiam. Mox enim de gentibus subnectens. « Quicunque, inquit, sine lege peccaverunt, sine lege peribunt. » Statimque de circumcisione. « Et quicunque, inquit, in lege peccaverunt, per legem judicabuntur. » Rursumque gentes sublevans dicit. « Cum enim gentes, quæ legem non habent, etc. » Iterumque ad Judæos sermonem convertens. « Si, inquit, tu Judæus cognominaris ; » et ea quæ sequuntur. Et ne nimius videretur in increpatione Judæorum, subjungit dicens : « Circumcisio prodest, si legem observes. » Sed mox in partem gentium limites gloriandi præfigens circumcisioni. « Si autem, inquit, prævaricator es legis ; circumcisio tua præputium facta est. » Et paululum gentes sublevans. « Si, inquit, præputium justitias legis custodiat, etc. » Et validius adhuc animos eorum erigens ; « judicabit, ait, quod ex natura est præputium, legem consummans, te, qui per litteram et circumcisionem prævaricator legis es. » Quia vero certum erat in lege et prophetis multas esse promissiones, quæ ad circumcisionem spectare videbantur, ut etiam ad ipsas sperandas viam gentibus aperire, VERS. 28, 29. — « Non, inquit, qui in manifesto Judæus est, neque quæ in manifesto in carne est circumcisio ; sed qui in abscondito est Judæus, etc. » Deinde sequitur quod modo habemus in manibus.

CAPUT III.

VERS. 1. — « Quid ergo amplius est Judæo? » Sed procedamus viam nobis sternendo, ut post levius incedamus usque ad conclusionem gratiæ. « Multum, inquit, per omnem modum. » Judæo enim præparationes multæ fuerunt, et instructiones ad fidem Christi ; gentili nihil horum fuit, præter solam naturalem intelligentiam. « Præcellimus ergo eos ? Nequaquam, » quia fidei major præparatio, si non credis, non tibi est, nisi major damnatio. Si vero tu credis, et ille credit, tua fides fidem eorum nequaquam merito antecedit. Quantum vero ad merita, certis causarum rationibus monstratum est omnes sub peccato fuisse ante gratiam. Peccati vero per legem cognitio tantum fit, non remissio « Nunc autem, id est tempore gratiæ, manifestata est justitia (vers. 21.) » non legis, non meritorum, sed Dei in sanguinem Christi. Hæc est gratia. Unde et post paululum quasi concludendo infert. « Arbitramur hominem per fidem justificari sine operibus legis (Vers. 23). » Adhuc paululum ad superiora redeamus. « Non est, inquit, personarum acceptio apud Deum (*supra cap.* II, *vers* 11). » Quid ergo acceptum est apud Deum? Patientia boni operis. Hæc autem unde est? Aut ex gratia, aut ex lege. Si ex lege, non ergo præter legem. Sed invenitur præter legem, quia gentes quæ legem non habent, naturaliter quæ legis sunt faciunt, id est fructum afferunt in patientia. Deinde sequitur : « Si tu Judæus cognominaris (*cap.* II, *v.* 17), etc. » Ac si dicat : O tu qui Judæus cognominaris, justificatio legis unde est : ex lege, an aliunde? Ex lege non est, quia tu qui in lege gloriaris, per prævaricationem legis Deum inhonoras. Aliunde ergo. Ex spiritu scilicet, in quo justificatur verus et occultus Judæus, cujus laus non ex hominibus, sed ex Deo est. « Quid ergo, » inquit, « amplius Judæo, aut quæ utilitas circumcisionis? Multum per omnem modum, » quia ad justificationem fidei sive spiritualiter, sive carnaliter plures acceperunt præparationes. Gentes vero plus acceperunt fidei, dicente Domino : « Non inveni tantam fidem in Israel (*Matth.* VIII). » Cur Judæi minus fidei? Hoc altitudo sapientiæ Dei est. Si ergo opus bonum ex gratia, si justificatio ex spiritu, utrique et Judæo et gentili facultas ad hæc patet et accessus. Sed cum ad hoc Judæus ante gratiam plures accepit præparationes, quæ etiam ei fuerunt temporales consolationes plus accepit per omnem modum. Tempore autem gratiæ Judæus gentilem non præcellit, quia quantum de præsenti gentilis plus fidei accepit, quantum de præteritis utrumque æque sub peccato gratia invenit. Utrique ergo æque necessaria est gratia. Ut vero jam ad seriem lectionis redeamus :

VERS. 2, 3. — « Primum, inquit, quia credita sunt illis eloquia Dei, » in lege scilicet et prophetis, ad formam sacramentorum, ad eruditionem morum, ad præparationes ob suscipiendum Christi adventum. In quibus fuerunt quidem pauci qui crediderunt ; sed multitudo quæ non credidit, « fidem Dei non evacuabit, » id est gentem illam a fide Christi nequaquam penitus alienavit. In quam cum promissiones Dei bonæ sint, falli non possunt, quia :

Vers. 4. — « Deus est verax, omnis autem homo mendax : » in quo etiam homo ille mendax, quicunque vel non credit, vel non dicit sine pœnitentia esse dona et vocationes Dei. « Quid enim, inquit, si quidam illorum non crediderunt? Nunquid, inquit, infidelitas eorum fidem Dei evacuabit? » Fides hic accipienda est, vel quam habet Deus ad eos quibus credit eloquia sua; vel quam habent ad Deum, qui meruerunt, ut credantur eis eloquia Dei. « Absit! » Absit, inquit, ut bonum universitatis destruat malum quantæcunque singularitatis! absit, ut veritas promittentis Dei in irritum eat pro peccato hominis increduli! quia « omnis homo mendax, Deus autem verax, sicut scriptum est : Ut justificeris in sermonibus tuis et vincas cum judicaris (*Psal.* L). » Omnis homo mendax; sed non tamen mendaces illi ad quos sermo Dei factus est, quos non homines, sed deos esse Scriptura pronuntiat; et Dominus in Evangelio confirmat. Deus autem verax, qui justificatur in sermonibus suis. Horum autem verborum sensus de psalmo, a superioribus expetendus est. « Tibi, inquit, soli peccavi (*Psal.* L), » quia rex sum, et nullius hominis subditus judicio. Tibi soli peccavi quia coram te peccare non timui, qui ubique præsens es. Miserere mei secundum magnam misericordiam tuam, in hoc scilicet ut justificeris, id est justus appareas in sermonibus tuis, quibus promisisti domum mihi ædificandam, et semen meum post me futurum, cujus regnum stabiliendum sit in æternum. In quibus justus et verax apparebis cum eos mihi adimplebis, judicans me secundum veritatem misericordiæ, quam dilexisti, et reddens mihi spiritum prophetiæ, in quo incerta et occulta sapientiæ tuæ manifestasti mihi, vincens judicia hominum temere et secundum faciem judicantium, et te indulgentem et me pœnitentem, et promissionum tuarum bona mihi adjudicantium. Et tota sensus hujus prolixitate Apostolus usurpans, quod spectat ad comprobandam Dei veritatem; « ut justificeris, inquit, in sermonibus tuis, et vincas cum judicaris. » In quo notanda introducti exempli similitudo, quia sicut David post peccatum, sic omni Judæorum genti post passionem Domini omnem indulgentiæ et promissionum gratiam abjudicabant temeraria judicia hominum. Quæ injuste judicata misericordia vicit, dum de injusta morte sua in magna misericordia etiam interfectoribus suis justitiam ad vitam efficit. Audita ergo quasi in Deum falsitatis blasphemia Apostolus, et in genus suum calumnia generalis perditionis, quasi impatienter exclamans. « Absit, » inquit « est autem omnis homo mendax, Deus autem verax ! » Et ex occasione hujus blasphemiæ, quasi collecto spiritu in blasphemos, sic, inquit, ex hac ipsa sententia dicunt :

Vers. 5. — « Si autem iniquitas nostra justitiam Dei commendat, quid dicemus? Nunquid iniquus Deus qui infert iram? Quod ut sub voce blasphemantium se dicere demonstret; « absit, inquit! secundum hominem hoc dico. » Vere secundum hominem sed nec quæ sunt hominis satis sapientem. Quod enim justitia Dei ex nostra iniquitate commendatur, nequaquam hoc fit peccatorum nostrorum beneficio, sed ipsa rationis consequentia, ut contraria ex contrariis approbentur. Cum omni enim consequentia digne meritoque inimica est et adversatrix justitia injustitiæ, sicut lux tenebris, et vita morti et justum est Deum, in quo est summa justitia, inferre iram hominibus, in quibus est injustitia. Ei idcirco fortasse Apostolus, non homines injustos ait commendare justitiam Dei, sed injustitiam nostram, ut ostenderet non Deum hominibus, sed justitiam injustitiæ esse contrariam (*vers.* 6). « Alioqui quomodo, » inquit, « judicabit Deus hunc mundum ? » Qui enim mundum juste judicaturus est, injustus esse non potest. Aliud hoc est justitiæ Dei argumentum. Deinde calumniam exaggerat, ut repellat. Dicit enim :

Vers. 7. — « Si, inquiunt, veritas Dei in meo mendacio abundavit in gloriam ipsius, quid adhuc et ego tanquam peccator judicor? » Sed hoc, ait Apostolus, nos non dicimus. Sed neque illud quod inde consequi arbitrantur.

Vers. 8. — « Et aiunt nos dicere ; Faciamus mala, ut veniant bona, » cum potius prædicemus fieri bona, ne veniant mala. Hoc autem dicunt scienter peccantes et ideo damnatio eorum justa est.

Vers. 9-11. — « Quid ergo? Præcellimus eos? Nequaquam. » Repulsa calumnia ad seriem causæ revertitur. Quid, inquit, tenemus amplius ? Cum utramque partem sub peccato esse constet ante gratiam, gratia autem veniens, quantum in ipsa est, utrumque coæquet, jam nulla in alterutrum contentionis vel elationis causa relinquitur. « Causati enim sumus Judæos et Græcos sub peccato esse. » Quod etiam more suo Scripturis confirmat, ut et in hoc det exemplum Ecclesiæ Doctoribus, ut de Scripturarum testimoniis astruant quæ dicunt, et muniant. « Non est justus quisquam, non est intelligens, non est requirens Deum. » Non est justus, quia non est intelligens ; non est intelligens, quia non est requirens Deum. Si enim requireret, intelligeret, si intelligeret, amando quem intelligeret, utique justus esset.

Vers. 12. — « Omnes declinaverunt. » Merito, ait quidam sapiens, aves capiuntur. Quibus cœlum permissum est, quid quærunt in terram, ad laqueos? Nos quoque, cœlo relicto, ad quos natura etiam secundum ipsam corporis staturam erexit, terrenis omnes incubamus, inutiles, mali provocatione exempli alter alterum corrumpentes. « Non est qui faciat bonum. » Aliud est bonum facere, aliud bene facere. Bene facere est per eventum, vel quasi in transitu ; bonum facere est studio et affectu : sicut e contrario de malo, ut puta de superbia, aliud superbire, aliud facere superbiam. Quidam enim in seipsis patiuntur, quidam faciunt et ædificant superbiam. De quibus Propheta dicit : « Non habitabit in medio domus meæ, qui facit superbiam.

(*Psal.* c). — Non est usque ad unum. » Numera unum et unum, perfecte bonum non invenies unum, donec pervenias ad summe bonum, qui dicit : « Nemo bonus, nisi solus Deus (*Luc.* XVIII). »

Vers. 13. — « Sepulcrum patens est guttur eorum, » scilicet dum loquuntur. Quia enim secundum prophetam mortui sunt a corde ; per immunda exhalant verba fetoris putentis intus cadaveris. « Venenum aspidum sub labiis eorum, » qui nequiter loquuntur, nequius silent, cum insanabilis nequitia nequit quod vult, et tabescit in cordibus eorum.

Vers. 14. — « Quorum os maledictione et amaritudine plenum est, » quia pleno ore maledicunt ubi audent ; pleno corde amaricantur ubi non audent.

Vers. 15. — « Veloces pedes eorum ad effundendum sanguinem. » Veloces ad omne peccatum in exsecutione operis ; quia nullo tenentur vel reguntur judicio rationis.

Vers. 16. — « Contritio et infelicitas in viis eorum, » quia laboris et afflictionis corporalis dura necessitas, et conscientiæ cruciantis infelicitas in omnibus actibus eorum.

Vers. 17, 18. — « Et viam pacis non cognoverunt ; » quia « timor Dei non est ante oculos eorum, » qui principium est sapientiæ, et eundi ad pacem illam, de qua dicitur, « pax multa diligentibus legem tuam (*Psal.* CXVIII). » Hæc quæ hic in unum Apostolus mala congessit, videtur pro Judæis maxime intulisse ; cum in principio psalmi de gentibus dictum esse videatur : « Dixit insipiens in corde suo : Non est Deus (*Psal.* XIII). » Sed confringenda maxime erat superbia Judæorum, commemorando eis transgressiones legis, de qua gloriabantur ; qui etiam de patre Abraham cæterisque patribus gloriantes, quasi naturalem se jactabant habere justitiam. Unde et subdit :

Vers. 19. — « Scimus quoniam quæcunque lex loquitur, iis qui in lege sunt loquitur ; ut omne os obstruatur, » et non aperiatur nisi in laude Dei ; gentibus ad humilitatem promptissimis ex conscientia præteriti erroris, Judæis vero ex prævaricatione legis, ut dictum est, humiliatis, de qua se jactare videbantur. Quibus legis quanto proprior acceptio et major cognitio, tanto minor excusatio, tanto manifestior prævaricatio, et certior damnatio ; quia etiamsi fiant opera legis.

Vers. 20. — « Ex operibus legis non justificabitur omnis, » carnaliter eam observans, coram Deo, qui cordis et intimæ voluntatis aspector est, ubi videt, quia qui legem timet, mallet aliud facere, si liceret. « Ut subditus fiat omnis mundus Deo, » intelligens quid cui debeat ; quid a quo accipiat. A lege quippe habet peccati cognitionem, a gratia vero justitiæ manifestationem, pariterque ipsam justificationem. « Per legem enim cognitio peccati ; » non quod peccatum non sciretur, sed quod impune fieri putabatur, sed si gratia non adjuvet, ut cognitum peccatum vincatur, lex iram potius operatur.

Vers. 21. — « Nunc autem, » id est sub gratia, « justitia Dei manifestata est : » quæ quamvis justificet sine adjutorio legis, « testificata tamen est a lege et prophetis ; » ut cum lex annuntiaret, fides impleret, fieret perfectio. Nam neque fides testimonio legis carere debuit ; nec justitia legis nisi in fide adimpleri potuit. Sic ergo sine lege justitia Dei manifestata est ; testificata a lege et prophetis. Observatum est hic ab his qui Græcæ linguæ vel scripturæ habuere notitiam apud Græcos, ob multarum legum differentiam, legem Moysi in scripturis eorum proprii cujusdam articuli appositione denotari. Cum autem bis in hoc versu positum sit nomen legis, in primo loco, non in secundo apposito dicunt articulum illum ; per quod datur intelligi, legem esse Moysi, a qua justitia Dei testificatur ; a nulla vero lege, quæ vel in paradiso data, vel naturaliter indita, vel scripto, promulgata fuerit, adjuvatur. Notandum etiam quod peccatum dicit cognosci, justitiam vero manifestari, quia omne quod manifestatur, lux est ; peccatum vero cognoscitur potius quam manifestatur, quia de parte tenebrarum est. Quæ autem est hæc justitia ? « Justitia inquit, Dei, » cum fides impetrat quod lex imperat ; justitia Dei non hominum, non operum, non propriæ voluntatis. Non quod sine voluntate nostra fiat ; sed quia voluntas nostra infirma per legem ostensa, per gratiam quæ est ex fide sanata legem implevit. Nam et in hoc lex utilis invenitur ; quia cum sanare non potest, sanandos mittit ad gratiam libera testificatione, et experientia infirmitatis suæ ; mittitur autem ad gratiam et vivificantem spiritum ; ubi et peccata omnia delentur, et bene agendi charitas inspiratur. Hæc est justitia Dei per fidem Jesu Christi pertransiens in omnes, et super omnes qui credunt in eum : in omnes quantum ad universitatem credentium : super omnes, inquantum omnia merit supergreditur suscipientium. Non enim est distinctio, vel Judæi, vel justi, ut minus indigeat ; vel gentilis, sive peccatoris pœnitentis, ut minus accipiat.

Vers. 23. — « Omnes enim peccaverunt, et egent gloria Dei. » Non enim eget Deus, ut glorificetur ab aliquo ; omnes vero omnino egent, ut glorificetur Deus in eis. Cujus gloria est, justificari gratis per gratiam ipsius. Cujus vero est gratia, ipsius est et gloria.

Vers. 24, 25. — « Per redemptionem, quæ est in Christo Jesu Domino nostro. » Redimendi quippe erant qui seipsos vendiderant. Vendit se homo in consensu peccati, quod est mors animæ, cum accipiens peccati ipsius delectationem, dat quodammodo spem vitæ suæ et vitæ æternæ. Venit homo, qui solus justus natus est ; et qui delectationem peccati non suscepit, peccati pœnam non renuit ; et hanc justitiam dedit homini vendito, et non habenti in substantia naturæ suæ unde se redimeret ; ut de pœna ejus solveret chirographum debiti sui. Et hæc est justitia Dei, ut per fidem inhærentes ei qui pro nobis mortuus est, ex ipso habeamus quod non possumus ex nobis. Quod quia gratis nobis collatum est, gratia est. Quem, ut omnia gratiæ responderent ;

ante sæcula prædestinavit; in hoc vero tempore palam posuit « propitiatorem in sanguine ipsius, » cum in conspectu gentium revelavit justitiam suam; qua et justus appareret peccata non relinquendo impunita; et injustum juste justificaret, ea remittens, spontanea propitiatoris sanguinis effusione expiata. Cui cum per fidem peccator adhæret, in ejus justitia in gloriam justificantis justificatus evaderet, sanguine, ut dictum est, propitiatoris expiante, charitate sanante, justitia justificante. Ad ostensionem ergo justitiæ suæ peccantes diu sustinuit, vel sustentavit, tempore vero gratiæ injustis justitiam ipse præparavit et fecit. Sicque justitiam suam ostendit quantum ad præterita, peccatores misericorditer sustentando; quantum vero ad tempus præsens, gratiæ largiendo indulgentiam, et gratis justificando. Hoc semel fecit omnibus; hoc assidue facit singulariter singulis. Sustinet et sustentat peccantem, inspirat et præparat conversionem; infert etiam nonnunquam necessitatem, sanat voluntatem; adjuvat infirmitatem; et cum totum fecerit, ei cui fit, totum facti meritum ascribit. Hæc est gratia, hæc est Dei justitia; de qua Propheta dicit : « In tua justitia libera me (*Psal.* xxx). » Universa massa pœnas debebat; et si omnibus debitum damnationis supplicium redderetur, non injuste procul dubio redderetur. Quis igitur usque adeo dementissime insaniat; ut non agat ineffabiles gratias misericordiæ quos voluit liberantis, qui recte nullo modo posset culpare justitiam universos omnino damnantis? Quod cum justissime sit conclusum; evidentissime est exclusum, ut nemo in se, nemo in lege, nemo nisi in Domino glorietur.

Vers. 27. — « Ubi est ergo gloriatio tua? Exclusa est. Per quam legem? Factorum? Non sed per legem fidei. » Sive gloriationem dixerit laudabilem, quæ in Domino est; eamque exclusam, id est non ut abscederet, pulsam, sed ut emineret, expressam; unde et exclusores dicuntur quidam artifices argentarii. Unde est et illud in psalmo : « Ut excludantur qui probati sunt argento (*Psal.* LXVII), » id est immineant qui probati sunt eloquio Domini; sive gloriationem vitiosam de superbia venientem commemorare voluerit, eorum scilicet, qui cum sibi juste videntur vivere, ita gloriantur, quasi non acceperint; eam non per legem factorum, sed per legem fidei dicit exclusam, id est ejectam, et abjectam. Per legem enim fidei quisque cognoscit ex gratia Dei se habere, si bene vivit; et ut perficiatur in dilectione justitiæ, non se aliunde consecuturum. Quæ cognitio pium facit, quia pietas est vera sapientia. Pietatem dico, quam Græci θεοσέβεια vocant. Ipsa quippe commendata est in libro Job, cum dicitur : « Ecce pietas est sapientia (*Job* XXVIII). » Θεοσέβεια enim Dei cultus est. Qui in hoc maxime constitutus est, ut anima ei non sit ingrata. Superba enim et quasi non vulgaris, sicut de eloquentia, vel de divitiis, est ista gloriatio; de his scilicet quæ proprie propria sunt bona bonorum, id est de justi-

tia; cum eam sibi arrogare præsumit, vel pro operibus legis Judæus, vel pro meritis operum quilibet homo superbus. Quæ cum nulli constet nisi ex fide, cavendum tamen est ne quasi merces pro merito fidei credatur aut dicatur ab his, qui quasi sapienter de justitia inflantur. Nam cum fides impetrat justificationem, sicut unicuique partitur Deus mensuram fidei, non gratiam Dei aliquid meriti præcedit humani; sed per hoc ipsum gratia meretur augeri, ut etiam mereatur perfici. Nam de ipsa fide : « Quid habes, quod non accepisti? » (*I Cor.* IV.) » Unde et alibi ipse Apostolus. « Misericordiam, inquit, consecutus sum, ut sim fidelis (*I Tim.* I). » Non ait, quia sum fidelis, sed « ut sim fidelis. » Fides quippe non est res meritorum, vel proprii arbitrii. Gratuitum Dei donum est; et inde bona omnia incipiunt. Opera quippe bona fiunt ab homine; fides vero fit in homine, sine qua bona opera a nullo fiunt homine. « Omne enim quod non est ex fide, peccatum est (*Rom.* XIV). » Nec ipsius orationis meritum se extollat; etiamsi non nisi Deum, vel quæ Dei sunt, postulat. Cum adjutorium datur oranti, fides orat quæ data est non oranti; quæ si non data esset, orare non posset. In omnibus his, o Judæe, o superbe, « exclusa est gloriatio tua. Per quam legem? Factorum? Non, sed per legem fidei. « Sciendum est in quo differant lex factorum et lex fidei, cum æque utraque dicat : « Non concupisces, » in qua prohibitione omnia continentur peccata, quæ per concupiscentiam fiunt; et sua utræque habeat sacramenta operum, licet dissimilia. Scilicet in lege factorum est Dei jubentis justitia; in lege vero fidei, subvenientis misericordia. Quod enim lex factorum minando imperat, hoc lex fidei credendo impetrat. Lege factorum dicit Deus, fac quod jubeo; lege fidei dicitur Deo, da quod jubes. Ideo enim jubet lex, ut admoneat quid faciat fides, id est ut cui jubetur, si adhuc non potest, sciat quid petat; si autem continuo potest, et obedienter facit, sciat quo donante possit. Ipsa est illa sapientia, quæ pietas vocatur, qua colitur Pater luminum, a quo est omne datum optimum, et omne donum perfectum (*Jac.* I). Colitur autem sacrificio laudis, et actionibus gratiarum, ut cultor ejus non in seipso, sed in illo glorietur; et bonus fidei filius noverit a quo speret, quod nondum habet; et a quo habeat, quod jam habet. Lex vero factorum, est lex sancta, et mandatum sanctum, et justum, et bonum; sed per cujus bonum peccatum operatur mortem, prohibens et faciens omnem concupiscentiam; imperans et non adjuvans, puniens nec liberans. Habet autem lex fidei instituta quædam in sacramentis Ecclesiæ, legis Novorum sacramentis actu faciliora, utilitate meliora, virtute majora, numero pauciora; tanquam justitia fidei revelata, et in libertatem vocatis filiis Dei, et jugo servitutis ablato, quod duro et carni dedito populo congruebat. Quæ tamen et ipsa suo tempore cessabunt; quia sicut illis primus, sic et istis finem imponet secundus Christi adventus.

scilicet cum regnum manifestae veritatis illuxerit. Sequitur:

Vers. 28. — « Arbitramur enim justificari hominem per fidem sine operibus legis. » Quid ergo? Fides per dilectionem non operatur? Utique. Sed cum essent aliqui ex Judaeis, qui de operibus legis gloriabantur, quae non per dilectionem, sed ex timore facerent, et justos se vellent videri, et praeponendos gentibus, quasi qui opus legis non fecerint; exclamavit Apostolus securus, quia potest homo justificari sine operibus legis per fidem; ut illi magis non fuerint justi, qui quod faciebant, timore faciebant, quam quorum fides per dilectionem operetur in corde, etiamsi foras non exeat in opere. Absit autem ut sic credatur Apostolus dixisse, posse hominem justificari sine operibus, ut credens quis, si tempus habuerit operandi, non ad eum pertineat bene operari! Sed hoc potius, ut nemo arbitretur meritis priorum operum se venisse ad justificationem, quae ex fide est. Dicit ergo, posse hominem justificari sine operibus, sed praecedentibus; justificari autem per fidem et gratiam, quae vacare in eo non potest, si tempus habuerit operandi. Sin autem, justitia fidei manet cum eo. Contra, illam sterilem fidem, cum tempus habeat operandi, ita nihil prodesse asseverat, ut dicat: « Si habeam omnem fidem, ita ut montes transferam, charitatem autem non habeam, nihil sum. » Fidelis enim charitas semper operatur, in qua sine dubio bene vivitur; qui plenitudo legis est charitas. Sed esto, ait Judaeus, non nisi per fidem justificari hominem, sed solum Judaeum; quia cujus fuit lex, ipsius est et fides. Ad haec Paulus:

Vers. 29. — « An, inquit, Judaeorum Deus tantum, » qui legem factorum acceperunt? « Nonne et gentium, » quibus tradita est lex fidei tantum? « Imo et gentium, quia qui utrumque creavit, utrumque salvabit.

Vers. 30. — « Quoniam quidem unus Deus est, qui justificat circumcisionem ex fide, et praeputium per fidem. » Quod dicit ex fide, et per fidem, non sensus, sed verborum tantum videtur esse varietas, cum alibi praeputium dicat justificari ex fide, et circumcisionem per fidem. Quod tamen nonnulli litterae inhaerentes, sic arbitrantur esse intelligendum, ut in eo quod dicit circumcisionem justificari ex fide, fidei principium circumcisioni attribuant; praeputium vero quasi secundo loco justificari per fidem, velint astruere. Quod utrum satis litterae conveniat, lectoris arbitrio relinquamus. Hoc interim stet, sine legis operibus hominem justificari per fidem.

Vers. 31. — « Legem ergo destruimus per fidem? Absit! sed legem statuimus. » Per legem quippe cognitio peccati, per fidem impetratio gratiae contra peccatum, per gratiam sanatio animae a vitio peccati, per animae sanationem libertas arbitrii, per libertatem arbitrii justitiae dilectio, per justitiae dilectionem legis impletio. Ac per hoc lex non destruitur per fidem, sed statuitur, quia fides impetrat gratiam, qua lex impleatur.

CAPUT IV.

Vers. 1. — « Quid ergo dicemus invenisse Abraham secundum carnem? » Apostolus commendans justitiam quae ex fide est, adversus eos qui gloriantur de justitia, quae est ex operibus, adducit Abraham in exemplum; quem Deo placuisse dubium non est. Haec autem sententia Scripturae ad hoc vult intentionem nostram dirigere. Credimus nos, et Apostolus dicit quia Abraham ad Deum habet gloriam.

Vers. 2. — At « si ex operibus justificatus est; habet gloriam, sed non ad Deum. » Ad Deum autem habet gloriam. Non ergo ex operibus justificatus est. Unde ergo? Sequitur:

Vers. 3. — « Quid enim Scriptura dicit? » Id est, unde dicit Scriptura justificatum Abraham? In eo quod sequitur: « Credidit Abraham Deo, et reputatum est ei ad justitiam. » Ergo ex fide justificatus est Abraham.

Vers. 4. — « Ei vero qui operatur, » id est de operibus praesumit, et eorum merito datam sibi jactat gratiam Dei, merces est, quia non reputatur ei secundum gratiam, sed secundum meritum. Sed vae quantaecumque justitiae hominis, si remota misericordia judicetur.

Vers. 5. — « Ei vero, qui non operatur, credenti autem in eum qui justificat impium, reputatur fides ejus ad justitiam. » Ipsum autem credere, opus est gratiae. Hoc enim Christus operatur in nobis: non utique sine nobis. « Opera » enim, inquit, « quae ego facio, et ipse faciet (Joan. XIV), » quia facio ut faciat, ut justus ex impio fiat. Deinde vero fidelis charitas operatur, et tunc procul dubio bene vivitur. Refert autem quomodo quis credat Deo, ut credat in Deum. Credit Deo, qui credit loquenti vel promittenti; vel credit Deo, qui credit ei seipsum. Unde de quodam populo dicit Propheta: « Non est creditus cum Deo spiritus ejus (Psal. LXXVII). » Credere vero in Deum est credendo et amando ire in Deum, et membrum effici corporis ejus, vel in obedientiam beneplaciti ejus semetipsum offerre, quidquid est ipse, sicut fecit Abraham, cui, quia perfecte credidit, ideo reputata est fides ejus ad justitiam. Credidit quippe Deo promittenti sibi semen, credidit in Deum, cum egrediens de terra et de cognatione sua, obedivit ire in terram quam nesciebat (Gen. XII); vel cum offerebat filium, in quo susceperat repromissiones (Gen. XXII); vel cum exsultavit ut videret diem Domini, et vidit, et gavisus est (Joan. VIII). »

Vers. 5. — « Secundum propositum gratiae ejus. » Sic enim Deus decrevit et disposuit, ut cessante lege fides justificet.

Vers. 6. — « Sicut et David dicit beatitudinem hominis, cui Deus accepto, » id est gratis facto acceptabili, « fert justitiam sine operibus. » — « Beati, quorum remissae sunt iniquitates (Psal. XXXI). » Cum enim in omnibus peccata inveniantur, restat ut non sint beati, nisi quorum remissæ sunt iniquitates. Et hæc est gratia, ubi nihil est meritorum tuorum; gratis datur tibi remissio peccatorum tuorum. Ideo non dixit, quibus non sunt; sed quibus remissæ sunt iniquitates; vel tecta sunt peccata; vel non imputatur peccatum, cum fit. Non autem tecta sunt peccata, ut sint et vivant, sed ne videantur, ne advertantur, ne animadvertantur. Sed inspicienda est ordinis ipsius differentia, qua dixit primum remissas iniquitates, deinde tecta peccata; postmodum vero non imputandum peccatum. Initium enim est conversionis mala relinquere, quod malorum præteritorum meretur remissionem; deinde singula mala singulis vel amplioribus bonis obtegere; ubi vero ad perfectionem res venerit, gratia Dei et studio bonæ conversationis per virtutis affectum ipsum peccati affectum a cordis intimo radicitus exstirpare. Jam enim peccatum coram Deo nec imputatur factum quod ab anima justificatione Dei innovata sic fuerit amputatum. Iniquitas vero, quæ Græce ἀνομία dicitur, et peccatum in hoc videntur habere differentiam, quod iniquitas est, quod contra legem fit; peccatum vero, vel quod contra naturam committitur, vel contra redarguentem conscientiam. In his ergo quæ dicta sunt, inventum est, patrem nostrum Abraham ex fide, non ex operibus invenisse justitiam; ex justitia vero beatitudinem, nisi quod in eo adhuc hæsitare videtur intellectus, quod dicitur (vers. 4): « Ei qui operatur, merces non imputatur secundum gratiam, sed secundum debitum; credenti autem in eum qui justificat impium, reputatur fides ejus ad justitiam. » Videtur enim ostendere, quasi in fide quidem gratia sit justificantis; in opere vero sonare videtur justitia retribuentis. Sed qui bene consideraverit verborum eminentiam, quod dicit, operanti imputari mercedem secundum debitum, mirum, si persuadere sibi poterit quod possit ullum opus esse, quod ex debito remunerationem Dei deposcat (129), cum, si quid boni possumus, agimus, cogitamus, donum Dei sit · nihilque ei possit offerri, quod ipsius Patris luminum donum datumve fuerit. Vide ergo ne non sinistri potius operis intelligendum sit debitum. Debita etenim peccati in divinis voluminibus sæpe invenies sicut illud : « Dimitte nobis debita nostra (*Matth.* VI). » et de servo rationem reddente : « Redde quod debes (*Matth.* XVIII). » Vide ergo ne forte et in hoc loco mercedem operis quæ secundum debitum redditur, ad hunc sensum Apostolus traxerit, de his qui ita operantur, sicut Cain operatus est terram, vel ad quos dicitur ; « Discedite a me, operarii iniquitatis (*Luc.* XIII). » Cum ergo constet quod beatitudo ex gratia sit per fidem:

VERS. 9. — « Beatitudo hæc in circumcisione tantum manet, an etiam in præputio? » Jam enim dixerat superius quod creddidit Abraham Deo, et reputatum est ei ad justitiam, et hujus quid haberet beatitudinis ostenderat. proponit interrogationem, ex cujus doceat, et ex ipsa temporum ratione, quod contra Judæos pro gratia victoriosissimum est, beatitudinem, scilicet justificationis non in circumcisione, sed adhuc in præputio posito Abrahæ per fidem collatam, dicente Scriptura. « Credidit Abraham Deo; et reputatum est ei ad justitiam (*Gen.* XV). » Quod si Abraham cum adhuc esset in præputio, ex fide justificatus est, potest et omnis qui credit Deo, justificari per fidem, etiamsi sit in præputio: pertinetque et ad eum de psalmo prædicta beatitudo; cum etiam ipsi reputetur fides ad justitiam. Potius enim de non justis, quam de justis dicitur, quoniam fides eis reputatur ad justitiam; eis scilicet, qui antequam haberent hanc fidem, justitiam non habebant. Unde dicit:

VERS. 10. — « Quomodo reputata est? In circumcisione, an in præputio? » Et ipse sibi respondet quia « non in circumcisione, sed in præputio. » Si enim per id temporis in circumcisione inventus fuisset, videtur utique a fide et gratia exclusum esse præputium. Nunc vero ostenditur quod in præputio adhuc posito reputata es: fides ejus ad justitiam, et ideo pronuntiatur, quia cum Abraham in præputio positus per fidem justificatus sit; sine dubio princeps et pater merito dicitur omnium credentium per præputium, id est cum adhuc sint in præputio. Quod vero post fidei professionem, quæ in præputio facta est, accepit circumcisionem, consequenter exponit causam acceptæ circumcisionis.

VERS. 11, 12. — « Ut esset, » inquit, « signaculum ejus fidei, quam habuit in præputio » positus, ut per hanc pater fieret etiam eorum qui in circumcisione nascuntur; si tamen pertineant ad illam fidem, quæ Abraham in præputio justificavit. Efficitur ergo utriusque generis pater, his qui sunt in præputio per fidem; his vero qui sunt ex circumcisione, et per fidem et per carnem. Exinde enim incipit posteritas Abrahæ duplici sacramento. Fides enim Abrahæ, ipsum est semen Abrahæ. Qui pertinent ad credulitatis similitudinem, ipsi pertinent ad hæredum repromissionem. Jam priusquam hinc transeatur, subtilius indagandum est, quomodo reputata est fides Abrahæ ad justitiam, et utrum quicunque Deo credit, statim etiam justus sit, et reputetur ei fides ejus ad justitiam, cum justitia non unius sed omnium virtutum videatur plenitudinem complecti. Injustus enim quisque in eo esse convincitur, in quo de justitia aliquid ei deesse comprobatur. Sed antiquorum philosophorum de virtutibus est sententia : omnes habere, qui aliquam habuerit. Sed et Christianæ religionis de eis virtutibus, quæ propriæ Christianæ pietatis sunt, eadem sententia est. Quicunque enim credit, quantum credit, tantum

---

(129) Negat opera bona ex debito deposcere remunerationem ; sed hoc intelligendum est, seclusa promissione et pacto divino : qua de re theologi.

sperat, tantum amat, tantum operatur. Qui sperat, tantum sperat quantum credit, quantum amat, quantum operatur. Sic et qui amat; sic etiam qui operatur. Et hæc est plena et perfecta, et conquadrata sibi Dei justitia. Unde cum Abrahæ tentaretur perfectio, perfectum fidei opus ei injunctum est, ut per affectum patris fides probaretur credentis, et perfectus inventus est. Perfectionem vero operis ejus non intelligit, qui magnitudinem tentationis non advertit. Filium quem offerre jubebatur, in senectute de sterili uxore genuerat; unicus erat ei, in quo et repromissiones acceperat, alterum sperare non poterat. « Tolle, » inquit Dominus, « filium tuum quem diligis Isaac, et offer mihi illum in holocaustum (*Gen.* xxii). » Quid pater Abraham? Non flevit, non hæsitavit, non excusavit, sed palam ostendit quem plus amaret, Deum aut filium; et cum perfecte credidit, et perfecte amavit, perfectum etiam opus aggressus est: ideoque et filium meruit recipere, et fides ei ad justitiam reputata est. Audierat verba exquisita ad dirumpenda et discerpenda paterna viscera, sed lorica fidei indutus, securus tentationem percurrit, et paterni affectus dulcedinem non turbavit, sed adauxit. Merito ergo, ut sæpe dicatur, fides ei reputata est ad justitiam. Sed et quicunque fidem Abrahæ habuerit, risumque cordis sui, id est carnis voluptates et animæ voluntates in ara sancta professionis Deo obtulerit, audiet a Domino; per memetipsum juravi, quia fecisti rem hanc et non pepercisti animæ tuæ propter me, benedicens benedicam tibi, et reputabitur et ipsi fides ejus ad justitiam. Coguntur ergo Judæi fateri Abraham justificatum per fidem; nos quoque cogimur intelligere omnes antiquos, qui justificati sunt, ex hac ipsa fide justificatos. Quod enim credimus nos ex parte præteritum, ex parte futurum, hoc totum illi credebant futurum, revelante sibi Spiritu sancto, ut salvi fierent. Sciendum autem de circumcisione Abrahæ, et baptismo nostro, quorum unumquodque in tempore suo signaculum fidei fuit, signans scilicet cordis circumcisionem, vel conscientiæ munditiam, quoniam circumcisus gignit præputiatum, sicut baptizatus non baptizatum, transfundens uterque vitium originis, quo ipse jam caruit. Sicut ergo tunc circumcidendus, sic omnis qui salvari vult, modo est baptizandus. Transibit autem unumquodque hoc sacramentum; quod autem signant signa hæc vel signacula, manebit in æternum. Utrumque enim posuit, et signum et signaculum, et nonnullam videntur habere differentiam. Signum est quod, visum vel cogitatum, in mentem venire facit rem, cujus est signum. Jonas in ventre ceti tribus diebus et tribus noctibus signum fuit Domini Jesu Christi, futuri in corde terræ tribus diebus et tribus noctibus (*Matth.* xii). Carnalis quoque circumcisio signum est circumcisionis spiritualis. Signaculum vero est, cum alicui rei servandæ pro tempore custodia imponitur, quod nemo alius, nisi qui impressit debeat resignare. Hæc est justitia fidei, per quam indicatur Abraham pater futurus multarum gentium: quod tunc credimus resignandum, cum ingressa gentium plenitudine, et omni qui tunc erit Israel salvato, in unum apparebit sancta Abrahæ posteritas. Potest etiam intelligi quod mysteria, quæ in lege et prophetis vel patriarchis adumbrabantur, hujusmodi erant, quæ et signis indicanda essent et signaculis obseranda. In his ergo, quæ signis indicanda erant his qui credebant et gentibus, signum accepisse dicitur pater Abraham; in eis vero, quæ his qui ex circumcisione crediderant, observanda erant et obtegenda, signaculum dicitur accepisse: quod tunc resignabitur, cum, sicut dictum est, plenitudine ingressa, omnis Israel salvabitur (*Rom.* xi). Pater est ergo Abraham et circumcisionis et præputii; et in præputio non in circumcisione reputata est ei fides ad justitiam, et signum accepit circumcisionis signaculum justitiæ fidei, quæ est in præputio; id est quam habuit priusquam circumcideretur, « ut sit pater omnium credentium per præputium, » id est in præputio, ut sicut reputata est illi fides, sic « reputetur et illis ad justitiam, et sit pater circumcisionis, non his tantum qui sunt ex circumcisione, sed et his qui sectantur vestigia fidei, quæ est in præputio patris nostri » Abrahæ. « Non enim per legem promissio: » quod si esset, ad eos tantum esset, qui legi deserviunt.

Vers. 13. — « Nunc autem non per legem promissio Abrahæ, aut semini ejus, ut hæres esset mundi; » ut in toto ei mundo dilataretur hæreditas, ut in semine ejus benedicerentur omnes gentes. Non per legem, sed per justitiam fidei, quia legis observatio vix pœnam effugit; fidei vero meritum spem promissionis exspectat. Et præceptum servis ponitur; fides vero ab amicis exigitur.

Vers. 14, 15-21. — « Si enim qui ex lege, hi tantum hæredes sunt, exinanita est fides » Abrahæ, qua justificari meruit, et nullius meriti effecta, « abolita est promissio, » ut jam nulli sint hæredes. Si enim ita esset, oportuerat primum Abraham legem implere: cui implendæ frustra insisteret, quia « lex iram » potius « operatur. » Ubi vero ira est; hæreditas non est. Ira autem in lege est; nam prævaricatio. « Ubi vero non est lex, nec prævaricatio. » Prævaricatio autem duplex peccatum est. Quod sine lege simpliciter est peccatum; in lege et peccatum et mandati prævaricatio est. Ubi enim prævaricatio est contemnentis, quid restat nisi ira jubentis? Non ergo ex lege hæreditas, quia lex iram operatur. Ideo ex repromissione, quia Deus quod promisit, ipse facit. Qui enim præcepta legis implere se putat per arbitrium propriæ voluntatis sine spiritu gratiæ, suam justitiam vult constituere, non justitiam Dei sumere. Non hoc promisit Deus Abrahæ. Non enim de nostræ voluntatis potestate, sed de gratia prædestinationis suæ promisit quod promisit Deus Abrahæ. Promisit enim quod ipse facturus fuerat, non quod homines, quia, etiam cum ipsi homines faciunt bona quæ pertinent ad colendum Deum, ipse facit ut illi faciant quæ præcepit; non illi faciunt ut ipse faciat quod promisit. Alioqui ut Dei promissa impleantur, non in Dei, sed in hominis potestate est; et quod a Domino promissum est, ab homine redditur Abrahæ. Non autem sic credidit Abraham; « sed credidit dans gloriam Deo, quoniam quæ promisit potens est et facere. » Facere, inquit, non prædicere, vel præscire. Sua ergo et non aliena facta promisit, cum in fide gentium promisit filios Abrahæ: quod esse non possunt, si non habeant fidem. Ergo donat et ipsam fidem. Sed cum dicitur, inquiunt, « qui crediderit salvus erit (*Marc.* XVI); » unum horum exigitur, alterum offertur. Quod exigitur ab homine, in hominis potestate est; quod offertur, potestatis Dei est. Et cur utrumque non erit potestatis Dei, et quod jubet et quod offert? Imo rogetur quod jubet, quem rogant discipuli credentes, ut eis augeatur fides (*Luc.* XVII).

« VERS. 16. — Ex fide ergo » omnia : « ut secundum gratiam firma sit promissio omni semini, non ei tantum qui ex lege est, » id est qui ex Veteri Testamento venit ad Novum; « sed et ei, qui ex fide est Abrahæ, » id est imitator fidei Abrahæ, nil arrogans sibi de promissa lege, sed simplex ejus filius est, qui, quantum ad fidem, « Pater est omnium nostrum, » tam Judæorum quam gentilium.

VERS. 17. — « Sicut scriptum est, quia patrem multarum gentium posui te ante Deum, cui credidisti : qui vivificat mortuos, et vocat ea quæ non sunt, tanquam ea quæ sunt. » Vocat, quia ipse fecit quæ futura sunt. Et naturam et gratiam in nobis ipse prædestinavit; et facit Deus, et quod homines sumus, et quod fideles sumus, ipsamque facit justitiam, si justi sumus. Et quoscunque ad hoc elegit, habet apud se, non in natura sua, sed in præscientia sua. Et hoc est quod dicit « ante Deum. » Ante Deum quippe jam factum est, quod in ejus dispositione futurum est. « Et vocat ea quæ non sunt, tanquam ea quæ sunt. » Non vocat ut sint; sed vocat tanquam ea quæ sunt. Nondum erant qui promitterentur, ne quisquam de meritis gloriaretur. Et quibus promissum est, et ipsi promissi sunt, ut totum corpus Christi dicat : *Gratia Dei sum id quod sum* (*I Cor.* XV). Hæc est gratia, quam sicut thesaurum magnum Noe, Moyses, cæterique sancti dicuntur invenisse, dicente Scriptura. « Invenit gratiam in conspectu Dei (*Gen.* VI). » Sed adhuc notandum quod dicit : « Ideo ex fide, ut secundum gratiam firma sit promissio ; » quasi ostendere volens quia si ex lege promissio esset, firma non esset. Utique, quia quæ ex lege sunt, in tabulis scribuntur, vel chartulis; quæ vero sunt gratiæ, digito Dei, id est Spiritu sancto mentibus nostris inscribuntur. Fidelis quippe anima fidem a Deo datam ipsi resignans, fideliter eam offert sancto Spiritui, tanquam ceras præparatas, ut quod ei placuerit inscribat; et quod ab ipso inscriptum fuerit per amorem Spiritus, interior affectus in æternum inviolabiliter teneat. Et hæc est fides, quæ reputatur ad justitiam; quæ capax gratiæ efficitur. Hoc autem contingit semini Abrahæ : non ei tantum qui ex lege est, id est ex observatione legis venit ad gratiam, sed et ei qui ex fide, id est ex sola imitatione fidei reputatur filius Abrahæ, in eo in quo positus est Pater omnium credentium, tam ex gentibus quam ex Judæis. « Qui vivificat mortuos, » vel mortuos in anima morte peccati; vel qui colebant idola, secundum prophetam simulacris suis similes effecti. « Et qui vocat ea quæ non sunt, tanquam ea quæ sunt. » Qui cum eo participium non habet, qui dicit : « Ego sum qui sum (*Exod.* III). » necesse dicendus est.

VERS. 18, 19. — « Qui contra spem in spem credidit. » Contra spem ipse sibi erat, cui spem generandi tam sua senectus quam conjugis et senectus et sterilitas denegabat. Contra quæ omnia credidit in spem, quia credidit Deo, qui dabat spem, cui facile esse sciebat implere quod promittebat. Bene autem dicit, credidit in spem, quia ex fide profecit in spem. Profectus enim fidei spes est, perfectio autem charitas. « Non infirmatus est fide, » cum multa essent, ut dictum est, quæ ipsam ei fidem infirmare posse videbantur. Credendo autem « dedit gloriam Deo, plenissime sciens » quia nec falleret in promittendo, nec deficeret in implendo qui promiserat. « Nec consideravit corpus suum emortuum, cum fere centum annorum esset, et emortuam vulvam Saræ. » Non enim jam semen Abraham incontinentiæ agebat dissolutio, non sanctam ejus conjugem lascivia muliebris, in quibus jam plus ex religione quam ex natura vigebat membrorum mortificatio. Sed ubi audierunt tantam sobolis et posteritatis spem, ut gloriam ejus cœlo et sideribus Deus promitteret exæquandam, non jam aspexerunt ad propria bona, et continentiæ gratiam, sed omnia arbitrati sunt detrimenta, ut Christum ex semine suo lucrifacerent. Sic enim dictum est ei : « Sic erit semen tuum, sicut stellæ cœli et sicut arena maris. » Ubi per stellas spirituales filii Abrahæ intelligendi sunt, luce virtutum conspicui; per arenam vero maris carnalis et infructuosæ generationis infinita multitudo.

VERS. 20, 23. — « In repromissione etiam Dei non hæsitavit ut diffideret, sed confortatus est fide, dans gloriam Deo. Ideo reputatum est ei ad justitiam. Non est autem scriptum tantum propter ipsum, quia reputatum est illi ad justitiam, sed et propter nos, quibus reputabitur, credentibus in eum, qui suscitavit Dominum nostrum Jesum Christum a mortuis; qui traditus est propter delicta nostra, et resurrexit propter justificationem nostram. » Inquirendum sollicite est quid est quod Apostolus in hoc loco Deum nominans cui credimus et cui Abraham credidit, non dixit, credentibus in Deum excelsum, vel in Deum qui fecit cœlum et terram; sed tantum, qui suscitavit Dominum Jesum a mortuis. Nimirum quia multum magnificentius est in laudem Dei Dominum Jesum Christum suscitare a mortuis quam creare cœlum et terram. Illud enim fuit facere quæ non erant; hoc autem est reparare quæ perierant. Illud fuit nova instituere; istud fuit perdita restituere. Cujus rei mysterium jam in fide Abrahæ præcesserat, cum jussus filium immolare, credidit, sicut dicit Scriptura, *quia et a mortuis potens est suscitare Deus* (*Hebr.* xi). Propter hoc gaudens unicum offerebat, quia in eo non interitum posteritatis, sed reparationem mundi et innovationem totius creaturæ cogitabat, quæ per resurrectionem Domini futura erat. Hoc ergo modo competenter videbitur habita comparatio fidei Abrahæ, et eorum qui credunt in Deum, qui suscitavit Dominum Jesum Christum; quia quod ille credidit futurum, nos credimus factum. « Qui traditus est propter peccata nostra, et surrexit propter justificationem nostram. » Mors Christi et significat, et exigit mortificationem veteris hominis nostri, et resurrectionem ad justitiam. Propter quod implacabiliter exosum habere debet homo peccatum suum, propter quod scit traditum esse Dominum suum. Nemo ergo fidem quam habet in eum, arbitretur sibi reputandam ad justitiam, nisi deposito veteri homine cum actibus suis, et novo induto, conformem et comparticipem se fecerit mortis ejus et resurrectionis. Alioqui nulla conventio injustitiæ ad justitiam.

LIBER TERTIUS

Jam postquam supra scriptos differentiarum status circa ea quæ prima vel secunda sunt hominis Dei vel populi Dei, duos utcunque libellos digessimus, ad ea quæ tertia ejus sunt ingredientes, gratiam Dei lumenque ejus mirificum salutamus, et adoramus in ipso lumine, unde nobis oriri incipit, non quod omnino quasi per ordinem lectionis differentiarum harum fiat processus ; sed sic designantur in ordine scribentis diversis modis et locis, sicut diversis temporibus fieri solent in corde hominis proficientis. Ibi enim invenit quisque differentiarum harum status, secundum interioris status sui defectus vel successus; cum aliquando homo tentandus et ostendendus ipse sibi, sibi a Deo relinquitur; sicque totus invenitur exlex et excors, ut nesciat, sicut dicitur, discernere inter dextram et sinistram suam : quæ sunt prima hominis. Aliquando cæco datur oculus, ut videat quæ videnda sunt : sed non prodest, non delectat miserum videre, cum, quod proprium est naturalis visus, nihil eorum quæ videt menti renuntiat sensus suus : quæ sunt secunda hominis. Aliquando oculis rationis infundit se quædam visus non tam natura quam gratia, ut non tam videns rem sibi visam, quam visa res attrahat sibi et conformet et coaptet videntem. Quod cum fit absque contradictione, pignus est vel arrha vicinæ sanitatis; cum vero fit, sed sine contradictionis lucta non fit, commonitio est nondum consumptæ infirmitatis. Hæc sunt tertia hominis Dei : Populus vero Dei in naturali lege primum relictus est sibi, ut intelligeret quid per se ipse sibi esset; deinde aliquibus eorum addita est etiam lex scripta, ne quid esset unde se apud Deum homo excusaret; postremo vero omnibus missa gratia, ut intelligeret homo quid ipse sibi, quid ipse Deo, quid sibi Deus esset; et laudaret Deum, seipsum vero accusaret. Ad hoc videtur pervenisse apostolicæ disputationis sensus, tam de homine Dei quam de populo Dei, et ex hoc jam regnum gratiæ disputando ingreditur, licet sæpius adhuc ad commendationem gratiæ legentis oculis referat et depingat statum illum hominis vel hominum, qui ante legem et sub lege sunt, vel fuerunt. « Justificati igitur ex fide, pacem habeamus ad Deum, per Dominum nostrum Jesum Christum. » Hactenus de ratione fidei, quæ ad justitiam reputata est, et de circumcisionis et præputii diversitate disputatum sit. Nunc jam qualiter, qui ex fide et non ex operibus justificati sunt, ab Apostolo informentur ad gratiam, videamus. Cum manifeste, inquit, jam pateat quia nec lex Moysi gentili, nec Judæo præjudicet lex fidei, omnes, tam ex Judæis quam ex gentibus, pacem habeamus ad Deum. Primo ergo quicunque intelligit et gaudet se justificatum per fidem, caveat ne gratiæ ingratus sit, id est ne habeat superbam fidem, et dicat sibi : Si ex fide, quomodo gratis ? Scilicet quasi ipse det fidem, et accipiat justificationem. Non hoc dicat homo fidelis, quia dicetur ei : « Quid habes quod non accepisti ? (*I Cor.* iv). »

CAPUT V.

Vers. 1. — « Justificati per fidem. » Justi, quia justi facti. A quo justi facti ? Ab ipso qui fidem dedit, quæ nos justos fecit. « Pacem habeamus ad Deum. » *In mundo*, inquit Dominus, « pressuram habebitis; in me autem pacem habete (*Joan.* xvi). » Sicut enim in mari fluctus, sic in mundo deesse non possunt, vel in nobis quicunque motus. Sunt autem qui pacem quæ est ad Deum negligunt, ut pacem habeant cum sæculo, cum omnis pax postponenda sit, ut pacem habeamus cum Deo. « Veritatem, » ait propheta, « et pacem diligite (*Zach.* viii). » Primum veritatem deinde pacem, id est pacem secundum veritatem. Pax ista veritatis *patiens est, benigna est. Non æmulatur, non agit perperam, non inflatur, non est ambitiosa, non quærit quæ sua sunt, non irritatur, non cogitat malum, non gaudet super iniquitate, congaudet autem veritati* (*I Cor.*

xiii). » Hæc est pax ad Deum. Pacis vero hujus præmium est pax in Deo; id est bene velle omnia, et quæ vult, habere omnia, quæ est veræ beatitudinis definitio : cujus primitias accipiunt filii Dei in hoc sæculo, plenitudinem in futuro. Et hæc sunt quarta hominis vel populi Dei. Hæc autem pax ad Deum per Dominum nostrum Jesum Christum, qui est pax nostra, qui facit utraque unum, sive utrumque parietem circumcisionis et præputii, sive terrestria et cœlestia, sive hominem et Deum.

Vers. 2, 3. — « Per quem accessum habemus per fidem, » quia ei inhæremus, « in gratiam istam in qua stamus et gloriamur in spe gloriæ filiorum Dei (*Ephes.* ii). » Viam quippe accessus hujus ad Deum doctrina Christi demonstravit, exemplum ejus fecit, passio munivit, trahit gratia, veritas suscipit, et hæc omnia per fidem. Stamus autem in gratia, cum pro ea constanter laboramus; stamus in ea, cum, quod credimus, speramus et amamus. « In spe gloriæ filiorum Dei » O stare, quam dulce est in te laborare! Tu vero « sta hic mecum (*Deut.* v), » dixit Dominus ad Moysen, et docebo te. Populus vero ludebat, et caput vituli adorabat. Et David : « Mane, inquit, astabo tibi et videbo (*Psal.* v). » Qui astat, et videt et videri amat. Unde et ante facies regum dicuntur stare, qui fideliter probantur ministrare. Sta et obsequere mihi, dicit tibi regulus aliquis hujus mundi, et adopto te in filium et in gloria regni mei. Quæ probra, quas laborum molestias, quas temporis dilationes non sustinebis? Sta mecum, dicit tibi Deus, et adopto te in filium; omnia mea tua sunt; tu eris regnum meum, et ego bonum tuum. Habes obsidem, pro te, cum adhuc impius esses, morientem Filium meum; justificatus autem pignus tenes Spiritum meum. Da, Domine, da, o Pater luminum, quod jubes; da quod promittis, scilicet servis tuis spem gloriæ filiorum tuorum, « non solum autem, sed et gloriari in tribulationibus » pro te; exprimant illæ in nobis patientiæ affectum usque ad probationis effectum et sanctæ spei profectum.

Vers. 5. — « Spes autem non confundit, » quia et ubi est fidelis ad te spes, statim est et res, « quia charitas Dei diffunditur in cordibus nostris per Spiritum sanctum » quem tu das nobis. Qui veniens in nos donante te, docet nos omnem veritatem, insinuans nobis in te, o Pater, summæ divinitatis auctorem; in te, o Fili, æternam æternæ consubstantialitatis nativitatem; in te, o sancte Spiritus, Patris, Filiique sanctam communitatem, in tribus sanctæ consubstantialitatis unam et simplicem æqualitatem. Et quæ est hæc gloria, Domine, filiorum tuorum; quæ peregrinationis eorum spes; quod exsilii, quantumvis protracti, solatium, cum, quod commune vobis est, sancte Pater, sancte Fili, per hoc nos vultis habere communionem inter nos et vobiscum, cum per illud donum nos colligitis in unum, quod ambo habetis unum? In hoc enim divinitati reconciliamur, in hoc in abscondito faciei tuæ abscondimur, in hoc in delectationibus quæ sunt in dextera tua usque in finem jucundamur. Nam quid nobis prodesset quidquid hominek essemus, nisi diligendo etiam in te, o Deus, proficeremus? Nempe sicut veritate discimus, ita charitate diligimus, ut et plenius discendo cognoscamus, et beati cognito dulcius perfruamur. Ipsa est oratio tua, Domine, quam habuisti pro nobis ad Patrem : « Volo ut, sicut ego et tu unum sumus, ita et ipsi in nobis unum sint (*Joan.* xvii). » Vis enim hoc, et vehementer vis ut per Spiritum tuum, amorem tuum, ames nos in te, et ames te de nobis et in nobis. Non enim est nobis a nobis tam pretiosa hæc substantia qua te diligimus; sed a Spiritu sancto tuo quem das nobis. Da ergo eum nobis, et in nobis habitans, o Deus, ama te de nobis, movendo nos et accendendo ad amorem tuum, illuminando et excitando. Et quia in peccatis nostris alienabamur a possessione verorum bonorum, charitas tua cooperiat multitudinem peccatorum nostrorum. Cum hoc agis, o suavis et dulcis, filii tui de servis effecti, dulce et suave habent meditari vel loqui de te, et in loquendo vel meditando efficitur cor eorum ardens in te; multo autem verius cum sensu illuminati amoris te videntes alloquuntur te; abundantissime vero cum tu loqui dignaris ad cor amantis te. Dicis enim ei, quasi oleum camino addens, ut qui amat, plus amet; qui ardet, plus ardeat; dicis autem ei intus in conscientia, ex illuminatione sancti Spiritus tui, intelligenti sicut in Job dicit, venam susurrii tui (*Job* iv) : « Ut quid enim Christus cum essemus infirmi, secundum tempus pro impiis mortuus est? » Ut quid, Domine?

Vers. 7-10. — « Vix enim pro justo quia moritur. Nam pro bono forsitan quis audeat mori? » *Commendat autem Deus charitatem suam in nobis, quoniam si cum adhuc peccatores essemus, secundum tempus Christus pro nobis mortuus est, multo magis justificati nunc in sanguine ipsius, salvi erimus ab ira per ipsum. Si enim cum inimici essetis, reconciliati estis Deo per mortem Filii ejus, multo magis reconciliati salvi eritis in vita ipsius.* Quid? Nullusne alius a peccato mihi exitus, nisi per mortem Christi Filii tui? Nullus. Nam magno odio opponendus erat magnus amor, amor Filii odio inimici : amor tui, usque ad contemptum sui, peccato amoris tui, quo teipsum amabas usque ad contemptum Dei. Et his rebus et sacramentis rerum, mysteriis et mysteriorum affectibus purgandus erat amor quo ad Deum reditur, Deoque inhæretur. Sine quo omnino mundato et puro nec ad Deum reditur, nec Deo adhæretur. Mundatus autem et videns et fruens, quid dicit? « Non solum autem, sed et gloriamur in Deo per Dominum nostrum Jesum Christum, » non jam in sacramentis, sed in ipsa re omnium sacramentorum, non in mysteriis, sed in ipsa luce manifestæ veritatis, quia, etsi novit Jesum secundum carnem, sed nunc jam non novit. Per carnem tamen transit in Deum, per Dominum nostrum Jesum Christum; per quem nunc interim accipimus reconciliationem, ibi cum eo habituri beatitudinis unitatem. Hoc in corde et conscientia filii gratiæ assidue commemorat Deus, commendans charitatem suam in nobis. Salvis enim cæteris salutis et fidei nostræ sacramentis, propter hoc et natus et passus est, et fecit quidquid fecit in terris factus homo Deus, ut in provocationem nostræ in se charitatis, charitatem suam commendaret in nobis; fortius enim amor amore trahitur. Ipse vero nullum volebat amari ab eis quos salvandos susceperat, quos nisi amantes se salvare non poterat, quorum mensura salutis in mensura est amoris. Ideo pro impiis, pro infirmis, pro peccatoribus mortuus est. Hæc enim tria prudenter posuit Apostolus, per hæc omnia peccantium genera designans, impios appellans in cultu Dei, infirmos infirmitate vel ignorantia delinquentes, peccatores quos non excusat infirmitas sive ignorantia, sed agit in peccatum libens malitia. « Ut quid enim Christus, cum adhuc infirmi essemus, secundum tempus pro impiis mortuus est? » Secundum tempus, inquit, vel secundum tempus trium dierum, quibus requievit in monumento, vel secundum hoc quod ex tempore habuit, id est secundum carnem. « Quia, inquit, commendat charitatem suam in nobis, » etc. Pone enim medicum ægrum suscepisse curandum, quem nisi morte unici Filii curare non possit. Nunquid non odibilis potius medico, et detestandus æger ille? « Proprio vero Filio suo non pepercit Deus, sed pro nobis omnibus tradidit illum (Rom. VIII). » Ipse quoque Filius « dilexit nos, et tradidit semetipsum pro nobis (Ephes. III). » Ubi quanto amarior in salvando fuit mortis necessitas, tanto dulcior in salvato per vitam resurgentis in resurrectione ipsius effulsit jucunditas. Considerandum autem quomodo reddat singula singulis. Peccatores justificantur, inimici reconciliantur, reconciliantur per mortem, per vitam salvantur. Ita vero Dei qui omnia cum tranquillitate judicat, non aliud est quam justa vindicta. Nec inimici eramus Deo, nisi quemadmodum justitiæ inimica sunt peccata, quibus remissis tales inimicitiæ finiuntur. Si autem justa vindicta Dei iræ nomen accepit, reconciliatio Dei quæ rectius intelligitur, quam cum talis ira finitur? Sic neque etiam affectu movetur, cum amat nos, qui semper idem ipse est; sed amor ejus ad nos est bonitas; amor noster ad ipsum Spiritus sanctus, quem dat nobis, per quem charitas Dei diffunditur in cordibus nostris. Commendavit ergo charitatem suam in nobis, prius amando. Amati quippe sumus prius, ut digni fieremus qui amaremus et amaremur amplius. Non cœpit nos diligere, ex quo per mortem Filii ejus reconciliati sumus; sed ante mundi constitutionem dilexit nos, ut cum ejus Unigenito etiam nos filii ejus essemus. Sic, sic ostendendum nobis erat quantum nos amaret, ne desperaremus, et quales, ut superbiremus. Præcedens autem sententia ubi dicit: « Cum adhuc infirmi essemus juxta tempus, Christus pro impiis mortuus est, » cohæret duabus sequentibus, quarum in una nos dicit peccatores, in alia inimicos Dei; tanquam singulis reddens singulas, peccatores ad infirmos, inimicos Dei referens ad impios. « Propterea sicut per unum hominem in hunc mundum peccatum intravit, et per peccatum mors; et ita in omnes homines mors pertransiit, in quo omnes peccaverunt. » Prolixius hic Apostolus de duobus hominibus disputat, uno eoque primo Adam, per cujus peccatum et mortem tanquam hæreditariis malis posteri ejus obligati sumus; altero autem secundo Adam, qui non homo tantum, sed etiam Deus est, quo pro nobis solvente quod non debebat, a debitis et paternis et propriis liberati sumus. Proinde quoniam propter unum illum tenebat diabolus omnes, per ejus vitiatam carnem concupiscentialiter generatos, justum est ut propter hunc unum dimittat omnes per ipsius immaculatam gratiam spiritualiter regeneratos. Porro in loco isto diversi diversa sentiunt, quia videtur inesse quædam obscuritas, sed non tam sensus quam litteræ, quæ forsitan ex incuria processit interpretis, de quo sine omni sensus dispendio facilis iste videtur exitus. Accepimus reconciliationem per unum Dominum Jesum Christum, sicut peccatum intravit in mundum per hominem unum: quod propterea videtur conveniens ut sicut illud per unum, sic et istud fiat per unum. Unde et in consequentibus duos istos in multis parificat et coæquat, quasi per contrarium, licet alter præcellat, sed sunt qui versum illum longe inferius positum: « Igitur sicut per unius delictum, » etc. (vers. 18), ad istum velint respondere, ut omnia quæ intersunt, quasi ad supplementum sensus interposita sint; sed, dum vitant obscuritatem perplexitatis interpositarum rationum, majorem sensus incurrunt involutionem. Sunt etiam qui dicant, posteaquam edocuit differentiam fidei et legis, et aperuit arcana secreti mysterii, quod cum inimici essemus, Deo per mortem Filii ejus reconciliati sumus, nunc causas inimicitiarum et reconciliationis consequenter exponit. Propter quod et alterius secreti rationem intulit dicens

VERS. 12. — « Propterea sicut per unum hominem, » etc. Ubi autem dicit: Sicut per unum hominem peccatum introivit in hunc mundum, et per peccatum mors, et ita in omnes pertransiit, restabat ut diceret: Sic per unum hominem justitia intravit in hunc mundum, et per justitiam vita, et sic in omnes homines pertransiit, in quo omnes vivificati sunt. Sed non hoc Paulo contigit ex defectu eloquii, sed aliquid in hoc prospexit utilitatis. Prudens enim dispensator verbi, cum venit ad ea loca quæ de bonitate Dei eximium aliquid videntur proferre, aut obscurius et brevius ea solet proferre, aut silentio omnino subtegere propter tepidiores, ne ex remissione spei faciat segniores. Unde et hic cum dixisset: « Sicut per unum hominem in hunc mundum peccatum intravit, » et siluit quæ inferenda erant, prudentibus palam reliquit subintelligenda, et imprudentibus prudenter subticuit, simul et illud ostendens quod etiam si per unum hominem justitia et vita in omnes homines pertransivit, tamen non hoc otiosis statim accidere, sed his qui multo labore et sudore potuerint quæ occulta sunt quærere, pulsare quæ clausa, quæ abscondita sunt desiderare. « Per unum hominem. » Aliud est imitari Adam in peccato, aliud nasci de Adam originaliter cum peccato. Nam Adam etiam præter imitationis exemplum parificavit in se omnes de sua stirpe venturos. Econtra quisquis adhæret Domino, unus spiritus est, etiam præter imitationis exemplum, per occultam communicationem et inspirationem gratiæ spiritualis. « Per unum hominem. » Non per serpentem decipientem, non per mulierem seductam in prævaricationem, de qua etiam legitur, quia a muliere initium peccati est (*Eccli.* xxv), » sed per unum hominem, quia per semen generationis quod a viro accipiens concipit femina. A viro enim initium generationis est. Quo more nasci noluit qui, natus ex femina, sine peccato solus in mundo apparuit. Animadversum est autem ab eis qui ne unam quidem syllabam in litteris Pauli a mysteriis vacare diffiniunt, quod peccatum quidem non dixit in omnes homines, sed in mundum introisse, mortem vero non in mundum, sed in omnes homines et non introisse, sed pertransisse. Possunt per mundum hic terreni quique, et in terrena conversatione permanentes designari; homines vero dici possunt, qui jam se incipiunt cognoscere, quia ad imaginem Dei facti sunt. In illos ergo qui mundus appellantur, id est terrenos introisse peccatum dicit, et nusquam ejus exitum ponit; in eos vero, quos homines vult intelligi, dicit pertransisse peccatum, id est fuisse quidem, sed per pœnitentiæ conversionem depulsum esse et pertransisse, nec ultra in eis stetisse. « Et per peccatum mors. » Opus castum in conjuge non habet culpam, sed origo peccati trahit secum debitam pœnam. Non enim maritus, quia maritus est, ideo mortalis non est, aut aliunde nisi a peccato mortalis est. Erat enim et Dominus mortalis, sed non de peccato. Sed suscepit pœnam nostram, ut solveret pœnam nostram. Solus quippe infans innocens esse potuit, qui de peccato Adæ, id est de concupiscentia natus non fuit. Concupiscentia enim in Adam post peccatum inobedientiæ, et peccatum et pœna peccati statim apparuit, dum primorum hominum illorum oculi in mutuam concupiscentiam aperti sunt, per quam in omnes, et peccatum originale, et ipsa, quæ lex peccati in membris nostris dicitur, pertransit. « Et peccatum mors. » Illa sine dubio mors, de qua propheta dicit quia « anima quæ peccaverit, ipsa morietur (*Ezech.* xviii). » Cujus mortis umbram hanc corporalem mortem merito quis dixerit, quia quocunque illa incesserit, hanc necesse est sequi, velut umbram corpus. Solus Salvator sine peccato apparuit, quem etiam ideo mors subsecuta est, quia pro peccatis nostris peccatum ipse factus est; et sponte mortem suscepit, qui dixit : « Potestatem habeo ponendi animam meam, et iterum sumendi eam (*Joan.* x). » Gratia autem Dei per baptismum ejus, qui venit in similitudinem carnis peccati, id agitur ut evacuetur caro peccati. Evacuatur autem, non ut in ipsa vivente carne concupiscentia conspersa et innata repente absumatur, et non sit, sed ne obsit mortuo, quæ inerat nato. Nam si post baptismum vixerit, ibi habet, cum qua pugnet, eamque adjuvante Domino superet, si non in vacuum gratiam ejus suscepit, si reprobus esse noluerit. Non itaque hoc præstatur in baptismo, nisi forte miraculo ineffabili omnipotentissimi Creatoris, ut lex peccati quæ, in membris repugnans legi mentis, prorsus penitus exstinguatur, et non sit, sed ut quidquid mali ab homine factum, dictum, cogitatum est, eum eidem concupiscentiæ subjecta mente serviret, totum aboleatur, ac velut factum non fuerit, habeatur; ipsa vero, soluto reatus vinculo, quo per illum diabolus animam retinebat, et interclusione destructa, qua hominem a suo Creatore separabat, manebat in certamine, quo corpus nostrum castigamus, et servituti subjicimus. Temporalis autem mors, etiam in iis qui Christi morte redimuntur, relinquitur interim ad exercitationem fidei et agonem præsentis luctaminis, in quo et martyres certaverunt : absumetur vero et ipsa in renovatione corporis, quam resurrectio pollicetur. Utrumque autem, et mors et peccatum, in homines pertransit. Nam si peccatum non pertransisset, non omnis homo cum lege peccati quæ in membris est nasceretur. Si mors non pertransisset, non omnes homines morte corporis morerentur. « In quo omnes peccaverunt. » Vel in eo peccato, de quo dicit, peccatum introivit in hunc mundum, in quo omnes peccaverunt; vel in quo, id est in homine illo. Ideo etiam et in ipso omnes morientur, quia cum crimine justum erat transire in eos et supplicium. Si ergo Levi, qui generatione quarta post Abraham nascitur, in lumbis Abrahæ fuisse perhibetur (*Hebr.* vii), multo magis omnes homines erant in lumbis Adæ, cum peccaret; et in ipso peccaverunt, et cum ipso a paradiso expulsi sunt, et per ipsum mors in omnes pertransiit, qui in lumbis ejus habebantur.

« Vers. 13. — Usque ad legem peccatum erat in mundo. » Quod per primum hominem intravit in mundum, non solum originale peccatum, sed et quodcunque aliud contrahi potuit ex vitio corruptæ originis, usque ad legem fuit in mundo, hoc est quia neque lex potuit auferre peccatum, quæ subintravit, ut magis abundaret; sive lex naturalis, in qua quisque ratione utens incipit peccato originali addere et propria, sive ipsa, quæ scripta per Moysen populo data est. « Sed non imputabatur, quia lex non erat, » qua argueretur monstraretur, cum a domino Deo non tanquam non esset haberetur. Sic autem dictum est usque ad legem, ut etiam legem sententia ista concluderet, ut non sit lex extra permansionem peccati, quod fuisse dictum est usque ad ipsam; lex autem usque ad Joannem (*Luc.* xvi); et peccatum usque ad adventum Christi, a quo sola liberat gratia Salvatoris. « Sed non imputabatur, » sicut dictum est, « cum lex non esset. » Qui rationi huic acquiescunt, silent hic et quiescunt. Sunt autem qui quaerendum hic arbitrantur de qua lege hic agitur. Sine lege enim naturali natura hominis rationem habentis nunquam fuit: quae etiam ante legem scriptam peccata originalis concupiscentiae non solum advertit, sed etiam districtissime nonnunquam animadvertit. Unde Cain in semetipsum: « Major est iniquitas mea, quam ut veniam merear (*Gen.* IV). » Et Noe in filium: « Maledictus, » inquit, « Chanaam puero (*Gen.* V). » A maledictione ergo terrae in opere primi hominis sicut peccatum semper in mundo fuit, sic lex imputans nunquam defuit. Peccatum etiam originale nec omnibus patuit, nec omnes latuit, quia nec latuit Job, nec Abraham et domum ejus: propter quod etiam circumcisionem accepit, hoc in fide seminis ejus qui est Christus, operante in eis circumcisione quod in nobis operatur baptismus. Unde et David ingemiscens dixit: « Ecce in iniquitatibus conceptus sum; et in peccatis concepit me mater mea (*Psal.* L). » Non defuerunt, qui praecipitandae cursum sententiae tenendum hic esse arbitrantes, totum lectionis hujus sensum perscrutandum putarent, ut sensum in his Apostoli non tam ex suo sensu, quam ex verbis ipsius colligerent. Et post aliquanta invenientes eum dixisse, « sine lege enim peccatum mortuum erat; ego autem vivebam sine lege aliquando, » invenerunt eum hoc dicere de lege naturali, ut sit sensus, usque ad legem naturalem, quae certo aetatis tempore rationis capax esse incipit, quando justi injustique incipit habere discrimen: peccatum in me mortuum intrinsecus erat, cum non esset lex quae vetaret non facienda, vel ratio quae facienda monstraret. Quod aliter de Apostolo secundum illos, nulla ratione potest intelligi, cum hoc se dixisse de seipso non videatur ambiguum. Secundum hunc sensum non usquequaque absurdum videtur, si et hic dicatur quia usque ad legis naturalis intelligentiam peccatum ex corruptione veniens originis erat in mundo, ut subintelligatur, sed mortuum, quia non imputabatur, excusante naturali infirmitate vel ignorantia. Quod vero dicit in mundo, et non hominibus, dicunt hujus assertores sententiae homines appellandos eos qui jam rationis capaces, et naturalem legem habent; illam vero aetatem quae nondum ad capacitatem naturalis legis accessit, non tam homines, quam mundum appellandam: pro eo quod pars quaedam mundi videntur, sed nondum sicut homines, qui induere mereantur Creatoris imaginem. Sed quia etiam haec de lege sententia legi Moysi ab aliis potius applicanda videtur, quid magis eligendum sit, lectoris relinquatur arbitrio. Utrique autem satis convenit, quod sequitur.

VERS. 14. — « Sed regnavit mors ab Adam usque ad Moysen, » id est a primo homine usque ad ipsam legem, quae divinitus promulgata est, quia nec ipsa potuit regnum mortis auferre. Regnum enim mortis vult intelligi, quando ita dominatur in hominibus reatus peccati, ut eos ad vitam aeternam, quae vera vita est, venire non sinat, sed ad secundam etiam, quae poenaliter aeterna est, mortem trahat. Hoc regnum mortis sola in quolibet homine gratia destruit Salvatoris. Quae operata est etiam in antiquis sanctis quicunque, antequam in carne Christus veniret, ad ejus tamen adjuvantem gratiam, non ad legis litteram quae jubere tantum, non adjuvare poterat, pertinebant. Hoc namque occultabatur in Veteri Testamento, pro temporum dispensatione justissima quod nunc revelatur in Novo. Ergo in omnibus regnavit mors ab Adam usque ad Moysen, qui Christi gratia non adjuti sunt, ut eis regnum mortis destrueretur. In quos autem regnaverit, vide. « Et in eos, inquit, qui non peccaverunt in similitudinem praevaricationis Adae. » Iste enim melior intellectus horum verborum, ut cum dixisset, regnavit mors et in eos qui non peccaverunt, quasi nos moveret quare in eos regnaverit qui non peccaverunt, adderet, in similitudinem praevaricationis Adae, id est quia inerat in horum membris similitudo praevaricationis Adae. Potest et sic intelligi, « regnavit mors ab Adam usque ad Moysen, et in eos qui non in similitudinem praevaricationis Adae peccaverunt: » quia in seipsis, cum jam nati essent, nec ratione adhuc uterentur, qua ille utebatur, quando peccavit; nec praeceptum accepissent, quod ille transgressus est sed solo originali vitio tenerentur obstricti, per quod eos regnum mortis traheret ad condemnationem, quod regnum mortis in eis tantum non est, qui Christi gratia renati ad ejus pertinent regnum, quoniam mors temporalis, quamvis et ipsa de originali peccato propagata sit, corpus in eis interimit, animam vero ad poenas non trahit: ubi voluit regnum mortis intelligi, ut anima renovata per gratiam jam non moriatur in gehenna, id est a vita Dei non alienetur, non separetur. Quod vero adjunxit de Adam, « qui est forma futuri, » neque hoc uno modo intelligitur. Aut enim forma Christi e contrario est, ut quemadmodum in illo omnes moriuntur, sic et in Christo omnes vivificentur, et quomodo per ipsius inobedientiam peccatores constituti sunt multi, sic per Christi obedientiam justi constituantur multi, aut formam futuri eum dixit, quod ipse inflixerit formam mortis posteris suis. Ille tamen est melior intellectus, ut econtrario forma esse credatur, quam multum commendat Apostolus. Denique ne omnino ex aequo in hac forma eadem contraria pensarentur, adjunxit et dixit.

VERS. 15. — « Sed non sicut delictum ita et donatio. Si enim multi ob unius delictum mortui sunt, multo magis gratia Dei et donum in gratia unius hominis Jesu Christi in multos abundavit. » Non magis multos, id est multo plures homines neque enim plures justificantur, quam condemnantur, sed multo magis abundavit. Adam quippe ex uno suo delicto reos genuit; Christus autem etiam quae homines delicta propriae voluntatis ad originale in quo nati sunt, addiderunt, gratia sua solvit atque delevit. Quod evidentius in consequentibus dicit. Verum illud diligentius intuere quod ait, ob unius delictum multos mortuos. Cur enim ob illius unius, et non potius ob delicta sua propria, si hoc loco intelligenda est imitatio, non propagatio? Sed attende quod sequitur.

VERS. 16. — « Et non sicut per unum peccatum, ita et donum. Nam judicium quidem ex uno in condemnationem; gratia autem ex multis delictis in justificationem. «Ex uno,» inquit,» in condemnationem.» uno, nisi delicto? Hoc enim explanat, cum adjungit: « Gratia autem ex multis delictis in justificationem.» Cur ergo judicium ex uno in condemnationem; gratia vero ex multis delictis in justificationem? Nonne et si nullum est originale delictum, non solum ad justificationem gratia, sed etiam judicium ad condemnationem ex multis delictis homines ducit? Neque enim gratia multa delicta donat; et non etiam judicium multa delicta condemnat. Imo vero nos Apostolum intelligamus, et videamus ideo dictum judicium ex uno delicto in condemnationem, quia sufficeret ad condemnationem, etiamsi non esset in hominibus nisi originale peccatum. Quamvis enim condemnatio gravior sit, eorum qui originali delicto etiam propria conjunxerunt: et tanto singulis gravior, quanto gravius quis peccavit, tamen etiam illud solum quod originaliter tractum est, non tantum a regno Dei separat, quo parvulos sine accepta Christi gratia defunctos intrare non posse ipsi etiam haeretici confitentur; verum et a salute ac vita aeterna facit alienos : quae nulla esse alia potest, praeter regnum Dei, quo sola Christi societas introducit. Ac per hoc ab Adam, in quo omnes peccavimus, non omnia nostra peccata, sed tantum originale traduximus; a Christo vero, in quo omnes justificamur, non illius tantum originalis, sed etiam caeterorum, quae ipsi addimus, peccatorum remissionem consequimur.

« Ideo non sicut per unum peccatum, ita et donum. Nam judicium quidem ex uno delicto, » si non remittitur, id est originali « in condemnationem « jam potest ducere; » gratia vero ex multis» remissis, hoc est, non solum originali, verum etiam omnibus caeteris, ad justificationem perducit.

VERS. 17. — « Si enim ob unius delictum mors regnavit per unum, multo magis qui abundantiam gratiae et justitiae accipiunt in vita regnabunt per unum Jesum Christum.» Cur ob unius delictum mors regnavit per unum; nisi quia mortis vinculo tenebantur in illo uno, in quo omnes peccaverunt, etiamsi non adderent propria peccata? Alioqui non ob unius delictum mors per unum regnavit, sed ob delicta multorum per unumquemque peccantem. Quid autem « abundantiam gratiae et injustitiae accipiunt,» nisi quod non eis tantum peccatum in quo omnes peccaverunt, dimittitur; sed etiam in eis quae addiderunt, gratia remissionis datur, eisque omnibus tanta justitia donatur, ut cum Adam consenserit ad peccatum suadenti, non cedant isti etiam cogenti? Et quid est, multo magis in vita regnabunt, cum mortis regnum multo plures in aeternam poenam trahat, nisi intelligamus eos ipsos in utroque dici qui transeunt ab Adam, id est a morte ad vitam, quia in vita aeterna sine fine regnabunt, magis quam in eis mors temporaliter et cum fine regnavit?

VERS. 18. — « Itaque sicut per unius delictum in omnes homines ad condemnationem, ita per unius justificationem in omnes homines ad justificationem vitae.» Hoc unius delicti, si imitationem attendamus, non erit nisi diaboli (130). Sed quia manifestum est de Adam, non de diabolo dici restat intelligenda, non imitatio, sed propagatio peccati. Nam et quod ait de Christo, « per unius justificationem,» magis hoc expressit quam si per unius justitiam diceret. Eam quippe justificationem dicit, qua Christus justificat impium, quam non imitandam proposuit, sed solus hoc potest. Nam potuit Apostolus recte dicere: « Imitatores mei estote, sicut et ego Christi;» nunquam autem diceret : Justificamini a me, sicut et ego sum justificatus a Christo, quomodo possunt esse, et sunt, et fuerunt multi justi homines, et imitandi; justus autem et justificans nemo, nisi Christus. Unde dicitur : « Credenti in eum qui justificat impium, deputatur fides ejus (*Rom.* XIV).» Quisquis ergo ausus fuerit dicere, Justifico te, consequens est ut dicat etiam : Crede in me : quod nemo sanctorum recte dicere potuit, nisi Sanctus sanctorum, qui dixit : « Credite in Deum, et in me credite,» ut quia ipse justificat impium, deputetur fides ejus ad justitiam. Nam si sola imitatio fecit peccatores per Adam, cur non etiam per Christum sola imitatio justos facit? Porro si propterea Christus unus, est, in quo omnes justificentur, quia non solum ejus imitatio justos facit, sed per spiritum regenerans gratia, propterea et Adam unus est, in quo omnes peccaverunt, quia non sola ejus imitatio peccatores facit, sed per carnem generans poena. Ob hoc etiam dictum est, « omnes et omnes : » neque enim qui generantur per Adam iidem ipsi omnes per Christum regenerantur; sed hoc recte dictum est, quia sicut nullius carnalis generatio nisi per Adam, sic spiritualis nullius, nisi per Christum. Nam si aliqui possent carne generari, non per Adam; et aliqui generari spiritu, non per Christum; non liquide omnes, sive hic, sive ibi, dicerentur. Eosdem autem omnes postea multos dicit. Possunt quippe in aliqua re omnes esse, qui pauci sunt. Sed multos habet generatio carnalis, multos et spiritualis, quamvis non tam multos haec spiritualis, quam illa carnalis. Verumtamen quemadmodum illa omnes habet homines, sic ista omnes justos homines, quia sicut nemo

---

(130) « Non agitur hic de peccato imitationis, sed originis. »

præter illam homo, sic nemo præter istam justus homo, et in utraque multi.

Vers. 19, 20. — « Sicut enim per inobedientiam unius hominis peccatores constituti sunt multi, ita per obedientiam unius hominis justi constituentur multi. Lex autem subintravit, ut abundaret delictum. » Jam non pertinet hoc ad illud delictum quod trahitur ex Adam (131), de quo superius dicebat « mors regnavit per unum. » Legem quippe, sive naturalem intelligamus, quæ in eorum apparet ætatibus, qui jam ratione uti possunt, sive conscriptam, quæ data est per Moysen; nec ipsa potuit vivificare, et liberare a lege peccati et mortis, quæ tracta est ab Adam; sed magis addidit prævaricationis augmentum. « Ubi enim non est lex, nec prævaricatio. » Prævaricata ergo lege, quæ in paradiso data est, nascitur homo ex Adam cum lege peccati et mortis, de qua dicitur: « Video aliam legem in membris meis repugnantem legi mentis meæ, » etc. Quæ tamen nisi mala postea consuetudine roboretur, facilius vincitur, non tamen sine gratia Dei. Lege autem alia prævaricata, quæ est in usu rationis animæ rationalis, in ætate hominis jam ratione utentis, prævaricatores fiunt omnes peccatores terræ. Prævaricata ergo lege etiam illa quæ data est per Moysen; multo amplius abundat delictum. « Lex ergo subintravit, ut abundaret delictum, » sive cum homines negligunt quod Deus jubet, sive cum de viribus suis præsumentes adjutorium gratiæ non implorant, et addunt infirmitati superbiam. Cum autem vocatione divina intelligunt cui sit ingemiscendum, et invocant eum in quem credunt, recte dicentes: « Miserere mei, Deus, secundum magnam misericordiam tuam (Psal. L); » et : « Ego dixi: Domine, miserere mei, sana animam meam, quia peccavi tibi (Psal. XL): » Cum ergo se homo ad illum extenderit, et sic ingemuerit, fiet quod subditur: « Ubi autem abundavit delictum, superabundavit gratia, » et dimittuntur peccata multa, quoniam dilexit multum, et diffunditur in cordibus ejus charitas Dei, unde fiat legis plenitudo, non per vires arbitrii quod est in nobis, sed per Spiritum sanctum qui datur nobis, « ut quemadmodum regnavit peccatum in mortem, sic et gratia regnet per justitiam in vitam æternam; per Jesum Christum Dominum nostrum. » Modo autem cum dixisset, ut quemadmodum regnavit peccatum in mortem, non ait, per unum hominem, aut primum hominem, aut per Adam, quia jam dixerat, « Lex subintravit, ut abundaret delictum; » quæ abundantia non pertinet ad primi hominis propaginem, sed ad conversationis humanæ prævaricationem: quæ uni illi delicto, quo solo obstricti tenentur infantes, jam in majoribus ætatibus ex abundantia iniquitatis adjecta est. Sed quoniam hoc totum etiam, quod non pertinet ad unius illius delicti originem, tamen idonea est solvere gratia Salvatoris, ideo cum dixisset, sic et gratia regnet per justitiam in vitam æternam, addidit, per Jesum Christum Dominum nostrum. Deinde opponens sibi ipse quæstionem:

CAPUT VI.

Vers. 1. — « Quid ergo dicemus, » inquit. « Permanebimus in peccato, ut gratia abundet? Absit! » Vidit enim a perversis perverse posse accipi quod dixerat, ubi autem abundavit delictum superabundavit gratia, tanquam dixerit propter abundantiam gratiæ prodesse peccatum. Hoc diluens respondit, absit! atque subjecit:

Vers. 2. — « Qui mortui sumus peccato, quomodo vivemus in eo? » Hoc est, cum id præstiterit gratia, ut moreremur peccato, quid aliud facimus, si vivimus in eo, nisi ut gratiæ simus ingrati? Neque enim qui laudat beneficium medicinæ morbos docet ac vulnera, a quibus illa hominem sanat. Sed quanto majoribus medicina laudibus prædicatur, tanto magis vituperantur et horrentur vulnera et morbi, a quibus liberat quæ ita laudatur. Sic laus et prædicatio gratiæ vituperatio et damnatio est delictorum. Demonstranda enim fuerat homini fœditas languoris ejus, cui contra iniquitatem suam nec præceptum sanctum et bonum profuit, quo magis aucta est iniquitas, quam minuta; quandoquidem lex subintravit, ut abundaret delictum, ut eo modo convictus atque confusus videret non tantum doctorem sibi esse necessarium, verum etiam adjutorem Deum, a quo ejus itinera dirigantur, ne dominetur eis omnis iniquitas; et confugiendo ad opem divinæ misericordiæ sanetur; atque ita ubi abundavit delictum, superabundet gratia; non peccantis merito, sed subvenientis auxilio. Consequenter eamdem medicinam in passione et resurrectione Christi mystice demonstratam ostendit Apostolus, dicens:

Vers. 3, 4. — « An ignoratis quoniam quicunque baptizati sumus in Christo Jesu, in morte ipsius baptizati sumus? Consepulti ergo sumus illi per baptismum in mortem, ut quemadmodum Christus resurrexit a mortuis per gloriam Patris; ita et nos in novitate vitæ ambulemus. » Nempe satis elucet mysterio Dominicæ mortis et resurrectionis figuratum vitæ nostræ veteris occasum, et exortum novæ, demonstramque iniquitatis abolitionem, renovationemque justitiæ. Unde igitur hoc tantum beneficium hominum, nisi per fidem Jesu Christi? Hæc cogitatio sancta servat filios hominum in protectione alarum Dei sperantes, ut inebrientur ab ubertate domus, et torrentem voluptatis potent, quoniam apud ipsum est fons vitæ, et in lumine ejus videbimus lumen (132). Semel enim immolatus est Christus in seipso, et tamen in sacramento non solum per omnes Paschæ solemnitates, sed omni die populus immolatur. Nec utique mentitur, qui inter-

---

(131) De delicto actuali hic agitur.
(132) S. August. ad Bonif. epist. 98, tom. XXXIII Patrologiæ.

rogatus eum responderit immolari. Si enim sacramenta quamdam similitudinem rerum earum quarum sacramenta sunt, non haberent, sacramenta non essent. Ex hac autem similitudine plerumque jam ipsarum rerum nomina accipiunt. Sicut ergo, secundum quemdam modum sacramentum corporis Christi, corpus Christi est, et sacramentum sanguinis Christi sanguis Christi est, ita et sacramentum fidei fides est. Nihil est autem aliud credere, quam fidem habere. Ac per hoc cum respondetur parvulus credere, qui fidei nondum habet affectum, respondetur fidem habere propter fidei sacramentum, et convertere se ad Deum, propter conversionis sacramentum, quia et ipsa responsio ad celebrationem pertinet sacramenti, sicut de ipso baptismo Apostolus :

VERS. 4. — « Consepulti, » inquit, « sumus cum Christo per baptismum in mortem. » Non ait, sepulturam significavimus, sed prorsus ait, « Consepulti sumus. » Sacramentum ergo tantæ rei, non nisi ejusdem rei vocabulo nuncupavit. Itaque parvulum, etsi nondum fides illa quæ in credentium voluntate consistit, jam tamen ipsius fidei sacramentum fidelem facit. Nam sicut credere respondetur, ita etiam fidelis vocatur, non rem ipsam mente annuendo, sed ipsius rei sacramentum percipiendo. Cum autem sapere homo cœperit, non illud sacramentum repetet, sed intelliget, ejusque veritati consona etiam voluntate coaptabitur. Hoc quandiu non potest, valebit sacramentum ad ejus tutelam adversus contrarias potestates, et tantum valebit, ut si ante majoris usum ætatis ex hac vita emigraverit, per ipsum sacramentum, commendante Ecclesiæ charitate, ab illa condemnatione quæ per unum hominem intravit in mundum, Christiano adjutorio liberetur. Hoc qui non credit et fieri non posse arbitratur, profecto infidelis est, etsi habeat fidei sacramentum; longeque melior est illo parvulus, qui, etiamsi fidem nondum habet in cogitatione, non tamen obicem contrariæ cogitationis opponit. « Peccatum ergo Domino non inerat, et tamen quodammodo peccato mortuus est, dum moritur carni in qua erat similitudo peccati ; ut cum secundum vetustatem peccati nunquam ipse vixisset, nostram ex morte veteri, qua in peccato mortui fueramus reviviscentem vitam nova sua resurrectione signaret. Ipsum est, quod in nobis celebratur magnum baptismatis sacramentum : ut quicunque ad istam pertinent gratiam moriantur peccato, sicut ipse mortuus dicitur peccato, quia mortuus est carni, hoc est peccati similitudini, et vivant a lavacro renascendo, sicut ipse a sepulcro resurgendo, quamlibet ætatem corporis gerant. A parvulo enim recens nato usque ad decrepitum senem, sicut nullus est prohibendus a baptismo, ita nullus est, qui non peccato moriatur in baptismo ; sed parvuli tantum originali, majores autem his omnibus moriuntur peccatis, quæcunque male vivendo addiderunt ad illud quod nascendo traxerunt. Sic itaque locum istum clausit, ut cœpit ; mortem quippe Christi insinuavit sic, ut etiam ipsum mortuum diceret esse peccato. Cui peccato, nisi carni, in qua erat non peccatum, sed similitudo peccati, et ideo nomine est appelata peccati ? Baptizatis itaque in mortem Christi, in qua non solum majores, verum etiam et parvuli baptizantur, ait :

VERS. 11. — « Sic et vos, » id est quemadmodum Christus, « sic et vos existimate vos mortuos esse peccato ; vivere autem Deo, in Christo Jesu. » Quidquid igitur gestum est in cruce Christi, in sepultura, in resurrectione tertia die, in ascensione in cœlum, et sessione ad dexteram Patris, ita gestum est, ut his rebus non mystice tantum dictis, sed etiam gestis, configuraretur vita Christiana, quæ hic geritur. Nam propter ejus crucem dictum est : « Qui autem Christi sunt, carnem suam crucifixerunt cum passionibus et concupiscentiis (*Gal.* v). » Propter resurrectionem : « Ut quemadmodum Christus resurrexit a mortuis per gloriam Patris, ita et nos in novitate vitæ ambulemus. » Propter ascensionem in cœlum, sedemque ad dexteram Patris : « Si autem resurrexistis cum Christo, quæ sursum sunt quærite, ubi Christus est in dextera Dei sedens ; quæ sursum sunt sapite, non quæ super terram. Mortui enim estis, et vita vestra abscondita est cum Christo in Deo. » Interioris enim hominis nostri sacramento data est vox illa, pertinens ad mortem animæ nostræ significandam ; non solum in psalmo, verum etiam in cruce. « Deus meus, Deus meus, ut quid dereliquisti me ? » (*Psal.* XXI.) Cui voci congruit Apostolus dicens :

VERS. 6. — « Scientes quia vetus homo noster crucifixus est, ut evacuetur corpus peccati, ut ultra non serviamus peccato. » Crucifixione quippe interioris hominis pœnitentiæ dolores intelliguntur, et continentiæ quidam salubris cruciatus, per quam mortem mors impietatis perimitur, in qua nos non reliquit Deus. Et ideo per talem crucem evacuatur corpus peccati, ut jam non exhibeamus membra nostra arma iniquitatis peccato : quia et interior homo si utique renovatur de die in diem, profecto vetus est, antequam renovetur. Intus namque agitur, quod item Apostolus dicit : « Exuite vos veterem hominem cum actibus suis (*Col.* III). » Quod ita consequenter exponit. « Quapropter deponentes mendacium, loquimini veritatem. » Ubi autem deponitur mendacium, nisi intus, ut habitet in monte sancto Dei, qui loquitur veritatem in corde suo ? Jam ergo forma Adæ præteriti et futuri descripta, forma non omnino uniformi, simili quidem per genus, per speciem vero contraria : per genus namque similis est in eo, quod sicut ab uno Adam in plures diffunditur, ita et ab uno Christo in plures homines infunditur ; species vero contraria, quod ex Adam prævaricatione peccatores constituti sunt multi ; ex Christi vero obedientia justi constituti sunt multi : sic forma, ut dictum est, primi Adæ et secundi, et a similibus et a dissimilibus comparata sibi, quia diffusius lectionis hujus seriem prosecuti sumus, jam et ordo et sensus verborum contrahendus videtur, et subtilius discutiendus. Comparat enim mortem, quæ per Adam, vitæ, quæ per Christum est, et dicit, « non sicut delictum, ita et donum. » Et item post hæc, ait, legem subintroisse, ut abundaret peccatum; abundante vero peccato superabundasse gratiam. Et in his solvit quod videbatur esse contrarium, et dicit (vers. 2) : « Qui enim mortui sumus peccato, quomodo adhuc vivemus in eo? » Et volens rebus ipsis ostendere, quid est mortuum esse peccato, dicit (vers. 3) : « An ignoratis quia quicunque baptizati sumus in Christo Jesu, » etc. Per quæ docet quia, si quis prius mortuus est peccatis, hic necessario in baptismo consepultus est Christo. Si vero non ante quis moritur peccato, non poterit sepeliri cum Christo. Nemo enim vivus aliquando sepelitur. Quod si non consepelitur Christo, non legitime baptizatur. Deinde sequitur (vers. 1). « Quid ergo? Permanebimus in peccato, ut gratia abundet? » Primum vide quam librato sermone usus sit ; ait enim : Permanebimus in peccato ? Permanere est a cœpto non desinere. Quod utique qui de peccato facit, certum est quod necdum initium conversionis accepit. Et cum pœnitentia peccati proprium opus sit gratiæ, ubi invenit impœnitentiæ obstinationem, non ibi abundat nisi in judicium et condemnationem. « Si enim (vers. 2.) mortui sumus peccato, quomodo vivemus in eo ? » Intuere diligentius mystici ordinis consequentiam. Mori prius oportet peccato, ut possis sepeliri cum Christo. Mortuo enim sepultura debetur. Sepultus vero peccato, nequaquam ulterius vivere debet in eo. Quin etiam in sepulcro novo sepultus, et sindone munda obvolutus Dominus noster Jesus Christus, in consepulto suo designat novitatem vitæ et munditiam conscientiæ. « An ignoratis (vers. 3) quoniam quicunque baptizati sumus in Christo Jesu, in morte ipsius baptizati sumus? » Hoc enim etiam significat vas baptismi, nullis aliis usibus deputatum ; et alba vestis. Scire etiam debemus quia nullum baptizatum rationis capacem ignorare licet fidem et mysterium baptismi sui. Unde non sine quodam animi motu dicere videtur : « An ignoratis, » etc. Quicunque ergo in Christo Jesu baptizatur, in morte ejus baptizatur, commortuus ei abrenunciatione peccati, consepultus professione propositi sancti. Quod autem hic in Christo tantum baptizati dicimur, cum dixerit ipse qui baptizat : « Baptizantes eos in nomine Patris, et Filii, et Spiritus sancti (*Matth.* xxviii,) » non hic discutienda erat baptismi ratio, sed mortis Christi, ad cujus similitudinem nos suaderet mori peccato, et consepeliri Christo. Nec videbatur congruum, ut ubi de memoria mortis agebatur, Pater nominaretur, aut Spiritus sanctus. Agitque hic more suo Apostolus, ut cum ex Scripturis aliquid assumit, ea tantum assumat, quæ præsentis causæ requirit assertio. « Ut quomodo surrexit Christus a mortuis per gloriam Patris (vers. 4); ita et nos in novitate vitæ ambulemus. » Surrexit Christus, et Pater glorificatus est, cui si nos conresurgentes in novitate vitæ ambulemus, videbunt homines opera nostra bona, et glorificabunt Patrem nostrum qui in cœlis est. Ambulandum autem nobis est, nec desistendum, ut ultima dies nos proficientes inveniat.

Vers. 5. — « Si enim complantati facti sumus similitudini mortis ejus, simul et resurrectionis erimus. » Omnia hæc ad illam respiciunt quæstionem, ne videatur locum peccandi dedisse, in eo quod dixit. « Ubi abundavit peccatum, superabundavit gratia (supra cap. v, vers. 20). » Ideo in Christi morte nos dicit baptizatos, et commortuos, et consepultos, et complantatos, addens insuper spem simul resurrectionis. Mors enim Christi in Ecclesia lignum vitæ est plantatum in medio paradisi. Cui complantatur, qui ei commoritur, ut mortificando membra sua quæ sunt super terram, mittat, sicut dicit Propheta, radices deorsum, ut faciat fructum sursum (*Isa.* xxxvii), fructum reflorentis carnis, et innovationis spiritus, in resurrectionis gloria, et germine, et fecunditate sanctarum virtutum.

Vers. 6. — « Hoc scientes, quia vetus homo noster simul crucifixus est, ut destruatur corpus peccati, ut ultra non serviamus peccato. » Hoc enim est commori et consepeliri, et conresurgere, si vetus homo noster, id est vita prior quam duximus in peccatis, finem et interitum accipiat in fide crucis Christi, et membra nostra quæ serviebant peccato destruantur, ut ulterius non serviant nisi Deo. Sic enim radici ligni vitæ radix nostra complantatur, id est amori Christi amor noster conformatur, ut de succo radicis ejus producat ramos justitiæ et fructus vitæ. « Ut destruatur corpus peccati. » Corpus hoc peccati, aut universitas peccati est, cujus membra sunt fornicatio, immunditia, avaritia, etc. Vel ipsum corpus nostrum veneno antiqui serpentis ab ipsa sui origine infectum. Quod tunc destruitur, cum moritur homo peccato, et incipit vivere Deo ; non jam suus, non peccati, sed ejus qui magno eum pretio redemit ad serviendum sibi. Qui enim mortuus est peccato, justificatus est, dum non servit peccato, sed Domino Deo suo, cui servire justum est. Quo fructu, qua mercede, quo præmio ?

Vers. 8. — « Si autem mortui sumus cum Christo, credimus qui a simul etiam vivemus cum eo. » Qua vita, temporali, an æterna ?

Vers. 9. — « Scientes quod Christus resurgens ex mortuis jam non moritur; mors illi ultra non dominabitur. » Si enim ei ultra esset moriendum, nobis quoque ei iterum esset commoriendum. Quod vero interposuit, « credimus quia simul vivemus cum eo, » ostendit quia licet certitudo resurrectionis sequatur, non tamen eam nisi fide mediante sumus adepturi. Quicunque autem commoritur Christo, si resurrectionis exspectat gloriam, trium se dierum sciat debere sepulturam, credulitatem cordis, et confessionem oris in salutem, deinde mortificationem membrorum, postmodum vero novæ vitæ resurrectionem : vel renuntiare sæculo, renuntiare vitiis, deinde in luce sapientiæ perfectionem.

VERS. 9, 10. — « Scientes quod Christus resurgens ex mortuis jam non moritur; mors illi ultra non dominabitur. Quod enim mortuus est peccato, mortuus est semel : quod autem vivit, vivit Deo. » Qui pro nobis assumens similitudinem carnis peccati, peccatum factus est, peccato et legi carnis quod suum erat reddendo, semel mortuus est, quod autem vivit, Dei est, quia incorruptibilitati Dei conforme est.

VERS. 11. — « Ita et vos existimate vos quidem mortuos esse peccato; viventes autem Deo. Græcus habet λογέζεσθε, id est non existimate, sed cogitate quod sensui et fidei certitudini magis congruere videtur. Semper quippe cogitare, et præ oculis habere debemus, quid in baptismo juravimus et statuimus, mortem scilicet peccato, vitam autem Deo. Nam et quod addidit : « In Christo Jesu Domino nostro, » reddendi voti modus est. Unum enim est, ac si dicat : Viventes Deo in sapientia, in pace, in justitia, in sanctificatione; quæ omnia Christus est. In his ergo vivere, hoc est vivere in Christo Jesu Domino nostro.

VERS. 12. — « Non ergo regnet peccatum in vestro mortali corpore. » Si enim regnat peccatum, rex est. Utique rex est peccatum, et suum habet exercitum sibi militantem, et parentem suis legibus, quæ carni inscriptæ sunt et membris corporis, in quo jus regni obtinuit. Exercitus enim ejus est, quæ Apostolus opera carnis commemorat, « fornicatio, immunditia, » etc. (Gal. v.) Quæ quia de regno peccati sunt, qui ea operantur, « regnum Dei non consequentur (Ibid.). » Nam et hæreses in exercitu illo annumerantur, de inflato sensu carnis venientes. Regnum autem hoc prudentia carnis est, quam idem Apostolus mortem pronuntiat et inimicam Deo. Semper autem pessimus hic exercitus in procinctu est, castra virtutum impugnans, quandiu caro concupiscit adversus spiritum. Nisi vero potestatem peccati in corpore nostro non esse, potestatis nostræ esset, præceptum Apostolus non dedisset dicens : « Non regnet peccatum in vestro mortali corpore. » Sed qui præceptum dedit, non sine consilio nos reliquit, dicens alibi : « Mortificate membra vestra, quæ sunt super terram (Colos. III); » et : « Semper mortificationem Jesu in corpore nostro circumferentes. (II Cor. IV). » Odit enim peccatum, crucis Christi memoriam, et imitationis ejus affectum refugit. Vexillo crucis apparente, totus ille malitiæ spiritualis exercitus continuo disparet; peccatum non subsistit. Nec impossibile est quod præcepit Apostolus. Non enim ait, non sit; sed, non regnet in corpore vestro peccatum. Inest peccatum dum delectaris, regnat cum consentis. Non delectari aliquando, omnino impossibile est. Nunquam vero consentire, adjuvante gratia impossibile non est. Ex quadam parte hæres Deo, ex quadam sæculo. Pars tua, caro tua concupiscentiæ suæ languore rebellat adversum te. Languor iste tyrannus est. Mens cohærens Deo non desiciat, non se dimittat. Magnum adjutorium habet, vincet, si in pugnando perseveret. Sæpe cohibita concupiscentia deficiet, et non esse incipiet. « In corpore, inquit, mortali. » Non sine causa addidit mortali, sed vel ut suggerat corpus esse mortale, id est habile mortificationi, vel mortale, ut meminerit quod scriptum est : « In omnibus memorare novissima tua, et nunquam peccabis (Eccli. VII). » Regni vero peccati sedes est corpus; lex regni lex membrorum ejus; exercitus, supra scriptus, potestas, concupiscentia; regnum, desideriorum obedientia : firmamentum regni, quod sequitur : « Sed neque exhibeatis membra vestra arma iniquitatis peccato. » Quod facere, hoc est pro regno peccati pugnare. Et iniquissimum est, membra a Deo creata et dicata Deo arma exhibere peccato.

VERS. 13. — « Sed exhibete vos Deo, tanquam ex mortuis viventes, et membra vestra arma justitiæ Deo. » Intuere per singula sapientiam Pauli. Ubi dicit arma non esse præbenda peccato vel iniquitati non nos, sed membra nostra ponit. Ubi vero suadet, ut nos Deo exhibeamus, non tam membra nostra quam nos ipsos exhiberi vult Deo, hoc est animam vel propositum cordis : ut cum primum nosmetipsos exhibuerimus, et erimus adhærentes Deo, tunc demum etiam membra nostra efficiamus arma justitiæ. Rursus si peccati concupiscentiam mortificemus in corpore nostro mortali, efficiemur tanquam ex mortuis viventes, mortui peccato, et viventes Deo; et membra nostra arma justitiæ militantia ei, cui ea deservire justissimum est. Bene autem metaphoram superius propositam exequitur ut in regno peccati membra nostra arma nominaret iniquitatis, rursumque arma justitiæ nominaret in regno Dei. Sequitur :

VERS. 14. — « Peccatum enim vobis non dominabitur. » Etiam hic intuere miram Apostoli cautelam. Cum de nobis dicit, « peccatum, inquit, vobis non dominabitur, cum de Salvatore loquitur, dicit, mors ei non dominabitur. » Mortis enim in eo fuit locus, peccati nullus. Nobis vero dici non debuit, mors vobis non dominabitur, quam cavere non possumus, sed peccatum vobis non dominabitur, quod sine dubio vitare possumus. « Non enim estis sub lege, sed sub gratia. » Lex data est, ut gratia quæreretur. Gratia data est, ut lex impleretur. Neque enim suo vitio non implebatur, sed vitio prudentiæ carnis. Quod vitium per legem demonstrandum, per gratiam sanandum fuit. Sub lege positis, non sub gratia, dominabatur peccatum ; a quo non fit homo liber per legem, sed per gratiam. Non quia lex mala est; sed quia eos qui sub ipsa sunt, reos facit, jubendo, non adjuvando. Gratia quippe adjuvat, ut sit quisque legis factor, sine qua sub lege quis positus, legis tantum erit auditor.

VERS. 15. — « Quid ergo? Peccabimus, quia non sumus sub lege, sed sub gratia ? » Idem videtur esse sensus, qui supra expositus est, ubi dicit : « Quid ergo? Permanebimus in peccato, ut gratia abundet?» Hoc solum est quod videtur habere differentiam, quod ibi quasi his qui nondum discesserunt a peccato dici videtur, ne permaneant in eo; hic vero tanquam ab his qui jam discesserint a peccato, fieri videtur interrogatio. Et ibi, ut quasi gratia quae nondum erat, abundaret; hic autem tanquam praesente jam gratia dicit, quoniam non sumus sub lege, sed sub gratia.

VERS. 16. — « Absit! An nescitis quoniam cui exhibetis vos servos ad obediendum, servi estis ejus cui obedistis, sive peccati ad mortem, sive obeditionis ad justitiam?» videtur forte minus integra locutio, sive peccati sive obeditionis ad justitiam, cum potius dicendum videretur, sive peccati sive justitiae per obedientiam. Sed cum sensus evidens sit, verbis inhaerere supervacuum est. Hoc ergo est quod docet, quod unusquisque ad quam partem inclinaverit obedientiam suam, sive justitiae, sive peccati, ei se servum addicit. Cavenda quippe spontanea in peccato ruina, vel saltus temerarius, quod semel patratum majorem facit voluptatem; voluptas requirit iterationem; iteratio facit voluntariam consuetudinem; consuetudo servitutis necessitatem. Nostri ergo juris est, si volumus jugum servitutis suscipere; non autem susceptum cum volumus, abjicere.

VERS. 17. — « Gratias autem Deo, quod fuistis servi peccati; obedistis autem ex corde in eam formam doctrinae, in qua traditi estis.» Perfectis hic loquitur pro quibus etiam in capite hujus epistolae gratias egit Deo suo, quia fides eorum nuntiabatur in universo mundo. Agit autem gratias, non quia servi fuerunt peccati, sed quia servi facti justitiae, consuetudinis necessitatem, et indignam peccati abjecerunt servitutem, quia insolitum et difficile est mutare affectum, et sicut saecularis sapientia dicit, membra cohaerentia absque sanguinis damno separari, impossibile est. « Obedistis autem in eam formam in quam traditi estis. » Ecce mutatus affectus: et pro quo vero debetur gratiarum actio. Videtur hic aliquibus Apostolum non sentire unum esse, doctrinam, et formam doctrinae sed minus aliquid significare formam doctrinae quam ipsam doctrinam, ut forma doctrinae sit quod hic videmus per speculum et in aenigmate; doctrina vero, videre facie ad faciem. Vel forma doctrinae est consummata et bene formata doctrina justitiae. Alii aliter; proponunt enim tres formas in doctrina fidei; rationalem, spiritualem, intellectualem. Rationalis est in sacramentis et moribus, apta illis hominibus, quibus Dominus dicit in parabolis annuntiandum regnum Dei. Spiritualis est in lectionis studio et meditationis, et majorum doctrina, conveniens eis quibus Dominus dicit: « Vobis datum est nosse mysterium regni Dei (*Luc.* VIII). Intellectualis est in amoris illuminati affectu, quae propria est mundorum cordium, quae Deum videre merentur. Rationalis exigit voluntariam obedientiam, et activam perfectionem, spiritualis sobrium sensum, et humilem contemplationem: intellectualis pacificam et familiarem experientiam. De sursum enim veniens hic intellectus non formatur a ratione, sed ipse sibi conformat rationem, non ut eum capiat, sed ut illuminata ab eo, aliquando in eum consentiat. De prima ergo doctrinae forma dicit hic Apostolus, in quam illi traditi sunt qui obedienter semetipsos in eam tradiderunt.

VERS. 18. — « Liberati autem a peccato, servi facti estis justitiae. » Sive enim in peccato sive in justitia, ubi fuerit addita voluntas; ibi servitutis necessitas. Sequitur:

VERS. 19. — « Humanum dico propter infirmitatem vestram. » Prudens verbi dispensator in prima eos forma doctrinae videns profecisse, humana sicut hominibus censet esse committenda, cum divina mallet, si supra hominem aliquantulum eos profecisse adverteret. « Humanum, » inquit, quod potestis portare, « dico. » Quando exhibuistis membra vestra iniquitati ad flagitia perpetranda, timor vos ducebat ad peccatum, an suavitas peccati? Respondebitis, suavitas. Ad peccatum ergo suavitas ducit; ad justitiam vero timor impingit? Hoc inhumanum est. Potius humanum est, ut sicut hoc, sic et illud. Sicut in vobis fuit hactenus libido voluptasque peccati; sic amodo delectatio sit, charitasque justitiae Et haec quidem nondum videtur perfecta, sed quodammodo adulta justitia. Plus quippe servitutis debetur justitiae quam peccato solent homines exhibere. Nam poena corporis etsi non a voluntate, tamen revocat ab opere peccati; justitia vero sic amanda est, ut ab ejus operibus etiam poena corporis cohibere non debeat. Sicut ergo ille est iniquissimus, quem nec poenae corporales deterrent ab immundis operibus sordidae voluptatis; ita ille justissimus, qui nec poenarum corporalium terrore revocatur a sanctis operibus luminosae charitatis. Sed humanum tibi dico, o homo: Ama justitiam, sicut amasti iniquitatem. In iniquitate secutus es voluptatem; pro justitia tolera persecutionem. Ventum est ad aspera, horrenda, truculenta, minantia; calca, frange et transi. O amare, o ire, o sibi perire, o ad Deum pervenire. « Qui amat animam suam perdet eam; et qui perdiderit animam suam propter me, in vitam aeternam inveniet eam (*Joan.* XII; *Matth.* X). » Sic amandus est amator justitiae: sic amandus est amator invisibilis pulchritudinis.

VERS. 20. — « Cum enim, inquit, servi essetis peccati, liberi fuistis justitiae. » Qualis, quaeso, potest servi addicti esse libertas, nisi quando eum peccare delectat? Liberaliter enim servit, qui sui domini voluntatem libenter facit, ac per hoc ad peccandum liber est, qui peccati servus est. Unde ad juste faciendum liber non erit: nisi a peccato liberatus, esse justitiae coeperit servus. Ipsa vero est vera libertas, habere recte facti laetitiam: simul et pia servitus, amplecti praecepti obedientiam. Sed ad bene faciendum ista libertas unde erit homini addito et vendito, nisi redimat eum, cujus illa vox est : « Si vos Filius liberaverit, tunc vere liberi eritis (*Joan.* VIII). » Liberi enim a justitia non sunt, nisi arbitrio libertatis; liberi autem a peccato non sunt, nisi gratia Salvatoris. Propter quod admirabilis doctor etiam verba ipsa discrevit.

VERS. 20, 21. — « Cum enim, » inquit, « servi essetis peccati, liberi fuistis justitiæ. Quem ergo fructum tunc habuistis in his, in quibus nunc erubescitis. » Est enim quædam confusio temporalis utilis, perturbatio animi respicientis peccata sua respiciendo horrentis; horrendo; erubescentis; erubescendo corrigentis. Qui hanc confusionem non habebit, æternam habebit. Unde et sequitur :

VERS. 21, 22.— « Nam finis illorum mors est. Nunc ergo liberati a peccato, servi autem facti Deo, habetis fructum vestrum in sanctificationem; finem vero vitam æternam. » Hic attende verborum discretionem. Liberos dixit justitiæ, non liberatos, ne sibi hoc tribuerent; sed vigilantissime maluit dicere liberatos, referens hoc ad illam Domini sententiam. « Si vos Filius liberaverit, tunc vere liberi eritis. » Sed hæc voluntas quæ libera est in malis, quia delectatur malis, ideo libera in bonis non est, quia liberata non est. Nec potest homo boni aliquid velle, nisi adjuvetur ab eo qui malum non potest velle. Liberos autem dicimus ad facienda opera pietatis, eos quibus dicit Apostolus. « Nunc autem liberati a peccato, servi autem facti Deo, habetis fructum vestrum in sanctificationem; finem vero vitam æternam. » Hunc in sanctificationem fructum, qui fructus procul dubio charitas est, atque opera ejus, nullo modo habere possemus a nobis : sed habemus per Spiritum sanctum, qui datus est nobis. De ipso quippe fructu loquebatur magister Deus; quando palmitibus in se manentibus dicebat. « Sine me nihil potestis facere (*Joan.* XV). Unde et ipsam vitam æternam, quæ certe merces est bonorum operum, gratiam Dei appellat Apostolus, subjiciens ac dicens :

VERS. 23. — « Stipendia peccati mors ; gratia autem Dei vita æterna, in Christo Jesu Domino nostro. » Stipendium pro opere militiæ redditur, non donatur. Bene ergo hic stipendium dicitur, quasi militiæ diabolicæ ubi mors æterna tanquam debitum redditur. Ubi cum posset dicere, et recte dicere, stipendium autem justitiæ vita æterna, maluit dicere, « gratia autem Dei, vita æterna, » ut hinc intelligeremus non pro meritis nostris Deum nos ad æternam vitam perducere sed pro sua gratia. Nam vita quidem æterna stipendium justitiæ est, sed tibi, o homo, gratia est, sicut etiam ipsa justitia gratia est. Unde ne et hæc præter Mediatorem aliqua alia via quæreretur, adjecit : « In Christo Jesu Domino nostro. »

LIBER QUARTUS.

Latius jam in superioribus de justitiis legis et fidei disputans Apostolus pro Judæis et gentibus, tandem justificatos ex fide pacem utrosque ad Deum habere docuit ; deinde ex collatione veteris Adæ et novi, supereminentiam eis gratiæ, in qua eos reconciliaverat, ostendens, in ea positos, ad eam quam dicunt impeccantiam, et ad fidei opera plurimum ex suscepti baptismi mysterio animavit ; et ad transeundum a servitute litteræ ad libertatem spiritus, quæ sunt tertia hominis vel populi Dei. Nunc jam imitans eum cui serviebat in Evangelio filii ejus, cujus misericordia plena est terra, et tamen sigillatim fingit corda singulorum, et intelligit omnia opera eorum ; formam moralis doctrinæ evidentius assumit, imperitus noster sermone, etsi non scientia, in qua singulorum conscientias conveniat ; et quid in eis lex quælibet, quid gratia operetur, quid fides, quid littera, quid ea quæ dicitur arbitrii libertas, rationabiliter ostendat, sed et contentionem legis mentis et legis membrorum describit, nullamque de corpore mortis liberationem, nisi a gratia Dei per Dominum nostrum Jesum Christum. Primum ergo ex legis similitudine legi finem imponit ; ut omnes os obstruatur, ut destructa de lege Judæorum gloria, tam in Judæis quam in gentibus, par deinceps causa currat, et similis doctrinæ gratia. Dicit ergo :

CAPUT VII.

VERS. 1-3. — « An ignoratis, fratres, scientibus enim legem loquor, quia lex in homine dominatur, quanto tempore vivit ? Nam quæ sub viro est mulier, vivente viro, alligata est legi. Si autem mortuus fuerit vir ejus, soluta est a lege viri. Igitur vivente viro vocabitur adultera ; si fuerit cum alio viro. Si autem mortuus fuerit vir ejus, liberata est a lege viri, ut non sit adultera, si fuerit cum alio viro. » Quod diverse a diversis intelligitur. Alii mulierem sub viro homine interpretantur sub lege, quia sicut mulier si vivente viro alteri adhæserit, adultera judicabitur, mortuo vero viro soluta est a lege viri, et cui vult nubere habet potestatem ; sic vivente, id est statum suum lege habente, homo legi subditus fas non habet legis jugo collum subducere ; si autem decidendo a statu suo lex mortua fuerit, liberum habet alii se legi adaptare. Hoc de lege Moysi et populo circumcisionis facillimum intellectu est, et nihil omnino habens quæstionis. Propheta enim apparente, de quo dixit Moyses : « Prophetam vobis suscitabit Deus de fratribus vestris ; ipsum audietis tanquam me (*Deut.* XVIII) ; » antiquata lex et senescens venit ad interitum et cantari cœpit canticum novum, et prædicari mandatum novum, et nova fieri omnia. Statimque electio ex Judæis Ecclesia facta est, Sponsa nova Agni sine macula et ruga et novo Sponso adhæsit, relicto mortuo viro priore, sine ulla nota adulterii. Sed ut et Judæos et gentes complectatur hæc similitudo, subtilius alii eam discutientes, adverterunt tria in hac similitudine ; tria in re similitudinis, quæ per similitudinem quæritur; quæ ad explanandam ipsam similitudinem non inconvenienter aptantur. Tria enim sunt in similitudine, mulier, vir, et lex; cum mulier viro subjugatur per vinculum legis. Sic se habet similitudo. In re similitudinis similiter tria sunt, homo, peccatum, et lex, quia tandiu sub lege est homo, quandiu vivit peccato, quemadmodum mulier tandiu est sub lege viri, quandiu vivit vir. Cum autem in hac similitudine tria quædam inveniamus, mulierem, virum, et legem; in re vero similitudinis tria, animam, peccatum, et legem peccati, hoc solum hic diversum est, quod in similitudine vir moritur, ut mulier solvatur a lege viri ; porro in re similitudinis ipsa anima moritur peccato, ut nubat Christo. Cum autem moritur peccato, moritur etiam legi peccati. Peccatum autem hic intelligendum est quod accessit per legem, quod peccatum supra modum dicit esse, quoniam cum jam appareat esse peccatum, etiam adjecta prævaricatione cumulatur. « Ubi enim non est lex ; nec pravaricatio. » Et hic est qui dicitur supra modum peccator, aut peccatum per mandatum. Istæ erant passiones, non passiones tunc, sed delectationes, quæ per legem auctæ operabantur in membris, ut fructum ferrent morti, sub quibus tanquam sub viro dominante tenebatur anima, antequam veniret gratia per fidem. His autem passionibus moritur, qui jam servit mente legi Dei, quamvis ipsæ passiones nondum mortuæ sint, quandiu carne servitur legi peccati. Restat enim adhuc aliquid ei qui est sub gratia, quod eum non vincat, sed erudiat, non captivum ducat, sed exerceat, donec mortificetur totum quod consuetudine prava roboratum est. Vera Sponsa Christi intelligit quid distet inter litteram ac spiritum, quæ duo dicuntur alio modo lex et gratia : et non jam in vetustate litteræ, sed in novitate spiritus Deo serviens, non est sub lege, sed sub gratia. Ita littera cum spiritu, et lex cum gratia, jam non eo modo littera et lex appellatur, sicut per seipsam, cum occidit abundante delicto. Ita enim lex et virtus peccati dicta est, cum auget ejus noxiam delectationem per severam prohibitionem, nec tamen etiam sic mala est, sed peccatum, ut appareat peccatum, per bonum operatum est mortem. Ita multa quibusdam sunt noxia ; quamvis non sint mala. Hæc igitur sponsa Christi jam mortua legi, id est peccato, quod legis prohibitione fit abundantius, cum lex sine gratia jubet, non juvat. Tali ergo lege mortua, ut sit alterius qui ex mortuis resurrexit, discernit ista sine legis injuria, ne sacrilegium committat in ejus auctorem. Eadem quippe lex quæ « per Moysen data est, gratia et veritas per Jesum Christum facta est (Joan. 1), » cum accessit litteræ spiritus, ut inciperet impleri justitia legis, quæ non impleta, reos etiam prævaricatione faciebat. Neque enim alia lex est sancta et bona et justa ; et alia per quam peccatum mortem operatur, cui mori nos oportet, ut simus alterius qui ex mortuis resurrexit, sed eadem ipsa est. Unde et sequitur :

Vers. 4. — « Itaque, fratres mei, et vos mortificati estis legi per corpus Christi, » id est umbræ per rem, litteræ per spiritum, legi per gratiam, ut jam non sitis uxor vel sponsa ejus qui mortuus est, sed ejus qui ex mortuis resurrexit, ut jam non fructificetis in operibus mortui mortuo ; sed in fructibus vitæ Deo. Nam et lex tale quid adumbrabat, præcipiens ut mulier primo viro mortuo, de quo semen non susceperit transeat, in torum ejus, qui frater fuerit defuncti, et suscitet semen fratri suo, quod ille suscitare non potuit. Frater enim videtur litteræ fecundior spiritualis intellectus. Sequitur :

Vers. 5. — « Cum enim essemus in carne, passiones peccatorum quæ per legem sunt, operabantur in membris nostris, ut fructificarent morti. » Cum essemus in carne, id est in concupiscentiis carnis versaremur, et ibi totam spem nostram poneremus, passiones peccatorum quæ per legem erant auctæ, non sublatæ, lex enim præsumentem de se peccatorem fecit prævaricatorem, quia Deum non habuit adjutorem, operabantur in membris nostris, ut fructificarent morti. Vicit enim te, o homo, concupiscentia tua, quia in malo loco, hoc est in carne te invenit. Migra de carne, in carne vivens noli esse, in carne in spiritu esto. Quid est in spiritu esto ? In Deo spem pone. Nam si spem posueris in eo spiritu, quo homo est, iterum spiritus tuus in terram relabitur, quia non eum dedisti illi, a quo suspendatur, qui non se continet nisi contineatur. Noli spem ponere in te, sed in eo qui fecit te. Ipse vita tua est, vitæ tuæ fructificas quidquid illi fructificas. Sequitur :

Vers. 6. — « Nunc autem soluti sumus a lege mortis, in qua detinebamur, ita ut serviamus in novitate spiritus, et non in vestutate litteræ. » Lex mortis est littera occidens, a qua liberantur, qui peccato moriuntur. Lex littera tantum est legentibus, quod Testamenti Veteris est ; non per charitatem implentibus, quod Testamenti Novi est. Nec est adjutrix legentium, sed testis peccantium, a cujus damnatione liberantur qui per spiritum innovantur, quia littera occidit, spiritus autem vivificat. In vetustate litteræ per timorem servitur, in novitate spiritus per amorem, ubi servi filii efficiuntur. Ut autem tales servi jam servi non simus, qui filii sumus gratiæ, Dominum hoc facere scimus. Quod servus ille nescit, qui nescit quid faciat dominus ejus, qui in seipso, non in Domino gloriatur.

Vers. 7. — « Quid ergo dicemus ? Lex peccatum est ? Absit ! Sed peccatum non cognovi, nisi per legem. Nam concupiscentiam nesciebam, nisi lex diceret : Non concupisces. » Si lex non est peccatum, sed insinuatrix tantum peccati, nihilominus in his verbis reprehenditur. Animam quippe humanam quasi de ignorantia securam, ipsa demonstratione peccati facit ream. Itaque peccatum, inquit, non cognovi, nisi per legem. Non dixit, non feci, nisi per legem, sed non cognovi, nisi per legem. Sed data est lex utilis, in eo quod peccatum demonstraret, quia cum peccatum vinci non posset, sine gratia Dei, peccatorem ipsa reatus sollicitudo ad percipiendam gratiam converteret. Non ergo per legem culpa est insita, sed cognita, nec eam lex tulit, sed tamen a quo tolleretur ostendit. Consequens autem erat, ut quoniam nondum accepta gratiam concupiscentiæ resisti non poterat, augeretur etiam, quia majores habet vires concupiscentia, crimine prævaricationis adjuncto, cum etiam contra legem facit, quam si nulla lege prohiberetur. Ideo concupiscentiam, quiddam quo cuncta complexus est, elegit Apostolus, tanquam hæc esset vox legis ab omni peccato prohibentis, « Non concupisces. » Quod quicunque implet mandatum nullum omnino facit peccatum. Neque enim ullum peccatum, nisi concupiscendo committitur. Accidit tamen homini aliquando peccatum: quod quasi nec facit, nec committit, quia in peccato nil concupiscitur, sed per impotentiam, vel ignorantiam inducitur. Ubi tamen si peccatum non esset, propheta non oraret. « Ignorantias meas ne memineris (*Psal.* xxiv). » Bona ergo lex quæ præcipit, « Non concupisces; » sed ubi Spiritus non adjuvat, inspirans pro concupiscentia mala concupiscentiam bonam, hoc est diffundens charitatem in cordibus nostris, profecto lex quamvis bona, auget prohibendo desiderium malum. Nescio enim quomodo quod concupiscitur dulcius fit cum vetatur; et hoc est quod in posterioribus dicit, quia fallit peccatum per mandatum, et per illud occidit. Unde et sequitur:

Vers. 8. — « Occasione autem accepta, peccatum per mandatum operatum est in me omnem concupiscentiam. » Erat enim et ante peccatum concupiscentia, sed non omnis erat. Fluvius per legem frenatus est, non siccatus. Quæ te ducebat obicibus nullis, obruit te, obicibus ruptis. Minor erat, quando tuam movebat libidinem; omnis est, quando transcendit legem. Vis nosse quam magnus sit? Attende quid rupit. Præceptum Dei dicentis, « Non concupisces (*Exod.* xx). » Sine lege enim peccatum mortuum erat, id est latebat, non apparebat, omnino tanquam sepultum erat in quibusdam ignorantiæ suæ tenebris. « Ego autem vivebam sine lege aliquando, » id est nulla ex peccato morte terrebar, quia non apparebat, cum lex non esset. Vivebam, id est vivere mihi videbar. « Sed cum venisset mandatum, peccatum revixit. » Eminuit, apparuit; non tamen vixit, sed revixit. Vixerat enim aliquando in paradiso, quando contra datum præceptum, satis apparebat admissum. Cum autem a nascentibus trahitur, tanquam mortuum sit, latet, donec repugnans justitiæ malum ejus prohibitione sentiatur. Cum enim aliud jubetur atque probatur, aliud delectat atque dominatur; peccatum quodammodo in notitia nati hominis revixit, quod in notitia primi facti hominis aliquando vixerat. Revixit, hoc est sentiri cœpit: cœpit rebellare, cœpit apparere.

Vers. 10. — « Ego autem mortuus sum, » id est prævaricator factus sum, vel quia mortuum me cognovi, vel quia reatus prævaricationis certum mortis supplicium comminabatur: quæ ignorabam, cum concupiscentias meas sequerer sine cognitione, quia sine cohibitione.

Vers. 10. — « Et inventum est mihi mandatum quod erat ad vitam, » si obediretur, « esse ad mortem, » dum fit contra mandatum; et non solum peccatum fit sicut prius, sed etiam a sciente et prævaricante peccatur. Bene autem mandatum est ad vitam, non concupiscere. Sola enim vera vita est non concupiscere. O vita dulcis et dulcior quam voluptas concupiscentiæ. Felix anima, quæ hujusmodi delectationibus oblectatur, ubi turpitudine nulla inquinetur, et veritatis serenitate purgetur, scilicet quando delectat lex Dei, et sic delectat, ut omnes lascivæ delectationes vincantur. Hoc autem non fit statim cum venit homo ad gratiam, sed concupiscentia tanto fit in proficiente lentior, quanto justitiæ fit proficiendo propinquior.

Vers. 11. — « Nam peccatum occasione accepta per mandatum seduxit me; et per illud occidit. » Peccatum non legitime utens lege, ex prohibitione aucto desiderio dulcius factum est, et ideo fefellit me. Fallax enim dulcedo est, quam plures, atque majores pœnarum amaritudines sequuntur. Quia ergo ab hominibus nondum spiritualibus quod vetatur suavius admittitur, fallit peccatum falsa dulcedine, quia vero accedit etiam reatus prævaricationis, occidit;

Vers. 12. — « Itaque lex quidem sancta, et mandatum sanctum, et justum et bonum. » Jubenda enim lex jubet; et prohibenda prohibet. Et in male utente vitium est, non in mandato, quod bonum est, quia lex bona est, si quis ea legitime utatur. Male autem utitur lege, qui non se subdit Deo pia humilitate, ut per gratiam lex possit impleri. Paulo ante (*vers.* 7) Apostolus legem defenderat a crimine; nunc vero debito eam præconio attollit. Ibi enim, « Lex, » inquit, « peccatum est? Absit! » Uno ibi verbo defenditur veritas, quia magna est defendentis auctoritas. Hic vero, « lex, » inquit, « sancta, et mandatum sanctum, et justum, et bonum. » Recipe ergo mandatum, scito esse arma tua, non quibus te occidat, sed quibus a te occidatur inimicus, si humilis fueris, sicut parvus David. Si autem magnus Goliath et superbus fueris, armis tuis occideris. Goliath in scuto et lancea, Pharao in curribus et in equis, tu autem in nomine Domini. Lex ergo sive obsit inanibus gratia, sive prosit plenis gratia, semper bona est, sicut sol semper est bonus, sive dolentibus oculis noceat, sive sanos demulceat. Proinde quod est sanitas oculis ad videndum solem, hoc est gratia mentibus ad implendum legem. Et sicut oculi sani non solis delectatione moriuntur, sed illuminantur, qui vero sani non sunt, ictibus asperis radiorum reverberati in densiores tenebras pelluntur: sic anima quæ per charitatem spiritus salva facta est, non justitiæ mortua dicitur, sed illa quæ reatui et prævaricationi subjacet, quam lex per litteram faciebat, quandiu gratia defuit.

VERS. 13. — « Quod ergo bonum est, mihi factum est mors? Absit? Sed peccatum ut appareat peccatum, per bonum operatum est mihi mortem. » Mors non est lex, sed peccatum est mors. Jamdudum autem dixerat (vers. 8), « sine lege peccatum mortuum est, » ubi dixeramus, quia mortuum dixit, absconditum, est; latet, non apparet. Modo videte, quam vere ita dictum sit : « Peccatum, » inquit, « ut appareat peccatum. » Non dixit, ut sit, quia erat, et quando non apparebat peccatum. Quid est, ut appareat peccatum? Quia « concupiscentiam nesciebam, nisi lex diceret; Non concupisces. » Non ait, concupiscentiam non habebam; sed, concupiscentiam nesciebam. Sic etiam hic non ait, ut sit peccatum, sed « ut appareat peccatum; per bonum mihi operatum est mortem. » Quam mortem? « Ut fiat supra modum peccans peccatum per mandatum. » Quare supra modum? Quia jam et prævaricatio. Ubi enim lex non est, nec prævaricatio. « Et inventum est mihi mandatum quod erat ad vitam (vers. 10): » quid enim tam pertinens ad vitam, quam non concupisces? « hoc esse in mortem. » Peccatum enim occasione accepta per mandatum fefellit me, et per illud occidit. Concupiscentiam terruit, non exstinxit : fecit timorem pœnæ; non amorem justitiæ. Quid ergo? Quid dubitamus ad hoc datam esse legem, ut inveniret se homo? Quando enim Deus non prohibebat a malo, latebat se homo. Vires suas languidas non invenit, nisi quando legem prohibitionis accepit.

VERS. 14. — « Scimus, » inquit, « quia lex spiritualis est; ego autem carnalis sum, venundatus sub peccato. Quod enim operor ignoro. Non enim quod volo, hoc ago : sed quod odi, illud facio. » Satis ostenditur in his verbis non posse impleri legem, nisi in spiritualibus : qui non fiunt, nisi per gratiam Dei. Spirituali enim legi quanto fit quisque similior, id est, quanto magis in spiritualem surgit affectum, tanto magis eam implet: quia tanto magis ea delectatur gratia donante peccata, et infundente spiritum charitatis, quo non sit molesta, imo suavis et jucunda justitia. Omni autem circumstantia lectionis hujus diligenter inspecta, recte quidem intelligitur Apostolus, hæc et ea quæ sequuntur, dixisse et in sua propria persona, et in persona aliorum sub gratia fideliter constitutorum : sed nondum in pacem illam assumptorum a qua absorbebitur mors in victoria, de qua dicit Apostolus. « Si spiritus ejus qui suscitavit Jesum a mortuis, habitat in vobis, vivificabit et mortalia corpora vestra, propter inhabitantem Spiritum ejus in vobis (infra cap. VIII, vers. 11). » Tunc enim vivificatis mortalibus corporibus nostris, non solum ad peccandum consensio nulla erit, sed nec ipsa cui consentiatur, carnis concupiscentia remanebit: quam spiritui resistentem non habere in carne mortali ille tantum homo potuit, qui solus non per ipsam ad homines venit. Erit enim corpus spirituale, et quisquis ibi erit, ex toto se id est, ex utraque parte qua constat, spiritualis homo erit : quando spirituale etiam corpus erit. Neque enim absurdum est, ut sit in illa vita etiam caro spiritualis : si potuit esse in hac vita in his qui adhuc carnalia sapiunt, ipse etiam spiritus carnalis. Hæc sunt quarta hominis Dei quæ hic sanctificatione Spiritus inchoantur, et in illa beata æternæ beatitudinis parte perficiuntur. Sic ergo dicit hic Apostolus, et quilibet cum eo spiritualis; « Ego autem carnalis sum; » quasi nondum spirituale corpus habebat : sicut posset dicere, mortalis sum, qui utique adhuc in mortali corpore degebat. Sic de aliis quæ hic dicuntur, intelligendum est : quæ cum in persona, ut dictum est, spiritualium dicantur, spiritualibus videntur non convenire; quæ in locis suis melius disserentur. « Scimus, » inquit, « quia lex spiritualis est. » Utique lex spiritualis est : quia sicut jam diximus, « lex per Moysen data est, gratia et veritas per Jesum Christum facta est; » cum accessit litteræ spiritus, mandato charitas; servo peccati libertas vera, liberto justitiæ servit libera, quia voluntaria. « Lex ergo spiritualis est : ego autem, » ait Apostolus, « carnalis sum. » In carne adhuc sum : quotidie moriens carnem exuo : sed nondum, ut non concupiscam, perfecte obtinui. Quod perfecte obtinebo, cum totus de carne exiero; cum spiritus spirituale corpus induero: et jam nulla parte mei ero carnalis; sed ex utraque mei parte spiritualis ero. « Venundatus sub peccato. » Quis te, o Paule, vendidit? O homo, inquit, homo sum. Homo seipsum vendidit, ut sub peccato servus sit, ille ipsum vendidit, qui consensi seductori. Vendere me potui; redimere non possum. Vendidi me, cum dedi peccato consensionem, et accepi mortem. Sed iterum do fidem, et accipio justitiam ab eo qui dedit et fidem, fidem sanguinis sui, quem diabolus injuste fudit : in quo me justificavit, qui solus justus non justificatus est : quia solus justus natus est : propter hoc ait, (infra cap. viii, vers. 23) « qui primitias Spiritus habemus, et ipsi in nobis ipsis ingemiscimus, adoptionem filiorum exspectantes, redemptionem corporis nostri. » Scio me pretio magno redemptum, sed corpus meum nondum a corruptione sua est exemptum; et ideo corruptibile adhuc et mortale, spem redemptionis suæ nondum est adeptum. Unde et nos omnes, qui qualescunque primitias Spiritus accepimus, in nobis ipsis quotidie ingemiscimus; scientes nos redemptos, sed a servili carnis conditione nondum exemptos. Propter quod ad Redemptorem nostrum anxiis quotidie precibus clamamus : « Redime me, Domine et miserere mei (Psal. xxv). » Redimis enim nos, Domine, cum imples in nobis opus redemptionis tuæ. Dederas enim homini dilectionem et gaudere de te, quæ dedit miser, ut haberet ea de se, et morti traditus et corruptioni neutrum obtinuit; nec de te, nec de se. Tu vero dedisti te in servitutem, ut redimeres ei libertatem. Dedisti te in contumeliam, ut redimeres ei gloriam. Omnium bonorum horum pretium sanguis tuus est. Ipse est fons David patens in ablutionem menstruatæ. Patientiam habe in nobis, Domine Jesu, quos tanti facere dignatus es, ut nos redempturus, non nisi te ipsum velles esse pretium nostrum, nos vero vili addictos rursum nos ipsos distraximus pro delectationibus sordidis, vere vilissimum carnis mancipium; deinde vero sordium ipsarum fetores afferimus tibi abluendos in fonte sanguinis tui pretiosi. Qui tamen lavans omnia non inquinatur, imo quanto plura abluit, tanto efficitur salubrior, dum plus diligit, cui plus dimittitur. Parce, Domine, et utinam homines sibi parcant, ne nimis sordida huc deferant, id est, ne sordidi nimis, huc veniant. Sufficiens tamen est pretium tuum omnes redimere, sufficiens fons tuus omnia abluere. Nam et reis sanguinis tui pretii sui in gratiam tuam peccantibus, et revertentibus, et plorantibus coram te, benignissime indulgere nosti, reddens tamen gratiæ reum legi puniendum, ut sicut solet oculum pro oculo, dentem pro dente, sic ab eo exigat sanguinem pro sanguine, ut delectationes pravas peccati sanguineo pœnitentiæ sudore exsudent, sanguineis cordis lacrymis explorent. Quas tamen cum non habeat, nisi gratia tua subministrante: accepto a te pretio suo, gratiæ tuæ se redimit miser homo venundatus sub peccato. Redditusque gratiæ statim pugnam invenit patiturque, quod pugnam intrantibus periculosum esse solet, tenebras ignorantiæ.

VERS. 15. — « Quod enim, inquit, operor, non intelligo. Non enim quod volo hoc ago; sed quod odi, illud facio. » Non quod non intelligeret peccatum, cum appareat peccatum per mandatum; sed ignoro, id est nescio, non approbo; sicut dicitur, « non novi vos (*Matth.* VII). » Vel bonum puto quod ago, ad explendam libidinis satietatem; vel malum esse non dubito, et tamen ago per cæcam libidinem; vel volentis et nolentis in meipso non satis adverto contrarietatem. Absit autem ut intelligatur id his verbis de Apostolo, quod, quasi voluerit esse castus, et fuerit incestuosus; misericors, et fuerit crudelis; pius, et fuerit impius; cum dicit, « non quod volo ago. » Sed volo, inquit, non concupiscere, et concupisco; lex enim dixit, « Non concupisces. » Homo legem audivit, vitium agnovit, bellum indixit, captivitatem invenit. Non omnes homines præter Apostolum; sed Apostolus cum omnibus, quia homo, Constituit enim tibi ante oculos pugnam suam, ut tu timeres tuam. Si enim hoc non dixisset beatus Apostolus, quando videres commoveri concupiscentiam in membris tuis, cui tamen tu non consentires; forsitan desperares de te et diceres : Si ad Deum pertinerem, non sic moverer. Vide Apostolum pugnare, et noli desperare. « Non inquit, quod volo, ago, » quia nolo concupiscere, et concupisco. Hæc enim est pestis illa generalis ab Adam, et inevitabile contagium. Fecit enim in paradiso contra interdictum factum puniendum, et invenit in se ipso motum pudendum, quia aperti sunt oculi eorum ad aliquid quod nunquam senserant, quod nunquam in motu corporis sui expaverant. Aperti sunt oculi eorum, non ad videndum, sed ad intuendum; unde et curaverunt tegendum. Inde trahitur originale peccatum; quod nemo effugit; inde caro concupiscit adversus spiritum; quod nemo non sentit. Hoc est peccatum, quasi naturaliter habitans in corpore omnis hominis de ipso peccato nati, peccatum quod facit omne peccatum. Odit ergo concupiscentiam ratio, non vult eam filius gratiæ; delectatur concupiscere caro, vult etiam implere quod delectat filius Adæ. Non ergo agit Apostolus quod vult, id est non concupiscere, quia agit in eo homo, quod odit Apostolus, id est concupiscere.

VERS. 16. — « Si autem quod nolo, illud facio, consentio legi, quoniam bona est. » Non esset legi prævaricatio mala, nisi ipsa lex esset bona. Si enim non bona esset, non esset malum prævaricari malam. Quia vero malum est eam prævaricari : ergo bona est. Quid tam bonum, quam : « Non concupisces ? » Dicit ergo Apostolus. Non implet legem infirmitas mea ; sed laudat legem voluntas mea. Nolo enim quod ago, et in eo quod nolo, legi consentio : et si contra legem sum, in eo quod ago. Voluntas enim mea est, quæ et legis, non concupiscere ; quod cum non agam, approbem tamen, et in me et in lege, si agere possem : consentio legi quia bona est.

VERS. 17, 18. — « Nunc autem jam non ego operor illud : sed quod habitat in me peccatum. » Ubi in te? Sequitur : « Scio enim, quia non habitat in me, hoc est in carne mea bonum. » Hoc est semen Adæ in corpore nostro, cui contrarium est semen illud Dei in spiritu nostro, de quo dicit Joannes in epistola sua, quia, « si quis ex Deo natus est non peccat, sed semen ejus quod in ipso est, conservat eum (*I Joan.* III). » In corpore enim habitat peccatum, sed non ei consentiendo vivit ex fide, qui invocat Deum, pugnans contra peccatum. Nam ut non sit, adest velle, sed jacet, id est impotens est sine auxilio gratiæ, cum et ipsum velle sit opus gratiæ. Idcirco addit. « Perficere autem bonum non invenio. » In eo enim quod non consentit, bonum facit; in eo quod odit concupiscentiam suam bonum facit; perficere tamen bonum non invenit. Quod tunc inveniet, quando concupiscentia quæ nunc habitat in membris nostris, nulla erit. Nunc autem vitium carnis in re bona non est bonum ; quod cum esse destiterit, caro erit, sed jam vitiata vel vitiosa non erit. Quam tamen ad nostram pertinere naturam, idem doctor ostendit dicens : « Scio, quia non habitat in me, » quod ut exponeret, addidit. « Hoc est in carne mea, bonum. » Se itaque dicit carnem suam : non ergo ipsa est inimica. Nam et quando ejus vitio resistitur, ipsa amatur ; quia ipsa curatur. Nemo enim unquam carnem suam odio habuit (*Ephes.* v). « Nam velle adjacet mihi : perficere autem bonum non invenio. » Utrique velle adjacet, et a carne, et a mente ; sed neutrum perficere invenit, quandiu voluntatem mentis ad consensum mali trahere non potest carnis concupiscentia, nec potest efficere voluntas mentis, ut omnino concupiscentia non sit. Unde sequitur :

Vers. 19. — « Non enim quod volo bonum, hoc facio ; sed quod nolo malum, hoc ago. Si autem quod nolo, illud facio, non ego operor illud, sed quod habitat in me peccatum. » Quia enim cum bene volo, quod vult lex et ego volo : invenio igitur mihi bene volenti facere legem esse bonam, quia præcipiendo mittit me ad bonum, sed perficere non invenio, quia velle mihi adjacet, prope mihi est, in corpore meo habitat peccatum, domesticus inimicus. Omnis qui proficit recta intentione, proficiens recedit ab omni peccato, et tanto fit inde longinquior, quanto justitiæ et perfectioni fit propinquior, quia et ipsa concupiscentia quæ est peccatum habitans in carne nostra, etsi manet adhuc in membris mortalibus, minui tamen non desinit in proficientibus. Aliud est enim recedere ab omni peccato, quod nunc in opere est, aliud recessisse, quod in illa perfectione est. Reatus quippe originalis concupiscentiæ in baptismo dimittitur, sed usque ad futuram vitam infirmitas permanet, ibi vero bene pugnantes pax perpetua manet, cui donec sanetur, omnis qui bene proficit, studiosissime reluctatur. Hoc est enim peccatum latens, et malum adjacens, de quo supra dictum est : « Non enim ego operor illud, sed quod habitat in me peccatum, » et rursum hic, quoniam mihi malum adjacet, quasi calcaneo insidians coluber. Hoc sicut dicit « non ego, operor illud, sed quod in me habitat peccatum, » tunc in nobis operatur, et nos non operamur, quando nequaquam ei voluntas nostra consentit : et tenet etiam membra, ne obediant desideriis ejus. Quid enim operatur peccatum in nolentibus nobis, nisi illicita desideria? Quibus si voluntatis non tribuitur assensus, movetur quidem, sed nullus ei relaxatur effectus. Operatur igitur peccatum desideria, quibus si obedimus, et nos operamur, si autem non obedimus, non nos operamur illud, sed quod habitat in nobis peccatum. Si autem nulla desideria illicita haberemus, nec nos, nec peccatum aliquid mali operaretur in nobis. Motum vero illiciti desiderii, cui non obediendo non id nos operamur, ideo et nos agere dicimur, quoniam non est naturæ vigor alienæ, sed languor nostræ. A quo languore salvi erimus, cum et anima et corpore immortales facti fuerimus. Cujus, ut jam dictum est, reatus in baptismo dimissus est, cum omnibus quæ obediendo illi fecimus, nec ulterius nobis obesset, si nullis ejus desideriis obedientiam ulterius præberemus.

Vers. 21. — « Invenio igitur legem volenti mihi facere bonum, » hoc est bonum aliquod invenio esse egem. Sed cum facere volo bonum, pugnam in me ipso invenio, quoniam malum adjacet, mihi ubi addit.

Vers. 22. — « Condelector enim legi Dei secundum interiorem hominem. Video autem aliam legem in membris meis repugnantem legi mentis meæ, et captivantem me in legem peccati, quæ est in membris meis. » Nunquid enim quia deleta est in baptismo tota iniquitas, nulla remansit infirmitas? Si nulla remansisset, sine peccato hic viveremus. Sed ex qua parte liberati sumus, liberi sumus et Deo servimus, ex qua parte adhuc servi sumus, servimus legi peccati. « Condelector, inquit, legi Dei secundum interiorem hominem. » Ecce unde liberi, inde delectamur lege Dei. Libertas enim delectat. Nam quandiu timore facis quod justum est, non te Deus delectat. Quandiu te non delectat, adhuc servus facis ; delectet et liber es. Noli timere pœnam, sed ama justitiam. Nondum potes amare justitiam? vel time pœnam, ut pervenias ad amandam justitiam. Ergo ille jam ex parte superiore liberum se sentiebat, unde dicebat : « Condelector legi Dei secundum interiorem hominem. » Delectat me lex, delectat quod jubet ipsa lex, delectat ipsa justitia. « Video autem aliam legem in membris meis repugnantem legi mentis meæ : et captivantem me in legem peccati, quæ est in membris meis. » Hæc est quæ remansit infirmitas. Ex hac parte sentit captivitatem, ubi non est impleta justitia. Nam ubi condelectatur legi Dei, non captivus, sed legis amicus est, et ideo liber, quia amicus, quid ergo ex eo quod restat? « Si vos Filius liberaverit, tunc vere liberi eritis (*Joan.* viii). » Hæc autem lex est repugnans legi mentis, quam primi homines in membris conceptæ mortis habere meruerunt, postquam præceptum transgressi sunt, quem usque nunc in filiis Adam nuptiæ ordinant, continentia cohibet et refrenat, ut quemadmodum de peccato factum est supplicium, sic de supplicio fiat meritum. Hæc lex est, quæ captivum me ducit : captivum, sed ex parte ; captivum, sed ex carne. Nam mens repugnat, et condelectatur legi Dei, nec consentit peccato titillanti, suggerenti, blandienti, quoniam habet alias interius delectationes suas delectationibus carnis nulla ex parte conferendas. Est ergo in me quiddam mortuum. Mens non consentit, sed mors contendit. Sed sicut quod vivit in me est, sic est in me etiam quod mortuum est.

Vers. 24. — « Infelix ego homo, quis me liberabit de corpore mortis hujus? » Quid est quod postulat? Si resolutionem corporis, non longe est. Propter hoc tam profundus gemitus Apostoli? Absit! De corpore enim mortis hujus non omnis liberatur, qui finit hanc vitam, sed qui dignus est accipere illam vitam. Non postulat liberari de substantia corporis, quæ bona est, sed de vitiis carnalibus, unde non liberatur homo etiam moriens, nisi per gratiam Salvatoris. Nam a corpore mors separat, sed contracta ex illo vitia cohærent ; quibus justa pœna debetur, quam etiam in inferno dives ille invenit. Non enim petit tantum, ut per indulgentiam, sit de præteritis impunitus, sed ut etiam de cætero sit ad non peccandum fortis et validus. Condelectatur enim legi Dei, sed videt aliam legem in membris suis. Videt esse, non recolit fuisse, præsentibus urgetur, non præterita reminiscitur, nec tantum videt repugnantem, sed etiam captivantem se in legem peccati, quæ est, non quæ fuit, in membris ejus. Potuisset etiam dicere de corpore mortali. Quid sibi vult corpus mortis hujus? Primorum enim hominum corpora ante peccatum licet animalia, nondum spiritualia, non tamen talia erant, quæ necesse esset mori : quod ea die factum est qua lignum contra vetitum tetigerunt. Ita illis homines animalia quidem corpora gerentes, sed non moritura nisi peccassent, acceptura autem angelicam formam cœlestemque qualitatem : mox ut præceptum transgressi sunt, eorum membris velut aliqua ægritudo lethalis mors ipsa concepta est, mutavitque illam qualitatem, qua corpori sic dominabantur, ut non dicerent, video aliam legem in membris meis repugnantem legi mentis meæ, quia etsi nondum spirituale sed animale corpus, nondum tamen erat mortis hujus, de qua et cum qua nati sumus. Quid enim non dicam nati, sed omnino concepti, nisi ægritudinem quamdam inchoavimus, qua post morbos et multas mortes corporis, captivitates animæ et afflictiones, insuper novissime necessario morituri sumus? Neque enim tam necesse est, eum ipso morbo mori, qui hydropicus, vel syntecticus, vel elephantiosus factus fuerit, quam eum qui hoc corpus mortis habere cœperit, in quo omnes homines natura sunt filii iræ, quia hoc non fecit, nisi pœna peccati. Concupiscentia etiam cum qua nati sumus, finiri non potest quandiu vivimus. Quotidie minui potest, finiri non potest : propter quod corpus nostrum corpus mortis appellatur.

Vers. 24, 25. — « Quis ergo liberabit me de corpore mortis hujus? Gratia Dei. » Gratia, quia gratis data, gratia, quia prævenit omnia bona merita nostra. Liberabit autem nos de corpore mortis, cum corruptibile hoc induet incorruptionem. Per quem? « Per Dominum nostrum Jesum Christum. » — « Sicut » enim « in Adam omnes moriuntur, ita et in Christo omnes vivificabuntur (*I Cor.* xv). » Nec tamen usquequaque Paulo non ignoscendum, qui securus de reposita sibi corona justitiæ dicebat: « Scio cui credidi, et certus sum quia potens est depositum meum servare in illum diem (*II Tim.* 1). » Difficile est laborantem finem laboris non requirere. Et bonum quidem ei erat permanere adhuc in carne propter fratres, sed esse cum Christo multo melius. O Domine, cujus gratia nos liberat, propheta qui dicit: « Tu es spes mea, non sine causa dicit, quia tu es etiam patientia sua (*Psal.* lxx). » Nos autem et corpus mortis, et captivitas animæ in legem peccati, et mundus in maligno positus, et omnia vitæ hujus mala urgent ad te summum bonum ; ubi nullum malum. Tu quoque temetipsum promittis nobis ; sed quando te habituri sumus, non indicas nobis. Creas malum, quod nos hinc urgeat ; spem prolongas, ut miseros torqueat. Et in his omnibus si dicimus : « Infelix ego homo ! Quis me liberabit de corpore mortis hujus ? » Ego, dicit nobis gratia tua. Si quærimus quando, arguimur de impatientia ; si amplius aliquid præsumimus, obruimur de judiciorum tuorum ignorantia. Ideo gratiæ tuæ terminos inhabitantes turbantur a signis tuis, multumque eos delectat exitus matutini hujus et vesperæ, ubi de eo quod de gratia tua futuri sunt, nequaquam ulterius timeant defectum, ultra quod ulterius non desiderent profectum, tenentes illud perfectum, quo tu eris eis omnia in omnibus. Domine, dabis pacem eis ; interim patientiam da eis. « Igitur ego ipse mente servio legi Dei, carne autem legi peccati. » Ordo sensus præcedentis hic est. Quia gratia liberat, igitur ego ipse mente servio legi Dei, carne autem legi peccati. Quod si mente servio legi Dei, et si carne etiam servio nolens legi peccati, jam tamen in Christo sum. Si in Christo sum, nulla mihi damnatio, quia « nihil damnationis est his qui sunt in Christo Jesu. » Nam quidquid damnationis est effugimus, qui ad Christum confugimus quia liberatorem invenimus.

CAPUT VIII.

Vers. 1-3. — « Nihil ergo nunc damnationis est iis qui sunt in Christo Jesu, qui non secundum carnem ambulant. » — « Lex enim spiritus vitæ in Christo Jesu liberavit me a lege peccati et mortis. » In lege vero spiritus impletur justitia, quæ in lege litteræ impleri non poterit, quia « in quo lex infirmabatur, misit Deus Filium suum. » Igitur, inquit, ego ipse mente servio legi Dei. Hactenus homo Dei non discernens seipsum, non intelligens quod operatur, incipit discernere seipsum, et intelligere quis in eo operatur. Igitur, inquit, non alius in carne, alius in mente ; sed ego in carne, ego in mente ; non duæ contrariæ naturæ, sed in utroque unus homo, sicut unus Deus, a quo factus est homo ; ipse ego mente servio legi Dei, non consentiendo ; carne autem legi peccati, concupiscendo : tamen hic delector, et ibi non vincor. Indicitur enim tibi hic nova vita, o vetus homo. Novitatis gaudio suspenderis sed vetustatis onere prægravaris. Incipit tibi bellum esse adversum te ; si ex qua parte displices tibi jungeris Deo, ex qua parte jam Deo jungeris, idoneus eris ad vincendum te, quia ille tecum est qui vincit omnia. Sed tædet nos quotidiani certaminis, nollemus semper vincere ; vellemus aliquando pacem invenire. Quantum enim est in votis nostris, in voluntate nostra, in oratione nostra, qua dicimus : « Ne nos inducas in tentationem, sed libera nos a malo (*Matth.* vi) ; » hoc utique cupimus, ut nec ipsa mala desideria existant de carne nostra ; sed quandiu hic vivimus, efficere non valemus. Meruit hoc humana natura in semetipsa : de peccato languor est ; sanatur, et non est. Discordia ista pro pace laborat. Agit caro desideria sua, age et tu tua. Non opprimuntur, non exstinguuntur a te desideria carnis; non exstinguat tua, ne in certamine succumbas. Mente non consentiente malis concupiscentiis, servi legi Dei; carne autem concupiscente, sed te non serviente, servi legi peccati. Quandiu sic es, in Christo Jesu es; et nihil damnationis est his qui sunt in Christo Jesu; qui, etsi sunt in carne, carne serviendo legi peccati, tamen secundum carnem non ambulant, mente serviendo legi Dei. « Nunc, » id est in hoc statu, » nihil damnationis est his qui sunt in Christo Jesu. Vel nunc, id est in tempore certaminis, quandiu adhuc pugnamus, tamen periculum damnationis jam evasimus : veniet pax, quando nec ipsa concupiscentia erit, contra quam pugnamus. « Lex enim spiritus vitæ in Christo Jesu liberavit me a lege peccati et mortis. » Tres hic leges proposuisse videtur Apostolus, quarum discretio legentibus necessaria est. Lex spiritus vitæ prima, lex peccati et mortis secunda, lex cui impossibile erat justificare, tertia. Lex spiritus vitæ ipsa est lex fidei, lex misericordiæ, de qua dicitur : « De lege tua miserere mei (*Psal.* CXIII). « Ipsa enim est, quæ tribuit remissionem peccatorum, gratia Dei potens ad adoptandum. Lex secunda concupiscentia est. Quæ recte omnino lex dicitur, quia legitime factum est ut homini, qui noluit obedire Domino Deo suo, non obediat sua caro. Ipsa est lex peccati, et lex mortis. Peccatum enim mors est, de quo dicitur : « Qua die manducaveritis, morte moriemini (*Gen.* XXI). » Tertia lex litteræ est, impotens implere quod lex spiritus vitæ implevit, liberare scilicet a lege peccati et mortis. Ipsa est lex factorum, quæ minari novit, non subvenire; jubere, non juvare. Altera enim lex ostendit, altera tollit peccatum. Tollere peccatum impossibile erat legi litteræ, in quo infirmabatur per carnem. Rebellante enim carne et vincente audiebat homo legem, et plus incitabatur ad concupiscentiam suam. Quod ergo per eam non potuit, per legem gratiæ impletum est.

VERS. 3, 4. — « Cum Deus Filium suum mittens in similitudinem carnis peccati, de peccato damnavit peccatum in carne, ut justificatio legis impleretur in nobis, qui non secundum carnem ambulamus, sed secundum spiritum. « Aperi, Domine, Scripturas, quæ de te sunt, non nisi te quærentibus in eis ; et hanc maxime, quam per Apostolum tuum dictasti nobis, quæ propria est digiti tui, et stylus spiritus tui, et in ea hujus maxime sacramenti signaculum resolve nobis, quod qui resolveret, nemo dignus inventus est in cœlo, neque in terra, neque sub terra, præter te, qui habes clavem David (*Apoc.* V). Aperi ergo nobis quid illud est, « quod impossibile erat legi, in quo infirmabatur per carnem ; » quod exhiberi non potuit sæculo, nisi Unigenitus tuus veniret, et appareret in mundo in similitudinem carnis peccati. Quid, nisi quod sequitur, destructio vel damnatio peccati, et impleta in nobis legis justificatio? Unde etiam dicit ad Hebræos : « Si enim sanguis hircorum aut vitulorum, aut cinis vitulæ aspersus inquinatos sanctificat ad emundationem carnis, quanto magis sanguis Christi, qui per Spiritum sanctum semetipsum obtulit immaculatum Deo, emundabit conscientiam nostram ab operibus mortuis ad serviendum Deo viventi? (*Hebr.* IX). Quod enim hic peccati damnatio, hoc ibi dicitur mortuorum operum facta emundatio, et servitus mundæ ad Deum conscientiæ perfecta justitiæ impletio est. Nam in lege litteræ homo peccabat, et hircus luebat; in quo non spiritus, sed caro mundari vel sanctificari videbatur, in eo quod ad ejus emundationem lex propter infirmitatis suæ conscientiam nil amplius a forensi illo emundationis ritu exigebat. Usque ad carnem enim tantum lex posse videbatur, ad conscientiam vero emundandam ingredi infirmabatur per carnem. Hoc post peccatum non facientem lapidandum vel exterminandum minabatur de populo suo, de conscientia nihil agens quomodo emundaretur a Domino Deo suo; quod non fit, nisi in consummatione justitiæ legis. Quærendum ergo est quæ sit ipsa legis justitia. Scilicet ipsa est, [quæ ideo justitia legis dicitur; quia ad hoc data est, ut lex impleatur. Quæ, nisi satisfactio de præterito, cautio de futuro? Sed nulla poterat esse satisfactio a natura vitiata de peccato concreto naturæ; nec cautio de futuro ab eo qui exors esset gratiæ. Ecce infirmitas legis per carnem. Venit ergo Unigenitus a Patre plenus gratiæ et veritatis (*Joan.* I); plenus intantum gratiæ, ut non solum in ipso abundaret, sed etiam ab ipso in nos exundaret, quia de plenitudine ejus omnes accepimus, et gratiam pro gratia. Primum enim nobis prærogat fidem, deinde quasi pro merito fidei spem; spes autem non confundit, quia mox etiam charitas Dei diffunditur in cordibus nostris per Spiritum sanctum (*Rom.* V); qui quando datur nobis, necesse est ut tantum speremus quantum credimus; tantum amemus quantum speramus et credimus : et hæc est legis et justificationis impletio. Venienti enim in mundum Unigenito Dei occurrit princeps hujus mundi, a quo pro justitia se permisit occidi, cum non haberet in eo quidquam. Ipse vero innocentis mortis suæ justitiam dans peccatori pœnitenti, fidem suam et charitatem posuit ei in corde, confessionem ad salutem in ore, corpus, et sanguinem in manu : sicque reum et redemptum suum Deo Patri repræsentans, de peccato præsumptoris damnato et destructo peccato pœnitentis, placitum et acceptum eum reddidit in sacrificium justitiæ suæ. Hæc est redemptio, quam misisti, Domine, populo tuo; hæc est justitia tua, de qua a finibus terræ quotidie ad te clamat pauper tuus : « in tua justitia libera me (*Psal.* LXX). » Hoc est opus tuum, de quo postulat Propheta dicens : « Domine, opus tuum verum fiat (*Habac.* III). » Verum quippe nobis fit opus tuum, cum sacrificamus tibi hoc sacrificium tuum; cum certo fidei sacramento et pie cordis affectu recolentibus nobis quid pro nobis fecisti, fides quasi ore suscipit, spes ruminat, charitas excoquit in salutem et vitam beatam et beatificum gratiæ tuæ cibum. Ibi enim te exhibes animæ desideranti, acceptans amplexum amoris sui, et osculans eam osculo oris tui, ubi sicut in osculo amoris solet, ipsa tibi effundit spiritum suum, et tu ei infundis tuum, ut efficiamini unum corpus et unus spiritus, cum hoc modo sumit corpus et sanguinem tuum. Ibi conscientia non solum ab operibus mortuis emundatur, sed et ad serviendum Deo viventi repleta fructibus vitæ et spiritus confortatur, cum plene in ea adimpletur legis justitia; ut sicut te nobis exhibuisti quodammodo usque ad contemptum tui, sic Filii tui voveant tibi semetipsos usque ad contemptum sui. Misit autem Deus Filium suum in similitudinem carnis peccati, in carne vera, sed non in carne peccati. Primus homo nullius parentis præcedente peccato creatus est, non in carne peccati; nos illius præcedente peccato nati sumus in carne peccati. Christus, ut de peccato damnaret peccatum, talis apparuit, id est in similitudine carnis peccati. Similitudo autem carnis peccati fuit in eo, quia mors non est nisi de peccato, et utique corpus illud mortale fuit. Nam nisi mortale esset, non moreretur. Sic ergo dicitur mors peccatum, quia peccato facta est, quomodo dicitur lingua Græca, vel lingua Latina, non ipsum carnis membrum, sed quod fit per membrum carnis. Sic ergo peccatum mors Domini, quod factum est de peccato, quia inde carnem assumpsit de massa ipsa quæ mortem meruerat ex peccato. Etenim Maria ex eadem mortua propter peccatum, et caro Domini ex Maria mortua propter delenda peccata. Maria virgo sine virili amplexu, sine concupiscentiæ æstu, quoniam ne pateretur hunc æstum, ideo ei dictum est: « Spiritus sanctus superveniet in te, et virtus Altissimi obumbrabit tibi (*Luc.* 1). » Virgo ergo Maria non concubuit et concepit, sed credidit et concepit: natusque est Dominus mortalis mortalibus. Quare mortalis? Quia in similitudine carnis peccati, non in carne peccati. Quid habet caro peccati? Mortem et peccatum. Quid habuit similitudo carnis peccati? Mortem sine peccato. Si enim haberet peccatum, caro esset peccati. Si mortem non haberet, non esset similitudo carnis peccati. Talis venit Salvator. Mortalis autem mortuus est, sed mortem occidit, et de peccato damnavit peccatum. De peccato ergo præsumptoris, ut dictum est, damnavit peccatum pœnitentis peccatoris, et de morte carnis suæ mortem animæ occidit in nobis. Sed et hostia pro peccato peccatum in lege dicebatur. Ideo factus ipse hostia pro peccato, damnavit et destruxit omne peccatum in nobis. Hæc est justitia legis, non impleta per legem, sed per eum, qui venit legem non solvere, sed adimplere, Jesum Christum Dominum nostrum. Sic ergo « justificatio legis » impleta est in nobis; « qui non secundum carnem ambulamus, sed secundum spiritum. » Secundum carnem non ambulare est, operante gratia, concupiscentiis non obedire. Restat enim post acceptam gratiam cum carne conflictus, quia deleta est iniquitas, sed manet infirmitas.

LIBER QUINTUS.

SEQUITUR CAPUT VIII.

Vers. 5-7.— « Qui enim secundum carnem sunt, quæ carnis sunt sapiunt. Qui vero secundum spiritum, quæ sunt spiritus sentiunt. » Sapientia odit malitiam. Quid est sapientia, nisi sapor boni? Quid malitia, nisi sapor mali? Quibus ergo sapit et dulce est in corde, sive bonum, sive malum, ipsi sunt qui sapiunt vel sentiunt quæ sunt spiritus, vel quæ sunt carnis: ipsi sunt et qui ambulant vel secundum spiritum, vel secundum carnem. Sequitur : « Nam prudentia carnis mors est. » Bene post saporem ponitur prudentia, quia sicut gustus est discernere cibos, quidquid sapiat, sic prudentiæ est perpendere quid expediat. In quo si quis hoc tantum quærit quod sapit carni, prudentia carnis est: quæ mors animæ est. Sicut enim anima vita est corporis, sic vita animæ Deus est, et quidquid infra Deum appetit, mors illi est. Prudentia vero spiritus est quærere vitam suam, quæ Deus est; et pacem quæ est in Deo; quæ pax ei esse non potest, qui sapit quæ carnis sunt; quia sicut dictum est sapientia odit malitiam; « et sapientia carnis inimica est Deo, Legi enim Dei non est subjecta, nec enim potest. » Quid est: neque enim potest? Non homo non caro, non spiritus, non ulla natura, non potest, sed prudentia carnis non potest. Vitium non potest, sed natura, quomodo si diceres: Claudicatio rectæ ambulationi non est subjecta, nec enim potest. Pes potest, sed claudicatio non potest. Tolle claudicationem, et videbis rectam ambulationem. Quandiu claudicatio est, non potest, sic quandiu prudentia carnis est, non potest. Non sit prudentia carnis, et homo potest. Quod vero ait, « prudentia carnis inimica est Deo, non sic accipiendum, quasi inimica ista possit lædere Deum. Resistendo inimica est, non nocendo. Illi autem nocet, in quo est prudentia carnis, quia vitium est, et naturæ nocet, cui inest. Sic neque legi Dei subjecta esse potest, in quantum vitium est, tamen legis Dei ordinationem non effugit, in quantum naturæ inest; quæ in creatura sua bene novit ordinare, etiam quæ extra ejus ordinem sunt mala. Ordinat enim non vitium, sed naturam vitiatam. Unde et sequitur:

VERS. 8.—« Qui enim in carne sunt, Deo placere non possunt. » Qui in carne confidunt, qui concupiscentias suas sequuntur, qui in eis habitant, qui earum voluptatibus oblectantur, qui in earum delectationibus beatam felicemque vitam constituunt, (ipsi enim in carne sunt) Deo placere non possunt. Non enim intelligendum est, qui sunt in carne, quasi qui in ista carne vivunt, in qua multi viventes Deo placere meruerunt, qui in carne non fuerunt quamvis in carne vixerint. Portabant carnem, non portabantur a carne. Unde et subditur : « Vos autem in carne non estis. » Populo Dei dicit, Ecclesiæ Dei dicit, Romanis scripsit ; sed universæ Ecclesiæ dixit. Tritico dixit, non paleæ; massæ latenti, non stipulæ apparenti. Unusquisque in corde suo cognoscat si ad eum pertineat.

VERS. 9.— « Vos autem in carne non estis, sed in spiritu; si tamen spiritus Dei habitat in vobis, » si secundum interiorem hominem condelectamini legi Dei. Hoc enim est,« si spiritus Dei habitat in vobis.» Nam si de vestro spiritu præsumitis, adhuc in carne estis. Sic enim non estis in carne, si in spiritu Dei sitis. Nam si recedit spiritus Dei, pondere suo spiritus hominis revolvitur in carnem ; redit ad facta carnalia, redit ad concupiscentias carnales, et fiunt hominis illius novissima pejora prioribus. Sic ego habete liberum arbitrium, ut imploretis auxilium. « Non estis in carne. » Et hoc ex viribus vestris ? Absit ! Unde ergo ? « Si tamen spiritus Dei habitat in vobis. Si quis autem spiritum Christi non habet, hic non est ejus.» Non ergo se jactet, non se extendat, non sibi arroget virtutem propriam egena et vitiata natura, quia si quis spiritum Christi non habet, hic non est ejus. Ipse est spiritus Dei, qui spiritus Christi ; ipse Patris, qui Filii. Sed ecce adjuvante ipsius misericordia spiritum Christi habemus, et ipsa delectatione justitiæ, et integra fide et catholica, spiritum Dei nobis inesse cognoscimus. Sed quid de carne illa mortali ? Quid de lege repugnante legi mentis ? Quid de illo gemitu, miser ego homo ? Audi.

VERS. 10, 11.— « Si autem Christus in vobis est, corpus quidem mortuum est propter peccatum : spiritus autem vita est propter justitiam.» Corpus, inquit, mortuum est, non propter fragilitatem terrenam, sed propter peccatum. Vigilantissime non ait, mortale est, sed mortuum. Namque antequam immutaretur in illam corruptionem, quæ in sanctorum incorruptione promittitur, poterat esse mortale, quamvis non moriturum, sicut hoc nostrum potest, ut ita dicam, esse ægrotabile, quamvis non ægrotaturum. Cujus enim caro ægrotare non potest, etiamsi aliquo casu, priusquam ægrotet, occumbat? Sic et illud corpus jam erat mortale : quam mortalitatem fuerat absumptura mutatio in æternam incorruptionem si in homine justitia, id est obedientia permaneret. Sed ipsum mortale non est factum mortuum, nisi propter peccatum. Quæ vero in illa resurrectione futura est mutatio, non solum nullam mortem, quæ facta est propter peccatum, sed nec mortalitatem habitura est, quam corpus animale habuit ante peccatum. Non ait, vivificabit et mortua corpora vestra, cum supra dixisset mortuum ; sed « vivificabit, inquit, mortalia corpora vestra, » ut scilicet jam non solum non sint mortua, sed nec mortalia, cum animale resurget in spirituale, et mortale hoc induet immortalitatem, et absorbebitur mortale hoc a vita. Cum enim præsentis temporis gratiam determinans diceret, mortuum quidem corpus esse propter peccatum, quia in eo nondum per resurrectionem renovato peccati meritum manet, hoc est necessitas mortis; spiritum autem vitam esse propter justitiam, quia licet adhuc corpore mortis hujus oneremur, jam secundum interiorem hominem cœpta renovatione in fidei justitiam respiramus, tamen ne humana ignorantia de resurrectione corporis nil speraret : etiam ipsum quod propter meritum peccati in præsenti sæculo dixerat mortuum, in futuro propter justitiæ meritum dicit vivificandum, nec sic, ut tantum ex mortuo vivum fiat, sed etiam ex mortali immortale permaneat. Apostolicæ lumen scientiæ attende. Quidquid hic dicit, ideo dicit, ne putarent homines, nullum vel parvum se habere beneficium de gratia Christi, quia necessario morituri sunt corpore. Attendere quippe debent, corpus quidem adhuc peccati meritum gerere, quod conditione mortis contractum est; sed jam cœpisse vivere propter justitiam fidei, quod et ipsum in homine fuerat quadam morte infidelitatis exstinctum. Non igitur, inquit, parum muneris putetis esse collatum per id quod Christus in vobis est, quod in corpore propter peccatum mortuo jam propter justitiam spiritus vester vivit; nec ideo de vita quoque ipsius corporis desperetis. « Si enim spiritus ejus qui suscitavit Jesum a mortuis habitat in vobis, vivificabit et mortalia corpora vestra propter inhabitantem spiritum ejus in vobis. » Dicit etiam quomodo fiat, ut vita in se mortem mortificando convertat.

VERS. 12,13.—Ergo, inquit, fratres, debitores sumus non carni, ut secundum carnem vivamus. Si enim secundum carnem vixeritis moriemini. Si autem spiritu facta carnis mortificaveritis, vivetis. » Quod quid est aliud quam si secundum mortem vixeritis, totum morietur ; si autem secundum vitam vivendo mortem vivificaveritis, totum vivet ? Ergo, fratres, accepto auxilio, porrecto nobis desuper auxilio brachio Domini accepto Spiritu sancto, « debitores sumus non carni, ut secundum earnem vivamus, » ut habeamus dilectionem, et ex illa habere possimus bonam operationem. Fides enim non potest operari, nisi per dilectionem. « Si enim secundum carnem vixeritis, moriemini. » Hoc jam supra dixit, prudentia carnis mors est : non quia caro malum est, sed quia vivere secundum carnem malum est. « Si autem spiritu facta carnis mortificaveritis, vivetis. » Hoc est opus nostrum in hac vita, actiones carnis spiritu mortificare, quotidie affligere, minuere, frenare, interimere. Actiones carnis concupiscentiæ carnis sunt : quibus non consentire magna laus est ; quas non habere, perfectio est. Ad quod ne quis de spiritus sui virtute præsumeret, subjunxit :

Vers. 14. — « Quotquot enim spiritu Dei aguntur, hi filii sunt Dei. » Plus est agi quam regi. Qui enim regitur aliquid agit : et ideo regitur, ut recte agat. Qui autem agitur agere ipse aliquid vix intelligitur. Et tamen tantum præstat voluntatibus nostris gratia Salvatoris, ut non dubitet Apostolus dicere. « Quotquot spiritu Dei aguntur, hi filii sunt Dei. » Aguntur quippe filii Dei, ut quod agendum est agant; et cum egerint, illi a quo aguntur, gratias agant, quia sicut agendum est illud agant, id est cum delectatione et dilectione justitiæ, et suavitatem quam dedit Dominus, ut terra ejus daret fructum suum, ab eo se accepisse gaudeant. Nomen enim adjutoris præscribit agenti, quia et ipse aliquid agit. Filii ergo Dei sunt, quicunque aguntur spiritu, non littera, non lege præcipiente, minante, promittente, sed spiritu excitante, illuminante, adjuvante.

Vers. 15. — « Non enim accepistis spiritum servitutis iterum in timore, » sicut in monte Sina, « sed accepistis spiritum adoptionis filiorum, » ut miro et vero tamen modo servi, non servi esse possimus, servi scilicet timore casto, ad quem pertinet servus intrans in gaudium Domini sui, non autem servi timore foras mittendo, ad quem pertinet servus non manens in domo in æternum. Filii quippe serviunt, et liberi sunt : propter quod etiam liberorum nomine censentur. Idem autem spiritu servitutis, qui libertatis, sed et ille in tabulis lapideis, id est duris cordibus in timorem, hic autem in tabulis cordis in charitatem. Servitus vero in timore quid est ? Nemo invitus bene facit, etiamsi bonum est quod facit, quia nihil prodest spiritus timoris, ubi non est spiritus charitatis. Mandatum enim Dei si fit timore pœnæ, non amore justitiæ, serviliter fit ; et ideo nec fit. « Sed accepistis spiritum adoptionis. » Solet gaudere pater ad unicum filium, tanquam qui solus totum possessurus sit, nec habeat cum quo dividat hæreditatem. Non sic Deus Pater. Habuit unicum, sed noluit habere unum, quem in mundum misit, ut fratres haberet adoptatos. Venit unigenitus, suscepit in seipso peccata quibus implicabamur, ne per ea gratia adoptionis impediretur. « In quo clamamus, abba, Pater. » Harum duarum vocum, altera ex lege est, altera ex præputio. Qui autem clamant, aliquid petunt. Quid petunt, nisi quod esuriunt, id est justitiam ? Dedit enim servis suis potestatem filios Dei fieri (Joan. I), unicus Dei, eosque admonuit petere, quærere, et pulsare, ut accipiant, inveniant, et aperiatur eis. In eo autem clamamus, id est ipso diffundente charitatem in cordibus nostris, sine qua frustra clamat, quicunque clamat.

Vers. 16. — Ipse enim spiritus testimonium reddit spiritui nostro quod sumus filii Dei. » Nulla anima tam perversa est, in cujus corde non loquatur Deus : quæ tamen utcunque ratiocinari potest. Interroga ergo viscera tua, si plena sunt charitate, interroga animam tuam, utrum timore agatur, an amore. Ipse qui diffundit charitatem in corde tuo, testimonium perhibet spiritui tuo quid in eo agatur; ipse etiam Spiritus de seipso testificatur. Quomodo ? Vis audire quomodo ? Audi ipsum, quo donante si habes, accipis spiritum ipsum. « Si quis, inquit, diligit me; mandata mea servabit (Joan. XIV). » Si dilectio et delectatio justitiæ te agit ad observationem mandatorum Dei, hoc est testimonium habitantis in te spiritus Dei. Si sic es, liber es, filius es, tua sunt omnia quæ Patris sunt. Inspirat tibi amorem Patris Spiritus adoptionis, in quo in tantum clamas, in quantum amas, quia ipse amor est et clamor, in quo clamas, « Abba Pater. » Si Patrem invocas filii affectu, ipse auctor gratiæ Spiritus sanctus, ipsum sibi insinuans spiritum tuum, filium te esse Dei contestatur ipso effectu.

Vers. 17. — « Quod si filii, et hæredes. Hæredes quidem Dei; cohæredes autem Christi. » Mortuo in cruce Domino Jesu Christo, nos hæredes ejus facti sumus, qui sumus filii ejus, ipso dicente : « Non possunt jejunare filii sponsi, quandiu cum illis est sponsus (Luc. V). » Hæredes ergo dicimur, quia reliquit nobis pacis ecclesiasticæ possessionem per fidem temporalis dispensationis, quam in hac vita possidemus, ipso dicente : « Pacem meam do vobis, pacem relinquo vobis (Joan. XIV). » Cohæredes autem ejus efficiemur, cum in fine sæculi absorbebitur mors in victoria. Tunc enim « similes ei erimus, quia videbimus eum sicuti est (Joan. III). » Quam hæreditatem non patris ejus morte adipiscimur, qui mori non potest, cum ipse sit hæreditas nostra, dicente Scriptura : « Dominus pars hæreditatis meæ (Psal. XV); » sed quoniam cum vocati sumus adhuc parvuli, et ad contemplanda spiritualia minus idonei, usque ad humillimas nostras cogitationes se divina misericordia porrexit, ut quomodocunque cernere niteremur, quod non evidenter atque perspicue cernebamus, idipsum moreretur, quod in ænigmate cernebamus, cum facie ad faciem cernere cœperimus. Convenienter ergo dicitur moriturum esse quod aufertur. « Cum » enim « venerit quod perfectum est, evacuabitur quod ex parte est (I Cor. XIII). » Ita nobis quodammodo moritur Pater in ænigmate : et idem ipse fit hæreditas, cum facie ad faciem possidetur. Non quia ipse moritur, sed imperfecta in eum nostra visio perfecta visione perimitur. Et tamen nisi illa prior nos nutriret, ad aliam plenissimam et evidentissimam non efficeremur idonei. Quod si etiam de domino nostro Jesu Christo intellectus admittat, non enim cohæredes ejus esse possumus, nisi et ipse hæres sit, in corpore suo intelligatur hæres, id est in Ecclesia. Cujus cohæredes sumus, quamvis ex nobis constet, quemadmodum filii ejus matris dicimur, quamvis ex nobis constet.

Simpliciter autem potest intelligi, hæredes nos esse Dei, in quantum gloriæ ejus constituimur firmissimi possessores, cohæredes Christi, in quantum glorificatus homo Christus, gloriæ suæ nos dignatur habere conformes et comparticipes. Totus enim Christus accepturus est hæreditatem. Hæreditas ab hærendo dicta est. Nos enim qui membra corporis ejus sumus, hæreditatem talem sperare debemus, in qua adepturi sumus bonum quod non transibit, et evasuri malum quod finem non habebit. « Si tamen compatimur, ut et congloriemur. » Nam cum sanguine proprio et passione mortis hæreditatem sibi Christus paraverit, necesse est ut, qui volunt esse consortes hæreditatis, sint et passionis; ipse vero in eo in quo passus est ipse et tentatus, potens est et eis qui tentantur auxiliari : cujus passionis sola memoria confirmare nos poterit ad omnia pro ipso toleranda. Illæ enim insultationes et flagella, illa ignominiosa vestis, et cæsa et consputa facies, et spinea corona; et ut multa prætereamus, crux ejus et mors cogitata, quid in nobis non efficient? Quid denique promissorum magnitudo præmiorum? Unde et sequitur :

Vers. 18. — « Existimo enim, quod non sunt condignæ, » non sunt comparabiles « passiones hujus temporis; » istæ enim cum fine, dona promissa sine fine, istæ æstimationem habent, illa non habet: « ad futuram gloriam, ad magnam multitudinem dulcedinis Dei, quam abscondit nunc timentibus se, perficiet autem sperantibus in se; et sic revelabit nobis, ut impleatur in nobis. In hac quidem vita secundum multitudinem dolorum, est æstimatio consolationum; ibi vero æstimatio nulla est. Quæ est enim gloria quam exspectamus, nisi videre Deum, et sanctis ejus angelis sociari?

Vers. 19. — « Nam exspectatio creaturæ revelationem filiorum Dei exspectat. » Quod in nobis dolet, quod facta carnis mortificamus, cum esurimus aut sitimus per abstinentiam, dum frenamus delectationem concupiscentiæ per charitatem, dum injuriarum lacerationes, contumeliarum aculeos per patientiam sustinemus, dum, neglectis atque rejectis voluptatibus nostris, pro fructu matris Ecclesiæ laboramus : quidquid in nobis in hac atque in hujusmodi attritione dolet, creatura est. Dolet enim corpus et anima, quæ utique creatura est; et exspectat revelationem filiorum Dei, id est exspectat, quomodo appareat quod vocatum est in ea gloria ad quam vocatum est. Quia enim Filius Dei unigenitus non potest appellari creatura, quandoquidem per ipsum facta sunt omnia quæcunque Deus fecit; distincte etiam nos vocamur creatura ante illam evidentiam gloriæ, et distincte vocamur filii Dei, quamvis hoc per adoptionem mereamur. Nam ille unigenitus natura Filius. Ergo « exspectatio creaturæ, » id est exspectatio nostra, « revelationem filiorum Dei exspectat; » id est quando appareat quod promissum est; quando reipsa manifestum sit quod nunc spe sumus. « Filii enim Dei sumus, et nondum apparuit quod erimus. Scimus quia, cum apparuerit, similes ei erimus, quoniam videbimus eum sicuti est *(Joan.* III). » Ipsa est revelatio filiorum Dei, quam nunc exspectat exspectatio creaturæ; non quod creatura revelationem expectet alterius naturæ, quæ non sit creatura, sed ipsa, qualis nunc est, exspectat, quando sit; qualis futura est. Tanquam si diceretur; operante pictore, subjectis sibi coloribus et ad opus ejus paratis, exspectatio colorum manifestationem imaginis exspectat, non quia tunc alii erunt, aut non colores erunt, sed tantum quod aliam dignitatem habebunt.

Vers. 20. — « Vanitati enim creatura, » inquit, « subjecta est. » Hoc est illud. « Vanitas vanitatum, et omnia vanitas *(Eccl.* I). » Quæ abundantia est homini in omni labore suo, quem ipse laborat sub sole; cui dictum est. In labore manducabis panem? « Vanitati ergo creatura subjecta est, non sponte. » Bene additum est, « non sponte. » Homo quippe sponte peccavit; sed non sponte damnatus est. Peccatum itaque fuit spontaneum contra præceptum facere veritatis; peccati autem pœna subjici fallaciæ. Non enim sponte creatura vanitati subjecta est : « sed propter eum, qui subjecit eam in spe : » id est propter ejus justitiam atque clementiam, qui neque impunitum peccatum reliquit, neque insanabilem voluit esse peccantem. Altiori vero sensu intelligere possumus, quia et ipsa creatura, id est ipse homo, cum jam signaculo imaginis propter peccatum amisso, remansit tantummodo creatura, et ipsa utique creatura, id est et ipsa quæ nondum vocatur filiorum forma perfecta, sed tantum vocatur creatura, liberabitur a servitute interitus. Quod itaque ait, et ipsa liberabitur, facit intelligi, et ipsa quemadmodum nos : id est et de ipsis non est desperandum, qui nondum vocantur filii Dei, quia nondum crediderunt, sed tantum sunt creatura, quia et ipsi credituri sunt, et liberabuntur a servitute interitus, quemadmodum nos qui jam filii Dei sumus, quamvis nondum apparuit quod erimus.

Vers. 21. — « Liberabitur ergo a servitute interitus in libertatem gloriæ filiorum Dei, » id est erunt et ipsi ex servis liberi, et ex mortuis gloriosi in vita perfecta, quam habebunt filii Dei. Potest adhuc et aliud accipi in nomine creaturæ. Omnis enim creatura in homine numeratur: non quia in eo sunt omnes angeli et supereminentes virtutes ac potestates; aut cœlum et terra et mare, et omnia quæ in eis sunt, sed quia omnis creatura partim spiritualis est, partim animalis, partim corporalis. Quod ut ab inferioribus consideremus, corporalis creatura per loca tenditur, animalis autem vivificat corporalem : spiritualis animalem regit; et tunc bene regit, cum ipsa regendum subjicit Deo. Cum autem transgreditur præcepta ejus, laboribus et ærumnis per eadem ipsa quæ regere poterat, implicatur. Ita omnis creatura in homine est, quia et intelligit spiritu, et sentit anima, et localiter corpore movetur. « Omnis itaque creatura » in homine « congemiscit et dolet. » Non enim tota, sed omnis dixit; tanquam si quis dicat, quoniam solem homines vident qui sunt incolumes, sed non toti vident. Ita in homine omnis creatura est, quia intelligit, et vivit, et corpus habet; sed non tota creatura in ipso est, quia sunt præter ipsum et angeli qui intelligant et vivant; sunt et corpora quæ vivant et sint; et corpora quæ tantummodo sint, cum ipsum vivere magis sit quam non vivere, et ipsum intelligere magis quam sine intellectu vivere. « Et parturit. » Unde dicitur « mulier cum parit tristitiam habet; cum autem pepererit, jam non meminit pressuræ, propter gaudium (*Joan.* xvi). » Cum ergo miser homo congemiscit et dolet, omnis creatura congemiscit et dolet usque adhuc. « Usque adhuc » autem recte dixit; quia etiamsi sunt aliqui jam in sinu Abrahæ, et latro ille cum Domino in paradiso constitutus illo die quo crediderit dolere destiterit, et tamen usque adhuc omnis creatura congemiscit et dolet; quia in his qui nondum liberati sunt, omnis est; propter spiritum, et animam et corpus.

Vers. 23. — « Non solum autem » inquit, omnis creatura congemiscit et dolet, « sed nos ipsi, » id est non solum in homine corpus et anima et spiritus simul dolent ex difficultatibus corporis, sed et nos ipsi, exceptis corporibus in nobis ipsis congemiscimus. Et bene dixit, « primitias spiritus habentes; » id est quorum jam spiritus tanquam sacrificium oblati sunt Deo, et divino charitatis igne comprehensi. Hæ sunt primitiæ hominis; quia veritas primum spiritum obtinet, ut per hunc cætera comprehendantur. Jam ergo habet primitias oblatas Deo qui dicit, « mente servio legi Dei, carne autem legi peccati » (*Supra, cap.* vii, *vers.* 25); et qui dicit de Deo : « Cui servio in spiritu meo » (*Supra, cap.* i, *vers.* 9); et de quo dicitur : « Spiritus quidem promptus, caro autem infirma (*Matth.* xxvi). » Sed quia adhuc dicit (*Supra, vers.* 14), « Infelix ego homo, quis me liberabit de corpore mortis hujus, » et adhuc talibus dicitur (*Supra, cap.* viii, *vers.* 14), « vivificabit et mortalia corpora vestra, propter spiritum manentem in vobis, » nondum est holocaustum. Erit autem cum absorbebitur mors in victoriam, cum ei dicetur : « Ubi est mors contentio tua? Ubi est mors aculeus tuus?» (*I Cor,* xv.) «Nunc antem, » inquit, non solum omnis creatura, id est anima cum corpore, « sed etiam nos ipsi primitias habentes Spiritus, » id est nos animæ, quæ jam primitias mentes nostras obtulimus Deo, in nobis ipsis congemiscimus, id est præter corpus; « adoptionem exspectantes redemptionem corporis nostri » (*Supra, vers.* 13) : id est ut et ipsum corpus accipiens beneficium adoptionis filiorum Dei, totos nos liberatos, transactis omnibus molestiis ex omni parte Dei filios manifestet.

Vers. 24, 25. — « Spe enim salvi facti sumus. Spes autem quæ videtur, non est spes. Nam quod videt quis, quid sperat? Si autem quod non videmus, speramus : per patientiam exspectamus. » Quid exspectat per patientiam? Salutem, id est redemptionem corporis sui. Gaudet se redemptum, sed nondum re. Spe securus est, sed gemit in spe, ut perveniat ad rem. Salutem ergo corporis exspectabat, quia non erat illa salus quam habebat : quam esuries vel sitis interficit, si non eis subventum fuerit. Jam quidem redempti sumus, sed spe salvi facti sumus; quia quod speramus, jam quidem exspectamus, sed nondum tenemus. Jam caro nostra non spe, sed re salva facta est in capite nostro; quod, in nobis nondum factum gemimus; quod tanquam promissum speramus, cum differtur, per patientiam exspectamus. Ideo excusabilis est gemitus iste, quem fides excusat, spes facit, et charitas confortat. Quanto enim quisque sanctior, et desiderii sancti plenior, tanto super hoc ejus est in oratione fletus uberior. Faciunt hoc primitiæ spiritus et divinæ adoptionis exspectatio. Nam quod in hanc venimus miseriam, pœna peccati est; et productior est pœna quam culpa, ne parva putaretur culpa, si cum illa pariter finiretur et pœna. Ac per hoc vel ad demonstrationem debitæ miseriæ, vel ad emendationem labilis vitæ, vel ad exercitationem necessariæ patientiæ, temporaliter hominem detinet pœna; etiam quem jam ad damnationem sempiternam reum non tenet culpa. Flenda quidem, sed non reprehendenda conditio. « Spe tamen salvi facti sumus; » quia adoptio quidem plena filiorum in redemptione fiet etiam corporis nostri; jam tamen primitas spiritus habemus; unde jam filii Dei reipsa facti sumus. In cæteris vero spe sicut salvi, sicut innovati, sic etiam filii Dei : re autem ipsa quia nondum salvi, ideo plene nondum innovati, nondum etiam filii Dei, sed filii sæculi. Jam ergo et similes Deo esse cœpimus, primitias Spiritus habentes, et adhuc sumus dissimiles per reliquias vetustatis. Transibit totus peccator in adoptionem; ut si quæras locum ejus, non invenias. Interim quod non videmus, speramus. Lucerna nostra spes nostra est; quandiu non videmus et speramus, nox est, sed lucerna lucet : si nec videmus nec speramus, et nox est, et lucerna non lucet. Et talibus tenebris quid infelicius? Sed verbum Dei quod quotidie nobis loquitur, jugis est infusio olei, ne lucerna exstinguatur.

Vers. 26. — « Similiter autem et Spiritus adjuvat infirmitatem nostram. Nam quid oremus, sicut oportet, nescimus. » Oratio quidquid impetrat vel impetrare nititur, evidenter ostendit donum Dei esse : quod si haberetur in potestate, utique non posceretur. Verumtamen ne saltem orationis putarentur præcedere merita, quibus non gratuita daretur gratia, sed jam non gratia esset, quia debita redderetur; etiam ipsa oratio inter dona gratiæ reperitur, dicente Apostolo quia « quid oremus, nescimus, » nisi a Spiritu adjuvemur. « Interpellat autem Spiritus pro nobis et gemit, » quia interpellandi et gemendi nobis inspirat affectum. Sed adjutorium ejus sic expressum est; ut ipse facere dicatur quod facit ut nos faciamus. Sicut enim sine spiritu fidei non creditur, sicut sine spiritu spei non speratur, sine spiritu amoris non amatur, sic nec sine spiritu orationis, sicut oportet, oratur. Omnia enim « hæc operatur unus atque idem spiritus (*I Cor.* XII); » qui nondum inhabitans adjuvat ut sint fideles: jam per fidem inhabitans adjuvat ut fideles. Ipse ergo Spiritus interpellans pro nobis, ipsa est charitas, quam inspirat nobis. Contra quam aures claudere non novit, qui illam dedit. Securus esto, charitas roget, ibi sunt aures Dei. « Quid, » inquit, « oremus sicut oportet, nescimus. » Quid, nisi ut beati simus? Beatitudo vero cum a diversis diverse diffiniatur; ipsa nostra sit beatitudo, de qua dicitur, « Beatus populus, cujus Dominus Deus ejus (*Psal.* CXLIII). » Hoc ergo securi petamus, ut in ipso populo simus; atque ad eum contemplandum, et cum eo sine fine vivendum, pervenire possimus. In tribulationibus vero nostris, quæ possunt et prodesse et nocere, quia contra sensum nostræ infirmitatis molesta sunt, oramus Deum ut a nobis tollantur, sed hoc devotionis debemus Domino Deo nostro, ut si ea a nobis non abstulit, non ideo nos ab eo negligi æstimemus; sed potius pro malorum pia patientia bona speremus ampliora. Pro aliis vero cum oramus, quia eos sicut nos diligimus, sicut pro nobis, sic pro eis rogamus, et sciente Domino Deo quid faciendum sit, dat nobis patienter et libenter sequi in eo quod facere ipse voluerit. Sed et in omnibus quæ oramus, firmissime credere debemus, si quid aliter acciderit quam nos oramus, hoc potius accidere debuisse, quod Deus voluit, quam quod nos voluimus. Sic ergo « postulat pro sanctis, » id est postulare eos docet Spiritus sanctus. Sunt autem et aliæ species spirituales familiarum orationum, quibus Deo fruuntur, de quibus ipse dicit, « pueri mei mecum sunt in cubili (*Luc* 11); » nobis incognitæ, qui foris in sensibus carnis versamur. Sæpe enim fidelis et devota anima, dum in oratione sua dirigere conatur in eum mentis intuitum, cui offerre desiderat in Spiritu sancto primitias Spiritus et orationis suæ sacrificium, ad contemplandum invisibilem, et videndum tremente pupilla oculi interioris intendens, ipsa difficultate fatigata ad se redit, sibique de seipsa gradus ascensionis facit, ut primum semetipsam, si valet, consideret, et tunc illam naturam quæ supra ipsam est, in quantum prævalet, investiget. Sed mens nostra, si in carnalibus imaginibus fuerit sparsa, nequaquam vel se, vel animæ naturam considerare sufficit; quia per quot cogitationes ducitur, quasi per tot obstacula cæcatur. Primus ergo gradus est, ut se ad se colligat; secundus, ut videat qualis est collecta; tertius, ut super semetipsam surgat, ac se in contemplatione auctoris invisibilis subjiciat. Sed se ad se nullomodo colligit, nisi prius didicerit terrenarum atque cœlestium imaginum phantasmata ab oculis mentis compescere; quidquid de visu, quidquid de auditu, quidquid de odoratu, quidquid de tactu et gustu corporeo, cogitationi ejus occurrerit, respuere atque calcare, quatenus se talem quærat intus qualis sine illis est. Nam hæc quando cogitat, quasi quasdam umbras corporum introrsus versat. Abjicienda ergo sunt omnia manu discretionis ab oculis mentis, quatenus talem se anima consideret, qualis sub Deo, super corpus creata est. Postquam vero jam non ad seipsam anima turbata, sed ad seipsam collecta et sublevata modulum suum intelligit, et quia omnia corporalia transcendat, cognoscit, atque ab intellectu suo ad auctoris intellectum tendit, tanto differentius in ea operari incipit intellectus Dei ab intellectu suo, quanto a natura animæ differt natura luminis incircumscripti. Quod enim intelligit anima, capit; illo autem intellectu modo quodam inusitato non capit, sed capitur. fitque ei quiddam sensibile, quod solus amor illuminatus sentire permittitur, suavitas quædam, non quam amor meruit, sed quæ gustata, amorem facit, quiddam quod non scitur et sentitur, quædam sperandarum rerum substantia solidissima, argumentum certissimum non apparentium (*Hebr.* XI), fidei Christianæ testimonium Domini fidele, sapientiam præstans parvulis (*Psal.* XVIII). Parvulus enim et quietus, super quem spiritus Dei requiescit, hoc sentit, hoc ei sapit, in tantum ut quæ sunt carnis, quæ sunt mundi, vel creaturæ alicujus, omnia ei desipiant, ut libeat immori, dum liceat immorari. Orat quod nescit, quia quod sentit nescit. Spiritus enim est, qui pro eo desiderat et postulat, et quamvis nescientem interim, sentientem tamen facit, et postulantem, et desiderantem idipsum, quod sentiendo nescit.

Vers. 27. — « Qui autem scrutatur corda, scit quid desiderat Spiritus, » id est quid desiderari facit, impleturus ei, cum complendum erit quod promisit, dicens; « tunc scietis quia ego sum (*Joan.* VIII). » Unam ergo petens a Domino, unam requirens, quærens vultum ejus, vultum ejus requirens, quidquid cogitationi occurrit, abjicit, respuit, improbat; non hoc esse quod quærit, novit, quamvis illud quale sit, nondum noverit. Estque in eo quædam docta ignorantia, docta a Spiritu Dei, qui adjuvat infirmitatem nostram, exercendo humilians, et humiliando formans et conformans hominem vultui quem requirit, donec renovatus ad imaginem ejus qui creavit eum, per unitatem similitudinis incipiat esse filius, qui semper sit cum patre, cujus sint omnia quæ patris sunt, cui euntibus aliis et redeuntibus, dicatur: « Tu vero sta hic mecum (*Deut.* V). » Interim qui quærit quærat, ambulet in lumine vultus Dei, et de vultu Dei judicium ejus prodeat, ut interim impleatur ei quod sequitur:

Vers. 28. — « Scimus quoniam diligentibus Deum omnia cooperantur in bonum, his qui secundum propositum vocati sunt. » Apostolus enim cum dixisset, « Scimus quoniam diligentibus Deum omnia cooperantur in bonum, » sciens nonnullos diligere Deum et in eo bono non usque in finem permanere, mox, addidit, « his qui secundum propositum vocati sunt. » Hi enim in eo quod diligunt Deum permanent usque in finem. Etsi ad tempus inde declinant, revertuntur, ut usque in finem perducant quod in bono esse cœperunt. Ostendens autem quid sit secundum propositum vocari, mox addidit :

VERS. 29, 30.— « Quoniam quos ante præscivit et prædestinavit, conformes fieri imaginis Filii ejus, ut sit ipse primogenitus in multis fratribus, quos autem prædestinavit, illos et vocavit, » scilicet secundum propositum : « quos autem vocavit, ipsos et justificavit : quos autem justificavit, ipsos et glorificavit. » Illa omnia jam facta sunt, « præscivit, prædestinavit, vocavit, justificavit, » quoniam et omnes jam præsciti ac prædestinati sunt, et multi jam vocati atque justificati. Quod autem posuit in fine, illos et glorificavit, siquidem illa gloria est hic intelligenda, de qua idem dicit : « Cum Christus apparuerit vita vestra, tunc et vos apparebitis cum illo in gloria, » nondum factum est, quamvis et illa duo, id est, « vocavit, et justificavit, » non in omnibus facta sunt, de quibus dicta sunt; Adhuc enim usque in finem sæculi multi vocandi et justificandi sunt (*Col.* III). Et tamen verba præteriti temporis posuit de rebus etiam futuris, tanquam jam fecerit Deus, quæ jam ut fierent, ex æternitate disposuit. Ideo dicit et propheta Isaias : « Qui fecit quæ futura sunt (*Isa.* XLI, XLIV). » Quicunque ergo in Dei providentissima dispositione præsciti, prædestinati, vocati, justificati, glorificati sunt, non dico etiam nondum renati, sed etiam nondum nati, jam filii Dei sunt, et omnino perire non possunt. Talibus enim diligentibus Deum omnia cooperantur in bonum, usque adeo prorsus omnia, ut etiamsi qui eorum deviant et exorbitant, etiam hoc ipsum eis faciat proficere in bonum, quia humiliores redeunt atque doctiores. Discunt enim ipsa vita justa cum timore se exsultare debere, non sibi arrogando tanquam de sua virtute fiduciam permanendi, nec dicendo in abundantia sua, « non movebor in æternum, » sed exsultare Deo cum timore, ne pereant de via justa, in qua jam ambulare cœperunt, dum sibi hoc ipsum assignant quod in ea sunt. His verbis usus est Apostolus, ubi ait : « Cum timore et tremore vestram ipsorum salutem operamini (*Philipp.* II), » et ostendens quare cum timore et tremore. « Deus est » enim, inquit, « qui operatur in vobis et velle et operari pro bona voluntate (*ibid.*). » Quamvis enim et ipsa mors carnis de peccato primi hominis originaliter venerit, tamen bonus ejus usus gloriosissimos martyres fecit, et ideo non solum ipsa, sed omnia sæculi hujus mala labores doloresque hominum, quanquam de peccatorum, et maxime de peccati originalis meritis veniant, unde facta est et ipsa vita vinculo mortis obstricta, tamen et remissis peccatis remanere debuerunt, cum quibus homo pro veritate certaret, et unde exerceretur fidelium virtus, ut novus homo per Testamentum Novum inter mala hujus sæculi novo sæculo præpararetur, miseriam quam meruit vita ista damnata sapienter tolerans, et quia finietur prudenter gratulans, beatitudinem vero vitæ futuræ fideliter et patienter exspectans. Quod autem cooperari nobis dicitur Deus, intelligendum est quia sine Deo vel operante ut velimus, vel cooperante cum volumus, ad bona pietatis opera nil valemus. De operante illo ut velimus, dictum est. « Deus est qui operatur in nobis velle, » de cooperante vero, « Scimus quia diligentibus Deum omnia cooperantur in bonum. » Omnia autem quomodo? Quin etiam quæ putantur adversa. Inimici enim Ecclesiæ, etiamsi accipiant potestatem corporaliter eam affligendi, exercent ejus patientiam, si tantum male sentiendo adversantur, exercent ejus sapientiam, ut inimici diligantur, exercent ejus benevolentiam ; « Nam quos præscivit et prædestinavit conformes fieri imaginis Filii sui, ut sit ipse primogenitus in multis fratribus. » Prædestinatio est gratiæ præparatio, quæ sine præscientia non potest esse, potest autem esse sine prædestinatione præscientia. Prædestinatione quippe Deus ea præscivit quæ fuerat ipse facturus. Unde dictum est, « fecit quæ futura sunt. » Præscire autem potens est etiam quæ ipse non facit, sicut sunt quæcunque peccata sunt, quia etsi sunt quædam quæ ita peccata sunt ut pœna sint etiam peccatorum. Unde dictum est : « Tradidit illos in reprobum sensum, ut faciant ea quæ non conveniunt, » non ibi peccatum Dei est, sed judicium. Quocirca prædestinatio Dei, quæ in bono est, ut dixi, præparatio; gratia vero est ipsius prædestinationis effectus. Hæc est prædestinatio sanctorum, nihil aliud : præscientia scilicet et præparatio beneficiorum Dei, quibus certissime liberantur quicunque liberantur. Cæteri autem ubi, nisi in massa perditionis justo divino judicio relinquuntur? Quod ergo ait, prædestinatos conformes fieri imaginis Filii Dei, potest secundum interiorem hominem intelligi. Unde nobis alio loco dicit : « Nolite conformari huic sæculo, sed reformamini in novitate mentis vestræ (*Rom.* XII). » Ubi ergo reformamur, ne conformemur huic sæculo, ibi conformamur Dei Filio. Potest et sic accipi : Ut quemadmodum nobis ille mortalitate, ita nos illi efficiamur immortalitate conformes : quod quidem et ad ipsam resurrectionem pertinet. « Quos » ante, inquit, « præscivit, et prædestinavit conformes fieri imaginis Filii sui, ut sit ipse primogenitus in multis fratribus, » primogenitus utique a mortuis secundum eumdem Apostolum, quia morte seminata est caro ejus in contumelia, sed resurrexit in gloria. « Quos autem prædestinavit, hos et vocavit : et quos vocavit, hos et justificavit. » Ista sanctificatio conceditur justis; sed ut justificentur, præcedit vocatio, quæ non est meritorum, sed gratiæ Dei. « Omnes enim peccaverunt, et egent gloria Dei. » Quos enim vocavit, « hos et justificavit : quos autem justificavit, hos et glorificavit. » Quia ergo vocatio non meritorum nostrorum, sed benevolentiæ Dei est, testis est qui dicit: « Domine, ut scuto bonæ voluntatis tuæ coronasti nos (*Psal.* v).» Bona etenim voluntas Dei præcedit bonam voluntatem nostram, ut peccatores vocet in pœnitentiam : et ipsa sunt arma quibus expugnatur inimicus, contra quem dicitur.

Vers. 33, 34 et 32. — « Quis accusabit adversus electos Dei? Et si Deus pro nobis, quis contra nos? Qui unigenito Filio suo non pepercit; sed pro nobis omnibus tradidit illum. Si enim cum adhuc inimici essemus, Christus pro nobis mortuus est, multo magis reconciliati, salvi erimus ab ira per ipsum.» Hoc est invictissimum scutum, quo repellitur inimicus, desperationem salutis suggerens in multitudine tribulationum et tentationum. Sic enim ad æternam beatamque tendimus vitam, primum nostra peccata damnando, deinde bene vivendo, ut post vitam, condemnatam malam et gestam bonam, mereamur æternam. Secundum propositum enim occultissimæ justitiæ bonitatisque suæ Deus quos prædestinavit, illos et vocavit, ipsos et justificavit : quos autem justificavit, ipsos et glorificavit. Prædestinatio nostra non in nobis facta est, sed in occulto apud ipsum in ejus præscientia : tria vero reliqua in nobis fiunt, vocatio, justificatio, glorificatio. Vocamur prædestinatione pœnitentiæ, sic enim cœpit Dominus evangelizare. « Agite pœnitentiam; appropinquabit enim regnum cœlorum (*Matth.* III).» Justificamur innovatione misericordiæ, et timore judicii. Hinc est, quod dicitur : « Deus, in nomine tuo salvum me fac, et in virtute tua judica me (*Psal.* LIII).» Non enim timet judicari, qui impetraverit ante salvari. Vocati renuntiamus diabolo per pœnitentiam, justificati sanamur per misericordiam, ne judicium timeamus, glorificati transimus in vitam æternam. Ad hoc pertinere arbitror quod Dominus ait : « Ecce ejicio dæmonia hodie et cras, et tertia die consummor (*Luc.* XIII).» Quod etiam in triduo suæ passionis et evigilationis ostendit. Crucifixus est enim, et sepultus et resurrexit. In cruce de principibus et potestatibus triumphavit, in sepulcro requievit, in resurrectione exaltavit. Sic et pœnitentia cruciat, justitia tranquillat, vita æterna glorificat. « Quid ergo dicemus ad hæc? Si Deus pro nobis, quis contra nos?» Ac si diceret : Deus pro nobis, ut prædestinaret nos; Deus pro nobis, ut vocaret nos; Deus pro nobis, ut justificaret nos; Deus pro nobis, ut glorificaret nos. Si ergo Deus pro nobis, quis contra nos? Prædestinavit nos antequam essemus, vocavit, cum aversi essemus, justificavit, cum peccatores essemus, glorificavit, cum mortales essemus. A Deo ergo prædestinatis, vocatis, justificatis qui vult adversari bellum paret adversus Omnipotentem. Unde probas quod Deus pro te? Optime, inquit, quia « etiam Filio suo proprio non pepercit; sed pro nobis omnibus tradidit eum.» Non ergo terreat eum fremitus mundi, pro quo traditus est Artifex mundi. « Quomodo, inquit, non cum illo omnia nobis donavit?» Quæ omnia? Scietur, cum hæc promissio implebitur, cujus moriente Christo pro nobis tale jam pignus accepimus. Vis tamen scire quæ omnia? Erit spiritus hominis nullum omnino habens vitium, nec sub quo jaceat, nec cui cadat, nec contra quod vel laudabiliter dimicet, pacatissima virtute perfectus, rerum ibi omnium spatiosa certaque notitia sine errore aliquo vel labore, ubi de ipso fonte sapientiæ potabitur summa felicitate sine difficultate. Erit corpus quod omnino spiritui sit subditum, et eo sufficienter vivificatum, quo nullis alimoniis indigebit. Non enim animale erit, sed spirituale, habens quidem sine corruptione carnis, carnis substantiam. Ibi sic habebuntur omnia, ut sint et singula omnium et singulorum omnia. Sicut enim cupiditas nil sine angustia, sic charitas nil tenet cum angustia. Nostra ergo erunt omnia, quia nostra erunt ad vivendum superiora, ad convivendum æqualia, ad dominandum inferiora.

Vers. 33, 34. — « Quis accusabit adversus electos Dei? Deus qui justificat, quis est qui condemnet? » Et cætera. Quæ observantur de ambiguis distinctionibus, eadem observanda sunt et in ambiguis pronuntiationibus. Nam et ipse, nisi lectoris nimia vitientur incuria, aut regulis fidei corriguntur, aut præcedentis vel consequentis connexione sermonis. Aut si neutrum eorum adhibetur ad correctionem, nihilominus dubiæ remanebunt, ut quolibet modo lector pronuntiaverit, non sit in culpa. Nisi enim fides revocet, qua credimus Deum non accusaturum adversus electos suos, nec Christum condemnaturum electos suos, potest illud sic pronuntiari. Quis accusabit adversus electos Dei, ut hanc interrogationem quasi responsio consequatur, « Deus qui justificat.» Et item interroganti : « Quis est qui condemnet? Christus Jesus, qui mortuus est.» Quod credere quia dementissimum est, ita pronuntiabitur ut præcedat percunctatio, sequatur interrogatio. Inter percunctationem autem et interrogationem, hoc veteres interesse dixerunt, quod ad percunctationem multa responderi possunt, ad interrogationem vero aut non, aut etiam. Pronuntiabitur ergo ita ut post percunctationem qua dicimus, Quis accusabit adversus electos Dei, illud quod sequitur sono interrogantis enuntietur, « Deus qui justificat,» ut tacite respondeatur : « Non.» Et item percunctemur : « Quis est qui condemnet : » rursusque interrogemus, « Christus qui mortuus est, magis autem qui resurrexit, qui est in dextera Dei, qui et interpellat pro nobis,» ut ubique respondeatur, « Non.» Quod autem dicitur Christus sedere in dextera Dei, per humanam similitudinem Dei potentia demonstratur; non quod solium ponatur, et Deus Pater in eo sedeat, secumque Filium habeat residentem, sed quod nos aliter judicantem et regnantem, nisi per nostra verba, nequimus intelligere. Interpellat autem pro nobis, apparendo Deo Patri in homine, quem assumpsit pro nobis. Sequitur in exsultatione spiritus hilaris quædam magni amoris professio, quam exprimit commemoratorum beneficiorum magnitudo. « Quis , inquit, nos separabit a charitate Dei, quæ est in Christo Jesu Domino nostro ? » In Filio quippe amatur Pater, in cujus opere charitas ejus commendatur. Unde et alibi « filius charitatis » ejus appellatur (*Col.* 1). Qui ergo habet sensum amoris, intelligat verba amantis. Quis, inquit, cujus potentiæ, cujus scientiæ, et astutiæ, nos prædestinatos vocatos, justificatos, glorificatos, separabit consilio, separabit exemplo, a charitate Dei, a fide amati, ab amore crediti ? « Quæ est in Christo Jesu Domino nostro, » a quo regi amamus, salvari gaudemus, cui in spiritu nostro servimus. Non inventus est, quis : quæritur, quid.

Vers. 35-36.— « Tribulatio, an angustia, » in anima; fames an nuditas » in corpore; « periculum, mortis, an occidens « gladius ? Sicut scriptum est : Quia propter te mortificamur tota die : æstimati sumus ut oves occisionis. » Non semel occidimur et morimur ; sed tota die ; id est, absque intermissione afflictionibus et tormentis mortificamur, parati dare pro lege non nostra tantum, sed et nos ipsos, sicut ovis occisionis, cujus non lac vel lana, sed vita requiritur. Quid autem mirum, si patitur martyr pro Deo suo quod patitur avarus pro auro suo ? Exhibet enim se avarus maris periculo, et dicit auro suo : Propter te mortificor tota die. Exhibet se martyr tormentis et gladio, et dicit Deo suo : Propter te mortificor tota die. Vox similis, sed causa dissimilis. Iste Christo, ille auro. Respondeat martyri suo Christus : Si moreris propter me, invenies me. Respondeat aurum avaro : Si moreris pro me, et te perdis, et me. « Sed in his omnibus superamus propter eum qui dilexit nos. » Cur non, quem dileximus nos ? Quia sicut nullus eligit nisi electus, sic nullus diligit nisi dilectus. Amor noster mentis humanæ affectus est ; amor Dei gratiæ affectus est. Afficimur nos, cum Deum amamus ; non autem afficitur Deus, cum ab eo amamur ; sed amor ejus Spiritus sanctus est, quem cum dignatur dare nobis, per ipsum diffundit charitatem in cordibus nostris, qua illum amamus. Amat ergo nos, cum dono amoris sui ditat nos ; amamus eum, cum toto pondere animæ ferimur in eum : hoc est quod soli Deo debemus. Quod cum a Deo avertere et ad se convertere nititur caro, et concupiscentia vitæ hujus, patitur servus Dei, quæ supra scripta sunt, tentationes humanas ; cum vero in eo amorem Dei impugnat malitia spiritualis nequitiæ, patitur quæ sequuntur, tentationes humanas. Sequitur enim.

Vers. 38, 39. — « Certus sum quia neque mors, neque vita, neque angeli, neque principatus, neque virtutes, neque instantia, neque futura, neque fortitudo, neque altitudo, neque profundum, neque creatura aliqua, poterit nos separare a charitate Dei, quæ est in Christo Jesu Domino nostro. » Nemo ergo nos separet a Deo ; minando mortem, quia idipsum quod diligimus Deum, mori non potest, nisi dum non diligit Deum, cui mors ipsa est non diligere Deum ; quod nihil est aliud, quam aliquid ei in diligendo et sequendo præponere. Nemo inde nos separet pollicendo vitam quia nemo a fonte separat pollicendo aquam. Non separet angelus, quia cum inhæremus Deo, non est angelus mente nostra potentior. Non separet virtus, quia si virtus hic dicta est, quæ aliquam potestatem in mundo tenet, toto mundo omnino superior est mens inhærens Deo. Si vero illa virtus dicta est, quæ ipsius animi nostri rectissima affectio est, si in aliquo est, favet, ut conjungat nos Deo ; si in nobis est ipsa, conjungit. Non separent instantes molestiæ, quia hoc leviores eas sentimus, quo ei a quo nos separare nituntur, arctius inhæremus. Non separet promissio futurorum, quia et quidquid boni futurum est, promittit Deus ; et nihil est ipso Deo melius, qui jam profecto sibi inhærentibus præsens est. « Neque fortitudo, neque altitudo, neque profundum. » Sunt et in philosophis hujus mundi fortiter disputantes, alta sapientes, profunda rimantes, simpliciores quosque sæpe attentantes separare a charitate Dei, quæ est in Christo Domino nostro.

CAPUT IX.

Vers. 1-5. — « Veritatem dico in Christo, non mentior, testimonium mihi perhibente conscientia mea in Spiritu sancto, quoniam tristitia est mihi magna, et continuus dolor cordi meo. Optabam enim ego ipse anathema esse a Christo pro fratribus meis, qui sunt cognati mei secundum carnem, qui sunt Israelitæ ; quorum adoptio est filiorum, et gloria, et testamentum, et legislatio, et obsequium, et promissa ; quorum patres, ex quibus Christus secundum carnem, qui est super omnia, Deus benedictus in sæcula. » Vide magnam bene affectæ mentis dulcedinem, præ gaudii magnitudine quasi usque ad cœlos ascendentem in exsultatione spiritus pro gentium profectu et repente quasi ad abyssos descendentem a dolore cordis, pro gentis suæ miserabili defectu. Unde illis quasi in cœlo cum Deo relictis, videtur in terram redire, mori pro fratribus suis. Et sicut de Moyse legitur, quia videbatur ejus facies cornuta, cum exiret a facie Domini, nec poterant claritatem vultus sustinere carnales populi (*Exod.* xxxiv) : sic et ipse quasi charitate insaniens, et totus Spiritu sancto debriatus, nescit habere sobrietatis verba, sed loquitur sicut in mentis excessu, dicens velle se anathema esse a Christo pro Christo, id est, pro fratribus, ut essent in Christo. Optabat anathema esse a beatitudine Christi, amplectendo justitiam Christi ; justius arbitrans apud Deum esse, optare salutem gentis unius, quam suæ unius animæ. Sed cum seipsam excedentis charitatis hic esset mirabilis affectus, longe aliter in judicio justitiæ Dei ejus formabatur effectus, quia cum in gloriam Dei et salutem fratrum, non charitatis, sed salutis suæ offerret defectum apud justum judicem et charitatis summum adeptus est profectum, quia et donata est Paulo salus electionis de gente illa, nec defraudatus est præmio universalis eorum salutis, qui pro omnium eorum salute, tam constanti charitate semet-ipsum obtulit. Habet enim charitas affectus, habet et effectus; et licet non ita hominibus videatur, omnes ejus affectus suos inveniunt effectus apud eum, qui multo verius discernit affectum mentis, quam homines effectum operis. Verba ergo hæc Apostoli affectus sunt, quia non optat a Christo anathema esse prævaricatione, sed amoris devotione. Languor est animæ amantis, nec valentis implere quod vult. Unde illa in Canticis dicit : « Amore langueo (*Cant.* v). » — « Veritatem, » inquit, « dico in Christo, testimonium perhibente mihi conscientia mea in Spiritu sancto. » Beata anima, cujus veritas fundatur in Christo, conscientia solidatur in Spiritu sancto, cui in conscientia ardet veritas charitatis; in confessione vero sic elucet charitas veritatis.

VERS. 2. — « Tristitia magna, et dolor continuus. » Ubi illa magna, illeque continuus, qui esse potest locus lætitiæ ? « Cordi meo. » Sicut enim cui servit, servit in Spiritu sancto, sic cui dolet, dolet in corde suo.

VERS. 3. — « Pro fratribus meis, qui sunt cognati mei secundum carnem. » Nomina hæc sunt necessitudinis; primum enim quod animale est; deinde quod spirituale. Sequitur enim.

VERS. 4, 5. — « Qui sunt Israelitæ, » facti ad videndum Deum; « quorum est adoptio, » quia ad ipsos proprie missus est Filius Dei; « et gloria, » quia credita sunt eis eloquia Dei; « et testamentum, » quia et Vetus eis est datum, et Novum in Vetere præfiguratum; « et legislatio, » quam ipsi specialiter accipere meruerunt; « et obsequium, » quorum saluti lex et prophetæ specialiter obsequuntur; « et promissiones » de Christo; « quorum patres, ex quibus Christus » natus est. Hæc enim est præcipua causa tristitiæ et doloris patres tanti fuisse apud Christum, ut nasci de eis eligeret; filios tales esse, quibus relictis, ad gentes transiret.

VERS. 6. — « Non autem quod exciderit verbum Dei. » — « Tribulationem, inquit Propheta, et dolorem inveni (*Psal.* CXIV). » Prudentis est et dolorem invenire, ubi opus est; et dolori ponere modum, cum tempus est. Sufficit ergo Apostolo dolorem cordis aperuisse de reprobatione gentis suæ; statimque ipse sibi consolationem inveniens, « Non, inquit, quod exciderit verbum Dei, » id est promissio, quæ eis facta est, non evanuit. Qui enim verus fuerit Israel, ipse Dei promissa consequetur. Qui autem per fidem non videt Deum, qui dixit : « Qui me videt, videt et Patrem (*Joan.* XIV), » Israel non potest dici. Ideo dicit :

VERS. 6, 7. — « Non omnes qui ex Israel sunt, hi sunt Israelitæ. Neque qui semen sunt Abrahæ; omnes filii. Sed qui filii sunt promissionis, æstimantur in semine, » hoc est, qui filii sunt fidei illius, per quam meruit Abraham repromissionem accipere futuræ hæreditatis. Quod videlicet jam tunc designabatur in Abraham, cum ei multos filios habenti, quos Apostolus filios carnis appellat, in solo Isaac, qui erat repromissionis filius, seminis ejus posteritas poneretur, dicente Domino :

VERS. 8, 9. — « In Isaac vocabitur tibi semen. Promissionis enim verbum hoc est : Secundum hoc tempus veniam; et erit Saræ filius (*Gen.* XXI). » Non ergo, inquit, per ordinem nativitatis carnalis Isaac nascitur; quippe cum jam Abraham emortui esset corporis, et emortua vulva Saræ, sed per virtutem promittentis. Merito ergo non carnis, sed Dei filius dicitur qui ex adventu et sermone Dei nascitur.

VERS. 10, 11. — « Non solum autem illa. » Hæc, inquit, ratio non solum de Isaac, sed et de Jacob recipienda est. Nam et Rebecca non secundum ordinem carnalis nativitatis protulit partum. Cum enim ex uno concubitu Isaac geminos concepisset post longum tædium diutinæ sterilitatis, nondum partu edito, neque ullis puerorum actibus bonis malisve inter homines habitis, erga Jacob divina habetur electio, et dicitur « quia Major serviet minori (*Gen.* XXV); et : Jacob dilexi, Esau autem odio habui (*Malac.* 1). » Cum autem hæc ita dicta sint, docemur, inquit, quod secundum electionem propositum Dei maneat : nec ex operibus, sed ex vocantis sit gratia, quod dicitur, major serviet minori; et Jacob dilexi, Esau autem odio habui, docemur quia non qui filii carnis, sed qui filii sunt, ipsi deputentur in semine; cum ibi Isaac ex multis, ex duobus minor eligitur, ut adoptetur in filium Dei, et sic verum sit, quod promissiones Dei non in filiis carnis, sed in filiis Dei consistent, et non ex operibus, sed ex vocantis gratia secundum electionem propositum Dei maneat, non in filiis carnis, sed in filiis Dei. Unde et in hanc sententiam testimonium prophetiæ assumpsit, longe posterioris, « Jacob dilexi, Esau autem odio habui, » ut intelligeretur hoc apertum postea per prophetam, quod antequam illi nascerentur, erat in prædestinatione Dei. Quid enim diligebat in Jacob, antequam fecisset aliquid boni; nisi gratuitum misericordiæ suæ donum? Et quid oderat in Esau, antequam natus fecisset aliquid mali, nisi originale peccatum? Nam nec in illo diligeret justitiam, quam nullam ille fecerat, neque in isto odisset naturam, quam bonam ipse fecerat. Cum enim rem stupendam proposuisset, quomodo de nondum natis, nec aliquid agentibus boni vel mali, recte dici potuerit, quod unum Deus dilexerit, alterum odio habuerit, ipse sibi objecta quæstione motum exprimens auditoris, ait :

VERS. 14. — « Quid ergo dicemus ? Nunquid iniquitas apud Deum ? Absit ! » Hic erat locus, ut diceretur ; Futura eorum opera prævidebat Deus, quando minori majorem serviturum prædicebat. Non autem hoc Apostolus dicit; sed potius, ne quisquam de suorum operum meritis audeat gloriari, ad Dei gratiam et gloriam commendandam voluit valere quod dicit. Cum enim dixisset, « absit, » ut sit iniquitas apud Deum, tanquam ei diceremus : Unde hoc ostendis, cum asseras non ex operibus, sed ex vocante esse dictum, major serviet minori, ait: Pharao servatus est, sicut rei exitus docuit. Denique ad utrumque concludit: « Et cui vult miseretur, et quem vult indurat. » Hoc facit apud quem non est iniquitas. Miseretur utique gratuito dono; obdurat autem justissimo merito. Sed dicat adhuc superba et infidelis elatio, vel puniti damnabilis excusatio:

Vers. 15, 16. — « Moyses enim dicit (*Exod.* xxxiii): Miserebor cujus miserebor; et misericordiam præstabo; cujus misertus ero. Igitur non volentis, neque currentis; sed miserentis est Dei. » Ubi nunc merita; ubi nunc opera, vel præterita, vel futura, tanquam viribus arbitrii adimpleta, sive adimplenda? Apertam Apostolus præposuit de gratuitæ, hoc est veræ gratiæ commendatione sententiam. De ipsa enim gratia satis agebat Apostolus, et ideo promissionis filios commemorabat. Quod enim promittit Deus, non facit nisi Deus. Commendans ergo filios promissionis, hoc primum ostendit significatum per Isaac filium Abrahæ. Evidentius quippe apparet opus Dei in eo quem non genuit usitatus ordo naturæ de sterilibus visceribus et senectute confectis, ut in filiis Dei, qui futuri prænuntiabantur quod filii Dei essent, non humani operis, sed divini esse monstraretur, atque ut in vasis aptis in interitum, qui damnatæ massæ debitus est, agnoscant vasa ex eadem massa in honorem facta, quid eis misericordia divina largita sit.

Vers. 19. — « Quid adhuc quæritur? Nam voluntati ejus quis resistit? » Dicat hoc, et audiat quod convenit homini. « O homo, tu qui es, » ut « respondeas Deo? » Audiat hoc, et non contemnat. Quod si contempserit, etiam in hoc ut contemneret, se sciat obduratum; si autem non contempserit, etiam ut non contemneret, se credat, adjutum, sed debito obduratum, gratis adjutum. Quonam se isti excusabunt modo? Nempe illo, quem breviter tanquam ex eorum voce sibi objecit Apostolus, ut dicant: « Quid adhuc quæritur? Voluntati enim ejus quis resistit? » Et si illos non pudet hac excusatione non nobis, sed Apostolo contradicere; cur nos pigeat quod dicit Apostolus hoc idem atque identidem dicere?

Vers. 17. — « Dicit enim, inquit, Scriptura Pharaoni (*Exod.* ix): Quia in hoc ipsum excitavi te, ut ostendam in te virtutem meam, et annuntietur nomen meum in universa terra. » Nullum enim Deus angelorum vel hominum crearet, quem malum futurum esse præsciret, nisi pariter nosset quibus eos bonorum utilitatibus commodaret, atque ita ordinem sæculorum quasi pulcherrimum carmen, etiam ex quibusdam antithetis honestaret. Ut enim annuntiaretur nomen Dei in universa terra, vasis utique misericordiæ proderat. Ad eorum ergo utilitatem

Vers. 20, 21. — « O homo, tu quis es, » ut « respondeas Deo? Nunquid dicit figmentum ei qui se finxit: Quid me fecisti sic? An non habet potestatem figulus luti ex eadem massa, » utique merito recteque damnata, « facere aliud vas in honorem » indebitum, propter misericordiæ gratiam, « aliud in contumeliam, » debitum propter iræ justitiam? Quantum ad justitiam spectat et gratiam, potest recte dici et de reo qui liberatur et de reo qui damnatur: « Tolle quod tuum est, et vade (*Matth.* xx). Et huic volo quod debetur donare. An non mihi licet facere quod volo? »

LIBER SEXTUS.

SEQUITUR CAPUT IX.

Vers. 22-24. — Quod « si volens Deus ostendere iram suam, et notam facere potentiam suam, sustinuit in multa patientia vasa iræ apta in interitum, ut ostenderet divitias gloriæ suæ in vasa misericordiæ; quæ præparavit in gloriam, quos et vocavit, non solum ex Judæis, sed etiam ex gentibus, » subauditur, « tu quis es, qui respondeas Deo, » ut recurrente sententia et verba superiora iste sit sensus: Si volens Deus ostendere iram, sustinuit vasa iræ, tu quis es, qui respondeas Deo? Non autem solum volens ostendere potentiam suam, sed etiam quod sequitur, ut notas faciat divitias gloriæ suæ in vasa misericordiæ, quæ præparavit in gloriam. Quid enim prodest, vasis aptis in interitum, quod ea patienter Deus sustinet, ut ordinate disperdat, utaturque eis ad instrumentum salutis eorum quorum miseretur? Sed illis utique prodest ad quorum salutem sic illis utitur. Ecce et ratio reddita est homini quanta debuit homini: ac si diceret: Tu quis es, qui respondeas Deo? si volens Deus ostendere iram, et demonstrare potentiam suam, quod et malis bene optimus possit uti, malis duntaxat non conditione divina, sed vitiata voluntatis iniquitate natura, quæ a Deo conditore condita est bona, sustinuit in multa patientia vasa iræ apta in interitum, non quod illi essent necessaria, sive angelica, sive humana peccata, cui nec justitia cujusquam est necessaria; sed ut notas faceret divitias gloriæ suæ in vasa misericordiæ, ne se in bonis operibus tanquam de propriis extollerent viribus, sed humiliter intelligerent, nisi illis Dei gratia non debita, sed gratuita subveniret, id fuisse reddendum meritis suis quod aliis in eadem massa redditum cernerent: cæteri autem homines ad istam societatem non pertinentes, quorum tamen et animam et corpus Dei bonitas operata est, et quidquid habet ipsa natura præter vitium, quod eidem infixit superbientis voluntatis audacia, propter hoc a Deo præsciente creati sunt, ut in his ostenderet liberum desertoris arbitrium sine gratia quid valeret; et in eorum justis et debitis pœnis, vasa misericordiæ, quæ non suorum operum meritis, sed gratuita Dei gratia sunt ab illa concretione discreti, quid sibi collatum esset addiscerent, ut omne os obstruatur, et qui gloriatur in Domino glorietur. Cur etiam aliquos voluit Creator ad damnationem pertinere, non ad gratiam, beatus Apostolus tanto succinctiore brevitate, quanto majore auctoritate commemorat. Deum enim dicit, volentem ostendere iram et demonstrare potentiam suam, sustinuisse in multa patientia vasa iræ apta in perditionem, et ut notas faceret divitias gloriæ suæ, in vasa misericordiæ; quem superius dixerat tanquam figulum luti ex eadem massa facere aliud vas in honorem, aliud in contumeliam. Merito autem videretur injustum quod fiunt vasa iræ ad perditionem, si non esset ipsa universa ex Adam massa damnata. Quod ergo fiant inde nascendo vasa iræ, pertinet ad debitam pœnam. Quod autem fiunt renascendo vasa misericordiæ, pertinet ad indebitam gratiam. Ostendit ergo Deus iram, non utique animi perturbationem, sicut est, quæ circa homines nuncupatur, sed justam fixamque vindictam, quod de stirpe inobedientiæ ducitur propago peccati atque supplicii. Et homo natus ex muliere, sicut scriptum est in libro Job, brevis est vitæ, et plenus iracundiæ (*Job* XIV). Ejus enim rei vas est, qua plenus est. Unde iræ vasa dicuntur. Ostendit et potentiam suam, qua bene utitur etiam malis, multa illis naturalia et temporalia bona largiens, eorumque malitiam ad exercendos et comparatione eorum admonendos bonos accommodans, ut in eis discant gratias agere Deo, quod ab eis non suis meritis, quæ in eadem massa paria fuerunt, sed illius miseratione discreti sunt. Quod maxime apparet in parvulis, de quibus, cum per Christi gratiam renascuntur, et istam vitam in illa tenera ætate finientes, in æternam transeunt et beatam, dici non potest quod libero discernantur arbitrio ab aliis infantibus, qui sine hac gratia in ipsius massæ damnatione moriuntur. Si autem hi soli crearentur ex Adam, qui essent per gratiam recreandi, et præter illos, qui in Dei filios adoptantur, nulli alii homines nascerentur, lateret beneficium quod donaretur indignis, quia nullis ex eadem stirpe venientibus damnabili debitum supplicium redderetur. Cum vero sustinuit in multa patientia vasa iræ apta in interitum, non solum ostendit iram et demonstravit potentiam suam, reddendo vindictam et bene utendo malis, sed etiam notas fecit divitias gloriæ suæ in vasa misericordiæ. Ita enim quid sibi præstetur, discit gratis justificatus, dum non suo merito, sed gloria largissimæ Dei misericordiæ discernitur a damnato, cum quo eadem justitia fuerat et ipse damnandus. Tam multos autem creandos nasci voluit, quos ad suam gratiam non pertinere præscivit, ut multitudine incomparabili plures sint, quam quos in sui regni gloriam filios promissionis prædestinare dignatus est, ut etiam ipsa rejectorum multitudine ostenderetur, quam nullius momenti sit apud Deum justum quantalibet numerositas justissime damnatorum, atque ut hinc quoque intelligant qui ex ipsa damnatione redimuntur hoc fuisse debitum massæ illi universæ, quod tam magnæ parti ejus redditum cernerent; non solum in eis quo originali peccato multa addunt malæ voluntatis arbitrio; verumetiam in tam multis parvulis, qui tantummodo vinculo peccati originalis obstricti sine gratia Mediatoris ex hac luce rapiuntur. Tota quippe massa ista justæ damnationis reciperet debitum, nisi ex ea faceret non solum justus, sed etiam misericors figulus aliqua vasa in honorem, secundum gratiam, non secundum debitum, dum et parvulis subvenit, quorum nulla merita dici possunt; et majores prævenit, ut aliqua merita habere possint. Relictis ergo se comparet collectus, et repulsis electus; comparet se vasis iræ vasa misericordiæ; et videant ex eadem massa alia vasa facta esse in honorem, alia in contumeliam; et discat liberatus de non liberato quid etiam sibi conveniret, nisi gratia subveniret. Nisi enim debitor suspendatur, minus agit gratias cui debitum relaxatur. Profunda quæstio in profundum nos abduxit, non tamen usque ad fundum sui nos perduxit, quia licet arguatur homo respondens Deo, vel lutum figulo, non tamen prohibet Apostolus sanctus a quærendo, eos de quibus alibi dicit: « Spiritualis omnia dijudicat (*I Cor.* II). » Et illud maxime: « Nos non spiritum hujus mundi accepimus, sed spiritum qui ex Deo est, ut sciamus quæ a Deo donata sunt nobis (*ibid.*) » Prohibet autem ab hujusmodi luteos et terrenos, qui nondum intrinsecus regenerati aut nutriti, imaginem illius portant, qui primus factus est de terra terrenus, et quia ei a quo factus est, noluit obtemperare, in id relapsus est, unde est factus, meruitque audire: « Terra es et in terram ibis (*Gen.* III). » Et merito prohibentur tales. Nam si posset loqui pecus, et diceret Deo: Quare hunc hominem fecisti, me autem pecudem? non juste succenseres et diceres: O pecus, tu quis es qui respondeas Deo! Præparavit ergo Deus vasa misericordiæ, et vocavit tam ex Judæis, quam ex gentibus, quia una est ex Adam massa peccatorum et impiorum, in qua et Judæi et gentes remota gratia ad unam pertinent conspersionem:

Vers. 25. — « Sicut Osee dicit (*Ose.* II): Vocabo non plebem meam, plebem meam; et, non misericordiam consecutam, misericordiam consecutam. Et erit: In loco ubi dictum est eis: Non plebs mea vos, ibi vocabuntur filii Dei vivi. » Hoc testamentum propheticum de vocatione gentium, qui populus prius non pertinebat ad Deum, apostoli intellexerunt, et quia ipse quoque populus gentium spiritualiter in filiis Abrahæ, ac per hoc recte dicitur et Israel, recoctes etiam lapidem angularem, et duos parietes, alterum ex Judæis, alterum ex gentibus, in illo convenientes. Videturque redire Apostolus ad doloris sui solatium, quia sicut tam in Judæis quam in gentibus una est massa perditorum, sic ex utroque populo una fiat Ecclesia electorum. Unde ad gentes pertinet exemplum quod præmisit de Osee; ad Judæos vero, quod de Isaia subnectit. Gentes enim fuerunt plebs non Dei, et plebs Dei factæ sunt : misericordiam non consecutæ et misericordiam consecutæ sunt.

VERS. 26. — « Sed erit, » inquit, « in loco. » Quis iste locus est? Nunquid Judæa? Nunquid Roma? Absit! Judæa dignior, Roma sublimior locus est, ubi Deum loqui decet, vel possibile est. Locus enim hic mens hominis est, sensus rationis; principale cordis. Ibi agente Deo peccatori populo damnabilis dicit conscientia : « Non plebs mea vos, » quibus vero charitas diffunditur in cordibus suis, per Spiritum sanctum qui datus est eis, testimonium perhibet ipse Spiritus, « quod sunt filii Dei. » Isaias autem clamat, id est manifeste annuntiat et prædicat quod facit pro Israel, et dicit :

VERS. 27. — « Si fuerit numerus filiorum Israel tanquam arena maris, reliquiæ salvæ fient. » Providens enim propheta de futuris videbat quod plurimi ex Israel arenæ maris comparandi, ob justitiæ sterilitatem, et duritiam cordis et multitudinem inordinatam et confusam, futuri erant vasa iræ apta in interitum, non credentes vitæ suæ, sed Dominum majestatis crucifigentes; reliquiæ vero, stellis cœli comparandi, cœlestis gloriæ participes futuri essent. Utrumque enim Abrahæ pronuntiatum est : « Sic, » inquit, « erit semen tuum »(Gen. XXII), « sicut arena maris, et sicut stellæ cœli : »

VERS. 28. — « Verbum enim consummans, et abbrevians in æquitate, quia verbum breviatum faciet Dominus super terram. » Verbum consummans est, et abbrevians in æquitate, de quo dicit Dominus in Evangelio : « Diliges Dominum Deum tuum ex toto corde tuo, et proximum tuum sicut teipsum : in his duobus mandatis tota lex pendet et prophetæ (*Matth.* XXII); » vel compendium fidei, qua salvi fiunt credentes, omissis innumerabilibus observationibus, quibus illa multitudo serviliter premebatur. Quod autem reliquiarum salus gratiæ deputanda sit, subsequenti testimonio edocet, dicens, ex persona eorum qui gratiæ crediderunt :

VERS. 29. — « Nisi Dominus sabaoth reliquisset nobis semen, sicut Sodoma facti essemus; et sicut Gomorrha, similes fuissemus (*Isa.* I). » Ipsi enim tanquam semen multiplicati sunt, aspersi super terram. Vel semen intelligitur granum illud frumenti, quod per passionem mortis cecidit in terram, et mortificatum fecit fructum plurimum. Facti autem, inquiunt, fuissemus sicut Sodoma (cujus populus incestus in hospites perire meruit), dum in fratrem nostrum Dominum majestatis sacrilegi, evadere non potuissemus periculum perditionis, nisi in benedictione seminis sancti in terram missi. Deinde ostendens gentes ex fide apprehendisse justitiam, subjungit dicens :

VERS. 30-33. — « Quid ergo dicemus ? Quod gentes quæ non sectabantur justitiam, apprehenderunt justitiam; justitiam autem quæ ex fide est; Israel vero sectando legem justitiæ, in legem justitiæ non pervenit. Quare ? Quia non ex fide, sed quasi ex operibus. Offenderunt enim in lapidem offensionis, sicut scriptum est : Ecce pono in Sion lapidem offensionis et petram scandali ; et omnis qui credit in eum non confundetur. » Fides Christi est credere in eum qui justificat impium, credere in Mediatorem, sine quo nullus reconciliatur Deo, credere in eum qui dicit : « Sine me nihil potestis facere (*Joan.* XV). » Sed hanc fidem non apprehendit qui, ignorans Dei justitiam, id est quam dat Deus, qui justificat impium et suam volens statuere, tanquam suæ voluntatis viribus factam, cui Deus secundum merita retribuat gratiam, non vult ut gratia Dei præcedat, quæ eum faciat habere, quam se ipse sibi credit facere justitiam. Unde et sectari hujusmodi homines dicuntur justitiam, quam quasi fugientem viribus suis apprehendere se arbitrantur. Hoc autem proprium Judæorum est, sectantium legem justitiæ quasi per opera justificantem. Gentes vero non sectantur justitiam, sed apprehendunt eam, proximam sibi eam invenientes, prærogante eam sibi gratia fidei, naturali lege eam invenientes insitam cordi suo. « Gentes vero, quæ non sectabantur justitiam, » quæ propria legis est, quæ fit de timore pœnæ, non de amore justitiæ, quam homo facit non Deus, « apprehenderunt justitiam » Dei, justitiam fidei; « Israel vero sectando legem » litteræ, quam sibi putabat vel præsumebat esse « justitiæ, in legem spiritus non pervenit, » quæ vere est lex justitiæ. « Quia » ergo « non ex fide, sed quasi ex operibus, » quasi ipsi sua justitia, offenderunt in lapidem offensionis, in quem qui crediderit, non habebit suam justitiam, quæ ex lege est, quamvis bona sit lex, sed implebit ipsam legem, non sua justitia, sed data a Deo; ita enim non confundetur. Charitas enim legis plenitudo est. Et unde ista charitas diffusa in cordibus nostris? Non utique a nobis, sed per Spiritum sanctum, qui datus est nobis. Sciendum autem quod in Isaia propheta hoc testimonium ita scriptum est : « Ecce ego pono in Sion fundamentum lapidem pretiosum, electum, angularem : et qui crediderit in eum non confundetur (*Isa.* XXVIII). » Apostolus autem lapidem offensionis et petram scandali, de alio loco ipsius prophetæ huic testimonio inseruit, in quo ita scriptum est : « Et non tanquam lapidi offensionis occurretis ei; neque ut lapidi ruinæ (*Isa.* VIII). » Ex utroque ergo loco excerpens quod assertioni suæ commodum videbatur, in unum sibi coaptavit. Cur autem via et veritas et vita Christus Dominus lapis hic offensionis, et petra scandali nominetur, nulli debet esse offensio vel scandalum. Quia enim hi qui erant in Sion vias non bonas incedentes iter perditionis concito pede currebant, malis suis invicem faventes, quia, sicut dicit propheta, « laudatur peccator in desideriis animæ suæ, et iniquus benedicitur (*Psal.*

IX); » veniens Dominus arguere cœpit vias eorum pravas dicens : « Væ vobis Pharisæi (*Matth.* XXIII), » et his similia, et factus est eis lapis offensionis et petra scandali, dum sua eis mala non tacens, vias perditionis eorum redarguendo cœpit impedire. Non solum autem, sed et omnibus malis lapis offensionis est Christus. Quidquid enim dicit Christus, amarum est illis ; sed quicunque crediderit in illum, non confundetur; confundetur autem qui in se gloriatur, quia non sine peccatis invenietur ; nec ad diem, nec ad horam, sed in æternum confundetur. Quicunque ergo non vis offendere, tolle te, impedis te, tolle justitiam tuam, apprehende eam quæ ex Deo est. Quamvis Christianus vocaris, si gratiam ejus denegas, in eum offendis. Minus autem est offendere in Christum pendentem quam in eum in cœlo sedentem. Justitia sit ; sed ex gratia sit. A Deo tibi sit ; tua non sit. « Sacerdotes tui, » inquit, « induantur justitiam (*Psal.* CXXXI).» Vestis accipitur, non cum capillis nascitur. Hanc tibi prædicat Apostolus, hanc tibi dat Deus. Geme, plora, crede, ut impetres.

CAPUT X.

VERS. 1. — « Fratres, voluntas quidem cordis mei, et obsecratio ad Deum fit pro illis in salutem. » Voluntas ut ad vera credenda moveatur, non sibi sufficit, nisi a gratia Dei adjuvetur. Propterea Apostolus, licet instanter eis Evangelium prædicaret, non ei sufficit, nisi etiam pro eis oraret, ut crederent. Non enim aliter consequerentur salutem. Orat ergo pro nolentibus credere, ut Deus operetur in eis et velle.

VERS. 2. — « Testimonium enim perhibeo illis, quoniam æmulationem Dei habent, sed non secundum scientiam. » Novi, inquit, scio, apud illos fui, talis et ipse fui. Quid autem sit zelus, sive æmulatio, non secundum scientiam, exponens subdit :

VERS. 3. — « Ignorantes enim justitiam Dei, et suam quærentes statuere, justitiæ Dei non sunt subjecti. » De Judæis enim hæc dicit, qui de se præsumentes, gratiam repellebant, et propterea in Christum non credebant. Suam vero justitiam dicit eos velle constituere, quæ justitia est ex lege, non quia lex ab ipsis est constituta, sed in lege quæ ex Deo est, suam justitiam constituerant, quando eamdem legem suis se viribus implere posse credebant, ignorantes Dei justitiam, non qua Deus justus est, sed quæ homini est ex Deo. Hæc autem est tota scientia magna hominis, scire quia per seipsum nihil est, et quoniam quidquid est, ex Deo est, et per Deum est.

VERS. 4. — « Finis enim legis Christus ad justitiam omni credenti. » Discernitur quippe ab operibus fides, sicut alibi dicitur (supra cap. III, vers. 28), justificari posse hominem per fidem sine operibus legis. Et sunt opera quæ videntur bona sine fide Christi, et non sunt bona, quia non referuntur ad eum finem ex quo sint bona. « Finis enim legis Christus. » Ideo Dominus in Evangelio noluit discernere ab opere fidem ; sed ipsam fidem dixit esse opus; ipsa est enim fides quæ per dilectionem operatur. Nec dixit, hoc est opus vestrum, sed, « hoc est opus Dei, ut credatis in eum quem ille misit (*Joan.* VI). » Fides ergo hominis, Christi est, quia ab ipso est ; et opus omne fidei ad ipsum referendum est, quia ab ipso est, quia finis legis et omnis justitiæ ipse est. Omnis enim perfectio in ipso est, ultra quem non est quo se spes charitatis et fidei extendat.

VERS. 5. — « Moyses enim scripsit, quoniam justitiam quæ ex lege est qui fecerit homo vivet in ea.» Non ait, qui fecerit eam, vivet in illa, ut intelligas legem hoc loco pro ipsis operibus positam, quæ operantes vivebant in illis, alioquin pascerent in cruce corvos. Qui ergo, inquit, fecerit eam, non lapidabitur, non occidetur ; præmium ei erit non mori.

VERS. 6, 7. — « Quæ autem ex fide est justitia, sic dicit : Ne dixeris in corde tuo : Quis ascendet in cœlum, id est Christum deducere? aut quis descendet in abyssum, hoc est Christum a mortuis revocare? » Justitia quæ ex lege factorum est, ipsa sunt facta, præmium ejus vel merces, non mori, non puniri. De justitia vero quæ ex fide est, longe aliter est. Ipsa enim tantum veram cordis exigit fidem et liberam oris confessionem, non ratione humana exquisitam, sed simplici et voluntario mentis assensu susceptam. Fides enim est in his quæ in religione credenda sunt, voluntarius mentis assensus, in qua qui fidelem et sobrium habet sensum, nullius sapientiæ sensibus divinæ, nullis humanæ scientiæ rationibus, quæ in Christo humana sunt, scrutatur, utique de cœlo illo, quæ divinitatis sunt Christi, sibi expostulet deduci ad intelligendum ; vel de abysso illa, Christum sibi revocari de communi sorte morientium, sed simpliciter credens quod credendum indicit divina auctoritas, et libere confitens quod confitendum suggerit veritas ; credendi humilitate proficit ad intellectum susceptæ fidei et ad opera quæ per dilectionem fiunt. Sic enim in Deuteronomio scriptum est, unde exemplum hoc assumptum est : « Mandatum hoc, quod ego tibi præcipio hodie, non est superexaltatum a te, neque longe a te. Non est in cœlo, ut dicas : Quis ascendet nobis in cœlum, et accipiet illud nobis, ut audientes faciamus illud ; neque trans mare, ut dicas : Quis transibit, et accipiet illud nobis (*Deut.* XXX). »

VERS. 8, 9. — « Sed prope est verbum in ore tuo et in corde tuo. Hoc est enim verbum quod prædicamus, quia si confitearis in ore tuo Dominum Jesum, et in corde tuo credideris quod Deus suscitavit illum a mortuis, salvus eris. » Licet enim in re inusitata, et miraculi insoliti, quædam apparere videatur difficultas credendi, fideliter tamen confitenti Dominum esse Jesum, et credenti non eum esse de communi sorte morientium, Deus qui superbis resistit, humilibus autem dat gratiam, per amorem spiritus, fidei illustrat affectum, et suggerit intellectum, ut et dulce ei efficiatur in corde quod credit et gloriosum confiteri quod saluberrime credere se intelligit. Credendo autem salvus efficitur, non ut vivat interim, sicut vivit in justitia sua vel operum suorum operarius ille legis, sed vivat hic in justitia Dei, in æternum cum eo victurus; vivat hic vita Dei operando per dilectionem, in futuro autem accepturus perpetuam glorificationem. Habet enim fidei vera justitia duplex beatitudinis præmium; dum et hic degustat certissimo experientiæ argumento sperandarum substantiam rerum, et ibi accipit quod credidit, æternæ felicitatis manifestissimam veritatem. Propter hoc gloriatur hic in tribulationibus, in quibus conscientia sanctæ patientiæ jam arrha quædam et pignus est beatitudinis futuræ. Comparanda est ergo causa causæ, justitia justitiæ, vita vitæ, servi, qui quasi reclusus in pistrino duræ necessitatis, tandiu vivit, quandiu serviliter operatur, et Filii gratiæ, cui servire vivere est, et grate servire magna gratia, et gratis servire magna gloria, merces vero vita æterna.

VERS. 10. — « Corde enim creditur ad justitiam, ore autem confessio fit ad salutem. » Cum constet de justitia fidei, qua corde creditur ad justitiam, non incassum additum est, « ore autem confessio fit in salutem. » Nonne pene omnes qui coram persecutoribus Christum negaverunt, quod de illo credebant, corde tenuerunt, et tamen ore ad salutem non confitendo perierunt, nisi qui pœnitentia revixerunt? Quis ita evanescat, ut existimet apostolum Petrum sic habuisse in corde, cum Dominum negavit ore? Cur loquens in corde suo veritatem, tam amaro fletu punivit mendacium, quod ore deprompsit, nisi quia magnam vidit esse perniciem, quod corde quidem credidit ad justiam, ore autem non est confessus ad salutem? Sicut enim non proficit veritas in ore, si non sit etiam in corde, sic nec in corde proficit, si tempore necessariæ confessionis in ore deficit.

VERS. 11. — « Dicit enim Scriptura : Omnis qui credit in eum, non confundetur. » Sunt qui Christum verbum Dei, virtutem Dei, sapientiam Dei, non erubescunt confiteri; natum vero, mortuumque et sepultum confiteri erubescunt. Et quomodo curabitur ægrotus qui de medicamento erubescit? Sed eligat tempus, quia nunc est eligendi tempus. Cum enim admirandus ille venerit qui pro nobis est contemptus, judicabit qui pro nobis est judicatus, excitabit occisus, honorabit exhonoratus, tunc sive Judæus, sive Græcus (non enim est distinctio), omnis qui credit in illum non confundetur.

VERS. 12. — « Nam idem Dominus omnium, » quia non Judæorum Deus tantum, imo et gentium, « dives ad implenda desideria omnium qui invocant eum. »

VERS. 13. — « Omnis enim quicunque invocaverit nomen Domini, salvus erit. » Nomen Domini invocat, qui servus Domini esse desiderat; desiderat esse servus ejus, quicunque intelligit nomen ejus. Nomen ejus intelligunt, qui in semetipsis experiuntur dominatum ejus. Ipsi sunt qui cognoscunt in semetipsis gratiam Dei, et ingrati non sunt, et ideo invocantes nomen Domini salvi sunt. Sic ergo fides Jesu Christi Domini impetrat nobis salutem, et quanta nobis hic inchoatur in spe, et quanta dabitur in re. Quod autem dicit, salvus erit, utique sicut a febre, sicut a peste, quia non est sanis opus medicus, sed male habentibus. Si ergo omni invocanti salus promittitur, nec est distinctio Judæi et Græci, omnibus invocandum est.

VERS. 14, 15. — « Sed quomodo invocabunt in quem non crediderunt? » De gentibus hic dicere videtur Doctor gentium : repellens eos qui putabant genti tantum Judæorum, non etiam gentibus Evangelium prædicandum. Quod volens ostendere, non ad Judæos tantum, sed et ad gentes pertinere, proposuit quod de propheta præmissum : « Omnis quicunque invocaverit nomen Domini, salvus erit (Joel. II) : » ac deinde : « Quomodo, inquit, invocabunt in quem non crediderunt? Aut quomodo credent ei quem non audierunt? Quomodo autem audient sine prædicante? Quomodo vero prædicabunt, nisi mittantur? » Sed missi sunt et prædicaverunt, « sicut scriptum est (Isa. LII) : Quam speciosi pedes evangelizantium bona! » Neque enim, quia Deus dat incrementum, ideo non est plantandum atque rigandum; hoc autem tramite reditur ad gratiam. Nisi enim gratia provideat, prædicatores vero faciant credentes, non erunt qui salvi fiant invocantes. Ideo speciosi pedes evangelizantium pacem, evangelizantium bona ; pacem qua percepta remissione peccatorum Deo reconciliamur; bona, quæ filiis gratiæ promittuntur vel speciosi pedes, speciosa nobis vestigia relinquentes, de cultu animi, de amore Dei, de contemptu sæculi. Sed missi sunt evangelizantes, pauci vero inventi sunt obedientes. Unde sub verbis prophetæ (Isa. LII) vox sequitur conquerentium dicens :

VERS. 16. — « Domine, quis credidit auditui nostro? » Quæ enim audivimus a te, annuntiavimus eis; sed pauci sunt qui obediant nobis. In hoc procedit omnis verborum horum prolixitas, quia prosequitur Apostolus tristitiam suam magnam et dolorem continuum cordis sui de gentis suæ obcæcatione, quam dissimulare non potest, agens pro illis, in quantum veritas et justitia Dei conatibus ejus invenitur non obsistere; cui et ipse resistere non potest, resistente sibi obduratione pertinacis malitiæ. Unde et Deo conjunctus condemnat quidem cæcam in illis multitudinem obduratorum, sed in remedium doloris, sanctam ex eis electionis amplectitur raritatem.

VERS. 17. — « Ergo, » inquit, in eis, id est paucis eorum, « fides ex auditu, auditus autem per verbum Dei. » Gloriatur autem vel in paucis eorum profecisse studium prædicatorum. Deinde cæteris omnem tollens excusationem :

VERS. 18. « Nunquid, » inquit, « non audierunt? Et quidem in omnem terram exivit sonus eorum, et in fines orbis terræ verba eorum (Psal. XVIII). » Si ergo omnes, et ipsi. Si gentes fines terræ inhabitantes audierunt, Judæi habitantes in medio terræ, ubi salus facta est, quomodo se excusare possunt?

VERS. 19. — « Sed dico: Nunquid Israel non cognovit? » Ac si dicat: Sed dicam: cur Israel non cognovit? Non autem ego, sed « primus » ante me « Moyses, » et in ipso Deus, « dicit (*Deut.* xxxii): Ego ad æmulationem vos adducam in non gentem: in gentem insipientem, in iram vos mittam. » Ac si dicat: Subtrahendo vobis, quam et vos abjicitis, gratiam meam, adduci vos permittam in æmulationem et invidiam, quam habituri estis in gentem, quam nec gentis nomine hactenus dignabamini; jam autem vere non gentem, id est gentem esse desistentem, et quasi naturalem genituram erroris sui in novam fidei genituram transmutantem. Mittamque vos in iram, qua nunquam caret invidia, in gentem hactenus insipientem, nilque de Deo sapientem, nunc autem in cognitione Dei vos præcedentem. Invidia ergo causa est maxima cur Israel non cognovit. Epulante enim et gaudente cum patre juniore filio, senior intrare noluit (*Luc.* xv). Isaias, etiam licet pro confessione Dei et verbi Dei veritate moriturum se sciret, audet tamen in reprobationem Judæorum vocationem gentium prædicare dicens:

VERS. 20. — « Inventus sum a non quærentibus me; palam apparui his qui me non interrogabant (*Isa.* LXV). » Ecce manifestissima gratia Dominum autem Deum præscium fuisse futurorum; et prædixisse credimus infidelitatem Judæorum non fecisse; quod sonare videtur verbum adductionis in æmulationem. Sed non Deus propterea ad peccandum cogit, quia futura hominum peccata jam novit. Ipsorum enim præscivit peccata, non sua; non cujusquam alterius, sed ipsorum. Quapropter, si ea quæ ille præscivit ipsorum non sunt ipsorum, non vera ille præscivit. Sed quia falli ejus præscientia non potest, sine dubio non alius, sed ipsi peccant quos Deus peccaturos esse præscivit. Fecerunt ergo peccatum Judæi, quod eos facere non compulit, cui peccatum non placet; sed facturos esse prædixit quem nihil latet. Et ideo si non malum, sed bonum facere voluissent, non prohiberentur: et hoc facturi præviderentur ab eo qui novit quid quisque sit facturus, et quid ei sit pro ejus opere rediturus. Hoc interim de reprobatione Judæorum. Porro de eis a quibus inventus est non quæsitus, quid dicemus? Quid, nisi quod dicit qui spiritum Dei habuit, « Misericordia ejus præveniet me? (*Psal.* LVIII). » Si tu o quisquis ille es, qui de illis es, aliquid tuum primum attulisti, et ex tuo aliquo bono primo misericordiam Dei promeruisti; non te prævenit. Sed ut esses, quid fecisti? Ut esses qui Deum invocares, quid egisti? Si enim egisti aliquid ut esses, eras ergo priusquam esses. Porro si nihil omnino eras, priusquam esses, non promeruisti ut esses. Fecit autem Deus ut esses; et tu fecisti ut bonus esses? Si Deus dedit ut esses, et alius dedit ut bonus esses, melior utique qui dedit ut bonus esses

quam qui dedit ut tantum esses. Sed ipse non quærentibus est inventus, quia gratia ejus præveniens sensum aperuit, et non quærentibus palam apparuit. Quid ergo? Datur hominibus potestas filios Dei fieri: gratias agant, quia data est potestas; orent, ne succumbat infirmitas. Nullum ex tollat nimia suæ voluntatis fiducia in superbiam, ut dicat: Ut quid rogabo Deum, ne vincar a tentatione, cum hoc in mea positum sit potestate; Nullum nimia sui diffidentia dejiciat in negligentiam, ut dicat: Ut quid conamur bene vivere, quod in Dei positum est potestate; sed subditus fiat omnis mundus Deo. Qui trahitur, sequatur; qui non trahitur, oret ut trahatur. Sequitur.

VERS. 21. — « Ad Israel autem dicit: » Illud ad gentes; hoc autem ad Israel. Illud quidem ad assumptionem gentium; hoc autem ad reprobationem Judæorum : « Tota die expandi manus meas ad populum non credentem, sed contradicentem mihi. » Sine, inquit Dominus, saturari filios. « Non » enim « missus sum, nisi ad oves quæ perierunt domus Israel (*Matth.* xv). » Tota ergo die, id est toto cum hominibus conversationis suæ tempore expandit Dominus manus suas, quasi ad amplectendum populum Judæorum; illis præcipue deputans et miraculorum suorum opera, quæ per manus designantur; et doctrinæ studium, qua non credentes, sed contradicentes quasi utraque sibi manu attrahere conatur. Et tanquam responderetur: Ubi ergo sunt promissiones factæ ad Israel? continuo subjunxit:

CAPUT XI.

VERS. 1, 2. — « Dico ergo: Nunquid repulit Deus populum suum? Absit! Nam et ego Israelita sum, ex semine Abraham, de tribu Benjamin. Non repulit Deus plebem suam, quam præscivit. » Atque ut ostenderet gratia Dei relictas esse reliquias, non meritis operum eorum, secutus adjunxit:

VERS. 3-7. — « An nescitis in Elia, quid dicat Scriptura, quemadmodum interpellat Deum adversum Israel? Domine, prophetas tuos occiderunt, altaria tua suffoderunt et ego relictus sum solus, et quærunt animam meam. Sed quid illi dicit responsum divinum? Reliqui mihi septem millia virorum, qui non curvaverunt genua sua ante Baal. Sic et in hoc tempore reliquiæ secundum electionem gratiæ salvæ factæ sunt. Si autem gratia, jam non ex operibus; alioqui gratia jam non est gratia. Quid ergo? Quod quærebat Israel non est consecutus, electio autem consecuta est; cæteri vero excæcati sunt. » Plebs Dei gens fuit Judæorum, quorum adoptio, et gloria, et testamentum, et legislatio: plebs, inquam, in qua præcesserunt omnia sacramenta Salvatorem promittentia. Quid ergo? Totum illud damnatum est? Absit! Sed area ventilata massa interposita est; palea foris jacet. Quidquid vides Judæorum reproborum, palea est. Qui præsciti et prædestinati sunt, repulsi non sunt. « Reliqui, » inquit, « mihi. » Quid est, reliqui mihi? Ego eos elegi, quia vidi mentes eorum non præsumentes de se, non de Baal. Non sunt mutati; sic sunt, ut a me facti sunt. Sic et nunc reliquiæ secundum electionem gratiæ salvæ factæ sunt. Cave, Christiane, superbiam; licet enim sanctorum imitator sis, totum semper gratiæ deputa, quia ut aliquid reliquum esset in te, gratia fecit, non meritum tuum. De ipsis enim reliquiis loquitur propheta. Si de tuis meritis præsumis, vel operibus, non jam tibi gratia redditur, sed merces debetur. Si autem gratia, jam non ex operibus; alioqui gratia jam non est gratia. Quid autem est, secundum electionem gratiæ? Mali eramus, et electi sumus, ut boni per gratiam eligentis simus. Gratia enim non invenit, sed efficit meritum. « Quid ergo? Quod quærebat Israel, non est consecutus. » Quid est quod quærebat Israel, quod non est consecutus? Jam superius dixerat, quia sectando legem justitiæ, in legem justitiæ non pervenit. Quare? « Quia non ex fide, sed ex operibus. » Sectabatur enim legem operum, et in ea quærendo justitiam, non eam est consecutus; electio autem tam ex Judæis quam ex gentibus in lege gratiæ, in lege fidei, in lege spiritus vitæ consecuta est. « Cæteri » autem quia credere noluerunt, cum possent, « excæcati sunt : » id est facti qui non possent. Quia enim voluntate peccaverunt, etiam in voluntate puniti sunt; ut quia scienter verum dixerunt falsum, postea nec veritatem ipsam possent intelligere. Hoc enim non simplicitatis ignorantia, sed pravæ voluntatis meretur invidia.

VERS. 8. — Ideo « dedit illis Deus spiritum compunctionis. » Ista compunctio, damnatæ est conscientiæ pœnalis afflictio, de qua supra dixit : « His autem qui sunt ex contentione, ira et indignatio, » etc. Damnati enim ad infernum gehennæ, primum hic cruciantur in inferno conscientiæ, non habentes justitiam quæ secundum Deum est, pœnitentiam in salutem stabilem operantem, sed desperationem diabolicam mortem æternam operantem. Hoc autem testimonium unde assumptum sit, non satis apparet; nisi forte de Isaia, ubi dicit : « Vade, et dic populo huic : Aure audietis, et non intelligetis : et videntes videbitis, et non videbitis. Incrassatum est enim cor eorum (*Isa.* VI) » usque ad conclusionem oculorum interiorum et obturationem aurium, ut jam nec videre possint, nec audire, quia cum potuerunt, noluerunt.

VERS. 9. — « Et David dicit (*Psal.* LXIII) : Fiat mensa eorum coram ipsis in laqueum, et in captionem, et in scandalum, et in retributionem eorum ipsis. » Mensa Judæorum scriptura est Veteris Testamenti, in qua de Moyse et prophetis diversa fercula apponuntur. Quæ illis fit in laqueum, cum spiritualia nulla curantes, carnalia sibi tantum in Scripturis repromitti arbitrantur. Quare vero coram ipsis? Iniquitatem enim suam noverunt; et tamen in ea pertinacissime perseverant, tantumque valet animi præsumptio, ut coram ipsis sit laqueus, et tamen incidant in eum. Unde et sequitur,

VERS. 10. — « Obscurentur oculi eorum ne videant; » ut quoniam sine causa viderunt, fiat in eis, ut nec videant. Quod autem dicit, prophetantis est, non optantis; non ut fiat, sed quia fiet. « Fiat eis in scandalum, » quia videntes Dominum passibilem, scandalizati sunt. « Et dorsum eorum incurva, » ut qui noluerunt cœlestia cognoscere, jam non nisi terrena sciant cogitare. Unde et a loco, quem ne perderent, Christum occiderunt, infeliciter exturbati et dispersi per terras, ubique quaqua Ecclesia dilatata est, non desunt, et de Scripturis suis testimonio nobis sunt, quia quæ de Christo prædicantur, nos non confinximus, sed in eorum libris inveniuntur. Cum ergo obcæcati nostris Scripturis non credunt, complentur in eis suæ, quas cæci legunt.

VERS. 11. — « Dico ergo : Nunquid sic offenderunt, ut caderent? Absit. » Est casus, quo justus septies cadit, et resurgit (*Prov.* XXIV), et est casus, de quo qui cadit, non adjicit ut resurgat (*Isa.* XXIV), sicut cecidit Lucifer de cœlo casu æternæ desperationis. Hoc casu absit, inquit, ut ceciderit Israel, cum adhuc apud eos meditatio legis permaneat, et zelus Dei, licet non secundum scientiam. Casus enim Judæorum habet resurrectionem, et aversio conversionem. Quomodo? Sequitur et dicit : « Sed illorum delicto, salus gentibus facta est, ut illos æmulentur. » Non enim casus eorum usquequaque inutilis inventus est, quia unde ipsi ceciderunt, inde alii surrexerunt. Unde et casum eorum delicti nomine quasi clementius voluit appellare. Delictum ergo eorum salus est gentibus, ut illos æmulentur, id est ut sicut nunc gentes apud Judæos invenerunt, in quo salventur, sic et Judæi aliquando agnita veritate, in salutem suam gentes æmulentur.

VERS. 12. — « Quod si delictum eorum divitiæ sunt mundi; et diminutio eorum divitiæ gentium, quanto magis plenitudo eorum? » Delictum Judæorum divitiæ mundi sunt, quia in eorum delicto pars Domini factus totus mundus, cum primum in constitutione terminorum mundi solus Jacob constitutus fuerit funiculus hæreditatis ejus (*Deut.* XXXII). « Quod si diminutio eorum divitiæ sunt gentium, quanto magis plenitudo eorum? » Quod enim Judæis diminutum est et ablatum, hoc gentibus additum est et collatum. Et bene ad diminutionem plenitudo reddita est, quia quandiu Israel in incredulitate permanet, nondum plenitudo portionis Dei potest dici completa; quam conversione sua ipse complebit.

VERS. 13, 14. — « Vobis enim dico gentibus : Quandiu quidem ego sum gentium Apostolus, ministerium meum honorificabo, si quomodo ad æmulandum provocem carnem meam, et salvos faciam aliquos ex illis. » Cum enim pervigilem curam et jugem sollicitudinem erga doctrinam gentium Apostolus gerebat, et conversationem earum probabilem exhibebat, videntes hoc Israelitas ad æmulationem proficientium provocabat. Et hæc erat magna ministerii ejus glorificatio: alterum per profectum ab terius suscitare ad profectum.

Vers. 15. — « Si enim amissio eorum reconciliatio est mundi; quæ assumptio, nisi vita ex mortuis? » Si abjectio gentis illius reconciliationem mundo præstitit, si tanta in eis fuit gratia, quæ ablata ab eis, et data gentibus, totum mundum implevit, æstimari non potest quid sit illud quod ex reconciliatione ejus mundus accepturus sit. « Quæ erit assumptio eorum, nisi vita ex mortuis? » Nunc enim interim ad vitam, ex mortuis proficientibus, varii annuntiantur profectus; tunc autem ipsa perfectio. Tunc enim, in fine scilicet mundi, generalis eorum futura est assumptio, cum in omnibus fidelibus celebris illa resurrectio fiet, qua mortale induet immortalitatem, et corruptio incorruptionem.

Vers. 16. — « Quod si delibatio sancta, et massa. Et si radix sancta, et rami. » Olivam creavit Deus patriarchas sanctos, unde et floruit populus Dei; hæc arbor putata est. Nam inde superbi rami fracti sunt, blasphemus populus Judæorum. Manserunt tamen ibi rami boni et utiles, sancti apostoli. Ipsa est delibatio, parva de quavis re assumptio ad experimentum totius massæ. Inde est quod dicit: Si delibatio sancta inventa est, et massa potest sanctificari. Sicut radix; sic et rami. Ramorum enim natura, sicut solet in omni arbore, radicis respondet sanctitatem, et fructuum aliqua delibatio totius massæ qualitatem. In delibatione ergo et ramis, naturalis est sanctitas radicis. Tu autem contra naturam aliunde insertus, quidquid habes sanctitatis, ex beneficio habes inserentis, et pinguedine radicis. Unde et sequitur:

Vers. 17. — « Quod si aliqui ex ramis fracti sunt; tu autem cum esses oleaster insertus es in illis, et socius radicis et pinguedinis olivæ factus es, noli gloriari adversus ramos. » De radice patriarcharum dicit fractos quosdam ramos propter incredulitatem, et insertum oleastrum, ut esset particeps pinguedinis olivæ, id est Ecclesiam ex gentibus venientem. Et quis inserit in olivam oleastrum? Oliva potius inseri solet in oleastro, oleastrum in oliva nunquam vidimus. Nam quisquis fecerit, non inveniet baccas olivæ, sed oleastri. Quod enim inseris, hoc crescit, et ejus fructus est. Non enim crescit radicis fructus, sed surculi. Hoc ostendens Apostolus, omnipotentia sua Deum fecisse, ut oleaster in radice olivæ insereretur, ut non baccas silvestres, sed olivam redderet, ad omnipotentiam Dei revocans ait: « Quod si aliqui ex ramis fracti sunt; tu autem cum oleaster esses, insertus es in illis, et socius radicis et pinguedinis olivæ factus es, noli gloriari adversus ramos. » Noli gloriari quia insertus es, sed time, ne per infidelitatem frangaris, sicut illi fracti sunt. Oliva superba digna frangi fuit, quæ dixit: « Nos de servitute non sumus nati; unum patrem habemus Abraham (*Joan.* VIII). » Audi et oleastrum dignum inseri: « Non sum dignus, » ait, « ut intres sub tectum meum (*Matth.* VIII). » Centurio alienigena fuit, qui hoc dixit, de quo et Dominus dixit: « Non inveni tantam fidem in Israel (*ibid.*) » In oliva non inveni quod inveni in oleastro. Ergo oliva superba succidatur, et oleastrum humile inseratur. Deinde vide præcedentem et inserentem: « Multi venient ab Oriente et Occidente, et recumbent cum Abraham, Isaac et Jacob, in regno cœlorum (*ibid.*). » Non ergo superbe gloriemur adversus fractos ramos; sed potius cogitemus, cujus gratia et quanta misericordia, et in qua radice inserti sumus, ut non alta sapiamus, sed humilibus consentientes simus.

Vers. 18. — « Quod si gloriaris, non tu radicem portas, sed radix te. » Nihil enim habes, quod non accepisti. Et si insultas fractioni ramorum, non tu radicem portas, sed radix te, cui insultas. Talibus enim insultantibus dicit:

Vers. 19, 20. — « Dicis ergo: Fracti sunt rami, ut ego inserar. Bene, propter incredulitatem fracti sunt, tu autem fide sta. » Amputatis propter infidelitatis superbiam naturalibus ramis, tu fide sta, ut deputetur tibi fides ad justitiam, et impleatur in te, non quod postulat meritum tuum, sed quod a Domino promissum est beneficium. « Noli altum sapere, sed time. » Inest enim gratiæ timor suus. Timor iste præcipitur, etiam iis qui ex fide viventes hæredes sunt Novi Testamenti, atque in libertatem vocati. Altum enim sapere superbire est. Timorem hunc non delectat iniquitas, etiamsi proponatur impunitas. Hoc enim tantum timet, ne amittat ipsam gratiam, per quam in ea factum est, ut eam non delectet peccare. Qui enim altum sapit, et ideo non timet: utique perniciose non timet. Quid enim boni amat, qui forte hoc ipsum propter hoc ipsum amat non timere? Potest enim hoc persuadere sibi aliquis non sanitate, sed immanitate. Nam propter hoc ipsum quia amat non timere, ut quod amat exerceat, ingentia facinora molitur. Non ergo hoc pro magno bono habendum est quod in homine pessimo inveniri possibile est. Quapropter timeat Christianus, antequam perfecta charitas foras mittat timorem (*I Joan.* IV). Deinde proficiendo tanto minor efficiatur timor, quanto patriæ quo tenditur, propinquior. Major enim timor debet esse peregrinantium, minor propinquantium, nullus pervenientium. Sed et timor perducit ad charitatem; perfecta vero charitas foras mittit timorem.

Vers. 20, 21. — « Noli » ergo « altum sapere, sed time. Si enim Deus naturalibus ramis non pepercit, ne forte nec tibi parcat. » Superbis enim resistit, humilibus autem dat gratiam (*Jac.* IV).

Vers. 22, 24. — « Vide ergo bonitatem et severitatem Dei; in eos quidem qui ceciderunt severitatem; in te autem bonitatem Dei, si permanseris in bonitate. » Salubriter Scriptura non solum bonitatem Dei, sed et severitatem commendat, quoniam et amatur Deus utiliter, et timetur. Itaque sanctis patriarchis in radice sua viventibus, infidelis superbia naturalium ramorum justa Dei severitate confringitur, et fidelis humilitas oleastri gratia divinæ bonitatis inseritur. Quicunque ergo insereris vide, ut dictum est, bonitatem et severitatem Dei. Sicut enim omnis materia corporalis, cum sine dubio unius naturæ sit, per accidentes sibi qualitates diversas species profert corporum, sive in hominibus, sive in animalibus, sive in arboribus, sive in herbis, ita et cum omnium rationalium una natura sit, arbitrii proprii libertate æqualiter donata, uniuscujusque motus proprii ex arbitrii libertate probati, vel ad virtutem, vel ad libidinem subjectam sibi animam perducentes, vel præeunte gratia Dei in bonæ eam arboris speciem formant, vel proprio vitio in malam arborem deformant. Unde et Dominus, ut ostenderet arborem bonam fieri, non nasci : « Aut facite, » inquit, « arborem bonam, et fructus ejus bonos ; aut facite arborem malam, et fructus ejus malos (*Matth.* XII). Alioquin et tu excideris, sed et illi si non permanserint in incredulitate inserentur. Potens est enim Deus inserere illos. Nam si tu ex naturali excisus es oleastro, et contra naturam insertus es in bonam olivam : quanto magis ii qui secundum naturam inserentur suæ olivæ? » Sicut enim, ut dictum est, corporalem naturam causæ exterius accidentes in diversas formant effigies, sic rationalem animam vel gratia Dei quasi originaliter format in olivam, vel oleastrum facit in eam transire, vel econtrario agit liberi arbitrii abusio. Æque enim potens est Deus operari et in Judæorum oliva, et in gentium oleastro.

Vers. 25. — « Nolo enim vos ignorare, fratres, mysterium hoc, ut non sitis vobis ipsis sapientes. Quia cæcitas ex parte contigit in Israel donec plenitudo gentium intraret, et sic omnis Israel salvus fieret. » De ruina alterius gaudere periculosum est; insultare vero, imminentis ruinæ suæ indicium est. Propter quod timens Apostolus infirmioribus discipulis ex gentibus, occultum hoc mysterium de salute Judæorum eis revelat, ne scilicet omnino eos alienatos esse a Deo arbitrarentur, tum quia in eis non nisi ex parte cæcitas contigerat, tum quia ipsa gentium plenitudo sine generali eorum conversione compleri non poterat. Porro in semetipsis sapientes sunt : quibus, cum alios judicant, occultorum judiciorum Dei neglecta formidine, in quamdam quasi certitudinem salutis suæ sapiunt rationes meritorum suorum. Cæcitas enim facta est in Israel, facientibus peccatis eorum, ut plenitudo gentium intraret ; qua ingressa cæcitatem in eis cessare necesse est. Quod quomodo fiat, subdit dicens :

Vers. 26. — « Veniet ex Sion qui eripiat et avertat impietatem ab Jacob, et hoc illis a me testamentum, cum abstulero peccata eorum. » Veniet ex Sion de quo scriptum est : « Ex Sion species decoris ejus (*Psal.* XLIX) ; » qui eripiat a possessione inimici plenitudinem gentium, et avertat impietatem ab Jacob ; ut jam non invideant gentibus, sed æmulentur eas in bonum.

Vers. 27. « Et hoc illis a me testamentum. » Addit-

que Apostolus de suo quod in propheta non habetur, « cum abstulero peccata eorum : » quia sicut dicitur de gentibus illis, nondum completa erat iniquitas Amorrhæorum et Gomorrhæorum (*Gen.* XV) : sic usque ad tempus illud non complebuntur vel auferentur iniquitates Judæorum. Quæ autem sit, plenitudinis gentium quantitas, antequam non auferatur Judæorum iniquitas : quis etiam sit iste omnis Israel qui salvus fiet, occulta sunt mysterii, quod Apostolus ex parte vult sciri, et ex parte permittit nesciri. Nam ex primo adventu Domini humili cæcitas facta est in Israel. Ex secundo omnis Israel salvus fiet. Per Eliam namque magnum mirabilemque prophetam, exposita sibi lege ante judicium in ultimo tempore Judæos in Dominum Jesum esse credituros, celeberrimum est in sermonibus cordibusque fidelium. Ipse quippe ante adventum judicis speratur esse venturus, usque ad tempus illud vivens in carne reservatur. Exponet autem legem spiritualiter quam nunc Judæi observant carnaliter. « Et convertet corda patrum ad filios (*Malac.* IV) : » id est ut filii sic intelligant legem, sicut eam intellexerunt patres eorum prophetæ, in quibus et Moyses fuit. Sic enim cor patrum convertitur ad filios, cum intelligentia patrum perducitur ad intelligentiam filiorum, et cor filiorum ad patres eorum, dum quod senserunt illi, sentiunt et isti.

Vers. 28. « Secundum Evangelium quidem inimici propter vos ; secundum electionem autem, charissimi, propter patres. » Quid est, secundum Evangelium inimici propter vos, nisi quod eorum inimicitia, qua occiderunt Christum, in Evangelio, sicut videmus, profecit ? Et hoc ostendit ex Dei dispositione venire, qui bene novit uti etiam malis, non quod illi prosint vasa iræ, sed ipso eis bene utente prosint vasis misericordiæ. Est enim in malorum potestate peccare, ut autem peccando hoc vel hoc illa malitia faciant, non est in eorum potestate, sed Dei dividentis tenebras et ordinantis eas, ut hinc etiam quod faciunt contra voluntatem Dei non impleatur nisi voluntas Dei. Legimus in Actibus apostolorum eos in persecutione orantes et dicentes post aliquanta : « Convenerunt enim in civitate ista adversus sanctum puerum tuum Jesum quem unxisti, Herodes et Pilatus et populus Israel, facere quanta manus tua et consilium prædestinavit fieri (*Act.* IV). » Ecce quod dictum est, « secundum Evangelium quidem inimici propter eos. » Tanta quippe ab inimicis Judæis manus Dei et consilium prædestinavit fieri, quanta necessaria fuerunt Evangelio propter nos. Sed quid est quod sequitur : « Secundum electionem vero, charissimi, propter patres? » Nunquid iidem inimici , iidemque charissimi ? Absit ! Sed utrumque licet inter se contrarium, id est et inimici et charissimi ; quamvis non in eosdem homines, tamen in eamdem convenit gentem Judæorum, et ad idem carnale semen Israel : aliis eorum ad claudicationem Jacob, aliis ad benedictionem Israel pertinentibus. Hunc sensum apertius superius (*vers.* 7) explicavit, ubi ait : « Quod quærebat Israel non est consecutus, electio autem consecuta est : cæteri vero excæcati sunt. » Ubi audimus, « electio consecuta est, » ibi intelligendi sunt charissimi propter patres, quibus ista promissa sunt. Ii enim non illa vocatione vocati sunt, qua dictum est : « multi vocati, pauci vero electi (*Matth.* xx) ; » sed illa, qua vocantur electi. Unde et hic subditur : « sine pœnitentia enim sunt dona et vocatio Dei, » id est sine mutatione stabiliter fixa sunt. Quicunque ad hanc vocationem pertinent omnes sunt docibiles Dei ; nec potest quisquam eorum dicere : Credidi, ut sic vocarer ; sed prævenit omnes gratia Dei ; quia sic sunt vocati, ut crederent. Omnes enim docibiles Dei veniunt ad Filium, quoniam audierunt et didicerunt a Patre per Filium, qui evidentissime dicit : « Omnis qui audivit a Patre et didicit, venit ad me (*Joan.* vi). » Istorum nemo perit, quia omne quod dedit ei Pater, non perdit ex eo quidquam : « Sine pœnitentia enim sunt dona et vocatio Dei. » Ii sunt, quibus dicitur, « ut eatis et fructum afferatis et fructus vester maneat (*Joan.* xv). » Quibus verbis non solum justitiam, sed etiam in ea perseverantiam se iis dedisse ostendit.

Vers. 30, 31. — « Sicut enim aliquando et vos non credidistis, nunc autem misericordiam consecuti estis propter illorum incredulitatem ; ita et isti nunc non crediderunt in vestram misericordiam, ut et ipsi misericordiam consequantur. » Profundiores jam hic causas exponit incredulitatis non credentium. Scilicet quia sicut gentes olim non credentes, non tamen penitus derelictæ sunt, sed occasione accepta ex naturalium fractione ramorum, ipsi olivæ ex oleastro contra naturam inserti sunt, sic postquam plenitudine gentium impleta fuerit dispensatio, et ipsi misericordiam consequentur. In quo volens Apostolus bonitatem Dei ostendere, qua ex incredulitate aliquorum, aliorum salutem facit.

Vers. 32. — « Conclusit, » inquit, « Deus omnia in incredulitate, ut omnium misereatur. » Unde sibi quidam male intelligentes blandiuntur ; sed quos « omnes » dicat, circumstantia lectionis demonstrat. De Judæis enim agit et gentibus, ex quibus quos præscivit et prædestinavit conformes fieri imaginis Filii sui, in infidelitate conclusit, ut de amaritudine infidelitatis suæ pœnitendo confusi et ad dulcedinem misericordiæ Dei credendo conversi clamarent illud de psalmo : « Quam magna multitudo dulcedinis tuæ, Domine, quam abscondisti timentibus te. Perfecisti eis qui sperant in te (*Psal.* xxx) » non in se. Omnium itaque misereatur vasorum misericordiæ, quorum omnium ? et eorum scilicet quos ex gentibus, et eorum quos ex Judæis prædestinavit, vocavit, justificavit, glorificavit. Non omnium hominum, sed istorum omnium neminem reliquit.

Vers. 33, 36. — « O altitudo divitiarum sapientiæ et scientiæ Dei : quam incomprehensibilia sunt judicia ejus, et investigabiles viæ ejus ! Quis enim cognovit sensum Domini, aut quis consiliarius ejus fuit ? Aut quis prior dedit illi et retribuetur ei ? Quoniam ex ipso et per ipsum et in ipso sunt omnia : ipsi gloria in sæcula sæculorum Amen. » Præmissa profundissima sententia de gratuita gratia Dei nullis præcedentibus meritis non iniqua, quæ non tam movet cum præstatur indignis, quam cum æque aliis indignis denegatur, cur hunc, cur non illum electio vocet, quasi Altissimi cujusdam secreti aditum pulsans, quia per cognitionem ad interiora admitti non valuit, per humilem confessionem ante januam humilis stetit ; et quod intus intelligendo comprehendere non valuit, foris timendo laudavit. Et nos ergo, in quantum judicia sua nobis manifestare dignatus est, gratias agamus ; in quantum abscondere, non adversus ejus consilium murmuremus, sed hoc quoque saluberrimum nobis esse credamus. Neque enim frustra dictum est : « Judicia tua abyssus multa (*Psal.* xxxv). » Cujus abyssi altitudinem expavescens iste Apostolus sic exclamavit : Inde sunt divitiæ gloriæ ejus in vasa misericordiæ, quæ vocat in adoptionem : quas notas vult facere etiam per vasa iræ, quæ apta sunt in interitum. Viæ vero investigabiles, ipsæ sunt de quibus in psalmo canitur : « Universæ viæ Domini misericordia et veritas (*Psal.* xxiv) : » misericordia, quoniam cujus vult miseretur, non in justitia, sed in misericordiæ gratia : et quem vult indurat, non in iniquitate, sed in veritate vindictæ. Quæ tamen misericordia et veritas sic sibi occurrunt, ut nec misericordia impediat veritatem, qua plectitur dignus, nec veritas misericordiam, qua liberatur indignus. Nulla ergo sunt merita justorum ? Sunt plane, quia justi sunt, sed ut justi fierent, merita non fuerunt. Justi enim facti sunt, cum justificati sunt. Valde ergo parvum sensum habemus ad discutienda judicia Dei, et justitiam eorum, apud quem sicut non est impossibilitas, sic nec iniquitas esse credenda est, cum superbis resistit, humilibus autem dat gratiam (*Jac.* iv). « O altitudo ! » Altitudo hæc non est quantum distat cœlum a terra ; quia et cœlum et terra temporalia et localia sunt, sed quantum distat Deus ab omni temporali et locali creatura ; quod omnes creaturæ sunt. Nullius igitur creaturæ attingitur sensu, comprehenditur intellectu, altitudo sapientiæ Dei, in qua facta sunt omnia, in qua cum omnia fiant, non tamen eam inquinant peccantia ; in quam nihil incurrit inquinatum, cum ipsa attingat omnia propter suam munditiam, cum autem ipse sit sapiens, et generans de se sapientiam ; quæritur utrum per se ipse sibi sit sapiens, an per eam quam de se gignit sapientiam : an ita sit sapiens, quemadmodum dicens : Verbo enim quod genuit dicens est. Sed si Pater qui genuit sapientiam, ex ea est sapiens, neque hoc illi est esse, quod sapere, qualitas ejus est, non proles Filius. Etiam non ibi est summa simplicitas. Sed absit ut ita sit, quia ibi vere est summe simplex essentia ! Hoc ergo ibi est esse, quod sapere. Quod si hoc est ibi esse, quod sapere ; non per illam sapientiam quam genuit, sapiens est Pater, alioqui non ipse illam, sed illa eum genuit.

Quid enim aliud dicimus, cum dicimus, hoc illis est esse quod sapere, nisi eo est sapiens, quo est? Quapropter quæ causa illi est, ut sapiens sit, ipsa illi causa est, ut sit. Ergo et Pater ipsa sapientia est, et ita dicitur Filius sapientia Patris, quomodo dicitur lumen Patris, id est ut quemadmodum lumen de lumine, et utrumque unum lumen, sic intelligatur sapientia de sapientia, et utraque una sapientia. Ergo et una essentia, quia hoc est ibi esse quod sapere. Quod enim sapientiæ sapere, et potentiæ posse et æternitati æternam esse, hoc est essentiæ ipsum esse. Et quia in illa simplicitate non est aliud sapere quam esse, eadem sapientia est quæ essentia. Pater igitur et Filius simul una essentia, et una magnitudo, et una veritas, et una sapientia. Hoc autem, et hujusmodi quæ Dei sunt, nemo cognovit nisi Spiritus Dei; qui sic in Deo est per unitatem naturæ, ut non sit aliquid in Deo, quod non possit spiritus ejus naturali unitate cognoscere. Istam quippe plenitudinem cognitionis sola possidet unitas naturalis, per quam sic est in Deo spiritus ejus, ut unus cum eo sit naturaliter Deus. Qui tamen sic in Deo est, et unus cum illo Deus est, ut non cum eo unam personam habeat, sicut habet cum homine spiritus hominis, qui n ipso est, et una sit in Trinitate persona. Trinitas enim Deus unius ejusdemque naturæ atque substantiæ, non minor in singulis, quam in omnibus. Nec major in omnibus, quam in singulis; sed tanta in solo Patre, vel in solo Filio, quanta in Patre simul et Filio, et tanta in solo Spiritu sancto, quanta simul in Patre et Filio et Spiritu sancto. Neque enim Pater, ut habeat Filium de seipso, minuit seipsum; sed ita genuit de se alterum se, ut totus maneret in se, et esset in Filio tantus, quantus in se. Similiter Spiritus sanctus, integer de integro, non præcidit unde procedit; sed tantus cum illo, quantus ex illo; nec minuit eum procedendo, nec auget hærendo. Et hæc omnia nec confuse unum sunt, nec distincte tria sunt: sed cum sint tria, unum sunt; cum sint unum, tria sunt. Eæ sunt divitiæ sapientiæ Dei, quia scire Deum Patrem et quem misit Jesum Christum, ipsa vita æterna est (*Joan.* xvii). Nemo autem novit Patrem nisi Filius; et nemo novit Filium, nisi Pater, et cui voluerit ipse revelare (*Matth.* 11). Voluerit utique per Spiritum sanctum. Voluntas Patris et Filii, Spiritus sanctus est. Sapientiæ hujus providentia vel scientia vel judicia sic sunt super unam animam, sicut super unam urbem; sic super unam gentem sicut super universam humani generis multitudinem, quia sic intendit Dominus singulis, ac si vacet a cunctis et sic simul intendit omnibus ac si vacet a singulis. Hic est sensus, de quo dicit: « Quis enim cognovit sensum Domini? » Qui enim omnia administrando implet, regit implendo; nec cum unum disponit, deest universis; nec deest uni, cum disponit universos. Cuncta scilicet naturæ suæ potentia quietus operatur. Est enim Filius de Patre ut sit, atque ut illi cœternus sit. Imago quippe si perfecte impleat illud cujus imago est, ipsa coæquatur ei non illud imagini suæ. Ubi jam est tanta congruentia, et prima æqualitas, prima similitudo, nulla in re dissidens, et nullo modo inæqualis et nulla ex parte dissimilis: sed ad identitatem respondens ei cujus imago est. Ubi est prima et summa vita, cujus non est aliud intelligere, et aliud vivere; sed id quod est intelligere, hoc est et vivere, hoc et esse est. Unum omnia tanquam verbum perfectum, cui non desit aliquid, et ars quædam omnipotentis ac sapientis Dei plena omnium rationum viventium incommutabilium, et omnes unum in ea, sicut ipsa unum de uno, cum quo unum. Ubi novit Deus omnia quæ fecit per ipsam, ideo cum decedant et succedant tempora, non decedit aut succedit aliquid scientiæ Dei. Non enim hæc quæ creata sunt, ideo sciuntur a Deo, quia facta sunt; ac non potius ideo facta sunt mutabilia, quia immutabiliter a Deo sciuntur. Hæc est inæstimabilis illa altitudo divitiarum sapientiæ et scientiæ Dei, ille vero ineffabilis complexus quidam Patris et imaginis non est sine perfruitione, sine charitate, sine gaudio. Illa ergo dilectio, delectatio, felicitas vel beatitudo, si tamen aliqua humana voce digne dicitur, est in Trinitate Spiritus sanctus, non genitus, sed genitoris, genitique suavitas, ingenti largitate atque ubertate perfundens omnes creaturas pro captu earum, ut ordinem suum teneant, locis suis acquiescant. Qui videt hoc vel ex parte, vel per speculum et in ænigmate, gaudeat, in quantum videt hoc, in tantum cognoscens sensum Domini, et gratias agat; qui autem non videt, tendat per pietatem ad videndum, ad amandum; non per cæcitatem ad calumniandum, pravus consiliarius summæ æquitatis ordinem corrigere volens ad arbitrium suæ voluntatis; quem omnes creaturæ vel tenent, vel non effugiunt, si locis a Deo positis non acquiescunt. Sequitur: « Quis prior dedit illi, et retribuetur ei? » Aliter dicitur homini, debes mihi quia promisisti mihi: aliter debes mihi, quia dedi tibi. Quando dicis, debes mihi quia dedi tibi, a te processit beneficium, sed mutuatum, non donatum; quando autem dicis, debes mihi, quia promisisti mihi, tu nihil dedisti, et tamen exigis. Bonitas enim ejus qui promisit dabit, ne in malitiam fides convertatur. Qui autem fallit, malus est. Deo autem nunquid dicimus, redde mihi, quia dedi tibi? Quid dedimus Deo, quando totum quod sumus, et quod habemus boni, ab ipso habemus? nihil ergo ei dedimus. Hoc ergo modo possumus exigere Dominum Deum nostrum, ut dicamus: Redde quod promisisti, quia fecimus quod jussisti, et hoc tu fecisti, qui laborantes juvisti. Vide enim quæ tibi prior dederit Deus, quid tibi fecit, cum prædestinavit te, qui nondum eras. Nempe quod dicit Apostolus: « qui vocat ea quæ non sunt, tanquam ea quæ sunt (*Rom.* iv). » Si jam esses, non prædestinareris: nisi aversus esses, non vocareris; nisi impius esses, non justificareris; nisi terrenus esses et abjectus, non glorificareris. Quid ergo reddimus? « Ipsi gloria, » quia non eramus, quando sumus prædestinati; quia aversi eramus, quando sumus vocati; quia peccatores eramus, quando sumus justificati. Pro iis omnibus agamus Deo gratias, ne simus ingrati. « Quoniam ex ipso, et per ipsum, et in ipso sunt omnia, ipsi gloria in sæcula sæculorum. Amen. » Religet nos religio uni omnipotenti Deo. Quia inter mentem nostram, qua illum intelligimus Patrem, et veritatem, id est lucem interiorem, per quam eum intelligimus, nulla interposita creatura est. Quare ipsam quoque veritatem nulla ex parte dissimilem in ipso et cum ipso veneremur, quæ forma est omnium quæ ab uno facta sunt, et ad unum nituntur. Unde apparet spiritualibus animis, per hanc formam facta esse omnia, quæ sola implet, quod appetunt omnia. Quæ tamen omnia neque fierent a Patre per Filium, neque suis finibus salva essent, nisi Deus summe esset, qui et nulli naturæ, quæ ab ipso bona esse possent, invidit; et in bono ipso alia quantum vellent, alia quantum possent, ut manerent, dedit. Quare ipsum donum Dei cum Patre et Filio æque incommutabile colere et tenere nos convenit, uniusque substantiæ Trinitatem unum Deum a quo sumus, per quem sumus, in quo sumus; a quo discessimus, cui dissimiles facti sumus, a quo perire non permissi sumus: principium ad quod recurrimus, formam quam sequimur, gratiam qua reconciliamur, unum quo auctore conditi sumus, et similitudinem ejus, per quam ad unitatem reformamur, et pacem qua unitati adhæremus. Hæc est res, qua sola frui debemus, Trinitas sancta, si tamen res, et non rerum omnium causa, si tamen et causa. Non enim facile nomen, quod tantæ excellentiæ conveniat, inveniri potest, nisi quod melius ita dicitur Trinitas hæc unus Deus, ex quo omnia, per quem omnia, in quo omnia. Ita Pater, et Filius, et Spiritus sanctus, et singulus quisque horum Deus, et simul omnes unus Deus; et singulus quisque horum plena substantia et simul omnes una substantia. Pater tamen nec Filius est, nec Spiritus sanctus; Filius, nec Pater est, nec Spiritus sanctus; Spiritus sanctus nec Pater est, nec Filius. Eadem tribus æternitas, eadem incommutabilitas, majestas, potestas. In Patre unitas, in Filio æqualitas, in Spiritu sancto unitatis æqualitatisque connexio. Et tria hæc unum omnia propter Patrem, æqualia propter Filium, connexa per Spiritum sanctum. Non ergo confuse accipiendum est, « ex quo omnia, per quem omnia, in quo omnia: » nec diis multis, sed « ipsi gloria in sæcula sæculorum. Amen. »

LIBER SEPTIMUS.

CAPUT XII.

VERS. 1, 2.—« Obsecro itaque vos, fratres, per misericordiam Dei, ut exhibeatis corpora vestra hostiam viventem, sanctam, Deo placentem, rationabile obsequium vestrum. » Verum sacrificium est omne opus bonum quod agitur, ut sancta societate inhæreamus Deo, relatum scilicet ad illum finem boni quo veraciter beati esse possimus. Unde et ipsa misericordia, si non propter Deum fit, non est sacrificium. Sacrificium enim res divina est. Unde ipse homo Dei nomine consecratus et Deo votus, in quantum mundo moritur, ut Deo vivat, sacrificium est. Corpus etiam nostrum, cum illud temperantia castigamus, quemadmodum debemus, et propter Deum id facimus, sacrificium est, ad quod hic nos Apostolus hortatur. Si ergo corpus quo inferiore tanquam famulo, vel tanquam instrumento utitur anima, cum ejus rectus et bonus usus refertur ad Deum, sacrificium est, quanto magis ipsa anima, cum se refert ad Deum, ut amoris ejus igne succensa formam concupiscentiæ sæcularis amittat, eique tanquam incommutabili formæ subdita reformetur, hinc ei placens, quod ex pulchritudine ejus acceperit, fit sacrificium? Quod ipse Apostolus consequenter adjungens, « et nolite, » inquit, « conformari huic sæculo, sed reformamini in novitate sensus vestri, ut probetis quæ sit voluntas Dei bona, et beneplacens, et perfecta. » Cum igitur vera sacrificia opera sint misericordiæ, sive in nos ipsos, nam, « Miserere, » inquit, « animæ tuæ placens Deo (Eccli. xxx); » sive in proximos, quæ referuntur ad Deum: opera vero misericordiæ non ob aliud fiant, nisi ut a miseria liberemur, ac per hoc ut beati simus; quod non fit nisi bono illo, de quo dictum est: « Mihi autem adhærere Deo bonum est (Psal. LXXII); » profecto efficitur, ut tota congregatio societasque sanctorum, universale sacrificium offeratur Deo per sacerdotem magnum, qui etiam semetipsum obtulit in passione pro nobis, ut tanti capitis corpus essemus, secundum formam servi; hanc enim obtulit, in hac oblatus est, quia in hac mediator est, in hac sacerdos, in hac sacrificium. « Ut probetis quæ sit voluntas Dei bona, beneplacens et perfecta. » Tribus modis voluntatem Dei meremur cognoscere, vacando scilicet, et vivendo quoniam ipse est Deus, et firmissime credendo quia omne verbum Dei verum est (nisi enim credideritis non intelligetis), et ipsum verbum Deique voluntatem pro viribus implendo. Est autem voluntas Dei alia bona, alia beneplacens, alia perfecta. Voluntas Dei bona est, cum impletur quod dicitur: « Misericordiam volo et non sacrificium (Ose. VI), » scilicet cum in operibus misericordiæ hilares nos exhibemus et promptos in corporalibus exercitiis, iis, quæ ad Deum sunt; beneplacens, cordis munditia; perfecta, cum et actu et affectu deformamur sæculo, et conformamur Deo. Porro in corporalibus exercitiis rationale exigitur obsequium: in puritate cordis novitas spiritualis sensus, in nullo serviens vetustati carnis vel litteræ. Rationabile vero obsequium est, sicut exhibuimus membra nostra servire immunditiæ et iniquitati ad iniquitatem, ita nunc exhibere membra nostra servire justitiæ in sanctificationem (*Rom.* vi). Per hoc enim meremur sensus novitatem, et spiritus intelligentiæ gratiam percipimus; per quod ad similitudinem Dei proficimus, et ejus recuperamus imaginem, quam contraria agendo ex parte amisimus; non enim totam; quia si totam amisissemus, nihil maneret, unde diceretur: « Quanquam in imagine pertransit homo, verumtamen vane conturbatur (*Psal.* xxxviii). » Si autem nihil omnino de ea amisissemus, non esset unde diceretur, « reformamini in novitate sensus vestri. » Non autem reformare seipsam potest anima, sicut potuit deformare. Nemo enim potest esse continens, nisi Deus det (*Sap.* viii). Reformatio autem hæc in duobus constat, in prohibitione et jussione. Generalis prohibitio est: « Non concupisces; » generalis jussio est: « Diliges. » Hoc ipsum est non conformari sæculo, et conformari Deo. Illud enim pertinet ad non concupiscendum, hoc ad diligendum. Illud ad continentiam; hoc ad justitiam. Illud ad declinandum a malo, hoc ad faciendum bonum. Non concupiscendo vetustate exspoliamur, diligendo novitate induimur. Quod implebit in nos charitas Dei, quæ diffundetur in cordibus nostris, non per nos, sed per Spiritum sanctum qui datur nobis. Cum ergo cohibitæ fuerint affectiones ab amore sæculi, completumque fuerit in nobis, non conformari sæculo, statim sequetur innovatio in novitate sensus nostri; nec jam erimus secundum genus tanquam imitantes proximum, et ex hominis melioris auctoritate viventes, neque enim dixit Deus de homine: Fiat homo secundum genus, sed « Faciamus hominem ad imaginem et similitudinem nostram (*Gen.* i): » sed ut nos ipsi incipiamus aliquando probare, « quæ sit voluntas Dei bona, et beneplacens, et perfecta. » Mente quippe renovatus et conspiciens intellectam voluntatem Dei, homine demonstrante non indiget, ut suum genus imitetur; sed ipso Deo demonstrante probat ipse quæ sit voluntas Dei, bonum beneplacitum ejus. « Dico enim per gratiam quæ data est mihi. » Quod, inquit, vobis dico, non per humanam dico sapientiam, sed per gratiam quæ data est mihi. Alii enim datur sermo sapientiæ; alii sermo scientiæ (*I Cor.* xii). Sermo scientiæ, ut quod dicitur pateat, ut placeat; sermo sapientiæ, ut sapiat, ut moveat; etsi, inquit, imperitus sermone, sed non scientia. Constat ergo Apostolum sermonis sapientiæ et scientiæ accepisse gratiam, in ornatu vero verborum imperitum se confitetur. Prædicatio enim veritatis, ubi in veritate et gratia agit, habitum omnem loquentis, vultum, vocem, verba, in propria et manifesta quædam format instrumenta, ut palam fiat quod Dominus dicit: « Non enim vos estis qui loquimini, sed spiritus Patris vestri qui loquitur in vobis (*Luc.* xii). » Magna enim distantia est loquentis per sapientiam verbi, et loquentis per gratiam, et longe impar efficacia. Unde et hic auditores a vanitate sapientiæ sæcularis cohibens:

Vers. 3. — « Non, » inquit, « plus sapere, quam oportet sapere, sed sapere ad sobrietatem. » Loquitur enim superbis ramis oleastri, quibus supra dixerat: « Noli altum sapere, sed time (*Rom.* xi). » De verbo quippe doctrinæ, de profundiori scientiæ ratione, qui non accepit gratiam et quærit jactantiam, cum minus sapiat, plus vult sapere, quam oportet. « Sed sapere ad sobrietatem. » Virtus peccato contraria est, et quidquid virtus non est, peccatum est. Sed et si quid virtuti vel additur vel minuitur, jam et illud secundum antiquorum philosophorum sententiam, peccatum est. Græcus non « sobrietatem » hic habet, sed, « temperantiam, [σωφρονεῖν,] » ut in omnibus quæ agimus, vel dicimus, vel sentimus, temperantiam teneamus. « Et unicuique, sicut Deus divisit mensuram fidei. » Ecce apertam confessionem illius gratiæ, quam vehementer commendat Apostolus: qui etiam mensuram fidei, sine qua impossibile est Deo placere; ex qua justus vivit; quæ per dilectionem operatur, ante quam et sine qua nulla omnino cujusquam opera bona sunt existimanda (quoniam omne quod non est ex fide peccatum est) Deum dicit unicuique partitum. Nam « divisiones gratiarum sunt: idem autem spiritus (*I Cor.* xii). » Constat enim sine Spiritu sancto Christum nos diligere, et ejus mandata servare non posse; et id nos posse vel agere tanto minus, quanto illum percepimus minus; tanto autem amplius, quanto eum accepimus amplius; proinde non solum non habenti, sed et habenti promittitur. Solus Unigenitus non eum accepit ad mensuram, in quo inhabitat omnis plenitudo divinitatis. Quod unigenitus Filius est æqualis Patri, non est gratiæ sed naturæ; quod autem in unitatem personæ unigeniti assumptus est homo, gratiæ est, non naturæ. Cæteris autem ad mensuram datur, unicuique sicut partitur Deus mensuram fidei. Neque enim ipse dividitur Spiritus, sed dona per Spiritum. Unde et subditur:

Vers. 4, 5. — « Sicut enim in uno corpore multa membra habemus, omnia autem membra non eumdem actum habent; ita multi unum corpus sumus in Christo, singuli autem alter alterius membra. » Mensuras sibi positas egredi nititur, qui posse plusquam acceperit conatur. Sed in præcipiti pedem porrigit qui mensurarum suarum limitem non attendit. In ipsa enim corporis positione instruimur, et nimis turpe est non imitari quod sumus. Pes quippe videt per oculum, et oculi per pedem gradiuntur, sicque omnia membra sibi mutuo suffragantur, et eo quo sibi invicem congruunt, unum fiunt. Unde et sequitur: « Singuli autem alter alterius membra. » Quod ut fiat, habentur ad hoc dona differentia.

Vers. 6. — « Habentes donationes secundum gratiam quæ data est nobis, differentes. » Donationes istæ doni sunt, id est sancti Spiritus, a quo dantur, et datæ adduntur, donec unicuique pro modo suæ perfectionis propria mensura compleatur. Differentes autem sunt differentibus, ut ex diversitate membrorum unitas corporis ædificetur. « Sive prophetiam secundum rationem fidei. » Prophetia hæc ipsa est quam docet Paulus apostolus; non illa quæ dicit : « Hæc dicit Dominus. » Nam « lex et prophetæ usque ad Joannem (*Luc.* xvi).» Non quod prophetæ et post non fuerint, futura prænuntiantes, secreta propalantes, absentia denuntiantes, ubi et quando placuit ei cujus sunt ipsæ donationes, sed tempore gratiæ, postquam totum quod a prophetis prophetatum est, effulsit, jam prophetia illa in ordine miraculorum est, cum justa causa non exigit, non appetenda; donanda tamen a donatore donationum, quando et ubi judicaverit ipse necessariam. Hæc autem prophetia est, de qua idem Apostolus dicit : « Qui prophetat, hominibus loquitur ad ædificationem (*I Cor.* xiv), » ad exhortationem et consolationem. Et certe nunquid non prophetia est, ubi prædicatur contemptus præsentium, appetitus futurorum? Unde et apud Eliam et Eliseum filii prophetarum propheticam vitam ducere dicebantur (*III, IV Reg.*), quam nunc eremiticam appellamus. Hæc sive in Ecclesia, sive in eremo, si recte agatur, seu in docendo, seu in modo vivendi, in capite donationum est, si vere secundum analogiam fidei, hoc enim Græca habet interpretatio, exerceatur. Sed sæpe inventæ sunt et pestilentiæ in cathedris Ecclesiarum, et in eremo cavernæ aspidum, dum appetunt sapere aliquid plusquam oportet sapere; nec incedunt secundum analogiam, id est rectam fidei regulam, et piam Ecclesiæ sobrietatem. Est etiam prophetia discretio spirituum, et in Scripturis sensuum cognitio occultorum, et ut habeat unde proferat de bono thesauro cordis in tempore nova et vetera. In doctrina vero, quæ sequitur, simplex ædificatio intelligenda est : in exhortatione autem, moralis et benigna institutio.

VERS. 7 et seqq. — Post prophetiam ponitur ministerium, quia sicut illa in spiritualibus, sic et illud necessarium in temporalibus est. « Qui tribuit, in simplicitate, » id est in simplici tribuat charitate, nihil extra requirens. « Qui præest, » præsit « in sollicitudine, » non sæculari, sed de qua item dicit Apostolus : « Mea quotidiana sollicitudo omnium Ecclesiarum (*II Cor.* xi). » Et exponens quæ illa sit : « Quis, » inquit, « infirmatur et ego non infirmor? quis scandalizatur et ego non uror? » (*ibid.*) « Qui miseretur, » opus misericordiæ suæ venustet hilaritatis gratia. Docere et exhortari ad prophetiam videtur pertinere; ad ministerium vero, tribuere in simplicitate, præesse in sollicitudine, misereri in hilaritate. Quæ sequuntur communia sunt. « Dilectio sine simulatione. Odientes malum, adhærentes bono. » Notanda tamen est in his sanctæ puritas institutionis. In dilectione simplex requiritur affectus; nec sufficit divertere a malo et facere bonum, nisi et odium sit mali et amor boni. In eo vero quod sequitur,

« charitatem fraternitatis invicem diligentes, » attende sensum Apostoli de suo sensu cæteros instituentis. Quid enim est charitas fraternitatis, nisi charitas charitatis? Quid est diligere charitatem fraternitatis, nisi diligere dilectionem dilectionis? Sic omnino est. Si fratres vere diligimus, et fratres et ipsam fraternam dilectionem in nobis diligimus. Duo quæ sequuntur, ad ejus dilectionis spectant disciplinam, ut honor alterutrum præveniens provocet mutuam charitatem, et solliciti sint in corde, nec pigri in opere. In obsequiis ejusdem charitatis, « spiritu ferventes, Domino servientes, » id est cum fervore spiritus Domino servientes. « Spe gaudentes, » et ideo, « in tribulatione patientes, » et propter hoc ipsum « orationi instantes. » Instandum enim est orationi, ne eam vel inimicus præripiat, vel negligentia amittat. « Necessitatibus » omnium subvenientes, sed « sanctorum » etiam « communicantes, » ut si necesse fuerit, necessitatem etiam cum ipsis patiamini. « Hospitalitatem » non solum exhibentes, sed et « sectantes, » quia etiam cogendi et trahendi sunt hospites. « Benedicite persequentibus vos : benedicite » ore, « et nolite maledicere » corde. « Gaudere cum gaudentibus, » de bono profectu bene gaudentium : « flere cum flentibus, » ex compassione charitatis fraternæ in pœnitentiam peccatorum. « Idipsum invicem sentientes, » et propter hoc ipsum « humilibus consentientes. » Non colloquentes, sed consentientes, quia sensus ipse humilitatis induendus est : hoc autem fieri non potest, si fueritis « alta sapientes. » Notandum quia in iis quæ communia sunt, dixit sentientes, in eis vero quæ alta et super cæteros sunt, sapientes, quia suaviter sapere solet in corde superbientis, quidquid adinvenire potest ad ostensionem singularis altitudinis. Quod eis accidere solet, qui magni sunt in oculis suis, de quibus et subditur:

VERS. 16. — « Nolite prudentes esse apud vosmetipsos. » In iis omnibus, vel pro iis, si quis mali aliquid vobis intulerit, nulli sitis « malum pro malo reddentes. Providentes bona non tantum coram Deo, sed etiam coram omnibus hominibus. » Conscientiam quippe debemus Deo, famam proximo. Quod autem dicit « omnibus, » significat quia et eis qui foris sunt exemplum bonum debemus.

VERS. 18. — « Si fieri potest, quod ex vobis est, cum omnibus hominibus pacem habentes. » Difficile enim erat ut, si corrigerent omnia quæ corrigenda essent, cum omnibus hominibus pacem haberent. Sed aliquando dissimulando quædam, sic quærenda est pax exterius ut a pace Dei non recedatur interius.

VERS. 19. — « Non vosmetipsos defendentes, charissimi. » Charissimos quasi blandiendo appellat, ubi ad humilitatem et patientiam propensius eos invitat. Deo enim reservare vindictam suam dulce habet sancta animæ simplicitas, ne si defendere semetipsam moliatur et exercitium patientiæ amittat, et contra flagellum Dei aliquando agere inveniatur.

« Sed date locum iræ. » Iræ locum dare est irato non resistere; sed se suaque omnia furenti exponere. « Scriptum est enim : Mihi vindictam, ego retribuam, dicit Dominus. » Persecutores nostros optare debemus corrigi potius quam puniri, in quos si in hoc sæculo judicatur, non debemus delectari pœna inimici quem non odimus, sed justitia Dei quem amamus.

VERS. 20. — « Si esurierit inimicus tuus, ciba illum : et si sitit, potum da illi. Hoc enim faciens, carbones ignis congeres super caput ejus. » De inimicis dicunt aliqui quia sufficit non odisse, sed debitores sumus et diligere, quia præstant, dicente Domino : « Beati qui persecutionem patiuntur (*Matth.* v). » Qui vero ideo bene facit inimico, ut carbones ignis congerat super caput ejus, id est ut confundat tantum, et ipse inimicus est. Sed simpliciter et bono animo faciamus quod nostrum est, et sequetur, ut erubescant, forsitan et convertantur. Quod etsi non fit in corde ejus cui fit, debet tamen esse in intentione ejus qui facit. Quod faciendo si perseveraverit, non vincetur a malo ut ipse mala intentione fiat malus, et duo sint mali; sed vincet in bono malum, et erunt duo boni.

CAPUT XIII.

VERS. 1. — « Omnis anima potestatibus sublimioribus subdita sit. » Qui in potestatibus sunt, si boni sunt, nutritores nostri sunt; si mali, tentatores nostri sunt. Sed et nutriri amemus, et tentari non refugiamus. Utrique enim a Deo sunt. Sicut ergo Deo subditi simus, non sicut hominibus. Subjectio ista dilectione est, sed sicut dilectionem debent de potestate terrentibus qui timent, sic et timentibus debitores se esse sciant dilectionis qui terrent. « Quæcunque ergo potestates sunt a Deo ordinatæ sunt. » Malitia hominum propriam cupiditatem nocendi habere potest; potestatem autem nocendi, nisi desuper data fuerit, habere non potest. Datur autem nonnunquam potestas iniquis, sed Deo ordinante, ut et justorum patientia probetur, et malorum iniquitas puniatur.

VERS. 2. — « Qui ergo resistit potestati, Dei ordinationi resistit. Qui autem resistunt, ipsi sibi damnationem acquirunt. » Si tamen potestas jubet quod Deus prohibet, ibi, Christiane, sperne potestatem. Ista enim minatur pœnam, illa gehennam.

VERS. 3. — « Nam principes non sunt timori boni operis, sed mali. Vis non timere potestatem ? Bonum fac, et habebis laudem ex illa. Dei enim minister est tibi in bonum. » Si bonum feceris, et bona fuerit potestas, habebis laudem ex illa, ipsa judicante; si mala fuerit, etiam afflictus, etiam peremptus, habebis laudem ex illa sæviente.

VERS. 4. — « Si autem male enim, time. Non autem sine causa gladium portat. » Aliquando enim timendum est, scilicet cum pœnam meretur mala conscientia. Malum enim est peccare, sed pessimum est in peccato nec pœnam timere. Judex enim mundi maximam partem implet legis Dei, minister in hoc existens, ut crimina, quæ vindicari non vult per antistites et principes Ecclesiæ, per illius ministerium vindicentur. Unde et dicit :

VERS. 5. — « Dei enim minister est. Ideo necessitate subditi estote. » quia sic vult, qui sic ordinat. « Non solum propter iram, sed et propter conscientiam. » Non tantum, ut offensionem hominum devitemus; sed ut etiam ad Deum qui sic ordinavit, bonam conscientiam habeamus. Sicut enim irasci non sine peccato est, sic nec iram provocare.

VERS. 6. — « Ideo » auctore ipso Domino, cum sitis filii et liberi, etiam « tributa » solvitis, sed « præstatis, » recepturi ab eo cujus præceptum et exemplum in hoc tenetis. « Ministri enim Dei sunt, in hoc ipsum servientes, » et servientibus sua stipendia debentur. Unde et ministros Evangelii præcepit Dominus de Evangelio vivere.

VERS. 7. — « Reddite ergo omnibus debita. » Quibus hoc dicit Apostolus ? Utique eis, qui quasi fiducia Christianæ sanctitatis et libertatis evasisse se putabant servitutem publicæ vanitatis, cui servit creatura et volens et non volens. Non volens, quia suspirans ad gloriam filiorum Dei, ad exspectationem beatæ libertatis suæ; volens autem, propter eum, qui subjecit eam in spe; unde etiam secundum consilium Apostoli, et si potest liber fieri, magis utitur. « Reddite ergo, » inquit, « debita, » sicut debita præstatis, si fideliter redditis quia ipsum debitorem facitis vobis, pro cujus obedientia debitores esse non renuitis. « Cui tributum, tributum; cui vectigal, vectigal. » Quicunque filius regni est, quandiu in mundo est, incola est super terram, incolens terram alienam. Hospitalis vero terræ leges velle violare, hoc est hospitii jura velle temerare. « Cui timorem timorem, cui honorem honorem. » Stupidæ dementiæ est, quasi pro sanctitatis arrogantia nullum velle timere : vanissimæ vero superbiæ est nullum velle honorare. Sublimitati potestatis debetur timor, utilitati honor, humilitati [*f*: humanitati] benevolentiæ amor.

VERS. 8. — « Nemini quidquam debeatis, nisi ut invicem diligatis. » A sublimioribus potestatibus ad socialis vitæ gratiam transiens, sicut in lege mundi quodcunque debetur, jubet reddi, sic in lege charitatis legis peritus Dei decernit nihil deberi, præter solum debitum charitatis, quod quanto plus redditur tanto plus debetur, et reddendo plus habetur. Nam qui diligit, debitorem eum facit quem diligit. Ipsa etiam dilectio exigit debitum ut, fraternæ charitati servientes, eum qui se adjuvari recte velit, in quo possumus adjuvemus, semper existentes debitores charitatis. Debetur enim, etiamsi reddita fuerit; quia nullum tempus est, quando impendenda non sit. Ipsaque efficit fideliter reddita, ut præter eam nihil debeamus. Vide quomodo per charitatem omnia redigit in unitatem. In fide quippe Christi non est distantia Judæi, non Græci, non servi, non liberi, non principis vel subjecti, in quantum omnes fideles, omnes unum sunt in Christo Jesu. Et si hoc facit fide, per quam in hac vita juste ambulatur, quanto perfectius atque cumulatius id species ipsa factura est, cum videbimus facie ad faciem? Nam nunc quamvis primitias habentes spiritus, qui vita est propter justitiam fidei, tamen quia adhuc corpus mortuum est propter peccatum, differentia ista vel gentium, vel conditionis, vel sexus, jam quidem ablata ab unitate fidei, sed manens in conversatione mortali, ejusque ordinem in hujus vitæ itinere servandum esse, et apostoli præcipiunt. Qui etiam regulas saluberrimas tradunt, quemadmodum secum vivant, pro differentia, vel gentium, vel conditionum, et ipse Dominus prior præcepit : « Reddite quæ sunt Cæsaris, Cæsari (*Math.* xxii). » Deinde vero ad socialis vitæ communem et mutuam venit dilectionem, quam intantum laudat et approbat, ut in sola dilectione proximi totam legem dicat impleri, sic enim dicit :

Vers. 8, 9. — « Nemini quidquam debeatis, nisi ut invicem diligatis. Qui enim diligit proximum, legem implevit. Nam, Non adulterabis, Non occides, Non furaberis, Non falsum testimonium dices, Non concupisces; et si quod est aliud mandatum, in hoc verbo instauratur; Diliges proximum tuum sicut teipsum. » Quæri autem potest cur Apostolus solam commemoraverit dilectionem proximi, qua legem dixit impleri. Cur, nisi quia dilectionem Dei possunt homines mentiri, quia rariores tentationes eam probant; in dilectione autem proximi facilius eam convincuntur non habere, cum inique cum hominibus agunt? Consequens autem est ut qui ex toto corde, ex tota anima, ex tota mente Deum diligit, diligat et proximum tanquam seipsum, quia hoc jubet ille quem sic diligit. Si autem se propter se diligit, non se refert ad Deum; ad seipsum conversus, ne ad incommutabile aliquid convertatur; et propterea jam cum defectu aliquo se fruitur, quia melior est, cum totus hæret atque constringitur incommutabili bono, quam cum inde vel ad seipsum relaxatur. Si ergo te ipsum non propter te debes diligere, sed propter illum, ubi dilectionis tuæ rectissimæ finis est, non succenseat alius homo, si etiam ipsum propter Deum diligis; hæc enim regula dilectionis divinitus constituta est. « Diliges, inquit, proximum tuum, tanquam te ipsum (*Levit.* xix). » Deum vero ex toto corde, et ex tota anima, et ex tota mente diligere debemus, ut omnes cogitationes nostras, et omnem vitam, et omnem intellectum, in illum conferamus a quo habemus ea ipsa quæ conferimus. Cum autem ait, toto corde, tota anima, tota mente, nullam vitæ nostræ partem reliquit, quæ vacare debeat, et quasi locum dare, ut re alia velit frui. Sed quidquid aliud diligendum occurrerit, toto illuc animo rapiatur; quo totus dilectionis impetus currit. Quisquis ergo recte diligit proximum, hoc cum eo debet agere, ut etiam ipse hoc modo diligat Deum. Sic enim eum diligens, tanquam seipsum, totam dilectionem sui et illius refert in illam dilectionem Dei, quæ nullum a se rivulum extraduci patitur, cujus derivatione minuatur.

Vers. 10. — « Dilectio proximi malum non operatur. Plenitudo ergo legis est dilectio. » Proximum omnem hominem oportet intelligi, quia nemo est cum quo operandum sit malum. Quis autem malum facit ei quem diligit ? Dilige, nec potest fieri, quin bene facias ei quem diligis. Forte corripis, amor hoc facit, non sævitia. Forte cædis, ad disciplinam hoc facis, quia amor ipsius dilectionis non te permittit negligere indisciplinatum, et fit quodam modo diversus fructus, et contrarius, ut aliquando odium blandiatur et amor sæviat. Nullum ergo charitas operatur malum; operatur autem omne bonum, « quia plenitudo legis est charitas, » qua Deus proximusque diligitur. In quibus duobus præceptis tota lex pendet et prophetæ (*Math.* xxii). Meritoque fit omnium reus, qui contra illam facit, in qua pendent omnia; nemo autem peccat, nisi contra illam faciendo. « Plenitudo ergo legis est dilectio » non illa qua se diligunt homines, sed illa quam Dominus ab aliis dilectionibus discrevit dicens : « Sicut dilexi vos (*Joan.* xv). » Ut quid enim Christus Dominus nos dilexit, nisi ut possimus cum ipso regnare? Ad hoc ergo ut legem impleamus, dilectionem nostram discernamus a cæteris, qui non ad hoc se diligunt, quia nec diligunt. Qui autem se propter habendum Deum diligunt, ipsi se diligunt. Ergo ut se diligant, Deum diligant. Non est hæc dilectio omnium : pauci sunt qui ideo se diligant, ut sit Deus omnia in omnibus (*I Cor.* xv). « Et hoc scientes, quia hora est jam nos de somno surgere. Nunc enim propior est nostra salus, quam cum credidimus. » Hactenus in morali institutione versatus, nunc jam rem accelerat urgetque negotium, arguens desides, et quasi dormitantes excitans, et ingerens temporis rationem, quod in rebus omnibus summum est. Nemo enim somnolentus ac piger est, quem advenientis diei claritas non excitet, et cujus desidiam orientis solis splendor non arguat, si dormitantem invenit. Intelligentia et amor sensus animæ rationalis sunt. Vigilant, in quorum cordibus sensus isti Domino Deo suo vacant. Dormiunt vel dormitant, cum in appetitum vel delectationem temporalium pigrescunt et languent. Quia ergo qui dormiunt, nocte dormiunt, die jam apparente dormitantes pulsat, ut evigilent, et dicit :

Vers. 11. — « Hora est jam nos de somno surgere. » Quæ hora? Mane scilicet gratiæ, quando nox et tenebræ infidelitatis transierunt et exspectatur illa clarificatio, ubi manifestabuntur cogitationes cordium, et tunc laus erit unicuique a Deo. In ista ergo peregrinatione positi, in hac luce fidei, quæ in comparatione tenebrarum infidelium dies est, sed in comparatione lucis, in qua videbimus facie ad faciem, nox est, a somno nobis surgendum est, futuræ vitæ vita nostra adaptanda, quæ nunc propior est, quam cum credidimus, sicut et Dominus dicit : « Cum hæc videritis fieri, scitote quia prope est regnum Dei. » Quia ergo amatores æternitatis et unitatis esse debemus, qui uni Domino Deo nostro cupimus inhærere, a multitudine rerum nascentium et morientium debemus animum convertere.

Vers. 12. — « Abjiciamus ergo opera tenebrarum, et induamur arma lucis, ut ambulemus honeste sicut in die ambulandum est. » Honeste enim ambulantes, in comparatione infidelium in die sumus. Quæ sint autem opera tenebrarum, quæ abjicienda sunt, quæ in luce fidei fieri non convenit, quæ manifestata lux veritatis redarguit, consequenter exponit dicens:

Vers. 13. — « Non in commessationibus et ebrietatibus, non in cubilibus et impudicitiis. » Luxuriosa enim convivia comitari solet turpissima temulentia. Quæ quid consequenter aliud requirunt quam impudica et fœda cubilia? Quid nisi contentiones et æmulationes? Qui autem honeste sicut in die ambulant, faciunt quæ sequuntur. Cavent curam carnis facere in desideriis nihilque gerentes per contentionem et æmulationem, inducere festinant Dominum Jesum Christum, sapientiam scilicet et justitiam et sanctificationem, cæterasque virtutes, quas qui duxerit in affectum, Dominum Jesum creditur induisse. Hoc enim sequitur:

Vers. 14. — « Et carnis curam ne feceritis in desideriis. » Agenda autem est cura carnis, sed non in desideriis: fames et sitis morbi quidam sunt, et sicut febres necant, nisi alimentorum medicina succurrat. Quæ cum præsto est, ex consolatione munerum Dei, infirmitati nostræ cœlum et aqua et terra serviunt: calamitas deliciæ vocantur. Docet autem temperantia, ut quemadmodum medicamenta, sic alimenta sumpturi accedamus. Sed dum ad quietem satietatis ex indigentiæ molestia transimus, in ipso transitu insidiatur nobis laqueus concupiscentiæ. Ipse enim transitus voluptas est; et non est alius, qua transeatur quo transire cogit necessitas. Et cum salus sit causa edendi, adjungit se tanquam pedissequa periculosa jucunditas, et plerumque præire conatur ut ejus causa fiat quod salutis causa fieri putabatur. Nec idem modus utrique est. Nam quod saluti sat est, voluptati parum est. Et sæpe incertum fit utrum necessaria adhuc cura corporis subsidium petat an voluntaria cupiditas fallaciæ ministerium suppetat. Et ad hoc incertum hilarescit infelix anima, et in eo parat excusationis patrocinium, gaudens non apparere quod satis sit moderationi valetudinis; et obtentu salutis obumbrat negotium voluptatis. Non enim prohibemur carnis curam gerere, exceptis ejus desideriis, quibus qui succumbunt misere vivunt. Qui autem contra ea bellum susceperunt, non habituri sunt pacem, quandiu caro concupiscit adversus spiritum.

CAPUT XIV.

Vers. 1. — Sequitur: « Infirmum autem in fide assumite. » Postquam in curam carnis desideriorum petulentiam compescuit, etiam continentiæ necessarium præscribit modum eis qui ex Judæis et gentibus in unam congregati Ecclesiam, divisionem facere videbantur, propter ciborum diversitatem Propter quod etiam orientia inter eos scandala, et temeraria in alterutrum cohibens judicia, in pacis eos reformat unitatem. Judæi enim, quia jam coruscante Evangelio cibis in lege prohibitis abstinebant, nec a prisca legis consuetudine jam cito poterant avelli, judaizare credebantur a gentibus: Gentes vero liberiore fidei fiducia omnia cum gratiarum actione percipientes, nec etiam idolothytis pro conscientia fidei temperantes, in conscientia idoli edere ea ab infirmioribus, et maxime Judæis, æstimabantur; et hoc modo scissuras facientes et invicem judicantes, unitatem dividere videbantur. Docet pro pacis studio unumquemque adhuc suo sensui relinquendum, quia tolerandum nonnunquam est, in quo conscientia aut nihil aut parum læditur, ne incidatur in illud in quo salus periclitetur. Ideo infirmum in fide, et circa discretionem ciborum languentem, assumendum esse mandat, non abjiciendum, id est verbo et exemplo et patientia ad meliora provocandum. Vetat etiam disceptari de alienis cogitationibus, quandiu quod fit, quo animo fiat, pro mortalis hujus vitæ cæcitate manet occultum.

Vers. 2. — « Alius enim, » id est firmior in fide, « licitum sibi esse credit comedere omnia; » alius mensuram hanc fidei necdum attingens, non hoc sibi licitum arbitratur. Relinquatur ergo sibi interim, « manducet olus, » communes cibos percipiat, donec usu et profectu fidei ad meliora convalescat.

Vers. 3. — « Et qui manducat, non manducantem, » quasi judaizantem, « non spernat; et qui non manducat, manducantem non judicet, » quasi qui in conscientia idoli manducet idolothyta, vel ex vitio incontinentiæ lege prohibita. Sive enim manducantem sive non manducantem, « Deus illum assumpsit, » cui ipse, sive manducandi sive non manducandi in causa est. Sciendum autem de usu ciborum nec in abstinendo, nec in manducando esse justitiam, sed in æquanimitate tolerandi inopiam, et temperantia per abundantiam non se corrumpendi, atque opportune sumendi vel non sumendi ea quorum non usus, sed concupiscentia refrenanda est. Non enim interest omnino quid alimentorum sumas, ut succurras necessitati corporis, dummodo congruas in generibus alimentorum iis cum quibus tibi vivendum est. Neque quantum sumas interest, cum videamus aliorum stomachum citius satiari, et eos tamen ipsi parvo quo satiantur, ardenter, et intolerabiliter et omnino turpiter inhiare. Alios autem plusculo quidem satiari, sed tolerabilius inopiam perpeti et vel ante ora positas epulas, si in tempore aut opus sit, aut necesse, cum tranquillitate aspicere, nec tangere. Magis ergo interest, non quid, vel quantum alimentorum pro congruentia personæ suæ et pro suæ valetudinis necessitate quis capiat, sed quanta facilitate et serenitate animi careat his, cum oportet, vel etiam necesse est carere, ut illud in animo Christiano compleatur quod dicit Apostolus: « Scio abundare, scio et penuriam pati (*Philipp.* IV). » Non sic illi qui concupiebant carnibus vesci, quibus pluebat manna de cœlo (*Num.* XI). Fastidiebant quippe quod habebant, et quod non habebant impudenter petebant, quasi non melius peterent, non, ut cibus qui deerat indecenti desiderio præstaretur, sed ille qui aderat sanato fastidio sanaretur. Quando enim nos delectant mala, et non delectant bona, rogare potius debemus Deum, ut delectent bona quam ut concedantur mala. Non quia malum est carne vesci, cum omnis creatura Dei sit bona. Sed quia non parva erat offensio repudiare quod dabat sapientia, et petere in quod inhiabat concupiscentia, quamvis illi nec peterent, sed, quia deerat, murmurarent. Sed ut sciremus non Dei creaturam esse culpabilem, sed inobedientiam contumacem et inordinatam cupiditatem, non propter porcum, sed propter pomum mortem primus homo invenit (*Gen.* III). Nec propter gallinam, sed propter lenticulam Esau primogenita sua perdidit (*Gen.* XXV). Cavendum ergo in hujusmodi temerarium judicium. Unde et subditur:

VERS. 4. — « Tu, quis es, qui judicas alienum servum? » Judicare enim ponitur hic pro damnare, vel male æstimare. Non quod omnia judicia fidelibus Apostolus interdicat, cum per illos alibi dicat mundum et etiam angelos judicandos, sed de occultis judicare periculosum esse denuntiat. Duo enim debet cavere omnis qui in hujusmodi judicat, cum vel causa latet, vel nescitur qualis futurus sit qui judicatur, et in præsenti forsitan juste videtur judicandus. Hoc autem non attendunt qui fratrem suum non corrigere amant, sed carpere. « Suo, inquit, domino stat, aut cadit. Stabit autem; potens enim Deus est statuere illum. » Ne sibi arrogaret perseverantiam qui stat, ideo additum est, « potens est Deus statuere illum. » Qui ergo dat perseverantiam, potens est statuere eos qui stant, ut perseverantissime stent, vel etiam restituere eos qui ceciderunt.

VERS. 5. — « Nam alius judicat diem inter diem; alius judicat omnem diem. » Tu, inquit, quis es, qui judicas alienum servum? Homo an Deus? Alius enim est, id est homo, qui judicat diem positum inter diem præteritum et diem futurum; hoc est de præsenti tantum judicare habet facultatem. Alius est, Deus scilicet, qui judicat omnem diem, qui scit de eo qui peccat, ante peccati casum qualis fuerit studii et voluntatis, in peccato cujus intentionis, post peccatum cujus futurus sit conversionis. Cui autem de peccato peccantis hæc est scientia, ipsi de peccante judicandi relinquenda est sententia. Sciendum tamen quia de eis, quæ uniuscujusque subdita debent esse arbitrio, et de eis quæ nesciuntur, timendum est præcipitare judicium : in illis vero actibus, in quibus manifeste Deus offenditur, periculosum est judicium differre; nisi forte quis eadem faciens, fiduciam amiserit arguendi et dicatur ei : « Ejice primum trabem de oculo tuo, et tunc valebis ejicere festucam de oculo fratris (*Luc.* XVI). » Neuter ergo judicetur ab altero, sed qui Deum sentit in opere suo, in sensu suo abundet, id est in Deo.

VERS. 6. — « Qui enim sapit diem, » id est qui sapit opus diurnæ conscientiæ, « Domino sapit, » id est dulce quid ei sapit in Domino sua continentia, « et qui manducat, Domino manducat, » dum manducans ex fide auctorem fidei suæ Deum glorificat. « Ergo et qui manducat, et qui non manducat, uterque Domino vel manducat vel non manducat, » quia uterque gratias agit Deo. Uterque Domino agit quod agit, quia in laudem ejus agit. Tunc enim pie, tunc recte, tunc juste fit opus bonum, cum in ejus laudem fit, a quo donatur ut fiat, in quo affectu quisque proficiens quidquid facit, Domino facit : hoc est in laudem ejus facit a quo accepit ut faceret. Unde est gratiarum actio, quæ intimo fidelium ministerio celebratur.

VERS. 7-9. — « Nemo enim sibi vivit, et nemo sibi moritur. Sive enim vivimus, sive morimur, Domini sumus. » Sive enim vivimus, sive morimur, nemo sibi vivere debet vel mori; sed ad ejus gloriam, cujus sumus; cui et viventes servimus et morientes non erimus. Si enim nunquam ipsius non eris, qui nunquam a laude ejus cessabis, timere poteris ne, dum hic vivis, ipsius eris : cum vero fueris mortuus, ipsius non eris. Sed Apostolus dicit quia « sive vivimus, sive morimur, Domini sumus, » quia pretio sanguinis sui nos redemit. Et mortuus quomodo perdit servum mortuum, cujus mors est pretium tuum? Ideo cum dixisset, sive vivimus, sive morimur, Domini sumus, ut ostenderet ipsum pretium; « ad hoc enim, inquit, Christus mortuus est et resurrexit, ut et vivorum et mortuorum dominetur. » Non ergo tenere eum poterit regnum mortis, pro quo mortuus est in mortuis liber.

VERS. 10. — « Tu autem quid judicas fratrem tuum, aut quare spernis fratrem tuum? » Ac si dicat : Qui judicantem nos Dominum habemus, cur invicem judicamus? Ea enim facta, quæ dubium est, quo animo fiant in meliorem partem interpretari debemus (133). Quod enim scriptum est, « Ex fructibus eorum cognoscetis eos (*Matth.* VII), » de manifestis dictum est, quæ non possunt bono animo fieri, sicut sunt stupra, blasphemiæ, furta, ebrietates, et his similia, de quibus judicare nobis permittitur, dicente Apostolo : « Quid enim mihi de iis qui foris sunt judicare? Nam de iis qui intus sunt nos judicamus (*I Cor.* V). » De genere autem ciborum, quia possunt bono animo et simplici corde sine vitio concupiscentiæ quicunque humani cibi indifferenter sumi, prohibet idem Apostolus judicare eos qui carnibus vescebantur, et vinum bibebant, ab eis qui se ab hujusmodi alimentis temperabant. De talibus enim rebus quæ possunt et bono animo et simplici fieri,

---

(133) Beda in c. VI Lucæ.

quamvis possint etiam non bono, volebant illi, cum homines essent, in occulta cordis ferre sententiam, de quibus solus Deus judicat. De eis ergo factis, quæ ignoramus quo animo fiant, quia et possunt et bono et malo animo fieri, temerarium est judicare, maxime ut condemnemus. Horum autem tempus veniet ut judicentur, cum Dominus illuminabit abscondita tenebrarum, et manifestabit cogitationes cordium (*I Cor.* iv). Unde et sequitur : « Omnes enim stabimus ante tribunal Christi. »

Vers. 1. — « Scriptum est enim : Vivo ego, dicit Dominus, quia mihi flectetur omne genu, et omnis lingua confitebitur Domino. » Tribunal Christi ipsa sapientiæ ejus divina potentia est qua in seipso sedens disponit omnia et judicat. Cui assistere est subtili examinis ejus judicio nihil posse latere. « Vivo ego, dicit Dominus. » Non est hæc juratio, sed veritatis testificatio, ac si dicat : Sicut vere vivo, cui hoc vivere quod esse est et a quo omnis vita est; sic vere dico, cui vere dicere vere esse est et a quo omnis veritas est. Hæc autem testificatio vitæ vel veritatis nulli convenit, nisi ei qui sic ex seipso vivit, ut omnis etiam vita ex ipso sit, et qui sic est, ut quidquid vere est ex ipso sit. In eo enim quod dicit, « ego, » intelligitur proprietas divinæ essentiæ; in eo quod dicit, « vivo, » veritas essentialis vitæ. Flectitur autem ei omne genu, quia omnibus adoranda apparebit virtus potentiæ ejus, cum non erit qui se abscondat a calore ejus (*Psal.* xviii), cum omnibus erit manifestum manifestos se esse, nec posse latere quemquam ad penetrantis omnia veritatis conspectum. Nam coram eo qui solus vere est, hoc erit confiteri apparere quia non est, qui in tantum esse desiit, in quantum delinquendo gravius ab eo defecit a quo est quidquid est. Qui ergo, ait, tam tremendo judici præsentandi sumus non temere ulterius invicem judicemus.

Vers. 13. — « Sed hoc potius judicate, » id est judiciali ratione discernite et observate, « ne fratri, » sive ille Judæus sit, sive gentilis, pravi exempli « offendiculum, » vel tristitiæ « ponatis » scandalum. Σκάνδαλον Græce, vel scandalum Latine pedis impactio est. Via nostra evangelica doctrina est, cujus finis Christus est, pes in hac via nos ferens affectio mentis est qui naturaliter in anteriora tendit, sed cum vitio prævaricatur, cito offendit. Sunt autem in hac via viatores, cæca superbia, videns invidia, non videns humilitas, videns charitas. Malos enim et bonos via habet, sed finis discernit. Cæca superbia non videt quo eat, et duci dedignatur; invidia sibi se videre existimans, omnes quos ipsa non duxerit, cum nullum velit ducere, errare arbitratur. Ii in invicem sæpe scandalizant et scandalizantur. Et sæpe sic offendunt, ut cadant; et cum ceciderint, raro et difficile adjiciant, ut resurgant. Non videns humilitas manum porrigi ut ducatur; de qua et dicitur : « Maledictus qui coram cæco scandalum posuerit (*Deut.* xxvii). » Videns charitas in proficiendo quasi minus ire eligit, ut illa non deseratur. Tales Apostolus esse volebat : quibus justitiam, pacem et gaudium in Spiritu sancto prædicabat. Ii enim omnimodis scandalizare cavent, nec facile scandalizantur.

Vers. 14. — « Scio et confido in Domino Jesu quia nihil commune per ipsum, nisi ei qui existimat quid commune esse, illi commune est. » Nihil commune per ipsum, id est per fidem ejus, nisi ei, qui fidem non habens, existimat quid commune esse, illi commune est : non quantum in natura, quam utique Deus bonam creavit; sed in quantum commune, id est immundum efficitur, non cum fide manducanti. Sicut enim idolothyta, quæ immunda erant, munda efficiebat fideliter sumentium conscientia, sic quæ munda erant infideliter sumentium æstimatio faciebat immunda. Hoc propter Judæos, qui cibos per legem vetitos tangere recusantes, peccabant in non comedendo. Sequitur de gentibus, quæ nihil interrogantes, et omnia etiam cum scandalo etiam infirmorum percipientes, peccabant in comedendo. Debebant enim Judæi peccata vel vitia vitare, quæ per legem significative in generibus ciborum vitare jubebantur; cibos autem gratia et fide dictante percipere, quos Deus creavit ad percipiendum cum gratiarum actione; gentes autem temperare a cibis per fidem quidem licitis, sed scandalum facientibus fratribus infirmioribus in fide. In spe enim correctionis tolerandum interim in Judæis erat quod longa legis consuetudine concretum non facile tam cito ab eis poterat avelli. A gentibus vero intermittendum erat interim quod quidem ex fidei libertate licebat, nulla, vel non magna utilitate; non autem expediebat pro periculo perditionis fraternæ. Unde et sequitur :

Vers. 15. — « Si enim propter cibum tuum frater tuus contristatur, jam non secundum charitatem ambulas. Noli cibo tuo illum perdere pro quo Christus mortuus est. » Debemus siquidem pro necessitate congrua nonnunquam licita intermittere; illicita vero nulla necessitate præcipimur committere.

Vers. 16. — « Non ergo blasphemetur bonum nostrum. » Quod hoc est, bonum nostrum ? Donum, quod proprium est discipulorum Christi, de quo ipse dicit : « In hoc cognoscent omnes quia mei estis discipuli, si dilectionem habueritis ad invicem (*Joan.* xiii). » Sicut enim mutuæ charitatis signo discipuli Christi dignoscuntur, sic in neglectu charitatis, prima facie tota Christianæ religionis claritas obfuscatur. Deinde doctor mirabilis præsentis temporis culpas futuri sacramenti auctoritate compescens, et ut Ecclesiæ formam statuat, regni cœlorum mysterium prodens, ait :

Vers. 17. — « Non est regnum Dei esca et potus. » Ac si dicat : Quid tantopere de cibis agimus, qui ad regnum cœlorum festinamus? Ubi sicut non nubunt, nec traduntur ad nuptias, sic nec manducant nec bibunt, sed sunt similes angelis Dei. Igitur absolutissimo dogmate et evidenti ab Apostolo sententia terminata est in regno cœlorum neque escarum, neque potus ullam esse necessitatem, sed justitiam et pacem. Et quia escas et potum gaudium comitari solet carnis; addit hic, « gaudium, » sed « in Spiritu sancto. » Haec in nobis hic regnum coelorum operantur; in futuro vero eo nos perducunt, ubi haec eadem certius et firmius possidentur. Est autem justitia in opere; pax in corde vel conscientia; gaudium in Domino. Haec quicunque habet, jam regnum Dei intra ipsum est.

Vers. 18, 19. — « Qui enim in hoc servit Christo, placet Deo, probatus hominibus » in justitia, in pace vero bene habitans secum. Ex affectu ergo pacis, qua intus fruimur, foris « quae pacis sunt sectemur; » et ex affectu justitiae, « quae aedificationis sunt custodiamus. » Quid autem evidentius exigit justitia, quam ut propter escam non destruamus in fratribus opus redemptionis Christi?

Vers. 20. — « Omnia quippe munda sunt, sed malum est homini, qui per offendiculum manducat, » quia interioris justitiae conscientiam sauciat, dum unde ipse reficitur, anima fratris periclitatur.

Vers. 21. — « Bonum ergo est homini non manducare carnem, neque bibere vinum, neque in quo frater tuus offenditur, scandalizatur aut infirmatur. » Carnem et vinum, alterum Deus concupiscentiae humanae permisit, alterum concupiscentiae ipsius curiositas adinvenit. Neutrum quippe naturale est. Unde cum Dominus homines illos satiaret in deserto, de potu nec sermo habitus est, cum praesto esset quod naturale est, juxta mare Tiberiadis (*Joan.* vi). Bonum ergo est temperare, maxime ab his quae non iam vitae necessitas quam carnalis requirit concupiscentia, et in quibus frater offenditur, perturbatus quasi a fide volens recedere, nesciens quid teneat, aut scandalizatus contristatur, aut infirmatus in fide, non quidem recedit, sed dubitare incipit.

Vers. 22. — « Tu fidem habes, habe penes temetipsum, » ubi a nemine tibi tollatur; habe etiam Deo qui eam approbat, non coram infirmo qui scandalizatur. Hoc enim modo quae pacis sunt sectamur. Filii enim saeculi, dum singuli quae sua sunt quaerunt, pacem insectantur; filii vero regni coelorum etiam fugientem cum periculo, cum labore, cum damno rerum, et nonnunquam etiam famae, sectantur. Fide quippe vera et certa ubi omnes gentes per agnitionem fidei a contaminatione mundantur, ibi et omnis cibus verbo et oratione purgatur; sed quia quod bonum est, malum fit per offendiculum manducanti, ab eo quod licet, sed non expedit, temperetur. Sequitur:

Vers. 23. — « Beatus qui non judicat semetipsum in eo quod probat. » Quod unum est ac si dicat: Beatus qui sic agit bonum suum, ut ex eo alii non fiat scandalum. Semetipsum enim in eo quod probat judicat, et judicabilem et damnabilem constituit, qui cum quod approbat amplectitur, infirmi fratris salutem negligit. Quod hic evitari non potest. Si enim firmus in fide credit manducare omnia, infirmus autem exemplo firmi manducat omnia, nec tamen fidem ejus capit, cujus actum imitatur; qui comedit non ex fide, damnatus est; qui suo ad hoc exemplo eum compulit, in facto suo judicatus est.

Vers. 24. — « Omne enim quod non est ex fide, peccatum est. » Non enim omnis actus tantum, sed omnis infidelium vita peccatum est. Ubi enim deest agnitio incommutabilis veritatis, falsa virtus est, etiam in optimis moribus. Nam, sicut jam dictum est, et saepe dicendum est et firmiter credendum est, optima opera fiunt ab homine, fides autem fit in homine, sine qua nulla bona opera fiunt ab ullo homine, quia peccatum est quidquid ex fide non est. Peccat ergo, qui non cum fide manducat, semetipsum vero ille judicat, cujus exemplo infirmus peccat. In suo enim genere curandum est quod ad melius interim perduci non potest.

CAPUT XV.

Vers. 1. — « Debemus enim nos firmiores imbecillitates infirmorum sustinere, » non ut semper sint, sed ut suo ordine curentur. Melius enim est ulcus perniciosum prius ungendo et palpando lenire, quam temerario impetu exulcerare, donec sapientis patientia medici ad hoc perducatur, ut sine periculo exulceretur. « Et non nobis placere. » Merces placentium sibi, ait quidam homo Dei, est ipsum placere sibi, cum neglecta fratrum charitate, non eis placere appetunt in bonum, sed sibi ad propriae voluntatis arbitrium. Unde sequitur:

Vers. 2, 3. — « Unusquisque nostrum placeat proximo suo in bonum, ad aedificationem. Etenim Christus, » cum tempus vidit universalis salutis aedificandae, propter bonum publicum privato « sibi » amore « placere noluit, » dicens: « Pater, si possibile est, transeat a me calix iste. Verumtamen non sicut ego volo, sed sicut tu vis (*Matth.* xxvi). » Deinde etiam « improperia improperantium » Deo Patri de passione ejus, cum dicerent, « liberet eum nunc, si vult, dixit enim: Quia Filius Dei sum (*Matth.* xxvii), » ceciderunt super eum, cum fecerunt in eum quaecunque voluerunt.

Vers. 4. — « Quaecunque enim scripta sunt, ad nostram doctrinam scripta sunt, ut per patientiam et consolationem Scripturarum spem habeamus. » Ideo enim ad commemorationem fidei nostrae, ad consolationem spei, ad exhortationem charitatis, libros propheticos et apostolicos legimus, alterutris sensibus sibi concinentes, et hac concinentia tanquam coelesti tuba a torpore mortalis vitae nos excitantes, et ad palmas supernae vocationis provocantes. Denique attendens omnia bona quae habere possumus, sive in natura, sive in institutis, sive in moribus vel virtutibus, ex dono Dei esse, et non ex nobis, sic conclusit orans:

Vers. 5. — « Deus autem patientiae et solatii det vobis idipsum sapere in alterutrum secundum Jesum Christum, ut unanimes uno ore honorificetis Deum et Patrem Domini nostri Jesu Christi. » Sicut enim ipse salus nostra est, quia dat salutem; refugium, quia ad eum refugimus: sic et Deus patientiae est et solatii, quia ex ipso patientes sumus, et non nisi ab ipso consolationem exspectamus. Non enim ex Scripturis patientia vel consolatio, licet aliquando per Scripturas. Non enim ex ipso tantum patientia, sed sicut dicit Propheta, ipse est patientia nostra (*Psal.* LXX), ipse consolatio, qui amantem se consolatur, non nisi de semetipso. Quando enim consolatur ipsum, nisi quando dat ei sapere ad ipsum? Cum autem in invicem sapimus idipsum, quid tam bonum, quid tam jucundum? Nonne hoc est habitare fratres in unum? Hoc autem secundum Jesum Christum, qui dixit: « Hoc est præceptum meum, ut diligatis invicem (*Joan.* xv). » Qui etiam bonæ radicis succum ramis insertis infundens, « sicut, » inquit, « dilexi vos. » Absit enim a discipulis Christi carnalis affectio, et amor omnis qui non tendit in idipsum. Hæc autem omnia, « ut unanimes » corde credentes ad justitiam, « uno ore » confitentes ad salutem, « honoretis Deum » omnia creantem, et inveterata per Filium innovantem et instaurantem. « Luceant, inquit, opera vestra bona coram hominibus, ut videant et honorificent Patrem vestrum qui in cœlis est (*Matth.* v). » Hic est honor, quo honorandus est a nobis Deus. Ipse vero honor noster est, cui dicit Propheta : « Nimis honorati sunt amici tui, Deus (*Psal.* CXXXVIII). »

Vers. 7. — « Propter quod suscipite invicem, sicut et Christus suscepit vos in honorem Dei. » Non enim diligemus invicem, nisi suscipiamus invicem. Suscipimus invicem, cum videmus fratrem nostrum necessitatem pati, et non claudimus viscera nostra ab eo, sed suscipimus eum in sinum charitatis. Suscipimus invicem, cum non judicat Judæus gentilem, vel gentilis Judæum, sed unum corpus et unus spiritus efficimur in honorem Dei, sicut et Christus suscepit nos, neutrum repellens, neutrum reprobans ob notam generis sui. Utrumque Christum suscepisse ostendit dicens:

Vers. 8, 9. — « Dico enim Christum Jesum ministrum fuisse circumcisionis, propter veritatem Dei, ad confirmandas promissiones Patrum; gentes autem super misericordia honorare Deum. » Venit enim unus paries ex circumcisione, applicans se ad lapidem angularem; sed ille lapis angulum non faceret, nisi alium parietem ex gentibus susciperet. Paries ex Judæis proprie pertinet ad veritatem : unde et dicit, propter veritatem Dei ad confirmandas promissiones Patrum ; iste autem ex gentibus pertinet ad misericordiam, de quo item dicit, « gentes super misericordia honorare Deum. » Sic ergo in Christo misericordia et veritas obviaverunt sibi. Non autem debitum erat panem filiorum tollere et mittere canibus, nisi canes humiliati ad colligendas micas quæ de mensa Domini caderent, per ipsam humilitatem exaltati, atque homines facti, ad ipsam mensam mererentur accedere (*Matth.* xv). Porro genti Judæorum tantum prærogavit honorem : ut inhabitaret in terra eorum præsentiæ ejus gloria. Ibi natus, ibi conversatus est: et inde cœpit prædicare, quia ex Sion species decoris ejus. Inde et apostoli ad illos primum missi. Ibi patriarchæ, inde prophetæ. Ibi veniens de semine Abrahæ manifestatus est, illis missus, illorum apostolus, sicut ipse dixit : « Non sum missus, nisi ad oves domus Israel (*Matth.* XIX). » Propter quod et Apostolus dicit eum « ministrum circumcisionis, » id est Judæorum. « Gentes autem super misericordia honorare Deum, sicut scriptum est : Propter hoc confitebor tibi in gentibus, et nomini tuo cantabo. » Per me, inquit Filius ad Patrem, confitebuntur tibi gentes, et bonis eorum moribus latius innotesces: confessio hæc laudis est. Quod autem ait, « cantabo, » canticum novum est, quod ipse cantat in nobis, cujus gratia nos cantamus. Unde et alibi, « cantantes, ait, in cordibus vestris Domino (*Coloss.* III). » Intus enim est hoc gaudium, ubi vox amoris et cantat et auditur ab eo qui ab ipsa voce laudatur. Canticum enim hoc est, gratis amare, toto corde, tota anima, tota virtute. Et iterum dicit Spiritus sanctus in cantico Deuteronomii :

Vers. 10-12. — « Lætamini, gentes, cum plebe ejus. Et iterum : Laudate omnes gentes Dominum, et magnificate eum, omnes populi. Et rursus Isaias ait : Erit radix Jesse, et qui exsurget regere gentes, in eum gentes sperabunt. » Jesse interpretatur *est mihi.* In adventu enim Christi dicit qui credit : Est mihi, quia qui dicit ad Moysen : « Ego sum qui sum (*Exod.* III), » credenti adest in Deum. Exsurget autem, ut et homo sit et supra hominem, non habens peccatum, nec veniens per peccatum communi lege nascendi et tollens peccatum mundi. Unde quia merito gentes in eum sperabunt, subjungit orando :

Vers. 13. — « Deus autem spei repleat vos omni gaudio et pace in credendo, ut abundetis in spe et virtute Spiritus sancti. » Fidei, spei et charitatis virtutem continere videtur hæc oratio, dum credenti imprecatur gaudium bene pacatæ conscientiæ, gaudium plenum, et abundantiam in spe et in charitate, quæ propria est virtus Spiritus sancti. Deus autem noster proprie Deus spei est, in quem credentes spes sua non confundit : omnes vero dii gentium dæmonia et opera sunt manuum eorum.

Vers. 14. — « Certus sum autem, fratres mei, et ego ipse de vobis, quoniam et ipsi pleni estis dilectione, repleti omni scientia, ita ut possitis alterutrum monere. » Hic jam quasi in portu silentii vela laxantur; post tantum profundorum sensuum pelagus, et peregrinæ mercis convectio commendatur, primumque suam eis commendat benevolentiam, qua apud eos inferebat, quibus eos abundare sciebat: deinde etiam prædicat scientiæ apud eos et dilectionis plenitudinem, quæ admonere potius sufficiat quam indigeat admoneri.

Vers. 15-17. — « Audacius autem, inquit, scripsi vobis, fratres, ex parte tanquam in memoriam vos reducens, propter gratiam quæ data est mihi a Deo, ut sim minister Christi Jesu in gentibus, sanctificans Evangelium Dei, ut fiat oblatio gentium accepta et sanctificata in Spiritu sancto. » Audacius omnino. Nisi enim ex inhabitantis in eo Spiritus sancti fiducia procederet, magna hominis erat audacia, tenebris caliginosæ hujus ignorantiæ commanentis, tam altos et profundos sapientiæ Dei sinus, quasi discutiendo voluisse attentare, de lege et gratia, de reprobatione Judæorum et vocatione gentium, aliisque quampluribus, quæ scripsisse se dicit ex parte, quia quandiu sic sumus, ubi ex parte scimus, et ex parte prophetamus, talium sensuum nulli plenus conceditur intellectus. Sed sic sanctificabat, vel potius, sicut melius Græcus habet, « sacrificabat » Evangelium Dei, in quo etiam pontificale quoddam ministerium ostenditur, ut fieret « oblatio gentium accepta et sanctificata in Spiritu sancto. » Plurimum enim confert auditoribus intellecta doctoris benevolentia et doctrina, tempore et modo suo dispensata. Unde et adhuc addit, quasi ad commendandas merces, quas convehit, « habet, » inquit, « gloriam ad Deum. » Et temperans quod dixit, « in Christo, » ait, « Domino nostro. » Nam licet bonum omne nostrum illius sit gloria, cujus est gratia, gloriatur tamen, qui in Domino gloriatur. Unde gloriatur ?

VERS. 18. — « Non enim audeo aliquid loqui eorum quæ per me non efficit Christus. » Iterum gratiæ commendatio. Non quæ ego non facio, sed quæ per me efficit Christus. Christus enim facit, sed per me facit. Christus in me facit, sed per me exterius apparere facit, hoc enim sonare videtur verbum « efficit. » Simul etiam intelligendum est, quia ad prædicandum plus conscientia sancti amoris ædificat quam exercitium sermonis, cum, qui docet intus legit quod dicit.

VERS. 18, 19. — « In obedientiam gentium verbo et factis; in virtute signorum et prodigiorum, in virtute Spiritus sancti. » Dicturus facta et virtutes signorum et prodigiorum, omnibus etiam verbo prædicationis suæ, præposuit obedientiam gentium; plus ejus merito, quam suo labori ascribens omnia quæ sequuntur, in fine vero ipsam gentium obedientiam, et quidquid ejus merito suoque labore confectum est, virtuti sancti Spiritus religiosa pietate assignans. Ad locum unde exeunt cuncta facit reverti circumspectus gratiæ prædicator. Deinde etiam strenuitatem suam in Evangelio commendans, subdit:

VERS. 19-21. — « Ita ut ab Jerusalem per circuitum usque ad Illyricum repleverim quidquid interjacet Evangelio Dei. Sic autem prædicavi illud, non ubi nominatus est Christus, ne super alienum fundamentum ædificarem, sed sicut scriptum est : Quibus non est annuntiatum, de eo videbunt; et qui non audierunt, intelligent. » Non enim alienos labores invadere volebam : quin potius jacto ubique verbi semine secuturis messoribus terras præparabam. « Propter quod longus me circuitus impediebat plurimum venire ad vos, » cum non deesset voluntas.

VERS. 23, 24. — « Nunc vero ulterius locum non habens in his regionibus, cupiditatem autem habens veniendi ad vos ex multis jam præcedentibus annis cum in Hispaniam proficisci cœpero, spero quod præteriens videam vos ut a vobis deducar illuc si vobis primum ex parte fruitus fuero. » Miranda doctoris gentium providentia, qui cum in Romanis laborare desideraret et promptum haberet, non promittebat, non ingerebat; offerebat tamen eis præsentiam suam, dicens se Romam venturum non propter Romam, sed propter Hispaniam, ne scilicet verbum Evangelii in ore ejus esset minus pretiosum; si quasi improbus et importunus nolentibus superveniret. Ex parte tamen, et quasi in transitu primum eis se fruiturum denuntians, suum eis affectum commendat; deinde vero ab eis deducendum se dicens, ipsorum etiam sibi amorem conciliat. Doctori enim Ecclesiæ, sicut omnimodis cavendum est ne qua superbiæ similitudine auditores a se deterreat, sic etiam ne nimia humilitatis remissione verbum Dei in ore ejus vilescat. Unde de Samuele dicitur, cum ab omnibus requireretur quia « erat sermo Domini pretiosus (*I Reg.* III). »

VERS. 25-28. — « Nunc igitur proficiscar Jerusalem ministrare sanctis. Probaverunt enim Macedonia et Achaia, collationem aliquam facere in pauperes sanctorum qui sunt Jerusalem. Placuit enim eis et debitores sunt eorum. Nam si spiritualium eorum participes facti sunt gentiles, debent et in carnalibus ministrare eis. Hoc igitur cum consummavero, et assignavero eis fructum hunc, proficiscar per vos in Hispaniam. » Fideles quippe ex Judæis agnita veritate, et conversi ad eum quem crucifixerant partim per invidiam, partim per errorem; et veteris hominis desideria mortificantes, et spiritualis vitæ novitate flagrantes, sicut præceperat in Evangelio Dominus, vendebant omnia quæ habebant, et pretia rerum suarum ante pedes apostolorum ponebant; ut ipsi distribuerent unicuique, prout opus erat, viventesque in Christiana dilectione concorditer, non dicebant aliquid suum, sed erant illis omnia communia, et anima una, et cor unum in Domino (*Act.* IV). Deinde etiam ipsi a Judæis carnalibus civibus suis persecutionem passi sunt; ut latius Christus eorum dispersione prædicaretur. Apostolus ergo Ecclesias constituens per omnes gentes, qua Evangelium seminabat, impense præcipiebat, ut quoniam ipsi ex idolorum cultura venientes, et ad unum Deum colendum rudes, non facile poterant perfectionis hujus culmen attingere, oblationes facerent in pauperes sanctorum qui erant in Judæa, illos constituens tanquam milites, istos vero tanquam stipendiarios provinciales. Sequitur :

VERS. 29. — « Scio autem, quoniam veniens ad vos, in abundantia benedictionis Christi veniam. » Abundantiæ benedictionis Christi, quam veniens Apostolus Romanis intulit, totus mundus particeps est.

VERS. 30-32. — « Obsecro igitur vos, fratres, per Dominum nostrum Jesum Christum, et per charitatem Spiritus sancti, ut adjuvetis me in orationibus vestris ad Deum, ut liberer ab infidelibus qui sunt in Judæa : et obsequii mei oblatio accepta fiat in Jerosolima sanctis, ut veniam ad vos in gaudio per voluntatem Dei, et refrigerer vobiscum. » Quod dicit in orationibus, Græcus magis agonem orationis habere videtur, ut et ego vitiorum nostrorum et spiritualium etiam nequitiarum impugnationes orationibus nostris nunquam deesse sciamus. Quis autem de se securus esse poterit, Apostolo a discipulis orationum petente suffragia? Simul etiam adverte quanta ei de sanctis sit cura, quanta reverentia qui securus sui, et salutis suæ, de obsequii sui oblatione tantummodo est sollicitus ut eo perferatur ut accepta sit sanctis. Sic enim et factum est. Consummato quippe in Jerusalem oblationis suæ obsequio, comprehensus a Judæis vinctusque gentibus traditus est. Unde et necessitate appellandi Cæsaris facta Romam perductus est.

Vers. 33. — « Deus autem pacis sit cum omnibus vobis, Amen. » In pace consummat, qui a pace incoepit, dicens: « Gratia vobis et pax. »

CAPUT XVI.

Vers. 1-5. — « Commendo autem vobis Phœben sororem nostram, quæ est in ministerio Ecclesiæ quæ est Cenchris, ut eam suscipiatis in Domino digne sanctis, et assistatis ei, in quocunque negotio vestri indiguerit. Etenim et ipsa quoque astitit multis, et mihi ipsi. Salutate Priscam et Aquilam, adjutores meos in Christo Jesu, qui pro anima mea cervices suas supposuerunt, quibus non solus ego gratias ago, sed et cunctæ Ecclesiæ gentium: et domesticam eorum Ecclesiam. Salutate Ephænetum dilectum mihi, qui est primitivus Asiæ in Christo Jesu. Salutate Mariam, quæ multum laboravit in vobis. Salutate Andronicum et Juniam cognatos et concaptivos meos, qui sunt nobiles in apostolis, qui et ante me fuerunt in Christo Jesu. » Forsitan arctiori vinculo spiritualis amoris conjuncti erant Apostolo isti; propter quod appellat eos cognatos; et altioris meriti, propter quod eos appellat concaptivos; quos hujus vitæ exsilium et ærumnas moleste ferre sciebat amore coelestis patriæ; ideoque ad consolationem eorum, se eorum dicit concaptivum.

Vers. 8-16. — « Salutate Ampliatum dilectissimum mihi in Domino. Salutate Urbanum adjutorem nostrum, et Stachyn dilectum meum. Salutate Apellen probum in Christo. Salutate eos qui sunt ex Aristoboli domo. Salutate Herodionem cognatum meum. Salutate eos qui sunt ex Narcissi domo, qui sunt in Domino. Salutate Tryphænam et Tryphosam, quæ laboraverunt in Domino. Salutate Persidem charissimam, quæ multum laboravit in Domino. Salutate Rufum electum in Domino, et matrem ejus in carne, meam autem in spiritu. Salutate Asyncritum, Phlegontiam, Hermam, Patroclam, Hermen, et qui sunt cum eis. Salutate Philologum et Juliam, Nereum et sororem ejus et Olympiadem et omnes qui cum eis sunt sanctos. Salutate invicem in osculo sancto. Salutant vos omnes Ecclesiæ Christi. » Ac si dicat: Quid sigillatim divido salutantes et salutandos? Omnem qui est in Ecclesia Christi salutant omnes Ecclesiæ Christi.

Vers. 17. — « Rogo autem vos, fratres, ut observetis eos qui dissentiones et offendicula, præter doctrinam, quam vos didicistis, faciunt; et declinate ab eis. » Manifestum est ex offendiculis fieri dissensiones, ex dissensionibus divisiones, ex quibus hæreses fiunt et schismata. Si autem præcipit Apostolus declinandum ab eis qui offendicula faciunt, quanto magis qui dissensionibus Ecclesiam dividunt!

Vers. 18. — « Hujusmodi enim Christo Domino non serviunt, sed suo ventri, » non curantes cujus cor possint exinanire, dum suum ventrem possint implere. Videtur hic tangere aliquas hæresum pestes jam in Ecclesia pullulantes, per dulces, sicut ipse dicit, sermones et benedictiones innocentium corda seducentes, ponentes secundum prophetam, tenebras lucem et lucem tenebras, amarum dulce, et dulce amarum (Isa. v); ad dulce placitum loquentes, vitiis adulantes; et in his omnibus, nonnisi quæ ventris sunt, quærentes.

Vers. 19. — « Vestra enim obedientia in omni loco divulgata est. » Hoc est quod doctoribus Ecclesiæ vehementissime formidandum est et cavendum ne simplicium bonis malorum astutia abutatur in malum. Ecce enim Romanorum laudabilis obedientia, si in hujusmodi incideret prædicatores, occultos ad decipiendum, astutos ad suadendum, blandos ad suggerenda quæ carnis sunt, quid periculosius? Propter quod subdit: « Gaudeo igitur in vobis. » Gaudeo in vobis, pro vestra obedientia: sed timeo vobis, pro astutia inimici. « Sed volo vos sapientes esse in bono, et simplices in malo. » Sapiens est in bono qui bonum propositum statim quasi naturaliter sapit, simplex in malo, quem ipsam boni formam animo tenentem malorum duplicitas non decipit, quia forma mali quomodocunque aptata, formæ quam animo gerit, non potest coaptari.

Vers. 20. — « Deus autem pacis conterat Satanam sub pedibus vestris velociter. » Dictum est mulieri, vel potius serpenti, cum puniret Deus peccatum primi hominis: « Ipsa tuum observabit caput; tu autem observabis ejus calcaneum (Gen. iii). » Observat ergo coluber tortuosus et Satanas calcaneum tuum, quando laberis a via Domini, ut cadas et cadentem possideat, observa tu primam ejus suggestionem, id est caput ejus. Si contempsisti promissum lucrum, propter animæ detrimentum, calcasti caput serpentis. Si sic sæpe egeris, aderit tibi pacem faciens Deus pacis; et incipiet serpens noxius sæpe calcatum caput non posse erigere; tu vero totum Satanam conteres sub pedibus tuis, cum plenam de concupiscentia victoriam obtinebis, ut mandatum legis ad plenum impleas. Quod dicit: « Non concupisces, » felix, sed rara conscientia, quæ ad plenum hoc in præsenti vita meretur accipere. Hoc autem unde fiat, subjungens dicit: « Gratia Domini nostri Jesu Christi vobiscum. »

Vers. 20-27. — « Salutat vos Timotheus adjutor meus, et Lucius, et Jason, et Sosipater, cognati mei. Saluto vos ego Tertius, qui scripsi epistolam in Domino. Salutat vos Caius hospes meus, et universa

Ecclesia. Salutat vos Erastus arcarius civitatis, et Quartus frater. Gratia Dei cum omnibus vobis. Amen. Ei autem qui potens est vos confirmare juxta Evangelium meum et prædicationem Jesu Christi, secundum revelationem mysterii temporibus æternis taciti, quod nunc patefactum est per Scripturas prophetarum, secundum præceptum æterni Dei ad obediendum fidei in cunctis gentibus cogniti, soli sapienti Deo per Jesum Christum, cui honor et gloria per omnia sæcula sæculorum. Amen.» Hoc est: Ei qui potens est vos confirmare, soli sapienti Deo, gloria in sæcula sæculorum. Quod autem interpositum est, per Jesum Christum, utrum soli sapienti Deo per Jesum Christum accipi debeat, ut scilicet solus Deus Pater sapiens per Jesum Christum sapiens esse intelligatur, non participando, sed gignendo sapientiam, quod est Christus Jesus; an vero non per Jesum Christum sapienti, sed per Jesum Christum gloria soli Deo sapienti, videtur ambiguum. Sed quis audeat dicere per Jesum Christum fieri, ut sit sapiens Deus Pater? cum secundum substantiam suam non dubitandum sit esse sapientem, potiusque sit substantia Filii per gignentem Patrem quam substantia Patris per genitum Filium? Restat ergo ut soli sapienti gloria sit per Jesum Christum, hoc est clara cum laude notitia, qua innotuit gentibus Trinitas Deus. Ideo autem per Jesum Christum, quia ut alia taceam, ipse præcepit baptizari omnes gentes in nomine Patris et Filii et Spiritus sancti, ubi præcipue commendata est hujus gloria individuæ Trinitatis. Deus itaque quod est ipsa Trinitas, propterea solus sapiens recte dicitur, quia solus secundum substantiam suam sapiens est, non secundum accidentem vel accedentem participationem sapientiæ, sicut sapiens est quæcunque rationalis creatura. Quod vero additum est, «cui,» ut diceretur, cui gloria; cum sufficeret, si sic dictum esset, « ei autem gloria, » inusitatam nostræ linguæ designat locutionem; non sensum quem requiramus, vel de quo ambigamus, insinuat. Quid enim sensui deerit, si dicatur, ei gloria, cui per Jesum Christum gloria? Hoc est namque, ei per Jesum Christum, cui gloria, quod, cui per Jesum Christum gloria. Sed horum alter inusitatus, alter usitatus est ordo verborum. « Qui potens est, » inquit, « vos confirmare juxta Evangelium meum et prædicationem Jesu Christi. » Evangelium Pauli et prædicatio Christi nihil dissonum, nihil habent diversum, cum alterum ex altero procedat. « Secundum revelationem mysterii temporibus æternis taciti. » Quod hoc est mysterium, nisi quod Verbum caro factum est et habitavit in nobis? Siquidem ejus humiliatio nostra exaltatio facta est, illius infirmitate nos fortes facti sumus. Sed quæ sic tempora dixerit æterna, perquirendum est. Si enim æternitatem intelligi voluit, æternitatem utique mysterium Christi non latuit; cujus ratio et modus in æternitate quæ Deus est, semper fuit, etiam priusquam tempus aliquod fuit. Tempus enim ante creaturam non fuit; quia nec unquam essent tempora, nisi creatura esset, quam aliquid aliqua mutatione mutaret; cujus motionis aut mutationis, cum aliud atque aliud, quæ simul esse non possunt, cedit atque succedit, in brevioribus vel in productioribus morarum intervallis tempus sequeretur. Aliis vero tacitum, sed soli sapienti Deo dicit cognitum mysterium temporibus illis æternis, nunc autem patefactum per Scripturas prophetarum secundum præceptum æterni Dei, ad obeditionem fidei in omnibus gentibus. Sed et ad nomen hic « Dei » quid sibi vult « æterni » appositio? Forte præcepit æternus Deus, id est ab æterno præcepit Deus ut quod cæteris sæculorum generationibus fuerat occultum tantum, nunc, id est tempore gratiæ, esset patefactum per prophetarum scripturas, cum Dominus aperuit sensum discipulis ut eas intelligerent (*Luc.* XXIV). Tempora autem æterna, quibus tacitum hominibus mysterium Christi fuerit, non erit absurdum, si tota illa temporis dicatur prolixitas ante Christi adventum; in quo etsi aliquibus patriarchis et prophetis manifestatum est ex parte, et quasi in ænigmatibus et figuris, nulli tamen, sicut nunc patefactum est; maxime cum in agnitione veritatis dicat alibi Apostolus et angelos per Evangelium profecisse; et principibus et potestatibus in cœlestibus per Ecclesiam multiformem Dei sapientiam innotuisse (*Ephes.* III). Quod autem soli sapienti Deo erat cognitum, tempore gratiæ per prædicationem apostolorum est patefactum, ut prædicantibus illis in cunctis gentibus fidei obediatur.

DE NATURA CORPORIS ET ANIMÆ
LIBRI DUO

Sub nomine Theophili, id est *Deum diligentis* descripti.

(*Biblioth. Patr. Cisterc.*, labore et studio F. Bertrandi Tissier, doctoris theologi Bonifontis in Therascia, ejusdem ordinis prioris. Bonofonte, 1660, fol., tom. IV, p. 65.)

PROLOGUS.

Fertur celebre apud Græcos Delphici Apollinis responsum : « Homo, scito teipsum. » Hoc et Salomon, imo Christus in Canticis : « Si non, inquit, cognoveris te, egredere (*Cant.* I). » Qui enim non immoratur in eis quæ sua sunt, per sapientiæ contemplationem, ingreditur necessario in aliena per curiositatis vanitatem. Quapropter cum omni homini qui capax est rationis, vix suus sufficiat sensus, nisi adjutus a gratia, ut sciat seipsum, cum hoc nihil ei conferat, nisi ex hoc quod ipse est, ascendat ad eum a quo ipse est, et qui est super ipsum : miserrime errat et desipit, qui extra se in alienis intellectum suum dispergit, cui natura, imo auctor naturæ Deus, tantum intra se indixit operationis negotium. Ut igitur microcosmon nostrum, id est minorem mundum, hominem scilicet, ex aliqua parte intus perscrutemur et foris, id est anima et corpore, ut per visibilia vel sensibilia nostra intellecta ad visibilium et invisibilium omnium surgamus auctorem, primum aliqua discutiamus de corporis natura, deinde de his quæ sunt animæ. Scias autem quæ legis non mea esse; sed ex parte philosophorum vel physicorum, ex parte vero ecclesiasticorum doctorum, nec tantum eorum sensa, sed ipsa eorum, sicut ab eis edita sunt, dicta vel scripta, quæ excerpta ex eorum libris hic in unum congessi.

LIBER PRIMUS.
PHYSICA HUMANI CORPORIS.

Omne corpus animale terra formatum est, id est ex quatuor compositum. Aliud est enim terra formatum, alia sunt ex quibus constat. Ex quibus constat, quatuor sunt elementa. Unumquodque autem elementorum una tantum contentum est qualitate. Ignis caliditate, aer humiditate, aqua frigiditate, terra siccitate. Sed ignis, quia mobilis est, ex motu assumit siccitatem et est calidus et siccus. Aer. quia sub igne est, ab eo sumit quod proprium habet et naturale, id est caliditatem; et est calidus ab igne, humidus a seipso. Aqua ponitur sub aere, et ideo humiditatem ab eo sumit, frigida a seipsa. Terra sub aqua est, ideo frigida ab ipsa, sicca autem in seipsa est. Itaque secundum Hippocratem, si corpus animale ex uno constaret elemento, nunquam doleret; quia non esset unde doleret, unum A existens. Sed terra lutificata efficitur aqua ; aqua rarefacta et calefacta et evaporata, fit aer ; condensatus et collectus aer efficitur aqua; et sic de reliquis; et hoc modo fit corruptio. Ex his quoque quatuor elementis quatuor, in corpore animali creantur humores, propter quod et ipsorum filii dicuntur; sicut elementa mundo, sic et isti corpori animali vitæ et incolumitatis materiam et ordinem administrantes : si suo modo et ordine suo dispensentur, et non vitio vel incuria corrumpantur. Alioquin sicut aqua mutatur in terram densata, et terra in aquam lutificata; sic ipsi humores, cum in se invicem vel ab invicem corrumpuntur, corrumpunt et destruunt corpus suum, quod vivificare et ordinare debuerant. Itaque in corpore animali sua propria est complexio prima et naturalis in ipso elementorum conjunctio; quæ si æqualis est et bene composita, ut contraria non impugnentur vel destruantur a contrariis, sed calida temperentur a frigidis, frigida a calidis, sicque de reliquis, bona fit complexio, et consentiente natura fit eucrasia, bona scilicet temperantia quatuor qualitatum. Rebus enim naturalibus in temperamento manentibus, impossibile est humanum corpus ab aliquo morbo infestari; si est, ut dictum est, eucraticum, id est bonæ complexionis. His autem distemperatis, necesse est alterari corpus. Sed de his alias. Nunc videndum unde ipsi quatuor humores nascuntur vel nutriuntur. Omnis cibus undecunque sumatur, sicut supra de corpore animali demonstratum est, ex quatuor constat elementis. Sed quam multipliciter et dissimiliter in eis quæ vesci possunt, natura elementorum se habeat secundum caliditatem et frigiditatem, siccitatem et humiditatem, liber graduum demonstrat. Cum igitur cibus accipitur, os primum adaptat illum in subtiles et minutas partes cum dentibus et lingua. Lingua quippe ministrat, dentes frangunt et comminuunt. Sic præparata esca transmittitur stomacho per guttur et merim, vix ad mensuram palmi vim saporis producens. Est autem meris membrum longum et rotundum et concavum et intus villosum, habens introrsum pilos longos, alios in transversum, alios sursum ad os directos. Pili sursum directi naturaliter cibum attrahunt; qui vero in transversum stomachi, stringunt, et stringendo in succum transmutant, et paulatim in os stomachi demittunt. Stomachus vero duo habet ora, alterum superius, alterum inferius; quæ etiam portæ vocantur, quia clauduntur per horas, et aperiuntur. Superius enim os stomachi accepto cibo clauditur donec digeratur. Deinde de ipsa digestione retinens quod suis aptum nutrimentis invenit, cætera, porta inferiori aperta, egerit in inferiora. Operatur autem hæc stomachus per quatuor quasdam virtutes quæ sunt ei naturales, appetitivam, contentivam, digestivam, expulsivam; quibus etiam cæteræ nonnullæ partes corporis non carent, sed maxime quatuor illæ partes quæ corporis dicuntur fundamenta, id est cerebrum propter animalem vel sensualem virtutem, cor propter spiritualem, epar propter naturalem, genitalia propter generativam virtutem. Appetitiva et digestiva desiderium faciunt; media contentiva servit digestioni, continens scilicet cibum, ne redeat unde descendit, et stringens et paulatim per partes transmittens inferius, et, ut competit, ordinat digestioni. Appetitio autem stomachi, vel contentio, vel expulsio, sicut de meri dictum est, fit ministerio quorumdam pilorum per stomachum in longitudinem et in transversum porrectorum; quibus etiam quidam inferiores sub stomacho intestini non carent. Hæc autem fiunt per primam digestionem, quæ in stomacho peragitur. Est autem digestio cujuslibet rei per naturalem calorem ebullitio. Porro, quæ per inferiorem portam egeruntur, suscipit duodenum intestinum; quod sic vocatum est, quia ad mensuram est duodecim digitorum; statim cum facta est digestio, et per digestionem rei digestæ alteratio, sequitur eorum quæ fæculenta sunt egestio. Suscipiunt et alia intestina quæ egeruntur, tria subtilia superius circa os stomachi, tria grossa inferius. Est autem inferius intestinum unum subtile vocatum, in quod post eam quam diximus digestionem factam in stomacho, cum descenderit quod egestum est, aliquandiu ibi immoratur, donec ibi secunda quadam digestione melius succus ille depuratus et subtiliatus, per venas quas dicunt mesaraicas, quod subtile est et purum, remittit ad epar. Sciendum autem quia in digestione alii sunt cibi qui mutant et non mutantur, ut diagridium; alii mutantur et mutant, ut cæpe et allia, quæ et cibi sunt et medicina. Epar prædictum succum suscipiens per venas prædictas, et eam quæ dicitur porta, in sui naturam transmutat, iterum digerendum. Quidquid enim in eo igneum est, ad nutrimentum sui assumit cholera rubea; quidquid aereum, sanguis; quidquid aquosum vel humidum, flegma; quidquid grossum et terrenum, melancholia. Sic igitur humores quatuor in epate creati, et ab epate in totum corpus distributi, si secundum rectam naturæ regulam incedant, quamvis diversæ sint qualitatis, unam tamen formam operantur sanitatis, invicem cooperando, invicem se adjuvando. Cholera quidem rubea, cum sit calida et sicca, caliditate sua sanguinem subtiliat, et cum ea vadit sine acumine, subtiliatus, ut eis membris quæ subtilia sunt, et subtilem cibum desiderant, congruum sanguis præbeat alimentum. Sanguis vero, cum sit calidus et humidus, humiditate sua illius temperat siccitatem. Flegma, cum sit frigidum et humidum, frigiditate sua servit calori sanguinis, humiditate subvenit siccitati melancholiæ, cui ex frigiditate concordat.

Et nota filios elementorum incedere secundum viam patrum suorum. Eodem enim modo elementa operantur in mundo majori, quo operantur quatuor humores in mundo minori, qui est homo, id est microcosmos, ut supra dictum est; ex sua sibi diversitate concordantia, et per concordem diversitatem facientia pulcherrimam ordinis sui unitatem. De digestione etiam ista fumus ascendens lenis et suavis, molliter tangit cerebrum, et ventriculos ejus opprimit, in tantum ut omnes ejus actiones sopiat: hic est somnus. In quo, cessantibus omnibus animæ virtutibus, sola viget virtus naturalis, quæ tunc tanto intentius operatur, quanto tota ei vacat natura. Anima vero interius requiescens, exclusis omnibus sensuum officiis, revolvit penes se præterita, præsentia et futura: et hæc sunt somnia. Cum vero quatuor hi humores creantur in epate et formantur, non tamen unusquisque in propriam formam secernitur, sed secundum formam ipsius epatis, quæ sanguinea apparet, confuse omnes subsanguinei apparent; et unumquodque ad nutriendum et regendum totum corpus, per suas vias, venarum scilicet et arteriarum, dispensantur, hoc modo generali. Primum cibi in medio stomachi albi efficiuntur, id est flegmatici; circa inferiora prope epar quasi sanguis aquosus : decoctus in epate sanguis; plus decoctus cholera rubea ; nimis decoctus cholera nigra. Cholera vero rubea ab epate egrediens, multipliciter se in corpus infundens, per venam quamdam se ad inferiora cum quadam corrosione deponens, fæculenta quæ remanserant, exire provocat per egestionem. In quo qui cogit naturam ante voluntatem, facit contra sanitatem. Lædit etiam sanitatem, qui cum venit voluntas, naturæ differt necessitatem. Per alium vero venæ cujusdam furculum stomachum ingressa cholera rubea, digestionem ibi operatur et appetitum. Dividitur etiam in alias corporis partes, cujus retrimenta fel suscipit. Est enim officium fellis ut sanguinem a cholera rubea purificet, ne cum sanguine commorans eum incendat. Quæ ubi per se nimium dominatur, omnia incendens pessimas infirmitates operatur. Sanguis ab epate per venas duas egrediens, quarum una concava vocatur, porta altera, in partes se innumeras diffundit, per venas et venarum furculos. Una est, quæ intrat stomachum, et inde fert cibum ad epar, si quem invenerit. Altera ingreditur stomachi latitudinem, portans illuc ab epate cibum, unde ventriculus stomachi cibum digerens sibi sumat nutrimentum. Altera ad splenem usque procedens, fæces sanguinis ab epate trahit. Sed antequam illuc veniat, dividitur in partes plures, et ad carnem nutriendam mittitur. Hæc vena a medicis panagras vocatur; proprium est enim sanguini corpus nutrire. Est etiam proprium sanguini ut aeris inítietur qualitatem, cujus, sicut jam dictum est, habet naturam, inquantum plurimas patitur sui mutationes, sicut aer. Si enim fuerit grossus et turbidus, significat caliditatem et humiditatem nimiam; si subtilis et aquosus significat frigiditatem epatis; si rubeus et fetidus, significat infectionem choleræ rubeæ, et sui putrefactionem; si spumeus, ventositatem; si coagulatus et aquosus, significat nimium flegma et expulsivæ virtutis defectum. Quod enim per urinam vel sudorem aliisve modis debuit expelli, remansit in sanguine. Flegma semicrudus est cibus; propterea frigidum est et humidum. Flegma in nutrimentum corporis aliquando operatur deficiente sanguine, et decoctum mutatur in sanguinem. Flegma si liquidum emittitur et sine sapore, naturale est; si dulce, infectum sanguine; si salsum, infectum cholera rubea; si acrum, melancholia; si vitreum et coagulatum, ex frigiditate est. Ex actionibus sic cognoscetur. Si flegma naturale redundaverit, cibi potusque appetitum remittit, propter humoris abundantiam in stomacho; cibi potusque saporem minuit, sicut aqua cujusque cibi sibi admisti saporem solet minuere. Si dulce flegma dominatur, cibus omnis dulce sapit, et cito digeritur, si salsum dominatur, minoratio cibi sequitur, et os amaricatum et potus appetitus. Acre vero debilitat potius appetitum cibumque provocat, cibo non digesto, et in inferiori parte stomachi collecto, superiori parte relicta vacua, quæ cibum appetit. Vitreum flegma cibum et potum destruit, rigores facit præ nimia frigiditate. Quatuor ergo hi humores superiora appetentes, ibi purgantur naturali quadam purgatione : cholera per aures, melancholia per oculos, flegma per nares et os. Urina vero colatura et purgamentum sanguinis est. Et cum propter humiditatem suam et abundantiam sanguis et flegma facilius ferantur, et superfluitates suas ejiciant, per renes eas et vesicam egerunt, nulla propria vasa habentes, sicut cholera rubea fel, melancholia, splen. Melancholia enim in splene sedem habet, ubi ab epatis sanguine decolatur, et inde iterum ad os stomachi remittitur, ut appetitum confortet.

Hæc est humorum distributio ex digestione epatis procedens. Deinde ex ipsius digestionis fervore fumus quidam procedens generat spiritum, qui dicitur naturalis, epar ipsum vivificans ad serviendum naturæ, in quodcunque virtus expetit naturalis. Tres quippe sunt virtutes in corporis regimine. Virtus autem est habitus operationis in membro, ad id quod efficitur. Quæ alia naturalis in epate, alia spiritualis in corde, alia animalis in cerebro. Omnia autem corporis regimenta aut ex anima sunt et natura, aut ex sola natura. Quod a natura et anima regitur, est animatum; quod a sola natura, inanimatum. De inanimatis modo nihil ad rem. In eis vero quæ sunt animata, necesse est animæ et naturæ quamdam virtutem inesse, qua valeant suam adimplere actionem. Quæ virtus ex actionibus concipitur. In eo enim quod appetimus, continemus, digerimus et egerimus, exercetur virtus naturalis; in eo quod sentimus, et voluntario motu nos movemus, virtus animalis, in eo vero quod aerem attrahimus et emittimus, virtus spiritualis. Virtus naturalis communis arboribus, bestiis et hominibus; virtus spiritualis bestiis et hominibus; virtus animalis animalibus similiter in quibusdam, in quibusdam non. Nam phantasiam et memoriam perfecte non potest habere, nisi animal rationale. Virtus autem naturalis tria habet, id est tres virtutes, generativam, pascitivam, nutritivam. Generativam in spermate, pascitivam in vegetatione, nutritivam in augmentatione de parvo in magnum. Hæc autem maxime sanguis operatur, qui virtutem habet nutritivam et augmentativam. Cui subserviunt in hoc superfluitates ejus mundificantes, fel, splen, renes. Fel choleram rubeam attrahens ad se, ne cum exurat; splen superfluitates ejus in se suscipiens, renes vero superfluitates aquosas de sanguine in vesicam emittunt egerendas, sicut intestina grossos cibos a stomacho suscipiunt egerendos. Et hæc omnia operatur spiritus naturalis, qui natus in epate virtutem naturalem augmentat et regit, actiones ejus custodiens; sicut spiritualis spiritus in corde, et spiritus animalis in cerebro. Tres enim sunt spiritus, tres virtutes regentes et vivificantes. Et sicut naturalis originem et sedem habet in epate, sic spiritus spiritualis in corde. Cor enim spiritualis caloris est fundamentum. Alimenta ejus, pulmo, panniculi, lacerti pectoris. Lacerti enim nervi sunt cum carne misti, quorum motu aer trahitur ad refrigerandum; et calor expellitur fumosus quadam spiritus digestione. Spiritus autem est virtus virtutum ad peragendas suas actiones. Est enim spiritus quædam vis animæ, per quam virtutes suos actus operantur : naturalis scilicet in epate, spiritualis in corde, animalis in cerebro. Istæ enim tres virtutes vel tres spiritus fundantur in tribus principalibus membris istis, epate, corde, cerebro, et ab his in totum corpus diffunduntur. Spiritus ergo spitualis vel ejus virtus fundata in corde, operatur dilatationem et constrictionem. Dilatatio est, cum se cor dilatat, et dilatatur arteria ad aerem attrahendum , modo convenientem, modo superfluum , et sanguinem subtilissimum a venis. Nisi enim cordis calor sic temperaretur, sedem suam et omnia quæ vicina sunt comburret. Unde etiam dicitur requiescere cor in sinu pulmonis, quasi in sinu nutricis , aerem sibi ad sui nutrimentum jugiter attrahentis. Cujus attractionis meatus si quovis modo obruitur , ad ipsum refugit semper , quandiu in eo aliquid invenit aeris unde pascatur. Qui si omnino deficit, cor moritur. Unde dicunt physici hominem non plus quam septem diebus vivere posse sine cibo; nec plus quam septem horis sine aere. Virtus ergo spiritualis est quæ vivificat omnia, et a qua vivit quidquid vivit in corpore. Et hic est spiritus spiritualis. Hic, ut sæpe jam dictum est , in corde natus , per arterias vadit ad totius corporis membra, spiritualem virtutem augmentans atque regens, ejusque actiones custodiens. Arteriæ vero a corde procedentes, et in spiritu vitali circumquaque deferendo cordi servientes, villosæ sunt, intus et foris villos habentes : eos qui foris sunt in longitudinem porrectos , ad attrahendum de cordis imo calorem vel spiritum et tunc dilatantur ipsæ arteriæ. Aliis vero villis interioribus in transversum positis constringunt spiritum et fumosas superfluitates expellunt. Et hæc est prima spiritus spiritualis digestio. Deinde ipse spiritus per arterias quæ dicuntur juveniles, per dextrum et sinistrum colli in cerebrum ascendentes, cerebrum ingreditur. Juveniles enim illæ craneum ingrediuntur. Est autem craneum sedes cerebri, testa scilicet capitis , in qua ipsum cerebrum continetur. Est autem compositum ex multis ossibus ; tum propter fumositatem, ut per poros inter ossium juncturas habeat spiritus viam exeundi, tum propter venas et arterias introrsum admittendas. Juveniles arteriæ spiritum vitalem deferentes, craneum penetrantes , usque ad cerebri sedem sub ipso cerebro multipliciter in modum retis dilatantur, ut sub ipsius retis fomento spiritus iterum digeratur. Ibi enim spiritus spiritualis immorans digerendo purificatur. De qua digestione spiritus animalis creatur : post per duas arterias supra rete retortas egreditur, et ad ventriculum proræ cerebri defertur, ubi iterum subtiliatus et depuratus, depurationes suas ejicit per meatum palati et narium. Et hæc est tertia ejus digestio. Ipse vero transit ad puppis ventriculos per viam mediam proræ et puppis, et memoriam et motum ibi facit; sicut in prora phantasiam et sensum. Est autem prora anterior pars cerebri in anteriore parte capitis locata, puppis vero posterior pars cerebri in posteriore parte capitis posita. Unaquæque autem quasi proprium domicilium quemdam habet ventriculum, in quo virtus sua continetur, inter quos medius ventriculus rationem continet et intellectum.

Et sciendum quia cerebrum per se quædam facit, quædam per officiales suos. Rationem in medio positam, sicut reginam et dominam , qua distamus a bestiis; phantasiam in prora, memoriam in puppe per se facit, animalem autem virtutem , id est sensum, in prora, motum autem in puppe, alterum per quinque sensus, alterum per nervos a puppe procedentes. Quod autem per se facere dicimus rationem, memoriam et phantasiam, cum etiam in brutis animalibus esse videantur phantasia et memoria, sicut sensus et motus (alioqui nec canis dominum suum recognosceret, nec avis ad suum nidum rediret) , sciendum est nec memoriam eis inesse nec phantasiam, sed inesse eis tanto majorem vim sensuum, aut usum sensualium actionum, quanto anima eorum a ratione est aliena, suo corpori tota dedita et affixa; tota vacat sensibus tantum et motibus. Unde et motus etiam habet vivaciores , et usus membrorum ad motus suos promptiores. Hunc autem spiritum spiritualem quidam philosophi animam esse dicebant, qui corpoream animam esse volebant. Sed falsum est. Anima enim spiritualis est substantia ad imaginem Dei facta, Deo simillima, sic quodam modo se habens in corpore suo, sicut Deus in mundo suo, in corpore scilicet ubique existens et ubique tota : tota in naturalibus, tota in spiritualibus, tota in animalibus operationibus. In naturalibus operatur subtiliter , in animalibus subtilius, subtilissime in spiritualibus. Quædam enim facit naturaliter, quædam actualiter et passibiliter, id est animaliter ; quædam per seipsam , et secundum seipsam, id est spiritualiter. Sive igitur virtus naturalis, sive animalis, sive spiritualis; non sunt anima, sed animæ instrumenta. Sed redeamus ad propositum. Hæ itaque omnes spiritualium actionum rationes in corde fundantur, de corde exeunt. Quod cum ita, ut dictum est, naturali ardeat calore, ipso calore ad se trahit quidquid ejus calorem potest temperare. Et cum forma ejus talis sit, ut quasi duas habeat auriculas, dextra auricula venam ab epate suscipit, per quam sanguinem sibi attrahit; per sinistram vero emittit arteriam quamdam magnam, multis divisionibus suis spiritum vitalem ubique administrantem. Sciendum etiam de arteriis quia per totum corpus quadam familiaritate venis conjunguntur, et per poros, quos in eis provida creavit natura, de quibus abundant , invicem sibi communicant, arteriæ scilicet venis vitalem spiritum; venæ arteriis nutrimentum naturale, nec unquam sanguis nutritius deest in arteriis, nec spiritus animalis in venis. Sed ad spiritum redeamus.

Diximus quia transiens spiritus spiritualis in posteriorem cerebri puppim, memoriam in eo operatur et motum : memoriam per se, motum per officiales suos; nervi, sicut in anteriora prora phantasiam per se, sensum per officiales suos, qui sunt quinque sensus. De spiritualibus autem spiritus actionibus disputare difficile est; de eis vero quæ per officiales in corpore aut circa corpus facit, aliquid in promptu est, de sensu scilicet et motu. Ut igitur de motu primum agamus, motabilis virtus facta in cerebro movet per se quæ vicina sunt. Natura enim provida septem paria nervorum in ipso cerebro fundavit, qui per congruos meatus exeuntes, quæ circa et infra caput et collum sunt, usque ad diaphragma, id est usque ad medium viscerum, tum per se, tum per alios nervos ex se prodeuntes et furcantes, movent quæ movenda sunt, et ministrant quæ ministranda sunt. Nam quinque sensus sui motus et sui sensus vim unicuique ministrant: similiter cerebro, linguæ, gutturi, et aliis, ut dictum est, usque ad diaphragma. Sed quia virtus hæc in cerebro fundata, ut dictum est, id est vis motabilis et a cerebro procedens, lentissimum et pigerrimum redderet animal ad movendum, si per nervorum virtutem a summo cerebro exeuntium, itusque eorum et reditus per omnes corporis partes, et usque ad pedum ima dispensaretur vis voluntarii motus, congruum cerebro natura providit auxiliarium, quod et usque ad inferiora descenderet, cui operationis motabilis et sensificationis vim in inferiora ubique deferendam mutuaret. Nervi quippe naturaliter faciunt motum, musculi cum nervis sensum, membra delicata ad humores peregrinos trementia, nihilque in corpore sensum doloris patitur, quod his non regatur. Dolor enim quem in læsione ossium vel ungularum vel hujusmodi sentimus, non in osse et ungue, sed in eorum sunt cum carne et nervis conjunctionibus. Quia ergo si a summo usque ad imum, ut dictum est, nervi tenderentur, et facile pro ipsa longitudine possent rumpi, et sensus et motus hebesceret, provisus est nervus qui lingua arabica nucha vocatur, descendens a cerebro, et a fine puppis, per spondilia dorsi, id est ossa spinæ usque ad inferiora. Unde etiam dorsi vel spinæ cerebrum nominatur. Propter quod etiam ad similitudinem cerebri quibusdam fomentis et nutrimentis vestitur et tegitur. Cerebrum enim cum cranco claudatur, inter ipsum et cranei duritiam duos habet panniculos interpositos; unum mollissimum et lenem, quo foveatur, unde et a physicis pia mater vocatur; alterum validiorem, quo a cranei duritia defendatur, unde et dura mater vocatur. Sic et dorsi cerebrum nucha et piam matrem et duram habet matrem; insuper et alios duos habet panniculos ex ligamentis compositos, ut his defendatur et operiatur. Nam usque ad piam matrem aliquo casu læsis omnibus operimentis, si nucha manet illæsa, nullum erit periculum. Nucha patiente vel incisa, sensum et motum perdunt omnia inferiora, superioribus in suo statu permanentibus, intantum ut si in prima spondili post craneum præcidatur, adjacentia et subjacentia omnia sensu et motu priventur. Ab hac ergo nucha per nervos hinc et inde prodeuntes sensus et motus administratur omnibus membris infra vel circumpositis. Hoc itaque modo motus voluntarius a cerebro prodit in totum corpus. Est autem puppis unde motus procedit, minor quam prora, quia dignior et profusior est proræ operatio, et plura quam puppis continet operationum instrumenta. Est etiam mollior prora quam puppis, quia puppis durior esse debuit ut facilius motum pateretur; prora vero mollior, ut sensum cito reciperent sensuales nervi ab ea prodeuntes, qui sunt septem pares, cum a puppi pauci prodeant motum sensumque facientes. Nam etiam his et omnibus a cerebro prodeuntibus natura et motum contulit et sensum, et motum agiliorem, et sensum acutiorem et digniorem. Sed quia ex nervis puppis et mediatoris ejus, qui dicitur nucha, universalis ille corporis motus procedit et sensus, puppi specialiter et motus assignatus est et sensus.

Jam ad animalem virtutem, vel animalem spiritum transeundum nobis est. Quæ cum maxime in quinque illos notissimos corporis sensus se exhibeat, et in eorum actiones, de ipsis sensibus subtilius aliquid perspiciendum nobis videtur : primumque de visu, cujus parva sed mirabilis officina oculus, vix ab aliquibus philosophorum vel physicorum ingeniis investigari vel perspici aliquando potuit, disseramus. Oculi igitur quantæ sint præ cæteris sensibus dignitatis, ipsa ostendit natura, cum ante sedem rationis vicinius eos collocavit, sicut sensum et in potentia similitudine magis sibi convenientem, et in discernendis eis rebus quæ sub se et circa se sunt, magis necessarium. Oculorum organa vel instrumenta visum a cerebro deferentia, opticus est nervus, humores et tunicæ, de quibus postea dicetur. Opticus nervus sub pia matre de ipso cerebro procedens, ibique natus et fotus, ne pro teneritudine sua in egressu ab ossibus cranei læderetur, ipsius piæ matris pellicula involutus producitur; et usque ad oculos procedens, vimque visibilem eis administrans, in mediam crystalleidon solidatur. Deinde humores et tunicæ visum facientes vel adjuvantes, hi sunt. Tres sunt humores, septem tunicæ. Humor est medius, qui crystalleidos dicitur, in quo, ut dictum est, visus fundatur. Est autem forma ejus rotunda, ut non leviter patiatur, plana tamen in una parte, ut solide ac stabiliter visus dirigatur. Sub isto vel post istum, id est retro, positus est vitreus humor hoc ordine. Primum ei supponitur tunica retina, vel circumponitur, ideo sic appellata quia ex venis et arteriis in modum retis est composita. Hujus officium est sanguinem advenientem subtiliare, ne grossior sanguinis substantia crystalleidon lædat. Crystalleidos proprium est visus instrumentum, a crystallo propter claritatem sic vocatum. Ab hac retina non per venas vel arterias, quarum ibi nulla est conjunctio, sed naturaliter vitreus humor sanguinem fugit, in suam convertens naturam alimentum; unde et nutrimentum crystalleido subministrat. Inter retinam tamen et vitreum humorem aliæ adhuc sunt tunicæ, id est secundina, ideo sic vocata, quia secundum locum tenet; et scliros, id est dura, ut ab interiori parte a supervenientibus superfluis humoribus aliisque superfluitatibus oculos defendat. Super has tres tunicas positus est vitreus humor, id est similis vitro: jungitur opticus nervus non simplex sed binarius, ut unusquisque suum habeat ministrantem sibi vim visibilem spiritum. Post vitreum humorem quarta est tunica, propter sui tenuitatem dicta tela araneæ: ut et facilis sit humori attrahendo, et præ levitate sua utrumque mulceat humorem. Super hanc enim ponitur crystalleidos, post quem evagaidos, id est humor albugineus, albugini ovi similis qui crystalleidon et humiditate sua exterius nutriat et ab aera defendat, ne eum exsiccet. Post hunc posita est uvea tunica, facta in modum uvæ, receptibilis lacrymarum. Post hunc cornea, dura ut cornu, ut defendat evagaidon ab incursibus exterioribus. Quæ etiam crystallinum tenet humorem, ne si assidue acies oculorum extra protenderetur, exsiccaretur vel hebetaretur visus, sicut in piscibus, qui nunquam oculos claudunt, et ideo in retia currunt. Septima tunica ponitur conjunctiva, quæ omnia continet et conjungit. Et ipsa est albedo quæ apparet in oculis. Ista non operit, sed circumdat uveam. Porro nervus opticus a cerebro veniens concavus est, ut spiritum visui ministret sufficientem; qui cum ad oculos venit, sic dilatatur, ut vitream tunicam totam circumdet. Spiritus autem visionis a cerebro egrediens, et eamdem tunicam percutiens, oculum irradiat. Unde sequitur ut crystalleidos quæ est lucentissima et clarissima, et primum videndi instrumentum, cito aptet se coloribus. Spiritus enim visibilis in concavitate nervorum clarificatus, egrediens et usque ad claritatem crystalleidos perveniens et inde foras exiens, miscetur ad diei aerem. Quæ duo dum sibi concorporantur, facile utraque et citissime commutantur. Aer enim et spiritus facile visarum rerum se commiscent coloribus. Spiritus autem crystalleidon exiens, mutationemque sibi deferens, cito eam mutat. Quam mutationem cum mens senserit quæ in cerebri ventriculo est, res exteriores coloribus discernit; per colores quoque formam corporis, quantitatem atque motum intelligit. Aer enim diei lucentissimus tantum spiritui dat supplementum, quantum nervo cerebrum. Nervus enim a cerebro defert sensum atque motum, suisque deportat membris. Similiter aer exterior visibilium colorum fert mutationes, et spiritus eamdem menti infert mutationem. Omnis enim sensus sentientem transmutat quodammodo in id quod sentitur, alioquin non est sensus. Quod tunc in oculo efficitur, cum interiori spiritui splendor exterior conjungitur. Quod fit sine aliqua moræ interpositione. Sic ergo visus formatur in oculo. Ipse autem visus, si subtilis est et multus, longinqua et propinqua perfecte videt; multus enim videt remota, subtilis bene discernit videnda. Multus et grossus remota videt, quia multus; non perfecte, quia grossus. Paucus et subtilis videt prope et perfecte. Non enim longe ex visus paucitate; perfecte autem, ex subtilitate. Paucus et grossus non videt longe pro sui paucitate, nec perfecte pro sui grossitudine. Hæc de visu vel oculo. De naribus vero, duæ narium viæ duabus de causis sunt necessariæ. Quæ major est, ad attrahendum spiritum et odoratum; altera, ad emittendas grossas superfluitates a cerebro venientes. Viæ autem istæ ad proram cerebri admittunt odoratum, sed non faciunt. Duo enim frustula, uberibus simillima, odoratus sunt instrumenta. Quæ duræ matri apposita, et per ipsam pertusatam ad cerebrum usque pertingentia, inferius autem usque ad nares prope descendentia, hoc modo odoratum faciunt. Fumus corporum odoriferorum dissolutus et cum aere mistus, per narium foramina ab uberibus illis trahitur, et usque ad cerebrum transmittitur. Quem cerebri ventriculis attractum in suam mutant naturam. Hanc vero mutationem sentit mens et sic fit odoratus. Aeris vero attractio cerebro est necessaria, quia idem ei facit quod cordi anhelitus. Dum enim cerebrum dilatatur, aer ad ipsum refrigerandum attrahitur. Dum vero constringitur, superflua fumositas expellitur. Et cum dilatatione aer a pulmone, a naribus, a gutture trahitur, fit odoratus. Isto enim modo odoranda odorantur, cum per prædictas mamillas, ut dictum est, fumus de corpore odorifero dissolutus et aeri commistus, ad cerebrum pertrahitur, auditum vero facit par nervorum a cerebro procedentium, et in aures se dilatantium, ubi foramen ipsarum aurium cartilaginibus tegitur duas ob causas: et ne aliquid incidat, quod auditum impediat, et ut vocem adjuvet, quæ ad cartilaginem veniens ibi adunatur, ut fortiter intret foramina. Porro duo illi nervi in foramen, ut dictum est, aurium se dilatant et totum operiunt: operimentum tantum valet auditui, quantum crystalleidos visui. Vox autem est aer ictus. Tactus ergo vel ictus aeris ad aures venit, et intrando paulatim alternatur. Tactus enim propinqui aeris propinquiorem percutit, ille succedentem sibi. Sicque alternando aures penetrat, donec perveniat ad operimentum nervorum, de quo jam dictum est, ibique ipsum operimentum in naturam tacti aeris a natura transmutatur. Sunt enim similia, quia utraque aeria. Hæc autem permutatio ad mentem ducitur per nervos, mens autem discernit naturam intromissæ vocis, et sic fit auditus. Lingua vero instrumentum est gustus et locutionis, habens vicinas sibi quasdam venas, salivas sibi semper administrantes. Hæ ab initio linguæ incipiunt in modum arteriarum, a quibus humectio phlegmatica emanat, quæ vocatur salivaris. Venit autem nervus a cerebro, qui per linguam dividitur, ut det ei sensum gustus, qui sic efficitur. Res gustanda, cum ad linguam venit, ejusque essentiam tangit, natura in ea operatur ut lingua in naturam rei gustatæ mutetur. Mutatio tangens nervum, per eum menti transmittit gustum discernendum et judicandum : et hic est gustus. Tactus aliis sensibus est similis, quia mutatur in rei substantiam quæ tangitur. Quæ mutatio mandatur menti per nervos, et hoc modo sentit mens illam mutationem. Omnes autem sensus proprium habent membrum, præter tactum. Tactus enim totius est corporis, exceptis partibus illis quæ nervis carent, ut pili, ut ungulæ, et talia ; quæ ubi ligantur, quia hoc non sine nervis fit, ibi tantum sentiunt. Et ut finem faciamus de sensibus, nihil patitur in corpore quod non sentit, nihil sentit quod nervis non regitur.

Sciendum etiam de sensibus respondere eos quatuor humoribus, de quibus supra multa dicta sunt. Visus enim igneæ est naturæ, auditus aeriæ, odoratus fumeæ, gustus aquosæ, tactus terrenæ. Quid mirum, cum etiam ætates singulæ hominis singulis respondeant humoribus? Adolescentia enim usque ad vicesimum quintum annum vel tricesimum, assimilatur sanguini, qui per humiditatem et caliditatem nutrit. Quidquid enim crescit, per humidum et calidum crescit. Usque huc augetur et viribus et altitudine, et longitudine, et latitudine. Deinde sequitur juventus, choleræ rubeæ similis propter siccitatem et calorem : cujus calor humiditatem adolescentiæ consumit, et ideo sicca est, quia humiditate minorata sequitur siccitas. Juventus conservans corpus perfectum sine diminutione virium finitur tricesimo quinto vel quadragesimo anno. Deinde senectus frigida et sicca choleræ nigræ assimilatur : frigida propter humiditatem juventutis exsiccatam, quæ est nutrimentum caloris. Hæc quinquagesimo quinto anno vel sexagesimo finitur. Huic succedit senium naturaliter siccissimum et frigidissimum, accidentaliter autem humidum, propter indigestionem et abundantiam phlegmatis.

Hæc de homine exteriori diximus, non tamen omnino exteriori, sed de quibusdam quæ sunt in corporibus humanis, nec tamen subjecta sunt omnino sensibus hominis; sed ratione et experientia discernuntur a physicis et philosophis, qui huc usque pervenire potuerunt, humanæ naturæ exquirentes dignitatem. Qui tamen absurdissime in hoc degeneraverunt, quod in horum numero partem illam hominis putaverunt deputandam, qua homo imago Dei est incorruptibilis, cæterisque animantibus præeminet, animam scilicet rationalem : hunc decorem tantum homini commendantes et salutantes, quomodo scilicet naturaliter præ cunctis animantibus in cœlum erectus aliquid se cum cœlo habere testatur : quomodo per totum corpus ipsum secundum longum in distinctionem membrorum media viget unitas, hinc autem et inde pulchra per latum membrorum respondet parilitas, quomodo totum ipsum corpus in pondere et mensura et numero inveniatur compositum. Transeamus ad animam. Ponderis enim æquitatem in corpore humano testatur membrorum parilitas, mensuram autem probare potest mensurandi sollicita experientia. Dicunt enim physici quia si homo supinus extensis manibus et membris jaceat, si circinum in centro umbilici locatum undique circumvolvatur, inoffenso mensuræ cursu in omnibus partibus suis par sibi et æqualis inveniatur. De numero satis constat. Ut enim omittam de exterioribus membris, quorum numerum nullus potest ignorare, etiam omnia interiora certis constare numeris non est dubium. Nam etiam ossa ab his quibus id curæ fuit numerata sunt, et inventa sunt ducenta et quadraginta unum esse in omni corpore humano. Similiter de nervis. Nervorum a cerebro exeuntium inventa sunt esse septem paria ; a nucha triginta duo paria et unum impar. Quid multa ? Et venas et lacertos et omnia quæ sunt in corpore, certis constare numeris certum est. Sed jam, ut dictum est, ad animam transeamus; nec quid de ea philosophi vel physici sæculi sentiant vel opinentur, sed quid catholici Patres a Deo didicerint et homines docuerint, breviter perstringamus.

LIBER SECUNDUS.

PHYSICA ANIMÆ.

Anima, sicut philosophi hujus mundi dicunt, substantia est simplex, species naturalis, distans a materia corporis sui organum membrorum; et virtutem vitæ habens. Porro secundum nostros, id est ecclesiasticos doctores anima spiritualis propriaque est substantia, a Deo creata, vivificatrix, rationalis, immortalis, sed in bonum malumque convertibilis. Quod autem propria ejus dicitur substantia, ideo quia nullus alius spiritus carnem suscipit vel corpus, ut ejus passionibus aut condoleat aut lætetur.

Vivificatrix autem sui corporis miris et ineffabilibus modis intelligitur. Tria enim circa corporis naturam esse intelligimus, quorum causa singula quæ in nobis sunt constituuntur. Nam quædam propter bene vivere tantum, quædam vero propter bene vivere, quædam ad successionem futurorum bonorum opportunitatem habent. Quæcunque igitur in nobis talia sunt, sine quibus non recipitur humanam vitam consistere, in tribus particulis intelligimus, sicut in priori libello prætaxatum est, scilicet in cerebro, in corde, in epate. Nam cætera omnia adjectio quædam sunt bonorum, quæ propter bene vivere natura contulit homini, sicut sunt sensuum organa, et cætera multa quæ vitam quidem in nobis constituunt, quoniam plurimis ex eis quocunque casu deficientibus, nihil minus vivit homo. Sunt vero quædam ex eis a natura vitæ constitutionibus adjecta, et vitæ officinis subservientia, sine quorum adminiculo suum illæ officium implere non possunt, sicut sunt venter et pulmo, et cætera nonnulla. Pulmo siquidem ignem qui in corde est per attractionem aeris sufflando infrigidat; qui nisi hoc faceret, ignis cordis et ipsum et omnia vicina combureret. Venter vero escam visceribus introducit, sine qua natura statim deficeret. Istis vero plurima sunt subservientia et coadjuvantia suis modis singula. Non enim uniformiter nobis ex uno aliquo ad vivendum virtus deducitur, sed auctrice anima a Deo data, plurimis particulis natura ad vitæ constitutionem suas occasiones et efficientias inspirans, necessariam quamdam et pene inscrutabilem ex omnibus in unum vivendi facit collationem.

Quæcunque ergo ad munimen vitæve pulchritudinem natura machinata est, omittentes, quæ plura sunt, et ad se invicem suas habentia differentias, prima ex eis segregemus principia, in quibus vitæ constitutio fundatur: scilicet cerebrum, cor et epar. Primumque videamus de cerebro, cujus potens efficacia in administrationem vitæ, per hoc a contrario declaratur, quod nec minimam recipit vulneris læsionem, quin mors statim sequatur passionem. Nervosum itaque illud operimentum, vel membraneum, in quo ipsum continetur cerebrum, quod Græci *himen* vocant, omnium voluntariorum motuum fontem esse constat et causam: a qua voluntario quodam spiritu per nervos qui ex ipso procedunt descendente, et in omne ac corpus per ipsos nervos diffundente, varia et multiplex, fit mortuum administratio, multum velox et celebris, et ad omnem agitationem opportuna. Hinc cervicis circumvolutiones, capitis inclinationes et elevationes, circa maxillas agilitas, palpebrarum et oculorum motus celerrimi, manuum administratio varia. Hinc in gradiendo crurum et pedum successio, cæterorumque omnium artuum motiones, nervis sive laxatis, sive retractis, quasi naturali quadam machina voluntario quodam spiritu vitæ se agentes. Ipsa vero virtus in sede cerebri proprium quemdam obtinet imperativum motum: qui prompto spiritu juxta quamdam naturæ administrationem in singulis singula operatur. Sic et de corde, cujus calor naturalis si exstinguitur, continuo infrigidato corpore mors sequitur. Per quod evidenter apparet quemdam vivendi fontem et causam in corde etiam consistere, ex quo fistulares pori et arteriarum procedens multiplex diversitas, aliis ab aliis nascentibus, universo corporis ignem et vitalem spiritum administrant. Quoniam vero omnino etiam oportebat cibum quemdam cordis calori a natura administrari, non enim recipit ignis a seipso manere, nisi ex convenienti cibo vel materia nutriatur, propterea sanguinis rivuli, veluti ex fonte quodam ex epate surgentes, cum calido spiritu ubique per corpus venarum ministerio decurrunt, ne separatim altera ex altera passio facta naturam corrumperet. Omnis enim superfluitas corruptrix passio est. Sic vitæ nutriendæ et confortandis naturalibus incrementis, per hanc artificialem et disciplinalem formationem statim conjuncta virtus animæ rationali ostenditur, obscurius quidem per primam manifestationem, deinde vero ex processu naturæ et bonorum studiorum usu manifestius. Sicut enim qui figmentum hominis excidit in lapide, primum quidem sculpit figmenti formam, deinde vero formæ illius secundum sua lineamenta distinctionem et decorem, sic auctor naturæ et corporis et animæ conditor Deus, hominem format ad imaginem et similitudinem suam, obscuriorem quidem in primo, evidentiorem vero et perfectiorem post operis consummationem. Sic ergo in sculptura organi animæ species secundum subjecti analogiam præmonstratur, imperfecta in imperfecto, in perfecto perfecta futura. Quæ et principio perfecta esset, si in suo principio corrupta natura per malitiam non fuisset. Propterea nascimur ut pecudes; nec continuo, nec nisi cum magnis et diuturnis laboribus relucere potest in nobis Factoris imago; sed longa quadam via per materiales et pecuales animæ proprietates ad perfectionem suam homo ducitur. Gratias tamen Creatori suo non quantas debet, sed quantas potest, totus homo referat, qui in ipsis suis primordiis omnis creaturæ ei confert perfectionem, omnipotenti virtute dans ei esse cum lapidibus; dans ei vitam seminalem cum herbis et arboribus; dans vitam sensualem sive animalem cum pecudibus, additurus etiam vitam rationalem cum angelis. Sed quovis modo herbæ et arbores vivere videantur, habere animam bruta et quævis animalia; constat tamen hæc omnia, quamvis quovis modo viventia, animam non habere, nec assurgere in hoc ad dignitatem conditionis humanæ. Nam in germinibus quædam quidem apparet animalis operatio; quæ tamen non procedit usque ad motus, qui per sensum fiunt. Est enim ibi vita, quamvis non sit anima. Ad quam conficiendam intuere et vide omnium elementorum particulatim semina convenisse. Est quippe illi terra in crassitudine, aqua in humore, aer in progressione, ignis in germine. Et cum inferiora raro rerum ordine semper superioribus afficiantur, transacto, brumali frigore per conversionem cœli recursu siderum calor a superioribus veniens aerem sibi et loco et natura proximum prius afficit. Qui quoniam tanto gradu igni cedit, quanto ipse aquam supereminet, per radices arborum vel quorumpiam germinum de terræ imis aquas attrahit, eo quod ignis elementorum omnia naturaliter rapiens tepefactum aerem ad se cogit; perque arboris medullam sicut ipse haurit aerem, sic aer aquam, sic aqua terram; sicut nos cum volumus per festucam de inferioribus aquam haurimus. Ex his elementis quatuor, quæ modulate musiceque in arboris vitam sibi concinunt, si quid contra mensuram vel defluit forte vel superfluit, ægrescit arbor primum, dehinc moritur veluti victa languore. Bruta vero animalia per motum voluntarium et adjectionem sensuum dignius aliquo modo vivere videntur quam herbæ vel arbores: non tamen usque ad perfectionem quæ in rationis et intelligentiæ gratia consistit. Propterea dicimus veram quidem perfectamque animam humanam esse solam, quæ in omni valet actione. Si vero quidpiam aliud vitam participet, abusive dicimus animatum, quia non perfecta in his anima est, sed quædam tantum operationes animalis actionis, quas in primordiis suis etiam homini constat esse ingenitas. Bruta quippe omnino sunt suis sensibus dedita, huc usque valentia, ideoque vehementius etiam in his quam homines, qui sensus istos ratione supergrediuntur, se exerentia: sicut fluvius qui leviter decurrens, ubi quovis repagulo prohibetur ne progrediatur, ibi vehementiori impetu se agit. Spiritus vero hominis longe aliter. Nam sensibus dominatur, et de sensibus judicat. Quasi enim regina sedens ratio in media civitatis suæ arce, portis sensuum undique patentibus, domesticos domestica, peregrinos peregrina ingerentes, suo unumquemque vultu et habitu discernit et suscipit, et collocat suo unumquemque scientiæ loco: per genus etiam et cognationes et gentes singulos discernens, singulisque suas memoriæ mansiones distribuens. Itaque mirabile quid est animus secundum sui naturam, qui sensuum virtutibus per singulos se impertitur, et per singulas virtutes convenienter ipsorum sensuum scientiam recipit. Nam quia aliud aliquid præter sensus sit, nullus sapientum potest dubitare. Si enim unum esset cum sensu, unam omnino secundum sensum operum haberet societatem. Nunc autem simplex et incompositus, licet in multipliciter partitam sensualitatem dividatur, tamen in singularitate varium invenitur, unum in varietate. Quin potius quia in simplo nihil varium potest considerari, nec aliud est cum tangit, nec aliud cum olfacit, nec aliud cum gustat, sicque de reliquis. Vide ergo quantum distat sensualitas hominis rationalis a sensualitate bruti animalis. Sileat etiam omnis conjecturalis ac vana ratiocinatio eorum qui in particulis quibusdam corporis intellectualem includunt virtutem; quorum alii quidem in corde principatum esse constituunt, alii vero in cerebro animum ordinari contendunt; et super hæc singuli suas afferunt physicas conjecturas. Sed conjecturæ corporalium in qualescunque corporum constitutiones referendæ sunt: animum vero singulas quasque particulas per ineffabilem commisturæ vel virtutis rationem obtinere, æstimandum est. Quod si hi qui pro corde agunt, Scripturam prætendunt nobis, in qua de Deo dicitur, « scrutans corda (Jerem. xvii), » et nos adjiciemus, quia « scrutatur » etiam « renes Deus (Psal. vii). » Qui ergo cordis meminit, et renum etiam recordatus est, aut in utrisque aut in neutro intellectualem constituit substantiam. Auctor enim naturæ intellectualis substantiæ ad corporalem societatem et contractum quemdam voluit esse ineffabilem et inintelligibilem, scilicet ut neque intus existat, neque enim in corpore incorporale tenetur, neque comprehenditur a corpore, neque exterius inveniatur eadem naturæ lege. Nam secundum quemdam modum superrationalem et inintelligibilem appropinquat animus naturæ; et coaptatus in ipsa et circa ipsam, consideratur, sicut considerari potest, neque intus positus vel circumplexus; neque extra positus, vel quasi circumplectens: sed modo quodam, qui nec dici potest nec intelligi, omnino naturæ permeabilis est, et ad suas operationes efficax. Non enim in parte aliqua, sed in toto tota intellectualis illa natura, neque in concavitatibus corporum interius locatur; neque abundantia carnis vel alterius cujuslibet rei expellitur, sed veluti organum musicum totum corpus in suos creat effectus. Et sicut in organo musico modulari scientes, aptum artis suæ instrumentum invenientes solemniter artis ipsius officium exercent: si vero carie vel vetustate fuerit attritum, vel quolibet eventu turbatum, artifex quidem de arte nihil perdit, organum vero inactuosum manet et absonum, sic et animus totum organum obtinens, et intellectualibus operationibus singulas partes sicut consuevit tangens, in his quidem quæ secundum naturam disponuntur, quod suum est operatur: in his vero quæ infirmantur, artificialem sui motum pigrum habet et inactuosum. Unde et natura organum corporis usui rationis per omnia componit et coaptat. Verbi gratia, vide manus corpori copulatas, quod in nullo invenies animali irrationali. Ex quo quanta in corporis humani organo subsequatur harmonia, adverte. Primum quod in anteriori parte omnes bestiæ pedes habent, homines vero manus. Deinde etsi multi sint hujus vitæ usus, ad quos emachinavit natura manuum officia, seu in pace seu in bello, tamen ante omnia ideo natura corpori manus adjecit certa rationis necessitate, ne si homo manuum expers fuisset, juxta morem quadrupedum escæ usui oris forma configuraretur, scilicet dum colli modus prolongaretur ad percipiendam escam de terra, more brutorum animalium extenuarentur nares ante os prominerent labia callosa, ponderosa, crassa, ad sectionem pabuli opportunitatem habentia: pars vere carnosa circa dentes solida esse et aspera, sicut in canibus cæterisque carnem comedentibus: sicque contingeret si manus corpori deessent, ut articulata vox formata ori deesset, dum oris constitutio ad usum soni non conformaretur, sed necesse esset hominem aut balare, aut mugire, aut latrare, seu aliquem alium bestialem fremitum emittere. Nunc vero dum manus servit ori, os famulatur rationi, ac per hoc animo rei spirituali et incorporali; incommunicabilis cum animalibus irrationabilibus addita est gratia, ut plectri instar dum oris particulas voci coaptatas tangit, per talem sonorum formationem interiorem suum loquendo interpretetur motum: veluti si quis musicæ peritus existens, propriam ex passione aliqua non habens vocem; volens autem manifestam facere musicam, alienis vocibus modulatur, per tibias sive lyras artem publicans. Sic animus diversorum intellectuum inventor, cum ipse incorporeus corporeas dictiones per se non habeat; intelligentiæ impetus per corporales sensus sufficit ostendere. Licet etiam magnum alia adhuc sit digna rationi prærogativa. Magnum enim rationalis gratiæ munus est, quod per manus scribendo loquimur; quod per manus quodammodo elementorum voces characteribus suis compactas pronuntiamus. Serviunt igitur rationi et manus et os. Manus scribendo futuris vel absentibus: os vero facillime et promptissime loquendo quidquid interius suggerit ratio. Spiritus quippe per arteriam repulsus ex follibus spiritum recipientibus impetu quodam sui arteriam in vocem roborat aerem percutiendo; deinde secundum tibialis instrumenti formam per circulares quosdam membranarum quarumdam motus, ipsarum membranarum vehiculis in gyro circummodulans superiora petit; ubi maxillæ, dentes et lingua, quasi quamdam plectri formam imitantes, multiformi et velocissima varietate sonos ad usum coaptant; labia vero distincta quadam sui apertione et compressione idipsum faciunt, quod digiti modulantis in tibia, qui spiritum conceptum in tibiæ foraminibus ex multiplici varietate in unam formant melodiam. Sicque verba sua humana digerit natura, rationis vero est ea dispensare. Si ergo, ut dictum est, grave et laboriosum servitutis officium circa ciborum usum labiis distribueretur, muta interius anima per organicam hanc loquendi distinctionem suam non exerceret rationem, et muti ad invicem rationabiles esse non possemus. Nunc autem talem administrationem manus in seipsas transferentes, aptum et liberum servitio rationis os dimiserunt. Animus vero loquendo suas exerens motiones, aurium, oculorum, cæterorumve sensuum adminiculo ad se recipit alienas, tantam habens internam capacitatem in quam omnia confluant, quæ undecunque infunduntur; stylosque suos habens, quibus ea describat in memoria; diligentius alia, ideoque magis inhærentia; alia negligentius, et ideo citius abolenda.

Sicque ad imaginem ejus qui creavit eum, qui stabilis in seipso dat cuncta moveri, una quidem est potentia ipse insitus animus, qui per singula sensuum suum instrumenta exiens quæcunque occurrentia transcurrit, ipse per aures audiens, ipse videns per oculos, sicque de reliquis. In hoc tamen longe dissimilis est ab eo cujus est imago; quia differentibus potentiis Deus ea quæ sunt non tangit, quia absurdum est in simplicitate Deitatis intelligere receptionem et multiformitatem receptoriæ operationis. Sed non exigitur ab imagine ut in nullo [adde eorum] quæ in principali suo intelliguntur, deficiat. Jam enim identitas esset, non imago. Non ergo in his quæ circa divinam naturam considerantur, et incomprehensibilitatem essentiæ, necesse est eum qui sortitur imaginem, omnem ad principale exemplum imitationem habere. Nam, si imaginis natura principale exemplum comprehenderet, esset procul dubio super id quod comprehenderet. Quin etiam in hoc ipso quod neque sui ipsius perfectam apprehendit scientiam rationalis animus; divinæ incomprehensibilitatis naturam per quamdam similitudinem videtur characterizare. Adhuc aliud quid sibi vult corporeæ figuræ rectitudo. Erecta hominis figura ad cœlum extensa, et sursum aspiciens, imperialem regalemque dignitatem animæ rationalis significat; ostendens traditum sibi a Creatore dominium omnium aspicientium deorsum, et multum se habere cum supernis, si ingenitæ imaginis custodit dignitatem, scilicet ut imperet animus rationi, nec patiatur quin eligat quod utile est. Hujus dignitatis expertes sunt, qui rationem, quæ naturaliter domina est, servire facientes desideriis naturæ, libidini, quæ per sensus est, blandiuntur serviliter. Naturales enim in eis affectus carnis vel sensuum animus sequitur; minister eorum factus, quorum dominus esse debuit et judex. Ideoque natura corporis ad libitum animo imponit et contristati sensum, et lætantis concupiscentiam. Hujusmodi enim homines imagine Creatoris exuta, aliam induerunt imaginem terram respicientem, pecudalem, bestialem. Non enim secundum furorem hominis ad Deum est similitudo; non ex voluptate supereminenti naturæ consimilatur: formido quoque et ferocitas, et ad quædam desiderium, ad quædam vero odium, longe sunt a divinæ pulchritudinis charactere. Hæc et his similia ab irrationali humana sibi contraxit natura. In his enim irrationalis vita ad conservationem suam munita est a natura, ad homines vero translata passiones sunt animæ. Et vere passiones, quibus homo factus ad imaginem Dei, ad imaginem pecudum se patitur humiliari. Vere passiones, quia contra naturam sunt. Hinc David: « Homo, inquit, cum in honore esset, non intellexit: comparatus est jumentis insipientibus, et similis factus est illis (*Psal.* XLVIII). » Nam, sicut dictum est, quæ in bestiis sunt natura, in hominibus sunt vitia. Furore enim feruntur carne vescentia; voluptatis amor fecunditatem servat animalium, infirmum formido; debiliores a fortiore timor; corpulentum servat edacitas. A nullo horum passiones pecudibus vel bestiis proveniunt; quia a nullo eorum quæ secundum libidinem sunt, tristitiæ materies in irrationalibus est. Humana vero miseria passiones has patulo corde in se ipsam admittens, ipsarumque passionum principia per deliberationum cooperationem penes se ipsam in multitudinem et robur quoddam coangens; turbulentissimam ambiguamque exinde consequentium vitiorum generationem operatur. Sic voluptatis amor principium quidem habuit ex ipsa similitudine ad irrationalia; sed in humanis delictis coaugmentatus, tantas peccatorum differentias per libidinem progenuit, quantas in irrationalibus nemo potest invenire. Hæc enim in talia cognata quidem sibi abjicit ratio rationabilium affectuum; sed augentur cogitationum auxilio. Inde ex ira nascitur insania, invidia, mendacium, insidiæ. Hæc autem omnia malignæ operationes degenerantis animi sunt. Nam, si denudata foret passio cogitationum auxilio, cito deficiens bullæ instar deperiret. Et hæc omnia, sicut dictum est, ex pecudali generatione in constitutionem hominis cointraverunt; cum auctor naturæ ejus servitio eā contradidisset. Nam cui duplicis forma rationis occasiones constituit, corpori animum, terrenum divino commiscens; voluit ut per cognationem et societatem quā ad utrumque potiebatur, altero frueretur, altero vero uteretur: Deo frueretur, per diviniorem naturam; terrenis vero bonis uteretur per cognatum sensum. In operationem quippe regni commodam et aptam naturam nostram optimus artifex condidit: et in observationibus animæ, et in ipsa quoque, ut jam satis dictum est, corporis figura tale præparavit animal, quale ad regnum opportunitatem haberet; scilicet non pronum in terram, sed erectum in cœlum. Anima siquidem rationalis intelligens et conservans honorem suum, regale quiddam est et excelsum: hinc ostendens se a rustica humilitate et degeneratione esse longe naturaliter segregatam, cum sit libera et per se potens imperet omnibus, et servire faciat suis ipsa voluntatibus, suisque potentiis administrata, quod proprium regiæ dignitatis est. Propter hoc nudus quidem naturalibus protectionibus, inermisque nascitur: in tantum, ut cum in aliis aliorum animantium primordiis læta mater appareat natura, in homine solo videatur tristis noverca. Aliis quippe animantibus variæ qualitatis tegumenta contradidit; testas scilicet, cortices, spinas, coria, villos, setas, pilos, plumam, pennas, squamas, vellera: truncos etiam, vel arbores, cortice interdum gemino a frigoribus et calore tutavit: hominem tantum, ut diximus, nudum in nuda humo natali die abjicit, ad vagitus statim et ploratum; nullumque aliud tot animalium ad lacrymas, et has protinus, in lucem edidit. Solus quippe in omnibus antiquis vel recentioribus historiis natus esse ridens legitur, Zoroastres, inventor magicæ artis: videlicet ut infausto orto et innaturali appareret notabilis, qui naturarum communium infaustis artibus futurus erat impugnator. Deinde miserum hominem, ut in carcerem se datum intelligat, statim vincula excipiunt, et omnium membrorum nexus: præter solum oculorum et oris officium, quod liberum permittitur ad lacrymas tantum et vagitus. Et hoc qui feliciter educatur, imperatoris vel regis filius. Jacet igitur vinctus pedibus et manibus flens animal a suppliciis vitam auspicans, unam tantum ob culpam, quia natum est. Heu dementiam existimantium ab his initiis ad superbiam hominem genitum! Deinde prima roboris spes, primumque temporis munus, quadrupedi eum similem constituit. Et quando homini succedit incessus? Quando vox et lingua in verba formatur? Quando cibi perceptio? Quando diu palpitantis verticis firmitas? Adde quod præter omnia animalia solus, miser homo nihil per se sciat, nisi plorare: sed magno matrum vel nutricum, vel sui ipsius labore ei addiscendum sit, quidquid hominis esse debet, vel potest, naturale. Ubi vero tandem aliquando stabilitus vel confirmatus videtur esse totus, illæ humanæ dignitatis status; statim morbi succedunt et medicinæ, et ad extremum cura sepulturæ. Nullius quippe vita vel sanitas fragilior; nulli vitæ vel sanitatis cura propensior. Subito casu aliquo intercipitur, et vel ruina opprimitur; vel graminis aut vermiculi alicujus veneno interficitur, vel bestiæ cujuslibet, suffocatur. Vixque pervigili cura vel fuga se potest tueri ab omnibus, quæcunque quovis modo potestatem habent nocendi. Omnibus expositus ex fragilitate corporis, quæ natura subjecit sub pedibus ejus ex virtute rationis; et pauper homo, et omnium quæ ad usum sunt egenus, in hanc vitam inducitur: miser videri potius quam beatificari, secundum formam exteriorem. Non enim acie cornuum armatur, non unguium acuminibus, non ungulis seu dentibus, non dente vel aculeo mortifero, sicut multa animalia; non pilorum amictu corpus tegitur. Solus quippe homo est velociter currentium tardior, enormium brevior, naturalibus armis munitorum expugnabilior.

Et quomodo, dicet quis, qui talis est, imperium super omnia dicitur possidere? Bene per omnem modum. Primum, quod nocendi potentiam in rebus subjectis ratio humana habet subjectam: dum eam vel cavet prudenter, vel destruit potenter, et in propriam redigit servitutem. Quod enim videtur naturæ nostræ egenum, occasio est ad eorum quæ sibi subjecta sunt, dominatum. Et forsitan imperium despiceret homo; dum nullius subditorum servitio indigeret. Nunc vero hujus rei gratia per singula quæ nobis subjugata sunt; hujus vitæ utilitates dispertitæ sunt; ut necessarium nobis sit imperium, quo super illa naturam humanam sublimavit Deus. Tarditas namque corporis nostræ et ad movendum difficultas, equum sibi servire imperavit et edomuit! Rursum alia animalia bajulandis oneribus subjugavit. Carnis nuditas necessarium fecit ovium dominatum. Ne herbam ut bos comederet, ad terræ culturam ipse sibi bovem subjugavit. Habet etiam canem, et contra feroces et noxias bestias quasi vivum quemdam gladium, et nocturni somni custodem; cornuum vero acie et unguium acumine ferrum acutius et fortius; quod præstet homini arma, non belluina, truculenta, connaturaliter eum semper onerantia, sed cum ratione sumenda et deponenda. Habet etiam ex ipso ferro munimenta corporis fortiora squamis crocodili : galeæ scilicet et loricæ. Quid multa? omnis creatura homini sicut regi servit et militat. Unde vide et amplectere, o homo, dignitatem naturæ tuæ : nec tantum tibi vilis sis in eis quæ sunt corporis, in quibus ab animalibus vinceris, quam pretiosus in interiori tuo, in quo omne quod vivit, vel quod non vivit, antecellis. Secundum interiorem enim dignitatem in regiam natus es conditionem. Omnipotentis enim naturæ imaginem fieri, quid est aliud, quam continuo regalem conditam fuisse naturam? Ut enim juxta consuetudinem hominum loquamur, qui imagines regum vel potentum componunt, formæ figuram parificant, amictuque purpureo regalem dignitatem depingunt : dicitur etiam secundum humanam consuetudinem imago rex : sic humana natura quoniam ad imperium aliorum constituta est, per similitudinem ad universitatis regem veluti quædam animata imago electa est; principali exemplo et dignitate et nomine Deo communicans, non amicta purpura, nec sceptro vel diademate dignitatem indicans : neque enim principale exemplum in talibus est; sed pro purpura virtute induitur, quod omnia regalia superexcellit insignia, pro sceptro beatitudine immortalitatis insignitur; pro regali diademate corona justitiæ perornatur : ita ut propter omnia in regni dignitate ostendatur diligenter principalis exempli formam assimilans. In eo enim quod ad imaginem Dei factus dicitur homo, tale est ac si diceretur quia humanam naturam participem omnis boni fecit Deus. Plenitudo enim omnium bonorum est Deus, imago autem Dei est homo. Igitur in eo quod sit plenitudinis omnis boni capax, ad principale exemplum imago habet similitudinem; est enim nobis omnis boni forma, virtutis, sapientiæ, et omnium quæ in melius possunt intelligi : in eo item quod sit liber omni necessitate animus, nullique naturali potentiæ subjugatur, sed per se potentem ad id quod desiderat habet voluntatem, virtutem scilicet liberi arbitrii suam exprimit dignitatem. Res enim est dominatu carens ac voluntaria virtus, quod autem cogitur, violentiamque patitur, virtus non est. Hic animus vel hæc anima a Deo datur, ab anima vero naturalis vita nostra.

Data autem anima quærendum est quid sit, quare sit, quomodo sit. Cum quid sit quærimus, spectat ad physicam; quare sit, spectat ad rationem : quomodo sit, spectat ad moralitatem. Quid sit, nemo comprehendit; quia nulla ejus est materia, quia res est spiritualis, intellectualis, Deoque simillima. Quare sit, qui non vult scire, non est dignus vivere, scilicet ut vivat secundum rationem. Quomodo sit, ipsum exigit modum secundum rationem vivendi. Ad quod, sicut corpus ex quatuor constat elementis, ut vivat, sic anima rationalis habet quædam quatuor virtutum elementa, quæ sunt prudentia, temperantia, fortitudo, justitia. Ex his igitur quatuor quasi elementis, rationalitas animæ formatur : ea rationalitas quæ vivendi modus est secundum rationem. Nam per sua quasi elementa in plurimas partes deducta, multiplicia et varia gignunt in anima germina virtutum quatuor hæc virtutum elementa. Sicut etiam anima in administrationem vitæ materialis quatuor virtutibus utitur in singulis corporalis organi principalibus partibus, appetitiva scilicet et contentiva, digestiva et expulsiva, sic administrationem rationalem quatuor exercet passionibus, spe scilicet et gaudio, timore et tristitia. Et sicut tota corporalis vitæ natura tribus se agit virtutibus, naturali videlicet in hepate, spirituali in corde, animali in cerebro, sic spiritualis vel rationalis usus in tres se exerit potentias, scilicet rationalitatem, concupiscibilitatem, irascibilitatem. Et sicut tres illæ virtutes tres de se generant effectus, sine quibus vita humana non subsistit, naturalis scilicet virtus in hepate nutritivum, spiritualis in corde vivificativum, animalis in cerebro sensualem, sic ad spiritualem vel rationalem vitam ordinandam vel consummandam in rationalitate fundatur fides, in concupiscibilitate spes, in irascibilitate charitas. Licet enim fides non habeat meritum, cui humana ratio præbet experimentum, tamen, quia in rationalitate fundatur, quasi naturaliter semper solet esse avida rationis; quia vix ei fit credibile, quod vel congrua auctoritas, vel ipsa ratio non demonstrat aliquo modo esse rationabile (135). Concupiscibilitas vero et spes quanta sibi affinitate jungantur, non est laboriosum ostendere, imo otiosum ostendendo laborare. Porro irascibilitas et charitas in tantum sibi videntur adversa, ut alterum alterius videatur esse peremptorium. Sed hanc diversitatem fervor quidam spiritus colligit in unitatem, quia fervor in ira, fervor in charitate est. Non autem hanc iram dico bestialem, sed humanam, rationalem. Est enim ira rationalis, et est ira bestialis. Rationalis in duo dividitur, in zelum et disciplinam. Est autem hinc habitus mentis non aliud quam amor Dei et proximi, odiumque vitiorum. Ideoque odium vitiorum, quia amor Dei et hominum. Porro ira bestialis dividitur in tria, in furorem, ubi in quantitate nullus modus est; in eam quæ dicitur manis, ubi nullus terminus; in eam quæ coitus appellatur, cui sola vindicta finem facit, sicut coitus fervori carnis. Fervet ergo ira rationalis ex charitate; charitas nihilominus fervet in ira in qua fundatur, quia nisi ira præcederet, charitas non sequeretur. Non enim potest diligi justitia nisi odiatur iniquitas. Sicut ergo in hepate, in corde, in cerebro, suæ virtutes, ut dictum est, et virtutum effectus

---

(135) Fides non respuit rationem comitem, arguuntur tamen merito qui credere nolunt nisi id quod ratio humana probat. Hoc est quod intendit auctor.

corporalem vitam administrant et tuentur, sic ista spiritualem. Sed et sicut illa vel ex defectuum suorum remissione, vel ex superfluitatis intentione, operationum suarum diversa patiuntur impedimenta, quæ sunt passiones corporis, sive infirmitates, sic et ista. Rationalitas enim corrupta sæpe de se generat præsumptiones, hæreses, et his similia. Concupiscibilitas concupiscentiam carnis, concupiscentiam oculorum, superbiam vitæ; irascibilitas iram bestialem, truculentiam, odium. Nunc de sensibus videamus.

Habet autem anima sensus animales; habet nihilominus et spirituales. In utrisque vero tam potenter, tam mirabiliter operatur, ut vix humanus hoc comprehendat intellectus. Invisibile enim quid et incorporeum est anima, et tamen per sensus operatur quiddam invisibile et corporeum de corpore visibili. Est enim sensus unus quilibet de quinque inter invisibile incorporeum, et corpus visibile, invisibile corporeum; quia in eodem corpore. Invisibile incorporeum est anima; et invisibile corporeum quod de corpore visibili mirabiliter agit anima; est visus, auditus, gustus, odoratus, et tactus. Aliud enim est visus, aliud oculus; aliud auris, aliud auditus; et sic de reliquis. Sed et interior visus animæ clarescit prudentia, insipientia tenebrescit: auditus fallacia offenditur, veritate mulcetur: fragrat animæ rationali æquitas, fetet iniquitas vel immunditia; vanitate tabescit, virtute pinguescit; misera est contubernio stultitiæ, beata complexu sapientiæ. Tota oculus est, quia tota videt, et totum quod inspicit videt. Homo vero exterior nec totus videt, quia solo oculo videt; nec totum videt quod videt, quia nullius visi corporis omnia videt. Adde quod hoc est ibi videre quod audire, odorari quod gustare vel tangere, cum hujusmodi unitas vel potentia in corpore esse non possit. Cum autem animam invisibile quid vel incorporeum dixerimus, ac per hoc illocale, nihil enim incorporeum locale, quærendum est, ut lucidius aliquid perscrutemur de ipsa anima, utrum vere illocalis comprobetur; utrum omnino sicut divinitas, a prædicamentis illis quæ propria sunt corporum vel corporalium, segregetur : quorum nulli divina subjacet essentia, licet ipsa sit prima et summa substantia. Non enim dici potest qualis, qui est incomparabilis; non quantus, qui nulla mole magnus est; quid habet, quid nihil non habet; quomodo est, qui ipse modus est. Nec est quærendus habitus habenti omnia; nec locus ejus qui est illocalis, et ubique totus; nec tempus æterni, nec actus quieti, et in quiete omnia possidentis; nec passio impassibilis. Humana autem anima quia non habet molem, non habet quantitatem, qui affectuum mutabilitati subjacet, non effugit qualitatem; quia non clauditur in loco localiter, non recipit localitatem. Cum enim sicut Deus in mundo, sic quodammodo ipsa sit in corpore suo; ubique scilicet, et ubique; tota, tota in singulis sensibus, ut in singulis tota sentiat; tota in singulis partibus, ut totum tota ve-

getet et sensificet : localis quomodo dicetur. Sic et de reliquis prædicamentis. Nulli ergo prædicamento subjacet Divinitas, anima quibusdam, corpus omnibus subjacet. Agitur enim anima non per loca, sed pro affectuum diversitate delectabiliter et pœnaliter. Quæ licet sine corpore incorporaliter per affectus vel mulcetur vel affligitur, totum tamen corpus sine anima nec pœnalia sentit, nec suavia. Anima enim in suis actionibus amplioris et agilioris potentiæ est quam corpus. Hinc est quod etiam dum corpus administrat et sensificat, si quando per internum mentis obtutum in superna et sempiterna se erigit, ita quodammodo corporeos deserit sensus, et ab eis illocaliter discedit, ut coram posita non videat, juxta sonantia non audiat, percursam in legendo paginam non intelligat; mirabili et divinæ quodammodo consimili potentia, hora eadem tota in intellectu contemplando cœlestia, tota in sensu vel actu in agendo: cum tamen quod agit non sentiat, tota in corpore quod vivificat. Ipsaque est anima quæ sentit; ipsa quæ quod sentit, non intelligit; ipsa quæ nec sentiendo nec intelligendo vegetat corpus et vivificat; per quod sentit quod per seipsam non intelligit. Ipsa etiam anima sua est potentia. Quod enim cogitat, accidens ejus est; ipsa vero sua substantia est, qua cogitat. Sic de voluntate. Velle aliquid accidens ei est; ipsum vero velle, substantia ejus est. Tota igitur cogitat, quia tota cogitatio est; totaque vult, quia tota voluntas est.

Vide, obsecro, quomodo proficimus in imaginem ejus qui creavit nos. Si enim anima cogitans tota cogitatio est, si tota voluntas est, profecto tota diligens, tota dilectio est. Sed et Deus dilectio dicitur et est. Sed dilectio illa talis est, ut nec ipsa diligere nisi bonum, nec per eam diligi possit nisi bene. Hæc autem dilectio, quæ est humana anima pro affectuum mutabilitate potest et in superiora, quod ei solus Deus est, cœlesti charitate flagrare, et in inferiora damnabili amore defluere. Tantæ majestatis creata anima ac dignitatis, ad imaginem Creatoris sui, seque contemplans et ipsum, paululum in seipsa consistit; potentiamque suam ipsa non sine horrore suspicit, cogitansque utrum supra se sit aliquid, quod sibi a se transeundum sit, invenit quia omnia mutabilia vel mobilia non nisi ab immoto possunt moveri: intelligensque de se, quia etsi non movetur per locum, movetur tamen per affectum: aliudque esse supra se stabilius stabilimentum, quod nec loco movetur nec tempore : quia, ut dictum est, nihil movetur nisi ab immoto, videt se anima stare necessario, ut moveat corpus per locum pariter et tempus : sicut stans Deus in semetipso movet animam per tempus : invenitque se mediam inter Deum et corpus, eo quod nulli corporum similis sit, cum similitudo Dei sit; nec tamen Deo possit æquari, quia etsi ab illo cœperit, ex ipso tamen vel de ipso non est. Videt se videre incorporalia per se, corporalia per corpus : videt etiam corporalia videre se per se, sine corpore. Videt quippe, ut alia omittam, ipsa sui interiora corporis, triformitatem scilicet cerebri coeuntis et jecoris massam jacentem, et regulis alienis hærentem : stomacho libram pendentem, cordis plectrum sine intermissione ferieus, venarum tramites, nervorumque texturas et origines, compages ossium, pulmonumque concava, et alia innumerabilia. Undecunque cogitat, sive de locis, sive de regionibus, ibi est : licet, contemplari per naturam nequeat : eorumque contemplatur situs locorum, decursus fluminum, vultus hominum, cæteraque talia. Quæ licet non videat, quia corporalia sunt, nec nisi corporalibus oculis videri possunt, sic tamen ubicunque cogitat adest, ut loca quæ cogitat, corporali visione non videat ; sicut adest ubi vivificat, ubi ipsa quæ vivificat, sui corporis interna non videt. Et in hoc etiam ex aliqua parte imaginem sui conditoris in se recognoscit, in hoc etiam quod videt illum lumen illuminans, se vero lumen luminabile. Amplius. Ad imaginem summæ Trinitatis videt quodammodo respondere, quæ sibi in seipsa præsto sunt ; mentem scilicet, cogitationem, et voluntatem. Nam cum cogitat aliquid, totum est in mente quod cogitat ; et quod totum simul meminit, totum simul cogitat, et vult cogitare et meminisse, hoc est, amat habere mentem et cogitationem. Cumque cogitare se meminit, totam certe cogitationem tota mente comprehendit, et totum amorem suum vel mentem suam tota cogitatione cogitat, cum amare vel meminisse se cogitat : toto amore suo eamdem totam mentem atque eamdem cogitationem suam tota diligit, cum meminisse et cogitare seipsumque amare diligit. Et si se singula tota simul vel ament vel cogitent, vel meminerint, non majora erunt tota simul tria, quam vel mens tota pariter recolens, vel cogitatio tota cognoscens, vel amor totus diligens. Hoc videns anima in se esse, imo hoc videns se esse, audiensque sibi Deum quodammodo loquentem, veritatem videt radiantem, Christum intendit prædicantem et dicentem. « Ego et Pater, » et charitas mea; non tres, sed « unum sumus (Joan. x), » unus Deus sumus : tu vero mens rationalis, cogitatio, dilectio tua, unus es homo, ad similitudinem auctoris tui factus ; non ad æqualitatem creatus : nempe non genitus ; formatus es, non ipse formator. Recede ab his quæ infra te sunt, minus formata, minusque formosa quam tu es ; accede ad formam formatricem, ut possis esse formosior, eidemque semper adjungere, quia tanto ab illa specie amplius accipies, quanto te illi majori charitatis pondere impresseris. Ab illa enim obtinebis imaginis hujus indemutabilem statum, a quo sumpsisti principium.

Hæc et alia loquitur veritas ad aurem cordis, intrinsecus admonens nos. Quæ quæcunque audit anima, cum semper humana miseria prompta sit ad invidiam, non habet unde invideat angelo ; quia homo talis, et angelus, et Deus, unus jam sunt spiritus, secundum Apostolum (I Cor. vi) : vel unum sunt in Deo, secundum Evangelium (Joan. xvii) ; maxime cum hominis caput homo Christus in unitatem personæ ab ipsa veritate a Filio Dei vere et perfecte assumptus meruerit jam olim audire, quod nunquam potuit audire angelus. Audivit quippe a Deo Patre. « Hic est Filius meus dilectus, in quo mihi complacuit (Matth. III). » Gaudeat itaque glorificata in capite suo Christo, sancta humanitas, et exaltata super angelos exsultet in seipsa, cum adoratum ab homine angelum recusantem audit, et dicentem pia humilitate, dulcissima charitate. « Vide ne feceris ; conservus enim tuus sum, et fratrum tuorum (Apoc. xxii). » Præsumat etiam minimus regni Dei peregrinus adhuc in sæculo, quia teste eadem veritate. « Angelus » ejus « semper videt faciem Patris (Matth. xviii). »

Sed redeamus adhuc ad imaginem Trinitatis. Sicut nihil sine creatore Deo, ipsa scilicet sancta Trinitate existit, ita nihil omnino esse potest quod non et unum sit, et trifariam consistat. Omnis quippe anima, sicut dictum est, tribus individuis subsistit ; memoria, consilio, voluntate. Omne vero corpus et unum est, et mensurabile, et numerabile, et ponderabile est. Anima vero secundum sua tria horum trium capax efficitur : quippe secundum ipsa de mensurabilibus et numerabilibus et ponderabilibus judicans, hoc est de omnibus corporibus. Permanat enim a summo, quod Deus est ; per medium, quod est anima ; ad imum quod sunt corpora, unitæ specimen Trinitatis corporibus signa sui imprimens, animabus vero notitiam tribuens. Hæc omnia anima intellectu conspiciens, non jam tantum delectatur in sua formositate quam in forma formatrice, cui intendendo semper efficitur formosior. Ipsum enim intendere, formari est. Quidquid enim ad Deum afficitur, non est suum, sed ejus a quo afficitur. Et o beata anima et vere beata, quæ si orat, sicut dicit Apostolus (Rom. viii), non ipsa, sed « Spiritus sanctus » pro ea orat « usque ad ineffabiles gemitus ; » si loquitur, « Spiritus » per eam « loquitur mysteria ; » quæcunque demum operatur, non ipsa, sed « Spiritus » in ea « omnia » in omnibus « operatur, dividens singulis » singula « prout vult (I Cor. xii). » Sicut enim corpus vivit ex anima, sic ex Deo vivit anima illa, ipsa soli suspirans, ipsum solum jugiter spirans, sicut corpus vivens aerem : tota manens in Deo per fidelem affectionem, eumque quem amat in se habens manentem per omnipotentem operationem, unus spiritus cum eo existens. Voluntas enim Patris et Filii, Spiritus sanctus incogitabili gratia, ineffabili gaudio, secretissima inspiratione, manifestissima operatione voluntatem ejus sibi conformans, amorem ejus omnipotentia spirituali sibi uniens, in tantum cum ea unum efficitur, ut, sicut dictum est, interpellante ea gemitibus inenarrabilibus, ipse potius interpellare dicatur. Et hæc est oratio Filii ad Patrem Volo, id est voluntatis meæ virtute, qui Spiritus sanctus est, efficio, « ut sicut ego et tu unum sumus » in substantia, « sic et ipsi in nobis unum sint » ex gratia (Joan. xvii). Unum amore, unum beatitudine, unum immortalitate et incorruptione, unum etiam quodammodo ipsa divinitate. « Quotquot » enim

« receperunt eum, dedit eis potestatem filios Dei fieri (*Joan.* 1). »

Sed consideremus gradus ab imo usque ad supremum, quibus anima ad perfectionem contendens, proficiendo ad suum conscendit auctorem. Anima igitur in primo gradu corpus hoc terrenum atque mortale præsentia sua vivificat ; colligit in unum, atque in uno tenet ; defluere atque contabescere non sinit : alimenta per membra æqualiter suis cuique redditis distribui facit, congruentiam ejus modumque conservans, non tantum in pulchritudine, sed etiam in crescendo atque gignendo. Sed hæc omnia homini etiam cum arbustis communia videri queunt. Hæc enim et dicimus vivere, in suo vero quodque illorum genere custodiri, ali, crescere, gignere videmus ac fatemur. Ascende itaque ad alterum gradum, et vide quid possit anima in sensibus, ubi evidentior manifestiorque vita intelligitur, quorum nobis cum his quæ radicibus fixa tenentur, nulla potest esse communio. Intendit se anima in tactum, et calida, aspera, lenia, dura, mollia, levia, gravia, sentit atque discernit. Deinde innumerabiles differentias saporum, odorum, formarum, gustando, olfaciendo, audiendo videndoque dijudicat. Atque in his omnibus ea quæ secundum naturam sui corporis sunt asciscit atque appetit, rejicit fugitque contraria ; removetque se ab his sensibus certo intervallo temporum, et eorum motus quasi per quasdam ferias reparans, imagines rerum quas per eos hausit, secum catervatim atque multipliciter versat, et hoc totum est somnus et somnia. Sæpe etiam gestiendo ac vagando facilitate motus delectatur ; et sine labore ordinat membrorum concordiam. Pro copulatione sexus agit quod potest, atque in duplici natura societate atque amore molitur unum corpus : sed hæc rursus omnia posse animam etiam in bestiis, nemo negat. Ergo attolle te in tertium gradum, qui jam est homini proprius ; et cogita memoriam, non consuetudine inditarum per sensus ad animam, quæ ad bestias pertinet, sed animadversione atque signis commendatarum atque retentarum rerum innumerabilium, tot artes opificum, agrorum cultus, exstructiones variarum urbium ; ædificiorum, ac moliminum multimoda miracula ; inventiones tot signorum in litteris, in verbis, in gestu, in hujuscemodi sono, in picturis atque figmentis ; tot gentium linguas, fluvios eloquentiæ, carminum varietates, ludendi ac jocandi causa milleformes simulationes, modulandi peritiam, dimetiendi subtilitatem, numerandi peritiam, præteritorum ac futurorum ex præsentibus conjecturam. Magna hæc et omnino humana ; sed est adhuc ista partim doctis atque indoctis, partim bonis ac malis animis copia communis. In his tribus gradibus vides, anima quid valet in corpore. Suspice igitur et insili quarto gradui quo bonitas incipit, et omnis vera laudatio. Hinc enim anima se non solum suo, secundum quod universi partem mundi agit, sed ipsi etiam universo corpori mundi audeat se præponere, bonaque ejus bona sua non putare, atque potentiæ pulchritudinique suæ comparata, discernere atque contemnere : et inde quo magis delectatur Deo, magis sese abstrahere a sordidis ; nihilque velle alteri quod sibi nolit accidere : sequi auctoritatem ac præcepta sapientum, et per hæc loqui sibi Deum credere. In hoc tam præclaro actu animæ inest adhuc labor : et contra hujusmodi molestias atque blanditias magnus acerrimusque conflictus. In ipso enim purgationis negotio subest motus mortis. Quod cum effectum fuerit, id est cum fuerit anima ab omni tabe libera, maculisque diluta, tunc se denique in se ipsa lætissime tenet, nec omnino metuit quodlibet sibi, aut ulla sua causa quidquam angitur. Est ergo iste quintus gradus. Aliud est enim efficere, aliud tenere puritatem, alia prorsus actu, quo se inquinatam redintegrat, non patitur se rursum inquinari. In hoc gradu omnifariam concipit quanta sit. Quod cum conceperit, tunc ingenti quadam et incredibili fiducia pergit in Deum, id est in ipsam contemplationem veritatis et illud, propter quod tantum laboratum est, altissimum et secretissimum præmium. Sed hæc actio, id est appetitio intelligendi ea quæ vere summeque sunt, summus aspectus est animæ, quo perfectiorem melioremque ac rectiorem non habet. Sextus erit iste actionis gradus. Aliud est enim mundari oculum ipsum animæ, ne frustra et temere aspiciat et prave videat, aliud ipsam custodire sanitatem atque firmare, aliud serenum atque rectum aspectum, in id quod est videndum, dirigere. In his duobus gradibus vides quid in seipsa valet. Sed intende quod qui prius volunt serenum atque rectum aspectum habere, antequam mundati et sanati fuerint, ita illa luce reverberantur veritatis, ut non solum nihil boni, sed etiam mali plurimum in ea putent esse, atque ab ea nomen veritatis abjudicent : et cum quadam libidine et voluptate miserabili in suas tenebras, quas eorum morbus pati potest, medicinæ maledicentes, refugiant. Unde divino afflatu et prorsus ordinatissime illud a Propheta dicitur. « Cor mundum crea in me, Deus : spiritum rectum innova in visceribus meis (*Psal.* L). » Spiritus enim rectus est, credo, quo fit, ut anima in veritate quærenda deviare atque errare non possit. Qui profecto ea non instauratur, nisi prius eor mundum fuerit, id est, nisi prius ipsa cogitatio ab omni cupiditate et fæca rerum mortalium sese cohibuerit, et eliquaverit. Jam vero in ipsa visione et contemplatione veritatis, qui septimus est atque ultimus gradus animæ, neque jam gradus sed quædam mansio, quo illis gradibus pervenitur, quæ sint gaudia, quæ fruitio veri et summi boni, cujus serenitatis afflatus, solus intelligit qui fruitur.

Per hos igitur gradus fidelis anima ardens desiderio, sollicitudine non pigra, anabathmon, id est ascensum faciens, et ascensiones in corde disponens usquequo perveniat in locum quem proposuit vel disposuit ei Deus ; vivit, sicut dicit Apostolus

(*II Cor.* IV), vita Dei, vita scilicet spirituali in gaudio Spiritus sancti, in spe filiorum Dei, in contemplatione et exemplari summæ justitiæ. Vivit etiam quandiu hic vivit, quandiu hic ex parte per speculum videt et ænigmate, naturalibus passionibus suis sic utens, ut in carne posita non secundum carnem vivat, et pene flat impassibilis, cum passiones ipsæ non passiones ei sint, sed virtutes, dum non timet nisi timore casto ; dum non dolet, nisi quia differtur a regno; dum in latitudine charitatis exhilarata læta currit viam mandatorum Dei omnia credens, omnia sperans, omnia sustinens, et a contemplatione finis sui suaviter amans; et quod fruitur, et quod patitur, et quod exspectat, dulciter in eo requiescens in spe, quandiu manent fides, spes, charitas, tria hæc. Cum enim absorpta fuerit mors in victoria, et evacuatum quod ex parte est, jam non erit fides vel spes, sed sola res; cum in ea regnabit et exsultabit major omnium charitas, destructo timore et dolore, speque fideque transmissa; et tunc intrabitur in gaudium Domini, in quo intrabit beata anima feliciter, in eo victura æternaliter, et in illud proprium corpus resurrectura mirabiliter, ut quod particeps fuit laboris, particeps etiam sit gloriæ in vita æterna. At contra infelix et degener anima, si tamen anima dicenda est, quæ se ipsam occidit, et in seipsa mortua est, catabathmon, id est, descensum facit inferius : imo non descensum, sed ruinam, ut quæ in sordibus est, sordescat adhuc : agitque et patitur omnia per contrarium, alienata a vita Dei. Nam ad imaginem et visionem Dei creata, ubi incipere debuit Deum sapere, ibi incipit desipere ; egressaque a facie Domini sicut Cain (*Gen.* IV), habitat in regione dissimilitudinis, in terra Naim, id est *commotionis*. Extorris a virtute vitiis subigitur : alienata a pace filiorum Dei in seipsa tumultuatur : artem naturalem in nequitiam corrumpens et astutiam, malitiosa efficitur ; animalitatis vel sensuum illecebris turpiter se immergens luxuriatur; efficiturque sicut equus et mulus, quibus non est intellectus, prudens tantum ut faciat malum, bene autem facere nesciens. Sui nulla cura, Dei nulla memoria. Unde et passionibus suis fœde angitur, quibus misere abutitur, dum non timet, nisi quæ sensibus sunt molesta, non gaudet, nisi cum præsto sunt, quæ blandiuntur, non dolet, nisi cum tolluntur. per omnia bestiæ vel pecudi similis, nisi quod, ut supra dictum est, in illis est natura quod vitium est in humana anima. Tamen continuo usu malitiæ a nimietate languoris sui sic aliquando obstupescit, ut et ipsa quodammodo efficiatur impassibilis sive insensibilis dum nimia intentione nequitiæ quævis durissima et aspera carni non refugit, ut suis, id est animæ corruptionibus deserviat, avaritiæ scilicet et concupiscentiæ carnis, vel oculorum vel ambitionis sæculi. Sic vivit quandiu sepulcro corporis includitur. At ubi inde avulsa fuerit, pene sicut in brutis animalibus, quibus se sentit similem, toto cum corpore moritur. Cum enim vera ejus essentialis virtus omnino in ea deperierit, de qua dicit sapientia : « Deum time, et mandata ejus observa, hoc est enim omnis homo (*Eccle.* XII), » justissimo tamen judicio Dei tota mori non permittitur; sed quantum ad dolorem solum reservatur passibilis, exclusa ab omni gaudio, alienata ab omni spe, timorem nullum habens doloris, sed ipsi dolori tota emancipata. Nempe vivens quiddam vivificum in ea remanet, quia vivit tantum ut patiatur ; passibilis ut puniatur vel torqueatur vivifica ut corpus iterum vivificet : ut cum eo torqueatur; semper, cum quo libuisset, si licuisset, peccare semper. Heu quam melius illi fuerat, si sicut anima pecoris tota cum corpore moreretur, ne in æternum puniretur ! Hanc autem beatæ animæ et miseræ dissimilitudinem, sola facit amoris dissimilitudo. In altera quippe amor naturalis dignitatis tenorem, in altera vero degenerat in pecudalem carnis animalitatem.

ANTE MEDIUM DUODECIMI SÆCULI.

DIVUS ALGERUS
CANONICUS ET SCHOLASTICUS LEODIENSIS

DIVI ALGERI
DE

SACRAMENTIS CORPORIS ET SANGUINIS DOMINICI
LIBRI TRES.
ACCEDIT

LIBELLUS DE SACRIFICIO MISSÆ
EIDEM D. ALGERO ASCRIPTUS.

Emendatius in lucem denuo edidit, adjectis notis et præfatione, J. B. MALOU, can. Brug., S. T. D. in Univ. cath. Lov. S. Fac. Theol. Prof. et Bibl. Acad. Præf., nunc vero Brugensis episcopus.

(Lovanii, sumptibus C. Fonteyn, 1847, in-32.)

ILLUSTRISSIMO AC REVERENDISSIMO DOMINO
CORNELIO RICHARDO ANTONIO VAN BOMMEL EPISCOPO LEODIENSI,
PASTORI VIGILANTISSIMO, DOCTISSIMO, PIISSIMO,
HANC D. ALGERI,
SÆCULI XII SCRIPTORIS, CANONICI ET SCHOLASTICI LEODIENSIS,
TRIUM
DE SACRAMENTO CORPORIS ET SANGUINIS DOMINI
LIBRORUM NOVAM EDITIONEM,
IN MEMORIAM
SEXTUM SÆCULARIS FESTI INSTITUTÆ SOLEMNITATIS CORPORIS CHRISTI,
D. D. D. EDITOR.

PIO ET ERUDITO LECTORI. S. P.

Ut primum fama de solemnitatis corporis Domini instituto festo sextum sæculari in Ecclesia Leodiensi celebrando ad aures meas pervenerat, statim cepi consilium prælo parandi præclarum illud opus de veritate corporis et sanguinis Domini, quod D. Algerus, sæculi XII scriptor, idemque canonicus et scholasticus Leodiensis, olim exaravit, ut Berengarium hæreticum refelleret. Et vero in animo erat novam, quam parabam, celeberrimi istius operis editionem publici juris facere sat mature, ut festi illius sæcularis veluti nuntiatrix quædam esse posset. Verum, moras nectente typographo, accidit ut solemne illud Ecclesiæ Leodiensis festum ante esset peractum, quam Algerus meus typis exscriptus. Sit ergo mea Algeriani operis editio Leodiensis illius festi memoratrix, quandoquidem, ut volebam, ejusdem nuntiatrix esse non potuit.

Tu vero, Christiane lector, accipe libellum vere aureum, conscriptum a viro non minus pietate quam doctrina posteris æque ac coætaneis commendatissimo, de cujus vita, ut et de argumento libri, quem tibi offerimus, hæc nobis visa sunt præmonenda.

Algerus ad finem vergente sæculo XI Leodii natus, a puero litterarum studio operam dedit sub clarissimis viris, quorum scientia et honestis moribus tunc temporis Leodiensis fulgebat Ecclesia et Francia illustrabatur, » ut memoriæ tradidit in suo Algeri elogio Nicolaus canonicus Leodiensis (1). Adolescens primum in ecclesia S. Bartholomæi Deo militavit, religiosa professione et habitu clericus, gradu diaconus, officio scholasticus; postea ecclesiæ S. Mariæ et S. Lamberti ab Otberto episcopo, qui anno 1119 obiit, ascriptus, per annos fere viginti, usque ad obitum Frederici episcopi, qui anno 1121 e vivis excessit, ecclesiasticis negotiis summa cum laude præfuit, et varia edidit scripta, quibus sibi famam comparavit minime vulgarem.

Defuncto Frederico, cum divitiis afflueret, et adhuc firmo corpore et integris sensibus plurimum valeret, bonis suis ac muneribus, quibus fungebatur, abdicatis, arctiorem vitæ normam sub Regula sancti Benedicti in coenobio Cluniacensi professus est, idque ita ut ad finem usque vitæ bonam Christi odorem quaquaversum spargeret.

Omnium animos ita sibi devinxerat, ut Petrus Venerabilis, Cluniaci abbas, a laudibus ejus vix unquam temperaret. Is ad Alberonem Leodiensem episcopum, post Algeri mortem, scribens: « Auro, inquit, et topazio longe chariora Cluniacus a Leodiensi Ecclesia munera suscepit, quando magnificos viros ac summa cum laude ac dulcedine recolendos, a vobis ad nos venientes, humili suorum collegio copulavit. Nam ut alios ante nostra tempora venientes nobisque vultu incognitos taceam, quando Leodiensis Ecclesiæ memoria apud Cluniacum perire poterit, quæ Hezelonem, Tezelinum, Algerum canonicos, magnosque suis temporibus magistros, humilitatis discipulos, et, ut ipsi qui vidimus attestamur, veros monachos fecit?... Tertius (Algerus) cujus vix memoriam sine lacrymis facio, humilitate, vitæ totius sinceritate, puritate, secundum meum judicium longe præcedentes exsuperans, ita meo tempore apud nos vixit, in tantum benigne et sancte conversatus est, ut licet a nobis carne recesserit, spiritu tamen et memoria singulari nobiscum semper, dum vivemus, non esse non possit. Qui et librum *De sacramento altaris*, auctoritatibus SS. Patrum invincibiliter communitum, nobis et fidei suæ insigne testimonium, et contra quorumdam modernorum vel imperitiam vel errorem singulare præsidium dereliquit (2). »

« Jam senex, ut scribit auctor Chronici Cluniacensis, Algerus presbyter ordinatus est, et fere per decem annos religiose conversatus, bonam, quam et in clericatu duxerat, vitam felici obitu terminavit (3). »

Ex his colligimus Algerum circa annum 1070 aut 1075 natum esse, siquidem negotiis ecclesiasticis ab Otberto præfectus fuit anno 1101, quo tempore annos natus erat, ut conjicere licet, viginti quinque aut triginta; porro inde conficitur eum in diaconatus gradu permansisse annis viginti, quibus ecclesiæ negotia gessit. Pariter inde constat eum presbyterali dignitate non ante fuisse insignitum, quam ætatem senilem (4) jam monachus attigisset, idque in monasterio Cluniacensi, ut scribit Petrus Venerabilis, Algeri socius et amicus, non autem in Corbeiensi Saxoniæ, ut dormitans scripsit Trithemius. Hinc tandem patet Algerum circa annum 1132 aut 1135 sexagenarium obiisse, postquam annos circiter viginti in clericatu, viginti iterum in gerendis Ecclesiæ Leodiensis negotiis, ac tandem decem aut circiter in monasterio transegisset (5).

Scripta ejus supersunt plurima et præclara, quorum præcipuum est opus *De sacramentis corporis et sanguinis Domini*, lib. III, quod Petrus Venerabilis scriptis Lanfranci et Guitmundi contra Berengarium exaratis longe præfert (6). Huic operi proxime accedit opusculum *De misericordia et justitia*, cujus præfatio a Mabillonio primum edita est (7), quodque paulo post cura DD. PP. Martene et Durand e codice Claravallensi in *Thesauro novo Anecdotorum* prodiit (8). Libellum *De libero arbitrio*, quem ex ejusdem epistolis unam esse conjicit D. Cellier (9), edidit D. Pez ex ms. codice illustris viri Ab Uffenbach (10). Hæc Algeri lucubratiuncula a Trithemio *De gratia et libero arbitrio* inscribitur (11).

Eminentissimus card. A. Mai, toti orbi litterario notissimus, nuper sub Algeri nomine edidit *De sacrificio missæ* libellum, cujus exemplar cl. Aug. Theiner e codice quodam Parisiensi transumpserat, eumque libellum genuinum esse auctoris nostri fetum his verbis significat: « Noster Algeri tractatus *De sacrificio missæ* invenitur in codice ms. lat. n. 812 bibliothecæ regiæ Parisiensis, et ascriptus est ejus tractatui *De gratia et libero arbitrio*, qui in eodem codice ms. membranaceo optimæ notæ medii sæculi XIII deprehen-

---

(1) Apud Mabillon. *Analecta*, p. 129, ed. 1723, et *infra*, p. xxxv.
(2) Apud D. M. Marrier, in *Bibliotheca Cluniacensi*, col. 794, Paris., 1614.
(3) In notis *Bibliothecæ Cluniacensis*, p. 138.
(4) Petrus Vener. caput 17, libri I, *De miraculis*, inscribit: *De Algero sene religioso, Bibliotheca Cluniacensis*, col. 1247.
(5) Nescio quibus documentis nitatur opinio J. A. Fabricii, aut doctissimi Mansi, qui, in *Bibliothe. med. et infimæ latinit.*, t. I, p. 70, ed. Luc. 1754, Algerum anno 1152 obiisse scribit, et Emin. card. Mai, qui in *Script. vet. Nova Coll.*, t. IX, p. 371, eum anno 1151 defunctum esse existimat.
(6) In Tract. *de sacrificio missæ et transubstantiatione contra Petrum Bruis et Henricum, novarum impietatum magistros*, p. 197, ed. Vlimmerii. Lovanii, 1561, et hic, p. xli.
(7) In *Analectis*, p. 130.
(8) *Thesaurus nov. Anecd.* t. V, p. 1019. Lut. 1717.
(9) *Hist. génér. des écriv. ecclés.* t. XXII, p. 267.
(10) *Thes. novissim. Anecd.* t. IV, part. II, p. 111. Aug. Vind. 1723.
(11) Trithem., *De scriptor. eccles.* c. 328.

ditur. Non exhibet Algeri nomen, sed ab eadem manu ac tractatus *De gratia et libero arbitrio* conscriptus est, adjecta adnotatione amanuensis: *Sequitur de sacrificio missæ;* quo fit ut nullum dubium de auctore nostri tractatus commoveri possit (12). »

De hac doctissimi Thelneri conjectura penes eruditos judicium esto. Id certe nobis persuasum est libellum *De sacrificio missæ* esse dignissimum qui Algero ascribatur, nec a libris ejus De sacramentis corporis et sanguinis Domini deinceps sejungatur: quapropter libellum huic volumini adjiciendum esse existimavimus.

Hæc sunt D. Algeri opera quæ præterlapsa ætas nobis non invidit; cætera misere perierunt; nam Algerus præterea scripsit *Historiam Ecclesiæ Leodiensis,* de qua Nicolaus: « Antiquam dignitatem Leodiensis Ecclesiæ relatione et scriptis majorum adeo diligenter habuit cognitam, ut eam totam ad studium memoriæ (Algerus) scriptam posteritati reliquerit. »

Epistolas plurimas ab eo editas fuisse certo constat ex testimonio ejusdem Nicolai. « Pro ecclesiasticis negotiis, ait, ad diversas personas et ecclesias, multas insignes scripsit epistolas, quæ a plerisque summo conservantur et leguntur studio. »

Eum *carmine valuisse et prosa,* scribit Trithemius; unde et carmina quædam ab eo edita fuisse verisimile est.

Pagius, ad annum 1132, n. 13 (13) notat, ab Algero conscripta fuisse ea *Gesta sancti Lamberti* quæ edidit D. Chapeauville, t. I *Gestorum pontif. Tungrens. Trajec. et Leodiensium;* at fallitur Pagius. In Appendice istius voluminis eduntur quatuor auctores præcipui, qui gesta S. Lamberti seorsim scripserunt; sed his Algerus non annumeratur; nec de scripto ejus alibi fit mentio. Conjicio doctissimum Pagium a nostro Algero non distinxisse Harigerum, abbatem Lobiensem, qui Gesta pontificum Leodiensium accurate descripsit, quique a doctissimo Chappeauville primus in laudato volumine recensetur.

Librum de spiritu et anima, qui olim Algero ascribebatur, ab Alchero monacho Clarevallensi editum fuisse jam constat.

Atque hæc de vita et scriptis Algeri monenda habebam. Superest ut de egregio ejus opere, cui titulus *De sacramentis corporis et sanguinis Dominici,* deque nova hac istius operis editione quædam adjiciam.

Algerus in suo *Prologo* recenset hæreses et errores, quibus doctrina catholica de sanctissimo sacramento subinde fuit contaminata; ac porro de bonitate Salvatoris deque Dei omnipotentia in eucharistia patefactis egregie disserit. « Quamvis mysterium, ait, sit incomprehensibile, non est incredibile; quia, etsi incapaces sumus ad intelligendum, Deus utique non est impotens ad peragendum (pag. 6). » Deinde pulcherrima hac utitur comparatione: Si visus auditui varietatem colorum, aut visui auditus varietatem sonorum prædicaret, alterum alteri credere oporteret in his quæ minime sentiret. A pari, quamvis nec sensibus nec intellectu præsentiam corporis Christi in eucharistia percipiamus, nos credere oportet Deo ea asserenti, quæ sensuum vim et intellectus captum superant.

In libro primo veritatem præsentiæ realis et substantialis corporis Christi in sanctissimo sacramento explicando probat et discutiendo confirmat. Universalem ac perpetuam Ecclesiæ catholicæ circa hoc dogma traditionem ejusmodi esse docet, ut si falsa sit, ipsa Christiana fides penitus aboleatur. « Cum, inquit, præteriti et præsentes fideles ubique terrarum hoc credant et hoc astruant, si hæc universalis Ecclesiæ fides vera ad salutem non exstitit, aut nunquam catholica Ecclesia fuit, aut periit... Cum omnes gentes ita se credere glorientur, si salutis benedictione carent, utrobique veritas Dei et in prophetia et in Evangelio periclitatur... Anathema ergo, *maranatha* sit, qui auctoritati divinæ in hoc sacramento contradicere præsumpserit, et corpus Christi, panem verum, qui de cœlo descendit et dat vitam mundo, vere ut est, esse non crediderit (lib. I, c. 13, p. 124). »

Naturam sacrificii novæ legis in immolatione sacrificii crucis repræsentativa constituit, et accurate explicat quo modo quotidiana nostra oblatio eadem sit cum ea quam Christus Dominus semel in Calvario monte peregit (p. 143).

A capite XX (p. 178), de modo sumendi corporis Christi disserit, atque his librum primum absolvit.

In libro secundo totus est in solvendis quæstionibus, quæ de materia, forma, accidentibus ac effectibus sanctissimi sacramenti moveri solent, quasque nemo non libenter cum Algero agitabit.

In libro tertio Algerus præcipue impugnat Waldensium tunc succrescentem errorem de probitate et sanctitate ministri, ad valorem sacramentorum omnino requisita. Ex doctrina S. Augustini et aliorum Patrum fuse demonstrat divina sacramenta a Deo auctore suam vim obtinere, non autem a ministris quibus eorum dispensatio commissa est, eaque longe hominum merita superare.

In libello *De sacrificio Missæ,* orationes in sancto sacrificio recitari solitas ac sacros ritus singillatim explicat.

---

(12) A. Mai, *Script. vet. nov. collectio.* t. IX, p. 371, Romæ, 1837.
(13) Apud Baronium, t. XVIII, p. 485, ed. Luc. 1746.

Algeri doctrina fidei catholicæ consona est. Imo ea ejus doctrinæ capita, quæ a nonnullis auctoribus tanquam erronea vel caute intelligenda traducuntur, aut nulla aut certe non tanta reprehensione digna esse puto.

Editor Coloniensis notat non satis accurate locutum esse Algerum, quando Paschasium (*De corp. et sang. Domini*, c. 4, p. 1563, ed. Paris. 1618) secutus scripsit (lib. I, c. 16, p. 149), corpus Christi in SS. sacramento *potentialiter creari*; verum quid apud Algerum significet *potentialis creatio* multa nostri auctoris loca, in quibus *transubstantiationem* accuratissime describit, perspicue declarant. « Panis, ait, fit eadem caro (Christi); non nascitur caro, nec (panis) assumit carnem, sed *mutatur in carnem*; sic factus quod non erat, ut desistat esse quod fuerat (l. I, c. 6, p. 49). » Caput autem VII (p. 53) ita inscribitur : *Quod* REMANENTIBUS QUALITATIBUS SUIS, SUBSTANTIA PANIS ET VINI IN VERUM CORPUS CHRISTI MUTETUR. Præterea Algerus nunquam docuit, carnem et sanguinem Domini EX *pane et vino* potentialiter creari, sed *panem et vinum vere carnem et sanguinem* consecratione Spiritus sancti *potentialiter creari*; perinde ac si diceret, panis et vini substantiam transmutari divina operatione, quæ quidem transmutatio creationi cuidam assimilari possit. Quis autem theologus hic Algero refragetur?

Timuit etiam ubi timendum non erat idem Coloniensis editor, quando, veluti Algerum corrigens, monuit corpus Christi *in terris conversati immortale et impassibile* dici tantum, quatenus in statu sacramentali existit; id enim ipse Algerus credidit. Quærit ibi (p. 89), utrum Dominus *ante passionem* dederit corpus suum *incorruptibile et immortale in sacramento*, sicut nunc post resurrectionem suam illud nobis dat quotidie?... Quamvis Magister Sententiarum, S. Thomas, S. Bonaventura, et major theologorum pars negantem sententiam secuti sint, theologi tamen non pauci cum Algero, nullo fidei aut catholicæ doctrinæ detrimento, affirmantem propugnarunt. Quid est ergo in ejus sententia quod ipsi vitio vertatur?

Ipse Bellarminus in Algerum nostrum justo iniquior est, dum scribit (14) : « Videtur Algerus velle esse de jure divino, ut sacrificium missæ celebretur in azymo; quod non est verum... » Id enim Algerus minime vult, cum diserte scribat (l. II, c. 10, p. 270), multis bonis catholicis videri non esse contra fidem Christianam *sive in azymis sive in fermentato* divinum sacrificium perficiatur, tum quia utrumque panis est, tum quia exemplum Christi, qui in azymo consecravit, vim divinæ legis non habet. Otiose itaque observat editor Coloniensis, exemplum Christi, quo Algerus Ecclesiæ Latinæ praxim confirmat, minime pro præcepto habendum esse. Id enim ipse Algerus jam initio hujus capitis animadverterat.

Voluissem etiam, ne quis Algero Callixtinorum errorem falso adscripsisset; nam docet, panem *per se* in corpus et vinum *per se* in sanguinem consecrari, ita tamen ut nec corpus exsangue, nec sanguis a corpore divisus in sacramento cogitetur (lib. II, c. 8, p. 266); unde sua sponte sequitur, sub una specie totum id sumi, quod sub duplici specie continetur. Si corpus et sanguinem a fidelibus accipi scribit (p. 267), id ex præcepto aut necessaria ex causa fieri non docet. Est ergo ab omni erroris suspicione hac etiam in re liberandus.

Laborat quidem plurimum Algerus in explicanda specierum sacramentalium corruptione, quæ illius ætatis hæreticis blasphemandi dogma catholicum ansam præbuerant : quinimo hæret in solvendis difficultatibus eis ex quibus nec Lanfrancus nec Guitmundus expedire se poterant; scilicet contendit Algerus species sacramenti nunquam corrumpi, aut rodi posse a muribus, aut putredine dissolvi, etc., sed eas evanescere, ita quidem ut, si putrescere aut a brutis animantibus comedi videantur, eæ non vere et realiter, sed tantum specietenus putrescant aut comedantur, nimirum, permittente Deo, apparentem corruptionem in pœnam eorum, qui sacramentum indigne tractarunt. Hinc fit ut acriter invehatur in hæresim stercoranistarum, qui contendebant, ut ipse refert, corpora sacramento tanquam cibo distendi ac nutriri; species vero, ut communem cibum in secessum abire, etc., quocirca rectissime negat, rem se ita habere, quemadmodum stercoranistæ eam fingere et obtendere credebantur.

Eam igitur tenuit doctrinam Algerus, quæ omnium theologorum, imo ipsius Ecclesiæ doctrina est, scilicet ex specierum sacramentalium corruptione nullam corpori Christi injuriam irrogari; sed falso et frustra asseruit eas species nunquam corrumpi. Et falso quidem, quia experientia ipsius sententiæ contradixit; frustra autem, quia, cum docuisset accidentia sacramenti non inhærere corpori Christi, sed sine subjecto miro modo conservari, sane poterat sine Salvatoris injuria concedere ipsas species non aliter se habere ac si propriæ suæ substantiæ inhærerent, et proinde iisdem nutriri corpora, easdemque sicut alios cibos in secessum emitti. Cum enim substantiæ corporis Christi non inhæreant, corpus Salvatoris nequit dici ea pati quæ accidunt speciebus. Præterea statim ac ex causa externa qualicunque accidentia sacramenti speciem panis amittunt, jam cessat simul et sacramentum ipsum et corporis Christi sub hac specie præsentia... Hinc colliges Algerum, si minus perite sententiam suam ab hæreticorum cavillis vindicavit, nihilominus tamen a vera theologorum catholicorum doctrina ne latum quidem unguem discessisse.

(14) *De scriptoribus eccles.* ad ann. 1130, p. 246. ed. Bruxell. 1719

Non desunt viri graves qui putent hæresim stercoranistarum revera exstitisse nunquam; sed tunc primum veluti effictam fuisse, cum cardinalis Humbertus a Silva Candida, in celeberrima disputatione, quam Constantinopoli cum Niceta Pectorato anno 1054 instituit, eam adversario imputasset. Exprobrabat scilicet Nicetas Latinis, eos Quadragesimæ tempore, hora tertia (quæ nobis nona matutina est) accipiendo eucharistiam jejunium solvere; cui respondens cardinalis Humbertus : « O perfide stercoranista, ait, qui putas, fideli participatione corporis et sanguinis Domini, quadragesimalia atque ecclesiastica dissolvi jejunia, omnino credens cœlestem escam velut terrenam per aqualiculi fetidam et sordidam egestionem in secessum dimitti; plane sentis cum Ario (15)! » Hinc fictæ hæreseos initium repetunt eruditi, eamque Græcis nunquam probatam esse dicunt. Crediderim tamen Berengarium, et si quos habuit discipulos, dogma catholicum de substantiali corporis Christi præsentia in eucharistia ex absurdis, quæ fingebantur, stercoranistarum argumentis impugnasse, fideique catholicæ patronos eo impulisse, ut immundam hanc hæresim confutarent.

Quidquid hac de re statuatur, Algerus si minus perite, sincere tamen eam propugnavit opinionem, qua sacramento et honor debitus et summa reverentia asseruntur.

Fateor auctorem nostrum, quanquam ab eruditione merito laudetur, tamen hic illic scripta Patrum apocrypha, aut libros genuinos sub nominibus supposititiis allegasse. Sic, exempli gratia, Paschasium sub Augustini nomine frequenter citat. Libros de sacerdotio, quos sancti Joannis Chrysostomi fetum esse egregium nemo ignorat, sub sancti Basilii nomine semel ac iterum laudat (p. 117). Sub nomine Eusebii Emisseni profert homilias, quæ falso Eusebio Emeseno, scriptori Græco, ascribuntur, et sancto Eucherio Lugdunensi, Fausto Regiensi, Eusebio cuidam Gallicano, aut scriptoribus anonymis a peritioribus criticis tribuuntur. Utitur etiam libro Sententiarum Prosperi, cujus nulla affinitas cum opere quod hoc titulo inter scripta sancti Prosperi hodie servatur. Sed hæc menda Algero facile condonanda sunt, idque non tantum ob summam, qua ipsius ætas laborabat, librorum inopiam, verum etiam quia nunquam testimonia apocrypha profert, quin sententiam suam genuinis iisque perspicuis copiose probet.

Libros SS. Patrum genuinos, ubicunque id commode facere potui, juxta eum ordinem quem in optimis editionibus nunc obtinent, diligenter adnotavi; ut si quis hos consulere vellet, eos nullo posset negotio reperire. Hac in re præcipuam operam meam posui, postquam manuscriptos codices, quibus veteres Algeri editiones sanarem, frustra conquisivissem. Nam codex ille, qui sub Algeri nomine in Bibliothecæ Burgundicæ Bruxellensis catalogo notatur, Algeri non est, sed ex assutis quibusdam SS. Patrum laciniis constat. Prodit ergo editio nostra ex ea quam doctissimus Vlimmerius, canonicus regularis sancti Augustini, ante annos bis centum et octoginta quinque Lovanii adornavit; lectionem quandoque feliciter emendare potui ex textu quem exhibet Bibliotheca Patrum Coloniensis (ann. 1618, tom. XII, p. 410 et seq.); verbum *eamdem* ex propria conjectura supplevi p. 69; cætera integra reliqui ne forte menda mendis adderem.

Ne dubites, Christiane lector, quin tibi in hoc volumine exhibeatur liber, cujus laudem veteres theologi et recentiores celebrarunt : hunc laudat Petrus Venerabilis, vir doctrina et sapientia celeberrimus (16); hunc *valde bonum* esse scribit Bellarminus, hæreticorum terror (17); hunc utilissimum prædicant quicunque contra Protestantes hac nostra ætate scripserunt. Cardinalis Du Perron auctoritate ejus ac doctrina utitur ad refellendos hæreticos, eumque ut fidei testem ac theologum eximium hæreticis opposuit (18). Algerus est, ait doctissimus Petrus de Marca (19), qui primus docuit accidentia in SS. eucharistia subsistere sine subjecto, et in multis præcedentium scriptorum opiniones emendavit. Auctores operis quod inscribitur: *Perpétuité de la foi de l'Eglise catholique touchant l'Eucharistie*, non tantum Algerum inter præcipuos fidei catholicæ vindices recensent, sed neminem asserunt luculentius explicasse doctrinam sancti Augustini de venerando Sacramento (20).

Fruere ergo, Christiane lector, eximio hoc opusculo, et hoc qualicunque nostro labore; illud non frustra meditaberis, si infinitum illum, quem Salvator noster in SS. sacramento nobis exhibuit, amorem

---

(15) F. Humberti *Responsio in libellum Nicetæ Pectorati*. n. 22. ap. Galland. *Bibl. Patr.* XIV, 249.

(16) Locis supra citatis. — Erasmus in epistola ad Balthasarum episcopum Hildesimmensem, quam editioni suæ anni 1530 præmisit, quæque a Vlimmerio in editione Lovaniensi servata est, Algerum multis extollit laudibus; sed quia sceptice aut ludicre in illa epistola disputat Erasmus de doctrina catholica, eam prætermittendam esse censui.

(17) Postquam nævos quosdam in Algero notasset, subdit : « Hæc notare volui, *non ut imminuam gloriam Algeri*, qui magno zelo veritatem sua ætate defendit, sed ne lector offendiculum incurrat in legendo opere isto *alioqui valde bono....* » *De script. eccles.* ad ann. 1130, p. 246, ed. Brux. 1719.

(18) *Traicté du sainct Sacrement de l'Eucharistie*, p. 697, 698, 713, etc. Paris, 1633.

(19) *Traité du saint sacrement de l'Eucharistie*, p. 141, t. V, opusc. éd. Bamberg. 1789.

(20) *Perpétuité de la foi*, t. VI. *Tableau historique et chron.* p. 42. Vid. ibid. *Tradition de l'Eglise*, p. 195, ubi argumenta Algeri recensentur. Vid. etiam *Histoire littéraire de France*, t. XI, p. 158, et Dom Cellier, *Histoire générale des auteurs sacrés et ecclésiastiques*, t. XXII, p. 254.

penitius intelligere volueris. Quod si ex Algeri lectione fructum aliquem perceperis, id nobis mercedis loco erit, qui hoc maxime desideramus, ut hic de corpore Christi vero libellus in ædificationem corporis Christi mystici cedat. Exstet etiam tanquam tessera amoris quo universitas nostra catholica fertur in adorandum sacramentum; sitque pariter quoddam veluti monumentum devoti ejus in Ecclesiam Leodiensem animi.

Scribebam Lovanii die festo SS. Judæ et Simonis 1846.

J. B. MALOU.

DE ALGERO VETERUM TESTIMONIA.

I.

Algeri scholastici Elogium, auctore NICOLAO, *Leodiensi canonico, ejus æquali* (20*).

Algerus Leodiensis ab ipsa infantia totum se litterarum studio tradens, sub clarissimis viris quorum scientia et honestis moribus tunc temporis Leodiensis fulgebat Ecclesia et Francia illustrabatur, nobiliter floruit, adeo ut nulla ei Christianæ fidei regula videretur incognita, nulla liberalium artium aliena.

Et ut de moribus ejus aliquid memoriæ tradamus, primo in ecclesia Sancti Bartholomæi apostoli, quæ est in suburbio Leodii, Deo militavit, professione et habitu clericus, gradu diaconus, officio scholasticus. Procedente vero tempore in majorem ecclesiam Sanctæ Mariæ Sanctique Lamberti ab Otberto episcopo honorabiliter translatus, et a prioribus gratanter acceptus, usque ad obitum felicis memoriæ Frederici episcopi, annis viginti pro ecclesiasticis negotiis ad diversas personas et ecclesias multas insignes conscripsit epistolas, quæ a plerisque summo conservantur et leguntur studio.

Et quoniam ei in omni vita sua aurea mediocritas familiaris exstitit, in appetenda divitiarum extollentia prorsus ab omni ambitione alienus apparuit. Nam cum a nonnullis episcopis Saxoniæ seu Germaniæ ob egregiam tam in philosophis quam in sacris litteris famam expeteretur, et copiosis possessionum redditibus et magnis ecclesiasticis dignitatibus invitaretur, privatum quem tenebat locum sublimiori prætulit, dicens illud Salomonis: *Qui amat divitias, fructum non capiet ex eis* (Eccle. v, 9).

Erat autem subtilis ingenio, facundus eloquio, in consilio prudens, in dispensatione rei domesticæ diligens, in commisso fidelis, in proposito stabilis, et, quod his omnibus est pretiosius, æstimabatur, et erat tam fide quam doctrina catholicus.

Antiquam dignitatem Ecclesiæ relatione et scriptis majorum adeo diligenter habuit cognitam, ut eam totam ad subsidium memoriæ scriptam posteritati reliquerit, ne quorumdam clericorum seditionibus, qui novis rebus student, aliquando labefactaretur, aut veniret in dubium, quod propter communis concordiæ bonum ad majoris ecclesiæ spectat privilegium.

Hic itaque post obitum Frederici episcopi, cum rebus abundaret, et firmo corpore et integris sensibus plurimum valeret, ordinatis rebus suis, nudum Christum nudus sequens, arctioremque ideo feliciorem vitam sub sancti Benedicti Regula aggressus est in Cluniacensi cœnobio, ubi nunc usque superesse dicitur, non sine magno sanctæ conversationis et doctrinæ præconio.

Inter cætera ingenii sui monimenta, in clericatu adhuc positus, duos tractatus edidit ecclesiasticis negotiis et catholicæ fidei certe valde utiles : quorum primum intitulavit : *De misericordia et justitia,* auctoris nomine humilitatis gratia suppresso, quem tribus divisit particulis : quarum prima, temperando justitiam misericordia, sufficienter agit de malorum tolerantia ; secunda de ecclesiasticis peccatoribus et eorum canonica correctione ; tertia vero de his qui extra Ecclesiam sunt, et eorum sacrilega communione. Horum quatuor sunt species, excommunicati, damnati, schismatici, hæretici. Prologi ejus initium sic se habet : *Quisquis sim, non pondus vel momentum temporis, quod Jethro Moysi, pro modulo suo omnibus Catholicis.*

Alium vero edidit tanto nobiliorem, quanto sublimiorem, utpote de re mirifica et necessaria, de sacramento scilicet corporis et sanguinis Domini, de quo varii errores variæque proveniebant hæreses : quod quidem mysterium, ut in præfatione ejusdem operis invenitur, quamvis sit incomprehensibile, non tamen fidelibus videatur incredibile, quod non humana ratione, quæ ad hoc non suppetit, sed ipsius Christi, sanctorumque suorum testimoniis, quibus Ecclesia roboratur, affirmat et astruit. Hoc opus in tres partes dividitur : prima expedite agit de veritate et virtute corporis Christi, continens viginti duo capitula ; secunda de ipsius sacramenti variis quæstionibus, distincta decem capitulis ; tertia, quæ ad investigandum videtur difficilior, sub quatuordecim capitulis agit de ministris extraecclesiasticis peccatoribus, hæreticis scilicet vel schismaticis ; si vera, si rata sint, quæ celebrare videntur sacramenta, an potius vocentur et sint sacrilegia.

Complectamur igitur summo desiderio præclari ingenii opus laudabile, in quo nihil invenitur sanctorum dictis disssonum, nihil catholicæ fidei contrarium.

(20*) Ex. Mabillon. *Vetera Analecta,* p. 129, ed. an. 1723.

II.

Ex Petri Venerabilis tractatu De sacrificio missae et transubstantiatione contra Petrum Bruis et Henricum, novarum impietatum magistros.

Ambrosium, Augustinum, Gregorium, antiquos et sanctos Ecclesiæ doctores abjecistis; moderni temporis doctos et catholicos viros Lanfrancum, Guitmundum, Algerum ad vos mitterem, si saltem vel hos non pro majori auctoritate, sed pro temporis vicinitate et domestica cognitione dignaremini legere, vel pateremini audire. Quorum alter archiepiscopus Cantuariensis, alter episcopus Aversanus, tertius ante canonicus et magister Leodiensis, dehinc nostro tempore monachus et presbyter in monasterio Cluniacensi, ubi etiam liber ejus habetur, puræ ac devotæ conversationis exstitit. Horum primus de veritate corporis et sanguinis Christi, quæ sacramentorum velamine tegitur, bene, plene, perfecte; sequens melius, plenius, perfectius; ultimus (Algerus) optime, plenissime, perfectissime disseruit, adeo ut nihil etiam scrupulosissimo lectori quærendum reliquerit.

III.

Trithemius *De scriptoribus ecclesiasticis, cap.* 328.

Algerus ex scholastico monachus Corbeiensis in Saxonia, natione Teutonicus, ordinis sancti Benedicti, vir in sanctis Scripturis jugi studio exercitatus, et veterum lectione dives, atque in sæcularibus litteris magnifice doctus, ingenio cautus et satis disertus eloquio, carmine valens et prosa; scripsit urbano admodum stylo, insigne volumen *De sacramento altaris*, lib. III. *Quia sancti de corpore. — De gratia et libero arbitrio*, lib. I. *Sciendum est quod liberum* — et quasdam epistolas. Dicitur autem et alia complura scripsisse, quæ ad manus nostras non venerunt.

DIVI ALGERI
IN LIBRUM
DE SACRAMENTIS CORPORIS ET SANGUINIS DOMINICI
PROLOGUS.

Quia sancti de corpore et sanguine Domini varie scribentes, aliquando de universo Christo, capite scilicet et membris, aliquando non de universo, sed vel de capite, vel de membris loquuntur, aliquando cum sacramento, aliquando sine sacramento, simplicibus (ut de re ineffabili non intellecta) errores, plus autem quam oportet sapere volentibus gignuntur hæreses, adeo, ut simplices nisi perfectius instructi, errando pereant, plus quam oportet sapientes nisi correcti fuerint, docendo et defendendo quod nesciunt, se et alios perdant. Alii enim quod de membris dicitur, capiti ascribunt; alii, quod de capite, membris imponunt; et de utroque vel alterutro tam confuse sentiunt, ut, vel caput nimis humilient, vel membra nimis glorificent, et, sic nec quod verum nec quod dignum est utrinque dijudicent.

Nec solum de veritate corporis Christi, sed et de sacramento ipsius, varii errores, variæque proveniunt hæreses. Alii enim panem et vinum non mutatum, sed solum sacramentum, sicut aquam baptismatis, vel oleum chrismatis, corpus Christi non vere, sed figurate vocari dicunt, sicut cum dicitur: Accipe vestem candidam quam perferas ante tribunal Christi, nec tamen ipsam, sed ab ipsa significatam. Alii autem dicunt panem non solum sacramentum, sed in pane Christum quasi impanatum, sicut Deum in carne personaliter incarnatum. Alii autem panem et vinum in carnem et sanguinem mutari, sed non Christi, sed cujuslibet filii hominis sancti et Deo accepti, ut compleatur quod Christus dixit: *Nisi manducaveritis carnem Filii hominis, non habebitis vitam in vobis* (Joan. VI, 54). Alii autem gratiæ Dei derogantes, dicunt sacerdotum malis meritis ita invocationem divini nominis annullari, ut eorum indigna consecratione non debeat panis in Christi carnem converti. Alii vero mutari quidem in carnem Christi, sed malis meritis sumentium non permanere carnem Christi, sed iterum reverti in purum sacramentum panis et vini. Alii, quod est deterius, dicunt per comestionem, in fœdæ digestionis converti corruptionem.

Quia ergo tot hæreses, et si quæ sunt aliæ de sacramento corporis et sanguinis Christi pullulant, de veritate et virtute ipsius, aspirante divina gratia, quanto fidelius potero absolvam; non humana quidem ratione, quæ ad hoc non suppetit, sed ipsius Christi sanctorumque testimoniis, quibus Ecclesia roborata consistit, a quibus quo firmius veram obtinet fidem, eo certius æternam assequitur salutem. *Non enim, ut ait Apostolus, in persuasibilibus humanæ sapientiæ verbis, sed per stultitiam prædicationis placuit salvos facere credentes; quia, quod stultum est Dei, sapientius est hominibus; et quod infirmum est Dei, fortius est hominibus* (I Cor. II, 4). Videtur enim stultum, sed stultis, Christum in specie panis et vini, brutæ scilicet rei, præsentem nobis corporaliter fieri; tantilla formula panis, tantam majestatem contineri. Sed quis in Deo reprehendere debeat, quod in ipso pium, nobis autem est necessarium? Congruere quidem non videtur ejus dignitati, ut corruptibilis substantia panis incorruptibile ejus corpus fiat; sed congruit nostræ saluti, ut tali sacramento pane angelorum nos reficiat; sapientissime quidem, ut occulto mysterio fides exerceatur ad meritum; fortissime autem, ut mens tali cibo roborata, hoste devicto, fortius nitatur ad regnum. Sapientissime, inquam, et fortissime, ut tanti sui operis de re minima et maxima hec comprehendi possit potentia, nec artificium. Super omnia enim est mirabile existentem substantiam panis, in coexistentem substantiam carnis suæ convertere; quod est non videri, quod videtur non esse; ipsamque carnem, cum sit localis, præsentem in cœlo et in terra vere et substantialiter esse; et cum vere caro comesta, et sanguis ejus bibitus fuerit a populo, ipsum tamen Christum vivum et integrum suo permanere in regno. Sed hæc rationi cæca, fidei sunt manifesta.

Quod ergo ex se Christus tam mirabiliter, tamque salubriter dignatur pro nobis operari, non parvipendendum, sed jugiter a nobis venerandum est et colendum, quia cum potens sit de lapidibus suscitare filios Abrahæ (*Matth.* III, 9), qui elementa bruta panis et vini in suam convertit substantiam, multo magis fideles suos sub tantæ spei imagine et virtute, in corporis sui transfigurabit gloriam, non pro merito, sed pro gratia dans gratiam. Unde Augustinus (t. V, c. 1104) : « Mysterium vestrum de mensa Domini accipitis : estote quod videtis, et accipite quod estis. »

De tam mirifico itaque tamque necessario mysterio dicturus, prius fideles admonendos arbitror, ut quamvis sit incomprehensibile, non tamen videatur incredibile, quia etsi capaces non sumus ad intelligendum, Deus utique non est impotens ad peragendum, qui, ut ait Psalmista : *Omnia quæcunque voluit fecit in cœlo et in terra* (*Psal.* CXIII, 3). Pensare enim debet humana parvitas modum suum, ut quia non accepit ut magnalia Dei valeat comprehendere, non minus credat esse. Cum enim homo creatura sit, sed excellens, sicut præest quibusdam creaturis super quos factus est, sic etiam quibusdam nondum æquatus, subest longe dissimilius ei a quo factus est. Sicut enim lapidi datum non est ut sentiat, nec pecudi ut intelligat, sic nondum homini datum est ut cum angelis Deum sicut est videat. Cum ergo nec sentiatur a lapide, nec intelligatur a pecude cui præest, nunquid homo se minus esse intelligit, quia hoc suis inferioribus non innotescit?

Sic igitur Deus, qui incomprehensibilem majestatem suam bestialibus sensibus, vel intellectibus humanis, sicut res terrenas quaslibet communiter non exhibet perceptibilem; nunquid a nobis longe suis inferioribus minus esse putandus est, qui longe longius quam nostra inferiora nostram comprehendere non possumus suam veritatem? Quanto enim sensu vel intellectu longe sunt a nobis, quæ sub nobis facta sunt, tanto et incomparabiliter amplius longe sumus ab eo qui nos fecit. Ex quo enim *homo cum in honore esset non intellexit, et comparatus jumentis insipientibus similis factus est eis* (*Psal.* XLVIII, 13) : in corpore quidem bestiales sensus recepit, quibus tantum corporalia, nec illa etiam vere perfecteque sentiret; in mente vero ita hebetem intellectum habuit, ut parum corporalia, minus spiritualia discerneret.

Non igitur decet, ut bestiali sensu vel modico intellectu nostro, quo nec terrena ista scire sufficimus, immensitatem divinæ majestatis comprehendere velimus; cum ipsi angeli, qui adhuc nobis superiores sunt, in eum desiderent prospicere (*I. Petr.* I, 12), nec tamen immensitatem ejus majestatis valeant penetrare : quamvis eum sicut est, facie ad faciem contemplentur, et ejus manifesta gloria satientur. Quæ enim creatura, cum circumscripta sit, immensum possit comprehendere? Si enim aliquatenus comprehendi potest, immensus non est. Ut ergo ait Apostolus : *Non plus sapere quam oportet sapere, sed sapere ad sobrietatem; et unicuique sicut divisit Deus mensuram fidei* (*Rom.* XII, 3). Non enim omnia dat omnibus, sed unicuique proprium donum est a Deo. Quod ut in membris Ecclesiæ congrua corporis nostri probemus similitudine, variis membris varii sensus distribuuntur, per quos color oculis, sonus auribus dissimiliter sentiuntur : et sic in cæteris. Ut igitur figurate loquar, si visus auditui varietatem colorum, et visui prædicaret auditus varietatem sonorum, nonne alterum alteri credere oporteret in his quæ minime sentiret? Non enim deberet esse incredibile, quia ei esset incomprehensibile. Nunquid enim minus sunt quæ videntur, quam quæ audiuntur, et e converso? Ecce oculus plaustri motum videt, auris stridorem ejus tarditate sua non percipit. Cum ergo motus et stridor sine se non sint, nunquid minus simul sunt quia visus et auditus simul ea non percipiunt? Nunquid totus mundus simul non est, quia nulli sicut beato Benedicto simul visibilis est (21)? Cum ergo sensus non debeat præjudicare sensui pari suo, quo minus credat esse, quod non sibi, sed aliis est sensibile, quomodo præjudicare debeat intellectui majori suo, quo minus esse credat quod sibi non est intelligibile? Sicut enim sonus oculo est invisibilis, color auri est inaudibilis, sic omnibus sensibus corporeis animæ intellectus est insensibilis. Nunquid ergo minus est quod intellectu suo anima corporalia et spiritualia discernit, in virgultis vel herbis naturam caloris vel frigoris, humoris vel siccitatis, deprehendit, cogitationes a se dissidentes insensibili sua discretione compescit, ad corporeos etiam sensus regendos insensibiliter se afficit, et in his omnibus sola a se intelligitur et intelligit? Quorsum hæc? Ut, sicut illa quæ incomprehensibilia sunt sensibus

---

(21) S. Greg. M. *Dialog*, l. II, c. 35. col. 269. t. II op. ed. 1705.

non minus esse credantur, sic quæ sunt incomprehensibilia intellectibus humanis non minus esse credamur. Ut igitur ait Apostolus, Deum nunc *per speculum et in ænigmate* (*I Cor.* XIII, 12) contemplantes, multum de ipso cognoscimus, si ipsum nobis incomprehensibilem, in his quæ ex nihilo fecit, mirabilem in seipso credamus mirabiliorem.

Hortando quidem et inducendo ad fidem, modum prologi excedere visus sum : sed ideo, quia fidem magis vidi necessariam ad percipiendam veritatem sacramenti, unde acturus sum. Nunc igitur primam portiunculam hujus operis, Deo annuente, expediam de veritate Dominici corporis; secundam, de ipsius sacramenti variis quæstiunculis.

DIVI ALGERI
DE SACRAMENTIS CORPORIS ET SANGUINIS DOMINICI
LIBER PRIMUS.

CAPUT PRIMUM.
Quod Deus hominem Dominicum pro nobis assumptum, super omnia exaltavit.

Quia a vere fidei cognitione originalis delicti cæcitate tenti, ad varios errores decideramus, ut, instigante diabolo idololatriæ, et peccatorum passionibus deservientes, ad mortem obstinata mente tenderemus, magna sua gratia Verbum Dei caro factum est, et habitavit in nobis (*Joan.* II) : ut qui de suo erat incomprehensibilis, de nostro nobis fieret cognoscibilis; et de nostro quasi e vicino fieret appetibilis, dum germanæ carnis nostræ gloriam in ipso, gloriam quasi Unigeniti a Patre, videremus : et ex ipsius jam quasi cooriginalis gloriæ visibilibus signis, in invisibilium amorem rapti, ad vitæ æternæ patriam reduceremur.

Dominicæ igitur Incarnationis opus, sicut ipsi Deo præ cæteris omnibus operibus suis proprie proprium, sic præ omnibus operibus suis præcipue fecit præcipuum : ut hominem in unitate personæ suæ assumptum, et quasi ex adjuncta divinitate deificatum, ita glorificaret, ut non solum hominibus, sed et omnibus angelicis spiritibus adorandum præferens, in dextera Dei Patris collocaret. Unde Augustinus in libro contra Maximinum (lib. III, c. 2, tom. VIII, col. 695) Ait Apostolus : *Propter quod eum superexaltavit, et dedit illi nomen quod est super omne nomen : ut in nomine Jesu omne genuflectatur, cœlestium, terrestrium et infernorum* (*Philip.* II, 4) : Nec quæritis cui donaverit, utrum homini an Deo. Quomodo enim donaverit, evidenter apparet. *Humiliavit,* inquit, *semetipsum usque ad mortem, mortem autem crucis. Propter quod et Deus superexaltavit illum, et donavit ei nomen quod est super omne nomen* (*ibid.*).

Numquid antequam hoc fieret, non erat altus Filius Dei, Verbum Deus apud Deum : sed posteaquam propter hoc exaltatus est, quia factus est obediens usque ad mortem crucis, tunc cœpit esse altus Filius Dei, unicus Dei Deus, tunc cœpit habere nomen quod est super omne nomen ? Quis hoc insipientissimus dixerit ? Hoc ergo illi donatum est ut homini, secundum quem factus est obediens usque ad mortem crucis, quod jam habebat idem ipse Filius Dei Deus de Deo natus æqualis. Item S. Augustinus, (lib. III, c. 2, tom. VIII, col. 695), in eodem : « Homini ergo donavit ista, non Deo. » Neque enim cum in forma Dei esset, non excelsus erat, aut non ei genua flectebant, cœlestia, terrestria et inferna. Sed cum dicitur : *Propter quod illum exaltavit,* satis apparet propter quid illum exaltaverit. In qua ergo forma crucifixus est, ipsa exaltata est, ipsi donatum est nomen quod est super omne nomen : ut cum ipsa forma servi nominetur, unigenitus Filius Dei intelligatur. Item Augustinus in Tractatu psalmi octavi (n. 2, tom. IV, col. 43) : « *Et constituisti eum super opera manuum tuarum.* Quandoquidem et opera manuum Dei sunt angeli, etiam super angelos constitutum accipimus unigenitum Filium, quem minutum paulo minus ab angelis per humilitatem carnalis generationis et passionis audimus et credimus. *Omnia,* inquit, *subjecisti sub pedibus ejus.* Nihil excipit cum dicit omnia. » Et ne aliter liceat intelligi, sic Apostolus credi jubet, cum dicit : *Excepto eo qui ei subjecit omnia.* (*I Cor.* XV, 27).

Nec mirum si filius hominis Filio Dei in una persona unitus, sicut participium divini nominis, sic etiam divinæ gloriæ assequatur : ut exaltatus super omnem creaturam, flexione genuum ab omnibus adoretur, et Unigenitus Dei per ipsum cui unitus est nominetur. Cur enim hoc minus Deus faceret homini sibi personaliter unito, quam per eum facit anima corpori sibi unito ? Confert enim participium nominis et naturæ quam habet, ut ab anima animatum vivat et sentiat, quod ex se non habebat. Sed et ignis ferrum transverberans, ignitum reddit; candoremque suum et calorem conferens, ipsum scintillare, flammescere et urere contra suam naturam facit. Cum ergo ignis igniat, anima animet, quid Deus nisi hominem sibi unitum deificet, et super omnem creaturam exaltatum, puritatis, omnipotentiæ, et Deitatis etiam prærogativa secum glorificet ?

CAPUT II.

Quod quoniam Christus exaltatus est super omnia, et in eo nobis cuncta donata sunt, similem etiam gloriam nos sperare debeamus.

Sed et ut certius in simili natura nostra per gratiam Christi speremus gloriam, nos ejus fratres fecit, et illum, et cum illo omnia nobis donavit (*Rom.* VIII, 7) : ut dum Dominicum hominem in unitate personæ Dei, credimus deificatum, non dubium sit, quod, mediante ipsius gratia, teste Joanne, nobis est datum. Ait enim : *Quotquot receperunt eum, dedit eis potestatem filios Dei fieri* (*Joan.* I, 12), qui ex Deo nati sunt. Unde Augustinus in secundo sermone super Joannem (n. 15, tom. III, part. II, col. 303) : « *Ut homines nascerentur ex Deo, primo ex ipsis natus est Deus.* Noli ergo mirari, o homo, quia efficeris per gratiam filius, quia nasceris ex Deo secundum Verbum ejus. Prius ipsum Verbum voluit nasci ex homine, ut tu securus nasceris ex Deo. »

Revera enim ut securiores essemus in ipso de conformitate et unitate tantæ gratiæ (22) in humili nostra natura naturam carnis nostræ sibi univit Deus in eadem persona, ut dum eam tam mirabiliter glorificatam videremus, de germanæ carnis nostræ glorificatione non desperaremus. Quia igitur in hanc gratiam nos adoptare voluit, ut qui nec digni servi fueramus, filios Dei faceret, et Christo cohæredes ordinaret : ipsum quem primogenitum in multis fratribus et sibi unigenitum esse voluit, in quo erat plenitudo divinitatis corporaliter, privilegio omnis gratiæ non ad mensuram, sed super omnem creaturam insignivit, ut ipse de Spiritu sancto conceptus et Dei Filius non renatus, sed natus, nos in iniquitatibus conceptos, et servos diaboli natos, per gratiam filios Dei renasci faceret ; et eos secunda nativitate recolligens et immutans, ad suam gloriam proveheret, quibus prima sua nativitate omnimodis præcelleret.

Ut ergo deificum corpus Christi cujus esset potentiæ claresceret, sicut sol vitrum sine sua vel illius læsione penetrat, sic ipsum non phantasticum, sed verum virginis matris virginalia integra integrum pertransiens, nec ab eis dissipatur, nec ea dissipat. Res quidem stupenda et ineffabilis, sed nobis non incredibilis, quia Omnipotenti non impossibilis. Unde August. (tract. XCI, n. 3, t. III, part. II, col. 719) super Joannem : « *Omnia quidem cæterorum miracula superat quod est natus ex virgine, matrisque integritatem solus potuit nec conceptus violare nec natus.* »

Ut autem sic nasceretur Deus, illum decuit, nobis profuit, ut mundus natus nos mundaret, potenter natus infirmos roboraret. Suam enim munditiam, ut conformitate illa sibi uniti placeremus, nostram esse voluit : ne vero contra hostem sævissimum nostra infirmitate deficeremus, suam potentiam nostram fecit ut, dum sua fortitudo promptior est nobis quam nostra, per suam gratiam sibi devotiores ; et dum fortior, per suam omnipotentiam contra hostem simus fortiores. Ut enim potentes non tamen omnipotentes creari potuimus per naturam ; sed modo dum Omnipotens est fortitudo nostra, quasi omnipotentes efficimur per gratiam. Unde et Dominus in Evangelio : *Omnia possibilia sunt credenti* (*Marc.* IX, 31). Si ergo, quia nobis omnia possibilia sunt, omnipotentes efficimur, quid, Deo adjutore, nobis nocet nostra infirmitas, quæ et humilitatis auget meritum, et virtutis nescit detrimentum ? Quid enim fortitudinis rusticus amitteret, si in causa sua contra aliquem potentem rex ei patrocinaretur ubi ipse non posset ? Unde et Apostolus : *Si Deus pro nobis quis contra nos ?* (*Rom.* VIII, 7.) Item in Psalmo : *In Deo faciemus virtutem, et ipse ad nihilum deducet inimicos nostros* (*Psal.* LIX, 20). Item Dominus in Evangelio : *Confidite, quia ego vici mundum* (*Joan.* XVI, 18). Quod cur diceret, nisi illa sua victoria nostra esset ? Unde Augustinus in sermone de natali martyrum (CCCXXXIV, n. 2, t. V, col. 1298) : « *Proprio Filio suo non pepercit, sed pro nobis omnibus tradidit illum. Quomodo non etiam et cum illo omnia nobis donavit ?* (*Rom.* VIII, 32) Quando ipsum nobis donavit, cum illo nobis omnia donavit. Terret te fremitus mundi, cui donatus est artifex mundi ? » Christum nobis donatum esse gaudeamus, et nullos in hoc sæculo inimicos timeamus. Quidquid ergo potentiæ seu nascendo, seu infirmos curando, mortuos suscitando, ipse a mortuis resurgendo, cœlos ascendendo, monstravit, nobis fecit, ut ad roborandam infirmitatem nostram et salutem conferendam potens crederetur et esset, et illuc non desperaret caro pervenire, quo carnem cognoverat ascendisse. Unde Augustinus in sermone undecimo de verbis Evangelii : « *Serpentis astuta pernicies, ut laude Christi te avertat a Christo, dolose prædicat, quem vituperare non audet : exaggerat majestatem ejus, ut singularem faciat : ne tu speres tale aliquid, quale in illo resurgente monstratum est. Excita ergo fidem et dicenti : Christus solus potuit, nos non possumus, responde et dic : Ideo Christus potuit quia Deus. Respondebit ille : Utique quia Deus. Dic et tu : Et quia Deus, quia omnipotens, cur desperabo quod poterit et in me, quod demonstravit in se propter me ?* » Revera enim quia, ut ait Isaias, *puer natus est nobis, et filius datus est nobis* (*Isa.* IX, 6) : et cum illo, ut dictum est, omnia, quidquid in homine gessit propter nos fecit, ut cum ipse habens omnia, nobis datus esset, in ipso tam abundanti dono, nihil ad salutem pertinens nobis deesset : sed etiam in hac vita, ut ait Apostolus (*I Cor.* XV, 28), Deus omnia in omnibus esset. Ut igitur hoc patenter nobis constaret, ne ullatenus de sua gratia diffideremus, doctrinis, exemplis, sacramentis, promissionibus, beneficiis, dilectionem suam nobis commendans et nostram ex-

---

(22) Alias *gloriæ*.

citans, fragilitatemque roborans, pietatis affectu se nobis patrem vocari et esse voluit, quæcunque in nomine suo peteremus se daturum promisit : et, quia originaliter et miserabiliter servi eramus hostis nostri, hostes autem Dei patris nostri eadem natura qua perieramus, majori nostro honore, majori hostis confusione nos reparans, ad solvendum pro nobis Adæ debitum, ipse nihil ex se debens, noster vicarius exstitit : et, ut nos liberos et securos ab hoste redderet, pro voluptate cibi vetiti Adæ oblata, facultatem sanguinis sui voluntati ejus permissam recompensans, hoc pretio nos ita redemit, ut quia Dominus a nequam servo suo injuste vita spoliatus est, ipsum jure suis omnibus (nobis scilicet) spolians, et quia nos captivaverat, captivans, simpla morte sua duplam nostram, triduana æternam auferret : ejusdemque mortis pœna sibi indebita, Adæ peccatum, quod inultum esse non poterat, luens, Patris iram pro nobis satisfaciendo placaret, pœnamque sine fine nobis debitam relaxaret : et quia ipsi Patri solus ab origine mundi plenam obedientiam usque ad mortem servando de hoste suo triumphavit, hoc singulari suo merito, in ipso homine, quo mortem pertulit, super omnia, ut dictum est, exaltatus, nos Patris gratiæ reconciliatos de servis diaboli faceret filios Dei, baptismi sacramento regenerans, et spiritu adoptionis filiorum corda fidelium mundans, illuminans et roborans, ac variis charismatibus ornans.

CAPUT III.

Quod ad majorem tantæ gratiæ certitudinem ipsum caput nostrum Deus, nos membra ipsius ita constituit, ut nos corpus ejus cum ipso capite dicamur Christus, sacramento et veritate corporis sui nos sibi uniens, et incorporans.

Ad ultimum etiam ne aliquid in ipso nobis alienum videatur aut arduum, ita vere et perfecte communicavit nobis seipsum, ut visibiliter etiam corporis et sanguinis sui mirifico sacramento, Ecclesiam sibi uniens et concorporans tanta gratia insigniret, ut ipse caput ejus, et ipsa esset corpus suum, non nomine tenus tantum, sed in veritate sui corporis, vere sibi concorporatum : ut in illo nullius gratiæ nobis esset divortium, cum quo nos solidaret tam unicæ unitatis sacramentum : certumque esset, hoc pacto nos cum ipso per ipsum, in vita æterna, similem dignitatis obtinere gloriam, si cum ipso per ipsum, in hac vita similem innocentiæ servare voluerimus gratiam : maxime cum ipse moriturus, sub ipsius sacrosancti sanguinis sui Novo Testamento, cui, ut ait Apostolus (*Galat.* III, 15), superordinari aut mutari nefas est, vitæ æternæ pactum nobis assignaverit, et ipse a mortuis resurgendo, in se capite nostro, quomodo corpus suum glorificare deberet ostenderit. *Non enim esset misericordiæ Dei et justitiæ condignum, si eos repelleret a regni sui consortio, quibus tam familiariter uniri dignatur in mundi exsilio;* eisque honoris vicissitudinem non rependeret in manifesta visione suæ majestatis, a

quibus digne susceptus et adoratus est in occultis et peregrinis sacramentorum suorum ! figuris. Quomodo etiam ibi fieret diversum quod hic factum est unum ? Unde Hilarius in libro octavo De Trinitate (n. 13, col. 222) : « Si vere Verbum caro factum est, et vere nos Verbum carnem factum cibo Dominico sumimus, quomodo non naturaliter in nobis manere existimandus est, qui et naturam carnis nostræ jam inseparabilem sibi homo natus assumpsit, et naturam carnis suæ ad naturam æternitatis sub sacramento nobis communicandæ carnis admiscuit ? » Ita enim omnes unum sumus, quia in Christo Pater, et Christus in nobis unum in his nos esse faciunt. Si ergo nos vere sub mysterio carnem corporis sui sumimus, et per hoc unum erimus, quia Pater in eo est, et ille in nobis, naturalis per sacramentum proprietas, perfectæ sacramentum est unitatis.

Ideoque sancti caput Ecclesiæ Christum, Ecclesiam membra vel corpus Christi dixerunt, ipsamque cum ipso capite suo Christum. Unde Augustinus in libro De Trinitate (lib. IV, n. 12, t. VIII, col. 818) : « Sicut corpus unum est, inquit, et membra habet multa, ita et Christus. Non dixit, ita et Christi, sed, ita et Christus, ostendens Christum recte appellari etiam universum, hoc est, caput cum corpore suo quod est Ecclesia. » Et multis Scripturarum locis invenimus Christum etiam hoc modo appellari, ut cum omnibus membris intelligatur, quibus dictum est : *Vos estis corpus Christi et membra* (*I Cor.* XII, 7). Unde idem Augustinus admirans in sermone 26 super Joannem (n. 13, t. III, part. II, c. 499) ait : « In corpore esto Christi. » Non potest vivere corpus Christi nisi de spiritu Christi. Inde est quod exponens nobis hunc panem Apostolus : *Unus panis,* inquit, *unum corpus multi sumus* (*I Cor.* X, 17). O sacramentum pietatis, o signum unitatis, o vinculum charitatis ! Qui vult vivere, habet ubi vivat, habet unde vivat. Accedat, credat, vivat in Deo. De Deo incorporetur, ut vivificetur. Non abhorreat a compage membrorum, non sit putre membrum quod resecari mereatur ; hæreat corpori, vivat Deo de Deo.

Item Augustinus in tract. in. psal. CXXX : « Loquens Apostolus de membris Christi, non ait : sic et membra Christi, sed totum hoc quod dixit, Christum appellavit. Multa membra unum corpus Christus. » Ergo simul omnes cum capite nostro Christus, sine capite nostro nihil valentes. Item idem in sermone 111 super Joannem (n. 6, t. III, part. II, col. 783) : « Quomodo dilectio qua dilexit Pater Filium est in nobis, nisi quia membra ejus sumus et in ipso diligimur, cum ipse diligitur totus, id est caput et corpus ? Ideo subjungit : Et ego in ipsis ; tanquam diceret : Quoniam ego sum, et in ipsis. Aliter enim est in nobis tanquam in templo suo ; aliter autem nos in eo, quia et nos ipse sumus, cum secundum id quod ut caput nostrum esset, homo factus est, corpus ejus sumus. » Item idem in tractatu psalmi 142 (n. 3, t. IV, col. 1590) : « Omnia autem membra corporis, cum sint multa, unum est corpus ;

ita et Christus. Non ait, ita Christus et corpus, sed corpus unum membra multa, ita et Christus. Totum ergo Christus. Et quia totum Christus, ideo caput de cœlo : *Saule, Saule,* inquit, *quid me persequeris?* (*Act.* IX, 4.) » Item in eodem : « Tenete hoc, et fixum omnino mandate memoriæ, ut agnoscatis Christum caput et corpus, et inde videatis quanta gratia ad Deum pertineatis, ut ipse voluerit nobiscum esse unus, qui est cum Patre unum. Quomodo cum Patre unum ? *Ego et Pater unum sumus* (*Joan.* x, 50). Quomodo nobiscum unus ? Non dicit, et seminibus quasi in multis, sed tanquam in uno, et semini tuo qui est Christus. Sed ait aliquis : Si Christus semen Abrahæ, nunquid et nos ? (*Galat.* III 16.) Mementote quia semen Abrahæ Christus : ac per hoc, si et nos semen Abrahæ, ergo et nos Christus. Et post pauca : *Erunt duo in carne una* (*Gen.* v, 24). Apostolus dicit : *Sacramentum hoc magnum est; ego autem dico, in Christo et in Ecclesia* (*Ephes.* v, 32). Christus et Ecclesia, duo in carne una. » Hæc autem unitas capitis nostri et corporis Ecclesiæ, quomodo in sacramento corporis et sanguinis Christi communicando per geminam dilectionem Dei et proximi solidetur et confirmetur, ait ipse : *Qui manducat meam carnem, et bibit meum sanguinem, in me manet, et ego in eo* (*Joan.* VI, 55).

Unde S. Augustinus in sermone 27 super Joannem (n. 1, t. III, p. II, col. 502) : « Signum quia manducavit et bibit, hoc est, si manet et manetur, si habitat et inhabitatur, si hæret et non deseritur. » Hoc ergo nos docuit et admonuit mysticis verbis ut simus in ejus corpore sub ipso capite in membris ejus, edentes carnem ejus, non relinquentes unitatem ejus. Quæ unitas vera Dei dilectione servatur, ut corpus suum corpori suo, id est nobis uniatur. Unde Augustinus in sermone 229 De sacramentis fidelium feria II Paschæ (t. V, col. 976) : « Quia passus est pro nobis, commendavit nobis in isto sacramento corpus et sanguinem suum, quod etiam fecit nos ipsos. » Nam et nos corpus ipsius facti sumus : et misericordia ipsius quod accipimus, nos sumus. Quia igitur corpus Christi sumus qui corpus Christi accipimus, non solum capiti per dilectionem, sed etiam cum membris nostris invicem uniri debemus. Unde idem in serm. 26 super Joannem (n. 12, col. 499) : « Petra Christus in signo, verus Christus in carne et verbo. » Ille est ergo panis de cœlo descendens : ut si quis manducaverit ex ipso non moriatur (*ibid.*, 50). Sed quod pertinet ad virtutem sacramenti, non quod pertinet ad visibile sacramentum, qui manducat intus, non foris ; qui manducat corde, non qui premit dente.

Hunc itaque cibum et potum societatem vult intelligi corporis et membrorum suorum, quod est sancta Ecclesia. Hujus rei sacramentum, id est unitatis corporis Christi de Dominica mensa sumitur, aliquibus ad vitam, aliquibus ad exitum. Res vero ipsa cujus sacramentum est, omni homini ad vitam, nulli ad exitium quicunque ejus particeps fuerit. Virtus enim et res sacramenti est ut invicem se diligendo, de unitate corporis Ecclesiæ sint quicunque de eo participantur, quod nulli est ad exitium, sed omni credenti ad salutem : quicunque tantæ societatis, conformante et uniente Christo, vere particeps esse potuerit (23). Unde idem Augustinus in sermone De sacramentis fidelium (t. V, c. 976) : « Ad aquam venistis, conspersi estis, panis Dominicus facti estis. Quomodo unum videtis esse quod factum est, sic unum estote vos diligendo vos. Hæretici quærunt divisionem, cum panis iste non indicet nisi unitatem. Sic et vinum in multis racemis fuit, et modo in unum est. Quia igitur corpus Christi sumus, et Christus sumus, ita ut etiam in altari eodem sacramento signemur, cum panis Dominicus corpus Christi sit in scipso, et corpus Christi in Ecclesia mirabili unitatis gratia nos ad se pertinere voluit, cum mysterium nostrum sicut et suum in sacramento altaris, ne moriamur sumere nos concessit : ita ut etiam mysterium suum in veritate corporis sui sumptum nulli prosit, nisi mysterium nostrum, societatem scilicet ecclesiasticam eodem sacramento assumpserit ; quia, sicut caput non est vitale sine corpore, sic Christus nulli vitam confert sine unitate corporis Ecclesiæ. » Sed nec mysterium nostrum ullatenus in sacramento corporis Christi sit sine suo, ut sicut per dilectionem, unum sumus invicem, sic et plus etiam cum eo : quatenus, sicut ipse in nobis, sic et nos maneamus in ipso ; quia, cum a corpore suo sit indivisus, nec in sacramento suo veraciter sumi dicitur Christus, nisi sumatur universus, suo et nostro mysterio nobis incorporatus. Unde Augustinus in sermone De sacramento (272, t. V, col. 1104) : « Apostolum audi dicentem : *Vos estis corpus Christi et membra* (*I Cor.* XII, 7). Si ergo vos estis corpus Christi et membra, mysterium vestrum in mensa Domini positum est, mysterium vestrum accipitis : ad id quod estis, *Amen* respondetis. Esto membrum corporis Christi, ut verum sit *Amen* tuum. Quare ergo in pane ? Recolite quia panis non sit de uno grano, sed de multis. Quando exorcizabamini, quasi molebamini. Quando baptizati estis, quasi conspersi estis. Quando Spiritus sanctificationem accepistis, quasi cocti estis. Estote quod videtis, et accipite quod estis. Sic et de vino fratres recolite. Grana multa pendent in botro, sed liquor granorum in unitatem confunditur. Ita Dominus Jesus Christus nos significavit, nos ad se pertinere voluit, mysterium pacis et unitatis nostræ in sua mensa consecravit. Qui accipit mysterium unitatis, et non tenet vinculum pacis, non mysterium pro se, sed testimonium accipit contra se. »

Quia igitur per unitatem spiritualem ita concorporales et consacramentales sumus Christo, ut

(23) Alias *voluerit*.

similitudine prædicta dicamur panis Dominicus, dicamur etiam corporis Christi cibus, et sanguinis ejus potus ; quia, scilicet, sicut cibus et potus temporalem vitam, sic unitas Ecclesiæ confert æternam : ideo sancti eamdem unitatem vocant virtutem et rem sacramenti, rem, quia ab eo significatur ; virtutem, quia effectu divinæ gratiæ cum Christo maxime operatur : quamvis Christus ut caput nostrum virtus principalis et res sacramenti sit substantialiter et vere, societas vero et unitas ecclesiastica, figurate.

Non igitur errorem generet quod sancti aliquando de corpore Christi, aliquando per se loquuntur de corpore Ecclesiæ in eodem sacramento ; quia, etsi in unitate et effectu salutis utriusque corporis est similitudo in eminentia dignitatis, in veritate substantiæ, soli capiti nostro Christo servanda est, suæ singularitatis summa discretio. Quamvis enim hoc sacramento reformet corpus humilitatis nostræ, etiam in hac vita configuratum corpori claritatis suæ, non tamen nos usque adeo superextendere debemus, ut quantumcunque nos sua humanitate vel similitudine exaltet, usque ad ejus dignitatem pertingere præsumamus ; sed sic suscipiamus misericordiam suam in medio templi sui, ut usque in fines terræ sit laus sua secundum nomen ejus. Ipse enim est caput corporis Ecclesiæ, non unitate personæ, sed gratiæ.

CAPUT IV.
Quid sit sacramentum, et quot modis accipiatur.

Quia igitur hoc suo sacramento Christus Ecclesiam suam unit sibi et concorporat, de veritate ejus et virtute, quasi de re ineffabili, quantum Deus dederit disseramus : si tamen prius quid sacramentum sit discutientes, quomodo figura a veritate rei quam significat, discernenda sit ostenderimus. Augustinus in libro x De civitate Dei (c. 5, t. VII, col. 244) : « Sacramentum visibile, invisibilis rei sacramentum est, id est sacrum signum. » Item Augustinus in lib. II (c. 1, t. III, c. 19). De doctrina Christiana : « Signum est res præter speciem quam ingerit sensibus, aliud aliquid ex se faciens in cognitionem venire. » Item alibi (Quæst. in Levit. 84, t. III, col. 324) : « Sacramentum est invisibilis gratiæ visibilis forma. »

Sciendum autem quod sacramentum et mysterium in hoc differunt, quia sacramentum signum est visibile aliquid significans, mysterium vero aliquid occultum ab eo significatum. Alterum tamen pro altero ponitur, ut superius dictum est : mysterium vestrum accipitis, ut sit mysterium occultans et occultum, et sacramentum signans et signatum. Unde Maximus in quadam homilia Epiphaniæ (hom. 10, p. 77, ed. 1784) : « Mystica ejus nativitas sempiterno gaudio et terram lætificavit et cœlum. Hunc ergo regem cœlestium, hominumque rectorem sub carnis mysterio venientem, impius tremit Herodes. » Nec solummodo sacramentum pro alterutro, id est, vel pro signo vel pro signato invenitur, sed etiam pro utroque. Sicut cum dicitur : *Verbum caro factum est* (Joan. I, 15), caro pro carne et anima. Itemque : *Omnis anima potestatibus sublimioribus subdita sit* (Rom. XIII, 1) : anima pro carne et anima accipitur.

Nec mirum, si sacramentum pro sacramento et re sacramenti sæpius ponitur ; quia et corpus Christi pro sacramento et corpore Christi invenitur. Augustinus, De sacramentis altaris : « Corpus Christi, et veritas et figura est. *Veritas, dum corpus Christi et sanguis, virtute Spiritus in verbo ipsius, ex panis vinique substantia efficitur. Figura vero est, id quod exterius sentitur.* »

Sciendum etiam quod sacramentum in sacris codicibus non semper pro sacro signo, sed sacramentum aliquando jusjurandum, aliquando res sacrata accipitur. Unde Ambrosius in libro ad Gratianum apparuisse dicit hominibus unigenitum Patris per sacramentum assumpti hominis, quasi diceret : Per hominem quem sibi sacravit, quia homo non signum, sed potius occultatio divinitatis fuit.

CAPUT V.
Quod visibile sacramentum panis et vini, nuncupative dicatur corpus Christi.

Quia igitur sancti sacramentum pro sacramento et re sacramenti, et corpus Christi pro veritate et figura indifferenter usurpant, ne errorem generent, quid in pane Dominico sacramentum, et quid corpus Christi vere et proprie sit discernamus. *Formam panis et vini et cæteras elementorum remanentes et visibiles qualitates, sacramentum tantummodo vere dici et esse :* substantiam autem illam invisibilem, quæ ipso sacramento operta est, et in quam panis et vini substantia translata est, vere et proprie dici et esse corpus Christi testatur Augustinus in libro Sententiarum Prosperi, ita ea discernens : « Hoc est quod dicimus, quod modis omnibus approbare contendimus, sacrificium Ecclesiæ duobus confici, duobusque constare : visibili elementorum specie, et invisibili Domini nostri Jesu Christi carne et sanguine ; sacramento et re sacramenti, id est Christi corpore : sicut persona Christi constat et conficitur ex Deo et homine, cum ipse Christus verus sit et verus homo, quia omnis res illarum rerum naturam et veritatem in se continet, ex quibus conficitur. Conficitur autem sacrificium Ecclesiæ duobus, sacramento et re sacramenti, id est, Christi corpore. » Quæ ergo duo esse approbat, visibile scilicet sacramentum et invisibilem rem sacramenti, non unum et idem, sed aliud et aliud esse demonstrat. Unde item Augustinus in sermone De verbis Domini (272, t. V, col. 1104) : « Quod videtis in altari, panis et calix est, quod etiam vobis oculi vestri renuntiant : quod autem fides postulat instruenda, panis est corpus, calix est sanguis. » Et paulo post : « Ista, fratres, ideo dicuntur sacramenta, quia in eis aliud videtur, aliud intelligitur. Quod videtur, speciem habet corporalem ; quod intelligitur, fructum habet spiritualem. Quia igitur aliud est corporale quod videtur, aliud spirituale quod intelligitur, aliud ergo est sacramentum quam rem sacramenti, id est corpus Christi. » Item Augustinus in libro Sententiarum Prosperi : « Caro ejus est quam forma panis opertam in sacramento accipimus. Non dicit ergo formam panis esse carnem Christi vel formam, sed operimentum carnis Christi. » Unde etiam in fine cujusdam missae oratur et dicitur : « Perficiant in nobis, Domine, quaesumus, sacramenta tua quod continent, ut quod nunc specie gerimus, rerum veritate capiamus (24). » Postulat quippe sacerdos ut corpus Christi quod sub specie panis et vini nunc geritur, manifesta visione, sicuti revera est, quandoque capiatur. De qua visione Dominus in Evangelio secundum Joannem : *Qui diligit me, diligetur a Patre meo, et ego diligam eum, et manifestabo ei meipsum* (Joan. XIV, 21). Et de hoc eodem sacramento legitur in passione beati Dionysii, cui, dum sacrum mysterium celebraret in carcere, apparuit Dominus, dansque illi sancta dixit : « Accipe hoc, chare meus, quod mox complebo tibi una cum Patre meo. » Ac si diceret : Quod tibi do modo in viatico, non mutabo in praemio, ut dem aliud ; sed id ipsum complebo, meipsum manifestans.

Cum igitur sacerdos dicat sacramenta non corpus Christi esse, sed in se continere, nec etiam ipsius corporis veram formam, sed tantummodo similitudinariam speciem et figurativam illius quod in rerum veritate, id est in vera suae claritatis specie capere desiderat : quod etiam Dominus beato Dionysio non perfectum esse in hac vita, sed in alia complendum asseverat : quomodo sacramenta quae visibilia et mutabilia sunt, erunt verum corpus ejus, vel vera species corporis illius, in quo post resurrectionem invisibilis et immutabilis est Christus? Unde Augustinus contra Faustum (lib. XIX, cap. 16, t. VIII, p. 321) : « Quid enim aliud sunt quaeque sacramenta corporalia, nisi quasi quaedam verba visibilia, sacrosancta quidem, et tamen mutabilia et temporalia? » Absit ergo ut transitoria species panis et vini, sit vera substantia vel vera species immutabilis corporis Christi. Sed, si aliquando dicitur corpus Christi, nuncupative et non vere oportet intelligi. Unde Augustinus ad Bonifacium (epist. 23, n. 2, t. II, col. 150) : « Si sacramenta quamdam similitudinem in earum rerum quarum sacramenta sunt non haberent, omnino sacramenta non essent. Ex hac autem similitudine plerumque ipsarum rerum nomina accipiunt. Sicut ergo secundum quemdam modum, sacramentum corporis Christi, corpus Christi est, sacramentum sanguinis Christi, sanguis Christi est ; sic sacramentum fidei fides est. Ac per hoc parvulus qui non habet fidei affectum, respondetur credere, et fidem habere, propter fidei sacramentum. »

In quo notandum est sacramentum corporis Christi, secundum quemdam modum, id est similitudinarie et nuncupative, non proprie corpus Christi vocari,

(24) *Sabbato quatuor Temporum Septembris.*

quantum ad elementorum speciem et formam : quod tamen vere et proprie corpus Christi vocatur et creditur, quantum ad substantiam quam continet et in quam panis et vini substantia conversa est. Unde Eusebius Emissenus : « Vere unica et perfecta hostia fide aestimanda, non specie, nec exteriori censenda visu, sed interiori affectu. Cum enim exterius non videatur nisi species panis, interius creditur veritas Dominici corporis. » Et, ut ait Augustinus (lib. Sententiarum Prosperi), sanguis Christi est, quem sub vini specie ac sapore potamus.

CAPUT VI.
Quod Christus in pane sacramentali non ita personaliter sit impanatus, ut in carne incarnatus.

Quamvis autem sacramentum superius a re sacramenti, tanquam figura a veritate, satis distinctum sit, errantes tamen quidam de quibusdam sanctorum verbis, dicunt ita personaliter in pane impanatum Christum, sicut in carne humana personaliter incarnatum Deum (25). Quae haeresis, quia nova et absurda est, rationibus et auctoritatibus, prout Deus aspiraverit, radicitus est exstirpanda. Ex quadam enim similitudine beati Augustini in libro Sententiarum Prosperi, suam sumunt et defendunt haeresim, qua dicit : « Sacrificium Ecclesiae duobus confici, duobusque constare sicut persona Christi constat et conficitur ex Deo et homine. » Dicunt enim male subaudiendo, ita personaliter sacrificium Ecclesiae, id est Christum in altari sacrificatum, duobus constare in eadem persona, sicut persona Christi constat ex Deo et homine. Si autem opponitur illis, quod illa elementorum species non sit cum Christo una persona, sed tantum sacramentum ejus, mysterium et figura, nec sic desistunt, dicentes quia ita dicit beatus Ambrosius ad Gratianum, sicut dicitur sacramentum assumpti hominis, sic dicitur sacramentum Dominici corporis. Et beatus Maximus, Deum sub carnis mysterio venientem ; itemque in multis Scripturis dicitur Deus opertus humana forma vel figura, sicut Christus in altari, panis forma vel figura. Qui error nulla quidem sanctorum auctoritate astruitur, sed ex indifferenti et impropria usurpatione nominum vel similitudinum concipi videtur : qua de sacramento et re sacramenti ita loquuntur, ut prave intelligentibus, quasi in unum quid accipiantur. Sed cum dicitur : « Corpus Christi est veritas et figura, nunquid pro una persona accipiendum est, » sicut cum dicitur : « Homo est corpus et anima? » Similis quidem est grammatica, sed non similis intelligentia. Non enim dicitur quod haec duo sint in corpore Christi personaliter unum facta, sed ita aequivoce dicitur corpus Christi veritas et figura, quasi de vero homine et picto diceretur, homo dicitur homo verus et pictura, quanquam familiarior sit figura panis cum veritate corporis Christi, quam pictura cum homine : cum non solum repraesentet ut sacramentum, sed ipsum etiam contineat, et sub-

(25) *Lutheri et Lutheranorum haeresis perstringitur.*

stantialiter conversus sit in ipsum. Item non omnifaria similitudo accipienda est, qua dicit Augustinus sacrificium Ecclesiæ ita constare duobus sicut persona Christi duobus constat: cum non utrobique personalis unitatis contulerit similitudinem, sed qualiter tantum utraque duobus constent fecerit collationem.

Sed item opponunt, quia ita dicitur Christus assumere speciem vel formam panis in altari, sicut Verbum Dei speciem vel formam carnis in utero virginali; et sicut Verbum fit caro, sic panis fit eadem caro. Sed nunquid vel sic vincent, qui confusione similitudinum pervertere quærunt Dei veritatem? Revera enim Verbum fit caro, et panis fit eadem caro; sed longe diverso modo. *Verbum fit caro, et nascitur caro de carne, assumendo carnem, non mutatum in carnem: sic factum quod non fuerat, ut non desisteret esse quod erat. Panis autem fit eadem caro, non nascitur caro, nec assumit carnem, sed mutatur in carnem; sic factus quod non erat, ut desistat esse quod fuerat* (26): pulchra spe nostra pulchroque mysterio, ut in corpus Christi trajici non desperet rationalis natura, in quod trajicitur et bruta; si desistat esse quod ex se male fuerat, et sit in Christo quod bene non erat.

Quod autem panis non nascitur, testatur Augustinus contra Faustum: « Panis et calix non qualibet, sed certa consecratione mysticus fit nobis, non nascitur. » Proinde quod ita non sit, quamvis sit panis et calix, alimentum est refectionis, non sacramentum religionis, nisi quod benedicimus, gratiasque agimus Domino in omni ejus munere, non solum spirituali, verum etiam corporali. Cum ergo panis mysticus non nascatur, nec aliqua naturæ terrenæ origine vel conditione in hoc divinæ gratiæ sacramento creetur, *sed ita corpus Christi fiat, ut panis esse desinat*, quomodo res, quæ jam non est, vel ipsa alicui, vel aliquid ei impersonari potest?

Sed quomodo Christus in pane, qui jam non est, impanari dicitur, cum Christus in panem nec convertatur, nec aliquatenus panis fiat; sed, e converso, panis in corpus Christi convertatur, et corpus Christi fiat, ita ut panis non remaneat? Non enim ita sumere dicendus est in altari speciem vel formam panis, sicut in utero virginali speciem vel formam carnis: cum in utero sumpserit speciem vel formam cum substantia, in altari vero speciem vel formam panis *mutata et non permanente substantia*. Cum enim dicitur species vel forma panis et vini, hæc illarum rerum sunt vocabula, quæ ante fuerunt, scilicet panis et vini. Panis enim et vinum in sacramento jam non sunt, sed ante fuerunt. Quam igitur in sacramento Christi possunt creare novam personam, in quo nec antiquam suam retinent substantiam? Unde notandum est, cum divina pagina corporis Domini *panem vocat*, non substantialiter, sed mystice et figurate dici: vel *quia ex eo conficitur*,

ejusque nonnullas retinet qualitates, vel quoniam animam pascit, eique vitæ æternæ ministrat substantiam, vel quoniam panis est angelorum. Solent enim Scripturæ quaslibet res vocare nominibus illarum rerum ex quibus fiunt: ut cum dicitur homini, quid superbit terra et cinis, cum homo non sit cinis, sed ex cinere factus; seu quæ putantur esse et non sunt, ut cum legitur Abraham vidisse tres viros, cum essent angeli (*Gen.* XVIII, 2); seu quibus similes aliquo modo existunt, ut cum Deus dicitur leo propter fortitudinem. *Sic igitur corpus Domini panis vocatur, vel quia, ut dictum est, ex pane conficitur, vel quia intuentium oculis, cum sit caro panis videtur; vel ea similitudine qua sicut panis materialis carnem, sic ipse spiritualis alit mentem.*

Sed opponunt, quia, sicut Verbum assumpsit veram speciem carnis cum substantia, sic Christus in altari veram speciem panis cum substantia. Cum enim dicat Augustinus in sermone De verbis Domini: « Quod videtis in altari calix et panis est, quod etiam vobis oculi vestri renuntiant, testimonio oculorum veritatem panis astruere conantur. » Quod autem subsequenter ait: *Panis est corpus, calix est sanguis*, unitatem personalem mentiuntur, quamvis ipsis sensibus corporeis per omnia credendum non sit: ut cum oculi in aqua ramum fractum putant, vel longinquitate victi, quod magnum est parvum renuntiant, vel obscuritate aliud quam sit, ut Maria in tenebris Jesum hortulanum, et discipuli nocte super mare ambulantem phantasma æstimant. Sed quæ perfectio possit esse humani visus, cum ad ea penetranda, quæ superficie tenus videt, lynceis oculis non æquetur? Quis ergo dubitet de veritate corporis et sanguinis Domini, quæ spiritualiter creditur: quidquid sensus corporei de ipso vel forma, vel odore vel sapore extrinsecus mentiantur? Non minus vere erat Christus, cum Maria putaret hortulanum, quam cum recognovit eum.

CAPUT VII.
Quod remanentibus qualitatibus suis substantia panis et vini in verum corpus Christi mutetur.

Sed iterum, teste beato Ambrosio, ubi ait sermonem Christi operatorium esse, ut panis et vinum sint quæ erant, et in melius commutentur, videntur astruere ut sint substantialiter quæ erant, et in aliud mutentur. Quod tamen tolerabiliter dictum est, nisi a pravo interprete intolerabiliter exponatur. Si enim intelligatur ut panis et vinum sint quæ erant non secundum substantiam, sed secundum formam et cæteras suas qualitates ibidem remanentes, et secundum substantiam in aliud mutentur: quamvis aliquantulum improprie, tamen tolerabiliter et vere dictum erit. Et revera, ne suis et cæterorum sanctorum auctoritatibus contradicat, ita necessario est exponendum. Quidquid enim mutatur in aliud, in aliquo desint esse quod fuerat, sive substantialiter, sive accidentaliter. *Sed in pane et*

---

(26) En transsubstantiationis dogma.

vino cum in corpus Christi mutantur, accidentia esse non desinunt, sed omnia remanent: ergo panis et vini substantia esse desinit.

Quia igitur sane expositum est, ut sint quæ erant secundum visibilem speciem remanentem, et mutentur secundum interiorem essentiam ineffabiliter, ut et invisibili sacramento vera probetur elementorum species esse quæ fuerat, et interius substantia eorum mutari in melius quod prius non fuerat, ut videamus B. Ambrosium sibi vel aliis sanctis non esse contrarium, verba sua in ordine suo ponamus. Ait enim in libro De sacramentis (lib. IV, c. 4): « Tu forte dicis: Meus est panis usitatus. Sed panis iste panis est ante verba sacramentorum: ubi accesserit consecratio, de pane fit corpus Christi. Consecratio igitur quibus verbis est, et cujus sermonibus? Domini Jesu. Ergo Christi sermo hoc conficit corpus. Quis sermo Christi? Nempe is quo facta sunt omnia. Si ergo tanta vis est in sermone Domini Jesu, ut inciperent esse quæ non erant, quanto magis operatorius est, ut sint quæ erant, et in melius commutentur? Ergo ut tibi respondeam, non erat corpus Christi ante consecrationem, post consecrationem jam corpus est Christi. Ipse dixit et factum est, ipse mandavit et creatum est. »

Ergo didicisti, quod ex pane fiat corpus Christi, et quod vinum et aqua in calicem mittitur, sed fit sanguis consecratione verbi cœlestis. In quo notandum est B. Ambrosium comparatione a majori ita usum, ut quandoquidem Deus de nihilo fecit substantiam et formam, multo magis altera manente, in melius mutare possit alteram. Unde idem in eodem lib. IV, cap. 5: « Antequam consecretur panis est; ubi autem verba Christi accesserint, corpus est Christi. Et ante verba Christi calix est vino et aqua plenus: ubi autem verba Christi operata fuerint, ibi sanguis Christi efficitur, qui plebem redemit. » Ergo vide quantis generibus potens est sermo Christi universa convertere. Deinde ipse Dominus Jesus testificatur nobis quod corpus suum accipiamus et sanguinem. Nunquid debemus de ejus fide et testificatione dubitare?

Item Eusebius Emissenus (hom. 5 De Paschate): « Nec dubitet quisquam primarias creaturas, nutu potentiæ, præsentia majestatis in Dominici corporis transire posse naturam, cum ipsum hominem videat artificio misericordiæ cœlestis Christi corpus effectum. Sicut autem quicunque ad fidem veniens ante verba baptismi adhuc in vinculo est veteris debiti, his vero commemoratis, mox exuitur omni fæce peccati; ita benedicendæ verbis cœlestibus creaturæ, sacris altaribus imponuntur, et antequam invocatione summi nominis consecrentur, substantia illic est panis et vini: post verba autem Christi, corpus et sanguis est Christi. Quid autem mirum est, si ea quæ potuit verbo creare, verbo possit creata convertere? Imo jam minoris videtur esse miraculi, si id quod ex nihilo condidisse agnoscitur, jam conditum in melius valeat commutare. Require quid ei possit esse difficile, cui facile fuit visibilia et invisibilia voluntatis imperio suscitare: cui facile fuit hominem de limi materia figuratum, imaginem etiam suæ divinitatis induere, corpus humanum conforme corpori suæ claritatis reddere. »

Item Augustinus in homiliis (27): « Ante verba, quando offertur panis, dicitur: ubi verba Christi deprompta sunt, jam non est panis, sed corpus Christi appellatur. » Quia sancti dicunt quod post consecrationem jam non est panis, sed corpus Christi, nihil omnino de pane in sacramento remansisse aliqui autumant; sed sicut virga mutata in serpentem, jam non virga, sed, serpens vocatur, quamvis in serpente non virgæ substantia, ex qua factus est, sed tantum forma periisse creditur; ita in sacramento panis non est panis, quamvis in eo non forma panis, sed substantia mutari credatur. Cur enim Deus, qui utramque ex nihilo creavit, non possit æque mutare substantiam, vel etiam ad nihilum redigere sicut et formam? Unde et B. Ambrosius: « Vide quantis generibus potens est sermo Christi universa convertere, quia vel in diversam formam, ut virgam in serpentem; vel in diversam gloriam, ut hominem de mortalitate in immortalitatem; vel in diversam substantiam, ut pane in corpus Christi; vel in aliud quam sint, sive melius sive pejus multis modis aliis, sibi tantum cognitis. » Unde divus Augustinus in libro Sententiarum Prosperi: « Nos autem in specie panis et vini quam videmus, res invisibiles, id est Christi carnem honoramus et sanguinem; nec similiter pendimus has duas species, quemadmodum ante consecrationem pendebamus, cum fideliter fateamur ante consecrationem esse panem et vinum, quod natura formavit, post consecrationem vero carnem Christi et sanguinem, quod benedictio consecravit. » Quod quamvis ideo dicat, ne quis putet pro remanente elementorum visibili specie ipsorum etiam substantiam, quæ jam corpus Christi facta est, remansisse: evidenter tamen astruit ante et post consecrationem easdem esse species, quas propter substantiæ mutationem ante et post non similiter se dicit pendere. Quia tamen ex ipsis elementorum visibilibus speciebus erratur a multis, cum satis constet quod de eorum substantia corpus Christi fiat, quia, ut ait Augustinus, corpus Christi et sanguis ex panis et vini substantia efficitur, de ipsis speciebus videamus.

Si enim panis omnino ita mutetur in corpus Christi, ut nihil ex ipso supersit vel appareat, aut, si quod apparet, non verum, sed phantasticum fiat, rationi videtur contrarium. Si enim pane mutato nihil visibile reservaretur, minueretur fidei meritum, vel pro evidenti miraculo, quia in consecratione

---

(27) Est sermo 84 Appendicis op. S. Aug., t. V, col. 152, exscriptus ex S. Ambrosii libro V De sacram., c. 4.

sacramenti panis omnino evanesceret, vel quia oblivione sopita fidei devotio torperet, cum in tanto mysterio signum aliquod unde memoria admoneretur non superesset. Non enim superesset aliquod visibile, circa quod mystica passionis signa et crucifixionis Christi in missa possent celebrari; nec unde in perceptione corporis et sanguinis ejus incorporationis suæ et nostræ mysteria compleri, vel infirmis viaticum dari; nec cætera quæ visibiliter et salubriter per ipsum in sancta Ecclesia fiunt, valerent administrari. Non enim frustra dixit Dominus: *Hoc facite in meam commemorationem* (*Luc.* XXII, 19), sacramentum exhibens sicut verum fidei, sic vere visibile excitandæ commemorationi: ut quod fidei certum est, mentem pascat, quod visui certum est, devotionem accedat. Quia enim illum secundum carnem cœlos oportuit penetrare, ut illuc confidentius tenderemus, reliquit nobis carnalibus hujus sacramenti visibilem figuram et characterem carnis et sanguinis sui, ut suæ passionis memoria incitati, constantius hoc faceremus.

Item, si elementa omnino mutarentur in Christi carnem, nihil amplius esset Christi caro quam modo est. Sed, etsi propria species humanæ carnis corporaliter appareret, nihilominus spiritualis crederetur quam creditur et est. Et quid prodesset videre eum in propria specie humanæ carnis, qui tamen credendus esset vere habere spiritualem speciem resurrectionis? Ut autem in sequenti astruetur, minueretur fidei meritum, pro tam manifesto veritatis experimento; vel impediretur perceptionis ejus commoditas, pro humani corporis comedendi horrore injecto.

Cum autem in sacramento forma panis, soliditas, color, sapor sentiatur, vel verum hoc esse, vel phantasticum dicitur. Sed absit ut perfecta veritas phantasiæ fallacia astruatur, maxime cum ipsi angeli, et ipse Spiritus sanctus in columba vel linguis igneis, quoties apparuisse leguntur, non phantastica, sed vera corpora in aere assumere astruantur; et in cæteris omnibus sacramentis Novi Testamenti et Veteris, nihil phantasiæ, sed omnia vera inveniantur. Absurdum enim revera est, ut quod non vere est, veritatem approbet; et quod de se fallit æstimationem, de alio veram exhibeat fidem. Phantastica enim illusio, magicis congruit et diabolicis fraudibus: veritatis autem assertio, divinis sanctionibus. Ne ergo phantastica species, sacramento Christi aliena prorsus et indigna, superinduci credatur, quæ magis novit fallere quam veritatem astruere, quomodo id non solum rationi, sed et auctoritati sit contrarium, videamus.

Ut ait Augustinus: « Caro ejus est, quam forma panis opertam in sacramento accipimus; sanguis ejus est, quem sub vini specie ac sapore potamus. » Sed quia, ut supra dictum est, in fine missæ oratur ut corpus Christi quod sub specie panis et vini nunc geritur, rerum veritate capiatur, ne putetur ipsa species panis et vini, quam corpori Christi non dicit veram vel propriam, similiter in seipsa non esse vera, sed phantastica, sicut solent videri phantasticæ species rerum in somniis, vel magorum præstigiis. Quid est quod S. Augustinus approbare contendit modis omnibus, sacrificium scilicet Ecclesiæ duobus confici, duobusque constare, visibili elementorum specie, et invisibili Christi carne et sanguine? Si falsum et frivolum erat, frustra hoc tantus vir omnibus modis approbare contendebat, frustra ad confectionem sacramentalem, veram ex veris rebus ostendendam personalem confectionem Christi, ex vero Deo et vero homine in similitudinem adducebat. Frustra etiam universalem propositionem (qua utramque confectionem, sacramenti scilicet, et personæ Christi, ex veris rebus constare astrueret) subdebat dicens: « Quia omnis res illarum rerum naturam et veritatem in se continet, ex quibus conficitur. » Quod absit! Sacrificium enim Ecclesiæ revera veritatem, et naturam in se continet earum rerum ex quibus conficitur, quia vere et naturaliter continet corpus Christi et sanguinem, et nihilominus vere et naturaliter elementorum eamdem quæ fuerat speciem. Alioquin quomodo verum erit, quod de elementis sacramentalibus Ambrosius dicit, ut sint quæ erant, et in aliud commutentur, nisi de eis in sacramento et aliquid reservetur, ut sit quod fuerat et aliquid mutetur, ut melius fiat?

Item quomodo verum erit, quod præsente Nicolao papa, et 113 episcopis sancta synodus Romæ Berengario hæretico de hujus rei catholica fide scriptum tradidit, et ille jurejurando firmavit, *panem scilicet et vinum post consecrationem non solum sacramentum, sed et corpus Christi esse et sanguinem.* Si panis post consecrationem utrumque est, sacramentum scilicet et corpus Christi, oportet quod sacramentum sit specie, et corpus Christi factum sit substantiæ mutatione. Unde Augustinus: « Quod videtis in altari, panis est et calix, quod etiam oculi vestri denuntiant, oculorum testimonio non phantasiam, sed speciei veritatem approbans. » Et subdidit: « Quod autem fides postulat, panis est corpus, calix est sanguis, mutatione scilicet substantiæ. Alioquin, si ex phantasia et veritate sacramentum Christi confici creditur, jam confectio non erit quam ex aliqua re et nulla confectio constare non possit. Conficitur ergo sacramentum ex vero corpore Christi et sanguine, et ex veris speciebus panis et vini. »

CAPUT VIII.
Quomodo sacramentum corporis Christi a cæteris sacramentis differat vel conveniat.

Sed, quia de confectione sacramenti dictum est, quomodo sacramentum corporis Christi ab aliis differat sacramentis, vel quomodo conveniat, videamus.

Cætera enim sacramenta Novi Testamenti et Veteris, figuræ tantum fuerunt; nec aliquæ species eorum, ut id fierent quod significabant, ab hoc quod fuerant, ut manna, petra, aliquatenus mutatae sunt. Aqua vero baptismatis, et oleum chrismatis in sacramento ab hoc quod est non mutatur; nec Spiritum sanctum, quem significat aqua abluentem, emundantem, oleum vero roborantem, illuminantem, quamvis credentibus suo mysterio exhibeat, non tamen continere essentialiter, sed figurative tantum creditur. Solum sacramentum panis et vini ita mutatur, ut substantialiter non sit quod ante fuerat; sed substantia ejus corpus Christi fiat, forma vero remanens ipsum significet et contineat.

Hanc autem panis et vini substantiam ideo Christus in suo sacramento remanere non voluit, ne, si duæ substantivæ veritates, panis scilicet communis noster, et ipse vivus et verus panis in eodem sacramento essent, errorem gignerent veritatis, dum ibi esset et ipse verus panis, quia vita æterna, et panis communis suo modo verus, quia temporalis vitæ substantia. Facilius enim et certius creditur corpus Christi in illo sacramento fieri et esse, ubi corporaliter non fuerat, non solum pro sacramento, sed et pro miraculo, dum ibi panis desinit esse quod fuerat. Et forsitan, ne hæreses impanationis et fœdæ digestionis huic singulari suo sacramento ascribi possent, ipsum ab omni corruptibilis naturæ vel materiæ contagio purum esse voluit.

Sciendum tamen quod beatus Augustinus hoc sacramentum in significando Christum aliis comparat, quamvis tanto privilegio, ut dictum est, omnibus tam novis quam veteribus præcellat. Ait enim in libro III De Trinitate (cap. 4, n. 10, tom. VIII, c. 798): « Si apostolus Paulus, quamvis adhuc ex parte et in ænigmate videret (*I Cor.* XIII, 12), potuit tamen significando Christum prædicare, aliter per linguam suam, aliter per epistolam, aliter per sacramentum corporis et sanguinis ejus, nec significantes sonos lingua editos, nec signa litterarum conscripta pelliculis, corpus Christi et sanguinem dicimus; sed illud tantum, quod ex fructibus terræ acceptum, et prece mystica consecratum, rite sumimus ad salutem, quid mirum, si etiam in creatura cœli et terræ, maris et aeris facit Deus quæ vult sensibilia et visibilia ad seipsum in eis, sicut oportere novit, significandum et demonstrandum? » Cum igitur per sacramentum corporis et sanguinis Domini Christus significari dicatur, et ipsum cæteris significantibus annumeretur, et ejus exemplo cæteræ significative species a Deo posse fieri astruantur, constat ipsum sacramentum sicut cætera esse significativum.

Item Augustinus in serm. 26 super Joannem: « Et nos hodie accipimus visibilem cibum; sed aliud est sacramentum, aliud virtus sacramenti. » Et paulo post: *Hic est panis qui de cœlo descendit* (*Joan.* VI, 33). Hunc panem significavit manna, hunc panem significat altare Dei. Sacramenta illa fuerunt; in signis diversa sunt, in re quæ significatur paria. Apostolum audi: *Nolo enim vos*, inquit, *ignorare, fratres, quia patres nostri omnes sub nube fuerunt,* *et omnes mare transierunt, et omnes eamdem escam spiritualem manducaverunt* (*I Cor.* x, 1). Spiritualem utique eamdem; nam corporalem alteram, quia illi manna, nos aliud; spiritualem vero (eamdem) quam nos. Et omnes eumdem potum spiritualem biberunt. Aliud illi, aliud nos, sed specie visibili: quod tamen idem significaret virtute spirituali. Quomodo enim eumdem potum? *Bibebant*, inquit, *de spiritali sequente eos petra, petra autem erat Christus* (*ibid.*, 4). Inde panis, inde potus. Petra Christus in signo, verus Christus in Verbo et in carne. Manna et speciem visibilem panis et vini corporalem escam dicit, diversa illis et nobis; sed quod credentibus illis et nobis per hanc diversam escam significatur idem est, scilicet Christus: et ideo dicit in signis diversa esse manna et panem, in re, id est in Christo qui significatur per illa paria; cum tamen sacramentum panis familiarius significet Christum quam manna, quia manna futurum, panis præsentem, manna tantum extrinsecus, panis ita ut substantialiter sit conversus in corpus Christi, et formaliter significet corpus Christi. Eadem enim fide Christi salvati sunt qui ante Christum, qua salvantur et illi qui modo sunt, quia crediderunt venturum esse quem nos credimus venisse. Unde Augustinus in libro De pœnitentia (tract. xxv in Joan., n. 12, tom. III, p. 2, col. 489): « Utquid paras dentes et ventrem? Crede in eum, hoc est manducare panem vivum. Qui credit in eum, manducat eum. » Item Augustinus in psal. CIV: « Panis cœli est assumptum corpus Agni quo nos reficimur in Ecclesia, sicut illi refecti sunt manna. »

Nec solum comparatur sacramentum corporis Christi cæteris sacramentis consignificando, sed et in corpore Christi æternaliter non permanendo. Quamvis enim panis substantia mirifice, ut dictum est, in corpus Christi conversa esse credatur, forma tamen in sacramento remanens, non in corpore Christi manere perpetualiter, sed post hanc vitam omnino desinere creditur, sicut et cætera sacramenta. Cum enim scriptum sit: *Panem angelorum manducavit homo* (*Psal.* LXXVII, 25), quia eodem Christo reficitur homo in via credendo, quo satiantur angeli in patria, eum sicut est videndo, cum eodem fruuntur ut vivant sine sacramento, quo et nos ne moriamur cum sacramento: quando erimus sicut angeli Dei, nunquid eum quem angeli sine sacramento vident revelata facie sicut est videre poterimus, nisi ablata umbra sacramenti? Quomodo enim facies sua vel nostra erit revelata, nisi omnis veli umbra rejecta, et nos appareamus filii Dei, quod sumus, et ipse nobis appareat quod est, sicut est Deus? Frustra oraremus, ut quod nunc specie geritur, rerum veritate capiamus, si ibi etiam hujus sacramenti haberemus umbram, ubi facie ad faciem sicut est videre speramus Christi gloriam. Quæ enim remuneratio esset nobis in alia vita, si umbra sacramenti contegente, veritas gloriæ Christi nunquam nobis fieret manifesta? Unde Ambrosius in libro De officiis (lib. 1, cap. 48, t. II, col. 63) : « Illa igitur sunt nobis expetenda, in quibus perfectio, in quibus veritas est. Hic umbra, hic imago, illic veritas. Umbra in lege, imago in Evangelio, veritas in coelestibus. Ante agnus offerebatur et vitulus ; nunc Christus offertur, quasi recipiens passionem, et offert se ipse quasi sacerdos, ut peccata dimittat. Hic in imagine, ibi in veritate, ubi apud Patrem quasi advocatus pro nobis intervenit. »

In quo notandum est, quia in Veteri Testamento, dedit Deus tantum figuræ umbram, in Novo veritatem cum figura, in futuro dabit veritatem non cum figura, sed manifestam, ut tali profectu temporum nos perfectæ veritati viciniores ostenderet, quibus post umbratam veritatem, nihil nisi eamdem manifestam dari restaret. Vetus enim Testamentum veritatem promisit, non dedit; Novum dedit, sed non ostendit. Quid restat, nisi ut eadem veritas in alia vita manifestetur? Unde et venerabilis Beda presbyter ait in expositione hujus evangelici capituli : *Non est arbor bona quæ facit fructus malos* (*Luc.* VI, 43). In hac vita lumine sanctarum Scripturarum et sacramentorum coelestium refectione opus habemus, in futuro autem talibus non egebimus subsidiis, ubi juxta Psalmistæ vocem, quicunque apparuerint cum justitia, satiabuntur manifesta gloria Christi. Quomodo enim egebimus refectione ubi sempiterna erit satietas? vel quomodo egebimus sacramento, quod utique oculus corporaliter videt, cum Deus diligentibus se, teste Apostolo (*I Cor.* II, 9), quod oculus non vidit, et auris non audivit et in cor hominis non ascendit, præparaverit?

Item cum ipse Dominus nobis præceperit, quotiescunque hoc facimus, facere ad suam commemorationem, cum eum videbimus sicut est, quomodo necessaria erit hujusmodi commemoratio, cum in præsente ejus visione, nulla possit intercidere oblivio? Unde D. Hieronymus in primam Epistolam ad Corinthios : « Hanc ultimam memoriam nobis reliquit quemadmodum si quis peregre proficiscens, aliquod pignus ei quem diligit relinquat, ut, quotiescunque illud viderit, possit et ejus beneficia et amicitias memorari ; quem si ille perfecte dilexerit, sine ingenti illud desiderio vel fletu videre non potest. »

Ideo hoc Salvator tradidit sacramentum, ut per hoc semper commoneamur, quia pro nobis mortuus est. Nam et ideo cum accipimus, a sacerdotibus commonemur, quia corpus et sanguis est Christi, ut non simus ingrati tantis ejus beneficiis. Quia igitur commemoratio mortis non erit necessaria ad concitandum desiderium vel fletum, ubi non peregre profecta, sed præsens semper erit vita æterna et gaudium, ideo Apostolus huic sacramento, ne æternum videatur, finem denuntians, ait : *Quotiescunque manducabitis hunc panem et calicem bibetis, mortem Domini annuntiabitis donec veniat* (*I Cor.* XI, 26). Quod Augustinus exponens in libro contra Faustum (XII, c. 20 t. VIII, col. 236) ait : « Significat finem sæculi, quando erit sanctorum requies, non adhuc in sacramento spei, quo in hoc tempore consociatur Ecclesia, quando bibitur quod de Christi latere manavit, sed jam in ipsa perfectione salutis æternæ, cum tradet regnum Deo et Patri, ut in illa perspicua contemplatione incommutabilis veritatis, nullis mysteriis corporalibus egeamus. »

Quia ergo hoc sacramento non est in æternum mors Christi annuntianda, sed tantum donec veniat, quia postea nullis mysteriis egebimus, constat illud transitorium esse signum et temporale, quo tantum egemus nunc, dum videmus per speculum et in ænigmate. Unde item Augustinus in sermone super orationem Dominicam (67, n. 7, t. V, col. 333) : « Cum transierit vita ista, nunquid petemus panem quotidianum? Tunc enim non vocabitur quotidie, sed hodie. Nunc vocatur quotidie, quando transit dies, et venit alius dies. Nunquid vocabitur quotidie quando erit æternus unus dies? Sane duobus modis intelligenda est ista petitio de pane quotidiano, sive pro necessitate carnalis victus, sive pro necessitate spiritualis alimoniæ. Norunt spiritualem alimoniam fideles, quam et vos, si puri estis, accepturi estis de altari Dei. Panis erit et ipse quotidianus huic vitæ necessarius. Nunquid enim Eucharistiam accepturi sumus, cum ad ipsum Christum venerimus, et cum illo in æternum regnare cœperimus? Ergo eucharistia quotidianus panis est ; sed sic accipiamus eum, ut non solum ventre, sed et mente reficiamur. » Et paulo post : « Quando illuc venerimus, ipsum Verbum manducaturi sumus, et bibituri, quomodo angeli modo. Vident enim ipsam veritatem, et ipso fonte satiantur, unde nos irroramur. Cum igitur eucharistia sit panis quotidianus, huic vitæ necessarius, quem non sumus accepturi, cum ad ipsum Christum venerimus, quando manducaturi sumus ipsum Verbum quomodo angeli modo, constat eam non esse æternam specie tenus, quam tamen ipsa sui veritate æternam credimus. »

Quia igitur panis mysticus fit nobis, non nascitur, nec ipso suo mysterio æternus habetur, sed temporalis et quotidianus, quod nec origine, nec æternitate Christo congruit, quomodo unius personæ cum ipso credendum erit, cum de nostra persona etiam Dominus dixerit : *Quia capillus de capite vestro non peribit?* (*Luc.* XXI, 18.) Quapropter de forma hujus sacramenti ita judicemus, sicut B. Augustinum in libro primo contra Maximinum (cap. 17, t. VIII, col. 690) formam impersonatam et formam mysticam distinxisse cognovimus. Ait enim : « Adhuc in forma humana est Filius, quam levavit in coelum et sempiterna erit in regno, hæc eadem forma immortalis. Nam de Spiritu sancto, qui nullam suscepit formam ad unitatem personæ suæ, quamvis se per subjectam creaturam visibiliter et ipse, sive per columbæ speciem, sive per linguas igneas sit demonstrare dignatus, nunquam dictus est minor Patre. Ad horam quippe apparuerunt illa quæ Spiritum sanctum significando monstrarent visibiliter invisibilem, columba propter amorem sanctum, ignis autem propter charitatis lumen atque fervorem; et peracto significationis officio corporales illæ species transierunt, atque esse ulterius destiterunt, sicut columna ignis nubilosa per diem, luminosa per noctem. Christus autem non humanam ad horam sumpsit effigiem, in qua hominibus appareret, ac deinde species illa periret; sed in unitate personæ suæ, manente invisibili Dei forma, accepit visibilem hominis formam, non solum natus in ea de homine matre, verum etiam crevit in ea, manducavit, bibit, dormivit, occisus est in ea, resurrexit, ascendit in cœlum, sedet ad dexteram Patris in ea, et in regno suo ei qui illi subjecit omnia, erit subjectus in ea. »

Sic igitur in sacramento corporis Christi, panis formam Christo non dicamus impersonatam (28). Sed, quamvis ipsa panis substantia mirifice in corpus Christi conversa sit, panis tamen forma in sacramento remanens, mansura perpetualiter in Christi corpore non putetur; sed, sicut cætera sacramenta post hanc vitam omnino desistere credatur, ne de impanatione aliqua hæresis oriatur. Nam, si impanatur Christus, vel in panem convertitur, quod est nefarium, cum sit immutabilis, vel fit panis sicut Verbum caro factum est, quod frivolum est, cum non astruat auctoritas evangelica vel prophetalis, cum e contrario etiam panis fiat caro Christi, ita ut non remaneat panis. Non enim esset magnum quod Apostolus ad commendandam hominibus Dei dilectionem, et humanæ naturæ dignitatem ait, quia *Filius Dei angelos non apprehendit, sed semen Abrahæ apprehendit*, si ille qui naturæ angelorum contempsit personaliter uniri, brutæ panis substantiæ impersonatus, panis vellet fieri. Sua enim impersonatio jam non hominibus singularis, quia etiam panibus facta communis, sicut humanæ naturæ minueret dignitatem, sic etiam Dei erga homines minus commendaret dilectionem.

Non ergo moveat quemquam quod ipse de se ait: *Ego sum panis vivus* (Joan. VI, 51), figurate, quia, si ipse creditur panis fieri vere, quomodo eamdem redemptionem, quam semel fecit in cruce, operari poterit, etiam in altari quotidie? Nam qui semel incarnatus, paulo minus ab angelis est minoratus, quia factus passibilis, hic toties impanatus, quoties in altari consecratus, ipsis hominibus multo minor fieret, quia factus irrationalis. Sicut enim impersonationis jure, ut verus homo esset in homine, accepit animam cum ratione sua, et carnem cum sensibus suis, ut in ea pati posset, sic panem acciperet cum irrationalitate sua: et ita quia minor fieret suis redemptis, non videretur æquum et sufficiens esse pretium redemptionis. Si enim neque in cœlo, neque in terra, neque subtus terram inventus est dignus qui aperiret librum nostræ redemptionis (*Apoc.* V, 3), quia neque angelus, neque vivus homo, neque mortuus, quanto minus aliquis infra hominem factus. Absurdum est igitur de Dei sapientia tam stulte sentire, aliquasque Scripturas ad hujusmodi sensum inflectere. Cur enim Deus fieret aliud quam quod semel factus est, homo scilicet ad nostram salutem: cum nihil aliud operetur in sacramento, quam quod semel operatus est nobis in seipso, in cruce scilicet et altari, nostram redemptionem: ad quam semper digne suscipiendam, semper signo suæ præsentiæ nostram voluit excitare devotionem, per tanti sui beneficii præsentis et præteriti commemorationem? Sicut ergo Spiritus sanctus in specie columbæ vel linguis igneis sine unitate personæ apparuisse creditur, sic Christus in sacramento panis et vini corporaliter confici, sed non personaliter uniri astruatur.

CAPUT IX.
Quod novus panis et vinum in corpus Christi mutata, novam carnem vel sanguinem non generant.

Sed iterum hujus mutationis trahunt aliqui nimis simpliciter a communi natura similitudinem (29): ut sicut panis et vinum in viventem carnem et sanguinem transfertur nostrum, vel etiam in viventem et vivificatricem carnem ipsius Christi, quam diu nobiscum conversatus est per naturam comestionis; sic etiam in viventem et vivificatricem carnem et sanguinem Christi transferatur per gratiam sacerdotalis benedictionis.

Sed longe aliter panis et vinum fit caro et sanguis Christi in sacramento per gratiam, quam in cujuslibet vel etiam ipsius Christi stomacho per naturam. In stomacho enim Christi panis et vinum, non mutata vel deficiente substantia, sed forma, novam carnem et novum sanguinem, corruptioni aliquatenus obnoxium, sicut in cæteris hominibus generavit; in sacramento autem, mutata substantia non forma, panis et vinum non fit nova caro et novus sanguis, sed existens substantia panis et vini mutatur in coexistentem substantiam corporis Christi; ita ut novitate sua nihil in ipso innovet, mutatione sua nihil immutet. Si enim est mutabilis, vel in augmentum mutatur vel in detrimentum. Sed, si eget augmento, non in virum perfectum resurrexit; si detrimento obnoxius est, corruptionem nondum evasit. Sed econtra Augustinus, in epist. 205, ad Consentium de corpore Domini post resurrectionem (t. II, col. 767): « Constat itaque, nec ullo modo dubitandum est, corpus Christi, quod licet corruptionis putredinem in sepulcro non viderit, unde scriptum est: *Nec dabis sanctum tuum videre corruptionem* (*Psal.* XV, 10); clavis tamen et lancea perrumpi potuit, nunc omnino in incorruptione consistere. »

Si quæris itaque quomodo res corruptibilis in

---

(28) Hæc opinio Ruperto tribuitur a Bellarmino, quem refellit Gerberon in *Apologia Ruperti* p. 156, t. IV, Op. Rup. ed. Venet. 1751.

(29) S. Joan. Damasceno et Paschasio tribuitur hæc opinio a Cl. de Marca. Opusc. t. V, p. 141, ed. Bamberg. 1789.

incorruptibilem, existens in coexistentem, nova in antiquam sine illius innovatione vel mutatione mutetur, respondet tibi Augustinus in libro Sententiarum Prosperi (t. X, 223) : « Si quæris modum quo id possit fieri, breviter ad præsens respondeo : Mysterium fidei est, credi salubriter potest, investigari utiliter non potest. » Item idem contra Felicianum (30) : « Omittamus in Deo corporalis intelligentiæ legem, ne operibus suis similem dicamus esse factorem. » Et post pauca : « Hoc fides credat, intelligentia non requirat, ne aut non inventum putet incredibile, aut repertum non credat singulare. » Item Ambrosius in libro De mysteriis initiandis (cap. 9, t. II, c. 338), omnis naturæ terrenæ originem vel conditionem ab hoc singulari divinæ gratiæ sacramento excludens ait : « Forte dicas : Aliud video; quomodo tu mihi asseris, quod corpus Christi accipiam? Et hoc superest nobis ut probemus. Quantis utimur exemplis, ut probemus, non hoc esse quod natura formavit, sed quod benedictio consecravit, majoremque esse vim benedictionis, quam naturæ, quia benedictio etiam natura ipsa mutatur ! Virgam tenebat Moyses, projecit eam et facta est serpens. » Et post pauca : « Tetigit Moyses petram, et aqua de petra profluxit. Nunquid non præter naturam operata est gratia, ut aquam vomeret petra, quam non habebat natura ? Advertimus igitur majoris esse gratiam, quam naturam. Quod si tantum valuit humana benedictio, ut naturam converteret, quid dicimus de ipsa consecratione divina, ubi verba Domini Salvatoris operantur ? Nam sacramentum istud, quod accipis, Christi conficitur sermone. Sermo igitur Christi, qui potuit ex nihilo facere quod non erat, non potest ea quæ sunt, in id mutare quod non erant ? Nonne majus est novas rebus dare, quam mutare naturas ? Quid argumentis utimur ? suis utamur exemplis, Incarnationisque exemplo astruamur mysterii veritatem. Nunquid naturæ usus præcessit, cum Christus Dominus ex Maria nasceretur ? Liquet ergo quod præter naturæ ordinem virgo generavit. Et hoc quod conficimus corpus, ex virgine est. Quid hic quæris naturæ ordinem in Christi corpore cum præter naturam sit ipse Dominus Jesus partus ex virgine ? Vera utique caro Christi, quæ crucifixa est, quæ sepulta est. Vere igitur carnis illius sacramentum est. Ipse Dominus Jesus clamat : *Hoc est corpus meum* (*Luc.* xxii, 19). Ante benedictionem verborum cœlestium, alia species nominatur; post consecrationem corpus Christi significatur. Ipse dicit sanguinem suum. Ante consecrationem aliud dicitur, post consecrationem sanguis nuncupatur. »

In quo notandum est quia B. Ambrosius ad comprobandum hujus singularis mysterii tertium miraculum, duo mirabilia opera Dei præmisit ; unum creationis, qua fecit existere quæ non erant ; alterum mutationis, qua ea quæ erant fieri fecit quod non erant. Quorum quia ab altero quievit, ne deinceps ex nihilo substantias creet ac formas, alterum naturæ communicavit; quo ea quæ sunt, in id quod non sunt, mutantur secundum formam, ut virga serpentem, mirabiliter, et omne semen in fructum sui generis naturaliter. Tertium privilegio divini sermonis ascribens subjecit : et hoc quod conficimus corpus, ex virgine est. In præsenti enim quod dixit, conficiendo novitatem panis; in corpore quod ex virgine est immutabilitatem antiquæ veritatis astruxit, ut, dum panis manente forma sua mutatur in id quod non erat, corpus scilicet Christi quod ex virgine erat præter ordinem naturæ : *Nec de nihilo credatur corpus Christi creari in sacramento, secundum primariæ naturæ originem, nec panis formam mutari secundum naturæ communicatam consuetudinem ; sed novo et inaudito modo ita mutari substantiam panis in substantiam corporis Christi, ut panis non sit, sed appareat esse quod fuerat, et corpus Christi non desistat esse quod erat*. Dignum namque erat, ut quia hoc sibi in seipso erat proprie proprium, cæteris suis operibus incommunicabile faceret tanti sui mysterii miraculum.

Quæritur autem, cum Dominus ante passionem discipulis sacramentum corporis sui dederit, quando erat naturæ passionibus obnoxium, si ita incorruptibile et immortale dederit illud in sacramento, sicut datur nobis modo, maxime cum dixerit : *Hoc est corpus meum, quod pro vobis tradetur ; hic est sanguis qui pro vobis effundetur* (*Luc.* xxii, 19). Sed non est mirum, si ille, qui ante passionem transfiguravit se in tale corpus quale post resurrectionem habiturus erat, et post resurrectionem ostendit corpus suum vulneratum et palpabile, quale ante passionem habuerat : ita immortale dederit corpus suum in sacramento quod erat moriturum, sicut post resurrectionem idem corpus suum quod erat invulnerabile, ostendit vulneratum. Sicut hoc, sic et illud divinæ potentiæ ascribatur. Divina enim operatio, ut ait B. Gregorius (homil. 26 in Evang. n. 1, col. 1552), si ratione comprehenditur, non est admirabilis ; nec fides habet meritum, cui humana ratio præbet experimentum.

Qui ergo duplici forma, humana scilicet et sacramentali, præsentem se exhibuit quasi alterum, cum omnino idem esset, et comedendum se distribuit, cum vivus et integer permaneret, nonne in illo sacramento se incorruptibilem et immortalem præbuisse credendus est, in quo nec morsibus attritus corrumpi, nec comestione tot hominum devoratus potuit occidi ? Sicut ergo moriturus in seipso, factus est immortalis in sacramento supra naturam, sic etiam tunc cum caro ejus, et sanguis cibis et potibus innovari posset, ac mutari per naturam in seipso, non tamen novo vino et novo pane innovari aut mutari potuisse credenda est eadem caro vel idem sanguis in sacramento. Quod autem seipsum

---

(30) Cap. 8. Est liber Vigilii, S. Augustino falso ascriptus. Vid. Append. op. S. Augustini, t. VIII, p. 43.

distribuerit discipulis, testatur Augustinus in tit. psalmi XXXIII (enar. II, n. 10, t. IV, col. 214), cum fugeret David Saul persecutorem, inquiens ita : « *Et ferebatur in manibus suis*. Hoc vero quomodo fieri possit in homine ; quis intelligat ? Quis enim portatur manibus suis? Quomodo intelligatur in ipso David secundum litteram non invenimus ; in Christo autem invenimus. Ferebatur enim Christus in manibus suis, quando commendans corpus suum ait : *Hoc est corpus meum*. Ferebat enim illud corpus in manibus suis. »

Cum ergo constet, quia seipsum moriturus immortalem, visibilis invisibilem in sacramento dederit, constat quia illud corpus suum, quale nos modo sumimus, tale fuit, unum idemque omnino substantia et tunc et nunc : sed tunc tamen differens mortalitate et immortalitate, in hominis et sacramenti forma, nunc hominis tantum et sacramenti forma. Quam identitatem substantiæ, diversitatemque formæ Augustinus discernens ; de identitate substantiæ, ut omnem novitatem vel diversitatem excludat, ait in serm. ad Neophytos : « Hoc accipite in pane, quod pependit in cruce ; hoc accipite in calice, quod effusum est de Christi latere. Erit enim ei mors, non vita, qui mendacem existimaverit vitam. »

Qui ergo de substantia tam veraciter astruxit, illud idem hic esse quod ibi fuit : de diversitate formæ in epistola ad Irenæum ita ait : « Non hoc corpus quod videtis manducaturi estis, nec bibituri illum sanguinem, quem fusuri sunt qui me crucifigent. Ipsum quidem et non ipsum. Ipsum invisibiliter, non ipsum visibiliter. » Quasi diceret : Ipsum quidem secundum invisibilem substantiam, et non ipsum secundum visibilem formam.

CAPUT X.

Quod non de quolibet Filio hominis, sed de ipso Christo intelligendum est : « *Nisi manducaveritis carnem Filii hominis, non habebitis vitam in vobis.* »

Sed ex hoc beati Augustini sententia qua dicit : « Non hoc corpus quod videtis manducaturi estis. » Et ex ipsius Domini verbis nata est hæresis tempore Cœlestini papæ, et Cyrilli Alexandrini episcopi, quibus adnitentibus celebrata est synodus Ephesina, et destructa est hæresis, quæ dicebat panem et vinum altaris, non in propriam carnem et sanguinem Christi, quæ jam in cœlo erat, posse in mundo mutari, sed in carnem et sanguinem cujuslibet filii hominis justi et sancti, qui templum Dei, et merito suo corpus Christi esset de quo Christus ipse dixerat : *Nisi manducaveritis carnem Filii hominis, non habebitis vitam in vobis* (Joan. VI, 54). Igitur CL episcopi in Ephesio congregati (31), contra hanc hæresim, ita scripserunt Nestorio episcopo hæreticorum : « Sanctificamur participes sancti corporis et pretiosi sanguinis Christi, omnium nostrum Redemptoris effecti, non ut communem carnem percipientes, quod absit ! nec ut viri sanctificati et Verbo conjuncti secundum dignitatis unitatem, aut sicut divinam possidentis habitationem ; sed vere vivificatricem, et ipsius Verbi propriam factam. Vita enim naturaliter ut Deus existens, qui eidem propriæ carni unitus est, vivificatricem eam esse professus est. Et ideo quamvis dicat : *Nisi manducaveritis carnem Filii hominis*, non tamen eam ut hominis unius ex nobis existimare debemus. Quomodo enim juxta naturam suam vivificatrix esse poterit caro hominis ? Sed profitemur vero propriam ejus factam, qui propter nos Filius hominis et factus est et vocatus. »

Cum ergo hac synodo satis astructum sit, non alicujus de vulgo hominis carnem et sanguinem in mysterio sumi, sed carnem vivificatricem, et ipsius Verbi propriam factam, ne tamen verbis B. Augustini, quibus dixit ex persona Domini, non hoc corpus quod videtis manducaturi estis, quasi illud removendo a se, et iterum mysterium vestrum in mensa Domini positum est, estote quod videtis et accipite quod estis, ne ex hac quasi unitatis familiaritate subrepat, ut ad hanc dignitatem aspirare præsumat aliquis, ut suum vel alicujus corpus de vulgo sumi æstimet in sacramento : quod vere solius Christi corpus ibi sit, astruamus. Augustinus in libro IV De Trinitate (cap. 14, t. VII, c. 823) : « Quis tam sanctus et justus sacerdos, quam unicus Filius Dei ? Et quid tam grate offerri et suscipi posset, quam caro sacrificii nostri, corpus effectum Sacerdotis nostri ? ut quoniam quatuor considerantur in omni sacrificio, cui offeratur, a quo offeratur, quid offeratur, pro quibus offeratur : idem unus ipsi verusque mediator per sacrificium pacis reconcilians nos Deo, unum cum illo maneret cui offerebat, unum in se faceret pro quibus offerebat, unus ipse esset qui offerebat, et quod offerebat. »

Item Leo papa in epistola Anatholio episcopo missa (80, n. 2, t. I, c. 1040, ed. Baller) : « Aliter in Ecclesia Dei, quæ corpus est Christi, nec rata sunt sacerdotia, nec vera sacrificia, nisi in nostræ proprietate naturæ verus nos pontifex reconciliet, verus immaculati Agni sanguis emundet : qui licet in Patris sit dextera constitutus, in eadem tamen carne quam sumpsit ex virgine, sacramentum propitiationis exsequitur. » Item Leo (32) : « Dicente Domino : *Nisi manducaveritis carnem Filii hominis et biberitis ejus sanguinem, non habebitis vitam in vobis*, sic sacræ mensæ communicare debetis, ut nihil prorsus de veritate corporis Christi et sanguinis ambigatis. Hoc enim ore sumitur, quod fide creditur ; et frustra *Amen* ab illis respondetur, a quibus contra id quod accipitur disputatur. »

---

(31) Labbe *Concil.* t. III, col. 415, in *Epist*. 5. Cyrill. Alex. anno 431 lecta in conc. Ephesino, cui interfuerunt episcopi *ducenti fere numero*, ut scribit Vincent. Lerin. in *Commonit.*, c. 29.

(32) Sermone sexto *De jejunio septimi mensis*, qui est XCI, col. 586, ed. cit.

Item Eusebius Emissenus (hom. 5 De Pascha) : « Invisibilis sacerdos, visibiles creaturas in substantiam corporis et sanguinis sui verbo suo secreta potestate convertit, ita dicens : *Accipite et bibite*, *hoc est enim corpus meum* (*Matth.* XXVI, 26); et repetita sanctificatione : *Accipite et bibite, hic est sanguis meus* (*ibid.*, 27). Ergo, sicut ad nutum præcipientis repente ex nihilo substiterunt excelsa cœlorum, profunda fluctuum, vasta terrarum, pari potentia in spiritualibus sacramentis ubi præcipit virtus, rei servit effectus.

Quis ergo de vulgo talis, ut unicus Dei Filius, qui in eadem carne quam sumpsit ex virgine sacramentum propitiationis nobis in dextera Dei sedens exsequitur, et invisibilis sacerdos visibiles creaturas in substantiam sui corporis convertit? A qua præsumptione Eusebius prorsus nos compescens, ait : « Cum ad reverendum altare cibis satiandus accedis, sacrum Dei tui corpus et sanguinem fide respice, mente continge, honora, mirare, cordis manu suscipe, et maxime haustu interiori assume. » Et post pauca : « Ad agnoscendum et percipiendum sacrificium veri corporis, ipsa te roboret potentia consecrantis. Qui tunc latuit præfiguratus in manna, est tibi manifestatus in gratia. Ipsum autem in mannæ illius specie præsignatum etiam Propheta ostendit, dicens : *Panem angelorum manducavit homo* (*Psal.* LXXVII, 25). Et quis est panis angelorum, nisi Christus qui eos cibo suæ charitatis et lumine suæ claritatis exsatiat? »

CAPUT XI.

Quod in sacramento visibili sit spirituale et invisibile corpus Christi.

Sed ecce ex verbis Eusebii, quibus astruit invisibilem sacerdotem, visibiles creaturas in substantiam sui corporis convertere, nosque monet ipsum Dei corpus et sanguinem, fide, mente, cordis manu, interiori haustu, spiritualiter sumere. Videtur quærendum, si sacerdos est invisibilis, quomodo sua substantia sunt, cum sint visibilia corpus et sanguis? Sed sciendum quia post resurrectionem corpus Christi, sicut incorruptibile, ita et invisibile fuit; quia, ut ait Apostolus, non animale, sed spirituale surrexit (*I Cor.* XV, 44); et quale prodiit de sepulcro, tale est in panis et vini sacramento. Quod enim legitur post resurrectionem discipulis ostendisse manus et latus (*Joan.* XX, 20), beatus Gregorius ita distinguit in homilia paschali (26 in Ev., n. 2, t. I, col. 1553) : « Corrumpi necesse est quod palpatur, et palpari non potest quod non corrumpitur. Sed miro et inæstimabili modo, Redemptor noster et incorruptibile post resurrectionem et palpabile corpus exhibuit, ut monstrando incorruptibile invitaret ad præmium, præbendo palpabile formaret ad fidem. Et incorruptibilem ergo se, et palpabilem demonstravit, ut ostenderet corpus suum A post resurrectionem et ejusdem naturæ, et alterius gloriæ. »

Quod autem corpus Christi spirituale sit, et incorruptibile, et invisibile, nec tamen minus substantiale in sacramento testantur sancti cum Eusebio. Unde Ambrosius in libro De sacramentis (De mysteriis initiandis. cap. 9, n. 55, t. II, col. 340) : « His sacramentis pascit Christus Ecclesiam suam, quibus animæ firmatur substantia. Quid edamus et bibamus, per Prophetam Spiritus sanctus expressit, dicens : *Gustate et videte quoniam suavis est Dominus* (*Psal.* XXXIII, 9). In illo sacramento Christus est, quoniam corpus est Christi. Non ergo corporalis esca, sed spiritualis est. Corpus enim (33) Dei, corpus spirituale est; corpus Christi, corpus est divini Spiritus. » Item Augustinus : « Hoc est quod dicimus sacrificium Ecclesiæ duobus constare, visibili elementorum specie, et invisibili Domini nostri Jesu Christi carne et sanguine. » Item idem : « Nos autem in specie panis et vini quam videmus res invisibiles, id est carnem Christi et sanguinem honoramus. Sed in ista carne et sanguine nil cruentum, nil corruptibile mens humana concipiat, sed vivificatricem substantiam atque salvatricem et ipsius Verbi propriam factam, in pane et vino, per quæ si digne sumantur, nobis est peccatorum remissio collata (34). » Item Augustinus ad Irenæum : « Non hoc corpus quod videtis manducaturi estis. Ipsum quidem et non ipsum. Ipsum invisibiliter, et non ipsum visibiliter. » Unde et subditur : « Si necesse est visibiliter illud celebrari, necesse est invisibiliter intelligi. »

Quia ergo corpus Domini spirituale, non est corporalis esca, sed spiritualis, et necesse est invisibiliter illud intelligi, ideo Augustinus in libro III De doctrina Christiana (cap. 16, n. 24, t. III, col. 52) ait : « Locutio, si flagitium aut facinus videtur jubere, aut utilitatem et beneficentiam vetare, figurata est. *Nisi manducaveritis*, inquit, *carnem Filii hominis, et biberitis ejus sanguinem, non habebitis vitam in vobis*, facinus vel flagitium videtur jubere. Figura ergo est præcipiens passioni Domini esse communicandum, et utiliter recondendum in memoria, quod caro ejus pro nobis crucifixa et vulnerata sit. Quod et ipse Dominus præcipit : *Hoc facite in meam commemorationem* (*Luc.* XXII, 19). » Item Hieronymus in homilia super Leviticum : « Non solum in Veteri Testamento littera occidens deprehenditur; est et in Novo Testamento littera, quæ occidit eum qui non spiritualiter advertit. Si enim litteram sequaris, hoc ipsum quod scriptum est, *nisi manducaveritis carnem meam, et biberitis sanguinem meum*, occidit hæc littera. Si enim spiritualiter eam intelligas, non occidit, sed spiritus vivificans est in ea. » Quod Augustinus in expositione psalmi LIV (n. 23, tom. IV, col. 514) apertius exponens : « Prima, inquit, hæresis in discipulis Christi, velut a duritia sermonis

(33) Alias *Domini*.
(34) Ita Cassiodorus *Comm. in psal.* CIX, t. col. 379 ed. Rothom. 1679, fere ad verbum.

ejus facta est. Cum enim diceret: *Nisi quis manducaverit carnem meam, et biberit sanguinem meum, non habebit vitam æternam* (Joan. VI, 54), illi, non intelligentes, dixerunt ad invicem: *Durus est hic sermo* (ibid., 61); et separaverunt se ab illo. Illis descendentibus, instruxit illos qui remanserant: *Spiritus est*, inquit, *qui vivificat; caro non prodest quidquam. Verba quæ locutus sum ad vos, spiritus et vita sunt* (ibid., 64). Intellexistis spiritualiter; spiritus et vita sunt. Intellexistis carnaliter; et sic spiritus et vita sunt, sed tibi non sunt. Spiritualiter intelligite quæ locutus sum (35). Non hoc corpus quod videtis manducaturi estis, nec bibituri illum sanguinem, quem fusuri sunt qui me crucifigent. Sacramentum aliquod vobis commendavi; spiritualiter intellectum, vivificabit vos. *Caro autem non prodest quidquam* (ibid.), sed quomodo illi intellexerunt? *Carnem quippe sic intellexerunt, quomodo in cadavere dilaniatur, aut in macello venditur.* Sciens autem Jesus ait: *Hoc vos scandalizat? si ergo videritis Filium hominis ascendentem ubi erat prius* (ibid., 62). Quid est hoc? Illi putabant illum erogaturum corpus suum, ille dixit se ascensurum in cœlum, utique integrum. Cum videritis Filium hominis ascendentem ubi erat prius, certe vel tunc videbitis quia non eo modo, quo putatis, erogat corpus suum : certe vel tunc intelligetis, quia gratia ejus non consumitur morsibus. Non enim revera credendum est corpus Christi, cum spirituale sit et invisibile, more ciborum communium dentibus et morsibus nostris posse discerpi et consumi; sed quamvis in sacramento suo vere sit, et vere sumatur quantum ad substantiam, verius tamen et perfectius fide ac devotione sumitur quantum ad salutis gratiam. Unde Augustinus in libro secundo De pœnitentia (tract. XXV in Joan., n. 12, col. 489) : « Utquid paras dentes et ventrem? Credere in eum, hoc est manducare panem vivum. Qui credit in eum manducat eum. » Item idem in libro De verbis Domini : « Tunc autem vita unicuique erit corpus et sanguis Christi, si quod in sacramento visibiliter sumitur, in ipsa veritate spiritualiter bibatur. » Quod evidentius Gregorius in homilia paschali (22, in Ev., n. 7, t. I, col 1533) exponens, ait : « Quid sit sanguis Agni, non jam audiendo, sed bibendo didicistis. Qui sanguis super utrumque postem ponitur, quando non solum ore corporis, sed etiam ore cordis hauritur. In utroque enim poste Agni sanguis est positus, quando sacramentum passionis illius, cum ore ad redemptionem sumitur, ad imitationem quoque intenta mente cogitatur. »

In quo notandum est quod Augustinus et Gregorius idem dicunt, in sacramento visibiliter ore corporis sumi, quod in ipsa veritate spiritualiter ore cordis hauriri; non quod substantialiter aliquid verius credatur corde, quam sumatur ore. Sed, si pura veritate sumi veritas dicitur, quando quod spirituale est spiritualiter, invisibile invisibiliter, salutare salubriter, quod est sicut est sumitur interius, amando. Quod idem tamen exterius *non in ipsa veritate sumi dicitur in sacramento*, quia in eo nec quod est sicut est sumitur, *quantum ad extraneam et visibilem formam;* nec quod est sicut est male sumentibus operatur quantum ad gratiam. Licet enim alter gustus sine altero non prosit si negligitur, in hoc tamen spiritualis est verior, quia semper salutem operatur bonis, corporalis autem aliquando etiam mortem malis. Quia igitur spirituale corpus Christi et sanguis non carnalis sed spiritualis cibus et potus est, quo spiritualiter Christus, suam sibi, ut corpus capiti unit et incorporat Ecclesiam, ideo Augustinus figuratam locutionem, qua caro Christi manducari jubebatur, allegorice intelligendam dixit.

Item Hieronymus litteram occidentem, nisi spiritualiter intelligeretur, vocavit, ut corpus Christi non membratim disceptum, et coctum vel crudum manducari debere videretur, sed potius spiritualiter, ut dictum est, incorporari et uniri fidelibus crederetur.

Quamvis autem corpus et sanguis Christi spiritualis cibus et potus sit, et spiritualiter sumi jubeatur, non tamen ita per omnia accipiendum est spiritualiter, ut tantum animæ et non corpori nostro salutem æternam operetur. Ait enim Ambrosius (36) in prima Epistola ad Corinthios: « Calicem mysticum ad tuitionem animæ et corporis percipimus. Caro Salvatoris pro salute corporis, sanguis vero pro anima nostra effusus est, ut totum hominem salvum faceret. Item Augustinus in sermone 26 super Joannem (n. 16, col. 500) : « Cum dixisset : *Qui manducat carnem meam et bibit meum sanguinem, habet vitam æternam,* continuo subjecit : *Et ego suscitabo eum in novissimo die* (ibid., 55) ut habeat interim secundum Spiritum vitam æternam, in requie quæ sanctorum spiritus suscipit. »

Quod autem ad corpus attinet, nec ei vita æterna fraudetur, sed in resurrectione mortuorum in novissimo die. Unde etiam secundum corpus dicimur membra capitis Christi esse. Augustinus in serm. De verbis Apostoli : « Si Dominus noster Jesus Christus animam tantummodo suscepisset humanam, membra ejus non essent nisi a ima nostræ. Quia vero et corpus suscepit, per quod etiam caput nobis est, qui ex anima et corpore constamus; profecto membra illius sunt et corpora nostra. » Quia igitur nos ex corpore et anima constamus, Christus autem et corpore et anima et deitate, videamus si in tam unico unitatis sacramento, quo Ecclesiæ, ut corpori suo corpus suum incorporat, sicut corporis et animæ Dominicæ, sic etiam ipsius divinitatis suæ mereamur habere consortium. Ait Ambrosius De sacramentis (lib VI, c. 1, n. 4, t. II, col. 381) : « Quia idem Dominus noster Jesus

(35) S. Aug., tract. XXVII in Joan., tom. III, p. 2, col. 503.

(36) Ambrosiastrum intellige. Vid. op. S. Ambrosii, t. II, p. 149 Appendicis.

Christus consors est et divinitatis et corporis : et tu, qui accipis carnem ejus, divinæ ejus substantiæ in illo participaris alimento. »

CAPUT XII.

Quod corpus Christi, cum in sacramento sit spiritualiter et invisibiliter; non tamen minus substantialiter et vere.

Quia ergo spirituale et invisibile corpus Christi astruximus, et per ipsum tamen non solum spiritualiter, sed et corporaliter humanitatis et divinitatis ejus participamur; eumdem habentes ad tuitionem nostram in viatico quem ad glorificationem habituri sumus in præmio, ut substantialiter et vere in sacramento suo esse credatur, quo ipse nobis et nos sibi unimur : de veritate corporis ejus, quamvis superius manifeste dictum sit, certius tamen adhuc disseremus.

Cum igitur Augustinus dicat : Erit ei mors, non vita, qui mendacem existimaverit vitam, quis non credat ei, quem Pater Deus mundo commendans, et ut summum pontificem præferens, ait : *Hic est Filius meus dilectus, in quo mihi complacui, ipsum audite?* (*Matth.* XII, 17; *Luc.* IX, 35.) Inobedientes erimus Deo Patri, si, ut ipse præcepit, non audierimus Filium, auribus audiendi, id est auribus fidei. Ipse autem Filius testatus est mundo, *quia nisi manducaveritis carnem Filii hominis, et biberitis ejus sanguinem, non habebitis vitam in vobis* (Joan. VI, 54). Et, quia omnis caro in sua est potestate, ne posset alia quam sua propria caro intelligi, subjecit : *Qui manducat me, vivet propter me* (ibid., 58). Sed, quia manducare hominem, erat contra humanam consuetudinem et legem, discipuli ejus scandalizati dixerunt : *Durus est hic sermo, et recesserunt ab eo.* Unde Augustinus in psal. XXXIII (t. IV, col. 212) : « Videbantur ignaris infantilia verba Domini hæc : *Nisi quis manducaverit carnem meam, et biberit sanguinem meum, non habebit in se vitam æternam* (ibid., 54). Sed hæc verba tegebant virtutem ipsius. Quasi insanus putabatur Dominus, quando hæc dicebat; sed norunt fideles quia sacramenta prædicabat. » Item idem in libro De verbis Domini (37) : « Audivimus veracem magistrum, divinum Redemptorem, humanum Salvatorem, commendantem nobis pretium nostrum, sanguinem suum. Locutus est nobis de corpore et sanguine suo : corpus escam dixit, et sanguinem potum. Sacramentum fidelium, agnoscunt fideles. »

Cum ergo commendans talem escam et talem potum, dixisset : *Nisi manducaveritis carnem meam, et biberitis sanguinem meum, non habebitis vitam in vobis* (ibid.), et hoc diceret de vita, quis alius loquebatur quam ipsa vita? Erit autem illi homini mors, non vita, qui mendacem putaverit vitam. Scandalizati erant discipuli ejus. Ne ergo, ut isti discipuli putabant, per frusta discerptus, et crudus vel coctus manducari ipse summus Sacerdos seipsum pro nobis Patri offerens, sacramentum quo vere et salubriter manducari posset ac bibi, conficit; tradensque discipulis, ne in mysterio mystice, et non proprie vere loqui putaretur, ait : Non futurum prædico, non absens aliquid denuntio, sed hoc quod præsentialiter do, est corpus meum, non figuratum, sed verum, ipsum quod pro vobis tradetur. Hic est sanguis meus, idem ipse, qui pro nobis effundetur, addens etiam proprie proprium suæ carnis et sanguinis effectum, scilicet in remissionem peccatorum. Cum enim solius Dei sit remittere peccata, cui soli peccatorum debetur remissio, cujus sanguis nisi ipsius Dei, posset remissionem peccatorum operari? Ut enim hoc privilegium removeatur ab omni filio hominis, si etiam sine unitate Dei, filius esset virginis, quomodo remissionem peccatorum mundo faceret, cum Adam sine patre, sine matre de virgine terra formatus, non modo hoc non præstiterit, sed etiam omnibus peccatum propagaverit, quia nec Deus fuit, nec Dei Verbo regi voluit.

Cum igitur certissimo sui sanguinis privilegio, veritatem carnis et sanguinis sui astruxerit in mysterio, ille, cujus obedientia nobis injuncta est Patris edicto, restat tantum, ut scandalizatorum stultitiam vitantes, ipsum, ut Pater de cœlo jussit, audiamus; et quia veritas et vita est, veracem esse sicut vere est, credamus. Quod ut certius et verius fiat, scandalizatis discipulis a Christo recedentibus, princeps apostolorum Petrus requisitus cum aliis num et ipse vellet abire, quid responderit videamus? Ait enim pro se et pro aliis : *Domine, ad quem ibimus? verba vitæ æternæ habes* (Joan. VI, 69).

Quam ejus responsionem ne meo sensu interpretari videar, exponit Augustinus in sermone 27 super Joannem (n. 9, col. 505) ita : « Videte quemadmodum Petrus, dante Deo, intellexerit. Unde, nisi quia credidit? *Verba vitæ æternæ habes*. Vitam enim æternam habes ministratione corporis et sanguinis tui. *Et nos credidimus et cognovimus quia tu es Christus Filius Dei* (ibid.), id est quia ipsa vita æterna tu es, et non das in carne et sanguine tuo, nisi quod es. Ecce idem quod Christus de veritate corporis sui, testatur et Petrus, et quia pro aliis etiam loquebatur, cum eo et alii apostoli. »

Videamus itaque si testimonio Christi cum Petro et aliis apostolis attestentur etiam cæteri sancti. Ait Ambrosius in lib. De sacramentis (c. 5, lib. IV, n. 23, t. II, col. 371) : « Dominus Jesus testificatur nobis, quod corpus suum accipiamus et sanguinem. Nunquid debemus de ejus fide et testificatione dubitare? » Item Hilarius in lib. VIII. De Trinitate (n. 14, t. II, col. 223) : « Ipse ait : *Qui edit carnem meam et bibit meum sanguinem, in me manet et ego in eo* (ibid., 36). De veritate carnis et sanguinis, non est relictus ambigendi locus. Nunc enim et ipsius Domini professione et fide nostra, vere caro est, et vere sanguis est; et hæc accepta atque hausta, id efficiunt, ut et nos in Christo, et Christus in nobis sit. Anne hoc veritas

---

(57) Sermo 131, n. 4 De verbis Evangelii t. V, col. 640.

non est? Est ergo in nobis ipse per carnem, et sumus in eo, dum secum hoc quod nos sumus in Deo est. » Et post pauca : « Hæc ergo vitæ nostræ causa est, quod in nobis carnalibus per carnem Christum manentem habemus, victuris nobis per eum, ea conditione qua vivit ille per Patrem. »

Item Eusebius Emissenus : « Cœlestis confirmat auctoritas, quia *caro mea vere est cibus, et sanguis meus vere est potus*. Recedat ergo omne infidelitatis ambiguum : quandoquidem qui auctor est muneris, ipse etiam testis est veritatis. » Item Hieronymus in epist. ad Hedibiam (quæst. 2, t. I, col. 824, ed. Venet. 1766) : « Nos autem audiamus panem quem fregit Dominus, deditque discipulis, esse corpus Domini Salvatoris, ipso dicente ad eos : *Hoc est corpus meum;* et calicem illum esse de quo locutus est iterum : *Hic est sanguis meus novi testamenti, qui pro multis effundetur in remissionem peccatorum.* Si ergo panis qui de cœlo descendit, corpus est Domini, et vinum quod discipulis dedit, sanguis est illius novi testamenti, qui effusus est in remissionem peccatorum, non Moyses dedit nobis panem verum, sed Dominus Jesus. Ipse conviva, ipse convivium; ipse comedens, et qui comeditur. Illius bibimus sanguinem ; sine ipso potari non possumus; et quotidie in sacrificiis ejus de germine vitis veræ, et vineæ Sorech quæ interpretatur *electa*, novum vinum bibimus in regno Patris, id est in regno Ecclesiæ; non in vetustate litteræ, sed in novitate spiritus. »

Testimonio Christi testes alios adhibere præsumpsi ; sed quia ipse quidem semper vere, aliquando tamen loquitur proprie, aliquando figurate, auditoresque suos ita discrevit, ut his datum sit nosse mysterium regni Dei, cæteris autem in parabolis, sciens cujus spiritus essent (*Matth.* XIII, 3). Quod ipsis sanctis non pigrum fuit scribere, necessarium duxi repetere; ut ipse intellectus, veritatis non meæ videatur præsumptionis, sed catholicæ auctoritatis, eorum qui ita crediderunt, et ita salvari meruerunt ; quia fides Christiana quo fit certior, eo est utilior. Ut ergo certior sit, aliorum sanctorum subdatur auctoritas.

Ait Augustinus in expositione psalmi nonagesimi octavi (t. IV, col. 1065) : « Invenio quomodo sine impietate adoretur terra, sine impietate adoretur scabellum pedum ejus. Suscepit enim Christus de terra terram, qui caro de terra est; et de carne Mariæ carnem accepit. Et quia in ipsa carne hic ambulavit, et ipsam carnem nobis manducandam ad salutem dedit; nemo autem illam carnem manducat nisi prius adoraverit. Inventum est quemadmodum tale scabellum pedum Domini adoremus, et non solum non peccemus adorando, sed et peccemus non adorando. »

Hanc filii Dei vere adorandam carnem B. Basilius (Joan. Chrysost., De sacerdot. lib. III, c. 4) admirans, ait in dialogo suo De dignitate sacerdotii : « O miraculum, o Dei in nos benevolentiam! Qui sursum sedet ad dexteram Patris, sacrificii tamen tempore hominum manibus continetur, traditurque lambere cupientibus eum, et cum benedictione complecti, fitque hoc totum sub oculis humanis. » Item ipse (lib. VI, c. 4) : « Cum sacerdos Spiritum sanctum advocaverit, et reverendam illam hostiam immolaverit, communemque omnium Dominum subinde contigerit, ubi illum, dic mihi, nostra æstimatione ponemus? Quantam ab eo integritatem exigemus ? quantam religionem? Expende enim quales oporteat ejus esse manus tantarum rerum ministras, qualem linguam verba illa fundentem, aut quo genere non mundiorem et sanctiorem animam, talis spiritus receptricem. Tunc etiam angeli circumstant sacerdotem, et tribunal atque altaris locus cœlestibus virtutibus adimpletur, in honorem illius qui immolatur, etc. » Item Gregorius in quarto Dialogorum libro (cap. 58, t. II, col. 472) : « Quis fidelium habere dubium possit, in ipsa immolationis hora ad sacerdotis vocem cœlos aperiri, in illo Jesu Christi mysterio angelorum choros adesse, summis ima sociari, terrena cœlestibus jungi, unum ex visibilibus atque invisibilibus fieri? Sed necesse est ut cum hæc agimus, nosmetipsos Deo in cordis contritione mactemus ; et qui passionis Dominicæ mysteria celebramus, debemus imitari quod agimus. » Tunc ergo vere pro nobis Deo hostia erit, cum nos ipsos Deo hostiam fecerimus. Unde Augustinus in libro X De civitate Dei (cap. 20, col. 256) : « In forma servi Deus maluit sacrificium esse quam sumere, ne per hanc saltem occasionem quisquam existimaret, cuilibet sacrificandum esse creaturæ. Pro hoc et sacerdos est ipse offerens, ipse et oblatio : cujus rei sacramentum, quotidianum voluit esse sacrificium Ecclesiæ, quæ cum capitis ipsius corpus sit, seipsam per ipsum discit offerre. » In quo notandum est, in sacramento vere Dei carnem esse, quæ tantæ dignitatis est, ut eam angelicæ virtutes honorent ministrando, et homines adorando, et seipsos hostias offerendo.

Hac certitudine sancti manducari Christum affirmant. Augustinus in serm. 26 super Joannem (n. 20, t. III, p. II, col. 501) : « Temporaliter hi profecto moriuntur, qui Christum manducant, sed vivunt in æternum, quia Christus est vita æterna. » Item idem in homilia secunda psalmi XXXIII (n. 10, t. IV, col. 220) : « Accesserunt Judæi ut Christum crucifigerent; nos ad eum accedamus, ut corpus ejus ac sanguinem accipiamus. Illi de crucifixo tenebrati sunt; nos manducando crucifixum et bibendo illuminamur. » Et post aliqua : « Vere magnus Dominus et magna misericordia ejus vere, qui nobis dedit corpus suum manducare, in quo tanta perpessus est, et sanguinem suum bibere. » Item Ambrosius De sacramentis (De mysteriis initiand. cap. 8, n. 47, t. II, col. 337) : « Ista esca quam accipis, iste panis vivus qui de cœlo descendit, vitæ æternæ substantiam subministrat, et quicunque hunc manducaverit non morietur in æternum, et corpus est Christi. » Item idem (De sacramentis lib. VI, cap. I, t. II, c. 379) : « Sicut verus est Dei Filius Dominus noster Jesus Christus, non sicut cæteri homines per gratiam, sed quasi Filius per naturam, id est ex substantia Patris; ita vera ejus caro est, sicut ipse dixit, quam accipimus, et verus ejus sanguis est quem potamus. » Item Augustinus in homilia psal. LXV (n. 5, t. IV, col. 645) : « Modo homicidis donatus est fusus sanguis innocentis, et ipsum sanguinem quem per insaniam fuderunt per gratiam biberunt. » Item idem in psal. XLV ad Judæos (n. 4, t. IV, col. 401) : « In illius nomine quem occidistis baptizamini, dimittuntur vobis peccata vestra. Medicum vel postea cognovistis jam securi bibite sanguinem quem fudistis. » Item idem in sermone 38 super Joannem (n. 7, t. III, col. 558) : « Crediderunt inde multi; donatus est eis sanguis Christi, ut magis eum biberent quo liberarentur, quam rei de illo effuso tenerentur. » Item idem in sermone De quarta feria : « Si sanguinem Christi tota cum reverentia percipis, cognosces per illum tua tibi dimitti peccata. » Item idem in sermone 31 super Joannem (n. 9, col. 523) : « Illi viderunt Christum suo scelere morientem, et crediderunt in Christum, suis sceleribus ignoscentem. Quousque biberent sanguinem quem fuderant, de sua salute desperaverunt. » Item Leo papa in sermone De passione Domini (11, col. 239) : « Fefellit illum malignitas sua, intulit supplicium Filio Dei, quod cunctis filiis hominum in remedium verteretur. Fudit sanguinem justum, qui reconciliando mundo et pretium esset, et poculum. »

CAPUT XIII.
Quod veritas corporis Christi visibilibus etiam signis sit sæpius ostensa.

Quid ergo de veritate corporis et sanguinis Christi in sacramento dici potest certius, nisi forte eam ipsam oculis videre velimus? In quo tamen nec ipse Dominus nobis deesse voluit, sed modicæ fidei nostræ per omnia consuluit. Quamvis enim ipsius Christi, et tot sanctorum testimoniis, et universalis etiam Ecclesiæ catholica fide, quæ ab initio conversionis suæ ita credidit, et ita salvata est, sufficienter astructum sit, quod vera caro Christi verusque sanguis in mensa Dominica immoletur; ne quis tamen perversor aliter intelligeret vel exponeret, facta sunt a Deo congrua huic nostræ fidei miracula, quando vel ubi, vel quibus revelare dignatus est hujus mysterii secreta : quæ nimirum facta esse non ignorabit, quisquis studiosius sanctorum Patrum gesta legerit, quæ testantur sacramentum corporis et sanguinis Christi, ablata panis et vini specie, carnem et sanguinem naturali sua specie, sicut esse solet exhibuisse. Ut enim ait Augustinus contra Felicianum (cap. 2, t. VIII, col. 40, Append.) : « Si incomprehensibilis est ratio, et veritas prompta est, facilius in negotiis fidei testimoniis creditur, quam ratio investigatur. » Hæ igitur Scripturæ quamvis cum propheticis et apostolicis æquam auctoritatis excellentiam non obtineant, eamdem tamen fidem cum fidelibus et sanctis antecessoribus nostris nos tenere sufficienter probant, hujusque probationis in hoc sibi perfectam auctoritatem vindicant, quia nisi ita esset ut docent, in sacris canonibus vel Romanorum pontificum decretis, sicut hæretica vel apocrypha scripta damnatæ essent, nec eas in Ecclesia catholici viri vel legerent vel recitarent.

Cum ergo præteriti et præsentes fideles ubique terrarum hoc credant et hoc astruant, si hæc universalis Ecclesiæ fides vera ad salutem non exstitit, aut nunquam catholica Ecclesia fuit, aut periit. Sed aut non fuisse, aut periisse Ecclesiam nemo catholicus consenserit. Nam cum Ecclesia et prophetiis et Evangeliis instituta sit, ubi est quod veritas Abrahæ promisit : *In semine tuo benedicentur omnes gentes?* (Gen. XVII, 18.) Itemque ubi est quod eadem veritas apostolis ait : *Docete omnes gentes. Qui crediderit salvus erit?* (Marc. XVI, 16.) Cum enim omnes gentes ita se credere glorientur, si salutis benedictione carent, utrobique veritas Dei et in prophetia et in Evangelio periclitatur. Item cum carnem et sanguinem suum naturali sua specie fidelibus suis revelare dignatus sit, si causa desiderii satiandi fecit et ita non est, servorum suorum devotionem non complevit, sed fefellit; si causa dubietatis sanandæ fecit et ita non est, infirmorum errorem non abstulit, sed auxit : quod de pietate et veritate divina vel leviter suspicari, non modo sacrilegum, sed et nefarium est. Anathema ergo maranatha sit, qui auctoritati divinæ in hoc sacramento contradicere præsumpserit, et corpus Christi, panem verum qui de cœlo descendit et dat vitam mundo, vere ut est esse non crediderit : quem Ambrosius et Augustinus *epiousion*, id est supersubstantialem, appellant, quia caro Christi omnibus creatis substantiis jure præcellit.

CAPUT XIV.
Quod corpus Christi est, cum sit locale, in cœlo et in terra.

Quia igitur spirituale corpus Christi et sanguinem in sacramento panis et vini vere et substantialiter esse, ipsius Christi et tot sanctorum testimoniis evidenter astructum est : quod de veritate constat, de ejus etiam potestate videamus. Quamvis enim omne corpus, omnisque creatura localis sit, de hoc tamen supersubstantiali corpore credendum est, quod eodem tempore et vere est in sacramento suo in terris, et vere in cœlo sedet ad dexteram Patris. Frustra enim immolationis suæ tempore diceremus : *Qui sedes ad dexteram Patris, miserere nobis,* si quem adoramus in sacramento, mentiremur esse in cœlo.

Quia ergo astructum est de sacramento ubi minus esse videbatur, astruamus et de cœlo, ubi ascendens corpus suum coram testibus suis apostolis levavit, et Symbolo etiam fidei nostræ attestante, ibi sedet ad dexteram Dei Patris, unde venturus est judicare vivos et mortuos. Cum igitur usque ad diem judicii ibi sedere credatur, quin ibi sit etiam hora immolationis suæ nihil dubitationis relinquitur. Unde, ut dictum est, Augustinus libro secundo contra Maximinum : « Adhuc in forma humana est filius quam levavit in cœlum, et sempiterna erit in regno hæc eadem forma immortalis. » Et post pauca : « Christus accepit visibilem hominis formam, non solum natus in ea, sed et ascendit coelum, et sedet ad dexteram Patris in ea. » Item idem in psal. LXXV (n. 17, t. IV, c. 803) : « Si Patrem et Filium secundum divinitatem cogitas, ubique præsens est. Item autem Filium sic intelligis, quomodo visus est in carne inter homines, et crucifixus est et resurrexit, novimus quia ascendit in coelum, et in circuitu ejus sunt angeli. » Item idem in psal. LIV : « Donec sæculum finiatur, sursum est Dominus : sed tamen hic etiam nobiscum, veritas Dominus. Corpus enim in quo resurrexit, uno loco esse oportet; veritas autem ejus ubique diffusa est. » Item idem in sermone 27 super Joannem (n. 4, col. 503) : « Christus secundum unitatem personæ in coelo erat, quando in terra loquebatur. Sic erat Filius hominis in coelo, quomodo Filius Dei in terra. Filius Dei in terra in suscepta carne : filius hominis in coelo in unitate personæ. »

In quo notandum est quia forma illa humana, in qua Christus, coenans cum discipulis, tradidit illis seipsum in sacramento quasi alium, et tamen eumdem ; uno loco est in coelis ad dexteram Patris integra, sicut integra fuit in coena, quando in sacramento comedebatur a discipulis; et tamen et in humana, et in sacramentali forma, idem verus utrobique Christus, et in coelo et in terris. Unde Leo papa in epistola Anatholio episcopo missa : « Qui licet in Patris sit dextera constitutus, in eadem tamen carne quam sumpsit ex virgine, sacramentum propitiationis exsequitur. » Item Basilius in dialogo suo (Joan. Chrysost., lib. III De sacerdotio, c. 4) : « Qui sursum sedet ad Patris dexteram, sacrificii tamen tempore hominum manibus continetur. » Unde etiam sacerdos vice Christi corpus Dominicum in terreno altari conficiens, nec tamen aliquid suis meritis, sed totum divinæ potentiæ et gratiæ attribuens, orat in Canone Deum Patrem, dicens : Jube hæc ablata tibi per manus et virtutem Filii tui, angeli tui, qui est angelus magni consilii, non in hoc humile et visibile altare ubi modo est, sed in sublime altare tuum, id est Filium tuum, quem usque ad dexteram tuam in conspectu majestatis tuæ sublimasti, deferri; ut fiat nobis corpus et sanguis dilecti Filii tui : ostendens ipsum Filium, jussione Patris in coelis esse offerentem, et hostiam, et id super quod offertur; quia omnino fidei et gratiæ ejus innitimur, quod terrena corpora in Christum converti, ipsumque in coelestibus ad dexteram Patris sedentem, pro nobis interpellare, et in sacramento altaris consecrari et esse credimus.

Cum ergo dictum sit quia corpus Christi tale accipimus in sacramento, quale post resurrectionem est in seipso, cujus gloriæ et virtutis corpora nostra post resurrectionem futura sint videamus, ut visis membris, facilius prærogativam tantæ dignitatis in capite cognoscamus.

Ait Augustinus in libro Enchiridion (cap. 91,

(38) Alias *personaliter*.

t. VI, col. 230) : « Resurgent sanctorum corpora sine ullo vitio, sine ulla corruptione, sine oneris difficultate. In quibus tanta facilitas, quanta felicitas erit, propter quod et spiritualia dicta sunt, cum procul dubio sint futura corpora, non spiritus. » Item Augustinus in libro XIII De civitate Dei (cap. 20, t. VII, col. 340) : « Surget corpus spirituale, quia spiritui summa et mirabili obtemperandi facilitate subdetur, usque ad implendam immortalitatis indissolubilis securissimam voluntatem, omni molestiæ sensu, omni corruptibilitate, omni tarditate detracta. » Et post pauca : « Corpora carnis sunt habitura substantiam, sed nullam tarditatem corruptionemque carnalem spiritu vivificante passura. Quod si tantæ facilitatis futura sunt corpora sanctorum, ut ad implendam voluntatem spiritus nulla sua tarditate impediantur, quid de corpore Christi capitis nostri credendum est, cui non modo facilitas qua non tardetur ad faciendum quæ voluerit, sed etiam, ut ipse ait, omnis potestas data est in coelo et in terra, ut cum Deo in unitate personæ omnia possit ? Si corpora nostra spiritualia futura sunt quia spiritui (38) corporaliter juncta, quid corpus Dei nisi divinum, quia Deo unitum ? Carnem igitur divinam substantialiter quidem eamdem cum Deo non dicimus : sed profecto cum Apostolus dicat, quia omnia subjecta sunt ei, præter eum qui sibi subjecit omnia (I Cor. XV, 27) : et ipse Filius Dei testetur, quia omnis potestas ei data est, sic in unitate personæ Deo conjunctam credimus, ut quod habet Deus per naturam, hoc ipsa per gratiam. Cum ergo nos habituri simus, et angeli modo habeant, ut quantacunque intervalla locorum, nullo fere temporis intervallo, nimia sua celeritate pertranseant, non tamen hoc habent, ut unde recedunt, ibi remaneant. Quo privilegio sola caro Christi, quæ super omnem creaturam a Deo exaltata est, super omnem et præter omnem naturam insignita est, ut per omnipotentiam, quæ ei data est in coelo et in terra, ubicunque, quomodocunque sibi placuerit, non de loco ad locum transeundo, sed ibi, ubi est, remanendo, et alibi ubicunque voluerit existendo, tota et integra et substantialiter sit et in coelo et in terra. Quam enim omnipotentiam ab eo, qui totus ubique est reciperet, si ipsa ubicunque vellet substantialiter tota esse non posset ? Vel in quo differret ab angelis, quibus est superexaltata, si non aliter nisi de loco ad locum recedendo, posset esse in coelo et in terra ? Artificio humano molentis mola circuitus sui nimiam celeritatem, stabilitatem esse mentitur. Natura humana in ictu oculi tot terrarum maris, et aeris spatia ab occidente ad orientem in videndo solem transvolans atomum momenti æquare videtur, et cum celeritas angelorum sit velocior, in quo his creaturis caro Christi superexaltabitur, si quod est in coelo et in terra, non potestati, sed celeritati ascribitur (39) ?

(39) Auctor perspicax sapienter rejicit opinionem

CAPUT XV.

Quod corpus Christi divisum et a fidelibus sumptum permanet incorruptum et integrum.

Ut ergo et in cœlo et in terra omnipotentiam se haberet ostenderet Christus, deificum corpus suum cœlo illaturus et mundo daturus, quod quantum ad humanam formam nobis abstulit, non minus tamen substantialiter et vere in sacramento corporis et sanguinis sui nobis obtulit, ut hic et ibi præsens etiam corporaliter, utpote qui unius personæ cum illo est qui nusquam deest, et ibi reconciliationem cum Patre, et hic in altari redemptionem, remissionemque peccatorum nobis operetur sicut semel fecit in cruce, dum ipsum corpus suum in ora fidelium datum, et singulis dividitur, et unum totum universis individuum et integrum habetur, sumptum non consumptum, ut sicut individuum cum dividitur, sic incorruptum cum sumptum fuerit, credatur. Quomodo enim incorruptionem nobis largiretur, si in se ipso corruptionem resurgens pateretur? Aut quomodo sacramento suo nos sibi incorporans, ut corpus capiti, vel nos nobis ut membra membris unum faceret, si in seipso non unitus, sed divisus et comminutus dentibus sumentium esset? Quomodo tamen corpus Christi et cœlo et mundo præsens, et dividatur indivisum, et sumatur inconsumptum ratio stupet, fides ipsa miratur; sed ex adjunctæ divinitatis potentia quæ ubique tota præsens est in corpore suo spirituali, imo per omnipotentiam sibi collatam, divino jam facto id fieri posse, non diffidens veneratur. Si enim facta, vel miracula, vel dicta quibus Filius Dei majestatem suam mundo aperuit, perfecte rimari velimus, inveniemus hominem, quem sibi univit in una persona, in nulla disjunctum gratia, ut etiam pro parte carnis omnia, ut dictum est, sint ei subjecta, præter eum qui subjecit sibi omnia. Sed huic miranti et mirandæ fidei, utrum sancti consentiant videamus. Augustinus in sermone De verbis Domini: « Invitat Dominus servos, et præparavit cibum seipsum. Quis audeat manducare Dominum suum? Et tamen ait: *Qui manducat me, vivet propter me* (Joan. VI, 58). Dum enim Christus manducatur, vita manducatur; nec occiditur, ut manducetur, sed mortuos vivificat quando manducatur, quia surrexit occisus, nec quando manducatur, partes de illo facimus. Et quidem in sacramento sic fit. Norunt fideles quemadmodum carnem Christi manducent. Unusquisque partem suam accipit, per partes manducatur et integer manet : totus in cœlo, totus in corde tuo. »

Item Eusebius Emissenus : « De hoc pane vetus narrat historia : Nec qui plus collegerat, habuit amplius, nec qui minus paraverat, reperit minus, eo quod eucharistiæ sacra perceptio non in quantitate, sed in virtute consistat. Quod corpus sacer-

a dote dispensante, tantum est in exiguo quantum esse constat in toto (40) : quod cum Ecclesia fidelium sumit, sicut plenum in universis, ita integrum esse probatur in singulis. De hoc pane cum assumitur, nihil minus habent singuli quam universi. Totum unus, totum duo, totum plures sine diminutione percipiunt, quia benedictio hujus sacramenti scit distribui, nescit distributione consumi. » Item Augustinus in sermone De verbis Domini : « Putatis quia de hoc corpore quod videtis partes facturus sim, et membra mea concisurus, et vobis daturus? Quid ergo si videritis Filium hominis ascendentem ubi erat prius? Certe qui integer ascendere potuit, consumi non potuit. Ergo de corpore et sanguine suo dedit nobis salubrem refectionem, et tam magnam breviter solvit de integritate sua quæstionem. Manducent ergo et bibant; vitam manducent, et vitam bibant. Illud manducare, refici est. Sed sic reficeris, ut non deficiat unde reficeris. Manduca vitam, bibe vitam, et integra est vita. »

Item Ambrosius de mysteriis initiandis (cap. 8, col. 337) : « Considera nunc utrum præstantior sit panis angelorum, an caro Christi, quæ utique est corpus vitæ. Manna illud e cœlo, hoc supra cœlum. Illud cœli, hoc Domini cœlorum. Illud corruptioni obnoxium si in diem alterum servaretur; hoc alienum ab omni corruptione. Quod quicunque religiose gustaverit, corruptionem sentire non poterit. »
Item Ambrosius, Dominica quinta post Epiphaniam (41) : « Singuli accipiunt Christum Dominum, et in singulis portionibus totus est ; nec per singulas minuitur, sed integrum se præbet in singulis. »

Sed quomodo impossibile videatur, ut caro Verbi Dei, quæ multo spiritualior et potentior est verbo nostro, sit tota et integra in ore omnium sumentium, cum verbum nostrum unum idemque, totum et integrum sit in auribus omnium audientium? Quod evidentius ipse Christus in seipso manifestans, in cœna corpus et sanguinem suum discipulis suis distribuit : et cum ipse a singulis sumptus comederetur et biberetur in sacramento, ipse tamen vivus et integer mansit in seipso. Sed quid mirum si Christus comeditur et integer manet, cum Sareptana vidua non minus oleum comederit ; quia, testante sacra historia, *lecythus olei non est imminutus*, cum eadem Scriptura dicat, *abiit et fecit juxta verbum Eliæ, et comedit ipse et domus ejus?* (*III Reg.* XVII, 15.) Unde Ambrosius (Joan. Chrysostomus) in epistola ad Hebræos (hom. 17, tom. XII, p. 168) : « In Christo semel oblata est hostia ad salutem sempiternam potens. Quid ergo nos? Nonne per singulos dies offerimus? Offerimus, sed ad recordationem mortis ejus; et una est hostia, non multæ. Quomodo una et non multæ? Quia semel oblatus est Christus, hoc autem sacrificium exemplum est il-

---

quam proposuit doct. Statler. in *Theol. dogm. De sacram. euch.*, p. 217, corpus scilicet Christi sisti præsens in SS. sacramento per motum velocissimum.

(40) Sic S. Thomas iisdem fere verbis utens scripsit : *Tantum esse sub fragmento, quantum toto legitur.*

(41) Præfatio missæ.

lius; idipsum, semper idipsum. Proinde hoc idem sacrificium unum solum. Alioquin quoniam multis in locis offertur, multi sunt Christi? Nequaquam, sed unus ubique est Christus; et hic plenus existens, et illic plenus, unum corpus. Sicut enim quod ubique offertur unum corpus est, et non multa corpora, ita et unum sacrificium. Pontifex autem ille est, qui hostiam obtulit nos mundantem. Ipsam offerimus etiam nunc, quæ tunc oblata, consumi non potest.

Quod nos facimus, in commemorationem fit ejus, quod factum est. *Hoc enim facite*, ait, *in meam commemorationem* (*Luc.* XXII, 19). Quod igitur, ut sancti testantur, diversis locis, diversisque temporibus sacrificatur: non multa tamen corpora, sed ubique unum Christi corpus est, quod a diversis sumitur, et unum idemque corpus integrum est, omnipotentiæ, quæ Christo etiam pro carnis parte collata est attribuendum est; qua, ut supra dictum est, in cœlo et in terra præsens etiam corporaliter potest esse, ubicunque, quomodocunque sibi placuerit: ut ideo ubicunque voluerit sit caro Christi, contra naturam carnis integra et præsens (42), quia facta in cœlo et in terra omnipotens. Quod autem Augustinus ait: « Et quidem in sacramento sic fit, unusquisque accipit partem suam, et per partes manducatur; ne hoc quidem impedit ejus integritatem aliquatenus. » Fieri enim hoc dicit in sacramento, quod videtur, non in re sacramenti, quæ non videtur, corpore scilicet Christi quod invisibile est. Cum enim, ut idem Augustinus ait, corporalia sacramenta sint quasi quædam verba, quia signa rerum sunt hæc ut illa, sicut variis nominibus appellatus Cephas, Simon, Petrus, idem est Petrus, sic Christus non est alius, quamvis variis sacramentis repræsentatus; quia, cum species panis et vini duo sint sacramenta, non tamen in eis duo diversi Christi, sed in utroque unus est Christus, qui nec distributione ipsius sacramenti in seipso dividitur, nec pro quantitate portionis majus vel minus accipitur, quia in spirituali sua virtute semper totus esse creditur, ita ut nec qui plus sacramenti acceperit, abundet, nec qui minus, deficiat; quia semper idem est totus, in magno totus, in parvo totus, in integro totus, in fracto totus, quia quomodocunque varientur signa, semper idem est in seipso.

Unde merito Eusebius ait: « Vere unica et perfecta hostia, fide æstimanda non specie, nec exteriori censenda visu, sed interiori affectu. » Unica enim est, quia non varietate locorum vel temporum sunt multæ, sed una semper hostia perfecta, quia nec augeri potest nec minui. Et quia species elementorum, panis scilicet et vini, Christi figura est non veritas, ideo non æstimanda specie, vel exteriori censenda visu, sed interiori fidei affectu; quia, etsi videtur sacramentalis species elementorum variari in signo, corpus tamen Christi immutabile creditur in seipso. Sicut ergo manna specie tenus erat unimodum, sed ita intrinsecus variis saporibus condiebatur pro voluntate, vel voluptate utentium, ut multorum corporum sapor in una esset specie, sic econtrario omnimoda est corporis Christi veritas interius in varia sacramentorum quantitate, ut, sicut legitur de manna, nec qui plus collegerat habuit amplius, nec qui minus paraverat reperit minus. Ita in sacramento corporis Christi, nec in minori defectus; nec in majori fit abundantia; quia non in specie vel quantitate sacramenti, sed in virtute Christi est gratia.

CAPUT XVI.

Quod immolatio Christi in altari, non dicitur quod iterum occidatur, sed quod vera ejus immolatio repræsentata, idem in altari nunc, quod tunc in cruce operetur.

Videndum autem est, cum Ambrosius (Joan. Chrysost.) paulo ante dixerit, quia in Christo semel oblata est hostia ad salutem sempiternam potens, cur quasi quotidiana nostra oblatio post illam semel oblatam veram, non esset vera; vel post illam potentem et sufficientem ad salutem, esset superflua, quæsierit. Quid ergo nos? Nonne per singulos dies offerimus? Sed sciendum quia si nostra quotidiana oblatio alia esset quam illa in Christo semel oblata, non vera esset, sed superflua. Cum enim oblatio illa in Christo semel oblata, et vere sit vera, quia vere vita æterna et sufficiens, ut eam nobis conferat, ipsa sola nostra oblatio, quam aliam vitam posset promittere vel conferre, si esset alia? Aliam enim oblationem, aliam oporteret conferre salutem, vel ad eamdem ad quam conferendam sola Christi sufficit oblatio, esset superflua et vana. Quia ergo impossibile est aliam conferri salutem, oportet eamdem esse illam semel oblatam, et nostram quotidianam oblationem, ut eadem sibi ipsi non sit superflua, sed eadem semper sufficiens et semper necessaria.

Primum itaque utrum eadem nostra et illa sit videamus, deinde utrum semper eamdem semper idem salutis sequatur effectus. Sed Ambrosius (Joan. Chrysost.), quasi respondens suæ quæstioni, ait: « Offerimus, sed ad recordationem mortis ejus; et una est hostia non multæ, quia semel oblatus est Christus. Hoc autem sacrificium exemplum est illius: idipsum, semper idipsum. »

Notandum ergo quia quotidianum nostrum sacrificium idem ipsum dicit cum eo, quo Christus semel oblatus est in cruce, quantum ad eamdem veram hic et ibi corporis Christi substantiam: quod vero nostrum quotidianum illius semel oblati dicit esse exemplum, id est figuram vel formam; non dicit ut hic vel ibi essentialiter alium Christum constituat, sed *ut eumdem in cruce semel, in altari quotidie alio modo immolari et offerri ostendat*; ibi in veritate passionis qua pro nobis occisus est, hic in figura et imitatione passionis ipsius, qua Christus non iterum vere

---

(42) Contra naturam carnis, quæ nondum per resurrectionem facta est spiritualis, ut Algerus explicavit cap. 14.

patitur, sed ipsius vere memoriæ passionis quotidie nobis iteratur. Quod et ipse Ambrosius (Joan. Chrys.) notans subjecit : « Quod nos facimus, in commemorationem fit ejus quod factum est. *Hoc enim facite,* inquit, *in meam commemorationem.* Non aliud sacrificium, sed ipsum semper offerimus magis autem sacrificii recordationem operamur. » *Non ergo est in ipsius Christi veritate diversitas, sed in ipsius immolationis actione,* quæ dum veram Christi passionem et mortem quadam sua similitudine figurando repræsentat, nos ad imitationem ipsius passionis invitet et accendat contra hostem nos roboret et muniat, et a vitiis purgans et virtutibus condecorans, vitæ æternæ nos idoneos ac dignos exhibeat. *Licet enim ejus oblatio in cruce semel, suffecerit ad omnium salutem et redemptionem,* tamen quotidie est etiam necessaria ad muniendam et mundandam humanam fragilitatem, quæ quotidie tentatur et labitur, vel criminalibus, vel saltem venialibus peccatis, sine quibus hæc vita duci non potest. *Non enim hac singulari victima tantummodo peccatorum absolutionem a Deo consequimur, sed et contra tentationes munimur;* quia, cum ex perceptione corporis Christi viderit adversarius hospitium nostrum occupatum cœlestis fulgore præsentiæ, intelligens locum tentamentis suis intercludi per Christum, fugiet ac recedet.

Sciendum igitur quia, licet oblatio Christi semel in cruce sit vera, quotidiana autem in altari sit figurata ; prorsus tamen eadem hic et ibi nostræ salutis est gratia, hic et ibi vera, sufficiens, et semper necessaria, quia hic et ibi idem verus Christus potens est ad omnia.

Quod quam evidenter sancti attestentur, subjectis eorum auctoritatibus videamus, tam de Christi hic et ibi essentiali veritate, quam de nostræ salutis hic et ibi vera et æqua utilitate. Augustinus, in libro Sententiarum Prosperi : « Semel oblatus est Christus in seipso, et tamen quotidie immolatur in sacramento. Quod ita intelligendum est, quia in manifestatione sui corporis, in distinctione suorum membrorum omnium, verus Deus et verus homo semel tantum in cruce pependit, offerens Patri seipsum, hostiam vivam, passibilem, mortalem, vivorum atque mortuorum redemptionis efficacem : eorum videlicet, quos altitudo divini consilii redimendos judicavit, præscivit, prædestinavit, modis atque temporibus quibus id fieri congruebat. » *Dicit ergo Christum in manifesto corpore suo, et in distinctis membris humanitatis suæ, semel passum in cruce :* qui non manifeste, sed invisibiliter est in sacramento quotidie, non passus, sed quasi pati repræsentatus. Vera enim passione Christum iterum immolari nullatenus congruebat, tum quia impossibile erat, immortalem occidi, tum quia crudele erat in sacrificio Ecclesiæ hominem more bestiarum sacrificando laniari, dentibusque vorari. Quia itaque in Deum simul esse non poteramus crudeles et devoti, incruentum esse congruebat, quod pium erat fidelibus Christi, ut non vera Christi passione et morte ab eis immolatio compleretur, in qua Christus propitiationem suam exsequi omnibus dignaretur. In quo enim meliores essemus his qui eum crucifixerunt, nisi pietate et devotione differremus ab eis, qui eum perdere præsumpserunt ? Unde Ambrosius in Epistolam ad Hebræos (Joan. Chrysost.) : « Sed in ista carne et sanguine nil cruentum, nil corruptibile mens humana concipiat, sed vivificatricem substantiam atque salvatricem et ipsius Verbi propriam factam in pane et vino credat ; per quæ, si digne sumantur, nobis est peccatorum remissio collata. » Unde Augustinus in libro De sacramentis altaris : « Veritas ait : *Caro mea vere est cibus, et sanguis meus vere est potus* (Joan. VI, 56). Alioquin quomodo verum erit : *Panis quem ego dabo, caro mea est pro mundi vita,* nisi vera sit caro ?

Sed quoniam Christum vorari dentibus fas non est, voluit hunc panem et vinum in mysterio vere carnem suam et sanguinem consecratione Spiritus sancti potentialiter creari, et quotidie pro mundi vita mystice immolari, ut sicut de Virgine per Spiritum vera caro sine coitu creatur, ita per eumdem ex substantia panis et vini, mystice idem corpus Christi consecretur.

Iteratur autem quotidie hæc oblatio, licet Christus semel passus sit, quia quotidie peccamus, saltem peccatis, sine quibus mortalis infirmitas vivere non potest. Et ideo quia quotidie labimur, quotidie Christus pro nobis mystice immolatur. Hanc autem immolationem non vero, sed imaginario actu passionis et mortis fieri, et tamen veram salutem operari, testatur Gregorius in quarto libro Dialogorum (cap. 58, col. 472) : « Hæc singulariter victima ab æterno interitu animam salvat, quæ nobis mortem Unigeniti per mysterium reparat. Qui licet surgens a mortuis, jam non moritur, et mors ei ultra non dominabitur (*Rom.* VI, 9), tamen in seipso immortaliter atque incorruptibiliter vivens, pro nobis iterum in hoc mysterio sacræ immolationis immolatur. Ejus quippe ibi corpus sumitur, ejus caro in populi salutem partitur, ejus sanguis non jam in manus infidelium, sed in ora fidelium funditur. Illinc ergo pensemus quale sit pro nobis sacrificium, quod pro absolutione nostra passionem unigeniti Filii semper imitatur. » *Quamvis ergo non dixerit, passionem Unigeniti operatur vere, sed imitatur imaginarie, tamen testatur illam victimam, nos vere ab æterno interitu salvare.* Unde Venerabilis Beda in homiliis suis : « Non solum lavit nos peccatis nostris in sanguine suo, quando sanguinem suum fudit in cruce, verum etiam quotidie lavat nos in sanguine suo a peccatis nostris, cum ejusdem beatæ passionis memoria ad altare replicatur, cum panis et vini creatura in sacramentum carnis et sanguinis ejus ineffabili Spiritus transfertur sanctificatione : sicque corpus et sanguis illius non infidelium manibus ad perniciem ipsorum funditur et occiditur, sed fidelium ore suam sumitur in salutem. »

Item Eusebius Emissenus : « Quia corpus assumptum

ablaturus erat ab oculis nostris, et sideribus illaturus, necessarium erat ut nobis in hac die sacramentum corporis et sanguinis sui consecraret, ut coleretur jugiter per mysterium, quod semel offerebatur in pretium; ut quia quotidiana et indefessa currebat pro hominum salute redemptio, perpetua etiam esset redemptionis oblatio, et perennis illa victima viveret in memoria, et semper præsens esset in gratia. Item Augustinus in sermone De quarta feria (cap. 4): « Si sanguinem Christi tota cum reverentia percipis, cognosces per illum tua tibi dimitti peccata. » Item in eodem (cap. 6): « Tu, anima Christiana, vide ne deseras mensam sponsi tui, ut pulchra permaneas. Carnes ejus quotidie manducabis, ut vitam æternam habeas, et sanguinem ejus potabis. »

Quotidianam igitur Christi immolationem peccatorum remissioni, vitæ æternæ adeptioni necessariam, et sufficientem nobis astruximus. Ipsi autem Christo non supplicio passionis vel occisionis esse molestam, sed quadam ipsius passionis imaginatione nobis utilem ad memoriam concitandam, et devotionem augendam, et imitationem provocandam ostendimus. Cur enim beatus Ambrosius (Joan. Chrysost.) ad recordationem mortis ejus hostiam Christi quotidie offerri diceret, et nostrum sacrificium, exemplum illius sacrificii, si tantis beneficiis nos vellet esse ingratos et non magis devotione et imitatione nostra, tantæ gratiæ esse obnoxios? Sed tamen quia consacramentales et concorporales sumus Christo, licet non vera, sed imaginaria passione in seipso immoletur, vera tamen et non imaginaria passione in membris suis immolatur, quando nos, qui in memoriam passionis suæ sacramentum tantæ suæ pietatis agimus sacrificando ipsum, flendo et cor nostrum vera compunctione atterendo, mortem tam pii et dilecti Domini et patris annuntiamus. Sicut enim cum Petrus diceret: *Domine, quo vadis?* Christus respondit: *Venio Romam iterum crucifigi*, vel sicut Paulus ait: *Suppleo ea quæ desunt passionum Christi in carne mea* (*Coloss.* 1, 24): ita et omnibus membris suis compatitur, ut et sibi compatientibus conregnare facilius credatur, quia revera dignabitur eos esse participes suæ gloriæ, quorum non dedignatur esse participes ærumnæ. Cum enim vinum pro Christo, aqua sacrificetur pro populo, et utrumque unus sanguis fiat, quid nisi capitis et membrorum inde compassione et morte unitatem significat? Unde Augustinus in lib. x De civitate Dei (c. 20, t. VII, col. 256): « Hujus rei sacramentum, quotidianum voluit Ecclesiæ esse sacrificium, quæ cum capitis ipsius corpus sit, seipsam per ipsum discit offerre. » Non enim potest corpus crucifixi esse, qui crucifixus non est. Unde Apostolus: *Per quem mihi mundus crucifixus est, et ego mundo* (*Galat.* VI, 14). Unde Gregorius in Dialogorum libro IV (c. 59, col. 472): « Qui passionis Dominicæ mysteria celebramus, debemus imitari quod agimus. Tunc ergo vere pro nobis Deo hostia erit, cum nos ipsos hostiam fecerimus. » Item Ambrosius in libro De sacramentis: « Quia crucis ipsius signatus es forma, ab ipsius passione accepisti signaculum atque similitudinem, ut ad ipsius formam resurgas, ipsius vivas figura, qui peccato crucifixus est et Deo vivit. »

Quia igitur beneficiis et exemplis tam eximium, tamque utile nobis est corporis Christi sacramentum, videamus ne nobis tantam gratiam aliquis error supplantet, sed potius ipsa fidei veritas, sicut certos ad ea quæ exhibet, sic fortes constituat ad ea quæ monet. Infirmi enim, qui circumferuntur omni vento doctrinæ, statim ut audiunt quæ ignorant, de fidei veritate dubitant, quos, quantum possumus, Deo annuente, sanare studeamus. Quia enim sacramentum est figura veritatis Christi, et in figura sacramenti sit figura imaginariæ actionis sacrificii, in tot figuris veritatem latere titubant, maxime cum dicatur Christus semel immolari in seipso, et quotidie in sacramento, quasi verus intelligi debeat, cum dicitur in seipso, et non verus, sed imaginarius in sacramento. Sed sciendum quia Christus immolari dicitur in seipso, id est in humana forma, et in sacramento, id est in panis et vini forma; non quin tam vere hic immoletur in seipso quantum ad substantiam, sicut ibi, sed ut notet hic et ibi diversam ejusdem substantiæ formam.

CAPUT XVII.
Quod dupliciter vel tripliciter dicitur corpus Christi.

Hac de causa etiam sancti de corpore et sanguine Domini varie loquuntur, sed non contrarie, adeo ut beatus Hieronymus illud dupliciter, Augustinus autem tripliciter astruat accipi debere. In quo ne sibi vel aliis sanctis dissentire videantur, quomodo corpus Christi duplex credendum sit videamus.

Ait Hieronymus in epistolam ad Ephesios (lib. I, c. 1, tom. VII, col. 553, ed. 1769): « Dupliciter sanguis Christi et caro intelligitur, vel spiritualis illa atque divina, de qua ipse ait: *Caro mea vere est cibus, et sanguis meus vere est potus*; et: *Nisi manducaveritis carnem meam et biberitis sanguinem meum, non habebitis vitam æternam:* vel caro illa quæ crucifixa est, et sanguis qui militis effusus est lancea. » Quod non dixisse quantum ad duplicem substantiam credendus est, sed quantum ad duplicem ejusdem substantiæ formam, qua nunc in humana, nunc in panis et vini intelligitur forma. Quod Augustinus apertius ostendit, qui cum tertium modum corporis Christi dixisset Ecclesiam, de eodem duplici corpore, unde Hieronymus ita disseruit (loc. cit., col. 608): « Corpus Christi est et illud mysticum quod ex substantia panis et vini per Spiritum sanctum consecratur. » Et addidit: « Cæterum illud corpus, quod natum est ex Maria virgine, in quod illud transfertur, etc. » Quod istud per consecrationem altaris in illud transferri et converti dicit, notat eamdem substantiam. Quod autem discernit, dicens, hoc vel illud, facit, ut dictum est, secundum diversam formam. Quam substantiæ identitatem perfecte subinnuens, ait de tertio corpore Christi, quod est Ecclesia. Ad quem, si recte communicamus, mentem dirigimus, ut nos corpus ejus ex ipso et ab ipso carnem ipsius illo manente integro sumamus. Cum enim carnem ipsius ex ipso nos monet ab ipso sumere, quid nisi dantem et donum idem significat esse? Et addidit : « Quæ nimirum caro ipsa est, et fructus ipsius carnis, ut idem semper maneat, et universos qui sunt in corpore pascat. » Hoc corpus dicit Eusebius, sideribus illatum, coli jugiter a nobis per mysterium. De hoc sacerdos in fine cujusdam missæ orat, ut quod nos specie gerimus, rerum veritate capiamus; idem quidem notantes in substantia, diversum in forma. Quam suam duplicitatem in cœna ipse Christus ostendit, cum ipse in humana forma præsens seipsum in sacramento discipulis exhibuit. Hanc duplicitatem non substantiæ, sed formæ, sancti notaverunt, quoties de corpore Christi ipsum non ipsum dixerunt, ut ipsum secundum substantiam, non ipsum sit secundum formam.

Cum igitur corpus Christi in humana forma, corpus Christi in sacramento, corpus Christi Ecclesia tripliciter dicatur, his qui in sacris Scripturis hoc discernere nequeunt, magna confusio nascitur, ut quod de uno corpore Christi dicitur, de alio dictum esse credatur.

Est et alia item confusio; quia, cum corpus Christi tripliciter dicatur, corpori Christi in altari panis et vini attribuunt sacramentum, ipsumque corpus Christi in altari, sacramentum faciunt corporis Christi in humana forma. Dum ergo forma panis et vini, sacramentum corporis Christi in altari, et ipsum corpus Christi in altari sacramentum dicitur humani corporis Christi, quod ipsum est non idem ipsum esse contendunt, sed hoc quasi diversum ab illo constituunt. Dicit enim aliquis : Illud in altari, quod tu asseris esse verum corpus Christi, in sacris litteris appellatur species, similitudo, figura, signum, mysterium, sacramentum. Hæc autem vocabula ad aliquid sunt, nulla vero quæ ad aliquid sunt, possunt esse id quod sunt ea ad quæ referuntur : non est igitur sacramentum, corpus Christi. Et sic de cæteris vocabulis.

Verum his vocabulis in nullo præjudicatur fidei qua credimus, et veritati quam tenemus. Ut enim superius dictum est, quantum ad visibile sacramentum, species et similitudo illarum rerum sunt nomina : quæ ante fuerunt, panis scilicet et vini, non corporis Christi; corpus vero et sanguis Christi vocantur nuncupative, eo locutionis modo, quo res significans, solet rei significatæ vocabulo nuncupari. Unde Augustinus in libro Locutionum Genes. cap. 59 (CXLIII, t. III, col. 334) : « Locutio notanda est, ubi aliqua significantia earum rerum quas significant nomine appellantur : inde est quod ait Apostolus : *Petra autem erat Christus* (*I Cor.* x, 4), non ait : Petra significabat Christum. »

CAPUT XVIII.

Quod invisibile corpus Christi in sacramento, sacramentum sit visibilis corporis Christi in humana forma, verum veri, idem ejusdem.

Et hoc quidem sacramentum vel figura, diversa est a re sua, ut res visibilis ab invisibili, ut supra dictum est. Sed tamen non juste quisquam movebitur, si etiam eadem vera caro, idemque sanguis Christi sui ipsorum sacramenta existant, secundum aliud atque aliud accepta, imaginaria panis fractione et sanguinis de calice effusione, ita repræsentando veram fractionem corporis sui et effusionem sanguinis in passione : verbi gratia, sicut ego senex balbutiendo et reptando et alia puerilia mea imaginando repræsentarem me puerum, non alium tamen, sed me ipsum, essemque ego ipse figura et figuratus : actio tamen qua meipsum repræsentarem in me sene, esset imaginaria illius, quæ in me puero fuisset vera. Sed et Christus post resurrectionem suam diversa actione diversaque temporum ratione, sui ipsius typum gessit et figuram. Ut enim ait Augustinus apparens duobus discipulis, dum finxit se longius ire, significavit se post paucos dies ascensurum in cœlum, quod iter longius est remotum a communi hominum vita. Christus itaque longius sese ire fingens, sacramentum est Christi ascendentis in cœlum. Idem ejusdem, nec tamen usquequaque ejusdem. Idem namque verus Christus et fingens et ascendens : veruntamen aliud est figmentum terreni itineris, aliud est veritas in cœlum ascendentis.

Nec aliquis ita desipit, ut propterea neget fingentem se longius ire, esse verum Christum, quia figmento longioris itineris, significat se verum Christum in cœlum ascensurum. Ne ergo in re tanta, fide rudes titubent, divina gratia aspirante, quid de hac re sentiendum sit, sanctorum auctoritates ostendent, ut corporis Christi in sacramento sacramentum significans et significatum, in panis et vini forma, itemque in hominis forma substantialiter et vere unum eumdemque Christum credant esse.

Et de sacramento quidem panis et vini, quod significet et sit nuncupative corpus Christi, superius dictum est. Quod vero verum corpus Christi invisibile post resurrectionem sit sacramentum visibilis corporis Christi, in passione scilicet sui ipsius, testatur Augustinus in libro Sententiarum Prosperi : « Caro ejus est, quam forma panis opertam in sacramento accipimus, et sanguis ejus quem sub vini specie et sapore potamus : caro videlicet carnis, et sanguis sacramentum sanguinis. Carne et sanguine utroque invisibili, intelligibili, spirituali, significatur corpus visibile Domini nostri Jesu Christi, et palpabile : plenum gratia omnium virtutum, et divina majestate. »

Item in eodem : « Sicut ergo cœlestis panis, qui vere Christi caro est, suo modo vocatur corpus Christi, cum revera sit sacramentum corporis Christi, illius videlicet, quod visibile, palpabile, mortale, in cruce positum est : vocaturque ipsa carnis immolatio, quæ sacerdotis manibus fit Christi passio, mors, crucifixio, non in rei veritate, sed significante mysterio : sic sacramentum fidei, quod baptisma intelligitur, fides est. » Unde item beatus Augustinus in epistola ad Bonifacium (98, n. 9, tom. II, col. 267) : « Nonne semel immolatus est Christus in seipso ? Et tamen in sacramento non solum per omnes Paschæ solemnitates, sed omni die populis immolatur ; nec utique mentitur qui interrogatus, eum responderit immolari. Si enim sacramenta quamdam similitudinem earum rerum, quarum sacramenta sunt, non haberent, omnino sacramenta non essent. Ex hac autem similitudine, plerumque etiam ipsarum rerum nomina accipiunt. Sicut enim secundum quemdam modum sacramentum corporis Christi, corpus Christi est, sacramentum sanguinis Christi, sanguis Christi est, ita sacramentum fidei fides est.»

In quo notandum est immolationem quam non rei veritate dixit fieri, sola similitudine sacramenti veram immolationem Christi repræsentantis, mortem, passionem, crucifixionem, ipso mysterio significante debere intelligi : sicque baptisma, quod est sacramentum fidei, non in rei veritate, sed sola similitudine fidem dici. Quod vero veram carnem Christi suo modo corpus Christi dixit vocari, cum revera sui ipsius sacramentum sit, non ita intelligendum est, quasi non vere dicatur corpus Christi, sed suo modo, id est sibi singulariter proprio ; quia, cum omne corpus sit visibile atque palpabile, solum corpus Christi post resurrectionem mutata natura non substantia non est corporale, sed spirituale, invisibile, ut dictum est superius. Quod vero dixit ad Bonifacium : « Sicut sacramentum corporis Christi secundum quemdam modum corpus Christi est, ita sacramentum fidei fides est ; » intelligendum est de forma panis et vini, quæ non vere, sed figurate et nuncupative dicitur corpus Christi. Quia igitur Augustinus ad comprobandum, quod sacramentum fidei fides diceretur, duas similitudines dedit : unam actualis sacramenti, immolationis scilicet imaginarie, alteram vero realis, formæ scilicet panis et vini, ut, sicut immolatio imaginariæ figurate vocatur mors, et crucifixio Christi, et sicut forma panis et vini figurate vocatur corpus Christi, sic sacramentum fidei, scilicet baptisma, figurate vocetur fides. Notandum quod in altera harum similitudinum cœlestem panem, qui vere Christi caro est, non communi, sed suo, et quasi proprio modo corpus Christi vocari dixit, quia scilicet corpus illud non corporale, sed spirituale et divinum præ omnibus corporibus singulariter vidit. In altera autem sacramentum corporis Christi, id est formam panis absolute *secundum quemdam modum* corpus Christi dixit, quia communi figura non existentium quod dicuntur, illud dici corpus Christi notavit. Quod autem invisibile corpus Christi sacramentum visibilis corporis Christi dixit, intelligibiliter tantum per exteriorem aliquam actionem, et non sensualiter accipiendum est.

Quomodo enim more cæterorum sacramentorum visibilium, id quod videri non potest, rei visibilis esse poterit signum, nisi per exterioris alicujus actionis circa se imaginem ?

CAPUT XIX.
Quod sacramentum duobus modis significat, vel sua ex se similitudine, vel alicujus actionis erga se.

Quia itaque de tertio corpore Christi, quod est Ecclesia, superius satis dictum est, quia scilicet consacramentalis est capiti suo Christo, et ut caput et membra unum corpus cum ipso est per gratiam, aliud tamen per substantiam, quot modis sacramenta suis rebus similentur, et eas significent in triplici corpore Christi videamus.

Duobus enim modis id facere videntur, scilicet vel sua ex se similitudine, vel alicujus exterioris actionis circa se. Sua ex se similitudine sacramentum significat, sicut cum Dominus dicit : *Caro mea vere est cibus, et sanguis meus vere est potus*; et : *Ego sum panis vivus qui de cœlo descendi (Joan. VI, 55)*; quia, sicut cibus et potus temporalem vitam, sic ipse dat æternam. Unde ait : *Si quis manducaverit ex hoc pane, vivet in æternum (ibid.)*. Et merito. Si enim tanta vis est in cibo qui non vivit, nec manet, ut labentem vitam hujus temporis foveat et retineat quandiu Deo placuerit, quanto magis Christus cibus vivens immortaliter, vitam æternam conferre credendus est, quibus sibi placuerit ? Magis enim credendus est vitam conferre, qui vitam in se habet et vita est, quam qui non habet. Cum enim sit via, et veritas, et vita, corpus ejus nobis *viaticum* est, ne moriamur et deficiamus in via, sed perducamur ad vitam; *veritas* est, ne ejus promissionibus fallamur; *vita* est, ut ea in proventione feliciter fruamur. In hac ergo mortali vita immortali cibo vitæ nos pascit, ne in æternum moriamur.

Nec solum sua ex se similitudine cibi et potus nomine et specie, significari se voluit vitam æternam, sed etiam ex panis et vini similitudine significari voluit aliud corpus suum, id est Ecclesiam. Unde Augustinus in sermone De sacramentis fidelium, feria II Paschæ (t. V, col. 976) : « Quia passus est pro nobis, commendavit nobis in isto sacramento corpus et sanguinem suum, quod etiam fecit nos ipsos. Nam et nos corpus ipsius facti sumus, et misericordia ipsius quod accipimus, ipsi sumus. » Et post pauca : « Ad aquam venistis, conspersi estis, panis Dominicus facti estis. Quomodo unum videtis esse quod factum est, sic unum estote vos, diligendo vos. » Item in sermone 26, super Joannem (t. III, col. 500) : « Hunc itaque cibum et potum, societatem vult intelligi corporis et membrorum suorum, quod est Ecclesia. » Et post pauca : « Hujus rei sacramentum, id est unitatis corporis et sanguinis Christi, de mensa Dominica sumitur, quibusdam ad vitam, quibusdam ad exitium; res vero ipsa ejus sacramentum est, omni homini ad vitam, nulli ad exitium, quicunque ejus particeps fuerit. » Cum enim cibo et potu id appetant homines, ut non esuriant neque sitiant, veraciter non præstat nisi iste cibus et potus, qui eos a quibus sumitur, immortales facit, id est ipsa societas sanctorum, ubi pax erit et unitas plena atque perfecta. Propterea quippe Dominus corpus et sanguinem suum in eis rebus commendavit quæ ad unum aliquid rediguntur ex multis. Namque aliud in unum ex multis granis conficitur, aliud in unum ex multis acinis confluit. Ecclesiasticam societatem, cibum et potum ac panem Dominicum dixit, tum quia vere satiat in æterna beatitudine, tum quia multos in unum redigit vera charitate : quam societatem qui vere acceperit, non potest privari æterna salute. Quia ergo sacramentum corporis Christi, ipsum Christum, vel ejus Ecclesiam sua ex se similitudine signat, videamus si similitudine alicujus exterioris actionis circa se idem faciat.

Augustinus in libro Sententiarum Prosperi : « Dum frangitur hostia, dum sanguis de calice in ora fidelium funditur, quid aliud quam Dominici corporis in cruce immolatio, ejusque sanguinis de latere effusio designatur ? Ideo etiam ipse corpus suum fregit et tradidit, ut signaret, quod sponte sua in passionem se frangeret et traderet pro nobis, qui solus potestatem habebat ponendi animam suam : quod etiam in altari vice sua imitantur sacerdotes, ut idem repræsentent, id est corpus Christi, sacramentum Christi et Ecclesiæ per exteriorem actionem. » Ait Sergius papa (43): « Triforme est corpus Domini, pars oblatæ in calicem missa, corpus Christi quod jam resurrexit, monstrat; pars comesta, ambulans adhuc super terram ; pars in altari usque ad finem missæ remanens, corpus jacens in sepulcro, quia usque ad finem sæculi corpora sanctorum in sepulcris erunt. » Item Julius papa in decretis episcopis per Ægyptum missis (44) : « Calix Dominicus, juxta canonum præceptum, vino et aqua permistus debet offerri, quia videmus in aqua populum intelligi, in vino ostendi sanguinem Christi. Ergo cum in calice vino aqua miscetur, Christo populus adunatur, et credentium plebs ei, in quem credit, copulatur et jungitur : quæ copulatio et conjunctio aquæ et vini sic miscetur in calice Domini, ut mistio illa non possit separari. Nam si vinum quis tantummodo offerat, sanguis Christi incipit esse sine nobis ; si vero aquam solam, plebs incipit esse sine Christo. » Sciendum tamen, quia licet prius mystice vinum et aqua misceatur, post consecrationem tamen nonnisi sanguis bibitur, quia prius per aquam baptismatis renati, postmodum non solum concorporales, sed et consanguinei Christo spiritualiter efficimur. Ad signandum autem Christum, vinum, et ad signandum populum aqua miscetur, quia etsi vinum de aqua, dignius tamen per vitem, et Christus de carne nostra per Mariam generatur, et potentius ad reficiendum et inebriandum quam aqua invenitur, quia calix Domini inebrians, quam præclarus est (*Psal.* XXII, 5) dum sui amoris fervore mens debriata, omnium terrenorum obliviscitur? Unde etiam inusitato et stupendo miraculo postquam spiritum emisit, de latere Christi sanguis et aqua contra naturam manavit, ut regenerationis et redemptionis unum nostræ salutis opus esse mystice signaret, dum hoc duplici sacramento unum corpus Christi et Ecclesiæ per Spiritum sanctum conformaret. Unde et tria sunt, quæ Christo testimonium dant in terra, spiritus, aqua, et sanguis (*I Joan.* v, 7) ; quia et mirum fuit mortales de cœlo secundum promissionem Christi Spiritum sanctum accipere, et mortuum more viventis non saniem, sed sanguinem ; imo supra morem vivorum et mortuorum, cum sanguine aquam de vulnere lateris fundere : quod tamen sicut miraculum, sic constat fuisse et mysterium.

Sed quid curram per singula ? Quidquid fit in officio missæ, sacramentum est Christi et Ecclesiæ. Unde et Augustinus in libro De Trinitate : « Quia morte Domini liberati sumus, hujus rei memores in edendo et bibendo carnem et sanguinem, quæ pro nobis oblata sunt significamus. Quod enim corpus Christi in sacramento manibus fidelium tenetur, frangitur, dentibus atteritur, et ipsis incorporatur, significat eum in passione manibus impiorum tentum, et usque ad mortem fractum, et propter nostra scelera attritum ; Ecclesiam vero, corpus suum scilicet, hujus suæ passionis imitatione sibi incorporatam et conformatam. Quod ipsi Christo jam immortali et incorruptibili facto nullus putet esse indignum, si fidelium devotio hoc sibi in sacramento repræsentet, ad Dominicæ passionis imitationem, quod ipse Dominus passurus fieri præcepit ad suam commemorationem : ut tantæ rei memoria excitata, præsentiæque divinæ auxilio et exemplo roborata, velit et possit per ipsius gratiam quod nullatenus præsumit per suæ fragilitatis naturam. Quod enim in Christi corpore permissum est malis ad suam damnationem, nec ignominiosum visum est Deo Patri propter nostram salutem, multo magis ipsi placitum et gloriosum est, ut fidelium suorum manibus devote in sacramento frangatur, dentibus atteratur, sicut ipse præcepit, in suam commemorationem, non in veritate quidem passionis, crucifixionis, mortis, ut supra dictum est, sed significante mysterio, ut ipse quidem fractus et attritus integer permaneat, et redemptionis suæ gratia omnibus divisa proficiat. Quod ut certius innotescat fidelibus, Berengarii Andegavensis hæretici confessio, quam de hujus rei catholica fide scripsit, et Romæ præsente Nicolao papa II (an. 1059, Labbe, IX, 1050), coram 113 episcopis jurejurando firmavit, ad medium deferatur.

« Ego Berengarius, indignus ecclesiæ Sancti Mau-

---

(43) Apud Gratian., dist. II, c. 22, t. I, p. 455, ed. Pithœor. Paris., 1687. Est apocryphum.
(44) Falso ascribitur Julio, apud Gratianum, can. 7, De consecr., dist. II. Referendum est ad conc. Bracar., ann. 675.

ritii Andegavensis diaconus, cognoscens veram, catholicam et apostolicam fidem, anathematizo omnem hæresin, præcipue eam, de qua hactenus infamatus sum, quæ astruere conatur panem et vinum quæ in altari ponuntur, post consecrationem solummodo sacramentum et non verum corpus et sanguinem Domini nostri Jesu Christi esse, nec posse sensualiter nisi in sacramento solo, manibus sacerdotum tractari, vel frangi, vel fidelium dentibus atteri. Consentio autem sanctæ Romanæ Ecclesiæ et apostolicæ sedi, et ore et corde profiteor de sacramentis Dominicæ mensæ eamdem me fidem tenere, quam dominus et venerabilis papa Nicolaus, et hæc sancta synodus auctoritate evangelica et apostolica tenendam tradidit, mihique firmavit, scilicet panem et vinum, quæ in altari ponuntur, post consecrationem non solum sacramentum, sed etiam verum corpus, et verum sanguinem Domini nostri Jesu Christi esse, et sensualiter non solum sacramento, sed et in veritate manibus sacerdotum tractari, frangi, et fidelium dentibus atteri; jurans per sanctum *homousion* trinitatem, et per hæc sacrosancta Christi Evangelia, etc. »

CAPUT XX.

Quia in sacrificio est sacramentum corporale, et corpus spirituale, duæ sunt etiam ejus comestiones, una corporalis, altera spiritualis; et boni quidem duabus comestionibus sumunt corpus Christi, mali tantum una.

Quia igitur assertione Berengarii hæretici in sancta synodo panis et vinum post consecrationem non solum sacramentum, sed etiam verum corpus et sanguis Domini est, quod etiam Augustinus modis omnibus approbare contendit, sacrificium Ecclesiæ duobus confici, duobusque constare visibili elementorum specie, et invisibili Christi carne et sanguine, sacramento scilicet et re sacramenti: secundum hæc duo, sunt etiam duæ comestiones corporis Christi in Ecclesia, una corporalis, altera spiritualis; una fit ore, altera fit corde. Quarum corporalis communis est bonis et malis; his ad salutem, illis ad judicium, spiritualis autem tantum bonis. Et corporali quidem ore corporaliter manducamus et bibimus, quoties de altari Dominico ipsum Dominicum corpus substantialiter per manum sacerdotis in sacramento panis et vini accipimus; corde vero spiritualiter comedimus et bibimus, quoties, ut ait beatus Augustinus, hoc quod pro salute nostra Filius Dei in cruce pependit in memoria recondimus; et non solum ad hujus rei commemorationem sed etiam ad imitationem crucifigendo carnem nostram cum vitiis et concupiscentiis, nosipsos accendimus. De corporali comestione ipse Dominus ait: *Accipite et comedite; hoc est corpus meum, quod pro vobis tradetur. Bibite, hic est sanguis meus, qui pro vobis effundetur (Matth.* XXVI, 26). Item Apostolus: *Qui manducat et bibit indigne, judicium sibi manducat et bibit (I Cor.* XI, 29). De spirituali vero comestione ait Augustinus in serm. 26 super Joannem (col. 498): « Panem cœlestem spiritualiter manducate, innocentiam ad altare apportate. » Et post pauca, utramque etiam comestionem discernens, subjecit: « *Hic est panis de cœlo descendens, ut si quis ex eo manducaverit, non moriatur (Joan.* VI, 50). Sed quod pertinet ad virtutem sacramenti, non quod pertinet ad visibile sacramentum, qui manducat intus, non foris, qui manducat corde, non qui premit dente. » Item idem in libro De verbis Domini: « Tunc autem vita erit unicuique corpus et sanguis Domini si, quod in sacramento visibiliter sumitur, in ipsa veritate spiritualiter manducetur, spiritualiter bibatur. » Item Gregorius in Homilia paschali (lib. II, n. 7, t. I, col. 1533): « Sanguis agni super utrumque postem ponitur, quando non solum ore corporis, sed etiam ore cordis hauritur. In utroque enim poste Agni sanguis positus quando sacramentum passionis illius cum ore ad redemptionem sumitur, ad imitationem quoque intenta mente cogitatur. »

CAPUT XXI.

Quod sicut nec minus a malo, nec magis a bono sacerdote consecratur veritas corporis Christi; sic nec minus a malo, nec magis a quolibet bono sumitur quantum ad substantiam.

Quamvis igitur spiritualis comestio corporis Christi prior et dignior sit quam corporalis, quia illa tantum bonis, hæc autem communis est et bonis et malis, cum utraque tamen sit ad salutem necessaria, et quantum ad substantiam Dominici corporis, vera; videtur quærendum cur B. Augustinus dixerit, quia tunc erit unicuique vita corpus Christi, si in ipsa veritate spiritualiter manducetur; quasi non in ipsa veritate corporaliter sumatur, et mali qui corpus Christi sacramento tenus tantum sumunt, non verum illud sumant, quia non spiritualiter illud capiunt. Unde etiam aliqui errantes Christum a sacramento suo separari autumant, ita ut malos purum sacramentum et non corpus Christi sumere astruant, et ipsum Judam proditorem quibusdam sanctorum auctoritatibus contendant in cœna Domini communioni corporis Christi non interfuisse, quasi corpus Christi non possit nisi qui incorporatur Christo vere sumere.

Propositis itaque his, quibus suum concipere videntur errorem, nos, Deo volente, subsequenter liberius astruemus ipsam veritatem, qua scilicet bonos vere omnino credamus corpus Christi sumere; malos autem vere quidem quantum ad substantiam, et non vere quantum ad effectus gratiam.

Ait Augustinus in serm. 27 super Joannem (n. 10, col. 506): « Carnem Christi et sanguinem non edamus tantum in sacramento, quod et multi mali, sed usque ad participationem Spiritus, ut in corpore Domini tanquam membra maneamus, et ejus Spiritu vegetemur. » Item idem in libro Sententiarum Prosperi: « Escam vitæ accipit, æternitatis poculum bibit, qui in Christo manet, et cujus habitator est

Christus. Nam qui discordat a Christo, nec carnem Christi manducat, nec sanguinem bibit, etiamsi tantæ rei sacramentum ad judicium suæ præsumptionis quotidie indifferenter accipiat. » Ecce malos carnem Christi tantum in sacramento quasi non vere, sed tantum figurate sumere; itemque eos, etiamsi sacramentum accipiant, carnem Christi non manducare, astruere videtur; quod tamen non dicit quantum ad substantialem corporis Christi veritatem, quam licet indigni ad judicium suum, vere tamen sumunt, sed quantum ad gratiæ sacramenti virtutem quam negligunt. Sed iterum B. Hilarium Pictaviensem in expositione super Matthæum (cap. 30, t. I, col. 799), quasi testem hujus rei faciunt, qui manifeste videtur asserere, a Domino Judam a tanti sacramenti communione exclusum, quia indignum. Ideoque eum non potuisse bibere sanguinem Christi in mysterio, quia eum non erat bibiturus in regno. Dicit enim ita : « Post quæ Judas proditor indicatur, sine quo Pascha accepto calice et fracto pane conficitur. Dignus enim æternorum sacramentorum communione non fuerat, quia æternæ vitæ indignus erat. Nam discessisse statim hinc intelligitur, quod cum turbis reversus ostenditur. Neque sane cum eo bibere poterat in mysterio, qui non erat bibiturus in regno, cum universos tunc bibentes ex vitis istius fructu bibituros secum postea polliceretur. »

Si itaque Augustinus ita vere et non vere a sacramento malos removisse, et Hilarium ita ipsum Judam a communione exclusisse ostenderimus, ut sibi ipsis vel aliis sanctis non sint contrarii, manifestum erit, Deo volente, quia mali corpus Christi sumunt, vere quantum ad substantiam, et non vere quantum ad gratiam. Et prius quidem verba beati Hilarii concorditer cum aliis sanctis exponantur. Sine Juda enim Pascha, id est transitum ad vitam confici dicit, quia spiritualiter ejus particeps non fuit. Unde etiam subjecit : « Dignus enim æternorum sacramentorum communione non fuerat, quia æternæ vitæ indignus erat. Quod ex affectu operis approbat, quia statim post buccellam ad perditionem exivit. » Quod se non secundum corporalem et temporalem communionem dixisse, sed secundum spiritualem et æternam, cujus tantum boni participes sunt ostendit, cum subjungit : « Neque sane cum eo bibere poterat in mysterio, qui non erat bibiturus in regno. » Quomodo enim corporaliter corporale cum eo bibere sacramentum non posset, qui eatenus ab ordine apostolico et suo consortio remotus non fuerat, cum teste Apostolo et cæteris sanctis malos quotidie videamus sumere indifferenter corpus Domini non ad salutem, sed ad judicium? Nisi ergo Judæ illa impossibilitas sumendi corpus Domini spiritualiter ascribatur, cum cæteri mali illud corporaliter sumere possint et consueverint, ipsum solum non potuisse quod cæteri possunt, procedere non videtur. Quia ergo tolerabiliter expositum est, Judam a confectione corporis Christi spiritualiter ut indignum abfuisse, si testantibus aliis sanctis corporaliter adfuerit, et ipsum sacramentum ab ipso Domino sumpserit, videamus.

Ait Leo papa in sermone De passione Domini (cap. 3, col. 220) cujus initium est: « Scio quidem, dilectissimi : Discumbentibus discipulis, ad edendam mysticam cœnam, cum in Caiphæ atrio tractaretur quomodo Christus occidi posset; ille corporis et sanguinis sui ordinans sacramentum, docebat qualis hostia Deo deberet offerri, ne ab hoc quidem mysterio traditore submoto, ut ostenderetur nulla injuria exasperatus, qui voluntaria erat impietate præscitus. » Et post pauca : « Cur, infelix Juda, tanta benignitate non uteris? Non apostolici ordinis honor, non sacramentorum tibi communio denegatur. » Item Augustinus in serm. 26 super Joannem : « Non ut putant quidam negligenter legentes, tunc Judas corpus Christi accepit. Intelligendum est enim quod jam omnibus eis distribuerat Dominus sacramentum corporis et sanguinis sui, ubi et ipse Judas erat, sicut S. Lucas evidentissime narrat ; ac deinde ad hoc ventum est, ubi secundum narrationem Joannis apertissime Dominus per buccellam intinctam atque porrectam suum exprimit traditorem. »

Quia igitur Leo traditorem a mysterio corporis Christi non esse submotum, et ipsam sacramentorum communionem non ei fuisse negatam, itemque Augustinus ipsum Judam interfuisse ubi Dominus sacramentum corporis et sanguinis sui omnibus discipulis distribuerat, Luca enim evangelista teste affirmat, videndum est quomodo Judas et cæteri mali corpus Christi sumere et non sumere intelligantur, ne tanti Patres in quibus erat unus spiritus, non dissensionis, sed pacis, a se dissentire videantur. Quam quæstionem ipse Augustinus in sermone De blasphemia Spiritus sancti tractans, ait (serm. 71, n. 17, tom. V, col. 391) : « Illud etiam quod ait : *Qui manducat meam carnem, et bibit meum sanguinem, in me manet, et ego in eo* (Joan. VI, 57), quomodo intellecturi sumus? Nunquid etiam illos hic poterimus accipere, de quibus dicit Apostolus, quod judicium sibi manducent et bibant, cum ipsam carnem manducent, et ipsum sanguinem bibant? Nunquid et Judas magistri venditor, et traditor ipsius, quamvis ipsum manibus ejus confectum sacramentum carnis et sanguinis ejus cum cæteris discipulis, sicut apertius Lucas evangelista declarat, manducaret et biberet; mansit in Christo, et Christus in eo? Sed profecto est quidam modus manducandi carnem Christi, et bibendi sanguinem, quo modo qui manducaverit et biberit in Christo manet, et Christus in eo. » Item idem in sermone de verbis Evangelii : « Quid est Christum manducare? Non hoc solum est in sacramento corpus ejus accipere. Multi enim indigne accipiunt, de quibus Apostolus ait : *Qui manducat et bibit calicem Domini indigne, judicium sibi manducat et bibit* (I Cor. XI, 29). Sed quomodo manducandus est Christus? Quomodo ipse dicit : *Qui manducat carnem meam, et bibit sanguinem meum, in me manet et ego in eo.* Si in me manet et ego in eo, tunc manducat et bibit. Qui autem in me non manet nec ego in eo, et si accipit sacramentum, acquirit magnum tormentum. » Quod non dicitur quidem quasi Christus a sacramento suo propter malitiam alicujus sumentis separetur quantum ad veritatem suæ substantiæ, sed quantum ad effectum suæ gratiæ ; quia, cum corpus suum det in sacramento, ut perfecta unitate ita incorporetur corpori suo, ut in se maneat tanquam capite suo, et ipse in eo tanquam membro suo, non potest uniri tam mundum caput fœdo et putrido membro. Ait enim Augustinus in sermone super Joan. 26 (loc. cit.) : « *Qui manducat me, et ipse vivet propter me.* Participatio Filii per unitatem corporis ejus et sanguinis, quod illa manducatio potatioque significat, nos efficit meliores. Vivimus ergo nos propter ipsum, manducantes eum, id est ipsum accipientes vitam æternam, quam non habebamus ex nobis. » Quamvis autem ista significatio unitatis non compleatur in malis, ut meliores efficiantur et vivant propter Deum, non tamen minus est substantialiter et vere corpus ejus quod sumunt. Unde Augustinus in libro v De baptismo (cap. 8, tom. IX, col. 146) : « Sicut Judas, cui buccellam tradidit Dominus, non malum accipiendo, sed bonum male accipiendo, locum in se diabolo præbuit, sic indigne quisque sumens Dominicum sacramentum non efficit, ut quia ipse malus est, malum sit, aut quia non ad salutem accipit, nihil acceperit. Corpus enim Domini et sanguis Domini nihilominus erat etiam illis, de quibus dicebat Apostolus : *Qui manducat et bibit indigne, judicium sibi manducat et bibit.* Quia ergo superius satis astructum est, quod corpus Christi manducare in veritate substantiæ possunt etiam mali, in veritate autem spiritualis gratiæ possunt tantummodo boni, cum etiam superius dictum sit, quod corporalia sacramenta sunt quasi quædam verba videamus, si in verbis accedat etiam aliqua similitudo ad hanc rem manifestandam sacramentis. Sicut enim verbum est sonus, significans et continens intellectum, ita sacramentum est species panis, significans et continens Christum. Et sicut verbum a quibusdam auditur et intelligitur, et sic omnimodis percipitur, a quibusdam vero auditur, sed non intelligitur, et tunc percipitur quidem exterius aure quantum ad sonum, non etiam interius corde quantum ad intellectum, nec minus tamen continet intellectum si non intelligitur, quam habet sonum si non auditur; sic incredulus vel indignus, ore quidem sumit sacramentum exterius in panis specie, nec tamen interius sumit corde corpus Christi in unitatis et conformitatis veritate; non tamen sacramentum minus est corpus Christi in veritate substantiæ, cum qua percipitur etiam a malis, quam cum et veritate substantiæ, et veritate spiritualis gratiæ, omnimodo percipitur a bonis. Unde etiam Augustinus in psal. LIV (tract. XXVII in Joan., n. 6, col. 504) : « *Verba quæ locutus sum vobis, spiritus et vita sunt.* Intellexistis spiritualiter, spiritus et vita sunt ; intellexistis carnaliter, etiam sic illa spiritus et vita sunt ; sed tibi non sunt. Spiritualiter intelligite quæ locutus sum. » Sicut ergo verba spiritualiter intellecta et non intellecta, semper spiritus et vita sunt : sic corpus Christi spiritualiter et non spiritualiter sumptum, non minus est in veritate substantiæ, quamvis tibi non, quisquis indigne accipis, in veritate gratiæ. Quodammodo enim quasi sentis corpus Christi corporali gustu, sed non sapis spirituali affectu. Et pro quanta parte saporem dulcedinis et suavitatis ejus non percipis, corpus Christi tibi non est, quod tamen pro quanta parte exterius sumere præsumis, corpus Christi non minus est, sicut et verbum non est verbum audienti et non intelligenti, sed tantum sonus, et tamen non minus est verbum. » Cum ergo malos corpus Christi vere sumere, ipsumque Judam a summo sacerdote Christo cum cæteris apostolis accepisse sancti testentur, astructum etiam videtur, non esse nobis noxium, si a nobis vel nobiscum mali male sumant sacramenta, cum Judas ab ipso Christo cum cæteris apostolis acceperit, nec etiam a pravis minus vere confici ipsa sacramenta, cum ipse proditor tanti officii ministerium a summo pontifice accipiens cum cæteris, *Hoc facite in meam commemorationem*, audierit. Si enim, sicut ei a Domino injunctum fuerat, corpus Domini confecisset, nunquid vere minus ab ipso pravo, quam a quovis bono factum fuisset ? Quia enim Judas accusatus et damnatus non fuerat, ideo Christus conscientiam ejus perversam, quamvis sibi notam, damnare noluit, ut nos instrueret, quod aliquorum pravitas, nec conversatione, nec sacramentorum consecratione vel comparticipatione bonis aliquatenus nocere possit. Unde Augustinus in libro (45) De corpore Domini : « Intra catholicam Ecclesiam in mysterio corporis Christi a bono majus, nihil a malo minus perficitur sacerdote, quia non in merito consecrantis, sed in verbo efficitur Creatoris, et in virtute Spiritus sancti. Si enim in merito esset sacerdotis, nequaquam ad Christum pertineret. » Item Augustinus ad Parmenianum libro II (cap. 10, t. IX, col. 37) : « In omnibus quæstionibus intelligendum admonemus, quia scilicet omnia sacramenta cum obsint indigne tractantibus, prosunt tamen per eos digne sumentibus. » Item Augustinus contra Donatistas : » Communio malorum non maculat aliquem participatione sacramentorum, sed consensione factorum. » Item idem in homiliis suis : « Ut sufferas etiam eum quem nosti malum, attende Apostolum dicentem : *Unusquisque onus suum portabit* (Galat. VI, 5). Non enim cum illo communicas avaritiam sed Christi mensam. Et quid obest si communices cum illo mensam

---

(45) Sermone.

Christi? *Qui manducat et bibit indigne, judicium sibi manducat et bibit :* sibi, inquit, non tibi. » Quia igitur, ut ait Leo, Judæ Dominus nec negavit apostolici ordinis honorem in conficiendis sacramentis, nec communionem in ipsis percipiendis, multum providit Ecclesiæ suæ, ostendens per hunc (46) solum innoxiam ei fore malorum prælationem vel conversationem, in quo nisi esset præscisa tanti causa schismatis, multi magis superbe quam religiose calcibus etiam a se repellerent eos qui apud se minoris esse viderentur æstimationis. Unde Augustinus in sermone 49 super Joannem (n. 10, col. 632) : « Quid voluit Dominus admonere Ecclesiam suam, quando unum perditum inter duodecim habere voluit, nisi ut malos toleremus, ne corpus Christi dividamus? Ecce inter sanctos est Judas, ecce fur est et sacrilegus; talis cum discipulis ad cœnam Dominicam accessit, conversari cum eis potuit, inquinare eos non potuit. »

CAPUT XXII.

Quomodo vere et salubriter sumi possit corpus Christi.

Malos quidem male sumere sacramenta, sed tamen vere ostendimus : nunc qualiter boni non solum vere, sed et salubriter sumere valeant, videamus.

Ait Clemens papa in epistola sua : « In perceptione corporis et sanguinis Domini, magna discretio adhibenda est. Cavendum est enim, ne si nimium in longum differatur, ad perniciem animæ pertineat, dicente Domino : *Nisi manducaveritis carnem filii hominis et biberitis ejus sanguinem, non habebitis vitam in vobis.* Si vero indiscrete accipiat, timendum est illud quod ait Apostolus : *Qui manducat et bibit indigne, judicium sibi manducat et bibit.* Ideo juxta ejusdem Apostoli vocem : *Probet seipsum homo et sic de pane illo edat, et de calice bibat (I Cor.* XI, 28), ut videlicet ab operibus carnis purificans corpus animamque suam, præparet se ad percipiendum tantum sacramentum. »

Item beatus Hilarius (47) : « Si tanta non sunt peccata ut excommunicetur quis, non se debet a medicina corporis Domini subtrahere. Unde timendum est ne diu abstractus a corpore Christi, alienus remaneat a salute. Qui peccare quievit, communicare non desinat. »

Item Ambrosius (De sacram. l. IV, c. 6, t. II, c. 372) : « Si quotiescunque effunditur sanguis Christi, in remissionem peccatorum effunditur : qui semper pecco, debeo semper accipere, debeo semper habere medicinam. »

Item beatus Cyprianus (De orat. Domin. p. 209, ed. 1726) : « Eucharistiam quotidie ad cibum salutis accipimus. » Quod distinguens Augustinus scribit ad Januarium (epist. 54, cap. 3, t. II, col. 125) : « Dixerit quispiam non quotidie accipiendam eucharistiam, alius affirmet quotidie : faciat unusquisque quod secundum fidem suam pie credit esse facien-

(46) Alias *hoc*.
(47) Hilarius papa, apud Gratianum, De consec.

dum. Neque enim litigaverunt inter se, aut quisquam eorum se alteri præposuit Zachæus et ille centurio, cum alter eorum gaudens in domo sua susceperit Dominum, alter dixerit : *Domine, non sum dignus ut intres sub tectum meum (Matth.* VIII, 8; *Luc.* XIX, 6). Ambo Salvatorem honorificantes, quamvis non uno modo, ambo peccatis miseri, ambo misericordiam consecuti. » Item idem alibi : « Quotidie eucharistiæ communionem percipere, nec laudo nec vitupero : omnibus tamen diebus Dominicis communicandum suadeo et hortor, si tamen mens sine affectu peccandi sit. Nam habentem adhuc voluntatem peccandi, gravari magis dico eucharistiæ perceptione, quam purificari. Et ideo quamvis peccato quis mordeatur, peccandi de cætero non habeat voluntatem, et communicaturus satisfaciat lacrymis et orationibus, et confidens de Domini miseratione, accedat ad eucharistiam intrepidus et securus. Sed de illo hoc dico, quem mortalia peccata non gravant. »

Quibus sanctorum verbis, magna nobis indicitur bene operandi necessitas, ne corpus Domini indigne sumendo, sumamus judicium, vel sumere cessando, hoc modo etiam alienati a vita, mortis nihilominus incurramus periculum. Necessario enim Agnus sumendus est, ut a vastante angelo protegamur. Sed si tantam medicinam sumere vel non sumere periculum est, quo evademus ? Sed ne his angustiis circumventa humana desperet infirmitas, Augustinus unicuique sumendi et non sumendi propriæ discretionis relinquit arbitrium quamvis pro certo a tanta medicina, vel peccati pertinacia, vel ipsius sacramenti negligentia subtrahi, magnum salutis sit detrimentum. Non est enim sine magno gratiæ privilegio, quod Deus etiam corporaliter humani corporis et cordis uti dignatur diversorio; nec tantum ad hospitandum ut in templo suo, sed ad incorporandum sibi ut membrum capiti suo. Quid enim ad salutem nobis deerit, cum ille qui salus est omnium, nobis unitus fuerit ? Non est ergo desperanda invicta Dei gratia, quantamcunque hostis fraudem, quantamcunque nostram fragilitatem attenderimus, quia vel hostis fraude, vel nostro vitio angustiorem Dei gratiam constituimus, si hostem potentiorem ad nocendum, quam Deum ad liberandum, nos autem habiliores ad labendum, quam ipsum ad stabiliendum crediderimus. Quid vero est quod ait Apostolus : *Ubi abundavit delictum, superabundavit et gratia (Rom.* V, 20) , nisi hæc potentior sit ad salvandum, quam illud (48) ad perdendum ? Non est ergo metuenda bene operandi necessitas, quibus in Deo tanta ipsius necessitatis est facultas, ut quidquid bene voluerimus, per eum qui omnia potest possimus. Unde etiam B. Hilarius inchoantibus et imperfectis condescendens, ne quis Dei gratia diffidat, consilium dedit, ut qui peccare quievit, communicare non desinat, quamvis eos qui in affectu pec-

dist. II, can. 15, p. 455.
(48) Alias *ad perimendum.*

candi sunt, vel de criminalibus digne non pœnituerunt, vel ab his ministris qui extra Ecclesiam sunt conscios, sumere interdicat auctoritas. Quia igitur sicut magna spe, sic magna discretione sumendum est corpus Domini, cum de perfectis satis superius dictum sit, quod corpus Domini sint et sumant, quia Christus in eis et ipsi in eo maneant, de imperfectis, qui corpus Christi fieri et sumere volunt, qualiter hoc idonee faciant videamus.

Ut ergo de criminaliter peccantibus sua decreta serventur, quia etiam in Ægypto datus est agnus Israelitis (*Exod.* XII, 3), sed inde statim exituris, dandus est item Agnus Dei peccatoribus, ut a vastante angelo protegantur, sed deinceps peccatis renuntiaturis. In quo quia ab ipsa figura Agni traximus similitudinem, ab ipsa comparemus etiam sumendi discretionem. In una domo agnus comedi, nec inde aliquid efferri præcipitur, quia cum extra Ecclesiam non sit locus veri sacrificii quantiscumque polleat moribus quis, non rite dat vel sumit Agnum, nisi Catholicus, unitatem scilicet Ecclesiæ servans, tam fide ne sit hæreticus, quam obedientia ne sit schismaticus. Unde Hieronymus in Isaiam (Comm. in Epist. ad Ephes., l. III, c. 6, t. VII, col. 679): « *Etenim pascha nostrum immolatus est Christus* (*I Cor.* V, 7), qui non foris, sed intus et in domo una comeditur. » Accincti autem renibus, calceatis pedibus, baculos tenentes, agnum jubemur comedere cum lactucis agrestibus festinantes, ut castitate præcincti, et ne a serpentibus in via hujus sæculi mordeamur, exemplis sanctorum Patrum munientes gressus actuum nostrorum, virga disciplinæ castigantes carnis intemperantiam; comedamus agnum cum lactucis agrestibus, id est amara compunctione plenis, ita cum desiderii fervore festinantes ad patriam. Est enim phase, id est transitus Domini, quo ex hoc mundo transivit ad Patrem: cum quo desidia tardus, et super ollas carnium in sæculi Ægypto remoratus, transire non prævalet, ut illuc perveniat ubi Christus in dextera Dei sedet. Sed, ut dictum est, ideo se unit nobis in sacramento, ut quod nobis est impossibile, possibile fiat in ipso.

Unde etiam ne quod dabat inane videretur et frivolum, nec ante nec post, sed ipsa passionis et transitus sui hora sacramentum corporis sui dedit et sanguinis; ut unde dabat exemplum, daret etiam mysterii exordium, quatenus memoriæ nostræ arctius passionis suæ characterem imprimeret, spei nostræ certius transitus sui, et nostri viaticum delegaret, cum illud sicut primus primum, sic in extremo temporalis vitæ suæ sub novi testamenti assignatione daret extremum. Testamento enim sanguinis sui, data redemptione et peccatorum remissione, pactum quod habebamus cum morte delevit, vitæ æternæ fœdus nobiscum pepigit, et tanti testamenti sacramentum ad confœderandam sibi sanctam Ecclesiam in commune omnibus reliquit, ut unde habemus gustum in via, satietatem quæramus in patria, et ipsum per ipsum inveniamus, cum in manifesta sua apparuerit gloria. Cum enim corpus Christi sumpserimus, et corpus ejus facti fuerimus, transibit ipse in nobis ad Patrem, transibimus et nos in illo, ut cum illo in tanti transitus labore unum facti, unum semper simus in perventionis gaudio.

Sciendum autem non tantum spiritualiter, sed et corporaliter sumendum esse corpus Domini, quia et sanguis, qui a vastante angelo protexit, utroque poste respersus est, ut verum Agnum non minus ore corporis quam ore cordis sumi debere signaret, quia qui utrumque, corpus scilicet et animam venit redimere, utrique se voluit in sacramento suo communicare, ut dum anima crederet quod corpus gustaret, utrique una spes salutis æqualiter in Christo proveniret.

Videndum autem cum ad edendum Agnum lex dederit in calceamentis cautelam, ne a vitiis fallamur, in baculo disciplinam, qua perpetrata corrigamus, in lactucis compunctionem, ut non solum exterius, sed et interius pœnitentiam agamus, in festinatione, desiderii ardorem, quo ad cœlestia suspiremus; cur accinctis renibus abstinentiam libidinis expressius indixerit, cum de cæteris vitiis nihil nominatim, sed communiter omnium vel cautelam vel disciplinam figuraverit?

Unde sciendum, quia Agnum Dei sine macula, qui Virginis est filius, luxuriosi et incesti sumunt periculosius; quia, cum in sacramento Christi ei uniri debeamus, conformitate passionis et munditiæ, nihil sic adversatur passioni crucis, ut voluptas, nihil sic munditiæ ut fœditas, nihil sic ejus unitioni ut fornicariæ societatis unitas. Libido enim appetitu suo allicit et incendit, actu suo fœdat et enervat, usu lubricat et illaqueat: adeo ut placendo displicens, displicendo placens, difficilem aut nullam sui pœnitudinem admittat, et nisi valida manu misericordiæ Dei subventum fuerit, miserabili fine suo, amatores suos sine fine perdat. Ut enim prætermittam eam quæ extra naturam abominabilis est et nefanda, et intra naturam in incestibus et adulteriis detestanda, vel in fornicationibus et stupris lethifera, illa etiam in conjugiis quæ est licita, etiamsi non aufert vitam, adeo tamen minuit coronam, ut cum virginitas centesimum, viduitas sexagesimum, conjugalis copula extremum et tricesimum referat fructum. Si ergo ita humiliat; ubi quod non expedit, sanat indulgentia, quantum nocet illa, cui divinæ imminet indignationis censura? Hæc enim pestis, quo præ cæteris vitiis est naturæ familiarior, eo ad cavendum difficilior; quia, cum repellitur, nolenti se ingerit importuna, cum admittitur, volenti incumbit blande onerosa, et dum sic sensim infundit amorem suum, prorsus exstirpat amorem cœlestium. Sed quid econtra faciendum est, ne pereamus? Quia ad vitam non pervenitur nisi per angustam viam difficilem; sed, cooperante Deo, non impossibilem ingrediamur semitam, ut quia humana non proficimus, angelicam in terris vitam ducamus, quatenus castitatis munditia, corde et corpore Christi munditiæ conformes, ne cœlesti alimonia indigne reficiamur: simus spe et conversatione cœlestes, quia panis angelorum nonnisi angelicæ vitæ est stipendium. Unde etiam pravi dum communicare præsumunt, cibo qui incommunicabilis est pravitati, ut ait Apostolus, imbecilles fiunt, et dormiunt multi, quia non dijudicant corpus Domini (*I Cor.* xi, 30): ut vel corporalis infirmitatis molestia corrigantur per Dei misericordiam, vel dormitione mortis corporalis vitam amittant temporalem et æternam. Ad quod periculum vitandum consulens Apostolus ait: *Probet se homo, et sic de pane illo edat, et de calice bibat* (1 *Cor.* xi, 28); quia revera sollicite debet perpendere cujus sit actionis, vel saltem intentionis, qui tantæ vult fieri particeps communionis.

LIBER SECUNDUS.

CAPUT PRIMUM.

Quod sacramentum corporis Christi nullatenus solvatur in digestionem vel aliquam fœdam corruptionem.

Quia superiori libello de veritate et potestate corporis Christi, aspirante sua gratia, aliquantulum explicuimus, de ipsius sacramenti quæstiunculis, quantum Deus dederit videamus. Diximus superius non minus ore corporis quam ore cordis corpus Domini esse sumendum: sed ex hac ipsa visibili et corporali comestione, quæ sacramento tenus fit, nascitur hæresis fœdissima stercoranistarum. Dicunt enim tantum sacramentum sicut corporali comestioni, sic et secessui esse obnoxium. Volunt autem hoc astruere cum multis argumentis, tum ipsius Christi testimonio, ita in Evangelio dicentis: *Omne quod intrat in os, in ventrem vadit, et in secessum emittitur* (*Matth.* xv, 11), cum constet hoc eum dixisse non de spirituali cibo, sed de communi et carnali. His igitur obscenis hæreticis periculosum esset super hoc aliquid respondere, magisque dignum aures nostras obturare, nisi periculosius esset eos in scandalum Ecclesiæ talia proponere, et tantam eorum falsitatem nos nullis fidei catholicæ rationibus reverberare.

Quibus primum illud beati Hilarii opponimus (lib. viii, De Trinitate, n. 14, t. II, col. 223), quo non humano aut sæculi sensu in Dei rebus monet loquendum. Deinde illud ipsius sapientiæ elogium: *Altiora te ne quæsieris, et fortiora te ne scrutatus fueris: sed quæ præcepit Deus, illa cogita semper, et in pluribus operibus ejus ne fueris curiosus* (*Eccli.* iii, 22). Quonam enim modo panis efficiatur caro, vinum vertatur in sanguinem Christi, utriusque essentiæ mutata natura, vel utrum vadant in secessum more ciborum communium, justus qui ex fide vivit scrutari et ratione concipere non quærit. Unde Gregorius in Homilia paschali (hom. 22 in Evang., n. 8, t. I, c. 1535): « Quod ex Agno remanet, igne comburimus: quando hoc quod de mysterio Incarnationis ejus intelligere non possumus, potestati sancti Spiritus humiliter reservamus. » Scimus enim hoc sacramentum omnimoda reverentia esse a communibus escis secernendum. Quia, ut ait Apostolus: *Qui manducat et bibit indigne, non dijudicans corpus Domini*, id est a cæteris escis non discernens, etc. Licet enim simili modo, quantum ad comestionem per os in ventrem mittatur, absit tamen ut tantum sacramentum secessui credatur obnoxium, in quo si hujusmodi naturæ ordo compleatur, mysterium fidei nimia sua indignitate humilietur. Si enim, ut ait Eusebius, hæc hostia fide æstimanda est, non specie, nec exteriori censenda visu, cum hujus hostiæ substantia credatur Christus, cur pro specie panis, qua opertus est, adjudicatur ei secessus indignitas, cum exteriori specie vel visu non sit censendus? quod non solum est contra fidem, sed et contra naturæ rationem. In illis enim speciebus panis et vini, vel nulla est nisi corporis Christi substantia. vel fides nostra est irrita. Panis enim et vini substantia in corpus et sanguinem Christi conversa, dum facta est quod non erat, desistit esse quod fuerat. Si ergo substantia panis ibi non est, quid (49) defœdari et corrumpi usque ad secessum potest? Nam substantia Christi, quæ vere ibi est, et in quam substantia panis et vini conversa est, nullatenus corrumpi credenda est, quia incorruptibilis est. Unde Ambrosius: « Corpus Christi alienum est ab omni corruptione quod quicunque religiose gustaverit, corruptionem sentire non poterit. » Et merito. Quam enim incorruptionis gloriam nobis largiretur, qui in seipso tantam corruptionis ignominiam pateretur? Sed et qui, quamvis hoc mortis legibus debere videretur, corruptionem videre non potuit in sepulcro, quomodo corrumpi credendus est in hominis stomacho? Cibi corporei qui angelis oblati ad comedendum leguntur, per divinam potentiam prorsus absumpti, secessum naturæ suæ debitum evaserunt; et cibus spiritualis, qui dat vitam æternam mundo, incurret secessum naturæ suæ in debitum, majestate indignum, potentiæ omnimodo contrarium? Unde Ambrosius in libro De sacramentis (De mysteriis initiandis, c. 9, t. II, c. 341): « His sacramentis pascit Christus Ecclesiam suam, quibus animæ firmat substantiam. » Et post pauca:

---

(49) Alias *defecari*.

« Quid edamus et bibamus per Prophetam Spiritus sanctus expressit, dicens : *Gustate et videte, quoniam suavis est Dominus* (*Psal.* XXXIII, 9). In illo sacramento Christus est, quoniam corpus est Christi. Non ergo corporalis esca, sed spiritualis est. » Si ergo spiritualis et non corporalis esca, quomodo corporali secessui obnoxia? Cibus enim spiritualis nobis communis est cum angelis, quia panem angelorum manducavit homo; cibus carnalis, communis est nobis cum bestiis. Bestialis defectum patitur digestionis; angelicus, gloriam servat incorruptionis.

Sed notandum quia escam quam Ambrosius non corporalem astruit, Augustinus corporalem dicit : in quo ne dissentiant, sciendum est quod Augustinus corporalem dicit, quia sacramento tenus corporaliter sumitur; Ambrosius corporalem negat; quia, cum substantialiter spiritualis sit, non corpus, sed animam vegetat. Quia igitur Augustinus secundum sacramenti speciem escam hanc dicit corporalem, ne in ipsis speciebus sacramentalibus corporalis deputetur secessus, quomodo nec in ipsis esse possit videamus.

In quibuslibet substantiis formarum, colorum, saporumque qualitates fundantur, quæ qualibet alteritate superveniente, non manent in eis, et quod sic mutantur, non fit corruptione secessus, sed sola sui alteratione defectus. Verbi gratia : cum albedo mutatur in nigredinem, nunquid defectu suo alicujus secessus patitur digestionem? Sic in formis et qualitatibus corporis Christi et sanguinis, si aliquis deprehenditur defectus, non usque ad secessum est humiliandus, quia cum a corporibus, quibus naturaliter insunt, sine stercore deficiant, quomodo quæ deficientibus substantiis suis in sacramento Christi mirabiliter reservantur, defectu suo indignitatem secessus naturæ suæ contrariam incurrant? Sed et cum de cæteris sacramentalibus speciebus, columba scilicet et igne, in quibus sanctus Spiritus apparuit, Augustinus contra Maximinum dicat, quia corporales illæ species, peracto significationis officio, transierunt et esse ulterius destiterunt, nihil indignius de his corporalibus speciebus quæ Christi contegunt corpus, est sentiendum. Officium enim hujus visibilis sacramenti est corporali comestione et potu ostendere, quod Christus Ecclesiæ suæ incorporetur : quid deinceps de ipso fiat, si supradictæ rationes non videntur sufficere, Deo cujus est, fideliter et honeste committatur? Melius est enim Deo humiliter committere quod scire non possumus, quam perverse contra eum fingere, et sentire quod tamen nescimus.

Sed quærunt dialectici, cum substantia panis in corpus Christi conversa, jam non sit panis, in quo fundamento remanent qualitates ut idem qui fuerat panis color et sapor habeant fundari et existere, cum substantia ipsius sacramenti, id est, corpus Christi, nec colore panis sit coloratum, nec sapore sapidum. Ad quod respondendum est, quod sicut Deus in omnibus est mirabilis; sic et in istis. Facit enim in suo sacramento accidentales qualitates existere per se; quod in cæteris est impossibile. Sed qui virgini dedit fecunditatem sine semine, quid mirum si sine substantiæ fundamento facit qualitates existere? Cum ergo in tanto sacramento non sit quæ corrumpi possit panis et vini substantia, sed tantum panis et vini, quæ deficere quidem, sed ita (50) defœdari non potest cum suis qualitatibus forma, qua etiam operta creditur, corporis Christi, quæ est incorruptibilis substantia, non est tibi de stercore suspicandum, ubi non est aliqua hujus fœditatis natura, sed tantummodo divinæ virtutis miraculum.

Non sunt igitur observanda Græcorum hæreticorum, qui merito Stercoranistæ vocantur, deliramenta, qui dicunt participatione corporis et sanguinis Christi, solvi ecclesiastica jejunia usque ad crapulam et ebrietatem ventrisque distentionem, putantes cœlestem escam velut terrenam indifferenter accipi, et in sordidum ventris secessum emitti. Sed absit a cordibus fidelium, ut in diebus jejuniorum quotacunque hora, missæ celebrentur, solvi credant jejunium; quia, cum non sit corporalis, sed spiritualis esca, corporalis per eam non solvitur abstinentia.

Sed nec observandum est quod in quibusdam apocryphorum monumentis decernitur, ne scilicet communis cibus accipiatur, donec sumpta sacramenta per se digerantur, ne vel commistione alterius cibi corrumpantur. Neque enim Dominus in cœna post esum agni paschalis sacramenta corporis sui dedisset discipulis, si ex ciborum communium admistione corruptionem vidisset suis accidere sacramentis, quamvis Ecclesia non hoc imitabile in ipso decernat certis de causis, sed prorsus aliis. Dignum enim erat, ut ipse mediator Dei et hominum, finis legis, initium gratiæ, post esum agni paschalis, post completionem legis veteris, novo sacramento, novum gratiæ testamentum institueret ad vesperam, ut utrumque hoc in fine mundi se agere declararet. Dignum nihilominus ut Ecclesia, cui talis officii causa non suppetit, ut post umbram veritatem instituat, talem ordinem in Christo, non imitetur, decernens ob reverentiam tanti sacramenti, ut jejuno corpore dum sobrietas viget, carnis fervor quiescit, animus ad intelligendum serenior est; cibo spirituali homo interior prius reficiatur, quatenus ipse qui in nobis præeminet, cœlestis cibi fortitudine roboratus facilius regat corpus sibi subjectum, ne ad superflua vel noxia relaxetur. Unde Augustinus ad Januarium (54, n. 8, t. II, c. 126) : « Placuit Spiritui sancto, ut in honorem tanti sacramenti in os Christiani prius Dominicum corpus intraret, quam cæteri cibi. » Neque enim quia prius cibos dedit

---

(50) Alias *defœcari*.

Dominus, propterea pransi aut cœnati fratres ad illud sacramentum accipiendum convenire debent, aut sicut faciebant quos Apostolus arguit et emendat, mensis suis ista miscere. Sed etsi quis spiritualiter refectus, ob eamdem sacramenti reverentiam aliquandiu jejunet, ut hospiti suo Christo sobria hilaritate condelectetur, bonum est, quamvis ablata omni suspicione stercoris, sicut ante cibum, sic et post, in periculo vitæ constitutis dari concedatur si necesse est.

Sed opponunt hæretici : Si multi panes et multa vina sacrentur, diu hominem inde posse vivere, ut non de præterito, sed de hoc præsenti et diuturno victu illum astruant interim secessum habere. Dicunt etiam aliquos per multa tempora hoc expertos, eo desiderio, ut etiam in hac vita cibo alerentur angelico, quos ne defectu propriæ carnis, ut in infirmitatibus solet, secessum habuisse videantur, ita eos carne vegetatos his cibis et saginatos, sicut et communibus astruunt, ut cum negatur defectus carnis, probetur secessus sacræ fuisse communionis.

Sed, Deo annuente, nec sic vincent hæretici, quia credendum quidem est, quod cœlestis cibus qui confert vitam æternam potest, quibus sibi placuerit, conferre temporalem ; sed, ne indigestionem solvi credatur, qui defectu carnis suæ secessum facit infirmo, de ipsa carne nec tamen deficiente non potest secessum dare sano ? Sareptanæ viduæ lecythus consumebatur, nec minuebatur ; et quid mirum si per tanti cibi virtutem caro alicujus comedentis et vegetetur, et crescat, et digeratur, nec deficiat ? Quinque panes hordeacei post saturitatem quinque millium hominum usque ad implendos duodecim cophinos creverunt ; et cum illi, Deo jubente, in sua consumptione acceperint augmentum, quid mirum si eodem volente caro humana in sua digestione non patiatur defectum ? Aliquos quidem de sanctis Patribus legimus nullum aliud eduliunt sumentes, sola communione Dominica diebus Dominicis refectos, multis annis vixisse, sicut Eliam in fortitudine cibi illius quem angelus ministraverat, quadraginta diebus jejunasse (*III Reg.* XIX) sed cujus potentia, nisi illius, qui omnia quæcunque voluit fecit in cœlo et in terra ? Qui enim de nihilo fecit omnia, sicut potest carnem alere sine carnali victu, sic etiam ei dare secessum sine carnali defectu.

Sed iterum opponunt hæretici ad tanti sacramenti indignitatem, quod panis et vinum in sacramento mucidum vel putridum fiat, panis a muribus corrodatur, et in ventre eorum inveniatur, ignibus etiam comburatur.

Sed quia, ut ait Augustinus, ideo sacramenta dicuntur, quia in eis aliud videtur, aliud intelligitur, ita quod fit in eis, aliter videtur, aliter intelligitur. Sicut enim in quolibet corpore sine detrimento substantiæ, albedo nigredine, vel quælibet qualitas superveniente contraria qualitate dispellitur, sic in sacramento Christi, quidquid mutationis specie tenus, vel formæ, vel cæterarum qualitatum, seu sorieum corrosione, seu vetustatis mucore, vel quibuscunque modis fieri videtur, ad sacramenti substantiam, Christum scilicet, non attinet, quem certissime scimus incorruptum permanere in cœlis, quidquid in ejus sacramento contingere videatur in terris. Sicut enim in proprio corpore, modo hortulanus, modo peregrinus, modo phantasma, prout fides erat intuentium, apparuit, extrinsecus autem alapas, sputa, flagella sustinuit, sic etiam ad probationem fidelium et scandalum infidelium usque in finem sæculi talia fieri permittet in suo sacramento, unde electi exerceantur, reprobi indurentur. Dum enim Christus in sacramento occultatus, tantaque sua indignitate dissimulatus, non minus tamen ibi creditur esse, nec minore reverentia a fidelibus colitur ; fides hoc modo probata, dum contra hoc quod videt de Deo sentit, majora meretur : infidelitas autem majori suo scandalo indurata damnatur, quæ ibi contemnit Christi revereri substantiam, ubi in repellenda sacramenti sui indignitate, nullam viderit ejus potentiam. Sed si ibi Christus vel suæ præsentiæ evidentia innotesceret, vel suæ potentiæ miraculis claresceret, quod fidei esset meritum, cui suæ cognitionis tam manifestum daret experimentum ?

Fit etiam aliquando hujusmodi indignitas, ad puniendam vel corrigendam ministrorum negligentiam, pro eo quod corpus Domini indigne tractaverint, vel contra ecclesiasticas regulas minus attente, vel diutius quam deberent servaverint. Nonne enim manna, si in alterum servaretur diem putrifiebat, quia interdictum erat a Domino ; et tamen si pridie Sabbati collectum, usque in Sabbatum servaretur, incorruptum permanebat, quia sic erat institutum ab eo.

Quidquid ergo deformitatis in Christi sacramento contigerit specie tenus, non debet a nobis fidem extorquere veritatis ejus, quia qui in corpore suo cum verus Deus esset, multa indigna pertulit, nihilominus in sacramento suo perfert, quamvis vere ibi sit. Ut enim ait Gregorius in Dialogo suo (Homil. 39 in Evangelia, t. I, col. 1651), in specie leprosi Christus Martyrio monacho apparuit, qui cum bajulatus de collo ejus evanuisset, subsequenter ait : « Quia non me erubuisti, o Martyri , in terra, nec ego erubescere te debeo in cœlo. » Quis igitur in sacramento Christi quaslibet indignitates debeat erubescere, cum pro digna ejus reverentia cœlestem remunerationem debeat obtinere ? Senex Simeon Salvatoris quasi brutam et insensatam infantiam, ejusque exilem et debilem quam in ulnis gerebat formam, vilibusque pannis obsitam personam non attendens, majestatem Deitatis in tantillo corpore agnovit et credidit, Dominum vocavit, se ejus servum professus est, ut ab eo in pace dimitteretur oravit, salutare Dei se videre perhibuit, lumen esse ad revelationem omnium gentium, et gloriam plebis suæ Israel prophetavit. Ut ergo quaslibet indignitates in sacramento Christi fides vera non erubescat, sciendum est quia, sicut multa aguntur in sacramento Christi quæ non videntur, in eo multa videntur fieri quæ aliter dispensantur. Gregorius enim dicit in ipsa immolationis hora cœlos aperiri, angelorum choros adesse, etc., quæ quamvis vere fiant, non tamen videntur (lib. Dialogorum IV, cap. 58, col. 472). Item idem ait : « Caro ejus in salutem populi partitur, ejusque sanguis funditur, fitque aliter quam videatur cum ipse integer perseveret et vivus. » Sed quid mirum de his ? Ipsum corpus Christi videtur panis esse, et non est panis. In eo igitur quod videtur esse et non est, fieri multa videntur quæ non fiunt, velut, quia Christus Martyrio leprosus apparuit, nunquid Christus speciosior sole, vera lepra respersus fuit ? In vitis Patrum legitur, aspiciente quodam sanctissimo Patre angelum Domini quibusdam indigne communicantibus corpus Domini subtrahere, et pro illo carbones porrigere. His igitur aliud videbatur, et aliud fiebat. Item legitur Tharsitius martyr corpus Domini ferens, cum a paganis comprehensus requireretur quid ferret, et sanctum canibus dare nollet, martyrium obtinuisse. Cumque illo mortuo curiose quæreret quid ferret, corpore Christi cœlitus sublato, linteamina ...tantum quibus ipsum continebatur, reperta sunt. Sic et alia multa in hoc spirituali sacramento invisibiliter fieri credenda sunt, angelico ministerio.

Quidquid igitur in sacramento Christi specietenus, ut dictum est, fieri etiam monstruose videatur, seu pro aliquorum negligentia punienda vel corrigenda, seu pro fide probanda' et instruenda, seu pro perfidorum scandalo et ruina, fidem Christi non evacuat ; quia, dispensante aliter Deo, nullatenus ad sui corporis indignitatem attinere credendum est. Nec solum corpori Christi, sed et ipsi sacramento visibili eadem causa mucorem negamus et putredinem, qua superius digestionem, quia cum illæ species sine panis et vini substantia sint, quomodo mucescere et putrescere magis quam digeri possint, non facilis patet causa. Ipsis vero speciebus, cum non sint æternæ, defectum negare non possumus ; sed ipsum defectum ita dicimus simplicem, ut nullam fœditatis admittamus corruptionem. Possunt tamen videri mucidæ et putridæ, quamvis ita non sint, sicut Christus hortulanus, peregrinus, prout erant intuentium mentes ; sed hac visione cum eis quibus fit ira agitur, ut supradictæ causæ in eis compleantur.

Quod autem ventrem distendere vel inebriare dicuntur, ne hoc quidem suum esse approbamus ; sed quando ista (51) facere videntur, eisdem supradictis causis id fieri credimus. Si autem in vomitu ebriorum vel infirmorum hujusmodi forma deprehenditur, vel etiam in ventre bestiarum quid aliud protenditur, nisi quia cum ebriosis vel impœnitentibus infirmis, ut dignum est, manere contempsit ; vel eos a quibus servari et sumi debuit bestiis deteriores ostendit ? Cum enim præter peccatum Creatori, qui ubique est, omnia munda sint, quomodo videtur immundius esse in ventre muris quam in ventre adulteri impœnitentis ?

Quod autem etiam a religiosis incendio tradi, et ibi disparere dicuntur ipsæ sacramentales species, non ad indignitatem Christi fit, quasi ignibus exurendus tradatur, quod impossibile est, cum sit omnium elementorum Deus, sed quoties aliqua talis indignitas ipsi sacramento negligenter acciderit, ut horrorem sumendi incutias ipsæ sensuales species, quas ibidem Deus altissimo suo consilio post mutationem suæ substantiæ remanere voluit, ignibus traduntur, ut ostendant quod suum est, deficiendo et disparendo sine omni fœditate in illo purissimo ignis elemento.

Quapropter, sicut summa sumi reverentia, sic summa etiam servari debet diligentia ; quia res tantæ dignitatis, tantæque salutis, negligentiæ vel oblivioni subjacere non debet, sed quod magna Dei gratia agitur, decet et oportet ut magna Ecclesiæ sollicitudine, devote et indesinenter super omnia honoretur.

CAPUT II.
Cur visibile sacrificium, invisibili Deo fiat.

Quæritur autem cum sacrificium Ecclesiæ constet visibili elementorum specie, cur Deus illud visibile esse voluerit, cum ipse invisibilis sit et a veris adoratoribus Patrem in spiritu et veritate adorandum esse dixerit (*Joan.* IV, 24), et Psalmista sacrificium Deo spiritum contribulatum astruxerit? (*Psal.* L, 19.) Sed sciendum quia in sacramento visibili præsentia invisibilis corporis sui exhiberi nobis voluit, ut sic nostram magis excitaret memoriam ad recolendam tantæ suæ pietatis gratiam. Sicut enim cum omnia posset, non in nobis ipsis, sed in exterioribus alimoniis temporalem vitam nostram retineri voluit, ne nobis debere videremur quod sumus, sed ei potius a quo sunt illa munera unde vivimus, sic etiam visibili suo sacramento quo vitæ æternæ pignus accipimus, admoneri nos voluit ejus gratiæ esse referendum quod ab ipso vitam æternam accipimus, quam in nobis non habebamus, imo per nos perdideramus. Sicut ergo, teste Apostolo, invisibilia, ipsius a creatura mundi per ea quæ facta sunt intellecta conspiciuntur (*Rom.* I, 20), sic invisibilis præsentiæ suæ signum sacramentum suum esse voluit, ut sic intellectum nostrum de sua reddens gratia certiorem, affectum nostrum faceret erga se ardentiorem. Ne autem existimetur, cum ipse invisibilis sit, visibilium sacramentorum sacrificia ei non congruere, ait Augustinus in libro X De civitate Dei (cap. 19, tom. VII, c. 235) : « Qui autem putant hæc visibilia sacrificia diis alienis congruere, illi vero tanquam invisibili invisibilia, et majori majora, melioriquemeliora, qualia sunt puræ mentis bonæque voluntatis officia, profecto nesciunt hæc ita esse

---

(51) Alias *ita.*

signa illorum sicut verba sonantia signa sunt rerum. Quocirca sicut orantes et laudantes ad Deum dirigimus significantes voces, cui res ipsas in corde quas significamus offerimus; ita sacrificantes non alteri visibile sacrificium offerendum esse noverimus, quam illi, cujus in cordibus nostris invisibile sacrificium nos ipsi esse debemus. Sciendum enim est nos qui non solum spiritus, sed et corpora sumus, corporalia etiam sacrificia exhibere debere, ut sicut ex utrisque consistimus, ne quod otiosum remaneat, ex utrisque Deo corporaliter et spiritualiter serviamus.

CAPUT III.

Cur sacrificium Ecclesiæ non constet solo sacramento, vel corpore et sanguine Christi sine sacramento, vel cur utroque.

Quæritur autem quare sacrificium Ecclesiæ non constet solo sacramento, vel tantum corpore et sanguine Christi sine sacramento, vel quare utroque?

Ad quod respondetur: Quia si solo sacramento, id est, pane et vino consecrato et non mutato constaret, non esset causa, quare Novi Testamenti sacrificium Veteri Testamento superordinatum esset cum sicut illud tantummodo fuit umbra et figura futurorum, sic istud tantummodo esset et commemoratio præteritorum. Cum enim Christus dixerit: *Hoc facite in meam commemorationem*, quid nisi figuraret et repræsentaret præteritam Christi passionem? Conferamus ergo novam umbram veteribus, simplicem simplicibus, ut quæ ex his præpolleant tam corporaliter quam spiritualiter videamus.

Cum enim præsens sacramentum, si tantummodo sacramentum est, corporalis cibus sit sicut fuit, nonne manna quod Deus de cœlo pluebat, et omne delectamentum saporis in se continebat, erat dignius et melius? Itemque panes propositionum, similagines, et vituli, et cætera quæ ille populus sacrificabat, nonne meliora erant ad reficiendum, quam modicum panis et vini vix ad degustandum? In novo enim sacramento ablata fide gratiæ interioris, exterior species in panis mica vel vini gutta nullius est æstimationis, quia et in eo ideo nullius æstimationis exteriora facta sunt, ut ei quæ interius creditur gratiæ, omnis impenderetur summa devotionis. Cassa enim videretur tot hominum assistentium, et huic sacramento ministrantium vel adorantium veneranda sedulitas, nisi ipsius sacramenti longe major crederetur quam videretur veritas et utilitas. Cum ergo exterius quasi nulla sint, quibus tanta impenduntur venerationis obsequia, aut insensati sumus, aut ad intima mittimur magnæ salutis mysteria.

Sed et sacramentali officio non præpollet novum veteri. Cum enim sit memoria tantum et figura passionis Christi, tanto indignius est novum renuntiando præterita, quod memoriæ cujuslibet hominis est, quanto vetus melius et divinius est, prænuntiando eadem futura, quod solummodo prophetiæ divinæ est. Si enim panem non vere carnem Christi sed umbratice tantum in memoriam crucifixæ ejus carnis dicimus, nonne novum sacramentum umbra tantum et figura, sicut et vetus erit? Ideo autem deterius, quia illud umbra futurorum fuit spiritualiter, istud præteritorum carnaliter. Sed et effectu non præpollet, quia nec peccata remittit, nec cœli januam aperit. Cum enim solummodo vetus in cibis et potibus et variis baptismatibus, et justitiis carnis non potuerit juxta conscientiam perfectum facere servientem, ut ait Apostolus, quia umbram quidem futurorum bonorum habebat (*Hebr.* x, 1), non ipsam imaginem rerum, quomodo novum similiter sit umbra remissione peccatorum, profectu virtutum, juxta conscientiæ munditiam, perfectum servientem reddere poterit? Quia ergo vetus in hac vita, perfectam meritorum conferre non potuit gratiam, ideo nondum reserata paradisi janua non statim post hanc vitam, perfectam mercedem contulit, se distulit coronam, sanctis quidem animabus requiem tribuens a labore, sed requiem cum gloria non retribuens pro labore. Cum igitur nec ventris saturitate, nec sacramentali prophetia, nec effectu spiritualis gratiæ, temporalis et æternæ, novum veteri præpolleat, quomodo magis quam illud proficere habeat? Nisi enim in hac vita conferat plenitudinem gratiæ, post hanc vitam non conferet plenitudinem quietis et gloriæ. Si ergo novum sacramentum neque corporaliter neque spiritualiter melius esset antiquo, quare ei superordinari deberet nulla esset ratio. Quid ergo dignius contulisset Christus quam Moyses, Filius Dei in domo propria, quam servus in aliena? Si autem umbram umbra mutaret nec compleret, quando vel a quo veritas veteribus sacramentis figurata et promissa complenda esset, si ille qui veritas est, non veritatem, sed umbram pro umbra daret? Dedit ergo Ecclesiæ suæ Veritas veritatem, Christus corpus suum et sanguinem, ut quod vetus umbra non poterat, ipse redemptionem remissionemque peccatorum, quam semel fecerat in cruce, faceret similiter in altari quotidie, et quotidiano peccatorum contagio salubrius quotidiano subveniret remedio, idemque ipse qui futurus erat electis vita et præmium, in præsenti esset medicina et viaticum. Nisi enim ipse sacerdos qui cœlos penetravit, fieret nobis via ad seipsum, cœli janua nobis clausa foret in æternum; quæ ideo post passionem Christi reserata est credentibus, quia idem qui est sacerdos sacrificium factus unitur sibi commorientibus, ut dum unum fiunt cum ipso, ubi ipse est (52) ipsi sint in ipso. Unde etiam ad magnam spem justis et peccatoribus, in passione Christi, eadem die latro, eadem die justus, eadem die cum Christo in paradisum est assumptus, præ omnibus justis primus; ut non solum constaret eadem die paradisi januam hominibus reseratam, sed et constaret Dei gratiam non articulo temporis astringi, non peccatorum quantitate vinci, cui

---

(52) Alias *ibi*.

ad æternæ vitæ præmia statim conferenda suffecit vix unius horæ pœnitentia post tot flagitia. Quis ergo dubitet Christi passionem vere omnium peccatorum esse remedium, quæ tam sero, tam cito, quasi omnium peccatorum primitias justificavit et salvavit sceleratissimum? Tantam gratiæ prærogativam in sacramento Christi beatus Ambrosius intuens, ait in sermone De sacramentis ad neophytos (De myst. c. 8, t. II, col. 357), nova sacramenta veteribus præferens : « Summo studio volumus comprobare, quod et antiquiora sunt sacramenta Ecclesiæ quam Synagogæ, et præstantiora quam manna. » Et paulo post : « Probatum est antiquiora esse Ecclesiæ sacramenta, nunc cognosce potiora. Revera mirabile fuit quod Deus manna pluerit patribus, sed tamen qui illum panem manducaverunt, omnes in deserto mortui sunt. Ista autem esca quam accipis, iste panis vivus qui descendit de cœlo, vitæ æternæ substantiam subministrat et corpus est Christi. Considera nunc utrum præstantior sit panis angelorum an caro Christi quæ utique est corpus vitæ. Manna illud e cœlo, hoc supra cœlum. Illud cœli, hoc Domini cœlorum. Illud corruptioni obnoxium, hoc alienum ab omni corruptione. Illis aqua de petra fluxit, tibi sanguis e Christo. Illos ad horam satiavit aqua; te sanguis diluit in æternum. Judæus bibit et sitit; tu cum biberis, sitire non poteris. Illud in umbra, hoc in veritate. Si illud quod miraris umbra est, quantum istud est, cujus et umbram miraris? Cognovisti præstantiora. Potior est enim lux quam umbra, veritas quam figura, corpus auctoris quam manna de cœlo. » Et paulo post : « Accipe quod dico, diviniora esse sacramenta Christianorum quam Judæorum. Jure ergo nova sacramenta superordinata sunt veteribus, quæ ita eis præeminent veritate, dignitate, potestate et gratia, ut omnia compleant quæ illis fuerant immobilia. Quam vere enim Christus seipsum daturus est sanctis ad gloriam in futuro, tam vere ad omnem gratiam dat seipsum Ecclesiæ suæ modo, quamvis non ita manifeste sed sub sacramento. Si enim sine sacramenti velamine corpus suum et sanguinem daret, quis sumere non abhorreret? »

Ut enim superius aiunt Augustinus et Hieronymus, homines hominem comedere, flagitium esset aut facinus, quia interdictum est divinis et humanis legibus. Unde etiam discipuli audientes quod carnem suam daret ad manducandum et sanguinem ad bibendum, putantes quod crudum aut coctum aqua, vel veru assum, visibiliter daturus esset seipsum, recesserunt ab eo, dicentes : Durus est hic sermo. « Igitur, ut ait Ambrosius (lib. De sacram. VI, cap. 1, col. 380), ne plures hoc dicerent, velut quidam esset horror cruoris, sed maneret gratia redemptionis, ideo in similitudine quidem accipis sacramentum, sed veræ naturæ gratiam virtutemque consequeris. »

Et ut probemus Christum salubrius sumi cum sacramento quam sine sacramento, quid inde proveniat, modis omnibus attentemus. Aut enim eum vivum sumeremus aut mortuum. Sed sumi mortuum est impossibile cum sit immortalis : Christus enim resurgens ex mortuis, jam non moritur (Rom. VI, 9). De cætero, quam vitam ab eo speraremus quem mortuum sumeremus? Non igitur per partes concisum, vel elixatum, vel assatum, ut illi putabant, possumus eum sumere. Si autem vivum, aut in eo statu quo fuit ante passionem, aut in eo quo fuit post resurrectionem. Sed si in eo statu quo fuit ante passionem, quis deglutire posset hominem triginta annorum vivum et integrum? Quod si etiam fieri posset per eamdem potentiam, qua ipsum corpus integrum per integra matris virginalia trajecit, non ergo fides haberet meritum, cui tanta evidentiæ suæ ratio præberet experimentum. Si autem in eo statu quo post resurrectionem est, glorificatum ergo corpus suum quale in cœlo est ostendens, intolerabilem claritatem suam oculis intuentium offerret, et non sustineret humana fragilitas. Unde Augustinus in libro ad Orosium : « Clarificata carne utique Christus resurrexit, sed noluit in ea clarificatione discipulis apparere (Matth. XVII), quia non possent oculis talem claritatem perspicere. » Si antequam moreretur et resurgeret, quando transfiguratus est in monte, discipuli eum videre non potuerunt, quanto magis clarificata carne Domini eum videre non potuerunt? Si autem sua potentia claritati visum nostrum contemperaret, non suo loco aut tempore in contemplationem suæ gloriæ remunerationem suam nobis præordinans, meritum auferret, quia amplius laborare non liberet, sicut et Petrus in transfiguratione dixit : Bonum est nobis hic esse ; faciamus hic tria tabernacula (Matth. XVII, 4). Quod, ut ait Leo, non erat improbum sed inordinatum. Unde et ipse Christus filios Zebedæi petentes sibi sedem a dextris ejus vel a sinistris (Matth. XX, 20), prius misit ad laborem quam ad requiem dicens : Calicem meum bibetis, quia vidit eis magis expedire, ut per meritorum ordinem dignius et fructuosius ad præmia pervenirent.

Quia igitur nec per se sacramentum, nec per se expediebat in sacrificio suo dare corpus suum, sacramentum unum omnibus legalibus sacramentis dignius superordinavit, quo et nobis prædictas incommoditates horroris vel splendoris corpus suum abscondendo auferret, et veritate sui corporis umbras et figuras sacrificiorum veterum complendo ut superfluas repelleret, et eis ipsa sui sacramenti figura quia plus quam figura est, præcelleret. Licet enim Augustinus dicat quia sacramenta in signis diversa sunt, in re quæ significatur paria, hoc tamen singulare sacramentum, dum figura et corpus Christi est, sicut Joannes, quia quod prædixit ostendit, propheta et plus quam propheta fuit (Matth. XI, 9) : ita etiam hoc sacramentum figura est et plus quam figura, significando quidem par consignificantibus, sed significans et significatum existendo, præcellens tantum significantibus. Nec solum pius Dominus umbras et figuras veteres ut superfluas, superveniente novitate et veritate sui sacrificii dispulit, sed et multiplicitatem sacrificiorum veterum singularitate sui sacrificii abbrevians, occupationem exteriorem nobis minuit, beneficiorum nobis gratiam mutiplicavit, uno unico suo sacrificio redemptionem remissionemque peccatorum faciens, profectuque fidei, cæterarumque virtutum, ad vitam æternam perducens. Sciendum enim quod ideo Deus tam multa sacrificia dedit in lege, ut nullum eorum sufficiens esse ostenderet, quia cætera essent superflua, si unum sufficere posset, ut unum suum sufficiens magis desideraretur, et interim in eis, et si modicum sentirent suffragium in eorum tamen multitudine majori occuparentur exercitio, quo Deum discerent colere, et ab idolorum cultura recedere, et certiori tot figurarum instruerentur testimonio quo futuram veritatem non dubitarent sperare.

Egregium igitur et super omnia excellens sacramentum nobis providit Deus in sacrificio suo, quo corporis et sanguinis sui veritatem panis et vini qualitatibus tectum abscondit digna causa, ne scilicet infidelibus pateat, et eorum blasphemiis vilescat, neve nos judicet inhumanos et crudeles, utpote humani corporis comestores et sanguinis bibitores. Fidelibus autem quibus paravit ad salutem, in panis et vini specie et sapore sumendi fecit aptitudinem, ne, ut superius dictum est, si carnis et sanguinis humani colorem videret, saporemque sentiret, humana pietas abhorreret; splendore autem ejus si intolerabili præstringeretur, stuporem mentis incurreret; si glorioso demulceretur, bonorum operum torpore hebesceret. Sicut enim carnalem nobis occupationem abstulit, exstirpata multitudine sacrificiorum veterum, ut mentem spiritualibus expediret; ita inusitatis quibuslibet sacrificii sui circumstantiis impedire noluit, quo spiritualius et liberius nos sibi in suo sacramento uniret. Ne ergo insolita visione mens turbaretur, consuetam suo sacramento reliquit speciem, ut ad interiora contemplanda puriorem fidei dirigeremus aciem. Per acceptionem enim hujus sacramenti Christo perfecte uniri et incorporari debemus, et in hac vita conformitate innocentiæ quantum possumus, et post hanc vitam simili beatitudine quantum digni fuerimus; nec decet ad exteriora distendi, nec ad multiplicia dissipari, quos ab omnibus, ut unum cum Christo sint, oportet recolligi.

Quod tamen Ecclesiæ suæ Deus voluit esse tam fructuosum, non omnimodo voluit esse otiosum; quia, dum in mysterio, quod non est apparet, quod est occultatur, fidei lucta proponitur ut meritum augeatur; dum contra hoc quod videtur, credens quod non videtur, de credita intus veritate, de superata exterius falsitate duplicem assequitur gratiam. Cætera enim Christi miracula eum sint infidelibus in signum ut convertantur, hoc solum fidelibus datur ad meritum ut illo erudiantur. In illis enim quæ Deus in extrinseca materia fecit, roboratur fides, in hoc autem solo quod ex seipso facit, fides exercitatur, ut victa et invicta felicius coronetur. Victa, inquam, ne comprehendat, sed invicta ne diffidat; dum exteriores quidem sensus, objecta panis et vini specie, colore, odore et sapore, ipsum quod fuerat mentiendo, panem et vinum quod non est nituntur astruere; interior autem intellectus, ipsum quod est corpus scilicet Christi contemplans, nec comprehendere sufficiens, non tamen desistit credere.

Hanc credendi difficultatem sancti attendentes et caventes, de hac sacramentali confectione astruenda diu multumque laboraverunt, quia non solum invisibile, sed etiam inusitatum esse viderunt, et admirabile, ut invisibilis sacerdos, visibiles creaturas in substantiam suæ carnis invisibiliter convertat, et quod terrenum est cœleste faciat, ut qui pro nobis tanta in se operatur, nobis de nobis majora promittat. Qui enim aquam pro nobis figurate oblatam sicut et vinum pro se oblatum in veritatem et unitatem sui sanguinis mutat in suo et nostro sacramento, quanto magis nos secum faciet unum in æternitatis suæ præmio? Sed et in tanti mysterii fide, intellectus intrinseci et exteriorum sensuum luctam subinnuens ait Augustinus in sermone De verbis Domini : « Quod videtis in altari panis et calix est, quod etiam oculi vestri renuntiant, quod autem fides postulat instruenda, panis est corpus, calix est sanguis. »

Sed potest animo cujuspiam cogitatio talis suboriri, Dominus Jesus Christus novimus unde carnem acceperit, de virgine Maria scilicet, nutritus est, crevit, sepultus est, resurrexit, cœlum ascendit, illuc levavit corpus suum, unde venturus est judicare vivos et mortuos. Ibi est modo sedens ad dexteram Patris. Quomodo ergo panis corpus ejus, vel quod habet calix, quomodo est sanguis ejus? Ista ideo, fratres, dicuntur sacramenta, quia in eis aliud videtur, aliud intelligitur; quod videtur, speciem habet corporalem; quod intelligitur, fructum habet spiritualem. In quo videtur innui, quasi quæratur cum Christus in humana forma rationabiliter se gesserit, vel natura humana, vel potentia divina, et in cœlo usque ad diem judicii corporaliter mansurus sit : quis corpus Christi huc deduxerit, vel panem nostrum illuc levaverit, ut tam subito in corpus Christi mutari possit? Quod quia ineffabile est, quomodo corpus Christi hic fiat, et ibi maneat, ad intelligentiam spiritualem et fidem talia cogitantes revocat, qui etsi sciri non potest, credi potest; quia quod videtur, non materiale corpus panis est, sed species corporalis; quod autem intelligitur Christus est, qui omnia quæcunque vult in cœlo et in terra potest. Sicque dum exteriorum sensuum testimonio non acquiescit, nec interiore inquisitione comprehendens, de veritate tamen non titubat; fit per Dei gratiam, ut in tali suo agone fides nostra exerceatur, exercendo augeatur, augendo perficiatur, perfecta coronetur. Unde Augustinus in sermone super Joannem LXVIII (n. 5, col. 680) : « Fides qua eorum, qui Deum visuri sunt, quandiu peregrinantur, corda mundantur; quod non videt, credit. Nam si vides, non est fides. Credenti colligitur meritum, videnti redditur praemium. Eat ergo Dominus, eat ne videatur, lateat ut credatur; creditus desideretur, ut desideratus habeatur. Quia ergo in hac peregrinatione nostra expedit latere Christum ut credatur, » etc.

Bene igitur Christus sub sacramento dedit nobis seipsum, ut per hoc nobis et fidei meritum, et gratiae suae augeat beneficium : dum in terrena quadam, et prorsus stolida panis et vini forma, majestatem sapientiae Verbi Dei substantialiter comprehensam, incomprehensibilem credere et venerari non erubescimus, quae quantitate et qualitate sua ita ejus excellentiae videtur indigna, ut nullatenus etiam aestimari debeat, nisi quia ipse est Deus, qui omnia quaecunque voluit fecit in coelo et in terra, nisi quia etiam caro ejus ipsa est cui data est omnis potestas in coelo et in terra, ut potestate tali sit in unitate personae in coelo et in terra quandocunque, quomodocunque sibi placuerit. Hac fide ipsum sacramentum quasi divinum quiddam adoramus, quasi vivum quiddam et rationabile alloquimur et rogamus : Agnus Dei qui tollis peccata mundi, miserere nobis; quia non quod videtur, sed quod vere est, Christum ibi esse credimus.

CAPUT IV.

Cur fides tantopere exigatur in hoc sacramento corporis Christi.

Quaeritur autem quare fides tantopere exigatur in hoc sacramento ? Quia videlicet falsa fide mundus periit, quando Adam plus diabolo quam Deo credere praesumpsit, dum in ligno scientiae boni et mali vetito plus speravit divinitatem assequi, quae ab hoste promittebatur, quam incurrere mortem quam Deus minabatur. Sicut ergo diabolus non umbram in ligno inobedientiae, sed ipsum verum et visibilem fructum exhibens, promisit id quod non videbatur, scilicet, *eritis sicut dii* (Gen. III, 5), sic et Deus non umbram, sed ipsum qui in ligno pependit obedientiae, in suo visibili sacramento exhibens, promittit vitam aeternam quae non videtur, ut dum ea re plus ei modo creditur quam hosti, id dignum est, sanetur hac vera fide illa perfida fides, qua olim plus diabolo quam sibi injuste creditum est. Sicut igitur non in ligno vetito, sic nec in Christi sacramento debet visus aut gustus, sed fidei vigere judicium, quia sicut pomum visu decorum et suave ad comedendum, cibus vitalis videbatur, et mortem intulit, sic e contrario sacramentum corporis et sanguinis Christi videtur cibus mortalitatis nostrae, cum vere vita aeterna sit. Quapropter utrique rei media vera fides videtur necessaria, Adae, ut crederet mortem esse in pomo, et ita vitaret ; nobis, ut in sacramento Christi vitam credamus, et ita assequamur. Utrique (53) enim ex se contrarium visui esse effectum parit, illud dum videtur cibus voluptatis et vitae, mortem inferens; istud dum videtur cibus mortalitatis vitam aeternam exhibens. Sicut igitur a Petro post trinam negationem trina confessio repetita est, sic ab homine ut salvari possit, pro perfida fide qua periit, vera fides exigenda est, quia tantum sacramentum nec sine fide potest intelligi, nec nos etiam per illud sine fide salvari.

CAPUT V.

Cur magis consecretur in pane et vino et aqua corpus et sanguis Christi, quam in caeteris corporum speciebus.

Quaeritur item quare in pane et vino consecretur magis corpus Christi quam in caeteris corporum speciebus, cum cibo mortalitatis non videatur apte vita immortalis designari ? Sed sciendum quia Christus in hoc sacramento non se hoc modo significari voluit, quo se habet cum Patre per naturam, sed quo se habet nobiscum per gratiam; quia non scilicet quod sit Patris sapientia, sed quod sit omnium hominum vita, ut sic suam charitatem nobis magis commendaret, et nostram erga se magis accenderet. Vita vero aeterna, cum in corporum speciebus nulla perfecta similitudine exprimi potuerit, nulla tamen aptiori quam illa, quae aliquo modo vita est, quia humanae vitae alendae et retinendae congruit. Quia enim temporalis cibus et potus noster vita aeterna esse non poterant nec debebant, nomine eorum et specie Christus se significari voluit vitam aeternam, ut non solum consueta cibi similitudine congrueret in sumendo, sed et eadem cibi similitudine nobis proficeret in sperando : dum scilicet, sicut cibus et potus sunt nostra vita temporalis, quandiu Deo placuerit, sic et multo amplius ipse panis coelestis sit vita aeterna, quibus ipse voluerit.

Et quid mirum si Creator creaturae conferre possit vitam aeternam, cum etiam creatura creaturae retinere potuerit aeternaliter eam ? Sicut enim lignum vitae in paradiso positum est, quo aeternaliter homo in corpore viveret, sic Christus in Ecclesia lignum vitae seipsum posuit, ut in se credentibus vita aeterna esset : quod non solum fuit ipsius Christi mysterium, sed et fidei nostrae magnum firmamentum. Quia si hoc creaturae non viventi fuit naturale, ut corpori vitam aeternaliter retineret, quanto magis vero ligno vitae viventis, creatori Christo est omnipotentiale, ut corpori et animae gloriosius conferat aeternaliter vitam ? Unde etiam quia cibo et potu ita vivimus, ut alterutro carere nequeamus, utrumque in sacramento suo esse voluit, ne si alterutrum deesset, quasi imperfecto vitae signo, ipse non plena, sed imperfecta vita signari videretur.

Dignum etiam fuit, ut eisdem speciebus quibus alitur et creatur caro et sanguis in quolibet homine

---

(53) Alias *utrumque.*

naturaliter, consecretur etiam in Dominico homine spiritualiter, non solum propter commodiorem aptitudinem sacramentalis perceptionis, sed et ut adjuvetur fides aliqua evidentia similitudinis, quia si panis in carnem, et vinum in sanguinem cujuslibet transformatur naturaliter, quanto magis, si Deus voluerit, in carnem et sanguinem suum transfertur omnipotentialiter.

Sed et aliis speciebus non potuit aptius significari in nobis unitas suæ incorporationis, quam eis quæ in communibus cibis et potibus familiarius et verius solent incorporari nobis. Item ipsius Ecclesiastici corporis unitas ad invicem aptius signatur: quia sicut panis ex multis granis, et vinum ex multis acinis, sic Ecclesia ex variis personis colligitur. Item, quia panis et vinum proprie proprius cibus et potus est, non bestiarum, sed hominum; ideo Christus utriusque est usus mysterio, ut singularis et propria hominum crederetur refectio, cui etiam postmodum per apostolos aquam admisceri voluit, qui communis potus est bestiarum et hominum, ut ad unitatem tanti mysterii pertinere signaret, non solum justorum, sed et peccatorum, si pœnitere vellent, consortium: ut quod suum erat, ipse per se in exordio sacramenti prius exsequeretur, et nos quod nostri erat mysterii postmodum adderemus. Idem (54) autem cibus mortalitatis videri voluit exterius in sacramento, cum intrinsecus vere vita æterna sit, nostro contemperavit mysterio, ut quia eodem suo sacramento interius renovamur ad vitam, nec tamen exterius immutamur ad immortalitatis gloriam, ita in suo sacramento nihil exterius immutaretur, sicut et in nobis nihil exterius innovaretur: cum tamen interius idem hoc in nobis inveniremus, quod de ipso crederemus, quia vitam de vita reciperemus. Quia igitur nos necdum apparemus quod sumus, ideo Christus noluit apparere quod est, ut sit desiderabilior, qui tunc quidem apparebit quod est, quando nos apparebimus quod sumus, ut sit gloriosior. Unde divus Joannes in Epistola sua: *Filii Dei sumus, et nondum apparet quid erimus* (I Joan. III, 2). Et Paulus: *Cum autem apparuerit Christus vita nostra, tunc et nos cum ipso apparebimus in gloria* (Colos. III, 4). Sicut ergo in Emmaus peregrinis a fide peregrinus apparuit in specie (Luc. XXIV, 13), sic nobis peregrinis in mundi exsilio peregrina et extranea sibi specie apparet in sacramento, ut quia quod de nobis exterius apparet mortale est, mortalitatis cibus ipse exterius videatur, cum tamen per ipsum qui immortalitatis est alimonia, intus vere et invisibiliter mors æterna sanetur.

CAPUT VI.

Cur sumpto corpore Christi non statim etiam in carne vivamus æternaliter, cum ipsum sit vita æterna.

Quæritur etiam quandoquidem tantum sacramentum vita est, cum Christus dicat: *Qui manducat meam carnem et bibit meum sanguinem, habet vitam æternam* (Joan. VI, 55), quare non statim etiam in corpore per vim tanti sacramenti vivimus æternaliter, cum ipse non in futuro dixerit, *habebit vitam æternam*, sed *habet* præsentialiter?

Sed sciendum quia sicut Adæ dictum est: *Quacunque die vetitum comederis, morte morieris* (Gen. II, 17.), et tamen eadem die non in corpore, sed in anima mortuus est, sic Christus dicit *Qui manducat meam carnem, et bibit meum sanguinem, habet vitam æternam*, non quod in corpore statim æternaliter vivat, sed ut animam quæ prius in Adam mortua fuit quam corpus, per unitatem tanti sacramenti resuscitatam astruat, ut scilicet recto ordine, ipsa quæ peccando a Deo, qui vita æterna est, divisa, prius fuit mortua, per communionem tanti sacramenti, iterum conjuncta Deo et unita credatur, et sit sicut prius rediviva. Quia enim peccando Adam a Deo divisus est, ideo Deus postmodum in morte corporali, dividuum eum facit a seipso, ut in corporis et animæ divisione cognosceret, quia ipse ejus anima, Deo qui vera est vita, non adhæsisset. Quia igitur mos exterior, mortis intrinsecæ tam erat figura quam pœna, ideoque hinc terrendo, hinc monendo erat quædam ipsius culpæ medicina. Si Deus prius abstulisset pœnam medicinalem, quam culpam mortiferam, incurabiles non redderet, quia ablata pœna magis condelectaremur culpæ, et ita culpa vigente et obstante, nullus divinæ relinqueretur locus gratiæ. Cum igitur culpa mors sit animæ, interim punienda erat per temporalis mortis molestiam, et sic sananda per gratiam, ut interim in regno mortis amaritudo passionum et laborum, peccata excoquens, purgaret, et ita gratia cœlestis virtutum germina, quo liberius eo uberius inserens, nos vitæ æternæ reformaret.

Propter peccatorum igitur excoctionem et purgationem non erat interim mors temporalis auferenda, sed æterna, ne aut immundi et impuri requiem obtineremus illicitam, aut imbelles et immeriti, justitiæ reciperemus mercedem nobis indebitam. Non enim esset divinæ discretionis æquitati condignum, ut vel sociata sibi perversorum immunditia suam fuscaret puritatem, vel immeritorum ignavium remunerans, nullo magis merito homini quam lapidi tantæ suæ gloriæ largiretur dignitatem. Ne itaque peccati obstinatione incurabiles fieremus, magna sua gratia mortem non abstulit temporalem ne in æternum moreremur; vitam æternam distulit, ut majori etiam merito, majorique fructu reciperemus; quia pro certo nisi ita esset, ad fidem Christi omnes convolarent, tantummodo propter præsentis vitæ æternitatem; et ita dum tantæ securitatis torpore non exercerentur ad bonum, futuræ gloriæ Christi majus omitterent lucrum. Unde etiam Deus Adæ misericorditer prohibuit lignum vitæ, dicens: *Videte ne forte sumat de ligno vitæ*. Quia si ille qui in

---

(54) Alias *Quod*.

anima perierat per lignum inobedientiæ, viveret etiam in carne æternaliter per concessum lignum vitæ, ex toto periisset; dum carne æternaliter vivens, et in anima peccando æternaliter moriens, incurabilis esset ut dæmones, vel etiam post hanc vitam cum carne victuri æternaliter ut mali homines. Mali enim etiam in corpore vitam æternam habebunt, quam tamen magis mortem dixerim, quia Deo qui vere vita est, non placebunt, et ideo sine divina gratia misera eis erit æternitas, quia æterna miseria.

CAPUT VII.
Cum temporalibus meritis æterna retributio fiat.

Quæritur iterum quare æternitas felicitatis vel pœnæ retribuatur temporalibus meritis, reatus vel justitiæ?

Ad quod respondendum est, quia Deus non temporalem actionem sed perpetuam boni vel mali remunerat vel damnat voluntatem, quæ si in æternum viveret, in æternum in suo proposito permaneret, ideoque juste æternitatem retributionis æternitati voluntatis appendit. Unde etiam cum ut ait Apostolus, *passiones hujus temporis non sint condignæ ad futuram gloriam, quæ revelabitur in nobis*; quia si ab initio mundi usque ad finem (*Rom.* VIII, 18), non modo quis pro Deo laboraret, sed et pateretur, non tamen esset condignum, ut hoc temporali commercio æternitatem mercaretur, ne tamen malis diutius liceret peccare ad majorem sui pœnam, ne etiam bonos in mundi exsilio læderet vivere, si nimia foret eis dilatio ad patriam, breviavit Deus humanæ vitæ dies propter electos, ne pravorum afflictione, vel nimio suo labore deficerent. Sed et ne minutio temporalis laboris aliquod æterni præmii videretur dispendium, ipsius præcursoris sui vitam quo nemo major, ipso teste, surrexit, triginta duorum et semis annorum esse voluit; sui etiam ipsius, qui super omnes est, eodem numero consummavit, ut quia *Deus non curat ex quanto tempore, sed ex quanto corde sibi serviatur*, perfectionem meriti non tempori ascriberet; sed virtuti. Ecce enim in tantillo tempore plenam obedientiam Deo Patri servavit, quod nullus ab origine mundi facere potuit. Et quis diutius eo vixisset, si temporis diuturnitatem, et non virtutem meritorum perfectioni sufficere vidisset? Sed et quomodo Joanne nemo major surrexisset, cum Abraham, Isaac et Jacob, et cæteros quamplures in obsequiis divinis diutius laborasse constet? Sed evidens est pro certo, quia etsi plures eo laboraverunt diutius, nemo ferventius et purius qui tempore juventutis suæ inventus est in tentatione fidelis et fortis, quo caro spiritui semper magis est rebellis, adeo ut occidendus etiam Herodem increpare non metueret in carcere, quia fratri suo uxorem suam præsumpsisset tollere.

CAPUT VIII.
Cur panis in carnem, et vinum in sanguinem per se consecrentur.

Quæritur quoque quare panis in carnem, vinum in sanguinem per se consecrentur, et illud per se caro, et illud per se sanguis dicatur, cum in carne totus Christus, et in sanguine totus Christus sumi credatur, nec tamen divisim duo Christi, sed in utroque unus solus Christus?

Ad quod respondetur, quia iste mos inolevit in Ecclesia ab ipso Christo, qui corpus suum et sanguinem divisim consecravit et dedit, non ad divisionem substantiæ suæ, ut illi duos Christos acciperent, cum in utroque unum Christum acceperint, sed ad discretionem figuræ, ut panis dum dentibus teritur, carnem Christi in passione attritam, et dum vinum in ora fidelium funditur, sanguinem de latere Christi fusum signaret.

Sed nec ideo corpus et sanguis per se dicitur, quasi corpus exanime, et sanguis effusus et divisus a corpore credi debeat, cum utrumque unus sit Christus immortalis, indivisus; sed in memoriam passionis ejus ita dicitur, quia in ipso sacramento mortem Domini annuntiare debemus. Unde etiam aqua in sacramento admiscetur, non solum ut capiti suo Christo, populum ecclesiasticum uniri significet, sed etiam ut aquam quæ de latere Christi cum sanguine fluxit, repræsentet. Dicuntur autem duo diversa sacramenta panis et vinum, quantum ad diversas suas species, cum tamen sint unum, quartum ad unam eamdem suam significationem. Unde Augustinus sacrificium Ecclesiæ dicit duobus confici, duobusque constare: uno scilicet sacramento, quia panis et vinum idem significant, et una re sacramenti, quia corpus et sanguis unus est Christus. Alioquin non duobus, sed quatuor constaret Ecclesiæ sacrificium, essentque sicut duo sacramenta panis et vinum, sic duæ discretæ res sacramenti, corpus et sanguis, quod est impossibile, cum Christi corpus non sit exsangue et mortuum.

Ideo etiam corpus et sanguis divisim in sacramento videntur, ut quia Christus pro nobis mortuus est, nos qui corpore et anima perieramus, corpus per corpus, et animam per animam redimens, corpus et animam suam pro nostra redemptione in morte divisa fuisse signetur, dum corpus ejus in sepulcro jacuit, anima vero ad liberandas sanctorum animas ad inferna descendit. Cum igitur in tali mysterio corpus per corpus, anima autem Christi significanda esset per aliquam visibilem speciem, nihil inventum est in creaturis, per quod vicinius et aptius repræsentaretur, quam per sanguinem, qui est sedes animæ. In quo etiam ut signetur animas nostras et corpora, animæ Christi et corpori uniri et conformari debere, simul corpus et sanguis sumitur a fidelibus, ut sumpto corpore et anima Christi, toto Christo totus homo, in anima et corpore vivificetur; dum ipsa caro Christi, ut dictum est, non exsanguis et mortua, sed viva et vivificatrix creditur. Unde, ut ait Augustinus, nec caro sine sanguine, nec sanguis sine carne, jure communicatur. Item Gelasius Majorico et Joanni episcopis: « Comperimus quod quidam sumpta tantum corporis sacri portione a calice sacri cruoris abstineant, qui procul dubio aut integra sacramenta accipiant, aut ab integris arceantur, quia divisio unius ejusdemque mysterii, sine grandi sacrilegio non potest provenire (55).

CAPUT IX.
Cur corpus Christi magis consecretur in pane candido quam nigro, vel cujuscunque coloris, cum sanguis consecretur in cujuscunque coloris vino.

Quæritur autem quare in candido pane consecretur magis corpus Christi, quam in nigro, vel cujuscunque coloris, cum sanguis consecretur in vino albo vel rubro, vel cujuscunque coloris.

* Pane quidem cujuscunque annonæ sive coloris non prohibetur fieri corpus Christi, si necessitas fuerit ; sed decet revera eum candidissimum esse et mundissimum si facultas non defuerit, qui transferri debet in splendidissimum corpus immaculati Agni. Sicut enim mucor et vetustas in tali sacramento prohibentur, ne irrogent sumentibus fastidium, sic in eo nihil debet esse, quod sumendi minuat desiderium.

CAPUT X.
Cur magis consecretur corpus Christi in pane azymo quam fermentato.

Item quæritur quare in azymo pane consecretur caro Christi magis quam in fermentato, vel fæcato, cum sanguis consecretur in vino seu defæcato et puro, seu cum fæce, ut musto de racemis statim expresso? Quare igitur fæx vel fermentum in pane refutatur, cum recipiatur in vino quo idem sacramentum conficitur?

Ut ergo supra dictum est, panis et vinum unum sacramentum est; quia in utroque unus Christus est, utrum ergo ex azymo an ex fermentato pane corpus Christi confici debeat inter Latinos et Græcos magna concertatio est, in tantum, ut illi istos *Azymitas*, isti illos *Fermentarios* quasi cujuslibet hæresis notent vocabulo, cum tamen, ut multis bonis catholicis videtur, non sit contra fidem Christianam seu azymum seu fermentatum sacrificetur (56), tum quia utrumque panis est, et sicut utrumque vitam transitoriam, sic corpus Christi dat æternam, tum quia etiam quamvis Christus de azymo pane corpus suum fecerit (forsitan non quia res quæ fiebat hoc exigebat, sed quia cœna in qua hoc factum est, panem alium non exhibebat), panem tamen fermentatum non prohibuit. Quamvis enim in veteri lege præceptum sit azymum panem in pascha comedi, ut per eum figuraretur Christus sincerus et mundus fore, et nos etiam qui manducaturi eramus corpus ejus, similiter moneremur purgari ab omni fermento malitiæ et nequitiæ; figura tamen tali in pane illo non indigemus, de quo carnem Christi conficimus, quia qui de figura veteri ad veritatem transivimus, azymam et puram carnem Christi in quocunque pane consecrato sumimus.

(55) Apud Gratian. De consec. dist. II, c. 12, p. 454.

Astruunt etiam, quia sicut ad invocationem divini nominis, quæ in nullo sacramento annullari creditur, sed sola per Dei gratiam omnia in omnibus operatur, non obsunt vel prosunt sacerdotum merita, quo magis vel minus fiant ecclesiastica sacramenta, sic nec color, nec species aliqua panis et vini obest vel prodest, quo minus vel magis corpus Christi fiat, dum tantummodo sit panis et vinum, quorum substantia, ut Christus præcipit, in substantiam corporis Christi et sanguinis transeat.

Dicunt tamen Græci Latinos injuste azyma immolare, cum azyma veteris testamenti sit, et Christus omni vetustate ablata, utpote præsente veritate saluti humanæ superflua, non in azymo, sed in fermentato novum testamentum instituerit. Contendunt enim quia novum testamentum non perfecte instituisset, nisi omnino vetus tam in azymis quam in cæteris suis ritibus destituisset. Detestantur ergo Latinorum sacrificia, quia in eis ipsos judaizare reputant, immolando azyma.

Dicunt econtra Latini Christum in azymo pane novum testamentum instituisse, quia cum XVI luna ad vesperum vetus testamentum compleverit et novum instituerit, fermentatum in cunctis finibus Israel inveniri non licuit; quapropter quia cœna ipsa in qua hoc factum est panem tantummodo azymum exhibebat, azymo pane novum testamentum instituit. Quod si Christus non judaizando fecit, quis nos eum imitando judaizare dixerit? Sed opponunt Græci Christum fermentatum panem mirabiliter sibi exhibuisse, sicut de quinque panibus legitur millia hominum pavisse.

Econtra Latini : Quia hoc miraculum eum fecisse non legitur, licet potuerit, quod tamen fecerit nulla auctoritate firmatur; præsertim qui eotenus ita legem servaverat, ut ex ea nec iota unum solvere voluerit. Quia enim natus ex muliere, factus sub lege, debitor legis exstiterat; si eotenus legem solvisset, legem transgrediendo peccator fieret, causaque nostræ salutis periret. Nisi enim omnino innocens et mundus pro nobis immundis et injustis occumberet, non alienæ, sed suæ culpæ debitum moriendo solveret, et sic Adæ peccato non deleto, regnum mortis æternæ non cessaret. Cum enim de observantia azymorum lex dicat : *Quicunque fermentatum comederit, peribit anima illa de Israel* (Exod. XII, 15), justam occisionis suæ causam Judæi invenissent, si eum ut legis transgressorem punirent. Qui enim adversus eum tam studiose tot falsos testes subornaverunt, proditore ipso qui cœnæ interfuit deferente, tam justam causam non reticuissent.

Opponunt Græci : Quia et si ante passionem legis debitor fuit, post resurrectionem legi nihil debuit, quia, ut ait Apostolus, Christus resurgens ex mortuis, jam non moritur, mors illi ultra non dominabitur, quod enim vivit, vivit Deo. Quoniam igitur post resurrectionem non legi, sed Deo vivit, ideo

(56) Hæc est vera sententia

ipse nil jam legi debens, baptismum novæ gratiæ, quod ante non fecerat, in remissionem peccatorum non Judæis tantum, sed et omnibus gentibus prædicari et præstari instituit. Unde etiam astruunt, quia etiamsi Christus panem azymum consecraverit, non tamen hoc imitandum sit in ipso, sicut nec circumcisionem cum baptismate, nec celebrationem veteris paschæ cum novo usurpamus : quamvis ipse ut mediator novi testamenti ac veteris, illud complendo, istud instituendo, peragere sit dignatus ; quia ante passionem quidem aliqua novi testamenti ac veteris pro sua dignitate rite perfecit, sed post resurrectionem omni legalis vetustatis umbratica superfluitate remota, solius gratiæ veritatem omnibus instituit.

Dicunt econtra Latini, quia revera hoc salubriter imitandum est in ipso, quod Ecclesiæ suæ faciendum tradidit, exemplo, testimonio, præcepto. Cum enim dixisset : *Panis quem ego dedero, caro mea est pro mundi vita*, azymum panem benedixit, fregit et dedit, dicens : *Hoc est corpus meum quod pro vobis tradetur*. Et addidit : *Hoc facite in meam commemorationem*. Cum ergo testatus sit azymum panem corpus suum factum, et sine exceptione præceperit hoc in sui memoriam faciendum esse ; quis, attestante Deo, non credat azymum panem corpus Christi fieri ? quis ad hoc idem faciendum non obediat præcipienti, sub exemplo idem faciendi ? Si mortiferum scisset Christus fidelibus suis fore de azymo corpus suum conficere, sicut cætera peccata ne hoc faceremus interdixisset, vel saltem facere non præcepisset. Nunc autem cum dixerit, *Hoc facite*, et azymum non exceperit, quis audet excipere quod ipse non excepit ? aut quis audet prohibere quod ipse in sacramento suo non prohibuit ? Sed ipse faciens, nos hoc ipsum facere præcepit. Cum dicit, *Hoc facite*, convenienter subauditur, *quod ego* ; quis æque competenter subaudire audeat, *sed non de hoc unde ego* ?

Item, si mutandum est fermentato azymum mutetur etiam quolibet alio liquore vinum. Si enim vinum recipitur, cur azymum refutetur ? cum sicut ex azymo, sic ex vino Christus vetus pascha finierit, et novum inchoaverit, et utrumque nobis in sacramento suo æque celebrandum tradiderit ? Judæi autem æque utantur in suis cæremoniis vino sicut et azymo, Hoc utique Christus faciens, non fecit tantummodo ut præceptum de azymis in pascha servaret, sed etiam ut fermentarios quos prævidebat, reprobans, azymitas approbaret ; aut certe si etiam fermentarii approbarentur, ipse azymita, azymitas præponeret. Si enim divina sacramenta per eas elementorum species quæ digniores sunt, celebrare debemus, quem panem digniorem existimabimus (57), quam eum quem et vetus lex ad significandam, et Evangelium elegit ad exhibendam Dominici corporis veritatem ? In lege azymus panis afflictionis dicitur, ut per hoc etiam nos, qui memoriam passionis Christi in sacramento recolimus, animas nostras affligere doceamur. In gratia enim, ut ait Apostolus, non in fermento veteri, sed in azymis sinceritatis et veritatis epulari monemur (*I Cor.* v, 8), ut per azymum sinceri et puri esse debere signemur.

Quid igitur ad conficiendum Christi sacramentum dignius, quam illud quod et veritate et figura, salutem omnimodis operatur ? Nec tamen figuris utentes judaizare putandi sumus, quia licet in hoc idem faciamus quod Judæi, non tamen eadem causa facimus qua et ipsi, quia non facimus ut judaismum servemus. Et cum ipsi suis figuris futura tantum portendant, non Christum per azymi figuram qualemcunque futurum significamus, sed potius quod sine fermento, id est, infectione peccati fuit ille cujus corpus immolatur, repræsentamus : et nos ipsos, secundum Apostolum, ut epulemur non in fermento malitiæ et nequitiæ, sed in azymis sinceritatis et veritatis admonemus.

Cum ergo nos Christum non talem futurum ut Judæi, qui figurant futura et exspectant, sed fuisse purum, ut Christiani significemus, et nos tales fieri qualis ipse est, moneamus : in azymo frustra nos reprehendunt Græci, nisi forte velint, ut quia vetera transierunt, in quibus futurorum umbræ necessariæ erant, nullis figuris utantur Christiani. Ubi est quod ait Apostolus : *Consepulti sumus cum Christo per baptismum in mortem* (*Rom.* vi, 4), si baptismus non est nobis figura mortis Christi et sepulturæ ? Sed forte non eisdem nos uti volunt figuris, quibus illi utuntur in suis cæremoniis ? Sed si idem vetatur azymum quia eo utuntur Judæi in ritibus suis, ita etiam eorum vetetur fermentatum, quia eo etiam utuntur Judæi in sacrificiis suis. Unde in Levitico : *Offeret panes fermentatos cum hostia gratiarum, quæ offertur pro pacificis* (*Levit.* vii, 13). Item in eodem : *In Pentecoste offeretis panes primitiarum de duabus decimis similæ fermentatæ* (*Levit.* xxiii, 17).

Quia ergo nulla ratio cogit ut azymum a Christi sacrificio repellatur, dignum est ut quod Christus instituit, omnis autem Ecclesia præter Græcam a primordio sui ex traditione principum Ecclesiæ, Petri scilicet et Pauli, celebravit, indesinenter conservet, donec Christus ad judicium veniat, sicut ipse instituit. Si enim quia Apostolus ait : *Vetera transierunt, ecce omnia facta sunt nova* (*II Cor.* v, 17), credantur transisse omnia, et periisse veteris testamenti instituta, ibi est dilectio Dei et proximi, ubi sunt præcepta Decalogi, ubi est ordo levitarum et sacerdotii, dedicatio altaris et templi ? Hæc omnia ab illis ad nos non deficiendo, sed proficiendo transierunt. Encænia, Pascha, Pentecosten, Quadragesimam, quia in veteri lege instituta sunt, celebrari non desistimus ; pontifices, sacerdotes, levitas, reliquosque ecclesiasticos ordines ad exemplum veterum instituimus, et cætera quamplura in hunc modum.

(57 Alias *æstimabimus*.

LIBER TERTIUS.

CAPUT PRIMUM.

Quod sancti quibusdam suis auctoritatibus videntur astruere, hæreticorum sacramenta esse irrita et noxia.

Quia de peccatoribus ministris, sed tamen ecclesiasticis, quod vera et rata sacramenta celebrent astruximus, nunc de extra Ecclesiam peccatoribus hæreticis scilicet vel schismaticis, quamvis non rata, si saltem vera sint quæ celebrant, videamus : maxime quia sancti aliquibus in locis ea sacramenta esse negant, et potius ea sacrilegia vocant.

Et quia de corpore et sanguine Domini, quod præsentis est negotii, major est dubitatio, de ipso, ipso auxiliante, sed et de cæteris, præsens fiat disputatio. Positis ergo auctoritatibus quibus sancti hæreticorum sacramenta detestantur tanquam irrita, et quantum ad ipsos noxia, subjungamus auctoritates et rationes quibus astruantur, quantum ad Deum, vera et sancta.

Ait Augustinus : « Extra catholicam Ecclesiam veri sacrificii locus non est. » Pelagius papa Victori et Pancratio inter cætera : « A schismaticorum sacrificiis, potius autem sacrilegiis abstinere debetis. » Item idem ad eosdem : « Non est corpus Christi quod schismaticus conficit. » Item Augustinus in Enchiridio (cap. 5, t. VI, c. 196) : « Si quæ ad Christum pertinent cogitentur, nomine tenus invenitur Christus apud quoslibet hæreticos : re autem ipsa non est apud eos. » Item Cyprianus (58) : « Constat eos oleum unde baptizati unguntur sanctificare, et eucharistiam apud illos fieri non posse : ubi spes nulla eum, et fides falsa, ubi omnia per mendacium geruntur. » Item Ambrosius in libro De initiandis rudibus (De myst., cap. 4, t. II, col. 330) : « Non sanat baptismus perfidorum, non mundat sed polluit ; quia in harum diluvio aquarum ad Deum non approximatur. » Item Hieronymus in Aggæum prophetam (cap. 2, t. VI, c. 764) : « Omne quod fecerint hæretici, vel quod mihi obtulerint, vel vota vel cætera, contaminata erunt in conspectu meo. Quamvis enim sancta videantur specie sui, quæ offeruntur ; tamen quia tractata sunt ab illo qui pollutus est in anima, polluuntur omnia. » Item B. Gregorius in Dialogo (lib. III, c. 31, t. II, col. 345) : « Superveniente Paschalis festivitatis die, ad Erminigildum perfidus pater Arianum episcopum misit, ut ex ejus manu sacrilegæ consecrationis communionem perciperet, atque per hoc ad patris gratiam redire mereretur. Sed vir Deo dilectus ejus a se perfidiam dignis increpationibus repulit. » Item idem : « Cur non perpenditur quia benedictio illi in maledictionem convertitur, qui ad hoc ut fiat hæreticus promovetur ? » Item : « Sacerdotium illic subsistere non arbitror. » Item Cyprianus : « Ad hæc omnia accedit etiam illud malum, ut antistes diaboli audeat eucharistiam facere, cum nec sanctificari illic oblatio possit, ubi Spiritus sanctus non est. » Et paulo post : « Falsa altaria et illicita sacerdotia, et sacrilega sacrificia, et omnia adulterata fingentes : inter ethnicos et publicanos computentur omnes, quos constat a charitate atque unitate Ecclesiæ catholicæ recessisse. Ergo omnia quæ faciunt hæretici carnalia sunt, inania et falsa. Non statim suscipienda et assumenda sunt, quæ jactantur in Christi nomine, sed quæ geruntur in Christi veritate. Quomodo enim perficere quæ agunt, et impetrare aliquid a Deo possunt, qui contra Deum quod eis non licet moliuntur ? » Item Gregorius in Moralibus (lib. XXIII, c. 1, col. 733) : « Hæreticorum sacrificia Deo accepta esse nequeunt, nisi pro eis universalis Ecclesiæ manibus offerantur. » Item idem (lib. XV, cap. 3, n. 13, col. 1148) : « In una namque domo agnus comeditur : quia in una catholica Ecclesia vera hostia Redemptoris immolatur. »

Illis omnibus auctoritatibus videntur sancti astruere, extra Ecclesiam ab hæreticis vel schismaticis corpus Christi confici non posse cum nec Christus, nec Spiritus sanctus, per quem omnia sanctificantur, sit apud eos, nec locus sacrificii, nec sacerdotium subsistat apud eos : et ideo offerant sacrificia sacrilega, inania et falsa. Ad hoc etiam accedit, quod cætera sacramenta forma sunt tantum et figura sanctorum effectuum, non ipsa veritas, possuntque apud hæreticos vera quidem dici quantum ad formam, et inania et falsa, quantum ad effectus gratiam, quam apud eos non conferunt. Sed sacramentum corporis Christi cum nullatenus sit sine corpore Christi, si verum est apud hæreticos, nullatenus est inane et falsum apud eos, quia ubicunque est sacramentum corporis Christi, ibi et Christus, qui non est inanis et falsus, sed semper verus. Si ergo sacrificium eorum est sacrilegum, cum Christus sit sacrificium, ergo Christus est sacrilegus. Si non est acceptum Deo, ergo Filius in quo sibi Pater complacuit, Patri non est acceptus. Si non est accipiendum et assumendum ab hominibus, ergo ille qui adorandus est ab angelis, est ab hominibus reprobandus et respuendus.

Quod de Christo, qui Agnus immaculatus est, sentire est nefarium, ut alieno scelere aliquatenus eum credamus contaminandum, qui omnia peccata mundi solus pertulit et abstulit. Ne ergo aliquate-

---

(58) Ita legitur in sententia episcoporum 87 de hæreticis baptizandis (inter opera S. Cypriani, pag. 330), quam damnavit sedes apostolica.

nus de eo credatur hoc inconveniens, consentiunt Pelagio, quod non sit corpus Christi, quod schismaticus conficit, et Cypriano, quod apud hæreticos eucharistia fieri non possit, voluntque invocationem divini nominis, quam Gregorius sacrilegam consecrationem vocat, in hoc irritam duci, qui Cyprianus dicit non statim suscipi debere, quæ jactatur in Christi nomine, sed quæ geruntur in Christi veritate, ut dum omnino nihil esse astruunt, quod hæretici conficere videntur, ignominiam illam a Christo auferant, quam sancti de sacrificiis, vel cæteris hæreticorum sacramentis attestantur.

CAPUT II.
Quod solius Dei sit, omnia sacramenta facere semper vera et sancta quantum ad ipsum.

Sed si ita est credendum, quam late pateat inconveniens videamus. Primum invocationem divini nominis in sacramentis suis annullari, credere nefas est. Ait enim Augustinus ad Parmenianum (lib. II, c. 6, t. IX col. 32) : « Sacrificia, inquit, impiorum exsecratio est Domino. Etenim inique offerunt illa. » Et post pauca. « Sacrificia ergo impiorum eis ipsis oberunt qui offerunt impie. Nam unum idemque sacrificium propter nomen Domini quod invocatur, et semper sanctum est, et tale cuique fit, quali corde ad accipiendum accesserit. » Item idem in homilia super Joannem 80 (n. 3, t. III, col. 703) : « Unde ista tanta virtus est aquæ, ut corpus tangat et cor abluat, nisi faciente verbo? Non quia dicitur, sed quia creditur. » Item ad Donatistas : « Si Deus adest sacramentis et verbis suis, per quoslibet administrentur, et sacramenta Dei ubique recta sunt, et mali homines quibus nihil prosunt, ubique perversi sunt, id est intus et foris. » Item : « Ergo non foris, sed nec intus quisquam qui ex parte diaboli est, potest in se vel in quoquam maculare sacramentum quod Christi est. » Quomodo enim posset maculare malus quod non potest consecrare vel meliorare bonus, quod solus efficit Christus et nullus alius ? Si enim alius efficeret, jam ad Christum non attineret. Sed quod bonum sine summo bono esse posset ? Quamvis ergo omnia sacramenta Christi esse dicantur et Ecclesiæ, non tamen ita ut in eis Ecclesia Christo, quasi par conferatur, sed ut particeps Christi gratiæ astruatur, ut et solius Christi sint, quantum ad potestatem qua fiunt; et Ecclesiæ, quantum ad utilitatem qua conferuntur, ut in eis et ille suam exhibeat gratiam, et illa suam suppleat indigentiam. Sciens enim Christus vel hominum peccata impedire, vel merita non sufficere ad vitam, sacramentorum suorum adhibuit gratiam, ut Ecclesia quod minus habet in meritis, divinis credens suppleri sacramentis, quanto in sua imperfectione Deo esset humilior, tanto in superabundantia beneficiorum ejus fieret perfectior. Quod ergo suis Christi gratia reservavit privilegiis, nihil debere voluit ministrorum meritis vel officiis, sed quod suum est ita fecit sibi libere liberum, ut nec eorum dignitate sit melius, nec indignitate deterius, ne vel boni divino operi superaddidisse videantur, tanquam Deo meliores, vel mali minuere, tanquam contra Deum fortiores, vel tanquam sint ipse Deus, suum omnino deputare quod omnino divinum est. Ne ergo sacramenta Ecclesiæ bonorum vel malorum hominum, sed solius Dei esse astruantur, apud omnes indifferenter quantum ad se, vera et sancta esse creduntur ; ut cum apud omnes ab eodem sint semper, sicut Deus incommutabilis seipso nunquam pejor vel melior est, sic et sua sacramenta incommutabiliter apud omnes eadem nunquam seipsis sint pejora vel meliora.

CAPUT III.
Quod sacramenta Christi pro meritis ministrorum fieri credenda non sunt, ne pereat unitas sacramentorum et Ecclesiæ.

Si enim pro meritis ministrantium apud hos vel illos melius vel pejus fieri putarentur, jam non Christi gratiæ, sed eorum meritis ascriberentur, et cum quidlibet nunc pejus nunc melius, non idem sed diversum sit, jam non staret unitas baptismi vel corporis Christi ; quia baptismus ejus in his vel illis melior vel pejor, esset diversus, et similiter corpus Christi diversum. Si enim a malo mala, a bono bona, a meliori meliora fierent sacramenta, nonne pro variis meritis hominum, varia essent baptismata et Christi corpora ? Et si multa corpora Christi, ergo non unus sed multi Christi ; nec una Ecclesia, sed multæ, quod est nefas. Et quia constat multos Christos non esse, de unitate baptismi et Ecclesiæ videamus, ut de majori magis pateat, quod de minori sacramento probabitur.

Ait Augustinus super Joannem homilia 6 (n. 6, col. 332) : « Per hanc potestatem quam Christus solus sibi retinuit, et in neminem ministrorum transfudit, quamvis per ministros baptizare dignatus sit, per hanc stat unitas Ecclesiæ, quæ significatur in columba de qua dictum est : *Una est columba mea (Cant. VI, 8),* una est matri suæ. Si enim transferretur potestas a Domino ad nostros tot essent baptismata quot ministri, et non staret unitas baptismi. Quamvis ergo baptizent sive justi sive injusti, non tribuitur sanctitas baptismi, nisi illi super quem descendit columba, de quo dictum est : *Hic est qui baptizat in Spiritu sancto (Joan. I, 33).* Petrus baptizet, hic est qui baptizat ; Paulus baptizet, hic est qui baptizat ; Judas baptizet, hic est qui baptizat. Nam si pro diversitate meritorum baptismus sanctus est, quia diversa sunt merita, diversa erunt et baptismata. Sed quomodo cum baptizat bonus et melior, non ideo iste bonum accipit et ille melius, sed unum est et æquale quod acceperunt : sic et eum baptizat malus ; quod datum est, unum est, nec impar propter impares ministros, sed par et æquale, propter *hic est qui baptizat.* »

Sed ne putetur dictum de his malis, qui vel ignorantur aut tolerantur in ipsa Ecclesia, ait Augustinus ad Cresconium grammaticum (lib. II, c. 24, t. IX, c. 422): « Si quæris quomodo baptizent quos damnavit Ecclesia, respondeo, sic eos baptizare, quomodo baptizant quos damnavit Deus, antequam de illis quidquam judicaret Ecclesia. » Item (lib. III, cap. 5, n. 6, c. 458): « Si inter bonos ministros, cum sit alius alio melior, non est melior baptismus qui per meliorem datur, nullo modo est malus qui etiam per malum datur, quia idem baptismus datur; et ideo per dispares ministros Dei munus æquale, quia non illorum, sed ejus est. » Item idem in libro VI De baptismo (cap. 1, t. IX, col. 161): « Etiam corde tardiores intelligunt baptismum Christi nulla perversitate dantis vel accipientis posse violari. » Item idem in 6: « Illud et in homine justo, et in homine injusto semper sanctum est, quod neque alicujus æquitate augetur, neque alicujus iniquitate minuitur. » Item idem in libro III De baptismo (cap. 2, col. 113): « Catholica Ecclesia propterea non debet iterare baptismum qui apud hæreticos datus est, ne judicare videatur ipsorum esse quod Christi est, aut eos non habere, quod intus cum acceperint, amittere utique foras exeundo non possunt. Unus igitur idemque baptismus Christi est apud omnes, bonos scilicet et malos, damnatos et non damnatos, hæreticos et non hæreticos: ita ut per dispares ministros munus Dei semper æquale sit, quia non illorum sed ejus est, nec melius nec pejus quantum ad sanctitatem, nec majus nec minus quantum ad veritatem; non a dante vel accipiente violatum, non recedenti ab Ecclesia amissum, non redeunti iterandum, ut in quo nullius momenti omnia hominum judicantur merita, sola Dei valere credatur gratia. Si enim pro meritis suis ab Ecclesia recedendo possent amittere, permanendo obtinere, quod ipsi possent conferre vel auferre, ipsorum non Dei videtur esse. » Item quod recedenti esset amissum, redeunti esset iterandum, fierentque duo baptismata, quibus bis renasceretur spiritualiter, semel natus carnaliter. Item, si quod sit apud hæreticos non est sacramentum, quod cum illis refutatur, ipsorum non Christi esse judicatur. Item annullatur apud eos invocatio divini nominis, iteranda ut valeat a Catholicis; sicque gratia Dei jam quasi per se impotens, quod valet hominum meritis debet, jam ubi non gratuita, sed meritis hominum obnoxia, dum apud hæreticos nihil sine meritis, apud Catholicos autem operatur tantum pro meritis, et ita gratia jam non est gratia.

Unum igitur idemque apud omnes in sua veritate credendum est esse baptisma, ut catholica eadem in sua unitate Ecclesia. Sicut enim unus est Pater noster qui est in cœlis, sic et sponsa ejus mater nostra Ecclesia una est quæ generat, sic et unum baptisma quo generat; quia, licet diversæ sint aquæ diversis locis et temporibus, non tamen confitetur nisi unum baptisma in remissionem peccatorum; quia, teste Apostolo, unus Dominus, una fides, unum baptisma (*Ephes.* IV, 5). Similiter et diversi baptistæ, semper unum baptisma. Si enim quot baptistæ tot patres regenerare crederentur, esset regeneratio generatione deterior. Generatio enim carnalis ab uno homine cœpit, ne contra se humana propago erigeretur, et a se divideretur per superbiam, si non ab uno, sed ab isto et ab illo melius et pejus habuisset originem primam. Quam multo deterius regeneratio spiritualis non ab uno Deo, sed ab isto et ab illo melius vel pejus fieret, si tot patres quot baptistas haberet. Secunda enim generatio nihil amplius conferens quam prima, non cœlestis sed terrena, sicut et prima, diceretur; filiique Ecclesiæ terrenis patribus renati, quia filii Dei non essent, nec hæredes Dei, nec cohæredes Christi fierent, quia in regeneratione sua tanti patris nobilitate et hæreditate orbati essent. Ecclesia etiam divisa tot Patribus, variorum schismatum confusione periclitaretur, dum ego Apollo, ego autem Cephæ, ego autem Pauli (*I Cor.* I, 12) ab omnibus adulterinis filiis, quasi in divisionem Christi perstreperetur. Et quæ esset charitas ubi non esset unitas? Cum igitur radix omnium bonorum sit dilectio, Ecclesia sine dilectionis unitate omnium bonorum privaretur et merito et præmio.

CAPUT IV.

Quod Deus pretiosa sacramenta in non pretiosis speciebus posuit, non ut essent vilia et abjecta, sed gratuita.

Ne ergo Ecclesia tot Patres habere videatur, quibus unitatem suam dissipet, et a nobilitate cœlesti degeneret, omnia sacramenta solius Dei creduntur esse, quæ quam gratuita, quam utilia, quamque magnifica fecerit, studeamus perpendere, et cum viderimus de quantulis rebus quanta Ecclesiæ suæ conferat, si solius Dei sint ipsa, et per ipsa operari manifestissimum fiat. Omnes sacramentales species natura vel quantitate sua ita nullius æstimationis sunt in pretio, ut ad sacramentalem dignitatem nullo suo assurgere videantur privilegio: nisi quod dum naturali similitudine sua effectus sacramentalis prætendunt umbram vel imaginem, ad similem sancti Spiritus gratiam percipiendam magis accendunt et certificant fidem. Verbi gratia: In quatuor speciebus Ecclesiæ sacramenta maxime consistunt, aqua scilicet, oleo, pane et vino. Aqua, licet omnibus sit necessaria, nulla tamen sua venalitate est pretiosa. Oleum vero, panis, et vinum in sacramento ita paucitate sua effugiunt pretii quantitatem, ut nullam nisi in spirituali gratia sibi vindicare videantur utilitatem. Quod tamen non ideo fecit Deus, ut quia sacramenta sua specie tenus venalitati non sunt idonea, magis vilia videantur et abjecta, sed magis gratuita, ut dum in eis nihil videtur valere, nisi quod suum est, omnes de eis sibi soli haberentur gratiæ, qui in suis beneficiis nostram abstulit expensam ne gravaremur, suam contulit incomparabilem gratiam, ut hilarius juvaremur. Si enim in quibuslibet pretiosioribus speciebus sacramenta sua Deus instituisset, quæ natura et quantitate sua ita essent pretiosa, ut mundus totus non sufficeret ad ea comparanda, non quidem sacramentorum esset digna comparatio, sed difficilis et onerosa pauperibus ad ea fieret accessio. Ideoque ut gratia Dei omnimodo esset gratuita, in sacramentalibus speciebus non quæsivit dignitatem, sed aptitudinem. Quia enim aqua exstinguit, mundat, et candidat præ cæteris liquoribus, ideo etiam in baptismate, carnis incentiva exstinguit, peccatorum tam originalium quam actualium labem abluit, innocentiæ candorem reducit : et dum sic cœlestis Patris imaginem reformat, filios adoptionis regenerat. Oleum vero, quia athletis est congruum, incendio et lumini obnoxium, ut contra spirituales nequitias humana fragilitas fortius muniatur, oleo chrismatis et baptismate et in confirmatione perungitur, ut sic datus Spiritus geminæ dilectionis, animam fide illuminet, dilectione inflammet, spe cœlesti muniat et roboret. Quia vero panis et vinum homini incorporatum, vita est temporalis, ideo Christus hoc sacramento nobis tanquam caput membris incorporatus fit vita æterna fidelibus. His tribus sacramentis baptismus rite perficitur : ut quia in Trinitatis nomine celebratur, Trinitatis etiam fidem suo ministerio attestans, per aquam Deo Patri nos regeneret, per corporis et sanguinis Christi communionem Filio Dei ad vitam nos concorporet, per olei unctionem Spiritus sancti virtute confirmet, ut qui in initio regenerationis tanta Dei gratia indigni prævenimur, non desperemus ad vitæ palmam perduci, si cum eadem adniti voluerimus.

CAPUT V.
Quod tanta sunt Dei sacramenta ut omnium hominum superent merita.

Cujus ergo est tantam conferre gratiam, nisi solius Dei, qui in sacramentorum suorum excellentia ita omnium superat merita, ut ad eorum dignitatem vel potestatem aspirare omnino judicentur indigna? Quis enim de filiis diaboli potest regenerare filios Dei, nisi Pater Deus? Quis peccatores justificare potest, nisi qui pro peccatis nostris mortuus est Christus? Et cum spirituale sit quidquid in baptismo geritur, quis hoc potest peragere, nisi Spiritus sanctus? Frustra enim hoc in Trinitatis nomine fieret, si ad alium quemlibet a Trinitatis potestate transiret. Non ergo præsumat homo sibi deputare, quod solius Dei est facere. Ait enim Apostolus : *Divisiones gratiarum sunt : unus autem Dominus, qui operatur omnia in omnibus, dividens singulis prout vult* (I Cor. XII, 4). Unde etiam Christus cum diceret : *Nisi quis renatus fuerit ex aqua et Spiritu sancto* (Joan. III, 5), de ministris omnino tacuit, quia de tanta gratia nihil ad eos attinere vidit. Unde beatus Augustinus super Joannem (Tract. v, n. 15, col. 327) : « Sed dicit mihi hæreticus : Non habes baptismum, quia malus tibi dedit. Si malus est, inquam, Christus, et malus mihi dedit. De officiali non disputo. Fuerint qualeslibet homines, ego a Christo accepi, ego a Christo baptizatus sum; ego novi, quia docuit me columba quam vidit Joannes. Sint justi ministri si volunt; sin autem, securum me facit magister meus, de quo dixit Spiritus ejus : *Hic est qui baptizat* (Joan. 1, 33). Si fuerit justus minister, computo eum cum Paulo, qui gloriam suam non quærit, dicens : *Ego plantavi, Apollo rigavit, Deus autem incrementum dedit* (I Cor. III, 6). Neque qui plantat, neque qui rigat est aliquid, sed qui incrementum dat Deus. » Qui fuerit superbus minister, cum Zabulo computatur, sed non contaminatur donum Christi. Spiritualis enim virtus sacramenti ita est ut lux, et ab illuminandis pura excipitur, et si per immundos transeat, non inquitatur. Cum ergo, teste Apostolo, ministri non sint aliquid, sed Deus qui operatur omnia in omnibus, quid ipsi cum nihil sint in Dei sacramentis operantur cum solus Deus operetur omnia? Unde item Augustinus super Joannem : « Baptismus talis est qualis est ille in cujus potestate datur; non qualis est ille per cujus ministerium datur. »

CAPUT VI.
Quod laico vel pagano baptizare permittitur.

Ut ergo ministris auferretur meritorum jactantia, concedunt sancti si necesse sit laico, nec abnegant pagano baptizandi gratiam, quibus sine officio, sine merito non tantum quid permitteretur, si hominum merita vel officia ad baptizandum necessaria viderentur. Unde Gelasius papa, cap. 7 : « Diaconi absque episcopo vel presbytero baptizare non audeant, nisi prædictis forte officiis longius constitutis, si necessitas extrema compellat, quod et laicis Christianis facere plerumque conceditur. » Item Isidorus : « Si quis per negligentiam ordinetur antequam baptizetur, debent ab eo baptizari et ipse ulterius non ordinetur. Romanus enim pontifex non hominem judicat qui baptizat, sed Spiritum Dei subministrare baptismi gratiam licet paganus sit qui baptizat. » Item Nicolaus papa ad consulta Bulgarorum, cap. 104 : « A quodam ut audio, nescitis utrum Christiano an pagano, multos in patria vestra baptizatos asseritis et quid inde sit agendum consulitis. Hi profecto, si in nomine Trinitatis, vel tantum in Christi nomine, sicut in Actibus apostolorum legimus, baptizati sunt : unum quippe idemque est, ut sanctus exponit Ambrosius; constat non esse denuo baptizandos. » Ne tamen existimetur talis baptismus esse imperfectus, ait econtra Augustinus De baptismo libro IV : « Potest dici alius alio doctior, alius alio magis vel minus baptizatus dici non potest. »

CAPUT VII.
Quod sanguinis effusione, vel sola fide baptismus compleatur.

Sed ne sibi etiam attribuant officiales, laicum vel paganum saltem vicem suam explevisse attendant, gratiamque Dei ita liberam, ut nullis hominum meritis vel officiis astricta, quando vult, quomodo vult, cuicunque vult, seipsam infundat. Cum enim constet sanctos vel suo sanguine vel sola fide baptizari, quid hic officiales suis attribuent meritis, ubi nullus funguntur ministeriis? Cum ergo Deus sine illis baptizet, patet quia hic solus est qui baptizat. Unde Augustinus De baptismo, lib. IV (cap. 22, tom. IX, col. 139): « Baptismi vicem aliquando implere passionem, de latrone illo, cui non baptizato dictum est: *Hodie mecum eris in paradiso* (*Luc.* XXIII, 43): beatus Cyprianus non leve documentum assumit; quod etiam atque etiam considerans, invenio non tantum passionem pro nomine Christi id quod ex baptismo deerat posse supplere, sed etiam fidem conversionemque cordis, si forte ad celebrandum mysterium baptismi in angustiis temporum succurri non potest. Neque enim latro ille pro nomine Christi crucifixus est, sed pro meritis facinorum suorum; neque quia credidit passus est, sed dum patitur credit. Quantum itaque valeat etiam sine visibili baptismi sacramento, quod ait Apostolus: *Corde creditur ad justitiam, ore autem confessio fit ad salutem* (*Rom.* X, 10), in illo latrone declaratum est. Sed tunc impletur invisibiliter, cum mysterium baptismi non contemptus religionis, sed articulus necessitatis excludit. Et, sicut in illo latrone quod baptismi sacramento defuerat, complevit Omnipotentis benignitas, quia non superbia vel contemptu, sed necessitate defuerat, sic et in infantibus qui baptizati moriuntur, eadem gratia Omnipotentis explere credenda est: quod non ex impia voluntate, sed ex ætatis indigentia, nec corde credere ad justitiam, nec ore confiteri possunt ad salutem (cap. 24, col. 140). Baptismus quidem potest inesse, ubi cordis conversio defuerit; conversio autem cordis potest quidem inesse non percepto baptismo, sed contempto non potest. Neque ullo modo dicenda est conversio cordis ad Deum, cum Dei sacramentum contemnitur (cap. 25, col. 141). » Item in libro Sententiarum Prosperi: « Verus baptismus constat non tam ablutione corporis quam fide cordis, quemadmodum doctrina apostolica tradit dicens: *Fide mundans corda eorum* (*Ephes.* V, 26). Et alibi: *Salvos facit baptisma, non carnis depositio sordium, sed conscientiæ bonæ interrogatio in Deum* (*I Petr.* III, 21). Ecce cum Dominus dicat in Evangelio: *Qui crediderit et baptizatus fuerit, salvus erit* (*Marc.* XVI, 16), et sola fide sine baptismo salvantur homines ut latro, et solo baptismate sine fide ut pueri; sed tunc tantum cum non contemptus religionis, sed articulus necessitatis alterutrum excludit. » Unde Isidorus De officiis (lib. II, cap. 25, t. VI, p. 467, ed. Arev.): « Parvuli alio profitente baptizantur, quia adhuc loqui vel credere nesciunt, sicut ægri, muti, vel surdi, quorum vice alius profitetur, ut pro eis respondeat dum baptizantur. » Item Augustinus De libero arbitrio (lib. III, cap. 23, t. I, col. 657): « Illud perscrutari homines solent, sacramentum baptismi Christi quid parvulis prosit, cum eo accepto plerumque moriuntur priusquam ex eo quidquam cognoscere potuerint. Qua in re satis pie recteque creditur prodesse parvulo eorum fidem, a quibus consecrandus offertur. Et hoc Ecclesiæ commendat saluberrima auctoritas, ut ex eo quisque sentiat quid sibi prosit fides sua, quando in aliorum quoque beneficium, qui propriam nondum habent, potest aliena commodari. O ineffabilis Dei gratia, quæ ubi alterutrum deest necessitatis articulo, et fidem prævenis sacramenti mysterio, et sacramenti vicem comples fidei merito, ut nullis legibus tenearis astricta, ne quantum in te est salutis æternæ aliquatenus patiamur dispendia! Ne tamen sit mirum quod sine ministris Deus per se quod suum est operetur, quid in utroque legis et gratiæ in initio fecerit videamus. Ait Dominus ad Moysen: *Congrega mihi septuaginta viros, et duces eos ad tabernaculum fœderis, et auferam de spiritu tuo, tradamque eis* (*Num.* XI, 16). Non dixit: *Auferes, et trades*, sed *auferam et tradam*. Quod ne forte ducatui Moysi imputaretur, duo ex his qui descripti fuerant, ad tabernaculum non venerunt, et tamen Moyse non ducente sicut et cæteri spiritum acceperunt. Similiter et in nova gratia, cum solebat tantum dari per impositionem manus, tamen adhuc loquente Petro cecidit Spiritus sanctus super omnes (*Act.* X, 44). Quis ergo divinam gratiam suis imputet meritis vel officiis, cum in legislatore, in apostolorum principe, Deus ad eam prout vult distribuendam, neutrum horum assumpserit? »

CAPUT VIII.

Quod sicut in baptismate, sic in conficiendo Christi corpore, nihil a bono magis, nihil a malo minus fiat.

Quia igitur astructum est ad officialium merita baptismi gratiam non attinere, videamus etiam de Christi corpore et sanguine conficiendo: quamvis ubi constat de minori satis etiam de majori videatur sacramento. Corpus enim Christi et sanguis non solum par baptismo est, sed et fundamentum ejus et completio, adeo ut sicut Eva de latere Adæ dormientis, sic et Ecclesia producta credatur de latere Christi in morte quiescentis; quia, sicut illa inde generata, sic ista inde regenerata. Unde mirifice sua profluxerunt sacramenta, aqua in regenerationem, sanguis in redemptionem. Unde Joannes in Epistola sua, ait: *Hic est qui venit per aquam et sanguinem Jesus Christus, non solum in aqua, sed in aqua et sanguine* (*I Joan.* V, 6). Et bene repetiit, quia nihil profuisset aqua sine sanguine, qui non solum abluit, sed et redimit, sed et quia redimit, ideo abluit. Unde in Apocalypsi: *Hi sunt qui venerunt ex magna tribulatione, et laverunt stolas suas, et dealbaverunt eas in sanguine Agni* (*Apoc.* VII, 14). Ne igitur etiam de hoc majori sacramento aliquid sibi usurpet ministrorum arrogantia: quid sancti inde sentiant attendamus.

Ait Augustinus in libro De corpore Domini: « Intra catholicam Ecclesiam in mysterio corporis et sanguinis Domini, nihil a bono magis, nihil a malo minus perficitur sacerdote, quia non in merito consecrantis, sed in verbo efficitur Creatoris, et in virtute Spiritus sancti. Si enim in merito sacerdotis, nequaquam ad Christum pertineret. Nunc autem sicut ipse est qui baptizat, ita ipse qui per Spiritum sanctum hanc creaturam suam efficit carnem, et transfundit in sanguinem. Credendum est enim quod in verbis Christi sacramenta conficiantur. Cujus enim potentia creantur prius, ejus utique verbo ad melius recreantur. » Cum ergo Augustinus ea quæ prius creata sunt, dicat iterum in sacramento creari, si hoc homines possent facere, constaret eos esse factores corporis Christi, et ita quasi creatores esse Creatoris sui, quod est impossibile. Ait enim Eusebius Emissenus : « Invisibilis sacerdos visibiles creaturas in substantiam corporis et sanguinis sui verbo suo secreta potestate convertit. » Item B. Ambrosius : « Ubi accesserit consecratio, de pane fit corpus Christi. Consecratio igitur quibus verbis est," et cujus sermonibus ? Domini Jesu. Ergo sermo Christi hoc conficit corpus. » Item Augustinus in homiliis : « Ante verba quando offertur panis dicitur, ubi verba Christi deprompta sunt, non jam panis, sed corpus Christi appellatur. Si ergo invisibilis sacerdos corpus suum verbo conficit, quomodo sit vel in verbo, vel in merito alicujus visibilis sacerdotis ? Cum vero nihil ad visibilem attineat sacerdotem, quomodo id a bono melius, a malo pejus conficiatur sacerdote, a quo nullatenus ? Quod cum ita sit, jam non secundum diversa merita, diversa Christi corpora, sed semper unus Christus est, qui quibuscunque ministris sacrificantibus, solus est pro nobis offerens et oblatus. » Unde Augustinus in libro De Trinitate (lib. IV, t. VIII, col. 823) : « Quid tam grate offerri et suscipi posset, quam caro sacrificii nostri, corpus effectum sacerdotis nostri, ut idem unus ipse verusque mediator, unus esset qui offerebat, et quod offerebat ? » Item idem ad Parmenianum (lib. II, c. 6, t. IX, col. 52) : « Sacrificia, inquit, impiorum exsecratio Domino, etenim inique offerunt illa. » Jam supra responsum est, quia non est iniquus Christus, qui seipsum pro nobis obtulit, et noster in cœlo mediator est, quo suam Ecclesiam gubernante, bonis mali non oberunt, qui vel ignorantur, vel pro pace tolerantur.

CAPUT IX.

Quod sacramenta hæreticorum de Ecclesia sunt, et in Ecclesia fiunt.

Sed opponunt, quia extra Ecclesiam non est locus sacrificii, nec est Christus, nec Spiritus sanctus apud hæreticos. Econtra Augustinus ad Vincentium Donatistam (93, n. 45, t. II, col. 249) : « Ex catholica Ecclesia sunt omnia sacramenta Dominica, quæ sic habetis et datis, quomodo habebantur et dabantur etiam priusquam inde exiretis, nec tamen ideo non habetis, quia non estis ibi unde dabatis. » Item ad Emeritum (87, n. 9, t. II, col. 212) : « Sacramenta quæ non mutastis, sicut habetis approbantur a nobis, ne forte cum vestram pravitatem corrigere volumus, illis mysteriis quæ in vestra pravitate depravata non sunt, sacrilegam faciamus injuriam. » Item Augustinus in libro De baptismo (lib. I, c. 8, t. IX, c. 85) : « Qui seipsos a societate cæterorum separantes, charitate violata, unitatis vinculum rumpunt, si nihil faciunt eorum quæ in unitate acceperunt, in omnibus separati sunt, et ideo quem sibi sociant, si ad Ecclesiam redierit debet omnia quæ non accepit, accipere. Si vero nonnulla eadem faciunt, non se in eis separaverunt, et ex ea parte Ecclesiæ connectuntur. In sacramenti sanctitate, qua contra nos non sunt, pro nobis sunt in schismatis vulnere, quo cum Christo non colligunt, spargunt. » Cum igitur ex catholica Ecclesia sint omnia sacramenta Dominica, nullo excepto, etiam apud hæreticos qui etiam ex ea parte Ecclesiæ connectuntur, quia ea rite celebrant, quis dubitet sacramentum sacrificii divini ubicunque fiat, intra Ecclesiam esse, cum sit de Ecclesia ? Sed tamen sciendum est quia, cum apud eos etiam sacrificium Christi sit de Ecclesia quantum ad sui veritatem, locus tamen ipsius non est his qui sunt extra Ecclesiam, quantum ad eorum utilitatem, quia cum Filius hominis apud eos non inveniat ubi caput suum reclinet, nec ipse Christus, nec Spiritus sanctus apud eos est per gratiam, qui tamen apud omnes est, et nusquam deest per majestatis suæ præsentiam

CAPUT X

Quod sacramento tenus sacerdotium apud hæreticos maneat omnino integrum.

Sed iterum opponunt, quia sacerdotium non subsistit apud eos. Et quid potest per eos consecrari, qui neque pro merito, neque pro officio aliquid agunt ? Ut enim ait Ambrosius in libro De mysteriis initiandis (cap. 5, col. 332) : « Cum Scriptura testetur, quod ab Jeroboal preces ignis descendit de cœlo, et rursus precante Helia ignis missus est (*Judic.* VI, 21), qui sacrificium consumpsit non merita personarum consideres, sed officia sacerdotum. » Apud hæreticos autem nec merita sunt, nec officia. Ait autem D. Augustinus in libro Quæstionum Veteris Testamenti (*III Reg.* XVIII, 38) : « Per quod ostenditur Spiritum sanctum gratiarum, non personam sequi digni aut indigni, sed ordinem traditionis, ut quamvis aliquis boni meriti sit, non tamen possit benedicere nisi fuerit ordinatus, ut officium ministerii exhibeat. » Cum igitur non merita sint consideranda, sed saltem officia, quia nemo potest benedicere nisi ordinatus sit, ut officium ministerii exhibeat, quomodo benedicere possunt hæretici qui non subsistit ministerii officium, quod recedendo ab Ecclesia in oculis Domini amiserunt ? Sed econtra ait Augustinus in Genesi ad litteram (tomo tertio) : « Etsi aliqua culpa quis ab officio removeatur, sacramento Domini semel imposito non carebit, quamvis ad judicium permanente. » Item ad Parmenianum (lib. II, cap. 13, t. IX, col. 45) : « Quod quidam dicunt baptismum quem accepit non amittit qui recedit ab Ecclesia, sed jus tamen dandi quod accepit amittit, multis modis apparet frustra et inaniter dici. Primo, quia nulla ostenditur causa cur ille qui ipsum baptisma amittere non potest, jus dandi possit amittere. Utrumque enim sacramentum est, et quadam consecratione utrumque homini datur ; illud cum baptizatur, istud cum ordinatur, ideo non licet a catholico utrumque iterari. Nam si quando ex ipsa parte venientes etiam præpositi pro bono pacis, correcto schismatis errore, suscepti sunt, et si visum est opus esse ut eadem officia gererent quæ gerebant, non sunt rursus ordinati. Sed, sicut baptismus in eis, ita ordinatio mansit integra, quia in præcisione fuerat vitium, quod unitate pacis correctum est, non in sacramentis, quæ ubicunque sunt, ipsa sunt. » Item idem ad Donatistas (De baptismo lib. IV, cap. 4, t. IX, col. 124) : « Sicut urgeri videor, cum mihi dicitur, ergo hæreticus dimittit peccata, cum juxta te baptizat, sic et ego urgeo cum dico : Ergo avarus religionis simulator peccata dimittit. Si per vim sacramenti Dei, sicut et ille ita et ille, si per meritum suum, nec ille nec ille. Illud enim sacramentum et in malis hominibus Christi esse cognoscitur ; in corpore autem unicæ columbæ, incorruptæ, sanctæ, pudicæ, non habentis maculam aut rugam, nec ille nec ille invenitur. » Item idem : « Cum tantum valet baptismus per hominem contemptibilem, quantum per Apostolum datus, ita nec illius nec illius, sed Christi esse cognoscitur. »

Sed quia jus dandi baptismum tam laxum (59) est sacramentum, ut etiam laicis, si necesse est, concedatur, videamus si ordinatio hæreticorum integra, ut dictum est, in dando baptismo, sit etiam integra in Christi corpore consecrando.

Ait Hieronymus ad Luciferianum : « Sicut hic est qui baptizat Christus , ita hic est qui sanctificat. » Et paulo post : « Oro te, inquit, ut aut sacrificandi ei licentiam tribuas, cujus baptismum probas , aut reprobes ejus baptisma , quem non putas esse sacerdotem. Neque enim fieri potest, ut qui in baptismate sanctus est , sit ad altare peccator. » Quia igitur qui hæresi vel schismate ab Ecclesia recedit, sacrorum ordinum sacramenta non amittit, quæ ubicunque sunt, quæ ipse quidem sicut etiam ecclesiasticus peccator non per meritum suum, cum neuter in corpore unicæ columbæ inveniatur, sed per vim ipsorum sacramentorum sicut ille et ille administrat, sacerdotium omnino integrum, apud hæreticos, quamvis ad judicium, manet, cum , ut ait Hieronymus , æque sit eis concedenda licentia sacrificandi sicut et baptizandi.

Item cum Augustinus astruat recedentem ab Ecclesia , sicut baptismum , sic nec ordinem dandi baptismi posse amittere , quia utrumque sacramentum quadam consecratione homini datum, non est a Catholico iterandum, quod et usu comprobans ecclesiastico, dicit quod ex ipsa parte venientes, non sunt rursus ordinati , ut eadem officia gererent quæ gerebant; sed, sicut baptismus, ita ordinatio eis mansit integra, quis dubitet hæreticis integram sacrificii esse administrationem , cum et si amissa creditur iteranda sit, quod est nefarium, et ipsum sacerdotium non alio modo sit integrum , nisi tam in baptizando quam in sacrificando non imminutum? Unde Leo ad Mauros episcopos (12, n. 6, col 665) : « Maximum quoque ex laico licet reprehensibiliter ordinatum , tamen si Donatista jam non est, ab episcopali, quam quoqmodo adeptus est, non repellimus dignitate. » Item ad eosdem : « Donatum autem Seiacensem ex Novatiano , ut comperimus , cum sua plebe conversum ; ita Dominico gregi volumus præsidere, ut Novati dogmatis damnet errorem. » Ecce his hæreticis, Leone annuente, ordinatio redeuntibus non est iterata, sed mansit integra : quæ cum episcopalis fuerit, quis eam neget integram in sacrificando, cum integra concessa sit etiam in sacerdotes consecrando?

CAPUT XI.

Quod etiam salutare sit sacrificium hæreticorum si munde communicetur a Catholicis.

Quod ipse Augustinus manifeste approbans, apud hæreticos testatur sacrificium non solum verum esse et sanctum, sed et salutare, ita in Dialogo suo scribens ad Petilianum (lib. II, c. 30, t. IX, col. 237) : « Petilianus dixit : Si quisquam carmina sacerdotis memoriter teneat, nunquid inde sacerdos est quod ore sacrilego carmen publicat sacerdotis? Augustinus : Ita istud dicis quasi quæramus quis sit verus sacerdos, et non quid sit verum baptisma. Ut enim quis sit verus sacerdos, oportet ut non solo sacramento, sed justitia quoque induatur, sicut scriptum est : *Sacerdotes tui induantur justitiam* (*Psal.* CXXXI, 9). Qui autem solo sacramento sacerdos est, quamvis ipse non sit verax, quod dat tamen verum est, si non det suum sed Dei. Si Apostolus nescio cujus alienigenæ testimonio, quia verum comperit, etiam ipse attestatus est, cur nos apud quemlibet invenerimus quod Christi et verum est , etiamsi apud quem invenitur perversus et fallax est , non discernimus vitium quod homo habet et veritatem quam non suam, sed Dei habet, et dicimus, sacramentum hoc verum est, sicut ille ait, testimonium hoc verum est? » Item : « Vos autem necesse est ut semper erretis, quandiu propter hominum vitia Dei sacramenta violatis : aut nos propter Dei sacramenta, quæ in vobis violare nolumus, etiam vestri schismatis sacrilegium assumere putatis. » Item (cap. 48, col. 253) : « Saul non habebat innocentiam, et tamen habebat sanctitatem, non vitæ suæ, sed sacramenti Dei, quod et in malis hominibus sanctum est. » Item (cap. 52, c. 255) : « Nos dicimus tale cuique fieri sacrificium, qualis accedit ut offerat, et qualis accedit ut sumat: et eos de sacrificiis talium manducare, qui ad illa tales accedunt, quales et illi sunt. Itaque si offerat

(59) Alias *latum.*

Deo malus, et accipiat inde bonus, tale cuique est, qualis quisque est, quia et illud scriptum : *Omnia munda mundis* (Tit. I, 15). Per hanc sententiam veridicam et catholicam, etiam vos Optati sacrificio non estis polluti, si facta ejus displicebant vobis. Nam utique panis illius, panis luctus erat, sub cujus iniquitatibus Africa tota lugebat; sed panem luctus omnibus vobis communem, omnium vestrum malum schismatis facit. »

Item ad Parmenianum (lib. II, cap. 10, col. 39) : « In omnibus quæstionibus intelligendum admonemus, quia scilicet omnia sacramenta cum obsint indigne tractantibus, prosunt tamen per eos digne sumentibus, sicut et verbum Dei. Unde dictum est : *Quæ dicunt facite, quæ autem faciunt, facere nolite* (Matth. XXIII, 3). »

Cum ergo sancti omnia sacramenta quia Christi sunt, tam apud hæreticos quam Catholicos astruant vera esse et sancta, et eadem etiam munde utentibus salutaria, quia omnia munda mundis, testentur etiam nihilominus eadem polluta, quia tractata sunt ab illo qui pollutus est in anima; sollicite attendendum est, qua discretione sint a Catholicis sumenda, ne hæresis nefariam auctoritatem in Ecclesia obtineat, si in sacramentis suis hæreticos et Catholicos, nulla eligendi vel spernendi ratio discernat.

Ait Apostolus : *Hæreticum hominem post primam et secundam correctionem devita, sciens quod hujusmodi delinquat, proprio judicio condemnatus* (Tit. III, 10). Quod cum de omni hæretico semper spiritualiter, aliquando etiam corporaliter sit observandum, in prælatis tamen, et eis qui pacem Ecclesiæ perturbare possunt, discretius est agendum. Cum enim canonice statutum sit, ut si pastor a fide exorbitaverit, sit prius a subditis secrete corrigendus, quod si incorrigibilis, quod absit ! apparuerit, erit accusandus : quomodo interim a subditis suis est vitandus, quamvis Apostolus cum hujusmodi nec cibum sumere jubeat, cum ordo canonicus ne accusatus prohibeatur a communione, nisi ad judicium venire distulerit, interdicat ? Unde sciendum est quia si non corporaliter, saltem spiritualiter ne ei consentiant, debent vitari, sicut et Augustinus paulo superius ait : « Optati sacrificio vos polluti non estis, si facta ejus displicebant vobis. » Ecce isti sciebant Optatum esse schismaticum : sed quia (60) non consentiebant ejus communi impolluti erant. De quo etiam, quia pacem Ecclesiæ perturbare poterat, ait Augustinus ad Emeritum (87, n. 4, t. II, col. 209) : « Non reprehendimus, si eo tempore ne multos secum excommunicatus traheret et communionem vestram schismatis furore præcideret, Optatum excommunicare noluistis. »

Cur ergo Augustinus Optati communionem ad tempus toleratam non reprehendit, nisi quia pejus scandalum, quod ille inferret Ecclesiæ, vitari utilius duxit ? Unde item Augustinus : « Quibus mali placent in unitate ipsi communicant malis, quibus autem displicent, et eos emendare non possunt, ne simul cum zizaniis eradicent et triticum, non factis eorum, sed altari communicant : ita ut non solum ab eis non maculentur, sed divinis verbis laudari mereantur, quia pro bono unitatis tolerant quod pro bono unitatis oderunt. Quod cautissime observandum est, maxime in hæreticorum et schismaticorum sacramentis. Quamvis enim perfectorum sit sine macula in conversatione tolerare malos, difficile tamen est exemplo illorum, si incircumspectum sit, non corrumpi cæteros. Eleazarus enim in suilla carne comedenda simulationem etiam occidendus respuit (II Machab. VI, 18), quia etsi non sibi peccato, aliis tamen suspicionis exemplo nocere timuit. Unde Ambrosius salubriter consulens ait : « Si qua est Ecclesia, quæ apostolicæ veritatis fundamenta non possideat, nequam tibi labem possit ingerere, deserenda est. » In cavenda itaque pravorum malitia, suæ fraternæque salutis attendenda est necessitas ; ut et pravos tolerent boni, ne Ecclesiæ dissipent unitatem, et pravos etiam corporaliter fugiant, ne vel consensu vel opinione, suam vel fraternam negligant salutem.

CAPUT XII.
Quomodo solvatur illud, quod sancti de improbandis hæreticorum sacrificiis dicunt.

Astructum est hæreticorum sacramenta, quia Christi sunt, Catholicis si eis discrete utantur esse utilia, quæ tamen pro certo sciendum est, ipsis hæreticis, vel eorum complicibus noxia esse et lethifera. Quia, ut ait Augustinus ad Petrum subdiaconum, tantum valet ecclesiasticæ societatis communitas ad salutem, ut etiam baptismo non salvetur, cui ibi non datur ubi oportet ut detur. Unde in Africano concilio cap. 24 : « In Ecclesia omnia sacramenta salubriter et vitaliter accipiuntur quæ perseverantibus in hæresi magnam damnationis pœnam conquirunt, ut quod eis in veritate ad vitam esset luminosius, hoc in errore sit tenebrosius atque damnosius. Eadem ergo sacramenta, ubique vera et sancta, in Ecclesia accipiuntur salubriter, extra Ecclesiam damnabiliter. » Unde etiam B. Augustinus sacrificium Optati, quod mundum mundis astruxerat, panem luctus vocat, quia eos contaminabat, quibus extra Ecclesiam veri sacrificii locus non erat. Quod etiam a sanctis exsecrabile Domino dicitur, non respectu illius quod sanctum est, sed respectu illorum qui æque damnantur, illud illicite sacrificando et sumendo, sicut aliquid Deo exsecrabile perpetrando. Vocant etiam sancti illud sacrilegum, pollutum, inane et falsum. Sacrilegum ideo, quia, sicut aurum verum quidem est in arca furis ut in thesauro regis, sed tamen sacrilegum, quia a fure illicite usurpatum, sic et illud ab hæreticis. Pollutum, non quod in se ita sit, sed, sicut dies lætus dicitur quia lætos facit, ita ipsum quia magis polluit, sacrificantem

---

(60) Alias *qui*.

reum constituendo, quam mundet justificando. Inane autem et falsum, quia effectum salutis, quem videtur promittere, non confert, quem conferret si rite fieret. Unde et Deus dicit : *Maledicam benedictionibus vestris, eas privando fructu salutis* (*Malac.* II, 2). Quod autem dicitur, non est corpus Christi quod schismaticus conficit, quia apud hujusmodi eucharistia confici non potest, non ita intelligendum est, quasi corpus Christi essentialiter verum in sacramento non conficiat, sed quia cum in altari Ecclesia concorporalis et consacramentalis sit Christo, universum corpus Christi, caput scilicet cum membris, non conficit, qui cum extra Ecclesiam sit, seipsum Christo et Ecclesiae in utriusque sacramento non unit. Cum enim altaris sacrificium, signando ipsius Ecclesiae et Christi unitatem, universi corporis Christi sit sacramentum, non conficitur ibi Christus, ubi non conficitur universus. Et ideo non fit ibi eucharistia, ubi unitatis totius Dominici corporis non administratur gratia. Unde Augustinus : « Haeretici quaerunt divisionem, cum panis iste indicet unitatem. » Et alibi : « Qui accipit mysterium unitatis, et non tenet vinculum pacis, non mysterium accipit pro se, sed testimonium contra se. Nec Christus igitur, nec Spiritus sanctus apud eos est per gratiam, qui tamen ubique est per essentiam. » Unde Hieronymus in Amos prophetam (t. VI, col. 303) : « Odit Deus sacrificia haereticorum, et a se projicit, et quoties in nomine ejus congregati fuerint, detestatur fetorem eorum, et claudit nares suas. Quod dicit, humano more loquens : non quod Deus sancta sua improbet, sed quod eorum propitiationem non recipiat. »

Haec igitur et si qua alia a sanctis contra sacramenta haereticorum seu detestabiliter dicta reperiuntur, non ita exponenda sunt, ut veritatem vel sanctitatem sacramentorum, cum omnia omnino Christi sint, improbent, sed in malitiam et damnationem illorum, qui illicite usurpant, redundent.

CAPUT XIII.
Utrum sacramenta rite fiant, si solemnibus verbis aliqua contra fidem, vel incuria, vel haeresi interserantur,

Quaeritur autem, cum solemnia verba, et invocatio divini nominis tantae virtutis sint, ut omnia Ecclesiae sacramenta perficiant, si in ipsis ex industria vel negligentia proferentis aliquod erroris vitium sonet, utrum etiam tunc sacramenta rite perficiant? Unde sciendum est quia qui tacendo vel male proferendo quod debent in solemnibus verbis perfide peccant, eorum sacramenta ita damnat Ecclesia, ut ea vel pro nullis reputando iteret, vel pro imperfectis consummet ; ita tamen, ut quae in eis vera sunt, agnoscat et approbet. Unde Augustinus in libro de baptismo (lib. I, c. 8, t. IX, col. 85) : « Qui seipsos a societate caeterorum separantes, charitate violata, unitatis vinculum rumpunt, si nihil faciant eorum quae in unitate acceperunt, in omnibus separati sunt, et ideo quem sibi sociant, si ad Ecclesiam redierit, debet omnia quae non accepit accipere. Si vero nonnulla eadem faciunt, non se in eis separaverunt, et ex ea parte Ecclesiae connectuntur, et ideo si quis eis sociatus ad Ecclesiam venire voluerit, in eo sanatur, ubi laniatus erraabat, ubi vero sanus connectebatur, non curatur, sed agnoscitur. Laicos igitur a Paulianistis, qui nomen Trinitatis refutant, non dicam baptizatos, sed aqua lotos, Ecclesia omnino baptizat. Arianorum vero et caeterorum haereticorum baptisma, quia nomen Trinitatis invocant, non iterat, sed cum poenitentia et manus impositione consummat. Sciendum enim quia fide omnia sacramenta complentur, quoniam, ut ait Apostolus, *corde creditur ad justitiam, ore autem confessio fit ad salutem* (*Rom.* x, 10). » Item Augustinus : « Unde tanta virtus aquae, ut corpus tangat et cor abluat, nisi faciente verbo ? Non quia dicitur, sed quia creditur. »

Constat ergo quia cum in sacramentis conficiendis, et dicendum sit, et credendum, utrumque sincere fieri oportet, maxime ne mens in fide titubet, etiamsi lingua per incuriam in sermone erret. Exteriora enim nostra non adeo pensantur a Domino, quantum cordis intima, qui in omni negotio magis examinat non quid, sed qua intentione vel fide fiat. Unde Augustinus in epistolam Joannis, cap. 7 (Tract. VII, t. III, col. 875) : « Si Pater tradidit Filium seipsum, ut Filius seipsum, Judas quid fecit? Facta est traditio a Patre, facta est a Filio, facta est a Juda. Una res facta est, sed quae res discernit eos? Quia hoc fecit Pater et Filius in charitate, Judas autem in proditione. Videtis quia non quid faciat homo considerandum est, sed quo animo et voluntate faciat. » Item idem in homiliis : « *Tu es Christus Filius Dei vivi* (*Matth.* XVI, 16). Hoc dixit Petrus, et audivit : *Tu es Simon Barjona.* Hoc dixerunt et daemones, et audierunt : *Obmutescite* (*Luc.* IV, 55). Una vox est, sed Dominus interrogat radicem, non florem. » Item Hieronymus in Osee t. VI, col. 93 : « Illi offerunt panem sacrilegum, etc. Quae si vere fiant holocausta interpretor : cum autem scientiam Dei reliquerint, frustra capite fidei truncato, caetera membra se habere jactant. » Patet igitur quia si in solemnibus verbis vel reticendo vel admiscendo haeresin inducunt, sacramentum eorum vel veritate vel utilitate mutilatur, teste Ambrosio in libro de initiandis rudibus. Quia secundum Apostolum, *quidquid ex fide non est, peccatum est* (*Rom.* XIV, 23), et ipsis qui faciunt, et quibus faciunt, non solum non prodest, sed et ad judicium est.

Si autem vel incuria, vel negligentia, vel ignorantia aliqua erroris verba inseruntur, non ideo sacramentum minus fieri credendum est ; quia, ut supra dictum est, Deus interrogat verae fidei radicem, non locutionis florem. Unde Augustinus De baptismo lib. VI, cap. 25, n. 47, t. IX, col. 175 : « Si non sanctificatur aqua cum aliqua erroris verba per imperitiam peccator effundit, multi non solum mali, sed etiam boni fratres in ipsa Ecclesia non sanctificant aquam. Multorum enim preces emendantur quotidie, si doctioribus fuerint recitatae, et multa in eis reperiuntur contra catholicam fidem. Nunquid si manifestetur aliquos esse baptizatos, cum illae preces dictae fuissent, jubentur denuo baptizari? Quid ita? Quia plerumque precis vitium superat precantis affectus : et quia cuncta (61) verba illa evangelica sine quibus non potest baptismus consecrari, tantum valent, ut per illa sic evacuentur quaecumque in prece vitiosa contra regulam fidei dicuntur, quemadmodum daemonium Christi nomine excluditur. Ita, si quis preces afferat contra regulam fidei, arbitrans quod bonae sint, non tamen quod in eis perversum est, evacuat illa quae ibi recta sunt, sed ab eis potius evacuatur. »

Item Zacharias papa Bonifacio episcopo : « Detulerunt nuntii tui, quod fuerit in eadem provincia sacerdos, qui Latinam linguam penitus ignorabat : et dum baptizaret, nesciens Latine eloqui, linguam infringens dixerit : Baptizo te in nomine Patria et Filia et Spiritua sancta ; et per hoc tua reverenda fraternitas consideravit rebaptizare. Sed, sanctissime frater, si ille qui baptizavit non errorem inducens aut haeresin, seu pro sola ignorantia Romanae locutionis infringendo linguam, ut supra fati sumus, baptizans dixit, non possumus consentire ut denuo rebaptizentur. »

Ecce Augustinus baptizatos, precibus contra fidem dictis quia precis vitium superat precantis affectus, non denuo sinit baptizari ; Zacharias, ipsis verbis vitiatis, sine quibus baptisma non potest rite fieri, quia baptizans haeresin non inducebat, prohibet rebaptizari : quibus tamen si haeresis induceretur, profecto rebaptizandum fuisset, quia Trinitatis nomen non vere prolatum fuisset. Unde etiam cum, ut supra dictum est, Nicolaus papa ad consulta Bulgarorum baptizari in nomine Trinitatis vel tantum in nomine Christi, unum idemque, teste etiam Ambrosio, astruat, econtra Pelagius papa, quia per hoc haeresin induci vidit, id fieri vetat, dicens Gaudentio episcopo : « Multi sunt qui in nomine solummodo Christi, una etiam mersione se asserunt baptizari. Evangelicum vero praeceptum ipso Domino Deo et Salvatore nostro Jesu Christo tradente, nos admonet, in nomine Trinitatis, trina etiam mersione sanctum baptisma unicuique tribuere, dicente Domino nostro Jesu Christo discipulis suis : *Ite, baptizate omnes gentes in nomine Patris et filii et Spiritus sancti* (Matth. XXVIII, 19). Si revera de praefatis haereticis qui in locis tuae ditionis vicinis commorari dicuntur, solummodo in nomine Christi baptizatos fuisse forsitan confitentur, sine cujusquam dubietatis ambiguo eos ad catholicam fidem venientes in sanctae Trinitatis nomine baptizabis. » Quod ideo dicit quia forsitan isti haeretici ut Paulianistae nomen Trinitatis refutabant. Et ideo in nomine Trinitatis eos rebaptizari praecepit, ne in nomine Domini quasi unius personae tantum se posse baptizari credant, quod tamen ubi sine periculo haeresis fieri potuit, Nicolaus papa concessit. Sed econtra Augustinus in libro De unico baptismo, ait : « Satis ostendimus ad baptismum qui verbis evangelicis consecratur, non pertinere cujusquam dantis vel accipientis errorem, sive de Patre, sive de Filio, sive de Spiritu sancto aliter sentiam quam doctrina coelestis insinuat. Ecce hi haeretici quia aliter senserunt, annullato priori baptismo, rebaptizari jussi sunt ; quia, quamvis in nomine Domini, tamen in nomine Trinitatis baptizati non sunt. » Unde Gregorius Quirino episcopo in Hibernia (lib. XI, epist. 67, t. II, col. 1167) : « Haeretici qui in Trinitatis nomine minime baptizantur, sicut sunt Bonosiaci, et Cataphrygae, cum ad sanctam Ecclesiam veniunt, baptizantur : quia baptisma non fuit, quod in errore positi in sanctae Trinitatis nomine non perceperunt. Nec potest ipsum baptisma dici iteratum, quod in Trinitatis nomine non erat datum. » Unde etiam Innocentius papa capitulo quinquagesimo, cum a Paulianistis venientes ; rebaptizari juberet, causam subdidit : « Quia Paulianistae, inquit, in nomine Patris et Filii et Spiritus sancti minime baptizant. Sed opponitur, quia si baptisma Dei nomine sine Trinitatis nomine consecratum irritum judicatur, ergo divini nominis invocatio annullatur, et quod multis sanctis auctoritatibus est prohibitum, pravorum malitia sacramentum Christi violatur. Sed econtra sciendum est, quia non est sacramentum Christi, quod in errore positi contra institutionem Christi faciunt, nec est vera divini nominis invocatio, quia contra Christi praeceptum Christianae fidei periclitatur perfectio : nec ipsum nomen Domini vel Dei verum est, quod perfidia proferentis adulteratum, verbo tenus quidem Deum sonat, sed secundum haeresin aliud sonat : dum scilicet in Deo vel Domino, fidem Trinitatis refugiens haereticus, ipsum nomen singularitati unius personae tantum astringit, vel secundum quod varia haeresi, Deum sibi praepingere praesumit. Sicut ergo sancti eos in nomine Salvatoris petere non praedicant, qui contra salutem petunt, sic illi nomen Domini non invocant, qui contra fidem mutato Ecclesiae ritu hoc faciunt. » Cum ergo verba ecclesiastica mutantur, et error vel haeresis introducitur, ubi nec fides est, nec fidei verba, quomodo credenda est subsistere veritas sacramenti ? Unde Augustinus ad Emeritum (t. II, col. 212) : « Sacramenta quae non mutastis, sicut habetis approbantur a nobis. » Et paulo post : « Illa quae schismatici et haeretici non aliter habent, nec aliter agunt quam vera Ecclesia, cum ad nos veniunt non emendamus, sed approbamus. » Item idem ad Vincentium (epist. 87, t. II, col. 212) : « Ex catholica Ecclesia sunt omnia sacramenta Dominica, quae sic habetis et datis quomodo habebantur et dabantur priusquam inde exiretis. »

In quo notandum est quia, si haereticorum sacra-

---

(61) Alius *certa*.

menta ab eo ritu mutantur quem Ecclesia instituit et obtinet, non sunt a Catholicis approbanda, quia mutata jam non sunt ecclesiastica, sed hæretica, sicut Innocentius, Pelagius, Gregorius, baptisma hæreticorum quocunque Dei nomine factum refutaverunt, quia mutatum ab ecclesiastica institutione, non in nomine Trinitatis celebratum viderunt. Si autem solemnia verba non mutantur, sed rite proferuntur, et ipsa exsecutio sacramenti rite perficitur, tunc hæreticorum perfidia sacramenti veritatem non impedit, quia quod hæretici aliter non habent nec agunt quam vera Ecclesia, non emendatur a Catholicis, sed approbatur. Unde Augustinus De ecclesiasticis regulis : « Si qui apud illos hæreticos baptizati sunt, qui in sanctæ Trinitatis confessione baptizant, et veniunt ad catholicam Ecclesiam, recipiantur ut baptizati, ne sanctæ Trinitatis invocatio vel confessio annulletur in sacramentis. » Ergo conficiendis et nocet error cordis, cum verba contra fidem proferuntur in prece, quia non ea superat precantis affectus in fide, et non nocet cum ipsa verba proferuntur nullatenus mutata ab usu Ecclesiæ. Si autem error cordis non est, non nocet mutatio prolationis verborum, vel exsecutionis sacramentorum, quia verba, etiamsi contra fidem sint, precantis affectus superat, et in una fide non nocet diversa consuetudo Ecclesiæ. Unde etiam cum Pelagius hæreticos in Christi nomine baptizatos una mersione, jubeat rebaptizari trina mersione, beatus tamen Gregorius unam mersionem sicut et trinam approbat. Sed tamen in una fide hanc Ecclesiæ diversam consuetudinem commendat, innuens quod ubi fides una est, diversa exsecutio sacramenti non impedit. Ait enim Leandro episcopo (lib. 1, epist. 43, tom. II, col. 532) : « De trina mersione baptismatis nihil responderi verius potest, quam ipsi sensistis, quia in una fide nil officit Ecclesiæ diversa consuetudo. Nos autem quod tertio mergimus, triduanæ sepulturæ sacramenta signamus, ut dum infans tertio ab aquis educitur, resurrectio triduani temporis exprimatur. Quod si quis etiam pro summæ Trinitatis veneratione existimet fieri, neque enim aliquid obsistit, baptizandum semel in aquis mergere, quia in tribus personis una substantia est. Reprehensibile nullatenus esse potest infantem in baptismate vel ter vel semel mergere, quando et in tribus mersionibus personarum Trinitas, et in una potest divinitatis singularitas designari. » Cum ergo Pelagius hæreticis trinam tantum mersionem indicet, sanctus Gregorius in una fide trinam et unam æque approbet, Nicolaus in nomine Christi baptismum ratum concedat, Pelagius hæreticis iterari jubeat, constat quia mutatio verborum vel exsecutionum sacramentalium quæ fidelibus rata conceditur, apud hæreticos irrita judicatur. Qui enim baptizavit in nomine Patria et Filia et Spiritua sancta, si ita ut sonant verba credidisset, procul dubio errasset, et sic errando, nomen veritatem sacramenti annullasset. Si enim in habitatione alicujus patriæ, sicut Donatistæ Africa-

nam tantummodo Ecclesiam credebant esse catholicam, et Judæi Judæam locum sanctificationis, et in filiæ alicujus conjugio, et in sancta aliqua crederet baptismi constare sanctitatem et salutem, quis hoc hæresin esse non judicaret? Quis his tam profanis verbis baptismum consecrari crederet? Et tamen hæc verba contra fidem prolata quia simplicitas proferentis et fides excusavit, concedente Zacharia, baptismi veritas rata permansit. Unde sciendum est quia, cum in omnibus sacramentis omnia sint fideliter et attente dicenda, et agenda quæ solemniter instituta sunt, si tamen, quod absit ! apud fideles per incuriam aliter eveniat in aliquo, non irrita judicanda sunt; quia, ut dictum est, et precantis affectus superat, et series evangelicorum verborum rite prolatorum, cætera etiam contra fidem admista evacuat.

CAPUT XIV.
Quare in nomine Trinitatis baptisma fieri institutum sit.

Quæritur autem quare Christus præ cæteris Dei nominibus maxime in nomine Trinitatis baptisma consecrari voluerit, adeo ut baptisma cæteris Dei nominibus præter fidem factum sit irritum; in nomine autem Trinitatis etiam præter fidem Trinitatis consecratum, sit ratum? Sed econtra sciendum est quod in nomine suo consecratum sine fide vel aliquo merito, est ratum, ideo fit, ut dictum est, ut omnia sacramenta suæ gratiæ esse deputentur. Quod autem in nomine Trinitatis hoc maxime fieri voluit, ideo factum est, quia in eo Christianæ fidei perfectio summaque consistit, quia et generationis Filii a Patre, et processionis sancti Spiritus ab utroque continet arcanum, veroque Deo ita est proprie proprium, ut a sæculo nullo falso Deo fuerit communicatum. Quia cum, ut ait Apostolus : *Sint quidem dii multi, et domini multi (I Cor.* VIII, 5), præter ipsum tamen in nullo potuit ut trinus et unus diceretur inveniri. Hoc enim nomen a sæculo variis mysteriorum figuris occultatum, non solum pro sua novitate est mirabile, sed et pro divinæ majestatis arcano ineffabile; quia in eo et quod trinum est, unitatem non excedit, et quod unum est, trinitatem non adimit. Ut ergo nos a falsorum deorum errore revocaret ac distingueret, non nomine falsis diis communicato, sed solius veri Dei proprio nomine Trinitatis ad omnia peccata diluenda in baptismate daturus plenitudinem gratiæ, plenitudinem etiam hujus fidei dignatus est revelare : quam quia ad innovandos homines novam, ad consummandos perfectam dedit contra hæreticorum versutias, ratam etiam et certam esse voluit. Novo ergo nomine Trinitatis in baptismate instituit dari novam fidem Christianitatis : ut unde haberet regenerationis initium, renovationis consequeretur effectum, certiusque et fortius contra omnes hæreses fidem illam obtineret, sine qua nulli pateret ingressum vel Ecclesiæ vel cœlestis patriæ cognosceret. Novo etiam nomine Trinitatis Christianam regenerationem initiari voluit et consecrari, ut per illud quod nullo prius sæculo revelatum fuerat, fides nascentis Ecclesiæ tanto majori fulgeret merito et præmio, quanto majoris cognitionis divinæ instrueretur arcano, quod ad revelandum hominibus, solius Filii Dei reservatum erat privilegio. Unde ipse propheta: *Propter hoc sciet populus meus nomen meum in die illa; quia qui loquebar ecce adsum* (*Isa*. LII, 6). Item in Evangelio: *Pater, manifestavi nomen tuum hominibus* (*Joan*. XVII, 6). Quamvis enim sancti prioribus sæculis credidissent Trinitatem sine cujus fide salvi esse non poterant; non tamen ita manifeste ut in plenitudine gratiæ, quia, ut ait Dominus in Evangelio: *Multi reges et prophetæ voluerunt videre quæ videtis et non viderunt, et audire quæ auditis et non audierunt* (*Luc*. x, 24); quia non eis fuerat revelatum.

Præmonstrans ergo Christus fide et nomine Trinitatis baptismum nuntiandum esse et consecrandum, cum baptizaretur, vox Patris audita est, quæ Filium sibi placitum eum testaretur: Spiritus sanctus in columbæ specie super eum visus est (*Matth*. III, 17): ut Ecclesia in suo crederet Trinitatem non deesse, quam in sui capitis Christi baptismate corporaliter etiam cognovisset adesse, Patrem in sono audiens, Filium in carne, Spiritum sanctum in columbæ specie præsentem videns.

Super hujus fidei firmitatem Christus Ecclesiam suam fundari instituens, Ecclesiæ suæ pastori Petro dicenti: *Tu es Christus Filius Dei vivi* (*Matth*. XVI, 16), quia in hoc de Trinitate perfecte senserat, respondit: *Et ego dico tibi, quia tu es Petrus, et super hanc petram*, id est, super hujus fidei firmitatem, *ædificabo Ecclesiam meam* (ibid.). Unde etiam Deus Pater per prophetam: *Ponam in Sion lapidem angularem, pretiosum, in fundamento fundatum, qui crediderit in eum, non confundetur* (*Isa*. XXVIII, 16). Item Paulus: *Ut sapiens architectus fundamentum posui, fundamentum autem aliud nemo potest ponere, præter id quod positum est, quod est Christus Jesus* (*I Cor*. III, 10). In Christo enim tota Trinitas intelligitur, teste Beda, in Actus apostolorum.

Cum Ecclesiæ regula sit fideles in nomine sanctæ Trinitatis baptizari, quomodo Lucas per totum hujus libelli textum, non aliter quam in nomine Jesu Christi baptismum dari testatur? Quod ita Ambrosius solvit, quod per communitatem nominis impletum mysterium sit, quia sive Christum dicas et Deum Patrem a quo unctus est Filius, et ipsum qui unctus est Filium, et Spiritum quo unctus est designasti: scriptum est enim, Jesum a Nazareth, quomodo Deus unxit eum Spiritu suo (*Act*. x, 38), sive Patrem dicas et Filium ejus, et Spiritum sanctum, tres pariter indicasti, si tamen et id corde comprehendas; sive Spiritum dicas et Deum Patrem a quo procedit Spiritus sanctus, et Filium, quia Filii quoque est Spiritus, nuncupasti. Cum ergo Christus in fide et nomine Trinitatis Ecclesiam suam fundari disponat, quis contra hanc institutionem aliter agens, ratum et aliquid faciat, verum, quæ et prophetice et evangelice auctorizata est, et præter quam aliud fundamentum neminem posse ponere Apostolus clamat?

In celebrandis igitur Christi sacramentis non sectarum novitates vel hæreses inducere, sed ejus institutionibus studeamus fideliter deservire, ut ejus potestate verum, ita ejus auctoritate ratum est quod in eis agimus, sic ejus gratia salutiferum nobis sentiamus. Qui cum Patre et Spiritu sancto vivit et regnat Deus per omnia sæcula sæculorum. Amen.

DIVI ALGERI

SCHOLASTICI LEODIENSIS

DE SACRIFICIO MISSÆ [62].

Solemnis celebratio totius missæ ad hoc instituta est, ut memoriam exprimat Christi venientis in carnem, et ejus passionem in mysterio refiguret; unde illa quæ primo ponuntur ab introitu missæ usque ad secretas preces, quas secum loquens sacerdos effundit, adventum Dominicum et tempora evangelicæ prædicationis repræsentant. In primis illæ secretæ orationes, quæ super oblata fundantur, trinam precem exprimunt, quam ante passionem suam Salvator ad Patrem effudit dicens: *Pater, si fieri potest, transeat a me calix iste* (*Matth*. XXVI, 39).

Ubi etiam legitur Dominus sudasse sanguinem, et factus in agonia prolixius orasse, ut patenter innueret in quanta cordis contritione et spiritus anxietate sacerdos peccator sacrificium orationis debeat offerre Deo, cum sacerdos justitiæ oblaturus seipsum non sine sanguinis effusione emiserit preces ad Patrem, et ita evidenter ostenderit suum erga nos compassionis affectum. Quod ipsum legalis sacerdos faciebat, qui Sancta sanctorum intrabat sine sanguine nunquam, quoniam, secundum Apostolum, sine sanguinis effusione non fit remissio.

---

[62] Ex Emin. et Rev. D. A. Mai. *Scriptorum veter. nova collect.* t. IX, p. 371, et cod. ms. lat. n. 812, Biblioth. reg. Paris.

Postea sacerdos noster salutat populum sublimi voce; sursum corda erigere et gratias agere Domino exhortatur, exprimens illud quod revertens Dominus ad discipulos ait: *Vigilate et orate, ut non intretis in tentationem* (*Matth.* xxvi). Sequitur ille cœlestis hymnus : *Sanctus, Sanctus, Sanctus, Dominus Deus Sabaoth,* quem in Veteri Testamento animalia cecinisse dicuntur. In quo ostenditur in hora sacrificii spiritus adesse angelicos, debitam reverentiam divinis mysteriis exhibentes.

Consequenter incipit sacerdos noster *Te igitur,* et quasi ingrediens Sancta sanctorum, primo generalem pro tota Ecclesia precem effundit, imprimens signum crucis, et oblationem illam Christi sanguine superfundit, qui quoties cœlesti sacrificio similitudinem crucis apponit, toties propositam oblationem Christi sanguine superaspergit. Vocat ea quæ afferuntur, primo dona, quia a Patre luminum dantur nobis; secundo munera, quod eisdem muneramus oratorem; tertio sacrificia, quoniam per illa et abluimur a peccatis, et reconciliati pacem habemus ad Deum. Secunda in canone oratio fit pro illis, qui vel panem ad sacrificium obtulerunt, vel sacris mysteriis circumstant. Tertia oratione sanctorum suffragia supplex implorat, et quasi carbones ignis inferens juxta legem,* incensum affectuosæ orationis imponit, ut more cœlestis pontificis propositam hostiam nebula compunctionis obumbret. Quarto loco rogat sacerdos fieri oblationem illam primo benedictam, ut per eam impleamur omni benedictione cœlesti; secundo ascriptam, ut ejus efficacia libro viventium ascribamur ; tertio ratam, ut per ejus effectum radicati vel fundati in fide, a charitate Dei nullatenus avellamur.

Recenset deinde Dominica, quæ Christus in cœna dixisse fertur, quorum virtute et gratia panem converti in carnem, et vinum mutari in sanguinem fides catholica confitetur. Quare autem dicitur calix sanguinis novi esse et æterni testamenti? Ideo utique dicitur, quia per fidem sanguinis Jesu Christi promittitur nobis peccatorum ablutio et consecutio cœlestis regni. Quod utrumque novum dicitur et æternum, quia videlicet, dum expurgat a peccatis, nos innovat, et dum regnum nobis tribuit, ad incorruptionem æternam sublata corruptibili mutabilitate transtulit. Porro mysterium fidei est, quoniam Christiana fides hoc habet, ut sub specie panis et vini veritatem carnis et sanguinis fateatur, quoniam illud mysterium utrumque simul est et sacramentum et res sacramenti; dum exterius colorem quidem et saporem panis et vini repræsentat, interius vero substantiam carnis et sanguinis oculis fidei subministrat. Subsequenter dicit sacerdos visibilem hostiam illam esse puram, quia purgat a vitiis; sanctam, quia virtutum gratiam confert electis; immaculatam, quia incorruptibilitatis gloriam largitur justis. Orat sacerdos acceptum fieri sacrificium sicut munus Abel, cujus innocentia Christi innocentiam et vitam designat; sicut sacrificium Abrahæ, quod sanctitatem Dominicæ passionis insinuat; sicut hostiam Melchisedech, quæ in pane et vino quotidianum Ecclesiæ sacrificium præfigurat. Supplex interea presbyter orat Dominum, ut hæc jubeat perferri per manus sancti angeli in sublime altare suum, ut sit evidens in illa hora sacramentum, illum panem uniri Dominico corpori, et eidem unius communione substantiæ coaptari. Osculatur etiam tunc altare, ut ostendat ejusdem sacramenti velle se [participem] fieri; et signo crucis se muniens, ad perceptionem mysterii præparat semetipsum. Rogat pro defunctis, deinde etiam pro se ipso, et in fine nomina sanctorum interserens, quasi alter Aaron nomina duodecim patriarcharum insculpta suo pectori repræsentat.

Sequitur : *Per quem hæc omnia, Domine, semper bona creas,* de pane carnis substantiam proferendo; *sanctificas,* spirituali virtutum abundantia cumulando; *benedicis,* gratiarum omnium efficaciam largiendo. Consequenter amovet corporale, et ex ipso sacrato pane crucem faciens super calicem, Christi crucifixionem ostendit: iterumque deponens in altare et corporali operiens, triduanam assimilat Domini sepulturam. Ubi etiam dicit patrari nobis hoc virtutis sacramentum *per ipsum,* qui dat omnibus affluenter et non improperat; *et cum ipso,* qui regit et disponit universa; *in ipso,* in quo vivimus, movemur et sumus. Sequitur Dominica oratio *sed libera nos;* in cujus fine sacerdos Dominicum panem dividit in tres partes, quarum primam deponit in calicem, mediam servat sibi, offert communicandis extremam. Fractio panis Christi passionem significat, in qua templum corporis ejus confractum est et solutum quod tribus diebus divina potentia suscitavit. Calix designat sepulcrum Dominicum, in quo Christus devoratus a morte sicut Jonas in ventre ceti, ita per triduum jacuit in corde terræ. Prima portio, quæ sanguini admiscetur, rogat pro eis qui jam exuti corporibus, sed corporum vitiis obligati, habent in se quod per pœnam purgatoriam examinari debeat et purgari. Media portio pro eis orat, qui adhuc viventes in carne et quasi in medio positi, libertate arbitrii sui possunt declinare quo volunt ad dexteram vel ad sinistram. Tertia portio gratias agit pro sanctis qui in gloria constituti non habent necesse ut pro eis fundatur oratio. Ita passio Christi proposita omnibus prodest, defunctis ad veniam, vivis ad gratiam, sanctis ad gloriam. Idemque sacramentum singulis cooperatur in bonum, dum mortuos purgat, vivos justificat, justos coronat, per eumdem qui vivit et regnat per omnia sæcula sæculorum. Amen.

DIVI ALGERI

CANONICI LEODIENSIS

LIBER DE MISERICORDIA ET JUSTITIA.

(Dom Marten. *Thes. Anecdoct.*, V, 1019, ex ms. Clarevallensi.)

ADMONITIO PRÆVIA.

Algeri scholastici viri suo tempore eruditissimi librum De misericordia et justitia, *reperimus in tribus vetustissimis codicibus manu exaratis, uno celeberrimi monasterii Clarevallensis ordinis Cisterciensis, altero monasterii Villariensis in Brabantia, tertio insignis monasterii Alensis ad Sabim fluvium in diœcesi Leodiensi. Eumdem librum in uno et altero horum cœnobiorum viderat olim noster* Mabillonius *edendum in tomo secundo suorum Analectorum, si ipsius copiam habere potuisset, uti ipse testatur in præfatione ad eumdem tomum. Nos vero illo feliciores acceptum beneficio reverendissimi domini* Petri Bouchu, *abbatis Clarevallis meritissimi, viri zelo regulari observantiæ in primis commendandi, qui pro sua summa humanitate nobis describendum curavit ac transmisit, hic publici juris facimus.*

Hunc autem librum tres in partes divisit Algerus, in quarum prima agit de misericordia, quomodo scilicet et quandiu malis sit exhibenda; *in secunda de justitia,* quo scilicet tempore, ordine vel discretione contra eosdem sit exercenda; *in tertia vero de variis hæresibus,* quomodo scilicet in sua suorumve sacramentorum differant damnatione aliquo modo a Catholicis, aliquo autem a seipsis. *Quidquid vero tractandum suscipit, hoc sanctorum Patrum aut conciliorum auctoritate probare et confirmare nititur, quorum verba aliquando truncata, non semper integra refert, sed ea tantum quæ ad suum propositum facere videntur. De Algero vero pluribus disputare omnino superfluum existimamus, cum satis superque eum commendet Nicolai Leodiensis præfatio quæ in manuscriptis codicibus ejus operibus præmittitur.*

INCIPIT PRÆFATIO DOMNI NICOLAI LEODIENSIS, IN LIBROS MAGISTRI ALGERI.

(Exstat supra col. 737, libris de Sacramento altaris præmissa.)

INCIPIT

EPISTOLA MAGISTRI ALGERI LEODIENSIS

Quisquis sim, non pondus vel momentum temporis quod Jethro Moysi pro modulo suo omnibus Catholicis. Perpendens sanctæ Ecclesiæ statum variis erroribus variisque schismatibus concuti, pro eo quod præcepta canonum a pravis vel nesciuntur vel negliguntur, a simplicioribus vero vel non suo intellectu vel non sua discretione capiuntur, prout votis meis omnipotens aspiravit gratia, ita omnibus deduxi ad medium, ut discretione veritatis bonorum adjuvaretur devotio, et canonicæ auctoritatis evidentia perversorum vinceretur contentio. Quia enim præcepta canonica, alia sunt misericordiæ, alia justitiæ, adeo discreta variis ordinibus, variis personis et temporibus, ut nunc misericordia omnino remittat justitiam, nunc justitia omnino dissimulet misericordiam; qui per discretionem nesciunt tam diversa temperare, putant ea sibi per contrarietatem discorditer obviare : non attendentes hunc esse modum ecclesiastici regiminis, seu indulgendo, seu puniendo, eamdem intentionem charitatis, eamdem operationem servare salutis, ideoque canonicis regulis non canonice utentes, sic præcepta præceptis diverberant et impugnant, ut aliquando per indebitam gratiam, suum justitiæ; aliquando per intemperatam justitiam, suum gratiæ locum auferant. Quia igitur præcepta canonica variis personis, euntibus temporibus, vario ordine, varia discretione, contemperanda sunt, ut aliter hæreticus, aliter peccator, aliter subditus, aliter prælatus, sed et aliter et aliter arguendus sit quicunque varia intentione, vel operatione, vel conditione discretus, ad hæc quantum dedit Deus discernendum elaboravi, ut in canonibus adeo intentionis, utilitatis, veritatis eluceret unitas, ut nullam contrarietatis discordiam pararet aliqua eorum diversitas. Cum enim universæ viæ Domini sint misericordia et veritas, quia pœnitentibus venia, induratis debetur vindicta, quo sua discretione altera non præjudicet alteri, ipsis sacrorum canonum auctoritatibus conatus sum exponere, prout potui; ita ut quod pium est, nonnisi juste; quod justum est, nonnisi pie dispensandum esse comprobans: non istius illi, non illius isti, sed suum cuique modum, pro hæresi vel crimine, pro persona vel tempore, non confuso jure vel ordine, distinguerem ad judicium vel gratiam. In tantæ autem rei evidentia æqua auctoritate sanctorum facta sicut etiam edicta posui, quia, sicut eorum præceptis obediendum est, sic etiam et facta eorum imitanda sunt. Quia cum etiam Dominus Jesus prius cœpisset facere quam docere, quis eos aliter credat docuisse quam fecisse? Tres igitur particulas divisi, ut in prima agam de gratia, quomodo scilicet et quandiu tolerandis malis sit exhibenda. In secunda de justitia, quo scilicet tempore, vel ordine, vel discretione contra eosdem sit exercenda. In tertia vero de variis hæresibus : quomodo scilicet in sua suorumve sacramentorum damnatione differant, aliquo modo quidem a Catholicis, aliquo autem a seipsis. « Sed quia, » ut ait Augustinus ad Hieronymum, « potest fieri, ut tibi aliud videatur quam habet veritas, dum tamen abs te aliud non fiat quam habet charitas, si forte minus discrete sanctorum dicta distorsisse videor, ut errori meo, si quis est, nullam defendam auctoritatem : » charitati tamen suam reposco vicissitudinem, ut qui fraternæ utilitatis causa hoc opusculum composui, si negligitur quod negligenter; non saltem neg..gatur si quid ego tantillus sanctorum decretis salubriter astruere potui. Ut enim Augustinus ait in epistola sua ad Bonefacium, non quorumlibet disputationes, quamvis Catholicorum et laudatorum virorum velut Scripturas canonicas habere debemus, « ut nobis non liceat salva honorificentia quæ illis debetur, aliquid in eorum scriptis improbare vel respuere; si forte invenerimus quod aliter senserint, quam habet veritas, divino adjutorio vel aliis intellecta vel nobis. Talis ego sum in scriptis aliorum, tales volo esse intellectores meorum. » Item Isidorus ad Mesanum episcopum, capitulo 10. In fine autem hujus epistolæ hoc adjiciendum putavi, ut quotiescunque in gestis conciliorum discors sententia invenitur, illius concilii magis teneatur sententia, cujus antiquior et pancior extat auctoritas. Cum ergo tanti talesque viri sua, vel aliorum scripta, vel etiam quorumlibet conciliorum sententias, aliorum discretioni reliquerint examinandas vel corrigendas, quis ego sum ut meis correctoribus succensere audeam, dum non propter me mea, si qua sunt, bona respuentes, sibimet noceant? Suis ergo titulis quaslibet sententias adnotare curavi, ut eis studiosis promptiores essent ad inveniendum, et tardis sereniores ad intelligendum : inter quas et quasdam quasi ex abundanti admiscui, quæ et his quasi a latere subvenirent, et suis plena fronte suam vicem defenderent.

LIBER

DE MISERICORDIA ET JUSTITIA

PARS PRIMA.

Cap. I. *Quod misericordia præferenda sit omnibus præceptis.*

Misericordiam et judicium cantabo tibi, Domine (Psal. c. 1); quia ipse Dominus cum discretione ineffabili, vel in hac vita relaxat peccata pœnitentibus misericorditer, vel etiam in hac vita et in alia judicat, damnando perenniter. Sed quia Dominus ait in Evangelio : *Estote misericordes sicut et Pater vester* (Luc. VI, 36); et : *Nolite judicare, ut non judicemini* (Matth. VII, 1); et Jacobus in epistola sua ait : *Misericordia superexaltat judicio* (Jac. II, 13) : ideo Psalmista prius posuit misericordiam Deo esse cantandam quam judicium. Quia enim vidit magis necessariam omnibus, ut eam a Deo susciperent, ut eam omnes omnibus conservis suis impenderent, quia et princeps apostolorum lapsus est ut lapsorum culpis ignosceret :

Cap. II. *Quod misericordia præferenda sit etiam obsequiis divinis.*

Unde Calixtus papa, cap. 101 epist. 2, cap. 6: « Sententiam, quæ misericordiam vetat, non solum tenere, sed et audire refugite; quia potior est omnibus holocautomatibus et sacrificiis. »

Cap. III. *Quod Christus in Evangeliis misericorditer cum præcepto addidit indulgentiam et consilium.*

Unde Dominus misericordissime disponens Ecclesiam, ut nulli esset difficultas ad vitam promerendam, pro varia capacitate et qualitate nostra triplicem nobis posuit viam, indulgentia, consilio, præcepto. In his sine quibus ad vitam non potest perveniri, generale præceptum adhibens, ut salvemur; in his vero quibus infecta est fragilitas, et quæ si non prosunt, non tamen obsunt, indulgentiam præbens, ne pereamus; in his autem quæ non sunt ad vitam, sed ad majorem coronam invitant, dans consilium ut perfectionis profectum assequamur. Fragilibus et imperfectis enim dedit indulgentiam in Evangelio, ubi cum de tribus eunuchizandi generibus loqueretur, ad ultimum de illis qui se pro regno cœlorum castrant, adjungens, ait: *Qui potest capere capiat* (*Matth.* XIX, 12). Præceptum vero et consilium decrevit in Evangelio, ubi, cum quæreret ab eo adolescens quid faciendo vitam æternam possideret, prius ei necessaria vitæ præcepta proposuit. Quæ omnia cum se a juventute observasse responderet, justo ordine observato, Christus adjecit consilium, arbitrio illius relinquens : *Si vis perfectus esse, vade, et vende omnia quæ habes* (*Matth.* XXI), etc.

CAP. IV. *Item Paulus idem in suis epistolis.*

Huic sententiæ Paulus concordans, unicuique suum virum vel suam uxorem concessit secundum indulgentiam, alterutrum ab alterutro non discedere præcepit post legitimam copulam. De virginibus vero, quarum præceptum non habuit, consilium dedit : bonum, si sic essent sicut ipse. Ex his ergo tribus indulgentia et consilium pro arbitrio relinquitur utentium.

CAP. V. *Quod præceptum ipsis etiam prophetis et apostolis cum discretione est relaxatum.*

Præceptum vero quamvis sit omnibus necessarium, pro variis tamen rationalibus causis, ex auctoritate canonica persæpe est relaxandum, sicut mira pietate ad fratrum salutem sanctis quam pluribus est usurpatum. Nathan enim propheta cum David templum Domino ædificare præcepisset (*I Paral.* XVII, 1); quia eum ad hæc viderat devotum : postea tamen idem vetuit; quia, cum vir sanguinum esset, Spiritu revelante, vidit eum ad hæc non esse idoneum. Paulus quoque cum omni modo vetuisset circumcisionem (*Act.* XVI, 3), utpote figuram veritate fidei superveniente omnino supervacuam; postmodum tamen ipse eam in Timotheo complevit, non ut eam posse cooperari fidei in aliquo ostenderet, sed ad simplicium errorem destruendum, ne quis circumcisionem æque sacrilegam idololatriam reputaret, cum eam Dominus suo tempore in umbram futurorum magna utilitate fieri præcepisset. Cum enim Apostolus æque utramque vitaret, diversa tamen causa id agebat: hanc ut superfluam, illam ut sacrilegam. Unde Augustinus ex epistola ad Hieronymum (epist. 82) : « Paulus Timotheum circumcidit, cenchris votum persolvit, a Jacobo admonitus cum eis qui noverant legitima celebranda suscepit : non quia putaret per ea sacramenta Christianam dari salutem, sed ut ostenderet ea non tanquam sacrilega debere damnari, quæ tamen non tanquam necessaria vetabat debere appeti. Quod quia in Timotheo sufficienter ostensum est, non compulsus est etiam Titus, cum esset Græcus, circumcidi. »

CAP. VI. *Quod præcepta canonica pro tempore, pro persona, pro variis rerum eventibus, vel partim temperata, vel omnino sint intermissa.*

Inveniuntur etiam præcepta canonica pro tempore, pro persona, pro variis rerum eventibus, vel partim temperata, vel omnino intermissa.

CAP. VII. *Præceptum solo pietatis intuitu intermissum pro eventu rei.*

Dum enim Leo in decretis suis capite 49 (epist. 87) dicat non in cujusque persona prætermittendum est quod in statutis generalibus continetur; postmodum tamen ait in eisdem de laicis subito contra decreta canonum ordinatis episcopis : « Exigunt causæ, ut non solum in tales præsules, sed et in ordinatores eorum competens ultio proferatur. Sed circumstant nos hinc mansuetudo misericordiæ, hinc censura justitiæ, ut credamus quædam delicta utcunque toleranda, quædam vero penitus amputanda. Illos ergo quorum provectio hoc tantum reprehensionis incurrit, quod ex laicis ad officium episcopale delecti sunt, tenere permittimus, non præjudicantes apostolicæ sedis statutis, nec beatorum Patrum regulas resolventes, quia remissio non dat licentiam delinquendi, nec quod potuit aliqua ratione concedi, fas erit amplius impune committi; ne quod ad tempus pia lenitate concessimus, justa postmodum ultione plectamur. » Hic Leo (*ibid.*) pro eventu rei, « quia electi fuerunt et consecrati ex laicis, episcopi pietate interveniente, pepercit et electoribus, et ipsis consecratoribus, et ipsis consecratis. »

CAP. VIII. *Item persona.*

Item Gregorius pro qualitate personæ, pietate interveniente, ait Januario episcopo in epistola sua (lib. IX, epist. 4) : « Tanta nequitia ad aures meas de tua senectute pervenit, ut eam, nisi adhuc humanitus pensaremus, fixa jam maledictione feriremus : et quidem pene sententia in te fuerat jaculanda ; sed, quia simplicitatem tuam cum senectute novimus, interim tacemus. Sed tamen huic parcens consiliarios hujus sceleris excommunicavit, dicens Januario episcopo : Deinceps ab eorum consiliis cautior existe, ne si eis in malo discipulus fueris quibus magister in bono esse debuisti, nec simplicitati tuæ ulterius, nec senectuti parcamus. »

CAP. IX. *Item necessitatis intuitu pro tempore.*

Item Innocentius papa, cum pro necessitate temporis, ne nimium scandalum esset in Ecclesia ordinatos a Bonoso hæretico susciperet, ait in decretis suis capite 5 (epist. 22, n. 5) : « Quod remedio ac necessitate temporis statutum est, constat primitus non fuisse. Quod ergo necessitas pro remedio reperit, cessante necessitate, debet utique cessare pariter quod urgebat; quia alius est ordo legitimus, alia usurpatio, quam ad præsens fieri tempus impellit. »

CAP. X. *Item pro tempore.*

Item Gelasius papa cum pro necessitate temporis, quia videbat Italicam Ecclesiam propter belli famisque incursionem fere omni clericorum officio destitutam, adeo ut plerisque populis subsidium redimendarum deesset animarum, concederet de monachis vel etiam de laicis assumi clericos, ait in decretis suis cap. 1 (epist. 9 ad ep'sc. Luc.): « Necessaria rerum dispositione constringimur et apostolicæ sedis moderatione convenimur, sic canonum paternorum decreta liberare, ut quæ præsentium necessitas temporum restaurandis ecclesiis relaxanda deposcit, diligenti consideratione quantum potest fieri temperemus. » Postmodum cap. 2, ait : « Priscis igitur pro sui reverentia manentibus institutis, quæ ubi nulla rerum vel temporum perurget angustia regulariter convenit custodiri, eatenus ecclesiis quæ vel cunctis vel sufficientibus privatæ sunt ministris, ut pluribus ad se pertinentibus divina munera supplere non valeant: concedimus ut si quis de disciplinis monasterialibus ad clericale munus accedit, et maxime de laicis, anteacta vita requiratur, ne sit aliquo gravi facinore infectus, vel illiteratus vel bigamus, vel ab alio derelictam sortitus, vel corpore vitiatus, vel servilis aut originariæ conditionis, vel curiæ vel publicarum rerum nexibus implicitus, vel publica pœnitentia notatus, vel nulla congruentia temporis exspectatione discussus. »

Cap. XI. *Item intuitu pietatis pro eventu præceptum partim temperatum.*

Postmodum tamen in eisdem decretis, cap. 6, de illiteratis et corpore vitiatis ait : « Si qui vel propria temeritate, vel incuria præsidentium tales suscepti sunt, nihil ultra promotionis accipiant, satisque habeant hoc sibi pro nimia miseratione concessum. » Item ex decretis Siricii papæ, cap. 15 (epist. 1, ad Himer.) de pœnitente, digamo vel viduæ marito clerico facto : « Nos interim solo pietatis intuitu necesse est clementer ignoscere, quicunque pœnitens, quicunque digamus, quicunque viduæ maritus ad sacram militiam indebite incompetenterque irrepserit, hac sibi conditone a nobis veniam relaxatam intelligat, ut magno debeat computare beneficio, si, adempta sibi omni spe promotionis, in quo invenitur ordine, in hoc perpetua stabilitate permaneat. »

Cap. XII. *Item necessitatis intuitu intermissum.*

Idem papa, cum de quodam episcopo præter notitiam metropolitani ordinato, inter coepiscopos grave scandalum fieret, ait in epistola sua, cap. 2 : « Quoniam quidquid ab alterutra parte est indicatum, omni videmus perversitate confusum, temporum necessitate prospecta, hac ratione decernimus ad veniam pertinere quod gestum est, ut deinceps nullus præter notitiam et consensum metropolitani ordinetur antistes. »

Cap. XIII. *Item pietate temperatum.*

Item Leo papa in decretis suis, cap. 15 (epist. 92, resp. 1) : « Nulla ratio sinit ut inter episcopos habeantur qui nec a clericis sunt electi, nec a plebibus expetiti, nec a provincialibus episcopis cum metropolitani judicio consecrati. Si qui tamen clerici ab his pseudoepiscopis in eis ecclesiis ordinati sunt quæ ad proprios episcopos pertinebant, et ordinatio eorum consensu et judicio præsidentium facta est, potest rata haberi, ita ut in ipsis ecclesiis perseverent. Aliter vana est habenda talis ordinatio. » Cum tamen Constantinopolitanum concilium (can. 3) de Maximi illicita ordinatione ita decernat. « Placuit neque Maximum episcopum esse vel fuisse, nec eos qui ab eo in aliquo gradu clerici sunt ordinati, cum omnia quæ ab eodem perpetrata sunt, in irritum deducta esse videantur. »

Cap. XIV. *Quod necessitate vel utilitate mutilanda sint decreta.*

Item Gelasius papa in decretis suis, cap. 9 (epist. 9) : « Quædam pro tempore esse silenda, quæ tamen manifeste non infamant Ecclesiam, etiamsi illa nonnunquam silenda sunt : quæ si cæterorum constat integritas, sola nocere non valeant, illa magnopere sunt præcavenda quæ recipi sine manifesta declaratione non possunt. Ac si ea ipsa quæ nullo detrimento aliquoties indulgenda creduntur, vel rerum temporumque cogit intuitus, vel accelerare provisionis respectus excusat, quanto magis illa nullatenus sunt mutilanda quæ nec ulla necessitas, nec evangelica, nec ulla prorsus extorqueat utilitas? Aliquando enim pro necessitate vel utilitate Ecclesiæ mutilantur et laxantur præcepta canonica. »

Cap. XV. *Item necessitate.*

Necessitate, ut Innocentius papa in decretis suis, cap. 56, testatur. « Quoties a populis vel a turba peccatur; quia in omnes propter multitudinem non potest vindicari, inultum transire solet. Priora ergo dico dimittenda Dei judicio, et de reliquo maxima sollicitudine præcavenda. »

Cap. XVI. *Item utilitate.*

Utilitate vero : « Ut in Meldensi concilio prohibetur de filiis virginum per vim raptarum, et sic ad conjugium raptorum applicatarum tali conjugio generati ecclesiastici ordinibus non applicentur, nisi forte eos aut maxima Ecclesiæ utilitas, vel necessitas postulat, vel evidens meritorum prærogativa commendet. Cui et Petrus concordans, ait : *In veritate comperi, quia non est personarum acceptor Deus* (Act. x, 34) » etc

Cap. XVII. *Item, cum nullum omnino peccatum sit perpetrandum, mutilatur præceptum canonicum, ut in difficultate majoris et minoris criminis minus sit eligendum.*

Quia ergo in diversis personis a tot sanctis viris pietate, necessitate, utilitate, temperata sunt præcepta canonica, videamus si similiter agendum sit in una quavis persona variis difficultatibus circumventa. Ait Gregorius in Moralibus libro XXVI : « Cum mens inter majora et minora peccata constringitur, si omnino nullus absque peccato evadendi patet aditus, minora semper eligantur; quia, qui murorum ambitu ne fugiat clauditur, ibi se in fugam præcipitat, ubi brevior murus invenitur. »

Cap. XVIII. *Ut turpe promissum non fiat.*

Unde Ambrosius De officiis lib. III (cap. 12) : « Nihil promittas inhonestum; aut si promiseris, tolerabilius promissa non facere quam facere, quod est turpe. » Item in eodem : « Est autem contra officium ecclesiasticum nonnunquam facere promissum, sacramentum custodire, ut Herodes juravit, quoniam quidquid petitus esset daret filiæ Herodis, et dedit caput Joannis. »

CAP. XIX. *Ut fides rescindatur.*

Unde Isidorus in Synonymis (lib. II, cap. 10) : « In male promissis rescinde fidem, ut turpe votum et decretum quod incaute vovisti non facias. Impia est promissio quæ scelere adimpletur. »

CAP. XX. *Ut sacramentum non impleatur.*

Item Isidorus alibi (lib. II Sent., cap. 31) : « Tolerabilius est non implere sacramentum quam permanere in stupri flagitio. Ecce cum Deus imperet non perjurare, sancti pie imperant non implere, non quod sit excusabile, sed magis tolerabile. »

CAP. XXI. *Ut pro vitanda luxuria inanis gloria toleretur.*

Unde Gregorius in libro Pastoralium (p. III) capite 62 [58] : « Plerumque dum duum vitiorum languor irruit, et hoc levius, illud fortasse gravius premit : ei nimirum vitio rectius sub celeritate subvenitur, per quod festine ad interitum tenditur. Sæpe tantum qui luxuriæ stimulis premitur, hujus pugnæ metu territus dum se per abstinentiam restringere nititur, inanis gloriæ tentatione fatigatur. In quo nimirum vitium unum nullatenus exstinguitur, nisi aliud nutriatur. Tolerandum est igitur ut per virtutem abstinentiæ interim arrogantia contra juvenem crescat; ne eum per ingluviem a vita luxuria funditus exstinguat. Hinc est quod Paulus, cum infirmum auditorem suum perpenderet, aut parva adhuc velle agere, aut de actione recta humanæ laudis retributione gaudere, ait : *Vis non timere potestatem? bonum fac : et habebis laudem ex illa* (Rom. XIII, 3). Neque enim ideo bona agenda sunt, ut potestas hujus mundi nulla timeatur, aut per hæc gloria transitoriæ laudis sumatur ; sed cum infirmam mentem non posse simul pravitatem et laudem vitare vidit, alterum obtulit, alterum tulit; ut dum animus in quiddam suum familiariter relinquitur, a quodam suo sine dolore toleretur. »

CAP. XXII. *Item quod pro vitanda superbia expediat cadere in luxuriam.*

Item, si superbia prægravat, melius est ut in luxuriam incidat. Unde Augustinus in homeliis suis: « Denique, fratres mei, audeo dicere superbis continentibus, expedit cadere, ut in eo ipso, in quo se extollunt, humilientur. Quid enim prodest cui inest continentia, si dominetur superbia? Contempsit unde natus est homo, et appetit unde cecidit diabolus. Melius est in via claudicare, quam præter viam fortiter ambulare. » Unde Augustinus in Genesis libro ad litteram de bono conjugali : « Melius est omnia bona habere vel minora, quam magnum malum cum magno bono; quia in corporis bonis melius est habere Zachæi staturam cum sanitate, quam Goliæ cum febre. »

CAP. XXIII. *Item quod omne peccatum admittendum sit propter vitandum pejus.*

Unde Augustinus : « Nullum peccatum est quod non sit admittendum, propter vitandum pejus. Melius est enim habere filios claudos, quam lugere mortuos. »

CAP. XXIV. *Qualiter personæ in variis difficultatibus positæ contemperanda sit medicina pastorum.*

Huic discretioni concordans Gregorius ait in libro Pastorali (part. III) cap. 61 [37] : « Plerumque corpus debile opprimit languor immanis, cui obviari adjutoriis fortibus debet. Sed corpus debile, adjutorium forte non sustinet. Tanta ergo discretione adjutorium medicus componat, ut pariter et languori obviet, et vita non deficiat. » Unde Apostolus : *Tanquam parvulis in Christo lac vobis potum dedi, non escam* (I Cor. III, 2). Hinc Moyses a secreto Dei exiens, coruscantem faciem velat coram populo, quia turpibus claritatis intimæ arcana non indicat. Et ut attendamus quanta discretio adhibenda sit in præceptis divinis dispensandis, idem Gregorius in suis Pastoralibus tot aliter admonendos describit, ut ab imperito cura animarum, quæ vere est ars artium, sine magno stupore legi non possit. Nec enim omnia omnibus, nec eadem diversis prædicanda sunt, sed aliter et aliter aliis. Unde idem in eodem cap. 40 : « Paulus duobus discipulis non diversa charitate præditis diversa impendens præcepta, ait Timotheo : *Argue, increpa, obsecra in omni patientia* (Tim. IV, 22). Item Tito : *Exhortare et argue cum omni imperio* (Tit. II, 15), ferventiorem temperans, mansuetiorem inflammans. Nec solum pro personis, sed pro variis temporibus diversa sunt providenda, scriptum est enim : *Tempus loquendi, tempus evellendi* (Eccle. III, 7). » Ut enim ait Leo in epistola sua Rustico episcopo Narbonensi : « Sicut quædam sunt quæ nulla ratione possunt convelli, ita multa sunt quæ aut pro consideratione ætatum aut necessitate rerum oporteat temperari. »

CAP. XXV. *Quod discretio præceptorum Dei charitate Dei dispensanda sit.*

Tanta autem discretio quanto charitate dispensanda sit, ait idem Leo (epist. 84) Athanasio episcopo Thessalonicensi : « Plus erga corrigendos agat benevolentia quam severitas ; plus cohortatio quam commotio; plus charitas quam potestas. » Quia ergo plus charitas agere debet quam potestas, merito Psalmista misericordiam ante cantandam dixit, quam judicium : quod tamen suo ordine contra delinquentes aliquando sicut authentice, ita severe est peragendum. Non enim Paulus sicut alteri patientiam, sic alteri in arguendo daret imperium, si non ad corrigendos perversos aliquando etiam plus tolerantia valeret quam judicium.

CAP. XXVI. *Quod eos debet punire justitia quos non corrigit misericordia, et quod palam sunt arguendi, qui palam peccant.*

Dignum est enim ut quos misericordia non corrigit, justitia puniat, quæ vitandos, arguendos, increpandos, accusandos, malos imperat. Cujus ordinem, modum causamque distinguens Isidorus, ait : « Qui per blanda verba non corrigitur, castigatus acrius necesse est ut arguatur. Cum dolore abscindenda sunt quæ leviter sanari non possunt. » Qui admonitus secreto corrigi de peccato negligit, publice arguendus est. Palam etiam sunt objurgandi qui palam nocent, ut, dum aperta objurgatione sanantur, hi qui eos imitando deliquerant, corrigantur. Melius est enim ut pro multorum salvatione unus condemnetur, quam per unius licentiam multi periclitentur. Unde Gregorius in Pastoralibus (part. II) capite 17 [6]) : « Sit rector contra delinquentium vitia per zelum justitiæ erectus, ut cum pravorum culpa exigit, jura rectitudinis exigere non formidet. Necesse est enim a subditis timeantur, quando ab eisdem minime se timeri deprehendunt, ut humana saltem formidine peccare metuant qui divina judicia non formidant. » Et paulo post : « Nonnunquam gravius delinquitur, si inter perversos plus æqualitas quam disciplina custoditur. Quia enim falsa pietate superatus ferire Eli delinquentes filios noluit, apud districtum judicem semetipsum cum filiis crudeli damnatione percussit. » Unde idem in eodem capite 21 [10] : «Nonnulla vehementer sunt increpanda, ut cum culpa ab auctore non cognoscitur, quanti sit ponderis ab increpantis ore sentiatur. » Unde Augustinus in homeliis : « A fructibus eorum cognoscetis eos. De quibus malæ operationis fructibus, id est de manifestis peccatis, sicut sunt stupra, vel blasphemiæ, vel furta, vel ebrietas, et si quæ sunt alia, nobis judicare præcipitur. Cum autem dicitur : Nolite judicare et non judicabimini (Matth. VII, 11); et : Nolite condemnare et non condemnabimini (Luc. VI, 37); et : Nolite ante tempus judicare quoadusque veniat qui illuminabit abscondita tenebrarum, et manifestabit consilia cordium (I Cor. IV, 5), de illis dictum intelligimus, quæ dubium est quo animo fiant. » Item Augustinus in homiliis suis (serm. 82 De script.) : « Ipsa corripienda sunt coram omnibus, quæ peccantur coram omnibus; ipsa corripienda secretius, quæ peccantur secretius. »

Cap. XXVII. Quia canonica decreta alia sunt misericordiæ, alia justitiæ, et ex utrisque temperamentum faciendum est.

Quia ergo cum discretione misericordiæ et justitiæ regenda est Ecclesia, ut ait Gregorius in Pastoralibus suis ;(part. II) cap. 17 [6] : « Quoddam ex utrisque temperamentum faciendum est, ut neque multa asperitate exulcerentur subditi, neque nimia benignitate solvantur. » Hinc namque est, quod docente Veritate, per Samaritani studium semivivus in stabulum ducitur, et vinum atque oleum vulneribus ejus adhibetur, ut per vinum mordeantur vulnera, per oleum foveantur : quod sancti in decretis suis discrete observantes, aliquoties ea dedere diversa, ut hujus sanctissimi temperamenti præcepta ignaris non temperata, sed repugnantia prorsus videantur et contraria. Sic enim mordent aliquando, ut nullo modo foveant; sic fovent ut nullo modo mordeant. Sed ponantur tres aliqui, unum idemque vitium committere, alius malitia, alius ignorantia, alius infirmitate; sitque ex his alius obstinatus, alius desperatione fractus, alius pœnitentia compunctus, nunquid uno eodemque modo judicandum est de omnibus? Utique pœnitens est adjuvandus, desperans relevandus, obstinatus vel confutandus vel tolerandus.

Cap. XXVIII. Quod iniqui si non possunt corrigi, sunt tolerandi.

Unde Gregorius in Pastoralibus, cap. 21 [10] : « Cum dixisset subjectorum vitia aliquando prudenter dissimulanda, sed quia dissimulantur indicanda, aliquando et aperte cognita mature toleranda, aliquando subtiliter occulta perscrutanda, aliquando leviter arguenda, aliquando vehementer increpanda : » postmodum de obstinatis ait : « Quos nequeo corrigere, quasi superimpositum onus porto, sicut Psalmista ait, supra dorsum meum fabricaverunt peccatores (Psal. CXXVIII, 3). » Unde amborum de disciplina et imprecatione leviter castigatus exhibet reverentiam castiganti; asperitate increpationis offensus, nec increpationem recipit, nec salutem. Sustinent ergo sancti æquanimiter ut infirmos,quos emendare non potuerunt castigatos. Blanda enim pietate tolerandi sunt, qui increpari pro sua infirmitate non possunt.

Cap. XXIX. Quod iniqui sint vitandi.

Sed econtra idem Ambrosius alibi : « Peccatum quod cognitum non arguitur multos contaminat, imo omnes qui norunt et non devitant, et, cum possent arguere, dissimulant. Non enim sibi videtur peccare, quando a nullo corripitur vel vitatur. » Quod ita intelligendum est : Semper mente ne consentiamus, aliquando etiam corpore, ne consilium, vel auxilium, vel auctoritatem malitiæ præbeamus. Ut enim supra dictum est (lib. IX, epist. 1), Gregorius consiliarios Januarii episcopi excommunicavit, quorum auctoritate et consilio scelus peractum est. Item Eleutherius papa episcopus in epistola sua : « Negligere cum possis perturbare perversos, nihil est aliud quam fovere; nec caret scrupulo societatis occultæ, qui manifesto facinori desinit obviare. »

Cap. XXX. Quod mali non sunt defendendi.

Unde in expositione Proverbiorum : « Os impiorum operit iniquitatem (Prov. X, 6). Impii sunt, qui vel sua, vel proximorum errata, ne ad sanitatem perveniant, defendendo contegunt.»

Cap. XXXI. Quod mali non sunt adulationibus blandiendi.

Unde Gregorius in Pastoralibus (part. II) cap. 19 [8] : « Væ qui consuitis pulvillos sub omni cubito manus, et facitis cervicalia sub capite universæ ætatis ad capiendas animas (Ezech. XIII, 18). Quasi pulvillo cubitus vel cervicalibus caput jacentis excipitur, cum corruptionis duritia peccanti subtrahitur, eique mollities favoris adhibetur, ut in errore molliter jaceat,

CAP. XXXII. *Quod malis prælatis adulatio non est impendenda, sed contradictio.*

Sed ex eadem adulatione, unde hic rectores erga subditos : inde alibi cap. 17 [6] : « Subditos erga rectores ostendit arguendos. Plerumque rector eo ipso quo cæteris præeminet intumescit, et dum ad usum cuncta subjacent, dum ad votum velociter jussa complentur, dum omnes subditi, si qua bene gesta sunt, laudibus efferunt, male autem gestis nulla auctoritate contradicunt, dum plerumque laudant etiam quod reprobare debuerant; seductus ab his qui infra suppetunt, super se animum tollunt, et dum foris favore circumdatur, intus veritate vacuatur. » Ecce quomodo corporaliter vitandi sunt mali, tam prælati quam subditi, ne scilicet favoris auctoritate, vel defensionis auxilio, vel ascensus consilio, malum et nostrum et suum cumulemus. Unde idem alibi (part. III, cap. 31 [17]) subditos ne usque ad consensum et favorem malorum prælatis subjiciantur admonet, dicens : « Admonendi sunt humiles, ne plus quam expedit sint subjecti, ne cum student plusquam necesse est hominibus subjici, compellantur etiam vitia per adulationem scilicet numerari. »

CAP. XXXIII. *Quod in malo non est obediendum.*

Unde Ambrosius in libro De paradiso : « Non semper malum est non obedire præcepto. Si bonum est præceptum, honesta est obeditio. Quod si improbum est, non obedire utile. »

CAP. XXXIV. *Quod prælati mali sunt arguendi et corripiendi a subditis.*

Vere enim nisi subditi malis prælatis vitabundi aliquando sint, ne ad votum mala jussa compleant, sed cum auctoritate mala eorum reprobant, ut contradicant seductioni illorum, reos se sciant. Si enim asina Balaam sessorem usque ad gladium angeli subvexisset, nonne uterque eorum sententiam subisset? Nunc autem ei restitit, calces allisit, verbis contra naturam increpavit, sicque se ut illum servavit. Sic et Paulus restitit in faciem Petro, quia reprehensibilis erat. Unde scriptum est in epistola (82) ad Hieronymum : « Petrus quod fiebat a Paulo utiliter libertate charitatis sanctæ ac benignæ pietate humilitatis accepit, atque ita rarius ac sanctius posteris præbuit exemplum, quo non dedignarentur majores, sicubi forte recti tramitem reliquissent, etiam a posterioribus corrigi, et prioribus quasi Paulo confidentius auderent etiam minores pro defendenda evangelica veritate, salva fraterna charitate, resistere. Nam, cum satius sit a tenendo itinere, in nullo quam in aliquo declinare, multo tamen est mirabilius et laudabilius accipere libenter corrigentem, quam audacter declinare deviantem. »

CAP. XXXV. *Quod prælatus correctionem subditorum libenter amplecti debet.*

Item Gregorius in Pastoralibus (part. II), cap. 19 [8] : « Prælatus qui prava studet agere, et tamen, ad hæc videt subditos tacere, ipse sibimet testis est quia plus veritate se appetit diligi, quam contra se non vult defendi. Hinc Petrus increpationem Pauli libenter accepit (*Galat.* II, 11); hinc David correctionem subditi libenter audivit (*II Reg.* XII, 7), quia et rectores boni dum privato amore diligere se nesciunt, liberæ puritatis verbum a subditis, obsequium humilitatis credunt. » Sed ecce cum superius visus sit dicere, ut subditi prælatis fraterne et libere contradicant et arguant, et prælati hæc a subditis benigne et humiliter suscipiant, dicens : « Laudabile quidem esse subditos corrigere, sed laudabilius prælatos correctionem audire, » hæc contradicere videtur, quod modo temere et indiscrete fiat. Unde subdit :

CAP. XXXVI. *Quod subditi non temere vel amare, sed humiliter et discrete prælatos reprehendere debent.*

« (*Ibid.*) Sed inter hæc necesse est, quatenus subditorum mens, cum quidem recte sentire potuerit, sic in vocis libertatem prodeat, ut tamen libertas in superbiam non erumpat, ne, dum forte immederatius linguæ eis libertas conceditur, vitæ ab his humilitas amittatur. » Hic de superioribus nihil retractat, nisi tamen ut humiliter fiat.

CAP. XXXVII. *Quod subditi, quamvis prælatorum vitia reprehendant, tamen eis exhibere debent subjectionis reverentiam.*

Item (part. III) in eodem capitulo 28 [4] : « Admonendi subditi sunt, ne præpositorum suorum vitam temere, id est non suo ordine, vel non suo tempore, vel aliis incompetentiis judicent, si quid eos agere reprehensibiliter vident, ne unde mala recte redarguunt, inde per elationis impulsum in profundiora mergantur; sed sic rerum prava apud se dijudicant, ut tamen divino timore et amore constricti, sub eis jugum reverentiæ non recusent. » Facta quippe præpositorum oris gladio ferienda non sunt, etiam cum recte reprehendenda videantur ; quia nec vehementer, nec amare, sed leniter et secrete ad tempus sunt arguenda. Si enim prælatus secrete peccat, ut etiam superius de subditis dictum est, secrete arguendus est a subdito. Quod si secretum publicaverit, sicut Cham damnabitur, quia patris verenda detexit.

CAP. XXXVIII. *Quod subditi prælatorum occulta vitia publicare non debent, sed magis tolerare, ne cum merito constituatur plebis princeps, culpam suam in eis vindicent.*

Unde Anacletus papa in epistola sua (3) omnibus episcopis, cap 5 : « Sententia Cham filii Noe damnantur qui suorum doctorum vel præpositorum culpam produnt qui patris pudenda non operuit, sed deridenda monstravit. Doctor autem vel pastor Ecclesiæ, si a fide exorbitaverit, erit a fidelibus omnino corrigendus, sed pro reprobis moribus magis tolerandus ; quia rectores Ecclesiæ a Deo judicandi sunt, sicut ait Propheta : *Deus stetit in synagoga deorum; in medio autem deos dijudicent (Psal.* LXXXI, 1). Unde oportet unumquemque fidelem si viderit aut cognoverit plebes adversus pastorem suum tumescere, aut clerum detractionibus vacare, hoc vitium pro viribus exstirpare, prudenterque corrigere satagat, nec eis in quibuscunque negotiis misceri, si incorrigibiles apparuerint antequam suo reconcilientur doctori, præsumat. » In quo intelligendum est, vel occultas pastorum sicut aliorum culpas, vel etiam eorum manifestas Deo peculiarius quam aliorum reservandas. Si enim omnino Dei judicio sunt reservanda prælatorum peccata, quid ergo deponi et damnari pro variis suis culpis imperant judicia ecclesiastica? Hic autem nihil de superioribus retractat, ubi detractionem, et paternorum secretorum publicationem, nec correctionem, sed derisionem vetat; et in his etiam non omnimodo, sed magis tolerandum mandat, et causam quare tolerandus sit eodem capitulo adjecit; quia forsitan pro subditorum merito ille delinquit. Ait enim pro meritis plebis sæpe pastores depravantur Ecclesiæ, ut proclivius corruant qui sequuntur. Capite enim languescente, facilius reliqua corporis inficiuntur, sicut scriptum est: *Omne caput languidum* (*Isa.* 1, 5), etc., tolerare enim debent quem sua culpa vident languentem.

Cap. XXXIX. *Quod prælatus a subditis, nisi a fide deviaverit, magis tolerandus est quam accusandus aut detrahendus.*

Item capite 2 (epist. 2), Fabianus præsul omnibus episcopis: « Statuentes apostolica auctoritate jubemus, ut pastorem suum oves, quæ ei commissæ fuerint, nisi in fide erraverit, reprehendere non audeant. Si a fide deviaverit, erit corrigendus prius secrete a subditis. Quod si incorrigibilis, quod absit! apparuerit, tunc erit accusandus ad primates suos, aut ad sedem apostolicam. Pro aliis vero actibus suis, magis est tolerandus quam accusandus ab ovibus suis, aut publice derogandus; quia, cum in eis a subditis derelinquitur, ejus ordinationi obviatur, qui eos prætulit ei, dicente Apostolo: *Dei ordinationi resistit, qui potestati resistit* (*Rom.* XIII, 2). » Quod decretum cum fere idem sit quod superius, eodem modo est intelligendum; quia non omnino, sed magis est tolerandus, nec revera publice est derogandus, ne contrarium sit aliis decretis. Et ne ea quæ in prælatis occulta sunt, admodum Cham filii Noe publicari debeant, testatur Alexander papa omnibus episcopis, cap. 1, (epist. 1): « Statuentes decernimus, omnes qui suos patres persequuntur, aut amovere vel dilacerare manifeste nituntur, infames esse, et a liminibus ecclesiæ alienos usque ad satisfactionem fieri. Qui ideo infames efficiuntur; quia patres persequuntur, quia scilicet persequi odiosorum et inimicorum est. » Unde Anacletus in epistola sua (3, cap. 5) : « Deteriores sunt qui doctorum vitam moresque corrumpunt, his qui substantias aliorumque prædia diripiunt. Isti autem ea quæ extra nos sunt, licet nostra sint, auferunt: nostri quoque detractores et morum corruptores nostrorum, sive qui adversum nos armantur, proprie nos ipsi decipiunt, et ideo juste infames sunt, et merito ab Ecclesia exteriores fiunt. Multum enim distant damna morum a damnis rerum temporalium, cum ista extra nos sint, illa vero in nobis. » Ecce quam superius concessum sit prælatos a subditis charitative argui, hic vetatur odiose derogari vel infamari. Unde Hieronymus ad Rusticum (epist. al. 5, nunc 95) : « Non est de perfecta ætate credendum quam et vita præterita defendit et honorat vocabulum dignitatis. Verum quia homines sumus, et interdum contra annorum maturitatem puerorum vitiis labimur, si nec vis corrigere, delinquentem aperte increpa; tamen nec mordeas in occulto. » Item idem: « Quid prodest, si aliis mala mea referas, si me nescientem detractionibus tuis vulneres, ut cum certatim omnibus narres, sic singulis loquaris quasi nulli dixeris? Hoc est non me emendare, sed vitio tuo satisfacere. »

Cap. XL. *Quod non usque protendenda est tolerantia malorum, ut spe impunitatis continuæ magis peccetur.*

Sed tamen quia sententia Anacleti, Fabiani cæterorumque sanctorum quamplurimum ad hoc inclinatur, ut prælatus magis sit tolerandus quam arguendus, videndum est qua distinctione hæc tolerantia habenda sit, cum Vigilius papa econtrario dicat: « Res est quidem divinæ jussioni conveniens patientiam præbere peccantibus. Quam tamen non usque decet extendi, ut spe impunitatis continuæ, jugiter sine correctione peccetur. » Ut enim ait Gregorius in Pastoralibus (part. 1), cap. 1 [2] : « Nemo amplius in Ecclesia peccat, quam qui perverse agens, nomen vel ordinem sanctitatis habet. Delinquentem namque hunc redarguere nullus præsumit, et in exemplum culpa vehementer extenditur, quando pro reverentia ordinis peccator honoratur. » Ut enim ait Dominus in Evangelio : *Si cæcus cæco ducatum præbeat, ambo in foveam cadunt* (*Matth.* XV, 14). Unde Psalmista : *Obscurentur oculi eorum ne videant, et dorsum eorum semper incurva* (*Psal.* LXVIII, 24). Obscuratis enim oculis, dorsum flectitur; quia, cum cæci sint qui peccant, ad portanda peccatorum onera curvantur, qui sequuntur. Quia ergo culpa prælatorum in subditos refunditur, difficilis videtur tolerantia, quando etiam culpis alienis deteriorantur; sed tamen non nocet, si cum discretione necessitatis vel justæ pietatis tam prælatis quam comparibus exhibeatur.

Cap. XLI. *Quod ideo tolerandi sunt mali, quia certis documentis accusari non possunt.*

Ut enim ait Augustinus in libro De pœnitentia Serm. 351, n. 10 : « Plerique boni Christiani propterea tacent, et sufferunt aliorum peccata quæ noverunt, quia documentis sæpe deseruntur, et ea quæ ipsi sciunt, judicibus ecclesiasticis probare non possunt. Quamvis enim vera sint omnia, non tamen judici facile credenda sunt, nisi certis indiciis demonstrentur.

CAP. XLII. *Quod non noceat bonis malorum tolerantia, si quantum, salva pace, fieri potest, correctio adhibeatur pro cujusque gradu et persona.*

Item Augustinus in libro 'De verbis Domini, cap. 28 (serm. 88, num. 23) : *Ecce inquiunt, dicit propheta, recedite, exite inde : et immundum ne tetigeritis (Isa.* LII, 11) : « Quomodo ergo malos pro pace portabimus, a quibus recedere jubemur? Nos hoc spiritualiter intelligimus. Quid est tangere immundum, nisi consentire peccatis? Quid est exire inde, nisi facere quod pertinet ad correctionem malorum, quantum pro cujusque gradu atque persona, salva pace, fieri potest? Redarguisti, corripuisti; adhibes etiam, si res exigit, congruam et quæ unitatem non violat disciplinam : existi inde. Liber est in conspectu Dei, cui Deus neque sua imputat peccata, quia non fecit; neque aliena, quia non approbavit; neque negligentiam, quia non tacuit; neque superbiam, quia in unitate permansit. Sic ergo, fratres mei, quotquot habetis avaros inter vos, perjuros, adulteros, et cæteros malos, quantum potestis arguite : et nolite consentire. »

CAP. XLIII. *Quod tolerandi sint mali pro unitate pacis servanda.*

Quod enim unitas tenenda sit, Augustinus contra Donatistas docet : « Dominus servorum suorum tolerantiam confirmavit, ne, dum se boni putant malorum permistione culpari, per humanas et temerarias dissensiones, aut parvulos perdant, aut parvuli pereant. Quod usque adeo cavendum cœlestis Magister præmonuit, ut etiam de præpositis malis plebem securam faceret, ne propter illos doctrinæ salutaris cathedra desereretur, in qua coguntur mali bona discere. » Item Augustinus ad Eleisum (epist. 43) : « Objiciuntur nobis crimina malorum, non nostra, sed aliena, et ipsa partim incognita. Quæ si etiam vera præsentia videmus, et zizaniis propter frumenta parcentes, impunitatem toleraremus, non solum nulla reprehensione, sed etiam non parva laude nos dignos diceret quisquis sanctas Scripturas non corde surdus audiret. » Unde Augustinus super Joannem in cap. 49 : « Quid voluit Dominus admonere Ecclesiam suam, quando unum perditum inter duodecim habere voluit, nisi ut malos toleremus, ne corpus Christi dividamus? Ecce inter sanctos est Judas, ecce fur est, et ne contemnas; fur est et sacrilegus, non qualiscunque, sed Domini loculorum, sed sacrorum. Talis Judas cum discipulis ad cœnam Dominicam accessit; conversari cum eis potuit, inquinare eos non potuit. » Item Augustinus in libro secundo, loco De pastoribus : « Veniet messis et separabuntur zizania a tritico. Non est modo separationis tempus, sed tolerationis. Nunc autem Deus tacet, tu vis loqui? Ipse tacet a vindicta judicii, non a verbo correptionis. Ipse nondum separat, tu vis separare? Si ante ventilationem frumentum vis esse purgatum, tuo vento pessimo ventilaberis. » Unde Augustinus De civitate Dei, lib. II : « Sed quia iste audit, ille contemnit, pluresque vitiis male blandientibus quam utilitati virtutum sunt amicitiores, tolerare Christi famuli jubemur, sive sunt reges, sive sunt principes, vel judices, vel milites, vel provinciales, vel divites, vel pauperes, vel liberi, vel servi utriuslibet sexus, etiam, si necesse sit, pessimam flagitiosamque rempublicam , et in illa angelorum sanctorum cœlesti republica, ubi Dei voluntas lex est, clarissimum sibi locum ista tolerantia parabit. » Unde idem, in libro De quæstionibus Evangeliorum : « Non probatur fortis gravitas frumentorum, nisi perturbationibus paleæ. » Quas si quis comprimere non poterit, veritate defensa, cesserit unitate servata.

CAP. XLIV. *Quod aliquando tolerandi sint mali solo pietatis intuitu.*

Sic aliquando tolerandi sunt mali, ut unitas Ecclesiæ et pax non turbetur : aliquando solo pietatis et charitatis intuitu. Unde in libro II Augustini De consensu Evangeliorum (cap. 30) : « Apostolus dicit : *Alter alterius onera portate,* et rursum : *Unusquisque onus suum portabit (Galat.* VI, 5). Sed alia sunt onera participandæ infirmitatis; alia reddendæ rationis de actibus nostris. Illa cum fratribus communicantur, hæc propria ab unoquoque portantur. Qui portant invicem onera sua, nisi qui habent charitatem? Qui non habent charitatem graves sunt sibi. Ne prematur talibus oneribus non timeat, sed ne prematur peccatis suis unusquisque attendat. Nam, quando portas infirmitatem fratris tui, non te onerant peccata ejus; plane si consentias, jam tua te onerant, non alterius. Vidisti furem, cucurristi cum eo : quod ipsius erat, factum solum est tuum, quia placuit tibi. Si autem displicuerit tibi, et oraveris pro eo, portas alterius onera, ut alius portet tua, et implesti legem Christi. » Unde in libro Sermonis Domini in monte : « Paulus dicit per charitatem servire invicem : quod fieri non potest, nisi alterius infirmitatem quisque habeat sicut suam, ut eam æquanimiter ferat. » Unde Augustinus in epistola (40, *al.* 9) ad Hieronymum : « Factus sum infirmis infirmus, compassione scilicet misericordiæ, non simulatione fallaciæ. Fit enim tanquam ægrotus qui ministrat ægro : non cum se febres habere mentitur, sed cum animo condolentis cogitat quomodo sibi servari vellet si ipse ægrotaret. » Unde Augustinus in libro Quæstionum cap. 83 : «Hoc igitur exhibeamus ei cujus infirmitatem portare volumus, quod ab illo exhiberetur nobis, si forte in ea essemus. » Unde Gregorius in libro Pastorali, part. II) cap. 21 [10] : « *Considerans teipsum, ne et tu tenteris.* Ac si dicat : Cum displicet ex aliena infirmitate quod conspicis, pensa quod es, ut ab increpationis zelo se spiritus temperet, dum sibi quoque quod increpat timet. » Item ex epistola Consilii ad Donatistas : « Quisquis in Ecclesia bene vixerit, nihil ei præjudicant aliena peccata. » Quia unusquisque onus suum in ea portabit, et quicunque manducaverit corpus Christi indigne, judicium sibi manducat et bibit (I Cor. XI, 29). Cum dicit sibi, satis ostendit quia non alteri, sed sibi : portat enim malus causam suam ; nec præjudicat alteri, quem in consensione mali operis non habet socium criminis.

CAP. XLV. *Quod perfectis non est deserenda malorum cohabitatio.*

Unde Ambrosius (imo Greg., lib. I Moral., c. 1) : « Non est valde laudabile bonum esse cum bonis, sed bonum esse cum malis. Sicut enim gravioris culpæ est inter bonos bonum non esse, ita immensi est præconii, bonum etiam inter malos exstitisse. » Et hæc quidem videntur sufficere ad probandam innoxiam cohabitationem malorum, si quis ad hæc fortis est, ut exhibere possit eis patientiam, et non assensum.

CAP. XLVI. *Quod quibuslibet infirmis malorum etiam corporaliter deferenda sunt* (63), *ne ab eis corrumpantur.*

Si vero impotens est, quin eorum suggestionibus vel exemplis sollicitetur ad malum, audiat Isidorum : « Illi qui supernam patriam desiderant, non solum malorum mores, sed et consortia fugiunt. Si enim fueris conversationis bonorum socius, eris et virtutum eorum. Similis enim simili conjungi solet. Periculosum est vitam cum malis ducere. Perniciosum est cum his qui pravæ voluntatis sunt sociari. Melius est malorum habere odium quam consortium. Sicut multa bona habet communis vita sanctorum, sic et plura mala afferunt malorum consortia. » Unde Hieronymus ad matrem et filiam in Gallia manentes : « Quid tibi necesse est in ea versari domo in qua necesse habeas quotidie aut perire aut vincere ? Quis unquam mortalium juxta viperam securos somnos capit ? Quæ etsi non percutiat certe sollicitat. Securius est perire non posse quam juxta periculum non perisse. In altero tranquillitas, in altero gubernatio. Ibi gaudemus, hic evadimus. Difficile inter epulas servare jejunium. » Unde et Gregorius, cap. 46 : « Malorum cum incaute amicitiis jungimur, culpis ligamur. Ab illo qui summe rectus est, eo ipso jam discrepat, quo perversorum amicitiis vita nostra concordat. »

CAP. XLVII. *Quod senior districte increpandus est, quando junioribus malum exemplum præbet.*

Quapropter multum revera est arguendus, cujus malitia ad hæc prorumpit, ut per eum alii corrumpantur. Unde Gregorius in epistola sua (lib. IX) Januario episcopo : « Paulus dicit, *Seniorem ne increpaveris* (I Tim. v, 1). Sed et hæc ejus regula in eo servanda est, cum culpa senioris exemplo suo non trahit ad interitum corda juniorum : ubi autem senior juvenibus exemplum ad interitum præbet, ibi districta increpatione feriendus est. Nam scriptum est : *Laqueus juvenum omnes vos* (Isa, XLII, 22). Et rursum : *Maledictus puer centum annorum* (Isa. LXV, 20). Ecce, ut auctoritatem habeamus, nos regulam et præcepta sanctorum ad congruum et rerum intellectum posse restringere, quod Paulus dicit absolute et quasi universaliter. » Hæc Gregorius non ad omnes, sed ad quasdam tantum seniorum culpas non increpandas restringit.

CAP. XLVIII. *Quod non nocet bonis, etsi sacramenta cum malis etiam cognitis communicent.*

Sed ut hæc dicta sint, de toleranda vel vitanda cohabitatione malorum, quid tenendum est de comparticipatione sacramentorum cum illis ? Augustinus contra Donatistas : « Quos corrigere non valemus, etiamsi necessitas cogit, pro salute cæterorum ut Dei sacramenta nobiscum communicent toleremus. Peccatis tamen eorum non communicemus : quod non fit nisi consentiendo et favendo. Communio malorum non maculat aliquem participatione sacramentorum, sed consensione factorum. » Item Augustinus ad Emeritum (epist. 87, n. 2) : « Et illud non est tacendum, etiam cognitos malos bonis non obesse in Ecclesia, si eos a communione prohibendi aut potestas desit, aut aliqua ratio impediendæ pacis impediat. » Item ad Emeritum (n. 3) : « Manifestum est non hoc infici hominem, quod est malus quisquam cum quo ad altare acceditur, etsi sit cognitus ; si tamen non approbatur, et bona conscientia displicendo separatur. » Item in homiliis suis : « Ut patiaris etiam quem nosti malum, attende Apostolum dicentem : *Unde quisquis onus suum portabit* (Galat. VI, 5). Non cum illo communices avaritiam, sed communica Christi mensam, et quid obest si communicas Christi mensam ? *Qui manducat et qui bibit indigne, judicium sibi manducat et bibit* (I Cor. XI, 24). Sibi, inquit, non tibi. Sane si judex es, si judicandi potestatem accepisti, si ecclesiastica regula apud te accusatur, si veris documentis testibusque convincitur ; coerce, corripe, excommunica, degrada. »

CAP. XLIX. *Quod non noceat sacramenta suscipere a malis prælatis consecrantibus et ministrantibus ea, quamvis hoc sancti quibusdam suis sententiis innuere videantur.*

Sed quid de susceptione sacramentorum ab ipsis prælatis consecrantibus et ministrantibus. Dicit enim Hieronymus in Sophonia de illis : « Sacerdotes, qui eucharistiæ serviunt, sanguinem Domini populis ejus dividunt, impie agunt in legem Christi, putantes eucharistiam imprecantibus facere verba non vitam ; et necessariam tamen solemnem orationem, et non sacerdotum merita. » Unde Gregorius in Pastoralibus (part. I) cap. 10 : « Cuncti liquide novimus, quia, cum ad nos qui displicet ad intercedendum mittitur, irati animus ad deteriora provocatur. Qui ergo adhuc terrenis desideriis astringitur, caveat ne districti in se iram judiciis gravius accen-

---

(63) Videtur hic aliquid deesse, v. g. *contubernia.*

dens, dum loco delectatur gloriæ, fiat subditis auctor ruinæ. » Item Leo in decretis suis, cap. 48 De malis prælatis : « Non est consulere populis, sed nocere; nec præstare regimen, sed augere discrimen. » Integritas enim præsidentium salus est subditorum. Nonne enim periculosum est eis subesse, vel quælibet sacramenta a talibus consecrari vel suscipere, quia secundum has auctoritates non solum prodesse, sed etiam videantur nocere? Quod cum maxima concordia cæterorumque Patrum sanctorum est accipiendum, et pic catholiceque resolvendum. Quantum enim ad veritatem sacramenti, nec a bono melius, nec a malo pejus, conficitur sacerdote. Quantum vero ad virtutem sacramenti et effectum pro fide et meritis sumentium datur aliis ad salutem, aliis ad judicium. Quod ipse etiam beatus Hieronymus, licet aliud videatur sonare in verbis quibus ad munditiam vitæ sacerdotes hortabatur, tamen eisdem suis verbis et veritatem attestatur sacramenti sacerdotibus malis, et secundum merita eorum, mala esse eis ad judicium minatur. Dixit enim eos eucharistiæ servire ex sacerdotali ministerio: quæ si vel sibi, vel alii eucharistia non esset, servire eos non diceret illi rei quæ omnino nulla esset. Dicit etiam quod sanguinem Domini populis ejus dividunt : in quo nisi veritatem attenderet sacramenti; nec illud sanguinem Domini diceret, quod sanguis non est; nec populos ejus, sed ex illa communione legem Christi putantes eucharistiam imprecantis verba facere non vitam. Non dicit eos falso agere sacramentum Christi, sed impie et irreligiose agere in legem Christi; quia, dum in uno offendunt, omnium sunt rei, sumendo ad judicium, dum sumunt male quod est bonum; errantes et putantes ipsum sacramentum corporis et sanguinis Domini facere sibi eucharistiam, id est non judicium, sed bonam gratiam et salutem imprecantis tantum verba non vitam, cum imprecantis verba solemnia sacramenti perficiant veritatem, non salutem ; merita vero sacramenti obtineant effectum solum et salutem, et non verba. Cum enim illud sit sacramentum in veritate sua omnino unimodum, ad duplicem tamen variatur effectum, ut bonis sit eucharistia salutis, malis vero damnationis judicium. Unde etiam subdit eos impie agere, putantes ad faciendam et obtinendam eucharistiam tantum esse necessariam solemnem orationem, et non sacerdotum merita. Solemnis enim oratio sacerdoti sacramenti efficit veritatem; merita vero salutis ejus obtinent effectum et virtutem. Unde Gregorius in fine Dialogorum (lib. IV, cap. 60): « Tunc enim Deo pro nobis hostiam veram offerimus, si nos ipsos ei hostiam fecerimus. » Quia tunc scilicet salutis effectum, quem promittit, perficiet. Unde et Christus, cum in patria sua præsentiæ suæ exhiberet veritatem, nullam tamen poterat exercere virtutem, et mirabatur propter incredulitatem eorum. Sicut enim sol in se quidem lucet, sed tamen sua præsentia cæcum illuminare non valet; sic pro malis suis meritis non poterat eis Christi signa salutis dare. Unde et idem Hieronymus subsequenter adjecit de malis sacerdotibus, dicens : « De quibus dicitur : Et sacerdos in quacunque fuerit macula, non accedet offerre oblationes Domino. Cum hoc faciant sacerdotes, nihilominus clemens et justus est Dominus : clemens, quod a sua Ecclesia non recedit, per scilicet tales ministros præsentiam et veritatem sacramentorum suorum exhibendo ad salutem credentium ; justus, in eo quod reddit unicuique quod meretur, ut scilicet sit pravis ad judicium in suis sacramentis. Cujus judicii evidentiam non in præsenti, sed in futuro revelandam adjecit. Postquam enim advenerit mane, et nox hujus sæculi pertransierit, dabit in luce judicium suum, et superbos principes, quibus resistit Deus, quia nolunt ei subesse, de cathedris suis et de culmine quod tenebant (64).

In quo notandum est, quod scilicet mali prælati cathedras et culmen sacramentorum tenere credendi sunt, dum vivunt, quamvis eis Deus resistat quantum ad mala sua merita in ipsis, donec tandem Deus eos detrahat de cathedris quas interim tenent, nisi prius corrigantur, aut depositi puniantur : et hoc quidem tenendum est de his qui ad judicium suum eucharistiam administrant. Sed quod Gregorius dicit : « Quia, cum displicet qui ad intercedendum mittitur, irati animus ad deteriora provocatur, et hoc modo talis intercessor fit subditis auctor ruinæ. » De illis subditis dicit, qui ex industria malos prælatos eligendo, vel male eis consentiendo, vel imitando eos habent auctores ruinæ, quos habere debuerant rectores vitæ, dum eis judicem non placant, quibus etiam peccata sua communicant : quod etiam notatur cum dicitur : Qui ad intercedendum mittitur. Revera enim si pro pace Ecclesiæ præsumus, vitandum est ne tales ad intercedendum mittamus. Unde ait Apostolus : *Erunt tempora periculosa, cum non sustinebunt sanam doctrinam, sed coacervabunt sibi magistros, prurientes auribus (II Tim.* III, 1). Quod si quando pro necessitate, vel pro tolerantia id facimus, non consensu maliæ ejus, sed ea fide faciamus : ut cum sciamus etiam per malos administrari per se cujuslibet sacramenti veritatem, credamus non per ea, sed per ipsum sacramentum in gratia sancti Spiritus devotis et dignis provenire salutem.

CAP. L. *Quod in sancta Ecclesia Spiritus sanctus per malorum ministerium probos colligit, et non extra Ecclesiam ubi sunt excommunicati et hæretici.*

Unde Augustinus de blasphemia Spiritus (serm. 71, n. 37) : « Spiritus in sancta Ecclesia etiam isto tempore, quo velut area cum palea trituratur, sic operatur, ut nullius veram confessionem aspernetur,

---

(64) *Videtur deesse* subvertet, *aut simile aliud verbum.*

nullius simulatione fallatur, atque ita reprobos fugiat, ut etiam per illorum ministerium probos colligat. »

Cap. LI. *Quod per malos prædicatores bona prædicatio audienda est.*

De malis prædicatoribus ait Augustinus in homilia 44 (tract. 46, n. 6) super Joannem : « Multi in Ecclesia commoda terrena sectantes, Christum tamen prædicant, et per eos vox Christi auditur, et sequuntur oves, non mercenarium, sed vocem pastoris per mercenarium. Audite mercenarios ab ipso Domino demonstratos. *Scribæ,* inquit, *et Pharisæi super cathedram Moysi sedent, quæ dicunt facite: quæ autem faciunt facere nolite* (Matth. XXIII, 2). Quid aliud dixit, nisi per mercenarios vocem pastoris audite? quod mercenarius male facit, non prædicat de cathedra Christi. Inde lædit, unde mala facit, non unde bona dicit. Botros inter spinas caute lege, ne, dum quæris fructum, laceres manum. Cum audis bona dicentem, non imiteris mala facientem. » Item in eodem (*ibid.*, n. 6) : « Veritas est Christus, veritas a mercenariis occasione annuntietur, veritas a filiis veritate annuntietur. Per linguas enim mercenariorum et filiorum Christi gloria diffametur, dum sive occasione, sive veritate, Christus annuntietur. » Item Augustinus in homilia de tribus mortuis suscitatis : « Si voluero apud Dominum me sic defendere, ut dicam : Domine, vidi male viventem illum clericum tuum; et ideo vixi male, nonne di cturus est : Serve nequam, nonne a me audieras : *Quod dicunt facite, quæ autem faciunt, facere nolite?* (Matth. XXIII, 3.) Qui sequitur malum, non quærat sibi patronum ad causam malam. » Item in eodem: « Qualiscunque sim, aream Dominicam defendo, pro illa clamo. Tu quis in ea sim nolo cures, ventilabrum exspecta; aut si curare vis, noli cum lite curare, ut possis fratrem curare. » Item Gregorius : « Nemo hoc in loco me despiciat propter me; quia sæpe evenit ut persona potens famulum despectum habeat, cumque per eum suis forte vel extraneis liquid responsum mandat, non despicitur persona loquentis servi, quia servatur in corde reverentia mittentis domini, nec pensant qui audiunt per quem, sed quid a quo audiant. »

Cap. LII. *Quod baptisma, etsi a pagano detur, non est iterandum.*

Et ut hæc de bona prædicatione malorum suscipienda sufficiant, videamus de baptismo, si dum ministratur a malo, sit verum et fructuosum, etiamsi cogniti fuerint peccatores vel hæretici. Hoc enim sacramentum, quia magis est necessarium, latius quam alia est extensum, etiam ad laicos : et si contingat, vel si necesse sit, etiam ad paganos. Ut enim in ecclesiastica reperitur historia, cum Alexander episcopus Alexandriæ Petri martyris diem celebraret, post expleta solemnia, vidit super oram maris ludum imitantium, ut fieri solet, episcopum, et ea quæ in Ecclesia geri mos est. Mox eos ad se jubet perduci, quid egissent percunctatur. Illi rei ordinem pandunt, baptizatos a se quosdam catechumenos confitentur per Athanasium puerulum, qui episcopus fuerat simulatus. Sed ubi ex responsis eorum videt secundum religionis nostræ ritum cuncta constare, statuit illis quibus integris interrogationibus et responsionibus aqua fuerat infusa, iterari baptismum non debere; sed adimpleri ea quæ sacerdotibus mos est. Sed quia historia ecclesiastica minus judicatur authentica, minus etiam authentica videtur, ut hujus pagani pueri, qui simulatus est episcopus, baptisma ab Alexandrino episcopo ratum videatur esse concessum, nisi quod beatus Isidorus idem in dictis suis astruere videatur hoc modo : « (65) Si quis per ignorantiam ordinetur antequam baptizetur, debent ab eo baptizati iterum baptizari, et ipse ulterius non ordinetur; sed Romanus pontifex non hominem judicat qui baptizat, sed Spiritum Dei subministrare baptismi gratiam, licet paganus sit qui baptizat. » Ex canonica auctoritate idcirco prohibetur rebaptizatio fieri, ne sanctæ Trinitatis nomen, in quo baptizatum est, videatur annullari.

Cap. LIII. *Quod per malos ministros etiam cognitos baptisma rite celebretur.*

Sed ad ministros revertamur etiam malos cognitos. Ait Augustinus in homilia 6, (tract. 6, n. 6, 7, 8) super Joannem : « Per hanc potestatem, quam Christus solus sibi retinuit, et in neminem ministrorum transfudit, quamvis per ministros baptizari dignatus sit : per hanc stat unitas Ecclesiæ, quæ significatur in columba, de qua dictum est : *Una columba mea, una est matri suæ* (Cant. VI, 8). Si enim transferretur potestas a Domino ad ministros, tot essent baptismata quot ministri, et non staret unitas baptismi. Quamvis ergo baptismum, sive justi tribuant, sive injusti, non tribuitur sanctitas baptismi, nisi illi super quem descendit columba, de quo dictum est: *Hic est qui baptizat in Spiritu sancto* (Joan. I, 33). Petrus baptizat : hic est qui baptizat. Judas baptizat: hic est qui baptizat. Nam si pro diversitate meritorum baptismus sanctus est, quia diversa sunt merita, diversa erunt baptismata; sed quomodo, cum baptizat bonus et melior, non ideo iste accipit bonum et ille melius, sed unum est et æquale illud quod acceperunt; sic et cum baptizat malus ex aliqua ignorantia Ecclesiæ vel tolerantia (aut enim ignorantur mali aut tolerantur), quod datum est unum est, nec impar propter impares ministros, sed par et æquale prope, hic est qui baptizat.

Cap. LIV. *Quod cum damnatis malis non solum sacramenta divina non communicare, sed nec cibum carnalem debemus sumere.*

Sed huic suæ sententiæ videtur contrarius idem Augustinus in homilia sua : « Si sit malus, et contingat eum habere ministerium, et si homines eum non

---

(65) Hic locus etiam sub nomine Isidori citatur a Burchardo, Ivone et a Gratiano in Decreti parte II, causa 1, q. 1, c. 59.

noverunt, et Deus enim novit, Deus permittit baptizari per eum qui sibi tenuit potestatem. » In quo videtur innuere, quod mali, si cogniti fuerint, baptizari non possunt. Sed ne sibi vel cæteris sanctis sit contrarius, non de quocunque modo cogniti, qui rationalibus de causis sæpe in Ecclesia tolerantur, intelligendum est: sed de ita cognitis, tanquam ultro confessis, vel ordine judiciario convictis, quibus divinum ministerium propter scandalum Ecclesiæ non committitur, cum quibus Apostolus nedum sacramenta communicare, sed nec cibum carnalem vult nos simul sumere. Unde Augustinus in libro De pœnitentia (serm. 351, n. 10): « Apostolus ait: *Nunc autem scripsi vobis non commisceri, si quis frater nominatur aut fornicator, aut idolis serviens, aut avarus, aut maledicus, aut ebriosus, aut rapax, cum hujusmodi nec cibum sumere. Quid enim mihi de his qui foris sunt judicare? nonne de his qui intus sunt judicatis? De his autem qui foris sunt, Deus judicabit. Auferte malum a vobis ipsis* (I Cor. v, 11). Quibus verbis constat auferendos esse malos ab Ecclesiæ communione; nec contrarium est huic loco, quod alio loco dicit Apostolus: *Tu quis es qui judicas alienum servum? Suo domino stat aut cadit* (Rom. xiv, 4). Noluit enim hominem ab homine judicari ex arbitrio suspicionis, vel extra ordinem usurpato judicio; sed potius ex lege Dei pro ordine Ecclesiæ, sive ultro confessum, sive accusatum atque convictum. Alioquin cur dixit: Si quis frater nominatur fornicator, nisi quia eam nominationem intelligi voluit, quæ fit in quenquam cum sententia ordine judiciario atque integritate profertur? » Quapropter ita dicendum est: Si homines non noverunt malum eum ut confessum vel convictum, habita de eo cognitione canonica, id est si notabiliter et damnabiliter non noverunt, baptizari permittit Deus antequam damnatus sit per eum quia suo ministerio, quamvis indigne, tamen utitur catholice. Qui damnatus sicut sibi indigne, ita aliis inutiliter ministrat; quia nullus ei debet communicare postea. Alioquin enim nisi cogniti mali in Ecclesia rite baptizare possent, cur alibi idem Augustinus testaretur Joannem novisse mysterium baptismi transiturum et in bonos et in malos? Quod ille novit futurum, hoc ego præsens. Unde Augustinus (tract. 5, 11 et seq.): « Noverat Joannes Baptista potestatem a Domino in neminem, sed ministerium transiturum in bonos et malos. Non exhorreat columba ministerium malorum; respiciat Domini potestatem. Quid tibi faciat malus minister ubi bonus est Dominus? Sed dicit hæreticus: Non habes baptismum, quia malus dedit. Si malus est Christus, inquam, et malus mihi dedit. Video quis fuerit minister: de officiali non disputo, nolo discutere causam officialis. Fuerint homines qualeslibet; ego a Christo accepi. Non, inquit, sed ille malus episcopus te baptizavit. A Christo baptizatus sum ego: novi, quia docuit me columba quam vidit Joannes. Sint justi ministri si volunt; sin autem noluerint esse justi qui super cathedram Moysi sedent, securum me fecit magister meus, de quo dixit Spiritus ejus: *Hic est qui baptizat* (Joan. 1, 33). *Scribæ et Pharisæi*, inquit, *super cathedram Moysi sedent*. Si fuerit justus minister, computo illum cum Paulo, qui gloriam suam non quærit, dicens: *Ego plantavi, Apollo rigavit; Deus autem incrementum dedit. Neque qui plantat est aliquid, neque qui rigat, sed qui incrementum dat Deus* (I Cor. III, 6). Qui fuerit vero superbus minister, cum Zabulo computatur, sed non contaminatur donum Christi, quia per illum fluit purum, per illum liquidum transit, venit ad fertilem terram. Scio quia lapis ex aqua fructum ferre non potest, et per lapideum canalem transit aqua ad areolas. In canali lapideo nihil generat, sed hortus plurimum fructum affert. Spiritualis enim virtus sacramenti ita est ut lux, et ab illuminandis pura excipitur, ut sic per immundos transiens non coinquinetur. » Item in eodem (tract. 5, n. 18): « Dedit baptismum Judas, et non est baptizatum post Judam. Dedit Joannes, et baptizatum est post Joannem; quia qui datus est a Juda baptismus Christi erat; qui autem a Joanne Joannis erat. Non Judam Joanni, sed baptismum Christi etiam per Judæ manus Joannis dato recte præponimus (*ibid.*). » Item: « Quod Judas baptizat, Christus baptizat; sic ergo quos baptizat ebriosus, homicida, adulter, Christus baptizat. Non timeo illos malos, quia columbam attendo per quam mihi dicitur: « Hic est qui baptizat. » Item: « Sacramentum Ecclesiæ tam magnum est, ut nec homicida ministrante polluatur: sed et hoc non solum malis ministris, scilicet [sed et] laicis conceditur, si necesse sit. »

CAP. LV. *Quod baptisma est ratum etiam a laicis pro aliqua necessitate datum.*

Unde Gelasius cap. 17 (epist. ad episc. Luc. Brus. et Sicil.): « Diaconi absque episcopo vel presbytero baptizare non audeant, nisi prædictis fortasse officiis longius constitutis, si necessitas extrema compellat, qua et laicis Christianis hoc plerumque conceditur. »

CAP. LVI. *Quod sacramenta a quovis Catholico, quamvis peccatore, ministrari possunt et consecrari, nec a bono majus, nec a malo minus perfici.*

Sed quia de baptismatis sacramentis dictum est, de eucharistia videamus si vere et utiliter consecrari vel ministrari possit a quolibet peccatore, sed tamen catholico. Unde Augustinus: « De corpore Domini intra catholicam Ecclesiam in ministerio corporis et sanguinis Domini nihil a bono majus, nihil a malo minus perficitur sacerdote, quia non in merito consecrantis est, sed in verbo efficitur Creatoris et in virtute Spiritus sancti. Si enim in merito sacerdotis, nequaquam ad Christum pertineret. Nunc autem sicut ipse qui baptizat, ita ipse qui per Spiritum sanctum hanc suam efficit carnem, et transfundit in sanguinem; credendum est enim quod in verbis Christi sacramenta conficiantur.

Cujus enim potentia creantur prius, ejus utique verbo ad melius recreantur. »

CAP. LVII. *Quod non merita sacerdotum, sed officia in divinis mysteriis sunt attendenda.*

Item Ambrosius De sacramentis (lib. De mysteriis, cap. 5) : « Cum Scriptura testetur quod ad Jeroboam præceps ignis descendit de cœlo, rursus, precante Elia, ignis missus est qui sacrificium consumpsit, non merita personarum consideres, sed officia sacerdotum. Ignis ille visibilis mittebatur, ut crederent; nobis invisibilis operatur, qui credimus. Crede ergo adesse Dominum Jesum invocatum precibus sacerdotum, qui ait : *Ubi fuerint duo vel tres congregati in nomine meo, ibi et ego sum* (Matth. XVIII, 20). Quanto magis ubi fuerit Ecclesia, ubi mysteria sua sunt, ibi dignatur exhibere suam præsentiam. Quod si tantum valuit sermo Eliæ ut ignem deponeret, non valebit sermo Christi, ut species mutetur elementorum ? Sermo Christi, qui potuit ex nihilo facere quod non erat, quia ipse dixit et facta sunt (*Psal.* XXXII, 9), non potest ea quæ sunt mutare in id quod non erant? In quo notandum est quod infra unitatem Ecclesiæ, non pro merito, sed pro officio sacerdotum, ad fidem astantium, sermo Christi verum efficit sacrificium, cum, ut ait Augustinus, extra Ecclesiam catholicam, apud hæreticos scilicet, non sit locus sacrificii, quia eorum sacrificium prorsus irritum est.

CAP. LVIII. *Quomodo in judicio suo non improbat Deus, eos etiam habere spiritum prophetiæ, qui non habent meritum prophetæ.*

Unde Augustinus in tractatu Epistolæ Joannis, cap. 103 De malis, sed tamen catholicis sacerdotibus : « Prophetavit etiam Saul malus rex, cum etiam sanctum David persequeretur. Non ergo se jactent qui forte sine charitate habent sanctum munus Dei, sicut sanctum baptismum : sed videant qualem rationem sint habituri cum Deo, qui sanctis non sancte utuntur. Ex his erunt qui dicturi sunt : In nomine tuo prophetavimus (*Matth.* VII, 22). Non illis dicitur : Mentimini, sed dicitur : Non novi vos; recedite a me qui operamini iniquitatem (*ibid.*). Et spiritum ergo prophetiæ habuisse dicendi sunt, et non meritum prophetæ. »

CAP. LIX. *Quod qui indigne offerunt hostias in altari, quamvis sint sanctæ, non sanctificantur ab eis.*

Unde Hieronymus in Aggæo propheta : « O popule, qui altari tantum exstructo, et diruta domo mea, hostias mihi offers in altari, et victimis ejus te sanctificari putas. Scito quoniam quidem sanctum est quod offertur in altari, sed non tam sanctificaris ex hostiis quam ex eo quod interea mortuis operibus pollueris.

CAP. LX. *Quod in solo verbo Creatoris conficiatur corpus et sanguis Christi, qui nos redemit.*

Unde etiam sancti, qui merita sacerdotum fidelium nec prodesse nec obesse sacramentis sciunt, plerumque nec illorum mentionem faciunt; sed illius cujus est totum quod est optimum. Unde Ambrosius (lib. IV, cap. 5), De sacramentis : « Tanta vis est in sermone Domini, ut inciperent esse quæ non erant. Terra non erat, ipse dixit et facta sunt (*Psal.* XXXII, 9). Ergo, ut tibi respondeam, non erat Christi corpus ante consecrationem ; calix est vini et aquæ plenus, ubi verba Christi operata fuerint; ibi sanguis efficitur qui plebem redemit. Sed forte dicis : Speciem sanguinis non video ; sed habet similitudinem. Sicut enim similitudinem mortis sumpsisti, ita et similitudinem pretiosi sanguinis bibis, ut nullus horror cruoris sit, et pretium Redemptionis operetur. »

CAP. LXI. *Quod vera caro sit, quam accivimus in sacramento.*

Item Augustinus in homiliis : « Ante verba Christi quod offertur, panis dicitur : ubi verba Christi deprompta sunt, jam non panis, sed corpus Christi appellatur. » Unde Ambrosius, in libro De sacramentis : « Sicut verus est Dei Filius Jesus Christus, non quemadmodum homines per gratiam, sed quia Filius ex substantia Patris: ita vera caro, sicut ipse dixit, quam accipimus, et verus est potus, et quia idem Dominus noster Jesus Christus consors est divinitatis et corporis, et tu qui accipis divinæ ejus substantiæ in illo participaris alimento. »

CAP. LXII. *Quod in sacramento corporis et sanguinis Domini alio modo species videtur, et dente teritur, alio modo res et fide manducatur.*

Unde Augustinus, in homilia 26 (tract. 26 in Joann, n. 12) : « Hic est panis vivus de cœlo descendens, ut si quis manducaverit ex ipso non moriatur. Sed quis pertinet ad virtutem sacramenti, non ad ipsum sacramentum visibile, qui manducat intus non foris, qui manducat corde, non terit dente. De cœlo descendit manna, sed manna umbra erat : iste veritas est. Hujus sacramentum et unitas corporis et sanguinis Christi de mensa Dominica sumitur, quibusdam ad vitam; quibusdam ad exitium. Res vero ipsa, cujus sacramentum est, omni homini ad vitam, nulli ad exitium : quicumque ejus particeps fuerit (n. 18). *Qui enim manducat carnem meam et bibit sanguinem meum, in me manet et ego in eo.* Hoc est ergo manducare illam escam, et potum illum bibere : in Christo manere, et illum manentem in se habere, ac per hoc qui non manet in Christo, et in quo non manet Christus, procul dubio non manducat ejus carnem nec bibit ejus sanguinem, etiamsi tantæ rei sacramentum ad judicium sibi manducet et bibat. » In quo notandum est et credendum, quia cum sacramenta alia tantum duo in se contineant, sacramentum scilicet et effectum sacramenti ; istud solum tria : sacramentum, speciem illam scilicet quæ videtur, rem sacramenti, id est veritatem Dominicæ substantiæ, quæ sicut de Virgine vera nata est, vera esse in eo creditur; effectum sacramenti prout quibusdam ad vitam, quibusdam ad judicium sumitur : non enim sicut in baptismate aqua non mutatur ab aqua, et in chrimate oleum non mutatur ab oleo, sed id quod substantialiter fuit ante sacramentum, id etiam immutatum permanet in sacramento ; non ita etiam credendum est de pane et vino qui ante consecrationem quidem sunt panis et vinum in substantia ; post consecrationem vero mutata sunt, caro et sanguis Domini in eadem qua natus est de Virgine qui passus est in carne, qua sedet ad dextram Patris substantia. Unde etiam post baptizandi officium aqua ad cæteram aquam refunditur, oleum cum cætero concrematur, solum corpus Christi, sicut apparet esse quod non est, quia videtur esse panis, cum sit vera caro, sic cum videtur dentibus conteri, manibus frangi, ipse tamen Christus ab omnibus totus integer sumitur essentialiter, et vere et in cœlo totus et integer permanet cum Patre. Quod quomodo fieri possit, quia humanæ intelligentiæ residuum est, igni comburatur, quia ubi ratio deficit fides proficit : nec habet fides meritum, cui præbet humana ratio experimentum. Quod vero beatus Augustinus superius dixit (tract. 26 in Joan., n. 18) quod malus etiam si sacramentum manducet et bibat ad judicium, non tamen corpus et sanguinem Domini sumit, nisi maneat in Christo : non ideo dicit, quod a suo sacramento separari possit substantia, sed sicut Judæi corpore tenus eum crucifixerunt, et verus Christus erat, sic et Christiani sacramento tenus quidem sumunt vere quantum ad veram Christi essentiam; non tamen vere quantum ad suæ salutis efficientiam, ut unum sint cum ipso. Longe enim aliud est essentialiter sumi, vel videri, aliud vero spiritualiter. Unde in Evangelio : *Multi reges voluerunt videre quæ vos videtis* (Luc. x, 24) : non illud scilicet quod Judas vidit et tradidit, sed illud unde dixit : *Abraham pater vester exsultavit, ut videret diem meum ; vidit et gavisus est* (Joan. VIII, 56). Uterque enim Abraham scilicet et Judas Christum viderunt ; vere quidem, sed alter corporaliter, alter spiritualiter, alter damnabiliter, alter salubriter.

CAP. LXIII. *Quod sacramentum non specie sola, sed etiam re sumendum est, ut tanquam cum Christo unum simus.*

Quod etiam Augustinus distinguens in homilia (tract. 27 in Joan., n. 1) ait : « Carnem Christi et sanguinem non edamus tantum in sacramento, quod et multi mali, sed usque ad spiritus participationem, ut in Domini corpore tanquam membra maneamus, ut ejus spiritu vegetemur. »

CAP. LXIV. *Quod non nocet si mali sumunt nobiscum sacramenta, qui aut ignorantur aut tolerantur.*

Et quia prohibetur sanctum dari canibus, ne putaremus omnino malos, quos aut ignoramus, aut toleramus, a tanto sacramento arcendos, subdit (ibid.) : « Et ne scandalizemur etiam si multi nobiscum manducant et bibunt temporaliter sacramenta, qui habebunt in fine æterna tormenta ; quia non consumit trituratio, quod purgatura est ventilatio : et in hoc sæculo necesse habemus usque in finem inter malos vivere. » Unde idem contra Donatistas : « Communicatio malorum non maculat aliquem participatione sacramentorum, sed consensione factorum. »

CAP. LXV. *Quod per ministrum reprobum, sed tamen catholicum remissio peccatorum detur.*

Ut autem sufficienter ostensum sit quod et mali sacerdotes verum corpus et sanguinem Christi, non pro merito, sed pro officio suo consecrant, et omnes mali tam ipsi quam cæteri verum corpus et sanguinem Domini manducant licet ad judicium : videamus etiam si mali possent dare remissionem peccatorum. Unde Augustinus, in libro De verbis Domini (serm. 71), n. 37 : « Ita fit verbum contra Spiritum sanctum, cum ex dispersione ad congregationem, nunquam venitur : quæ ad remittenda peccata accipit Spiritum sanctum. Ad quam congregationem etsi per malum clericum, sed tamen catholicum, ministrum reprobum et fictum aliquis accesserit corde non ficto : in ipso Spiritu sancto accipit remissionem peccatorum, qui Spiritus per reprobum ministerium probos colligat : in quo notatur, quod non ab hæretico, sed a quolibet catholico, quamvis peccatore, remissio detur peccatorum, vel in baptismate, vel in confessione per Spiritum sanctum. »

CAP. LXVI. *Quod non merito ministrorum, sed gratia et justitia Spiritus sancti solvuntur vel ligantur peccata a Deo, ut neque intra Ecclesiam sit qui injuste admittitur, neque extra qui ab ea injuste repellitur.*

Unde Augustinus, De remissione peccatorum, ut evidenter ostenderet Dominus a Spiritu sancto, quem donavit fidelibus suis, dimitti peccata, non meritis hominum, quodam loco sic ait : « Accipite Spiritum sanctum ; » continuo subjungens : « Si cui remiseritis peccata, remittentur ei, » hoc est Spiritus remittit, non vos. » Proinde, sicut is quem sacerdos in Ecclesiam tollit, est tamen extra Ecclesiam, et non est de corpore ; ita intra Ecclesiam est et de corpore, si quis per pastoris præjudicia compellitur foris esse. In quo ostenditur non in voluntate vel merito boni vel mali, sed ex sola gratia vel justitia Spiritus sancti solvi peccata vel ligari.

CAP. LXVII. *Quod injusta excommunicatio potius nocet excommunicanti, quam excommunicato.*

Unde idem ad Cassium [ad Classicianum] : « Illud plane non temere dixerim, quod si aliquis fuerit excommunicatus injuste ; ei potius oberit, qui faciet injuriam. » Unde idem, in libro De summo bono : « Nec natura Dei potest nocere quidquam, nec natura Dei injuste nocere, nec nocere patitur quemquam. » Item ad clerum Hipponensem (epist. 78, n. 4) : « Quid obest homini quod ex illa tabula [apud Aug. non vult eum recitari] vult eum rapere humana ignorantia, si de libro viventium non eum deleat [apud Aug. iniqua] humana conscientia ? »

CAP. LXVIII. *Quod non solum culpa, sed etiam ordo observandus est in judicio.*

Unde idem, in libro De pœnitentia, ne quilibet

damnetur pro ignorantia judicis, ait (ser. 351, n. 10): « Noluit Deus hominem ab homine judicari ex arbitrio suspicionis, aut extra ordinem usurpato judicio, sed potius ex lege Dei, sed ordine Ecclesiæ; sive ultro confessum, sive accusatum, sive etiam convictum. » In quibus omnibus constat non pro merito, sed pro officio sacerdotis, secundum ordinem justitiæ quemlibet ligari vel solvi.

CAP. LXIX. *Quod a pseudoepiscopis potest rata haberi ordinatio.*

De ordinibus vero quod a malis sacerdotibus ministrari possint quia superius satis dictum est: nunc vel parum dixisse sufficiat. Ait enim Leo, cap. 25: « Quod si qui clerici præsidentium a pseudoepiscopis ordinati sunt, potest rata haberi ordinatio talis. »

CAP. LXX. *Quod omnia sacramenta a peccatore, sed tamen catholico rite ministrentur.*

Et ut bene concludam omnia sacramenta a malis sacerdotibus, sed tamen catholicis posse rite ministrari, ait Augustinus contra Donatistas in libro v (cap. 20, n. 28): « Quomodo Deus exaudit homicidam precantem, vel super aquam baptismi, vel super oleum, vel super eucharistiam, vel super capita eorum quibus manus imponunt? Quæ omnia fiunt et valent tamen, etiam per homicidas, id est per eos qui oderunt fratres, et in ipsa intus Ecclesia. » Et bene determinat. Nam extra Ecclesiam, non est fides neque meritum, quid potest valere sacramentum?

CAP. LXXI. *Quod in unitate Christiana non obest malus sacerdos vel collegis bonis vel popularibus subditis.*

Unde Augustinus ad Parmenianum, libro II (cap. 5, n. 10): « Unicuique tribuit Deus secundum cor suum. Nam, si primis temporibus non obfuerunt mali sacerdotes, vel collegis bonis, sicut fuit Zacharias; vel popularibus, sicut fuit Nathanael, in quo dolus non erat, quanto magis nihil obest in unitate Christiana episcopus malus, vel coepiscopis, vel laicis bonis, cum jam ille sacerdos secundum ordinem Melchisedech, et pontifex noster sedens ad dexteram Patris interpellat pro nobis qui traditus est propter delicta nostra et resurrexit propter justificationem nostram? Nec illud bonis obest, sed offerentibus, quod verissime dictum est: *Dona impiorum non probat Altissimus* (*Eccli.* XXXIV, 23): non enim dixit dona eorum qui pro pace tolerant iniquos, non probat Dominus... *Sacrificia*, inquiunt, *impiorum execratio est Domino. Etenim inique offerunt illa* (*Prov.* XXI). Jam supra responsum est, quia non est iniquus Christus qui pro nobis seipsum obtulit, et noster in cœlo mediator est : quo suam Ecclesiam gubernante bonis mali non oberunt, qui vel ignorantur, vel pro pace tolerantur. Quorum crimina bonorum charitati in unitate omnia toleranti nihil nocerent, si forte, ea etiam cognita, judicibus ecclesiasticis persuaderi non possent. Sacrificia ergo impiorum eis ipsis oberunt qui impie offerunt. Nam unum atque idem sacrificium propter nomen Domini quod invocatur et semper sanctum est, et tale cuique fit, quali corde ad accipiendum accesserit. » Et post pauca (cap. 7, n. 12) : « Dicant ergo mihi cui sancto secundum salutem spiritualem obfuerit, vel in sacerdotibus vel in populo constitutus, malus atque maculatus sacerdos. Ubi erat Moyses et Aaron, ibi murmuratores sacrilegi; ubi Caiphas, ibi Simeon et cæteri boni; sed sarcinam suam unusquisque portabit. » Et post pauca (cap. 8, n. 15) : « In Evangelio, inquiunt, scriptum est : *Peccatores Deus non audit, sed si quis Deum colit et voluntatem ejus facit illum audit* (*Joan.* IX, 31). An propterea dicunt hoc, ut intelligatur episcopus malus non exaudiri cum pro populo rogat. Quod si ita esset, non ideo tamen populus, si bonus atque fidelis est, sollicitus esse debet. Securos enim facit illos Scriptura, quæ ait : *Fratres, hæc scribo vobis, ut non peccetis ; et si quis peccaverit advocatum habemus apud Patrem Jesum Christum justum, et ipse est propitiatio pro peccatis nostris* (*I Joan.* II, 1). Non dixit, habetis mediatorem me apud Patrem, sed advocatum habetis Jesum Christum. » Et post pauca (cap. 8, n. 16, 17) : « Mediator unus Dei et hominum, homo Jesus Christus, in quo nos unum sumus : sic servemus unitatem in vinculo pacis, nec propter malos bonos deseramus, sed propter bonos malos sufferamus, cum certum etiam sit quia peccatores Deus audit, quia Balaam propheta non de populo Israel, sed alienigena conductus ab amico (*Num.* 24, 1), ut populo Dei malediceret conversus a Deo ad benedicendum cujus verba omnia bonum imprecantis audimus et legimus, et cum aliud habet in voto, verba tamen precantis bona sunt et pro populo exaudiuntur a Domino. Unde non mirum est, si verba bona, quæ pro populo dicuntur in precibus, etsi a malis dicantur episcopis, exaudiri tamen non pro necessitate præpositorum, sed pro devotione populorum. Verum quod scriptum est in Evangelio; *Peccatores Deus non audit* (*Joan.* IX, 31), non a Domino dictum, sed ab illo qui oculos corporis jam quidem restitutos habebat, sed ei oculi cordis nondum patebant. Unde ipsum Dominum adhuc prophetam putabat : cum postea cognitum Dei Filium adoravit. Ipse autem Dominus cum in templo orarent Publicanus et Pharisæus, peccatorem confitentem peccata sua magis justificatum dicit, quam Pharisæum jactantem merita sua. Quanquam enim justificatus destiterit esse peccator, tamen ut justificaretur orabat, et peccata confitebatur. Exauditur, justificatus est. Non desineret esse peccator nisi prius exaudiretur peccator. Quamobrem omnem quidem peccatorem exaudiri, sed tamen non omnem peccatorem non exaudiri Veritas testis est. Sed objiciunt quod in Psalmo dicitur : *Peccatori autem dixit Deus: Quare tu enarras justitias meas et assumis testamentum meum per os tuum?* (*Psal.* XLIX, 16). Non intelligunt ad hoc, ut sciat peccator sibi non prodesse verba quæ pronuntiat, sed quod dicit ipse non facit · verumtamen aliis prodesse quæ per malos audiunt et faciunt, ipse Dominus docet in Evangelio : *Super cathedram Moysi sederunt Scribæ et Pharisæi : quæ dicunt facite, quæ autem faciunt nolite facere (Matth. XXIII, 3).*

Cap. LXXII. *Quod in mandatis Domini audiendis non per quem, sed quid a quo dicatur attendendum est.*

Unde Gregorius : « Nemo me hoc in loco despiciat propter me, quia sæpe evenit ut persona potens famulum despectum habeat , cumque per eum forte suis vel extraneis aliquod responsum mandat , non despicitur persona loquentis servi, quia servatur in corde reverentia mittentis, nec pensant qui audiunt per quem, sed quid vel a quo audiunt. »

Cap. LXXIII. *Quod omnia sacramenta, cum obsint indigne tractantibus, prosunt tamen per eos digne sumentibus.*

In omnibus quæstionibus intelligendum admonemus, quia scilicet omnia sacramenta, cum obsint indigne tractantibus, prosunt tamen per eos digne sumentibus, sicut verbum Dei : unde dictum est : *Quæ dicunt facite, quæ autem faciunt facere nolite.* Et revera in Ecclesia non possunt mali ministri præjudicare divinæ gratiæ; quia Spiritus sanctus, cum sit omnipotens , liber est ad omnia , ubi vult spirat *(Joan. III, 8),* quando vult, et quomodo vult; nunc per seipsum, nunc per ministros tam bonos quam malos. Unde Apostolus : *Divisiones gratiarum sunt. Unus autem Dominus, qui operatur omnia in omnibus, dividens singulis prout vult (I Cor. XII, 9);* si ergo ipse omnia in omnibus; et nemo aliquid præter ipsum : Unde Dominus ad Moysem : *Congrega mihi septuaginta viros et duces eos ad tabernaculum fœderis, et auferam de spiritu tuo, tradamque eis (Num. XI, 16).* Non dixit, auferes et trades; sed, auferam et tradam. Quod ne etiam merito congregandi vel ducendi eos ascriberetur, duo ex his qui descripti fuerant, ad tabernaculum non venerunt; et tamen Moyse non ducente, sicut cæteri Spiritum acceperunt. Qui licet de spiritu Moysi ablatus dicitur, nullo tamen ejus dispendio factum est aliter, quam si ardente candela centum aliæ accendantur : sed ideo dictum est, ut unus idemque Spiritus in prælatos et sublitos diffundi credatur. Similiter et in nova gratia cum soleret tantum dari per impositionem manus, tamen adhuc loquente Petro , cecidit Spiritus sanctus super omnes. Similiter, ut legitur in Dialogo Gregorii : « Non ordinante episcopo , sed linguam ejus phlebotomante angelo , idiota factus est prædicator egregius. »

Cap. LXXIV. *Quod malum bonis bene datur, sicut angelus Satanæ Paulo ad custodiam, et bonum malis male sicut Caiphæ spiritus prophetiæ ad ruinam.*

Sed quid mirum de bonis, cum etiam malos inspirando organum suum Spiritus sanctus fecerit ? Balaam, cum esset ariolus, oriri stellam ex Jacob prophetavit ; Nabuchodonosor cum tribus pueris in camino quartum similem Filio cognovit ; Saul, cum David persequeretur, cum Samuele in Ramata propheta inter prophetas exstitit *(I Reg. XIX, 24).* Caiphas, cum esset pontifex anni illius, de salute mundi bene prophetavit. Et quid mirum de his cum etiam Deus in ore asinæ ad increpandum Balaam, verba sua posuerit ? Sicut serpens homini, sic asina locuta est Balaam. Illud opus fuit diabolicum, istud angelicum. Huic ergo Balaam cannum suæ potentiæ in ore posuit ; populum quem maledicere volebat benedicere coegit. Quorsum hæc omnia, nisi ut credamus quia Spiritus sanctus non semper ubi dignum est, sed ubi vult, et quomodo vult, spirat ? qui ad malos quidem se venire, sed non manere designans, ad bonos venire et mansionem facere denuntiat. Ergo nulla merita præjudicare possunt suæ gratiæ vel potentiæ, cum dicat Dominus ad Moysem de filiis Aaron : *Invocabunt nomen meum super filios Israel, et benedicam eis (Num. VI, 27).* Itemque in Exodo : *Ego Dominus qui sacrifico vos.* Unde ait Augustinus : « Sint justi ministri, si volunt. » Si autem nolunt, securum me facit magister, dicens : *Quæ dixerint servate et facite (Matth. XXIII, 3),* non ipsi, sed ego qui sacrifico vos. Quid enim præjudicavit Samueli quod fuit Heli discipulus et cum Ophni et Phinees, qui sub Heli perierunt, nutritus ? Quid contulit Judæ, quid eum cæteris apostolis a Domino electus est ? Quid Nicolao, quod ab apostolis in gradu levitico assumptus est ? Paulo datus est angelus Satanæ ad custodiam, Balaam vel Caiphæ prophetiæ spiritus ad ruinam. Unde Augustinus in homilia 62 (tract. 62 in Job, n. 1) : « Multum interest non quid accipiat, sed quis accipiat, nec quale sit quod datur, sed qualis sit cui datur. Nam et bona obsunt, et mala prosunt, sicut fuerint quibus dantur. Quid ergo miraris, si datus est Judæ panis Christi per quem mancipareretur diabolo, cum econtra videas datum Paulo angelum diaboli per quem perficitur in Christo ? Ita et malo bonum obfuit, et bono malum profuit ; quia malo non consentit. »

Cap. LXXV. *Quod solo consensu mala fiunt ; quia nullum est peccatum nisi voluntarium.*

Unde Hieronymus ad Rusticum (epist. 95, al. 4) : « Vas electionis macerat corpus suum et subjicit servituti, et tamen cernit naturalem ardorem carnis suæ repugnare sententiæ, ut quod non vult agere compellatur, et quasi vim patiens clamat : *Miser ego homo, quis me liberabit de corpore mortis hujus ? (Rom. VII, 24.)* Unde Augustinus in libro Retractationum : « Usque adeo peccatum voluntarium est malum, ut nullo modo sit peccatum , nisi sit voluntarium. » Potest videri falsa hæc definitio ; sed si diligenter discutiatur, invenitur verissima. Peccatum quippe illud cogitandum est quod tantummodo peccatum est, non quod pœna peccati.

Cap. LXXVI. *Quod etiam commistio carnaliter non est peccatum sine consensu voluntatis.*

Unde etiam cum in commistione carnali difficillime consensus excusari possit ; tamen Hieronymus, libro II, ait : « Finge in persecutione aliqua virginem prostitutam : hæc quia voluntarie non peccat, apud Evangelium virgo suscipitur, in lege quasi corrupta repudiatur. » Idem in libro Hebraicarum Quæstionum : « Corpus mulieris non vir maculat, sed voluntas. » Unde Augustinus, in libro I De civitate Dei (cap. 18) : « Proposito autem manente, per quod etiam corpus sanctificari meruit, nec ipsi corpori aufert sanctitatem violentia alienæ libidinis, quam servat perseverantia suæ continentiæ. » Item et hinc admonemur, « ita non amitti corporis sanctitatem, manente animi sanctitate, etiam corpore oppresso, sicut amittitur corporis sanctitas violata animi sanctitate. » Unde idem, in libro De libero arbitrio : « Pudicitiam quis dubitet in animo constitutam, cum sit virtus ? unde a violento stupratore eripi ipsa non potest. » Et quid mirum, ubi non est consensus, non esse culpam, cum etiam ubi est consensus, sed tamen rationabilis discretionis intentio, venialem vel nullam habet culpam ?

CAP. LXXVII. *Quod etiam in consensu carnalis commistionis, si adhibeatur ratio, vel annullatur vel minuitur culpa.*

Unde Augustinus de bono conjugali (cap. 6) : « Conjugalis concubitus generandi gratia non habet culpam concupiscentiæ satiandæ; sed tamen cum conjuge propter tori fidem venialem habet culpam, adulterium vero sive fornicatio lethalem habet culpam. » Cum ergo in tam unica unitate ubi duo sunt in carne una... Unde Augustinus ait paulo post : « Quia multo facilius se abstinent, ut non utantur, quam temperent et bene utantur, vel non consentiendo, vel discrete consentiendo peccatum vel vitetur vel temperetur; multo magis in Ecclesia, ubi diversæ sunt voluntates et actiones, vel non consentiendo vel tolerando cum discretione possunt quilibet a prælatorum et confratrum culpis immunes, et sacramentorum cœlestium cum ipsis esse ad salutem participes. »

CAP. LXXVIII. *Quod quibus placent mali, illi tantum communicant malis, quibus autem displicent non communicant.*

Unde Augustinus : « Quibus mali placent in unitate, ipsi communicant malis. Quibus autem displicent, etiam eos emendare non possunt, ne simul cum zizaniis eradicent et triticum, non factis eorum sed altari communicant : ita ut non solum ab eis non maculentur, sed divinis verbis laudari mereantur, quia pro bono unitatis tolerant quod pro bono unitatis oderunt. »

CAP. LXXIX. *Quod aliquando subtrahenda est correctio malis ne ipsi vel deteriores fiant, vel etiam exacerbati aliis noceant.*

Item Augustinus, De civitate Dei libro I, cap. 60 : « Si propterea quisque objurgandis et corripiendis male agentibus parcit, quia opportunum tempus inquirit, vel eisdem ipsis ne deteriores ex his efficiantur, vel ne ad bonam vitam et piam erudiendos impediant alios infirmos et premant, non videtur esse cupiditatis occasio, sed consilium charitatis. »

CAP. LXXX. *Quod nullum est detrimentum cum pseudoepiscopis et presbyteris conversari, et non consentire.*

Unde Zacharias papa Bonifacio, in ea epistola cujus est initium : *Benedictus o Deus et Pater* : Propter hoc quod cum pseudoepiscopis et presbyteris conversatus es, non consentiens iniquitati eorum, nullum tibi detrimentum est coram Deo. »

CAP. LXXXI. *Quod culpis prælatorum implicantur, qui aliquem consensum eis accommodant.*

Unde Cyprianus martyr econtra, in epistola sua : « Non sibi plebs blandiatur, quasi immunis esse possit a contagione delicti, cum sacerdote peccatore communicans, et ad illicitum præpositi sui crimen assensum accommodans. Constat enim omnes eodem crimine constringi, quotquot fuerint injusti et profani sacerdotis sacrificio contaminati. » Nonne enim quia Jonas cum inobedientia esset in navi, navis periclitabatur conteri ? quia Achaz cum anathemate laminæ aureæ erat in Israel, exercitus percussus et fugatus est ab urbe Hai. Si ergo ita punitum est in culpæ ignaros, quid fiet in conscios et consentientes ?

CAP. LXXXII. *Quod caute cavendi sunt mali, ne eorum culpis implicemur, et abjiciendi de Ecclesia, ne cum eis periclitemur.*

Unde Ambrosius in homiliis : « Unius delicto cunctorum merita quatiuntur : dormiebat enim Christus Petro, ne vigilaret Judæ. Ergo si unius rei de peccato cuncti periclitantur apostoli, hoc exemplo caveamus perfidum, caveamus proditorem, ne per unum plures fluctuemus. Quin etiam hujusmodi abjiciamus de nostra navicula ut non obdormiat, sed vigilet nobis Dominus. Pro actibus enim nostris obdormit aut vigilat Dominus. » Et paulo post : « Unius culpa cunctis confertur ignavia, et unius delicto omnibus generatur infirmitas. » Quod autem Dominus pro aliena culpa istos quamvis ignaros punivit, ideo fecit, ne pro quavis simplicitate vel ignavia alienis malis implicemur, sed circumspecte ne eis aliquem præbeamus assensum attendamus : unde Dominus in Evangelio : *Attendite a falsis prophetis, qui veniunt ad vos in vestimentis ovium ; intrinsecus autem sunt lupi rapaces* (Matth. VII, 15). Ecce Dominus malitiam quavis specie virtutis velatam, caute jubet esse attendendam. Unde Apostolus : *Probate spiritus, si ex Deo sunt* (I Joan. IV, 1). Et iterum : *Nolite omni spiritui credere* (ibid.).

CAP. LXXXIII. *Qua discretione complenda sit tanta diversitas Scripturarum, quia mali modo jubentur excommunicari, alii autem mediocriter corrigi, ut curentur.*

Unde ergo dictum est, quod mali pro pace Ecclesiæ sunt tolerandi etiam cogniti, cum nullomodo nobis noceant, neque conversatione, neque sacramentorum participatione, sed potius prosint fidelibus et prædicatione sua, et oratione, cæterisque omnibus ecclesiasticis mysteriis, sive ea celebrent occasione, sive, ut ait Apostolus, veritate : de quorum tolerantia nos Augustinus laude dignos astruit, ab illis nobis esse attendendum Dominus in Evangelio admonet; illos Ambrosius ejicere de Ecclesiæ navicula, ne cum illis pereamus jubet : unius enim culpam cunctis conferre ignaviam docet. Ex qua præceptorum varietate sanctis, quorum unus est spiritus non dissensionis sed pacis, non est ulla contrarietas imputanda. Sed cum omnes viæ Domini sunt misericordia et veritas, maxima discretio est attendenda, qua cum Psalmista misericordiam et judicium Deo cantemus (*Psal.* c, 1), ut scilicet non dissone, sed concinne et concorditer utrumque esse exsequendum suo ordine, sua discretione demonstremus. Et illud igitur est faciendum, et hoc non est omittendum; sed est suum tempus tolerantiæ, est etiam suum disciplinæ. Ut enim ait Salomon : *Est tempus plantandi, est tempus evellendi* (*Eccle.* III, 2). Quandiu enim mali accusari nequeunt, vel quia accusationis documentis deserimur, quia deest accusator, vel numerus, vel probitas, vel culpæ talis evidentia cui testificari possint, vel etiam a malis Ecclesiæ judicibus non audirentur, etiamsi accusarentur ; vel quia etiam accusatores corrigere non possent, sed pejerarent; vel quia tales personæ sunt quæ vel per se vel per fautores suos toti Ecclesiæ concitare possunt scandalum vel schismatis vel oppressionis, tandiu sunt tolerandi, nec tamen ullo consensu amplectendi; sed tamen quia intentione, vel fragilitate, vel necessitate faciant, diligenter considerandi. Ut ergo misericordia cantetur et consonet cum judicio, temperamentum discretionemque utriusque describit Augustinus in libro De fide et operibus (cap. 3, n. 4) : « Prohibet Dominus Sanctum dari canibus, nec contrarius est Apostolus Domino, qui dicit : *Peccantes coram omnibus argue : ut et cæteri metum habeant* (*I Tim.* v, 20), cum ille dicat : *Corripe eum inter te et ipsum* (*Matth.* XVIII, 15). Utrumque enim faciendum est, sicut diversitatis infirmitas admonet eorum, quos utique non perdendos, sed corrigendos curandosque suscepimus, et alius sic, alius autem sic sanandus est. Ita est etiam ratio dissimulandi et tolerandi malos in Ecclesia : et est rursus castigandi ratio, corripiendi, non admittendi, vel a communione removendi. Errant autem homines non servantes modum, et cum unam in partem proclivem ire cœperint, non respiciunt divinæ auctoritatis alia testimonia, quibus possint ab illa intentione revocari, et in ea quæ ex utrisque temperata est consistere varietate ac moderatione. Quidam intuentes præcepta severitatis quibus admonemur corripere inquietos, nec dare Sanctum canibus, ut ethnicum habere Ecclesiæ contemptorem, a compage corporis membrum quod scandalizat evellere, ita conturbant Ecclesiæ pacem, ut conentur ante tempus separare zizania, atque hoc errore cæcati, ipsi potius a Christi unitate separantur. Quidam vero econtrario periclitantes, cum bonorum et malorum commistionem in Ecclesia demonstratam vel prædictam esse perspexerint, et patientiæ præcepta dederint (quæ nos firmissimos reddunt, ut etiamsi videntur in Ecclesia esse zizania, non tamen impediatur fides aut charitas nostra, ut quoniam zizania esse cernimus, ipsi de Ecclesia recedamus, destituendam putantes Ecclesiæ disciplinam), quamdam perversissimam securitatem præpositis tribuunt, quasi ad eos non pertineat nisi dicere quid cavendum quidve faciendum sit, quodlibet autem quisquis faciat non curare. Nos vero ad sanam doctrinam pertinere arbitramur, ex utrisque testimoniis vitam sententiamque moderari : ut canes in Ecclesia propter pacem Ecclesiæ toleremus, et canibus Sanctum ubi est pax Ecclesiæ tuta non demus. Cum ergo sive per negligentiam præpositorum, sive per aliquam excusabilem necessitatem, sive per occultas obreptiones invenimus in Ecclesia malos, quos ecclesiastica disciplina corrigere non possumus; tunc, ne ascendat in cor nostrum impia et perniciosa præsumptio, qua existimemus nos ab his esse separandos, ut peccatis eorum non inquinemur, veniant in mentem illæ de Scripturis similitudines, et divina oracula, et certissima exempla, quibus demonstratum est malos in Ecclesia permistos bonis usque ad finem sæculi tempusque judicii futuros, et nihil bonis in unitate ac participatione sacramentorum, qui eis factis non consenserint, obfuturos. Cum vero eis, per quos Ecclesia regitur, adest salva pace potestas disciplinæ adversus improbos exercendæ; tunc rursus ne socordia segnitiaque dormiamus, aliis aculeis præceptorum quæ ad severitatem correctionis pertinent, excitandi sumus, ut gressus nostros in via Domini ex utrisque testimoniis, illo duce adjutore dirigentes, nec patientiæ nomini torpescamus, nec obtentu diligentiæ sæviamus. » Et post pauca : « Si in præfata condescensione a quolibet calumniaris de aliquo simulandi vel fingendi genere, legimus quod utilis simulatio assumenda est in tempore. Unde et Cephas subtrahebat et segregabat se timens eos, cum vas electionis totundit caput et Timotheum circumcidit. Ipse quoque Filius Dei finxit se longius ire, et nescire quod sciebat. » Item, in eodem cap. 180 : « Cavendum est ne ideo putemus esse propositas istas similitudines tritici vel zizaniorum, ut dormiat Ecclesiæ disciplina, de qua in figura illius mulieris dictum est severæ conversationis domus ejus ; sed moneo ne eo usque progrediatur dementiæ potius temeritas quam severitas disciplinæ, ut quasi bonos a malis per nefaria schismata separare præsumat. Neque enim per has similitudines et pronuntiationes consilium desidiæ bonis datum est, ut negligant quod prohibere debent; sed patientiæ, qua perferant, salva doctrina veritatis, quod emendare non valent. »

Cap. LXXXIV. *Quod aliqui non sunt excommunicandi, ne alios sua excommunicatione contaminent.*

Unde item Augustinus ad Emeritum Donatistam (epist. 87, n. 4) : « Non reprehendimus si eo tempore, ne multos secum excommunicatus traheret, et communionem vestram schismatis furore procideret, Optatum excommunicare noluistis. »

Cap. LXXXV. *Quod non est correctio differenda.*

Unde item Augustinus ad Parmenianum libro II (cap. 11, n. 25) : « Cum appareat nihil esse gravius schismatis, procidendæ unitatis nulla est necessitas justa; cum sibi nequaquam spiritualiter nocituros malos ideo tolerent boni, ne spiritualiter sejungantur a bonis; cum disciplinæ severitatem consideratio custodiendæ pacis refrenat aut differt, quam tamen securitas exerit; cum apparet sine schismatis vulnere ad salubriorem correctionem posse ecclesiastico judicio vindicari. »

Cap. LXXXVI. *Quod aliquando peccatori subserviendum est, non in his quæ male, sed quæ bene agit, etiamsi male intendat.*

Sed et boni si subministrent interim, vel congaudeant malis non in malo, sed si quid forte bene gesserint, etiam mala intentione; non nocet. Unde post pauca Augustinus (videtur deesse *libro*) eodem (lib. II cont. Parm., c. 18, n. 37) : « Quis dicit peccatorem esse adjuvandum, ad hoc utique in quo peccare non vult, sicut ipse Achaz, quem audivit Josaphat eundo ad prælium cum illo, cum ille Michææ prophetæ contemneret verba ? (*II Reg.* XXII, 18) sed tamen ut liberarentur a periculo bellico, cætera ejus benefacta prævaluerunt. Qui autem versatur in Ecclesia Dei, ubi sunt et illi qui sua quærunt, non quæ Jesu Christi, qui per invidiam et contentionem Christum annuntiant non caste, et dicit : sive per veritatem, sive per occasionem, Christus annuntietur (*Philip.* I, 15), in hoc gaudeo, sed et gaudebo, impollutus inter eos permanet, quia non eis ad sua quærenda consentit, cum hoc culpet atque reprehendat, nec eos ad peccatum adjuvat, sed ad hoc unde Christus latius prædicetur ab eis qui audiunt et faciunt, per eos quod dicunt non quod faciunt, Christus credatur, in Christo speretur, Christus diligatur. »

Cap. LXXXVII. *Quod correctio peccatorum charitative et misericorditer exercenda est et discrete.*

Et post pauca in eodem (*ibid.*, cap. 21, n. 41) : « Ita plane aliquis malis sociatur, si malis aliquid cum eis committit, aut committentibus favet. Si autem neutrum facit, nullomodo sociatur. Porro si addat tertium, ut non sit in judicando piger, sed vel corripiat justus in misericordia et arguat, vel si eam personam gerit, et ratio pacis admittit, coram omnibus peccantes arguat, ut cæteri timeant, removeat etiam vel ab aliquo gradu honoris vel ab ipsa communione sacramentorum, et hæc omnia cum dilectione corrigendi, non odio persequendi, plenissimum officium non solum castissimæ innocentiæ, sed diligentissimæ severitatis implevit. Ubi autem cætera impediuntur, illa duo semper retenta incorruptum servant, ut nec faciat malum, nec approbet factum. »

Cap. LXXXVIII. *Quod peccatum est correctionem differri, si sine impedimento potest fieri.*

Et post pauca (*ibid.*, cap. 22, n. 42) : « Ideo ecclesiastica (66) regula corrigendum est, ne ad multos persuadendo perveniat. Quod ubi fieri res pacis permittit, et non fit; ipsa negligentia culpam trahit, et in periculo consentiendi, vel per desidiam corrigendi. » Et post pauca, lib. III (cap. 1, n. 12) : Quisquis contempserit Ecclesiæ Dei disciplinam, ut malos cum quibus non peccat, et quibus non favet desistat monere, corrigere, arguere, si etiam talem gerit personam, et pax Ecclesiæ patitur, etiam a participatione sacramentorum separare, non alieno modo peccat, sed suo. Ipsa quoque in tanta re negligentia grave malum est, ideo Apostolus admonet ut auferat malum a seipso, non solum scilicet audaciam committendi, sed et pigritiam corrigendi, et negligentiam vindicandi. »

Cap. LXXXIX. *Quod quando plures eodem contaminati sunt morbo, potius est differenda, quam exercenda correctio, quia melius est aliquos in Ecclesia non corrigi, quam ipsam scindi.*

Et post pauca hoc exponens, ait (lib. III, c. 2, n. 13) : « Cum de frumentorum certa stabilitate certa securitas manet, id est quando ita cuique crimen notum est, et omnibus exsecrabile apparet, ut vel nullos prorsus vel tales non habeat defensores per quos possit schisma contingere, non dormiat severitas disciplinæ : in qua tanto est efficacior emendatio pravitatis, quanto diligentior conservatio charitatis. Tunc autem hoc sine labe pacis et unitatis, et sine læsione frumentorum fieri potest, cum congregationis Ecclesiæ multitudo ab eo crimine quo anathematizatur aliena est. Tunc enim adjuvat præpositum potius corripientem quam criminosum resistentem; tunc se ab ejus conjunctione salubriter continet, ut nec cibum cum eo capiat. Tunc ille et timore percutitur, et pudore sanatur, ab universa Ecclesia anathematizatum se videns. » Et post pauca (*ibid.*, n. 14) : « De tali medicina ait Apostolus : Satis huic est correptio quæ fit a multis : cum scilicet ille corripitur qui non habet sociam multitudinem. Cum vero idem morbus plurimos occupaverit, nihil aliud bonis restat, quam dolor et gemitus, et divinæ disciplinæ severa misericordia est necessaria. Nam consilia separationis inania sunt, et perniciosa, et sacrilega : et plus perdunt infirmos bonos, quam corrigunt animosos malos. »

Explicit prima pars libri.

---

(66) Apud Augustinum, *ecclesiastica disciplina*.

PARS SECUNDA

Cap. I. *Quod in disciplina Ecclesiæ modus et tempora servanda sunt.*

Quia superius de malorum tolerantia satis dictum videtur, de eorumdem disciplina canonice exercenda, quis modus discretionis vel ordinis exhibendus sit explicemus. Unde Augustinus ad Parmenianum lib. III (cap. 2, n. 15), ait : « Ut per correptionem separationis de congregatione fratrum auferendus sit, studio sanandi, non odio perimendi faciendum est. Et adhibendus est modus, temporaque servanda, ne pax Ecclesiæ violetur, in qua maxime tritico est parcendum, ne cum zizaniis eradicetur. Et hoc quilibet diligenter cogitet, ne in conservatione unitatis negligat disciplinæ severitatem, nec immoderatione coercitionis dirumpat vinculum societatis. »

Cap. II. *Quod disciplina bona intentione est exercenda, et magna discretione.*

Ad quod quidem exsequendum maxime valet bona intentio : Unde Leo Rustico episcopo Narbonensi (epist. 92) : « Constanter tenenda est justitia, et benigne præstanda clementia. Odio habeantur peccata, et corripiantur homines tumidi, tolerentur infirmi, et quod severius castigari necesse est, non sævientis plectetur animo, sed medentis. » Unde in libro De vera religione Augustinus : « Nihil enerviter faciant, nihil audacter in peccatis eorum; vel pellant omnino iram, vel ita frenent ut sit pulsæ similis. Magnopere observent cum judicant, ne nimium sit; cum ignoscunt, ne parum; nihil puniant quod non valeat ad melius; nihil indulgeant quod vertatur in pejus; inimicitias vitent cautissime, ferant æquissime, finiant citissime. In omni conversatione cum hominibus satis est servare hoc unum vulgare proverbium : *Nemini faciant quod pati nolunt.* » Item Augustinus in Soliloquiis : « Sicut dilectionem jussi sunt terrentibus debere qui timent, ita timentibus qui terrent. Nihil nocendi faciat cupiditate, omnia consulendi charitate : et nihil fiet inaniter, nihil inhumaniter. »

Cap. III. *Quod in disciplina magis est misericordia tenenda quam severitas.*

Unde Ambrosius, in libro I De pœnitentia adversus Novatianum (cap. 1) : « Debet justitiam temperare moderatio; nam, quemadmodum se tibi curandum præbeat quem fastidio habeas, qui contemptui, non compassioni medicum suum putat futurum? Ideo Dominus Jesus est passus pro nobis, ut ad se vocaret, non deterreret; mitis vero et humilis. Denique ait : *Venite ad me, omnes qui laboratis, et ego reficiam vos* (*Matth.* XI, 28). Reficit ergo Dominus; non excludit, neque abjicit; meritoque tales discipulos elegit, qui Dominicæ voluntatis interpretes, plebem Domini colligerent, non repudiarent.

Unde liquet eos inter Christi discipulos non habendos , qui dura pro mitibus, superba pro humilibus sequenda opinantur, et cum ipsi misericordiam quærant, aliis eam denegant. » Et post pauca (*ibid.*, c. 3) : « Distinctionem non facit, qui misericordiam suam promisit omnibus, et relaxandi licentiam sacerdotibus suis sine attemperatione concessit. » Et post pauca : « Ut agnoscamus Dominum misericordiæ magis esse indulgentem, quam severitatis tenacem , ipse ait : *Misericordiam magis volo quam sacrificium* (*Matth.* IX, 13). » Item (*ibid.*, cap. 4, n. 16) : « Ubi confitetur Dominus, pro omnibus confitetur, omnes complectitur : ubi negat, non omnes negat. *Omnis qui me confessus fuerit, confitebor et ego eum* (*Matth.* X, 32), hoc est omnem. Consequens erat ut infra quoque sic redderet, omnis autem qui negaverit; sed ne omnis negare videretur, ita subjecit : *Qui autem negaverit me coram hominibus, negabo et ego* (*ibid.*). Gratiam promittit omnibus, non omnibus minatur injuriam. Quod est miserationis exaggerat, quod ultionis extenuat. »

Cap. IV. *Quod et ignoscendo malis, et plectendo, semper dilectionis et correctionis intentione utendum est.*

Item Augustinus : « Non usque ad mortem protendenda est disciplina, ut sit cui prodesse possit, quia et plectendo et ignoscendo hoc solum bene agitur, ut vita hominum corrigatur. Quod si tanta est impietas, ut ei corrigendæ nec disciplina prodesse possit, nec venia ; tamen intentione qua Deus discernit dilectionis officium impletur, si in senem agendo, ita integritas servetur, ne humanitas amittatur. »

Cap. V. *Quot modis consensus malis exhibetur, laudando, imitando et tacendo.*

Sed quia consensus non est adhibendus malis prælatis, ut magis caveri possit, videas quot modis fiat : fit enim imitando, vel etiam non reprehendendo quod malum est. Ne consentiamus imitando prohibet Gregorius in Moralibus (lib. XXV, c. 16, n. 31) : « *Qui regnare facit hypocritam propter peccata populi* (*Job* XXXIV, 30) : Si, inquit, irato Deo ob merita nostra, rectores malos accipimus, in illorum actione colligere possumus quid de nostra æstimatione pensemus. Sed cavendum ne ad hoc veneremur, ut eos imitari cogamur, cum dicat Petrus obedire magis Deo quam hominibus (*Act.* V, 29). » Ne vero consentiamus laudando prohibet Augustinus dicens : « *Si videbas furem, currebas cum eo* (*Psal.* XLIX, 18). Ne forte diceres, non feci furtum, non feci adulterium : quid si placuit tibi qui fecit? Nonne ipso placito cucurristi? Nonne portionem tuam cum illo qui fecit laudando posuisti? Quia etsi non facis, et laudas quod fit, astipulator es facti. Non facis mala; laudas mala, hoc parvum malum? » Ne autem consentiamus non reprehendendo prohibet Leo : « Qui alios ab errore non revocat, seipsum errare demonstrat. » Et Gregorius (lib. x, c. 6) : « Consentire videtur erranti, qui ad resecanda vitia, ut corrigi debeat non occurrit. » Item Innocentius : « Error cui non resistitur approbatur ; et veritas, cum minime defensatur, opprimitur. » Et ne alicui erranti aliquem consensum præbeamus prohibet Pius papa : « Quid p.odest illum suo errore non pollui, qui consensum præstat erranti? »

CAP. VI. *Quod nec amore, nec metu tacenda est veritas.*

Item Fabianus : « Qui omnipotentem Deum metuit, nec contra Evangelium, nec contra apostolos, nec contra prophetas, sed suorum patrum instituta agere ullo modo consentit. » Quod nec etiam metu alicujus potestatis, vel scandalizandæ carnalis charitatis, si necesse fuerit, dimittatur, ait Augustinus : « Quisquis metu alicujus potestatis veritatem occultat, iram Dei super se provocat; quia magis timuit hominem quam Deum. » Item : « Certissimum est quod neque amicitia, neque propinquitas generis, neque regni sublimitas, debet esse pretiosior veritate. » Unde Gregorius, capite 48 : « Cum Moyses irascentem Deum populo cerneret, et eximi ad ulciscendum gladios jubet, illos a parte Dei denuntiavit existere, qui delinquentium scelera incunctanter ferirent, dicens : *Si quis est Domini, jungatur mihi, ponat vir gladium super femur suum. Ite et redite a porta usque ad portam, per medium castrorum, et occidat unusquisque fratrem suum* etc. (*Exod.* XXXII, 26.). De porta usque ad portam ire, est a vitio ad vitium per quod ad mentem mors ingreditur, increpando discurrere. Per medium vero castrorum ire, est tanta æqualitate intra Ecclesiam vivere, ut qui delinquentium culpas redarguit, in nullius se debeat favore declinare. Si ergo ille Dei dicitur, qui ad ferienda vitia zelo divini amoris excitatur, profecto esse Dei denegat, qui in quantum sufficit, increpare vitam carnalium recusat. »

CAP. VII. *Quod nec metu scandali nec compassione falsa veritas reticenda est.*

Sed hoc aliquando non gratia favoris, sed metu scandali vel compassione falsæ misericordiæ, solet reticeri, ut ait Gregorius in Ezechiele (hom. 7, n. 5) : « Quantum sine peccato possumus, vitare scandalum proximorum debemus. Si enim de veritate scandalum sumitur, utilius permittitur nasci scandalum, quam veritas relinquatur. »

CAP. VIII. *Quod licet pax exterius turbetur per increpationem, intus tamen tenenda est per dilectionem.*

Unde Gregorius in Pastoralibus (part. III) cap. 46 [22] : « Pax præsens ita tenenda est ut et diligi debeat et contemni, ne si immoderate diligitur, diligentis animus in pœna capiatur. Unde admo-

nendi sunt pacati, ne, dum nimis humanam pacem desiderant, pravos hominum mores nequaquam redarguant, et consentiendo perversis ab auctoris sui pace disjungant, ne, dum humana foris jurgia metuunt, interni fœderis discissione feriantur. Quid enim est pax transitoria, nisi vestigium pacis æternæ? Quid ergo est dementius quam vestigia in pulvere impressa, sed ipsum a quo impressa sunt non amare? Unde David testatur, quod cum malis concordiam non tenet, dicens : *Nonne qui oderunt te, Deus, oderam, et super inimicos tuos tabescebam? perfecto odio oderam illos, et inimici facti sunt mihi* (*Psal.* CXXXVIII, 21). Inimicos enim Dei perfecto odio odisse est, et quod facti sunt diligere, et quod facti non sunt increpare. Pensandum est igitur, quando ab increpatione quiescitur, quanta culpa et cum pessimis pax tenetur, si Propheta tantus hoc velut hostiam Deo obtulit, quod contra se pro Domino pravorum inimicitias excitavit. Hinc tribus Levi, quia noluit peccatoribus parcere, dicta est Deo manus consecrasse (*Exod.* XXXII, 27). Hinc Phinees coeuntem cum Madianitis percutit, et iram Domini iratus placavit (*Num.* XXV, 9). Hinc Veritas dicit : *Nolite arbitrari quia venerim pacem mittere in terra ; non veni pacem mittere, sed gladium* (*Matth.* x, 34). Unde Josaphat, qui tot de anteacta vita præconiis attollitur, de Achab regis amicitiis increpatur : *Impio,* inquit, *præbes auxilium; et his qui oderunt Dominum amicitiis jungeris* (II *Paral.* XIX, 2). Admonendi sunt ergo pacati, ne si ad correptionis verba prosiliant, temporalem pacem sibi perturbare formident : rursumque admonendi sunt ut eamdem pacem dilectione integra intrinsecus teneant, quam per invectionem vocis extrinsecus turbant. Unde Psalmista : *Cum his qui oderunt pacem eram pacificus : cum loquebar il is impugnabant me gratis* (*Psal.* CIX, 7). Ecce loquens impugnabatur, impugnatus erat pacificus ; quia nec insanientes cessabat reprehendere, nec reprehensos negligebat amare. Unde Paulus : *Si fieri potest quod ex vobis est, cum omnibus hominibus pacem habentes* (*Rom.* XII, 18). Quasi dicat : Si pax ab his corripiuntur expellitur, vestra tamen mente teneatur. Unde idem ad discipulos : *Si quis non obedit verbo, per epistolam hunc notate, et non commisceamini cum illo, ut confundatur* (II *Thess.* III. 14). Sed cum vitatur, ne etiam odio habeatur, subjunxit : *Et nolite ut inimicum existimare; sed corripite ut fratrem* (ibid., 25). Ac si dicat : Sic peccantem vestra discordia feriat, quatenus pax a cordibus vestris non discordet. »

CAP. IX. *Quod injusta est misericordia quæ malis et impœnitentibus impenditur.*

Sed quia indiscreti ex hac indicta charitatis pace in falsam misericordiam labuntur : « Ut ante pœnitentiam peccati velint ignoscere, ait Ambrosius in psalmo CXVIII (serm. 8, n. 25), est injusta misericordia. Denique in lege scriptum est : *Non misereberis ejus* (*Deut.* XIX, 13), et in libro Regum, quia propterea Saul contraxit offensam, qui miseratus est Agag hostium regem (*I Reg.*, xv, 8), quem prohibebat divina sententia servari : ut si quis latronis filii deprecationibus motus, et lacrymis conjugis flexus, putat absolvendum cui adhuc latrocinandi aspiret affectus, nonne innocentem tradet exitio, qui liberat multorum exitia cogitantem ? »

CAP. X. *Quod vera est misericordia malos corrigere.*

Unde Pelagius universis episcopis et cunctis spiritualiter per Campaniam et Italiam Domino militantibus : « Misericordia est circa persecutores et facinorosos servata districtio. » Item : « Ante praevidenda sunt remedia, quam morbus increscat. » Item : « Saeculi conversatio legum metu retinetur ; ecclesiastica vero custodia regularum frenis servatur et regitur. »

CAP. XI. *Quod non simplicitati aliquando, sed pigritiae imputandum est, non corrigere.*

Unde Augustinus, homilia 6 : « Sunt qui dicuntur simplices et pigri sunt. Non talis erat Stephanus plenus Spiritu sancto : simplex erat quia nulli nocebat ; fervens erat, quia impios arguebat. »

CAP. XII. *Quod in nos delinquitur, pro Deo remittere ; quod in Deum, canonice vindicare debemus.*

Et quia idem Stephanus pro lapidatoribus suis orabat, quos Dei transgressores arguebat, ait Augustinus : « Dimittamus ergo propter Deum quod in nobis perpetratum est : et quod in Deum commissum est, quod dimittere non possumus, secundum auctoritatem canonicam vindicemus. »

CAP. XIII. *Quod praelati a subditis non solum reprehendi, sed etiam accusari et convinci debent.*

Quia ergo non favore, non metu, non misericordia, non simplicitate dimittendum est quin transgressores arguantur, cum de caeteris constet, videndum est quo tempore, qua intentionis discretione, quo ordine, si a subditis et a quibus praelatis sunt arguendi, vel si corrigi noluerint, accusandi, et postmodum a praelatis damnandi. Usu ecclesiastico celebratum, canonumque auctoritate sancitum reperimus praelatos a subditis nedum reprehensos, sed accusatos et convictos. Ut enim legimus in libris Virorum illustrium, « Damasus papa a subditis de adulterio accusatus cum quadraginta duobus episcopis est purgatus. » Item : « Symmachus papa in Romana synodo dignitate sua spoliatus, prius statui pristino reddi decernitur, ut tunc veniret ad causam, et si ita recte videretur responderet. Digna res visa maxima sacerdotum numero ut mereretur effectum. Et cum postmodum ordinaretur quomodo accusandus esset praefatus papa, ut causam diceret, occurrebat, nisi ab aemulis impedita fuisset. » Item Paulus : « Deaclinae civitatis episcopus accusatur a subditis de lapsu carnis, convincitur, deponitur, alter loco ejus restituitur. » Quod quomodo Gregorius approbaverit ex registro ejus ad Joannem episcopum (lib. xii, epist. 31) cap. 217 videamus : « Lator Nemezion indicavit ad nos veniens, Paulum Deaclinae civitatis episcopum in corporali crimine lapsum a suis fuisse clericis accusatum, atque habita cognitione convictum : qua de re illo episcopali sententia deposito, alium loco ejus episcopum ordinatum. » Hoc dicto, non in accusatores vel depositores ulciscitur, sed in depositum ulterius prosequitur : « Ut si ultra ad episcopatum aspirare tentaverit, et ad agendam perennem poenitentiam in monasterio retrudatur. »

CAP. XIV. *Quod episcopi metropolitanum suum accusare debent.*

Quod verum non solum usurpatum, sed et canonica auctoritate sancitum sit, et in eos qui noluerunt reprehendere vel accusare praelatos punitum videamus, qua auctoritate episcopis suorum metropolitanorum culpas accusare liceat. Ait Gregorius Innocentio et reliquis episcopis Sardiniae (lib. ix, epist. 8) : « Metropolitam vestrum in aliquo postponere non praesumatis : excepto si, ut non optamus, contra eumdem vos aliquid causae habere contingat, ut ob hoc sedis apostolicae judicium petere debeatis. » Item Gregorius universis episcopis concilii Vizachii (lib. xii, epist. 32) : « Sicut, inquit, laudabilem discretumque est reverentiam et honorem exhibere prioribus, ita rectitudinis et Dei timoris est, si qua in eis indigent correctione, nulla dissimulatione praeponere, ne totum, quod absit ! corpus morbus invadat, si languor non fuerit corrasus in capite. Quaedam enim de primate vestro Clementio ad nos perlata sunt, quae quoniam ita gravia sunt, ut transisse indiscussa nullo modo debeant : fraternitatem vestram hortamur, ut cum omni sollicitudine ac vivacitate veritatis indagare debeatis multis modis substantiam. Et si sunt ut audita sunt, ultione canonica resecentur. Admonemus autem, ut non cujuscunque personae gratia, non favor, non blandimentum quodlibet, quemquam vestrum ab his quae nobis nuntiata sunt molliat, vel a veritate excutiat ; sed sacerdotaliter ad investigandam veritatem vos propter Deum accingite. Nam, si quis in hoc piger, aut negligens esse praesumpserit, dictis criminibus apud Deum se noverit esse participem, cujus zelo ad perscrutandas subtiliter nefandi facinoris causas non movetur.

CAP. XV. *Quod clericis licitum est quemlibet superioris ordinis accusare, etiam episcopum ; et quod ipse episcopus non debet reprehendere.*

Quod similiter Gelasius, cap. 28, generaliter omnibus cujusque ordinis clericis imperat adversus praelatos suos, dicens : « Quapropter ne clericorum quisquam se hujus offensae futurum confidat immunem, si in his quae salubriter sequenda deprompsimus, sive episcopum, sive presbyterum, sive diaconum viderit excedentem, non protinus ad aures nostras deferre curaverit probationibus duntaxat competenter exhibitis, ut transgressoris ultio fiat, et caeteris interdictio delinquendi. » Sui vero modi erit unusquisque pontificum ordinis et honoris elisor, si cuique clericorum vel Ecclesiae totius auditui hæc putaverit supprimenda. Et ut pateat peccatum esse consentire in malo, et non accusare prælatos, accusatur apud Gregorium (lib. IX, epist. 63) Lucillus Miletæ civitatis episcopus, et illata crimina ab episcopis coepiscoporum testimonio vera esse cognoscens, deponi eum imperat, et pariter presbyteros et diaconos, qui conscii vel participes ejus sceleris fuerant, sicut in scriptis ejus reperitur, damnat.

CAP. XVI. *Qua discretione accipiendum sit, quod sancti vetant ne prælati a subditis arguantur vel accusentur: iterumque imperant ut ab eis accusentur et arguantur.*

Cum ergo et usurpatum sit, et canonice imperatum, et nisi factum fuerit vindicatum, quid ergo est quod sancti vetant ne prælati a subditis infamentur, arguantur aut accusentur? maxime cum Silvester consensu et subscriptione omnium in synodo constituit distincte, ut nullus laicus adversus clericum, nullus minoris ordinis clericus adversus aliquem majoris ordinis clericum audeat inferre, insuperque alii sancti hujusmodi infamatores prælatorum, aut infames esse, aut proprio gradu decidere, aut qualibet inhonestatis nota imperant affici debere. In quibus omnibus maxima discretio personarum accusantium vel accusatorum pensanda est, et qua intentione, vel quo ordine faciant attendendum. Quod Augustinus in Soliloquiis discernens, ait: « Aliud est reprehendere vel improbare, aliud accusare quemcunque; quia præsumunt prælati non debere se reprehendi, pro eo quod canones non eos passim constituunt accusandos, quod tamen solum negatur criminosis, cum reprehendendo Veritas ipsa constituat: *Si male locutus sum, testimonium perhibe de malo*. (Joan. XVIII, 23). »

CAP. XVII. *Quod etiam boni laici ad accusationem episcoporum sunt admittendi.*

Unde ex Chalcedonensi concilio, cap. 21, clericos aut laicos accusantes, et passim, et sine probatione episcopos et clericos ad accusationem recipi non debere, nisi prius eorum discutiatur æstimationis opinio. In quo non solum clerici, sed et laici ad accusationem episcoporum recipiuntur, si non passim et inordinate, sed cum approbatione culpæ alienæ, et cum opinione bonæ suæ intentionis bonæque vitæ accusent. Unde ex concilio Carthaginensi, cap. 8, Numidius episcopus Affultanus dixit: « Sunt quamplurimi non bonæ conversationis, qui existimant majores natu vel episcopos passim vageque in accusatione pulsandos. Debent tam facile admitti necne? Aurelius episcopus dixit: « Placet igitur charitati vestræ, ut is qui aliquibus sceleribus irretitus est, vocem adversus majores natu non habeat accusandi.

CAP. XVIII. *Quod boni juvenes districta increpatione malos senes ferire debent.*

Sed quod his malis interdicitur, hoc alibi adversus malos majores natu bonis junioribus conceditur. Unde Gregorius (lib. IX, epist. 4) Januario episcopo: « Paulus dicit: *Seniorem ne increpaveris* (I Tim. V, 1); sed hæc ejus regula in ea re servanda est, cum culpa senioris exemplo suo non trahit ad interitum corda juniorum. Ubi autem senior junioribus exemplum ad interitum præbet, ibi districta increpatione feriendus est. Nam scriptum est: *Laqueus juvenum omnes vos* (Isa. XLII, 22); et rursus: *Maledictus puer centum annorum* (Isa. LXV, 20). » Ecce ut auctoritatem habeamus sanctorum vias regulas pro variis personis ad verum intellectum posse restringere, quod Paulus absolute et quasi universaliter dixit, hoc Gregorius non ad omnes, sed ad quasdam seniorum culpas non increpandas restrinxit.

CAP. XIX. *Quod non omnes episcopi sunt episcopi.*

Sunt enim seniores non seniores, sunt episcopi non episcopi. Unde Hieronymus ad Eliodorum (epist. 5, al. 1): « Non omnes episcopi sunt episcopi. Attendis Petrum, sed Judam considera. Stephanum suspicis, sed et Nicolaum respice. Non facit ecclesiastica dignitas Christianum. Cornelius centurio adhuc ethnicus dono sancti Spiritus mundatur, presbyteros Daniel puer judicat. Non est facile stare loco Petri et Pauli, tenere gradum jam cum Christo regnantium, infatuatum sal ad nihilum prodest, nisi ut projiciatur foras, et a porcis conculcetur. Monachus si ceciderit, rogabit pro eo sacerdos; pro sacerdotis lapsu quis rogaturus est? » Item Augustinus, homilia 6 (tract. 6, in Joan., n. 4): « Non omnis qui dicit: Pax vobiscum, audiendus est sicut columba. » Moxque corvum a columba discernens, ait: « Corvi de morte pascuntur: hoc columba non habet, de frugibus terræ vivit; innocens est victus ejus. Quod vere, fratres, mirandum in columba; sed passeres brevissimi vel muscas occidunt. Nihil horum columba; non de morte pascitur. » Quia ergo episcopi non sunt episcopi, presbyteri a Daniele puero judicantur; sal infatuatur, a porcis conculcatur; et qui dicit: Pax vobiscum, non est columba, sed corvus reputatur. Non ergo semper pro officio vel auctoritate personæ contra pueros est agendum, cum omnis persona criminaliter peccans, alterata, ut ita dicam, et capite minor legibus censeatur. Qui enim facit peccatum servus est peccati (Joan. VIII, 34), tam in pœna quam in culpa.

CAP. XX. *Quod aliquis malus episcopus vel impudicus, canis magis dicendus est quam episcopus.*

Unde Gregorius: « Qui nec regiminis in se rationem habuit, nec sua delicta detersit, nec crimen filiorum correxit, canis magis dicendus est quam episcopus. » Quibus ergo Hieronymus, Augustinus, Gregorius auferunt nomen columbæ vel episcopi, nonne et privilegium auferendum est, ut possint a subjecto reprehendi? Unde et Scriptura dissimulans privilegium pravæ senectutis, ait: *Maledictus*, non senior, *sed puer centum annorum* (Isa. LXV, 20).

CAP. XXI. *Quod a minoribus non sit refugienda correctio.*

Quia ergo usu et auctoritate obtinet Ecclesia, ut prælatos subditi reprehendant et accusent; sic etiam præcipit, ut prælati subditorum increpationes non dedignentur vel refugiant. Unde Augustinus ad Hieronymum : « Quanquam secundum vocabula, quæ usus obtinuit, sit episcopus presbytero major, Augustinus Hieronymo minor est : licet enim a minore sit, non refugienda vel dedignanda correctio, si salva fiat charitate. »

CAP. XXII. *Quod etiamsi subditi mala intentione reprehendant prælatos, tamen se excusare debeant propter vitandum majus scandalum.*

Sed etsi a subditis aliqua sinistra intentione vel importunitate fiat, ne majus fiat scandalum Ecclesiæ, debet prælatus humiliter tolerare et rationabiliter se excusare, ne aliis sit auctor ruinæ. Unde Gregorius Theotistæ patriciæ (lib. II, epist. 45) : « Pensate, quæso; ubi erit patientia, si deest quod toleretur? Abel esse non poterit, quem Cain malitia non exercet (67). Ipsa enim malorum satietas purgatio bonorum est. » Et post pauca : « Sed quia se dari hoc ipsum stultorum hominum murmur tranquilla ratione potest, peccatum credo, si bonum quod valet fieri, negligitur ut fiat. Nam cum placare insanas mentes, atque ad salutem reducere præsumimus, scandalizare eas minime debemus. Sunt enim quædam scandala, quæ omnino despicienda sunt ; quædam vero, cum vitari sine culpa possunt, despicienda non sunt, ne cum culpa serventur. Quod sacro Evangelio prædicante cognovimus, quia cum diceret Veritas : *Non quod intrat in os coinquinat hominem,* et discipuli dicerent : *Scis quia Pharisæi audito hoc verbo scandalizati sunt,* protinus respondit : *Sinite illos, cæci sunt, duces cæcorum* (Matth. xv, 11). Et tamen cum tributum peteretur, prius rationem reddidit, qua tributum solvere non deberet, atque illico subjunxit : *Tamen ne scandalizemus eos, vade ad mare, et mittens hamum, piscem tolle et aperto ore ejus invenies staterem. Illum da eis pro me et pro te* (Matth. xvii, 26). Quid est autem quod de scandalizatis aliis dicitur : Sinite eos; et aliis, ne scandalizentur a Domino, tributum solvitur quod non debetur? Quid est autem quod aliud scandalum fieri permisit, aliud prohibuit, nisi ut nos doceret et illa scandala quæ nos implicant in peccatis contemnere, et ea quæ sine peccato placare præsumimus omnibus modis mitigare? Vestra itaque excellentia potest pravorum hominum scandala cum tranquillitate declinare. » Et post pauca : « Ne nobis indignum videatur, perversa capitula de quibus nobis obloquuntur, anathematizando satisfacere populo. » Et post pauca : « Certe Petrus potestatem regni cœlestis acceperat, ut quæcunque in terra ligaret et solveret, essent in cœlo ligata atque soluta ; super mare ambulabat, ægros umbra curabat, peccantes verbo occidebat, mortuos suscitabat. Et quia ex admonitione spiritus ad Cornelium gentilem fuerat ingressus, contra eum a fidelibus quæstio est facta, cur ad gentiles intrasset, et comedisset cum eis, cur eos in baptismate recepisset. » Et post pauca : « Si cum a fidelibus culparetur, auctoritatem quam in sancta Ecclesia acceperat attendisset, respondere poterat ut pastorem suum oves quæ ei commissæ fuerant reprehendere non auderent : sed si in querela fidelium aliquid de sua potestate diceret, profecto doctor mansuetudinis non fuisset. Humili ergo ratione eos placavit, atque in causa reprehensionis suæ etiam testes exhibuit, dicens : *Venerunt autem mecum et sex fratres isti* (Act. xi, 12). Si igitur pastor Ecclesiæ, princeps apostolorum, signa et miracula singulariter faciens, non dedignatus est in causa reprehensionis suæ rationem humiliter reddere ; quanto magis nos peccatores, cum de re aliqua reprehendimur, reprehensores nostros humili ratione placare debemus? » Item Augustinus, De doctrina Christiana : « Nonne Deus cum Moyse loquebatur? Et tamen consilium regendi tam magni populi a socero, suo scilicet alienigena homine, et maxime providus, et minime superbus accepit. Noverat enim ille vir, ex quacunque anima verum consilium processit, nec ei, sed illi qui est Veritas incommutabili Deo esse tribuendum. » In quo notandum est correctionibus et consiliis minorum majores acquiescere debere, sicut etiam salubre et necessarium est minores illa majoribus, vel e converso majores minoribus exhibere.

CAP. XXIII. *Quod vicissim prælati a subditis et subditi a prælatis arguendi sunt.*

Unde Isidorus sancto Cyrillo : « Terrent me divinarum Scripturarum exempla, et quæ necessaria sunt compellor dicere. Sive enim pater sum, ut dicis, Heli condemnationem metuo, quia peccatores filios non coercuit; sive filius tuus sum, sicut magis scio illius marchi gerentis Jonathæ pœnam formido, qui patrem suum non prohibuit quod poterat, in bello defunctus est. » Unde Ambrosius in homiliis suis : « Qui fratrem non arguit peccantem, quodammodo hortatur ut peccet. »

CAP. XXIV. *Quod prælati non ab omnibus, sed tantum a bonis, et nulla omnino macula respersis, vel etiam non suspectis accusandi sunt.*

Sed cum ex auctoritate canonica prælati a subditis sunt arguendi et accusandi, videndum est quod non ab omnibus, sed tantum a bonis, et nulla omnino macula vel præsenti vel præterita respersis, vel etiam non suspectis. Unde Anacletus in secunda epistola (n. 2) : « Accusatio sacerdotum nonnisi ab idoneis et probatissimis viris, et qui suspicionibus et sceleribus careant fieri debet ; quia Dominus sacri sui corporis tractatores a vilibus et reprobis infamari noluit, vel calumniari permisit, sed ipse proprio flagello sacerdotes ejecit. » Et paulo post : « Sine crimine sacerdos eligi præcipitur, nullatenus ab hominibus criminibus irretitis accusari aut calumniari permittitur, nec ab aliis quam ab his qui sine crimine sunt, et juxta electionem, si necessitas fuerit,

---

(67) Apud Gregorium : *Ego Abel esse non suspicor, qui Cain fratrem non habuerit.*

sacerdotes fieri aut ordinari possunt. » Unde Damasus papa ad Stephanum ex concilio Africæ : « Accusatores episcoporum et testes super quibus rogitastis, absque ulla infamia, aut suspicione, aut manifesta macula, et veræ fidei pleniter instructi esse debent, et tales quales ad sacerdotium eligi divina jubet auctoritas. Quoniam sacerdotes, ut antiqua tradit auctoritas, criminari non possunt, nec in eos testificari, qui ad eumdem nec debent, nec possunt provehi honorem. » In quo notatur quod qui debent et possunt provehi, quamvis ipsi non sunt sacerdotes, tamen sacerdotes accusare possunt, et in eos testificari, si non sint infames.

Cap. XXV. *Quæ personæ infames dicendæ sunt.*

Quos Stephanus papa describens, ait dilectissimo fratri atque familiari amico Hilario in prima (n. 1) : « Infames esse eas personas dicimus, quæ pro aliqua culpa notantur infamia, id est, qui Christianæ legis normam abjiciunt, et statuta ecclesiastica contemnunt : similiter fures, sacrilegos, et omnes capitalibus criminibus irretitos, sepulcrorumque violatores, et omnes qui adversus patres armantur; similiter et incestuosos, homicidas, perjuros, maleficos, raptores, veneficos, adulteros, de bellis fugientes, et qui indigna petunt sibi loca tenere, aut facultates Ecclesiæ abstrahunt, vel qui contra innocentes principum animos ad iracundiam provocant, et omnes anathematizatos, vel pro suis sceleribus ab Ecclesia pulsos, et omnes quos ecclesiasticæ seu sæculi leges infames pronuntiant. Hi nimirum omnes, nec servi ante legitimam libertatem, nec pœnitentes, nec digami, nec hi qui curiæ deserviunt, vel non integri corpore, aut qui sanam non habent mentem vel intellectum, aut inobedientes sanctorum decretis, aut furiosi non debent ad sacros gradus provehi, nec liberti, nec suspecti. »

Cap. XXVI. *Quod inimici ab heri et nudiustertius accusatores et testes esse non possunt.*

Unde Anacletus, cap. 2 (epist. 3, n. 5) : « Accusatores et testes esse non possunt, qui ante hesternum diem aut nudiustertius inimici fuerint, ne irati nocere cupiant, nec læsi se ulcisci velint. »

Cap. XXVII. *Quod consanguinei et familiares accusatores et testes esse non debent.*

Unde Calixtus papa, cap. 2 (epist. 2, n. 5) : « Accusatores consanguinei adversus extraneos testimonium non dicant, nec familiares, nec de domo una prodeuntes. Et si voluerint et inter se consenserint, inter se tantum modo testificentur parentes et non in alios. Nec accusatores nec testes suspecti recipiantur; quia propinquitatis et familiaritatis ac dominationis affectio veritatem impedire solet. Amor carnalis et timor atque avaritia plerumque sensus hebetant humanos, ut quæstum pietatem putent et pecuniam quasi mercedem prudentiæ. »

Cap. XXVIII. *Quod non solum vita et opinio accusatorum testium, sed etiam intentio perscrutanda est.*

Unde in decretis Evaristi cap. 11 (epist. 2) : « Audivimus quosdam episcopos infamatos et dilaceratos, a sedibus propriis pulsos, et alios in eis ipsis viventibus constitutos. Ideo hoc vobis scribimus, ut sciatis hoc fieri non licere. » Et post pauca : « Si qui sunt vituperatores, aut accusatores sacerdotum, non oportet eos a judicibus Ecclesiæ audiri antequam discutiatur eorum existimationis opinio, qua temeritate, qua intentione, qua fide, qua vita, qua conscientia, quove merito, si pro Deo, aut vana gloria, aut ex inimicitia, aut odio, aut cupiditate. Hæc omnia fideliter sunt perscrutanda, et diligenter pertractanda. Nam sunt nonnulli qui præpositos suos persequuntur et reprehendunt, si vel parum ipsis molesti fuerint : idcirco recto oculo primatibus Ecclesiarum utiliter providendum est, ne quis eorum innocens vexetur aut scandalizetur. »

Cap. XXIX. *Quod sancti ideo vel nullam vel difficilem voluerunt esse sacerdotum accusationem, ne a malis quibuslibet possent infestari.*

Unde Fabianus papa in Decretis suis missis orientalibus episcopis (epist. 1, n. 2) : « Talia cogitantes sancti apostoli, eorumque successores, Spiritu sancto repleti, malos homines prævidentes, et simplices considerantes, difficilem aut nullam voluerunt esse sacerdotum accusationem, ne a malis potuissent averti aut submoveri. Quia si hoc facile concederetur sæcularibus et malis hominibus, aut nullus, aut vix perpauci remanerent. Quoniam semper fuit, et est, et quod pejus est semper viget, ut mali bonos persequantur, et carnales spirituales infestent. Idcirco, ut prædictum est, statuerunt ne accusarentur ; et si aliter fieri non posset, perdifficilis fieret eorum accusatio, et a quibus, ut supra dictum est, ne præsumeretur ; neque a propriis sedibus vel ecclesiis episcopi ejicerentur. » Ecce Fabianus apertissime resolvit quare sancti vetuerunt ne sacerdotes a vulgaribus et vilibus personis passim et temere accusarentur, ne scilicet per stultitiæ indiscretionem, vel malitiæ temeritatem, ab ovibus idiotis vel malis pastores gravarentur. Quod tamen concesserunt bonis subditis, ne prælati quælibet mala perpetrare impune viderentur. Et revera pastores, quos Dominus vicarios suos nobis reliquit, oculos suos et linguam suam esse voluit : et quos principaliter elegit, suoque judicio peculiariter reservari voluit, cum pro merito plebis constituatur princeps, et iterum pro meritis plebis damnentur pastores Ecclesiæ, nisi in magnis valde, et manifestis, et incorrigibilibus peccatis, pro nomine Domini magis sunt tolerandi quam judicandi, ne, dum eos persequimur perverso ordine, etiam nostra peccata, quibus ipsi depravantur, eos antequam nos ipsos luere faciamus.

Cap. XXX. *Quo ordine complenda sit disciplina.*

Quia ergo dictum est quo tempore, qua intentionis discretione, quibus accusatoribus, quibus testibus, exercenda sit disciplina : nunc quo ordine implenda sit videamus. Tantum enim viget ordo in Ecclesia, ut seu facta sint seu verba, nisi ordinabiliter habita, sint etiam irrita. Unde Zephyrinus papa, cap. 1 (epist. 1): Neque in re dubia certa judicetur sententia, nec ullum judicium nisi ordinabiliter habitum teneatur. » Item Leo papa, cap. 49: « Si in rebus saecularibus suum cujusque jus et proprius ordo servandus est, quanto magis in ecclesiasticis dispositionibus nulla debet indici confusio? »

CAP. XXXI. *Quod priusquam accusari debeat episcopus, conveniendus est non semel, sed saepissime; non amaro, sed familiari colloquio, ut corrigat quae in se corrigenda cognoverit.*

Ut ergo ordine fiat disciplina, ante conveniatur episcopus, non semel, sed saepe quam accusetur: et ut propter scandalum Ecclesiae vel se expurget vel corrigat, admoneatur humiliter quidem, et blande prius privatim, et postea publice. Si neutrum exsequi voluerit, ut scilicet expurgetur, vel consilio subjectorum corrigatur; tunc demum primati ejus significetur litteris non furtivis, vel provisoriis, sed canonicis; non ex conspiratione, sed ex charitate, quibus ab ipso accusationis et judicii dies expetatur. Unde Anacletus, cap. 11 (epist. II, n. 2): « Si quis adversus pastores et Ecclesias eorum commotus fuerit, aut causas habuerit, prius ad eos recurrat charitatis studio, ut familiari colloquio admoniti, ea sanent quae sananda sunt, et charitate emendent quae juste emendanda cognoverint. Si autem aliqui eos, priusquam hoc egerint, lacerare, accusare, infestare praesumpserint, excommunicentur, et minime absolvantur antequam satisfactionem condignam egerint; quia injuria eorum ad Christum pertinet cujus legatione funguntur. » Item Alexander, cap. 1 (epist. 1, n. 3): « Si quis erga episcopum vel auctores Ecclesiae se quamlibet querelam justam habere crediderit, non prius primates aut alios adeat judices, quam ipsos a quibus se laesum existimat, conveniat familiariter, non semel, sed saepissime, ut ab eis aut suam justitiam aut excipiat excusationem. Si autem secus egerit ab ipsis et ab aliis communione privetur, tanquam apostolorum Patrumque aliorum contemptor.

CAP. XXXII. *Quod metropolitani suffraganeis suis superbi et graves esse non debent, nec sine eorum consilio aliquid, nisi quod ad propriam pertinet parochiam, tractare.*

Unde Anicius papa, cap. 1: « Si quis metropolitanorum inflatus fuerit, et sine omnium comprovincialium praesentia vel consilio episcoporum, aut eorum aut alias causas, nisi eas tantum quae ad propriam pertinent parochiam, agere, aut eos gravare voluerit, ab omnibus districte corrigatur, ne talia deinceps praesumere audeat. Si vero incorrigibilis, eisque inobediens apparuerit, ad apostolicam sedem ejus contumacia referatur, ut vindicta de eo fiat et caeteri timorem habeant. »

CAP. XXXIII. *Quod si episcopus admonitione subditorum incorrigibilis fuerit, tunc canonice ad primatem causa ejus deferatur, qui eum ad concilium convocet.*

Unde Felix, cap. 11 (epist. 2): « Si quis episcopus ab illis accusatoribus, qui recipiendi sunt, fuerit accusatus, postquam ipse ab eis charitative conventus fuerit, ut ipsam causam emendare debeat, et eam corripere noluerit, non olim, sed tunc ad summos primates canonice causa ejus deferatur, qui in congruo loco infra ipsam provinciam, tempore congruo, id est autumnali vel aestivo, concilium regulariter habebunt, ita ut ab omnibus ejusdem provinciae episcopis inibi audiatur. Quo et ipse regulariter convocatus, si eum aut infirmitas, aut alia gravis necessitas non detinuerit, adesse debebit; quia ultra provinciae terminos accusandi ante licentia non est, quam major audientia rogetur. »

CAP. XXXIV. *Quod subditi et praelatos humiliter reprehendant, et reprehensos venerentur.*

Quia ergo conveniendus prius est praelatus, quam accusandus, quomodo hoc faciendum sit exponit Gregorius in libro V Moralium: « Cum quaedam facta meliorum vel praelatorum deterioribus displicent, nequaquam hoc quod mentem movet reticendum est, sed cum magna humilitate proferendum: quatenus intentio pie sentientis eo servet formam rectitudinis, quo per iter graditur humilitatis. Et libere ergo dicenda sunt quae sentimus, et valde humiliter promenda quae dicimus, ne quod forte intendimus, hoc elate proferendo non recte faciamus. » Item in eodem libro XXX: « Dum salva res agitur, virtutis est meritum; si quod est prioris, toleretur. Debet tamen humiliter suggeri, si fortasse valeat quod displicet emendari. » Et post pauca: « Si magistrorum vita jure reprehenditur, oportet ut eos subditi etiam cum displicent venerentur. Sed hoc solerter intuendum, ne quos imitari despicis venerari contemnas. »

CAP. XXXV. *Quod praelati a subditis reprehensi vel debent se purgare, si sunt innocentes; vel emendare, si sunt culpabiles.*

Cum ergo praelati debeant a subditis conveniri et reprehendi, ipsi e contrario vel se debent expurgare, si sunt innocentes; vel emendare, si sunt culpabiles. Quod utrumque certis auctoritatibus explicetur. Periculosum enim valde est praelatum esse vel videri reprehensibilem. Cum enim dicatur a Domino sal terrae et lux mundi (Matth. V, 13), quis sapiet, si sal infatuatur? Quis non offendet, si lux obscuratur? Unde Paulus dicit: *Videte ne ponatis offendiculum fratribus aut scandalum* (Rom. XIV, 13). Et alibi: *Providete bona non solum coram Deo, sed etiam coram omnibus hominibus* (Rom. XII, 17). Et Augustinus (serm. 355, n. 1): « Qui negligit famam suam crudelis est. » Et in Evangelio: *Vae homini illi per quem scandalum venit* (Matth. XVIII, 7). Et iterum: *Si quis scandalizaverit unum ex pusillis his, expedit ei ut suspendatur mola asinaria ad collum ejus, et demergatur in profundum* (ibid., 6). Non est ergo leve praelatum quemlibet sua culpa vel occasione sibi commissos perdere, pro quibus Christus mortuus, pro quibus ipse rationem redditurus est in districto Dei examine. Unde etiam Samuel, cum Israel a Domino regem peteret, quia ipse judex eo tenus providens ne per suspicionis praejudicia opinionis damna pateretur, cum divina obtestatione et vulgi etiam testimonio suam innocentiam patefecit, quod nulli scilicet injuriam fecisset, sed muneribus eorum adversatus esset. Sed et Gregorius superius attestatus est, quod Petrus apostolorum princeps cum sex fratrum testimonio de Cornelii ethnici communione se purgavit (Act. XI, 12). Plures etiam sancti, ne quolibet modo scandalum essent Ecclesiae, solemniter se purgaverunt de sola suspicione. Legitur enim in Registro Gregorii ad Justinianum imperatorem, cap. 107, « quod super altare sancti Petri jurejurando se purgaverit Leo episcopus. » Item in Registro ad Brunichildem reginam, cap. 232, Menas episcopus simili examinatione : « Similiter Briccius Turonorum episcopus pro scandalo populi sedando in prunarum deportatione et infantis menstrui collocutione. » Unde etiam Gregorius Augustino Anglorum episcopo in epistola cujus est initium : *Desiderabile mihi a te* (68), et caetera : « Presbyter vel quilibet sacerdos a populo accusatus, si certi non fuerint testes, qui criminis illati approbent veritatem, jusjurandum erit in medio : et illum testem proferat de innocentiae suae puritate, cui nota et aperta sunt omnia, sicque in proprio gradu maneat. »

CAP. XXXVI. *Quod cujus scitur ab omnibus culpa, sciri debet ab omnibus poenitentia.*

Si autem se expurgare non potest concilio, vel etiam testimonio subjectorum, propter scandalum sedandum necesse est ut satisfaciat. Genebaldus enim Laudunensis episcopus pro lapsu carnis a beato Remigio in crypta subterranea positus septennem poenitentiam egit in aqua et pane subcinericio Launi coram ipsis eisdem quos inter fuerat infamatus. Dignum est enim revera, ut quos inficit fetor culpae, reficiat bonus auctor [f. odor] poenitentiae. Unde Augustinus in homiliis : « Ipsa corripienda sunt coram omnibus, quae peccantur coram omnibus; ipsa corripienda sunt secretius, quae peccantur secretius. Unde etiam filiam archisynagogi Dominus in domo suscitavit ; Lazarum vero videntibus Judaeis cum clamore de sepulcro vocavit. » Unde Augustinus in libro De poenitentia : « Cum tanta est plaga peccati atque impetus morbi, ut medicamenta corporis et sanguinis Domini differenda sint ; auctoritate antistitis se debet quisque ab altari removere ad agendam poenitentiam, et eadem auctoritate reconciliari. Hoc est enim indigne accipere corpus et sanguinem Domini, si eo tempore, quo debet agere poenitentiam, accipiat. » Item in eodem (serm. 354, n. 9) : « Qui medicinae petit sententiam, veniat ad antistites, per quos illi in Ecclesia claves coelorum ministrantur, et tanquam bonus jam incipiens esse filius, maternorum membrorum ordine custodito, a praepositis sacramentorum accipiat satisfactionis suae modum, in offerendo sacrificio contribulati cordis devotus et supplex. Id tamen agat quod non solum illi prosit ad recipiendam salutem, sed etiam caeteris ad exemplum : ut si peccatum ejus non solum in gravi ei est malo, sed etiam in tanto scandalo aliorum est, atque hoc expedire utilitati Ecclesiae videtur antistiti, in notitiam multorum, vel etiam totius plebis poenitentiam agere non recuset, non resistat, ne lethali et mortiferae plagae addat tumorem. »

CAP. XXXVII. *Quod cum levis culpa quaelibet quotidiana confessione fratrum solvi credatur, criminaliter tamen praelatorum tantum absolutione laxatur.*

Sed opponunt quidam, quod a minoribus et aequalibus satisfactio criminalium possit injungi. Sed Beda presbyter venerabilis hunc locum ita exponit : *Confitemini alterutrum peccata vestra (Jac. v, 16)* : « In hac, inquit, sententia debet illa discretio esse, ut quotidiana leviaque peccata, alterutrum et coaequalibus confiteamur, eorumque credamus quotidiana oratione salvari. Porro gravioris leprae immunditiam, juxta legem, sacerdoti pandamus, et ad ejus arbitrium qualiter et quanto tempore jusserit purificare curemus. » Unde et Augustinus cum de criminalibus discrevisset, ait : « De quotidianis autem et levibus sine quibus haec vita non ducitur, quotidiana fidelium oratio satisfacit. »

CAP. XXXVIII. *Quod sacerdotum poenitentia, etsi debet sciri, non tamen ab omnibus videri.*

Sed sacerdos, etsi poenitentiam agat, ita ut omnes sciant, non tamen ita ut omnes, sicut de quolibet laico per omnia ejus poenitentiam videant; quia nec manus impositio debet ei in imponendis capiti cineribus a quolibet sacerdote fieri sicut fit laicis, nec publice de Ecclesia sicut laicus ejici, sed in privato loco, vel ipsius claustri, vel alicujus monasterii, vel ad horam, vel in perpetuum debebit prout jussus fuerit poenitere; sicut etiam Genebaldus in crypta subterranea, ubi nec homines vidit, nec ab eis visus est, per septem annos poenituit. Unde Leo Rustico episcopo Narbonensi, cap. 16 (epist. 92, n. 2) : « Alienum est a consuetudine ecclesiastica, ut qui in presbyterali honore aut in diaconi gradu fuerint consecrati, hi pro crimine aliquo per manus impositionem remedium accipiant poenitendi. Quod sine dubio ex apostolica traditione descendit, secundum quod scriptum est : *Sacerdos si peccaverit, quis orabit pro eo?* (I Reg. II, 25.) Unde hujusmodi lapsis ad promerendam misericordiam Dei privata est expetenda secessio, ubi illorum satisfactio, si fuerit digna, sit et fructuosa. » Quod ad terrorem dictum est, ut sacerdos tanto familiarius et obnixius Deum oret, quanto inter se et Deum nullum vel rarum intercessorem obtinet: tanto vero expeditius et liberius, quanto in privata secessione sua nec impeditur nec offenditur aliqua saecularium importunitate. Et si sa-

---

(68) Haec epistola hodie non exstat apud Gregorium.

tisfactio ejus taliter fuerit digna, erit et fructuosa duobus modis, ad salutem scilicet, et ad honorem ecclesiasticum recuperandum.

CAP. XXXIX. *Quod sacerdos, si dignam pœnitentiam egerit, pristinæ suæ dignitati restituatur.*

Unde Hieronymus in Michæa : « Cum divini magis quam prophetæ fuerint comprobati, ridebuntur super somniis suis ; et populi qui ab eis prius decepti fuerant, contra eos loquentur. Tunc etiam ipsi magistri pœnitentiam agent : et quia clemens sum et nolo mortem peccatoris, cum exaudiero eos, dabo eis virtutem spiritus mei, et implebo eos judicio meo et fortitudine, ut qui prius populum blandimentis decipiebant, postea vera annuntiando deterreant, et ad rectam revocent viam; et qui causa erroris fuerant, incipiant mederi vulneribus quæ intulerant, et esse occasio sanitatis. » Et cum hoc dixisset ex persona Domini, quid ex his verbis concepisset subsequenter ostendit : « Animadverte, inquit, in præsenti loco posse aliquem docere post peccatum, si tamen vitia pristina digna pœnitentia luerit. » Unde et David post adulterium et homicidium loquitur in psalmo : *Asperges me hyssopo, et mundabor; lavabis me, et super nivem dealbabor (Psal.* L, 9). Nec sua puritate jam contentus est; sed infert : *Redde mihi lætitiam salutaris tui, et spiritu principali confirma me (ibid.*, 14). Cumque hoc feceris, *docebo iniquos vias tuas, et impii ad te convertentur.* Unde Calixtus papa, capitulo 199 : « Errant qui putant sacerdotes post lapsum, si dignam egerint pœnitentiam, Domino ministrare non posse, et suis honoribus frui, si bonam vitam deinceps duxerint, et suum sacerdotium digne custodierint. Et ipsi qui hoc putant non solum errant, sed etiam traditas Ecclesiæ claves despuere videntur : de quibus dictum est : *Quæcunque solveritis super terram, soluta erunt in cœlo* (*Matth.* XVIII, 18). Alioquin hæc sententia Domini vera non est; nos vero indubitanter tam Domini sacerdotes, quam reliquos fideles post dignam satisfactionem posse redire ad honores credimus, testante Domino per prophetam : *Nunquid qui cadit non adjiciet ut resurgat, et qui aversus est non revertetur* (*Jer.* VIII, 4). Et alibi : *Nolo,* inquit Dominus, *mortem peccatoris, sed ut convertatur et vivat* (*Ezech.* XXXIII, 11). Et David propheta pœnitentiam agens, dixit : *Redde mihi lætitiam salutaris tui, et spiritu principali confirma me* (*Psal.* L, 14). Ipsa namque post pœnitentiam et alios docuit, et sacrificium Deo obtulit, dans exemplum doctoribus Ecclesiæ, si lapsi fuerint, et dignam pœnitentiam egerint, utrumque facere posse. Docuit enim quando dixit : *Docebo iniquos vias tuas, et impii ad te convertentur* (ibid., 15) : et sacrificium pro se obtulit, cum dixit : *Sacrificium Deo spiritus contribulatus.* Videns enim scelera sua mundata per pœnitentiam, non dubitavit prædicando, et Domino libando curare aliena. » Et sub-

sequenter, cap. 200, ut hoc per misericordiam fieri ostenderet, adjecit : « Sententiam, quæ misericordiam vetat non solum tenere, sed et audire, refugite; » et cætera, ut superius.

CAP. XL. *Quomodo solvendum est, quod aliqui sancti post pœnitentiam prohibent dignitatis restitutionem, aliqui concedunt.*

Sed videntur sancti huic sententiæ contrarii, qui dicunt post lapsum vel pœnitentiam neminem posse ad clericatum venire, vel redire, vel in clericatu remanere, cum alii dicant econtrario omnia illa fieri posse. Unde Gregorius Constantio Mediolanensi episcopo cap. 61 (lib. V, epist. 4) : « Si lapsis ad suum ordinem revertendi licentia concedatur, vigor canonicæ procul dubio frangitur disciplinæ, dum per reversiones pravæ actionis desideria quisque concipere non formidat. Fraternitas siquidem vestra nos consuluit, si Amandinus, qui ex presbytero et abbate a vestro est decessore, culpa exigente, depositus, in eo quo fuerat ordine revocari debeat : quod quidem nec licet, nec aliqua ratione fieri decernimus. Ejus tamen si forte conversatio meruerit, sacro per omnia, sicut est privatus, officio in monasterio eum ante alios, ut provideritis, monachos ordinate. Illud igitur præ omnibus studete, ut lapsos in sacrum ordinem nullius vobis supplicatio aliquo modo revocare suadeat, ne hujusmodi non statuta, sed temporaliter dilata credatur esse vindicta. » Item Gregorius ad Fabianum episcopum : « Presbyterum, inquit, de quo nos fraternitas tua latoris præsentis relatione consuluit, nulla ratione in sacro ordine post lapsum aut permanere aut revocari posse cognoscat. Circa quem tamen mitius agendum est : propter quod commissum facinus facili dicitur professione confessus. » Item ad Joannem episcopum Syracusanum (lib. IX, epist. 63) : « Quæ adversus Lucillum Muclenixæ civitatis (69) episcopum querela commota sit, in gestorum quæ ad nos direxistis pagina declaratum est. Et ideo quia tanti facinoris ultio nulla debet dilatione differri, fraternitas vestra tres aut quatuor de confratribus et sacerdotibus vestris sibi adhibeat, ut ipsis quoque præsentibus patefacta ac satisfacta veritate prædictum Lucillum de episcopatus ordine, quem hujus sceleris contagium maculavit, studeat sine ambiguitate deponere. » In quo notandum, quia non de omnibus lapsis hæc sententia intelligenda est. Quidam enim labuntur, de quibus suspicio vel nulla est, vel incerta ; de quibus ipse Gregorius ait : « Lapsos in ordine ecclesiastico, sed non dejectos, Dei judicio committimus, cujus misericordiæ, ut Leo dicit, nec mensuras præsumimus ponere, nec tempora definire, apud quem nullas patitur veniæ moras pura confessio, dicente Spiritu Dei per prophetam : *Cum ingemueris, salvus eris* (*Ezech.* XXXIII, 12). Eos ergo vera confessione dicit esse purgandos. » Labuntur vero alii de quibus non suspicio, sed evidentia certa est ; sed vel docu-

---

(69) Apud Gregorium *Melitæ civitatis.*

mentis deseruntur subditi, ne accusent, vel prædictæ importunitates temporum, vel judicum ecclesiasticorum impediunt. Et ideo, ut dictum est, tolerantur, vel etiam a subditis cum ordine canonico conveniuntur, ut argui et corrigi ab eis debeant, compunguntur, et subditorum suorum pœnitentiæ satisfactione purgantur, nec deponuntur. Cur enim sancti talem ordinem subditis canonice darent, ut ante accusationem prælatos suos ad arguendum convenirent, et aliter nisi incorrigibilis esset non accusarent, nisi ut per correctionem anticiparent depositionem? Correctus accusari non debet: non accusatus deponi non potest. Quomodo ergo, ut salvus sit ordo canonicus, deponetur quamvis evidenter cognitus malus, si ad commonitionem voluerit esse correctus? Unde Gelasius, cap. 5 : « Qui prohibita deprehensi fuerint admisisse, vel commissa non potius sua sponte correxerint, periculum subituri sunt proprii honoris. » Unde Isidorus : « Qui per blanda verba castigatus non corrigitur, acrius necesse est ut corrigatur. Cum dolore enim abscidenda sunt, quæ leniter sanari non possunt. » Item Symmachus : « Ferro abscidenda sunt vulnera, quæ fomenta non sentiunt. »

CAP. XLI. *Quod de criminalibus et mortiferis peccatis, si prælatus vult corrigi, a subditis non est accusandus, et cum correctus accusari non debeat, non est damnandus.*

Sed opponunt quidam non debere ita fieri in criminalibus et mortiferis peccatis, ut sunt homicidia, vel perjuria, et hujusmodi : sed in levioribus, ut est simplex lapsus carnis, etc., hujusmodi. Et revera, ut Gregorius ait : « Quem major sequitur culpa, major implicanda est vindicta ; sed tamen ubi abundavit peccatum, ostendatur superabundare et gratia. » Cum non inveniatur majus delictum quam exorbitare a fide per hæresim, quia non corpora moritura, sed animæ in æternum victuræ perimuntur. Qua etiam tota Ecclesia a suis fundamentis concutitur. De hoc tanto peccato idem ordo a sanctis Patribus Anacleto, Fabiano, cæterisque institutus est canonice, ut si pastor a fide exorbitaverit, sit prius secreto a subditis corrigendus. Quod si incorrigibilis, quod absit ! apparuerit, tunc erit accusandus. Quomodo etiam hæreticus, si a subditis vult corrigi, erit damnandus; cum, nisi incorrigibilis apparuerit, non sit accusandus, et nisi accusatus fuerit, ut ait Gregorius, extra ordinem usurpato judicio non sit judicandus, nisi scilicet accusatus, sive ultro confessus vel convictus? Ut ergo etiam de criminalibus, Dei non desperemus gratiam, Hieronymus, ut superius dictum est, prophetam David cujus auctoritate suam roboravit sententiam, de adulterio et homicidio testatur pœnituisse, et postmodum docuisse : et pro certo credendum est immutabilis Dei non esse erga nos mutatam benignitatem, si similem in nobis invenerit pœnitentiæ satisfactionem.

CAP. XLII. *Quod discrete contemperanda sunt verba Gregorii, quibus dicit lapsos non debere restitui, ne sit contrarius cæteris sanctis, et in sequentibus sibi ipsi.*

Quæ cum ita sint, contemperanda sunt verba beati Gregorii, ita ut canonum ordinem non perturbent; quia quod dixit de presbytero et abbate deposito, et de presbytero in judicio facili professione confesso, et de Lucillo jam querela ecclesiastica accusato, quod hi omnes pro lapsu et ordine ecclesiastico aut remanere, aut revocari non debent, propter scandalum Ecclesiæ fecit vitandum. Quia revera postquam quilibet usque ad accusationem incorrigibilis et contumax apparet, ut superius dictum est, acrius puniendus est ; vel etiam propter infamiam quam usque ad ventilationem crudeliter neglexit, vel propter inimicitias quas contra Ecclesiam a qua correctus est gereret, revocandus non est ; vel ideo etiam quia ad cætera inutilis est. Quæ omnia non ad hoc impediunt, quin corrigi potuisse concedatur, si ante accusationem vel depositionem voluisset. Sed videndum ne per nos blasphemetur nomen Dei, et ut non vituperetur ministerium nostrum. Et ideo qui negligit famam suam crudelis est ; quia multa non propter desperationem gerere, sed propter scandalum Ecclesiæ severe judicantur. Ut enim ait Isidorus , « melius est ut pro multorum salvatione unus condemnetur, quam per unius licentiam multi periclitentur. » Unde etiam Martinus in ea cujus est initium : *Fraternitatis tuæ studio* : « Qui semel in lapsum post suam ordinationem ceciderit, jam depositus erit, nullumque gradum sacerdotii poterit adipisci ; sed sufficiat ei lamentationibus fletibusque assiduis, quousque advixerit in eadem pœnitentia permanere, ut commissum delictum divina gratia exstinguere valeat. » Item : « Si post ordinationem suam quispiam in lapsum ceciderit, et prævaricationis peccato reprehendatur obnoxius, omnino prohibendus est cum manibus lutulentis atque pollutis mysteria nostræ salutis tractare. » Cum ergo semel lapso totius vitæ pœnitentia injungatur, lamentationibus et fletibus assiduis, ubi illa tam facilis gratia veniæ, qua hora peccator ingemuerit salvus erit? Si sufficit hora, cur vix sufficere dicuntur tot vitæ tempora? Ubi est quod ait Augustinus de agone Christiano (cap. xxx), nusquam tam vigere debent viscera misericordiæ, quam in catholica Ecclesia, ut tanquam mater nec peccantibus filiis misere insultet, nec correctis difficile ignoscat? Ubi est enim, quod ait Augustinus homilia 38 : « Quid converso non ignoscitur, si fusus sanguis Christi agnoscitur? Quis homicida desperet, si in spem redditus est, a quo etiam Christus occisus est? Crediderunt inde multi, donatus est eis sanguis Christi, ut magis eum biberent, quo liberarentur, quam rei de illo effuso tenerentur. Quis desperet si in cruce latro salvatus est, ante paululum homicida, post paululum accusatus, convictus, damnatus, suspensus, liberatus? Noli mirari, ubi convictus, ibi damnatus; sed ibi liberatus, ubi mutatus. Quis ergo desperet de gratia ejus qui cœlos penetravit, et interpellat Patrem, qui respicit in faciem Christi sui, quin eamdem gratiam possit obtinere sibi convicto, damnato sed mutato, quam contulit etiam sub hora mortis latroni simili, vel compari suo? » Sed, ut dictum est, non propter desperationem fit veniæ, sed propter scandalum detrimentumque aliorum. « Quia si, » ut superius dixit beatus Gregorius, « pœnitentia remotionis ab officio non statuta sed dilata videretur, super has pœnitentias agerent suis accusatoribus insidias vel vindictas molirentur. Et alii, si in eis leniter vel male correctum vitium viderent, malo eorum exemplo periclitarentur. Et si Christus qui peccatum non fecit, nec est inventus dolus in ore ejus, tota die usque ad mortem expandit manus suas in cruce ad populum non credentem, ut ostenderet mundum esse contemnendum, nonne et peccator tota die debet pœnitere, ut ostendat vitium quo damnatus est esse vitandum? »

CAP. XLIII. *Quod etiam damnatus, si vere pœnituerit, restitui potest; quia non peccat qui exercet justitiam.*

Sed tamen, si vere pœnituerit, et ita perfecte mutatus fuerit, ut prædictæ difficultates non appareant, et aliqua discretio necessitatis vel utilitatis interveniat, debet remitti rigor disciplinæ; quia suis in locis nec gratia præjudicat justitiæ, nec justitia gratiæ. Unde Augustinus ad Donatum judicem: « Qui sine peccato est vestrum, primus, inquit, in eam lapidem mittat. Quasi diceret: Si lex jubet, si Moyses jubet, et ego; sed competentes legis exigo ministros. Attenditis quam adducitis, attendite et qui estis. Jussit eam lapidari Jesus; non fecit contra legem, quin etiam indulsit ei. Non fecit contra legem, quomodo nec imperator contra legem facere dicendus est, quod confessis aliquibus reis indulgeat. Utrumque enim ab eo poterat dispensari, hoc ut justum, illud ut pium. Unde Augustinus (epist. 185, n. 44) ad Bonefacium de Donatistis hæreticis, post pœnitentiam etiam in ecclesiasticis honoribus suscipiendis, ne majus Ecclesiæ scandalum concitarent: « Si ergo, inquiunt, oportet ut nos extra Ecclesiam et fuisse adversus Ecclesiam pœniteat ut salvi esse possimus, quomodo post istam pœnitentiam apud vos clerici vel episcopi permanebimus? Hoc non fieret, quoniam revera quod faciendum est fieri non deberet, nisi pacis ipsius compensatione sanaretur. » Et post pauca (*ibid.*): « Est tale inserendi genus, ut nullo præciso ramo qui interest, ille qui foris est inseratur. Non tamen nullo, sed levissimo vulnere arboris. Ita ergo etiam isti cum ad radicem catholicam veniunt, ne eis quamvis post errorum sui pœnitentiam honor clericatus aut episcopatus auferatur. Fit quidem aliquid tanquam in cortice arboris contra integritatem severitatis. » Et post pauca (*ibid.*, n. 45): « Ut enim constitueretur in Ecclesia ne quisquam post alicujus criminis pœnitentiam clericatum accipiat, vel in clericatu maneat; non desperatione indulgentiæ, sed rigore factum est disciplinæ. Alioquin contra claves Ecclesiæ datas disputabitur; de quibus dictum est: *Quæ solveritis in terra, soluta erunt in cœlo* (*Matth.* XVI, 19). Sed ne forsitan etiam detectis criminibus spe honoris ecclesiastici animus intumescens superbe ageret pœnitentiam, severissime placuit ut post actam de crimine damnabili pœnitentiam, nemo sit clericus, ut desperatione temporalis altitudinis medicina major et verior esset humilitatis. Nam et sanctus David de criminalibus mortiferis egit pœnitentiam, et tamen in honore persistit. Et beatum Petrum quando amaras lacrymas fudit, utique Dominum negasse pœnituit, et tamen apostolus mansit. Sed non ideo supervacua putanda est posterorum diligentia, qui ubi nihil saluti detrahebatur, humilitati aliquid addiderunt, quo salus tutius muniretur; experti credo aliquorum fictam pœnitentiam per affectatas honorum potestates. Cogunt enim invenire multas medicinas multa experimenta morborum. Rerum in hujusmodi causis, ubi prægraves dissensionum scissuras non hujus aut illius hominis periculum, sed populorum strages jacent, detrahendum est aliquid severitati, ut majoribus malis sanandis charitas sincera subveniat. Habeant ergo isti de præterito detestabili errore, sicut Petrus habuit de mendaci timore, amarum dolorem; et veniant ad Ecclesiam Christi veram matrem catholicam, sint in illa episcopi, sint clerici utiliter, qui contra illam fuerunt hostiliter. Non invidemus, imo amplectimur, optamus, hortamur, et quos in viis et sepibus invenimus intrare cogimus. Apostolus Petrus qui Salvatorem negavit, et flevit, et apostolus mansit, nondum acceperat promissum Spiritum sanctum; sed multo magis isti eum non acceperunt, ubi a corpore divisi quod solum Spiritus sanctus vivificat extra Ecclesiam, et contra Ecclesiam Ecclesiæ sacramenta tenuerunt, et nostris contra nos erectis signis et armis pugnaverunt. » Et post pauca (*ibid.*, n. 47): « Sic multitudinibus per schismata et hæreses pereuntibus subvenire consuevit Ecclesia. »

In quo notandum est Augustinum hic solvere quod superius dictum est, in exsecutione justitiæ pacem non esse perturbandam, ubi scilicet non hujus aut illius, sed totius Ecclesiæ scandalum concitatur. Et e contra constanter esse perturbandam, ubi non hujus aut illius, sed paucorum pravorum perversitas concutitur. Secundum quam discretionem, vel justitia prorsus intendenda est, ut mali non ad perturbationem, sed ad correctionem aliorum severe puniantur, vel temperanda per charitatem et gratiam, ne unius mali scandalo cæteri boni periclitentur. Sic tamen ut mali per gratiam eum recipiuntur non insidias vel molestias suis correctoribus moliantur, vel superbe et ficte pœniteant, sed veræ humilitatis et pœnitentiæ exempla aliis exhibeant. Unde Isidorus Mesano episcopo, cap. 10 : « Veniente ad nos famulo vestro religioso viro Nicetio, quod consequenter in epistolis fraternitas vestra venerabilis innotuit; nulla est in hujusmodi sententiis diversitas intelligenda. Quod alibi legitur idem in canone Anquiritano, cap. 19, post lapsum corporalem restaurandum honoris gradum per pœnitentiam. Alibi vero legitur per hujusmodi delictum nequaquam reparandum antiqui ordinis meritum. Hæc enim diversitas hoc modo distinguitur. Illos enim ad primos officii gradus redire præcepit canon, quos pœnitentiæ præcessit satisfactio, vel digna peccatorum confessio. At contra hi qui neque a vitio corruptionis emendantur, atque hoc ipsum carnale delictum quod admittunt etiam vindicare quadam superstitiosa temeritate nituntur, nec gradum utique honoris, nec gratiam communionis recipiunt. Ergo ita est utraque dirimenda sententia, ut necesse sit illos restaurari in loco honoris, qui per pœnitentiam reconciliati sunt divinæ pietati. Hi nec immerito consequuntur adeptæ dignitatis statum, qui per emendationem recepisse noscuntur vitæ remedium. Ezechiel enim propheta sub typo prævaricatricis Jerusalem ostendit per pœnitentiam pristinum restaurari honorem. *Confundere*, inquit, *o Juda, et porta ignominiam tuam* (*Ezech.* XVI, 52). Et post paululum : *Et tu et filiæ vestræ revertimini ad antiquitatem vestram* (*ibid.*, 55). Ergo, dum quisquis per opus confusionis suæ confunditur, atque ignominiam suam portat, et depositionem suam luget cum humilitate, revocari secundum prophetam ad priorem statum poterit. Item Joannes evangelista angelo Ephesi Ecclesiæ inter cætera scribit : *Memor esto unde cecideris, et age pœnitentiam, et prima opera fac : alioquin veniam tibi, et movebo candelabrum tuum de loco suo* (*Apoc.* II, 5). » Et post pauca : « Candelabrum sacerdotis quod intelligitur chrisma honoris tunc penitus juxta Joannem movetur, quando post delicti casum neglecta pœnitentia admissa scelera non delentur. Non enim dixit, pro eo quod cecidisti movebo candelabrum; sed, nisi pœnitentiam egeris, movebo candelabrum tuum. Ergo quemcunque præpositum peccantem si prævenerit pœnitentia delicti, utique sequetur et reparatio meriti. Ut in proverbiis : *Qui abscondit scelera sua, non dirigetur; qui vero confessus fuerit, et dereliquerit ea, misericordiam consequetur* (*Prov.* II, 13). » Et post pauca : « Nam et ipsum quem canonum censura post septem annos remeare per pœnitentiam in statum pristinum decrevit, non hoc ex proprio arbitrio sancti Patres, sed potius ex sententia divini judicii sanxerunt. Nam legitur quod Maria soror Aaron propter detractionis delictum lepra percussa est. Et ut emundaretur, præcepit eam Deus septem diebus extra castra egredi, et post emundationem rursus in castris admitti. Maria ergo soror Aaron caro intelligitur sacerdotis, quæ dum corruptionum contagiis maculatur, extra castra septem diebus, id est extra

collegium Ecclesiæ septem annis projicitur, et per emundationem vitiorum loci sive pristinæ dignitatis recipit meritum. » Et post pauca : « Qui vero nec luget quæ gessit, sed lugenda committit, non potest ad pristinum gradum restaurari. »

Cum vero beatus Isidorus duas sanctorum sententias authentice et rationabiliter discrevisset, ut ostenderet et has et cæteras, pro persona, pro tempore, juste et utiliter esse discernendas, adjecit : « In fine hujus epistolæ hoc adjiciendum putavi : Quoties discors sententia invenitur, illius concilii magis teneatur sententia, cujus antiquior et potior exstat auctoritas. » Antiquior dixit ad veritatem, potior ad utilitatem. Cum ergo beatus Isidorus notet angeli candelabrum esse movendum, non quia peccavit, sed nisi pœnitentiam egerit, bene accedit ad ordinem canonicum ut prius admoneatur prælatus a subditis; et si incorrigibilis apparuerit, tunc ut moveatur candelabrum ejus de loco suo accusetur, et damnetur, quia ita Deus præcipit et minatur. Cum enim humanum sit peccare, diabolicum perseverare, dignum est ut nisi quod humanum est corrigatur, quod diabolicum est puniatur. Sed et beatus Gregorius Isidoro concordans in discretione diversarum sententiarum, ait Secundino servo Dei recluso, cap. 222 (lib. IX, epist. 52) : « Legisse te dicis sacerdotali officio canonum diversas sententias; alias post lapsum resurgendi, alias nequaquam posse. Nos ergo generalissima quæ a Nicæno incipiunt concilia cum reliquis quatuor veneramur; quia per ipsa sequentibus unanimes concordamur. A capite ergo incipientes usque in quartum altaris ministrum hanc formam servandam, ut sicut minorem major præcedit in honore, ita et in crimine : et quem major sequitur culpa, majori implicetur vindicta, ut post pœnitentiam credatur esse fructuosa. Quid enim prodest triticum seminare et fructum illius non colligere? aut domum construere et illam non habitare? Post dignam igitur satisfactionem credimus redire posse ad honorem, Domino dicente : *Nunquid qui cadit non adjiciet, ut resurgat?* (*Psal.* XL, 9.) *Et qui aversus est non revertetur* (*Jer.* VIII, 4). Item : *Quacunque die ingemuerit, salvus erit* (*Isa.* XXX, 15). Unde et Psalmista ait : *Cor mundum crea in me, Deus, et spiritum rectum innova in visceribus meis. Ne projicias me a facie tua, et Spiritum sanctum tuum ne auferas a me* (*Psal.* L, 12). Dum enim petiit ne a Domino projiceretur pro lapsu culpæ pœnitentiam agens, addidit : *Redde mihi lætitiam salutaris tui, et spiritu principali confirma me* (*ibid.*, 14). Si enim dignam Deo pœnitentiam non fecisset : nequaquam alius prædicaret. Ait enim : *Docebo iniquos vias tuas, et impii ad te convertentur* (*ibid.*, 15). Dum enim peccata sua prospexit mundata per pœnitentiam, non dubitavit curare prædicando aliena : et sacrificium de semetipso Deo offerre studuit, cum dicebat : *Sacrificium Deo spiritus contribulatus* (*ibid.*, 19). »

Cum ergo Hieronymus, Calixtus, Augustinus,

Gregorius, Isidorus, quamvis satis approbent sententiam severitatis, tamen magis amplectuntur eam quæ gratiæ est et charitatis : ut vel propter majus scandalum vitandum etiam hæretici cum honore suo recipiantur, vel propter fructum veræ pœnitentiæ peccatores honoribus suis restituantur, magis accedit ad discretionem ut cum honore canonico prælatus a subditis conveniatur et admonetur, tunc corrigatur, et ita honore suo fruatur ; sicque etiam minus erit scandalum infamiæ, nec erit suspicio alicujus sui odii quæ oriri posset ex accusationis læsione. Ne hoc enim contingeret, et ne etiam de impunitate ejus malum aliis exemplum pullularet, statuerunt sancti Patres ut accusatus quilibet, si vel confessus vel convictus esset, et ipse procul dubio deponeretur, et alius loco ejus substitueretur. Si autem ipse ultra ad eumdem honorem aspirare præsumeret, ad agendam pœnitentiam perennem in monasterio retruderetur. Unde et Gregorius, sua sibi non discordante sententia de abbate deposito, de presbytero, vel de Lucillo episcopo accusato, severum fixumque judicium depositionis pro eorum lapsu dedit, cum tamen propter fructum veræ pœnitentiæ generalem reditum ad honorem omnibus vere pœnitentibus concesserit : quod quum non contrarie sibi, sed discrete suo loco, suo tempore instituisse nemo ambigit. Nam qui de Lucillo episcopo accusato tam severam fixamque sententiam dedit, idem de Vizaceno primate accusato propter scandalum vitandum eam reflexit, ut ostendatur discrete fecisse quidquid vel juste intendit, vel pie remisit. Unde idem Joanni episcopo Syracusano (lib. IX, epist. 59) : « In quodam crimine Vizacenus primas fuerat accusatus, et piissimus imperator eum juxta statuta canonum voluit judicari : sed accipiens auri libras Theodorus tunc militum magister, obstitit ut minime fieret, tunc imperator piissimus admonuit ut quidquid esset canonicum faceremus : sed videntes contrarietates hominum, eamdem causam inire noluimus. » Ecce idem Gregorius de Lucillo accusato sententiam dedit : sed eamdem de Vizaceno similiter accusato exsequi noluit. Quare? Quia non sibi contrarius, sed contrarius fuit facto.

CAP. XLIV. *Quod postquam prælatus sæpe commonitus incorrigibilis permanserit, tunc ad primatum causa ejus deferatur.*

Quia ergo cum discretione et ordine omnia facienda sunt, postquam prælatus a subditis conventus et admonitus corrigi noluerit, tunc primum ad primatem causa ejus deferatur canonice non proditorie. Unde Eleutherius, cap. 1 (n. 3) : « Proditoris nec calumnia nec vox audiatur, nec criminatio minorum, quanto magis episcoporum non est facile recipienda. » Unde Anacletus, cap. 4 (epist. 5, n. 5) : « Sententia Cham filii Noe damnantur qui suorum doctorum vel præpositorum culpam produnt ceu Cham qui patris pudenda non operuit, sed deridenda monstravit. » Et post pauca : « Unde oportet unumquemque fidelem, si cognoverit plebes adversus pastorem suum tumescere, et clerum detractionibus vacare; hoc vitium pro viribus exstirpare prudenterque corrigere satagat. Indignum enim valde est, ut patrum peccata non ad corrigendum, sed ad deridendum prodantur, et detractionibus lacerentur. »

CAP. XLV. *Quod proditores et laceratores episcoporum infames fieri, deponi, et curiæ tradi debent.*

Unde Alexander, cap. 1 (epist. 1, n. 1) : « Statuentes decernimus omnes qui suos patres persequuntur, aut amovere et dilacerare nituntur, manifeste infames esse, et a liminibus Ecclesiæ alienos, usque ad satisfactionem fieri. » Unde Fabianus, cap. 11 (epist. 2, n. 2), cum submonuisset non eos sacerdotes debere accusare aut posse, qui rite fieri sacerdotes non possunt, post pauca subdidit : « Statutum est, ut si aliquis suis episcopis infestus aut insidiatus fuerit, eosque criminari tentaverit, aut conspirator fuerit, ut mox ante examinatum judicium submotus a clero curiæ tradatur, cui in diebus vitæ suæ deserviat, et infamis absque ulla restitutionis spe permaneat. » Ecce idem qui eos subditos qui rite possunt fieri sacerdotes, sacerdotes accusare non prohibuit, insidiatori, criminatori, conspiratori pœnam indixit. Unde ex concilio Carthaginiensi : « Clericus qui adulationibus et proditionibus vacare deprehenditur, degradetur ab officio. » Item ex Chalcedonensi concilio, cap. 14 (can. 18) : « Conjurationis vel conspirationis crimen etiam ab externis legibus est prohibitum : multo magis hoc ne in Ecclesia Dei fiat admonere conveniet. Si qui ergo clerici vel monachi reperti fuerint conjurantes, aut conspirantes, aut insidias ponentes episcopis et clericis, gradu proprio deponantur. »

CAP. XLVI. *Quod qui publice scripta vel dicta contumeliosa in aliquem confingit flagellandus est.*

Item in decretis Adriani papæ : « Qui in alterius famam in publico scripturam aut verba contumeliosa confinxerit, et repertus scripta non probaverit, flagelletur : et qui ea prius invenerit, rumpat, si non vult auctoris facti causam incurrere. »

CAP. XLVII. *Quod convicium non est pro accusatione sumendum.*

Item Fabianus, cap. 3 (epist. 3, n. 4) : « Si quis iratus crimen aliquod cuilibet temere objecerit, convicium non est pro accusatione habendum, sed permisso tractandi spatio, ac quod iratus dixit, per scripturam se probaturum esse fateatur, ut si forte resipiscens quæ pro iracundia dixit, iterare aut scribere noluerit, et reus criminis teneatur. Omnis ergo qui crimen objicit, scribat se probaturum, et qui non probaverit quod objecit, pœnam quam ipse intulerit patiatur. »

CAP. XLVIII. *Quod si accusatores non fuerint legitimi, non est vexandus episcopus.*

Quia ergo a proditoribus, convitiatoribus, vel talibus quibuslibet, non debet prælatus impeti, ait

Eutychianus papa, cap. 11 : « Non passim vageque sacerdotum vel reliquorum pastorum accusatio debet fieri. Nam si facile admitterentur, perpauci nimis invenirentur; quia omnes qui pie volunt vivere persecutionem patiuntur. » Item Felix II papa, cap. 11 (epist. 1. c. 17) : « Quoties pastor ecclesiæ super certis accusatur criminibus, si tales fuerint accusatores qui canonice recipi debeant, in legitima synodo suo tempore congregata ab omnibus canonice audiatur, qui sunt in provincia episcopis. Quod si legitimi non fuerint accusatores, non fatigetur accusatus; quia sacerdotes ad sacrificandum vacare debent, non ad litigandum, nec illi qui throni Dei vocantur, pravorum hominum insidiis debent perturbari. »

CAP. XLIX. *Quod episcopus accusatus septuaginta duobus testibus idoneis convincatur.*

Item Zephyrinus papa, cap. 1 (epist. 1) : Quot et quales testes esse debeant ostendens, ait : « Patriarchæ vel primates accusatum discutientes episcopum, non ante sententiam proferant finitivam quam apostolica fuerint auctoritate fulti; et aut reum se ipse confiteatur, aut per innocentes et regulariter examinatos convincatur testes. Qui nimirum testes non minori sint numero quam illi discipuli fuerunt quos Dominus ad adjumentum apostolorum elegit, id est septuaginta duo. »

CAP. L. *Quod Silvester papa non vetat subditis quin accusent prælatos, sed ne præsumptuose id faciant.*

Sed et Silvester papa, cap. 1, certo numero adversus singulos ordines distinguens testes, ait : « Præsul autem non damnetur, nisi in septuaginta duobus testibus. Presbyter autem cardinalis nisi in sexaginta duobus testibus. Diaconus cardinalis urbis Romæ in viginti sex; subdiaconus, acolythus, exorcista, lector, ostiarius in septem testibus damnabuntur. Testes autem et accusatores sine aliqua sint infamia. Singulos tamen minores gradus adversus majores vetuit : non qui darent accusationem, quia tunc esset aliis sanctis contrarius, sed ne præsumerent, id est præsumptuose id facerent. »

CAP. LI. *Quod cum causa accusandi ad primatem canonice perlata fuerit, tunc primas magis pacem reformare debet, quam judicium.*

Electo ergo uno accusatore idoneo vel pluribus, ut libuerit; sed et certo numero testium assumpto, cujuslibet accusandi causa publice et canonice deferatur ad primatem. Qui antequam accusationis diem statuat, si forte ad discordiam vel ad veniam res attinet, accusatores cum accusatis reconciliare debet: quod si fieri non potest, canonice synodalem diem instituat. Unde Felix II in prima (cap. 13) : « Si quis episcopum elegerit accusare, summis primatibus episcoporum suam indicet causam, et non sæcularibus: qui magis ad pacem quam ad judicium eos revocent. » Unde etiam Innocentius, cap. 57, cum interventu subditorum Photini episcopi damnationem rescinderet, quam ei per subreptionem falsi rumoris sedes Romana intenderat, ipse e converso pro damnatione Eustachii diaconi, quem illi accusare et damnare volebant, intercessor et reconciliator exstitit, dicens (epist. 22, cap. 7) : « Suspicite Eustachium a me comprobatum; nolite exspectare ut diaconii gratia exspolietur; sollicitos enim vos pro salute ejus audio libenter. Cui manum porrigitis, vobiscum porrigo; cui porrigo, mecum porrigite. Hæc enim ad Corinthios apostolica est declarata benignitas, ut in uno spiritu ductam ac reductam sententiam boni semper indifferenter sequantur. » Non enim peccatum est aliquando ei indulgere, aliqua tamen rationabili causa per gratiam, quem videmus posse damnari per justitiam. Unde Augustinus, homilia 115 (tract. 115, in Joan., n. 5) : « Non hunc, sed Barrabam. Erat autem Barrabas latro. Non reprehendimus, o Judæi; quod per pascha liberatis nocentem, sed quod occiditis innocentem. » Item Leo (epist. 92) Rustico episcopo Narbonensi de quibusdam corrigendis ait : « Ut sanandis ægris spiritualem adhibeas medicinam, dicente Scriptura, Noli nimium esse justus, mitius agas cum eis. »

CAP. LII. *Quod si pacem reformare non poterit, tunc accusatus, acceptis ad minus sex mensium induciis, debet synodum infra provinciam congruo tempore auctoritate apostolica congregatam, ad se defendendum convocare.*

Si autem primas eos reconciliare non poterit, synodum vel concilium canonice statuat loco infra provinciam, tempore, vere vel autumno, non sine apostolica auctoritate, et consensu, dans ad minus sex mensium inducias accusato, ut ad respondendum sit paratus. Unde Cornelius papa Rufo coepiscopo (epist. 2, n.1) : « Nullus sacerdotum causam suam alieno committat judicio, nisi ad sedem apostolicam fuerit appellatum ; sed unusquisque comprovinciales et notos judices habeat, nisi aliquam vim temerariæ multitudinis illic timuerit, aut infestos vel suspectos inibi habuerit : pro quibus causis ad majoris utilitatis judices, et ad alias provincias appellare, et venire concessum est. » Item Stephanus papa (epist. 2, n. 8) : « Ultra provinciæ terminos accusandi licentia non progrediatur, sed omnis accusatio intra provinciam audiatur et a comprovincialibus terminetur, nisi ad sedem apostolicam fuerit appellatum. His consentit Innocentius et Pelagius et cæteri. » De tempore vero autumnali et æstivali, quia superius a Felice papa, cap. 2, satis dictum est : de auctoritate apostolica videamus. Marcellus papa II (epist. 1) : « Nullus episcopus nisi in legitima synodo suo tempore apostolica auctoritate convocata, super quibuslibet pulsatus criminibus audiatur, vel judicetur, ne innocens damnetur, aut perdat communionem. » De induciis vero dandis, ait Felix, cap. 1 : « De induciis episcoporum super quibus consulistis, diversas a Patribus regulas invenimus institutas. Quidam ad repellenda machinamenta imperatorum et suas præparandas responsiones, et testes confirmandos, et concilia episcoporum et amicorum quærenda, annum et sex menses concedi mandaverunt; quidam autem annum, in quo plurimi concordant; minus vero quam sex menses non reperi. Induciæ namque non sub angusto tempore concedendæ sunt, sed sub longo spatio, ut accusati se pleniter armare contra insidiatores valeant et præparare. »

CAP. LIII. *Quod totum synodalem ordinem Damasus papa breviter lucideque describit.*

Sed et Damasus papa hæc omnia breviter lucideque perstringens, cap. 4 (epist. 4, c. 2), ait Stephano archiepiscopo : « Discutere episcopos et summas ecclesiasticorum causas negotiorum metropolitanis una cum omnibus suis comprovincialibus, ita ut nemo his desit, et omnes in singulorum concordent negotiis, licet. Sed diffinire eorum atque Ecclesiarum summas querelas, vel damnare episcopos, absque hujus Ecclesiæ sedis auctoritate minime licet, quoniam omnes appellare, si necesse fuerit, et ejus fulciri auxilio oportet. Nam, ut nostis, synodum sine ejus auctoritate fieri non est catholicum : nec episcopus nisi in legitima synodo et suo tempore apostolica vocatione congregata diffinite damnari potest, neque ulla concilia unquam rata leguntur, quæ apostolica non sunt fulta auctoritate (*ibid.*, c. 4). Vocatio autem ejus ad synodum qui impetitur per spatium debet fieri congruum atque canonicum ; quia, nisi canonice vocatus fuerit suo tempore, et canonica ordinatione, licet venerit ad conventum quacunque necessitate, nisi sponte voluerit, nullatenus suis respondebit insidiatoribus. Dejectis autem atque a suis rebus exspoliatis, nihil vobis verius significare queo, quam quod sancti Patres definiverunt. Ita enim ex se habent : « Episcopos ejectos, atque a rebus suis exspoliatos, in Ecclesias proprias primo recipi, et sua omnia legaliter reddi, sancti canones decreverunt. » Et postea (*ibid.*, c. 5) : « Si quis eos accusare vellet, æquo periculo sanciverunt, judices esse recte sapientes decernimus, et juste volentes, sive quos eis primates dederint, sive quos ipsi ex consensu elegerint (*ibid.*, c. 7). Tempus siquidem congruum prævideri oportet, quando uniuscujusque accusatæ personæ causa in medium rectissime perducatur, quam omnes ordinabiliter intendant, ut ad eam in omnibus rationabiliter respondeant, et juste se velle manifeste ostendant. Nullus autem introducatur personaliter, sed accusati et accusatores æqua audiantur ratione, juxta quod gestorum ordo exigit. Accusatores vero et judices non idem sint ; sed per se accusatores, per se judices, per se testes, per se accusati, unusquisque in suo ordinabiliter ordine. Inscriptio semper primo fiat, ut talionem calumniator recipiat, quia ante inscriptionem nemo debet judicari vel damnari, cum etiam sæculi leges hæc eadem retinent. Induciæ accusatis in criminalibus sex mensium, et eo amplius, si necesse sit, concedendæ sunt (*ibid.*, c. 8). Habetur quoque in decretis Patrum sancitum non fore canonicum quemquam sacerdotum judicari vel damnari antequam accusatores canonice examinatos præsentes habeat, locumque defendendi habeat, id est inducias ecclesiasticas ad abluenda peccata : (*ibid.* c. 9) nec extra propriam fiat provinciam prima discussionis accusatio, sine apostolica auctoritate, cui in omnibus causis debetur apostolica reverentia ; quia criminis discussio ibi agenda est, ubi crimen admissum est. » Et in canonibus præcipitur, quæque negotia in suis locis ubi orta sunt finienda esse, salva tamen in omnibus apostolica auctoritate. Ecce Damasus synodalem ordinem fere totum disponens, in prima vocatione ad synodum dat accusatis episcopis sex mensium inducias ad minus, itemque, postquam ad judicium venerint, sex mensium inducias ad minus ad se defendendum. Spoliatos vero rebus suis etiam cum venerint ad judicium non prius esse accusandos, quam sua omnia eis de integro restituantur. Et postea iterum cum canonica vocatione ad synodum veniant, et tunc primum accusentur.

CAP. LIV. *Quod accusatus a communione non debet suspendi, antequam convictus sit, nisi judicio se subtrahat. Spoliatus vero rebus suis tandiu ipsis restituendus est, quandiu spoliatus erat antequam respondeat.*

Quod si quomodo alii sancti apertius distinguant videamus, Felix II papa, cap. 11 (epist. 1, c. 6) : « Si quis episcopus legitime accusatus, et ad concilium canonice convocatus fuerit, absque ulla trepidatione ire debebit ; et si ire non poterit, pro se legatum ad synodum mittat. Accusatus autem non prohibeatur a communione, nisi ad electorum judicium canonice vocatus infra tres aut sex vel plures menses pro suis rationem redditurus culpis venire distulerit. Quod si probare potuerit quod voluerit, sed non potuerit venire, nihil ei nocebit. Ille vero qui vi aut timore expulsus, aut suis rebus exspoliatus fuerit, non prius vocetur ad synodum quam ei et omnia legibus redintegrentur, et tandiu in se, de propria pace potestative cuncta disponens, resideat, quandiu exspoliatus suis carere visus est rebus. Cum autem ad judicium venerit, si voluerit et necesse fuerit, induciæ expetenti a Patribus constitutæ absque impedimento concedantur, et judices a se electi tribuantur ; vel in loco unde est ille qui accusatur, vel si inibi aliquam vim temerariæ multitudinis timuerit, locum sibi congruum eligat, quo absque timore suos testes habere, et absque impedimento suam canonice sententiam finire valeat. »

CAP. LV. *Quod duodecim judices sibi eligere debet accusatus episcopus.*

De judicibus vero quot esse debeant, ait Zephyrinus papa, cap. 1 (epist. 1) : « Duodecim judices quilibet episcopus accusatus, si necesse fuerit, eligat : a quibus ejus causa juste judicetur, nec prius audiatur aut excommunicetur, quam ipsi per se eligantur, ut regulariter a suorum primo conventu episcoporum per eos juste causa audiatur et rationabiliter discernatur. » Dictum est, ut superius, quod ab omnibus provinciæ episcopis, ita ut nullus desit episcopus, audiatur, sed pro necessitate aliquando ordinatur aliter. Unde Silvester, cap. 2 : « Si fuerit episcopo nimia necessitas non posse plurimos congregare, ne in crimine remaneat, a duodecim episcopis, et presbyter a sex episcopis cum proprio suo episcopo, et diaconus a tribus. »

CAP. LVI. *Quod primas personas accusantium vel accusati, cujus fidei, cujusque vitæ sint rimari debet, ut et per hoc accusantibus magis vel minus credat, et accusato magis vel minus parcat.*

Cum omni ergo remota difficultate, ut superius dictum est, episcopus accusandus ad concilium venerit, ut ait Calixtus, cap. 2, (epist. 2, n. 5), « quærendum est a primate in judicio, cujus conversationis et fidei sit is qui accusat, et is qui accusatur, ne quorumcunque fides, vita et libertas, neque viles personæ in majorum natu accusationem recipiantur. » Quia ergo de accusatorum personis superius expressum est, quales esse debeant, et de testibus similiter, cum de eis nihil aliud sit quærendum, nisi ut tales sint quales superius descriptæ sunt, cur de conversatione et de fide ejus qui accusatur quærendum sit videamus. Ita enim potest in cætera sua conversatione, vel noxius, vel inutilis, vel incorrigibilis esse, quod et facilius credetur accusatoribus de imposito crimine, et accusato minus parcetur in judicii ultione. Quia enim Judas cum fur esset et loculos habens, magistrum malitiose tradidit, non obtinuit veniam; quia vero Petrus non malitiose, sed timoris fragilitate Dominum negavit, ad honoris sui rediit prærogativam. Diabolus etiam quia malitiose et superbe peccavit, non est restauratus; homo vero quia deceptus ex fragilitate sua cecidit, a Deo est redemptus.

CAP. LVII. *Quod accusatores et testes præsentes viva voce accusare vel testificari debent, et accusatus præsens judicari, nec se debent nisi de præsenti negotio infamare vel calumniari.*

Item Calixtus papa in eodem (epist. 2, n. 5) : « Rimandæ sunt accusatorum personæ enucleatim, quæ sine scripto difficile, per scriptum autem nunquam recipiantur, quia per scripturam nullus accusari potest, sed propria voce et præsente eo quem accusare voluerit, quicunque accusator credatur. Similiter testes per quamcunque scripturam testimonium non proferant, sed præsentes quod viderunt veraciter testimonium dicant, nec de aliis, nisi de his quæ sub præsentia eorum acta esse noscuntur. » Et sciendum quod testes vel accusatores non de alia re debent accusare vel infamare episcopum, nisi de ea unde accusant eum : licet a primate extra illud crimen unde accusatur, de alia ejus fide et conversatione requirendum sit, ab aliis quidem, non ab ipsis. Unde Gaius in sua (epist., n. 3) : « Si quis ergo circa hujusmodi personas non probanda detulerit, intelligat auctoritate hujus sanctionis se jacturam infamiæ sustinere. » Sicut autem non debent accusatores accusatum infamare,

nisi inde unde eum accusant; ita accusatus non debet eos infamare, vel reprobare, priusquam se a crimine absolverit. Unde Stephanus, cap. 11 : « Negata est accusatis licentia criminandi, priusquam se crimine quo premuntur exuerent; quia non credendum est contra alios eorum confessioni, qui criminibus implíciti sunt, nisi se prius probaverint innocentes; quoniam periculosa est, et admitti non debet rei adversus quemque professio. » Quod vero Sixtus ait, quod præsens nisi a præsente non debet accusari, hoc non solum de accusatione, sed et de judicio attestantur sancti. Stephanus, cap. 11 (epist. 2, n. 5) : « Nullus absens aut accusare potest aut accusari. » Item Cornelius papa, cap. 2 (epist. 2, n. 2) : « Omnia quæ adversus absentes in omni negotio aut aguntur aut judicantur, omnino evacuentur; quia absentem nullus addicit, nulla lex damnat. » Item Eleutherius, cap. 1 (epist. n. 3) : « Caveant judices Ecclesiæ ne, absente eo cujus causa ventilatur, sententiam proferant; quia irrita erit omnino, et causam in synodo pro facto dabunt. » Item Zephyrinus cap. 1 (epist 2) : Nemo absens judicetur; quia et divinæ et humanæ hoc prohibent leges. »

CAP. LVIII. *Quod si judicium subterfugerit æque absens ut præsens, tam accusatus quam accusator damnetur.*

Si tamen judicium subterfugerit, æque absens, ut præsens, reus judicabitur tam accusator quam accusatus. Unde ex concilio Carthaginensi, cap. 19 : « Non a communione suspendatur, cui crimen intenditur, nisi ad eam causam dicendam electorum judicio die statuta litteris evocatus minime occurrit, hoc est infra spatium mensis ex ea die qua litteras accepit. Quod si aliquas veras necessitatis causas probaverit, quibus occurrere non potuisse manifestum sit : causæ suæ dicendæ in alterum mensem integram habeat facultatem. Verum tandiu post mensem secundum non communicet, donec purgetur. Si autem ad concilium universale infra anni spatium occurrere noluerit, ut vel ibi causa ejus terminetur, ipse in se primus damnationis sententiam dixisse judicetur tempore sane quo non communicat, nec in sua ecclesia vel parochia. Accusator autem si nunquam diebus causæ dicendæ defuerit, a communione non removeatur. Si vero aliquando defuerit, se substrahens, restituto in communione episcopo, removeatur a communione accusator; ita tamen ut nec ipsi adimatur facultas causæ dicendæ, si se ad diem occurrere voluisse, sed non potuisse probaverit. Illud vero in judicio episcoporum erit, ut si fuerit accusatoris persona culpabilis, ad arguendum non admittatur, nisi proprias causas, non tamen ecclesiasticas asserere voluerit. » Item Bonifacius I papa ad episcopos Galliæ (epist. 2) : « Si episcopus maximus adesse voluerit, præsens si confidit ad objecta respondeat; si adesse noluerit vel neglexerit, dilationem sententiæ de absentia non lucretur. Nam manifestum est eum confiteri de crimine, qui indulto et delegato toties judicio purgandi se occasione non utitur : nihil enim interest utrum in præsenti examine omnia quæ dicta sunt comprobentur, cum ipsum quoque professione procurata toties constet absentem. » Item Julius papa, cap. 11 : « Nullus dubitat quod ita judicium nocens subterfugit, quemadmodum qui est innocens, ut absolvatur requirit ; nec suspicione caret qui calumniis derogat falsa dixisse, cum ipse ad judicium, ut probet quæ intulit evocatus venire distulerit. » Et post pauca : « Sane manifestum est suum eos confiteri crimen, qui toties evocati absque inevitabili causa venire distulerint, et purgandi se voluntate non utuntur.

CAP. LIX. *Quod quatuor personæ in omni judicio sunt habendæ.*

In tanto autem discrimine ubi damnandi sunt vel accusator cum testibus suis, vel accusatus, non debet induci confusio personarum, vel indiscretio querelarum ; sed omnia ordinate et discrete debent fieri. Unde Fabianus cap. 11 (epist. 2, n. 2) : «Nunquam ullus accusator simul sit et judex vel testis ; quoniam in omni judicio quatuor personas esse necesse est, id est judices electos, accusatores idoneos, defensores congruos, testes legitimos. Judices autem debent uti æquitate, testes veritate, accusatores intentione, ad amplificandam causam. »

CAP. LX. *Quod judicium fieri non debet usque dum ad perfectum ventilata sit quæstio.*

Item Eleutherius papa (epist., n. 2) : « Judicantem oportet cuncta rimari, et ordinem rerum plena inquisitione discutere, interrogandi, ac proponendi, adjiciendique præbita ab eo patientia, ut ibi ambarum partium actio limata sit pleniter ; ne litigantibus judex prius sua velit sententia obviare, nisi quando etiam peractis omnibus nihil habeant in quæstione quod proponant, et tandiu actio ventiletur, quousque ad rei veritatem perveniatur : frequenter enim interrogari oportet, ne aliquid forte prætermissum remaneat, quod adnecti conveniat. Item induciæ non modicæ ad inquirendum dandæ sunt, ne aliquid præpropere a quacunque parte agi videatur, quia per surreptionem multa proveniunt. » Unde Augustinus tantam personam, ut Hieronymum, se reprehendentem ita temperat : « Potest fieri ut tibi videatur aliud quam veritas habet, dum tamen aliud non abs te fiat quam charitas habet. Etsi in tenebris hujus mundi etiam charitati potest subripi, quid ergo inimicitiæ et dissensioni ? »

CAP. LXI. *Quod tribus modis expurgare se potest accusatus, scilicet vel magis idoneis testibus, vel summo examine, vel ante omnem publicationem confessione et pœnitentia.*

Quod si accusatus de sua innocentia testes habere potuerit non disparis quidem probitatis, sed majoris dignitatis, sicut Damasus papa cum 42 episcopis se purgavit de adulterio, conjunctis accusatoribus et testibus eorum, solemniter se purget. Si autem habere non potuerit sacri examinis evidentiam, in ipso corpore et sanguine Domini ipsum adhibeat sibi testem, quem habiturus est judicem : unde in corpore canonum talis invenitur auctoritas : Si episcopo aut presbytero causa criminalis, homicidium, adulterium, et maleficium reputatum fuerit, in singulis missam tractare debet, et secretam publice dicere, et communicare, et ita de singulis sibi reputatis innocentem se ostendere. Est etiam tertius modus se excusandi et depositionem suam evadendi, si ostendat et approbet omnem publicationem illius peccati confessione et digna pœnitentia prævenisse. Non enim judicabit Deus bis in idipsum.

CAP. LXII. *Quod si accusatus se expurgare noluerit, tunc vel convincetur, vel sponte peccatum suum confitebitur, et damnabitur.*

Quod si his tribus modis se expurgare non potuerit, si visis difficultatibus suis sponte confessus fuerit, mitius agetur cum eo ut superius dictum est. Quod si noluerit, tunc ab accusatore, et ejus testibus convincetur hoc modo : Quia jurabunt se vidisse vel audisse, si res est vel visui vel auditui apta, ut homicidium vel perjurium ; vel si non est, ut adulterium, vel maleficium, certis signis se scire asserent : quod scilicet noctu in conclavi soli frequenter inventi sunt, vel quod adultera exinde peperit, et de cæteris peccatis similiter quam verius et evidentius astruere potuerint.

CAP. LXIII. *Quod judicium, si ordinabiliter non fuerit habitum, vel metu alicujus potestatis subversum, accusatus vel ante vel post damnationem appellet apostolicam sedem.*

Unde Gregorius Joanni defensori (lib. XIII, epist. 45) : « Quia igitur Stephanus episcopus injuste se asserit condemnatum, diligenter quærendum est primo, si judicium ordinabiliter sit habitum, aut si alii accusatores et alii testes ; deinde causarum qualitas, si digna exsilii vel depositione fuit ; aut si eo præsente, sub jurejurando contra eum testimonium dictum est, seu scriptis actum est, ut ipse licentiam respondendi habuerit. Sed et de personis accusantium et testificantium subtiliter quærendum est cujus conditionis, cujusve sint opinionis, aut ne inopes, aut contra episcopum inimicitias habuissent, et utrum testimonium ex auditu dixerint, aut certe specialiter se scire testati sunt, vel si scriptis judicatum est, et partibus præsentibus sententiæ recitatæ sunt. Quod si hæc solemniter acta non sunt, in Ecclesiam suam omnibus modis revocetur. Qui vero eum condemnaverunt injuste, excommunicati in monasterio ad agendam pœnitentiam sex mensibus sunt mittendi. Ille vero qui, eo vivente, locum ejus temerarie ambiit, ab omni ministerio ecclesiastico repellatur, atque eidem episcopo nostro ad custodiendum tradatur. Episcopi vero qui eum ordinare, vel ordinationi ejus consentire præsumpserunt, communione privati, ad agendam pœnitentiam in monasterio sex mensibus deputentur. Si autem metu judicis talia fecisse sponte professi fuerint, modus pœnitentiæ est eis temperandus. Si autem is qui prædicti Stephani locum invasit mortuus est, atque post eum alius episcopus ordinatus, quia levior culpa videtur, non quia isti superstiti sed successisse defuncto, episcopatus illi officium ab eadem Ecclesia tantummodo judicatur; ita ut in alia Ecclesia, quæ a sacerdote erit vacua, si electus fuerit, esse possit episcopus. Quia ergo, ut ait Gregorius, metu judicis judicium subvertitur, ait Calixtus papa, cap. 1 (epist. 1, n. 2) : « Injustum judicium et definitio injusta metu, aut jussu cujuscunque episcopi aut potentis ordinata vel acta, non valeat. » Unde Fabianus, cap. 3 (epist. 3, n. 2) : « Si quis judicem adversum sibi senserit, vocem appellationis exhibeat. Appellantem autem non debet afflictio ulla aut detentionis injuriare custodia ; sed liceat appellatori vitiatam causam appellationis remedio sublevare, liceat in causis criminalibus appellare; nec vox appellandi denegetur ei, quam in supplicium sententiæ destinarit. Pulsatus ante suum judicem causam dicat, et non ante suum judicem pulsatus, si voluerit, taceat, et pulsatus quoties appellaverit induciæ dentur, nec quemquam sententia, non a suo judice dicta constringat. » Item Victor papa, cap. 4 (epist. 1, n. 3) : « Placuit ut accusatus vel judicatus a comprovincialibus in aliqua causa episcopus licenter appellet, et adeat sedis apostolicæ pontificem, qui aut per se aut per suos vicarios, ejus retractari negotium procuret : et dum iterato judicio pontifex suam causam agit, nullus in loco ejus ponatur aut ordinetur episcopus: quoniam quanquam comprovincialibus episcopis accusati causam pontificis scrutari liceat, non tamen definire, inconsulto Romano pontifice, permissum est. » Unde Zephyrinus papa, cap. 1 : « Finis vero ejusdem causæ ad sedem apostolicam deferatur, ut ibidem terminetur, nec antea finiatur quam ejus auctoritate fulciatur. »

Explicit secunda pars.

PARS TERTIA

Cap. I. *Quod quatuor species eorum sunt, qui sunt extra Ecclesiam, et quorum sacramenta non sunt rata.*

Quia superius de misericordia vel justitia ecclesiasticis peccatoribus exhibenda, quantum annuit divina pietas, perstrinximus : nunc de his qui extra Ecclesiam sunt pertractemus. Horum sunt quatuor species, excommunicati, damnati, schismatici, hæretici, quorum sacramentis aliquando interesse damnabile est. Unde Gregorius in Registro suo de excommunicatis (lib. IV, ep. 21) : « Nos consecrationem nullomodo dicere possumus, quæ ab excommunicatis est hominibus celebrata. » Item Innocentius de Bonoso damnato, cap. 55 : « Qui ad Bonosum transiere damnatum, et se passi sunt, vel cupierunt ordinari, nihil acceperunt ab eo, et rei sunt usurpatæ dignitatis. »

Cap. II. *In quo differant schismatici ab hæreticis.*

Ut ergo de excommunicatorum et damnatorum sacramentis vitandis satis dictum sit, de schismaticis et hæreticis videamus quomodo a se differant, vel in sacramentis suis noceant. Unde Hieronymus super epistolas : « Inter hæresim et schisma hoc esse arbitramur, quod hæresis perversum dogma habeat, schisma per decisionem ab Ecclesia separet. Cæterum nullum schisma non sibi confingit aliquam hæresim, ut recte ab Ecclesia recessisse videatur. » Item Augustinus : « Hæreticus est qui non sequitur catholicam veritatem; schismaticus est qui non amplectitur catholicam pacem. » Scriptum est : *Veri sacrificii locus extra Ecclesiam non est.* Unde Pelagius Victori et Pancratio inter cætera : « A schismaticorum sacrificiis, potius autem sacrilegiis, abstinere debetis. » Quod sancte et catholice intelligendum est tam in schismaticis quam in hæreticis. Omnia sacramenta a quocunque in Trinitatis nomine consecrata sunt, quantum ad se vera et sancta, ut in sequentibus patebit : sed quantum ad effectus suos, neque vera, neque sancta, sed polluta et sacrilega, quia non conferunt salutem, sed damnationem ; quod primum de schismaticis, postmodum videamus de hæreticis.

Cap. III. *Quod schismatici in sacramenti sanctitate sunt pro nobis, non in schismatis vulnere.*

Unde Augustinus in libro De baptismo, cap. 237 : « Qui seipsos a societate cæterorum separantes unitatis vinculum rumpunt, si nihil faciunt eorum quæ in unitate acceperunt, in omnibus separati sunt : et ideo quem sibi sociant, si ad Ecclesiam redierit, debet omnia quæ non acceperit accipere. Si vero nonnulla eadem faciunt, non se in eis separaverunt, et ex ea parte Ecclesiæ connectuntur : et ideo si quis eis sociatus ad Ecclesiam venire voluerit, in eo sanatur ubi errabat. « Ubi vero sanctis connectebatur, non curatur, sed agnoscitur, ne cum sana curare volumus, vulneremus. In sanctitate sacramenti, qua contra nos non sunt, pro nobis sunt ; in schismatis vulnere, qui cum Christo non colligunt, spargunt. »

Cap. IV. *Quod schismaticorum baptisma verum quidem est, sed non prodest quandiu sunt in schismate.*

Item in eodem, cap. 278 : « Objectio Donatistarum : Sed videntur sibi argutissime quærere utrum generet filios baptismus Christi in parte Donati, an non generet : ut si consentimus quod generet, suam asseverent Ecclesiam matrem, quæ filios potuit de Christi baptismate generare : et quia oportet esse

Ecclesiam, ex hoc jam nostram non esse Ecclesiam criminentur. Si autem dixerimus non generat: cur ergo, inquiunt, apud vos non renascuntur per baptismum, qui transeunt a nobis ad vos, cum apud nos fuerint baptizati, si nondum nati sunt? Quasi vero ex hoc generat unde separata est, non ex hoc unde conjuncta est. Separata est enim a vinculo charitatis et pacis, sed juncta est unitate baptismatis. Itaque una est Ecclesia, quæ sola nominatur catholica: et quidquid habet suum in commutationibus diversorum a sua unitate separatis, per hoc quod in eis habet, ipsa utique generat, non illi; neque separatio eorum generat, sed quod secum de ista tenuerunt. Quod si et hoc dimittant, omnino non generat. » Item in libro Sententiarum, cap. 191: «Quærunt etiam utrum peccata dimittantur per baptismum in parte Donati: ut si dixerimus dimitti, respondeant: Ergo est illic Spiritus sanctus; quia cum insufflante Domino, datus est, tunc discipulis ait: *Baptizate gentes in nomine Patris et Filii et Spiritus sancti. Si cui dimiseritis peccata, dimittentur: si cui tenueritis, tenebuntur* (*Matth.* xxviii, 19). Et si ita est, inquiunt, communio nostra est Ecclesia Christi. Non enim præter Ecclesiam dimissionem peccatorum operatur Spiritus sanctus. Et si nostra communio est Ecclesia Christi, non est Ecclesia Christi vestra communio: una enim est. *Una est columba mea* (*Cant.* vi, 8), non possunt tot Ecclesiæ esse quot schismata. Si autem dixerimus non ibi posse dimitti peccata, ergo, inquiunt, non illic verus baptismus: et ideo quos a nobis suscipitis baptizare debetis. Quod quia non facitis, in Ecclesia vos non esse fatemini. His obsistimus ita interrogantes: Utrum dimittuntur peccata ubi charitas non est? Peccata enim sunt tenebræ, et qui odit fratrem suum, in tenebris est usque adhuc. Si ergo dimittuntur peccata, quomodo apud schismaticos aliquis renascitur? Quid est enim renasci, nisi a vetustate renovari? Quomodo autem renovatur, cui præterita non remittuntur peccata? quod si renatus non est, nec Christum induit. Ex quo videtur denuo baptizandus; quia, ut ait Apostolus, *quotquot baptizati estis, Christum induistis* (*Galat.* iii, 27). Porro quia in Christo eum dicimus baptizatum, fatemur Christum induisse: ergo regeneratum, ergo peccata dimissa esse. Quomodo ergo dicit Joannes: *Qui odit fratrem suum in tenebris est usque adhuc* (*I Joan.* ii, 11), si in odio schismatis peccata dimittuntur? Quod illi ita solvunt dicentes, apud schismaticos baptismum non esse. Sed nos apud eos etiam illum esse fatentes ita solvimus: Si fictus quilibet ad baptismum accedit, dimittuntur ei peccata an non? Eligant quod volunt. Si dimissa dixerint, quomodo Spiritus sanctus disciplinæ effugiet fictum, si in hoc ficto remissionem operatur peccatorum? Si dixerint non esse dimissa, quare si aliquando fictionem suam vera pœnitentia fatentur denuo baptizandi esse judicantur? Quod si dementissimum est dicere, fateamur vero baptismo baptizari posse Joannem, et tamen cor ejus in malitia perseverans, peccatorum abolitionem non sinere potest fieri; atque ita intelligam etiam contra Ecclesiam Christi baptismum eadem sacramenti celebratione dari et sumi, qui tamen tunc tantum prosit ad remissionem peccatorum, cum quisquam reconciliatus unitati, sacrilegio dissensionis exuitur: quo peccata ejus tenebantur, nec dimitti sinebantur. Sicut hic fictus non denuo baptizatur, sed confessionis correptione purgatur, quod sine baptismo fieri non potest, sed quod datum est ante tunc valere incipit, cum illa fictio vera confessione recesserit. Sic qui in hæresi vel schismate baptizatus est, quo scelere peccata non dimittebantur, cum ad Ecclesiæ unitatem venerit, non iterum baptizandus est; quia ipsa reconciliatione ac pace præstatur, ut ad remissionem peccatorum ejus in unitate jam prodesse incipiat sacramentum, quod acceptum in schismate prodesse non poterat; vel non profuit baptismus, quia Spiritus sanctus, ut peccata ad punctum temporis dimitterentur, et ut recederent venit, et continuo recessit ut redirent, sicut qui de tenebris per lucem transit ad tenebras, lux in transitu enim perfundit tantum: ut et verum sit per vim sacramenti fictos ad momentum induere, et statim eos Spiritum sanctum effugere, sicut scriptum est, quia ad aliquos venit, et mansionem non facit. Sed priori sententiæ magis sancti consentiunt; et verisimilius est, ut hæretici in hæresi sua Spiritum sanctum nec dent, nec accipiant. Quomodo enim Spiritus sanctus datur, ut sit irritus? » Quod idem alibi etiam approbat in libro v De baptismo, cap. 204: « Etiam corde tardiores intelligunt, baptismum Christi nulla perversitate dantis vel accipientis posse violari. Sed quia aliud sacramentum ab effectu sacramenti est, cum hos qui in ipsa unitate Ecclesiæ perdite vivunt, constet remissionem peccatorum nec dare, nec habere posse, quia non malignis, sed justis dictum est: *Si cui dimiseritis peccata, dimittentur; cui tenebitis, tenebuntur* (*Joan.* xx, 23): patet eos dare tantum vel accipere sacramentum baptismi. Unde etiam ex concilii auctoritate firmatum est, ovem errantem, quæ Dominicum characterem a falsis prædicatoribus foris acceperat, venientem ad Christianæ veritatis salutem, ab errore corrigi, a captivitate liberari, a vulnere sanari; characterem tamen Dominicum in ea agnosci potius quam improbari. » Item Augustinus contra Donatistas: « Sicut urgeri videor peccata cum juxta te baptizat; sic et ego urgeor cum dico. Ergo et avarus religionis simulator peccata dimittit. Si per vim sacramenti, sicut ille et ille. Si per meritum suum, nec ille nec ille. Illud enim sacramentum et in malis hominibus Christi esse cognoscitur; in corpore autem unicæ columbæ immaculatæ, nec ille nec ille invenitur. » Item Augustinus in lib. vi De baptismo: « Si quis ab hæresis vel schismatis perversitate vel separatione conversus venerit ad catholicam pacem, sub eodem baptismate quod acceperat, ejus peccata dimittentur propter vinculum charitatis, sub quo peccata ejus tenebantur propter sacrilegium divisionis; quia illud etiam in nomine justo et injusto semper sanctum est, quod neque alicujus æquitate augetur, neque alicujus iniquitate minuitur. »

CAP. V. *Quod etiam ordinati schismaticorum conversi recipiuntur.*

Unde Augustinus ad comitem Bonifacium (epist. 185, n. 44) : « Si ergo, inquiunt, oportet ut nos extra Ecclesiam et contra Ecclesiam fuisse pœniteat ut salvi esse possimus, quomodo post istam pœnitentiam apud vos clerici vel episcopi permanemus? hoc non fieret, quoniam revera quod faciendum est fieri non deberet, nisi pacis ipsius compensatione sanaretur. » Et post pauca (ibid.) : « Est tale inserendi genus, ut nullo præciso ramo qui integer est, ille qui foris est inseratur; non tamen nullo, sed levissimo vulnere arboris. Ita et isti cum ad radicem catholicam veniunt, ne eis quamvis post errorís sui pœnitentiam honor clericatus auferatur, fit quidem aliquid tanquam in cortice arboris contra integritatem severitatis.

CAP. VI. *Quod velut arida manus verum membrum est, sed inefficax; sic eadem dicta vel opera pro intentione vel fide sunt inutilia, vel noxia.*

Ut enim si cujus manus esset arida, verum quidem esset membrum ejus, quamvis sine sanguine, inefficax et mortuum, et sicut fides, cum sit vera, sine operibus est mortua; sic pro intentione judicantur eadem verba vel opera utilia vel mortua. Unde Augustinus in Epistola Joannis, cap. 7 (n. 9) : « Si Pater tradidit Filium, et Filius seipsum, Judas quid fecit? Facta est traditio a Patre, facta est a Filio, facta est a Juda. Una res facta est. Sed quæ res discernit eos? Quia hoc fecit Pater et Filius in charitate; Judas autem in proditione. Videtis quia non quod faciat homo considerandum est, sed quo animo et voluntate faciat. » Item Augustinus in homiliis suis : « *Tu es Christus, Filius Dei vivi*; hoc dixit Petrus, et audivit : *Tu es Simon Barjona*; hoc dixerunt et dæmones, et audierunt : *Obmutescite* ; Una vox est, sed Dominus interrogat radicem et florem. » Item Augustinus in libro De Trinitate, cap. 22 : « Sine charitate fides quidem potest esse, sed non potest prodesse. Unde Apostolus : *Fides est quæ per dilectionem operatur* (Galat. v, 6); sic eam discernens ab ea, qua dæmones credunt et contremiscunt. Quapropter diabolus melior est hæretico; quia, cum fidem habeat, quamvis prævaricator, tamen hæreticus non est. Unde cum baptizati in ecclesiasticis peccatoribus sine nota recipiantur, quia in his quamvis malis perfecta fides perfectum sacramentum tribuit, in hæreticis autem corrupta fides imperfectum : a Paulianistis, ne dicam baptizatos, sed aqua lotos Ecclesia omnino baptizat; ab Arianis vero cæterisque hæreticis baptizatos nonnisi per manus impositionem sub pœnitentiæ imagine sibi reconciliat.

CAP. VII. *Quod fides sit necessaria facientibus sacramenta vel miracula.*

Fide enim omnia sacramenta Ecclesiæ complentur, sicut in Evangelio Dominus dicit : *Si habueritis fidem sicut granum sinapis, et dixeritis monti : Transfer te et mitte te in mare, fiet vobis* (Matth. xvii, 19). Unde et Petrum increpavit de fide cum mergeretur : *Modicæ fidei, quare dubitasti ?* (Matth. xiv, 31.) Unde notandum facientibus sacramenta vel miracula fidem esse necessariam, sed nec minus lis quibus fiunt, quia Dominus non poterat facere signum in patria propter incredulitatem eorum. Unde Augustinus in homilia 80, n. 3 : « Detrahe verbum, et quid est aqua nisi aqua ? Accidit verbum ad elementum, et fit sacramentum : etiam ipsum tanquam visibile verbum. Unde enim ista tanta virtus est aquæ, ut corpus tangat et cor abluat, nisi faciente verbo, non quia dicitur, sed quia creditur ? Nam et in ipso verbo aliud est sonus transiens, aliud est virtus manens. »

CAP. VIII. *Quod pro fide hæreticorum damnentur vel approbentur sacramenta eorum.*

Quod etiam sancti perspicue attendentes, hæreticorum etiam sacramenta vel damnant vel complent: et ita approbant prout fidem eorum in ipsis sacramentis vident, vel imperfectam, vel corruptam, vel annullatam. Quia enim Paulianistæ etiam nomen Trinitatis refutant, omnia eorum sacramenta ita damnat Ecclesia, ut eorum laicos non recipiat nisi omnimodo a se in nomine Trinitatis baptizatos. Ariani vero cæterique, quia nomen Trinitatis invocant, quamvis perfide credant, baptismum eorum non iterat; sed cum pœnitentia et manus impositione consummat. Donatistæ vero, quia magis sunt schismatici quam hæretici; sed tamen et hæretici, quia præter unitatem Ecclesiæ credunt se salvari. Novatiani etiam quos Catharos id est mundos appellant, aliotenus fidem orthodoxam habent, nisi quod bigamis et in persecutionem lapsis vel etiam post pœnitentiam veniam sancti Spiritus desperant, laicos eorum non cum pœnitentia recipit, sed et etiam clericos eorum sola manus impositione consummat, quia et si fidem Trinitatis nullomodo negant, tamen Spiritus sancti gratiæ aliquo modo perfide detrectant, dum Donatistæ extra unitatem Ecclesiæ Spiritus sancti gratiam se habere credant et sperent, quod est impossibile. Novatiani vero desperent eum post pœnitentiam lapsorum culpis velle ignoscere : quod impium est de vera gratia tam crudeliter sentire.

CAP. IX. *Quod Paulianistarum baptisma est irritum, Novatianorum vero ordines rati cum manus impositione.*

Quod evidentissimis sanctorum patet auctoritatibus. Cum enim Innocentius I papa, cap. 55 (epist. 22, c. 5), de duabus hæresibus Paulianistarum videlicet, et Novatianorum communiter disputaret, et a Paulianistis venientes baptizandos esse decerneret, a Novatianis vero cæterisque hæresibus omnino prohiberet, causam reddidit, dicens : « Quia Paulianistæ, inquit, in nomine Patris et Filii et Spiritus sancti minime baptizant. » Cumque hac causa horum tantummodo baptisma refutandum diceret, Novatianorum non solum laicos, sed et clericos cum manus impositione recipiendos dixit; quia apud istos videlicet Novatianos de unitate Patris et Filii et Spiritus sancti aliquando nec quæstio nominata est. Et ideo de omnibus segretatis hæc sola hæresis electa est, cui istud crederent concedendum, ut eorum clerici reciperentur; quia nihil in Patris et Filii et Spiritus sancti sacramento peccaret. Sed hoc tantum in his duabus hæresibus singulariter esse præceptum, et non in cæteris, ut Paulianistarum etiam baptisma refutetur, Novatianorum vero etiam ordinatio recipiatur. Idem Innocentius papa paulo superius manifeste distinguit, dicens (epist. 22, c. 5.) : « Quod placuit Nicænæ synodo ut accepta manus impositione, sic manserit in clero : possumus vestræ dilectioni vere dicere, de solis Novatianis hoc esse præceptum, nec ad aliarum hæresum clericos pertinere. Nam si utique de omnibus ita deffinirent, addidissent a Novatianis cæterisque hæreticis venientes debere in suum ordinem recipi. Quod si ita esset, etiam illud quod de Paulianistis dictum est, poterit infirmari, a quibus venientes etiam baptizari præcipiuntur. Nunquidnam cum de Paulianistis jubent, omnes ab hæreticis revertentes erunt hoc exemplo baptizandi? Quod cum nullus audeat facere, de ipsis tantum esse præceptum ratio ipsa demonstrat. »

Cap. X. *Quod nullius hæresis nisi Novatianæ clerici sunt jure recipiendi.*

Cum ergo de solis Novatianis clericis sit præceptum, quid de Donatistis, Bonosiacis sacramentis vel ordinibus in Ecclesia recipiendis est dicendum, nisi quod non jure celebrata, sed qualibet Ecclesiæ vel ignorantia vel necessitate usurpata sint et permissa? Sed quid post hæc de Arianis, Patripassianis, Simoniacis, quorum ordinatio cum his videatur interdici, nulla auctoritate invenitur usurpari vel permitti?

Cap. XI. *Quod Bonosiaci pro necessitate sunt recepti.*

Sed de his primum agamus, quibus utcunque permittitur, et postmodum de his quibus omnino interdicitur. Bonosiaci sunt Photiniaci, qui, sicut Judæi Christum ante sæcula ex Patre genitum negant. De his ergo idem Innocentius cap. 5 (epist. 22) ait : « Annisi fratris quondam nostri aliorumque consacerdotum summa deliberatio fuit, ut quos Bonosus ordinaverat, ne cum eodem permanerent, ac fieret non mediocre scandalum, ordinati reciperentur. » Quod ergo necessitas pro remedio reperit, cessante necessitate, debet pariter cessare quod urgebat, et hoc quidem ante ejus damnationem. Nam de his qui postea ordinati sunt, subsequenter adjecit : « Qui de catholica ad Bonosum transiere damnatum, atque se passi sunt vel cupierunt ab eodem ordinari, constat non oportuisse ordinationis ecclesiasticæ suscipere dignitatem. » Et paulo post : « Ad summum certe qui nihil a Bonoso acceperunt, rei sunt usurpatæ dignitatis, qui id se putaverunt esse, quod nulla fuerat regulari ratione concessum. »

Cap. XII. *Quod Donatistæ pro utilitate sunt recepti.*

Donatistæ vero, quia non alio modo a fide exorbitant, nisi quod ab Ecclesiæ unitate schisma fecerunt, irati quod Cæcilianus contra votum eorum episcopus est, Carthaginensi concilio visum est ut cum ad unitatem catholicam quilibet eorum venire disponeret, si hoc paci Christianæ prodesse videretur, quam illi valde impugnabant, cum suo reciperetur ordine, sive laicus in baptismate, sive clericus in suo ordine.

Cap. XIII. *Quod a Leone Maximus recipitur, Maximus ex laico et Donastista in episcopum ordinatus.*

Item Leo papa ad Mauros episcopos in epistola sua inter cætera (epist. 87, n. 3) : « Maximum quoque ex laico licet reprehensibiliter ordinatum, tamen si Donatista jam non est, et a spiritu schismaticæ pravitatis alienus est, ab episcopali quam quoquomodo adeptus est, non repellimus dignitate; ita ut ipse libello ad nos edito Catholicum se esse manifestet. »

Cap. XIV. *Item Novatiani ab Innocentio.*

Et quia similiter Novatiani a fide non aberrant, de laicis vel clericis eorum recipiendis consentit auctoritas. Unde Innocentius I Victorio Rothomagensi episcopo, cap 13 (epist. 2, c. 8) : « Venientes a Novatianis vel Montensibus per manus tantum impositionem suscipiantur; quia, quamvis ab hæreticis, tamen in Christi nomine baptizati sunt. »

Cap. XV. *Item Donatus Novatianus a Leone.*

Et Leo ad Mauros episcopos (epist. 87, n. 3) : « Donatum autem Sejacensem ex Novatiano, ut comperimus, cum sua plebe conversum, ita Dominico gregi volumus præsidere, ut libellum fidei suæ meminerit ad nos dirigendum : quo et Novati dogmatis damnet errorem, et plenissime confiteatur catholicam veritatem. » Quod ut de Donatista et Novatiano non regulariter, sed quadam discretione concessum ostenderet, se excusans subsequenter ait : « Quæ non certarum remisimus consideratione causarum, antiquis deinceps custodienda sunt regulis, ut quod ad tempus pia lenitate concessimus, justa post hæc ultione plectamus. » Ex quibus auctoritatibus colligitur quia sacramenta, quæ hæretici non aliter habent, nec aliter agunt quam Ecclesia, ea scilicet fide et ordine habentes, et dantes quomodo habebantur, et dabantur priusquam inde exirent aliorumve perfide sentientes quam in ipsis sacramentis, per manus impositionem consummantur et approbantur revertentibus ad Ecclesiam. Quod tamen intuitu necessitatis et pietatis aliquando factum, non sæpius, ut ait Leo, est usurpatum, ne hæresis nefariam auctoritatem in Ecclesia obtineat, si in sacramentis suis hæreticos et Catholicos nulla eligendi vel spernendi ratio discernat.

CAP. XVI. *Quod sacramenta hæreticorum quamvis sint vera, tamen inutilia.*

Nam quod Augustinus ait ad Emeritum (epist. 87, n. 9.) : « Sacramenta quæ non mutastis, sicut habetis, approbantur a nobis, ne forte, cum vestram pravitatem corrigere volumus, illis ministeriis, quæ in vestra pravitate depravata non sunt, sacrilegam faciamus injuriam. Neque Saul depravaverat unctionem quam acceperat ; cui unctioni rex David post Dei servus tantum exhibuit honorem. » Itemque Augustinus ad Donatistas : « Sicut autem ficti veraciter conversi recipiuntur, nec tamen eorum baptisma reprobatur ; sic et illa quæ schismatici et hæretici non aliter habent, nec aliter agunt, quam vera Ecclesia, cum ad nos veniunt, non emendamus, sed approbamus potius. » Item idem ad Vincentium Donatistam (epist. 93, n. 46) : « Ex catholica Ecclesia sunt omnia sacramenta Dominica, quæ etiam priusquam inde exiretis, non tamen ideo non habetis, quia non estis unde dabatis. » Item ad Donatistas : « Si autem Deus adest sacramentis et verbis suis per quoslibet administrentur, et sacramenta Dei ubique, perversi sunt intus et foris. » Item ita : « Ergo nec foris, sed nec intus quisquam, qui ex parte diaboli est potest in se, vel in quemquam maculare sacramentum, quod Christi est, de approbanda veritate sacramenti dictum est, non de utilitate ; quia revera non prodest ab hæreticis datum, nisi sanctæ Ecclesiæ sit adunatum, et per manus impositionem vel etiam pœnitentiam, prout est hæresis, reconciliatum. » Unde Augustinus (70) ad Petrum subdiaconum de fide (S. Fulg. c. 36) : « Firmissime, inquit, tene, et nullatenus dubites, extra Ecclesiam baptizatis si ad Ecclesiam non redierint, baptismo cumulari perniciem. » Tantum enim valet ecclesiasticæ societatis communitas ad salutem, ut baptismo non salvetur, cui non ibi datur, ubi oportet ut detur. De talibus propheta : *Exite*, inquit, *de medio eorum, et non polluamini ab eis* (Isa. LII, 11). Sed in suscipiendis vel refutandis sacramentis hæreticorum, ut dictum est, maxime valet discretio hæresium ; quia Paulianistarum baptismus refutatur, Novatianorum et Donatistarum baptismus et ordinatio per manus impositionem recipitur, Arianorum vero cæterorumque etiam cum pœnitentia mundatur baptismus.

CAP. XVII. *Quod etiam sunt noxia.*

De quibus specialiter Ambrosius in libro De initiandis rudibus : « Non sanat baptismus perfidorum, non mundat, sed polluit ; quia in harum diluvio aquarum ad Deum non approximatur, quia secundum Apostolum : *Quidquid ex fide non est, peccatum est* (Rom. XIV, 23) : et ipsi qui faciunt, et quibus faciunt, non solum non prodest, sed ad judicium est. »

CAP. XVIII. *Quod ab hæreticis baptizati per manus impositionem sunt recipiendi.*

Unde Leo, cap. 29 (epist. 37, n. 2) : « Quoniam ab hæreticis baptizati quolibet modo formam baptismatis acceperunt, baptizandi non sunt ; sed per manus impositionem, virtute Spiritus sancti quam ab hæreticis accipere non poterant, Catholicis copulandi sunt. » Item Leo ad Leonicetem episcopum, cap. 19 (epist. 79, n. 7) : « Hi qui baptismum ab hæreticis acceperunt, cum baptizati ante non fuissent, sola Spiritus sancti invocatione per impositionem manuum confirmandi sunt, quia formam baptismi tantum sine sanctificationis virtute sumpserunt : et hanc regulam servandam in omnibus Ecclesiis prædicamus, et lavacrum semel initum nulla intentione violetur, dicente Apostolo : *unus Dominus, una fides, unum baptisma* (Ephes. IV, 5). Cujus ablutio nulla intentione violanda est, sed sola sanctificatio Spiritus invocanda, ut quod ab hæreticis nemo accepit, a catholicis sacerdotibus consequatur. »

CAP. XIX. *Quod nulla hæreticorum sacramenta sunt rata.*

Quod vero eorum sacramenta non sint rata ubique testatur auctoritas. Unde Hieronymus in Aggæo propheta : « Sic populus est hæreticorum omnium in conspectu meo, dicit Dominus, ut omne quod fecerint, vel quod mihi obtulerint, vel vota, vel pro salute, vel pacifica, vel pro peccato, vel holocaustum, sive eleemosynas, sive jejunia vel corporis castitatem, contaminata erunt in conspectu meo : quamvis enim sancta videantur specie sui quæ offeruntur, tamen quia tractata sunt ab illo qui pollutus est in anima, polluentur omnia. » Item in Amos propheta : « Odit Deus sacrificia hæreticorum, et a se projicit : et quoties in nomine ejus congregati fuerint, detestatur fetorem eorum, et claudit nares suas. »

CAP. XX. *Quod sacramenta hæreticorum vera sunt, quantum ad formam, non quantum ad spiritualem gratiam.*

Item Augustinus in verbis Domini de blasphemiis Spiritus : « Corporalia sacramenta quæ portant et celebrant segregati ab unitate corporis Christi, formam possunt habere pietatis ; virtus vere invisibilis et spiritualis ita in eis esse non potest, quemadmodum sensus non sequitur membrum quando amputatur a corpore. » Unde Leo, in epistola sua ad Anatolium Constantinopolitanum episcopum (epist 40, n. 2) : « Isti qui plenis satisfactionibus male gesta deberent condemnari, et accusare se magis eligunt, quam tueri, pacis et communionis nostræ unitate lætentur, ita ut digno prius anathemate quæ contra fidem catholicam sunt præcepta damnentur. Aliter enim in Ecclesia Dei quæ corpus Christi est,

---

(70) Hic liber non est S. Augustini, sed S. Fulgentii, ut docent veteres codices ante annos mille exarati, et etiam stylus : unde in nova operum S. Augustini editione ad calcem tom. VI rejectus est.

nec sunt rata sacerdotia, nec vera sunt sacrificia, nisi in proprietatem suæ naturæ verus nos pontifex reconciliet. » Sed quod de universis dictum est, insimul de singulis videamus.

Cap. XXI. *Quod corpus Domini ab Arianis confectum sacrilega sanctio dicatur.*

De sacramento enim corporis et sanguinis Domini ab Arianis confecto Gregorius in Dialogorum lib. III, cap. 31 ait de Hermenigildo regis Leuvigildi filio : « Superveniente paschalis festivitatis die, intempestæ noctis silentio, ad eum perfidus pater Arianum episcopum misit, ut ex ejus manu sacrilegæ consecrationis communionem perciperet, atque per hoc ad patris gratiam redire mereretur. Sed vir Deo deditus Ariano episcopo venienti exprobravit, ut debuit, ejusque perfidiam dignis increpationibus repulit. »

Cap. XXII. *Quod sine fide frustra cætera ecclesiastica haberi videantur.*

Unde Hieronymus in Osee : « Illi offerunt panem sacrilegum, et dant eleemosynas, et sectari videntur humilitatem, quæ si vere fiant haulocausta interpretor : cum autem scientiam Dei reliquerint, frustra truncato capite fidei, cætera membra habere se jactant. »

Cap. XXIII. *Quod hæreticorum baptizati cum pœnitentia et manus impositione sunt recipiendi, clerici vero non.*

De sacramento vero ordinum Innocentius I, cap. 47 (epist. 18, c. 3) ait : « Arianos præterea cæteras hujusmodi pestes, quia eorum laicos conversos ad Dominum sub imagine pœnitentiæ ac sancti Spiritus sanctificatione per manus impositionem suscipimus, non videtur clericos eorum cum sacerdotii aut ministerii cujuspiam suscipere dignitate; quoniam quibus solum baptisma ratum esse permittimus, quod utique in nomine Patris et Filii et Spiritus sancti perficitur, nec sanctum Spiritum eos habere ex illo baptismate, illisque ministeriis arbitramur, quoniam cum a catholica fide eorum auctores discesserant, perfectionem Spiritus quam acceperant perdiderunt; nec dare eis plenitudinem possunt, quæ maxime in ordinationibus operatur, quam per impietatis suæ perfidiam potius quam fidem dixerim perdiderunt, quid fieri potest, ut eorum profanos sacerdotes dignos Christi honoribus arbitremur, quorum laicos imperfectos, ut dixi, ad Spiritus sancti percipiendam gratiam cum pœnitentiæ imagine recipimus? » Item idem cap. 53 (epist. 22, c. 3) : « Ventum est ad tertiam quæstionem. Cum nos dicamus ab hæreticis ordinatos vulneratum per illam manus impositionem habere caput, ubi vulnus infixum est, medicina est adhibenda, quo possit recipere sanitatem. Quæ sanitas post vulnus secuta sine cicatrice esse non poterit; atque ubi pœnitentiæ remedium est necessarium, illic ordinationis honorem locum habere non posse. Nam si, sicut legitur : *Quod tetigerit immundus immundum erit* (*Num.* XIX, 22) : quomodo ei tribuetur, quod munditia ac puritas consuevit accipere. Sed econtra asseritur, eum qui honorem amisit honorem dare non posse, nec illum aliquid accepisse, quia nihil fuit in dante quod ille posset accipere. Acquiescimus, et verum est certe, quia qui non habuit, dare non potuit; damnationem utique, quia habuit, per pravam manus impositionem dedit, et qui particeps factus est damnati, quomodo debeat honorem accipere invenire non possumus. » Sed cum Innocentius dicat quod hæretici solum baptisma ratum esse permittat, et non cætera sacramenta, quorum Gregorius sacrilegam communionem, Innocentius damnationem vocat ordinationem, videtur esse contrarius Hieronymo, qui dicit ad Luciferianum : « Sicut hic est qui baptizat Christus, ita hic est qui sanctificat. » Item ad eumdem : « Oro te, inquit, ut aut sacrificandi licentiam ei tribuas, cujus baptisma probas, aut reprobes ejus baptisma, quem non putes esse sacerdotem. Neque enim fieri potest ut qui in baptismo sanctus est, sit ad altare peccator. » Quod de peccatore, et non hæretico intelligendum est, qui quidquid cum fide pro officio suo facit, licet indignus, cooperante divina gratia, ratum esse creditur. Alioquin si de hæreticis dictum est, ipse sibi contrarius est, cum dicat in Osee : *Sacrificia eorum panis luctus, quicunque ex eo comederint, contaminabuntur* (*Ose.* IX, 4). Et alibi in persona Domini : *Maledicam in benedictionibus vestris* (*Malac.* II, 2), hoc est quidquid a vobis benedicetur per me, erit maledictum. Hoc igitur intelligendum est de peccatore, ut ait Hieronymus, ecclesiastico; illud autem de hæretico.

Cap. XXIV. *Quod ad aliud et ad aliud referenda sunt varia Ecclesiæ statuta.*

Varia esse statuta Ecclesiæ ad aliud et ad aliud relata : utrobique tamen veritati et justitiæ sunt consona, et causarum ordini congrua. Alioquin si immutabiliter sine discretione tenenda sunt, maxima contrarietatis confusio nascitur. Nonne enim Dominus dixit ad Abraham : *Immola filium tuum?* et econtra : *Ne extendas manum tuam super illum* (*Gen.* XXII, 12). Et Moyses in lege : *Non occides* (*Exod.* XX, 13); et econtra : Qui hoc et illud fecerit, occidatur. Et Salomon : *Responde stulto* (*Prov.* XXVI, 5); et econtra : *Noli respondere stulto secundum stultitiam suam* (*Eccli.* XXII, 14). Et Paulus : *Increpa in omni imperio* (*Tit.* I, 13); et econtra : *Increpa in omni patientia* (*I Tim.* IV, 2). Quia ergo hæreticis solum baptisma permittitur esse ratum et verum, quod tamen cum sit sine sanctificatione Spiritus, inutile et noxium; vitanda sunt revera omnia eorum sacramenta tam rata, quam non rata; quia, ut scriptum est : *Omnia munda mundis, coinquinatis autem et infidelibus nihil mundum* (*Tit.* I, 15).

Cap. XXV. *Quod a Catholicis in Ecclesia omnia sacramenta salubriter, sed ab hæreticis damnabiliter accipiantur.*

Unde in Africano concilio, cap. 24 (sub Cœlestino, c. 14) : «In Ecclesia omnia sacramenta salubriter et vitaliter accipiuntur : quæ perseverantibus in hæresi magnam damnationis pœnam conquirunt, quod eis in veritate ad vitam esset luminosius. » Unde Leo, cap. 14 : « Ad animæ periculum pertinet, si quisquam de his, qui a vobis in hæreticorum atque schismaticorum errore dilapsus, se utcunque hæreticæ communionis contagione macularit, resipiscens in communione catholica sine professione legitimæ satisfactionis habeatur. »

CAP. XXVI. *Quod baptizati ab hæreticis, vel ex consensu, vel conscientia, clericatus honore privandi sunt.*

Inde Innocentius I, cap. 54 (epist 22, n. 4) : « De communione baptismi, quod sacramentum hæreticorum magis ratum habetur, lex est Ecclesiæ his qui ab hæreticis baptizati sunt per manus impositionem laicam tantum præbere communionem, nec ex his aliquem ad clericatus honorem vel exiguum subrogare; sed tamen si non ex sensu ad eorum communionem, sed vel ignoranter labimur, vel violenter compellimur, excusari possumus. »

CAP. XXVII. *Quod ignoranter ab hæreticis baptizati non debent ab ordinibus repelli.*

Inde in Africano concilio, cap. 14 (sub Cœlestino papa c. 14, 24) : « Placuit de solis infantibus, quæ ab hæreticis baptizantur, ne quod suo non fecerint judicio, cum ad Ecclesiam Dei salubri proposito fuerint reversi, parentum illos error impediat, ne promoveantur sacri altaris ministerio. » Idem in eodem, cap. 24 : « Qui apud Donatistas parvuli baptizati sunt, nondum scire valentes erroris eorum interitum, et postquam ad ætatem rationis capacem pervenerunt, agnita veritate, falsitatem eorum abhorrentes, ad Ecclesiam ordine antiquo per manus impositionem recepti sunt : clericatum non debet impedire nomen erroris. »

CAP. XXVIII. *Quod violenter ab hæreticis ordinati aliquem colorem excusationis habent.*

Item Innocentius I De violenter compulsis, cap. 55 (epist. 22, c. 5) : « Constat multos vim passos atque invitos attractos repugnantesque ab hæreticis ordinatos : sed hujusmodi aliquis, si non post ordinationem talem interfuit, cum illi conficerent sacramenta, si communioni eorum participatus non est, si statim discedentibus illis de pessimo conciliabulo eorum ad Ecclesiam rediit : iste talis potest habere colorem aliquem excusationis. Cæterum aut amplius redierunt cum se considerent ab hæreticis ordinatos. Certe qui nihil ab eis acceperunt, rei sunt usurpatæ dignitatis. » In quo notatur maxime esse damnabile præbere assensum cuicunque communioni hæreticorum.

CAP. XXIX. *Quod hæretici etiam corporaliter sunt vitandi.*

Unde Ambrosius : « Si qua est Ecclesia quæ apostolicæ veritatis fundamenta non possideat, ne quam possit tibi labem ingerere, deserenda est. » Unde Gregorius Sabiniano episcopo Jadertino (lib. VIII, epist. 10) : « Ideo, inquit, quia fraternitas tua se a consortio et communione Maximi, ubi te prius per negligentia impuleras, interim postea gravitate sacerdotali ad animum reducta suspendit, ut ejus sola nullatenus patereris segregatione esse contentus, nisi in monasterii claustra te recipiens dudum commissa defleres : propterea in meæ te gratiæ communione receptum esse non dubies. » Item beatus martyr Cyprianus in epistolis contra hæreticos : « Si quis, inquit, ab Ecclesia hæretica præsumptione exierit, a semetipso damnatus est : cum hujusmodi, secundum Apostolum, nec cibum quidem sumere debemus. Declaratur hoc in libro Regnorum, ubi cum homo Dei ad Jeroboam missus esset, qui peccata sua exprobraret, atque ultionem futuram prædiceret, panem apud illum edere et aquam bibere prohibitus est. Quod cum non custodisset, divina censura inde regrediens, morsu leonis in itinere interiit. Et audet quisquam dicere sacramentum salutare, et gratiam cœlestem communem cum hæreticis esse posse, cum quibus nec terrestris cibus, nec sæcularis potus debeat esse communis? Constat autem oleum unde baptizati unguntur sanctificari, et eucharistiam fieri apud illos omnino non posse, ubi spes nulla est et fides falsa, ubi omnia per mendacium geruntur. Nam hæretici, simiarum more, quæ cum homines non sint, formam hominis imitantur, vultum Ecclesiæ catholicæ et auctoritatem sibi vindicant et veritatem, cum ipsi in Ecclesia non sint. Benedicit a Deo maledictus, vitam pollicetur mortuus, Deum invocat blasphemus, sacerdotium administrat profanus, ponit altare sacrilegus. Ad hæc omnia accedit etiam illud malum, ut antistes diaboli audeat eucharistiam facere, cum nec sanctificari illic oblatio possit, ubi Spiritus sanctus non sit, nec cuiquam Dominus per ejus preces et orationem prosit, qui Deum ipsum violavit. Si enim qui Ecclesiam violant ethnici et publicani habentur, multo magis rebelles et hostes falsa altaria, et illicita sacerdotia, et sacrificia sacrilega, et omnia adulterata fingentes, inter ethnicos et publicanos computentur omnes : quos constat a charitate et unitate Ecclesiæ catholicæ recessisse. Ergo quæcunque faciunt hæretici, carnalia sunt, inania et falsa : ita ut nihil eorum quæ illi gesserint, a vobis probari debeat. Non statim suscipienda et assumenda sunt quæ jactantur in Christi nomine, sed quæ geruntur in Christi veritate. Quo modo enim perficere quæ agunt, aut impetrare aliquid illicitis conatibus de Deo possunt, qui contra Deum quod eis non licet moliuntur? Quare qui hæreticis schismaticis patrocinantur, censura divina in eorum probantur facinore, et pejus non solum duces et auctores, sed et participes destinari, nisi se a communione malorum separaverint, præcipiente per Moysen Domino : *Separamini a tabernaculis hominum istorum durissimorum* ; et : *Nolite tangere de omnibus quæ sunt eorum, ne simul pereatis cum peccatis eorum* (Num. XVI, 26). Et quod comminatus Dominus per Moysen fuerat implevit, ut quisquis se a Core et Dathan et Abiron non separasset, pœnas statim pro impia communione solveret. Sic etiam per Osee prophetam Spiritus sanctus testatur, dicens : *Sacrificia eorum tanquam panis luctus, omnes qui manducant ea contaminabuntur (Ose.* IX, 4), docens scilicet et ostendens omnes omnino cum auctoribus supplicio conjungi, qui fuerint peccato eorum contaminati : propter quod integritatis et fidei religiosam sollicitudinem vestram, fratres, quantum possumus, adhortamur, ne vos cum profanis et maculatis sacerdotibus communione sacrilega misceatis. » Sed quia beatus Cyprianus, cujus opuscula Augustinus recipienda docet, quam in libro De prædestinatione doctorem lucidissimum laudat : cujus lingua tanquam invictissimo telo confoderentur hæretici, itemque in fide et doctrina Christiana laudabiliter usquequaque diffamatum astruit; quia, inquam, tantus vir de hæreticorum sacramentis vitandis, ne eorum contaminentur sacrilegis sacrificiis cum cæteris sanctis consentit : videamus igitur quomodo iterum sancti consentiant, quantum hæresis crimen Simoniam reputant, quomodo sacramenta eorum vel detestentur, vel approbent.

Cap. XXX. *Quod Simoniacus a fide exorbitet.*

Quod enim a fide exorbitet, et Spiritui sancto blasphemiam irroget, qui Simoniam perpetrans, æstimationem pretii confert gratiæ Spiritus sancti, testatur Ambrosius in libro primo De pœnitentia ad Novatianum : « Petrus, cum Simon magicæ artis consuetudine depravatus putasset quod gratiam Christi per impositionem manus, et infusionem Spiritus compararet pecunia, ait : *Non est tibi sors, neque pars in hac fide; quia cor tuum non est rectum apud Deum (Act.* VIII, 21). Vides quod hunc magica vanitate blasphemantem in Spiritu sancto apostolica auctoritate condemnet : et eo magis quod puram conscientiam fidei non habebat. » Unde Gregorius in Registro, cap. 4 : « Cum omnis avaritia idolorum sit servitus, quisquis hanc, et maxime dandis honoribus ecclesiasticis, vigilanter non præcavet, infidelitatis perditioni subjicitur, etsi tenere fidem quam negligit videatur. »

Cap. XXXI. *Quod capitale quidem est facinus venundare et comparare Spiritum sanctum.*

Unde Gregorius Brunigildæ reginæ (lib. IX, epist. 109) : « Grave omnino et ultra quam dici possit facinus est, Spiritum sanctum, qui omnia redemit, venundare. » Item De emptione Gregorius Nazianzenus : « Nam de eo qui studet donum Dei pretio mercari, ad sacrum ordinem nulla ratione de cætero aut permanere aut renovari posse dubium non est, et a communione modis omnibus abscidatur. » Sed valde considerandum est de medicina pœnitentiæ. Nam Spiritus sancti donum comparari pretio, quid aliud est quam capitale crimen et Simoniaca hæresis?

Cap. XXXII. *Qualiter in utroque testamento punita sit Simoniaca hæresis.*

Quod quam detestabiliter in utroque testamento damnatum sit videamus. Giezi sanitatis gratiam Naaman Syro vendidit; sed eamdem sanitatis gratiam, Eliseo judicante, leprosus factus amisit. Judas omnium Redemptorem vendidit : mox laqueo suspensus eamdem redemptionis gratiam non obtinuit. Et merito; quia nemo potest retinere quod vendit. Simon Magus cum eamdem Spiritus gratiam emere vellet, damnationis suæ sententiam a Petro audivit : *Pecunia tua tecum sit in perditione; quia donum Dei æstimasti pecunia possidere (Act.* VIII, 20). Unde etiam Dominus, ut vendentes et ementes hujus gratiæ expertes ostenderet, cum cæteros peccatores per gratiam in templo dimitteret, singulariter vendentes et ementes increpans, flagellans de templo ejecit. In quo venditores et emptores suos gratia sancti Spiritus constat destitutos esse et vacuos. Quos enim Christus ejecit de templo, nunquid Spiritus Christi faciet sibi templum? Ex qua re intelligendum et credendum est, in hac hæresi etiam completum, quod superius ab Innocentio I in aliis hæresibus est decretum (epist. 22, c. 3) : « Quod qui perfectionem Spiritus, quam acceperant, perdiderunt; non dare eis plenitudinem possunt, quæ maxime operatur in ordinibus, quam per suam perfidiam perdiderunt. » Et iterum : « Qui honorem non habuit, honorem dare non potuit, nec ille aliquid accepit, quia nihil erat in dante; sed damnationem quam habuit, per pravam manus impositionem dedit. » Quod in his quidem, quos Simoniacos Simoniacus ordinat, sicut Arianus Arianos, Donatista Donatistas; ita et probat veritas et esse consentit auctoritas. Si enim cæcus cæco lucernam obtulerit, neuter tamen melius ob hoc videre poterit. In his vero quos hæreticus non hæreticos, sed gratis ordinat, et non sibi consentientes, sed vel ignavos, vel invitos, et pro qualibet Ecclesiæ rationabili tolerantia talem ordinatorem passos : quid ratio vel auctoritas concedat videamus, et primum quidem de his quos per venditionem Simoniacus Simoniacos ordinat.

Cap. XXXIII. *Quod sacerdotium in his non subsistat qui præmiis id assequuntur.*

Gregorius Brunigildæ reginæ, cap. 24 (lib. IX, epist. 109) : « Omnino exsecrabile et gravissimum detestamur, quod sacri ordines per Simoniacam hæresim, quæ prima contra Ecclesiam orta est, et districta maledictione damnata est, conferantur. Hoc igitur agitur, ut sacerdotii dignitas in despectu, et sanctus honor sit in crimine. Periit itaque reverentia, adimitur disciplina. Nam quis denique veneretur quod venditur, aut qui vile non potest esse quod emitur? Unde valde contristor, et corde illi condoleo, quia Spiritum sanctum, quem per manus impositionem omnipotens Deus largiri dignatur divino munere, despiciunt, sed præmiis assequuntur : et sacerdotium illic subsistere non arbitror. »

Cap. XXXIV. *Quod benedictio ei convertitur in maledictionem, qui emendo spiritualia ad hoc ut fiat hæreticus promovetur.*

Item Gregorius Siagrio episcopo Augustodunensi, cap. 126 (lib. IX, epist. 106) : « Nuntio apud nos discurrente divulgatum est, quod in Galliarum partibus sacri ordines per Simoniacam hæresim conferantur, et vehementi tædio mœroris afficimur, si in ecclesiasticis officiis quemquam locum habeat pecunia, et fiat sæculare quod sacrum est. Quicunque ergo studet pretii datione hoc percipere, sacerdos non esse, sed dici tantummodo inaniter concupiscit. Quod scilicet quid per hoc agitur, nisi ut nulla actuum probatio, nulla sollicitudo de moribus, nulla sit de vita discussio, sed ille solummodo dignus, qui dare pecuniam suffecerit, æstimetur? Itaque, frater charissime, in sacerdotibus ordinandis sinceritas vigeat; sit simplex sine venalitate consensus, pura præferatur electio, ut ad summum sacerdotium non suffragio venditorum provectus, sed Dei credatur esse judicio. Nam quam grave omnino sit facinus donum Dei vel pretio comparare vel vendere, evangelica testis est auctoritas. Templum autem Dominus et Redemptor noster ingressus, cathedras vendentium columbas evertit (*Matth.* XXI, 12). Quid vero aliud est columbas vendere, nisi pretium de manus impositione percipere, et Spiritum sanctum, quem Deus omnipotens hominibus tribuit, venundare? Quorum sacerdotium ante Dei oculos cadere cathedrarum utique eversione patenter signatum est : et tamen exerit adhuc nequitiæ pravitas vires suas. Nam cogit vendere quos decepit ut emerent : et dum non attenditur, quod divina voce præcipitur : *Gratis accepistis, gratis date* (*Matth.* X, 8), uno eodemque delicto geminatur vendentis et ementis conditio : et cum liqueat hanc hæresim ante omnes radice pestifera subrepsisse, atque in ipsa sua origine apostolica esse detestatione damnatam, cur non cavetur, cur non perpenditur, quia benedictio illi in maledictionem convertitur, qui ad hoc ut fiat hæreticus promovetur? »

CAP. XXXV. *Quot modis Simoniæ pretium impendatur.*

Quot modis autem pretium in hac hæresi detur idem Gregorius in Evangeliorum tractatu exponit, dicens : « Sunt nonnulli quidem, qui nummorum præmia ex ordinatione accipiunt, et tamen sacros ordines pro humana gratia largiuntur; atque de ipsa largitate laudis solummodo retributionem quærunt. Illi nimirum quod gratis acceperunt, gratis non tribuunt; quia, Dei impenso officio, sanctitatis expetunt nummum favoris. Unde bene, cum virum sanctum describeret, propheta ait : *Qui excutit manus suas ab omni munere* (*Isa.* XXXIII, 15). Neque enim a munere, sed ab omni munere adjunxit, quia aliud est munus a manu, aliud munus a lingua, aliud munus ab obsequio. Munus a manu est pecunia, munus ab obsequio subjectio indebite impensa, munus a lingua favor. Qui ergo sacros ordines tribuit tunc ab omni munere manus excutit, quando in divinis rebus non solum nullam pecuniam, sed etiam humanam gratiam non requirit. » Unde item Gregorius Joanni Corinthiorum episcopo, cap. 220 : « De ordinibus aliquid accipere districta interdictione vetuimus. Oportet ergo ut neque per commodum, neque per gratiam, neque per quorumdam supplicationem aliquos ad sacros ordines consentiatis vel permittatis adduci. »

CAP. XXXVI. *Quod anathematis opprobrio, suscepti honoris amissione, monasterii restrictione multandus sit Simoniacus, tam vendens quam emens.*

Item Ambrosius in libro Pastorali, cap. 10. « Quod non sine magno dolore dicendum est, reperiuntur quamplurimi negotio muneris mercari velle gratiam Spiritus sancti : dum ille pretium donat, ut pontificalis ordinis sublimitatem accipiat, obliti verborum Petri, qui dixit ad Simonem : *Pecunia tua tecum sit in perditione; quia donum Dei æstimasti pecunia possidere* (*Act.* VIII, 20). Proinde quia et usitatum est tantum malum, et majorum frequenter exstat mucrone succisum, nos quoque huic vulneri canceroso quod superest adhuc injicimus ferrum ; decernentes omnino ut quicunque deinceps pro accipienda divini doni dignitate quodlibet præmium detectus fuerit obtulisse, ex eodem tempore se noverit anathematis opprobrio condemnatum, atque a participatione Christi corporis et sanguinis alienum, ex quo illum constat exsecrabile Christo perpetrasse flagitium. Quod si aliquis exstiterit qui accuset, ille qui hunc ordinem muneris fuerit acceptione lucratus, et suscepto honoris gradu privetur, et in monasterio sub perenni pœnitentia trudatur. Illi vero qui pro hac causa munerum acceptores exstiterunt, etsi clerici fuerint honoris amissione multentur; si vero laici fuerint, perpetuo anathemate condemnentur. »

CAP. XXXVII. *Quod proprii honoris periculo subjaceat, quisquis nedum ordines, sed dispensationem alicujus ecclesiastici boni vendiderit vel emerit.*

Item ex concilio Chalcedonensi, cap. 2 (can. 2) : « Si quis episcopus per pecuniam fecerit ordinationem, et sub pretio redegerit Spiritus sancti gratiam quæ vendi non potest, ordinaveritque per pecuniam presbyterum, aut diaconum vel quemlibet ex his qui cognominantur in clero, aut promoverit per pecuniam dispensatorem, aut defensorem vel quemlibet ex his qui subjectus est regulæ pro sui turpissimi lucri commodo : is cui hoc probatum fuerit, proprii gradus periculo subjacebit, et qui ordinatus est nihil ex hac ordinatione vel promotione, quæ est per negotiationem facta perficiat; sed sit alienus a dignitate vel sollicitudine quam pecuniis acquisivit. Si quis vero mediator tam turpibus et nefandis datis vel acceptis exstiterit, siquidem clericus fuerit, proprio gradu decidat ; si vero laicus, anathematizetur.

CAP. XXXVIII. *Quod ecclesiam vel decimas vendere vel emere Simoniaca est hæresis.*

Item Gregorius in Registro : « Presbyter si ecclesiam per pecuniam obtinuerit, non solum ecclesia privetur, sed sacerdotii honore spolietur ; quia et altare et decimas et Spiritum sanctum vendere Simoniacam hæresim esse nullus fidelium ignorat. »

Item Hieronymus: « Res Ecclesiæ vota sunt fidelium defunctorum, pretium peccatorum, patrimonia pauperum : quas si quis in suos usus retorserit, similis est Judæ proditori, et Pharisæis vendentibus et ementibus sanguinem Christi. » Gelasius papa, cap. 24 (epist. 9) : « Quos constiterit indignis meritis sacram mercatos esse pretio dignitatem, convictos oportet arceri sine periculo facinus tale patrantes; quia dantem pariter et accipientem damnatio Simonis, quam sacra lectio testatur, involvit. » Quia ergo ex auctoritate Gregorii apud Simoniacos sacerdotium non subsistit, benedictio in maledictionem convertitur; secundum Ambrosium vero anathematis opprobrio condemnantur, atque participatione corporis et sanguinis Domini alienantur; secundum Chalcedonense concilium ex tali ordinatione nihil proficere videntur; secundum Gelasium, damnatione Simonis involvuntur, a Christo vero templo ejiciuntur. Quid enim aliud Simoniacus Simoniaco in sua ordinatione habet conferre, nisi quod Innocentius de cæteris hæreticis testatur, quia scilicet damnationem quam habuit, per pravam manus impositionem dedit : a qua non esse, sed dici sacerdos inaniter possit.

CAP. XXXIX. *Quod moderni Simoniaci satagunt Spiritum sanctum emere in sacramentis sicut Simon in miraculis.*

« Sed objicit Petrus Damianus moderni temporis Simoniacos quantum ad fidem, integros esse, quia cum miraculis se clarescere desperent, non sunt Simoniaci quod Spiritum sanctum vel ejus dona emere desiderant, sed quia ambitiosi, eo quod ad terrenæ dignitatis culmen anhelant. » Sed nunquid eumdem Spiritum, quem Simon emere voluit in miraculis, Simoniaci nostri emunt in sacramentis? Quis enim vult dici episcopus, nisi ut remissionem peccatorum manus impositione et cætera spiritualia episcopaliter exerceat? Sic et in cæteris officiis cujusque ordinis. Sed quod nec Simoniacam sic evadant hæresim, quamvis in spiritualibus dignitatibus terrena tantum requirant, testatur papa Paschasius. « Si quis objecerit non consecrationes emi, sed ipsas res quæ ex consecratione proveniunt, penitus desipere probatur. » Nam cum corporalis Ecclesia, ut episcopus, aut abbas, aut tale aliquid, sine rebus corporalibus in nullo proficiat, sicut nec anima sine corpore corporaliter vivit, quisquis horum alterum vendit, sine quo alterum nec pervenit, neutrum invenditum derelinquit. Nullus ergo emat ecclesiam, vel præbendam, vel aliquid ecclesiasticum; nec pastellum, nec pastum pro hujusmodi solvat.

CAP. XL. *Quod Simoniaci nullam auctoritatem habeant a veteri testamento vendendi vel emendi, quamvis alicubi hoc innui videatur.*

Sed videntur Simoniaci saltem aliquantulam auctoritatem habere, quasi in Veteri Testamento etiam a sanctis viris hoc usurpatum fuerit, pro eo quod Saul ad Samuelem pro vaticinio expetendo nonnisi cum munere ire præsumpserit. Quod beatus Hieronymus in Michæa competenter solvit, malos tantum accepisse, et non bonos denuntians. « Duces ejus, inquit, in muneribus judicabant, sacerdotes ejus mercede respondebant, et prophetæ ejus in pecunia divinabant, et super Dominum requiescebant, dicentes : Nonne Dominus est in nobis? non venient super nos mala. Idcirco propter vos Sion quasi ager arabitur, et Jerusalem in custodia pomerii erit. Nemo ambigat Jerusalem propter scelera, quæ in hoc capitulo leguntur, fuisse subversam. » Et paulo post : « Poterat Petrus Simoni Mago vendere quod petebat, imo poterat simulare vendentem. Spiritus enim sanctus nec vendi nec emi potest, sed oblatam pecuniam cum offerente damnavit. Nec moveat quemquam illud quod in primo Regnorum libro legimus, Saul volentem ire ad Samuelem dixisse puero suo, ad eum se ire nolle, quia pretium quod offerret pro vaticinio non haberet, et puerum respondisse : Ecce inventa est in manu mea quarta pars sicli pecuniæ, et dabo viro Dei, et annuntiabit nobis viam nostram. Non enim scriptum est, quod Samuel acceperit, aut quod illi obtulerint, quin potius pascuntur a propheta. Sed qui facit eum accepisse? stipes magis æstimandæ sunt tabernaculi, quam munera prophetæ. Siclus enim 20 obolos habet, et quarta pars sicli quinque sunt oboli. Et nostri igitur sacerdotes, si volunt vendere prophetiam, et columbam in cathedris suis proponere, quas Dominus flagello subvertit; quinque tantum obolis sint in mercede contenti, qui utinam non pretium villarum, sed quinque obolos acciperent. » Hoc ipsum sonat in Regnorum libro de uxore Jeroboam ad Aiam hominem Dei pergente, licet potuerint hi qui ad ariolos ire consueverant pro mala eorum consuetudine id ipsum æstimasse de prophetis, et voluisse sanctis viris offerre quod divinis offerre consueverant.

CAP. XLI. *Quod ex initio Simoniæ bonus aliquis fructus non possit provenire.*

« Sed objicit Petrus Damianus, quod etsi malum sit ecclesiastica emere, tamen sæpe sinistra principia ad felices perveniunt exitus, ut Jacob per supplantationem pervenit ad benedictionem; ut seges quæ leprosa manu seritur, munda tamen metitur; ut adulterino concubitu pulchra soboles nascitur, et multa similia quæ ad hoc quidem, prout sacra testatur auctoritas, non operantur. » Unde Leo ad Mauros episcopos, cap. 49 (epist. 37, n. 1) : « Principatus quem aut seditio extorsit aut ambitus occupavit, etiamsi moribus atque actibus non offendit, ipsius tamen vitii sui est perniciosus exemplo, et difficile est ut bono peragantur exitu, quæ malo sunt inchoata principio. » Item Gregorius Antiocheno episcopo : « Gratias agimus Jesu Christo Domino nostro, qui pastoribus rite intrantibus in ovile ovium se ipsum profitetur ostium, ostiarium vero Spiritum sanctum. Qui autem intrat per ostium, et non aliunde ascendit, ut fur et latro, ille Creatoris sui vias et exemplo et verbo in se exprimit, culmenque regiminis suscipit ad officium portandi omnes, non ad appetitum transitorii honoris. Cum enim dicat Paulus : *Fundamentum aliud nemo potest ponere præter id quod positum est, quod est Jesus Christus,* consequenter probatur quia ubi Christus non est fundamentum, nullum boni operis sequitur ædificium. » Item Gregorius Joanni episcopo Corinthiorum et universis per Helladam constitutis (lib. v, epist. 57) : « Quibusdam narrationibus audivi in partibus vestris quosdam cum pretio sacros ordines assequi. Quod si ita est, flens dico, gemens denuntio ; quia, cum sacerdotalis ordo intus occiderit, foris quoque diu stare non poterit. Scimus quoque in Evangelio quid Redemptor noster per semetipsum fecerit, qui ingressus in templum cathedras vendentium columbas evertit. »

CAP. XLII. *Quod Spiritus sanctus in Simoniacis non lucet sacramentis.*

Et ut videamus de radice Simoniæ nullum omnino bonum pullulare fructum, constat ex auctoritate Augustini : « Sicut eunuchus fuit, qui Joseph comparavit, ita qui gratiam mercatur, vivum semen non habet siccis genitalibus. Sic quoque ignis sacrificii, qui per 70 annos Babylonicæ captivitatis sub aqua vixerat, exstinctus est, Antiocho Jasoni vendente sacerdotium : quod significavit ignem Spiritus sancti in Simoniacis non lucere sacramentis. » Quid in his similitudinibus, beatus Augustinus notare voluit, nisi quia sacramenta Simoniacorum sicut et cæterorum hæreticorum, licet sint vera quantum ad formam, inania tamen et falsa sunt quantum ad effectum, cum non possint in mentibus hominum gignere vel accendere cœlestem gratiam ? Approbat ergo Petrus Damianus illa sacramenta valere, in quibus Augustinus testatur ignem Spiritus sancti non lucere. Dicit enim quod, sicut Christus venditus restituit auriculam Malcho et fecit miracula ; sic et Spiritus sanctus possit vendi, et in ipsa sua venditione gratiam suam operari. Sed non valet similitudo ut hoc operetur Spiritus sanctus spiritualiter in perfidis mercimoniis avaritiæ, quod Christus corporaliter gessit certi causa mysterii ad exemplum patientiæ. Si enim omnifaria est similitudo, cum credatur posse vendi ut Christus ; credatur etiam posse crucifigi Spiritus sanctus, quod impossibile est.

CAP. XLIII. *Quod Spiritus sanctus nec vendi, nec emi potest.*

Unde Hieronymus in Michæa : « Nunquid divinatio in bonam partem accipitur ? Videbantur quidem sibi esse prophetæ, sed quia pecuniam accipiebant, prophetia eorum facta est divinatio. Petrus utique poterat Simoni Mago vendere quod petebat ; imo poterat simulare vendentem. » Spiritus enim sanctus nec venundari nec emi potest ; si ergo Spiritus sanctus nec vendi nec emi potest, si prophetia quæ Dei videbatur, in divinationem, quæ diabolica est, vendentibus convertitur, quid aliud nisi quod Simoniacis, ut superius dictum est, nulla spiritualis gratia cooperatur ? Cum enim in sacramentis neque qui plantat, neque qui rigat sit aliquid, quis operatur in eis, si Deus qui incrementum dare debet, in eis non lucet, sed est otiosus ? Sed etsi de adulterino concubitu nascitur soboles pulchra, de eunucho vero nulla potest nasci, cujus sint sicca genitalia, constat etiam ex auctoritate Gregorii Simoniacum tam sibi quam aliis obnoxium, cum nec peccata sua redimere possit eleemosynis, factis ex Simoniæ pretio, sed iratum potius sibi reddat judicem malo illius merito.

CAP. XLIV. *Quod non possit etiam eleemosyna fieri ex pretio Simoniæ.*

Unde Gregorius Syagrio episcopo, cap. 29 (lib. ix, epist. 106) : « Non eleemosyna putanda est, si pauperibus dispensetur quod ex illicitis rebus accipitur, quia, qui hac intentione male accipit ut bene dispenset, gravatur potius quam juvatur. Unde etiam certum est, quia si monasteria vel xenodochia, vel quid aliud ex pecunia quæ pro sacris ordinibus datur, construatur, non proficit mercedi. Ne ergo sub obtentu eleemosynæ cum peccato studeamus aliquid accipere, prohibet Scriptura, dicens : *Hostiæ impiorum abominabiles Deo quæ offeruntur ex scelere (Prov.* xxi, 27). Nimis ergo declinandum est sub obtentu eleemosynæ peccata Simoniacæ hæreseos perpetrare. Si ergo nocet cum sit causa eleemosynæ, quid cum sit causa avaritiæ ? »

CAP. XLV. *Quod consciis et consentientibus noceat Simonia.*

Item Gregorius Theodorico et Theodeberto regibus Francorum, cap. 26 (lib. 5, epist. 110) : « Fertur Simoniaca hæresis in regni vestri finibus dominari, cum in sacerdotibus sit fides eligenda cum vita. Si vita deest, fides meritum non habet, quia *fides sine operibus mortua est (Jac.* ii, 18). Quæ enim opera valeant esse sacerdotis, qui honorem tanti sacramenti convincitur obtinere per præmium ? Ex qua re agitur, ut qui sacros ordines appetunt, non vitam corrigere studeant, sed divitias quibus sacer honor emitur congregare. Et ubi placet aurum placet et vitium. Hinc igitur non solum in ordinatoris et ordinati anima lethale vulnus infigitur ; verum etiam excellentia vestra regia episcoporum culpa, quorum magis intercessionibus juvari debuerat, prægravatur. Si enim dignus sacerdotio creditur, cui non merita sed præmia suffragantur, restat ut in ecclesiasticis honoribus nihil sibi gravitas, nihil defendat industria, sed totum auri profanus amor obtineat ; et dum illa vitia honore munerantur, non huic sacerdotium proficere, sed perire judicatur. Vulnerato namque pastore, quis curandis ovibus adhibet medicinam ? aut quomodo populum orationis clypeo tueatur, qui jaculis se feriendus exponit ? aut qualem fructum de se producturus est, cujus radix gravi peste infecta est ? Major ergo metuenda locis illis est calamitas, ubi tales intercessores ad locum regiminis adducuntur : qui Dei magis in se iracundiam provocent, quam per semetipsos placare debuerant. Proinde vos petimus ut tam detestabile malum de regni vestri studeatis finibus prohibere, et nulla apud vos excusatio, nulla contra animam vestram suggestio locum inveniat, quia procul dubio facientis culpam habet, qui quod potest corrigere negligit emendare. » Cum ergo secundum Leonem Simonia bono non peragatur exitu, secundum Gregorium nihil boni operis sequatur; et iterum sacerdotium quod intus ceciderit diu stare non poterit, nec putanda est eleemosyna ex pretio Simoniæ facta; et iterum regia excellentia prægravatur, curandis ovibus, vulnerato pastore, non adhibetur medicina, de infecta radice malus fructus producitur, major etiam calamitas in futuro metuitur, cum de sinistro principio quis felix exitus speratur. Si quis vero ex consensu vel approbatione suæ hæresis quamvis gratis ordinetur ab eo, nunquid a peccato erit immunis ? nihil vel de ignorantia vel de violentia qua compulsus sit habeat aliquem colorem excusationis ? Cum, ut superius dixit Augustinus, qui eunuchi sunt, id est bonorum omnium infecundi, et in sacramentis eorum Spiritus sanctus non lucet, hæretici dare non poterant quia, ut superius dictum est, quod non habebat, quomodo consentiens hæretico in ordine recipere valeat? Qui enim vendentem approbat, similis est ementi. Sacramentum enim tantum suscipit in forma; non etiam in effectus veritate et substantiæ. *Nonne enim si cæcus cæco ducatum præbeat, ambo in foveam cadunt ?* (*Matth.* xv, 14.) Quomodo enim qui ab ipso Deo et omnibus sanctis anathematizantur, et sacerdotes non esse sed inaniter dici judicantur, sacerdotalia vere administrare approbantur ?

Cap. XLVI. *Quod deponendus sit, qui ab eo quem Simoniacum non dubitat, se ordinari permittit.*

Unde Alexander papa inter cætera : « Si quis ab eo, quem Simoniacum non dubitat, se consecrari permittit, et consecrator et consecratus non disparent, damnationis sententiam ineat, et uterque depositus pœnitentiam agat, et privatus a propria dignitate persistat, » Et quid mirum, si quilibet judicatur impotens ordinare pro Simonia, cum etiam idem judicetur si quis ordinare præsumit indignos pro negligentia ? Unde Leo, cap. 49, inter cætera : « Si qui episcopi talem ordinaverint sacerdotem, qualem esse non liceat, etiamsi aliquomodo damnum proprii honoris evaserint, ordinationis tamen jus ulterius non habebunt; nec unquam ei sacramento intererunt, quod neglecto divino judicio immerito præstiterunt. Quod si illi qui negligenter tantum donum, ut Spiritum sanctum dederunt, prohibentur amplius a sacramento, quanto magis qui avare et perfide tradunt ? Si quis eis in aliquo sacramento communicare consentiat, quos vitandos, debellandos, accusandos, sacra Scriptura, imperat et a communione modis omnibus abscindendos ?

Cap. XLVII. *Quod vehementer contra Simoniam sit exardendum.*

Unde Gregorius Victori episcopo (lib. xii, epist. 29) : « Quisquis ad hoc facinus, videlicet Simoniacæ hæreseos, emendandum pro officii sui considera ratione vehementer non exarserit, cum ipso se habere non dubitet portionem, a quo prius hoc peculiare flagitium sumpsit exordium. » Si ergo qui non exardet cum Simone habet portionem, qui consentit et approbat, et in consecratione ei submittit se, quam non habet damnationem? Quapropter omnino vitandi sunt

Cap. XLVIII. *Quod persequendi vel vitandi sunt Simoniaci*

Unde Gregorius : « Quis moribus, quis honestate, quis vitæ integritate eligitur ? Persequendi sunt itaque lupi, vitandi sunt universi qui ad hoc ut hæretici fiant promoventur : qui lepram Giezi cum divitiis suis possident, et male quæsita mercede non tam patrimonium facultatum quam thesaurum criminum congregaverunt. Cum ergo persequendi judicentur et vitandi, quis eorum lepræ se miscebit, nisi qui leprosus esse voluerit ? »

Cap. XLIX. *Quod etiam debellanda sit Simonia.*

Item Gregorius Virgilio Arelatensi episcopo (lib. xi, epist. 55) : « Cum divinæ lectionis testimonio idolorum servitus avaritia nuncupetur, quo studio debellanda sit cognoscitur; et tamen a quibusdam sacerdotibus, quod quidem gementes dicimus, non cavetur. » Dum enim ipsi in Ecclesiam per idololatriam irrepunt, ne soli pereant, ecclesiasticam gratiam largiuntur ad præmium, et ad dispersiones ovium invitant lupos in ovile Dominicum. Cum sua ergo pedissequa idololatria colitur in templo Dei Simonia, et cujus cathedras ipse Dominus evertit, de templo ejecit, et Gregorius etiam cum cæteris sanctis debellari præcipit, eam contra præcepta canonica veneramur, et ejus benedictionibus cujus superius maledictiones dictæ sunt, indifferenter colla submittimus.

Cap. L. *Quod sacramentum cum sit quantum ad verum bonis bonum, malis tamen fit magnum malum.*

Eant ergo ad Petrum Damianum, et in die judicii eum habeant patronum, qui commendant sacramenta Simoniacorum. Quæ nos quidem ita ut ipse approbamus, vera quidem quantum ad formam, sed tamen inania quantum ad spiritualem gratiam; quia, etsi quantum ad se bona sunt quæ ad invocationem divini nominis celebrantur, mala tamen fiunt his a quibus indigne vel perfide administrantur; mala etiam his quibus ex consensu vel approbatione, atque adeo indigne vel perfide communicant. Et quid mirum si sacramenta, quamvis in se sint bona, bonum tamen effectum non habeant, in his qui vel male tractant, vel male communicant? Ipsa salus nostra buccellam Judæ dedit, et statim cum buccella, non bonus, sed malignus spiritus intravit. Quare? non quia bonus non daret bonum; sed quia malus male accepit bonum: sicque bonum effectum boni non habuit; quia, ubi illud faceret, non invenit. Item Dominus in patria sua præsens et verus adfuit, non per malum ministrum, sed per seipsum nihil potuit, quia fidem non invenit. Pro perfidia aliorum non caruit sua veritate, sed effectus boni virtute.

Cap. LI. *Quod bis sit Dominus transfiguratus in carne.*

Quod ut plane in omnibus sacramentis suis ostenderet, bis est transfiguratus, cum esset in carne. In una transfiguratione, sicut sol fulgens apparuit mirabilis, ut fides ad contemplandam cœlestem gratiam super se elevata proficeret; in altera ut peregrinus incognoscibilis de se dubitantibus longius se ire finxit, et ne agnosceretur oculos eorum tenuit. Ad quid aliud, nisi ut quia per fidem non erat in mentibus eorum, longius se ab eis recedere ostenderet, et quia ipsum non credebant esse quod erat, viderent eum alium quam erat? Ecce in utraque sua visione erat præsentia et veritas, sed in una exercebatur fides, ut magis crederet quam credebat in altera; tenebatur incredulitas ne etiam agnosceret quod videbat. Sic sacramentum corporis et sanguinis sui aliis est ad salutem, aliis ad judicium. Sic est magnum sacramentum fidei; sed tamen fides, quamvis sit vera, sine operibus est mortua (*Jac.* II, 20). Sic et omnes decem virgines æqualiter erant virgines; sed ex his quinque erant fatuæ, et quinque prudentes (*Matth.* xxv, 3). Et quia erat virginitatis veritas, sed pro ejusdem virginitatis intentione non omnibus æqua meriti dignitas. Sic etiam est sonans æs et cymbalum tinniens martyrium, vel eleemosyna, ut ait Apostolus, quam nescit charitas (*I Cor.* xiii, 1); si vero cæcus cæco administret lucernæ veritatem, neuter tamen ideo magis suam illuminat cæcitatem. Sic et malus malo vera sacramenta, sed non ideo magis dona spiritualia; quia malis eorum meritis Spiritus sanctus impeditur ne in eis quod suum est operetur.

Cap. LII. *Quod in baptismate hæreticorum, quamvis concedatur ratum, non credendum sit haberi Spiritum sanctum, nisi sequatur manus impositio.*

Unde Innocentius cum hæreticorum baptisma concedat esse ratum, non tamen ex illo baptismate concedit haberi Spiritum sanctum. Et Leo hos qui formam baptismatis ab hæreticis acceperunt, non sint rebaptizandi [*f.* non sinit repabtizari], sed jubet Spiritum sanctum quem ab hæreticis nemo accepit, per ejus invocationem et manus impositionem a catholicis sacerdotibus consequi. Unde constat, ut ait Innocentius, habere vulneratum caput per illam pravam Simoniacæ manus impositionem, nisi quos excusat ignorantia, vel attractionis violentia, vel forte ex intuitu pietatis, sicut et cæteris quibusdam hæresibus reformat catholicæ manus impositio cum satisfactione et pœnitentia. In qua tamen medicina nulli authenticæ præjudicio sententiæ... quia damnationem Simoniacorum et eorum qui eis consenserint, et non contra eos exarserint, reperi; sed medicinam authenticam nominatim ex hac hæresi non legi, nisi quia ita est usurpatum in Novatianis et Donatistis, minoribus utique hæreticis non canonice, sed ex intuitu pietatis, id ex his etiam ita fieri posse collegi. Et ideo etiam quia aliorsum per omnia orthodoxam habent fidem, nisi quod Spiritum sanctum credunt esse venalem: et, ut ait beatus Augustinus, hæretici cum redierint, qua parte se scindunt ab Ecclesia curentur, qua parte autem adhærent cognoscantur.

Cap. LIII. *Quod quicunque hæretica communione se maculat, non amplius promoveri debeat.*

Item Leo, cap. 14, Januario episcopo: « Omnis cujuslibet ordinis clericus, qui catholicam deserens fidem, hæreticæ vel schismaticæ communionis contagione se maculavit, si ad Ecclesiam redierit cum legitima satisfactione et errores sui damnatione, hoc in magno beneficio habeat, si omnis promotionis adempta spe, in quo invenitur ordine permaneat. » Quo capitulo, licet Petrus Damianus suos defendat, satis ostenditur quia nulla communio hæreticis debeatur, pro cujus macula magno beneficio habendum est, si etiam post satisfactionem non ordo in quo est, sed ordinis promotio cuivis denegetur. Pulchra enim nota suos inficit communio hæresis, quibus promotionem aufert omnis dignitatis: et quidem statum suum retinere possunt cum satisfactione, non justitiæ imputari sinit, sed conditionali gratiæ.

Cap. LIV. *Quomodo irrita et non vera dicantur hæreticorum sacramenta, cum sint vera et sancta.*

Notandum vero quod irrita vel etiam damnanda sacramenta vel non vera dicuntur quantum ad se, cum vera sint et sancta etiam ab hæretico celebrata; sed ideo, quia cum illicite dantibus perfidis sint ad judicium, illicite autem ab eis accipientibus non conferant Spiritum sanctum, irrita et non vera dicuntur; quia quod promittunt et facere debent non faciunt, et ideo damnanda, ut ea dari et recipi ab hæreticis non approbetur, sed interdicatur. Non enim quantum ad se polluta sunt, quamvis ab hæreticis pollui dicantur. Unde Gregorius Arii consecrationem vocat exsecrationem, et Innocentius ordinationem Bonosi vocat damnationem, non quantum ad hoc quod in se sint, sed quia id male dantibus vel accipientibus efficiunt. Unde etiam Hieronymus in Osee sacrificium eorum panem luctus vocat. Quod non quantum ad se, sed quantum ad suum effectum, se dicere de eis ostendens, adjecit: « Quicunque comederint ex eo contaminabuntur, quia judicium sibi sument. »

Cap. LV. *Quod alia sint sacramenta dignitatis, alia necessitatis.*

Et notandum quod alia sunt sacramenta necessitatis, alia dignitatis. Quia enim necessitas non habet legem, sed ipsa facit sibi legem, illa sacramenta quæ saluti sunt necessaria cum pœnitentia rata esse permittuntur; illa vero sacramenta quæ sunt dignitatis, nisi digne fuerint administrata, ita ut dignis digne a dignis proveniant, dignitatis esse desistunt, non ut minuatur veritas sacramenti, sed ut cesset officium administrandi, loco, vel tempore, vel promotione.

Cap. LVI. *Quod loco vel tempore vel promotione damnandus sit qui illicite ordinatur.*

Loco, ut ait Leo : « Si qui a pseudoepiscopis ordinati fuerint, potest rata haberi talis ordinatio, ita ut in ipsis locis perseverent. » Aliter vana est habenda talis ordinatio. Ecce aliquis ordinatus a pseudoepiscopo, si locum suæ ordinationis mutaverit, vana, id est sine administratione erit ordinatio talis. Tempore vero, ut ait Innocentius de ordinatis a Bonoso : « Quod pro necessitate temporis statutum est, cessante necessitate, debet pariter cessare quod urgebat; quia alius est ordo legitimus, alia est usurpatio. » Ergo aliquis alio tempore ab eo qui Bonoso sit similis ordinatus, cessabit ab administratione, quæ pro necessitate illius temporis fuit permissa. Item promotione, ut ait Leo : « Si quis hæreticæ communionis contagione se macularit, hoc in magno beneficio habeat, si adempta omni spe promotionis, in quo invenitur ordine permaneat. » Ecce si clericus vel ordinatione vel quolibet sacramento hæreticis communicat, cessans a promotione, vix in suo ordine perseverat. Non enim est de hoc sacramento, ut de cæteris. Cætera enim vel ad culpas abluendas dantur, ut baptismus, vel pœnitentia, vel pro culpis non in æternum, sed ad horam negantur ut eucharistia, quæ tamen in articulo mortis pœnitenti etiam de nefariis peccatis conceditur. Hoc solum non solum pro culpa sed pro infamia interdicitur, sed pro imminuta munditiæ suæ, sed et perfectionis extrinsecæ vel intrinsecæ prærogativa, ut digamis, vel viduæ maritis, vel illiteratis, vel corporis qualibet parte vitiatis denegatur. Cui digamo vel illiterato vel corpore vitiato negatur baptismus vel eucharistia.

Cap. LVII. *Quod talis episcopus conceditur cætera sacramenta administrare, qui tamen prohibetur ordines facere.*

Sed et talis episcopus potest cætera sacramenta administrare, qui tamen istud solum non valet conferre. Ut enim ait Leo (epist. 87, n. 1) : « Si qui episcopi talem consecraverint sacerdotem, qualem esse non liceat, etiamsi aliquomodo damnum proprii honoris evaserint, ordinationis jus ulterius non habebunt; nec unquam illi sacramento intererunt, quod immerito præstiterunt. » Ecce cum honoris periculum evadant, ut cætera sacramenta sacerdotaliter administrare permittantur, ab hoc solo non modo pro hæresi vel qualibet majori culpa, sed pro sola negligentia removentur.

Cap. LVIII. *Quod præeminere debet sanctitate qui præeminet dignitate.*

In quibus omnibus notandum sollicite est, quod sacramentum sacerdotalis promotionis præ cæteris omnibus magis accurate vel digne dandum vel accipiendum est; quia nisi rite fuerit collatum, eo desinit esse ratum, quo non fuerit perfecte perfectum. Cætera enim sacramenta unicuique propter se dantur; et unicuique talia fuerint, quali corde vel conscientia accipiantur. Istud solum non propter se solum, sed propter alios datur : et ideo necesse est, ut vero corde, mundaque conscientia, quantum ad se sumant, quantum ad alios vero non solum sine omni culpa, sed et sine omni infamia propter scandalum fratrum : ad quorum utilitatem non solum ut prosint, sed etiam ut prosit sacerdotium datur. Unde Hieronymus in Michæa : « Hi quoscunque de affectis suis ordinantes, et vitam eorum in scandalum populi exponentes, rei sunt infidelitatis eorum qui scandalizantur. » Revera etenim qui ad hoc eliguntur, ut cæteris præsint, sicut præordinantur dignitate, sic præeminere debent sanctitate. Alioquin cur cæteris præferuntur, qui nulla meritorum gratia a cæteris secernuntur. Unde Symmachus Laurentio Mediolanensi episcopo : « Vilissimo comparandus est, nisi præcellat scientia, qui est honore præstantior. »

Cap. LIX. *Quod damnatus sit Anastasius papa cum suo decreto, quo contra auctoritatem sanctorum ordinatos ab Acacio damnato absolvere nisus est.*

Addit tamen Petrus Damianus ad eorum qui a Simoniacis ordinantur excusationem, vel defensionem, Acacium Constantinopolitanum episcopum hæreticum et ejus ordinatos, pro eo maxime quod Anastasius papa Anastasio imperatori ordinationem illius quamvis hæretici ita ratam approbat, ut eis etiam quos post damnationem suam baptizavit vel ordinavit in nullo nocuisse ream personam asserat. Quod eum illicite et non canonice..., sed contra decreta prædecessorum et successorum suorum probat Gelasius, qui Acacium ante Anastasium excommunicaverunt, et Hormisda, qui ab ipso Anastasio tertius eumdem Acacium postea damnavit. Unde etiam ab Ecclesia Romana repudiatus, et a Deo percussus fuisse legitur in Gestis Romanorum pontificum, idem Anastasius, hoc modo : « Anastasius secundus fuit natione Romanus ; fuit in temporibus Theoderici regis. Eodem tempore multi clerici et presbyteri se a communione illius abegerunt, eo quod communicasset sine concilio episcoporum vel presbyterorum et clericorum cunctæ Ecclesiæ catholicæ diacono Thessalonicensi nomine Fautino, qui communicaverat Acacio, et quia occulte voluit renovare Acacium, et non potuit. Qui nutu divino percussus est.»

Cap. LX. *Decretum quo Felix papa damnat Acacium.*

Et ut pateat in hoc suo decreto eum contrarium fuisse suis prædecessoribus vel successoribus, ait Felix III, cap. 82 (epist. 6) : « Felix episcopus urbis Romæ Acacio. Multarum transgressionum reperiris obnoxius, et in venerabilis concilii Nicæni contumeliam sæpe versatus. Alienarum provinciarum jura tibi temere vindicasti, hæreticos et pervasores, atque ab hæreticis ordinatos, et quos ipse damnaveras, atque ab apostolica sede petisti damnari, non modo communioni tuæ recipiendos putasti; verum etiam Ecclesiis aliis, quod nec de Catholicis fieri poterat, præsidere fecisti, atque etiam honoribus quos non merebantur auxisti. Habe ergo cum his quos amplecteris libenter portionem, et ex sententia præsenti, quam per tuæ tibi direximus Ecclesiæ defensorem, sacerdotali honore et communione catholica, nec non etiam a fidelium numero segregatus, sublatum tibi nomen et munus ministerii sacerdotali agnosce, Spiritus sancti judicio et auctoritate apostolica per nos damnatus, nec jam anathematis vinculis absolvendus. »

Cap. LXI. *Item Gelasius damnat.*

« Postquam Acacius factus est communionis alienæ, non potuimus eum a catholica et apostolica societate non præcidere, ne per eum, si per paululum cessaremus, nos quoque videremur subiisse contagia impiorum. »

Cap. LXII. *Item Hormisda.*

Item de Hormisda in Gestis pontificum Romanorum hoc modo : « Hic papa Hormisda perrexit ad regem Theodoricum Ravennam, et cum ejus concilio misit auctoritatem ad Justinum et cum vinculo chirographi et textu libelli redintegravit ad unitatem sedis apostolicæ damnantes Petrum et Acacium vel omnes hæreses. »

Cap. LXIII. *Quod decretum Anastasii fuit contrarium decreto Innocentii.*

Quapropter etiam decretum illud Anastasii, quo Acacium canonice restituere nisus est, littera invenitur damnatum. Cum enim Gelasius in tomo suo dicat : « Quæ privilegiis universalis Ecclesiæ contraria probantur, nulla ratione subsistunt. » Item Gregorius Anastasio Antiocheno inter cætera : « Quomodo poterunt illa capitula recipi, quorum damnantur auctores. » Itemque Alexander : « Scriptum est, ne transgrediaris, terminos antiquorum quos posuerunt Patres tui, terminos indubitanter transgreditur, qui statuta Patrum postponit atque confundit. » Quomodo Anastasius Acacii hæretici et damnati canonice ratam potuit dicere ordinationem, cum econtra Innocentius ordinatos a Bonoso hæretico damnato reos usurpatæ dignitatis dicat, et nihil eos ab illo accepisse, qui se passi sunt vel cupierunt ab eo ordinari asserat, nullumque colorem excusationis nisi compulsis et statim ab eo discedentibus indulgeat? In quo constat magnum flagitium esse consensum aliquem hæreticorum sacramentis præbere.

Cap. LXIV. *Quod Acacius damnatus sit.*

Quod ut pateat quomodo Acacius damnatus sit, ad medium deducamus. Acacius Constantinopolitanus regiæ civitatis episcopus, cum prius acerrime schismaticos vel hæreticos cum auctoritate Romanæ sedis insectatus damnari fecisset, tandem sive errore, sive præsumptione ausus est inferre præjudicium privilegio sedis apostolicæ, putans sedem Constantinopolitanam, sicut in regno, sic et in Ecclesia esse universalem et primam : adeo ut Petrum Alexandrinum cæterosque pseudoepiscopos, quibusdam episcopis indemnatis et inexpulsis tyrannice superpositos, et ob id a Romana sede excommunicatos, non ex apostolica, sed ex regia, et sua auctoritate absolveret, eorumque indifferenter sacramentis communicaret. Quod cum se fecisse litteris a suis Romano pontifici confessus esset non synodum universalem convocari, non ipsum præsentem accusari voluit; sed sic absentem litteris quasi præsentem propria voce confessum anathemate damnavit. Quia ergo Acacius absens sola litterarum suarum confessione, qua se hæreticis communicasse perhibuit, a Felice damnatus est, dissensio maxima orta est multorum varie opinantium. Alii enim dicebant imperatorem regia potestate Petrum cæterosque pseudoepiscopos absolvisse; Acacium vero tantummodo annuisse; alii autem ex privilegio sedis suæ fecisse et facere potuisse; alii autem eum vere pecasse; alii autem si vere etiam peccasset, non juste a Romana sede damnatum esse; quia non convictus, nec propria voce, quamvis litteris confessus, nec præsens habitus, cum nemo absens debeat judicari, nec ordine vel judiciario jure in universali scilicet concilio, sed a sola Romana sede condemnatus. Quapropter inter tot dubia, regia etiam potestate urgente, quæ ei favebat, pro ecclesiastica pace tolerandus erat : cum etiam putaretur a quibusdam pro tot tantisque occasionibus jure absolvendus. De quibus omnibus certa subsequitur auctoritas.

Cap. LXV. *Quod licet ante adventum Christi Ecclesiæ personæ reges et sacerdotes fuerint, tamen post ejusdem regis et sacerdotis adventum regnum divisum est a sacerdotio.*

Quod vero dicebant imperatorem pseudoepiscopos absolvisse, et Acacium annuisse, vel Acacium ex sua auctoritate fecisse, testatur Gelasius, utrumque improbans hoc modo : ait enim in tomo suo (tract. 1, De anath. vinculo) : « Fuerit hoc ante adventum Christi, ut quidam figuraliter adhuc tantum in carnalibus actibus constituti reges pariter existerent et sacerdotes. Sed cum ad verum ventum est eumdem regem atque pontificem, ultra sibi nec imperator pontificale nomen imposuit, nec pontifex regale fastigium usurpavit; quamvis membra ipsius regis veri et pontificis secundum participationem naturæ magnificæ, utrumque in sacra regeneratione sumpsisse dicantur, ut simul regale genus et sacerdotale subsistant; quia Christus memor quid suorum saluti congrueret, sic dignitatibus distinctis officia potestatis utriusque discrevit; ut et Christiani imperatores pro æterna vita pontificalibus, et pontifices pro temporalium cursu rerum imperialibus dispositionibus uterentur; quatenus spiritualis actio a carnalibus distaret incursibus : et ideo militans Deo minime se negotiis sæcularibus implicaret, ac vicissim non ille rebus divinis præsideret, qui esset sæcularibus implicitus, ut utriusque modestia curaretur, nec extolleretur utraque facultas. Quibus omnibus satis evidenter ostenditur, a sæculari potestate nec ligari prorsus, nec solvi posse pontificem. Quo manifestius approbatur Petrum Alexandrinum per imperialem tantummodo sententiam nullomodo posse absolvi. Ubi, si pontificum quoque sociatus assensus, quærimus utrum præcesserit an fuerit subsecutus ; si secutus est, adulationis est, potius quam legitimæ sanctionis. »

CAP. LXVI. *Quod alius non debet absolvere, nisi idem qui ligat, nisi forte ex consensu.*

(Tract. 1, De anath. vinculo.) « Si præcesserit, doceatur a quibus vel ille ordo sit gestus, si secundum Ecclesiæ regulam celebratus, si a paterna traditione profectus, si synodali cogregatione celebratus, si ad primam sedem cujus intererat sententiæ, qua Petrus tenebatur astrictus regulariter relatus, si eadem quæ ligavit, absolvit, vel si illa quæ ligaverat non solvente, imo nesciente, potuit absolvi. Si hæc gesta non sunt, quo more, quo ritu Petrus Alexandrinus prætenditur absolutus, cum nec a pontificibus legitime, nec a sæculi potestate potuerit præter Ecclesiæ tramitem prorsus absolvi ? »

CAP. LXVII. *Quod inferior superiorem non potest absolvere.*

Sed dicitur forsitan (ibid.) : « Non imperator absolvit, sed a pontificibus poposcit absolvi. Tanto magis imperatori poscenti a pontificibus suggerendum fuit, ut si eum legitime vellet absolvi, legitime ecclesiastici tenoris absolutio proveniret, et præcipue, cum de secundæ sedis ageretur antistite, non ab inferiore aliquo, nec a qualibet, sed a prima sede jure posset absolvi; inferior quippe potiorem non potest absolvere : sola ergo potior absolvit. »

CAP. LXVIII. *Quod prævaricatoria absolutione rei reum non absolvunt.*

Ita Petri absolutio ex utroque non constat (ibid.) : « Quia prævaricatoria absolutione rei reum absolvere non potuerunt. »

CAP. LXIX. *Quod sæcularis potestas de divinis non debet judicare.*

Item Gelasius (epist. 4) Euphemio Constantinopolitano (71) : « Sed dicunt : Imperator hoc fecit, hoc ipsum in quibus canonibus est præceptum ? Cur huic tam pravo consensit Acacius ? Quibus canonibus, quibus regulis, Calendion exclusus est, vel urbium diversarum catholici sacerdotes qui traditione majorum apostolicam sedem in judicium vocant ? Imperator a pontificibus, et præcipue a beato Petri vicario deberet cognoscere quæ divina sunt; non ipse eadem etiam judicare. Non sibi hoc scilicet, qui tamen Christianus est, præsumit, nisi religionem forsitan persequens. »

CAP. LXX. *Quod licet duæ principales potestates sint regnum et sacerdotium, tamen sicut sacerdotes regibus in terrenis, sic etiam plus reges subjici debent sacerdotibus in divinis.*

Item idem Anastasio imperatori (epist. 8) : « Duo sunt, imperator auguste, quibus principaliter hic mundus regitur : auctoritas sacrata pontificum et regalis potestas. In quibus tanto gravius est pondus sacerdotum, quanto etiam pro ipsis regibus in divino examine sunt reddituri rationem. Noli, fili charissime, quoniam licet præsideas humano generi

(71) Hæc non exstant in Gelasii epistola ad Euphemium Constantinopolitanum episcopum, sed in epi-

dignitate regum, tamen præsulibus animarum devotus colla submittis, et ab eis causas tuæ salutis expetis, in quibus sumendis sacramentis cœlestibus, eisque ut competit disponendis, subdi te debere cognoscis religionis ordine potius quam præesse. Itaque inter hæc illorum te pendere judicio, non illos ad tuam velle redigi voluntatem, sed quantum ad ordinem, publicæ pertinet disciplinæ, cognoscentes imperium tibi dispositione collatum, legibus tuis ipsi quoque parent antistites religionis, ne vel in rebus mundanis supernæ videantur obviare sententiæ. Quo ore te decet, quo effectu eis convenit obedire, qui pro gradus sui dignitate venerabilibus sunt attributi mysteriis. »

CAP. LXXI. *Quod sedes apostolica sit prælata cunctis sacerdotibus et Ecclesiis.*

(Ibid.) « Si cunctis generaliter sacerdotibus convenit fideliter colla submitti, quanto potius sedis illius præsuli consensus adhibendus est, quem cunctis sacerdotibus Divinitas summa voluit præeminere, et subsequens generalis Ecclesiæ jugiter pietas celebravit ? Ubi pietas tua advertit nusquam quolibet penitus humano concilio elevari quemquam posse illius privilegio vel confessione, quem vera vox Christi prætulit universis, quem Ecclesia veneranda confessa semper est, et habet devota primatem. Impeti non possunt humanis præsumptionibus, quæ divino sunt judicio constituta. » Idem : « Desinant, quæso te, temporibus tuis quædam per occasionem perturbationis ecclesiasticæ præcipitanter ambire, quæ non licet : ne et illa quæ male appetunt nullatenus apprehendant, et modum suum apud Deum et homines non teneant. » Et paulo post (ibid.) : « Apostolicæ sunt auctoritas, quod cunctis sæculis Christianis Ecclesiæ prælata sit universæ, et canonum serie paternorum, et multiplici ratione firmatur. »

CAP. LXXII. *Quod aliqua regiæ civitatis potestas non potest immutare prærogativam ecclesiasicæ dignitatis.*

Item idem universis episcopis Dardaniæ (epist. 13) : « Quod Acacius dicitur regiæ civitatis episcopus; alia potestas sæcularis regni, alia ecclesiasticarum distributio dignitatum : sicut quamvis parva civitas prærogativam regni non minuit, sic imperialis præsentia mensuram dispositionis religiosæ non mutat. »

CAP. LXXIII. *Quod rex publice est a sacerdotibus arguendus si peccet.*

(Ibid.) « Item principi Christiano suggerere decuerat sacerdotem, ut Ecclesiæ sineret Ecclesias custodiri. » Item : « Nathan propheta palam publiceque in faciem regis David commissum errorem et confessione correptum consequenter absolvit. Acacius autem se et suggerere potuisse et noluisse monstravit, imo patefecit favisse, ut etiam imperator cuncta se ex ejus consilio gessisse non taceret. » In quo stola seu commonitorio ad Faustum magistrum fungentem legationis officio Constantinopoli.

satis ostendit Gelasius nec regem suâ potestate, nec Acacium suæ sedis auctoritate absolvere potuisse.

CAP. LXXIV. *Quod quivis hæreticus secundum regulam ipsius hæresis est arguendus.*

Quod vero dicebant eum, etiamsi peccasset, non juste tamen a Romana sede damnatum; quia non convictus, neque propria voce, quamvis litteris confessus, nec præsens habitus, nec in generali concilio, sed a sola sede Romana damnatus, hoc idem Gelasius improbat hoc modo : ait enim Euphemio (epist. 4) : « Miror si ignorantiam non perspicit, qui dicit Acacium ab uno non potuisse damnari. Itane non perspicit secundum formam synodi Chalcedonensis Acacium fuisse damnatum, in qua per numerosam sententiam sacerdotum erroris hujus constat auctores fuisse damnatos, sicut in unaquaque hæresi a principio Christianæ religionis et factum fuisse, et fieri manifestata ratione monstratur, prædecessoremque meum exsecutorem fuisse veteris instituti, non novæ constitutionis auctorem. Quod non solum præsuli apostolico facere licet, sed cuique pontifici, ut quoslibet aut quemlibet locum secundum regulam hæresis ipsius ante damnatæ a catholica communione secernat. Itaque cum nova scita præcederent, alieno facinori sua communione se miscuit. Itaque necesse est ut in illam recideret justa lance sententiam synodalem, quam susceperat auctor erroris. »

CAP. LXXV. *Quod ab omnibus Ecclesiis apostolica sedes appellari debeat; ipsa autem nec appellare debet, nec ab aliqua judicari.*

Item (ibid.) : « Ipsi sunt canones qui appellationes totius Ecclesiæ, ad hujus sedis examen voluerunt referri; ab ipsa vero nusquam prorsus appellari debere sanxerunt. Et per hanc ipsam de tota Ecclesia judicari, ipsam autem ad nullius commeare judicium, nec de ejus unquam præceperunt judicio judicari, nec sententiam ejus dissolvi; potius sequenda decreta mandarunt. »

CAP. LXXVI. *Quod sola auctoritate sedis apostolicæ hæretici dejiciendi sunt.*

Item (ibid.) : « Hac ipsa causa Timotheus et cæteri non unus, sed plures utique, nomen sacerdotii præferentes, sola sedis apostolicæ sunt auctoritate dejecti. »

CAP. LXXVII. *Quod hæreticus proprio judicio se damnat.*

(Ibid.) « Nobis nullum fas inire certamen cum hominibus communionis alienæ, divina Scriptura præjudicante : *Hominem hæreticum post primam et secundam correptionem devita; sciens quod hujusmodi delinquat proprio judicio condemnatus* (*Tit.* III, 10) : et ut cognoscant quia non solum ab alio, sed a seipso quoque damnaretur hæreticus, neque cum istis se non corrigentibus ineunda congressio, quemadmodum cum aliarum hæresium sectatoribus dimicatio renuenda.

CAP. LXXVIII. *Quod culpa sine correctione remitti non potest.*

Item (ibid.) : « Remitti de præterito culpa potest, correctione sine dubio subsequente. Nam, si deinceps fingitur mansura perversitas, non est benignitas remittentis, sed adnovatio [assensio] consentientis. Nec mirum si isti sedem beati Petri blasphemare præsumunt, qui talia portenta vel corde gerunt vel ore defendunt. »

CAP. LXXIX. *Quod uniuscujusque hæresis judicium non est retractandum, sed sine omni ventilatione pro tenore antiquæ constitutionis inde est agendum.*

Item Gelasius universis episcopis Dardaniæ, cap. 32 (epist. 13) : « Patres nostri catholici doctique pontifices in unaquaque hæresi quolibet tempore suscitata, quidquid pro fide et veritate catholica secundum Scripturarum tramitem facta semel congregatione sanxerunt, inconvulsum voluerunt deinceps constare, nec in eadem causa denuo quæ præfixa fuerant retractari qualibet præsumptione permiserunt : quoniam si decreta salubriter facta quemquam liceret iterare, nullum contra singulos quosque errores stabile persisteret Ecclesiæ constitutum. Quid enim fieret, si, resumptis certaminibus, subinde fas esset perfidis inire consilium, cum quælibet manifestata sit veritas, nunquam tamen desit quod perniciosa depromat falsitas, etsi vel auctoritate vel ratione deficiens, sola tamen intentione non cedens ? Sabellium damnavit synodus, non necesse fuit ut ejus sectatores damnarentur postea ; sed pro tenore constitutionis antiquæ cunctos qui vel pravitatis illius vel communionis existerent participes universalis Ecclesia duxit esse refutandos. » Item : « Prima sedes, dum Acacium certis comperisset indiciis a veritate deviasse, quem noverat exsecutorem sæpe dispositionis suæ contra hæreticos exstitisse, per triennium litteris fere destinatis eumdem monere non destitit. » Idem : « Ipse error qui semel est cum suo auctore damnatus, in quolibet participe pravæ communionis effecto exsecrationem sui gestat et pœnam. Quo tenore Timotheus et Petrus non repetita synodo, sed auctoritate tantummodo apostolicæ sedis, ipso quoque Acacio postulante vel exsequente, probantur esse damnati. »

CAP. LXXX. *Quod sine ulla ventilatione synodi apostolica sedes et damnare et restituere potest quos oportet, utpote cui licitum est de omnibus judicare, et neminem de illa.*

(Ibid.) Cuncta per mundum novit Ecclesia, qua sedes apostolica jus habeat solvendi, utpote quæ fas de omnibus judicandi, neque cuiquam liceat de ejus judicare judicio. Siquidem ad illam de qualibet mundi parte appellandum est; illa autem nusquam debet appellare. Sed nec illa prætermittimus, quod apostolica sedes sine ulla synodo præcedente et solvendi quos synodus iniqua damnaverat, et damnandi, nulla existente synodo, quos oportuerit, habuerit facultatem.

CAP. LXXXI. *Quod hæretici sunt qui in aliqua vivis sacerdotibus catholicis superponuntur, vel superpositis communicant.*

Et notandum quod ideo tantum vocat Petrum cæterosque hæreticos, quia viventibus, episcopis injuste superpositi sunt; et Acacium etiam quia eis consensit vel communicavit. Unde item Gelasius (epist. 13): « Acacius prævaricator exstitit in omnibus quos fecit depulsis catholicis pontificibus tanquam tyrannus in Ecclesiis quibusque præponi, vel taliter præpositis perversa communione permistus est; quia ob hoc ipsum secundum canones fuerant ab ecclesiastica communione removendi, quia sese passi sunt successores vivis sacerdotibus adhiberi. » Item : « Quis non prospiciat Christianus quod catholicis pontificibus propria sede dejectis, nonnisi hæretici potuerint introduci : quibus cunctis vel auctor fuit Acacius subrogandis, vel subrogatis communicator accessit.

CAP. LXXXII. *Quod aliquis crimen suum tam litteris quam voce confessus, non amplius debet audiri.*

Item (ibid.) : « Ideo vocatur ad judicium certe quæcunque persona, aut ut fateatur objecta, aut convincatur objectis. » Item : « Post confessionem litterarum tenore depromptam, cur ad judicium vocaretur Acacius, qua se confessus est Petro, quem petiit a sedis apostolicæ præceptione damnari, communione sociasse, nec ei jam credi externæ communionis effectu, vel pro sua, vel pro illorum, vel pro Petri defensione jam posset; cui se prius miscuerat nefando consortio; sed cum eodem nondum legitime discusso atque purgato communione sociatus; quia adhuc reo se miscuit, jam pro eodem non habuit fiduciam loquendi ? » Item : « An denuo dolet Acacius, quod speciali synodo non fuerit confutatus, cum proprium crimen litteris suis ipse detexerit, nec audiri debuerit jam sponte confessus ? » In quibus omnibus responsis Gelasii constat magnam confusionem vel dissensionem de damnatione Petri Alexandrini vel Acacii Constantinopolitani fuisse episcopi, quæ a multis, ut superius dictum est, multis modis reputabatur injusta.

CAP. LXXXIII. *Quod cujuslibet mali sacerdotis, vel hæretici, vel damnati, vera sunt sacramenta.*

Quomodo autem vera quamvis non rata possint esse sacramenta cujuslibet mali sacerdotis, vel hæretici, vel damnati, testatur Augustinus in Genesi ad litteram : « Etsi aliqua culpa quisquam ab officio removeatur, sacramento Domini semel imposito non carebit, quamvis ad judicium permanente. » Idem ad Parmenianum de hæreticis etiam damnatis (ibid., II, c. 13) : « Quod quidam dicunt baptismum quem accepit non amittet qui recedit ab Ecclesia; sed jus tamen dandi quod accepit amittit, multis modis apparet frustra et inaniter dici : primo quia nulla ostenditur causa cur ille, qui ipsum baptisma amittere non potest, jus dandi potest amittere, utrumque enim sacramentum est : et quadam consecratione homini datur : illud cum baptizatur, istud cum ordinatur. Ideo non licet a Catholico illud iterari. Nam, si quando ex ipsa parte venientes etiam præpositi pro bono pacis, correcto schismatis errore, suscepti sunt : et si visum est opus esse ut eadem officia gererent quæ gerebant, non sunt rursus ordinati; sed, sicut baptismus in eis, ita ordinatio mansit integra, quia in præcisione fuerat vitium, quod unitatis pace correctum est, non in sacramentis, quæ ubicunque sunt ipsa sunt : et cum expedire videtur Ecclesiæ, ut præpositi eorum venientes ad catholicam societatem, honores suos ibi non administrent, non eis tamen ipsa ordinationis sacramenta detrahuntur, sed manent super illos : ideoque non eis manus impositio imponitur, ne non homini, sed ipsi sacramento fiat injuria. Sicut autem in baptismo est quod per omnes dari possit, sic in ordinatione jus dandi; utrumque ad perniciem suam, quandiu charitatem non habent unitatis, sed tamen aliud est non habere, aliud est perniciose habere, aliud est salubriter habere. Quidquid non habetur dandum est cui opus est dari. Quod vero perniciose habeatur, per correctionem agendum, ut salubriter habeatur: quanquam etsi laicus aliquid pereunti dederit necessitate compulsus, quod cum ipse acciperet dandum esse addidicit, nescio an quisquam dixerit pie est repetendum. Nulla enim cogente necessitate, si fiat, alieni muneris usurpatio est. Si autem necessitas urgeat, aut nullum aut veniale delictum est. Sed, etsi nulla necessitate usurpetur, et a quolibet cuilibet detur quod datum fuerit non potest dici non datum, quamvis recte dici possit illicite datum. »

CAP. LXXXIV. *Quod illicite dans vel accipiens sacramenta, nisi pœnituerit, puniendus est.*

Illiciti ergo usurpationem corrigit reminiscentis et pœnitentis affectus. (Aug., ibid.) « Quod si non correxerit, manebit ad pœnam usurpatoris quod datum est, vel ejus qui illicite dedit, vel ejus qui illicite accepit; non tamen pro non dato habebitur. Si enim aliquando furtim, aut extraordinarie, non in monetis publicis, aurum vel argentum percutiendo signaverint, cum fuerit deprehensum, nonne illis punitis vel indulgentia liberatis, cognitum regale signum thesauris regalibus cogetur ? » Et paulo post : « Si forte militiæ characterem in corpore suo non militans pavidus exhorruerit, et ad clementiam imperatoris confugerit, et impetrata venia militare jam cœperit, nunquid homine liberato atque correpto, character ille repetitur, ac non potius agnitus approbatur? An forte minus habent sacramenta Christiana, quam corporalis hæc nota, cum videamus nec apostatas carere baptismate, quibus utique per pœnitentiam redeuntibus non restituitur, et ideo amitti non posse judicatur ? »

Ex quibus verbis beati Augustini cæterorumque sanctorum constat in omnibus tam apostatis quam hæreticis vel damnatis permanere Christi sacramenta : vera quantum ad se et sancta, sed nisi pœnitentia vel indulgentia subventum fuerit, ad damnationem usurpatoris pervenient, vel habentis, vel dantis, vel accipientis. Quid ergo prodest quod vera et sancta sunt, cum usurpatores pravos æque perimant, ac si essent mala et noxia? Crassus aurum sitivit, æque periit auro sicut Nero veneno. Item : Aurum æque verum est in arca furis, sicut in thesauro regis, sed a rege licite habetur, a fure illicite datur, illicite accipitur : ideo et ipse fur, et communicator furti, nisi forte de conscientia furti se purgaverit, ut etiam perhibet Gelasius ad Anastasium imperatorem, uterque digne et juste damnabitur. Unde periculosum revera vel approbatione, vel consensu, vel saltem ex conscientia, hæreticis communicare; quia etsi aliquando, ut superius patet, indultum est ex discretionis vel pietatis arbitrio, damnabile tamen constat esse justo et vero Dei judicio.

CAP. LXXXV. *Quod sola avaritia commendat Simoniam.*

Quia ergo hæreses cum suis communicatoribus sunt damnatæ, ideo a sancta Ecclesia prorsus præter Simoniam sunt exstirpatæ : quam cum inextricabili miseria sola commendat avaritia. Cæteræ enim hæreses, quæ insolubilibus sententiis Ecclesiam scindebant, sunt sopitæ, sola hæc quæ innumerabilibus pollet pecuniis, incessanter scandalum generat Ecclesiæ. Aliæ auctoritatem sibi videbantur contrahere a prophetis et evangelistis, et tamen ceciderunt; hæc damnationem sustinet ab ipso Deo, et prophetis, et omnibus sanctis; et tamen admodum Lernæi capitis ab ipsa sua succisione sumit incrementum. Ut ergo patet, fidem Christianam non expugnant sententiæ vel divitiæ, quia ad quod loquaces hæreses sed pauperes non possunt cogere, ad illud hæc muta sed dives potest allicere : regalia enim castra et numismata, quia semel in dotem Ecclesiæ cesserunt, non venduntur; et regalia verba, cum transierint in jura Ecclesiæ, sunt vendenda. Totus episcopatus in massa gratis datur a principe, et bannus decaniæ vendendus est a præsule? Frustra ergo præcepit Deus, *gratis accepistis, gratis date* (Matth. x, 8) : si quod gratis accipitur in munere, vendendum est in dispensatione, cum Dominus a sacerdote non pecuniarum sed lucra animarum exigat. Unde etiam Hieronymus conqueritur in Michæa, cum dicatur ad apostolos : Nolite possidere aurum, neque argentum, neque æs in zonis vestris sit (*ibid.*, 9), et excutiatur de viri sancti manibus etiam labore parata pecunia; voces Domini venditant, et de columbis mercantur in templo. Revera enim quæ Deo semel oblata sunt, vendenda non sunt, quia quod ille non vendidit cujus proprium fuit, quomodo ille vendere debet cujus non est? Pauper enim Christus suo Ecclesiam sanguine redemit, et instituit non divites, sed pauperes; non ea quæ sunt, sed quæ non sunt de mundo elegit; suos successores non mundi amicos, sed inimicos esse voluit; a sua Ecclesia non modo fenoris et lucri cujuslibet commercia abstulit, sed et concupiscentiæ, voluptatis, sollicitudinis, impedimenta exstirpavit; terrenorum contemptum, cœlestium tantum amorem indixit. Cum ergo nihil habuerit vel habere debuerit, ab originis suæ successione, quod nisi per rapinam habuerit de mundo, nisi forte ex gratuita aliquorum fidelium oblatione, nec ad se suosque sustentandum? Satis ergo absurdum, ut qui sua relinquere imperantur, aliena vendant; et, quod deterius est, quibus de terrenis etiam terrena lucra interdicuntur, de cœlestibus negotiare audeant, adeo ut a suæ venalitatis avaritia, nec tuta esse possit etiam fidelium defunctorum eleemosyna, nec saltem divinæ administrationis gratia.

CAP. LXXXVI. *Quod de Simonia damnanda nulli tacendum.*

Aspere quidem in Simoniacos loqui visus sum, sed sciat omnipotens Deus salubriter ac vere, quia non ex meo sensu præsumptuose, sed ex ipsius Domini et omnium sanctorum auctoritate, qui verbo et exemplo dum nihil in mundo amare vel habere studuerunt, cœlestia pro terrenis mutuare, vile nimis commercium abstruxerunt. Ego autem tacere non præsumpsi, nec aliquis revera tacere debet; quia, ut ait Ambrosius, licet tibi silere in judicio pecuniario; in causa autem Dei, ubi communicationis est periculum etiam dissimulare non leve peccatum est. Et Gregorius ait : Quia quisquis in Simoniam vehementer non exarserit, cum eo a quo hoc flagitium ortum est portionem habebit.

MONITUM IN SEQUENS OPUSCULUM.

(D. B. PEZ., Præf. ad tom. IV *Anecdot.*, p. x.)

Clarissimus P. domnus Edmundus Martene nuper admodum Algeri ex scholastico Leodiensi Cluniacensis monachi *Librum de misericordia et justitia* edidit in *Thesauri Anecdotorum Novi* tomo V, a col. 1019, in cujus præfatione, quam domnus Nicolaus Leodiensis, de omnibus Algeri opusculis agens conscripsit, pauca quidem, sed gravia et fide digna de vita et scriptis Algeri traduntur. *Algerus Leodiensis*, inquit Nicolaus, scriptor æqualis, *ab ipsa infantia totum se litterarum studio tradens sub clarissimis viris, quorum scientia et honestis moribus tunc temporis Leodiensis fulgebat Ecclesia, Francia illustrabatur, nobiliter floruit, adeo ut nulla ei Christianæ fidei regula videretur incognita, nulla liberalium artium aliena. Et ut de moribus ejus aliquid memoriæ tradamus, primo in ecclesia Sancti Bartholomæi apostoli, quæ est in suburbio Leodii,*

Deo militavit, professione et habitu clericus, gradu diaconus, officio scholasticus : procedente vero tempore in majorem ecclesiam Sanctæ Mariæ Sanctique Lamberti ab Oberto episcopo honorabiliter translatus, et a prioribus gratanter exceptus, usque ad obitum felicis memoriæ Friderici episcopi, annis fere viginti, pro Ecclesiasticis negotiis ad diversas personas et Ecclesias multas insignes conscripsit epistolas, quæ a plerisque summo conservantur et leguntur studio, etc. Harum forte epistolarum non ultima fuit opusculum quod nos Libellum seu Tractatum de libero arbitrio inscripsimus, secuti fidem antiqui codicis illustris nobisque amicissimi viri, domini Zachariæ ab Uffenbach, et Joannis Trithemii, qui libro De scriptoribus eccl., *cap. 328, inter Opera Algeri diserte recenset* De gratia et libero arbitrio librum unum, *cujus initium sit :* Sciendum est quod liberum. *Etsi enim opusculum, ut nunc est, nullam epistolæ formam referat, fieri tamen potuit ut a librariis compendii gratia ea detruncata et prætermissa sint quæ pro more epistolis præponuntur et subjunguntur, id quod pluribus exemplis facile demonstrari posset. Cæterum Algerus, mirum est, quam dilucide Catholiceque gravissimas intricatissimasque de gratia, prædestinatione ac libero arbitrio quæstiones in brevissimo isto opusculo dissolverit, adeo ut audacter pronuntiare liceat plus lucis in hujusmodi controversiis ex eo uno quam ex pluribus etiam recentiorum scholasticorum voluminibus peti posse. Scriptiunculam vel obiter percurrat qui gloriosius nos de ea prædicasse putaverit.*

DIVI ALGERI

CANONICI LEODIENSIS

LIBELLUS DE LIBERO ARBITRIO.

(Edidit D. Bernardus Pezius, *Thes. Anecdot.*, t. IV, part. II, col. 111, ex inclyta bibliotheca mss. illustris viri domini Zachariæ Conradi ab Uffenbach.)

CAPUT PRIMUM.

Quale fuerit Adæ liberum arbitrium ante et post lapsum.

Sciendum est quod liberum arbitrium dicitur habuisse primus homo, antequam per gustum pomi esset effectus servus peccati. Sed, cum habuisset liberum arbitrium, videndum est quæ libertas illius arbitrio fuerit.

Arbitrium certe liberum fuit, quandiu suæ potestatis exstitit, ita ut, nulla vi cogente nec Dei nec diaboli, quod vellet bonum aut malum faceret. Sed, cum liberum esset hoc respectu, quia nullo dominio, nulla vi cogi poterat, ut vellet aliquid aut nollet, per se tamen debile erat, ita ut ex sua debilitate cadere posset, si diabolo non cogenti, sed suadenti consentiret. Sed stare ex sua virtute nullo modo posset, etiamsi vellet, nisi consilio Dei credens, ut vellet bonum, quod bene vellet, perficeret per ejusdem Dei auxilium.

Cum ergo Adam liberam voluntatem haberet et propriam, non propriam habebat possibilitatem, sed alienam, ut esset in homine, quod juste a Deo remuneraretur; libera scilicet voluntas, quæ Deo non coacta serviret, et esset in Deo unde glorificaretur cum hominem sua virtute roboraret. Quia igitur liber erat Adam et infirmus, postquam sibi nimis est confisus, ex libero arbitrio hosti consensit, et per fragilitatem suam cecidit : qui si Domino soli confisus fuisset, Domino auxiliante, nullatenus utique cecidisset.

Sed, cum post primi patris lapsum totus orbis esset servus peccati, venit Dominus nos pristino restituens gradui, reddens arbitrium primi hominis liberum sicut prius a vi extranea, sed non a debilitate pro-

A pria, ut nemo sit qui de se præsumat, sed in solo Deo semper confidat.

CAPUT II

Nec prædestinatio bonorum ad præmium, nec præscientia malorum ad pœnam obest libero arbitrio

Sed huic libero arbitrio videtur contrarium, quod Dominus sanctis ab æterno vitam æternam prædestinavit, et similiter causam vitæ æternæ, meritum scilicet præordinavit; reprobis autem mortem æternam, sed non mortis æternæ causam, quia Deus nulli peccata sua prædestinavit. Non enim est Dei disponere quomodo peccator peccet, sed tamen, cum sciat eum peccaturum, mortem ei præordinat [*Apographum,* præordinaret], ut verus judex. Si autem præordinat et prædestinat vitam bono et mortem malo, videtur vim inferre libero arbitrio; quia, cum prædestinatio sua falli non possit, necesse est ut malus sit quem prædestinavit ad mortem, et bonus sit quem prædestinavit ad vitam : et si necesse est hunc esse bonum et illum malum, perit ergo liberum arbitrium, quod necessitate cogitur.

Quod si arbitrium non est liberum, sed cogitur necessitate, non est culpandus ille, qui velit, nolit, peccat; neque laudandus qui, velit, nolit, bene agit, sed laus et culpa soli cogenti est imputanda. Cur ergo pœna est malis et gloria justis? Non est itaque præmium quod justi remunerantur, sed sola Dei gratia; nec est vindicta, quod injusti puniuntur, sed injuria, quod absit!

Prædestinatio enim Dei nulla vi cogit nos ad bonum vel ad malum; sed Deus apud quem non est transmutatio, nec vicissitudinis obumbratio (*Jac.* I, 17), ab æterno ea, quæ futura sunt nobis, in conspectu suo præsentia habuit, et quales nos futuri essemus, tanquam præsentes oculo ad oculum vidit, et quales nos aut ex nostra pravitate, aut ex justitia sibi præsentavit, tales ut præsentes dijudicavit.

Quæ enim sunt apud nos præterita aut futura, a conspectu Dei nunquam transeunt, sed semper præsentia sunt. Unde et Dominus in Evangelio : *Cœlum et terra transibunt, verba autem mea non transibunt* (*Matth*. xxiv, 35). Si autem verba, quæ apud nos in momento transeunt, apud Deum semper manent, quis dubitet quin in conspectu Dei omnia sint permanentia, quæ apud nos transitoria? Sicut enim visus coronam circuli totam simul videt, quem tactus nonnisi particulatim palpando sentit, sic Deus simul videt omnia, quorum nos nonnisi particulatim diversis temporibus videmus aliqua.

Si ergo semper in conspectu ejus fuimus et præsentialiter nos vidit, quales aut ex ipso futuri essemus in bonum, aut non ex ipso, sed ex nobis futuri essemus in malum, non inconveniens fecit, si cum diversa videret merita, diversa etiam nobis disponeret præmia. Pravitas nostra ab æterno se malam in conspectu Dei ex sua nequitia præsentavit : Deus illam ad mortem destinavit.

CAPUT III.
Æterna Dei visio, qua omnes sibi actiones nostras semper præsentes habuit, iisdem nullam necessitatem infert, sed omnino liberas relinquit.

Quid ergo? Coegit nos Deus ut mali sibi videremur ab æterno? Absit ! Nam nos ei potius obtulimus ut nos malos videret. Verbi gratia : Si video jacere aliquem, necesse est quidem ut ille jaceat quem jacere video, aut falsum est illud, quod ego eum jacere videam. Illa vero necessitas an a jacente est, an a vidente? Utique non a vidente infertur necessitas ut jaceat, sed ab illo, qui se deposuit ut jaceret. Dominus igitur, cui nihil est præteritum aut futurum, nos sibi præsentes semper esse malos vidit, non ut ille visus necessitatem inferret pravitatis, sed quia pravitas illa latere nequivit præscientiam judicis. Nunquid enim Petrus Dominum negavit, quia Dominus dixit : *Ter me negabis*? (*Matth*. xxvi, 54) aut nunquid Judas tradidit, quia Dominus dixit : *Tu me trades*? aut nunquid Lazarus mortuus est, quia Dominus dixit : *Lazarus dormit*? (*Joan*. xi 11.) Utique priusquam hoc de eis diceret, Lazarus jam mortuus erat; Judas autem jam Judæos de traditione convenerat; solus Petrus, cum de negatione audisset, se non negaturum jurabat. Sed tamen ex verbis Domini non magis coactus est Petrus ut faceret quod nolebat, quam Judas ut faceret quod volebat. Nefas enim erat, scientem omnia nescire, quæ istis essent futura.

CAPUT IV.
An meritis et precibus nostris possit prædestinatio obtineri

Sicut ergo prædestinatio ad mortem non cogit malos ut pereant, sic etiam prædestinatio ad vitam non cogit bonos ut salventur. Sed, cum Dominus bonos ad vitam prædestinaverit, ita eos prædestinavit ut ipsa sua prædestinatio meritis et precibus nostris obtineatur. Nonne enim Abrahæ Dominus dixit : *In Isaac vocabitur tibi semen*? (*Gen*. xxi, 12.) Sed, licet in Isaac Dominus promisisset fecunditatem seminis, tamen uxor ipsius Isaac fuit sterilis. Oravit autem Isaac et dedit Deus conceptum Rebeccæ. Si ergo Deus promisit ei fecunditatem et dedit sterilitatem ; Isaac autem oravit et fecunditatem impetravit, quid aliud est nisi quod oratio prædestinationem obtinuit? Unde colligi potest quod Deus ita nobis bona sua promittit, ut tamen labore nostro acquirantur ; quod si voluerimus allaborare, in omnibus quæ bene agemus nobis cooperabitur.

CAPUT V
Arbitrium nostrum sic nunc liberum est, ut mala ex se solo, bona nonnisi ex gratia velle possit.

Notandum autem quia, cum arbitrium nostrum, ut dictum est, liberum sit ab extranea violentia, non tandem quantum ad se liberum est absolute, ut sicut a se simpliciter habet ut malum velit, sic et a se habeat bonum velle sine aspirante gratia : quod et cum a nobis habeamus non videre, si oculos claudimus, non tamen a nobis simpliciter habemus videre, etiamsi oculos aperimus, nisi splendore aliquo illuminemur : et sicut splendor non potest non illuminare, si oculi aperiantur, cum præsens sit ; sic gratia Dei non potest bonæ voluntati nostræ sibi applicitæ non aspirare, cum omnibus proposita sit.

CIRCA ANNUM MCL

HENRICUS SALTERIENSIS

—

NOTITIA

(FABRIC. *Biblioth. med. et inf. Lat.*, t. III, p. 227)

Henricus Salteriensis, Hibernus monachus, circa annum 1150 scripsit ad Henricum abbatem de Sartis, *De Purgatorio S. Patricii* (incertum veteris ne illius, an potius Patricii abbatis circa annum 850), sive de spelunca *quam ingressus quivis veraciter pœnitens spatio unius diei ac noctis moram in ea fecerit, ab omnibus purgatur peccatis quibus in tota vita sua Deum offendit.* Non tantum prologum, sed tractatum Henrici integrum vulgavit Thomas Messinghamus in *Florilegio insulæ sanctorum Hiberniæ*, Paris, 1624, in-4°, p. 89-109, unde emendandus Oudinus tom. II, p. 1440. Exstat itidem in Joannis Colgani triade thaumaturga, Lovan. 1645, fol. Conferenda etiam quæ de S. Patricii purgatorio notantur in Actis Sanctorum t. II Martii, 17, p. 587 seq. Ab illa narratione Henrici de S. Patricii purgatorio non differunt *Visiones S. Œni militis*, quas ab illa distinguit Carolus Vischius p. 145 *Biblioth. Cisterc.* Vide Messinghamum p. 99 seqq. Quem vero Cisterciensem facit idem Vischius et Pitseus p. 207, hunc Benedictinum alii, ut Baleus II, 77. Nimirum Cistercienses et ipsi sunt genus quoddam Benedictinorum.

TRACTATUS
DE PURGATORIO SANCTI PATRICII
HIBERNORUM APOSTOLI.

AD LECTOREM PRÆFATIO.

(Thomas MESSINGHAMUS, *Florilegium Insulæ Sanctorum, seu Vitæ et acta sanctorum Hiberniæ*, etc. Paris, 1624, in-4°.)

Evangelista Joannes, sublimis illa aquila quæ supra omnem visibilium et invisibilium creaturarum constitutionem se erexit, lucis internæ atque æternæ fixis oculis contemplator, et generationis divinæ specialis annuntiator, non erubescit, fluenta illa altissimi sui Evangelii, quæ de sacro Dominici pectoris fonte potavit, hocce periodo concludere: *Sunt autem et alia multa, quæ fecit Jesus, quæ si scribantur per singula, nec ipsum mundum arbitror capere posse eos, qui scribendi sunt libros* (Joan. xxii.): ut sic ostenderet, se non ad gratiam, quod amicus esset Christi, scripsisse. Etenim qui ad gratiam scribunt alicujus, nihil prætermittere solent, quod ab eo gestum fuerit, commemoratione dignum; se vero multo plura, quam scripsisset et valde memorabilia omisisse. Vel quod probabilius videtur, ne quis existimaret non fuisse facta a Christo plura miracula quam quæ ipse cæterique evangelistæ commemorarunt, iliique fidei terminum figeret, nihil amplius credens, quod aut alibi legeret, aut aliunde factum a Christo audiret. Quo vel unico Achillæo jaculo, seu lapide ex funda Davidica projecto, superbus ille Goliath, et incircumcisus corde Philistæus, Lutherus, cum suis heterodoxorum castris prosternitur, et fugatur; dum apostolicas cæterasque ecclesiasticas traditiones, tanquam hominum figmenta rejicit, nihilque credendum asserit, quod in Verbo Dei scripto non comprehendatur expresse, et si quid ibidem ejus turpissimæ voluptati, aut palliatæ libertati contrarium (ut epistola canonica D. Jacobi, etc.) contineretur, id non nisi vanum, et stramineum affirmaret parique insania ex Bibliis deleri curaret.

Quis igitur merito mirari poterit, si aliquis scriptor vulgaris, quovis evangelista longe inferior, vitam talis sancti, qualis erat sanctus noster Patricius describens, cujus infantia, adolescentia, virilis ætas, et senectus, nihil aliud erat videtur, quam jugis emanatio virtutum, operatio magnalium, et patratio miraculorum, quibus nec ipsa mors limitem posuit, aliqua imo plura commemoratu digna, a tali sancto patrata, aut penitus ignoret, aut cognita prætermittat?

Cum ergo certissimum sit ut ex infra dicendis manifeste patebit, extraordinarium in Hibernia a S. Patricio inventum fuisse Purgatorium: certum item sit, istud a Jocelino, in ejus Vita, aut prorsus silentio præteriri, aut levissime tactam deseri, non ideo existimamus, communem domesticorum traditionem, ac exterorum hocce de purgatorio, assertionem debilitari, aut Jocelinum imperfecti operis auctorem debere appellari, cum et ipsum sufficienter excusare, et non incongrue supra relatum Joannis de Domino dictum, famulo Domini Patricio accommodare possimus, sic dicendo: Sunt autem et alia multa, quæ fecit Patricius, quæ non sunt scripta in libro hoc a Jocelino composito, ob causas nimirum supra in explicatione textus evangelici memoratas. Deinde non sine magna probabilitate asserimus, Jocelinum idcirco de *Purgatorio* sancti Patricii in libro ejus Vitæ non tractasse, quod ex aliquorum opinione deceptus, non Patricium apostolum, sed alium Patricium et ætate, et dignitate ab hoc diversum, hujus Purgatorii inventorem fuisse putaverit, quam sententiam, utpote falsam, infra refutatam videbis. Et sane, nisi veritati indagandæ studuissemus, non est quod tantopere de hujus Purgatorii auctore altercaremur: annon sat nobis foret illud ab aliquo, quisquis tandem ille sit, inventum esse, tam singulari Dei privilegio nostram patriam gaudere, tamque salutari beneficio nostrates frui?

Quamobrem (amice lector) non est quod in hocce de Purgatorio tractatu styli diversitatem mireris: nam, cum nullum reperire potuissemus, qui de eo exacte egisset, sed hunc istud, illum aliud attigisset punctum, satius esse arbitrabamur, quæ apud varios invenimus in unum congessisse, quam opus aliqua ex parte imperfectum reliquisse. Sed, ne quis laboris præmio defraudetur, aut operis merito privetur, aut diversorum opera confundantur unius auctoris ab alterius, scripta, hoc modo dignosces.

Quatuor primas alphabeti litteras inter uncos apponi curavimus. Quæ itaque sub littera A, usque ad aliam sequentem litteram scripta reperies, ascribe reverendissimo domino D. Davidi Rotho, Osoriensi episcopo, et totius Hiberniæ vice-primati, viro in omni scientiarum genere versatissimo, rhetori facundo, philosopho subtili, theologo profundo, historico percelebri, acerrimo virorum reprehensori, ecclesiasticæ libertatis defensori, patriorum privilegiorum propugnatori, hibernicarum calamitatum zelatori devotissimo, pacis denique et unitatis inter ecclesiasticos propagatori diligentissimo, qui idcirco congregationem vulgo dictam, pacificam in Hibernia, anno 1640, inchoavit, quæ cum magno ecclesiasticorum fructu magis magisque in dies per totum illud regnum dilatatur: qui varia sui ingenii monumenta posteris reliquit, quorum catalogum non sine causa hic inferre supersedemus, et majora ab eo brevi speramus.

Quæ deinde sub littera B scribuntur Henrico Salteriensi monacho Anglo ordinis Cisterciensis tribue; qui a Florentiano Hiberno episcopo, et a Gilberto de Luda Cisterciensium monachorum abbate bonas litteras, et optima bene vivendi præcepta didicit : ipse etiam jam edoctus, alios docere solebat initium sapientiæ timorem Domini. Et, quia videbat homines plerumque magis pœnæ timore, quam virtutis amore a vitiis deterreri, populo inculcare consueverat, nihil coinquinatum intrare posse in regnum cœlorum, atque adeo omni peccato debitam suam pœnam, et prius secundum divinam justitiam satisfaciendum pro delictis, vel in hoc sæculo bene faciendo, vel in Purgatorio supplicia patiendo, quam cuipiam, qui peccati maculam aliquando contraxit, pateat aditus in æternum cœlestis beatitudinis refrigerium. Unde et scripsit ad Henricum abbatem de Sartis super Purgatorio S. Patricii librum unum : De pœnis purgatorii librum unum. Claruit anno gratiæ 1140.

Quæ denique, sub littera C inveniuntur scripta sunt Matthæi Paris, Angli, monachi Benedictini, qui ab ipsa adolescentia monasticæ disciplinæ traditur, egregiam quam natura dedit indolem omni laudabiliori eruditione perpolivit, omni virtute ornavit : Mamarius scriptor, pictor non vulgaris, poeta elegans, dialecticus acutus, Theologus solidus, et, quod omnium caput est, morum integritate purus, vitæ innocentia clarus, simplex, candidus, multaque plura de hoc, quæ brevitatis causa omitto, habet Pitteus ad annum 1259, quo tempore idem Matthæus obiit.

Historiam Œni militis Hiberni habet tam hic Matthæus, quam præfatus Henricus, sed ille compendiosius, et, ut arbitramur, ex Henrico descriptam; hic vero prolixius.

Quocirca historiam integram ex utroque conficimus, supplendo ex uno quæ desunt in altero : propriis tamen ipsorum verbis totum referemus; et (nisi dum pauca erunt) quæ ex uno alteri adjungemus, diversa, in margine, littera assignabimus.

Quæ tandem sub littera D habentur, aut ex nostro adjecimus, aut ex aliis collegimus, prout Tractatus complementum requirebat; his omnibus, pie Lector, utere, Deumque pro nobis interpella, ut ignis Purgatorii ardorem aut nunquam sentiamus, aut, si senserimus, ab eo quantocius liberemur. Vale.

INCIPIT
PROLOGUS HENRICI SALTERIENSIS
IN PURGATORIUM S. PATRICII.

Patri suo in Christo præoptato HENRICO, abbati de Sartis, frater HENRICUS Salteriensis, monachorum minimus, continua salute, Patri filius obedientiæ munus.

Jussisti, Pater venerande, ut scriptum vobis mitterem, quod de Purgatorio, in vestra me retuli audisse præsentia : quod quidem eo libentius aggredior, quod ad id implendum paternitatis vestræ jussione instantius compellor. Licet enim utilitatem multorum per me pervenire desiderarem, vestram vero minime lateat paternitatem nunquam me legisse quidquam, unde in timore et amore Dei tantum proficerem. Et, quoniam beatum papam Gregorium legimus multa dixisse de his quæ erga animas fiunt terrenis exutas corporibus, ut et tristibus negligentium animos terreret, et lætis justorum affectum ad devotionem inflammaret; fiducialius quod jubes, ad profectum simplicium perficiam. In multis enim exemplis quæ proponit, ad exitum animarum, angelorum bonorum, sive malorum præsentiam adesse dicit, qui animas pro meritis, vel ad tormenta pertrahant, vel ad requiem perducant. Sed et ipsas animas adhuc in corpore positas, ante exitum, multa aliquando de his, quæ ventura sunt super eas, sive ex responsione conscientiæ interiori, sive per revelationes exterius factas, præscisse fatetur. Raptas etiam et iterum ad corpora reductas, visiones quasdam et revelationes sibi factas narrare dicit, sive de tormentis impiorum, sive de gaudiis justorum. Et in his tamen, nihil nisi corporale, vel corporalibus simile recitasse : flumina, flammas, pontes, naves, domos, nemora, prata, flores, homines nigros et candidos, et cætera qualia in hoc mundo solent, vel ad gaudium amari, vel ad tormentum timeri; se quoque A solutas corporibus, manibus trahi, pedibus duci, collo suspendi, flagellari, præcipitari, et multa hujusmodi, quæ naturæ minime repugnant, narrat.

Notum est autem multos multoties quæsiisse qualiter animæ corporibus exeant, quo pergant, quid inveniant, quid percipiant, quidve sustineant; quæ quia nobis sunt abscondita, magis nobis sunt timenda quam investiganda. Hoc vero certum habetur, quod vitam bonam mors mala non sequitur : et licet usque ad mortem maneat meritum, et post mortem reddatur præmium, pœna tamen post mortem esse dicitur, quæ purgatoria nominatur, in qua hi, qui in hac vita in quibusdam culpis, justi tamen, et ad vitam æternam prædestinati, vixerunt, ad tempus cruciabuntur ut purgentur : unde quemadmodum a Deo corporales pœnæ dicuntur præparatæ, ita ipsis pœnis loca corporalia in quibus sunt, dicuntur esse distincta. Creduntur tamen tormenta maxima ad quæ culpa deorsum premit in imo esse : maxima vero gaudia ad quæ sursum per justitiam ascenditur, in summo; in medio autem bona et mala. Quod et huic de sancti Patricii purgatorio videtur congruere narrationi; et quod infimus subtus terram, vel intra terræ concavitatem, quasi carcer et ergastulum tenebrarum communiter creditur, narratio ista asseritur, et quod Paradisus in Oriente sit, et in terra Sur, narratio ista ostendit : ubi fidelium animæ a pœnis purgatorii liberatæ, dicuntur aliquandiu commorari jucunde. Quod vero B. Augustinus et B. Gregorius dicunt, spiritum pœna corporalis ignis cruciari, ista videntur affirmari narratione. In pœna vero purgatoria, qua post exitum purgantur electi, certum est alios aliis plus minusve, pro meritis cruciari, quæ quidem ab hominibus non possunt deffniri, quoniam ab ipsis minime possunt sciri : ab eis tamen, quorum animæ a corporibus exeunt, et iterum, Deo jubente, ad corpora redeunt, signa quædam corporalibus similia ad demonstrationem spiritualium numerantur, quæ nisi in talibus, et per talia ab animalibus corporibus exutis viderentur, nullomodo ab eisdem ad corpora reversis, in corpore viventibus, et corporalia tantum scientibus, intimarentur : unde et in hac narratione a corporali et mortali homine spiritualia dicuntur videri, quasi in forma, et specie corporali. Quis vero eam mihi retulit, et quomodo eam agnovit, in fine narrationis indicabo.

Explicit prologus.

INCIPIT PURGATORIUM S. PATRICII.

CAPUT PRIMUM.
De nomine, existentia et loco purgatorii.

[A] 1. Variis appellationibus insignitur hic locus apud scriptores ecclesiasticos; nam præterquam quod vulgari nomine dicatur purgatorium, etiam puteus sancti Patricii et antrum vel specus vocatur multoties. Purgatorium quidem ab effectu animas expiandi, purgandique : puteus vero et antrum a profundo situ, et subterraneo meatu, in quem includuntur expurgandi.

2. Nondum mihi contigit locum ipsum invisere, tametsi multum optarim. Sed vetuerunt vel pericula itineris, vel occupationes quibus jugiter detinebar. Idcirco, quæ de loco ipsius purgatorii de tempore purgationis, de modo purgandi se, sive conficiendi ipsam peregrinationem de miris eventibus, et exemplis ingredientium quæ commemorari solent, ex relatu aliorum accepi; sed talium de quorum fide mihi dubitandum non fuit.

3. Scitatus enim eram e diversis compertæ fidelitatis et auctoritatis tam ecclesiasticis quam sæcularibus, cum antiquariis, tum aliis, qui locum lustrarunt, et lustricam illam exspirationem plusquam semel compleverunt nonnulli eorum quos consului, et quæ ex eorum narratione cum his collata, quæ scriptis monumentis continentur, certiora aut verisimiliora comperi, paucis hoc loco perstringam.

4. Estque ante omnia observandum, apud exteros scriptores reperiri mentionem duplicis in Hibernia purgatorii : unum est sancti Patricii quod in aquilonari parte regni positum est : alterum sancti Brendani, quod in partibus occiduis eiusdem regni Radulphus haberi asserit.

5. Deinde illud commemorandum est ex eodem Radulpho, duos ab eo distingui Patricios, ætatis pariter, et dignitatis longo inter se distinctos intervallo : quorum alter qui et primus, archiepiscopus erat : alter, qui secundus, abbas. « Patricius primus, inquit ille, inter cætera operum suorum signa, duo fertur patrasse : unum quod cuncta venenosa animantia cum baculo suo de terra ejecit; secundum, quod nullus Hibernicus adventum Antichristi exspectabit. Tamen memorabile quod de ejus Purgatorio legitur, magis ascribitur secundo Patricio juniori, qui non fuit episcopus, sed abbas, qui floruit circa annum Domini octingentesimum quinquagesimum, de quo meminit Martyrologium, quod quia populum rebellem reperit, de Hibernia recessit, et apud Glastin- gense monasterium ipso die S. Bartholomæi, diem clausit extremum : » hæc ille.

6. Purgatorium autem istud a Patricio sive primo, sive secundo (de quo oportunius alibi) fuisse inventum, cum sit communis Hibernorum sensus et traditio, quam cum lacte nutricis suxisse videntur; et lingua ipsa popularis, fere sit doctrina salutaris, ut in re simili dixerat olim magnus Ecclesiæ doctor, morumque magister Augustinus; hic jam quærimus adminicula quædam illius persuasionis et piæ credulitatis, quæ sic persuasit totam hanc gentem, quæ catholica est, ut si nitaris obtrudere contrariam sententiam, a summis et imis, et omnibus tanquam novator, novarumque opinionum sator exauctoreris, et explodaris; quibus Tantalea curiosorum sitis exstinguatur, et intolerabilis hæreticorum impudentia rotundatur.

7. Primum igitur firmamentum receptæ traditionis, sit ipsa tam constans et consona receptio ejus ab omni ævo, et memoria hominum per universam hanc nationem. Neque enim sine causa dicitur, quod omnium fertur ore; præsertim quando id ore piorum eruditorum, prudentium, nemine pœnæ refragante constituitur.

8. Secundum, quod domesticis testimoniis astipulentur exterorum suffragia : ut Henrici Salteriensis, et Matthæi Parisiensis in visione OEni militis, inferius ad longum describenda : Dionysii Carthusiani libro de quatuor novissimis, tertia parte, articulo XIV, Jacobi Januensis (alias Genuensis), Dominicani in Vita S. Patricii, in Legenda Sanctorum. Radulphi Hygeden Cisterciensis in polychronico; Cæsarii Heisterbachensis in suis dialogis; Monbrisii, tom. II de Vitis sanctorum; Marci Maruli, lib. III, cap. 4; Maurolyci Siculi in Martyrologio, et aliorum.

[D] 9. Quibus adjungere lubet Joannem Camertem (in *cap.* 35 *Solini*), qui ex aliorum conjectura ducitur ad suspicandum, Claudianum poetam (lib. X, in *Ruff.*) ad hanc foveam, hæc quæ sequuntur carmina aptasse :

Est locus extremum pandit qua Gallia littus
Oceani prætentus aquis, quo fertur Ulysses,
Sanguine libato, populum movisse silentum.
Illic umbrarum tenui stridore volantum
Flebilis auditur questus, simulacra coloni
Pallida, defunctasque vident migrare figuras.

Hoc si ad veritatem accedat ut locum esse demus ante Patricium natum, quod etiam historia militis infra describenda non obscure insinuat quæ sic habet : «[C] Unde, dum Patricius pro salute populi, in jejuniis, vigiliis, et orationibus positus, Dominum precaretur propensius, pius Dei filius apparens ei, duxit eum in locum desertum, et ostendit illi speluncam rotundam (1) et obscuram intrinsecus, et dixit : Quisquis veraciter pœnitens, et in fide constans hanc speluncam ingressus fuerit, spatio unius diei ac noctis moram in ea fecerit, ab omnibus purgabitur peccatis, quibus in tota vita sua Deum offendit, » etc. Ad celebrem tamen religionis usum, ante Patricium non fuit accommodatus.

Si itaque in ore duorum vel trium testium stet omne verbum, ut ipsa Veritas in Evangelio loquitur (*Matth.* XVIII), quis nisi perfrictæ frontis homo audeat auctoritati ternarii numeri triplicati maxime religiosorum ac probatæ fidei historiographorum contradicere ?

[A] 10. Tertium elicitur ex ipso officio ecclesiastico et uniformi consensu ecclesiasticorum, et Ecclesiæ sanctorum, qui a multis sæculis inibi floruerunt: quorum omnium auctoritatem, et mutuam consensionem, quæ satis exprimitur in antiquis Breviariis et Antiphonariis manuscriptis omnium provinciarum, quisquis ille esset qui non formidaret contemnere, ego utique non excusarem ejus temeritatem et audaciam.

11. Reperitur autem illa traditio, tum in vetustis membranis, tum etiam in excusis codicibus quos prima typographiæ infantia nobis tradidit, ut ille videatur fuisse unanimis sententia cleri, pariter et populi, quam et privatim retinebant, et publice cognoscebant, in illis quæ sanctissime et religiosissime colebant muniis et ritibus divini cultus, et ecclesiastici. Reclamare autem usui tam recepto, tam vetusto, tam probato, qui celeberrimus erat, et celeberrimus in sermonibus et cordibus fidelium, quis ausit, nisi novitatis avidus, et vetustatis pariter ac pietatis aspernator ?

[D] 12. Sed contra hæc omnia firmamenta objiciet argutus quispiam, Giraldum Cambrensem diligentissimum investigatorem Hibernicæ antiquitatis comminutos quosque ac angustos Hiberniæ angulos exquisitius depingat hujus tamen Purgatorii ne mentionem usquam facere ; et quanquam si ratiocinationem ad aerem ac severam topicorum formam dirigas, non necessario et dialectice concluditur ; tamen cum Giraldus apud animum suum proposuerit, omnes notabiles Hiberniæ locos e tenebris in aspectum lucemque proferre, parum probabile videtur, tam insigne monumentum ab illo fuisse prætermissum, si id temporis aut cognitum, aut miraculis fuisset nobilitatum.

13. Verum, ut nihil in hac causa controversiæ relinquatur, lectori confirmo Purgatorium sancti Patricii Geraldi Cambrensis ætate cognitum fuisse et pervulgatum. Atque istud ipsum Giraldi scripta non modo significant, verum etiam declarant, cujus verba libet appingere ; sic enim habet in topogra-

(1) Ergo antea factam.

phia Hiberniæ, distinctione secunda : « Est locus in partibus Ultoniæ continens insulam bipartitam, cujus pars altera probatæ religionis Ecclesiam, habens, spectabilis est, et amœna Anglorum visitatione, sanctorumque loci illius visibili frequentia incomparabiliter illustrata. Pars altera hispida nimis et horribilis, solis dæmoniis dicitur assignata, quæ et visibilibus cacodæmonum turbis et pompis fere semper manet exposita ; pars ista novem in se foveas habet, in quarum aliqua si quis forte pernoctare præsumpserit (quod a temerariis hominibus nunquam constat esse probatum), a malignis spiritibus tunc arripitur, et nocte tota tanquam gravibus pœnis cruciatur, tot tantisque et tam ineffabilibus ignis et aquæ, variique generis tormentis incessanter affligitur, ut mane facto, vix vel minime specie superstite, reliquiæ misero in corpore reperiantur. Hæc, ut asserunt, tormenta, si quis semel ex injuncta pœnitentia sustinuerit, infernales amplius pœnas, nisi graviora commiserit non subibit. Hic autem locus, Purgatorium Patricii ab incolis vocatur. De infernalibus namque reproborum pœnis, de vera post mortem perpetuaque electorum vita, vir sanctus cum gente incredula dum disputasset : ut tanta, tam inusitata, tam inopinabilis rerum novitas rudibus infidelium animis, oculata fide certius imprimeretur, efficaci orationum instantia, magnam et admirabilem utriusque rei notitiam, duræque cervicis populo per utilem, meruit in terris obtinere. »

Ita Giraldus, ubi et locum et auctorem satis luculentum exprimit ; de cujus amaritudine styli, quæ ipsi familiaris est, et de sugillatione temeritatis eorum, qui foveas illas pœnitentiales adeunt, non est hic tractandi locus. Satis autem superque refellitur ejus tam acerba censura, per multitudinem, et frequentiam pœnitentium, qui ab ejus ævo, et quotannis solent subire sacras illas stationes cum magno devotionis fructu, et sensu conpunctionis, adeo ut damnandi non sunt pro temerariis præsumptionibus.

14. Sed adhuc non nemo fortassis mirabitur, nos istud Purgatorium astruere, cum de eo Jocelinus, qui Vitam sancti Patricii ab infantia usque ad mortem exactissime descripsit ; ne ullum quidem verbum uspiam loquatur. Sed mirari, existimo, desinet, qui ea, quæ nos supra in præfatiuncula ad Purgatorium diximus, attente legerit : quibus (ut varietate delectetur lector) placuit adjungere responsionem nostri Stanihursti lib. II de Vita sancti Patricii ; sic enim ait : « Idem Patricius, qui fuit Hiberniæ apostolus a quibusdam vetustis scriptoribus abbas nominatur ; atque ex hac opinione, non satis cognita et pervagata, eos existimo in errorem deferri, qui illud tormentarium antrum Patricii abbati ascribunt, » et apostolo negant : et postquam variis testimoniis probavit Patricium apostolum fuisse etiam abbatem, sic tandem concludit.

« Istud igitur abbatis nomen, quod a nonnullis priscis historicis nostro Patricio Ardmachano fuit impositum, aliquos in errorem induxit, ut Patricium abbatem a Patricio Hibernorum apostolo distinxerint, abbatemque hujus, de quo tractamus, Purgatorii auctorem posuerunt. Quod secus est, uti satis est comprobatum. » Horum igitur e numero, quos nomen abbatis induxerat, Jocelinum fuisse non improbabiliter dicere possumus. His ita stabilitis.

[A] 15. Tertio notandum, nonnullos opinari ipsum antrum seu puteum (*hiatum qui se aperuit orante S. Patricio*) sancto Patricio a Christo Domino ostensum, vel incognitum esse, et inconspicabilem; vel saltem non eumdem esse, quem peregrini ineunt cum in specu recluduntur, ad horas viginti quatuor; sed vel subtus delitescere, vel paucis ab inde passibus distare. Ita ex veteri traditione retulit nobis R. D. Joannes Gambneus abbas de Leathra, et Joannes Fursus hac Kegan sacerdos septuagenarius. Alii opinati sunt ignorari penitus locum, nec appariturum hominibus, nisi in fine sæculi, ut quod de sepulcro Moysis veteres Hæbræi, et de arca testamenti ante regressum e Babylone: sic de eo puteo sentiendum esse, atque hanc opinionem Patri Eugenio Dufflo ex instituto S. Francisci, vulgatæ pietatis viro, me audiente, tribuebat Tornius Mulchonrius rei antiquariæ ex officio deditus, et ipse dierum perantiquus.

16. Jacobus autem de Vitriaco in sua Historia orientali, cap. 92, de puteo hoc sic loquitur: « In Hibernia locus quidam habetur, qui purgatorium sancti Patricii nuncupatur: si quis illuc ingressus fuerit, nisi vere pœnitens et contritus fuerit, statim a dæmonibus raptus et necatus, nunquam postea revertitur. Qui autem vere contritus et confessus ingreditur, per ignem et aquam et mille genera tormentorum a dæmonibus correptus ibidem purgatur. Qui autem amplius deliquit, acerbius in eodem loco punitur. Qui autem a prædicto loco purgatus regreditur nunquam deinceps ridere potest, vel ludere, vel aliqua, quæ in mundo sunt, diligere, sed semper lugens et gemens, posteriorum oblitus, in anteriora se extendit. »

17. Hæc pleraque non esse veritate subnixa, si de specu nunc cognito et frequentato sermo sit; usu quotidiano docemur; multi enim sunt qui iteratis vicibus, purgatorii antrum subierunt, et tamen regressi ludunt, rident, cachinnantur, in sæculo cum sæcularibus versantur, tractantque negotia hujus mundi, non secus ac si ingressi locum illum nunquam fuissent. Alioquin innumeros haberemus in Hibernia philosophos e schola Heracliti, cum tamen multo plures sint a Democriti familia, effusiores in risum, quam in fletum proni. Adhuc superest non nemo optimæ fidei, qui nobis in verbo sacerdotis asseruerat a se visos mille quingentos nudi pedalia, qui simul et semel in insula obibant nudi pedales, et alias pœnitentias de more consuetas, dum præstolarentur per novenos et novenos ingressum in puteum, nisi quod aliqui per commutationem secubuerint in aliquo ex septem, quæ habentur ibidem pœnalia strata aliorum sanctorum finitima ipsi puteo sancti Patricii. Quod si una vice tantus fuerit numerus peregrinorum, quid censebimus de una aliqua ætate, præsertim, quando liberior erat aditus, quam nunc experimur ob colonias Protestantium in circuitu.

18. Sin autem Vitriacus loquatur non de præsenti et conspicabili, sed de altero illo delitescente et abscondito purgatorio: si vera sit Dufflii, Gambnœi, Conrii, Kegani, et aliorum de hoc relatio, quorum tamen minus recepta sententia est, de re ipsa in alterutram partem, mihil nunc statuo; nec temere putant recedendum viri graves a communiori opinione et persuasione, quæ visa est apud plures indistincte obtinuisse, in insula Darrigii cavernam illam, quæ adhuc spectabilis est sua humili et demissa fornice concameratam, esse verum situm in quo continetur puteus, quem quærimus.

19. Cæterum illud ex doctrina D. Thomæ occurrit animadvertendum de loco Purgatorii, ubi non invenitur aliquid expresse determinatum, dicendum esse, secundum quod congruit magis sanctorum dictis et revelationi factæ multis; atque ita locum purgatorii esse duplicem: unum secundum legem communem et sic locus purgatorii est locus inferior conjunctus inferno; alium esse purgatorii secundum dispensationem, et sic in diversis locis aliqui puniri leguntur, vel ad vivorum instructionem vel ad mortuorum subventionem, ut viventibus eorum pœna innotescens per suffragia Ecclesiæ mitigentur.

20. Sane quidem utrumque membrum distinctionis jam traditæ, tam illud secundum legem communem quam istud secundum dispensationem, pertinet ad locum Purgatorii posthumi, et ad pœnas post hanc vitam luendas satis patiendo; nos vero nunc dissertamus de pœnis satisfactoriis (quæ etiam meritoriæ possunt esse in hac vita et via hujus sæculi, quam decurrimus ad metam fatalis nostri decessus e victu et convictu hominum). Atque duplex ita purgatorium distinguimus; unum vitale seu viatorium in hac præsenti vita viatorum et peregrinantium a Domino: alterum posthumum et præliminare, quando anima defuncta onere carnis mortalis confecto prælio et conflictu sæculari, post mortem plectitur et purgatur in vestibulo, ut expurgata ab omni ruga et macula, atque expiata ab omni reatu pœnæ ac culpæ venialis, admittatur in atria Domini, et recumbat ad cœnam Agni in mensa Sponsi cœlestis, qui præparavit et ornavit eam per gratiam in via, ut in patria locaret eam, et vestiret stola immortalitatis.

21. Itaque de isto agentes viatorio purgamine, videtur magis congruere dictis sanctorum per manus traditis et revelationibus infra citandis, idemque magis consentaneum est officio sancti Patricii, si dicamus in illa ædicula insulæ Darrigii, de qua supra, positum esse purgatorium, seu locum lustra-

minis, in quo sanctus hic præco divini verbi aperuit incredulis intellectum, ut subsequam, post egressum hinc, pœnam crederent, et qualis sit conciperent, ut dum vita superesset, tam qui tunc degebant, quam qui post nascituri erant, et nati natorum evaderent posthuma supplicia æternæ combustionis, per præsentaneam expurgationem, quam sustinerent in ista palæstra lustrali, in qua se possent expiare viventes, ad præveniendam Dei severitatem in futuro.

22. Atque huc respicere videretur vetus antiphona, quam Ecclesia Hibernica in ejus rei memoriam grato lætoque animo concinebat in laudem Dei et sancti Patricii, in hæc verba :

Magni patris sunt miranda merita Patricii,
Cui Dominus ostendit locum Purgatorii,
Quo viventes se expurgent delinquentes filii.

Locus igitur ille Purgatorius, tametsi aliquando dicatur puteus, vel antrum, per istam nuncupationem non designat adæquate totam purgationem, sed partem solummodo, eamque magis arduam pœnitudinis sive pœnalitatis, quæ subitur in hac peregrinatione.

CAPUT II.
De modo et ritu conficiendi peregrinationem hujus Purgatorii posterioribus his sæculis.

23. Ordo autem conficiendi totius itineris est hujusmodi.

Novendiale tempus insumitur ut debitis expleantur circuitus in ipsa insula, quæ tota circumdatur aqua stagnante, eaque valde profunda, instar cujusdam æstuarii, quod aliis hinc inde insulis inspersum est : sed ista Purgatorii cum altera finitima Sancti Avogi [*alias* Virbii, *seu* Fintani], in qua situm est monasterium canonicorum regularium sancti Augustini duobus ac tribus stadiis ad occidentem, dissitum, nominatissima omnium et celeberrima est : in hanc lintre excavato monoxylo pervehuntur peregrini, remigio ad hoc parato. Toto tempore quo morantur in ipsa insula, puta per novem ipsos dies, jejunandum erit, in pane et aqua, non quomodolibet, sed una refectione ex pane azymo subcinericio vel cocto in craticula ; aut certe farina avenacea incocta, aqua vero lacustri, sed cocta vel saltem calefacta in cacabo, citra salem, aut aliud quodcunque condimentum, atque ista tam cruda et macilenta alimonia, quamvis frendentibus intestinis nonnisi semel degustanda erit spatio viginti quatuor horarum, nisi quod arentes fauces licitum sit refrigerare sæpius, quando sitis urgeret. Est quæ ea vis istius aquæ quamvis stagnantis, ut quantumvis ex ea te velis ingurgitare, nullum inde gravamen sentias, perinde ac si e vena metallica flueret, quod de aqua Spadana ex fonticulo acido emanente perhibent, qui eam optarunt, absque onere suo vel stomachi gravamine.

24. Interdiu necesse habent peregrini ter obire sacras stationes, mane, meridie, vesperi : et lassi sub noctem recubant in feno, vel stramine, sine stragulo, pulvinari, culcitra, nisi vel chlamyde se involvant, vel femoralia capiti obstipent.

25. Stationes vero ipsæ hoc ordine peraguntur : Admissi a Patre spirituali qui Purgatorio præest, ex instituto canonicorum, ad peregrinationem faciendam exuunt se calceos et caligas, et ecclesiam quæ sancto Patricio inscripta est devoti nudipedes ingrediuntur, ibique facta oratione, sacros obeunt circuitus introrsum septies in ipso templo, et extrorsum totidem vicibus in cœmeterio. His peractis recipiunt se ad mansiones pœnosas, seu lectos, quos vocant aut cellas pœnitentiales sanctorum quæ in gyro sunt; singulas eorum circumgyrant septies ab extra nudis pedibus, ab intra flexis genibus ; similiter obeunt tum crucem in cœmeterio, tum alteram crucem in acervo lapidum infixam. Et tot circuitionibus confectis, in aspera et plerumque rupicosa semita veniunt ad locum, et in marmore subaquato plantas pedum, lanieras quandoque, sed semper lassas figunt, et uno minus medio quadrante horæ, dum recitant Orationem Dominicam, Salutationem angelicam, et Symbolum apostolorum, persentiscunt tantum refrigerii, et roboris ex subjecto pedibus lapide (in quo sanctus Patricius ipse orasse dicitur, et vestigia pedum suorum impressa reliquisse) ut parati essent e vestigio secundos circuitus facere, quod non licet tamen, nisi interposito aliquo temporis spatio.

26. Hac austeritate repetita per dies septem, octavo die duplicant stationes sive circuitus, ut satisfaciant pro eodem, et in sequenti die, quo ingrediendus erit puteus : neque enim illo die puteano fas est circuire, nequidem exire e specu, quem inire debent hac servata cæremonia.

27. Novenum illud agmen, cujus vices sunt ingrediendi cavernam, coram Patre spirituali convenitur, qui verbo exhortationis habito admonet periculi, si mente inquinata ; et premii si purgatis conscientiis ingrediantur; eaque verbis conceptis commemorat horroris exempla, quæ stupidissimum movere, rigidissimum perterrere possint. Suscitat commonitionem pœnitentiæ et constantiæ, ut præmissa confessione sacramentali, et sacra communione percepta, se parent armentque contra principes et potestates tenebrarum, contra spiritualia nequitiæ in cœlestibus. Compunctos jam et absolutos, præeunte vexillo crucis deduxit illos ad exsequias pœnitentiales ut jam justa solvant vitæ negligenter anteactæ, et veteri Adamo cum actibus suis in funere peccatorum, et fenore melioris propositi parentem. Jam ingressuros, et aqua lustrali respersos in ostio speluncæ quasi in transitu ad alium orbem, et e via ad terminum properantes in agonio positos, cernere est gementes, suspirantes, veniam et pacem offerentes omnibus, et precantes sibi, ignoscentes toti mundo quidquid in se deliquissent, cum singultu, fletu et lacrymis plerique subeunt speluncam, et occluso de foris ostio, recedunt qui comitabantur funus.

28. Est autem caverna ipsa lapidea, domuncula tam angustis lateribus, et fornice tam depressa, ut homo proceræ staturæ adeo se erigere non posset,

ut nec sedere quidem, nisi inclinata cervice valeret, arcte se comprimunt noveni sibi assidentes et acclinantes : nec decimus, nisi maximo cum labore subsistet cum aliis. Habet spelunca lateralem fenestrellam, per quam sublucet interdiu tenuis radius, longitudo et amplitudo putei, quanta sufficeret homini justæ staturæ in dorsum resupino commode continendo, et extrema pavimenti pars substernitur grandi saxo, sub quo produnt aliqui subesse voraginem illam et foveam, quam orante sancto et terra dehiscente, ad terrorem obstinatorum aperuit Deus, (vel apertam ostendit). Et quanquam nostris hisce diebus, et ab hominum longissima memoria fundus speluncæ complanatus sit, et reliquæ terræ coæquatus, tamen in prima loci institutione profundiorem fuisse, et paulatim elevatum sancientibus episcopis, et annuente sede apostolica, traditio est quorumdam seniorum.

29. Et quemadmodum ipse puteus ad aquilonem templi insularis positus est : ita ad aquilonem putei, circumjectæ sunt mansiones illæ sive cellæ, quas diximus sanctorum : versus occidentem vero magalia quædam, seu tuguria e virgulto et cespite quæ serviunt pro hospitiis peregrinorum.

30. Postquam igitur in isto specu permanserint jejuni viginti quatuor horas, nullo penitus sumpto esculento a meridie pridiano : neque enim fas est quidquam degustare in ipso puteo, nisi forsitan pauxillum aquæ ad proluendum palatum, revisuntur a præfecto peregrinantium et deducuntur ad marginem stagni, ibique se nudos immergunt aquis lacustribus, et hac lustrati expiatione, veluti novi milites Christi e balneo pœnitentiæ renati purgatique progrediuntur ad ecclesiam, ubi pro more, actis Deo gratiis, pro expleta pœnitudine renovantur ad militiam christianam intrepide prosequendam, et ad crucem Christi generose portandam. Neque enim securitatem sibi promittere debent, aut cessationem a conflictu christiano, tametsi hunc agonem pœnitentialem decurrerint, nec a colluctatione cum antiquo serpente, tametsi sanctus Patricius ex Hibernia serpentes ejecerit (in cujus ejectionis memoriam ostendi solet in insula nodus osseus magnæ molis, diciturque frustum serpentini ossis, ex illo genimine virulento quod sanctus expulerat); sed durante hac via durare debet viatorum vigilantia adversus occultos insidiatores, et hostes manifestos, cum quibus nulla pax esse potest piis hominibus, neque fidæ induciæ. Quinimo sicut totius est corporis bene vivere, sic totius est temporis ferre crucem. Idque tum maxime verum esse cognoscitur, cum ipsa fides impugnatur, et ea omnia præsidia integritatis et innocentiæ nobis prohibentur, quæ ad eamdem augendam muniandamque deserviunt; qualia sunt cum aliis multis, opera satisfactoria, et pœnitentiales industriæ per quas et vindicta de transactis repositur, et medelam ac munimen in posterum adipiscimur.

31. Et quoniam locus iste ex institutione sua in hanc finem servit, usu ipso comprobatum est multum valere et valuisse omni semper ævo visitationem, satisfactionem, purgationemque in ea exerceri solitam : quæ si fiat in æstate quis nesciat quam pœnosa sit reclusio tam arcta, tam obscura, tam diuturna, ab æstu solis deforis, et ab intro æstuante halitu se mutuo constipantium et suffumigantium in spelunca ; sin hieme fiat, quam difficilis sit immersio in aquam ut emergas ad pœnitentiam, et quocunque demum tempore fiat, quam dura sit discalceatio tot dierum, exulceratio pedum, cruda deambulatio in asperis, et in cellis petricosis stationibus, crebra genuflexio in cellis pœnalibus, inedia, chamennia, insomnia, et cætera quæ ad compunctionem stimulant, ad fletum excitant, lacrymas excutiunt. Ut pro tantillo tempore novendialis exsilii, et peregrinationis, vix ulla subeat cogitatio, nisi de luctu, tristitia, pœnitentia, de peccatis in jejunio, planctu, oratione, meditatione cœlestium, et abdicatione omnis terreni solaminis. Ac proinde, si de loco ipso et mora in eo peregrinorum loqueretur Jacobus de Vitriaco dum asserit, semper lugentes et gementes posteriorum oblitos ad anteriora se extendere, non absurde sentiret, nec obsone ab usu ipsorum et praxi, dum isthic hærent ; sed quod ad totam reliquam vitam, et ad tempus extra insulam hoc extrahat, certum est non omnes esse Driethelmos, aut Heraclitos, nec illas lacrymas esse perpetes ultra limites lacus rubei. Nec ideo tamen puto contemnendam piam insulam, sed potius adeundam opportuno tempore ab iis quibus Deus animum indiderit viresque ad perficiendum iter suggesserit opportunos.

32. Estque illud observandum, cum utriusque sexus quamplurimi soleant frequentare locum, tamen in puteo non includi permisse, sed viri seorsim, et feminæ vicissim. Quod si magna esset multitudo concurrentium peregrinorum, quemadmodum cum 1500 personas una vice convenisse visas diximus, ut tam numerosus cœtus commodius expediri posset visitatio putei non affigitur ad certum et statutum diem, sed pro arbitrio præfecti dispensatur.

33. Quod autem lingua popularis circumfert de immanibus spectris, quæ occursant inclusis in specu, cæteris omissis : unum tantummodo referamus, quod a viro docto et venerando antistite acceperam, de quodam peregrino Tirconallio, cui peregrinationem obeunti et incluso jam in spelunca, equum subjugalem furto sustulit quidem compatriota ; et ipse absens in insula hac, quin et inclusus in puteo tanquam præsens et comitans furem, omnia ejus diverticula et semitas conspexit, callem per quem venit, capistrum quod injecit in collo equi, locum quo deduxit, effugium quod captavit, et omnem circuitum quem fecit, dum abduceret furtivum jumentum, id quod etiam puteo renuntiavit proximo sibi assidenti comperegrino. Egressus vero inde, domumque regressus cum resciceret ablatum jumentum mox furem prodit, et negantem interpellavit coram Dy-

nasta regionis Hugone Odonello : cumque primo inficias ille furti juvisset, convictus a peregrino, jumenti vero domino, per indicia certa temporis, loci, instrumenti, modi latebræ, suffugii, et sic de cæteris, victas dedit manus, et furtum restituit.

34. De hoc et aliis hujusmodi quamvis multorum fide contestata sint, nihil temere definio : quando certum est tutelares angelos nostræ custodiæ deputatos, et potestates tenebrarum nostræ salutis insidiatrices potuisse ista cognoscere, et in articulo temporis insinuare ea absentibus ; si tamen a cacodæmone nota sunt facta, nonnisi ad perniciem, turbationem et fraudem patefecisse accipiatur, sin autem ab angelo bono in exercitationem ad virtutem, in commonitionem ad pietatem in Deum, et ad pœnitudinem peccatorum et majorem fiduciam divinæ providentiæ, cui omnia subjecta sunt, qui et capillos capitis servorum suorum in numerato habet, fuisse patefacta intelligamus.

35. Atque hoc quidem tumultuarie dicta sint, de hoc Purgatorio sancti Patricii, non quomodolibet, sed quod nunc modo et ritu visitari solet. De ipso antro quod aditur, de tempore quod insumitur, de pœnitentialibus cellis, et stationibus, quæ obeuntur, de jejunio quod peragitur. Nec jam quærimus utrum successu temporis aliqua variatio in his successerit, sed de re ipsa ejusque origine, institutione, continuatione.

36. Qua autem ratione ante annos quingentos, et quinquaginta celebrata fuerit a quodam pœnitente visitatio Purgatorii, ex subjecta disces historia, quam descriptam habes apud Matthæum Paris ad annum Domini 1152, qui ex Henrico Salteriense integro circiter sæculo Matthæo vetustiore, eamdem habente, totam videtur sumpsisse; et quanquam paulo prolixior sit rei gestæ narratio, quia tamen auctores, ex quibus desumpta est, non sunt omnibus obvii, idcirco totam accipe propriis ipsorum verbis, quam eo libentius commemoro, quod eamdem summarie conscriptam et pro vera historia receptam a Dionysio Carthusiano possis invenire, tum in lib. IV, de quatuor novissimis, art. 48, tum etiam in colloquio de partic. judic. anim. post mortem, art. 24 cum sequentibus usque ad art. 29.

CAPUT III.

De Purgatorii inventione, et ritu in ejus peregrinatione antiquitus observato.

[C] Magnus Patricius dum in Hibernia verbum Dei prædicaret, et multis ibi miraculorum signis coruscaret, infideles illius patriæ homines terrore tormentorum infernalium a malo revocare, et paradisi gaudiorum promissione studuit in bono confirmare. Sed ipsi affirmabant, se plano sermone ad Christum non conversuros, nisi aliqui eorum et tormenta illa malorum, quatenus rebus visis certiores fierent quam promissis. Beatus vero Patricius Deo devotus, etiam tunc pro salute populi devotior in vigiliis, jejuniis et orationibus atque operibus bonis effectus est; et quidem dum talibus pro salute populi intenderet, pius Dominus Jesus Christus ei visibiliter apparens, duxit eum in locum desertum, et ostendit illi speluncam rotundam et obscuram intrinsecus, et dixit : « Quisquis veraciter pœnitens et in fide constans hanc speluncam ingressus fuerit, et spatio unius diei, ac noctis moram in ea fecerit, ab omnibus purgabitur peccatis, quibus in tota vita sua Deum offendit : atque per illam transiens non solum tormenta malorum, sed, si in fide constanter perseveraverit, videbit et gaudia beatorum. »

[B] 37. Sicque ab oculis ejus Domino disparente, spirituali jucunditate repletus est beatus Patricius tam pro Domini sui apparitione quam pro speluncæ ostensione, per quam sperabat miserum Iliberniæ populum se ad fidem catholicam conversurum; statimque in illo loco ecclesiam construxit, et B. Patris Augustini regulares canonicos vitam apostolicam sectantes in illam introduxit; speluncam autem prædictam quæ in cœmeterio est extra frontem ecclesiæ orientalem, muro circumdedit, ei seras januasque apposuit, ne quis eam ausu temerario et sine licentia ingredi præsumeret; clavem vero priori ejusdem ecclesiæ custodiendum commisit. Ipsius autem beati Patricii tempore, multi pœnitentia adducti hanc fossam ingressi sunt, quorum alii in ea perierunt; alii vero revertentes, et tormenta se perpessos et gaudia se vidisse testati sunt, quorum relationes jussit B. Patricius in eadem ecclesia notari. Eorum ergo attestatione cœperunt alii beati Patricii prædicationem suscipere, et quoniam ibi homines a peccatis purgantur, locus ipse Purgatorium sancti Patricii nominatur; locus autem ecclesiæ *Reglis* dicitur.

38. Hic porro sciendum est, consuetudinem esse, tam a S. Patricio, quam ab ejus successoribus constitutam, ut Purgatorium illud nullus introeat, nisi ab episcopo in cujus est episcopatu licentiam habeat, et qui propria voluntate illud intrare pro peccatis suis eligat; qui dum ad episcopum venerit, et ei propositum suum manifestaverit, prius hortatur eum episcopus a tali proposito desistere, dicens quod multi illud introierunt, qui nunquam redierunt; si vero perseveraverit, perceptis episcopi litteris ad locum festinat; quas cum prior loci illius legerit, mox eidem homini Purgatorium dissuadet, et ut aliam pœnitentiam eligat, diligenter admonet, ostendens ei multorum in eo periculum; quod si adhuc perseveraverit, introducit eum in ecclesiam, ut in ea quindecim diebus jejuniis et orationibus vacet. Quibus peractis convocat prior in unum clerum, maneque missa celebrata, munitur pœnitens sacra communione, et aqua ad idem officium benedicta aspergitur, sicque cum processione et litaniis ad ostium Purgatorii demum ducitur. Prior autem infestationem, et multorum in eadem fossa perditionem, ostium ei coram omnibus aperiens, denuntiat. Si vero constans in proposito fuerit, percepta ab omnibus sacerdotibus benedictione, et omnium se commendans orationibus, propriaque manu signum crucis fronti suæ imprimens, ingreditur; moxque

a priore ostium obseratur, sicque processio ad ecclesiam revertitur: quæ die altera iterum mane de ecclesia in fossam regreditur, ostiumque a priore aperitur, et si homo reversus fuerit inventus, cum gaudio in ecclesiam deducitur, in qua aliis quindecim diebus, vigiliis, et orationibus intentus moratur; quod si eadem hora, die altera reversus non apparuerit, certissimi de ejus perditione, ostio a priore obserato, universi recedunt.

CAPUT IV.
De militis pœnitentia ejusque ingressu in Purgatorium, et nuntiis a Deo ad ipsum destinatis.

[B] 39. Miles quidam Œnus nomine, qui multis annis sub rege Stephano militaverat, licentia a rege impetrata, profectus est in Hiberniam ad natale solum, ut parentes visitaret. Qui cum aliquandiu in regione illa demoratus fuisset, cœpit ad mentem reducere vitam suam adeo flagitiosam; quod ab ipsis incunabilis, incendiis semper vacaverit, et rapinis; et quod magis dolebat, se ecclesiarum fuisse violatorem, et rerum ecclesiasticarum invasorem; præter multa enormia, quæ intrinsecus latebant peccata. Miles igitur pœnitentia ductus ad episcopum quemdam (in cujus episcopatu est Purgatorium) illius regionis accessit; cui cum peccata sua devotus per ordinem detulisset, increpavit eum graviter episcopus, asserens illum nimis divinam clementiam offendisse: unde miles multum constristatus, Deo condignam facere pœnitentiam cogitavit. [B] Habent enim hoc quasi naturaliter milites illius patriæ, ut sicut alterius gentis hominibus per ignorantiam promptiores ad malum, ita, dum se errasse cognoverint, promptiores et stabiliores sunt ad pœnitendum.

[C] 40. Cum autem episcopus, ut justum sibi videbatur, vellet ei injungere pœnitentiam, miles respondit: Dum igitur, ut asseris, Factorem meum tam graviter offendi, pœnitentiam assumam omnibus pœnitentiis graviorem, et ut peccatorum meorum merear remissionem accipere, Purgatorium sancti Patricii volo intrare.

[C] 41. Episcopus quam plurimorum in eo perditionem, ut eum ab hac averteret intentione, narravit; sed virilis animi miles, episcopi dissuasioni non consentit. Admonuit episcopus ut canonicorum vel monachorum susciperet habitum: miles vero respondit, se nulla hoc ratione facturum, donec præfatum intraret Purgatorium. Cum igitur episcopus illum vere pœnitentem et inflexibilem cognovisset, tradidit ei litteras suas ad priorem loci, mandans ut cum illo ageret, sicut fieri solet cum illis qui Purgatorium ingredi deposcunt. Prior autem visis litteris, et cæteris cæremoniis, ut supra, peractis, militem in ecclesiam perduxit, in qua secundum morem quindecim diebus jejuniis et orationibus instabat: quibus expletis, mane missa a priore celebrata, sacra communione militem communivit, convocatis fratribus et clero vicino, adductum ad speluncæ introitum, aqua eum benedicta aspersit et aperto ostio dixit: Ecce nunc intrabis in nomine [A] Domini Jesu Christi, et per concavitatem speluncæ tandiu ambulabis, donec in campum exiens aulam invenies artificiosissime fabricatam, quam cum ingressus fueris, statim ex parte Dei nuntios habebis, quæ tibi quæ facturus es vel passurus diligenter exponent; illis autem exeuntibus, et te solo in ea remanente, statim tentatores accedent; sic enim habetur evenisse his, qui ante te introierunt; tu vero in fide constans esto. Miles autem virilem gerens animum, quod alios audiebat absorbuisse non formidabat periculum; et qui quondam, ferro munitus, pugnis interfuit hominum, modo ferro durior, fide, spe et justitia armatus, de Dei misericordia præsumens, confidenter ad pugnam prorupit dæmonum, atque omnium se orationibus commendans, frontem suam vivificæ crucis signo munivit, ac intrepidus portam intravit, quam prior præforis obserans, ecclesiam cum processione repetivit.

42. Miles itaque novam et inusitatam cupiens exercere militiam per speluncam audacter, licet solus, pergit. Ingravescentibus magis ac magis tenebris, in brevi totam amisit lucem; tandem ex adverso lux parvula cœpit per foveam tenuiter lucere: nec mora ad campum prædictum pervenit, et aulam: lux autem ibi non apparuit, nisi qualis hic in hieme post solis occasum habetur. Aula parietes non habebat, sed columnis et archiolis erat per gyrum subnixa, in modum claustri monachorum; cumque [C] circa aulam diutius ambulasset, ejus mirabilem mirando structuram, infra ejus septa vidit eam multo mirabiliorem. Ingressus igitur eam, et intus aliquandiu sedens, oculos huc illucque convertit, illius pulchritudinem et structuram admirans; ubi cum paululum solus sedisset, ecce quindecim viri, quasi religiosi, et nuper rasi, albisque vestibus induti domum intraverunt, et salutantes eum in nomine Domini, consederunt. Tunc aliis tacentibus, unus qui prior et eorum dux videbatur cum ipso loquebatur, dicens: Benedictus sit Deus omnipotens, qui bonum tibi propositum inspiravit, ut pro peccatis tuis Purgatorium hoc intrares, sed, nisi te viriliter geras, et corpore et anima peribis: mox enim ut [D] hanc domum fuerimus egressi multitudo aderit spirituum immundorum, qui tibi gravia inferentes tormenta, minabuntur inferre graviora: promittent se ducturos te ad portam qua intrasti, conantes, si vel te hoc modo decipere possint, ut revertaris. Sed, si tormentorum afflictione victus, vel minis territus, seu promissione deceptus, assensum eis præbueris, in corpore pariter et anima peribis; si vero fortis in fide, spem tuam in Domino posueris, ut nec tormentis, nec minis, nec promissis eorum acquiescas, sed corde integro eos contempseris, non solum a peccatis omnibus purgaberis, verumtamen et tormenta, quæ præparantur peccatoribus, et requiem in qua justi lætantur, videbis. Deum semper habeas in memoria, et quotiescunque te cruciaverint, invoca Dominum nostrum Jesum Christum, et per invocationem hujus nominis statim liberaberis a quo-

cunque tormento in quo eris. Tecum enim non possumus hic diutius morari; sed omnipotenti Deo te commendamus. Sicque data benedictione viro, recesserunt ab eo.

CAPUT V.
De accessu dæmonum et primo tormento quod passus est miles.

43. Miles itaque a viris illis solus relictus ad novi generis militiam se instruere cœpit, et armis Christi munitus intrepidus exspectat, quis eum dæmonum primo ad certamen provocet : justitiæ lorica induitur; spei victoriæ salutisque æternæ mens, ut caput, galea redimitur; scuto fidei pectus protegitur; gladium etiam habuit verbum Dei, devote invocans Jesum Christum, ut eo regio munimine tueatur, ne ab adversariis infestantibus superetur. Nec eum pietas divina fefellit, quæ confidentes in se fallere nescit. Miles igitur, ut dictum est, cum in domo solus sederet, animo impavido dæmonum pugnam exspectans, subito circa domum cœpit audiri tumultus, ac si totus commoveretur orbis : etenim si omnes homines et omnia animantia terræ, maris et aeris toto conamine pariter strepuissent, majorem tumultum (ut ei videbatur) non facerent; unde, nisi divina virtute protegeretur, et viris prædictis commodius instrueretur, ipso tumultu amentaretur. Et ecce post horribilem sonum sequitur terribilior dæmonum visibilis aspectus : cœpit enim undique innumera multitudo dæmonum formarum deformium in aulam irruere cachinnando illum salutare, et tanquam per opprobrium dicere : Alii homines, qui nobis serviunt, nonnisi post mortem veniunt ad nos : sed tu nostram societatem, cui studiose deseruisti in tantum honorare voluisti, ut sicut alii, diem mortis exspectare noluisti, sed vivens animam tuam et corpus simul nobis tradere, ut majorem a nobis remunerationem acciperes, hoc fecisti; recipies ergo a nobis abundanter quod meruisti : huc venisti, ut pro peccatis tuis tormenta sustineres, habebis ergo nobiscum quod quæris pressuras videlicet et dolores. Verumtamen pro eo quod hactenus nobis servieris, si nostris acquiescendo consiliis, reverti volueris, hoc tibi pro mercede faciemus, quod ad portam qua intrasti te illæsum reducemus, quatenus adhuc vivendo in mundo gaudeas, ne totum quod suave est corpori amittas. Hæc ei ideo promiserunt, quia aut terrore, aut blanditiis eum decipere voluerunt. Sed strenuus Christi miles, nec terrore concutitur, nec blandimento seducitur, eodem animo, terrentes condemnabat et blandientes, nihil penitus respondens.

44. Dæmones igitur, a milite se contemni videntes, horribiliter fremebant in eum, et rogum ingentis incendii in aula succenderunt, ligatisque manibus et pedibus, militem in ignem projecerunt, uncisque ferreis huc illucque per incendium clamantes traxerunt. Et ille in ignem missus, cum prius grave tormentum sensisset, veri Dei munimine septus et a præfatis viris nuper instructus, arma militiæ spiritualis non est oblitus, sed invocato piissimi Salvatoris sui Jesu nomine dicens : *Jesu Christe, miserere mei*, ita ab illo incendio liberatus est, ut totius rogi scintilla unica non appareret. Quod cernens miles audacior effectus est, constanter animo proponens eos de cætero non formidare, quos invocato Christi auxilio, facile vinci conspexit.

CAPUT VI.
De quatuor campis pœnalibus, ad quos miles fuerat tractus.

45. Relinquentes vero aulam illam dæmones cum ejulatu, et horrido tumultu, et egressi, discedentes ab invicem; quidam eorum militem per vastam regionem diutius traxerunt. Nigra enim erat terra, et regio tenebrosa, nec quidquam, nisi dæmones qui eum traxerunt, vidit in ea; ventus quidem urens ibi flavit, qui vix audiri potuit, sed tamen sua rigiditate corpus ejus videbatur perforare. Traxerunt autem illum versus fines illos, ubi sol oritur in media æstate; cumque illuc venissent tanquam in finem mundi, cœperunt dextrorsum converti, per vallem latissimam tendere versus illam partem, qua sol oritur media hieme. Quo divertendo, cœpit miles, quasi vulgi totius terræ miserrimos ejulatus et fletus audire, et quo magis approximavit, eo clarius clamores eorum et fletus audivit. Tandem itaque tractu dæmonum, in latissimum longissimumque campum pervenit, miseriis ac dolore per plenum, cujus fines, præ nimia longitudine non poterant a milite transvideri. Ille autem campus, hominibus utriusque sexus, et ætatis diversæ, nudis et in terra jacentibus erat plenus, qui ventribus deorsum versis clavis ferreis et ignitis per manus pedesque in terram usque transfixis, miserabiliter torquebantur. Aliquando autem præ doloris angustia videbantur terram comedere, clamantes et ejulantes : *Parce, parce, miserere, miserere;* cum, qui parcere aut misereri nosset, nequaquam adesset, dæmones vero super miseros discurrentes durissimis flagris eos cædebant, dicentes militi : Hæc tormenta quæ vides sentiendo experieris, nisi nobis acquiescas, ut ad portam qua intrasti revertáris, ad quam, si volueris, pacifice deduceris. » Sed ille ad mentem revocans qualiter ipsum Deus alibi liberavit, credere eis omnino contempsit. Tunc dæmones eum in terram prosternentes, ad modum aliorum affligere conati sunt. Sed invocato Jesu Christi nomine, in suo conamine defecerunt.

46. Ab illo igitur campo recedentes, militem ad alium traxerunt campum majori miseria plenum. Inter quem et priorem hanc conspexit differentiam, quod in campo superiori homines afflicti ventres habuerunt deorsum versos, in isto vero eorum dorsa solo hærebant. Dracones autem ignei super quosdam sedentes, et quasi comedentes eos, modo miserabili dentibus ignitis lacerabant. Aliorum quoque colla, brachia, vel totum corpus, serpentes igniti circumdabant, et capita sua pectoribus miserorum imprimentes, ignitum aculeum oris sui in cordibus eorum infigebant. Bufones etiam miræ magnitudinis,

et tanquam ignei, videbantur super quorumdam pectora sedere, et rostra sua deformia infigentes, quasi eorum corda conarentur extrahere. Dæmones præterea inter et super eos cursitantes, et flagris asperrimis cædentes, miseros graviter cruciabant : homines autem sic fixi et afflicti, a fletu et ejulatu nunquam cessabant. Finem similiter hujus campi præ longitudine videre non potuit, sed tantum in latitudine qua intravit et exivit : in transversum enim campos pertransibat. Hæc (inquiunt dæmones) tormenta quæ vides patieris, nisi nobis ut revertaris assenseris. Cumque eos contempsisset, conati sunt, sicut et superius, clavis eum infigere, sed audito Christi nomine nihil amplius potuerunt.

47. Transeuntes inde, duxerunt dæmones militem in tertium pœnalem campum. Iste etiam campus hominibus utriusque sexus, et ætatis diversæ, erat refertus, qui ita in terram clavis ferreis candentibusque fixi jacebant, ut præ multitudine clamorum a summitate capitis usque ad digitos pedum, locus vacuus non inveniretur, quantus digiti unius summitate tegeretur. Isti vocem ad clamandum formare poterant, sed sicut homines qui morti proximi sunt, ita vocem emittebant. Nudi etiam isti, sicut et cæteri videbantur, et vento frigido, ac urente, flagrisque dæmonum cruciabantur. Cumque militem hic, sicut in aliis pœnis dæmones torquere voluissent, nomen Christi invocavit, et illæsus remansit.

48. Dehinc militem trahentes pervenerunt in quartum campum multis ignibus plenum, in quo omnia genera inventa sunt tormentorum. Alii suspendebantur catenis igneis per pedes, alii per manus, alii per capillos, alii per brachia, alii capitibus ad ima versis et sulphureis flammis immersis. Alii unguibus pendebant, uncis ferreis fixis in oculis, vel auribus, vel faucibus, vel naribus, vel mammillis aut genitalibus. Alii quasi super sartagines urebantur. Alii verubus igneis transfixi ad ignem assabantur, quos dæmonum alii verterunt, alii diversis metallis liquescentibus deguttaverunt. Nec inter fletus miseros et ejulatus universorum, dæmonum transcurrentium flagella defuerunt. Ibi etiam vidit quosdam de suis quondam sociis et eos cognovit. Omnia genera tormentorum, quæ excogitari possunt, ibi visa sunt : clamores et ejulatus quos audivit, nulla sufficit lingua exprimere. Hi autem campi non solum cruciatis hominibus, sed etiam excruciantibus pleni erant dæmonibus. Hæc (inquiunt dæmones) tormenta patieris, nisi ad portam qua intrasti redire volueris. Quorum minas vilipendit, et invocato Christi nomine liber evasit.

CAPUT VII.

De rota ignea, domo fumigante, monte excelso, et flumine frigidissimo ad quod dæmones militem traxerunt.

49. Ab illo ergo pœnali loco dæmones militem impellentes, apparuit ante eos rota miræ magnitudinis ferrea et ignita, cujus radii et canthi uncis ferreis et igneis erant undique circumsepti, in quibus homines infixi pendebant. Hujus autem rotæ medietas sursum in aere stabat, alia in terra deorsum mergebatur : flamma vero tetri sulphureique incendii, quæ de terra circa rotam surgebat in ea pendentes miserrime torquebat. Hæc, inquiunt dæmones, quæ isti patiuntur, patieris, nisi reverti volueris, quæ tamen tolerant prius videbis. Ministri igitur Tartarei ex utraque parte alii contra alios, vectes ferreos inter rotæ radios impingentes, eam tanta agilitate rotabant, ut in ea pendentium nullum omnino ab alio posset discernere, quia præ nimia cursus celeritate, tanquam circulus igneus apparebat. Cumque jactassent eum super rotam, et in aerem rotando levassent, invocato Jesu nomine descendit illæsus.

50. Procedentes inde, traxerunt eum versus domum unam grandem horribiliter fumigantem, cujus latitudo nimia fuit, longitudo vero tanta ut illius non potuerit ultima videre ; cum autem adhuc aliquantulum ab ea distarent, præ nimio calore, qui inde exibat, substitit, procedere formidans. Dixerunt igitur ei dæmones : Balnearia sunt quæ vides, velis, nolis, illuc usque progrediens, cum cæteris in eis lavaberis ; cœperunt autem de domo illa miserrimi fletus audiri, et planctus. Introductus in domum, vidit duram visionem et horridam siquidem domus pavimentum fossis rotundis erat plenum, quæ sibi invicem ita cohærebant ut vix inter eas, aut nullatenus iri potuisset. Erant autem fossæ singulæ metallis diversis, ac liquoribus ferventibus plenæ, in quibus utriusque sexus et ætatis diversæ mergebatur hominum multitudo non minima ; quorum alii erant omnino immersi, alii usque ad supercilia, alii ad oculos, alii ad labia, alii ad colla, alii ad pectus, alii ad umbilicum, alii ad femora, alii ad genua, alii ad tibias, alii uno pede tantum, alii utraque manu, vel una tantummodo in caldariis tenebantur. Et omnes præ doloris angustia vociferabant, et miserabiliter flebant. Ecce, inquiunt dæmones, cum istis lavabis, sublevantesque militem conati sunt eum in unam fossarum projicere. Sed audito Christi nomine, ulterius non prævaluerunt.

51. Recedentes autem a domo illa perrexerunt in montem excelsum, et ostenderunt ei utriusque homines, et ætatis diversæ multitudinem copiosam, comparatione quorum pauci videbantur ei omnes, quos ante viderat, omnes nudi sedebant super digitos curvati. Hi quasi mortem cum tremore postulantes, versus aquilonem incedebant. Cumque miraretur miles, quid hæc misera multitudo præstolaretur, unus dæmonum ait ad eum : Forte miraris, quid tanto cum timore populus iste exspectat; nisi, nobis consentiens reverti volueris, scies, quid tam tremebundus exspectat. Vix dæmon verba finiebat, et ecce ventus turbinis ab aquilone veniebat, qui et ipsos dæmones, et cum eis militem, totumque populum illum arripuit, et in quoddam flumen fetidum ac frigidissimum, in aliam montis partem,

flentes et miserabiliter ejulantes projecit; in quo inaestimabili frigore vexabantur. Et cum de aqua frigidissima surgere conarentur, daemones super aquam currentes, eos incessanter submerserunt. At miles, adjutoris sui non immemor, nomen Christi reclamans, in alia ripa se sine mora reperit.

CAPUT VIII.
De puteo flammivomo, et ponte altissimo, ad quem a daemonibus miles deducebatur.

52. Needum daemones, militis Christi injuria satiati, accedentes traxerunt eum contra austrum: ubi vidit ante se flammam teterrimam, et sulphureo fetore plenam, de puteo quodam ascendentem, et homines nudos, et quasi igneos, velut scintillas ignis in aera sursum compellentem, et flammarum vi deficiente, iterum in puteum et ignem relabi. Quo approximantes dixerunt militi daemones: Puteus iste flammivomus, inferni est introitus, hic habitaculum nostrum est: et quoniam nobis hucusque studiose deservisti, hic nobiscum sine fine manebis: omnes enim qui nobis serviunt, hic semper manebunt, quo si semel intraveris, anima simul et corpore in aeternum peribis. Sed tamen si adhuc nobis consentire volueris, ut revertaris ad portam, qua intrasti, illaesus ad propria remeare poteris. Ille autem de Dei adjutorio praesumens, qui eum toties liberaverat, eorum exhortationes et promissa contempsit. Tunc daemones indignati praecipitaverunt se in puteum, et secum militem intruserunt. Et quo miles in eo profundius descendit, eo latiorem puteum conspexit, et poenam in eo graviorem sensit. In puteo quoque illo tantas angustias, et tam intolerabiles miserias pertulit miles, ut diu Salvatoris sui oblitus sit nominis: sed Deo tandem spirante, rediens ad se nomen Jesu Christi, ut potuit, exclamavit, statimque vis flammae eum sursum in aerem levavit. Descendens itaque juxta puteum aliquandiu attonitus stetit, ignorans quo se verteret. Sed ecce novi et quasi incogniti daemones ex ore putei prorumpentes, dixerunt ei: Et tu quid ibi stas? Socii nostri tibi dixerunt, quod hic sit infernus: mentiti sunt; non ita fore scias; nam consuetudinis nostrae semper est mentiri, ut quos per verum decipere non possumus, decipiamus per mendacium; hic non est infernus, sed nunc ad infernum te ducemus.

53. Trahentes igitur militem hostes novi cum tumultu magno et horrisono, pervenerunt ad flumen quoddam latissimum et fetidum, ac totum tanquam sulphurei incendii flamma coopertum, daemonumque multitudine repletum. Dixerunt ergo ei, Sub isto flumine noveris infernum esse. Pons vero protendebatur ultra flumen, in quo tria quasi impossibilia et transeuntibus valde formidanda videbantur, unum quod ita lubricus erat, ut etiamsi latus fuerit, nullus vel vix aliquis in eo pedem figere posset; alterum quod tam strictus et gracilis erat, ut nullus in eo stare vel ambulare valeret; tertium quod tam altus erat, et a flumine remotus ut horrendum esset deorsum aspicere. Oportet te, inquiunt daemones, per hunc pontem transire, nos autem ventos et turbines commoventes de ponte projiciemus te in flumen: socii vero nostri qui in eo sunt, te captum in infernum demergent; volumus enim probare quam tutum tibi sit, super pontem istum ambulare: si tamen nobis adhuc assenseris ut revertaris, etiam ab hoc discrimine illaesus ad patriam redire poteris. Sed miles Christi fidelis, cogitans intra se, de quantis liberaverit eum malis advocatus suus piissimus Jesus, ipsius iterato nomine, pontem audacter ingressus, coepit pedetentim incedere, nihilque lubrici sub pedibus sentiens, firmus super pontem ambulabat in Domino confidens, et quo altius ascendit, eo spatiosiorem invenit pontem; et ecce post paululum tanta crevit pontis latitudo, ut publicae viae amplitudinem prae se ferret, et undecim carra sibi obviantia posset excipere. Porro daemones, qui militem perduxerunt, tenentes manum ejus fricabant super pontem, et ulterius progredi non valentes, ad pedem pontis steterunt, quasi lapsum militis praestolantes; videntes autem eum libere transire, ita clamoribus suis horrisonis, et vocibus profanis aerem percusserunt, ut illo stridore attonitus, intolerabilior ei videretur hujus horror clamoris, quam praeteritarum aliqua poenarum, quas ab aliis sustinuerat. Cernens tamen eos subsistere, et ultra progredi non valere, piique ductoris sui reminiscens, securus incedebat. Alii autem hostes inferius supra flumen discurrentes, uncos suos ferreos et ignitos in eum jaciebant, sed militem tangere nequiverunt. Securus tandem procedens, et nihil sibi contrarium inveniens, vidit latitudinem pontis in tantum excrescere, ut vix ex utraque parte ejus fines posset aspicere.

CAPUT IX.
De gloria coelesti et paradiso terrestri militi ostensis, et colloquio pontificum cum eo.

54. Miles itaque invictus jam liber factus a vexatione spirituum immundorum, vidit ante se murum altum, et in aerem evectum: erat enim murus mirabilis imcomparandi decoris, et structurae inappretiabilis; in quo portam unam, sed tamen clausam, cernebat, quae metallis diversis ac pretiosis exornata lapidibus, mirabili splendore radiabat. Ad quam cum miles appropinquasset, sed adhuc quasi spatio dimidii milliaris abesset porta illa contra eum aperta est, et tantae suavitatis odor per eam exiit, ut, sicut ei videbatur, si totus mundus in aromata verteretur, hujus suavitatis abundantiam non vinceret, tantasque vires ex ea recepit, ut aestimaret se tormenta, quae pertulerat, jam posse sive molestia sustinere: respiciensque intra portam, vidit portam solis splendorem claritate vincentem.

55. Cum autem aliquantulum distasset, egressa est in occursum ejus, cum crucibus, cereis, et vexillis, ac velut palmarum aurearum ramis, talis ac tanta, et tam ordinata processio, qualis ac quanta in hoc mundo, prout aestimavit, nunquam

visa est. Sequebantur prædicta, utriusque sexûs, diversæ ætatis, et unius cujusque ordinis homines: alii quasi archiepiscopi, alii ut episcopi, alii ut abbates, monachi, canonici, presbyteri, ac singulorum Ecclesiæ graduum ministri, sacris vestibus suo ordini congruentibus induti. Omnes vero tam clerici, quam laici, eadem forma vestium ibi videbantur amicti, in qua Deo servierunt in sæculo. Militem vero omnes eum magna veneratione, et jucunda lætitia susceperunt, eumque cum concentu harmoniæ sæculo inauditæ intra portam secum feliciter conduxerunt.

56. Finito itaque concentu, et soluta processione, recedentes seorsim, duo velut archiepiscopi, militem in suo comitatu susceperunt secumque duxerunt quasi patriam, et ejus amœnitatem ostensuri: qui cum eo loquentes, primo benedixerunt Deum, qui tanta constantia in tormentis, per quæ transiit et pertulit ejus animam roboravit. Ipsis igitur militem per amœna patriæ conducentibus, huc illucque pertransiens multo plura quam ipse aut aliquis hominum peritissimus lingua vel calamo posset explicare, delectabilia jucundaque prospexit. Tanta vero lucis erat illa patria claritate lustrata, ut sicut lumen lucernæ solis obscuratur splendore, ita solis claritas meridiana posse videbatur obtenebrari, lucis illius patriæ mirabili fulgore: nox illam nunquam obnubilat, quia splendor eam purissimi cœli perenni claritate perlustrat. Erat autem tota patria, quasi prata amœna atque virentia, diversis floribus fructibusque, herbarum et arborum multiformium decorata: quorum, ait, odore sine fine vixisset, si ibidem ei vivere licuisset. Finem vero patriæ, præ nimia ipsius magnitudine scire non potuit, nisi tantum ex ea parte qua per portam intravit. Tantam in ea hominum utriusque sexus vidit multitudinem, quantam in hac vita neminem æstimabat vidisse, aut residuum sæculi credidit continere posse: quorum alii in his, alii in aliis locis per conventus distincti, commanebant; sed tamen prout volebant, alii de istis in illas, alii de illis in istas catervas cum lætitia transiebant; sicque fiebat, ut alii de aliorum visitatione gauderent. Chori choris per loca assistebant, dulcisque harmoniæ concentu Deo laudes resonabant. Et sicut stella differt a stella in claritate, ita erat quædam differentia concors in eorum vestium et vultuum claritatis venustate. Alii enim induti videbantur vestitu aureo; alii atque alii viridi, purpureo, hyacinthino, cæruleo, candido; forma tamen habitus singulorum erat eadem qua utebantur in sæculo, quæ proinde militi indicabat, cujus meriti quisque fuerit, vel ordinis: quorum habitus, varius color, variæ videbatur claritatis splendor. Alii quasi reges coronati incedebant, alii palmas aureas in manibus gestabant. Talium igitur et tantorum fuit in illa requie justorum militi delectabilis aspectus, nec minor eorumdem harmoniæ, suavis et ineffabilior dulcis auditus: undique audivit sanctorum concentum, Dei laudes perso-

nantium, singuli vero de propria felicitate gaudebant, sed et de aliorum gaudio singuli exsultabant. Omnes vero qui militem intuebantur, de ejus adventu Dominum benedicebant, et de ejus a dæmonibus eruptione congaudebant: et videbatur ibi, de ipsius adventu quodammodo quasi nova exsultatio fieri. Non æstum, non frigus ibi sentiebat, nec quod ullo modo posset offendere, aut nocere videbat; omnia enim pacata, omnia placida, omnia grata; multo plurima vidit in illa requie, quam aliquis hominum loqui sufficeret, aut scribere.

57. His ita completis, dixerunt pontifices ad militem: Ecce, frater, auxiliante Deo, vidisti quæ videre desiderasti, vidisti enim huc veniendo tormenta peccatorum, hic autem requiem justorum: benedictus sit Creator et Redemptor omnium qui tibi dedit tale propositum, cujus gratia per tormenta transiens constanter egisti. Nunc autem scire te volumus, quæ sint illa quæ vidisti tormentorum loca, sed et quæ ista tantæ beatitudinis patria.

58. Patria ista terrestris est paradisus, de quapropter inobedientiæ culpam ejectus est Adam protoplastus; postquam enim Deo inobediens subjici contempsit, ultra videre quæ vides, imo longe incomparabiliter majora gaudia, non potuit. Hic ipsius Dei verba sedulo audierat, cordis munditia, celsitudine visionis internæ, et beatorum angelorum aspectu perfrui poterat. Sed, cum per inobedientiam a tanta cecidisset beatitudine, lumen mentis, quo lustrabatur, amisit, quia *cum in honore esset non intellexit*, unde *comparatus est jumentis insipientibus, et similis factus est illis*. Hujus vero universa posteritas, ob ipsius culpam, sicut et ipse, mortis suscepit scientiam. O detestabile scelus inobedientiæ!

59. Motus tandem pietate misericordissimus Deus super humani generis miseria, Filium suum unigenitum incarnari constituit Dominum nostrum Jesum Christum, cujus fidem suspicientes per baptismum tam ab actualibus, quam originali peccato liberi ad istam patriam redire nos meruimus: verum, quia pallium in baptismo susceptum maculavimus, cum per fragilitatem carnis peccavimus, necesse erat ut per pœnitentiam, actualium veniam impetraremus. Pœnitentia enim quam ante mortem, vel in extremis positi suscepimus, nec in vita peregimus, post carnis solutionem, in locis quæ vidisti pœnalibus, alii longiori, alii breviori temporis spatio, juxta modum et quantitatem culparum, tormenta patiendo, persolvimus. Omnes enim qui hic sumus ad hanc requiem per illa loca transivimus: et omnes quos in singulis locis pœnalibus vidisti, præter eos qui infra os putei infernalis detinentur, postquam purgati fuerint, ad istam requiem venientes salvi fient; sed et quotidie quidam purgati veniunt, quos suscipientes sicut et te suscepimus, cum gaudio huc introducimus. Eorum vero qui in pœnis sunt, nullus novit quandiu inibi torquebitur: per missas autem, psalmos, orationes et eleemosy-

nas, quoties pro eis fiunt, aut eorum tormenta mitigantur, aut ad minora et tolerabiliora transferuntur, donec tandem per talia beneficia omnino liberentur. Et ad hunc locum quietis cum venerint, quandiu hic permansuri sint, pœnitus ignorant : nullus enim nostrum de se hoc scire potest; sicut enim in locis pœnalibus secundum culparum quantitatem illi detinentur, ita et nos qui hic sumus, secundum merita bona plus minusve morabimur in ista requie. Ecce, ut vides, a pœnis liberi sumus et magna quiete perfruimur, nondum tamen ad supernam sanctorum lætitiam ascendere digni sumus, diemque et terminum nostræ promotionis in melius, nemo nostrum novit : sed post terminum singulis constitutum in majorem requiem transibimus. Quotidie societas nostra quodammodo crescit et decrescit, dum singulis diebus et ad nos a pœnis. et a nobis in cœlestem paradisum quidam ascendunt.

60. Hic dictis, venerandi præsules assumentes secum militem in montem unum, jusserunt ut sursum aspiciens, diceret cujusmodi coloris ei videretur cœlum respectu loci in quo stetit? Qui respondens : auro ardenti in fornace simile mihi videtur. Hoc, inquiunt, quod nunc vides, porta est paradisi, hac introeunt qui a nobis assumuntur in cœlum. Nec te latere debet, quod quandiu hic manemus, quotidie semel pascit nos cibo cœlesti Deus et qualis sit cibus iste quamque delectabilis jam Deo donante nobiscum senties gustando. Vix sermone finito, ecce quasi flamma ignis de cœlo descendens, totam patriam cooperuit; et quasi per radios divisa, super singulorum capita flamma subsidens tota demum in eos intravit: sed et super militem inter alios, descendit, et in eum intravit, unde tantum delectationis dulcedinem in corde simul et corpore sensit, quod vix intellexit utrum vivus an mortuus fuisset. Sed hora illa in momento transivit. Hic, inquiunt est cibus ille, quo semel a Deo quotidie pascimur : qui autem in cœlum a nobis assumentur, eo sine fine perfruuntur. Miles ibi libenter mansisset, si his deliciis frui ei licuisset : sed post alia tantaque jucunda, ei tristia referuntur.

61. Quoniam igitur (frater) ex parte vidisti, quæ videre desiderasti, requiem videlicet et beatorum, et tormenta peccatorum, oportet jam ut per eamdem viam qua intrasti, revertaris. Quod si amodo sobrie et sancte vixeris, non solum de ista requie, sed et de cœlorum mansione securus esse poteris : sin autem, quod absit! male vixeris, et vitam tuam illecebris carnis polluueris, en ipse vidisti, quæ te maneant tormenta. Securus ergo redeas; nam quidquid tibi huc venienti terroris incusserant dæmones, simile quid revertens ne formides, nam dæmones ad te accedere non audebunt, sed et tibi apparere pertimescent; nec tormenta quæ vidisti, tibi ullatenus nocere poterunt. Ad hæc verba miles attonitus, flens et ejulans cœpit humiliter pontificibus supplicare, ne a tanta beatitudine ad ærumnas sæculi redire cogeretur, dicens : huic discedere non valeo, quia valde timeo, ne per fragilitatem humanæ conversationis aliquid committam, quod me impediat huc redire. Non, inquiunt, ut postulas erit; sed, sicut ille qui et nos, et te fecit, disposuit, ita fiet : ipse enim solus agnovit quid omnibus expediat.

CAPUT X.
Quomodo miles egressus est Purgatorio, Hierosolymam adiit, et reliquum vitæ tempus insumpsit.

Miles igitur Œnus accepta benedictione dolens egreditur, et tristis admodum eadem qua venerat revertitur via, a præsulibus ad portam paradisi reducitur, et ipso egresso, porta post ipsum clauditur. Egressus itaque de paradiso, mœrens et lugens eo quod alterata felicitate, ad hujus sæculi miseriam reverti coactus fuerit, via qua venerat reversus, ad aulam præfatam, in qua dæmones eum primitus invaserunt, pervenit. Dæmones autem in suo reditu vidit, sed ad ejus aspectum, quasi timentes per aera diffugerunt; et tormenta per quæ transiit, eum lædere nequiverunt. Cumque intrepidus aulam prædictam intrasset, ecce quindecim viri, qui ibidem in primo apparentes illum instruxerunt, confestim occurrunt ei, Deum glorificantes, qui tantam illi constantiam in tormentis contulerat. Ejusque victoriæ congratulantes dixerunt : Eia, frater noster, scimus quoniam per tormenta, quæ viriliter sustinuisti, vicisti, et ab omnibus peccatis tuis purgatus es; ecce jam in patria tua, lucis aurora clarescit; ascende igitur quantocius, nam, si prior ecclesiæ, post missarum solemnia, cum processione veniens ad portam, te redeuntem non invenerit, de tuo reditu desperans, obserata porta ad ecclesiam redibit. Miles igitur accepta benedictione protinus ascendit, et eadem hora qua portam prior aperuit, miles de intro veniens apparuit; quem cum gaudio et Christi laudibus prior suscipiens, in ecclesiam perduxit; ibique cum diebus quindecim orationibus insistere fecit. Deinde signaculo Dominicæ crucis in humero suscepto, et in terram sanctam devotus proficiscens, sepulcrum Domini Jerosolymis, cum locis aliis venerabilibus in sancta contemplatione petivit. Inde, expleto laudabiliter peregrinationis voto reversus, regem Anglorum Stephanum dominum suum, cui prius familiaris exstiterat, consulturus adiit, ut ejus tanquam industrii et prudentis viri consilio, in sanctæ religionis ordine, reliquum vitæ suæ expleret, ac Regi regum de cætero militaret. Contigit autem eo tempore, quod Gervasius Ludensis cœnobii abbas, rege Stephano donante, locum ad abbatiam construendam in Hiberniam obtineret; qui monachum suum nomine Gilbertum (2) cum quibusdam aliis ad eumdem regem direxit, ut ab eo locum susciperet et monasterium ibidem fundaret. At Gilbertus ad regem veniens, et ab eo gratulanter susceptus, conquestus est nimis, quod illius patriæ

---

(2) Hic Gilbertus fuit abbas de Besmagroeirt.

linguam ignoraret. Quod audiens rex, ait, optimum tibi, Deo auxiliante, interpretem inveniam: et vocato milite Oeno, jussit rex, ut cum Gilberto iret, et cum eo in Hibernia remaneret. Quam jussionem miles libentissime suscipiens ait ad regem: Gratanter monacho servire debeo; sed et vos, o rex, cum gratiarum actione monachos. . . . . in regno vestro suscipere debetis, quoniam, ut verum fatear, in sanctorum requie non vidi homines tanta gloria præditos, quanta hujus religionis viros. Transeuntes autem in Hiberniam, monasterium cœperunt, manentes simul ibidem duobus annis cum dimidio: Gilbertus monasterii illius erat cellarius; miles autem forinsecus erat in omnibus procurator, et minister devotus, interpresque fidelissimus. Monachialem igitur habitum suscipiens vixit sancte ac religiose, sicut idem Gilbertus testabatur. [C.] Quandocunque vero Gilbertus solus alicubi cum milite fuit, de statu purgatorii et pœnis mirabilibus, quas miles viderat, et experimento didicerat, curiose ab eo quæsivit. At miles, qui nunquam audire potuit de purgatorio loqui, quin prorumperet in fletum amarissimum, cœpit sub sigillo secreti, amico ad ædificationem, ea quæ audierat et viderat, et experimentis didicerat, enarrare, affirmans sese corporeis oculis omnia conspexisse. Hujus autem monachi industria et diligentia, hujus militis experientia redacta est in scripturam, simul cum relatione episcoporum regionis, et aliorum religiosorum, qui causa justitiæ, testimonium perhibuerunt veritati.

CAPUT XI.

Hujus historiæ examinatio et multiplex probatio.

[B.] 63. Superiorem narrationem (verba sunt Henrici Saltereiensis) cum sæpe dictus Gilbertus coram multis, me quoque audiente, sicut sæpius ab ipso milite audierat, retulisset, adfuit inter alios unus, qui hæc ita contigisse se dubitare dixerat. Cui Gilbertus: Sunt quidam qui dicunt, quod aulam ingressus, in exstasim fuerat raptus, et hæc omnia in spiritu viderat; quod nequaquam sibi contigisse miles certissime affirmat, sed corporis oculis se omnia vidisse, et corporaliter pertulisse constantissime testatur. Sed et ego præfui in monasterio, et oculis meis harum rerum non valde dissimile, multique mecum conspexere. Erat enim in monasterio, monachus quidam valde religiosus, cujus sanctitati dæmones invidebant; dormientem vero morte quadam de dormitorio corporaliter tulerunt, qui tribus diebus et tribus noctibus ab ipsis detentus est, fratribus interim nescientibus quid de eo factum fuisset. Post tertium vero diem, in lectulo suo a fratribus inventus est, pene usque ad mortem flagellatus, horribiliterque a dæmonibus verberatus. Mihi quoque confessus est, se horrenda vidisse tormenta. Vixit autem postea quindecim annos, sed vulnera ejus nullo poterant curari medicamine: semper enim aperta et quasi recentia videbantur, quorum quædam ad mensuram longitudinis unius digiti, profunda fuerunt. Hic monachus cum aliquando vidisset juniorem aliquem immoderatius ridentem, vel jocantem, vel aliquo modo inordinate se habentem, aiebat: O si scires quanta huic dissolutioni maneat pœna, forsitan gestus tuos incompositos, et mores emendares in melius. Hujus monachi vulnera vidi et manibus meis attrectavi, ipsumque post obitum ego ipse sepelivi. Hujus itaque viri tam sancti, tam religiosi, mihique tam familiaris relatio, siquidem superioris relationis mihi dubitatis inerat, penitus abstulit. Hucusque Gilbertus.

64. Ego vero (inquit Saltereiensis) postquam hæc omnia audieram, duo de Hibernia abbates, ut adhuc certior fierem, super his conveni; quorum unus, quod omnia essent vera affirmavit: sed et hoc testatus est, quod multi qui intraverunt non sunt reversi.

65. Nuper etiam episcopum quemdam affatus sum, nepotem sancti Patricii tertii, socii videlicet S. Malachiæ, Florentianum nomine, in cujus episcopatu (sicut ipse dixit) est idem purgatorium, de quo cum curiosius inquirerem, respondit episcopus: Certe, frater, verum est; locus autem ille in episcopatu meo est, et multi pereunt in eodem purgatorio, et, si forte redeant, ob immanitatem tormentorum quæ passi sunt, languore, sive pallore diuturno tabescunt; sed si postea sobrie et juste vixerint, certi sunt alias pro peccatis suis pœnas se non perpessuros.

[D.] 66. Hancce Oeni militis historiam, qua parte est Henrici Saltereiensis, ex vetusto Bibliothecæ Sancti Victoris Parisiensis (in qua tribus diversis in locis olim exarata fuit, et etiam nunc in duobus habetur) manuscripto desumpsimus: qua vero parte est Matthæi Parisiensis, ex ejus operibus excusis descripsimus. Quam si quis (ut opinamur) magis temere, quam solide et pie credere nolit, aut impugnare velit, consulat sanctissimos Patres, D. Gregorium (lib. IV *Dialog.*), venerabilem Bedam (lib. V *Hist.* c., 19), Dionysium Carthusianum (*De indic. partic. anim.*, ubi varias objectiones in contrarium solvit), et attente legat varias revelationes, visiones et narrationes huic non absimiles, ab eis relatas, quibus tanquam probabilibus ipsi fidem adhibere non verentur, et negare non præsumunt.

CAPUT XII.

De tempore et materia purgationis, et subjecto purgabili in hoc purgatorio.

67. Ad complementum hujus de purgatorio tractatus, superest jam de tempore et materia purgationis carptim agere, ut satisfiat subtili objectiunculæ circa adæquatam materiam expiationis, sive subjectum expiabile in isto purgatorio.

Notandum igitur singulare esse in hoc purgatorio, quod vivos adhuc et superstites, non autem defunctos proprie attingit; in quo latum est discrimen inter hoc purgatorium privilegiatum, ac vitalitium, ut hic loquar, et alterum illud universale et posthumum, sic nuncupatum distinctionis causa; ut secernatur anterius quod suscipitur in hac vita, a posteriori quod non subitur nisi post obitum, et prius illud vocari potest viatorium, seu præcursorium, istud vero posterius periodale, postvitale; sive (ut significantius loquamur), posthumum'; plenius ita distinguimus, quam si unum vocemus extraordinarium, nempe hoc quod viventes concernit, et alterum ordinarium, quod ad mortuos spectat. Nam etiam post mortem datur ordinarium, et extraordinarium, prout ex aliis supra produximus, nam quando in loco proprio et definito prope limbum et marginem barathri damnatorum, juxta umbilicum terræ exercetur purgatio animarum, quæ corporibus solutæ sunt, fieri hoc proxime dicitur in purgatorio ordinario; quando autem extra illos limites, in balneis, cavernis, vel angulis aliisque recessibus, in quibus animæ, quæ expiantur, audiri possunt, vel adiri a mortalibus, jam dicitur illa expiatio fieri in loco extraordinario.

68. Si vero istos terminos ordinarii et extraordinarii non ad locum referamus, sed ad tempus; ut purgatio illa quæ fit post mortem, dicatur tempore ordinato fieri, juxta ordinarium cursum et mensuram temporis, cujus omnes qui moriuntur in gratia, et habent aliquid luendum post hanc vitam, possunt et debent esse participes; altera vero illa purgatio, quæ extraordinarie tanquam ex privilegio conceditur, in hac vita his qui se obligant ad subeundam pœnitentialem illam cavernam, quæ ex prærogativa et precibus sancti Patricii designata, et certis terminis definita est; quin illo sensu, hæc expiatio dicatur extraordinaria quoad tempus, nihil videtur absurdi habere.

69. Et hujus quidem purgatorii, quoad tempus, ut dictum est, extraordinarii, materia purgandi adæquata potest esse reatus omnis pœnæ, et omnes omnino sive nævi, sive nexus, qui per virtutem pœnitentiæ, et per actum contritionis deleri possunt, aut dissolvi in via. Neque enim qui sic extraordinarie purgantur, comprehensores sunt, aut in gratia vel charitate confirmati: sed viatores in stadio viæ, ac vitæ mortalis constituti; in statu etiam merendi ac demerendi absolute positi. Tametsi intercessione sancti illius titularis, quem diximus, ejusque singulari patrocinio freti piam spem concipere possint, si suas expleant partes et pœnitudinem peccatorum, qua decet ac licet sedulitate exerceant, majoribus gratiæ auxiliis sese fulciendos et corroborandos, ne vel in vita ruant in lethale peccatum, vel post vitam in damnationem, aut saltem si labi contingat ex humana fragilitate, non migraturos ex hac vita impœnitentes.

Multum vero illustrare potest hanc de purgatorio sancti Patricii sententiam opinio illa quorumdam doctorum de cœmeterio S. Andreæ per D. Gregorium consecrato et privilegiato, itemque de anima Trajani, ejusdem precibus liberata, quam D. Thomas videtur sequi, tametsi ab aliis utraque sit impugnata, de qua nihil attinet impræsentiarum disserere. Contenti erimus nostram et majorum assertionem pie modesteque tueri, relinquentes interim aliis suum sensum et judicium. Nam si nimium ardenter velimus altercari, rationes ac conjecturas probabiles pro demonstrationibus (quas res subjecta patitur) obtrudamus, aut certe demonstrationes *quia*, pro demonstrationibus *propter quid*, urgeamus, et ingeramus, ab aliis qui moderatioris ingenii sunt, tanquam immodesti, nimiumque nobis præsidentes, redargui periclitabimur (3).

---

(3) Vide historiam vicecomitis Hispani de hoc purgatorio apud Philippum O. Sullevanum in compendio Historiæ ecclesiasticæ Hiberniæ.

ANNO DOMINI MCXLV-LIII

EUGENIUS III

PONTIFEX ROMANUS

NOTITIA HISTORICA

(MANSI, *Concil.*, XXI, 621)

Eugenius, natione Pisanus, vir religione ac sanctitate conspicuus, creatus est pontifex anno Domini 1145, tempore Conradi imperatoris. « Hic, inquit Otto Frisingensis lib. VII, cap. 31, in principio dignitatis susceptæ, eo quod, auctore Arnaldo, populus ad tradenda Urbi regalia, sicut antecessores suos, ita ipsum sollicitare vellet, cum episcopis et cardinalibus Urbe cedit, ac proxima Dominica in monasterio Farfensi, consecratione pontificali, ob persecutionis immanitatem morem mutans, sublimatur. Ad hunc papam Eugenium venerabilis Bernardus abbas Claravallensis librum *De consideratione sui* quatuor distinctionibus ordinatum conscripsit, in quo perfectæ vitæ ac subtilissimi ingenii perspicuitatem evidentissime demonstravit. Nam idem apostolicus, prius Bernardus dictus, et primum vicedominus Pisanus, ac demum in Claravalle, omnibus mundanis pro Christo spretis, ejusdem venerabilis Bernardi abbatis discipulus effectus, ac ab eo postmodum monasterio Beati Anastasii, Cisterciensis ordinis, in urbe Roma abbas prælatus, summus pontifex, ut prælibavimus, constituitur. Inde post consecrationem, furorem populi Romani declinans, ad munita loca se transtulit; postque, Viterbium veniens, ibi per aliquod tempus moram fecit. At Romanus populus cum patricio suo Jordano in furorem versus, præfecturæ dignitatem abolentes, omnes principes ac nobiles ex civibus ad subjectionem patricii compellunt; et non solum quorumdam illustrium laicorum turres, sed et cardinalium ac clericorum domos subruentes, prædam immensam diripiunt. Ecclesiam etiam Beati Petri, omnium ecclesiarum caput, incastellare sacrilege ac profanissime non metuunt : peregrinos causa orationis advenientes ad oblationem, quæstus gratia, plagis et verberibus cogunt, ac quosdam ex ipsis offerre nolentes in ipso porticu et vestibulo templi nefario ausu occidere non verentur. Quos venerabilis pontifex, percusso prius cum quibusdam fautoribus suis anathematis gladio Jordane, adjuncta Tiburtinis Romanorum antiquis hostibus militia coercuit, tandemque pacem petere coegit. Quam pacem eo tenore dedit, ut patriciatus dignitatem exfestucarent, et præfectum in pristinam dignitatem reciperent, senatores autem ex ejus auctoritate tenerent. Sicque in Urbem rediens, Nativitatem Domini celebravit. »

Ex Anglia ad Eugenium papam recens creatum venit Alexander episcopus Lincolniensis, qui benigne acceptus est ab ipso Eugenio papa, cujus benignitas et affabilitas mirifice [commendatur a Rogero in *Annalibus*, ubi hæc habet : « Eodem anno episcopus Lincolniensis Alexander, iterum Romani petens, susceptus est honorifice ab Eugenio papa novo, viro summa dignitate condigno, cujus mens semper benigna, cujus discretio semper æqua, cujus facies semper non solum hilaris, sed etiam et jucunda.» Hæc de Eugenio Rogerus, hujus temporis scriptor accuratissimus.

Tunc quoque temporis, cum Viterbii Eugenius consisteret, Orientales ex Armenia atque Syria legationes accepit, prout ab eo qui præsens aderat, Ottone, qui et ea quæ vidit etiam fidelissime scripsit (*Chronic*. l. vii, c. 32, 33), refertur his verbis : « Ea tempestate legati Armeniorum episcoporum, eorumque metropolitani, quem ipsi Catholicum, id est universalem, propter infinitum, id est amplius quam mille episcoporum sub se habentem numerum, vocant, legati ab ultimo pene Oriente summum pontificem Viterbii, laboriosum iter per annum et sex menses complentes, adeunt : eique ex parte illius ecclesiæ subjectionem omnimodam eum consultando offerentes, causas viæ nobis cum aliis multis præsentibus apud veterem aulam aperiunt, quæ tales erant. Inter ipsos et Græcos quædam de ritu sacrificii habitudo est in quibusdam, in aliis vero discrepantia : ponunt enim fermentatum panem, sicut illi; aquam autem vino non admiscent, sicut nos, et illi. Præterea Nativitatem Domini Epiphaniæ continuantes, duas illas festivitates unam faciunt. Pro his et aliis, dum inter se dissentirent, Romanam Ecclesiam judicem eligentes, consultum veniunt, formamque sacrificii juxta consuetudinem ejus sibi tradi deposcunt.

« Quos Romanus antistes gratanter suscipiens, missarum solemniis ac sacrificii secretis adhibuit, diligenterque ea quæ fiebant ibidem eos animadvertere monuit. Quod dum facerent, intentique sacro altari astarent, unus ex eis pontificali dignitate præditus, sicut postmodum in plena curia retulit, in Beati Martini octava, quando dedicatio ecclesiæ Beati Petri celebrari solet, summo pontifice divina mysteria agente, splendido fulgore radium solis super caput ejus coruscare, et in ipso duas columbas ascendentes et descendentes vidit. Cumque diligentius hac illacque oculos circumferret, nullumque aditum, per quem lux illa transfunderetur, inveniret, deificum hoc esse cognoscens, ac ad obedientiam Romanæ sedis amplius accensus, cunctis quæ viderat aperuit. At venerabilis Pater non suis hoc meritis attribuens, ipsius potius fide cœlitus hoc sibi monstratum affirmabat : ut videlicet Ecclesia, a qua ipse missus fuerat, sacramentorum virtutem veritatis luce perfusam cognosceret, ac deinceps quali ea reverentia et forma tractare deberet, addisceret. Retulit etiam præfatus episcopus quod in confinio Armeniæ quædam gentes essent, quæ fetus suos fetentes generarent, eosque statim ad aquas Armeniorum lavandos transmitterent : quos cum illi baptismatis unda tingentes innatum eis fetorem propellerent, mox tamen remissi, ad paganismi ritum et spurcitiam redibant. Quod utrum faciendum esset, item Romanam Ecclesiam consuluerunt.

« Vidimus etiam ibi tunc prætaxatum de Syria Gabalensem episcopum, cujus præcipue opera ad plenum Antiochia Romanæ sedi subesse cœpit, tam de patriarcha suo Antiocheno, et de principis matre Balduini Hierosolymitani quondam regis filia, querimoniam facientem, quam de spoliis Saracenis ablatis, jure antiquitatis, exemplo Abrahæ, decimas (qui eas, Deo recognoscens victoriam, de suis spoliis Melchisedech dedit) exigentem, ac super hoc apostolicæ sedis auctoritatem requirentem. Audivimus eum periculum transmarinæ Ecclesiæ post captam Edessam lacrymabiliter conquerentem, et ob hoc Alpes transcendere ad regem Romanorum et Francorum pro flagitando auxilio volentem. »

His auditis, Eugenius papa non curans quæ sua essent, sed quæ Dei esse sciret, non ad sui liberationem exsilii adversus Romanos Occidentalium Christianorum principum arma convertenda putavit; sed adversus Saracenos res Christianorum in Oriente invadentes, et possidentes, fore movenda omni conatu, pontificia auctoritate laborat, primus omnium scribens ad Ludovicum Francorum regem : perfacile namque fuit ad religiosum opus impellere ipsum, qui jam venerat eamdem inire ad sancta loca peregrinationem : de qua ista Otto Frisingensis (*De gest. Frid.*, 1, 34):

« Ludovicus, dum occulte Hierosolymam eundi desiderium haberet, eo quod frater suus Philippus, eodem voto astrictus, morte præventus fuerat, diutius protelare nolens propositum, quibusdam ex principibus suis vocatis quid in mente volveret aperuit. Erat tunc temporis in Gallia cœnobii Claravallensis abbas quidam, Bernardus dictus, vita et moribus venerabilis, religionis ordine conspicuus, sapientia litterarumque scientia præditus, signis et miraculis clarus. Hunc principes vocandum, ab eoque quid de hac re fieri oporteret, tanquam a divino oraculo, consulendum decernunt. Vocatur præfatus abbas, consiliumque ipsius super prædicti expositur principis voluntate. Ille de tam grandi negotio ex propriæ auctoritatis arbitrio responsum dare, frivolum judicans, ut ad Romani pontificis audientiam et examen deferatur, optimum esse respondit. Itaque missa ad Eugenium legatione, totum illi negotium aperitur. Qui, antecessorum suorum exempla revolvens, quod videlicet Urbanus hujusmodi occasione transmarinam Ecclesiam, duasque patriarchales sedes, id est Antiochiam et Hierosolymam, ab obedientia Romanæ sedis scissas, in pacis unitatem receperit, votis prædicti regis pro dilatando Christianæ religionis ritu annuit : auctoritate prædicandi, animosque cunctorum ad hoc commovendi, prænominato abbati, qui apud omnes Galliæ ac

Germaniæ populos ut propheta vel apostolus habebatur, concessa. Unde ejus scriptum tale ad regem principesque suos directum invenitur. » Hæc Otto.

Illa autem Eugenii epistola exstat infra.

Quid autem de pontifice actum? Utique quod Christus pollicitus fuerat, dicens : *Primo quærite regnum Dei, et justitiam ejus, et hæc omnia adjicientur vobis (Matth.* vi). Dum Eugenius laborat pro liberatione Terræ Sanctæ, Deus expugnat inimicos ejus, Romanos ipsos, de quibus hæc habet idem auctor (*Chronic.,* l. vii, c. 31): «Quos venerabilis pontifex, percusso prius cum quibusdam fautoribus suis anathematis gladio Jordane, creato ab ipsis patricio, adjuncta Tiburtinis Romanorum antiquis hostibus militia coercuit, tandemque pacem petere coegit. » Adeo ut Eugenius rediens in Urbem, ibi Natalem diem Domini solemniter celebrarit. De cujus ad Urbem regressu et ingressu hæc idem auctor inferius : « At Eugenius cum Romanis hoc tempore pacem fecit, ut patriciatus dignitatem exfestucarent, abolerent scilicet : et præfectum, qui videlicet arbitrio pontificis eo munere fungeretur, in pristinam dignitatem reciperent, senatores vero ex ejus auctoritate tenerent. Sicque in Urbem rediens, Nativitatem Domini ibidem celebravit, incipiente anno Dominicæ Incarnationis millesimo centesimo quadragesimo sexto. »

In scripto autem codice Vaticano ita ingressus Eugenii in Urbem narratur : « Factum est igitur, Deo auctore, gaudium magnum in tota Urbe ex inopinato accursu ipsius pontificis. Occurrit ei maxima frequens populi multitudo cum ramis, ad ejus vestigia continuo accurrentes, post pedum oscula elevabantur ad oris oscula. Procedebant signiferi cum bandis, sequebantur scriniarii et judices. Judæi quoque non deerant tantæ lætitiæ, portantes cum humeris suis legem Mosaicam. Universus enim Romanus chorus psallebat in unum dicens : *Benedictus qui venit in nomine Domini (Matth.* xxiii). Sic itaque cum magno populi gaudio idem pontifex Lateranense palatium conscendere meruit. » Hæc ibi.

Parisios veniens, inquit Matthæus Paris, consecravit Petrum quemdam, Aimerici Ecclesiæ Romanæ cancellarii nepotem, in archiepiscopum Bituricensem, contra Ludovici regis Franciæ voluntatem. Quod rex in injuriam suæ dignitatis factum vehementer indignans, propositis publice sacrosanctis reliquiis, in præsentia multorum juravit quod archiepiscopus præfatus, quandiu ipse viveret, civitatem Bituricam non intraret. Sic per triennium regis persona subjacuit interdicto. In quamcunque civitatem, vicum vel castellum intrabat, suspendebatur celebratio divinorum. Tandem, Bernardo abbate Claravallensi persuadente, ad hoc est cor regis inclinatum ut archiepiscopum reciperet, et pro transgressione perjurii Hierosolymam ad promitteret profecturum. Igitur per totam Galliam fit exactio generalis; nec sexus, vel ordo aut dignitas, quempiam excusavit, quin auxilium regi conferret. Ad instantiam sancti Bernardi Willelmum Eboracensis Ecclesiæ invasorem, per obreptionem a Cœlestino defensum damnavit et relegari mandavit.

« Treviros cum octodecim cardinalibus ad synodum venientem pontificem per tres menses propriis sumptibus Adelbertus, loci illius archiepiscopus, munificentissime aluit (*Chronicon Hirsaugiense*). » — « Per sanctum Bernardum impetravit a Conrado imperatore et Ludovico Francorum rege, ut Christianis in Asia contra Alcoranistas opem ferrent, et contra Saracenos expeditionem suscipiant, seque cruce signent. » (Tritius, lib. xvi, cap. 18.)

Cumque Tibur in amœnum secessum se contulisset, mortuus est vir justus et religione insignis, anno Domini 1152, mense Julio, ut ait Matthæus Paris, circa initium imperii Frederici primi, cum pontificatum gessisset annis octo, mensibus quatuor et diebus viginti.

De obitu ejus ista Baronius *Annalium ecclesiasticorum* tomo XII : « Octavo Idus Julii Eugenius papa diem obiit Tibure, cum sedisset annos octo, menses quatuor, et dies tredecim : de quo ista in vetere codice Romanorum pontificum Vaticanæ bibliothecæ : *Hic recuperavit Tarracinam, Seiam, Narniam, et arcem Fummonis, quæ a dominio beati Petri jamdiu alienatæ fuerant. Hic univit episcopatum Velitrensem cum Ostiensi et Sanctæ Rufinæ. Fecit hic ordinationes per mensem Decembrem, in quibus diacones decem, presbyteros undecim, et episcopos sexaginta unum creavit. Defunctus est apud Tibur dicta die octava Idus Julii, et inde per stratam publicam et mediam Urbem, atque in Vaticanum cum totius cleri et populi Romani frequentissima turba, maximo luctu, communique omnium immensa tristitia deportatus est, et in ipsa Beati Petri ecclesia coram majori altari tumulatus est.* » Hæc ibi de Eugenio papa, quem pluribus illustratum miraculis testatur Gofridus hujus temporis scriptor in fine Vitæ sancti Bernardi.

« Porro idem Eugenius inter alia magnam inde laudem commeruit, quod munerum abstinentissimus erat, de quo ista præter asserta a sancto Bernardo habet Joannes Sarisberiensis in *Polycratico* : *Amplectendæ memoriæ et imitandæ sanctitatis summus pontifex Eugenius, quem vidisti, nullum omnino munus hominis litigantis recipiebat, aut cui litem crederet imminere. Unde cum in adventu suo prior quidam modicæ facultatis, cujus causam nondum audierat, ei marcham auri devotione multa instanter offerret :* « *Nondum, inquit, domum ingressus es, et jam vis corrumpere dominum ?* » *Corruptionem namque vir sanctus esse dicebat quod offerebatur judici lite pendente.* » Hæc de Eugenio Joannes Sarisberiensis.

« Egregia de his memoria adhuc exstat Tarracinæ in arce in media turri, in pariete meridiem versus, his verbis :

> EVGENIVS PAPA III. HOC OPVS GLORIÆ IPSIVS
> MEMORIAM REPRÆSENTANS FIERI IVSSIT. QVI
> MIRA ANIMI......ET HONESTI STVDIO PRÆDITVS
> REGALIA MVLTA LONGO TEMPORE AMISSA BEATO
> PETRO RESTITVIT. QVORVMDAM VITIVM IN MO-
> DVM HONESTATIS REDEGIT. NE QVID A QVO-
> QVAM PETERENT NEVE QVID A QVOQVAM ANTE
> DECISAM CAVSAM ACCIPERENT POST DECISAM
> OBLATVM QVID VERECVNDE ET CVM GRATIA-
> RVM ACTIONE SVSCIPERENT. »

LIBELLUS DE MIRACULIS EUGENII PAPÆ III.

(Dom MARTEN., *Ampl. Collect.*, t. VI, col. 1159, ex ms. B. Mariæ de Misericordia Dei.)

OBSERVATIO PRÆVIA.

Eugenius papa III, cujus hic miracula ex manuscripto codice monasterii Beatæ Mariæ de Misericordiæ Dei in diœcesi Pictavensi exhibemus, Bernardus antequam ad summum pontificatum eveheretur appellatus, natus in oppido Pisani agri, cui Montis-Magni nomen est, primum canonicus vicedominusque Ecclesiæ Pisanæ fuit, dein S. Bernardi abbatis prædicationibus et miraculis permotus, sæculo valefaciens, in Claramvallem recepit sese. Monachus ibidem factus, vilia quæque monasterii officia obivit, tum Romani S. Anastasii ad Aquas-Salvias administraturus cœnobium abbas mittitur. Quod cum strenue regeret, mortuo Lucio papa II, summus pontifex renuntiatur anno 1145. Sanctitate illustris obiit anno 1153. De quo Robertus de Monte in appendice ad Sigebertum hæc habet : *Mense Junio, VII Idus ejusdem mensis, viam universæ carnis ingressus est venerabilis memoriæ Eugenius III papa, vir admodum religiosus, in eleemosynis largus, in judicio justus, omnibus tamen, tam pauperibus quam divitibus, affabilis et jucundus, ad cujus tumulum qui ei in ecclesia S. Petri venerabiliter factus est, miracula post transitum ejus statim apparuerunt.* Ejus epitaphium in ms. codice monasterii Pontis Otrandi diœcesis Andegavensis est hujusmodi.

> *Hic habet Eugenius defunctus carne sepulcrum*
> *Quem pia cum Christo vivere vita fuit.*
> *Pisa virum genuit, quem Clarevallis alumnum*
> *Exhibuit, sacræ relligionis opus.*
> *Hinc ad Anastasii translatus martyris ædem,*
> *Ex abbate pater summus in orbe fuit.*
> *Eripuit solemne jubar mundique decorem*
> *Julius octavam sole ferente diem.*
> *Conceptum sacræ referebant Virginis anni*
> *Centum bis seni mille quaterque decem.*

INCIPIT DE MIRACULIS AD SEPULCRUM DOMNI EUGENII III PAPÆ ROMANI.

1. Pauca de pluribus quæ Dei operatione et virtute diebus istis facta vidimus, et visa vera probamus, sicut memoriæ, sic et scribi digna judicamus. Dei enim virtutes quas audivimus, quas vidimus non loqui non possumus, qui virtutibus laudem, qui laudi confessionem debemus.

2. Joannes quidam nomine, cognomine Ritius, natione autem et civitate Castellanus, manus et brachia, pedes cum cruribus contractus fuit. Qui cum fide et devotione plenus ad sepulcrum domni Eugenii III, scilicet papæ, Dominum pro infirmitate sua fletibus et suspiriis multis precaretur, subito compunctionem fletus gaudium, et infirmitates prece sanitas expetita subsecuta est. Hoc canonicis vespertinam horam canentibus publice factum et visum est ab omnibus. Hic passus erat tribus annis.

3. Alius quidam Petrus nomine, de Castello-Formello, manum sinistram habebat ita rigiditate extensam, ut ad nullum usum curvare eam vel flectere posset; sed et brachium dextrum sic contractum habuit, quod nec erigere, nec movere illud valuit ad usum aliquem. Huic eodem die et hora eadem, scilicet dum vespertina laus ageretur, ante præfati domni Eugenii sepulcrum, Dei misericordia, ad integrum membra debilia restituta sunt. Hic passus fuerat mensibus quinque, et sanatus est in vigilia B. Apollinaris.

4. In secunda die post hoc, puella quædam, nomine Romana, annorum ferme XII, cujus pater Petrus, mater vero Clara nominata est, cum ad sepulcrum beatæ memoriæ Eugenii decubaret, plorans et ejulans, et orans sanitatem brachii contracti et manus dextræ penitus inutilis curationem, crurium etiam et maxime tibiarum quas amiserat et pedum similiter, non fraudatur a desiderio suo. In matutinis namque, in festo S. Apollinaris, operatione et virtute Spiritus sancti, ab infirmitate sua curata est, et officiis suis membra sunt reddita, ita ut etiam ambularet, et omnia quæ necessaria sunt faceret. Hæc nativitate fuit de Reniano.

5. In eodem die, puer quidam nomine Romanus, filius Saxonis et Gattæ matris ejus, de regione quæ appellatur Pons S. Petri, ante sepulcrum patris

supradicti recubans sanatus est. Infirmitas autem qua tenebatur hæc fuit: sinistrum latus et manum sinistram maxime, quæ fere arida fuerat, amiserat, et sinistro pede claudicabat, a qua omnino modicum ante horam matutinalem liberatus est.

6. Quadam autem die, quidam Romanus genere, nomine Stabilis, cum jaceret in choro nostro, apparuit ei in somnis domnus Eugenius, dicens: *Stabilis.* At ille: *Domine.* Cui beatus Eugenius: *Cognoscis me?* Et respondit: *Optime, domine, tu es domnus meus Eugenius.* Cui ille: *Quare non visitasti me?* Et respondit: *Ubi possum visitare te, cum dicatur quod sis mortuus?* Et ille apprehendens eum, per manum adduxit eum ad sepulcrum suum, dicens: *Si hic me quæsieris, sine gratia non redibis.* Qui mox cum pulsaretur ad nonam, surgens festinus ad sepulcrum accessit, promissamque sibi a supradicto domino Eugenio gratiam cum lacrymis et suspiriis multis postulans, meruit pro misericordia Dei protinus impetrare. Nam brachium sinistrum et manus quæ per multos annos ita arida habuerat, quod ad nullum usum et utilitatem movere ea poterat, misericordia Dei et meritis domini nostri Eugenii, ita ex integro sanitati restituta sunt, quod ad omnem usum et utilitatem moveri possunt, quasi nihil infirmitatis in brachio et manu aliquando passus fuisset; et quod per multas expensas a medicis consequi non potuit, a Domino Jesu Christo per merita domini nostri consecutus est.

7. Quidam Romanus, Todinus nomine, cum tertianas febres acriter pateretur, timens de morte, cum fiducia maxima ad sepulcrum prædicti pontificis accedens, misericordia Dei et meritis domini nostri Eugenii sanitati integræ restitutus est.

8. Quidam de quodam castro, quod vocatur Casamamanii, per xx annos a dæmonio crudeliter vexatus, ita quod nullatenus aliquam ecclesiam sine maximo sui miserrimi corporis detrimento et tribulatione intrare poterat, cum ecclesiam apostolorum principis intraret, cœpit clamare: *Quo ducitis me?* Qui tandem adductus est ad sepulcrum ejus, licet invitus, et protinus liberatus est.

NOTITIA DIPLOMATICA

IN EPISTOLAS EUGENII III.

(Philippus JAFFÉ, *Regesta pontif. Rom.*, p. 615, Berolini 1851, 4º.)

† In Eugenii bullis Florentini Incarnationis anni consignati sunt; indictiones modo Constantinopolitanæ, modo Cæsareæ, modo Pontificiæ.

Sententia illata hæc est: FAC MECUM, DOMINE, SIGNUM IN BONUM (8, 14, 31, 42, 56, 66, 71, 80, 110, etc.).

Testes subscripserunt:

ep. Albanensis.		Petrus	a 5 Apr.	1145	ad 24 Apr.	1145
		Nicolaus	a 30 Jan.	1150	ad 20 Febr.	1152
« Ostiensis.		Albericus	a 13 Dec.	1145	ad 22 Nov.	1147
		Guido	a 6 Nov.	1149	ad 30 Jan.	1150
		Hugo	a 14 Apr.	1150	ad 7 Jun.	1153
« Prænestinus	G(uarinus)		d 14 Apr.	1150		
« S. Rufinæ.		Theodewinus	a 14 Mart.	1145	ad 14 Apr.	1150
« Sabinensis.		Conradus	a 14 Mart.	1145	ad 16 Jun.	1153
« Tusculanus.		Imarus	a 13 Dec.	1145	ad 7 Jun.	1153
pr. card. tit. S. Anastasiæ.		Aribertus	a 14 Mart.	1145	ad 16 Jun.	1153
« « « S. Cæciliæ.		Octavianus	a 30 Mart.	1151	ad 16 Jun.	1153
« « « S. Calixti.		Gregorius	a 14 Mart.	1145	ad 16 Jun.	1153
« « « S. Chrysogoni.		Guido	a 28 Apr.	1145	ad 16 Jun.	1153
« « « S. Clementis.		Bernardus	a 31 Dec.	1145	ad 5 Febr.	1153
« « « S. Crucis in Jerusalem.		Ubaldus	a 5 Apr.	1145	ad 16 Jun.	1153
« « « S. Cyriaci.		Nicolaus	a 8 Apr.	1145	ad 7 Mart.	1151
« « « Equitii.		Joannes	a 27 Mai.	1152	ad 1 Aug.	1152
« « « SS. Joannis et Pauli.		Hubaldus	a 9 Oct.	1145	ad 8 Febr.	1149
« « SS. Joannis et Pauli tit. Pamachii.		Joannes	a 25 Apr.	1151	ad 10 Apr.	1153
« « « S. Laurentii in Damaso.		Guido	a 14 Mart.	1145	ad 22 Nov.	1148
		Joannes Paparo	a 4 Apr.	1151	ad 16 Jun.	1153
« « « in Lucina.		Hugo	a 3 Jan.	1147	ad 13 Mai.	1150
« « « S. Laurentii in Lucina.		Cencius	a 27 Mai.	1152	ad 10 Apr.	1153
« « « S. Marcelli.		Julius	a 14 Mart.	1145	ad 16 Jun.	1153
« « « S. Marci.		Gilibertus	a 5 Apr.	1145	ad 15 Oct.	1148
		Rolandus	a 30 Mart.	1151	ad 10 Apr.	1153
« « S. Mariæ trans Tiberim.		Gregorius	a 2 Jan.	1153		

pr. card. tit.	SS. Nerei et Achillei	Henricus	a 25 Apr.	1151	ad 10 Apr.	1153
« « «	S. Pastoris	Guido	a 5 Apr.	1145	ad 10 Apr.	1153
« « «	S. Potentianæ	Wiclodent. (?)	d. 6 Febr.	1148		
« « «	S. Praxedis	Hubaldus	a 3 Jan.	1146	ad 16 Mai.	1153
« « «	S. Priscæ	Rainerius	a 14 Mart.	1145	ad 7 Mai.	1146
		Astaldus	d. 10 Apr.	1153		
« « «	S. Savinæ	Manfredus	a 14 Mart.	1145	ad 16 Jun.	1153
« « «	S. Stephani in Cœlio monte	Villanus	a 11 Apr.	1145	ad 4 Mai.	1146
		Gerardus	a 30 Mart.	1151	ad 16 Jun.	1153
« « «	S. Susannæ	Jordanus	a 31 Dec.	1145	ad 7 Jun.	1153
« « «	S. Vestinæ	Thomas	a 14 Mart.	1145	ad 16 Jun.	1145
diac. card.	S. Adriani	Joannes Paparo	a 11 Apr.	1145	ad 15 Jan.	1151
« «	S. Angeli	Gregorius	a 14 Mart.	1145	ad 5 Febr.	1153
« «	SS. Cosmæ et Damiani	Guido	a 14 Mart.	1145	ad 15 Jul.	1146
		Rolandus	a 21 Nov.	1150	ad 13 Dec.	1150
		Bernardus	a 5 Febr.	1153	ad 10 Apr.	1153
« «	S. Eustachii juxta templum Agrippæ	Astaldus	a 14 Mart.	1145	ad 24 Febr.	1151
« «	S. Georgii ad Velum Aureum	Oddo	a 28 Apr.	1145	ad 16 Jun.	1153
« «	S. Luciæ in Septisolio	Rodulfus	a 14 Mart.	1145	ad 27 Mai.	1152
« «	S. Mariæ in Aquiro	Cencius	a 10 Mai.	1151	ad 20 Febr.	1152
« «	S. Mariæ in Cosmidin	Jacinthus	a 14 Mart.	1145	ad 7 Jun.	1153
« «	S. Mariæ in Porticu	Petrus	a 14 Mart.	1145	ad 24 Dec.	1145
		Guido	a 3 Jan.	1146	ad 16 Jun.	1153
« «	S. Mariæ in via Lata	Petrus	a 17 Mai.	1145	ad 3 Jan.	1147
		Gerardus	a 2 Jan.	1153	ad 16 Jun.	1153
« «	S. Mariæ Novæ	Joannes	a 5 Apr.	1145	ad 15 Jan.	1152
« «	S. Nicolai in Carcere Tulliano	Octavianus	a 14 Mart.	1145	ad 24 Febr.	1151
		Oddo	a 5 Febr.	1153	ad 16 Mai.	1153
« «	SS. Sergii et Bacchi	Gregorius	a 14 Mart.	1145	ad 12 Jun.	1145
		Cinthius	a 14 Dec.	1145	ad 7 Dec.	1147
		Joannes	a 21 Nov.	1150	ad 16 Jun.	1153

Datæ bullæ sunt p. m.

Roberti . S. R. E. presb. card. et cancellarii a 14 Mart. 1145 ad 15 Jul. 1146
Baronis . S. R. E. subdiaconi . a 18 Sept. 1146 ad 17 Nov. 1146
Guidonis . S. R. E. diac. card. et cancellarii . a 17 Dec. 1146 ad 10 Apr. 1147
et a 7 Jun. 1147 ad 10 Apr. 1149
Hugonis presb. card. agentis vicem D. Guidonis S. R. E. diac. card. et cancellarii a 15 Apr. 1147 ad 5 Jun. 1147; et d. 2 Jul. 1147; et d. 17 Sept. 1147.
Bosonis . S. R. E. scriptoris . a 6 Nov. 1149 ad 3 Mai. 1153
Plebani Romanæ curiæ notarii d. 30 Jan. 1150 et d. 10 Jun. 1150
Mariniani (al. Martiani) S. R. E. scriptoris d. 24 Nov. 1150, 2 Dec. 1150, 30 Mart. 1151, 1 Apr. 1151, 4 Apr. 1151
Bolognini S. R. E. scriptoris d. 25 Apr. 1151
Hugonis S. R. E. scriptoris d. 21 Jun. 1152
Samsonis S. R. E. scriptoris d. 29 Dec. 1152
Rolandi . . S. R. E. presb. card. et cancellarii a 16 Mai. 1153 ad 16 Jun. 1153

EUGENII III

PONTIFICIS ROMANI

EPISTOLÆ ET PRIVILEGIA[*].

(Exstant Eugenii III epistolæ tres, scriptæ cum adhuc abbas ageret; prima ad Innocentium II, secunda et tertia ad S. Bernardum directæ. Leguntur inter epistolas S. Bernardi sub numm. 343, 344, 478 (olim 428) *Patrologiæ* tom. CLXXXII, coll. 547, 548, 686.

I.

P. priori ecclesiæ S. Frigdiani Lucensis significat, Lucio II die 15 Februarii mortuo, se in B. Cæsarii ecclesia electum pontificem esse. Precationes pro sese fieri cupit.

(Anno 1145, Mart. 2.)
[BALUZ., *Miscell.* ed. Luc., IV, 593.]

EUGENIUS episcopus, servus servorum Dei, dilectis filiis P. priori S. Frigdiani, salutem et apostolicam benedictionem.

Quoniam de religione et de honestate vestra valde confidimus, quæ circa nos noviter acta sunt dilectioni vestræ breviter significare curavimus. Prædecessore siquidem nostro felicis memoriæ PP. Lucio, xv Kal. Martii viam universæ carnis ingresso,

---

[*] De libris adhibitis vide indicem tomo CLXXIX præfixum.

in ecclesia Lateranensi honorifice tumulato, fratres nostri presbyteri et diaconi cardinales una cum episcopis et subdiaconibus sanctæ Romanæ Ecclesiæ in Beati Cæsarii ecclesia convenerunt, meque invitum et renitentem, et nihil tale omnino suspicantem, nescimus quo Dei judicio, unanimi voto et pari consensu in Romanum pontificem elegerunt. Tanto itaque pondere pressum me recognoscens, charitatem vestram apostolicis litteris duximus visitandam, rogantes ut per me speciales orationes ad Dominum faciatis, et per religiosorum fratrum congregationes quæ in partibus illis sunt, fieri studeatis. Nos autem personas et loca vestra more prædecessorum nostrorum diligere et manutenere volumus, et in vestris opportunitatibus adjuvare.

Data Narniæ, vi Nonas Martii.

H.

Ecclesiæ Oscensis possessiones, petente Dodone episcopo, confirmat.

(Anno 1145, Mart. 14.)
[FLOREZ, *España sagrada*, XLVI, 289).

EUGENIUS episcopus, servus servorum Dei, venerabili fratri DODONI Oscensi episcopo ejusque successoribus canonice substituendis, in perpetuum.

Quæ judicii veritate decisa sunt, litterarum debent memoriæ commendari, ne pravorum hominum valeant in posterum refragatione turbari.... Inter te et fratrem nostrum Guillelmum Rotensem episcopum super ecclesiis de Belsa, et de Gestau et de Alquezar juxta prædecessoris nostri felicis memoriæ PP. Innocentii mandatum tibi restitutionem fieri. Qui super hac restitutione infirmitatem et mortem prædecessoris sui, et quasdam alias excusationes non satis rationabiles prætendens, Barbastrum a te sibi restitui postulabat, asserens et quoddam scriptum sub nomine prædecessoris, in quo continebatur quod idem Urbanus episcopalem sedem apud Barbastrum manere statuit. Ostendebat etiam insuper duo privilegia felicis memoriæ Paschalis PP. quæ ab eodem scripto Urbani processerant, in quibus similiter continebatur quod apud Barbastrum episcopalis sedes haberetur. Ipse vero Gregorii septimi, et ejusdem Urbani privilegia ostendebas, in quo tam Barbastrum quam præfatæ ecclesiæ, videlicet de Belsa et de Gestau, et de Alquezar. Garsiæ et Petro prædecessoribus tuis fuerant confirmata. Nos itaque, auditis utriusque partis rationibus et scriptis diligenter inspectis, prius scriptum jam dicti Urbani unde alia privilegia Paschalis processerant falsum omnino deprehendimus. Super quo habito fratrum nostrorum consilio, ex rigore justitiæ scriptum ipsum, et præfata privilegia damnantes in conspectu nostro incidi fecimus atque tam ipsum Rotensem episcopum quam personas ipsius Ecclesiæ, quia falsa scripta nobis repræsentare præsumpserant, debita animadversione multavimus. Possessionem itaque præfati Barbastri et aliarum ecclesiarum, videlicet de Belsa et de Gestau, et de Alquezar cum omnibus suis pertinentiis, et proprietatem tibi tuisque successoribus in perpetuum adjudicamus, et ab ejusdem Rotensis et successorum suorum impetitione super hoc omnino absolvimus. Præterea terminos Oscensis episcopatus a parte orientali, videlicet sicut Cinga fluvius a Pyrenæis montibus descendens per montana et plana discurrit usque ad vallem Luparianm quemadmodum per prædecessores nostros beatæ recordationis Gregorium VII et jam dictum Urbanum prædecessoribus tuis Garsiæ et Petro confirmati sunt, et nos tibi tuisque successoribus confirmamus, salva in omnibus apostolicæ sedis auctoritate. Si qua igitur in futurum ecclesiastica sæcularisve persona contra hujus nostræ constitutionis paginam sciens, temere venire tentaverit, secundo tertiove commonita, si non satisfactione congrua emendaverit, potestatis honorisque sui dignitate careat, reamque se divino judicio existere de perpetrata iniquitate cognoscat, et a sacratissimo corpore ac sanguine Dei et Domini Redemptoris nostri Jesu Christi aliena fiat atque in extremo examine districtæ ultioni subjaceat. Observantibus autem sit pax Domini nostri Jesu Christi quatenus et hic fructum bonæ actionis recipiant et apud districtum judicem præmia æternæ pacis inveniant. Amen, amen, amen.

Ego Eugenius catholicæ Ecclesiæ episcopus ss.
Ego Conradus Sabiniensis episcopus ss.
Ego Theodevin. Sanctæ Rufinæ episcopus ss.
Ego GG. pbr. card. TT. S. Calixti ss.
Ego Reinerius pbr. card. TT. Sanctæ Priscæ ss.
Ego Thomas pbr. card. TT. Vestinæ ss.
Ego Guido pbr. cardinal. TT. Sanctorum Laurentii et Damasi ss.
Ego Alvertus pbr. cardinal. TT. Sanctæ Anastasiæ ss.
Ego Manfredus pbr. card. TT. Sanctæ Sabinæ ss.
Ego Hugo sanctæ Rom. Ecclesiæ pbr. card. TT. Sancti Laurentii in Lucina ss.
Ego Julius pbr. card. TT. Sancti Marcelli ss.
Ego Gregorius diacon. card. Sanctorum Sergii et Bacchi ss.
Ego Guido diac. card. Sanctorum Cosmæ et Damiani ss.
Ego Octavianus diac. card. Sancti Nicolai in Carcere Tulliano ss.
Ego Petrus diac. card. Sanctæ Mariæ in Porticu ss.
Ego Rodulfus. diac. card. Sanctæ Luciæ in Septa Solis ss.
Ego Gregorius diac. card. Sancti Angeli ss.
Ego Astaldus, diac. card. Sancti Eustachii ss.
Ego Berardus, diac. card. sanctæ Rom. Ecclesiæ ss.
Ego Guido Sanctæ Romanæ Ecc. diac. card. ss.
Ego Jacintus diac. card. Sanctæ Mariæ in Cosmedin ss.
Ego fr. Jordanus diac. card. sanctæ Rom. Ecclesiæ ss.

Ego Cathius diac. card. sanctæ Romanæ Ecclesiæ ss.

Datis Narniæ per manum Roberti sanctæ Romanæ Ecclesiæ presbyteri card. et cancell., II Id. Martii, indictione VIII, Incarnat. Dominicæ 1144, pontificatus vero domini Eugenii III pp. anno primo.

III.

Ad abbates et præpositos Præmonstratenses.— Ut ad generale capitulum semel in anno Præmonstratum conveniant.

(Anno 1145, Mart. 14.)

[LEPAIGE, *Biblioth. Præm.*, 626.]

EUGENIUS episcopus, servus servorum Dei, dilectis filiis abbatibus et præpositis universis Præmonstratensis ordinis, salutem et apostolicam benedictionem.

Pro stabilitate ordinis et religionis observantia statutum est, ut universi abbates et præpositi Præmonstratensis ordinis, ad Præmonstratense capitulum semel in anno conveniant, ibique communi fratrum consilio corrigenda corrigant, et quæ statuenda fuerint auctore Domino statuant. Nunc autem, sicut accepimus, quidam vestrorum episcoporum suorum prohibitionem prætendentes, ad tam sanctum conventum venire contemnunt. Ideoque per apostolica vobis scripta mandamus atque præcipimus quatenus tam sanctam institutionem nullatenus negligatis, sed sicut statutum est, semel in anno convenientes, quæ ibidem, ut diximus, pro stabilitate ordinis statuta fuerint, irrefragabiliter observetis, alioquin sententiam quam abbas Præmonstratensis, fratrum suorum consilio abbatum videlicet qui convenerint, in contemptores regulariter promulgaverit, nos, auctore Domino, ratam habebimus.

Datum Narniæ undecimo Idus (1) Martii, pontificatus nostri anno secundo.

IV.

Monasterii S. Trinitatis de Curba-fossa (Lucernensis) protectionem suscipit bonaque confirmat

(Anno 1145, Mart. 16.)

[HUGO, *Annal. Præm.*, III, p. 61.

EUGENIUS episcopus, servus servorum Dei, dilectis filiis TESCELLINO abbati de Curba-fossa, ejusque fratribus tam præsentibus quam futuris regularem vitam professis.

Desiderium quod ad religionis propositum et animarum salutem pertinere monstratur, animo nos decet libenti concedere et petentium desideriis congruum impertiri suffragium. Quapropter, dilecti in Domino filii, vestris justis petitionibus clementer annuimus, et ecclesiam sanctæ Trinitatis de Curbafossa, in qua divino mancipati estis obsequio, sub beati Petri et nostra protectione suscipimus, et præsentis scripti privilegio communimus, statuentes ut quascunque possessiones, quæcunque bona eadem Ecclesia inpræsentiarum juste et canonice possidet, aut in futurum concessione pontificum, largitione regum vel principum, oblatione fidelium seu aliis justis modis, Domino propitio, poterit adipisci, firma vobis vestrisque successoribus et illibata permaneant; in quibus hæc propriis duximus exprimenda vocabulis : Totam terram de dominio Turgis de Tracy; in Lucerna suum molendinum cum tota molitura de tota terra sua ejusdem villæ; duas garbas decimæ de omni dominio suo; decimam nemoris, sive in venditione lignorum, sive in pascuis; partem nemoris in dominio canonicorum; totam terram de dominio Gilberti filii Adæ in Lucerna; sex acras terræ juxta vivarium Richardi de Rochella, quas ipse dedit; totam decimam de Gripone de omnibus redditibus ad dominum castri pertinentibus; duos agri pennos vineæ in Sulignelo; unam acram terræ in Marceio, unam piscariam in Bollion. Decimam molendini Guillelmi de Sunilleio in Burri. Decernimus ergo ut nulli omnino hominum liceat præfatam Ecclesiam temere perturbare, aut ejus possessiones auferre, sive ablatas retinere, minuere, seu quibuslibet vexationibus fatigare, sed omnia integra conserventur eorum, pro quorum gubernatione et sustentatione concessa sunt, usibus omnimodis profutura, salva diœcesani episcopi canonica justitia et reverentia. Si qua igitur in futurum ecclesiastica sæcularisve persona, hanc nostræ constitutionis paginam sciens, contra eam venire præsumpserit, secundo tertiove commonita, si non satisfactione congrua emendaverit, potestatis honorisque sui dignitate careat reamque se divino judicio existere de perpetrata iniquitate cognoscat, et a sacratissimo corpore ac sanguine Dei et Domini Redemptoris nostri Jesu Christi aliena fiat, atque in extremo examine districte ultioni subjaceat. Cunctis autem eidem loco jura servantibus sit pax Dei et Domini nostri Jesu Christi, quatenus et hic fructum bonæ actionis percipiant et apud districtum judicem præmia æternæ pacis inveniant. Amen, amen, amen.

Datum Parmæ (2) per manum Roberti sanctæ Romanæ Ecclesiæ presbyteri, cardinalis et cancellari, XVII Kalendas Aprilis, indictione VIII, Incarnationis Dominicæ anno 1144, pontificatus vero domni Eugenii III anno primo.

V.

Privilegium pro monasterio S. Joannis Kaltenbornensi.

Anno 1145, Mart. 20.)

[SCHOETTGEN et KREYSIG, *Diplomat.*, II, 697.]

EUGENIUS episcopus, servus servorum Dei, dilectis filiis GODESCHALCO præposito, ejusque fratribus, in Ecclesia S. Joannis Evangelistæ de Caldenborn canonicam vitam professis, tam præsentibus quam futuris, in perpetuum.

Apostolici moderaminis clementiæ convenit religiosos diligere et eorum loca apostolicæ protectionis munimine roborare. Eapropter, dilecti in Do-

---

(1) **Pro** XI *Id.* leg. II *Id.* Verba *pontif. nostri anno* II, aliena manus adjecit. Legendum *anno* I.

(2) Leg. *Narniæ*.

mino filii, vestris justis postulationibus clementer annuimus, et praedecessorum nostrorum felicis memoriae Calixti, Honorii, Innocentii Romanorum pontificum vestigiis inhaerentes, canonicae vitae ordinem secundum beati Augustini Regulam quam professi estis, apostolica auctoritate firmamus, atque praefatam beati Joannis Ecclesiam, in qua divino mancipati estis obsequio, sub beati Petri et nostra protectione suscipimus, et praesentis scripti privilegio communimus, statuentes ut quascunque possessiones, quaecunque bona eadem ecclesia in praesentiarum juste et canonice possidet, aut in futurum, concessione pontificum, liberalitate regum, largitate principum, oblatione fidelium, seu aliis justis modis, Domino propitio, poterit adipisci, firma vobis vestrisque successoribus, et illibata permaneant; in quibus haec propriis duximus exprimenda vocabulis: In Nyenburgk et in Gravesdorff decem mansos et dimidium et vineam; in Haldenstell octo mansos et vineam; in Helpede unum mansum et vineam; in Erardesdorff, undecim mansos, in Suithardesdorff duos, in Roweckesdorff unum, in Panukendorff tres, in Seburk dimidium, in Aseckendorff unum, in Dielnice dimidium, in Lieffdegersdorff dimidium, in Deussene triginta septem, in Ludeslene triginta tres, exceptis aliis jugeribus quae supersunt et unum molendinum, in Storquice septem mansos, in Zceulice XIV, in Namelickesdorff XXX, in Czeckendorff dimidium, in Querenvorde dimidium, quae sita sunt in episcopatu Alberstadensi et comitatu Palatini comitis Friderici, in Constebolde VIII mansos, in Modelwice V, in nova villa juxta illam VI, in Dhretis unum, in Droganice IV, in Bittine XIV, in Rureschezeze XII. Hi L mansi siti sunt in pago Orlon. In Sengenfeld VII, in' Durnoefeld IX, in alio Durnefeld unum, in Rothorff VIII, in Urthern unum, in Teubecke X, et unum molendinum, in Suegrestede V, in Vrauchenhusen II panstadel. Obeunte vero te, nunc ejusdem loci praeposito, vel tuorum quolibet successorum, nullus ibi qualibet subreptionis astutia vel violentia praeponatur, nisi quem fratres secundum Dei timorem regulariter providerint eligendum. Decernimus igitur ut nulli omnino hominum liceat praefatam ecclesiam temere perturbare aut ejus possessiones auferre, vel ablatas retinere, minuere, seu quibuslibet vexationibus fatigare, sed omnia integra conserventur eorum, pro quorum gubernatione et sustentatione concessa sunt, usibus omnimodis profutura, salva sedis apostolicae auctoritate et dioecesani episcopi canonica justitia. Si qua igitur in futurum ecclesiastica saecularisve persona, hanc nostrae constitutionis paginam sciens, contra eam temere venire tentaverit, secundo tertiove commonita si non satisfactione congrua emendaverit, potestatis honorisque sui dignitate careat, reamque se divino judicio existere de perpetrata iniquitate cognoscat, et a sacratissimo corpore ac sanguine Domini nostri Redemptoris Jesu Christi aliena fiat, atque in extremo examine districtae ultioni subjaceat. Cunctis autem eidem loco justa servantibus sit pax Domini nostri Jesu Christi, quatenus et hic fructum bonae actionis percipiant, et apud districtum judicem praemia aeternae pacis inveniant. Amen.

Datum Paviae (3) per manum Roberti sanctae Romanae Ecclesiae presbyteri cardinalis et cancellarii, XIII Kal. April., indictione VIII, Incarnationis Dominicae anno 1144, pontificatus vero domni Eugenii III papae anno primo.

VI.

Ad Alvisum Atrebatensem episcopum.

(Anno 1145, April. 1.)

[BALUZ., *Miscell.* II, 169.]

EUGENIUS episcopus, servus servorum Dei, venerabili fratri ALVISO Atrebatensi episcopo, salutem et apostolicam benedictionem.

Controversia quae inter te et Hermarum presbyterum super pecunia quam frater suus tibi furto abstulerat, et tu ab ipso requirebas, agebatur tam litterarum Capituli tui attestatione quam ejusdem presbyteri et nuntiorum tuorum viva relatione diligenter attendimus. Auditis igitur utriusque partis rationibus, et scriptis studiose inspectis, de fratrum nostrorum consilio judicavimus ut idem presbyter salvo honore et ordine suo eamdem pecuniam, sicut juravit, tibi restituat, tu vero, quia eumdem presbyterum absque gravamine ad sedem apostolicam appellasti, rationabiles expensas viae sibi restituas.

Datum apud civitatem Castellanam, Kal. Aprilis.

VII.

Fratrum S. Frigdiani Lucensium privilegium confirmat, ut ex eorum numero diaconi cardinales S. Mariae Novae sumantur.

(Anno 1145, April. 5.)

[*Bullar. Lat.*, 28.]

VIII.

Privilegium pro monasterio S. Mariae de Carcere.

(Anno 1145, April. 8.)

[MITTARELLI, *Annal. Camaldul.*, III, App. 418, ex apographis S. Michaelis de Muriano.]

EUGENIUS episcopus, servus servorum Dei, dilectis filiis DOMINICO priori Sanctae Mariae de Carcere ejusque fratribus tam praesentibus quam futuris, regularem vitam professis, in perpetuum.

Quoties illud a nobis petitur, quod religioni et honestati convenire monstratur animo nos decet libenti concedere, et petentium desideriis congruum impertiri suffragium. Eapropter, dilecti in Domino filii, venerabilis fratris nostri Bellini Paduani episcopi precibus inclinati, vestris justis postulationibus clementer annuimus, et ecclesiam Beatae Mariae de Carcere, in qua divino mancipati estis obsequio, sub beati Petri et nostra protectione suscipimus, et praesentis scripti privilegio communimus,

---

(3) Fortasse legendum *Narniae*.

statuentes ut quascunque possessiones, quæcunque bona eadem ecclesia, inpræsentiarum juste et canonice possidet, aut in futurum concessione pontificum, liberalitate regum, largitione principum, oblatione fidelium, seu aliis justis modis, Deo propitio, poterit adipisci, firma vobis vestrisque successoribus et illibata permaneant. In quibus hæc propriis duximus exprimenda vocabulis : Decimas omnium novalium, quæ jam facta sunt, et quæ in perpetuum fient in loco quem Caracetulum vocant, et in Aguciano; necnon in tota Scudasia et in Fracta. Quæcunque etiam a præfato episcopo et antecessore suo bonæ memoriæ Senebaldo vobis canonice concessa sunt, nihilominus confirmamus. Sententiam vero illam quam præfatus Bellinus episcopus super contentione, quæ inter vos et clericos Sanctæ Theclæ de Adeste de persona Ugonis Balistarii et filii ejus et bonis ipsius agebatur, legitime promulgavit, confirmamus et ratam manere censemus. Sancimus etiam ut ordo canonicus secundum B. Augustini Regulam et fratrum Portuensium institutionem ibidem institutus, per Dei gratiam, perpetuis temporibus inviolabiliter conservetur. Decernimus ergo ut nulli omnino hominum fas sit præfatum monasterium temere perturbare, aut ejus possessiones auferre, vel ablatas retinere, minuere, seu aliquibus vexationibus fatigare : sed omnia integra conserventur eorum, pro quorum gubernatione et sustentatione concessa sunt, usibus omnimodis profutura; salva diœcesani episcopi canonica justitia et sedis apostolicæ auctoritate. Si qua igitur in futurum ecclesiastica sæcularisve persona, hanc nostræ constitutionis paginam sciens, contra eam temere venire tentaverit, secundo tertiove commonita, nisi reatum suum congrua satisfactione correxerit, potestatis honorisque sui dignitate careat, reamque se divino judicio existere de perpetrata iniquitate cognoscat, et a sacratissimo corpore ac sanguine Dei et Domini Redemptoris nostri Jesu Christi aliena fiat, atque in extremo examine districtæ ultioni subjaceat. Cunctis autem eidem loco justa servantibus sit pax Domini nostri Jesu Christi, quatenus et hic fructum bonæ actionis percipiant, et apud districtum judicem præmia æternæ pacis inveniant. Amen.

FAC MECUM, DOMINE, † SIGNUM IN BONUM.

Ego Eugenius catholicæ Ecclesiæ episcopus ss.
Ego Conradus Sabinensis episcopus ss.
Ego Theodewinus Sanctæ Rufinæ episcopus ss.
Ego Petrus Albanensis episcopus ss.
Ego Gregorius presbyt. card. tit. Calixti ss.
Ego Gilbertus S. Romanæ Ecclesiæ presb. card. tituli Sancti Marci ss.
Ego Guido presb. card. Sanctorum Laurentii et Damasi ss.
Ego Nicolaus presb. card. Sancti Cyriaci ss.
Ego Manfredus presb. card. tit. Sanctæ Savinæ ss.

Ego Alibertus presb. card. tit. Sanctæ Anastasiæ ss.
Ego Julius presb. card. tit. Sancti Marcelli ss.
Ego Ubaldus presb. card. tit. Sanctæ Crucis ss.
Ego Gregorius diacon. card. Sanctorum Sergii et Bacchi ss.
Ego Wido diac. card. Sanctorum Cosmæ et Damiani ss.
Ego Octavianus diac. card. Sancti Nicolai in Carcere Tulliano ss.
Ego Rodulfus diac. card. Sanctæ Luciæ in Septa Solis ss.
Ego Gregorius diac. card. Sancti Angeli ss.
Ego Astoldus diac. card. Sancti Eustachii ss.
Ego Berardus diac. card. sanctæ Romanæ Ecclesiæ ss.
Ego Guido sanctæ Romanæ Ecclesiæ diac. card. ss.

Datum apud civitatem Castellanam per manum Roberti sanctæ Romanæ Ecclesiæ presbyteri cardinalis et cancellarii, VI Idus Aprilis, indictione VIII, Incarnationis Dominicæ anno 1145, pontificatus vero domni Eugenii III papæ anno primo.

IX.
Ad Guillelmum de Montepessulano.
(Anno 1145, April. 9.)
[GARIEL, *Series episc. Magalon.*, I, 122.]

EUGENIUS episcopus, servus servorum Dei, dilecto in Christo filio GUILLELMO de Montepessulano, salutem et apostolicam benedictionem.

Nulli laico, quantumlibet religioso, de ecclesiis, vel earum facultatibus aliquid disponendi, vel judicandi ulla unquam legitima attributa est facultas; in episcopum enim, et aliarum ecclesiasticarum personarum potestate et ordinatione debet consistere, et eorum usibus cedere; ideoque per apostolica tibi scripta mandamus, ut ecclesias de Montepessulano, videlicet S. Crucis, S. Nicolai, et alias factas vel faciendas, sicut de jure Magalonensis Ecclesiæ esse dignoscuntur, in episcopi et clericorum ipsius ecclesiæ, sicut justum est, libera dispositione permittas, nec deponendis in eis sacerdotibus, vel removendis introducas; jura Magalonensis Ecclesiæ, quæ burgenses de Montepessulano coacte ab eadem ecclesia detinebant, eidem ecclesiæ integre restituas.

Datum apud civitatem Castellanam, quinto Idus Aprilis, pontificatus nostri anno sexto (4).

X.
Privilegium confirmans libertatem et omnia bona Ecclesiæ Majoris Monasterii.
(Anno 1145, April. 9.)
[BOCHELLUS, *Gregorii Turonensis Opera*. Paris, 1610, in-18. Append., p. 130.]

EUGENIUS episcopus, servus servorum Dei, GARNERO abbati Majoris Monasterii Beati Martini, ejusque fratribus tam præsentibus quam futuris regularem vitam professis in Christum.

---

(4) Clausulæ perperam addita sunt verba : *pontificatus nostri anno sexto.*

Cum universis Catholicæ Ecclesiæ filiis debitores ex injuncto nobis a Deo apostolatus officio existamus, illis tamen qui ad sedem apostolicam specialius pertinere noscuntur, propensiori nos convenit charitatis studio imminere. Proinde, dilecti in Christo filii, vestris justis postulationibus debita benignitate gratum impertientes assensum, tum pro beati Christi confessoris Martini devotione ac reverentia, tum pro veræ religionis prærogativa, præfatum monasterium ab eodem glorioso confessore Christi Martino ædificatum, ad exemplar prædecessorum nostrorum sanctæ memoriæ Urbani, Paschalis et Calixti secundi Romanorum pontificum in apostolicæ sedis tutelam et protectionem suscepimus specialiter confovendum, statuentes ut quascunque possessiones, quæcunque bona idem cœnobium inpræsentiarum juste et canonice possidet, aut in futurum concessione pontificum, largitione regum vel principum, oblatione fidelium, seu aliis justis modis, Deo propitio, poterit adipisci, firma vobis vestrisque successoribus et illibata permaneant. In quibus hæc propriis duximus exprimenda vocabulis : In pago Carnotensi, ecclesiam Sancti Martini de Valle cum ecclesiis, decimis, et omnibus ad ipsam pertinentibus. In pago Suessionensi ecclesiam Sanctæ Mariæ de Castellione cum pertinentiis suis, et ecclesiam Sanctorum martyrum Rufini et Valerii cum omnibus ad ipsam pertinentibus. In episcopatu Tricassino ecclesiam Sanctæ Mariæ de Ramerenco cum ecclesiis, decimis et omnibus ad ipsam pertinentibus ; ecclesiam Sancti Stephani de Arcensi cum pertinentiis suis; ecclesiam Sancti Petri de Rassermis cum pertinentiis suis; ecclesiam Sanctæ Susannæ, ecclesiam Sancti Naboris cum earum pertinentiis. In episcopatu Constantiensi ecclesiam Sancti Germani de Healvilla; ecclesiam Sancti Petri de Buevilla; ecclesiam Sancti Petri de Herevilla, et partem decimæ quam habetis in parochia de Guastevilla; ecclesias quoque de insula Greneliaci, S. Petri Portuensis, Sanctæ Mariæ Torevillæ, Sancti Sansonis, Sanctæ Trinitatis, S. Andreæ, Sancti Martini de Laberlussa cum earum pertinentiis. In episcopatu Exoniensi Harpesford et nota Wella. In episcopatu Lincolniensi Vuingla ; in episcopatu Burdegalensi ecclesiam S. Dionysii cum pertinentiis suis. In episcopatu Vasatensi ecclesiam Sanctæ Mariæ Magdalenæ cum pertinentiis suis. In episcopatu Parisiensi ecclesiam Sancti Nicolai de Gunsiaco cum pertinentiis suis. In episcopatu Aterensi ecclesiam S. Martini de Castello Goscelini cum omnibus pertinentiis suis, et ea quæ habetis in ecclesia Sanctæ Mariæ ejusdem castri ; ecclesiam de Miniaco de Podrohoit..... cum omnibus ad eam pertinentibus; ecclesiam Sancti Petri de Imphintic cum pertinentiis suis, et ecclesiam de Talenceæ cum pertinentiis suis, et ecclesiam quam habetis in castro de Ploasmel. In episcopatu Cenomanensi ecclesiam Sancti Hippolyti de Vivonio cum ecclesiis, decimis et omnibus ad ipsam pertinentibus ; ecclesiam Sancti Albini de Vineis ; ecclesiam Sanctæ Mariæ de Noio cum pertinentiis earum. In episcopatu Pictaviensi, ecclesias de Quidmicheriis cum pertinentiis suis : salva episcoporum, in quorum parochiis præfatæ ecclesiæ sitæ sunt, canonica justitia. In parochialibus vero ecclesiis quas tenetis, presbyteros eligatis, quibus, si idonei fuerint, episcopi parochiæ curam committant, aut ejusmodi sacerdotes de plebis quidem cum episcopo rationem, vobis autem pro rebus temporalibus debitam subjectionem exhibeant. Obeunte vero te nunc ejusdem loci abbate, vel tuorum quorumlibet successorum, nullus ibi qualibet subreptionis astutia seu violentia præponatur, nisi quem fratres communi consensu, vel fratrum pars consilii sanioris de collegio vestro donec ibi idoneus inventus erit, secundum Dei timorem et beati Benedicti Regulam providerint eligendum. Electus ad Romanum pontificem vel ad quem malueritis, catholicum episcopum secundum constitutionem prædicti domini nostri Paschalis papæ consecrandus accedat ; qui apostolicæ sedis fultus auctoritate, quod postulatur indulgeat. Chrisma, oleum sanctum, ordinationes monachorum qui ad sacros fuerunt ordines promovendi locorum vestrorum fratres ab episcopis in quorum diœcesibus sunt acceptati, si quidem gratiam atque communionem apostolicæ sedis habuerint, et si eam gratiam sine pravitate noluerint exhibere a quo maluerint catholico episcopo consecrationis sacramenta suscipiant. Sane missas publicas per archiepiscopum aut episcopum quemlibet in præfato monasterio celebrari, aut stationem fieri omnimodo prohibemus, ne in servorum Dei recessibus popularibus occasio præbeatur ulla conventibus. Interdicimus etiam ne quis ejusdem loci monachos in aliquam ecclesiam ad stationem, aut exsequias celebrandas, præter suam et abbatis voluntatem, compellat. Adjicientes et cupientes ne quisquam deinceps archiepiscopus aut episcopus Beati Martini Majus Monasterium, aut ipsius Majoris Monasterii monachos pro ulla causa ullo in loco excommunicare præsumat. Sed omnis eorum causa gravior ex apostolicæ sedis judicio pendeat. Nec cellarum vestrarum ubilibet positarum fratres pro qualibet interdictione vel excommunicatione divinorum officiorum suspensionem patiantur. Sed tam monachi quam et famuli eorum, et qui se monasticæ professioni devoverunt clausis ecclesiarum januis, non admissis diœcesanis, divinæ servitutis officia celebrent, et sepulturæ debita peragant. Ad hæc adjicimus ut idem Beati Martini monasterium ab omnium mortalium subjectione liberum, Domino annuente, permaneat ; solique Romanæ Ecclesiæ subditum de tanta libertate atque auctoritate gaudeat. Confirmamus etiam vobis universa quæ per authentica prædecessorum nostrorum Romanorum pontificum privilegia confirmata sunt. Nulli ergo omnino hominum liceat præfatum monasterium temere perturbare, aut ejus possessiones auferre, vel ablatas retinere, minuere, vel temerariis vexationibus fatigare, sed omnia integra conserventur eorum, pro quorum sustentatione et gubernatione concessa sunt, usibus omnimodis profutura, salva in omnibus apostolicæ sedis auctoritate. Si qua igitur in futurum ecclesiastica sæcularisve persona, hanc nostræ constitutionis paginam sciens, contra eam temere venire tentaverit, secundo tertiove commonita, si non satisfactione congrua emendaverit, potestatis honorisque sui dignitate careat, reamque se divino judicio existere de perpetrata iniquitate cognoscat; et a sacratissimo corpore ac sanguine Dei et Domini Redemptoris nostri Jesu Christi aliena fiat, atque in extremo examine districtæ ultioni subjaceat. Cunctis autem eidem loco justa servantibus sit pax Domini nostri Jesu Christi, quatenus et hic fructum bonæ actionis percipiant, et apud districtum judicem præmia æternæ pacis inveniant. Amen, amen, amen.

Ego Eugenius catholicæ Ecclesiæ episcopus ss.

Ego Gregorius presbyter cardinalis tit. Sancti Calixti ss.

Ego Guido presbyter cardinalis tit. Sanctorum Laurentii et Damasi ss.

Ego Manfredus presbyt. cardinalis tit. Sanctæ Sayinæ ss.

Ego Alibertus presbyter cardinalis tit. Sanctæ Anastasiæ ss.

Ego Ubaldus presbyter cardinalis tit. Sanctæ Crucis in Jerusalem ss.

Ego Guido presbyter cardinalis tit. Pastoris ss.

Ego Conradus Sabinensis episcopus ss.

Ego Theodewinus...... Sanctæ Rufinæ episcopus ss.

Ego Petrus Albanensis episcopus ss.

Ego Gregorius diaconus cardinalis Sanctorum Sergii et Bacchi ss.

Ego Guido diaconus cardinalis Sanctorum Cosmæ et Damiani ss.

Ego Octavianus diaconus cardinalis Sancti Nicolai in Carcere Tulliano ss.

Ego Petrus diaconus cardinalis Sanctæ Mariæ in Porticu ss.

Ego Rodolphus diaconus cardinalis Sanctæ Luciæ in Septa Solis ss.

Ego Gregorius diaconus cardinalis Sancti Angeli ss.

Ego Joannes cardinalis Sanctæ Mariæ Moriæ (sic) ss.

Ego Astaldus diaconus cardinalis Sancti Eustachii juxta templum Agrippæ ss.

Ego Berardus diac. cardin. sanctæ Romanæ Ecclesiæ ss.

Ego Bernardus diac. cardin. sanctæ Romanæ Ecclesiæ ss.

Datum apud civitatem Castellanam per manum Roberti sanctæ Romanæ Ecclesiæ presbyteri cardinalis et cancellarii, v Idus Aprilis, indictione VIII, Incarnationis Dominicæ anno 1145, pontificatus vero domni Eugenii III papæ anno primo.

XI.

Alviso episcopo Atrebatensi mandat ut de matrimonio Balduini de Rispens et Mathildis de Albiniaco decernat.

(Anno 1145, April. 22.)

[D. BOUQUET, *Recueil*, XV, 426.]

EUGENIUS episcopus, servus servorum Dei, venerabili fratri ALVISO Atrebatensi episcopo, salutem et apostolicam benedictionem.

Et litteris et viva voce nobis significasti quod quidam parochiani tui, Balduinus videlicet de Rispens et Mathildis de Albiniaco, contra prohibitionem tuam ausu temerario matrimonium contrahere attentaverunt; super quo cum ad exsequendam justitiam ante tuam forent evocati præsentiam, pars viri armata manu tuo se conspectui præsentavit, et antequam causam ingrederetur, muliere quam contra prohibitionem episcopi duxerat reinvestiri postulavit; in quibus altera pars se gravari præsentiens, ad sedem apostolicam appellavit, et statuto termino, videlicet *Lætare Hierusalem*, nuntium suum ad nostram præsentiam destinavit. Pars viri nec venit nec excusationem prætendit. Quia igitur de absentia lucrari non debet, per apostolica tibi scripta mandamus ut causa ipsa in eodem statu permanente, utramque partem ante tuam evoces præsentiam, et absque ulla reinvestitione causam ipsam hinc inde diligenter audias et remota appellatione canonice diffinias. Quod si ordine judiciario separatio ipsa fuerit confirmata, quod pro dote illius mulieris viro datum est, sicut justitia exigit, integre restitui facias. Si vero quælibet pars se contumaciter absentaverit, canonicam de ipsis justitiam facias.

Datum Viterbii, x Kal. Maii.

XII.

Elargitio privilegiorum monasterio S. Salvatoris Papiensis diœcesis, ordinis Casinensis, quod sanctæ Romanæ Ecclesiæ subjectum tantummodo declaratur.

(Anno 1145, April. 24.)

[MARGARINI *Bullar. Casin.*, II, 162.]

EUGENIUS episcopus, servus servorum Dei, dilecto in Christo filio OBERTO abbati monasterii S. Salvatoris secus Papiam siti, ejusque successoribus regulariter substituendis, in perpetuum.

Ad hoc nobis a Deo pastoralis officii sic cura commissa est, ut quieti et utilitati omnium ecclesiarum paterna debeamus sollicitudine providere, et ne pravorum hominum fatigentur molestiis, eas auctoritate nostræ sedis communire. Quapropter, in Christo dilecte fili Oberte abbas, tuis rationabilibus postulationibus assensum præbentes, monasterium Domini Salvatoris, cui Deo auctore præsides, cum omnibus ad ipsum pertinentibus ad exemplum prædecessorum nostrorum felicis memoriæ, Joannis, Benedicti, Paschalis, Calixti, Honorii, Innocentii et Lucii Romanorum pontificum, sub beati Petri tutela et apostolicæ sedis defensione suscipimus, et præsentis scripti privilegio communimus. Quod nimirum coenobium ab Adeleyda imperatrice augusta benignissima pietate renovatum, et ejus liberalitate amplissimis possessionibus ditatum esse cognovimus : statuentes itaque, ut quascunque possessiones, quæcunque bona idem monasterium inpræsentiarum juste et canonice possidet, aut in futurum concessione pontificum, largitione regum vel principum, oblatione fidelium, sive aliis justis modis, Deo propitio, poterit adipisci, firma vobis vestrisque successoribus, et illibata permaneant. In quibus hæc propriis duximus exprimenda vocabulis : Castrum Monticelli cum duabus capellis et omnibus suis pertinentiis; curtem Olonæ cum capella Sancti Anastasii, et omnibus sibi pertinentibus; curtem Baseregutiæ cum baptismali ecclesia in honorem sanctæ Mariæ constructa, et capella una cum omnibus sibi pertinentibus; curtem Frixinatiæ cum capella una et omnibus sibi pertinentibus; curtem Melariæ cum plebe S. Michaelis, et ecclesia Sancti Stephani, et Sancti Martini, et omnibus sibi pertinentibus; curtis Herbariæ medietatem, et plebem S. Faustini cum omnibus ad ipsas medietates et plebem pertinentibus, viridarium infra portam Sancti Joannis, et prope Palatinam portam situm, cum duabus capellis : una in honore sancti Laurentii, et altera in honore sanctæ Mariæ constructis; curtem Garlaschi cum capella una Sanctæ Mariæ, cum honore, et districto per duo milliaria in circuitu; in Maringo ecclesiam unam in honore sancti Martini, et capellam unam in honore sanctæ Mariæ constructam, cum omnibus ad ipsas pertinentibus; cellam Sanctæ Honoratæ cum omnibus suis pertinentiis, medietatem curtis Corianæ cum capella una, et omnibus sibi pertinentibus; curtem Armentariæ cum capella una, et omnibus sibi pertinentibus. Sane obeunte te, nunc abbate ejusdem monasterii, nullus ibi qualibet subreptionis astutia abbatem ibi eligere præsumat, nisi quem fratres communi consensu, vel pars consilii sanioris, secundum Dei timorem et beati Benedicti Regulam, providerint eligendum. Electus autem a Romano pontifice consecretur. Chrisma, oleum sanctum, consecrationes altarium seu basilicarum, ordinationes monachorum, seu canonicorum vestrorum qui ad sacros ordines fuerint promovendi, a quo malueritis, suscipiatis episcopo, siquidem catholicus fuerit, et gratiam sanctæ apostolicæ sedis habuerit. Porro in ecclesiis eidem monasterio pertinentibus, scilicet in ecclesia Sancti Martini de Maringo, et in ecclesia Sancti Anastasii Olonæ, et in ecclesia Sancti Salvatoris Monticelli, baptismum apostolica auctoritate concedimus, et in aliis ecclesiis eidem monasterio pertinentibus, in quibus usque ad hæc tempora constat esse celebratum. Sane laborum vestrorum, quos propriis manibus aut sumptibus excolitis, vel de vestrorum animalium nutrimentis decimas nullus clericus, vel laicus a vobis exigere præsumat. Usum quoque caligarum, sandaliorum, chirothecarum, et mitræ, sicut per prædecessorum nostrorum authentica privilegia tibi tuisque successoribus concessum esse dignoscitur, et nos ex liberalitate sedis apostolicæ concedimus. Ad hæc præsenti capitulo adjicientes, ut præfatum coenobium sub nullius ecclesiæ ditione permaneat, sed solum sanctæ apostolicæ sedis obnoxium existat. Decernimus ergo ut nulli episcopo, vel alicui omnino hominum liceat præfatum monasterium temere perturbare, aut ejus possessiones auferre, vel ablatas retinere, minuere, seu quibuslibet vexationibus fatigare; sed omnia integre conserventur eorum, pro quorum gubernatione et sustentatione concessa sunt, usibus omnimodis profutura; salva in omnibus sedis apostolicæ auctoritate. Si qua igitur in futurum ecclesiastica sæcularisve persona, hanc nostræ constitutionis paginam sciens, contra eam temere venire tentaverit, secundo tertiove commonita, si non satisfactione congrua emendaverit, potestatis honorisque sui dignitate careat, reamque se divino judicio existere de perpetrata iniquitate cognoscat, et a sacratissimo corpore ac sanguine Dei et Domini Redemptoris nostri Jesu Christi aliena fiat, atque in extremo examine districtæ ultioni subjaceat. Cunctis autem eidem loco sua jura servantibus sit pax Domini nostri Jesu Christi, quatenus et hic fructum bonæ actionis percipiant et apud districtum judicem præmia æternæ pacis inveniant. Amen, amen, amen.

Ego Eugenius catholicæ Ecclesiæ episcopus ss.
Ego Theodewinus Sanctæ Rufinæ episcopus ss.
Ego Conradus Sabinensis episcopus ss.
Ego Petrus Albanensis episcopus ss.
Ego Gregorius presbyter cardinalis tituli S. Calixti ss.
Ego Guido presb. card. tit. S. Chrysogoni ss.
Ego Ubaldus presbyt. card. tit. S. Crucis in Hierusalem ss.
Ego Villanus presb. card. tit. S. Stephani in Coelio monte ss.
Ego Gregorius diaconus cardinalis Sanctorum Sergii et Bacchi ss.
Ego Otto diaconus cardinalis Sancti Georgii ad Velum Aureum ss.
Ego Guido diac. card. tit. SS. Cosmæ et Damiani ss.
Ego Octavianus diaconus card. S. Nicolai in Carcere Tulliano ss.
Ego Joannes diaconus card. S. Mariæ Novæ ss.

Datum Viterbii per manum Roberti sanctæ Romanæ Ecclesiæ presbyteri cardinalis et cancellarii, VIII Kal. Maii, indictione VIII, Incarnationis Dominicæ anno 1145, pontificatus vero domni Eugenii III papæ anno I.

XIII.

Privilegium pro monasterio S. Petri Perusini.
(Anno 1145, April. 25.)
[MARGARINI, *Bullar. Casin.*, II, 164.]

EUGENIUS episcopus, servus servorum Dei, dilectis filiis BERNARDO abbati monasterii Sancti Petri, quod secus Perusinam civitatem situm est, ejusque fratribus tam præsentibus quam futuris, regularem vitam professis, in perpetuum.

Desiderium quod ad religionis propositum, et animarum salutem pertinere monstratur, animo nos decet libenti concedere, et petentium desideriis congruum impertiri suffragium. Eapropter, dilecti in Domino filii, vestris justis postulationibus clementer annuimus, atque prædecessorum nostrorum vestigiis inhærentes, præfatum monasterium in quo divino mancipati estis obsequio, apostolicæ sedis privilegio communimus; statuentes, ut quascunque possessiones, quæcunque bona idem locus in præsentiarum juste et legitime possidet, aut in futurum concessione pontificum, largitione principum, oblatione fidelium, seu aliis justis modis, Deo propitio, poterit adipisci, vobis vestrisque successoribus firma et illibata permaneant tam in ecclesiis, quam in cellis, curtibus, plebibus, monasteriis, fundis atque casalibus. In quibus utique hæc propriis nominibus duximus exprimenda: Plebem Sancti Constantii, Sancti Rufini, Sancti Martini et Sancti Joannis; plebem Sancti Martyrii: ecclesiam Sancti Benedicti in Agellione cum suis pertinentiis, ecclesiam Sancti Justini cum curte sua, ecclesiam Sancti Andreæ et Sancti Angeli de Aliano cum suis pertinentiis, ecclesiam Sanctæ Mariæ in Petiniano et Sancti Clementis, curtem de Casale, curtem de Petroniano, et quod vobis pertinet de curte et ecclesia Sancti Donati in civitella. Necnon terram Hugonis nepotis Bernonis de Monte Nigro. Apostolicæ quoque sedis tibi munimine confirmamus ecclesias sanctorum Apollinaris, Blasii et Montani cum suis pertinentiis, salvo annuo censu Farfensis Ecclesiæ. Quin etiam confirmamus massas tres, in comitatu Perusino positas, unam quæ vocatur Pusulo, alteram Filontio, et aliam quæ nuncupatur Casalina, cum ecclesiis, casis, vineis, campis, hortis, montibus cultis et incultis, et omnibus suis pertinentiis; monasterium Sancti Angeli In comitatu Assisinate: in loco qui dicitur Limisano, cum cellis, capellis et omnibus sibi pertinentibus; ecclesiam Sancti Archangeli, sitam juxta locum Perusinum; monasterium Sancti Salvatoris in Potale, monasterium Sancti Petri in Poliano cum universis eorum pertinentiis; ecclesia Sancti Sylvestri in Murcelle, ecclesiam Sancti Donati, jus quod habetis in agello, ecclesiam Sanctæ Mariæ in Podio cum suis pertinentiis, ecclesiam Sancti Pauli in Monticello, ecclesiam Sancti Petri de Petroniano, cum curte sua, hospitale quoque quod ante portam Sancti Petri situm est, quemadmodum a prædecessore nostro felicis memoriæ papa Lucio vobis restitutum est: salvo jure Dominici Sepulcri, castrum quod vocatur Fracta filiorum Azonis. Sane chrisma, oleum sanctum, consecrationes altarium, seu basilicarum, ordinationes monachorum qui ad sacros ordines fuerint promovendi, et clericorum ad idem monasterium pertinentium, a diœcesano accipietis episcopo, si quidem catholicus fuerit, et si ea gratis ac sine pravitate voluerit exhibere; alioquin liceat vobis catholicum quem malueritis adire antistitem, qui nimirum nostra fultus auctoritate, quæ postulatis indulgeat. Obeunte vero te, nunc ejusdem loci abbate, vel tuorum quolibet successorum, nullus ibi qualibet subreptionis astutia seu violentia præponatur, nisi quem fratres communi consensu, vel fratrum pars consilii sanioris, secundum Dei timorem, et beati Benedicti Regulam elegerint, a Romano pontifice consecrandum. Missas autem publicas in eodem monasterio per episcopum fieri, vel stationes, aut ordinationes aliquas celebrari, præter abbatis ac fratrum voluntatem omnimode prohibemus; ne in servorum Dei recessibus occasio popularibus præbeatur ulla conventibus. Nec ulli episcopo facultas sit, præter Romani pontificis conniventiam, idem cœnobium aut ejus cellas gravare, interdicere, vel excommunicare, seu exactiones novas imponere, nec sæcularium procerum cuiquam liceat fodrum, vel aliud servitium ab eodem monasterio aut ejus pertinentiis extorquere, salvo nimirum jure ac dominio sanctæ Romanæ Ecclesiæ. Decernimus ergo, ut nulli omnino hominum liceat eamdem ecclesiam temere perturbare, aut ejus possessiones auferre, vel ablatas retinere, seu injuste datas suis usibus vindicare; vel temerariis vexationibus fatigare; sed omnia integra conserventur eorum, pro quorum gubernatione et sustentatione concessa sunt, usibus omnimodis profutura. Si qua igitur in futurum ecclesiastica sæcularisve persona, hanc nostræ constitutionis paginam sciens, contra eam temere venire tentaverit, secundo tertiove commonita, si non satisfactione congrua emendaverit, potestatis honorisque sui dignitate careat, reamque se divino judicio existere de perpetrata iniquitate cognoscat, et a sacratissimo corpore ac sanguine Dei ac Domini Redemptoris nostri Jesu Christi aliena fiat, atque in extremo examine districtæ ultioni subjaceat. Cunctis autem eidem loco justa servantibus sit pax Domini nostri Jesu Christi, quatenus et hic fructum bonæ actionis percipiant, et apud districtum judicem præmia æternæ pacis inveniant. Amen, amen, amen.

Ego Eugenius catholicæ Ecclesiæ episcopus ss.
Ego Theodewinus Sanctæ Rufinæ episcopus ss.
Ego Conradus Sabinensis episcopus ss.
Ego Gregorius presbyt. card. tit. S. Calixti ss.
Ego Guido presb. card. tit. SS. Laurentii et Damasi ss.
Ego Nicolaus presb. card. tit. S. Cyriaci ss.
Ego Manfredus presb. card. tit. S. Sabinæ ss.
Ego Julius presb. card. tit. S. Marcelli ss.

Ego Gregorius diac. card. tit. SS. Sergii et Bacchi ss.

Datum Viterbii per manum Roberti sanctæ Romanæ Ecclesiæ presbyteri cardinalis et cancellarii, VII Kal. Maii, indict. VIII, Incarnationis Dominicæ anno 1145, pontificatus domni Eugenii III papæ anno I.

XIV.

Privilegium pro monasterio S. Bertini Sithiensis.

(Anno 1145, April. 25.)

[*Collect. des Cart.*, III, 320.]

EUGENIUS episcopus, servus servorum Dei, dilecto filio LEONI abbati Sancti Bertini, ejusque successoribus, etc., *ut supra in privilegio Cœlestini papæ* (4*). Item in parochia Tarvanensi, villam de Vinserna, cum terris suis et wastinis, quæ extenditur usque ad terminos de Edekin et Longuenesse; ecclesiam de Osclara, ecclesiam de Vuarnestun, ecclesiam Sanctæ Mariæ, quæ dicitur Eggafridi capella; ecclesiam de Haveskerke, et decimam Sancti Martini; decimam Sancti Michaelis, decimam de Longanessa, decimam de Edekin, decimam de Tilleke, etc... *Iterum, ut supra, in jam dicto Cœlestini papæ privilegio.* Quod autem de capella et cœmeterio leprosorum de Broburg, a venerabili fratre nostro Milone, Morinensi episcopo, rationabiliter statutum est et scripto suo firmatum, confirmamus et ratum manere censemus; ita videlicet, ut in eadem capella leprosis tantum et sibi servientibus divinum celebretur officium; atque in cœmeterio nullus nisi leprosus sepeliatur, nec ad conversionem ibidem nemo nisi leprosus recipiatur. Item in Atrebatensi parochia, altare de Barlin, quod venerabilis frater noster Alvisus, Atrebatensis episcopus, tibi tradidit; in Noviomensi episcopatu, altare de Runbeka, liberum a personatu, salvis justitiis episcopi: libus. Stationes, etc... *Usque in finem, ut supra in privilegio Innocentii* (5).

Ego Eugenius, Catholicæ Ecclesiæ episcopus, subscripsi.

Data Viterbii, per manum Roberti, sanctæ Romanæ Ecclesiæ presbyteri cardinalis et cancellarii, VII Kal. Maii, indictione VIII, Incarnationis Dominicæ anno 1145, pontificatus vero domni Eugenii tertii papæ anno primo.

Signatum cum circulo.

In ejus circuitu scribitur : FAC MECUM, DOMINE, SIGNUM IN BONO; *et in medio dicti circuli :* SANCTUS PETRUS. SANCTUS PAULUS. EUGENIUS PAPA TERTIUS.

(4*) Vide in CŒLESTINO papa, sub num. 30, *Patrolog.* t. CLXXIX.

XV—XVI.

Monasterii S. Bertini Sithiensis et Theoderici, Flandriæ comitis de Henchin ad Berquariam concambium, et ejusdem monasterii de electione Alchiasensi privilegium confirmat.

(Anno 1145, April.)

[Iperii *Chron. S. Bertini*, ap. MARTÈNE *Thesaur.* III, 640.]

Domnus Leo abbas tertio Romam tendit, et ab Eugenio papa judicium et privilegia prædicta iterum confirmari et renovari impetravit; in quo nobis nominatim multa confirmat, sicut de electione nostra, et de electione Alchiasensi, de sacerdotibus in parochialibus ecclesiis nostris instituendis, et ne episcopus in hoc monasterio stationem faciat, etc., quod sic incipit : EUGENIUS, etc. *Justitiæ et vacationis*, etc. *Datum anno Domini* 1145. Item, aliud privilegium confirmans concambium inter nos et comitem Flandriæ Theodericum, de Henchin ad Berquariam, quod sic incipit : EUGENIUS, etc. *Apostolicæ sedis*, etc. *Datum, ut supra.* Item, aliud de electione Alchiacensi, quod incipit : EUGENIUS, etc. *Apostolicæ sedis*, etc. *Datum ut supra.*

XVII.

Monasterium S. Georgii Pragæ in sedis apostolicæ protectionem, suscipit ejusque possessiones confirmat.

(Anno 1145, April. 28.)

[BOCZEK, *Codex dipl. Morav.*, I, p. 233.]

EUGENIUS episcopus, servus servorum Dei, dilectis in Christo filiabus BERTÆ abbatissæ Sancti Georgii, ejusque sororibus tam præsentibus quam futuris, regularem vitam professis, in perpetuum.

Religiosis desideriis dignum est facilem præbere consensum, ut fidelis devotio celerem sortiatur effectum. Eapropter, dilectæ in Domino filiæ, pro his quæ de religione et honestate vestra per venerabilem fratrem nostrum Henricum Moraviensem episcopum, religiosum et honestum virum intelleximus, preces ipsius pro vobis paterna benignitate admittimus, et Beati Georgii ecclesiam, quæ in Pragensi civitate sita est, in qua postpositis sæcularibus et mundi illecebris pro cœlestis regni desiderio inclusæ divino vacatis servitio, sub beati Petri et nostra protectione suscipimus, et præsentis scripti privilegio communimus, statuentes ut quascunque possessiones, quæcunque bona ex dono vel concessione nobilis viri Wladislai Boemorum ducis, in præsentiarum juste et canonice possidetis, aut in futurum concessione pontificum, largitione regum vel principum, oblatione fidelium, seu aliis justis modis, Deo propitio, poteritis adipisci, firma vobis vestrisque succedentibus et illibata permaneant. Decernimus ergo ut nulli omnino hominum liceat præfatam Ecclesiam temere perturbare, aut ejus possessiones auferre, vel ablatas retinere,

(5) Vide inter epist. Innocentii II, *Patrolog.* t. CLXXIX, sub num. 398.

minuere, aut aliquibus vexationibus fatigare; sed omnia integra conserventur vestris et aliorum, pro quorum gubernatione et sustentatione concessa sunt, usibus omnimodis profutura, salva sedis apostolicæ auctoritate et Pragensis episcopi canonica justitia. Si qua igitur in futurum ecclesiastica sæcularisve persona, hanc nostræ concessionis paginam sciens, temere contra eam venire, et inclusionem vel quietem vestram perturbare tentaverit, secundo tertiove commonita, si non satisfactione congrua emendaverit, potestatis honorisque sui dignitate careat, reamque se divino judicio existere de perpetrata iniquitate cognoscat et a sacratissimo corpore et sanguine Dei et Domini nostri Jesu Christi aliena fiat, atque in extremo examine districtæ ultioni subjaceat. Cunctis autem eidem loco justa servantibus, sit pax Domini nostri Jesu Christi, quatenus et hic fructum bonæ actionis percipiant, et apud districtum judicem præmia æternæ pacis inveniant. Amen, amen, amen.

(S. M.) Ego Eugenius Catholicæ Ecclesiæ episcopus subscripsi.

Ego Conradus Sabinensis episcopus ss.

Ego Theodewinus Sanctæ Rufinæ episcopus, ss.

Ego Gregorius presbyt. cardinalis tituli Calixti subscripsi.

Ego Guido presbyt. cardin. tituli Sancti Gregorii ss.

Ego Thomas presbyt. cardin. tit. Vestinæ ss.

Ego Gregorius diaconus cardinalis SS. Sergii et Bacchi ss.

Ego Otto diacon. cardin. S. Georgii ad Velum Aureum ss.

Ego Guido diaconus cardinalis SS. Cosmæ et Damiani ss.

Ego Octavianus diac. card. Sancti Nicolai in Carcere Tulliano ss.

Ego Joannes diaconus cardinalis Sancti Adriani ss.

Datum Biterbii per manum Roberti sanctæ Romanæ Ecclesiæ presbyteri cardinalis et cancellarii, iv Kal. Maii, indict. viii, Incarnationis Dominicæ anno 1145, pontificatus vero domni Eugenii III papæ anno primo.

XVIII.

Ad Bartholomæum Laudunensem et U[rsionem] abbatem S. Dionysii Remensis.

(Anno 1145, April. 29.)

[D. Bouquet, *Recueil*, XV, 427.]

Eugenius episcopus, servus servorum Dei, venerabili fratri Bartholomæo Laudunensi episcopo et dilecto filio U. abbati Sancti Dionysii Remensis, salutem et apostolicam benedictionem.

Fraternitati vestræ non exstat incognitum quoniam sicut Redemptor noster pax et veritas, ita pacem et veritatem admonuit diligendam. Constat itaque ipsum a Deo diligi qui veritatem, quæ Deus est, præsto est confiteri. Ut igitur super controversia quæ inter Alvisum Atrebatensem episcopum et G. Sancti Nicolai abbatem diutius agitata est debitus contentionis finis imponatur, per apostolica scripta in virtute obedientiæ vobis præcipiendo mandamus quatenus veritatem quam de ipso negotio novistis in præsentia venerabilium fratrum nostrorum Josleni Suessionensis et Milonis Morinensis episcoporum plene pronuntietis.

Datum Viterbii, iii Kal. Maii.

XIX.

Ludovico Francorum regi respondet se litteras ejus « debita benignitate » accevisse voluntatique ejus satisfecisse.

(Anno 1145, April. 29.)

D. Bouquet, *Recueil*, XV, 427.]

Eugenius episcopus, servus servorum Dei, charissimo in Christo filio Ludovico illustri Francorum regi, salutem et apostolicam benedictionem.

Nobilitatis tuæ litteras per venerabilem fratrem nostrum Alvisum Atrebatensem episcopum religiosum et honestum virum debita benignitate suscepimus, et preces tuas pro ipso libenter admisimus. Super his autem quæ de bonis juventutis tuæ initiis ab ipso et aliis religiosis viris accepimus paterno affectu gaudemus, et ut de sursum a Patre luminum, a quo bona cuncta procedunt, in bono initio tibi perseverantia tribuatur, Dominum deprecamur. Tu itaque, dilecte in Domino fili, præfatum fratrem nostrum pro beati Petri et nostra reverentia de charo chariorem habeas, atque Ecclesiæ et ecclesiasticis personis regni tibi a Domino commissi, sicut et decet regiam excellentiam, honorem et reverentiam exhibeas. Super hoc autem quod ex nostra parte tibi secretius intimabit ipsum tanquam me præsentem audias et opere compleas.

Datum Viterbii, iii Kal. Maii.

XX.

Donationes a Germaniæ proceribus, episcopis cæterisque factas monasterio Schyrensi in Bavaria confirmat.

(Anno 1145, April. 30.)

[Cocquelines, II, 287.]

Eugenius episcopus, servus servorum Dei, dilectis filiis Ulrico abbati monasterii S. Mariæ Schyren, quod in episcopatu Frisingensi situm est, ejusque fratribus tam præsentibus quam futuris, regularem vitam professis, in perpetuum.

Religiosis desideriis dignum est facilem præbere consensum, ut fidelis devotio celerem sortiatur effectum. Hujus rei gratia, dilecti in Domino filii, prædecessorum nostrorum felicis memoriæ Paschalis et Calixti Romanorum pontificum vestigiis inhærentes, vestris justis postulationibus clementer annuimus, et beatæ Dei genitricis semperque virginis Mariæ ecclesiam in qua divino mancipati estis obsequio sub beati Petri et nostra protectione suscipimus, et præsentis scripti pagina communimus; statuentes ut quascunque possessiones, quæcunque bona in præsentiarum juste atque canonice possidetis, au in futurum concessione pontificum, largitione regum, liberalitate principum, oblatione fidelium, sive aliis justis modis poteritis adipisci, firma vobis vestrisque successoribus et illibata permaneant. Locum Vispachave et Usinhoven, in quibus prius habitastis, sicut per præfatos prædecessores nostros confirmata sunt; quæcunque etiam in parochiis et in decimis ab episcopis vobis concessa sunt; et quidquid Otto Palatinus comes, ejusdem loci fundator, consentiente nobili femina Petrissa comitissa, et aliis quinque comitibus; et quidquid Haziga cum filiis suis Ekkardo, Bernhardo et Ottone comitibus, seu etiam illustris recordationis comes Paichtoldus, comes etiam Chunradus, et frater ejus Otto, Bernhard, et Ekkenandus aliique fideles Christi pro suarum animarum salute congregationi vestræ de suo jure obtulisse noscuntur, per præsentis scripti paginam vobis in perpetuum confirmamus. Chrisma, oleum sacrum, consecrationes altarium sive basilicarum, ordinationes monachorum, qui ad sacros ordines fuerint promovendi, a diœcesano accipietis episcopo, si sine pravitate exhibere voluerit, alioquin liceat vobis catholicum quem malueritis adire antistitem et ab eo consecrationum sacramenta suscipere, qui apostolicæ sedis fultus auctoritate, quæ postulantur, indulgeat. Obeunte vero te, nunc ejusdem loci abbate, vel tuorum quolibet successorum, nullus ibi qualibet subreptionis astutia seu violentia præponatur, nisi quem fratres communi consensu, vel fratrum pars consilii sanioris, vel de suo, vel de alieno, si oportuerit, collegio, secundum Dei timorem et beati Benedicti Regulam præviderint eligendum. Porro sepulturam loci vestri omnino liberam esse sancimus, ut eorum qui se illic sepeliri deliberaverint, devotioni et extremæ voluntati, nisi forte excommunicati sint, nullus obsistat. Sane advocatiam vobis secundum vestrum arbitrium, aliorumque religiosorum, et sani consilii virorum quem potissimum elegeritis, concedimus, qui timoris amorisque Dei respectu vestræ voluntati benigne provideat: ipse tamen si molestus vobis exstiterit, nostra auctoritate liceat vobis alium idoneum constituere. Porro nec ipsi, nec aliis facultas sit, advocatiam loci vestri sibi quasi hæreditariam vindicare, vel vobis renitentibus possidere. Ad indicium autem hujus a sede apostolica perceptæ protectionis, bizantium aureum nobis nostrisque successoribus annis singulis persolvetis. Decernimus ergo, ut nulli omnino hominum liceat præfatam Ecclesiam temere perturbare, aut ejus possessiones auferre, vel ablatas retinere, minuere, seu quibuslibet vexationibus fatigare; sed omnia integra conserventur eorum, pro quorum sustentatione et gubernatione concessa sunt, usibus omnimodis profutura, salva apostolicæ sedis auctoritate. Si qua igitur in futurum ecclesiastica sæcularisve persona, hanc nostræ constitutionis paginam sciens, contra eam temere venire tentaverit, secundo tertiove commonita, si non satisfactione congrua emendaverit, potestatis honorisque sui dignitate careat, reamque se divino judicio existere de perpetrata iniquitate cognoscat, et a sacratissimo corpore ac sanguine Dei et Domini Redemptoris nostri Jesu Christi aliena fiat, atque in extremo examine districtæ ultioni subjaceat. Cunctis autem eidem ecclesiæ sua jura servantibus, sit pax Domini nostri Jesu Christi, quatenus et hic fructum bonæ actionis percipiant, et apud districtum judicem præmia æternæ pacis inveniant. Amen.

Datum Viterbii per manum Roberti sanctæ Romanæ Ecclesiæ presbyteri cardinalis et cancellarii, II Kal. Maii, indict. VIII, Incarnationis Dominicæ anno 1145, pontificatus vero domni Eugenii III papæ anno I.

XXI.

Ad R[otrodum] Ebroicensem episcopum. — Ut monialibus Fontis-Ebraldi ecclesiam ab abbate Conchensi eis donatam concedat.

(Anno 1145, Maii 8.)

[PAVILLON, *Vie de Robert d'Arbrissel*, Pr., p. 630.]

EUGENIUS episcopus, servus servorum Dei, venerabili fratri R[OTRODO] Ebroicensi episcopo, salutem et apostolicam benedictionem.

Religiosæ sorores Fontis-Ebraldi qualiter postpositis temporalibus in spiritu humilitatis et contritionis Domino serviant, fraternitati incognitum esse non credimus. Unde dignum est, ut universi Dei fideles, præcipue Ecclesiarum prælati earum imbecillitati et paupertati subveniant, et optata eis solatia misericorditer tribuant. Ideoque per apostolica scripta fraternitati tuæ rogando mandamus quatenus ecclesiam quam abbas de Conchis eis dedit pro amore Dei, et B. Petri et nostra reverentia eis concedat.

Datum Viterbii, VIII Idus Maii.

XXII.

Ad Joannem Bracarensem archiepiscopum. — Ut Toletanum primatum agnoscat.

(Anno 1145, Maii 9.)

[MANSI, *Concil.*, XXI, 671.]

Prædecessor noster felicis memoriæ papa Lucius viva voce tibi præcepit, ut venerabili fratri nostro R. Toletano archiepiscopo, tanquam primati tuo, debitam obedientiam exhiberes · aut si quæ contra hoc munimenta haberes, vel privilegia, præterita Resurrectione cum ipsis apostolico tuo conspectui præsentares, et ejusdem archiepiscopi nuntiis de sua justitia responderes. Tu vero tanquam diffidens de justitia, nec venisti, nec excusationem rationabilem prætendisti. Quia igitur in sede justitiæ positi, singulis ecclesiis et ecclesiasticis personis sua jura illibata servare nos convenit, per apostolica tibi scripta mandamus atque præcipimus, quatenus eidem archiepiscopo, tanquam primati tuo, canonicam obedientiam et debitam reverentiam exhibeas. Quod si infra tres menses post harum acceptionem litterarum adimplere contempseris, ex tunc ab episcopali officio te noveris esse suspensum.

Datum Viterbii, VII Idus Maii.

XXIII.

Privilegium pro parthenone Fontis-Ebraldi.

(Anno 1145, Maii 9.)

[PAVILLON, *Vie de Robert d'Arbrissel*, Preuv., p. 630.]

EUGENIUS episcopus, servus servorum Dei, dilectis in Christo filiabus P[ETRONILLÆ] abbatissæ Fontis-Ebraldi ejusque sororibus tam præsentibus quam futuris, regularem vitam professis, in perpetuum.

Quoniam sine veræ religionis cultu nec charitatis unitas potest subsistere, nec Deo gratum exhiberi servitium, expedit apostolicæ auctoritati religiosas personas diligere, et earum loca pia protectione munire. Quapropter, dilectæ in Christo filiæ, vestris justis petitionibus clementer annuimus et præfatum locum Fontis-Ebraldi in quo divino mancipatæ estis obsequio, sub B. Petri privilegio communimus; statuentes ut quascunque possessiones, quæcunque bona inpræsentiarum juste et canonice possidetis aut in futurum concessione pontificum, liberalitate regum, largitione principum, aut oblatione fidelium seu aliis justis modis, Deo propitio, poteritis adipisci, firma vobis vestrisque succedentibus et illibata permaneant, in quibus hæc propriis duximus exponenda vocabulis: Locum ipsum Fontis-Ebraldi quod est caput cæterorum, etc. Prohibemus autem ut nulli fratrum vel sororum post factam in locis vestris professionem absque abbatissæ et capituli licentia exinde discedere audeat, discedentemque vero absque demissoriis litteris nullus retinere præsumat. Quia vero religiosam vitam ducentes, de aliorum eleemosynis et beneficientia debent vivere, constituimus ut de laboribus quos propriis sumptibus colitis, seu de vestrorum animalium nutrimentis a vobis decimas exigere vel accipere nemo præsumat. Decernimus ergo ut nulli omnino hominum liceat præfatum monasterium temere perturbare aut ejus possessiones vel bona auferre, vel ablata retinere, minuere, seu quibuslibet vexationibus fatigare, sed omnia integra conserventur earum, pro quarum gubernatione et sustentatione concessa sunt, usibus omnimodis profutura. Si qua igitur in futurum ecclesiastica sæcularisve persona, hanc nostræ constitutionis paginam sciens, contra eam temere venire tentaverit, potestatis honorisque sui dignitate careat, reamque se divino judicio existere de perpetrata iniquitate cognoscat, et a sacratissimo corpore et sanguine Dei ac Domini nostri Jesu Christi aliena fiat, atque in extremo examine districtæ ultioni subjaceat. Cunctis autem eidem loco justa servantibus sit pax Domini nostri Jesu Christi, quatenus et hic fructum bonæ actionis percipiant, et apud districtum judicem præmia æternæ pacis inveniant. Amen, amen, amen.

Datum Viterbii per manum Roberti sanctæ Romanæ Ecclesiæ presbyteri, cardinalis et cancellarii, VII Idus Maii, indict. VIII, Incarnationis Dominicæ an. 1145, pontificatus domni Eugenii III papæ anno primo.

XXIV.

Privilegium pro Ecclesia S. Mariæ Veronensi.

(Anno 1145, Maii 17.)

[UGHELLI, *Italia sacra*, V, 791.]

EUGENIUS episcopus, servus servorum Dei, venerabili fratri THEOBALDO Veronensi episcopo, ejusque successoribus canonice promovendis in perpetuum.

Piæ postulationis, etc, Eapropter, venerab. frater in Christo Theobalde episcope, tuis justis postulationibus clementer annuimus, et B. Dei Genitricis semper virginis Mariæ Veronensem Ecclesiam, cui Deo auctore præesse dignosceris, sub B. Petri et nostra protectione suscipimus, et præsentis scripti privilegio communimus, statuentes ut quascunque possessiones, quæcunque bona, quæ inpræsentialiter juste et canonice possides, aut in futurum rationabilibus modis, Deo propitio, poteris adipisci, firma tibi tuisque successoribus, et illibata permaneant, in quibus, ea propriis duximus exprimenda vocabulis: Monasterium S. Zenonis, monasterium Sanctorum Firmi et Rustici, monasterium S. Nazarii cum omnibus eorum pertinentiis, ecclesias ipsius civitatis, arcem Malsissini cum omni dominio, et districto, et omnibus pertinentiis suis: plebem ejusdem arcis cum omnibus capellis suis, jus nostrum in castro quod dicitur Tutis, castrum Garde cum cunctis appendentiis suis, plebem ejusdem loci cum omnibus suis capellis, plebem de Caprino cum suis capellis et decimis, plebem de Cisano cum capellis et decimis, plebem de Gazizio cum capellis et decimis, plebem de Teneri cum capellis et decimis, plebem de Pavenguli cum capellis et decimis et castello, monasterio Vemagazano cum capellis et decimis, plebem ejusdem loci cum decimis et capellis suis, curtem de Lenzani cum castro et omnibus pertinentiis suis, Rivoltellam cum capellis et decimis, plebem Sitinii cum capellis et decimis, monasterium S. Vigilii, plebem Puzolengi cum capellis et decimis, plebem S. Zenonis Zodeldisco cum ecclesia Sancti Michaelis sita juxta Tartarum cum decimis, ecclesiam Sancti Petri in Carnario cum decimis, ecclesiam Sancti Nazarii cum decimis et curte, ecclesiam Sancti Ambrosii de Casalialto cum pertinentiis suis, plebem de Valegio cum capellis et decimis, monasterium S. Mariæ juxta mensam quantum ad jus spectat parochiale, plebem de Ponto cum capellis et decimis et curte, plebem S. Andreæ cum capellis et decimis et curte, plebem de Pischeria cum capellis et decimis et curte, piscationibus et dimidio, plebem Cartholengi cum capellis et decimis, plebem de Palazolo cum decimis, plebem Summæ Campaneæ cum capellis et decimis, plebem de Gregia cum capellis et decimis et curte, plebem de Vico Attici cum capellis et decimis, plebem de Trinenzolo cum capellis et decimis, plebem de Bonefisio cum capellis et decimis, plebem de Castellari, plebem de Moratica cum capellis et decimis, ecclesiam S. Petri in monasterio cum decimis, plebem S. Prosodocimi cum capellis et decimis, et curte usque ad veterem alveum Tartari, ecclesiam Gatii cum decimis, ecclesiam curtis Regiæ cum decimis et curte. Jus parochiale in plebem de Nogaria sicut per concordiam inter te et Nonantulanum abbatem præsentia nostra factum determinante, statutum est, et de scripto nostro firmatum cum decimis quas canonice possides in eadem villa de Nogaria, et in altera villa quæ dicitur Aspum; ecclesiam Casalavoni, ecclesiam Salezole, ecclesiam Ravannance cum decimis, ecclesiam Vanferarii cum decimis, plebem Ceredi cum capellis et decimis, et familia, et quidquid aliud ibidem juste possides; plebem Leniacis cum capellis et decimis et curte, et cunctis pertinentiis suis; plebem Portaerem cum capellis et decimis et curte, et cum pertinentiis suis; curtem Baasi cum capellis et decimis, plebem S. Zenonis cum capellis et decimis et curte, plebem Englarii cum capella et decimis, quidquid aliud ibidem juste possides; curtem Bonamdigni cum ecclesiis et decimis, ecclesiam Lasiæ cum decimis, curtem Rupœclaræ cum plebe et capellis, decimis, familiis cæterisque suis pertinentiis; plebem Cortiliani cum decimis, plebem Boboloni cum decimis et curte, plebem Tumbæ cum capellis, et decimis et curte, cæterisque suis pertinentiis: villa Casanove cum omni districto, et castello veteri; plebem de Roncho cum capellis et decimis, plebem Insulæ Porcharitiæ cum capellis et decimis et curte, plebem de Opedani cum capellis et decimis, curtem Scardevariæ cum ecclesiis et decimis, plebem Geberti cum capellis et decimis, plebem Azanensis cum capellis et decimis, ecclesias de Porcilli cum capellis et decimis, plebem de Suardio cum capellis et decimis, et quidquid ibidem juste possides, curtem Galderii cum ecclesiis et decimis et familiis, et quidquid juris habet in me Mooe quod vocatur Sarmatiæ, et in silvis sitis juxta montem Fortem, et in Fustalino cum cunctis pertinentiis ejusdem curtis: plebem Colonione cum capellis et decimis et familiis, et dimidia curte; plebem Illati cum capellis et decimis et dimidia curte, curtem Calavenæ cum plebe et capellis et decimis et familiis suis pertinentia; monasterium S. Petri de Calavena, plebem de Mezano cum capellis et decimis, et castello, et familiis, dimidiam curtem Lavanii cum ecclesiis et decimis, curtem Montis Aurei cum plebe, et capellis, et decimis, et omnibus suis pertinentiis: plebem de Cretiana cum capellis, et decimis, et familiis: curtem Alzenagi, et dimidiam partem Azagi: plebem Albatiani cum decimis, et capellis in districto curiæ, et familiis, plebem S. Floriani cum capellis et decimis, et familiis; plebem de Higratio cum capellis et decimis, et familiis, et dimidia parte curtis; plebem S. Georgii cum capellis, et decimis, et familiis, et dimidia curte.

Decernimus ergo ut nulli omnino hominum liceat præfatam Ecclesiam temere perturbare, aut ejus possessiones auferre, vel ablatas retinere, minuere, aut aliquibus vexationibus fatigare, sed omnia integre conserventur, pro quorum gubernatione et sustentatione concessa sunt, usibus omnimodis profutura, salva in omnibus apostolicæ sedis auctoritate. Si qua igitur in futurum, etc.

Ego Eugenius Catholicæ Ecclesiæ episcopus.
Ego Theod. Sanctæ Rufinæ episcopus subsc.
Ego GG. presbyter card. tit. S. Callisti subsc.
Ego Guido presb. card. tit. S. Grisogoni subsc.
Ego Ranerius presb. card. tit. S. Priscæ subsc.
Ego Thomas presb. card. tit. Vestinæ subsc.
Ego Manfredus presb. card. tit. S. Sabinæ subsc.
Ego Villanus presb. card. tit. S. Stephani in Cœlio monte subsc.
Ego Gregorius diac. card. SS. Sergii et Bacchi ss.
Ego Oddo diac. card. S. Georgii ad Velum Aureum subsc.
Ego Guido diac. card. SS. Cosmæ et Damiani subsc.
Ego Petrus diac. card. S. Mariæ in Porticu subsc.
Ego Rodulphus diac. card. S. Luciæ in Septa Solis subsc.
Ego Gregorius diac. card. S. Angeli subsc.
Ego Jacintus diac. card. S. Mariæ in Cosmedin subsc.
Ego Bernardus diac. card. Sanctæ Romanæ Ecclesiæ subsc.
Ego Petrus diac. card. S. Mariæ in Via Lata subsc.
Ego Cintius diac. card. S. Rom. Eccl. subsc.

Datum Viterbii per manum Roberti S. R. E. card. et cancell., xvi Kal. Jun., indict. viii, Incarnat. Domin. an. 1145, pontif. vero D. Eugenii III PP. an. 1.

XXV.

Confirmat pacem inter Theobaldum episcopum Veronensem, et A[lbertum] abbatem Nonantulanum, hac pactione factam ut alter « jus parochiale, » alter « jus fundi » habeat in plebe Nogariensi.

(Anno 1145, Maii 18.)

[TIRABOSCHI *Storia di Nonant.* II, p. 259.]

EUGENIUS episcopus, servus servorum Dei, dilecto filio A. Nonantulano abbati, salutem et apostolicam benedictionem.

Quæ judicii veritate decisa, vel rationabili concordia terminata sunt, litterarum debent memoriæ commendari, ne pravorum hominum in posterum valeant refragatione turbari. Ideoque qualiter controversia quæ inter te et venerabilem fratrem nostrum Teobaldum Veronensem episcopum super plebe de Nogaria agebatur, in nostra præsentia terminata sit præsentibus litteris annotari præcipimus. Auditis siquidem utriusque partis rationibus et diligenter inquisitis antequam judicium proferremus, pro bono pacis et utriusque Ecclesiæ quiete optionem paciscendi vobis indulsimus. Placuit itaque utrique parti, ut Veronensis episcopus jus parochiale, Nonantulonus vero abbas jus fundi in eadem plebe de cætero quiete possideat. Super quo habito fratrum nostrorum consilio eidem concordiæ assensum præbuimus, et ne inter easdem Ecclesias aliqua discordia de cætero oriatur ipsum jus parochiale hoc modo distinximus. Cum archipresbyter in ipsa plebe fuerit ordinandus, a clericis ipsius plebis cum Nonantulani abbatis conscientia eligatur. Electus autem, si idoneus fuerit, ab episcopo Veronensi parochiæ curam suscipiat; et de plebis quidem cura ei respondeat, et obedientiam promittat. Abbati vero pro rebus temporalibus manum securitatis et debitam subjectionem exhibeat. Consecrationem vero ipsius plebis, altarium quoque et capellarum ad eamdem plebem pertinentium, et ordinationes clericorum Veronensis episcopus habeat, easque gratis et absque difficultate impendat. Eorumdem quoque clericorum excessus canonice corrigat. Cum ad concilium Romani pontificis venerit, archipresbyter et clerici ipsius plebis L solidos Lucenses ei tribuant. Si vero pro necessitate et utilitate Veronensis Ecclesiæ ad Romanam curiam venerit, xv solidos Lucensis monetæ ei præbeant. Quod si de crimine impetitus vocatus fuerit, hoc pacto nil dare cogantur. Ad synodum vero ipsius de more euntes x solidos synodales (sic) Veronensis monetæ, sicut consuetum est, solvant. Cum autem plebes juxta consuetudinem visitaverit, vel si aliquo casu eum inde transire contigerit, secundum facultatem ipsius plebis ipsum in hospitio honeste suscipiant. Ab aliis vero gravaminibus vel exactionibus Veronensis episcopi vel ministerialium suorum, eadem plebs omnino libera et quieta permaneat.

Datum Viterbii, xv Kalendas Junii.

XXVI.

Ottoni præposito fratribusque Cappenbergensibus et ejusdem congregationis sanctimonialibus Wisclensibus immunitatem decimarum concedit.

(Anno 1145, Maii 23.)

[Inediti hujus privilegii summarium habemus ex JAFFÉ, *Regesta Rom. pont.*, p. 618.]

XXVII.

Privilegium pro monasterio S. Mariæ de Columba.

(Anno 1145, Jun. 3.)

[CAMPI *Hist. di Piac.* I, p. 543, Præuv.]

EUGENIUS episcopus, servus servorum Dei, dilectis in Christo filiis JOANNI abbati venerabilis monasterii siti in loco qui Columba dicitur, et Caretum antiquitus vocabatur, quodque in Placentino episcopatu situm est, ejusque fratribus regularem vitam professis, in perpetuum.

Quoties illud a nobis petitur, quod religioni et honestati convenire dignoscitur, animo nos decet libenti concedere et petentium desideriis congruum impertiri suffragium. Eapropter, dilecti in Domino filii, vestris justis postulationibus clementer annuimus et præfatum monasterium, in quo divino mancipati estis obsequio, sub B. Petri et nostra protectione suscipimus, et præsentis scripti privilegio communimus, statuentes ut quascunque possessiones, quæcunque bona idem monasterium in præsentiarum juste et canonice possidet, aut in futurum concessione pontificum, largitione regum vel principum, oblatione fidelium, seu aliis justis modis, Deo propitio, poterit adipisci, firma vobis vestrisque successoribus et illibata permaneant. In quibus hæc propriis duximus exprimenda vocabulis: Omnes videlicet terras, quas illustris vir Pallavicinus marchio una cum uxore, et filiis suis, et Conradus Cavalcabæ marchio cum sua uxore, et vassali ipsorum marchionum, et ecclesia Sanctæ Mariæ de Castellione et ecclesia de Florentiola, et nobilis signifer Placentinæ civitatis, et Malcoredus vicedominus, et Fulco advocatus, et Bonizo de Andito et Ardengus vicedominus; Grimerius et Baiamons vicecomites, et Gislentio, et Bernardus, et Joannes, et Calvus fratres filii Salvi Arditionis, et Malus Parens, et Rainaldus Surdus, et Malacria, et filii Rainerii nobiles prædictæ civitatis, seu omnes alii boni viri qui eidem loco devotionis intuitu, vel venditionis seu contracambii, atque commutationis contulerunt: quas nimirum ejusdem loci fratribus quietas, et liberas jure perpetuo permanere, et ab omni sæculari exactione remotas fore sancimus. Et quoniam communem vitam agentes de aliorum eleemosynis, ac beneficentia debent vivere; constituimus, ut de laboribus, quos fratres ipsius monasterii propriis manibus aut sumptibus excolunt, atque de animalibus quæ nutriunt, nullus ab eis decimas exigere, nec suscipere audeat. Decernimus etiam, ut a loco qui dicitur Barastalla, usque Siolum, et a Siolo usque Florentiolam, et a Florentiola usque Butrium, et a Butrio usque ad S. Andream, et a S. Andrea usque ad prædictum Barastalla; quos terminos a venerabili fratre nostro Arduino episcopo, nec non clero et populo Placentino specialiter designatos, atque a Lothario, Dei gratia, tertio Romanorum imperatore augusto, confirmatos fore cognoscimus; nulla ecclesia, quolibet tempore construatur, nullaque sæcularis prorsus habitatio fiat. Quidquid etiam præfatus episcopus de terris ad jus sui episcopatus pertinentibus, fratrum suorum consilio, juste vobis concessit, et scripto suo firmavit, confirmamus. Confinia quoque, quæ prædictus Pallavicinus marchio cum uxore sua de terris sui juris pro remedio animarum suarum præfato monasterio de Columba concesserunt, et suis propriis manibus posuerunt, conscripta suo munimine roborarunt, nos quoque apostolica auctoritate roboramus, et ne quis ea mutare, vel transferre præsumat, prohibemus; videlicet sicut rivus de Pontiore transit usque in viam, quæ vadit ad Siolum, et sicut ipsa confinia posita sunt desuper Salicetum usque ad viam quæ vadit ad Castillionem, et sicut eadem via vadit desuper caudam de

Luxerclo usque in rivum veterem; et sicut ipse rivus vadit ad Bodracum, et sicut ipsum Bodracum vadit usque ad Clusam ejusdem Burgundionis, et sicut rivus de Frasaneto vadit ab ipsa Clusa usque ad prædictum locum de Pontiore....

Nulli ergo omnino hominum fas sit præfatum monasterium temere perturbare aut ejus possessiones auferre, sive ablatas retinere, minuere, seu quibuslibet vexationibus fatigare, sed omnia integra conserventur eorum pro quorum gubernatione et sustentatione concessa sunt usibus omnimodis profutura, salva diœcesani episcopi canonica justitia. Si qua igitur in futurum ecclesiastica sæcularisve persona, hanc nostræ constitutionis paginam sciens, contra eam temere venire tentaverit, secundo tertiove commonita, si non reatum suum congrua satisfactione correxerit, potestatis honorisque sui dignitate careat, reamque se divino judicio existere de perpetrata iniquitate cognoscat, et a sacratissimo corpore ac sanguine Dei et Domini Redemptoris nostri Jesu Christi aliena fiat, atque in extremo examine districtæ ultioni subjaceat. Cunctis autem eidem loco jura sua servantibus, sit pax Domini nostri Jesu Christi, quatenus et hic fructum bonæ actionis percipiant, et apud districtum judicem præmia æternæ pacis inveniant. Amen.

Ego Eugenius Catholicæ Ecclesiæ episcopus subscripsi.

Ego Conradus Sabinensis episcopus subscripsi.

Ego Gregorius presb. card. tit. S. Celsi subscripsi.

Ego Guido presb. card. tit. S. Chrysogoni subscripsi.

Ego Thomas presbyt. card. tit. Vestinæ subscripsi.

Ego Gilibertus presb. card. tit. S. Marci subscripsi.

Ego Guido presb. card. tit. S. Laurentii in Damaso subscripsi.

Ego Ugo presb. card. tit. in Lucina subscripsi.

Ego Villanus presb. card. tit. S. Stephani in Cœlio monte subscripsi.

Ego Gregorius diaconus card. SS. Sergii et Bacchi subscripsi.

Ego Guido diacon. card. SS. Cosmæ et Damiani subscripsi.

Ego Octavianus diacon. card. S. Nicolai in Carcere Tulliano subscripsi.

Ego Joannes diacon. card. S. Adriani subscripsi.

Ego Gregorius diac. card. S. Angeli subscripsi.

Datum Viterbii per manum Roberti sanctæ Romanæ Ecclesiæ presbyt. cardinalis et cancellarii, III Nonas Junii, indictione octava, Incarnationis Dominicæ anno 1145, pontificatus vero domni Eugenii papæ III anno primo.

XXVIII.

Ottoni episcopo Pragensi et Wladislao Bohemorum duci homines quosdam ob invasa bona Heinrici episcovi Moraviensis excommunicatos nuntiat.

(Anno 1145, Junii 5.)

[THEINER. *Disquis. crit.*, 210.]

EUGENIUS episcopus, s. s. D., venerabili fratri OCNI Pragensi episcopo et dilecto in Christo filio W. illustri Boemorum duci s. et a. b.

A sede apostolica statutum est, ut si quis, suadente diabolo, hujus sacrilegii reatum incurrerit, quod in clericum vel monachum violentas manus injecerit, anathemati subjaceat, et nullus episcoporum illum præsumat absolvere, nisi mortis urgente periculo, donec apostolico conspectui repræsentetur, et ejus mandatum suscipiat. Pervenit ad nos quod quidam parochiani venerabilis fratris nostri Martini Moraviensis episcopi, diabolico instinctu, dum ad sanctam Romanam veniret Ecclesiam, personam suam ausu sacrilego invaserunt, et bona sua auferre nullatenus timuerunt. Unde nos, quorum præcipue interest tantum sacrilegium et tam gravem excessum impunitum non prætermittere, eosdem sacrilegos, videlicet Conradum, Wradizlaum, Depaldum, Micul, Jurata, Domazlaum, Slavebor, Ugonem, Cuno, Roduik, Bogdan in præterita solemnitate Pentecostes, astante populi multitudine, excommunicationis vinculo innodavimus, et ab omnium fidelium consortio sequestravimus. Ideoque per apostolica vobis scripta mandamus atque præcipimus quatenus tu, frater episcope, eamdem excommunicationem publice denunties et facias observari. Tu vero, fili W. dux, juxta potentiam tibi a Deo collatam eos coerceas, donec prælato fratri nostro de tam gravi injuria satisfaciant, et ipsi juxta mandatum et consilium ipsius pro se et pro aliis ad nostram præsentiam veniant, sicut in supradicto decreto continetur, de tam gravi sacrilegio mandatum nostrum suscipiant.

Dat. Biterbii Non. Jun.

XXIX.

Abbatibus Gradicensi et Trebicensi necnon Ottoni duci Moraviensi, mandat ut una cum duce Bohemorum Conradum, Wratislaw et Theobaldum duces et eorum complices ad satisfactionem episcopo Moraviensi compellant.

(Anno 1145, Junii 5.)

[BOCZEK, *Cod. diplom. Morav.*, I, 236.]

EUGENIUS episcopus, servus servorum Dei, dilectis filiis... abbatibus de Gradis et de Trebech, et dilecto in Christo filio OTTONI Moraviensi duci salutem et apostolicam benedictionem.

Pervenit ad nos quod quidam parochiani venerabilis fratris nostri Henrici Moraviensis episcopi, diabolico instinctu, dum ad sanctam Romanam tecum, fili dilecte dux Otto, veniret Ecclesiam, personam suam ausu sacrilego invaserunt, et bona sua auferre nullatenus timuerunt. Unde nos quorum præcipue interest, tantum sacrilegium et tam gravem excessum impunitum non prætermittere, eosdem sacrilegos, videlicet Conradum, Wratislaum, Depoldum, Juratam, Domazlaum, Slavebor, Ugonem, Canonem, Micul, Groznatam, Radmilium, Bogdan in præterita solemnitate Pentecostes, astante populi multitudine, excommunicationis vinculo innodavimus, et ab omnium fidelium consortio sequestravimus. Ideoque per apostolica vobis scripta mandamus atque præcipimus, quatenus vos filii... abbates eamdem excommunicationem publice denuntietis. Tu vero, fili Otto dux, juxta potentiam tuam, tibi a Deo collatam, junctis viribus una cum dilecto filio Wladislao Boemorum duce, eos cohæreas, donec fratri nostro de tam gravi injuria satisfaciant, et quidam ex ipsis juxta mandatum et consilium pro se et aliis ad nostram præsentiam veniant, et de tam gravi sacrilegio mandatum nostrum suscipiant.

Datum Viterbii, Nonas Junii.

XXX.

Ad preces Henrici Moraviensis episcopi, monasterium Litomyslense in sedis apostolicæ protectionem suscipit ejusque possessiones confirmat.

(Anno 1145, Jun. 8.)

[Boczek, Cod. diplom. Morav., 1, 237.]

Eugenius episcopus, servus servorum Dei, dilectis filiis... abbati monasterii in Lutomizl, ordinis Præmonstratensis, ejusque fratribus, salutem et apostolicam benedictionem.

Fidelem devotionem venerabilis fratris nostri Henrici Moraviensis episcopi, grato attendentes animo, ejusque justis petitionibus, quibus pro vobis intercessit instanter, hilarem præbentes assensum et effectum paterna, qua decet benignitate inclinati ecclesiam Sanctæ Mariæ una cum loco, in quo vestrum monasterium cernitur esse constructum, sub beati Petri et nostra protectione suscipimus et præsentis scripti privilegio communimus, statuentes ut quascunque possessiones, quæcunque bona ex larga concessione nobilium virorum Brecizlai et Sobeslai, quondam Bohemorum ducum, necnon Wladizlai ducis et Henrici fratris ejus, Ottonis, Moraviensis ducis, et ipsius fratris nostri præfati Henrici aliorumque vestra ecclesia juste et canonice possidet, aut in futurum ex concessione pontificum, largitione principum, oblatione fidelium, seu aliis justis modis, Deo propitio poterit adipisci, firma et illibata permaneant nunc et in posterum ævum. Nulli ergo omnino hominum liceat hanc nostræ paginam confirmationis et protectionis infringere vel ei ausu temerario contraire. Si quis autem hoc attentare præsumpserit, indignationem omnipotentis Dei et beatorum Petri et Pauli apostolorum ejus se noverit incursurum.

Datum Viterbii, vi Idus Junii (6).

XXXI.

Privilegium pro monasterio S. Salvatoris Montis-Acuti.

(Anno 1145, Junii 12.)

[Mittarelli, Annal. Camaldul., III, App., 420.]

Eugenius episcopus, servus servorum Dei, dilectis filiis Offredo abbati monasterii Salvatoris Domini in territorio Perusino, in loco qui dicitur sub monte Castellione, ejusque fratribus tam præsentibus quam futuris, regularem vitam professis, in perpetuum.

Apostolici moderaminis clementiæ convenit religiosos diligere, et eorum loca apostolicæ tuitionis munimine confovere. Idcirco, dilecti in Domino filii, petitioni vestræ charitate debita impertimus assensum, et prædecessoris nostri bonæ memoriæ Honorii vestigiis inhærentes monasterium Sancti Salvatoris, in quo divino mancipati estis obsequio, protectione sedis apostolicæ communimus. Præsentis igitur privilegii pagina apostolica auctoritate statuimus, ut quæcunque bona, quæcunque possessiones concessione pontificum, liberalitate regum, vel donatione fidelium aut aliis justis modis ad idem videntur pertinere monasterium, et quæcunque in futuris, largiente Domino, juste atque canonice poterit adipisci, firma vobis vestrisque successoribus et illibata permaneant; in quibus hæc propriis nominibus duximus adnotanda: Videlicet monasterium Sancti Salvatoris situm juxta fluvium Carpini; monasterium Sanctæ Julianæ cum capellis et pertinentiis suis; Sancti Thomæ cum ecclesiis et pertinentiis suis; cellam Sancti Joannis in Monte Acuto cum ecclesiis et pertinentiis suis; ecclesiam Sancti Sylvestri cum ecclesiis et pertinentiis suis; ecclesiam Sancti Pauli de Herodina cum pertinentiis suis; cellam Sancti Juliani in Insula Pulvensi cum servis et pertinentiis et piscariis suis; ecclesiam Sancti Florentii in comitatu Aretino in loco qui dicitur Mesanarii cum pertinentiis suis; cellam Sanctæ Mariæ in Colognola; cellam Sancti Florentii juxta murum civitatis Perusiæ cum suis pertinentiis; ecclesiam Sanctæ Mariæ in Clevi cum sua pertinentia; cellam Sanctæ Petronillæ in comitatu Tudertino; ecclesiam Sancti Donati cum ecclesiis et pertinentiis earum; cellam Sancti Simeonis cum ecclesiis et pertinentiis suis; cellam Sancti Petri in Antoniana; ecclesiam Sancti Nicolai et Sancti Paterniani cum omnibus earum pertinentiis; ecclesiam Sancti Andreæ in Fracta cum hospitali et eorum pertinentiis; cellam Sancti Faustini cum ecclesiis et pertinentiis suis; cellam Sancti Salvatoris in Jessiola cum sua pertinentia; cellam Sancti Petri in Carpine cum ecclesiis, castellis et pertinentiis suis; ecclesiam Sancti Paterniani juxta villam quæ vocatur Farnetum; ecclesiam Sancti Laurentii in Agello; ecclesiam Sancti Benedicti in Carseta, et Sancti

---

(6) E copia in archivo ejusdem monasterii, quod in textum archivo Gradicensi in registratura c. r. gubernii Moravici asservatur.

Andreæ in Castro cum omnibus eorum pertinentiis; cellam Sanctæ Mariæ in Nicona cum pertinentia sua; ecclesiam Sancti Christophori in Ruffanula; ecclesiam S. Donati in Monte cum omnibus eorum pertinentiis; ecclesiam Sanctæ Mariæ in Monte-acuto cum sua pertinentia. In comitatu Feretrano ecclesiam sitam in monte Cislo cum sua pertinentia; ecclesiam Sancti Gaudentii juxta montem Faleonem; ecclesiam Sancti Salvatoris in Valle-Vienni cum eorum pertinentiis; terram etiam quæ est in Sorbo, in Favulla, in Baxio et juxta petram Tifilam et in valle plena juxta Mirutoriam et in Castagnola, quæ est juxta Gattariam cum omnibus rebus quæ in eodem comitatu ipsi sancto loco pertinere videntur; cellam Sanctæ Trinitatis in monte Neronis heremitali dicatam conversationi; ecclesiam Sanctæ Mariæ in Trivio cum earum pertinentiis; ecclesiam Sancti Matthæi in valle de Lacu cum omnibus suis pertinentiis. In comitatu castri Felicitatis quidquid habet dono Guicciardi infra vel extra civitatem; plebem Sancti Petri in monte Marciano cum ecclesiis et omnibus suis pertinentiis.

Obeunte vero te nunc ejusdem loci abbate vel tuorum quomodolibet successorum, nullus ibi qualibet subreptionis astutia seu violentia præponatur, nisi quem fratres communi consensu vel fratrum pars consilii sanioris, secundum Dei timorem, et beati Benedicti Regulam elegerint a Romano pontifice consecrandum. Chrisma, oleum sanctum, consecrationes altarium sive basilicarum, ordinationes monachorum seu cæterorum clericorum qui ad sacros fuerint ordines promovendi, a diœcesano accipietis episcopo, siquidem gratiam atque communionem apostolicæ sedis habuerit, etsi ea gratis ac sine pravitate voluerit exhibere; alioquin liceat vobis catholicum quem malueritis adire antistitem, et ab eo consecrationum sacramenta suscipere, qui apostolicæ sedis fultus auctoritate, quæ postulantur indulgeat. Porro laborum vestrorum decimas ob pauperum usus retinendas absque episcopi cujuslibet contradictione concedimus. Præcipimus etiam et jubemus ut omnes contractus, vel chartulæ ad damnum ipsius monasterii contra jus et fas a pravis rectoribus sive abbatibus de bonis ipsius monasterii factæ omnino inanes et vacuæ habeantur. Missas sane publicas seu stationes in monasterio vestro præter voluntatem abbatis fieri prohibemus. Nec ipsi autem, nec alicui personæ liceat monasterii rebus molestias irrogare, fodrum autem, angarias exigere, quatenus, annuente Deo, in sanctæ religionis observatione seduli et quieti permanentes, Romanæ tuitionis gratia potiamini. Decernimus ergo ut nulli omnino hominum liceat idem monasterium temere perturbare, aut ejus possessiones auferre vel ablatas retinere, minuere, seu quomodolibet vexationibus fatigare, sed omnia integra conserventur eorum, pro quorum gubernatione concessa sunt, usibus omnimodis profutura; salva sedis apostolicæ auctoritate.

Si qua sane in futurum ecclesiastica sæcularisve persona, hanc nostræ constitutionis paginam sciens, contra eam temere venire tentaverit, secundo tertiove commonita, si non reatum suum congrua satisfactione correxerit, potestatis honorisque sui dignitate careat, reamque se divino judicio existere de perpetrata iniquitate cognoscat, et a sacratissimo corpore ac sanguine Dei et Redemptoris nostri Jesu Christi aliena fiat, atque in extremo examine districtæ ultioni subjaceat. Cunctis autem eidem loco justa servantibus sit pax Domini nostri Jesu Christi, quatenus et hic fructum bonæ actionis percipiant, et apud districtum judicem præmia æternæ pacis inveniant. Amen, amen, amen.

FAC MECUM, DOMINE, † SIGNUM IN BONUM.

Ego Eugenius Catholicæ Ecclesiæ episcopus ss.
Ego Thomas presbyter card. tit. Vestinæ ss.
Ego Guido presb. card. tit. Sancti Laurentii in Damaso ss.
Ego Hugo presb. card. tit. in Lucina ss.
Ego Gregorius diacon. card. Sanctorum Bacchi et Sergii ss.
Ego Oddo diacon. card. Sancti Georgii ad Velum Aureum ss.
Ego Octavianus diacon. card. Sancti Nicolai in Carcere Tulliano ss.
Ego Rodulfus diaconus card. Sanctæ Luciæ in Septa Solis ss.

Datum Viterbii per manum Roberti, sanctæ Romanæ Ecclesiæ presbyteri cardinalis et cancellarii, secundo Idus Junii, indictione VIII, Incarnationis Dominicæ anno 1145, pontificatus vero domni Eugenii III papæ anno primo.

XXXII.

Privilegium pro Ecclesia S. Petri de Guastalla.

(Anno 1145, Junii 14.)

[AFFO, *Istoria dell. citta di Guastalla*, I, 338.]

EUGENIUS episcopus, servus servorum Dei, dilectis filiis RAINALDO, archipresbytero ecclesiæ Beati Petri quæ in Guastallensi pago sita est, ejusque fratribus tam præsentibus quam futuris canonice substituendis, in perpetuum.

Piæ postulatio voluntatis effectu debet prosequente compleri, quatenus et devotionis sinceritas laudabiliter enitescat et utilitas postulata vires indubitanter assumat. Eapropter, dilecti in Domino filii, vestris justis postulationibus clementer annuimus et ecclesiam vestram a prædecessore nostro felicis memoriæ Gregorio papa quinto in plebem de capella promotam et a successoribus ejus sanctæ recordationis Paschali et Innocentio secundo summis pontificibus privilegiorum munimine roboratam, sub apostolicæ sedis tutelam protectionemque nostram suscipimus, et beati Petri patrocinio commendamus; statuentes ut quæcunque possessiones, seu decimas, quæcunque etiam bona eadem ecclesia inpræsentiarum juste et canonice possidet, aut in futurum concessione pontificum, liberalitate regum vel principum, oblatione fidelium, seu aliis justis modis, præstante Domino, poterit adipisci, firma vobis et illibata permaneant. De chrismate et oleo sancto atque ordinatione clericorum sive consecrationibus ecclesiarum a quocunque velitis episcopo catholico accipiendi licentiam vobis liberam indulgemus. Ad hæc adjicientes decernimus ut nullus ecclesiam infra terminos vestræ parochiæ, nisi quæ vobis debeat esse subjecta, absque vestra licentia ædificare præsumat, salva tamen in omnibus apostolicæ sedis auctoritate et reverenda dignitate suprascriptæ plebis. Capellas quoque Sancti Bartholomæi, Sancti Georgii et Sancti Martini ad jus vestræ Ecclesiæ pertinentes a præfatis decessoribus nostris vobis firmatas, in perpetuum sub vestra subjectione manere sancimus. Nulli ergo archiepiscopo, episcopo, vel abbati, aut marchioni, comiti seu capitaneo, judici aut guastaldioni, nec omnino alicui hominum fas sit præfatam ecclesiam temere perturbare aut ejus possessiones auferre, vel ablatas retinere, minuere, aut aliquibus vexationibus fatigare, sed omnia integra conserventur eorum pro quorum gubernatione et sustentatione concessa sunt, usibus omnimodis profutura. Si qua igitur ecclesiastica sæcularisve persona, hanc nostræ constitutionis paginam sciens, contra eam temere venire tentaverit, secundo, tertiove commonita, si non satisfactione congrua emendaverit, potestatis honorisque sui dignitate careat, reamque se divino judicio existere de perpetrata iniquitate cognoscat, et a sacratissimo corpore et sanguine Dei et Domini Redemptoris nostri Jesu Christi aliena fiat, atque in extremo examine districtæ ultioni subjaceat. Cunctis vero eidem loco justa servantibus, sit pax Domini nostri Jesu Christi, quatenus et hic fructum bonæ actionis percipiant, et apud districtum judicem præmia æternæ pacis inveniant. Amen.

Ego Eugenius Catholicæ Ecclesiæ episcopus ss.
Ego Conradus Sabinensis episcopus ss.
Ego Theodoricus S. Rufinæ episcopus ss.
Ego Ugolinus diac. card. SS. Sergii et Bacchi ss.
Ego Oddo diac. card. S. Georgii ad Velum Aureum ss.
Ego Guido diac. card. Sanctorum Cosmæ et Damiani ss.
Ego Octavianus diac. card. S. Nicolai in Carcere ss.
Ego Gregorius diac. card. S. Angeli ss.
Ego Jacintes diac. card. S. Mariæ in Cosmedin ss.
Ego Gregorius presbyt. card. tit. Calixti ss.
Ego Guido presb. card. tit. S. Chrysogoni ss.
Ego Thomas presb. card. tit. S. Vestinæ ss.
Ego Guido presbyt. card. tit. S. Laurentii in Damaso ss.
Ego Nicolaus presbyt. cardin. tit. S. Cyriaci ss.
Ego Ugo presbyt. card. titul. in Lucina ss.
Ego Julius presbyt. card. tit. S. Marcelli ss.
Ego Villanus presbyt. card. S. Stephani in Cœlio monte ss.

Datum Viterbii per manum Roberti sanctæ Romanæ Ecclesiæ presbyteri cardin. et cancellar., xviii Kalend. Julii, indict. viii, Incarnationis Dominicæ anno 1145, pontificatus vero domni Eugenii III papæ anno primo.

XXXIII.
Privilegium pro abbatia S. Mariæ Castellionensi.
(Anno 1145, Jun. 16.)

[PLANCHER, Hist. de Bourgogne, I, Preuv., p. 44.]

EUGENIUS episcopus, servus servorum Dei, dilectis filiis BALDUINO, abbati ecclesiæ Beatæ Mariæ de Castellione, et fratribus tam præsentibus quam futuris regularem vitam professis, in perpetuum.

Quoties illud a nobis petitur quod rationi et utilitati convenire cognoscitur, animo nos decet libenti concedere, et petentium desideriis congruum impertiri suffragium. Eapropter, dilecti in Domino filii, vestris justis postulationibus clementer annuimus, et præfatam beatæ Dei genitricis semperque virginis Mariæ ecclesiam, in qua divino mancipati estis obsequio, sub beati Petri et nostra protectione suscipimus, et præsentis scripti patrocinio communimus, statuentes ut quascunque possessiones, quæcunque bona eadem ecclesia inpræsentiarum juste et canonice possidet, aut in futurum concessione pontificum, liberalitate regum, largitione principum, oblatione fidelium, seu aliis justis modis, præstante Domino, poterit adipisci, firma vobis vestrisque successoribus et illibata permaneant; in quibus hæc propriis duximus exprimenda vocabulis : Ecclesiam de Pomiliaco, jus vestrum in ecclesia de Brion, ecclesiam de Massaigiaco, domum Dei quæ est in Castellione cum omnibus pertinentiis suis, totam parochiam ipsius castri, ecclesiam Sancti Fidoli, ecclesiam de Maisiaco, ecclesiam de Villota, ecclesiam de Bunciaco, ecclesiam de Colomario, ecclesiam de Lairico, ecclesiam de Custeranno, ecclesiam de Baclo, ecclesiam de Empiliaco, quemadmodum a venerabili fratre nostro Godefrido Lingonensi episcopo et prædecessoribus ejus eidem ecclesiæ libere et absque paratis et eulogiis canonice collatæ sunt, præter illam de Sancto Fidolo, duos furnos in eodem castro; medietatem minagii tam in foro quam extra forum, molendinum de Carcellis, decimas etiam terrarum episcopalium ejusdem castri, cruces etiam per singulos annos a Gieio usque Granciliacum et usque Lenticum; a Lentico usque ad Colomarium; a Colomario usque ad Salviscum, inde etiam usque Baceloum, et usque Laneam. Item a Colomario usque ad Sanctum Germanum Rocosum; a Sancto Germano usque ad Aiseium, et inde usque ad aliud Colomarium; tam ab istis villis quæ nominatæ sunt quam ob omnibus aliis quæ infra hos terminos continentur : villam quoque quæ dicitur *Poison*, villam quæ dicitur Villeta similiter apud Divionem et Fleureium, Rotagium cum ventis et pedagio de propriis rebus ab Odone et Hugone filio suo Burgundiæ ducibus vestræ ecclesiæ donatum; partem nemoris quod dicitur Vicinum, quam Gualterus Burgarellus in eo habuit; pratum Massengiaci quod dicitur pratum Gruoldi, quod fuit Hugonis de Lairiaco filii Guidonis de Porta; molendinum de Empiliaco, quod est juxta pontem a Willa sorore Godefridi, cum consensu filiorum et nepotum suorum, vobis concessum est. Prohibemus etiam ut nullus ecclesiam aut oratorium in fra parochiam vestram absque consensu vestro ædificare præsumat, salva tamen in omnibus apostolicæ sedis auctoritate. Decernimus igitur ut nulli omnino hominum liceat præfatam Ecclesiam temere perturbare, aut ejus possessiones auferre, vel ablatas retinere, minuere, seu aliquibus vexationibus fatigare, sed omnia integra conserventur eorum pro quorum gubernatione et sustentatione concessa sunt, usibus omnimodis profutura, salva diœcesani episcopi canonica reverentia. Si qua igitur in futurum ecclesiastica sæcularisve persona, hanc nostræ constitutionis paginam sciens, contra eam temere venire tentaverit, secundo tertiove commonita, si non satisfactione congrua emendaverit, potestatis honorisque sui dignitate careat, reamque se divino judicio existere de perpetrata iniquitate cognoscat, et a sacratissimo corpore ac sanguine Dei et Domini nostri Jesu Christi aliena fiat, atque in extremo examine districtæ ultioni subjaceat. Cunctis autem eidem loco justa servantibus, sit pax Domini nostri Jesu Christi, quatenus et hic fructum bonæ actionis percipiant, et apud districtum judicem præmia æternæ pacis inveniant. Amen, amen, amen.

Ego Eugenius Catholicæ Ecclesiæ episcopus s.
Ego Conradus Sabinensis episcopus s.
Ego Theodeginus Sanctæ Rufinæ episcopus s.
Ego Thomas presbyt. cardin. tit. Vestinæ s.
Ego Nicolaus presbyt. card. tit. Sancti Ciriaci s.
Ego presbyter cardin. tit. in Lucia s.
Ego Guido diaconus cardinalis Sanctorum Cosmæ et Damiani s.
Ego Octavianus diacon. Sancti Nicolai in Carcere Tulliano s.
Ego Rodulfus diaconus cardin. Sanctæ Luciæ in Septa Sol. s.

Datum Viterbii per manum Roberti sanctæ Romanæ Ecclesiæ presbyteri cardinalis et cancellarii, XVI Kalend. Julii, indictione octava, Incarnationis Dominicæ anno 1145, pontificatus vero domni Eugenii III papæ anno primo.

XXXIV.

Bulla in gratia Alberti abbatis S. Theodardi.
(Anno 1145, Jun. 23).

[*Gall. Christ. Nov.*, XIII, Instr. 183.]

EUGENIUS episcopus, servus servorum Dei, venerabilibus fratribus ARNALDO Narbonensis archiepiscopo, et RAIMUNDO Tolosano episcopo, salutem et apostolicam benedictionem.

Veniens ad præsentiam nostram filius noster Albertus, S. Audardi abbas, cum quorumdam fratrum nostrorum litterarum attestatione, gravem in præsentia nostra querelam deposuit, quod Idelphonsus Tolosanus comes abbatiam Sancti Audardi violenter destruit, villæ habitatores in abbatem et monachos consurgere, atque cum rebus et domibus suis ad alium locum transmigrare facit, abbatem ipsum et monachos fugere et velut exsules ire compellit, duo castra in allodio ipsius monasterii, et tertium in terra quam ipsemet duobus millibus solidorum et ducentis eidem abbati vendiderat, ausu sacrilego construit, nec his contentus ad cumulum suæ nequitiæ graviora eis, videlicet pœnam et mortem minatur. Quia igitur res ecclesiasticas tam præsumptuose pervadere quantum sacrilegum sit, quantaque animadversione puniendum fraternitati vestræ non credimus esse incognitum, per apostolica vobis scripta præcipiendo mandamus quatenus, dilatione remota, in unum convenientes, præfatum comitem ex nostra parte districte commoneatis ut præfatum abbatem et monachos suos in loco suo in pace manere permittat, castra in ipsius allodio monasterii ædificata diruat, et de damnis et illatis injuriis abbati et fratribus condigne satisfaciat, pravas quoque consuetudines quas in eadem abbatia et pertinentiis suis imposuisse dignoscitur, omnino aboleat. Quod si infra quadraginta dies post vestram commonitionem adimplere contempserit, in tota civitate ipsa Tolosa et in episcopatu, qui sub ipsius potestate est, divina prohibemus officia celebrari præter baptisma et pœnitentiam morientium. Vos autem ipsum interdictum, donec supra dicto modo satisfaciat, observari firmiter faciatis. Si vero nec resipuerit et in eadem malitia perseverare præsumpserit, dissimulare non poterimus quin B. Petri manus et nostras in personam ipsius extendamus.

Datum Viterbii, nono Kalendas Julii.

XXXV.

Ad O[thonem] Lucensem episcopum.
(Anno 1145, Junii 30.)

[BALUZ. *Miscell.* e i. Luc., IV, 593.]

EUGENIUS episcopus servus servorum Dei, venerabili fratri O. Lucano episcopo salutem et apostolicam benedictionem.

Perlatus est clamor ad aures nostras, quod prior Sancti Angeli et fratres sui ea quæ prædecessor noster felicis memoriæ PP. Lucius super ecclesia S. Salvatoris præcepit, negligant observare. Quia igitur ipsius mandata tanquam nostra irrefragabiliter volumus observari, per apostolica tibi scripta præcipimus, quatenus eidem priori ex nostra parte præcipias, ut sicut idem prædecessor noster viva voce per obedientiam ei præcepit, quod Innocentius et Cœlestinus sanctæ memoriæ, prædecessores nostri præceperunt, et quod ipse in manu dilecti filii nostri, G. presbyteri cardinalis SS. Laurentii et Damasi sacramento firmavit, tam ipse quam fratres sui irrefragabiliter observent: illos vero qui super eamdem S. Salvatoris ecclesiam lapides projecerunt, vel assultum in ea fecerunt, donec de tanto sacrilegio satisfaciant pro excommunicatis habeas. Si autem prælatus prior vel fratres sui vel parochiani super eamdem S. Salvatoris ecclesiam vel personas seu res ejusdem ecclesiæ fratres S. Fridiani aliquando infestare præsumpserint, ex tunc in ipsa Sancti Angeli ecclesia divina prohibemus officia celebrari.

Data Viterbii, II Kal. Julii.

XXXVI.
Ad G. abbatem S. Nicolai de Vedogio.
(Anno 1145, Aug. 16.)

[D. Bouquet, *Recueil*, XV, 429.]

Eugenius episcopus, servus servorum Dei, G. abbati Sancti Nicolai de Vedogio, salutem et apostolicam benedictionem.

Cum te ipsum asseras paupertate gravari, miramur plurimum quod modis omnibus elaboras ut pauperior fias. A tua namque non debuit excidisse memoria quod controversiam quæ inter te et sacerdotem de Batpalmis agitatur venerabili fratri nostro Alviso Atrebatensi episcopo viva voce commisimus continuandam; in cujus præsentia, cum secundum voluntatem tuam rem non procedere vidisses, sicut ab eodem fratre nostro accepimus, sola subterfugii et frustratoriæ dilationis causa prædictum sacerdotem ad sedem apostolicam iterum appellasti. Quia igitur nostri officii est injuste gravatis paterne providere, per apostolica tibi scripta præcipiendo mandamus quatenus cum a prædicto fratre nostro fueris evocatus, remota occasione præsentiam ejus adeas, et si memoratus sacerdos duobus vel tribus idoneis testibus probaverit quod prædecessores sui sacerdotes quartam partem presbyteratus de Batpalmis tenuerint, tu omni appellatione remota ipsam quartam partem quiete ipsum de cætero habere permittas, et damna quæ exinde sibi te intulisse probaverit cum integritate restituas. Alioquin nullatenus præterire poterimus quin de frustratoria dilatione tua dignam justitiam faciamus.

Datum Viterbii, XVII Kal. Septembris.

XXXVII.
Alviso episcopo Atrebatensi mandat ut judicet inter abbatem S. Nicolai de Vedogio et sacerdotem de Baptalmis.
(Anno 1145, Aug. 16.)

[*Ibid.*, p. 428.]

Eugenius episcopus, servus servorum Dei, venerabili fratri Alviso Atrebatensi episcopo salutem et apostolicam benedictionem.

Super mobilitate et levitate quam abbatem Sancti Nicolai de Vedogio in tua præsentia ostendisse tuis nobis litteris significasti profecto dolemus et religioni contrarium minime esse dubitamus. Recordamur siquidem quoniam controversiam quæ inter abbatem præfatum et sacerdotem latorem præsentium agitatur viva voce fraternitati tuæ hoc modo commisimus terminandam, ut videlicet si sacerdos duobus vel tribus testibus idoneis in præsentia vestra probaverit quod quartam partem presbyteratus de Batpalmis prædecessores sui sacerdotes ex consuetudine Ecclesiæ tenuerint, ipsam quartam partem eumdem sacerdotem quiete habere faceres. Quod cum juxta mandatum nostrum effectui mandare voluisses, præfatus abbas, non oppressionis, sed, sicut asseris, sola subterfugii causa sacerdotem ipsum ad audientiam nostram iterum appellavit. In qua siquidem appellatione licet extraordinarie processeris, quia tamen ex apostolicæ sedis reverentia sententiam distulisti, devotionem tuam in Domino collaudamus. Verum quoniam ille de frustratoria dilatione et prava deliberatione sua lucrari non debet, ipsum negotium denuo discretioni tuæ remittimus, per apostolica tibi scripta mandantes ut assumptis tecum prudentibus et discretis viris, et maxime venerabili fratre nostro Milone Molinorum episcopo, utramque partem ante tuam evoces præsentiam; et si sacerdos, quemadmodum supra dictum est, in præsentia tua probaverit, de ipsa quarta parte, omni appellatione remota, ipsum vice nostra investias, et quæ de ipsa parte quarta ablata sibi esse probaverit cum integritate restitui facias.

Datum Viterbii XVII Kal. Septembris.

XXXVIII.
Ad Theobaldum Veronensem episcopum.
(Anno 1145, Sept. 12.)

[Ughelli, *Italia sacra*, V, 784.]

Eugenius episcopus, servus servorum Dei, venerabili fratri T. Veronensi episcopo salutem et apostolicam benedict.

Pervenit ad nos quod quidam nobiles tuæ civitatis Veronen. Ecclesiam supra quodam castro, quod ipsa Ecclesia per concessionem imperatorum et Romanæ Ecclesiæ confirmationem diu in pace possedit, et libere tenuit, noviter inquietant, et tu etiam cum ipsis contra fratrum tuorum voluntatem, et prohibitionem super hoc, causam ingressus es. Quia igitur ipsius Ecclesiæ possessiones, et bona cujuslibet injuria vel negligentia amitti nolumus, per præsentia tibi scripta mandamus quatenus nullum judicium vel pactum ipsis super hoc inias, imo eos sine dilatione districte commoneas, ut castrum ipsum, et alias possessiones quas Veron. Ecclesia hactenus quiete possedit sibi dimittant, et eam exinde inquietare de cætero non præsumant : verum si justitiam se habere confidunt, in præsentia dilecti filii nostri G. presbyteri cardinalis tecum accedant, et ibidem quod justum fuerit obtineant. Quod si facere, et ab Ecclesiæ infestatione desistere noluerint, tanquam de ecclesiasticarum rerum pervasoribus de ipsis justitiam facias.

Dat. apud Montemlubricum, II Id. Septembris.

XXXIX.
W[iaoni], presbytero cardinali mandat ut de castro quodam ortam inter canonicos et nobiles quosdam Veronenses controversiam dirimat.
(Anno 1145, Sept. 13.)

[Ughelli, *Italia sacra*, V, 787.]

Eugenius episcopus, servus servorum Dei, dilecto filio W. presbytero cardinali, salutem et apostolicam benedictionem.

Pervenit ad nos quod quidam nobiles viri Veron. civitatis Veronensem Ecclesiam super quodam castro quod ipsa Ecclesia per concessionem imperatoris et Romanæ Ecclesiæ confirmationem diu in pace possedit et libere tenuit, noviter inquietant, et frater noster etiam T. episcopus cum ipsis contra fratrum suorum voluntatem et prohibitionem super hoc causam ingressus est. Quia igitur ipsius Ecclesiæ possessiones et bona cujuslibet injuria vel negligentia amitti nolumus, eidem episcopo per litteras nostras mandavimus quatenus nullum judicium, vel pactum cum ipsis super hoc iniat, imo eos sine dilatione districte commoneat, ut castrum ipsum, et alias possessiones, quas Veronen. Ecclesia hactenus quiete possedit, sibi dimittant, et eam exinde inquietare de cætero non præsumant. Verum si justitiam se habere confidunt ad præsentiam tuam secum accedant, et ibidem quod justum fuerit obtineant. Tibi vero per præsentia scripta mandamus, quatenus congruo loco et tempore tam eumdem episcopum, archipresbyterum quoque, et clericos, quam nobiles ante tuam evoces præsentiam, et causa ipsa ab utraque parte diligenter cognita, ordine judiciario eam definias.

Dat. apud Montemlubricum, Id. Sept.

XL

Privilegium pro Ecclesia Regiensi.

(Anno 1145.)

[Muratori, *Antiq. Ital.*, VI, 419].

Eugenius episcopus, servus servorum Dei, venerabili fratri Alberoni Regino episcopo, ejusque successoribus canonice substituendis in perpetuum.

Pia postulatio effectu debet prosequente compleri, ut et sinceritas devotionis laudabiliter enitescat, et utilitas postulata vires indubitanter assumat. Eapropter, venerabilis frater Albero episcope, tuis justis postulationibus clementer annuimus, et Reginam Ecclesiam, cui Deo auctore præesse dignosceris, sub beati Petri et nostra protectione suscipimus, et præsentis scripti privilegio communimus : statuentes ut quascunque possessiones, quæcunque bona inpræsentiarum juste et canonice possides, aut in futurum rationabilibus modis, Deo propitio, poteris adipisci, firma tibi tuisque successoribus, et per vos eidem Ecclesiæ illibata permaneant ; in quibus hæc propriis duximus exprimenda vocabulis : Monasterium Sancti Prosperi, canonicam Sancti Geminiani, capellam Sancti Stephani, et cæteras capellas ejusdem civitatis; monasterium Sancti Thomæ, monasterium Sancti Raphaelis, plebem de Minotio, capellam Sancti Jacobi de Insula de Bibio, cum aliis capellis ejusdem plebis, plebem de Thoano, capellam hospitatis de Ponte de Cavella, cum suis possessionibus, et aliis capellis ejusdem plebis; plebem Sancti Vitalis cum capellis suis, et omnibus ad eam jure pertinentibus; plebem de Campiola, capellam Sancti Venancii de Bussina, capellam de Valvesneria, capellam de Sancto Vito, cum aliis capellis ejusdem plebis, plebem de Baysio, cum suis capellis; plebem de castro Ariano, cum suis capellis, plebem Sancti Eleucadii, cum suis capellis ; plebem de Albineto, cum suis capellis ; plebem de Pulianello, cum suis capellis ; plebem de Lezulo cum suis capellis, plebem de Caviliano, capellam de Fano, capellam Cirezula, capellam Sancti Prosperi de Graxiano, cum aliis capellis ejusdem plebis; plebem de Bibiano ; capellas de Bibianello cum aliis capellis ejusdem plebis; plebem de Mutilena, capellas de Curviaco, plebem de Rivalta, plebem de Foliano, plebem de Cereto, plebem de Banio, plebem Herberie, plebem de Prato, cum capella Sancti Martini de Rivo, et aliis suis capellis ; plebem de Bagnolo, plebem de Camporotondo cum capella de Corrigia, etc. ; plebem de Curte Nova, plebem de Nuvelaria, ecclesiam de Campagnola, plebem de Fabrica, cum capella de Razola, plebem Sanctæ Mariæ de Novis, ecclesiam de Gargatella, plebem de Sancto Stephano, cum capella Sancti Possidonii, etc. ; plebem de Quarantula, plebem Sancti Martini in Spina, cum capellis de Cavello, et de Maneronta; plebem de Ceriano, cum capella de Mulla; ecclesiam de Gonzagha, plebem de Villula, plebem de Pigugnaca, plebem de Bondeno de Runculis, plebem de Bondeno Arduini, plebem de Suxaria ; ecclesiam de Lettobenano, ecclesiam de Polisino, ecclesiam de Cizola, plebem de Luxaria, cum capella de Satta, et aliis suis capellis; plebem de Guardestalla, cum suis capellis; monasterium de Marola, monasterium de Canusio.

Præsentis quoque decreti auctoritate sancimus, ut universi Regini episcopatus fines quieti deinceps omnino et integri tam tibi quam tuis successoribus conserventur. Prædecessoris quoque nostri bonæ memoriæ Urbani episcopi vestigiis inhærentes, sancimus ut in parochialibus ecclesiis, quas tenent monachi in tuo episcopatu, vestro assensu presbyteros collocent, qui si idonei fuerint, a vobis animarum curam suscipiant, et de plebibus quidem coram vobis rationem reddant : monachis vero pro rebus temporalibus debitam subjectionem exhibeant, salva in omnibus apostolicæ sedis auctoritate. Si quis igitur in futurum ecclesiastica, etc.

Ego Eugenius Catholicæ Ecclesiæ episcopus subscripsi.

Ego Conradus Sabinensis episcopus subscripsi.

Ego Gregorius presbyter cardinalis titulo Calisti subscripsi.

Ego Guido presbyter cardinalis titulo Sanctorum Laurentii et Damasi subscripsi.

Ego Albertus presbyter cardinalis titulo Sanctæ Anastasiæ subscripsi.

Ego Gregorius diaconus cardinalis Sanctorum Sergii et Bacchi subscripsi.

Ego Petrus diaconus cardinalis Sanctæ Mariæ in Portico subscripsi.

Ego Gregorius diaconus cardinalis Sancti Angeli subscripsi.

Ego Cinthius diaconus cardinalis Sanctæ Romanæ Ecclesiæ subscripsi.

XLI.

Privilegium pro ecclesia Berchtesgadensi.

(Anno 1145, Oct. 9.)

[Hund., *Metropol. Salisburg.*, II, 160.]

Eugenius episcopus, servus servorum Dei, dilectis filiis Huconi Ecclesiæ Berthergadmensis præposito, ejusque fratribus tam præsentibus quam futuris regulariter substituendis, in perpetuum.

Desiderium quod ad religionis propositum et animarum salutem pertinere monstratur, animo nos decet libenti concedere et petentium desideriis congruum impertiri suffragium. Verumtamen petitionibus illorum ampliori charitate nos oportet intendere, quorum loca in religione fundata ad jus sanctæ Romanæ Ecclesiæ specialiter pertinere noscuntur. Eapropter, dilecti in Domino filii, vestris justis petitionibus clementer annuimus, et præfatum Beati Petri monasterium, in quo divino mancipati estis officio ad exemplar prædecessorum nostrorum felicis memoriæ Paschalis, Calixti et Innocentii Romanorum pontificum, sub beati Petri et nostra protectione suscipimus et præsentis scripti privilegio communimus, statuentes ut quascunque possessiones, quæcunque bona eadem ecclesia inpræsentiarum juste et canonice possidet, aut in futurum concessione pontificum, liberalitate regum, largitione principum, oblatione fidelium, seu aliis justis modis, præstante Domino, poterit adipisci, firma vobis vestrisque successoribus et illibata permaneant. In quibus hæc propriis duximus exprimenda vocabulis: Silvam quæ Cellæ adjacet, Niderhelm, Sconenberg, Flozze, et reliqua quæ comes Berengarius et filius ejus Gebehardus eidem loco dederunt, quidquid in orientali plaga legitime possidetis, Telensteten, et cætera, quæ Engelwanus, Henricus et Bernhardus de Mosa, Guillelmus de Huba, et alii vicini eorum vobis rationabiliter contulerunt, Rotehoven cum suis pertinentiis, Hebingen, cum cæteris quæ Carolus et fratres ejus vobis similiter donaverunt. Ea etiam quæ Rodulphus de Lungowo eodem modo vobis contulit. Fronehoven et cætera quæ Wolf Trigel et frater ejus Tiemo de jure suo vobis dederunt.

Sancimus etiam ut nulli hominum liceat vitæ canonicæ ordinem, quem secundum beati Augustini Regulam professi estis, in vestra Ecclesia immutare. Nemini etiam professionis vestræ facultas sit alicujus levitatis instinctu, vel arctioris religionis obtentu sine præpositi vel congregationis licentia de claustro discedere. Quod si discesserit, nullus eum episcoporum, nullus abbatum, nullus monachorum sine communium litterarum cautione suscipiat, quandiu videlicet in ecclesia vestra canonici ordinis tenor, Domino præstante, viguerit. Sane ecclesiastica sacramenta a diœcesano suscipietis episcopo, siquidem gratiam atque communionem apostolicæ sedis habuerit, etsi ea gratis ac sine pravitate voluerit exhibere. Alioquin liceat vobis pro eorumdem sacramentorum susceptione catholicum, quem malueritis adire antistitem, qui, nostra fultus auctoritate, quod postulatur, indulgeat. Porro loci vestri advocatiam sine præpositi et fratrum consensu aut a fundatorum hæredibus, aut a quibuslibet aliis occupari omnimodis prohibemus. Si vero is, cui commissa fuerit eidem Ecclesiæ gravis, aut inutilis apparuerit, et secundo tertiove commonitus, non emendaverit, ipsum expellendi et alium idoneum loco suo substituendi liberam vobis concedimus facultatem. Laborum quoque vestrorum, quos propriis manibus aut sumptibus colitis, sive de nutrimentis vestrorum animalium nullus omnino clericus, aut laicus a vobis decimas exigere præsumat. Concordiam vero litis, quæ inter vos et Bambergenses canonicos fuerat, quæ admodum coram venerabili fratre nostro Conrado Salzburgensi archiepiscopo rationabiliter terminata est, ratam manere sancimus. Obeunte vero te nunc ejusdem loci præposito vel ad alterius Ecclesiæ regimen transeunte, sive tuorum quolibet successorum, nullus ibi qualibet subreptionis astutia vel violentia præponatur, nisi quem fratres communi consensu aut fratrum pars consilii sanioris secundum Dei timoris et B. Augustini Regulam canonice providerint eligendum. Sepulturam quoque illius loci liberam esse concedimus, ut eorum qui se illic sepeliri deliberaverint extremæ voluntati et devotioni nullus obsistat, nisi fuerint excommunicati: salva tamen justitia matricis ecclesiæ.

Decernimus ergo ut nulli omnino hominum liceat præfatam Ecclesiam temere perturbare, aut ejus bona vel possessiones auferre, vel ablatas retinere, minuere, seu quibuslibet vexationibus fatigare, sed omnia integra conserventur eorum, pro quorum gubernatione et sustentatione concessa sunt, usibus omnimodis profutura; salva sedis apostolicæ auctoritate, et Salzburgensis archiepiscopi canonica justitia. Ad indicium autem hujus a sede apostolica perceptæ protectionis bizantium aureum nobis nostrisque successoribus annis singulis persolvetis. Si qua ergo ecclesiastica sæcularisve persona, hanc nostræ constitutionis paginam sciens, contra eam temere venire tentaverit, secundo tertiove commonita, si non reatum suum congrua satisfactione correxerit, potestatis honorisque sui dignitate careat reamque se divino judicio existere de perpetrata iniquitate cognoscat, et a sacratissimo corpore ac sanguine Dei et Domini Redemptoris nostri Jesu Christi aliena fiat, atque in extremo examine districtæ ultioni subjaceat. Cunctis autem eidem loco justa servantibus sit pax Domini nostri Jesu Christi, quatenus et hic fructum bonæ actionis percipiant, et apud districtum judicem præmia æternæ pacis inveniant. Amen, amen, amen.

Ego Eugenius Catholicæ Ecclesiæ episcopus ss.
Ego Conradus Sabinensis episcopus ss.
Ego Gregorius presb. card. tit. S. Calixti ss.
Ego Hubaldus presb. card. tit. S. Joan. et Pauli ss.

Ego Otto diacon. card. S. Georgii ad Velum Aureum ss.

Ego Guido diac. card. SS. Cosmæ et Damiani ss.

Ego Octavianus diac. card. S. Nico. in Car. Tull. s.

Ego Guido in Romana Ecclesia altaris minister indignus ss.

Ego Gregorius diac. card. S. Angeli ss.

Ego Berardus diac. card. S. Romanæ Ecclesiæ ss.

Datum Viterbii per manum Roberti sanctæ Romanæ Ecclesiæ presb. card. et cancellarii, vii Idus Octobris, indictione viii, Incarnationis Dominicæ anno 1145, pontificatus vero domni Eugenii III papæ anno primo.

XLII.

Monasterii SS. Petri et Pauli Hadmerslebensis protectionem suscipit ac privilegia et possessiones confirmat.

(Anno 1145, Oct. 26.)

[Archetypum est Berolini apud D. G. B. J. Friedlander, inquit Jaffé, *Regesta pont. Rom.*, p. 619.]

XLIII.

Ariberto presbytero cardinali, Gregorio episcopo Bergomati et abbati monasterii de Astino defert cognitionem controversiæ inter S. Alexandri et S. Vincentii canonicos.

(Anno 1145, Oct. 28.)

[Lupi, *Cod. diplom. Bergom.*, II, 1061.]

Eugenius episcopus, servus servorum Dei, venerabilibus fratribus A[riberto] presbytero cardinali, et G[regorio] Pergamensi episcopo et dilecto filio abbati de Astino, salutem et apostolicam benedictionem.

Canonici Sancti Vincentii nobis conquesti sunt quod ea quæ a sede apostolica inter ipsum et canonicos Sancti Alexandri statuta sunt, et prædecessorum nostrorum privilegiis confirmata, ipsi canonici S. Alexandri non observent. Quia igitur quamvis ipsi nobis invitis in discordia perseverent, nos tamen pro debito nostri officii, ad pacem illorum libenter intendimus, per apostolica vobis scripta mandamus quatenus in unum convenientes utramque partem ante vestram præsentiam vocetis, et utriusque partis tam de privilegiis, quam de aliis querimoniis et rationes diligenter inquirere et cognoscere studeatis, ipsius rei veritatem vestris nobis litteris quantocius significetis. Si vero præfatus cardinalis interesse non poterit, vos nihilominus supradicto modo causam audiatis, et nobis, ut prædiximus, intimetis.

Data Viterbii, v Kalend. Novembris.

XLIV.

Confirmatio sive renovatio et nova concessio privilegiorum monasterio S. Joannis Evangelistæ Parmensis diœcesis, ordinis Casinensis.

(Anno 1145, Oct. 31.)

[Margarini, *Bullar. Casin.*, II, 165.]

Eugenius episcopus, servus servorum Dei, dilecto filio Guidoni abbati monasterii S. Joannis, quod in Parmensi urbe situm est, ejusque successoribus regulariter promovendis, in perpetuum.

Quoniam sine veræ cultu religionis nec charitatis unitas potest subsistere, nec Deo gratum exhiberi servitium, expedit apostolicæ auctoritati, religiosas personas diligere, et loca in quibus divinis vacant officiis, sedis apostolicæ munimine confovere. Ideo, dilecte in Domino fili Guido abbas, tuis rationabilibus postulationibus clementer annuimus, et prædecessoris nostri felicis memoriæ Paschalis papæ vestigiis inhærentes, ecclesiam Sancti Joannis cujus regiminis es deputatus, sub beati Petri et nostra protectione suscipimus, et præsentis scripti pagina communimus; statuentes ut quascunque possessiones, quæcunque bona præfatum monasterium in præsentiarum juste et canonice possidet, aut in futurum concessione pontificum, largitione regum vel principum, oblatione fidelium, seu aliis justis modis poterit adipisci, firma tibi tuisque successoribus et illibata permaneant; in quibus hæc propriis nominibus duximus exprimenda: In eodem episcopatu Parmensi ecclesiam Sancti Stephani, quæ est in burgo, ecclesiam Sancti Michaelis de Arcu, ecclesiam Sancti Stephani de Torano, ecclesiam Sancti Laurentii de Casella cum curte, ecclesiam Sancti Savini cum curte, ecclesiam Sancti Laurentii de Ramuscello, castrum Ramuscelli cum ecclesia, castrum Sancti Vitalis cum ecclesia et curte, ecclesiam Sancti Joannis de Petrignano, ecclesiam Sancti Sylvestri de Gambaletico, ecclesiam de Gainaco, ecclesiam S. Sylvestri de Insula, ecclesiam S. Salvatoris de Sanguineo cum castro et curte, duas partes curtis Saccæ, et quod in ecclesia ejusdem loci habetur, ecclesiam Sanctæ Justinæ, ecclesiam Sancti Prosperi et Sancti Anastasii, quæ sunt in eadem civitate, ecclesiam Sancti Jacobi quæ est in capite pontis, ecclesiam Sancti Petri de Burgo S. Domini, ecclesiam de Provinciano, ecclesiam Sancti Matthæi de Callio, ecclesiam Sancti Melani cum medietate burgi, et quatuor domibus, ecclesiam de Paterno cum castro et curte, ecclesiam Sancti Michaelis de Filino, et quidquid habetis in ecclesia Sancti Georgii de Pratis, ecclesiam S. Luciæ de Cavagnano. In episcopatu vero Cremonensi ecclesiam Sancti Justini de Delmona cum omnibus pertinentiis suis. In Regiensi episcopatu, ecclesiam Sancti Michaelis de Fossa. In Lunensi episcopatu ecclesiam S. Johannis, et ecclesiam de Cavallana. In episcopatu Pistoriensi monasterium S. Bartholomæi cum ecclesia S. Mariæ, quæ est extra portam, quæ dicitur Lucensis, et ecclesia S. Georgii ultra fluvium Simbronæ, et ecclesia S. Romani, et ecclesia S. Benedicti de Massiano, cum curtibus et omnibus pertinentiis eorum, et ecclesia de Capitana cum curtibus et pertinentiis suis, et ecclesia S. Bartholomæi de Trivallo cum curte et omnibus pertinentiis suis, et ecclesia S. Domini de Smapolis cum curte et omnibus pertinentiis suis, ecclesia S. Angeli in valle Nebulæ cum omnibus earum pertinentiis, et ecclesia Sancti Martini de Madia; decimas quoque Parmensium episcoporum, monasterio vestro concessas, vobis nihilominus confirmamus. De illis etiam terris, quæ vestri monasterii juris sunt, ubicunque sunt, et quæ noviter coluntur, et olim a sexaginta, vel quinquaginta seu quadraginta annis, et infra, cultæ non fuerint, nemo decimas de fructibus earum adversum vos petere audeat. Sane de laboribus quos propriis manibus aut sumptibus colitis, seu de nutrimentis vestrorum animalium decimas exigi prohibemus.

Quæcunque vero libera persona ad vos venire, et religionis habitum suscipere voluerit, licentiam ei concedimus. Sepulturam quoque ipsius loci liberam esse concedimus, et quicunque illic sepeliri decreverint, nisi forte excommunicati fuerint, eorum devotioni et extremæ voluntati nullus obsistat. De monachis clericisque tuis, tibi licentiam, tuisque successoribus et prioribus monasteriorum tuorum damus super eos ad ordinandum, a quocunque episcopo volueris, manus imponi; ita tamen, ut catholicus sit. Omnibusque prohibemus abbatem in ipso monasterio eligere, extraneis monasteriis, nisi communicato consilio, et assensu melioris et majoris partis fratrum monasterii S. Joannis. Nullus etiam episcopus, vel plebanus in tuis ecclesiis, ubicunque sint, audeat aliquem clericum intromittere vel extrahere absque tua voluntate, et eorum priorum, qui per diversa loca consistunt. Item nullus episcopus audeat consecrare aliquam ecclesiam, quæ juris vestri monasterii esse decernitur, sine licentia et invitatione abbatum monasterii S. Joannis, et priorum qui per diversa constituti fuerint. Universis autem interdicimus, ut vestris capellis, ubicunque sint, officium interdicere nullatenus præsumant; et sepulturam eis, qui ibi sepeliri voluerint, non contradicant. Cunctis etiam episcopis, subjectisque sibi personis, omnino interdicimus, honorem et quæcunque bona vestri juris minuere, ubi cognoscuntur esse. Et si quis ad hæc nititur, et in hac pertinacia manere cognoscitur, licentiam ad apostolicam sedem tibi tuisque prioribus appellandi fiducialiter damus.

Decernimus ergo ut nulli hominum, clericorum vel laicorum liceat idem monasterium S. Joannis Parmensis, nec ullum monasteriorum quæ sub eo consistunt, temere perturbare, aut ejus possessiones auferre, vel ablatas retinere, minuere, vel temerariis fatigationibus vexare, vel fatigare; sed omnia integra conserventur eorum, pro quorum sustentatione et gubernatione concessa sunt, usibus omnimodis profutura. Si qua igitur in futurum ecclesiastica sæcularisve persona, hanc nostræ constitutionis paginam sciens, contra eam temere venire tentaverit, secundo tertiove commonita, si non satisfactione congrua emendaverit, potestatis honorisque sui dignitate careat, reamque se divino judicio existere de perpetrata iniquitate cognoscat, et a sacratissimo corpore ac sanguine Dei et Domini Redemptoris nostri Jesu Christi aliena fiat, atque in extremo examine districtæ ultioni subjaceat. Cunctis autem eidem loco justa servantibus sit pax Domini nostri Jesu Christi, quatenus et hic fructum bonæ actionis percipiant et apud districtum judicem præmia æternæ pacis inveniant. Amen.

Ego Eugenius Catholicæ Ecclesiæ episcopus ss.
Ego Conradus Sabinensis episcopus ss.
Ego Ubaldus presbyter cardinalis Sanctorum Joannis et Pauli ss.
Ego Nicolaus presbyter cardinalis tit. S. Cyriaci ss.
Ego Otto diaconus card. Sancti Georgii ad Velum Aureum ss.
Ego Guido diac. card. Sanctorum Cosmæ et Damiani ss.
Ego Jacinthus diaconus card. Sanctæ Mariæ in Cosmedin ss.
Ego Jordanus sanctæ Romanæ Ecclesiæ diaconus cardinalis ss.

Datum Viterbii per manum Roberti sanctæ Romanæ Ecclesiæ presbyteri cardinalis et cancellarii, II Kalendas Novembris, indictione VIII, Incarnationis Dominicæ anno 1145, pontificatus vero domni Eugenii III papæ anno I.

XLV.
Monasterii Molismensis possessiones et privilegia confirmat.
(Anno 1145, Nov. 18.)
[MABILLON, *Annal. Bened.* VI, 392.]

Tunc ab annis quinque Molismo præerat Geraldus seu Giraudus abbas, Guidonis successor, qui hoc anno amplissimum ab Eugenio privilegium adeptus est. In eo confirmantur recensenturque omnes monasterii possessiones, ecclesiæ et cellæ, in his quatuor monasteria sanctimonialium a Molismo pendentium; duo quidem in diœcesi Lingonensi, scilicet Sanctæ Mariæ apud Julianum, et Sancti Sulpicii apud Osam: duo itidem in Catalaunensi, nempe de Andesisis (*Andecies*), et Beatæ Mariæ de Valle-Onæ. *Datum Viterbii per manum Roberti S. R. E. presbyteri cardinalis et cancellarii,* XIV *Kal. Decembris, indictione* IX, *Incarnationis Dominicæ anno* 1145, *pontificatus vero domni Eugenii III anno* I. Qui has litteras scripsit Robertus cancellarius, is est Robertus Pullus, Anglus, doctrina et scriptis celebris, quem *præmissum* ait Bernardus (ep. 362) in adjutorium Eugenii ante ejus electionem. Eum Parisiis, cum necdum esset cardinalis, retinuit Bernardus, qua de re offensus Roffensis episcopus; quem litteris (ep. 205) placavit vir sanctus, qui Roberti *sanam doctrinam* laudat, et scripta multi faciebat.

XLVI.
Senensi, Volterrano, Florentino, Lucensi, Lunensi episcopis præcipit ne impediri patiantur eos qui orationis causa se conferant ad altare B. Jacobi, apostoli, in ecclesia Pistoriensi miracula edentis.
(Anno 1145, Nov. 22.)
[UGHELLI, *Italia sacra,* III, 298.]

EUGENIUS episcopus, servus servorum Dei, venerabilibus fratribus reverendis, Senensi, Volterrano, Florentino, Lucensi et Lunensi episcopis, salutem et apostolicam benedictionem.

Ad vestram notitiam pervenisse credimus, quæ

et quanta miraculorum insignia omn. Dominus per beati apostoli Jacobi merita ad sacrum altare suum in Pistoriensi ecclesia præsenti tempore voluit demonstrare, unde fideles populi de diversis] et remotis terrarum partibus, devotionis intuitu, ad eumdem venerabilem locum cœperunt concurrere, et salutis suæ remedia postulare. Expedit ergo fidelibus Christianis, et maxime convicinis, pro tanto collato beneficio, Redemptori nostro gratias agere, et beato Jacobo apostolo ejus debita devotionis obsequia fideliter exhibere. Ideoque per apostolica vobis scripta præcipiendo mandamus, quatenus populum, et parochianos vestros districte commoneatis, quod viros et mulieres, undecunque fuerint, ad tam sacrum oratorium devotionis et orationis causa proficiscentes, nulla occasione præpediant, nec eis aliquam molestiam seu perturbationem inferre præsumant. Quod si qui facere præsumpserint, eos tanquam sacrilegos, et treguæ Dei violatores excommunicatos publice denuntietis; et eamdem excommunicationis sententiam, quousque satisfecerint, per parochias nostras observari firmiter faciatis.

Datum Viterbii, x Kalendas Decemb. anno 1145.

XLVII.
Indulgentiam B. Jacobo aevotis concedit.
(Anno 1145, Nov. 22.)
[UGHELLI, *Italia sacra*, III, 298.]

EUGENIUS episcopus, servus servorum Dei, universis Dei fidelibus, oratorium B. Jacobi apostoli, quod in Pistoriensi ecclesia situm est, devote visitantibus, salutem et apostolicam benedictionem.

Ineffabilis divinæ clementiæ magnitudo, quæ vult omnes homines salvos fieri, et ad agnitionem veritatis venire. Plurima clara diversorum miraculorum genera, beati Jacobi apostoli meritis ad sacratissimum altare suum, ad compunctionem fidelium, in Pistoriensi ecclesia demonstravit; nam sicut venerabili fratre nostro Attone ejusdem civitatis religioso episcopo, et aliis pluribus referentibus, agnovimus, cæci, claudi, contracti, et alii diversis languoribus debiles, in eodem loco, per beati, ut diximus, Jacobi preces et merita, optata salutis remedia percipere. Nos itaque pro tanta divinæ gratiæ ostensione, omnipotenti Domino gratias referentes, dignum duximus, ut fideles Christiani, qui præfatum venerabilem locum, pietatis intuitu devote visitaverint, peccatorum suorum per nos revelationem aliquam mereantur. Ideoque de beatorum Petri, et Pauli, et ejusdem Jacobi apostolorum Christi meritis confisi, apostolica auctoritate statuimus, ut quotquot prædictum venerabile oratorium, causa devotionis et orationis visitaverint, de injuncta pœnitentia septem dierum indulgentiam se accepisse congaudeant.

Datum Viterb., x Kal. Decemb.

XLVIII.
Ad Ludovicum regem Galliarum. — De expeditione in Terram Sanctam suscipienda (7).
(Anno 1145, Dec. 1.)
[MANSI, *Concil.*, XXI, 626.]

EUGENIUS episcopus, servus servorum Dei, charissimo filio LUDOVICO illustri et glorioso Francorum regi, et dilectis filiis principibus, et universi Dei fidelibus per Galliam constitutis, salutem et apostolicam benedictionem.

Quantum prædecessores nostri Romani pontifices pro liberatione Orientalis Ecclesiæ laboraverunt, antiquorum relatione didicimus, et in gestis eorum scriptum reperimus. Prædecessor etenim noster felicis memoriæ papa Urbanus tanquam tuba intonuit, et ad ipsius deliberationem sanctæ Romanæ Ecclesiæ filios de diversis mundi partibus sollicitare curavit. Ad ipsius siquidem vocem, Ultramontani, et præcipue Francorum regni fortissimi et strenui bellatores, et illi etiam de Italia, charitatis ardore succensi convenerunt, ut maximo congregato exercitu, non sine magna proprii sanguinis effusione, divino eos auxilio comitante, civitatem illam; in qua Salvator noster pro nobis pati voluit, et gloriosum ipsius sepulcrum passionis suæ nobis memoriale dimisit, et quamplures alias, quas prolixitatem vitantes memorare supersedemus, a paganorum spurcitia liberarent. Quæ per gratiam Dei et patrum vestrorum studium, qui per intervalla temporum eas defendere, et Christianum nomen in partibus illis dilatare pro viribus studuerunt, usque ad nostra tempora a Christianis detentæ sunt, et aliæ urbes infidelium ab ipsis viriliter expugnatæ.

Nunc autem nostris et ipsius populi peccatis exigentibus, quod sine magno dolore et gemitu proferre non possumus, Edessa civitas, quæ nostra lingua *Rohais* dicitur; quæ etiam, ut fertur, cum quondam in Oriente tota terra a paganis detineretur, ipsa sola sub Christianorum potestate Domino serviebat, ab inimicis crucis Christi capta est, et multa Christianorum castella ab ipsis occupata. Ipsius quoque civitatis archiepiscopus cum clericis suis, et multi alii Christiani, ibidem interfecti sunt; et sanctorum reliquiæ in infidelium conculcationem datæ sunt et dispersæ. In quo quantum Ecclesiæ Dei et toti Christianitati periculum immineat, et nos cognoscimus, et prudentiam vestram latere non credimus. Maximum namque nobilitatis et probitatis indicium fore cognoscitur, si ea quæ patrum strenuitas acquisivit, a vobis filiis strenue defendantur. Verumtamen si, quod absit! secus contigerit, patrum fortitudo in filiis imminuta probatur.

Universitatem itaque vestram in Domino commonemus, rogamus, atque præcipimus, et in pec-

---

(7) Hanc epistolam edidit Boczek *Coa. dipom. Morav.* I, 241, sed *ad universos Dei fideles per Galliam constitutos* inscriptam, et datam Transtiberim.

Kal. Martii 1146. Lectionum varietatem notamus. EDIT.

catorum remissionem injungimus, ut qui Dei sunt, et maxime potentiores et nobiles, viriliter accingantur, infidelium multitudini, quæ feresemper victoria super nos adepta lætatur (8), sic occurrere, et Ecclesiam Orientalem tanta patrum vestrorum, ut prædiximus, sanguinis effusione ab eorum tyrannide liberatam, ita defendere, et multa captivorum millia confratrum nostrorum de ipsorum manibus eripere studeatis, ut Christiani nominis dignitas vestro tempore augeatur, et vestra fortitudo, quæ per universum mundum laudatur, integra et illibata servetur. Sit vobis etiam in exemplum bonus ille Mathathias, qui pro paternis legibus conservandis seipsum cum filiis et parentibus suis morti exponere, et quidquid in mundo possidebat relinquere nullatenus dubitavit : atque tandem, divino cooperante auxilio, per multos tamen labores tam ipse quam sua progenies de inimicis viriliter triumphavit.

Nos autem, vestrorum quieti et ejusdem ecclesiæ destitutioni paterna sollicitudine providentes, illis qui tam sanctum tamque pernecessarium opus et laborem devotionis intuitu suscipere et perficere decreverint, illam peccatorum remissionem quam præfatus prædecessor noster papa Urbanus instituit, auctoritate nobis a Deo concessa concedimus et confirmamus; atque uxores et filios eorum, bona quoque et possessiones, sub sanctæ Ecclesiæ, nostra etiam et archiepiscoporum, episcoporum et aliorum prælatorum Ecclesiæ Dei protectione manere decernimus.

Auctoritate etiam apostolica prohibemus ut de omnibus quæ, cum crucem acoeperint, quiete possederint, ulla deinceps quæstio moveatur, donec de ipsorum reditu vel obitu certissime cognoscatur.

Præterea, quoniam illi qui Domino militant nequaquam in vestibus pretiosis, nec cultu formæ, nec canibus, vel accipitribus, vel aliis, quæ portendant lasciviam, debent intendere, prudentiam vestram in Domino commonemus, ut qui tam sanctum opus incipere decreverint, nullatenus in vestibus variis aut grisiis, sive in armis aureis vel argenteis intendant, sed in talibus armis (9), equis, et cæteris quibus infideles expugnent, totis viribus studium et diligentiam adhibeant.

Quicunque vero ære premuntur alieno, et tam sanctum iter puro corde inceperint, de præterito usuras non solvant; et si ipsi, vel alii pro eis occasione usurarum astricti sunt, sacramento vel fide apostolica eos auctoritate absolvimus.

Liceat eis etiam terras, sive cæteras possessiones suas, postquam commoniti propinqui sive domini, ad quorum feudum pertinent, pecuniam commodare aut noluerint, aut non valuerint, ecclesiis, vel personis ecclesiasticis, vel aliis quoque fidelibus libere sine ulla reclamatione impignorare.

Peccatorum remissionem et absolutionem, juxta præfati prædecessoris nostri institutionem, omnipotentis Dei et beati Petri apostolorum principis auctoritate nobis a Deo concessa, talem concedimus, ut qui tam sanctum iter devote incœperit et perfecerit, sive ibidem mortuus fuerit, de omnibus peccatis suis, de quibus corde contrito et humiliato confessionem susceperit, absolutionem obtineat, et sempiternæ retributionis fructum ab omnium remuneratore percipiat.

Datum Vetrallæ, Kalendis Decembris.

XLIX.
Privilegium pro monasterio S. Stephani Frisingensis.
(Anno 1145, Dec. 7.)
[*Monumenta Boica,* IX, 501.]

EUGENIUS episcopus, servus servorum Dei, dilectis filiis SIGMARO abbati monasterii Sancti Stephani Frisingensis ejusque successoribus fratribus tam præsentibus quam futuris, regularem vitam professis, in perpetuum, salutem et apostolicam benedictionem.

Quoniam sine veræ cultu religionis, nec charitatis unitas potest subsistere, nec Deo gratum exhiberi servitium, expedit apostolicæ auctoritati religiosas personas diligere et earum quieti, auxiliante Domino, providere. Eapropter, dilecti in Domino filii, vestris justis postulationibus annuimus, et præfatum Sancti Stephani monasterium, in quo divino mancipati estis obsequio, sub beati Petri et nostra protectione suscipimus et præsentis scripti privilegio communimus; statuentes ut quascunque possessiones in præsentiarum juste et canonice possidetis, aut in futurum concessione pontificum, liberalitate regum, largitione principum, oblatione fidelium, seu aliis justis modis, præstante Domino, poteritis adipisci, firma vobis vestrisque successoribus et illibata permaneant. In quibus hæc propriis exprimenda duximus vocabulis : Monasterium Beati Stephani cum possessionibus et omnibus appendiciis suis ; ecclesias, decimas, possessiones, beneficia ministerialium, quæ vobis a venerabili fratre nostro Ottone Frisingensi episcopo et prædecessoribus ejus rationabiliter concessa et data sunt; concambia, quæ inter vos et eumdem episcopum vestrum de Voltisigen, et alios rationabiliter concessa et facta sunt. Prohibemus insuper, ut nullus post factam professionem absque abbatis et fratrum suorum licentia ab eodem monasterio præsumat recedere. Sepulturam quoque ipsius loci liberam esse concedimus, ut illorum qui se illic sepeliri deliberaverint, devotioni et extremæ voluntati, nisi forte excommunicati sint, nullus obsistat, salva justitia matricis Ecclesiæ. Sane laborum vestrorum quos propriis manibus colitis, sive de nutrimentis animalium vestrorum, nullus clericus vel laicus a vobis decimas exigere præsumat. Obeunte vero te nunc ejusdem loci abbate, vel quolibet tuorum successorum, nullus ibi qualibet subreptionis astutia seu violentia præponatur, nisi quem fratres communi

---

(8) Mansi, *quæ se tempus victoriæ super nos adeptam lætatur.*

(9) Mansi, *decreverint, ad hæc non intendant, sed in armis,* etc.

consensu vel fratrum pars consilii sanioris secundum Dei timorem et beati Benedicti Regulam providerint eligendum. Decernimus ergo ut nulli omnino hominum liceat hunc locum temere perturbare, aut ejus possessiones auferre, vel ablatas retinere, minuere, seu quibuslibet vexationibus fatigare, sed omnia integra conserventur eorum, pro quorum gubernatione ac sustentatione concessa sunt, usibus omnimodis profutura; salva sedis apostolicæ auctoritate et diœcesani episcopi canonica justitia et reverentia. Si qua igitur in futurum ecclesiastica sæcularisve persona, hanc nostræ constitutionis paginam sciens, contra eam temere venire tentaverit, secundo tertiove commonita, si non reatum suum congrua satisfactione correxerit, potestatis honorisque sui dignitate careat, reamque se divino judicio existere de perpetrata iniquitate cognoscat, et a sacratissimo corpore et sanguine Dei et Domini nostri Jesu Christi, aliena fiat, atque in extremo examine districtæ ultioni subjaceat. Cunctis autem eidem loco sua jura servantibus sit pax Domini nostri Jesu Christi quatenus et hic fructum bonæ actionis percipiant, et apud districtum judicem præmia æternæ pacis inveniant. Amen.

Ego Eugenius Catholicæ Ecclesiæ episcopus ss.

Ego Humbaldus presb. card. SS. Joannis et Pauli ss., etc.

Datum Vetrallæ per manum Saberti [Roberti] sanctæ Romanæ Ecclesiæ presbyteri cardinalis et cancellarii, vii Idus Decemb., indict. ix, anno Incarnat. Dominicæ 1145; pontificatus vero domni Eugenii papæ III anno primo.

L.

Privilegium pro monasterio de Loco restaurato.

(Anno 1145, Dec. 13.)

[Hugo, *Annal. Præm.*, II, Pr., 41.]

EUGENIUS episcopus, servus servorum Dei, HAIMONI abbati de Loco restaurato, ejusque fratribus tam præsentibus quam futuris, regularem vitam professis, in perpetuum.

Quoniam sine veræ religionis cultu, nec charitatis unitas potest subsistere, nec Deo gratum exhiberi servitium, expedit apostolicæ auctoritati religiosas personas diligere, et earum quieti, auxiliante Domino, providere. Eapropter, dilecti in Domino filii, vestris justis postulationibus clementer annuimus et præfatum locum, in quo divino mancipati estis obsequio, sub beati Petri et nostra protectione suscipimus, et præsentis scripti privilegio communimus, statuentes ut quæcunque possessiones, quæcunque bona in præsentiarum juste et canonice possidetis, aut in futurum concessione pontificum, liberalitate regum, largitione principum, oblatione, fidelium, seu aliis justis modis, præstante Domino, poteritis adipisci, firma vobis vestrisque successoribus et illibata permaneant, in quibus hæc propriis duximus exprimenda vocabulis : Ex dono Radulphi comitis, ter-

A ram arabilem de Bonolio quæ ad dominicatum ipsius pertinet; terragium quoque quod ibidem habebat, eo tenore, quod si rustici eum colere destiterint, ad proprietatem vestram libere redeat; pascua etiam et terram incultam, et cursum aquæ ad faciendum molendinum, mansis et censibus suæ successioni in ea retentis; ecclesiam de Beriniaco quæ per manum Manasse Meldensis episcopi, ipso comite consentiente ac postulante, vobis tradita est; decimam de Sinesiis (*Seigneux*) quæ ab ipso comite, a militibus quæ in feudo eam habebant, redempta est, et per manum Petri Silvanectensis episcopi vobis concessa est; decimam de Burfantencio, tertiam partem decimæ de Vamoseio; nemus de Sancto Medardo quod sub censu septem solidorum, et dimidii monasterio S. Medardi persolvendo vobis concessum est; curiam de Monte Bosonis (*Morcourt*) cum suis appendiciis. Sane laborum vestrorum quos propriis manibus aut sumptibus colitis, sive de nutrimentis animalium vestrorum, nullus omnino clericus vel laicus a vobis decimas exigere præsumat. Decernimus ergo ut nulli omnino hominum liceat præfatum locum temere perturbare, aut ejus possessiones auferre, vel ablatas retinere, minuere, seu quibuslibet vexationibus fatigare; sed omnia integra conserventur eorum, pro quorum gubernatione et sustentatione concessa sunt, usibus omnibus profutura, salva sedis apostolicæ auctoritate, et diœcesani episcopi canonica justitia et reverentia. Si qua igitur in futurum ecclesiastica sæcularisve persona, hujus nostræ constitutionis paginam sciens, contra eam temere venire tentaverit, secundo tertiove commonita, si non reatum suum congrua satisfactione correxerit, potestatis honorisque sui dignitate careat, reamque se divino judicio existere de perpetrata iniquitate cognoscat, et a sacratissimo corpore et sanguine Dei ac Domini Redemptoris nostri Jesu Christi aliena fiat, atque in extremo examine districtæ ultioni subjaceat. Cunctis autem eidem loco sua jura servantibus, sit pax Domini nostri Jesu Christi, quatenus et hic fructum bonæ actionis percipiant, et apud districtum judicem præmia æternæ pacis inveniant. Amen.

Ego Eugenius Catholicæ Ecclesiæ episcopus.

Ego Guido presbyt. card. S. Chrysogoni.

Ego Albericus Ostiensis episcopus.

Ego Rainerius presb. card. tit. Sanctæ Priscæ.

Ego Imarus Tusculanus episcopus.

Ego Joannes diaconus cardinalis Sancti Adriani.

Ego Guido presbyter card. tit. SS. Laurentii et Damasi.

Datum Verullæ (10) per manum Roberti dictæ Romanæ Ecclesiæ presbyteri cardinalis cancellarii, Idibus Decembris, indictione VIII, Incarnationis Dominicæ anno 1145; pontificatus vero domni Eugenii III papæ anno primo.

---

(10) Legendum *Vetrallæ*. JAFFÉ.

LI.

Privilegium pro monasterio S. Remigii Remensis.
(Anno 1145, Dec. 14.)

[VARIN, *Archives admin. de Reims*, I, 1, 341, ex chartul. S. Remig. p. 14. — Cart. A. S. Rem. p. 6.]

EUGENIUS episcopus, servus servorum Dei, dilectis filiis EDONI abbati Sancti Remigii Remensis monasterii ejusque fratribus tam præsentibus quam futuris, regularem vitam professis, in perpetuam memoriam.

... Dilecti in Domino filii, vestris justis postulationibus clementer annuimus, et præfatum monasterium in quo divino mancipati estis obsequio sub B. Petri et nostra protectione suscipimus, et præsentis scripti privilegio communimus; statuentes, ut quascunque possessiones, quæcunque bona inpræsentiarum juste et canonice possidetis, aut in futurum concessione pontificum, liberalitate regum, largitione principum, oblatione fidelium, seu aliis justis modis, præstante Domino, poteritis adipisci, firma vobis vestrisque successoribus et illibata permaneant. In quibus hæc propriis duximus exprimenda vocabulis : Castrum ipsum in quo beatus Remigius requiescere creditur, cum omni immunitate et libertate a Francorum regibus vobis concessis et scriptis eorum firmatis, et omnibus appendiciis suis; burgum extra cum omni justitia et potestate; nec non medietatem telonei, foragii et roatici; minaticum etiam burgi, cum omnibus quæ ad ipsum pertinent, exceptis quinque modiis frumenti qui pro medietate ipsius minatici, Remensi archiepiscopo ab eadem Ecclesia annis singulis persolvuntur, quemadmodum a prædecessore nostro felicis memoriæ papa Innocentio, per dispositionem et ordinationem venerabilium personarum, G. Carnotensis episcopi tunc apostolicæ sedis legati, Josleni Suessionensis, Gaufridi Catalaunensis, A. Atrebatensis episcoporum et Bernardi Claravallensis atque Hugonis Pontiniacensis abbatum, intra Rainaldum archiepiscopum et Oddonem abbatem, approbatum et confirmatum est; forum a festivitate S. Celiniæ matris B. Remigii, usque in vigiliam apostolorum Simonis et Judæ. In episcopatu Remensi ecclesiam Sanctorum Martyrum Timothei et Apollinaris, cum omnibus quæ ad eam pertinent; ecclesiam S. Juliani sine personatu; Satiacum cum ecclesia; Columnas cum ecclesia, Genevereyum, Sarpeicurtem, Dussellum, Grauhennam, Corbiniacum cum appendiciis suis, Gersonem; ecclesiam S. Mariæ in burgo Regitestensi cum appendiciis suis, scilicet ecclesiam Viniaci [*al.* Viniacri], ecclesiam Aventionis, ecclesiam Barbeii, ecclesiam de Pertis, ecclesiam de Tennione cum omnibus quæ ad ipsas ecclesias pertinent; Erpeium cum ecclesia; Villare S. Remigii cum ecclesia; salicem S. Remigii et Roseium cum ecclesiis; basilicam, curtem, et insulam, et Pumachem cum ecclesiis; Bainam, Nocerium, Moscherium, cum ecclesiis; Villare in silva; Condatum cum ecclesia; Gehennevillam et Poariam cum ecclesiis; Caniacum cellam, et Alendusium, cum ecclesiis; Baironam, Pontem-Bairi, Tassiacum, cum ecclesiis; Tassiacum, Hermundivillam, Crusniacum et Serzeium cum ecclesiis. In personatu: Irbroys (*Braux, note margin. du Cartulaire*) cum ecclesia, Villare cum ecclesia; Beloium cum ecclesia; Aisencella cum ecclesia; Furneium, Valerias, Lupincontem, cum ecclesiis. In episcopatu Laudunensi: Moncellum cum ecclesia. In episcopatu Atrebatensi: ecclesiam Sancti Joannis Baptistæ de Hosdan cum appendiciis suis; Beldin cum ecclesia, altare de Monci; capellam de Lueres. In episcopatu Moriensi: Nelis cum ecclesia, cum omni libertate. In episcopatu Avenionensi: ecclesiam Sancti Martini, et medium villæ quæ dicitur ad S. Remigium. In episcopatu Aquensium: ecclesiam S. Martini de Triola; ecclesiam S. Martini de Marcilliana; ecclesiam Sanctæ Mariæ de Ventebran; ecclesiam S. Michaelis de Finistella quæ nunc dicitur Volta cum appendiciis suis. In episcopatu Leodicensi: Lucarnam cum ecclesia et appendiciis ejus, capellam de Ambe, capellam de Squincorte, capellam de Heustan et de Bunna; Sclumanz cum ecclesia, ecclesiam Squinæ; ecclesiam de Olobergis; Littam cum ecclesia et pertinentiis suis; Covornam, Retinas, et Angleduram, cum pertinentiis suis. In episcopatu Moguntino: Coslam cum ecclesiis et appendiciis suis; ecclesiam Beati Martini de villa S. Remigii sicut a prædecessore nostro ... papa Calixto vobis adjudicata est et scripto suo firmata cum medietate ipsius villæ; ecclesiam de Marsna quemadmodum a prædecessore nostro... papa Innocentio vobis concessa est; judicium præterea quod a J. Suessionensi et M. Tarvennensi episcopis, et aliis honestis personis, in præsentia Sansonis Remensis archiepiscopi, inter Gislam matronam et ecclesiam B. Remigii rationabiliter factum est. Prohibemus insuper ut nullus infra parochias vestras novam ecclesiam aut capellam, in damnum vestrarum antiquarum, absque assensu vestro, ædificare præsumat. Omnes autem ecclesias quæ de jure ejusdem monasterii esse noscuntur, ab omni personali successione liberas manere censemus. Decernimus ergo ut nulli omnino hominum liceat præfatum monasterium temere perturbare aut ejus possessiones auferre, vel ablatas retinere, minuere, seu aliis quibuslibet vexationibus fatigare; sed omnia integra conserventur eorum pro quorum gubernatione et sustentatione concessa sunt usibus omnimodis profutura, salva archiepiscopi canonica justitia. Si qua igitur in futurum ecclesiastica sæcularisve persona hanc nostræ constitutionis paginam sciens, contra eam temere venire tentaverit, secundo tertiove commonita, si non satisfactione congrua emendaverit, potestatis honorisque sui dignitate careat, reamque se divino judicio existere de perpetrata iniquitate cognoscat, et a sacratissimo corpore ac sanguine Dei et Domini Redemptoris nostri Jesu Christi aliena fiat, atque in extremo examine districtæ ultioni subjaceat. Cunctis autem eidem loco justa servantibus sit pax Domini nostri Jesu Christi, quatenus et hic fructum bonæ actionis percipiant et apud districtum judicem præmia æternæ pacis inveniant. Amen, amen, amen.

Ego Eugenius Catholicæ Ecclesiæ episcopus signavi.

Ego Guido presbyter cardinalis tituli S. Chrysogoni ss.

Ego Rainerius presbyter cardinalis tituli S. Priscæ ss.

Ego Julius presbyter cardinalis tituli S. Marcelli ss.

Ego Nicolaus P. C. T. S. Ciriaci ss.

Ego Wido P. C. tit. SS. Laurentii et Damasi ss.

Ego Ubaldus P. card. tituli S. Crucis in Jerusalem ss.

Ego Villanus P. C. tituli S. Stephani in Cœlio monte ss.

Ego Aribertus P. C. tituli S. Anastasiæ ss.

Ego Albericus Ostiensis episcopus ss.

Ego Imarus episcopus Tusculanus ss.

Ego Oddo diaconus cardinalis S. Georgii ad Velum Aureum ss.

Ego Joannes diaconus cardinalis S. Adriani ss.

Ego Jacinthus diaconus S. Mariæ in Cosmedin ss.

Ego Jordanus Romanæ Ecclesiæ diaconus cardinalis ss.

Ego Cinthius diaconus cardinalis SS. Sergii et Bacchi, ss.

Datum Vetrallæ, per manum Roberti S. Romanæ Ecclesiæ præsbyteri cardinalis et cancellarii, Kalend. Januarii (11), indict. IX (12), Incarnationis Dominicæ anno 1145, pontificatus vero domni Eugenii III papæ anno primo.

LII.

Privilegium Carthusianis Montis-Dei concessum.

(Anno 1145, Dec. 16.)

[MARLOT, *Metropol. Rem.*, II, 314.]

(13) EUGENIUS episcopus, servus servorum Dei, dilectis in Christo filiis fratribus Sanctæ Mariæ et Sancti Joannis Baptistæ Montis-Dei, in Christo famulantibus, tam præsentibus quam futuris, regularem vitam professis, in perpetuum.

Desiderium quod ad religionis propositum et animarum salutem pertinere dignoscitur, animo nos decet libenti concedere, et petentium desideriis congruum impertiri suffragium. Eapropter, dilecti in Deo filii, quieti vestræ paterna sollicitudine providere volentes, præfatum B. Dei genitricis monasterium, in quo divino mancipati estis obsequio, sub B. Petri et nostra protectione suscipimus, et præ-

(11) Leg. XIX Kal. Januar.

(12) Cette indiction a été retouchée dans les deux cartulaires de Saint-Remi. Il y avait, à ce que nous avons cru lire, *indict*. VIIII, on a gratté le x, et on y a substitué un v, de manière à faire VIII.

sentis scripti privilegio communimus, statuentes ut ordo monasticus secundum B. Benedicti Regulam, normam quoque et institutiones fratrum Carthusiensium perpetuis ibi temporibus inviolabiliter conservetur. Præterea locum ipsum, et quidquid in terris, silvis, aquis, pascuis, vel aliis ab Odone Ecclesiæ Beati Remigii abbate vestri monasterii fundatore, Ursione Sancti Dionysii, Richardo Mosomensi abbatibus, Nicolao de Burgo, Guillelmo de Setona, Guidone de Altreio militibus, vel aliis Dei fidelibus, justis modis vobis collatum est, vel inantea, Deo propitio, conferetur, vobis vestrisque successoribus per præsentis scripti paginam confirmamus. Terminos autem loci metis propriis duximus exprimendos. Ab eodem scilicet Monte-Dei, etc., *ut in bulla Innocentii, anni 1136, sub num. 246, Patrolog. t. CLXXIX.*

Ego Eugenius Catholicæ Ecclesiæ episcopus.

Ego Albericus Ostiensis episcopus.

Ego Oddo diaconus cardinalis Sancti Georgii ad Velum Aureum.

Ego Guido cardinalis tituli Sancti Grisogoni.

Ego Raynerius presbyter cardinalis tituli Sanctæ Priscæ.

Ego Jacinthus diaconus cardinalis Sanctæ Mariæ in Cosmedin.

Ego Jordinus Romanæ Ecclesiæ cardinalis.

Ego Cinthius diaconus cardinalis Sanctorum Sergii et Bacchi.

Ego Julius presbyter cardinalis tituli Sancti Marcelli.

Datum Vetrallæ per manum Roberti S. R. E. presbyteri cardinalis et cancellarii, XVII Kal. Jan., indict. VIII, Incarn. Dominicæ anno 1145, pontificatus autem D. Eugenii III papæ anno I.

LIII.

Privilegium pro monasterio Bellævallis.

(Anno 1145.)

[HUGO, *Annal. Præm.*, I, 207.]

EUGENIUS episcopus, servus servorum Dei, dilectis filiis PHILIPPO abbati de Bellavalle, ejusque fratribus tam præsentibus quam futuris, regularem vitam professis, in perpetuum.

Præsidium quod ad religionis propositum, aut animarum salutem pertinere dignoscitur, animo nos decet libenti concedere, et petentium desideriis congruum impertiri suffragium. Eapropter, dilecti in Domino filii, vestris postulationibus clementer annuimus et præfatum locum in quo divino mancipati estis obsequio, sub beati Petri et nostra protectione suscipimus, et præsentis scripti privilegio communimus; statuentes, ut quæcunque bona idem locus inpræsentiarum juste et canonice possidet, aut in futurum concessione pontificum, largitione regum,

(13) Adduntur in hac bulla verba *Et S. Joannis Bap.* quæ desunt in bulla Innocentii II pro eodem monasterio, quod ecclesia Montis-Dei anno præcedenti dicata fuerat B. Virgini et sancto Joanni, a Samsone.

vel principum, vel oblatione fidelium seu aliis justis modis poterit adipisci, firma vobis vestrisque successoribus et illibata permaneant. In quibus hæc propriis duximus exprimenda vocabulis : Locum videlicet ipsum qui dicebatur Wamelis et nunc nuncupatur Bellavallis, cum omnibus appendiciis suis quæ Alwidis abbatissa ecclesiæ S. Petri Avenascensis communi consensu et consilio totius capituli sui, vobis et successoribus vestris concessit sub censu unius libræ ceræ annuatim persolvendæ; locum qui dicitur Orvans, cum omnibus appendiciis suis, et cum omni decima juxta concessionem et confirmationem Rainaldi Remensis archiepiscopi ; terram quam dedit vobis Simon Taschet et Helias frater ejus ; locum qui dicitur Dulnch cum omnibus appendiciis suis; molendinum quod est juxta villam Noaz quod vobis dedit Rainaldus miles et omnes hæredes sui ; loci qui dicitur Lunasnils dimidietatem quam vobis dederunt Hugo et frater ejus de Saceio, et Wamberus et frater ejus de Salmonceyo; locum qui dicitur Fosreth quem vobis dederunt Bartholomæus et Rainaldus de Granpré, et filii Warini de Urcisci et uxores ejus ...de Briola et uxor ejus et filii eorum ; locum qui dicitur Anementh cum omnibus appendiciis suis, et quidquid intra fines ejus habebat Mosomensis ecclesia, sive in decimis, sive in quibuslibet usibus, quod totum abbas Richardus communi consilio et consensu totius capituli sui vobis concessit et contradidit in perpetuo possidendum, sub censu unius modii frumenti annuatim persolvendi ad mensuram Mosomensem; molendina in Moso; terram quam vobis dedit Herbertus Lupus et uxor ejus et filiæ, et quam vobis dedit Rogerus et Oldiardis uxor ejus et eorum hæredes; locum qui dicitur Crissen quem vobis dedit Haylidis de Granpré et Joannes filius ejus, et fratres sui et sorores suæ, et Warnerus de Brixeio et hæredes ejus cum omnibus appendiciis suis ; molendina in Axona, piscaturam et usum silvæ quantum necesse fuerit ad ædificandum vel comburendum. Quidquid autem in decima supradicti loci habebat Joannes et Galterus de Brixeio, et quidquid ibi habebat ecclesia Sancti Dionysii, sic vobis concessit Urso abbas ejusdem loci, communi consilio capituli sui, sub censu trium solidorum Remensium annuatim persolvendorum, piscaturam et terram de Asne adjacentem Crisseio quam vobis dedit Helias et filius ejus de Burgo, cujus terræ quartam partem vobis dedit Odola et Haricus maritus ejus, et filius ejus, et terram quam vobis dedit Rainaldus de Granpré; terram quam vobis dedit Guido de *Sancta Maria*, et prata et locum qui dicitur Fontenellis cum omnibus appendiciis suis. Donum et rationabilem conventionem molendinorum in Axona inter ... quam vobiscum fecit Odo abbas Sancti Remigii cum communi consilio capituli sui, juxta tenorem communis chirographi utriusque ecclesiæ. Capellam etiam super Arnam fluvium sitam, et domum... cum omnibus ad eam pertinentibus, et terram quam vobis dedit Dudo de Diona sub censu decem sextariorum annonæ. Sane laborum vestrorum quos propriis manibus, aut sumptibus colitis, sive de nutrimentis vestrorum animalium, nullus omnino clericus vel laicus decimas a vobis exigere præsumat. Sancimus etiam ut ordo canonicus secundum Regulam Sancti Augustini et fratrum Præmonstratensium rationabiles institutiones perpetuis ibi temporibus rationabiliter conservetur, nullique fratrum vel conversorum post factam professionem, absque abbatis et totius capituli permissione liceat ex eodem claustro discedere, discedentem vero nullus audeat retinere.

Decernimus ergo ut nulli omnino hominum liceat præfatum locum temere perturbare aut ejus possessiones auferre, vel ablatas retinere, minuere, seu quibuslibet vexationibus fatigare ; sed omnia integra conserventur eorum pro quorum gubernatione et sustentatione concessa sunt usibus omnimodis profutura, salva sedis apostolicæ auctoritate, et diœcesani episcopi canonica justitia. Si qua igitur in futurum ecclesiastica sæcularisve persona, hanc nostræ constitutionis paginam sciens, contra eam temere venire tentaverit, potestatis honorisque sui dignitate careat, reamque se divino judicio existere de perpetrata iniquitate cognoscat, et a sacratissimo corpore ac sanguine Dei et Domini Redemptoris nostri Jesu Christi aliena fiat, atque in extremo examine districtæ ultioni subjaceat. Cunctis autem eidem loco justa servantibus sit pax Domini nostri Jesu Christi, quatenus et hic fructum bonæ actionis percipiant, et apud districtum judicem præmia æternæ pacis inveniant. Amen.

Ego Eugenius Catholicæ Ecclesiæ episcopus.
Ego Guido presbyt. cardin. tit. Sanctæ Priscæ.
Ego Albericus Ostiensis episcopus.
Ego Ramerus [Raynerius] presb. card. tit. Sanctæ Priscæ.
Ego Imarus Tusculanus episcopus.
Ego Guido presbyter cardinalis tit. Sanctorum Laurentii et Damasi.
Ego Joannes diac. card. tit. Sancti Adriani.

Datum Vetralæ per manum Roberti sanctæ Romanæ Ecclesiæ presbyteri cardinalis et cancellarii, XVIII Kal. Decembris (14), indictione VIII, Incarnationis Dominicæ anno 1145, pontificatus vero domni Eugenii tertii papæ anno primo.

LIV.
Privilegium pro monasterio Sanctæ Mariæ Cvissiacensi.
(Anno 1145.)
[HUGO, *Annal. Præm.*, I, Pr., p. 68.]

EUGENIUS episcopus, servus servorum Dei; dilectis filiis Lucæ abbati ecclesiæ Sanctæ Mariæ Cuissiaci, ejusque fratribus tam præsentibus quam futuris, regularem vitam professis, in perpetuum.

---

(14) Signa chronologica sunt corrupta. JAFFÉ.

Officii nostri nos hortatur auctoritas, religiosas personas affectione paterna diligere, et earum loca apostolicæ sedis munimine confovere. Eapropter, dilecti in Domino filii, vestris justis postulationibus clementer annuimus, et præfatum B. Dei genitricis semperque virginis Mariæ Ecclesiam, in qua divino mancipati estis obsequio, sub B. Petri et nostra protectione suscipimus et præsentis scripti privilegio communimus; statuentes ut quascunque possessiones, quæcunque bona inpræsentiarum juste et canonice possidetis, aut in futurum concessione pontificum, largitione regum vel principum, oblatione fidelium, seu aliis justis modis, præstante Domino, poteritis adipisci, firma vobis vestrisque successoribus et illibata permaneant. In quibus hæc propriis duximus exprimenda vocabulis: videlicet, tertiam partem decimæ Vassoniæ, silvam quæ dicitur Chabrel, cum terra circumadjacente, culta et inculta, ad eamdem silvam pertinente; vinagium tam vini, quam cæterarum rerum vestrarum, quod dedit vobis Hugo comes de Roceio, et uxor ejus Ricantia; terram Girardi et Drogonis de Curi, quam ab eisdem emptam Bartholomæus Laudunensis episcopus vobis donavit; pratum adjacens fluvio qui dicitur Ausona; piscationem duarum navium, quam dederunt vobis Bertrannus et Petrus filii Rogerii de Maisy; tertiam partem decimæ de Apelli, assensu Simonis Noviomensis episcopi canonice vobis concessam; eleemosynam quam concessit vobis Hugo Furnerius in loco qui dicitur Chanetencurt, et in alio loco qui appellatur Noerellus; beneficium Godonis, quod item Godo vobis contulit, quod vinea Dominica dicitur. Galeri campum cum duabus partibus decimæ ejusdem allodii; culturam quæ grangiæ vestræ contigua est; duo prata; tertiam partem decimæ de Geniaco; tertiam partem decimæ de Ulliaco, cum omnibus appendiciis suis. Curiam de Altavilla; altare ejusdem villæ; altare de Son; curiam de Gland, curiam de Segniaco cum omnibus appendiciis suis; curiam de Eurisis; altare ejusdem villæ; curiam de Longavalle; quartam partem villæ quæ dicitur Bisiacus, quam dedit Radulfus; terram quæ juxta præfatam villam est, quam emistis a Goswino castellano de Petræ-ponte cum silva adjacente ad omnes necessarios usus vestros; vineas quæ sunt in villa quæ dicitur Arsy; curiam Sancti Aldeberti cum omnibus pertinentiis suis; curiam de Roez cum omnibus appendiciis suis; tria molendina in valle subtus Commi; quinque molendina, quæ in valle Juminiaci adjacent; molendinum quod est sub Cerniaco; medietatem cujusdam molendini, quam habetis in villa quæ dicitur Amblinacus; ibidem vinagia quædam; duas partes silvæ, quas Bartholomæus Laudunensis episcopus vobis contulit; quarum altera pars exstat sub Boconvilla, altera super Vallemclaram. Ex dono Ludovici regis Francorum quidquid de feodo suo vobis legitime datum fuerit. Sane laborum vestrorum, quos propriis manibus aut sumptibus colitis, sive de nutrimentis animalium vestrorum nullus omnino clericus, vel laicus vobis decimas exigere præsumat.

Decernimus ergo ut nulli omnino hominum liceat præfatam ecclesiam vestram temere perturbare aut ejus possessiones auferre, sive ablatas retinere, minuere, seu quibuslibet vexationibus fatigare; sed omnia integra conserventur, eorum pro quorum gubernatione et sustentatione concessa sunt, usibus omnimodis profutura; salva sedis apostolicæ auctoritate, et diœcesani episcopi canonica justitia et reverentia. Si qua igitur in futurum ecclesiastica sæcularisve persona, hanc nostræ constitutionis paginam sciens, contra eam temere venire tentaverit, potestatis honorisque sui dignitate careat, reamque se divino judicio existere de perpetrata iniquitate cognoscat, et a sacratissimo corpore et sanguine Dei et Domini nostri Jesu Christi aliena fiat, atque in extremo examine districtæ ultioni subjaceat. Cunctis autem eidem loco sua jura servantibus sit pax Dei et Domini nostri Jesu Christi, quatenus et hic fructum bonæ actionis percipiant, et apud districtum judicem præmia æternæ pacis inveniant. Amen, amen, amen.

Ego Eugenius Catholicæ Ecclesiæ episcopus.
Ego Albericus Ostiensis episcopus.
Ego Ismarus Tusculanus episcopus.
Ego Raynerus presbyter cardinalis tit. S. Priscæ.
Ego Hubaldus presbyter cardinalis tit. S. Praxedis.
Ego Nicolaus presbyt. cardin. tit. S. Cyriaci.
Ego Hubaldus presbyter card. tit. S. Crucis in Jerusalem.
Ego Willelmus presbyter cardinalis tit. S. Stephani in Cœlio-monte.
Ego Joannes diaconus cardinalis S. Adriani.
Ego Jordanus Romanæ Ecclesiæ diacon. cardinalis.

Datum Vetrallæ per manum Roberti sanctæ Romanæ Ecclesiæ presbyt. cardinalis et cancellarii, anno Dominicæ Incarnationis 1145, pontificatus autem domni Eugenii III papæ anno primo.

LV.

Archiepiscopis et episcopis mandat ut electos præpositos ordinis Præmonstratensis in abbates, postposita dilatione, benedicant.

(Anno 1145, Dec. 18.)

[Le PAIGE, *Bibl. Præm.*, 626.]

EUGENIUS episcopus, servus servorum Dei, venerabilibus fratribus archiepiscopis, episcopis, ad quos litteræ istæ pervenerint, salutem et apostolicam benedictionem.

Religiosi fratres Præmonstratensis ordinis, per Dei gratiam in religione proficiunt, et suæ bonæ conversationis exemplo multos præsentis sæculi voluptatibus et carnalibus concupiscentiis deditos ad bene vivendum convertunt. Unde dignum est, ut boni Ecclesiarum prælati eos juvare, et in tam sancto proposito confovere studeant, et in suis opportunitatibus opem eis et consilium præbeant. Ipsi quidem, sicut accepimus, non causa elationis, sed ad majorem religionis observantiam, communi consilio statuerunt, ut locorum suorum præpositos abbates constituant. Ideoque per apostolica vobis scripta mandamus, quatenus, cum per abbatem Praemonstratensem, vel per litteras suas, et per fratres quibus praeesse debebunt vobis ablati fuerint, Spiritus sancti gratia invocata, in abbates benedicatis.

Datum Sutrii, decimo quinto Kal. Januarii, pontificatus nostri anno primo.

LVI.
Privilegium pro ecclesia S. Joannis Evangelistae Ravennatis.
(Anno 1145, Dec. 24.)
[FANTUZZI, *Monum. Raven.*, V, 285.]

EUGENIUS episcopus, servus servorum Dei, dilectis filiis RODULFO abbati monasterii S. Joannis Evangelistae quod in civitate Ravenna situm est, ejusque fratribus tam praesentibus quam futuris, regularem vitam professis, in perpetuum.

In apostolicae sedis regimine, disponente Domino, constituti oportet nos benignitate debita religiosorum preces attendere, et Ecclesiis in quibus Deo militare noscuntur, suam justitiam conservare, ut quemadmodum Patres vocamur in nomine, ita nihilominus comprobemur in opere. Hujus rei gratia, dilecti in Domino filii, vestris justis postulationibus clementer annuimus, et praefatum monasterium in quo divino mancipati estis obsequio, sub beati Petri et nostra protectione suscipimus et praesentis scripti patrocinio communimus; statuentes ut quaecunque possessiones, quaecunque bona inpraesentiarum juste et canonice possidetis, aut in futurum concessione pontificum, liberalitate regum, largitione principum, oblatione fidelium, sive aliis justis modis, praestante Domino, poteritis adipisci, firma vobis vestrisque successoribus et illibata permaneant: in quibus haec propriis duximus exprimenda vocabulis: Plebem Sancti Martini in Barisano; omnes praeterea possessiones et pertinentias quae in eadem plebe jure proprietario monasterio vestro pertinere noscuntur; ecclesiam S. Mariae in Grezi, cum omnibus pertinentiis suis; plebem de Polenta, cum omnibus capellis et pertinentiis suis. Quidquid habetis in episcopatu Faventino, ecclesiam Sancti Nicolai in Taurese, cum omnibus pertinentiis suis; ecclesiam Sancti Gervasi, cum omnibus pertinentiis suis ex utraque parte fluminis; ecclesiam Beatae Mariae in littore maris Arimini, et omnes possessiones ac pertinentias quas in eadem civitate, vel in episcopatu ipsius juste detinetis; plebem Sanctae Mariae in Bonta, cum omnibus possessionibus in eadem plebe ad vos jure pertinentibus; ecclesiam Sancti Joannis Evangelistae de capite Sandali, cum ripa usque ad medietatem fluminis. Quidquid habetis in Massa de Navegalicio. In ripa de Persico; in plebe Sanctae Mariae in Portu; in sorte de Mauro; in Romolago; in fundo de Tethro; in portu de Vethraria; in Viguenza; in Ducentula; in Quartizana; in Limbaula. Ordinationem vero ac dispositionem praedictarum plebium cum capellis suis vobis vestrisque successoribus confirmamus, quemadmodum ab episcopis in quorum parochiis sunt ecclesiae vestrae rationabiliter concessae, et scriptis suis firmatae sunt. Decernimus ergo ut nulli omnino hominum liceat praefatum monasterium temere perturbare, aut ejus possessiones auferre, vel ablatas retinere, minuere, seu quibuslibet vexationibus fatigare; sed omnia integra conserventur eorum, pro quorum gubernatione et sustentatione concessa sunt, usibus omnimodis profutura; salva sedis apostolicae auctoritate et dioecesanorum episcoporum canonica justitia. Si qua igitur in futurum ecclesiastica saecularisve persona hanc nostrae constitutionis paginam sciens, contra eam temere venire tentaverit, secundo tertiove commonita, si non satisfactione congrua emendaverit, potestatis honorisque sui dignitate careat, reamque se divino judicio existere de perpetrata iniquitate cognoscat, et a sacratissimo corpore ac sanguine Dei et Domini Redemptoris nostri Jesu Christi aliena fiat, atque in extremo examine districtae ultioni subjaceat. Cunctis autem eidem loco justa servantibus, sit pax Domini nostri Jesu Christi, quatenus fructum bonae actionis percipiant. Amen, amen, amen.

Eugenius Catholicae Ecclesiae episcopus ss.
Ego Conradus Sabinensis episcopus ss.
Ego Albericus Ostiensis episcopus ss.
Ego Gregorius presb. card. tit. S. Calixti ss.
Ego Hubaldus presb. card. tit. SS. Joannis et Pauli ss.
Ego Guido presb. card. tit. SS. Laurentii et Damasi ss.
Ego Julius presb. card. tit. S. Marcelli ss.
Ego Ubaldus presb. card. tit. S. Crucis in Jerusalem ss.
Ego Villanus presb. card. S. Stephani in Coelio monte ss.
Ego Oddo diaconus card. S. Georgii ad Velum Aureum ss.
Ego Guido diacon. card. S. Mariae in Porticu ss.
Ego Jacintus diac. card. S. Mariae in Cosmedin ss.
Ego Petrus diacon. cardinalis S. Mariae in Via Lata ss.

Dat. Lat. per manum Roberti sanctae Romanae Ecclesiae presb. card. et cancell., IX Kal. Jan. indictione IX, Incarnationis Dominicae anno 1146, pontificatus vero domni Eugenii papae III anno I.

LVII.
Ecclesiam B. Petri Ratisponensem protegendam suscipit possessionesque ejus confirmat.
(Anno 1145, Dec. 30.)
[RIED, *Cod. diplom.*, I, 215.]

EUGENIUS episcopus, servus servorum Dei, dilectis filiis ADALBERTO decano Ratisponensis Ecclesiae, ejusque fratribus tam praesentibus quam futuris, canonice substituendis, in perpetuum.

Dignum est et honestati conveniens esse cognoscitur, ut, qui ad Ecclesiarum regimen assumpti sumus, eas a pravorum hominum nequitia tueamur, et apostolicæ sedis patrocinio muniamus. Eapropter, dilecti in domino filii, vestris justis postulationibus clementer annuimus, et præfatam Beati Petri ecclesiam, in qua divino mancipati estis obsequio, sub ejusdem apostolorum principis et nostra protectione suscipimus, et præsentis scripti privilegio communimus, statuentes ut quascunque possessiones, quæcunque bona in præsentiarum juste et canonice possidetis, aut in futurum concessione pontificum, liberalitate regum, largitione principum, oblatione fidelium, seu aliis justis modis, præstante Domino, poteritis adipisci, firma vobis vestrisque successoribus et illibata permaneant. In quibus hæc propriis duximus exprimenda vocabulis : Ecclesiam ipsam Beati Petri Ratisponen. cum omnibus possessionibus et appendiciis suis, curtem de Gislingen cum omnibus possessionibus et appendiciis suis, domos vestras claustrales, areas domorum in civitate Ratispona sitas, ecclesiam Illinchoven, ecclesiam Hovechirchen, ecclesiam Waltkeringen, ecclesiam Pfafenberg, ecclesiam Hitinchoven, ecclesiam Pfolenchoven, ecclesiam Lirendorf, ecclesiam Leuch'ngen, ecclesiam Punnechoven, ecclesiam Otelthaim, ecclesiam Chirphinholze, ecclesiam Hazenchoven, decimam Wimtingen, decimam Samtingen, decimas in Toenkove, decimas in Norkouue, prædium quod habetis in villa quæ dicitur Holzen, prædium quod habetis in villa quæ dicitur Heitemchoven, prædium quod habetis in villa quæ dicitur Strazze, mansum quem habetis in villa quæ dicitur Talmazzingen. Ad hæc adjicientes statuimus ut nulli nisi ecclesiæ vestræ canonicis ejusdem ecclesiæ archidiaconatuum administratio committatur. Decernimus igitur ut nulli omnino hominum liceat præfatum locum temere perturbare, aut ejus possessiones auferre, vel ablatas retinere, minuere, seu quibuslibet vexationibus fatigare, sed omnia integra conserventur eorum, pro quorum gubernatione et sustentatione concessa sunt, usibus omnimodis profutura, salva sedis apostolicæ auctoritate, et diœcesani episcopi canonica justitia et reverentia.

Si qua igitur in futurum ecclesiastica sæcularisve persona, hujus nostræ constitutionis paginam sciens, contra eam venire tentaverit, secundo tertiove commonita, si non reatum suum congrua satisfactione correxerit, potestatis honorisque sui dignitate careat, reamque se divino judicio existere de perpetrata iniquitate cognoscat, et a sacratissimo corpore et sanguine Dei et Domini Redemptoris nostri Jesu Christi aliena fiat, atque in extremo examine districtæ ultioni subjaceat. Cunctis autem eidem loco sua jura servantibus sit pax Domini nostri Jesu Christi, quatenus et hic fructum bonæ actionis percipiant, et apud districtum judicem præmia æternæ pacis inveniant. Amen, amen, amen.

Ego Eugenius Catholicæ ecclesiæ episcopus ss.

Subscripserunt undecim cardinales.

Datum Laterani per manum Roberti sanctæ Romanæ Ecclesiæ presbyteri cardinalis et cancell., III Kal. Januarii, indictione VIII, Incarnationis Dominicæ anno 1145, pontificatus vero domni Eugenii PP. III anno primo.

Plumbum adpendet : EUGENIUS PP. III.

LVIII.
Privilegium pro monasterio S. Mariæ Springirsbacensi.
(Anno 1145, Dec. 31.)
[GUNTHER, *Cod. Dipl. Rhen. Mosell.*, I, 291.]

EUGENIUS episcopus, servus servorum Dei, dilectis filiis RICHARDO abbati ecclesiæ Sanctæ Mariæ Sprenckersbachensis ejusque fratribus tam præsentibus quam futuris, regularem vitam professis, in perpetuum.

Quoniam sine veræ cultu religionis nec charitatis unitas potest subsistere nec Deo gratum exhiberi servitium, expedit apostolicæ auctoritati religiosas personas diligere et earum quieti, auxiliante Deo, providere. Eapropter, dilecti in Domino filii, vestris justis postulationibus clementer annuimus et beatam beatæ Dei genitricis atque virginis Mariæ ecclesiam, in qua divino mancipati estis obsequio, sub beati Petri et nostra protectione suscipimus et præsentis scripti privilegio communimus. In primis siquidem statuentes ut ordo canonicus secundum beati Augustini Regulam perpetuis ibi temporibus inviolabiliter conservetur. Quascunque præterea possessiones, quæcunque bona inpræsentiarum juste et canonice possidetis aut in futurum concessione pontificum, liberalitate regum, largitione principum oblatione fidelium seu aliis justis modis, præstante Domino, poteritis adipisci, firma vobis vestrisque successoribus et illibata permaneant. In quibus hæc propris duximus exprimenda vocabulis : Ecclesiam ipsam Beatæ Mariæ Virginis Sprenckersbachensis cum possessionibus et omnibus pertinentiis suis; ecclesiam Beatæ Mariæ quæ sita est juxta Andernacum; ecclesiam Beati Nicolai de Insula qui locus situs super ripam Mosellæ; ecclesiam de Keymetam sitam in monte qui dicitur castrum Mariæ, sicut eamdem vobis venerabilis frater noster Albero Trevirorum archiepiscopus rationabiliter concessit et dedit et scripti sui pagina confirmavit; ecclesiam quæ sita est in valle Martyrum cum possessionibus et omnibus pertinentiis suis. Sane laborum vestrorum quos propriis manibus aut sumptibus colitis, sive de nutrimentis animalium vestrorum nullus omnino clericus vel laicus a vobis decimas exigere præsumat. Sepulturam quoque ipsius loci liberam esse decernimus, ut eorum qui se illic sepeliri deliberaverint devotioni et extremæ voluntati nisi forte excommunicati sint nullus obsistat, salva justitia matris Ecclesiæ. Prohibemus insuper ut nullus absque communi fratrum consensu aliquod feodum de eadem ecclesia vel ipsius loci advocatiam suscipiat nec susceptam per successionem aliquam ad alium transferre præsumat. Obeunte vero te nunc ejusdem loci abbate vel tuorum quolibet successorum, nullus ibi aliqua subreptionis astutia seu violentia præponatur, nisi quem fratres communi consensu vel fratrum pars consilii sanioris secundum Dei timorem et beati Augustini Regulam providerint eligendum.

Decernimus ergo ut nulli omnino hominum liceat præfatum locum temere perturbare aut ejus possessiones auferre vel ablatas retinere, imminuere, seu quibuslibet vexationibus fatigare, sed omnia integra conserventur eorum pro quorum gubernatione et sustentatione concessa sunt, usibus omnibus profutura, salva sedis apostolicæ auctoritate et diœcesani episcopi canonica justitia et reverentia. Si qua igitur in futurum ecclesiastica sæcularisve persona hujus nostræ constitutionis paginam sciens, contra eam temere venire tentaverit, secundo tertiove commonita, si non reatum suum congrua satisfactione correxerit, potestatis honorisque sui dignitate careat, reamque se divino judicio existere de perpetrata iniquitate cognoscat et a sacratissimo corpore et sanguine Dei et Redemptoris nostri Jesu Christi aliena fiat atque in extremo examine districtæ ultioni subjaceat. Cunctis autem eidem loco sua jura servantibus sit pax Domini nostri Jesu Christi, quatenus et hic fructum bonæ actionis percipiant et apud districtum judicem præmia æternæ pacis inveniant. Amen, amen, amen.

Ego Eugenius Catholicæ Ecclesiæ episcopus.
Ego GG. presbyter cardinalis titulo Callixti.
Ego Conradus Sabinensis episcopus.
Ego Oddo card. Sancti Georgii ad Velum Aureum.
Ego Albericus Ostiensis episcopus.
Ego Humbaldus presbyter cardinalis titulo Sanctorum Joannis et Pauli.
Ego Wydo presbyter cardinalis Sanctorum Laurentii et Damasi.
Ego Arebertus presbyter cardinalis titulo S. Anastasiæ.
Ego Bernhardus presbyter cardinalis titulo S. Clementis.
Ego Villanus presbyter cardinalis S. Stephani in Cœlio monte.
Ego Jordanis presbyter cardinalis titulo S. Susannæ.
Ego Octavianus diaconus cardinalis S. Nicolai in Carcere Tulliano.
Ego Gg. diaconus cardinalis S. Angeli.
Ego Jacinctus diaconus cardinalis S. Mariæ in Cosmedin.
Ego Petrus diaconus cardinalis S. Mariæ in via Lata.

Datum Laterani manu Roberti sanctæ Romanæ Ecclesiæ presbyteri cardinalis cancellarii, II Kal. Januarii, indictione VIII, Incarnationis Dominicæ anno 1145, pontificatus vero domni Eugenii papæ III anno primo.

LIX.

B[ernardo] episcopo Hildesheimensi ejusque successoribus præcipit ne castrum Wincenburgense alienent. Goslarienses, qui præposituram quamdam invaserant, impune dimitti vetat. C. præpositum et R. canonicum commendat.

(Anno 1145-46, Maii 27.)
[*Orig. Guelf.*, III, 449.]

EUGENIUS episcopus, servus servorum Dei, venerabili fratri B[ERNARDO] episcopo, et dilectis filiis clero et populo Hildensemensis Ecclesiæ, salutem et apostolicam benedictionem.

Quemadmodum prædecessores nostri Romani pontifices Hildensemensem Ecclesiam et civitatem, tanquam regni Teutonici famosam et nobilem dilexisse noscuntur; ita et nos eorum vestigia sequentes, eamdem ampliori charitatis affectu diligere volumus et fovere, et ad ipsius honorem diligentius intendere. Hoc siquidem intuitu, prædecessor noster felicis memoriæ, papa Innocentius, tibi, frater episcope, præcipiendo mandavit ut castrum Wincenborghi, quod ad jus Hildesheimensis Ecclesiæ pertinere dignoscitur, nulli unquam in beneficium traderes, nec aliquo modo alienares, sed ad ipsius ecclesiæ utilitatem futuris semper temporibus permaneret. Nos itaque quorum præcipue interest, bene gesta firmare; auctoritate apostolica prohibemus, ut neque tu, neque aliquis successorum tuorum, præfatum castrum inbeneficiandi, aut aliquo modo alienandi facultatem habeatis, sed ad ipsius utilitatem Ecclesiæ liberam, et absque alicujus persuasione perpetuis temporibus manere decernimus. Si quis autem aliquo unquam in tempore ausu temerario idem castrum inbeneficiare aut alienare, aut in beneficium recipere vel occupare præsumpserit, noverit se cum fautoribus suis pro tanto excessu excommunicationis vinculo innodandum. Nihilominus tibi, frater episcope, præcipiendo mandamus, quatenus de Goslariensibus, qui, sicut accepimus, præposituram dilecti filii nostri C. dum in nostro esset servitio, violenter invaserunt, infra XL dies canonicam ei justitiam facias : eumdem etiam propositum, et dilectum filium nostrum R. Ecclesiæ tuæ canonicum, charitati tuæ attentius commendamus.

Datum Viterbii, VI Kal. Junii.

LX.

Ad Gregorium Bergomatem episcopum.
(Anno 1145-46, Jul. 12.)
[UGHELLI, *Italia sacra*, IV, 459.]

EUGENIUS, etc., GREGORIO Bergomensi episcopo, etc.

Cum ad tuum spectet officium pacem diligere et prædicare, eamque inter discordes, et præcipue subditos reformare, dolemus quod illius discordiæ, quæ in Sancti Vincentii et S. Alexandri clericos diutius agitata est, te auctorem et fomitem esse ostendis, quod ex hoc perpendimus usque ad octavas Pentecostes, sicut accepimus, ostendere distulisti. Quod quamvis gravi foret animadversione plectendum, nos tamen id ad præsens ex mansuetudine sedis apostolicæ supportantes, per apostolica tibi scripta præcipiendo mandamus, quatenus, acceptis his litteris, presbyteros qui de fidelitate juxta prædecessorum nostrorum et nostrum mandatum, clericis S. Alexandri facienda rebelles existunt, sicut jam officio privavimus, ita coram clero et populo omni beneficio ecclesiastico a nobis privatos denunties, et ipsam privationis sententiam firmiter facias observari, donec eisdem clericis Sancti Alexandri dicta fidelitate satisfaciant. Alioquin quantum hoc mandatum nostrum adimplere distuleris, tantum ab omni officio episcopali abstineas. Ita quoque super hoc te volumus providere, ut tuam negligentiam, et eorum contumaciam graviori sententia minime ferire cogamur.

Datum Viterbii, vi Id. Jul.

LXI.

Ad P. priorem et fratres S. Frigdiani Lucensis.

(Anno 1145-46, Sept. 4.)

[BALUZ., *Miscell.* ed. Luc. IV, 594.]

EUGENIUS episcopus, servus servorum Dei, dilectis filiis P. priori S. Frigdiani et fratribus, salutem et apostolicam benedictionem.

Si a monachis S. Georgii vel ab aliis vobis injuria vel molestia irrogatur, nos dolemus, sicut qui Ecclesiam vestram vel vos ipsos tanquam speciales sedis apostolicæ filios vera in Domino charitate diligimus, et sive prospera sive adversa vobis contingant, propria deputamus. Inde est quod vestra adversus est Georgii monachos suscepta querimonia, et injuria ab ipsis vobis illata, litterarum vestrarum inspectione cognita, in eorum monasterio tandiu prohibuimus officia celebrari, donec vobis de tanta injuria condigne satisfaciant.

Data Viterbii, ii Nonas Septemb.

LXII.

Ad abbatem et fratres S. Georgii Lucensis.

(Anno 1145-46, Sept. 4.)

[*Ibid.*]

EUGENIUS episcopus, servus servorum Dei, abbati et monachis S. Georgii Lucani, salutem et apostolicam benedictionem.

Quamvis statuta sedis apostolicæ contemnentes apostolica benedictione digni minime habeantur, nos tamen, Romanæ Ecclesiæ mansuetudinem potius quam vestram præsumptionem attendentes, necdum eam vobis subtrahere paterna benignitate decrevimus. Prædecessor noster felicis memoriæ PP. Innocentius, sicut ex scripto ipsius cognovimus, super controversia quæ inter vos et dilectos filios nostros Beati Frigdiani canonicos de parochia agebatur, post multas vestras absentiones et diutinam contumaciam, fratrum suorum convocato consilio, ecclesiæ Beati Frigdiani parochiam a vobis invasam ex integro restituit, et libere adjudicavit, vosque ab ejusdem parochiæ usurpatione seu invasione omnino submovit: statuens et suo firmans privilegio, ut de cætero eamdem parochiam integre habeant et possideant, et ne monachis, neque vobis, neque aliis liceat parochianos eorum ipsis inconsultis seu contradicentibus sepelire. Vos autem, sicut eisdem filiis nostris conquerentibus accepimus, quemdam parochianum eorum, nomine Fridicione, cum ei linguam prorsus infirmitas abstulisset, furtim sub noctis silentio ad vestrum monasterium asportastis, eumque cuculla induistis; eisdem vero canonicis ante factum prohibentibus et tandem ex nostra parte interdicentibus, hoc pro minimo adeo habuistis, quod audire etiam contempsistis. In quo vos contra sedis apostolicæ privilegia, contra prohibitionem ex nostra parte factam, ut supra diximus, et contra SS. Patrum decreta egisse non exstat ambiguum. Monachum namque aut prona devotio, aut propria professio facit. Sed hic neutrum horum cognovimus adfuisse. Quia igitur tantam præsumptionem vestram impunitam præterire nec possumus nec debemus, tandiu in vestro monasterio divina prohibemus officia celebrari, donec præfatis filiis nostris P. priori cæterisque fratribus S. Frigdiani super tanta injuria condigne satisfaciatis.

Data Viterbii, II Non. Septemb.

LXIII.

Privilegium pro ecclesia S. Joannis Kaltenbornensi.

(Anno 1145-46, Oct. 22.)

[SCHOETTGEN et KREYSIG, *Diplom.* II, 698.]

EUGENIUS episcopus, servus servorum Dei, dilectis filiis GODESCHALCO, præposito ecclesiæ Beati Joannis Evangelistæ de Caldenborn, ejusque fratribus, salutem et apostolicam benedictionem.

Religiosis desideriis dignum est facilem præbere consensum ut fidelis devotio celerem sortiatur effectum. Hujus rei gratia, dilecti in Domino filii, de religione et honesta vita vestra plurimum confidentes et quieti et utilitati ecclesiæ vestræ in posterum providere volentes, ecclesiam ipsam, cum omnibus bonis quæ ad eam canonice pertinere noscuntur, aut in futurum rationalibus modis, præstante Domino, poterit adipisci, sub beati Petri et nostra protectione suscipimus et præsentis scripti pagina communimus, apostolica siquidem auctoritate prohibentes, ut nulli ecclesiasticæ vel sæculari personæ ullo unquam in tempore liceat præfatam ecclesiam, vel bona ipsius, aut fratres ibidem Deo servientes, temere perturbare aut quibuslibet vexationibus fatigare. Si quis autem id attentare præsumpserit, indignationem omnipotentis Dei et beatorum Petri et Pauli apostolorum ejus, incurrat, et a sacratissimo corpore et sanguine Dei ac Domini Redemptoris nostri Jesu Christi alienus fiat, atque in extremo examine districtæ ultioni subjaceat. Amen.

Datum Viterbii, xii Kalend. Novemb.

LXIV

Ad Petrum Regensem et Bertrandum Forojuliensem, episcopos.

(Anno 1145-46, Oct. 27.)

[D. BOUQUET, *Recueil*, XV, 429.]

EUGENIUS episcopus, servus servorum Dei, venerabilibus fratribus P. Regensi et B. Forojuliensi episcopis, salutem et apostolicam benedictionem.

Bariolensis Ecclesia Beati Petri juris existit, et ad ejus proprietatem et defensionem specialiter pertinet. Unde nobis est injuncta necessitas ipsam et alias sibi pertinentes diligere et fovere, et nullam eis injuriam vel molestiam irrogare. Quocirca per apostolica vobis scripta mandamus atque præcipimus quatenus nullas novas exactiones, neque receptiones, vel pastus, vel alia inconsueta in ecclesiis quas in vestris episcopatibus possidet imponatis, nec ab eorum presbyteris exigatis; sed eas in ea libertate libere dimittatis in qua prædecessorum vestrorum Augerii videlicet et Berengarii temporibus exstitisse noscuntur. Presbyteros autem sive clericos vobis subditos, qui excommunicatos in cœmeterio scienter sepeliunt, tandiu a susceptis ordinibus suspendimus, donec de tam gravi præsumptione satisfacturi nostro se conspectui repræsentent. Vos autem tamen nostram suspensionem eis annuntietis, et observari firmiter faciatis.

Datum Viterbii, VI Kal. Novembris.

LXV

Apud Henricum Moraviensem episcopum intercedit pro fratribus, qui e monasterio in monte Strahow sine licentia discesserunt.

(Anno 1145-46, Nov. 21.)

[BOCZEK, *Cod. diplom. Morav.* I, 238.]

EUGENIUS episcopus, servus servorum Dei, venerabili fratri HENRICO Moraviensi episcopo, salutem et apostolicam benedictionem.

Latores præsentium ad nos venientes significarunt nobis quod a quibusdam fratribus seducti a religioso loco, qui dicitur Montis Sion, a tua devotione fundato, absque tua, abbatis quoque et fratrum suorum licentia discesserunt. Tandem vero ad locum ipsum redeuntes fratres ipsi eos recipere noluerunt. Quia igitur dignum est, ut sicut debita nostra cupimus a Domino relaxari, ita fratribus nostris etiam in nos delinquentibus misericorditer condonemus, per apostolica scripta dilectioni vestræ rogando mandamus, quatenus pro amore Dei et nostro, si fratribus ipsis tolerabiles sunt, intuitu charitatis et misericordiæ eos in eodem loco recipi facias.

Dat. Viterbii, XI Kal. Decembris.

LXVI

Privilegium pro monasterio S. Mariæ in Regula.

(Anno 1146.)

[FANTUZZI, *Monument. Ravenn.*, VI, p. 46.]

EUGENIUS episcopus, servus servorum Dei, dilectis filiis RODULPHO abbati monasterii S. Mariæ in Regula, ejusque fratribus tam præsentibus quam futuris, regularem vitam professis, in perpetuum.

Quoties illud a nobis petitur, quod religioni et honestati convenire cognoscitur, animo nos decet libenti concedere, et petentium desideriis congruum impertiri suffragium. Eapropter, dilecti in Domino filii, vestris postulationibus clementer annuimus et præfatam beatæ semperque virginis Mariæ ecclesiam, in quo divino mancipati estis obsequio sub beati Petri et nostra protectione suscipimus et præsentis scripti privilegio communimus, statuentes ut quascunque possessiones, quæcunque bona in præsentiarum juste et canonice possidetis, aut in futurum, concessione pontificum, largitione regum vel principum, oblatione fidelium, seu aliis justis modis, præstante Domino, poteritis adipisci, firma vobis vestrisque successoribus et illibata permaneant. In quibus hæc propriis duximus exprimenda vocabulis : Massam Bimbani eum ecclesia et omnibus pertinentiis suis ; decimas quoque ejusdem massæ vobis nihilominus confirmamus, quemadmodum ab episcopis vestris rationabiliter concessa est ; ecclesiam Monsignani cum clauda in qua ædificata est, et alias possessiones in curte Morethani ; ecclesiam Muræ cum quatuor fundis sibi cohærentibus, et aliis possessionibus suis ; jus vestrum in ecclesia S. Joannis in Pomtogase, quoddam spatium terræ in capite Silicum in quo sunt tumbæ ædificatæ ; piscariam quoque cum cugullaria sibi cohærente ; castellum Campiani cum tota curte sua ; medietatem castelli Turigini cum medietate ipsius curtis ; quasdam possessiones in curte Tausignani ; ecclesiam Rivisalsi cum tota curte sua. In episcopatu Bononiensi : ecclesiam Sancti Thomæ in villa Fasani, cum omnibus possessionibus suis ; ecclesiam S. Martini in Podio cum omnibus possessionibus suis ; omnes possessiones vestras in plebe S. Laurentii ; sepulturam quoque ipsius loci liberam esse concedimus, ut eorum, qui se illic sepeliri deliberaverint, devotioni et extremæ voluntati nullus obsistat, nisi forte excommunicati sint, salva justitia matricis ecclesiæ.

Decernimus ergo ut nulli omnino hominum liceat præfatam Ecclesiam temere perturbare aut ejus possessiones auferre, vel ablatas retinere, minuere, seu quibuslibet vexationibus fatigare ; sed omnia integra conserventur eorum, pro quorum gubernatione et sustentatione concessa sunt, usibus omnimodis profutura, salva sedis apostolicæ auctoritate et diœcesanorum episcoporum canonica justitia. Si qua igitur in futurum ecclesiastica sæcularisve persona, hujus nostræ constitutionis paginam sciens, contra eam temere venire tentaverit, secundo tertiove commonita, si non reatum suum congrua satisfactione correxerit, potestatis honorisque sui dignitate careat, reamque se divino judicio existere de perpetrata iniquitate cognoscat, et a pretiosissimo corpore ac sacratissimo sanguine Dei et Domini Redemptoris nostri Jesu Christi aliena fiat et in extremo examine districtæ....... subjaceat. Cunctis autem eidem loco sua jura servantibus, sit pax Domini nostri Jesu Christi, quatenus et hic fructum bonæ actionis percipiant, et apud districtum judicem, præmia æternæ pacis inveniant. Amen.

Ego Eugenius Catholicæ Ecclesiæ episcopus ss.
Ego Gregorius presb. card. tit. S. Calixti ss.
Ego Conradus Sabinensis episcopus ss.
Ego Albix Ostiensis episcopus ss.
Ego Oddo diac. card. S. Georgii ad Velum Aureum ss.
Ego Guido diac. card. SS. Cosmæ et Damiani ss.
Ego Heribaldus presb. card. tit. Sanctorum Joannis et Pauli ss.
Ego Guido presb. card. SS. Laurentii et Damasi ss.
Ego Julius presb. card. tit. S. Marcelli ss.
Ego Ubaldus presb. card. tit. S. Crucis in Hierusalem ss.
Ego Julianus presb. card. tit. S. Stephani in Cœlio monte ss.
Ego Guido diac. card. Sanctæ Mariæ in Porticu ss.
Ego Jacintus diac. card. Sanctæ Mariæ in Cosmedin ss.
Ego Petrus diac. card. Sanctæ Mariæ in Via Lata ss.

Datum...... anno 1146, pontificatus vero domni Eugenii III papæ anno.......

LXVII.

Monasterii S. Petri Gandensis sive Blandiniensis protectionem suscipit, bonaque ac privilegia confirmat.

(Anno 1146, Jan. 1.)

[Miræus, Opp. diplom., III, 41.]

Eugenius episcopus, servus servorum Dei, dilectis filiis Sigero abbati monasterii Sancti Petri Gandensis sive Blandiniensis, ejusque fratribus tam præsentibus quam futuris, regularem vitam professis, in perpetuum.

Quoniam sine veræ cultu religionis nec charitatis unitas potest subsistere, nec Deo gratum exhiberi servitium: expedit apostolicæ auctoritati religiosas personas diligere et earum loca pia protectione munire.

Eapropter, dilecti in Domino filii, vestris justis postulationibus clementer annuimus et præfatum monasterium, in quo divino mancipati estis obsequio, sub beati Petri et nostra protectione suscipimus et præsentis scripti privilegio communimus.

Statuentes ut quascunque possessiones, quæcunque bona idem monasterium impræsentiarum juste et canonice possidet, aut in futurum concessione pontificum, liberalitate regum, largitione principum, oblatione fidelium, seu aliis justis modis, præstante Domino, poterit adipisci, firma vobis vestrisque successoribus et illibata permaneant.

In quibus hæc propriis duximus exprimenda vocabulis: In Tornacensi episcopatu altare ecclesiæ S. Mariæ, in atrio S. Petri constructæ, cum appendiciis suis; capella S. Joannis Baptistæ in Burgo; capella S. Jacobi, capella Sancti Nicolai, capella de Swynaerde (*hodie ecclesia colleg. D. Pharaildis*), altare de Oostburch, cum omnibus appendiciis suis; altare de Leka, altare de Vlaersloo cum appendiciis suis; altare de Oudeghem, altare de Hossene, altare de Westrem, altare de Lovendegem; altare de Themseka, altare de Kemseke, altare de Calfsuorde, altare de Beveren (*in Wasia, non exstat amplius*); altare de Desselgem, altare de Anseghem; altare de Autrive; altare de Avelgem, altare de Ooteghem, altare de Bossuyt, altare de Hollain; altare de Annetieres; altare de Campinio; altare de Carvin, a personis et ab omni personali successione libera, sicut a Simone Tornacensi episcopo vobis canonice commissa sunt, et scripto suo firmata (anno 1140).

In Cameracensi episcopatu altare de Meerlebeke, cum appendiciis suis; altare de Materen, altare de Bost, cum appendiciis suis; altare de Hillegem; altare Dulciaco, cum suis appendiciis; in Atrebatensi episcopatu altare de Harnes cum appendiciis suis; in episcopatu Roffensi, altare de Levisham, altare de Grenewich.

Sanctissimi quoque prædecessoris nostri papæ Gregorii (VII) vestigiis inhærentes missas publicas ab episcopo in eodem monasterio fieri omnino prohibemus, ne in servorum recessibus, et eorum receptaculis ullis popularibus occasio præbeatur conventibus, vel mulierum fiat novus introitus, nisi ab abbate loci rogatus fuerit.

Prohibemus etiam, ut nulli infra parochias vestras ad damnum ecclesiarum vestrarum ædificare liceat, salva nihilominus sedis apostolicæ auctoritate et diœcesani episcopi canonica justitia. Decernimus ergo ut nulli omnino hominum liceat præfatum monasterium temere perturbare, aut ejus possessiones auferre, vel ablatas retinere, minuere, seu quibuslibet aliis vexationibus fatigare, sed omnia integra conserventur eorum, pro quorum gubernatione et sustentatione concessa sunt, usibus omnimodis profutura. Si qua igitur in futurum ecclesiastica sæcularisve persona, hanc nostræ constitutionis paginam sciens, contra eam temere venire tentaverit, secundo tertiove commonita, si non satisfactione congrua emendaverit, potestatis honorisque sui dignitate careat, reamque se divino judicio existere de perpetrata iniquitate cognoscat, et a sacratissimo corpore ac sanguine Dei et Domini Redemptoris nostri Jesu Christi aliena fiat, atque in extremo examine districtæ ultioni subjaceat. Cunctis autem eidem loco jura sua servantibus, sit pax Domini nostri Jesu Christi, quatenus et hic fructum bonæ actionis percipiant, et apud districtum judicem præmia æternæ pacis inveniant. Amen amen, amen.

Ego Eugenius Catholicæ Ecclesiæ episcopus.
Ego Albericus Ostiensis episcopus.
Ego Marcus Tusculanus episcopus.

Ego Guido presbyter cardinalis titulo sancti Chrysogoni.

Ego Reynerius presbyter cardinalis tit. S. Priscæ.

Ego Julius presbyter cardinalis tit. S. Marcelli.

Ego Nicolaus presbyter cardinalis titulo SS. Laurentii et Damasi.

Ego Aribertus presbyter cardinalis titulo S. Anastasiæ.

Ego Waldus presbyter cardinalis titulo S. Crucis in Jerusalem.

Ego Villanus presbyter cardinalis titulo S. Stephani in Cœlio monte.

Ego Oddo diaconus cardinalis S. Georgii ad Velum Aureum.

Ego Joannes diaconus cardinalis S. Adriani.

Ego Hyacinthus diaconus cardinalis S. Mariæ in Cosmedin.

Ego Jordanus diaconus cardinalis Romanæ Ecclesiæ.

Ego Cinthius diaconus cardinalis SS. Sergii et Bacchi.

Datum Laterani, etc., Kalend. Januarii, indict. ix, Incarnationis Dominicæ anno 1145, pontificatus vero Eugenii tertii anno primo.

LXVIII.
Privilegium pro parthenone Farensi.
(Anno 1146, Jan. 5.)
[*Gall. Christ.* nov. VIII, Instr., 550.]

EUGENIUS episcopus, servus servorum Dei, dilectis in Christo filiabus RISENDI abbatissæ Farensis monasterii, ejusque sororibus, tam præsentibus quam futuris, regularem vitam professis, in perpetuum, etc.

Eapropter, dilectæ in Domino filiæ, venerabilis fratris nostri Alberici Ostiensis episcopi precibus inclinati, vestris justis postulationibus clementer annuimus, et præfatum monasterium, in quo divino estis mancipatæ obsequio, sub beati Petri et nostra protectione suscipimus, et præsentis scripti privilegio communimus; statuentes ut quascunque possessiones, quæcunque bona idem monasterium in præsentiarum juste et canonice possidet, aut in futurum concessione pontificum, liberalitate regum, largitione principum, oblatione fidelium seu aliis justis modis, præstante Domino, poterit adipisci, firma vobis vestrisque succedentibus et illibata permaneant. In quibus hæc propriis duximus exprimenda vocabulis. In pago Meldensi prædium ipsum, quod antiquitus Eboriacus vocabatur, nunc vero Faremonasterium, cum ecclesiis, decimis, terris cultis et incultis, torcularibus, nemoribus, pratis, molendinis, aquis aquarumque decursibus; mercata uniuscujusque hebdomadæ, et viaria, integraque totius villæ justitia, cum villis circumadjacentibus, videlicet Morou cum ecclesia et decima, capella S. Adalbergæ, Ponte Mucre cum ecclesia, duabusque decimæ partibus, Poncello, Dammartin cum molendinis ad eamdem villam pertinentibus, Tremis, Mesmillo, Calueto faico, Vicinis, Busseto, Chessuto, Mesura Triangulo, Montebon, Invito, Campogeneste, villa prædicta Monte Martini, Monterainardi, Belteil cum quinque partibus decimæ, Radulfi villa, Montelavandria, Bellumvidere, Rogo, Salceio, Alba, Berrinniis, Mesnillo Rixendis, Mancello, Mesoarcheriis, Favergis, Plessero, Melo, Curtervello, Mesegierii cum omnibus earumdem villarum appendiciis, Alpineium cum appendiciis suis, terris cultis et incultis, aquis aquarumque decursibus, silvis, pratis, nemoribus; ecclesiam B. Joannis Evangelistæ cum omnibus decimis sitam in Plesseto Arnulphi cum appendiciis suis. In pago Trecensi Bulliacum cum terris et cæteris appendiciis suis, ecclesiam de Bonoloco Curfelix. In pago Parisiensi Corlegen cum omnibus appendiciis, decimam de Marcheingen. In pago Senonensi Tumbam cum omnibus appendiciis, ecclesiam videlicet, decimis, terris cultis et incultis, nemoribus, molendinis, aquis aquarumque decursibus; capellam sitam in villa quæ vocatur Balacrium, capellam sitam in Montemintelli. In territorio Gastinensi prædium quod vocatur Gaicus, cum omnibus appendiciis; quidquid juris habetis in ecclesia de Noem, et in ecclesia de Damnaria, de Montecrescone et de Monteboi, in ecclesia et villa S. Firmini. In pago Pruvinensi ecclesiam S. Bartholomæi de Curte Euroldi. Item in pago Meldensi xx solidos censuales in castro Columbario, qui a domino illius castri ejusdem ecclesiæ persolvuntur.

Libertates quoque et immunitates quæ a clarissimo filio nostro Ludovico illustri Francorum rege, eidem monasterio, villis etiam, terris, hominibus, et aliis ad ipsum monasterium pertinentibus justæ concessæ sunt et scripto suo firmatæ, præsentis scripti pagina confirmamus. Obeunte vero te nunc ejusdem loci abbatissa, vel tuarum qualibet succedentium, nulla ibi qualibet subreptione, astutia seu violentia præponatur, nisi quam sorores communi consensu vel pars consilii sanioris, secundum Dei timorem et beati Benedicti Regulam providerint eligendam. Chrisma quoque, oleum sanctum, consecrationem altarium seu basilicarum, ordinationem clericorum qui ad sacros ordines fuerint promovendi, vel benedictiones sanctimonialium, a diœcesano suscipietis episcopo, siquidem catholicus fuerit et gratiam sedis apostolicæ habuerit, et ea vobis gratis et absque pravitate aliqua voluerit exhibere. Alioquin quem malueritis catholicum adeatis antistitem, qui nimirum nostra fultus auctoritate, quod postulatur indulgeat.

Decernimus ergo ut nulli omnino hominum liceat præfatum monasterium temere perturbare, aut ejus possessiones auferre, vel ablatas retinere, minuere, seu quibuslibet vexationibus fatigare, sed illibata omnia et integra conserventur, nostris et aliorum pro quorum gubernatione et sustentatione concessa sunt, usibus omnimodis profutura, salva concordia quæ inter Manassem episcopum et Risendim abbatissam, per Hugonem Antissiodorensem et Gaufridum Catalaunensem episcopos, ex præcepto prædecessoris nostri felicis memoriæ papæ Innocentii rationabiliter facta est, et scripto suo firmata, et scripto Meldensis episcopi munimine roborata, salva etiam sedis apostolicæ auctoritate, et in aliis ecclesiis ad ipsum monasterium pertinentibus, episcoporum in quorum parochiis sitæ sunt, canonica justitia. Si qua igitur in futurum ecclesiastica sæcularisve persona, etc. Amen.

Ego Eugenius Catholicæ Ecclesiæ episcopus.
Ego Conradus Sabinensis episcopus.
Ego Albericus Ostiensis episcopus.
Ymarus Tusculanus.
B. presbyter cardinalis tituli Calixti.
Guido cardinalis tituli Sancti Chrysogoni.
Hubaldus cardinalis Sanctæ Praxedis.
Hubaldus cardinalis tituli S. Joannis et Pauli.
Gilebertus cardinalis Sancti Marci.
Aubertus, cardinalis Sanctæ Anastasiæ.
Nicolaus cardinalis tituli Sancti Cyriaci.
Bernardus cardinalis Sancti Clementis.
Julius cardinalis Sancti Marcelli.
Villanus cardinalis tit. Sancti Stephani in Cœlio monte.
Jordanus cardinalis Sanctæ Susannæ.
Ego Odo diaconus cardinalis Sancti Georgii ad Velum Aureum.
Guido cardinalis Sanctorum Cosmæ et Damiani.
Octavianus cardinalis Sancti Nicolai in Carcere Tulliano.
Joannes cardinalis Sancti Adriani.
Gregorius cardinalis Sancti Angeli.
Becardus cardinalis sanctæ Romanæ Ecclesiæ.
Guido cardinalis Sanctæ Mariæ in Porticu.
Jacinthus cardinalis Sanctæ Mariæ in Cosmedin.
Cynthius cardinalis Sanctorum Sergii et Bacchi.

Datum Laterani per manum Roberti sanctæ Romanæ Ecclesiæ presbyteri cardinalis et cancellarii, tertio Nonas Januarii, indictione IX, Incarnat. Dominicæ anno 1145, pontificatus vero domni Eugenii papæ III anno primo.

LXIX.
Privilegium pro monasterio S. Lamberti Subenensis.
(Anno 1146, Jan. 4.)
[*Monumenta Boica*, IV, 524.]

EUGENIUS episcopus, servus servorum Dei, dilectis filiis JOANNI præposito Beati Lamperti Subenensis Ecclesiæ ejusque fratribus, tam præsentibus quam futuris, regularem vitam professis, in perpetuum.

Quoties illud a nobis petitur, quod religioni et honestati convenire cognoscitur, animo nos decet libenti concedere, et petentium desideriis congruum impertiri suffragium. Hujus rei gratia, dilecti in Domino filii, vestris justis postulationibus clementer annuimus et præfatam ecclesiam in qua divino mancipati estis obsequio, sub beati Petri et nostra protectione suscipimus, et præsentis scripti patrocinio communimus; statuentes ut quascunque possessiones, quæcunque bona in præsentiarum juste et canonice possidetis, aut in futurum concessione pontificum, liberalitate regum, largitione principum, oblatione fidelium, seu aliis justis modis, præstante Domino, poteritis adipisci, firma vobis vestrisque successoribus et illibata permaneant. In quibus hæc propriis duximus exprimenda vocabulis : Ecclesiam Sanctæ Margaretæ virginis ad Hengst cum curte stabularia et omnibus pertinentiis suis; ecclesiam in Mallentin cum omnibus pertinentiis suis, quemadmodum a venerabili fratre nostro Conrado Salzburgensi archiepiscopo vobis rationabiliter sunt scripto firmatæ.

Datum Laterani per manum Roberti sanctæ Romanæ Ecclesiæ presbyteri cardinalis et cancellarii, pridie Nonas Januarii, indictione nona, Incarnationis Dominicæ anno 1146, pontificatus vero domni Eugenii tertii papæ anno primo.

LXX.
Privilegium pro monasterio S. Michaelis Bergensis.
(Anno 1146, Jan. 7.)
[THORKELIN, *Diplomat. Arna-Magn.*, II, 1.]

EUGENIUS episcopus, servus servorum Dei, dilectis filiis ORMO abbati monasterii Sancti Michaelis Bergensis, ejusque fratribus, tam præsentibus quam futuris, regularem vitam professis, in perpetuum.

Ad hoc universalis Ecclesiæ cura nobis a provisore omnium bonorum Deo commissa est, ut religiosas diligamus personas, et beneplacentem Deo religionem studeamus modis omnibus propagare. Neque enim Deo gratus aliquando famulatus impenditur, nisi ex charitatis radice procedens a puritate religionis fuerit conservatus. Oportet igitur omnes Christianæ fidei amatores religionem diligere, et loca venerabilia cum ipsis personis divino servitio mancipatis attentius confovere, ut nullis pravorum hominum inquietentur molestiis, vel angariis importunis fatigentur. Eapropter, dilecti in Domino filii, vestris justis postulationibus clementer annuimus, et præfatum Beati Michaelis archangeli monasterium, in quo divino mancipati estis obsequio, sub beati Petri et nostra protectione suscipimus, et præsentis scripti privilegio communimus, imprimis siquidem statuentes, ut Ordo monasticus secundum beati Benedicti Regulam perpetuis ibi temporibus inviolabiliter conservetur. Quascunque præterea possessiones, quæcunque bona in præsentiarum juste et canonice possidetis, aut in futurum concessione pontificum, liberalitate regum, largitione principum, oblatione fidelium, seu aliis justis modis, præstante Domino, poteritis adipisci, firma vobis vestrisque successoribus, et illibata permaneant. In quibus hæc propriis duximus exprimenda vocabulis : Monasterium ipsum Beati Michaelis cum terris, possessionibus, decimis, pratis, nemoribus, piscariis, et aliis pertinentiis suis ; insulas quæ dicuntur Aumas cum ecclesia S. Clementis, ecclesiam Sancti Nicolai de Hardla cum insulis ad illam pertinentibus ; cætera omnia quæcunque sunt ejusdem monasterii, summi clavigeri sub protectione et nostra in ævum conserventur.

Prohibemus insuper ut nullus, post factam ibidem professionem, absque abbatis et fratrum suorum licentia de eodem monasterio recedere præsumat. Ad hæc adjicientes statuimus ut quoties vobis necesse fuerit adeundi sedem apostolicam, facultatem liberam habeatis. Obeunte vero te, nunc ejusdem loci abbate, vel tuorum quolibet successorum, nullus ibi qualibet subreptionis astutia seu violentia præponatur, nisi quem fratres communi consensu vel fratrum pars consilii sanioris secundum Dei timorem et beati Benedicti Regulam providerint eligendum. Decernimus ergo ut nulli omnino hominum liceat præfatum locum temere perturbare, aut ejus possessiones auferre vel ablatas retinere, minuere, seu quibuslibet vexationibus fatigare; sed omnia integra conserventur eorum pro quorum gubernatione et sustentatione concessa sunt, usibus omnimodis profutura; salva sedis apostolicæ auctoritate et diœcesani episcopi canonica justitia et reverentia. Si qua igitur in futurum ecclesiastica sæcularisve persona, hanc nostræ constitutionis paginam sciens, contra eam temere venire tentaverit, secundo tertiove commonita, si non reatum suum congrua satisfactione correxerit, potestatis honorisque sui dignitate careat, reamque se divino judicio existere de perpetrata iniquitate cognoscat, et a sacratissimo corpore ac sanguine Dei et Domini Redemptoris nostri Jesu Christi aliena fiat, atque in extremo examine districtæ ultioni subjaceat. Cunctis autem eidem loco sua jura servantibus, sit pax Domini nostri Jesu Christi, quatenus et hic fructum bonæ actionis percipiant, et apud districtum judicem præmia æternæ pacis inveniant. Amen.

Datum Laterani per manum Roberti sanctæ Romanæ Ecclesiæ presbyteri cardinalis et cancellarii, vii Idus Januarii, indictione viii, Incarnationis Dominicæ anno 1145, pontificatus vero domni Eugenii III papæ anno primo.

LXXI.
Confirmatio bonorum omnium et privilegiorum a summis Romanis pontificibus Trenorciensi monasterio concessorum.

(Anno 1146, Jan. 9.)

[JUÉNIN, *Nouv. Histoire de Tournus*, Pr. p. 157.]

EUGENIUS episcopus, servus servorum Dei, dilectis filiis PETRO Trenorciensis monasterii abbati ejusque fratribus tam præsentibus quam futuris, regularem vitam professis, in perpetuum.

Cum universis sanctæ Ecclesiæ debitores ex apostolicæ sedis auctoritate ac benevolentia existamus, illis tamen locis atque personis, quæ specialius ac familiarius sanctæ Romanæ adhærent Ecclesiæ, propensiori nos convenit charitatis studio imminere. Proinde, dilecti in Domino filii, vestris justis petitionibus clementer annuimus, et prædecessorum nostrorum, felicis recordationis Urbani Paschalis, Calixti, Innocentii et Lucii Romanorum pontificum vestigiis inhærentes, Trenorciense monasterium, in quo divino mancipati estis obsequio, sub beati Petri et nostra protectione suscipimus, et præsentis scripti privilegio communimus; statuentes, ut quascunque possessiones, quæcunque bona idem monasterium inpræsentiarium juste et canonice possidet, aut in futurum concessione pontificum, liberalitate regum, largitione principum, oblatione fidelium, seu aliis justis modis, præstante Domino, poterit adipisci, firma vobis vestrisque successoribus et illibata permaneant. Præterea ad exemplar præfati prædecessoris nostri beatæ memoriæ papæ Calixti præsentis decreti auctoritate statuimus, ut nulli deinceps episcoporum facultas sit, pro altaribus et ecclesiis, sive decimis, vel etiam omnibus ad hæc rite pertinentibus, quæ ante interdicta antecessoris nostri sanctæ memoriæ Urbani papæ vobis cognita possedistis, seu post episcoporum concessione acquisitis, gravamen aliquod irrogare, sed sicut eorum in futurum permissione quædam ex integro habuistis, ita et in futurum perenniter habeatis. Ipsarum quoque quas nunc habetis, ecclesiarum decimas, quæ a laicis obtinentur, si eorum potestati subtrahere vestræ religionis reverentia potuerit, ad vestram ac pauperum sustentationem inter vestrum et Beati Florentii monasterium, de ecclesiis Lausduni, Sanctæ Crucis videlicet, et Sancti Nicolai, sicut a jam dictis prædecessoribus nostris felicis memoriæ Urbano atque Calixto facta est, et scripto eorum firmata, sedis apostolicæ auctoritate firmamus, præcipientes quatenus deinceps nullam vobis, vel ecclesiis vestris molestiam monachi Sancti Florentii ex his inferre præsumant; sed absque eorum inquietudine, præfatas ecclesias vos vestrique successores perpetuo possideatis.

Ad hoc adjicimus ut idem locus in quo beati Valeriani martyris et sancti Philiberti confessoris corpora requiescunt, ab omni jugo sæcularis potestatis liber in perpetuum conservetur. Nec episcopo liceat, cujuscunque diœcesis eumdem locum excommunicationis, vel absolutionis, seu cujuslibet dispositionis occasionibus perturbare; aut cruces, seu quaslibet exactiones novas burgo et cæteris monasterii possessionibus irrogare. Missas quoque in eodem monasterio publicas celebrari vel stationem ab episcopo, præter abbatis vel fratrum voluntatem, fieri prohibemus, sicut a prædecessoribus nostris statutum est, et scripto eorum firmatum.

Obeunte vero te, nunc ejusdem loci abbate, vel tuorum quolibet successorum, nullus ibi qualibet subreptionis astutia seu violentia præponatur, nisi quem fratres communi consensu, vel pars consilii sanioris, secundum Deum et beati Benedicti Regulam providerint eligendum, a sedis apostolicæ pontifice vel ejus legato consecrandum. Decernimus ergo, ut nulli omnino hominum liceat præfatum monasterium temere perturbare, aut ejus possessiones auferre, vel ablatas retinere, minuere, seu quibuslibet vexationibus fatigare; sed omnia integra conserventur eorum pro quorum gubernatione et sustentatione concessa sunt, usibus omnimodis profutura, salva nimirum sedis apostolicæ auctoritate. Si qua igitur in futurum ecclesiastica sæcularisve persona, hanc nostræ constitutionis paginam sciens, contra eam temere venire tentaverit, secundo tertiove commonita, nisi reatum suum congrua satisfactione correxerit, potestatis honorisque sui dignitate careat, reamque se divino judicio existere de perpetrata iniquitate cognoscat, et a sacratissimo corpore ac sanguine Dei et Domini Redemptoris nostri Jesu Christi aliena fiat, atque in extremo examine districtæ ultioni subjaceat. Cunctis autem eidem loco justa servantibus, sit pax Domini nostri Jesu Christi, quatenus et hic fructum bonæ actionis percipiant; et apud districtum judicem præmia æternæ pacis inveniant. Amen, amen, amen.

Ego Eugenius Catholicæ Ecclesiæ episcopus ss.

Ego Conradus Sabinensis episcopus ss.

Ego Albericus episcopus ss.

Ego Gregorius presbyt. card. tit. S. Calixti subscripsi.

Ego Ubaldus presbyt. card. tituli Sanctæ Praxedis ss.

Ego Nicolaus presbyter cardinalis tit. Sanctæ Crucis ss.

Ego Ubaldus presbyter cardinalis S. Crucis in Hierusalem ss.

Ego Otto diaconus cardinalis Sancti Georgii ad Velum Aureum ss.

Ego Octavianus diaconus cardinalis Sancti Nicolai in Carcere Tulliano ss.

Ego Gregorius diaconus cardinalis Sancti Angeli subscripsi.

Ego Astaldus diaconus cardinalis Sancti Eustachii juxta templum Agrippæ ss.

Ego Guido diaconus cardinalis S. Mariæ in Porticu ss.

Ego Jacinthus diaconus cardinalis Sanctæ Mariæ in Cosmedin ss.

Ego Petrus diaconus cardinalis Sanctæ Mariæ in Via Lata ss.

Datum Laterani per manum Roberti sanctæ Romanæ Ecclesiæ presbyteri cardinalis et cancellarii, v Idus Januarii, indictione IX, Incarnationis Dominicæ, anno 1145, pontificatus vero domni Eugenii III papæ anno I.

LXXII.

Ad Engolismensem et Lemovicensem episcopos. — Ut controversiam de Roca-Bovis-curtis inter Cluniacenses et clericos fine canonico terminent.

(Anno 1146, Jan. 16.)

[D. Bouquet, *Recueil*, XV, 435.]

EUGENIUS episcopus, servus servorum Dei, venerabilibus fratribus LAMBERTO Engolismensi et GERALDO Lemovicensi episcopis, salutem et apostolicam benedictionem.

Controversiam quæ inter dilectos filios nostros Cluniacenses monachos et clericos de Roca-Boviscurtis (*La Roche-Beaucourt*) super ecclesia ipsius loci jamdiu agitata est, diligenter audivimus et cum fratribus nostris super ea diu contulimus. Auditis igitur utriusque partis rationibus et studiosius inquisitis, quoniam ex utriusque partis confessione monachos fuisse in possessione cognovimus, judicavimus ut, si ipsi monachi duobus aut tribus testibus idoneis in nostra præsentia probare potuerint quod clerici qui tunc erant in ipsa ecclesia, vel alius per ipsos, eos de possessione ipsius ecclesiæ per violentiam expulerunt; ipsa possessio eis restituatur; facta autem plena restitutione, infra duos menses utraque parte ante vestram evocata præsentiam, causam de proprietate hinc inde diligenter inquiratis, et fine canonico terminetis.

Datum Laterani, XVII Kal. Februarii.

LXXIII.

Bulla de confirmatione bonorum monasterii Crisenonis.

(Anno 1146, Jan. 19.)

[*Gall. Chr.* nov. XII, Instr, 117.]

EUGENIUS episcopus, servus servorum Dei, dilectis in Christo filiabus, ELISABETH abbatissæ de Crisenone, ejusque sororibus tam præsentibus quam futuris, regularem vitam professis in perpetuum.

Quoniam sine veræ cultu religionis, nec charitatis unitas potest subsistere, nec Deo gratum exhiberi officium, expedit apostolicæ auctoritati religiosas personas diligere, et earum loca pia protectione munire. Eapropter, dilectæ in Christo filiæ, venerabilis fratris nostri Hugonis Antissiodorensis episcopi precibus inclinati, vestris justis postulationibus clementer annuimus, et præfatum locum, in quo divino mancipatæ estis obsequio, sub B. Petri et nostra protectione suscipimus, et præsentis scripti privilegio communimus, statuentes ut quascunque possessiones, quæcunque bona inpræsentiarum juste et canonice possidetis, aut in futurum concessione pontificum, liberalitate regum, largitione principum, oblatione fidelium, seu aliis justis modis, præstante Domino, poteritis adipisci, firma vobis, vestrisque succedentibus et illibata permaneant. In quibus hæc propriis duximus exprimenda vocabulis: Molendina de Crenz In episcopatu Senonensi decimam de Chasciaco. Furnum Antissiodori cum vineis. Vineas Varziaci. Territorium de Luciaco. Grangiam de Nertennaco cum territorio suo. In episcopatu Nivernensi monasterium de Firmitate, in quo congregationem sororum vestrarum posuistis. Et ad usus earumdem sororum quidquid Hugo de Limo et Petronilla uxor ejus, Seguinus et Agnes uxor ejus, Ogerus et Christiana uxor ejus de jure suo vobis dederunt in villa quæ dicitur Lunum, in Luguen, in Chalma, in Coenni, in Suenci, in Tribus Aquis, in Cigoniis, in Chassennis et in Ruenni. Decimam quam Guillelmus Carolus et ejus uxor ad Linum habuerunt. Decimam partem piscium Clusæ Guil-

Ielmi comitis ad Disisam. Præfatum vero monasterium de Firmitate sub regimine et obedientia vestra semper consistat.

Decernimus ergo ut nulli omnino hominum liceat præmonimatum locum temere perturbare, aut ejus possessiones auferre, vel ablatas retinere, minuere, seu quibuslibet vexationibus fatigare; sed omnia integra conserventur eorum, pro quorum gubernatione et sustentatione concessa sunt, usibus omnimodis profutura, salva sedis apostolicæ auctoritate, et diœcesani episcopi canonica justitia. Si qua igitur in futurum ecclesiastica sæcularisve persona, hujus nostræ constitutionis paginam sciens, contra eam temere venire tentaverit, secundo tertiove commonita, si non reatum suum congrua satisfactione correxerit, potestatis honorisque sui dignitate careat, reamque se divino judicio existere de perpetrata iniquitate cognoscat, et a sacratissimo corpore et sanguine Dei et Domini Redemptoris nostri Jesu Christi aliena fiat, atque in extremo examine districtæ ultioni subjaceat. Cunctis autem eidem loco justa servantibus sit pax Domini nostri Jesu Christi, quatenus hic fructum bonæ actionis percipiant, et in futuro præmia æternæ pacis inveniant. Amen.

Ego Eugenius Catholicæ Ecclesiæ episcopus ss.
Ego Gregorius presbyter cardinalis tituli Sancti Calisti ss.
Ego Guido presbyter cardinalis tituli S. Grysogoni ss.
Ego Jordanus presbyter cardinalis tituli S. Susannæ ss.
Ego Conradus Sabinensis episcopus ss.
Ego Albericus Ostiensis episcopus ss.
Ego Imarus Tusculanus episcopus ss.
Ego Wido diaconus cardinalis SS. Cosmæ et Damiani ss.
Ego Octavianus diaconus cardinalis S. Nicolai in Carcere Tulliano ss.
Ego Astallus diaconus cardinalis S. Eustachii ss.
Datum Laterani per manum Roberti S. Romanæ Ecclesiæ presbyteri cardinalis et cancellarii, XIV Kal. Februarii, indictione VIII, Incarnationis Dominicæ anno 1145, pontificatus vero domni Eugenii III papæ anno primo.

LXXIV.
Bulla in gratiam monasterii Sancti Mariani.
(Anno 1146, Jan. 19.)
[*Gallia, Christ.* nova, XII, Instr. 118.]

EUGENIUS episcopus, servus servorum Dei, dilectis filiis RAINERIO abbati S. Mariæ Rotundæ foris muros civitatis Antissiodorensis, ejusque fratribus tam præsentibus quam futuris, vitam regularem professis, in perpetuum.

Quoniam sine veræ religionis cultu charitatis unitas non potest subsistere nec Deo gratum exhiberi servitium, expedit apostolicæ auctoritati religiosas personas diligere, et earum quieti, auxiliante Domino, salubriter providere. Eapropter, dilecti in Domino filii, venerabilis fratris nostri Hugonis Antissiodorensis episcopi precibus inclinati, vestris justis postulationibus clementer annuimus, et præfatum locum, in quo divino mancipati estis obsequio, sub B. Petri et nostra protectione suscipimus, et præsentis scripti privilegio communimus, statuentes ut quascunque possessiones, quæcunque bona inpræsentiarum juste et canonice possidetis, aut in futurum concessione pontificum, liberalitate regum, largitate principum, oblatione fidelium, seu aliis justis modis præstante Domino poteritis adipisci, firma vobis vestrisque successoribus illibataque permaneant. In quibus hæc propriis duximus exprimenda vocabulis: Ecclesias S. Mariæ Rotundæ et S. Mariani in suburbio Antissiodorensi sitas cum omnibus ad se pertinentibus, exceptis illis quæ ad proprietatem et dominium episcopi pertinere videntur. Grangiam de Oisella cum omnibus terris quæ ad jus ecclesiæ B. Mariæ pertinent in loco illo et in parochiis circapositis. Grangiam de Bosculo cum terris suis, grangiam de Capella cum terris suis, molendinum de Scoquo, grangiam de Bunost cum territorio suo; præbendam integram in ecclesia Sancti Stephani, ita tamen quod in celebratione quotidianæ missæ pro defunctis canonicis, et illius missæ etiam quam canonici presbyteri per ordinem statutis hebdomadis celebrant, debitum eidem ecclesiæ servitium impendatis. Sane laborum vestrorum, quos propriis manibus aut sumptibus colitis, sive de nutrimentis vestrorum animalium nullus a vobis decimas exigere præsumat.

Decernimus ergo ut nulli omnino hominum liceat præmonimatum locum temere perturbare, aut ejus possessiones auferre, vel ablatas retinere, minuere, seu quibuslibet vexationibus perturbare, sed omnia integra conserventur eorum, pro quorum gubernatione et sustentatione concessa sunt, usibus tantummodo profutura, salva sedis apostolicæ auctoritate, et diœcesani episcopi canonica justitia. Si qua igitur in futurum ecclesiastica sæcularisve persona, hujus nostræ constitutionis paginam sciens, contra eam temere venire tentaverit, secundo tertiove commonita, nisi reatum suum congrua satisfactione correxerit, potestatis honorisque sui dignitate careat, reamque se divino judicio existere de perpetrata iniquitate cognoscat, et a sacratissimo corpore et sanguine Dei et Domini Redemptoris nostri Jesu Christi aliena fiat, atque in extremo examine districtæ ultioni subjaceat. Cunctis autem eidem loco justa servantibus sit pax Domini nostri Jesu Christi, quatenus et hic fructum bonæ actionis percipiant, et apud districtissimum judicem præmia æternæ pacis inveniant. Amen, amen, amen.

Ego Eugenius Catholicæ Ecclesiæ episcopus.
Ego Conradus Sabinensis episcopus.
Ego Odo diaconus cardinalis S. Georgii.
Ego Guido diaconus cardinalis SS. Cosmæ et Damiani.

Ego Octavianus diaconus cardinalis in Carcere Tulliano.

Ego Gregorius diaconus cardinalis S. Gregorii.

Ego Hiacintus diaconus cardinalis S. Mariæ in Cosmedin.

Ego Guillelmus, presb. card. tit. S. Callixti.

Ego Guillelmus presbyter card. tituli S. Stephani in Belmonte.

Ego Bernardus presbyter card. tit. S. Clementis.

Data per manum Roberti S. R. E. presbyteri cardinalis et cancellarii, xiv Kalendas Februarii, indict. ix, Incarnationis Dominicæ anno 1145, pontificatus vero domni Eugenii III papæ anno primo.

LXXV.

Privilegium pro monasterio S. Zenonis Reichenhallensi.

(Anno 1146, Jan. 28.)

[*Monumenta Boica*, III, 532.]

EUGENIUS episcopus, servus servorum Dei, dilectis filiis LANZONI Hallensi præposito, ejusque fratribus tam præsentibus quam futuris regularem vitam professis, in perpetuum.

Quoties illud a nobis petitur, quod religioni et honestati convenire monstratur, animo nos decet libenti concedere, et petentium desideriis congruum impertiri suffragium. Eapropter, dilecti in Domino filii, vestris justis postulationibus clementer annuimus, et prædecessoris nostri felicis recordationis papæ Lucii vestigiis inhærentes, præfatam Hallensem ecclesiam, in qua divino mancipati estis obsequio, sub B. Petri et nostra protectione suscipimus, et præsentis scripti privilegio communimus; statuentes ut in eadem ecclesia, prout venerabilis noster Conradus Salisburgensis archiepiscopus ordinavit et scripto suo firmavit, ordo canonicus secundum B. Augustini Regulam perpetuis temporibus inviolabiliter conservetur. Præterea quascunque possessiones, quæcunque bona in præsentiarum juste et canonice possidetis, aut in futurum concessione pontificum, liberalitate regum, largitione principum, oblatione fidelium, seu aliis justis modis, præstante Domino, poteritis adipisci, firma vobis vestrisque successoribus et illibata permaneant; in quibus hæc propriis duximus exprimenda vocabulis: Decimalem salem, prædium quod nominatur Suvant, cum omnibus appendiciis ad hoc pertinentibus, quod prædictus archiepiscopus præfatæ ecclesiæ tribuit; aquam in fonte Halla, quam dedit Ebo, aquam quam dedit Facco, prædium quod dedit Sigiboto Occheim, prædium quod dedit Henricus Nutzpoum. Sane laborum vestrorum quos propriis manibus aut sumptibus colitis, sive de nutrimentis vestrorum animalium nullus omnino clericus sive laicus a vobis decimas exigere præsumat. Interdicimus etiam ut nemini professionis vestræ facultas sit, alicujus levitatis instinctu, vel arctioris religionis obtentu, sine præpositi vel congregationis licentia de claustro discedere: quod si discesserit, nullus episcoporum, nullus abbatum, nullus monachorum, sine communium litterarum cautione illum suscipiat, quandiu videlicet in ecclesia vestra canonici ordinis tenor, Domino præstante, viguerit; si vero secundo tertiove vocatus, redire contempserit, liceat ejusdem loci præposito.... vel ad alterius Ecclesiæ regimen transeunte, sive quolibet tuorum successorum, nullus ibi qualibet subreptionis astutia seu violentia præponatur, vel substituatur, nisi quem fratres communi consensu, aut pars consilii sanioris secundum Dei timorem et B. Augustini Regulam canonice providerint eligendum. Sepulturam quoque ipsius loci liberam esse concedimus, ut qui se illic sepeliri deliberaverint, eorum devotioni et extremæ voluntati nullus obsistat, nisi forte fuerint excommunicati, salva tamen justitia matricis Ecclesiæ suæ. Porro capellas, quæ infra terminos parochialis ecclesiæ fundatæ sunt, vel imposterum, Deo favente, fundabuntur, regimini et juri vestro confirmamus; et ne aliquis clericus sine concessione vestra eas teneat, vel contra interdictum vestrum in eis ministret, apostolica auctoritate prohibemus, sicut jam dicti prædecessoris nostri bonæ memoriæ papæ Lucii privilegio prohibitum esse dignoscitur.

Decernimus ergo, ut nulli omnino hominum liceat præfatam ecclesiam temere perturbare, aut ejus bona vel possessiones auferre, vel ablatas retinere, minuere, seu quibuslibet indebitis exactionibus vel molestiis fatigare; sed omnia integra conserventur eorum, pro quorum gubernatione et sustentatione concessa sunt, usibus omnimodis profutura, salva sedis apostolicæ auctoritate, et Salisburgensis archiepiscopi canonica justitia. Si qua igitur in futurum ecclesiastica sæcularisve persona, hujus nostræ constitutionis paginam sciens, contra eam temere venire tentaverit, secundo tertiove commonita, nisi reatum suum congrua satisfactione correxerit, potestatis honorisque sui dignitate careat, reamque se divino judicio existere de perpetrata iniquitate cognoscat, et a sacratissimo corpore et sanguine Dei et Domini Redemptoris nostri Jesu Christi aliena fiat, atque in extremo examine districtæ ultioni subjaceat. Cunctis autem eidem loco justa servantibus sit pax Domini nostri Jesu Christi, quatenus et hic fructum bonæ actionis percipiant et apud districtum judicem præmia æternæ pacis inveniant. Amen.

Datum Transtiberim per manus Roberti sanctæ Romanæ Ecclesiæ presb. card. et cancellarii, v Kalend. Februarii, indictione ix, Incarnationis Dominicæ anno 1146, pontificatus vero domni Eugenii III papæ anno i.

LXXVI.

Sancti Alexandri Bergomatis significat definitivam sententiam ab eo latam super pluribus controversiarum capitulis.

(Anno 1146, Jan. 30.)

[LUPI, *Cod. diplom. Bergom.* II, 1063.]

EUGENIUS episcopus, servus servorum Dei, dilectis filiis LANFRANCO præposito S. Alexandri Pergamensis Ecclesiæ ejusque fratribus, **salutem** et apostolicam benedictionem.

Ex injuncto nobis a Domino apostolatus officii ministratione oportet nos Ecclesiarum scandala de medio tollere, et earum paci et tranquillitati paterna sollicitudine providere. Ideoque pro controversia, quæ inter vos et canonicos Sancti Vincentii super quibusdam certis et expressis capitulis jam diutius agitata est, vobis et ipsis vestro conspectui præsentatis, utriusque partis rationes et allegationes, et prædecessorum nostrorum felicis memoriæ Innocentii, Cœlestini et Lucii Romanorum pontificum privilegiis et aliis scriptis quæ, super eadem controversia, diversis sunt facta temporibus diligenter inquisitis et plenarie intellectis, fratrum nostrorum conniventia et consilio prædictæ discordiæ per definitivam sententiam taliter finem imposuimus. In primis siquidem, quidquid a præfatis prædecessoribus nostris super eadem controversia statutum vel definitum est apostolica nihilominus auctoritate firmavimus et ratum manere decrevimus, statuentes videlicet ut presbyteri Bergamensis episcopatus qui post datam a prædecessore nostro felicis memoriæ papa Innocentio sententiam ordinati sunt, sive qui deinceps ordinabuntur utrique Ecclesiæ fidelitatem exhibeant; et si canonici Sancti Vincentii accipere noluerint, nihilominus ipsam vestræ præcipimus exhiberi. De pœnitentiis vero hoc inter vos præcipimus observandum, ut presbyteri de toto episcopatu Bergamensis, quoties parochianos suos pro publicis criminibus ad pœnitentiam adduxerint, utramque partem convocare studeant, et nullatenus absque præpositi vestri vel unius presbyteri ecclesiæ vestræ præsentia prædictis criminibus pœnitentia injungatur. Sane in mensa episcopi in sinistra parte præpositus ecclesiæ vestræ primum locum obtineat et suos penes se clericos habeat. Statuimus præterea ut quoties consuetis processionibus ad missarum solemnia celebranda canonici Sancti Vincentii ad vestram ecclesiam venerint, IV parietes chori in ecclesia ipsa in pace obtineant, et in vigilia Beati Viatoris et festo ejusdem et in Litaniis Gregorianis cum incenso et aqua benedicta et campanis pulsatis per personas vestras eosdem honorifice suscipiatis. Cum autem vel ad defunctorum exsequias, vel aliis rebus in ecclesia ipsa vobiscum convenerint, totum chorum ecclesiæ vestræ cum eis pariter teneatis. Vos autem quoties cum iisdem canonicis S. Vincentii sive in aliis conveneritis, præpositus ecclesiæ vestræ primum locum in sinistra parte chori obtineat, reliqui vero fratres cum iisdem clericis communiter sedeant. Capellani vero ecclesiarum Sancti Salvatoris, Sanctæ Agathæ, Sancti Joannis, Sanctæ Gratæ, Sancti Vigilii in Dominicis diebus et præcipuis festivitatibus ad ecclesiam vestram ad majorem missam conveniant. In cœna vero Domini, ad baptismum et in aliis solemnitatibus, sicut more solito divina consuevistis celebrare officia, ita ab utraque parte pacifice præcipimus observandam. Et præfatis canonicis Sancti Vincentii seu quibuslibet aliis perpetuum super hoc silentium imponimus, apostolica auctoritate monentes atque præcipientes ut præfata definitione nostra contenti sitis, et mandatum nostrum irrefragabiliter observetis. Si quis autem contra hanc nostræ definitionis et confirmationis paginam venire tentaverit, potestatis et honoris sui periculo subjacebit.

Dat. Transtiberim, III Kalend. Februarias.

Ego Abricus Dominici Friderici imperatoris notarius authenticum hujus exemplaris vidi et legi et ad confirmandum subscripsi.

Ego Alborinus sacri palatii notarius, etc.

Ego Petrus notarius sacri palatii authenticum hujus exempli vidi et legi, et sicut in eo continebatur scripsi extra litteram plus minusve.

LXXVII.
Privilegium pro monasterio Casæ Dei.
(Anno 1146, Febr. 1.)
[MABILLON, *Annal. Bened.*, VI, 698.]

EUGENIUS episcopus, servus servorum Dei, dilectis filiis STEPHANO abbati monasterii Sancti Roberti de Casa-Dei, ejusque fratribus tam præsentibus quam futuris regularem vitam professis, in perpetuum.

Desiderium quod ad religionis propositum et animarum salutem pertinere cognoscitur, animos nos decet libenti concedere, et petentium desideriis congruum impertiri suffragium. Eapropter, dilecti in Domino filii, vestris justis postulationibus libenter annuimus, et præfatum monasterium, in quo divino mancipati estis obsequio, sub beati Petri et nostra protectione suscipimus, et præsentis scripti privilegio communimus, statuentes, ut quascunque possessiones, quæcunque bona inpræsentiarum juste et canonice possidetis, aut in futurum concessione pontificum, liberalitate regum, largitione principum, oblatione fidelium, seu aliis justis modis, præstante Domino, poteritis adipisci, firma vobis vestrisque successoribus et illibata permaneant; in quibus hæc propriis duximus exprimenda vocabulis: Prioratus de Cornilione et de Sancto Salvatore cum ecclesiis, decimis et suis pertinentiis; prioratus Canteogeolensis ecclesiæ et Montis-Ferrandi cum ecclesiis, decimis et pertinentiis eorum; prioratus Sanctæ Mariæ Montis-pilosi et de Bullione cum ecclesiis, decimis et pertinentiis eorum; prioratus Sanctæ Liberatæ et de Bargiaco et de Leuciaco cum omnibus appendiciis suis; prioratus de Andria, de Sepeio, de Jaliniaco et de Tecleda cum omnibus appendiciis suis; prioratus de Saviniaco, de Bello-monte, de Vecellis, et de Sancto Treverio cum ecclesiis, decimis et pertinentiis suis; prioratus de Audancia et de Vera-Villa et de Veracco cum ecclesiis Sancti Verani cum pertinentiis earum; monasterium de Cruce cum ecclesiis de Flavino, de Aidoschia, de Longacanal, de Bisonas, de S. Desiderio, de Sancta Maria de Strata, de Leschas, de S. Hilario, de S. Urso, de Fratta, cum parochia de Monte, sicut rivus dividit, cum capella de Bescosello cum decimis, et omnibus pertinentiis earum; prioratum de Portu-Dei cum ecclesiis, decimis et omnibus pertinentiis suis; cellam de Belli-Cadro cum appendiciis suis: ecclesias de Fischeo, de Monte-Ayraldo, de Balgro et de Sabran; ecclesiam quoque de Sancto Liberio cum appendiciis suis; abbatias etiam, in quibus abbates instituere consuevistis, vobis in perpetuum confirmamus. Decernimus ergo, etc.

Ego Conradus Sabinensis episcopus.
Ego Albericus Ostiensis episcopus.
Ego Imarus Tusculanus episcopus.
Ego Odo diaconus cardinalis S. Georgii ad Velum Aureum.
Ego Guido diaconus cardinalis SS. Cosmæ et Damiani.
Ego Gregorius presbyter card. tit. S. Laurentii in Damaso.
Ego Jordanus presbyter card. tit S. Susannæ.
Ego Artaldus diac. card. S. Eustachii juxta templum Agrippinæ.
Ego Hyacinthus diac. card. S. Mariæ in Cosmedin.

Datum Transtiberim per manum Roberti S. R. E. presbyteri cardinalis et cancellarii, Kalendis Februarii, indictione IX, Incarnationis Dominicæ anno 1146, pontificatus vero domni Eugenii III papæ anno I.

LXXVIII.
Privilegium pro monasterio Nantuacensi.
(Anno 1146, Febr. 9.)
[COCQUELINES, II, 294.]

EUGENIUS episcopus, servus servorum Dei, dilectis filiis, priori Nantuacensis monasterii ejusque fratribus tam præsentibus quam futuris, regularem vitam professis, in perpetuum.

Apostolici moderaminis clementiæ convenit religiosos diligere et eorum loca pia protectione munire; dignum namque et honestati conveniens esse cognoscitur, ut qui ad ecclesiarum regimen assumpti sumus, eas et a pravorum hominum nequitia tueamur, et apostolicæ sedis patrocinio foveamus. Eapropter, dilecti in Domino filii, vestris justis petitionibus clementer annuimus, et præfatum monasterium, in quo divino mancipati estis obsequio, ad exemplar prædecessoris nostri felicis memoriæ papæ Lucii, sub beati Petri et nostra protectione suscipimus et præsentis scripti privilegio communimus, statuentes, ut quascunque possessiones, quæcunque bona idem monasterium in præsentiarum juste et canonice possidet, aut in futurum concessione pontificum, liberalitate regum, largitione principum, oblatione fidelium, seu aliis justis modis, præstante Domino, poterit adipisci, firma vobis vestrisque successoribus et illibata permaneant; in quibus hæc propriis duximus exprimenda vocabulis: Pomerium, Trefortium, Calorum, Trevorgias, Rumiliacum, Calmum, Cintriacum, Calargias, Talussiacum, Mozerias, Breynodum, S. Albanum, S. Martinum de Fraxino, Villetam juxta Ambroniacum, S. Germanum de Vallebona, Buencum, Lovennam, Ardunum, Astinenum, villam juxta Gebennas, S. Martinum de Veretalia, Serveriacum.

Prohibemus quoque, et apostolica auctoritate interdicimus, ut infra terminos ipsius monasterii, videlicet S. Martinum Salas Senochias, Carisium, locum Silvani, Poisatum, quemadmodum a venerabili fratre nostro Amedeo Lugdunensi archiepiscopo apostolicæ sedis legato rationabili providentia statutum et prohibitum est, nullus hominem capere vel invadere, sive assultum, vel quamlibet offensam facere præsumat. Monasterium vero ipsum cum capella S. Michaelis quæ infra ipsum cœmeterium sita est, in ea libertate manere sancimus, quæ a beato Gregorio sibi concessa est, et in qua per sexaginta annos quiete fuisse dignoscitur: ut obedientia autem et dispositione Cluniacensis abbatis et monasterii, tam locus ipse quam fratres perpetuo maneant. Decernimus ergo, ut nulli omnino hominum liceat præfatum monasterium temere perturbare, aut ejus possessiones auferre, vel ablatas retinere, minuere, seu quibuslibet vexationibus fatigare, sed omnia integra conserventur eorum, pro quorum gubernatione et sustentatione concessa sunt, usibus omnimodis profutura, salva sedis apostolicæ auctoritate, et diœcesani episcopi canonica justitia. Si qua ergo ecclesiastica in futurum sæcularisve persona, hujus nostræ constitutionis paginam sciens, contra eam temere venire tentaverit, secundo tertiove commonita, nisi reatum suum congrue satisfaciendo correxerit, potestatis honorisque sui dignitate careat, reamque se divino judicio existere de perpetrata iniquitate cognoscat, et a sacratissimo corpore ac sanguine Dei et Domini Redemptoris nostri Jesu Christi aliena fiat, atque in extremo examine districtæ ultioni subjaceat; cunctis autem eidem loco justa servantibus, sit pax Domini nostri Jesu Christi, quatenus et hic fructum bonæ actionis percipiant, et apud districtum judicem præmia æternæ pacis inveniant. Amen.

Datum Transtiberim per manum Roberti sanctæ Romanæ Ecclesiæ presbyteri cardinalis cancellarii, v Idus Februarii, indictione IX, Incarnationis Dominicæ anno 1145, pontificatus domni Eugenii III papæ anno I.

LXXIX.
Privilegium pro monasterio Mortuimaris.
(Anno 1146, Febr. 14.)
[*Neustria pia*, 780.]

EUGENIUS episcopus, servus servorum Dei, dilectis filiis, ADÆ, abbati de Mortuomari, ejusque fratribus tam præsentibus quam futuris, regularem vitam professis, in perpetuum, etc.

Piæ postulatio voluntatis effectu debet prosequente compleri, etc.

Datum Transtiberim, per manum Roberti, S. R. E. cardinalis presbyteri et cancellarii, XVI Kalend. Martii, indictione IX, anno Incarnationis Dominicæ 1145, pontificatus D. Eugenii III papæ anno primo.

LXXX.
Privilegium pro monasterio Cluniacensi.
(Anno 1146, Febr. 15.)

[*Biblioth. Cluniac.*, col. 1386.]

EUGENIUS episcopus, servus servorum Dei, charissimo filio in Christo PETRO Cluniacensi abbati, ejusque successoribus regulariter substituendis in perpetuum.

Cum omnibus sanctæ Ecclesiæ filiis ex apostolicæ sedis auctoritate ac benevolentia debitores existamus, venerabilibus tamen personis, atque locis, maxime quæ sedi apostolicæ semper specialius ac devotius adhæserunt, quæque ampliori religione eminent, propensiori nos convenit charitatis studio munire. Prædecessores siquidem nostri sanctæ recordationis, Joannes videlicet XI, item Joannes XIX, Agapitus, Benedictus VI, item Benedictus VII, Leo VII, item Leo IX, Gregorius VI, item Gregorius VII, Alexander II, Stephanus, Victor III, Urbanus II, Paschalis II, Gelasius II, Calixtus II, Honorius II, Lucius II, Ecclesiæ Romanæ pontifices, Cluniacense monasterium singularis dilectionis ac libertatis prærogativa donarunt, et universa ei pertinentia privilegiorum suorum sanctionibus muniverunt. Quorum nos vestigiis inhærentes statuimus, ut ecclesiæ omnes, cœmeteria, monachi, etc., *ut in diplomate Lucii, Patrologiæ t. CLXXIX, sub num. 49, usque ad hæc verba:* Item ecclesiam de Rua quæ ad monasterium de Abbevilla pertinet, *quibus subjicitur:* Insulam Gravelonge cum pertinentiis suis. Prohibemus autem, etc.

Ego Eugenius Catholicæ Ecclesiæ episcopus ss.
Ego Conradus Sabinensis episcopus ss.
Ego Albericus Ostiensis episcopus ss.
Ego Imarus Tusculanus episcopus ss.
Ego Gregorius presbyter cardinalis tit. Calixti ss.
Ego Wido presbyter cardinalis tit. S. Grisogoni ss.
Ego Hubaldus presbyter cardinalis tit. S. Praxedis ss.
Ego Hubaldus presbyter card. tit. SS. Joannis et Pauli ss.
Ego Gilbertus indignus sacerdos sanctæ Romanæ Ecclesiæ ss.
Ego Guido presbyter cardin. tit. SS. Laurentii et Damasi ss.
Ego Nicolaus presbyter card. tit. S. Ciriaci ss.
Ego Manfredus presbyter cardinalis tit. S. Savinæ ss.
Ego Aribertus presbyter cardinalis S. Anastasiæ ss.

Ego Hubaldus presbyter card. tit. S. Crucis in Hierusalem ss.
Ego Villanus presbyter card. tit. S. Stephani in Cœliomonte ss.
Ego Bernardus presbyter card. tit. S. Clementis ss.
Ego Jordanus presbyter cardinalis tit. S. Susannæ ss.
Ego Odo diaconus card. S. Georgii ad Velum Aureum ss.
Ego Guido diaconus card. SS. Cosmæ et Damiani ss.
Ego Octavianus diaconus card. S. Nicolai in Carcere Tulliano ss.
Ego Gregorius diaconus card. S. Angeli ss.
Ego Astaldus diaconus card. S. Eustachii juxta templum Agrippæ ss.
Ego Joannes diaconus cardinalis S. Mariæ Novæ ss
Ego Berardus diaconus card. S. Romanæ Ecclesiæ ss.
Ego Guido diaconus card. S. Mariæ in Porticu ss.
Ego Petrus diaconus cardin. S. Mariæ in via Lata ss.
Ego Cinthius diaconus cardin. SS. Sergii et Bacchi ss.

Datum Transtiberim per manum Roberti S. R. E. presbyteri card. et cancellarii, xv Kalend. Mart, indict. IX, Incarn. Dominicæ 1145, pontificatus autem domini Eugenii III papæ anno primo

LXXXI.
Ad H. priorem et fratres S. Marcelli de Salseto. — Confirmat eis donum ecclesiæ de Savatia factum ab Eustachio Valentinensi episcopo, antequam inobediens esset Romanæ Ecclesiæ.

(Anno 1146, Febr. 15.)

[D. BOUQUET, *Recueil*, XV, 456.]

EUGENIUS episcopus, servus servorum Dei, dilectis filiis H. priori S. Marcelli, ejusque fratribus, salutem et apostolicam benedictionem.

Apostolicæ sedis auctoritate compellimur justis religiosorum precibus clementer annuere, et suam eis justitiam conservare. Ideoque, justis vestris postulationibus gratum impertientes assensum ecclesiam de Salvatia cum appendiciis suis, quemadmodum a venerabili fratre nostro C. (15) Valentinensi episcopo, antequam Romanæ Ecclesiæ inobediens existeret, cum consensu totius capituli sui vobis rationabiliter concessa est et scripto suo firmata, vobis nihilominus auctoritate apostolica confirmamus. Si quis autem hujus nostræ concessionis paginam sciens,

---

(15) Corrige E, id est *Eustachio*, de quo legitur in Vita S. Joannis Valentinensis episcopi : « Placuit enim severitati apostolicæ Eustachium illius sedis antistitem degradari, eligendique pastoris liberam, quantum in se erat, potestatem clero delegat ac populo. Erat autem vir ille nobilitatis prosapia clarus, militum millibus, quibus vel enses cinxerat vel

large sua dederat, admodum gratus... Hic, pravis suasionibus fretus, minis ac terroribus electionem differt ; summi decreta pontificis cui jam tunc inobediens esse cœperat, potestative cessare contendit ; et annis septem Valentinensis Ecclesia, domino papa jubente Innocentio, divino caruit officio, » etc.

contra eam ire tentaverit, sciat se omnipotentis Dei et beatorum Petri et Pauli apostolorum ejus iram incursurum.

Datum Transtiberim, xv Kal. Martii.

LXXXII.

Odoni priori et fratribus S. Martini de Campis concedit « ut decedentibus canonicis B. Gervasii de Encra, ibi monachi substituantur. »

(Anno 1146, Febr. 20.)

[MARRIER, *Histoire de Saint Martin des Champs*, p. 303.]

EUGENIUS episcopus, servus servorum Dei, dilectis filiis ODONI priori S. Martini de Campis, ejusque fratribus, salutem et apostolicam benedictionem.

Super controversia quæ inter vos et canonicos B. Gervasii de Encra super eadem diutius agitata est, utriusque partis rationes et allegationes diligenter audivimus, et fratrum nostrorum consilio eidem controversiæ finem taliter imposuimus. Si quid quod super eadem causa a Gaurino bonæ memoriæ Ambianensi episcopo religiosorum virorum consilio statutum est, et prædecessorum nostrorum felicis memoriæ Innocentii et Lucii Romanorum pontificum scriptis et auctoritate firmatum est: ut videlicet decedentibus canonicis, ibidem monachi substituantur, salvis tamen eorum præbendis qui superstites fuerint, nos nihilominus auctoritate apostolica confirmamus, et ratum manere decrevimus, et super eadem causa perpetuum canonicis silentium imposuimus.

Datum Transtiberim, x Kal. Martii.

LXXXIII.

Privilegium pro ecclesia S. Martini Buronensi.

(Anno 1146, Febr. 23.)

[PETRI *Suevia eccles.*, 216.]

EUGENIUS episcopus, servus servorum Dei, dilectis filiis FREDERICO præposito ecclesiæ B. Martini de Beyron, ejusque fratribus tam præsentibus quam futuris regularem vitam professis, in perpetuum.

Quoniam sine veræ cultu religionis nec charitatis unitas potest subsistere, nec Deo gratum exhiberi servitium, expedit apostolicæ auctoritati religiosas personas diligere, et earum quieti, auxiliante Domino, providere. Eapropter, dilecti in Domino filii, prædecessoris nostri felicis memoriæ papæ Innocentii vestigiis inhærentes, vestris justis postulationibus clementer annuimus et præfatam B. Martini ecclesiam, in qua divino mancipati estis obsequio, sub B. Petri et nostra protectione suscipimus, et præsentis scripti privilegio communimus, statuentes, ut quascunque personas, quæcunque bona tam ex dono bonæ memoriæ Peregrini, nobilis viri fundatoris loci vestri, quam aliorum Dei fidelium inpræsentiarum juste et canonice possidetis, aut in futurum concessione pontificum, largitione regum seu principum, oblatione fidelium aut aliis justis modis, præstante Domino, poteritis adipisci, firma vobis vestrisque successoribus et illibata permaneant.

Statuimus etiam ut in ecclesia vestra, in qua fratres vitam canonicam professi degunt, nulli omnino post factam ibidem professionem canonicam exinde liceat sine communis congregationis permissione discedere; discedentem vero nullus audeat retinere. Ut autem omnipotenti Deo quietius servire valeatis, prohibemus ut nullus sibi advocatiam loci vestri tanquam jure hæreditario usurpare præsumat, nec aliquis vobis advocatus constituatur, nisi quem prælatus vester communi fratrum suorum consilio elegerit, sicut ab eodem prædecessore nostro papa Innocentio constitutum est. Sepulturam quoque illius loci liberam esse decernimus, ut qui se illic sepeliri deliberaverit, devotioni et extremæ voluntati, nisi forte excommunicatus sit, nullus obsistat, salvo jure matricis ecclesiæ. Obeunte vero te nunc ejusdem loci præposito vel tuorum quolibet successorum, nullus ibi qualibet subreptionis astutia seu violentia præponatur, nisi quem fratres communi consensu vel fratrum consilii pars sanioris, secundum Dei timorem et beati Augustini Regulam providerint eligendum. Decernimus ergo ut nulli omnino hominum liceat præfatum locum temere perturbare, aut ejus possessiones auferre, vel ablatas retinere, minuere, seu quibuslibet vexationibus fatigare; sed omnia integre conserventur eorum, pro quorum gubernatione et sustentatione concessa sunt, usibus omnimodis profutura, salva sedis apostolicæ auctoritate et diœcesani episcopi canonica justitia et reverentia. Ad indicium autem hujus a sede apostolica perceptæ protectionis aureum unum nobis nostrisque successoribus singulis annis persolvetis.

Si qua igitur in futurum ecclesiastica sæcularisve persona hujus nostræ constitutionis paginam violaverit, aut sciens contra eam venire tentaverit, secundo tertiove commonita, si non reatum suum congrua satisfactione correxerit, potestatis honorisque sui dignitate careat, reamque se divino judicio existere de perpetrata iniquitate cognoscat, et a sanctissimo corpore et sanguine Dei et Domini nostri Jesu Christi aliena fiat atque in extremo examine districtæ ultioni subjaceat. Cunctis autem eidem loco sua jura servantibus, sit pax Domini nostri Jesu Christi, quatenus et hic fructum bonæ actionis percipiant, et apud districtum judicem præmia æternæ pacis inveniant. Amen, amen, amen.

Ego Eugenius Catholicæ Ecclesiæ episc.
Ego Conradus Sabinensis episc.
Ego Albericus Ostiensis episc.
Ego Odo diacon. cardin. S. Georgii ad Velum Aureum.
Ego Wido diac. card. SS. Cosmæ et Damiani.
Ego Ismarus Tusculanus episc.
Ego Gubernator card. tit. Calixti.
Ego Hubaldus presbyter cardin. tit. S. Praxedis.

Ego Gilbertus indignus sacerdos Sanctæ Romanæ Ecclesiæ.

Ego Barido presbyter card. SS. Laurentii et Damasi.

Ego Bernardus presbyt. card. S. Clementis.

Ego Jordanus presbyt. card. S. Susannæ.

Ego Octavianus diac. card. S. Nicolai in Carcere Tulliano.

Ego GG. diac. card. S. Angeli.

Ego Ostaldus diac. card. S. Eustachii.

Ego Guido in Romana Ecclesia altaris minister indignus.

Ego Joannes diac. card. S. Mariæ Novæ.

Ego Gerardus diac. cardin. S. Romanæ Ecclesiæ.

Ego Petrus diac. card. S. Mariæ inviolatæ.

Datum transcriptum (16) per manum Roberti sanctæ Romanæ Ecclesiæ presbyteri cardinalis et vicecancellarii, VII Kal. Martii, indictione IX, Incarnationis Dominicæ anno 1145, pontificatus vero domni Eugenii III papæ anno primo.

LXXXIV.

Bulla pro Sancto Evurtio Aurelianensi.
(Anno 1146, Febr. 24.)
[*Gall. Chr. nov.*, VIII, 507.]

EUGENIUS episcopus, servus servorum Dei, dilectis filiis ROGERIO abbati ecclesiæ Sancti Evurtii Aurelianensis, ejusque fratribus, tam præsentibus quam futuris, regularem vitam professis, in perpetuum.

Ad hoc universalis Ecclesiæ cura nobis a provisore omnium bonorum Deo est commissa, ut religiosas diligamus personas, et beneplacentem Deo religionem studeamus modis omnibus propagare; nec enim Deo gratus famulatus impenditur, nisi ex charitatis radice procedens a puritate religionis fuerit conservatus. Eapropter, dilecti in Domino filii, vestris justis postulationibus clementer annuimus, et præfatam ecclesiam, in qua divino mancipati estis servitio, sub beati Petri et nostra protectione suscepimus, et præsentis scripti privilegio communimus. Imprimis siquidem statuentes, ut ordo canonicus secundum beati Augustini Regulam et institutionem fratrum Sancti Victoris Parisiensis, qui per Dei gratiam in eadem ecclesia institutus esse dignoscitur, perpetuis ibi temporibus inviolabiliter conservetur; nulli quoque fratrum post factam ibidem professionem absque abbatis totiusque congregationis permissione liceat ex eodem claustro discedere, discedentem vero absque omnium litterarum cautione nullus audeat retinere. Liceat autem abbati qui pro tempore fuerit, in eum qui, vobis ignorantibus aut invitis, discesserit, si secundo tertiove commonitus redire contempserit, canonicam proferre sententiam. Præterea quascunque possessiones, quæcunque bona eadem ecclesia impræsentiarum juste et canonice possidet, aut in futurum concessione pontificum, largitione regum vel principum, oblatione fidelium, seu aliis justis modis Deo propitio poterit adipisci, firma vobis et vestris successoribus et illibata permaneant. In quibus hæc propriis duximus exprimenda vocabulis: ecclesiam de Seneliaco (*Seneli*) et ipsum Seneliacum, villam Baldrici (*Baudreville*) cum terris arabilibus et omnibus ad eamdem villam pertinentibus, justitiam quoque ipsius potestatis, id est vicariam, sicut a Carolo rege Francorum ecclesiæ vestræ antiquitus donatam esse ejusdem regis privilegium attestatur; ecclesiam de Artheniaco (*Arthenai*) cum terris arabilibus, in quibus olim fuerat villa quæ Peculiaris villa dicebatur, et earumdem terrarum decimis et domo in eadem villa sita, quam rex ab omni consuetudine et exactione deliberavit. Item villam quæ Boiletum (*Baulai*) dicitur cum adjacenti territorio et terragio ejusdem villæ, et aliis consuetudinibus; villam quæ Cunita (*Cuni*) dicitur, cum omnibus eidem pertinentibus, tam in hominibus quam in terris arabilibus, et decimis et cæteris ejusdem terræ consuetudinibus; terras quas habetis apud Marolium (*Mareau*) secus Piverim (*Pitiviers*), terras quas habetis apud Romeliacum (*Roumilli*), terras quas habetis apud Sironville, terras quas habetis apud Moncellos (*Monceaux*), et prope eas nemus quod vocatur Cantamerula (*Chantemêle*), terras quas habetis in villa que Mantelii vocatur, terras quas habetis apud Merelatum (*Merelay*), et alias apud Geminiacum (*Gemigni*), et quidquid habetis apud Fayacum (*Fay*), villam quæ Ursella (*Oursel*) dicitur prope oppidum Balgentiacum (*Baugenci*), cum terris arabilibus, et terragio, et totius villæ censu et justitia, et cæteris consuetudinibus; præbendam in ecclesia Sanctæ Crucis, sicut hactenus eam quiete tenuistis; censum duodecim solidorum, quem vobis Hugo filius Ernaudi; immunitatem quam Carolus Magnus rex Francorum omnibus terris et possessionibus vestris contulit, ut videlicet ab omnibus consuetudinibus et exactionibus quas officiales regis in ipsis capere consueverant liberæ sint ubicunque infra regnum suum sint constitutæ: obeunte vero te nunc ejusdem loci abbate vel tuorum quolibet successorum, nullus ibi qualibet subreptionis audacia vel violentia præponatur, nisi quem fratres de ipsius loci collegio, sive de alia congregatione ejusdem ordinis canonice providerint eligendum. Sane laborum vestrorum quos propriis manibus aut sumptibus colitis, sive de nutrimentis vestrorum animalium nullus omnino a vobis decimas exigere præsumat. Illas quoque decimas quæ ad jus ecclesiarum vestrarum pertinere noscuntur, de manu laicorum acquirendi vel etiam redimendi liberam vobis concedimus facultatem.

Decernimus ergo ut nulli omnino hominum liceat præfatam ecclesiam temere perturbare, aut ejus possessiones auferre, vel ablatas minuere, retinere, aut aliquibus vexationibus fatigare, sed omnia integra conserventur eorum, pro quorum gubernatione

(16) Leg. *Transtiberim*.

et sustentatione concessa sunt, usibus omnimodis profutura, salva sedis apostolicæ auctoritate, et diœcesani episcopi canonica justitia. Si qua igitur in futurum ecclesiastica sæcularisve persona, hanc nostræ constitutionis paginam sciens, contra eam temere venire tentaverit, secundo tertiove commonita, si non satisfactione congrua emendaverit, potestatis et honoris sui dignitate careat, reamque se divino judicio existere de perpetrata iniquitate cognoscat, et a sacratissimo corpore et sanguine Dei et Redemptoris nostri et Domini Jesu Christi aliena fiat, atque in extremo examine districtæ ultioni subjaceat. Cunctis autem eidem loco jura servantibus sit pax Domini nostri Jesu Christi, quatenus et hic fructum bonæ actionis percipiant, et apud districtum judicem præmia æternæ pacis inveniant. Amen.

Datum Transtiberim per manum Roberti presbyteri cardinalis et cancellarii, vi Kalendas Martii, Indictione nona, Incarnationis Dominicæ anno 1146, pontificatus vero domni Eugenii tertii papæ anno II.

LXXXV.

Privilegium pro ecclesia S. Mariæ Parmensi.
(An. 1146.)
[Affo, *Hist. di Parma*, II, p. 363.]

Eugenius episcopus, servus servorum Dei, dilectis filiis Aicardo Parmensis ecclesiæ præposito, ejusque fratribus tam præsentibus quam futuris canonice substituendis, in perpetuum.

Piæ postulatio voluntatis effectu debet prosequente compleri, quatenus et devotionis sinceritas laudabiliter enitescat et utilitas postulata vires indubitanter assumat. Eapropter, dilecti in Domino filii, prædecessoris nostri felicis memoriæ papæ Innocentii vestigiis inhærentes, vestris justis postulationibus clementer annuimus, et præfatam ecclesiam in qua divino mancipati estis obsequio, sub beati Petri et nostra protectione suscipimus, et præsentis scripti privilegio communimus; statuentes ut quascunque possessiones, quæcunque bona in præsentiarum juste et canonice possidetis, aut in futurum concessione pontificum, largitione regum vel principum, oblatione fidelium, seu aliis justis modis, Deo propitio poteritis adipisci, firma vobis vestrisque successoribus et illibata permaneant. In quibus hæc propriis duximus exprimenda vocabulis : monasterium Sancti Quintini cum ecclesia Sanctæ Mariæ de Plano et cæteris ad ipsum jure pertinentibus; ecclesiam Sanctæ Christinæ; ecclesiam Sancti Nicolai, ecclesiam Sancti Antonini, plebem Sancti Pancratii cum ecclesia Sancti Nicolai, et hospitale ejus juxta Taronem, et cum ecclesia Sancti Anastasii, infra urbem, et cæteris ad ipsam plebem pertinentibus; plebem Sancti Martini cum decimis; plebem Sancti Prosperi cum decimis; plebem de Purpurano cum capellis suis; plebem de Malandriano; plebem Sancti Cassiani cum decimis; capellam de Viliguano; capellam de Marano, capellam de Meletulo; capellam de Ballone; capellam de Corviaco intra castrum sitam; capellam de Barca; capellam de Marzaliis; capellam de Azano; capellam de Vallera inferiore; capellam de Travagnano, capellam de Terentio; capellam Sancti Secundi, capellam de Pizzo, capellam de Palazione; capellam de Vicolongo; capellam de Sala; jus quod habetis in capella Sancti Georgii de Pratis, et capella de Ponticello, ac in capella de vico Pauli; capellam de Ulmo; capellam de Calerno cum hospitali; capellam Sancti Laurentii de Meletulo cum omnibus ad prædictas plebes et capellas jure pertinentibus, decimas omnium inhabitantium in ipsa civitate, et in suburbiis, quemadmodum secundum divisionem plebium eas usque ad hæc tempora legitime possidetis; vestram partem oblationum quæ offeruntur in vigilia et in festivitate Sancti Domnini de Burgo, et in Assumptione Beatæ Mariæ, in plebe de Cornilio.

Decernimus ergo, ut nulli omnino ecclesiasticæ vel sæculari personæ fas sit eamdem canonicam temere perturbare, aut bona vestra vel possessiones auferre, retinere, minuere, seu quibuslibet indebitis exactionibus fatigare; sed omnia integra conserventur eorum, pro quorum gubernatione et sustentatione concessa sunt, usibus omnimodis profutura, salva episcopi vestri canonica justitia et reverentia. Ad indicium autem hujus a sede apostolica receptæ protectionis bisantium unum aureum nobis nostrisque successoribus annualiter persolvetis. Si quis igitur in futurum, hanc nostræ constitutionis paginam sciens, contra eam temere venire tentaverit, secundo tertiove commonitus, si non satisfactione congrua emendaverit, potestatis honorisque sui dignitate careat, reamque se divino judicio existere de perpetrata iniquitate cognoscat, et a sacratissimo corpore ac sanguine Dei et Domini Redemptoris nostri Jesu Christi alienus fiat, atque in extremo examine districtæ ultioni subjaceat.

Cunctis autem eidem loco justa servantibus, sit pax Domini nostri Jesu Christi, quatenus et hic fructum bonæ actionis percipiant, et apud districtum judicem præmia æternæ pacis inveniant. Amen, amen, amen.

Ego Eugenius Catholicæ Ecclesiæ episcopus ss.
Ego Conradus Sabinensis episcopus ss.
Ego Imerius Tusculanus episcopus ss.
Ego GG. presb. card. tit. S. Calixti ss.
Ego Guido presbyt. card. tit. S. Grysogoni ss.
Ego Hubaldus presbyt. card. Sanctæ Praxedis ss.
Ego Guido presbyt. card. tit. SS. Laur. et Damasi ss.
Ego Odo diac. cardinalis Sancti Georgii ad Velum Aureum ss.
Ego Gregorius diac. card. S. Angeli ss.
Ego Guido diac. cardinalis Sanctæ Mariæ in Porticu ss.

Datum Transtiberim per manum Roberti sanctæ Romanæ Ecclesiæ presbyteri cardinalis et cancellarii, v Kal. Martii, indictione IX, Incarnationis Dominicæ anno 1145, pontificatus vero domni Eugenii III anno secundo.

LXXXVI.
Privilegium pro ecclesia S. Andreæ Roffensi.
(Anno 1146, Febr. 25.)

[WHARTON, *Anglia Sacra*, I, 344.]

EUGENIUS episcopus, servus servorum Dei, dilectis filiis BRIENO priori ecclesiæ B. Andreæ Roffensis et ejus fratribus tam præsentibus quam futuris, regularem vitam professis, in perpetuum.

Ad hoc universalis Ecclesiæ cura nobis a provisore omnium bonorum Domino commissa est, ut religiosas diligamus personas, etc. Quapropter, dilecti in Domino filii, vestris justis postulationibus annuimus, et præfatam Andreæ apostoli ecclesiam, in qua divino mancipati estis servitio, sub B. Petri et nostra protectione suscipimus, et præsentis scripti privilegio communimus, statuentes, ut quascunque possessiones, quæcunque bona tam ex dono quam et concessione bonæ memoriæ Lanfranci, Anselmi, Radulfi, Theobaldi Cantuariensium archiepiscoporum, et Gundulfi Roffensis episcopi, Willelmi et Henrici Anglorum regum, aliorumque fidelium impræsentiarum juste et canonice possidetis, aut in futurum poteritis adipisci, firma vobis vestrisque successoribus et illibata permaneant. Concessionem autem vobis rationabiliter factam ab Ernulfo episcopo vestro de synodalibus denariis, et scripti ejus paginam confirmatam et ratam esse censemus. Præterea concordiam, quæ inter vos et venerabilem fratrem nostrum Ascelinum episcopum vestrum per præfatum Theobaldum Cant. archiepiscopum de Lambetha et quibusdam aliis possessionibus juste et canonice facta est, ratam et firmam esse decrevimus. Præposituram quoque ipsius civitatis, sicut hactenus super homines vestros et episcopi et præpositurae regis quartam partem rationabiliter habuistis, socam etiam et sacam, tol et team, et infangtheof, cæteras quoque consuetudines et libertates vestras, vobis confirmamus, etc.

Data Transtiberim per manum Roberti S. R. E. cardinalis presbyteri et cancellarii, v Kalend. Maii, indictione VIII, anno Incarnationis Dominicæ 1146, pontificatus vero Eugenii III papæ anno II.

LXXXVII.
Institutionem canonicorum regularium in ecclesia Tarentasiensi laudat.
(Anno 1146, Febr. 26.)

[*Gall. Christ. nov.* XII, Instr. 382.]

EUGENIUS, servus servorum Dei, venerabili fratri PETRO Tarentas archiepiscopo, ejusque fratribus, salutem et apostolicam benedictionem.

Officii nostri nos hortatur auctoritas justas preces attendere, et beneplacentem Domini religionem modis omnibus propagare. Proinde institutionem canonici ordinis secundum B. Augustini Regulam in ecclesia Tarentasiensi, prædecessoris nostri felicis memoriæ papæ Innocentii concessione factam apostolicæ sedis munimine confirmavimus, statuentes ut obeuntibus canonicis qui ibi sunt, nullus eis nisi regularem vitam professus substituatur. Quotquot autem post eamdem prædecessoris nostri concessionem contra ejusdem institutionis tenorem sunt subrogati, amoveri præcipimus, atque donationes sive alienationes bonorum ipsius ecclesiæ quæ ab Isdraele quondam ejus archiepiscopo postmodum factæ sunt, evacuamus, et irritas esse censemus. Et quia Petrus bonæ memoriæ Tarentasiensis archiepiscopus ecclesias S. Mauritii, de Landriaco, de Rastheco et de Peseto, Wiberto et Petro fratri ejus, sive alicui de genere ipsorum sub excommunicatione dare prohibuit; nos sicut a prædecessore nostro piæ recordationis papa Lucio confirmatum est, hoc ratum habentes confirmamus.

Datum Transtiberim, IV Kalend. Martii, indictione octava, Incarnationis Dominicæ anno millesimo centesimo quadragesimo quinto.

LXXXVIII.
Confirmat jura et possessiones canonicorum regularium ecclesiæ S. Petri Tarentasiensis, et statuit ut ibi semper ordo regul. secundum S. Augustini Regul. observetur.

(Anno 1146, Febr. 26.)

[*Ibid.*]

EUGENIUS episcopus, servus servorum Dei, dilectis filiis canonicis Tarentasiensis ecclesiæ tam præsentibus quam futuris regularem vitam professis, in perpetuum.

Quoniam sine veræ cultu religionis, nec charitatis unitas potest subsistere, nec Deo gratum exhiberi servitium, expedit apostolicæ auctoritati religiosas personas diligere, et earum quieti, auxiliante Domino, providere. Eapropter, dilecti in Domino filii, venerabilis fratris nostri Petri Tarentasiensis archiepiscopi precibus inclinati, vestris justis postulationibus clementer annuimus, et prædecessoris nostri felicis memoriæ papæ Innocentii vestigiis inhærentes, præfatam B. Petri ecclesiam, in qua divino mancipati estis obsequio, sub ejusdem apostolorum principis et nostra protectione suscipimus, et præsentis scripti privilegio communimus : in primis siquidem statuentes ut ordo canonicus secundum B. Augustini Regulam perpetuis ibi temporibus inviolabiliter conservetur, quascunque prætera possessiones, quæcunque bona inpræsentiarum juste et canonice possidetis, aut in futurum concessione pontificum, liberalitate regum, largitione principum, oblatione fidelium, seu aliis justis modis, præstante Domino, poteritis adipisci, firma vobis vestrisque successoribus et illibata permaneant. Statuimus etiam ut, obeuntibus canonicis quos in ecclesia vestra esse constat, nullus eis nisi regularem vitam professus canonicus substituatur.

Decernimus ergo ut nulli omnino hominum liceat præfatum locum temere perturbare, aut ejus possessiones auferre, vel ablatas retinere, minuere, seu quibuslibet vexationibus fatigare, sed omnia integra conserventur eorum, pro quorum gubernatione et sustentatione concessa sunt usibus omnimodis profutura, salva sedis apostolicæ auctoritate, et Tarentasiensis archiepiscopi canonica justitia et reverentia. Si qua igitur in futurum ecclesiastica sæcularisve persona, hujus nostræ constitutionis paginam sciens, contra eam temere venire tentaverit, secundo tertiove commonita, si non reatum suum congrua satisfactione correxerit, potestatis honorisque sui dignitate careat, reamque se divino judicio existere de perpetrata iniquitate cognoscat, et a sacratissimo corpore et sanguine Dei et Domini Redemptoris nostri Jesu Christi aliena fiat, atque in extremo examine districtæ ultioni subjaceat. Cunctis autem eidem loco sua jura servantibus sit pax Domini nostri Jesu Christi, quatenus et hic fructum bonæ actionis percipiant, et apud districtum judicem præmia æternæ pacis inveniant. Amen, amen, amen.

Ego Eugenius Catholicæ sedis episcopus ss.
Ego Conradus Sabinensis episcopus ss.
Ego GG. presbyter cardinalis tituli Callixti ss.
Ego Oddo cardinalis S. Georgii ad Velum Aureum ss.
Ego Albericus Ostiensis episcopus ss.
Ego Guido diaconus cardinalis SS. Cosmæ et Damiani ss.
Ego Raynerius presbyter cardinalis titulo S. Priscæ ss.
Ego Octavianus diaconus cardinalis S. Nicolai in Carcere Tulliano ss.
Ego Guido presbyter cardinalis titulo SS. Laurentii et Damasi ss.
Ego Bernardus presbyter cardinalis titulo S. Clementis ss.
Ego Cinthius diaconus cardinalis SS. Sergii et Bacchi ss.

Datum Transtiberim per manum Roberti S. R. E. presbyteri cardinalis et cancellarii, IV Kalend. Mart. indict. IX, Incarnat. Domin. anno 1145, pontificatus vero domni Eugenii papæ III anno II.

LXXXIX.

Universos Dei fideles per Galliam constitutos ad suscipiendum bellum sacrum hortatur.

(Anno 1146, Mart. 1.)

[Boczek, *Cod. diplom. Morav.*, I, 241, e codice membr. sæc. XIV, in 4°, in archivo capituli Olomucensis, cujus est titulus : *Epistolæ B. Bernardi Claræ-vallensis*, etc., sign. n. CXXVI. — Hæc epistola, paucis mutatis, legitur supra, sub num. 48, sed Ludovico regi inscripta, data Vetrallæ Kal. Decembr. 1145. Lectionum varietatem ibi notamus.]

XC.

Privilegium pro cœnobio SS. Petri et Pauli Westmonasterii.

(Anno 1146, Mart. 8.)

[Rymer, *Fœdera*, I, 14, ex orig. bibl. Cotton., Aug. II, 50.]

Eugenius episcopus, servus servorum Dei, dilecto filio Gervasio, Westmonasterii abbati, ejusque successoribus regulariter substituendis, in perpetuum.

Cum universis sanctæ Ecclesiæ filiis ex apostolicæ sedis auctoritate ac benevolentia debitores existamus, illis tamen locis atque personis, quæ specialiter ad proprietatem et defensionem sedis apostolicæ pertinere noscuntur, propensiori nos convenit charitatis studio imminere, et ne pravorum hominum agitentur molestiis, paterna sollicitudine providere.

Eapropter, dilecte in Domino fili Gervasi abbas, tuis justis postulationibus clementer annuimus, et prædecessorum nostrorum, Romanorum videlicet pontificum, vestigiis inhærentes, Westmonasterii cœnobium, quod in honore Beatorum apostolorum Petri et Pauli fundatum esse dignoscitur, sub ejusdem apostolorum principis et sanctæ Romanæ Ecclesiæ, cujus juris constitit, tutela et proprietate tantum manere censemus, et præsentis scripti privilegio communimus, statuentes, ut cuncta quæ idem monasterium a sui principio usque ad præsens, concessione et donatione, necnon et liberalitate privilegiorum et chartarum, notitione regum nobilium antiquorum, Ædgari videlicet, atque renovatoris Ecclesiæ illius gloriosi regis Eadwardi, eorumdemque successorum Willielmi et Henrici, sive Stephani, aliorumque principum, sive fidelium obtinuit, vel in futurum obtinebit, sint omnino libera, et ab omni invasione vel inquietudine omnium hominum cujuscunque ordinis sint, vel potestatis, absoluta.

Præterea renovamus, concedimus et permittimus, ex auctoritate Dei et sanctorum apostolorum Petri et Pauli, atque hujus sanctæ Romanæ sedis et nostra in perpetuum corroborando confirmamus chartas, privilegia regum prænominatorum atque aliorum cujuslibet scripta nobilium; necnon etiam et illa quæ beatus archipræsul Dunstanus ad tuitionem loci illius ecclesiæ eidem contulit scripta, ut sit perenniter locus ab omni servitio et episcopali dominatione penitus segregatus.

Possessiones vero et liberalitates in urbe et extra terrarum vel ecclesiarum, sive decimarum donationes, insuper et dignitates et omnia donata vel in posterum adjicienda, quæ ad libertatem et exaltationem loci illius, ad honorem Dei pertinentia, reges antiqui seu quicunque alii homines pie contulerunt, et privilegia et chartas, quæ ex eis factæ fuerunt, divina et robustissima auctoritate nostra apostolica confirmamus et rata ac intemerata in perpetuum esse decernimus in omnibus, proutcunque ejusdem ecclesiæ, sanctæ chartæ testantur et privilegia, ita ut nullus contra bona præfatæ ecclesiæ, sanctæ Romanæ Ecclesiæ concessione nostraque confirmatione roborata, aliquid agere audeat, vel quoquo modo ea deinceps infringere vel minuere præsumat.

Statuimus etiam, et sub nomine sanctæ auctoritatis et obedientiæ præcipimus ut cellæ quæ præfato illi adjacent loco, omnibus modis tanquam suæ propriæ matri sint subjectæ; et quem omnis congregatio matris Ecclesiæ communiter elegerit, ipsis tanquam in omnibus subjectis custos præficiatur.

Si qua igitur in futurum ecclesiastica sæcularisve persona, hujus nostræ constitutionis paginam sciens, contra eam temere venire tentaverit, secundo tertiove commonita, si non satisfactione congrua emendaverit, potestatis honorisque sui dignitate careat, reatamque se divino judicio de perpetrata iniquitate, cognoscat, et a sacratissimo corpore et sanguine Dei ac Domini Redemptoris nostri Jesu Christi aliena fiat, atque in extremo examine districtæ ultioni subjaceat. Cunctis autem eidem loco justa servantibus sit pax Domini nostri Jesu Christi, quatenus et hic fructum bonæ actionis percipiant et apud districtum judicem præmia æternæ pacis inveniant. Amen.

Ego Eugenius Catholicæ Ecclesiæ episcopus.
Ego Conradus Sabinensis episcopus.
Ego Imarus Tusculanus episcopus.
Ego GG. presbyter card. tit. Calixti.
Ego Ramerius presb. card. tit. S. Priscæ.
Ego Octavianus diac. card. Sancti Nicolai in Carcere Tulliano.
Ego Gregorius diac. card. Sancti Angeli.

Datum Kanstiberi (17) per manum Roberti sanctæ Romanæ Ecclesiæ presbyteri cardinalis et cancellarii, viii Idus Martii, indictione ix, Incarnationis Dominicæ anno 1145, pontificatus vero domni Eugenii papæ III anno ii.

XCI.

Ad capellanos Ecclesiæ Placentinæ.

(Anno 1146, Mart. 10.)

[Campi *Hist. Eccl. di Piacenza.* I, p. 144. Lib. Privileg. cathed. Placent. p. 46 a tergo.]

Eugenius episcopus, servus servorum Dei, dilectis filiis S. Euphemiæ, S. Gervasii, S. Protasii, S. Petri de Foro, S. Juliani, S. Martini de Foro, S. Domnini, S. Alexandri, S. Martini de Burgo, S. Vincentii, S. Stephani, SS. Joannis et Pauli, S. Zenonis, S. Faustini, S. Michaelis, S. Agathæ, S. Mariæ de Sperono et S. Mariæ de Porta Gariverti capellanis, salutem et apostolicam benedictionem.

Perlatus est clamor ad aures nostras, quod cum juxta antiquam matricis Ecclesiæ vestræ Placentinæ et capellarum vestrarum consuetudinem in majori ecclesia in sabbato sancto baptizare debeatis ; nunc illud consuetum servitium præfatæ ecclesiæ vultis subtrahere, et debitam matri vestræ obedientiam denegare. Et quoniam antiquam et rationabilem consuetudinem evacuari nolumus, per apostolica vobis scripta præcipiendo mandamus, quatenus præfatum vestræ devotionis obsequium eidem Ecclesiæ humiliter exhibeatis, et nullam exinde contradictionem facere præsumatis; alioquin contemptum vestrum nullatenus præteribimus impunitum.

Datum Transtiberim, vi Idus Martii.

XCII.

Ad abbatem Sugerium. — Ut monasterium B. Medardi a comite Suessionensi prægravatum adjuvet apud regem.

(Anno 1146, Mart. 11.)

[Mansi, *Concil.*, XXI, 647.]

Eugenius episcopus, servus servorum Dei, dilecto filio Sugerio abbati S. Dionysii, salutem et apostolicam benedictionem.

Notitiæ tuæ non exstat incognitum, monasterium Beati Medardi Suessionensis juris beati Petri existere, et ad defensionem ejus, et sanctæ Romanæ Ecclesiæ specialiter pertinere. Et quia idem monasterium ab Ivone comite Suessionensi, occasione pecuniæ, quam ab abbate ipsius loci exigit, sicut accepimus, plurimum prægravatur, discretioni tuæ per apostolica scripta rogando mandamus, quatenus pro reverentia beati Petri ac nostra ipsum abbatem et fratres ejus super hoc et aliis, in quibus tuo indiguerint auxilio, juves, et manuteneas, et eorum erga regiæ dignitatis excellentiam, cujus familiaritatis et consilii talentum accepisse cognosceris, intercessor et adjutor existas, ut beati Petri et sedis apostolicæ majorem promerearis gratiam.

Datum Transtiberim, v Idus Martii.

XCIII.

Ad Egelbertum episcopum et canonicos Bambergensis Ecclesiæ — De Henrici imperatoris sanctitate, miraculis et canonizatione.

(Anno 1146, Mart. 14.)

[Mansi, *Concil.*, XXI, 630.]

Eugenius episcopus, servus servorum Dei, venerabili fratri Egelberto episcopo, et dilectis filiis canonicis Bambergensis Ecclesiæ, salutem et apostolicam benedictionem.

Sicut per litteras et nuntios vestros vobis mandasse meminimus, venerabiles fratres nostros N. Sanctæ Rufinæ episcopum, et N. presbyterum cardinalem, pro diversis negotiis ad partes illas de nostro latere delegavimus, eisque viva voce injunximus, ut ad Ecclesiam vestram accederent, atque de vita et miraculis Henrici regis rei veritatem diligenter inquirerent, et litteris suis nobis significarent. Nunc autem eorumdem fratrum nostrorum, et multorum religiosorum et discretorum virorum attestatione, de castitate ipsius, de fundatione Bambergensis Ecclesiæ, et multarum aliarum, quarumdam quoque episcopalium sedium reparatione, et multiplici eleemosynarum largitione, de conversione regis Stephani et totius Hungariæ, Domino cooperante, per eum facta ; de glorioso etiam ipsius obitu, pluribusque miraculis post ejus obitum ad ipsius corporis præsentiam divinitus ostensis, multa cognovimus. Inter quæ illud præcipuum et memorabile plurimum attendentes, quod cum diadema sceptrumque imperii suscepisset, non imperialiter, sed spiritualiter vixit. In toto etiam legitimo positus,

---

(17) Leg. *Transtiberim.*

quod paucorum fuisse legitur, integritatem castimoniæ usque in finem vitæ conservavit. Quæ quidem nos omnia simul perpendentes, atque devotionem vestram, et Ecclesiæ Bambergensis, quæ sanctæ Romanæ Ecclesiæ soli subesse dignoscitur, diligenter considerantes, tametsi hujusmodi petitio nisi in generalibus conciliis admitti non soleat, auctoritate tamen sanctæ Romanæ Ecclesiæ, quæ omnium conciliorum firmamentum est, petitionibus vestris acquiescimus, atque ejusdem memorabilis viri, cujus exaltationem requiritis, fratrum nostrorum archiepiscoporum, et episcoporum, qui præsentes aderant, communicato consilio, memoriam inter sanctos de cætero fieri censemus, et anniversarium ipsius diem solemniter celebrari constituimus. Vestra itaque interest sic in sanctæ Romanæ Ecclesiæ obedientia et fidelitate persistere, et ei dignæ devotionis obsequio respondere, ut ampliori B. Petri et nostra gratia digni inveniamini.

Data Transtiberim, secundo Idus Martii.

XCIV.

Ad Petrum Bituricensem archiepiscopum. — De primatu in provincias Bituricensem et Burdigalensem.

(Anno 1146, Mart. 15.)

[Mansi, *Concil.*, XXI, 668.]

Eugenius episcopus, servus servorum Dei, venerabili fratri P. Bituricensi archiepiscopo ejusque successoribus canonice substituendis, in perpetuam memoriam.

Officii nostri nos hortatur auctoritas pro ecclesiarum statu paternam sollicitudinem gerere, et earum quieti ac paci auxiliante Domino salubriter providere. Justum namque est ut dignitatem Ecclesiæ vel personis apostolicæ sedis liberalitate concessam, nos quoque auctore Deo firmam et inviolabilem conservemus. Tuam ergo, frater in Christo charissime Petre archiepiscope, devotionem circa nos, et circa sanctam Romanam Ecclesiam, cujus filius specialis es, et in qua sacros ordines suscepisse dignosceris, attendentes, nobilem Bituricensem ecclesiam, cui Deo auctore præsides, B. Petri et nostra protectione suscipimus et præsentis scripti privilegio communimus. Præsentis itaque privilegii pagina confirmamus, ut super duas provincias, videlicet super ipsam Bituricensem, et super Burdigalensem, primatum obtineas, sicut hactenus obtinuisse dignosceris. Diœceses vero illas quæ intra eamdem provinciam Bituricensem sitæ sunt, in tua tuorumque successorum potestate ac subjectione persistere constituimus, videlicet Claromontensem, Lemovicensem, Rutensem, Albigensem, Cadurcensem, et Mimatensem. Et ipsarum civitatum episcopi ipsam Bituricensem ecclesiam matrem et magistram recognoscant, atque tibi tuisque successoribus tanquam proprio metropolitano obedientiam ac reverentiam humiliter exhibeant. Porro tibi tuisque successoribus usum pallii confirmamus. Atque ad majorem reverentiam per supradictas provincias vexillum Dominicæ crucis ante vos deferri concedimus, sicut etiam antiqua prædecessorum vestrorum consuetudo obtinuit. Præterea quascunque possessiones, quæcunque bona in præsentiarum juste et canonice possides, aut in futurum, etc. Obeunte vero te nunc ejusdem ecclesiæ archiepiscopo, vel tuorum quolibet successorum, nullus ibi qualibet subreptionis astutia seu violentia præponatur; nisi quem præfatæ ecclesiæ canonici secundum Deum et statuta sedis apostolicæ canonice providerint eligendum. Decernimus ergo ut nulli omnino hominum liceat eamdem ecclesiam vel personam tuam temere perturbare, etc.

XCV.

Bulla pro confirmatione bonorum et immunitatum Tongerloæ.

(Anno 1146, Mart. 15.)

[Hugo, *Annales Præmonstrat.*, II, 593.]

Eugenius episcopus, servus servorum Dei, dilectis filiis Henrico abbati ecclesiæ Beatæ Mariæ de Tongerloa, ejusque fratribus, tam præsentibus quam futuris, regularem vitam professis, in perpetuam rei memoriam.

Desiderium quod ad religionis propositum et animarum salutem pertinere monstratur, animo nos decet libenti concedere et petentium desideriis congruum impertiri suffragium. Eapropter, dilecti in Domino filii, vestris justis petitionibus clementer annuimus, et præfatam Beatæ Dei Genitricis semperque virginis Mariæ Tongerlensem ecclesiam, in qua divino mancipati estis obsequio, sub beati Petri et nostra protectione suscipimus, præsentis scripti privilegio communimus, statuentes, ut quascunque possessiones, quæcunque bona eadem ecclesia inpræsentiarum juste et canonice possidet, aut in futurum concessione pontificum, liberalitate regum, largitione principum, oblatione fidelium, seu aliis justis modis, præstante Domino, poterit adipisci, firma vobis vestrisque successoribus et illibata permaneant, in quibus hæc propriis duximus exprimenda vocabulis: duas partes decimæ ejusdem ecclesiæ et dominicaturam, videlicet 40 bonarios cum molendino uno; terram in eadem parochia solventem annuatim decem et novem sextaria brasii cum decem vasculis hordei; terram insuper ibidem solventem duodecim solidos et denarium unum cum cæteris terræ debitis, et manso uno solvente manipulum quartum, et insuper mansum unum; *Wimple* mansum solventem quinque solidos cum cæteris debitis, *Lanchem* mansum solventem quinque solidos cum suis debitis, *Vuele* terram solventem tres solidos et dimidiam cum reliquis debitis; terram quam suscepistis ab Engelberto, pro qua annuatim duo sextaria et dimidium brasii et duodecim denarios ei exsolvitis.

Omnem possessionem Huberti in Evuin, tam in allodio, quam in hæreditate vobis collatam; terram solventem duodecim denarios canonicis de Lyra; terram quæ solvit unum denarium super altare Sancti Gummari; terram quæ solvit duos solidos canonicis de Brussella Lovaniensis monetæ. Ex dono Arnoldi dimidiam partem de Calmelholt. Ex dono Conradi mansum unum solventem quartum manipulum et sex denarios' in Lifterde; omne allodium Arnoldi in Nile ab eo vobis collatum; ex dono Gerardi et Wiberti fratrum dimidium fundum ecclesiæ in Beinthem; ex dono ejusdem Wiberti dimidium fundum ecclesiæ de Orbeca, decimas autem quas canonice possidetis, vobis nihilominus confirmamus. Prohibemus autem ut ipsius loci advocatiam nullus usurpet, sed dominus Lovaniæ qui pro tempore fuerit, sicut a charissimo filio nostro Conrado Romanorum rege rationabiliter statutum est, absque aliqua exactione vobis et rebus vestris patrocinium præbeat.

Decernimus ergo ut nulli omnino hominum liceat eamdem ecclesiam temere perturbare aut ejus possessiones auferre, vel ablatas retinere, minuere, seu quibuslibet vexationibus fatigare, sed omnia integra conserventur eorum, pro quorum gubernatione et sustentatione concessa sunt, usibus omnimodis profutura, salva sedis apostolicæ auctoritate et diœcesani episcopi canonica justitia. Si qua igitur in futurum ecclesiastica sæcularisve persona hujus nostræ constitutionis paginam sciens, contra eam temere venire tentaverit, secundo tertiove commonita, nisi reatum suum congrua satisfactione correxerit, potestatis honorisque sui dignitate careat, reamque se divino judicio existere de perpetrata iniquitate cognoscat, et a sacratissimo corpore et sanguine Dei ac Domini Redemptoris nostri Jesu Christi aliena fiat, atque in extremo examine districtæ ultioni subjaceat. Cunctis autem eidem loco justa servantibus, sit pax Domini nostri Jesu Christi, quatenus et hic fructum bonæ actionis percipiant, ac apud districtum judicem præmia æternæ pacis inveniant. Amen.

Ego Eugenius Catholicæ Ecclesiæ episcopus.
Ego diac. card. Scribens tit........
Ego Octavianus diac. card. S. Nicolai in Carcere Tulliano.
Ego.... presb. card. tit. Calixti.
Ego Guido presb. card. tit. S. Chrysogoni.
Ego Hubaldus presb. card. tit. S. Praxedis.
Ego Manfredus presb. card. tit. S. Tu.....
Ego Haribertus presb. card. tit. S. Anastasiæ.
Ego Villanus presb. card. tit. S. Stephani in Cœlio monte.

Datum Transtiberim per manum Roberti sanctæ Romanæ Ecclesiæ presb. card. et cancellarii, Idibus Martii, indictione octava, Incarnationis Dominicæ anno 1145, pontificatus vero domni Eugenii III papæ anno secundo.

XCVI.

Ad clerum et populum Tornacensem. — Episcopum postliminio Ecclesiæ Tornacensi restitutum, a se consecratum mittit.

(Anno 1146, Mart. 15.)
[MANSI, Concil., XXI, 663.]

EUGENIUS episcopus, servus servorum Dei, dilectissimis filiis clero et populo Tornacensi, salutem et apostolicam benedictionem.

Tornacensis Ecclesia in proprii pastoris absentia a longis retro temporibus plurimum laboravit: et, sicut multorum religiosorum et discretorum virorum attestatione cognovimus, tam animarum quam corporum damna plurima et gravia detrimenta sustinuit. Audivimus enim multa millia hominum in eodem episcopatu, qui episcopum nunquam viderunt: sed quasi episcopum non habentes, absque illa sacri chrismatis unctione, quam fideles contra diaboli insidias pugnaturi per manus episcoporum suscipiunt, de præsenti sæculo migraverunt. Unde nos officii nostri debito, et multorum religiosorum de partibus vestris crebris exhortationibus provocati, et charitatis zelo succensi, tantis malis occurrere Domino auctore decrevimus, atque fratrum nostrorum communicato consilio, dilectum filium nostrum Anselmum abbatem S. Vincentii Laudunensis, Spiritus sancti gratia invocata, vobis in episcopum consecravimus. Eumdem itaque cum gratia sedis apostolicæ, et litterarum nostrarum prosecutione ad sedem propriam remittentes, per apostolica scripta universitatem vestram rogamus, monemus, atque præcipimus, quatenus ipsum reverenter suscipiatis, diligatis, et honoretis, eique tanquam proprio pastori et animarum vestrarum episcopo obedientiam ac reverentiam humiliter exhibeatis. Nos autem illos qui occasione episcopatus Tornacensis fratri nostro S. [Simoni] Noviomensi episcopo sacramento vel fidelitate seu obedientia astricti sunt, ab eadem fidelitate et juramento vel obedientia, apostolica auctoritate absolvimus: et ut præfato fratri nostro Anselmo episcopo eadem fidelitate et obedientia teneantur, præcipimus. Si quis autem ei rebellis et inobediens esse præsumpserit, sententiam quam idem frater noster episcopus in eum canonice promulgaverit, nos auctore Domino ratam habebimus.

Data Transtiberim Idibus Martii.

XCVII

Ad Ludovicum VII, regem Francorum. — Consecratum a se episcopum Tornacensem Anselmum commendat.

(Anno 1146, Mart. 15.)
[MANSI, Concil., XXI, 664.]

EUGENIUS episcopus, servus servorum Dei, charissimo in Christo filio LUDOVICO illustri Francorum regi, salutem et apostolicam benedictionem.

Oportet nos pro his qui nostro regimini, disponente Domino, commissi sunt sollicitos esse, et de ipsorum salute tanquam de nostra propria cogitare; in extremo namque examine, si circa ipsorum salutem negligentes fuerimus, reddituri sumus pro ipsis Domino rationem. Tornacensis Ecclesia, sicut te ignorare non credimus, a longis retro temporibus pastore proprio caruisse dignoscitur. Unde sicut multorum religiosorum et discretorum virorum veredica relatione cognovimus, præter alia detrimenta, multa millia hominum absque illa sacri chrismatis unctione quam fideles contra diaboli insidias pugnaturi per manus episcoporum suscipiunt, de præsenti sæculo migraverunt : et tam his quam aliis diversis modis, tam animarum quam corporum, in eodem episcopatu, propter proprii pastoris absentiam, damna plurima provenerunt. Ideoque et nobis, et ipsis providere volentes, tantis malis occurrere Domino auctore decrevimus : atque dilectum filium nostrum Anselmum S. Vincentii Laudunensis abbatem, Spiritus sancti gratia invocata, in Tornacensem episcopum consecravimus, quod ad magnum regni tibi a Deo commissi et coronæ tuæ incrementum credimus proventurum. Monemus itaque nobilitatem tuam et exhortamur in Domino, ut nullius prava suggestio cor tuum super hoc moveat : sed quod pro tanta necessitate, et tot millium hominum salute factum est, hilari vultu, et læto animo suscipias, et eumdem episcopum pro B. Petri et nostra reverentia, magnitudinis tuæ consilio et auxilio juvare et manutenere studeas. Quidquid enim honoris et beneficii a tua liberalitate sibi exhibitum fuerit, nobis ascribimus.

Data Transtiberim Idib. Martii.

XCVIII.

Ad Alvisum Atrebatensem et Milonem Morinensem episcopos. — Ut Anselmum a se consecratum Tornacensem episcopum a rege Francorum et a comite Flandrensi recipiendum curent.

(Anno 1146.)
[BOUQUET, *Recueil*, XV, p. 437.]

EUGENIUS episcopus, servus servorum Dei, venerabilibus fratribus A[LVISO] Atrebatensi et M[ILONI] Morinensi episcopis, salutem et apostolicam benedictionem

Et tua, fratrer A. Atrebatensis, et multorum aliorum religiosorum et discretorum virorum suggestione cognovimus, quod si Tornacensis Ecclesia proprium haberet episcopum, honor Dei ibidem augeretur, et multorum millium animarum, quæ sine cura episcopali et proprii pastoralis providentia periclitantur, salus exinde proveniret : unde nos, zelo charitatis et justitiæ succensi, et vestra tanquam ipsius Domini Jesu Christi, exhortatione permoti, tantis malis occurrere voluimus, et quod prædecessor noster felicis memoriæ Innocentius papa de constituendo ibidem episcopo incœpit (18), Domino auctore, complevimus. Rogamus itaque charitatem vestram et exhortamur in Domino, ut tam apud charissimum filium nostrum L[udovicum] Francorum regem et Flandrensem comitem T[heodericum], quam apud alios quos expedire cognoveritis, pro pace et honesta ipsius episcopi receptione studiosius laboretis, et quieti et tranquillitati ipsius fraterna charitate providere curetis. (*Cætera desunt.*)

XCIX.

Ad Bernardum Claræcvallensem abbatem.—Significat se ad ejus instantiam consecrasse Anselmum in episcopum Tornacensem, mandatque ut pro pace ipsius laborare studeat.

(Anno 1146.)
[D. BOUQUET, XV, p. 438.]

EUGENIUS episcopus, servus servorum Dei, charissimo in Christo filio BERNARDO Claræcvallensi abbati, salutem et apostolicam benedictionem.

Charitatis zelo succensi, et vestra præcipue multorumque aliorum religiosorum et discretorum virorum exhortatione permoti, quod prædecessor noster felicis memoriæ papa Innocentius de constituendo in Tornacensi Ecclesia episcopo incœperat, Domino auctore complevimus, atque dilectum filium nostrum Anselmum, abbatem S. Vincentii ctoritate apostolica præcepit, ut, communicato religiosorum et discretorum virorum consilio, remotis dilationibus, episcopum proprium eligerent, electum autem Remensi metropolitano consecrandum præsentarent; quod si ipse nollet perficere, ad suam præsentiam ducerent..... Inito itaque consilio cum religiosis viris, Absalonem abbatem S. Amandi, virum religiosum, unanimiter nobis in episcopum eligimus. Protinus electio Remensi archiepiscopo notificatur; sed ipse dicit quod non auderet eum consecrare pro regis et Radulfi comitis timore. Unde, necessitate cogente, compellimur Romam remittere, et ipse quidem electus, ut vir sapiens, renuit ire, veritus (quod postea accidit) ne Romana curia per pecuniam a sententia flecteretur, etc. » Hæc Herimannus, vel alius ei coævus, qui de Eugenio subdit : « Hic ergo cum ab omnibus nobis nuntiaretur avidus pecuniæ non esse, per internuntios de negotio nostro edoctus, et quid exinde facere vellet requisitus, respondit se facturum quidquid abbas Claræcvallis inde sibi per litteras mandasset. »

---

(18) Rei gestæ sub Innocentio seriem longo exsequitur sermone Herimannus, ibid. p. 408. « Per idem tempus, inquit, id est an. 1142, inter papam Innocentium et regem Ludovicum filium superioris Ludovici, cognatosque ejus supra memoratos, Simonem scilicet (Noviomensem) episcopum, et Radulfum comitem (Viromandensem), lis exorta est, pro qua rex cum comite Christianitate privatus est, et in annum tenti sunt; episcopus vero ab officio episcopali per aliquod tempus suspensus..... Hac ergo dissensione inter papam et regem atque episcopum Noviomensem comperta, Theodericus præpositus, qui Gunthero successit, ardens desiderio cum clericis Tornacensibus ut ecclesia sua pristinam dignitatem reciperet, domnum Herimannum qui quondam abbas noster exstitit, secreto alloquens ut Romam eat, et animum papæ super hac causa caute exploret, hortatur. Domnus Herimannus, favens eorum precibus, Romam pergit, Innocentio papæ litteras quas olim Paschalis papa Tornacensibus transmiserat ostendit, totumque rei supra scriptæ ordinem pandit; tandemque ipse etiam litteras ab eo accepit, in quibus Tornacenses commonuit et au-

Laudunensis, Spiritus sancti gratia invocata, ibidem in episcopum consecravimus. Charitatem itaque vestram qua multum in Domino confidimus, commonemus quoniam tam apud charissimum filium nostrum Ludovicum Francorum regem, quam apud alios quos expedire cognoveritis, pro pace ipsius laborare studeatis, atque vestræ bonitatis consilio et auxilio secundum Dominum juves et manuteneas, ne cujuslibet prava suggestio cor Christianissimi regis super hoc valeat depravare. Nos autem in hoc facto nullam ipsius regis diminutionem intendimus : imo ad honorem Dei et regni sui incrementum in causam istam processisse nos credimus. (*Cætera desunt* [19].)

XCIX bis.
Privilegium pro monasterio S. Petri Salisburgensis.
(Anno 1146, Mart. 25?)
[*Nov. Chron. S. Petri Salisburg.* 231.]

EUGENIUS episcopus, servus servorum Dei, dilectis filiis BALDERICO abbati Sancti Petri Salizburgensis monasterii, ejusque fratribus tam præsentibus quam futuris, regularem vitam professis, in perpetuum.

Desiderium quod ad religionis propositum, et animarum salutem pertinere cognoscitur, animo nos decet libenti concedere, et petentium desideriis congruum impertiri suffragium. Eapropter, dilecti in Domino filii, vestris justis postulationibus clementer annuimus, et præfatum monasterium in quo divino mancipati estis obsequio, sub beati Petri et nostra protectione suscipimus, et præsentis scripti privilegio communimus; statuentes, utcunque possessiones, quæcunque bona a Salizburgensibus archiepiscopis ecclesiæ vestræ rationabiliter concessa et scripto suo firmata sunt, aut alia quæ in præsentiarum juste et canonice possidetis, sive in futurum concessione pontificum, liberalitate regum, largitione principum, oblatione fidelium, seu aliis justis modis, præstante Domino, poteritis adipisci, firma vobis vestrisque successoribus, et illibata permaneant ; in quibus hæc propriis duximus exprimenda vocabulis : ecclesiam S. Michaelis in porta urbis sitam cum decima et mansa dotali; ecclesiam ad Walmes cum decima Prettinave, Peirheimin, Meniwisin, Munichus; decimas quoque de XVI curtibus; in Chiemcowo et de x huobis; in Karinthia de dimidia houba, et VIII curtibus; decimas etiam de piscationibus III; Sagenarum ad Fusculfe, et ad Abersee; decimas caseorum, qui dantur episcopis ad Torlagowa, et ad Hoiberga, et ad Elsinwanc, insulam nomine Appanowæ juxta fluvium qui dicitur Lamera, cujus medietas in usus egenorum, alia vero medietas in victum fratrum ex venerabili fratre nostro Conrado Salzburgensi archiepiscopo æqua divisione distributa est; decem mansos, qui ab Henrico duce filio Engelberti, et sex mansos , qui a fratre suo Engelberto marchione præfato archiepiscopo relicti sunt, et ipse monasterio vestro intuitu pietatis donavit ; beneficium Gervigæ viduæ ad Rakkingin, beneficium Bertholdi ad Wengi , et ad Ramiside, beneficium Megingozi de Sulberch ad Pinzgowe, beneficium Piligrini de Schalheim ad Walabingin, et ad Haselpach; beneficium Etichonis de Blase super Yagara, beneficium Eberhardi de Fritelingin, ad Copingin, et ad Talehusen cum molendino ; aream unam infra urbem, vineam sitam in monte, qui vicinus est Riesttinpurch, aream et vineam cum suis pertinentiis apud Arnsdorff; beneficium Erutonis cæci ad Holzhusen, beneficium Henrici de Pongowa ad Tomerespach, beneficium duorum fratrum Adalberti, et Coteschalchi ad Linzheringin, et ad Haldenwanc, ad Tiufinpuha et ad Chunohingin; patellam unam cum omnibus pertinentiis suis, quam a memorato fratre nostro archiepiscopo tradidistis; beneficium Wolframi de Ossinwane quod ecclesiæ vestræ ab eodem rationabiliter dimissum, et ab archiepiscopo concessum est.

Decernimus ergo ut nulli omnino hominum liceat præfatum monasterium temere perturbare, aut ejus possessiones auferre, vel ablatas retinere, minuere, seu quibuslibet vexationibus fatigare, sed omnia conserventur eorum, pro quorum gubernatione et sustentatione concessa sunt, usibus omnimodis profutura, salva sedis apostolicæ auctoritate, et Salzburgensis archiepiscopi canonica justitia et reverentia. Si qua igitur in futurum ecclesiastica sæcularisve persona hanc nostræ constitutionis paginam sciens, contra eam temere venire tentaverit secundo tertiove commonita, si non reatum suum congrua satisfactione correxerit, potestatis honorisque sui dignitate careat, reamque se divino judicio existere de perpetrata iniquitate cognoscat, et a sacratissimo corpore ac sanguine Dei et Domini nostri Jesu Christi aliena fiat, atque in extremo examine districtæ ultioni subjaceat. Cunctis autem eidem loco sua jura servantibus sit pax Domini nostri Jesu Christi, quatenus et hic fructum bonæ actionis percipiant, et apud districtum judicem præmia æternæ pacis inveniant. Amen.

Ego Eugenius Catholicæ Ecclesiæ episcopus.
Ego Conradus Sabinensis episcopus.
Ego Oddo diac. card. S. Georgii ad Velum Aureum.

---

(19) « Alias etiam litteras, inquit Herimannus, episcopo Noviomensi (Eugenius) legavit, in quibus eum exhortabatur ut patienter ferret Tornacenses proprium habere, et ne vel per se, vel per subjectam sibi personam, ei aliquam molestiam inferre præsumeret; metropolitano quoque Remensi et comprovincialibus episcopis mandavit, quatenus eum manutenerent, et in omnibus juvarent, atque ab omni præsumptione episcopum Noviomensem desistere monerent, et cum eo ad pacem concordarent. Sed idem Simon mitissimus homo erat, et inalefactoribus mala retribuere nesciebat ; unde factum est ut neque verbo neque facto contra præceptum papæ facere tentaret ; quod etiam ad nobilitatem generis sui pertinebat. » Eas autem Eugenii litteras non habemus.

Ego Octavianus diac. card. S. Nicolai in Carcere Tulliano.

Ego Joannes diac. card. Sanctæ Mariæ Novæ.

Ego GG. presb. card. tit. Calixti.

Ego Guido presb. card. tit. S. Chrysogoni.

Ego Rainerius presb. card. tit. S. Priscæ.

Ego Hubaldus presb. card. tit. Sanctæ Praxedis.

Ego Ubaldus presb. card. tit. Sanctæ Crucis.

Ego Bernardus presb. card. tit. S. Clementis.

Datum Transtiberim per manum Roberti sanctæ Romanæ Ecclesiæ presb. card. et cancell., viii Kal. Aprilis, indict. viii, Incarnationis Dominicæ anno 1145, pontificatus vero domni Eugenii III papæ anno secundo.

C.
Privilegium pro monasterio S. Nicasii Remensis.
(Anno 1146, Mart. 25.)
[Varin, *Archives admin. de Reims*, I, 1, 316.]

Eugenius episcopus, servus servorum Dei, dilecto filio Joanni abbati S. Nicasii, ejusque successoribus tam præsentibus quam futuris regulariter substituendis, in perpetuum.

Ex venerabilis Patris nostri Samsonis Remensis archiepiscopi litteris intelleximus, quod Henricus comes, cum uxore et filiis, et Clarembaldus de Roseto, similiter cum uxore et filiis, divini amoris igne succensi et charissimi filii nostri Bernardi Claravallensis abbatis exhortationibus incitati, ecclesiam B. Mariæ de castello Portensi quam contra justitiam et animarum suarum salutem hæreditarie possidebant, pro peccatorum suorum remedio, in manu ipsius archiepiscopi libere et absolute refutaverunt; rogantes ut eamdem ecclesiam B. Nicasii monasterio concederet, et monasticum ordinem in ea ordinaret. Qui preces ipsorum libenter admisit, et eamdem ecclesiam cum omnibus ad eam pertinentibus præfato monasterio ad statuendum in ea monasticum ordinem concessit et scripto suo firmavit... Eamdem concessionem vel donationem.. confirmamus... Quidquid etiam Arnulphus de Gest de jure suo in alodiis et in cæteris, prædecessoris nostri felicis memoriæ papæ Innocentii, necnon etiam venerabilis fratris nostri Alberonis Leodicensis episcopi consilio et assensu, juste et canonice vobis concessit, vobis et ecclesiæ vestræ nihilominus confirmamus: totam terram videlicet quam ipse Arnulphus et frater ejus Joannes jure hæreditario possidebat; ad hanc dimidium alodium in campis, pratis, silviis et quidquid ibidem possidebat; alodium in Vesana villa, alodium de Resbais, alodium de Hesbinis, alodium de Rumestat cum decima de Guzencurt. Si quis autem contra hanc nostræ confirmationis paginam sciens temere venire tentaverit, secundo tertiove commonitus, si non reatum suum congrua satisfactione correxerit, potestatis honorisque sui dignitate careat, reumque se divino judicio existere de perpetrata iniquitate cognoscat, et a sacratissimo corpore ac sanguine Dei et Domini Redemptoris nostri Jesu Christi alienus fiat, atque in extremo examine districtæ ultioni subjaceat. Cunctis autem eidem loco sua jura servantibus sit pax Domini nostri Jesu Christi, quatenus et hic fructum bonæ actionis percipiant et apud districtum judicem præmia æternæ pacis inveniant. Amen, amen, amen.

Data Sutrii, viii Kalend. Aprilis.

CI.
Ad Samsonem Remensem archiepiscopum. — *Objurgat quod Francorum regem, contra jus archiepisc. Bituricensis, in Bituricensi civitate coronare præsumpserit, ipsique propterea usum pallii interdicit.*

(Anno 1146, Mart. 26.)
[Mansi, *Concil.*, XXI, 666.]

Eugenius episcopus, servus servorum Dei, venerabili fratri Samsoni Remensi archiepiscopo, salutem et apostolicam benedictionem.

Quantum sancta Romana Ecclesia, nostrique prædecessores felicis recordationis, videlicet Innocentius, Cœlestinus et Lucius pro pace Bituricensis Ecclesiæ, et venerabilis fratris nostri Petri ejusdem ecclesiæ archiepiscopi laboraverunt, universus fere mundus cognovit, et prudentiam tuam latere non debuit. Nunc autem cum per Dei gratiam, et eorumdem prædecessorum nostrorum studium, ad portum quietis venisset : tu qui eidem fratri tuo congratulari debueras, versa vice in ipsius injuriam et perturbationem ausu temerario prorupisti, et charissimum filium nostrum Ludovicum illustrem Francorum regem coronare in Bituricensi civitate contra appellationem ad sedem apostolicam præsumpsisti : quod nec tu, nec aliquis prædecessorum tuorum fecisse dignoscitur : sed Bituricenses archiepiscopi, Leodegarius videlicet, Vulgrinus, et Albericus bonæ memoriæ usque ad hæc tempora quiete et pacifice obtinuisse noscuntur. Nec profuit eidem archiepiscopo illud ultimum miserorum refugium, sedis apostolicæ videlicet appellatio, nec hoc etiam quod S. R. E. matrem suam et nostram præsentiam devotione debita visitaverit, et eadem die nostro conspectui assistebat : imo ad majorem B. Petri et nostrum contemptum, Bituricensem ecclesiam a divinis officiis interdictam cum Gosseno Suessionensi episcopo, et aliis ecclesiæ tuæ suffraganeis, abbatibus quoque et multis aliis tuæ provinciæ, ausu sacrilego invasisti, et divina ibidem officia celebrare, et oblationes asportare temere præsumpsisti. Statuto etiam appellationis termino, nec ipse venisti, nec sufficientes responsales qui pro te responderent, ad nostram præsentiam destinasti. In quo quantum offenderis, quantumque matris tuæ S. R. E. dignitati derogaveris, si sollicita consideratione pensasses, nequaquam in tantam audaciam prorupisses. Quanto etiam a matre tua S. R. E. ampliorem consecutus es dignitatem, tanto majorem ei honorem et reverentiam te decuit exhibere. Nec hoc etiam reticendum duximus, quod idem frater noster Petrus archiepiscopus a prædecessore nostro felicis memoriæ papa Innocentio ad sacros ordines in Romana Ecclesia promotus est, et ab ipso ad Bituricensis regimen Ecclesiæ destinatus. Unde scire te volumus, quia ipsius et commissæ sibi a Domino Ecclesiæ injurias non alienas, sed proprias, et tanquam nobis ipsis illatas deputamus. Quamvis itaque pro tanto excessu et tam manifesto contemptu graviorem in te et complices tuos ex rigore justitiæ possemus promulisse sententiam, ex mansuetudine tamen sedis apostolicæ debitam sententiam duximus differendam. Verumtamen ne tantum excessum dissimulare et quasi silentio præterire videamur, communicato fratrum nostrorum consilio usum pallii tibi interdicimus, per apostolica tibi scripta mandantes atque præcipientes, quatenus infra dies XL postquam præsentia scripta susceperis, easdem oblationes, et præcipue eosdem cereos quos in eadem ecclesia recepisti, per idoneas et honestas personas ad ecclesiam Bituricensem cum integritate remittas, et super ipsum altare manifeste, sicut manifesta fuit injuria, restitui facias. De tanto vero B. Petri et nostro contemptu, cum complicibus tuis, videlicet G. [Gosleno] Suessionensi, A. [Alviso] Atrebatensi, O. [Odone] Belvacensi, T. [Theoderico] Ambianensi, S. [corr. P. Petro] Silvanectensi, S. [Simone] Noviomensi, et G. [Guidone] Catalaunensi, episcopis; Bartholomeo Laudensi thesaurario, et Bosone Remensi, qui tibi in tanta præsumptione astiterunt, proximis B. Martini octavis (*die 18 Nov.*) responsurus et satisfacturus apostolico te conspectui repræsentes.

Datum Sutrii, VII Kal. Aprilis.

CII.

Consulibus Laudensibus scribit « manifestum esse, quia scriptum, quod Laudensis episcopus sub nomine Robaldi B. M. Mediolanensis archiepiscopi, de causa quæ inter ipsum et fratres de Cerreto agatur, in prædecessoris sui Lucii præsentia protulerit, ab eodem papa reprobatum sit. »

(Fragm. — Anno 1146, Apr. 8.)

[GIULINI, *Memorie di Milano*, V, 449.]

CIII.

Monasterio Flociacensi privilegia concedit.

(Anno 1146, April. 15.)

[Hujus privilegii mentio tantum exstat apud SAUSSEY, *Annal. eccles. Aurel.*, 200 et 226.]

CIV.

Ad Henricum episcopum Moraviensem. — De quodam negotio pacis seminandæ eidem commisso.

(Anno 1146, April. 22.)

[BOCZEK, *Cod. dipl. Morav.*, I, 240.]

EUGENIUS episcopus, servus servorum Dei, HENRICO Moraviensi episcopo, salutem et apostolicam benedictionem.

Cum sit apostolicæ dignitatis, cui licet indigni præsidemus, officium regni concordiam diligere, informare, et corroborare, et quotidiano totius Ecclesiæ in Domino profectui sollicite invigilare; sta-

(20) Leg. x *Kal. Maii.* JAFFÉ.

tuimus utile esse semper quatenus et tibi charissimo fideli nostro coadjutori, aliquem vel parvum laborem pro necessitate et utilitate ecclesiæ ferendum partiremur. Commisimus itaque tuæ sollicitudini verbum pacis, verbum salutare, ut tanquam prudens dispensator Dominici tritici in terra bona, in terra fertilitatis semen seminares, unde et nobis, ex tui laboris fructu, et tibi pro divinæ legis cultu et amore corona justitiæ succresceret. Si igitur semen verbi ab apostolicæ auctoritatis reverentia susceptum fideli terræ, quæ reddat fructum temporibus suis, fideliter dispensaverit, et si quidem eo aluerit, ut ortum fecerit fructum, sive si nondum fecerit, si non aliquanto tempore sit adhuc exspectandus, ex dilectione tua certificari optamus.

Datum Sutrii, x Kalend. Martii (20).

CV.

Ad n. Vasatensem episcopum, de abbatia S. Fremerii.

(Anno 1146, April. 22.)

[*Gall. Christ.* nov., I, Instr. 190.]

EUGENIUS episcopus, servus servorum Dei, R. Vasatensi episcopo, salutem et apostolicam benedictionem.

Dilectus filius noster Matthæus, abbas Sancti Florentii, nobis conquestus est quod abbas et monachi S. Fremerii debitam et consuetam obedientiam ei subtrahunt, et professionem suam minime secundum regulam observent; et quoniam singulis ecclesiis et ecclesiasticis personis suam volumus exhiberi justitiam, per apostolica tibi scripta præsentia mandamus, quatenus eosdem monachos ex nostra parte districte commoneas, ut debitam et consuetam obedientiam eidem abbati S. Florentii absque contradictione humiliter exhibeant, et excessus suos juxta ejusdem abbatis commonitionem salubriter corrigant, alioquin inobedientiam et dissolutionem eorum impunitas non præteribimus.

Datum Sutrii, x Kal. Maii.

CVI.

Privilegium pro parthenone B. Mariæ in silva Nidi-Merli.

(Anno 1146, April. 24.)

[PAVILLON, *Vie de Robert d'Arbrissel*, Pr., p. 570.]

EUGENIUS episcopus, servus servorum Dei, dilectis in Christo filiabus MARIÆ abbatissæ monasterii B. Mariæ quod in silva Nidi-Merli situm est, atque sororibus tam præsentibus quam futuris, regularem vitam professis, in perpetuum.

Quoniam sine veræ cultu religionis, nec charitatis unitas potest subsistere, nec Domino gratum exhiberi servitium, expedit apostolicæ auctoritati religiosas personas diligere, et earum quieti paterna sollicitudine providere. Eapropter, dilectæ in Domino filiæ, prædecessorum nostrorum felicis recordationis Calixti et Innocentii Romanorum pontificum, vestigiis inhærentes, necnon venerabilis fratris nostri Gaufridi Burdegalensi archiepiscopi precibus inclinati, vestris justis petitionibus clementer annuimus, et præfatum B. Dei genitricis Mariæ monasterium in quo divino mancipatæ estis obsequio, sub B. Petri et nostra protectione suscipimus et præsentis scripti privilegio communimus, statuentes ut quascunque possessiones, quæcunque bona præfatum monasterium in præsentiarum juste et canonice possidet, aut in futurum concessione pontificum, largitate regum, vel principum, oblatione fidelium, seu aliis justis modis, præstante Domino, poterit adipisci, firma vobis vestrisque succedentibus et illibata permaneant. In quibus hæc propriis duximus exprimenda vocabulis : Ecclesiam Sanctæ Mariæ in Scotia in episcopatu Nauentensi sitam. In episcopatu eodem ecclesiam S. Radegundis, et ecclesiam Sanctæ Honorinæ cum pertinentiis earum. In episcopatu Corisopitensis ecclesiam quæ vocatur Locus Mariæ cum pertinentiis suis. In episcopatu Aletensi ecclesiam S. Santonis de Teloio, et ecclesiam Sancti Germani cum pertinentiis earum. In episcopatu Redonensi ecclesiam S. Macuti, in silva quæ dicitur Tilia, cum pertinentiis suis. In episcopatu Cenomanensi ecclesiam Sanctæ Mariæ quæ dicitur Fons S. Martini cum pertinentiis suis. In episcopatu Turonensi ecclesiam S. Mariæ Magdalenæ quæ dicitur Fraxinea. In episcopatu Andegavensi eleemosynam Halenodii cum pertinentiis suis; ecclesiam S. Jacobi de Lutrio et ecclesiam ejusdem apostoli quæ vocatur Petra Alberiæ cum pertinentiis suis. In episcopatu Pictaviensi ecclesiam Sanctæ Mariæ quæ dicitur Fulgerosa cum pertinentiis suis, etc. Prohibemus etiam ut nulli post factam in eodem monasterio professionem absque abbatissæ et capituli sui permissione liceat discedere; discedentem vero nullus audeat retinere. Decernimus ergo ut nulli omnino hominum liceat præfatum monasterium temere perturbare, aut ejus possessiones auferre vel ablatas retinere, minuere, vel aliquibus vexationibus fatigare; sed omnia integra conserventur earum, pro quarum gubernatione et sustentatione concessa sunt, usibus omnimodis profutura.

Si qua igitur in futurum ecclesiastica sæcularisve persona hanc nostræ constitutionis paginam sciens, contra eam temere venire tentaverit, secundo tertiove commonita, nisi reatum suum congrua satisfactione correxerit, potestatis honorisque sui dignitate careat, reamque se divino judicio existere de perpetrata iniquitate cognoscat, et a sacratissimo corpore ac sanguine Dei et Domini nostri Jesu Christi aliena fiat, atque in extremo examine districtæ ultioni subjaceat. Cunctis autem eidem loco justa servantibus, sit pax Domini nostri Jesu Christi, quatenus et hic fructum bonæ actionis percipiant, et apud districtum judicem præmia æternæ pacis inveniant. Amen, amen, amen.

Ego Eugenius Catholicæ Ecclesiæ episcopus.

Datum viii Kalend. Maii, indict. ix, Incarnationis Dominicæ anno 1146.

CVII.

Ad episcopos provinciæ Burdegalensis. — De ecclesiastica et canonica libertate.

(Anno 1146, April. 24.)

[Mansi, *Concil.*, XXI, 679.]

Eugenius episcopus, servus servorum Dei, venerabilibus fratribus, Gauerido Burdegalensi archiepiscopo, ejusque suffraganeis episcopis, videlicet Agennensi, Engolismensi, Santuanensi, Pictaviensi, Petragoricensi, et universis abbatibus per eamdem provinciam constitutis, tam præsentibus quam futuris, in perpetuum.

Privilegia quæ intuitu libertatis sacrosanctis Ecclesiis a Romanis pontificibus, vel catholicis regibus conferuntur, nulla debent temeritate convelli, nulla temporum varietate turbari. Quemadmodum enim catholica mater Ecclesia in spiritualibus sine macula et ruga, multimoda virtutum fragrantia et nitore clarescit, ita in temporalibus nulli servituti, nulli mundanæ conditioni, eam convenit subjacere. Quæ cum ita sint, libertatem ab illustribus viris, Ludovico patre egregiæ recordationis, et filio ejus Ludovico, Francorum regibus, Ecclesiis Burdegalensis provinciæ collatam, eorumque privilegiis roboratam, nos prædecessorum nostrorum bonæ memoriæ, Innocentii videlicet et Lucii, Romanorum pontif. vestigiis inhærentes, nostri favoris assertione firmamus, et ratam et inconvulsam futuris temporibus observari præcipimus. Ut videlicet tam in Burdegalensi sede, quam in aliis episcopalibus ecclesiis vel abbatiis ejusdem provinciæ, in episcoporum electionibus vel abbatum, canonicam habeatis libertatem, absque hominii, juramenti, seu etiam fidei per manus datæ obligationem.

Porro quod a prædecessoribus nostris in generalibus est statutum conciliis, res et bona universa Burdegalensis archiepiscopi, et suffraganeorum episcoporum vel abbatum decedentium, successorum usibus illibata servari, pariter et inconvulsa, apostolica auctoritate decernimus. Adjicientes etiam, ut omnes ecclesiæ infra supradictam provinciam constitutæ, prædia, possessiones, et universa ad ipsas pertinentia, secundum privilegia, justitias et bonas consuetudines suas, integra et inconvulsa possideant: atque, ut dictum est, in omnibus ecclesiis, earumque ministris, et possessionibus vestris, canonicam habeatis in omnibus libertatem, salva sedis apostolicæ auctoritate. Nulli ergo hominum fas sit vos, vel ecclesias vestras super hac nostra constitutione temere perturbare, aut aliquam vobis exinde contrarietatem inferre. Si quis autem huic nostræ constitutioni ausu temerario contraire tentaverit, si non reatum suum congrue emendaverit, potestatis honorisque sui careat dignitate, et omnipotentis Dei, et beatorum Petri et Pauli apostolorum ejus indignationem incurrat, et excommunicationi subjaceat : conservantes vero, eorumdem apostolorum benedictionem et gratiam consequantur. Amen.

Ego Eugenius Catholicæ Ecclesiæ episcopus subscripsi.

Ego Conradus Sabinensis episcopus subscripsi.

Ego Albericus Ostiensis episcopus subsc.

Ego Imarus Tusculanus episcopus subsc.

Ego Guido presbyter cardinalis tit. S. Chrysogoni subsc.

Ego Hubaldus presbyt. cardin. tituli S. Praxedis subsc.

Ego Guido presb. card. SS. Laurentii et Damasi subsc.

Ego Jordanus presb. cardin. tituli S. Susannæ subsc.

Ego Oddo diac. cardin. S. Gregorii ad Velum Aureum subsc.

Ego Guido diac. card. SS. Cosmæ et Damiani subsc.

Ego Octavianus diac. card. S. Nicolai in Carcere Tulliano subsc.

Ego Gregorius diac. card. S. Angeli subs.

Datum Sutrii per manum Roberti S. R. E. presbyteri cardinalis et cancellarii, VIII Kalend. Maii, indictione IX, Incarnationis Dominicæ anno 1146, pontificatus vero domini Eugenii anno II.

CVIII.

Privilegium pro canonicis ecclesiæ S. Ursi de Aosta.

(Anno 1146, Apr.-Mai.)

[*Hist. patr. Monum., Chart.*, I, 790.]

EUGENIUS episcopus, servus servorum Dei, dilectis filiis ARNALDO priori ecclesiæ Sanctorum Petri et Ursi Augustensis, suisque fratribus tam præsentibus quam futuris, regularem vitam professis, in perpetuum.

Quoniam sine veræ cultu religionis nec charitatis unitas potest subsistere, nec Deo gratum exhiberi servitium, expedit apostolicæ auctoritati religiosas personas diligere, et earum quieti, auxiliante Domino, providere. Eapropter, dilecti in Domino filii, vestris justis postulationibus clementer annuimus, et præfatam Sanctorum Petri et Ursi Ecclesiam, in qua divino mancipati estis obsequio, sub beati Petri et nostra protectione suscipimus et præsentis scripti privilegio communimus, statuentes ut quæcunque possessiones, quæcunque bona inpræsentiarum juste et canonice possidetis, aut in futurum concessione pontificum, liberalitate regum, largitione principum, oblatione fidelium, seu aliis justis modis, præstante Domino, poteritis adipisci, firma vobis vestrisque successoribus et illibata permaneant. Sepulturam quoque ipsius loci liberam esse decernimus, ut eorum qui se illic sepeliri deliberaverint, devotioni et extremæ voluntati, nisi forte excommunicati sint, nullus obsistat, salva justitia matricis ecclesiæ. Obeunte vero te nunc ejusdem loci priore, vel tuorum quolibet successorum, nullus ibi qualibet subreptionis astutia seu violentia præponatur, nisi quem fratres communi consensu, vel fratrum pars consilii sanioris secundum Dei timorem et beati Augustini Regulam providerint eligendum. Decernimus ergo ut nulli omnino hominum liceat præfatam Ecclesiam temere perturbare aut ejus possessiones auferre vel ablatas retinere, minuere, seu quibuslibet vexationibus fatigare, sed omnia integra conserventur eorum, pro quorum gubernatione et sustentatione concessa sunt, usibus omnimodis profutura, salva sedis apostolicæ auctoritate et diœcesani episcopi canonica justitia et reverentia. Si qua igitur in futurum ecclesiastica sæcularisve persona, hanc nostræ constitutionis paginam sciens, contra eam temere venire tentaverit, secundo tertiove commonita, si non reatum suum congrua satisfactione correxerit, potestatis honorisque sui dignitate careat, reamque se divino judicio existere de perpetrata iniquitate cognoscat, et a sacratissimo corpore et sanguine Dei et Domini Redemptoris nostri Jesu Christi aliena fiat, atque in extremo examine districtæ ultioni subjaceat. Cunctis autem eidem loco sua jura servantibus, sit pax Domini nostri Jesu Christi, quatenus et hic fructum bonæ actionis percipiant et apud districtum judicem præmia æternæ pacis inveniant. Amen, amen, amen.

Ego Eugenius Catholicæ Ecclesiæ episcopus subscripsi.

Ego Hubaldus presbyt. cardinalis tituli Sanctæ Praxedis subscripsi.

Ego Humbaldus presbyter cardinalis tituli Sanctorum Joannis et Pauli subscripsi.

Ego Aribertus presbyter cardinalis tituli Sanctæ Anastasiæ subscripsi.

Ego Jordanus presbyter cardinalis tituli Sanctæ Susannæ subscripsi.

Data Dutrii [Sutrii] per manum Roberti, sanctæ Romanæ Ecclesiæ presbyteri cardinalis et cancellarii, indictione IX; Incarnationis Dominicæ anno 1146, pontificatus vero domni Eugenii III papæ, anno secundo.

CIX.

Privilegium pro monasterio Reicherspergensi.

(Anno 1146, Mali 4.)

[*Monum. Boic.*, IV, 412.]

EUGENIUS episcopus, servus servorum Dei, dilectis filiis GEROHO Reicherspergensis Ecclesiæ præposito, ejusque fratribus, tam præsentibus quam futuris, regularem vitam professis, in perpetuum.

Desiderium, quod ad religionis propositum et animarum salutem pertinere monstratur, animo nos decet libenti concedere, et petentium desideriis congruum impertiri suffragium. Quia sicut injusta petentibus nullus est tribuendus effectus, ita legitima et justa desiderantibus nulla est differenda petitio. Hujus rei gratia, dilecti in Domino filii, prædecessoris nostri felicis memoriæ papæ Innocentii vestigiis inhærentes, nec non venerabilis fratris nostri Conradi Salisburgensis archiepiscopi precibus inclinati, vestris justis postulationibus clementer annuimus, et monasterium vestrum quod est in episcopatu Pataviensi, in fundo Saltzburgensis Ecclesiæ situm, in quo divino mancipati estis obsequio, sub beati Petri et nostra protectione suscipimus, et præsentis scripti privilegio communimus; imprimis siquidem statuentes, ut tam in vestro, quam in monasterio sanctimonialium vobis subdito ordo canonicus, juxta B. Augustini Regulam, perpetuis temporibus inviolabiliter conservetur. Præterea quascunque possessiones, quæcunque bona eadem ecclesia in præsentiarum juste et canonice possidet, aut in futurum concessione pontificum, liberalitate regum, largitione principum, oblatione fidelium, seu aliis justis modis, præstante Domino, poterit adipisci, firma vobis vestrisque successoribus et illibata permaneant. In quibus hæc propriis duximus exprimenda vocabulis: Fundum videlicet et plebem Reichersspergensis cum decima et jure parochiali, capellam Sancti Martini cum pertinentiis suis, vineas in Ascha, villam Chrouvat, et reliqua prædia a Werhero loci ipsius fundatore vobis oblata; decimas Brambergensis ecclesiæ, ac novalium Pataviensis Silvæ a prædictis parochiis usque ad terminos Ungaricos pertinentis, venerabilis fratris nostri Conradi Saltzburgensis archiepiscopi privilegio vobis firmatas; patellam salis et alia prædia ab eodem episcopo data; Hefstat, et alia prædia, quæ Ruodbertus juste obtulit; prædia quæ Fridericus donavit; prædia quæ fuerunt Egelolfi et Eberhardi, cum eorum decimis, ab episcopo Frisingensi rationabiliter vobis concessis, et vineas emptas in Chremesa, et ea quæ dux Luipoldus jure suo contulit. Sane laborum vestrorum quos propriis manibus aut sumptibus colitis, seu de nutrimentis vestrorum animalium, nullus omnino a vobis decimas exigere præsumat; ecclesiastica nimirum sacramenta a diœcesano suscipietis episcopo, vel a Saltzburgensi archiepiscopo, si quidem gratiam et communionem apostolicæ sedis habuerit, et si ea gratis et sine pravitate vobis voluerit exhibere; alioquin liceat vobis pro eorumdem sacramentorum susceptione catholicum, quem malueritis, adire antistitem, qui nostra fultus auctoritate, quæ postulastis indulgeat. Et quia sic locus videtur esse institutus, ut idem, qui Saltzburgensi Ecclesiæ principalis sit advocatus, neque ipsi neque alicui eumdem locum liceat injustis gravaminibus infestare. Quod si fecerit, et, vobis conquerentibus, non emendaverit, consilio præfati archiepiscopi, ipsa advocatia ab inutili auferatur, et alius loco ejus substituatur. Obeunte vero te, nunc ejusdem loci præposito, vel ad alterius Ecclesiæ regimen transeunte, sive tuorum quolibet successorum; nullus ibi qualibet subreptionis astutia, seu violentia præponatur, vel substituatur, nisi quem fratres communi consensu aut pars consilii sanioris, secundum Dei timorem et beati Augustini Regulam, canonice providerint eligendum. Addentes etiam interdicimus, ut nemini professionis vestræ facultas sit, alicujus levitatis instinctu, vel arctioris religionis obtentu, sine præpositi vel congregationis licentia discedere. Quod si discesserit, nullus episcoporum, nullus abbatum, nullus monachorum, sine communium litterarum cautione suscipiat; quandiu videlicet in Ecclesia vestra canonici ordinis tenor, Domino præstante, viguerit. Si vero secundo vel tertio vocatus redire contempserit, liceat ejusdem loci præposito canonicam in eum proferre sententiam. Sepulturam quoque ipsius loci liberam esse concedimus, ut eorum qui se illic sepeliri deliberaverint devotioni et extremæ voluntati, nisi forte excommunicati et interdicti sint, nullus obsistat, salva justitia matricis ecclesiæ.

Decernimus ergo ut nulli omnino hominum liceat præfatam Ecclesiam temere perturbare, aut ejus possessiones auferre, vel ablatas retinere, minuere, seu quibuslibet vexationibus fatigare, sed omnia integra conserventur eorum pro quorum gubernatione et sustentatione concessa sunt, usibus omnimodis profutura, salva sedis apostolicæ auctoritate, et Saltzburgensis archiepiscopi et Pataviensis episcopi canonica justitia. Si qua igitur in futurum ecclesiastica sæcularisve persona, hujus nostræ constitutionis paginam sciens, contra eam temere venire tentaverit, secundo tertiove commonita, nisi reatum suum congrua satisfactione correxerit, potestatis honorisque sui dignitate careat, reamque se divino judicio existere de perpetrata iniquitate cognoscat, et a sacratissimo corpore ac sanguine Dei et Domini Redemptoris nostri Jesu Christi aliena fiat, atque in extremo examine districte ultioni subjaceat. Cunctis autem eidem loco justa servantibus sit pax Domini nostri Jesu Christi, quatenus et hic fructum bonæ actionis percipiant et apud districtum judicem præmia æternæ pacis inveniant. Amen.

Ego Eugenius Catholicæ Ecclesiæ episcopus ss.
Ego Albericus Ostiensis episcopus ss.
Ego Imarus Tusculanus episcopus ss.
Ego Octavianus diaconus cardinalis Sancti Nicolai in Carcere Tulliano ss.
Ego Rainerius presbyter cardinalis tit. Sanctæ Priscæ ss.
Ego Ubaldus presbyter card. SS. Joannis et Pauli ss.
Ego Aribertus presbyter card. tit. Sanctæ Anastasiæ ss.
Ego Manfredus presbyt. card. tit. Sanctæ Sabinæ ss.
Ego Villanus presbyt. card. tit. Sancti Stephani in Cœlio monte ss.
Ego Bernardus presb. card. tit. Sancti Clementis ss.
Ego Ubaldus presbyt. card. tit. S. Crucis in Hierusalem ss.
Ego Guido diaconus card. Sanctæ Mariæ in Porticu ss.
Ego Petrus diaconus card. Sanctæ Mariæ in via Lata ss.

Ego Cinthius diaconus cardin. SS. Sergii et Bacchi ss.

Datum Sutrii per manum Roberti, sanctæ Romanæ Ecclesiæ presbyt. cardin. et cancellarii, IV Nonas Maii, indictione IX, anno Domini 1146, pontificatus domni Eugenii III papæ anno II.

CX.

Privilegium pro monasterio SS. Petri et Pauli Paderbornensi.

(Anno 1146, Maii 7.)

[SCHATEN, Annal. Paderborn., I, 765.]

EUGENIUS episcopus, servus servorum Dei, dilectis filiis CONRADO abbati monasterii Beatorum apostolorum Petri et Pauli, quod in Patherburnensi civitate situm est, ejusque fratribus, tam præsentibus quam futuris, regularem vitam professis, in perpetuam memoriam.

Apostolici moderaminis clementiæ convenit, religiosos diligere et eorum loca pia protectione munire. Dignum namque et honestati conveniens esse cognoscitur, ut qui ad Ecclesiarum regimen assumpti sumus eas et a pravorum hominum nequitia tueamur, et apostolicæ sedis patrocinio foveamus. Eapropter, dilecti in Domino filii, vestris justis postulationibus clementer annuimus, et præfatum monasterium, in quo divino mancipati estis obsequio, sub beati Petri et nostra protectione suscipimus, et præsentis scripti privilegio communimus; statuentes ut quascunque possessiones, quæcunque bona impræsentiarum juste et canonice possidetis, aut in futurum concessione pontificum, liberalitate regum, largitione principum, oblatione fidelium, seu aliis justis modis, præstante Domino, poteritis adipisci, firma vobis vestrisque successoribus. . . . .

In quibus hæc propriis duximus exprimenda vocabulis: Widun cum ecclesia, Merbeke cum ecclesia, Gelsendorp, Rumbeke, Fuelon, Dotenhusen, Waltmannenghuson, Halle, Thensin, Rime, Deheim, Bekehuson, Habergo, Edekehuson, Nederc, Ossendorp, Curbike, Messere, Bullenghuson, Menne, Andepo, cum ecclesia. Item in inferiori Andepo, Volpethenhuson, Fornholte, ecclesiam in Haltenghuson cum banno episcopali et tribus capellis, Bellede, decimam in Wilbodessun, Bethengdorp, Hese, Sturenbrog, Suinveld, Weplede, Burgnon cum ecclesia, et decima super curtem, Butenen, Unnenscare cum decima, Northurgnon cum decima, Alfnon, Aleslete, Hedmere, Hengeldere, Atlon cum ecclesia et decima super curtem, Butenen, Balhorn, Burele, quod Sundra fuit, cum decima, Helsen et molendinum cum vivario, Lessethe, Scarheim, Wambeke, Ermesenhuson, Cethslere, Hohensele, Rederbruggon, Radengheim cum capella, et decima super dimidiam villam Putthen, curtem et ecclesiam cum dimidia decima et capellam in Vorthuson ad ecclesiam eamdem pertinentem, Appele, Weshle in Thes-

terbrant, curtem cum tota familia, ecclesiam in Duilon cum quatuor capellis, videlicet Niwelen, Hellue, Hasten, et Gamberen cum dimidia decima. Obeunte autem te nunc ejusdem loci abbate vel tuorum quolibet successorum, nullus ibidem qualibet subreptionis astutia seu violentia præponatur, nisi quem fratres communi consensu, vel fratrum pars consilii sanioris secundum Dei timorem vel beati Benedicti Regulam de eodem claustro, vel si necesse fuerit de alio, providerint eligendum. Liceat etiam vobis in parochialibus ecclesiis quas tenetis, sacerdotes eligere, et diœcesano episcopo præsentare, quibus, si idonei fuerint, episcopus animarum curam committat, ut de plebis quidem cura episcopo respondeant, vobis vero pro rebus temporalibus debitam subjectionem exhibeant.

Decernimus ergo, ut nulli omnino hominum liceat præfatum monasterium temere perturbare aut ejus possessiones auferre, vel ablatas retinere, minuere, seu quibuslibet vexationibus fatigare, sed omnia integra conserventur eorum pro quorum gubernatione et sustentatione concessa sunt, usibus omnimodis profutura, salva sedis apostolicæ auctoritate, et diœcesani episcopi canonica justitia. Si qua igitur in futurum ecclesiastica sæcularisve persona hujus nostræ constitutionis paginam sciens, contra eam temere venire tentaverit, secundo tertiove commonita, si non reatum suum congrua satisfactione correxerit, potestatis honorisque sui dignitate careat, reatamque se divino judicio existere de perpetrata iniquitate cognoscat, et a sacratissimo corpore et sanguine Dei ac Domini nostri Redemptoris Jesu Christi aliena fiat, atque in extremo examine districtæ ultioni subjaceat. Cunctis autem eidem loco sua jura servantibus, sit pax Domini nostri Jesu Christi, quatenus et hic fructum bonæ actionis percipiant, et apud districtum judicem præmia æternæ pacis inveniant. Amen.

Ego Eugenius Catholicæ Ecclesiæ episcopus.

FAC MECUM, DOMINE, SIGNUM IN BONUM.

Ego Albericus Ostiensis episcopus.

Ego Otto diacon. card. S. Gregorii ad Velum Aureum.

Ego Rainerius cardinalis.

Ego Aribertus presbyter cardinalis.

Ego Ubaldus presbyt. card. tit. S. Crucis in Jerusalem.

Ego Octavianus diac. card. S. Nicolai in Carcere Tulliano.

Ego Jordanus presbyter card. tit. S. Susannæ.

Ego Petrus diac. card. Sanctæ Mariæ in via Lata.

Data Sutrii per manum Roberti sanctæ Romanæ Ecclesiæ presbyteri cardinalis et cancellarii, Non. Maii, indictione IX, Incarnationis Dominicæ anno 1146, pontificatus vero domni Eugenii III papæ anno secundo.

CXI.

Gerhohi, præpositi Reicherspergensis, « contra pessimas novitates » scripta laudat, eumque ad perseverantiam hortatur.

(Anno 1146, Maii 16.)
[PEZ, *Thes. Anecd.* I, II, 169.]

EUGENIUS episcopus, servus servorum Dei, dilecto filio G. Reicherspergensi præposito salutem et apostolicam benedictionem.

Scripta devotionis tuæ benigne recepimus, fervorem tuæ religionis ex eorum inspectione manifeste cognovimus, concaluit cor tuum intra te, et in meditatione tua exardescet ignis : ignitum quoque eloquium tuum vehementer. Super hoc itaque, quod contra pessimas novitates, commotiones quoque, quæ contra Ecclesiam Dei oriuntur, te zelo charitatis exardescere cognoverimus, paterno affectu gaudemus, et devotionem tuam in Domino collaudamus. Verum quia bonum est incipere, sed multo melius consummare, dilectionem tuam in Domino commonemus ut in bono proposito firmiter perseveres, quia nos personam tuam tanquam litteratum et religiosum virum paterna charitate diligimus, et in quibus secundum Deum possumus, honorare et manutenere volumus.

Data Sutrii, XVII Kal. Junii.

CXII.

Privilegium pro ecclesia S. Laurentii Clarholtensi.

(Anno 1146, Maii 23.)
[HUGO, *Annal. Præm.*, I, 396.]

EUGENIUS episcopus, servus servorum Dei, dilectis filiis ERMERPARDO præposito ecclesiæ Beati Laurentii de Clarholte, ejusque fratribus tam præsentibus quam futuris, regularem vitam professis, in perpetuum.

Apostolicæ moderaminis clementiæ convenit religiosos diligere, et eorum loca pia protectione munire : dignum namque et honestati conveniens esse dignoscitur, ut qui ad ecclesiarum regimen assumpti sumus, eos et a pravorum hominum nequitia tueamur, et apostolicæ sedis patrocinio foveamus. Eapropter, dilecti in Domino filii, vestris justis postulationibus clementer annuimus, et præfatam ecclesiam in qua divino mancipati estis obsequio, sub beati Petri et nostra protectione suscipimus, et præsentis scripti privilegio communimus, statuentes ut quascunque possessiones, quæcunque bona inpræsentiarum juste et canonice possidetis, aut in futurum, concessione pontificum, liberalitate regum, largitione principum, oblatione fidelium, sive aliis justis modis, præstante Domino, poteritis adipisci, firma vobis vestrisque successoribus, et illibata permaneant. In quibus hæc propriis duximus exprimenda vocabulis : Capellam unam in Clarholte, curtes duas, mansos quinque in villa quæ dicitur Lette; capellam unam, mansos tres in Mäckenberge, mansos duos in Gunewich, mansum unum in Velnceringterpe, mansos tres in Rupelo, mansum unum in Behlen, mansum unum in Velterpe, mansum unum in Eslere, mansum unum in loco maritimo qui Ullenho dicitur, viginti septem portiones quas Warscharp vocant, cum omnibus appendiciis, silvis, pratis, pascuis, compascuis, aquis aquarumque decursibus, piscationibus, molendinis, viis, inviis, exitibus et reditibus. Item viginti sex solidos cujusdam decimæ ex dono episcopi Monasteriensis; capellam unam in Belhem cum omnibus pertinentiis suis, quatuor solidos decimæ in Hultinghausen, silvulam quamdam juxta Hombrinke de beneficio comitis Egeberti, cum manso uno infra eamdem silvam posito. Præterea mansum in Behlenholte, duos in Clarholte, unum in Meicherne, unum in Edelinckausen, unum in Molenhem quos a quodam ministeriali Gyselberto cujus fuerant beneficium, sexdecim marcis argenti redemistis ; præterea mansum unum quem emistis in Duninghausen.

Decernimus ergo ut nulli omnino hominum liceat præfatam ecclesiam temere perturbare, aut ejus possessiones auferre, vel ablatas retinere, minuere, seu quibuslibet vexationibus fatigare, sed omnia integre conserventur eorum, pro quorum gubernatione et sustentatione concessa sunt, usibus omnimodis profutura, salva sedis apostolicæ auctoritate et diœcesani episcopi canonica justitia et reverentia. Si qua igitur in futurum ecclesiastica sæcularisve persona hanc nostræ constitutionis paginam sciens, contra eam temere venire tentaverit, secundo tertiove commonita, si non reatum suum congrua satisfactione correxerit, potestatis honorisque sui dignitate careat, reamque se divino judicio existere de perpetrata iniquitate cognoscat, et a sacratissimo corpore et sanguine Dei et Domini Redemptoris nostri Jesu Christi aliena fiat, atque in extremo examine districtæ ultioni subjaceat. Cunctis autem eidem loco jura servantibus, sit pax Domini nostri Jesu Christi, quatenus et hic fructum bonæ actionis percipiant, et apud districtum judicem præmia æternæ pacis inveniant. Amen.

Datum Viterbii per manum Roberti sanctæ Romanæ Ecclesiæ presbyteri cardinalis et cancellarii, X Kalendas Junii, indictione IX, Incarnationis Dominicæ anno 1146, pontificatus vero domni Eugenii tertii papæ anno secundo.

CXIII.

In ecclesia S. Wicberti Quedlinburgensi institutum a Thoma, presbytero cardinali, apostolicæ sedis legato ordinem canonicum confirmat.

(Anno 1146, Maii 24.)
[ERATH *Cod. diplom., Quedlimburg.* 87.]

CXIV.

Ad Henricum episcopum Moraviensem.—Adversis rebus afflictum consolatur. Commendat Tebaldum Wladislai ducis fratrem, excommunicatione solutum. Sacerdotes quosdam ob sacra in Cunradi excommunicati terra procurata muneribus dejectos nuntiat. Permittit ut Wladislaum absolvat.

(Anno 1146, Maii 25.)
[THEINER, *Disquisit. critic.*, 209.]

EUGENIUS episcopus, s. s. D. venerabili fratri HENRICO Moraviensi episcopo s. et a. b.

Tribulationibus et angustiis, quas ab infidelibus illis te jam diu passum esse cognoscimus, paterno affectu compatimur, quamvis nos permittente Domino multis tribulationibus fatigemur. Verumtamen non ignorat tua discretio, quia omnes qui volunt pie vivere in Christo Jesu, expedit hujus sæculi tribulationes sustinere. Ipse etenim Dominus noster Jesus Christus non ad mundi gaudia, sed ad passiones et mortem etiam pro nobis tolerandam a Patre missus est. Ipsum itaque caput nostrum imitari debemus, quia si pro ipso persecutiones patimur, certi de promisso ejus beati erimus. Confortare igitur, charissime in Christo frater, et viriliter age, quia Salvator noster suos usque in finem non derelinquet, et nos, in quibus secundum Deum possimus, opem et consilium tibi impendere parati sumus. Theobaldum fratrem dilecti filii nostri W. illustris Bohemorum ducis, qui personam tuam et illos qui tecum erant invasit, cum quibusdam sociis suis recepimus, et accepto ab eo juramento ut de tanto excessu juxta mandatum nostrum satisfaceret, absolvi fecimus. Post absolutionem vero ei præcepimus ut clericum vel monachum de cætero non capiat, nec capienti assensum præbeat. Deinde autem condigna sibi injuncta pœnitentia ipsum ad tuam discretionem remisimus, ut secundum quod devotionem et compunctionem ipsius cognovimus, cum eo misericorditer agas. Monuimus etiam ipsum et studiose rogamus, ut tam devotus et humilem se ipsum tibi exhibeat, ut de tanta offensa a Domino et a te indulgentiam mereatur. Wradizlaum vero pro hac eadem offensa excommunicatum, cum valida infirmitate detentus ad nostram præsentiam, sicut accepimus, venire non potest, discretioni tuæ committimus, ipsumque absolvendi et condignam ei pœnitentiam injungendi tibi concedimus facultatem. Præterea beati Gregorii de inobedientibus mandatis sedis apostolicæ sententiam prosequentes, tres præsumptuosos sacerdotes, videlicet Bolemilum, Ballum, Sorith, qui, prout nobis significatum est, in terra Conradi a nobis excommunicati, nostra auctoritate a divinis officiis interdicti, divina officia celebrare præsumunt, ab officio omnino deponimus et beneficium ecclesiasticum eis interdicimus. Ad hæc, cum religiosis ac discretis personis opus habemus, per apostolica tibi scripta mandamus, quatenus quam citius tibi opportunum fuerit, præsentiam tuam nobis exhibeas, et tunc de negotio quod per dilectum filium nostrum D. Pragensem præpositum nobis significasti, tibi plenius respondere curabimus.

Dat. Biterbii, vIII Kal. Junii.

CXV.

Monasterii Varlariensis jura de eligendo abbate ac de deferenda advocatia confirmat.

(Anno 1146, Maii 25.)

[Hugo, *Annal. Præm.*, II, Pr., p. 652.]

EUGENIUS episcopus, servus servorum Dei, dilectis filiis ALBERTO præposito Ecclesiæ de Varlar, ejusque fratribus, salutem, in perpetuum.

Quandoquidem volumus ecclesiarum omnium ura illibata servari. . . . . . . etc. Obeunte te nunc ejusdem loci præposito, vel tuorum quolibet successorum, nullus ibi qualibet subreptionis astutia vel violentia præponatur, sed liceat vobis communi consilio, vel parti consilii sanioris, secundum Dei timorem et beati Benedicti Regulam, absque ullius contradictione præpositum eligere. Porro loci vestri advocatiam nullus invadere vel usurpare præsumat, nisi quem præpositus et fratres secundum Deum et ipsius loci utilitatem unanimiter præviderint eligendum ; et Præmonstratensis vos secundum beati Augustini Regulam in Præmonstratensi ordine primitus confirmatos, ipsi utpote matri in omnibus, quæ ordo expostulaverit debetis obedire, et jure filialitatis ab ea nullatenus declinare ; sane ne sequens ætas aliquid in contrarium, quod absit, moliatur, ea quæ statuimus, per præsentis scripti paginam apostolica auctoritate corroboramus. Cunctis ergo eidem loco sua jura servantibus sit pax Domini nostri Jesu Christi. Amen, amen.

Ego Eugenius Catholicæ Ecclesiæ episcopus.

Ego Conradus Sabinensis episcopus.

Ego Octavianus diaconus cardinalis Sancti Nicolai in Carcere Tulliano.

Ego Guido presbyt. card. Sancti Chrysogoni.

Datum Viterbii per manum Roberti sanctæ Romanæ Ecclesiæ presbyteri cardinalis et cancellarii, vIII Kalend. Junii, indictione IX, Incarnationis Dominicæ anno 1146, pontificatus vero domni Eugenii III papæ anno II.

CXVI.

Ecclesiæ S. Mariæ et S. Blasii Frideselensis protectionem suscipit possessionesque confirmat.

(Anno 1146, Maii 25.)

[Ineditum. — JAFFÉ, *Regesta Rom. pont.*, p. 623.]

CXVII.

Villano archiepiscopo Pisano omnia indulta quæ olim Innocentius II Balduino concesserat, iterata liberalitate confirmat anno 1146, Kalendas Junii, indictione octava. « Datum Viterbii per manum Roberti, S. Romanæ Ecclesiæ cardinalis cancellarii. »

(Anno 1146, Jun. 1.)

[UGHELLI, *Italia sacra*, III, 394.]

CXVIII.

Henricum Moraviensem, Ottonem Pragensem, episcopos, Wladislaum ducem et universum clerum et populum per Bohemiam et Moraviam constitutos ad comprimendam clericorum incontinentiam hortatur.

(Anno 1146, Jun. 2.)

[THEINER, *Disquisit. critic.*, 208.]

EUGENIUS episcopus, s. s. D., venerabilibus fratribus HENRICO Moraviensi, OTTONI Pragensi episcopis, dilectis in Christo filiis WLADIZLAO duci et universo clero et populo per Bohemiam et Moraviam constitutis s. et a. b.

Apostolicæ sedis administratio, cui Domino disponente deservimus indigni, tam vicinis quam longe positis nos efficit debitores. Quod prædecessor noster felicis memoriæ papa Innocentius intelligens et de vobis paterna sollicitudine curam gerens dilectum filium nostrum Guidonem diaconum cardinalem ad partes illas direxit, et ea quæ *de incontinentiis clericorum et sacerdotum* et aliis enormitatibus in generali concilio promulgavit, per eum vobis annuntiavit et firmiter observanda præcepit. In quibus quia vos, fratres episcopi, et tu, dilecte in Christo filii W., sicut ipso referente didicimus, ei viriliter astitistis, gratiam habemus et devotionem vestram in Domino collaudamus. Sed quoniam non incoepisse tantum, sed perfecisse virtutis est, universitatem vestram rogamus, exhortamur in Domino, atque in peccatorum vestrorum remissionem injungimus, ut vos, quibus in terra illa potestas a Deo commissa est, quæ a præfato cardinali jam dicti prædecessoris nostri auctoritate tam de clericorum incontinentia et aliis enormitatibus ibidem vestro consilio et auxilio faciatis. Contemptores vero, juxta discretionem vobis a Deo concessam, et sanctorum Patrum statuta debita animadversione coerceatis. De fidelitate quoque et devotione, quam erga beatum Petrum et nos ipsos geritis, et de frequenti visitatione per dilectum filium nostrum Danielem Pragensem præpositum, quem vobis fidelem et vestri honoris amatorem esse cognovimus, prædecessoribus nostris et nobis transmissa, dilectioni vestræ grates referimus.

Datum Biterbii IV Non. Jun.

CXIX.

Wladislaum, Bohemorum ducem, rerum ecclesiasticarum studiosum, laudat. Uxori ejus Gertrudi salutem ascribit. Heinricum episcopum Moraviensem commendat.

(Anno 1146, Jun. 2.)
[THEINER, *ib.*, 209.]

EUGENIUS episcopus, s. s. D., dilecto in Christo filio W. illustri Bohemorum duci s. et a. b.

Si juxta sacræ Scripturæ testimonium particeps mercedis existit, qui bonorum operum adjutorem se præbet, ampliori dignus es merito, qui non tantum adjutor sed etiam actor existis. Ideoque gratum nobis est, qui sicut venerabili fratri nostro Henrico Moraviensi episcopo et dilectis filiis nostris Guidoni diacono cardinali et Danieli Pragensi præposito referentibus accepimus, ecclesias et ecclesiasticas personas et maxime religiosas diligis et honoras, atque religionem et cætera quæ ad honorem Dei spectare noscuntur, in terra tibi a Deo commissa niteris propagare. Enormitates vero illius populi, quæ peccatis exigentibus plurimum exercuerunt, et præcipue *clericorum incontinentias*, quæ Deo abominabiles sunt, non solum de capella tua, verum etiam de tota terra illa exstirpare viriliter elaboras. Cum enim ipsi clerici templum Dei, vasa Domini, sacrarium Spiritus sancti esse debeant, indignum valde est, eos cubilibus et impudicitiis deservire. In hoc quoque devotionem tuam in Domino collaudamus, quia cum gens illa *prava et antiqua consuetudine nimiæ potationi et ebrietati* dedita sit, ipse sobrietatem vitio illi contrariam diligis, atque tam istis quam aliis enormitatibus, tanquam catholicus princeps et Deum timens, virilis animi constantia contradicis. Quia igitur non incipienti tantum, sed perseveranti corona promittitur, nobilitatem tuam rogamus et exhortamur in Domino atque in peccatorum remissionem injungimus, quatenus in bono proposito firmiter perseveres, ut et in præsenti, parante Domino, feliciter vivas, et in futuro sempiternæ retributionis fructum percipias. Dilectam vero filiam nostram Gertruden ducissam uxorem tuam salutamus et benedicimus, et ut in dilectione Dei et amore religionis juxta bonum initium perseveret in Domino commonemus. Ad ultimum vero præfatum Moraviensem episcopum et D. præpositum, prudentes siquidem et discretos viros, qui personas vestras et vestrum honorem sincero affectu diligunt, tuæ et ipsius nobilitati attentius commendamus, et de visitatione vestra prædecessoribus nostris et nobis frequenter exhibita dilectioni vestræ grates referimus. Nos quidem personas vestras vera in Domino charitate diligimus, et in quibus secundum Dominum possimus honorare et exaudire volumus.

Dat. Biterbii, IV Non. Junii.

CXX.

Privilegium pro monasterio Stabulensi.

(Anno 1146, Jun. 6.)

[MARTEN., *Ampl. Collect.*, II, 121.]

EUGENIUS episcopus, servus servorum Dei, dilectis filiis WIBALDO Stabulensi abbati ejusque fratribus tam præsentibus quam futuris, regularem vitam professis, in perpetuum.

Apostolici moderaminis clementiæ convenit religiosos diligere, et eorum loca pia protectione munire, etc., *ut in privilegio Lucii papæ, dat. anno 1144. Vid. Patrologiæ t. CLXXIX, sub num. 67.*

Ego Eugenius Catholicæ Ecclesiæ episcopus.

Ego Cuonradus Sabinensis episcopus.

Ego Albericus Ostiensis episcopus.

Ego Guido presbyter cardinalis titulo Sancti Chrysogoni.

Ego Hubaldus presbyter cardinalis titulo Sanctæ Praxedis.

Ego Hubaldus presbyter cardinalis titulo Sanctorum Joannis et Pauli.

Ego Manfredus presbyter cardinalis titulo Sanctæ Sabinæ.

Ego Albertus presbyter cardinalis titulo Sanctæ Anastasiæ.

Ego Ubaldus presbyter cardinalis titulo Sanctæ Crucis in Jerusalem.

Ego Jordanus presbyter cardinalis titulo Sanctæ Susannæ.

Ego Otto diaconus cardinalis Sancti Georgii ad Velum Aureum.

Ego Guido diaconus cardinalis Sanctorum Cosmæ et Damiani.

Ego Octavianus diaconus cardinalis Sancti Nicolai in Carcere Tulliano.

Ego Gregorius diaconus cardinalis Sancti Angeli.

Ego Petrus diaconus cardinalis Sanctae Mariae in Via Lata.

Ego Cinthius diaconus cardinalis Sanctorum Sergii et Bacchi.

Datum Viterbii per manum Roberti sanctae Romanae Ecclesiae presbyteri cardinalis et cancellarii, viii Idus Junii, indictione ix, Incarnationis Dominicae anno 1146, pontificatus vero domni Eugenii III papae anno secundo.

CXXI.

Henrico, Moraviensi episcopo, mandat ut Wladislaw, ducem Bohemiae, ad satisfaciendum pro illatis Ecclesiae Ratisbonensi damnis commoneat.

(Anno 1146, Jul. 2.)

[Boczek, *Cod. dipl. Morav.* t. I, p. 250.]

Eugenius episcopus, servus servorum Dei, venerabili fratri Henrico Moraviensi episcopo, salutem et apostolicam benedictionem.

Quanto amplius de prudentia, religione et honestate tua confidimus, tanto ea quae diligimus, vel odio habemus, tibi fiducialius notificamus, sperantes te, ea quae diligimus, pari affectu diligere, et quae odimus, odio, nihilominus zelo charitatis, habere. Vastitatem et contritionem Ratisponensis Ecclesiae, quae per ducem Henricum, ducem Bohemicum, Fridericum advocatum, palatinum comitem, filios praefecti, et alios complices eorum more tyrannico facta est, ad tuam jam credimus pervenisse notitiam. Unde venerabiles fratres nostri C. Salizburgensis archiepiscopus et. . . . Ratisponensis episcopus, tanquam zelum Dei et amorem justitiae habentes, in praefatos incendiarios et malefactores excommunicationis sententiam protulerunt, et nos eam, quae in parochianos suos ab eisdem fratribus nostris canonice promulgata est, auctoritate apostolica confirmamus. Et quoniam ducem Bohemiae pro vobis affectione paterna diligimus et nullum ei gravamen inferri volumus, per apostolica scripta fraternitati tuae mandamus, ut ex nostra et tua parte ipsum studiose convenias, et districte commoneas, ut omnes qui per ipsum, vel suos in ejusdem sceleris atrocitate in raptionem ducti sunt, liberos abire permittat, de tantis sacrilegiis satisfaciat, et ab ejusdem Ecclesiae perturbatione desistat.

Datum Viterbii Non. Julii.

CXXII.

Ecclesiae S. Sepulcri Hierosolymitanae protectionem suscipit possessionesque confirmat.

(Anno 1146, Jul. 13.)

[Eug. de Rozière, *Cartulaire du Saint-Sépulcre*, 36.]

Eugenius episcopus, servus servorum Dei, dilectis filiis Petro, priori ecclesiae Sancti Dominici Sepulcri, ejusque fratribus, tam praesentibus quam futuris, regularem vitam professis, in perpetuum.

Si mansuetudo apostolicae sedis et liberalitas universis per orbem terrarum Christianis opportuna debet solatia ministrare, et his, qui religiosam vitam ducunt, et omnipotenti Domino familiarius adhaerere videntur, id ipsum convenit propensius impertiri. Quia igitur juxta Regulam beati Augustini vivere decrevistis, et in loco, ubi steterunt pedes Domini, adorantes, apud gloriosum Sepulcrum ejus et in locis, in quibus idem Redemptor mundi mortem sustinuit, regulariter militastis, majori vos benevolentia et gratia dignos esse censemus, et paternis vos affectibus volumus confovere. Eapropter, dilecti in Domino filii, vestris justis postulationibus clementer annuimus, et ad exemplar praedecessorum nostrorum felicis memoriae, Calixti, Honorii atque Innocentii, Romanorum pontificum, sacrosanctam Dominici Sepulcri ecclesiam, in qua, divinis mancipati obsequiis, passionem Dominicam et victoriosissime crucis triumphum assidue recolitis, necnon etiam personas vestras sub beati Petri et nostra protectione suscipimus, et praesentis scripti privilegio communimus; statuentes ut quascunque possessiones, quaecunque bona tam ex dono egregiae memoriae ducis Godefridi et utriusque regis Balduini, Arnulfi quoque Jerosolymitani patriarchae et successorum suorum, impraesentiarum juste et canonice possidetis, aut in futurum concessione pontificum, liberalitate regum, largitione principum, oblatione fidelium seu aliis justis modis, praestante Domino, poteritis adipisci, firma vobis vestrisque successoribus et illibata permaneant.

In quibus haec propriis duximus exprimenda vocabulis : in episcopatu Bethlehemitico casale Thecue cum omnibus pertinentiis suis, sicut a Fulcone bonae memoriae, Jerosolymitano rege, vobis concessum est et scripti ejus pagina confirmatum; castrum Mahomerie cum ecclesia et omnibus pertinentiis ejus; in episcopatu Caesareae Palaestinae castrum Feniculi cum ecclesia et omnibus appendiciis suis; in civitate Joppe ecclesiam beati Petri cum omnibus adjacentiis suis; in civitate Tyro ecclesiam Sanctae Mariae antiquae sedis cum omnibus pertinentiis suis; casale Sanctae Erinae in episcopatu Tyrensi cum pertinentiis suis; castrum Gith cum pertinentiis suis; in episcopatu Tripolitano ecclesiam Sancti Sepulcri apud montem Peregrinum cum omnibus pertinentiis suis; in eodem episcopatu ecclesiam Sancti Sepulcri sive Georgii, quae est in montanis, cum omnibus appendiciis suis; item villam, quae dicitur Bivora, cum omnibus pertinentiis suis, concambium Megine; in Apulia ecclesiam Sancti Sepulcri apud Brundusium et ecclesiam Sancti Laurentii cum omnibus pertinentiis suis; ecclesiam, quae sita est extra castrum Barulum, in honore et nomine ejusdem Sancti Sepulcri, in meridiana parte juxta vias publicas, cum universis appendiciis suis; ecclesiam itidem Sancti Sepulcri extra muros Trojanae civitatis cum omnibus pertinentiis suis; ecclesiam beati Theodori in Beneventano suburbio sitam; in episcopatu Ebredunensi Sancti Sepulcri ecclesiam de Kahoreas, ecclesiam Sancti Petri et Sancti Pontii de Sedena, ecclesiam Sancti Joannis de Conspinais et ecclesiam Sancti Petri de Avanzo cum omnibus pertinentiis suis; in episcopatu Magalonensi ecclesiam Sancti Salvatoris de Rubo cum omnibus appendiciis suis; in episcopatu Albiensi ecclesiam Sanctæ Mariæ de Sepfacta cum omnibus adjacentiis suis, villam quæ dicitur Lugan, mansum qui dicitur Cantol, mansum Lubuscketh et mansum Dei, mansum Alaphemaze cum ecclesia Sanctæ Mariæ et omnibus pertinentiis suis, mansum Las Cruces de Sancto Amaranti, mansum Castandel, mansum Viarlar, mansum qui dicitur Villa Godor, ecclesiam Sancti Osmerii cum omnibus pertinentiis suis; in episcopatu Santonensi ecclesiam Sancti Petri de Mancapzhana cum omnibus pertinentiis suis; in episcopatu Basatensi ecclesiam Sancti Osberti cum omnibus appendiciis suis; in episcopatu Barchilonensi ecclesiam Sancti Sepulcri de Latablata cum omnibus pertinentiis suis; in eodem episcopatu, in Palma ecclesiam Sancti Petri et ecclesiam Sancti Joannis cum omnibus pertinentiis earum; in episcopatu Ausonensi ecclesiam Sanctæ Mariæ de Coseoliis cum omnibus appendiciis suis, ecclesiam Sanctæ Mariæ de Pratis et ecclesiam Sancti Andreæ cum omnibus pertinentiis suis; in episcopatu Urgellensi medietatem castri Mirabel cum pertinentiis suis; in episcopatu Nagerensi ecclesiam Sanctæ Mariæ de Gronio cum omnibus appendiciis suis, hospitale de Villa Rubea cum omnibus pertinentiis suis; in episcopatu Burgensi ecclesiam Sancti Clementis de Covas cum omnibus adjacentiis suis, ecclesiam Sancti Michaelis de Quartana cum omnibus pertinentiis suis; in castro Sorith ecclesiam Sancti Andreæ et ecclesiam Sanctæ Marinæ cum omnibus adjacentiis suis; in villa, quæ dicitur Clonia, ecclesiam Sancti Andreæ cum omnibus pertinentiis suis; in episcopatu Palentino ecclesiam Sanctæ Mariæ de Pisorga cum omnibus pertinentiis suis, ecclesiam Sancti Alexandri de Vastanas cum omnibus appendiciis suis; in castro Verde ecclesiam Sancti Michaelis et monasterium Sancti Romani cum omnibus pertinentiis suis; in castro Corel ecclesiam Sanctæ Marinæ et ecclesiam Sanctæ Eugratiæ cum omnibus pertinentiis suis; in castro Portel ecclesiam Sancti Michaelis de Vega cum omnibus pertinentiis suis; in civitate Palentiæ ecclesiam Sancti Emiliani de Veruesca cum omnibus pertinentiis suis, ecclesiam Sancti Pelagii de Valle de Pero cum omnibus pertinentiis suis, ecclesiam Sanctæ Mariæ de Sandronas cum omnibus pertinentiis suis, ecclesiam Sanctæ Mariæ de Pitelas cum omnibus pertinentiis suis; in villa Feles ecclesiam Sancti Michaelis cum omnibus appendiciis suis; in episcopatu Secoviano ecclesiam Sancti Sepulcri in Coca, ecclesiam Sancti Salvatoris et ecclesiam Sanctæ Mariæ, quæ vocatur Bovada, cum omnibus pertinentiis suis; in civitate Avila ecclesiam Sanctæ Mariæ Novæ cum omnibus pertinentiis suis; in Arevalo ecclesiam Sancti Petri in villa veteri cum omnibus pertinentiis suis; in episcopatu Salemantico ecclesiam Sancti Christophori extra civitatem sitam cum omnibus pertinentiis suis; in Medina ecclesiam Sanctæ Crucis cum omnibus appendiciis suis; in episcopatu Zemoritano ecclesiam Sancti Sepulcri cum omnibus pertinentiis suis; in castro, quod dicitur Thoro, ecclesiam Sancti Sepulcri cum omnibus pertinentiis suis; in villa Lali ecclesiam Sanctæ Eugeniæ cum omnibus appendiciis suis; in civitate Legioniensi ecclesiam Sancti Sepulcri cum omnibus adjacentiis suis; in Rivo Sicco ecclesiam Sancti Justi de Paralelos cum omnibus pertinentiis suis; in Medina ecclesiam Sancti Petri cum omnibus pertinentiis suis, ecclesiam Sancti Laurentii de Oterolo cum omnibus pertinentiis suis; in villa Morel ecclesiam Sancti Pelagii cum pertinentiis suis, ecclesiam Sancti Justi de Villa Vela cum omnibus pertinentiis suis; in eodem episcopatu villam Golpigar cum omnibus pertinentiis suis, villam Versadam cum omnibus adjacentiis suis; in Masella hospitale cum omnibus pertinentiis suis, ecclesiam Sanctæ Mariæ de Nava cum pertinentiis suis, ecclesiam Sancti Petri de castro Olfereth cum suis pertinentiis; in episcopatu Astoricensi ecclesiam Sancti Petri de Cabaneros cum omnibus pertinentiis suis, ecclesiam Sanctæ Mariæ de Zothes cum omnibus pertinentiis suis; in episcopatu Sancti Jacobi ecclesiam Sancti Sebastiani Tavairoas cum sua eremita et aliis pertinentiis suis, monasterium Sanctæ Mariæ de Nogaria cum omnibus pertinentiis suis, monasterium Sancti Salvatoris de Sobradel cum omnibus pertinentiis suis; in episcopatu Tudensi ecclesiam Sancti Petri de Nogaria, quæ dicitur Sardonia, cum omnibus pertinentiis suis.

Obeunte vero ejusdem loci patriarcha, nullus ibi qualibet subreptionis astutia seu violentia præponatur, nisi quem fratres ipsius loci communi consensu vel fratrum pars consilii sanioris secundum Dei timorem et sanctorum Patrum statuta canonice providerint eligendum.

Decernimus ergo ut nulli omnino hominum liceat præfatum locum temere perturbare, aut ejus possessiones auferre, vel ablatas retinere, minuere, seu quibuslibet vexationibus fatigare; sed omnia integra conserventur eorum, pro quorum gubernatione et sustentatione concessa sunt, usibus omnimodis profutura, salva sedis apostolicæ auctoritate et diœcesanorum episcoporum canonica justitia et reverentia.

Si qua igitur in futurum ecclesiastica sæcularisve persona, hanc nostræ constitutionis paginam sciens, contra eam temere venire tentaverit, secundo tertiove commonita si non reatum suum congrua satisfactione correxerit, potestatis honorisque sui dignitate careat, reamque se divino judicio existere de perpetrata iniquitate cognoscat, et a sacratissimo corpore et sanguine Dei et Domini Redemptoris nostri Jesu Christi aliena fiat, atque in extremo examine districtæ ultioni subjaceat. Cunctis autem servantibus justa eidem loco sit pax Domini nostri Jesu Christi, quatenus et hic fructum bonæ actionis percipiant, et apud districtum judicem præmia æternæ pacis inveniant. Amen.

Ego Eugenius, Catholicæ Ecclesiæ episcopus, subscripsi.

Ego Conradus, Sabinensis episcopus, subscripsi.

Ego Albericus, Ostiensis episcopus, subscripsi.

Ego Imarus, Tusculanus episcopus, subscripsi.

Ego Guido, presbyter cardinalis tituli Sancti Grisogoni, subscripsi.

Ego Hubaldus, presbyter cardinalis tituli Sanctæ Praxedis, subscripsi.

Ego Hubaldus, presbyter cardinalis tituli Sanctorum Joannis et Pauli, subscripsi.

Ego Gillibertus, presbyter cardinalis tituli Sancti Marci, subscripsi.

Ego Guido, presbyter cardinalis tituli Sanctorum Laurentii et Damasi, subscripsi.

Ego Aribertus, presbyter cardinalis tituli Sanctæ Anastasiæ, subscripsi.

Ego Guido, presbyter cardinalis tituli Pastoris, subscripsi.

Ego Bernardus, presbyter cardinalis tituli Sancti Clementis, subscripsi.

Ego Jordanus, presbyter cardinalis tituli Sanctæ Suzannæ, subscripsi.

Ego Odo, diaconus cardinalis Sancti Georgii ad Velum Aureum, subscripsi.

Ego Guido, diaconus cardinalis Sanctorum Cosmæ et Damiani, subscripsi.

Ego Octavianus, diaconus cardinalis Sancti Nicolai in Carcere Tulliano, subscripsi.

Ego Rodulfus, diaconus cardinalis Sanctæ Luciæ in Septa Solis, subscripsi.

Ego Gregorius, diaconus cardinalis Sancti Angeli, subscripsi.

Ego Joannes, diaconus cardinalis Sanctæ Mariæ Novæ, subscripsi.

Ego Guido, diaconus cardinalis Sanctæ Mariæ in Porticu, subscripsi.

Ego Jacinctus, diaconus cardinalis Sanctæ Mariæ in Cosmydyn, subscripsi.

Ego Petrus, diaconus cardinalis Sanctæ Mariæ in Via Lata, subscripsi.

Data Viterbii, per manum Roberti, Sanctæ Romanæ Ecclesiæ presbyteri cardinalis et cancellarii, iii Idus Julii, indictione IX, Incarnationis Dominicæ anno 1146, pontificatus vero domni Eugenii III papæ anno II.

CXXIII.

Theobaldum episcopum laudat quod propter canonicorum bona a civibus occupata urbi suæ sacrificiis interdixerit. Mandat ut excommunicationis sententiam eadem de causa in nobiles quosdam a Guidone presbytero cardinali pronuntiatam, observandam curet.

(Anno 1146, Jul. 19.)
[UGHELLI, *Italia sacra*, V, 785.]

EUGENIUS episcopus, servus servorum Dei, venerabili fratri T. Veronensi episcopo salutem et apostolicam benedictionem.

Ex parte communium filiorum Veron. canonicorum nobis significatum esse cognoscas, quod tu propter excessus civium ejusdem loci, qui bona et possessiones eorum violenter occupant, et contra justitiam detinent, in ipsa civitate divina celebrari officia prohibueris. Nos autem idem interdictum a te canonice factum ratum habentes, per apostolica tibi scripta præcipiendo mandamus, quatenus illud tam diu firmiter facias observari, quousque iidem pervasores præfatis canonicis omnia injuste ablata integre restituant, aut cum ipsis de querimonia eadem amicabiliter conveniant. Si vero aliquis sacerdotum ipsius loci contra interdictum ipsius loci divina celebrare officia præsumpserit, canonica censura ita eum coerceas, ut cæteri metum habeant. Præterea Eleazarum et Pil, filium ejus; Aldericum quoque, Redaldum, Conradum, Mugeti filium, Bachel, Regrigium, Gilbertum, Ubertum fratres Alberici pastoris, qui bona ipsorum canonicorum, sicut eorum querimonia indicat, et redditus contra justitiam detinent, districte commoneas, ut eadem omnia injuste detenta restituant, et de cætero ab eorum infestatione conquiescant. Quod si post commonitionem tuam contemptores exstiterint, canonicam de ipsis justitiam facias; postremo sententiam excommunicationis, quam ex mandato G. presbyteri cardinalis tunc apostolicæ sedis legati in Gir. Grassum et filios ejus, Albertum quoque Surdum et fratrem ejus, atque alios quosdam pervasores bonorum Veronen. Ecclesiæ canonice protulisti, per parochiam tuam, quousque satisfaciant, firmiter facias observari, nec eos aliquo modo absolvas donec eosdem canonicos ab eorum infestatione omnino expedias; illos quoque, qui castrum eorum de Pruno nuper combusserunt et homines ejusdem loci deprædati sunt, districte commoneas, ut omnia ablata, et damna injuste illata cum integritate restituant, et ab ipsorum infestatione omnino desistant; quod si infra XL dies postquam præsentia scripta susceperis facere contempserint, in ipsos sententiam excommunicationis proferas, et quousque satisfaciant, per parochiam tuam firmiter facias observari.

Dat. Viterbii, XIV Kal. August.

CXXIV.

A[rnoldo] Tridentino, L[othario] Vicentino, B[ellino] Patavino, episcopis, mandat ut nobiles quosdam occupata canonicorum Veronensium bona reddere cogant.

(Anno 1146, Jul. 19.)
[UGHELLI, *Italia sacra*, V, 785.]

EUGENIUS episcopus, servus servorum Dei, venerabilibus fratribus A. Tridentino episcopo, L. Vicent. et B. Paduano episcopis, salutem et apostolicam benedictionem.

Ex parte filiorum nostrorum canonicorum Veronens. querimoniam accepimus, quod comes Od. et filius ejus Pastro, et cognati ipsius, hæredes quoque et consanguinei, Hen. de Vico Ædri, et alii quidam parochiani vestri bona et possessiones Veronen. Ecclesiæ violenter occupent, et injuste detineant.

Quia igitur officii nostri est debitam eis justitiam exhibere, fraternitati vestræ per apostolica scripta præcipiendo mandamus quatenus infra XL dies postquam præsentia scripta susceperitis præfatos parochianos vestros districte commoneatis, ut eadem eis bona atque possessiones injuste ablatas cum integritate restituant, et de cætero nihil tale contra Veronem Ecclesiam facere præsumant. Quod si post commonitionem vestram contemptores exstiterint, canonica eos censura coerceatis.

Dat. Viterbii, XIV Kal. August.

CXXV.

Canonicis Veronensibus asserit castrum Ceretense a Widone presbytero cardinali iis adjudicatum.

(Anno 1146, Jul. 19.)

[UGHELLI, *Italia sacra*, V, 783.]

EUGENIUS episcopus, servus servorum Dei, dilectis filiis GILBERTO archipresbytero cæterisque Veronens. Ecclesiæ canonicis, salutem et apostolicam benedictionem.

Officii nostri nos hortatur auctoritas ecclesias et ecclesiasticas personas affectione paterna diligere, et earum quieti et utilitati salubriter inposterum, auxiliante Domino, providere. Dilecti in Domino filii, vestris justis petitionibus gratum impertientes assensum, diffinitionem causæ quæ inter vos et venerabilem fratrem nostrum Tebaldum episcopum vestrum super castro Ceretæ, ac villa, atque districta ejusdem loci agebatur a Widone presb. card. canonice factam ratam manere censemus, atque ipsum castrum cum eadem villa, et districto sicut vobis rationabiliter adjudicata sunt auctoritate apostolica confirmamus. Si quis autem hanc nostræ confirmationis paginam sciens, contra eam temere venire tentaverit, secundo tertiove commonitus, si non satisfactione congrua emendaverit, potestatis honorisque sui dignitate careat, atque indignationem omnipotentis Dei et beatorum Petri et Pauli apostolorum ejus incurrat.

Datum Viterbii, XIV Kal. Augusti.

CXXVI.

Episcopatum Tornacensem, e Noviomensium episcoporum potestate exemptum, petente Anselmo episcopo, confirmat.

(Anno 1146, Jul. 24.)

[MARLOT, *Metropol. Rem.*, II, 350.]

EUGENIUS episcopus, servus servorum Dei, venerabili fratri ANSELMO Tornacensi episcopo, nostris manibus consecrato, ejusque successoribus canonice substituendis, in perpetuum.

Sacrosanctæ Romanæ Ecclesiæ cœlesti privilegio sibi collato semper licuit semperque licebit episcopales sedes divisas conjungere, etc. Tornacensis Ecclesia ex antiquo episcopalis sedes noscitur exstitisse, et pastorem proprium habuisse : cujus curam et administrationem quamvis Noviomensis episcopus longo tempore habuerit, non tamen Noviomensi Ecclesiæ subjecta aut unita fuisse legitur; in qua multitudo hominum succrevit, ut necessario proprium debeat habere, etiamsi non antiquitus habuisset, et ab uno pastore propter distantiam eamdem Ecclesiæ, sine gravi animarum periculo, regi non possunt. Sanctorum canonum constitutionibus et prædecessorum nostrorum felicis recordationis Urbani, Paschalis et Innocentii, qui hoc ipsum deliberaverunt, studio incitati, te, fratrum nostrorum communicato consilio, eidem Tornacensi Ecclesiæ, Domino cooperante, pastorem providimus, et propriis tanquam B. Petri manibus in episcopatum consecravimus, et ad regendum populum illum, Domino auxiliante, transmisimus. Per præsentis itaque privilegii paginam legitimum perpetuum statuimus, ut Tornacensis Ecclesia deinceps ab omni Noviomensis episcopi subjectione libera, proprium semper episcopum sortiatur. Statuimus etiam ut quascunque possessiones, quæcunque bona eadem Tornacensis Ecclesia impræsentiarum juste et canonice possidet, et quæ sibi jure pertinere noscuntur, seu quæ in futurum largitione regum vel principum, oblatione fidelium, sive aliis justis modis, præstante Domino, poterit adipisci, firma tibi tuisque successoribus, et per vos eidem Ecclesiæ firma et illibata permaneant.

Decernimus ergo ut nulli hominum liceat præfatam Ecclesiam temere perturbare, aut ejus possessiones auferre, vel ablatas retinere, minuere, seu quibuslibet vexationibus fatigare; sed omnia integra conserventur, vestris ac pauperum Christi usibus profutura, salva sedis apostolicæ auctoritate. Si qua igitur in futurum ecclesiastica sæcularisve persona, hujus nostræ constitutionis paginam sciens, contra eam temere venire præsumpserit, secundo tertiove commonita, nisi reatum suum congrua satisfactione correxerit, potestatis honorisque sui dignitate careat, reamque se divino judicio existere de perpetrata iniquitate cognoscat, et a sacratissimo corpore et sanguine Dei et Domini Redemptoris nostri Jesu Christi aliena fiat, atque in extremo examine districtæ ultioni subjaceat. Cunctis autem eidem Ecclesiæ jura servantibus sit pax Domini nostri Jesu Christi, quatenus et hic fructum bonæ actionis percipiant, et apud districtum judicem præmia æternæ pacis inveniant. Amen.

Ego Eugenius Catholicæ Ecclesiæ episcopus signavi.

Ego Guido presbyter cardinalis tituli S. Chrysogoni signavi.

Ego Hubaldus presbyter cardin. tituli S. Praxedis signavi.

Ego Jordanus presbyt. cardin. tit. S. Susannæ signavi.

Datum Viterbii IX Kalend. Augusti, indict. IX, Incarnationis Dominicæ anno 1146, pontificatus vero domini Eugenii III papæ anno II.

CXXVII.

Ad Raimundum Petragoricensem episcopum ut clericos de Roca bovis curtis per excommunicationem compellat ad restituendam Cluniacensibus eam ecclesiam.

(Anno 1146, Sept. 9.)

[D. Bouquet, Recueil, XV, 441.]

Eugenius episcopus, servus servorum Dei, venerabili fratri Raymundo Petragoricensi episcopo, salutem et apostolicam benedictionem.

Ad tuam credimus notitiam pervenisse, quoniam nos controversiam quæ inter dilectos filios nostros Cluniacenses monachos et clericos de Rocha Boviscurtis (*La Rochebeaucourt*), super ecclesiam ipsius loci jamdiu agitata est, diligenter audivimus et cum fratribus nostris super ea diu contulimus. Auditis siquidem utriusque partis rationibus et diligenter inquisitis, quoniam ex utriusque partis confessione monachos fuisse in possessione cognovimus, judicavimus ut si monachi duobus aut tribus testibus idoneis in venerabilium fratrum nostrorum Lamberti Angolismensis et Geraldi Lemovicensis [præsentia], probaverint quod ipsi de possessione ejusdem ecclesiæ violenter expulerunt, ipsa possessio eis restitueretur.

Nunc autem, sicut præfati fratres nostri litteris suis nobis significaverunt, Cluniacenses monachi probationem ipsam, juxta litterarum nostrarum tenorem, in eorum præsentia compleverunt, sed monachi ipsi, sicut litteris nobis significaverunt, qui restitutionem possessionis ab illo qui abbas dicitur, et aliis clericis qui præsentes aderant, secundum judicium nostrum (obtinere debuerant), minis et contumeliis repulsi, cum iterata querimonia ad nos remissi sunt. Quia igitur Cluniacensis monasterii justitiæ minime deesse debemus, et eorumdem clericorum inobedientiam et contumaciam ulterius ferre non possumus, per apostolica tibi scripta mandamus atque præcipimus, quatenus, infra triginta dies postquam præsentia scripta susceperis, ecclesiam ipsam cum ornamentis et cæteris pertinentiis suis monachis Cluniacensibus plenarie restituas. Si vero clerici contradicere præsumpserint eos excommunicatos publice denunties, et tandiu excommunicatos teneas, donec, juxta mandatum nostrum, restitutio compleatur. Facta autem restitutione, si clerici qui ante monachorum expulsionem in ipsa ecclesia ordinati erant, de proprietate agere voluerint, in præsentia præfatorum episcoporum, juxta tenorem aliarum litterarum nostrarum, causa audiatur, et fine canonico terminetur. Alios autem clericos, qui post monachorum expulsionem in ipsa Ecclesia intrusi sunt, nequaquam ad causam de proprietate admitti volumus.

Datum Viterbii v Idus Septembris.

CXXVIII.

Bulla pro monasterio Gellonensi.

(Anno 1146, Sept. 18.)

[Gall. Chr. nov., VI, Instr. 280.]

Eugenius episcopus, servus servorum Dei, dilecto filio Uconi abbati S. Guillelmi, ejusque fratribus tam præsentibus quam futuris, regularem vitam professis, in perpetuum.

Ex commisso nobis apostolatus officio tam vicinis quam longe positis existimus debitores, cumque omnes fratres communiter honorare ac diligere debeamus, et ecclesiis sibi commissis debitam conservare justitiam, propensiori tamen studio charitatis illos nos convenit confovere, quos ampliori morum honestate ac religionis nitore constat esse per Dei gratiam illustratos. Hujus rei gratia, dilecte in Domino fili Hugo abbas, tuis justis petitionibus clementer annuimus, et monasterium Sancti Guillelmi, in quo divino mancipati estis obsequio, sub beati Petri et nostra protectione suscipimus, et præsentis scripti privilegio communimus, statuentes ut quascunque possessiones, quæcunque bona idem cœnobium in præsentiarum juste et canonice possidet, aut in futurum concessione pontificum, liberalitate regum, largitione principum, oblatione fidelium, seu aliis justis modis, præstante Domino, poterit adipisci, firma vobis vestrisque successoribus et illibata permaneant. In quibus hæc propriis duximus exprimenda vocabulis : In Lutevensi episcopatu fiscum Sancti Genesii Litenis, et ecclesiam Sancti Joannis cum villa, atque munitione sua, cæterisque pertinentiis suis; ecclesiam Sancti Martini cum fisco de Castris, ecclesiam Sancti Saturnini de Seiraz cum fisco, ecclesiam Sancti Felicis, ecclesiam Sancti Martini de Monte Petroso cum capellis suis, scilicet Sancti Petri de Monte Petroso, et Sanctæ Mariæ de Guarringa. In Biterrensi episcopatu, fiscum Miliaci cum ecclesia Sancti Guillelmi, ecclesiam Sancti Paragorii, ecclesiam Sancti Genesii de Campaniano, ecclesiam S. Joannis de Muro vetulo, cum capella ejusdem castri cum decimis et pertinentiis suis, ecclesiam S. Vincentii de Popiano cum pertinentiis suis. In episcopatu Nemausensi, prioratum S. Petri de Salve cum universis ecclesiis et pertinentiis suis, ecclesiam S. Petri de Mayrois cum pertinentiis suis, ecclesiam S. Guillelmi de Esperone, ecclesiam Sancti Martini de Beers cum pertinentiis suis. In episcopatu Agathensi, ecclesiam S. Martini de Caux cum decimis et aliis pertinentiis suis, ecclesiam S. Petri de Fontemartis cum pertinentiis suis. In episcopatu Magalonensi, ecclesiam S. Martini de Lundras, cum capella S. Girardi de castro Lundrensi, cum decimis cæterisque pertinentiis suis, ecclesiam S. Michaelis de Grimiano cum pertinentiis suis. In episcopatu Vivariensi, ecclesiam S. Hilarii et S. Martini cum appendiciis suis de Spedonia. In episcopatu Vapincensi, ecclesiam Sancti Desiderii de Ortamola, ecclesiam S. Petri de Ulmobel, cum appendiciis suis unitis cœnobio monialium Vapincensium, in episcopatu Ruthenensi, ecclesiam Sanctæ Mariæ de Cornutio cum capella, et aliis pertinentiis suis, ecclesiam Sancti Stephani de Larsaco, ecclesiam Sanctæ Eulaliæ, ecclesiam Sanctæ Mariæ de Cisterna, ecclesiam S. Martini de Mauriaco, ecclesiam S. Amantii de Bruxa, ecclesiam S. Caprasii, ecclesiam S. Saturnini et S. Juliani de Creyssel, cum omnibus earum pertinentiis. In provinciis Hispaniæ, in episcopatu Legionensi, villam quæ vocatur Vallesalis cum omnibus quæ beato Guillelmo ibidem pertinent. In episcopatu Austoricensi, ecclesiam S. Vincentii cum omnibus pertinentiis suis. In archiepiscopatu Bracharensi, ecclesiam Sanctæ Mariæ de Arriano cum omnibus pertinentiis suis, et cum aliis omnibus possessionibus quæ sunt juris beati Guillelmi in provinciis Hispaniæ.

Chrisma vero, oleum sanctum, consecrationes altarium vel ecclesiarum, atque ordinationes eorum qui ad sacros ordines fuerint promovendi, vel benedictiones abbatum, et quæcunque sacramenta ecclesiastica a Lutevensi suscipietis episcopo, si tamen catholicus fuerit, et gratiam atque communionem sanctæ sedis apostolicæ habuerit, et ea gratis et absque pravitate aliqua exhibere voluerit : alioquin liceat vobis catholicum quem malueritis adire antistitem, qui nostra fultus auctoritate quod postulatur indulgeat. Sepulturam quoque ipsius loci liberam esse concedimus, ut eorum qui se illic sepeliri deliberaverint devotioni et extremæ voluntati, nisi forte excommunicati sint, nullus obsistat, salva justitia matricis ecclesiæ. Obeunte autem te nunc ejusdem loci abbate, vel tuorum quolibet successorum, nullus ibi qualibet subreptionis astutia seu violentia præponatur, nisi quem fratres communi consensu, vel fratrum pars consilii sanioris secundum Deum et beati Benedicti Regulam providerint eligendum. Sententiam vero illam quam prædecessor noster felicis memoriæ papa Urbanus inter vos et Anianenses monachos promulgavit, et scripto suo firmavit, ratam et inconvulsam manere censemus : adjicimus autem, ut nec episcopo, aut alicui ministrorum ejus liceat ipsum monasterium gravare. Præterea pro beati Guillelmi reverentia interdicimus, quatenus nec episcopo, nec clericis, neque aliquibus personis facultas sit ab itinere quod ad ejusdem sancti Guillelmi ducit ecclesiam viatorem quemlibet in eundo vel redeundo violenter retrahere vel dolosis machinationibus disturbare. Concedimus quoque ut ejusdem S. Guillelmi abbas vel monachi in gravaminibus suis sedem apostolicam licenter appellent, et juxta prædecessorum nostrorum institutionem ab omni conditione vel sæculari dominatione ipsum monasterium liberum sit. Porro ecclesiæ Sancti Bartholomæi et S. Laurentii, si eas diœcesanus episcopus indebite gravare voluerit, appellandi sedem apostolicam liberam permittimus facultatem. Appellatione vero interposita, nullus in eisdem locis divina possit officia prohibere.

Decernimus ergo ut nulli omnino hominum liceat eumdem locum temere perturbare, aut ejus possessiones auferre, vel ablatas retinere, vel minuere, etc.

Ego Eugenius Catholicæ Ecclesiæ episc. sig.

Ego Guido presbyter cardinalis tit. S. Grisochoni sig.

Ego Umbaldus presbyter cardinalis tit. SS. Joannis et Pauli sig.

Ego Aribertus presbyter cardinalis tit. S. Anastasiæ sig.

Ego Julius presbyter cardinalis tit. S. Marcelli sig.

Ego Jordanus presbyter cardinalis tit. S. Susannæ sig.

Ego Theodeuvinus Sanctæ Rufinæ episcopus sig.

Ego Oddo diaconus card. S. Georgii ad Velum Aureum sig.

Ego Octavianus diac. card. S. Nicolai in Carcere Tulliano sign.

Ego Joannes diac. card. Sanctæ Mariæ Novæ sign.

Ego Petrus diac. cardin. Sanctæ Mariæ in via Lata sign.

Datum Viterbii per manum Baronis S. R. E. subdiaconi xv Kalend. Octobr., indict. x, Incarnationis Dominicæ anno 1146, pontificatus vero domni Eugenii III papæ anno secundo.

CXXIX.
Privilegium pro Ecclesia Sancti Zenonis Hallensis.

(Anno 1146, Sept. 22.)

[*Monumenta Boica*, III, 534.]

Eugenius episcopus, servus servorum Dei, dilectis filiis, Henrico præposito Ecclesiæ Sancti Zenonis Hallensis, ejusque fratribus tam præsentibus quam futuris, regularem vitam professis, in perpetuum.

Quoniam sine veræ cultu religionis nec charitatis unitas potest subsistere, nec Deo gratum exhiberi servitium, expedit apostolicæ auctoritati religiosas personas diligere, et earum quieti, auxiliante Domino, providere. Eapropter, dilecti in Domino filii, venerabilis fratris nostri Conradi Salisburgensis archiepiscopi precibus inclinati, vestris justis postulationibus clementer annuimus, et præfatam S. Zenonis ecclesiam, in qua divino mancipati estis obsequio, sub B. Petri et nostra protectione suscipimus et præsentis scripti privilegio communimus; imprimis statuentes ut ordo canonicus secundum B. Augustini Regulam perpetuis ibi temporibus inviolabiliter observetur. Quascunque præterea possessiones, quæcunque bona tam ex dono præfati archiepiscopi fundatoris loci vestri, quam aliorum Dei fidelium, inpræsentiarum juste et canonice possidetis, aut in futurum concessione pontificum, liberalitate regum, largitione principum, oblatione fidelium, seu aliis justis modis, præstante Domino, poteritis adipisci, firma vobis vestrisque successoribus et illibata permaneant. In quibus hæc propriis duximus exprimenda vocabulis : Curtem sitam ante portam ejusdem ecclesiæ cum appendiciis suis; et prædium quod dicitur Suante ex dono ipsius archiepiscopi; quidquid juris habetis in decima salis qui coquitur de fonte Hallæ; ex dono Ebonis, Facconis, et Babonis, aquas quas in eodem fonte ad sal coquendum habetis; prædium situm in loco qui dicitur Occhein, cum appendiciis suis : ex dono Sigbotonis prædium quod dicitur Unchen; ex dono Henrici filii Etechonis et fratris ejus prædium quod dicitur Nuterppoiim cum omnibus pertinentiis. Statuimus, ut in ecclesiis vestris, in quibus fratres vitam canonicam professi degunt, nulli omnino post factam in locis vestris canonicam professionem exinde liceat, sine communi congregationis permissione, discedere; discedentem vero nullus audeat retinere. Si vero post secundam vel tertiam commonitionem redire contempserit, liceat ejusdem loci præposito canonicam in eum proferre sententiam. Sane ipsa plebs Hallensis, sicut a jam dicto archiepiscopo canonice statutum est, a nullo successorum suorum vobis auferatur, sed in dispositione præpositi vestri permaneat. Ad hæc adjicientes statuimus, ut capellæ, quæ infra terminos parochialis ecclesiæ Hallensis fundatæ sunt, sicut ab ipso archiepiscopo rationabiliter provisum est, eidem matrici ecclesiæ subjaceant. In futuro autem, absque assensu præpositi vestri, novas in ipsa parochia capellas ædificari prohibemus, salva nimirum sedis apostolicæ et proprii episcopi auctoritate. Sepulturam quoque ipsius loci liberam esse decernimus, ut eorum, qui se illic sepeliri deliberaverint, devotioni et extremæ voluntati, nisi forte excommunicati sint vel interdicti, nullus obsistat; salva justitia matricis ecclesiæ. Obeunte vero te, nunc ejusdem loci præposito, vel tuorum quolibet successorum, nullus ibi qualibet subreptionis astutia seu violentia præponatur, nisi quem fratres communi consensu, vel fratrum pars consilii sanioris secundum Dei timorem et B. Augustini Regulam providerint eligendum.

Decernimus ergo ut nulli omnino hominum liceat præfatum locum temere perturbare, aut ejus possessiones auferre, vel ablatas retinere, minuere, seu quibuslibet vexationibus fatigare; sed omnia integra conserventur eorum, pro quorum gubernatione et sustentatione concessa sunt, usibus omnimodis profutura, salva sedis apostolicæ auctoritate, et dioecesani episcopi canonica justitia et reverentia. Si qua igitur in futurum ecclesiastica sæcularisve persona, hujus nostræ constitutionis paginam sciens, contra eam temere venire tentaverit, secundo tertiove commonita, nisi reatum suum congrua satisfactione correxerit, potestatis honorisque sui dignitate careat, reamque se divino judicio existere de perpetrata iniquitate cognoscat, et a sacratissimo corpore ac sanguine Dei et Domini nostri Jesu Christi aliena fiat, atque in extremo examine districtæ ultioni subjaceat. Cunctis autem eidem loco sua jura servantibus, sit pax Domini nostri Jesu Christi, quatenus et hic fructum bonæ actionis percipiant, et apud districtum judicem præmia æternæ pacis inveniant. Amen.

Datum Viterbii per manum Baronis sanctæ Romanæ Ecclesiæ subdiaconi, x Kal. Octobris, indict. x, Incarnationis Dominicæ anno 1146, pontificatus vero domni Eugenii papæ III anno II.

CXXX.

Privilegium pro ecclesia S. Donatiani Brugensi.
(Anno 1146, Oct. 25.)
[MIRÆUS, *Opp. diplom.* III, 44.]

EUGENIUS episcopus, servus servorum Dei, dilectis filiis ROGERIO præposito cæterisque fratribus Brugensis ecclesiæ Sancti Donatiani, tam præsentibus quam futuris, canonice substituendis, in perpetuum.

Commissæ nobis apostolicæ sedis nos hortatur auctoritas, ut locis et personis ejus auxilium devotione debita implorantibus tuitionis præsidium impendere debeamus. Quia sicut injusta petentibus nullus est tribuendus effectus, sic legitima desiderantium nulla est differenda petitio, præsertim eorum qui cum honestate vitæ, et laudabili morum compositione gaudent omnipotenti Domino deservire. Eapropter, dilecti in Domino filii, vestris justis petitionibus clementer annuimus et præfatam Beati Donatiani Brugensem ecclesiam, in qua divino mancipati estis obsequio, sub beati Petri et nostra protectione suscipimus, et præsentis scripti privilegio communimus, statuentes, ut quascunque possessiones, quæcunque bona eadem ecclesia in præsentiarum juste et canonice possidet, aut in futurum concessione pontificum, liberalitate regum, largitione principum, oblatione fidelium, sive aliis justis modis, præstante Domino, poterit adipisci; firma vobis vestrisque successoribus et illibata permaneant. In quibus hæc propriis duximus exprimenda vocabulis: In episcopatu Tornacensi altaria Dudasela, Utkerca, Orscamp, cum appendiciis suis, altaria Sancti Michaelis et Sanctæ Crucis, Suenkerka, Clemeskerka, Zuevenzela, Arricta. In episcopatu Morinensi Widescat, Kemla, cum universis decimis et terris sibi pertinentibus; Hemia cum appendiciis suis, Dixmutha et Clarck, duas partes decimæ de Formasela et Diesbusc, et de novalibus ejusdem terræ. Similiter cancellariam comitis Flandriæ, quemadmodum pia devotione a Roberto comite ecclesiæ tuæ concessa est et scripto suo firmata, et ecclesia ipsa eam hactenus quiete tenuit.

Obeunte vero te, nunc ejusdem loci præposito, vel tuorum quolibet successorum, nullus ibi qualibet subreptionis astutia seu violentia præponatur, nisi quem fratres ejusdem Ecclesiæ secundum Dominum canonice providerint eligendum. Decernimus ergo ut nulli omnino hominum liceat eamdem ecclesiam temere perturbare, aut ejus possessiones auferre, vel ablatas retinere, minuere, nec altaria ad ipsum pertinentia, vel ministros eorum quibuslibet indebitis vexationibus fatigare, sed omnia integra conserventur eorum pro quorum gubernatione et sustentatione concessa sunt, usibus omnimodis profutura, salva sedis apostolicæ auctoritate et diœcesanorum episcoporum canonica justitia. Si qua igitur in futurum ecclesiastica sæcularisve persona hanc nostræ constitutionis paginam sciens, contra eam temere venire tentaverit, secundo tertiove commonita, nisi reatum suum congrua satisfactione correxerit, potestatis honorisque sui dignitate careat, reamque se divino judicio existere de perpetrata iniquitate cognoscat, et a sacratissimo corpore et sanguine Dei et Domini nostri Jesu Christi aliena fiat, atque in extremo examine districtæ ultioni subjaceat. Cunctis autem eidem Ecclesiæ justa servantibus, sit pax Domini nostri Jesu Christi, quatenus et hic fructum bonæ actionis percipiant et apud districtum judicem præmia æternæ pacis inveniant. Amen.

Ego Eugenius Catholicæ Eccl. episc.
Ego Theodwinus Sanctæ Rufinæ episc.
Ego Guido presbyter cardin. tit. Sancti Chrysogoni.
Ego Guido presb. card. tit. Sanctorum Laurentii et Damasi.
Ego Aribertus presbyter card. tit. Sanctæ Anastasiæ.
Ego Julius presb. card. S. Marcelli.
Ego Jordanus presb. card. tit. S. Susannæ.
Ego Octavianus diac. card. S. Nicolai in Carcere Tulliano.
Ego Gregorius diac. card. S. Angeli.
Ego Guido diacon. cardinal. S. Mariæ in Porticu.
Ego Jacinthus diac. cardin. S. Mariæ in Cosmedino.

Datum Viterbii per manum Bavonis sanctæ Romanæ Ecclesiæ subdiaconi, VIII Kalend. Novembris, indictione ex, Incarnationis Dominicæ anno 1146, pontificatus vero domni Eugenii papæ III anno secundo.

CXXXI.
Ad abbatem et monachos Beccenses.
(Anno 1146, Dec. 10.)
[MANSI, Concil., XXI, 682.]

Eugenius episcopus, servus servorum Dei, dilectis filiis LEARDO, abbati Beccensi ejusque fratribus, salutem et apostolicam benedictionem.

Officii nostri nos hortatur auctoritas ut quos erga sanctam Romanam Ecclesiam, et nos ipsos devotiores esse cognoscimus propensius diligamus et suam eis justitiam sedis apostolicæ munimine confirmemus. Hujus rei gratia, dilecti in Domino filii, venerabilis fratris nostri Rotrodi Ebroicensis episcopi precibus inclinati, vestris justis postulationibus gratum impertimur assensum, et possessionem ecclesiæ Sanctæ Trinitatis de Bellomonte cum omnibus pertinentiis suis a venerabili fratre nostro H. Rothomagensi archiepiscopo canonice vobis adjudicatam auctoritate vobis apostolica confirmamus et præsentis scripti munimine roboramus. Salvis nimirum præbendis canonicorum superstitum. Si quis autem, hanc nostræ confirmationis paginam sciens, contra eam venire tentaverit, secundo tertiove commonitus, si non satisfactione congrua emendaverit, potestatis honorisque sui dignitate careat, atque indignationem Dei omnipotentis et beatorum Petri et Pauli apostolorum ejus incurrat.

Data Viterbii, IV Idus Decemb.

CXXXII.
Privilegium pro monasterio Petriburgensi.
(Anno 1146, Dec. 17.)
[Hugonis-Candidi, Hist. cœnob. Burgensis, p. 78, ap. SPARKE, Hist. Angl. script.]

Eugenius episcopus, servus servorum Dei, dilecto filio MARTINO Burgensi abbati, ejusque fratribus tam præsentibus quam futuris, regularem vitam professis, in perpetuum.

Desiderium quod ad religionis propositum et animarum salutem pertinere dignoscitur animo nos decet libenti concedere, et petentium desideriis congruum impertiri suffragium. Eapropter, dilecte in Domino fili Martine abbas, quoniam per multos labores apostolorum limina et nostram præsentiam devotione debita visitasti, tuis et fratrum tuorum justis postulationibus clementer annuimus, et Beati Petri apostolorum principis ecclesiam Burgensem, in qua divino mancipati estis obsequio, sub beati Petri et nostra protectione suscipimus, et præsentis scripti privilegio communimus; statuentes ut quascunque possessiones, quæcunque bona eadem ecclesia in præsentiarum juste et canonice possidet, aut in futurum concessione pontificum, largitione regum vel principum, oblatione fidelium, seu aliis justis modis, præstante Domino, poterit adipisci, firma vobis vestrisque successoribus et illibata permaneant, in quibus hæc propriis duximus exprimenda vocabulis: In Norhamtunescire, Burch, quæ antiquitus *Meede Shamstede* vocabatur, ubi ipsum monasterium situm est, cum capellis, mercato, theloneo, cuneo monetæ, cum paludibus, bosco et cæteris appendiciis suis. In Farseta, duo piscatores cum duabus mansuris terræ, et duas naves in Whitlesmere; castra cum ecclesia et capellis eidem ecclesiæ adjacentibus, cum molendinis et omnibus pertinentiis suis; Witheringtun et Waltun cum appendiciis suis, Glinton et Peikirke cum ecclesia et capellis, cum theloneo de Depinges et Peikirc, cum piscatura et cæteris appendiciis suis, Pilesgate cum appendiciis suis; in ecclesia de Bernake decem solidos, in Stanford quinquaginta novem mansuras terræ, cum terris, molendinis, ecclesiis, theloneo, cuneo monetæ. In eadem villa in Lincolnescire septem mansuras, Tinguellam cum ecclesia, molendino, et cæteris appendiciis suis; Undele cum ecclesia et capellis, et cum toto jure eidem villæ adjacente, quod Etehundred vocatur, cum molendino, mercato, theloneo, nemoribus et appendiciis suis. Eisetuna cum molendinis et pertinentibus suis. Wermingtune cum ecclesiis, molendinis et cæteris pertinentibus suis. Heteringe cum ecclesia, molendino, et pertinentiis suis. In Hirtlingburch decem hidas, cum ecclesia, molendino et pertinentiis suis. In Stanwigga tres hidas cum ecclesia, molendino et pertinentiis suis. In Haldewincla tres hidas, cum ecclesia et pertinentiis suis. Coringham cum ecclesia, molendinis et cæteris pertinentiis suis, scilicet Beinfield, Driffeld, Middletum, cum foresto, Pithesle cum ecclesia, molendinis et pertinentiis suis. In Northamptun, sexdecim mansuras. In Lincolnesire, Scotere cum ecclesia, molendinis et pertinentiis suis, videlicet Nortorps, Scaltorp, Fhiskertun cum ecclesia et suis pertinentiis. In Hoylande, tres carrucatas terræ, cum salinis. In Walecote septem carrucatas terræ. In Turlebi carrucatam unam et tres bovatas terræ, cum ecclesia et pertinentiis suis. In civitate Lincolniæ quatuor mansuras. In Graham (mansuras, S. W.) mansuram et terram, quam Colgrim dedit ecclesiæ Burch. In Torkeseies octodecim leugas de prato, et piscaturam unam, et unam mansuram. In Notinghamsire, Colingham cum ecclesiis, molendinis, piscaturis et appendiciis suis. In Huntedunescire, Alweltum cum ecclesia, molendinis, teloneo navium, et pertinentiis suis. Flettona cum ecclesia et pertinentiis suis. In burgo Huntediniæ terram Godrici Leßed. In Leicestresire, Estun cum ecclesia de Brynehirst, cum molendino et cæteris appendiciis suis. In Lenna mansuram unam. In Wella quatuor millia anguillarum singulis annis. In Cloptuna unam virgatam terræ. Hæc etiam quæ ab ipso monasterio in feodo tenentur nihilominus duximus adnotanda : Feudum Viz Ansketilly de Sancto Medardo, Thornawe (Thornehage S.), Witeringa, Sibertune, Estune, Angostebi cum appendiciis eorum; feudum Rogeri infantis, de Torpel, Ufferwrthe (Ufforde S. W. ut jam perperam vocatur), Piktune cum appendiciis suis et terram quam habet in Mokeseie ; feudum Ascelini de Watervilla, Torp, Marham, Uptun cum eorum appendiciis; feudum Radulfi filii Willelmi, Ludintun, Messingham cum eorum appendiciis; feudum Galfridi infantis, Gunnetorp, Suttorp et terram quam habet in Stokes cum appendiciis eorum; feudum Golfridi de la Mare, Makeseie, Turlebi cum appendiciis eorum ; feudum Radulfi de Neovilla , Scotuna , Malmintun cum appendiciis eorum; feudum Rogeri Malfet (Malfe W.), Wodeford cum appendiciis suis ; feudum Roberti Frehile, Dalmtun cum appendiciis suis; feudum Willelmi de Lwetot, Cloptuna cum appendiciis suis; feudum Roberti Marmiun Langetun, Pokebroc cum appendiciis eorum ; feudum Gaufridi de Winchestreia, Armestun, Burchle (Burgelai, S. et W.); feudum Gilberti Fawele, Roberti de Fisi, Subtuna (Suttona S. W.), cum appendiciis suis; feudum Rogeri de Miletuna cum appendiciis suis ; feudum Radulfi de Tot, in Pastona; feudum Walonis in eadem villa cum appendiciis suis, feudum Isenbardi, Paple (Pappelai, S.) cum appendiciis suis; feudum Wirmundi, Stokes cum appendiciis suis; feudum Ingelrammi, in eadem villa ; feudum Roberti de Oili, Craneford; feudum Ricardi Engaine, Benigfeld ; feudum Willelmi Engaine, Haregrave cum appendiciis suis; feudum Theobaldi, Brinighirst (Brenehirst, S.) cum appendiciis suis; feudum Godefridi de Camberei Plumbetere (Plumbetre, S. W.), Berham cum appendiciis suis ; feudum Roberti de Guineges, Careby cum appendiciis suis, feudum Gaufridi de Neovilla, Walecote cum appendiciis suis ; feudum Eylsi, Helpetune cum appendiciis suis. In Winewich tenementum Brithwoldi (Brutwaldi, S. W.); feudum Pancewolt in Estona; feudum Anseredi (Ansredii, S. W.) in Overtona et in Torp. In Ermestun tenementum Turici. In Kirkefeld (Chirchefeld, S. W.) et Wermingtun, et Undele tenementum Viviani; in Wodecroft, tenementum Osberni; in Muscam tenementum Geroldi.

Libertates a regibus Angliæ eidem monasterio pia devotione concessas et scripto eorum firmatas, atque antiquas et rationabiles ipsius monasterii consuetudines vobis nihilominus confirmamus. Obeunte vero te, nunc ejusdem loci abbate, vel tuorum quolibet successorum, nullus ibi qualibet subreptionis astutia vel violentia præponatur, nisi quem fratres communi consensu, vel fratrum pars consilii sanioris, secundum Dei timorem et beati Benedicti Regulam, providerint eligendum. Præterea prædecessoris nostri sanctissimi papæ Gregorii vestigiis inhærentes, missas publicas ab episcopo in vestro cœnobio fieri omnino prohibemus, ne in servorum Dei recessibus, et eorum receptaculis, ullis popularibus occasio præbeatur conventibus, vel mulierum fiat novus introitus, quod omnino non expedit animabus eorum. Nec audeat episcopus potestatem habere imperandi, nec aliquam ordinationem quamvis levissimam faciendi nisi ab abbate loci fuerit rogatus, quatenus monachi semper maneant in abbatum suorum potestate nullusque monachum sine testimonio vel concessione abbatis sui in ecclesia aliqua teneat, vel ad aliquem promoveat ordinem.

Decernimus ergo ut nulli omnino hominum liceat præfatum cœnobium temere perturbare, aut ejus possessiones auferre, vel ablatas retinere, minuere, seu aliquibus vexationibus fatigare, sed omnia integra conserventur, eorum pro quorum gubernatione et sustentatione concessa sunt, usibus omnimodis profutura, salva sedis apostolicæ auctoritate et diœcesanorum episcoporum canonica justitia. Si qua igitur in futurum ecclesiastica sæcularisve persona, hanc nostræ constitutionis paginam sciens, contra eam temere venire tentaverit, secundo tertiove commonita, si non satisfactione congrua emendaverit, potestatis honorisque sui dignitate careat, reamque se divino judicio existere de perpetrata iniquitate cognoscat, et a sacratissimo corpore et sanguine Dei et Domini nostri Jesu Christi aliena fiat, atque in extremo examine districtæ ultioni subjaceat. Cunctis autem eidem loco justa servantibus sit pax Domini nostri Jesu Christi, quatenus et hic fructum bonæ actionis percipiant, et apud districtum judicem præmia æternæ pacis inveniant. Amen, amen, amen.

Ego Eugenius Catholicæ Ecclesiæ episcopus subscripsi.

Ego Conradus Sabinensis episcopus subscripsi.

Ego Albericus Ostiensis episcopus subscripsi.

Ego Imarus Tusculanus episcopus subscripsi.

Ego Guido presbyt. cardinalis subscripsi.

Ego Hubaldus presbyter cardinalis Sanctæ Anastasiæ subscripsi.

Ego Bernardus presb. cardinalis subscripsi.

Ego Oddo diaconus cardinalis subscripsi.

Ego Damianus diaconus subscripsi.

Ego .... Nicolai in Carcere Tulliano subscripsi.

Datum Viterbii per manum Guidonis sanctæ Romanæ Ecclesiæ diaconi cardinalis et cancellarii, decimo sexto Kalendas Januarii, indictione decima, Incarnationis Dominicæ anno millesimo centesimo quadragesimo sexto; pontificatus vero domni Eugenii III papæ anno secundo.

CXXXIII.
Privilegium pro eodem manasterio.
(Anno 1146, Dec. 20.)

[Hugonis Candidi *Hist. cœnob. Burgensis*, p. 82, ap. SPARKE, *Hist. Angl. Script.*, p. 82.]

EUGENIUS episcopus, servus servorum Dei, dilecto filio MARTINO Burgensi abbati, ejusque fratribus tam præsentibus quam futuris, regularem vitam professis, in perpetuum.

Quoties illud a nobis petitur, quod religioni et honestati convenire dignoscitur, animo nos decet libenti concedere, et petentium desideriis congruum impertiri suffragium. Eapropter, dilecte in Domino fili Martine abbas, quoniam per multos labores apostolorum limina et nostram præsentiam devotione debita visitasti, tuis et fratrum tuorum justis postulationibus clementer annuimus, et ea quæ de jure vestro sacristiæ vestri monasterii devotionis intuitu rationabili providentia concessistis, et nos concedimus, et præsentis scripti pagina confirmamus. In quibus hæc propriis duximus exprimenda vocabulis : Capellas parochiæ de Burch, de Torp, de Pastun, Oxneya, ecclesias de *Kateringa* (*Castere W.*, *Catere C.*, *at S. Keterniga recte*), de Wermingtun, (hic *S.* addit *de Peikircha*), de ecclesia de Undele, unam marcam argenti. De ecclesia de Bernak decem solidos; de Marham decem solidos; de terra de Groham unam marcam; de Hirtlingburch, de Aldewincle, et de Stanwigge duas partes decimæ dominii; de Thornhage et de Witering duas partes decimæ dominii Galfridi de Sancto Medardo; duas partes decimæ Rogeri de Torpel, Yvonis de Gunnetorp, Galfridi Fawel, Ascelini de Tot, Roberti Peverel, Turoldi de Miltun, Hugonis de Gimiges, Guidonis Malfet, Willelmi de Cloptune; Martini de Pappele, Rogeri de Wodecroft, Gilberti de Bernoke, Galfridi filii Sucin, Radulfi de Glinton, Richardi Salide de Badinton (*et Selide de Badingtona S. fol.* 100), Roberti de Wauton, Roberti de Wodecroft; de Soca de Glinton, et totam decimam dominii Gilberti clerici de Uffewrte. De Alurico de Witherington duos solidos, de Ansfrido de Turlebi duodecim denarios, de Odone de Witheringtun duodecim denarios, Pilergate cum soca, ecclesiam de Castre, cum capellis et decimis, et terris et omnibus ad eam pertinentibus, terram Alsuarti de Burch, et quindecim acras juxta grangias abbatis de Burch; paludes de Wodehithe (*Wudehyda S.*) usque ad Lawe, terram Godrici Lefled in Huntendon (Huntendone), servitium Alurici cæmentarii; Ælredi sutoris (*Egelredi S.*), Gualteri Anglici, Lefwini (*Leawini S.*) carpentarii, Godwinicarlet Sinodi foci (*Coci S. Sinothi Coci W.*), Alarici, Normanni secretarii. De Roberto de Wodecroft septem solidos pro una mansura in Burch, et pro terra quam tenet in soca de Glintun, et pro terra quam Bonde tenet in Peikirke duos solidos, terram quæ fuit Littlebrandi in Burch et duas domos, quas tenet Ulricus (Alfricus S.) sacerdos. De Radulfo (*omnia usque ad*, Nullus ergo rex *desiderantur in S.*) de la Mare unoquoque anno decem solidos, quinque autem in Dominica Ramorum Palmarum, ad celebrandum anniversarium domni Turoldi abbatis, quinque vero ad festivitatem Sancti Michaelis pro anima uxoris suæ. De Guidone de Miltun quinque solidos. Hæc privilegia et munitiones abbas Martinus Romæ acquisivit. Et quia stylus noster adhuc in his est, nullus ergo rex, vel princeps seu quælibet persona potens, ecclesiastica vel sæcularis, hæc eadem bona ab officio sacristiæ temere removere, auferre, retinere, minuere, seu quibuslibet molestiis fatigare præsumat. Sed si quid ibi mutandum, augendum vel minuendum fuerit, abbatis et communi fratrum, vel sanioris partis consilio et assensu fiat. Si quis autem contra hujus nostræ constitutionis paginam sciens temere venire præsumpserit, a sacratissimo corpore ac sanguine Dei ac Domini nostri Jesu Christi alienus fiat, atque in extremo examine districtæ ultioni subjaceat. Amen, amen, amen. (*Eugenio cæterisque prænominatis in superiori bulla subscribentibus.*)

Datum Viterbii per manum Guidonis sanctæ Romanæ Ecclesiæ diaconi cardinalis et cancellarii, decimo tertio Kalendarum Januarii, indictione decima, Incarnationis Dominicæ anno millesimo centesimo quadragesimo sexto, pontificatus vero domni Eugenii III papæ anno secundo.

CXXXIV.
Ad T[heobaldum] episcopum Veronensem. — Monet ut excommunicationem in canonicorum hostes editam a presbyteris Runchensibus et aliis observari jubeat.
(Anno 1146, Dec. 23.)

[UGHELLI, *Italia sacra*, V, 785.]

EUGENIUS episcopus, servus servorum Dei, venerabili fratri T. Veronen. episcopo, salutem et apostolicam benedictionem.

Memoriter te credimus retinere, quod excommunicationem in persecutores Veronensis Ecclesiæ, et interdictum civitatis a te canonice promulgatum sedis apostolicæ auctoritate firmavimus, et firmiter teneri præcepimus. Sed, sicut accepimus, ipsum interdictum et excommunicatio nec a presbyteris de Runcho, nec a multis aliis servatur. Quia igitur parum proderit sacrilegos interdicere, vel excommunicare, si sententia observata non fuerit, per apostolica tibi scripta mandamus, atque præcipimus quatenus illud, et illam etiam quam in presbyteros de Runcho pro contemptu et inobedientia canonice promulgasti, usque ad condignam satisfactionem observari firmiter facias. De aliis quoque presbyteris qui eam observare contempserunt, secundum institutionem canonum nihilominus justitiam facias, et Odel. et Saccetum et Eleazarum ab infestatione canonicorum cessare ecclesiastica censura coerceas. Tu quoque eorumdem fratrum tuorum pro debito tui officii paci et tranquillitati studiose providas.

Dat. Viterbii, x Kal. Januar.

CXXXV.

Ad L[otharium] episcopum Vicentinum. — Ut de archipresbytero S. Bonifacii, qui excommunicatis communicaverit, pœnas capiat.

(Anno 1146, Dec. 23.)

[UGHELLI, *Italia sacra*, V, p. 786.]

EUGENIUS episcopus, servus servorum Dei, venerabili fratri L. Vicentino episcopo, salutem et apostolicam benedictionem.

Perlatus est clamor ad aures nostras, quod archipresbyter S. Bonifacii quibusdam malefactoribus, pro damnis et injuriis Veronen. Ecclesiæ illatis excommunicatis, communicare præsumit, et uni etiam ex ipsis temerario ausu crucem imposuit, in quo quantum deliquerit fraternitati tuæ non credimus esse incognitum. Quocirca per apostolica tibi scripta mandamus atque præcipimus, quatenus talem de ipso archipresbytero justitiam facias, ut ipse præsumptionis suæ dignam sentiat ultionem, et alii suæ correctionis exemplo similia timeant perpetrare.

Dat. Viterbii, x Kal. Jan.

CXXXVI.

Privilegium pro monasterio S. Georgii in Prufeningensi diœcesi.

(Anno 1146, Dec. 23.)

[HUND., *Metropol. Salisburg.*, III, 132.]

EUGENIUS episcopus, servus servorum Dei, dilectis filiis ERBONI abbati monasterii S. Georgii Brufeningensis, ejusque fratribus tam præsentibus quam futuris, regularem vitam professis, in perpetuum.

Ad hoc universalis Ecclesiæ cura nobis a provisore omnium bonorum Deo commissa est, ut religiosas diligamus personas, et beneplacentem Deo religionem studeamus modis omnibus propagare. Nec enim ideo gratus aliquando famulatus impenditur, nisi ex charitatis radice procedens, a pravitate fuerit conservatus. Oportet ergo omnes Christianæ fidei amatores religionem diligere, et loca venerabilia cum ipsis personis, divino officio mancipatis, attentius confovere, ut nullis pravorum hominum agitentur molestiis, vel importunis angariis fatigentur. Hujus rei gratia, dilecti in Domino filii, vestris justis postulationibus clementer annuimus, et præfatum beati Georgii Brufeningensis monasterium, in quo divino mancipati estis obsequio, sub beati Petri et nostra protectione suscipimus et præsentis scripti privilegio communimus, statuentes ut quascunque possessiones, quæcunque loca, ab Ottone bonæ memoriæ Babenbergensi episcopo, et Engilberto successore ejus, canonice vestro monasterio sunt oblata, aut inposterum ab eorum successoribus, sive ab aliis Dei fidelibus simili modo, seu concessione pontificum, liberalitate regum, largitione principum, oblatione fidelium aut etiam rationabilibus aliis modis, præstante Domino, eidem loco conferri contigerit, firma vobis vestrisque successoribus et illibata permaneant. In quibus hæc propriis duximus exprimenda vocabulis : Ecclesiam Schambach, Homburch cum appendiciis, Gebenpach cum appendiciis, Oberdorf cum vineis adjacentibus, ecclesiam Neunkirchen, Irenreut, Dietpurgreut cum appendiciis suis; Avve, Achebach, Buche, Bruckedorf. Sane laborum vestrorum quos propriis manibus et sumptibus colitis, sive de nutrimentis vestrorum animalium, nullus omnino a vobis decimas exigere præsumat. Adjicimus etiam ut in ecclesiis quæ in fundo monasterii vestri sunt, liceat vobis honestos eligere sacerdotes, qui nimirum per vos episcopo præsententur, atque si idonei fuerint, ab eodem episcopo curam animarum suscipiant eique de spiritualibus, vobis vero de temporalibus respondeant. Quod si commune in terra illa fuerit interdictum, exclusis ab ecclesia vestra excommunicatis et interdictis, clausis januis, liceat vobis submissa voce divina officia celebrare. Sepulturam quoque ejusdem monasterii liberam esse concedimus, ut eorum, qui se illic sepeliri deliberaverint, devotioni et extremæ voluntati, nisi forte excommunicati vel interdicti sint, nullus obsistat ; salva justitia matricis ecclesiæ.

Decernimus ergo, ut nulli omnino hominum liceat præfatum monasterium temere perturbare, aut ejus possessiones auferre, vel ablatas retinere, imminuere, seu quibuslibet vexationibus fatigare, sed omnia integra conserventur eorum pro quorum gubernatione et sustentatione concessa sunt, usibus omnimodis profutura, salva sedis apostolicæ auctoritate et diœcesani episcopi canonica justitia. Si qua igitur in futurum ecclesiastica sæcularisve personas hujus nostræ constitutionis paginam sciens, contra eam temere venire tentaverit, secundo tertiove commonita, nisi reatum suum congrua satisfactione correxerit, potestatis honorisque sui dignitate careat, reamque se divino judicio existere de perpetrata iniquitate cognoscat, et a sacratissimo corpore et sanguine Dei et Domini Redemptoris nostri Jesu Christi aliena fiat, atque in extremo examine districtæ ultioni subjaceat. Cunctis autem eidem loco justa servantibus, sit pax Domini nostri Jesu Christi, quatenus et hic fructum bonæ actionis percipiant, et apud districtum judicem præmia æternæ pacis inveniant. Amen.

Ego Eugenius Catholicæ Ecclesiæ episcopus subscripsi.

Ego Theodewinus S. Rufinæ episcopus ss.

Ego Gregorius presb. card. tit. S. Calixti ss.

Ego Guido presb. cardinal. tit. Sancti Chrysogoni ss.

Ego Ubaldus presb. card. tit. Sanctorum Joannis et Pauli ss.

Ego Aribertus presb. card. S. Anastasiæ ss.

Ego Julius presb. card. tit. S. Marcelli ss.

Ego Imarus Tusculanus episcopus ss.

Ego Otto diac. card. tit. S. Georgii ad Velum Aureum ss.

Ego Guido in Romana Ecclesia altaris minister ss.

Ego Joannes diac. card. S. Mariæ Novæ ss.

Ego Guido diac. card. S. Mariæ in Porticu ss.

Datum Viterbii per manum Guidonis sanctæ Romanæ Ecclesiæ diaconi cardinalis cancellarii, x Kal. Jan., indictione x, Incarnationis Dominicæ anno 1146, pontificatus vero domni Eugenii papæ III anno II.

CXXXVII.

Privilegium pro monasterio S. Margarethæ Osterhovensi.

(Anno 1146, Dec. 23.)

[*Monumenta Boica*, XII, 334.]

EUGENIUS episcopus, servus servorum Dei, dilectis filiis TRUTHMARO præposito Osterhoven. ecclesiæ Sanctæ Margaritæ, ejusque fratribus, tam præsentibus quam futuris, regularem vitam professis, in perpetuum.

Quoniam sine veræ cultu religionis charitatis unitas non potest subsistere, nec Deo gratum exhiberi officium, expedit apostolicæ auctoritati religiosas personas diligere, et earum loca pia protectione munire. Eapropter, dilecti in Domino filii, vestris justis postulationibus clementer annuimus, et ecclesiam, in qua divino mancipati estis obsequio, sub beati Petri et nostra protectione suscipimus, et præsentis scripti privilegio communimus, statuentes ut quascunque possessiones, quæcunque bona in præsentiarum juste et canonice possidetis, aut in futurum concessione pontificum, liberalitate regum, largitione principum, seu aliis justis modis, præstante Domino, poteritis adipisci, firma vobis vestrisque successoribus et illibata permaneant. Sane laborum vestrorum, quos propriis manibus aut sumptibus colitis, sive de nutrimentis animalium vestrorum, nullus omnino a vobis decimas exigere præsumat. Statuimus quoque, ut Ordo canonicus secundum B. Augustini Regulam et institutionem fratrum Præmonstratensium perpetuis ibi temporibus inviolabiliter observetur. Addentes etiam interdicimus, ut nemini professionis vestræ facultas sit, alicujus levitatis instinctu, vel arctioris religionis obtentu, sine præpositi vel congregationis vestræ licentia de claustro discedere; quod si discesserit, nullus episcoporum, nullus abbatum, nullus omnino hominum, sine communium litterarum cautione eum audeat retinere. Si vero secundo tertiove vocatus redire contempserit, liceat ejusdem loci præposito canonicam in eum proferre sententiam. Liceat quoque vobis in communi interdicto ipsius terræ, exclusis excommunicatis et interdictis, submissa voce officia celebrare. Porro sacramenta ecclesiastica a diœcesano suscipietis episcopo, siquidem catholicus fuerit, et gratiam atque communionem apostolicæ sedis habuerit, eaque vobis gratis et sine pravitate aliqua voluerit exhibere; alioquin catholicum quemcunque malueritis adeatis antistitem, qui nimirum nostra fultus auctoritate, quod postulatur indulgeat. Prohibemus insuper, ut nullus advocatus locum vestrum sive homines, vel bona ad ipsum pertinentia, injustis aut indebitis audeat exactionibus fatigare. Sepulturam quoque ipsius loci liberam esse concedimus, ut eorum, qui se illic sepeliri deliberaverint, devotioni et extremæ voluntati, nisi forte excommunicati vel interdicti fuerint, nullus obsistat: salva justitia matricis ecclesiæ.

Decernimus igitur, ut nulli omnino hominum liceat præfatam Ecclesiam temere perturbare aut ejus possessiones auferre, vel ablatas retinere, minuere, vel quibuslibet vexationibus fatigare; sed omnia integra conserventur eorum, pro quorum gubernatione et sustentatione concessa sunt, usibus omnimodis profutura, salva sedis apostolicæ auctoritate et diœcesani episcopi canonica justitia. Si qua igitur in futurum ecclesiastica sæcularisve persona, hanc nostræ constitutionis paginam sciens, contra eam temere venire tentaverit, secundo tertiove commonita, si non reatum suum satisfactione congrua correxerit, potestatis honorisque sui dignitate careat, reamque se divino judicio existere de perpetrata iniquitate cognoscat, et a sacratissimo corpore ac sanguine Dei et Domini Redemptoris nostri Jesu Christi aliena fiat, atque in extremo examine districtæ ultioni subjaceat. Cunctis autem eidem loco justa servantibus, sit pax Domini nostri Jesu Christi, quatenus et hic fructum bonæ actionis percipiant, et apud districtum judicem præmia æternæ pacis inveniant. Amen.

Datum Viterbii, x Kal. Januarii, indict. x, anno Domini 1146, pontificatus domni Eugenii III papæ anno II.

CXXXVIII.

Privilegium pro monasterio Windbergensi.

(Anno 1146, Dec. 23.)

[HUND., *Metropol. Salisb.*, III, 490.]

EUGENIUS episcopus, servus servorum Dei, dilectis filiis GEBEHARDO præposito ecclesiæ de Wideberg, ejusque fratribus tam præsentibus quam futuris, regularem vitam professis, in perpetuum.

Desiderium, quod ad religionis propositum et animarum salutem pertinere cognoscitur, animo nos decet libenti concedere, et petentium desideriis congruum impertiri suffragium. Eapropter, dilecti in Domino filii, vestris justis postulationibus clementer annuimus, et præfatam ecclesiam, in qua divino mancipati estis obsequio, sub beati Petri et nostra protectione suscipimus, et præsentis scripti privilegio communimus, statuentes, ut quæcunque possessiones, quæcunque bona in præsentiarum juste et canonice possidetis, aut in futurum concessione pontificum, largitione regum vel principum, oblatione fidelium, seu aliis justis modis, Deo propitio, poteritis adipisci, firma vobis vestrisque successoribus et illibata permaneant. In quibus hæc propriis duximus exprimenda vocabulis: Ecclesiam videlicet Saizcoviæ cum adjacente allodio et omnibus pertinentiis suis, silvam quoque adjacentem monti vestro in Mulbacensi via; Virlebach cum omnibus pertinentiis suis; Embra cum pertinentiis suis; Syrinchke cum pertinentiis suis; Mainckoven cum pertinentiis suis; Vennebach cum suis pertinentiis. Sancimus etiam juxta devotionem bonæ memoriæ Alberti comitis, vestræ ecclesiæ fundatoris, ut ille, qui de progenie sua major natu fuerit, locum vestrum et bona ad eum pertinentia pro salute animæ suæ a pravorum incursione defendat et nullus in eis exactiones imponat. Quod si inutilis fuerit, liceat vobis ipsum consilio Babergensis episcopi ab ipsa defensione removere, et alium idoneum substituere. Sane laborum vestrorum quos propriis manibus aut sumptibus colitis, sive de nutrimentis vestrorum animalium, nullus omnino a vobis decimas exigere præsumat. Statuimus quoque ut Ordo canonicus secundum B. Augustini Regulam et institutionem fratrum Præmonstratensium perpetuis ibi temporibus inviolabiliter conservetur. Ad lentes etiam interdicimus, ut nemini vestræ professionis facultas sit, alicujus levitatis instinctu, vel arctioris religionis obtentu, sine licentia præpositi vel congregationis vestræ de claustro discedere. Quod si discesserit, nullus episcoporum, nullus abbatum, nullus monachorum absque communium litterarum cautione eum audeant retinere. Si vero secundo tertiove vocatus redire contempserit, liceat ejusdem loci præposito canonicam in eum proferre sententiam. Liceat quoque vobis, in communi interdicto ipsius terræ, exclusis excommunicatis et interdictis, submissa voce divina officia celebrare. Porro sacramenta ecclesiastica a diœcesano suscipietis episcopo, siquidem catholicus fuerit, et gratiam atque communionem apostolicæ sedis habuerit, eaque vobis gratis et sine pravitate voluerit exhibere; alioquin catholicum quemcunque malueritis adeatis antistitem, qui nimirum nostra fultus auctoritate, quod postulatur indulgeat. Sepulturam quoque ipsius loci liberam esse concedimus, ut eorum, qui se illic sepeliri deliberaverint, devotioni et extremæ voluntati, nisi forte excommunicati vel interdicti sint, nullus obsistat, salva justitia matricis ecclesiæ.

Decernimus ergo, ut nulli omnino hominum liceat præfatam ecclesiam temere perturbare aut ejus possessiones auferre, vel ablatas retinere, minuere, aut aliquibus vexationibus fatigare; sed omnia conserventur eorum, pro quorum gubernatione et sustentatione concessa sunt, usibus omnimodis profutura, salva sedis apostolicæ auctoritate et diœcesani episcopi canonica justitia. Si qua igitur in futurum ecclesiastica sæcularisve persona, hanc nostræ constitutionis paginam sciens, contra eam temere venire tentaverit, secundo tertiove commonita, si non satisfactione congrua emendaverit, potestatis honorisque sui dignitate careat, reamque se divino judicio existere de perpetrata iniquitate cognoscat, et a sacratissimo corpore ac sanguine Dei ac Domini Redemptoris nostri Jesu Christi aliena fiat, atque in extremo examine districtæ ultioni subjaceat. Cunctis autem eidem loco justa servantibus, sit pax Domini nostri Jesu Christi, quatenus et hic fructum bonæ actionis percipiant, et apud districtum judicem præmia æternæ pacis inveniant. Amen, amen, amen.

Datum Viterbii per manum Guidonis sanctæ Romanæ Ecclesiæ diaconi cardinalis et cancellarii, x Kal. Januarii, indictione x, Incarnationis Dominicæ anno 1146, pontificatus vero domni Eugenii III papæ anno II.

CXXXIX.
Privilegium pro monasterio Sanctæ Mariæ Abbendonensi.
(Anno 1146, Dec. 23.)
Monasticon Anglicanum, I, 107.]

EUGENIUS episcopus, servus servorum Dei, dilectis filiis INGULFO abbati monasterii Sanctæ Mariæ de Abbendona, ejusque fratribus tam præsentibus quam futuris, regularem vitam professis in perpetuum, salutem.

Piæ postulatio voluntatis effectu debet sequente compleri, quatenus et devotionis sinceritas laudabiliter enitescat, et utilitas postulata, vires indubitanter assumat. Eapropter, dilecti in Domino filii, vestris justis postulationibus clementer annuimus, et præfatam Sanctæ Dei Genitricis ecclesiam, in qua divino mancipati estis obsequio, sub beati Petri et nostra protectione suscipimus et præsentis scripti privilegio communimus, statuentes ut quæcunque possessiones, quæcunque bona inpræsentiarum juste et canonice possidetis aut in futurum, concessione pontificum, liberalitate regum, largitione principum, oblatione fidelium, seu aliis justis modis, præstante Domino, poteritis adipisci, firma vobis vestrisque successoribus et illibata permaneant. In quibus hæc propriis duximus exprimenda vocabulis: Ipsum locum in quo monasterium vestrum fundatum est; Hundredum de Hornimera, Abbandonam, et forum cum libertatibus et consuetudinibus omnibus, sicut reges Angliæ eas vobis concesserant, cum Cumennora et Bertuna et omnibus appendiciis Hundredi, Mercham, Middletunam, Draitonam, Saringesford, Wlachenesfeld cum omnibus appendiciis suis; ecclesiam S. Mariæ de Colum cum pertinentiis suis. Ecclesiam de Cinsentuma et duas hydas cum eis quæ adjacent; ecclesiam Sanctorum Innocentum et hospitia nostra quæ juxta ecclesiam sunt apud Lundonias, via Westmonasteri; ecclesiam Sancti Martini, et ecclesiam Sancti Aldadi, et quidquid terræ et juris habetis apud Drenford; ecclesiam de Miuncham; ecclesiam de Sustuna, Lating, Garing, Fernebergam, Witteham, Apesford cum appendiciis suis; Offentonam, Gosi, Urdeham, Cerm, Wuelteford, Chivelaun, Vuinekefeto, Visseleam, cum appendiciis suis: Chuleham, Chutesdonam, Leonechenoram, Thademertonam, Beredenam, Lechamsterdam, Lemvartonam, Tubbenciam, Linfordam, Fageflor, cum omnibus quæ adjacent. In Gloucestriæ Schira Dulueltunam, et Cirne, cum appendiciis suis. In Chiltona quinque hydas. In Pesth duas hydas. In Dencheswrdea septem hydas. In Boclanda quinque hydas; in Chadeleswrda quatuor hydas quæ fuerunt Radulphi Basset. In Gersendona viginti hydas; in Cestretona unam hydam. In Hulla duas hydas. In Bereford quinque hydas. In Hernicota duas hydas; in Sultuna unam hydam et molendinum de Henovara. In Fencota unam hydam. In Benneham duas hydas ex dono Humfridi de Bohun. In Niveham unam piscariam cum appendiciis. In Colebroch quidquid terræ et juris habetis ex dono Milonis Crispini et Roberti Germm. In Dumeltuna unam hydam ex dono Willielmi Guizemboez, et dimidiam hydam ex dono Henrici regis. In Stretona unam hydam et tres virgatas ex dono Henrici de Albennelo. Obeunte autem te nunc ejusdem loci abbate, vel tuorum quolibet successorum, nullus ibidem qualibet subreptionis astutia vel violentia præponatur, nisi quem fratres communi consensu, vel fratrum pars consilii sanioris, secundum Dei timorem et beati Benedicti Regulam providerint eligendum. Prohibemus insuper ut nullus post factam ibidem professionem, absque abbatis et fratrum suorum licentia de eodem monasterio audeat discedere; discedentem vero nullus audeat retinere.

Statuimus quoque, ut monasterio vestro in quo fratres regularem vitam professi degunt nulli, omnino liceat secundum beati Benedicti Regulam ibidem constitutum ordinem immutare; nullus etiam episcoporum futuris temporibus audeat ejusdem religionis fratres de monasterio vestro, abbate et fratribus minus consentientibus, expellere. Sepulturam quoque monasterii liberam esse concedimus, ut qui se illic sepeliri deliberaverint devotioni et extremæ voluntati, nisi forte excommunicati sint, nullus obsistat. Præterea libertates omnes et rationabiles monasterii vestri consuetudines a regibus Angliæ et episcopis vestris vobis concessas et scriptis eorum confirmatas, sicut eas hactenus in pace habuistis et tenuistis, vobis in perpetuum confirmamus.

Decernimus ergo ut nulli omnino hominum liceat præfatum monasterium temere perturbare, aut ejus possessiones auferre, vel ablatas retinere, minuere, vel quibuslibet vexationibus fatigare; sed omnia integra conserventur eorum pro quorum gubernatione et sustentatione concessa sunt, usibus omnimodis profutura, salva sedis apostolicæ auctoritate et diœcesanorum episcoporum canonica justitia et reverentia. Si qua igitur in futurum ecclesiastica sæcularisve persona, hujus nostræ constitutionis paginam sciens, contra eam temere venire tentaverit, secundo tertiove commonita, si non reatum suum congrua satisfactione correxerit, potestatis honorisque sui dignitate careat, reamque se divino judicio existere de perpetrata iniquitate cognoscat, et a sacratissimo corpore et sanguine Dei ac Domini Redemptoris nostri Jesu Christi aliena fiat, atque in extremo examine districtæ ultioni subjaceat. Cunctis autem eidem loco sua jura servantibus, sit pax Domini nostri Jesu Christi, quatenus et hic fructum bonæ actionis percipiant, et apud districtum judicem præmia æternæ pacis inveniant. Amen, amen.

Ego Eugenius Catholicæ Ecclesiæ episcopus ss
Ego Conradus Sabinensis episcopus s.
Ego Imarus Tusculanus episcopus subscripsi.
Ego Gregorius presb. card. tit. Calixti subscripsi.
Ego Guido presbyt. card. tit. S. Chrysogoni s.
Ego Ubaldus presb. card. tit. S. Crucis in Jerusalem s.
Ego Guido presbyt. card. tit. Sanctorum Laurentii et Damasi s.
Ego Bernardus presb. card. tit. S. Clementis s.
Ego Manfredus presb. card. tit. Sanctæ Sabinæ s.
Ego Jordanus presb. card. tit. S. Susannæ s.
Ego Odo diac. card. S. Georgii ad Velum Aureum s.
Ego Joannes diac. card. S. Mariæ Novæ s.
Ego Cithius diac. card. SS. Sergii et Bacchi s.
Ego Bernardus diac. card. S. Romanæ Ecclesiæ subscripsi.

Datum Viterbii per manum Guidonis S. Romanæ Ecclesiæ diaconi cardinalis et cancellarii, decimo Kalendas Januarii, indictione x, Incarnationis Dominicæ anno 1146, pontificatus vero domni Eugenii papæ tertii anno secundo.

CXL.

Regularis ordo Canonicorum S. Augustini Claustroneoburgi institutus, una cum cæteris privilegiis et immunitatibus, tam in temporalibus quam in spiritualibus, auctoritate apostolica confirmantur.

(Anno 1146, Dec. 27.)

[Pez. *Thes. Anecdot.*, VI, 1, 338, ex originali.]

Eugenius episcopus, servus servorum Dei, dilectis filiis Marquardo præposito et fratribus in cœnobio Sanctæ Mariæ Nivuenburgensis, quod in Pataviensi episcopatu situm est, canonicam vitam professis, tam præsentibus quam futuris, in perpetuum.

Cum omnibus Ecclesiis et ecclesiasticis personis debitores ex injuncto nobis a Domino apostolatus officio existamus, illis tamen propensiori cura nos convenit imminere, quos ad omnipotentis Dei servitium et observationem regularis ordinis amplius anhelare cognoscimus. Eapropter, dilecti in Domino filii, vestris justis postulationibus clementer annuimus, et ecclesiam Beatæ Dei Genitricis semperque virginis Mariæ, beato Petro oblatam, in quo divino mancipati estis obsequio, sub ejusdem apostolorum principis tutelam protectionemque suscipimus, et apostolicæ sedis privilegio communimus.

In primis siquidem statuentes, ut ordo canonicus, qui secundum beati Augustini Regulam in eodem loco noscitur institutus, ibidem futuris temporibus perpetuo conservetur. Bona quoque et possessiones, quas in præsentiarum eadem ecclesia juste et canonice possidet, aut in futurum concessione pontificum, liberalitate imperatorum, largitione principum, oblatione fidelium, seu aliis justis modis, præstante Domino, poterit adipisci, firma vobis vestrisque successoribus et illibata permaneant. In quibus hæc propriis ducimus exprimenda vocabulis: Fundum videlicet et plebem Niwenburgensem ex utraque parte fluminis cum decima et jure parochiali, et capellas cum suis pertinentiis. Similiter villas Altentoe, Struphigrn, Rugestorff, Haselbac, Seweindorf, Tattendorff, Hadduartesdorff, Vezendorff, Pirinbom, Eberhartesdorff, Pruche, Wilantesdorff, Miverlingen, cum cæteris prædiis et vineis vestro juri pertinentibus.

Sancimus etiam ut in capellis fundatis vel fundandis, in possessionibus vestris nullus ministret sine concessione vestra. Sententia quoque a te, præposite, vel tuorum quolibet successorum in tuos parochianos canonice promulgata, auctoritate apostolica rata teneatur. Sane laborum vestrorum, quos propriis manibus aut sumptibus colitis, sive de nutrimentis vestrorum animalium, nullus omnino a vobis decimas exigere præsumat. Porro sacramenta ecclesiastica a diœcesano accipiatis episcopo, siquidem catholicus fuerit, et gratiam atque communionem apostolicæ sedis habuerit, eaque vobis gratis et sine pravitate aliqua voluerit exhibere: alioquin catholicum, quemcunque malueritis, adeatis antistitem, qui nimirum nostra fultus auctoritate, quod postulatur indulgeat.

Sepulturam quoque loco vestro liberam esse concedimus, ut eorum, qui se illic sepeliri deliberaverint, devotioni et extremæ voluntati, nisi forte excommunicati vel interdicti sint, nullus obsistat, salva justitia matricis ecclesiæ. Obeunte vero te nunc ejusdem loci præposito, vel ad ecclesiæ alterius regimen transeunte, vel tuorum quolibet successorum, nullus ibi qualibet subreptionis astutia seu violentia præponatur, vel substituatur, nisi quem fratres communi consensu, aut fratrum pars consilii sanioris secundum Dei timorem et beati Augustini Regulam canonice providerint eligendum. Addentes etiam interdicimus, ut nemini professionis vestræ facultas sit, alicujus levitatis instinctu, vel acrioris religionis obtentu, sine præpositi vel congregationis licentia de claustro discedere ; quod si discesserit, nullus episcoporum, nullus abbatum, nullus monachorum, sine communium litterarum cautione suscipiat, quandiu videlicet in ecclesia vestra canonici ordinis tenor, Domino præstante, viguerit. Si vero secundo vel tertio vocatus, redire contempserit, liceat ejusdem loci præposito canonicam in eum proferre sententiam.

Devote quoque petitioni vestræ congregationis annuentes, præsenti decreto sancimus, ut nullus præfatæ ecclesiæ advocatus, nisi de domo et progenie bonæ memoriæ Liupaldi marchionis, vestro tamen electus arbitrio constituatur, dum videlicet nullum gravamen vel exactio eidem loco pro ipsius patrocinio inferatur. Quod si ipse inutilis præfatæ ecclesiæ apparuerit et secundo tertiove commonitus non emendaverit, liceat vobis ac vestris eum a procuratione ejusmodi removere, eique alium idoneum substituer

Decernimus ergo ut nulli omnino hominum liceat præfatam ecclesiam temere perturbare, aut ejus possessiones auferre, vel ablatas retinere, minuere, seu quibuslibet vexationibus fatigare ; sed omnia integra conserventur, eorum pro quorum gubernatione et sustentatione concessa sunt, usibus omnimodis profutura, salva sedis apostolicæ auctoritate et diœcesani episcopi canonica justitia. Ad indicium autem perceptæ hujus a Romana Ecclesia libertatis, unum bizanctium nobis nostrisque successoribus annis singulis persolvetis.

Si qua igitur in futurum ecclesiastica sæcularisve persona, hujus nostræ constitutionis paginam sciens, contra eam temere venire tentaverit, secundo tertiove commonita, nisi reatum suum congrua satisfactione correxerit, potestatis honorisque sui dignitate careat, reamque se divino judicio existere de perpetrata iniquitate cognoscat, et a sacratissimo corpore ac sanguine Dei et Domini Redemptoris nostri Jesu Christi aliena fiat, atque in extremo examine districtæ ultioni subjaceat. Cunctis autem eidem loco justa servantibus sit pax Domini nostri Jesu Christi, quatenus et hic fructum bonæ actionis percipiant, et in futuro præmia æternæ pacis inveniant. Amen, amen, amen.

Ego Eugenius Catholicæ Ecclesiæ episcopus subscripsi.

Ego Gregorius presbyter tituli Calisti ss.

Ego Oddo diac. card. S. Georgii ad Velum Aureum ss.

Ego Guido pbr. card. tt. S. Chrysogoni ss.

Ego Theodewinus S. Rufinæ eps. ss.

Ego Imarus Tusculanus eps. ss.

Ego Guido in Romana Ecclesia altaris minister indignus ss.

Ego Hubaldus pbr. card. tit. S. Crucis in Jerusalem ss.
Ego Guido S. R. E. indignus diaconus ss.
Ego Guido diac. card. S. Mariæ in Porticu ss.
Ego Johannes diac. card. S. Mariæ Novæ ss.
Ego Petrus diac. card. S. Mariæ in via Lata ss.

Data Viterbi per manum Guidonis S. Rom. Eccl. diaconi card. et cancellarii, vi Kalendas Januarii, indictione x, Incarnationis Dominicæ anno 1146, pontificatus vero domini Eugenii III PP. anno secundo.

CXLI.

Eberhardo episcopo Bambergensi jus pallii aliaque privilegia concedit.

(Anno 1146, Dec. 31.)

[USSERMAN, *Episcop. Bamberg*, Prob., 103.]

EUGENIUS episcopus.... EBERHARDO Babenbergensi episcopo ejusque successoribus canonice substituendis, in perpetuum.

Cum universis sanctæ Ecclesiæ filiis debitores ex injuncto nobis a Deo apostolatus officio existamus, illis tamen locis atque personis propensiori nos convenit charitatis studio imminere, quæ ad sedem apostolicam noscuntur specialius pertinere.

Hujus rei gratia, venerabilis frater Eberharde episcope, quem... ordinationibus clericorum, etc., *ut in privilegio Innocentii* II, *dat. an.* 1139, *Oct.* 20 (*Patrol.* CLXXIX, *sub num.* 420). In festivitate beati Heinrici regis, cujus corpus in eadem ecclesia requiescere creditur. Cujus profecto pallii.... *equitare, ut loco cit.*

Datum Viterbii per manum Guidonis, sanctæ Romanæ Ecclesiæ diaconi card. et cancell., II Kal. Jan., indict. x, Incarnat. Dominicæ ann. 1146, pontificatus vero domini Eugenii III pp. ann. II.

CXLII.

Conrado Romanorum regi Henricum Moraviensem episcopum remittit et commendat.

(Anno 1146, Dec. 31.)

[BOCZEK, *Cod. diplom. Morav.*, I, 238.]

EUGENIUS episcopus, servus servorum Dei, charissimo in Christo filio CONRADO, illustri Romanorum regi, salutem et apostolicam benedictionem.

Pro dilecto filio nostro C. [Eberhardo] Babenbergensi electo, nobilitatis tuæ et multorum religiosorum ac discretorum virorum litteras et preces recepimus, et diligenter attendimus. Et quamvis Babenbergensem Ecclesiam tanquam specialem sedis apostolicæ filiam et personam ipsam pro scientia et honestate sua plurimum diligamus, vestris precibus tamen et personæ commendationibus incitati, Spiritus sancti gratia invocata propriis tanquam beati Petri manibus in ejusdem ecclesiæ episcopum consecravimus, atque his, quæ de dignitate ecclesiæ suæ a prædecessoribus nostris statuta sunt, innovatis, ipsum cum gratia sedis apostolicæ et litterarum nostrarum prosecutione ad ecclesiam suam remisimus. De duce vero Polonico, unde similiter preces tuas recepimus, dilectionem tuam scire volumus quod nos proxima mediante XL ipsius nuntios exspectamus. Et si tunc venerint, nos rei veritate diligentius inquisita, quod cum honore Dei facere potuerimus pro amore tuo libenter faciemus, sicut qui personam tuam, tanquam specialem B. Petri militem, vera in Domino charitate diligimus et preces tuas secundum Deum volumus exaudire. Præterea venerabilem fratrem nostrum Heinricum, Moraviensem episcopum pro ipsius religione et honestate et sua etiam commendatione paterna benignitate recipimus. Et quamvis ipsum tanquam religiosum et Deo amabilem virum nobiscum aliquandiu in maximo honore et dilectione libentissime teneremus, tamen quoniam tibi necessarium novimus, ipsum tuæ nobilitati duximus remittendum. Versa itaque vice eum dilectioni tuæ propensius commendamus. Rogamus ut eum pro nostro amore de charo chariorem habeas, et ipsius salubribus admonitionibus humiliter acquiescas.

Datum Viterbii, II Kalend. Januarii.

CXLIII.

Privilegium pro monasterio S. Nicolai Septem-Fontium.

(Anno 1146.)

[HUGO, *Ann. Præm.*, II, 1189.]

EUGENIUS episcopus, servus servorum Dei, dilectis filiis BESCELINO abbati Septem-Fontium, ejusque fratribus, tam præsentibus quam futuris, regularem vitam professis, in perpetuum.

Ad hoc universalis Ecclesiæ cura nobis a provisore omnium bonorum Deo commissa est, ut religiosas diligamus personas et beneplacentem Deo religionem studeamus modis omnibus propagare. Neque enim Deo gratus aliquando famulatus impenditur, nisi ex charitatis radice procedens, a puritate religionis fuerit conservatus. Eapropter, dilecti in Domino filii, vestris justis postulationibus clementer annuimus et Beati Nicolai ecclesiam, salvo censu duodecim denariorum Catalaunensium ecclesiæ beati Petri de Monte, sub beati Petri et nostra protectione suscipimus et præsentis scripti privilegio communimus; statuentes ut quascunque possessiones, quæcunque bona eadem ecclesia in præsentiarum juste et canonice possidet, aut in futurum concessione pontificum, largitione regum vel principum, oblatione fidelium, seu aliis justis modis, Deo propitio, poterit adipisci, firma vobis vestrisque successoribus et illibata permaneant. In quibus hæc propriis duximus exprimenda vocabulis : Ex dono comitis Theobaldi locum qui dicitur Novus cum appendiciis suis, assensu Bartholomæi episcopi et Bartholomæi thesaurarii Laudunensis. Ex dono Raynaldi archiepiscopi et Ecclesiæ Remensis, sedem molendini in loco qui dicitur Wandra, quidquid Bartholomæus et filius ejus similiter Bartholomæus vobis in eleemosynam contulerunt; agrum Bovonis assensu filii sui Walteri et Hugone de Fixa cum uxore sua annuente vobis concessum. Ex dono

Godefridi Lingonensis episcopi ecclesiam de Andelo, ecclesiam de Sancto Apro cum appendiciis suis. Ex dono Henrici Tullensis episcopi allodium de Boanivilla, ecclesiam de Geburvat. Ex dono Gaufridi de Jovilla locum qui dicitur Septem-Fontium, cum appendiciis suis ; decimas ipsius loci a capitulo Molismensi, sub censu duorum solidorum Tullensis monetæ. Ex dono Haimonis et Odonis locum qui dicitur Radun. Ex dono Gosberti locum qui dicitur Bonus. Concordia inter vos et ecclesiam de Crista, de pascuis et aliis, et illam etiam inter vos et monachos de Saxifontana, de terra Sanctæ Mariæ, rationabiliter factas, præsentis scripti pagina confirmamus. Sane laborum vestrorum quos propriis manibus aut sumptibus colitis, sive de nutrimentis vestrorum animalium nullus omnino clericus vel laicus decimas a vobis exigere præsumat. Sancimus etiam ut Ordo canonicus secundum beati Augustini Regulam et fratrum Præmonstratensium rationabiles institutiones perpetuis ibidem temporibus inviolabiliter conservetur. Nullique fratrum conversorum, post factam professionem, absque abbatis et capituli permissione liceat ex eodem claustro discedere ; discedentem vero nullus audeat retinere.

Decernimus ergo ut nulli omnino hominum liceat præfatam Ecclesiam temere perturbare, aut ejus possessiones auferre, vel ablatas retinere, minuere, aut aliquibus vexationibus fatigare, sed omnia integra conserventur eorum, pro quorum gubernatione et sustentatione concessa sunt, usibus omnimodis profutura, salva sedis apostolicæ auctoritate et diœcesani episcopi canonica justitia. Si qua igitur in futurum ecclesiastica sæcularisve persona, hanc nostræ constitutionis paginam sciens, contra eam temere venire tentaverit, secundo tertiove commonita, si non satisfactione congrua emendaverit, potestatis honorisque sui dignitate careat, reamque se divino judicio existere de perpetrata iniquitate cognoscat, et a sacratissimo corpore ac sanguine Dei et Domini Redemptoris nostri Jesu Christi aliena fiat atque in extremo examine districtæ ultioni subjaceat. Cunctis autem eidem loco jura sua servantibus, sit pax Domini nostri Jesu Christi, quatenus et hic fructum bonæ actionis percipiant, et apud districtum judicem præmia æternæ pacis inveniant. Amen, amen, amen.

Ego Eugenius Catholicæ Ecclesiæ episcopus.

Datum anno 1146, pontificatus vero Eugenii III papæ anno II, etc.

CXLIV.

Monasterii S. Augustini Cantuariensis possessiones et privilegia confirmat.

(Anno 1146.)

[Hujus privilegii mentio tantum exstat in chronicis W. Thorn ap. Twisden. *Hist. Angl. Script.* II 1807].

CXLV.

Ad Hugonem Antissiodorensem et Godefridum Lingonensem, episcopos, et Bernardum Clarævallensem abbatem.

(Anno 1145-47).

[Mansi, Concil., XXI, 653].

Eugenius episcopus, servus servorum Dei, venerabilibus fratribus Hugoni Antissiodorensi, et G. Lingonens. episcopis, et charissimo filio B. Claræ-vallensi abbati, salutem et apostolicam benedictionem.

Apostolicæ sedis administratio, cui, licet immeriti, deservimus, facit nos universis Ecclesiis debitores : et quemadmodum de earum pace et tranquillitate gaudemus, ita si qui eas indebitis molestiis et fatigationibus inquietant, paterno affectu dolemus, et eis tam per nos ipsos, quam per fratres nostros benigne providere solliciti sumus. Accepimus autem quod venerabile monasterium Sanctæ Mariæ de Vizeliaco filius noster W. Nivernensium comes contra justitiam et antiquam consuetudinem gravare contendat, cum dilectos filios nostros Pontium abbatem et fratres ipsius loci, atque eorum burgenses, extra villam Vizeliac. pro faciendis seu recipiendis justitiis contra privilegiorum apostolicæ sedis statuta exire constringat. Quia ergo monasterium ipsum Beati Petri juris est, et sub sanctæ Romanæ Ecclesiæ patrocinio et defensione consistit, in sua ei justitia nec possumus deesse, nec debemus. Ideoque per præsentia scripta vobis mandamus, quatenus eumdem comitem ex nostra parte districtius commonere curetis, ut de cætero neque abbatem, neque monachos, neque burgenses pro hujusmodi causis prædictam villam egredi cogat. Quod si facere attentaverit, dissimulare non poterimus quin B. Petri injuriam districtius ulciscamur.

CXLVI.

Ad Guillelmum Nivernensem comitem. — *Ut Vizeliacenses monachos et burgenses, pro facienda seu recipienda justitia, Vizeliaco exire non compellat.*

(Anno 1145-47.)

[Mansi, Concil., XXI, 649.]

Eugenius episcopus, servus servorum Dei, dilecto filio Guillelmo Nivernensi comiti, salutem et apostolicam benedictionem.

Venerabilia loca, et religiosæ personæ, quæ suam in Deo obsequio intentionem fixerunt, nullis debent gravaminibus concuti, nullis molestiis agitari. Accepimus autem, unde valde miramur, quod dilectos filios nostros, Pontium abbatem, et fratres Vizeliacensis monasterii, atque ipsorum burgenses, contra privilegiorum apostolicæ sedis statuta, pro facienda seu recipienda justitia extra Vizeliacum exire compellas. Quod tanto gravius ferimus, quanto monasterium ipsum ad sedem apostolicam specialius pertinet, et ad ejus defensionem et patrocinium proprie spectare videtur. Te ergo indignum est, et ab industria catholicorum principum penitus alietuum, ut sacrosanctæ R. ecclesiæ statuta temere ab aliquo dissolvantur, cujus privilegia divinitus radicata evelli nullatenus possunt. Per præsentia scripta nobilitati tuæ mandamus, quatenus de cætero, neque abbatem, neque monachos prædicti monasterii, sive ipsorum burgenses, pro supradictis causis extra Vizeliacum egredi cogas. Quod si monitis et mandatis nostris obedire neglexeris, dissimulare non poterimus, quin B. Petri injuriam pro nostri officii debito vindicemus.

CXLVII.

Ad eumdem. — Ut cesset ab infestatione Vizeliacensium.

(Anno 1145-47.)

[Mansi, *Concil.*, XXI, 650.]

Eugenius episcopus, servus servorum Dei, dilecto filio nobili viro Guillelmo Nivernensi comiti, salutem et apostolicam benedictionem.

Quanta devotione pater tuus apostolicæ sedi semper adhæserit, et quæ ad eam pertinere noverat, quam studiose dilexerit, et fovere ac manutenere curaverit, notitiam tuam latere non debet. Propterea B. Petrus eum, dum vixit, honoravit, provexit, et ampliavit terris, atque circa finem hujus labentis vitæ in consortio sanctorum virorum susceptum, reseratis ei regni cœlestis januis, cum sanctis agminibus in æterno palatio feliciter, sicut credimus, collocavit. Prædecessores etiam nostri ipsum affectione debita dilexerunt, et in suis necessitatibus efficaciter adjuverunt. Nos quoque temporibus nostris personam et domum tuam, sicut specialem B. Petri familiam, paterna benignitate dileximus, honoravimus : et semper idipsum facere, ductore Deo, præoptamus, si tu parentum vestigiis inhærendo, matrem tuam sanctam Romanam Ecclesiam devotione amaveris, et quæ ad eam pertinent fovere ac manutenere curaveris. Miramur autem quod, sicut ex conquestione dilecti filii nostri Pontii Vizeliacensis abbatis didicimus, antiquam libertatem ipsius monasterii, quod utique ad proprium jus B. Petri ab ipso fundationis exordio indubitanter noscitur pertinere, conaris infringere, et novas consuetudines ac indebitas exactiones eidem filio nostro abbati moliris imponere. Non considerans tantorum et tam sanctorum apostolicorum anathematis sententiam, quæ sicut in eorum privilegiis declaratur, in perturbatores ejusdem cœnobii promulgata esse dignoscitur. Quia ergo locus ipse sub B. Petri tutela et nostra defensione specialiter consistere cernitur, et diminutionem libertatis, seu immunitatis ipsius pati non possumus, nec debemus : per præsentia scripta nobilitati tuæ mandamus, quatenus ipsum monasterium in sua libertate dimittas, et ab infestatione prædicti filii nostri Pontii ejusdem loci abbatis, pro B. Petri et nostra reverentia, omnino abstineas. Quod si ab impetitione tua cessare nolueris, nos quantum æquitatis jus exigit, tibi offerimus, et in præsentia dilecti filii nostri I., apostolicæ sedis legati, qui per partes illas, præstante Domino est in proximo rediturus, memoratum filium nostrum Pontium abbatem super causa ipsa tecum stare ad justitiam volumus : vel si forte idem legatus nimium, quod minime credimus, reditum suum distulerit, in conspectu venerabilium fratrum nostrorum S. [Samsonis] Remensis archiepiscopi, G. [Guillenci] Lingonensis episcopi, atque charissimi filii nostri B. [Bernardi] Claræ-vallensis abbatis, idem negotium discuti volumus, et mediante justitia diffiniri. Si vero neque hoc facere, neque ab infestatione ipsius abbatis, et fratrum inibi Domino militantium, cessare volueris, tolerare non poterimus, quin B. Petri patrimonium tueamur, et ab indebita oppressione tua præfatum monasterium tam per nos quam per fideles Ecclesiæ liberemus.

CXLVIII.

Ad Ludovicum Francorum regem. — De eodem argumento.

(Anno 1145-47.)

[Mansi, *Concil.*, XXI, 651.]

Eugenius episcopus, servus servorum Dei, charissimo in Christo filio Ludovico illustri Francorum regi, salutem et apostolicam benedictionem.

Summum in regibus bonum est justitiam colere Dei ecclesias in suo jure devotione debita custodire atque diligere, et in subjectis non sinere quod potestatis est fieri, sed quod æquum est, custodiri. Monasterium Vizeliacense quam proprie, quam specialiter a suæ fundationis exordio ad apostolicam sedem pertineat, et quanta cura in suæ libertatis et immunitatis integritate a Romanis pontificibus, sive regibus, et aliis principibus, eidem loco indultæ, usque ad tempora nostra per studium et exactam diligentiam prædecessorum nostrorum, et parentum tuorum custoditum sit, ejusdem loci status incolumis evidenter ostendit, et tam vicini quam longe positi recognoscunt. Nunc autem nobilis vir G. [Guillelmus] Nivernensium comes a vestigiis parentum suorum declinans, libertatem ipsius conatur infringere, et novas consuetudines atque indebitas exactiones dilecto filio nostro Pontio ejusdem loci abbati molitur imponere, non attendens anathematis sententiam quæ in perturbatores, seu infestatores ejusdem cœnobii, a tot et tam sanctis pontificibus Romanis, sicut in eorum privilegiis declaratur, promulgata esse dignoscitur. Quia ergo locus ipse juris B. Petri et sub ejus tutela et nostra defensione indubitanter consistere cernitur, atque diminutionem ipsius justitiæ pati non possumus, nec debemus, per apostolica scripta nobilitati tuæ mandamus, quatenus prædictum comitem ab inquietatione ipsius monasterii desistere facias, et in sua libertate dimittere. Quod si ab impetitione sua cessare noluerit, nos, quantum æquitatis jus exigit, ei offerimus, et in præsentia dilecti filii nostri I., apostolicæ sedis legati, qui per partes illas, præstante Domino, est in proximo rediturus, memoratum filium nostrum Pontium abbatem super causa ipsa stare ad justitiam volumus. Vel si forte idem legatus nimium, quod minime credimus, reditum suum distulerit, in conspectu venerabilium fratrum nostrorum S. [Samsonis] Remensis archiepiscopi, G. [Guillenci] Lingonensis episcopi, atque charissimi filii nostri B. [Bernardi] Claraevallensis abbatis, idem in negotium discuti volumus, et mediante justitia diffiniri. Si vero antedictus comes, neque hoc facere, neque ab infestatione ipsius abbatis et fratrum inibi Deo militantium cessare noluerit, nobis necessitas imminebit, ut beati Petri patrimonium tueamur, et ab indebita oppressione ipsius comitis, antefatum monasterium tam per nos, quam per fideles Ecclesiae liberemus. Ideoque, quoniam per excellentiorem ac devotiorem Ecclesiae fidelem ac defensorem non possumus, tuae industriae studium rogando attentius incitamus, ut ipsum comitem a tanta praesumptione firmiter revoces, et omnino prohibeas.

CXLIX.
Ad eumdem. — De eodem argumento.
(Anno 1145-47.)
[MANSI, *Concil.*, XXI, 651.]

EUGENIUS episcopus, servus servorum Dei, charissimo in Christo filio LUDOVICO illustri Francorum regi, salutem et apostolicam benedictionem.

Pro sinceri amoris et paternae affectionis praerogativa quam litteris et viva voce tibi frequenter ostendimus, si aliquando super aliquibus causis strenuitatem tuam nos rogare contingat, nostras, imo B. Petri preces in nobis debes attentius exaudire. Sed cum pro vexatione, quam Nivernensium comes Vizeliacensi monasterio contra Deum et omnem justitiam praesumptione tyrannica inferre dignoscitur, nobilitati tuae scripserimus, postmodum vehementius et atrocius quam antea ipsum monasterium oppressit, afflixit, et cum perfidis burgensibus ipsius loci non destitit impugnare, et proprium allodium et patrimonium ejusdem apostolorum principis, licet in vanum, conatur auferre. Quare autem hoc contigerit, sive quia juxta mandatum nostrum praedictum comitem a tanta praesumptione nolueris, sive neglexeris cohibere, sive idem comes commonitionem et potestatis tuae dominium parvi penderit, ignoramus. Et quoniam tam immoderatam nequitiam dissimulare impunitam non possumus, nec debemus, nobilitati tuae per iterata scripta mandamus, atque attentius exoramus, quatenus antedictum comitem districte commoneas, ut damna quae memorato monasterio intulisse dignoscitur, in integrum emendet, et locum ipsum in pace ac libertate sua dimittat. Quod si aliquam in eodem monasterio justitiam se habere confidit, nos quod justum fuerit, ei faciemus postmodum exhibere. Si vero in sua pertinacia induratus, hoc effectui mancipare contempserit, nos in personam ejus ac burgensium de Vizeliaco, excommunicationis sententiam sine appellationis remedio proferri praecepimus, et in tota terra ipsius praeter baptisterium puerorum, et morientium poenitentias, omnia divina officia prohiberi. Quocirca praesentium auctoritate mandamus, ut ex tunc ab eo tanquam ab excommunicato abstineas, et burgenses ipsos ab omnibus feriis regni tui sub banno tuo penitus prohibens, et quibuscunque inveniri potuerint, capi, et rebus suis spoliari, sicut perjuros et Ecclesiae turbatores, justitiae zelo praecipias.

CL.
Ad eumdem — De eodem argumento.
(Anno 1145-47.)
[MANSI, *Concil.*, XXI, 652.]

Per alia scripta nobilitati tuae mandavimus, quatenus Nivernensem comitem ab infestatione Vizeliacensis Ecclesiae, quae ad jus B. Petri specialiter pertinet, attentius cohiberes. Et ecce, quod sine grandi mentis afflictione non dicimus, nescimus an eum exinde magnificentia tua convenire neglexerit, an ipse noluerit jussioni tuae parere. Postquam nos propter hoc tibi nostra scripta transmisimus, idem comes durius est eamdem Ecclesiam insecutus, et nunc per se, nunc per eos qui sub ejus ditione consistunt, fratres inibi ad Dei servitium commorantes et terrere minis, et fatigare injuriis non desistit. Sane omni nostra commonitione cessante, tam illi, quam universis Ecclesiis, quae in terra tibi a Deo commissa consistunt, deberes esse praesidio, et a pravorum incursibus, maxime autem eorum qui tuis praeceptionibus acquiescunt, eas studiosius defensare. Nunc autem petitionibus et precibus nostris adhibitis, Ecclesiam ipsam non videmus ab ejus inquietationibus liberatam. Quocirca magnificentiam tuam apostolicis litteris et precibus admonemus, quatenus, sicut de nostra dilectione confidis, ita eumdem comitem ab infestatione Vizeliacensis Ecclesiae ac bonorum ejus districte cohibeas, et homines suos eum facias attentius commonere. Porro si aliquid sibi adversus ipsam Ecclesiam, aut res ejus credit juste competere, nos, ad quos provisio et regimen Ecclesiae ejusdem specialiter pertinet, si postulaverit, aequitate media per nos aut delegatos judices curabimus exhibere.

CLI.
Ad Odonem Burgundiae ducem. — De eodem argumento.
(Anno 1145-47.)
[MANSI, *Concil.*, XXI, 653.]

EUGENIUS episcopus, servus servorum Dei, dilecto in Christo filio nobili viro ODONI Burgundiae duci, salutem et apostolicam benedictionem.

Ad industriam catholicorum principum spectare dignoscitur venerabilia et Deo dicata loca affectione debita fovere, et a pravorum hominum incursibus defensare. Vizeliacense monasterium Beatae Mariae Magdalenae quam proprie, quam specialiter ad jus beati Petri pertineat, et quod a suae fundationis exordio sub apostolicae sedis tutela commissum sit, tam vicini quam longe positi recognoscunt. Ideoque de tua nobilitate plurimum confidentes, idem monasterium, et quæ ad ipsum pertinent, strenuitati tuæ duximus attentius commendandum, per præsentia scripta rogantes, quatenus locum ipsum devotionis intuitu diligas, protegas, et ab eorum infestationibus, qui antiquam ejus libertatem nituntur infringere vel turbare, pro beati Petri et nostra reverentia manuteneas et defendas. Idem scribimus Archimbaldo de Burbono, et comiti Theobaldo.

CLII.
Hugonem archiepiscopum Turonensem tam Dolensis quam cœterorum Britanniæ citerioris episcoporum metropolitam sancit.

(Anno 1147, Jan. 5.)
[MARTEN., *Thesaur.* III, 892.]

EUGENIUS episcopus, servus servorum Dei, venerabili fratri HUGONI Turonensi archiepiscopo, ejusque successoribus canonice substituendis in perpetuum.

Justitiæ et rationis ordo suadet, ut qui sua desiderat a successoribus mandata servari, decessorum suorum voluntatem et statuta custodiat. Prædecessor siquidem noster felicis memoriæ papa Innocentius controversiam, quæ de prælatione Turonensis Ecclesiæ et subjectione Dolensis inter earum pastores jam diu agitata est, venerabili fratri nostro Gaufrido Carnotensi episcopo, tunc apostolicæ sedis legato cognoscendam, terminandamque commisit: quæ cum in ejus præsentia in pluribus locis Galliæ tractata esset, et necdum fine debito terminata, Dolensis archiepiscopus ad ejusdem prædecessoris nostri præsentiam venit, conquerens in dilatione ipsius causæ se multoties gravatum esse, et multas ob hoc expensas sustinuisse: propter quod suppliciter postulavit, ut idem prædecessor noster eamdem causam ad suam præsentiam revocaret, et debitum finem imponeret. Cujus petitioni acquiescens apostolicis litteris tibi præcipiendo mandavit, ut apostolico te conspectui præsentares, ecclesiæ tuæ justitiam super hoc ostendere præparatus. Quo interim divino judicio viam universæ carnis ingresso, tam tu, frater archiepiscope, quam Dolensis pro ejusdem controversiæ decisione prædecessoris nostri beatæ recordationis papæ Lucii vos conspectui præsentastis. Cum autem de ecclesiæ tuæ justitia rationes, scripta et argumenta plurima produxisses; productum est tandem in medium prædecessoris nostri bonæ memoriæ papæ Urbani privilegium, in quo manifeste continebatur, quod idem papa post multas hujus rei in sua et legatorum etiam sedis apostolicæ præsentia discussiones et retractationes, scriptis Romanorum pontificum, Nicolai videlicet, Joannis, Leonis quoque noni, et Gregorii septimi diligenter inspectis, et omnibus hinc inde diligenti examinatione pertractatis, ex communi fratrum suorum episcoporum et multorum Romanæ Ecclesiæ clericorum consilio decrevit, et scripti sui munimine roboravit, ut tam Dolensis, quam cæteri deinceps Britannorum episcopi Turonensem Ecclesiam suam esse metropolim recognoscerent, et debitam ei semper reverentiam exhiberent: nec ullo ulterius tempore post Rollandi obitum, qui tunc Dolensi Ecclesiæ præsidebat, ad pallei usum Dolensis episcopus aspiraret. Ad hæc vero Dolensis nihil quod ratione subnixum esset, respondit; nec partem suam alicujus Romani pontificis auctoritate tueri potuit.

Auditis itaque utriusque partis allegationibus, et scriptis Romanorum pontificum ex parte Turonensis Ecclesiæ studiose inspectis, præfatus prædecessor noster papa Lucius, communicato consilio in consessu fratrum suorum episcoporum, presbyterorum, et diaconorum cardinalium, et multorum aliorum nobilium Romanorum civium, eamdem sententiam auctoritate apostolica confirmavit; et tam te, quam Turonensem Ecclesiam de ipsorum episcoporum obedientia propria manu per baculum investivit. Præcipiens juxta ejusdem sententiæ tenorem, ut tam Dolensis, quam universi deinceps Britanniæ citerioris episcopi Turonensi Ecclesiæ tanquam metropoli propriæ subjaceant, et debitam ei reverentiam humiliter exhibeant, nullusque de cætero Dolensis episcopus ad pallii usum aspirare præsumat, sed sicut jam dictum est, Turonensem Ecclesiam propriam metropolim recognoscat, et reverenter ei obediat. Nos igitur qui, licet indigni, in sede justitiæ, disponente Domino, constituti, a via veritatis deviare nec volumus, nec debemus, eorumdem prædecessorum nostrorum vestigiis inhærentes, eamdem sententiam sedis apostolicæ auctoritate nobis a Deo concessa confirmamus, et præsentis scripti munimine roboramus. Si qua igitur in futurum ecclesiastica sæcularisve persona, hanc nostræ confirmationis paginam sciens, contra eam temere venire tentaverit; secundo tertiove commonita, si non satisfactione congrua emendaverit, potestatis honorisque sui dignitate careat, reamque se divino judicio existere de perpetrata iniquitate cognoscat, et a sacratissimo corpore et sanguine Dei et Domini Redemptoris nostri Jesu Christi aliena fiat, atque in extremo examine districtæ ultioni subjaceat. Observantibus autem sit pax Domini nostri Jesu Christi, quatenus et hic fructum bonæ actionis percipiant, et apud districtum judicem præmia æternæ pacis inveniant. Amen, amen, amen.

S. PETRUS. S. PAULUS. EUGENIUS PAPA III.
Locus monogrammatis.
FAC MECUM, DOMINE, SIGNUM IN BONUM.

Ego Eugenius Catholicæ Ecclesiæ episcopus ss.
Ego Theodewinus S. Rufinæ episcopus ss.
Ego Albericus Ostiensis episcopus ss.
Ego Gregorius presbyter cardinalis tituli Callixti ss.
Ego Guido presbyter cardinalis tituli S. Chrysogoni ss.
Ego Hubaldus presbyter cardinalis tituli SS. Joannis et Pauli ss.
Ego Guido presbyter cardinalis tituli SS. Laurentii et Damasi ss.
Ego Hugo presbyter tituli in Lucina ss.

Ego Aribertus presbyter cardinalis tituli S. Anastasiæ ss.

Ego Hubaldus presbyter cardinalis S. Crucis in Jerusalem ss.

Ego Guido presbyter cardinalis tituli Pastoris ss.

Ego Manfredus presbyter cardinalis S. Savinæ ss.

Ego Jordanus presbyter cardinalis tituli S. Susannæ ss.

Ego Oddo diaconus cardinalis tituli S. Georgii ad Velum Aureum ss.

Ego Octavianus diaconus cardinalis S. Nicolai in Carcere Tulliano ss.

Ego Joannes diaconus cardinalis S. Mariæ Novæ ss.

Ego Guido diaconus cardinalis S. Mariæ in Porticu ss.

Ego Jacintus diaconus cardinalis S. Mariæ in Cosmydyn ss.

Ego Petrus diaconus cardinalis S. Mariæ in via Lata ss.

Datum apud S. Flavianum per manum Guidonis, sanctæ Romanæ Ecclesiæ diaconi cardinalis et cancellarii, III Nonas Januarii, indictione x, Incarnationis Dominicæ anno 1146, pontificatus vero domini Eugenii III papæ anno II.

CLIII.
Monasterii Vivensis possessiones et privilegia confirmat.

(Anno 1147, Jan. 13.)

[MURATORI, *Antiq. Ital.* III, 233.]

EUGENIUS episcopus, servus servorum Dei, dilectis filiis RUSTICO priori de Vivo, ejusdemque fratribus, tam præsentibus quam futuris, regularem vitam professis, in perpetuum.

Piæ postulatio voluntatis effectu debet, etc. Monasterium de Vivo, in quo divino vacatis servitio, præsentis scripti pagina communimus. Statuentes ut quascunque possessiones, etc. In quibus hæc propriis duximus exprimenda vocabulis: Monasterium videlicet Sancti Petri in Campo; monasterium Sancti Benedicti de Mojano; monasterium Sancti Petri in Arnano, cum omnibus bonis et possessionibus suis, quemadmodum a fratre nostro Martino Clusino episcopo ad reformandam religionem vobis canonice concessa sunt, et scripto suo firmata. Quia vero monachi et religiosi viri de aliorum fidelium eleemosynis atque beneficentia debent vivere, auctoritate apostolica constituimus, ut de laboribus, quos propriis manibus, sumptibusque colligitis, alicui dare decimas non cogamini. Mansuro quoque in perpetuum per Dei gratiam decreto sancimus, ut clericos vel laicos e sæculo fugientes, dummodo nulli conditioni teneantur obnoxii, postulata ab episcopis suis licentia, ad conversionem suscipiendi, eisque monasticæ professionis habitum tribuendi facultatem liberam habeatis, absque aliquorum contradictione sive molestia. Sicque ab omnium hominum infestationibus expediti, omnipotentis Dei servitio libere et absque molestia insistatis. Decernimus ergo ut nulli

omnino hominum, etc., salva apostolica auctoritate et Clusini episcopi canonica justitia. Si qua igitur, etc.

Ego Eugenius Catholicæ Ecclesiæ episcopus subscripsi.

Ego Theodewinus Sanctæ Rufinæ episcopus subscripsi.

Ego Albericus Ostiensis episcopus subscripsi.

Ego Ismarus Tusculanus episcopus subscripsi.

Ego Hubaldus presbyter cardinalis titulo Sanctorum Joannis et Pauli subscripsi.

Ego Guido presbyter cardinalis titulo Sancti Laurentii in Damaso subscripsi.

Ego Oddo diaconus cardinalis Sancti Georgii ad Velum Aureum subscripsi.

Ego Octavianus diaconus cardinalis Sancti Nicolai in Carcere Tuliano subscripsi.

Ego Guido diaconus cardinalis Sanctæ Mariæ in Porticu subscripsi.

Ego Jacintus diaconus cardinalis Sanctæ Mariæ in Cosmedin subscripsi.

Datum apud Marturam per manum Guidonis sanctæ Romanæ Ecclesiæ diaconi cardinalis et cancellarii, Idibus Januariis, indictione x, Incarnationis Domini nostri Jesu Christi anno 1146, pontificatus vero domni Eugenii tertii papæ anno II.

CLIV.
Privilegium pro monasterio Raitenhaselacensi.

(Anno 1147, Jan. 28.)

[HUNDIUS, *Metropol. Salisburg.*, III, 197.]

EUGENIUS episcopus, servus servorum Dei, dilectis filiis GERONI abbati ejusque fratribus de Raittenhaslach, tam præsentibus quam futuris, regularem vitam professis, in perpetuum.

Religiosis desideriis dignum est facilem præbere consensum ut fidelis devotio celerem sortiatur effectum. Eapropter, dilecti in Domino filii, vestris justis postulationibus clementer annuimus, et præfatum locum, in quo divino mancipati estis officio, sub B. Petri et nostra protectione suscipimus, statuentes ut quascunque possessiones, quæcunque bona Idem monasterium juste et canonice possidet, aut in futurum concessione pontificum, largitione regum, vel principum, oblatione fidelium, seu aliis justis modis, Deo propitio, poterit adipisci, firma vobis vestrisque successoribus et illibata permaneant. In quibus hæc propriis duximus exprimenda vocabulis: Locum ipsum quemadmodum a venerabili fratre nostro Chunrado archiepiscopo Salisburgensi vobis pia devotione collatum est; Windeberge cum omnibus appendiciis suis; Tierolfingen mansum unum cum pascuis, cultis et incultis, quæsitis legitime vel acquirendis; in silva quæ vulgo dicitur Amphigersfort, pascua Portonæ areamque Sulingen. In Ratisponensi episcopatu prædium in loco qui Mosuolgen vocatur, sicut a nobili viro Wolfnero, uxore quoque et filiis suis rationabiliter vobis concessum est. Sane laborum vestrorum quos propriis manibus aut sumptibus colitis, sive de nutrimentis vestrorum ari manum, nullus a vobis decimas exigere præsumat. Decernimus ergo ut nulli omnino hominum liceat præfatum monasterium temere perturbare, aut ejus bona auferre, minuere, aut aliquibus vexationibus fatigare, sed omnia integra conserventur eorum, pro quorum gubernatione et sustentatione concessa sunt, us'bus omnimodis profutura, salva sedis apostolicæ auctoritate et diœcesanorum episcoporum canonica justitia. Si qua igitur in futurum ecclesiastica sæcularisve persona hanc nostræ constitutionis paginam sciens, contra eam temere venire tentaverit, secundo tertiove commonita, si non congrua satisfactione emendaverit, potestatis honorisque sui dignitate careat, reamque se divino judicio existere de perpetrata iniquitate cognoscat, et a sacratissimo corpore et sanguine Dei et Domini Redemptoris nostri Jesu Christi aliena fiat, atque in extremo examine districtæ ultioni subjaceat. Cunctis autem eisdem loco justa servantibus sit pax Domini nostri Jesu Christi, quatenus et hic fructum bonæ actionis percipiant et apud districtum judicem præmia æternæ pacis inveniant. Amen.

Datum apud vicum Bovianum [al. Pronianum], per Guidonem sanctæ Romanæ Ecclesiæ diaconum cardinalem et cancellarium, xv Kalen. Februarii, indictione x, Incarnationis Dominicæ anno 1146, pontificatus vero domni Eugenii papæ tertii anno secundo.

CLV.
Bulla pro Camaldulensi congregatione.
(Anno 1147, Febr. 6.)

[MITTARELLI, *Annal. Camaldul.*, III, 437, ex codice veteri S. Michaelis in burgo Pisarum.]

EUGENIUS episcopus, servus servorum Dei, dilectis, filiis Azoni priori Camaldulensi ejusque fratribus regularem vitam professis, in perpetuum.

Religiosis desideriis dignum est facilem præbere consensum ut fidelis devotio celerem sortiatur effectum. Nec enim Deo gratus aliquando famulatus impenditur, nisi ex charitatis radice procedens, a puritate religionis fuerit conservatus. Oportet igitur omnes Christianæ fidei amatores religionem diligere et loca venerabilia cum ipsis personis divino servitio mancipatis attentius confovere. Eapropter, charissimi in Domino filii, justis petitionibus vestris assensum præbentes locum vestrum cum omnibus ad se pertinentibus in B. Petri tutelam nostramque protectionem suscipimus, et apostolicæ sedis patrocinio communimus. Prædecessorum itaque nostrorum beatæ memoriæ Honorii et Innocentii Romanorum pontificum vestigiis inhærentes, præsenti decreto statuimus ut Camaldulensis eremus perpetuis futuris temporibus in sui statu et religionis vigore consistat, et ordo monasticæ observantiæ in tota vestra congregatione statutus nullius personæ insolentia et superstitione aliqua permutetur. Hoc etiam adjicientes ut nemini fratrum vestræ congregationis post factam monasticam professionem, absque prioris et rationabili fratrum licentia sit egrediendi facultas. Si vero exire præsumpserit, et secundo tertiove commonitus, redire contempserit, quousque congrue satisfeccerit, ipsum excommunicationis sententiæ subjugamus. Prohibemus insuper ne quis[eorum], qui a vestræ congregationis fratribus gubernatur, a nullo episcoporum absque canonica examinatione, divino interdicatur officio. Præterea in communi civitatis seu parochiæ interdicto, clausis januis et non admissis diœcesanis, ecclesiarum vestrarum monachi nequaquam prohibeantur divina officia celebrare. Quicunque vero pro obsequio servorum Dei in eremo Camaldulensi degentium ad aliquas partes perrexerint, tam in eundo quam in redeundo, seu etiam in stando a nullo penitus molestentur.

Porro quæcunque bona, quascunque possessiones impræsentiarum juste et canonice possidetis, aut in futurum concessione pontificum, largitione regum vel principum, oblatione fidelium, seu aliis justis modis, præstante Domino, poteritis adipisci, firma vobis vestrisque successoribus in eadem religione permanentibus in perpetuum et illibata permaneant. In quibus hæc propriis nominibus adnotanda subjunximus : In episcopatu Aretino ecclesiam videlicet Sancti Donati, quæ Fons Bonus dicitur, cum hospitali, et omnibus suis bonis. In ipsa civitate, monasterium S. Petri Piculi, et ecclesiam S. Michaelis; monasterium Silvæ Mundæ; monasterium Sanctæ Mariæ in Agnano, monasterium S. Petri in Rota; monasterium Sancti Salvatoris Berardingorum; monasterium S. Quirici in Rosa; curtem Luponis cum ecclesia; eremum Fleri, monasterium Sancti Viriani; monasterium Sancti Bartholomæi in Anglari cum castro et omnibus pertinentiis suis; villam de Monthione, quam emistis ab abbate Sanctæ Floræ, et ecclesiam ejusdem villæ; villam de Modiana, quam emistis ab Henrico præposito, et reliquis canonicis, sicut in vestris chartulis continetur, et ecclesiam ejusdem villæ cum decimatione; decimationes villæ Agnæ, et ecclesiam ejusdem villæ, et decimationem de Larguano. In episcopatu Fesulano, monasterium Sanctæ Mariæ in Poplena. In episcopatu Castellano monasterium de Diciano; monasterium Sancti Sepulcri cum toto burgo. In episcopatu Florentino, monasterium Sancti Petri in Luco; monasterium Sancti Salvatoris juxta civitatem. In episcopatu Lucano monasterium Sancti Petri in Puteolis cum capella burgi Porcariæ, et capella castri; monasterium Sancti Salvatoris in Cantiniano; hospitale juxta burgum Sancti Genesii. In episcopatu Vulaterrano, monasterium Sancti Justi prope civitatem; monasterium Sancti Petri in Cerreto; monasterium Sanctæ Mariæ in Puliciano; monasterium Sancti Petri in Fontiano. In episcopatu Pisano monasterium Sancti Stephani in Cintoria; monasterium Sancti Savini in Montione. In ipsa civitate, monasterium Sancti Michaelis, monasterium Sancti Fridiani, monasterium Sancti Zenonis, salvo jure Romanæ Ecclesiæ. In episcopatu Clusino monasterium Sancti Petri in vivo montis Amiati, quemadmodum a prædecessore nostro felicis memoriæ papa Cœlestino definitum est. In Sardiniæ insula, monasterium Sanctæ Trinitatis in Saccaria; ecclesiam Sanctæ Eugeniæ in Samanar; ecclesiam Sancti Michaelis et Sancti Laurentii in Vanari; ecclesiam Sanctæ Mariæ et Sancti Joannis in Altasar; ecclesiam Sanctæ Mariæ in Contra; ecclesiam Sancti Joannis et Sancti Simonis in Salvenaro; ecclesiam Sancti Nicolai in Trulla; ecclesiam Sancti Petri in Scano; ecclesiam Sancti Pauli in Controniano; ecclesiam Sancti Petri in Ileolin. In Marchia Camerina, monasterium Sancti Georgii, monasterium Sancti Martini in Accole cum ecclesia, quæ dicitur Eremita. In Galiata, monasterium Sanctæ Mariæ in insula; eremum Fajoli. In episcopatu Populiensi ecclesiam Sancti Paterniani in Ferracciano. In episcopatu Faventino monasterium Sancti Hippolyti juxta civitatem. In episcopatu Ravennate monasterium Sancti Apollinaris in Classe. In episcopatu Bononiensi, monasterium Sancti Michaelis, monasterium Sanctæ Christinæ; in ipsa civitate ecclesiam Sancti Damiani. Item in episcopatu Aretino ecclesiam Sancti Savini in Clio, ecclesiam de Castillione; item monasterium de Morrona.

Hæc igitur omnia cum omnibus ad ipsa monasteria pertinentibus statuimus, et apostolicæ sedis auctoritate sancimus, tanquam corpus unum sub uno capite, id est sub priore Camaldulensis eremi temporibus perpetuis permanere, et in illius disciplinæ observatione persistere. Sub illo, inquam, priore, qui ab ipsius congregationis abbatibus sive prioribus et ab eremitis regulariter electus, præstante Domino, fuerit. Porro congregationem ipsam ita sub apostolicæ sedis tutela perpetuo confovendam decernimus, ut nulli episcoporum facultas sit aliquod ex his monasteriis, absque prioris conniventia, vel apostolicæ sedis licentia, excommunicare, vel a divinis officiis interdicere. Fratribus autem Camaldulensis eremi licentia sit, a quo voluerint catholico episcopo consecrationum et ordinationum sacramenta suscipere.

Decernimus ergo ut nulli omnino hominum liceat præfatum eremum temere perturbare, aut ejus possessiones auferre vel ablatas retinere, minuere, seu quibuslibet vexationibus fatigare, sed omnia integra conserventur eorum, pro quorum gubernatione et sustentatione concessa sunt, usibus omnimodis profutura, salva sedis apostolicæ auctoritate et diœcesanorum episcoporum canonica justitia. Si qua igitur in futurum ecclesiastica sæcularisve persona hanc nostræ constitutionis paginam sciens, contra eam temere venire tentaverit, potestatis honorisque sui dignitate careat, reamque se divino judicio existere de perpetrata iniquitate cognoscat, et a sacratissimo corpore ac sanguine Dei et Domini Redemptoris nostri Jesu Christi aliena fiat, atque in extremo examine districtæ ultioni subjaceat. Cunctis autem eidem loco justa servantibus sit pax Domini nostri Jesu Christi, quatenus et hic fructum bonæ actionis percipiant, et apud districtum judicem præmia æternæ pacis inveniant. Amen, amen, amen.

FAC MECUM, DOMINE, SIGNUM IN BONUM.

Ego Eugenius Catholicæ Ecclesiæ episcopus ss.

Ego Guido presb. card. tit. Sancti Grysogoni ss.

Ego Oddo diac. card. Sancti Georgii ad Velum Aureum ss.

Ego Albericus Ostiensis episcopus ss.

Ego Guido presb. card. tit. Sanctorum Laurentii et Damasi ss.

Ego Joannes diac. card. Santi Adriani ss.

Ego Hugo presb. tit. in Lucina ss.

Ego Julius presb. card. tit. Sancti Marcelli ss.

Ego Jordanus presb. card. tit. Sanctæ Susannæ ss.

Ego Theodewinus Sanctæ Rufinæ episcopus ss.

Ego Humbaldus presb. card. Sanctorum Joannis et Pauli ss.

Ego Octavianus diac. card. Sancti Nicolai in Carcere Tulliano ss.

Ego Imarus Tusculanus episcopus ss.

Ego Guido presb. card. tit. Pastoris ss.

Ego Joannes diac. card. Sanctæ Mariæ Novæ ss.

Ego Guido diac. card. Sanctæ Mariæ in Porticu ss.

Ego Jacinthus diac. card. Sanctæ Mariæ in Cosmedyn.

Datum apud Sanctum Genesium per manus Guidonis, sanctæ Romanæ Ecclesiæ diac. card. et cancellarii, VIII Id. Februarii, indictione X, Incarnationis Dominicæ anno 1146, pontificatus vero domni Eugenii III papæ anno secundo.

CLVI.

Privilegium pro parthenone S. Petri de Luco.
(Anno 1147, Febr. 7.)

[MITTARELLI, *Annal. Camaldul.*, III, 440.]

EUGENIUS episcopus, servus servorum Dei, dilectæ in Christo filiæ.... abbatissæ monasterii Sancti Petri siti in Luco........

Quoniam sine cultu veræ religionis nec charitatis unitas potest subsistere, nec Deo gratum haberi servitium, expedit apostolicæ auctoritati religiosas personas diligere, et earum quieti, auxiliante Domino, salubriter providere. Quapropter, dilectæ in Domino filiæ, vestris justis postulationibus clementer annuimus, et præfatum monasterium, in quo divino mancipatæ estis obsequio, sub beati Petri et nostra protectione suscipimus, et præsentis scripti privilegio communimus; statuentes, quod quascunque possessiones, quæcunque bona idem cœnobium ex oblatione bonæ memoriæ Gotidii et concessione Rodulfi Camaldulensis prioris in præsentiarum juste ac canonice possidet, aut in futurum concessione pontificum, largitione principum, vel oblatione fidelium, seu aliis justis modis, largiente Domino, poterit adipisci, firma vobis et eis, quæ post vos successuræ sunt, et illibata permaneant. In quibus hæc propriis duximus exprimenda vocabulis: Partem de oppi'o Luci cum pertinentiis suis; Larcianæ villæ partem cum pertinentiis suis, possessiones in Tiliano et in Fortunio, et in prata; partem de Cantamerulo; partem de Rivofrigido cum pertinentiis suis; partem de Rivocornoclario cum pertinentiis suis; partem de villa Castri, et de villa Silvæ, et de villa Frenæ cum pertinentiis suis; ecclesiam Sanctæ Christinæ prope castrum Septem-Fontium cum pertinentiis suis. Sane laborum vestrorum, quos propriis sumptibus colitis, sive de nutrimentis vestrorum animalium, nullus omnino a vobis decimas exigere præsumat. Sepulturam quoque ipsius loci liberam esse concedimus, ut eorum, qui se illic sepeliri deliberaverint, devotioni aut extremæ voluntati satisfiat, nisi forte excommunicati vel interdicti sint, nullus obsistat, salva justitia matricis ecclesiæ. Porro locus ipse semper sit sub Camaldulensis prioris dominio, atque provisione permaneat, nec episcopo, nec episcopi ministris liceat ejusdem loci congregationem aut ejus presbyteros excommunicare vel interdicere, aut super alio negotio molestare, nisi prius camaldulensem priorem charitatis studio requisierit.

Decernimus ergo, ut nulli omnino hominum liceat idem coenobium temere perturbare, aut ejus possessiones auferre, vel ablatas retinere, vel temerariis vexationibus fatigare, sed omnia integra conserventur earum, pro quarum gubernatione ac sustentatione concessa sunt, usibus omnimodis profutura, salva sedis apostolicæ auctoritate et diœcesani episcopi canonica justitia. Si qua igitur in futurum ecclesiastica sæcularisve persona, hanc nostræ constitutionis paginam sciens, contra eam temere venire tentaverit, secundo tertiove commonita, si se satisfactione congrua non emendaverit, potestatis honorisque sui dignitate careat, reamque se divino judicio existere de perpetrata iniquitate cognoscat, et a sacratissimo corpore et sanguine Domini et Redemptoris nostri Jesu Christi aliena fiat, atque in extremo examine districtæ ultioni subjaceat. Cunctis autem eidem loco justa servantibus sit pax Domini nostri Jesu Christi, quatenus et hic fructum bonæ actionis percipiant, et apud districtum judicem præmia æternæ pacis inveniant. Amen, amen, amen.

Ego Eugenius Catholicæ Ecclesiæ episcopus ss.
Ego Guido presbyter cardinalis tit. Sanctorum Laurentii et Damasi ss.
Ego Oddo diacon. card. tit. Sancti Georgii ad Velum Aureum ss.
Ego Octavianus diac. card. tit. Sancti Nicolai in Carcere Tulliano ss.
Ego Joannes diac. card. tit. Sancti Adriani ss.
Ego Joannes diac. card. tit. Sanctæ Mariæ Novæ ss.
Ego Guido diac. card. tit. Sanctæ Mariæ in Porticu ss.
Ego Jacinthus diac. card. tit. Sanctæ Mariæ in Cosmedin ss.
Ego Julius presbyter card. tit. Sancti Marcelli ss.
Ego Theodovinus Sanctæ Rufinæ episcopus ss.
Ego Albericus Ostiensis episcopus ss.

Datum apud Sanctum Ginesium per manum Guidonis sanctæ Romanæ Ecclesiæ cardinalis et cancellarii, septimo Idus Februarii, indictione decima, anno Dominicæ Incarnationis millesimo centesimo quadragesimo sexto, pontificatus domni Eugenii papæ tertii anno secundo.

Ego Bencivieni notarius quondam domni Joannis Malabocchi authenticum hujus exempli vidi et legi, et quidquid scriptum est, hic per ordinem scripsi et publicavi.
Ego Rainerius de Monteficalli notarius authenticum hujus exempli vidi et legi ideoque ss.
Ego Thedericus quondam Berardi de Capraja judex ordinarius et notarius huic exemplo rite ex authentico sumpto, etc. ss.

CLVII.

Ecclesiæ Ulciensi ecclesiam B. Mariæ Secusiensem adjudicat, Petrumque præpositum « per baculum exinde investit. »

(Anno 1147, Febr. 9.)
[*Ulciensis Eccl. Chartarium*, p. 15.]

CLVIII.

Privilegium pro monasterio S. Petri Puteolensis Lucensis diœcesis.

(Anno 1147, Febr. 11.)

[MITTARELLI, *Annal. Camaldul.*, III, Append., p. 435, ex autographo canonicorum Lucensium.]

EUGENIUS episcopus, servus servorum Dei, dilecto filio ALBERTO monasterii Sancti Petri de Puteolis ejusque fratribus tam præsentibus quam futuris, regularem vitam professis, in perpetuum.

Religiosis desideriis dignum est facilem præbere consensum, ut fidelis devotio celerem sortiatur effectum. Eapropter, dilecte in Domino fili Alberte abbas, tuis justis postulationibus clementer annuimus et præfatum monasterium, cui, Domino auctore, præsides, sub beati Petri et nostra protectione suscipimus; statuentes ut quascunque possessiones, quæcunque bona idem monasterium juste et canonice possidet, aut in futurum concessione pontificum, largitione regum vel principum, oblatione fidelium, seu aliis justis modis, Deo propitio, poterit adipisci, firma vobis vestrisque successoribus et illibata permaneant. In quibus hæc propriis duximus exprimenda vocabulis: terram videlicet, quam habetis in plebe Sancti Pauli; terram quam habetis in plebe de Lunata; terram quam habetis in plebe de Brancalo; terram quam habetis in plebe Sancti Januarii, et terram quam habetis in villa de Gragnano. Sane laborum vestrorum, quos propriis sumptibus alitis, sive de nutrimentis vestrorum animalium, nullus a vobis decimas exigere præsumat. Sepulturam quoque ipsius loci liberam esse concedimus, ut eorum qui se illic sepeliri deliberaverint, devotioni et extremæ voluntati, nisi forte excommunicati vel interdicti sint, nullus obsistat, salva tamen justitia matricis Ecclesiæ.

Decernimus ergo ut nulli omnino hominum liceat præfatum monasterium temere perturbare aut ejus possessiones auferre, vel ablatas retinere, minuere, aut quibuslibet vexationibus fatigare, sed omnia integra conserventur eorum, pro quorum gubernatione et sustentatione concessa sunt, usibus omnimodis profutura, salva sedis apostolicæ auctoritate et diœcesani episcopi canonica justitia. Si qua igitur in futurum ecclesiastica sæcularisve persona hanc nostræ constitutionis paginam sciens, contra eam temere venire tentaverit, secundo tertiove commonita, si non satisfactione congrua emendaverit, potestatis honorisque sui dignitate careat, reamque se divino judicio existere de perpetrata iniquitate cognoscat, et a sacratissimo corpore ac sanguine Dei ac Domini Redemptoris nostri Jesu Christi aliena fiat, atque in extremo examine districtæ ultioni subjaceat. Cunctis autem eidem loco justa servantibus sit pax Domini Jesu Christi, quatenus et hic fructum bonæ actionis percipiant, et apud districtum judicem præmia æternæ pacis inveniant. Amen, amen, amen.

FAC MECUM, DOMINE, SIGNUM IN BONUM.

Ego Eugenius Catholicæ Ecclesiæ episcopus ss.
Ego Odo diaconus cardin. Sancti Georgii ad Velum Aureum ss.
Ego Guido presb. card. S. Georgii ad Velum Aureum ss.
Ego Theodowinus Sanctæ Rufinæ episcopus ss.
Ego Hubaldus presb. card. titulo Sanctorum Joannis et Pauli ss.
Ego Albericus Ostiensis episcopus ss.
Ego Joannes diac. card. Sanctæ Mariæ Novæ ss.
Ego Guido presbyt. card. tit. Sanctorum Laurentii et Damasii ss.
Ego Imarus Tusculanus episcopus ss.
Ego Guido presb. card. S. Mariæ in Porticu ss.
Ego Jacinthus diac. card. S. Mariæ in Cosmedin ss.
Ego Hugo presb. card. tit. in Lucina ss.
Ego Guido presb. card. tit. Pastoris ss.
Ego Jordanus presb. card. tit. Sanctæ Susannæ ss.

Datum Lucæ per manum Guidonis Sanctæ Romanæ Ecclesiæ diaconi cardinalis et cancellarii, III Idus Februarii, indictione X, Incarnationis Dominicæ anno 1146, pontificatus vero domni Eugenii III papæ anno secundo.

CLIX.

Ad Gregorium episcopum Lucensem. — Ut S. Frigdiani canonicos in ecclesiam S. Pantaleonis introducat.

(Anno 1147, Febr. 17.)

[BALUZ., *Miscell.* ed. Luc., IV, 593.]

EUGENIUS episcopus, servus servorum Dei, venerabili fratri G. Lucano episcopo, salutem et apostolicam benedictionem.

Clericorum ecclesiæ S. Pantaleonis correctionem, tempore prædecessorum nostrorum et nostro, Romana Ecclesia exspectavit. Sed peccatis eorum promerentibus, corda ipsorum vehementius indurata sunt, et jugum Domini sub religionis observantia recipere noluerunt. Nos itaque utilitati eorum potius quam voluntati consulere cupientes, sicut viva voce tibi injunximus, ita per præsentia scripta mandamus, quatenus dilectos filios nostros, S. Frigdiani canonicos, in præfata Beati Pantaleonis ecclesia introducas, et ut ibi quiete valeant divinis vacare obsequiis viriliter et prudenter efficias. Si vero aliquis in hoc temerarius contradictor exstiterit, si tertio a tua fraternitate commonitus cessare noluerit, excommunicationis in eum sententiam proferas.

Data apud Pontremulum, XIII Kal. Martii.

CLX.

Privilegium pro monasterio S. Dionysii Mediolanensi.

(Anno 1147, Mart. 3.)

[GIULINI, *Memorie di Milano*, V, 586.]

EUGENIUS episcopus, servus servorum Dei, dilectis filiis ARIALDO abbati monasterii Sancti Dionysii Mediolanensis, ejusque fratribus regularem vitam professis, in perpetuum.

Religiosis desideriis dignum est facilem præbere consensum, ut fidelis devotio celerem sortiatur effectum. Eapropter, dilecte in Domino fili Arialde abbas, tuis justis postulationibus clementer annuimus, et monasterium Sancti Dionysii, cui, Deo auctore, præsides, sub beati Petri et nostra protectione suscipimus; et præsentis scripti privilegio communimus, statuentes ut quascunque possessiones, quæcunque bona idem monasterium in præsentiarum juste et canonice possidet, aut in futurum concessione pontificum, largitione regum vel principum, oblatione fidelium, seu aliis justis modis, præstante Domino, poterit adipisci, firma vobis vestrisque successoribus et illibata permaneant. In quibus hæc propriis duximus exprimenda vocabulis: ecclesiam videlicet Sancti Michaelis de Pescallo in qua monasterium statuendi, si expedierit, facultatem habetis, sicut a venerabili fratre nostro Oberto Mediolanensi archiepiscopo rationabili providentia vobis concessum est; totam parochiam suburbii illius portæ, quæ dicitur *porta Nova*, sicut per ejusdem archiepiscopi sententiam legitime vobis adjudicata est; ecclesiam Sanctæ Mariæ in Solario, quæ nunc Sancti Fidelis dicitur; ecclesiam Sancti Laurentii, quæ est juxta domum Tassonis, cum omnibus earum pertinentiis; curtem de Meelate, cum tribus capellis, videlicet Sancti Bartholomæi, Sancti Dionysii, Sanctæ Mariæ de Sabioncello, et duobus castris, scilicet de Melate et Sabioncello; curtem de Lierni cum duabus capellis, Beati Mauritii videlicet et Beati Michaelis; tertiam partem curtis de Talamona cum decima, et jus vestrum in duabus capellis, quæ in curte illa sitæ sunt, videlicet Sanctæ Mariæ et Sancti Martini, cum omnibus ad eas pertinentibus; capellam Sancti Martini de Gradi cum omnibus ejus possessionibus; ecclesiam Beati Michaelis de Pescallo, cum omnibus suis pertinentiis, decimam terrarum quæ sunt juxta ipsum monasterium, et illarum terrarum, quæ sunt circa flumen Sevisum hinc atque inde in omnibus pertinentiis hominum habitantium in porta quæ dicitur Nova, et in porta Orientali quæ modo coluntur, vel in antea cultæ fuerunt, sicut ab Eriberto Mediolanensi archiepiscopo canonice vobis concessa est, et in scripto suo firmata; possessiones quas habetis in Sacrate et in Sexto, qui dicitur Joannis, in Affori, in ponte Ourionis, in Grogonzola, in Aronio, Pescallo, Lomacio, Casalego, Calutate, Romano, in Quinto, in Surdi, et in Casale, de Casinis, de Valle-Saxia cum omnibus supradictarum possessionum libertatibus et consuetudinibus, sicut eas cessione regum hactenus quiete habuistis et præfati Oberti archiepiscopi vobis confirmatæ sunt. Ad hæc quatuor clerici ipsius monasterii qui sunt de ordine Decomanorum Mediolanensis Ecclesiæ, ab abbate, qui pro tempore fuerit, ad honorem Dei in eadem ecclesia ponantur et ordinentur, eique tanquam Patri et domino suo obedientes existant, sicut hactenus exstitisse dignoscitur, et scripto jam dicti archiepiscopi continetur. Præterea quidquid Adalbertus ipsius monasterii invasor ab eadem ecclesia Sancti Dionysii per venditiones, pignorationes, infeudationes, investituras, libellos, commutationes, locationes seu alio quolibet modo illicite alienavit, irritum esse censemus, et ad ipsam Beati Dionysii ecclesiam revocandi facultatem vobis concedimus, quemadmodum per sententiam consulum Mediolanensium a Rubaldo bonæ memoriæ archiepiscopo confirmatum legitime judicatum est. Sane novalium vestrorum quæ propriis manibus aut sumptibus colitis, sive de nutrimentis vestrorum animalium, nullus a vobis decimas præsumat exigere. Decimas quoque, quas canonice possidetis, vobis nihilominus confirmamus.

Decernimus ergo ut nulli omnino hominum liceat præfatum monasterium temere perturbare, aut ejus possessiones auferre, vel ablatas retinere, minuere, seu quibuslibet vexationibus fatigare, sed illibata omnia et integra conserventur eorum, pro quorum gubernatione et sustentatione concessa sunt, usibus omnimodis profutura, salva sedis apostolicæ auctoritate et Mediolanensis archiepiscopi canonica justitia. Si qua igitur in futurum ecclesiastica sæcularisve persona, hanc nostræ constitutionis paginam sciens, contra eam temere venire tentaverit, secundo tertiove commonita, nisi præsumptionem suam digna satisfactione correxerit, potestatis honorisque sui dignitate careat, reamque se divino judicio existere de perpetrata iniquitate cognoscat et a sacratissimo corpore ac sanguine Dei et Domini Redemptoris nostri Jesu Christi aliena fiat, atque in extremo examine districtæ ultioni subjaceat. Cunctis autem eidem loco sua jura servantibus sit pax Domini nostri Jesu Christi, quatenus et hic fructum bonæ actionis percipiant, et apud districtum judicem præmia æternæ pacis inveniant. Amen, amen amen.

Ego Eugenius Catholicæ Ecclesiæ episcopus ss.
Ego....... Avinus S. Rufinæ episcopus ss.
Ego Albericus Ostiensis episcopus ss.
Ego Ubaldus presb. card. tit. Sanctorum Joannis et Pauli ss.
Ego Hugo presb. tituli in Lucina ss.
Ego Joannes diacon. cardinal. Sanctæ Mariæ Novæ ss.
Ego Jacintus diac. card. Sanctæ Mariæ in Cosmedin ss.

Datum Vercellis per manum Guidonis sanctæ Romanæ Ecclesiæ diaconi cardinalis et cancellarii, quinto Nonas Martii, indictione decima, Incarnationis Dominicæ anno millesimo centesimo quadragesimo sexto [septimo], pontificatus vero domni Eugenii papæ III anno tertio.

CLXI.
Privilegia et possessiones abbatiæ SS. Solutoris et Adventoris Taurinensis confirmat.
(Anno 1147, Mart. 7.)
[*Hist. Patr. Monum. Chart.*, I, 791.]

EUGENIUS episcopus, servus servorum Dei, dilectis filiis GUILLELMO abbati Sanctorum Martyrum Solutoris et Adventoris Octaviique Taurinensi, ejusque fratribus, tam præsentibus quam futuris, regularem vitam professis, in perpetuum.

Quoties illud a nobis petitur quod religioni et honestati convenire dignoscitur, animo nos decet libenter concedere et petentium desideriis congruum impertiri suffragium. Quapropter, dilecti in Domino filii, vestris justis postulationibus clementer annuimus et præfatum monasterium in quo divino mancipati estis obsequio sub beati Petri et nostra protectione suscipimus, et præsentis scripti privilegio communimus, statuentes ut quascunque possessiones, quæcunque bona idem monasterium in præsentiarum juste et canonice possidet, aut in futurum concessione pontificum, largitione regum vel principum, oblatione fidelium, seu aliis justis modis, Deo propitio, poterit adipisci, firma vobis vestrisque successoribus et illibata permaneant; in quibus hæc propriis duximus exprimenda vocabulis. Infra ipsam civitatem ecclesiam S. Pauli, et ecclesiam Sancti Brictii cum sediminibus, domibus, vineis et mansis, et aliis quæ infra et extra eamdem civitatem possidentur; in valle Breduno ecclesiam Sancti Martiniani, quæ quondam monasterium fuit, cum terris, decimis, et ecclesiis Sanctæ Mariæ, et Sancti Donati, et Sancti Juliani; in ipsa valle et in monasteriolo ecclesiam Sanctæ Mariæ cum tota villa et decima; ecclesiam Sancti Martini cum tota decima, ecclesiam Sancti Joannis de Collo cum tota villa, decimis et appendiciis suis; ecclesiam Sancti Stephani de Cermagna, in Ciriaco Sancti Laurentii; in Spinariano ecclesiam Sancti Martini; in Burgaro juxta Sturiam ecclesiam Sancti Marci; in Septimo ecclesiam

Sancti Petri, et ibi prope extra villam ecclesiam Sancti Salvatoris cum omnibus terris et decimis sibi pertinentibus. Curtem Calbicæ cum ecclesiis et medietate totius decimæ, et appendiciis suis a fluvio Nono usque ad medium fluvii Padi, et petram Grossam subtus Mairano et medietatem portus ipsius fluvii; in Montecalerio decem jugera terræ; in Testona quatuor mansos et vineas, et alia quæ ibidem habetis; in Cargnano ecclesiam Sancti Martini et cccIV jugera terræ et alia quæ ibidem habetis; curtem Sangani cum plebe et ecclesiis sibi pertinentibus, cum decimis, piscationibus et villis cum suis pertinentiis; decimam Trasmæ, in Javenno ecclesiam S. Martini cum terris et aliis quæ ibidem habetis; in Convaciis ecclesiam Sanctæ Mariæ et medietatem totius ejusdem curtis, et tertiam partem decimæ. In Onorio ecclesiam Sanctæ Mariæ; in Ripolis terras et vineas et alia quæ ibidem habetis. Ecclesiam S. Mariæ de Strata. In Vinalasco ecclesiam Sancti Petri cum pertinentiis suis. In Planicia ecclesiam Sancti Solutoris cum terris et aliis quæ ibidem habetis; in Castagnole ecclesiam Sancti Petri cum medietate decimæ. Infra castrum, ecclesiam Sanctæ Mariæ : in Doaso, ecclesiam Sanctæ Mariæ et Sancti Petri cum terris et suis appendiciis, et tertia parte decimæ. In Polengaria ecclesias Sanctæ Mariæ et Sancti Desiderii cum appendiciis suis. In Scalenga, ea quæ ibidem habetis. In Salciasco ecclesiam S. Mariæ cum mansis et terris. In Bulgari Cornaliso ecclesiam Sancti Marci, cum decimis et appendiciis suis. In Tegerone ecclesias Sancti Petri, Sancti Joannis et Sanctæ Mariæ, cum terris, decimis et appendiciis suis. In Stadegarda ecclesias Sancti Salvatoris et Sanctæ Mariæ, cum decimis ipsius vallis. In Monteferato ecclesiam Sanctorum Victorii et Coronæ, et Sancti Thomæ, et ecclesiam Sancti Eusebii. In Baldesedo ecclesiam Sancti Juliani cum appendiciis suis. In Montecuco ubi dicitur ad Sanctos, ecclesiam cum appendiciis suis, et ibi prope ecclesiam Sancti Georgii; in Montefia ecclesiam Sancti Marciani cum suis pertinentiis. In Placencia monasterium Sancti Alexandri cum omnibus pertinentiis, infra ipsum episcopatum. In Gavellana ecclesiam Sancti Leonardi cum suis pertinentiis. In Pruvincia, in loco ubi dicitur Reilana, ecclesiam Sancti Michaelis cum suis pertinentiis prope civitatem, ac ecclesiam Sancti Pancratii cum pertinentiis suis. Sane laborum vestrorum quos propriis manibus aut sumptibus colitis, sive de nutrimentis vestrorum animalium nullus a vobis omnino decimas exigere præsumat.

Obeunte vero te, nunc ejusdem loci abbate, vel tuorum quolibet successorum, nullus ibi qualibet subeptionis astutia seu violentia præponatur, nisi quem fratres communi consensu, vel fratrum pars consilii sanioris, secundum Dei timorem et beati Benedicti Regulam providerint eligendum. Sepulturam quoque ipsius loci omnino liberam esse decernimus, ut eorum qui se illic sepeliri deliberaverint, extremæ voluntati et devotioni, nisi forte excommunicati sint, nullus obsistat, salva tamen justitia matricis Ecclesiæ.

Si qua igitur in futurum ecclesiastica sæcularisve persona, hanc nostræ constitutionis paginam sciens, contra eam temere venire tentaverit, secundo tertiove commonita, si non satisfactione congrua emendaverit, potestatis honorisque sui dignitate careat, reamque se divino judicio existere de perpetrata iniquitate cognoscat, et a sacratissimo corpore et sanguine Dei et Domini Redemptoris nostri Jesu Christi aliena fiat, atque in extremo examine districtæ ultioni subjaceat. Cunctis autem eidem loco justa servantibus sit pax Domini nostri Jesu Christi, quatenus et hic fructum bonæ actionis percipiant et apud districtum judicem præmia æternæ pacis inveniant. Amen, amen, amen.

Ego Eugenius Catholicæ Ecclesiæ episcopus.

Ego Albericus Ostiensis episcopus.

Ego Joannes diaconus cardinalis Sanctæ Mariæ Novæ.

Ego Hulbaldus presbyter cardinalis tit. Sanctorum Joannis et Pauli.

Ego Hyacintus diacon. cardinalis Sanctæ Mariæ in Cosmedin.

Ego Hugo presbyter titulo in Lucina.

Ego Jordanus presbyter cardinalis Ecclesiæ Sanctæ Susannæ.

Datum Secuxiæ per manum Guidonis, Sanctæ Romanæ Ecclesiæ diaconi cardinalis et cancellarii, VII Nonis Martii, indict. x, Incarnationis Dominicæ anno 1146, pontificatus vero domni Eugenii III papæ anno III (21).

CLXII.

Privilegium pro monasterio Bonævallis ordinis Cisterciensis.

(Anno 1147, Mart. 26.)

[MANRIQUE, *Ann. Cisterc.*, II, 82.]

EUGENIUS episcopus, servus servorum Dei, dilectis filiis GOZEVINO abbati Bonævallis, ejusque fratribus, tam præsentibus quam futuris, regularem vitam professis, in perpetuum.

Desiderium quod ad religionis propositum et animarum salutem pertinere dignoscitur, animo nos decet libenti concedere et petentium desideriis congruum impertiri suffragium. Eapropter, dilecti in Domino filii, vestris justis postulationibus clementer annuimus et præfatum locum, in quo divino mancipati estis obsequio, sub beati Petri et nostra protectione suscipimus, et præsentis scripti privilegio communimus; statuentes, ut quascunque possessio-

---

(21) L'anno 1146 non corrisponde nè coll' indizione x, nè coll' anno terzo del pontificato d'Eugenio, che il 10 Marzo consecrato in Roma Anselmo vescovo di Tornai; ma la data è presa dell' incarnazione e corrisponde all'anno 1147 dell' era nostra, e così tutte le date concordano.

nes, quæcunque bona in præsentiarum juste et canonice possidetis, aut in futurum concessione pontificum, largitione regum vel principum, oblatione fidelium, seu et aliis justis modis, Deo propitio, poteritis adipisci, firma vobis vestrisque successoribus et illibata permaneant. Sane laborum vestrorum, quos propriis manibus aut sumptibus colitis, sive de nutrimentis vestrorum animalium, nullus omnino a vobis decimas exigere præsumat.

Decernimus ergo ut nulli omnino hominum liceat locum ipsum temere perturbare, seu bona, vel possessiones vestras auferre, retinere, minuere, seu grangias, vel cellaria vestra invadere, vel violare, seu quibuslibet molestiis fatigare : sed omnia integra conserventur eorum, pro quorum gubernatione et sustentatione concessa sunt, usibus omnimodis profutura, salva sedis apostolicæ auctoritate et diœcesani episcopi canonica reverentia.

Si qua igitur in futurum ecclesiastica sæcularisve persona, hanc nostræ constitutionis paginam sciens, contra eam temere venire tentaverit, secundo tertiove commonita, si non satisfactione congrua emendaverit, potestatis honorisque sui dignitate careat, reamque se divino judicio existere de perpetrata iniquitate cognoscat, et a sacratissimo corpore et sanguine Dei et Domini Redemptoris nostri Jesu Christi aliena fiat, atque in extremo examine districtæ ultioni subjaceat. Cunctis autem eidem loco justa servantibus sit pax Domini nostri Jesu Christi, quatenus et hic fructum bonæ actionis percipiant, et apud districtum judicem præmia æternæ pacis inveniant. Amen.

Ego Eugenius Catholicæ Ecclesiæ episcopus.

Ego Joannes diaconus cardinalis Sanctæ Mariæ Novæ.

Ego Humbaldus presbyt. card. tituli Sanctorum Joannis et Pauli.

Ego Albericus Ostiensis episcopus.

Ego Imarus Tusculanus episcopus.

Ego Hyacintus diacon. card. S. Mariæ in Cosmedin.

Ego Guido presbyt. card. tit. SS. Laurentii et Damasi.

Datum Cluniaci per manum Guidonis sanctæ Romanæ Ecclesiæ diaconi cardinalis et cancellarii, septimo Kalend. April., indictione x, Incarnationis Dominicæ anno 1147, pontificatus vero domni Eugenii III papæ anno tertio.

CLXIII.

Privilegium pro parthenone Tartensi.

(Anno 1147, April. 3.)

[PLANCHER, *Hist. de Bourgogne*, I, pr., p. 47.]

EUGENIUS episcopus, servus servorum Dei, dilectis in Christo filiabus ELIZABETH abbatissæ de Tart, ejusque sororibus, tam præsentibus quam futuris, regularem vitam professis, in perpetuum.

Desiderium quod ad religionis propositum et animarum salutem pertinere dignoscitur animo nos decet libenter concedere, et petentium desideriis congruum impertiri suffragium. Eapropter, dilectæ in Christo filiæ, vestris justis postulationibus clementer annuimus, et præfatum locum, in quo divino mancipatæ estis obsequio, sub beati Petri et nostra protectione suscipimus, et præsentis scripti privilegio communimus ; statuentes ut quascunque possessiones, quæcunque bona idem locus in præsentiarum juste et canonice possidet, aut in futurum concessione pontificum, largitione regum vel principum, oblatione fidelium, seu aliis justis modis, Deo propitio, poterit adipisci, firma vobis vestrisque succedentibus et illibata permaneant ; in quibus hæc propriis duximus exprimenda vocabulis : Locum ipsum de Tart, et locum qui dicitur Marmot cum appendiciis suis, et plenarium usagium totius nemoris de Villers ; grangiam de Lamblento cum appendiciis suis, quam Humbertus de Bisseio vobis libere dedit cum Petro majore et hæredibus ejus, de assensu Hugonis de Bello-Monte, de cujus casamento erat, et plenarium usagium totius nemoris de Villers ; grangiam de Alta-Silva cum appendiciis suis, et usagium plenarium in campis et in silvis et in pascuis ; et decimas quas possessores earum ante dedicationem ecclesiæ illius grangiæ in aspectu domini præsulis Cabilonensis verperunt. Sane laborum vestrorum, quos propriis manibus aut sumptibus colitis, sive de nutrimentis vestrorum animalium, nullus a vobis decimas exigere præsumat.

Decernimus ergo ut nulli hominum omnino liceat præfatum locum temere perturbare, aut ejus possessiones auferre, vel ablatas retinere, aut aliquibus vexationibus fatigare, sed omnia integra conserventur vestris usibus omnimodis profutura, salva sedis apostolicæ et diœcesani episcopi canonica reverentia. Si qua igitur in futurum ecclesiastica sæcularisve persona, hanc nostræ constitutionis paginam sciens, contra eam temere venire tentaverit, secundo tertiove commonita, si non satisfactione congrua emendaverit, potestatis honorisque sui dignitate careat, reamque se divino judicio existere de perpetrata iniquitate cognoscat, et a sacratissimo corpore ac sanguine Dei et Domini Redemptoris nostri Jesu Christi aliena fiat, atque in extremo examine districtæ ultioni subjaceat. Cunctis autem eidem loco justa servantibus sit pax Domini nostri Jesu Christi, quatenus et hic fructum bonæ actionis percipiant, et apud districtum judicem præmia æternæ pacis inveniant. Amen, amen, amen.

Ego Eugenius Catholicæ Ecclesiæ episcopus.

Datum apud Maisnile Lamberti, per manum Guidonis sanctæ Romanæ Ecclesiæ diaconi cardinalis et cancellarii, III Nonas Aprilis, indictione x, Incarnationis Dominicæ anno millesimo centesimo quadragesimo septimo, pontificatus vero domni Eugenii III papæ anno tertio.

CLXIV.

Ad Lugdunensem et Bisuntinum archiepiscopos, etc. — Confirmat constitutionem Calixti II papæ de pace et securitate territorii Trinorciensis intra certos terminos crucibus distinctos.

(Anno 1147, April. 4.)

[D. BOUQUET, *Recueil*, XV, 443.]

EUGENIUS episcopus, servus servorum Dei, venerabilibus fratribus Lugdunensi [AMEDEO] et Bisuntino [HUMBERTO], archiepiscopis, et Matisconensi [PONTIO] ac Cabilonensi [GUALTERIO] episcopis, salutem et apostolicam benedictionem.

Prædecessor noster felicis memoriæ papa Calixtus, sicut ex litteris ipsius (*Calixti litteras vide Patrologiæ t.* CLXIII, *sub num.* 7) intelleximus, Trinorcium veniens, atque paci et securitati ipsius loci, sui officii debito, cupiens providere, terminos circumquaque poni præcepit, infra quos videlicet terminos, sicut per cruces juxta terræ consuetudinem distincti sunt, captiones, deprædationes, assultus, vel aliquid hujusmodi fieri penitus interdixit. Cujus nos vestigiis inhærentes, quod ab ipso super hoc statutum est, sedis apostolicæ auctoritate firmamus et observari præcipimus. Si quis igitur huic ipsius constitutioni et nostræ confirmationi contraire audaci temeritate præsumpserit, a divinis officiis, donec satisfecerit, suspendatur: quicunque vero observator exstiterit, omnipotentis Dei et apostolorum ejus benedictionem et gratiam consequatur.

Datum apud Maisnile Lamberti, II Nonas Aprilis.

CLXV.

Privilegium pro ecclesia S. Pancratii in Ranshoven.

(Anno 1147, April. 10.)

[HUND., *Metropol. Salisburg.*, III, 208.]

EUGENIUS episcopus, servus servorum Dei, dilectis filiis, MANEGOLDO præposito Ranshovensis ecclesiæ Beati Pancratii martyris, ejusque fratribus, tam præsentibus quam futuris, regularem vitam professis, in perpetuum.

Ad hoc universalis Ecclesiæ cura nobis a provisore omnium bonorum Deo commissa est, ut religiosas diligamus personas, et beneplacentem Deo religionem studeamus modis omnibus propagare. Nec enim Deo gratus aliquando famulatus impenditur, nisi ex charitatis radice procedens, a puritate religionis fuerit conservatus. Eapropter, dilecti in Domino filii, Henrici illustris Bavarorum ducis precibus inclinati, vestris justis postulationibus clementer annuimus, et præfatam Beati Pancratii martyris ecclesiam, in qua divino vacatis officio, sub beatorum Petri apostolorum principis tutelam projectionemque suscipimus, et apostolicæ sedis privilegio communimus; in primis siquidem statuentes ut ordo canonicus, qui secundum beati Augustini Regulam in eodem loco noscitur institutus, ibidem perpetuis temporibus inviolabiliter conservetur. Præterea quascunque possessiones, quæcunque bona eadem ecclesia in præsentiarum juste et canonice possidet, aut in futurum concessione pontificum, largitione regum vel principum, oblatione fidelium, a seu aliis justis modis, Deo propitio, poterit adipisci, firma vobis vestrisque successoribus et illibata permaneant; in quibus hæc propriis duximus exprimenda vocabulis: Ecclesiam videlicet S. Michaelis cum decima et jure parochiali; capellas Neu-Kirchen, Hantenberge, Geroltesperge cum pertinentiis earum. Sane laborum vestrorum, quos propriis manibus aut sumptibus colitis, sive de nutrimentis vestrorum animalium, nullus omnino a vobis decimas exigere præsumat. Porro sacramenta ecclesiastica a diœcesano suscipietis episcopo, siquidem catholicus fuerit, et gratiam atque communionem apostolicæ sedis habuerit, eaque gratis et absque aliqua pravitate vobis voluerit exhibere; alioquin catholicum quemcunque malueritis adeatis antistitem, qui nimirum nostra fultus auctoritate, quod postulatur indulgeat. Obeunte vero te nunc ejusdem loci præposito, vel ad alterius ecclesiæ regimen transeunte, sive tuorum quolibet successorum, nullus ibi qualibet subreptionis astutia seu violentia præponatur, nisi quem fratres communi consensu, aut pars consilii sanioris, secundum Dei timorem et beati Augustini Regulam providerint eligendum. Ad hæc, quoniam locus vester est hic institutus, ut advocatus bonorum præfati ducis in partibus illis ejusdem quoque loci sit advocatus, prohibemus, ut nec ipsi, nec alicui subministro ejus, locum ipsum injustis gravaminibus infestare liceat. Quod si fecerit, et secundo ac tertio commonitus non emendaverit, consilio et auxilio ipsius ducis ipsa advocatia ab inutili auferatur, et alius idoneus loco ejus substituatur. Sepulturam quoque ipsius loci liberam esse concedimus, ut eorum qui se illic sepeliri deliberaverint, devotioni et extremæ voluntati, nisi forte excommunicati vel interdicti sint, nullus obsistat, salva justitia matricis Ecclesiæ.

Decernimus ergo, ut nulli omnino hominum liceat præfatam ecclesiam temere perturbare, aut ejus possessiones auferre, vel ablatas retinere, minuere, aut quibuslibet molestiis fatigare, sed omnia integra conserventur eorum, pro quorum gubernatione et sustentatione concessa sunt, usibus omnimodis profutura, salva sedis apostolicæ auctoritate et diœcesani episcopi canonica justitia. Si qua igitur in futurum ecclesiastica sæcularisve persona, hanc nostræ constitutionis paginam sciens, contra eam temere venire tentaverit, secundo tertiove commonita, si non satisfactione congrua emendaverit, potestatis honorisque sui dignitate careat, reamque se divino judicio existere de perpetrata iniquitate cognoscat, et a sacratissimo corpore ac sanguine Dei et Domini Redemptoris nostri Jesu Christi aliena fiat, atque in extremo examine districtæ ultioni subjaceat. Cunctis autem eidem loco justa servantibus sit pax Domini nostri Jesu Christi, quatenus et hic fructum bonæ actionis percipiant, et apud districtum judicem præmia æternæ pacis inveniant. Amen.

Datum Trecis per manum Guidonis sanctæ Romanæ Ecclesiæ diaconi cardinalis et cancellarii, IV Idus Aprilis, indictione x, Incarnationis Dominicæ anno 1147, pontificatus vero domni Eugenii III papæ anno III.

CLXVI.
Ad expeditionem sacram adversus Slavos in Pomerania populos excitat. Regem Hispaniarum quoque scribit bellum contra Saracenos Iberiæ comparare.
(Anno 1147, April. 11.)
[BOCZEK, *Cod. diplom. Morav.*, I, 244.]

EUGENIUS episcopus, servus servorum Dei, universis Dei fidelibus, salutem et apostolicam benedictionem.

Divini dispensatione consilii factum credimus, quod tanta multitudo fidelium de diversis mundi partibus ad infidelium expugnationem accingitur, et fere tota Christianorum terra pro tam laudabili opere commonetur. Inter alios enim principes et potentes ipsi reges, qui cæteris nationibus dominantur, signo vivificæ crucis assumpto, ad deliberationem Orientalis Ecclesiæ præparant, et crucis Christi inimicos, qui, peccatis exigentibus, in partibus illis fratres nostros apud Edessam et in aliis multis locis crudeliter trucidarunt, cum Dei auxilio, potenter expugnare disponunt. Rex quoque Hispaniarum contra Saracenos de partibus illis potenter armatur, de quibus jam per Dei gratiam sæpius triumphavit. Quidam etiam ex vobis tam sancti laboris et præmii participes fieri cupientes, contra Sclavos cæterosque paganos habitantes versus Aquilonem ire, et eos Christianæ religioni subjugare, Domino auxiliante, intendunt. Quorum nos devotionem attendentes, omnibus illis qui crucem eamdem Hierosolymam non acceperunt, et contra Sclavos ire, et in ipsa expeditione, sicut statutum est, devotionis intuitu manere decreverunt, illam remissionem peccatorum quam prædecessor noster felicis memoriæ papa Urbanus Hierosolymam transeuntibus instituit, omnipotentis Dei et beati Petri apostolorum principis auctoritate nobis a Deo concessa concedimus, eadem auctoritate sub excommunicatione prohibentes, ut nullus de paganis ipsis, quos Christianæ fidei poterit subjugare, pecuniam vel aliam redemptionem accipiat, ut eos in sua perfidia remanere permittat. Præterea quia expedire cognoscimus ut aliqua religiosa discreta, litterata persona sit inter vos, quæ paci et tranquillitati vestræ provideat, et unitatem inter vos conservet, et vos de promovenda Christiana religione commoneat, venerabilem fratrem nostrum A[nselmum], Havegelbergensem episcopum religiosum, discretum et litteratum virum ad hoc providimus, et hanc ei sollicitudinem injunximus. Quocirca pro apostolica vobis scripta præcipimus, ut eum pro reverentia beati Petri et nostra et omnium vestrum salute diligatis et honoretis, ejusque salubribus consiliis et admonitionibus et præceptis humiliter pareatis, ut Deus exinde honoretur, atque concordia et fraterna dilectio, Domino auctore, et ipsius studio annuente inter vos conservetur. Illos autem qui ad tam sanctam expeditionem crucem acceperint, et bona eorum sub beati Petri et nostra protectione manere decernimus.

Datum in territorio T[re]censi, tertio Idus Aprilis, pontificatus autem nostri anno secundo.

CLXVII.
Privilegium pro monasterio Fusniacensi.
(Anno 1147, April. 15.)
[*Hist. Fusniacensis monasterii, ordinis Cisterciensis*, opera et studio Joannis de LANCY, ej. mon. prioris, Bono-Fonte, 1670, 4°, p. 24.]

EUGENIUS episcopus, servus servorum Dei, Goszuino abbati Fusniacensi, ejusque fratribus tam præsentibus quam futuris regularem vitam professis, in perpetuum.

Religiosis desideriis dignum est facilem præbere assensum, ut fidelis devotio celerem sortiatur effectum. Quocirca, dilecti in Domino filii, vestris justis petitionibus clementer annuimus, et præfatum locum, in quo divino mancipati estis obsequio, sub beati Petri et nostra protectione suscipimus, et præsentis scripti privilegio communimus; statuentes ut quascunque possessiones, quæcunque bona in præsentiarum juste et canonice possidetis, aut in futurum concessione pontificum, largitione regum vel principum, seu oblatione fidelium, vel aliis justis modis, Deo propitio, poteritis adipisci, firma vobis vestrisque succedentibus et illibata permaneant; in quibus hæc propriis nominibus duximus exprimenda: Locum ipsum de Fusniaco, partem silvæ Aurigniaci secundum terminos definitos, quam jure proprietario quiete possidetis, de reliqua vero parte usum tantum habetis; decimas terræ Aurigniaci; locum qui vocatur Aubenton, cum omnibus ad ipsum locum pertinentibus; mediam partem terræ quæ vocatur Flignies; terram quæ vocatur Landouzies, cum grossa decima, et omnibus ad eam pertinentibus, præter homines; fundum qui dicitur Vilers, et secundum qui dicitur Watigny; tertium quoque, qui dicitur Agnis; terram de Foucouzy, et quartam partem de Tibiis; territorium Vilercelli, cum decima et aliis quibusdam adjacentibus terris; locum qui dicitur Evezcania; pascua in tota terra Roberti de Monte-Acuto; fundum qui dicitur Arcuzot; vineas de Culpetra. Sane laborum vestrorum quos propriis manibus aut sumptibus colitis, sive de nutrimentis vestrorum animalium, nullus a vobis decimas exigere præsumat.

Decernimus igitur, ut nulli omnino hominum liceat locum ipsum temere perturbare, aut ejus possessiones auferre, vel ablatas retinere, minuere, aut aliquibus vexationibus fatigare, sed omnia integra conserventur eorum, pro quorum gubernatione et sustentatione concessa sunt, usibus omnimodis profutura, salva sedis apostolicæ auctoritate et diœcesanorum episcoporum canonica reverentia. Si qua igitur in futurum ecclesiastica sæcularisve persona, hanc nostræ constitutionis paginam sciens, contra eam temere venire tentaverit, secundo tertiove commonita, si non satisfactione congrua emendaverit, 'potestatis honorisque sui dignitate careat, reamque se divino judicio existere de perpetrata iniquitate cognoscat, et a sacratissimo corpore ac sanguine Dei et Domini nostri Jesu Christi aliena fiat, atque in extremo examine districtæ ultioni subjaceat. Cunctis autem eidem loco justa servantibus sit pax Domini nostri Jesu Christi, quatenus hic fructum bonæ actionis percipiant et apud districtum judicem præmia æternæ pacis inveniant. Amen.

Ego Eugenius Catholicæ Ecclesiæ episcopus.
Ego Guido presb. card. tit. Sancti Chrysogoni.
Ego Albericus Ostiensis episcopus.
Ego Ismarus Tusculanus episcopus.
Ego Hyacinthus diacon. card. Sanctæ Mariæ in Cosmedin..... etc.

Datum in territorio Meldensi per manus Hugonis, presbyteri cardinalis, agentis vices domni Guidonis, sanctæ Romanæ Ecclesiæ diaconi cardinalis et cancellarii, xvii Kalend. Maii, indictione x, Incarnationis Dominicæ anno 1147, pontificatus vero domni Eugenii papæ tertii anno tertio.

CLXVIII.

G[regorio] episcopo Lucensi præcipit ut fratres S. Frigdiani intra dies 20 in S. Pantaleonis ecclesiæ possessionem mittat.

(Anno 1147, April. 24.)

[BALUZ., *Miscell.* ed. Luc., IV, 593.]

EUGENIUS episcopus, servus servorum Dei, venerabili fratri G. Lucensi episcopo, salutem et apostolicam benedictionem.

Memoriter te credimus retinere quia nos viva voce tibi injunximus, et postmodum per litteras mandavimus, ut religiosos fratres S. Frigdiani in ecclesia S. Pantaleonis introduceres, et eorum paci et tranquillitati provideres. Unde plurimum admiramur quia, sicut effectus indicat, mandatum nostrum super hoc nondum effectui mancipasti; ideoque per iterata tibi scripta mandamus atque præcipimus, quatenus, omni occasione remota, eosdem fratres in eamdem ecclesiam infra xx dies, postquam præsentia scripta susceperis, introducas, et eorum paci et tranquillitati ita provideas, ut ibidem quiete Domino servire valeant, et liberi a pravorum inquietatione existant. Quod si quis te vel ipsos super hoc impedire tentaverit, si clericus fuerit, ab officio et beneficio ecclesiastico eum suspendas; si laicus, ab introitu ecclesiarum removeas.

Data Parisius, viii Kal. Maii.

CLXIX.

Petente Henrico, episcopo Tullensi, vetat « consuetudinem Frostrariorum, quæ vulgo Probatio denominari soleat, infra bannum Wischerii seu Tracoldis-villæ » ab Hugone comite Wadanici-montis dimissam, referri, castruque « infra quatuor leugas prope Tullensem ecclesiam » a duce Lotharingiæ ædificari.

(Anno 1147, April. 28.)

[D. CALMET, *Histoire de Lorraine*, II, Pr., p. 324.]

EUGENIUS episcopus, servus servorum Dei, venerabili fratri HENRICO episcopo, et dilectis filiis canonicis Tullensis Ecclesiæ, salutem et apostolicam benedictionem.

Officii nostri est pro ecclesiarum statu satagere, et earum quieti et utilitati Domino auxiliante salubriter providere. Nobilis vir Hugo, Wadanici-montis comes, devotionis intuitu Jerosolymam proficisci disponens, sicut ex scripto ejus cognovimus, consuetudinem illam Frostrariorum, quæ vulgo Probatio denominari solet, quam infra in bannum Wischercii seu Tracoldis-villæ hactenus injuste tenuerat, et commendationes hominum utriusque banni omni occasione remota pro salute animæ suæ dimisit, abjuravit et guerpivit ipse, et uxor sua, et filii sui, et hoc factum in præsentia venerabilis fratris nostri A. Treverensis archiepiscopi recognovit; et easdem villas ab omni prava consuetudine de qua vos conquesti fueratis, liberavit, et eamdem libertatem scripti sui munimine roboravit. Ideoque paci vestræ in posterum providere volentes, eamdem libertatem per præsentis scripti paginam confirmamus; et ne quis eam de cætero infringere, vel Tullensem Ecclesiam super hoc molestare præsumat, auctoritate apostolica prohibemus. Quod si quis attentare præsumpserit, a sacratissimo corpore et sanguine Dei ac Domini nostri Jesu Christi sequestretur, et tam ipse quam terra sua divinis officiis interdicatur. Præcipimus idem fieri, si dux Lotharingiæ, vel quilibet ex ipsius hæredibus, infra quatuor leugas prope Tullensem ecclesiam, castrum vel munitionem aliquam ædificare præsumit, quia generaliter hoc a regibus interdictum est, et nos apostolica promulgatione roboramus.

Data Parisiis, iv Kal. Maii.

CLXX.

Privilegium pro monasterio S. Mariæ Thenoliensi.

(Anno 1147, April. 28.)

[HUGO, *Annal. Præm.*, II, 585.]

EUGENIUS episcopus, servus servorum Dei, dilectis filiis WALFRIDO abbati Thenoliensis ecclesiæ, ejusdemque fratribus, tam præsentibus quam futuris, canonicam et regularem vitam professis, in perpetuum.

Desiderium quod ad religionis propositum et ad animarum salutem pertinere monstratur, auctore Deo, sine aliqua est dilatione complendum. Eapropter, dilecti in Domino filii, vestris justis postulationibus clementer annuimus et ecclesiam B. Mariæ de Thelonio, in qua divino mancipati estis obsequio, sub beati Petri et nostra protectione suscipimus, et præsentis scripti privilegio communimus: in primis siquidem statuentes ut ordo canonicus secundum B. Augustini Regulam et Præmonstratensium fratrum institutionem in vestra ecclesia futuris perpetuo temporibus inviolabiliter observetur. Quascunque possessiones, quæcunque bona præfata ecclesia in præsentiarum juste et canonice possidet, sicut confirmata sunt a dilecto filio nostro Bartholomæo Laudunensi episcopo, aut in futurum concessione pontificum, largitione regum vel principum, oblatione fidelium, seu aliis justis modis, Deo propitio, poterit adipisci, firma vobis vestrisque successoribus et illibata permaneant; in quibus hæc propriis duximus exprimenda vocabulis: Locum videlicet ipsum de Thenolio, et totam decimam ejusdem territorii cum debita libertate..... Sancimus autem ut ordo canonicus secundum B. Augustini Regulam et Præmonstratensium fratrum instituta, perpetuis ibidem temporibus inviolabiliter observetur. Nulli quoque fratrum post factam in eodem loco professionem absque abbatis totiusque congregationis permissione liceat ex eodem claustro discedere; discedentem vero absque communi litterarum cautione nullus audeat retinere.

Decernimus ergo ut nulli omnino hominum fas sit præfatam ecclesiam temere perturbare, aut ejus possessiones auferre, vel ablatas retinere, minuere, seu quibuslibet vexationibus fatigare, sed omnia integra conserventur eorum, pro quorum gubernatione et sustentatione concessa sunt, usibus omnimodis profutura, salva sedis apostolicæ auctoritate et diœcesani episcopi canonica justitia. Si qua igitur in futurum ecclesiastica sæcularisve persona, hanc nostræ constitutionis paginam sciens, contra eam temere venire tentaverit, secundo tertiove commonita, si non satisfactione congrua emendaverit, potestatis honorisque sui dignitate careat, reamque se divino judicio existere de perpetrata iniquitate cognoscat, et a sacratissimo corpore ac sanguine Dei et Domini nostri Jesu Christi aliena fiat, atque in extremo examine districtæ ultioni subjaceat. Cunctis autem eidem loco justa servantibus sit pax Domini nostri Jesu Christi, quatenus et hic fructum bonæ actionis percipiant et apud districtum judicem præmia æternæ pacis inveniant. Amen, amen, amen.

Ego Eugenius Catholicæ Ecclesiæ episcopus.

Datum Parisiis per manum Hugonis presbyteri cardinalis agentis vices domni Guidonis sanctæ Romanæ Ecclesiæ diaconi cardinal. et cancellarii, IV Kal. Maii, indictione X, Incarnationis Dominicæ anno 1147, pontificatus vero domni Eugenii papæ III anno III.

CLXXI.
Privilegium pro monasterio Ferrariensi.
(Anno 1147, April. 28.)
[MABILL., *Annal. Bened.*, VI, 708.]

EUGENIUS..... dilecto filio JOANNI abbati Ferrariensis monasterii ejusque successoribus regularem vitam professis, in perpetuum.

Desiderium quod ad religionis propositum et salutem animarum pertinere monstratur, auctore Deo sine aliqua dilatione est complendum. Eapropter, dilecte in Domino fili Joannes abbas, tuis justis postulationibus clementer annuimus, et præfatum monasterium, cui, Deo auctore, præesse dignosceris, sub beati Petri protectione et nostra nostrorumque successorum suscipimus, et præsentis scripti privilegio communimus, statuentes ut quascunque possessiones, quæcunque prædia, quæcunque bona idem monasterium impræsentiarum canonice possidet, aut in futuro concessione pontificum, largitione regum vel principum, oblatione fidelium, seu aliis justis modis, Deo propitio, poterit adipisci, firma tibi tuisque successoribus eidem monasterio illibata maneant, in quibus hæc propriis duximus exprimenda vocabulis: ecclesiam S. Eligii quæ sita est in prospectu prædicti monasterii, ecclesiam Sancti Andreæ Castri-Nantonis cum beneficiis et pertinentiis suis, ecclesiam Sancti Petri de Arrevilla, ecclesiam S. Joannis de Prodais Fontana, ecclesiam S. Germani de Nergiato, ecclesiam Sancti Victurii de Fontaneto, ecclesiam Sancti Salvatoris de Cella, ecclesiam S. Martini de Curtemando, ecclesiam Sanctæ Crucis Longiacensis, ecclesiam Sancti Dionysii de Mulmento, ecclesiam Sancti Lupi de Branslis, ecclesiam de Parchis, ecclesiam de Vallibus, ecclesiam de Polliniaco, ecclesiam Sancti Genulfi de Brusciaco, junioratum ecclesiæ Brugliniacensis, ecclesiam de Mundrevilla, et ecclesiam de Bursiaco. In parochialibus vero ecclesiis quas tenetis et in quibus beneficia accipitis, sacerdotes eligatis, et diœcesano episcopo præsentetis, quibus si idonei fuerint episcopus animarum curam committat, ut de plebis quidem cura episcopo rationem reddant, vobis autem pro temporalibus ad vestrum monasterium pertinentibus debitam subjectionem exhibeant: sepulturam quoque ipsius loci et Sancti Andreæ de Castro-Nantonis liberam esse sancimus, ut eorum qui se illic sepeliri desideraverint, devotioni et piæ voluntati, nisi forte excommunicati vel interdicti sint, nullus obsistat. Prohibemus etiam ut nulli episcoporum liceat ordinationes aliquas in eodem monasterio facere, et nisi ab abbate ipsius loci fuerit invitatus, missas publicas celebrare. Adhuc autem prohibemus, ut nemo ecclesiam vel cœmeterium in proprio fundo ejusdem loci, nisi assensu et voluntate abbatis et capituli facere præsumat. Obeunte vero te nunc ejusdem loci abbate vel tuorum quolibet successorum, nullus ibi qualibet subreptionis astutia seu violentia præponatur, nisi quem fratres communi consensu, aut fratrum pars consilii sanioris secundum Deum et beati Benedicti Regulam providerint eligendum. Electus autem benedictionem a quocunque episcopo, prout sibi placuerit, accipiat, et cætera omnia secundum privilegia prædecessorum nostrorum obtineat. Denique si contigerit ut abbas accusetur de aliquo crimine, non unius episcopi judicio determinetur sententia, sed provincialis concilii exspectetur censura, aut forte si appellare maluerit sedem apostolicam, res ad Romani pontificis audientiam differatur. Adjicimus etiam ne prædicta ecclesia pro communi provinciæ interdicto a divinis cesset officiis, nec ecclesia Beatæ Mariæ quæ in vestra munitione est, et ecclesia Beati Andreæ Castri-Nantonis, sed potius apertis januis et exclusis excommunicatis et interdictis, divina vobis liceat alta voce officia celebrare. Præterea confirmamus vobis omnes ecclesias quæ de jure et manu firma ac feodo ecclesiæ Ferrariensis sunt. Decernimus autem ut nulli hominum, etc.

Datum Parisiis per manum Hugonis presbyteri cardinalis, vice domni Guidonis Sanctæ Romanæ Ecclesiæ diaconi cardinalis et cancellarii, quarto Kalendas Maii, indictione decima, Incarnationis Domini anno millesimo centesimo quadragesimo septimo, pontificatus anno quarto.

CLXXII.
Privilegium pro monasterio Grimbergensi.
(Anno 1147, Maii 1.)

[Hugo, *Annal. Præm.*, I, Pr., 510.]

Eugenius episcopus, servus servorum Dei, dilectis filiis Humberto abbati Grimbergensi, ejusque fratribus tam præsentibus quam futuris regularem vitam professis, in perpetuum.

Religiosis desideriis dignum est facilem præbere consensum, ut fidelis devotio celerem sortiatur effectum; quocirca, dilecti in Domino filii, vestris postulationibus clementer annuimus et præfatum locum, in quo divino mancipati estis obsequio, sub beati Petri et nostra protectione suscipimus, et præsentis scripti privilegio communimus; statuentes ut quascunque possessiones, quæcunque bona in præsentiarum juste et canonice possidetis, aut in futurum concessione pontificum, largitione regum aut principum, oblatione fidelium, seu aliis justis modis, Deo propitio, poteritis adipisci, firma vobis vestrisque successoribus et illibata permaneant, in quibus hæc propriis duximus exprimenda vocabulis : Altare videlicet de Vuamblini cum appendiciis suis, Berchem, Radelgem, et Ramesdunk; altare de Strumbeca. Vualterius, qui dicebatur magnus, quindecim mansos Grimbergensi Ecclesiæ dedit. Gerardus filius suus, unum ; Alvericus et filius suus Reimerus duos et curiam de Everchen ; Adeloia venerabilis vidua, allodium in Kerberghe cum decima et quatuor solidos in Vicele, et terram quæ Bochult cognominata est, et dimidium molendinum in Grimberghen præfatæ ecclesiæ tradidit. Gualterius Bertholdus cum hæredibus suis Gerardo et Vualtero de Eme terram in Steilo et piscaturam dederunt. Volfundis particulam terræ Botolengem, præfatæ ecclesiæ, mansum vero unum in Amelrengem Strumbegensi ecclesiæ dedit. Lambertus de Ossele vir liberalis, seipsum et allodium suum et mancipia sua devotus obtulit. Osto de Leuve et cohæredes sui, octavam partem quam possederant in Macha. Hugo et Adanghem nonam partem decimæ suæ in Herne. Vualterius de Galmarden duos mansos in veteri Aingem Commeratæ ecclesiæ obtulerunt ; Willelmus et fratres sui cum sorore sua Bescela, mansum unum in Adelegem. Berta vero et filius ejus Rilis terram suam in Berthem, et partem molendini dederunt. Gozoinus vir nobilis de Veljeka, dimidium mansum in Beiengem huic ecclesiæ dedit. Godefridus dux junior duos mansos et dimidium in Osselle cum silva libere concessit ; pater autem ejus locum molendini super Strumbeccam, præfatæ ecclesiæ obtulit. Sane laborum vestrorum quos propriis manibus aut sumptibus colitis, seu de nutrimentis vestrorum animalium, nullus a vobis decimas exigere præsumat.

Decernimus ergo ut nulli omnino hominum liceat præfatum locum temere perturbare aut ejus possessiones auferre, aut ablatas retinere, minuere, aut aliquibus vexationibus fatigare, sed omnia integra conserventur eorum, pro quorum gubernatione et sustentatione concessa sunt, usibus omnimodis profutura, salva sedis apostolicæ auctoritate et diœcesanorum episcoporum canonica reverentia. Si qua igitur in futurum ecclesiastica sæcularisve persona hanc nostræ constitutionis paginam sciens, contra eam temere venire tentaverit, secundo tertiove commonita, si non satisfactione congrua emendaverit, potestatis honorisque sui dignitate careat, reamque se divino judicio existere de perpetrata iniquitate cognoscat, et a sacratissimo corpore et sanguine Dei et Domini nostri Jesu Christi aliena fiat, atque in extremo examine districtæ ultioni subjaceat. Cunctis autem eidem loco justa servantibus sit pax Domini nostri Jesu Christi, quatenus et hic fructum bonæ actionis percipiant, et apud districtum judicem præmia æternæ pacis inveniant. Amen.

Datum Parisiis, vii Nonas Maii, Incarnationis Dominicæ anno 1147, pontificatus vero nostri anno iii.

CLXXIII.
Privilegium pro ecclesia S. Martini Laudunensis, Præmonstratensis ordinis.
(Anno 1147, Maii 6.)

[Lepaige, *Bibl. Præm.*, 452.]

Eugenius, servus servorum Dei, dilectis filiis abbati et canonicis ecclesiæ Beati Martini quæ in suburbio Laudunensi sita est, tam præsentibus quam futuris regularem vitam professis, in perpetuum.

Quoties illud a nobis petitur quod religioni et honestati convenire dignoscitur, animo nos decet libenti concedere et petentium desideriis condignum impertiri suffragium. Eapropter, dilecti in Domino filii, vestris justis postulationibus clementer annuimus, et præfatam ecclesiam in qua divino mancipati estis obsequio, ad exemplar prædecessorum nostrorum felicis memoriæ Innocentii et Lucii, sub beati Petri et nostra protectione suscipimus, et præsentis scripti privilegio communimus; statuentes ut quascunque possessiones, quæcunque bona eadem ecclesia inpræsentiarum juste et canonice possidet, aut in futurum concessione pontificum, largitione regum vel principum, oblatione fidelium seu aliis justis modis, Deo propitio, poterit adipisci, firma vobis vestrisque successoribus et illibata permaneant. In quibus hæc propriis duximus exprimenda vocabulis : Alodia videlicet de Diona, de Coverchis, de Boelio ; molendina Fossa ; molendinum de Barrels ; alodia de Taran, de Planeto, de Magniviler, de Remicurte, de Floricurte ; molendinum de Maheriis cum parte territorii ejusdem villæ ; molendinum de Rouza cum piscaria et prato adjacente; molendinum de Sancti Germani monte; molendinum quod Cheternes dicitur; terras quas habetis in Gisenicurte, cum medietate decimæ. Molendinum de Alneto et Forkes; terram de Wahesual cum decima; terram de Chalamonte; vineas de monte Hunoldi; vineas quas habetis in Mailli; decimam de Martisiaco, cum appendiciis suis. Totum territorium Salmoncei cum silvis et pratis, et justitia, et districto, sicut vobis concessum est a venerabili fratre nostro Stephano Metensi episcopo. Terras quas possidetis in Rokignicurte, in Pierres, in Pomereto, in Morolzis, cum molendino; duas partes decimæ de Cilis cum decima culturarum; terras de Avains cum decima; Monstratam culturam, terras quas habetis in Verciniaco, Burcis, Makigni cum molendino, furno et pratis; alodium de Vorgia; duas partes decimæ de monte Cavillo; molendinum de Alneto; duas partes decimæ de Camulgia; molendinum de Auvil; partem decimæ de Pesullo, et terras quas ibidem habetis, et in Anthies; molendina de Anisi, de Clari, de Comportel, Destoueles, de Folia; et molendinum quod Bekerellum dicitur; molendinum de Chivi, sicut a venerabili fratre nostro Bartholomæo Laudunensi episcopo vobis legitime confirmatum est; vineas quas possidetis in monte Laudunо, in Tirimaco, in Vorgia, in Jovia, in Brueria, in Lirivalle, in monte Cavillo, in Orgivalle, in Camulgia, in Capriniaco, in monte Antelli, in Trubercourt, in Criptis, in Mons, in Fisains. Sane laborum vestrorum quos propriis manibus aut sumptibus colitis, sive de nutrimentis vestrorum animalium, nullus omnino a vobis decimas exigat. Ut autem tam in prælatis quam in subditis vestris ordinis integritas inviolabiliter observetur, decernimus ut si quis abbatum qui de vestra Ecclesia exstiterint, ab ordine et consuetudine Laudunensis monasterii Sancti Martini deviaverit, abbas prædicti monasterii super correctione sua eum bis tertiove commoneat. Quod si incorrigibilis apparuerit, diœcesanus episcopus sub præsentia et testificatione abbatis S. Martini et duorum ejusdem ordinis abbatum, sine omni dilatione, ordinis sui transgressorem deponet. Depositum autem episcopus ad ecclesiam Beati Martini remittet, et alium idoneum canonica fratrum electione e vestigio subrogabit. Sepulturam quoque ejusdem loci liberam esse concedimus, ut eorum qui se inibi sepeliri deliberaverint, et devotioni et extremæ voluntati, nisi forte excommunicati vel interdicti fuerint, nullus obsistat, salvo jure parochialium ecclesiarum.

Nulli ergo hominum fas sit præfatam ecclesiam temere perturbare aut ejus possessiones auferre, vel ablatas retinere, minuere, vel temerariis vexationibus fatigare; sed omnia integra conserventur eorum, pro quorum gubernatione et sustentatione concessa sunt, usibus omnimodis profutura, salva sedis apostolicæ auctoritate et diœcesani episcopi canonica usitia. Si qua igitur in futurum ecclesiastica sæcularisve persona hanc nostræ constitutionis paginam sciens, contra eam temere venire tentaverit, secundo tertiove commonita, si non satisfactione congrua emendaverit, potestatis honorisque sui dignitate careat, reamque se divino judicio existere de perpetrata iniquitate cognoscat, et a sacratissimo corpore et sanguine Dei et Domini Redemptoris nostri Jesu Christi aliena fiat, atque in extremo examine districtæ ultioni subjaceat. Cunctis autem eidem loco justa servantibus sit pax Domini nostri Jesu Christi, quatenus et hic fructum bonæ actionis percipiant, et apud districtum judicem præmia æternæ pacis inveniant. Amen.

Datum Parisius per manum Hugonis presbyteri cardinalis et agentis vicem domni Guidonis sanctæ Romanæ Ecclesiæ diaconi cardinalis et cancellarii, pridie Nonas Maii, indictione decima, Incarnationis Dominicæ anno 1147, pontificatus vero domni Eugenii III papæ anno tertio.

CLXXIV.

Adalberoni, archiepiscopo Trevirensi monasterium S. Maximini asserit, pactumque inter eum et Henricum comitem Namurcensem, præsente Conrado Romanorum rege, opera Bernardi abbatis Claravallensis confectum, probat.

(Anno 1147, Maii 7.)

[HONTHEIM, *Hist. Trevir.*, 1, 556.]

EUGENIUS episcopus, servus servorum Dei, venerabili fratri ADALBERONI Trevirensi archiepiscopo, ejusque successoribus canonice substituendis, in perpetuum.

Cum universis S. Ecclesiæ filiis debitores ex injuncto nobis a Deo apostolatus officio existamus, illos tamen patres nostros, episcopos, et Ecclesiarum Dei rectores, quos in fidelitate et servitio S. Romanæ Ecclesiæ devotiores a longis retro temporibus cognoscimus exstitisse, arctioris charitatis brachiis diligere volumus, et fovere, et Ecclesiis, in quibus Domino militare noscuntur, suam justitiam conservare. Eapropter, venerabilis frater in Christo, Adalbero Trevirensis archiepiscope, devotionem tuam erga beatum Petrum, ejusque sanctam Romanam Ecclesiam, et nos ipsos attendentes, tuis justis postulationibus clementer annuimus, et prædecessoris nostri felicis memoriæ papæ Innocentii vestigiis inhærentes, illud juris, quod charissimus filius noster, Conradus Romanorum rex, sive antecessores ejus in abbatia S. Maximini habuisse noscuntur; quodque tibi, et per te Trevirensi Ecclesiæ ab eodem Conrado collatum sive restitutum est, sicut in ejusdem regis scripto de restitutione et confirmatione continetur, tibi et successoribus tuis auctoritate apostolica confirmamus, et scripti præsentis pagina communimus. Pacem quoque et concordiam, sive transactionem, quæ inter te et nobilem virum Henricum Namurcensem comitem in præsentia præfati regis per charissimum filium nostrum Bernardum Clarævallensem abbatem et principes ipsius regni rationabili providentia facta est, et ejusdem scripto regis firmata, ratam et inconvulsam manere sancimus, et præsentis scripti munimine roboramus. Si qua igitur in futurum ecclesiastica sæcularisve persona, hanc nostræ confirmationis paginam sciens, contra eam temere venire tentaverit, secundo tertiove commonita, nisi reatum suum congrua satisfactione correxerit, potestatis honorisque sui dignitate careat, reamque sese divino judicio existere de perpetrata iniquitate cognoscat, et a sacratissimo corpore et sanguine Dei et Domini Redemptoris nostri Jesu Christi aliena fiat, atque in extremo examine districtæ ultioni subjaceat. Amen, amen, amen.

Ego Eugenius Catholicæ Ecclesiæ episcopus subscripsi.

Ego Albericus Ostiensis episcopus subscripsi.

Ego Ymarus Tusculanus episcopus subscripsi.

Ego Guido presbyt. cardinalis tit. S. Chrysogoni subs.

Ego Humbaldus presb. card. tit. SS. Joannis et Pauli subs.

Ego Gillibertus presb. card. tit. S. Marci subs.

Ego Guido presb. card. tit. SS. Laurentii et Damasi subs.

Ego Julius presb. card. tit. S. Marcelli subscrip.

Ego Jordanio presb. card, tit. S. Susannæ subsc.

Ego Odo diac. card. S. Gregorii ad Velum Aureum subs.

Ego Octavianus card. diac. S. Nicolai in Carcere Tulliano subs.

Ego Joannes S. Adriani diac. card. S. Mariæ Novæ subs.

Ego Guido diaconus cardinalis S. Mariæ in Porticu subs.

Ego Jacinthus diac. cardinalis S. Mariæ in Cosmedin subsc.

Datum Parisiis per manum Hugonis presbyteri cardinalis agentis vicem domni Guidonis S. Romanæ Ecclesiæ diaconi et cardinalis et cancell., Non. Maii, indict. x, Incarnationis Dominicæ anno 1147, pontificatus vero domni Eugenii III papæ anno III.

CLXXV.
Privilegium pro monasterio S. Laurentii Leodicensis.
(Anno 1147, Maii 11.)
[MARTEN., *Ampl. Collect.*, IV, 1177.]

EUGENIUS episcopus, servus servorum Dei, dilecto filio WAZELINO abbati S. Laurentii in Leodio S. et A. B.

Quæ a fratribus nostris episcopis pro Ecclesiarum quiete rationabili providentia statuta sunt, in sua volumus stabilitate firmare, ne pravorum hominum valeant in posterum refragatione turbari. Ideoque constitutionem, quæ de parochialibus ecclesiis vestro monasterio collatis et de beneficiis sacerdotum eisdem ecclesiis servientium a venerabili fratre nostro Henrico Leodiensi episcopo rationabili providentia facta est et scripto suo firmata, sedis apostolicæ auctoritate firmamus et ratam manere censemus : videlicet ne de cætero ecclesiæ parochiales quæ eidem monasterio collatæ sunt, in usus cedant aliorum, sed retento usufructuario monachis, sacerdotes in eis canonice ordinentur. Qui tamen ex earum redditibus habeant unde vivant, videlicet oblationes missarum et solemnium et quotidianarum, et de visitationibus infirmorum, et de sepulturis et agendis mortuorum. De annona quoque in ecclesiis matricibus, quæ alias sub se habent ecclesias XXIV modios annonæ, in ecclesiis aliis quæ per se sunt, modios duodecim. Nemini igitur liceat deinceps beneficia illa aliis conferre personis, sed monachis maneant quibus collata sunt, salvo synodali jure et obedientia Leodiensis episcopi.

Datum Parisius, v Idus Maii.

CLXXVI-VII.
Bulla in gratiam Galtheri abbatis S. Mariæ de Capella ad Plancas.
(Anno 1147, Maii 15.)
[*Gall. Chr.* nov., XII, 267.]

EUGENIUS episcopus, servus servorum Dei, dilecto filio GALTHERO abbati S. Mariæ de Capella ad Plancas, ejusque fratribus, etc.

Dilecti in Domino filii, vestris justis supplicationibus clementer annuimus, et præfatam ecclesiam in qua divino estis mancipati obsequio, sub B. Petri et nostra protectione suscipimus, et præsentis scripti privilegio communimus; statuentes ut quascunque possessiones, quæcunque bona impræsentiarum juste et canonice possidetis, aut in futurum concessione pontificum, largitione regum vel principum, oblatione fidelium, seu aliis justis modis Deo propitio poteritis adipisci, firma vobis vestrisque successoribus et illibata permaneant; in quibus hæc propriis duximus exprimenda vocabulis. Territorium in quo ipsa ecclesia constructa est, datum a Simone domino Belfortensi et Emelina matre ejus, cum usuaria totius nemoris usque ad castrum Merchericurte, cum appendiciis suis; terramque quæ circa ipsam curtem est ex dono Radulfi de S. Margareta; molendinum de Suzanno monte cum terra quæ molendino adjacet: similiter ex dono prædicti Radulfi fratribus suis concedentibus, et dominis de quorum feodo erat, comite videlicet Theobaldo, Ægidio cum fratre suo Lebaldo et Macario de Magnicurte. Curtem sanctæ Petronillæ cum appendiciis suis, terram de Altignis, novam domum quæ sita est super Maxennam. Tertiam partem decimæ de villa S. Audoeni, quam habetis ab ecclesia S. Quintini Belvacensis, et quidquid ibidem ipsa S. Quintini ecclesia jure possidebat. Decimam totam de Curcellis, excepta parte presbyteri; medietatem tertiæ partis decimæ Juncherii, salvo jure monachorum Rosnarum. Partem decimæ de Longavilla in ecclesia Chacericurtis, liberam electionem sacerdotis ab Attone Trecensi episcopo vobis concessam. Sane laborum vestrorum quos propriis manibus aut sumptibus colitis, sive de nutrimentis vestrorum animalium, nullus a vobis decimam exigere præsumat. Decernimus ergo ut nulli omnino hominum liceat præfatam ecclesiam temere perturbare, aut ejus possessiones auferre vel ablatas retinere, minuere, aut aliquibus vexationibus fatigare, sed omnia integre conserventur eorum, pro quorum gubernatione et sustentatione concessa sunt, usibus omnibus profutura, salva sedis apostolicæ auctoritate et diœcesani episcopi canonica justitia. Si qua igitur, etc.

Datum Parisiis per manum Hugonis presbyteri cardinalis, agentis vicem Guidonis sanctæ Romanæ Ecclesiæ diaconi cardinalis et cancellarii, Idibus Maii, indictione x, Incarnationis Dominicæ anno 1147, pontificatus anno III.

CLXXVIII.
Privilegium pro monasterio Bellilocensi.
(Anno 1147, Maii 15.)
[Hugo, *Annal. Præm.*, I, Pr., p. 256.]

Eugenius episcopus, servus servorum Dei, dilectis filiis Radulpho de Belloloco, ejusque fratribus tam præsentibus quam futuris, regularem vitam professis, in perpetuum.

Religiosis desideriis dignum est facilem præbere consensum, ut fidelis devotio celerem sortiatur effectum. Quocirca, dilecti in Domino filii, vestris justis postulationibus clementer annuimus et præfatum locum, in quo divino mancipati estis obsequio, sub B. Petri et nostra protectione suscipimus et præsentis scripti privilegio communimus; statuentes ut quascunque possessiones, quæcunque bona in præsentiarum juste et canonice possidetis, aut in futurum concessione pontificum, largitione regum vel principum, oblatione fidelium, seu aliis justis modis, Deo propitio, poteritis adipisci, firma vobis vestrisque successoribus et illibata permaneant; in quibus hæc propriis duximus exprimenda vocabulis: Territorium videlicet in quo ecclesia Sanctæ Dei genitricis Mariæ super Albam sita est, et aquam a Gessena villa usque ad ulmum Givanzei cum banno ab Airardo quondam Brenensi comite, prænominatæ Ecclesiæ concessam cum terra quam in finibus ejusdem villæ habebat. Sane in toto comitatu Brenensi juxta quod a prædicto Airardo et Galterio, filio ejus, statutum est, et in pertinentiis Belle-Fortis oppidi, pecora fratrum ipsius loci libera pascuatam in nemore quam in campestribus habeant. Porro in loco qui dicitur Capella in nemore Dervensi a Simone domino castri, Belle-Fortensis; et Amelina matre ejus prædictæ ecclesiæ donatio, usuaria et in nemoribus ad ipsum castrum pertinentibus ad focum faciendum et cætera necessaria; et Rosteriam cum appendiciis suis ex dono Guarnerii militis et Mainardi fratris ejus; et Vendolium, et domum de Trailbaosco datum a Philippo de Valentiniaco et Angelberto de Brena, et Herberto Bariensi milite et Anschero fratre ejus cum terra in eodem loco, quantum uni carucæ omni tempore opus fuerit, et usuaria in finibus Valentiniaci, tam in pascuis ob nutrimenta pecorum, quam in nemoribus ad focum faciendum et ad omnia eidem domui necessaria; quidquid etiam habebat Hangelbertus de Brena in finibus Sancti Remigii de Bosamont, datum ab eodem et a filiis ejus; omnem etiam terram de Ponte-Mainardi quæ Mainardo contingebat, datum ab eodem et Petro filio ejus, et in finibus Darzeicurte viginti jugera terræ quæ dedit Odo filius Fulberti, et ultra medietatem totius terræ ejusdem a Gualtero et matre ejus quæ Cometissa vocabatur, datum; et curiam ejusdem loci cum appendiciis suis et molendino, et curiam de Farnerol cum appendiciis suis et molendino, et curiam in finibus Beurreville cum appendiciis suis; omnem etiam decimam de Bervilla datam a Philippo Trecensi episcopo, et duas partes majoris decimæ et minoris de Ferreriis et de Casa Salefridi, salva parte Hugonis monachi in majore decima, et tertiam partem in decima de Hauncourt, et in decima de Junscherio tertii unius medietatem, salva parte ecclesiæ Rosnaici, et in majori decima Summeveræ in uno tertio de duodecim casis v; omnem etiam decimam de Blegnicourt cum ecclesia et liberam potestatem eligendi in ipsa idoneum sacerdotem, tam de vestris clericis, quam de aliis, sic ab Hattone Trecensi episcopo canonice vobis concessum est; et in uno tertio tertiam partem in majori decima Sancti Remigii de Bosemont eidem ecclesiæ confirmamus. Sane laborum vestrorum quos propriis manibus aut sumptibus colitis, seu de nutrimentis vestrorum animalium, nullus a vobis decimas exigere præsumat.

Decernimus ergo ut nulli omnino hominum liceat præfatum locum temere perturbare, aut ejus possessiones auferre, vel ablatas retinere, minuere, aut aliquibus vexationibus fatigare; sed omnia integra conserventur eorum, pro quorum gubernatione et sustentatione concessa sunt, usibus omnimodis profutura, salva sedis apostolicæ auctoritate et diœcesani episcopi canonica justitia. Si qua igitur in futurum ecclesiastica sæcularisve persona hanc nostræ constitutionis paginam sciens, contra eam venire temere tentaverit, secundo tertiove commonita, nisi emendatione congrua emendaverit, potestatis honorisque sui dignitate careat, reamque se divino judicio existere de perpetrata iniquitate cognoscat, et a sacratissimo corpore et sanguine Dei et Domini nostri Jesu Christi aliena fiat, et in extremo examine districtæ ultioni subjaceat. Cunctis autem eidem loco justa servantibus sit pax Domini nostri Jesu Christi, quatenus et hic fructum bonæ actionis percipiant, et apud districtum judicem præmia æternæ pacis inveniant. Amen, amen, amen.

Ego Eugenius Catholicæ Ecclesiæ episcopus.
Ego Albericus Ostiensis episcopus.
Ego Imarus Tusculanus episcopus.
Ego Odo diac. card. Sancti Georgii ad Velum Aureum.
Ego Joannes diac. card. S. Mariæ Novæ.
Ego Ignatius diaconus card. Sanctæ Mariæ in Cosmedin.

Datum Parisiis per manum Hugonis presbyteri cardinalis, agentis vices domni Guidonis sanctæ Romanæ Ecclesiæ diaconi cardinalis et cancellarii, Idibus Maii, indictione decima, Incarnationis Dominicæ anno 1147, pontificatus vero domni Eugenii III papæ anno III.

CLXXIX.

Privilegium pro monasterio Præmonstratensi.
(Anno 1147, Maii 16.)
[Hugo, Annal. Præm., I, Pr., p. 15.]

EUGENIUS episcopus, servus servorum Dei, dilectis filiis Hugoni Præmonstratensi abbati ejusque fratribus, tam præsentibus quam futuris, regularem vitam professis, in perpetuum.

Cum universis personis ecclesiasticis nos oporteat generaliter providere, erga eos tamen propensiori cura nos convenit esse sollicitos, quos constat majori studio cunctipotentis Dei servitio inhiare, et acriori religione et morum honestate clarescere. Hoc nimirum charitatis intuitu, dilecti in Domino filii, vestræ devotionis precibus debita benignitate impertimur assensum, et Præmonstratensem ecclesiam in qua divino mancipati estis obsequio, ad exemplar prædecessoris nostri felicis memoriæ papæ Cœlestini secundi, cum omnibus ad ipsam pertinentibus sub beati Petri et nostra protectione suscipimus et præsentis scripti privilegio communimus; statuentes ut quascunque possessiones, quæcunque bona idem venerabilis locus in præsentiarum juste et canonice possidet, aut in futurum concessione pontificum, largitione regum vel principum, oblatione fidelium, seu aliis modis, Deo propitio, poterit adipisci, firma vobis vestrisque successoribus et illibata permaneant; in quibus hæc propriis duximus exprimenda vocabulis: Ambitum scilicet ipsius vallis Præmonstratensis sicut in vestris scriptis continetur, et certis terminis definitur, ab omni videlicet exactione liberum, tam terragii quam decimæ sive census; curiam quoque de Fontenellis, cum vivario et duabus partibus molendinorum subjacentium, cæterisque appendiciis suis; curiam de Penencourt, cum vineis et cæteris appendiciis suis; curtem de Merliu cum vineis suis; curtem de Roseriis cum pertinentiis et appendiciis suis; curtem de Verciguy cum appendiciis suis; curtem de Souppy cum molendinis subjacentibus in flumen quod dicitur Axona cæterisque appendiciis et pertinentiis suis; duas partes decimæ de Crepy; tertiam partem decimæ de Chavus; apud Valavergni decem modios vini de decima ejusdem villæ; decimam cum terragio de Vrevin; et terragia de Concivilla, exceptis duobus modiis, quæ inde persolvi debent Ecclesiæ B. Mariæ Nogenti; vivarium etiam et molendinum juxta eamdem villam sicut hæc ipsa habuerat in suo dominio Ingelrannus filius Thomæ de Marla in prædictis duabus villis; census de Poilly; molendinum de Rochis, molendinum de Proisel, molendinum de Achery, molendinum Cortun, molendinum de Ceny; vinagia de Bourguignon; terram de Carenni; duas partes molendini de Aquila, vineas de Broiencourt; Ursignicourt, Brummont, Lizy, Valavrigny, Montarcenne et de Monthavin; vineas de Coucy-Castello et de Coucivilla; vinagia et vineas de Novavilla; in Suessionensi episcopatu, in suburbio civitatis, curtem et locum, torcularium et vineas. Apud Pomerias vinagia; census denariorum Branæ castri, et Branellæ villæ; curtem de Bucy cum vineis cæterisque pertinentiis suis; molendinum de Rupibus, quod sub eadem villa est; curtem de Clamecy, cum torculari, vineis et aliis pertinentiis; apud Sorny duo torcularia, vineas et alios redditus; curtem de Tenselva cum pertinentiis suis; curtem de Luil'y, et dimidium molendinum cum cæteris pertinentus; apud Bethencourt vinagia et alios redditus; apud Pinon quemdam censum, et tertiam partem minutæ decimæ de atrio, et sextam partem cujusdam molendini, et decimam quam Josbertus ibidem habuit; capellam et curtem de Rosel cum molendino, vivario, torculari, vineis et omnibus pertinentiis suis; in monte de Trosly curtem unam, cum molendino, vivario, torculari, vineis et omnibus pertinentiis suis. In monte Trosly curtem unam, et in valle aliam cum terris, vineis, et aliis pertinentiis suis, et partem villæ cum suis appendiciis, quam Andræas de Baldimento vobis contulit, sicut eam in dominio suo tenebat, et quædam alia ab aliis Dei fidelibus oblata; curtem de Biucy cum pertinentiis suis; curtem de Attechi et duas partes decimæ, vineas cum cæteris appendiciis. Apud Cauny censum et vinagia. In villa quæ dicitur Pons S. Medardi, quamdam partem decimæ. Apud Margival dimidium molendinum; medietatem castanearum a Vausaillon. In episcopatu Noviomensi, altare et curtem de Benolio, cum pertinentiis suis; curtem de Bolmont; curtem de Calveni; allodium de Germainnes; curtem de Montisel; curtem de Thory; curtem de Landricourt. Et in suburbio Noviomensi terram, vineas et prata, curtem cum his quæ ad eam pertinent; molendina Despeville, et dimidiam partem decimæ ejusdem villæ; duas partes decimæ Destoily; sextam partem decimæ de Duri; molendina de Offois, et duas partes decimæ ejusdem villæ; tertiam partem decimæ de Grecy; dimidiam sedem cujusdam molendini apud Dinisam, et medietatem decimæ ejusdem villæ; duas partes decimæ de Calveni; tertiam partem decimæ de Caullaincourt; duas partes decimæ de Gricourt; tres partes dimidiæ partis decimæ de Leherwes; tertiam partem decimæ de Lancy; decimam de Kivres; terram apud Omencourt; terram de Liencourt et de Curcy; tria jugera apud Greum; capellam S. Nicolai liberam apud S. Quintinum; curtem allodiorum cum suis appendiciis; curtem de Voiana cum appendiciis; curtem de Hanapiis in alodio cum decima; duas partes decimæ de Bechincourt; duas partes decimæ de Cartigny; totam decimam de Falvi, excepta minuta; quartam partem de Aldeni; molendina de Escauly cum appendiciis suis; molendina de Hamel; sedes cujusdam Dominicæ anno 1147, pontificatus vero domni Eumolendini apud Pieton.

Illud etiam humanitatis ratione perspeximus et præsenti decreto in perpetuum valituro sancimus, ut sorores quæ per laborem fratris nostri bonæ memoriæ Norberti Magdeburgensis archiepiscopi, et vestram exhortationem, ad omnipotentis Dei servitium accesserunt, et semetipsas Deo obtulerunt, de bonis vestris quorum non modica pars eidem loco per eas noscitur pervenisse, sine cujus contradictione nunc et semper in sustentatione temporalium necessaria consequantur. Simili quoque modo decernimus, ut de laboribus quos propriis manibus sumptibusque colligitis, dare decimas cuiquam non cogamini; sed nec alicui episcopo liceat qualibet occasione in ecclesia vestra divina officia prohibere. Si vero generale interdictum in diœcesi factum fuerit, exclusis excommunicatis, et clausis januis, nihilominus divina officia celebretis. Porro ordinationes canonicorum, vel consecrationes altarium vel basilicarum, seu reliqua ecclesiastica sacramenta a Laudunensi suscipietis episcopo, siquidem catholicus fuerit, et gratiam atque communionem apostolicæ sedis habuerit; alioquin catholicum quemcunque malueritis adeatis antistitem, qui nostra fultus auctoritate, quod postulatur indulgeat. Si vero quis nobilium se ibidem sepeliri deliberaverit, ipsius donationi et extremæ voluntati, nisi forte excommunicatus vel interdictus sit, nullus obsistat, salva justitia matris Ecclesiæ.

Decernimus ergo ut nulli omnino hominum liceat præfatam ecclesiam temere perturbare, aut ejus possessiones auferre, vel ablatas retinere, minuere, seu quibuslibet molestiis fatigare, sed omnia integra conserventur eorum, pro quorum gubernatione et sustentatione concessa sunt, usibus omnimodis profutura, salva apostolicæ sedis auctoritate et diœcesanorum episcoporum canonica justitia. Si qua igitur in futurum ecclesiastica sæcularisve persona, hanc nostræ constitutionis paginam sciens, contra eam temere venire tentaverit, secundo tertiove commonita, si non satisfactione congrua emendaverit, potestatis honorisque sui dignitate careat, reamque se divino judicio existere de perpetrata iniquitate cognoscat, et a sacratissimo corpore ac sanguine Dei et Domini Redemptoris nostri Jesu Christi aliena fiat, atque in extremo examine districtæ ultioni subjaceat. Cunctis autem eidem loco justa servantibus sit pax Domini Jesu Christi, quatenus et hic fructum bonæ actionis percipiant, et apud districtum judicem præmia æternæ pacis inveniant. Amen, amen, amen.

Ego Eugenius Catholicæ Ecclesiæ episcopus.
Ego Albericus Ostiensis episcopus.
Ego Imarus Tusculanus episcopus.

Datum Parisiis per manum Hugonis presbyteri cardinalis agentis vicem domni Guidonis sanctæ Romanæ Ecclesiæ diaconi cardinalis et cancellarii, xvi Kalend. Junii, indictione decima, Incarnationis Dominicæ anno 1147, pontificatus vero domni Eugenii III papæ anno tertio.

CLXXX.
Privilegium pro monasterio Calvimontensi, ordinis Præmonstratensis.
(Anno 1147, Maii 17.)
[Hugo, Annal. Præm., I, Pr., p. 340.]

EUGENIUS episcopus, servus servorum Dei, dilectis filiis JOANNI Calvomontensi, ejusque fratribus tam præsentibus quam futuris regularem vitam professis, in perpetuum.

Religiosis desideriis dignum est facilem præbere consensum, ut fidelis devotio celerem sortiatur effectum. Eapropter, dilecti in Domino filii, vestris justis postulationibus clementer annuimus, et præfatum locum, in quo divino estis mancipati obsequio, sub beati Petri et nostra protectione suscipimus, et præsentis scripti privilegio communimus; statuentes ut quascunque possessiones, quæcunque bona idem locus juste et canonice possidet, aut in futurum concessione pontificum, largitione regum vel principum, oblatione fidelium, seu aliis justis modis, Domino propitio, poteritis adipisci, firma vobis vestrisque successoribus et illibata permaneant; in quibus hæc propriis duximus exprimenda vocabulis : Altare de Adon cum ipsa villa et molendino, et terram Pontii; altare de Roseico cum terra et pratis; altare de Rubeniaco, altare de Sancto Neuntio; altare de Sancto Ferreolo; altare de Parniaco cum terris ad ipsa altaria pertinentibus; altare de Membercis; molendinum de Ronna; Campiniolas cum cæteris villis et medietatem de Remoldi curte, quæ comes Rogerus et comes Hezelinus cum servis et ancillis ab omni consuetudine liberas, dederunt; terram Hermanfridi et partem allodii de Adeliaco; allodium de Justinia quod dedit Hugo Scotus; allodium de Cerisiaco, allodium de Sancto Ferreolo; allodium de Buriniacimonte; terram de Persoir, terram de Rubiniaco Woderici filii Valerii; et nonam partem de Guistreio; nonam partem de redditibus comitis qui pertinent ad Calmontem; nonam partem furni ejusdem castri; nonam partem molendinorum de Turri; quinque mansuras de Fusamimonte et terras pertinentes; terram de Bus, terram de Eselci, terram de Scon, terram de Altavilla cum pratis, terram de Scipsis cum pratis, terram de Vasineio, terram de Eunicebus, terram Abilonis de Ruba; terram Ohardi de Ultrei monte; terram apud Mambertiacum; allodium Intersisola super rivulum Yob quod Henricus comes et cæteri hæredes concesserunt; villam quoque quæ antiquitus Trion dicebatur, cum altari et decima et pratis et silvis, terris cultis et incultis ad eadem villam pertinentibus et omnibus quæ in eodem loco Radulphus et Guarnerus acquisierunt; terram Gualteri de Castello; terram de Proverimonte cum omnibus appendiciis suis; et terram de Ultrei monte cum appendiciis suis; terram de Potestibus Sanctæ Mariæ; terram de Mandencio; terram de Nantuel; terram de Fin;

molendinum de Faunion cum terra, molendinum de Treinel; terram de Curcinis cum appendiciis suis; terram cum silva apud Luchlacum; terram de Viriguandano fonte, et decimam culturæ vestræ in territorio Sancti Ferreoli; et partem decimæ quam Gilbertus a Radulpho de Turre tenebat, sicut a venerabili fratre nostro Samsone Remensi archiepiscopo vobis concessæ sunt et scripto suo firmatæ. Nihilominus quæ de feodis Henrici comitis et comitissæ de Calmonte et Radulphi præfati de Turre, jam legitime acquisitis, vel in antea acquiretis, sicut ab ipsis vobis concessum est. Sancimus etiam ut ordo canonicus qui per Dei gratiam secundum B. Augustini Regulam et fratrum Præmonstratensium institutionem in eadem Calmontensi ecclesia noscitur institutus, perpetuis temporibus inviolabiliter conservetur. Sane laborum vestrorum quos propriis manibus aut sumptibus colitis, sive de nutrimentis vestrorum animalium, nullus a vobis decimas exigere præsumat.

Decernimus ergo ut nulli omnino hominum liceat præfatum locum temere perturbare, aut ejus possessiones auferre, aut ablatas retinere, minuere, aut aliquibus vexationibus fatigare, sed omnia integra conserventur eorum, pro quorum gubernatione et sustentatione concessa sunt, usibus omnimodis profutura; salva sedis apostolicæ auctoritate et diœcesanorum episcoporum canonica justitia. Si qua igitur in futurum ecclesiastica sæcularisve persona, hanc nostræ constitutionis paginam sciens, temere contra eam venire tentaverit, secundo tertiove commonita, si non satisfactione congrua emendaverit, potestatis honorisque sui dignitate careat, reamque se divino judicio existere de perpetrata iniquitate cognoscat, et a sacratissimo corpore et sanguine Dei nostri Jesu Christi aliena fiat, atque in extremo examine districtæ ultioni subjaceat. Cunctis autem eidem loco justa servantibus sit pax Domini nostri Jesu Christi, quatenus et hic fructum bonæ actionis percipiant et apud districtum judicem præmia æternæ pacis inveniant. Amen.

Eugenius Catholicæ Ecclesiæ episcopus.

Ego Albericus Ostiensis episcopus.

Ego Emarus Tusculanensis episcopus.

Datum Parisiis per manum Hugonis presbyteri cardinalis, agentis vicem Guidonis sanctæ Romanæ Ecclesiæ diaconi cardinalis et cancellarii, xvi Kal. Junii, indict. x, Incarnationis Dominicæ anno 1147, pontificatus vero domni Eugenii III papæ anno tertio.

CLXXXI.

Privilegium pro ecclesia S. Nicolai de Theles (de Marchasio Radulfi).

(Anno 1147, Maii 18.)

[Hugo, *Annal. Præm.*, II, Pr., p. 73.]

Eugenius episcopus, servus servorum Dei, dilectis filiis Ulrico abbati ecclesiæ S. Nicolai de Theles, ejusque fratribus, tam præsentibus quam futuris, regularem vitam professis, in perpetuum.

Desiderium quod ad religionis propositum et animarum salutem pertinere monstratur, auctore Deo, sine dilatione est complendum. Eapropter, dilecti in Domino filii, vestris justis postulationibus clementer annuimus, et præfatam ecclesiam in qua divino mancipati estis obsequio sub beati Petri et nostra protectione suscipimus, et præsentis scripti privilegio communimus; statuentes ut quascunque possessiones, quæcunque bona in præsentiarum juste et canonice possidetis, aut in futurum concessione pontificum, liberalitate regum, largitione principum, oblatione fidelium, sive aliis justis modis, præstante Domino, poteritis adipisci, firma vobis vestrisque successoribus et illibata permaneant. In quibus hæc propriis duximus exprimenda vocabulis: Terram de Marchasio Radulphi quam dedit vobis Ansculphus de Senooz, cum medietate decimæ ejusdem terræ quam vobis concesserunt sanctimoniales Sancti Pauli (*Ord. S. Benedict. prope Bellovacium*), et duabus partibus aliis quas concesserunt Amalricus de Fresnaulx et Osbertus filii ejus; terram quæ est in valle Domni-petræ (*Dompierre villa distans semi hora a Marchasio Radulphi*), de dono Radulphi de Poelly; hortum de Frenels cum parte molendini, quam idem Radulphus vobis concessit, et parum terræ vicinæ, aliud molendinum quod vobis proprium dedit idem Ansculphus cum vivario, et parva terra circumadjacenti; terram de Goi (*Joui villa pendens a Bellimonte*); terram quæ est juxta Budencourt, et mansuras super aqua cum vivario in terra Guarini; capellam Sanctæ Genovefæ cum terra circumadjacenti. Prohibemus autem ut nullus fratrum vestrorum post factam ibidem professionem, absque abbatis et capituli licentia ab eodem claustro audeat discedere; discedentem vero nullus audeat retinere. Sane laborum vestrorum quos propriis manibus vel sumptibus colitis, sive de nutrimentis vestrorum animalium, nullus a vobis decimam exigere præsumat.

Decernimus ergo ut nulli omnino hominum liceat prædictam ecclesiam temere perturbare, aut ejus possessiones auferre, vel ablatas retinere, minuere, seu quibuslibet vexationibus fatigare; sed omnia integra conserventur eorum, pro quorum gubernatione et sustentatione concessa sunt, usibus omnimodis profutura, salva sedis apostolicæ auctoritate et diœcesani episcopi canonica justitia. Si qua igitur in futurum ecclesiastica sæcularisve persona, hanc nostræ constitutionis paginam sciens, contra eam temere venire præsumpserit, secundo tertiove commonita, nisi reatum suum congrua satisfactione correxerit, potestatis honorisque sui dignitate careat, reamque se divino judicio existere de perpetrata iniquitate cognoscat, et a sacratissimo corpore ac sanguine Dei et Domini Redemptoris nostri Jesu Christi aliena fiat, atque in extremo examine districtæ ultioni subjaceat. Cunctis autem eidem loco jura servantibus sit pax Domini nostri Jesu Christi, quatenus et hic fructum bonæ actionis percipiant et apud districtum Judicem præmia æternæ pacis inveniant. Amen, amen, amen.

Ego Eugenius Catholicæ Ecclesiæ episcopus.
Ego Albericus Ostiensis episcopus.
Ego Guido cardinal. B. Mariæ in Porticu.
Ego Ocumanius diaconus card. S. Nicolai in Carcere Tusculano.

Datum Parisiis per manum Hugonis presbyteri card. tenentis locum domni Guidonis sanctæ Romanæ Ecclesiæ diaconi et cancellarii, xv Kal. Junii, Incarnationis Dominicæ anno 1147, pontificatus vero domni Eugenii III papæ anno III.

CLXXXII.

Cœnobii S. Mariæ Suessionensis omnia bona possessionesque confirmat.

(Anno 1147, Maii 25.)

[Germain, *Hist. de N.-D. de Soissons*, 438.]

Eugenius episcopus, servus servorum Dei, dilectis in Christo filiabus Matildi abbatissæ cœnobii Sanctæ Mariæ Suessionensis ejusque sororibus, tam præsentibus quam futuris, regularem vitam professis, in perpetuum.

Religiosis desideriis dignum est facilem præbere consensum, ut fidelis devotio celerem sortiatur effectum; quocirca, dilectæ in Domino filiæ, vestris justis postulationibus clementer annuimus et præfatam ecclesiam, in qua divino mancipatæ estis obsequio, sub beati Petri et nostra protectione suscipimus, et præsentis scripti privilegio communimus; statuentes ut quascunque possessiones, quæcunque bona præfata ecclesia in præsentia juste et canonice possidet, aut in futurum concessione pontificum, largitione regum vel principum, oblatione fidelium, seu aliis justis modis, Deo propitio, poterit adipisci, firma vobis vestrisque succedentibus et illibata permaneant; in quibus propriis hæc duximus exprimenda vocabulis: Villam videlicet Patriniacum Morcinctum cum viculis earum; Molnicatum, Cavinionum, Esiacum, Nantoilum, Laffoce, Trosliacum, Colesiacum, Ressontium, Morcinum, Saconia cum appendiciis suis; decimam quam habetis apud Altrepiam; Caudunum, Colomellam cum appendiciis suis; Billiacum, Asiacum, Carcrisiam cum appendiciis suis; Corciacum, Choy, Gehennas, Carliacum cum appendiciis suis; Bachevel cum appendiciis suis; Ulliacum et ea quæ apud Guni possidetis; Nigellam, Nugaredum cum appendiciis suis. In territorio Coloniensi Caldelaich cum appendiciis suis; in territorio Maguntiæ Chrocam cum appendiciis suis; Edumhum, altare quoque de Troisli, altare de Colysi, altare de Corcy, altare Flori, altare de Mansi, altare etiam de Colomella, altare de Nantolio, altare de Chacrisia, et altare de Patriniaco, altare de Morcincto cum libertatibus et conditionibus ab Hugone et Simone episcopis canonice vobis concessis, et scripto eorum firmatis; altare quoque de Fresniciis, altare de Bruelio; extra oppidum Sancti Quintini, monasterium in honore Sanctæ Mariæ dicatum, in pago Trecensi, terram apud villam quæ dicitur..... necnon et in viculis ejusdem villæ, et feodum Arnulfi, advocatiam super villas Cavinionum, videlicet Esiacum, Fillenias, Paremniacum. Item aliam advocatiam super eumdem Esiacum, villam juxta Bestisi quæ Mesnil nuncupatur, cum appendiciis suis, viaturam apud Charliacum, decimam apud Cavinionum viginti solid. ad pontem Suessionis, feodum Sauvalonis, feodum Rogerii de Thorota; apud Bucyvinaticorum modios VIII, apud Charliacum modios duos vini, et dimidium modium avenæ et quædam alia; apud villam duos modios vini; apud Bruelium terram quam Elizabeth monialis possidebat; decimam culturarum Hugonis præpositi de Charliaco; apud Bursonam decimam quam Paganus Delbuisson tenebat; apud Gehennias quartam partem advocatiæ quam Adelais monialis possidebat. Conventionem vero quæ inter vos et Radulphum Nigellensem dominum super marca argenti quam a vobis singulis annis recipere consueverat, et villa quæ dicitur Fresneices et silva ad eamdem villam pertinente rationabiliter facta per præsentis scripti paginam confirmamus, ut videlicet vestra ecclesia de cætero marcam illam non persolvat, et præfatus Radulphus pro compensatione ipsius marcæ jam dictam villam de cætero habeat, atque debitum et consuetum servitium faciat vobis; vestræ autem ecclesiæ ejusdem villæ, ecclesia et atrium, et hospites atrii, et omnis justitia perpetuo remaneant. Sane laborum vestrorum quos propriis manibus aut sumptibus colitis, seu de nutrimentis vestrorum animalium, nullus a vobis decimam exigere præsumat.

Decernimus ergo ut nulli omnino hominum liceat præfatum locum temere perturbare, aut ejus possessiones auferre, vel ablatas retinere, minuere, aut aliquibus vexationibus fatigare; sed omnia integra conserventur earum, pro quarum gubernatione et sustentatione concessa sunt, usibus omnimodis profutura, salva sanctæ sedis apostolicæ auctoritate et diœcesani episcopi canonica justitia. Si qua igitur in futurum ecclesiastica sæcularisve persona, hanc nostræ constitutionis paginam sciens, contra eam temere venire tentaverit, secundo tertiove commonita si non satisfactione congrua emendaverit, potestatis honorisque sui dignitate careat, reamque se existere divino judicio de perpetrata iniquitate cognoscat, et a sacratissimo corpore ac sanguine Dei et Domini nostri Jesu Christi aliena fiat, atque in extremo examine districtæ ultioni subjaceat. Cunctis autem eidem loco justa servantibus sit pax Domini nostri Jesu Christi, quatenus et hic fructum bonæ actionis percipiant, et apud judicem districtum præmia æternæ pacis inveniant. Amen.

Ego Eugenius Catholicæ Ecclesiæ episcopus s.
Ego Albertus Ostiensis episcopus s.
Ego Imarus Tusculanus episcop. s.
Ego Guido presbyter cardinalis tit. S. Chrysogoni s.

Ego Humbaldus presb. card. tit. SS. Joannis et Pauli ss.

Ego Julius presbyter cardin. tit. S. Marcelli s.

Ego Jordanus presbyter cardinalis tit. S. Susannæ s.

Ego Odo diaconus cardinalis S. Georgii ad Velum Aureum s.

Ego Octavianus diaconus cardinalis Sancti Nicolai in Carcere Tulliano s.

Ego Joannes Paparo diacon. card. S. Adriani s.

Ego Gregorius diacon. cardinal. S. Angeli s.

Ego Joannes diacon. card. Sanctæ Mariæ Novæ s.

Ego Guido diaconus cardinalis S. Mariæ in Porticu s.

Ego Jacinthus cardinalis S. Mariæ in Cosmedin s.

Datum Parisiis per manum Hugonis presbyteri, agentis vicem domni Guidonis sanctæ Romanæ Ecclesiæ diaconi cardinalis et cancellarii, vıı Kalendas Junii, indictione x, Incarnationis Dominicæ anno millesimo centesimo quadragesimo septimo, pontificatus vero domni Eugenii III papæ anno ııı.

CLXXXIII.
Ad Letardum abbatem et monachos Beccenses.
(Anno 1147, Maii 27.)
[Mansi, Concil., XXI, 683.]

Eugenius episcopus, servus servorum Dei, dilectis filiis Letardo abbati et monachis Beccensibus, salutem et apostolicam benedictionem.

Quando inter religiosas personas de terrenis rebus controversia nascitur, ita sacerdotali est sollicitudine finienda ut crescere non possit ex more contentio. Quod nos intelligentes, controversiam quæ inter vos et Robertum priorem et canonicos Sanctæ Frideswidæ de Oxenefordia super Ecclesia de Bellomonte et omnibus ejus pertinentiis diu agitata est hoc modo terminavimus, et hac transactione penitus litem decidimus. Prædictus siquidem Robertus et canonici toti prorsus querelæ et juri quod se in eadem Ecclesia de Bellomonte et pertinentiis suis habere contendebant vobis in perpetuum renuntiaverunt et ea in manu nostra libere refutaverunt. Unde a vobis per manum nostram similiter villam quæ dicitur Edivetona cum omni decima dominii ejusdem villæ rusticorum de ipso tantum fundo percipiendis in suum perpetuum dominium receperunt cum omnibus pertinentiis suis in pascuis et pratis, bosco et plano, et molendinis; salvo vobis universo jure reliquo parochiali et tertia garba decimæ rusticorum ejusdem villæ, quæ ad ecclesiam de Hundrefort, in cujus parochia ipsa villa est, proprie spectat, ita videlicet ut in ipsa villa Ecclesiam vel capellam nunquam in posterum canonici construere valeant. Quia igitur nostri officii est ea quæ pro religiosorum quiete præcipue per nos ipsos statuta sunt in sua stabilitate firmare, eamdem decisionem sive compositionem sedis apostolicæ auctoritate firmamus et ab utraque parte firmiter observari præcipimus.

Data Parisiis, vı Kal. Jun.

CLXXXIV.
Privilegium pro monasterio S. Mariæ Waverleiensi.
(Anno 1147, Maii 28.)
[Monasticon Anglicanum, II, 912.]

Eugenius episcopus, servus servorum Dei, dilectis filiis Gilberto abbati monasterii S. Mariæ de Waverleia ejusque fratribus, tam præsentibus quam futuris regulariter professis, in Christo salutem.

Apostolici moderaminis clementiæ convenit religiosos diligere, et eorum loca pia protectione munire. Dignum namque et honestati conveniens esse cognoscitur ut qui ad Ecclesiarum regimen assumpti sumus, eas et a pravorum hominum nequitia tueamur, et apostolicæ sedis patrocinio foveamus. Eapropter, dilecti in Domino filii, vestris justis postulationibus clementer annuimus et præfatum B. Mariæ monasterium, in quo divino mancipati estis obsequio, sub beati Petri et nostra protectione suscipimus, et præsentis scripti privilegio communimus, statuentes, ut quascunque possessiones, quæcunque bona in præsentiarum juste et canonice possidetis, aut in futurum concessione pontificum, liberalitate regum, largitione principum, oblatione fidelium, seu aliis justis modis, præstante Domino, poteritis adipisci, firma vobis vestrisque successoribus et illibata permaneant, in quibus hæc propriis duximus exprimenda vocabulis: Locum ipsum in quo abbatia fundata est cum omnibus suis pertinentiis. Ex dono Stephani regis Anglorum Nietam et Fermeham cum omnibus suis pertinentiis. Ex dono Adelizæ reginæ boschum de Nolholte et cultura juxta ipsum boscum. Ex dono Alani de Vilers terram de Bochilld. De Faramuzo Boloniensi Wenebergiam. Ex dono Richerii de Aquila Oxenefordam; de Radulfo vicecomite Riheullam; ex dono Soworli Acserugiam; ex dono Roberti de Manerio Nutescheolvam; ex dono Richardi de Sifrewalt dimidiam hidam terræ de Polementona; ex dono Ingelranni Piscis virgatam terræ et pasturam juxta Chiminum Wintoniæ, de Manerio Stiventonæ. Sane laborum vestrorum quos propriis manibus colitis vel sumptibus, sive de nutrimentis vestrorum animalium, nullus a vobis decimas exigere præsumat.

Decernimus ergo ut nulli omnino hominum liceat prædictum monasterium temere perturbare, aut ejus possessiones auferre, vel ablatas retinere, minuere seu quibuslibet vexationibus fatigare, sed omnia integra conserventur eorum, pro quorum gubernatione et sustentatione concessa sunt, usibus omnimodis profutura, salva sedis apostolicæ auctoritate et diœcesani episcopi canonica justitia. Si qua igitur in futurum ecclesiastica sæcularisve persona, hanc nostræ constitutionis paginam sciens, contra eam temere venire tentaverit, secundo tertiove commonita, nisi reatum suum congrua satisfactione correxerit, potestatis honorisque sui dignitate careat, reamque se divino judicio existere de perpetrata, iniquitate cognoscat, et a sacratissimo corpore et sanguine Dei et Domini Redemptoris nostri Jesu

Christi aliena fiat, atque in extremo examine districtæ ultioni subjaceat. Cunctis autem eidem loco justa servantibus, sit pax Domini nostri Jesu Christi, quatenus et hic fructum bonæ actionis percipiant, et apud districtum judicem præmia æternæ pacis inveniant. Amen.

Data Parisiis per manum Hugonis presbyteri cardinalis, tenentis vices domni Guidonis sanctæ Romanæ Ecclesiæ diaconi cardinalis et cancellarii, v Kal. Junii, indictione x, Incarnationis Dominicæ anno 1147, pontificatus vero domni Eugenii papæ tertii anno tertio.

CLXXXV.
Ad Petrum Cluniacensem abbatem. — Balmensem abbatiam, ob piaculum cujusdam in magistrum Osbertum facinoris et contemptum Romanæ Ecclesiæ, ad prioratum redigit, quem ipsi, ad instaurandam in eo religionem, regendum committit.

(Anno 1147, Maii 29.)
[D. Bouquet, *Recueil*, XV, 443.]

Eugenius episcopus, servus servorum Dei, dilecto filio Petro Cluniacensi abbati, salutem et apostolicam benedictionem.

Quam proprie et specialiter Cluniacense monasterium ad sanctam Romanam spectet Ecclesiam, quantumque per Dei gratiam in religione profecerit, quot etiam suæ bonæ conversationis exemplo ad bene vivendum instruxerit, universus fere mundus recognoscit. Quod nos diligentius attendentes, pro exsecrabili et horrendo facinore, et inaudito contemptu sanctæ Romanæ Ecclesiæ, quæ in dilectum filium nostrum magistrum Osbertum (22), ad ignominiam B. Petri et nostram, Balmenses monachi ausu sacrilego commiserunt, loco ipsi nomen et dignitatem abbatiæ in perpetuum abstulimus, eumque tibi tuisque successoribus, interventu fratrum nostrorum, in prioratum ordinandum et disponendum ex apostolica benignitate committimus. Tua itaque interest ad ejusdem loci restaurationem et religionis reformationem ita intendere, ut locus ipse sub tuo regimine, tam in spiritualibus quam in temporalibus gratum Domino suscipiat incrementum.

Datum Parisius, iv Kalend. Junii.

CLXXXVI.
Ad Guillelmum comitem Matisconensem. — Ut Cluniacensibus Balmensem ecclesiam assignet et opem conferat.

(Anno 1147, Maii 29.)
[*Ibid.*, p. 444.]

Eugenius episcopus, servus servorum Dei, nobili viro G [Guillelmo] Matisconensi comiti, salutem et apostolicam benedictionem.

Quam proprie et specialiter Cluniacense monasterium ad sanctam Romanam spectet Ecclesiam, quantumque per Dei gratiam in religione profecerit, quot etiam suæ bonæ conversationis exemplo ad bene vivendum instruxerit, universus fere mundus recognoscit. Quod nos diligentius attendentes, pro exsecrabili et horrendo facinore, et inaudito contemptu sanctæ Romanæ Ecclesiæ, quæ in dilectum filium nostrum Osbertum, ad ignominiam beati Petri et nostram, Balmenses monachi ausu sacrilego commiserunt, loco ipsi nomen et dignitatem abbatiæ in perpetuum abstulimus, eumque Petro Cluniacensis monasterii abbati, successoribusque ejus, interventu fratrum nostrorum, in prioratum ordinandum et disponendum committimus. Per apostolica itaque scripta nobilitati tuæ mandamus, atque in peccatorum remissionem injungimus quatenus locum ipsum cum thesauro et bonis suis omnibus et pertinentiis fratribus Cluniacensibus cum integritate assignes, monachos exinde expulsos ad eorum obedientiam revoces, et quibuscunque modis secundum Deum poteris, fratrum Cluniacensium paci et tranquillitati provideas (23).

Datum Parisiis, iv Kal. Junii.

CLXXXVII.
Ad Humbertum Bisuntinum archiepiscopum. — Ut Cluniacensibus pro reformatione ecclesiæ Balmensis opem conferat.

(Anno 1147, Maii 29.)
[Bouquet, *ibid.*, p. 444.]

Eugenius episcopus, servus servorum Dei, venerabili fratri H [Umberto] Bisuntino archiepiscopo, salutem et apostolicam benedictionem.

Scire te volumus quod pro exsecrabili et horrendo facinore, et inaudito sanctæ Romanæ Ecclesiæ contemptu, quæ in dilectum filium nostrum magistrum Osbertum, ad ignominiam B. Petri et nostram, Balmenses monachi ausu sacrilego commiserunt, loco ipsi nomen et dignitatem abbatiæ in perpetuum abstulimus, eumque dilecto filio nostro Petro Cluniacensi abbati ejusque successoribus, interventu fratrum nostrorum, in prioratum ordinandum et disponendum ex apostolica benignitate commisimus. Ideoque per præsentia tibi scripta mandamus præcipiendo, quatenus ad ipsius loci restaurationem et religionis reformationem fratribus Cluniacensibus opem et consilium præbeas.

Datum Parisius, iv Kal. Junii.

CLXXXVIII.
Bulla in gratiam monasterii Tironiensis.

(Anno 1147, Maii 30.)
[*Gall. Christ.* nov., VIII, 528.]

Eugenius episcopus, servus servorum Dei, dilectis filiis Guillelmo Tironensi abbati ejusque fratribus, tam præsentibus quam futuris, regularem vitam professis, in perpetuum.

Religiosis desideriis dignum est facilem præbere consensum, ut fidelis devotio celerem sortiatur ef-

---

(22) Osbertum Romanæ Ecclesiæ legatum dicit Mabillonius, tom. VI Annal. p. 43. De perpetrato facinore hæc Petrus Venerabilis, ibid. p. 500 : « Prætereo casum qui nostri temporis hominibus nimium notus est, et qui indignitate sui scripto ad posteros transmittendus non est. »

(23) Paruit Guillelmus, cujus non solum assensu, sed et instinctu omnia gesta sunt. Ostendit hoc, inquit Petrus ibidem, charta quam armarium Cluniacense continet, sigilli ejus impressione signata, quam videre est in historia urbis de Poliniaco, t. II, p. 683 et seq.

fectum. Eapropter, dilecti in Domino filii, vestris justis postulationibus clementer annuimus : et Tironense monasterium, in quo divino mancipati estis obsequio, sub B. Petri et nostra protectione suscipimus, et præsentis scripti privilegio communimus, statuentes, ut quascunque possessiones, quæcunque bona idem monasterium juste et canonice possidet, aut in futurum concessione pontificum, largitione regum vel principum, oblatione fidelium, seu aliis justis modis Deo propitio poterit adipisci, firma vobis vestrisque successoribus et illibata permaneant; in quibus hæc propriis nominibus admotanda subjunximus. In regno Angliæ in episcopatu Sancti David, ecclesiam Sanctæ Mariæ de Chatmeis cum appendiciis suis. In episcopatu Sancti Andreæ de Scotia abbatiam Sanctæ Mariæ Rochaburgensis cum appendiciis suis, ecclesiam Sanctorum martyrum Joannis et Pauli de Ogra cum appendiciis suis, ecclesiam Sancti Egidii de Castenariis, ecclesiam S. Leonardi de Ferreriis, ecclesiam Sanctæ Mariæ de Asneriis, ecclesiam Sancti Michaelis de Lucezio, ecclesiam Sanctæ Mariæ de Telio, ecclesiam Sancti Laurentii de Brigia, ecclesiam Sancti Petri de Audita, ecclesiam Sancti Martini de Hildrevilla, ecclesiam Sanctæ Mariæ de Jarzia, ecclesiam Sanctæ Mariæ de Aguille, ecclesiam Sancti Joannis Baptistæ de Murgeriis, ecclesiam Sancti Andreæ de Anglia cum appendiciis suis, ecclesiam Sanctæ Mariæ de Mapedroella, ecclesiam Sanctæ Mariæ de Titileia, ecclesiam S. Crucis de Insula. In archiepiscopatu Rothomagensi ecclesiam S. Sulpicii de Germunvilla, ecclesiam Sancti Martini de Crasvilla, ecclesiam S. Laurentii de Calcia, ecclesiam S. Mariæ de Baschevilla, ecclesiam S. Silvestri de Clara, ecclesiam S. Mariæ de Turneio, ecclesiam S. Joannis de Monteursino, capellam S. Mariæ Magdalenæ super Sequanam. In pago Ebroicensi ecclesiam Sanctæ Ceciliæ de Guest, ecclesiam S. Anastasiæ, ecclesiam S. Martini de Busseio, capellam S. Mariæ, et ecclesiam S. Lupi de Chavigneio, ecclesiam S. Bartholomæi, et ecclesiam S. Mauricii de Chorenthaio. In episcopatu Karnotensi ecclesiam S. Mariæ Magdalenæ prope Brihériivallem, ecclesiam Sancti Remigii de Neronio, ecclesiam Sancti Spani de Abluis, ecclesiam Sanctæ Mariæ Magdalenæ de Oisemo, ecclesiam Sancti Michaelis de Climart, ecclesiam Sanctæ Mariæ de Ledo, ecclesiam Sanctæ Mariæ de Cumbris, ecclesiam Sancti Laurentii de Gastina, ecclesiam Sancti Vincentii de Maieroliis, ecclesiam Sancti Martini de Brenella, ecclesiam Sancti Vincentii de Arseciis, ecclesiam Sancti Germani de Colungis, ecclesiam Sancti Petri de Hargenvilla, ecclesiam Sancti Leobini de Quinque Fontibus, ecclesiam Sanctæ Mariæ de Planis, ecclesiam Sancti Nicolai de Foetellis, ecclesiam Sanctæ Mariæ de Hironio, ecclesiam Sancti Andreæ de Silvelonia, ecclesiam S. Mariæ de Molendino Novo, ecclesiam Sanctæ Mariæ de Monterium, ecclesiam de Risubovis, graneas etiam Tyronii, Sanctas valles, Cintreium, Vallarium maffredi, Gimigneium et aliud Gimigneium, Childreium, Spesovillam, Culturam, Pertas, Ogeriivillam, Leporisvillam, Villamdonum. In episcopatu Sagiensi capellam Sanctæ Mariæ Magdalenæ de Resno. Runcheriam, ecclesiam de Corgebot, Mesnilbertre, ecclesiam Sancti Jovini, ecclesiam de Montechevrel, ecclesiam de Martigneio, ecclesiam de Nuileio. In episcopatu Bajocensi ecclesiam Sancti Antonini de Montehargis, ecclesiam Sanctæ Mariæ de Strata, capellam Guillielmi de Crevecor, ecclesiam Sanctæ Mariæ de Rensiaco, ecclesiam de Budunello, capellam de Tigerio. In episcopatu Meldensi, ecclesiam Sancti Sepulcri de Montegihelli cum suis appendiciis et decimis, et locum de Dormant cum suis possessionibus. In episcopatu Pictaviensi ecclesiam Sanctæ Mariæ Magdalenæ de Rusaio, locum de Puteolis, locum de Trusseia, locum de Megum, locum de Tiliato. In episcopatu Nannetensi locum de Septem Fagis, locum de Trapa, locum de Oiseleria. In episcopatu Andegavensi locum de Sauceia. In episcopatu Cenomanensi ecclesiam S. Michaelis de Planitie, ecclesiam S. Joannis de Grandirivo, ecclesiam Sanctæ Mariæ Magdalenæ de Crucisvalle, ecclesiam Sanctæ Mariæ de Passubovis, locum de Vabobruneti, ecclesiam Mariæ Magdalenæ de Montetallario, ecclesiam Sanctæ Mariæ de Belloloco, ecclesiam Sanctæ Mariæ de Cohardum, ecclesiam S. Mariæ de Vallibus, ecclesiam Sancti Sulpicii de Pail, ecclesiam S. Mauricii juxta Cortpoltrain, ecclesiam Sancti Georgii de Blimart, ecclesiam Sancti Silvestri de Montelusello, ecclesiam Sancti Joannis Baptistæ de Jarreia, ecclesiam S. Audoeni de Turnemio, abbatiam Sanctæ Mariæ de Jugo-Dei, cum suis prænominatorum locorum decimis, redditibus et possessionibus. Et ut divinum officium apud vos honestius celebrare valeatis, et loca vestra securiora possideatis, concedimus ut in possessionibus vestris oratoria et cœmeteria habeatis absque detrimento tamen circumadjacentium parochiarum; sane laborum quos propriis manibus aut sumptibus colitis, sive de nutrimentis vestrorum animalium nullus a vobis decimas, nec a servientibus vestris parochialia exigere præsumat; sepulturam quoque vestrorum locorum liberam vobis esse concedimus, ut eorum qui se in eis sepeliri deliberaverint devotioni et extremæ voluntati, nisi forte excommunicati vel interdicti sint, nullus obsistat, salva justitia tamen matricis Ecclesiæ.

Decernimus ergo ut nulli omnino hominum liceat præfatum monasterium temere perturbare, aut ejus possessiones auferre, vel ablatas retinere, minuere, aut aliquibus perturbationibus, seu vexationibus fatigare, sed omnia integra conserventur, eorum pro quorum gubernatione et sustentatione concessa sunt usibus omnimodis profutura, salva sedis apostolicæ auctoritate, et diœcesanorum episcoporum canonica justitia. Si qua igitur in futurum ecclesiastica sæcularisve persona, hanc nostræ institutionis paginam sciens, contra eam temere venire tentaverit, secundo tertiove commonita, si non satisfactione congrua emendaverit, potestatis honorisque sui dignitate careat, reamque se divino judicio de perpetrata iniquitate cognoscat, et a sacratissimo corpore et sanguine Dei et Domini nostri Jesu Christi aliena fiat, atque in extremo examine districtæ ultioni subjaceat. Cunctis autem eidem loco justa servantibus, sit pax Domini nostri Jesu Christi, quatenus et hic fructum bonæ actionis percipiant, et apud districtum judicem præmium æternæ pacis inveniant. Amen.

Ego Eugenius Catholicæ Ecclesiæ episcopus.
Ego Albericus Ostiensis episcopus s.
Ego Octavianus diaconus cardinalis Sancti Nicolai in Carcere Tulliano s.
Ego Julius presbyter cardinalis tituli Sancti Marcelli s.
Ego Imarus Tuscul. episcopus s.
Ego Guido presbyter cardinalis tituli Sanctorum Laurentii et Damasi s.
Ego Jordanus presbyter cardinalis tituli Sanctæ Susannæ s.
Ego Gregorius diaconus cardinalis Sancti Angeli s.
Ego Joannes diaconus cardinalis Sanctæ Mariæ Novæ s.
Ego Guido diaconus cardinalis Sanctæ Mariæ in Porticu s.
Ego Jacinctus diaconus cardinalis Sanctæ Mariæ in Cosmedin.

Data Parisius per manum Hugonis presbyteri cardinalis agentis vicem domni Guidonis diaconi cardinalis et cancellarii, tertio Kalendas Junii, indictione x, Incarnationis vero Dominicæ anno millesimo centesimo quadragesimo septimo, pontificatus vero domni Eugenii papæ tertii anno tertio.

CLXXXIX.
Privilegium pro ecclesia S. Mariæ Branensi
(Anno 1147, Maio.)
[Hugo, *Annal. Præm.*, I, 322.]

EUGENIUS episcopus, servus servorum Dei, dilectis filiis PETRO abbati ecclesiæ Beatæ Mariæ et Sancti Evodii de Brana, ejusque fratribus tam præsentibus quam futuris regularem vitam professis, in perpetuum.

Religiosis desideriis dignum est facilem præbere consensum, ut fidelis devotio celerem sortiatur effectum. Quapropter, dilecti in Domino filii, vestris justis postulationibus clementer annuimus et præfatam ecclesiam, in qua divino mancipati estis obsequio, sub beati Petri et nostra protectione suscipimus, et præsentis scripti privilegio communimus, statuentes ut quascunque possessiones, quæcunque bona eadem ecclesia in præsentiarum juste et canonice possidet, aut in futurum concessione pontificum, largitione regum vel principum, oblatione fidelium, seu aliis justis modis Deo propitio poterit adipisci, firma vobis vestrisque successoribus et illibata permaneant; in quibus hæc propriis duximus exprimenda vocabulis: Homines videlicet, capitales, vineas, vinaria, vinatica, census et terragia, et quidquid habetis in castro Branæ (*Braine*), totam villam Vacinni (*Vassenis*), excepta terra Sancti Medardi, terram Spiritelli (*Espretelle*), censum apud Converellam (*Couvrelles*), decem solidos et quamdam culturam, totam decimam de curia Macenorum (*la cour des Moines*), quatuor sextarios frumenti de molendino Hugonis filii Radulphi apud montem Sanctæ Mariæ (*Mont Notre-Dame*), quatuor sextarios frumenti de mina et censu, apud Quincy (*Quency*) census, apud Yoniam (*Joagne*), decem solidos censuales et septem de hospitibus, et reditus avenæ et terragium. Apud Cerseolium (*Cerseuil*), altare et totam decimam in culveris Domini ipsius villæ, vineas, terras arabiles et molendinum. Apud Limet (*Lymé*), vineas et vinaticum. Apud Legiam (*Loy*), census et terragium. In decima de Cury (*Cuiry*), modium frumenti. Apud Cremella (*Cramaille*) census; apud Villers (*Villers*) census et terragium; apud Bestisi (*Betisi*), census; apud Villare super Axonam (*Villers-sur-Ayne*) vinaticum, census et terragium. Apud Arseium (*Pontarcy*), vinaticum et census; apud Ducellum (*Duisels*) census, terragium et vinaticum; apud Curcellas (*Courcelles*) census, terragium et vinaticum et pratum; apud Brainellam (*Brénel*) vinaticum, census et terragium et prata et torcular; apud Ay (*Ay*) census et fraxinum, quatuor sextarios frumenti, in quodam molendino redecimationem dominii castri Branæ, vini, vinearum, torcularium, et vinaticorum suorum, et totius annonæ in furnis videlicet, in molendinis, in propriis agriculturis, in terragiis, in reditu avenæ et feni, et redecimationem totius annonæ trium villarum, scilicet Villers et Villæ mediæ, et in avena quæ ei pro usu nemoris debet, ita videlicet ut ubicunque dominii possessio transferatur prædictæ ecclesiæ, sua redecimatio reservetur, et quidquid habebat in piscatione molendinorum Branæ. Curiam de Brueriis (*Bruyères*) cum pertinentiis suis; molendinum de Joi (*Jouy*); decimam et terragia et census quarumdam culturarum de ecclesia Sancti Petri de Hannon (*Hasnon*) ad censum quinque solidorum. Hoc etiam ab eodem domino concessum est vobis ut omnes feodati sui de feodiis suis, quæ ab eo tenebant, liceat vobis eleemosynas facerent. Quartam partem pascuarum de Granges (*Grangias*) et terras arabiles tres Ancy (*port d'Ancy*) unum molendinum, duas partes magnæ decimæ de Blansi (*Blansy*) terras arabiles, vineas, molendinum, pratum, et nemus. Totam curiam de Sarteas (*Sertiaux*) et quidquid pertinet ad illam curiam; quartam partem decimæ de Vailly (*Vaissy*). Apud Vergeli (*Vergely*) census; curiam de Curtialt (*Curtiaux*), et quidquid ad ipsam curiam pertinet in Suessionensi civitate, modium salis, et modium vini et decem solidos censuales. In Laudunensi episcopatu duo molendina et terram arabilem quam dedit vobis Bartholomæus episcopus ad censum duodecim nummorum. Apud Bergam quinque millia allecium et decem pondera caseorum. Sane laborum vestrorum quos propriis manibus aut sumptibus colitis, sive de nutrimentis vestrorum animalium, nullus omnino a vobis decimas exigere præsumat.

Decernimus ergo ut nulli omnino hominum liceat præfatam ecclesiam temere perturbare, aut ejus possessiones auferre, vel ablatas retinere, minuere, aut aliquibus vexationibus fatigare, sed omnia integra conserventur eorum, pro quorum gubernatione et sustentatione concessa sunt, usibus omnimodis profutura, salva sedis apostolicæ auctoritate et diœcesanorum episcoporum canonica justitia. Si qua igitur in futurum ecclesiastica sæcularisve persona, hanc nostræ constitutionis paginam sciens, contra eam temere venire tentaverit, secundo tertiove commonita, si non satisfactione congrua emendaverit, potestatis honorisque sui dignitate careat, reamque se divino judicio existere de perpetrata iniquitate cognoscat, et a sacratissimo corpore et sanguine Dei et Domini Redemptoris nostri Jesu Christi aliena fiat, atque in extremo examine districtæ ultioni subjaceat. Cunctis autem eidem loco justa servantibus sit pax Domini nostri Jesu Christi, quatenus et hic fructum bonæ actionis percipiant, et apud districtum judicem præmia æternæ pacis inveniant. Amen.

Datum Parisiis per manum Hugonis presbyteri cardinalis, agentis vicem domni Guidonis sanctæ Romanæ Ecclesiæ diaconi cardinalis et cancellarii, mensis Maii, indictione x, Incarnationis Dominicæ anno 1147, pontificatus vero domni Eugenii papæ III anno tertio.

CXC.
Privilegium pro monasterio Jandoriensi.
(Anno 1147, Jun. 3.)
[Hugo, *Annal. Præm.*, I, p. 651.]

EUGENIUS episcopus, servus servorum Dei, dilectis filiis THEOBALDO abbati Jandoriensis Ecclesiæ ejusque fratribus tam præsentibus quam futuris regularem vitam professis, in perpetuum.

Religiosis desideriis dignum est facilem præbere consensum ut fidelis devotio celerem sortiatur effectum. Eapropter, dilecti in Domino filii, vestris justis postulationibus clementer annuimus, et præfatum locum, in quo divino mancipati estis obsequio, sub beati Petri et nostra protectione suscipimus et præsentis scripti privilegio communimus, statuentes ut quascunque possessiones, quæcunque bona idem locus in præsentiarum juste et canonice possidet, aut in futurum concessione pontificum, liberalitate regum vel principum, oblatione fidelium, seu aliis justis modis, Deo propitio, poterit adipisci, firma vobis vestrisque successoribus et illibata permaneant; in quibus hæc propriis duximus exprimenda vocabulis: Locum Jandoriæ certis terminis designatum, duas partes decimæ quas ibi ab aliis incolis recipitis, tertiam partem decimæ de Wacincort, locum Graveriarum et de Wacincort certis terminis designatum, sicut ab episcopo Tullensi confirmatum est; pratum quod Vivianus cum fratribus suis dedit vobis; locum de Walt quem Rodulphus de Burrei, et Anscherus de domno Martino dederunt vobis; sedem molendini quam hi qui eam jure hæreditario possidebant vobis dederunt subtus Roseriis. Sane laborum vestrorum quos propriis manibus aut sumptibus colitis, sive de nutrimentis vestrorum animalium, nullus a vobis decimas exigere præsumat.

Decernimus ergo ut nulli omnino hominum liceat præfatum locum temere perturbare, aut ejus possessiones auferre, vel ablatas retinere, minuere, aut aliquibus exactionibus fatigare, sed omnia integra conserventur eorum, pro quorum gubernatione et sustentatione concessa sunt, usibus omnimodis profutura, salva sedis apostolicæ auctoritate et diœcesanorum episcoporum canonica justitia. Si qua igitur in futurum ecclesiastica sæcularisve persona, hanc nostræ constitutionis paginam sciens contra eam temere venire tentaverit, secundo tertiove commonita, si non satisfactione congrua emendaverit, potestatis honorisque sui dignitate careat, reamque se divino judicio existere de perpetrata iniquitate cognoscat, et a sacratissimo corpore et sanguine Dei et Domini nostri Jesu Christi aliena fiat, atque in extremo examine districtæ ultioni subjaceat. Cunctis autem eidem loco justa servantibus sit pax Domini nostri Jesu Christi, quatenus et hic fructum bonæ actionis percipiant, et apud districtum judicem præmia æternæ pacis inveniant. Amen.

Datum Parisiis per manum Hugonis presbyteri cardinalis agentis vicem domni Guidonis sanctæ Romanæ Ecclesiæ diaconi cardinalis et cancellarii, III Nonas Junii, indictione decima, Incarnationis Dominicæ anno 1147, pontificatus vero domni Eugenii papæ III anno III.

CXCI.
Privilegium de ecclesiis episcopo Parisiensi subjectis, de conventione habita inter Stephanum episcopum et regem Ludovicum, et de præbendis canonicorum qui fiunt episcopi, et præterea de tallia, quam rex facere solebat in terris episcopi, a Ludovico rege condonata.

(Anno 1147, Jun. 5.)
[*Chartularium Ecclesiæ Parisiensis*, I, p. 25.]

EUGENIUS episcopus, servus servorum Dei, venerabili fratri THEOBALDO, Parisiensi episcopo, ejusque successoribus canonice substituendis in perpetuum.

Quanto nobilis et gloriosa Parisiensis Ecclesia pro sede regis Francorum existit famosior, et in amore et reverentia beati Petri et sanctæ Romanæ Ecclesiæ, venerabilis frater, Stephane episcope, manifestis argumentis exstas devotior, tanto propensius in his quæ ad utriusque decus et emolumentum spectare noscuntur, optata suffragia impertimur.

Ideoque, charissime frater Stephane, rationabilibus postulationibus tuis præbentes assensum, quæcunque Parisiensis Ecclesia impræsentiarum juste et canonice possidet, aut in futurum, concessione pontificum, liberalitate regum, largitione principum, oblatione fidelium seu aliis justis titulis, Deo propitio, poterit adipisci, tibi tuisque successoribus, et, per vos, Parisiensi Ecclesiæ, apostolici muniminis privilegio, communimus. In quibus hæc propriis duximus exprimenda vocabulis: Ecclesiam videlicet Sancti Marcelli, ecclesiam Sancti Clodoaldi cum villa et omnibus appendiciis suis, ecclesiam Sancti Germani Altissiodorensis, ecclesiam Sancti Eligii; ecclesiam quoque de Campellis cum præbendis et tribus parochiis, id est de Sancto Mederico, de Capella et de Kerris, eidem ecclesiæ pertinentibus, salvo nimirum censu duorum solidorum monetæ illius terræ, videlicet quæ in partibus illis expenditur, Senonensi Ecclesiæ annualiter persolvendo; quæ videlicet supradictæ Ecclesiæ ad jus et proprietatem Parisiensis episcopi spectare noscuntur. Jus etiam episcopale, in subscriptis abbatiis et earum parochiis seu parochianis omnibus: videlicet, in abbatia Latiniacensi, in abbatia Vallis Sanctæ Mariæ, in abbatia de Sarnaia, in abbatia Sanctimonialium, scilicet de Monte Martyrum [de Edera] et de Kala, in ecclesia insuper Argenteoli.

Paci quoque et tranquillitati Parisiensis Ecclesiæ providere volentes, exactionem et talliam quam, post obitum prædecessoris tui Stephani, bonæ memoriæ Parisiensis episcopi, charissimus filius noster Ludovicus, Francorum rex, in terris ejusdem episcopatus fecit, de cætero ab aliquo exigi, auctoritate apostolica prohibemus; sed, sicut ab eodem rege, tibi et successoribus tuis, in perpetuum condonata est, et scripto suo firmata, per præsentis scripti paginam confirmamus.

Præterea, pactum et conventionem inter te et charissimum filium nostrum, Ludovicum, regem Francorum illustris memoriæ, factam, de loco in suburbio Parisiensi sito qui Campellus nominatur, tibi nihilominus confirmamus; ita videlicet, ut tertia pars totius redditus fossati illius terræ, sive in censu seu in emptionibus, venditionibus, quæstibus aut aliis quibuscunque modis aliquid inde processerit, tibi et successoribus tuis, absque diminutione aliqua, persolvatur : duæ vero reliquæ partes regali fisco reddantur. Quicunque vero fuerit præpositus regis, super hoc fidelitatem tibi tuisque successoribus faciat; et tuus, regi et hæredibus suis; et unus absque altero nihil de terra illa suscipiat vel disponat.

Statuimus etiam, ut, si aliquis Ecclesiæ Parisiensis canonicus ad episcopatus fuerit honorem promotus, ipsius præbenda ad Parisiensem Ecclesiam libere revertatur.

Decernimus ergo, ut nulli omnino hominum liceat, te vel successores tuos, super hac nostra confirmatione, temere perturbare vel possessiones Ecclesiæ Parisiensis auferre vel ablatas retinere, minuere seu quibuslibet molestiis fatigare. Si qua igitur in posterum ecclesiastica sæcularisve persona, hujus nostræ constitutionis paginam sciens, contra eam temere venire tentaverit, secundo tertiove commonita, nisi præsumptionem suam satisfactione congrua emendaverit, potestatis honorisque sui dignitate careat, reamque se divino judicio existere, de perpetrata iniquitate, cognoscat, et a sacratissimo corpore et sanguine Dei ac Domini Redemptoris nostri Jesu Christi aliena fiat, atque in extremo examine districtæ ultioni subjaceat. Cunctis autem eidem Ecclesiæ sua jura servantibus sit pax Domini nostri Jesu Christi, quatenus et hic fructum bonæ actionis percipiant et apud districtum judicem præmia æternæ pacis inveniant. Amen, amen, amen.

Datum Parisius, per manum Hugonis, presbyteri cardinalis, agentis vicem Guidonis, sanctæ Romanæ Ecclesiæ diaconi cardinalis et cancellarii, Nonis Junii, indictione decima, Incarnationis Dominicæ anno 1147, pontificatus vero domni Eugenii III papæ anno III.

CXCII.

Concordiam inter Stephanum, quondam episcopum Parisiensem, et Theobaldum archidiaconum factam per Matthæum episcopum Albanensem, Joannem S. Chrysogoni et Petrum S. Calixti presbyteros cardinales confirmat.

(Anno 1147, Jun. 5.)

[*Collection des Cartulaires*, IV, 27.

CXCIII.

Bulla pro parthenone S. Dionysii Montis-Martyrum.

(Anno 1147, Jun. 7.)

[FÉLIBIEN, *Hist. de Paris*, Preuves, III, 62.]

EUGENIUS episcopus, servus servorum Dei, dilectis in Christo filiabus Christianæ abbatissæ monasterii S. Dionysii Montis-Martyrum, ejusque sororibus tam præsentibus quam futuris regularem vitam professis, in perpetuum.

Religiosis desideriis dignum est facilem præbere consensum, ut fidelis devotio celerem sortiatur effectum. Quocirca, dilectæ in Domino filiæ, vestris postulationibus clementer annuimus, et præfatum monasterium ab illustris memoriæ Ludovico rege ac Adelaidis reginæ uxoris suæ assensu pro animarum suarum salute et peccatorum suorum remissione constructum atque ditatum, in quo divino mancipatæ estis obsequio, sub B. Petri et nostra protectione ut proprias filias suscipimus, et præsentis scripti privilegio communimus; inprimis siquidem statuentes ut ordo monasticus secundum B. Benedicti Regulam ibidem perpetuis temporibus inviolabiliter observetur atque in eodem loco per sanctimoniales honestæ conversationis et vitæ laudabilis omnipotenti Domino de cætero serviatur, et præfatæ sanctimoniales liberam eligendi abbatissam facultatem habeant, ne aliqua persona eis vi præponatur. Abbatissa etiam earum, sive ipsæ sanctimoniales pro aliqua aliquando negligentia a suo penitus monasterio non expellantur, nisi prius legali judicio suæ sanctæ matris Romanæ Ecclesiæ, cujus patrocinio sunt communitæ, dijudicatæ fuerint; sed potius Parisiensis episcopi admonitione et consilio atque aliarum religiosarum personarum corrigantur. Porro quascunque possessiones, quæcunque bona ab eodem regesive regina, seu aliis Dei fidelibus in præsentiarum juste et canonice possidetis, seu in futurum, concessione pontificum, largitione regum vel principum, oblatione fidelium, seu aliis justis modis, Deo propitio, poteritis adipisci, firma vobis vestrisque succedentibus et illibata permaneant. In quibus hæc propriis duximus exprimenda vocabulis : Ecclesiam S. Dionysii in Monte-Martyrum, et decimam ad eamdem ecclesiam pertinentem cum suis appendiciis ; ecclesiam de S. Martyrio, cum vineis Aden, et Morelli culturam : culturam quam Matthæus prior comparavit a Warnerio de Portu ; villam quoque quæ vocatur Mansionillus, cum omnibus suis appendiciis ; molendina duo apud Clippiacum cum conclusione aquæ et molitura totius villæ; Parisius furnum unum cum omnibus consuetudinibus suis. In silva Vulcenia quotidie vehiculaturam unam mortuorum lignorum ; domum Gerrici cum stationibus carnificum et vicariam ejusdem domus ; terram Bernardi quæ vocatur Puncta, liberam et quietam ; piscaturam et terram in insula de Berelliis, [ab omni consuetudine liberam ; apud Chelam arpenta pratorum decem. In pago Silvanectensi apud Braium, domum unam, et vineas et terram uni carruccæ sufficientem, ab omni exactione et consuetudine liberam, ita quod de carruca illa aut de aliis, si plures, Deo donante, carrucas ibi habueritis, nullam campi partem, nullam consuetudinem tribuatis, sicut ab illustri Francorum rege vobis concessum est et scripto suo firmatum. In pago Stampensi villam quæ Tolforium dicitur cum omnibus appendiciis. In pago Miledunensi nemus et navem ad ligna per Sequanam adducenda, ab omni consuetudine liberam. Hospitem unum, ab omni exactione, equitatu et hujusmodi liberum, ut annonam vestram a Miledunö usque Parisius per Sequanam adducat. Et si ipse non bene servierit mortuusve fuerit, alius ad hoc opus idoneus vobis a rege restituatur. In pago Gastinensi mansionillos tres cum terra et molendino et cæteris eorum appendiciis. Stampis, furnum unum cum omnibus consuetudinibus. Apud Pratellum Holdeum, villam prorsus liberam cum omnibus appendiciis suis. Quidquid de feudo regis adipisci potueritis, vobis hoc et alia a rege concessa et scripto suo firmata nihilominus confirmamus ; necnon etiam viginti libras de Cambitu Parisius quas vobis Ludovicus filius Ludovici regis dedit, et apud Bestisiacum decem arpenta pratorum et quadraginta arpenta de terra arabili. Viridarium quoque suum de S. Leodegario, et stagnum cum molendino ; plateam piscatorum quæ est inter domum carnificum et regis castellulum ; capellam quoque unam apud Bestesiacum, et apud Boloniam quinque millia allecum quotannis ; omnem partem feodi venatorum regalium, quæ contigerat Matthiæ citra Sequanam, et apud Vetreacum terram quæ fuit Galonis presbyteri ex feodo regis. Parisius domum unam juxta parvum pontem ; alteram juxta status carnificum. In monte Savies vineam Burgardi, et in eadem torcular cum una custodia vinearum. Apud Brumille quinque solidos census cum justitia; medietatem unius vineæ et quod Gualterius de Booron in Monte-Martyrum vobis dedit, videlicet custodiam unam vinearum, atque omnes vineas quas ibi habebat, et quatuor solidos, et duos denarios census, et ea quæ in Pomponia villa habetis ; capellam unam in Calvo monticulo cum feudo Pagani Trencebise, et cum feudo Garsiliæ ; atque alodium fratris tui Eustachii, et sororum tuarum Cæciliæ et Hildeburgis, dilecta in Christo filia Christiana abbatissa. Gozonem quoque hominem eorum, et ea quæ ab illis tenebat ; undecim arpennos de pratis quæ vulgo Mareis appellantur. Sane laborum vestrorum quos propriis manibus aut sumptibus colitis, seu de nutrimentis vestrorum animalium, nullus a vobis decimas exigere præsumat.

Decernimus ergo ut nulli omnino hominum liceat præfatum locum temere perturbare aut ejus possessiones auferre, vel ablatas retinere, minuere, aut aliquibus vexationibus fatigare ; sed omnia integra conserventur earum, pro quarum gubernatione et sustentatione concessa sunt, usibus omnimodis profutura, salva sedis apostolicæ in omnibus auctoritate. Si qua igitur in futurum ecclesia sæcularisve persona hanc nostræ constitutionis paginam sciens, contra eam temere venire tentaverit, secundo tertiove commonita, si non sati sfactione congrua emendaverit, potestatis honorisque sui dignitate careat, reamque se divino judicio existere de perpetrata iniquitate cognoscat, et a sacratissimo corpore ac sanguine Dei et Domini nostri Jesu Christi aliena fiat, atque in extremo examine districtæ ultioni subjaceat. Cuncta autem eidem loco justa servantibus sit pax Domini nostri Jesu Christi, quatenus et hic fructum bonæ actionis percipiant, et apud districtum judicem præmia æternæ pacis inveniant. Amen, amen, amen.

Ego Eugenius Catholicæ Ecclesiæ episcopus.
Ego Albericus Ostiensis episcopus.
Ego Imarus Tusculanus episcopus.
Ego Guido presbyt. card. tituli S. Grisogoni
Ego Guido presbyt. card. tit. Sanctorum Laurentii et Damasi.
Ego Julius presb. card. tit. S. Marcelli.
Ego Jordanus presb. card. tit. S. Susannæ.
Ego Hugo presbyt. tit. in Lucina.
Ego Oddo diac. card. Sancti Georgii ad Velum Aureum.
Ego Octavianus diac. card. S. Nicolai in Carcere Tulliano.

Ego Joannes Paparo diac. card. S. Adriani.
Ego Gregorius diac. card. S. Angeli.
Ego Guido diac. card. S. Mariæ in Porticu.
Ego Jacintus diac. card. S. Mariæ in Cosmedin.

Datum Parisius per manum Guidonis sanctæ Romanæ Ecclesiæ diac. card. et cancellarii, vii Idus Junii, indict. x, Incarnationis Dominicæ anno 1147, pontificatus vero domni Eugenii III papæ anno iii.

CXCIII bis.
Privilegium pro monasterio S. Martini de Campis.
(Anno 1147, Jun. 10.)
[DE MARRIER, *Histoire de Saint-Martin des Champs*, p. 179.]

EUGENIUS episcopus, servus servorum Dei, dilectis filiis ODONI priori monasterii S. Martini de Campis ejusque fratribus tam præsentibus quam futuris regularem vitam professis, in perpetuum.

Religiosis desideriis dignum est facilem præbere consensum ut fidelis devotio celerem sortiatur effectum. Eapropter, dilecte in Domino fili, Odo prior, tuis justis petitionibus annuentes, B. Martini monasterium, cui, auctore Domino, ex venerabilis fratris nostri Petri Cluniacensis abbatis institutione præsides, quemadmodum cætera Cluniacensis cœnobii membra sub beati Petri et nostra protectione suscipimus, et præsentis scripti privilegio communimus; statuentes ut quascunque possessiones, quæcunque bona idem monasterium in præsentiarum juste et canonice possidet, aut in futurum, concessione pontificum, liberalitate regum, largitione principum, oblatione fidelium, seu aliis justis modis, præstante Domino, poterit adipisci, firma vobis vestrisque successoribus et illibata permaneant; in quibus hæc propriis duximus exprimenda vocabulis: In pago Parisiensi, decimam præfati monasterii S. Martini, et altare, et decimam de Calloio. In suburbio Parisiacæ urbis capellam S. Jacobi cum parochia. Prope monasterium S. Martini, capellam S. Nicolai. Infra urbem, unam præbendam in ecclesia S. Mariæ matris ecclesiæ ejusdem urbis, ecclesiam S. Dionysii, quæ dicitur de Carcere, cum præbenda alia præfatæ matris urbis Ecclesiæ. In ecclesia S. Genovefæ de Monte, unam præbendam; ecclesiam S. Mariæ extra castrum Gornaii. Aliam ecclesiam infra ipsum castrum, Nusiellum villam cum ecclesia et atrio, Nusiacum villam cum ecclesia et decima; ecclesiam de Campiniaco cum atrio et tertia parte decimæ; Roissiacum cum ecclesia, atrio et decima; ecclesiam Bercheriarum cum atrio et decima; ecclesiam Pontolii cum atrio et decima; capellam de castro quod dicitur Cauda, cum furno; capellam Canolii, ecclesiam de Ororii cum atrio et decima; in decima de Roissy, unum modium frumenti; ecclesiam de Erigniaco, villam de Castaneo cum ecclesia et decima; altare de Fontaneo, ecclesiam et atrium, et decimam de Escuem; ecclesiam de Doomonte, altare de Armenovilla, ecclesiam Ceverenti cum decima, et capellam de Luiriaco; Bonzeias cum ecclesia; Penthinum cum ecclesia; apud Le- curas, ecclesiam cum atrio et decima; ecclesiam de Attenevilla cum decima; ecclesiam S. Opportunæ de Montiaco, ecclesiam de Derenci cum tertia parte decimæ; ecclesiam de Carrona cum tertia parte decimæ; ecclesiam B. Martini extra civitatem; ecclesiam de Meru, duas partes decimæ de Villari-Adam. Mairolas cum ecclesia et decimis, decimam de Grear; ecclesiam et decimam de Chivry, decimam de Attilly, villam de Conflans cum ecclesia; ecclesiam de Enery cum decima. Apud Clamart, ecclesiam reddentem xxx solidos per annum cum decima. Apud S. Clodowaldum medietatem terræ quæ dicitur Anetum. Limogias, cum ecclesia et decima; Furcas cum ecclesia et decima. In Noviomensi pago, ecclesiam de Capy; cum præbenda S. Fursæi de Perona; altare de Moeliens cum tertia parte decimæ, quod ante tenuerat Milo canonicus de Perona; altare de Eliescurte, quod ante tenuerat Gauterius filius Walvodi de Nigella, altare de Stripeium; altare de Longeval; in altari de Clari, beneficia trium festivitatum, scilicet in Parasceve et die Pascha, et die Purificationis B. Mariæ, et medietatem minutæ decimæ, et duas partes de medietate majoris decimæ, et medietatem atrii; duas partes decimæ de Barhes; altare de Fontenis; decimam anguillarum Girardi de Capy; altare de Revelon; altare de Berencurt, altare de Heldincurt; ecclesiam S. Hilarii. In pago Ambianensi, ecclesiam Sancti Modesti de Ligny, altare de Vilerey, ecclesiam S. Mariæ de Arenis, ecclesiam de Vaviller cum decima, altare de veteri Ambiano; tertiam partem ecclesiæ de Morines; decimam molendini de Baldus, ecclesiam de Wainui, ecclesiam de Bonai cum decima. In Atrebatensi pago ecclesiam de Pas; in pago Laudunensi medietatem villæ quæ dicitur Disy quam tenet Lucas abbas de Quissiaco, et ecclesia sua, reddens inde præfato monasterio vestro xxx solidos Parisiensis monetæ per annum, juxta institutionem venerabilium fratrum nostrorum Samsonis Remensis archiepiscopi et Bartholomæi episcopi Laudunensis. Alodium de Briannia, quod tenet abbatia S. Huberti de Ardanna, reddens eidem monasterio duas marchas argenti per annum. In Remensi pago, censum de Poelli, ex dono Gaulcheri de Basoches. In Catalaunensi ecclesiam de Wailemont, ecclesiam de Frisivilla cum capella; ecclesiam de Virleu, ecclesiam de Curtis, ecclesiam de veteri Dampetro. In pago Suessionensi, villam S. Gemmæ cum ecclesia; ecclesiam de Lergny cum decima, et atrio, et servis, et ancillis; ecclesiam de Noa S. Martini cum atrio et decima. In Belvacensi pago ecclesiam S. Leonorii de Bellomonte, decimam de Mediana curte; altare S. Audomari, ecclesiam de Cressonessart cum decima; ecclesiam de Wirma; ecclesiam de Frenci cum medietate decimæ; ecclesiam B. Mariæ de Insula, ecclesiam de Meru cum atrio et tertia parte decimæ, et decima hortorum; ecclesiam de Prateriis, reddentem xx solidos Parisienses per annum cum minuta decima; ecclesiam Sancti Remigii de

Noa cum decima; ecclesiam de Villa-Bernosa, et quinque partes decimæ; ecclesiam de Roveredo cum atrio et minuta decima, et medietate majoris; duas partes decimæ de Geals; tertiam partem decimæ de Liencurt. In pago Silvanectensi, ecclesiam S. Nicolai, cum præbenda B. matris ecclesiæ civitatis; ecclesiam de Oiri cum minuta decima; ecclesiam de Sorvillers, ecclesiam de Coia cum atrio et minuta decima; medietatem altaris de Brayo; medietatem decimæ minutæ de Fontanis, et nonam partem majoris. In pago Senonensi, villam de Fontanis cum ecclesia et decima; ecclesiam de Cona, ecclesiam de Dormella. In ecclesia Beatæ Mariæ de Stampis, unam præbendam. In pago Aurelianensi, ecclesiam de Hienvilla cum parochia de Puisat. In pago Carnotensi, Ursonvillam cum ecclesia; Gouvellum cum ecclesia et medietate decimæ; Roenvillam cum ecclesia et decima; decimam de Bercheriis. Apud Crisperias, ecclesiam, et duas partes decimæ; Sanctum Hilarium cum ecclesia. In Meldensi pago, Anetum cum ecclesia et tertia parte decimæ; Choisiacum cum ecclesia et decima; capellam de Meroliis, decimam de Acy; ecclesiam S. Martini de Crecy, cum parochia et tertia parte decimæ, et capella Sanctæ Mariæ, et cæteris appendiciis; capellam de Marnoa, capellam de Incy. In Anglia, in pago Exoniensi capellam S. Jacobi super aquam, juxta ipsam civitatem, cum atrio et possessione Gaulteri militis, ecclesiam de Tinctona, ecclesiam Sanctæ Mariæ de Bernastabla, et cætera quæ de prædecessorum nostrorum sanctæ memoriæ Urbani papæ, Paschalis, Calixti, Innocentii et Lucii privilegiis continentur. Præterea prædecessoris nostri bonæ memoriæ papæ Urbani vestigiis inhærentes statuimus ut in parochialibus ecclesiis quas tenetis episcoporum consilio, presbyteros collocetis, quibus, si idonei fuerint, episcopi curam animarum committant, ut hujusmodi sacerdotes de plebis quidem cura episcopis rationem reddant, vobis autem pro rebus temporalibus debitam subjectionem exhibeant.

Decernimus ergo ut nulli omnino hominum liceat præfatum monasterium temere perturbare, aut ejus possessiones auferre, vel ablatas retinere, minuere, seu quibuslibet vexationibus fatigare; sed omnia integra conserventur eorum, pro quorum gubernatione et sustentatione concessa sunt, usibus omnimodis profutura, salva sedis apostolicæ auctoritate et diœcesanorum episcoporum canonica justitia. Si qua igitur in futurum ecclesiastica sæcularisve persona, hanc nostræ constitutionis paginam sciens, contra eam temere venire tentaverit, secundo tertiove commonita si non reatum suum congrua satisfactione correxerit, potestatis honorisque sui dignitate careat, reamque se divino judicio existere de perpetrata iniquitate cognoscat, et a sacratissimo corpore et sanguine Dei et Domini Redemptoris nostri Jesu Christi, aliena fiat, atque in extremo examine districtæ ultioni subjaceat. Cunctis autem eidem loco sua jura servantibus sit pax Domini nostri Jesu Christi, quatenus et hic fructum bonæ actionis percipiant, et apud districtum judicem præmia æternæ pacis inveniant. Amen, amen, amen.

Datum Parisiis per manum Hugonis presbyteri cardinalis, tenentis vicem domni Widonis, sanctæ Romanæ Ecclesiæ diaconi cardinalis et cancellarii, VI Nonas Junii, indictione decima, Incarnationis Dominicæ anno 1147, pontificatus vero domni Eugenii tertii papæ anno tertio.

CXCIV.
Bulla de dedicatione ecclesiæ Montis-Martyrum.
(Anno 1147, Jun. 13.)
[MABILL., *Annal. Bened.*, VI, 701, ex autographo.]

EUGENIUS episcopus, servus servorum Dei, universis Dei fidelibus salutem et apostolicam benedictionem.

Officii nostri nos hortatur auctoritas venerabilia loca cum ipsis personis divino famulatui mancipatis diligere et fovere, et eorum opportunitatibus paterna sollicitudine providere. Inde est quod nos sanctimonialium de Monte-Martyrum necessitatem attendentes, juxta petitionem earum anno ab Incarnatione Domini 1147, Kalendas Junii, locum ipsum per præsentiam nostram adivimus, ibique, Spiritus sancti gratia invocata, majus altare in honore beatorum martyrum, videlicet Dionysii, Rustici et Eleutherii, auctore Domino consecravimus. Illis autem qui tunc locum ipsum devotionis et pietatis intuitu visitare, vel de cætero in anniversaria die ipsius consecrationis visitaverint; et de facultatibus sibi a Deo præstitis eisdem sanctimonialibus suas eleemosynas largiti fuerint, septingentos dies injunctæ pœnitentiæ confisi de beatorum apostolorum Petri et Pauli meritis indulgemus, et eamdem indulgentiam scripti nostri pagina confirmavimus.

Data Meldis Idibus Junii.
Pendet in bulla ex una parte EUGENIUS PAPA III.

CXCV.
Concordiam a Giraldo episcopo [Lemovicensi] inter monasterium Usercense et Maismacense factam confirmat.
(Anno 1147, Jun. 14.)
[BALUZ., *Hist. Tutel.*, 985.]

EUGENIUS episcopus, servus servorum Dei, dilectis filiis BERNARDO abbati cæterisque monachis Usercensis monasterii, salutem et apostolicam benedictionem.

Quoties illud a nobis petitur quod religioni et honestati convenire dignoscitur, animo nos decet libenti concedere et petentium desideriis congruum impertiri suffragium. Eapropter, dilecti in Domino filii, venerabilis nostri Geraldi episcopi vestri precibus inclinati, vestris justis petitionibus clementer annuimus, atque paci et tranquillitati vestræ in posterum providentes, concordiam quæ inter vos et Maismacenses monachos per manum ipsius episcopi pacis intuitu facta est et scripto suo firmata, per præsentis scripti paginam firmamus et ratam manere censemus, ut videlicet Maismacense monasterium Usercenci monasterio sicut membrum capit jure perpetuo subjectum sit. Obeunte autem Maismacensis monasterii abbate, monachi ejusdem monasterii libere eligant de eodem monasterio idoneam personam consilio et voluntate abbatis Usercencis, ita tamen ut vel ante electionem professus sit monasterio Usercensi, vel si ante professus non est, electione facta priusquam sedem abbatis ascendat, professionem Usercensi monasterio faciat. Si vero in monasterio Maismacensi, idonea persona quæ in abbatem eligenda sit inventa non fuerit, monachi Maismacenses de monasterio Usercensi idoneam personam consilio et voluntate abbatis Usercensis in abbatem eligant et assumant. Si quis autem contra hujus nostræ confirmationis paginam sciens, temere venire tentaverit, indignationem omnipotentis Dei et beatorum apostolorum ejus Petri et Pauli incurrat.

Datum Meldis, xviii Kalend. Julii.

Ego Petrus, divina misericordia permittente, Bituricensis Ecclesiæ archiepiscopus, commendari volo memoriæ fidelium tam præsentium quam futurorum quod ex præcepto domini Eugenii papæ Bernardum Usercensem abbatem et Hugonem monachum Maismacensem ante nostram præsentiam ad definiendam controversiam quæ inter eos diu agitata fuerat de ecclesia Maismacensi. Itaque cum ante nos utraque pars die constituto convenisset, abbas Usercensis repetit investituram Maismacensis ecclesiæ asserens ecclesiam illam diu et in pace a prædecessoribus suis in prioratu fuisse possessam, ita quod per prædecessores suos Usercenses abbates constituebantur in ecclesia illa priores et cæteri officiales monachi et fratribus Usercensibus a priore Maismacensi annualis refectio reddebatur, et monachi qui apud Maismacum suscipiebant habitum ducebantur ad Usercensem abbatem et ibi accipiebant benedictionem, et faciebant professionem super altare Usercense juxta consuetudinem monachorum. Hoc cum negaret pars adversa, abbas Usercensis produxit testes, qui, a nobis diligenter examinati et sigillatim inquisiti, protulerunt testimonia sibi convenientia de possessione Maismacensis ecclesiæ secundum ea quæ dicta fuerant ab Usercense abbate. Communicato ergo fratrum nostrorum consilio, susceptis testium juramentis, adjudicavimus Usercensi monasterio investituram, salvo proprietatis jure, et revestivimus Usercensem abbatem de Maismacensi ecclesia et ejus pertinentiis omnibus. Præcipimus etiam ut ipse Hugo et cæteri monachi Maismacenses Usercensi abbati obedientes existant. Hoc autem ut memoriter teneatur, præsenti scripto commendandum est et sigilli nostri impressione firmatum.

Actum apud Vodolium, videntibus clericis nostris Emenone decano, magistro Umberto, Stephano priore de Salis, Rainaldo priore de Malavalle, Joanne cupellano nostro, Absalon cancellario nostro, anno Incarnationis Dominicæ 1146, indict. VIII, pontificatus vero domni Eugenii papæ III anno II, Ludovico rege Francorum regnante.

CXCVI.

Privilegium pro monasterio Sancti Heriberti Tuitiensi.

(Anno 1147, Jun. 17.)

[Lacomblet, Urkund., I, 244.]

Eugenius episcopus, servus servorum Dei, dilectis filiis Gerlaco abbati monasterii Sancti Heriberti in Tuitio, ejusque fratribus tam præsentibus quam futuris regularem vitam professis, in perpetuum.

Quoniam sine vero cultu religionis, nec charitatis potest consistere, nec Deo gratum exhiberi servitium, expedit apostolicæ auctoritati religiosas personas diligere, et earum quieti, auxiliante Deo, salubriter providere. Eapropter, dilecti in Domino filii, vestris justis postulationibus clementer annuimus, et præfatum monasterium, in quo divino mancipati estis obsequio, sub B. Petri et nostra protectione suscipimus et præsentis scripti privilegio communimus; statuentes ut quascunque possessiones, quæcunque bona idem monasterium in præsentiarum juste et canonice possidet, aut in futurum concessione pontificum, largitione regum vel principum, oblatione fidelium, seu aliis justis modis, Deo propitio, poterit adipisci, firma vobis vestrisque successoribus et illibata permaneant; in quibus hæc propriis duximus exprimenda vocabulis : Castrum ipsum Tuitiense cum ecclesia S. Urbani et decimis et omnibus appendiciis et immunitatibus suis. In Remago decimam agrorum et vinearum, ecclesiam et curtem cum decima in Windense. In Vene ecclesiam cum curte et decima. In Disternich ecclesiam cum decima. In Zudendorp ecclesiam et curtem cum decima. In Wadenhem curtem. In Antwirle et Ewirle ecclesiam et curtem. In Westhone curtem cum capella. In Houmere curtem cum capella. In Herine curtem cum capella. In Langela curtem. In Belle curtem. In Mursa curtem cum capella. In Mereliem curtem. In Eltinge curtem. In Vellepe curtem; in Rinwich curtem. In Wic et Werlinge et Odnige justitiam regalem. In Settene ecclesiam cum decima. In Gladbech ecclesiam et curtem. In Wermere curtem. In Hatheke ecclesiam et curtem. In Elipe curtem. In Rodhe curtem cum capella. In Heringe ecclesiam et curtem. In Pelechen curtem cum capella. In Ardeia curtem. In Quinem curtem. In Wiesche curtem cum ecclesia. In Nona curtem cum ecclesia. In Bilha curtem. In Wednerenghausen curtem. In Walda ecclesiam et curtem. In Leichlingen ecclesiam et curtem, castrum Burgele cum curte et ecclesia. In Hozzela curtem cum capella. In Hemlee duos mansos et dimidium. In Œstheim mansum. In Rathehe vineas. In Bulsen vineas; in Mulne vineas et agros et navigium in Rheno. In Heistre vineas et agros. In Rodhe ecclesiam cum decima. In Unna ecclesiam. In Boine ecclesiam. In Burge ecclesiam cum decima. In Birtinc ecclesiam cum decima. In Asfeltelbeche ecclesiam cum decima. In Derne ecclesiam; in Datlen ecclesiam. In Hirchhelle ecclesiam. In Buron ecclesiam. In Woldorp ecclesiam. In Wattenscheid ecclesiam. In Hirspe ecclesiam. In Brunon ecclesiam. In Heltnon ecclesiam. In Winingen ecclesiam.

Decernimus ergo ut nulli omnino hominum liceat præfatum monasterium temere perturbare, aut ejus possessiones auferre, vel ablatas retinere, minuere, seu aliquibus vexationibus fatigare, sed omnia integra conserventur eorum, pro quorum gubernatione et sustentatione concessa sunt, usibus omnimodis profutura, salva sedis apostolicæ auctoritate et diœcesanorum episcoporum canonica justitia. Si qua igitur in futurum ecclesiastica sæcularisve persona, hanc nostræ constitutionis paginam sciens, contra eam temere venire tentaverit, secundo tertiove commonita, si non satisfactione congrua emendaverit, potestatis honorisque sui dignitate careat, reamque se divino judicio existere de perpetrata iniquitate cognoscat, et a sacratissimo corpore et sanguine Dei et Domini nostri Redemptoris Jesu Christi aliena fiat, atque in extremo examine districtæ ultioni subjaceat. Cunctis autem eidem loco justa servantibus, sit pax Domini nostri Jesu Christi, quatenus et hic fructum bonæ actionis percipiant, et apud districtum judicem præmia æternæ pacis inveniant. Amen.

Datum Meldis per manum Guidonis sanctæ Romanæ Ecclesiæ cardinalis et cancellarii, xv Kal. Julii, indictione x, Incarnationis Dominicæ anno 1147, pontificatus autem domni Eugenii III papæ anno III.

CXCVII

Privilegium pro monasterio S. Quintini Montensi.

(Anno 1147, Jun. 19.)

[Guiberti Opp., p. 619.]

Eugenius episcopus, servus servorum Dei, Hugoni abbati monasterii Sancti Quintini de Monte, quod in pago Vermandensi situm est, ejusque fratribus tam præsentibus quam futuris, regularem vitam professis, in perpetuum.

Apostolicæ moderaminis clementiæ convenit religiosos diligere, et eorum loca pia protectione munire; dignum namque et honestati conveniens esse cognoscitur, ut qui ad Ecclesiarum regimen assumpti sumus, eas et a pravorum hominum nequitia tueamur, et apostolicæ sedis patrocinio foveamus. Eapropter, dilecti in Domino filii, prædecessoris nostri felicis memoriæ Paschalis papæ vestigiis inhærentes, vestris justis postulationibus clementer annuimus, et præfatum monasterium in quo divino mancipati estis obsequio, sub B. Petri et nostra protectione suscipimus, et præsentis scripti privilegio communimus; statuentes ut quascunque possessiones, quæcunque bona in præsentiarum juste et canonice possidetis, aut in futurum concessione pontificum, liberalitate regum, largitione principum, oblatione fidelium, seu aliis justis modis, præstante Domino, poteritis adipisci, firma vobis vestrisque successoribus et illibata permaneant.

In quibus hæc propriis duximus exprimenda vocabulis : altare de Gresviller, et de Bresviller cum appendiciis suis; capellam de Hamelet cum appendiciis suis; molendinum de Bellis Aisis cum appendiciis suis, et molituram ejusdem a cruce Forensi usque foras Britannum; totam Alaniam cum appendiciis suis; ab omni exactione sæcularium liberam; exceptis molendinis, et redecimatione dominicorum agrorum, et feodis, quæ tamen feodi sub justitia et districto prædictæ Ecclesiæ erunt redacta; Heldincourt cum appendiciis suis et transitum Halæ fluminis. Sepulturam quoque ipsius loci liberam esse concedimus, ut eorum qui se illic sepeliri deliberaverint, devotioni et extremæ voluntati, nisi forte excommunicati sint, vel interdicti, nullus obsistat, salva tamen justitia matricis Ecclesiæ.

Obeunte vero te nunc ejusdem loci abbate, vel tuorum quolibet successorum, nullus qualibet subreptionis astutia, vel violentia præponatur, nisi quem fratres communi consensu, aut pars consilii sanioris secundum Dei timorem et beati Benedicti Regulam providerint eligendum.

Decernimus ergo ut nulli hominum liceat præfatum monasterium temere perturbare, aut ejus possessiones auferre, vel ablatas retinere, minuere, seu quibuslibet vexationibus fatigare, sed omnia integra conserventur eorum, pro quorum gubernatione et sustentatione concessa sunt, usibus omnimodis profutura; salva sedis apostolicæ auctoritate et diœcesani episcopi justitia.

Si qua igitur in futurum ecclesiastica sæcularisve persona, hanc nostræ constitutionis paginam sciens, contra eam temere venire tentaverit, secundo tertiove commonita, si non reatum suum congrua satisfactione correxerit, potestatis honorisque sui dignitate careat, reamque se divino judicio existere de perpetrata iniquitate cognoscat, et a sacratissimo corpore ac sanguine Dei et Domini Redemptoris nostri Jesu Christi aliena fiat, atque in extremo examine districtæ ultione subjaceat.

Cunctis autem eidem loco jura sua servantibus sit pax Domini nostri Jesu Christi, quatenus et hic fructum bonæ actionis percipiant et apud districtum judicem præmia æternæ pacis inveniant. Amen.

Ego Eugenius Catholicæ Ecclesiæ episcopus.
Ego Theodewinus S. Rufinæ episcopus.
Ego Albericus Ostiensis episcopus.
Ego Imarus Tusculanus episcopus.
Ego Guido presbyter cardinalis tit. S. Grisogoni.
Ego Hymboldus presbyt. cardinal. tit. SS. Joannis et Pauli.
Ego Gillibertus indignus sacerdos tit. S. Marci.
Ego Hugo presbyter tit. in Lucina.
Ego Odo diaconus cardinalis S. Georgii.
Ego Gregorius diaconus cardinalis S. Angeli.

Ego Guido diac. card. S. Mariæ in Porticu.

Ego Hyacinthus diac. card. S. Mariæ in Cosmedin.

Datum Meldis per manum Guidonis sanctæ Romanæ Ecclesiæ diac. cardinal. et cancell. xiii Kal. Julii, indict. x, Incarnationis Dominicæ anno 1147, pontificatus vero D. Eugenii III papæ anno iii.

CXCVIII.
Bulla ad Ivonem abbatem et monachos Rothonenses pro confirmatione eorum privilegiorum.

(Anno 1147, Jun. 24.)

[MARTEN, *Thesaur. Anecdot.*, I, 403, ex ms. S. Michaelis in periculo maris.]

EUGENIUS episcopus, servus servorum Dei, dilectis filiis IVONI abbati Rothonensis monasterii ejusque fratribus tam præsentibus quam futuris, regularem vitam professis, in perpetuum.

Desiderium quod ad religionis propositum et animarum salutem pertinere monstratur, auctore Deo, est sine dilatione complendum. Eapropter, dilecti in Domino filii, vestris justis postulationibus clementer annuimus, et præfatum Rothonense monasterium quod sanctæ Romanæ Ecclesiæ juris existit, prædecessoris nostri felicis memoriæ Gregorii VII papæ vestigiis inhærentes, sub beati Petri et nostra protectione suscipimus et præsentis scripti privilegio communimus, statuentes ut quascunque possessiones, quæcunque bona idem monasterium in præsentiarum juste et canonice possidet, aut in futurum concessione pontificum, largitione regum vel principum, oblatione fidelium, seu aliis justis modis, Deo propitio poterit adipisci, firma vobis vestrisque successoribus et illibata permaneant. Obeunte vero te, nunc ejusdem loci abbate, vel tuorum quolibet successorum, nullus ibi qualibet subreptionis astutia seu violentia præponatur, nisi quem fratres communi consensu vel fratrum pars consilii sanioris secundum Dei timorem et beati Benedicti Regulam de eadem congregatione providerint eligendum. Quod si talis qui huic regimini congruat, inter vos inveniri non poterit, cum consilio Romani pontificis aliunde sibi patrem et magistrum expetant. Porro in ecclesiis quas tenetis, statuimus ut presbyteros eligatis, et episcopis præsentetis. Quod si idonei fuerint, episcopi curam animarum committant, ut hujusmodi sacerdotes de plebis quidem cura eis respondeant, vobis autem pro rebus temporalibus debitam subjectionem exhibeant. Chrisma, oleum sanctum, in consecrationes altarium, sive basilicarum, et ordinationes monachorum seu clericorum qui ad sacros fuerint ordines promovendi, a diœcesanis accipietis episcopis; siquidem gratiam atque communionem apostolicæ sedis habuerint, et si ea gratis et sine pravitate voluerint exhibere : alioquin liceat vobis a quibus malueritis catholicis episcopis eadem sacramenta suscipere. Sepulturam quoque ipsius loci liberam esse concedimus, ut eorum qui se illic sepeliri deliberaverint, devotioni et extremæ voluntati, nisi forte excommunicati vel interdicti sint, nullus obsistat. (*Salvo tamen jure matricis Ecclesiæ.*) Hoc quoque præsente capitulo subjungimus, ut ipsum monasterium et abbates ejus, vel monachi, ab omni sæcularis servitii sint infestatione securi, omnique gravamine mundanæ oppressionis remoti, in sanctæ religionis observatione seduli atque quieti; nulli alii, nisi Romanæ et apostolicæ sedi, cujus juris est, aliqua teneantur occasione subjecti. Ad indicium autem quod cœnobium eorum juris sit beati Petri et sanctæ Romanæ Ecclesiæ, singulis annis tres aureos nostro Lateranensi palatio persolvetis.

Decernimus ergo ut nulli omnino hominum liceat præfatum monasterium temere perturbare, aut ejus possessiones auferre, vel ablatas retinere, minuere, seu aliquibus vexationibus fatigare, sed omnia integra conserventur eorum, pro quorum gubernatione concessa sunt, usibus omnimodis profutura, salva sedis apostolicæ auctoritate. Si qua igitur in futurum ecclesiastica sæcularisve persona, hanc nostræ constitutionis paginam sciens, contra eam temere venire tentaverit, secundo tertiove commonita, si non satisfactione congrua emendaverit, potestatis honorisque sui dignitate careat, reamque se divino judicio existere de perpetrata iniquitate cognoscat, et a sacratissimo corpore ac sanguine Dei et Domini Redemptoris nostri Jesu Christi aliena fiat, atque in extremo examine districtæ ultioni subjaceat. Cunctis autem eidem loco justa servantibus sit pax Domini nostri Jesu Christi, quatenus et hic fructum bonæ actionis percipiant, et apud districtum judicem præmia æternæ pacis inveniant. Amen, amen, amen.

Ego Eugenius Catholicæ Ecclesiæ episcopus subscripsi.

Ego Theodewinus S. Rufinæ episcopus subscripsi.

Ego Albericus Ostiensis episcopus subscripsi.

Ego Imarus Tusculanus episcopus subscripsi.

Ego Guido presbyter cardinalis tituli S. Chrysogoni subscripsi.

Ego Gislebertus, indignus sacerdos tit. S. Martini subscripsi.

Ego Gregorius diaconus cardinalis S. Angeli subscripsi.

Ego Jacinthus diaconus cardinalis S. Mariæ in Cosmedin subscripsi.

Datum Meldis per manum Guidonis S. Romanæ Ecclesiæ diaconi cardinalis et cancellarii, viii Kalendas Julii, indictione x, Incarnationis Dominicæ anno 1247, pontificatus vero domni Eugenii III papæ anno tertio.

CXCIX.
Ad Stephanum regem Anglorum.—Ut Robertum Londinensem episcopum in gratiam suam recipiat.

(Anno 1147, Jun. 26.)

[MANSI, *Concil.*, XXI, 648.]

EUGENIUS episcopus, servus servorum Dei, dilecto

in Christo filio STEPHANO illustri regi Anglorum, salutem et apostolicam benedictionem.

Ad hoc superna providentia in Ecclesia pontifices ordinavit, ut Christianus populus ab eis pascua vitæ reciperet, et tam principes sæculares, quam inferioris conditionis homines, ipsis pontificibus, tanquam Christi vicariis, reverentiam exhiberent. Venerabilis siquidem frater noster Robertus London. episcopus, tanquam vir sapiens et honestus, et religionis amator, a nobilitate tua benigne tractandus est, et pro collata a Deo prudentia propensius honorandus. Quia ergo, sicut in veritate comperimus, cum animæ suæ salute, ac sui ordinis periculo, fidelitate quæ ab eo requiritur, astringi non potest : volumus, et ex paterno tibi affectu consulimus, quatenus prædictum fratrem nostrum super hoc nullatenus inquietes, imo pro beati Petri et nostra reverentia, eum in amorem et gratiam tuam recipias. Cum autem illud juramentum præstare non possit, sufficiat discretioni tuæ, ut simplici et veraci verbo promittat, quod læsionem tibi vel terræ tuæ non inferat. Vale.

Datum Meldis, vii Kal. Julii.

CC.

Ad Mathildem Anglorum reginam, Ut virum suum ad dilectionem præfati episcopi hortetur.

(Anno 1147, Jun. 26.)

[MANSI, *Concil.*, XXI, 649.]

EUGENIUS, etc.

Salomone attestante, didicimus quod mulier sapiens ædificat domum; insipiens autem, constructam destruet manibus. Gaudemus pro te, et devotionis studium in Domino collaudamus : quoniam sicut religiosorum relatione accepimus, timorem Dei præ oculis habens, operibus pietatis intendis, et personas ecclesiasticas et diligis et honoras. Ut ergo de bono in melius, inspirante Domino, proficere valeas, nobilitatem tuam in Domino rogamus, et rogando monemus et exhortamur in Domino, quatenus bonis initiis exitus meliores injungas, et venerabilem fratrem nostrum Robertum London. episcopum, pro illius reverentia, qui cum olim dives esset, pro nobis pauper fieri voluit, attentius diligas et honores. Apud virum tuum, et dilectum filium nostrum Stephanum, insignem regem Anglorum efficere studeas, ut monitis, hortatu, et consilio tuo, ipsum in benignitatem et dilectionem suam suscipiat, et pro beati Petri et nostra reverentia propensius habeat commendatum. Et quia, sicut veritate teste attendimus, eum sine salutis et sui ordinis periculo, præfato filio nostro astringi non posse; volumus et paterno sibi et tibi affectu consulimus, ut vobis sufficiat, veraci et simplici verbo promissionem ab eo suscipere, quod læsionem vel detrimentum ei, vel terræ suæ non inferat.

Datum Meldis, vi Kal. Julii.

CCI.

Ad Theobaldum Cantuariensem archiepiscopum. — *De controversia inter Cantuariensem archiepiscopum et Bernardum episcopum S. Davidis de jure metropolitico. Utrumque jubet « B. Lucæ festivitate proximi sequentis anni » ad sese venire.*

(Anno 1147, Jun. 29.)

[MANSI, *Concil.* XXI, 628.]

EUGENIUS episcopus, servus servorum Dei, venerabili fratri THEOBALDO, Cantuariensi archiepiscopo, salutem et apostolicam benedictionem.

Venerabilis frater noster Bernardus, episcopus Sancti David, ad nostram præsentiam veniens, Ecclesiam Sancti David olim metropolim fuisse asseruit voce viva, et eamdem dignitatem sibi a nobis restitui postulavit. Cum autem circa petitionem istam invigilans diu in curia nostra commoratus esset, tu, frater archiepiscope, tandem, eo præsente, ex adverso consurgens, in præsentia nostra adversus eum querelam deposuisti, quod debitam, tanquam primo metropolitano, obedientiam subtraxisset, tibique inobediens et rebellis existeret, cum a prædecessore tuo, tanquam a metropolitano primo consecratus esset, et viva voce et scripto Cantuariensi Ecclesiæ professionem fecisset et in multis postea, tanquam alii suffraganei tibi obedisset, et astitisset. Ille vero consecrationem negare non potuit : sed professionem se fecisse, et obedientiam exhibuisse omnino negavit; quod tu audiens, duos testes in medium produxisti, testimonium perhibentes quod ipse, illis videntibus et audientibus, post consecrationem suam, et viva voce et scripto, Cantuariensi Ecclesiæ professionem fecisset. Nos igitur, auditis utriusque partis rationibus, et diligentius inquisitis, et testibus tuis studiose examinatis, communicato fratrum nostrorum consilio, juramenta eorum recepimus, et ut ipse episcopus tibi, tanquam primo metropolitano, obedientiam et reverentiam exhibeat, justitia dictante, præcepimus. Unde, quoniam singulis Ecclesiis et ecclesiasticis personis suam dignitatem et justitiam volumus conservare, beati Lucæ festivitate proximi sequentis anni, tibi et ipsi diem præfiximus, ut tunc, præsentibus partibus, de dignitate Ecclesiæ Sancti David, et libertate sua rei veritatem cognoscamus, et quod justum fuerit, auctore Domino, exinde statuamus.

Datum Meldis, tertio Kalendas Julii.

CCII.

Fragmentum privilegii pro monasterio S. Martini de Campis.

(Anno 1147, Jul. 2.)

[*Biblioth. Cluniac.*, 603.]

. . . .

Eapropter, dilecte in Domino fili Odo prior, tuis justis petitionibus annuentes, Beati Martini monasterium, cui, auctore Domino, ex venerabilis fratris nostri Petri Cluniacensis abbatis institutione præsides, quemadmodum cætera Cluniacensis cœnobii membra, sub beati Petri et nostra protectione suscipimus, et præsentis scripti privilegio communimus, etc.

Datum Parisius per manum Hugonis presbyteri cardinalis tenentis vicem domni Guidonis S. R. E. cardinalis et cancellarii, vi Non. Julii, indict. x, Incarn. Dominicæ anno 1147, pontificatus vero domni Eugenii papæ III anno III.

CCIII.

Ad presbyteros ecclesiarum Balmensis monasterii. — Relaxat interdictum quo ecclesias ad Balmense monasterium pertinentes juste multaverat.

(Anno 1147, Jul. 14.)

[D. BOUQUET, *Recueil*, XV, 445.]

EUGENIUS episcopus, servus servorum Dei, dilectis filiis presbyteris et aliis clericis ecclesiarum ad Balmense monasterium pertinentium, in B. Petri et nostra obedientia persistentibus, salutem et apostolicam benedictionem.

Sicut in culpa manentibus pœna pro delicti qualitate juste imponitur, ita resipiscentibus pietatis janua misericorditer aperitur. Interdictum itaque, quod in ecclesiis in quibus Domino deservitis, pro eo quod dilectus filius noster magister Osbertus in contemptum Dei et Ecclesiæ graviter offensus est, de rigore justitiæ positum fuerat, de consueta sedis apostolicæ clementia relaxamus. Nunc vero, quia præfatum monasterium cum omnibus ad se pertinentibus dilecto filio nostro Petro abbati, et per eum monasterio Cluniacensi, concessimus, per præsentia vobis scripta mandamus atque præcipimus quatenus ei et nobis in ipso reverenter et humiliter pareatis.

Datum Altissiodori, xix Kal. Aug.

CCIV.

Henrico Moraviensi episcopo mandat, ut Conradum Romanorum regem, exhortetur ad intendendum unioni Constantinopolitanæ Ecclesiæ cum Romana.

(Anno 1147, Jul. 15.)

[BOCZEK, *Cod. dipl. Morav.*, 1, 257.]

EUGENIUS episcopus, servus servorum Dei, venerabili fratri HENRICO Moraviensi episcopo, salutem et apostolicam benedictionem.

Sicut tua novit fraternitas, pro charissimis filiis nostris Conrado Romanorum, Ludovico Francorum illustrissimis regibus, exercitibus quoque, qui cum eis sunt, paterno affectu solliciti, venerabiles fratres, Theodewinum Sanctæ Rufinæ episcopum et Guidonem presbyterum cardinalem Sancti Chrysogoni, prudentes siquidem et honestos viros, de latere nostro dirigimus, qui eos in concordia et dilectione custodiant, et tam in spiritualibus quam in temporalibus, Domino auctore, saluti eorum provideant. Quocirca fraternitatem tuam rogamus, et rogando mandamus, quatenus eos tanquam de sinu matris tuæ Romanæ Ecclesiæ missos pro beati Petri et ejusdem ecclesiæ reverentia diligas et honores, eisque in his quæ ad honorem Dei et Ecclesiæ suæ spectare cognoveris, consilium et auxilium præbeas. Et quoniam de tua plurimum dilectione confidimus, et regis consilium in tua maximum prudentia et dispositione consistere novimus, sollicitudini tuæ mandamus, quatenus regem adhortari, monere modis omnibus studeas, ut ad honorem et exaltationem matris suæ sanctæ Romanæ Ecclesiæ intendat, et Constantinopolitanensem Ecclesiam ei unire, sicut olim fuisse cognoscitur, juxta potentiam a Deo sibi concessam fideliter elaboret. Quod si tuo annuente studio ad affectum, Domino auxiliante, pervenerit, personæ tuæ dilectionem et gratiam apostolicæ sedis augebit, et Ecclesiæ tuæ honoris incrementum præstabit.

Datum Altissiodori Idibus Julii.

CCV.

Privilegium pro ecclesia S. Salvatoris Cæsaraugustana.

(Anno 1147, Jul. 16.)

[ARRUEGO, *Catedra episcopal de Zaragoza*, 669.]

EUGENIUS episcopus, servus servorum Dei, venerabili fratri BERNARDO, Cæsaraugustano episcopo, ejusque successoribus canonice substituendis, in perpetuum.

In eminenti sedis apostolicæ specula, disponente Domino, constituti, ex injuncto nobis officio fratres nostros episcopos debemus diligere, et ecclesiis sibi a Deo commissis suam justitiam conservare. Eapropter, venerabilis frater in Christo, Bernarde episcope, tuis justis postulationibus clementer annuimus, et Sancti Salvatoris Cæsaraugustanam ecclesiam, cui Deo auctore præesse dignosceris, sub B. Petri et nostra protectione suscipimus, et præsentis scripti privilegio communimus; statuentes, ut quascunque possessiones, quæcunque bona, frater episcope, in præsentiarum juste et canonice possides, aut in futurum concessione pontificum, largitione regum, vel principum, oblatione fidelium, seu aliis justis modis, Deo propitio, poteris adipisci, firma tibi, tuisque successoribus, et per vos eidem Ecclesiæ, et illibata permaneant; in quibus hæc propriis duximus exprimenda vocabulis: Teroham cum castris et villis suis, Arandam, Siarcum, Arandagama cum villis et castellis quæ in eorum rivo continentur, Riclam, Capannas, Epilam, Rotam, Oreiam, Turbenam, Alagonem cum omnibus villis et castellis quæ in rivo Exalonis continentur, Concrum, Agancionem, Burotam, Alberit, Magalonem, Frascanum, Mallen, Curtes, Novellas, cum villis, et castellis, quæ versus Cæsaraugustam in rivo Burgiæ continentur; Gallur cum villis et castellis quæ sunt usque ad castrum quod dicitur Alagona, Gorreyam Salicem, Alcoleiam, Deuslibol, Alfaxarin, Pinam, Villeliam, Michinentiam, cum villis, et castellis quæ versus Cæsaraugustam continentur, Belchit, Orsa, Sastago. Sancimus etiam ut ex parte Sarracenorum universi fines ipsius episcopatus, sicut antiquitus, legitime fuisse noscuntur, tibi tuisque successoribus quieti deinceps et integri conserventur. Libertates quoque et immunitates ab illustri rege Aldephonso eidem ecclesiæ pia devotione concessas, et scripto suo firmatas, per præsentis scripti paginam confirmamus, et eamdem ecclesiam ab omni jugo sæculari et dominatione liberam esse censemus.

Decernimus ergo ut nulli omnino hominum liceat præfatam ecclesiam temere perturbare, aut ejus possessiones auferre, vel ablatas retinere, minuere, aut aliquibus vexationibus fatigare, sed omnia integra conserventur, vestris, et aliorum pro quorum gubernatione et sustentatione concessa sunt usibus omnimodis profutura, salva sedis apostolicæ auctoritate. Si qua igitur in futurum ecclesiastica sæcularisve persona, hanc nostræ constitutionis paginam sciens, contra eam temere venire tentaverit, secundo tertiove commonita, si non satisfactione congrua emendaverit, potestatis honorisque sui dignitate careat, reamque se divino judicio existere de perpetrata iniquitate cognoscat, et a sacratissimo corpore ac sanguine Dei et Domini Redemptoris nostri Jesu Christi aliena fiat, atque in extremo examine districtæ ultioni subjaceat.

Cunctis autem eidem loco justa servantibus, sit pax Domini nostri Jesu Christi, quatenus et hic fructum bonæ actionis percipiant, et apud districtum judicem præmia æternæ pacis inveniant. Amen, amen, amen.

Ego Eugenius Catholicæ Ecclesiæ episc.

Ego Albericus Ostiensis episc., etc.

Datum Antissiodori per manum Guidonis Sanctæ Romanæ Ecclesiæ diaconi cardinalis et cancellarii, XVII Kal. Augusti, indictione X, Incarnationis Dominicæ anno 1147, pontificatus vero domni Eugenii tertii papæ anno tertio.

CCVI.
Privilegium pro monasterio S. Mariæ Lucellensi.
(Anno 1147, Jul. 17.)
[SCHOEPFLIN, *Alsat. diplom.*, I, 233.]

EUGENIUS episcopus, servus servorum Dei, dilectis filiis CHRISTIANO abbati Sanctæ Mariæ de Lucela, ejusque fratribus tam præsentibus quam futuris regularem vitam professis, in perpetuam memoriam.

Desiderium quod ad religionis propositum et animarum salutem pertinere dignoscitur, auctore Deo, sine aliqua est dilatione complendum. Eapropter, dilecti in Domino filii, vestris justis postulationibus clementer annuimus, et præfatum locum, in quo divino mancipati estis obsequio, sub B. Petri et nostra protectione suscipimus et præsentis scripti privilegio communimus; statuentes ut quascunque possessiones, quæcunque bona in præsentiarum juste et canonice possidetis, aut in futurum concessione pontificum, largitione regum vel principum, oblatione fidelium, seu aliis justis modis, Deo propitio poteritis adipisci, firma vobis vestrisque successoribus et illibata permaneant. In quibus hæc propriis duximus exprimenda vocabulis. Ipsum videlicet locum Lucela, curius de Culmillis, de Coronato, de Curtamaltru, de Libunwilar, de fonte Alnulphi, de Muteresheim, de Dornoso, de Yizvelden, de Haldestatt, de Sennheim, de Mosa cum omnibus earum appendiciis. Sane laborum vestrorum, quos propriis manibus aut sumptibus colitis, sive de nutrimentis vestrorum animalium, nullus omnino a vobis decimas exigere præsumat.

Decernimus ergo ut nulli omnino hominum liceat præfatum locum temere perturbare, aut ejus possessiones auferre, vel ablatas retinere, minuere, aut aliquibus vexationibus fatigare, sed omnia integra conserventur eorum, pro quorum gubernatione et sustentatione concessa sunt, usibus omnimodis profutura, salva sedis apostolicæ auctoritate et diœcesani episcopi canonica justitia. Si qua igitur in futurum ecclesiastica sæcularisve persona, hanc nostræ constitutionis paginam sciens, contra eam temere venire tentaverit, secundo tertiove commonita, si non satisfactione congrua emendaverit, potestatis honorisque sui dignitate careat, reamque se divino judicio existere de perpetrata iniquitate cognoscat, et a sacratissimo corpore et sanguine Dei ac Domini Redemptoris nostri Jesu Christi aliena fiat, atque in extremo examine districtæ ultioni subjaceat. Cunctis autem eidem loco justa servantibus sit pax Domini nostri Jesu Christi, quatenus et hic fructum bonæ actionis percipiant et apud districtum judicem præmia æternæ pacis inveniant. Amen, amen.

Ego Eugenius Catholicæ Ecclesiæ episc.

Ego Albericus Ostiensis episc.

Ego Guido presbyter card. tit. Sanctorum Laurentii et Damasi.

Ego Julius presbyter cardinalis tit. Sancti Marcelli.

Ego Hugo presb. card. in Lucina.

Ego Odo diaconus cardin. S. Georgii ad Aureum Velum.

Ego Octavianus diaconus card. tit. S. Nicolai in Carcere Tulliano.

Ego Guido diaconus cardinalis tit. S. Mariæ in Porticu.

Ego Hyacinthus diaconus card. S. Mariæ in Cosmedin.

Ego Jordanus presbyter card. tit. Susannæ.

Datum Altissiodori per manum Guidonis S. Ecclesiæ Romanæ diaconi cardinalis et cancellarii, XVI Kal. Augusti, indict. X, Incarnat. Dominicæ anno 1147, pontificatus vero domni Eu. papæ III anno III.

CCVII.
Privilegium pro ecclesia S. Mariæ Dei-loci.
(Anno 1147, Jul. 23.)
[HUGO, *Annal. Præm.*, I, Pr., 503.]

EUGENIUS episcopus, servus servorum Dei, dilectis filiis GARNERIO abbati Ecclesiæ Sanctæ Mariæ de Dei-loco, ejusque fratribus tam præsentibus quam futuris canonicam vitam professis, in perpetuum.

Religiosis desideriis dignum est facilem præbere

consensum ut fidelis devotio celerem sortiatur effectum. Eapropter, dilecti in Domino filii, vestris justis postulationibus clementer annuimus et præfatam Sanctæ Mariæ ecclesiam, in qua divino vacatis obsequio, sub beati Petri et nostra protectione suscipimus, et præsentis scripti privilegio communimus; statuentes ut ordo canonicus, qui secundum beati Augustini Regulam in vestra ecclesia noscitur institutus, perpetuis futuris temporibus ibidem inviolabiter conservetur. Præterea quæcunque possessiones, quæcunque bona eadem ecclesia in præsentiarum juste et canonice possidet, aut in futurum concessione pontificum, largitione regum aut principum, oblatione fidelium, seu aliis justis modis, præstante Domino, poterit adipisci, firma vobis et illibata permaneant; in quibus hæc specialiter duximus adnotanda: Locum videlicet ipsum in quo eadem ecclesia sita est; locum qui dicitur Fossa Mauri, cum omnibus eorum pertinentiis; locum qui dicitur Messiacus cum territorio quod vocatur Thoriacum; locum qui dicitur Malusrepatus; locum qui vocatur Villapedes. Locum qui dicitur Aureavallis, cum omnium eorum pertinentiis; molendinum de Fricambault, molendinum de Salva manu et molendinum quod domina Helia de Villamauri dedit ecclesiæ vestræ cum omnibus eorum pertinentiis; usuarium quoque quod illustris memoriæ Ludovicus Francorum rex in suo nemore juxta quod eadem ecclesia sita est, vobis donavit, et quod Henricus bonæ memoriæ Senonensis archiepiscopus similiter donavit in suo, ut videlicet ad omnes necessarios vestros usus inde accipiatis et animalia vestra pascatis. Sane laborum vestrorum, quos propriis manibus aut sumptibus colitis, sive de nutrimentis vestrorum animalium nullus a vobis decimas exigere præsumat. Prohibemus etiam ut nulli fratrum vestrorum liceat post factam professionem absque abbatis et fratrum licentia de claustro discedere; discedentem vero absque commendatitiis litteris nullus audeat retinere.

Decernimus ergo ut nulli omnino hominum liceat præfatam ecclesiam temere perturbare, aut ejus possessiones auferre vel ablatas retinere, minuere, vel quibuslibet modis fatigare, sed omnia integra conserventur eorum, pro quorum gubernatione et sustentatione concessa sunt, usibus omnimodis profutura, salva sedis apostolicæ auctoritate et diœcesani episcopi canonica justitia. Si qua igitur in posterum ecclesiastica sæcularisve persona, hanc nostræ constitutionis paginam sciens, contra eam temere venire tentaverit, et secundo tertiove commonita, reatum suum digna satisfactione non correxerit, potestatis honorisque sui dignitate careat, reumque se divino judicio existere de perpetrata iniquitate cognoscat, et a sacratissimo corpore ac sanguine Domini nostri Jesu Christi aliena fiat, atque in extremo examine districtæ ultioni subjaceat. Cunctis autem eidem loco justa servantibus sit pax Domini nostri Jesu Christi, quatenus et hic fructum bonæ actionis percipiant, et apud districtum judicem præmia æternæ pacis inveniant. Amen.

Ego Eugenius Catholicæ Ecclesiæ episcopus.
Ego Albericus Ostiensis episcopus.
Ego Imarus Tusculensis episcopus.
Ego Humbaldus presb. card. tit. SS. Joannis et Pauli.
Ego Julius presb. card. tit. Sancti Marcelli.
Ego Hugo presb. card. tit. in Lucina.
Ego Odo diaconus cardin. S. Georgii ad Velum Aureum.
Ego Octavianus diac. card. tit. Sancti Nicolai in Carcere Tulliano.
Ego Gregorius diac. card. Sancti Angeli.
Ego Jacinthus diac. card. Sanctæ Mariæ in Cosmedin.

Datum Altissiodori per manus Guidonis sanctæ Romanæ Ecclesiæ diaconi cardinalis et cancellarii, x Kalendas Augusti, indictione decima, Incarnationis Dominicæ anno 1147, pontificatus vero domini Eugenii tertii papæ anno tertio.

CCVIII.

Ad consules Lucenses.— Pro fratribus ecclesiæ S. Frigdiani.

(Anno 1147, Jul. 28.)

[BALUZ. *Miscell.* ed. Luc., IV, 594.]

EUGENIUS episcopus, servus servorum Dei, dilectis filiis consulibus Lucanis, salutem et apostolicam benedictionem.

Nostræ voluntatis est ad religionem statuendam studiose incumbere, et stabilitam pro nostri officii debito conservare. Sicut prudentiæ vestræ notum esse credimus, prædecessores nostri sanctæ memoriæ Romani PP. ecclesiam S. Pantaleonis fratribus ecclesiæ S. Frigdiani ad hoc concedere voluerunt, ut per eos studium ibi reparetur religionis, et cum Dei auxilio servaretur. Nuper autem, sicut accepimus, cum ven. frater noster G. episcopus unde eosdem fratres in ecclesia Beati Pantaleonis ex mandato nostro introducere voluisset, Rodel. Pan. et alii cum eis in eos assultum injuriose fecerunt et postposita Dei et S. R. E. reverentia, inhoneste tractaverunt; quod utique quanta severitate quantaque animadversione multandum sit, industriam vestram latere non credimus. Nos igitur sententiam a prædicto fratre nostro in præsumptores illos canonice promulgatam ratam habentes, dilectioni vestræ mandamus, monemus et exhortamur in Domino, quatenus ad tam laudabile opus complendum, nullam prædictis fratribus vexationem vel molestiam inferatis; imo, ut locum ipsum in pace habere valeant, et ibidem Domino deservire, pro collata vobis a Deo prudentia opem eis et consilium præbeatis.

Data Antissiodori, v Kal. Augusti.

CCIX.

Ad [Gregorium] episcopum Lucensem. — Ejusdem argumenti.

(Anno 1147, Jul.)

[BALUZ. *Miscell.* ed. Luc., IV, 593.]

EUGENIUS episcopus, servus servorum Dei, venerabili fratri G. Lucano episcopo, salutem et apostolicam benedictionem.

Sanctae et apostolicae sedis consuetudo fuisse cognoscitur religiones statuere, et eas in diversis locis per mundum, praestante Domino, propagare. Quo nimirum intuitu praedecessores nostri S. memoriae Romani PP. ecclesiam S. Pantaleonis fratrum beati Frigdiani sollicitudini commiserunt, ut eorum studio annitente ibidem canonici ordinis reformaretur religio, et auctore Domino, inposterum servaretur. Accepimus autem quoniam cum praedictae ecclesiae fratres in memoratam ecclesiam S. Pantaleonis juxta mandatum nostrum introducere voluissetis, Rodel. Pan. et quidam alii in te et fratres S. Frigdiani assultum injuriose fecerunt, et inhoneste tractaverunt; unde in ipsos excommunicationis sententias protulisti. Nos igitur, cujus officium est mala acta corrigere, et bene gesta firmare, sententiam pro hac causa canonice promulgatam, quia praedictorum fratrum justitiae deesse non volumus, ratam habemus. Interim vero viriliter agas, et prudenter efficias, ut bonum quod inceptum est, per sollicitudinis studium valeat meliori exitu consummari. Praeterea te scire volumus quod si Manfredus et Lotharius presbyteri, Lambertus, Cappellus, et magister Guillelmus ejusdem fratribus super hoc resistere, vel eorum infestatoribus de caetero favere praesumpserint, tanquam mandatorum tuorum et sedisapostolicae transgressores non praeteribimus impunitos.

CCX.

Abbatiam Messinensem monialium Benedictinarum nobilium in dioecesi Iprensi suscipit in protectionem, ejusque possessiones recenset atque confirmat.

(Anno 1147, Jul. 28.)

[MIRAEI *Opp. dipl.* tom. III, p. 46, ex archivis abbatiae Messinensis.]

EUGENIUS episcopus, servus servorum Dei, dilectis in Christo filiabus, AELIDI Mecinensis (vulgo Messines) coenobii ejusque sororibus tam praesentibus quam futuris, regularem vitam professis, in perpetuum.

Desiderium quod ad religionis propositum et ad animarum salutem pertinere monstratur, auctore Deo, est sine aliqua dilatione complendum. Eapropter, dilectae in Domino filiae, vestris justis postulationibus clementer annuimus, et praefatum Mecinense coenobium, in quo divino mancipatae estis obsequio, sub B. Petri et nostra protectione suscipimus et praesentis scripti privilegio communimus. Inprimis si quidem statuentes, ut ordo monasticus secundum B. Benedicti Regulam et Cluniacensium fratres institutionem perpetuis ibidem temporibus inviolabiliter conservetur. Praeterea statuimus ut quaecunque bona in praesentiarum juste et canonice possidetis, aut in futurum concessione pontificum, largitione regum vel principum, oblatione fidelium seu aliis justis modis, Deo propitio, poteritis adipisci, firma vobis, et his quae post vos successurae sunt, et illibata permaneant. In quibus haec propriis duximus exprimenda vocabulis: Locum ipsum in quo ecclesia sita est, cum decima, et annuale forum, quod comes Robertus contulit ecclesiae vestrae; apud Lampernessam x berquerias et quartam partem unius. Apud Alvergem VII mansa terrae; apud Ekes VII mansa terrae; apud Wideschat XXVIII mansa terrae; altare de Warnestun et medium telonium de Duvia. Apud Ferlinghem dimidiam vaccariam. Apud duplices montes curiam et duo molendina, et XII mansa terrae, et partem aquae. Decimam de Merengies, et de Martini campo, villam de Scotis. Apud Ipram x libras de censu et mansura Alcheri et mansuras quas Hugo eidem ecclesiae contulit, villam Croisette cum appendiciis suis; mansum unum apud Martini campum. Apud Duacum terram quae dividitur in XII partes. Apud Alawange mansum terrae, decimam Sancti Richaril. Apud Commines, pratum et terram quae vocatur Ploitt cum hospitibus quam Iwanus contulit eidem ecclesiae. Apud Chemlam VIII solidos denariorum, capellam de Merkem cum reddilibus et terris adjacentibus.

Obeunte vero te, nunc ejusdem loci abbatissa, vel earum aliqua quae tibi est successura, nulla inibi qualibet subreptionis astutia seu violentia praeponatur, nisi quam sorores communi consensu, secundum Dei timorem et B. Benedicti Regulam, provideant eligendam.

Decernimus ergo ut nulli omnino hominum liceat praefatum coenobium temere perturbare, aut ejus possessiones auferre vel ablatas retinere, minuere, aut aliquibus vexationibus fatigare; sed omnia integra conserventur, earum, pro quarum gubernatione et sustentatione concessa sunt, usibus omnimodis profutura, salva sedis apostolicae auctoritate et dioecesani episcopi canonica justitia. Si qua igitur in futurum ecclesiastica saecularisve persona, hanc nostrae constitutionis paginam sciens, contra eam temere venire tentaverit, secundo tertiove commonita, si non satisfactione congrua emendaverit, potestatis honorisque sui dignitate careat, reamque se divino judicio existere de perpetrata iniquitate cognoscat, et a sacratissimo corpore et sanguine Dei et Domini nostri Jesu Christi aliena fiat, atque in extremo examine districtae ultioni subjaceat. Cunctis autem eidem loco sua jura servantibus sit pax Domini nostri Jesu Christi, quatenus et hic fructum bonae actionis percipiant et apud districtum judicem praemia aeternae pacis inveniant. Amen.

Ego Eugenius Catholicae Ecclesiae episcopus.

Ego Albertus Ostiensis episcopus.

Ego Hugo presbyter cardinalis tit. in Lucina.

Ego Hyacinthus diaconus cardinalis S. Mariæ in Cosmedino.

Ego Guido presbyter cardinalis tit. Pastoris.

Datum Altissiodori per manum Guidonis Romanæ Ecclesiæ diaconi cardinalis et cancellarii, v Kalend. Augusti, indictione x, Incarnationis Dominicæ anno 1147, pontificatus vero domni Eugenii papæ tertii anno III.

CCXI.
Privilegium pro monasterio Trunchiniensi.
(Anno 1147, Jul. 29.)
[HUGO, *Annal. Præm.*, II, Pr., p. 611.]

EUGENIUS episcopus, servus servorum Dei, dilectis filiis GOZVINO abbati Trunchiniensis Ecclesiæ, ejusque fratribus tam præsentibus quam futuris, regularem vitam professis, in perpetuum.

Quoniam sine vero cultu religionis, nec Ecclesia potest salva consistere, nec gratum Deo exhiberi servitium, oportet nos ubicunque possumus sacram religionis observantiam instituere, et institutam exacta diligentia conservare. Eapropter, dilecti in Domino filii, vestris justis postulationibus clementer annuimus, et ecclesiam sanctæ Dei genitricis Mariæ Trunchiniensis, in qua divino mancipati estis obsequio, sub beati Petri et nostra protectione suscipimus, et præsentis scripti patrocinio communimus. Præterea quascunque possessiones, quæcunque bona eadem ecclesia inpræsentiarum juste et canonice possidet, aut in futurum concessione pontificum, largitione regum vel principum, oblatione fidelium, seu aliis justis modis, Deo propitio, poterit adipisci, firma vobis vestrisque successoribus et illibata permaneant. In quibus hæc propriis duximus exprimenda vocabulis : Altare de Nivella ; altare de Hansbeca ; altare de Landengem, altare de Vorslar, altare de Petengem, altare de Astina, altare de Verrebrue, altare de Cerscamp ; duas etiam curtes Burst et Spinohtt ; duas partes decimæ de Ursle. Sane laborum vestrorum quos propriis manibus aut sumptibus colitis, sive de nutrimentis vestrorum animalium, nullus a vobis decimas exigere præsumat. Liceat etiam vobis in communi Tornacensis parochiæ interdicto, clausis januis, et exclusis excommunicatis et interdictis, submissa voce divina officia celebrare, nisi abbatis et fratrum ipsius loci manifesta culpa exstiterit.

Decernimus ergo, ut nulli omnino hominum liceat præfatam ecclesiam temere perturbare, aut ejus possessiones auferre, vel ablatas retinere, minuere, seu aliis quibuslibet vexationibus fatigare ; sed omnia integra conserventur eorum, pro quorum gubernatione et sustentatione concessa sunt, usibus omnimodis profutura, salva sedis apostolicæ auctoritate et diœcesani episcopi canonica justitia. Si qua igitur in futurum ecclesiastica sæcularisve persona, hujus nostræ constitutionis paginam sciens, contra eam temere venire tentaverit, secundo tertiove commonita, si non satisfactione congrua emendaverit, potestatis honorisque sui dignitate careat, reamque se divino judicio existere de perpetrata iniquitate cognoscat, et a sacratissimo corpore ac sanguine Dei et Domini Redemptoris nostri Jesu Christi aliena fiat, atque in extremo examine districtæ ultioni subjaceat. Cunctis autem eidem loco justa servantibus, sit pax Domini nostri Jesu Christi, quatenus et hic fructum bonæ actionis percipiant, et apud districtum judicem præmia æternæ pacis inveniant. Amen, amen, amen.

Ego Eugenius Catholicæ Ecclesiæ episcopus.
Ego Albericus Ostiensis episcopus.
Ego Imarus Tusculanus episcopus.
Ego Humbaldus presb. cardin. tit. Sanctorum Joannis et Pauli.
Ego Hugo presb. card. tit. S. Marcelli.
Ego Guido presb. card. tit. Pastoris.
Ego Jordanus presb. card. tit. Sanctæ Susannæ.
Ego Octavianus diaconus card. S. Nicolai in Carcere Tulliano.
Ego Jacinthus diac. card. S. Mariæ in Cosmedin.

Datum Altissiodori per manum Guidonis sanctæ Romanæ Ecclesiæ diaconi cardinalis et cancellarii, IV Kalendas Augusti, indictione x, Incarnationis Dominicæ anno 1147, pontificatus vero domni Eugenii papæ III anno III.

CCXII.
Nicolao abbati Corbeiensi bullam tribuit, « datam Altissiodori per manum Guidonis S. R. E. diaconi cardinalis et cancellarii, III Kal. Augusti (Jul. 30), indict. x, anno 1147.
(Anno 1147, Jul. 30.)
[MABILL., *Annal. Bened.*, VI, 423.]

CCXIII.
Privilegium pro monasterio S. Mariæ Vallis-Christianæ.
(Anno 1147, Jul. 31.)
[HUGO, *Annal. Præm.*, II, Pr., 629.]

EUGENIUS episcopus, servus servorum Dei, dilectis filiis MAURITIO abbati Ecclesiæ Beatæ Mariæ Vallis-Christianæ ejusque fratribus, tam præsentibus quam futuris, regularem vitam professis, in perpetuum.

Ad hoc universalis Ecclesiæ cura nobis a provisore omnium bonorum Deo commissa est, ut religiosas diligamus personas et beneplacentem Deo religionem studeamus modis omnibus propagare ; nec enim gravis Deo aliquando famulatus impenditur, nisi ex charitatis radice procedens, a puritate religionis fuerit conservatus. Quocirca, dilecti in Domino filii, vestris justis postulationibus clementer annuimus, et præfatam ecclesiam, in qua divino mancipati estis obsequio, sub beati Petri et nostra protectione suscipimus, et præsentis scripti privilegio communimus. Imprimis siquidem statuentes ut ordo canonicus quem professi estis secundum beati Augustini Regulam et Præmonstratensium fratrum institutionem in vestra ecclesia perpetuis temporibus inviolabiliter conservetur. Præterea statuimus ut quascunque possessiones, quæcunque bona inpræsentiarum juste et canonice possidetis, aut in futurum concessione pontificum, largitione regum vel principum, oblatione fidelium, seu aliis justis modis, Deo propitio, poteritis adipisci, firma vobis vestrisque successoribus et illibata permaneant. In quibus hæc propriis duximus exprimenda vocabulis: Terram de Rheincurt (*Reincourt*) apud Bruerias, terram Rainaldi præpositi, terram Theodorici, terram Venatorum, tertiam partem decimæ ejusdem loci apud Crameriam, decimam quam ibi jure habetis olearum et terræ. *Currexxicui* lotam, furnum ejusdem villæ, et quamdam partem terræ arabilis; lotam decimam de Plaissiet, lotam decimam de Brutuel, excepta parva portiuncula, duas partes decimæ de Noeroit (*Noroy*), quartam partem decimæ de Nuely, modium annenæ unum ad molendinum de Berny; ad sanctam crucem tres carrucatas terræ cum appendiciis suis, curiam de Martinpel, cum pertinentiis et appendiciis suis; mediam partem de Bucyleharat, tam in silvis quam in pascuis, in terra culta et inculta, in tota decimatione et in omni justitia; tertiam partem majoris decimæ de Long apud Beilou, decimam terræ Malote; sextam partem decimæ de Fara.

Sane laborum vestrorum ques propriis manibus aut sumptibus colitis, seu de nutrimentis animalium vestrorum, nullus a vobis decimas exigere præsumat. Nemini etiam post factam ibi professionem alicujus levitatis instinctu vel majoris religionis obtentu, fas sit ad alia loca sine abbatis totiusque congregationis permissione transire; quod si fecerit, nullus omnino sine communi litterarum cautione suscipiat.

Decernimus ergo ut nulli omnino hominum liceat præfatum locum temere perturbare, aut ejus possessiones auferre, vel ablatas retinere, minuere, seu aliquibus vexationibus fatigare, sed omnia integra conserventur eorum, pro quorum gubernatione et sustentatione concessa sunt, usibus omnimodis profutura, salva in omnibus sedis apostolicæ auctoritate et diœcesani episcopi canonica justitia. Si qua igitur in futurum ecclesiastica sæcularisve persona, hanc nostræ constitutionis paginam sciens, contra eam venire temere tentaverit, secundo tertiove commonita, si non satisfactione congrua emendaverit, potestatis honorisque sui dignitate careat, reamque se divino judicio existere de perpetrata iniquitate cognoscat, et a sacratissimo corpore ac sanguine Dei et Domini Redemptoris nostri Jesu Christi aliena fiat, atque in extremo examine districtæ ultioni subjaceat. Cunctis autem eidem loco justa servantibus, sit pax Domini nostri Jesu Christi, quatenus et hic fructum bonæ actionis percipiant, et apud districtum judicem præmia æternæ pacis inveniant. Amen, amen, amen.

Datum Antissiodori per manum Guidonis sanctæ Romanæ Ecclesiæ cardinalis diaconi et canonici, secundo Kalend. Augusti, indict. x, Incarnationis Dominicæ anno 1147, pontificatus vero domni Eugenii III pontificis anno III.

CCXIV.

Ad Heinricum Moraviensem episcopum. — *Gratius sibi fuisse si potius in Terram Sanctam quam adversus Slavos in Pomerania profectus fuisset.*

(Anno 1147.)

[BOCZEK, *Cod. dipl. Morav.*, I, 258.]

EUGENIUS episcopus, servus servorum Dei, venerabili fratri HEINRICO Moraviensi episcopo, salutem et apostolicam benedictionem.

Propositum tuum una cum ducibus Moraviensibus Ottone, Zuatopluk, et Wratislaw contra Sclavos cæterosque paganos habitantes versus aquilonem eundi, et ipsos Christianæ religioni subjugandi non minus nobis gratum et acceptum erat, quam negotium tuum, chare frater, quo illustrem Boemorum ducem cum fratribus, Deo propitio ad assumendam crucem et ad expeditionem in Terram Sanctam proficiscendum inspirasti. Sane quidem acriori pungerer stimulo lætitiæ, quando ex nuntio tuo audivissem, tuæ personæ prudentiam, sagaxque tuum ingenium in corde Romanorum regis seminaturum semen, ex quo Constantinopolitanæ Ecclesiæ unio tanquam fructus excreverit mihi et matri omnium Romanæ Ecclesiæ longe fecundissimus. Ex quo vero te a regis latere remotum cognovi, de prosperando in tali negotio omnis diffido. Sed res erat certe ardua; sapientissime vero a te dispositam non laudare non possum. Proficiscere igitur cum Christi et sedis apostolicæ benedictione, tuæque fraternitatis sospitatem in oratione mea quotidiana scias esse inclusam. De progressu talis expeditionis certiorem me reddere minime omittas. Vale in Christo.

CCXV.

Monasterium S. Mariæ de Novo Castro Nuenburgensis in tutelam sedis apostolicæ recipit.

(Anno 1147, Aug. 5.)

[SCHŒPFLIN, *Alsat. diplom.* I, 234, ex tabulario monast. Novi Castri.]

EUGENIUS episcopus, servus servorum Dei, dilectis filiis ULDARICO abbati Sanctæ Mariæ de Novo Castro, ejusdem fratribus tam præsentibus quam futuris, regularem vitam professis, in perpetuum.

Religiosis desideriis dignum est facilem præbere consensum, ut fidelis devotio celerem sortiatur effectum. Eapropter, dilecti in Domino filii, vestris justis postulationibus clementer annuimus et præfatam ecclesiam sub beati Petri et nostra protectione suscipimus, et præsentis scripti privilegio communimus, statuentes ut quascunque possessiones, quæcunque bona eadem ecclesia in præsentiarum juste et canonice possidet, aut in futurum concessione pontificum, largitione regum vel principum, oblatione fidelium, seu aliis justis modis, Deo propitio, poteritis adipisci, firma vobis vestrisque successoribus et illibata permaneant. In quibus hæc propriis duximus exprimenda vocabulis : Locum videlicet ipsum, in quo ipsa abbatia fundata est, grangiam Harthusen, grangiam Lobach, grangiam Hohenscheit, grangiam Willnbach, grangiam Suvelnheim, grangiam Gerute, grangiam Buttenheim, grangiam Atmonsvillere, grangiam Hechenheim. Sane laborum vestrorum quos propriis manibus aut sumptibus colitis, seu de nutrimentis vestrorum animalium nullus a vobis decimas exigere præsumat.

Decernimus ergo ut nulli omnino hominum liceat præfatam ecclesiam temere perturbare aut ejus possessiones auferre, vel ablatas retinere, minuere, seu quibuslibet molestiis fatigare, sed omnia integra conserventur eorum, pro quorum gubernatione et sustentatione concessa sunt, usibus omnimodis profutura, salva sedis apostolicæ auctoritate et diœcesani episcopi canonica justitia. Si qua ergo in futurum ecclesiastica sæcularisve persona, hanc nostræ constitutionis paginam sciens, contra eam temere venire tentaverit, secundo tertiove commonita, si non satisfactione congrua emendaverit, potestatis honorisque sui dignitate careat, reamque se divino judicio existere de perpetrata iniquitate cognoscat, et a sacratissimo corpore ac sanguine Dei et Domini nostri Jesu Christi aliena fiat, atque in extremo examine districtæ ultioni subjaceat. Cunctis autem eidem loco justa servantibus, sit pax Domini nostri Jesu Christi, quatenus et hic fructum bonæ actionis percipiant, et apud districtum judicem præmia æternæ pacis inveniant. Amen.

Ego Eugenius Catholicæ Ecclesiæ episcopus.
Ego Albericus Ostiensis episcopus.
Ego Humbaldus presbyter cardinalis titulo Sanctorum Joannis et Pauli.
Ego Julius presb. card. tit. S. Marcelli.
Ego Hugo presb. card. tit. in Lucina.
Ego Jordanus presb. card. tit. Sanctæ Susannæ.
Ego Odo diaconus cardinalis Sancti Georgii ad Velum Aureum.
Ego Octavianus diac. card. tit. S. Nicolai in Carcere Tulliano.
Ego Guido diac. card. tit. S. Mariæ in Porticu.
Ego Hyacinthus diac. card. tit. S. Mariæ in Cosmedin.
Ego Joannes Paparo diac. card. tit. S. Adriani.
Datum Altissiodori per manum Guidonis sanctæ Romanæ Ecclesiæ diaconi cardinalis et cancellarii, III Nonas Augusti, indictione decima, Incarnationis Dominicæ anno 1147, pontificatus vero domni Eugenii papæ anno III.

CCXVI.

Bulla pro Ilbenstadiensis Ecclesiæ confirmatione.
(Anno 1147, Aug. 8.)

[Hugo, *Annal. Præm.*, I, Pr., 665.]

EUGENIUS episcopus, servus servorum Dei, dilectis filiis ANTONIO præposito Beatæ Mariæ de Ilbenstad, ejusque fratribus tam præsentibus quam futuris, canonicam vitam professis, in perpetuum.

Quoties illud a nobis petitur quod religioni et honestati convenire dignoscitur, animo nos decet libenti concedere, et petentium desideriis congruum impertiri suffragium. Eapropter, dilecti in Domino filii, vestris justis postulationibus clementer annuimus, et præfatam S. Mariæ ecclesiam, in qua divino mancipati estis obsequio, sub B. Petri et nostra protectione suscipimus, et præsentis scripti privilegio communimus; imprimis siquidem statuentes ut ordo canonicus qui secundum B. Augustini Regulam et Præmonstratensium fratrum institutionem ibi noscitur institutus, perpetuis futuris temporibus ibidem inviolabiliter conservetur; quascunque etiam possessiones, quæcunque bona in præsentiarum juste et canonice possidetis, aut in futurum concessione pontificum, largitione regum vel principum, oblatione fidelium, seu aliis justis modis, Deo propitio poteritis adipisci, firma vobis vestrisque successoribus et illibata permaneant. In quibus hæc nominatim duximus exprimenda : Allodium Dorcheim, decimam et allodium Wluersheim, censum et omne debitum mansi et dimidii vinearum quas habetis in Everbach et in Alta villa, quæ videlicet censum et debitum venerabilis frater noster Henricus Moguntinus archiepiscopus vobis concessit et scripto firmavit; libertatem quoque a bonæ memoriæ Alberto Moguntino archiepiscopo ecclesiæ vestræ concessam, et scripto suo firmatam, vobis nihilominus confirmamus, ut nulli videlicet archidiaconorum vel clericorum Moguntinæ parochiæ, nisi soli archiepiscopo respondere debeatis. Prohibemus insuper ut nullus vobis advocatus præter communem vestrum assensum in posterum constituatur, sed semper sine alicujus advocati perturbatione, sicut hactenus fuisse dignoscitur, vestra ecclesia libera quietaque permaneat.

Decernimus ergo ut nulli omnino hominum liceat præfatam ecclesiam temere perturbare, aut ejus possessiones auferre, vel ablatas retinere, minuere, seu quibuslibet molestiis fatigare, sed omnia integra conserventur eorum, pro quorum gubernatione et sustentatione concessa sunt, usibus omnimodis profutura, salva apostolicæ sedis auctoritate et Moguntini archiepiscopi canonica justitia. Si qua igitur inposterum ecclesiastica sæcularisve persona, hanc nostræ constitutionis paginam sciens, contra eam temere venire tentaverit, secundo tertiove commonita, si non satisfactione congrua emendaverit, potestatis honorisque sui dignitate careat, reamque se divino judicio existere de perpetrata iniquitate cognoscat, et a sacratissimo corpore ac sanguine Domini nostri Jesu Christi aliena fiat, atque in extremo examine districtæ ultioni subjaceat. Cunctis autem eidem loco justa servantibus, sit pax Domini nostri Jesu Christi, quatenus et hic fructum bonæ actionis percipiant, et apud districtum judicem præmia æternæ pacis inveniant. Amen. Amen. amen.

Ego Eugenius Catholicæ Ecclesiæ episcopus.
Ego Albericus Ostiensis episcopus.
Ego Oddo diaconus cardinalis S. Georgii ad Velum Aureum.
Ego Imarus Tusculanus episcopus.
Ego Octavianus diaconus card. S. Nicolai in Carcere Tulliano.
Ego Humbaldus presb. card. tit. SS. Joannis et Pauli.
Ego Gilbertus indignus sacerdos tit. S. Marci.
Ego Guido presbyt. card. tit. SS. Laurentii et Damasi.
Ego Servatius presbyt. card. tit. S. Marcelli.
Ego presb. card. tit. in Lucina.

Datum Altissiodori per manum Guidonis sanctæ Romanæ Ecclesiæ diaconi cardinalis et cancellarii, vi Idus August., indictione x, Incarnationis Dominicæ anno 1147, pontificatus vero domni Eugenii III papæ anno III.

CCXVII.

Monasterium S. Mariæ de Alderspach, ordinis Cisterciensis, sub apostolicæ sedis protectione recipit.

(Anno 1147, Aug. 13.)

[HUNDIUS, *Metropol. Salzburg.*, II, 27.]

EUGENIUS episcopus, servus servorum Dei, dilecto filio SIGFRIDO abbati S. Mariæ de Alderspach, ejusque fratribus, tam præsentibus quam futuris, regularem vitam professis, in perpetuum.

Religiosis desideriis dignum est facilem præbere consensum. Eapropter, dilecte in Domino fili Sigfride abbas, tuis justis postulationibus clementer annuimus et Beatæ Mariæ monasterium, cui, Deo auctore, præesse dignosceris, sub beati Petri et nostra protectione suscipimus, et præsentis scripti privilegio communimus; statuentes ut quascunque possessiones, quæcunque bona idem monasterium juste et canonice possidet, aut in futurum concessione pontificum, largitione regum et principum, oblatione fidelium, seu aliis justis modis, Deo propitio, poterit adipisci, firma tibi tuisque successoribus et illibata permaneant, in quibus hæc propriis duximus exprimenda vocabulis : Locum videlicet, in quo ipsum monasterium situm est, Gumprechtingen. Sane laborum vestrorum, quos propriis manibus aut sumptibus colitis, sive de nutrimentis vestrorum animalium, nullus a vobis decimas exigere præsumat.

Decernimus ergo ut nulli omnino hominum liceat præfatum monasterium temere perturbare, aut ejus possessiones auferre, vel ablatas retinere, minuere, vel temerariis vexationibus fatigare, sed omnia integra conserventur eorum, pro quorum sustentatione et gubernatione concessa sunt, usibus omnimodis profutura, salva sedis apostolicæ auctoritate et diœcesani episcopi canonica justitia. Si qua ergo in futurum ecclesiastica sæcularisve persona, hanc nostræ constitutionis paginam sciens, contra eam temere venire tentaverit, secundo tertiove commonita, si non satisfactione congrua emendaverit, potestatis honorisque sui dignitate careat, reamque se divino judicio existere de perpetrata iniquitate cognoscat, et a sacratissimo corpore ac sanguine Dei et Domini nostri Jesu Christi aliena fiat, atque in extremo examine districtæ ultioni subjaceat. Cunctis autem eidem loco justa servantibus, sit pax Domini nostri Jesu Christi, quatenus et hic fructum bonæ actionis percipiant, et apud districtum judicem præmia æternæ pacis inveniant. Amen.

Data Altissiodori per manum Guidonis sanctæ Romanæ Ecclesiæ diaconi cardinalis et cancellarii, Idib. Augusti, indictione x, Incarnationis Dominicæ anno 1147, pontificatus vero domni Eugenii III papæ anno III.

CCXVIII.

Privilegium pro cœnobio S. Mariæ Huntingdunensi.

(Anno 1147, Aug. 15.)

[*Monast. Anglic.* II, 26, ex autographo bibl. Cottonianæ.]

EUGENIUS episcopus, servus servorum Dei, dilectis filiis ROBERTO priori S. Mariæ de Hunduni ejusque fratribus tam præsentibus quam futuris, salutem.

Quoties illud a nobis petitur, quod religioni et honestati convenire dignoscitur, animo nos decet libenti concedere. . . . . Quocirca, dilecti in Domino filii, vestris justis postulationibus clementer annuimus, et præfatam Beatæ Mariæ ecclesiam, in quo divino mancipati estis obsequio, sub beati Petri et nostra protectione suscipimus, et præsentis scripti privilegio communimus, statuentes ut quascunque possessiones, quæcunque bona in præsentiarum ipsa ecclesia juste et canonice possidet, aut in futurum concessione pontificum, largitione regum vel principum, oblatione fidelium, seu aliis justis modis, Deo propitio, poterit adipisci, firma vobis, vestrisque successoribus, et illibata permaneant. In quibus hæc propriis duximus exprimenda vocabulis : Extra villam Huntendona duas hidas terræ et infra villam ecclesiam Sanctæ Mariæ, et ecclesiam Sancti Joannis, ecclesiam Sancti Martini, ecclesiam Sancti Benedicti, ecclesiam sancti Entmundi, et quidquid juris habetis in ecclesia Omnium Sanctorum, capellam castelli cum suis appendiciis; ecclesiam de Stivedai cum suis appendiciis; ecclesiam de Geodniga cum suis appendiciis, ecclesiam de Sudwic cum suis appendiciis; ecclesiam de Evenleia cum suis appendiciis. Quidquid habetis in Sudhem, Peri, Cattewrida, Calikcota, Hisham, Ristona, Cloptona, Pouhebroc, Turninga, Winewic, Soltreia, Papperwrde, Dpvefort, Hemmingeford ; decimam Radulfi Tesard, de Wansingelai, de Sticheltona, Overtona, et alia Overtona, Chestretona, Sibetorp.

Præterea manerium de Herford cum ecclesia et molendino; terram quæ fuit Ingelranis de Auco in villa Huntenduni; terram de Veteri Castellario, et alias terras et mansiones, quas ibi habetis; et tertia parte molendinorum ejusdem villæ, et duo prata sub castello, In Stivechai unam hidam et viginti acras inter boscum et planum, et unam Iostam, et virgatam. Gunild in eadem villa; in Lolintona unam virgatam; In Westona unam hidam. In Dena duas hidas, et unam virgatam et dimidiam. In Saltreia unam virgatam, In Sudham dimidiam virgatam. In Gratham unam virgatam. In Hargrawe unam virgatam et quidquid juris habetis in decima Rogerii Moin. In Cunintona unam virgatam; in Stottona xx solidatas terræ. In Leia duodecim solidatas terræ; in Pappewrda unam hidam terræ, de dono Aluredi de Coldintona; in Stoches LX solidatas terræ : medietatem Hedure. In Sproxtona molendinum de dono Ogerii, decimam molendinorum de Stanford. In Crochestona unam hidam; in Bedefordia quamdam terram de dono Radulfi militis. In Norwicensi episcopatu, ecclesiam de Wetinges cum suis pertinentiis. In Fletwello sex solidatas terræ, de dono Hugonis de Plaic. In Rechesham decimam molendinorum; in Wella unum millenum anguillarum annuatim, de dono Willielmi filii Rogerii; et alterum in Paccelade de dono Willielmi de Lovetot; in Londoniensi, quatuor solidatas terræ de dono Goie.

Decernimus ergo ut nulli omnino hominum liceat præfatum locum temere perturbare, aut ejus possessiones auferre, vel ablatas retinere, minuere, aut aliquibus vexationibus fatigare, sed omnia integra conserventur eorum, pro quorum gubernatione et sustentatione concessa sunt, usibus omnibus profutura, salva sedis apostolicæ auctoritate et diœcesani episcopi canonica justitia. Si qua igitur in futurum ecclesiastica sæcularisve persona, hanc nostræ constitutionis paginam sciens, contra eam temere venire tentaverit, secundo tertiove commonita, si non satisfactione congrua emendaverit, potestatis honorisque sui dignitate careat, reamque se divino judicio existere de perpetrata iniquitate cognoscat, et a sacratissimo corpore Dei ac Domini nostri Jesu Christi aliena fiat, atque in extremo examine strictæ ultioni subjaceat. Cunctis autem eidem loco justa servantibus sit pax Domini nostri Jesu Christi, quatenus et hic fructum bonæ actionis percipiant, et apud districtum judicem præmia æternæ pacis inveniant. Amen.

Ego Eugenius Catholicæ Ecclesiæ episcopus.

Ego Alberius Ostiensis episcopus.

Ego Imarus Tusculanus episcopus.

Ego Gillebertus indignus sacerdos S. Marci, etc.

Datum Altissiodori per manum Guidonis, sanctæ Romanæ Ecclesiæ diaconi cardinalis et cancellarii, XVIII Kal. Septembris, indict. X, Incarnationis Dominicæ anno 1147, pontificatus vero domni Eugenii papæ tertii anno tertio.

CCXIX.

Bulla pro confirmatione possessionum abbatiæ S. Mariæ Bertiniæ-curtis sive Moncelli.

(Anno 1147, Aug. 22.)

[HUGO, *Annal. Præm.*, II, Pr., p. 192.]

EUGENIUS, servus servorum Dei, dilectis filiis GISLEBERTO abbati ecclesiæ Sanctæ Mariæ de Bertinia-curte, ejusque fratribus, tam præsentibus quam futuris, regularem vitam professis, in perpetuum.

Quoties illud a nobis petitur quod religioni et honestati convenire dignoscitur, animo nos decet libenti concedere, et petentium desideriis congruum impertiri suffragium. Eapropter, dilecti in Domino filii, vestris justis postulationibus clementer annuimus, et præfatam ecclesiam Beatæ Mariæ et Sanctorum martyrum Mauritii et sociorum ejus, et Beati Nicolai atque omnium Sanctorum, in qua divino mancipati estis obsequio, sub beati Petri et nostra protectione suscipimus, et præsentis scripti privilegio communimus; statuentes ut quascunque possessiones, quæcunque bona in præsentiarum eadem ecclesia juste et canonice possidet, aut in futurum concessione pontificum, largitione regum vel principum, oblatione fidelium, seu aliis justis modis, Deo propitio, poterit adipisci, firma vobis vestrisque successoribus et illibata permaneant. In quibus hæc propriis duximus exprimenda vocabulis : In Bertinia-curte, duas carrucatas terræ, duo molendina, prata, piscationem et nemus, ex.... vestra et illustris Theobaldi comitis, atque Helvidis; Aviniacum, ubi sorores vestræ degunt, cum terris et pratis quæ ibi possidetis; campum in confinio pontis Novæ-villæ, dimidiam partem molendini de Ingny ex dono Widonis de Dampetra, concedentibus uxore et filiis ejus; decimationem carrucarum ejusdem et terragiorum; partem allodii de Escalon; duo molendina subtus Aviniacum, quæ tenetis sub censu viginti quatuor sextariorum annonæ a quibusdam partem allodiorum... quam dedit vobis Vido filius ejus, canonicus vester, juxta castrum, quod vocatur Dampetra; acriam et terras arabiles, et partem cujusdam molendini quas dedit vobis Robertus canonicus vester, concedente prædicto Widone; in villa quæ dicitur Mallis; et in alia villa, quæ vocatur Piper, decimam, quam habetis ex concessione Attonis Trecensis episcopi; decimam quam habetis in villa quæ vocatur Dampetra, quidquid juris habetis ex parte Milonis militis, vel aliorum in terris censibus, hominibus, decimis et pratis; terram Sanctæ Mariæ de Wanno, quam tenetis sub censu quatuor Cathalaunensis monetæ ab ecclesia Sancti Pauli de Verduno.

Decernimus ergo ut nulli omnino hominum liceat præfatam Ecclesiam temere perturbare, aut ejus possessiones auferre, vel ablatas retinere, minuere, seu quibuslibet aliis vexationibus fatigare; sed omnia integra conserventur eorum, pro quorum gubernatione et sustentatione concessa sunt, usibus omnimodis profutura, salva dioecesanorum episcoporum canonica justitia. Si qua igitur in futuram ecclesiastica sæcularisve persona hanc, nostræ constitutionis paginam sciens, contra eam temere venire tentaverit, secundo tertiove commonita, si non satisfactione congrua emendaverit, potestatis honorisque sui dignitate careat, reamque se divino judicio existere de perpetrata iniquitate cognoscat, et a sacratissimo corpore ac sanguine Dei et Domini Redemptoris nostri Jesu Christi aliena fiat, atque in extremo examine districtæ ultioni subjaceat. Cunctis autem eidem loco justa servantibus, sit pax Domini nostri Jesu Christi, quatenus et hic fructum bonæ actionis percipiant, et apud districtum judicem præmia æternæ pacis inveniant. Amen.

Ego Eugenius Catholicæ Ecclesiæ episcopus.
Ego Albericus Ostiensis episcopus.
Ego Imarus Tusculanus episcopus.
Ego Hubaldus presb. card. tit. SS. Joannis et Pauli.
Ego Octavianus diacon. card. tit. Sancti Nicolai in Carcere Tulliano.
Ego Aribertus presb. card. tit. S. Anastasiæ.
Ego Hugo presb. card. in Lucina.
Ego Julius presbyt. card. tit. S. Marcelli.

Datum Altissiodori per manum Widonis sanctæ Romanæ Ecclesiæ diaconi cardinalis et cancellarii, XI Kal. Septembris, indict. X, Incarnationis Dominicæ anno 1147, pontificatus vero domni Eugenii III papæ anno III.

CCXX.

Privilegium pro monasterio Rigniacensi.

(Anno 1147, Aug. 23.)

[*Gall. Christ.* nov., XII, Instr. 119.]

EUGENIUS episcopus, servus servorum Dei, dilectis filiis STEPHANO Regniacensi abbati, ejusque fratribus tam præsentibus quam futuris, regularem vitam professis, in perpetuum.

Desiderium quod ad religionis propositum et animarum salutem pertinere monstratur, auctore Deo, sine aliqua est dilatione complendum. Eapropter, dilecti in Deo filii, vestris justis postulationibus clementer annuimus, et Regniacense monasterium, in quo divino mancipati estis obsequio, sub B. Petri et nostra protectione suscipimus, statuentes ut quascunque possessiones, quæcunque bona idem monasterium in decimis, agris, vineis, terris cultis et incultis, silvis, pascuis, atque aliis impræsentiarum juste et canonice possidet, aut in futurum concessione pontificum, largitione regum, liberalitate principum, oblatione fidelium, seu aliis justis modis, Deo propitio, poterit adipisci, firma vobis vestrisque successoribus et illibata permaneant. In quibus hæc propriis duximus exprimenda vocabulis: Terram videlicet quæ Carbonariæ nuncupatur in Covensi parochia. Terram et prata quæ dederunt vobis Milo de Noeriis et Ansericus de Monte-regali infra hos terminos, rupem videlicet Ogerii et villam Tormentiaci. Territorium grangiæ Carbonariæ quod dedit vobis Ansericus de Monte-regali et Theobaldus de Scutignei. Terram de Cavannis quam dederunt vobis filii Niardi et filii Erardi de Mongalei, et Fromundus de Ruflaco. Prata quæ habetis a canonicis S. Lazari de Avalone. Prata et quidquid juris habetis in bosco Carbonariæ ab Anserico de Monte-regali. Ex dono Landrici de Praiaco terram Uldini cultam et incultam. Ex dono filii Galteri de Turre nemus quod ex una parte dicitur Fagineus, et ex altera Sagitta. Ex dono Anserici de *Tarel* et Guidonis de Curte terram Fortumenserii cultam et incultam. Ex dono Ascelini de Castro-censurii terram de Porliaco et terram de *Exsard* cultam et incultam. Ex dono Uldoeri et Gerardi fratris ejus terram de Leiserio cultam et incultam, sicut metis et signis divisa esse dignoscitur. Terram quam dedit vobis Joscelinus de Arserio. In territorio Rainaci ex dono Josberti Capelli et Hugonis de Castro-censurii et Gibaldi terram. Ex dono Guillelmi comitis Nivernensis aquam a Fonte-roboris usque ad Perreriam Belli-montis. Ex dono Gaufridi de Dunziaco terram de Lescheriis. Terram de Chaillo quam emistis a liberis hominibus qui eam tenebant. Sane laborum vestrorum quos propriis manibus aut sumptibus colitis, sive de nutrimentis vestrorum animalium nullus a vobis decimas exigere præsumat.

Decernimus ergo ut nulli omnino hominum liceat præfatum monasterium temere perturbare, aut ejus possessiones auferre, vel ablatas retinere, minuere, aut aliquibus vexationibus fatigare; sed omnia integra conserventur, eorum pro quorum gubernatione et sustentatione concessa sunt usibus omnimodis profutura, salva sedis apostolicæ auctoritate et dioecesanorum episcoporum canonica justitia. Si qua igitur in futurum ecclesiastica sæcularisve persona, hanc nostræ constitutionis paginam sciens, contra eam temere venire tentaverit, secundo tertiove commonita, si non satisfactione congrua emendaverit, potestatis honorisque sui dignitate careat, reamque se divino judicio existere de perpetrata iniquitate cognoscat, et a sacratissimo corpore et sanguine Dei et Domini Redemptoris nostri Jesu Christi aliena fiat, atque in extremo examine districtæ ultioni subjaceat. Cunctis autem eidem loco justa servantibus sit pax Domini nostri Jesu Christi, quatenus et hic fructum bonæ actionis percipiant, et apud districtum judicem præmia æternæ pacis inveniant. Amen, amen, amen.

Eugenius papa III.
Ego Humbaldus presbyter cardinalis tituli SS. Johannis et Pauli ss.
Ego Guido presbyter cardinalis tituli SS. Laurentii et Damasi ss.
Ego Aribatius presbyter cardinalis S. Anastasiæ ss.
Ego Oddo diaconus cardinalis S. Georgii ad Velum Aureum ss.
Ego Gregorius diaconus cardinalis S. Angeli ss.

Ego Joannes diaconus cardinalis S. Mariæ Novæ ss.

Ego Jacintus diaconus cardinalis S. Mariæ in Cosmedin ss.

Datum Antissiodori per manum Guidonis sanctæ Romanæ Ecclesiæ diaconi cardinalis et cancellarii, x Kalendas Septembris, indict. x, Incarnationis Dominicæ anno 1148, pontificatus vero domni Eugenii III papæ anno tertio.

CCXXI.

Ad Matisconensem et Cabilonensem episcopos. — *Ut Jocerannum Grossum, Branciduni dominum, compellant satisfacere de illatis Cluniacensi monasterio injuriis, secundum definitionem Lugdunensis archiepiscopi.*

(Anno 1147, Aug. 25.)

[D. BOUQUET, *Recueil*, XV, 445.]

EUGENIUS episcopus, servus servorum Dei, venerabilibus fratribus P[ONTIO] Matisconensi et G[UALTERIO] Cabilonensi episcopis, salutem et apostolicam benedictionem.

Dilectus filius noster Petrus Cluniacensis abbas, ad nostram præsentiam veniens, querelam deposuit quod G[ocerannus Grossus Branciduni dominus], secundum quod jurisjurandi religione firmavit, in contemptum Christianæ fidei judicio fratris nostri A[medei] (24) Lugdunensis archiepiscopi noluit obedire. Quia igitur transgressores laicos cohibere non est contra leges agere, sed legi ferre subsidium, per præsentia vobis scripta mandamus quatenus memoratum G[ocerannum] diligenter et sollicite moneatis ut, secundum sententiam memorati fratris nostri, de illatis injuriis Cluniacensi abbati et fratribus satisfaciat, et ab illicitis exactionibus abstineat : quod si facere contempserit, in eum excommunicationis, et in terram ejus interdicti sententiam proferatis.

Datum Antissiodori, x Kal. Septembris.

(24) Prolatum ab Amedeo Lugdunensi archiepiscopo judicium recitat Guichenonus in Bibliotheca Sebusiana, p. 365, in hunc modum : « Notum sit omnibus in manibus quorum hæc charta pervenerit, quod ego Amedeus Lugdunensis archiepiscopus apostolicæ sedis legatus, domni papæ urgente mandato, venerabiles fratres Cluniacensis et Josserannum Grossum, ad definiendam controversiam quæ inter eos diu agitata fuerat, ante meam evocavi præsentiam. Utraque igitur parte ante nos constituta, allegaverunt Cluniacenses prædictum Josserannum in Cluniacensis Ecclesiæ terris, quæ sub ejus fuerant potestate, graves injurias et exactiones fecisse ; hospitia quæ antecessores ejus in eis non habuerant, violenter exegisse ; rapinis et talliis, diversisque infestationibus, eorum homines graviter oppressisse. Econtra Josserannus aiebat nil in eorum terris accepisse, nisi ea quæ more consuetudinario antecessores sui in eis acceperant. Auditis igitur utriusque partis rationibus, et consilio religiosorum virorum, Eraclii archiepiscopi, Willelmi de Marcellis, magistri Otmari, et Gilberti archipresbyteri,

CCXXII.

Monasterio Cluniacensi asserit Baernam Monterium, a Guillelmo, comite Matisconensi, concessam.

(Anno 1147, Aug. 25.)

[*Biblioth. Cluniac.*, 1409.]

EUGENIUS episcopus, servus servorum Dei, dilectis filiis PETRO abbati Cluniacensi, ejusque fratribus tam præsentibus quam futuris, regularem vitam professis, in perpetuum.

Quæ ab Ecclesiæ Dei fidelibus pro animarum suarum salute ad religiosorum sustentationem rationabili providentia statuuntur, in sua volumus stabilitate persistere, et ne pravorum hominum valeant in posterum refragatione turbari, congrua nos convenit sollicitudine providere. Sicut per scriptum nobilis viri Willelmi Matisconensis comitis, quod nostro conspectui obtulisti ejusdem sigillo impressum, agnovimus, idem W. comes partim dono pro animæ suæ et parentum suorum salute, partim venditione, possessionem quamdam cum suis appendiciis in burgo Ledonis, quæ vulgo Baerna Monteria vocatur, quæ erat Haimonis Ledonensis præpositi, et burgensem quemdam ejusdem possessionis custodem, data ei concorditer in concambio alia Baerna Monteria, vobis vestrisque successoribus in perpetuum libere habendam concessit. Vos vero pro tanto beneficio sexdecim millia solidorum Cluniacensis monetæ, et quatuor ei dedistis. Cui nimirum donationi et venditioni Pontia comitissa uxor ipsius comitis, Stephanus et Girardus filii eorum, præfatus Aymo præpositus, mater ejus et fratres, Gualterius vicecomes Frotoniaci, et omnes alii, qui in ea possessione aliquid juris videbantur habere, assensum communiter præbuerunt. Quod ut firmiori stabilitate subnixum consisteret, ipse quoque Wilielmus comes, et præfata uxor ejus, et filii, et omnes alii supradicti juramento firmarunt, eo videlicet tenore, quod hujus concessionis in perpetuum bona fide auctores et defensores existerent. Si quis autem calumniam facere, aut damnum inferre tentaverit,

testes quos Cluniacenses produxerunt, diligenter præstito sacramento testificati sunt, quod Josserannus in prædictis Ecclesiæ terris nullam penitus vim, nullasque exactiones de more inferre debebat : testimonio quorum Josseranni testes non contradixerunt. Præterea Ecclesiæ testes asseruerunt, quod, ipsis præsentibus et audientibus, Bernardus prædicti Josseranni pater, cum Jerosolymam in domum hospitalis, ubi se donavarat, ire disponeret, in Cluniacensium fratrum et aliorum multorum præsentia, non solum consuetudines ullas in prædictis Ecclesiæ terris se non habere asseruit, verum etiam Josseranno et Henrico filiis suis, qui aderant, ne injurias aliquas aut exactiones in præfatis Ecclesiæ terris deinceps inferre præsumerent, evidenter præcepit ; qui si ejus mandato non obedirent, paternam hæreditatem eis interdixit. Quibus auditis, communicato illorum consilio qui ibidem nobiscum aderant per sententiam protulimus, ut Josserannus de illatis injuriis prædictis fratribus satisfaceret, et se a talibus exactionibus deinceps compesceret ; neque enim in terris eorum talem habebat potestatem. »

ipsi pro posse suo concessionem ipsam per omnia tuebuntur. Proceres quoque terræ ejusdem comitis, Hugo videlicet de Berziaco, Henricus Grossus, et Jocerandus frater ejus, Guillelmus de Neblens, Paganus de Classiaco, Bernardus Paganus, Majolus Tabutinus, et Stephanus de Basenens, juraverunt quod si prædicta pactio non teneretur, aut aliquo casu infringeretur, commoniti a fratribus Cluniacensibus Matisconam venirent, et ibidem obsides manerent, donec re pacificata, cum licentia abbatis Clun. redirent. Guido insuper de Munet, Guillelmus Joret, G. de Loiseaco, et plures alii, qui in scripto prædicti comitis continentur, in burgum Ledonis se obsides venturos, quemadmodum alii supradicti, nihilominus juraverunt.

Hanc igitur donationem seu venditionem, dilecti in Domino filii, vobis vestrisque successoribus, et per vos Cluniacensi monasterio, in quo divino mancipati estis obsequio, auctoritate apostolica confirmamus, et futuris perpetuo temporibus ratam manere decernimus. Prohibentes ut nulli omnino hominum liceat Cluniacense monasterium super eadem possessione temere perturbare, aut aliquibus molestiis fatigare; sed integra, et ab omni impetitione libera conservetur eorum, pro quorum gubernatione et sustentatione concessa est, usibus omnimodis profutura.

Si qua igitur in futurum ecclesiastica sæcularisve persona, hanc nostræ confirmationis paginam sciens, contra eam temere venire tentaverit, secundo tertiove commonita, si non satisfactione congrua emendaverit, potestatis honorisque sui dignitate careat, reamque se divino judicio existere de perpetrata iniquitate cognoscat, et a sacratissimo corpore ac sanguine Dei et Domini Redemptoris nostri Jesu Christi aliena fiat, atque in extremo examine districtæ ultioni subjaceat. Conservantibus autem sit pax Domini nostri Jesu, quatenus et hic fructum bonæ actionis percipiant, et apud districtum judicem præmia æternæ pacis inveniant. Amen.

Ego Eugenius Catholicæ Ecclesiæ episcopus ss.
Ego Albericus Ostiensis episcopus ss.
Ego Imarus Tusculanus episcopus ss.
Ego Hubaldus presbyter card. tit. SS. Joannis et Pauli ss.
Ego Guido presbyter card. tit. SS. Laurentii et Damasi ss.
Ego Hugo presbyter card. in Lucina ss.
Ego Aribertus presbyter card. tit. S. Anastasiæ ss.
Ego Julius presbyter card. tit. S. Marcelli ss.
Ego Guido presbyter card. tit. Pastoris ss.
Ego Jordanus presbyter card. tit. S. Susannæ ss.
Ego Oddo presbyter card. S. Georgii ad Velum Aureum ss.
Ego Joannes Paparo diaconus card. S. Adriani ss.
Ego Gregorius diaconus card. S. Angeli ss.
Ego Joannes diaconus card. S. Mariæ Novæ ss.
Ego Guido diaconus card. S. Mariæ in Porticu ss.
Ego Jacintus diaconus card. S. Mariæ in Cosmedin ss.

Datum Altisiodori per manum Guidonis S. R. E. diaconi cardinalis et cancellarii, VIII Kal. Sept., ind. X, Incar. Dominicæ anno 1147, pontificatus domni Eugenii III papæ anno III.

CCXXIII.
Bulla confirmans bona et immunitates Ecclesiæ Stivagiensis.

(Anno 1147, Sept. 6.)
[Hugo, *Annal. Præm.*, II, Pr., p. 543.]

EUGENIUS episcopus, servus servorum Dei, dilectis filiis GILLIBERTO Stivagiensis Ecclesiæ abbati, ejusque fratribus tam præsentibus quam futuris regularem vitam professis.

Quoties illud a nobis petitur quod religioni et honestati convenit, animo nos decet libenti concedere, et petentium desideriis congruum impertiri suffragium. Eapropter, dilecti in Domino filii, vestris justis postulationibus clementer annuimus, et præfatam Stivagiensem Ecclesiam, in qua divino mancipati estis obsequio, sub beati Petri et nostra protectione suscipimus, et præsentis scripti privilegio communimus; imprimis statuentes ut ordo canonicus, qui secundum Deum et beati Augustini Regulam atque institutionem Præmonstratensium fratrum in eadem ecclesia institutus esse dignoscitur, perpetuis ibidem temporibus inviolabiliter observetur. Præterea quascunque possessiones, quæcunque bona eadem ecclesia in præsentiarum possidet, aut in futurum concessione pontificum, largitione regum vel principum, oblatione fidelium, seu aliis modis, præstante Domino, poterit adipisci, firma vobis vestrisque successoribus et illibata permaneant. In quibus hæc propriis duximus exprimenda vocabulis: Locum Stivagii (25) in quo fundata est abbatia quæ ex institutione Caroli quondam Romanorum imperatoris post decessum Rechardis suæ conjugis quæ eumdem in propriam possessionem tenuerat, Andelacensi monasterio quod eadem imperatrix a fundamentis construxerat, et præsente jam dicto imperatore Romanæ Ecclesiæ jam delegaverat, firmitate perenni dignoscitur subjacere, ita quod nulli ecclesiasticæ vel sæculari personæ, seu alicui prorsus ecclesiæ nisi tantum Andelacensi, cui subjecta est, aliquod de jure servitium faceret, Mathildis ejusdem ecclesiæ Andelacensis abbatissæ, consilio et consensu capituli sanctimonialium, et canonicorum suorum, comitisque Hugonis ejusdem

---

(25) Ecclesia Stivagii subjecta Andelacensi fuit per S. Richardem quæ suum Andelacense monasterium Romanæ Ecclesiæ a principio subdiderat.

ecclesiæ advocati, atque ministerialium, petitione quoque canonicorum sæcularium, qui ejusdem Stivagiensis ecclesiæ longo tempore habitatores fuerant, Præmonstratensi ordini et fratribus vestris ibidem Deo servientibus in perpetuum benigne concessit, cum tertia parte banni Stivagiensis, in terris, pratis, silvis, aquis, piscationibus et totius banni quorumlibet animalium pasturis, cum censu capitali manentium infra vel extra bannum, hominis duorum, mulieris vero unius denariorum Deodatensium, et cum reliquis possessionibus quæ ex antiqua pontificum et imperatorum institutione, ad præbendam Deo in eadem ecclesia famulantium pertinere noscuntur. Quindecim videlicet mensuras vini quas habetis pro censu Ecclesiæ de Salwamunt, quam a diebus antiquis ecclesia vestra tenet; decimam quinquaginta duarum hobarum tam vini quam bladi ubicunque sunt, quæ sunt de feudo comitis Hugonis de Dasborc. Curiam vestram cum allodio vestro de Salwamunt; curiam et allodium vestrum de Tambac; allodium quod dedit vobis Hugo comes de Dasborc; allodium quod dedit vobis Kertrudis de Tambac; allodium quod dedit vobis Holricus Grossus de eadem villa; allodium quod dedit vobis Hesso de Berchemel; plantam quam dedit vobis Kertrudis comitissa sub censu octo denariorum; libertatem vindemiandi quam dedit vobis eadem comitissa ea die qua comes vindemiaverit; allodium quod habetis apud Rothseim; ecclesiam de Donceres et capellam de Xasteviller cum decimis et omnibus pertinentiis earum; curiam vestram de Donceres cum allodio in terris, pratis, silvis et cum decimis totius agriculturæ ejusdem curiæ quam a diebus antiquis Stivagiensis ecclesia possidet; curiam de Heibermels (*Sabemey*) cum allodio quod habetis ibi in terris, pratis, silvis, et villarum adjacentium communibus pasturis. Allodium de Envas et grangiam in eodem loco sitam cum banno et aliis pertinentiis suis, terris, pratis, silvis, servis, ancillis; decimas croadorum et anzaugiarum et agricultura quatuor boum in eodem allodio arantium et brolii, quæ omnia ab antiquo tenetis; terram quam habetis apud Sanctum Paulum cum quadam familia et silva; quatuor quarteria terræ quæ habetis apud Frevillam; duodecim denarios Tullenses quos habetis in allodio de Bervilla; duodecim quæ habetis in allodio de Bassumpunt; duo quarteria terræ quæ habetis apud Regnervillam; allodium de Sendrouviller cum banno et aliis pertinentiis suis, terris, pratis, silvis, servis, ancillis, cum pamagiis porcorum in nemore pascentium sine participatione advocatorum; allodium de Mosteriolo, in terris, pratis, silvis cum terra trium aratrorum in territorio de Nohegenis quam habetis ab abbatissa Andelacensi sub censu duodecim denariorum Metensium; decimas de Cretumviller; duos denarios quos habetis in allodio de Persomme; allodium vestrum de Juncheris, in terris, pratis, silvis cum sede molendini, et duo quarteria terræ quæ habetis apud Gundresum. Ecclesiam præterea Stivagiensem parochialem cum omnibus pertinentiis suis, decimis, capellis et censibus earum, scilicet pro *singula* quaquam secundum morem antiquum, triginta duos denarios Deodatensis monetæ; capellam de Belmunt, capellam Burguntiæ; capellam Norpradi ecclesiæ, capellam de Sancto Remigio; ecclesiam de Mosteriolo parochialem cum capella de Nohegenis; cum decimis et censibus et omnibus pertinentiis earum.

Regimen quoque animarum tam clericorum quam laicorum parochiarum supradictarum, quoniam eadem Stivagiensis Ecclesia hoc ab antiquo semper habuit. Abbas ejusdem loci et successores sui, quoniam tale officium religiosis convenit, a præsule Tullensi beati Petri et nostra auctoritate (26) perpetim obtineant. Synodalia quoque placita in quibus parochiani Stivagienses, uno anno, nummos, altero obulos, et illi de Mosteriolo nummum et panem unum, et bicatum avenæ persolvere debent, et omnem justitiam eorumdem manentium infra terminos prædictarum ecclesiarum, et institutionem presbyterorum qui in eisdem ecclesiis, sive ex canonicis vestris, seu vero ex sæcularibus constituendi fuerint inconsulto episcopo et archidiacono atque decano per vos faciendum concedimus; ita ut a vobis, tam curam animarum quam præbendam accipiant; et de suis actionibus, nec episcopo, nec archidiacono, nec decano respondeant, unde singulis annis Ecclesia Stivagiensis decano, archidiaconatus de Fluns quatuor solidos Tullensis in proxima synodo post festum S. Remigii persolvat, quorum duæ partes episcopi, tertia erit archidiaconi, vobis nihilominus confirmamus. Quia vero Deo omnipotenti assistere et orationibus vacare, et tam de vestris laboribus, quam de fidelium beneficiis atque oblationibus pacificam vitam ducere debetis, decernimus ut novalium vestrorum et agriculturam quæ propriis manibus aut sumptibus colitis, sive de nutrimentis animalium vestrorum nullus a vobis quaslibet decimas exigere præsumat. Liceat quoque vobis clericos vel laicos e sæculo fugientes liberos et absolutos ad conversionem recipere, et sine contradictione retinere. Cum autem generale interdictum terræ fuerit, liceat vobis, exclusis excommunicatis et interdictis, non pulsatis campanis, mediocri voce divina mysteria celebrare. Prohibemus insuper ne ecclesias aut terras, seu quodlibet ecclesiæ vestræ beneficium liceat alicui personaliter dari; sive alio modo alienari, sine consensu totius

---

(26) Ex auctoritate igitur B. Petri et apostolicæ sedis, regimen animarum et parochiarum habet abbas Stivagiensis non ab episcopis Tullensibus, quos jurisdictionis ejusmodi collatores ex hoc tantum suspiceris quod nomine et delegatione pontificia investiebant abbates ea ætate; sed ab hac delegatione exciderunt a sæculis, et post confirmationem neoabbates sponte hoc regimen adeunt, nec solvunt quatuor solidos Ecclesiæ Tullensi quos ratione investituræ solvere tenebantur.

capituli, aut majoris et sanioris partis ejusdem. Si quæ vero donationes vel alienationes, aliter quam dictum est factæ fuerint, eas irritas esse censemus. Ad hæc autem addimus, ne aliqui fratrum vestrorum sine consensu et licentia abbatis, et sanioris partis capituli vestri, pro aliquo fidejubeant, nec ab aliquo pecuniam mutuo accipiant, ultra pretium capituli sui providentia provisum, nisi forte propter manifestam ecclesiæ vestræ utilitatem. Quod si facere præsumpserint, non teneatur conventus (sine cujus licentia et consensu egerunt) aliquatenus pro his respondere. Præterea licitum sit vobis in causis vestris fratres vestros idoneos ad testificandum adducere atque ipsorum testimonio, si rectum fuerit, et propulsare violentiam et justitiam vindicare. Ob evitandas vero sæcularium frequentias liberum sit vobis oratoria et cœmeteria in curiis vestris construere, et in ipsis vobis et familiis vestris divina officia et sepulturam, cum necesse fuerit, celebrare. Concedimus etiam vobis auctoritate apostolica, ut chrisma et oleum sanctum, seu sacros ordines, sive consecrationem abbatis aut ecclesiarum, a quo libuerit episcopo recipiatis (27) : nullusque a vobis seu pro abbate deducendo ad sedem, sive pro quibuslibet aliis ecclesiasticis sacramentis, sub obtentu consuetudinis, aut quolibet alio modo quidquam audeat postulare. Si quis autem contra hæc venire tentaverit, portionem cum Giesi se noverit habiturum, cujus factum exactione turpis muneris imitatur. Liceat etiam abbati vestro coronas clericorum seu altaris linteamina, sive indumenta sacerdotalia benedicere et consecrare, malefactores quoque vestros et raptores fas sit vobis anathematizare, et in ecclesiis vel parochiis, sive in omnibus prorsus locis quibus ipsi vel familiæ ipsorum fuerint, sive ubicunque rapina vestra retenta fuerit, ne ibidem celebrentur divina, beati Petri et nostra auctoritate contradicere, resipiscentes autem a vinculo excommunicationis absolvere; sepulturam quoque ipsius loci liberam esse decernimus, ut eorum devotioni, qui se illic sepeliri rogaverint, etiamsi excommunicati sint, quorum pœnitentiam propinqui et amici eorum pro ipsis se suscepturos, et satisfactionem condignam secundum ecclesiasticam censuram facturos, pie promiserint, nullus obsistat. Paci quoque et tranquillitati vestræ paterna sollicitudine providere volentes, auctoritate apostolica prohibemus, ut infra clausuras locorum, seu grangiarum vestrarum nullus violentiam vel rapinam, furtum committere, ignem apponere, seu hominem capere, vel interficere audeat.

Decernimus ergo ut nulli omnino hominum fas sit præfatam Ecclesiam temere perturbare aut ejus possessiones auferre, vel ablatas retinere, minuere, seu quibuslibet aliis vexationibus fatigare; sed omnia integra conserventur eorum, pro quorum gubernatione et sustentatione concessa sunt, usibus omnimodis profutura. Si qua igitur in futurum ecclesiastica sæcularisve persona, hanc nostræ constitutionis paginam sciens, contra hanc temere venire tentaverit, secundo tertiove commonita, si non satisfactione congrua emendaverit, potestatis honorisque sui dignitate careat, reamque se divino judicio existere de perpetrata iniquitate cognoscat, et a sacratissimo corpore ac sanguine Dei et Domini nostri Jesu Christi aliena fiat, atque in extremo examine districtæ ultioni subjaceat. Cunctis autem eidem loco jura sua servantibus, sit pax Domini nostri Jesu Christi, quatenus et hic fructum bonæ actionis percipiant, et apud districtum judicem præmia æternæ pacis inveniant. Amen, amen, amen.

S. PETRUS, S. PAULUS, EUGENIUS PAPA III.
FAC MECUM, DOMINE, SIGNUM IN BONUM.

Ego Eugenius Catholicæ Ecclesiæ episcopus.
Ego Albericus Ostiensis episcopus.
Ego Hugo presb. card. tit. in Lucina.
Ego Oddo diaconus card. Sancti Georgii ad Velum Aureum.
Ego Joannes Paparo diacon. card. S. Adriani.
Ego Jacintus diacon. cardinalis Sanctæ Mariæ in Cosmedin.

Datum Altissiodori per manum Guidonis sanctæ Romanæ Ecclesiæ diaconi cardinalis et cancellarii, viii Idus Septembris, indictione x, Incarnationis Dominicæ anno 1147, pontificatus vero domni Eugenii papæ III anno iii.

CCXXIV.
Privilegium pro monasterio de Yergua.
(Anno 1147, Sept. 17.)

[OIHENARTUS, *Notitia utriusque Vasconiæ*, 101.]

EUGENIUS episcopus, servus servorum Dei, dilectis filiis RAYMUNDO abbati de Yergua ejusque fratribus tam præsentibus quam futuris, regularem vitam professis, in perpetuum.

Quoties illud a nobis petitur quod religioni et honestati convenire dignoscitur, animo nos decet libere concedere et petentium desideriis congruum impertiri suffragium. Eapropter, dilecti in Domino filii, vestris justis postulationibus clementer annuimus, ac præfatum locum de Yergua, in quo divino mancipati estis obsequio sub beati Petri et nostra protectione suscipimus et præsentis scripti privilegio communimus, statuentes ut quascunque possessiones, quæcunque bona, impræsentiarum juste et canonice possidetis, aut in futurum concessione pontificum, largitione regum vel principum, oblatione fidelium, seu aliis justis modis, Deo propitio, poteritis adipisci, firma vobis vestrisque successoribus et illibata permaneant. In quibus hæc propriis duximus exprimenda vocabulis : Terram videlicet de Yergua cum decimis, pascuis et suis pertinentiis; locum de File-

---

(27) Hinc collige Stivagium non esse, nec fuisse unquam in, aut *de* diœcesi Tullensi, ut ex constanti canonum disciplina evincitur.

rio cum decimis, pascuis et pertinentiis, locum de Oliva cum terris, grangis, decimis, pascuis et suis pertinentiis.

Decernimus ergo ut nulli omnino hominum liceat præfatum locum temere perturbare, aut ejus possessiones auferre, vel ablatas retinere, minuere, aut aliquibus vexationibus fatigare, sed omnia integra conserventur eorum, pro quorum gubernatione et sustentatione concessa sunt, usibus omnimodis profutura; salva sedis apostolicæ auctoritate, et diœcesani episcopi canonica justitia. Si qua igitur in futurum ecclesiastica sæcularisve persona hanc nostræ constitutionis paginam sciens, contra eam temere venire tentaverit, secundo tertiove commonita, si non satisfactione congrua emendaverit, potestatis honorisque sui dignitate careat, reamque se divino judicio existere de perpetrata iniquitate cognoscat, et a sacratissimo corpore ac sanguine Dei et Domini nostri Jesu Christi aliena fiat, atque in extremo examine districtæ ultioni subjaceat. Cunctis autem eidem loco justa servantibus sit pax Domini nostri Jesu Christi, quatenus et hic fructum bonæ actionis percipiant, et apud districtum judicem præmia æternæ pacis inveniant. Amen, amen, amen.

Ego Eugenius Catholicæ Ecclesiæ episcopus.
Ego Albericus Ostiensis episcopus.
Ego Gregorius diaconus cardinalis Sancti Angeli.
Ego Joannes diaconus cardinalis Sanctæ Mariæ Novæ.
Ego Sanctius diaconus cardinalis Sanctæ Mariæ in Cosmedin.
Ego Humbald., presbyt. card. tit. S. Joannis et Pauli ss.
Ego Aribertus presbyt. card. tituli Sanctæ Anastasiæ.
Ego Guido presbyter card. tit. Pastoris.

Datum apud Cistercium per manum Hugonis presbyteri cardinalis agentis vicem domni Guidonis sanctæ Romanæ Ecclesiæ diaconi cardinalis et cancellarii, xv Kal. Octobris, indict. x, Incarnationis Dominicæ anno 1147, pontificatus vero domni Eugenii tertii papæ anno III.

CCXXV.

Privilegium pro monasterio S. Mariæ de Nienzabas.

(Anno 1147, Sept. 17.)

[MANRIQUE, *Annal. Cisterc.* I, 416.]

EUGENIUS episcopus, servus servorum Dei, dilectis filiis RAIMUNDO abbati S. Mariæ de Nienzabas, ejusque fratribus, tam præsentibus quam futuris, regularem vitam professis, in perpetuum.

Quoties illud a nobis petitur, quod religioni et honestati congruere dignoscitur, animo nos decet libero concedere et petentium desideriis congruum impertiri suffragium. Eapropter, dilecti Domini filii, vestris justis postulationibus clementer annuimus, et præfatum locum de Nienzabas, in quo divino estis

(28) Quam haud dubie secum attulerat Wernerus abbas ex eodem monasterio postulatus, ut constat

mancipati obsequio, sub beati Petri et nostra potestate suscipimus, et præsentis scripti pagina communimus, statuentes, ut quæcunque bona, quascunque possessiones præfatum cœnobium possidet, aut in futurum concessione pontificum, largitate regum vel principum, oblatione fidelium, aut aliis modis poterit adipsci, firma vobis vestrisque successoribus et illibata permaneant.

Decernimus ergo ut nulli omnino hominum liceat præfatum locum temere perturbare aut ejus possessiones auferre, vel ablatas retinere, minuere, seu quibuslibet vexationibus fatigare, sed omnia integra conserventur eorum, pro quorum gubernatione et sustentatione concessa sunt, usibus omnimodis profutura. Si qua igitur in futurum ecclesiastica sæcularisve persona hanc nostræ constitutionis paginam sciens, contra eam temere venire tentaverit, secundo tertiove commonita, si non satisfactione congrua emendaverit, potestatis honorisque sui dignitate careat, reamque se divino judicio existere de perpetrata iniquitate cognoscat, et a sacratissimo corpore ac sanguine Dei et Domini Redemptoris nostri Jesu Christi alienat fiat, atque in extremo examine districtæ ultioni subjaceat. Cunctis autem eidem loco justa servantibus, sit pax Domini nostri Jesu Christi, quatenus et hic fructum bonæ actionis percipiant, et apud districtum judicem præmia æternæ pacis inveniant. Amen, amen, amen.

Datum apud Cistercium per manum Hugonis presbyteri cardinalis agentis vices domni Vidonis sanctæ Romanæ Ecclesiæ diaconi cardinalis et cancellarii, xv Kal. Octobris, indictione x, Incarnationis Dominicæ anno 1148, pontificatus vero domni Eugenii papæ tertii anno III.

CCXXVI.

Privilegium pro monasterio S. Viti Prulensis.

(Anno 1147, Sept. 17.)

[*Monumenta Boica*, XV, 156.]

EUGENIUS episcopus, servus servorum Dei, dilectis filiis WERNHERO abbati monasterii Sancti Viti martyris de loco qui dicitur Prul, ejusque fratribus tam præsentibus quam futuris regularem vitam professis, in perpetuum.

Religiosis desideriis dignum est facilem præbere consensum ut fidelis et pia devotio celerem sortiatur effectum. Eapropter, dilecti in Domino filii, vestris justis postulationibus clementer annuimus et præfatum Sancti Viti monasterium, in quo Domino mancipati estis obsequio, sub beati Petri et nostra protectione suscipimus et præsentis scripti privilegio communimus, imprimis siquidem statuentes, ut ordo monasticus secundum beati Benedicti Regulam, et ad Montensium fratrum institutionem (28) in vestra ecclesia constitutus perpetuis ibidem temporibus inviolabiliter conservetur; præterea quascunque

ex Puschii et Frælichii *Diplomat. sacr. Styriæ*, II, 240.

possessiones, quæcunque bona idem monasterium in præsentiarum juste et canonice possidet, aut in futurum concessione pontificum, largitione regum vel principum, oblatione fidelium, seu aliis justis modis, Deo propitio, poterit adipisci, firma vobis vestrisque successoribus et illibata permaneant. In quibus hæc propriis vocabulis duximus exprimenda: Tres videlicet mansos in Schalckaim et unum molendinum cum mancipiis ad ea pertinentibus, vineam in Hoffdorf, duos mansos in Tollmaissing, cum mancipiis ad eos pertinentibus, et cætera quæ venerabilis frater noster Henricus Ratisbonensis episcopus, devotionis intuitu, vobis legitime contulit, et suo scripto firmavit. Obeunte vero te nunc ejusdem loci abbate vel tuorum quolibet successorum, nullus ibi qualibet subreptionis astutia vel violentia præponatur, nisi quem fratres communi consensu vel fratrum pars consilii sanioris secundum Dei timorem et sancti Benedicti Regulam providerint eligendum.

Decernimus ergo ut nulli omnino hominum liceat præfatum monasterium temere perturbare, aut ejus possessiones auferre, vel ablatas retinere, minuere, aut aliquibus vexationibus fatigare, sed omnia integra conserventur eorum, pro quorum gubernatione et sustentatione concessa sunt, usibus omnimodis profutura, salva sedis apostolicæ auctoritate et diœcesanorum episcoporum canonica justitia. Si qua igitur in futurum ecclesiastica sæcularisve persona, hanc nostræ constitutionis paginam sciens, contra eam temere venire tentaverit, secundo tertiove commonita, si non satisfactione congrua emendaverit, potestatis honorisque sui dignitate careat, reamque se divino judicio existere de perpetrata iniquitate cognoscat, et a sanctissimo corpore et sanguine Dei ac Domini nostri Jesu Christi aliena fiat, atque in extremo examine districtæ ultioni subjaceat. Cunctis autem eidem loco justa servantibus, sit pax Domini nostri Jesu Christi, quatenus et hic fructum bonæ actionis percipiant, et apud districtum judicem præmia æternæ pacis inveniant. Amen.

Ego Eugenius Catholicæ Ecclesiæ episcopus subscribo.

Ego Albertus Ostiensis episcopus subscribo.

Ego Hunibaldus presbyter cardinalis tituli SS. Joannis et Pauli subscribo.

Ego Joannes diaconus Sanctæ Mariæ Novæ subscribo.

Ego Gregorius diacon. card. Sancti Angeli subscribo.

Ego Jacinthus diaconus cardinalis Sanctæ Mariæ in Cosmedin subscribo.

Datum apud Cistercium per manum Hugonis presbyteri cardinalis agentis vicem domni Pinder sanctæ Romanæ Ecclesiæ diaconi cardinalis et cancellarii, xv Kal. Octobris, indictione decima, Incarnationis Dominicæ anno millesimo centesimo quadragesimo septimo, pontificatus vero domni Eugenii III papæ anno III.

CCXXVII.
Bulla ad fratres Savignienses.— Confirmat eorum ordini Cisterciensi unionem.
(Anno 1147, Sept. 19.)
[Marten., *Ampl. collect.* I, 807.]

Eugenius episcopus, servus servorum Dei, dilectis filiis conventui Savigniensi et abbatibus monasteriorum ad idem cœnobium pertinentium, eorumque fratribus, salutem et apostolicam benedictionem.

Pax Ecclesiæ, fratrum concordia, religionis vigor, status monasteriorum unitatis vinculo conservatur. Hujus rationis intuitu dilecti filii nostri Serlo Savigniensis et Hosmundus Belbacensis abbates ad Cisterclense capitulum venientes, tam se quam universitatem vestram per charissimum filium nostrum Bernardum Clarevallensem abbatem, in unitatem Cisterciensis congregationis et ordinis suscipi, nobis præsentibus, humiliter postularunt. Eorum itaque religiosam devotionem in Domino commendantes, paternæ sumus charitatis debito congavisi; scientes scriptum esse, frater adjuvans fratrem, ambo consolabuntur. Quocirca secundum eorum gratum Deo et laudabile desiderium, tam eos quam vos sancto illi collegio sociantes, apostolica auctoritate statuimus, ut hæc amabilis et jucunda societas futuris temporibus inviolabiliter observetur. Præfato igitur filio nostro S. Savigniensi abbati tanto vos propensius filialem obedientiam, secundum ejusdem ordinis instituta exhibere præcepimus, quanto attentius pro vestra salute cognoscitur laborare. Si quis autem contra hujus nostræ confirmationis paginam sciens venire tentaverit, indignationem omnipotentis Dei et beatorum Petri et Pauli apostolorum ejus se noverit incursurum.

Datum apud S. Sequanum, xiii Kal. Octobris.

CCXXVIII.
Charta de cognitione juris Sancti Mammetis in territorio Divionensi.
(Anno 1147, Sept. 25.)
[*Gall. Christ.* nov., IV, Instr., 171.]

Eugenius episcopus, servus servorum Dei, dilectis filiis Humberto decano et canonicis Lingon. ecclesiæ sal. et apost. bened.

Apostolicæ sedis auctoritate, debitoque compellimur pro universarum ecclesiarum statu satagere, et earum quieti et tranquillitati auxiliante Domino providere. Eo itaque intuitu, dilecti in Domino filii, pro ecclesiæ vestræ utilitate solliciti, vestris justis postulationibus duximus annuendum. Ex litteris siquidem illustris memoriæ Hugonis ducis Burgundiæ, tam suo sigillo, quam Odonis filii ejus atque venerabilis fratris nostri Gotifridi Lingon. episcopi firmatis inspeximus, quod præfatus Hugo dux acceptis a vobis quingentis solidis, pactum et concordiam vobiscum fecerit, super injuriis et indebitis exactionibus, quas pater suus et ipse faciebant in terris vestris, quas in territorio Divionensi habetis. Recognovit etenim ipse dux se nihil juris habere in villa quæ dicitur Gibriacus, et in villa quæ dicitur Fiscinis, et in mansis, quorum alterum est in Cocheio, et alterum in Cavenniaco, et quidquid ipse vel ministeriales sui in eisdem locis accipere consueverant, ex toto dimisit, pedagium quoque, quod de carris vestris communibus sive propriis in transitu portæ Divionensis accipiebatur omnino dimisit. In villa vero, quæ dicitur Neronis, nihil sibi retinuit præter *marischachiam*, et *brennariam* et justitiam, ita tamen si major vester eam facere noluerit. Hoc ergo pactum seu concordiam nostri favoris munimine confirmamus, et ratum manere censemus. Si quis autem hujus nostræ confirmationis tenore cognito, quod absit! contraire tentaverit, ordinis et officii sui periculum patiatur, aut excommunicationis ultione puniatur, nisi præsumptionem suam digna satisfactione correxerit.

Datum Altissiodori, VII Kal. Octob.

CCXXIX.

Ad Sugerium abbatem. Interrogat quinam episcopi opem ipsi ferre recusent ad regni defensionem: locus concilii certus designatus; de duce Lotharingiæ excommunicato; de ecclesia de Buxis.

(Anno 1147, Oct. 6.)

[MANSI, *Concil.*, XXI, 636.]

EUGENIUS episcopus, servus servorum Dei, dilecto filio SUGERIO S. Dionysii abbati, salutem et apostolicam benedictionem.

Nuntium et litteras tuas benigne suscepimus, et quod in eis continebatur diligenter attendimus. Quod autem pro Parisiensi ecclesia te sollicitum esse perpendimus, gratum habemus; et si qua in ea perperam committuntur, pro nostri officii debito condolemus, et ut ad viam rectitudinis revocentur, operam dare Domino auxiliante curabimus. De episcopis vero qui pro defensione regni tibi opem ferre et adesse recusant, ne omnes simul in culpam inducere videamur, nobis de aliquibus nominatim significes, ut eos apostolicis affatibus corripiamus, et exhortemur, quatenus ad conservandum statum regni promptiores existant, et ad ea quæ regni honori et utilitati expediunt, vires et consilium subministrent. Porro, quod loca regni tibi commissi pro voluntate nostra ad celebrandum concilium obtulisti, devotionem tuam in Domino collaudamus; sed quoniam nostrum firmaveramus consilium, propositum nostrum non duximus immutandum. Præterea de duce Lotharingiæ, quem pro aliis culpis excommunicavimus, quando locus et tempus tulerit, justitiam, quam aliis non negamus, tibi plenius et diligentius faciemus. Cæterum, quod super ecclesia de Buxis tua dilectio postulavit, si temporis opportunitatis dederit, in reditu nostro præstante Domino fieri poterit.

Datum Antissiodori, II Nonas Octobris.

CCXXX.

Fragmentum bullæ per quam confirmat bona et possessiones monasterii S. Lamberti Lætiensis.

(Anno 1147, Oct. 10.)

[REIFFENBERG, *Monument pour servir à l'histoire des provinces de Namur, de Hainaut*, etc., t. VII, p. 642.]

EUGENIUS episcopus, servus servorum Dei, dilectis filiis GERRICO [Wedrico?] abbati Sancti Lamberti Lætiensis ejusque fratribus, tam præsentibus quam futuris, regularem vitam professis, in perpetuum.

Piæ postulatio voluntatis effectu debet per sequentem compleri, etc.

Datum Altissiodori per manum Guidonis sanctæ Romanæ Ecclesiæ diaconi cardinalis et cancellarii, VI Idus Octobris, indictione VI, Incarnationis Dominicæ anno 1147, pontificatus domni Eugenii papæ III anno III.

CCXXXI.

Henricum episcopum Moraviensem evocat ad concilium Trevicense eique Joannem legatum suum commendat.

(Anno 1147, Oct. 11.)

[BOCZEK, *Cod. diplom. Morav*, I, 259.]

EUGENIUS episcopus, servus servorum Dei, venerabili fratri HENRICO, Moraviensi episcopo, salutem et apostolicam benedictionem.

De tua dilectione et fidelitate valde confidimus, quod jam in Romanæ Ecclesiæ negotiis eam per experientiam novimus. Quoniam pro multis, quæ increverunt, enormitatibus propellendis, et quæ Deo placitura sunt confirmandis proxima Dominica qua cantatur: *Lætare, Jerusalem*, apud Treverim in fiducia Spiritus sancti concilium celebrare decrevimus, fratres nostros archiepiscopos, episcopos et alios ecclesiarum prælatos de diversis mundi partibus duximus convocandos. Ideoque per apostolica scripta et dilectum filium nostrum Joannem sanctæ Romanæ Ecclesiæ subdiaconum, fraternitati tuæ præcipiendo mandamus, quatenus illuc eodem termino, remota omni actione, ad nostram præsentiam venias, ut freti auxilio atque consilio, errata corrigere, et quæ statuenda fuerint, valeamus, sancto cooperante Spiritu, stabilire. Præterea memoratum filium nostrum Joannem tibi attentius commendamus, rogantes, ut eidem filio nostro in pertractanda inter ducem expulsum et germanos ejus concordia et componenda, si fieri potest, diligenter assistas, atque opem et consilium præbeas.

Datum Altissiodori, V Idus Octobris.

CCXXXII.

Ad H. [Eberhardum] archiepiscopum, episcopos et abbates per Salzburgensem provinciam constitutos. — Ejusdem argumenti.

(Anno 1147, Oct. 12.)

[Ex cod. biblioth. Vindobon. n. 2192 edidit JAFFÉ, *Regesta Rom. pont.*, p. 629.]

Venerabilibus fratribus H. [EBERHARDO] archiepiscopo, episcopis et dilectis filiis abbatibus per Salz burgensem provinciam constitutis, salutem et apostolicam benedictionem.

Indubitatum procul dubio est, et universa per mundum Christianitas recognoscit, quod sanctam matrem et apostolicam Romanam Ecclesiam solus ille fundavit et super firmam et immobilem fidei petram constituere voluit, qui beato Petro, cœlorum regni clavigero, terreni simul et cœlestis imperii jura commisit. Non enim cujuslibet terrenæ sententiæ, sed illius verbi, quo constructum est cœlum, et terra privilegio fungitur, illius auctoritate fulcitur. Sic enim divini consilii altitudo disposuit, ut sancta Romana, quam præfati sumus, Ecclesia in capite nostro Domino Jesu Christo, tanquam in solidissimo fundamento admirabilis structura consurgens, universis per orbem ecclesiis prælatione perpetua præemineret et ad emergentes hæreses et alia mala et vitia pullulantia resecanda per se ipsam studiose intenderet, et ad diem efficiendum pro qualitate causarum et temporum aliorum studia excitaret. Hoc itaque auctoritatis apostolicæ debito provocati fratres nostros archiepiscopos, episcopos et alios ecclesiarum prælatos de diversis mundi partibus duximus convocandos, et vobis atque aliis fratribus et filiis nostris præsentibus proxima Dominica, qua cantatur : *Lætare Jerusalem* (21 Mart. 1148), pro multis quæ increverunt, enormitatibus propellendis, et confirmandis, quæ Deo placitura sunt, in fiducia ipsius apud Trecas concilium celebrare decrevimus. Vestræ itaque universitati per apostolica scripta et dilectum filium Raim. capellanum nostrum, præcipiendo mandamus, quatenus illuc eodem termino, remota omni occasione, ad nostram præsentiam veniatis, ut vestro freti auxilio atque consilio errata corrigere et quæ statuenda fuerint, valeamus sancto cooperante Spiritu stabilire. Præfatum vero capellanum nostrum vobis attentius commendantes, rogamus, ut eum benigne recipiatis et honeste tractetis.

Datum Altissiodori, iv Idus Octobris.

CCXXXIII.

Privilegium pro monasterio S. Joannis Reomaensi.
(Anno 1147, Oct. 13, apud S. Florentinum.)
[*Historia monasterii Reomaensis*, teste Brequigny, *Table chron.*, III, 127.]

CCXXXIV.

Privilegium pro monasterio S. Mariæ Jettensi.
(Anno 1147, Oct. 24.)
[Hugo, *Annal. Præm.*, I, Pr., p. 511.]

Eugenius episcopus, servus servorum Dei, dilectis filiis Gualtero abbati ecclesiæ Sanctæ Mariæ Jettensis, ejusque fratribus, tam præsentibus quam futuris, regularem vitam professis, in perpetuum.

Desiderium quod ad religionis propositum et animarum salutem pertinere monstratur, animo nos decet libenti concedere et petentium desideriis congruum impertiri suffragium. Eapropter, dilecti in Domino filii, vestris justis postulationibus clementer annuimus, præfatam Sanctæ Mariæ ecclesiam sub beati Petri et nostra protectione suscipimus, et præsentis scripti privilegio communimus, statuentes ut quascunque possessiones, quæcunque bona eadem ecclesia in præsentiarum juste et canonice possidet, aut in futurum concessione pontificum, largitione regum vel principum, oblatione fidelium, seu aliis justis modis, Deo propitio, poterit adipisci, firma vobis vestrisque successoribus et illibata permaneant. In quibus hæc propriis duximus exprimenda vocabulis : Altare de Geth cum capella de Tausorna, altare de Hembecca, altare de Lewa, capella de Mosangen, capella de Himethea cum omnibus pertinentiis eorum ; decimam de Molbnick ; tertiam partem decimæ in Vodvrethem ex dono Odulphi et filiorum ejus... molendinum in Geth, alnetum quod est juxta ecclesiam ex dono Euwain, et sororis ejus...

Decernimus ergo ut nulli omnino hominum liceat præfatam ecclesiam temere perturbare, aut ejus possessiones auferre vel ablatas retinere, minuere, seu quibuslibet vexationibus fatigare ; sed omnia integra conserventur eorum, pro quorum gubernatione et sustentatione concessa sunt, usibus omnimodis profutura, salva sedis apostolicæ auctoritate et diœcesani episcopi canonica justitia. Si qua igitur in futurum ecclesiastica sæcularisve persona hanc nostræ constitutionis paginam sciens, contra eam temere venire tentaverit, secundo tertiove commonita, si non satisfactione congrua emendaverit, potestatis honorisque sui dignitate careat, reamque se divino judicio existere de perpetrata iniquitate cognoscat, et a sacratissimo corpore et sanguine Dei et Domini nostri Jesu Christi aliena fiat, atque in extremo examine districtæ ultioni subjaceat. Cunctis autem eidem loco jura servantibus, sit pax Domini nostri Jesu Christi, quatenus et hic fructum bonæ actionis percipiant et apud districtum judicem præmia æternæ pacis inveniant. Amen, amen, amen.

Ego Eugenius Catholicæ Ecclesiæ episcopus ss.
Ego Albericus Ostiensis episcopus ss.
Ego Imarus Tusculanus episcopus ss.
Ego Gregorius diacon. cardin. Sancti Angeli. ss.
Ego Hubaldus presbyter card. titulo SS. Joannis et Pauli ss.
Ego Gilbertus indignus sacerdos titulo S. Marci ss.
Ego Jacinthus diac. card. Sanctæ Mariæ in Cosmedin ss.

Datum Catalauni per manum Guidonis sanctæ Romanæ Ecclesiæ diac. card. et cancellarii, ix Kalendas Novembris, indict. xi, Incarnationis Dominicæ anno 1147, pontificatus vero domni Eugenii III papæ anno tertio.

CCXXXV.
Privilegium pro parthenone S. Mariæ Helderensi.
(Anno 1147, Oct. 25.)
[Mabill. *Annal. Bened.*, VI, 676.]

Eugenius episcopus, servus servorum Dei, dilectis in Christo filiabus Hildiardi abbatissæ monasterii Sanctæ Mariæ de Hedera, ejusque sororibus tam præsentibus quam futuris, regularem vitam professis, in perpetuum.

Locorum venerabilium cura nos admonet de quiete atque utilitate sollicite cogitare ; nec dubium quod si fidelium Dei petitionibus benigne concurrimus, nostris opportunitatibus clementem Dominum reperimus. Quamobrem, dilectæ in Domino filiæ, prædecessoris nostri felicis memoriæ Innocentii papæ vestigiis inhærentes, vestris justis postulationibus clementer annuimus, et præfatæ Sanctæ Mariæ monasterium, in quo divino mancipatæ estis obsequio, sub beati Petri et nostra protectione suscipimus, præsentis scripti privilegio communimus. Statuentes ut quascunque possessiones, quæcunque bona, idem monasterium in præsentiarum juste et canonice possidet, aut in futurum concessione pontificum, largitione regum vel principum, oblatione fidelium, seu aliis justis modis, Deo propitio poterit, adipisci, firma vobis eisque quæ post vos successerint illibata permaneant. In quibus hæc propriis duximus exprimenda vocabulis :

Ex dono illustris memoriæ Ludovici regis Francorum terram de Amaro-bosco, et totam terram de Uno villari cum omnibus suis pertinentiis liberas et ab omni exactione quietas, et decem et octo sextaria avenæ in molendino suo singulis annis de Calliaco. Ex dono Ludovici regis filii prædicti regis terram de Mansionillo-Ricuini. Item in eodem loco aliam terram ex dono Theoderici de Bouilla, et quidquid ibi habebat vinaticum apud villam quæ Cons vocatur, quidquid pro eodem vinatico redditur. Item ex dono prædicti regis Ludovici Junioris quotiescunque rex Parisius fuerit, decimam totius panis, qui ad curiam ejus defertur, vobis in perpetuum concessam. Molendinum quoque quod prope monasterium est, liberum et quietum. Ex dono Hugonis filii Guarneri in molendino suo apud Brennacum modium frumenti vel alterius annonæ quæcunque melior ibi fuerit, et quantum duo asini poterunt portare de lignis nemoris sui quod ibidem est, singulis diebus ad faciendum ignem. Ex dono Eremburgis decem arpennos terræ apud Succi, et sex solidos et dimidium census de pratis de Bretimaco. Ex dono bonæ memoriæ Stephani Parisiensis episcopi ecclesiam de Villa-abbatis cum decima, decimam de Gennaliaco, decimam de Silviniaco, et ecclesiam de Everiaco et decimam, decimam de Craumelle, decimam de Athiis, decimam de Calendie, decimam de Concisso, decimam vini de Cons, decimam vini de Centeniaco, ecclesiam de Hedera et tertiam partem decimæ, ecclesiam de Altaribus et decimam, decimam de Braio, ecclesiam de Loco-A sancto cum decima, duas partes decimæ de Darancio, partem nemoris apud Monssiacum monasterium de Gif cum omnibus suis appendenciis. Idem quoque episcopus præfatum monasterium de Hedera ab omni exactione liberum esse concessit. Ex dono Henrici Senonensis archiepiscopi decimas de Merboys et de Monseunaco, et omnem decimam de Bouilla, et ecclesiam de Villari. In episcopatu Carnotensi : ex dono Simonis de Gaserant et filiorum ejus locum qui Pomerium dicitur, in quo G. Carnotensis episcopus capellam fieri concessit. Item ex dono præfati Senonensis archiepiscopi decimam quam minutam vocant, de Cavannes, et decimam vini, decimam totius terræ quam Hugo Guirelly habet in suo dominio, decimam duorum arpennorum terræ, quos idem Hugo vobis donavit, et decimam de Chosel, ex dono ipsius Hugonis dimidium modium frumenti, et dimidium hordei de horreo suo singulis annis, et censum sex nummorum. Præterea quatuor arpennos terræ in qua monasterium vestrum fundatum est, terram de Raveto, quidquid Eustachia habebat apud Cantalupum, septem sextaria annonæ, quæ Fredericus comes habebat in molendinis apud villam quæ dicitur Valles, medietatem molendini de Pampiluna apud Corbolium, quartam partem molendini de Pontello sancti Exuperii, apud Isonam medietatem molendini, sextam partem portus de Villa-nova, apud aliam Villam-novam decimam de Coutet, decimam quoque ut de laboribus vestris seu de nutrimentis vestrorum animalium nullus decimas exigere præsumat.

§ Nulli ergo omnino hominum liceat præfatum monasterium temere perturbare, aut ejus possessiones auferre, vel ablatas retinere, minuere, seu quibuslibet molestiis fatigare, sed omnia integra conserventur earum, pro quarum, sustentatione et gubernatione concessa sunt, usibus omnimodis profutura, salva sedis apostolicæ auctoritate, et diœcesanorum episcoporum canonica justitia. Si qua igitur in posterum ecclesiastica sæcularisve persona, hanc nostræ constitutionis paginam sciens, contra eam temere venire tentaverit, secundo tertiove commonita, si non reatum suum congrua satisfactione correxerit, potestatis honorisque sui dignitate careat, reamque se divino judicio existere de perpetrata iniquitate cognoscat, et a sacratissimo corpore et sanguine Domini Redemptoris nostri Jesu Christi aliena fiat, atque in extremo examine districtæ ultioni subjaceat. Cunctis autem eidem loco justa servantibus sit pax Domini nostri Jesu Christi, quatenus et hic fructum bonæ actionis percipiant, et apud districtum judicem præmia æternæ pacis inveniant. Amen, amen, amen.

Et erat scriptum in duobus parvis circulis seu rotunditatibus, in quibus erat quædam parva crux, SANCTUS PETRUS, SANCTUS PAULUS, EUGENIUS PAPA III. FAC MECUM, DOMINE, SIGNUM IN BONUM.

Sic subscriptum :

Ego Eugenius Catholicæ Ecclesiæ episcopus sub

scripsi. Ego Albericus Ostiensis episcopus subscripsi.

Ego Odo diac. cardinalis Sancti Georgii ad Velum Aureum subscripsi.

Ego Imarus Tusculanus episcopus subscripsi.

Ego Octavianus diac. cardinalis Sancti Nicolai in Carcere Tulliano subscripsi.

Ego Gregorius diaconus cardinalis Sancti Angeli subscripsi.

Ego Jacintus diaconus cardinalis Sanctæ Mariæ in Cosmedin subscripsi.

Ego Ibaldus presbyter cardinalis tituli Sanctorum Joannis et Pauli subscripsi.

Ego Hugo presbyter cardinalis tituli in Lucina subscripsi.

Ego Jordanus presbyter cardinalis tituli sanctæ Susannæ subscripsi.

Datum Catalauni per manum Guidonis Sanctæ Romanæ Ecclesiæ diaconi cardinalis cancellarii, VIII Kal. Novembris, indict. XI, Incarnationis Dominicæ anno 1147, pontificatus vero domni Eugenii III papæ anno III.

CCXXXVI.
Privilegium pro Ecclesia Christi Londinensi.
(Anno 1147, Oct. 26.)
[RYMER, *Fœdera*, I, 15.]

EUGENIUS episcopus, servus servorum Dei, dilectis filiis RADULFO, priori Ecclesiæ Christi infra muros Londoniensis sitæ, ejusque fratribus tam præsentibus quam futuris regularem vitam professis, in perpetuum.

Piæ postulatio voluntatis effectu debet prosequente compleri ut devotionis sinceritas laudabiliter enitescat, et utilitas postulata vires indubitanter assumat. Eapropter, dilecti in Domino filii, vestris justis postulationibus clementer annuimus, et ecclesiam Christi, in qua divinis estis obsequiis mancipati, sub beati Petri et nostra protectione suscipimus et præsentis scripti privilegio communimus; statuentes ut quascunque possessiones, quæcunque bona eadem ecclesia in præsentiarum juste et canonice possidet, aut in futurum concessione pontificum, liberalitate regum vel principum, oblatione fidelium, seu aliis justis modis, Deo propitio, poterit adipisci, firma vobis vestrisque successoribus et illibata permaneant. In quibus hæc propriis duximus exprimenda vocabulis : duas scilicet partes redditus de civitate Exoniæ; terras de Lectuna, quas Simon de Molins et uxor ejus Adelina eidem loco, divinæ pietatis intuitu, contulit; terras et socam de Angelische-cuithe-Gylde; ecclesiam de Bix, cum redditibus suis; ecclesiam de Totenham; ecclesiam de Welcumestoa cum pertinentiis suis; decimam de Hehham; ecclesiam de Soresdich cum pertinentiis suis; ecclesiam de Brumfeld cum pertinentiis suis; terras de Branbeleia, de dono Willielmi canonici ejusdem ecclesiæ; terras de Brecbam; terram de Scelbgam de dono Gaufridi de Magnavilla; terram in Brachingis; de eleemosyna Stephani illustris regis et Mathildis reginæ uxoris ejus; terram de dono Huberti camerarii in eadem villa; terram de Teia, ex liberalitate ejusdem, decimam de Benedis.

Obeunte vero te nunc ejusdem loci priore, vel tuorum quolibet successorum, nullus ibi qualibet subreptionis astutia seu violentia præponatur, nisi quem fratres communi consensu, aut fratrum pars consilii sanioris, secundum Dei timorem et beati Augustini Regulam providerint eligendum. Sepulturam quoque ejusdem loci liberam esse concedimus, ut eorum qui se illic sepeliri deliberaverint, devotioni et extremæ voluntati, nisi forte excommunicati sint, nullus obsistat. Decernimus ergo ut nulli omnino hominum liceat præfatum locum temere perturbare, aut ejus possessiones auferre, vel ablatas retinere, minuere, aut aliquibus vexationibus fatigare; sed omnia integra conserventur eorum, pro quorum gubernatione et sustentatione concessa sunt, usibus omnimodis profutura, salva sedis apostolicæ auctoritate, et diœcesani episcopi canonica justitia.

Si qua igitur in futurum ecclesiastica sæcularisve persona, hanc nostræ constitutionis paginam sciens, contra eam temere venire tentaverit, secundo tertiove commonita, si non satisfactione congrua emendaverit, potestatis honorisque sui dignitate careat, reamque se divino judicio existere de perpetrata iniquitate cognoscat, et a sacratissimo corpore ac sanguine Dei et Domini nostri Jesu Christi aliena fiat, atque in extremo examine districtæ ultioni subjaceat. Cunctis autem eidem loco sua jura servantibus sit pax Domini nostri Jesu Christi, quatenus et hic fructum bonæ actionis percipiant et apud districtum judicem præmia æternæ pacis inveniant. Amen, amen, amen

Signum papæ Eugenii III. Locus monogr.
S. PETRUS, S. PAULUS. EUGENIUS PAPA TERTIUS.
FAC MECUM, DOMINE, SIGNUM IN BONUM.

Ego Eugenius Catholicæ Ecclesiæ episcopus.

Ego Albericus Ostiensis episcopus.

Ego Imarus Tusculanus episcopus.

Ego Loverhadus presbyter card. tit. Sanctorum Joannis et Pauli.

Ego Gillibet indignus sacerdos tit. Sancti Marci.

Ego Arilicus cardinal. presbyt. tit. Sanctæ Anastasiæ.

Ego Julius presbyt. card. tit. Sancti Marcelli.

Ego Guido presbyt. card. tit. Pastoris.

Ego Oddo diac. card. Sancti Georgii ad Velum Aureum.

Ego Octavianus diac. card. Sancti Nicolai in Carcere Tulliano.

Ego Gregorius diac. card. Sancti Angeli.

Ego Joannes diac. card. Sanctæ Mariæ Novæ.

Ego Guido diac. card. Sanctæ Mariæ in Porticu.

Ego Jacinthus diac. card. Sanctæ Mariæ in Cosmedyn.

Datum Latalaum [*f.* Lateranum] per manum Guidonis sanctæ Romanæ Ecclesiæ diac. card. et cancellarii, vii Kalend. Novembris, indictione ix, A Incarnationis Dominicæ anno 1147, pontificatus vero domni Eugenii papæ III anno III.

CCXXXVII.

Ecclesiæ S. Mariæ et S. Joannis supra Maternum fluvium juxta Gournaium castrum sitæ, decimas quasdam asserit.

(Fragmentum. — Anno 1147, Oct. 27.)

[LA ROQUE, *Hist. gén. de la maison d'Harcourt*, IV, 1620.]

CCXXXVIII.

Privilegium pro parthenone S. Spiritus Paraclitensi.
(Anno 1147, Nov. 1.)

[Opp. Abælardi ed. COUSIN, App., p. 721.]

EUGENIUS episcopus, servus servorum Dei, dilectis in Christo filiabus HELOISSÆ abbatissæ monasterii B Sancti Spiritus ejusque sororibus, tam præsentibus quam futuris, regularem vitam professis.

Ad hoc nobis a provisore omnium bonorum Deo pastoralis officii cura commissa est, ut beneplacentem Deo religionem laboremus statuere, et stabilitam exacta diligentia conservare. Eapropter, dilectæ in Domino filiæ, vestris justis postulationibus clementer annuimus, et præfatum monasterium, in quo divino mancipatæ estis obsequio, sub beati Petri et nostra protectione suscipimus, et præsentis scripti privilegio communimus, statuentes ut quascunque possessiones, quæcunque bona in agris, vineis, pratis, silvis, molendinis, aquis, decimis, seu aliis idem monasterium in præsentiarum juste et canonice possidet, aut in futurum concessione pontificum, C largitione regum vel principum, oblatione fidelium, seu aliis justis modis Deo propitio poterit adipisci, firma vobis, eisque quæ post vos successerint, et illibata permaneant, in quibus hæc specialiter duximus adnotanda.

Terram videlicet, in qua ipsum monasterium constructum est. Culturas in monte Limarsum. Quidquid habetis ex venditione seu donatione Milonis. Duo jugera terræ ante ipsum monasterium. Aliam terram in eodem loco. Culturam de fonte Amam. Totam terram quam Rainaldus habebat in parochia de Quinceio, ex utraque parte fluvioli Arducionis. Molendinum de Brufleto, culturam et quasdam alias terras, quas Hilduinus decanus, et Seguinus frater ejus, et cognati eorum monasterio D vestro dederunt. Medietatem furni de Quinceio, et vineam Baboel de Calestra (*Chalautre*). Quidquid Arpinus de Mariaco tenebat de feodo Milonis, ex illa parte Sequanæ in qua monasterium est. Terram de Busseto, terras quas habetis apud Fontanetum Petrosum (*Fontenay-le-Pierreux*), et apud Bociam Vagonis, et in valle Faiel. Quatuor ochas de terra apud Ferroum (*Ferreux*), medietatem totius nemoris et terræ de Furvellis. Decem jugera terræ apud Bocennaium (*Bocenay*). Tertiam partem molendini molentis et sextam terentis, et totam piscationem quam Maria de Balbusta habebat apud Pontes, et terram apud Pomerulos (*Pommereaux*). Modium frumenti singulis annis ab illustri comite Theobaldo vobis donatum, et totam piscationem in molendinis suis apud Pontes. Vineam quam dedit vobis Berfridus de Calestra, et duodecim denarios census apud sanctum Ferreolum, vineam apud Calestram, censum quinque solidorum in eodem loco. Apud Montem Portarum censum trium solidorum. Terram de Croisum. Totam terram, quam Rainaldus, filius Milonis, habebat in Murgeoris, usus nemorum de Gurgiuolt et de Poiseo, de Maceilliaco, de Charmeio et omnium nemorum Anselli de Triagnello tam ad pasturam pecorum quam ad ædificia, seu alia necessaria. Censum quinque solidorum in ponte de Baldimento (*Pont-de-Baudement*), et sex solidos in molendino de Canturanæ, et quinque solidos in Oscha Theold, apud Gurgiuolt, et vineam de Fonte Beton, et quidquid Willelmus habebat in prato Gandeleu; vineam de Saldon. Ex dono Gauterii de Curtemaim duos sextarios siliginis singulis annis. Terram de Tilliaco. Quidquid legitime habetis ex dono Hervulfi de Insula apud Villam-Novam et Tranqueil (*Tranquaut*). Terram de Spineto, terram apud Gumeri, terram apud Summum-Fontem (*Somme-Fontaine*), et apud Trembleium. Molendinum de Barsam. Medietatem molendini de fonte Amau. Partem molendini pagani de Frou. Quidquid habetis apud Planteiz. Censum sex denariorum ab Uberto de Tranqueil. Quidquid Thebellinus habebat in eodem loco præter homines. Terram Amici militis de Summo Fonte. Quidquid Ermengardius Postellus habebat in molendinis canonicorum Villæ Maurorum (*Villemar*), et in hortis ultra pontem Vanæ. Partem piscationis, quam Felix habebat in aqua Bocennaii, et partem quam habebat in terra Scrobium, et censum duorum solidorum ab eodem. Terram, in qua grangia vestra est, et oscham in eodem loco. Terram quam dederunt Amaldricus et Hilduinus. Prata de Vergeron. Terras quas habetis apud Quinceium. Quartam partem prati de Orella. Quatuor arpennos prati apud Tilleium. Medietatem molendini de Quinceio. Totum tenementum Gaufridi. Dimidium arpennum vineæ Ponstingiatum. Ex dono Hugonis Capri vineam de Montcarpen, et domum in qua ipse manebat, et cellarium. Tenementum Guarini apud Sauceium. Vineam apud Sesanam. Terram inter Pisiacum (*Pisy* et *Aisy*) et Aizium. Molendinum de Bretenniaco. Molendinum, terram et pratum apud Marcilliacum. Octavam partem nemoris de Pisiaco, aliam partem in eodem nemore. Ex dono Gualterii Rungifer, quatuor arpennos prati, et quadraginta solidos census. Ex dono Heloissæ de Villari, terram, vineam et domum. Quidquid Rodulphus Gaius habebat in bosco Fraxineti, ex dono præfati comitis Theobaldi. Sexdecim sextarios annonæ in molendino de Stagno. Molendinum de Changeio. Quindecim sextarios annonæ in molendino de Planca. Molendinum de Justigniaco (*Jutigny*). Medietatem molendini de Crevecuer et vineam. Medietatem furni Vicecomitissæ. Medietatem prati subter ecclesiam Sancti Nicolai. Vineas Paulæ et Emmellinæ, tenementum Petri de Valle, et tres denarios census de Ponne. Vineas Galcherii Cementarii. Arpennum vineæ, et quatuordecim denarios census a Frodemundo Peregrino. Vineam Hugonis Butarii. Vineam Rahaldis. Septem jugera terræ a Petro de Ponne. Quatuor jugera ab Alburge de Ponne. Duo jugera et aream a prædicto Gualcherio. Septem jugera ab Ada de Altomuro. Arpennum prati, et dimidium, et medietatem domus ab Emmelina Rebursata. Arpennum prati et dimidium a Bonade Prouvino. Pratum Teodorici. Domum Ascranæ et plateam. Domos Richeldis, Paulæ, Hugonis Butarii, Loberii, Adan, Joannis Tyranni et dimidiam domum Sunbardi. Domum Bonelli Uvauræ, et medietatem alterius domus. Tres cameras et vineam ejusdem. Modium avenæ et viginti gallinas a Margareta vicecomitissa de Marrolis. Molendinum de Roscha. Quartam partem domûs ab Andrea. Sex jugera terræ in Campo levato, et decem et octo jugera desuper montem Hanepon. Quartam partem terræ de Villa-Cren. Dimidium plantæ de Fuliniaco. Ab Evrardo, vineam et duodecim denarios census. Tenementum uxoris Pagani sellarii, et tres solidos census apud Lisinas, et domum ejusdem Pagani apud Pruvinum. Terram Radulphi canonici apud Lizinniam (*Lisinec*). Medietatem domus in atrio Sancti Nicolai. Septem solidos census apud Calestram. Viginti solidos apud Pruvinum. Viginti solidos apud Lisinnias. Septem et dimidium a Tescia Majorissa. Decem et septem de monte Henepon. Quatuor solidos et duos denarios de Buath. Duos solidos a Godefrido Monetario. Viginti solidos in terris Couleti. Terram Greviarum Ex dono præterea Hatonis Trecensis episcopi medietatem omnis decimæ de Sancto Albino, et medietatem candelarum in Purificatione sanctæ Mariæ. Totam decimam de Aneuz. Quidquid Petrus Sanctus habebat in oblatione Ecclesiæ de Tranqueil, et partem decimæ ejusdem loci. Tertiam partem præfatæ oblationis, et censum atrii, et majorem partem decimæ de Parigniaco. Quidquid habetis in decimis de Balbusia, et apud Sanctum Parrum in decimis de Quinceio, et apud Ulmellos duas partes decimæ de Gurgiuolt. Quidquid habetis in decima de Villagruis. Tertiam partem decimæ de Nogennio. Decimam quam habetis apud Aurigniacum, apud Occe (*Osse et Maupigny*) et Malpigniacum, et Sanctum Flavitum. Quidquid habetis apud Marigniacum in decimis et oblatione, et apud utramque ecclesiam de Bocennay apud Ferroum, apud Capellam, et apud Codes, apud Calestram, apud Maferial (*Maferey*), apud Bernerias. Quidquid etiam Petrus sacerdos de Parigniaco vobis donavit in domibus, vineis, seu aliis. De dono Henrici Senonensis archiepiscopi, decimam de Lisignis, et partem decimæ de Cuchermeyo. Loca vero de Triagnello et Pomario, quemadmodum vobis rationabiliter concessa sunt, cum universis appendiciis suis auctoritate vobis apostolica confirmamus; et in vestra subjectione manere decernimus, juxta videlicet dispositionem Paracletensis abbatissæ suarumque sororum priorissæ statuantur et mutentur.

Decernimus autem ne propter consecrationem vel benedictionem percipiendam de monasterio exire cogamini, nec pro electione abbatissæ, aut alia qualibet occasione episcopus vel alius gravamen vobis vel molestiam inferat. De laboribus etiam vestris seu annualibus nullus a vobis decimas exigat. Ad indicium itaque perceptæ hujus a Romana Ecclesia libertatis, unum obolum aureum singulis annis nobis nosrisque successoribus persolvetis. Nulli ergo hominum liceat præfatum monasterium temere perturbare, aut ejus possessiones auferre, vel ablatas retinere, minuere, aut aliquibus molestiis fatigare; sed omnia integra conserventur earum, pro quarum sustentatione et gubernatione concessa sunt, usibus profutura, salva sedis apostolicæ auctoritate. Si qua igitur, etc.

Datum Catalauni, per manum Guidonis sanctæ Romanæ Ecclesiæ diaconi cardinalis et cancellarii, Kal. Novembris, ind. XI, Incarnationis Dominicæ anno 1147, pontificatus vero domni Eugenii III papæ anno III.

CCXXXIX.

Ad Cluniacensem abbatem. — Statuit ut avoas S. Germani Antissiodorensis deinceps eligatur cum consilio abbatis Cluniacensis, electus vero benedictionem percipiat ab episcopo Antissiodorensi.

(Anno 1147, Nov. 3.)

[D. Bouquet, *Recueil*, XV, 447.]

Eugenius episcopus, servus servorum Dei, dilecto filio Petro Cluniacensi abbati ejusque successoribus regulariter substituendis, in perpetuum.

Cognoscentes quod servos Dei litigare non expedit, ex injuncto nobis officio debemus lites et scandala de medio tollere, et Ecclesiarum paci et tranquillitati sollicita vigilantia providere. Ideoque quid super controversia quæ de monasterio S. Germani inter te et venerabilem fratrem nostrum Hugonem Altissiodorensem episcopum, seu inter te et monachos Sancti Germani agitabatur, a nobis judicatum sit, litterarum serie adnotari præcipimus, ne secuturæ posteritatis memoriæ subtrahatur. Super eodem itaque negotio cum fratribus nostris diutius conferentes, quoniam dubium non erat, quod tu et fratres tui, et receptionem et correctionem (29) ordinis habuissetis, et his omnibus post obitum Gervasii (30) abbatis fueratis spoliati, vos primo omnium restituendos esse censuimus. Ad hæc prædecessorum nostrorum vestigia subsecuti, et quod a nobis statutum fuerat innovantes, præcipimus ut in abbatia Sancti Germani sine tuo tuorumque successorum consilio abbas nullatenus eli-

---

(29) Vide litteras Urbani II papæ.
(30) Gervasius obiit anno 1147, IV Nonas Augusti, ex Gestis abbatum S. Germani.

gatur; electum vero approbandi vel reprobandi canonice, et, si dignus fuerit, in abbatem benedicendi, Altissiodorensis episcopus liberam habeat facultatem. Benedictus quoque obedientiam ei promittat. Depositio vero ipsius, si talis (quod absit!) apparuerit, judiciario ordine facienda et tam abbatis quam monachorum canonica correctio, ad eumdem episcopum nihilominus pertinebit. Chrisma, oleum sanctum, consecrationes altarium vel basilicarum, ordinationes monachorum vel clericorum, qui ad sacros ordines fuerint promovendi, abbas et monachi S. Germani ab Altissiodorensi episcopo, tanquam a diœcesano accipiant, donec gratiam apostolicæ sedis habuerit. Si quis autem hujus nostræ definitionis (31) paginam sciens, contra eam temere venire tentaverit, honoris et officii sui periculum patiatur, aut excommunicationis ultione plectatur, nisi præsumptionem suam digna satisfactione correxerit.

Datum Catalauni, III Nonas Novembris.

CCXL.

Privilegium pro monasterio S. Augustini Morinensi.
(Anno 1147, Nov. 22.)

[Hugo, *Ann. Præm.*, I, Pr., p. 131.]

EUGENIUS episcopus, servus servorum Dei, dilectis filiis ALELMO abbati Ecclesiæ Beati Augustini, ejusque fratribus tam præsentibus quam futuris, regularem vitam professis, in perpetuum.

Desiderium quod ad religionis propositum et animarum salutem pertinere monstratur, auctore Deo, sine aliqua dilatione est complendum. Eapropter, dilecti in Domino filii, vestris justis postulationibus clementer annuimus, et præfatam ecclesiam, in qua divino mancipati estis obsequio, sub beati Petri et nostra protectione suscipimus, et præsentis scripti privilegio communimus; statuentes ut quascunque possessiones, quæcunque bona eadem ecclesia in præsentiarum juste et canonice possidet, aut in futurum, concessione pontificum, largitione regum vel principum, oblatione fidelium, seu aliis justis modis poterit adipisci, firma vobis vestrisque successoribus et illibata permaneant; in quibus hæc propriis duximus exprimenda vocabulis : Altaria videlicet de Nielles, de Quaquella, de Beinghem, de Haringes, de Rincy, quæ a venerabili fratre nostro Milone Morinensi episcopo, ecclesiæ vestræ concessa sunt, et scripto suo firmata; terram in qua atrium est, quam Robertus de Corbeia et filii ejus, et Hugo de Sobrois, ecclesiæ vestræ concesserunt; ex dono Heliæ militis filii ejus, pratum; terram Sancti Philiberti, quam Amalricus vobis sub annuo censu dimidii modii frumenti et dimidii avenæ concessit, terram uxoris Roberti de Corbeia in Arnoldi valle ; terram Licendis molendinariæ in parochia de Nielles; terram de Laris, sicut a monasterio de Corbeia

vobis pro decem solidis annuatim persolvendis concessa est : terram totam, quam Hugo de Chertucia in territorio de Alceris habuit, sicut eam vobis pro marca argenti singulis annis censualem concessit.

Decernimus ergo ut nulli omnino hominum liceat præfatam Ecclesiam temere perturbare, aut ejus possessiones auferre, vel ablatas retinere, minuere, aut aliquibus vexationibus fatigare, sed omnia integra conserventur eorum, pro quorum sustentatione ac gubernatione concessa sunt, usibus omnimodis profutura, salva sedis apostolicæ auctoritate, et diœcesani episcopi canonica justitia. Si qua igitur in futurum ecclesiastica sæcularisve persona, hanc nostræ constitutionis paginam sciens, contra eam temere venire tentaverit; secundo tertiove commonita, si non satisfactione congrua emendaverit, potestatis honorisque sui dignitate careat, reamque se divino judicio existere de perpetrata iniquitate cognoscat, et a sacratissimo corpore ac sanguine Dei et Domini Redemptoris nostri Jesu Christi aliena fiat, atque in extremo examine districtæ ultioni subjaceat. Cunctis autem eidem loco justa servantibus sit pax Domini nostri Jesu Christi, quatenus et hic fructum bonæ actionis percipiant, et apud districtum judicem præmia æternæ pacis inveniant. Amen.

Ego Eugenius Catholicæ Ecclesiæ episcopus.

Ego Albericus Ostiensis episcopus.

Ego Imarus Tusculanus episcopus.

Ego Hubaldus presbyter cardinalis titulo SS. Joannis et Pauli.

Ego Wilbertus indignus sacerdos titulo Sancti Marci.

Ego Aribertus presbyter cardinalis titulo Sanctæ Anastasiæ.

Ego Hugo presbyt. cardinalis titulo in Lucina.

Datum Lugduni (32) per manum (33) Willonis sanctæ Romanæ Ecclesiæ diaconi cardinalis et cancellarii, x Kalend. Decembris, indict. XI, anno 1148, pontificatus vero domni Eugenii III papæ anno tertio.

CCXLI.

Henricum Moraviensem episcopum a vocatione concilii Treverensis absolvit.
(Anno 1147. Dec. 18.)

[BOCZEK, *Cod. diplom. Morav.*, I, 259.]

EUGENIUS episcopus, servus servorum Dei, venerabili fratri HENRICO Moraviensi episcopo, salutem et apostolicam benedictionem.

Quantus erga nos et sanctam Romanam Ecclesiam tuæ sit charitatis affectus, jam dudum præteritorum exhibitione cognovimus, unde personam tuam vera in Domino charitate diligimus, et in quibus secundum Deum possumus, tanquam religionis amatorem volumus honorare. Cæterum dilectus filius noster

---

(31) Hanc definitionem haud multo post retractavit Eugenius ipse, prout dicetur infra.

(32) Leg. Virduni. JAFFÉ.

(33) Legendum puto *Guidonis*, ipsius qui subscri-

psit privilegio ejusdem pontificis dato Remis, in gratiam monasterii Sancti Theodorici, XIV Kal. Maii, an. 1148.

Daniel, Pragensis præpositus, ex tua parte nos suppliciter exoravit, ut pro multis tibi instantibus negotiis vocationem ad concilium quod mediante Quadragesima, auctore Domino, celebrabimus, tibi pietatis gratia relaxemus. Quia igitur, licet tuam habere præsentiam exoptemus, tamen consueta sedis apostolicæ benignitate tuis postulationibus clementem volumus aditum indulgere, fraternitatem tuam a jam dicti concilii vocatione absolvimus. Præterea quod de discretione tua indigemus, placet nobis, ut, quam tibi citius expedierit, præsentiam tuam desiderabilem nobis exhibeas, quatenus mutuis et dulcibus colloquiis ad invicem perfruamur. Rogamus etiam, ut nostri memoriam, sicut et facis, in tuis orationibus facias, et ita mutuis nos apud Deum juvemus intercessionibus, quatenus hic in Christo connexa charitas unam et communem nobis in regno Patris nostri, ipso præstante, sedem præparet et lætitiam.

Datum apud Treverim, xv Kalendas Januarii.

CCXLII.

Ecclesiam S. Albani Basileæ in tutelam suam recipit, singulasque ejus possessiones nominatim confirmat.

(Anno 1147, Dec. 20.)

[SCHŒPFLIN, *Alsat. diplom.*, I, 231, ex diplomatario chartaceo monasterii S. Albani Basil. in bibliotheca Huberiana, quæ Muteti est, asservato.]

EUGENIUS episcopus, servus servorum Dei, dilectis filiis HESSONI priori Sancti Albani Basileæ, ejusque fratribus tam præsentibus quam futuris, regularem vitam professis, in perpetuum.

Sicut injusta poscentibus nullus est tribuendus effectus, ita legitima et justa postulantium non est differenda petitio. Ideoque, dilecti in Domino filii, vestris justis postulationibus clementer annuimus et præfatam ecclesiam, in qua divino mancipati estis obsequio, sub beati Petri et nostra protectione suscipimus et præsentis scripti privilegio communimus; statuentes ut quascunque possessiones, quæcunque bona eadem ecclesia in præsentiarum juste et canonice possidet, præcipue illa, quæ Burchardus bonæ memoriæ Basileensis episcopus ecclesiæ vestræ concessit et scripto suo firmavit, aut in futurum concessione pontificum, largitione regum vel principum, oblatione fidelium, seu aliis justis modis, Deo propitio poterit adipisci, firma vobis vestrisque successoribus et illibata permaneant. In quibus hæc propriis duximus exprimenda vocabulis : in ipsa civitate parochiales ecclesias Sancti Albani et Sancti Martini, sicut fluvius Persicus determinat; ecclesiam de Buozsensheim cum appendiciis suis; in villa quæ dicitur inferior Basilea, ecclesiam cum suis appendiciis ; jus vestrum in ecclesia de villa quæ dicitur Hemps, et medietatem villæ cum suis appendiciis ; ecclesiam de Hægendorf, ecclesiam et villas de Appenwillare cum eorum pertinentiis; Loerrach cum ecclesia et omnibus suis appendiciis, tam in vineis quam in agris, pratis et silvis; ecclesiam de Howingen, ecclesiam de Candro, ecclesiam de Enschossingen cum omnibus earum pertinentiis, silvam quæ sita est juxta Sanctum Albanum, molendina in ripa Birse cum pratis adjacentibus, decimas in villa, quæ dicitur Huningen, Rinwilr, Amparingen, Lechdencoven, Rabchensheim, Gueswibre, Sierentze. In villa quæ dicitur Westhalda curtem unam cum vineis, Morswilr, Usheim, Ramspach, Michelnbach, Oberwilrr, Bratella, Gelterchingen, Dürnen, Hoeltein, Meten, Bladoltzeim (34), Biningen, Machstatt, Vettingen, cum omnibus suis appendiciis.

Decernimus ergo ut nulli omnino hominum liceat præfatam ecclesiam temere perturbare, aut ejus possessiones auferre, aut ablatas retinere, minuere, aut aliquibus vexationibus fatigare, sed omnia integra conserventur eorum, pro quorum gubernatione et sustentatione concessa sunt, usibus omnimodis profutura, salva sedis apostolicæ auctoritate, et diœcesani episcopi canonica justitia. Si qua igitur in futurum ecclesiastica sæcularisve persona, hanc nostræ constitutionis paginam sciens, contra eam temere venire tentaverit, secundo tertiove commonita, si non satisfactione congrua emendaverit, potestatis honorisque sui dignitate careat, reamque se divino judicio existere de perpetrata iniquitate cognoscat, et a sacratissimo corpore ac sanguine Dei et Domini Redemptoris nostri Jesu Christi aliena fiat, atque in extremo examine districtæ ultioni subjaceat. Cunctis autem eidem loco justa servantibus sit pax Domini nostri Jesu Christi quatenus et hic fructum bonæ actionis percipiant, et apud districtum judicem præmia æternæ pacis inveniant. Amen, amen, amen.

Datum apud Treveris per manum Guidonis sanctæ Romanæ Ecclesiæ diaconi cardinalis et cancellarii, XIII Kalendas Januarii, indictione XI, Incarnationis Dominicæ anno 1147, pontificatus vero domni Eugenii III papæ anno III.

CCXLIII.

T[heobaldum] episcopum Veronensem reprehendit quod, canonicorum possessionibus non restitutis, urbem interdicto solverit. Præcipit ut eas reddendas curet.

(Anno 1147, Dec. 22.)

[UGHELLI, *Italia sacra*, V, 786.]

EUGENIUS episcopus, servus servorum Dei, venerabili fratri T. Veronen. episcopo, salutem et apostolicam benedictionem.

Per alia tibi scripta sæpe mandasse meminimus, ut de invasoribus illis qui bona et possessiones filiorum nostrorum canonicorum Ecclesiæ Veron. violenter et contra rationem detinent, canonicam justitiam faceres. Quod, sicut eorum repetita querimonia indicat, nondum est effectui mancipatum : unde plurimum admiramur, et valde dolemus. Divina

---

(34) Hodie *Blozheim*. Reliqua loca circa Basileam in Sundgovia, Brisgovia, Augustogovia sita, partimque destructa sunt.

enim officia, quæ tu ipse propter excessus quorumdam parochianorum tuorum in Veronensi civitate prohibueras celebrari, contra præceptum nostrum, quod tibi super hoc feceramus, videlicet ut idem interdictum usque ad condignam satisfactionem firmiter faceres observari, nulla satisfactione habita reddidisti. Quia igitur præfatis canonicis in sua justitia deesse non possumus, nec debemus, per iterata tibi scripta præcipiendo mandamus, quatenus E. et P. filium ejus Ald. Recl. Anf. Reg. Odel. Saccetum districte commoneas ut bona prætaxatæ ecclesiæ cum integritate restituant, et de cætero ab ejus infestatione desistant, quod si facere contempserint infra xxx dies postquam præsentia scripta susceperis, canonica eos censura, remota occasione, coerceas, et a sententia, quam in ipsos canonice promulgaveris, donec satisfecerint, minime solvas.

Dat. Treveri xi Kal. Jan.

CCXLIV.

P[eregrino] patriarchæ Aquileiensi scribit se mirari quod milites quosdam propter occupatas Ecclesiæ Veronensis possessiones excommunicatos absolverit. Mandat impellat eos ut ablata restituant.

(Anno 1147, Dec. 22.)

[UGHELLI, *Italia sacra*, VI, 786.]

EUGENIUS episcopus, servus servorum Dei, venerabili fratri P. Aquileiensi patriarchæ, salutem et apostolicam benedictionem.

Officii nostri debito provocamur Ecclesiis tam vicine quam longe positis paternæ sollicitudinis studio providere. Significatum vero nobis est quod G. C. et filium A. et fratrem ejus, qui propterea excommunicationis vinculo fuerant innodati, quia filiorum nostrorum Veronensis Ecclesiæ canonicorum bona injuste jam dudum et violenter obtinere præsumunt, non præstita satisfactione, unde valde miramur, absolveris, quod quam grave, quantaque correctione sit dignum, tuam prudentiam non credimus ignorare, quos quamvis in eamdem sententiam de ratione revocare possemus, ad præsens tamen tibi deferre volentes, duximus differendum. Sed quoniam præfatam ecclesiam sua nolumus justitia defraudari, præsentium tibi auctoritate præcipimus quatenus prænominatos milites districte commoneas, ut bona Veron. Ecclesiæ, quæ injuste detinent præfatis canonicis libere et in pace dimittant : quod si contemptores exstiterint infra triginta dies postquam præsentia scripta susceperis, eos in eamdem sententiam revoces, nec absolvantur donec Veronensi Ecclesiæ omnia ablata restituant.

Datum Treveri xi Kalendas Jan.

CCXLV.

Ad Henricum Juniorem, Romanorum regem. — Laudat ejus pro Ecclesia zelum, prosperaque ei omnia exoptat.

(Anno 1147.)

[MARTEN., *Ampl. Collect.*, II, 231.]

EUGENIUS episcopus, servus servorum Dei, filio in Christo dilecto HENRICO Juniori Romanorum regi, regis illustris Conradi filio, salutem et apostolicam benedictionem.

Genitoris tui devotionem erga beatum Petrum et sanctam Romanam Ecclesiam attendentes, et quod divina inspiratione compunctus, assumpto vitæ signaculo, ad hostes fidei subjugandos, et catholicam Ecclesiam dilatandam se viriliter et potenter accinxerit, præ oculis cordis habentes, tanquam viscera sua speciali te affectione complectimur, et de illius absentia quodammodo tanquam suam in te cernentes imaginem consolamur. Propterea nuntios et litteras tuas paterna benignitate recepimus, et quod in annis tenerioribus constitutus, te promptum esse exhibendam Ecclesiæ Romanæ ac nobis obedientiam tuis apicibus intimasti, gratum habuimus ac habemus, sperantes ut cum ætatis tuæ incremento firma devotionis et obsequii tui sinceritas erga sedem apostolicam propensius augeatur. Unde omnipotentis Dei supernam exoramus clementiam ut dies et actus tuos de bono in melius sua ineffabili pietate promoveat, et per continuæ salutis augmentum personam tuam feliciter prosperari faciat. Nos etenim, quod ex nobis est, in quibus cum honore Dei et Ecclesiæ suæ poterimus, opem tibi et consilium exhibere tanquam filio dilectissimo satagemus.

CCXLVI.

Ad Anselmum Havelbergensem episcopum.— Ut usurpata a suis prædia Corbeiensium restitui curet.

(Circa annum 1147.)

[MARTEN. *Ampl. Collect.*, II, 211.]

EUGENIUS episcopus, servus servorum Dei, venerabili fratri A. Havelbergensi episcopo salutem et apostolicam benedictionem.

Dilectus filius noster Wibaldus abbas et monachi Corbeienses nobis conquesti sunt, quod Poppo de Blanchenburch et filius ejus C. atque R. canonicus tuus redditus omnes, quos habuerunt in Cropensteden et Gruningue sibi violenter abstulerint, et injuste detineant. Quia igitur ex officii nostri debito eorum justitiæ deesse nec volumus nec debemus, per apostolica tibi scripta mandamus atque præcipimus, quatenus si eorum querimonia veritate innititur, ipsos invasores districte commoneas, ut ablata cum integritate restituant. Alioquin infra duos menses, postquam præsentia scripta susceperis, de ipsis canonicam justitiam facias.

CCXLVII.

Ad Reinherum canonicum Havelbergensem. — Ut viginti mansos, quos Corbeiensi monasterio abstulerat, restituat.

(Circa annum 1147.)

[*Ibid.*, 212.]

EUGENIUS episcopus, servus servorum Dei, REINHERO Halverbergensi canonico, salutem et apostolicam benedictionem.

Dilecti filii nostri Wibaldi et monachorum Corbeiensium querelam accepimus, quod in villa Cropensteden viginti mansos sibi injuste et violenter abstuleris. Quia igitur ecclesiasticorum bonorum persuasores quanta sint animadversione cogendi, tibi non credimus esse incognitum, per apostolica tibi scripta præcipiendo mandamus, quatenus et prædictos mansos, quos invasisti, et alia exinde ablata cum integritate restituas. Quod si contemptor exstiteris, scire te volumus, quia sine gravi vindicta non præteribimus, si iteratus clamor ad nos super injuria prædicta pervenerit.

CCXLVIII.
Privilegium pro monasterio Lacensi.
(Anno 1148, Jan. 20.)
Gunther, *Cod. diplom. Rheno-Mosell.*, I, 303.]

Eugenius episcopus, servus servorum Dei, dilectis filiis Gisleberto abbati monasterii Lacensis quod in Treverensi parochia situm est ejusque fratribus, tam præsentibus quam futuris, regularem vitam professis, in perpetuum.

Piæ postulatio voluntatis effectu debet prosequente compleri, ut devotionis sinceritas laudabiliter enitescat et utilitas postulata vires indubitanter assumat. Eapropter, dilecti in Domino filii, vestris justis postulationibus clementer annuimus, et præfatum monasterium, in quo divino mancipati estis obsequio, sub beati Petri et nostra protectione suscipimus et præsentis scripti privilegio communimus. Inprimis siquidem statuentes ut ordo monasticus in eodem loco secundum beati Benedicti Regulam et normam Cluniacensis monasterii futuris perpetuis temporibus inviolabiliter conservetur. Statuimus etiam ut quascunque possessiones, quæcunque bona in præsentiarum idem monasterium juste et canonice possidet, aut in futurum concessione pontificum, largitione regum, vel principum, oblatione fidelium, seu aliis modis justis præstante Domino poterit adipisci, firma vobis vestrisque successoribus et illibata permaneant. In quibus hæc propriis duximus exprimenda vocabulis: Locum ipsum qui Lacus vocatur, in quo idem cœnobium a nobili viro Henrico palatino comite et Adeleide uxore sua præcipue constat esse constructum, liberum ab omni jugo et potestate sæculari. Ecclesiam Sancti Dionysii in Croth; villam insuper nomine Bella, Reida, Alchena, Willeberge, Croht, Beytendorp cum suis omnibus pertinentiis a prædicto Henrico dono vobis collatam, quam curtem videlicet Beithendorp injusta quorumdam direptione ab ecclesiæ jure subtractam dilectus filius noster Conradus Romanorum rex primo regni sui anno justo principum suorum judicio ecclesiæ vestræ resignavit, et privilegio suo et banno venerabilium fratrum nostrorum Theodowini Sanctæ Rufinæ episcopi, archiepiscoporum Alberonis Treverensis et Arnoldi Coloniensis, et aliorum præsentium, in perpetuum confirmavit decimam salicam de Metschet, quam Rembaldus de Isenburch in nostra præsentia vobis omnino dimisit; quatuor mansos in Croht, et Meilen, in Brabant ex dono Sigefridi comitis palatini; unum mansum in Croht a nobili viro Willelmo palatino comite et ejus matre Jerdrude consentiente Roberto milite qui illum ab ipsis in feudo habebat, vobis collatum; allodium in Masella quod Neuin dicitur cum suis appendiciis, quod Bertramus abbas Sancti Arnulfi Metensis cum consensu venerabilis fratris nostri Stephani ipsius civitatis episcopi atque capituli sui vestro cœnobio congruo pretio vendidit. Allodium in Evernaco a Joanne milite et ejus uxore Matilde vobis donatum; vineas in Winengen et in Leia a Pugnero aliisque fidelibus vobis collatas, in Andernaco, in Ludestorp, in Amerstein vineas a recolendæ memoriæ Friderico Coloniensi archiepiscopo vobis collatas. Prædium in Wadenheim ab Enbricone donatum; curtim Budenarde ab Henrico et suis fratribus et a Garnero et fratribus ejus donatam, agros et vineas in Luzinc et in Menedichi inferiori, in superiori Menedich agros a Theoderico et ejus fratre donatos; curtim in Chella a Drudewino traditam, et partim pretio redemptam; allodium in Pumero a Roberto milite et Herimanno donatum; curtim Hadenhaga cum mancipiis et forestis a Meimgoto Ernesto et Erluino donatam; mansum in Aldendorp ab Alberto donatum; allodium in Loe ex eleemosyna Emichonis militis; item allodium in Glensa ex eleemosyna Folcoldi; in Gerchenrodee, duos mansos ex eleemosyna Hermanni comitis. Vineas in Cuchemo et mansum in Wilre ex dono Theoderici; vineas in Clotena ex dono Herimanni et Hartmudi; vineas in Mudena, mansum a Rodulfo milite donatum; duos mansos pro anima Demodis traditos, item duos pro anima Sibevuir donatos; allodium in Caldine a Frederico donatum; dimidium mansum, dimidiam partem lacus a Gerardo comite donatum; allodium in Nederusen, allodium in Mesenhim, et in Bleida a Folcnando, Richino, Radulfo et Frowino donatum; allodium in Diffindale, allodium in Franchen, allodium in Staphela. Nulli etiam facultas sit, etc., et alium substituere. Decernimus ergo, etc. Amen, amen, amen.

Ego Eugenius Catholicæ Ecclesiæ episcopus.
Ego Imarus Tusculanus episcopus.
Ego Octavianus diaconus cardinalis Sancti Nicolai in Carcere Tulliano.
Ego Herubaldus presbyter cardinalis titulo S. Joannis et Pauli.
Ego Hugo presbyter cardinalis titulo in Lucina.

Datum apud Treverim per manum Guidonis sanctæ Romanæ Ecclesiæ diaconi cardinalis et cancellarii, xiii Kal. Februarii, indictione x, Incarnationis Dominicæ anno 1147, pontificatus vero domni Eugenii papæ III anno tertio.

CCXLIX.
Monasterium S. Petri in Nigra Silva tuenaum suscipit et ejus bona confirmat.
(Anno 1148, Jan. 27.— Treveris.)
[Dungé, *Reg. Bad.* 1137.]

CCL.
Monasterii Heilsbronensis protectionem suscipit possessionesque confirmat.
(Anno 1148, Jan. 28. — Treveris.)
[Hocker, Supplem. zum Heilsbr. Antiq., II, 74.]

CCLI.
Privilegium pro monasterio S. Eucharii Trevirensi.
(Anno 1148, Febr. 6.)
[Gunther, Cod. diplom. Rheno Mosell., I, 308.]

Eugenius episcopus, servus servorum Dei, dilectis filiis Bertulfo abbati monasterii Sancti Eucharii ejusque fratribus, tam præsentibus quam futuris regularem vitam professis, in perpetuum.

Ad hoc universalis Ecclesiæ cura nobis a provisore omnium bonorum Deo commissa est, ut religiosas diligamus personas et beneplacentem Deo religionem studeamus modis omnibus propagare. Nec enim Deo gratus aliquando famulatus impenditur nisi ex charitatis radice procedens a puritate religionis fuerit conservatus. Eapropter, dilecti in Domino filii, vestris justis postulationibus clementer annuimus et præfatum monasterium, in quo divino mancipati estis obsequio, sub beati Petri et nostra protectione suscipimus et præsentis scripti privilegio communimus; statuentes ut quascunque possessiones, quæcunque bona idem monasterium impræsentiarum juste et canonice possidet, aut in futurum concessione pontificum, largitione regum vel principum, oblatione fidelium, seu aliis justis modis Deo propitio poterit adipisci, firma vobis vestrisque successoribus et illibata permaneant. In quibus hæc propriis duximus exprimenda vocabulis. Cellam Beatæ Mariæ de Bopardia, curtem de Wilmar cum appendiciis suis, ecclesias de majori et minori Wilmar et de Vilre, et de superiori Bricheno et de Armvurt cum decimis suis, curtem de Benizenrode cum appendiciis suis, ecclesiam de Niderberga cum decimis suis et pertinentiis, curtem de Pulch cum appendiciis suis, curtem de Cobesa cum appendiciis suis, curtem de Trittenheim cum ecclesia, decimis et pertinentiis suis, curtem de Uren cum appendiciis suis. Longasuram et ecclesiam ejusdem villæ cum decimis et pertinentiis suis, curtem de Cretenach cum ecclesia, decimis et pertinentiis suis, curtem de Pelling cum ecclesia et pertinentiis suis, curtem de Hemetre cum ecclesia et appendiciis suis, curtem de Lampaide cum ecclesia, piscationibus et pertinentiis suis. Mamonis villam cum ecclesia, villam de Halesfeld cum ecclesia, villam de Palzela cum ecclesia et decimis. Nannicho cum ecclesia et decimis, Senciche cum ecclesia et decimis et omnibus earum appendiciis; ecclesiam Sancti Gervasii infra murum civitatis cum decimis suis, villam S. Euchariï cum ecclesia et cum tota justitia ipsius villæ excepto teloneo diei natalis sancti Euchariï. Libertates præterea seu immunitates ab episcoporum et regum discretione monasterio vestro concessas et eorum scripto firmatas vobis nihilominus confirmamus. Prohibemus etiam ut qui-

cunque intra septa monasterii vestri confugerit nullus eum capere præsumat, vel in eum manum mittere audeat. Obeunte vero te nunc ejusdem loci abbate vel tuorum quolibet successorum, nullus ibi qualibet subreptionis astutia seu violentia præponatur nisi quem fratres communi consensu vel fratrum pars consilii sanioris secundum Dei timorem et beati Benedicti Regulam providerint eligendum. Decernimus ergo, etc.

Ego Eugenius Catholicæ Ecclesiæ episcopus.

Ego Herumbaldus presbyter cardinalis titulo SS. Joannis et Pauli.

Ego Hugo presbyter cardinalis tit. S. Laurentii in Lucina.

Ego Giselbertus presbyter cardinalis titulo S. Marci.

Ego Guido presbyter cardinalis titulo SS. Laurentii et Damasi.

Ego Heribertus presbyter cardinalis titulo S. Anastasiæ.

Ego Julius presbyter cardinalis titulo S. Marcelli.

Ego Wiclodent presbyter cardinalis titulo S. Potentianæ.

Ego Oddo diaconus cardinalis S. Georgii ad Velum Aureum.

Ego Octavianus diaconus cardinalis S. Nicolai in Carcere Tulliano.

Ego Joannes cardinalis titulo Sanctæ Mariæ Novæ.

Ego Gregorius diaconus cardinalis S. Angeli.

Ego Hyacintus diaconus cardinalis Sanctæ Mariæ in Cosmedin.

Datum apud Trevirim per manum Guidonis sanctæ Romanæ Ecclesiæ diaconi cardinalis et cancellarii, vIII Idus Februarii, indictione XI, Incarnationis Dominicæ anno 1146, pontificatus vero domni Eugenii papæ anno tertio.

CCLII.
Privilegium pro monasterio S. Mariæ Lonnicens.
(Anno 1148, Febr. 13.)
[*Ibid.*, p. 306.]

Eugenius episcopus, servus servorum Dei, dilectis filiis Folmaro abbati ecclesiæ Sanctæ Mariæ in Lonnechin ejusque fratribus, tam præsentibus quam futuris, regularem vitam professis, in perpetuum.

Quoniam sine veræ cultu religionis nec charitatis unitas potest subsistere nec Deo gratum exhiberi servitium, expedit apostolicæ auctoritati religiosas personas diligere et earum loca pia protectione munire. Eapropter, dilecti in Domino filii, vestris justis postulationibus clementer annuimus et prædecessoris nostri felicis memoriæ papæ Innocentii vestigiis inhærentes, ecclesiam Beatæ Mariæ de Lonnechiu, in qua divino mancipati estis obsequio, sub beati Petri et nostra protectione suscipimus et præsentis scripti privilegio communimus. Inprimis siquidem statuentes ut ordo canonicus secundum beati Augustini Regulam in vestra ecclesia constitutus perpetuis ibidem temporibus inviolabiliter observetur. Præterea quascunque possessiones, quæcunque bona idem locus in præsentiarum juste et canonice possidet aut in futurum concessione pontificum, largitione regum vel principum, oblatione fidelium, seu aliis justis modis, Deo propitio, poterit adipisci, firma vobis vestrisque successoribus et illibata permaneant ; in quibus hæc propriis duximus exprimenda vocabulis: Curiam videlicet in Mendich, cum appendiciis suis, prædium in Minchelue cum capella et suis attinentiis ; prohibemus autem ut ecclesia vestra nullum præter Treverensem archiepiscopum, qui pro tempore fuerit, habeat advocatum. Quidquid etiam sui juris præfatus archiepiscopus in prædiis Valendræ et Adenrodæ ecclesiæ vestræ concessit, nihilominus confirmamus. Obeunte vero te nunc ejusdem loci abbate vel tuorum quolibet successorum, nullus ibi qualibet subreptionis astutia seu violentia præponatur, nisi quem fratres communi religiosorum virorum ejusdem ordinis consilio aut pars consilii sanioris secundum Dei timorem et beati Augustini Regulam providerint eligendum. Nulli quoque fratrum post factam ibidem professionem absque abbatis totiusque congregationis consensu ex eodem claustro discedere liceat, discedentem vero absque communi litterarum cautione nullus audeat retinere. De laboribus vestris quos propriis manibus aut sumptibus colitis, sive de nutrimentis vestrorum animalium nullus a vobis decimas exhibere præsumat. Decernimus ergo, etc.

Datum apud Trevirim per manum Guidonis sanctæ Romanæ Ecclesiæ diaconi cardinalis et cancellarii, Id. Februarii, indictione XI, Incarnationis Dominicæ anno 1147, pontificatus vero domni Eugenii papæ III anno III.

CCLIII

Ad presbyteros, clericos, laicos per Archæ et Zulphichæ parochias constitutos.
(Anno 1148, Febr. 13.)

[GUNTHER, *Cod. diplom. Rheno Mosell.*, I, p. 539.]

EUGENIUS, episcopus, servus servorum Dei, dilectis filiis presbyteris et aliis tam clericis quam laicis per Archæ et Zulphech æ parochias constitutis salutem et apostolicam benedictionem.

Controversiam quæ inter dilectum filium nostrum G. Bunnensem et Fred. S. Georgii præpositos super visitatione decaniæ agitabatur, audiis et diligenter inquisitis utriusque partis rationibus et munimentis sufficienter inspectis, communicato fratrum nostrorum consilio judiciali sententia terminavimus. Quia igitur ex injuncto nobis officio suam unicuique justitiam conservare debemus, per præsentia vobis scripta mandamus et mandando præcipimus quatenus præfatum G. honeste suscipiatis et tanquam archidiacono vestro sibi obedientiam et reverentiam deferatis. Nos siquidem juxta generalem Ecclesiæ consuetudinem visitandi et circumeundi parochias vestras jure archidiaconatus sibi competentes liberam ei concessimus facultatem.

Datum apud Trevirim Id. Februarii.

CCLIV

Ad Corbeienses monachos. — *Hortatur ut Wilbaldo abbati humilem reverentiam exhibeant.*
(Anno 1148.)

[MARTEN., *Ampl. Collect.*, II, 229.]

EUGENIUS episcopus, servus servorum Dei, dilectis Corbeiensibus monachis, salutem et apostolicam benedictionem.

Memores sumus quod per alia vobis scripta mandavimus, ut dilecto filio nostro Wibaldo tanquam abbati humilitate debita pareretis. Quem utique nuper ad nos venientem paterna benignitate recepimus, et in his, quæ ad reparandam in monasterio vestro religionem pertinent, atque servandam diligenti eum studio commonuimus. Ipsum itaque ad vos cum gratia sedis apostolicæ et litterarum nostrarum prosecutionibus remittentes, universitati vestræ mandamus, monemus et exhortamur in Domino, quatenus eum tanquam boni et humiles filii diligatis et honoretis, atque ut pastori vestro condignam ei reverentiam impendatis, sibique ad recuperandas et retinendas possessiones et bona Corbeiensis monasterii viriliter et fideliter assistatis. Nos siquidem eumdem abbatem paterno affectu diligimus, et in quibus secundum Deum possumus, volumus exaudire.

CCLV.

Ad Henricum episcopum Leodiensem. — *Ut compescat raptores bonorum Stabulensis monasterii.*
(Anno 1148.)
[*Ibid.*]

EUGENIUS episcopus, servus servorum Dei, venerabili fratri HENRICO Leodiensi episcopo, salutem et apostolicam benedictionem.

Ecclesiasticorum bonorum pervasores quanta sint animadversione plectendi tuam prudentiam non credimus ignorare. Stabulensis autem Ecclesiæ fratrum ad nos querela pervenit, quod Eustachius parochianus tuus eorum bona in prædio Turnines violenter abstulerit, et ab eorum infestatione nullatenus conquiescit. Macharius quoque de Suingeis et quidam alii incendiarii et raptores coadjutores ipsius eamdem ecclesiam prædis et aliis modis vexare non pertimescunt. Quia vero præcipiti audaciæ raptorum spirituali gladio est fortius resistendum, præsentium tibi auctoritate mandamus, quatenus tam præfatum Eustachium, quam alios raptores ablata reddere, et de cætero ab eorum infestatione desistere stricte coerceas. Quod si contemptores exstiterint, infra quadraginta dies, postquam præsentia scripta susceperis, frustratoria dilatione remota, canonicam de ipsis justitiam facias.

CCLVI.

Ad abbatem et fratres Sancti Benedicti super Padum. — *Mandat ut obedientiam et reverentiam exhibeant abbati Cluniacensi, nec eligere possint* sibi abbatem sine ipsius auctoritate, præcepto, consilio et assensu.

(Anno 1148, Febr. 15.)
[*Bullar. Cluniac.*, 61.]

Eugenius episcopus, servus servorum Dei, dilectis filiis W. abbati Sancti Benedicti, ejusque fratribus, salutem et apostolicam benedictionem.

Dilecti filii nostri Petri abbatis Cluniacensis et fratrum suorum sæpius suscepta querimonia, quod ea quæ in monasterio Sancti Benedicti per prædecessores nostros, tam in electione abbatis quam in aliis, eis concessa et in scriptis eo um firmata sunt, ipsis subtraxeritis, et contra tenorem privilegiorum sedis apostolicæ abbatem elegeritis, utramque partem ante nostram præsentiam evocavimus, rationes vero et allegationes hinc inde diligenter audivimus, et scripta studiose consideravimus; et cum fratribus nostris super ea diu consuluimus: ex quibus cognovimus quod Beati Benedicti monasterio Cluniacensis Ecclesiæ sollicitudo, divina favente clementia, et in temporalibus et in spiritualibus magnum contulit incrementum. Ideoque eidem Cluniacensi Ecclesiæ privilegia illibata servare volentes, præcipimus ut tu, Willelme abbas, usque ad primum festum beatorum apostolorum Petri et Pauli, cum honestis et discretis personis de fratribus tuis, sicut a prædecessoribus nostris felicis memoriæ Innocentio et Lucio præceptum est, Cluniacense monasterium visites, atque dilecto filio nostro Petro abbati honorem et reverentiam humiliter exhibeas. Quod si infirmitate gravatus per te id adimplere non poteris, per meliores personas ipsius monasterii idipsum adimpleas. Defuncto vero ejusdem loci abbate, fratres Sancti Benedicti Cluniacensem abbatem adeant, et abbatis sui obitum ei annuntient, atque de abbate de sua, si idoneus repertus fuerit, vel de Cluniacensi congregatione sibi eligendo auctoritatem, præceptum, consilium, et assensum ipsius abbatis debita humilitate sibi expostulent; quo facto abbatem sibi regulariter eligant: electus autem Cluniacensi abbati repræsentatur, et obedientiam ei promittat. Cum autem Cluniacensis abbas per se, vel per vicarium suum ad præfatum Beati Benedicti monasterium venire voluerit, reverenter a vobis suscipiatur atque tractetur; et ad observantiam religionis studiose intendat, et quæ apud eos corrigenda invenerit, libere et regulariter corrigat.

Datum apud Sarranium xv Kal. Martii.

CCLVII.

Monasterii S. Disibodi protectionem suscipit bonaque ac privilegia confirmat.

(Anno 1148, Febr. 18. — Metis.)
[Joann., *Tab. spic.* 127.]

CCLVIII.

Privilegium pro monasterio Bonifagetensi

(Anno 1148, Febr. 22.)
[Hugo, *Annal. Præm.* I, Pr., p. 309.]

Eugenius episcopus, servus servorum Dei, dilectis filiis Gunthero abbati de Bonfail ejusque fratribus, tam præsentibus quam futuris, in perpetuum.

Religiosis desideriis dignum est facilem præbere consensum, ut fidelis devotio celerem sortiatur effectum. Eapropter, dilecti in Domino filii, vestris justis postulationibus clementer annuimus, et præfatum locum in quo divino mancipati estis obsequio, sub B. Petri et nostra protectione suscipimus, et præsentis scripti privilegio communimus; statuentes ut quascunque possessiones, quæcunque bona idem locus in præsentiarum juste et canonice possidet, aut in futurum concessione pontificum, largitione regum vel principum, oblatione fidelium, seu aliis justis modis, Deo propitio, poterit adipisci, firma vobis vestrisque successoribus, et illibata permaneant. In quibus hæc propriis duximus exprimenda vocabulis : quidquid juris habetis in Bonfail, in agris videlicet et pratis, silvis et aquis, cum molendinis; terram de Bainvill, sicut Hugo tenuit. Præterea laborum vestrorum quos propriis manibus aut sumptibus colitis, seu de nutrimentis vestrorum animalium, nullus a vobis decimas exigere præsumat.

Decernimus ergo ut nulli omnino hominum liceat præfatum locum temere perturbare aut ejus possessiones auferre, aut ablatas retinere, minuere, aut aliquibus vexationibus fatigare, sed omnia integra conserventur eorum, pro quorum gubernatione et sustentatione concessa sunt, usibus omnimodis profutura, salva sedis apostolicæ auctoritate et diœcesani episcopi canonica justitia. Si qua igitur in futurum ecclesiastica sæcularisve persona hanc nostræ constitutionis paginam sciens, contra eam temere venire tentaverit, secundo tertiove commonita nisi satisfactione congrua emendaverit, potestatis honorisque sui dignitate careat, reamque se digno judicio existere de perpetrata iniquitate cognoscat, et a sacratissimo corpore ac sanguine Dei et Domini Redemptoris nostri Jesu Christi aliena fiat, atque in extremo examine districtæ ultioni subjaceat. Cunctis autem eidem loco sua jura servantibus, sit pax Domini nostri Jesu Christi, quatenus et hic fructum bonæ actionis percipiant, et apud districtum judicem præmia æternæ pacis inveniant. Amen.

Ego Eugenius Catholicæ Ecclesiæ episcopus
Ego Oddo diac. card. S. Georgii ad Velum.
Ego Octavianus diac. card. S. Nicolai in Carcere.
Ego Humbaldus presbyt. card. tit. SS. Joannis et Pauli.
Ego Guido presbyt. cardinalis tit. S. Laurentii et Sancti Damasi.
Ego Hugo presbyter card. tit. in Lucina.
Ego Jordanus presbyt. card. tit. S. Susannæ.

Datum Virduni per manum Guidonis sanctæ Romanæ Ecclesiæ diaconi cardinalis et cancellarii, viii Kal. Martii, Incarnationis Dominicæ anno 1147, pontificatus vero domni Eugenii III papæ anno iv.

CCLIX.
Bulla ad capitaneos Nonantulensis monasterii vassallos. — Ut monasterium contra inimicos defendant.

(Anno 1148, Febr. 26.)

[TIRABOSCHI, *Storia della badia di Nonantola*, II, 263, apographum in cod. Rom. — Nonant.]

EUGENIUS episcopus, servus servorum Dei, dilectis filiis universis capitaneis monasterii vassallis, salutem et apostolicam benedictionem.

Quantum Nonantulanum monasterium et in spiritualibus et in temporalibus floruerit, omnibus Longobardiæ partibus satis innotuit. Sed peccatis exigentibus ex persecutione iniquorum in utrisque est imminutum. Quia vos propter bona ejusdem monasterii quibus utimini ei fideles esse debetis, a pravorum illud vexationibus adjuvetis, et ab inimicorum persecutionibus quibus opprimuntur, defendatis.

Datum Virduni, IV Kalend. Martii.

CCLX.
Privilegium pro ecclesia SS. Apostolorum in Monte Cornelio Leodiensi.

(Anno 1148, Mart. 16.)

[HUGO, *Annal. Præm.*, I, Preuv., p. 275.]

EUGENIUS episcopus, servus servorum Dei, dilectis filiis Lucæ abbati ecclesiæ Sanctorum Apostolorum in Monte Cornelio juxta Leodium sitæ, ejusque fratribus tam præsentibus quam futuris regularem vitam professis, in perpetuum.

Quoties illud a nobis petitur, quod religioni et honestati convenire dignoscitur, animo nos decet libenti concedere et petentium desideriis congruum impertiri suffragium. Eapropter, dilecti in Domino filii, prædecessoris nostri felicis memoriæ papæ Innocentii vestigiis inhærentes, vestris justis postulationibus clementer annuimus, et præfatam Sanctorum Apostolorum ecclesiam, in qua divino mancipati estis obsequio, sub beati Petri et nostra protectione suscipimus, et præsentis scripti patrocinio communimus; statuentes ut quascunque possessiones, quæcunque bona eadem ecclesia in præsentiarum juste et canonice possidet, aut in futurum concessione pontificum, largitione regum vel principum, oblatione fidelium, seu aliis justis modis, Deo propitio poterit adipisci, firma vobis vestrisque successoribus et illibata permaneant; in quibus hæc propriis duximus exprimenda vocabulis: in urbe Leodii viginti quinque solidos, quos bonæ memoriæ Obertus Leodiensis episcopus, de theloneo suo singulis annis vobis persolvendos concessit; domum quam dedit vobis Lambertus de Mosa cum grenario juxta forum Leodiense, domum Mariæ de Coir in eodem foro septem mensæ tam panes quam subterales vendentium; domum extra castellum, vineam Radulphi apud villare episcopi; terram Udelini camerarii supradicti episcopi; terram Gisleberti, terram Illini cum domibus, hortis et pratis; terram Bovonis presbyteri, terram Frederici, terram Joannis filii ejus, terram Joannis generi ejusdem Frederici; terram Godefridi militis in villa quæ dicitur Latin, terram quam præfatus Lambertus de Mosa vobis donavit, terram Frederici villici et uxoris ejus Mabiliæ in villa quæ dicitur Holonia super Jecoram, et in villa quæ dicitur Hastaples, terras quas Gisleberthus de Insula cum uxore sua vobis donavit, et quod habetis in villa quæ dicitur Richen in ecclesia, in censu denariorum, in terra arabili, in silvis, pratis, terris cultis et incultis; quidquid etiam habetis in villa quæ dicitur Mecheroul, et in sarto quod appellatur Roliers, in loco qui dicitur Heis, sive curtis Aufridi, molendinum cum terra quam ibi habetis in villa quæ dicitur Guntheries, scilicet in ecclesia Beati Petri et Sancti Georgii, in decima in censu denariorum, terra arabili, silvis, pratis, pascuis, terris cultis et incultis; in villa quæ appellatur Radenchen domum hospitalem, cum pertinentiis suis, quam Gislebertus miles vobis concessit; quotidianum quoque usum in lignorum silva qui dicitur Brues, sive in alia ad curiam Jupiliæ pertinentem, quam venerabilis frater noster Albero Virdunensis episcopus ecclesiæ suæ consensu vobis concessit et scripto suo firmavit; totum alodium quod appellatur Bofoith, tam in silvis, quam in pratis, pascuis, terris cultis et incultis, cum ecclesia in eodem alodio sita, et decima, et dote ad eamdem ecclesiam pertinente; terram quam tenetis in villa quæ appellatur Borsoith; mansum terræ quam habetis inter Hesbines et Halincurth cum familia; terram Walteri militis de Bassines cum familia; præterea ordinem et propositum vestrum canonice vivendi secundum beati Augustini Regulam et institutionem Præmonstratensis Ecclesiæ nullus audeat immutare vel super vos ordinem alterius professionis inducere; nulli etiam fratrum vestrorum, post factam ibidem professionem, absque abbatis et capituli sui licentia, liceat ex eodem claustro discedere; discedentem vero nullus audeat retinere. Oleum autem infirmorum, consecrationes altarium vel ecclesiarum ac ordinationes clericorum, a diœcesano episcopo accipiatis, si gratiam sedis apostolicæ habuerit, et ea vobis gratis et sine exactione aliqua exhibere voluerit; alioquin eadem a quolibet catholico accipiatis episcopo qui nostra fultus auctoritate, quod postulatur, indulgeat. Porro libertatem ecclesiæ vestræ ab episcopis Oberto et Alberone privilegio determinatam atque firmatam assensu Leodiensis Ecclesiæ, vobis auctoritate apostolica confirmamus. Decernimus ergo, etc.

Ego Eugenius Catholicæ Ecclesiæ episcopus.

Datum Remis per manum Guidonis sanctæ Romanæ Ecclesiæ diaconi card. et bibliothecarii, IV Nonas Maii, indictione VI, Incarnationis Dominicæ anno 1147, episcopatus vero domni Eugenii papæ III anno tertio.

CCLX.

Privilegium pro monasterio S. Mariæ Longipontis.

(Anno 1148, Mart. 17.)

[MULDRAC., *Chronicon. abbatiæ Longipontis*, p. 26.]

EUGENIUS episcopus, servus servorum Dei, dilectis filiis BALDUINO abbati ecclesiæ Sanctæ Mariæ Longipontis ejusque fratribus, tam præsentibus quam futuris, regularem vitam professis, in perpetuam memoriam.

Quoties illud a nobis petitur quod religioni et honestati convenire dignoscitur, animo nos decet libenti concedere et petentium desideriis congruum impertire suffragium. Quocirca, dilecti in Domino filii, vestris justis postulationibus clementer annuimus, et præfatum Sanctæ Mariæ monasterium, in quo divino mancipati estis obsequio, sub beati Petri et nostra protectione suscipimus, et præsentis scripti privilegio communimus; statuentes ut quascunque possessiones, quæcunque bona idem monasterium in præsentiarum juste et canonice possidet, aut in futurum concessione pontificum, largitione regum vel principum, oblatione fidelium, seu aliis justis modis, Deo propitio, poterit adipisci, firma vobis vestrisque successoribus et illibata permaneant. In quibus hæc propriis duximus exprimenda vocabulis : locum videlicet ipsum qui Longuspons dicitur, cum omnibus pertinentibus ad jus altaris ejusdem loci, et universa possessione Gerardi de Chrisiaco, quam ipse apud eumdem locum in suo dominio vel alius ab ipso in feodum tenebat *(præter silvam quæ Caisnetus dicitur)* in qua etiam partem dedit ab alia constitutis terminis separatam, in reliqua vero parte liberum usuagium terræ quæ dicitur Maisniliorum ; quidquid Adam Broslart, Joannes de Colomella, Robertus de Musy, Cillebertus Wacca ab eodem Gerardo tenuisse noscuntur; terram quam habetis juxta grangiam Longipontis et ultra rivulum Saveriæ, terras, silvas et pascua usque ad supercilium montis quæ tenetis ab ecclesia Sancti Joannis in vineis, juxta urbem Suessioneusem, in loco qui Pratella dicitur; curtem et cellam vinariam cum vineis et appendiciis suis. Apud montem Rambodium grangiam et terras, in monte et alias terras declivas quas latera vocant a vivario Coutris et territorio Parrechi usque ad vivarium vallis et usque in silvam Virgiaci; et in eadem silva liberum usuagium cæteras quoque terras quas habetis in territorio Parrechi. Apud Dementart universam possessionem Petri de Brana liberam ab ipso et uxore ac filiis ejus, per manum venerabilis fratris nostri Gosleni Suessionensis episcopi vobis concessam. Apud Montegnetum, curtem vestram et grangiam cum vineis, terris et aliis appendiciis suis; vineam de Campellis quam per Petrum priorem de Charitate a Gualtero priore de Montineto in concambium accepistis. Apud Fontem mortuum, terram quas vobis dedit Rogerius Salvagius, scilicet 13 modiatas ex tota liberas. In pago Noviomensi grangiam de Elenvalle, terras etiam et silvas quas habetis cum terra Gaufridi Martelli, et pratis et pascuis quæ tam ab ipso Gaufrido quam ab Hugone Furnario et uxore ejus vobis collata sunt ; juxta eadem prata, curtem in terra ipsius Hugonis Furnarii ab omni exactione liberam, et in ipsa curte mansiones ad includenda et conservanda vestra animalia. In pago Viromandensi prope Sanctum Quintinum, grangiam de Murimonte cum silvis, mansis et terris quas ibi habetis ; piscariam in fluvio Somena, libertatem quoque in tota terra comitis Viromandensis et in terra Ingerranni de Cochei, quemadmodum vobis ab eis concessa est.

Decernimus ergo ut nulli omnino hominum liceat præfatum monasterium temere perturbare, aut ejus possessiones auferre, vel ablatas retinere, minuere, aut aliquibus vexationibus fatigare ; sed omnia integra conserventur eorum, pro quorum gubernatione et sustentatione concessa sunt, usibus omnimodis profutura. Si qua igitur in futurum ecclesiastica sæcularisve persona, hanc nostræ constitutionis paginam sciens, contra eam temere venire tentaverit, secundo tertiove commonita, si non congrua satisfactione emendaverit, potestatis honorisque sui dignitate careat, reamque se divino judicio existere de perpetrata iniquitate cognoscat, et a sacratissimo corpore et sanguine Dei et Domini Redemptoris nostri Jesu Christi aliena fiat, atque in extremo examine districtæ ultioni subjaceat. Cunctis autem eidem loco sua jura servantibus sit pax Domini nostri Jesu Christi quatenus et hic fructum bonæ actionis percipiant, et apud districtum judicem præmia æternæ pacis inveniant. Amen, amen, amen.

Ego Eugenius Catholicæ Ecclesiæ episcopus.

Ego Imarus Tusculanus episcopus.

Ego Hubaldus presbyt. card. S. Praxedis.

Ego Oddo diaconus card. S. Georgii ad Velum Aureum.

Ego Guido presbyt. card. tit. Sanctorum Laurentii et Damasi.

Ego Hugo presbyt. card. tit. in Lucina.

Ego Julius presbyt. card. tit. S. Marcelli.

Ego Gregorius diac. card. Sancti Angeli.

Ego Joannes diac. card. S. Mariæ.

Ego Jacintus diac. card. S. Mariæ in Cosmedin.

Datum Remis per manum Hugonis sanctæ Romanæ Ecclesiæ diaconi cardinalis et cancellarii, x Kalend. Aprilis, indict. xi, Incarnationis Dominicæ anno 1148, pontificatus vero domni Eugenii III papæ anno quarto.

CCLXII.

Monasterii Benedicti-Burani bona privilegiaque confirmat.

(Anno 1148, Mart. 28.)

[*Monumenta Boica*, VII, 102.]

EUGENIUS episcopus, servus servorum Dei, dilectis filiis GUALTERO abbati Sancti Benedicti de Burin, ejusque fratribus, salutem et apostolicam benedictionem.

Ad hoc a summo pastore omnium in apostolicæ sedis regimine pastoralem curam accipimus, ut subditorum saluti paterno provideamus affectu, eosque ab infestantium oppressione munimine sedis apostolicæ defensemus. Eapropter, dilecti in Domino filii, vestris petitionibus gratum impertientes assensum, præfatum Sancti Benedicti monasterium sub beati Petri et nostra protectione suscipimus, et præsentis scripti patrocinio communimus; statuentes ut quæcunque possessiones, quæcunque bona ex concessione pontificum, largitione regum, oblatione fidelium, seu aliis justis modis in præsentiarum vestra ecclesia possidet, aut in futurum juste et canonice, Deo propitio, poterit adipisci, firma vobis vestrisque successoribus, et illibata permaneant. Et quia idem monasterium, multis olim possessionibus et divitiis ditatum, sicut ex rescripto litterarum illustris memoriæ Lotharii Romanorum imperatoris inspeximus, regni necessitas et imminentia exspoliaverunt negotia, placuit eidem imperatori illud libertate donare, et ab omnibus injuriis seu exactionibus immune statuere. Nos ergo eamdem libertatem auctoritate apostolica confirmamus et inviolatam in perpetuum manere decernimus. Advocatus quoque, sicut idem imperator decrevit, nullus ibi ponatur, nisi quem abbas ejusdem loci consilio fratrum elegerit; qui si præter jus suum ad res Ecclesiæ contra voluntatem abbatis manum extenderit juxta tenorem litterarum jam dicti imperatoris abbas potestatem habeat eum refutandi. Obeunte vero te nunc ejusdem loci abbate, vel tuorum quolibet successorum, nullus ibi qualibet subreptionis astutia seu violentia præponatur, nisi quem fratres communi consensu aut fratrum pars consilii sanioris secundum Dei timorem et beati Benedicti Regulam providerit eligendum.

Nulli ergo hominum clerico sive laico fas sit ipsum monasterium temere perturbare aut ejus possessiones auferre, vel ablatas retinere, minuere, aut aliquibus molestiis fatigare, sed omnia integra conserventur eorum, pro quorum gubernatione et sustentatione concessa sunt, usibus profutura, salva sedis apostolicæ auctoritate, et diœcesani episcopi canonica justitia. Si quis igitur in futurum contra hujus nostri scripti paginam scienter venire tentaverit, et commonitus præsumptionem suam emendare contempserit, reum se futuro judicio existere de perpetrata iniquitate cognoscat, et a sacratissimo corpore et sanguine Domini nostri Jesu Christi alienus fiat; conservantes autem gratia divina custodiat, et suæ benedictionis participes efficiat.

Dat. Remis per manum Guidonis, sanctæ Romanæ Ecclesiæ diaconi cardinalis et cancellarii, v Kal. Aprilis, indict. xi, Incarnationis Dominicæ, anno 1148, pontificatus vero domni Eugenii III papæ anno IV.

CCLXIII.

Sententiam ab episcopis quibusdam inter Henricum, abbatem Hersfeldensem, et Ottonem, episcopum Halberstadensem, de decimis latam confirmat.

(Anno 1148, Mart. 29. — Remis.)

[WENCK, *Hess. Landesg. Urk.* 69.]

CCLXIV.

Ad Moysem Ravennatem archiepiscopum. — De ipsius jure super confirmatione electionis Placentini episcopi.

(Anno 1148, Mart. 29.)

[MANSI, *Concil.*, XXI, 665.]

EUGENIUS episcopus, servus servorum Dei, venerabili fratri MOYSI Ravennati archiepiscopo, salutem et apostolicam benedictionem.

Quia de fraternitatis tuæ devotione confidimus, statum nostrum tibi diximus intimandum. Nos siquidem et fratres nostri, miseratione divina incolumes sumus: et postquam concilium de provinciis Cisalpinis auctore Domino celebravimus, per apostolicam gratiam multorum correctis excessibus, et in eodem concilio, quæ ad honorem Dei statuenda fuerant, constituimus, ad Italiam redire disponimus. Cæterum dilectioni tuæ nec molestum, nec volumus esse incognitum, quod Placentinæ Ecclesiæ electionem, salvo jure tuo auctoritate apostolica confirmavimus; unde jam pridem per nostra scripta te duximus præmonendum et id ipsum, et præsentibus mandamus epistolis, quatenus in proxima B. Lucæ festivitate, ut de illa controversia plenius cognoscamus, cum tuis monumentis et rationibus, nostro te conspectui repræsentes. Placentini siquidem, sicut nobis promisere, ad præfinitum terminum venient, nostris mandatis obtemperare parati. Asserebant siquidem, quod quandiu Placentina fuit destituta pastore, nullus esset qui pro eadem ecclesia staret in causa. Præterea tam ipsa, quam tota civitas, innumera incurrebant detrimenta.

Data Remis, IV Kal. Aprilis.

CCLXV.

Privilegium pro monasterio Laureshamensi.

(Anno 1148, Mart. 29.)

[*Cod. diplom. Laureshamensis.*, I, 247.]

EUGENIUS episcopus, servus servorum Dei, dilectis filiis FOLINANDO abbati Laureshamensis monasterii, ejusque fratribus tam præsentibus quam futuris, regularem vitam professis, in perpetuum.

Apostolicæ sedis, cui divina permittente gratia præsidemus, auctoritate debitoque compellimur, pro universarum Ecclesiarum statu satagere, et ut religiosi viri Dei servitio liberius insistere valeant, eorum quieti salubriter providere. Quocirca, dilecti in Domino filii, vestris justis postulationibus clementer annuimus, et præfatum Laureshamense monasterium sub Beati Petri et nostra protectione suscipimus, et præsentis scripti privilegio communimus; statuentes, ut quascunque possessiones, quæcunque bona in terris cultis vel incultis, vineis, pratis, nemoribus, pascuis, aquis, molendinis, castellis, villis, colonis, decimis, seu aliis eadem ecclesia juste et canonice possidet, aut in futurum concessione pontificum, largitione regum vel principum, oblatione fidelium, seu aliis justis modis, Deo propitio poterit adipisci, firma vobis vestrisque successoribus et illibata permaneant. Prohibemus autem ut servitium centum marcarum, quas vestrum monasterium regi vel imperatori solebat singulis annis tribuere, a charissimo filio nostro Conrado Romanorum rege eidem monasterio indultum et scripti sui memoria est firmatum, nulla de cætero ecclesiastica vel sæcularis persona præsumat exigere, et abbatem ipsius monasterii super hoc aliquatenus molestare, sed præfatum monasterium, sicut ab ipso rege statutum est, ab eodem servitio liberum et immune in perpetuum perseveret. Obeunte vero te nunc ejusdem loci abbate, vel tuorum quolibet successorum, nullus ibi qualibet subreptionis astutia vel violentia præponatur, nisi quem fratres ejusdem monasterii communi consensu, vel fratrum pars consilii sanioris, secundum Dei timorem et beati Benedicti Regulam providerint eligendum. Chrisma vero, oleum sanctum, consecrationes altarium seu basilicarum, ordinationes clericorum vel monachorum, et benedictionem abbatis a diœcesano suscipietis episcopo, si tamen Catholicus fuerit, et gratiam apostolicæ sedis habuerit, et ea gratis et absque pravitate aliqua exhibere voluerit; alioquin liceat vobis quemcunque Catholicum malueritis adire antistitem, qui nostra fultus auctoritate, quod postulatur indulgeat.

Nulli ergo hominum liceat jam dictum monasterium temere perturbare, aut ejus possessiones auferre, vel ablatas retinere, minuere, seu quibuslibet molestiis fatigare; sed omnia integra conserventur eorum, pro quorum sustentatione et gubernatione concessa sunt, usibus omnimodis profutura. Si quis igitur in futurum, hanc nostræ constitutionis paginam sciens, contra eam temere venire tentaverit, secundo tertiove commonitus, si non præsumptionem suam digna satisfactione correxerit, potestatis honorisque sui dignitate careat, reumque se divino judicio existere de perpetrata iniquitate cognoscat, et a sacratissimo corpore et sanguine Domini Redemptoris nostri Jesu Christi alienus fiat, atque in extremo examine districtæ ultioni subjaceat.

Cunctis autem eidem loco justa servantibus sit pax Domini nostri Jesu Christi, quatenus et hic fructum bonæ actionis percipiant, et apud districtum judicem præmia æternæ pacis inveniant. Amen. amen, amen.

SANCTUS PETRUS S. PAULUS, EUGENIUS PAPA TERTIUS.
BENE VALETE.

Ego Eugenius Catholicæ Ecclesiæ episcopus subscripsi.

Ego Octavianus diaconus cardinalis Sancti Nicolai de Carcere ss.

Ego Joannes diaconus cardinalis Sanctæ Mariæ Novæ ss.

Datum Remis per manum Guidonis sanctæ Romanæ Ecclesiæ diaconus cardinalis et cancellarii, IV Kalend. Aprilis, indictione XI, Incarnationis Dominicæ anno 1148, pontificatus vero domni Eugenii III papæ anno quarto.

CCLXVI
Mandatum ad archiepiscopos, episcopos, etc., super restitutione facienda Laureshamensi monasterio.
(Anno 1148, Mart. 29.)
[*Cod. diplom. Lauresham.*, I, 249.]

EUGENIUS episcopus, servus servorum Dei, venerabilibus fratribus archiepiscopis, episcopis, in quorum parochiis Laureshamensis monasterii bona consistunt, salutem et apostolicam benedictionem.

Quantis Laureshamense monasterium possessionibus olim ditatum fuerit, quantumque largis imperatorum donationibus abundaverit vestra fraternitas non ignorat, sed peccatis exigentibus, propter plurimas perturbationes et regni necessitates admodum est imminutum; ideoque vestro plurimum auxilio indiget, et ut possessiones ejus manutenere juvetis, et ab infestantium injuriis defensetis, necessarium habet. Per præsentia ergo vobis scripta mandamus, quatenus parochianos vestros, qui ejusdem monasterii bona injuste detinent, reddere districtius moneatis; quod si facere noluerint, canonicam de ipsis justitiam faciatis.

Data Remis, IV Kalend. Aprilis.

CCLXVII
Privilegia possessionesque monasterii Maulbrunnensis confirmat.
(Anno 1148, Mart. 29.)
[PETRI, *Suevia ecclesiastica*, p. 572.]

EUGENIUS episcopus, servus servorum Dei, dilectis filiis DIETHERO abbati de Maulbronn, ejusque fratribus, tam præsentibus quam futuris regularem vitam professis, in perpetuum.

Desiderium quod ad religionis propositum et animarum salutem pertinere monstratur, auctore Deo, sine aliqua est dilatione complendum. Eapropter, dilecti in Domino filii, vestris justis postulationibus clementer annuimus, et præfatum locum a venerabili fratre nostro Gunthero Spirensi episcopo cum adjacentibus agris vobis concessum, in quo monasterium vestrum situm est, sub B. Petri et nostra protectione suscipimus et præsentis scripti privilegio communimus; statuentes, ut quascunque possessiones, quæcunque bona idem locus in præsentiarum juste et canonice possidet, aut in futurum concessione pontificum, largitione regum vel principum, oblatione fidelium, seu aliis justis modis, Deo propitio, poterit adipisci, firma vobis vestrisque successoribus, et illibata permaneant. Præterea laborum vestrorum, quos propriis manibus aut sumptibus colitis, sive de nutrimentis animalium vestrorum, nullus a vobis decimas exigat.

Decernimus ergo ut nulli omnino hominum liceat

præfatum .ocum temere perturbare, aut ejus possessiones auferre, vel ablatas retinere, minuere, aut aliquibus vexationibus fatigare ; sed omnia integre conserventur eorum, pro quorum gubernatione et sustentatione concessa sunt, usibus omnimodis profutura, salva sedis apostolicæ auctoritate, et diœcesani episcopi canonica justitia. Si qua igitur in futurum ecclesiastica sæcularisve persona hanc nostræ constitutionis paginam violaverit, aut sciens, contra eam venire temere tentaverit, secundo tertiove commonita, si non satisfactione congrua emendaverit, potestatis honorisque sui dignitate careat, reamque se divino judicio existere de perpetrata iniquitate cognoscat ; et a sacratissimo corpore ac sanguine Dei et Domini nostri Jesu Christi Redemptoris aliena fiat, atque in extremo examine districtæ ultioni subjaceat. Cunctis autem eidem loco justa servantibus sit pax Domini nostri Jesu Christi, quatenus et hic fructum bonæ actionis percipiant, et apud districtum judicem præmia æternæ pacis inveniant. Amen.

Datum Remis per manum Guidonis sanctæ Romanæ Ecclesiæ diaconi cardinalis et cancellarii, quarto Kalendas Aprilis, indictione undecima, Incarnationis Dominicæ anno millesimo centesimo quadragesimo octavo ; pontificatus autem domni Eugenii papæ III anno quarto.

CCLXVIII.

Privilegium pro monasterio Helmesvardensi [Helmershusensi].

(Anno 1148, Mart. 30.)

[Schaten, Annal. Paderborn., 1, 778.]

Eugenius episcopus, servus servorum Dei, dilectis dilectoribus, veræ fidei benedictionem et misericordiam a Deo salutari suo.

Sicut dignum est et justum, nos pro statu temporalium et spe futurorum universitati fidelium apostolica auctoritate prospicere, sic etiam peramplius et perfectius est, æquum et salutare, votis humilium et precibus mansuetorum aures benignitatis nostræ accommodare. Eapropter significamus, tam præsenti Ecclesiæ quam generationi venturæ, quod præsidentibus nobis in generali Remensi concilio, et quæ ad pacem sunt Ecclesiarum disponentibus, abbatem venerabilem Helmeswardensis cœnobii, Conradum nomine, ad nos reverenda cum devotione accessisse, ac de statu, jure, seu libertate suæ Ecclesiæ pauca pro tempore nobis intimasse, utque super his prædecessorum nostrorum decretis privilegii nostri auctoritate subscriberemus, pia importunitate postulasse. Qua de re habita deliberatione, tum sedis apostolicæ conventi larga liberalitate, tum etiam episcoporum nostrorum provocati benigna interventione, Henrici scilicet Moguntini, [Mendensis ?] Thebardi Bremensis, [Thetmari Verdensis ?] Bernhardi Hildenensis, item Bernhardi Patherbornensis, et Vicbaldi Stabulensis monasterii prælati justis postulationibus clementer annuimus, et præfatam Ecclesiam sub beati Petri et nostra protectione ex hoc nunc et usque in sæcuum suscipimus.

Statuentes igitur, decernimus ut nulli omnino hominum cujuscunque ordinis sit, seu dignitatis, liceat jam dictam ecclesiam temere perturbare, possessiones auferre, vel ablatas retinere, minuere, seu aliquibus vexationibus fatigare , sed quascunque possessiones, bona tam in honoribus quam in redditibus, seu aliis in præsentiarum juste et canonice possidet, vel in futurum concessione pontificum, largitione regum, oblatione fidelium, poterit, Deo propitio, adipisci, integra et illibata Deo inibi militantibus ac regulariter viventibus permaneant. Habeant etiam fratres liberam facultatem eligendi advocatum utilem rebus....... Idem etiam monasterium secundum statutum pontificum Romanæ libertatis..., scilicet, ac Benedicti ab omni dictione episcopi in cujus parochia .... sacros ordines duntaxat, vel consecrationes benigne. .... : Si qua igitur ecclesiastica sæcularisve potentia contra hujus nostri privilegii paginam venire tentaverit, ream se divino judicio existere......, culpa recognoscat; ac nisi satisfactione resipiscat, vinculo anathematis districtæ ultioni subjaceat. Qui vero hujus nostri privilegii custos et observator exstiterit, a secunda morte non lædetur, sed perpetua benedictione et gratiarum actione cum Deo et Agno in Jerusalem superna perfruetur. Amen.

Data Remis per manus Guidonis sanctæ Romanæ Ecclesiæ diaconi cardinalis et cancellarii, III Kalend. Aprilis, indict. xi.

CCLXIX.

Privilegium confirmationis bonorum omnium monasterii Altahensis seu Altha inferioris, Solisburgensis diœcesis.

(Anno 1148, Mart. 30.)

[Hund., *Metropol. Salisburg.*, II, 27.]

Eugenius episcopus, servus servorum Dei, dilectis filiis Conrado abbati monasterii Sancti Mauritii Altahensis, ejusque fratribus tam præsentibus quam futuris, monasticam vitam professis, in perpetuum.

Quoties illud a nobis petitur, quod rationi et honestati convenire dignoscitur, animo nos decet libenti concedere, et petentium desideriis congruum impertiri suffragium. Eapropter, dilecti in Domino filii, vestris justis postulationibus clementer annuimus, et præfatum monasterium, in quo divino mancipati estis obsequio, sub beati Petri et nostra protectione suscipimus, et præsentis scripti patrocinio communimus; statuentes, ut qualescunque possessiones, quæcunque bona impræsentiarum juste et canonice possidetis, aut in futurum concessione pontificum, largitione regum vel principum, oblatione fidelium, seu aliis justis modis, Deo propitio, poteritis adipisci, firma vobis vestrisque successoribus, et illibata permaneant; in quibus hæc propriis duximus exprimenda vocabulis: ecclesias videlicet de Zaja, de Abbatisdorff, de Grie, de Chunezen, de Cassen, de Mynchendorff, de Itrehoven, de Puchoven, de Wialtorf, de Erlbac, de Sinichengen, de Munterte, de Ingen, de Ingoltestat, de Otelingen, de Wilbac, de Peringen, de Usterlingen, de Peirbach, de Metmenhusen, de Ibach, de Suarza, de Pfolingen, de Palkingen, de Suarza, de Rorbach, de Urbac, de Loting, de Tundorf, de Aicha, de Winchilgen, de Regen, de monte S. Godheardi, de Naszelbach, de Heidoflngen, de Cella, montem S. Mariæ de Scoliunge, Runichenæ, Tagmanpach, Winchingen, Hohenoe Aespach cum vineis et portu; vineas de Spizze, Scongerinen, Otheneshaim, Gerlochesperch, Willensingen, Mannendorf, Hofdorf, Rauvenstetten, Ranthingen, Casebalchesteinden, Kadingen, Adelboldingen, Asingen, Jallingen, Teuvelsperch, quidquid juris habetis in Halla. Præterea quæcunque bona tam in decimis quam in familiis juste et canonice possidetis, vobis nihilominus confirmamus.

Decernimus ergo, ut nulli omnino hominum liceat præfatum monasterium temere perturbare, aut ejus possessiones auferre, vel ablatas retinere, minuere, seu quibuslibet vexationibus fatigare; sed omnia integra conserventur eorum, pro quorum gubernatione et sustentatione concessa sunt, usibus omnimodis profutura, salva sedis apostolicæ auctoritate, et diœcesanorum episcoporum canonica reverentia. Si qua igitur in futurum ecclesiastica sæcularisve persona, hanc nostræ constitutionis paginam sciens, contra eam venire tentaverit, secundo tertiove commonita, si non satisfactione congrua emendaverit, potestatis honorisque sui dignitate careat, reamque se divino judicio existere de perpetrata iniquitate cognoscat, et a sacratissimo corpore et sanguine Dei et Domini Redemptoris nostri Jesu Christi aliena fiat, atque in extremo examine districtæ ultioni subjaceat. Cunctis autem eidem loco justa servantibus, sit pax Domini nostri Jesu Christi, quatenus et hic fructum bonæ actionis percipiant et apud districtum judicem præmia æternæ pacis inveniant. Amen, amen, amen.

Ego Eugenius Catholicæ Ecclesiæ episcopus ss.

Ego Otto diac. card. S. Georgii ad Velum Aureum ss.

Ego Octavianus diac. card. S. Nicolai in Carcere Tulliano ss.

Ego Gregorius diaconus cardinalis Sancti Angeli ss.

Ego Jacinthus diaconus cardinalis S. Mariæ in Cosmedin ss.

Datum Remis per manum Guidonis sanctæ Romanæ Ecclesiæ card. et cancellarii, iu Kal. Aprilis, indict. xii, Incarnat. Dominicæ anno 1149, pontificatus vero domni Eugenii III papæ anno v.

CCLXX

[Peregrino] patriarchæ Aquileiensi mandat, præcipiat comitibus quibusdam ut libras ccc *T[heobaldo] episcopo Veronensi debitas, pendant, prædiaque canonicis Veronensibus adempta reddant.*

(Anno 1148, Apr.-Mai.)

[Uchelli, *Italia sacra*, V, 786.]

Eugenius episcopus, servus servorum Dei, venerabili fratri P. Aquileiensi patriarchæ salutem et apostolicam benedictionem.

Significatum nobis est quod venerabilis frater noster T. Veronensis episcopus pro discordia quæ inter comites de Runcho, Girardum videlicet Graffum, Albertum Surdum, et filium Maleregolati comitis, et Veronenses canonicos agebatur, ipsis canonicis pro comitibus ccc lib. Veronensis monetæ persolvit, iidem vero comites pro quibusdam prædis quas canonicis fecerunt, eisdem adhuc tenentur obnoxii. Quia igitur ad hoc in sede justitiæ, disponente Domino, constituti sumus, ut cuique sua jura per nos serventur, per apostolica tibi scripta præcipiendo mandamus quatenus prædictis comitibus per juramentum, quo tibi tenentur obstricti, firmiter præcipias ut prædicto fratri nostro Veronensi episcopo ccc lib. exsolvant, et prædia canonicis cum integritate restituant. Quod si facere contempserint, eos in eadem excommunicationis sententia, qua prius tenebantur, sine dilatione reponas.

Dat. Remis.

CCLXXI

Ad Henricum Juniorem Romanorum regem. — Amitæ ipsius (ducissæ Poloniæ) provisurum se promittit.

(Anno 1148, April. 1.)

[Marten., *Ampl. Collect.*, II, 239.]

Eugenius episcopus, servus servorum Dei, dilecto in Christo filio Henrico Juniori Romanorum regi illustri imperatoris Conradi filio salutem et apostolicam benedictionem.

Litteras et nuntios tuos debita benignitate suscepimus, et eorum preces diligenter attendimus. Personam siquidem tuam vera in Domino charitate diligimus, et in quibus secundum Deum possumus, paternæ devotionis memores, volumus honorare. Ideoque tuæ amitæ, pro qua rogasti, consueta apostolicæ sedi clementia per nuntium nostrum, quem ad partes illas duximus destinandum, auctore Domino, quantum pro honestate nostra poterimus, providere curabimus. Cæterum in puerili ætate constitutus ita bonis et honestis actibus incumbere studeas, ut de tuis successibus mater tua sancta Romana Ecclesia gratuletur.

Data Remis Kalendas Aprilis.

CCLXXII

Ad prælatos Teutonicos. — Ut Juniori regi Henrico assistant suisque consiliis et operibus eum adjuvent.

(Anno 1148, April. 1.)

[*Ibid.*]

Eugenius episcopus, servus servorum Dei, venerabilibus fratribus archiepiscopis, episcopis et dilectis filiis abbatibus per Teutonicum regnum constitutis salutem et apostolicam benedictionem.

Sicut manifeste vestra prudentia recognoscit, charissimus filius noster Conradus Romanorum rex divini amoris fervoribus excitatus, vivificæ crucis signo suscepto, ad debellandam idololatrarum insaniam, et ad cultum Christiani nominis propagandum sese viriliter ac potenter accinxit. Cum itaque omnibus ex nostro simus officio debitores, pro ipso tamen magis debemus et propensius volumus esse solliciti. Unde fraternitatem vestram præsentibus exhortamur epistolis, et exhortando mandamus; quatenus charissimo filio nostro Henrico Juniori regi, Romanorum regis illustris Conradi filio diligenter et fideliter assistatis; et in his, quæ ad Patris sui honorem et regni statum pertinere noscuntur, ut pax per omnipotentis Dei gratiam in populis sibi subjectis integra conservetur, opem ei et consilium, quando vestrum auxilium postulaverit, impendatis. Nolumus siquidem, ut sub protectione beati Petri in patris sui absentia aliquatenus honoris sui detrimentum vel defectum incurrat:

Data Remis Kal. April.

CCLXXIII.
Privilegium pro ecclesia S. Mariæ Cameracensi.
(Anno 1148, April. 1.)
[LEGLAY, *Glossaire du Cambrésis*, fonds de la cathédrale, copie.]

EUGENIUS episcopus, servus servorum Dei, dilectis filiis HUGONI decano Cameracensis Ecclesiæ ejusque fratribus tam præsentibus quam futuris canonice substituendis in perpetuum.

Æquitatis et justitiæ ratio persuadet nos ecclesiis perpetuam rerum suarum firmitatem et vigoris inconcussi munimenta conferre. Non enim decet clericos in sortem Domini evocatos perversis malorum hominum molestiis agitari, nec temerariis quorumlibet vexationibus fatigari. Ideoque, dilecti in Domino filii, vestris justis postulationibus clementer annuimus, et ecclesiam Sanctæ Dei genitricis et virginis Mariæ, in qua divino mancipati estis obsequio, sub beati Petri et nostra protectione suscipimus, et præsentis scripti privilegio communimus; statuentes ut quascunque possessiones, quæcunque bona eadem ecclesia inpræsentiarum juste et canonice possidet, aut in futurum concessione pontificum, liberalitate regum, largitione principum, oblatione fidelium, seu aliis justis modis, Deo propitio, poterit adipisci, firma vobis vestrisque successoribus et illibata permaneant. In quibus hæc propriis duximus exprimenda vocabulis : Vileirs videlicet cum altari, tres partes de Maerech cum altari, Unaing cum altari, altare de Genlaing, altare de Lissinis; et alodium quod Lietbertus episcopus in eadem villa habuit, altare de Ogi, et quidquid idem episcopus in eadem villa habuit; altare de Yser, Risbercurt, Hahiercurt, Elneus, Fontanis, altare de Sanctis, altare de Burlun, altare de Harmies, altare de Ramincurt, altare de Riolcurt, altare de Hauraincurt, altare de Felchires, altare de Sancto Brictio; quod in civitate Tornacensi situm est, altare de Morceis, altare de Hualdre, altare de Chiuvrain, altare de Dangre, altare de Muntenni, altare de Lestinis, altare de Anderlert, altare de Caing, altare de Maslines (35) cum omnibus eorum appendiciis.

Decernimus ergo ut nulli omnino hominum liceat præfatam ecclesiam temere perturbare, aut ejus possessiones auferre, vel ablatas retinere, minuere, aut aliquibus vexationibus fatigare; sed omnia integra conserventur eorum, pro quorum gubernatione et sustentatione concessa sunt, usibus omnimodis profutura, salva sedis apostolicæ auctoritate et diœcesanorum episcoporum canonica justitia. Si qua igitur in futurum ecclesiastica sæcularisve persona, hanc nostræ constitutionis paginam sciens, contra eam temere venire tentaverit, secundo tertiove commonita, si non satisfactione congrua emendaverit, potestatis honorisque sui dignitate careat, reamque se judicio existere, de perpetrata iniquitate cognoscat, et a sacratissimo corpore ac sanguine Dei et Domini nostri Jesu Christi aliena fiat. Cunctis autem eidem loco justa servantibus sit pax Domini nostri Jesu Christi, quatenus et hic fructum bonæ actionis percipiant, et apud districtum judicem præmia æternæ pacis inveniant. Amen, Amen.

Ego Eugenius Catholicæ Ecclesiæ episcopus.

Ego Imarus Tusculanus episcopus.

Ego Ubaldus presb. card. tituli Sanctæ Praxedis.

Ego Gislebert indignus sacerdos tituli Sancti Marci.

Ego Gindopsir, card. tituli Sanctorum Laurentii et Damasi.

Ego Hugo presbyter cardinalis tituli in Lucina matrona.

Ego Oto diaconus cardinalis Sancti Georgii ad Velum Aureum.

Ego Octavianus diac. card. Sancti Nicolai in Carcere Tulliano.

---

(35) *Vileirs*, Villers-Pol; *Maerech*, Māresches; *Unaing*, Onnaing; *Genlaing*, Jenlain, sur la petite Rhonelle, arrondissement d'Avesnes, canton du Quesnoy; *Lissinis*, Lessines en Belgique; *Risbercurth*, Ribécourt; *Hahiercurt*, Gualtercurth, village détruit; *Elneus*, Anneux; *Fontanis*, Fontaine-N.-D.; *Sanctis*, Sains-lez-Marquion; *Burlun*, Bourlon, canton de Marquion, Artois, mais ayant une seigneurie dépendante du Cambrésis; *Harmies*, Hermies, Pas-de-Calais, canton de Bertincourt, Artois, avec un enclavement du Cambrésis; *Ramincurt*, Rumaucourt, canton de Marquion; *Riolcurt*, Ruyaulcourt, canton de Bertincourt; *Hauraincurt*, Havrincourt, canton de Bertincourt; *Felchires*, Flesquières, arrondissement de Cambrai, canton de Marcoing; *Morceis*, Morchies, canton de Bertincourt, Pas-de-Calais; *Hualdre*, nom inconnu; *Chiuvrain*, Quiévrain, aujourd'hui province de Hainaut, en Belgique, jadis décanat de Bavai; *Dangre*, Angre; *Muntenni*, Montigny en Cambrésis ou Montigni-sur-Roc, Belgique, province de Hainaut, jadis décanat de Bavai; *Lestinis*, Estines, aujourd'hui Belgique, province de Hainaut, lieu célèbre par les deux conciles qui s'y sont tenus au VIII° siècle; *Anderlert*, Anderlecht, Belgique, province de Brabant; *Caing*, nommé *Caym* dans d'autres titres, est Chin, aujourd'hui hameau dépendant de Ramegnies-Chin, près de Tournai, ou bien Kain, village tout voisin. Dans un répertoire des chartes de l'Église de Cambrai, on lit : *Caym villa est prope Tornacum*; *Maslines*, Malines, aujourd'hui siège d'un archevêché en Belgique.

Ego GG. diacon. card. Sancti Angeli.

Ego Joannes Paparo diaconus cardinalis Sancti Adriani.

Ego Jacintus diac. card. Sanctæ Mariæ in Cosmydyn.

Datum Remis per manum Guidonis sanctæ Romanæ Ecclesiæ diac. card. et cancell., Kal. April., indictione xi, Incarnationis Domini anno 1148, pontificatus vero domni Eugenii tertii anno iv

CCLXXIV.

Ad Odonem ducem Burgundiæ. — Arguit quod infestus sit Ecclesiæ Vizeliacensi.

(Anno 1148, April. 3.)

[MANSI, *Concil.*, XXI, 657.]

EUGENIUS episcopus, servus servorum Dei, dilecto filio O. Burgundiæ duci, salutem et apostolicam benedictionem.

Cum omnis potestas a Domino Deo sit, terreni principes et populi mundani rectores quæ ad honorem Dei spectare cognoverint, debent propensius operari: quo contra adversus personam tuam querelam accepimus. Significatum namque nobis est, quod ecclesiam Sanctæ Mariæ Magdalenæ, et ejus homines inquietas multipliciter et infestas. Quod tanto gravius ferimus, quanto personam tuam propensiori charitate diligimus, et salutem tuam debitis affectionibus præoptamus. Ideoque per præsentia tibi scripta mandamus, quatenus memoratam ecclesiam, et ejus homines infestare de cætero non præsumas, ne iteratus clamor ad nostras aures debeat pervenire.

Datum Remis, in Nonas Aprilis.

CCLXXV.

Ad I. comitissam Nivernensem. — Increpat quod infestet eos qui Vizeliacum pergunt

(Anno 1148, April. 3.)

[MANSI, *Concil.*, XXI, 662.]

Guillelmus comes bonæ memoriæ in præsentia venerabilis fratris nostri Hugonis Antissiod. et dilecti filii nostri Bernardi abbatis Claræval. dicitur promisisse, quod mercatores et cæteros Vizeliacum ire volentes, neque ipse, neque suæ terræ homines prohiberent. Nunc vero, sicut dilecti filii nostri Pontii Vizeliacensis abbatis relatione accepimus, ire illuc volentes per te, et per tuos homines prohibes et infestas. Ideoque nobilitati tuæ per præsentia scripta mandamus, quatenus inhumanitatem hanc facere de cætero non præsumas. Quod si facere præsumpseris, timendum tibi est ne indignationem omnipotentis Dei, beatæ Mariæ precibus, quæ multum dilexit Dominum, consequaris.

Datum Remis, iii Non. Aprilis.

CCLXXVI.

Privilegium pro Affligemiensi monasterio, Cameracensis diœcesis.

(Anno 1148, April. 3.)

[MIRÆUS, *Opp. diplom.*, I, 554.]

EUGENIUS episcopus, servus servorum Dei, dilecto filio GODESCALCO, abbati Affligemiensis monasterii, ejusque successoribus regulariter substituendis, in perpetuum.

Desiderium quod ad religionis propositum et animarum salutem pertinere dignoscitur, auctore Deo, sine aliqua est dilatione complendum. Eapropter, dilecte in Domino fili Godescalce abbas, tuis justis postulationibus clementer annuimus, et B. Petri Affligemiensis monasterium, cui, Deo auctore, præesse dignosceris, ad exemplar prædecessorum nostrorum sanctæ memoriæ Paschalis et Calixti Romanorum pontificum, sub B. Petri et nostra protectione suscipimus, et præsentis scripti privilegio communimus; statuentes ut quascunque possessiones, quæcunque bona idem monasterium inpræsentiarum juste et canonice possidet, aut in futurum concessione pontificum, largitione regum, vel principum, oblatione fidelium, aut aliis justis modis, Deo propitio, poterit adipisci, firma tibi tuisque successoribus et illibata permaneant; in quibus hæc propriis duximus exprimenda vocabulis : Ecclesiam de Ascha, a personatu et episcopali obsonio liberam et quietam, et quidquid comes Henricus bonæ memoriæ, consentiente fratre suo Godefrido, præfato monasterio de sui juris allodio dignoscitur contulisse; ecclesiam Sancti Petri in Trasna, cellam et ecclesiam S. Andreæ prope Brugas, cellam et ecclesiam S. Mariæ in Warvria, cellam et ecclesiam S. Mariæ in Bornhem, cellam Sanctæ Mariæ in Uliederbecka cum ecclesiis de Lindenael, et Villebrinca; ecclesiam in Genappa, ex dono comitissæ Idæ Bononiensis; allodium cum terris et silvis in ipsa villa Genapha; terram quam præfatum monasterium habet sub annuo censu ab ecclesia Nivellensi, et Lanso et Anselo; monasteria sanctimonialium in Foresto et Bigardis; ecclesias quoque de Eschen, Hekelgem, Wiese, Herdingbem, Erembodenghem, Merchtene, Lenendecke, Meerbecka, Ossensele, Londersele, Lisele, Puersche, Baesrode cum omnibus eorum pertinentiis, liberas a personatu, salvis duntaxat episcopalibus obsoniis; terras in Anglia ex dono Aleidis, relictæ Henrici regis Anglorum, in Iderswerda; et Westernere dona, in Uremdick, Frondic, et Pakenge, Beckarias...... dono Theoderici comitis Flandrensium, et Clementiæ comitissæ uxoris Roberti comitis in Zellecka, et Cabbegem, et Getza allodia. Quidquid vero immunitatis et libertatis a Cameracensibus episcopis, Gerardo, Odone, Burchardo et Nicolao eidem monasterio juste collatum est, vobis nihilominus confirmamus. Chrisma, oleum sanctum, consecrationes altarium seu basilicarum, ordinationes monachorum qui ad sacros ordines promovendi sunt, a diœcesano..... episcopo, siquidem gratiam atque communionem apostolicæ sedis habuerit, et ea gratis voluerit exhibere : alioquin liceat vobis catholicum quem malueritis adire antistitem, qui nimirum nostra fultus auctoritate, quod postulatur indulgeat. Obeunte vero te, nunc ejusdem loci abbate, vel tuorum quolibet successorum, nullus ibi qualibet subreptionis astutia, seu violentia præponatur, nisi quem fratres communi consensu, vel fratrum pars consilii sanioris, secundum Dei timorem, et beati Benedicti Regulam, vel de suo, vel de alieno, si oportuerit, collegio elegerint. Illud quoque adjungimus, ut vestri monasterii aut ecclesiarum vestrarum advocatis facultas non sit, pro se personam aliquam in advocatia supponere, per quam ejusdem cœnobii aut ecclesiarum bona dissipentur.

Decernimus ergo, ut nulli omnino hominum liceat præfatum monasterium temere perturbare, aut ejus possessiones auferre, vel ablatas retinere, minuere, vel aliquibus vexationibus fatigare; sed omnia integra conserventur eorum, pro quorum gubernatione et sustentatione concessa sunt, usibus omnimodis profutura, salva sedis apostolicæ auctoritate et diœcesanorum episcoporum canonica justitia. Si qua igitur in futurum ecclesiastica sæcularisve persona, hanc nostræ constitutionis paginam sciens, contra eam temere venire tentaverit, potestatis honorisque sui dignitate careat, reamque se divino judicio existere de perpetrata iniquitate cognoscat, et a sacratissimo corpore ac sanguine Dei et Domini Redemptoris nostri Jesu Christi aliena fiat atque in extremo examine districtæ ultioni subjaceat. Cunctis autem eidem loco justa servantibus sit pax Domini Jesu Christi quatenus et hic fructum bonæ actionis percipiant, et apud districtum judicem præmia æternæ pacis inveniant. Amen.

Ego Eugenius catholicæ Ecclesiæ episcopus signavi.

Datum Remis, per manum Guidonis, sanctæ Romanæ Ecclesiæ diaconi cardinalis et cancellarii, III Nonas Aprilis, indictione XI, Incarnationis Dominicæ anno 1148, pontificatus vero domni Eugenii papæ III anno IV.

CCLXXVII.

Altaria, possessiones ac privilegia abbatiæ Eenhamensis, ordinis S. Benedicti diœcesis Mechliniensis, confirmat.

(Anno, 1148, April. 3.)
[MIRÆUS, *Opp. diplom.*, IV, 17.]

EUGENIUS episcopus, servus servorum Dei, dilectis filiis SNELLARDO venerabili abbati Eenhamensi ejusque successoribus regulariter substituendis in perpetuum.

Quoties illud a nobis petitur quod religioni et honestati convenire dignoscitur, animo nos decet libenti concedere, et petentium desideriis congruum impertiri suffragium. Eapropter, dilecte mi in Domino fili Snellarde abbas, justis postulationibus clementer annuimus, et prædecessorum nostrorum Alexandri et Paschalis bonæ memoriæ Romanorum pontificum vestigiis inhærentes, Sancti Salvatoris monasterium, cui Deo auctore præsides, et tam adjacentem ei villam quam cætera omnia ad ipsum pertinentia sub beati Petri et nostra protectione suscipimus, et præsentis scripti privilegio communimus; statuentes ut quascunque possessiones, quæcunque bona, idem monasterium inpræsentiarum juste et canonice possidet, aut in futurum concessione pontificum, largitione principum, oblatione fidelium, seu aliis justis modis, Deo propitio poterit adipisci, firma tibi successoribusque tuis, et illibata permaneant; in quibus hæc propriis duximus exprimenda vocabulis : In episcopatu videlicet Cameracensi Ecclesiam S. Laurentii et S. Vedasti (36), pasturam montis eisdem ecclesiis adjacentis. In novo burgo apud Aldenardam (37) cellam S. Mariæ cum parochia sua libera, cum ecclesiis ad eam pertinentibus, id est Edelar (38); Lupeghem, Folkenghem cum ecclesia S. Mariæ de superiori Horenbeka, ecclesiam de Cervia (39) cum servis et ancillis ad eam pertinentibus, totam villam Helbekam (40) cum ecclesia et omnibus pertinentiis suis, ecclesiam de superiori Bracla (41), ecclesiam de Wenlines (42), ecclesiam de Cimbersæca (43), ecclesiam de Melcines (44), ecclesiam de Mortiela (45) cum appendiciis suis, ecclesiam de Boucla S. Bavonis (46), ecclesiam de Tongra (47) B. Mariæ, jus quod habet in S. Martini de Tongra, ecclesiam de Bassilgi et medietatem ejusdem villæ

In episcopatu Tornacensi ecclesiam de Harrizam (48), ecclesiam de Merch (49).,

In episcopatu Atrebatensi duas partes decimæ

---

(36) Ecclesia S. Laurentii est in Eename superiori, in quo sita est abbatia. Ecclesia S. Vedasti est in Eename inferiori.

(37) Cella B. Mariæ in novo burgo hodie est ecclesia in Aldenarda.

(38) Hodie *Edelaer*, Leupeghem, Volckegen, et Horenbeca B. Mariæ, pagi sunt diœcesis Mechlin. in vicinia Aldenardæ.

(39) *Cervia*, *Chievre*, vetus baronatus et Hannoniæ urbecula, distans Atho milliari, sacello D. Virginis et miraculis celebris.

(40) *Helbeka* hodie *Helbeque*, pagus inter Athum et Angiam Hannoniæ oppida.

(41) Superior *Bracla*, vernacule Opbrakel, pagus in comitatu Alostano ad limitem Hannoniæ in decanatu Grandimontensi.

(42) *Wenlides*, hodie *Weldene* ad Scaldim fluvium in decanatu Rotnacensi.

(43) *Cimbersaca* hodie *Semmersake* ad Scaldim fluvium, prope Gaveram.

(44) *Melcines*, *Melsene* ad Scaldim fluvium, subest episcopatui Gandavensi.

(45) *Morttela*, *Moortzele*, pagus in decanatu Oordegemiensi.

(46) *Boucla S. Bavonis*, hodie Boucla S. Blasii, in decanatu Rothnacensi.

(47) *Tongra B. Mariæ* in Hannonia prope Chievre locus miraculis Deiparæ clarus, cui vicinus est tongra S. Martini; ambo in archiepiscopatu Cameracensi.

(48) *Harrizam*, male citatur; sed est Handsæme; parochia diœcesis Brugensis sub decanatu Thoraltano, ubi abbas Eenhamensis usque hodie potitur jure patronatus ac decimis, prout et in vico sequente.

(49) *Merch*, male; sed est *Cortemarcke* diœcesis Brugensis decanatus Thoraltani.

messium de Assilogiis, Wlpra et Willerval, in Flandria quatuor bercarias (50) in loco qui Paradisus dicitur, duas partes allodii de Bossunt supra Scaldam fluvium, curiam de Buri cum allodio, curiam de Geron cum terra Gerardi camerarii, curiam de Astruis, allodium de Rugis.

Quidquid vero libertatis et immunitatis ab episcopis sive principibus eidem monasterio rationabiliter collatum est, vobis nihilominus confirmamus. Obeunte vero te, nunc ejusdem loci abbate, vel tuorum quolibet successorum, nullus ibi qualibet subreptionis astutia seu violentia præponatur, nisi quem fratres communi consensu, vel fratrum consilii sanioris secundum Dei timorem et beati Benedicti Regulam, de suo vel alieno, si necesse fuerit, collegio elegerint. Illud quoque adjungimus, ut vestri monasterii advocato facultas non sit pro se personam aliquam in advocatia supponere, per quam bona præfati cœnobii dissipentur. Sepulturam quoque ejusdem loci liberam esse decernimus, ut eorum qui se illic sepeliri deliberaverint, devotioni, nisi excommunicati vel interdicti sint, nullus obsistat, salva etiam justitia matricis Ecclesiæ. Si vero Cameracensis sedes vel vacat, vel catholicum, quod absit! non habet episcopum, liceat vobis, a quovis catholico episcopo consecrationum sacramenta suscipere.

Si qua igitur in futurum ecclesiastica sæcularisve persona hanc nostræ constitutionis paginam sciens, contra eam temere venire tentaverit, secundo tertiove commonita, si non congrua satisfactione emendaverit, potestatis honorisque sui dignitate careat, reamque se divino judicio existere de perpetrata iniquitate cognoscat, et a sacratissimo corpore ac sanguine Dei et Domini nostri Jesu Christi aliena fiat, atque in extremo examine districtæ ultioni subjaceat. Cunctis autem eidem loco justa servantibus sit pax Domini nostri Jesu Christi, quatenus et hic fructum bonæ actionis percipiant et apud districtum judicem præmia æternæ pacis inveniant. Amen.

Datum Remis, per manum Guidonis S. Romanæ Ecclesiæ diaconi cardinalis et cancellarii, III Nonas Aprilis, indictione XI, Incarnationis Dominicæ anno 1148, pontificatus vero domni Eugenii III papæ anno IV.

CCLXXVIII.

Ecclesiam Wladislaviensem in fidem et tutelam recipit, terminosque episcopatus ac limites diœcesis Wladislaviensis ab Ægidio Tusculano episcopo et Boleslao duce Poloniæ statutos, confirmat (51).

(Anno 1148, April. 4.)

[Leonis RZYSZCZEWSKI *Cod. diplom. Poloniæ,* II, I, 1.]

EUGENIUS episcopus, servus servorum Dei, venerabili fratri WARNERO (52) Vlatizlavensi (53) episcopo, ejusque successoribus canonice substituendis in perpetuum.

Quoties illud a nobis petitur, quod rationi et honestati convenire dignoscitur, animo nos decet libenti concedere, et petentium desideriis congruum impertiri suffragium. Quocirca, venerabilis frater, tuis justis postulationibus clementer annuimus, et Vlatislavensem Ecclesiam, cui, Deo auctore, præesse dignosceris, sub beati Petri et nostræ protectione suscipimus et præsentis scripti privilegio communimus; statuentes ut terminos tui episcopatus, quemadmodum a bonæ memoriæ Ægidio Tusculano episcopo tunc apostolicæ sedis legato, et a Bolezlao nobili ejusdem terræ duce statuti sunt (54), absque diminutione aliqua, tu et tui successores in perpetuum possideatis. Quascunque possessiones, quæ-

(50) *Bercaria,* locus berbecibus alendis idoneus, alius tamen ab ovili, prædii species etiam cum certa agri quantitate. Vide Du Cange, in *Glossario Latinitatis.*

(51) Ex archetypo membranaceo, quod in tabulario quodam privato in regno Galliciæ asservatur, descriptum. Archetypon ipsum scriptum est in charta Pergamena; sigillum, vulgo annulus piscatoris dictum, abruptum. Bulla hæc typis est vulgata in Damalevicii opere, *Vitæ Wladislaviensium episcoporum,* p. 32; tum etiam repetita in Hartknochii opere, *Preussische Kirchengeschichte,* p. 175, n. 17. Semper tamen, uti quidem nunc constat, ex exemplari mendoso erat descripta; quo factum est, ut de fide ejus nonnullis historicis scrupuli injicerentur: doctissimo autem editori operis, *Preussische Sammlung* oblata sit occasio callidissime conjiciendi de ipsa bulla: conjecturæ etenim illius viri, detecto bullæ archetypo, approbantur. Quæ omnia colligere licebit ex notis sequentibus.

(52) In indice episcoporum Cujaviensium ad annum 1148, nullum episcopum Warnerum (minus recte ab omnibus historicis Wernerum dictum) animadvertimus; verum tantum Svidgerum insignis Grzymala. Damalevicio tabula hæc aliquam difficultatem attulit, quam arte critica destitutus, neutiquam expedivit. Errorem itaque, quem invenit repetit; conjiciensque tempore, quo bulla scripta esset, falso ascriptum fuisse, sequitur Dlugossium in serie Chronologica ad annum 1171 episcopo Warnero duodecimum locum assignando: ipse enim hæc profert p. 131, Rudgerum secutus est Vernerus, ut vult Dlugossius a. 1171; sed cum in privilegio Wladislaviensis ecclesiæ nomen expressum Verneri exstet an. 1148, in altiora tempora omnino ipsius episcopatus referendus est. Doctissimus auctor operis *Preussische Sammlung* hunc nodum ferme expedit his verbis: *iste die Urkunde richtig, so Würde Werner in Jahr 1148 oder 1147 bischof Geworden seyn.* Cum autem, ut nostra fert opinio, bullæ hujus fides sit indubia, certo itaque affirmare possumus Warnerum nonum ex ordine episcopum fuisse, eamque dignitatem anno 1147, non vero 1171 adeptum esse. Alii fontes indicabunt, in aliis quoque episcopis recensendis peccatum esse.

(53) Vlatizlavia, Wladislavia (*Wloclawek, Wladyslawow, Leslau*), urbs a Wladislao II inter 1139-1148 a. condita, sedes episcoporum Crusviciensium circa an. 1159 hic translata est, ex quo tempore episcopatus Crusviciensis, dici cœptus est Wladislaviensis, vel Cujaviensis.

(54) De Ægidio cardinali et legato vide quæ disseruit Lelevelius in notis ad tabulam a. 1105 (1224) in opere, *Początkowe Prawodawstwo Polskie* ab eodem Ægidio episcopatui Cracoviensi datam. Attamen in illa tabula neque Ecclesiæ Cujaviensis, neque Crusviciensis, ulla fit mentio. Aliud itaque statutum est ab eodem legato in rem ejusdem Ecclesiæ Wladislaviensis et perfectum fuisse necesse est, cum papa tam diserte illud asserat. Idem apparet ex bulla In-

cunque bona eadem ecclesia inpræsentiarum juste et canonice possidet, aut in futurum concessione pontificum, largitione regum, vel principum, oblatione fidelium, seu aliis justis modis Deo propitio poterit adipisci, firma tibi tuisque successoribus et illibata permaneant. In quibus hæc specialiter duximus exprimenda: castrum videlicet Woibor (55) cum omnibus suis appendiciis, ecclesiam Sanctæ Mariæ in Zavichost (56) cum castro Lagon (57) et decima ejus, aliisque suis appendiciis; nonum nummum de omnibus quæ solvuntur ecclesiæ Sanctæ Mariæ de Zondomir (58) secundum Polonicam justitiam; præposituram Sancti Michaelis in Cracovia cum omnibus ad eam pertinentibus; castrum Kdanze (59) in Pomerania cum decima tam annonæ quam omnium eorum quæ de navibus solvuntur, decimam partem de moneta et de judiciis totius episcopatus.

Nulli ergo hominum liceat præfatam Vlotizlavensem Ecclesiam temere perturbare, aut ejus possessiones auferre, vel ablatas retinere, minuere, seu quibuslibet molestiis fatigare, sed omnia conserventur integra eorum, pro quorum sustentatione et gubernatione concessa sunt, usibus omnimodis profutura. Si qua igitur in futurum ecclesiastica sæcularisve persona, hanc nostræ constitutionis paginam sciens, contra eam temere venire tentaverit, secundo tertiove commonita, si non præsumptionem suam congrua satisfactione correxerit, potestatis honorisque sui dignitate careat, reamque se divino judicio existere de perpetrata iniquitate cognoscat, et a sacratissimo corpore ac sanguine Domini nostri Jesu Christi aliena fiat, atque in extremo examine districtæ ultioni subjaceat. Cunctis autem eidem loco sua jura servantibus sit pax Domini nostri Jesu Christi, quatenus et hic fructum bonæ actionis percipiant, et apud districtum judicem præmia æternæ pacis inveniant. Amen, amen, amen.

SIGNUM IN BONUM FAC MECUM, DOMINE.

Ego Eugenius Catholicæ Ecclesiæ episcopus.

(Bene valete in monogrammate).

Ego Imarus Tusculanus episcopus (60).

Ego Ubaldus presbyter cardinalis tituli Sanctæ Praxedis.

Ego Aribertus presbyt. cardin. tit. S. Anastasiæ (61).

Ego Julius presbyter card. presb. card. tit. S. Marcelli.

Ego Bernardus presb. card. tit. S. Clementis.

Ego Jordanus presbyt. card. tit. S. Susannæ.

Ego Oddo diaconus cardinalis S. Georgii ad Velum Aureum.

Ego Octavianus diac. card. S. Nicolai in Carcere Tulliano.

Ego Gregorius diac. cardinal. S. Angeli.

Ego Guido diac. card. Sanctæ Mariæ in Porticu.

Ego Jacintus diac. card. S. Mariæ in Cosmedin.

Datum Remis (62), per manum Guidonis sanctæ Romanæ Ecclesiæ diaconi cardinalis et cancellarii, Nonas Aprilis (63), indictione XI, Incarnationis Dominicæ an. 1148, pontificatus vero domni Eugenii III papæ anno IV.

---

nocentii II anni 1133 quæ typis descripta est in novo codice Pomeraniæ p. 25, n° 12. In qua bulla papa subjiciendo episcopatum Wladislaviensem potestati archiepiscopi Magdeburgensis, inter cætera de veteribus quoque suorum antecessorum ordinationibus hac in re promulgatis mentionem facit.

(55) *Wolborz*, oppidum et castrum regionis Petricoviensis.

(56) *Zawichost*, oppidum regionis Sandomiriensis.

(57) *Lagow*, castrum et oppidum palatinatus Sandomiriensi, regionis Opataviensis. Dlugossius narrat: Wladislaum Hermannum, deprecante uxore ipsius Judita, castellaniam Lagoviensem cum suo districtu Ecclesiæ Cujaviensi dono contulisse a. 1085. Elisabeth regina Poloniæ et *Hungariæ privilegio anni 1575, villam Lagow in oppidum permutavit.

(58) *Sandomierz* (Sandomiria), urbs provinciæ ejusdem nominis caput.

(59) *Gdansk* (Gedanum), Germanice *Danzig*.

(60) Apud Damalevicium et in opere *Preussische Samml*, ut *Linarus*. Perperam Muratori vocat eum *Jomarum*. Apud Harduinum p. IV, tom. VI Conciliorum, col. 1241 seqq., in duabus tabulis ejusdem ætatis, vocatur, uti et in nostra tabula. *Ymarus*.

(61) Rymerus in opere suo, *Fœdera* (t. I) afferens bullam ejusdem papæ an. 1147 in qua omnes fere, qui in nostra recensentur cardinales, legit *Ariticus*, quæ tamen lectio nobis videtur esse approbanda.

(62) Apud Damalevicium, et alios auctores, qui eum secuti, hanc bullam typis descripserunt, legitur *Romæ*, Hic error longe maximus, plurimum contulit, ut de fide hujus bullæ addubitaretur. Siquidem Baronius in *Annalibus ecclesiasticis*, t. XII, p. 429, affert: a papa Eugenio anno 1148 concilium Remos in Gallia convocatum fuisse, idque initium cœpisse XI Kal. April., videlicet die 21 Martii, ut usque ad Pascham (11 Aprilis) celebratum, ibique papam continuo præsentem adfuisse. Quomodo potuit igitur huic bullæ die 3 Aprilis publicatæ, vox *Romæ* apponi? Auctorem operis *Preuss. Samml.* non fugit ea res; itaque conjicit aliquem errorem commissum esse incuria librarii qui hærens in voce *Remis*, quam fortasse expedire non potuit, apposuit vocem *Romæ*, uti melius sibi notam. Archetypum nunc repertum omnem dubitationem eximit, probatque hic Remos urbem Galliæ sedem archiepiscopi intelligi. Minime dubitari potest quin concilio ibidem celebrato, de rebus Poloniam tangentibus agerctur, præsertim cum eodem episcopi diversis gentibus convocati fuissent. Ipse Baronius loquitur p. 431, n° 7: « Venerunt ad prædictum concilium cum bulla aurea nuntii Junioris Romanorum regis Henrici, tam de sublimatione sua ad imperium Romanum pontifici Romano significantes, quam de tribus fratribus ducatus Poloniæ, qui ejecto quarto et seniore, ducatum inter se diviserant, ac de episcopis illius provinciæ, qui super hoc patri ipsorum juramentum præstiterunt, querimoniam facientes. » Quis negare ausit, ipsum Warnerum episcopum ibidem non adfuisse? — Quodcunque demum sit, bulla hæc eo majoris est momenti, quod tempore concilii celebrati est promulgata; fidesque ejus maxime confirmatur testibus, qui eidem concilio præsentes adfuerunt, quique omnibus aliis tabulis æqualibus sunt appositi.

(63) Apud Damalevicium aliosque legitur, *Non. Aprilis*; in archetypo, II *Nonas Aprilis*, videlicet die 4 Aprilis. Hanc igitur diem, et non 9 Aprilis,

CCLXXIX.

Sancto Martino præbendam perpetuam in ecclesia Ambianensi confirmat.

(Anno 1148, April. 5.)

[*Gall. Christ. nov.*, X, Instr., 314.]

EUGENIUS episcopus, servus servorum Dei, dilectis filiis THEOBALDO abbati ecclesiæ S. Martini Ambianensis ejusque fratribus salutem et apostolicam benedictionem.

Effectus justa postulantibus indulgere vigor æquitatis et ordo exigit rationis, præsertim quando petentium voluntatem pietas adjuvat et veritas non relinquit. Eapropter, dilecte in Domino fili, tuis justis postulationibus præstantes assensum, donum super præbendam quam in Ambianensi matre ecclesia, assensu capituli ejusdem ecclesiæ, et precibus dilecti filii nostri Bernardi Clarævallensis abbatis, venerabilis frater noster Theodericus Ambianensis episcopus tibi tuisque successoribus rationabiliter concessisse dignoscitur, auctoritate sedis apostolicæ confirmamus, et in jure ac potestate ecclesiæ tuæ futuris temporibus manere decernimus. Si quis vero hujus nostræ confirmationis paginam sciens, contra eam temere venire præsumpserit, indignationem omnipotentis Dei et beatorum Petri et Pauli apostolorum ejus se noverit incursurum.

Datum Remis, Nonis Aprilis, indictione XI.

CCLXXX.

Ad A. Bremensem, H. Mindensem et T. Ferdensem antistites. — Ut prædia Kaminatæ monasterii a variis usurpata curent restitui.

(Anno 1148, April. 5.)

[MARTEN., *Ampl. Collect.*, II, 240.]

EUGENIUS episcopus, servus servorum Dei, venerabilibus fratribus A. (64) Bremensi archiepiscopo, HE. (65) Mindensi, T. (66) Ferdensi episcopis, salutem et apostolicam benedictionem.

Possessiones ecclesiarum patrimonia pauperum et pretia peccatorum esse noscuntur, ideoque si quis præsumit ea contra justitiam detinere, sacrilegium profecto committit. Significatum nobis est, quod parochiani tui, frater archiepiscope, Odico, Riembertus, Thederinus, Rainerus, Hermannus et quidam alii possessiones Kaminatensis Ecclesiæ de manu Judith quondam abbatissæ, postquam deposita fuit, recipere præsumpserunt, et eas eidem monasterio reddere suæ salutis immemores contradicant. Hugoldus, Waltardus, Gerardus, et quidam alii parochiani tui, frater Ferdensis, beneficia quædam, ut nobis suggestum est, de manu ejusdem nihilominus, postquam deposita fuit, receperunt. Quia igitur præfata Judith, postquam per sententiam venerabilis fratris nostri bonæ memoriæ Thomæ presbyteri cardinalis, tunc apostolicæ sedis legati a regimine Kaminatensis Ecclesiæ deposita fuit, nullam alienandi vel impignorandi bona ipsius Ecclesiæ habuit potestatem, per præsentia vobis scripta mandamus, quatenus eos districtius moneatis ut bona prædictæ ecclesiæ, quæ contra animarum salutem detinere præsumunt, ei cum integritate restituant, et ab ipsius infestatione desistant; quod si infra quadraginta dies, postquam a vobis commoniti fuerint, facere contempserint, canonicam de ipsis justitiam faciatis. Nihilominus, frater Mindensis, præsentium tibi auctoritate mandamus, quatenus Walderum, qui ejusdem monasterii prædia, clericalis officii consideratione postposita, ab eadem, quæ potestatem dandi non habuit, dicitur recepisse; districte commoneas ut male acquisita restituat, et eamdem ecclesiam in pace possidere permittat; quod si facere contempserit, canonica eum censura coerceas.

Data Remis, Nonis Aprilis.

CCLXXXI.

Ad Corbeienses monachos. — Confirmat depositionem Henrici abbatis.

(Anno 1148, April. 5.)

[*Ibid.*, 241.]

EUGENIUS episcopus, servus servorum Dei, dilectis filiis Corbeiensibus monachis, liberis ac ministerialibus, salutem et apostolicam benedictionem.

Quantum sit necessarium monasteriorum quieti prospicere, et de eorum utilitate sollicite cogitare, ante actum officium, quod in abbatiæ regimine gessimus nos informat. Ideoque paci et tranquillitati Corbeiensis Ecclesiæ providentes, sententiam, quam venerabilis frater noster bonæ memoriæ Thomas presbyter cardinalis et apostolicæ sedis legatus, in Henricum quondam ejusdem monasterii abbatem dedit, confirmantes statuimus, quod si idem Henricus pacem monasterii Corbeiensis perturbare præsumpserit, et bis tertiove commonitus non resipuerit, non solum ibi ulterius prælationis non habeat officium, sed nec postmodum ibi inter subditos maneat, prohibemus.

Datum Remis, Nonis Aprilis.

CCLXXXII.

Monasterii SS. Facundi et Primitivi Sahagunensis proiectionem suscipit, possessionesque ac privilegia confirmat.

(Anno 1148, April. 7.)

[ESCALONA, *Hist. de Sahagun*, 529.]

CCLXXXIII.

Bulla pro abbatia S. Mariæ Flabonis-montis.

(Anno 1148, April. 8.)

[HUGO, *Annal. Præm.*, I, Pr., p. 547.]

EUGENIUS episcopus, servus servorum Dei, dilectis commissi.

(64) Adalberoni.
(65) Henrico.
(66) Thietmaro.

filiis, Stephano abbati S. Mariæ de Flabonis-monte, ejusque fratribus tam præsentibus quam futuris regularem vitam professis, in perpetuum.

Apostolicæ sedis auctoritate debitoque compellimur pro universarum Ecclesiarum statu satagere, et eorum quieti, auxiliante Domino, providere. Eapropter, dilecti in Domino filii, vestris justis postulationibus clementer annuimus, et Flabonis-montis ecclesiam, in qua divino mancipati estis obsequio, sub B. Petri et nostra protectione suscipimus, et præsentis scripti patrocinio communimus; statuentes ut quascunque possessiones, quæcunque bona in terris cultis et incultis, pratis, silvis, pascuis, molendinis, decimis, seu aliis, eadem ecclesia inpræsentiarum juste et canonice possidet, aut in futurum concessione pontificum, largitione regum vel principum, oblatione fidelium seu aliis justis modis, præstante Domino poterit adipisci, firma vobis vestrisque successoribus, et illibata permaneant; in quibus hæc propriis duximus exprimenda vocabulis: Ipsam videlicet ecclesiam Sanctæ Mariæ Flabonis-montis, cum eodem loco et omnibus appendiciis suis; decimam quam Genoldus et hæredes ejus in prædicto loco habebant, et alodium de Lielencourt cum molendino ab eodem et Horrico, cum hæredibus eorum, vobis concesso; et quidquid ecclesia de Ronengis ibidem possidebat; duo molendina et usuarium territorii de Baigneval. Terram quam Luxovienis abbas infra vestrum ambitum possidebat; locum qui dicitur Bertini rivus a comite Hugone supradictæ ecclesiæ pro animæ suæ remedio donatum, et quidquid a Simone duce in eodem loco vobis concessum est. Libertatem quam a prædicto comite accepistis ut quicunque de alodio suo seu feodo ad eum pertinente, ecclesiæ vestræ vellet impertiri, eis licet dare et vobis accipere; curtem de *Dura-aqua* cum molendino, quod vocatur Munel, et omnibus pertinentiis suis. Decimas quas ecclesia Sancti Vincentii Bisuntini, et quidquid in culta terra per vos ad agriculturam reducetur, vobis concessit. Illud etiam quod a Leobaldo et hæredibus ejus de supradictis decimis vobis concessum est. Terram quæ dicitur frigidus *fons*, cum usu pascuæ de Hagevilla. Præterea decimam quam Albericus de Tillut donavit vobis, nihilominus confirmamus.

Decernimus ergo ut nulli omnino liceat præfatam ecclesiam temere perturbare, aut ejus possessiones auferre, vel ablatas retinere, minuere, aut quibuslibet vexationibus fatigare; sed omnia integra conserventur eorum, pro quorum gubernatione et sustentatione concessa sunt, usibus omnimodis profutura, salva sedis apostolicæ auctoritate et diœcesani canonica justitia. Si qua igitur in futurum ecclesiastica sæcularisve persona, hanc nostram constitutionem sciens, contra eam temere venire tentaverit, secundo tertiove commonita, si non satisfactione congrua emendaverit, potestatis honorisque sui dignitate careat, reamque se divino judicio existere de perpetrata iniquitate cognoscat, et a sacratissimo corpore ac sanguine Dei et Domini Redemptoris nostri Jesu Christi aliena fiat, atque in extremo examine districtæ ultioni subjaceat. Cunctis autem eidem loco justa servantibus sit pax Domini nostri Jesu Christi, quatenus et hic fructum bonæ actionis percipiant, et apud districtum judicem præmia æternæ pacis inveniant. Amen.

Ego Eugenius Catholicæ Ecclesiæ episcopus, etc.

Datum Remis per manum, etc., vi Idus Aprilis, indictione xi, anno 1148, Eugenii papæ III anno quarto.

CCLXXXIV.

Ad Fuldenses. — *Contra suum mandatum factam ab eis electionem declarat irritam, mandatque ut præsentibus quibusdam quos nominat abbatibus ex altero claustro eligant sibi abbatem.*

(Anno 1148, April. 8.)

[Marten., *Ampl. Coll.*, II, 241.]

Eugenius episcopus, servus servorum Dei, dilectis filiis monachis, liberis et ministerialibus Fuldensis monasterii, salutem et apostolicam benedictionem.

Si ad regenda rationabiliter membra discretio capitis intenta non fuerit, corporis compages dissoluta nutabit. Postquam igitur Fuldensis Ecclesia primo nudata fuit pastore, curæ nobis fuit fratribus qui præsentes erant, viva voce præcipere ut de alio claustro uno eodemque consensu talem sibi præficiendum abbatem eligerent, per quem in Fuldensi monasterio, quod pastoris incuria tam in spiritualibus quam in temporalibus fuerat diminutum, grata Deo veræ religionis cultura posset, auctore Domino, restaurari. Vos vero contra formam nostri mandati de vestro claustro abbatem eligere præsumpsistis, qui etiam pro membrorum deformitate ad sacerdotium non poterat promoveri. Ideoque quod super ejus electione factum est, auctoritate apostolica in irritum deducentes, monachos clericos ab obedientia, et laicos a fidelitate, quam ei fecisse noscuntur, absolvimus. Quapropter per præsentia vobis scripta mandamus atque præcipimus, quatenus de alio claustro consilio dilectorum filiorum nostrorum Adæ (67) Ebracensis, Eberbrachcensis, Hersfeldensis et Corbeiensis abbatum personam religiosam, discretam, litteratam in abbatem vobis invocata divina gratia eligatis, per quam in vestro claustro religionis fervor, qui peccatis exigentibus inibi tepuisse dignoscitur, valeat reparari, et verbo ejus ac bonæ conversationis exemplo possit futuris temporibus custodiri.

Data Remis, vi Idus Aprilis.

---

(67) Is est Adam qui ex monacho Majoris-Monasterii transiit ad Cistercienses, arctiorem disciplinam professus in Morimundensi cœnobio, unde assumptus fuit ad regimen abbatiæ Ebracensis. Exstat ad eum sancti Bernardi epist. 7.

CCLXXXV.

Ad Ebracensem, Everbacensem, Hers'eldensem et Corveiensem abbates. — Ut Fuldam accedentes abbatem ex altero claustro eligi curent.

(Anno 1148, April. 8.)

[MARTEN., *Ampl. Coll.*, II, 242.]

EUGENIUS episcopus, servus servorum Dei, dilectis filiis Ebracensi, Everbacensi, Hersfeldensi et Corbeiensi abbatibus, salutem et apostolicam benedictionem.

In apostolicæ sedis specula disponente Deo constituti, omnibus mundi Ecclesiis tam vicinis quam longe positis exacta diligentia providere compellimur. Quia vero fratres Fuldensis monasterii contra prohibitionem nostram personam de claustro proprio elegerunt, et præpediente deformitate corporis ad sacerdotium ascendere non debebat, quod de eo factum fuerat, in irritum duximus. Ne igitur eadem Ecclesia pro pastoris absentia tam in spiritualibus quam in temporalibus gravia detrimenta sustineat, per præsentia vobis scripta mandamus, quatenus ad memoratam Ecclesiam accedatis, ut fratres ejusdem loci de alieno claustro talem sibi vestro consilio eligant, Domino auctore, pastorem, per quem grata Deo veræ religionis cultura, quæ inibi deperisse dignoscitur, valeat reformari.

Data Remis, vi Idus Aprilis.

CCLXXXVI.

Privilegium pro parthenone S. Andreæ Goessensi.

(Anno 1148, April. 13.)

[PUSCH et FROEHLICH, *Diplomat. sacr. ducatus Styriæ*, I, 123.]

EUGENIUS episcopus, servus servorum Dei, dilectis in Christo filiabus ADOLESSI abbatissæ monasterii Sancti Andreæ de Gossia, ejusque sororibus tam præsentibus, quam futuris regularem vitam professis, in perpetuum.

Quoties illud a nobis petitur, quod rationi et honestati convenire dignoscitur, animo nos decet libenti concedere, et petentium desideriis congruum impertiri suffragium. Eapropter, dilectæ in Domino filiæ, vestris justis postulationibus clementer annuimus, et præfatum monasterium, in quo divino mancipatæ estis obsequio, sub beati Petri et nostra protectione suscipimus, et præsentis scripti privilegio communimus; statuentes ut quascunque possessiones, quæcunque bona in præsentiarum juste et canonice possidet, aut in futurum concessione pontificum, largitione regum, vel principum, oblatione fidelium, seu aliis justis modis, Deo propitio poterit adipisci, firma vobis et his quæ post vos in eodem loco successerint, et illibata permaneant. In quibus hæc propriis duximus exprimenda vocabulis : Ipsum videlicet locum de Gossia, ecclesiam Sancti Nicolai de Michlindorf, ecclesiam Sancti Martini de Wenchilen, ecclesiam Sancti Lamberti de Sclatetiz, ecclesiam Sancti Martini de Soriche, Lominich, Tragisse, Lebena, Poumgartten, Englobortisdorf, Minoz, Sirisperich, Rottenstein, Domelache, Waltenpach, Pulzeisdorf, Chuntur, Chruglache, Zeittes, Zemoze, Viringen, Walensdorf, Arbenorf, Emanue cum omnium supradictorum appendiciis. Ad indicium autem hujus perceptæ a Romana Ecclesia protectionis aureum unum nobis, nostrisque successoribus annis singulis persolvetis. Decernimus ergo ut nulli omnino hominum præfatum monasterium liceat temere perturbare, aut ejus possessiones auferre, vel ablatas retinere, minuere, seu quibuslibet molestiis fatigare ; sed omnia integra conserventur eorum, pro quorum gubernatione et sustentatione concessa sunt, usibus omnimodis profutura, salva sedis apostolicæ auctoritate, et in ecclesiis præfato monasterio subjectis diœcesanorum episcoporum canonica justitia. Si qua igitur in futurum ecclesiastica sæcularisve persona, hanc nostræ constitutionis paginam sciens, contra eam temere venire tentaverit, secundo tertiove commonita, si non satisfactione congrua emendaverit, potestatis honorisque sui dignitate careat, reamque se divino judicio existere de perpetrata iniquitate cognoscat ; et a sacratissimo corpore et sanguine Dei et Domini nostri Jesu Christi aliena fiat, atque in extremo examine districtæ ultioni subjaceat. Cunctis autem eidem loco justa servantibus, sit pax Domini nostri Jesu Christi, quatenus et hic fructum bonæ actionis percipiant, et apud districtum judicem præmia æternæ pacis inveniant, Amen.

Ego Eugenius Catholicæ Ecclesiæ episcopus.

Ego Imarus Tusculanus episcopus ss.

Ego Hubaldus presb. card. tit. Sanctæ Praxedis, ss.

Ego Hubaldus presb. card. tit. Sanctorum Joannis et Pauli ss.

Ego Aribertus presb. card. tit. S. Anastasiæ ss.

Ego Guido presbyt. card. tit. Pastoris ss.

Ego Oddo diac. card. Sancti Georgii ad Velum Aureum ss.

Ego Octavianus diac. card. S. Nicolai in Carcere Tulliano ss.

Ego Joannes Paparo diac. card. S. Adriani ss.

Ego Gregorius diac. card. S. Angeli ss.

Ego Guido diac. card. Sanctæ Mariæ in Porticu ss.

Ego Jacintus diac. card. S. Mariæ in Cosmedin.

Datum Remis, per manus Guidonis sanctæ Romanæ Ecclesiæ diac. card et cancell., Idib. Aprilis, indictione xi, Incarnationis Dominicæ anno 1148, pontificatus vero domni Eugenii papæ III anno iv.

CCLXXXVII.

Monasterium S. Ægidii de Canawella sub protectione sua sumpsit.

(An. 1148, Apr. 13.)

[RYMER, *Fœdera*, I, 15

EUGENIUS episcopus, servus servorum Dei, dilectis filiis WILELMO priori monasterii Sancti Ægidii de Canawella, ejusque fratribus tam præsentibus quam futuris regularem vitam professis, in perpetuum.

Religiosis desideriis dignum est facilem præbere consensum, ut fidelis devotio celerem sortiatur effectum. Eapropter, dilecti in Domino filii, vestris justis postulationibus clementer annuimus : præfatum cœnobium, in quo divino mancipati estis obsequio, sub beati Petri et nostra protectione suscipimus et præsentis scripti privilegio communimus ; inprimis siquidem statuentes, ut ordo monasticus, secundum beati Benedicti Regulam, in vestra Ecclesia institutus, ibidem futuris temporibus inviolabiliter conservetur. — Quæcunque etiam possessiones, quæcunque bona in terris cultis vel incultis, pratis, silvis, pascuis, molendinis, decimis, seu aliis idem monasterium in præsentiarum juste et canonice possidet, aut in futurum concessione pontificum, largitione regum vel principum, oblatione fidelium, seu aliis justis modis Deo propitio, poterit adipisci, firma vobis vestrisque successoribus et illibata permaneant; in quibus hæc propriis duximus exprimenda vocabulis: ipsum videlicet locum Canawellam cum præfata Sancti Ægidii ecclesia ; ex dono Gevæ filiæ Hugonis comitis Castriæ, in cujus dominio prædicta ecclesia sita est, Landam, quæ vocatur Stichesleia ; in Draitona unam mansionem ; in Duntona unum molendinum, quod est in Corre, et quatuor virgatas terræ in eadem villa cum prato adjacente, in Ellefordia, ex dono Roberti de Weffordia ; sexaginta acras terræ in Bosco suo in Witemora, præter planum in Sticelleia.

Decernimus ergo ut nulli omnino hominum liceat præfatum monasterium temere perturbare aut ejus possessiones auferre, vel ablatas retinere, minuere, seu quibuslibet molestiis fatigare ; sed omnia integra conserventur eorum, pro quorum gubernatione et sustentatione concessa sunt, usibus omnimodis profutura : salva sedis apostolicæ auctoritate, et diœcesanorum episcoporum canonica justitia. Si qua igitur in futurum ecclesiastica sæcularisve persona, hanc nostræ constitutionis paginam sciens, contra eam temere venire tentaverit, secundo tertiove commonita, si non satisfactione congrua emendaverit, potestatis honorisque sui dignitate careat, reamque se divino judicio existere de perpetrata iniquitate cognoscat, et a sacratissimo corpore et sanguine Dei et Domini nostri Jesu Christi aliena fiat, atque in extremo examine districtæ ultioni subjaceat. Cunctis autem eidem loco justa servantibus sit pax Domini nostri Jesu Christi, quatenus hic fructum bonæ actionis percipiant, et apud districtum judicem præmia æternæ pacis inveniant. Amen, Amen, amen.

CCLXXXVIII.

Epistola a paribus ad Gallicanos episcopos, qua jura Majoris Monasterii in parochialibus ei subjectis definit.

(Anno 1148, April. 14.)

[MABILL., Annal. Bened., VI, 708.]

EUGENIUS episcopus, servus servorum Dei, venerabilibus fratribus P. [Petro] Bituricensi, S. [Sansoni] Remensi, EN. [Engelbaudo] Turonensi, G. [Gaufredo] Burdegalensi et Hu. [Hugoni] Rothomagensi archiepiscopis, G. [Gaufrido] Carnotensi, M. [Manassi] Aurelianensi, G. [Gilberto] Pictavensi, G. [Guillelmo] Cenomanensi, U. [Ulgerio] Andegavensi, A. [Alano] Redonensi, J. [Joanni] Aletensi, B. [Bernardo] Namnetensi, T. [Theobaldo] Parisiensi. M. [Manassi] Meldensi, G. [Gosleno] Suessionensi, H. [Henrico] Trecensi , G. [Girardo] Sagiensi, A. [Algaro] Constantiensi, R. [Richardo] Abrincensi, R. [Rotrodo] Ebroicensi, M. [Miloni] Morinensi, B. [Bartholomæo] Laudunensi, T. [Theodorico] Ambianensi, et O. [Odoni] Belvacensi episcopis, salutem et apostolicam benedictionem.

In generalibus conciliis statutum esse cognoscitur ut sacerdotes qui in ecclesiis ad monasteria pertinentibus commorantur, de animarum quidem cura diœcesano episcopo respondeant, abbati vero et fratribus suis pro rebus temporalibus debitam subjectionem exhibeant. Quo contra dilecti filii nostri G. abbatis Majoris Monasterii et fratrum suorum querelam accepimus, quod presbyteri ecclesiarum ad eos pertinentium quæ in parochiis vestris sitæ sunt, debitam eis subjectionem subtrahant, et malignitatis studio archidiaconis adhærentes nihil eis se debere respondeant. Qua igitur neminem sua volumus privari justitia, per apostolica vobis scripta mandamus, quatenus prædictos sacerdotes de quibus idem abbas vel fratres sui vobis conquesti fuerint, districte commoneatis ut debitam eis reverentiam et subjectionem exhibeant, et nulla occasione quod eorum juris esse cognoscitur eis imminuere vel subtrahere præsumant. Alioquin præfato filio nostro abbati et ejus fratribus super his quæ ad eos pertinent de prædictis sacerdotibus debitam ultionem sumendi liberam concedimus facultatem.

Datum Remis, XVIII Kal. Maii.

CCLXXXIX.

Decanos per Bonnensis Ecclesiæ archidiaconatum constitutos G. præposito obtemperare jubet.

(Anno 1148, April. 18.)

[GUNTHER, Cod. diplom. Rheno-Mosell., I, 340.]

EUGENIUS episcopus, servus servorum Dei, dilectis filiis decanis per Bonnensis Ecclesiæ archidiaconatum constitutis, salutem et apostolicam benedictionem.

Sicut obedientes filii obedientiæ merito virtutum custodiam tenent, ita inobedientes per inobedientiam peccatorum cumulum introducunt. Est enim quasi peccatum hariolandi repugnare, et velut scelus idolatriæ nolle acquiescere. Ideoque per præsentia vobis scripta mandamus quatenus dilecto filio nostro G. Bonnensi præposito obedientiam et reverentiam exhibentes, ejus justis monitis et præceptis humiliter pareatis.

Data Remis, XIV Kal. Maii.

CCLXXXIX bis.

Privilegium pro monasterio S. Theoderici Remensi.

(Anno 1148, April. 18.)

[D. MARLOT, Metropol. Rem., II, 358.]

EUGENIUS episcopus, servus servorum Dei, dilecto

in Christo filio ALDRICO abbati Sancti Theoderici, ejusque successoribus regulariter substituendis.

Piæ postulatio voluntatis debet effectu prosequenti compleri, quatenus devotionis sinceritas laudabiliter enitescat, et utilitas postulata vires indubitanter assumat. Ideoque, dilecte in Domino fili Aldrice abbas, tuis justis postulationibus gratum præbentes assensum, monasterium Sancti Theoderici, cui auctore Domino præesse dignosceris, sub beati Petri tutela et nostra protectione suscipimus.

Eugenius Catholicæ Ecclesiæ episcopus.

Data Remis, per manum Guidonis, S. R. E. diaconi cardinalis et cancellarii, XIV Kal. Maji, indict. II, Incarn. Dom. anno 1148, pontificatus Eugenii III anno tertio.

Hulbaldus presbyter cardinalis Sanctæ Praxedis.

Imarus Tusculanus episcopus.

Odo diaconus cardinalis Sancti Georgii ad Velum Aureum.

Hulbaldus presbyter cardinalis Sanctorum Joannis et Pauli.

Guido presbyter cardinalis Sancti Laurentii in Damaso.

Aribertus presbyter cardinalis Sanctæ Anastasiæ.

Joannes diaconus cardinalis Sanctæ Mariæ Novæ.

Guido diaconus cardinalis Sanctæ Mariæ in Porticu.

CCXC.

Privilegium pro abbatia S. Dionysii Parisiensis,
(Anno 1148, April. 20.)
[DOUBLET, *Histoire de l'abbaye de Saint-Denis,* p. 494.]

EUGENIUS episcopus, servus servorum Dei, dilecto in Christo filio SUGERIO abbati venerabilis monasterii, quod in honore beati Dionysii martyris Parisiis situm est, ejusque successoribus regulariter substituendis, in perpetuum.

Cum omnibus Ecclesiis et personis ecclesiasticis debitores, ex injuncto nobis a Deo apostolatus officio, existimamus, illis tamen propensioris charitatis studio nos convenit providere qui beato Petro et Sanctæ Romanæ Ecclesiæ familiariores esse noscuntur. Quocirca, dilecte in Domino fili Sugeri, quem fidelem et devotum beato Petro sanctæque Romanæ Ecclesiæ certis indiciis experti sumus, cujus etiam industria et sollicitudine in præfato Beati Dionysii monasterio gratam Deo religionem reformatam esse comperimus, rationabilibus tuis postulationibus gratum præbemus assensum. Statuimus itaque ut quæcunque dignitas authenticis prædecessorum nostrorum Zachariæ, Stephani, Leonis, Alexandri, Paschalis, et Calixti Romanorum pontificum privilegiis eidem loco concessa est, quæcunque bona catholicorum regum, vel aliorum fidelium, legitimis oblationibus ad idem monasterium pertinere noscuntur, quidquid etiam in futurum concessione pontificum, liberalitate principum, seu aliis justis modis, Domino largiente, poterit adipisci, firma tibi, tuisque successoribus et illibata permaneant; in quibus hæc duximus propriis nominibus exprimenda: in pago Metensi cellam novam, cum omnibus appendiciis suis videlicet Hulsperc, Ausminge, Eumelingas, ecclesiam de Fulcreia, salinas ac patellas salinarum apud Marsalciam; monasterium Argentalium, quod situm est in pago Parisiensi, super fluvium Sequanæ, cum pertinentiis suis; in episcopatu Aurelianensi, campum Mainerii, Villare, Vendrous, Villammeion, Feienis, Liuns. Ad hæc comitatum Vilcassini, qui juris B. Dionysii est, quem charissimus filius noster Lodoicus rex Francorum, per te a beato Dionysio in beneficium et feodum suscepisse cognoscitur, quoniam is possidet cujus nomine possidetur; tibi tuisque successoribus confirmamus vicariam quoque, et omnimodam justitiam, ac plenariam libertatem juxta villam Sancti Dionysii, sicut subscriptis terminis distinguitur: a fluvio videlicet Sequanæ, a molendino quod vulgo appellatur *Bayard*, usque ad supremum caput villæ quæ vocatur Halbervillaro, quam præfatus rex juris esse beati Dionysii recognoscens, ei restituit, vobis nihilominus roboramus. Præterea in episcopatu Laudunensi altare de Caadursa, altare de Sancto Goberto, altare de Piloris, altare de Sairiaco cum capella Sancti Dionysii quæ est apud Ribomontem: in Visana valle, altare de Sorbais, altare de Altropia, altare de Rochiniis, altare de Rosbais, altare de Serenis Fontibus. In episcopatu Cameracensi, altare de Solemio, altare de Vertiniolo cum decimis et omnibus appendiciis eorum. In diœcesi Rothomagensi, ecclesiam de Calvomonte cum appendiciis suis, quam venerabilis frater noster Hugo Rothomagensis archiepiscopus, consentiente charissimo filio nostro Ludovico rege Francorum, vobis donavit. In episcopatu Parisiensi, cellam Beatæ Mariæ prope Corbelium super fluvium Essonæ sitam cum appendiciis suis. Ex dono prædicti regis, quidquid habebat, in villa de Trapis, præter annualem hospitationem quando ibidem jacuerit, et talliam quam apud Cergiacum in Vilcassino, et apud Cormelias vobis donavit. Ex dono bonæ memoriæ Gaufridi Carnotensis episcopi, altaria de Monarvilla et de Rubrido. Ex dono Aluisi Atrebatensis episcopi altare de Anechin. Ex dono illustris memoriæ Edouardi scilicet et Guillelmi regum Angliæ, Derhestiam super fluvium Sabrinæ sitam, Tantoniam et Meram.

Decernimus ergo ut nulli omnino hominum liceat prædictum monasterium temere perturbare aut ejus possessiones auferre, vel ablatas retinere, minuere, vel temerariis vexationibus fatigare, sed omnia integra conserventur eorum, pro quorum sustentatione et gubernatione concessa sunt, usibus omnimodis profutura. Obeunte vero te nunc ejusdem loci abbate nullus ibi qualibet subreptionis astutia, seu violentia præponatur, nisi quem fratres communi consensu, aut pars consilii sanioris, secundum Dei timorem, et beati Benedicti Regulam elegerint. Electus autem vel a Romano pontifice, vel a quo maluerit episcopo catholico, consecretur. Chrisma, oleum sanctum, consecrationes altarium, sive basilicarum, ordinationes monachorum, vel clericorum ad idem monasterium pertinentium a catholicis accipietis episcopis, quemadmodum prædecessorum nostrorum canonicæ æquitatis privilegiis institutum est. Missas sane publicas celebrari, aut stationem in eodem monasterio, præter abbatis voluntatem, fieri prohibemus; sed nec interdicere, nec excommunicare, nec ad synodum vocare, vel abbatem, vel ipsius loci monachos episcopis, aut episcoporum ministris permittimus facultatem. Porro tam tibi quam tuis successoribus licentiam indulgemus in gravioribus negotiis sedem apostolicam appellare, nec appellantes ante negotii finem læsio ulla contingat, quatenus, auctore Deo in sanctæ religionis studiis quieti ac seduli permanere possitis.

Si quis igitur in posterum hanc nostræ constitutionis paginam sciens, contra eam venire tentaverit, secundo tertiove commonitus, si non satisfactione congrua emendaverit, potestatis honorisque sui dignitate careat, reamque se divino judicio existere de perpetrata iniquitate cognoscat, et a sacratissimo corpore ac sanguine Dei et Domini nostri Redemptoris Jesu Christi alienus fiat, atque in extremo examine districtæ ultioni subjaceat. Cunctis autem eidem loco ista servantibus, sit pax Domini nostri Jesu Christi, quatenus et hic fructum bonæ actionis percipiant, et apud districtum judicem præmia æternæ pacis inveniant. Amen.

Ego Eugenius Catholicæ Ecclesiæ episcopus, subscripsi.

Ego Imarus Tusculanus episc. s.

Ego Hubaldus presbyt. cardin. tit. Sanctæ Praxedis s.

Ego Julius presbyt. cardin. tit. Sancti Marcelli s.

Ego Bernardus presb. card. tit. Sancti Clementis s.

Ego Odo sanctæ Romanæ Ecclesiæ diac. card. tit. S. Georgii ad Velum Aureum s.

Ego Octavianus diac. card. Sancti Nicolai in Carcere Tulliano s.

Ego Joannes diac. card. S. Adriani s.

Ego Jacinthus diac. cardin. S. Mariæ in Cosmedin s.

Datum Catalauni, per manum Guidonis sanctæ Romanæ Ecclesiæ diaconi cardinalis et cancellarii, XII Kal. Maii, indictione XI, Incarnationis Dominicæ anno 1148, pontificatus vero domni Eugenii papæ tertii anno quarto.

CCXCI.
Privilegium pro monasterio S. Remigii Remensi.
(Anno 1148, April. 20.)
[MARLOT, *Metropol. Rem.*, II, 359.

EUGENIUS episcopus, servus servorum Dei, dilectis filiis ODONI abbati monasterii Sancti Remigii, ejusque fratribus tam præsentibus, quam futuris regularem vitam professis, in perpetuum.

Officii nostri nos hortatur auctoritas pro Ecclesiarum statu satagere, et earum quieti et utilitati salubriter, auxiliante Domino, providere, etc. Dignum namque est et honestati conveniens esse cognoscitur, qui ad regimen Ecclesiarum assumpti sumus, eas et a pravorum hominum nequitia tueamur, et B. Petri et apostolicæ sedis patrocinio muniamus. Proinde, dilecti in Domino filii, vestris justis petitionibus clementer annuimus, et præfatum monasterium sub beati Petri et nostra protectione suscipimus et præsentis scripti privilegio communimus, etc. Si qua igitur ecclesiastica sæcularisve persona, hanc nostræ constitutionis paginam sciens, contra eam venire tentaverit. . . . . . . potestatis honorisque sui dignitate careat, etc.

Ego Eugenius Catholicæ Ecclesiæ episcopus.

Ego Imarus Tusculanus episcopus.

Ego Odo diaconus cardinalis Sancti Gregorii ad Velum Aureum.

Ego Octavianus diaconus cardinalis Sancti Nicolai in Carcere Tulliano.

Ego Joannes Paparo diaconus cardinalis Sancti Adriani.

Ego Hebaldus presb. cardinalis Sanctæ Praxedis.

Ego Humbaldus presbyter cardinalis tituli SS. Joannis et Pauli.

Ego Gillebertus indignus sacerdos tituli Sancti Marii.

Ego Julius presbyter cardinalis tituli Sancti Marcelli.

Datum Catalauni, per manum Guidonis, sanctæ Romanæ Ecclesiæ diaconi cardinalis et cancellarii, XII Kal. Maii, indict. II, Incar. Dom. anno 1148, pontificatus vero domni Eugenii III papæ anno quarto.

CCXCII.
Ad abbatissam et moniales S. Petri Remensis. — Munimentum abbatissæ et monialium S. Petri Remensis, contra abbatem et monachos S. Nicasii, super calciata de Turno.
(Anno 1148, April. 25.)
[MARTEN., *Anecdot.*, 627.]

EUGENIUS episcopus, servus servorum Dei, dilectis in Christo filiabus abbatissæ S. Petri, ejusque sororibus S. et A. B.

Causarum diffinitiones et controversiarum concordiæ idcirco litterarum apicibus commendatur, ne posterorum memoriæ subtrahantur. Controversia quæ inter vos et abbatem (68) S. Nicasii agitabatur, hoc modo in nostra præsentia est per con-

---

(68) S. Nicasii abbatia, ordinis S. Benedicti Remis, a Gervasio archiepiscopo anno 1066 fundata, hactenus perstat sub congregatione S. Mauri.

cordiam terminata. Tota calciata quæ est juxta castrum de Thur, erit ecclesiæ S. Nicasii jure parrochiali, eique omnes ejusdem calciatæ habitatores parochialia jura cum integritate persolvent. Omnes vero qui in domibus, quæ extra portam ipsius calciatæ sunt, et quicunque de cætero intra ipsas domos et ecclesiam Beati Petri de Jardincurte habitaverint, erunt parochiani S. Petri; ab alia vero parte domorum, quicunque inter ipsas domos et ecclesiam S. Simeonis habitaverint, parochiani erunt ecclesiæ S. Nicasii. Quidquid habitatores calciatæ vobis tam de hortis, quam de domibus ipsius calciatæ aut aliis persolvebant, nihilominus vobis persolvent. Et quoniam tu abbatissa liti de calciata super jure parochiali in manu abbatis S. Nicasii renuntiasti, abbas ix sextarios annonæ tibi remisit, quorum sex ecclesiæ S. Petri pro molendinis, tres vero pro quadam cultura singulis annis ecclesiæ S. Nicasii persolvebat. Nos ergo concordiam istam, quemadmodum dictum est, confirmamus, et ratam manere decernimus. Quadraginta quoque solid. Catalaunenses, qui ab ecclesia (69) Buciliensium, pro abbatissa ejusdem loci ex concordia inter ipsam et per Buciliensem abbatem ecclesiæ vestræ, donec in ea vixerit, debentur, vobis in vita sua nihilominus confirmamus. Si quis autem hujus nostræ confirmationis paginam sciens contra eam temere venire tentaverit, indignationem omnipotentis Dei, et beatorum Petri et Pauli apostolorum ejus se noverit incursurum, atque in extremo examine de commisso reatu rationem Domino redditurum.

Data in territorio Trecensi apud Brennam, ix Kalendas Maii.

CCXCIII.

Privilegium pro monasterio S. Mariæ Basso-fontensi.

(Anno 1148, April. 24.)

[HUGO, *Annal. Præm.*, I, 151.]

EUGENIUS episcopus, servus servorum Dei, dilectis filiis BALDUINO abbati de Basso-fonte ejusque fratribus tam præsentibus quam futuris, in perpetuum.

Quoties illud a nobis petitur quod rationi et honestati convenire dignoscitur, animo nos decet libenti concedere et petentium desideriis congruum impertiri suffragium. Eapropter, dilecti in Domino filii, vestris justis postulationibus clementer annuimus et ecclesiam Santæ Mariæ de Basso-fonte, in quo divino mancipati estis servitio, sub B. Petri et nostra protectione suscipimus et præsentis scripti privilegio communimus ; imprimis siquidem statuentes ut ordo canonicus secundum sancti Augustini Regulam et Præmonstratensium fratrum institutionem in vestra ecclesia futuris perpetuo temporibus inviolabiliter conservetur. Præterea quascunque possessiones, quæcunque bona, in agris, vineis, pratis, silvis, pascuis, terris cultis vel incultis, decimis, seu aliis quæ eadem ecclesia juste et canonice possidet, aut in futurum concessione pontificum, largitione regum vel principum, oblatione fidelium seu aliis justis modis, Deo propitio, poterit adipisci, firma vobis vestrisque successoribus, et illibata permaneant ; in quibus hæc propriis duximus exprimenda vocabulis : locum videlicet ipsum de Basso-fonte, locum de Magnissilium (*Mesnil*), cum molendinis, grangiam de Verpelleria (*Verpillière*) cum omnibus earum appendiciis, quidquid a Waltero comite Brenensi vobis datum est et episcopi Trecensis sigillo firmatum ; decimas Bleincurtis, Novæ villæ, Vitriaci, Cepeoii (*Spois*), Couvenii (*Couvignon*) et Frocvallis (*Froeval*) ; octayam pariter decimæ de nova et antiqua Brena, cum decimis Calderii (*Cheidray*), Sancti Navortii (*S. Nabor*), atque Pressei (*Pressy*), octavam pariter totius terræ et aquæ quæ adjacet terræ Alberti Monilis (*Mainil-Aubert*). Porro laborum vestrorum quos in novalibus, propriis manibus vel sumptibus colitis, sive de nutrimentis vestrorum animalium, nullus a vobis decimas exigere præsumat.

Decernimus ergo ut nulli omnino hominum hanc præfatam ecclesiam turbare temere, aut ejus possessiones auferre, vel ablatas retinere, minuere, seu quibuslibet vexare molestiis liceat.

Datum apud Claram-vallem per manum Guidonis sanctæ Ecclesiæ Romanæ cardinalis et cancellarii, VIII Kal. Maji, indictione XI, Incarnationis Dominicæ anno 1148, pontificatus vero domni Eugenii papæ III anno IV

CCXCIV.

Bulla confirmans Præmonstratensium subrogationem in Bucilio.

(Anno 1148, April. 26.)

[HUGO, *Annal. Præm.*, I. Pr., p. 336.]

EUGENIUS episcopus, servus servorum Dei, dilectis filiis PERSICO abbati Buciliensis Ecclesiæ, ejusque fratribus tam præsentibus quam futuris regularem vitam professis, in perpetuum.

Piæ voluntatis affectus effectu debet prosequente compleri, ut devotionis sinceritas laudabiliter enitescat, et utilitas postulata vires indubitanter assumat. Quocirca, dilecti in Domino filii , vestris justis postulationibus clementer annuimus et ecclesiam Sancti Petri de Buciliis, in qua divino mancipati estis obsequio, sub beati Petri et nostra protectione suscipimus, et præsentis scripti privilegio communimus. Inprimis siquidem statuentes, ut ordo canonicus secundum beati Augustini Regulam et Præmonstratensium fratrum institutionem in vestra ecclesia futuris perpetuo temporibus inviolabiliter conservetur. Præterea quascunque possessiones, quæcunque bona inpræsentiarum juste et canonice possidet, aut in futurum concessione pontificum, largitione regum vel principum, oblatione fidelium,

---

(69) Bucilium monasterium ordinis Præmonstratensis in diœcesi Laudunensi a comite Viromandensi fundatum.

seu aliis justis modis, Deo propitio, poterit adipisci, firma vobis et illibata permaneant.

Decernimus ergo ut nulli omnino hominum fas sit præfatam ecclesiam temere perturbare aut ejus possessiones auferre, vel ablatas retinere, minuere, seu aliis quibuslibet vexationibus fatigare ; sed omnia integra conserventur eorum, pro quorum gubernatione et sustentatione concessa sunt, usibus omnimodis profutura. Si qua igitur in futurum ecclesiastica sæcularisve persona, hanc nostræ constitutionis paginam sciens, contra eam temere venire tentaverit, secundo tertiove commonita, nisi reatum suum congrua satisfactione correxerit, potestatis honorisque sui dignitate careat, reamque se divino judicio existere de perpetrata iniquitate cognoscat, et a sacratissimo corpore ac sanguine Dei et Domini Redemptoris nostri Jesu Christi aliena fiat, atque in extremo examine districtæ ultioni subjaceat. Cunctis autem eidem loco justa servantibus, sit pax Domini nostri Jesu Christi quatenus et hic fructum bonæ actionis percipiant, et apud districtum judicem præmia æternæ pacis inveniant. Amen.

Ego Eugenius catholicæ Ecclesiæ episcopus.

Ego Imarus Tusculanus episcopus.

Ego Hubaldus presbyt. cardinalis tituli Sanctæ Praxedis.

Ego Hugo presbyter cardinalis tituli Sancti Marcelli.

Ego Guido presbyt. cardin. tit. Pastoris.

Ego Bernardus presbyt. card. tit. Sancti Clementis.

Ego Oddo diaconus cardinalis scrib.

Ego Octavianus diaconus card. tituli Sancti Nicolai in Carcere Tulliano.

Ego Joannes Paparo diaconus cardinalis Sanctæ Mariæ Novæ.

Ego Jacinthus diaconus cardinal. Sanctæ Mariæ in Cosmedin.

Datum apud Claramvallem per manum Guidonis sanctæ Romanæ Ecclesiæ diaconi cardinalis et cancellarii, vi Kalend. Maii, indictione prima, Incarnationis Dominicæ anno 1148, pontificatus vero domni Eugenii papæ III anno IV.

CCXCV.

Monasterii Theloniensis protectionem suscipit disciplinamque Præmonstratensem ac bona confirmat.

(Anno 1148, April. Apud Claramvallem.)

[Hugo, *Vie de S. Norbert*, 134, teste Brequigny, Table chron., III, 145.]

CCXCVI.

Ad A. [Alfonsum] Hispaniarum regem.—*Toletanum primatum confirmat.*

(Anno 1148, Apr. 27.)

[Mansi, *Concil.*, XXI, 672.]

In pastorum specula, disponente Domino, constituti, Catholicos principes et reges terrarum, maxime illos qui B. Petro, ejusque S. R. E. fideliter adhærere noscuntur, paterna debemus affectione diligere et suam eis justitiam ex injuncto nobis officio conservare. Neque enim de te, reverendissime in Domino fili, nobis fuit quandoque voluntas, ut honorem vel dignitatem tuam, seu justitiam regni tibi a Domino commissi minuere in aliquo deberemus: præcipue cum tempore antecessorum nostrorum et nostro, te obedientem apostolicæ sedi fuisse noverimus et devotum. Quod utique attendentes, petitiones tuas pro expeditione contra infidelium tyrannidem facienda, libenter admisimus : et ad hoc ipsum faciendum in posterum cum honore Domini paternæ sumus charitatis debito præparati. Dignum est igitur de cætero, ut a querimonia tua desistas : In eo videlicet quod a Portugalensium duce nos aliquid recepisse vel ei etiam concessisse, quorum nescimus persuasionibus opinatus es, unde jura regni tui debeant imminui, vel auferri, vel perpetuo injuria irrogari. Nos siquidem amorem et devotionem avi tui recolendæ memoriæ Adelfonsi, celeberrimi tunc temporis in Hispaniarum partibus regis, erga Romanam Ecclesiam, nostris oculis proponentes, et pro victoria contra inimicos Christianæ fidei tibi a Domino Deo Sabaoth misericorditer præstita plurimum exsultantes in Domino : spirituali tibi sinceritate dilectionis astringimur ; et ad providendum regiæ serenitati tuæ ac tuis hæredibus, in quibus secundum Dominum possumus, propensius animamur. Præterea, ut Bracarensis episcopus et ejus suffraganei, Toletano archiepiscopo tanquam suo primati obediant, sancte a prædecessoribus nostris mandatum est, ita et nos per scripta nostra mandavimus et volumus observari : qui nimirum pro eo quod eidem Toletano in hoc non obsequitur, suspensionis tenetur sententia innodatus. Tua itaque interest sic in beati Petri obsequio et devotione persistere, atque ad subjugandas barbaras nationes cum Domini auxilio laborare, ita et Ecclesias et ecclesiasticas personas venerari et diligere, ut in actionibus tuis ille, per quem reges regnant, abundantius honoretur, et mater tua S. R. E. de tanto filio et de tam catholico principe amplius gaudeat et exsultet.

Ad hæc nobilitati tuæ notum fieri volumus, quod Cauriensem episcopum nobiscum duximus retinendum, tum quia in ecclesia, quæ sibi commissa est, gravi inopia, sicut accepimus, premebatur, et officium suum ibi exercere utiliter non poterat : tum quia confidimus quod munificentia tua suis debeat necessitatibus honestius providere. Ad indicium autem bonæ voluntatis et gratiæ nostræ circa te, rosam auream, quam in signum passionis et resurrectionis Jesu Christi Domini nostri, Dominica qua cantatur *Lætare, Jerusalem*, singulis annis Romanus portare pontifex consuevit, serenitati tuæ per venerabilem fratrem nostrum B. Segoviensem episcopum providimus transmittendam : ut ejusdem rosæ memoriæ incitatus, ea quæ desunt passionum Christi in corpore tuo complere cum Domini auxilio satagas ; et ipsius solatiante clementia debeas ad resurrectionis gloriam pervenire. Quia vero episcopos et abbates regni tui ad vocationem nostram, tanquam devotus et humilis filius, Remensi interesse concilio voluisti: benevolentiæ tuæ gratias exhibentes, precum tuarum consideratione devicti, eos, qui non venerunt, a suspensionis sententia relaxamus.

Datum in territorio Lingonensi, v Kal. Maii.

CCXCVII.

Ad Sugerium abbatem. — De monachis in ecclesia Sanctæ Genovefæ constituendis.

(Anno 1148, April. 29.)

[Mansi, *Concil.*, XXI, 637.]

Eugenius episcopus, servus servorum Dei, dilecto filio Sugerio abbati S. Dionysii, salutem et apostolicam benedictionem.

Officii nostri nos hortatur auctoritas ad religionem statuendam diligenter intendere, stabilitam vero exacta diligentia conservare. Inde est, sicut tua novit dilectio, quod cum charissimo filio nostro Ludovico illustri Francorum rege contulimus, ut in ecclesia Sanctæ Genovefæ religiosos fratres ad Dei servitium poneremus. Quod brevitate temporis prohibente, secundum ipsius et nostrum propositum, nequivimus effectui mancipare. Verum, quia vices regias in Galliarum partibus dignosceris exercere, et quia de tua plurimum discretione confidimus : per præsentia tibi scripta mandamus, quatenus priorem Abbatisvillæ in abbatem liberum et absolutum ibi statuere, et octo fratres ecclesiæ S. Martini de Campis ejus societati studeas deputare, ut exemplo bonæ conversationis eorum, qui minus honeste sapiunt ad divinum officium provocentur. Nos vero priori S. Martini de Campis per apostolica scripta mandavimus, quatenus prædictum numerum fratrum, cum tibi placuerit, exhibeat et concedat ; sustentationi quorum, beneficium decanatus et præbendas venerabilis fratris nostri Silvanectensis episcopi, Gregorii diaconi cardinalis, et Antissiodorensis thesaurarii, filiorum nostrorum, auctoritate apostolica deputamus. Ad ipsorum quoque usum omnia beneficia decedentium canonicorum assignari volumus et jubemus.

Datum Lingonis, iii Kal. Maii.

CCXCVIII.

Ad canonicos Sanctæ Genovefæ.— Ut monachos quos ad ipsorum cœnobium missurus est, honeste recipiant.

(Anno 1148, April 29.)

[Mansi, *Concil.*, XXI, 637.]

Eugenius episcopus, servus servorum Dei, dilectis filiis suis canonicis S. Genovefæ, salutem et apostolicam benedictionem.

Quisquis Catholicæ fidei veritatem, et veræ religionis charitatem habere dignoscitur, caput omnium Ecclesiarum sanctam Romanam Ecclesiam esse non dubitat, sed affirmat, et eam tanquam devotus filius veneratur. Cum igitur in ea simus velut in specula. Deo disponente, constituti, omnibus mundi Ecclesiis paterna sollicitudine providere compellimur : et in Ecclesiis quæ beati Petri juris existunt, religionem statuere cupimus et optamus. Inde est quod in ecclesia vestra gratam Deo veræ religionis culturam statuere cupientes, dilecto filio nostro abbati S. Dionysii per apostolica scripta mandavimus, quatenus eam per dilectum filium nostrum priorem Abbatisvillæ, quem ibi imponi, et fratres S. Martini de Campis, quos ejus societati volumus deputari, in memorata ecclesia institueret et plantaret. Ideoque universitati vestræ per præsentia scripta mandamus, quatenus eos honeste recipiatis, et salvis præbendis vestris nullam eis molestiam aut injuriam faciatis. Quod si facere præsumpseritis, sententiam quam memoratus filius noster abbas S. Dionysii super hoc in vos promulgaverit, nos auctore Deo ratam habebimus. Cujus sustentationi et prædictorum fratrum, beneficium decanatus et præbendas venerabilis fratris nostri Silvanectensis episcopi, Gregorii diaconi cardinalis, et Antissiodorensis thesaurarii, filiorum nostrorum, auctoritate apostolica deputamus. Ad ipsorum quoque usum omnia beneficia decedentium canonicorum assignari volumus et jubemus.

Datum Lingonis, iii Kal. Maii.

CCXCIX.

Breve ad Hugonem Antissiodorensem episcopum.

(Anno 1148, Maii 7.)

[*Gall. Christ.* nov., XII, 122.]

Eugenius episcopus, servus servorum Dei, venerabili fratri Hugoni Antissiodorensi episcopo salutem et apostolicam benedictionem.

Postquam controversia quæ inter te et dilectum filium nostrum P. Cluniacensem abbatem super S. Germani monasterio agebatur, in nostra fuit præsentia terminata, et dominus idem filius noster abbatem, qui fratribus inibi Deo servientibus præest, per baculum investivit; in quo quia dignitas Ecclesiæ tuæ obfuscari et supprimi videbitur, inter vos, de quo paternæ charitatis debito condolemus, est suborta contentio. Quia igitur paci et tranquillitati Ecclesiarum attenta sollicitudine providere compellimur, præsentium scriptorum auctoritate statuimus ne quod ab ipso factum est, tibi vel ecclesiæ tuæ imposterum præjudicium faciat, vel aliquod inferat detrimentum, et ne de cætero abbas S. Germani a Cluniacensi abbate investituram per baculum suscipiat prohibemus.

Datum Bisuntii Nonis Maii.

CCC.

Privilegium pro ecclesia S. Sepulcri Hierosolymitana.

(Anno 1148, Maii 7.)

[Eug. de Rozière, *Cartulaire du Saint-Sépulcre*, 42.]

Eugenius episcopus, servus servorum Dei, dilectis filiis Petro priori ecclesiæ Sancti Sepulcri, ejusque fratribus, tam præsentibus quam futuris, regularem vitam professis, in perpetuum.

Incomprehensibilis et ineffabilis divinæ miseratio potestatis nos hac providentiæ ratione in apostolicæ sedis administratione constituit, ut de omnibus ecclesiis tam vicinis quam longe positis paternam sollicitudinem gerere debeamus. Sancta siquidem Romana Ecclesia, quæ sibi a Deo concessum omnium ecclesiarum obtinet principatum, tanquam diligens mater, singulis debet ecclesiis et maxime Jerosolymitanæ, in qua mundi Redemptor salutem nostram voluit operari, diligenti vigilantia providere. Eapropter, dilecti in Domino filii, vestris justis postulationibus clementer annuimus, et prædecessorum nostrorum felicis memoriæ, Honorii, Innocentii, Cœlestini et Lucii, Romanorum pontificum, vestigiis inhærentes, ecclesiam Sancti Sepulcri, in qua divino mancipati estis obsequio, sub beati Petri et nostra protectione suscipimus, et præsentis scripti privilegio communimus; statuentes ut quæcunque possessiones et bona per authentica venerabilium fratrum nostrorum patriarcharum Jerosolymitanæ Ecclesiæ scripta vobis firmata sunt, sive quidquid eadem Ecclesia impræsentiarum juste et canonice possidet, aut in futurum concessione pontificum, liberalitate regum, largitione principum, oblatione fidelium seu aliis justis modis, præstante Domino, poterit adipisci, firma vobis vestrisque successoribus et illibata permaneant. In quibus hæc propriis duximus exprimenda vocabulis : medietatem videlicet cunctarum oblationum, quæ ad sepulcrum Domini offeruntur; oblationes crucis, excepta tantum die sancti Parasceve, et cum patriarcha eam secum pro aliqua necessitate detulerit; decimas Jerosolymitanæ civitatis et locorum adjacentium, exceptis decimis fundæ; ecclesiam Sancti Petri in Joppen cum honoris et dignitatis suæ integritate; adjicientes etiam ut nulli omnino hominum liceat vitæ canonicæ ordinem, quem professi estis, in vestra ecclesia commutare. Præterea, si ab aliquo vos senseritis prægravati, ad apostolicam sedem libere vobis liceat appellare; statuimus enim ut tam tu, Petre prior, quam successores tui, qui pro tempore fuerint, de possessionibus et bonis quæ propriæ vestri juris sunt, communicato fratrum vestrorum consilio, ad honorem Dei et ecclesiæ vestræ profectum disponendi habeatis liberam facultatem.

Decernimus ergo ut nulli omnino hominum liceat præfatam ecclesiam temere perturbare, aut ejus possessiones auferre, vel ablatas retinere, minuere, aut aliquibus vexationibus fatigare; sed omnia integra conserventur eorum, pro quorum gubernatione et sustentatione concessa sunt, usibus omnimodis profutura, salva sedis apostolicæ auctoritate et patriarchæ Jerosolymitani canonica justitia et reverentia. Si qua igitur in futurum ecclesiastica sæcularisve persona, hanc nostræ constitutionis paginam sciens, contra eam temere venire tentaverit, secundo tertiove commonita si non satisfactione congrua emendaverit, potestatis honorisque sui dignitate careat, reamque divino judicio existere de perpetrata iniquitate cognoscat, et a sacratissimo corpore ac sanguine Dei Redemptoris nostri Jesu Christi aliena fiat, atque in extremo examine districtæ ultioni subjaceat. Cunctis autem eidem loco justa servantibus sit pax Domini nostri Jesu Christi, quatenus et hic fructum bonæ actionis percipiant et apud districtum judicem præmia æternæ pacis inveniant. Amen.

Ego Eugenius, Catholicæ Ecclesiæ episcopus subscripsi.

Ego Imarus, Tusculanus episcopus, subscripsi.

Ego Hubaldus, presbyter cardinalis tituli Sanctæ Praxedis, subscripsi.

Ego Humbaldus, presbyter cardinalis tituli Sanctorum Joannis et Pauli, subscripsi.

Ego Gillibertus, indignus sacerdos tituli Sancti Marci, subscripsi.

Ego Aribertus, presbyter cardinalis tituli Sanctæ Anastasiæ, subscripsi.

Ego Julius, presbyter cardinalis tituli Sancti Marcelli, subscripsi.

Ego Hugo, presbyter cardinalis tituli Sancti Laurentii in Lucina, subscripsi.

Ego Guido, presbyter cardinalis tituli Pastoris, subscripsi.

Ego Bernardus, presbyter cardinalis tituli Sancti Clementis, subscripsi.

Ego Jordanus, presbyter cardinalis tituli Sanctæ Susannæ, subscripsi.

Ego Oddo, diaconus cardinalis Sancti Georgii ad Velum Aureum, subscripsi.

Ego Octavianus, diaconus cardinalis Sancti Nicolai in Carcere Tulliano, subscripsi.

Ego Joannes Paparo, diaconus cardinalis Sancti Adriani, subscripsi.

Ego Gregorius, diaconus cardinalis Sancti Angeli, subscripsi.

Ego Joannes, diaconus cardinalis Sanctæ Mariæ Novæ, subscripsi.

Ego Jacinctus, diaconus cardinalis Sanctæ Mariæ in Cosmydin, subscripsi.

Data Bisuntii, per manum Guidonis, sanctæ Romanæ Ecclesiæ diaconi cardinalis et cancellarii, Nonis Maii, indictione XI, Incarnationis Dominicæ anno 1148, pontificatus vero domni Eugenii III papæ anno IV.

CCCI.
Privilegium pro ecclesia quæ dicitur ad Plebem Martyrum (Ulciensi).
(Anno 1148, Maii 14.)
[*Hist. patriæ Monum. Script.* 398.]

EUGENIUS episcopus, servus servorum Dei, dilectis filiis PETRO præposito ecclesiæ quæ dicitur ad Plebem Martyrum, ejusque fratribus tam præsentibus quam futuris, canonicam professis, in perpetuum.

Piæ postulatio voluntatis effectu debet prosequente compleri, ut devotionis sinceritas laudabiliter enitescat, et utilitas postulata vires indubitanter assumat. Eapropter, dilecti in Domino filii, vestris justis petitionibus clementer annuimus, et prædecessoris nostri felicis memoriæ Calixti papæ vestigiis inhærentes præfatam Ecclesiam, in qua divino mancipati estis obsequio, sub B. Petri et nostra protectione suscipimus, et præsentis scripti privilegio communimus; statuentes ut ordo canonicus, qui secundum B. Augustini Regulam in eadem Ecclesia dignoscitur institutus, ibidem futuris temporibus inviolabiliter observetur; quascunque etiam possessiones, quæcunque bona in terris cultis, vel incultis, vineis, pascuis, decimis; seu aliis ipsa ecclesia inpræsentiarum juste et canonice possidet, aut in futurum concessione pontificum, largitione regum vel principum, oblatione fidelium, seu aliis justis modis, Deo propitio, poterit adipisci, firma vobis vestrisque successoribus, et illabata permaneant. In quibus hæc propriis duximus exprimenda vocabulis. In episcopatu Taurinensi in villa Ulcio ecclesiam Sanctæ Mariæ; in villa Beolario ecclesiam S. Michaelis, ecclesias S. Mariæ et S. Hyppoliti de Bardonesca, S. Joannis de Salaberta, S. Mariæ de Calmonte; in villa Lezanna ecclesiam S. Joannis; ecclesias de valle Clusionis; videlicet de Pratoialto (70), de Fenestrellis, de Mentulis; ecclesiam de Montebracone, ecclesias de Bagnolio; ecclesiam B. Mariæ de Revel, cum capellis; ecclesiam B. Joannis de plebe cum titulis suis; ecclesiam de Petra alba; ecclesiam S. Christinæ; ecclesiam Sancti Salvatoris, ecclesiam de Villareto, ecclesiam de Almezio, ecclesias de Villaro Fulchardo; ecclesiam S. Mariæ de Secusia; cum omnibus pertinentiis suis. In Albensi episcopatu, ecclesiam S. Stephani, cum capellis ad eam pertinentibus; in Aquensi, ecclesias de Ripalta, ecclesias de Canelo; ecclesiam S. Georgii de Monte. In Saonensi ecclesiam S. Joannis de Vadio cum capellis et titulis ad eam pertinentibus. In Ebredunensi ecclesiam S. Mariæ de Brianzone, ecclesiam S. Theofredi, ecclesiam S. Marcellini de Salta, ecclesiam S. Pellagii de Nevasia, ecclesiam de Serveria, ecclesiam Sancti Pancratii, ecclesiam de Podio, ecclesiam S. Martini de Cayreria cum capellis suis; ecclesias de valle Jarentona, ecclesiam S. Mariæ de Calme. In parochiali villa, quæ vocatur monasterium, medietatem totius decimæ. In Vapicensi ecclesiam S. Arigii, ecclesiam S. Laurentii de Bellomonte cum capella et ecclesiis parochialibus ad eam pertinentibus. In Camposauro, tertiam partem totius decimæ inter duas Severiascas. In episcopatu Gratianopolitano, ecclesiam S. Joannis de valle Navigii, ecclesias de Cornerio : S. Mariæ, S. Petri, S. Georgii, S. Agnetis de Gardenco, ecclesiam S. Petri de Avellanth, et totam decimam castri quod vocatur Muta; ecclesiam de Albino, ecclesiam de Osso, ecclesiam de vultu Genuæ. Et ecclesias omnes quæ sunt a lacu Orsinacii usque ad collem qui dicitur Altariolum. Et ecclesiam Sancti Christophori de Pascherio cum capellis suis. In Diensi, ecclesiam S. Mariæ de Synardo, ecclesiam de Claromonte, ecclesiam de Avinione, ecclesiam S. Pauli, ecclesiam S. Guilielmi cum capella castri, quod dicitur Toscona, et totam decimam illius vallis. In Viennensi archiepiscopatu,

ecclesiam Sancti Donati cum omnibus pertinentiis suis, etc.

Ego Eugenius Catholicæ Ecclesiæ episcop.
Ego Ubaldus card. S. Praxedis.
Ego Ubaldus presbiter cardinalis SS. Joannis et Pauli.
Ego Gilibertus indignus sacerdos. tit. S. Marci.
Ego Aubertus presbiter cardinalis tit. S. Anastasiæ.
Ego Ingo presb. card. tit. in Lucina.
Ego Julius presb. card. tit. S. Marcelli.
Ego Hugo presb. card. tit. Pastoris.
Ego Bernardus presb. card. tit. S. Clementis.
Ego Imarus Tusculanus episcop.
Ego Odo diaconus card. S. Georgii ad Velum Aureum.
Ego Octavianus diac. card. S. Nicolai in Carcere Tulliano.
Ego Joannes Paparo diaconus. cardinalis S. Andriani.
Ego Gregorius diac. card. S. Angeli.
Ego Joannes diac. card. S. Mariæ Novæ.
Ego Jacynthus diac. card. S. Mariæ in Cosmedin.

Datum Lausaniæ, per manum Guidonis S. Romanæ Ecclesiæ diaconi cardinalis et concellarii, 11 Idus Maii, indict. xi, Incarnationis Dominicæ anno 1148; pontificatus vero domni Eugenii tertii papæ anno quarto.

CCCII.

Privilegium pro monasterio Bellelagiensi.

(Anno 1148, Maii 17.)

[Hugo, Annal. Præm., I, Pr., p. 217.]

EUGENIUS episcopus, servus servorum Dei, dilectis filiis GEROLDO abbati monasterii de Bellelogia ejusque fratribus tam præsentibus quam futuris regularem vitam professis, in perpetuum.

Religiosam vitam eligentibus congrua nos oportet consideratione prospicere, ne aut alicujus necessitatis occasio desides faciat, aut, quod absit! robur conversationis infringat. Quapropter, dilecti in Domino filii, vestris justis postulationibus clementer annuimus et præfatum locum in quo divino mancipati estis obsequio, sub beati Petri et nostra protectione suscipimus, et præsentis scripti patrocinio communimus; statuentes ut quascunque possessiones, quæcunque bona idem monasterium inpræsentiarum juste et canonice possidet, aut in futurum concessione pontificum; largitione regum vel principum, oblatione fidelium, seu aliis justis modis, præstante Domino poterit adipisci, firma vobis vestrisque successoribus et illabata permaneant; in quibus hæc propriis duximus exprimenda vocabulis : Ecclesiam de Boccourt cum omnibus appendiciis suis; ecclesiam de Tharvenna cum pertinentiis suis, sicut venerabilis frater noster Ordibus (Ortiebus) Basileensis episcopus vobis rationabiliter concessit, et scripto suo firmavit; ecclesiam Sancti Ursicini de Nugerol, vineas de Bielno, curiam in Boescorth.

Decernimus ergo ut nulli omnino hominum liceat præfatum locum temere perturbare, aut ejus possessiones auferre, vel ablatas retinere, minuere, seu aliquibus vexationibus fatigare, sed omnia integra conserventur eorum, pro quorum gubernatione ac sustentatione concessa sunt, usibus omnimodis profutura, salva sedis apostolicæ auctoritate, et diœcesani episcopi canonica justitia. Si qua igitur in futurum ecclesiastica sæcularisve persona, hanc nostræ constitutionis paginam sciens, contra eam temere venire tentaverit, secundo tertiove commonita, si non satisfactione congrua emendaverit, potestatis honorisque sui dignitate careat, reamque se divino judicio existere de perpetrata iniquitate cognoscat, et a sacratissimo corpore ac sanguine Dei et Domini nostri Redemptoris Jesu Christi aliena fiat, atque in extremo examine districtæ ultioni subjaceat. Cunctis autem eidem loco justa servantibus, sit pax Domini nostri Jesu Christi, quatenus et hic fructum bonæ actionis percipiant, et apud districtum judicem præmia æternæ pacis inveniant. Amen.

Ego Eugenius Catholicæ Ecclesiæ episcopus.

Datum Lausannæ per manum Guidonis sanctæ Romanæ Ecclesiæ diaconi cardinalis et cancellarii, xvi Kalend. Junii, indictione xi, Incarnationis Dominicæ anno 1148, pontificatus vero domni Eugenii III papæ anno iv.

CCCIII.

Ad Humbertum Bizuntinensem archiepiscopum, etc. — Ut contemptum Romanæ Ecclesiæ digne puniant in presbytero qui excommunicationem ab eo latam transgressus fuerat, et redditus Balmensis monasterii Cluniacensibus subripuerat.

(Anno 1148, Maii 20.)

[Bouquet, XV, 451.]

Eugenius episcopus, servus servorum Dei, dilectis filiis H[umberto] Bisuntinensi archiepiscopo, P. decano et toti capitulo S. Stephani, salutem et apostolicam benedictionem.

Ex parte Cluniacensium fratrum querelam accepimus, quod Aimo presbyter in ecclesia de Biliaco, quam Balmensis ecclesia tricenaria possessione et amplius sine interruptione possedit, super excommunicationem nostram diu cantavit, et redditus ecclesiæ qui Balmensi debentur partim violentia, partim sibi furto retinuerit. Verum quia fratribus Cluniacensibus in sua justitia, maxime in his quæ ad Balmense cœnobium pertinent, deesse non possumus vel debemus, quibus idem cœnobium cum omnibus appendiciis suis quibus tempore Alberici abbatis et postea investitum fuit, donavimus; per præsentia vobis scripta mandamus atque præcipimus quatenus transgressionem sententiæ nostræ et contemptum sanctæ Romanæ Ecclesiæ in prædicto presbytero digne et sufficienter puniatis; et redditus quos Balmensi ecclesiæ subripuit, ex integro ita reddi facia-

tis, ne iteratus clamor ad aures nostras perveniat, et presbyter amplius in ecclesia non glorietur, in qua tandiu excommunicationem contempsit, et nobis inobediens permansit.

Datum Lauzanæ xiii Kal. Junii.

CCCIV.

Monasterii Rueggisbergensis protectionem suscipit possessionesque confirmat.

(Anno 1148, Maii 27.)

[Solothurner, Wochenblatt, 1829, p. 555, teste Stettler, Regestem der Klöster von Bern, p. 11.]

CCCV.

Ad abbatem Sugerium. — Mutato consilio non jam monachos ad S. Genovefæ ecclesiam mittere vult sed canonicos regulares.

(Anno 1148, Jun. 16.)

[Mansi, Concil., XXI, 638.]

Eugenius episcopus, servus servorum Dei, dilecto filio Sugerio abbati S. Dionysii, salutem et apostolicam benedictionem.

Cum Dominus et Redemptor noster pax et veritas esse noscatur, ad Patris dextram ascensurus, discipulis suis velut ex testamento pacem relinquens, ut eam in se haberent, et prædicarent aliis, imperavit. Inde est, quod a Christo diligi, et inter discipulos ejus creditur deputari, qui et pacem diligit, et eam inter suos subditos nititur conservare. Quia igitur in apostolicæ sedis specula a Domino constituti, B. Petri apostolorum principis existimus successores, præceptum quod pro religione monastica in ecclesia Sanctæ Genovefæ dedisse meminimus, pro bono pacis, si regulares canonicos ejusdem ecclesiæ canonici salvis eorum præbendis receperint, immutamus: præcipientes, ut beneficia quæ monachis, si in præfata ecclesia fuissent suscepti, duximus deputanda, canonicis ipsis per te auctoritate apostolica deputentur. Quod si facere noluerint, præceptum de monachis inibi statuendis inviolabiliter præcipimus observari.

Datum Vercellis, xvi Kal. Julii.

CCCVI.

Monasterii Claræevallis Mediolanensis possessiones confirmat.

(Anno 1148, Jun. 25.)

[Giulini, Mem. di Milan., V, 478-79.]

CCCVII.

Alberoni archiepiscopo Trevirensi, et Alberoni episcopo Virdunensi, et Metensis Tullensisque Ecclesiarum archidiaconis mandat, Matthæum ducem sub excommunicationis pœna admoneant ut castrum prope Tullum ædificatum destruat.

(Anno 1148, Jun. 30.)

[D. Calmet, Hist. de Lorraine, II, Pr., p. cccxxxiv.]

Eugenius episcopus, servus servorum Dei, venerabilibus fratribus A. [Adalberoni] Treverensi episcopo, Virdunensi episcopo [Alberoni], et dilectis filiis archidiaconibus Metensis et Tullensis Ecclesiæ, salutem et apostolicam benedictionem.

Quemadmodum sancta Ecclesia in spiritualibus, sine ruga, macula, et schismate, in unitatis debet perpetuo splendore clarescere, ita in temporalibus nullis gravaminibus affici, nullis angariis perturbari, nihil debet extraordinarium sustinere : expedit enim ut omnis Ecclesia in sui status praerogativa immobiliter perseverans, libera et immunis ab hujusmodi vexatione permaneat. Significatum nobis est, quod dux Matthaeus, quamvis venerabili fratri nostro Henrico Tullensi episcopo, et hominibus Tullensis civitatis, qui cum eo Jerosolymam sunt profecti, sub osculo promisisset, quod tam ecclesiam quam urbi defensionis suae solatium exhiberet ; tamen divini timoris consideratione postposita, prope civitatem Tullensem contra juramentum quod pater ejus fecit, et antiquam praefatae civitatis et Ecclesiae libertatem, castrum quoddam non distans ab urbe per dimidium milliare aedificare praesumat, ex qua aedificatione Tullensis Ecclesia multa damna, multas injurias, sicut dicitur, patietur. Quibus pro nostri officii debito obviare volentes, per praesentia vobis scripta mandamus, quatenus eum districtius moneatis, ut destruat quod aedificare praesumpsit, et ab ipsius ecclesiae infestatione desistat. Quod si facere contempserit, in eum etiam pro hoc excommunicationis sententiam perferatis, et eam faciatis similiter observari.

Data Papiae, II Kal. Julii.

CCCVIII.
Episcopatus Cremonensis Ecclesiae jubet Oberto episcopo obtemperare.
(Anno 1148, Jul. 7.)
[UGHELLI, *Italia sacra*, IV, 604.]

EUGENIUS episcopus, servus servorum Dei, venerabili fratri OBERTO Cremonensi episcopo, ejusque successoribus canonice substituendis, in perpetuum.

Ad hoc sancti Patres diversos in Ecclesia Dei esse gradus et ordines voluerunt, ut dum inferiores suis superioribus obedientiam et reverentiam exhiberent, una fieret ex diversitate connexio, et recte officiorum gereretur administratio singulorum. Hoc nimirum intuitu, venerabilis frater Oberte episcope, tuis justis postulationibus clementer annuimus, et ne Cremonensis Ecclesia sua defraudetur justitia, auctoritate nostri officii volumus providere. Dum Cremonae cum fratribus nostris essemus, querelam in nostra praesentia edidisti, quod quaedam Cremonenses ecclesiae, quae tui episcopatus juris existunt, nequaquam debitam tibi reverentiam exhiberent. Quia vero singulis Ecclesiis suam volumus justitiam observare, decernimus ut Cremonenses ecclesiae, quae parochiali jure ad te pertinere noscuntur, et pars clericorum ecclesiae S. Mariae, quae tibi eodem jure debet esse subjecta, tibi tuisque successoribus subjectae de caetero et obedientes existant, et tanquam propriis pastoribus, et animarum suarum episcopis debitam reverentiam et honorem exhibeant : prohibentes ut nullus clericus per laicos in eisdem recipiatur ecclesiis, nullus praepositus, absque consilio et assensu Cremonensis episcopi, vel Ecclesiae, si episcopus defuerit, statuatur. Adjicimus quoque ut Cremonensis episcopus tanquam proprius pastor in praefatis ecclesiis recipiatur, et honoretur, eique a clericis et laicis ejusdem loci debita reverentia et obsequium tam in spiritualibus quam in temporalibus deferatur. Si autem Cremonensis episcopus, vel Ecclesia excommunicationis aut interdicti sententiam canonice in aliquem suorum parochianorum protulerit, tam ab his qui ad Placentinum, quam ab his qui ad Cremonensem episcopatum pertinent observetur. Si quis autem hujus nostri decreti paginam sciens contra eam temere venire tentaverit, clericus dignitatis et officii sui periculum patiatur, laicus vero ecclesiastica communione privetur.

Ego Eugenius Catholicae Ecclesiae episcopus.

Datum Cremonae per manus Guidonis, S. Romanae Ecclesiae diac. cardinalis et cancellarii, Nonis Julii, indict. XI, Incarnat. Dom. anno 1148, pontificatus vero D. Eugenii III papae anno IV.

CCCIX.
Privilegium pro monasterio Tollensi.
(Anno 1148, Jul. 7.)
[CAMPI, *Hist. di Piacenza*, I, 544.]

EUGENIUS episcopus, servus servorum Dei, dilectis filiis ALBERTO abbati de Tolla, ejusque fratribus, tam praesentibus quam futuris, regularem vitam professis in perpetuum.

Quoniam sine verae cultu religionis nec charitatis unitas potest subsistere, nec Deo gratum exhiberi servitium, expedit apostolicae auctoritati religiosas personas diligere, et religiosa loca, in quibus existunt, sedis apostolicae munimine confovere. Ideoque, dilecti in Domino filii, vestris justis postulationibus clementer annuimus, et monasterium de Tolla, in quo divino estis obsequio mancipati, sub beati Petri et nostra protectione suscipimus et praesentis scripti privilegio communimus, statuentes ut quascunque possessiones, quaecunque bona in praesentiarum juste et rationabiliter possidet, aut in futurum concessione pontificum, liberalitate regum vel principum, oblatione fidelium, seu etiam aliis justis modis, Deo propitio, poterit adipisci, firma vobis vestrisque successoribus, et illibata permaneant. In quibus haec propriis duximus exprimenda vocabulis : locum ipsum in quo praefatum monasterium situm est, cum parochia et omnibus pertinentiis suis ; quidquid habetis apud castrum Arquatum, et ecclesiam de Mistriano cum parochia et omnibus pertinentiis suis, castrum de Lavernasco cum ecclesia ipsius loci, et parochia et, caeteris pertinentiis suis ; castellum novum cum ecclesia ejusdem loci et parochia, et omnibus pertinentiis suis ; castellum de Spelunca, et ecclesiam ipsius loci cum parochia et omnibus pertinentiis suis ; castellum de Molfaxi cum ecclesiis ejusdem loci et parochiis et aliis pertinentiis suis ; locum Rugarli cum ecclesia ipsius loci, et parochia et omnibus pertinentiis suis ; quidquid habetis apud Regianum cum omnibus pertinentiis suis : ecclesiam Sancti Dalmatii de Placentia cum parochia, et caeteris ad ipsam pertinentibus. Obeunte autem te, nunc ejusdem loci abbate, vel tuorum quolibet successorum, nullus ibi qualibet subreptionis astutia seu violentia præponatur, nisi quem fratres communi consensu vel fratrum pars consilii sanioris de suo, si potuerit idoneus inveniri, collegio, secundum Dei timorem et beati Benedicti Regulam, providerint eligendum. Chrisma, oleum sanctum, consecrationes altarium seu basilicarum, ordinationes clericorum vestrorum, qui ad sacros ordines fuerint promovendi, a Mediolanensi archiepiscopo gratis absque pravitate aliqua vobis præcipimus exhiberi. Sepulturam ipsius monasterii et omnium ejus ecclesiarum liberam esse concedimus, ut eorum devotioni, et extremæ voluntati, qui se illic sepeliri deliberaverint, nisi forte excommunicati vel interdicti sint, nullus obsistat; salva tamen justitia ipsarum ecclesiarum, a quibus mortuorum corpora assumuntur.

Decernimus ergo, ut nulli omnino hominum de his quæ a nostris prædecessoribus, vel Italici regni regibus concessa sunt, nullo modo qualibet occasione, vel alicujus scriptionis titulo, in rebus vel in ipsius loci libertate aliquid possit auferre, vel minuere interdicentes per sanctæ Romanæ sedis auctoritatem episcopis Placentinæ et Parmensis Ecclesiæ in quarum diœcesi ipsum monasterium, vel res ipsæ videntur consistere, aliisque omnibus tam vicinis quam procul constitutis, ut nullatenus aliquid quam proprio jure præsumant accipere, neque baptizandi parochianos suos, quos apparet in privilegiali instrumento in ipso monasterio olim concessum; vel decimas, quas ante possedistis, sibi vindicent. Si qua igitur in futurum ecclesiastica sæcularisve persona, hanc nostræ constitutionis paginam sciens, contra eam temere venire tentaverit, secundo tertiove commonita, si non satisfactione congrua emendaverit, potestatis honorisque sui dignitate careat, reamque se divino judicio existere de perpetrata iniquitate cognoscat, et a sacratissimo corpore ac sanguine Dei et Domini Redemptoris nostri Jesu Christi aliena fiat, atque in extremo examine districtæ ultioni subjaceat. Cunctis autem eidem ecclesiæ justa servantibus sit pax Domini nostri Jesu Christi, quatenus et hic fructum bonæ actionis percipiant, et apud districtum judicem præmia æternæ pacis inveniant. Amen.

Ego Eugenius Catholicæ Ecclesiæ episcopus subscripsi.

Ego Ubaldus presb. cardinalis tit. Sanctæ Praxedis subscripsi.

Ego Aribertus presbyt. cardinalis tit. S. Anastasiæ subscripsi.

Ego Ubaldus presbyt. cardinalis tit. SS. Joannis et Pauli subscripsi.

Ego Hugo presbyter cardinalis tituli in Lucina subscripsi.

Ego Jordanus presb. card. tit. S. Susannæ subsc.

Ego Otto diaconus cardinalis S. Georgii ad Velum Aureum subscripsi.

Ego Octavianus diaconus S. Nicolai in Carcere Tulliano subscripsi.

Datum Cremonæ per manum Guidonis sanctæ Romanæ Ecclesiæ diaconi cardinalis et cancellarii, Non. Julii, indictione XI, Incarnationis Dominicæ anno 1148, pontificatus domni Eugenii III papæ anno IV.

CCCX.
Ecclesiæ Ulciensi ecclesiam B. Mariæ Secusiensem a sese addictam esse testatur.
(Anno 1148, Julii 7. — Cremonæ.)
[*Ulciensis Eccles. Chart.*, p. 18.]

CCCXI.
Ad universum clerum Romanum. — Ut capellani promittant obedientiam rectoribus titulorum, sive ecclesiarum.
(Anno 1148, Jul. 15.)
[Mansi, *Concil.*, XXI, 628.]

Eugenius tertius, universo Romano clero.

Fallax et invidus humani generis inimicus per Arnaldum schismaticum, quasi per membrum proprium, hoc efficit, ut quidam capellani unitatem Ecclesiæ, quæ sectionem non patitur, quantum in eis est, dividentes, ipsius Arnaldi sequantur errorem, et cardinalibus atque archipresbyteris suis obedientiam et reverentiam promittere et exhibere debitam contradicant. Ne igitur vires dare præfati schismatici pravis actionibus per silentium de cætero videamur, per præsentia vobis scripta mandamus atque præcipimus, quatenus præfatum Arnaldum tanquam schismaticum modis omnibus devitetis. Quod si aliqui clerici, Dei et sanctæ Ecclesiæ contemptores, ejus errorem post præsentium acceptionem sequi præsumpserint, scire vos volumus quia tam officio quam beneficio ecclesiastico reddemus eos penitus alienos.

Datum Brixiæ, Idibus Julii.

CCCXII.
Bulla pro ecclesia S. Ambrosii Mediolanensis.
(Anno 1148, Jul. 21).
[Giulini, *Memorie di Milano*, Probat.; t. V, p. 592].

Eugenius episcopus, servus servorum Dei, dilecto filio Martino præposito, ejusque fratribus in ecclesia Beati Ambrosii divino servitio mancipatis, tam præsentibus quam futuris in perpetuum.

Quoties illud a nobis petitur, quod rationi et honestati convenire videtur, animo nos decet libenti concedere, et petentium desideriis congruum impertiri suffragium. Eapropter, dilecti in Domino filii, vestris justis postulationibus clementer annuimus, et ecclesiam vestram, quæ beati Ambrosii confessoris, et sanctorum martyrum Gervasii et Protasii pignoribus decorata consistit, cum omnibus possessionibus, et bonis, vestris usibus deputatis, sub beati Petri et nostra protectione suscipimus, et præsenti scripti privilegio communimus, statuentes, ut quæcunque in præsentiarum juste et canonice possidetis, aut in futurum concessione pontificum, liberalitate regum vel principum, oblatione fidelium, seu aliis rationabilibus modis poteritis adipisci, firma vobis vestrisque successoribus, et illibata permaneant. In quibus hæc propriis duximus exprimenda vocabulis : Totam possessionem villæ Axiliani, et medietatem decimæ cum omnibus honoribus ad eamdem villam pertinentibus; terram in Cornaleto et in Eburono, et quidquid habetis ex parte Lauterii et uxoris suæ; quindecim solidos pro annuali quod facitis in ecclesia Beati Celsi, et xii candelas ; quæ omnia singulis annis a prælato ejusdem ecclesiæ vobis debent persolvi. Item in eadem ecclesia tres solidos, quos ex antiquo habere soletis; decimam quoque quam habetis in loco Vigonzonis; refectiones vero quæ vobis constitutæ sunt secundum antiquam consuetudinem, quando altare Beati Ambrosii constitutis temporibus aperitur, nihilominus habeatis. Quidquid præterea juris ex antiqua consuetudine in cœmeterio ecclesiæ vestræ, et in cimiliarchia habetis, vobis conservari præcipimus. Consuetudinem quoque inportandis crucibus vestris ad processiones, sive ad mortuorum corpora tumulanda, quam justam habere videmini, inconvulsam manere sancimus. Confirmamus etiam vobis ecclesiam Beatæ Mariæ Græcæ juxta Claustrum; quidquid juris habetis in ecclesia Sancti Georgii de ponte Sexto; hospitale Sancti Jacobi de Ristocano, et refectionem quam habetis in festo Sancti Satyri. Sane quæcunque authenticis episcoporum, regum, seu etiam aliorum Dei fidelium scriptis vobis juste concessa, donata , vel confirmata sunt, auctoritatis nostræ munimine roboramus, et vos ipsos sub beati Petri et nostra protectione suscipimus ; salva sedis apostolicæ auctoritate et Mediolanensis archiepiscopi canonica justitia.

Decernimus ergo ut nulli omnino hominum liceat præfatam ecclesiam temere perturbare, aut ejus possessiones auferre, vel ablatas retinere , minuere, seu aliis quibuslibet vexationibus fatigare ; sed omnia integra conserventur eorum, pro quorum gubernatione et sustentatione concessa sunt, usibus omnimodis profutura. Si qua igitur in futurum ecclesiastica sæcularisve persona, hanc nostræ constitutionis paginam sciens, contra eam temere venire tentaverit, secundo tertiove commonita, nisi reatum suum satisfactione congrua correxerit, potestatis honorisque sui dignitate careat, reamque se divino judicio existere de perpetrata iniquitate cognoscat, et a sacratissimo corpore ac sanguine Dei et Domini Redemptoris nostri Jesu Christi aliena fiat, atque in extremo examine districtæ ultioni subjaceat. Cunctis autem eidem loco justa servantibus sit pax Domini nostri Jesu Christi, quatenus et hic fructum bonæ actionis percipiant et apud districtum judicem præmia æternæ pacis inveniant. Amen , amen , amen.

Bene valete.

In circulo et in monogrammate:

FAC MECUM, DOMINE, SIGNUM IN BONUM.

Ego Eugenius Catholicæ Ecclesiæ episcopus ss.

Ego Hubaldus presb. card. tit. S. Præxedis ss.
Ego Hugo presb. card. tit. in Lucina ss.
Ego Julius presb. card. tit. S. Marcelli ss.
Ego Jordanus presb. card. tit. S. Susannæ ss.
Ego Oddo diaconus card. S. Georgii ad Velum Aureum ss.
Ego Octavianus diac. card. S. Nicolai in Carcere Tulliano ss.
Ego Joannes Paparo diac. card. S. Andriani ss.
Ego Jacintus diac. card. S. Mariæ in Cosmydin ss.

Datum Brixiæ per manum Guidonis sanctæ Romanæ Ecclesiæ diac. card. et cancellarii, xii Kalend. Augusti, indictione xi, Incarnationis Dominicæ anno 1148, pontificatus vero domni Eugenii III papæ anno iv.

CCCXIII.

Parthenonis S. Mauritii Mediolanensis protectionem suscipit possessionesque confirmat.

(Anno 1148, Jul. 29).

[MURATORI, *Antiq. Ital.*, V, 563.]

EUGENIUS episcopus, servus servorum Dei, dilectis in Christo filiabus MARGARITÆ abbatissæ S. Mauritii monasterii Majoris, ejusque sororibus tam præsentibus quam futuris, regularem vitam professis, in perpetuam memoriam.

Pia postulatio voluntatis effectu debet prosequente compleri, ut devotionis sinceritas laudabiliter enitescat, et utilitas postulata vires indubitanter assumat. Eapropter, dilectæ in Domine filiæ, vestris justis postulationibus clementer annuimus, ut præfatum monasterium , in quo divino mancipatæ estis obsequio, sub beati Petri et nostra protectione suscipimus, et præsentis scripti privilegio communimus, statuentes ut quascunque possessiones, quæcunque bona idem monasterium in præsentiarum juste et canonice possidet, aut in futurum concessione pontificum, largitione regum, vel principum, oblatione fidelium, seu aliis justis modis, Deo propitio, poterit adipisci, firma vobis et his, quæ post vos successerint, et illibata permaneant. In quibus hæc propris duximus exprimenda vocabulis : Ecclesiam Sanctæ Mariæ ad Circulum; ecclesiam Sancti Petri in Vinea; ecclesiam Sancti Quirici; ecclesiam Sanctæ Valeriæ cum pertinentiis suis : curtem de Aroxio cum ecclesia Sancti Nazarii, et ecclesia Sancti Petri ; curtem de Circlate; curtem de Purletia ; castrum de Robiate, cum pertinentiis suis : possessiones, quas idem monasterium habet in Varedeo, in Magnicago, in Septimo, in Baradaglo, in Legniano, in Arconate, in Pistirago, et in Fazione : Braidam de Monte Vulpe ; Braidam, quæ dicitur Ticinello, et alia, quæ idem monasterium possidet in Gardesana, in Valle de Bubleidira, et in Ulmeto, et in Valle Sarriana, cum suis honoribus, et aliis omnibus supradictorum pertinentiis.

Decernimus ergo, ut nulli omnino hominum liceat præfatum monasterium temere perturbare, aut ejus possessiones auferre, vel ablatas retinere, minuere, seu quibuslibet vexationibus fatigare ; sed omnia integra conserventur earum, pro quarum gubernatione et sustentatione concessa sunt, usibus omnimodis profutura, salva sedis apostolicæ auctoritate, et Mediolanensis archiepiscopi canonica justitia. Si qua igitur in futurum, etc.

Ego Eugenius Catholicæ Ecclesiæ episcopus subscripsi.

Ego Hubaldus presbyter cardinalis tituli Sanctæ Praxedis subscripsi.

Ego Hubaldus presbyter cardinalis tituli Sanctorum Joannis et Pauli subscripsi.

Ego Aribertus presbyter cardinalis tituli Sanctæ Anastasiæ subscripsi.

Ego Jordanus presbyter cardinalis tituli Sanctæ Susannæ subscripsi.

Ego Octavianus diaconus cardinalis Sancti Nicolai in Carcere Tulliano subscripsi.

Ego Johannes Papirio diaconus cardinalis Sancti Adriani subscripsi.

Ego Gregorius diaconus cardinalis Sancti Angeli subscripsi.

Ego Guido diaconus cardinalis Sanctæ Mariæ in Porticu subscripsi.

Ego Jacintus diaconus cardinalis Sanctæ Mariæ in Cosmedin subscripsi.

Datum Brixiæ per manum Guidonis diaconi cardinalis et cancellarii, IV Kalendas Augusti, inditione XI, Incarnationis Dominicæ anno 1148, pontificatus vero domni Eugenii papæ tertii anno tertio.

CCCXIV.

Bulla pro canonica S. Antonini Placentini.
(Anno 1148, Jul. 31.)

[Campi, *Hist. Eccl. Placent.*, I, 1, 545.]

Eugenius episcopus, servus servorum Dei, dilectis filiis canonicis S. Antonini Placentiæ, salutem et apostolicam benedictionem.

Universitati vestræ per præsentia scripta mandamus, acceptis his litteris, infra triginta dies chrisma et oleum ad opus capellæ de Roncalia a dilecto filio nostro Joanne electo, et a Placentina ecclesia humiliter postuletis. Quod si ultra triginta dierum spatium eadem vobis dare distulerint, ex tunc auctoritate nostra licentiam habeatis hæc ipsa suscipiendi a quocumque catholico episcopo malueritis. Veruntamen summopere providete, ne propter hoc adversus cumdem electum, vel Placentinam Ecclesiam in superbiam eleveminí.

Datum Brixiæ, II Kalend. Augusti.

CCCXV.

Monasterio S. Salvatoris et canonico ordini in eo Bonifilii opera instituto privilegia ab Innocentio II concessa confirmat.

(Anno 1148, Aug. 20.)

[Cornelius, *Ecclesiæ Venetæ*, XIV, 93, ex autographo in archivo S. Salvatoris de Venetiis.]

Eugenius episcopus, servus servorum Dei, dilectis filiis Bonofilio ejusque fratribus in ecclesia Sancti Salvatoris in Rivoalto sita, canonicam vitam professis, tam præsentibus quam futuris, in perpetuum.

Religiosam vitam eligentibus sollicita nos oportet consideratione prospicere, ne alicujus necessitatis occasio, aut desides faciat, aut, quod absit, robur conversationis infringat. Quocirca, dilecti in Domino filii, vestris justis postulationibus clementer annuimus et præfatam S. Salvatoris ecclesiam, in qua divino mancipati estis obsequio, prædecessoris nostri felicis memoriæ papæ Innocentii vestigiis inhærentes, sub B. Petri et nostra protectione suscipimus, et præsentis scripti privilegio communimus. Quia vero canonicum ordinem observare, et secundum B. Augustini Regulam vivere decrevistis, votis vestris libenter impertientes assensum, ipsum ordinem in eadem Ecclesia perpetuis temporibus inviolabiliter permanere apostolica auctoritate sancimus; statuentes ut quascunque possessiones, quæcunque bona eadem ecclesia in præsentiarum juste et canonice possidet, aut in futurum concessione pontificum, largitione regum vel principum, oblatione fidelium, seu aliis justis modis, præstante Domino, poterit adipisci, firma vobis vestrisque successoribus, et illibata permaneant; partem quoque decimarum de parochianis vestris, quæ secundum sacros canones, et sanctorum Patrum constitutiones vestram contingit ecclesiam vobis nihilominus confirmamus. Addentes etiam interdicimus ne quis in ipsa ecclesia qualibet subreptionis astutia vel violentia præponatur, nisi quem fratres ipsius loci communiter vel pars sanioris consilii canonice providerint eligendum.

Decernimus ergo ut nulli omnino hominum liceat personas vestras, vel ipsam ecclesiam temere perturbare, aut ejus possessiones auferre, vel ablatas retinere, minuere aut aliquibus vexationibus fatigare, sed omnia integra conserventur eorum pro quorum gubernatione concessa sunt, usibus omnimodis profutura, salva diœcesani episcopi canonica justitia. Præterea ipsius Ecclesiæ parochianos nullus suscipere illicite, vel retinere præsumat. Si quis igitur contra hujus nostræ constitutionis paginam sciens temere venire tentaverit, si secundo tertiove commonitus, reatum suum digna satisfactione non emendaverit, potestatis honorisque sui dignitate careat, atque in extremo examine districtæ ultioni subjaceat. Cunctis autem eidem loco sua jura servantibus, sit pax Domini nostri Jesu Christi, quatenus et hic fructum bonæ actionis percipiant, et apud districtum judicem præmia æternæ pacis inveniant. Amen.

Ego Eugenius Catholicæ Ecclesiæ episcopus ss.
Ego Ubaldus presbyt. card. tit. S. Praxedis ss.
Ego Aribertus presb. card. tit. S. Anastasiæ ss.
Ego Guido presb. card. tit. Pastoris ss.
Ego Bernardus presb. card. tit. S. Clementis ss.
Ego Jordanus presb. card. tit. S. Susannæ ss.
Ego Otto diac. card. S. Georgii ad Velum Aureum ss.

Ego Joannes Paparo diac. card. S. Adriani.

Ego Guido diac. card. S. Mariæ in Porticu ss.

Datum Brixiæ per manum Guidonis, sanctæ Romanæ Ecclesiæ diac. card. et cancellarii, XIII Kal. Septembris, indictione XI, Incarnationis Dominicæ anno 1148, pontificatus vero D. Eugenii III papæ anno quarto.

CCCXVI.
Ad Gerardum Bononiensem episcopum.
(Anno 1148, Aug. 24.)
[SAVIOLI, *Annal. Bologn.*, I, 1, 216.]

EUGENIUS episcopus, servus servorum Dei, venerabili fratri GERARDO Bononiensi episcopo, salutem et apostolicam benedictionem.

Super eo quod consules et populum Bonon. juxta mandatum nostrum commonere sollicite studuistis ut fidelibus nostris Nonantulanis contra Mutinensium impugnationes efficaciter et laudabiliter subveniant affectione paterna gaudemus, et prudentiæ vestræ gratias agimus, ut igitur gratiam beati Petri et benevolentiam nostram per hoc maxime retinere possint fraternitatem tuam rogando monemus et exhortamur in Domino, quatenus a bono quod cœpisti proposito non quiescas et præfatis fidelibus nostris auxilii et consilii tui opportunum solatium pro reverentia matris tuæ sanctæ Romanæ Ecclesiæ studeas exhibere. Nos quidem dilectos filios nostros Reginos atque Parmenses firmiter per scripta nostra monuimus, ut Mutinensibus nullum auxilium contra Nonantulanos, nullum solatium vel consilium subministrent, Præterea fraternitati tuæ notum fieri volumus quod communi fratrum nostrorum consilio tum cardinalium quam fratris nostri Peregrini Aquilegensis patriarchæ et plurimorum episcoporum, qui convenerant, Mutinensem civitatem in perpetuum ab episcopali dignitate privavimus ut neque in civitate, neque in tota Mutinensi parochia episcopus de cætero statuatur.

Datum Brixiæ, IX Kal. Sept.

CCCXVII.
Monasterio SS. Salvatoris et Juliæ martyris Brixiensis diœcesis, ordinis Casinensis, bona omnia, omnimodamque exemptionem confirmat aliaque concedit privilegia.
(Anno 1148, Sept. 8.)
[MARGARINI, *Bullar. Casin.*, II, 167.]

EUGENIUS episcopus, servus servorum Dei, in Christo filiæ RICHELDÆ abbatissæ monasterii Salvatoris nostri et Sanctæ Juliæ virginis et martyris quod Novum dicitur, in civitate Brixia situm, ejusque sororibus, tam præsentibus quam futuris, in perpetuum.

Cum omnibus ecclesiasticis personis debitores, ex injuncto nobis a Deo apostolatus officio, existimamus, illis tamen nos convenit propensioris charitatis studio imminere, quas in veræ religionis cultu omnipotenti Domino militare cognoscimus, et in ecclesiis quæ beati Petri juris sunt, assidue commorantur. Ideoque, dilecta in Domino filia Richeldis abbatissa, tuis rationabilibus postulationibus benignitate debita præbentes assensum, Beatæ Juliæ virginis martyris monasterium cujus utique cura tibi, largiente Domino, commissa est, quod videlicet infra civitatem Brixiensem a nobilis memoriæ Ansa regina constat esse constructum, apostolicæ sedis privilegio communimus et sub beati Petri et nostra protectione suscipimus, statuentes, ut quæcunque prædia, quascunque possessiones, quæcunque bona ex munificentia præfatæ reginæ, seu etiam ex largitione illustris memoriæ imperatorum, qui post eam regni gubernacula susceperunt, vel ab aliis fidelibus collata, idem monasterium impræsentiarum juste et legitime possidet, aut in futurum concessione pontificum, liberalitate regum vel principum, oblatione fidelium, seu aliis justis modis, præstante Domino, poterit adipisci, firma tibi tuisque sororibus, et his quæ vobis in eadem religione successerint, et illibata permaneant. In quibus hæc propriis duximus exprimenda vocabulis : Sermionem scilicet cum duabus ecclesiis, Domini videlicet nostri Salvatoris, et Sancti Viti martyris; Cervanicam cum ecclesia Sanctæ Juliæ martyris; Nubulariam cum ecclesia Sancti Laurentii, Berciagum cum duabus ecclesiis Sancti Zenonis et Sancti Stephani, Magonem vicum cum ecclesia Sancti Alexandri, Thimolinam cum ecclesia Sanctæ Juliæ, Barbadam cum ecclesia Sanctæ Mariæ; Alfianum cum ecclesia Sanctæ Juliæ, Montecellum cum ecclesia Sanctæ Mariæ, Vovum cum ecclesia Sancti Petri et Sancti Laurentii, Calvatonem, cum ecclesiis Sanctæ Mariæ et Sanctæ Juliæ, Genudolariam cum ecclesia Sancti Michaelis, Ciconiariam cum ecclesia Sanctæ Mariæ, Bontenagum cum ecclesia Sancti Martini confessoris, Miliarinam cum ecclesia Sanctæ Juliæ, et Sermidam. Præterea quascunque alias curtes, villas, castella, ecclesias et omnia ad idem monasterium pertinentia, vobis nihilominus confirmamus. Præsenti quoque decreto sancimus ut prædictum monasterium apostolicæ sedis protectione et regia defensione muneratum, sub nullius unquam alterius potestate vel jurisdictionibus redigatur, adeo ut quisquam sacerdotum, nisi ab ipsius loci abbatissa fuerit invitatus, nec missarum solemnia ibi celebrare præsumat.

Nulli ergo omnino hominum fas sit prænominatum cœnobium temere perturbare, aut ejus possessiones auferre, vel ablatas retinere, minuere, aut aliquibus vexationibus fatigare, sed omnia integra conserventur, ancillarum Christi, pro quarum gubernatione et sustentatione concessa sunt, usibus omnimodis profutura. Obeunte vero te, nunc ejusdem loci abbatissa, vel aliqua illarum, quæ tibi in eodem regimine successerint, nulla ibi qualibet subreptionis astutia seu violentia præponatur, nisi quam sorores communi consensu, vel sororum pars consilii sanioris, secundum Dei timorem et beati Benedicti Regulam providerint eligendam. Porro Sancti Petri in Solato ecclesiam similiter vobis confirmamus, et capellam Sanctæ Juliæ de Pradellis. A Sane ipsius loci abbatissæ licentiam indulgemus, ecclesias ad honorem Dei construere, et libertatem ab imperatoribus et regibus monasterio præfato concessam, tam in mercatis constituendis quam in castellis, in terris ipsius monasterii, ubicunque voluerit, pro utilitate ejusdem monasterii ædificandis, pariter roboramus. Nullus etiam episcopus, dux, marchio, comes, vicecomes, seu aliqua magna parvaque persona ullum districtum in aliquibus locis ipsius monasterii tenere, vel judicare, aut aliquod placitum, absque licentia abbatissæ habere præsumat, aut res ipsius spirituales, aut sæculares, quovismodo alienare, vel molestiam eis inferre, aut fodrum, vel mansiaticum, seu ripaticum, aut paratas, sive aliquas audeant functiones exigere. Decimas novalium præterea, et fructum laborum vestrorum, quos propriis excolitis sumptibus, et districtum servorum et liberorum ad vestrum cœnobium pertinentium, vobis habenda firmamus. Chrisma vero, oleum sanctum, consecrationes altarium, sive basilicarum, ordinationes abbatissæ vel monacharum, seu clericorum vestrorum, qui ad sacros fuerint ordines promovendi, seu quidquid ad sacrum ministerium pertinet, a quibuscunque malueritis catholicis suscipietis episcopis; qui nimirum absque pravitate et reprehensione aliqua ea vobis concedant, quemadmodum a prædecessoribus nostris felicis memoriæ Paulo, Calixto, Innocentio, Romanis pontificibus, vestro monasterio pro fragilitate feminei sexus constat esse concessum. Confirmamus etiam vobis portum Placentinum et ripaticum ejus.

Si qua igitur in futurum ecclesiastica sæcularisve persona, hanc nostræ constitutionis paginam sciens, contra eam temere venire tentaverit, secundo tertiove commonita, si non satisfactione congrua emendaverit, potestatis honorisque sui dignitate careat, reamque se divino judicio existere de perpetrata iniquitate cognoscat, et a sacratissimo corpore ac sanguine Dei et Domini Redemptoris nostri Jesu Christi aliena fiat, atque in extremo examine districtæ ultioni subjaceat. Cunctis autem eidem loco sua jura servantibus, sit pax Domini nostri Jesu Christi quatenus et hic fructum bonæ actionis percipiant, et apud districtum judicem præmia æternæ pacis inveniant. Amen, amen, amen.

Ego Eugenius Catholicæ Ecclesiæ episcopus ss.
Ego Ubaldus presb. card. tit. S. Praxedis ss.
Ego Ubaldus presbyt. cardin. tit. SS. Joannis et Pauli ss.
Ego Aribertus presb. card. tit. S. Anastasiæ ss.
Ego Julius presb. card. tit. Sancti Marcelli ss.
Ego Bernardus presb. card. tit. Sancti Clementis ss.
Ego Otto diac. card. tit. S. Georgii ad Velum Aureum ss.
Ego Octavianus diac. card. tit. S. Nicolai in Carcere Tulliano ss.
Ego Joannes Paparo diac. card. tit. S. Adriani ss.
Ego Gregorius diac. card. tit. Sancti Angeli ss.
Ego Guido card. diac. tit. S. Mariæ in Porticu ss.
Ego Jacintus diac. card. Sanctæ Mariæ in Cosmedin ss.

Datum Brixiæ per manum Guidonis sanctæ Romanæ Ecclesiæ diac. card. et cancell. vi Idus Septembris, indict. xi, Incarnat. Dominicæ anno 1148, pontificatus vero domni Eugenii papæ III anno iv.

CCCXVIII.
Privilegium pro ecclesia B. Mariæ Brixiensi.
(Anno 1148, Sept. 9.)
[GRADONICUS. *Pontif. Brix. Series*, p. 305.]

EUGENIUS episcopus, servus servorum Dei, dilectis filiis canonicis ecclesiæ Beatæ Mariæ Brixiensis, tam præsentibus quam futuris canonice substituendis, in perpetuum.

Æquitatis et justitiæ ratio persuadet nos ecclesiis perpetuam rerum suarum firmitatem, et vigoris inconcussi munimenta servare vel conferre. Non enim decet clericos in sortem Domini evocatos perversis malorum hominum vexationibus fatigari. Quocirca, dilecti in Domino filii, prædecessoris nostri felicis memoriæ papæ Honorii vestigiis inhærentes, vestris justis postulationibus clementer annuimus, et præfatam beatæ Dei genitricis semperque virginis Mariæ Ecclesiam, in qua divino mancipati estis obsequio, sub beati Petri et nostra protectione suscipimus et præsentis scripti privilegio communimus; statuentes ut quascunque possessiones, quæcunque bona, tam ex collatione catholicorum episcoporum Brixiensis civitatis, quam aliorum Dei fidelium in præsentiarum juste et canonice possidetis, aut in futurum concessione pontificum, liberalitate regum vel principum; oblatione fidelium, seu aliis justis modis, præstante Domino, poteritis adipisci, firma vobis vestrisque successoribus et illibata permaneant. In quibus hæc propriis nominibus duximus exprimenda : capellam Sancti Augustini, capellam Sancti Faustini in Castro, capellam Sancti Urbani, capellam Sancti Cassiani, capellam Sanctæ Margaretæ, capellam Sanctæ Mariæ de Colearia cum costa colcariæ et cæteris rebus ad ipsam curtem pertinentibus; capellam Sancti Syri, capellas Sancti Clementis et Sanctæ Cæciliæ; capellam Sanctorum martyrum Marcellini et Petri, capellam Sanctæ Mariæ apud Sanctam Euphemiam, capellam Calionis vici, quatuor capellas in buticino, et tres capellas in curte Flere; capellam in Castello-Novo, capellam quæ est in castello Capriani, capellam in Unsado, capellam Sanctorum martyrum Gervasii et Protasii in Pontecaralo, capellas Sanctæ Mariæ et Sancti Martini in eodem loco; capellam Virgiliani, capellam Sanctæ Mariæ in Posterula; cœnobium Sancti Petri in Flumicello; capellam Sancti Georgii in Scisciano, capellam Sanctæ Mariæ in Urago; capellam Sancti Emiliani in Subvinca; capellam Sancti Georgii in Cellatica; duas capellas in Salis Sancti Thomæ et Sancti Stephani; capellam Sancti Salvatoris in Castello Nave; capellam

Sancti Zenonis in Andulo, capellam Sancti Faustini in Bareliaca; capellam Sancti Michaelis in Nubilento; in casale Mauri, duas capellas Sancti Stephani et Sancti Quirici, xenodochium Sancti Georgii in Sisinisco; capellam casalis Pauli, capellam Sancti Filastrii in Casale; titulum Sancti Joannis in Rubereto, capellam Sancti Faustini in Castroclare, capellam Sancti Martini in Adro; duas capellas in curte casali Sanctae Mariae et Sancti Petri; in Castellione duas capellas Sanctae Mariae et Sancti Emiliani; in Mairano capellam Sancti Andreae apostoli. Praeterea quidquid de suis bonis Gerardus Zanzulus et Berta uxor ejus, atque Richelda relicta quondam Girardi Bonizonis; diadema quoque et ingelenda Ecclesiae vestrae, rationabiliter contulerunt. Omnes decimas civium et suburbanorum et territorii ad civitatis plebaticum pertinentis, sicut a vestris praedecessoribus quiete hactenus et rationabiliter possessae sunt. Possessiones quas ad vestrae sustentationis usum traditas in oppidis, villis, vel aliis praediis in silvis, molendinis, aut piscationibus legitime habetis. Porro possessiones sive domos clericorum et earumdem possessionum homines a fodro et aliis publicis functionibus, sicut ab imperatoribus statutum est, liberos esse praecipimus.

Decernimus ergo ut nulli omnino hominum liceat praefatam ecclesiam perturbare, aut ejus possessiones auferre, vel ablatas retinere, minuere, seu aliquibus vexationibus fatigare; sed omnia integra conserventur eorum, pro quorum sustentatione et gubernatione concessa sunt, usibus omnimodis profutura, salva sedis apostolicae auctoritate, et diocesani episcopi canonica justitia et reverentia. Si qua igitur in futurum ecclesiastica saecularisve persona, hanc nostrae constitutionis paginam sciens, contra eam temere venire tentaverit, secundo tertiove commonita, si non satisfactione congrua emendaverit potestatis honorisque sui dignitate careat, reamque se divino judicio existere de perpetrata iniquitate cognoscat, et a sacratissimo corpore ac sanguine Dei et Domini Redemptoris nostri Jesu Christi aliena fiat, atque in extremo examine districtae ultioni subjaceat. Cunctis autem eidem loco sua jura servantibus sit pax Domini nostri Jesu Christi, quatenus et hic fructum bonae actionis percipiant, et apud districtum judicem praemia aeternae pacis inveniant. Amen.

Ego Eugenius Catholicae Ecclesiae episcopus ss.
Ego Hubaldus presbyt. card. tit. Sanctae Praxedis ss.
Ego Aribertus presbyt. card. tit. Sanctae Anastasiae ss.
Ego Guido presbyt. card. tit. Pastoris ss.
Ego Jordanus presb. card. tit. Sanctae Susannae ss.
Ego Oddo diac. card. S. Georgii ad Velum Aureum ss.
Ego Octavianus diac. card. Sancti Nicolai in Carcere Tulliano ss.
Ego Gregorius diac. card. S. Angeli ss.
Ego Joannes diac. card. S. Mariae Novae ss.
Ego Jacintus diac. card. S. Mariae in Cosmedin ss.

Datum apud Leonense monasterium per manum Guidonis sanctae Romanae Ecclesiae diac. card. et cancell., v Id. Sept., ind. xi, Incarnationis Dominicae anno 1148, pontificatus vero domni Eugenii papae III anno quarto.

CCCXIX.

Henrico episcopo Moraviensi commendat G [uidonis] diac. card., legati in Poloniam missi, negotia tam ibidem quam in alia terra illa quae noviter luce Christianae fidei est perfusa, efficienda.

(Anno 1148, Sept. 13.)

[THEINER, *Disquis. critic.*, 211.]

EUGENIUS episcopus, S. S. D., venerabili Moraviensi episcopo S. et A. B.

Qui de fratrum suorum charitate confidit, ei mandare quae agenda fuerint non recusat. Quia igitur de persona tua valde confidimus, per praesentia tibi scripta mandamus, quatenus dilecto filio nostro G. diacono cardinali, prudenti siquidem et honesto viro, cui in Poloniae partibus vices nostras commisimus, in his quae sibi agenda incumbat tam in Polonia quam in terra illa quae noviter luce Christianae fidei est perfusa, tanquam apostolicae sedis vicario diligenter assistas, ipsique opem et consilium studeas exhibere, ut dum per discretionis tuae solatium vel favorem subsidium fuerit assecutus (quanto circa Romanam Ecclesiam charitatis vinculo sis astrictus manifestes), et ille Deo grata et hominibus fructuosa per ipsius miseriam operetur.

Datum Parmae, Idib. Sept.

CCCXX.

Sugerium abbatem laudat quod statum ecclesiae S. Genovefae ordinaverit.

(Anno 1148.)

[MANSI, *Concil.*, xxi, 640.]

EUGENIUS episcopus, servus servorum Dei, dilecto filio SUGERIO abbati S. Dionysii, salutem et apostolicam benedictionem.

Quoniam ad religiosorum spectat officium, ut religionem diligant et defendant, et eam diligenti studeant sollicitudine propagare, discretionem tuam in Domino commendantes, paternae charitatis debite congaudemus, et tibi gratias referimus, quod in ecclesia Sanctae Genovefae per tuum studium et laborem Deo grata religio statuta esse dignoscitur, et per Dei gratiam conservatur. Verum, quia devotionis affectus in bonis filiis, paternis exhortationibus ampliatur, dilectionem tuam commonemus et exhortamur in Domino, quatenus fratribus praefatae ecclesiae, sicut bene coepisti, diligenter assistas; ut omnipotens Deus, qui bonae voluntatis est auctor, et inspectionis inspector, personam tuam in praesenti placitis sibi bonis adornet, et eam in futuro, cum sanctis, aeternis gaudiis faciat congaudere, et nos sollicitudinem tuam condignis gratiarum actionibus prosequamur. Præterea dilectio tua omnimodis efficere studeat, ut thesaurus et instrumenta ipsius ecclesiæ, quæ adhuc per sæculares canonicos detinentur, abbati et fratribus in eadem ecclesia commorantibus assignetur.

CCCXXI.
Monasterium S. Mariæ in Arena Vratislaviense confirmat.
(Anno 1148, Oct. 19.)
[STENZEL, *Scrip. R. Sil.*, II, 161.]

CCCXXII.
Ad Joannem electum Placentinum.
(Anno 1148, Nov. 9, not.)
[MURATORI, *Rer. Ital. Script.*, II, 1, 208.]

EUGENIUS episcopus, servus servorum Dei, dilecto filio JOANNI Placentino electo, salutem et apostolicam benedictionem.

Nobis non exstat incognitum, et tua [et a tua] non credimus excidisse memoria, quod tam per litteras nostras Placentinæ Ecclesiæ, quam viva voce te præsente dedimus in mandatis, ut proxime præterita S. Lucæ festivitate nostro te conspectui præsentari, ven. fratri Moisi Ravennati archiepiscopo respondere, et quod dictaret justitia exsequi, præpara... [præparata.] Verum quia præfato termino ad nostram venire præsentiam, vel responsales litteras transmittere, quæ aliquam rationabilem causam ostenderent, subterfugisti, prædecessorum nostrorum privilegiis, et scriptis eorum, et nostris diligenter inspectis, communicato fratrum nostrorum consilio, judicavimus, ut tu, et successores tui Placentini electi a Ravennate archiepiscopo tanquam metropolitano proprio consecrationem sine contradictione suscipiant, et ei obedientiam et reverentiam sine molestia difficultatis exhibeant. Per præsentia itaque [a nobis] scripta mandamus, atque præcipimus, quatenus usque ad octavas Epiphaniæ præfatum fratrem Ravennatem archiepiscopum adeas, et ab eo tanquam metropolitano proprio consecrationem accipias ; quod si non feceris ex nunc te ab administratione Ecclesiæ Placentinæ suspendimus.

Datum Pisis, v Idus Novemoris.

CCCXXIII.
Clerum populumque Placentinum jubet metropolitæ, archiepiscopo Ravennati, parere.
(Anno 1148, Nov. 9.)
[*Ibid.*]

EUGENIUS episcopus, servus servorum Dei, dilectis filiis clero et populo Placentino, salutem et apostolicam benedictionem.

Sicut obediens per obedientiam virtutum custodiam tenet ; ita inobediens per inobedientiam peccatorum cumulum introducit. Est enim quasi peccatum ariolandi, repugnare, et velut scelus idololatriæ est nolle acquiescere. Per præsentia itaque scripta mandamus atque præcipimus, quatenus ven. fratri nostro Ravennati archiepiscopo, tanquam metropolitano vestro, obedientiam et reverentiam deferatis, ne super vos [irata] querela ad nostras aures pervenire debeat, et nos inobedientiam vestram punire districtius compellamur.

Datum Pisis, v Idus Novembris.

CCCXXIV.
Ad Moysem Ravennatem archiepiscopum. — Ut electi Placentini episcopi, ab ipso et successoribus consecrationem accipiant.
(Anno 1148, Nov. 16.)
[MANSI, *Concil.*, XXI, 665.]

EUGENIUS episcopus, servus servorum Dei, venerabili fratri Moysi Ravennati archiepiscopo salutem et apostolicam benedictionem.

Dilecti filii nostri Placentini canonici, obeunte venerabili fratre nostro Arduino bonæ memoriæ episcopo, dilectum filium nostrum Joannem abbatem de Columba in patrem sibi et episcopum elegerunt : et ut ipsa electio firmitatem auctoritatis nostræ munimine sortiretur, cum essemus Antissiodori, per nuntios suos humiliter postularunt. Nos vero Ravennati Ecclesiæ tanquam speciali filiæ nostræ suam justitiam conservare volentes, eorum petitiones tunc non duximus admittendas. Postmodum vero iidem filii nostri apud Treverim nostro se conspectui repræsentantes, idipsum a nobis instantius petierunt, asserentes possessiones episcopatus et bona, nisi firmaretur electio, devastari nimium, et consumi, et nullam esse personam quæ tibi super hoc et Ravennati Ecclesiæ responderet, cum multas rationes dicerent se habere pro quibus Placentini electi, a Ravennate archiepiscopo consecrationem accipere non debebant. Nos itaque necessitatibus Placentinæ Ecclesiæ, paternæ charitatis debito, prospicere cupientes, electionem ipsam in omnibus, salvo jure Ravennatis Ecclesiæ per apostolica scripta mandavimus, ut proxime præterita S. Lucæ festivitate nostro se conspectui præsentaret, tibi respondere, et quæ justitia dictaret exsequi præparati. Cum autem apud Papiam pervenimus, præsentibus dilecto filio nostro electo et clericis Placentinis, tu, frater archiepiscope, humiliter postulasti, ut instrumenta et rationes Ravennatis Ecclesiæ attentius audiremus, et ipsis canonicum finem imponeremus. Nos vero eas usque ad terminum utrique parti præfixum audire distulimus, et tam ibi quam alteri parti dedimus in mandatis, ut memorato termino, omni oppositione seposita, ad nostram præsentiam veniretis. Cum igitur præfixo termino idem electus, per se aut per responsales qui sufficienter rationem ostenderent ad nostram venire præsentiam contempsisset, privilegiis prædecessorum nostrorum felicis memoriæ Gelasii, Calixti, Honorii et Innocentii Romanorum pontificum, et scriptis eorum et nostris diligenter inspectis, in quibus continebantur præcepta, ut memoratus frater noster bonæ memoriæ Arduinus Ravennati archiepiscopo tanquam metropolitano suo humiliter obediret, communicato fratrum nostrorum consilio judicavimus, ut Placentinus electus et illi qui ei succedent, a te, frater archiepiscope, et successoribus tuis tanquam a suis metropolitanis consecrationem sine contradictione suscipiant, et eis de cætero subjectionem, obedientiam et reverentiam tanquam proprio metropolitano absque molestia difficultatis exhibeant, salva in omnibus apostolicæ sedis auctoritate. Si quis autem hujus nostræ definitionis paginam sciens, etc.

Ego Eugenius Catholicæ Ecclesiæ episcopus.

Ego, etc.

Dat. Pisis, per manum Guidonis diac. card. et cancellarii, IV Idus Novemb., indict. XII, Incarnationis Dominicæ anno 1148, pontificatus vero domni Eugenii papæ III anno IV.

CCCXXV.
Privilegium pro ecclesia S. Mariæ Lunensi.
(Anno 1148, Nov. 11.)

[UGHELLI, *Italia sacra*, 1, 845.]

EUGENIUS episcopus, servus servorum Dei, ven. fr. GOTIFREDO Lunensi episcopo, ejusque successoribus canonice institutis, in perpetuum.

In eminenti sedis apostolicæ specula disponente Domino constituti, et injuncto nobis apostolatus officio fratres nostros episcopos debemus diligere, et Ecclesiis sibi a Deo commissis suam justitiam conservare. Eapropter, ven. frater noster in Christo Gotifrede episcope, tuis justis postulationibus debita benignitate gratum impertientes assensum, B. Dei Genitricis semperque virginis Mariæ ecclesiam de Luna, cui Deo auctore præesse dignosceris, sub B. Petri nostraque protectione suscipimus, et præsentis scripti privilegio communimus, statuentes ut quascunque possessiones, quæcunque bona eadem ecclesia in præsentiarum juste et canonice possidet, aut in futurum concessione pontificum, largitione regum, oblatione fidelium, seu aliis justis modis, præstante Domino, poterit adipisci, firma tibi, tuisque successoribus, et illibata permaneant. In quibus hæc propriis nominibus duximus exprimenda : Plebem S. Stephani de Unsilia cum capella de Vallechia, et aliis capellis suis, plebem S. Viti de Castello Agnulfii, plebem de Massa, plebem de S. Vitale, plebem S. Laurentii de monte Libero, plebem de Corraria, plebem S. Mariæ de Sarzana, plebem S. Andreæ de Sarzana, plebem S. Stephani de Cerreto, plebem de S. Venerio, plebem de S. Vectiano, plebem de Marnasco, plebem S. Petri de portu Veneris, plebem de Ceula, plebem de Rubiano, plebem de Cornia, plebem de Pignone, plebem S. Andreæ de Castello, plebem de Bollano, plebem S. Petri de Castello, plebem S. Laurentii, plebem de Offlano, plebem S. Cypriani de Capite pontis, plebem de Viano, plebem de Soleria, plebem S. Pauli, capellaniam S. Mariæ de Pugnano, ecclesiam S. Margaritæ de Castro Verucula, ecclesiam S. Michaelis de Saxo Albo, plebem de S. Crispiano, plebem de Venelia, plebem de Baguione, plebem de Vico, plebem de Tarano, plebem S. Cassiani de Verteola, plebem de Vigniola cum omnibus capellis suis, quas juste et canonice possidetis.

Decernimus vero, ut nulli hominum liceat præfatam ecclesiam temere perturbare, aut ejus possessiones auferre, aut ablatas retinere, minuere, aut aliquibus fatigationibus, vexationibus fatigare, sed omnia integra conserventur eorum, pro quorum gubernatione et sustentatione concessa sunt, usibus omnimodis profutura, salva sedis apostolicæ auctoritate. Si qua igitur, etc. Amen, amen, amen.

Ego Eugenius Catholicæ Ecclesiæ episcopus.

Conradus Sabinus episcopus.

Odo diaconus card. S. Georgii ad Velum Aureum.

Gregorius diaconus card. Sancti Angeli.

Octavianus diac. card. S. Nicolai in Carcere Tulliano.

Joannes diaconus card. Sanctæ Mariæ Novæ.

Ubaldus presb. card. tituli SS. Jo. et Pauli.

Guido diaconus S. Laurentii, et Damasi presb. card.

Julius presb. card. S. Marcelli.

Datum Pisis per manum Guidonis, S. R. E. diaconi card. et cancellarii, III Idus Nov., ind. XII, Incarn. Dom. anno 1148, pontif. vero D. Eugenii papæ III an. IV.

CCCXXVI.
Bulla qua confirmantur eremo Camaldulensi donationes Hieronymi episcopi Aretini.
(Anno 1148, Nov. 13.)

[MITARELLI, *Annal. Camaldul.*, t. III, p. 446, ex autographo Fontis-boni § Privilegia, n. 51.]

EUGENIUS episcopus, servus servorum Dei, dilectis filiis AZONI priori Camaldulensi ejusque fratribus tam præsentibus quam futuris, regularem vitam professis, in perpetuum.

Locorum venerabilium cura nos admonet pro eorum pace et quiete sollicite cogitare, et ea quæ a fratribus nostris ad utilitatem ipsorum rationabiliter stabilita sunt, auctoritatis nostræ munimine roborare. Ideoque, dilecti in Domino filii, vestris justis postulationibus clementer annuimus, et Camaldulense monasterium, in quo divino mancipati estis obsequio, sub beati Petri et nostra protectione suscipimus, statuentes ut quascunque possessiones, quæcunque bona idem monasterium juste et canonice possidet, aut in futurum concessione pontificum, largitione regum vel principum, oblatione fidelium, seu aliis justis modis, Deo propitio, poterit adipisci, firma vobis vestrisque successoribus, et illibata permaneant. In quibus ea, quæ a venerabili fratre Jeronymo Aretino episcopo ejusque prædecessoribus Camaldulensi eremo concessa sunt, nominatim duximus exprimenda : Omnia videlicet quæ Bernardus Sidoniæ filius aut pater ejus ab ecclesia Sancti Donati et ab Aretinis episcopis habuerunt, quemadmodum in eorumdem episcoporum privilegiis continetur, etc.

Nulli ergo hominum liceat jam dictum eremum temere perturbare, aut ejus possessiones auferre, vel ablatas retinere, minuere, seu quibuslibet aliis molestiis fatigare, sed omnia integra conserventur eorum, pro quorum sustentatione et gubernatione concessa sunt, usibus omnimodis profutura, salva sedis apostolicæ auctoritate et diœcesani episcopi canonica justitia. Si qua igitur in futurum ecclesiastica sæcularisve persona, hanc nostræ constitutionis paginam sciens, contra eam temere venire tentaverit, secundo tertiove commonita, si non satisfactione congrua emendaverit, potestatis honorisque sui dignitate careat, reamque se divino judicio existere de perpetrata iniquitate cognoscat, et a sacratissimo corpore ac sanguine Dei et Domini Redemptoris nostri Jesu Christi aliena fiat, atque in extremo examine districtæ ultioni subjaceat. Cunctis autem eidem loco justa servantibus sit pax Domini nostri Jesu Christi, quatenus et hic fructum bonæ actionis percipiant, et apud districtum judicem præmia æternæ pacis inveniant. Amen.

FAC MECUM, DOMINE, SIGNUM IN BONUM.

Ego Eugenius Catholicæ Ecclesiæ episcopus ss.
Ego Conradus Sabinensis episcopus ss.
Ego Hubaldus presbyt. cardinalis tit. Sanctorum Joannis et Pauli ss.
Ego Gilbertus indignus sacerdos tit. S. Marci ss.
Ego Guido presb. card. tit. Sanctorum Laurentii et Damasi ss.
Ego Aribertus presb. card. tit. Sanctæ Anastasiæ ss.
Ego Julius presb. card. tit. S. Marcelli ss.
Ego Guido presb. cardin. tit. Pastoris ss.
Ego Jordanus presb. card. tit. S. Susannæ ss.
Ego Oddo diacon. cardin. Sancti Georgii ad Velum Aureum ss.
Ego Octavianus diac. card. Sancti Nicolai in Carcere Tulliano.
Ego Gregorius diacon. card. S. Mariæ Novæ ss.
Ego Jacinthus diac. card. S. Mariæ in Cosmedyn ss.
Ego Joannes diac. card. S. Mariæ Novæ ss.

Datum Pisis per manus Guidonis sanctæ Romanæ Ecclesiæ diaconi cardinalis et cancellarii, Idibus Novembris, indictione XII, Incarnationis Dominicæ anno 1148, pontificatus vero Eugenii papæ III anno III.

CCCXXVII.

Bulla pro parthenone S. Hilari in episcopatu Fesulano sita.

(Anno 1148, Nov. 15.)

[LAMI. *Deliciæ erudit.*, 1737, p. 215.]

EUGENIUS episcopus, servus servorum Dei, dilectis in Christo filiabus AGNETI abbatissæ monasterii S. Hilari in episcopatu Fesulano siti, ejusque sororibus tam præsentibus quam futuris, regularem vitam professis, in perpetuum.

Quoniam sine vero cultu religionis nec charitatis unitas potest subsistere, nec Deo gratum exhibere fructum, expedit apostolicæ auctoritati religiosas personas et religiosa loca sedis apostolicæ munimine confovere. Proinde, dilectæ in Domino filiæ, vestris justis postulationibus clementer annuimus, et præfatum monasterium in quo divino mancipatæ estis obsequio, sub B. Petri et nostra protectione suscipimus, et præsentis scripti privilegio communimus, statuentes, ut omnia castella, prædia, jura, ecclesiæ, curtes, vineæ, terræ cultæ sive incultæ cum pertinentiis suis, quæcunque etiam idem monasterium in præsentiarum juste et canonice possidet, aut in futurum concessione pontificum, largitione regum vel principum, oblatione fidelium seu etiam aliis justis modis, Deo propitio, poterit adipisci, firma vobis, vestrisque successoribus, et illibata permaneant. Ipsum vero monasterium in eodem statu et religione sanctimonialium, quotidie in religione proficiens, sicut ab exordio sui statutum est, perpetuo manere sancimus; prædecessorum quoque nostrorum felicis memoriæ Alexandri et Cœlestini Romanorum pontificum vestigiis inhærentes, integras decimationes de cultis et incultis terris, et cæteris rebus vestris, ad usum pauperum et peregrinorum, apostolica vobis auctoritate concedimus et firmamus. Consecrationes vero altarium seu basilicarum, et clericorum vestrorum ordinationes, qui ad sacros ordines fuerint promovendi a diœcesano suscipietis episcopo, siquidem catholicus fuerit et gratiam atque communionem sedis apostolicæ habuerit, et ea gratis et absque aliqua pravitate vobis voluerit exhibere. Alioquin licet vobis catholicum quemcunque malueritis adire antistitem, qui nimirum nostra fultus auctoritate, quod postulatur indulgeat.

Decernimus ergo ut nulli omnino hominum liceat præfatum monasterium temere perturbare, aut ejus possessiones auferre, vel ablatas retinere, minuere, aut aliquibus vexationibus fatigare, sed omnia integra conserventur eorum pro quorum gubernatione et sustentatione concessa sunt usibus omnimodis profutura, salva nimirum in omnibus apostolicæ sedis auctoritate. Si qua igitur in futurum ecclesiastica sæcularisve persona, hanc nostræ constitutionis paginam sciens, contra eam temere venire tentaverit, secundo tertiove canonice commonita, si non satisfactione congrua emendaverit, potestatis honorisque sui dignitate careat, reamque se divino judicio existere de perpetrata iniquitate cognoscat et a sacratissimo corpore et sanguine Dei et Domini Redemptoris nostri Jesu Christi aliena fiat, atque in extremo examine districtæ subjaceat ultioni. Cunctis autem eidem loco justa servantibus, sit pax Dei nostri Jesu Christi quatenus et hic fructum bonæ actionis percipiant, et apud districtum judicem præmia æternæ pacis inveniant. Amen, amen, amen.

✠ Loco circuli.

Ego Eugenius Catholicæ Ecclesiæ ep.scopus s.
Ego Conradus Sabinensis episcopus s.
Ego Ogdo diacon. cardinal. S. Georgii ad Velum Aureum s.
Ego Octavianus diac. card. S. Nicolai in Carcere Tulliano.
Ego Ubaldus presbyt. card. SS. Joannis et Pauli.

Ego Gilibertus indignus sacerdos tit. S. Marci.

Ego Guido presbyt. card. tit. SS. Laurentii et Damasi.

Ego Julius presbyt. cardinalis tit. S. Marcelli.

Ego Joannes diaconus cardinal. S. Mariæ Novæ.

Datum Pisis per manum Guidonis, sanctæ Romanæ Ecclesiæ cardinalis et cancellarii, xvii Kal. Decembris, indict. xiv, Incarnationis Dominicæ anno 1148, pontificatus vero Eugenii III papæ anno iv.

CCCXXVIII.

Bulla pro monasterio sanctimonialium Sancti Martini de Agello.

(Anno 1148, Nov. 18.)

[MURATORI, *Antiq. Ital.*, V, 997.]

EUGENIUS episcopus, servus servorum Dei, dilectis in Christo filiabus AGNETI abbatissæ monasterii Sancti Martini de Agello, ejusque sororibus tam præsentibus quam futuris, regularem vitam professis, in perpetuum.

Prudentibus virginibus, quæ accensis lampadibus per opera sanctitatis se præparant ire obviam Sponso, apostolicum convenit adesse præsidium, ne forte cuilibet temeritatis incursus eis a proposito revocet, aut robur (quod absit!) sacræ religionis infringat. Eapropter, dilectæ in Domino filiæ, vestris justis postulationibus clementer annuimus, et præfatum monasterium Sancti Martini de Agello, quod specialiter beati Petri juris existit, in quo divino estis obsequio mancipatæ, sub beati Petri, et nostra protectione suscipimus, et præsentis scripti privilegio communimus. In primis siquidem statuentes, ut ordo monasticus, qui secundum Deum, et beati Benedicti Regulam, in eodem loco institutus esse dignoscitur, perpetuis ibidem temporibus inviolabiliter observetur. Præterea quæcunque possessiones, quæcunque bona, idem monasterium in præsentiarum juste et canonice possidet, vel in futurum concessione pontificum, largitione regum vel principum, oblatione fidelium, seu aliis justis modis, præstante Domino, poterit adipisci, firma vobis vestrisque successoribus et illibata permaneant. In quibus hæc propriis duximus exprimenda vocabulis : Locum ipsum in quo monasterium vestrum situm est, cum omnibus adjacentiis et pertinentiis suis ; terras, vineas, decimas, et redditus vestros, et alia omnia, quæ ad monasterium dictum pertinere noscuntur apud Massam Marchionum : ecclesiam Sancti Panchratii et ecclesiam Sancti Remigii ; et omnes res seu bona quæ Jolieta, relicta quondam Ubaldi et Sigifredi de Bozano, prædicto monasterio donationis seu oblationis titulo tradiderunt, præfato monasterio præsenti scripto firmamus. Sane terrarum vestrarum, quas nunc possidetis, sive in antea possidebitis, quocunque jure juste quæsitas, et quas de novo excolitis, vel in posterum excoletis, secundum consuetudinem hactenus observatam, nullus a vobis decimas præsumat exigere. Liceat quoque vobis personas liberas et absolutas e sæculo fugientes ad conversionem recipere, et eas sine contradictione qualibet retinere. Porro sepulturam ipsius loci liberam esse decernimus, ut eorum qui se illuc sepeliri deliberaverunt, devotioni et extremæ voluntati, nisi forte excommunicati vel interdicti sint, nullus obsistat : salva tamen illarum ecclesiarum a quibus mortuorum corpora assumuntur in parte testamenti canonici portione. Libertatem et immunitatem vobis a diœcesano episcopo indulgemus. Oleum quoque infirmorum, et ordinationes clericorum vestrorum a diœcesano suscipietis episcopo, si quidem catholicus fuerit, et ea gratis et absque pravitate aliqua vobis volumus exhiberi ; alioquin quem malueritis, catholicum adeatis antistitem, qui nostra fultus auctoritate, quod postulatur, indulgeat. In prænominatis etiam ecclesiis sit vobis facultas canonice ponendi presbyteros, quemadmodum legitime usque ad hæc tempora noscimini tenuisse. Præcipimus etiam ut nullus ecclesias eidem cœnobio pertinentes, quas in præsentiarum juste et canonice possidetis, aut in futurum acquirere contigerit, inquietare, vel in ipsis Domino famulantibus, aut rebus eorum injuriam vel molestiam irrogare, seu novas et indebitas exactiones ipsis præsumat imponere. Libertates insuper et immunitates antiquas et rationabiles consuetudines Ecclesiæ vestræ concessas, et hactenus observatas, ratas habemus, easque futuris temporibus illibatas manere censemus.

Decernimus ergo, ut nulli omnino hominum liceat præfatum monasterium temere perturbare, vel ejus possessiones auferre, vel ablatas retinere, minuere, seu quibuslibet vexationibus fatigare, sed omnia illibata et integra conserventur, eorum pro quorum gubernatione ac sustentatione concessa sunt, usibus omnimodis profutura, salva in omnibus apostolicæ sedis auctoritate. Si quæ igitur in futurum ecclesiastica sæcularisve persona, etc.

Ego Eugenius Catholicæ Ecclesiæ episcopus subscripsi.

Bene valete.

Ego Conradus Sabinensis episcopus subscripsi.

Ego Hubaldus presbyter cardinalis titulo Sanctorum Joannis et Pauli subscripsi.

Ego Julius presbyter cardinalis titulo Sancti Marcelli subscripsi, etc.

Datum Pisis per manum Guidonis, sanctæ Romanæ Ecclesiæ diaconi cardinalis et cancellarii, xiv Kalendas Decembris, indictione xii, Incarnationis Dominicæ anno 1148, pontificatus vero domni Eugenii papæ tertii anno quarto.

CCCXXIX.

Ad Antissiodorensem, et Suessionensem episcopos et abbatem Sugerium.—De electione episcopi Atrebatensis.

(Anno 1148.)

[MANSI, *Concil.*, XXI, 644.]

EUGENIUS episcopus, servus servorum Dei, venerabilibus fratribus H. Antissiodorensi, G. Suessionensi, episcopis, et dilecto filio suo abbati S. Dionysii SUGERIO, salutem et apostolicam benedictionem.

Dilectus filius noster L. Atrebatensis archidiaconus ad nostram præsentiam veniens, quod de filio nostro magistro H. factum est longe aliter nobis et fratribus nostris exposuit, quam per Adam et socios ejus ipsius Ecclesiæ canonicos fuerat nuntiatum. Significavit enim quod quidam Atrebatenses canonici ipsum filium nostrum magistrum H. in Atrebatensem episcopum contra sanctorum Patrum statuta post appellationem, quæ ad nos eis præsentibus et audientibus facta est, eligere præsumpserunt. Ideoque per præsentia scripta vobis mandamus, quatenus utraque parte ante vestram evocata præsentiam, allegationes hinc inde diligentius audiatis; et si hoc verum esse constiterit, electionem ipsam, appellatione remota, cassetis. Præterea quoniam, sicut ex relatione prædicti filii nostri L. et sociorum ejus accepimus, post appellationem ad nos factam sunt suis redditibus spoliati; nihilominus vobis præsentium auctoritate mandamus, ut eis ablata cum integritate restitui faciatis.

Datum Pisis.

CCCXXX.

Bulla pro Guidone abbate monasterii S. Mariæ de Morrona.

(Anno 1148, Nov. 22.)

[Muratori, Antiq. Ital., III, 1163.]

Eugenius episcopus, servus servorum Dei, dilectis filiis Guidoni abbati Sanctæ Mariæ de Morrone, ejusque fratribus, tam præsentibus quam futuris, regulariter substituendis in perpetuum.

Religiosis desideriis dignum est facilem præbere consensum, ut fidelis devotio celerem sortiatur effectum. Eapropter, dilecti in Domino filii, vestris justis postulationibus clementer annuimus, et prædecessoris nostri felicis memoriæ papæ Innocentii vestigiis inhærentes, monasterium beatæ Dei Genitricis Mariæ, in quo divino mancipati estis obsequio, sub beati Petri et nostra protectione suscipimus, et præsentis scripti privilegio communimus; statuentes ut quascunque possessiones, quæcunque bona idem monasterium impræsentiarum juste et canonice possidet, aut in futurum concessione pontificum, largitione regum vel principum, oblatione fidelium, seu etiam aliis justis modis, Deo propitio, poterit adipisci, firma vobis vestrisque successoribus et illibata permaneant. In quibus hæc propriis duximus exprimenda vocabulis: Partem vestram in ipso castro et curte ejus, plebem et capellam ejusdem castri, cum decimis suis. Et quidquid habetis in curte Aquisiana. Balneum et aqueductum usque in Cascina. Terras quas habetis in Palude et Pantano cum decimis earum. Ecclesiam de Thora cum suis pertinentiis. Ecclesiam de Montanino cum medietate castri et pertinentiis suis, salva convenientia, quæ inter Ubertum venerandæ memoriæ Pisanum archiepiscopum, et Gerardum abbatem facta est, et scripto firmata. Si qua vero libera et absoluta persona in vita sua, sive in morte in suprascripto monasterio se conferre voluerit, recipiendi eam absque ulla contradictione liberam facultatem habeatis, salva justitia matricis Ecclesiæ.

Decernentes, ut nulli omnino hominum liceat præfatum monasterium temere perturbare, aut ejus possessiones auferre, vel ablatas retinere, seu quibuslibet vexationibus fatigare, sed omnia integra conserventur eorum, pro quorum gubernatione et sustentatione concessa sunt, usibus omnimodis profutura, salva sedis apostolicæ auctoritate et diœcesanorum episcoporum canonica justitia. Si qua igitur in futurum ecclesiastica sæcularisve persona, hanc nostræ constitutionis paginam sciens, contra eam temere venire tentaverit, secundo tertiove commonita, si non satisfactione congrua emendaverit, potestatis honorisque sui dignitate careat, reamque se divino judicio existere de perpetrata iniquitate cognoscat, et a sacratissimo corpore ac sanguine Dei et Domini Redemptoris nostri Jesu Christi aliena fiat, atque in extremo examine districtæ ultioni subjaceat. Cunctis autem eidem loco justa servantibus, sit pax Domini nostri Jesu Christi, quatenus et hic fructum bonæ actionis percipiant, et apud districtum judicem præmia æternæ pacis inveniant. Amen, amen.

Ego Eugenius Catholicæ Ecclesiæ episcopus subscripsi.

Ego Conradus Sabinensis episcopus subscripsi.

Ego Oddo diaconus cardinalis Sancti Georgii ad Velum Aureum subscripsi.

Ego Guido presbyter cardinalis titulo Sanctorum Laurentii et Damasi subscripsi.

Ego Gregorius diaconus cardinalis Sancti Angeli subscripsi.

Datum apud Sanctum Geminianum, per manum Guidonis sanctæ Romanæ Ecclesiæ diaconi cardinalis et cancellarii, decimo Kalendas Decembris, indictione XII, Incarnationis Dominicæ anno millesimo quadragesimo octavo, pontificatus domni Eugenii papæ anno quarto.

CCCXXXI.

Mundiburdium papale datum monasterio Scotorum ad Sanctum Jacobum Ratisbonæ.

(Anno 1148, Nov. 29.)

[Ried, Cod. diplom. Ratisbon., I, 219.]

Eugenius episcopus, servus servorum Dei, dilectis filiis Christiano abbati monasterii Sancti Jacobi Ratisponen. ejusque fratribus tam præsentibus quam futuris, regularem vitam professis, in perpetuum.

Quoties illud a nobis petitur quod rationi et honestati convenire videtur, animo nos decet libenti concedere et petentium desideriis congruum impertiri suffragium. Eapropter, dilecti in domino filii, vestris justis postulationibus clementer annuimus, et prædecessoris nostri felicis memoriæ papæ Calixti vestigiis inhærentes, monasterium ipsum, in quo divino mancipati estis obsequio, sub beati Petri et nostra protectione suscipimus, et præsentis scripti privilegio communimus, statuentes ut ordo monasticus in eodem monasterio institutus secundum beati Benedicti regulam futuris ibidem temporibus inviolabiliter conservetur. Præterea quæcunque bona, quascunque possessiones idem monasterium in præsentiarum juste et canonice possidet, aut in futurum concessione pontificum, largitione regum vel principum, oblatione fidelium, seu etiam aliis justis modis Deo propitio poterit adipisci, firma vobis vestrisque successoribus et illibata permaneant.

Decernimus ergo ut nulli omnino hominum liceat præfatum monasterium temere perturbare, aut ejus possessiones auferre vel ablatas retinere, minuere seu quibuslibet vexationibus fatigare; sed omnia integra conserventur eorum pro quorum gubernatione et sustentatione concessa sunt, usibus omnimode profutura, salva Ratisponensis episcopi canonica justitia. Si qua igitur in futurum ecclesiastica sæcularisve persona hanc nostræ constitutionis paginam sciens, contra eam temere venire tentaverit, secundo tertiove commonita, si non satisfactione congrua emendaverit reatum suum, potestatis honorisque sui dignitate careat, reamque se divino judicio existere de perpetrata iniquitate cognoscat, et a sacratissimo corpore et sanguine Dei et Domini Redemptoris nostri Jesu Christi aliena fiat, atque in extremo examine districtæ ultioni subjaceat: cunctis autem eidem loco justa servantibus sit pax Domini nostri Jesu Christi, quatenus et hic fructum bonæ actionis percipiant et apud districtum judicem præmia æternæ pacis inveniant. Amen.

Ego Eugenius Catholicæ Ecclesiæ episcopus.

Datum Senæ per manum Guidonis, sanctæ Romanæ Ecclesiæ diac. card. et cancellarii, III Kal. Decembris, indictione XII, Incarnationis Dominicæ anno 1148, pontificatus vero domini Eugenii papæ III anno quarto.

(*Plumbum. Eugenius PP. III.*)

CCCXXXII.

Ad domnum abbatem Sugerium. — *De negotio ecclesiæ S. Genovefæ.*

(Anno 1148?)

[Mansi, *Concil.*, XXI, 641.]

Eugenius episcopus, servus servorum Dei, dilecto filio Sugerio abbati Sancti Dionysii, salutem et apostolicam benedictionem.

Quoniam sicut litterarum tuarum nobis inspecta series patefecit, nuntios et litteras tuas ad nostram præsentiam in proximo es transmissurus, qui Sanctæ Genovefæ negotium nobis plenius aperiant et ostendant, tibi nunc per latorem præsentium non duximus respondendum. Cum vero nuntii tui nobis ipsum negotium plenius intimantes, nostro se conspectui præsentabunt, tunc quod faciendum fuerit auctore Domino faciemus. Interim autem tua dilectio diligenter invigilet, ut quod jam divina gratia, et tuo adjutorio, ex maxima parte perfecimus, destrui nullatenus patiaris.

CCCXXXIII.

Ad Sugerium abbatem. — *De ecclesiæ S. Genovefæ negotio.*

(Anno 1148?)

[Mansi, *Concil.*, XXI, 642.]

Eugenius episcopus, servus servorum Dei, dilecto filio Sugerio abbati S. Dionysii, salutem et apostolicam benedictionem.

Notum sit discretioni tuæ quod non ideo venerabilem fratrem nostrum Hug. Antissiodorensem episcopum tibi in denuntiationem sententiæ nostræ adjunximus, ut de te aliquatenus diffidere debeamus, cum præterita et fortia facta futuræ constantiæ exhibeat argumenta; sed ut Sanctæ Genovefæ sæculares canonici in te specialiter invidiæ causas non habeant exercere, tibi jam dictum fratrem nostrum duximus adjungendum. Tua itaque interest, quatenus taliter in incepto bono firmus existas, ut sicut religionis plantator videris, ita et conservator ipsius debeas auctore Domino judicari.

CCCXXXIV.

Ad Sugerium abbatem. — *Ut Hugoni Victorino expensas ad Romanum iter largiatur; et de negotio ecclesiæ S. Genovefæ.*

(Anno 1148?)

[Mansi, *Concil.*, XXI, 642.]

Eugenius episcopus, servus servorum Dei, dilecto filio Sugerio abbati S. Dionysii, salutem et apostolicam benedictionem.

De dilectione tua plurimum confidentes, omnia quæ portare consuevit charitas, imponere tibi nullatenus dubitamus. Quia ergo dilectus filius noster Hugo canonicus S. Victoris ad nos rediturus est, benevolentiam tuam rogamus, quatenus ei equitaturam unam et expensas, quæ pro ipsa et ejus sessore in reditu sibi sufficiant, largiaris; abbati ac fratribus Sanctæ Genovefæ ex nostra parte injungas, ut de redditibus decanatus, qui assignari eisdem fratribus debent, viginti quinque libras Proviniensium, quas ad opus ecclesiæ a creditoribus suscepisse dignoscitur, eidem Hugoni restituant. Præterea discretioni tuæ notum fieri volumus, quod pro eo ut causæ inimicitiarum sæcularium clericorum ejusdem ecclesiæ contra te minuerentur, venerabilem Hugonem Antissiodorensem episcopum tibi adjunximus, sicut potuisti ex aliarum inspectione litterarum, quas tibi transmisimus, agnovisse.

CCCXXXV.

Ad Wibaldum abbatem et fratres Corbeienses. — *Ut nullum apud eos locum Henricus depositus inveniat.*

(Anno 1149, Jan. 1.)

[Marten. *Collect.*, II, 293.]

Eugenius episcopus, servus servorum Dei, dilecto filio Wibaldo abbati et capitulo Corbeiensi salutem et apostolicam benedictionem.

Quantum sit necessarium religiosorum monachorum quieti prospicere, et de ipsorum utilitate sollicite cogitare, anteactum officium, quod in abbatiæ regimine gessimus, nos informat, et Creator omnium Deus per hoc quod Mariæ causam contra Martham assumpsit, evidentius patefecit. Inde est, quod tranquillitati vestræ in quantum possumus, comitante justitia, prospicere cupientes, venerabilibus fratribus nostris archiepiscopis, episcopis et aliis Ecclesiarum prælatis per regnum Teutonicum constitutis, per apostolica scripta mandavimus, quod quamdiu Henricus quondam Corbeiensis abbas, quem dilectus filius noster Thomas bonæ memoriæ presbyter cardinalis deposuit, in suæ pravitatis proposito perduraverit, in suis Ecclesiis nequaquam recipiant, et ipsi adversus vos et monasterium vestrum nullum solatium, nullum sustentamentum impendant. Tua itaque, dilecte in Domino fili Wibalde abbas, interest ut sollicitudinem tuam exerceas, et ita commissos tibi oratione et cura providenti custodias, ut leo quærens quem devoret, nullam eos dilaniandi occasionem inveniat, quatenus dum religione et honestate decoros, quorum suscepisti curam, reddideris, et præmia labori tuo Dei et hominum mediator, assueta pietate concedat, et in æterna requie cum suis sanctis faciat gratulari. Vobis autem universis, qui de Corbeiensi collegio estis, per præsentia scripta mandamus ut ejus filii nostri Wibaldi abbatis vestri monita suscipiatis humiliter et servetis; ut in ejus persona Christum videamini, cujus minister est, honorare.

Datum Viterbii, Kal. Januarii.

CCCXXXVI.

Radulphi episcopi Hortani et canonicorum Majoris Ecclesiæ controversias dijudicat.

(Anno 1149, Jan. 2.)

[UGHELLI, *Italia sacra*, I. 756.]

EUGENIUS episcopus, servus servorum Dei, dilectis filiis LEONI primi Majoris ecclesiæ B. Mariæ Ortensis, ejusque filiis salutem et apostolicam benedictionem.

Ne oblivionis obscuritas per desuetudinem humanis mentibus ingeratur, quod super causarum litigiis judicatum fuerit, vel decisum scripturæ debitæ memoriæ commendare, ut per hoc secutura posteritas habeat, quod futuris temporibus evidenter agnoscat. Quapropter quæ super quæstionibus, quæ inter vos et ven. fratrem nostrum Rodulphum episcopum vestrum in nostra præsentia ventilata, et nobis determinata sunt præsentis scripti serie præcipimus adnotari. Juxta itaque Ecclesiæ vestræ antiquas consuetudines firmiter statuimus, ut ecclesias, terras, vineas, et oblationes, de quibus quæstio vertebatur, habeatis, et pacifice teneatis, exceptis de quatuor festivitatibus, in quibus episcopus habeat quartam partem de panibus, videlicet in Nativitate Domini, in prima Dominica Quadragesimæ, in Pascha, et in Assumptione B. Mariæ, in Nativitateque et in Pascha habeat monetam et faciat omnibus vobis procurationem in Cœna Domini; insuper habeatis medietatem de publicis pœnitentiis, et de sacris, et ordinationibus ubicunque episcopus, et per totum episcopatum fecerit. Cum vero episcopus per festivitates iverit, habeat secum diaconum et subdiaconum et duos alios ex vobis, et quando vadit per comitatum, ducat secum duos de vobis, quos tu, fili prior, et post tuum obitum successores tui ad hoc elegeritis. Præterea quæcunque alia bona prædictus noster frater episcopus, et vos in episcopatu juste et canonice, Domino propitio, poteritis adipisci, vos, et successores vestri cum episcopo, suisque successoribus quiete et communiter de cætero habeatis. Si quis autem contra, etc.

Datum Viterbii, quarto Nonas Januarii.

CCCXXXVII.

Ad Hugonem Sancti Augustini monasterii Cantuariæ abbatem.

(Anno 1149, Jan. 18.)

[Chron. W. Thorn, ap. TWISDEN, *Hist. Angl. Script.*, II, 1808.]

EUGENIUS episcopus, servus servorum Dei, dilecto in Christo filio HUGONI S. Augustini Cantuariæ monasterii abbati; salutem et apostolicam benedictionem.

Antiquus humani generis inimicus his qui se Christi discipulos publicis actibus profitentur, assueta insidiari nequitia non quiescit, sed assidua calliditate laborat, ut animas Creatori omnium servientes in qualibet parte decipiat, et eas in odium Creatoris adducat. Cujus suggestione, cum tu interdicti sententiam quam ex mandato venerabilis frater noster Theobaldus Cantuariensis archiepiscopus promulgavit susciperes humiliter et teneres, fratres tamen tui, monasticæ disciplinæ consideratione postposita, divina officia, prout in veritate comperimus, celebrarunt. Ne igitur tantus excessus maneat impunitus, et multis aliis tribuatur materia simile committendi, tandiu postquam præsentia scripta susceperis, monasterium cui præsides a divinis præcipimus officiis abstinere, quandiu post interdictum ibi fuerint indebite celebrata. Illos vero qui nostro se conspectui præsentaverunt, satisfactione suscepta, a vinculo excommunicationis absolvimus. Priorem vero et Willelmum qui caput et inventores hujus contumaciæ exstiterunt, quos videlicet frater noster archiepiscopus excommunicationis sententia innodavit, ei gratia sedis apostolicæ potestatem absolvendi concessimus. Nolumus autem ut pro eo quod ei in hoc facto deferimus, per eum vel per successores suos monasterio Sancti Augustini contra antiquam ejus consuetudinem vel privilegia ab apostolica ei sede concessa gravamen aliquod in posterum inferatur. Porro priorem pro rebellione et contumacia ab officio prioratus suspendimus, ea videlicet ratione, ut nullus absque nostro mandato licentiam habeat eamdem sententiam relaxandi. Alios vero monachos qui participatione excommunicatorum maculam traxerunt, tibi committimus absolvendos.

Data Viterbii, xv Kal. Februarii.

CCCXXXVIII.
Bulla pro eremo Fontis Avellani.
(Anno 1149, Jan. 31.)
[MITTARELLI, *Annal. Camaldul.*, IX, 28.]

EUGENIUS episcopus, servus servorum Dei, dilectis filiis SABINO eremi Fontis-Avellani priori ejusque fratribus regularem vitam professis, in perpetuum.

Piæ postulatio voluntatis effectu debet prosequente compleri, etc. Eapropter, dilecti in Domino filii, vestris justis postulationibus clementer annuimus, et prædictum locum, in quo divino mancipati estis obsequio, sub beati Petri et nostra protectione suscipimus et præsentis scripti privilegio communimus; statuentes, ut quascunque possessiones, quæcunque bona ecclesia Sanctæ Crucis in prædicto eremo sita impræsentiarum juste et canonice possidet, aut in futurum concessione pontificum, largitate regum vel principum, oblatione fidelium, seu aliis justis modis, præstante Domino, poterit adipisci, firma vobis vestrisque successoribus et illibata permaneant. Concedimus vobis ut clericos seu laicos liberos e sæculo fugientes ad conversationem suscipiendi facultatem absque alicujus contradictione liberam habeatis. Præterea laborum vestrorum quos propriis manibus aut sumptibus colitis, seu de nutrimentis vestrorum animalium nullus omnino a vobis decimas exigere præsumat. Possessiones etiam quas in massa Sorbituli habetis vel in posterum juste poteritis adipisci, sicut B. memoriæ prædecessoris nostri papæ Leonis privilegio continetur, vobis apostolicæ sedis munere roboramus.

Decernimus ergo ut nulli omnino hominum liceat præfatum locum temere perturbare, aut ejus possessiones auferre, vel ablatas retinere, minuere, seu quibuslibet vexationibus fatigare, sed omnia integra conserventur eorum, pro quorum gubernatione et sustentatione concessa sunt, usibus omnimodis profutura; salva sedis apostolicæ auctoritate et diœcesani episcopi canonica justitia. Si qua igitur in futurum ecclesiastica sæcularisve persona, hanc nostræ constitutionis paginam sciens, contra eam temere venire tentaverit, secundo tertiove commonita, si non satisfactione congrua emendaverit, potestatis honorisque sui dignitate careat, reamque se divino judicio existere de perpetrata iniquitate cognoscat, et a sacratissimo corpore et sanguine Dei ac Domini Redemptoris nostri Jesu Christi aliena fiat, atque in extremo examine districtæ ultioni subjaceat. Cunctis autem eidem loco sua jura servantibus sit pax Domini nostri Jesu Christi, quatenus et hic fructum bonæ actionis percipiant, et apud districtum judicem præmia æternæ pacis inveniant. Amen.

Ego Eugenius Catholicæ Ecclesiæ episcopus.

Datum Viterbii per manus Guidonis sanctæ Romanæ Ecclesiæ diaconi cardinalis et cancellarii, secundo Kal. Februarii, indictione VI, Incarnationis Dominicæ anno 1148, pontificatus domni Eugenii papæ III anno quarto.

CCCXXXIX.
Privilegium pro monasterio S. Petri Mutinensi.
(Anno 1149, Febr. 8.)
[MURATORI, *Antiq. Ital.*, IV, 185.]

EUGENIUS episcopus, servus servorum Dei, dilectis filiis PLACITO abbati monasterii Sancti Petri, quod foris Mutina situm est, ejusque fratribus tam præsentibus, quam futuris, regularem vitam professis in perpetuum.

Sicut devoti et humiles filii sunt paternæ affectionis solatio confovendi, ita rebelles et elati pro delictorum suorum merito puniendi. Inde est quod Mutinensium contumaciam et graves excessus, quos diu contra mandata sedis apostolicæ commiserunt, communicato consilio fratrum nostrorum, tam cardinalium quam aliorum episcoporum, Mutinensem Ecclesiam in perpetuum episcopali dignitate privavimus, et ipsius parochiam per vicinos episcopatus divisimus. Monasterium Beati Petri, in quo divino mancipati estis obsequio, in jus et proprietatem sanctæ Romanæ Ecclesiæ reservavimus. Ipsum itaque cum omnibus bonis suis sub Beati Petri et nostra protectione susceptum, præsentis scripti privilegio communimus, statuentes ut quascunque possessiones, etc., in quibus hæc nominatim duximus exprimenda : Terram videlicet ipsam in qua idem monasterium constructum est, cum finibus suis, quemadmodum in scriptis vestris continetur. Ecclesiam Sancti Joannis Baptistæ, et decimas et sepulturas, quas infra civitatem ex antiquo habetis. Duo molendina cum aquæductibus suis juxta civitatem. Ecclesiam Sanctæ Mariæ de Massa. Ecclesiam Sanctæ Mariæ de Muniano. Ecclesiam Sancti Geminiani de Saviniano. Ecclesiam Sanctæ Mariæ de Ambiliano. Ecclesiam Sancti Geminiani de Turre. Ecclesiam Sanctæ Mariæ juxta Castellum Vetus. Ecclesiam Sanctæ Mariæ de Silva. Ecclesiam Sancti Michaelis de Palude. Castellum de Adiano cum ecclesiis Sancti Michaelis et Sanctæ Mariæ. Curticellam quæ dicitur Abrica, cum ecclesia Sancti Georgii. Ecclesiam de Alliano. Arcem quæ vocatur Cornetolum, cum ecclesia Sancti Martini. Ecclesiam Sancti Michaelis de Sorbetulo. Terram quam habetis in Crespellano, et in curte Pragajuli. Quæcunque præterea habetis in episcopatibus Regino, Ferrariensi, Veronensi et Paduano. Decernimus ergo ut nulli hominum liceat, etc., salva diœcesanorum episcoporum canonica justitia, etc.

Bene valete.

Ego Eugenius Catholicæ Ecclesiæ episcopus subscripsi.

Ego Conradus Sabinensis episcopus subscripsi.

Ego Ymarus Tusculanus episcopus subscripsi.

Ego Hubaldus presbyter cardinalis tituli Sanctæ Praxedis subscripsi.

Ego Iu.... baldus presbyter cardinalis tituli Sanctorum Joannis et Pauli subscripsi.

Ego Jordanus presbyter cardinalis tituli Sanctæ Susannæ subscripsi.

Ego Odo diaconus cardinalis Sancti Georgii ad Velum Aureum subscripsi.

Ego Octavianus diaconus cardinalis Sancti Nicolai in Carcere Tulliano subscripsi.

Ego Gregorius diaconus cardinalis Sancti Angeli subscripsi.

Ego Joannes diaconus cardinalis Sanctæ Mariæ Novæ subscripsi.

Datum Viterbii per manum Guidonis Sanctæ Romanæ Ecclesiæ diaconi cardinalis et cancellarii, sexto Idus Februarii, indictione XI, Incarnationis Dominicæ anno 1149, pontificatus vero domni Eugenii III papæ anno IV.

CCCXL.

Henrico Moraviensi episcopo, de reditu populi ad obedientiam gratulatur.

(Anno 1149, Mart. 1.)

[Boczek, *Cod. diplom. Morav.*, I, 243.]

Eugenius episcopus, servus servorum Dei, venerabili Heinrico, Moraviensi episcopo, salutem et apostolicam benedictionem.

Cum de statu fraternitatis tuæ sollicitudinem gereremus... nuntium tuum recepimus, qui te molestia corporis a Deo visitatum, et populum, qui se a tua subjectione subtraxerat, ad obedientiam tuam rediisse nuntiavit. Nos vero pro salute tua Dominum deprecantes in his quæ prospere tibi succedunt fraternitati tuæ paterno congaudemus affectu. Per præsentia itaque scripta dilectioni tuæ mandamus, quatenus populo tibi commisso præesse ita studeas et prodesse, ut cum ipso gaudia æterna, Domino auxiliante, percipere merearis. Præterea statum tuum, quem semper prosperum esse optamus, litteris tuis nobis frequenter notifices.

Datum Viterbii, Kalendas Martii.

CCCXLI.

Ad Henricum Moraviensem episcopum. — Ut Wladislaw, ducem Poloniæ, ab excommunicatione absolvat.

(Anno 1149, Mart. 3.)

[*Ibid.*, 245.]

Eugenius episcopus, servus servorum Dei, venerabili fratri Heinrico Moraviensi episcopo, salutem et apostolicam benedictionem.

Sicut ad vestram credimus notitiam pervenisse, L. dux Poloniæ, collecta Saracenorum multitudine, quod nostris temporibus inauditum et inhumanum est, terram Christianorum invasit, et multa mala innumera etiam et exsecrabilia in ea temerario ausu commisit. Unde frater noster L. bonæ memoriæ Gneznensis ecclesiæ archiepiscopus, zelo justitiæ succensus, ipsum excommunicationis vinculo innodavit. Nunc autem, quoniam ipse archiepiscopus viam universæ carnis ingressus est, et ipse dux per nuntios suos a nobis absolvi postulat, et satisfactionem promittit, per apostolica vobis scripta mandamus, quatenus eodem duce ante præsentiam vestram evocato, congruo loco eum conveniatis, et si in præsentia vestra propria manu juramentum præstiterit, quod de causa, pro qua excommunicatus est, mandatum nostrum, quod per nosmetipsos, sive per litteras, seu per nuntium nostrum ei faciemus, suscipiat et observet, eum ab eadem excommunicatione absolvatis. Hoc autem ab eo juramento suscepto causam excommunicationis et damna ab ipso et per illum illata et totius rei veritatem, et quid ipse dux exinde sustinere possit, vestris nobis litteris significetis, et nos rei veritate cognita, quod inde statuendum fuerit, auctore Domino, statuemus.

Datum Viterbii, V Nonas Maii (70).

CCCXLII.

Clero et plebi de Lemos et de aliis populis præcipit ut episcopo Lucensi obediant, cui jam ex apostolicæ sedis mandato eorum ecclesiæ fuerunt restitutæ, quæ ab Ovetensi episcopo prius occupabantur.

(Anno 1149, Mart. 17.)

[Risco (Florez) *España sagrada*, XLI, 307, ex cod. Bracar. *Liber fidei* nuncupato.]

Eugenius episcopus, servus servorum Dei, dilectis filiis clero et populo de Lemos, de Sarria, de Flamoso, de Paramo, de utraque Neira, de Navia de Suarna, de Buron, de Balonga, de Aviancos, de Camba, et de Elma, salutem et apostolicam benedictionem.

Cum ecclesiæ vestræ per legatos sedis apostolicæ Lucensi Ecclesiæ quondam restitutæ fuerint, et ab Ovetensi Ecclesia denuo illicite occupatæ, venerabili fratri nostro M. Ovetensi episcopo tam litteris, quam viva voce mandavimus ut easdem ecclesias venerabili fratri nostro Lucensi episcopo cum integritate, statuto termino, restitueret, et nimirum, prout accepimus, mandatis nostris, jam sicut debuit, humiliter obedivit. Et quia in sede justitiæ positi, omnibus suam debemus justitiam conservare, et Ecclesiam paci et tranquillitati, salubriter, auxiliante Domino, providere, per præsentia scripta universitati vestræ mandamus atque præcipimus quatenus præfato fratri nostro Lucensi episcopo, tanquam vestro pontifici et animarum vestrarum pastori obedientiam ac reverentiam humiliter deferatis.

Datum Viterbii, decimo sexto Kalendas Aprilis.

CCCXLIII.

Heinrico Moraviensi episcopo quemdam recommendat.

(Anno 1149, Mart. 25.)

[Boczek, *Cod. diplom. Morav.*, I, 244.]

Eugenius episcopus, servus servorum Dei, Heinrico Moraviensi episcopo, salutem et apostolicam benedictionem.

Lator præsentium pro negotiis suis ad partes illas venire disposuit. Quia igitur de prudentia tua et honestate valde confidimus, dilectioni tuæ rogando mandamus, quatenus ipsum pro beati Petri et nostri reverentia commendatum habeas, et apud ducem salva nostra et tua honestate ipsum juvare studeas.

Datum Viterbii, VIII Kalendas Aprilis.

---

(70) Leg. *Martii.* Jaffé

CCCXLIV.

Ad archipresbyteros diœcesis Mutinensis.

(Anno 1149, April. 8.)

[TIRABOSCHI, *Memorie Storiche di Modenesi*, III, 21.]

EUGENIUS episcopus, servus servorum Dei, dilectis filiis archipresbyteris de Sancto Martino in centum Ripis, de Bajoaria, de civitate nova, de Ganaceto, de Sancto Thoma de Lama, de Sorbaria, de Solaria, de Sancto Felice, de Masta, et de Ponte Ducis, salutem et apostolicam benedictionem.

Sicut per partes Italiæ rumoribus discurrentibus nuntiatur, propter gravem Mutinensium contumaciam et excessus ejusdem civitatis parochias per vicinos episcopatus divisimus, quasdam vero ecclesias ipsius parochiæ specialiter in nostra potestate servavimus. Et quoniam sedes apostolica consuevit humiles filios et devotos diligere propensius ac fovere, nos devotionem venerabilis fratris nostri A. episcopi et Regini populi attendentes, ipsi fratri nostro, ejusque successoribus, et per eos Reginæ Ecclesiæ vestras ecclesias cum omnibus capellis ad ipsas pertinentibus in perpetuum duximus concedendas. Per præsentia itaque vobis scripta mandamus atque præcipimus, quatenus præfato fratri nostro tanquam episcopo et animarum vestrarum rectori humiliter pareatis, et ejus monita et præcepta suscipiatis pariter et servetis. Quod si facere contempseritis, sententiam quam frater noster in vos juste protulerit, nos, auctore Deo, ratam habebimus.

Datum Tusculani, VI Idus Aprilis.

CCCXLV.

Privilegium pro monasterio S. Petri Salzburgensis.

(Anno 1149, April. 10.)

[*Novissimum Chron. S. Petri Salzburg.*, p. 223.]

EUGENIUS episcopus, servus servorum Dei, dilectis filiis BALDERICO abbati Sancti Petri Salzburgensis monasterii ejusque fratribus ordinis sancti Benedicti præsentibus et futuris regularem vitam professis, in perpetuum.

Ad hoc Ecclesiæ cura nobis a provisore omnium bonorum Deo commissa est, ut religiosas foveamus personas, et beneplacentem Deo religionem studeamus modis omnibus propagare. Nec enim Deo gratus alioquin famulatus impenditur, nisi ex charitatis radice procedens, a puritate religionis fuerit conservatus. Hoc nimirum charitatis intuitu, dilecti in Domino filii, nostri interventu venerabilis fratris Eberhardi Salzburgensis archiepiscopi vestris rationabilibus postulationibus duximus annuendum, statuentes ut regularis ordo qui secundum Deum et beati Benedicti Regulam per sanctum Rudpertum quondam vestrum abbatem et episcopum Salzburgensem in eodem loco introductus est, et institutus esse dignoscitur, perpetuis ibidem temporibus inviolabiliter observetur, ac omnia jura et privilegia quæ præ aliis ecclesiis ob celebrem antiquitatem, et merita fidei, quæ multis gentibus a vobis illuxerunt, honorati estis, videlicet in prioritate loci A dignioris, quod in stationibus et processionibus supra clerum, et canonicos ejusdem civitatis de mandato et institutione multorum Salzburgensium, et consensu canonicorum eorumdem prout litteris privilegiorum archiepiscoporum et canonicorum per præfatum venerabilem fratrem nostrum Eberhardum plene informati sumus, semper habere consuevistis una cum cæteris prærogativis, quibus hactenus quieta possessione fuistis, vobis inconfusa permaneant. Sane ne quis vestrum clericus vel laicus post professionem exhibitam proprium quid habere, sine abbatis vel congregationis licentia, claustra monasterii deserere audeat, interdicimus; et tam vos, quam vestra omnia sedis apostolicæ protectione munimus.

Vobis itaque vestrisque successoribus in sancta religione mansuris beneficia ecclesiastica et alia omnia bona perpetuo possidenda sancimus, quæ in præsentiarum juste et legitime possidetis, sive in futurum, largiente Domino, justis modis poteritis adipisci. Et ut tranquillius in eadem sancta religione persistere possitis, omnia quæ venerabilis frater noster Conradus archiepiscopus ejusdem sedis pro simili conservatione jurium vestrorum statuit et ordinavit, videlicet, ut electionibus archiepiscoporum Salzburgensium abbas vester pro tempore existente semper interesse debeat loco vestri, ad quos olim spectabat et quem ipse una cum canonicis præfatæ sedis elegerit. Archiepiscopus habeatur absque aliorum quorumcunque contradictione, et quæ in resignatione ecclesiæ plebesanæ ejusdem civitatis de consensu ejusdem archiepiscopi reservastis in decimis, ut facultate familiam vestram utriusque sexus tempore Paschali providendi ut in Sabbato Paschæ vel Pentecostes aliquos parvulos baptizandi in signum recognitionis antiquæ matris. Obligationem quoque vobis sanctam a canonicis præfatis Ecclesiæ S. Rudperti, ob varia bona, possessiones et translationem episcopatus Salzburgensis, et resignationem dictæ ecclesiæ plebesanæ, prout in litteris memorati fratris nostri Conradi archiepiscopi plene continentur, una cum donatione ecclesiæ in Mylbach, et decimis viginti quatuor patellarum salinarum ibidem, cum multis aliis bonis, quæ successive tam præfati archiepiscopi, quam alii pia consideratione moti, ne personæ vestri monasterii Domino famulantes assiduo studio piæ vitæ propter temporalium facultatum inopiam, quam ex translatione episcopatus et resignatione ecclesiæ plebesanæ præfatorum incurristis, a religionis observantia aliquando desisteretis, vobis contulerunt, approbamus, confirmamus, et perpetua firmitate inviolabiliter observari volumus, decernentes vigore præfatæ obligationis, dictos canonicos ecclesiæ ab omnibus bonis, possessionibus, et juribus, etiam archiepiscopatu, et ecclesia plebesana, quæ a vestra ad eos multa pietate translata sunt, si unquam in vestris juribus vos molestaverint, vel contra præfata statuta, seu unum illorum quidquam attentaverint, eaque omnia iterum ad ecclesiam vestram redire debere et devolvi. Præterea sepulturam vestram antiquissimam ejusdem loci liberam manere volumus, et concedimus cum omni suo jure exsequiarum peractionibus recipiendi oblata quæcunque, ut eorum, qui se illic sepeliri deliberaverint, devotioni et extremæ voluntati, etiamsi de ministerialibus vel illis qui ad dominicalia præfati archiepiscopi, vel canonicorum pertinere noscuntur, nisi forte excommunicati sint, vel interdicti, nullus obsistat.

Ad hæc decernimus, ut nulli omnino homini facultas sit vestram ecclesiam temere perturbare, aut ejus possessiones auferre, vel ablatas retinere, minuere, aut temerariis vexationibus fatigare, sed omnia integre conserventur eorum, pro quorum gubernatione et sustentatione concessa sunt, usibus omnimodis profutura, salva metropolitani proprii reverentia. Porro sacramenta ecclesiastica ab eodem Salzeburgensi archiepiscopo vestro diœcesano pro tempore existenti suscipiatis, siquidem catholicus fuerit, et gratiam atque communionem apostolicæ sedis habuerit, eaque gratis et absque pravitate vobis voluerit exhibere; alioquin catholicum quemcunque malueritis, antistitem adeatis, qui nostra fultus auctoritate, quod postulatur indulgeat. Obeunte vero te nunc ejusdem loci abbate vel tuorum quolibet successorum, nullus ibi aliqua subreptionis astutia seu violentia præponatur, nisi quem fratres communi consensu vel fratrum pars major consilii sanioris, de suo vel de alieno, si oportuerit, collegio, secundum Dei timorem et beati Benedicti Regulam elegerint. Electus autem a suo ordinario benedictionem accipiat; nec episcopo, nec abbati ipsi liceat cœnobii bona ut feudum sive beneficium sine consensu omnium vestrum vel majoris et sanioris partis aliquibus dare, vel modis aliis alienare, distrahere, dilapidare, commutare, impignorare, vel inbeneficiare; sed ipse abbas, ut bonus dispensator res ecclesiæ vestræ modis omnibus studeat dispersas congregare, et congregatas conservare. Nulli etiam episcopo licentia pateat angarias, vel alias novas exactiones canonice quieti et religioni contrarias vobis et ecclesiæ vestræ imponere. Si qua igitur in futurum ecclesiastica sæcularisve persona, hanc nostræ constitutionis paginam sciens, contra eam temere venire tentaverit, secundo tertiove commonita, si non satisfactione congrua emendaverit, potestatis honorisque sui dignitate careat, reamque se divino judicio existere de perpetrata iniquitate cognoscat, et a sacratissimo corpore ac sanguine Dei et Domini nostri Jesu Christi aliena fiat, atque in extremo examine districtæ ultioni subjaceat. Cunctis autem eidem loco sua jura servantibus, sit pax Domini nostri Jesu Christi, quatenus et hic fructum bonæ actionis percipiant et apud districtum judicem præmia æternæ pacis inveniant.

(71) Legendum *Tusculani*.
(72) Guillelmum, hujus nominis primum, cujus electionem ad annum 1147 refert Ruffus.

Datum Trecis (71) per manus Guidonis sanctæ Romanæ Ecclesiæ diac. card. et cancellarii, quarto Idus Aprilis, indict. duodecima, Incarnationis Dominicæ anno millesimo centesimo quadragesimo nono, pontificatus vero domni Eugenii tertii papæ anno quinto.

CCCXLVI.

Guidonem Bonarum-vallium abbatem hortatur ut monasterium Vallis-magnæ et ipsius monachos inter fratres ordinis Cisterciensis admittat.

(Anno 1149, April. 30.)
[*Gall. Christ.* nov., VI, 322.]

EUGENIUS episcopus, servus servorum Dei, dilecto filio G. abbati de Bona-valle salutem et apostolicam benedictionem.

Quoniam sanctæ Ecclesiæ filii ita ardenti desiderio divina præveniente gratia succenduntur, ut ea desiderent ad quæ pontificalibus essent monitis provocandi, tanto ut suæ laudandæ voluntatis sortiantur effectum debemus studiosius laborare, quanto ea ipsa quæ cupiunt Christianæ religioni conveniunt, et antiqui hostis insidias contradicunt. Quia igitur fratres Vallis-magnæ ordinem vestrum suscipere et observare peroptant, dilectioni tuæ per præsentia scripta mandamus, quatenus ipsos inter fratres ordinis Cisterciensis recipias, et eis tanquam specialibus fratribus tuis tam in spiritualibus quam in temporalibus studeas providere.

Datum Tusculani, 11 Kal. Maii.

CCCXLVII.

Ad Coxanensem, Bisuldunensem et alios abbates. — Ut G. Massiliensi S. Victoris abbati, cui benedictionis munus impendit, obediant.

(Anno 1149, April. 30.)
[MARTEN, *Ampl. Collect.*, I, 803, ex chartario S. Victoris.]

EUGENIUS episcopus, servus servorum Dei, dilectis filiis G. Coxanensi, Bisuldunensi, Balneolensi, Gerensi, Vabrensi, Castrensi, et S. Savini abbatibus, salutem et apostolicam benedictionem.

Dilectum filium nostrum G. (72), Massiliensem electum, cum litteris capituli et fratribus ejusdem monasterii ad nostram præsentiam venientem benigne suscepimus, et, approbata ipsius electione, benedictionis gratiam ei contulimus. Ipsum itaque cum gratia sedis apostolicæ ad propria remittentes, per præsentia vobis scripta mandamus quatenus ei tanquam magistro vestro debitam reverentiam et obedientiam deferatis, et ejus salubribus monitis salubriter pareatis.

Datum Tusculani, 11 Kal. Maii.

CCCXLVIII.

Ad Cunradum nobilem virum marchionem.

(Anno 1149, Maii 3.)
[SCHANNAT, *Vindemiæ litterar.*, II, 77.]

EUGENIUS episcopus, servus servorum Dei, dilecto filio nobili viro CUNRADO marchioni, salutem et apostolicam benedictionem.

Litteras nobilitatis tuæ benigne accepimus, et devotionem tuam quam erga B. Petrum et Ecclesiam Dei te habere perpendimus, in Domino collaudamus. Nos ergo tuum laudabile votum de ecclesiis pro quibus rogasti adimplere volentes, petitioni tuæ duximus annuendum, unde venerabili fratri nostro archiepiscopo Magdeburgensi per scripta nostra mandavimus ut secundum quod a nobis postulasti, studeat hoc effectui mancipari. Præterea dilectum filium nostrum præpositum Missnensem et canonicos suos habeas propensius commendatos, ut eos a pravorum hominum incursibus defendas atque in suis opportunitatibus juves et manuteneas.

Datum Tusculani, v Nonas Maii.

CCCXLIX.

Ad [Hugonem] Senonensem et [Hugonem] Rothomagensem archiepiscopos. — Eos monet, ut parochianos suos, qui damna et injurias Parisiensi Ecclesiæ intulerunt, ad eidem ecclesiæ satisfaciendum coerceant.

(Anno 1149, Maii 16.)

[*Chartularium ecclesiæ Parisiensis*, t. I, pag. 226.]

...Datum Tusculani, xvii Kal. Junii.

CCCL.

[Hugonem] Viennensem archiepiscopum, cui committitur cognitio controversiæ, quæ fuit inter Eduensem episcopum [Henricum] et Petrum Venerabilem abbatem Cluniacensem super proprietate ecclesiarum de Poloniaco.

(Anno 1149, Maii 20.)

[*Bullar. Cluniac.*, p. 62.]

EUGENIUS episcopus, servus servorum Dei, venerabili fratri nostro H. Viennensi archiepiscopo, salutem et apostolicam benedictionem.

Controversiæ quæ inter dilectum filium nostrum Petrum Cluniacensem abbatem, et venerabilem fratrem Eduensem episcopum super proprietate ecclesiarum de Poloniaco agitur, debitum finem imponere cupientes, fraternitati tuæ controversiam ipsam duximus committendam. Ideoque per præsentia scripta discretioni tuæ mandamus, quatenus congruo loco et tempore utraque parte ante faciem tuam evocata, causam ipsam fine canonico, Domino auctore, studeas terminare.

Datum Tusculani, xiii Kalend. Junii.

CCCLI.

Ad Hugonem monasterii Sancti Augustini Cantuariensis abbatem.

(Anno 1149.)

[TWSIDEN et SELDEN, *Hist. A. Script.*, t. II. p. 1809.]

EUGENIUS episcopus, servus servorum Dei, dilecto filio HUGONI abbati Sancti Augustini Cantuariæ, salutem et apostolicam benedictionem.

Obedientia et patientia quæ in aliis hominibus religionis Christianæ requiritur, ab his qui perfectiorem vitam assumpsisse noscuntur præcipue exspectatur, qui utique tanto amplius reprehensibiles judicandi sunt, quanto sine causa ad indignationem vel inobedientiam provocantur. Quamvis igitur pro eo quod sententiam nostram fratres tui violare ausu temerario præsumpserunt, contra eos et præfatum monasterium manus nostras ex rigore canonum amplius aggravare possemus, tamen, quia magis pios nos esse convenit quam severos, eis ita duximus indulgendum, ut nec eorum excessus omnino remaneat impunitus, nec compellantur inobedientiæ pœnam juxta quod promeruerunt diutius sustinere; ideoque monasterio S. Augustini usque ad proximas Kalendas Augusti divina celebrari officia prohibemus, extunc vero ut inibi assueta et debita celebrentur officia licentiam indulgemus. Tua itaque interest ut per tuum studium et laborem ita providas, ne fratres tui propter excessus suos tale quid de cætero debeant sustinere, et indignationem beati Petri et nostram incurrant. De altaribus vero gestatoriis in quibus excommunicati officia celebrarunt rigorem illum quem tenere consuevistis volumus observari.

CCCLII.

Rescriptum ad Theobaldum Cantuariensis Ecclesiæ archiepiscopum super absolutione Sylvestri prioris.

(Anno 1149.)

[*Ibid.*]

EUGENIUS episcopus, servus servorum Dei, venerabili fratri THEOBALDO archiepiscopo Cantuariensi, salutem et apostolicam benedictionem.

Quoniam personam tuam speciali affectione diligimus, idcirco te quantum permittit justitia honoramus, hoc itaque charitatis amore commoti, priorem S. Augustini et Willielmum monachum a pœna quam eis pro eo quod se contra tuum interdictum erexerant ex justitiæ rigore inflexismus fraternitati tuæ deferentes tibi eos absolvendos commisimus. Ne igitur apostolicæ sedis gratia tuæ charitati exhibita sibi damnosa existat, et ipsi jam dictum excessum plus justo deflere cogantur, discretioni tuæ per præsentia scripta mandamus quatenus nequaquam eos ulterius hac pœna cruciari permittas; sed tandem eorum misertus, eos a sententia qua tenentur absolvas. Præterea, sicut nobis significatum est, homines ejusdem monasterii pro participatione excommunicatorum præter ecclesiasticam pœnam fuerunt ad redemptionem coacti. Quod insolitum videtur et a rationis tramite alienum. Non enim bis in idpsum aliqui sunt puniendi; et maxime qui dominorum suorum mandatis obedire coguntur. Quia vero non tam severos quam misericordes nos esse convenit, fraternitati tuæ mandamus, quatenus omnia quæ hac occasione sunt eis ablata sine vexatione restitui facias. Nolumus enim ut nova in vestra Ecclesia inducantur.

CCCLIII.

Ad archiepiscopum et capitulum Ecclesiæ Turonensis. — Recusat scribere Dolensibus et Briocensibus, utpote excommunicatis.

(Anno 1149, Maii.)

[MANSI, *Conc.*, XXI, 690.]

EUGENIUS episcopus, servus servorum Dei, venerabili fratri nostro archiepiscopo et capitulo Turonensis Ecclesiæ, S. et A. B.

Litteras vestras debita benignitate recepimus, et quæ in eis continebantur, diligenter inspeximus. Verumtamen secundum quod a nobis postulastis, Dolensibus et Briocensibus Ecclesiis nequaquam scribere possumus, quoniam, sicut meminimus, propter eorum inobedientiam et contumaciam sententia excommunicationis fuit in eos a te, frater archiepiscope, promulgata, et in Remensi concilio a nobis postmodum confirmata, quam tandiu ratam manere decrevimus, donec a sua contumacia resipiscant, et ad obedientiam Turonensis Ecclesiæ convertantur.

Datum Tusculani, xviii Kal. Julii.

CCCLIV.

Ad Conradum regem Romanorum. — Eum Hierosolymis reversum, ob tribulationes ipsi et exercitui ejus irrogatas, consolatur.

(Anno 1149, Jun. 24.)
[Mansi, *Concil.*, XXI, 629.]

Eugenius episcopus, servus servorum Dei, charissimo in Christo filio Conrado, Dei gratia Romanorum regi illustri, salutem et apostolicam benedictionem.

Cum in hoc mundo cuncta mutabilitatis ordo corrumpat, sicut nec prosperis elevari, ita nec frangi adversis, confidentes de divina miseratione, debemus; quia Dei et hominum mediator, admiranda dispensatione consuevit omnem filium quem recipit adversitatibus flagellare, ut dum ipsum per amorem ad æterna præmia vocat, præsens mundus ejus animum perturbationes, quas ingerit, a se ipso repellat, tantoque facilius ab hujus sæculi amore recedat, quanto magis impellitur dum vocatur. Quod in Israelitico populo, Moyse vocante, et Pharaone signatur. Moyses namque tunc ad vocandum missus est, cum Pharao duris eum operibus perurgebat, quatenus alter vocando pertraheret, alter impelleret, sæviendo, ut plebs in servitio turpiter fixa, vel provocata bonis, vel impulsa molestiis, moveretur. Hoc itaque rationis debito incitati, discretionem tuam commonemus et exhortamur in Domino, quatenus tribulationes, quas tibi et exercitui tuo omnipotens Deus irrogavit, patienter supportes, et in eo spem tuam constituas qui quem vult permittit affligi, et confidentes in se misericorditer liberare consuevit. Si enim patientiam et humilitatem in adversis perfecte tenueris, per desertum hujus vitæ, sub protectione columnæ nubis et ignis, id est patientiæ solatio et charitatis ardore intrepidus perduceris.

Quia igitur personam tuam vera charitate diligimus, et de te valde confidimus, si post tuum reditum sine dilatione de his quæ ad honorem sanctæ Ecclesiæ et regni spectare noscuntur tecum mutuis potuissemus tractare colloquiis, nobis utique gratum fuisset. Verum quia id nobis temporis qualitas denegavit, et de tua salute sumus solliciti, quosdam de fratribus nostris postquam te ad Longobardiæ partes, auctore Domino, incolumem pervenisse accepimus, sicut per venerabiles fratres nostros Artwicum Bremensem archiepiscopum, et Anselmum Hamelburgensem episcopum tibi significavimus, ad tuam serenitatem duximus destinandos, ut affectum et benevolentiam quam erga te gerimus, tibi exponerent, et quod de te audire cupimus, ipsorum relatione nosceremus. Quibus dedimus in mandatis ut tibi tanquam charissimo filio nostro, et Catholico principi, atque speciali Romanæ sanctæ Ecclesiæ defensori, ipsius Ecclesiæ statum et nostrum exponerent. Qui siquidem in Tusciam usque progressi, ex quo te ad Teutonicas partes pertransisse noverunt, longitudinem viæ et difficultatem itineris propter æstatis intemperiem metuentes, ad nostram præsentiam redierunt. Cæterum quia statum tuum, et dilecti filii nostri Henrici junioris regis, quem post discessum tuum paterno affectu dileximus, et in posterum actiones ejus prosperari in Domino præoptamus, cognoscere cupimus, cum fratres nostri propter æstatis fervorem, laborem tanti itineris perficere non valerent, per fidelem nostrum Franconem latorem præsentium et apostolica scripta tuam excellentiam visitantes, nobilitatem tuam monemus et exhortamur in Domino, quatenus ea quæ circa te et ipsum geruntur, et statum regni, per eumdem Franconem nobis studeas intimare, et hoc tempore devotionem, quam erga matrem tuam sanctam Romanam Ecclesiam geris, ostendas, ut nostro respondere affectui congrue videaris, et B. Petri apostolorum principis intercessionibus, cui te totum debes exponere, Creatoris nostri largiorem debeas gratiam promereri.

Datum in Tusculano, viii Kal. Julii.

CCCLV.

Ad H. Senonensem archiepis. ejusque suffraganeos.— De eodem argumento.

(Anno 1149, Jul. 8.)
[Mansi, *Concil.*, XXI, 643.]

Eugenius episcopus, servus servorum Dei, venerabilibus fratribus H. Suessionensi archiepisco, ejusque suffraganeis, salutem et apostolicam benedictionem.

Quanta devotione charissimus filius noster Ludovicus illustris Francorum rex Hierosolymitanum iter assumpserit, vos corporali præsentia cognovistis, et maximam orbis partem non latuit qui regnum suum sub sanctæ Ecclesiæ ac nostra protectione reliquit: et tam nos, quam vos, ut illud a pravorum infestatione tueremur, suppliciter exoravit. Accepimus autem, quod quidam pacem regni diabolico instinctu perturbant, ipsumque, postposita Dei et hominum reverentia, malitiose infestant, non attendentes quod idem rex pius tollens crucem suam secutus est Christum, et relicta patria et regno, ad loca ubi steterunt pedes Domini, pro defensione Christianæ fidei festinavit. Quod tanto gravius ferimus, quanto personam ejus propensiori affectu diligimus, ipsumque in remotis partibus devotius pro Dei servitio demorari cognoscimus. Quia vero tam devoti sanctæ Ecclesiæ filii, et Christianissimi principis auxilio deesse non possumus, nec debemus, per præsentia vobis scripta mandamus, quatenus in unum convenientes, perturbatores regni ad vestram præsentiam evocetis, ipsosque districte ac sollicite moneatis, ut ab infestatione regni omnino desistant, nullamque offensionem hominibus domini regis inferre præsumant. Si autem vestris monitis obedire contempserint, tam in ipsos quam complices eorum, occasione remota, excommunicationis sententiam proferatis. Præterea cum ab his quibus est custodia regni commissa, vel aliquo illorum fueritis moniti, tanquam pacis ac justitiæ amatores, pro fidelitate quam eidem regno debetis, temporale eis auxilium præbeatis, eosque ad defensionem ipsius modis omnibus adjuvetis.

Datum Tusculani, viii Idus Julii.

CCCLVI.

Ad Sugerium abbatem. — De Gallici regni perturbatoribus.

(Anno 1149, Jul. 8.)

[Mansi, Concil., XXI, 643.]

Eugenius episcopus, servus servorum Dei, dilecto filio Sugerio abbati S. Dionysii, salutem et apostolicam benedictionem.

Litteras quas nobis misisti, debita benignitate recepimus, et super adversitatibus et angustiis quas te pati significasti, paterno tibi affectu compatimur. Et quoniam eas pro amore justitiæ et fidelitatis charissimi filii nostri Ludovici illustris Francorum regis, te sustinere cognoscimus, ipsas tanquam proprias reputamus. Verumtamen non ignorat tua discretio, quia omnes qui pie volunt in Christo vivere, et pacem diligunt, oportet a filiis hujus sæculi, et ab his qui oderunt pacem, persecutiones innumeras sustinere. Ipse namque Dominus noster Jesus Christus, non ad gaudia mundi, sed ad passiones et mortem pro nobis tolerandas descendit. Ipsum itaque caput nostrum imitari debemus quia si pro ipso persecutiones patimur, certi de promissione ipsius, erimus in æterna retributione beati. Confortare igitur, charissime fili, et viriliter age, atque in Domino, qui tibi adjutor est, sperans, non timeas quid tibi faciat homo. Salvator etenim noster juxta promissum suum usque in finem sæculi suos nullatenus derelinquet; et nos, juxta potestatem nobis concessam ab ipso opem tibi et auxilium exhibere curabimus. Sicut enim ex litteris quas fratribus nostris archiepiscopis et episcopis mittimus, perpendere poteris: illos qui pacem regni perturbant, nisi resipuerint, excommunicari mandavimus; et tam ipsis, quam comitibus, exhortando mandavimus, ut tibi et aliis, quibus regni est commissa custodia, ad defensionem ipsius viriliter auxiliando assistant. Tui ergo studii sit, quatenus eosdem fratres archiepiscopos et episcopos constituto termino in unum facias convenire, ut quæ pro utilitate regni agenda fuerint, auxiliante Domino compleantur.

Datum Tusculani, viii Idus Julii.

CCCLVII.

Ad Sugerium abbatem. — De Ludovici VII regis Franc. reditu ex transmarinis regionibus.

(Anno 1149, Jul. 15.)

[Mansi, Concil., XXI, 642.]

Eugenius episcopus, servus servorum Dei, dilecto filio Sugerio abbati S. Dionysii, salutem et apostolicam benedictionem.

Benedictus Deus qui non deserit sperantes in se, et de sua misericordia confidentes misericorditer consuevit liberare. Sicut enim pro certo accepimus, charissimi filii nostri Ludovici illustris regis Francorum post innumeras tribulationum varietates misertus, eum ad lucem de tenebris revocavit, et ad citeriores maris partes adduxit. Cujus reditus, de quo paterno affectu eramus solliciti, maximum nobis gaudium præstat, et in adversitatibus, quas diu sustinuimus, solatium præbet. Tu ergo, sicut fidelis dispensator et prudens, negotia regni tibi commissa viriliter studeas pertractare. In proximo enim est, ut palmam tui laboris consequaris et præmium. De cætero tui studii sit, ad occursum regis cum suis fidelibus te honorifice præparare. Dilectus filius noster rex Siciliæ suis postea litteris intimavit, sibi relatum fuisse, quod præfatus filius noster rex Franciæ in regno suo applicuisset et versus Siciliam tenderet, obviaturus reginæ, putans eam ex partibus Barbariæ illuc advenisse.

Datum Tusculani, xviii Kal. Septembris.

CCCLVIII.

Litteræ de electione Mathildis secundæ abbatissæ Fontis-Ebraldi.

(Anno 1149, Sept. 7.)

[Gall. Christ. nov., II, 362.]

Eugenius episcopus, servus servorum Dei, dilectis in Christo filiabus sanctimonialibus ecclesiæ Fontis-Ewraldi salutem et apostolicam benedictionem.

Sicut ex litterarum vestrarum inspectione perpendimus, bonæ memoriæ abbatissa vestra, Domino vocante, humanæ conditionis debitum solvit; de cujus morte paterno condolentes affectu, animam ipsius nostris precibus Domino commendamus. Vos autem post obitum ejus, sicut eisdem nobis litteris intimastis, M. nobilis Andegavensis comitis sororem in abbatissam vobis regulariter elegistis, eamque benedici a venerabili fratre nostro G. Pictaviensi episcopo postulastis; quod quia ipse absque promissione obedientiæ facere recusaret, nos juxta petitionem vestram eidem causæ finem imponere non differemus.

Præterea universitatem vestram per præsentia scripta monemus, et exhortamur in Domino, ut in bono vestro proposito perseverare attentius studeatis, et ita divino cui mancipatæ estis obsequio adhærere, ut odor vestræ bonæ conversationis, multis exempla proponens, longe lateque, sicut hactenus, effundatur; ne bona quæ de vestro collegio usque modo prædicantur; virtuti vel probitati unius plurium ascribantur. Agite ergo, dilectæ in Domino filiæ, et lampades vestras studeatis ita bonis operibus adornare, ut cum Christo cui desponsatæ estis, mereamini ad æternas nuptias introire.

Datum Tusculani, VII Idus Septembris.

CCCLIX.

Ad Conradum regem. — *Thiebaldo capellano suo confirmat præposituram Xantensem, modo aliam præposituram, quam antea possidebat, remittat.*

(Anno 1149, Oct. 5.)

[MARTEN., *Ampl. Coll.*, II, 367.]

EUGENIUS episcopus, servus servorum Dei, charissimo in Christo filio CONRADO illustri Romanorum regi, salutem et apostolicam benedictionem.

Litteras excellentiæ tuæ debita benignitate recepimus, in quibus devotionem et affectum, quem erga matrem tuam sanctam Romanam Ecclesiam et nos ipsos geris plene cognovimus. Quibus etiam inspectis, plurimum lætificavit nos benignitatis tuæ plena ingenti devotione responsio. Nos siquidem te sicut specialem beati Petri filium et patronum charitatis brachiis amplexantes, personam tuam cupimus honorare, et quantum permittit justitia, petitiones tuas admittere. Inde est quod majestatis tuæ precibus inclinati, electioni, quam Xantenses clerici de dilecto filio nostro Thiebaldo capellano tuo fecerunt, assensum præbuimus. Sed quoniam sacrorum canonum et sanctæ Romanæ Ecclesiæ sanctionibus contraire non possumus nec debemus, oportet cum altera præpositura esse contentum, et alteram quam prius habebat dimittere. Tua ergo, charissime fili, interest; ita matris tuæ sanctæ Romanæ Ecclesiæ dilectioni et affectui respondere, et regnum tibi a Deo commissum æquitatis judicio gubernare, ut et ipsa speratum fructum tuæ devotionis se recepisse lætetur, et post temporale regnum merearis recipere sempiternum. Dilectum filium nostrum Henricum juniorem in Domino salutamus, et ut ipse ætate et sapientia apud Deum et homines proficiat, ipsum, per quem reges regnant, exoramus.

Data Tusculani, III Non. Octobris

CCCLX.

Ad Bermundum Biterrensem antistitem. — *Mandat ut Trencavello vicecomiti Biterrensi permittat capellam suo in palatio construere.*

(Anno 1149, Oct. 10.)

[MARTEN., *Thes. Anecd.*, I, 412.]

EUGENIUS episcopus, servus servorum Dei, venerabili fratri B. Biterris episcopo S. et A. B.

Nobilis vir T. a Jerosolymis rediens, et per nos transitum faciens, a nobis suppliciter postulavit, quatenus capellam in suo palatio strui eo tenore concederemus, ubi ipse capellanum idoneum debeat invenire, et tibi postmodum, ut ei animarum curam tribuas repræsentet, et in vita sua non interdicatur a divinis officiis, nisi forte ipse, vel aliquis de familia ejus culpam commiserit. Et quoniam petitio ejus toleranda est, ut ecclesiæ tuæ, propter hoc detrimentum, non possit in posterum provenire, per præsentia tibi scripta mandamus, quatenus capellam eo tenore quo diximus ædificare permittas; et cum ab eodem T. invitatus fueris, ipsam capellam consecrare non renuas, salva nimirum in aliis tua, et ecclesiæ tuæ integra justitia.

Datum Tusculani, VI Idus Octobris.

CCCLXI.

Ad Serlonem abbatem Savigniensem. — *Ut ipse et omnes ipsius monasterio subjecti vivant juxta Cisterciensium institutum.*

(Anno 1149, Oct. 21.)

[MARTEN., *Ampl. Collect.*, I, 813.]

EUGENIUS episcopus, servus servorum Dei, dilecto filio SERLONI Savigniensi abbati salutem et apostolicam benedictionem.

Cum omnibus ecclesiasticis personis debitorem ex injuncto nobis a Deo apostolatus officio existimamus, illos tamen propensioris charitatis studio nos convenit imminere, quos in vero religionis habitu omnipotenti Domino militare cognoscimus. Ad hoc enim pastoralis officii nobis est cura commissa, ut bene placentem Deo religionem laboremus statuere, et stabilitam exacta diligentia conservare. Proinde, dilecte in Domino fili, religionem in monasteriis quibus præesse dignosceris, stabilitam in Domino proficere cupientes, statuimus ut in omnibus monasteriis quæ de monasterio cui præsides, sunt egressa, et in his quæ de egressis ab eodem monasterio prodierint, tam de ipsis personis quam de rebus monasteriorum, juxta Cisterciensium fratrum institutionem, disponendi et ordinandi liberam habeas facultatem. Quia vero plures, maligno spiritu inducti, ab obedientia suorum prælatorum resiliunt, et ut suæ liberius deserviant voluntati, aliena solatia quærunt, prohibemus ut nulli post factam in eisdem locis professionem liceat se a tua vel successorum tuorum subjectione subtrahere, aut alii hujusmodi professos, seu aliquos de monasteriis retinere. Quod si quis eorumdem monasteriorum se a tua subjectione subtraxerit, et tertio commonitus redire contempserit, eum excommunicandi habeas potestatem.

Datum Tusculani, XII Kal. Novembris

CCCLXII.

De Henrici Moraviensis episcopi valetudine dolet, eumque consolatur.

(Anno 1149, Oct. 24.)

[BOCZEK, *Cod. dipl. Morav.*, I, 261.]

EUGENIUS episcopus, servus servorum Dei, venerabili fratri HEINRICO, Moraviensi episcopo, salutem et apostolicam benedictionem.

Litteras fraternitatis tuæ debita benignitate recepimus, et sicut qui te tanquam devotissimum sanctæ Romanæ Ecclesiæ filium speciali affectu diligimus, et inter cæteros charissimos fratres nostros brachiis amplexamur. Devotionem etenim tuam quam erga matrem tuam Romanam Ecclesiam semper habuisti, ad memoriam revocantes, pro tua sumus incolumitate solliciti eamque maximo desiderio frequenter audire optamus. Gratum autem nobis est, quod pro commisso tibi grege sollicitus per semitas justitiæ eum ducere satagis, et ipsum æquitatis ecclesiasticæ norma dirigere. Super his itaque de quibus nos dilectio tua consuluit, juxta prædecessorum nostrorum statuta tibi respondere decrevimus. Clerici, qui sunt culpis suis exigentibus degradati, nec post vitæ conversionem pristinis ordinibus restitui debent. Ille vero, qui, nullo recepto ordine, missam cantare præsumpsit, tanquam laicus principi terræ puniendus tradatur. Nulli autem uxorem sororii sui post mortem ipsius licet habere. Et quoniam sacri canones crimina semel objecta indiscussa non transeunt, causam ipsius clerici qui bigamus dicitur diligenter inquiras, et si canonice convictus fuerit, deponatur. Sui autem septima manu sui ordinis ab hac nota eum facias expurgari. Quod si facere non poterit, deponatur. Quod tuum itaque, frater charissime, spectat officium verbo et exemplo, quibus præes, ita proficere, ut ad vitam una cum grege tibi credito pervenias sempiternam. Grave autem nobis est, quod confectus senio de longa vita, quam tibi valde cupimus, non confidis. Speramus autem in Domino quod faciem tuam adhuc, eo auxiliante, videbimus. Si vero nobis superstitibus te de hoc mundo dispositio divina vocaverit, curæ nobis erit pro te tanquam pro charissimo fratre nostro ad Deum preces effundere, et in nostris orationibus tui memores frequenter existere. Præterea quoniam de statu nostro te novimus esse sollicitum, dilectioni tuæ ipsum duximus intimandum. Nos siquidem, licet corporis invaletudine et fratrum nostrorum morte, aliisque adversitatibus fuerimus hoc anno gravati, tamen ad pacis tranquillitatem, Domino auxiliante, reversi sumus incolumes. Pro infirmitate tua tibi bonum electuarium destinamus.

Datum Tusculani, ix Kalendas Novembris.

CCCLXIII.

Ad Heinricum archiepiscopum Moguntinum. — Mandat ut tam per se quam per episcopos suffraganeos circumvagationes pseudo-nuntiorum, qui sub nomine suo discurrant et indebitis exactionibus fideles Ecclesiæ fatigare præsumant, studiose ac diligenter attendat ; et si aliquis ad manus ejus vel suffraganeorum devenerit, et præcipue Ildebrandinus, quondam Jacincti diaconi cardinalis serviens, capi faciat.

(Anno 1149, Oct. 25.)

[DENIS, *Cod. manuscr., theol.*, I, III, 2878.]

EUGENIUS episcopus, servus servorum Dei, etc.

Pervenit ad aures nostras quod quidam pseudo-nuntii per partes vestras sub nomine nostro discurrunt, et indebitis exactionibus fideles Ecclesiæ fatigare præsumunt. Quia ergo tantæ præsumptionis audacia ad infamiam sanctæ Romanæ Ecclesiæ et nostram spectare dignoscitur ; per præsentia tibi scripta mandamus, quatenus tam per te quam per episcopos Ecclesiæ tuæ suffraganeos circumvagationes talium studiose ac diligenter attendas, et si aliquis ad manus tuas vel suffraganeorum tuorum devenerit, et præcipue Ildebrandinus quondam dilecti nostri Jacinti diaconi card. serviens, capi facias; et tandiu in captione detineas donec quid exinde facere velimus per scripta nostra cognoscas.

Datum Tuscul., VIII Kal. Novembris.

CCCLXIV.

Ad universos fratres Fontis-Ebraldi.

(Anno 1149, Oct. 25.)

[NIQUET, *Hist. de Fontevrault*, p. 379.]

EUGENIUS episcopus, servus servorum Dei, dilectis filiis universis fratribus Fontis-Ebraldi, salutem et apostolicam benedictionem.

Quemadmodum sanctorum Patrum manifestis instruimur documentis, obedientia sola est, quæ fidei meritum possidet ; sine qua infidelis esse convincitur, etiamsi fidelis esse videatur. Accepimus autem quod dilectis in Christo filiabus nostris abbatissæ ac priorissæ Fontis-Ebraldi quidam ex vobis obedire contemnunt, sine licentia claustra eorum ingredi, vel aperire præsumunt, atque in aliis rebelles contra justitiam existunt. Quia ergo indignum est, et a ratione omnino alienum, ut ecclesiarum prælatis a subjectis suis debitus honor et reverentia denegetur, per præsentia vobis scripta mandamus atque præcipimus quatenus quicunque sunt in vestro collegio, qui super hoc redargui possunt, de cætero abbatissæ et priorissæ ejusdem loci obedientiam et reverentiam humiliter deferant ; earum claustra sine abbatissæ vel priorissæ assensu reserare ac ingredi nequaquam attentent ; abbatissas quoque, in locis quibus hactenus non fuerint, eis inconsultis constituere non præsumant, atque ad commune capitulum earum certis temporibus convenire nullatenus negligant.

Datum Tusculani, VIII Kalendas Decembris.

CCCLXV.

Privilegium pro monasterio S. Lucii Curiensis.

(Anno 1149, Nov. 6.)

[MOHR, *Cod. diplom.*, I, 158.]

EUGENIUS episcopus, servus servorum Dei, dilecto filio AIMONI priori Ecclesiæ Sancti Lucii Curiensis, ejusque successoribus canonice substituendis, in perpetuum.

Justis religiosorum desideriis consentire ac rationabilibus eorum petitionibus clementer annuere, apostolicæ sedis, cui, largiente Domino, deservimus, auctoritatis et fraternæ charitatis vinculum nos hortatur. Eapropter, dilecti in Domino filii, vestris justis postulationibus clementer annuimus, et præfatam ecclesiam Beati Lucii, in qua divino mancipati estis obsequio, sub beati Petri et nostra protectione suscipimus, et præsentis scripti privilegio communimus, statuentes ut quascunque possessiones, quæcunque bona in præsentiarum juste et canonice possidetis, aut in futurum concessione pontificum, largitione regum vel principum, oblatione fidelium, seu etiam aliis justis modis, præstante Domino, poteritis adipisci, firma vobis vestris que successoribus et illibata permaneant; in quibus hæc propriis duximus exprimenda vocabulis : Curtem quæ sita est in villa quæ vocatur Maging; curtem in villa quæ vocatur Riunena; in villa quæ vocatur Avinne, curtem et vineam; in civitate Curiensi vineas, agros et prata, in villa quæ vocatur Paiste, curtem unam; in villa quæ vocatur Umbilico curtem unam; ecclesiam Sanctæ Mariæ in silva Augeria, cum omnibus appendiciis suis. Statuimus quoque ut ordo canonicus in vestra Ecclesia institutus, secundum beati Augustini Regulam perpetuis ibidem temporibus inviolabiliter conservetur. Obeunte vero te nunc ejusdem loci priore, nullus ibi qualibet astutia seu violentia præponatur, nisi quem fratres communi consensu, vel pars consilii sanioris secundum Deum providerit eligendum. Sane laborum vestrorum quos de novalibus, propriis manibus, vel sumptibus colitis, sive de nutrimentis vestrorum animalium decimas nullus a vobis exigere præsumat.

Decernimus ergo ut nulli omnino hominum liceat præfatam ecclesiam temere perturbare, aut ejus possessiones auferre, vel ablatas retinere, minuere, seu aliis quibuslibet vexationibus fatigare, sed omnia integra conserventur eorum, pro quorum gubernatione ac conservatione concessa sunt, usibus omnimodis profutura, salva sedis apostolicæ auctoritate et diœcesani episcopi canonica justitia. Si qua igitur in futurum ecclesiastica sæcularisve persona, hanc nostræ constitutionis paginam sciens, contra eam temere venire tentaverit, secundo tertiove commonita, nisi reatum suum congrua satisfactione correxerit, potestatis honorisque sui dignitate careat, reamque se divino judicio existere de perpetrata iniquitate cognoscat, et a sacratissimo corpore ac sanguine Dei et Domini nostri Jesu Christi aliena fiat, atque in extremo examine districtæ ultioni subjaceat. Cunctis autem eidem loco sua jura servantibus sit pax Domini nostri Jesu Christi, quatenus et hic fructum bonæ actionis percipiant et apud districtum judicem præmia æternæ pacis inveniant. Amen, amen, amen.

Ego Gregorius presbyt. cardinalis Sancti Calixti.
Ego Hugo tit. in Lucina presbyt. card.
Ego Wido Ostiensis episcopus.
Ego Octavianus diaconus card.
Ego Jacintus diac. card. S. Mariæ in Cosmed.

Datum Tusculani per manum Bosonis sanctæ Romanæ Ecclesiæ scriptoris, octavo Idus Novembris, indictione XII, Incarnationis Dominicæ anno 1149, pontificatus vero domni Eugenii papæ III anno v.

CCCLXVI.

Ad Sugerium abbatem. — Ut clericorum duorum excommunicatorum causam ordine judiciario definiat.

(Anno 1149, Nov. 7.)

[Mansi, *Concil.*, XXI, 644.]

Eugenius episcopus, servus servorum Dei, dilecto filio Sugerio abbati S. Dionysii, salutem et apostolicam benedictionem.

Filii nostri A. et Her. clerici Meldensis Ecclesiæ nuper ad nostram præsentiam venientes, quoniam super eo quod eis a Goslino imponebatur jusjurandi religione firmaverunt, nostrum adimplere mandatum, eos a vinculo excommunicationis absolvimus. Verum quia pars adversa præsens non aderat, in eorum causa procedere, et certum aliquid diffinire salva æquitate non potuimus. Ipsos itaque ad tuæ discretionis industriam remittentes, per præsentia scripta dilectioni tuæ mandamus quatenus, utraque parte ante tuam præsentiam evocata, si Goslinus juxta scita canonum probare potuerit quod eis imposuit, causam ipsam ordine judiciario diffinias. Si vero prædictus Goslinus in probatione defecerit, septima manu sui ordinis purgationem prædictorum clericorum suscipias, et eos ab infamia, quæ ipsis imponebatur, fratribus convicinis immunes ostendas, et publice nunties. Redditus vero Ecclesiæ qui prædicto Goslino hac occasione ablati sunt, facias ei cum integritate restitui. Præterea episcopo et canonicis Meldensis Ecclesiæ firmiter ex nostra parte præcipias, ut de cætero cum eodem Goslino pacem et fraternam concordiam habeant. Quod si non fecerint, et clamor inde ad aures nostras devenerit, dissimulare non poterimus, quin eorum inobedientiam animadversione debita puniamus.

Datum Tusculani, VII Idus Novemb.

CCCLXVII.

Ad Conradum imperatorem. — Ejus intuitu iterum confirmat electionem præpositi Xantensis, et depositionem archiepiscopi Coloniensis differt.

(Anno 1149, Nov. 28.)

[Mansi, *Concil.*, XXI, 684.]

Eugenius episcopus, servus servorum Dei, charissimo in Christo filio Conrado, illustri Romanorum regi, salutem et apostolicam benedictionem.

Quantum affectum erga personam tuam et regnum tibi a Deo commissum habeamus, plurimis experimentis tuam clementiam credimus agnovisse. In quo inflexibiliter permanentes, petitiones excellentiæ tuæ, quantum cum Deo possumus, admittimus, et cum ecclesiæ honestate regiæ tuæ voluntati gratanter præbemus assensum, sicut devoti beati Petri filii et specialis sanctæ Romanæ Ecclesiæ defensoris. Inde est quod magnitudinis tuæ preces in electione Xantensis præpositi paterno recipientes affectu, tibi, tanquam charissimo filio nostro, duximus annuendum, licet quidam postmodum penitus diversa ab his, quæ dilectionis tuæ litteris significasti, suggesserint. Causa vero fratris nostri Coloniensis archiepiscopi gravis fit, quoniam longum est enarrare, ab his, qui circa te sunt, poteris manifeste cognoscere. Si enim quanta circa officium suum per negligentiam et inobedientiam superbiendo commiserit, magnitudinis tuæ discretio cognovisset, nec etiam verbum, ut credimus, pro ipso movisset. Unde in concilio quod Remis Deo Domino auctore celebravimus, excisionis sententiam pertulisset, nisi regiæ parcentes absentiæ, detrimentum aliquod regno, quod maxime nobis cavendum erat, eventurum exinde putavissemus. Et nunc post reditum tuum nobiscum firmiter statueramus ipsum sententia digna suis excessibus feriendum, nisi tuæ legatio majestatis prævenisset. Sed precibus tuis, quantum possumus, inclinati manum nostram in præsentiarum ab ipsius damnatione retraximus, et usque ad Dominicam, qua cantatur: *Ego sum pastor bonus*, inducias ei concessimus. Quia ergo excellentiæ tuæ preces absque gravi sanctæ Ecclesiæ et disciplinæ ecclesiasticæ læsione in hoc ex toto audire nequivimus, regia æquanimiter clementia ferat, et his quæ sanctæ Romanæ Ecclesiæ matri tuæ incumbunt, cujus omnipotens Deus te constituit defensorem, sicut de benignitate tua speramus, tanquam piissimus justitiæ amator, intendas. Dilectum filium nostrum Henricum juniorem regem in Domino salutamus.

Data Laterani, iv Kal. Decemb.

CCCLXVIII.
Bulla ad Obertum Mediolanensem archiepiscopum.
(Anno 1149, Dec. 19.)
[GIULINI, *Mem. di Milano*, V, 594, ex archivio della Metropolitana.]

EUGENIUS episcopus, servus servorum Dei, venerabili fratri OBERTO archiepiscopo, et dilectis filiis ordinariis Mediolanensis Ecclesiæ, eorumque successoribus canonice substituendis, in perpetuum.

Ad hoc universalis Ecclesiæ cura nobis a provisore omnium bonorum Deo commissa est, ut pro omnium ecclesiarum statu satagere et.......... placentem Domino....... religionem et honestatem studeamus modis omnibus.... Nec enim Deo gratus aliquando famulatus impenditur, nisi ex veritatis radice procedens a puritate religionis et honestatis fuerit confirmatum. Inde est quod vitium satis reprehensibile........ quod in vestra ecclesia, peccatis exigentibus, inoleverat, exstirpari præcipimus, videlicet, quod cum illis, qui...... ibi ordinarii nominantur, deberet esse cor unum et anima una ut etiam sicut in cœtibus apostolorum legitur, communitas, per contrarium erat, juxta illud etiam dictum apostoli Pauli...... *Alius quidem esurit, alius ebrius est*. Postmodum vero tuo, frater archiepiscope, accedente studio, factum est ut omnis redditus, omnesque obventus illius ecclesiæ, ad honorem Dei, et ad ejusdem communem vitam canonicorum qui in loco ipso pro tempore morabuntur, in unum de cætero redigantur. Quod et...... etiam proprio scripto est aperte firmatum. Nos itaque, quorum interest male acta corrigere, et quæ bene gesta sunt, et venerandis canonibus concordant apostolicæ sedis auctoritate firmare, quod de communi vita servanda, et ut redditus ecclesiæ provenientes inter canonicos æquis portionibus per capitulum pro victualibus dividantur, et id quod inde superest æqua pariter in vestimentis distributione procedat; a vobis rationabiliter statutum est, præsentis scripti privilegio confirmamus; et sicut in scripto vestro continetur, ratum et inconvulsum futuris temporibus irrefragabiliter manere decernimus. Præcipientes ut ea, quæ ad servandam communem vitam adhuc deesse noscuntur adimplere quanto citius debeatis; scilicet ut in uno refectorio comedatis, et in uno dormitorio dormiatis. Præterea prædictam Dei genitricis semperque virginis Mariæ ecclesiam, in qua omnipotenti Domino deservitis, sub beati Petri et nostra protectione suscipimus; statuentes, ut quascunque possessiones, quæcunque bona eadem ecclesia in præsentiarum juste et canonice possidet, aut in futurum concessione pontificum, largitione regum vel principum, oblatione fidelium, seu aliis justis modis, præstante Domino, poterit adipisci, firma vobis vestrisque successoribus et illibata permaneant; in quibus hæc propriis duximus exprimenda vocabulis: Cavacurtem, Gramorellam, Martaniam, Setezanum, Trecha, Arnugum, Novezatem, Habiascam, Valles Bellegnium et Leventinam, plebem de Artizate, Sevisum, Curtadiam de Leoco, Brivium, Gradi, Pulcoctum, Bulzanum, Salvanum; mansum unum apud Caol, quem tenet Ardicius de Carimate; centum soldos novæ monetæ, quos ecclesia vestra a monasterio Sancti Simpliciani annis singulis accipere consuevit.

Decernimus ergo ut nulli omnino hominum liceat præfatam ecclesiam temere perturbare, aut ejus possessiones auferre, vel ablatas retinere, minuere, seu quibuslibet vexationibus fatigare, sed omnia integra conserventur eorum, pro quorum gubernatione et sustentatione concessa sunt, usibus omnimodis profutura, salva sedis apostolicæ auctoritate. Si qua igitur in futurum, etc.

Ego Eugenius Catholicæ Ecclesiæ episcopus ss.
Ego Conradus Sabinensis episcopus ss.
Ego Guido Ostiensis episcopus ss.
Ego Octavianus S. Nicolai in Carcere Tulliano ss.
Ego Guido cardinalis Sanctæ Mariæ in Porticu ss.
Ego Aribertus tituli Sanctæ Anastasiæ ss.
Ego...................

Datum Laterani per manum........ xiv Kal. Januarii, indictione duodecima, Incarnationis Dominicæ anno 1148, pontificatus vero domni Eugenii III anno quinto.

CCCLXIX.
De annua celebratione dedicationis ecclesiæ B. Frigdiani Lucensis.
(Anno 1149, Dec. 19.)
[BALUZ. *Miscell.* edit. Luc., IV, 594.]

EUGENIUS episcopus, servus servorum Dei, universis Dei fidelibus qui devotionis intuitu ad annuam celebrationem dedicationis ecclesiæ Beati Fridiani convenerunt, salutem et apostolicam benedictionem.

Sicut ad vestram credimus pervenisse notitiam, ecclesiam Beati Fridiani, ob reverentiam corporis hujus quod in ea requiescere creditur, propriis manibus Deo auctore consecravimus, et venientibus ad annuam consecrationis illius diem ex injuncta sibi pœnitentia confisi de beatorum Petri et Pauli meritis remissionem XL dierum indulsimus. Quicunque igitur, aliquibus causis impedientibus, eadem die illic interesse non potuerint, et infra octavas illius dedicationis advenerint, eamdem remissionem ex parte omnipotentis Dei et beatorum Petri et Pauli apostolorum ejus pariter indulgemus.

Data Laterani, XIV Kal. Januarii.

CCCLXX.

Ad Bracarensem archiepiscopum. — Eum suspendit ab episcopali officio, nisi Toletano archiepiscopo exhibeat obedientiam.

(Anno 1149, Dec. 29.)

[Mansi, *Concil.*, XXI, 674.]

Quanta sit obedientiæ virtus, Christi discipulus non ignorat, et totius fere sacri eloquii paginæ protestantur. Cum enim ipsa condimentum aliarum virtutum esse dicatur : manifestius claret, quia *quasi peccatum ariolandi est repugnare, et velut scelus idololatriæ nolle acquiescere (I Reg.* xv). Super fraternitate itaque tua vix mirari sufficimus pariterque dolemus, quoniam sedis apostolicæ præceptis obedire contemnis ; et mandatum de exhibenda obedientia Toletano primati, quod tibi viva voce nuper fecimus, sicut iterata querimonia ipsius ecclesiæ indicat, nimis propere a corde tuo elapsum est, et tanquam aspis surda clausis auribus perstitisse videris. Sed nemini debet indignum videri suis subesse majoribus, qui se meminit aliis esse prælatum. Atque utinam ea, quæ ad virtutis gloriam spectare noscuntur, apud tuam fraternitatem valeant reperiri. Quamvis igitur tantæ prævaricationis contemptus severiori esset prægravandus vindicta : apostolica tamen utentes mansuetudine, per præsentium tibi scripta mandantes præcipimus, quatenus antefato archiepiscopo, usque ad proximam Dominicam in Ramis palmarum, obedientiam debitam satagas humiliter exhibere ; quin extunc, donec adimpleas quod tibi sæpe mandavimus, denuo te ab officio episcopali suspendimus.

Datum Laterani, IV Kal. Januarii.

CCCLXXI.

Ad Alfonsum Hispaniarum regem. — De primatu Toletano.

(Anno 1149, Dec. 29.)

[Mansi, *Concil.*, XXI, 673.]

Sicut ex inspectione litterarum tuarum, et verbis nuntii tui R. præsentium latoris perpendimus : exhibitiones honoris, et gratiæ sedis apostolicæ, quas Ecclesiis et personis regni tui, nobilitatis et mansuetudinis tuæ precibus inclinati, frequenter contulimus, ad tuam notitiam minime pervenerunt. Pro tuis siquidem precibus, Ecclesiam Compostellanam in deferenda cruce ante metropolitanum suum speciali prærogativa decoravimus : et Toletanæ metropoli in recuperanda justitia, quam super Bracarensi archiepiscopo habere dicitur, non definimus ; imo sicut tota Hispana novit ecclesia pro causa ipsa eumdem Bracarensem per longum tempus ab officio episcopali suspendimus. Novissime vero, cum ad nostram præsentiam in Longobardiæ partibus devenisset, absolutionem a nobis nullatenus potuit impetrare, donec in nostro et fratrum nostrorum conspectu viva voce promisit, quod infra constitutum a nobis terminum, Toletanæ Ecclesiæ subjectione debita humiliter obediret ; quod si non faceret, in eadem suspensionis sententia, quousque id faciat, remaneret. Cæterum, si postquam a nobis discessit, juxta mandatum nostrum Toletanæ obedivit Ecclesiæ, vel si forte in sua rebellione perduravit, per archiepiscopum ipsius ecclesiæ, cui sollicitudo et cura ejusdem metropolis incumbere noscitur, nobis debuit nuntiari. Si ergo ipse circa honorem et dignitatem ecclesiæ sibi commissæ negligens et minus sollicitus silere disposuit : nos qui in sedis apostolicæ specula, disponente Domino, judicis locum, licet indigni, tenemus, propter ejus insolentiam præcones vel cursores effici non debemus. Sed recolentes personæ tuæ consuetam dulcedinem, et devotionis affectum, quam avus tuus illustris memoriæ A. [Alfonsus] Hispaniæ rex, et tu ipse, erga communem matrem tuam sanctam Romanam ecclesiam temporibus prædecessorum nostrorum et nostro humiliter ostendisti : preces tuas etiam nunc libenter admittimus. Præfato itaque Bracarensi juxta petitionis tuæ desiderium apostolicas litteras misimus ; quem nimirum, nisi usque ad proximam Dominicam in Ramis Palmarum Toletano primati obedire curaverit, denuo ab officio episcopali suspendimus, donec adimpleat quod ei sæpe mandavimus.

Data Laterani, XIV Idus Januarii.

CCCLXXII.

Ad Sugerium abbatem. — Ut de sacerdotis excommunicati ab archidiacono causa cognoscat, et sacerdotis percussores excommunicet.

(Anno 1149?)

[Mansi, *Concil.*, XXI, 645.]

Eugenius episcopus, servus servorum Dei, dilecto filio Sugerio abbati Sancti Dionysii, salutem et apostolicam benedictionem.

Quidam sacerdos R. ad nostram præsentiam veniens, conquestus est quod S. archidiaconus, quoniam denarios quos ab eo pro ecclesia sibi tradita exigebat, ei tribuere noluit, de Ecclesia cum expulit. Et quoniam super hoc eum ad nostram audientiam appellavit, idem archidiaconus fecit eum a parentibus suis ausu sacrilego verberari. Quia vero valde iniquum est, ut in his, quibus in Ecclesia Dei super alios potestas judicandi conceditur, iniquitatis inveniatur judicium : tibi per scripta nostra mandamus, ut utroque ad tuam præsentiam evocato causam ipsam diligenter inquiras, et justitia comitante diffinias. Illos vero qui violentas manus in eumdem clericum injecerunt, excommunicatos publice denunties, et excommunicationem tandiu facias observari, donec satisfacturi vestro se conspectui repræsentent.

CCCLXXIII.

Ad H. archiepiscopum Senonensem. — *De eodem argumento.*

(Anno 1149?)

Mansi, *Concil.*, XXI, 645.]

Eugenius episcopus, servus servorum Dei, dilecto filio nostro archiepiscopo Senonensi H., salutem et apostolicam benedictionem.

Quidam sacerdos tuus Romam ad nostram præsentiam veniens, conquestus est quod Stephanus archidiaconus tuus, quoniam denarios quos ab eo pro ecclesia sibi tradita exigebat, ei tribuere noluit, de eadem Ecclesia eum expulerit. Et quoniam super hoc eum ad nostram audientiam appellavit, idem archidiaconus fecit eum a parentibus suis ausu sacrilego verberari. Quia vero valde iniquum est, ut in his, quibus in Ecclesia Dei super alios potestas judicandi conceditur, iniquitatis inveniatur judicium: dilecto filio nostro Sugerio abbati S. Dionysii per scripta nostra mandamus, ut, utroque ad suam præsentiam evocato, causam ipsam diligenter inquirat, et justitia comitante diffiniat. Tu ergo cumdem archidiaconum ad ipsius abbatis vocationem ire, et quod inde judicaverit facias observare. Postmodum quoque eum ad vos super eisdem excessibus responsurum transmittas. Illos vero qui violentas manus in eumdem clericum injecerunt, excommunicatos publice denunties, et excommunicationem tandiu observari facias donec nostro se conspectui satisfacturi repræsentent.

CCCLXXIV.

Ad abbatem Sugerium. — *Ecclesiasticæ alterius causæ judicem constituit.*

(Anno 1149?)

[Mansi, *Concil.*, XXI, 645.]

Eugenius episcopus, servus servorum Dei, dilecto filio Sugerio abbati S. Dionysii, salutem et apostolicam benedictionem.

Pro controversia et discordia quæ inter Petrum præsentium latorem et Jozelinum Meldensem canonicum agitari dignoscitur, uterque nostro se conspectui præsentavit. Primum quidem Jozelinus dicebat a prædicto Petro injuriam et violentiam sibi fuisse illatam, et propter hoc eum ad nostram audientiam appellasse. Post discessum vero ipsius Jozelini a nobis, idem Petrus ad nos veniens, quæ de ipso dicta fuerant, omnino negabat. Quia igitur rei veritatem ad plenum super hoc cognoscere non potuimus, causam ipsam discretioni tuæ duximus remittendam. Per præsentia itaque scripta dilectioni tuæ mandamus, quatenus utraque parte ad tuam præsentiam evocata, eamdem controversiam diligenter audias, et si adversa pars jam dictum Petrum illatæ violentiæ reum non poterit manifeste probare, et Petrus innocentiam suam convenienter ostenderit, ecclesiasticæ est moderationi conveniens, ut eum sua debeat innocentia liberare. Si vero impositæ culpæ immunem se nequiverit comprobare, vel quomodo causa processerit, hoc tuis nobis litteris quantocius intimabis.

CCCLXXV.

Fratrum S. Laudi Rothomagensium disciplinam canonicam confirmat.

(Anno 1145-1150. — Fragm.)

[*Neustria pia*, 805.]

Eugenius episcopus, servus servorum Dei, dilectis filiis Osberto, priori S. Laudi de Rothomago, et ejusdem fratribus, tam præsentibus quam futuris, regulariter vitam professis, salutem et apostolicam benedictionem.

Religiosis desideriis dignum est præbere facilem consensum, ut fidelis devotio celerem sortiatur effectum. Eapropter, dilecti in Domino filii, venerabilium fratrum nostrorum, Hugonis archiepiscopi Rothomagensis, et Algari, Constantiensis episcopi, precibus inclinati, ordinem canonicum, secundum B. Augustini Regulam, quam per Dei gratiam, ejusdem fratris nostri, Constantiensis episcopi studio annuente, professi estis, sedis apostolicæ auctoritate firmamus; ut in eadem Ecclesia perpetuis temporibus inviolabiliter conservetur, nec alius ibi de cætero, nisi regularis instituatur, præsenti decreto, sancimus, etc.

CCCLXXVI.

Ad prælatos Poloniæ. — *Arguit eos quod latam a G. nuntio suo interdicti sententiam non observent, atque ut resipiscant eamdem sententiam confirmat.*

(Anno 1150, Jan. 23.)

(Mansi, *Concil.*, XXI, 685.)

Eugenius episcopus, servus servorum Dei, venerabilibus fratribus archiepiscopis, episcopis et aliis Ecclesiarum prælatis per Poloniam constitutis, salutem et apostolicam benedictionem.

Quod vos benedictionis alloquio salutamus, non ex vestris meritis fieri, sed ex apostolicæ sedis benignitate, credatis. Sui enim debet honoris dolore prosterni, quisquis apostolicis contemnit obedire mandatis. Nos siquidem pro officii nostri debito de vestra et populi vobis commissi salute solliciti, dilectum filium nostrum G. sanctæ Romanæ Ecclesiæ diaconum cardinalem ad partes vestras olim direximus, ut et pacem inter W. ducem et fratres ejus auxiliante Domino reformaret, et ecclesiastica negotia tanquam apostolicæ sedis legatus tractaret. Qui sicut a nobis mandatum acceperat, partem quæ noluit ejus monitis obedire, et eos qui ejusdem ducis terram detinent, excommunicationis vinculo innodavit, et in terra divina prohibuit officia celebrari. Vos autem, sicut accepimus, quoniam hoc eum ex mandato nostro non fecisse asserit, sententiam ipsam minime observatis. Quia vero ipse hoc nostro fecit mandato, nos tam excommunicationis quam interdicti sententiam, sicut ab ipso data est, ratam habemus, et ut vos eam observetis et faciatis similiter observari præcipimus. Tu vero, frater archiepiscope, cui hoc ex debito tui officii potissimum imminet, ut inexcusabiles sint, omnibus suffraganeis tuis et aliis Ecclesiarum prælatis denuntics, et sententiam ipsam firmiter observes et facias observari, sciturus, quia si quis vestrum eamdem sententiam observare noluerit, beati Petri et sanctæ Romanæ Ecclesiæ non effugiet ultionem.

Datum Lat., x Kal. Feb.

CCCLXXVII.

Privilegium pro monasterio S. Martini Anhusano.

(Anno 1150, Jan. 30.)

[PETRI, *Suevia ecclesiastica*, p. 92.]

EUGENIUS episcopus, servus servorum Dei, dilectis filiis SIGEFRIDO abbati S. Martini de Anhusen, ejusque fratribus tam præsentibus quam futuris regularem vitam professis, in perpetuum.

Cum omnibus venerabilibus locis debitores ex injuncto existamus, illa tamen quæ ad B. Petri sanctæque Romanæ Ecclesiæ jus et defensionem specialiter pertinere noscuntur, convenit nos propensius confovere. Ideoque, dilecti in Domino filii, venerabilis fratris nostri Gualteri Augustensis episcopi et vestris precibus inclinati, vestris justis postulationibus clementer annuimus, et prædecessoris nostri felicis memoriæ Cœlestini papæ vestigiis inhærentes, præfatum Sancti Martini monasterium quod a prædicto fratre nostro Gualtero tunc Augustensi episcopo ejusque fratribus in proprio alodio constructum est, et beato Petro cum omnibus ad ipsum pertinentibus oblatum sub ejusdem apostolorum principis et nostra protectione suscipimus, et præsentis scripti privilegio communimus, statuentes ut quascunque possessiones vel decimas, quæcunque etiam bona idem monasterium inpræsentiarum juste et canonice possidet, aut in futurum concessione pontificum, largitione regum vel principum, oblatione fidelium, seu aliis justis modis, Deo propitio, poterit adipisci, firma vobis vestrisque successoribus et illibata permaneant. Concambium præterea quod de decimis illius loci, in quo ipsum monasterium situm est cum ecclesia S. Petri de Cotingen, ad cujus parochiam pertinebant, utriusque partis assensu rationabiliter factum est, auctoritate apostolica confirmamus. Addentes ut ecclesia S. Martini de Nawa, in qua collegium vestrum per illustris memoriæ Manegoldum palatinum comitem, patrem videlicet præfati Sanctæ Augustensis Ecclesiæ episcopi, in cujus erat allodio monasticæ religionis, auctore Domino, exordium habuit, cum decimis et omnibus aliis suis possessionibus vestro monasterio in perpetuum subjecta permaneat. Liceat autem vobis communi consilio advocatum, quem ad defensionem ejusdem monasterii utilem esse cognoveritis, libere eligere, ipsumque si inutilis fuerit, removere, et alium, quem utiliorem provideritis, substituere. Obeunte vero te nunc ejusdem loci abbate, vel tuorum quolibet successorum nullus ibi qualibet subreptionis astutia vel violentia præponatur, nisi quem fratres communi consilio, vel fratrum pars consilii sanioris, secundum Dei timorem et B. Benedicti Regulam providerint eligendum. Chrisma, oleum sanctum, consecrationes altarium seu basilicarum, ordinationes monachorum, qui ad sacros ordines fuerint promovendi a diœcesano suscipietis episcopo, si quidem catholicus fuerit, et gratiam atque communionem apostolicæ sedis habuerit, et ea gratis, et absque aliqua pravitate vobis voluerit exhibere; alioquin liceat vobis catholicum quemcunque malueritis, adire antistitem, qui nimirum nostra fultus auctoritate, quod postulatur indulgeat. Sepulturam quoque ipsius loci liberam esse concedimus, ut quicunque illic se deliberaverint sepeliri, nisi forte excommunicati sint, nullus obsistat; salva tamen justitia matricis Ecclesiæ. Ad indicium autem hujus a sede apostolica libertatis acceptæ aureum unum nobis nostrisque successoribus annis singulis persolvetis.

Decernimus ergo ut nulli omnino hominum liceat præfatum monasterium temere perturbare, aut ejus possessiones auferre, vel ablatas retinere, minuere, aut aliquibus molestiis fatigare; sed omnia integre conserventur eorum, pro quorum gubernatione et sustentatione concessa sunt, usibus omnimodis profutura, salva diœcesani episcopi canonica justitia. Si qua igitur in futurum ecclesiastica sæcularisve persona, hanc nostræ constitutionis paginam sciens, contra eam temere venire tentaverit, secundo tertiove commonita, præsumptionem suam emendare contempserit, potestatis honorisque sui dignitate careat, reamque se divino judicio existere de perpetrata iniquitate cognoscat, et a sacratissimo corpore ac sanguine Domini nostri Jesu Christi aliena fiat, atque in extremo examine districtæ ultioni subjaceat. Cunctis autem eidem loco sua jura servantibus sit pax Domini nostri Jesu Christi, quatenus et hic fructum bonæ actionis percipiant, et apud districtum judicem præmia æternæ pacis inveniant. Amen, amen, amen.

Ego Eugenius Catholicæ Ecclesiæ episcopus subscripsi.

Ego Theodewinus Sanctæ Rufinæ episcopus subscrip.

Ego Imarus Tusculanus episcopus subscr.

Ego Guido Ostiensis episcopus subscripsi.

Ego Nicolaus Albanensis episcopus subscri.

Ego Gregorius presbyt. card. tit. S. Calixti subscr.

Ego Nicolaus presbyt. card. tit. S. Cyriaci subscr.

Ego Aubertus cardinal. tit. S. Anastasiæ.

Ego Oddo diac. card. S. Georgii ad Velum Aureum subscr.

Ego Joannes Paparo diac. card. S. Adriani subsc.

Ego Jacinthus diac. card. S. Mariæ in Cosmedin ss.

Datum Laterani per manum Plebani Romanæ Curiæ notarii, III Kalend. Febr., indict. XIII, Incarnationis Dominicæ anno 1148 [1150]; pontificatus domni Eugenii III papæ anno quinto.

CCCLXXVIII.
Ad episcopum Castellanum[Venetum].

(Anno 1150, Mart. 19.)

[UGHELLI, *Italia sacra*, V, 1240.]

EUGENIUS episcopus, servus servorum Dei, venerabili fratri Castellano episcopo, sal. et apost. bened.

Quod decimarum quatuor fieri debeant portiones, notitiæ tuæ incognitum esse non debet. Sicut enim sanctorum Patrum sanxit auctoritas, una pars episcopo, alia clero, tertia pauperibus, quarta vero ecclesiæ sartis tectis deputata esse dignoscitur. Quocirca fraternitati tuæ per præsentia scripta mandamus, quatenus fratribus S. Salvatoris decimarum partem, quæ illis de jure contigit, facias assignari.

Datum Laterani, XIV Kal. Aprilis.

CCCLXXIX.
Bulla pro monasterio S. Benedicti de Placentia.

(Anno 1150, April. 14.)

[CAMPI, *Hist. eccl. di Piacenza*, I, I, 351.]

EUGENIUS episcopus, servus servorum Dei, dilecto filio VITALI abbati S. Benedicti de Placentia, salutem et apostolicam benedictionem.

Quoties illud a nobis petitur, quod rationi et honestati convenire dignoscitur, animo nos decet libenti concedere, et petentium desideriis congruum impertiri suffragium. Ideoque, dilecte in Domino fili Vitalis abbas, justis postulationibus tuis benignum impertientes assensum, oratorium B. Petri situm in territorio Taurinensi ultra flumen Sturiæ, quod nimirum Petrus Podisii et Taurinus Rista pro salute animarum suarum sanctæ Romanæ Ecclesiæ per manus nostras pro devotione obtulerunt, tibi, et per te monasterio tuo gubernandum concedimus, et ejusdem loci dispensationem liberam tradimus, eo videlicet tenore, ut per fratres Vallobrosanæ congregationis eidem loco futuris temporibus diligenti studio jugiter serviatur. Xenodochium ad obsequium pauperum ibidem constructum studiosius pertractetur, et naves ad opus transeuntium ipsum flumen, sicut constitutum est, paratæ semper inveniantur, atque census unius aurei nobis nostrisque successoribus annis singulis persolvatur. Si vero tu, vel successores tui hæc observare nolueritis, vos ab ejusdem loci regimine nos vel successores nostri removere digne poterimus.

Datum Laterani, XVIII Kalend. Maii.

CCCLXXX.
Guiberto præposito et canonicis S. Laurentii Januensis amplam omnium bonorum ac jurium, tum et Raymundi comitis donationis confirmationem elargitur.

(Anno 1150, April. 14.)

[UGHELLI, *Italia sacra*, IV, 683.]

EUGENIUS episcopus, servus servorum Dei, dilectis filiis GUIBERTO præposito, et cæteris Januensis Ecclesiæ canonicis tam præsentibus quam futuris canonice substituendis, in perpetuum.

Officii nostri hortatur auctoritas pro Ecclesiarum statu satagere, et earum quieti et utilitati salubriter auxiliante Domino providere. Dignum namque et honestati conveniens esse cognoscitur ut qui ad Ecclesiarum regimen assumpti sumus, eas et a pravorum hominum nequitia tueamur, et B. Petri atque apostolicæ sedis patrocinio muniamus. Eapropter, dilecti in Domino filii, vestris justis postulationibus clementer annuimus, et B. Laurentii ecclesiam, in qua divino mancipati estis obsequio, sub B. Petri et nostra protectione suscipimus, et præsentis scripti privilegio communimus. Statuentes ut quascunque possessiones, quæcunque bona eadem ecclesia in præsentiarum juste et canonice possidet, aut in futurum concessione pontificum, largitione regum, vel principum, oblatione fidelium seu aliis justis modis, Deo propitio poterit adipisci, firma vobis vestrisque successoribus et illibata permaneant. In quibus hæc propriis duximus exprimenda vocabulis. Ecclesiam Sanctæ Mariæ Magdalenæ, ecclesiam S. Salvatoris de Sanzano, ecclesiam S. Jacobi de Calignano, ecclesiam S. Bartholomæi de Stajano, ecclesiam S. Mariæ de Quarto, ecclesiam S. Stephani de Pariesi, decimas quoque quas in tota Januensi diœcesi legitime possidetis, et tres partes totius territorii, quod vocant sanctus Romulus cum omnibus pertinentiis suis, quemadmodum a bonæ memoriæ Theodulfo Januensi episcopo, ecclesiæ vestræ rationabiliter concessæ, et scripti sui auctoritate firmatæ sunt. Præterea Insulam in Ibero flumine positam juxta civitatem Tortuosam, ab illustri viro Raymundo Barchinonensi comite, et a consulibus vestræ civitatis eidem ecclesiæ juste concessam, vobis pariter confirmamus.

Decernimus ergo ut nulli omnino hominum liceat præfatam ecclesiam temere perturbare, aut aliquibus vexationibus fatigare, sed omnia integra conserventur vestris, et aliorum, pro quorum gubernatione et sustentatione concessa sunt, usibus omnimodis profutura, salva sedis apostolicæ auctoritate ac diœcesanorum episcoporum canonica justitia. Si qua igitur in futurum ecclesiastica sæcularisve persona, hanc nostræ constitutionis paginam sciens, contra eam temere venire tentaverit, secundo tertiove commonita, si non satisfactione congrua emendaverit, potestatis honorisque sui dignitate careat, reamque se divino judicio existere de perpetrata iniquitate cognoscat, et a sacratissimo corpore et sanguine Dei et Domini Redemptoris nostri Jesu Christi aliena fiat. Servantibus autem sit pax, quatenus et hic fructum bonæ actionis percipiant, et apud districtum judicem præmia æternæ pacis inveniant. Amen, amen.

Ego Eugenius Catholicæ Ecclesiæ episcopus subscripsi.

Ego Conradus Sabinensis episc. subsc.

Ego Theodevinus Portuensis episcopus subs.

Ego G. Prænestinus episcopus subsc.

Ego Hugo Ostiensis episc. subsc.

Ego Nicolaus Albanus episc. subsc.

Ego Ugo tit. in Lucina presbyt. cardinalis subsc.

Ego Bernardus presbyt. card. S. Clementis subsc.
Ego Jordanus presbyt. card. S. Susannæ subsc.
Ego Gregorius tit. Callisti presbyt. card. subsc.
Ego Hubaldus presb. cardin. S. Praxedis subs.
Ego Oddo diac. card. S. Georgii ad Velum Aureum subse.
Ego Octavianus diac. card. S. Nicolai in Carcere Tulliano subsc.
Ego Rodulphus diac. card. S. Luciæ in Septisolis ss.
Ego Joannes Paparo diac. card. S. Adriani subsc.
Ego Gregorius diac. S. Angeli subsc.
Ego Guido diac. card. S. Mariæ in Porticu subsc.
Ego Hyacinthus diac. card. S. Mariæ in Cosmedin subsc.

Dat. Laterani per manum Bossonis, S. R. E. scriptoris, xviii Kal. Maii, indictione xiii, Incarn. Domin. anno 1150, pontificatus vero D. Eugenii III papæ anno v.

CCCLXXXI.
Privilegium pro Ecclesia Fontis-Ebraldi.
(Anno 1150, April. 20.)

[PAVILLON, *Vie de Robert d'Arbrissel*, Preuv., p. 631.]

EUGENIUS episcopus, servus servorum Dei, dilectis filiabus MATHILDI abbatissæ, Sanctæ Mariæ Fontis-Ebraldi, suisque sororibus, salutem et apostolicam benedictionem.

Religiosis postulationibus dignum est facilem præbere consensum ut et pia devotio celerem sortiatur effectum et religionis integritas possit inconcussa servari. Ratio siquidem exigit ut apostolica sedes honestas personas gremio suæ pietatis confoveat, et ut in religionis proposito firmiter perseverent et in ipso proficiant, justis earumdem postulationibus affectu benigno concurrat. Hoc itaque, dilectæ in Christo filiæ, rationis debito provocati vestris justis petitionibus clementer annuimus, et quæ pro vobis religionis intuitu et rationabili providentia statuta noscuntur, apostolica auctoritate firmamus, et præsentis scripti assertione munimus. Statuimus siquitem, et ad majorem vestræ honestatis opportunitatem præcipimus ut omnes virgines vestri ordinis quæ gratiam benedictionis debent percipere infra illius monasterii claustrum in quo sunt obsequio mancipatæ, a diœcesano episcopo munus benedictionis percipiant, si quidem catholicus fuerit et gratiam atque communionem apostolicæ sedis habuerit, et eam gratis et absque molestia et pravitate voluerit exhibere; alioquin liceat vobis quemcunque malueritis ad hoc faciendum invitare antistitem, qui nimirum nostra fultus auctoritate, benedictionis gratiam vestris consecrandis virginibus largiatur. Verum quoniam sine pacis et concordiæ bono, religio conservari non potest, ut omnis discordiæ ac rebellionis occasio de vestro consortio penitus auferatur, imo ut unitas sinceritatis inter vos melius conservetur, ad abbatissam Fontis-Ebraldi omnes tanquam ad suum caput respiciant, et debitam obedientiam ipsi exhibeant. Prædeces-soris etiam nostri felicis memoriæ Calixti papæ vestigiis inhærentes statuimus et favoris nostri munimine roboramus, ut nulla persona in propinquitate vestri monasterii vicum vel mansionem facere audeat, quæ non ad unius dimidiæ leugæ a jamdicto monasterio separetur.

Nulli ergo hominum liceat præfatum monasterium temere perturbare, aut ejus possessiones auferre, vel ablatas retinere, minuere, seu quibuslibet aliis vexationibus fatigare, sed omnia integra conserventur earum, pro quarum gubernatione et sustentatione concessa sunt, salva diœcesanorum episcoporum canonica justitia. Si qua igitur in futurum ecclesiastica sæcularisve persona, hanc nostræ constitutionis paginam sciens, contra eam temere venire tentaverit, secundo tertiove commonita, si non congrua satisfactione emendaverit, potestatis honorisque sui dignitate careat, reamque se divino judicio existere de perpetrata iniquitate cognoscat, et a sacratissimo corpore ac sanguine Dei et Domini nostri Redemptoris Jesu Christi aliena fiat, atque in extremo examine districtæ ultioni subjaceat. Cunctis autem eidem loco justa servantibus sit pax Domini nostri Jesu Christi, quatenus et hic fructum bonæ actionis percipiant, et apud districtum judicem præmia æternæ pacis inveniant. Amen, amen, amen.

Datum Laterani, xii Kalendas Maii.

CCCLXXXII.
Ad abbatem Sugerium. — De Ludovici regis consilio transmarinæ expeditionis.
(Anno 1150, Apr. 25.)

[MANSI, *Concil.*, XXI, 646.]

EUGENIUS episcopus, servus servorum Dei, dilecto filio SUGERIO abbati S. Dionysii, salutem, et apostolicam benedictionem.

Immensum pietatis opus, quod charissimo filio nostro Ludovico illustri Francorum regi divina misericordia inspiravit, nos plurimum anxios reddit. Gravem namque Christiani nominis jacturam, quam nostris temporibus Ecclesia Dei sustinuit, et recentem adhuc effusionem sanguinis tantorum virorum ad memoriam revocantes, grandi timore concutimur, et mœror inconsolabilis renovatur. Cæterum devotio prædicti filii nostri et charitas divinitus inspirata, conceptum aliquantulum dolorem mitigat, et spem nobis consolationis promittit. Sic igitur utriusque suspensos timor cum spe nos valde conturbat. Sed ne tantum opus nostra occasione [imperfectum] remaneat, prudentiæ tuæ per præsentia scripta mandamus, quatenus jam dicti filii nostri regis, et baronum atque aliorum regni sui animos diligenter studeas perscrutari; et si ad tam arduum opus eos promptos agnoveris, consilium et auxilium nostrum, quantum poterimus, et remissionem peccatorum, sicut in aliis litteris nostris continetur, secure promittas, et nos de constantia eorum et devotione fidei certiores effecti timore deposito vires eis et auxilium quibus modis poterimus divina favente misericordia tribuemus. Vestri autem studii sit ut, communicato sapientum consilio, quod nostri auxilii ad hoc necessarium fuerit, et quæ ecclesiasticæ personæ præter nominatas idoneæ vobis visæ fuerint, mature nobis significare curetis.

Datum Laterani, vii Kalend. Maii.

CCCLXXXIII.

Ad abbatem Sugerium. — Ut thesaurum ecclesiæ Sanctæ Genovefæ pignori obligatum redimi faciat.

(Anno 1150, April. 28.)

[MANSI, *Concil.*, XXI, 646.]

EUGENIUS episcopus, servus servorum Dei, dilecto filio SUGERIO abbati S. Dionysii, salutem et apostolicam benedictionem.

Prudentiam tuam latere non credimus, nobis plurimum esse molestum, quod thesaurus ecclesiæ Sanctæ Genovefæ pignori est obligatus. Quia vero nolumus ut ecclesia ipsa aliqua negligentia vel contentione detrimentum exinde patiatur, aut ornamentis suis, aliquorum nequitia vel versutia spolietur, per præsentia tibi scripta mandamus, quatenus ad locum ipsum accedas, et rem diligenter inquirens, quidquid de eodem thesauro per sæculares obligatum est, ex quo mutatio ecclesiæ ad eorum pervenit notitiam, de proprio eos redimere cogas. Quod vero ante obligatum fuerat, de communi tam regularium, quam sæcularium, prout quibusque competet, facias redimi: sollicite attendens, ne aliquorum nequitia damnum in hoc ecclesia patiatur. Qui autem super hoc tibi rebellis exstiterit, auctoritate nostra eum excommunicationi subjicias.

Datum Romæ apud S. Petrum, iv Kal. Maii.

CCCLXXXIV.

Bona, possessiones privilegiaque Sanctæ Mariæ de Reno confirmat.

(Anno 1150, Maii 13.)

[TROMBELLI, *Memorie storiche di Reno*, Append., 367.]

EUGENIUS episcopus, servus servorum Dei, dilectis filiis GUIDONI priori ecclesiæ Beatæ Mariæ de Reno, ejusque fratribus tam præsentibus quam futuris regularem vitam professis, in perpetuum.

Religiosis desideriis dignum est facilem præbere consensum, ut fidelis devotio celerem sortiatur effectum. Eapropter, dilecti in Domino filii, prædecessorum nostrorum felicis memoriæ PP. Innocentii et Lucii vestigiis inhærentes, vestris justis postulationibus clementer annuimus et præfatam beatæ Dei genitricis semperque virginis Mariæ ecclesiam, in qua divino mancipati estis obsequio, sub beati Petri et nostra protectione suscipimus, et præsentis scripti privilegio communimus; in primis siquidem statuentes ut ordo canonicus secundum beati Augustini Regulam perpetuis ibi temporibus inviolabiliter conservetur; præterea quascunque possessiones, quæcunque bona in præsentiarum juste et canonice possidetis, aut in futurum concessione pontificum, largitione regum, oblatione fidelium, seu aliis justis modis Deo propitio poteritis adipisci, firma vobis vestrisque successoribus et illibata permaneant; in quibus hæc propriis duximus exprimenda vocabulis: ecclesiam Sancti Salvatoris in civitate Bononiensi; in Turicella ecclesiam Sancti Andreæ; ecclesiam Sancti Domnini juxta bagnuna. Prohibemus quoque ut nullus fratrum post factam ibidem professionem absque prioris vel congregationis spontanea permissione ex eodem claustro audeat discedere; discedentem vero absque communi litterarum cautione nullus omnino suscipiat. Sed si aliquis ipsorum fratrum extra claustrum ausus fuerit sine prædicta licentia permanere, si secundo tertiove commonitus resipiscere forte contempserit, liceat priori ejusdem loci excommunicationis in ipsum tanquam in professum suum sententiam promulgare. Clericos vero sive laicos liberos sæculariter viventes ad conversionem suscipiendi absque alicujus contradictione facultatem liberam habeatis. Sane laborum vestrorum quos propriis manibus aut sumptibus colitis, sive de nutrimentis vestrorum animalium, nullus omnino a vobis decimas exigere præsumat. Oleum quoque sanctum, ordinationes clericorum qui ad sacros ordines fuerint promovendi, a diœcesano suscipiatis episcopo, siquidem catholicus fuerit, et gratiam atque communionem apostolicæ sedis habuerit, et ea gratis et absque pravitate aliqua voluerit exhibere; alioquin liceat vobis catholicum quemcunque malueritis adire antistitem, qui nimirum nostra fultus auctoritate, quod postulatur, indulgeat. Obeunte vero te nunc ejusdem loci priore, vel tuorum quolibet successorum, nullus ibi qualibet subreptionis astutia, seu violentia præponatur, nisi quem fratres communi consensu vel fratrum pars consilii sanioris secundum Dei timorem et beati Augustini Regulam providerint eligendum. Ad hæc etiam adjicientes statuimus, ut nulli archiepiscopo, vel episcopo, aut alicui omnino personæ fas sit in prædicta ecclesia Beatæ Mariæ exactionem facere, nec priori et fratribus gravamina irrogare. Sepulturam quoque ipsius loci liberam esse concedimus, ut eorum qui se illic sepeliri deliberaverint, devotioni et extremæ voluntati, nisi forte excommunicati vel interdicti sint, nullus obsistat, salva tamen justitia matricis Ecclesiæ.

Decernimus ergo ut nulli omnino hominum liceat ipsam ecclesiam temere perturbare aut ejus possessiones auferre, vel ablatas retinere, minuere, seu quibuslibet vexationibus fatigare, sed omnia integra conserventur eorum, pro quorum gubernatione et sustentatione concessa sunt, usibus omnimodis profutura, salva sedis apostolicæ auctoritate et diœcesani episcopi canonica justitia. Si qua igitur in futurum ecclesiastica, sæcularisve persona, hanc nostræ constitutionis paginam sciens, contra eam temere venire tentaverit, secundo tertiove commonita, si non satisfactione congrua emendaverit, potestatis honorisque sui dignitate careat, reamque se divino judicio existere de perpetrata iniquitate cognoscat, et a sacratissimo corpore ac sanguine Dei et Domini Redemptoris nostri Jesu Christi aliena fiat, atque in extremo examine districtæ ultioni subjaceat. Cunctis autem eidem loco justa servantibus, sit pax Domini nostri Jesu Christi, quatenus et hic fructum bonæ actionis percipiant, et apud districtum judicem præmia æternæ pacis inveniant. Amen, amen, amen.

FAC MECUM, DOMINE, SIGNUM IN BONUM.

Ego Eugenius Catholicæ Ecclesiæ episcopus subscripsi.
Ego Conradus Sabinensis episc. ss.
Ego Imarus Tusculanus episc. ss.
Ego Nicolaus Albanensis episc. ss.
Ego Gregorius card. presbyt. tituli Calixti ss.
Ego Hubaldus presbyt. cardin. tit. Sanctæ Praxedis ss.
Ego Manfredus presbyt. cardinal. tit. Sanctæ Sabinæ ss.
Ego Guido presbyt. card. tit. Pastoris ss.
Ego Bernardus presbyt. cardin. tit. Sancti Clementis ss.
Ego Hugo tit. in Lucina presb. card. ss.
Ego Oddo diac. card. Sancti Georgii ad Velum Aureum ss.
Ego Joannes Paparo presbyt. cardinal. Sancti Adriani ss.
Ego Joannes diacon. cardin. Sanctæ Mariæ Novæ ss.

Datum Romæ, apud Sanctum Petrum per manum Bosonis, sanctæ Romanæ Ecclesiæ scriptoris, III Idus Maii, Indictione XIII, Incarnationis Dominicæ anno 1150, pontificatus vero domni Eugenii III papæ anno sexto.

CCCLXXXV.
Bulla pro translatione monasterii Middelburgensis.
(Anno 1150, Maii 23.)
[Hugo A. O, Præm., II, p. 129.]

Eugenius episcopus, servus servorum Dei, dilecto filio Waltero abbati Walachriensi, ejusque fratribus tam præsentibus quam futuris, canonice substituendis, in perpetuum.

Sicut injustis petitionibus nullus est tribuendus assensus, ita legitima desiderantium non est deneganda petitio. Ex litteris siquidem venerabilis fratris nostri Har[iberti] episcopi Trajectensis inspeximus quod vos monasterium vestrum ad alium constitueritis locum transferre, in quo quietius vivere et liberius possitis Domino deservire. Cui dispositioni frater noster prædictus assensum præbuit, ut

(73) Pontificium hoc diploma nullo numero determinatum tempora episcopatus Heriberti Trajectensis non excedit. Porro Heribertus in Andreæ Cuickensis locum suffectus est anno 1138, quo secundum Beckam naturæ concessit XI Kal. Julii. Heribertus vero vitæ finem attigit anno 1148. Duos adjicit Jamingus. Eugenius III pontificatum ascendit anno 1145; ergo intra trium sequentium annorum 1146, 1147, 1148 spatia debuit emanare Romani pontificis concessio.

Waltero Walachriensi abbati bulla inscribitur, eo quod primus provinciæ prælatus esset Walterus

vobis in posterum hoc liceat perficere, scripto suo laudavit. Nos autem quorum interest bene acta firmare, votum vestrum.... attendentes licentiam translationis, ab eodem fratre nostro rationabiliter vobis indultam, auctoritate sedis apostolicæ confirmamus; statuentes ut nihil tamen quod ad nos pertinere dignoscitur, propter mutationem istam, nobis aut nostris successoribus, in posterum minuatur.

Datum Romæ apud Sanctum Petrum, X Kalend. Junii (73).

CCCLXXXVI.
Ad canonicos Ecclesiæ Aurelianensis. — *Pro domno Philippo, de ecclesia sanctæ Letæ, quam asserit ad decanatum suum pertinere.*
(Anno 1150, Maii 25.)
[Marten., Ampl. Collect., II, 629.]

Eugenius, servus servorum Dei, dilectis filiis canonicis Aurelianensis Ecclesiæ, salutem et apostolicam benedictionem.

Ex parte dilecti filii nostri Philippi (74) fratris illustris Francorum regis querelam accepimus, quod vos ecclesiam Sanctæ Letæ, quam ad decanatum suum asserit pertinere, ei violenter aufertis, et jus suum in ea subtrahere sibi contenditis. Quia vero bona ipsius tam ecclesiastica quam mundana sub beati Petri et nostra protectione suscepimus, pati non possumus nec debemus, ut ei ab aliquo auferantur. Ideoque per præsentia vobis scripta mandamus, quatenus aut eamdem ecclesiam ei reddatis, aut in præsentia venerabilis fratris nostri Hugonis Altissiodorensis episcopi, sibi exinde justitiam faciatis.

Data Romæ apud Sanctum Petrum, VIII Kalend. Junii.

CCCLXXXVII.
Ad abbatem Sugerium. — *Ut causam ecclesiasticam, de qua jam epist. 372 et 373, definiat*
(Anno 1150, Maii 26.)
[Mansi, Concil., XXI, 647.]

Eugenius episcopus, servus servorum Dei, dilecto filio Sugerio abbati S. Dionysii, salutem et apostolicam benedictionem.

Sacerdos ille R. qui ad nos contra Stephanum Senonensem archidiaconum venerat, cum nuntio ejusdem archidiaconi nuper ad nostram præsentiam rediit. Sed cum in causa ipsa procedere sicut ratio exigit minime posset, eum a querimonia sua cessare præcepimus, et prædictum archidiaconum

et ejus ecclesia quodam primatu gauderet. Hunc auxit Willelmus Romanorum rex, quando totius Walachriæ et Hollandiæ ecclesias abbati S, Mariæ dispositioni et providentiæ commisit.

(74) Hic Philippus distinguendus est a Philippo primogenito Ludovici VI, Francorum regis, qui vivente adhuc patre biennio postquam Remis in regem fuerat inunctus, decessit. Hic autem quintus Ludovici natus diu patri supervixit, fuitque archidiaconus Parisiensis, de quo Adrianus papa IV, in epistola 75, ad Ludovicum regem, apud Chesnium, tom. IV Hist. Franc.

super objectis se canonice purgaturum tuo conspectui mandavimus præsentandum. Per apostolica itaque tibi scripta mandamus, quatenus eumdem archidiaconum ad tuam præsentiam evoces iterum : et si quinta manu sui ordinis super allatis criminibus se poterit expurgare, ipsum quoque ab impetitione præfati presbyteri absolutum remittas.

Datum Romæ apud Sanctum Petrum, vii Kalend. Julii.

CCCLXXXVIII.

Ad Petrum præpositum Ulciensem. — Præcipit ne in ecclesia S. Mariæ Secusiensi unquam amodo quispiam ordinetur vel recipiatur, nec victus alicui neque vestitus donum concedatur, nisi, regulari prius habitu sumpto, canonicam vitam professus sit.

(Anno 1150, Maii 27, Laterani.)

[*Ulciensis Ecclesiæ Chartarium*, p. 18.]

CCCLXXXIX.

Monasterii S. Nicolai Andegavensis protectionem suscipit.

(Anno 1150, Jun. 10, Laterani.)

[*Abbatia S. Nicolai Andegav.*, 76, teste Brequigny, *Table chronol.*, III, 166.]

CCCXC.

Ad abbatem Sugerium. — De Orientali Ecclesia; de pontificis et regis habito colloquio; de Ecclesia Compendiensi.

(Anno 1150, Jun. 19.)

[Mansi, *Concil.*, XXI, 648.]

Eugenius episcopus, servus servorum Dei, dilecto filio Sugerio, abbati S. Dionysii, salutem et apostolicam benedictionem.

Ex eo quod pro defectu Orientalis Ecclesiæ attentam sollicitudinem geris, gratum nobis est, et studium tuæ devotionis in Domino collaudamus, quoniam et cor nostrum exinde ingenti dolore turbatur et vehementer affligitur. Inde est quod petitioni tuæ et aliorum qui nobis super causa ipsa scripserunt, quamvis gravissimum nobis fuerit propter imbecillitatem personæ, in qua omnium vota Domino favente concurruntur, assensum tamen denegare nequaquam potuimus. Monemus itaque dilectionem tuam quatenus in tanto et tam præclaro opere, tanquam vir discretus et prudens, opem et studium diligenter adhibeas. Præterea dilationi tuæ notum fieri volumus, quoniam cum filio nostro charissimo Francorum rege Ludovico de statuenda religione in terra sibi a Deo concessa colloquium viva voce habuimus, et monitis nostris benignum præbuit assensum. Quia ergo in Compendiensi Ecclesia religionem propagari, Domino auxiliante, optamus, præsentium tibi auctoritate injungimus, ut ad hoc efficiendum omnimoda diligentia et attento studio elabores. Tibi siquidem et venerabili fratri nostro Noviomensi episcopo onus ipsum imposuimus.

Datum Albani, xiii Kalendas Julii.

CCCXCI.

Ad Wibaldum abbatem. — Ut Godeboldum canonicum Mindensem excommunicet, nisi ablatam Everardo ecclesiam de Hemeringen restituat.

(Anno 1150, Jun. 22.)

[Marten. *Ampl. Coll.*, II, 435.]

Eugenius episcopus, servus servorum Dei, dilecto filio Wibaldo Corbeiensi abbati, salutem et apostolicam benedictionem.

Lator præsentium Everardus jam quinquies ad nostram accessit præsentiam. Pro quo siquidem venerabili fratri nostro H. Mindensi episcopo per scripta nostra præcipiendo mandavimus, quatenus Godeboldum canonicum suum districtius commoneret, ut ecclesiam beati P. de Hemeringen, et alia per se vel per submissas a se personas prædicto Everardo ablata infra viginti dies post susceptionem nostrarum litterarum cum integritate restitueret, et cum de cætero in pace possidere permitteret. Si vero infra terminum prædictum monitis ejusdem episcopi obedire contemneret, ex tunc ipsum ab ecclesiarum introitu duximus removendum, nec postea deberet absolvi, donec pro excessibus suis satisfacturus nostro se conspectui præsentaret. Sed, sicut ejus repetita querimonia indicat, nihil horum est effectui mancipatum, nec ad nos venit, nec aliquam excusationem prætendit, quare pauperem istum tantis oppressionibus aggravaret. Quia igitur oppressionibus et laboribus valde compatimur, et tantam contumaciam prætermittere non possumus impunitam, per præsentia tibi scripta mandamus, quatenus prædictum Godeboldum districte commoneas, ut ecclesiam ipsam et ablata per se et alium in integrum infra viginti dies, postquam a te commonitus fuerit, eidem Everardo omnino restituat, et de cætero eum pacifice possidere permittat. Quod si facere contempserit, ex tunc ipsum Godeboldum excommunicatum publice denunties, nec a vinculo excommunicationis possit absolvi, donec pro tanta rebellione veniat ad nostram præsentiam responsurus. Quidquid autem exinde a te fuerit factum, et modum ipsius negotii nobis litteris quam citius studeas intimare.

Datum Albani, x Kal. Julii.

CCCXCII.

Ad Wibaldum abbatem. — Laudat ejus in Romanam Ecclesiam zelum, atque in ejus gratiam scribit Mindensi episcopo et Bremensi archiepiscopo.

(Anno 1150, Jun. 24.)

[*Ibid.*, 436.]

Eugenius episcopus, servus servorum Dei, dilecto filio Wibaldo Corbeiensi abbati, salutem et apostolicam benedictionem.

Litteras dilectionis tuæ, debita benignitate suscepimus, et quia pro matre tua sancta Romana Ecclesia, tanquam devotus filius attentam sollicitudinem geris, gratum nobis est, et devotionem tuam in Domino collaudamus. Pro Kaminatensi vero Ecclesia, sicut rogasti, et eis qui bona ejus auferre dicuntur, Mindensi episcopo scripsimus; sed pro causa, quam nobis tuis litteris intimasti, reconciliari non debet, quoniam nec violentia nec pravo studio contigit. Bremensi quoque archiepiscopo juxta petitionem tuam pariter scripsimus, et in cæteris, in quibus secundum Deum possumus, tuas preces libenter admittimus. Coloniensi autem archiepiscopo idcirco nostra scripta non misimus, quia veniens ad nos plenitudinem sui officii minime reportavit. Tua igitur interest, charissime fili, ut de honore ac profectu Ecclesiæ Dei et regni, sicut bene cœpisti, ita effectu prosequente invigiles, quatenus et beati Petri gratiam et nostram merearis benevolentiam ampliorem.

Data Albæ, VIII Kal. Julii.

CCCXCIII.

Ad Henricum Mindensem episcopum. — Kaminatensem ecclesiam propter inopinatum casum et mortem cujusdam monachi reconciliatione non indigere, et ut ablata eidem ecclesiæ restitui faciat.

(Anno 1150.)

[MARTEN., Ampl. Coll., II, 437.]

EUGENIUS episcopus, servus servorum Dei, H. venerabili fratri Mindensi episcopo, salutem et apostolicam benedictionem.

Pervenit ad aures nostras, quod Kaminatensis ecclesia, pro eo quod quidam monachus, dum resarciret ipsius ecclesiæ tecta, casu corruerit, et ita sine sanguinis effusione obierit, per unius fere anni spatium a divinis feceris cessare officiis, et eam reconciliare disponas. Sed si res se ita habet, nec violentia nec pravo studio contigit, nulla ratione videmus, quod eadem ecclesia propter hoc reconciliari sit, vel a divinis debeat cessare obsequiis. Præterea fraternitati tuæ mandamus, quatenus Thidericum de Ricklinge, Reimbertum quoque et Thidericum ipsius filios, qui prædia ipsius Ecclesiæ contra justitiam invasisse et illicite detinere præsumunt, districte commoneas, ut si hoc verum esse constiterit, easdem possessiones Ecclesiæ ipsi restituant, et ab infestatione ipsius loci omnino abstineant, quod si commonitioni tuæ obedire contempserint, canonicam de eis justitiam facias.

CCCXCIV.

Ad Hartwicum Bremensem episcopum. — Commendat ei Wibaldum abbatem, et ut ablata Kaminatensis Ecclesiæ prædia restitui faciat.

(Anno 1150, Jun.)

[*Ibid.*]

EUGENIUS episcopus, servus servorum Dei, H. venerabili fratri Bremensi archiepiscopo, salutem et apostolicam benedictionem.

Episcopalis officii est venerabilia loca et personas diligere, et eas in suis necessitatibus confovere. Ideoque confraternitatem tuam pro dilecto filio nostro Wibaldo Corbeiensi abbate duximus exorandam, quatenus eum fraterna charitate honores et diligas, et prædia Kaminatensis Ecclesiæ, quæ in tuo episcopatu consistunt, maxime illa, quæ abbatissa Juditha post depositionem suam alienare præsumpsit, recuperare, et manutenere pro tui officii debito adjuves.

CCCXCV.

Ad Conradum regem. — Gratam habet ejus legationem, in qua res Ecclesiæ et regni firmentur. Morbacensis monasterii negotium commisisse se episcopo Lausanensi; et de Ottone qui clerici nasum amputaverat.

(Anno 1150, Jun.)

[MANSI, Concil., XXI, 686.]

EUGENIUS episcopus, servus servorum Dei, charissimo in Christo filio CONRADO, illustri et glorioso Romanorum regi, salutem et apostolicam benedictionem.

Quod per sublimes legatos matrem tuam sanctam Romanam Ecclesiam, sicut ex primis et secundis litteris excellentiæ tuæ percepimus, ex communi consilio principum regni tua destinavit serenitas visitare, ut cum eis de statu et utilitatibus Ecclesiæ Dei ac regni tractare et ordinare possimus, nobis et fratribus nostris gratum est et acceptum. Et quoniam eorumdem legatorum præstolaremur adventum, nostros quoque legatos jam diu, sicut credimus, ad tuæ nobilitatis industriam misissemus; desiderium siquidem nostrum est, ut ea inter Ecclesiam et regnum, quæ a predecessoribus nostris et tuis statuta sunt, inter nos et majestatem tuam ita Domino auxiliante firmentur, quatenus sponsa Dei universalis Ecclesia suo jure quiete fruatur, imperium debitum robur impediat, et Christianus populus jucunda pace et grata tranquillitate lætetur. Negotium vero Morbacensis monasterii, unde nos attentius exorare voluisti, antequam ad nos tuæ regales litteræ pervenissent, venerabili fratri nostro Lausanensi episcopo, de cujus utique prudentia et honestate valde confidimus, communicato fratrum nostrorum consilio, discutiendum et terminandum commiseramus. Unde visum est nobis et fratribus nostris æquitati fore contrarium, si in causa ipsa, altera parte absente, in præsentiarum modis aliquibus procederemus, sed ad eumdem fratrem nostrum negotium ipsum direximus, qui tanquam vir discretus et prudens, et in regularibus disciplinis per longum temporis spatium eruditus, enormitates monachorum ejusdem loci salubriter corrigeret, et causæ ipsi canonicum finem, Deo auxiliante, imponeret. De cætero autem Ottonem illum, qui, postposita Dei reverentia, nasum cujusdam clerici ausu nefario amputare minime formidavit, nisi satisfacturus de tam gravi excessu apostolico conspectui se repræsentet, absolvendi ab excommunicatione consilium habere nequaquam potuimus, in quem nimirum vigor regiæ potestatis prius debuit acrius exarsisse, quam ad aures nostri apostolatus querela tanti facinoris pervenisset.

CCCXCVI.

Monasterii Ebracensis protectionem suscipit bonaque confirmat.

(Anno 1150, Oct. 23. — Signiæ.)

[LANG, *Regesta*, I, 197; *Brevis Notitia monast. Ebrac.*, 67.]

CCCXCVII.

Parthenonis Wechterswinklensis protectionem suscipit.

(Anno 1150, Oct. 23. — Signiæ.)

[LANG, *ibid.*]

CCCXCVIII.

Ad Pontium Vizeliacensem abbatem. — De eodem argumento.

(Anno 1150, Oct. 24.)

[MANSI, *Concil.*, XXI, 657.]

EUGENIUS episcopus, servus servorum Dei, dilecto filio PONTIO Vizeliacensi abbati, salutem et apostolicam benedictionem.

Quid venerabili fratri nostro Eduensi episcopo, et nobili viro duci Burgundiæ fratri ejus, pro negotio vestro per scripta nostra mandavimus, ex transcripto litterarum poteris aperte videre. Si ergo prædictus episcopus et dux voluerint te super pecuniaria causa coram venerabili fratre nostro Hugone Antissiodorensi episcopo convenire; cum ab eo fueris evocatus, ejus præsentiam adeas, et quod ipse inter vos constituerit, audias et observes. Cæterum si de statu monasterii episcopus Eduensis agere voluerit, controversiam ipsam in nostra præsentia volumus agitari.

Datum Signiæ, ix Kalend. Novembris.

CCCXCIX.

Ad ducem Burgundiæ. — Arguit quod Vizeliacensi cœnobio sit infestus.

(Anno 1150, Oct. 24.)

[MANSI, *Concil.*, XXI, 656.]

EUGENIUS episcopus, servus servorum Dei, dilecto filio nobili viro duci Burgundiæ, salutem.

Quanto divinæ dispositionis clementia majora tibi concessit et te amplius in sublime provexit, tanto magis ecclesias et ecclesiasticas personas et pauperes Christi debes diligere, et eos attenta solicitudine a pravorum hominum incursibus defensare. Sed, sicut accepimus, unde valde dolemus, contraria operaris. Dilectos siquidem filios nostros Vizeliacensis monasterii fratres duris vexationibus inquietas, et homines eorum cum suis rebus capi jussisti. Eosdem quoque fratres more hostium per tuum nuntium diffidasti. Nos siquidem de te talia minime sperabamus. Quia igitur hæc fieri in perniciem animæ tuæ manifeste cognoscimus, et monasterio quod beati Petri juris existit deesse non possumus, nec debemus : per præsentia tibi scripta mandamus, quatenus prædictis de damnis et illatis injuriis condigne satisfacias, et de cætero eis nulla gravamina inferas; imo tanquam Ecclesiæ catholicæ devotus filius, et justitiæ amator, eisdem fratribus, et aliis religiosis viris, et ecclesiasticis personis, in suis necessitatibus studeas subvenire. Si vero contra eosdem fratres aliquam quæstionem habere confidis : in præsentia venerabilis fratris nostri Hugonis Antissiodorensis episcopi, quod justitia dictaverit poteris obtinere. Cum igitur ab eo fueris evocatus, ejus præsentiam adeas, et quod ipse inter vos judicaverit, firmiter suscipias et observes. Verum si nostris mandatis obedire contempseris, manus beati Petri in te procul dubio extendetur.

Datum Signiæ, ix Kal. Novembris.

CD.

Ad Henricum Eduensem episcopum. — Arguit quod Vizeliacensi cœnobio sit infestus.

(Anno 1150, Oct.)

[MANSI, *Concil.* XXI, 655.]

EUGENIUS episcopus, servus servorum Dei, venerabili fratri EDUENSI episcopo, salutem et apostolicam benedictionem.

Apostolicæ sedis clementia singulis Ecclesiis et personis ecclesiasticis suam dignitatem et justitiam servare consuevit. Unde nos, quorum præcipue interest Ecclesiarum omnium curam gerere, pro Vizeliacensi monasterio quod B. Petri juris existit, et fratribus religiosis ipsius loci, oportet esse solicitos; pro quibus, sicut credimus, tibi scripta nostra transmisimus, ut eosdem fratres juxta officium tuum, et potentiam a Deo tibi concessam, a pravorum hominum incursibus defensares. Quo contra gravis ad nos querela pervenit, quod hominibus et servientibus tuis monasterium ipsum multis modis infestare permittis. Ipsi namque, sicut accepimus, equos et boves eorum per violentiam auferunt, et homines ipsorum cum rebus suis et trosellis, et aliis rebus capiunt, et alia plurima damna et injurias inferunt. Dux etiam Burgundiæ frater tuus, ad similitudinem hostium quibus prælium indicitur, eisdem fratribus a se custodiri mandavit, et homines et res eorum apprehendi et detineri jussit. Quia igitur unicuique volumus sua jura servari, præsenti tibi adnotatione mandamus, quatenus prædictis fratribus ablata ab hominibus tuis facias cum integritate restitui, et de damnis, et illatis injuriis satisfactionem congruam exhiberi. Si vero aliquam justitiam contra ipsos te habere confidis, super pecuniaria causa : in præsentia venerabilis fratris nostri Hugonis Antissiodorensis episcopi, quod justum fuerit, poteris obtinere. Quocirca si ab eodem fratre nostro fueris evocatus, ejus præsentiam adeas, et quod ipse exinde inter vos judicaverit, suscipias firmiter et observes. Cæterum si de statu monasterii controversia agitur, volumus eam in nostra præsentia pertractari.

CDI.

Ad Hugonem Antissiodorensem episcopum. — De eodem argumento.

(Anno 1150, Oct.)

[MANSI, *Concil.*, XXI, 656.]

EUGENIUS episcopus, servus servorum Dei, venerabili fratri Hugoni episcopo Antissiodorensi, salutem.

Venerabili fratri nostro Eduensi episcopo, qui per homines suos, Vizeliacensis monasterii fratribus multa mala dicitur intulisse, per scripta nostra mandavimus, quatenus ablata sibi et hominibus suis faciat cum integritate restitui, et condignam satisfactionem de damnis et illatis injuriis exhiberi. Si vero aliquam justitiam contra eosdem fratres super pecuniaria causa se habere confidit, eumdem fratrem quod justum est in tua præsentia volumus obtinere. Per præsentia igitur scripta discretioni tuæ mandamus, quatenus si agere volueris, utramque partem congruo loco et tempore ad tuam audientiam convoces, et causa examinata et cognita, inter eos media æquitate diffinias.

CDII.
Bona omnia, donationes et exemptiones monasterii S. Quirini Tegernseensis confirmat, quod ordinario episcopo subjectum in spiritualibus declaratur.

(Anno 1150, Nov. 21.)

[HUNDIUS, *Metropol. Salisburg*, III, 400.]

EUGENIUS episcopus, servus servorum Dei, dilectis filiis CONRADO abbati monasterii Beati Quirini juxta lacum Tegernseæ ejusque fratribus, tam præsentibus quam futuris, regularem vitam professis, in perpetuum.

Commissæ nobis apostolicæ sedis nos hortatur auctoritas, ut locis et personis ipsius auxilium devotione debita implorantibus, tuitionis præsidium impendere debeamus; quia sicut injusta poscentibus nullus tribuendus est effectus, sic legitima et justa desiderantium nulla est differenda petitio; præsertim eorum, qui cum honestate vitæ et laudabili morum compositione gaudent omnipotenti Domino deservire. Eapropter, dilecti in Domino filii, vestris justis postulationibus benignum impertientes assensum, præfatum monasterium, quod utique a nobilibus viris Adalberto et Occario germanis fratribus, illustribusque comitibus in suo fundo constructum est, et antiquis Romanorum imperatorum privilegiis Pipini videlicet, Caroli et Ludovici decoratum: in quo denique corpus beati Quirini a pio decessore nostro sanctæ recordationis Zacharia Romano pontifice impetratum, requiescere perhibetur, sub beati Petri et nostra protectione suscipimus, et præsentis scripti privilegio communimus; statuentes, ut quæcunque possessiones, quæcunque bona idem monasterium impræsentiarum juste et canonice possidet, aut in futurum concessione pontificum, largitione regum vel principum, oblatione fidelium, seu aliis justis modis, Deo propitio, poterit adipisci, firma vobis vestrisque successoribus et illibata permaneant. Præterea libertates sive immunitates ab episcopis sive regibus, sive etiam principibus vestro monasterio rationabiliter concessas et scripto firmatas, vobis nihilominus confirmamus, et ut nullus eas infringere, seu inbeneficiare audeat, auctoritate apostolica prohibemus. In parochialibus ecclesiis, quas tenetis, sacerdotes idoneos eligatis, et episcopo præsentetis; quibus si idonei fuerint episcopus cum abbatis consensu curam animarum committat, ut ejusmodi sacerdotes de plebis quidem cura episcopo rationem reddant, vobis vero pro rebus temporalibus debitam subjectionem exhibeant. Chrisma, oleum sanctum, consecrationem altarium, seu basilicarum, ordinationes clericorum qui ad sacros ordines fuerint promovendi, a diœcesano suscipietis episcopo siquidem catholicus fuerit, et ea gratis et absque pravitate vobis voluerit exhibere; alioquin liceat vobis catholicum quem malueritis adire antistitem, qui nimirum nostra fultus auctoritate, quod postulatur indulgeat. Obeunte vero te nunc ejusdem loci abbate, vel tuorum quolibet successorum, nullus ibi qualibet subreptionis astutia seu violentia præponatur, nisi quem fratres communi consensu, vel pars consilii sanioris, secundum Dei timorem et beati Benedicti Regulam providerint eligendum.

Decernimus ergo ut nulli omnino hominum liceat præfatum cœnobium temere perturbare, aut ejus possessiones auferre, vel ablatas retinere, minuere, aut quibuslibet vexationibus fatigare, sed omnia integra conserventur eorum, pro quorum gubernatione et sustentatione concessa sunt, usibus omnimodis profutura, salva sedis apostolicæ auctoritate et diœcesani episcopi canonica justitia. Si qua igitur in futurum ecclesiastica sæcularisve persona hanc nostræ constitutionis paginam sciens, contra eam temere venire tentaverit, secundo tertiove commonita, si non satisfactione congrua emendaverit, potestatis honorisque sui dignitate careat, reamque se divino judicio existere de perpetrata iniquitate cognoscat, et a sacratissimo corpore ac sanguine Dei et Domini nostri Jesu Christi aliena fiat, atque in extremo examine districtæ ultioni subjaceat. Cunctis autem eidem loco sua jura servantibus, sit pax Domini nostri Jesu Christi, quatenus et hic fructum bonæ actionis percipiant, et apud districtum judicem præmia æternæ pacis inveniant. Amen.

Ego Eugenius Catholicæ Ecclesiæ episcopus ss.

Ego Ubaldus presbyter cardinalis tituli Sanctæ Praxedis ss.

Ego Manfredus presbyter cardinalis tituli Sanctæ Sabinæ ss.

Ego Aribertus presbyter cardinalis tituli Sanctæ Anastasiæ ss.

Ego Jordanus presbyter cardinalis tit. Sanctæ Susannæ ss.

Ego Otto diac. cardinalis S. Georgii ad Velum Aureum ss.

Ego Octavianus diac. cardinalis S. Nicolai in Carcere Tulliano ss.

Ego Guido diac. cardin. S. Mariæ in Porticu ss.

Ego Joannes diac. cardinalis SS. Sergii et Bacchi ss.

Ego Rolandus diac. cardinalis SS. Cosmæ et Damiani ss.

Datum Signiæ, per manum Bosonis sanctæ Romanæ Ecclesiæ scriptoris, xi Kalend. Decembris, indict. xiv, Incarnationis Dominicæ anno 1150, pontificatus vero domni Eugenii papæ III anno vi.

CDIII.

Ad Eberhardum archiepiscopum Salzburgensem. — Ut Ottonem filium Ottonis comitis palatini adigat ad præstandam pro illata injuria satisfactionem Ottoni ep. Frisingensi, aut nolentem excommunicet, fratresque monasterii Tegerns. sibi commendatos habeat.

(Anno 1150, Nov. 21.)

[Pez. *Thes. Anecdot.*, VI, 1, 393, ubi epistola hæc Alexandro III perperam est tributa.]

E. Salzpurgensi archiepiscopo.

Ex parte venerabilis fratris nostri O. Frisingensis episcopi adversus Ottonem, filium Ottonis palatini comitis, gravem querelam accepimus, qui eum, dum missarum solemnia celebraret, gravibus contumeliis afficeret, et, reverentia Dei postposita, inhoneste tractavit : quod quam grave, et quam districta sit animadversione plectendum, eorum, qui recte sapiunt, discretio non ignorat. Ne igitur tantus excessus in Ecclesia Dei remaneat impunitus, et flagitiosis hominibus in ecclesiasticas personas sæviendi facultas præstetur, per præsentia scripta fraternitati tuæ mandamus, quatenus prædictum Ottonem districte commoneas, ut de tanto excessu prædicto fratri nostro condignam satisfactionem exhibeat. Quod si monitis tuis obedire contempserit, ipsum Ottonem excommunicatum denunties, et excommunicationis sententiam tandiu serves, et facias firmiter observari, donec de tanto excessu Deo et Ecclesiæ condigne satisfaciat.

Præterea nihilominus fraternitati tuæ mandamus, quatenus dilectos filios nostros abbatem C. et fratres Tegrinsensis monasterii pro B. Petri et nostra reverentia in suo jure manuteneas et defendas, et de querimoniis suis, quas tibi ostenderint, debitam eis justitiam facias.

Data Signiæ, xi Kal. Decemb.

CDIV.

Ad P. ecclesiæ S. Frigdiani Lucensis priorem.

(Anno 1150, Nov. 22.)

[Baluz. *Miscell.* ed. Luc., IV, 595.]

Eugenius episcopus, servus servorum Dei, dilecto filio P. priori S. Fridiani, salutem et apostolicam benedictionem.

Æquum est et rationabile ut inopia aliorum, illorum qui abundant copia suppleatur. Dilectus filius noster archipresbyter ecclesiæ Montisbelli ad nostram præsentiam veniens, significavit quod ordinem canonicorum regularium desiderat in eadem ecclesia informare, et Regulam beati Augustini laborantem inibi conservare. Quocirca a nobis suppliciter postulavit ut dilectionem tuam litteris apostolicis rogaremus, quatenus unum vel plures de fratribus tuis ei ad tempus concedas, qui fratres prædictæ ecclesiæ in ordinis religione informaret. Per præsentia itaque scripta dilectioni tuæ rogando mandamus, quatenus unum seu plures de fratribus tuis eis concedas, qui eos instruat qualiter eamdem regulam et ordinem debeant observare. Tibi enim et fratribus tuis merces a remuneratore omnium bonorum tribuetur.

Dat. Ferentini, ix Kal. Decembr.

CDV.

Privilegia et immunitates canonicæ S. Mariæ Montisbellii confirmat.

(Anno 1150, Nov. 24.)

[Savioli, *Ann. Bologn.*, Append., I, ii, 224.]

Eugenius episcopus, servus servorum Dei, dilectis filiis N. N. archipresbytero ejusque fratribus in ecclesia divæ Mariæ Montisbelli regularem vitam professis, tam præsentibus quam futuris, in perpetuum.

Officii nostri nos hortatur auctoritas pro ecclesiarum statu satagere et earum quieti et utilitati salubriter, auxiliante Domino, providere. Dignum namque et honestati conveniens esse cognoscitur, ut qui ad ecclesiarum regimen assumpti sumus, eas a pravorum hominum nequitia tueamur, et B. Petri atque apostolicæ sedis patrocinio communimus. Quapropter, dilecti in Domino filii, vestris justis postulationibus gratum impertientes assensum, prædictam Dei genitricis semperque virginis Mariæ ecclesiam sub beati Petri et nostra protectione suscipimus. In quibus hæc propriis duximus exprimenda vocabulis : Ecclesiam videlicet de Luparolo, ecclesiam de Bauzano sicut ex sententia venerabilis fratris nostri Moysi Ravennatis archiepiscopi vobis adjudicanda est ; ecclesiam de Montalognio ; ecclesiam S. Mariæ de Fagnano cum omnibus pertinentiis suis ; ecclesiam de Pantiano, ecclesiam de Lupa Abalaria, ecclesiam Sancti Petri de Savignano, ecclesiam Sancti Blasii de Lacumiano, ecclesiam Sanctæ Mariæ in Resiliolo, ecclesiam S. Nicolai in Roncheliis cum omnibus suis pertinentiis ; ecclesiam S. Donini de Campere majori ; ecclesiam Sancti Pauli de Palude ; ecclesiam S. Mariæ de Prato Bonelli, ecclesiam S. Marci, ecclesiam Sancti Vincentii, ecclesiam Sancti Fabiani juxta flumen Lavini cum aliis ecclesiis ad plebem Montisbellii pertinentibus. Statuimus etiam ut ordo canonicus, qui in eadem ecclesia secundum Dei timorem et beati Augustini Regulam noscitur institutus, perpetuis inibi temporibus inviolabiliter conservetur. Sane locorum vestrorum quos propriis manibus aut sumptibus colitis, seu de nutrimentis vestrorum animalium nullus a vobis omnino decimas exigere præsumat. Ah hæc prohibemus ut de terris quæ jure proprietatis ad ecclesiam vestram spectant, nullus laicorum a vobis decimas exigere ullatenus, accipere vel petere audeat. Sepulturam quoque ipsius loci liberam esse decernimus, ut eorum qui de territorio ecclesiæ vestræ se illic sepeliri deliberaverint, devotioni vel extremæ voluntati, nisi excommunicati vel interdicti fuerint, nullus obsistat, salva in omnibus dioecesani episcopi canonica justitia.

Decernimus ergo ut nulli hominum liceat præfatum locum temere perturbare, aut ejus possessiones auferre, vel ablatas retinere, minuere, seu aliqualiter vexationibus fatigare; sed omnia integra conserventur eorum, pro quorum gubernatione et sustentatione concessa sunt, usibus omnimodis profutura; salva sedis apostolicæ auctoritate. Si qua igitur in futurum ecclesiastica sæcularisve persona hanc nostræ constitutionis paginam sciens, contra eam temere venire tentaverit, secundo tertiove commonita, si non satisfactione congrua emendaverit, potestatis honorisque sui dignitate careat, reamque se divino judicio existere de perpetrata iniquitate cognoscat, et a sanctissimo corpore ac sanguine Dei et Domini Redemptoris nostri Jesu Christi aliena fiat, atque in extremo examine districtæ ultioni subjaceat. Cunctis autem eidem loco sua jura servantibus sit pax Domini nostri Jesu Christi, quatenus et hic fructum bonæ actionis percipiant, et apud districtum judicem præmia æternæ pacis inveniant. Amen, amen.

FAC MECUM, DOMINE, SIGNUM IN BONUM.

Ego Eugenius Catholicæ Ecclesiæ episcopus.
Ego Thebaldus presbyt. card. tit. S. Praxedis.
Ego Manfredus presb. cardin. tit. S. Sabinæ.
Ego Aribertus presbyt. card. S. Anastasii.
Ego Julius presbyt. card. tit. S. Marcelli.
Ego Ubaldus presbyt. card. tit. S. Crucis in Jerusalem.
Ego Odo diacon. card. S. Georgii ad Velum Aureum.
Ego Octavianus diac. card. tit. S. Nicolai in Carcere Tulliano.
Ego Gregorius diac. card. tit. S. Angeli.
Ego Joannes diac. card. tit. S. Mariæ Novæ.
Ego Guido diac. card. tit. S. Mariæ in Porticu.
Ego Rolandus diac. card. tit. SS. Cosmæ et Damiani.
Ego Hincarus Tusculanensis episcopus.

Datum Ferentini, per manum Mariniani sanctæ Romanæ Ecclesiæ scriptoris, octavo Kalendas Decembris, indictione XIII, Incarnationis Dominicæ anno 1150, pontificatus domni Eugenii papæ III anno sexto.

CDVI.

Privilegium ecclesiæ canonicorum B. Mariæ in Raitenbuch, Frisengensis diœcesis sub Regula S. Augustini.

(Anno 1150, Nov. 26.)
[HUND., *Metropol. Salisburg.*, III, 145.]

EUGENIUS episcopus, servus servorum Dei, dilecto filio OTTONI præposito canonicæ B. Mariæ quæ in loco Raitenbuch sita est, ejusque fratribus tam præsentibus quam futuris, canonicam vitam professis, in perpetuum. Amen.

Commissæ nobis apostolicæ sedis hortatur auctoritas, ut locis et personis iosius auxilium devotione debita implorantibus, tuitionis præsidium impendere debeamus : quia sicut injusta poscentibus nullus est tribuendus effectus, ita legitima et justa postulantium non est differenda petitio, præsertim eorum qui cum honestate vitæ et laudabili morum compositione gaudent omnipotenti Deo deservire. Eapropter, dilecte in Domino fili Otto præposite, tuis justis postulationibus debita benignitate gratum impertientes assensum, præfatam B. Mariæ ecclesiam, cui, Deo auctore, præesse dignosceris, prædecessoris nostri felicis memoriæ papæ Urbani vestigiis inhærentes, sub beati Petri et nostra protectione suscipimus, et præsentis scripti privilegio communimus, imprimis siquidem statuentes, ut ordo canonicus, qui in eadem ecclesia secundum Deum et beati Augustini Regulam noscitur institutus, perpetuis ibidem temporibus inviolabiliter conservetur. Præterea quascumque possessiones, quæcunque bona eadem ecclesia impræsentiarum juste et canonice possidet, aut in futurum concessione pontificum, largitione regum vel principum, oblatione fidelium, seu aliis justis modis, Deo propitio, poterit adipisci, firma vobis vestrisque successoribus et illibata permaneant. Obeunte vero te, nunc ejusdem loci præposito, vel tuorum quolibet successorum, nullus ibi qualibet subreptionis astutia seu violentia præponatur, nisi quem fratres communi consensu, vel fratrum pars consilii sanioris, elegerint. Consecrationes altarium sive basilicarum, ordinationes clericorum, chrisma, oleum sanctum, et cætera, ab episcopo Frisingensi, in cujus diœcesi estis, accipietis; si tamen catholicus est, et gratiam atque communionem apostolicæ sedis habuerit, et ea gratis ac sine pravitate impendere voluerit; alioquin liceat vobis catholicum quem volueritis, adire antistitem, et ab eo consecrationum sacramenta suscipere, vel ad sedem apostolicam recurrere; qui fultus apostolica auctoritate sine ambiguitate postulata concedat. Prohibemus quoque, ut nulli fratrum vestrorum post factam in eodem loco professionem absque præpositi sui licentia fas sit e claustro discedere, discedentem vero absque communium litterarum cautione nullus audeat retinere. Porro decimas novalium ejusdem canonicæ ad eamdem pertinere sanximus; salvo vicinarum jure ecclesiarum. Advocatum præterea, sive protectorem illustrem vestrum Welfonem vobis concedimus, et ejus post eum filios, si ejusmodi, Deo præstante, fuerint ut ecclesiæ vestræ utiles, et paternæ institutionis existant, exsecutores; sin autem, erit vestri arbitrii quem volueritis eligere vestræ ecclesiæ idoneum protectorem, qui sine lucri sæcularis exactione id divinæ virtutis strenue ac reverenter exhibeat.

Decernimus ergo ut nulli omnino hominum liceat præfatam canonicam temere perturbare aut ejus possessiones auferre, vel ablatas retinere, minuere, vel temerariis vexationibus fatigare; sed omnia integra conserventur eorum, pro quorum gubernatione et sustentatione concessa sunt usibus omnimodis profutura. Ad indicium autem perceptæ hujus a Romana Ecclesia libertatis per annos singulos ad nostrum nostrorumque successorum usum quotidianum albam lineam et stolam nobis nostrisque successoribus persolvetis. Si quis igitur in futurum, archiepiscopus, episcopus, imperator, aut rex, princeps aut dux, comes aut vicecomes, judex, aut quælibet persona potens aut impotens nostri privilegii paginam sciens, contra eam temere venire tentaverit, secundo tertiove commonita, si non satisfactione congrua emendaverit, potestatis honorisque sui dignitate careat, reamque se divino judicio existere de perpetrata iniquitate cognoscat, et a sacratissimo corpore ac sanguine Dei et Domini Redemptoris nostri Jesu Christi aliena fiat, atque in extremo examine districtæ ultioni subjaceat. Cunctis autem eidem loco justa servantibus, sit pax Domini nostri Jesu Christi, quatenus et hic fructum bonæ actionis percipiant, et apud districtum judicem præmia æternæ pacis inveniant. Amen.

Ego Eugenius Catholicæ Ecclesiæ episcopus ss.
Ego Ubaldus presb. card. tit. S. Praxedis ss.
Ego Albanus episcopus ss.
Ego Octavianus diac. card. S. Nicolai ss.
Ego Julius presb. card. S. Marcelli ss.
Ego Rolandus diac. card. Sanctorum Cosmæ et Damiani ss.
Ego Jordanus presb. card. tit. S. Susannæ.

Datum Ferentini, per manum Bosonis sanctæ Romanæ Ecclesiæ scriptoris, vi Kalend. Decembris, indictione xiv, Incarnationis Dominicæ anno 1150, pontificatus vero domni Eugenii papæ III anno vi.

CDVII.

Possessiones abbatiæ Lobiensis, ordinis S. Benedicti, in diœcesi Leodiensi recenset ejusque privilegia confirmat et ampliat.

(Anno 1150, Dec. 2.)

[Miræi *Opp. dipl.* II, 1169.]

Eugenius episcopus, servus servorum Dei, dilectis filiis Franconi abbati Lobiensis monasterii ejusque fratribus tam præsentibus quam futuris, regularem vitam professis, in perpetuum. Amen.

Commissa nobis apostolicæ sedis hortatur auctoritas ut locis et personis ipsius auxilium devotione debita implorantibus, tuitionis præsidium impendere debeamus; quia sicut injusta poscentibus nullus est tribuendus effectus, ita legitima et justa postulantium non est differenda petitio, præsertim eorum qui cum honestate vitæ et laudabili morum compositione gaudent omnipotenti Domino deservire. Eapropter, dilecti in Domino filii, vestris justis postulationibus clementer annuimus, et præfatum monasterium in quo divino mancipati estis obsequio, ad exemplar prædecessoris nostri felicis memoriæ papæ Innocentii, sub beati Petri et nostra protectione suscipimus, et præsentis scripti privilegio communimus; statuentes ut quascunque possessiones, quæcunque bona idem monasterium in præsentiarum juste et canonice possidet, aut in futurum concessione pontificum, largitione regum vel principum, collatione fidelium, seu aliis justis modis, prosperante Domino, poterit adipisci, firma vobis et illibata permaneant. In quibus hæc propriis duximus exprimenda vocabulis : In Leodiensi episcopatu villam de Bermerys cum altari, villam de Ereheneis cum altari, dimidiam quoque partem villæ de Mathenoule; villam de Tiguillers cum altari, Battiniacas et partem Alzoniæ, villam de Castillon cum altari et capellam de Mertinis; villam de Feratis cum altari et capellam de Viscort, altare de Hantis, villam de Radionatis cum altari, villam de Gillier cum altari, villam de Giniaco cum altari. In Cameracensi episcopatu, altare de Blarignies; villam de Huoi cum altari et appendiciis suis; villam de Piscani cum altari, dimidiam partem Perrone, altare de Hyon, altare de Meuin et capellam de Cipli, villam de Brania cum altari, villam Monasterii cum ecclesia et omnibus ad eam pertinentibus, villam de Herstruz cum duobus manipulis, dimidiam partem decimæ de Albys, villam de Sanctis cum altari, villam de Vergenoul cum altari, Geroldengias cum altari, Singulfi villam cum altari, villam de Tisenghien, et altare de Mortezele, altare de Cotegna cum omnibus appendiciis suis, villam quoque de Lerna.

Item in Cameracensi episcopatu, ecclesiam de Anton cum omnibus appendiciis suis, villam de Lob cum ecclesia Beati Ursmari et omnibus ad eam pertinentibus; in quibus ecclesiis videlicet de Anton et B. Ursmari, sicut dominium omnium præbendarum, decaniæ, custodiæ, et scholæ ad abbatem pertinere dignoscitur, sic et possessionem omnium tam in parochiis, quam in rebus aliis ad easdem præbendas pertinentium dispositioni abbatis seu monachorum ordinationi in perpetuum subjacere sicut ab antiquo institutum et hactenus servatum est confirmamus. Apostolica quoque auctoritate decimas omnes in dominicatas totius abbatiæ tam de ecclesiis beneficiatis quam et vestro victui deputatis, sicut imperiali vobis munificentia vobis collatum est, confirmamus.

In Tornacensi episcopatu altare de Arcella, et duos manipulos de Tvrroda, altare de Ham cum pertinentiis suis.

In Noviomensi episcopatu duos manipulos de Colio et in Laudunensi episcopatu villam de Erclearo cum altari et appendiciis suis.

Sane pravam illorum consuetudinem quæ sub nomine personatus usque ad tempus prædecessoris nostri bonæ memoriæ PP. Urbani II extraordinarie inoleverat, submovemus. Defuncto autem presbytero qui alicui altari serviebat, alium idoneum per manum abbatis episcopo præsentari præcipimus, qui videlicet, et curam parochiæ ab eo cum assensu vestro suscipiat, et de cura plebis episcopo rationem reddat, et de temporalibus ad monasterium pertinentibus vobis debitam subjectionem exhibeat. Sancimus insuper, ut in omnibus parochiis vestris nullus ecclesiam vel monasterium sine vestro assensu ædificare, vel ædificatum tenere præsumat. Porro quia idem locus in honore S. Petri cujus vices agimus consecratus est, et ipsius pignoribus specialiter habetur insignis, dignum duximus ejusdem atrium, sicut a sanctis Patribus nostris statutum est et hactenus servatum, nullius humani cadaveris sepultura deinceps aperiri. Cum autem ejusdem loci rectores in initio fuisse constet episcopos, partim prædicandi gratia, partim quia regali munificentia nobiliter constructus, apostolica auctoritate nobilius provectus est; instar prædecessorum nostrorum, libertate præfato monasterio rationabiliter concessa, et nos confirmamus, videlicet, ut abbates annulo aureo ubique et sandaliis et chirotecis et tunica subdiaconali in celebratione missæ utantur.

Indumenta quoque sacerdotalia et ornamenta altaris benedicant, potestatem et ligandi et solvendi habeant per eumdem beatum Petrum, cui et claves cœlorum Christus credidit et potestatem ligandi et solvendi per ipsum nobis tribuit.

Et quia religiosorum virorum est in ecclesiis sibi commissis religionem statuere et statuta attenta diligentia conservare, præcepimus, ut in ecclesia Beati Ursmari, decedentibus clericis religiosi monachi substituantur. Obeunte vero ejusdem loci abbate, nullus ibi per subreptionem vel violentiam substituatur, nisi quem fratres communi assensu aut pars sanioris consilii, secundum B. Benedicti Regulam providerint eligendum, et episcopus Leodiensis eis præfecerit.

Qui episcopus donum abbatiæ antiquorum regum et imperatorum munificentia sibi concessum nunquam amittat, unde et monachis ea quæ nunc tenent vel tenere debent, vel de cætero acquisituri sunt, sine inquietudine conservet. Stationes autem publicas ab episcopis tam Leodiensium quam Cameracensium in eodem fieri cœnobio, et eosdem ibidem venire, vel aliquod adventu suo gravamen inferre, nisi ab abbate vel fratribus vocati fuerint, omnino prohibemus.

Juri quoque Lobiensis Ecclesiæ consulentes, decernimus ne cœnobium aliquod ob conversionis vel sepulturæ causam absque jam dictæ ecclesiæ licentia aliquem de ejus familia suscipere præsumat. Advocatiam quoque ipsius monasterii liberam omnino esse decernimus, ut....... nullus ibi advocatus constituatur, nisi quem abbas et fratres ad ipsius loci utilitatem constituerint; qui advocatus ubi et quando invitatur, cum fratribus sine inquietudine locum supra memoratum tueatur.

Decernimus ergo, ut nulli omnino hominum liceat

(75) Franconi, qui anno 1149 Lamberto abbati suffectus est, ex brevi chron. Lob. tom. III. Anecd.
(76) Lobiense insigne ordinis S. Benedicti in diœ-

præfatum monasterium temere perturbare, aut ejus possessiones auferre, vel ablatas retinere, minuere, seu quibuslibet vexationibus fatigare, sed illibata omnia et integra conserventur eorum, pro quorum gubernatione et sustentatione concessa sunt, usibus omnimodis profutura, salva sedis apostolicæ auctoritate et diœcesanorum episcoporum canonica justitia.

Si qua igitur in futurum ecclesiastica sæcularisve persona hanc nostræ constitutionis paginam sciens, contra eam temere venire tentaverit, secundo tertiove commonita, si non satisfactione congrua emendaverit, potestatis honorisque sui dignitate careat, reamque se divino judicio existere cognoscat, et a sacratissimo corpore ac sanguine Dei et Redemptoris nostri Jesu Christi aliena fiat, atque in extremo examine districtæ ultioni subjaceat.

Cunctis autem eidem loco justa servantibus sit pax Domini nostri Jesu Christi, quatenus et hic fructum bonæ actionis percipiant, et apud districtum judicem præmia æternæ pacis inveniant. Amen, amen, amen.

Ego Eugenius Catholicæ Ecclesiæ episcopus.
Ego Hubaldus presbyt. cardinalis Ecclesiæ S. Praxedis.
Ego Imarus Tusculanus episcopus.
Ego Nicholaus Albanensis episcopus.
Ego Oddo diaconus cardinalis S. Georgii ad Velum Aureum.
Ego Joannes Paparo diac. card. S. Adriani.
Ego Guido cardinalis diaconus S. Mariæ in Porticu.
Ego Joannes diacon. card. Sanctorum Sergii et Bacchi.

Datæ Terentinii, per manum Mariniani sanctæ Romanæ Ecclesiæ scriptoris, IV Nonas Decembris, indictione XIV, Incarnationis Dominicæ anno millesimo centesimo quinquagesimo, pontificatus vero domni Eugenii III papæ anno sexto.

CDVIII.

Ad abbatem et conventum Lobiensem. — *Ne amplius sedeant in refectorio cum canonicis, nec in uno sint choro.*

(Anno 1150, Dec. 2.)

[MARTEN., *Ampl. Collect.*, II, 630]

EUGENIUS episcopus, servus servorum Dei, dilecto filio F. (75) abbati et universo conventui (76) Lobiensi, salutem et apostolicam benedictionem.

Pervenit ad apostolicæ sedis audientiam, quod contra religionis ordinem et eorum qui in monastica observatione censentur consuetudinem, canonicos S. Ursmari in uno choro et in uno refectorio patiamini pariter vobiscum considere : unde quamplures enormitates fratrum quietem et sanctitatis propositum disturbantes audivimus provenire. Eapropter sollicitudini vestræ per apostolica scripta mandamus, quatenus hujuscemodi confusionem

cesi Cameracensi monasterium, a S. Landelino fundatum, cujus primi abbates etiam episcopali dignitate gavisi sunt.

studeatis evellere, et piæ conversationis vota adeo diligenti cura munire, ut in nullo juste ministerium vestrum possit vituperari, sed virtutum sagina apud Deum gratiam promerentes odore bonæ operationis subditorum viscera repleatis, et eorum mentes ad virtutum opera ferventius provocetis. Præterea de his quæ ad fratrum præbendam pertinent, apostolica auctoritate præcipimus, ut nulli vel laico, vel clerico, nisi monachus aut conversus fiat, præbendam concedatis; sed etsi a prædecessoribus vestris absque consensu capituli data est, recipiatis.

Datum Ferentini, IV Nonas Decembris.

CDIX.

Privilegium pro monasterio S. Mariæ Compendiensi.

(Anno 1150, Dec. 13.)

[*Gall. Christ.* nov., X, Instr., 121.]

EUGENIUS episcopus, servus servorum Dei, dilecto filio ODONI abbati monasterii S. Mariæ, quod apud Compendium situm est, ejusque successoribus regulariter substituendis, in perpetuum.

Potestatem ligandi atque solvendi in cœlis et in terra beato Petro, auctore Deo, principaliter inditam illis Ecclesia verbis agnoscit, quibus Petrum est idem Dominus allocutus : *Quæcunque ligaveritis super terram, erunt ligata et in cœlo; et quæcunque solveritis super terram, erunt soluta et in cœlis.* Ipsi quoque et propriæ firmitas et alienæ fidei confirmatio eodem Deo auctore præstatur, cum ad eum dicitur : *Rogavi pro te, Petre, ut non deficiat fides tua, et tu aliquando conversus, confirma fratres tuos.* Oportet ergo nos, qui licet indigni beati Petri residemus in loco, prout divina nobis clementia et scire et posse donavit, prava corrigere, recta firmare, et in omni Ecclesia sic ad interni arbitrium judicii disponenda disponere, ut de vultu ejus judicium nostrum prodeat, et oculi nostri videant æquitatem. Hujus itaque rationis debito provocati, monasterium ipsum, cui, auctore Domino, præesse dignosceris, in quo hactenus clerici sæculares enormiter et minus honeste conversati sunt, ad reformandum in eo statum honestatis et religionis, tibi auctoritate apostolica regendum disponendumque committimus, et præsentis scripti privilegio communimus. Imprimis siquidem statuentes ut ordo monasticus qui secundum Deum et B. Benedicti Regulam in eodem loco per nos, et favorem atque studium charissimi filii nostri Ludovici Francorum regis, noscitur institutus, perpetuis ibidem temporibus inviolabiliter conservetur. Præterea quascunque possessiones, quæcunque bona idem monasterium impræsentiarum juste et canonice possidet, aut in futurum concessione pontificum, largitione regum vel principum, oblatione fidelium, seu aliis justis modis, præstante Domino, poterit adipisci, firma tibi tuisque successoribus et illibata permaneant; libertatem quoque sive auctoritatem a prædecessoribus nostris pontificibus ipsi monasterio concessam, et scriptis apostolicæ sedis firmatam vobis pariter confirmamus. Constituimus quoque ut nulli archiepiscopo vel episcopo, nisi tantum Romano pontifici, monasterium ipsum subjaceat. Chrisma, oleum sanctum, consecrationes altarium seu basilicarum, ordinationes monachorum seu clericorum qui ad sacros ordines fuerint promovendi, a quocunque malueritis suscipietis episcopo, siquidem catholicus fuerit, et gratiam atque communionem apostolicæ sedis habuerit. Obeunte vero te, nunc ejusdem loci abbate, vel tuorum quolibet successorum, nullus ibi qualibet subreptionis astutia seu violentia præponatur, nisi quem fratres communi consensu, vel pars consilii sanioris, secundum Dei timorem et beati Benedicti Regulam providerit eligendum : electus autem ad Romanum pontificem benedictionis gratiam consecuturus accedat.

Decernimus ego ut nulli omnino hominum liceat præfatum monasterium temere perturbare, aut ejus possessiones auferre, vel ablatas retinere, minuere, seu aliquibus vexationibus fatigare; sed omnia integra conserventur eorum, pro quorum gubernatione ac sustentatione concessa sunt, usibus omnimodis profutura, salva in omnibus apostolicæ sedis auctoritate. Si qua igitur in futurum ecclesiastica sæcularisve persona, hanc nostræ constitutionis paginam sciens, contra eam temere venire tentaverit, secundo tertiove commonita, nisi præsumptionem suam satisfactione congrua emendaverit, potestatis honorisque sui dignitate careat, et a sacratissimo corpore et sanguine Dei et Domini Redemptoris nostri Jesu Christi aliena fiat, atque in extremo examine districtæ ultioni subjaceat; cunctis autem eidem loco sua jura servantibus, sit pax Domini nostri Jesu Christi, quatenus et hic præmia bonæ actionis percipiant, et apud districtum judicem præmia æternæ pacis inveniant. Amen.

Ego Eugenius Catholicæ Ecclesiæ episcopus.

Ego Nicolaus Albanensis episcopus.

Ego Odo diaconus cardinalis Sancti Georgii ad Velum Aureum.

Ego Octavianus diaconus cardinalis S. Nicolai in Carcere Tulliano.

Ego Joannes prodiaconus cardinalis S. Adriani.

Ego Gregorius diaconus cardinalis S. Angeli.

Ego Astaldus diaconus cardinalis Sancti Eustachii.

Ego Joannes diaconus cardinalis Sanctæ Mariæ Novæ.

Ego Guido diaconus cardinalis S. Mariæ in Porticu.

Ego Jacinthus diaconus cardinalis Sanctæ Mariæ in Cosmydin.

Ego Joannes diaconus cardinalis sanctorum Sergii et Bacchi.

Ego Rolandus diaconus cardinalis Sanctorum Cosmæ et Damiani.

Ego Hubaldus presbyter cardinalis tituli Sanctæ Praxedis.

Ego Manfredus presbyter cardinalis tituli Sanctæ Sabinæ.

Ego Nicolaus presbyter cardinalis tituli Sancti Quiriaci.

Ego Haribertus presbyter cardinalis tituli Sanctæ Anastasiæ.

Ego Hubardus presbyter cardinalis tituli S. Crucis in Hierusalem.

Ego Bernardus presbyter cardinalis tituli Sancti Clementis.

Ego Jordanus presbyter cardinalis tituli Sanctæ Susannæ.

Datum Ferentini per manum Bosonis sanctæ Romanæ Ecclesiæ scriptoris, Idib. Decembris, indict. xiv, Incarnationis Dominicæ anno 1150, pontificatus vero domni Eugenii papæ anno vi.

CDX.

Privilegium pro Ecclesia Pennensi, petente Grimaldo episcopo.

(An. 1150, Dec. 15. — Fragm.)

[UGHELLI, *Italia sacra*, I, 1120.]

Privilegium Innocentii II anno 1140, vi Kal. Nov., datum (Patrologiæ tom. CLXXIX, sub num. 451) ad verbum repræsentat, usque ad : Datum Ferentini, per manus Bosonis, S. R. E. scriptoris, xviii Kal. Januarii, ind. xiv. Incarnat. Domin. an. 1150, pontificatus vero D. Eugenii III papæ anno vi.

Subscripserunt cardinales undecim.

CDXI.

Ecclesiæ Monopolitanæ possessiones, petente Michaele episcopo, confirmat.

(Anno 1150, Dec. 19.)

[*Ibid.*, 964.]

EUGENIUS episcopus, servus servorum Dei, ven. fr. MICHAELI Monopolitano episcopo, ejusque successoribus, canonice substituendis, in perpetuum.

Et justitiæ ratio exigit, et rationis ordo deposcit, ut Ecclesiis, et personis, quæ familiarius apostolicæ sedi adhærent, et ad Romani pontificis ordinationem spectare noscuntur, propensiori studio providere curemus. Dignum namque, et honestati conveniens esse cognoscitur, ut qui ad Ecclesiarum regimen assumpti sumus, eas, et a pravorum hominum nequitia tueamur, et B. Petri, atque S. R. Ecclesiæ patrocinio muniamus. Eapropter, dilecte in Domino frater Michael episcope, tuis justis postulationibus clementer annuimus, et prædecessorum nostrorum felicis memoriæ Urbani, Paschalis, Calixti, et Honorii Romanorum pontificum vestigiis inhærentes, Monopolitanam Ecclesiam, cui, Deo auctore, præesse dignosceris, sub B. Petri et nostra protectione suscipimus, et præsentis scripti privilegio communimus; statuentes ut quascunque possessiones, quæcunque bona eadem Ecclesia inpræsentiarum juste et canonice possidet, aut in futurum concessione pontificum, largitione regum vel principum, oblatione fidelium, seu aliis justis modis, Deo propitio, poterit adipisci, firma tibi, tuisque successoribus in perpetuum, et illibata permaneant. Statuimus quoque ut eadem Ecclesia nulli alii præter apostolicam sedem subjectionis reverentiam debeat. Te igitur, tuosque successores hujus libertatis gratia perfruentes sub solius apostolicæ sedis obedientia perpetuo manere decernimus. Obeunte vero te nunc ejusdem civitatis episcopo, vel tuorum quolibet successorum, clero Monopolitano facultas sit, semota omni pravitate, antistitem canonice eligendi, electus autem ad Romanum pontificem consecrandus accedat.

Decernimus ergo, ut nulli omnino hominum liceat præfatam Ecclesiam temere perturbare, aut ejus possessiones auferre, vel ablatas retinere, minuere, seu aliquibus vexationibus fatigare, sed omnia integra conserventur eorum, pro quorum gubernatione ac sustentatione concessa sunt, usibus omnimodis profutura, salva in omnibus apostolicæ sedis auctoritate et reverentia. Si qua igitur in futurum ecclesiastica sæcularisve persona, hanc nostræ constitutionis paginam sciens, contra eam temere venire tentaverit, secundo tertiove commonita, nisi præsumptionem suam satisfactione congrua emendaverit, potestatis honorisque sui dignitate careat, reamque divino judicio existere de perpetrata iniquitate cognoscat, et a sacratissimo corpore et sanguine Dei et Domini Redemptoris nostri Jesu Christi aliena fiat, atque in extremo examine districtæ ultioni subjaceat. Cunctis autem eidem Ecclesiæ sua jura servantibus sit pax N. D. J. C. Quatenus et hic fructum bonæ actionis percipiant, et apud districtum judicem præmia æternæ pacis inveniant. Amen, amen, amen.

Ego Eugenius Catholicæ Eccl. episc.

Ego Ymarus Tusculanus episc.

Ego GG. presb. card. S. Calixti.

Ego Octavianus diac. cardin. S. Nicolai in Carcere Tulliano.

Ego Julius presb. card. tit. S. Marcelli.

Ego Hubaldus presb. card. tit. S. Crucis in Hierusalem.

Datum Ferentini, per manum Bosonis S. R. E. scriptoris, xiv Kal. Januarii, ind. xiv. Incarnat. Dominicæ ann. 1150, pontificatus vero Eugenii papæ III an. vi.

CDXII.

Godescalco, creato episcopo Atrebatensi, gratulatur.

(Anno 1150.)

[BALUZ., *Miscell.* ed. Luc., II, 169.]

EUGENIUS episcopus, servus servorum Dei, venerabili fratri GODESCALCO Atrebatensi episcopo, salutem et apostolicam benedictionem.

Non est in homine via ejus. Cor enim hominis disponit viam suam, Dominus autem dirigit gressus illius. Quid enim olim summa cum instantia expetieris reminiscimur, et quod te divina dextera subvexerit cum lætitia et gratiarum actionibus intuemur. Quod enim ab eo nexu quo pusilli gregis curæ tenebaris astrictus absolvi summopere postulabas, eo faciente sub quo curvantur qui portant orbem, arctiori et fortiori ligamine meruisti ad infiniti populi custodiam religari. A Domino factum est istud et acceptum in oculis nostris. Ipse quidem dat nivem sicut lanam, dum illi qui ad pedes Domini cum Maria residere desiderant, Domino impellente, ad refectionem populorum Marthæque ministeria reflectuntur. Unde commissam tibi arcam inter has undas pelagi ad quietis portum tanto melius confidimus perducendam, quanto certius opinamur rectorem ei provisum qui juxta verbum Apostoli, in verbo, conversatione, charitate, fide, et castitate suorum exemp.um esse vale at subditorum. De cætero ex parte dilectorum filiorum nostrorum abbatis et fratrum Sancti Vedasti querelam accepimus quod suggestione clericorum tuorum eos contra tenorem privilegiorum quæ a sede apostolica meruerunt et antiquam consuetudinem aggravare contendis. Significaverunt etiam nobis se capellam quamdam parochialem habere quæ parochianos suos præ ipsorum multitudine capere non sufficiat. Unde postulant ut quibusdam eorum, illis scilicet qui viridarium et hortum ipsorum fratrum non a multis temporibus inhabitare cœperunt, ad quamdam alteram capellam suam, proprio ibi presbytero constituto, liceat te connivente transire, jure tuo in ea, sicut in altera, tibi pleniter conservato. Quia igitur quanto altius ascendisti, tanto et commissorum utilitatibus imminere et religiosorum petitionibus faciliorem te convenit præstare consensum, per præsentia scripta fraternitati tuæ mandamus quatenus eos contra tenorem privilegiorum nostrorum et antiquam consuetudinem nequaquam aggraves; si vero dicta eorum veritate nitantur, illos qui viridarium et hortos ipsorum inhabitant ad alteram suam capellam transire permittas, in qua jus tuum, sicut et in ista, tibi pleniter conservetur. Si vero aliquid est quod contra eos tibi credas posse competere, ante nobis illud intimare procures, et nos quod tuum est, auctore Domino, conservabimus.

CDXIII.

Ad Eberhardum Bambergensem episcopum, etc. — Ut monachos restituat in ecclesiam Heidenheimensem, pulsis inde clericis sæcularibus.

(Anno 1150 ?)

[MANSI, *Concil.*, XXI, 662.]

EUGENIUS episcopus, servus servorum Dei, venerabili fratri EBERHARDO Bambergensi episcopo, et dilecto filio Adam abbati de Ebrach, salutem et apostolicam benedictionem.

Bonæ memoriæ Gebehardus Eistettensis episcopus, amore sacræ religionis accensus, in ecclesia de Heidenheim Deo acceptum dolens non exhiberi servitium; submotis inde pacifice clericis sæcularibus, religiosos fratres statuit ordinare : ita tamen, ut clerici sæculares ibidem eo tempore commorantes, habita exinde beneficia in vita sua tenerent; eis vero decedentibus, in usus monachorum, sine cujusquam contradictione integre devenirent.

Nunc autem, quod sine gravi mœrore non dicimus quoniam eo his temporalibus rebus adempto, et ad æternitatem, Domino auctore, vocato, nondum fuerant regulares fratres juxta propositum ejus adducti; Moguntinus archiepiscopus, et Eistettensis episcopus clericos sæculares ausu temerario reduxerunt. Quod factum, quanta esset animadversione plectendum, si justitiæ rigorem exercere vellemus, charitas vestra liquido satis et evidenter agnoscit. Quoniam ergo ad nostri spectat pontificatus officium, quæ male facta sunt in irritum revocare, et de vestra prudentia valde confidimus : per apostolica vobis scripta mandamus, quatenus super hoc vigilanti studio intendatis, et expulsis inde sæcularibus, ibi acceptam Deo religionem instituere juxta votum præscripti episcopi studeatis. Ita tamen, ut illi, quibus ipse beneficia in vita sua reliquit, quamvis essent ei justitiæ rigore privandi, quia tamen erga omnes oportet benignitatis mansuetudinem exerceri, a nobis ea sibi misericorditer sentiant indulgeri. Cæteri vero, quos post institutionem ejusdem episcopi constat illuc fuisse intrusos, sine cujusquam beneficii perceptione, velut invasores exinde propellantur. Si autem vobis super hoc obedire contempserint, in personas eorum, excommunicationis; in locum vero, auctoritate nostra, interdicti sententiam promulgate. Præterea latorem præsentium Ilsungum, qui super hoc debitam attentionem adhibuit, charitati vestræ attentius commendamus, rogantes ut suis opportunitatibus nostrum se apud vos præsidium invenire cognoscat, et taliter defensionem vestram pro parte nostra obtineat, ut nec eum oporteat pii laboris et studii pœnitere, nec alios, qui cognoverunt, a voto simili debeat pravorum timor et violentia cohibere.

CDXIV.

Ad Henricum Moguntinum archiepiscopum. — De eodem argumento.

(Anno 1150 ?)

[*Ibid.*, 663.]

EUGENIUS episcopus, servus servorum Dei, venerabili fratri HENRICO Moguntino archiepiscopo, salutem et apostolicam benedictionem.

Quod in ecclesiam Heidenheimensem clericos reduxisti, et nostra id petis auctoritate firmari, eo plurimum miramur atque dolemus, quo ex injuncto tibi pontificatus officio, te vigilantius oportet religionem plantare, fovere ac conservare, et non eradicare, disperdere, et dissipare. Bonæ memoriæ Gebehardus quondam Eistettensis episcopus, sacræ religionis igne succensus, ideo pacifice clericos inde sæculares amovit, ut acceptam Deo religionem ibi cum virtute sancti Spiritus reformaret. Quoniam vero morte præventus, tam sanctum et laudabile votum effectui mancipare non potuit, deberet fraternitas tua, ut id compleretur elaborasse, non quorumlibet suggestionibus evacuare atque infringere præsumpsisse. Proinde quia nostra interesse dignoscitur, quæ male facta sunt, in irritum revocare; bona vero proposita, apostolorum principis auctoritate, provehere : ideo venerabili fratri nostro

Eberhardo Bambergensi episcopo, et dilecto filio nostro, Adam de Ebrach dedimus in mandatis, qualiter debeant vice nostra errata corrigere, et quod laudabiliter fuit incœptum, debitæ prosecutioni mandare. Per præsentia itaque scripta fraternitati tuæ mandamus, quatenus eis super hoc facto nullomodo renitaris, sed si auxilium tuum super aliquo exquisierint, eis, sicut apostolicæ sedis gratiam conservare desideras, largiaris.

CDXV.

Ad G[osvinum] Cisterciensem et universos abbates apud Cistercium congregatos. — Scribit se, nisi officia obstarent, ad eorum conventum libenter accessurum fuisse.

(Anno 1150 ? — Exstat inter epistolas S. Bernardi, epistolæ 272 præmissa. Vide *Patrologiæ* tom. CLXXXII, col. 476.)

CDXVI.

Ad Sugerium abbatem S. Dionysii. — De violentia comitis Andegavensis erga fratrem suum Robertum.

(Anno 1145-1151.)

[Marten. *Thes. Anecdot.*, I, 416.]

Eugenius episcopus, servus servorum Dei, dilecto filio Sugerio abbati S. Dionysii, salutem et apostolicam benedictionem.

Sicut in litteris charissimi filii nostri B. Clarevallis abbatis inspeximus, scripta regis Francorum nuper accepit, in quibus continebatur, quod comes Andegavensis terram fratris sui Roberti cum exercitu et violentia intrare disponit. Tuæ itaque dilectioni mandamus, quatenus si necessarium esse cognoveris, nobis cum festinatione significes, et nos pravitatis suæ proposito cum Dei auxilio curabimus obviare.

CDXVII.

Ad eumdem. — Commendat Mo. subdiaconum.

(Anno 1145-1150.)

[*Ibid.*]

Eugenius episcopus, servus servorum Dei, dilecto filio Sugerio abbati S. Dionysii, salutem et apostolicam benedictionem.

Dilectionis tuæ prudentia et devotio, quam erga nos te habere cognoscimus, hortatur nos tibi frequentius scribere, et honorando te sæpius onerare. Dilectus filius et subdiaconus noster Mo. quem tibi commendavimus, aliquandiu est beneficiorum tuorum solatio sustentatus ; sed quoniam debiti onere necessaria ope cessante gravatur, tuum adhuc auxilium implorare compellitur. Sicut ergo per alia tibi scripta mandavimus, ita per præsentia rogando mandamus, quatenus tuæ liberalitatis manum ei non subtrahas, sed eum a debito quo gravatur absolvas, et sic inchoatæ largitatis adhuc beneficium largiaris, ut et ipse studio litterarum valeat, te auxiliante, proficere, et tua largitas nos pro eo tibi faciat amplius debitores.

CDXVIII.

Ad abbatem Sugerium. — Consolatur eum de nepotis morte.

(Anno 1145-1151.)

[Mansi, *Concil.* XXI, 636.]

Eugenius episcopus, servus servorum Dei, dilecto filio Sugerio abbati S. Dionysii, salutem et apostolicam benedictionem.

Super obitu filii nostri Joannis, nepotis vestri, quem, sicut accepimus, pro negotiis ipsius Ecclesiæ ad nostram mittebas præsentiam, paterna tibi affectione compatimur, et ipsius animam Domino precibus commendamus. Cæterum dilectionem tuam ignorare non credimus, quoniam quos diligit Dominus, visitat et castigat, ut per temporalia flagella, si æquanimiter tolerentur, æternæ fructus beatitudinis acquiratur. Ideoque, dilecte in Domino fili, non te præsentis vitæ adversitas frangat, non tribulatio terrena cordis tui sinceritatem corrumpat. Ad montem, unde veniet auxilium tibi, mentis tuæ aciem figas, et religionis ac honestatis tuæ propositum, in Domino confortatus, firmiter teneas : nec propterea dimittas, quin pro Ecclesiæ tuæ opportunitatibus ad sedem apostolicam dirigas, et ei statum tuæ necessitatis exponas. Nos enim eamdem Ecclesiam et personam sinceram in Domino charitate diligentes, parati sumus justas postulationes vestras attendere, et in quibus secundum Dominum possumus exaudire.

CDXIX.

Monasterii Salvatoris et S. Bonifacii Fuldensis privilegia et possessiones confirmat.

(Anno 1151, Jan. 13.)

[Dronke, *Cod. diplom. Fuld.*, 394.]

Eugenius episcopus, servus servorum Dei, dilecto filio Marchwardo abbati monasterii Salvatoris Domini nostri Jesu Christi et Sancti Bonifacii quod situm est juxta ripam fluminis quod Fulda vocatur, ejusque successoribus regulariter substituendis, in perpetuum.

Cum omnibus ecclesiasticis personis debitores ex injuncto nobis a Deo apostolatus officio existamus, illis tamen propensiori cura nos convenit imminere, qui in religionis habitu omnipotenti Domino militant et ad apostolicam sedem speciali prærogativa pertinere noscuntur. Dignum namque et honestati conveniens esse cognoscitur, ut qui ad Ecclesiarum regimen assumpti sumus eas et a pravorum hominum nequitia tueamur et apostolicæ sedis munimine roboremus. Eapropter, dilecte in Domino fili Marchwarde abbas, tuis rationabilibus postulationibus clementer annuimus et Salvatoris Domini nostri Jesu Christi monasterium cui, Deo auctore, præesse dignosceris, ad exemplar prædecessoris nostri felicis memoriæ papæ Innocentii, sub beati Petri et nostra protectione suscipimus et præsentis scripti privilegio communimus ; statuentes ut quascunque possessiones, quæcunque bona idem monasterium impræsentiarum juste et legitime possidet, aut in futurum concessione pontificum, largitione regum vel principum, oblatione fidelium, seu aliis justis modis, præstante Domino, poterit adipisci, firma tibi tuisque successoribus et illibata permaneant. In quibus hæc propriis nominibus duximus adnotanda : Monasterium videlicet Sancti Andreæ apostoli quod vocatur Exajulum situm Romæ juxta ecclesiam Sanctæ Dei genitricis Mariæ semper virginis, quæ vocatur ad Præsepe, a prædecessore nostro felicis memoriæ papa Leone prædecessori tuo Hecberto religioso abbati respectu dilectionis donatum, cum omnibus caminatis. . .

. . . .
ac decimas fidelium quas usque modo possedistis absque ullius personæ contrarietate. . . . .
. . . .
primatum quem hactenus habuistis in omni loco conventuque obtineatis.
. . . .
præmia æternæ pacis inveniant. Amen, amen, amen.

(S. p.) Ego Eugenius, Catholicæ Ecclesiæ episcopus.

Ego Imarus, Tusculanensis episcopus.
Ego Nicolaus, Albanensis episcopus.
Ego Gregorius, presbyter cardinalis tit. Calixti.
Ego Hubaldus, presbyter cardinalis tit. Sanctæ Praxedis.
Ego Nicolaus, presbyter cardinalis tit Sancti Cyriaci.
Ego Manfredus, presb. cardin. Sanctæ Savinæ.
Ego Aribertus, presb. cardin. tit. Sanctæ Anastasiæ.
Ego Ubaldus, presb. cardin. tit. Sanctæ Crucis in Jerusalem.
Ego Julius, presb. cardin. tit. Sancti Marcelli.
Ego Bernardus, presb. cardin. tit. Sancti Clementis.
Ego Oddo, diaconus cardin. Sancti Georgii ad Velum Aureum.
Ego Octavianus, diac. card. Sancti Nicholai in Carcere Tulliano.
Ego Joannes Paparo, diac. card. Sancti Adriani.
Ego Gregorius, diaconus cardinal Sancti Angeli.
Ego Astaldus, diaconus cardinal. Sancti Eustachii juxta templum Agrippæ.
Ego Guido, diac. cardin. Sanctæ Mariæ de Porticu.
Ego Jacintus, diac. cardin. Santæ Mariæ in Cosmydyn.

(77) Paschalis II bullam indigitat, quæ ad nostras manus nondum venit. Aut ergo intercidit, aut latet adhuc impervia.

(78) Feudum utrumque, *Castellar* nimirum, ac *Cephaliæ*, in citeriori Aprutii provincia, ultra flumen Piscariæ collocant nova quæ evolvimus tabularii nostri monumenta. Nostra hac ætate prædia illa duo in emphyteosim a capitulo S. Petri concessa, possidet nobilis familia Valignana.

(79) Aram *Pinnæ* hic enumerat Eugeniana bulla: castrum quod vocatur *la Penna* supra nominavit Alexander II constitutio. Patet igitur castrum Pinnæ

Datum Ferentini, per manum Bosonis sanctæ Romanæ Ecclesiæ scriptoris, Id. Jan., indictione xiv, Incarnationis Dominicæ anno 1150, pontificatus vero domni Eugenii III papæ anno sexto.

CDXX.
Privilegium pro monasterio Weissenauensi.
(Anno 1151, Jan. 13.)
[Lang, *Regesta*, I, 198.]

CDXXI.
Abbatiæ S. Salvatoris de Majella ecclesias et bona, quæ late recenset, confirmat, jura tuetur, vindicat libertatem.

(Anno 1151, Jan. 24.)

[*Bullarium Vaticanum*, I, 48, ex copia inserta in volumine Visitationis Joannis Baptistæ Corradi notal. littera D., fol. 26 ; asservatur in archivio basilicæ inter abbatiarum monumenta.]

EUGENIUS episcopus, servus servorum Dei, dilecto filio ALEXANDRO priori Eremi Magellanæ, ejusque fratribus tam præsentibus quam futuris, eremiticam vitam professis, in perpetuum.

Justis religiosorum desideriis dignum est facilem præbere consensum, ut fidelis devotio celerem sortiatur effectum. Eapropter, dilecte in Domino fili Alexander prior, tuis justis postulationibus benignum impertimur assensum, et prædecessoris nostri felicis memoriæ Paschalis papæ (77) vestigiis inhærentes, ecclesiam Sancti Salvatoris, in qua [supp. divino] mancipati estis obsequio, sub beati Petri et nostra protectione suscipimus, et præsentis scripti privilegio communimus ; statuentes ut vestræ habitationis eremus, ab omnium hominum jure ac potestate libera perseveret, et vos ad Domini famulatum omni tranquillitate fruamini. Præterea quascunque possessiones, quæcunque bona eadem ecclesia in præsentiarum juste et canonice possidet, aut in futurum concessione pontificum, largitione regum, vel principum, oblatione fidelium, seu aliis justis modis, Deo propitio, poterit adipisci, firma tibi tuisque successoribus et illibata permaneant. In quibus hæc pro propriis duximus exprimenda vocabulis : Ecclesiam Sancti Salvatoris de Angre Castellar (78) cum subjacenti Podio Cefaliæ; ecclesiam S. Martini cum cellis suis ; ecclesiam S. Pancratii ; aram Pinni (leg. Pinnæ) (79) cum subjacenti Podio Famecchiani, et cellis suis ; ecclesiam Sanctæ Mariæ de Lavella cum cellis suis ; ecclesiam Sancti Angeli, et Sancti

Pedimontis abbatiæ Magellanæ subordinatum esse intelligendum. Cur vero non castrum, sed aram Pinnæ dicat Eugenius, et qui Eugenium secuti sunt Romani pontifices Adrianus IV et Alexander III, nondum satis notum. Si quis *aram* pro ecclesia S. Sylvestri, quæ in castro Pinnæ præcipua et parochialis est, interpretabitur, culpandus fortasse, quod nulli innixus fundamento id affirmet. Ejus potius haud plane contemnenda videtur conjectura, qui *aram* nomen castri proprium intelligat, ita ut castri vocabulum, quo Eugenius utitur commune sit ; at vero *ara Pinnæ* ipsum Pinnensis provinciæ castri

Petri (80) de Castro Laroma ; ecclesiam Sancti Clementis cum cellis suis; ecclesiam Sancti Blasii; ecclesiam Sanctæ Agathæ, ecclesiam Sancti Procopii; ecclesiam Sancti Nicolai; ecclesiam Sanctæ Helenæ de Castro Sancti Angeli in Trifinio, (81) et ibidem villanos, ac possessiones terrarum et vinearum; item apud Faram villanos, molendina, et possessiones terrarum et vinearum, et ecclesiam Sanctæ Cantianæ (82); apud Vacrum, monasterium Sanctæ Agathæ et ecclesiam Sancti Nicolai (83) cum terris, vineis et possessionibus suis; apud Preturium ecclesiam S. Candidæ (84), ecclesiam S. Nicolai (85), villanos, molendina; possessiones terrarum ac vinearum; apud Castellionem ecclesiam S. Justæ, et S. Agnetis (86) cum villanis, terris, et vineis; apud Buclanicum ecclesiam S. Mariæ de Mirabello, ecclesiam S. Mariæ de Bassano, et ecclesiam Sancti Jacobi et S. Blasii, (87) villanos, molendina et possessiones terrarum et vinearum; apud Sanctum Vitum, monasterium S. Angeli (88) cum cellis suis, villanis, molendinis, terris et vineis; apud Pollutrum, monasterium Sancti Barbati cum cellis, villanis, terris et vineis; apud Gipsum de Domo, ecclesiam Sanctæ Mariæ cum villanis, terris et vineis; et ecclesiam S. Mariæ de Calderar (89) cum cellis suis; apud montem Moriscum ecclesiam Sanctæ Helenæ (90);

nomen exprimat individuum. Quo ferme pacto, cum castrum Guardiæ Grelis nominatur, vox *Guardiæ* proprium loci nomen indigitat.

(80) De ecclesia *S. Petri* in castro Laroma egimus in notis ad bullam Paschalis II. Unum superest inquirendum, cur S. Petri ecclesia, quam Paschalis vindicat monasterio S. Martini de Valle, hic Eugenius abbatiæ Magellanæ subjiciat? Putamus unam eamdemque ecclesiam gemino obnoxiam oneri, utrique abbatiæ inservire potuisse: ni forte dicamus, ecclesias duas feudo eodem exstitisse cognomines. Ecclesiam S. Angeli in eodem feudo Laroma positam indigitat codex Visitationis an. 1604, fol. 184, sed vetustate ac ruinis attritam, enuntiat. Hinc hujusce sacelli non secus ac alterius sub S. Nicolai nomine, cui ex loci vicinia per excidium illatum fuerat, titulus in ecclesia Sancti Remigii, quæ in terra Faræ præcipua est, collocatur.

(81) Quæ sub uno contextu recensentur ecclesiæ numero quinque, ad unam eumdemque locum videntur revocandæ. Harum postrema S. Helenæ dicata, *in castro S. Angeli* in Trifinio statuitur, ut in castro eodem, aut castri ejusdem territorio cæteras fuisse exstructas credamus. Favet conjectura ex earum numeratione petita, ecclesiæ S. Procopii, unam ex quinque, apud S. Angelum in Trifinio esse collocandam probat donatio Gerofli sacerdotis, qui sacellum monasterio *Sancti Salvatoris* de Magella, anno 1000, dono dedit. Ecclesiam *S. Blasii* de S. Angelo in Trifinio nominat Alexander II bulla jam typis impressa. Cur non item reliquæ ecclesiæ ibidem statuendæ? Etsi vero hæc, sin minus vera, saltem vero similia sint, certam castri in Trifinio sedem figere, nondum nobis concessum. Haud improbanda conjectura quæ castrum istud in Theatina diœcesi, atque in ipsa Guardiæ Grelis ditione constituit. Ibi namque ex accurata descriptione quam Corradus visitator exhibet, ecclesiæ S. Procopii, Sancti Blasii, ac S. Helenæ una componuntur. Consulatur in archivo nostro codex tit. C. designatus, fol. 129, 203 et 215.

(82) *Faram* hic excipe *Filiorum Petri*, in Theatina diœcesi sitam. In castri hujusce ditione ecclesiam S. Cantiani collocant monumenta omnia, illud præ cæteris, quod Corradi visitatio suppeditat in codice sub tit. D. fol. 139 et 150. Variant pauliser in ecclesiæ titulo designando; non enim S. Cantianæ, sed S. Cantiani ecclesiam ubique nominant. Hanc ipsam ecclesiam an. 1066 Petrus Amiconis filius Magellanæ abbatiæ obtulit possidendam.

(83) Utraque ecclesia in Theatina provincia apud Vacrum oppidum haud ignobile, quodque ducatus prærogativa insignitur, sita est. Prior quidem, sub vocabulo *S. Agathæ*, sedem habet in colle, quem nominant La Sterpara, ex cod. visit. an. 1640, fol. 312. Posterior, cui titulus *S. Nicolai*, extra Vacri mœnia collocatur, in cod. et fol. mox relat. Ecclesiam S. Agathæ anno 1077, priori Magellano tradidere Agzarellus et Villelmus de Vacro. De posterioris ecclesiæ accessione, nihil hactenus e nostris monumentis eruimus.

(84) Anno 1100 Gentilis Monopelli comes ecclesiam *S. Candidæ* dono dedisse fertur. Apud Præturium sita erat, atque ut vel ex ipsis ecclesiæ ruinis patebat, *egregio opere exstructa;* verbis utimur depromptis ex cod. visit. an. 1598 fol. 30.

(85) Hæc *S. Nicolai* ecclesia, ipsam parochialem in terra Præturii, S. Nicolao dicatam, designat. Consulantur Acta visit. an. 1598 fol. 27, et an. 1604 fol. 101.

(86) Ex bullis Adriani IV et Alexandri III, quas infra evulgabimus utramque ecclesiam hic addimus, quæ ex amanuensis incuria in præsentis bullæ copia fuerunt omissæ. Ex memorato Corradi codice lit. B. fol. 151 utraque ecclesia altera S. Agnetis, S. Justæ altera, in Castellionis territorio, quod sub Theatino diœcesi clauditur, exsistit; sed fastiscentem ac ruinæ proximam utramque describit. Ab anno 1074, ex donatione Petri de Arpa, ecclesia S. Justæ ad abbatiam Magellanam translata est.

(87) Hisce ecclesiis apud Buclanum, nobile ac luculentum Theatinæ diœcesis oppidum, positis, quartum quæ S. *Blasii* nomen præsefert addimus ex citatis Adriani et Alexandri constitutionibus. Quatuor igitur in Buclani ditione supputamus, et totidem reipsa numerandæ. Eam, quæ S. Mariæ de Bassano titulo decoratur, Siginolfo Siginolfi filio, jam tum ab an. 1142, acceptam refert abbatia Magellana. En ecclesiarum statum, ex actis visitationis an. 1640, p. 317, *S. Jacomo senza chieza, S. Croce, senza chieza, S. Maria di Bassano, S. Blasio ci'èla chiesa e se ci celebra.*

(88) Hoc idem *S. Angeli* monast. Paschalis II bulla commemorat, atque inter abbatiæ S. Martini ex Fara ecclesias recenset. Nunc vero juri subjicitur abbatiæ Magellanæ potiori quidem ratione : cum de donatione Gerardi Transberti filii an. 1064, posteriori huic abbatiæ tribuendum sit. Ut dissidia componamus, reponimus unum idemque monasterium, gemino onere, duplici abbatiæ seorsim debito, gravari potuisse.

(89) Ex duabus, quæ ab Eugenio III apud Gypsum collocantur ecclesiis, prior parochialis est, ac præpositura in Gypsi castro posita, quæ S. Mariæ Majoris, aut Magnæ nomine donatur.
Posterior ecclesia S. Mariæ de Calderariis in castri ejusdem territorio existit. Consulatur codex visitationis sub tit. D, fol. 144 et 195, necnon Acta alterius visitationis anno 1598. fol. 14.

(90) Haud procul a Gypsi castro quod in provincia citerioris Aprutii statuendum, exstabat olim ex Corradi descriptione in relato toties volumine, fol. 149 ecclesia S. Helenæ, quam apud montem Moriscum Eugenius collocat. Exstabat, inquam, olim; quandoquidem vel tum a Corradi visitatoris ætate ruinis jacebat sepulta. Ita ecclesia, quam ab anno 1144, ex donatione Marsilii Roberti filii abbatia Magellana suam noverat, tandem misere periit.

apud Gipsum, ecclesiam Sancti Juliani (94); apud Casulem, villam quæ vocatur Colle Milonis (92), cum pertinentiis suis; unum hospitale in Palazzano (93); apud Septem aliud hospitale, et ecclesiam S. Pastoris (94); apud Lanzanum unum hospitale (95); apud Roccam Morice ecclesiam Sanctæ Mariæ et ecclesiam Sancti Nicolai (96); apud Ursoniam ecclesiam S. Martini (97); apud Ilicem ecclesiam Sancti Angeli (98) cum cellis suis, villanis, terris, et vineis; apud ripam Corvaris, ecclesiam Sancti Victorini (99) cum terris et vineis.

Decernimus ergo ut nulli omnino hominum liceat præfatum locum temere perturbare, aut ejus possessiones auferre, seu ablatas retinere, minuere, vel aliquibus (*sup.* vexationibus) fatigare, sed omnia integra conserventur eorum, pro quorum gubernatione et sustentatione concessa sunt, usibus omnimodis profutura, salva sedis apostolicæ auctoritate et diœcesanorum episcoporum canonica justitia. Ad indicium autem hujus perceptæ a Romana Ecclesia libertatis, aureum unum nobis nostrisque successoribus annis singulis persolvetis. Si qua igitur in futurum ecclesiastica sæcularisve persona, hanc nostræ constitutionis paginam sciens, contra eam temere venire tentaverit, secundo tertiove commonita, nisi præsumptionem suam satisfactione congrua

emendaverit, potestatis honorisque sui dignitate careat reamque se divino judicio existere de perpetrata iniquitate cognoscat, et a sacratissimo corpore ac sanguine Dei et Domini Redemptoris nostri Jesu Christi aliena fiat, atque in extremo examine districtæ ultioni subjaceat. Cunctis autem eidem eremo jura servantibus, sit pax Domini nostri Jesu Christi, quatenus et hic fructum bonæ actionis percipiant, et apud districtum judicem præmia æternæ pacis inveniant. Amen.

Ego Eugenius Catholicæ Ecclesiæ episcopus subscripsi.

Ego Conradus Sabinensis episcopus ss.
Ego Gregorius presbyt. card. tit. S. Calixti ss.
Ego Ubaldus presbyt. card. tit. S. Praxedis ss.
Ego Nicolaus presbyt. card. tit. S. Cyriaci (100) ss.
Ego Manfredus presbyt. card. tit. S. Sabinæ ss.
Ego Aribertus presbyt. card. tit. S. Anastasiæ ss.
Ego Julius presbyt. card. tit. S. Marcelli ss.
Ego [Guido] presbyt. card. tit. S. Pastoris ss.
Ego Bernardus presbyt. card. tit. S. Clementis ss.
Ego Jordanus presbyt. card. S. Adriani ss.
Ego (Gregorius) diaconus card. S. Angeli ss.
Ego Astaldus diaconus card. S. Eustachii ss.
Ego Guido diaconus card. Sanctæ Mariæ in Porticu ss.

(91) Dissonant hic ab Eugenii bulla reliquiæ summorum pontificum Adriani III et Alexandri III constitutiones; ubi enim Eugenius ecclesiam S. *Juliani apud Gypsum* nominat, alii *ecclesiam S. Julianæ apud Atessam* recensent. Facile dissidium componitur, si loca atque ecclesias distinguamus. Ecclesiæ S. Juliani extra Gypsi castrum, in loco qui vocatur *le colle di S. Juliano*, meminit Corradus, cit. cod. fol. 149; qui ecclesiam S. Juliani dirutam affirmat. Consonat alius ecclesiarum index an. 1489 elucubratus. Sed. S. Julianæ ecclesiam apud Atissæ oppidum statuendam, in notis Adriani IV bullæ infra subjiciendis demonstrabimus. Nodus ergo solvitur, si dissimilem bullarum materiem secernamus.

(92) Quæ de feudo Collis Milonis hausimus ex inventario alligato codici visitat. an. 1604, fol. 139 et seqq., ad accuratam loci notitiam assequendam, juvat exscribere: Item detta abbazia tiene e possiede nel territorio di Casoli, nel luogo dovesi chiama Colle Milone, un feudo dove anticamente era un castello abitato da cittadini, chiamato Colle Milone, nel quale detta abbazia di Majella teneva la jurisdizione civile criminale. Detto feudo è stato distrutto, e ruinato dalli homini di Casoli.

(93) Ecclesias atque hospitales domos in civitatis Lanciani territorio erectas videtur nobis hic bulla indicare. Cujus quidem territorii partem quamdam esse Plazanum ab Eugenio nominatum, affirmat in memorato codice J. B. Corradus, fol. 19 ubi ad oram paginæ, in qua ex Innocentii III bulla ecclesiæ recensentur abbatiæ Majellanæ subjectæ, hæc habet: *Plasanum apud Septe in territorio Lanzani.*

(94) Ex relatis Corradi verbis patet, Septe planitiem in Lanciani agro collocandam. Adjacet Sangri fluminis territorio, atque ecclesiam S. Pastoris cum Hospitali, cujus in bulla mentio servabat olim exstructam: Olim, inquam; jam enim sacellum concidisse, atque ejus titulum in cathedralem Lanciani fuisse translatum, legim. in Act. visitat. an. 1598, fol. 38.

(95) Propius ad Lancianum domus hæc hospitalis accedit; quandoquidem extra Lanciani mœnia, in Arundinis sive in urbis vinetis statuitur; in quodam tabularii nostri inventario, cui titulus: Index collationum ecclesiarum Basilicæ subjectarum extra urbem, fol. 94. Huic domui, ecclesia S. Jacobi conjuncta dicitur in gemino visitationis codice, altero Corradi fol. 152, altero Binalducii fol. 37.

(96) Ecclesiarum S. *Mariæ del Cerreto* et S. *Nicolai* in Roccæ Moricis territorio Theatin. diœces. meminit laudat. Corradi codex, fol. 135. Sed nullam recenset hospitalem domum; cujus nulla item mentio in sequentium pontificum sanctionibus. Suspicari ergo licet, aut domum illam eversam fuisse, aut alio translatam. Ex largitione Roberti comitis Monopelli, jam tum ab ann. 1122, utraque ecclesia inter abbatiæ Majellanæ membra recensetur.

(97) Ecclesiam S. Martini in territorio Ursoniæ, vulgo Orsogna Theatin. diœces. donavit an. 1074. Adeodatus Petri filius et Adamus filius Æsonis. Obvia ecclesiæ notio, cujus tum in Actis visit., tum in ecclesiarum inventoriis mentio satis frequens. Ex Corradi testim., fol. 148. Ecclesia isthæc in simplex beneficium capitulo Vaticano subjectum, evasit.

(98) Hæc de castro Ilicis, in diœcesi Pinnensi posito, atque de S. Angeli ecclesia, ex Corradi codice fol. 125, adnotamus: Ecclesia S. Angeli della Jelice, quæ est curata... distat a castro la Jelice, et distat a civitate Pinninsi circa duo milliaria. Castrum Ilicis, abbatiæ S. Joannis in Venere subjicitur.

(99) Ripam Corvariam, hodie Corvajo castrum est comitatus Albæ, et Talliacotii in regione Marsorum. Quam hic illustrem S. Victorini ecclesiam, ita describit Corrad. fol. 241: « Ecclesia S. Victorini in terris et vineis est immediate (subjecta) abbatiæ S. Salvatoris de Majella, prout in privilegio Eugenii papæ; quæ ecclesia est in feudo, quod dicitur di Ripa Corvara apud territorium della Casale Theatin. diœces.

(100) Quæ ad Thermas Diocletianas olim exstabat eccles. S. *Cyriaci in Thermis* nuncupata, jampridem excidit. Ad templum SS. Quirici et Julittæ Sixtus papa IV, teste Pauvinio, veterum titulum transtulit.

Ego Hyacinthus diaconus card. tit. S. Cosmæ *(leg. S. Mariæ in Cosmedin)* ss.

Datum Ferentini per manum Bosonis sanctæ Romanæ Ecclesiæ scriptoris, ix Kal. Februarii, indict. xiv, Incarnationis Dominicæ anno 1150 (101), pontificatus domni Eugenii III anno sexto.

CDXXII.

Ad Senonensem archiepiscopum. — Ut judicet de controversia quæ est inter episcopum Aurelianensem et abbatem Vizeliacensem.

(Anno 1151, Jan. 26.)
[Mansi, Concil., XXI, 660.]

Dilectorum filiorum nostrorum Pontii abbatis et fratrum Vizeliac. monasterii adversus venerabilem fratrem nostrum Manassem Aurelian. episcopum querelam accepimus, quod eis ecclesiam Sancti Machuti, quam prædecessor suus eis donavit, et scripti sui auctoritate firmavit, contra justitiam auferat, et per violentiam detineat occupatam. Quia ergo de tuæ discretionis prudentia valde confidimus, per præsentia scripta fraternitati tuæ mandamus, quatenus congruo loco et tempore, utraque parte ante tuam præsentiam evocata, causa ipsa diligenter audita et cognita, justitia eam mediante diffinias.

Datum Ferentini, vii Kal. Februarii.

CDXXIII.

Ad M. [Manassem] Aurelianensem episcopum. — De eodem argumento.

(Anno 1151, Jan. 26.)
[*Ibid.*, 661.]

Ex conquestione dilectorum filiorum nostrorum Pontii abbatis et fratrum Vizel. monasterii, nuper accepimus, quod ecclesiam S. Machuti, quam He. prædecessor tuus eis donavit, et scripti sui auctoritate firmavit, contra justitiam eis abstuleris, et per violentiam detineas occupatam. Quia ergo monasterium ipsum B. Petri juris existit, et in sua ei deesse justitia non possumus, nec debemus : per præsentia tibi scripta mandamus, quatenus si eorum querimonia veritate innititur, aut ecclesiam ipsam memorato abbati et fratribus ejus in pace restituas, aut in præsentia venerabilis fratris nostri Hu. Senonensis archiepiscopi exinde justitiam facias.

Datum Ferentini, vii Kal. Februarii.

CDXXIV.

Bulla pro episcopis Aurelianensibus.

(Anno 1151, Febr. 10.)
[*Gall. Chr. nov.*, VIII, Instr., 510.]

Eugenius episcopus, servus servorum Dei, venerabili fratri Manasse Aurelianensi episcopo ejusque successoribus canonice substituendis, in perpetuum.

Quoties illud a nobis petitur quod rationi et honestati convenire videtur, animo nos decet libenti concedere, et petentium desideriis congruum impertiri suffragium. Eapropter, dilecte in Christo frater, tuis justis postulationibus benignum impertientes assensum, omnem libertatem seu immunitatem tibi tuisque successoribus a charissimo filio nostro Ludovico illustri Francorum rege concessam et scripti sui munimine roboratam, sedis apostolicæ auctoritate firmamus, et perpetuis temporibus ratam manere sancimus : ut videlicet post tuum tuorumve successorum decessum aliquod ferreum vel igneum in episcopalibus domibus regales ministeriales nullatenus capiant. Cum vero episcopatus Aurelianensis vacaverit, nullam exactionem vel talliam in terra ipsius episcopatus, nisi quæ statutis temporibus debentur, episcopo facient. Quæ nimirum tallia numerum sexaginta librarum illius monetæ non debet excedere. Præterea quascunque possessiones, quæcunque bona impræsentiarum juste et canonice possides, aut in futurum concessione pontificum, largitione regum vel principum, oblatione fidelium, seu aliis justis modis, Deo propitio, poteris adipisci, firma tibi tuisque successoribus et illibata permaneant. In in quibus hæc propriis duximus exprimenda vocabulis : Abbatiam sancti Maximini, abbatiam Sancti Evurtii, abbatiam de Balgentiaco, ecclesiam S. Lifardi Magdunensis, ecclesiam Sancti Verani Gargogilensis, ecclesiam Sancti Georgii Piverensis, ecclesiam Sancti Petri virorum, ecclesiam Sancti Petri puellarum, ecclesiam Sancti Aviti, ecclesiam Sancti Petri Maudunensis, ecclesiam de Craventiaco, ecclesiam de Ingrana, castrum Pitveris, castrum Maudunense, castrum Gargogilense, Ingranam cum pertinentiis suis, villam Strepeti cum pertinentiis suis, Marolium cum pertinentiis suis, Piverum vetus cum pertinentiis suis, decimam de Craventiaco cum atrio, terram episcopi Aurelianensis, quæ Martirevim vocatur, teloneum Aurelianis, ecclesiam de Soliaco, ecclesiam de Rivo Morentini, ecclesiam de Firmitate Ebrani, et ecclesiam de Corneliaco, atque villam quæ Bullum vocatur.

Decernimus ergo ut nulli omnino hominum liceat præfatam ecclesiam temere perturbare, aut ejus possessiones auferre, seu ablatas retinere, minuere, vel aliquibus perturbationibus fatigare, sed omnia integra conserventur, eorum pro quorum gubernatione ac sustentatione concessa sunt, usibus omnimodis profutura, salva sedis apostolicæ auctoritate. Si qua igitur in futurum ecclesiastica sæcularisve persona hanc nostræ constitutionis paginam sciens, contra eam temere venire tentaverit, secundo tertiove commonita, nisi præsumptionem suam satisfactione congrua emendaverit, potestatis honorisque

---

(101) Etsi annum 1150 bulla enumeret, nos annum 1151 supputamus; eumdemque annum bullæ initio præfiximus. Dissidium facile componitur, si unde anni petantur initia, observemus. Alii a die 25 Martii, alii a Kalendis Januarii, anni primordia ducunt. Utraque temporis ratio in bullis servatur. Nos a Januario annum ordimur; hinc Eugenianam bullam quæ die 24 Januarii conscripta est, anno 1151 consignamus; annis pontificatus Eugenii atque indictionis ita exigentibus; quod et in bullarum sequentium ratione temporum statuenda perpetuo observabimus. Hæc in antecessum semel præmonuisse sat erit, ne in posterum, pari occurrente chronologiæ conflictu, eadem inutiliter repetamus.

sui dignitate careat, reamque se divino judicio existere de perpetrata iniquitate cognoscat, et a sacratissimo corpore ac sanguine Dei et Domini Redemptoris nostri Jesu Christi aliena fiat, atque in extremo examine districtæ ultioni subjaceat. Cunctis autem eidem loco justa servantibus sit pax Domini nostri Jesu Christi, quatenus et hic fructum bonæ actionis percipiant, et apud districtum judicem præmia æternæ pacis inveniant. Amen.

Ego Eugenius Catholicæ Ecclesiæ episcopus.
Ego Ymarus Tusculanus episcopus.
Ego Nicolaus Albanus episcopus.
Ego Hubaldus presbyter cardinalis tituli Sanctæ Praxedis.
Ego Nicolaus presbyter cardinalis tituli Sancti Cyriaci.
Ego Aribertus presbyter cardinalis tituli Sanctæ Anastasiæ.
Ego Julius presbyter cardinalis tituli S. Marcelli.
Ego Wido presbyter cardinalis tit. Pastoris.
Ego Otto diaconus cardinalis Sancti Georgii ad Velum Aureum.
Ego Octavianus diaconus cardinalis S. Nicolai in Carcere Tulliano.
Ego Gregorius diaconus cardinalis Sancti Angeli.
Ego Astaldus diaconus cardinalis Sancti Eustachii.
Ego Guido diaconus cardinalis Sanctæ Mariæ in Porticu.
Ego Jacintus diaconus cardinalis S. Mariæ in Cosmydyn.
Ego Joannes diaconus cardinalis Sanctorum Sergii et Bacchi.

Datum Ferentini per manum Bosonis sanctæ Romanæ Ecclesiæ scriptoris, iv Idus Februarii, indictione xiv, Incarnat. Dominic. anno 1150, pontificatus vero domni Eugenii papæ III anno sexto.

CDXXV.

Ad Pontium Vizeliacensem abbatem. — De controversiâ quæ ipsi erat cum episcopo Eduensi.

(Anno 1151, Febr.)

[Mansi, *Concil.*, XXI, 657.]

Eugenius episcopus, servus servorum Dei, dilecto filio Pontio Vizeliac. abbati, salutem et apostolicam benedictionem.

Veniens ad præsentiam nostram venerabilis frater noster Henricus Eduensis episcopus, adversum te in conspectu nostro et fratrum nostrorum, præsente quoque confratre tuo quem ad nos destinaveras, suam querelam deposuit, quod quædam qua in monasterio tuo Ecclesia sua usque ad hæc tempora pacifice habuit, ei contra justitiam auferre moliris, et viva voce responderis, quod pro eo penitus faceres. Quia igitur ad nostrum officium potissimum spectat, fratrum scandala de medio tollere, cuiquam suam justitiam conservare : per præsentia tibi scripta mandamus, quatenus proximis octavis B. Martini, nisi forte cum eodem fratre nostro interim concordaveris, per te ipsum, vel per sufficientes responsales tuos, cum munimentis monasterii tui, maxime cum instrumento fundatoris, ad nostram præsentiam venias super his respondere paratus. Nihilominus quoque sollicitudini tuæ mandamus, ut in præsentia venerabilis fratris nostri Hug. Antissiodor. episcopi de his quæ tu et homines tui ei ab hominibus suis injuste tenetis, justitiam facias: quoniam eidem fratri nostro Eduensi episcopo eodem modo præcepimus, ut ex his quæ homines sui tuis hominibus abstulerunt, in ejusdem præsentia justitiam pariter faciat. Interim vero ex his quæ possidet nullam sibi volumus molestiam irrogari.

Datum Ferentini, vii Kal. Martii.

CDXXVI.

Privilegium pro monasterio S. Trinitatis et S. Michaelis Miletensis.

(Anno 1151, Febr. 24.)

[Ughelli, *Italia sacra*, I, 952.]

Eugenius episcopus, servus servorum Dei, dilecto filio Roberto abbati Militensis monasterii, quod in honore S. Trinitatis et B. Michaelis archangeli ædificatum est, ejusque fratribus tam præsentibus, quam futuris, regularem vitam professis, in perpetuum.

Cum omnibus ecclesiasticis personis debitores ex injuncto nobis a Deo apostolatus officio existamus, illis tamen locis atque personis quæ specialius ad apostolicam sedem spectare, atque ad Romani pontificis ordinationem pertinere noscuntur, propensiori nos convenit charitatis studio imminere, et eorum justis desideriis clementer annuere. Eapropter, dilecte in Domino fili, rationabilibus tuis postulationibus benignius impertientes assensum, præfatum monasterium, quod ab illustri memoriæ Rugerio comite a fundamentis est instructum, ut per manum felicis record. D. Urbani prædecessoris nostri papæ II B. Petro, ejusque S. R. Ecclesiæ in jus perpetuum et tutelam oblatum esse dignoscitur, ad exempla prædecessorum nostrorum sanctæ mem. Paschalis et Innocentii Romanorum pontificum, sub B. Petri et nostra protectione suscipimus, et præsentis scripti privilegio communimus. Statuentes, ut quascunque possessiones, quæcunque bona eadem Ecclesia in præsentiarum juste et canonice possidet, aut in futurum concessione pontificum, largitione regum, vel principum, oblatione fidelium, seu aliis justis modis, Deo propitio, poterit adipisci, firma tibi, tuisque successoribus, et illibata permaneant. In quibus hæc propriis duximus exprimenda vocabulis : In territorio Militensi villam S. Gregorii, et ibidem ecclesiam S. Nicolai, ecclesiam S. Gregorii de Briatico, S. Joannis de Rayachio, S. Mariæ de Medina, S. Mariæ, et S. Clementis de Arena, S. Mariæ de Stilo, S. Joannis, et S. Nicolai de Gerentia.

In civitate Giratio tres ecclesias, monasterium S. Nicodemi de Patera, ecclesiam S. Nicolai de Falla cum pertinentiis suis, ecclesiam Mariæ de Demontorium cum pertinentiis suis, ecclesiam S. Petri juxta Bibonam, quam tenuit Romeus. Apud Castellum vetus ecclesiam S. Nicolai de Caconit, ecclesiam S. Joannis, et S. Mariæ de Melicano. In civitate Squellacio ecclesiam S. Martini, S. Nicolai de Prato. In pertinentia Agnelli ecclesiam S. Philippi, S. Mariæ de Ponticella, S. Laurentii, et S. Ippolyti. In territorio Alunantiæ, ecclesiam S. Angeli de Stricto, S. Barbaræ, et S. Pessi. In territorio fluminis frigidi, ecclesiam S. Nicolai de Turiano, et ecclesiam S. Philippi apud montem Altum, ecclesiam S. Cassiani, S. Nicolai de Mave de Trabea; juxta Maurum gurgitem, ecclesiam S. Georgii et Nicolai de Regina. In Sicilia, ecclesiam S. Joannis, S. Georgii de Mohac, S. Joannis de Calatiniseth, S. Barbaræ de Calatebutor, S. Nicolai de Caca, S. Joannis de Rocca Maris, SS. Cosmæ et Damiani de Chetaludio cum pertinentiis suis, ecclesiam S. Anastasiæ de Grateriis, SS. Innocentium de Mistreio, et S. Stephani, S. Basilii de Naso, S. Nicolai de Brutana, S. Angeli, S. Georgii, S. Mariæ de Murra..... et S. Pessi de Melasio, et partem oppidi quod Mestianum dicitur, quota a supradicto comite præfato monasterio S. Trinitatis et S. Angeli oblata cognoscitur. Cujus anima Rogerii comitis in pace requiescat. Porro sepulturam ejusdem loci omnino liberam esse sancimus, ut eorum qui se illic deliberaverint sepeliri, devotioni et extremæ voluntati, nisi forte excommunicati vel interdicti sint, nullus obsistat.

Missas autem, seu stationes publicas in eodem loco præter abbatis et fratrum voluntatem fieri prohibemus, ne in servorum Dei secessibus popularibus occasio præbeatur ulla conventibus. Sane laborum vestrorum quos propriis manibus, aut sumptibus colitis, nullus a vobis decimas præsumat exigere. Chrisma, oleum sanctum, consecrationes altarium, seu basilicarum? ordinationes monachorum, vel clericorum, qui ad sacros ordines fuerint promovendi, a quocunque malueritis catholico recipietis episcopo. Adjicimus etiam ut nulli episcoporum facultas sit absque licentia Romani pontificis locum vestrum, vel monachos, seu clericos inibi commorantes interdictioni, vel excommunicationi subjicere, aut aliquam potestatem, vel molestiam exercere. Obeunte vero te nunc ejusdem loci abbate, vel tuorum quolibet successorum, nullus ibi qualibet subreptionis astutia vel violentia præponatur, nisi quem fratres cum omni consensu, vel fratrum pars consilii sanioris, secundum Dei timorem, et B. Benedicti Regulam elegerint ab apostolicæ sedis pontifice consecrandum. Hoc quoque præsenti capitulo subjungimus, ut idem monasterium, ejusque possessiones, et monachi ab omni sæcularis servitii sint infestatione securi, omnique gravamine mundanæ oppressionis remoti in sanctæ religionis observantia seduli maneant, et quieti, nec ulli alii, nisi Romanæ et apostolicæ sedi, cujus juris sunt, aliqua teneantur occasione subjecti.

Decernimus ergo, ut nulli omnino hominum liceat præfatum monasterium temere perturbare, aut ejus possessiones auferre, vel ablatas retinere, minuere, seu aliquibus vexationibus fatigare; sed omnia integra conserventur eorum; pro quorum gubernatione ac sustentatione concessa sunt, usibus omnimodis profutura, salva sedis apostolicæ auctoritate. Ad indicium vero perceptæ hujus a Romana Ecclesia libertatis unam auri unciam nobis nostrisque successoribus annis singulis persolvetis. Si qua igitur in futurum ecclesiastica sæcularisve persona hanc nostræ constitutionis paginam sciens, contra eam temere venire tentaverit, secundo tertiove commonita, nisi præsumptionem suam satisfactione congrua emendaverit, potestatis honorisque sui dignitate careat, reamque se divino judicio existere de perpetrata iniquitate cognoscat, et a sacratissimo corpore et sanguine Dei et D. Redemptoris nostri Jesu Christi aliena fiat, atque in extremo examino districtæ ultioni subjaceat. Cunctis autem eidem Ecclesiæ justa servantibus, sit pax D. N. J. C. quatenus et hic fructum bonæ actionis percipiant, et apud districtum judicem præmia æternæ pacis inveniant. Amen, amen, amen.

Ego Eugenius Catholicæ Ecclesiæ episcopus subscripsi.

Ego Nicolaus Albanus episcopus subscripsi.

Ego Ubaldus presbyt. cardin. titul. S. Praxedis subscripsi.

Ego Nicolaus presbyt. cardin. Sancti Cyriaci subscripsi.

Ego Jordanus presbyt. cardinalis tit. S. Susannæ subscripsi.

Ego Octavianus diac. card. S. Nicolai in Carcere Tulliano subscripsi.

Ego Gregorius diaconus cardinalis Sancti Angeli subscripsi.

Ego Astaldus diaconus cardinalis S. Eustachii subscripsi.

Ego Jacynthus diaconus cardinalis S. Mariæ subscripsi.

Ego Joannes diaconus cardinalis SS. Sergii et Bacchi subscripsi.

Datum Ferentini per manum Bosonis S. R. E. scriptoris, vi Kal. Martii, indict. xv, Incarnat. Dom. an. 1150, pontificatus vero dom. Eugenii papæ III anno vi.

CDXXVII.

Ad Ludovicum regem Francorum. — Pro Ecclesia Belvacensi.

(Anno 1151, Febr. 25.)

[Marten., Collect.; II, 630.]

Eugenius episcopus, servus servorum Dei, charissimo in Christo filio Ludovico illustri Francorum regi, salutem et apostolicam benedictionem.

Catholici regis industria, licet omnes Ecclesias quæ in sua potestate consistunt debita devotione honoret et diligat, eas tamen in quibus carnem suam et viciniorem sanguinem officio prælationis residere conspexerit, ampliori dilectione amplectitur, veneratur, et libentius ac promptiori devotione opportunum eis suffragium impertitur. Hoc itaque rationis debito ecclesiam Belvacensem duplici ratione tua sublimitas affectuosius debet diligere, tum quia prædecessorum tuorum largiflua donatione dotata et ornata dignoscitur, tum quia venerabilis frater noster Henricus germanus tuus in ea pastoralitatis officio fungitur. Cum igitur eamdem ecclesiam idem germanus tuus in ingressu suo valde attritam et a circumpositis militibus oppressam invenerit, quædam beneficia quæ a suis prædecessoribus eis illicite concessa fuerant, ex consilio nostro, sicut vir prudens, ipsis militibus denegavit, et ad opus ecclesiæ suæ retinuit : propter quod milites ipsi, sicut accepimus, commoti sunt, et memoratam Belvacensem ecclesiam vexare et persequi comminantur. Quia ergo et ex officio regiminis tibi commisso et ex debito fraternæ dilectionis teneris, ut sæpedictam ecclesiam sincere diligere debeas, et a pravorum hominum incursibus defensare, nobilitatis tuæ constantiam præsentibus litteris incitamus, monemus et exhortamur in Domino, quatenus si aliquis de ipsis militibus propter hoc ipsius Ecclesiæ bona invaserit seu quibuslibet modis eam vexare præsumpserit, juxta potentiam tibi a Deo collatam, eum temporaliter punias. Nos siquidem venerabilibus fratribus nostris circumpositis episcopis dedimus in mandatis, ut si forte ab aliquo eorumdem militum ea occasione sæpedictam ecclesiam vexari contigerit, eum qui hoc attentaverit excommunicationi subjiciant. Præterea ut bona et possessiones ipsius ecclesiæ, quæ absentibus et inconsultis episcopis ejusdem loci ab eadem ecclesia illicite alienata sunt, ad eamdem ecclesiam sicut princeps catholicus et Ecclesiæ Dei amator, studeas revocare, per apostolica scripta strenuitatem tuam monemus, et [in peccatorum tuorum remissionem injungimus.

Data Ferentini, v Kal. Martii.

CDXXVIII.
Ad Henricum episcopum Belvacensem. — Item de eodem.

(Anno 1151, Febr.)

[MARTEN., *Collect*., 634.]

EUGENIUS episcopus, servus servorum Dei, venerabili fratri HENRICO Belvacensi episcopo, salutem et apostolicam benedictionem.

Litteras et nuntium fraternitatis tuæ debita benignitate recepimus, et super visitatione tua tibi gratias agimus. Gratum siquidem nobis est, quod pro ecclesiæ tibi commissæ utilitate sollicitus, ad commodum ejus libenter intendis, et ad exaltationem ipsius studiosus existis. Grave autem nobis est, quod Belvacensis Ecclesia propter impotentiam prædecessorum tuorum quibusdam fuerit gravata redditibus, et annua beneficia de camera episcopi coacta persolvere. Sed quoniam regalis potentia ad

(102) Huc respicere videtur S. Bernardi epistola 305, ad Eugenium papam, et epistola Sugerii ad Henricum episcopum, capitulum, et clerum eccle-

defensionem ipsius ecclesiæ in hoc negotio sufficit, nolumus ut aliorum potestati defensionis occasione subjaceat, aut bona illius multorum direptioni tradantur. Indignum est enim, ut regia potestas te indefensum laicorum ditioni subesse permittat, et quod regiam dedecet prolem, eorum conditionibus deservire. Unde charissimo filio nostro regi fratri tuo mandamus, ut eos qui te hujusmodi redditibus gravare conantur, a tali exactione regia potestate compescat : tibi autem per præsentia scripta mandamus, quatenus prædicta beneficia, quæ prædecessores tui imbecillitate sua annuatim solvere cogebantur, nequaquam de cætero largiaris, sed bona ecclesiæ tibi commissæ juxta prudentiam a Deo tibi concessam, ad utilitatem ipsius expendas, ut eadem ecclesia per tuam sollicitudinem de die in diem gratum Domino recipiat incrementum. Tua ergo, frater charissime, interest ad profectum illius ita prudenter et modeste procedere, ut omnipotens Deus honorem debitum inde recipiat, et ecclesia ipsa per te in melius valeat, Domino auxiliante, proficere. Nos enim auxilium et consilium, quod a nobis tibi expedire noverimus, libenter tibi exhibere curabimus.

CDXXIX.
Ad Hugonem Altissiodorensem episcopum, et Bernardum abbatem Clarevallensem. — Pro reconciliatione regis cum Belvacensi episcopo.

(Anno 1151, Febr. 25.)

[*Ibid.*, 633.]

EUGENIUS episcopus, servus servorum Dei, venerabili fratri HUGONI Altissiodorensi episcopo et charissimo filio BERNARDO Clarevallensi abbati, salutem et apostolicam benedictionem.

Notitiam vestram latere non credimus, quam sincera cordis affectione charissimum filium nostrum Ludovicum Francorum regem, atque ipsius fratrem venerabilem, videlicet fratrem nostrum Henricum Belvacensem episcopum diligamus, et ipsorum actus a Domino dirigi, prosperari et semper de bono in melius provehi exoptemus. Inde est quod sicut eorum unanimitas nobis gaudium et lætitiam generat, ita si quid rancoris inter eos emersisse percipimus, paterno affectu dolemus, et eorum rancor sive turbatio nos tristes non mediocriter reddit. Sentientes itaque quod intervenientibus quibusdam occasionibus inter eos sincera charitas, et fraternus amor aliquantulum (102) turbatus sit, valde stupemus, et vehementius tristati sumus. Ut ergo de illorum cordibus materiam scandali eradicare possimus, cum per nos ipsos ad hoc intendere minime valeamus, charitatem vestram ; de qua tanquam de nobis ipsis confidimus, ad id efficiendum operam et studium efficaciter dare optamus. Ideoque sanctitatem vestram attentius exoramus, quatenus ad præsentiam prædicti filii nostri Ludovici Francorum regis, absque tarditate pariter accedatis,

siæ Belvacensis a nobis edita tom. I Anecdot. pag. 422.

et convocato ad vos memorato fratre nostro Henrico Belvacensi episcopo, utrumque super eorum controversiis absque strepitu districtius convenire curetis, et litigii ablata materia, ad concordiam et fraternam charitatem vice nostra eos reconciliare, auctore Domino, satagatis : ita ut et regia dignitas in sui status integritate servetur, et episcopalis honor lædi non debeat, atque fraterna charitas inter eos amore perpetuo reformetur.

Data Ferentini, x Kal. Martii.

CDXXX.

Ad Hugonem Rothomagensem archiepiscopum. — Item pro vexatione Belvacensis Ecclesiæ.

(Anno 1151, Febr. 25).

[MARTEN., *Collect.*, II. 634.]

EUGENIUS episcopus, servus servorum Dei, venerabili fratri (103) HUGONI Rothomagensi archiepiscopo, salutem et apostolicam benedictionem.

Veniens ad præsentiam nostram venerabilis frater noster Henricus Belvacensis episcopus, cum ab eo de statu Ecclesiæ suæ sollicite quæreremus, nobis aperuit quod inter alia gravamina, quibus ipsa ecclesia perturbatur, quidam beneficia denariorum, quæ potius maleficia dicenda sunt, per illicitam largitionem prædecessorum suorum multis militibus atque baronibus sine utilitate ipsius ecclesiæ concessa invenit. Super quo habito prudentum virorum et nostro consilio, eadem beneficia ipsis militibus denegavit, et ad opus Ecclesiæ suæ retinuit ; propter quod milites ipsi, prout accepimus, adversus prædictum fratrem nostrum vehementer commoti, memoratam Belvacensem Ecclesiam vexare et persequi comminantur. Quia ergo ex commisso nobis a Deo apostolatus officio universarum Ecclesiarum paci et tranquillitati providere debemus, per præsentia scripta tibi præcipimus, quatenus si aliquis de ipsis militibus prædictis, qui in tua parochia commorantur, propter hoc antedictam ecclesiam lædere seu vexare præsumpserit, eum districtius commonere cures, ut ab infestatione sæpefatæ ecclesiæ penitus cesset, et eam in pace dimittat. Quod si post secundam tertiamve commonitionem tuam a sua præsumptione cessare contempserit, in eum tanquam in contumacem et rebellem excommunicationis et in terra ejus interdicti sententiam proferas, et tandiu eamdem sententiam facias per tuas parochias firmiter observari, donec de commisso excessu condignam satisfactionem exhibeat.

Data Ferentini, v Kal. Martii.

CDXXXI.

Ad G. rectorem et Boloniensem populum. — Ut habitatores S. Cassiani et R[udolphum] episcopum Imolensem ab Imolensium injuriis defendant.

(Anno 1151, Mart. 3.)

[SAVIOLI, *Ann. Bonon.*, Append.; I, II, 224.]

EUGENIUS episcopus, servus servorum Dei, dilectis filiis G. rectori et Bononiensi populo, salutem et apostolicam benedictionem.

Prædecessorum vestrorum antiquam et legalem constantiam multi diversarum gentium qui apud vos morari consueverunt manifestis rerum experimentis plenius agnoverunt, quos eorum nominis gloriosa fama est per diversa mundi climata nuntiata et longe lateque diffusa. Vos igitur si eorum gloriam habere et retinere optatis, oportet vos ipsorum vestigia firmiter imitari et ad eos qui se vestræ defensioni committunt, more paterno donec optatum finem habeant virtutis perseverantiam retinere. Non enim cœpisse bonum sed perfecisse virtutis est. Homines siquidem de Sancto Cassiano qui in vobis post Deum suam fiduciam posuerunt, qualiter sunt dispersi, quam miserabiliter afflicti, eorum calamitas patefacit et vestra discretio recognoscit. Quamvis autem quidam illorum de Sancto Cassiano cum Imolensibus forte tribulationibus pressi vel nequitia aliorum seducti convenerint, tamen, si vos alios qui semper de patrocinio vestro confidunt adjuvare et tædio affecti a vestro proposito desistatis, gloriam profecto amittitis, et inutilis labor vester omnino existit. Ut igitur vestræ fatigationes atque sudores lætum finem, auctore Domino, consequantur, et prædictorum Imolensium malitia et iniquitas retundatur, per præsentia vobis scripta præcipiendo mandamus quatenus lapsa erigere, dispersa colligere satagatis. Et ut locus idem reparari, et homines ibi congregari possint, diligenti studio mora postposita intendatis et contra sacrilegos ipsos, tanquam strenui bellatores utiliter accingamini. Venerabili etiam fratri nostro R. episcopo tam in custodia Bagnariæ et aliorum custodia, quæ ei atque comitibus adhuc residua sunt, ita opem et consilium efficaciter tribuatis, ut benedictionem omnipotentis Domini consequamini et beati Petri et nostra gratia semper inveniamini digniores.

Datum Ferentini, v Non. Martii.

CDXXXII.

Privilegium pro Ecclesia Bellovacensi.

(Anno 1151, Mart. 7.)

[*Gall. Christ.* nov., X, Instr. 259.]

EUGENIUS episcopus, servus servorum Dei, venerabili fratri HENRICO Belvacensi episc., ejusque successoribus canonice substituendis, in perpetuum, etc.

Venerabilis in Christo frater Henrice episcope, tuis justis postulationibus clementer annuimus, et Beati Petri Belvacensis ecclesiam, cui Deo auctore præesse dignosceris, sub ipsius apostolorum principis et nostra protectione suscipimus; statuentes, etc. ut firma tibi tuisque successoribus illibata permaneant. In quibus hæc propriis duximus exprimenda vocabulis : Abbatiam S. Symphoriani, S. Luciani, S.

---

(103) Hic est celeberrimus ille Hugo, qui ex abbate Radingensi factus est archiepiscopus Rothomagensis, cujus septem Dialogorum Theologicorum libros edidimus tom. V Anecdot., et tres adversus hæreses noster Acherius

Quintini, S. Geremari de Flaiaco, S. Mariæ de Britolio, S Martini de Ruricurte, S. Pauli, ecclesiam S. Bartholomæi, S. Michaelis, S. Laurentii, Sanctæ Mariæ, et ecclesiam de Monthatere cum omnibus pertinentiis; præterea civitatem, comitatum, theloneum, foragium et præposituram ipsius civitatis, culturam quoque et molendina, et terram de Maresco cum adjacente silva et justitiis suis et pertinentiis suis; Hosdingum cum omnibus appendiciis suis; Lavercinum, Castanetum, Buriacum, Serronem, S. Justum Bertacurt, et Congel cum omnibus pertinentiis suis. Quidquid insuper libertatis seu immunitatis vel juris possessionis ab illustribus Francorum regibus vel aliis principibus eidem ecclesiæ pia devotione et rationabili providentia concessum est, tibi tuisque successoribus nihilominus confirmamus. Sancimus autem ut quidquid a defuncto episcopo vel ab aliis de rebus ipsius usque modo illicite alienatum est, viribus omnino careat et irritum revocetur. Prohibemus quoque ut mensam episcopi vel custodiam granarii et cellarii nullus hæreditario jure possidere præsumat. Decernimus ergo, etc.

Ego Eugenius Catholicæ Ecclesiæ episcopus.

Ego Hubaldus presbyter cardinalis ecclesiæ Sanctæ Praxedis.

Ego Nicolaus cardinalis presbyter ecclesiæ Sancti Cyriaci.

Ego Albertus presbyter cardinalis ecclesiæ S. Anastasiæ, etc.

Datum Ferentini, per manum Bosonis, sanctæ Romanæ Ecclesiæ scriptoris, Nonis Martii, Incarnationis Dominicæ anno 1150, pontificatus vero domni Eugenii III papæ anno vii.

CDXXXIII.

Ad Henricum Belvacensem episcopum.—Respondet ad litteras Henrici quibus petebat absolvi ab onere episcopalis dignitatis, cujus petitionem nec Eugenius, nec qui illi, post Anastasium IV, successit Adrianus IV admittere voluerunt.

(Anno 1151, Mart. 8.)

[MARTEN., *Ampl. Coll.*, II, 635.]

EUGENIUS episcopus, servus servorum Dei, venerabili fratri HENRICO Belvacensi episcopo, salutem et apostolicam benedictionem.

Ut repsonsum super eo, quod a nobis post discessum tuum primum petisti, secrete suscipias, propria manu quas legis litteras scripsimus. Noverit itaque tuæ fraternitatis sincera dilectio, quia nec in camera nostra, quando a nobis licentiam suscepisti, nec alio loco vel tempore cum de tua illa singulari et secreta petitione nobis locutus fuisti, tibi assensum dedimus. Non ergo super nostris responsis in hac parte in corde tuo scrupulum teneas, sed illa intentione ad præsens seposita, reditum tuum ad ecclesiam tibi a Deo commissam accelera, et ad lucrum animarum cleri et populi, cujus curam, Domino favente, semel suscepisti, sollicite, prudenter et viriliter elabora. Valeas in Domino semper, charissime frater.

Data Ferentini, VIII Id. Martii.

CDXXXIV.

Ad Hugonem Rothomagensem archiepiscopum. — Pro Hugone de Gornaco.

(Anno 1151, Mart. 10.)

[*Ibid.*]

EUGENIUS episcopus, servus servorum Dei, venerabili fratri HUGONI Rothomagensi archiepiscopo, salutem et apostolicam benedictionem.

Venerabilis fratris nostri Henrici Belvacensis episcopi relatio nos instruxit, quod Hugo de Gornaco, parochianus tuus, cuidam civi Burgensi, Erquerico nomine, LXXII libras Belvacenses et duas marcas argenti ab eo præstito juramento accipiens, mentita fide reddere contradicit. Quocirca per præsentia scripta fraternitati tuæ mandamus, quatenus, si dicta ejus super hoc veritate nituntur, prædictum Hugonem districte commoneas ut ipsam pecuniam præfato Gornaco sine contradictione restituat. Si vero admonitioni tuæ obedire neglexerit, ecclesiastica eum districtione ita cohibeas, ut non debeat exinde ad aures nostras pro justitiæ defectu querela perferri.

Data Ferentini, VI Idus Martii.

CDXXXV.

Ad Henricum Belvacensem episcopum. — Episcopalis muneris deponendi licentiam denegat.

(Anno 1151, Mart. 11.)

[*Ibid.*, 636.]

EUGENIUS, servus servorum Dei, venerabili fratri HENRICO Belvacensi episcopo, salutem et apostolicam benedictionem.

Si semper quoties tuæ fraternitati loquimur vel scribimus, tibi scrupulus generatur, aut tu desinas dubitare, aut nos a locutione vel scriptura necesse habemus cessare; sit ergo tuæ charitati sine dubitatione certitudo, quia quam quæris ab episcopatu absolutionem, ad præsens nequaquam concedimus. Valeas in Christo, charissime frater, et ut incoeptum reditum prospere perficias, Dominum attentius exoramus.

Data Ferent., v Idus Martii.

CDXXXVI.

Privilegium pro monasterio Michaelsteinensi.

(Anno 1151, Mart. 11.)

(LEUCKFELD, *Antiquit. Michaelstein.*, 87.]

EUGENIUS episcopus, servus servorum Dei, dilectis filiis ROGERO abbati monasterii de Lapide S. Michaelis ejusque fratribus tam præsentibus quam futuris, regularem vitam professis, in perpetuum.

Quoniam sine vero cultu religionis, nec charitatis unitas potest subsistere, nec Deo gratum exhiberi servitium, oportet nos viris religiosis propensiori pietati imminere, et ne a sui ordinis observantia quorumlibet præsumptionibus disturbentur, res et loca eorum protectionis munimine defensare, quatenus sanctitatis proposito quod elegerunt, tanto debeant securius inhærere, quanto ab eis vigilantius curaverimus omnem fatigationem indebitam submovere. Eapropter, dilecti in Domino filii, vestris justis postulationibus clementer annuimus, et præfatum monasterium in quo divino mancipati estis obsequio, sub beati Petri et nostra protectione suscipimus, et præsentis scripti privilegio communimus; imprimis siquidem statuentes, ut ordo monasticus, qui secundum Dei timorem et Cisterciensium fratrum ordinem per studium et dispositionem dilectæ filiæ nostræ Beatricis, ecclesiæ Sancti Servatii Quedlinburgensis abbatissæ, in eodem loco, auctore Domino, institutus esse dignoscitur, perpetuis ibidem temporibus inviolabiliter observetur; præterea quascunque possessiones, quæcunque bona eadem ecclesia juste et canonice possidet, aut in futurum concessione pontificum, liberalitate regum, vel principum, oblatione fidelium, seu aliis justis modis, Deo propitio, poterit adipisci, firma vobis et vestris successoribus, et illibata permaneant. In quibus hæc propriis duximus exprimenda vocabulis: Locum in quo ipsa abbatia sita est, cum appendiciis suis, grangiam quæ dicitur Ervinkerote cum appendiciis suis, grangiam quæ vocatur Northolt cum novalibus et appendiciis suis; grangiam quæ nominatur Halsingen cum appendiciis suis; et grangiam quæ vocatur, Hevergodesroth cum appendiciis suis. Sane laborum vestrorum quos propriis manibus aut sumptibus colitis, sive de nutrimentis vestrorum animalium nullus aliquis a vobis decimas præsumat exigere. Obeunte vero te, dilecte in Domino fili Rogere, ejusdem loci abbate, vel tuorum quolibet successorum, nullus ibi qualibet subreptionis astutia seu violentia præponatur, nisi quem fratres communi consilio, et fratrum pars consilii sanioris, secundum Dei timorem et ordinem Cisterciensium fratrum providerint eligendum.

Decernimus ut nulli omnino homini liceat præfatum monasterium temere perturbare aut ejus possessiones auferre, seu ablatas retinere, minuere, vel aliquibus vexationibus fatigare, sed omnia integra conserventur eorum, pro quorum gubernatione et sustentatione concessa sunt, usibus omnimodis profutura, salva Quedlenburgensis Ecclesiæ canonica justitia. Si qua igitur in futurum ecclesiastica sæcularisve persona hanc nostræ constitutionis paginam sciens, contra eam temere venire tentaverit, secundo tertiove commonita, nec præsumptionem suam satisfactione congrua emendaverit, potestatis honorisque sui dignitate careat, reamque se divino judicio existere de perpetrata iniquitate cognoscat, et a sacratissimo corpore et sanguine Dei et Domini Redemptoris nostri Jesu Christi aliena fiat, et in extremo examine districtæ ultioni subjaceat. Cunctis autem eidem loco sua jura servantibus sit pax Domini nostri Jesu Christi, quatenus et hic fructum bonæ actionis percipiant, et apud districtum judicem præmia æternæ pacis inveniant. Amen.

Ego Eugenius Catholicæ Ecclesiæ episcopus.
Ego Imarus Tusculanus episcopus.
Ego Nicolaus Albanus episcopus.
Ego Hubaldus presbyt. card. tit. S. Praxedis.
Ego Bernardus presbyt. card. tit. S. Clementis.
Ego Oddo diaconus cardinalis S. Georgii ad Velum Aureum.
Ego Gregorius S. Angeli diaconus cardinalis.
Ego Joannes diaconus cardin. S. Mariæ Novæ.
Ego Wido diaconus cardinalis S. Mariæ in Porticu.
Ego Jocundus diaconus cardinal. S. Mariæ in Cosmedin.

Datum Ferentini, per manum Bosonis sanctæ Romanæ Ecclesiæ scriptoris, Idus Martii, indict. XIII, Incarnationis Dominicæ anno 1152, pontificatus vero domni Eugenii III papæ anno septimo.

CDXXXVII.

Bulla pro Guarino abbate Sancti Joannis in Valeia (Carnot.)

(Anno 1151, Mart. 17.)

[*Gall. Chr.* nov., VIII, Instr., 332, ex chartario domestico D. de Gagneres, in bibliotheca regia.

EUGENIUS episcopus, servus servorum Dei, dilectis filiis GUARINO abbati ecclesiæ B. Joannis Valeiacensis, ejusque fratribus, tam præsentibus quam futuris, canonicam vitam professis in perpetuum.

Quoties istud, etc. Eapropter, dilecti in Domino filii, etc. præfatam ecclesiam sub B. Petri et nostra protectione suscipimus, et præsentis scripti privilegio communimus; statuentes ut quæcunque possessiones, quæcunque bona, etc. firma vobis vestrisque successoribus et illibata permaneant. In quibus hæc propriis duximus exprimenda vocabulis: In ecclesia Beatæ Mariæ Carnotensis totos redditus per integrum annum præbendæ unius cujusque fratris ex congregatione canonicorum ipsius ecclesiæ, cum eam quacunque occasione dimiserit, ut quoquo modo persona mutetur, in usus vestræ ecclesiæ beneficium præbendale cum omni integritate deveniat. Integram præbendam quam ecclesia vestra in ecclesia Beatæ Mariæ perpetualiter habet, quam habebat bonæ memoriæ abbas Albertus cum canonicam susciperet normam; ecclesiam Sancti Stephani cum pertinentiis, scilicet altare de Morenciaco cum parte synodi ad altare pertinentis; ecclesiam de Mondonisvilla cum pertinentiis liberam ab omni exactione, synodo, circada, ecclesiam Sanctæ Fidis cum parochiali jure de novo burgo, qui vocatur Castelleth, ecclesiam de Luciaco, et campi partem de illa terra, quam ante possederat bonæ memoriæ Ivo Carnotensis episcopus, terram de Osanivilla, tam episcopalem quam canonicalem, cum oblatis; terram de Antherisvilla; in villa de Pontegodani, prioratum ecclesiæ ipsius villæ cum omnibus domibus episcopalibus, totam avenæ farraginem, totam terram episcopi quam habetis ultra aquam Auduram, plateam quam dedit vobis venerabilis frater noster Gossenus Carnotensis episcopus, donum altaris ecclesiæ de Serneio a Gosleno canonico et præposito ecclesiæ Sanctæ Mariæ, ecclesiæ vestræ factum, donum vigeriæ de Valeia, et totius terræ de Moncellis cum omnibus consuetudinibus factum vobis ab Hugone vicedomino Carnotensi, totam terram de Eddevilla cum consuetudinibus et feodis, ecclesiam Ardelecth cum omnibus hospitibus et terra ad duas carrucas ; ecclesiam S. Nicolai de Curvavilla, cum ecclesia Sancti Petri ejusdem villæ, ecclesiam S. Dionysii de Puteis, S. Mariæ de Gohosvilla cum pertinentiis, ecclesiam de Trembleio cum decimis, ecclesiam Beatæ Mariæ de Teliu cum decimis, ecclesiam de Braioso cum pertinentiis, ecclesiam Sancti Saturnini de Camburciaco cum pertinentiis, ecclesiam Sancti Martini de Loiniaco, cum pasnagio porcorum vestrorum ; villam Armentarvillam cum decima, quam ab ecclesia Sancti Benedicti admodiationem accepistis pro III frumenti modiis et IV avenæ ipsi annis singulis persolvendis, villam Arbereth, et villam Nerle, terram de Curvaulmo, et omnes alias terras quas apud Carnotum habetis, ecclesiam de Garneio cum terra ad unam carrucam, quam pro animæ suæ redemptione Nivardus de Nonancurte ecclesiæ vestræ concessit; ecclesiam de Orrevilla cum decima quam dedit vobis Hugo filius Guinemari per manum præscripti Ivonis Carnotensis episcopi ; in loco qui dicitur Guoriart dimidium cum pratis secus Auduram fluvium; apud Sanctum Priscum molendinum, prata quæ de beneficio Beatæ Mariæ apud Ataias habetis, terram quam jure proprietatis tenetis apud villam Soors: Præterea census domorum, terrarum, vinearum, et decimas segetum et vinearum, quæ tam in Carnotensi civitate quam suburbio vestri juris existunt. Obeunte vero te, dilecte fili Guarine abbas, nullus ibi qualibet subreptione, astutia, vel violentia præponatur, nisi quem fratres secundum Dei timorem et B. Augustini Regulam providerint eligendum. Electus autem communi capitulo Beatæ Mariæ repræsentetur, ab episcopo Carnotensi abbatiam et benedictionis gratiam suscepturus; qui nimirum in ecclesia Beatæ Mariæ sicut et alii canonici suam faciet septimanam. Decernimus ergo, etc. Amen, amen, amen.

Ego Eugenius Catholicæ Ecclesiæ episcopus.

Datum Ferentini, per manum Bosonis sanctæ Romanæ Ecclesiæ scriptoris, XVI Kal. Aprilis, indictione XIV, Incarnationis Domini 1150, pontificatus vero domni Eugenii papæ III anno septimo.

CDXXXVIII.
Bulla pro Theobaldo abbate Sancti Carauni.
(Anno 1151, Mart. 20.)
[*Gall. Christ.*, nov. VIII, Instr., 334.]

EUGENIUS episcopus, servus servorum Dei, dilectis filiis THEOBALDO abbati S.Carauni, ejusque fratribus, tam præsentibus quam futuris, canonicam vitam professis, in perpetuum.

Quoniam sine observantia sacræ religionis, nec ecclesiastici corporis membra in charitatis unione consistunt, nec gratus Deo famulatus impenditur, religiosis locis instituendis et institutis conservandis omnimodam diligentiam adhibere nos convenit, et ne a pravis hominibus ausu temerario conquassetur, apostolicæ auctoritatis privilegio communire.

Eapropter, dilecti in Domino filii, vestris justis postulationibus clementer annuimus, et præfatam ecclesiam, in qua divino mancipati estis obsequio, sub B. Petri et nostra protectione suscipimus, et præsentis scripti patrocinio communimus. Imprimis siquidem statuentes ut ordo canonicus, qui secundum Dei timorem et beati Augustini Regulam per studium et providentiam venerabilis fratris nostri Gosleni Carnotensis episcopi in eodem loco, auctore Domino, constitutus esse dignoscitur, perpetuis ibidem temporibus inviolabiliter observetur. Præterea quascunque possessiones, quæcunque bona eadem ecclesia impræsentiarum juste et canonice possidet, aut in futurum concessione pontificum, largitione regum vel principum, oblatione fidelium, seu aliis justis modis, præstante Domino, poterit adipisci, firma vobis vestrisque successoribus et illibata permaneant ; In quibus hæc propriis duximus exprimenda vocabulis : Integros redditus præbendarum et præposituræ quas in ecclesia vestra canonici sæculares temporibus præfati fratris nostri Gosleni et prædecessoris ejus bonæ memoriæ Gaufridi Carnotensium episcoporum juste tenuisse noscuntur, ab eodem fratre nostro Gosleno usibus et necessitatibus vestris rationabili providentia deputatis, et ecclesiam de Dordan cum appendiciis suis. Obeunte vero te, dilecte in Domino fili Theobalde, nunc ejusdem loci abbate, vel tuorum quolibet successorum, nullus ibi qualibet subreptionis astutia, seu violentia præponatur, nisi quem fratres communi consilio, vel fratrum pars consilii sanioris secundum Dei timorem et beati Augustini Regulam providerint eligendum. Electus autem Carnotensi episcopo præsentetur, abbatiam ab eo et benedictionis gratiam recepturus. Adjicimus etiam ut quia tanquam noviter in religione plantatis majorum suffragium vobis est omnimodis opportunum ad consilium et auxilium Carnotensis episcopi pro succrescentibus vobis negotiis devotione debita recurratis, et ejus tanquam patris et fundatoris vestri præsidium in opportunitatibus humiliter requirentes, sine ipsius conscientia et consilio possessiones Ecclesiæ nec permutare, nec vendere, nec alienare ullo modo debeatis. Decernimus ergo ut nulli omnino hominum, etc.

Ego Eugenius Catholicæ Ecclesiæ episcopus. (*Sequuntur plures cardinales.*)

Datum Ferentini, per manum Bosonis sanctæ Romanæ Ecclesiæ scriptoris, XIII Kalendas Aprilis, indictione XIV, Incarnationis Domini anno 1150, pontificatus vero D. Eugenii papæ III anno septimo.

CDXXXIX.
Confirmatio privilegiorum ab Innocentio papa II Rotensi monasterio Ord. S. Benedicti concessorum.
(Anno 1151, Mart. 30.)
[HUND., *Metropol. Salisb.*, III, 268.]

EUGENIUS episcopus, servus servorum Dei, dilectis filiis LOTHARIO Rotensis monasterii abbati ejusque fratribus tam præsentibus quam futuris, regularem vitam professis, in perpetuum.

Quotiea illud a nobis petitur quod religioni et honestati convenire dignoscitur, animo nos decet libenti concedere, et petentium desideriis congruum impertiri suffragium. Eapropter, dilecti in Domino filii, vestris justis postulationibus clementer annuimus, et felicis memoriæ papæ Innocentii prædecessoris nostri vestigiis inhærentes, Rotense monasterium, in quo divino mancipati estis obsequio, sub beati Petri et nostra protectione suscipimus, et præsentis scripti patrocinio communimus; imprimis siquidem statuentes, ut Ordo monasticus, qui secundum Dei timorem et B. Benedicti Regulam in eodem loco, auctore Domino, institutus esse dignoscitur, perpetuis ibidem temporibus inviolabiliter observetur. Præterea quascunque possessiones, quæcunque bona eadem ecclesia impræsentiarum juste et canonice possidet, aut in futurum concessione pontificum, largitione regum vel principum, oblatione fidelium seu aliis justis modis, præstante Domino, poterit adipisci, firma vobis vestrisque successoribus et illibata permaneant. In quibus hæc propriis duximus vocabulis exprimenda : Locum qui dicitur Rota, in quo ipsa abbatia sita est, cum ecclesiis, decimis, terminis et cæteris pertinentiis suis ; in parochia Clemeringen triginta mansos cum parte ecclesiæ Sancti Pancratii, decimis et appendiciis suis : Beusteten, Putingen, Aske, Miuvarn, cum ecclesia ejusdem loci, decimis et appendiciis suis; Volchmaristorff cum vineis et agris vinitorum; Erigelteshusen ecclesia ejusdem loci, decimis , et appendiciis suis : prædium quod appellatur Rota, adjacens Glane flumini cum ecclesia Sancti Georgii, decimis et appendiciis suis, Harde Brumciuntal; mansum apud Truhtheringen, Helpfendorf, Tontinhuscen, Warte, Veristeten, Wachreine, Durholz, Walse, Cholental, totum Bileresse cum ecclesia ejusdem loci, decimis et appendiciis suis : in Luichental, Stegen, Wisinchswanch, Criessonnowe, Gromsowe, Barne, et quidquid illustris memoriæ Cono palatinus, comes ecclesiæ vestræ fundator a Strichen usque Jagperch juste habuerat, pia vobis ab eo devotione concessum, præter unam mansionem apud Wisinchwanch; apud Halle patellam salis et locum patellæ ; in monte qui dicitur Ritino unum mansum; in Bozen curiam et vineas ; in Hartperch sex vineas et agros : Choftingen, et Ratispona , curiam juxta S. Cassianum cum atrio per circuitum et ædificiis. Sane laborum vestrorum quos propriis manibus aut sumptibus colitis, sive de nutrimentis vestrorum animalium, nullus a vobis decimas præsumat exigere. Sepulturam quoque ipsius loci liberam esse sancimus, ut eorum qui se illic sepeliri deliberaverint, devotioni et extremæ voluntati, nisi excommunicati sint, nullus obsistat, salva tamen justitia matricis ecclesiæ. Porro loci vestri advocatiam nullus invadere vel usurpare præsumat, nisi quem abbas et fratres secundum Domini et ipsius monasterii utilitatem elegerint. Obeunte vero te, nunc ejusdem loci abbate, aut tuorum quolibet successorum, nullus ibi quali- bet subreptionis astutia seu violentia præponatur, nisi quem fratres communi consensu, vel fratrum pars consilii sanioris secundum Dei timorem et beati Benedicti Regulam præviderint eligendum.

Decernimus ergo ut nulli omnino hominum liceat præfatam ecclesiam temere perturbare, aut ejus possessiones auferre, vel ablatas retinere, minuere, seu aliquibus vexationibus fatigare ; sed omnia integra conserventur eorum, pro quorum gubernatione et sustentatione concessa sunt, usibus omnimodis profutura, salva diœcesanorum episcoporum canonica justitia et reverentia. Ad indicium autem perceptæ hujus a sede apostolica protectionis bizantium aureum nobis nostrisque successoribus annualiter persolvetis. Si qua igitur in futurum ecclesiastica sæcularisve persona, hanc nostræ constitutionis paginam sciens, contra eam temere venire tentaverit, secundo tertiove commonita , nisi satisfactione congrua emendaverit, potestatis honorisque sui dignitate careat, reamque se divino judicio existere de perpetrata iniquitate cognoscat et a sacratissimo corpore et sanguine Dei et Domini Redemptoris nostri Jesu Christi aliena fiat, atque in extremo examine districtæ ultioni subjaceat. Cunctis autem eidem loco sua jura servantibus sit pax Domini nostri Jesu Christi, quatenus et hic fructum bonæ actionis percipiant, et apud districtum judicem præmia æternæ pacis inveniant. Amen.

Ego Eugenius Catholicæ Ecclesiæ episcopus ss.
Ego Gregorius presb. card. tit. Calixti ss.
Ego Imarus Tusculanensis episcopus ss.
Ego Otto diac. card. S. Georgii ad Velum Aureum ss.
Ego Nicolaus Albanus episcopus ss.
Ego Guido diac. card. S. Mariæ in Porticu ss.
Ego Bernardus presb. card. tit. S. Clementis ss.
Ego Jordanus presb. tit. S. Susannæ ss.
Ego Octavianus presb. card. tit. S. Ceciliæ ss.
Ego Cencius diac. card. S. Romanæ Ecclesiæ ss.

Datum Ferentini, per manum Bosonis sanctæ Romanæ Ecclesiæ scriptoris, II Kal. Aprilis, indict. XIV, Incarnat. Dominicæ anno 1151, pontificatus vero domni Eugenii papæ III anno VII.

CDXL.

Bulla pro monasterio S. Quirici de Rosis.

(Anno 1151, Mart. 30.)

[MITARELLI, *Ann. Camald.* III, p. 454.]

EUGENIUS episcopus, servus servorum Dei, dilectis filiis ANTONIO priori monasterii Sancti Quirici de Rosis, ejusque fratribus tam præsentibus quam futuris, monasticam vitam professis, in perpetuum.

Quoties illud a nobis petitur, quod religioni et honestati convenire dignoscitur, animo nos decet libenti concedere et petentium desideriis congruum impertiri suffragium. Quapropter, dilecti in Domino filii, vestris justis postulationibus clementer annuimus et præfatum Beati Quirici monasterium, cui divino mancipati estis obsequio, sub beati Petri e nostra protectione suscipimus et præsentis scripti privilegio communimus; statuentes ut quæcunque possessiones, quæcunque bona impræsentiarum juste et canonice possidetis, aut in futurum, rationabilibus modis, præstante Domino, poteritis adipisci, firma vobis vestrisque successoribus, et illibata permaneant. In quibus hæc propriis duximus exprimenda vocabulis; Ecclesiam videlicet Sancti Georgii in castro de Fracta Guinildi, castrum etiam ipsum cum curte ejusdem castri; quidquid habetis in curia de Fojano, quidquid habet monasterium vestrum in curia de Marciano; quidquid habet in curia de Liciguano; quidquid habetis in curia de Puteo; quidquid habetis in curia de Fracta Rainucci; quidquid habetis in curia Ceso; quicquid habetis in curte de Donna, quidquid in curte Fracte de Paterno; quidquid habetis in villa Albula, et quidquid habetis in Broilo et in curte de Ficareto; quidquid habetis in villa Sanctæ Luciæ.

Decernimus ergo ut nulli omnino hominum liceat præfatum monasterium temere perturbare aut ejus possessiones auferre, vel ablatas retinere, minuere, seu quibuslibet vexationibus fatigare, sed omnia integra conserventur eorum, pro quorum gubernatione et sustentatione concessa sunt, usibus omnimodis profutura. Si qua igitur, etc. Amen.

FAC MECUM, DOMINE, SIGNUM IN BONUM.

Ego Eugenius Catholicæ Ecclesiæ episcopus ss.
Ego Imarus Tusculanus episcopus ss.
Ego Nicolaus Albanensis episcopus ss.
Ego Gregorius presb. card. tit..... ss.
Ego Ubaldus presb. card. tit. S. Praxedis ss.
Ego Ubaldus presb. card. tit. Sanctæ Crucis in Hierusalem ss.
Ego Jordanus presb. card. tit. Sanctæ Susannæ ss.
Ego Rolandus presb. card. tit. Sancti Marci ss.
Ego Otto diac. card. Sancti Georgii ad Velum Aureum ss.
Ego Gregorius card. diac. Sancti Angeli ss.
Ego Joannes diac. card. S. Mariæ Novæ ss.
Ego Guido diac. card. Sanctæ Mariæ in Porticu ss.
Ego Joannes diac. card. Sanctorum Sergii et Bacchi ss.

Datum Ferentini, per manus Mariani Sanctæ Romanæ Ecclesiæ scriptoris, III Kalendas Aprilis, indictione XIV, Incarnationis Dominicæ anno 1151, pontificatus vero domni Eugenii papæ III anno VII.

CDXLI.

Roberti archiepiscopi Acheruntini, jura metropolitana confirmat eumque pallio donat.

(Anno 1151, April. 1.)

[UGHELLI, *Italia sacra*, VII, 32.]

EUGENIUS episcopus, servus servorum Dei, venerabili fratri ROBERTO Acheruntino archiepiscopo, ejusque successoribus canonice instituendis, in perpetuum.

In eminentis sedis apostolicæ specula, disponente Domino, constituti, fratres nostros episcopos, tam vicinos, quam longe positos, debemus diligere, et Ecclesiis, in quibus Domino militare noscuntur, suam justitiam observare. Eapropter, venerab. fr. in Christo Roberte archiepiscope, tuis justis postulationibus clementer annuimus, et prædecessoris nostri fel. mem. Paschalis vestigiis inhærentes, sanctam Acheruntinam Ecclesiam præsentis decreti auctoritate munimus, tibi tuisque successoribus, confirmamus quæcunque ad ipsam metropolitano jure, præteritis temporibus pertinuisse noscuntur, videlicet Venusium, Gravenam, Tricaricum, Tursum, Potentiam, ut tu, tuique legitimi successores potestatem habeatis, canonice ac decretaliter, in eis episcopos ordinandi, ac consecrandi, salva in omnibus sanctæ Romanæ Ecclesiæ auctoritate. Ad hæc statuentes, decrevimus ut quæcunque oppida, villæ, vel ecclesiæ parochiales jure ab eadem Acheruntina Ecclesia possidentur, quæcunque bona in præsentiarum juste possidet, sive in futurum juste atque canonice poterit adipisci, firma tibi tuisque successoribus et illibata permaneant: iis nimirum exceptis quæ sedis apostolicæ specialibus privilegiis muniuntur. Pallium præterea fraternitati tuæ, plenitudinem videlicet pontificalis officii ex apostolicæ sedis liberalitate concedimus, quod te intus ecclesiam tantum ad missarum solemnia, subscriptis diebus, noveris induendum: id est, Nativitatis Domini, Epiphaniæ, Hypapanthes, tribus solemnitatibus beatæ Mariæ, Cœnæ Domini, Sabbato sancto, Resurrectionis, Ascensionis, Pentecostes, Nativitatis sancti Joannis Baptistæ, festivitatibus Apostolorum omnium, Michaelis archangeli, Commemoratione omnium Sanctorum, etiam eorum martyrum vel confessorum qui in Acheruntina Ecclesia requiescunt; in consecratione ecclesiarum, episcoporum, presbyterorum et diaconorum. Cujus nimirum pallii volumus, et per omnia genium vindicare: hujus siquidem indumenti honor, humilitas atque justitia est. Tota ergo mente fraternitas tua se exhibere festinet in prosperis humilem, et in adversis (si quando eveniunt) cum justitia erectum, amicum bonis, perversis contrarium; nullius unquam faciem contra charitatem recipiens; nullius unquam faciem pro veritate loquentis premens; misericordiæ operibus, juxta virtutem substantiæ insistens, et tamen insistere etiam supra virtutem cupiens, infirmis compatiens, benevalentibus congaudens, aliena damna propria deputans, de alienis gaudiis tanquam de propriis exsultans: in corrigendis vitiis, pie sæviens, in fovendis virtutibus auditorum animum demulcens; in ira judicium sine ira tenens, in tranquillitate autem severitatis justæ censuram non deserens. Hæc est, frater charissime, pallii accepti dignitas, quam si sollicite servaveris, quod foris accepisse ostenderis, intus habebis.

Decernimus itaque ut nulli omnino hominum liceat præfatam Ecclesiam temere perturbare, aut ejus possessiones auferre, vel ablatas retinere, minuere, aut aliquibus vexationibus fatigare, sed omnia integra conserventur eorum, pro quorum gubernatione et sustentatione concessa sunt, ubilibet omnino profutura, salva sedis apostolicæ auctoritate. Si qua igitur in futurum ecclesiastica sæcularisve persona, hanc nostræ constitutionis paginam sciens, contra eam temere venire tentaverit, secundo tertiove commonita, si non satisfactione congrua reatum suum correxerit, potestatis honorisque sui dignitate careat, reamque se divino judicio existere, de perpetrata iniquitate cognoscat, et a sacratissimo corpore et sanguine Dei et Domini Redemptoris nostri Jesu Christi aliena fiat, atque in extremo examine districtæ ultioni subjaceat. Cunctis autem eidem loco justa servantibus, sit pax Domini nostri Jesu Christi, quatenus et hic fructus bonæ actionis percipiant, et apud districtum judicem præmia æternæ pacis inveniant. Amen, amen, amen.

Datum Ferentini, per manum Martiani, sanctæ Romanæ Ecclesiæ scriptoris, Kalend. Aprilis, ind. xiv, Incarnationis Dominicæ anno 1151, pontif. vero domni Eugenii papæ III anno vii.

CDXLII.

Parthenonis S. Cyriaci Gernrodensis protectionem suscipit possessionesque confirmat, imposito sororibus marcæ argenti censu annuo.

(Anno 1151, April. 4.)

[BECKMAN, *Hist. von Anhalt*, I, 173.]

CDXLIII.

Ad S. Pontii et Crassensem abbates.—Ut servent decretum Urbani II, in concilio Claromontano.

(Anno 1151, Apr. 11.)

[MANSI, *Concil.*, XXI, 678.]

EUGENIUS episcopus, servus servorum Dei, dilectis filiis S. Poncii et Grassensi abbatibus, salutem et apostolicam benedictionem.

Ex conquestione venerabilis fratris nostri Petri Narbonensis archiepiscopi, et canonicorum ecclesiæ suæ, accepimus, quod in ecclesiis quas in ejus episcopatu tenetis, capellanos absque conscientia eorum ponitis, et ab eis excommunicatis in vita et in morte recipitis. Quod et rationi contrarium, et sanctorum Patrum decretis omnino adversum esse dignoscitur. Quia ergo tantæ præsumptionis excessum dissimulare non possumus, nec debemus : per præsentia vobis scripta mandamus, quatenus eorum excommunicatos de cætero nullatenus recipiatis, et de substituendis presbyteris in parochialibus vestris ecclesiis, quas in eodem episcopatu habetis, prædecessoris nostri sanctæ memoriæ Urbani papæ constitutum firmiter teneatis, ut videlicet vos ipsi presbyteros eligatis, et prædicto archiepiscopo præsentetis; quibus, si idonei fuerint, animarum curam committere debeat, ut de plebis cura ei respondeant, vobis vero pro rebus temporalibus debitam subjectionem exhibeant. Videte itaque ut hoc mandatum nostrum ita efficere studeatis ne iteratus clamor exinde ad aures nostras debeat pervenire.

Data Ferentini, iii Idus Aprilis.

CDXLIV.

Moniales ad S. Georgium Pragæ de obitu Heinrici, episcopi Olomuciensis, ipsarum maximi benefactoris, consolatur, gratiasque agit pro ornamentis missis.

(Anno 1151, April. 15.)

[BOCZEK, *Cod. dipl Morav.*, I, 264; ex originali in archivo c. r. aulico Vindobonæ.]

EUGENIUS episcopus, servus servorum Dei, dilectis in Christo filiabus B. abbatissæ Sancti Georgii, et ejus sororibus, salutem et apostolicam benedictionem.

Obitus venerabilis fratris nostri Heinrici, bonæ memoriæ Moraviensis episcopi, benigni patroni, et benefactoris vestri animum nostrum plurimum contristavit. Cujus nimirum commendabilis vita nobis gaudium, et vobis in vestris necessitatibus opportunum solatium conferebat. Contra consolationem in eo recipere possumus, quia miseriæ temporali subtractus, ad æternam beatitudinem est translatus. Inter hæc autem illud omnino debemus intendere, ut si quid ei carnalis adhæsit pulveris, miserante Domino, relaxetur, et ipse pro nobis apud Conditorem nostrum familiarius intercedat. Majora quippe de ipso auxilia, majora solatia modo speranda sunt, quam cum nobiscum corporali præsentia morabatur. Nos vero animæ ipsius inter missarum solemnia immemores esse non possumus, nec debemus, qui non solum, dum viveret, apostolicæ sedi ac nobis devotus exstitit ut suis nos exeniis visitavit, sed positus in extremis illa idonea ornamenta quæ per instructas et peritas manus vestras ad altaris ministerium studiosius operari fecit, pia nobis cum devotione obtulit, et ad nos deferri præcepit. Quæ nos benignitate debita suscipientes, et pro ejus anima divinam majestatem attentius exoramus et de labore et exercitio vestro vobis multimodas gratiarum actiones referimus, monentes vos, ut in proposito professionis vestræ juxta mandatum et doctrinam prædicti Patris vestri attentius perduretis, quatenus intervenientibus beatorum Petri et Pauli meritis ad æternæ beatitudinis gaudia, largiente Domino, feliciter pervenire possitis.

Datum Ferentini, xvii Kalendas Maii.

CDXLV.

Privilegia hospitalis S. Blasii confirmat.

(Anno 1151, April. 21.)

[FRISI, *Memorie di Monza*, II, 61.]

EUGENIUS episcopus, servus servorum Dei, dilecto filio ADAM magistro hospitalis quod est apud Sanctum Blasium juxta Modoetiam, ejusque fratribus tam præsentibus quam futuris, canonice substituendis, in perpetuum.

Ad hoc in apostolicæ sedis regimen, disponente Domino, promoti sumus, ut piis votis assensum præbere, auresque nostras justis inclinare petitionibus debeamus. Eapropter, dilecte in Domino fili Adam, devotionem tuam laudabilem attendentes, præfatum hospitale quod cum omnibus suis appendiciis, assensu et consilio Arnaldi, et Joannis aliorumque vicinorum hujus loci sub censu sex denariorum Mediolanensis monetæ veteris, nobis nostrisque successoribus annualiter persolvendo beato Petro, et nobis offers paterna benignitate suscipimus; statuentes ut quæcunque possessiones, quæcunque bona idem hospitale in præsentiarum juste ac legitime possidet, aut in futurum rationabilibus modis, Deo propitio, poterit adipisci, firma eidem hospitali ac pauperibus, et illibata permaneant. Si qua igitur in futurum ecclesiastica sæcularisve persona, hujus nostræ constitutionis paginam sciens, contra eam temere venire tentaverit, secundo tertiove commonita, si non satisfactione congrua emendaverit, potestatis honorisque sui dignitate careat, reamque se divino judicio existere de perpetrata iniquitate cognoscat, et a sacratissimo corpore ac sanguine Dei et Domini nostri Redemptoris Jesu Christi aliena fiat, atque in extremo examine districtæ ultioni subjaceat. Cunctis autem eidem loco justa servantibus, sit pax Domini nostri Jesu Christi, quatenus et hic fructum bonæ actionis percipiant et apud districtum judicem præmia æternæ pacis inveniant. Amen.

Datum Ferentini, x Kal. Maii, indic. xiv, pontificatus nostri anno septimo.

CDXLVI.
Parthenonis S. Petri Majoris Florentini bona et privilegia confirmat.
(Anno 1151, April. 25.)
[UGHELLI, *Italia sacra*, III, 94.]

EUGENIUS episcopus, servus servorum Dei, dilectæ in Christo filiæ MAGDALENÆ abbatissæ monasterii Sancti Petri Majoris, quod in suburbio civitatis Florentiæ situm est, ejusque sororibus tam præsentibus quam futuris, regulariter instituendis, in perpetuum.

Religiosis desideriis dignum est facilem præbere consensum, etc.

In quibus hæc propriis duximus exprimenda vocabulis: Ecclesiam S. Felicis, quæ juxta Emam posita est, et universas possessiones, quas nobilis mulier Gisla monasterio vestro rationabili prudentia, et devotionis intuitu contulit. Decernimus ergo ut nulli omnino hominum liceat præfatum monasterium temere perturbare, aut ejus possessiones auferre, vel ablatas retinere, minuere, vel aliquibus vexationibus fatigare, sed omnia integra conserventur earum, pro quarum gubernatione, et sustentatione concessa sunt, usibus omnimodis profutura, salva Florentini episcopi canonica justitia. Si qua igitur in futurum, etc., cunctis autem, etc. Amen.

Ego Eugenius Catholicæ Ecclesiæ episcopus.
Ego Ymarus Tusculanensis episcopus subscr.
Ego Ugo Ostiensis episc. subs.
Ego GG. presb. cardinalis S. Calixti subscripsi.
Ego Ubaldus presbyter cardinalis tit. . . subsc.
Ego Arisbertus presb. card. tit. S. Anastasiæ ss.
Ego Julius presb. cardinalis tit. S. Marcelli ss.
Ego Ubaldus presb. card. tit. S. Crucis in Hierusalem subscripsi.
Ego Bernardus presb. card. Sancti Clementis ss.
Ego Octavianus presb. card. tit. Sanctæ Cæciliæ ss.
Ego Rolandus presb. card. tit. Sancti Marci ss.
Ego Gerardus presb. card. tit. S. Stephani in Cœlio monte subscripsi.
Ego Joannes presb. card. tit. SS. Joannis et Pauli ss.
Ego Henricus presb. card. tit. SS. Nerei et Achillei subscripsi.
Ego Oddo diaconus card. S. Georgii ad Velum Aureum subscripsi.
Ego Rodulphus diaconus cardin. Sancti Angeli ss.
Ego Gregorius diac. card. S. Mariæ in Porticu ss.
Ego Hyacinthus diac. card. S. Mariæ in Cosmedin subscripsi.
Ego Joannes diaconus card. SS. Sergii et Bacchi ss.

Datum per manum Bologuini sanctæ Romanæ Ecclesiæ scriptoris, septimo Kal. Maii, indict. xiv, Incarnationis Dominicæ anno 1151, pontificatus vero domni Eugenii papæ III anno septimo.

CDXLVII.
Ad Tarraconensem archiepiscopum, apostolicæ sedis legatum. — Ut Toletanum primatum agnoscat.
(Anno 1151, Maii 15.)
[MANSI, *Concil.*, XXI, 677.]

Qualiter obedientia vel reverentia sit præpositis exhibenda, ex tuis quoque subjectis ipse non ambigis. In qua re valde utile ac laudabile est, si id quod disciplinæ vigor imponit, nullo cogente, humilitas laudanda servaverit. Nosti siquidem, quod venerabilis frater noster Rodericus [*cor*, Raimundus], Toletanus archiepiscopus, a tua fraternitate jure primatus debitam sibi reverentiam postulet exhiberi, quam prædecessores tuos suis decessoribus exhibuisse, multis argumentorum experimentis munitus, constanter affirmat. Sed quia ejus postulationibus nondum acquiescere voluisti : noviter per nuntios suos, pro eo quod ecclesia sua in hoc, sicut asserit, injuriam patitur, apostolicæ sedis clementiam humiliter requisivit, et justitiam super hoc sibi fieri a nobis cum magna instantia postulavit. Cæterum nos, sicut tua fraternitas meminisse potest, super hac causa Remis te ad rationem posuimus, et ut prædicto fratri nostro Toletano archiepiscopo, si cognosceres quod ecclesia tua consuevit illius ecclesiæ obedire, debitam non denegares obedientiam, tibi mandavimus. Tu vero novitatis tuæ ignorantiam tunc nobis opponere voluisti, et ad ecclesiam tuam cum nostra licentia redire te super hoc certum habere consilium promisisti. Et quoniam prædictus frater noster Toletanus a sua querimonia non desistit, et nos qui in sede justitiæ, licet immeriti, residemus, suam ei denegare justitiam non possumus, nec debemus : per præsentia tibi scripta mandamus, quatenus aut eidem fratri nostro debitam, quam a te requirit, obedientiam deferas; aut proxima Dominicæ Resurrectionis festivitate, per te ipsum, vel per sufficientes responsales tuos, ad apostolicæ sedis præsentiam venias, super hoc, memorato fratri nostro Toletano archiepiscopo respondere auctoritate vel ratione sufficienter paratus.

Datum Ferentini, III Idus Maii

CDXLVIII.
Privilegium pro ecclesia Imolensi.
(Anno 1151, Maii 18.)
[UGHELLI, *Italia sacra*, II, 625.]

EUGENIUS, etc., venerabili fratri RUDOLPHO episcopo Imolen. ejusque successoribus canonice substituendis, in perpetuum.

In eminenti sedis apostolicæ specula disponente Domino constituti, ex injuncto nobis a Deo apostolatus officio fratres nostros episcopos debemus diligere, et loca eorum gubernationi commissa pia protectione munire. Eapropter, venerabilis in Christo frater Rodulphe, tuis justis postulationibus clementer annuimus, et Imolensem Ecclesiam, cui Deo auctore præesse dignosceris, sub B. Petri, et nostra tutela suscipimus, et præsentis scripti privilegio communimus; statuentes ut quascunque possessiones, quæcunque bona eadem Ecclesia inpræsentiarum juste et canonice possidet, aut in futurum concessione pontificum, largitione regum, vel principum, oblatione fidelium, seu aliis justis modis Deo propitio, poterit adipisci, firma tibi tuisque successoribus, et illibata permaneant. In quibus hæc propriis duximus exprimenda vocabulis: Abbatias S. Mariæ in Regula, S. Donati, S. Mariæ in Diacoma, S. Apostoli in castro Imolæ, S. Petri in Sala, et S. Joannis in Senno; xenodochium S. Vitalis in ipsa civitate, plebem S. Laurentii, et in ea tibi, et canonicis tuis medietatem omnium beneficiorum de tota parochia ipsius provenientium in decimis, primitiis, oblationibus et testamentis in castro Imolæ, plebem S. Mariæ, cum capella S. Theodori, et cæteris capellis ad eamdem plebem pertinentibus, plebem S. Geminiani cum capellis suis, plebem S. Sabini cum capellis suis; plebem S. Andreæ, et capellam S. Pauli in castro Albori, Hospitale S. Jacobi in Silero, plebem S Mariæ in Gypso, cum suis capellis; capellam Saxilionis, decimationem novalium in silva de pacto infra fines tui episcopatus; plebes S. Mariæ in Taussiniano, S. Mariæ in Tyberiaco, S. Martini in colina, S. Angeli in Campiano, cum capellis ad easdem plebes pertinentibus, plebem S. Stephani in Barbiano, cum capella de castro Cunii, et cæteris capellis suis, plebes S. Mariæ in centum Licinia, S. Patritii, et S. Apollinaris, cum capellis ad eas pertinentibus, ecclesiam S. Anastasii in Noredano, plebes S. Prosp. et S. Mariæ in Salustra, cum capellis earum. Totum territorium et curtem S. Cassiani, castrum et curtem Taulariæ, castrum et curtem Aquævivæ, castrum et massam Boloniani, Massam prata, Massam campum castrum, et curtem caput Silicum et portum, cum paludibus, aquarum decursibus, et piscariis suis; portum Petredulo, bacharetam Runci, libbam fenariam, villam Zacharam; castrum novum Fabriaci, cum sedecim mansis; castrum Bagnaria, cum tota curte, et omnibus appendiciis suis; massam Adesso, massam Sugaranam, massam Medecanam, massam Auretam, fundum Peculini, castrum Imolæ, massam Plasignani, massam Valeriani, massam Cornarani, castrum Galisternæ, castrum Toranelli, curtem S. Martini in Sasso, fundum Sasbiliani, fundum Nunculiam, quæ dicitur casula, curtem vallis Salvæ, castrum et curtem Montis Alti, massam S. Ambrosii, castrum Ronchum, cum tota curte, curtem Maceratam et castrum Rochæ, villam Sorbedulum, castrum et curtem Corbariam, castrum et curtem Fontis Ulicis, castrum et curtem Tausinianum, castrum Casale, curtem Publicum, castrum et curtem Linarii, castrum et curtem Podioli, montem S. Andreæ cum appendiciis suis, castrum Duciæ cum appendiciis, castrum et curtem, Lavatoriam massam Libanii, massam Arsizi massam Galizani in curte Vitriani, fundum qui dicitur Capraria, et quatuor alios fundos, et in ipsa civitate teloneum, et publicas functiones. Decernimus ergo, ut nulli omnino hominum liceat præfatam Ecclesiam, *etc.*, *usque* salva nimirum sedis apostolicæ auctoritate. Si qua igitur in futurum, *etc.*, *usque* aliena fiat. Cunctis autem *etc.*, *usque* præmia æternæ pacis inveniant. Amen.

Ego Eugenius Catholicæ Ecclesiæ episcopus.
Ego Imarus Tusculanensis episcopus, etc.
Ego Nicolaus Albanensis episcopus, etc.
Ego Hubaldus presb. card. tit. S Praxedis, etc.
Ego Manfredus presb. card. tit. S. Savinæ, etc.
Ego Aribertus presb. card. tit. S. Anastasiæ, etc.
Ego Hubaldus presb. card. tit. S. Crucis in Hier., etc.
Ego Guido presb. card. tituli Pastoris, etc.
Ego Rollandus presb. card. tit. S. Marci, etc.
Ego Gerardus presb. card. tit. S. Stephani in Cœlio monte, etc.
Ego Otho diac. car. d S. Georgii ad Velum Aureum, etc.
Ego Georgius diac. card. S. Angeli, etc.
Ego Joannes diac. card S. Mariæ Novæ, etc.
Ego Hyacinthus diac. card. S. Mariæ in Cosmedin, etc.
Ego Joannes diac. card. SS. Sergii et Bacchi, etc.
Ego Centius diac. card. S. Mariæ in Aquiro, etc.

Datum Ferentini, per manum Bosonis S. R. E. scriptoris, XV Kalen. Junii, indict. XIV, Incarn. Dom. anno 1151, pontificatus vero d. Eugenii papæ III anno VII.

CDXLIX.
Marsicanorum S. Joannis et S. Sabinæ clericorum de oleo consecrando controversiam dijudicat.
(Anno 1151, Jun. 6.)
[MANSI, *Concil.*, XXI, 748.]

EUGENIUS episcopus, servus servorum Dei, dilectis

filiis Odonisio præposito, et canonicis ecclesiæ S. Sabinæ Marsicanæ, salutem et apostolicam benedictionem.

Ne oblivionis obscuritas humanis mentibus ingeratur, quod super causarum litigiis judicatum fuerit, scripturæ debent memoriæ commendari, ut per hoc habeat secutura posteritas quid in futuris temporibus evidenter agnoscat. Quocirca qualiter controversia, quæ inter vos et clericos ecclesiæ B. Joannis super consecrando oleo diutius fuerit agitata, per nostram sententiam fuerit terminata, præsenti scripti serie præcepimus adnotari. Clerici siquidem B. Joannis asserebant quod Marsicanus episcopus deberet eis segregatam ampullam unam olei consecrare, astruentes quod ampullam ipsam ex antiqua consuetudine a Marsicano episcopo percepissent. Vos autem contra hæc respondentes dicebatis, quod quamvis in eadem ecclesia fuerit factum, Siginulfus a Biberto Ludovico ibi intrusus, hoc primum contra justitiam introduxit, et hoc SS. Patrum institutis, et venerandis canonibus omnino dignoscitur esse contrarium. Nos igitur, quia petitionem eorum superstitiosam esse cognovimus, et principium ipsum ex maxima superbia processisse, communicato fratrum nostrorum consilio, exinde judicamus, ut de cætero una tantum ampulla olei in matrici ecclesia B. Sabinæ consecretur, et tam per ecclesiam B. Joannis, quam per alias, sicut justum est, æqualiter dividatur, et ita firmum et inconvulsum futuris temporibus in perpetuum modis omnibus observetur; si vero oleum ipsum recipere prædicti clerici forte noluerint, Marsicanus episcopus eos, tanquam contemptores, atque rebelles severa animadversione coerceat.

Datum Ferentini, VIII Idus Junii, indict. XIV, Incarnat. Dom. anno 1151, pontificatus d. nostri Eugenii papæ III an. VII.

CDL.

Ad Raimundum Toletanum archiepiscopum. — Gratulatur quod Bracarensis archiepiscopus, ejus primatui se subjecerit; increpat quod in ejus fines invaserit eumque durius habuerit.

(Anno 1151, Jun. 6.)

[MANSI, *Concil.*, XXI, 676.]

Tunc Ecclesia Dei grata lætatur tranquillitate, si suum cuique jus, et rationis ordo servatur. Ut ergo inter Ecclesiarum prælatos vera pax et concordia illibata servetur, unusquisque suo jure debet esse contentus, et alterius terminos invadere non conetur. Placet itaque nobis, et gratum habemus, quod verus frater noster J, Bracarensis archiepiscopus, ad te juxta mandatum nostrum, licet ipsum, prout accepimus, exasperaveris, venit, et te primatem suum humiliter recognovit, atque justis tuæ Ecclesiæ postulationibus in hoc satisfecit. Cæterum, sicut ab eo debitum tibi honorem ac reverentiam desideras exhiberi, sic et rationis circumspectione compelleris eum tanquam fratrem et coepiscopum fraterna charitate tractare, diligere, et sua ei jura integra conservare. Miramur autem, quod quemadmodum, ex ipsius conquestione nuper accepimus, terminos provinciæ suæ contra justitiam occupaveris, et in ecclesia Zamoriensi, quam infra terminos provinciæ suæ constitutam multis argumentis et rationibus assecurat, violenta compositione concordiæ, quam inter B. antecessorem tuum, et A. Asturicensem episcopum in præsentia Dominus dedit presbyteri cardinalis pro tempore apostolicæ sedis legati, factam astruit, contra appellationem ad apostolicam sedem factam, episcopum, qui eidem Ecclesiæ impræsentiarum præest, illicite ordinaveris. Nos ergo qui in sede justitiæ, licet immeriti, residere conspicimur, omnibus Ecclesiis et ecclesiasticis prælatis ex debito suscepti regiminis sua jura conservare volentes, per præsentem [*al.* præsentium] tibi sententiam mandamus, quatenus proxima Dominicæ Resurrectionis solemnitate per te, vel per sufficientes responsales tuos, ad nostram præsentiam venias, prædicto fratri nostro super his respondere sufficienter paratus. Præterea quoniam eumdem fratrem nostrum in exigenda ab ipso professionis obedientia nimium exasperasse tua fraternitas dicitur: nihilominus tibi mandamus, ut cum eo, super hoc, sacerdotali moderamine ita convenias, ne justam contra te occasionem habeat de cætero murmurandi.

Datum Ferent. VIII Idus Junii.

CDLI.

Monasterii S. Mariæ in Pongartenberge possessiones confirmat, atque illud in suam protectionem suscipit.

(Anno 1151, Jun. 22.)

[KURZ, *Beiträge zur Geschichte des Landes Oesterreich ob der Enns*, Linz, 1805, 8°, III, 393.]

EUGENIUS episcopus, servus servorum Dei, dilectis filiis FRIDERICO abbati Sanctæ Mariæ in Pongartenberge, ejusque fratribus tam præsentibus quam futuris monasticam vitam professis, in perpetuum.

Religiosam vitam eligentibus apostolicum convenit adesse præsidium, ne forte cujuslibet temeritatis incursus aut eos a proposito revocet, aut robur, quod absit! sacræ religionis infringat. Eapropter, dilecti in Domino filii, vestris justis postulationibus clementer annuimus et monasterium Beatæ Mariæ in Pongartenberge, in quo divino mancipati estis obsequio, sub beati Petri et nostra protectione suscipimus et præsentis scripti patrocinio communimus; statuentes ut quascunque possessiones, quæcunque bona, eadem ecclesia inpræsentiarum juste et canonice possidet, aut in futurum concessione pontificum, largitione regum vel principum, oblatione fidelium, seu aliis justis modis, Deo propitio, poterit adipisci, firma vobis vestrisque successoribus, et illibata permaneant. In quibus hæc propriis duximus vocabulis adnotanda: Locum in quo ipsa abbatia sita est cum appendiciis suis; grangiam in Nodemestorf cum appendiciis suis; grangiam Tymnich cum pertinentiis suis; grangiam Gozoltingen cum pertinentiis suis; grangiam Teuphenbach cum pertinentiis suis, Modemesecche cum pratis et pascuis. De silva Nordica triginta mansos; grangiam de Cremesa cum agris et vineis suis, et decem mansos de silva. in Nochelinge. Sane laborum vestrorum quos propriis manibus aut sumptibus colitis, sive de nutrimentis vestrorum animalium nullus omnino vobis decimas præsumat exigere. Oleum vero infirmorum, consecrationes altarium seu basilicarum, benedictionem abbatis, ordinationes monachorum qui ad sacros ordines fuerint promovendi, a diœcesano suscipietis episcopo, siquidem catholicus fuerit, et gratiam atque communionem apostolicæ sedis habuerit, et ea gratis et absque pravitate voluerit exhibere. Alioquin liceat vobis catholicum quem malueritis adire antistitem, qui nostra fultus auctoritate quæ postulantur indulgeat.

Decernimus ergo ut nulli omnino hominum liceat præfatum monasterium temere perturbare, aut ejus possessiones auferre, seu ablatas retinere, minuere, vel aliquibus vexationibus fatigare, sed omnia integra conserventur eorum, pro quorum gubernatione ac sustentatione concessa sunt, usibus omnimodis profutura. Si qua igitur in futurum ecclesiastica sæcularisve persona, hanc nostræ constitutionis paginam sciens, contra eam temere venire tentaverit, secundo tertiove commonita, nisi præsumptionem suam congrua satisfactione correxerit, potestatis honorisque sui dignitate careat, reamque se divino judicio existere de perpetrata iniquitate cognoscat, et a sacratissimo corpore ac sanguine Dei et Domini Redemptoris nostri Jesu Christi aliena fiat, atque in extremo examine districtæ ultioni subjaceat. Cunctis autem eidem loco sua jura servantibus sit pax Domini nostri Jesu Christi, quatenus et hic fructum bonæ actionis percipiant et apud districtum judicem præmia æternæ pacis inveniant. Amen, amen, amen.

Engenius Catholicæ Ecclesiæ episcopus subscribo.
Sequuntur subscriptiones undecim cardinalium.

Datum Ferentini, per manum Bosonis sanctæ Romanæ Ecclesiæ scriptoris, x Kal. Julii, indictione XIV, Incarnationis Dominicæ anno 1151, pontificatus vero domni Eugenii papæ III anno septimo.

CDLII.

Ad [Eberhardum] Saltzburgensem archiepiscopum. — *Mandat judicet inter abbatem Baumgartensem et [Conradum] episcopum Passaviensem, de possessionibus quibusdam litigantes.*

(Anno 1151, Jun.)

[Kurz, *Beitrage zur*, etc., p. 388.]

Eugenius episcopus, servus servorum Dei, Saltzburgensi archiepiscopo, salutem et apostolicam benedictionem.

Veniens ad nostram præsentiam dilectus filius noster abbas de Pawmgartennperg, adversus venerabilem fratrem nostrum Pataviensem episcopum querelam in conspectu nostro deposuit, quia quædam mobilia ecclesiæ ipsius a nobili quondam viro Ottone pro animæ suæ redemptione in testamento relicta ei contra justitiam contendit auferre. Et quoniam tolerare, nec possumus, nec debemus, ut opera pietatis et maxime quæ viris religiosis et Christi pauperibus exhibentur, potentia vel præsumptione cujuslibet vacuentur, per præsentia scripta fraternitati tuæ mandamus, quatenus, nisi jam dictus frater noster, præscriptum filium nostrum et fratres ejus omnia quæ in ipso testamento fuerunt eis a prænominato viro legata vel assignata, pacifice habere permiserit, utramque partem ante tuam studeas evocare præsentiam, et accitis illis, qui eidem testamento interfuerunt, juxta quod ipsi exinde sub jurisjurandi religione testari voluerint, facias dictum fratrem nostrum inviolabiliter observare. In his autem et in omnibus eorum causis te volumus jam dictos fratres pro beati Petri et nostra reverentia sustinere, ut et ipsi pro alterius partis gratia vel potentia se jure suo non sentiant defraudari, et nos in eorum subventione noscamus qualiter in executione piarum rerum de tua debeamus charitate præsumere.

CDLIII.

Ad Passaviensem episcopum. — *Illum de mandato archiepiscopo Salizburgensi dato certiorem facit.*

(Anno 1151, Jun.)

[*Ibid.*, p. 289.]

Eugenius episcopus, servus servorum Dei, Pataviensi episcopo, salutem et apostolicam benedictionem.

Quoniam fraternitatem tuam sinceræ dilectionis brachiis amplectimur, ideo non mediocriter contristamur, quod viros religiosos in tua diœcesi commorantes, ita plerumque videmus a tua fraternitate gravatos, ut et nos exinde non immerito moveamur, et cum pontificali officio, ad quod te gratia divina vocavit derogare non modicum videaris. Veniens ad apostolicæ sedis clementiam dilectus filius noster abbas de Pawmgartennperg sua nos conquestione instruxit, quia quasdam res, quas ecclesiæ suæ Otto vir nobilis imminente mortis articulo pro animæ suæ redemptione in testamento reliquit, per incongruos testes auferre contendit. Quia igitur ad injuriam episcopalis officii periculumque animæ tuæ spectat, religiosis viris, qui de proprio studiosius essent a tua fraternitate promovendi, res ab aliis pia devotione concessas auferre. Per præsentia scripta dilectioni tuæ mandamus, quatenus vel ea jam dicto filio nostro et fratribus ejus libera, et sine aliqua inquietatione dimittas; vel cum a venerabili fratre nostro Saltzburgensi archiepiscopo fueris evocatus, ejus præsentiam adeas et quod ab eo fuerit exinde judicatum suscipias firmiter et observes, et donec ipsa causa judicio terminetur, nihil omnino de rebus ipsis jam dicto filio nostro auferre præsumas.

CDLIV.

Parthenonem S. Zachariæ Venetam sub apostolicæ sedis protectione suscipit, eique sua bona confirmat.

(Anno 1151, Sept. 26.)

[CORNELIUS, *Ecclesiæ Venetæ*, XI, 373.]

EUGENIUS episcopus, servus servorum Dei, dilectis in Christo filiabus GIRELDRUDÆ abbatissæ monasterii Sancti Zachariæ, ejusque sororibus, tam præsentibus quam futuris regulariter substituendis, in perpetuum.

Apostolici moderaminis clementiæ convenit, religiosas personas diligere, et eorum loca piæ protectionis munimine defensare. Eapropter, dilectæ in Domino filiæ, vestris justis postulationibus clementer annuimus, et præfatum monasterium in quo divino estis mancipatæ obsequio, sub beati Petri et nostra protectione suscipimus, et præsentis scripti privilegio communimus; imprimis siquidem statuentes ut ordo monasticus, qui secundum Dominum et Cluniacensium fratrum observantiam ibi noscitur institutus, perpetuis temporibus inviolabiliter conservetur. Præterea quascunque possessiones, quæcunque bona, idem monasterium in præsenti juste et canonice possidet, aut in futurum concessione pontificum, largitione regum vel principum, oblatione fidelium, seu aliis justis modis, Deo propitio, poterit adipisci, firma vobis et his quæ post vos successerint, et illibata permaneant. In quibus hæc propriis duximus exprimenda vocabulis : Curtem sitam in villa quæ Petriolo vocatur, cum ecclesia S. Thomæ et omnibus pertinentiis suis ; curtem positam in loco qui dicitur Cona, cum ecclesia S. Mariæ et omnibus pertinentiis suis, et quidquid in Sacco, Lupa, in Liquentia, et in Laurentiaca, atque earum appendiciis ; decimas quoque omnium colonum, earumdem curtium, quas rationabiliter possidetis, vobis nihilominus confirmamus. Prohibemus autem ut nulla deinceps soror in eodem monasterio admittatur, quæ proprietatem modis quibuslibet habere præsumat.

Decernimus ergo, ut nulli omnino hominum liceat præfatum monasterium temere perturbare, aut ejus possessiones auferre, vel ablatas retinere, minuere, aut aliquibus vexationibus fatigare, sed omnia integra et illibata conserventur earum, pro quarum gubernatione et sustentatione concessa sunt, usibus omnimodis profutura, salva sedis apostolicæ auctoritate et diœcesani episcopi canonica justitia. Si qua in futurum ecclesiastica sæcularisve persona, hanc nostræ constitutionis paginam sciens, contra eam temere venire tentaverit, secundo tertiove commonita, si non satisfactione congrua emendaverit, potestatis honorisque sui dignitate careat, reamque se divino judicio existere de perpetrata iniquitate cognoscat, et a sacratissimo corpore et sanguine Dei et Domini Redemptoris nostri Jesu Christi aliena fiat, atque in extremo examine districtæ ultioni subjaceat. Cunctis autem eidem loco justa servantibus sit pax Domini

A nostri Jesu Christi, quatenus et hic fructum bonæ actionis percipiant, et apud districtum judicem præmia æternæ pacis inveniant. Amen, amen, amen.

Ego Eugenius Catholicæ Ecclesiæ episcopus.
Ego Ubaldus presbyt. card. tit. S. Praxedis.
Ego Aribertus presb. card. tit. S. Anastasiæ.
Ego Julius presbyt. card. tit. S. Marcelli.
Ego Ubaldus presb. card. tit. S. Crucis in Jerusalem.
Ego Bernardus presb. card. tit. S. Clementis.
Ego Urlandus presbyt. card. tit. S. Mariæ.
Ego Gregorius diac. card. S. Angeli.
Ego Joannes diac. card. S. Mariæ Novæ.

Datum Signiæ, per manum Bosonis, sanctæ Romanæ Ecclesiæ scriptoris, VI Kal. Octobris, indictione XIV, Incarnationis Dominicæ anno 1151, pontificatus vero domni Eugenii papæ III anno VII.

CDLV.

Monasterii Altenbergensis possessiones confirmat.

(Anno 1151, Oct. 1.)

[JAFFÉ, *Reg. pont. Rom.*, 644, in tabulario Dusseldorf., ex schedis Pertzii.]

CDLVI.

Privilegium pro canonicis Pistoriensibus ex archivo eorumdem.

(Anno 1151, Dec. 11.)

[ZACHARIA, *Anecdota medii ævi*, 231.]

EUGENIUS episcopus, servus servorum Dei, dilectis filiis GUENRICO præposito, et cæteris Pistoriensis canonice fratribus, tam præsentibus quam futuris, in regularis vitæ observantia permansuris, in perpetuum.

Quoties illud a nobis petitur quod rationi et honestati convenire videtur, animo nos decet libenti concedere, et petentium desideriis congruum impertiri suffragium. Eapropter, dilecti in Domino filii, vestris justis postulationibus clementer annuimus, et ad exemplar prædecessorum nostrorum bonæ memoriæ Alexandri, Urbani et Lucii Romanorum pontificum canonicæ vitæ ordinem quam professi estis, auctoritate nostri privilegii communimus. Præsenti igitur decreto statuimus ut nemini viventium liceat vos, et successores vestros a vitæ canonicæ communione distrahere, neve alicui vestrum post professionem liberum sit a congregatione discedere et latioris viæ prærupta sectari. Quamobrem decernimus ut, si ex vobis quispiam a proposito aberraverit, ad corrigendum eum, et secundum disciplinam regulæ coercendum, tibi vel successoribus tuis et cæteris, qui præfuerint, nulla debeat persona obsistere. Obeunte te vel cæteris canonicæ vestræ rectoribus, nullus ibi qualibet subreptionis astutia vel violentia præponatur, nisi quem regulares fratres secundum Dei timorem vel de suis, si talem inter se repererint, vel de alienis, si oportuerit, cum consilio episcopi, qui canonice electus, et per Romanam fuerit Ecclesiam ordinatus, elegerint. Præterea quascunque possessiones, quæcunque bona impræsentiarum juste et canonice possidetis aut in futurum concessione pontificum, largitione regum vel principum, oblatione fidelium, seu aliis justis modis, Deo propitio, poteritis adipisci, firma vobis vestrisque successoribus, qui in eadem religione permanserint, et illibata permaneant. In quibus hæc propriis duximus exprimenda vocabulis: Plebem de Viliano cum omni decimatione; plebem de S. Quirico similiter, et cæteras decimationes sive infra civitatem, seu extra ab episcopis vobis concessas, et quartam portionem oblationum quas Litaniæ offerunt, et decimationes de Gropole, et de Collina, capellam S. Salvatoris sitam in porta Guidonis, capellam S. Leonardi in Burgo ejusdem portæ; capellam S. Mariæ in Burgo Guidterdi, capellam S. Vitalis in porta Lucense, et ecclesiam S. Blasii cum terris positis in Aqua Vivola, et in Vizano, et in Falagrano, et in Barzani, et in Glandaria, sicut eas dedit Girardus filius Baronchi, et Rolandus cum Davizo genero suo; ecclesiam S. Andreæ cum pertinentiis suis.

Decernimus ergo ut nulli omnino hominum liceat eamdem canonicam temere perturbare, aut ejus possessiones auferre, aut ablatas retinere, minuere seu quibuslibet vexationibus fatigare, sed omnia integra conserventur tuis et eorum, pro quorum gubernatione ac sustentatione concessa sunt, usibus omnimodis profutura. Ea nimirum diligentia curaque adhibita, ne rerum augmentis in libertatem carnis et velamen malitiæ abutamini, ne quoquo modo res augere et fratrum debeatis numerum imminuere; sed tantus canonicorum numerus conservetur, quantum loci vestri facultas pati posse videbitur, ne religionis et servitii debiti detrimentum Ecclesia patiatur, salva in omnibus apostolicæ sedis auctoritate et Pistoriensis episcopi canonica justitia. Vos igitur oportet regularis vitæ institutionibus diligenter insistere, et in omnibus apostolicæ sedis decreta servare, ut post vitæ præsentis angustias, opitulante Domino, ad supernæ latitudinis gloriam mereamini pervenire. Sane si quis in crastinum archiepiscopus aut episcopus, imperator aut rex, marchio, comes, vicecomes, judex aut castaldio, aut persona quælibet magna vel parva hujus privilegii paginam sciens, contra eam temere venire tentaverit, secundo tertiove commonita, si non satisfactione congrua emendaverit, potestatis honorisque sui dignitate careat, reamque se divino judicio existere de perpetrata iniquitate cognoscat, atque a sacratissimo corpore ac sanguine Dei et Domini Redemptoris nostri Jesu Christi aliena fiat, et in extremo examine districtæ ultioni subjaceat. Cunctis autem eidem loco justa servantibus sit pax Domini nostri Jesu Christi, quatenus et hic fructum bonæ actionis percipiant, et apud districtum judicem præmia æternæ pacis inveniant. Amen, amen.

Ego Eugenius, Catholicæ Ecclesiæ episcopus, subscripsi.

Ego Imarus, Tusculanus episcopus, subscripsi.

Ego Nicolaus, Albanensis episcopus, subscripsi.

Ego GG., presbyter card. tit. Calisti, subscripsi.

Ego Hubaldus, presbyter card. tit. S. Praxedis, subscripsi.

Ego Manfredus, presbyter card. tit. S. Savinæ, subscripsi.

Ego Aribertus, presbyter card. tit. S. Anastasiæ, subscripsi.

Ego Julius, presbyter card. tit. S. Marcelli, subscripsi.

Ego Hubaldus, presbyter card. S. Crucis in Hierusalem, subscripsi.

Ego Guido, presbyter card. tit. Pastoris, subscripsi.

Ego Gerardus, presbyter card. tit. S. Stephani in Cœlio monte, subscripsi.

Ego Oddo, diac. card. S. Georgii ad Velum Aureum, subscripsi.

Ego Joannes, diac. card. S. Mariæ Novæ, subscripsi.

Ego Guido, diac. card. S. Mariæ in Porticu, subscripsi.

Ego Joannes, diac. card. Sanctorum Sergii et Bacchi, subscripsi.

Datum Signiæ, per manus Bosonis S. R. E. scriptoris, III Idus Decembris, indict. xv, Incarnat. Dominicæ anno 1152, pontificatus vero domni Eugenii papæ III anno VII.

CDLVII.
Bulla protectoria data monasterio de Esrom.
(Anno 1151, Dec. 29.)

[Joannes Torkelin, *Diplomat. Arna-Magn.* I, 248, ex cod. dipl. Esromensi fol. 1, a. Apographum.]

Eugenius episcopus, servus servorum Dei, dilectis filiis Guilielmo abbati monasterii de Esrom, ejusque fratribus tam præsentibus quam futuris regularem vitam professis, in perpetuum.

Quoties illud a nobis petitur quod religionis et honestati convenire dignoscitur, animo nos decet libenti concedere et petentium desideriis congruum impertire suffragium. Eapropter, dilecti in Domino filii, vestris justis postulationibus clementer annuimus, et præfatum monasterium, in quo divino mancipati estis obsequio, sub beati Petri et nostra protectione suscipimus, et præsentis scripti privilegio communimus; statuentes ut quascunque possessiones, quæcunque bona idem monasterium in præsentiarum juste et canonice possidet, aut in futurum concessione pontificum, largitione regum aut principum, oblatione fidelium, seu aliis justis modis, Deo propitio, poterit adipisci, firma vobis vestrisque successoribus et illibata permaneant. In quibus hæc propriis duximus exprimenda vocabulis: Widelingeruth cum pertinentiis suis; Aveholm; quidquid habetur in Tanga; et Davidesthorp ex dono venerabilis fratris nostri Eschilli Lundensis archiepiscopi. Sane laborum vestrorum quos propriis sumptibus colitis, sive de nutrimentis vestrorum animalium nemo a vobis decimas exigere præsumat.

Decernimus ergo ut nulli omnino hominum liceat præfatum monasterium temere perturbare, aut ejus possessiones auferre, vel ablatas retinere, minuere; sed omnia integra conserventur eorum, pro quorum gubernatione et sustentatione concessa sunt, usibus omnimodis profutura. Si qua igitur ecclesiastica sæcularisve persona hanc nostræ constitutionis paginam sciens, contra eam temere venire tentaverit, secundo tertiove commonita, si non satisfactione congrua emendaverit, potestatis honorisque sui dignitate careat, reamque se divino judicio existere de perpetrata iniquitate cognoscat, et a sacratissimo corpore et sanguine Dei et Domini nostri Jesu Christi aliena fiat, atque in extremo examine districtæ ultioni subjaceat. Cunctis autem eidem loco justa servantibus, sit pax Domini nostri Jesu Christi, quatenus et hic fructum bonæ actionis percipiant, et apud districtum judicem præmia æternæ pacis inveniant. Amen.

Ego Eugenius Catholicæ Ecclesiæ episcopus ss.
Ego Gregorius presbyt. cardinalis tit. Calixti.
Ego Hubaldus presbyt. card. tit. S. Praxedis.
Ego Manfredus presb. card. tit. S. Sabinæ.
Ego Aribertus presb. card. tit. S. Anastasiæ.
Ego Julius presb. card. tit. Sancti Marcelli.
Ego Ubaldus presb. card. tit. Sanctæ Crucis in Jerusalem.
Ego Bernardus presb. card. tit. S. Clementis.
Ego Imarus Tusculensis episcopus.
Ego Nicolaus Albensis episcopus.
Ego Hugo Ostiensis episcopus.
Ego Otto diaconus cardinalis Sancti Georgii ad Velum Aureum.
Ego Gregorius diaconus card. Sancti Angeli.
Ego Joannes diaconus card. S. Mariæ Novæ.
Ego Guido diacon. card. S. Mariæ in Porticu.
Ego Jacintus diac. card. S. Mariæ in Cosmedin.

Datum Signiæ, per manum Bosonis sanctæ Romanæ Ecclesiæ scriptoris, IV Kal. Jan., indictione xv, Incarnationis Dominicæ anno 1151, pontificatus domni Eugenii III papæ anno septimo.

CDLVIII.

Ad Theobaldum Cantuariensem archiepiscopum.—Ut [Silvestrum] electum abbatem monasterii S. Augustini dedicet.

(Anno 1151.)

[TWISDEN et SELDEN, *R. An. Script.* II, 1811.]

EUGENIUS episcopus, servus servorum Dei, venerabili fratri THEOBALDO Cantuariensi archiepiscopo et apostolicæ sedis legato, salutem et apostolicam benedictionem.

Sicut nuntii tui quos ad nostram præsentiam destinasti potuerunt fraternitati tuæ referre, quod de monasterii Sancti Augustini electo sinistris infamatoribus dicebatur, eis præsentibus in conspectu fratrum nostrorum et cardinalium subtili examinatione discussimus et diligenter perscrutati sumus: sed cum ad id comprobandum nemo contra eum canonice vellet procedere, quoniam de ratione aliud non potuimus nec debuimus, ad ultimum tandem refugium venientes, ex consilio fratrum purgationem ab ipso ex surperabundanti recepimus. Quia ergo post exhibitam purgationem ordinatio ejusdem electi denegari sibi non debet, neque differri, quamvis per nos ipsos ei benedictionis gratiam conferre possemus, tuæ tamen fraternitati deferre volentes, ipsum ad te duximus remittendum, per præsentia scripta mandantes, quatenus juxta tenorem privilegiorum quæ a Romanis pontificibus eidem cœnobio indulta sunt, ad locum ipsum accedas, et memorato electo consecrationis munus præeunte Spiritus sancti gratia conferas. Nolumus enim ut ipsum monasterium proprii pastoris solatio amplius careat, et ob hoc tam spiritualiter quam temporaliter detrimenta seu incommoda debeat sustinere.

CDLIX.

Ad Othonem I ep. Frisingensem.—Ut in causa prædii, ab Ottone comite palatino reddendi, monachis Tegernseensibus faveat.

(Anno 1150-51, Nov. 16.)

[PEZ, *Thesaur. Anecdot.* VI, 1, 392. — Hæc cum ea quæ sequitur epistola Alexandro III falso ascripta est.]

O. Frisingensi episcopo.

Ad nostrum spectat officium venerabilia et religiosa loca diligere, et eorum rectores tam per nos ipsos, quam per fratres nostros episcopos charitate debita confovere, quatenus et Deus honorificetur in nobis, et Ecclesiarum pax atque tranquillitas, quantum facultas nostra subpetit, conservetur. Ideoque dilectos filios nostros C. abbatem, et fratres Tegrinsensis monasterii, qui sub B. Petri et nostra defensione consistunt, fraternitati tuæ duximus commendandos, rogantes, ut eos diligas et honores, et de querimonia decimarum et cujusdam prædii, quam habent adversus O. palatinum comitem, cum apud te conquesti fuerint, debitam eis justitiam facias, et locum ipsum in sua libertate manuteneas et defendas.

Data Signiæ, XVI Kal. Decembr.

CDLX.

Ad Eberhardum archiepiscopum Salzb.—Ut comitem Ottonem tandiu excommunicatum habeat, dum de ablatis monasterio Tegerus. decimis eidem satisfaciat.

(Anno 1150-51, Nov.)

[*Ibid.*]

Salzburgensi archiepiscopo.

Ex parte dilecti filii nostri abbatis Tegrensensis adversus nobilem virum Ottonem, comitem palatinum, iteratam nuper querelam accepimus, qui quasdam decimas, quæ ad jus commissæ sibi Ecclesiæ, sicut asserit, spectant, ipsi per violentiam auferat, et reddere contradicat. Nos igitur quia in sua justitia ei deesse nec possumus, nec debemus, per præsentia tibi scripta mandamus, quatenus eumdem comitem districte commoneas, ut vel decimas ipsas Ecclesiæ supradictæ restituat, vel in tua præsentia debitam super hoc eidem Ecclesiæ justitiam faciat.

CDLXI.

Ad Ragusiensem archiepiscopum [Andream.]

(Anno 1145-1152, Sept. 22.)

[FARLATUS, *Illyricum sacrum*, VI, p. 64.]

EUGENIUS episcopus, servus servorum Dei, venerabili fratri A[NDREÆ] Ragusiensi archiepiscopo, salutem et apostolicam benedictionem.

Cognito fraternitatis tuæ statu per latorem præsentium S. presbyterum tuum, qui ad nos, Domino ductore, pervenit, infirmitati corporis tui debita cordis infirmitate compatimur, sed gaudemus quia in hujus ignis camino conditor omnium Dominus rubiginem dilectorum suorum expurgans, te in filiorum suorum numero collocare dignetur. Tu vero inter hæc..... a.... ad patriam erigens exsilii præsentis angustias.... oculis cordis excogita, et plebem Dominicam regimini tuo commissam... et exemplo gubernare et fovere non desinas. In lucrandis animabus invigila.... r.... rectitudinem esto sollicitus, utilitatem Ecclesiæ injuste perire vel deteriorari nulla negligentia vel subreptione permittas, et in certis bonis operibus sacerdotali sollicitudine, ita Domino largiente invigila, ut ante tribunal æterni judicis constitutus fructum bonæ operationis, qui ad mercedem tuam pertineat, eidem Redemptori nostro, in quo lætari possit, exhibeas. Illud vero, unde a nobis sollicite indulgentiam postulas, scilicet quod ex debito juramenti apostolorum limina visitare astringeris, et gravi ægritudine præpeditus id per te ipsum hactenus non potuisti efficere, tuæ fraternitati ex apostolicæ sedis benignitate remittimus. Sed cum opportunitatem tibi clementia divina permiserit, si per te ipsum non poteris, per tuum nuntium, matrem tuam sanctam Ecclesiam devotione debita studeas visitare, quatenus nos de tuæ habitudinis statu, et tu de his quæ circa nos aguntur, possis, præstante Domino, informari; de.... pro visitatione tua fraternitati tuæ gratias agimus.

Datum [Ferentini?] — x Kalend. Octobris....

CDLXII.

Ad P. Ecclesiæ S. Frigdiani Lucensis priorem.

(Anno 1150-52, Aug. 21.)

[BALUZ. *Miscell.* ed. Luc. IV, 594.]

EUGENIUS episcopus, servus servorum Dei, dilecto filio P. priori S. Frigdiani, salutem et apostolicam benedictionem.

Frequenter insinuavit auribus nostris dilectus filius noster J. diaconus cardinalis Mariæ Novæ, quod Ecclesia sua multis enormitatibus et excessibus ejusdem Ecclesiæ prioris, sicut tibi notum esse credimus, ita interius et exterius turbata sit, ut compage charitatis dissoluta totum ædificium boni operis nutare videatur, et bona illius Ecclesiæ deperire. Ne igitur bonum quod a prædecessoribus nostris ibidem plantatum est, et divina gratia usque ad hæc tempora irrigatum, ulla patiamur dissimulatione divelli, sollicitudini nostræ incumbit diligentiæ manus adhibere; et quod in eadem Ecclesia normam dicitur et ordinem excedere ad rectitudinis regulam summopere revocare. Verum quoniam absque dilectionis tuæ consilio, cui ejusdem Ecclesiæ dispositio commissa est, id nullatenus duximus esse faciendum, per præsentia tibi scripta mandamus, quatenus, omni occasione remota, usque ad proximum festum S. Michaelis præsentiam tuam nobis exhibeas, ut ad reformandam in prædicta Ecclesia concordiam omni studio tecum intendere possimus.

Data Signiæ, xii Kal. Septemb.

CDLXIII.

Ad Conradum Vic. et universum clerum Romanum.

(Anno 1150-52, Octobr.).

[MANSI, *Concil.*, XXI, 690, ex adnot., cod. ms. Gratiani apud PP. cong. Matris Dei Luc.]

Præterea quod a vobis statutum est de his qui alienam præsumunt parœciam invadere, et aliorum parœcianos contra canonum scita recipiunt; nihilominus auctoritatis nostræ assertione firmatur; ut videlicet quicunque de cætero in hujusmodi præsumptione comprobatus fuerit dandi pœnitentiam potestatem in Ecclesia Dei omnino amittat, et ecclesiastico beneficio, quousque per manus pontificis restituatur, simul privetur.

Data Signiæ, iii Nonas Octobris.

CDLXIV.

Ad Arnoldum archiepiscopum Coloniensem. — De jurium et privilegiorum multorum archiepiscopo et metropolitanæ ecclesiæ Coloniensis presbyteris canonicis ante diu concessorum confirmatione.

(Anno 1152, Jan. 8.)

[MANSI, *Concil.*, XXI, 634.]

EUGENIUS episcopus, servus servorum Dei, venerabili fratri ARNOLDO Coloniensi archiepiscopo, ejusque successoribus canonice substituendis.

In eminenti apostolicæ sedis specula, divina disponente gratia, constituti, ex injuncto nobis a Deo apostolatus officio, fratres nostros episcopos sincera charitate diligere, et Ecclesiis eorum regimini et gubernationi commissis suam debemus justitiam conservare. Sicut enim in humani compage corporis naturalis ratio singulis quibusque membris ad salutem providens, speciales et proprios actus edocet, nobilioribus vero suam dignitatem conservat : ita in corpore Ecclesiæ apostolica providentia secundum sacrorum canonum institutiones, universas regit ecclesias; digniores autem et famosiores in sui status prærogativa custodit. Æquum itaque et rationabile est, ut suus unicuique honor ecclesiæ, et propria jura munimine sedis apostolicæ confirmentur. Quocirca, dilecte in Christo frater Arnolde archiepiscope, tuis justis postulationibus benignum impertientes assensum, ad exemplar prædecessoris nostri felicis memoriæ Leonis IX papæ, B. Petri Coloniensem Ecclesiam, cui, Deo auctore, præesse dignosceris, sub ipsius apostolorum principis, cujus in loco, licet immeriti, residere conspicimur, et nostra protectione suscipimus, et præsentis scripti privilegio communimus : statuentes, ut quascunque possessiones, quæcunque bona, eadem Ecclesia impræsentiarum juste et canonice possidet, aut in futurum concessione pontificum, largitione regum vel principum, oblatione fidelium, seu aliis justis modis, Deo propitio, poterit adipisci, firma tibi tuisque successoribus et illibata permaneant. Pallii quoque usum, et vivificæ crucis vexillum, atque naceum, insigne videlicet festivi equi; quæ prædecessoribus tuis a nostris prædecessoribus concessa sunt, suo tempore suoque loco ferenda, nos tam tibi quam tuis successoribus confirmamus : adjicientes, ut nulli primati, nisi tantum Romano pontifici, debeas esse subjectus. Pro amplioris etiam et specialioris gratiæ, prærogativa ordinationem regis infra tuam provinciam tibi duximus concedendam. Et si Romanus pontifex, vel apostolicæ sedis legatus, in eadem provincia concilium celebraverit, tu post eos primum inter alios locum obtineas. Statuimus præterea, ut septem idonei presbyteri cardinales in prædicta Ecclesia ordinentur, qui induti dalmaticis, et mitris ornati, ad principalia duo altaria ejusdem ecclesiæ, cum totidem diaconibus et subdiaconibus, quibus sandaliorum usum concedimus, missarum solemnia in festivis diebus tantummodo administrent. Ut ergo hæc omnia, quæ supra diximus, plenum in posterum robur obtineant, sicut in privilegiis prædecessorum nostrorum continentur, tam tibi quam successoribus tuis ea favoris nostri auctoritate firmamus. Decernimus ergo, ut nulli omnino hominum liceat præfatam ecclesiam temere perturbare, aut ejus possessiones auferre, vel ablatas retinere, minuere, aut aliquibus vexationibus fatigare ; sed omnia integra conserventur, eorum pro quorum gubernatione et sustentatione concessa sunt, usibus omnimodis profutura : salva in omnibus apostolicæ sedis auctoritate. Si qua igitur in futurum ecclesiastica sæcularisve persona, hanc nostræ constitutionis paginam sciens, contra eam temere venire tentaverit, secundo tertiove commonita, si non satisfactione congrua emendaverit, potestatis honorisque sui dignitate careat, reamque se divino judicio existere de perpetrata iniquitate cognoscat, et a sacratissimo corpore ac sanguine Dei et Domini Redemptoris nostri Jesu Christi aliena fiat, atque in extremo examine districtæ ultioni subjaceat. Cunctis autem eidem loco justa servantibus sit pax Domini nostri Jesu Christi, quatenus et hic fructum bonæ actionis percipiant, et apud districtum judicem præmia æternæ pacis inveniant. Amen.

Ego Eugenius Catholicæ Ecclesiæ episcopus.

Ego Ymarus Tusculanus episcopus.

(104) Sigebergense monasterium insigne ordinis S. Benedicti in diœcesi Coloniensi, a sancto Annone archiepiscopo fundatum est, cui tunc præerat Nicolaus abbas.

Ego Nicolaus Albanensis episcopus.

Ego Hugo Ostiensis episcopus.

Ego Gregorius presbyter cardinalis tituli Sancti Calixti.

Ego Hubaldus presbyter cardinalis tituli Sanctæ Praxedis.

Ego Manfredus presbyter cardinalis tituli Sanctæ Savinæ.

Ego Guido presbyter cardinalis tituli S. Pastoris.

Ego Bernardus presbyter cardinalis tituli Sancti Clementis.

Ego Gerardus presbyter cardin. tituli S. Stephani in monte Cœlio.

Ego Otto diaconus card. S. Georgii ad Velum Aureum.

Ego Rodulphus diacon. card. Sanctæ Luciæ in Septisoliis.

Ego Gregorius diaconus cardinalis Sancti Angeli.

Ego Joannes diaconus cardinalis Sanctæ Mariæ Novæ.

Ego Guido diaconus cardinalis Sanctæ Mariæ in Porticu.

Ego Hyacinthus diaconus card. Sanctæ Mariæ in Cosmedin.

Ego Cencius diaconus cardinalis Sanctæ Mariæ in Akyro.

Datum Signiæ, per manus Bosonis, sanctæ Romanæ Ecclesiæ scriptoris, VI Idus Januarii, indictione decima quinta, Incarnationis Dominicæ anno 1151, pontificatus vero domini Eugenii III papæ anno septimo.

CDLXV

Ad Colonienses. — Arnoldum archiepiscopum propria manu consecratum ac pallio decoratum eis remittit, præcipiens ut ei obediant, etc.

(Anno 1152, Jan. 8.)

[Marten., *Collect.*, II, 502.]

Eugenius episcopus, servus servorum Dei, dilectis filiis Gu. præposito, F. decano, archidiaconibus, prioribus et universo clero ac populo Coloniensis Ecclesiæ, salutem et apostolicam benedictionem.

Venientem ad apostolicæ sedis clementiam venerabilem fratrem nostrum Arnoldum electum vestrum cum dilectis filiis nostris Wibaldo Corbeiensi, N. (104) Sigeburgensi, et T. (105) Campensi abbatibus, atque magistro Henrico, charissimi filii nostri Conradi Romanorum regis notario, A. præposito et G. Decano Sancti Gereonis, debita benignitate suscepimus, et electionem, quam de ipso tanquam de prudenti et industrio viro unanimiter feceratis, post diligentem examinationem, auctore Domino, ratam habentes, cum plurimum renitentem nostris tanquam beati Petri manibus, præeunte sancti Spiritus gratia, vobis in archiepiscopum consecravi-

(105) Campense illustre est ordinis Cisterciensis monasterium in diœcesi Coloniensi plurium monasteriorum mater; de quo plura Juncelinus.

mus, et inter fratres nostros, donec circa nos voluerit commorari, charum habuimus, honeste tractavimus, et pallii sibi plenitudinem seu pontificalis officii ex consueta sedis apostolicæ benignitate contulimus. Ipsum ergo infula pontificalis officii decoratum ad Ecclesiam suam et ad vos cum gratia sanctæ Romanæ Ecclesiæ et litterarum nostrarum prosecutione, comitante Domino, redeuntem, universitati vestræ duximus attentius commendandum. Per apostolica itaque scripta vobis mandamus, quatenus eum benigne ac reverenter suscipiatis, et ei tanquam Christi vicario et animarum vestrarum pastori, honorem debitum, ac reverentiam, et obedientiam humiliter deferatis, quatenus per ipsius doctrinam et pastoralem vigilantiam, salutem in vobis omnipotentis Dei gratia operetur. Ecclesia vestra, quæ tam in spiritualibus quam temporalibus valde attrita est, ad integritatis suæ statum, Domino largiente, resurgat, et vos de ipso gaudium et ipse de vobis coronam et fructum multiplicem in conspectu Domini consequatur. Nihilominus quoque vobis mandamus ut pro reformando religionis et honestatis ipsius Ecclesiæ statu, et pro recuperandis ejusdem Ecclesiæ bonis et possessionibus sive beneficiis, quæ sive de mensa, sive de camera, seu eleemosyna ipsius archiepiscopi, sive de abbatum præpositorum et abbatissarum suarum mensa, vel de canonicorum suorum præbenda illicite concessa, distracta vel alienata sunt, vires et auxilium sicut boni et devoti filii efficaciter tribuatis. Sane nos judicium, quod super his, quæ laicis concessa sunt, in conspectu filii nostri Conradi illustris Romanorum apud Coloniam rationabili providentia noviter promulgatum est, favoris nostri assertione firmamus. Præterea quoniam ex vobis, prout accepimus, post inceptum iter antedicti fratris nostri veniendi ad nos, aliquas de iisdem possessionibus per violentiam et contra justitiam invaserunt, vel occupaverunt, præsentium auctoritate mandamus ut, nisi infra quadraginta dies post commonitionem memorati fratris nostri Arnoldi archiepiscopi vestri possessiones ipsas eidem Ecclesiæ restituerint, ecclesiasticæ animadversionis censuræ subjaceant.

Data Signiæ, vi Idus Januarii.

CDLXVI.

Ad Conradum regem. — Legatos ipsius honorifice se suscepisse, ac ipsius votis in omnibus obsecundasse.

(Anno 1152, Jan. 9.)

[Mansi, *Concil.*, XXI, 686.]

Dominus papa Eugenius Romanorum regi Conrado.

Quanto sæpius de incolumitatis tuæ statu et bona voluntate, quam erga beatum Petrum cœlorum regni clavigerum, atque matrem tuam sacrosanctam Romanam Ecclesiam gerere diceris, per litteras et nuntios magnificentiæ tuæ instruimur, tanto magis ac magis gaudium et lætitia in nostris mentibus diebus singulis argumentatur, cor nostrum ad amorem tuum vehementius accenditur, et ad exaudiendas postulationes tuas, in quantum cum Deo possumus, aures benevolas commodamus. Inde est quod venientem fratrem nostrum Arnoldum Coloniensem archiepiscopum, et dilectos filios nostros Wibaldum Corbeiensem abbatem, et magistrum Henricum notarium tuum, quos ad nostram præsentiam tua serenitas destinaverat, tanquam prudentes et industrios viros debita benignitate suscepimus, honeste tractavimus, et petitionibus tuis, quas et litteris et eorum viva voce intelleximus, sicut honori Dei et regni utilitati expedire cognovimus, gratum assensum præbuimus. Prædictum namque fratrem nostrum, licet invitum et resistentem atque lacrymarum copiam effundentem, ad pontificalis dignitatis apicem, Domino auctore, promovimus, et venerabilibus fratribus nostris H. Moguntino et A. Brumensi archiepiscopis, præfixos terminos veniendi ad nos prolongavimus, et tam ipsos quam alios archiepiscopos, episcopos, sive principes regni tui ad servitium tuum et expeditionem, quam ad honorem Dei et Ecclesiæ suæ sanctæ, atque exaltationem regni facere, divina favente clementia, ordinasti, per apostolica scripta commonere et animare diligenter curavimus. Tua itaque, charissime fili, interest, pro commissi tibi regni et sanctæ Dei Ecclesiæ honore et exaltatione tanquam inter alios orbis Christianos reges præcipuus et excellentior princeps, attentam curam et sollicitudinem gerere, ut adventum tuum, quem ad provectum Ecclesiæ ac regni et salutem Christiani populi exspectamus, cum desiderato fructu, præstante Domino, percipere valeamus.

Datum Signiæ, v Idus Januarii.

CDLXVII.

Ad Henricum episcopum Leodiensem. — Ut comites de Los et de Monte Acuto ablata Stabulensi monasterio restituere compellat.

(Anno 1152, Jan. 9.)

[Marten., *Collect.*, II, 504.]

Dominus papa Eugenius Henrico Leodiensi episcopo.

Ad eorum subventum, qui de nostra specialiter protectione confidunt, promptius debemus assurgere, et ipsos infestantes digna animadversione punire. Venientis ad apostolicæ sedis clementiam dilecti filii nostri Wibaldi Stabulensis abbatis adversus L. comitem de Los, et G. comitem de Monte Acuto gravem querelam accepimus, quod in bonis Stabulensis Ecclesiæ diabolico instinctu incendia, cædes et rapinas commiserint, et admoniti de tanta nequitia satisfacere minime velint. Quia igitur tantæ iniquitatis excessum impunitum relinquere nec possumus, nec debemus, per præsentia tibi scripta mandamus, quatenus præfatum L. comitem de Los, et ejus complices districte commoneas, ut quæ Stabulensis monasterii fratribus per violentiam abstulerunt, restituant, et de illatis injuriis eisdem fratribus condignam satisfactionem exhibeant. Quod si forte tuis monitis obedire noluerint, infra spaium duorum mensium postquam praesentia scripta susceperis, praefatus comes et ejus fautores anathematis gladio feriantur. Comitem vero de Monte Acuto, qui bona ipsius monasterii praesumpsit invadere, districte commoneas, ut de praedictis damnis fratribus ejusdem coenobii dignam satisfactionem exhibeat.

Datum Signiae, v Idus Januarii.

CDLXVIII.

Ad H[artwicum] archiepiscopum Bremensem. — Ut ablata a suis parochianis Kaminatensi coenobio praedia restitui curet.

(Anno 1152, Jan. 9.)
[MARTEN., *Collect.*, II, 504.]

Dominus papa EUGENIUS III. Bremensi archiepiscopo.

Ex conquestione dilecti filii nostri Wibaldi Corbeiensis abbatis accepimus, quod quidam parochiani tui, videlicet Odiko, Riebertus, Thederus, Rainerus et Hermannus quasdam possessiones Kaminatensis monasterii, quae in tuo episcopatu esse noscuntur, a Judith quondam abbatissa, postquam a regimine Ecclesiae semota fuerat, illicite receperint, et eas contra justitiam detineant, atque praedictae Ecclesiae ipsas restituere modis omnibus contradicant. Quia igitur ad nostrum spectat officium errata corrigere, et quae male ac contra sanctorum Patrum instituta sunt, in irritum revocare, et ad rectitudinis statam reducere, per praesentia scripta tibi mandamus, quatenus praedictos parochianos tuos districte commoneas, ut suprafato monasterio possessiones ipsas restituant, et ab ejusdem Ecclesiae infestatione desistant. Quod si forte tuis monitis obedire contempserint, canonicam de ipsis justitiam facias. Preterea nihilominus tibi mandamus, ut fratribus Corbeiensis Ecclesiae de piscatione de Hokwar (106), quae a parochianis tuis, sicut accepimus, illicite detinetur, quod justum fuerit, facias exhiberi.

Datum Signiae, v Idus Januarii.

CDLXIX.

Ad Henricum archiepiscopum Moguntinum. — Ut ablata Corbeiensi monasterio a suis parochianis restitui procuret.

(Anno 1152, Jan. 9.)
[*Ibid.*, 506.]

Idem HENRICO Moguntino archiepiscopo.

Unumquemque propriis manere contentum, nec ad aliena, nedum ad ecclesiastica illicite manus extendere, naturalia jura et sanctorum Patrum scita pariter contestantur. Quo contra quidam parochiani tui qui praedium Ostoph, quot prout nobis suggestum est, ad Corbeiensem Ecclesiam proprie spectare dignoscitur, Dei timore postposito, contra fas, contra justitiam invaserunt, et in sua nequitia perdurantes, praefatae Ecclesiae restituere modis omnibus contradicunt. Quia igitur ut ecclesiasticarum possessionum raptores ab aliarum rerum discant invasione cessare, pastoralis maxime cura debet existere, per praesentia tibi scripta mandamus, quatenus de invasoribus dilecto filio nostro WIBALDO Corbeiensi abbati et fratribus ipsius debitam justitiam facias.

Datum ut supra (107).

CDLXX.

Ad Bernardum episcopum Paderbornensem. — Ut a Widikindo ablata Corbeiensi monasterio restitui sub anathematis districtione compellat.

(Anno 1152, Jan. 9.)
[*Ibid.*]

Dominus papa EUGENIUS BERNARDO Patherburnensi episcopo.

Veniens ad nostram praesentiam dilectus filius noster Wibaldus Corbeiensis abbas, gravem in auribus nostris querelam deposuit, quod Widikindus parochianus tuus cum quibusdam satellitibus suis coemeterium Corbeiensis monasterii violenter intraverit, et valens C. marcarum ausu sacrilego inde abstulerit, nec non capellam, quae in porta ipsius coemeterii constituta est, violavit, et quae ibi invenit, ausu nefario auferre praesumpsit. Quia igitur ad nostrum spectat officium errata corrigere, et laicorum praesumptionem freno justitiae coercere, per praesentia tibi scripta mandamus, quatenus praedictum Widikindum et illos omnes, quos in praefata nequitia secum habuisse dignoscitur, districte commoneas, ut praefato monasterio ablata restituant, et de tanto sacrilegio condignam satisfactionem exhibeant, alioquin Widikindum et complices suos gladio anathematis, Domino auctore, percellas.

Datum Signiae v Idus Januarii.

CDLXXI.

Ad Hermannum Trajectensem episcopum. — Ut praedia Corbeiensis monasterii in sua diocesi sita conservet.

(Anno 1152, Jan. 9.)
[*Ibid.*, 507.]

Idem papa HERMANNO Trajectensi episcopo.

Officii nos admonet et hortatur auctoritas, et fidelium omnium, maxime religiosorum commodis paterno affectu prospicere et eorum utilitati, Domino auctore, salubriter providere. Quocirca per praesentia scripta fraternitatem tuam monemus, quatenus possessiones Corbeiensis Ecclesiae, quae in tua dioecesi esse noscuntur, videlicet ecclesiam de Linewert et praedium de Merthen ad Corbeiensium fratrum utilitatem ab illis, qui eas moliuntur auferre, defendas ac manuteneas. Quae autem de iisdem possessionibus alienata seu impedita cognoveris, expedire ac recolligere nihilominus elabores, et sic de caetero super hoc volumus te esse solliei-

---

(106) Piscationem illam Heinrico abbati restituerat Conradus anno 1145; vid. Annal. Paderb., lib. VIII ad hunc annum.

(107) *Idem scriptum Cuonrado, Wormaciensi epi-*scopo, quod Moguntino. Haec verba sunt superiori epistolae adjuncta in codice ms. epist. Wibaldi qui asservatur in tabulario regio Berolinensi. JAFFÉ.

tum, ne Corbeiensis Ecclesia in eisdem possessionibus aliqua possit damna sentire.

Datum Signiæ, v Idus Januarii.

CDLXXII.

Ad Ulricum episcopum Halberstadiensem. — Ut parochianos suos Corbeiensibus fratribus molestos compescat.

(Anno 1152, Jan. 9.)

[MARTEN., *Collect.*, II, 507.]

EUGENIUS papa ULRICO Halberstadiensi episcopo.

Suscepti regiminis nos hortatur auctoritas, ut ecclesiasticarum rerum defensores simus promptissimi, et illis, qui ipsa conantur diripere, nos murum tutissimum opponamus. Pervenit ad aures nostras, quod quidam parochiani tui contra justitiam Corbeiense infestent cœnobium super decimis in Gruninga et super decimis terræ indominicatæ, quas prædictæ Ecclesiæ violenter auferunt, et injuste retinere præsumunt. Quia ergo ad pastorale spectat officium, pravorum hominum excessus corrigere, et ad rectitudinis statum freno justitiæ coercere, præsentium tibi auctoritate mandamus, quatenus prædictos parochianos tuos districte commoneas ut a tanta præsumptione desistant, et de cætero eis super ipsas decimas nullam molestiam inferant. Quod si facere forte contempserint, canonicam de eis justitiam facias.

Datum Signiæ, v Idus Januarii.

CDLXXIII.

Ad Henricum ducem Saxonum. — Commendat ipsi Wibaldum Corbeiensem abbatem.

(Anno 1152, Jan. 9.)

[*Ibid.*, 508.]

Papa EUGENIUS, HENRICO illustri duci Saxonum.

Inter præcipua facta virorum potentium, nihil est quod Deo nostro eos ita reddat acceptos, quam si Ecclesiis et earum prælatis honorem debitum et reverentiam curaverint exhibere. Unde quia paterna te charitate diligimus, et de tuæ probitatis industria meliora speramus, dilectum filium nostrum Wibaldum Corbeiensem abbatem, qui pro suæ honestatis prudentia honorandus dignoscitur, strenuitati tuæ attentius commendamus, per præsentia scripta nobilitatem tuam rogantes et exhortantes in Domino, quatenus ad recuperanda et conservanda Ecclesiæ ipsius bona pro nostris precibus fidelis et devotus coadjutor existas.

Datum Signiæ, v Idus Januarii.

CDLXXIV.

Ad episcopum Verdensem. — Conqueritur quod frater ipsius et alii ejus parochiani bona Kaminatensis monasterii invadant.

(Anno 1152, Jan. 9.)

[*Ibid.*]

Idem papa FERDENSI episcopo (108).

Si universalis Ecclesiæ curam, quam gerendam a Deo auctore, suscepimus, diligenti consideratione pensemus, providendum nobis est, ut omnibus fidelibus, illis maxime qui specialiter ad tutelam nostram spectare noscuntur, taliter suam justitiam conservemus, ut sub obtentu subtractæ justitiæ in sui rigore officii non debeant negligentes existere. Dilecti filii nostri Wibaldi Corbeiensis abbatis nuper suggestione didicimus, quod Hungoldus frater tuus, unde valde miramur, W. et Ge. et quidem alii parochiani tui bona Kaminatensis Ecclesiæ, quæ ad jus ipsius spectare dignoscitur, violenter auferant, et injuste detineant. Quia igitur ecclesiastica bona, et præcipue Corbeiensis Ecclesiæ, et quæ ad ipsam spectant, sub defensione et tutela nostra consistunt, præsentium tibi auctoritate mandamus, quatenus germanum tuum et alios præfatos invasores districte commoneas, ut præfatæ Ecclesiæ ablata restituant et ab ejus infestatione desistant. Quod si tuis monitis obtemperare noluerint, debitam de ipsis justitiam facias.

Datum Signiæ, v Idus Januarii.

CDLXXV.

Ad episcopum Mindensem. — Ut Corbeiensi monasterio benefacere pergat.

(Anno 1152, Jan. 9.)

[*Ibid.*, 509.]

Idem papa Mindensi episcopo (109)

Gratum nobis est et acceptum, quod sicut ex relatione dilecti filii nostri Wibaldi abbatis Corbeiensis accepimus, juxta tenorem litterarum, quas tibi transmisimus, ad utilitatem ipsius Ecclesiæ sollicitus et benevolus exstitisti. Quia igitur non incipienti, sed perseveranti præmium deberi dignoscitur, per præsentia scripta fraternitati tuæ mandamus, quatenus bonis initiis potiora studeas augmenta conferre, et prænominato filio nostro Corbeiensi abbati, de quibusdam parochianis tuis tam clericis quam laicis, qui bona Kaminatensis Ecclesiæ præsumunt auferre, debitam justitiam facias.

Datum Signiæ, v Idus Januarii.

CDLXXVI.

Ab abbatem Luneburgensem. — Henricum Corbeiensem abbatem depositum officio suo non fuisse restitutum.

(Anno 1152, Jan.)

[*Ibid.*]

Idem papa abbati de Lunenburch.

Dilectioni tuæ notum fieri volumus quod Henricus quondam Corbeiensis abbas ad nostram præsentiam veniens humiliter postulavit, ut ipsum in suo restitueremus officio. Quod quia rationi consentaneum minime videbatur, et quantitas culpæ ipsius pœnæ hujus allevatione videbatur indigna, nullam omnino restitutionem de ipso nos fecisse cognoscas. Insinuatum est siquidem nobis, quod temerario ausu contra depositionis sententiam, quæ a bonæ memoriæ

---

(108) Hermanno, *qui magnæ famæ et fidelitatis habebatur ab imperatore Friderico I et a tota curia, uti legitur in Chronico episcoporum Ferdensium tom.*

Il scriptor. Brunswic.

(109) Henrico, ex abbate S. Mauritii in Insula ordinis S. Benedicti.

Thoma presbytero cardinali, tunc apostolicæ sedis legato in eum prolata fuisse dignoscitur, contraire præsumat. Quod quam rationi contrarium, et a sanctorum Patrum institutionibus penitus sit alienum, qui zelo rectitudinis utitur penitus non ignorat. Quia igitur ad apostolatus nostri officium spectat, errata corrigere, et tam nefarias præsumptiones de medio exstirpare, præsentium tibi auctoritate mandamus, quatenus prædictum Henricum districte commoneas ut a tanta præsumptione desistat, et prædictæ sententiæ in ipsum prolatæ minime contraire præsumat. Si autem de reliquo Corbeiensem abbatiam vexare seu molestare tentaverit, digna ipsum ultione coerceas.

CDLXXVII.
Abbati Luneburgensi mandat ne monasterium Corbeiense patiatur ab Heinrico, dejecto abbate, vexari.

(Anno 1152, Jan. 9.)

[Exstat hæc Eugenii epistola in Diplomatorio Bursfeldensi Hannoveræ asservato, teste JAFFÉ, *Regesta Rom. pont.*, p. 645.]

CDLXXVIII.
Bulla pro monasterio Valciodorensi.
(Anno 1152, Jan. 12.)

[MARTEN., *Ampl. Collect.*, I, 819.]

EUGENIUS episcopus, servus servorum Dei, dilecto filio THEODERICO abbati monasterii Beatæ Mariæ in Walciodoro supra fluvium Mosa siti, ejusque fratribus, tam præsentibus quam futuris regulariter substituendis, in perpetuum.

Apostolici moderaminis clementiæ convenit, religiosos fratres sincera in Domino charitate diligere, et eorum loca pio apostolicæ fidei patrocinio defensare. Eapropter, dilecti in Domino filii, vestris justis supplicationibus clementer annuimus, et ad exemplar prædecessoris nostri felicis memoriæ B. papæ VII præfatum monasterium, in quo divino mancipati estis obsequio, sub beati Petri et nostra protectione suscipimus, et præsentis scripti privilegio communimus. Statuentes ut quascunque possessiones, quæcunque bona idem monasterium impræsentiarum juste et canonice possidet, aut in futurum concessione pontificum, largitione regum vel principum, oblatione fidelium, seu aliis justis modis, Deo propitio, poterit adipisci, firma vobis vestrisque successoribus et illibata permaneant. Obeunte vero te nunc, ejusdem loci abbate, vel tuorum quolibet successorum, nullus ibi qualibet subreptionis astutia seu violentia præponatur, nisi quem fratres communi consensu vel fratrum pars consilii sanioris secundum Dei timorem et beati Benedicti Regulam præviderent eligendum. Præterea villam quæ vocatur Hasteria cum omnibus appendiciis suis vobis nihilominus confirmamus.

Decernimus ergo ut nulli omnino hominum liceat præfatum monasterium temere perturbare, aut ejus possessiones auferre, vel ablatas retinere, minuere, aut aliquibus vexationibus fatigare; sed omnia integra conserventur eorum, pro quorum gubernatione et sustentatione concessa sunt, usibus omnimodis profutura, salva diœcesani episcopi canonica justitia et reverentia. Si qua igitur in futurum ecclesiastica sæcularisve persona hanc nostræ constitutionis paginam sciens, contra eam temere venire tentaverit, secundo tertiove commonita, si non satisfactione congrua emendaverit, potestatis honorisve sui dignitate careat, reamque se divino judicio existere de perpetrata iniquitate cognoscat, et a sacratissimo corpore et sanguine Dei et Domini Redemptoris nostri Jesu Christi aliena fiat, atque in extremo examine districtæ ultioni subjaceat : cunctis autem eidem loco justa servantibus sit pax Domini nostri Jesu Christi, quatenus et hic fructum bonæ actionis percipiant, et apud districtum judicem præmia æternæ pacis inveniant. Amen, amen.

Ego Eugenius Catholicæ Ecclesiæ episcopus subscripsi.

Ego Ymarus Tusculanensis episcopus subscripsi.

Ego Gregorius presbyter cardinalis tituli Calixti ss.

Ego Hubaldus presbyter cardinalis tituli S. Praxedis ss.

Ego Manfredus presbyter cardinalis titulo S. Savinæ ss.

Ego Julius presbyter cardinalis tituli S. Marcelli.

Ego Otto diaconus cardinalis S. Georgii ad Velum Aureum ss.

Ego Gregorius diaconus cardinalis Sancti Angeli ss.

Ego Joannes diaconus cardinalis Sanctæ Mariæ Novæ ss.

Ego G. diaconus cardinalis S. Mariæ in Porticu.

Ego Hyacintus diaconus cardinalis S. Mariæ in Chosmedyn ss.

Ego Joannes diaconus cardinalis Sanctorum Sergii et Bacchi.

Data Signiæ, per manum Bosonis, sanctæ Romanæ Ecclesiæ scriptoris, II Idus Januarii, indictione xv, Incarnationis Dominicæ anno 1152, pontificatus vero domni Eugenii papæ III anno vii.

CDLXXIX.
Augustensis Ecclesiæ (provinciæ Tarentasiensis) privilegia confirmat.
(Anno 1152, Jan. 15.)

[*Hist. patriæ Monum.*, Chart. I, 795.]

EUGENIUS episcopus, servus servorum Dei, venerabili fratri ARNULFO Augustensi episcopo ejusque successoribus canonice instituendis, in perpetuum.

In eminenti sedis apostolicæ specula, disponente Domino, constituti, fratres vestros episcopos ampliori debemus charitate diligere ac loca eorum gubernationi commissa protectione apostolica diligentius communire. Eapropter, venerabilis in Christo frater Arnulfe, Ecclesiæ Augustensis episcope, tuis justis postulationibus clementer annuimus, et præfatam ecclesiam cui, Deo auctore, præsidere dignosceris, sub beati Petri et nostra protectione suscipimus, et præsentis scripti patrocinio communimus; statuentes ut quascunque possessiones, quæcunque bona eadem ecclesia in præsentiarum juste et canonice possidet, aut in futurum concessione pontificum, largitione regum vel principum, oblatione fidelium, seu aliis justis modis, Deo propitio, poterit adipisci, firma tibi tuisque successoribus et illibata permaneant. In quibus hæc propriis duximus exprimenda vocabulis: In civitate Augusta et burgo ipsius pedagium et tertiam partem collectæ comitis cum cæteris redditibus et investituris ad te pertinentibus: pratum de Montânai, duas vineas, campum Rotondum, villam quæ dicitur Conia cum Alpibus suis, et cæteris quæ ibi ad domum episcopalem pertinent; capellam de Donia cum appendiciis suis, et cæteris quæ ad episcopalem domum in ipsa villa pertinent; terram quæ fuit aluis cum cæteris ad episcopalem domum in villa quæ dicitur Cinai pertinentibus; capellam de Prociona cum appendiciis suis et omnibus quæ ad episcopalem domum in ipsa villa pertinent; quidquid juris habes in villa quæ vocatur Porreisan. Quidquid juris habes in loco qui dicitur Ovellanum. Alpem de Formieria; duos campos ultra fluvium Duriam, et jus quod habes in loco qui nuncupatur Palus. Præterea libertatem quam tibi et ecclesiæ tuæ canonicis bonæ memoriæ Amedeus comes et Humbertus filius ejus devotionis intuitu concesserunt, et scriptorum suorum munimine roborarunt, nos quoque auctoritate sedis apostolicæ confirmamus et futuris temporibus ratam manere decernimus, ut videlicet te vel tuorum quolibet successorum, seu etiam canonicorum ipsius ecclesiæ obeunte, nullus in ecclesiastica bona qualibet temeritate subrepat, sed inconcussa omnia et integra conserventur, substituendo ibidem secundum Dominum antistiti seu canonico profutura. Decernimus ergo ut nulli omnino hominum liceat præfatam ecclesiam temere perturbare aut ejus possessiones auferre, vel ablatas retinere, minuere, seu aliquibus vexationibus fatigare, sed omnia inconcussa et integra conserventur eorum, pro quorum gubernatione ac sustentatione concessa sunt, usibus omnimodis profutura, salva sedis apostolicæ auctoritate.

Si qua igitur in futurum ecclesiastica sæcularisve persona, hanc nostræ constitutionis paginam sciens, contra eam temere venire tentaverit, secundo tertiove commonita, nisi præsumptionem suam congrua satisfactione correxerit, potestatis honorisque sui dignitate careat, reamque se divino judicio existere de perpetrata iniquitate cognoscat, et a sacratissimo corpore et sanguine Dei et Domini Redemptoris nostri Jesu Christi, aliena fiat, atque in extremo examine districtæ ultioni subjaceat. Cunctis autem eidem loco justa servantibus, sit pax Domini nostri Jesu Christi quatenus et hic fructum bonæ actionis percipiant, et apud districtum judicem præmia æternæ pacis inveniant. Amen, amen, amen.

Ego Eugenius Catholicæ Ecclesiæ episcopus subscripsi.

Ego GG. cardinalis presbyt. tituli Calixti subscripsi.

Ego Aribertus presbyt. cardinalis tituli Sanctæ Anastasiæ subscripsi.

Ego Julius presbyter cardinalis tit. S. Marcelli subscripsi.

Ego Guido presbyt. cardinalis tit. Pastoris subscripsi.

Ego Bernardus presbyter cardinalis tituli Sancti Clementis subscripsi.

Ego Rolandus presbyter cardinalis tit. Sancti Marci subscripsi.

Ego Ymarus Tusculanus episcopus subscripsi.
Ego Nicolaus Albanensis episcopus subscripsi.
Ego Hugo Ostiensis episcopus subscripsi.

Ego Oddo diaconus cardinalis Sancti Georgii ad Velum Aureum subscripsi.

Ego Gregorius diaconus card. Sancti Angeli subscripsi.

Ego Jacinthus diaconus cardinalis Sanctæ Mariæ in Cosmedin subsc.

Datum Signiæ, per manum Bosonis sanctæ Romanæ Ecclesiæ scriptoris, XVIII Kalend. Februarii, indict. XV, Incarnationis Dominicæ anno 1151, pontificatus domni Eugenii tertii papæ anno septimo.

CDLXXX.

Ad Henricum Belvacensem episcopum de negotio magistri Petri.

(Anno 1152, Jan. 19.)

[Marten., *Collect.*, II, 636.]

Eugenius episcopus, servus servorum Dei, venerabili fratri Henrico Belvacensi episcopo, salutem et apostolicam benedictionem.

Ad opera pietatis illorum studium confidentius invitamus, de quorum devotione, prudentia et religione pleniorem in omnibus fiduciam obtinemus. Pro latore præsentium magistro Petro (110) et domni Clarevallensis et aliorum plurium, quorum postulationibus consensum subtrahere nec possumus nec debemus, scripta recepimus, in quibus precabantur

---

(110) Hic est celeberrimus ille Petrus, magister sententiarum dictus, qui ex canonico Carnotensi factus est episcopus Parisiensis, quam dignitatem morte resignavit, non 1164, ut dicunt Sammartani, sed 1160, ut constat ex duabus Alexandri III epistolis, aliisque monumentis.

attentius, ut quoniam tam longo tempore scholasticis studiis utiliter et honeste per Dei gratiam insudavit, nec tamen adhuc ecclesiastico meruit beneficio sublevari, nostro id interventu assequi mereretur. Nos igitur et tantorum precibus et officii nostri debito provocati, hoc misericordiæ opus fraternitati tuæ, de qua in nullo diffidimus, decrevimus committendum, tanto utique id melius a te credentes exsecutioni mandandum, quanto ad similia, nostra etiam postulatione cessante, satis religiosum animum tuum divini amoris credimus emulatione succensum. Quocirca fraternitatem tuam per apostolica scripta propensius exoramus, quatenus ei pro Dei amore, pro beati Petri et nostra reverentia, pro tui pontificatus officio exaltando, præbendam in ecclesia tua concedas, ut et ipse tibi et nobis debeat esse fidelior, et ecclesiæ tuæ fideliter deservire, et nos fraternitati tuæ gratiarum actiones reddere debeamus.

Data Signiæ, xiv Kal. Februarii.

CDLXXXI.

Ad eumdem.— Pro S. nepote abbatis S. Dionysii.

(Anno 1152, Jan. 19.)

[MARTEN., *Collect.*, II, 637.]

EUGENIUS episcopus, servus servorum Dei, venerabili fratri HENRICO Belvacensi episcopo salutem et apostolicam benedictionem.

Quoniam fraternitatem tuam vera nobis charitate scimus annexam, idcirco eos quos diligimus sollicitudini tuæ fiducialiter commendamus. Dilectus filius noster S. pro illa devotione, qua venerabilis memoriæ S. (111), quondam Sancti Dionysii abbas, avunculus ejus sedi apostolicæ ac nobis ipsis tenebatur astrictus, charus nobis et acceptus existit, et tanquam specialem Romanæ Ecclesiæ filium tam per nos quam per eos, de quorum charitate pleniorem fiduciam obtinemus, sustinere volumus et fovere. Unde quanto magis de tua fraternitate confidimus, tanto ad ipsius præsidium et dilectionem studiosius advocamus, per apostolica scripta rogantes, quatenus eum et suos pro beati Petri et nostra reverentia habeas attentius commendatos, et si forte amaritudo aliqua intercessit, ita pro nostro amore dimittas, et ita de cætero eis exhibeas te benignum, ut et ipsi sub tuæ defensionis præsidio, a pravorum incursu debeant liberari, et nos fraternitati tuæ pro eis gratias agere debeamus.

Data Signiæ, xiv Kal. Februarii.

CDLXXXII.

Rescriptum ad Hugonem abbatem S. Remigii.— Ut Carthusianorum Montis-Dei necessitatibus subveniat.

(Anno 1152, Jan. 21.)

[D. MARLOT, *Metropol. Rem.*, II, 345.]

EUGENIUS episcopus, servus servorum Dei, dilectis filiis HUGONI abbati et monachis Sancti Remigii Remensis, salutem et apostolicam benedictionem.

Venerandæ memoriæ abbas vester religiosos fratres Montis-Dei quanta charitate dilexerit, et erga eos pietatis opera curaverit exercere, nec a vestra credimus memoria excidisse, nec nobis etiam exstat incognitum. Unde sicut tanti viri filii estis in nomine, affectu quoque probari vultis et opere, bonis moribus, et conservationi ejus diligentius adhærere, atque huic præcipue tam sancto et laudabili operi toto studio charitatis insistite. Dilectionem itaque vestram rogamus attentius, et parentis affectu monemus, quatenus prædictos filios vestros pro illius amore, *Qui vos de tenebris vocavit in admirabile lumen suum* (*I Petr.* II, 6, 9), pro beati Petri et nostra reverentia, toto pectore diligatis. Et quoniam quanto vitam magis arduam elegerunt, tanto minus sæcularibus negotiis implicantur, et necessitatibus plurimis sunt expositi, taliter subventioni eorum, aut sustentationi intendite, taliter eis viscera misericordiæ aperite, taliter eis optata charitatis solatia ministrate, ut et nos dilectionem vestram commendare de piarum rerum imminentia debeamus, et omnibus, quod cognoverint, quanta in pectoribus vestris charitas radiet, argumentum vivacis experientiæ præbeatis. De cætero vobis, filii, quoad vitæ patriam sub prælati custodiam festinatis, per apostolica scripta mandamus, quatenus supradicto filio nostro Hugoni, quem vobis hoc tempore abbatem voluit divina clementia ordinari, sicut Patri et animarum vestrarum rectori, honorem et reverentiam humiliter impendatis, ac salubribus monitis et præceptionibus ejus propositæ obedientiæ colla subdatis; et ut ipse per suam sollicitudinem, susceptum officium utiliter valeat, Domino donante, tractare, et vos per obedientiæ vestræ sollicitudinem cum eodem possitis ad gaudia cœlestia regni pertingere. Ut autem melius valeatis his quæ vobis agenda fuerint, imminere, venerabilibus fratribus nostris Samsoni Remensi archiepiscopo, et Trecensi episcopo scripta nostra pro vestra subventione transmisimus, et de cætero utilitatibus vestris, Domino auctore, curabimus attento studio providere.

Datum Signiæ, xii Kalend. Februarii.

CDLXXXIII.

Fragmentum privilegii ad Guillelmum decanum et canonicos Viennenses (Allobrogum).— Confirmat eis omnia Ecclesiæ Viennensis privilegia et bona, enumerans inter cætera, t Pupetum cum pertinentiis suis, tertiam partem Viennensis monetæ, municipium quod dicitur Conveniacum cum ecclesia et pertinentiis suis: Charentoniacum, Chomondum, burgum qui dicitur Villa, villam S. Clari, ecclesiam de Reventino, S. Victoris, S. Petri de Sessiaco, villam de Faramundo, ecclesiam S. Genesii, montem Salomonis. ›

Ita signatum:

Ego Eugenius Catholicæ Ecclesiæ episcopus.

FAC MECUM DOMINE, SIGNUM IN BONUM.

---

(111) Sugerii, qui obiit anno 1151, mense Januario; itaque hæc epistola anno sequenti, aut 1153, scripta fuit, nam Eugenius papa ulterius non vixit.

Ego Vivarius Tuscul. ep.
Ego Nicolaus Alban. ep.
Ego Hugo Ostien. ep.
Ego Greg. presb. card. TT. S. Calixti.
Ego Manfredus presb. card. TT. S. Savinæ.
Ego Ambertus presb. card. TT. S. Anastasiæ.
Ego Jullius TT. S. Marcelli.
Ego Guido presb. card. TT. S. Pastoris.
Ego Bernardus presb. card. TT. S. Clementis.
Ego Rolandus presb. card. TT. S. Marci.
Ego Octavianus diac. card. S. Georgii.
Ego Rodulphus diac. card. S. Luciæ in Sept. Sol.
Ego Gregorius diac. card. S. Angeli.
Ego Guido diac. card. S. Mariæ in Porticu.

(Anno 1152, Jan. 26. Dat. Eugenii [*leg.* Signiæ.])
[Joannes a Bosco, *Bibliotheca Floriacensis*, xyston lævum, p. 83.]

CDLXXXIV.

Ad prælatos, comites ac barones per Alemanniam constitutos. — Ut Conrado imperatori in expeditione Italica adsint.

(Anno 1152, Jan. 27.)
[Marten., *Collect.*, II, 510.]

Eugenius episcopus, servus servorum Dei, venerabilibus fratribus archiepiscopis, episcopis, dilectis filiis comitibus et baronibus per Alemanniam constitutis, salutem et apostolicam benedictionem.

Sicut a rectore Deo ad salutem humani generis duo charitatis præcepta principaliter sunt inventa, ita et ab ipso duo sunt, quibus hic mundus regitur, constituta, scilicet auctoritas sacra pontificum, et imperialis potestas : quæ duo, si bene ad invicem conveniunt, et sui honoris integritate consistunt, in sancta Ecclesia religio secura et Deo sacra servatur, et tam vigore justitiæ quam æquitatis moderamine Christianus populus salubriter gubernatur. Universitati itaque vestræ certum esse nequaquam ambigimus, quod charissimus filius noster Conradus Romanorum rex, pro sui honoris complemento ad honorem Dei et Ecclesiæ servitium atque totius regni vigorem et exaltationem, hoc tempore ad urbem regiam, vestro fretus auxilio cum expeditione valida venire, largiente Domino, disposuerit. Quia ergo ad tam arduum opus per seipsum non sufficit, et propriæ vires sibi non suppetunt, vestrum ei servitium tanquam vestro principi studiose debetis pro vestris viribus ministrare. Ideoque per apostolica vobis scripta mandamus, monemus et exhortamur in Domino, quatenus ad servitium regni et prædicti filii nostri regis viriliter accingamini, et ad expeditionem ipsam cum eo ita vos præparetis, ut et ipse dispositum iter, prout tantum principem decet, potestative facere valeat, et sui honoris plenitudinem cum gaudio et exsultatione suscipere, atque nos adventum ejus, quem ad profectum Ecclesiæ ac regni, et salutem Christiani populi exspectamus, cum desiderato fructu, beatorum apostolorum Petri et Pauli suffragantibus meritis possimus percipere.

Datum Signiæ, vi Kal. Februarii.

CDLXXXV.

Ad abbatem de Regniaco. — Judicem eum constituit super controversia de qua epistola superior.

(Anno 1152, Jan. 28.)
[Mansi, *Concil.*, XXI, 661.]

Controversiam quæ inter filios nostros Pontium Vizeliac. et G. de Chora abbates super decima et parochiali jure cujusdam villæ ipsius Vizeliac. abbatis, et quadam pecunia, quam idem abbas de Chora a quibusdam burgensibus G. et V. de Vizeliaco mutuo dicitur suscepisse, agitari dignoscitur, discretioni tuæ audiendam terminandamque commisimus. Per præsentia itaque scripta tibi mandamus, quatenus congruo loco et tempore utramque partem ante tuam præsentiam evoces, et rationibus utrinque diligenter auditis, et plenarie cognitis, causam ipsam justitia mediante decidas.

Datum Signiæ, v Kal. Febr.

CDLXXXVI.

Ad abbatem de Chora. — De decima quam usurpaverat in Vizeliac. deque pecunia quam mutuam acceperat.

(Anno 1152, Jan. 28.)
[*Ibid.*]

Veniens ad nos dilectus filius noster Pontius Vizeliacensis abbas, contra te nobis conquestus est, quod quamdam decimam et parochialia jura villæ ipsius de Prissiaco per violentiam ei abstuleris, et injuste detineas. Questus est etiam quod burgensibus ejus G. et V. de Vizeliaco pecuniam quam tibi mutuasse dicuntur, eis contra rationem restituere contradicas. Quia igitur omnibus in sua justitia debitores existimus, per præsentia tibi scripta mandamus, quatenus in præsentia dilecti filii nostri S. [Stephani] Riniacensis abbatis super his dilecto filio nostro Vizeliacensi abbati justitiam facias. Cum ergo ab eodem filio nostro Riniacensi abbate propter hoc fueris evocatus, ejus præsentiam adeas, et quod exinde inter vos judicaverit suscipias et observes.

Datum Signiæ, v Kal. Febr.

CDLXXXVII.

Ad Lingonensem episcopum, etc. — De controversia Pontii Vizeliacensis abbatis cum episcopo Eduensi

(Anno 1152, Jan. 29.)
[*Ibid.*, 658.]

Eugenius episcopus, servus servorum Dei, venerabili fratri G. [Godefrido] Lingonen. episcopo, et dilectis filiis S. [Stephano] Regniac. et P. [Petro] Trinorc. abbatibus salutem et apostolicam benedictionem.

Causa quæ inter venerabilem fratrem nostrum Henricum Eduensem episcopum et dilectum filium nostrum Pontium Vizeliacensem abbatem agitur, non potuit in præsentia nostra judicio terminari : quoniam idem frater noster quosdam se testes habere dicebat, qui senio vel languore confecti, suam nobis præsentiam nequeunt exhibere. Quia igitur de vestra prudentia valde confidimus, et per hoc causam ipsam nolumus fine debito defraudari : per præsentia vobis scripta mandamus, quatenus ab alterutra partium requisiti in unum convenientes, ad locum in quo testes suam vobis præsentiam exhibere valeant, accedatis, et juramento ab eis suscepto, quidquid super eadem causa testificati fuerint, in scripturæ seriem fideliter redigatis : in scriptura redactum, ac sigillorum vestrorum impressione signatum, cum ad causam jam dictus frater noster redire voluerit, ad nostram præsentiam transmittatis. Forma vero juramenti hæc erit : *Ego ille juro quoniam quidquid veritatis scio super causa, quæ inter Hen. Eduensem episcopum, et P. Vizeliacensem abbatem agitur, vobis aperiam : falsitatem penitus relicebo.*

Datum Signiæ, iv Kal. Februarii.

CDLXXXVIII.

Ad G. Lingonensem episcopum. — Ut Nivernensem comitem, nisi resipuerit, excommunicet.

(Anno 1152.)

[Mansi, *Concil.*, XXI, 654.]

Eugenius episcopus, servus servorum Dei, venerabili fratri G. [Godefrido] Lingonensi episcopo, salutem et apostolicam benedictionem.

Sævitiam et tyrannidem, quam Nivernensis comes in Vizeliacense monasterium, Dei timore postposito, exercere non veretur, tanto tibi plus notam esse credimus, quanto ei vicinior esse dignosceris. Quia ergo idem cœnobium a prima sui fundatione proprium allodium ac patrimonium beati Petri esse dignoscitur, ipsius destructionem pati non possumus, nec debemus. Et quia de religionis tuæ prudentia valde confidimus, per præsentia tibi scripta mandamus, quatenus prædictum comitem districte sine longa dilatione convenias, ut damna quæ ipsi monasterio intulit, in integrum restituat, et locum ipsum in sua pace ac libertate dimittat. Quod si infra triginta dies post tuam commonitionem adimplere neglexerit, ad locum unde ad ipsius comitis notitiam pervenire possit accedas, et congregatis religiosis et prudentibus viris, accensis candelis in ecclesia, et personam ejus, atque perfidorum burgensium de Vizeliaco auctoritate nostra excommunicationis sententiam absque appellationis remedio proferas : et in tota terra ejus, præter baptismum parvulorum, et pœnitentiam morientium, omnia divina officia prohibeas celebrari. Adjicientes, ut sententiam ipsam venerabilibus fratribus nostris archiepiscopis P. [Petro] Bituricensi, et H. [Hugoni] Senonensi, et G. [Gofrido] Nivernensi, et Henr. Eduensi, et Henr. Trecensi, et A. [Alano] Antissio. episcopis, per tuas litteras ex parte nostra firmiter observandam denunties. Nos siquidem per alia eis scripta mandavimus, ut eamdem sententiam post tuam denuntiationem per suas parochias inviolabiliter faciant observari. Litteras vero quas prædictis fratribus nostris Eduensi, Nivernensi, et Antissiodorensi misimus, per tuos eis nuntios facias præsentari.

CDLXXXIX.

Privilegium pro monasterio Bremetensi.

(Anno 1152, Febr. 9.)

[*Hist. patriæ Monum.* Chart. I, 797, ex copia authentica sæculi xii archivii Taurinensis; cat. 41, m. 1, n. 2 (D. P.).]

Eugenius episcopus, servus servorum Dei, dilectis filiis Raynaldo abbati Brementensi ejusque fratribus regulariter substituendis, in perpetuum.

In apostolicæ sedis regimine, disponente Domino, constituti, religiosas personas debemus diligenter et religiosa cura quæ beati Petri juris assistunt et ad Romanam specialem spectant Ecclesiam sedis apostolicæ munimine confovere. Quamobrem, dilecti in Domino filii... justis postulationibus clementer annuimus et prædecessoris nostri felicis memoriæ Innocentii papæ vestigiis inhærentes Bremetense monasterium in quo divino mancipati estis obsequio, sub beati Petri et nostra protectione suscipimus et præsentis scripti privilegio communimus ; statuentes... possessiones, quæcunque bona idem monasterium, in præsentiarum prædecessorum nostrorum auctoritate possidet, aut in futurum concessione pontificum, largitione regum vel principum, oblatione fidelium, seu aliis justis modis, Deo propitio, poterit adipisci, firma vobis vestrisque successoribus et illibata permaneant. In quibus hæc propriis duximus exprimenda vocabulis : In episcopatu Papiensi ecclesiam Petri de Lomello ; in castro Sancti Salvatoris ecclesiam Sanctæ Ceciliæ ; in Porciato ecclesiam Sancti Salvatoris. In... ecclesiam Sancti Alexandri ; in episcopatu Vercellensi, in loco Pollicino ecclesiam Sanctæ Mariæ ; in monte Nascio ecclesiam Sancti Michaelis, in Bazola ecclesiam Sanctæ Agathæ, in Gabiano ecclesiam Sanctæ Mariæ cum curte sua ; in Corneliano, ecclesiam Sancti Petri cum curte sua ; in episcopatu Astensi ecclesiam Sancti Petri de Nasto ; apud Morotum ecclesiam Sancti Quirici ; in Clusa ecclesiam Sancti Andreæ ; in Vulpilie ecclesiam Sancti Joannis, in Duodecimo ecclesiam Beatæ Mariæ ; in Casteggio ecclesiam Sancti Quirici et ecclesiam Sancti Mauritii, ecclesiam Sanctæ Mariæ de Fubalnis... Ita ecclesiam Sancti Petri in Nizolasco, ecclesiam Sancti Dalmatii ; in episcopatu Vigintimiliensi, ecclesiam Sanctæ Mariæ Dulcis Aquæ, ecclesiam Sanctæ Luciæ ; in campo ecclesiam Sanctæ Margaretæ ; in episcopatu Taurinensi ecclesiam Sancti Petri de Pollencio cum comitatu suo, ecclesiam Sancti Georgii cum curte sua ; in Castro Sigifredi ecclesiam Sanctæ Mariæ ; in Cavalario ecclesiam Sancti Petri cum curte sua et ecclesiam Sancti Michaelis ; in Paguo ecclesiam Sancti Petri, ecclesiam de Valtinasco, ecclesiam Sancti Firmini ; in Villario ecclesiam Sancti Andreæ, in Suppunito ecclesiam Sancti Petri et plebem Sancti Joannis ; in Nodone ecclesiam Sancti Laurentii ; et ecclesiam Sancti Georgii ; in civitate Taurinensi ecclesiam Sancti Andreæ, ecclesiam Sancti Anili ; in

Gunzono ecclesiam Sancti Petri et ecclesiam Dalmatii cum curte; in Moira ecclesiam Sanctæ Mariæ; in Novalicio ecclesiam Sancti Petri; in Ripeta ecclesiam Sancti Petri; in Masio ecclesiam Sancti Dalmatii; in Rupe ecclesiam Sancti Albani, et capellam Sanctæ Mariæ; in collegio ecclesiam Sancti Christophori, apud campum Merleti ecclesiam Sancti Georgii et ecclesiam Juvenalæ, in burgo Novalesii capellam Sancti Stephani; in episcopatu Mauriginensi, ecclesiam de Lance, ecclesiam de Villario; in Corberia ecclesiam Sancti Petri; in Coria ecclesiam Sanctæ Mariæ et ecclesiam Sancti Petri, et ecclesiam de Voclante; in Gebennensi episcopatu, in Villarie ecclesiam Sanctæ Mariæ, in Castillione ecclesiam Sancti Martini; in Mauriniaco ecclesiam Sancti Sulpitii; in archiepiscopatu Nivennensi, ecclesiam in Murita, in Planixia, in Burniaco ecclesiam unam; in archiepiscopatu Ebredunensi, ecclesiam Sancti Mauritii, et ecclesiam Sancti Gernani; in valle monasterii de Briencione ecclesiam Sanctæ Mariæ et Sancti Petri cum capellis suis; in civitate Ebredunensi ecclesiam Sanctæ Mariæ de Actis; in Castro Falcone ecclesiam Sancti Petri, ecclesiam Sanctæ Mariæ, ecclesiam Sancti Stephani, ecclesiam S. Michaelis, ecclesiam Sancti Flavii; in Gauserio ecclesiam Sancti Nicolai; in Rumulone ecclesiam Sancti Petri, ecclesiam Tenisi; in archiepiscopatu Mediolanensi ecclesiam Sancti Petri cum pertinentiis suis; in Canobio, in civitate Papiensi ecclesiam Sancti Gervasii; in Gauprisscensi episcopatu, ecclesiam S. Petri de Ronuta; in Auriaco ecclesiam Sancti Joannis; in Faldene ecclesiam Sancti Felicis, ecclesiam de monte Rovorco; in valle Ancillæ ecclesiam Sancti Martini; apud Buxall, ecclesiam Sancti Juliani, ecclesiam Sanctæ Mariæ, ecclesiam Sancti Laurentii, ecclesiam de Lain, ecclesiam Sancti Boniti, cum capellis sibi pertinentibus; in Cozbo, ecclesiam Sancti Petri cum capellis suis, ecclesiam de Aspere, ecclesiam Sancti Juliani, ecclesiam de Salucia, ecclesiam Sancti Religni; in Ambella, ecclesiam Sancti Petri cum capellis suis; in Verano, ecclesiam Sanctæ Mariæ et Sancti Petri cum capellis suis, ecclesiam Sanctæ Mariæ de Valle; in Gratianopolitano episcopatu, ecclesiam Sanctæ Mariæ de Gartia, ecclesiam Sancti Desiderii et Sancti Stephani, ecclesiam de Naugerio cum decimis et cæteris prænominatarum ecclesiarum pertinentiis.

Verum quia idem monasterium specialiter ad Romanam Ecclesiam spectat, nulli liceat archiepiscopo, episcopo, sive alicui prælato in prænominatis ecclesiis vel earum capellis ullam donationem habere, salva sedis apostolicæ auctoritate. Sane laborum vestrorum quos propriis manibus aut sumptibus colitis, sive de nutrimentis vestrorum animalium, nullus omnino a vobis decimas exigere præsumat. Nulli etiam liceat præfatum Bremetense monasterium absque evidenti et rationabili culpa a divinis officiis interdicere. Obeunte vero te, nunc ejusdem loci abbate, vel tuorum quolibet successorum, nullus ibi qualibet subreptionis astutia seu violentia præponatur, sed liceat vobis communi consensu, vel parti consilii sanioris, secundum Dei timorem et beati Benedicti Regulam absque ullius contradictione abbatem eligere. Sepulturam quoque ipsius loci liberam esse concedimus et eorum qui se illic sepeliri deliberaverint devotioni et extremæ voluntati; nisi forte excommunicati vel interdicti sint, nullus obsistat. Baptismum vero in eisdem ecclesiis liceat fieri apostolica auctoritate permittimus. Chrisma quoque, oleum sanctum, consecrationes altarium, seu basilicarum, ordinationes clericorum, qui ad sacros ordines fuerint promovendi, a quocunque accipietis episcopo, siquidem catholicus fuerit, et gratiam atque communionem sedis apostolicæ habuerit. Quidquid præterea libertatis, vel a prædecessoribus nostris apostolicæ sedis episcopus, vel a catholicis imperatoribus, vel cœnobio vestro, seu cœnobii vestri locis jure constat esse concessum, nos quoque præsentis decreti pagina concedimus et favoris nostri assertione confirmamus.

Decernimus quoque ut nulli omnino hominum liceat idem monasterium temere perturbare aut ejusdem possessiones, vel bona, auferre, vel ablatas retinere, minuere, seu aliquibus vexationibus fatigare; sed omnia integra conserventur eorum, pro quorum sustentatione et gubernatione concessa sunt, usibus omnimodis profutura, salva sedis apostolicæ auctoritate. Si qua igitur in futurum ecclesiastica sæcularisve persona, hanc nostræ constitutionis paginam sciens, contra eam temere venire tentaverit, secundo tertiove commonita, si non satisfactione congrua emendaverit, potestatis honorisque sui dignitate careat, reamque se divino judicio existere de perpetrata iniquitate cognoscat, et a sacratissimo corpore ac sanguine Dei et Domini Redemptoris nostri Jesu Christi aliena fiat, atque in extremo examine districtæ ultioni subjaceat. Cunctis autem eidem loco jura sua servantibus sit pax Domini nostri Jesu Christi, quatenus et hic fructum bonæ actionis percipiant, et apud districtum judicem præmia æternæ pacis inveniant. Amen, amen, amen. — Bene valete.

Ego Eugenius Catholicæ Ecclesiæ episcopus subscripsi.

Ego GG. presb. card. tit. Calixti subscripsi.

Ego Mainfredus presb. card. tit. S. Sabinæ subscripsi.

Ego Aribertus presb. card. tit. S. Anastasiæ subscripsi.

Ego Imarus Tusculanus episcopus subscripsi.

Ego Nicolaus Albanensis episcopus subscripsi.

Ego Hugo Ostiensis episcopus subscripsi.

Actum Sigoræ, per manum Bosonis sanctæ Romanæ Ecclesiæ scriptoris, v Idus Februarii, indictione xv, Incarnationis Dominicæ anno 1151, pontificatus domni Eugenii papæ III anno VII.

Ego magister Jacobus imperialis aulæ notarius

authenticum hujus exempli vidi et legi, et nihil plus minusve in eo continebatur. Bullatum erat cum bulla Eugenii papæ III et me subscripsi (Segue l'autentica di altri notai).

CDXC.
Monasterium Heidenheimense in suam recipit tutelam eique varia concedit privilegia.
(Anno 1152, Febr. 9.)

[Falkenstein, *Cod. diplom. antiq. Nordgav.*, 33.]

Eugenius episcopus, servus servorum Dei, dilectis filiis Adelberto (112) abbati monasterii S. Willibaldi in Heidenheim ejusque fratribus tam præsentibus quam futuris, regularem vitam professis, in perpetuum.

Ad hoc nobis a Deo pastoralis officii cura commissa est, ut beneplacentem Deo religionem laboremus statuere et stabilitam exacta diligentia conservare. Nec dubium quod si servorum Dei justis petitionibus benigne concurrimus, nostris opportunitatibus clementem Dominum reperimus. Eapropter, dilecti in Domino filii, qui ad prædictum locum pro reformanda honestatis et religionis observantia vos ex mandato nostro humiliter transtulistis, vestris justis postulationibus clementer annuimus, et monasterium ipsum, in quo divino mancipati estis obsequio, sub B. Petri et nostra protectione suscipimus, et præsentis scripti privilegio communimus; in primis siquidem statuentes, ut ordo monasticus, qui secundum Dei timorem et B. Benedicti Regulam per vos in eodem loco noscitur reformatus, perpetuis ibidem temporibus inviolabiliter conservetur. Præterea quascunque possessiones, quæcunque bona ibidem monasterium impræsentiarum juste et canonice possidet, aut in futurum concessione pontificum, largitione regum vel principum, oblatione fidelium, seu aliis justis modis, Deo propitio, adipisci poterit, firma vobis vestrisque successoribus et illibata permaneant. Sane laborum vestrorum quos propriis manibus aut sumptibus colitis, sive de nutrimentis vestrorum animalium nullus a vobis decimas exigere præsumat. Sepulturam quoque ipsius loci liberam esse concedimus, ut eorum qui se illic sepeliri deliberaverint devotioni et extremæ voluntati, nisi forte excommunicati aut interdicti sint, nullus obsistat, salva tamen justitia (113) matricis Ecclesiæ. Obeunte vero te nunc ejusdem loci abbate, vel tuorum quolibet successorum nullus ibi qualibet subreptionis astutia, seu violentia præponatur, nisi quem fratres communi consensu aut sanioris (*f. addendum* patris *vel* partis), secundum Domini et B. Benedicti Regulam providerint eligendum. Prohibemus autem ut intra septa monasterii ipsius nulla sæcularis persona placitari, vel habitationem habere præsumat, ne in servorum Dei secessibus popularibus occasio præbeatur conventibus. Decernimus ergo ut nulli omnino hominum liceat præfatum monasterium temere perturbare, aut ejus possessiones auferre, vel ablatas retinere, imminuere vel aliquibus vexationibus fatigare; sed omnia integra conserventur eorum, pro quorum gubernatione et honestate concessa sunt, usibus omnimodis profutura, salva sedis apostolicæ auctoritate et diœcesani episcopi canonica justitia.

Si qua igitur in futurum ecclesiastica sæcularisve persona, hujus nostræ institutionis paginam sciens, contra eam temere venire tentaverit, secundo tertiove commoneatur: si non satisfactione congrua emendaverit, potestatis honorisque sui dignitate careat, reamque se divino judicio existere de perpetrata iniquitate cognoscat, et a sacratissimo corpore et sanguine Dei et Domini Redemptoris nostri Jesu Christi aliena fiat, atque in extremo examine districtæ ultioni subjaceat. Cunctis autem eidem loco justa servantibus sit pax Domini Jesu Christi, quatenus et hic fructum bonæ actionis percipiant et apud districtum judicem præmia æternæ pacis inveniant. Amen.

Ego Eugenius Catholicæ Ecclesiæ episcopus subscripsi.

Ego Umatus Tusculanus episcopus subscripsi.

Ego Gregorius presb. card. tituli Calixti subscripsi.

Ego Manfredus presbyter card. tit. S. Sabinæ subscripsi.

Ego Gwido presb. card. tit. Pastoris subscripsi.

Ego Oddo diaconus cardinalis S. Georgii ad Velum Aureum subscripsi.

Ego Rudolphus diaconus cardinalis S. Angeli subscripsi.

Ego Joannes diaconus cardinalis Sanctorum Sergii et Bacchi subscripsi.

Datum Signiæ, per manum Bosonis sanctæ Romanæ Ecclesiæ scriptoris, v Idus Februarii, indict. xv, Incarnationis Dominicæ anno 1152, pontificatus domni Eugenii papæ III anno vii.

CDXCI.
Eberhardo Babenbergensi et Burchardo Eyestettensi episcopis commendat Adalbertum abbatem Heidenheimensem, ut ei quovis modo assistant.
(Anno 1152, Febr.)

[*Ibid.*, p. 131.]

Eugenius episcopus, servus servorum Dei, Eberhardo Babenbergensi et Burchardo Eyestettensi episcopis, salutem et apostolicam benedictionem.

Benedictus Dominus et Pater Domini nostri Jesu Christi qui per curam et sollicitudinem vestram, atque juxta commonitionem et desiderii nostri

---

(112) *Adelberto.* Is Adelbertus fuit alter post Wunibaldum abbas Heidenheimensis. Vide tom. II Antiq. Nordgav. cap. 4.

(113) Quotuplici significatu vox *justitiæ* passim sumatur, videatur inter a..os Grotius De jure belli et pacis; hic denotat jus quod alicui in se quavis competit; specialius, quod parocho in matrici ecclesia competit. Vide Cangius.

votum, dignatus est in ecclesia Heidenheimensi honestati et Deo placitæ religionis observantiam reformare et dilectum filium nostrum Adelbertum, latorem præsentium, honestum siquidem, prout asseritis, ac bonæ opinionis virum, abbatem et provisorem in eodem loco salubriter providere, ut ubi omnis enormitatis et immunditiæ malitia diu, peccatis exigentibus, exstitit, ibi de cætero regularis ordo et innocentia sanctitatis refloreat, atque gratum Deo in odorem suavitatis exhibeatur obsequium. Proinde, dilectissimi in Christo fratres, et in agricultura summi patrisfamilias solertissimi cooperatores, ut donum, quod in prædicta ecclesia pro studio incœptum est, deperire non valeat, sed de bono in melius semper angeri, fraternitatis vestræ studium præsentibus litteris incitamus, et in Domino exhortantes monemus, quatenus prædictum filium nostrum Adelbertum abbatem attentius habeatis commendatum, et ad reædificationem ac meliorationem ejusdem ecclesiæ, vires ei et auxilium, pro B. Petri et nostra reverentia, præstetis, atque pecuniam, quæ pro restauratione ipsius loci collecta est, in manu ejus ac fratrum suorum faciatis assignari. Clericos vero manifeste concubinarios, qui habitationes suas in ipso monasterio habent, nihilominus ab eodem loco studeatis removere.

CDXCII.

Gerhardo Eystettensi comiti, Adelbertum abbatem Heidenheimensem, ejusque fratres attentius commendat.

(Anno 1152, Febr.)

[FALREINSTEIN, *Cod. diplom. antiq. Nordgav.*, p. 32.]

EUGENIUS episcopus, servus servorum Dei, dilecto filio nobili viro GERHARDO Eystettensi comiti, salutem et apostolicam benedictionem.

Ad industriam nobilium et catholicorum principum spectare dignoscitur, religiosas personas diligere, et earum loco devotionis intuitu confovere, ut per hujusmodi studium creatori suo Domino Jesu Christo placere valeant, et salutem suarum mereantur consequi animarum. Ideoque dilectum filium nostrum Adelbertum Heidenheimensem abbatem ac fratres ipsius, qui ex mandato nostro ad locum ipsum se humiliter transtulerunt, nobilitati tuæ attentius commendamus; per animæ tuæ salutem rogantes, et in peccatorum tuorum remissionem monentes quatenus eos diligas et honores atque ab infestationibus pravorum hominum manuteneas et defendas.

CDXCIII.

Adelberto, monasterii Heidenheimensis advocato, mandat ut Adelbertum abbatem hujus monasterii manuteneat, et ab infestationibus protegat.

(Anno 1152, Febr.)

[*Ibid.*]

EUGENIUS episcopus, servus servorum Dei, dilecto filio ADELBERTO advocato Heidenheimensis Ecclesiæ, salutem et apostolicam benedictionem.

Veniens ad nos dilectus filius noster Adelbertus abbas S. Wunebaldi, de te bona nobis plurima nuntiavit, quod eum et fratres ejus benigne foveas ac diligas, et ad reformandum in loco ipso religionis statum, opem sibi et consilium præbeas. Quod, quia omnipotenti Deo gratum esse cognoscimus et animæ tuæ saluti utilissimum, paterna te in Domino affectione monemus, hortamur, et in peccatorum tuorum remissionem injungimus, quatenus et ab infestationibus, quæ sibi contra justitiam inferuntur, sicut bonus tutor, protegas et defendas.

CDXCIV.

Ad Rothomagensem et Remensem et Senonensem archiepiscopos, etc. — Pro Ecclesia Belvacensi.

(Anno 1152, Febr. 11.)

[MARTEN., *Collect.*, II, 652.]

EUGENIUS episcopus, servus servorum Dei, venerabilibus fratribus Rothomagensi [Hugoni], Remensi [Samsoni], et Senonensi [Hugoni] archiepiscopis, Parisiensi [Theobaldo], Ambianensi [Theoderico], Noviomensi [Balduino], Silvanectensi [Theobaldo], Suessionensi [Josleno] episcopis, salutem et apostolicam benedictionem.

Conservandis et distribuendis ecclesiasticis facultatibus tanto subtilior est impendenda cautela, quanto, ut eis et ministri Ecclesiæ sustententur, et indigentium necessitatibus succurratur, et ecclesiarum ædificia reparentur, proborum virorum studio sunt solummodo congregatæ. Contra hoc autem Belvacensis Ecclesia non modicam partem facultatum suarum, quam in prædictos usus deberet expendere, quibusdam militaribus personis contra leges forenses, contra sanctiones canonicas, contra constituta sanctorum Patrum, compellitur impertiri. Quidam enim illorum, qui episcopalem in ecclesia ipsa olim cathedram tenuerunt, nec posteris suis, nec opportunitatibus indigentium providere curantes, quædam beneficia denariorum de domo episcopali annuatim recipienda quibusdam militibus illicite concesserunt, quibus usque nunc ecclesia ipsa non modicum prægravatur. Inde est quod venerabilis frater Henricus ejusdem loci episcopus, debito sui officii provocatus, et tam commissæ sibi Ecclesiæ libertati, quam pauperum qui de bonis ejus fovendi sunt necessitati providere desiderans, ex nostro et quorumdam sapientum consilio beneficia prædicta retinuit, et illis militibus, qui ea illicite recipere consueverant, denegavit. Illi vero nec animarum suarum periculum, nec gravamen Belvacensis Ecclesiæ attendentes, nolunt ab illicita eorumdem beneficiorum perceptione desistere. Imo quidam illorum ab hoc jam dicto fratri nostro damna plurima irrogarunt, et majora ei de cætero ausu temerario comminantur. Quia igitur ecclesiarum prælatis præcipua cura debet existere, ut perturbatores Ecclesiæ, saltem vigore justitiæ, a suis præsumptionibus arceantur, præsentium vobis auctoritate præcipiendo mandamus quatenus in eos qui jam dicto fratri nostro damna irrogasse noscuntur, et in illos etiam qui de cætero irrogare præsumpserint, nisi a vobis districte commoniti infra unius mensis spatium post commonitionem vestram temeritatem suam congrua satisfactione correxerint, excommunicationis, in terras autem eorum interdicti sententiam proferatis, et tandiu eamdem sententiam faciatis inviolabiliter observari, donec a suis excessibus resipiscant, et prædicto fratri nostro condignam satisfactionem exhibeant. Quia vero in ejusmodi causis quidam ad fomentum suæ malitiæ, canonicæ ultioni refugium soleant appellationis objicere, si aliquis eorumdem virorum pro hac re sedem apostolicam appellaverit, nihilominus in eum et in terram ipsius prædictam sententiam proferatis et firmiter observetis.

Data (114) Signiæ, III Idus Februarii.

CDXCV.

Ad Henricum Belvacensem episcopum. — Pro ecclesia de Ruricorte.

(Anno 1152, Febr. 11.)

[Marten., Collect., II, 638.]

Eugenius episcopus, servus servorum Dei, venerabili fratri Henrico Belvacensi episcopo, salutem et apostolicam benedictionem.

Qualiter ecclesia de Ruricort (115), cum anteactis temporibus divitiis et religiose floruerit, nunc per illorum incuriam qui inibi commorantur, non modicum sit in utroque contrita, plurimorum ad nos relatione pervenit, tantoque amplius contristamur, quanto ad instituenda religiosa loca et instituta conservanda propensiori studio nos convenit imminere. Quia igitur a nobis in extremo examine metuimus exigendum, si quod corrigendum videmus in commissis nobis Ecclesiis, tepiditate aliqua relinquimus incorrectum, per præsentia scripta fraternitati tuæ mandamus quatenus de ordine canonico religiosos fratres ibi constituas, qui acceptam Deo religionis observantiam in eodem loco reforment, et tam in temporalibus quam in spiritualibus ejusdem loci debeant magisterium obtinere. Hoc autem ita te volumus diligenter efficere, ut nec appellationis, nec suffragii cujuslibet interventu, studium tuum ab exsecutione hujus nostri mandati valeat præpedire.

Data Signiæ, III Idus Februarii.

CDXCV bis.

Confirmatio bonorum omnium et libertatum monasterii Rorensis Canonicorum Regularium S. Augustini Ratisponensis diœcesis.

(Anno 1152, Febr. 15.)

[Hund., Metropol. Salisburg., III, 255.]

Eugenius episcopus, servus servorum Dei, dilecto filio Eberhardo præposito Rorensis Ecclesiæ, ejusque successoribus regulariter substituendis, in perpetuum.

Religiosis desideriis dignum est facilem præbere consensum, ut fidelis devotio celerem sortiatur effectum. Eapropter, dilecte in Domino fili, tuis justis postulationibus clementer annuimus, et præfatam ecclesiam cui, Deo auctore, præesse dignosceris, sub beati Petri et nostra protectione suscipimus, et præsentis scripti privilegio communimus; statuentes ut quascunque possessiones, quæcunque bona eadem ecclesia in præsentiarum juste et canonice possidet, aut in futurum concessione pontificum, largitione regum vel principum, oblatione fidelium, seu aliis justis modis, Deo propitio, poterit adipisci, firma tibi tuisque successoribus et illibata permaneant. Prædia quæque, vineas, domos, areas, et alia quæ Henricus Ratisbonensis archiepiscopus ecclesiæ vestræ intuitu devotionis juste concessit, vobis et per vos ipsi ecclesiæ nihilominus confirmamus. Statuimus præterea ut ordo canonicus, qui secundum B. Augustini Regulam in eodem loco noscitur constitutus, perpetuis ibidem temporibus inviolabiliter conservetur. In parochialibus vero ecclesiis, quas tenetis, presbyteros eligatis et episcopo præsentetis, quibus, si idonei fuerint, episcopus animarum curam committat, ut de plebis quidem cura episcopo rationem reddant, vobis vero pro temporalibus debitam subjectionem exhibeant.

Decernimus ergo, ut nulli omnino hominum liceat præfatam ecclesiam temere perturbare, aut ejus possessiones auferre, vel ablatas retinere, minuere, aut aliquibus vexationibus fatigare; sed omnia integra conserventur eorum, pro quorum gubernatione et sustentatione concessa sunt, usibus omnimodis profutura, salva diœcesani episcopi canonica justitia. Si qua igitur in futurum ecclesiastica sæcularisve persona, hanc nostræ constitutionis paginam sciens, contra eam temere venire tentaverit, secundo tertiove commonita, si non satisfactione congrua emendaverit, potestatis honorisque sui dignitate careat, reamque se divino judicio existere de perpetrata iniquitate cognoscat, et a sacratissimo corpore et sanguine Dei et Domini Redemptoris nostri Jesu Christi aliena fiat, atque in extremo examine districtæ ultioni subjaceat. Cunctis autem eidem loco justa servantibus, [sit pax Domini nostri Jesu Christi, quatenus et hic fructum bonæ actionis percipiant, et apud districtum judicem præmia æternæ pacis inveniant. Amen.

Ego Eugenius Catholicæ Ecclesiæ episcopus ss.
Gregorius presb. card. tit. S. Calixti ss.
Ego Julius presb. card. tit. S. Marcelli ss.
Octavianus presb. card. tit. S. Ceciliæ ss.

Datum Romæ apud Sanctum Petrum, per manum Bosonis sanctæ Romanæ Ecclesiæ scriptoris, Id. Februar., indict. xv, Incarnationis Dominicæ anno 1152, pontificatus vero domni Eugenii III papæ anno VII.

---

(114) Videtur irrepsisse hic mendum oscitantia amanuensis, nam omnes illæ epistolæ pro Ecclesia Belvacensi eadem die datæ sunt, scilicet Ferentini v Kal. Martii.

(115) Ruricurtis ecclesia S. Martino sacra est monasterium ordinis S. Augustini, congregationis Gallicanæ in diœcesi Belvacensi, cujus mansam abbatialem hodie possident Patres Societatis Jesu.

CDXCVI.
Privilegium pro Ecclesia Coventrensi, petente Galtero episcopo.
(Anno 1152, Febr. 14.)
[Monasticon Anglic., III, 231.]

EUGENIUS episcopus, servus servorum Dei, venerabili fratri GUALTERO Coventrensi episcopo ejusque successoribus canonice instituendis, in perpetuum.

In apostolicæ sedis specula, disponente Domino, constituti, fratres nostros episcopos sincera in Domino charitate diligere, et ecclesiis a Deo sibi commissis suam debemus justitiam conservare. Æquum siquidem ac rationabile est ut qui beato Petro et ejus apostolicæ sedi devotiores esse noscuntur, atque sacrosanctæ Romanæ Ecclesiæ patrocinio cupiunt confoveri, ejusdem piæ matris uberibus nutriantur, et in rationabilibus suis postulationibus exaudiantur. Ideoque, dilecte in Christo frater Gualteri..... tuis justis votis benignitate debita concurrentes, Conventrensem ecclesiam cui, Deo auctore, præesse dignosceris, sub beati Petri et nostra protectione suscipimus, et per præsentis scripti privilegium communimus; statuentes ut quascunque possessiones, quæcunque bona eadem ecclesia in præsentiarum juste et canonice possidet, aut in futurum concessione pontificum, largitione regum vel principum, oblatione fidelium, seu aliis justis modis, Deo propitio, poterit adipisci, firma vobis vestrisque successoribus et illibata permaneant. In quibus hæc propriis duximus exprimenda vocabulis: In comitatu Staffordiæ, Lichfieldiam cum forestis, partem Cannochi; Cunifield cum sartis quæ nimirum Stephanus Anglorum rex prædecessori tuo Rogero episcopo et ejus successoribus rationabili providentia concessisse, et scripti sui munimine roborasse dignoscitur; Hintes, Tibintuna cum appendiciis suis; Haywodam cum foresta et omnibus appendiciis suis, Berchlewych cum nemore et appendiciis suis; Brendam cum Haya et foresta et appendiciis suis; Ecclesalam cum foresta et appendiciis suis; Sesteford cum appendiciis suis; ecclesiam de Pannicroft, cum pertinentiis sui, ecclesiam Stafford cum pertinentiis suis, ecclesiam de Gnowesal cum pertinentiis suis, ecclesias de Atrewas et de Brumleya cum pertinentiis earum. In comitatu Warvicensi Chedelesont, Ychintuna, Chechelesbroc, Caldecote, cum omnibus pertinentiis suis. In comitatu Derbiæ, Sallao, Bobendon cum appendiciis suis; In comitatu Salopesburiæ, Bettona, Prees, Languenarum cum appendiciis eorum; ecclesiam Sancti Ceddæ cum pertinentiis suis. In comitatu Cestriæ, Trovam, Burtonam, Ferendonam, Bancheberiam, Wippenberiam, Suttonam cum eorum appendiciis. In Wico duos modios salis annuatim; in suburbio Cestriæ, ecclesiam Sancti Joannis cum pertinentiis suis, et vicum qui vocatur Forieta; infra muros Cestriæ quatuor mansuras; item in Staffordiria, Alacastona cum pertinentiis suis. Præterea decessoris nostri sanctæ memoriæ Paschalis vestigiis inhærentes, episcopalem sedem apud Conventriam prædecessoribus tuis ab eo concessam tibi quoque tuisque successoribus in perpetuum confirmamus. Porro monachi qui apud eumdem locum in beatæ Mariæ monasterio conversantur, juxta tenorem concordiæ inter te et monachos ejusdem loci, in nostra præsentia factæ, semper sub tua, sive successorum tuorum obedientia maneant, et in ipsa episcopali ecclesia divinorum officiorum debita peragant, prout in Cantuariensi Ecclesia per beatum quondam Augustinum episcopum creditur institutum, et sanctissimi patris ac prædecessoris nostri Gregorii doctoris Ecclesiæ Catholicæ assertione sancitum: nec cuiquam omnino successorum tuorum liceat monasticæ disciplinæ viros ab ipsa Ecclesia removere, aut eis possessiones et bona cætera auferre, quæ ab egregiæ memoriæ Leprico comite, ipsius cœnobii fundatore, vel aliis fidelibus ad monachorum sumptus oblata et comparata sunt, vel in futurum offerri, Domino disponente, contigerit. Ad hoc adjicientes statuimus, ut quidquid contra tenorem prædictæ concordiæ privilegia prædecessorum nostrorum Innocentii et Lucii Romanorum pontificum continent omnino viribus careat.

Decernimus ergo ut nulli omnino hominum liceat præfatam Ecclesiam temere perturbare, aut ejus possessiones auferre, vel ablatas retinere, minuere, aut aliquibus vexationibus fatigare, sed omnia integra conserventur eorum pro quorum gubernatione et sustentatione concessa sunt, usibus omnimodis profutura, salva in omnibus apostolicæ sedis auctoritate. Si qua igitur in futurum ecclesiastica sæcularisve persona, hanc nostræ constitutionis paginam sciens, contra eam temere venire tentaverit, secundo tertiove commonita, si non satisfactione congrua emendaverit, potestatis honorisque sui dignitate careat, reamque se divino judicio existere de perpetrata iniquitate cognoscat, et a sacratissimo corpore ac sanguine Dei et Domini Redemptoris nostri Jesu Christi aliena fiat, atque in extremo examine districtæ ultioni subjaceat. Cunctis autem eidem loco justa servantibus, sit pax Domini nostri Jesu Christi quatenus et hic fructum bonæ actionis percipiant et apud districtum judicem præmia æternæ pacis inveniant. Amen, amen.

Datum Sing. [Signiæ] per manum Bosonis sanctæ Romanæ Ecclesiæ scriptoris, decimo sexto Kalendas Martii, indictione xv, Incarnationis Dominicæ anno 1151 pontificatus vero domni Eugenii tertii papæ anno septimo.

CDXCVII.
Ad Bernardum Santonensem episcopum. — Ut novam ecclesiam ædificari sinat.
(Anno 1152, Febr. 20.)
[MANSI, Concil., XXI, 668.]

EUGENIUS episcopus, servus servorum Dei, dilecto fratri BERNARDO Santonensi episcopo, salutem et apostolicam benedictionem.

Veniens ad præsentiam nostram dilectus filius

noster Petrus Cluniacensis abbas, sua nobis insinuatione ostendit quod quia ecclesia S. Mariæ de Rochella, quæ juris sui monasterii esse dignoscitur, hominum multitudinem, quæ inibi ad habitandum noviter venit, capere minime potest, aliam ecclesiam infra ejus parochiam ædificare desideret, et in hoc, favoris nostri assensum humiliter imploravit. Quia ergo, sicut injusta poscentibus nullus est tribuendus effectus, sic justa petentium votis benigna debemus assensione concurrere; fraternitatis tuæ charitati per præsentia scripta mandando præcipimus, quatenus infra terminos parochiæ prædictæ ecclesiæ, memorato filio nostro abbati, novam ecclesiam ædificare præcipimus, nullo modo perturbes.

Data Signiæ, x Kal. Martii.

Hoc autem factum est anno ab Incarnat. Domini 1153.

CDXCVIII.
Privilegium pro monasterio Silviniacensi.
(Anno 1152, Febr. 20.)
[*Bullar. Clun.*, p. 62.]

EUGENIUS episcopus, servus servorum Dei, dilectis filiis PETRO priori Silviniacensi monasterii, ejusque fratribus, tam præsentibus quam futuris, regularem vitam professis, in perpetuum.

Justis religiosorum desideriis consentire, ac rationabilibus eorum postulationibus clementer annuere apostolicæ sedis cui, largiente Domino, præsidemus, auctoritas et fraternæ charitatis unitas nos hortatur. Inde est utique, dilecti in Domino filii, quod justis petitionibus vestris benignum impertientes assensum, ad exemplar prædecessoris nostri felicis memoriæ Urbani papæ secundi monasterium vestrum, in quo divino mancipati estis obsequio, sub beati Petri et nostra protectione suscipimus, et præsentis scripti privilegio communimus; statuentes ut quascunque possessiones, quæcunque bona idem monasterium in præsentiarum juste et canonice possidet, ac in futurum, concessione pontificum, largitione regum vel principum, oblatione fidelium et aliis justis modis, Deo propitio, poterit adipisci, firma vobis vestrisque successoribus, et illibata permaneant. In quibus hæc propriis duximus exprimenda vocabulis: In episcopatu Bituricensi monasterium Sancti Mauricii, capellam de Burbonio, ecclesiam de Noyento, de Castellone, de Colondano, de Mariliaco, de Cressangis, de Curtiliis, de Bocherono, de Betiaco, de Argiranda de Francisciis; ecclesiam de Lemelia, de Madero, de Vannot, de Burginolio, de Avalone, de Cappis, de Silviniaco comitali, de Sardirliaco, de Bussecrias, de Ferrerias, capellam de Nicio, ecclesias Sancti Placidi, Sancti Hilarii, Sancti Marcelli, ecclesiam de Chirac, monasterium Columbariense, ecclesiam de Monive, capellam de Cella, ecclesiam de Dorequo, de Comentrico, de Verdero, de Feblineas, de Noro. In episcopatu Arvernensi ecclesiam de Brenaco, Sancti Maziriani, Sancti Martini, capellas duas de Schola, de Sintraco, de Genziaco, de Plaidacco, de Ledaco, de Stoliaco;

monasterium de Firmitate, ecclesiam de Altaripa, capellas de Vernolio, de Longa prata, de Trebenno, ecclesiam de Monasterio, de Quintiniaco, de Melaro, de Rungeriis, de Graniculis; capellam desuper castellum de Monte acuto, ecclesiam Sancti Juliani de Vallibus, de Olouzaco de Silviniaco de Teudonis, de Conis, de Marciaco, ecclesias duas de Bucciaco, de Suspiriis, de Briceolis, de Chimiliaco capellam de Fagia. In castello de Nobrio, duas ecclesias, novam ecclesiam. In Eduensi episcopatu, capellam de Molinis, ecclesiam de Aversino. In episcopatu Nivernensi, monasterium Campi Volti cum appendiciis suis; capellam de Firmitate, ecclesiam de Cantaneto, monasterium de Monte Podio, de Martio, de Genestinis, de Validomano, de Novavilla, de Adiaco, capellam Sancti Genesii. In episcopatu Lemoviensi, ecclesiam de Manciaco cum omnibus eorum pertinentiis. Præterea ejus quoque prædecessoris nostri vestigiis inhærentes, statuimus ne pro communi interdicto parochiæ præfatum cœnobium a divinis cesset officiis, sed clausis januis, et exclusis excommunicatis et interdictis, suppressa voce divina vobis liceat celebrare officia, nec ulli omnino hominum facultas sit infra ipsius monasterii seu adjacentis villæ ambitum assultum facere, aut quemlibet hominem deprædari vel capere. Sepulturam etiam ipsius loci omnino liberam esse decernimus, ut eorum qui se illic sepeliri deliberaverint, devotioni et extremæ voluntati, nisi forte excommunicati vel interdicti sint, nullus obsistat, salva tamen justitia matricis ecclesiæ.

Decernimus ergo ut nulli omnino hominum liceat præfatum monasterium temere perturbare, aut ejus possessiones auferre, vel ablatas retinere, minuere, aut aliquibus vexationibus fatigare: sed omnia integra conserventur eorum, pro quorum gubernatione ac sustentatione concessa sunt, usibus omnimodis profutura, salva sedis apostolicæ auctoritate, et Cluniacensium abbatum in omnibus obedientia atque diœcesanorum ipsorum in supradictis capellis canonica justitia. Si qua igitur in futurum ecclesiastica sæcularisve persona, hanc nostræ constitutionis paginam sciens, contra eam temere venire tentaverit, secundo tertiove commonita, si non satisfactione congrua emendaverit, potestatis honorisque sui dignitate careat, reamque se divino judicio existere de perpetrata iniquitate cognoscat, et a sacratissimo corpore ac sanguine Dei et Domini Redemptoris nostri Jesu Christi aliena fiat, atque in extremo examine districtæ ultioni subjaceat. Cunctis autem eidem loco justa servantibus, sit pax Domini nostri Jesu Christi, quatenus et hic fructum bonæ actionis percipiant, et apud districtum judicem præmia æternæ pacis inveniant. Amen.

Ego Eugenius Catholicæ Ecclesiæ episcopus.
Ego G. presbyter card. tit. Calixti.
Ego Imarus Tusculanus episcopus.
Ego Julius presbyter cardinalis Sancti Marcelli.

Ego Umbaldus presb. card. tit. Sanctæ Crucis in Jerusalem.

Ego Bernardus presbyt. card. tit. S. Clementis.

Ego Rolandus presbyt. card. tit. Sancti Marci.

Ego Gerdredus presb. card. tit. S. Stephani in Cœlio monte.

Ego Otto diacon. card. S. Georgii ad Velum Aureum.

Ego Nicolaus Albanensis episcopus.

Ego Hugo Ostiensis episcopus.

Ego Gregorius diac. card. Sancti Angeli.

Ego Guido diaconus card. Sanctæ Mariæ in Porticu.

Ego Joannes diac. card. Sanctorum Sergii et Bacchi.

Ego Centius diac. card. Sanctæ Mariæ in Agro.

Datum Signiæ per manum Bosonis sanctæ Romanæ Ecclesiæ scriptoris, undecimo Kalendas Maii, indictione decima quinta, Incarnationis Dominicæ anno 1151 pontificatus vero nostri domni Eugenii III papæ anno septimo.

CDXCIX.

Ad Petrum Cluniacensem abbatem et monachos Cluniacenses. — Ingratitudinis eos arguit et negligentiæ, quod Gigniacenses monachos fratribus de Miratorio atrociter infestos non compescuerint.

(Anno 1152, Mart. 14.)

[D. BOUQUET, *Recueil*, XV, 471.]

EUGENIUS episcopus, servus servorum Dei, dilectis filiis PETRO abbati et universo conventui Cluniacensi, salutem et apostolicam benedictionem.

Inebriati, sicut ait Jeremias, absinthio et amaritudine ac felle circumdati, talia cogimur vobis scripta transmittere, qualia ministrat affectus, et doloris magnitudo suadet. Tristis siquidem et luctuosa materia in tristem sonum nos compellit erumpere, et dolores qui se in corde nostro non capiunt, licet sero, in manifestum cogit exire. Cluniacensis Ecclesia, tam in capite quam in membris, quantum a suæ fundationis tempore usque nunc a sede apostolica sit dilecta, quantum in necessitatibus suis adjuta, et semper ad majora provecta licet in oblivionem vos duxeritis, a notitia tamen nostra non excidit, et tota fere occidentalis Ecclesia recognoscit; et quod sine gravi mœrore non dicimus, ita preces, exhortationes et præcepta nostra videmus a plerisque vestrum in contemptum deducta, ut possimus dicere cum propheta : *Filios enutrivimus et exaltavimus; ipsi autem spreverunt nos* (Isa. 1, 2).

Quanta tyrannide fratres vestri de Gigniaco in viscera (116) nostra, fratres de Miratorio, per multa jam sint annorum curricula (117) debacchati, notitiæ vestræ, et nisi dissimulatis, evidenter innotuit. Ad eorum vero cohibendam insaniam qualiter sollicitudo nostra intenderit, his qui recte sapiunt in aggravatione mali apertissime demonstratur. Postquam enim deprædantes pupillos, pauperes spoliarunt, non tamen est satiatus venter eorum; sed de ipsis grangiis direpta substantia et famulis Christi feritate barbarica trucidatis, ut nihil reliqui fieret eis, nunc eamdem ipsam domunculam in qua membra Christi ad servitium sui capitis victitabant, in desertum solitudinis converterunt, combusserunt enim mœnia, diripuerunt spolia, ipsosque habitatores in gladiis et fustibus a suis finibus expulerunt. Proh dolor! pauperrimo famulo in hoc mundo juxta sui regis conceditur habitare palatium, et jumentum sub uno tecto cum domino suo requiescit : visceribus vero nostris non licuit juxta fratres vestros suum imponere domicilium, et nedum in eadem villa, sed neque etiam in eadem diœcesi divinis obsequiis imminere. Porro si a priscis temporibus ad eorum cohibitionem vestra diligentia intendisset, et patientia nostra tandiu non fuisset abusa, nec tantum emendatio licuisset differri, nec membra nostra potuissent usque adeo lacerari. Quia vero et vestrorum excessus, et nostrorum miserias, dissimulanti vel potius subsannanti oculo respexistis, opus factum est in diebus nostris quod nemo credet cum narrabitur, et cujus simile nondum contigit in Israel. Quoniam igitur nec mater obliviscitur filiorum, nec nos possumus nostrorum viscerum non sentire dolorem, quia tantis malis contempsistis obviare, nunc saltem de ipsorum emendatione sollicitos vos monemus existere. Quia enim nos tanto piaculo non possumus condignam pœnam imponere, oportet saltem quæ dilapsa sunt in statum debitum restaurare. Quocirca vobis auctoritate præsentium mandamus, quatenus de nostra et sedis apostolicæ subventione in vestris causis confiditis, ita jam dictis filiis nostris de Miratorio ablata omnia restitui, damna irrogata pleniter resarciri, et de tantis malis faciatis taliter satisfieri, ut non tantum verbo, sed opere et veritate probemini de contemptu sedis apostolicæ nostraque vos afflictione tristari, alioquin in vos noveritis gravissime vindicandum, ut saltem inviti cogamini obedientiam promptam nostris exhibere mandatis, ac de illorum refrenatione qui inter vos inquiete ambulant, sollicitius cogitare.

Datum Signiæ, pridie Idus Martii.

D.

Ad Hugonem [Humbertum] Lugdunensem archiepiscopum. — Ut sub excommunicationis interminatione restitui curet fratribus de Miratorio res a Gignacensibus ablatas.

(Anno 1152, Mart.)

[Dom BOUQUET, *Recueil*, XV, 472.]

EUGENIUS episcopus, servus servorum Dei, venerabili fratri HUGONI [*corr.* HUMBERTO] Lugdunensi archiepiscopo, salutem et apostolicam benedictionem.

Nequitia illorum qui apud Gigniacum vitam monificatum. Quæ res episcopos, clericos, abbates, monachos, ipsos etiam ad quos pervenire potuit laicos, adversus eos concitavit. Vide Petri Venerabilis epistolas 33, 34, 35, libri primi, anno 1132 scriptas.

---

(116) Stylum S. Bernardi redolet hæc epistola.

(117) Dissidii causa erat relaxatio decimarum quam Cisterciensibus indulserat Innocentius II papa, ut gratiam S. Bernardo referret ob assertum sibi pon-

nasticam nomine tenus profitentur, operis vero exsecratione blasphemant, et quanta vesania in dilectos filios nostros de Miratorio et bona eorum per multa sint annorum curricula debacchati, eo plenius ad notitiam fraternitatis tuæ devenit, quo loca ipsa propinquiora tibi consistant. Sane tam a nobis quam a felicis memoriæ papa Innocentio prædecessore nostro, multa diligentia est adhibita ut redirent ad cor, et a prædictorum filiorum nostrorum molestatione cessarent. Ipsi vero pleni sordibus, tanquam subcinerei ejus panis qui non reservatur, fas et nefas pariter confundentes, nec periculum animarum suarum, nec opprobrium ordinis, nec reverentiam hominum, nec timorem Dei, ante mentis oculos revocaverunt; sed conversi in arcum pravum, et transeuntes in affectum cordis, post factam etiam inter eos, per charissimum filium nostrum Bernardum Clarævallensem et Petrum Cluniacensem abbates, concordiam (118), solito furore arrepti, addiderunt deteriora prioribus, et in præfatos filios nostros barbaricam rabiem exercentes, tam per se quam per quosdam ministros diaboli, quorum suffragia mendicarunt, personas eorum pervertere, bona diripere, domos subvertere, aliaque furoris indicia in eos non dubitaverunt ausu diabolico exercere. Cum vero ab Ecclesiæ corpore jamdiu meruissent apostolica securi præcidi, usque modo sustinuimus, credentes eos aliquando reversuros ad cor, et a prædictorum filiorum nostrorum persecutionibus cessaturos. Quia vero jam ita putruerunt in stercore suo ut nisi Jesus magnam vocem emittat, non credantur de fœtore sepulcri aliquatenus extrahendi, fraternitati tuæ per præsentia scripta mandamus quatenus eos cum omni districtione commoneas ut prædictis filiis nostris omnia ablata restituant, irrogata damna resarciant, de injuriis plenam satisfactionem exhibeant, et ab ipsorum de cætero infestatione desistant.

(119) Si vero infra viginti dies post commonitionem tam hæc omnia effectui mancipare contempserint, nos in loco ipso et in omnibus cellis et ecclesiis ejus divina extunc officia interdicimus; Willelmum priorem, Ricardum hospitalarium, Poncium decanum, Hugonem, Guillelmum Cotarellum, et alios qui caput sunt hujus nequitiæ, atque omnes qui in hoc maleficio consentiunt, excommunicationi subjicimus; addentes ut illi, et qui consilium aut auxilium ei ministrare præsumpserint eadem sententia teneantur. Sane pro hac denuntianda sententia, cum a dilecto filio nostro abbate de Miratorio fueris requisitus, cum venerabili fratre nostro Hugone (*corr.* Humberto) archiepiscopo Bisuntino convenias, et congregato cœtu ecclesiæ, candelis accensis, sententiam istam publice nuntiare et irrefragabiliter ab omnibus observari præcipiatis.

DI.
Privilegium pro Ecclesia Tarvisina.
(Anno 1152, Maii 3.)
[UGHELLI, *Italia sacra*, V, 511.]

EUGENIUS episcopus, servus servorum Dei, venerabili fratri BONIFACIO Tarvisino episcopo suisque successoribus canonice substituendis, in perpetuum.

Justis fratrum nostrorum desideriis consentire ac rationabilibus eorum petitionibus aures accommodare nos convenit, qui, licet indigni justitiæ cultores atque præcones in excelsa apostolorum principum Petri et Pauli specula residere Domino disponente conspicimur. Eapropter, dilecte in Christo frater Bonifaci episcope, justis postulationibus tuis clementer annuimus, et Ecclesiam B. Petri Tarvisien., cui Deo auctore præes, sub ipsius apostolorum principis et nostra protectione suscipimus, et præsentis scripti privilegio communimus; statuentes ut quascunque possessiones, quæcunque bona eadem Ecclesia in præsentiarum juste et canonice possidet, aut in futurum concessione pontificum, largitione regum vel principum, oblatione fidelium, seu aliis justis modis, Deo propitio, poterit adipisci, firma tibi tuisque successoribus, et per vos eidem Ecclesiæ et illibata permaneant. In quibus hæc propriis duximus exprimenda vocabulis : Ecclesiam Sanctæ Mariæ de

---

(118) Tractatam eam concordiam novimus ex epistola S. Bernardi 283 ad Eugenium, qua ratione factam nescimus : Apud Cluniacum occurrimus, inquit, Gigniacensibus spe pacis; pro qua laboratum multum, elaboratum nihil. Nam totum quatriduanum laborem sola demum secula est ruina spei. Repetita est, juxta tenorem litterarum vestrarum, damnorum resarcitio, restitutio oblatorum; sed incassum. Multum visum est ad eos, quia nocuerant multum : quippe ultra triginta millia solidorum computata facta est amissorum; siquidem abbatia una (ne per singula evagemur) tota destructa est. Cæterum de tantis amissis multa dimittere parati fuimus; cum illi tam minimum obtulerint, ut venerabilis abbas Cluniacensis qui affectuosius quam efficacius pro reformanda pace laborabat, nec dignum relatu judicaret. Itaque non provenit compositio, quia reparatio tunc ridicula offerebatur. Dicebant autem : Quidam maligni de nostris totum malum fecerunt, quid ad nos! ipsi viderint. Atque id quoque ridiculum. Clarum erat in tota regione per homines Ecclesiæ hoc facinus perpetratum; monachos quoque affuisse quosdam, consensisse omnes. Nam qui contradiceret malefactoribus, nec unum quidem fuisse usque ad hoc tempus audivimus. Denique ipse dominus abbas istius modi tergiversationes palam refellebat et convincebat, affirmans juste ab ecclesia repeti quod per ecclesiam amissum esse constabat. Ultima exspectatur vestra, in eo quod nonnisi in manu valida posse emendari satis superque probatum est.

(119) Anno 1155, eo pacto sancita demum est concordia, quod fratres de Miratorio reddiderunt domui Cluniacensi, mediantibus dominis Eraclio Lugdunensi archiepiscopo et Henrico Wintoniensi episcopo, undecim millia solidorum Lugdunensis monetæ pro decem et septem millibus solidis de quibus domus prædicta Cluniacensis ab illis de Miratorio investiri præceperat. Pro omnibus decimis quas Gigniacenses exigebant, dictum est quod fratres de Miratorio 60 solidos Lugdunensis monetæ eis annuatim persolvant, et pro his de iis inter eos perpetuo pax permanebit, etc. In Bibliotheca Sebusiana, p. 113.

Asilo cum castro, curte, et omnibus pertinentiis suis, monasterium Sanctæ Mariæ de Muliane cum omnibus pertinentiis suis, consecrationem monasterii Sancti Petri de Campreto, plebem Sanctæ Mariæ de Monte Belluna cum castro et pertinentiis suis, plebem S. Martini de Cornuta cum arce, et curte, et pertinentiis suis, plebem S. Zenonis de Ruvico cum pertinentiis suis, plebem S. Mariæ de Ciliano cum pertinentiis suis, plebem S. Mariæ de Balpago cum pertinentiis suis, plebem S. Mariæ de Cusignana cum pertinentiis suis, plebem S. Mauritii de Stablucio, cum pertinentiis suis, plebem S. Mariæ de Pauliano cum pertinentiis suis, plebem S. Romani de Nigrisia cum castro, portu, curte, et pertinentiis suis, plebem S. Mauri de Noenta cum pertinentiis suis, plebem S. Petri de Pixo cum pertinentiis suis, plebem S. Blasii de Caurillis cum pertinentiis suis, plebem S. Nicolai de Valio cum pertinentiis suis, plebem S. Mariæ de Lanzanigo cum pertinentiis suis, plebem S. Mariæ de Casale cum pertinentiis suis, Curtem de Quarto cum pertinentiis suis, plebem S. Cassiani de Paviliano cum pertinentiis suis, plebem S. Mariæ de Deso cum pertinentiis suis, plebem S. Martini de Tessaria cum pertinentiis suis, plebem S. Gervasii de Carpeneto cum pertinentiis suis, plebem S. Laurentii de Mestre cum castro, portu, et curte, et pertinentiis suis; plebem S. Theonisti de Burbiliago cum castro, portu, curte, et pertinentiis suis; plebem S. Mariæ de Zulianigo cum pertinentiis suis, plebem de Zumiliana cum pertinentiis suis; plebem de Midranis cum pertinentiis suis, plebem de Campo S. Petri cum pertinentiis suis. Plebem de Rustica cum castro et villa, et pertinentiis suis, plebem de Aurelia cum villa, et suis pertinentiis; castrum de Stiliano cum villa, et pertinentiis suis, plebem de Martiliago cum pertinentiis suis, plebem de Zero cum pertinentiis suis, plebem de Tribus Basilicis cum castro, et villa, et pertinentiis suis; castrum S. Ambrosii cum ecclesia, et pertinentiis suis; castrum de Scorzadis cum villa, et pertinentiis suis; plebem de Quinto cum castro et villa, et pertinentiis suis; castrum de Septimo cum pertinentiis suis, plebem de Postoina cum pertinentiis suis, plebem S. Johannis de Istruna cum castro et villa et pertinentiis suis, plebem de Albareto cum pertinentiis suis, plebem de Silva rotunda cum castro et pertinentiis suis; castrum de Resana cum villa, et foresto, et omnibus pertinentiis suis; ecclesiam S. Mariæ de plebe nova cum pertinentiis suis, plebem S. Martini de Lavoro cum pertinentiis suis, plebem de Godigo cum pertinentiis suis, plebem de Bessica cum pertinentiis suis, castrum de Rosio cum plebe et pertinentiis suis, plebem Sancti Thomæ de Costis cum pertinentiis suis, plebem S. Zenonis cum medietate castri, et pertinentiis suis; arcem de Sumozio cum villa et omnibus pertinentiis suis, plebem de Fonte cum pertinentiis suis, plebem S. Mariæ de Cavasio cum pertinentiis suis, plebem de Petra rubea cum pertinentiis suis, teloneum quoque civitatis, et ripam, nec non et portum Tarvis. cum omni legitima districtione aquarum ab eo loco ubi flumen Sileris oritur usque ad aquas salsas.

Decernimus ergo ut nulli omnino hominum liceat præfatam Ecclesiam temere perturbare, aut ejus possessiones auferre, vel ablatas retinere, minuere, aut aliquibus vexationibus fatigare, sed omnia integra conserventur eorum, pro quorum gubernatione et sustentatione concessa sunt, usibus omnimodis profutura, salva sedis apostolicæ auctoritate. Si qua igitur in futurum ecclesiastica sæcularisve persona, hanc nostræ constitutionis paginam sciens, contra eam temere venire tentaverit, secundo tertiove commonita, si non satisfactione congrua emendaverit, potestatis honorisque sui dignitate careat, reamque se divino judicio existere de perpetrata iniquitate cognoscat, et a sacratissimo corpore ac sanguine Dei et Domini Redemptoris nostri Jesu Christi aliena fiat, atque in extremo examine districtæ ultioni subjaceat. Cunctis autem eidem loco justa servantibus sit pax Domini nostri Jesu Christi, quatenus et hic fructum bonæ actionis percipiant, et apud districtum judicem præmia æternæ pacis inveniant. Amen.

Ego Eugenius Catholicæ Ecclesiæ episc. ss.
Ego Gregorius presb. card. tit. Calixti ss.
Ego Hubaldus presb. card. tit. S. Praxedis ss.
Ego Manfredus presb. card. tit. S. Savinæ ss.
Ego Aribertus presb. cardin. tit. S. Anastasiæ ss.
Ego Guido presb. card. tit. Pastoris ss.
Ego Octavianus presb. cardin. tit. S. Cæciliæ ss.
Ego Gerardus presb. card. tit. S. Stephani in Cœlio monte ss.
Ego Oddo diac. card. S. Georgii ad Velum Aureum ss.
Ego Rodulphus diac. card. S. Luciæ in Septa solis ss.
Ego Guido diac. card. S. Mariæ in Porticu ss.
Ego Joannes diac. card. SS. Sergii et Bacchi ss.
Datum Signiæ per manum Bosonis, S. Romanæ Ecclesiæ scriptoris, v Non. Maii, indictione xv, Incarnationis Dom. anno 1152, pontificatus vero domni Eugenii III papæ anno VIII.

DII.
Monasterio Fiteriensi privilegia tribuit.
(Anno 1152, Maii 11.)
[MANRIQUE, *Annal. Cisterc.*, I, 416.]

DIII.
Monasterii Heilsbronnensis possessiones quasdam confirmat.
(Anno 1152, Maii 16. — Signiæ.)
[HOCKER, *Supplem. zum Heilsbr. Antiq.*, II, 75.]

DIV.
Ad Fridericum imperatorem. — *Gratulatur ei de sua electione, sperans eum inchoata a Conrado pro Ecclesiæ exaltatione completurum.*
(Anno 1152, Maii 17.)
[MANSI, *Concil.*, XXI, 683.]

EUGENIUS episcopus, servus servorum Dei, charissimo in Christo filio Friderico, illustri Romanorum regi, salutem et apostolicam benedictionem.

Nuntiis egregiæ tuæ nobilitatis, et litteris benigne ac honeste susceptis, et ipsorum fideli et prudenti narratione, et illarum diligentissima inspectione, personam tuam jam pridem nobis dilectam, post decessum patrui tui recolendæ memoriæ Conradi Romanorum regis, pari voto et unanimi consensu principum in regni fastigium promotam esse manifeste cognovimus. Quod tanto uberiore exsultatione suscipimus, quanto per dilecti filii nostri O. presbyteri cardinalis narrationem, et tuarum litterarum susceptionem spem certiorem de tua industria jam antea tenebamus. Deo igitur, a quo est omne datum optimum et omne donum perfectum, de corde gratias debitas persolventes, quod de tua strenuitate, divina clementia disponente, tam concorditer factum esse cognovimus, benigno favore sedis apostolicæ approbamus. Credimus enim quod bonum a jam dicto patruo tuo et prædecessore firmiter nobis et Ecclesiæ Romanæ promissum, per generosæ devotionis tuæ studium, desideratum a nobis, auxiliante Domino, sortietur effectum. Nos siquidem ad honoris et exaltationis tuæ augmentum, pro debito commissi nobis officii, superna cooperante gratia, attentius intendimus laborare. Eapropter de communicato fratrum nostrorum consilio, legatum de latere nostro ad tuam serenitatem disposuimus in proximo destinare, per quem intentionem et propositum nostrum tuæ gloriæ disposuimus aperire. Interim autem regiam dignitatem tuam attente monemus, ut professionis regiæ formam perspicaci lumine mentis semper attendas, et Ecclesiæ Dei, et ecclesiasticis personis promptam et debitam justitiam ac defensionem infatigabiliter et semper exhibeas : viduis, pupillis, orphanis et universo populo tuo regimini subjecto sine tarditate pacem et justitiam facias, ut ipsi de tua protectione ac defensione pro regiæ dignitatis excellentia muniti, et tibi devote obedientes lætentur, et tu de regia sollicitudine apud homines gloriam, et apud illum, per quem reges regnant, cum sanctis regibus vitam percipere merearis æternam.

Datum Signiæ, vi Kal. Junii.

DV.

Ad Stephanum Metensem episcopum. — Ut Henricum comitem de Salmis cogat restituere cellam Asmingiæ, quam abstulerat abbati Sancti Michaelis ad Mosam.

(Anno 1152, Maii 24.)
[D. Bouquet, *Recueil*, XV, 473.]

Eugenius episcopus, servus servorum Dei, venerabili fratri Metensi episcopo, salutem et apostolicam benedictionem.

Dilecti filii nostri M[anegaudi] abbati Sancti Michaelis querela didicimus, quod comes H[enricus] de Salmis, nepos tuus, cellam Asmingiæ quam ipse abbas et antecessores ejus per plura jam tempora pacifice tenuerunt, de novo per violentiam occupavit, et ejectis monachis, decimas et redditus ex inde asportavit et sacerdotem illuc pro suæ voluntatis arbitrio introduxit. Per præsentia itaque scripta fraternitati tuæ mandamus quatenus, si prædictæ res ita agantur, eumdem comitem districte commoneas ut cellam ipsam, cum omnibus quæ abstulit, antedicto abbati restituat; quod si facere contempserit, in ipsa cella divina officia interdicas, et ipsum districta sententia percellas. Sane si aliquid sibi adversus antefatum filium nostrum credit de jure competere, mediante postmodum poterit justitia obtinere.

Datum Signiæ, ix Kal. Junii.

DVI.

Ad Henricum de Salmis. — Jubet ut restituat abbati S. Michaelis cellam Asmingiæ, quam abstulerat, alioquin canonica ultione plectendus.

(Anno 1152, Maii 24.)
[*Ibid.*, 473.]

Eugenius episcopus, servus servorum Dei, dilecto filio nobili viro [Henrico] comiti de Salmis, salutem et apostolicam benedictionem.

Exspectavimus, fili, ut ea de tua nobilitate ad nostram notitiam pervenirent, quæ te sollicitum de salute animæ tuæ ostenderent, et nos ad dilectionem tuam et subventionem, si res exigeret, facilius provocarent. Venientis ad nos dilecti filii abbatis S. Michaelis (Manegaudi) adversus te querela accepimus, quod cellam Asmingiæ, quam ipse et antecessores ejus per multa tempora pacifice tenuerunt, cum tuis hominibus invasisti, et bonis ejus damnabili præsumptione direptis, ejectis monachis, sacerdotem illuc pro tuæ voluntatis arbitrio intrusisti. Super quo, si verum est, tanto amplius conturbamur, quanto minus tale aliquid de tua industria timebamus. Per præsentia itaque scripta nobilitati tuæ mandamus quatenus eamdem cellam cum omnibus inde sublatis antefato filio nostro restituas; si quid juris adversus te credis habere, mediante si volueris, justitia recepturus. Alioquin scire te volumus quod nos venerabili fratri nostro Metensi episcopo (Stephano) dedimus in mandatis ut in te canonicam exerceat ultionem.

Datum Signiæ, ix Kal. Junii.

DVII.

Ad Metensem, Virdunensem et Tullensem episcopos. — Mandat ut Rainaldum comitem Barrensem ab infestatione ecclesiæ S. Michaelis arceant, et ad restitutionem ablatorum adigant sub pœna censuræ ecclesiasticæ.

(Anno 1152, Maii 25.)
[*Ibid.*, 474.]

Eugenius episcopus, servus servorum Dei, venerabilibus fratribus Stephano Metensi, Alberoni Virdunensi, Henrico Tullensi, salutem et apostolicam benedictionem.

Quanto refrigescente charitate multorum, pravi homines ex divino judicio in episcopatibus abundant, tanto a vobis, qui provisionis et regiminis illic officium meruistis, in virtute verbi Domini eis est attentius obviandum. Dilecti filii,(Manegaudi) abbatis S. Michaelis gravem nuper querelam accepimus, quod comes Raynaldus eum et ecclesiam ei commissam multipliciter inquietat, et bona ejus diripere, hominesque ipsius illicitis exactionibus, angariis et pressuris affligere non desistit.

Per apostolica itaque vobis scripta mandamus quatenus eumdem comitem districtius moneatis ut a prædicti filii nostri et ecclesiæ suæ infestatione desistat, injuste ablata ei restituat, irrogata damna resarciat et homines ejus nullis indebitis exactionibus aut servitiis de cætero fatigare præsumat. Si autem monitis vestris obedire contempserit, ecclesiastica censura eum taliter coercere, ut antedictus abbas ad nos pro defectu justitiæ clamare de cætero non cogatur.

Datum Signiæ, viii Kalendas Junii.

DVIII.
Privilegium pro Ecclesia Trevirensi.
(Anno 1152, Maii 27.)

[GUNTHER, *Cod. diplom. Rheno-Mosell.*, I, 334.]

EUGENIUS episcopus, servus servorum Dei, venerabili fratri HILLINO Treverensi archiepiscopo ejusque successoribus canonice promovendis in perpetuum.

In eminenti apostolicæ sedis specula, disponente Domino, constituti, licet omnibus ecclesiis tam vicinis quam longe positis et ecclesiarum prælatis debitores ex injuncto nobis a Deo apostolatus officio existamus; illis tamen locis atque personis attentiori et propensiori nos convenit charitatis studio imminere, quæ sacrosanctæ et apostolicæ Romanæ Ecclesiæ devotiori et uberiori familiaritate et obsequio adhæsisse noscuntur. Eapropter, dilecte in Domino frater Hilline archiepiscope, devotionem et sincerum affectum Treverensis Ecclesiæ, cui, Deo auctore, præesse dignosceris, ac prædecessorum tuorum erga beatum Petrum et prædecessores nostros atque nos ipsos debita benignitate attendentes, dignitates seu honores et libertates a prædecessoribus nostris Joanne XIII, Benedicto VII, Leone IX, Victore II et Innocentio felicis memoriæ Romanis pontificibus, aut imperatoribus, vel regibus eidem Ecclesiæ concessas, tibi tuisque successoribus auctoritate apostolica confirmamus et præsentis scripti privilegio communimus. Statuentes ut quascunque possessiones, quæcunque bona eadem Ecclesia impræsentiarum juste et canonice possidet, aut in futurum concessione pontificum, largitione regum vel principum, oblatione fidelium seu aliis justis modis, Deo propitio, poterit adipisci, firma tibi tuisque successoribus et illibata permaneant, et nominatim castrum Tris appellatum cum banno et appendiciis suis quod nobilis vir comes Odo assensu et voluntate uxoris suæ Gertrudis Palatinæ comitissæ prædictæ Ecclesiæ rationabiliter contulit.

Sancimus etiam ut juxta quod in sacro Chalcedonensi concilio statutum est nulli regi vel imperatori, seu advocato, nulli ecclesiasticæ sæcularive personæ liceat decedentium archiepiscoporum seu presbyterorum, vel reliquorum clericorum Treverensis Ecclesiæ bona pervadere seu diripere, sed potius hæc ipsa ad opus eligendi antistitis juxta dispositionem œconomi et clericorum libere conserventur. Ob majorem quoque reverentiam et decorem commissæ tibi Ecclesiæ tam de equitando per stationes cum nacco, quam etiam de cruce ante te deferenda : quod a prædecessoribus nostris apostolicæ memoriæ viris Treverensibus archiepiscopis est concessum, et authenticis privilegiis roboratum, nos quoque tibi apostolica auctoritate concedimus.

Illud præterea juris quod illustris memoriæ Conradus Romanorum rex, sive ipsius antecessores in abbatia Sancti Maximini habuisse noscuntur, prædecessori tuo bonæ recordationis Alberoni et per eum Treverensi Ecclesiæ ab eodem Conrado collatum seu restitutum est quemadmodum in ejusdem regis scripto de restitutione et confirmatione rationabiliter continetur, tibi tuisque successoribus confirmamus. Pacem quoque atque concordiam sive transactionem quæ inter prædictum prædecessorem tuum et nobilem virum Henricum Namurcensem comitem in præsentia memorati regis per charissimum filium nostrum Bernardum Clarevallensem abbatem et principes Teutonici regni rationabili providentia, sicut inferius continetur, facta est, et ejusdem regis scripto firmata, ratam et inconvulsam futuris temporibus permanere decernimus. Comes siquidem antedicto archiepiscopo per omnia satisfaciens ei fidelitatem iterato juravit, atque de prædicta abbatia eidem archiepiscopo omnem omnino ex ea calumniam refutavit; sic itaque ab archiepiscopo absolutionem impetravit, et excepto castro de Mandirscheid cum suis pertinentiis beneficium suum cum integritate recepit : juravit etiam idem comes quod Rodolfisberg neque reædificaret, neque aliquem reædificare juvaret. Quod si adversus ista præsumeret, et infra 18 septimanas congruam emendationem exhibere minime vellet, terram suam ita in manu archiepiscopi obligavit ut beneficiati deinceps beneficia sua ex illa terra ab archiepiscopo libere reciperent atque tenerent.

Decernimus ergo ut nulli omnino hominum liceat præfatam Ecclesiam temere perturbare aut ejus possessiones auferre vel ablatas retinere, minuere, aut aliquibus vexationibus fatigare. Sed omnia integra conserventur, eorum pro quorum gubernatione et sustentatione concessa sunt, usibus omnimodis profutura, salva in omnibus apostolicæ sedis auctoritate. Si qua igitur in futurum ecclesiastica sæcularisve persona, hanc nostræ constitutionis paginam sciens, contra eam temere venire tentaverit, secundo tertiove commonita, si non satisfactione congrua emendaverit, potestatis honorisque sui dignitate careat, reamque se divino judicio existere de perpetrata iniquitate cognoscat, et a sacratissimo corpore ac sanguine Dei et Domini Redemptoris nostri Jesu Christi aliena fiat, atque in extremo examine districtæ ultioni subjaceat; cunctis autem eidem loco justa servantibus sit pax Domini nostri Jesu Christi quatenus et hic fructum bonæ actionis percipiant, et apud districtum judicem præmia æternæ pacis inveniant. Amen, amen, amen.

Ego Eugenius, Catholicæ Ecclesiæ episcopus.

Ego Ymarus, Tusculanus episcopus

Ego Hugo, Ostiensis episcopus.

Ego Bb., presbyter cardinalis tituli Calixti.

Ego Hibaldus, presbyter card. tituli Sanctæ Praxedis.

Ego Oct., presbyter cardinalis tituli Sanctæ Cæciliæ.

Ego Manfredus, presbyter cardinalis tituli Sanctæ Savinæ.

Ego Cencius, presbyter cardinalis tituli in Lucina.

Ego Henricus, presbyter card. tituli Sanctorum Nerei et Achillei.

Ego Otto, diaconus card. Sancti Georgii ad Velum Aureum.

Ego Rodulfus, diaconus card. Sanctæ Luciæ in Septa solis.

Ego Gregorius, diaconus card. Sancti Angeli.

Ego Guido diaconus cardinalis Sanctæ Mariæ in Porticu.

Ego Jacintus, diaconus card. Sanctæ Mariæ in Cosmedin.

Ego Joannes, diaconus card. Sanctorum Sergii et Bacchi.

Ego Gerardus, sanctæ Romanæ Ecclesiæ diaconus card.

Datum Signiæ, per manum Bosonis sanctæ Romanæ Ecclesiæ scriptoris, vi Kal. Junii, indictione xv, Incarnationis Dominicæ anno 1152, pontificatus vero domni Eugenii III papæ anno VIII.

DIX.
Privilegium pro monasterio Hemmerodiensi.
(Anno 1152, Maii 27.)

[Hontheim, Hist. Trevir. diplom. I, 563.]

Eugenius episcopus, servus servorum Dei, dilectis filiis Randulfo abbati de Claustro ejusque fratribus, tam præsentibus quam futuris, regularem vitam professis, in perpetuum.

Effectum justa postulantibus indulgere, et vigor æquitatis et ordo exigit rationis, præsertim, quando petentium voluntatem et pietas adjuvat, et veritas non relinquit. Idcirco, dilecti in Domino filii, vestris justis petitionibus benigno concurrentes assensu, præfatam ecclesiam, in qua divino mancipati estis obsequio, sub B. Petri et nostra protectione suscipimus, et præsentis scripti patrocinio communimus: statuentes, ut quascunque possessiones, quæcunque bona eadem ecclesia in præsentiarum juste et canonice possidet, aut in futurum concessione pontificum, largitione regum vel principum, oblatione fidelium seu aliis justis modis, præstante Domino, poterit adipisci, firma vobis vestrisque successoribus et illibata permaneant. In quibus hæc propriis duximus vocabulis exprimenda : Locum qui Claustrum dicitur, in quo ipsum monasterium situm est, cum pertinentiis suis. Grangiam, quæ dicitur Winterbach, Bellum-campum, Hemmenrod, Valles, grangiam, quæ vocatur Hart, sitam in territorio curtis Altreie; terram ad tria aratra, quam a Conone de Maleberg in Rodesbusch rationabiliter acquisiistis, consentiente nobili viro [comite] Henrico de Luzeleburgh; terram quæ Molbach appellatur; vineas quas habetis in territorio Witliche, Novient, Maranch et Kestene, vineas item quas habetis Kemetham, Cuvernam et Ludenesdorph. Usuaria quæ habetis in territorio villæ Cordulæ; piscationem scilicet in aqua Kile usque in Mosellam, et usuaria in silvis et pascuis, etc. Usuaria quæ habetis in silva quæ dicitur S. Simeonis, quæ a bonæ memoriæ Fulmaro quondam præposito Sancti Simeonis et fratribus ejus aliisque possessoribus ejusdem silvæ rationabiliter acquisiistis. Usuaria quæ habetis in utroque Lidiche [superiore et inferiore] in silvis et pascuis. Usuaria curtis Witliche et curtis Altreie in silvis et pascuis; et piscationem aquæ Lesere et domum, quam habetis in civitate Trevirensi juxta capellam Sancti Sulpitii, cum parte horti eidem domui adjacentis. Sane laborum vestrorum, quæ propriis manibus aut sumptibus colitis, sive de nutrimento vestrorum animalium, nullus omnino a vobis decimas præsumat exigere, illis solis exceptis, de quibus annuum censum reddere spontanea voluntate per manum venerabilium fratrum nostrorum bonæ memoriæ Alberonis quondam archiepiscopi, Hillini successoris ejus et ecclesiæ Trevirensis constituistis : de grangia scilicet Winterbach pro universis quæ decimari debent, clerico sex nummos, laico sex maldera siliginis; de grangia Hemmenrodt clerico sex nummos. Pro universis quæ habetis in territorio curtis Witliche, et decimari debent, clerico unum malderum siliginis, et aliud avenæ; illi vero, qui duas partes decimationis habet, duodecim nummos. De omnibus quæ habetis in territorio Noviant et Maranch, clerico sex nummos. De vineis quas habetis in Kestene, clerico duodecim nummos. De vineis quas habetis Kemetam, clerico duodecim nummos. De vineis quas habetis Ludenesdorph, clerico quatuor nummos, et laico octo.

Decernimus ergo ut nulli omnino hominum liceat præfatam Ecclesiam temere perturbare, aut ejus possessiones auferre, vel ablatas retinere, minuere, seu aliquibus vexationibus fatigare, sed inconcussa omnia et integra conserventur eorum, pro quorum gubernatione ac sustentatione concessa sunt, usibus omnimodis profutura. Si qua igitur in futurum ecclesiastica sæcularisve persona, hanc nostræ constitutionis paginam sciens, contra eam venire temere tentaverit, secundo tertiove commonita, nisi præsumptionem suam congrua satisfactione correxerit, potestatis honorisque sui dignitate careat, reamque se divino judicio existere de perpetrata iniquitate cognoscat, et a sacratissimo corpore et sanguine Dei et Domini nostri Jesu Christi aliena fiat, atque in extremo examine districtæ ultioni subjaceat. Cunctis autem eidem loco sua jura servantibus sit pax Domini nostri Jesu Christi, quatenus et hic fructum actionis bonæ percipiant, et apud districtum judicem præmia æternæ pacis inveniant. Amen, amen, amen.

Ego Eugenius Catholicæ Ecclesiæ episcopus.

Ego Imarus Tusculanus episcopus.

Ego Hugo Ostiensis episcopus.

Ego GG. presbyter card. tituli Calixti

Ego Hubaldus presbyter cardinalis tituli Sanctæ Praxedis.

Ego Octavianus præsbyter cardinalis tituli Sanctæ Cæciliæ.

Ego Manfredus presbyter cardinalis tituli S. Sabinæ.

Ego Cencius presbyter card. in Lucina.

Ego Henricus presbyter cardinalis titulo SS. Nerei et Achillei.

Ego Joannes presbyter cardinalis tituli Equitii.

Ego Otto diaconus cardinalis S. Georgii ad Velum Aureum.

Ego Radulphus diaconus cardinalis Sanctæ Luciæ in Septa solis.

Ego Gregorius diaconus card. S. Angeli.

Ego Guido diaconus cardinalis Sanctæ Mariæ in Porticu.

Ego Hyacinthus diaconus card. Sanctæ Mariæ in Cosmedin.

Ego Joannes diaconus cardinalis SS. Sergii et Bacchi.

Datum Signiæ per manum Bosonis S. R. E. scriptoris, vi Kalend. Junii, indict. xv. Incarnationis Domini 1152, pontificatus vero domni Eugenii papæ III anno VIII.

DX.

Privilegium pro monasterio Wadegozingensi.

(Anno 1152, Maii 27.)

[HONTHEIM, *Hist. Trevir. diplom.* I, 564.]

EUGENIUS episcopus, servus servorum Dei, dilectis filiis (120) WALFRAMO abbati ecclesiæ Sanctæ Mariæ de Wadegozingen, ejusque fratribus, tam præsentibus quam futuris, canonicam vitam professis.

Religiosam vitam eligentibus apostolicum convenit adesse præsidium, ne forte cujuslibet temeritatis incursus aut eos a proposito revocet, aut robur sacræ religionis infringat. Eapropter, dilecti in Domino filii, vestris justis postulationibus benigno concurrentes assensu, præfatam ecclesiam, in qua divino mancipati estis obsequio, sub beati Petri et nostra protectione suscipimus, et præsentis scripti patrocinio communimus. Imprimis siquidem statuentes ut ordo canonicus, qui secundum Dei timorem et beati Augustini Regulam ibi auctoritate Domino institutus esse dignoscitur, perpetuis ibidem temporibus inviolabiliter conservetur; præterea quascunque possessiones, quæcunque bona eadem ecclesia in præsentiarum juste et canonice possidet, aut in futurum concessione pontificum, largitione regum vel principum, oblatione fidelium, seu aliis justis modis, præstante Domino, poterit adipisci, firma vobis vestrisque successoribus et illibata permaneant. In quibus hæc propriis duximus vocabulis adnotanda: Allodium, quod vocatur Wadegozingen (121), in quo ipsa ecclesia sita est, quod nobilis mulier Gisela, relicta comitis Friderici de Saarbrucken, consentiente Simone filio suo; in ministerialibus solis exceptis, cum dominicalibus suis, mansionariis cum mansis, omnique ipsorum justitia, mancipiis utriusque sexus, agris, silvis, pratis, pascuis, cultis et incultis, aquis aquarumve decursibus, molendinis, piscationibus, omnique jure suo, quod in eodem loco habebat, ita liberum vobis absolutumque concessit, ut nec advocatiam, nec quidquam juris sive dominii, præter ministeriales, sibi aut suorum hæredum alicui reservaverit. Allodium interjacens ante dicto allodio quod emistis a Conone ac filiis ejus novem talentis; in Wilre allodium quod fuit Guntranni et fratris ejus, nec non Alberonis, in silvis scilicet et agris; in Habechesthal, allodium quod fuit Herbonis, et allodium juxta positum in Bredebach, emptum a Stephano decem talentis; in Kinderbura allodium quod fuit Gervalii, et hæredum ipsius Giseberti et fratrum ejus; in Onesheim allodium quod fuit nobilis viri comitis Friderici, Reneri, Beronis et Dithmari; in Escheringa allodium quod fuit ejusdem Dithmari, et alia quæ ibidem habetis; in Wopenswilre allodium quod fuit Udonis, ac fratrum ipsius, atque sororis; allodium quod fuit Rorici et Hadelugis; in Burgalba (122) allodium quod fuit comitis Sigeberti, in aquis, silvis et pratis; in Sulzasita in episcopatu Wormatiensi allodium quod fuit Henrici et Hirzeche uxoris ejus, atque alios agros quos ibidem habetis; in proxima villa Heldenetheim allodium quod fuit Burchardi; agros et vineas quæ habetis in Lambeleshim; in civitate Treverensi curiam, domum (123) et vineam ei contiguam, atque

---

(120) Exstat etiamnum ejus in Archivis archiepiscopalibus chirographum, quo Adalberoni archiep. obedientiam promisit Walframus; in qua et posteri hodieque antistiti Treverico subjecti permanent.

(121) Jacet nemorosa regione, non procul a Sara flumine, duobus millibus passuum supra Sara Ludovicum, in confinibus Lotharingiæ, recessu non injucundo, fere ad viam militarem, qua Triboci a

Treviris adeuntur.

(122) Sitam in platea Textorum.

(123) Illius procul dubio, de quo Henricus IV imp. in diplomate de anno 1080. Possidebant quippe comites, præter officium, etiam allodialia, ex liberalitate imperatorum, acquisita formula solemni : *In proprium tradidimus.* Struv. *De allod. imp.* §§ 9 et 53. Hinc successu temporis integri comitatus

alias vineas quas ibidem habetis ; in Heseningen mansum unum, et Leimam, quam habetis ab ecclesia de Herbodesheim, sub censu septem solidorum eidem ecclesiæ a vobis vestrisque successoribus annis singulis persolvendo. Ad hæc omnem illam libertatem quam bonæ memoriæ Adalbero quondam Treverensis archiepiscopus vobis, et per vos ecclesiæ vestræ concessit, nos etiam auctoritate apostolica confirmamus, et futuris temporibus illibata manere decernimus, ut videlicet advocatiam ejusdem loci nemo prorsus occupare præsumat, sed tantum Treverensis archiepiscopus, qui pro tempore fuerit, advocatus vester existat; qui tamen nihil de rebus ecclesiæ vestræ in usus suos inflectet, nec a iquibus eam molestiis aut exactionibus fatigabit, sed in ejus tantum obedientia humiliter persistentis, et nulli chorepiscopo, nulli omnino sub archiepiscopo Trevirensi personæ, eritis aliquando subjecti, nec ei pro eo, quod ecclesia vestra parochialis est, obedientiam, censum, aut aliquod servitium cogemini exhibere, sex denariis tantum exceptis, quos ecclesiæ Beati Petri Trevirensis annis singulis debetis exsolvere. Adjicimus etiam, ut juxta prænominati archiepiscopi concessionem prædicandi, baptizandi et sepeliendi eos, qui se in ecclesia vestra sepeliri spontanea voluntate deliberaverint, nisi excommunicati fuerint, aut interdicti, potestatem liberam habeatis, salva matricis Ecclesiæ justitia. Obeunte vero te nunc ejusdem loci abbate, vel tuorum quolibet successorum, nullus ibi qualibet subreptionis astutia, seu violentia, præponatur, nisi quem fratres communi consensu vel fratrum pars consilii sanioris secundum Deum et beati Augustini Regulam præviderint eligendum, electus autem Treverensi archiepiscopo præsentetur, animarum curam et benedictionis gratiam ab eo, si fuerit idoneus, recepturus. Sane laborum vestrorum, quos propriis manibus aut sumptibus colitis, sive de nutrimentis vestrorum animalium nullus omnino a vobis decimas præsumat exigere.

Decernimus ergo ut nulli hominum liceat præfatam ecclesiam temere perturbare, aut ejus possessiones auferre, vel ablatas retinere, minuere, seu aliquibus vexationibus fatigare, sed inconcussa omnia et illibata serventur, eorum pro quorum gubernatione ac sustentatione concessa sunt, usibus omnimodis profutura, salva diœcesani episcopi canonica justitia. Si qua igitur in futurum ecclesiastica sæcularisve persona, hanc nostræ constitutionis paginam sciens, contra eam temere venire tentaverit, secundo tertiove commonita, nisi præsumptionem suam congrua satisfactione correxerit, potestatis honorisque sui dignitate careat, reamque se divino judicio existere de perpetrata iniquitate cognoscat, et a sacratissimo corpore et sanguine Dei et Domini Redemptoris nostri Jesu Christi aliena fiat,

atque in extremo examine districtæ ultioni subjaceat. Cunctis autem eidem loco sua jura servantibus sit pax Domini nostri Jesu Christi, quatenus et hic fructum actionis bonæ percipiant et apud supremum judicem præmia æternæ pacis inveniant. Amen, amen.

Ego Eugenius Catholicæ Ecclesiæ episcopus subscripsi.

Ego Imarus Tusculan. episcopus subs.

Ego Hugo Ostiensis episcopus subs.

Ego Bb. presbyter cardinalis tituli Calixti subscripsi.

Ego Hubaldus presbyter cardinalis tituli S. Praxedis subs.

Ego Manfredus presbyter cardinalis tituli S. Savinæ subs.

Ego Oct. presbyter cardinalis tituli Sanctæ Cæciliæ subs.

Ego Censius presbyter cardinalis tituli in Lucina subs.

Ego Joannes presbyter cardinalis tituli Equitii subs.

Ego Henricus presbyter card. tituli SS. Nerei et Achillæi subs.

Ego Otto diaconus card. S. Georgii ad Velum Aureum subs.

Ego Radulphus diaconus card. Sanctæ Luciæ in Septa solis subs.

Ego Gregorius S. Angeli diaconus cardinalis subs.

Ego Guido diaconus card. Sanctæ Mariæ in Porticu subs.

Ego Jacintus diaconus card. Sanctæ Mariæ in Cosmedin subs.

Ego Joannes diaconus card. SS. Sergii et Bacchi subs.

Datum Siginæ [Signiæ] per manum Bosonis, sanctæ Romanæ Ecclesiæ scriptoris, vi Kalend. Junii, indict. xv, Incarnationis Dominicæ anno 1152, pontificatus vero domni Eugenii PP. III anno viii.

DXI.

Privilegium pro abbatia Springirsbacensi.
(Anno 1152, Maii 28.)

[GUNTHER, *Cod. diplom. Rheno-Mosell.* I, 338.]

EUGENIUS tertius episcopus, servus servorum Dei, dilecto filio Springirsbacensi abbati, salutem et apostolicam benedictionem.

Quanto religiosi viri terrenis omissis cœlestium desiderio amplius inardescunt, tanto nos, quibus licet minus idoneis universalis Ecclesiæ cura commissa est, eorum quieti diligentius debemus impendere, et quidquid fuerit per quod a suo proposito videantur disturbari auctoritate apostolica removere. Idcirco, dilecte in Domino fili, venerabilis fratris nostri Hillini Treverensis archiepiscopi precibus inclinati, et tuæ ac successorum tuorum quieti

---

facti allodiales. De vicino comitatu Sarwerdensi id affirmat Goeddeus IV, *Cons. Marburg.* 57, et scriptum Nassovicum contra ducem Lotharingiæ de anno 1664, apud Gastellium cap. 31, p. 361, seqq. Burgoldens. *ad Inst. Pacis* disc. 31, p. 501. Vid. Ludolf *Symphor.* I, p. 1495.

pro debito nostri officii providere volentes, praesentium auctoritate statuimus, ut Ecclesiae tuae abbas qui pro tempore fuerit curam ecclesiae de Keymetha per manum tantum archiepiscopi Trevirensis accipiat; archidiaconus autem nihil parochialis juris ibi requirat et nullam ibidem exactionem exerceat salvo nimirum censu qui quarto anno ei antiquo jure debet exsolvi. Praeterea confirmamus tibi et Ecclesiae tuae per te allodium situm inter rivum Helze et rivum Lisere in vineis, agris, pratis, silvis cultis et incultis quod Sigefridus de Hifenburch et uxor ejus Justina Ecclesiae tuae rationabiliter tradiderunt. Nulli ergo hominum liceat huic nostrae paginae vigorem infringere vel ei ausu temerario contraire. Si quis autem hoc attentare praesumpserit indignationem omnipotentis Dei et beatorum Petri et Pauli apostolorum ejus se noverit incursurum.

Datum Signiae, v Kal. Junii.

DXII.

Bulla qua controversia antea agitata ab abbatissa monasterii Brixiani Sanctae Juliae contra episcopum Cremonensem propter ecclesiam de Cicognaria coram episcopo Regiense, demum dirimitur.

(Anno 1152, Jun. 9.)

[MURATORI, *Antiq. Ital.*, V, 1029.]

EUGENIUS episcopus, servus servorum Dei, dilectae in Christo filiae RICHILDAE abbatissae monasterii Sanctae Juliae, salutem et apostolicam benedictionem.

Ad hoc in sede justitiae, disponente Domino, aliis praesidemus, ut singulis Ecclesiis et personis ecclesiasticis sua jura servantes, si qua inter ipsas fuerit orta dissensio, fine debito terminemus. Controversiam igitur quae inter te et venerabilem fratrem nostrum Obertum Cremonensem episcopum super ecclesia de Cicognaria versabatur, ad petitionem ejusdem episcopi venerabili fratri nostro A. Regino episcopo commisimus terminandam. Qui utraque parte in praesentia sua constituta, et allegationibus ac rationibus hinc inde diligenter auditis et cognitis, multorum sapientum consilio requisito, talem super eadem controversia sententiam promulgavit, ut videlicet homines de quatuor villis, scilicet Casali, Villa Ravennensium, Gurgo, et Scurolo, qui antiquitus consueverunt venire ad ecclesiam de Cicognaria, sicut ex prolatione testium utriusque partis praecepimus, decreto veniant, et spiritualia ab ea accipiant. De ecclesia vero de Cicognaria ita dicimus. Quatenus abbatissa sacerdotem eligat, et ibi ponat, ita tamen quod episcopo repraesentet, et ab eo curam animarum accipiat; quariam vero partem decimarum, sicut hactenus ecclesia de Cicognaria tenuit, ita decreto teneat. Chrisma, oleum sanctum a plebe Casalis Majoris recipiat. Ad Capitulum et Letaniam eat. Publicos poenitentiales illuc ad poenitentiam recipiendam deducat. Temporalem administrationem abbatissae adjudicamus. Ecclesiam vero quae ad laesionem veteris ecclesiae contra auctoritatem noviter constructam cognovimus, ad evitandum etiam futurum scandalum, eam removendam esse censemus. Sententiam domni Ariberti de ecclesiis de Calvatone atque Alfiani, minime retractamus. A qua sententia praedictus frater noster Obertus Cremonensis episcopus ad nostram sententiam appellavit. Utraque igitur parte in nostra praesentia constituta, et allegationibus ac rationibus viva voce nobis coram propositis et actis, allegationes et attestationes utriusque partis continentibus nobis a memorato fratre nostro Regino episcopo sub suo sigillo transmissis, diligenter inspectis, et saepius a nobis relectis, cognovimus sententiam ipsam in maxima sui parte contra privilegia sedis apostolicae, monasterio Sanctae Juliae indulta, fuisse prolatam. In privilegio namque Pauli papae ita inter caetera legimus: « Igitur quia postulastis a nobis, quatenus venerabile monasterium Domini Salvatoris nostri Jesu Christi, situm infra civitatem Brixiam, quod noviter fundare visa est Ansa excellentissima regina, privilegiis sedis apostolicae infulis decoretur, concordantibus nobis reverentissimis episcopis nostris, ex communi assensu statuere decrevimus, ut praefatum monasterium Domini Salvatoris, cunctaque monasteria cum universis basilicis ad se pertinentibus, quae a piissima Ansa jure constructa esse noscuntur, apostolicae sedis privilegii, cui Deo auctore deservimus infulis decoretur. » Et infra : « De cujus insuper monasterii uniuscujusque abbatissae consecratione sanciri communiter decrevimus, ut sibi liceat a quocunque et de quacunque civitate voluerit, episcopo consecrari. Cujuscunque vero ordinis clerici ejusdem abbatissae rogatu. similiter a quocunque, et de quacunque civitate voluerit, episcopo expetantur vel conserventur. Quibus etiam licentiam concordi institutione concessimus, chrisma tempore baptismatis, et oleum ad exercenda divina mysteria, seu cujuscunque specialis negotii subsidium, a quocunque episcopo, cum res exigit, apostolica largitione percipere. » Et in privilegii praedicti serie sic invenimus: « Chrisma, oleum sanctum, consecrationes altarium, sive basilicarum, ordinationes abbatissae, vel monacharum, seu clericorum vestrorum, qui ad sacros fuerint ordines promovendi, seu quidquid ad sacrum ministerium pertinet, a quibuscunque malueritis, catholicis suscipiatis episcopis. » Quod igitur in praedicta sententia contra apostolicae sedis privilegia continetur, ad normam rectitudinis revocare volentes, sicut superius diximus, privilegiis diligenter inspectis et allegationibus utriusque partis saepe ac plene auditis et cognitis, et attestationibus crebro perlectis, communicato fratrum nostrorum consilio judicavimus, ut in ecclesia de Cicognaria juxta privilegiorum tenorem per te presbyter eligatur, et ibidem ponatur. Chrisma quoque, oleum sanctum, et caetera spiritualia idem presbyter tam in se quam in sibi subditis, a quocunque voluerit episcopo catholico, et gratiam apostolicæ sedis habenti, suscipiet. Plebi vero de Casali Majore in nullo subjacebit. Omnes homines de quatuor villis, Casali videlicet, Villa Ravanensium, Gurgo, et Villa de Scurolis, excepto Banno, et Lombarello, et familia Camparelli, Lupuli, atque Alberti Ferrarii, ad prædictam ecclesiam de Cicognaria tam vivi quam etiam mortui pro percipiendis cunctis spiritualibus vadant. De villa autem de Barcello, Stephano de Aggere, Modelena, et Osberti, et Doctore, et Barbalongi, et quatuor Casæ de Barcello, et Petrus abbas et cognata sua, in eadem ecclesia de Cicognaria sepelientur. Pro cæteris vero divinis tam ipsi, quam cæteri ejusdem villæ homines, ad ecclesiam de Fossa Capraria percipiendis ibunt. Ecclesia de Cicognaria decimarum quartam partem, sicut hactenus tenuit, semper possideat. Ædificium etiam sub ecclesiæ nomine contra sacros canones, et novi operis denuntiationem, infra parochiam de Cicognaria, in veteris ecclesiæ damnum constructum, destruendum penitus judicavimus. Si vero necessitas hominum villæ de Barcello exegerit, inter eamdem villam et Fossam Caprariam extra parochiam de Cicognaria Cremonensem episcopum ecclesiam ædificare permittimus. Ne igitur parochiarum fiat confusio, præsenti decreto, apostolicæ sedis auctoritate, statuimus ut quicunque de supradictis parochiis de una ad aliam domicilium suum transtulerit, ab illa ecclesia omnia divina percipiat, ad cujus parochiam domicilium transtulisse constiterit. Nulli ergo omnino hominum liceat hujus nostræ diffinitionis paginam temerario ausu infringere, seu quibuslibet molestiis perturbare. Si quis igitur in futurum adversus ista præsumpserit, secundo tertiove commonitus, nisi in præsumptione sua digna satisfactione correxerit, indignationem omnipotentis Dei et beatorum Petri et Pauli apostolorum ejus incurrat, atque in æterno examine districtæ ultioni subjaceat.

Datum Signiæ, v Idus Junii, indictione xv (123*).

Locus sigilli † appensi deperditi.

DXIII.

Confirmatio advocatiæ abbatiæ de Altaha inferiore ad episcopum Bambergensem ab imperio translatæ.

(Anno 1152, Jun. 15.)

[*Monumenta Boica*, XI, 168.]

EUGENIUS episcopus, servus servorum Dei, venerabili fratri EBERHARDO Babenbergensi episcopo, salutem et apostolicam benedictionem.

Quæ a regibus vel aliis catholicis principibus devotionis intuitu et rationabili providentia legitime

---

(123*) Laudatur in hisce tabulis bulla Pauli I pontificis, a Margarino evulgata tom. II Bullar. Casinens. constitut. 9, cui innituntur primordia exemptionis parthenonis Brixiani. Sed, uti jam libere fassus sum in Dissertatione LXIV, quoties mihi occurrunt tam antiquæ libertatis sive immunitatis privilegia, hæreo e vestigio, et insidias veritus, quid certi statuam non habeo. Mihi in ea Pauli I bulla notæ chronologicæ tenebras creant. Nempe dicitur: «Data VII Kalendas Novembris, imperante domno Augusto Constantino a Deo coronato magno imperatore, anno XXIII, sed et Leone imperatore filio ejus, anno X, indictione prima, hoc est anno Christi 762, si a Septembri indictio nova deducta est, aut anno 763, si eadem a Kalendis Januariis exordium sumpsit. Labbeus, tom. VI Concilior., pag. 1689, ejusdem Pauli I litteras profert, scriptas « Nonis Februarii, imperante domno piissimo Augusto Constantino a Deo coronato magno imperatore, anno XI, et post consulatum ejus anno XX (sive XIX), sed et Leone imperatore ejus filio anno VII, indictione XII. » Est et altera ejusdem Pauli I papæ bulla apud Labbeum, cui subscripsere complures tum episcopi, tum cardinales sanctæ Romanæ Ecclesiæ. « Data IV Nonas Junii, imperante domno Constantino Augusto a Deo coronato magno imperatore, anno XLI, ex quo cum patre regnare cœpit, et post consulatum ejus anno XXI, indictione XIV. » Lector, quæso, acta hæc, sive hasce notas componat cum monumento Brixiano, atque decernat an rite omnia pergant. Sed fortasse Margarinus, in aliis parum accuratus, ne hic quidem pergamenam rite descripserit. Unum tamen superest, quod me magis dubium hac in re efficit. Nimirum Pauli I privilegio subscribunt Apollinaris, Otto, Julianus, Felix, et alter Felix, episcopi omnes e provincia fortassis Aquileiensi, cum sint ii ipsi qui privilegio subscribunt Sigualti patriarchæ, edito in eodem Bullario Casinensi, et dato, ut ibi legitur, «anno Desiderii regis XVI et Adelgis XIV, indictione XII, tertio Idus Octobris, » hoc est anno Christi 772, vel 773, quanquam ne

istæ quidem notæ omnis vitii expertes dicendæ sint. Nescio an iis temporibus in usu esset (quod sæculo præcipue duodecimo usurpatum fuit) ut bullis ejusmodi subscriberent episcopi. Attamen id statue, ut lubet: certe mos fuit ut ad Romani pontificis decreta accederet subscriptio episcoporum Romanæ provinciæ, et cardinalium. Cur ergo hic episcopi alienæ provinciæ se ingerunt? Qui Romæ illi simul versantur, iidemque numero, qui decem post annos Sigualti patriarchæ tabulas pro eodem Brixiano parthenone emissas confirmant? Insuper qui verbis plane iisdem utrique chartæ subscribunt? Episcopos autem illos Aquileiensi provinciæ ego tribui, sed tantummodo divinans: nunc aio, nullum mihi eorum vestigium usquam occurrere, quanquam Sigualtus scribat se privilegium illud concedere, «concordantibus nobis reverentissimis episcopis nostris: » et Paulus papa itidem affirmet se id fecisse, «concordantibus nobis reverentissimis coepiscopis nostris. » Nam quod Mabillonius in Annalib. Benedictinis ad annum 772, «Apollinarem Regiensem, Julianum Placentinum » chartæ illi subscripsisse dixit, divinando dixit. Et quid rei erat Regiensi et Placentino episcopis cum patriarcha Aquileiensi? Denique petendum superest cur a Sigualdo patriarcha impetratum est privilegium illud, cui nihil juris erat in Brixianam diœcesim; et non potius a Mediolanensi archiepiscopo, cui suberat Brixiana diœcesis, aut ab aliis archiepiscopis, in quorum provincia sita erant alia templa seu monasteria, Brixiano asceterio addicta. Utcunque tamen sit, e tabulis nuper a me prolatis didicimus anno 1152 probatum fuisse Romæ privilegium Pauli I papæ, tanquam legitimum monumentum, nullumque memorari jus relictum Cremonensi episcopo in ecclesiam Cicognariæ: quod profecto cum decretis Claromontani concilii, aliisque litteris pontificiis consentire minime videtur. Cæterum etiam post illa tempora multorum episcoporum jura viguisse deprehenduntur in monasteria et monachos, ac præcipue Mediolani fiunt, in sua volumus stabilitate subsistere, et ut futuris firmiter observentur temporibus, confirmationis nostræ munimine roborare. Proinde, dilecte in Domino frater, rationabilibus tuis postulationibus gratum impertientes assensum, investituram et advocatiam abbatiæ de Altaha quæ regiæ dignitati competebant, et ea quæ fisco regio ex eadem abbatia annuatim solvebantur, prædecessoribus tuis ablata, et nunc a charissimo filio nostro Friderico Romanorum rege, tibi et per te tuæ Ecclesiæ restituta favoris nostri assertione firmamus, et ratam atque inconvulsam perpetuis temporibus manere decernimus, ita tamen, ut jura et stipendia ejusdem abbatiæ, abbati et monachis debita, omni tempore inminuta et illibata permaneant, salvo jure Pataviensis episcopi. Nulli igitur omnino hominum fas sit præfatorum restitutionem temerario ausu infringere, seu modis quibuslibet perturbare. Quæcumque igitur in futurum ecclesiastica sæcularisve persona id attentare præsumpserit, secundo tertiove commonita, nisi præsumptionem suam digna satisfactione correxerit, indignationem omnipotentis Dei et beatorum Petri et Pauli apostolorum ejus incurrat, et excommunicationis vinculo subjaceat.

Signiæ, xvii Kal. Julii.

DXIV.

Ad Henricum Eduensem episcopum. — *Ut vocatus ad G[odefridum] episcopum Lingonensem accedat, de damnis monasterio Vizeliacensi illatis rationem redditurus.*

(Anno 1152, Jun. 20.)
[Mansi, Concil., XXI, 659.]

EUGENIUS episcopus, servus servorum Dei, Eduensi episcopo, salutem et apostolicam benedictionem.

Opera quæ de persona tua, et his qui per omnia tuis præceptionibus acquiescunt, post discessum tuum a nobis ad nostram audientiam pervenerunt, fidem nobis faciunt illorum verborum, quæ, dum apud nos moram faceres, de ore tuo audivimus processisse : quia scilicet malebas ut Vizeliacense monasterium omnino destrueretur, quam tuæ non debeat jussioni parere. Dilecti siquidem filii nostri Pontii abbatis ipsius loci nuper est ad nos transmissa conquestio : quod postquam a sede apostolica discessisti, eum et commissam sibi ecclesiam, tam per te, quam per tuos multipliciter aggravasti, quoscumque potes in damnum et perturbationem ejus accedis. Frater etiam tuus ad suggestionem tuam in ecclesiam et bona ejus damnabili præsumptione grassatur. Homines suos de more orationis causa ire ad monasterium non permittit, homines monasterii capit et deprædatur : et quidam eorum qui sub ipsius ditione consistunt, in tantæ præsumptionis audaciam prorumpunt, ut in ipsos etiam monachos violentas manus injicere non dubitaverint. Præterea Nivernensem comitem ita in ejusdem ecclesiæ persecutionem diceris accendisse, ut sub tantorum concussione ventorum præfato filio nostro et ejus fratribus vix ibi quietis locus ad divinum re-

maneat famulatum. Sane quia hæc tam gravia sunt, ut nec impunita debeant, nec irrequisita dimitti, cognitionem eorum venerabili fratri nostro Godefrido Lingonensi episcopo duximus committendam. Præsentium itaque tibi auctoritate præcipimus, quatenus cum ab eo fueris evocatus, præsentiam tuam ei exhibeas, inquisitioni ejus plenam rationem de his omnibus redditurus. Illos autem parochianos tuos, quos in aliquem monachorum, aut clericorum ipsius monasterii violentas manus injecisse constiterit, congregato cœtu ecclesiæ, publice candelis accensis, excommunicatos annunties, et donec pro tanto excessu satisfacturi apostolico se conspectui cum tuis litteris repræsentent, per totam tuam diœcesim sicut excommunicatos facias evitari. De cætero tota sollicitudine præcave, ne antefato filio nostro aut ecclesiæ, aut ejus fratribus, sive per te, vel submissam personam, aliquam molestiam irrogare præsumas. Alioquin tam in personam quam ecclesiam tuam auctore Domino taliter vindicabimus, ut omnibus qui audierint aperte detur intelligi quam grave sit ea velle per tyrannidem occupare, quæ canonico tantum debeant alicui judicio provenire.

Datum Signiæ, xii Kal. Julii.

DXV.

Bulla pro Sancto Joanne Senonensi.

(Anno 1152, Jun. 21.)
[*Gall. Christ.* nov., Instr. XII, 40.]

EUGENIUS episcopus, servus servorum Dei, dilectis filiis, FULCONI abbati ecclesiæ B. Joannis Evangelistæ, quæ juxta muros Senonensis civitatis sita est, ejusque fratribus tam præsentibus quam futuris regularem vitam professis, in perpetuum.

Quoties a nobis petitur quod religioni, etc. In quibus hæc propriis duximus exprimenda vocabulis : Ecclesiam Beati Georgii de Matriolis, ecclesiam Beati Sulpicii de Viciniis cum omnibus appendiciis earum, ecclesiam Beatæ Mariæ de Sosiaco, ecclesiam Beati Petri de Carris, ecclesiam Beati Sulpicii de Nibella, ecclesiam Beatæ Mariæ de Vois, ecclesiam Beati Martini de Capriaco, ecclesiam Beati Stephani de Castro-Renardi, ecclesiam Beatæ Genovefæ, ecclesiam Beati Georgii de Vico-novo, ecclesiam Sanctæ Mariæ de Monte-Argio, ecclesiam Sancti Leonis in suburbio Senonensi, ecclesiam Beatæ Mariæ de Gresso, ecclesiam Beati Martini de Noem cum omnibus earum appendiciis, ex dono Senonensis capituli ecclesiam Sancti Salvatoris ; in Meldensi episcopatu ecclesiam de Percio et capellam de Meraldo cum omnibus earum appendiciis ; in Aurelianensi parochia ecclesiam Beatæ Mariæ quæ nuncupatur inter murum et fossatum cum omnibus pertine tiis suis, annuos quoque redditus singularum præbendarum decedentium canonicorum Senonensis Ecclesiæ, quemadmodum a communi capitulo ejusdem ecclesiæ vobis rationabili prudentia collati et scripti sui pagina confirmati sunt, favoris nostri auctori te confirmamus. Decernimus ergo, etc.

Ego Eugenius Ecclesiæ Catholicæ episcopus.

Ego Imarus Tusculanus episcopus.

Ego Hugo Ostiensis episcopus.

Ego Otho diaconus cardinalis Sancti Georgii ad Velum Aureum.

Ego Gregorius cardinalis Sancti Viti, etc.

Ego Guido diaconus cardinalis Sanctæ Mariæ in Porticu.

Ego Hyacinthus diaconus cardinalis Sanctæ Mariæ in Cosmedim.

Ego Hubaldus presbyter cardinalis Sanctæ Praxedis.

Ego Aribertus presbyter cardinalis Sanctæ Anastasiæ.

Ego Guido presbyter cardinalis tituli Pastoris.

Ego Octavianus presbyter cardinalis tituli Sanctæ Cæciliæ.

Ego Gerardus presbyter cardinalis Sancti Stephani in Cœlio monte.

Datum Signiæ per manum Hugonis, sanctæ Romanæ Ecclesiæ scriptoris undecimo Kalendas Julii, indict. xv, anno Incarnationis Dominicæ 1152, pontificatus domni nostri Eugenii papæ III anno VIII.

DXVI.
Ad omnes fideles.
(Anno 1152, Jun. 22.)
[MANRIQUE, *Annal. Cister.* II, 117.]

EUGENIUS episcopus, servus servorum Dei, cunctis fidelibus, ad quos præsentes litteras pervenerint, salutem et apostolicam benedictionem.

.... Quapropter vos per hæc apostolica scripta rogamus, monemus et exhortamur in Domino, ut viriliter accingamini ad bellum contra infideles inimicos Crucis christi, nec dubitetis ire cum nobili viro Raymundo Barchinouensi comite, etc.

Datum Signiæ, decimo Kalendas Julii.

DXVII.
Rescriptum Sylvestro electo monasterii S. Augustini Cantuariensis.
(Anno 1152.)
[TWISDEN, *Hist. Angl. Script.*, II, 1813.]

EUGENIUS episcopus, servus servorum Dei, dilecto filio SYLVESTRO electo abbati monasterii S. Augustini Cantuariæ, salutem et apostolicam benedictionem.

Laboribus et expensis commissi tibi monasterii tanquam specialis domus nostræ paterno affectu compatimur, et quia causa tua sicut speravimus nondum habuit complementum, nobis plurimum displicet, et graviter ferimus. Quod autem nuntium tuum apud nos tam diu detinuimus, turbatio terræ et sinistri rumores quos de partibus illis nuper accepimus non alia causa ad id faciendum coegit. Ut autem negotium tuum, sine tarditate optatum sortiatur effectum, venerabili fratri nostro Theobaldo Cantuariensi archiepiscopo apostolica scripta mandavimus, quatenus si absque sui periculo poterit, ad monasterium tuum, quemadmodum in tuis privilegiis continetur accedat, et te omni appellatione et occasione sepositis in abbatem ipsius loci, præsente Spiritus sancti gratia, benedicat. Obedientiæ vero professionem, si a te forte exigerit, nolumus ut ei exhibeas; si vero, quod non credimus, idem frater noster, juxta mandati nostri tenorem, ad monasterium tuum accedere et tibi benedictionis munus conferre noluerit, nostræ voluntatis est ut hoc æquanimiter sufferas, quoniam postquam ipsius monasterii administrationem per nostræ confirmationis auctoritatem canonice obtinuisti, pro subtractione benedictionis illius non minorem potestatem super animas commissi tibi gregis habebis.

Datum Signiæ, etc.

DXVIII.
Ad Theobaldum archiepiscopum Cantuariensem. — Ut [Silvestrum] electum monasterii S. Augustini dedicet.
(Anno 1152.)
[*Ibid.*]

EUGENIUS episcopus, servus servorum Dei, venerabili fratri THEOBALDO Cantuariensi archiepiscopo, salutem et apostolicam benedictionem.

Quoniam electum monasterii Beati Augustini ad tuam fraternitatem benedicendum remisimus, non de justitia, sed de benegnitate sedis apostolicæ fecimus, tu vero affectum et benignitatem quam erga personam tuam et honorem commissæ tibi ecclesiæ gerimus attendere seu cognoscere, sicut dignum non videris, cum ipsi electo juxta mandatum nostrum benedictionis gratiam conferre quadam dissimulatione nolueris, imo, et ejus monasterium in eadem causa inutiliter fatigare et plurimum gravare dignosceris. Quia igitur commissi nobis officii cura constringimur pro universarum Ecclesiarum statu satagere, et earum quieti et tranquillitati quantum cum Deo possumus salubriter providere : per præsentia tibi scripta mandamus, quatenus si absque tui periculo poteris ad locum ipsum, quemadmodum in eorum privilegiis continetur, accedas, et prædictum electum omni appellatione et occasione seposita, in abbatem ipsius monasterii, præeunte Spiritu sancti gratia, benedicas.

Dat. etc.

DXIX.
Ad conventum S. Augustini Cantuariensis. — Ut Silvestro abbati obediant, etiamsi archiepiscopus dedicare eum noluerit.
(Anno 1152.)
[*Ibid.*]

EUGENIUS episcopus conventui S. Augustini Cantuariæ, salutem et apostolicam benedictionem.

Quod causa electi vestri optatum nondum habuit complementum, pro turbatione quæ in nostris partibus nuper emersit, non propter nostram negligentiam accidit. Nos siquidem vos et locum vestrum sincera in Domino charitate diligimus, et justitiam vestram vobis integre custodiri volumus, ac servari. Inde est quod venerabili fratri nostro Theobaldo Cantuariensi archiepiscopo per apostolica nuper scripta mandavimus, quatenus si absque sui periculo poterit, ad monasterium vestrum, quemadmodum in vestris privilegiis continetur, accedat, et electo vestro benedictionis munus, omni appellatione et occasione sepositis, conferat. Quod si forte, quod non credimus, effectui mancipare noluerit, præsentium vobis auctoritate mandamus ut ob hoc eidem electo non minus debitam obedientiam et reverentiam faciatis. Nolumus enim eum minus auctoritatis habere, quam si ab eodem fratre nostro benedictionis gratiam consecutus fuisset.

Dat. Signiæ, etc.

DXX.

Ad Moysem Ravennatem archiepiscopum. — Ut Placentium episcopum benigne habeat.

(Anno 1152, Jul. 28.)

[Mansi, Concil., XXI, 666.]

Eugenius episcopus, servus servorum Dei, venerabili fratri M. Ravennati archiepiscopo, salutem et apostolicam benedictionem.

Quod venerabilis frater noster L. Placentius episcopus pro sedis apostolicæ obedientia et restitutione Ravennatis ecclesiæ immensis periculis sit expositus, fraternitas tua evidenter agnoscit. Dignum est igitur, ut in angustiis et vexationibus suis, quas pro ecclesia tua sustinere dignoscitur, fraternum ei solatium debeas exhibere. Ideoque per præsentia tibi scripta mandamus, monemus et exhortamur in Domino, ut eidem fratri nostro in suis necessitatibus debita benignitate provideas, et charitatis viscera sibi fraterna aperias : ne tu de nimia duritia reprehendi rationabiliter debeas, et eum ad tuam obedientiam se humiliasse pœniteat.

Datum Signiæ, v Kal. August.

DXXI.

Ad Cistercienses. — Confirmatio constitutionum.

(Anno 1152, Aug. 1.)

[Mansi, Concil., XXI, 669.]

Eugenius episcopus, servus servorum Dei, dilectis filiis Gothonio Cisterciensi, ac cæteris fratribus ac monachis tam præsentibus quam futuris, regularem vitam et Cisterciensis ordinis statuta professis, in perpetuum.

Sacrosancta Romana Ecclesia sic in B. Petro apostolorum principe a Domino promissionem obtinuit quod universalis Ecclesiæ fundamentum existeret : et præceptum accepit, ut Christianæ fidei professores, in fide, religione, omnique sanctimonia confirmaret. Itaque universarum ecclesiarum profectibus sollicitam se semper exhibuit, et de instituendo, conservando et provehendo in omnibus ecclesiis cultu sacræ religionis fuit omni tempore studiosa : ut et ab ea, sicut a fonte, ad universos Ecclesiæ filios sit religio derivata, et quod ab aliis qui spiritus primitias acceperunt religiose ac salubriter institutum est, per eamdem, immutabilem acceperit firmitatem. Inde est, dilecti in Domino filii, quod sacræ religionis vestræ opinione, tanquam odore agri pleni cui benedixit Dominus, provocati, religiosis postulationibus vestris benignum impertimur assensum, et regulares institutiones vestras auctoritate apostolica confirmamus. In quibus sub certis capitulis, quæ inferius annexa sunt, decrevimus exprimenda.

Statuistis equidem inter vos, ne in alicujus antistitis diœcesi ordinis vestri abbatia fundetur, donec ipse antistes decretum, quod inter ecclesias ordinis vestri ad custodiam disciplinæ firmatum est, ratum se habere promittat. Et ut in omnibus monasteriis de ordine vestro sicut in Cisterciensi ecclesia B. Benedicti Regula perpetuis temporibus observetur : et in lectionem ipsius nullus ordinis vestri professor præter simplicem et communem intelligentiam quemlibet alium sensum inducat, sed uniformiter et sicut quæque diffinita noscuntur, intelligatur ab omnibus et inviolabiliter observetur. Easdemque penitus observantias, eumdem cantum, et eosdem libros, qui ad officium ecclesiasticum pertinent, per universas ecclesias vestri ordinis teneatis. Nec aliqua omnino Ecclesia, vel persona ordinis vestri, adversus communia ipsius ordinis instituta, privilegium a quolibet postulare audeat, vel obtentum quomodolibet retinere.

Ordinatum est etiam inter vos, ut omnes abbates de ordine vestro singulis annis ad generale capitulum Cisterciense, omni postposita occasione, conveniant : illis solis exceptis, quos a labore viæ infirmitas corporis retardaverit. Qui tamen idoneum nuntium delegare debebunt, per quem necessitas remorationis illorum valeat capitulo nuntiari. Et illis item exceptis, qui in remotioribus partibus habitantes, sine gravi et evidenti difficultate se nequiverint capitulo præsentare. Qui nimirum eo termino venient qui eis in ipso fuerit capitulo constitutus. Præterea si aliqua controversia inter quoslibet abbates de ordine vestro emerserit, vel de aliquo illorum tam gravis culpa fuerit propalata ut suspensionem vel depositionem etiam mereatur : quidquid inde a capitulo fuerit canonice definitum, sine retractione aliqua observetur. Personam autem de aliquo ordine nulla ecclesiarum vestrarum sibi eligat in pastorem, prout nec vestri ordinis aliquam monasteriis aliis statuistis ordinari posse abbatem.

Hæc nimirum, dilectissimi filii, de multis institutionibus ordinis vestri excerpsimus, et propriis curavimus capitulis designare. Quia vero singula quæ ad religionis profectum, et animarum salutem, regulariter ordinastis, præsenti abbreviationi nequiverunt annecti : nos cum his quæ præscripta sunt, omnia quæ continentur in charta vestra, quæ appellatur charitatis, et quæcunque inter vos religionis intuitu regulariter statuistis, auctoritate apostolica roboramus ; et vobis vestrisque successoribus, et omnibus qui ordinem vestrum professi fuerint, inviolabiliter perpetuis temporibus decernimus observanda.

De cætero, quia propositum firmum habetis habitationis vestræ loca extra conversationem sæcularium eligendi, grangias vestras sicut et atria ecclesiarum a pravorum incursu ac violentia liberas et quietas fore statuimus, et ut nullus ibi hominem capere, spoliare, verberare, aut rapinam exercere præsumat, in virtute Spiritus sancti inhibemus. Sancientes etiam, ut propter communia interdicta terrarum, nulla ecclesiarum vestrarum a divinis compellatur officiis abstinere, sed liceat omnibus de ordine vestro, excommunicatis et interdictis ejectis, clausis januis, submissa voce fratribus suis divina celebrare solemnia. Interdicimus item, ne aliqua omnino persona fratres ordinis vestri audeat ad sæcularia judicia provocare; sed si quisquam sibi adversus eos aliquid crediderit de jure competere, sub ecclesiastici judicis examine experiendi habeat facultatem. Decernimus ergo, ut nulli aliquando liceat his quæ in hac pagina ex auctoritate apostolorum principis confirmata et constituta sunt, ausu temerario contraire, ac nostræ hujus sanctionis vigorem aliqua præsumptione infringere. Si quis autem, etc.

Ego Eugenius Catholicæ Ecclesiæ episc. subsc. Ego, etc.

Datum Signiæ, per manum Bosonis S. R. E. scriptoris, Kal. Aug., ind. xv, Incarn. Dominicæ anno 1152, pontificatus vero D. Eugenii papæ III ann. VIII.

DXXII

Ad capitulum Magdeburgense. — *Ne faveant episcopo Cicensi Ecclesiæ Magdeburgensis invasori.*

(Anno 1152, Aug. 1.)

[Marten., *Collect.*, II, 550.]

Eugenius episcopus, servus servorum Dei, universo capitulo Magdeburgensis Ecclesiæ, salutem et apostolicam benedictionem.

Pervenit ad aures nostras, quod post electionem, quam de persona dilecti filii nostri, præpositi vestri omnes, præter septem, consilio religiosorum secundum Deum fecistis, Cicensis episcopus, neglecta sui ordinis honestate, contra justitiam et constitutionem sanctorum Patrum se in vestram Ecclesiam regio favore ingerere nisus sit et, sicut accepimus, ab ipso principe investituram illicite suscipere minime formidavit. Quod quam pravum et indignum sit, qui zelo rectitudinis utitur, non ignorat. Quia igitur pati nec possumus, nec debemus, quod libertas Ecclesiæ ancilletur, vigor ecclesiasticus confundatur, et sanctorum Patrum constitutiones irritentur, per præsentia vobis scripta mandamus atque præcipimus, quatenus si prædictus episcopus in Ecclesia vestra se ingerere attentaverit, ei assistere seu favere nullatenus præsumatis, sed ab eo tanquam ab invasore penitus caveatis, scituri quod qui aliter præsumpserit, officii sui et beneficii procul dubio jacturam incurret.

Datum Signiæ, Kal. Augusti.

DXXIII

Ad episcopos Germaniæ. — *Improbat translationem episcopi Cicensis in Magdeburgensem archiepiscopatum translati.*

(Anno 1152, Aug. 17.)

[Mansi, *Concil.*, XXI, 631.]

Eugenius episcopus, servus servorum Dei, venerabilibus fratribus Eberardo Saltzburgensi, Artwico Bremensi, et Hillino Treverensi, archiepiscopis, Eberardo Bambergensi, Hermanno Constantiensi, Henrico Ratisponensi, Ottoni Frisingensi, Conrado Pataviensi, Danieli Pragensi, Anselmo Hamelburgensi, et Burchardo Eistetensi, episcopis, salutem et apostolicam benedictionem.

Litteras quas pro causa Magdeburgensis Ecclesiæ vestra nobis prudentia delegavit, debita benignitate suscepimus. In lectione autem et cognitione earum, stupore nimio et admiratione repleti sumus, eo quod longe aliud in eis quam vobis ex officio pontificatus immineat, perspeximus contineri. Cum enim in Ecclesiæ vertice sitis ex divina providentia constituti, ut de medio ejus quæ fuerint nociva propellere, quæ utilia debeatis attento studio conservare, in causa ista, sicut ex suggestione litterarum vestrarum nobis innotuit, non quod expediat Ecclesiæ Dei, quod sacrorum canonum sanctioni concordet, quod exinde a coelesti arbitrio approbetur, sed quod terrenis principibus placeat, attendistis. Et qui eorum animos a sua minus recta deflectere debuistis intentione, atque ubi esset via Domini demonstrare: non persuasistis quod rectum est, nec stetistis murus pro domo Israel, quinimo *ipsis*, ut ait propheta, *parietem ædificantibus, vos* (quod sine grandi animi rancore vix dicimus) *linivistis illum luto absque paleis* (Ezech. XIII). Non ita sentiebat princeps apostolorum, qui ex fidei suæ confessione, ut totius Ecclesiæ fundamentum esset, accepit, sed comminantibus sæculi filiis, et apostolis, si prædicarent in nomine Jesu mortis exterminium intentantibus, confisus de Domini virtute respondit : *Oportet obedire Deo magis quam hominibus* (Act. III). Vos autem ne a terrenis videamini principibus dissentire, illi causæ favore vestrum impenditis, cui et ecclesiasticæ auctoritas constitutionis, et supernæ voluntatis examen pro certo creditur obviare.

Cum enim translationes episcoporum sine manifestæ utilitatis et necessitatis indicio, divinæ legis oraculum non permittat; cum etiam multo amplior, quam in aliis electionibus, cleri et populi eas debeat prævenire concordia : in facienda translatione de venerabili fratre nostro Guicmanno Cicensi episcopo, nihil horum est, sed solus favor principis exspectatur : et nec inspecta necessitate illius ecclesiæ, nec considerata utilitate personæ, clero nolente, imo, ut dicitur, ex parte maxima reclamante, in Magdeburgensi eum ducitis Ecclesia supplantandum. Super quo, tanto amplius admiramur, quanto persona illa, cujus gravitatis sit atque scientiæ ab anteactis agnovimus, ac proinde quantum Ecclesiæ illi sit utilis non penitus ignoramus. Quoniam igitur, quicunque temporalis auræ flatibus agitentur, nos in illius petræ soliditate fundati, quæ in fundamento meruit Ecclesiæ collocari : sicut non debemus, ita nec volumus omni vento circumferri doctrinæ, aut a sacrorum canonum rectitudine impulsu aliquo deviare : per præsentia vobis scripta mandamus, quatenus causæ isti favorem ulterius non præstetis, et apud charissimum filium nostrum Fridericum, quem Deus hoc tempore pro servanda libertate Ecclesiæ in eminentiam regni evexit, efficere vestris exhortationibus studeatis ut et ipse a sua super hoc intentione desistat, et contra Deum, contra sacros canones, contra regiæ dignitatis officium, eidem causæ favorem ulterius non impendat ; sed Ecclesiæ Magdeburgensi, sicut et aliis ecclesiis regni a Deo sibi commissi, liberam facultatem quem voluerint secundum Deum eligendi relinquat, et electionem ipsam postmodum favore suo, sicut decet majestatem regiam, prosequatur. Nos enim si quod de supradicto fratre nostro facere nititur videremus ratione fulciri, nec voluntati ejus, nec postulationi vestræ duceremus aliquatenus obviandum : contra Deum autem, et sacrorum canonum sanctiones nulli omnino petitioni possumus præbere consensum.

Datum Signiæ, xvi Kal. Septemb.

DXXIV.

Ad Wibaldum abbatem. — Commendat ei causam A. [Adelgoti] Curiensis episcopi, et ut ecclesiasticas immunitates adversus laicos tueatur.

(Anno 1152, Sept. 20.)

[MARTEN., *Ampl. Collect.*, II, 553.]

EUGENIUS episcopus, servus servorum Dei, dilecto filio Corbeiensi abbati, salutem et apostolicam benedictionem.

De quorum pura devotione absque dubitatione confidimus, eis confidenter committimus quod digno cupimus effectui mancipari. Inde est, quod charitati tuæ causam venerabilis fratris nostri A. (124) Curiensis episcopi attentius duximus commendandam, quatenus tuo et fratrum nostrorum episcoporum, qui ad charissimi filii nostri Friderici Romanorum regis, curiam convenerint, consilio et auxilio fretus, nec inhoneste verbis vel facto, sicut alia vice factum est, possit impune tractari, vel Ecclesia sua juxta pravorum desideria debita justitia defraudari. Nec putes tu in hac causa, quasi in aliena dissimulandum, sicut ait poeta :

Res tua nunc agitur, paries cum proximus ardet.

(HORAT. *Epist.* I, XVIII, 84.)

Similis enim causa jam tibi peperit, vel in proximo pariet inimicos. Illud autem, quod in curia Ulmæ habita malitiose in ecclesiarum destructionem noviter est a laicis introductum, nequaquam silentio prætereundum æstimes, quod qui pro rapinis et incendiis ecclesiasticis bonis illatis excommunicationi subduntur, novo judicio excommunicatos dedicant, nisi prius in laicorum judicio damnationis sententia feriantur. Quod si forte tam tu quam fratres nostri episcopi putaveritis sustinendum, hoc procul dubio inde proveniet, ut nulli episcoporum in illis partibus liceat contra cujuslibet facinoris reum disciplinam ecclesiasticam exercere. Disciplina enim cessante, peribit religio Christiana : religione cessante, peribit et salus animarum. Eapropter, charissime fili, tam super hoc quam super aliis, cum ad curias conveneritis, quæ contra honorem Dei, contra Ecclesiæ salutarem vigorem, contra honestatem regni, pravorum malitia moliri videritis, viriliter et unanimiter resistatis, ut vestro prudenti studio et labore malitiam sapientia vincat, iniquitatem justitia superet; et Ecclesiæ Dei, et regni status in suo decore incolumis conservetur. Ad hæc sanctitati tuæ quædam notificamus, quæ faciente Ar. (124') hæretico rusticana quædam turba absque nobilium et majorum scientia nuper est in Urbe molita. Circiter enim duo millia in unum sunt secretius conjurati, et in proximis Kalendis Novembris centum perpetuos senatores malorum operum et duos consules, alter quorum infra Urbem, alter extra illorum centum consilio reipublicæ statum disponant, imo potius rodant. Unum autem, quem volunt imperatorem dicere, creare disponunt, quem illis centum duobus consulibus et omni populo Romano sperant quod debeat mortifere imperare. Quod quia contra coronam regni et charissimi filii nostri Friderici Romanorum regis, honorem attentare præsumunt, eidem volumus per te secretius nuntiari; ut super hoc maturo consilio, quid facto opus sit, provideat sapienter.

Datum Signiæ, xII Kal. Octobris.

DXXV.

Bulla pro canonica Beatæ Mariæ Fanensi.

(Anno 1152, Sept. 27.)

[AMIANI, *Memorie Istoriche della citta di Fano*, II, sommario, p. IX, ex archivio capituli Eccles. Fanensis.]

EUGENIUS episcopus, servus servorum Dei, dilecto filio BENEDICTO priori canonicæ Beatæ Mariæ Fanensis ejusque fratribus tam præsentibus quam futuris, canonicam vitam professis, in perpetuum.

Desiderium ad religionis propositum, et animarum salutem pertinere monstratum, auctore Deo, sine aliqua est dilatione complendum ; cum pro parte, dilecti filii nostri, postulationibus clementer annuimus, et prædictam canonicam in qua divino mancipati estis obsequio, ad exemplum prædecessoris nostri Alexandri papæ sub B. Petri et nostra protectione suscipimus, præsentisque scripti privilegio communimus; statuentes ut quascunque posses-

---

(124) Adelgoti ex Disertinensi abbate facti episcopi, viri magnæ sanctitatis.

(124') Arnoldo de Brixia, Petri Abælardi olim discipulo, quem S. Bernardus epist. 189 perstringit, ejusque hæreses recenset Otto Frisingensis lib. De rebus gestis Frederici imp., cap. 20.

siones, quæcunque bona eadem canonica in præsenti juste possidet, aut in futurum concessione pontificum, largitione regum, vel principum, oblatione fidelium, seu aliis justis modis, Deo propitio, possit adipisci, firma vobis vestrisque successoribus et illibata permaneant. In quibus hæc propriis duximus exprimenda vocabulis: Plebem videlicet Sancti Cæsarei una cum mansis et terris, quas in ejus territorio legitime possidetis; medietatem plebis Sancti Pauli una cum vinea dominicata; plebem Sancti Secundi cum capella Sancti Bartholomæi; quidquid habetis in ecclesia Sancti Angeli in episcopio; ecclesiam Sancti Petri extra portam; molendinum de Repulesio, molendinum Arzilla cum vineis; et vineas Pupilliani, agrum Gualdi, et campum prope ecclesiam S. Stephani.

Decernimus ergo ut nulli omnino hominum liceat præfatam canonicam temere perturbare aut ejus possessiones auferre, vel ablatas retinere, minuere, vel aliquibus vexationibus fatigare; sed omnia integra conserventur eorum, pro quorum gubernatione et sustentatione concessa sunt, usibus et commodis profutura, salva sedis apostolicæ auctoritate, et Fanensis episcopi canonica reverentia. Si qua igitur in futurum ecclesiastica sæcularisve persona, hanc nostræ constitutionis paginam sciens, contra eam temere venire tentaverit, secundo tertiove commonita et excommunicatione commota, si satisfactione non congrua emendaverit, potestatis honorisque sui dignitate careat, reamque se divina indignatione existere de perpetrata iniquitate cognoscat, et a sacratissimo corpore et sanguine Dei et Domini Redemptoris nostri Jesu Christi aliena fiat, atque in extremo examine districtæ ultioni subjaceat. Cunctis autem eidem loco justa servantibus sit pax Domini nostri Jesu Christi, quatenus et hic fructum bonæ actionis percipiant, et apud districtum judicem præmia æternæ pacis inveniant. Amen.

Ego Eugenius Catholicæ Ecclesiæ episcopus.

Datum Signiæ, per manum Bosonis sanctæ Romanæ Ecclesiæ scriptoris, v Kalendas Octobris, indictione decima quinta, Incarnationis Dominicæ anno 1152, pontificatus vero domni Eugenii tertii papæ anno octavo.

(*Omissa subscriptione octo dominorum reverendissimorum cardinalium.*)

---

(125) Monasterium S. Joannis in valle Thuræ apud Toggios situm, in præposituram conversum, lingua vernacula Alt-Sanct-Johan vocatur, ut distinguatur a novo monasterio ejusdem nominis, ann. 1629 duabus inde horis versus Septentrionem constructo, postquam vetus ann. 1626 conflagraverat.
(126) Ilnau in comitatu Kyburgico.
(127) Mogelsberg in valle Neccari apud Toggios.
(128) Busnang seu Buslingen infra Episcopicellam

DXXVI.

Bulla pro monasterio S. Joannis in valle Turæ (apud Toggios).

(Anno 1152, Oct. 4.)

[Neugart, *Cod. diplom. Alem.*, II, 83.]

Eugenius episcopus, servus servorum Dei, dilectis filiis Burchardo abbati monasterii S. Joannis Baptistæ (125), quod in parochia Constantiensi situm est, ejusque fratribus, tam præsentibus quam futuris, regularem vitam professis, in perpetuam rei memoriam.

Quoties illud a nobis expetitur, quod religioni et honestati convenire dignoscitur, animo nos decet libenti concedere, et petentium desideriis congruum impertiri suffragium. Eapropter, dilecti in Domino filii, vestris justis postulationibus clementer annuimus, et præfatum monasterium, in quo divino mancipati estis obsequio, sub B. Petri et nostra protectione suscipimus, et præsentis scripti privilegio communimus; statuentes, ut quæcunque possessiones, quæcunque bona idem monasterium impræsentiarum juste et canonice possidet, aut in futurum concessione pontificum, largitione regum vel principum, oblatione fidelium, seu aliis justis modis, Deo propitio, poterit adipisci firma vobis, vestrisque successoribus, et illibata permaneant. In quibus hæc propriis duximus exprimenda vocabulis: Videlicet Illnowo (126), Mogoldesberch (127), Pussenanch (128), Hiltensowo (129), Haltenrieth (130), cum appendiciis suis. Obeunte vero te, nunc ejusdem loci abbate, vel tuorum quolibet successorum, nullus ibi qualibet subreptionis astutia seu violentia præponatur, nisi quem fratres communi consensu, vel fratrum pars consilii sanioris secundum Deum et beati Benedicti Regulam providerint eligendum. Prohibemus etiam ne quis hæreditario jure advocatiam ipsius loci usurpare præsumat, sed juxta fundatoris (131) constitutionem illum, quem abbas communi consilio fratrum providerit in eadem advocatia præficiendum, hac conditione advocatum suscipiatis, ne ipsam advocatiam seu alia bona monasterii, temere inbeneficiare debeat, vel oppressionem aliquam vobis inferre. Quod si attentare præsumpserit, et secundo tertiove commonitus nisi reatum suum condigna satisfactione correxerit, liceat vobis eadem advocatia ipsum privare, et in loco ejus simili tenore alium idoneum substituere.

---

in Turgovia.
(129) Hiltisau, villa in parochia Helfensweil comitatus Toggenburgici.
(130) Altenried, aliquot casæ rusticæ parochiæ Kilchberg in eodem comitatu.
(131) Fundator in monumentis monasterii S. Galli dicitur *Wenzeslaus de Ganderswila*, quem Bucelinus *Germ. Sac.*, p. II, p. 49, *Wezelium* seu *Wezelinum* vocat, ex ordine equestri S. Joann. Baptistæ.

Decernimus ergo ut nulli omnino hominum liceat ipsum monasterium temere perturbare, aut ejus possessiones auferre, vel ablatas retinere, minuere, seu quibuslibet vexationibus fatigare, sed omnia integra conserventur, eorum pro quorum gubernatione et sustentatione concessa sunt, usibus omnimodis profutura, salva sedis apostolicæ auctoritate, et diœcesani episcopi canonica justitia. Si qua igitur in futurum ecclesiastica sæcularisve persona hanc nostræ constitutionis paginam sciens, contra eam temere venire tentaverit, secundo tertiove commonita, si non satisfactione congrua emendaverit, honoris potestatisque suæ dignitate careat, reamque se divino judicio existere de perpetrata iniquitate cognoscat, et a sacratissimo corpore et sanguine Dei et Domini Redemptoris nostri Jesu Christi aliena fiat, atque in extremo examine districtæ ultioni subjaceat. Cunctis autem eidem loco justa servantibus sit pax Domini nostri Jesu Christi, quatenus et hic fructum bonæ actionis percipiant, et apud districtum judicem præmia æternæ pacis inveniant. Amen, amen.

Ego Eugenius Catholicæ Ecclesiæ episcopus subscripsi.

Ego Gregorius presbyter cardinalis tituli S. Calixti ss.

Ego Aribertus presbyter cardinalis tituli S. Anastasiæ ss.

Ego Octavianus (132) presbyter cardinalis tituli S. Cæciliæ ss.

Ego Rolandus presbyter cardinalis tituli S. Marci ss.

Ego Gerardus presbyter cardinalis tituli S. Stephani in Cœlio monte ss.

Ego Joannes presbyter card. tituli SS. Joannis et Pauli ss.

Ego Cencius presbyter cardinalis tituli S. Laurentii in Lucina ss.

Ego Henricus presbyter cardinalis tituli SS. Nerei et Achillei ss.

Ego Gregorius S. Angeli diaconus cardinalis ss.

Ego Joannes diaconus cardinalis SS. Sergii et Bacchi ss.

Ego Ildebrandus S. R. E. diaconus cardinalis ss.

Ego Gerardus S. R. E. diaconus cardinalis ss.

Ego Odo S. R. Ecclesiæ diaconus cardinalis ss.

Datum Signiæ, per manus Bosonis S. Romanæ Ecclesiæ scriptoris, IV Non. Octobr., indictione XV, Incarnationis Dominicæ anno 1152, pontificatus vero domini Eugenii tertii papæ anno octavo.

---

(132) Postea antipapa sub nomine Victoris IV a duobus tantum cardinalibus an. 1159, 7 Sept. contra Rolandum electus.

DXXVII.

Ad Raimundum Hierosolymitani hospitalis magistrum.

(Anno 1152, Oct. 27.)

[*Cod. diplom. del ord. Gerosol.*, I, 308.]

EUGENIUS episcopus, servus servorum Dei, dilectis filiis RAIMUNDO (133), venerabilis Hierosolymitani hospitalis magistro, ejusque fratribus in servitio pauperum militantibus, salutem et apostolicam benedictionem.

Sicut nostri administratione officii admonemur, ecclesiarum et priorum locorum negotia salubri fine distinguere, etc. Quocirca, dilecti in Domino filii, paci et tranquillitati vestræ, in posterum debita charitate providere volentes, transactionem quæ inter vos et nobilem virum Guillelmum Forcalquerii comitem per venerabilem fratrem nostrum G. Ebredunensem archiepiscopum apostolicæ sedis legatum, super castro Manuascæ et ejus pertinentiis facta est, et per scripti sui paginam confirmata, etc.; auctoritate sedis apostolicæ confirmamus, et ratam atque inconcussam perpetuis temporibus manere decernimus; cujus adjunctionis tenorem nos in eadem pagina conscriptam perlegimus, etc. Nulli ergo omnium hominum fas sit hujus nostræ confirmationis paginam temerario ausu infringere, seu quibuslibet molestiis perturbare. Si quis autem attentare præsumat, secundo tertiove commonitus, nisi reatum suum congrua satisfactione correxerit, indignationem omnipotentis Dei et beatorum Petri et Pauli apostolorum ejus incurrat, atque in extremo examine districtæ ultioni subjaceat.

Datum Albæ, decimo Kal. Novemb. anno 1151.

DXXVIII.

Ad Odonem ducem Burgundiæ, et Burgundos proceres. — Ut burgenses Vizeliacenses habeantur excommunicati.

(Anno 1152, Dec. 19.)

[MANSI, *Concil.*, XXI, 655.]

EUGENIUS episcopus, servus servorum Dei, dilectis filiis nobilibus viris ODONI duci Burgundiæ, HENR. comiti, ARCHIMB. DE BORBONE, G. comiti Cabilon., R. fratri ducis, R. comiti de Joviniaco, G. DE DONZEIO, R. DE RUBEOMONTE, D. DE LUZIACO, A. DE MONTE REGALI, S. vicecomiti Senon., et filiis ejus. F. atque B. G. vicecomiti Castrilandonis, G. DE VIRGIACO, ODON. DE TYLO, HUGONI DE MONTE S. JOANNIS, salutem et apostolicam benedictionem.

Immoderatam præsumptionem, et intolerabilem contumaciam perfidorum burgensium de Vizeliaco, qui violata fidelitate et juramento quod abbati et domino suo fecerant, eum de monasterio suo ausu nefario ejicere et locum ipsum, quod utique ab exordio suæ fundationis beati Petri allodium ac patrimonium esse dignoscitur, nobis, licet in vanum, auferre conantur, nobilitatis vestræ notitiam latere non cre-

---

(133) Raimundo de Podio, anno 1160 defuncto.

dimus. Quia ergo tantæ præsumptioni audaciam potentes ac nobiles viri, qui eidem apostolorum principi devoti existunt, impunitam tolerare non debent: per præsentia scripta nobilitati vestræ mandamus, quatenus prædictos burgenses, donec resipuerint, et condignam satisfactionem humiliter exhibuerint, ab omnibus feriis terræ vestræ prorsus inhibeatis: imo quoscunque de ipsis, homines vestri invenerint, tanquam perjuros et proditores et excommunicatos capi, et rebus suis spoliari præcipiatis.

Datum apud Sanctum Petrum, xiv Kal. Januarii.

DXXIX.

Ad Hugonem Senonensem archiep., G. [Godefridum] Lingon., T. [Theobaldum] Parisiacensem et Henr. Trecensem episcopos. — Ut burgenses Vizeliacenses habeantur excommunicati.

(Anno 1152, Dec. 19.)

[MANSI, Concil., XXI, 654.]

EUGENIUS episcopus, servus servorum Dei, venerabilibus fratribus nostris HUG. Senonensi archiepiscopo, G. Lingonensi, T. Parisiac., et HENR. Trecensi, episcopis, salutem et apostolicam benedictionem.

Immoderatam præsumptionem et intolerabilem contumaciam perfidorum burgensium de Vizeliaco, qui violata fidelitate et juramento quod abbati et domino suo fecerant, eum de monasterio suo ausu nefario ejicere, et locum ipsum, quod utique ab exordio suæ fundationis proprium beati Petri allodium esse dignoscitur ac patrimonium, nobis licet in vanum auferre conatur, fraternitatis vestræ notitiam latere non credimus. Ne igitur tantæ præsumptionis audacia impunita remaneat, et in pejus indisciplinatio perniciosa prorumpat, per præsentia vobis scripta mandamus, quatenus prædictos burgenses, tanquam perjuros et proditores et excommunicatos, in nundinis et mercatis vestrarum parochiarum recipi omnino prohibeatis: imo a quibuscunque parochianorum vestrorum inveniri potuerint, capi, et rebus suis spoliari præcipiatis.

Datum Romæ apud S. Petrum, xiv Kal. Januarii.

DXXX.

Privilegium super omnes proprietates monasterii S. Mariæ Bozaviensis.

(Anno 1152, Dec. 29.)

[*Thuringia sacra*, 656.]

EUGENIUS episcopus, servus servorum Dei, dilectis filiis abbati S. Mariæ monasterii, quod Buzaugia dicitur, ejusque fratribus, tam præsentibus quam futuris, regularem vitam professis, in perpetuum.

Religiosis desideriis dignum esse facilem præbere consensum, ut fidelis devotio celerem sortiatur effectum. Eapropter, dilecti in Domino filii, vestris justis postulationibus clementer annuimus, et præfatum monasterium, in quo divino mancipati estis obsequio, sub Beati Petri et nostra protectione suscipimus, et præsentis scripti privilegio communimus; statuentes ut quascunque possessiones, quæcunque bona idem monasterium inpræsentiarum juste et canonice possidet, aut in futurum concessione pontificum, largitione regum vel principum, oblatione fidelium seu aliis justis modis de proprio poterit adipisci, firma vobis vestrisque successoribus et illibata permaneant. In quibus hæc propriis duximus exprimenda vocabulis: Montem Bozowe, in quo ipsum monasterium constructum est, Podogrodiz, villam Luconowe cum adjacente silva, vi mansos in Gline, sex in Provin, in Nuendorph decimationem; in Techibodiz, Molochosdorff; in pago Geraha decimationem C. Scobronum, in Zwickowe ecclesiam cum duabus mansis et decimatione ipsius pagi, villam Coarwiz cum molendino, pratis et silvis, villam Waltrewitz, villam Ozelz, ecclesiam et villam Hoychenwalt, cum adjacente silva; in pago Plisna decimam M. Scobronum; in Rodowe iv mansos, in Portio dominicale cum xxx et vi mansis; in pago quæ vocatur Plima dimidiam decimationem, et ibidem cunctorum novalium, atque novem antiquarum villarum decimam; in villa Borsix molendinum, villam Techebodiz, villam Rodowe cum pertinentiis suis; in villa Drogeliz x mansos et dimidiam villam Golbin, villam Lomezetz et alteram villam ejusdem nominis; in villa Gline mansum unum, decimam cujusdam dominicalis in villa quæ dicitur Crozelin, et villam Milthendorph cum pertinentiis suis.

Decernimus ergo, ut nulli omnino hominum liceat præfatum cœnobium temere perturbare, aut ejus possessiones auferre, vel ablatas retinere, minuere, aut aliquibus vexationibus fatigare, sed omnia integra conserventur eorum, pro quorum gubernatione et sustentatione concessa sunt, usibus omnimodis profutura, salva diœcesani canonica justitia. Si qua igitur in futurum ecclesiastica sæcularisve persona, hanc nostræ constitutionis paginam sciens, contra eam temere venire tentaverit, secundo tertiove commonita, si non satisfactione congrua emendaverit, potestatis honorisque sui dignitate careat, reamque se divino judicio existere de perpetrata iniquitate cognoscat; et a sacratissimo corpore et sanguine Dei et Domini Redemptoris nostri Jesu Christi aliena fiat, atque in extremo examine districtæ ultioni subjaceat. Cunctis autem eidem loco justa servantibus sit pax Domini Jesu Christi, quatenus et hic fructum bonæ actionis percipiant, et apud districtum judicem præmia æternæ pacis inveniant. Amen.

Ego Eugenius Catholicæ Ecclesiæ episcopus.

Ego Conradus Sabinensis episcopus subscripsi.

Datum Lateranis, per manum Samsonis sanctæ Romanæ Ecclesiæ scriptoris, iv Kal. Januarii, indictione iv, Incarnationis Dominicæ anno 1152, pontificatus vero domni Eugenii III papæ anno viii.

DXXXI.

Ad [Petrum] Cluniacensem abbatem. — Ut abbati Vizeliacensi exsuli Silviniacense cœnobium concedat.

(Anno 1152.)

[MANSI, Concil., xxi, 660.]

In maximis vexationibus et angustiis posito dilecto filio Pontio Vizeliac. abbati, carnali germano tuo, absque hortatu et commonitione nostra fraterna debes compati charitate, et ejus exsulationem benignis solatiis et opportunis debes consolationibus relevare. Quocirca quoniam debitum charitatis officium exigit, ut fratres nostros tanquam nos ipsos in Domino diligamus, et eorum necessitatibus fraterno provideamus affectu, per præsentia tibi scripta mandamus, quatenus Silviniacense cœnobium, quousque ipsa exsulatio ei duraverit, etiam pro Beati Petri et nostri reverentia sibi concedas.

DXXXII.

Ad Arnaldum Narbonensem archiepiscopum. — Ut Magalonensem episcopum et Petrum de Verona Cluniacensibus juxta Montempessulanum degentibus infestos, compescat.

(Anno 1145-53.)

[D. BOUQUET, *Recueil*, XV, 416.]

EUGENIUS, episcopus, servus servorum Dei, venerabili fratri Narbonensi archiepiscopo ARNALDO, salutem et apostolicam benedictionem.

Veniens ad nostram præsentiam dilectus filius noster Petrus Cluniacensis abbas, contra venerabilem fratrem nostrum R[aimundum] episcopum et canonicos Magalonensis Ecclesiæ nobis graviter conquestus est, quod parochianos suos de Montepessulano, contra fraternæ charitatis officium publice inhibere præsumpserunt, ut in novo ejus monasterio quod juxta Montempessulanum situm est, nihil de bonis suis in vita vel morte conferant, seu cum obierint, corpora sua in loco ipso tumulari præcipiant. Decimas præterea laborum suorum contra constitutionem sedis apostolicæ nihilominus exigunt. Quod quam pravum sit et a religionis observantia penitus alienum, qui zelo rectitudinis utitur, non ignorat. Quia ergo nostri officii est errata corrigere, et suam singulis Ecclesiis justitiam conservare, per præsentia tibi scripta mandamus, quatenus ad partes illas accedas, et prædictum fratrem nostrum episcopum, atque canonicos Magalonenses super his graviter increpando ex parte nostra districte commoneas, ut de cætero nec decimas laborum suorum, vel de incrementis animalium quæ nutriuntur, a fratribus prædicti monasterii exigant, nec injuriam seu infestationem inferre præsumant; sed sicut parochianos suos monasteriis Anianæ et S. Willermi eleemosynas facere, et seipsos dare in morte permittunt, ita eos memorato Cluniacensi cœnobio benefacere nequaquam prohibeant. Quod si tuis monitis obtemperare noluerint, eorum parochianis publice denunties, ut pro ipsius episcopi vel suorum interdicto minime dimittant, quin eidem loco, prout Dominus inspiraverit, benefaciant, et seipsos ad sepeliendum si voluerint, conferant, salva matricis ecclesiæ justitia. Nihilominus præterea fraternitati tuæ mandamus, ut Petrum de Verona, qui quoddam molendinum antefati monasterii fregit, et ex eo molestiam et contrarietatem fratribus ipsius loci contra justitiam inferre præsumit, districte commoneas ut vel ab eorumdem fratrum molestia desistat, vel ad justitiam cum eis in tua præsentia veniat. Quod si neutrum ex his adimplere volueris, ecclesiasticæ severitatis censuram in cum exerceas, ne pro defectu justitiæ ad aures nostras super his sæpedicti fratres denuo pulsare cogantur.

DXXXIII.

Privilegium contra archidiaconos Parisienses pro auctoritate episcopi.

(Anno 1145-1153.)

[PETIT, *Theodori Pœnitentiale*, II. p. 716.]

EUGENIUS episcopus, servus servorum Dei, venerabili fratri THEOBALDO Parisiensi episcopo ejusque successoribus canonice substituendis, in perpetuum.

Officii nostri debitum nos compellit singulis ecclesiis et ecclesiasticis personis justitiam conservare, et ne qua de rebus ecclesiasticis inter eos in posterum valeat oboriri discordia, paterna sollicitudine providere. Eapropter, venerabilis frater in Christo Theobalde episcope, paci et tranquillitati tuæ et ecclesiæ tibi a Deo commissæ providere volentes, præsentis scripti paginam statuimus ut concordia quæ inter prædecessorem tuum Stephanum bonæ memoriæ et Theobaldum ejusdem ecclesiæ archidiaconum per Matthæum Albanensem episcopum, et Joannem S. Grisochoni et Petrum tituli Calixti tunc presbyteros cardinales, et mandato prædecessoris nostri felicis recordationis papæ Honorii composita est, et venerabilium fratrum nostrorum Gaufridi Carnotensis et Burchardi Meldensis episcoporum scripto firmata, inter te et successores tuos, et archidiaconos Parisiensis Ecclesiæ tam præsentes quam futuros perpetuis temporibus inviolabiliter conservetur, ut videlicet non liceat archidiaconis in ecclesiis presbyteros ponere. Episcopi autem intererit ecclesias ordinare per archidiaconos tamen, sicut per ministros suos; ita ut episcopus sacerdotibus curam animarum committat; per archidiaconos vero ecclesiam et res assignent ecclesiæ. Archidiaconis sacerdotes ab officio suspendere nullatenus liceat, si episcopus in parochia fuerit, deponere autem omnino non liceat, neque pœnitentias dare, sed neque reconciliare nisi ex licentia debebunt episcopi; excommunicare autem aliquem clericum aut absolvere archidiaconis non licet, nisi per mandatum episcopi. Episcopus vero, quoties expedierit, parochianos suos conveniet per archidiaconum, et ad justitiam invitabit. Quam si contempserint, et justitia dictaverit, excommunicare licebit episcopo, factam vero excommunicationem archidiaconi observabunt. Clericos vero ad ordines promoveri non facient archidiaconi, nisi per mandatum et sigillum episcopi, si tamen in provincia fuerit, si vero episcopus abfuerit, et archidiaconi mandatum habebunt episcopi, urgente necessitate, et clericos promoveri facient, et ecclesias canonice poterunt ordinare. Collectas vero episcopus absque archidiaconis per parochiam eorum non faciet, nisi Romam veniat, aut concilium in provincia celebretur, aut forte domnum papam in ecclesia sua suscipiat; quod tamen consultis archidiaconis faciet. In quibus quidem collectis, quarum expensæ omnes erunt episcopi, archidiaconi nullam habebunt portionem. In cæteris autem communibus collectis archidiaconi, ut moris est, tertiam partem obtineant. Archidiaconis vero in tota parochia collectas sine episcopo facere non licebit. Quod si quis archidiaconus de suo, precibus, aut ultro donare voluerit, nequaquam debebit episcopus contradicere. Si quis in parochia clericus, sive laicus archidiaconis aut alii injustitiam fecerit, et per eosdem archidiaconos emendari noluerit, et si episcopus in loco fuerit, et negotium ante se tractare voluerit, archidiaconi usque ad sententiam non procedant; si causam suam ad episcopum deferant, qui eis canonicam in omnibus observet justitiam. Si vero episcopus absens fuerit, aut audire noluerit, archidiaconi justitiam canonicam faciant, ex mandato tamen episcopi: et hoc in laicos, salva in omnibus sedis apostolicæ auctoritate. Si quis autem contra hujus nostræ confirmationis paginam sciens, temere venire tentaverit, secundo tertiove commonitus, nisi reatum suum congrua satisfactione correxerit, indignationem omnipotentis Dei, et beatorum Petri et Pauli apostolorum ejus incurrat, atque in extremo examine districtæ ultioni subjaceat. Amen, amen.

DXXXIV.
Ad R[aimundum] Magalonensem et A[delbertum] Nemausensem.

(Anno 1145-53.)

[MANSI, *Concil.*, XXII, 363.]

Imperatorum sæcularium leges, et ecclesiasticæ Patrum constitutiones, viros religiosos in omnipotentis Dei servitio protegunt et defendunt, et nullam eis molestiam, vel turbationem, quæ sacro ordini contradicat, irrogari permittunt. Accepimus autem quod quidam causidici de terra vestra, occasione decidendarum litium quæ aliquando solent emergere, ab abbate et fratribus Franciæ vallis juramentum de calumnia, sicut ab aliis hominibus, exigebant; quod quidem inter fratres ejusdem ordinis inusitatum est; et nos ad id faciendum eos cogere non possumus, nec debemus. Sed ne aliena jura alieni hac occasione videantur detinere illicite, et ipsi a causa sua decidant, si ex parte ipsorum prædictum juramentum, si res ita postulaverit, non fuerit præstitum : eis præcipimus, ut in suo monasterio, sicut imperiales constitutiones consentiunt, œconomum statuant, qui pro eis petere et excipere, atque juramentum de calumnia, cum necesse fuerit, valeat exhibere.

DXXXV.
Privilegium pro monasterio SS. Laurentii et Hilari.

(Anno 1145-1153.)

[LE BEUF, *Mémoires d'Auxerre*, II, p. 265.]

EUGENIUS episcopus, servus servorum Dei, dilectis filiis HUGONI abbati ecclesiæ Beatorum Laurentii et Hilari de abbatia ejusque fratribus tam præsentibus quam futuris, canonicam vitam professis, in perpetuum.

Ad hoc nobis a Deo pastoralis cura commissa est ut beneplacentem Deo religionem modis omnibus laboremus statuere et statutam exacta diligentia conservare. Eapropter, dilecti in Domino filii, vestris justis postulationibus clementer annuimus, et præfatam ecclesiam in qua divino mancipati estis obsequio sub B. Petri et apostolica protectione suscipimus et præsentis scripti privilegio communimus; statuentes ut quascunque possessiones, quæcunque bona eadem ecclesia inpræsentiarum juste et canonice possidet, aut in futurum concessione pontificum, largitione regum vel principum, oblatione fidelium seu aliis justis modis, Deo propitio, poterit adipisci firma vobis vestrisque successoribus et illibata permaneant. In quibus hæc nominatim duximus adnotanda : Ab Hugone videlicet bonæ memoriæ Altissiodorensi episcopo, suisque prædecessoribus, sicut ejusdem episcopi scripto continetur, ecclesiam Beati Eusebii Altissiodorensis, ecclesiam S. Mamertini præfatæ ecclesiæ S. Eusebii subditam; ecclesiam S. Cyrici de Coslun, ecclesiam Sancti Symphoriani de Traciaco, ecclesiam Sancti Domnoleni confessoris, ecclesiam Sancti Martini de Tronciaco, ecclesiam Sancti Quintini martyris, ecclesiam Sancti Martini de Garchiaco, ecclesiam Sancti Symphoriani de Curte, ecclesiam Beati Petri de Domno Petro, ecclesiam Sancti Juliani de Tauriaco; præterea ecclesiam Sancti Simeonis, salvo jure infirmorum, ecclesiam de Tillio, salvo jure Altissiodorensis episcopi. A canonicis autem Sancti Cyrici Nivernensis ecclesiæ sicut eorum scripto continetur, ecclesiam Sanctorum confessorum Lupi et Gildardi cum omnibus ad ipsam pertinentibus; quæ bonæ memoriæ Hugo tertius Nivernensis ecclesiæ episcopus eis concesserat; item quoque Nivernenses canonici, statuentes ut si aliquis eorum se ad eamdem ecclesiam in arctiori vita Deo serviturus transferret, vitæ gratia præbendam quam apud eos habuerat, donec viveret, retineret; præbendam vero quam in monasterio S. Mariæ in depositione aliqui fratrum suorum per triginta dies habebant eidem Sancti Gildardi ecclesiæ concesserunt. Item ex dono præfati Altissiodorensis episcopi annualia canonicorum Sancti Stephani. A Leodegario autem Bituricensi archiepiscopo ecclesiam Sancti Hilarii de Gondiliaco. Hugo denique bonæ memoriæ Nivernensis episcopi, præfatæ ecclesiæ Sancti Gildardi concessit ecclesiam de Urziaco, domum cum pomario, terram, prata et cætera quæ Bruno canonicus possederat, et ecclesiam Sancti Martini de Odilonevilla. Item Fromundus præfati episcopi successor præbendas integras Nivernensium canonicorum quocunque modo ipsi eas habere desinerent, eidem ecclesiæ per annum habendas concessisset, nisi forte apud S. Martinum quis eorum vitam mutaverit, ibi enim in vita sua præbendam habebit; post mortem vero ad canonicos Sancti Gildardi per annum, ut diximus, præbenda ipsa transibit. Præterea ecclesiam de Albiniaco præter id quod in ea habent monachi de Diana; stagnum quoque cum molendino juxta eamdem ecclesiam, domum quæ fuit Hugonis canonici Sancti Cyrici.

Decernimus ergo ut nulli omnino hominum liceat dictam Sanctorum Laurentii et Hilarii ecclesiam temere perturbare, aut ejus possessiones auferre, vel ablatas retinere, minuere, seu quibuslibet molestiis fatigare; sed omnia integra conserventur eorum, pro quorum gubernatione et sustentatione concessa sunt, usibus omnimodis profutura, salva sedis apostolicæ auctoritate, et diœcesanorum episcoporum canonica justitia. Si qua igitur in futurum ecclesiastica sæcularisve persona, hanc nostræ constitutionis paginam sciens, contra eam temere venire tentaverit, secundo tertiove commonita, si non se congrua satisfactione correxerit, potestatis honorisque sui dignitate careat, reamque se divino judicio existere de perpetrata iniquitate cognoscat et a sacratissimo corpore et sanguine Domini nostri Jesu Christi aliena fiat, atque in extremo examine districtæ ultioni subjaceat. Cunctis autem eidem loco sua jura servantibus sit pax Domini nostri Jesu Christi quatenus et hic fructum bonæ actionis percipiant et apud districtum judicem præmia æternæ pacis inveniant. Amen, amen, amen.

DXXXVI.
Bulla pro Ecclesia Constantiensi,
(Anno 1143-53.)
[*Gall. Christ.* nov., Instr., XI, 239.]

EUGENIUS episcopus, servus servorum Dei, venerabili fratri ALGARO Constantiensi episcopo, ejusque successoribus instituendis, in perpetuum.

Ex injuncto nobis a Deo apostolatus officio, fratres nostros episcopos, tam vicinos quam longe positos, debemus diligere, et Ecclesiis in quibus Domino militare noscuntur, suam justitiam conservare; ut quemadmodum patres vocamur in nomine, ita nihilominus comprobemur in opere. Hujus rei gratia, venerabilis frater in Christo Algare episcope, tuis justis postulationibus clementer annuimus, et Constantiensem Ecclesiam, cui, Deo auctore, præsides, sub beati Petri et nostra protectione suscipimus, et præsentis scripti privilegio communimus; statuentes ut quascunque possessiones, quæcunque bona inpræsentiarum juste et canonice possides, aut in futurum largitione regum vel principum, oblatione fidelium, seu aliis justis modis, Deo propitio, poteris adipisci, firma tibi tuisque successoribus, et per vos eidem Ecclesiæ illibata permaneant. In quibus hæc propriis duximus exprimenda vocabulis: Medietatem civitatis Constantiensis cum medietate telonei, et molendinis quæ in eodem loco habes, et parco, et terris pinceralarum; moltam Buinoldevillæ; medietatem piscariæ in Sena fluvio; ecclesiam Sancti Laudi supra Viram fluvium, cum ecclesia Sanctæ Mariæ in castro ejusdem loci; ecclesiam Sancti Ægidii; ecclesias Verevillæ et Linnevillæ, cum omnibus appendiciis suis; ecclesiam S. Mariæ de Cæsaris-burgo, cum ecclesia Sanctæ Trinitatis, et ecclesia Sanctæ Mariæ de Tourbavilla, et capella de Flamengiis, et terris Angoli capellani, cum decimis omnibus et aliis ad easdem ecclesias pertinentibus; totam decimam telonei in præfato castro Cæsaris-burgi, cum mansura trium burgensium, et libertatibus et immunitatibus, tam in foro quam in forestis ejusdem castri, quæ hactenus rationabiliter habuisti; ecclesiam Sanctæ Mariæ de Eccheldevilla, cum decimis, terris, domibus, et aliis appendiciis suis; ecclesiam de Alrenoio, cum terra quatuor boum; ecclesiam S. Salvatoris in Gersoio, cum terris, decimis et aliis pertinentiis suis; ecclesiam d'Essert, cum decimis et terra ad eam pertinentibus; carrucatam unam terræ in Kravarreio; ecclesiam Sancti Nicolai de Barbe-fleur, duas partes decimarum de Valoniis, et de Yvetot, et de Hubervilla; domos virgultuum; triginta acras terræ quæ habes in Valloniis, cum libertatibus et quietudinibus in foresta comitis, ad opus tuum et hominum tuorum, sicut hactenus et rationabiliter habuisti; ecclesiam Sanctæ Mariæ de Pupevilla, cum cœmeterio, decimis, terra Radulphi de Spalda, et aliis pertinentiis suis; ecclesiam Sanctæ Mariæ de Bulmo; capellam S. Nicolai, et terram in eodem burgo quæ ad jus pertinet; et ex consuetudinibus et libertatibus quas in eodem loco juste habes; piscariam in Viria fluvio; apud Merri decimas linguarum cenarum, quæ capiuntur inter Tar et Tarel fluvios; decimas venationum in omnibus forestis comitis de toto Constantino et de Damfront; in paleis, castrum Sancti Laudi cum omnibus appendiciis suis; Blandevillam, cum molendino et aliis adjacentiis suis; Tellam cum appendiciis suis; Bonumfossatum cum pertinentiis suis; Caugiacum cum adjacentiis suis; Sanctus Ebremundus cum pertinentiis suis; feudum Radulphi de Sancto Ægidio; feudum Roberti quod est in aquis; feudum quod tenet de te Richardus; feudum quod tenet Hugo Murdrac in Broiliaco, feudum quod tenet Robertus de Salceio; in Haia, Fodevillam; terram aucupum in Zingrevilla; terram de Allodio, et terram de Crapolt-lucorum cum appendiciis suis; in Cadomo quatuor acras prati.

Præterea præsentis decreti auctoritate sancimus ut Constantiensis episcopatus fines quieti deinceps omnino, et tam tibi quam tuis successoribus conserventur, sicut tu ipse et prædecessores tui, hactenus quiete et legitime possedistis. Ad hæc adjicientes etiam, statuimus ut archidiacono Constantiensis Ecclesiæ in curia alicujus laici causam tractare ecclesiasticam liceat.

Decernimus ergo ut nulli omnino hominum liceat præfatum locum temere perturbare, aut ejus possessiones auferre, vel ablatas retinere, minuere, seu quibuslibet vexationibus fatigare, sed omnia integra conserventur, tuis ac pauperum Christi usibus omnimodis profutura, salva sedis apostolicæ auctoritate. Si qua igitur in futurum ecclesiastica sæcularisve persona, hujus nostræ constitutionis paginam sciens, contra eam temere venire tentaverit, sanctione canonica, si non reatum suum congrua satisfactione correxerit, potestatis honorisque sui dignitate careat, reamque se divino judicio existere de perpetrata iniquitate cognoscat; et a sacratissimo corpore et sanguine Dei et Domini Redemptoris nostri Jesu Christi aliena fiat, atque in extremo examine districtæ ultioni subjaceat. Cunctis autem eidem loco sua jura servantibus, sit pax Domini nostri Jesu Christi, quatenus et hic fructum bonæ actionis percipiant, et apud districtum judicem præmia æternæ pacis inveniant. Amen.

DXXXVII.

Ad clerum et populum Toletanum. — Ut Muzarabes Toletano archiepiscopo pareant, et in cæremoniis ab eo non dissentiant.

(Anno 1145-53.)

[MANSI, *Concil.*, XXI, 678.]

Inobedientiæ crimen quam grave, quantaque animadversione plectendum, creator omnium Dominus primi hominis obedientiam puniendo monstravit : et genus hominum in valle lacrymarum positum experitur. Significatum bene est, quod quidam qui Muzarabes nuncupantur, venerabili fratri nostro archiepiscopo Toletano obedientiam denegantes, ecclesias de manu laicorum recipiant ; et in sacramentis missarum, et aliis divinis officiis, tonsura quoque clericali et vestimentis, suam antiquam consuetudinem subsequentes, ab apostolica sede diversa sentire præsumant. Quia igitur apostolicæ sedi tanta est a Domino collata potestas, ut quod pro sanis dogmatibus, fidelium moribus, Dominico tempore præscripsit, hodie teneatur acceptum ; et quod illa repulit, hactenus inefficax habeatur : quanto magis quæ ob reverentiam Catholicæ fidei in sacramentis missarum, et aliis divinis officiis instituisse dignoscitur, omni debent honore præferri, et ab omnibus prorsus reverenter assumi? Universitati vestræ per præsentia scripta mandamus, quatenus eos districtius moneatis, ut in sacramentis missarum, et aliis divinis officiis, a Catholica Ecclesia dissentire de cætero non præsumant, et memorato fratri nostro obedientiam debitam exhibentes, si in ipsius provincia remanere voluerint, ejus monita et præcepta reverenter suscipiant et observent.

DXXXVIII.

Ecclesiam S. Rumaldi Mechliniæ, olim collegiatam, nunc metropolitanam, cum omnibus suis possessionibus ac decimis, in protectionem apostolicam recipit.

(Anno 1145-53.)

[MIRÆUS, *Opp. dipl.* IV, p. 19, ex archivis capituli metropolitani.]

EUGENIUS episcopus, servus servorum Dei, dilectis filiis, ROBERTO decano ecclesiæ Mechliniensis, ejusque fratribus tam præsentibus quam futuris canonicam (134) vitam professis, in futurum.

Desiderium quod ad religionis propositum, et ad salutem animarum pertinere monstratur, auctore Deo, sine aliqua est dilatione complendum. Quocirca, dilecti in Domino filii, vestris justis postulationibus clementer annuimus, et præfatam ecclesiam, in qua divino estis mancipati obsequio, sub B. Petri et nostra protectione suscipimus, et præsentis scripti privilegio communimus : statuentes, ut quascunque possessiones, quæcunque bona ecclesia Mechliniensis in præsentiarum juste et canonice possidet, seu in futurum concessione pontificum, largitione regum vel principum, oblatione fidelium seu aliis justis modis divina suffragante gratia, poterit adipisci, firma vobis vestrisque successoribus et illibata permaneant. In quibus hæc propriis duximus exprimenda vocabulis : altare (135) Mechliniensis ecclesiæ cum appendiciis suis, videlicet Musena, Hanswick, Battala, Dunginá, sub censu quatuor marcarum a Cameracensis ecclesiæ canonicis vobis concessum et ab episcopo confirmatum ; Haveram (136), Hockenselam, Schellam, sicut ab episcopo Nicolao vobis concessa sunt, et scripto suo confirmata, scripti nostri pagina confirmamus; duas partes decimæ de Henghen, de Havesdunck, de Heffena, de Humbeca, de Rumesta (137), de Mortezela, de Hanswic, de Hockenzela, de Havera; tertiam partem de Humbeca (*Humbeck S. Martini*); quartam de Bolembeca, et Cobbinghem. Allodia vestra cum suis usuariis in agrestibus, in aquaticis et silvestribus, videlicet XII mansos in parochia Mechliniensi ; in Leghem duo bonaria, Gherdeghem I, domistationem in Mechlinia, solventem XIV denarios ; in Humbeka duos mansos, in Hockezela XIV mansos, cum forinsecis exceptionibus, in Odeghem V solidos et duos denarios et duos arietes ; Crondeghem IV solidos et duos denarios et unum arietem ; Bastela XII denarios ; Henghen IX solidos ; Burna duos solidos et tres denarios ; Liezela XIV denarios et arietem ; Kalsvoert XVI denarios ; Puderse XVIII denarios ; Heffena II solidos ; Herenthals XIII denarios ; Gersdeghem X denarios ; Cobbeghem XI solidos ; Lempsi XII solidos et VI denarios et decem arietes.... Untho X solidos et VI denarios, et pro arietibus IV solidos ; Baeleghem X denarios ; Havera VII solidos et VI denarios et panadium et forinsecas acceptiones. Hanswic III solidos et VI denarios; Hoigar IV denarios ; Aldeghem IV denarios ; Turnholt XII denarios ; Visplica XII denarios ; Morcesela X solidos et novem denarios, et pro arietibus XXXII denarios.

---

(134) Ex ipso diplomatis exordio patet Mechlinienses canonicos tunc habitasse in vita communi ; quæ tantum cessasse fertur circa annum 1215, quo et cessavit in cathedrali ecclesia Leodiensi.

(135) De altari Mechliniensi vide Diploma capit. Camerac. datum anno 1134 in Miræi Collect. dipl. Belg. seu tom. XIV. p. 964.

(136) Diploma Nicolai Cameracensis episcopi datum anno 1147 pro altaribus de Steyn Ockersee, Schelle, Hevere, etc.. t. II, p. 969.

(137) *Rumesta* vulgo *Rumst*, parochia hodie diœcesis Antverpiensis ad confluentem Diliæ et Nethiæ, cujus toparcha princeps de Ligne. Decimas vero Rumestæ et Havesdonck postmodum a capitulo Mechliniensi acquisivit sub annuo censu Godefridus dominus de Perweys et Rumesta anno 1256.

Decernimus ergo ut nulli omnino hominum liceat præfatum locum temere perturbare aut ejus possessiones auferre, vel ablatas retinere, minuere, aut aliquibus vexationibus fatigare, sed omnia integra conserventur eorum, pro quorum gubernatione et sustentatione concessa sunt, usibus omnimodis profutura, salva sedis apostolicæ auctoritate, et episcopi diœcesani canonica justitia. Si qua igitur in futurum ecclesiastica sæcularisve persona, hanc nostræ constitutionis paginam sciens, contra eamdem temere venire tentaverit, secundo tertiove commonita, si non satisfactione congrua emendaverit, potestatis honorisque sui dignitate careat, reamque se divino judicio existere de perpetrata iniquitate cognoscat, et a sacratissimo corpore ac sanguine Dei et Domini nostri Jesu Christi aliena fiat, atque in extremo examine districtæ ultioni subjaceat. Cunctis autem eidem loco justa servantibus sit pax Domini nostri Jesu Christi, quatenus et hic fructum bonæ actionis percipiant et apud districtum judicem præmia æternæ pacis inveniant. Amen.

Datum, etc.

DXXXIX.

Possessiones ac privilegia abbatiæ S. Cornelii Ninovensis confirmat, eamque recivit in protectionem sedis apostolicæ.

(Anno 1145-53.)

[MIRÆUS, *Opp. dipl.* I, 530, ex arch. capit. met.]

Quoties illud a nobis petitur, quod religioni et honestati convenire dignoscitur, animo nos decet libenti concedere, et petentium desideriis congruum impertiri suffragium. Eapropter, dilecti in Domino filii, vestris justis postulationibus clementer annuimus, et præfatam B. Cornelii ecclesiam, in qua divino mancipati estis obsequio, sub B. Petri, et nostra protectione suscipimus, et præsentis scripti patrocinio communimus; statuentes ut quascunque possessiones, quæcunque bona impræsentiarum eadem ecclesia juste et canonice possidet, aut in futurum concessione pontificum, largitione regum vel principum, oblatione fidelium, seu aliis justis modis, Deo propitio, poterit adipisci, firma vobis vestrisque successoribus et illibata permaneant. In quibus hæc propriis duximus exprimenda vocabulis : Totam decimam ejusdem villæ cum appendiciis suis, Herlincoven, cum tota decima; Lidekerkensem ecclesiam cum tota decima et appendiciis suis, scilicet Lombeca, Strithem, partem decimæ apud Menz, curtem Netherwich, cum prato, piscatione in Tenena ubique, cum advocatia ; duo molendina cum mansis juxta ecclesiam Ninivensem, curtem Rubroc cum circumadjacentibus terris et silvis, terram Hugonis Gantis et fratris ejus Gisleberti, silvam Mentogh a Gerardo advocato emptam; curtem Wendecote cum circumadjacentibus terris et pratis; hæreditatem Henrici conversi de Herlincoven; allodium de Rosilar cum nemusculo Stonbecca, allodium quod dedit Herbrandus de Merbeca; terram cum silva Gualteri de Curia, terram quam dedit Theodericus de Inferno, terram quam dedit Castellanus Bruxellensis, assensu Guidonis et Gualteri de Hosdem; apud Senesiam, terram quam dedit Uffo Pauper, assensu fratris Gislardi; apud Arken, terram quam dedit Albericus cum silva et prato apud eamdem villam. Sane agrorum vestrorum, quos propriis manibus aut sumptibus colitis, sive de nutrimentis vestrorum animalium, nullus a vobis decimas exigere præsumat. Prohibemus quoque ut nullus fratrum post factam ibidem professionem, absque abbatis sui permissione ex eodem claustro audeat discedere ; discedentem vero, absque litterarum communium cautione nullus suscipere, vel retinere præsumat.

Decernimus ergo ut nulli omnino hominum liceat præfatam ecclesiam temere perturbare, aut ejus possessiones auferre, vel ablatas retinere, minuere, seu quibuslibet vexationibus fatigare, sed omnia integra conserventur eorum, pro quorum gubernatione et sustentatione concessa sunt, usibus omnimodis profutura, salva sedis apostolicæ auctoritate et diœcesani episcopi canonica justitia. Si qua igitur in futurum ecclesiastica sæcularisve persona, hanc nostræ constitutionis paginam sciens, contra eam temere venire tentaverit, potestatis honorisque sui dignitate careat, reamque se divino judicio existere de perpetrata iniquitate cognoscat, et a sacratissimo corpore et sanguine Dei et Domini nostri Jesu Christi aliena fiat, atque in extremo examine districtæ ultioni subjaceat. Cunctis autem eidem loco sua jura servantibus sit pax Domini nostri Jesu Christi, quatenus et hic fructum bonæ actionis percipiant et apud districtum judicem præmia æternæ pacis inveniant. Amen.

DXL.

Privilegium pro ecclesia S. Laurentii Januensi.

(Anno 1145-53.)

[UGHELLI, *Italia sacra*, IV, 865.]

EUGENIUS episcopus, servus servorum Dei, venerabili fratri SYRO Januensi archiep. ejusque successoribus canonice substituentis, in perpetuum

Ex commisso nobis a Deo apostolatus officio, fratres nostros episcopos tam vicine quam longe positos debemus diligere, et Ecclesiis in quibus Domino militare noscuntur, suam justitiam conservare, et quemadmodum fratres vocamus in nomine, ita nihilominus comprobemus in opere. Eapropter, venerabilis frater in Christo Syre archiepiscope, tuis justis postulationibus clementer annuimus, et gloriosi martyris Christi Laurentii, et S. Syri Ecclesiam, cui Deo auctore præsides, sub B. Petri et nostra protectione suscipimus, et præsentis scripti privilegio communimus, statuentes ut quascunque possessiones, quæcunque bona in præsentiarum juste et canonice possides aut in futurum rationabilibus modis, Deo propitio, poteris adipisci, firma tibi tuisque successoribus, et illibata permaneant. In quibus hæc propriis duximus exprimenda vocabulis : Redditus videlicet de mari, et decimas quæ ab hominibus civitatis et totius episcopatus Januen., ab antiquis temporibus prædecessores tui, et ipse hactenus quiete possideatis, de illis scilicet hominibus qui a portu Pisano in orientem, et a portu monachi in occidentem, seu in terram Saracenorum, vel Christianorum extra prænominata loca maritimas negotiationes exercent. Castrum S. Romuli cum suis pertinentiis. Castrum Molacianense cum curte, molendinis et pertinentiis suis, curtem Bazali, curtem de vico Molatio. Curtem de Bavoli. Curtem de Nervi. Castrum Medolici cum curte et pertinentiis suis et molendinis. Curtem S. Petri de Arena cum suis pertinentiis. Domum cultam de S. Vincentio cum molendinis, et quidquid habes in Corti. Curtem S. Michaelis in Lavania, et domum cultam juxta mare, et quidquid habes in valle Lavaniæ, et Sigestri, medietatem de Roccataliata cum medietate montis de Comalio.

Decernimus ergo ut nulli omnino hominum liceat, etc. Salva, etc.

Si qua igitur, etc. Amen.

DXLI.
Ad Villanum Pisanum archiepiscopum.
(Anno 1145-1153.)

[GATTULA, *Hist. Casin.* 155.]

EUGENIUS episcopus, servus servorum Dei, venerabili fratri VILLANO Pisano archiepiscopo, salutem et apostolicam benedictionem.

Adversum venerabilem fratrem nostrum A. Sulcensem episcopum dilecti filii nostri Raynaldi Cassinensis abbatis querelam frequenter accepimus, quod ei de sex ecclesiis, videlicet S. Vincentii de Taverna, S. Mariæ de flumine tepido, S. Marthæ, et S. Pentaleonis de Olivano, et S. Georgii de Tulvi, et S. Mariæ de Palma, quas ad jus monasterii sui asserit pertinere, injuriam faciat, et eos per violentiam et injuste detineat. Quia ergo eidem monasterio ad jurisdictionem B. Petri speciali prærogativa pertinere dignoscitur, et in sua ei justitia deesse non possumus, nec debemus, per præsentia scripta fraternitati tuæ mandamus, quatenus prædictum fratrem nostrum proximis Kalendis Maii pro eadem controversia terminanda ante tuam præsentiam evoces, et allegationibus ac rationibus utriusque partis diligenter auditis, recognitis, per judicium vel concordiam eidem causæ finem debitum, Domino auctore, imponas. Prædicto siquidem termino memoratus abbas pro eadem causa sufficientes personas ad tuam præsentiam destinare curabit, nihilominus quoque tibi mandamus, ut controversia, quam Turritanus archipresbyter adversus monasterium S. Mariæ de Thergo super ecclesia S. Petri intra Cingla, et S. Mariæ de Tanache in præsentia prædecessoris tui sanctæ memoriæ Balduini archiepiscopi movit, justitia mediante, studeas definire. Præterea sententiam quam super judicio quondam Constantini de Athena beato Benedicto fecisse dignoscitur, tua fraternitas promulgatum digno effectui mancipari, et firmiter observari.

DXLII.
Ad archipresbyterum tituli Sancti Marci.
(Anno 1145-53.)

[MANSI, *Concil.*, XXI, 629.]

Super controversia obedientiæ exhibendæ, quæ inter vos et capellanum de Pinea agitari dignoscitur, ecclesiæ Sancti Marci prospicere cupientes, per præsentia vobis scripta mandamus quatenus eum districtius moneatis ut secundum antiquam et rationabilem consuetudinem, vestræ ecclesiæ obedientiam promittere nullatenus contradicat. Si vero vestris monitis super hoc obedire contempserit, sententiam quam in ipsum et præfatam ecclesiam de Pinea juste tuleritis, nos, auctore Deo, ratam habebimus.

DXLIII.
Ad Arditionem Romanæ Ecclesiæ subdiaconum et magistrum Omnibonum.
(Anno 1145-1153.)

[*Ibid.*, 363.]

Litteras benignitatis tuæ benigne accepimus, in quibus utrum in causa, quæ vertitur inter venerabilem fratrem nostrum G. Bononiensem episcopum, et dilectum filium nostrum Paduanum abbatem, sub vestro examine jusjurandum de calumnia præstari conveniat, requisisti. Sane Romana Ecclesia, in quibus causis de decimis Ecclesiarum et rebus spiritualibus tantum agitur, juramentum calumniæ nec dare, nec recipere consuevit. Et quidem hujusmodi causæ non ex legum districtione, sed canonum æquitate finem debitum sortiuntur. Canones autem juramentum calumniæ nulli prorsus indicunt. Unde de juramento calumniæ præstando contentione dimissa, ad ulteriora fraternitas tua procedat.

DXLIV.
Ad Æsculapium presbyterum.
(Anno 1145-53.)

[*Ibid.*, 326.]

Juvenis ille qui puellam nondum septennem duxit, quamvis ætas repugnaret, ex humana tamen fragilitate tentavit quod complere non potuit. Quia igitur in his quæ dubia sunt, quod certius æstimamus, tenere debemus; tum propter honestatem Ecclesiæ, quia ipsa ipsius conjux esse dicitur, tum propter prædictam dubitationem, mandamus tibi, ut consobrinam ipsius puellæ, quam postmodum duxit, ab eo dividas.

DXLV.
Ad universum clerum. — De raptoribus, et ecclesiarum violatoribus, et quando post peractam pœnitentiam sit neganda sepultura ecclesiastica, nisi satisdent de damno restituendo.
(Anno 1145-53.)

[*Ibid.*, 390.]

Super eo quod de raptoribus ecclesiarum, atque presbyteris qui pœnitentiam eis injungere et oblationes eorum contra statutum nostrum suscipere attentaverint, a nobis communi deliberatione statutum cum fratribus nostris statuimus, et constitutionem ipsam, sanctorum Patrum vestigia subsequentes, auctoritate Dei et sanctorum apostolorum Petri et Pauli pariter confirmamus: statuentes, ut quicunque ex his raptoribus, qui in urbe, diabolo suggerente, violenter surrexerint, in rapina, sive in ecclesiarum violatione manifeste est deprehensus, vel amodo fuerit, nisi ablata prius restituat, si poterit, vel emendandi plenam securitatem fecerit, pœnitentiæ beneficium ei penitus denegetur. Si vero usque ad obitum, quod absit, in sua contumacia duraverit, et in extremis positus, pœnitentiæ remedium humiliter postulaverit : si emendationem vel emendandi securitatem præstiterit, ac fidejussores, qui ablata restituere debeant, idoneos dederit, ei pœnitentia et ecclesiastica sepultura concedatur. Qui autem in sanitate, obstinata mente non pœnituerit, vel emendaverit, et in morte securitatem ac fidejussores, sicut diximus, præstare nequiverit, [f. supp. his] solemnitas pœnitentiæ parum prodesse, sicut credimus, videtur ; sed viaticum non negetur, ita tamen, ut nullus clericorum sepulturæ illius intersit, nec ejus eleemosynam accipere præsumat. Quod si qui presbyterorum vel clericorum contra statutum nostrum in vita vel in morte pœnitentias dare, aut sepulturæ illorum interesse, vel eorum eleemosynas accipere attentaverint, seu hujusmodi rapinæ participes inventi fuerint, ordinis sui damnum irrecuperabiliter patiantur, et beneficio ecclesiastico careant.

DXLVI.
De testibus adhibendis in causa separationis propter cognationis propinquitatem.
(Anno 1145-53.)
[MANSI, Concil., XXII, 309.]

Quoties aliqui separantur propter cognationem propinquitatis, vel consanguinitatis, tribus testibus adhibitis affirmari debet, qui de eadem consanguinitate supersunt : vel a duobus, vel tribus testibus senioribus et melioribus ejusdem loci probari debet. Probatio autem testium debet fieri duplici juramento. Testes enim debent jurare, se neque privato odio vel amicitia, neque pro auro, neque pro aliquo commercio quod habuerint, vel habituri sint, ad hoc juramentum esse inductos. Postea debent jurare, sicut ipsi dicunt, sic se rei veritatem accepisse a majoribus suis, et ita esse.

DXLVII.
Thebaldi episcopi Parisiensis et canonicorum S. Genovefæ litem de parœcia ecclesiæ S. Joannis decernit.
(Anno 1146-53, Jan. 8.)
[*Cartulaire de Notre-Dame de Paris*, I, 30.]

EUGENIUS episcopus, servus servorum Dei, THEOBALDO Parisiensi episcopo, salutem et apostolicam benedictionem.

Ne oblivionis obscuritas per dissuetudinem humanis mentibus ingeratur, quod super causarum litigiis judicatum fuerit vel decisum, scriptura debet memoriæ commendari, ut per hoc secutura posteritas habeat quid futuris temporibus evidenter agnoscat. Qualiter igitur controversia, quæ inter te ac filios nostros canonicos Sanctæ Genovefæ, super parochia ecclesiæ Sancti Joannis, agitabatur, in nostra fuerit præsentia terminata, præsentis scripti serie præcepimus adnotari. Asserebas, siquidem, tu frater episcope, quoniam jus quod habebas, in eadem parochia prædicti fratres tibi nullo modo exsolvebant, et cum constaret quod ad te parochia pertineret, sacerdotem, qui eidem parochiæ spiritualia ministraret, curam animarum a te debere suscipere affirmabas. Dicebas enim, quia si qui erant in eadem parochia ligandi vel solvendi, presbyter qui pro tempore eamdem parochiam gubernabat, ad tuum mandatum ligabat vel solvebat. Sponsas quoque benedicendas, benedictionem, mulieres de partu surgentes, purificationem, et qui apertis criminibus tenebantur in ecclesia matrice pœnitentiam percipere asserebas. Canonici autem quæ a te asserebantur non negantes, dicebant quod servitores canonicorum, qui in eadem parochia consistebant, per canonicos et non a Parisiensi episcopo solvi consueverant vel ligari : et presbyter qui in eadem ecclesia ministrabat, a xi annis retro et ante, a decano S. Genovefæ, et non ab episcopo, curam animarum susceperat. Nos igitur super his tam tuas quam prædictarum fratrum rationes plenarie cognoscentes, fratrum nostrorum communicato consilio, judicavimus quod sacerdos, qui debebit eidem parochiæ deservire, sive sit regularis canonicus, sive non, a te, frater episcope, curam animarum suscipiat, et supradictos parochianos, ad mandatum tuum, liget et solvat. Si vero tu in aliquem ejusdem parochiæ vel in omnes excommunicationis vel interdicti sententiam, emergente causa, promulgaveris, sacerdos, donec ipsa sententia relaxetur, nec excommunicatis, nec interdictis divina officia celebrabit. Benedictiones sponsarum, purificationes de partu surgentium, publicas pœnitentias idem sacerdos non usurpabit. Porro, si prædictæ capellæ sacerdos talis aliquando repertus fuerit, qui divina ministrare non debeat, tu illud abbati et fratribus suis nuntiare debebis, et illi, veritate cognita, eo amoto, alium tibi præsentent, cui animarum curam committas. Qui tamen presbyter tibi nec circatam, nec synodaticum solvet.

Nulli ergo hominum liceat hanc nostræ definitionis paginam temerario ausu infringere, etc.

Datum Laterani, sexto Idus Januarii.

DXLVIII.
Ad Bertoldum abbatem et fratres Cellæ Wirzeburgensis.
(Anno 1146-1153, Jan. 11.)
[HUGO, *Ann. Præm.*, I, Pr., p. 385.]

EUGENIUS episcopus, servus servorum Dei, dilectis filiis BERTHOLDO abbati de Cella ejusque fratribus, salutem et apostolicam benedictionem.

Omni tempore sacrosancta Romana Ecclesia pro religiosorum necessitatibus, et temporaliter et spiritualiter consuevit esse sollicita, et quanto eos terrenorum curam amplius abjecisse conspexit, tanto gratiora semper eis studuit pietatis ac misericordiæ solatia exhibere. Hujus nimirum solitæ benignitatis intuitu nostri antecessores inducti, discretione prævia, misericorditer statuerunt, ut religiosi viri novalium suorum dare decimas non cogantur. Quoniam ergo beneficia pietatis et maxime quæ religiosorum necessitatibus exhibentur, fraterna charitas non patitur deperire, sanctaque prædecessorum nostrorum instituta semper debent illibata persistere. Nos bonæ vestræ religionis odore respersi, auctoritate apostolica inhibemus ut de novalibus vestris sive de nutrimentis animalium vestrorum nullus omnino a vobis decimas præsumat exigere. Si quis autem hoc attentare præsumpserit, et secundo tertiove commonitus, temeritatem suam satisfactione congrua non correxerit, indignationem omnipotentis Dei et beatorum Petri et Pauli apostolorum ejus incurrat, atque in extremo examine divinæ animadversionis subjaceat ultioni.

Datum Laterani, iii Idus Januarii.

DXLIX.

Hugonem archiepiscopum Viennensem reprehendit quod fratribus Cisterciensibus et Cluniacensibus injurias inferat.

(Anno 1147-53.)

[*Bibliotheca Cluniac.*, p. 902.]

EUGENIUS episcopus, servus servorum Dei, venerabili fratri HUGONI Viennensi archiepiscopo, salutem et apostolicam benedictionem.

Quanto persona tua ampliori religione cognosci decorari, tanto gravius ferimus, cum per te religiosi Deumque timentes viri contra justitiam infestantur; et tu super hoc tam a vicinis quam longe positis infamaris. Cum enim tui habitus consideratio te ad religionem diligendam deberet accendere, et ad ipsam propagandam studiosius invitare, tu Cistercienses et Cluniacenses fratres, sicut frequentes querimoniæ indicant, nequaquam protegis, sed impugnas: et Cluniacenses fratres, quos propensius deberes diligere, nihilominus inquietas.

DL.

Ad Joannem episcopum Patavinum. — De usuris.

(Anno 1150-53.)

[BALUZ., *Miscell.*, ed. Luc., III, 377.]

Super eo quod a nobis tua fraternitas requisivit, scilicet an illi crimen usurarum (committant) qui ex possessionibus sibi pignore obligatis fructus percipiunt, et postmodum recipiunt capitale, breviter tibi dixerim eos omnes usurarum criminibus obligari, qui plus recipiunt quam fuerit capitale; quidquid enim sorti accidit, usura est.

DLI.

Privilegium pro monasterio Sancti Sylvestri in Monte-Suavi.

(Anno 1152-1153.)

[MITARELLI, *Camaldul.*, III, p. 466.]

EUGENIUS episcopus, servus servorum Dei, dilectis fratribus de Monte-Suavi, salutem et apostolicam benedictionem.

Quoniam sine religionis observantia tu... nec unitas charitatis existit, nec Deo gratum exhibetur obsequium, convenit apostolicæ auctoritati religionem statuere, et stabilitam exacta diligentia conservare. Inde est quod nos in monasterio vestro religionem, quæ peccatis exigentibus valde noscitur imminuta, Domino auxiliante, reformare volentes, monasterium ipsum dilecto filio nostro R... priori Camaldulensi commisimus ordinandum; statuentes ut ordo monasticus, qui in eodem monasterio noscitur institutus, secundum beati Benedicti Regulam et Camaldulensium fratrum constitutiones, perpetuis ibidem temporibus inviolabiliter observetur. Ut autem facilius et convenientius hoc ordine possit impleri, per præsentia vobis scripta præcipiendo mandamus, quatenus sicut quidam vestrum in præsentia nostræ fecerunt, supradicto priori ejusque successoribus obedientiam secundum Benedicti Regulam et ordinem Camaldulensem promittatis, et tam in temporalibus quam in spiritualibus ei absque ulla contradictione obediatis, ut et prædictum monasterium pristinum religionis statum recipiat, et vos frugi melioris vitæ restitui Domino cooperante, possitis.

Datum...

DLII.

Ad episcopum Lingonensem. — Ut judicet de iis qui cum excommunicatis Vizeliacensibus communicarunt.

(Circa. an. 1153.)

[MANSI, *Concil.*, XXI, 660.]

Ex parte dilecti filii nostri Pontii Vizeliac. abbatis adversus archipresbyterum de Avalone, R. de Domiciaco, et I. de Chora presbyteros, gravem querelam accepimus, quod excommunicatis hominibus de Vizeliaco scienter communicare, et divinia officia celebrare ausu temerario præsumpserunt. Quia igitur tam gravem excessum irrequisitum et impunitum prætermittere non debemus: per præsentia tibi scripta mandamus, quatenus causam ipsam diligenter inquiras, et si rem ita inveniris, prædictum archipresbyterum et alios presbyteros ab officiis suis suspensos ad nostram præsentiam mittas, litteras vero quas episcopo Eduensi mittimus, per tuum certum et securum nuntium eidem facias præsentari.

DLIII.

Privilegium pro ecclesia Sanctæ Mariæ de Capemberg

(Anno 1153, Jan. 2.)

[NIESERT, *Munsterische Urkundens.*, II, 183.]

EUGENIUS episcopus, servus servorum Dei, dilectis filiis OTTONI præposito Ecclesiæ Sanctæ Mariæ de Capemberg ejusque fratribus tam præsentibus quam futuris, canonicam vitam professis, in perpetuum.

Religiosam vitam eligentibus apostolicum convenit adesse præsidium et protectionis nostræ suffragium impertiri. Ne forte cujuslibet temeritatis incursus, aut eos a proposito revocet, aut robur, quod absit, sacræ religionis infringat. Eapropter, dilecti in Domino filii Otto præposite cæterique fratres in ecclesia Beatæ Mariæ de Capemberg ad Dei servitium congregati, vestris justis petitionibus clementer annuimus, et felicis memoriæ papæ Honorii prædecessoris nostri vestigiis inhærentes, præfatam ecclesiam, in qua divino mancipati estis obsequio, sub beati Petri et nostra protectione suscipimus et præsentis scripti privilegio communimus; imprimis siquidem statuentes, ut ordo canonicus, qui secundum Dei timorem et beati Augustini Regulam, ibi, auctore Domino, institutus esse dignoscitur, perpetuis ibidem temporibus inviolabiliter observetur. Præterea quascunque possessiones, quæcunque bona in terris, vineis, mancipiis, censibus, decimis, molendinis, aquis aquarumque decursibus, pratis, pascuis, nemoribus, campestribus, collibus, vallibus, aut quibuslibet aliis rebus, eadem ecclesia impræsentiarum juste et canonice possidet, aut in futurum concessione pontificum, largitione regum vel principum, oblatione fidelium, seu aliis justis modis, Deo propitio, poterit adipisci, firma vobis vestrisque successoribus, et illibata permaneant. In quibus hæc propriis duximus exprimenda vocabulis: Capemberg, Curedo, Wisele, Wesheim, Werne, Hele, Alstede, Mengede, Nette, Hilbeké, Sorbecke, Langere, Wetmare, Stikelevic, curtem quæ nuncupatur Velmede; et quidquid vobis Winemarus de jure suo rationabili dispositione concessit. Ex concessione quoque venerabilis fratris nostri Friderici Monasteriensis episcopi ecclesiam quæ vocatur Werna, et ecclesiam quæ nominatur Alnon; necnon decimam in prædicta ecclesia de Werna. Ad hæc paci et quieti vestræ providere optantes, auctoritate apostolica inhibemus ut nulla ecclesiastica sæcularisve persona, Capenberg et ejus ambitum vi vel fraude occupare, vel incastellare præsumat, aut religiosæ conversationis viros exinde removere. Sed nec alicui fratrum vestrorum post factam ibi professionem liceat a loco ipso discedere, discedentem vero sine communium cautione litterarum nullus audeat retinere.

Decernimus ergo ut nulli omnino hominum liceat eamdem ecclesiam temere perturbare, aut ejus possessiones auferre, vel ablatas retinere, minuere, seu aliquibus vexationibus fatigare; sed illibata omnia et integra conserventur eorum, pro quorum gubernatione et sustentatione concessa sunt, usibus omnimodis profutura, salva diœcesani episcopi canonica justitia. Si qua igitur in futurum ecclesiastica sæcularisve persona hanc nostræ constitutionis paginam sciens, contra eam temere venire tentaverit, secundo tertiove commonita, nisi præsumptionem suam congrua satisfactione correxerit, potestatis honorisque sui dignitate careat, reamque se divino judicio existere de perpetrata iniquitate agnoscat, et a sacratissimo corpore et sanguine Dei et Domini Redemptoris nostri Jesu Christi aliena fiat, atque in extremo examine districtæ ultioni subjaceat. Cunctis autem eidem loco sua jura servantibus sit pax Domini nostri Jesu Christi, quatenus et hic fructum bonæ actionis percipiant, et apud districtum judicem præmia æternæ pacis inveniant. Amen, amen.

Ego Eugenius Catholicæ Ecclesiæ episcopus subsc.

Ego Conradus Sabinensis episcopus ss.

Ego Hincmarus Tusculanus episcopus ss.

Ego Hugo Ostiensis episcopus ss.

Ego Otto diac. card. S. Georgii ss.

Ego Gregorius card. diacon. de Sancto Angelo ss.

Ego Jacinthus diac. card. de Schola Græca ss.

Ego Gregorius presbyt. card. de S. Maria Trans Tiberis ss.

Ego Humbaldus S. Praxedis presbyter card. ss.

Ego Joannes de SS. Joanne et Paulo presbyt. card. ss.

Datum Laterani per manum Bosonis sanctæ Romanæ Ecclesiæ scriptoris, IV Nonas Januarii, indictione XV, Incarnationis Dominicæ anno 1152, pontificatus vero domni Eugenii papæ III, anno VIII.

Plumbum ex sericis filis rubri coloris appendet.

DLIV.

Hildensemensi ecclesiæ, intercessore Raynaldo de Dassel præposito abbatiam Ringelheimensem confirmat.

(Anno 1153, Jan. 3.)

[*Origines Guelficæ*, III, 440.]

EUGENIUS episcopus, servus servorum Dei, venerabili fratri BERNARDO episcopo, et dilectis filiis Hildensheymensibus, salutem et apostolicam benedictionem.

In eminenti Ecclesiæ specula, disponente Domino, constituti, universarum Ecclesiarum proventibus exacta diligentia debemus intendere, et quæ ad ipsas rationabiliter, Deo largiente, proveniunt, confirmatione scripti nostri eis et auctoritate apostolica, communire. Veniens ad apostolicæ sedis nostramque præsentiam dilectus filius noster Reynoldus ecclesiæ vestræ præpositus in audientia exposuit: quod illustris memoriæ Conradus, quondam Romanorum rex, fulgore superni luminis illustratus, pro animæ suæ salute, abbatiam in Ringelheim liberam et quietam vobis, et per vos ecclesiæ vestræ, et ab eo quod ipse ibi de consuetudine antecessorum videbatur habere, dimisit, ac ne quod ab eo exinde gestum est, procedente tempore, temeritate alicujus grassaretur, et successorum suorum quilibet de illa ecclesia vobis aut successoribus vestris injuriam irrogaret, aut aliquam ibi sub obtentu alicujus consuetudinis violenter exerceret, factum ipsum, curialium suorum et ministerialium illius ecclesiæ, assistente consensu auctoritatis regiæ munimine roboravit. Cum igitur id antefatus filius noster præpositus scripti nostri petiit assertione firmari, et nos petitioni ejus dignum duximus præbere consensum, et honori Ecclesiæ vestræ diligentius providere; factum ipsum auctoritate sedis apostolicæ confirmamus, et ratum futuris temporibus permanere sancimus. Nulli ergo omnino hominum liceat hujus nostræ confirmationis paginam aliqua præsumptione infringere, vel huic facto ausu temerario contraire. Si quis autem hoc attentare præsumpserit, indignationem omnipotentis Dei et beatorum Petri et Pauli apostolorum ejus, se noverit incursurum.

Datum Laterani, III Nonas Januarii.

DLV.

Ad Petrum bituricensem archiepiscopum. — Mandat ut ecclesiam de Casa-Majori et res sacerdotis defuncti, male ablatas, restituat monasterio Sancti Dionysii.

(Anno 1153, Jan. 8.)

[D. Bouquet, *Recueil*, t. XV, 476.]

Eugenius episcopus, servus servorum Dei, venerabili fratri Petro Bituricensi archiepiscopo, salutem et apostolicam benedictionem.

Quando ab illis personis justitiæ ordo confunditur et canonum decreta turbantur, quorum esse debent defensores, et quod in ecclesia Dei debent attentius emendare, contra ea ab eisdem præsumitur attentari; officii nostri debito convenimur, quod male gestum est, ita in statum debitum revocare, ut nec scandalum inde in ecclesia emergere, nec similis præsumptionis occasio debeat simplicioribus provenire. Veniens ergo ad nostram præsentiam dilectus filius noster Odo, abbas S. Dionysii, adversus tuam fraternitatem querelam in conspectu nostro deposuit, quod, postquam pro negotiis ecclesiæ suæ ad apostolicæ sedis præsentiam venit, ecclesia sua de Casa-Majori eum non tam de justitia quam pro tuæ voluntatis arbitrio spoliasti; sacerdos quoque ipsius ecclesiæ, qui, quando in ea positus est, omnia quæ posset ibi rationabiliter, Deo largiente, conquirere, eidem ecclesiæ statuit concedenda, huic vitæ subtracto, universa bona illius in tuos usus applicuisti. Super quo, si verum est, tanto magis admiramur, quanto et reverentiam nostram in hac causa neglectam, et canonicas sanctiones omissas, et rationis ordinem vidimus ex magna parte confusum. Porro quid sacerdotibus et quibuslibet prælatis ecclesiarum de dispositione suorum in obitu a sacris canonibus permittatur, tua prudentia, nisi fallimur, non ignorat. Quoniam igitur quod contra canones gestum est, eorumdem vigore debet in irritum revocari, per præsentia scripta fraternitati tuæ mandamus quatenus si querela ejus veritate fulcitur, ecclesiam ipsam, et ea quæ de rebus sacerdotis in servitio ejusdem ecclesiæ conquisitis ad te devenerunt, servata charitate restituas, vel si ab alio ablata sunt, restitui facias: ut nec ipse adventum suum ad sedem apostolicam sibi fore sentiat detrimento, et tua fraternitas non videatur illas ecclesias quæ ad jus B. Petri specialiter pertinent,

et de ejus præcipue defensione consistunt, velle indebite aggravare; de aliis quoque malefactoribus suis in tua diœcesi consistentibus ita plenam eis facias justitiam, ut non cogantur ulterius pro defectu justitiæ fatigari. Fraternitati [*leg.* paternitati] mandamus quatenus fratri nostro S[tephano] (138) Claromontensi episcopo ex parte nostra injungas ut fratri R. priori Montis-Firmini, pro eo quod promotioni ejus visus est obviasse, molestus nequaquam existat, et sicut non vult indignationem nostram incurrere, ita nec per se, nec per suos, pro illa causa ei vel suis ullam præsumat molestiam irrogare. Nulli ergo omnino hominum liceat hanc nostræ constitutionis paginam infringere, vel ei temerario ausu aliquatenus contraire : si quis autem hoc attentaverit, indignationem Dei omnipotentis et beatorum Petri et Pauli apostolorum ejus se noverit incursurum.

Datum Laterani, VI Idus Septembris.

DLVI.

Bulla pro parthenone Sancti Salvatoris Ebroicensis.

(Anno 1153, Jan. 23.)

[*Gall. Christ.* nov., Instr., XI, 134.]

Eugenius episcopus, servus servorum Dei, dilectis in Christo filiabus Hilariæ abbatissæ Sancti Salvatoris Ebroicarum ejusque sororibus, tam præsentibus quam futuris, regularem vitam professis, etc. . . . .

Prudentibus virginibus quæ sub habitu religionis, accensis lampadibus juxta Evangelicum verbum, paratas se exhibent cum sponso suo Jesu Christo intrare ad nuptias, apostolicum convenit adesse præsidium, ne forte cujuslibet temeritatis incursus aut eas a pio proposito revocet, aut robur, quod absit! sacræ religionis infringat. Eapropter, dilectæ in Christo filiæ, vestris justis postulationibus clementer annuimus, et præfatam ecclesiam in qua divino estis mancipatæ famulatui, sub beati Petri et nostra protectione suscipimus, et præsentis scripti privilegio communimus; statuentes ut quascunque possessiones, quæcunque bona eadem ecclesia in præsenti juste et canonice possidet, aut in futurum concessione pontificum, largitione regum vel principum, oblatione fidelium, vel aliis justis modis, Deo propitio, poterit adipisci, firma vobis et his quæ post vos successerint, et illibata permaneant. In quibus hæc propriis duximus vocabulis exprimenda : Ex dono comitis Ricardi duo molendina Ebroicis, unum annonarium, alterum tannetarium, cum terra quæ pertinet ad eadem molendina; et decima molendinorum, censuum et vivarii de Trozcomitissæ, et decima omnium reddituum et exituum totius forestæ Ebroicensis, decimam mellis ipsius forestæ, venationis et denariorum de Essartis quæ fient in ipsa foresta; et quidquid denium comes habeat Asneriis in dominio suo, exceptis feodis militum, et bosco et aqua. In aqua tamen dedit pisca-

(138) Stephano de Mercorio, qui electus fuit Claramontensis episcopus anno 1151.

tionem quæ a vulgo dicitur Croignum Clavillæ, terram ad dimidiam carrucam, Hundovillam, et quidquid ad eam pertinet, et moltam de Dauboio, et Escauvilla Gravigneii, decimam molendinorum et totius dominii comitis, præter decimam bladi apud Guitebuet; decimam dominii ejusdem comitis, lanæ scilicet, caseorum et ceriarum quæ ibi fiunt : apud Albam-viam decimam lanæ, caseorum, telonei, census et omnium reddituum in denariis, octo hospites et terram ad dimidiam carrucam : apud Bavent, centum solidos, ultra Sequanam decimam omnium reddituum et exituum quicunque fuerint forestarum de Tractu, Cravenchon et Caudebec, et decimam molendinorum de Maisnil et de Cravenchon : apud Dourenc, decimam molendinorum telonei, census burgensium et estoblagii porcorum, et herbagii ovium quas habent burgenses, et duas garbas hortorum burgensium, lini, cannabis et cujuslibet alterius rei; decimam quoque de terra quæ vocatur Troz-comitis, et duas garbas de terra rusticorum, et duas garbas de Essartis. Ex dono comitis Guillelmi sex marcas argenti in Anglia, quas prior et monachi de Nogento super Andelam debent vobis annuatim exsolvere. Ex dono comitis Amaurici, ferias Sancti Leodegarii Ebroicis, et decimam de porcariis suis de Guaz forestarum, et totam decimam terrarum veterum et novellarum quæ pertinent ad Guaz forestarum de Tractu, et Cravenchon, et Caudebec; decimam quoque de Haia de Lentot de omnibus illis quæ decimantur. Ex dono Anschetilly de Autolio, molendinum de Albavia, et vineam unam, et duos hospites in Fovilla; ex Helmaci, de Autolio aquam de Gravigneio, ex dono Richardi filii Herluini decimam molendinorum de Garenis, decimam Sancti Andreæ ex dono Osennæ; concessu Radulphi filii Othonis, dues burgenses in vico Sancti Taurini, quietos ab omni consuetudine ; in episcopatu Ebroicensi, omnes ecclesias et decimam bladi forestæ Ebroicarum ; ecclesiam S. Jacobi de Essartis, cum decima de bosco et plano; ecclesiam de Caugeio, cum decima et triginta acras terræ in eadem villa; ecclesiam de Guichenvilla cum decima; decimam de Buissondrœlini et de Folmuchon ; ecclesiam de Nova-villa cum decima, et triginta acras terræ in eadem villa ; ecclesiam de Ferreriis cum decima ; ecclesiam de Lacella cum decima, et terram ibi ad dimidiam carrucam et hospites quos ibidem habetis ; ecclesiam de Boore cum eo jure quod competit vobis de decima ipsius ecclesiæ in episcopatu Luxoviensi ; ecclesiam de Boisseio, cum decima ipsius villæ et sexaginta acras terræ in eadem villa ; decimam de Lambervilla ex dono uxoris Wauchelini de suo patrimonio, medietatem villæ quæ dicitur Capelle, jus quod habetis in ecclesia ejusdem villæ. In episcopatu Carnotensi, ex dono Amaurici de Domorotunda, dimidiam villam de Orviller. Præterea quoniam supradictus comes Richardus immunitatem quam habebant servientes de mensa sua servientibus vestris pro suæ animæ salute concessit, et ecclesiam vestram ab omni sua et successorum suorum consuetudine ac gravamine liberam reddidit et quietam, datisque feriis quæ fiunt in Annuntiatione Dominica in atrio ecclesiæ Beatæ Mariæ bonæ memoriæ Guillelmo tunc Ebroicensi episcopo, animarum cura tantum ei et ejus successoribus reservata, omni pravæ consuetudini eam et exactioni episcopali exemit, nos etiam id auctoritate apostolica confirmamus, et futuris temporibus inconcussum permanere decernimus.

Decernimus ergo ut nulli omnino hominum liceat præfatam ecclesiam temere perturbare, aut ejus possessiones auferre, vel ablatas retinere, minuere, vel quibuslibet vexationibus fatigare; sed omnia integra conserventur eorum, pro quorum gubernatione et sustentatione concessa sunt, usibus omnimodis profutura, salva diœcesanorum episcoporum canonica justitia. Si qua igitur in futurum ecclesiastica sæcularisve persona, hanc nostræ constitutionis paginam sciens, contra eam temere venire tentaverit, secundo tertiove commonita, si non satisfactione congrua emendaverit, potestatis honorisque sui dignitate careat, reamque se divino judicio existere de perpetrata iniquitate cognoscat, et a sacratissimo corpore et sanguine Dei et Domini Redemptoris nostri Jesu Christi aliena fiat, atque in extremo examine districtæ ultioni subjaceat. Cunctis autem eidem loco justa servantibus, sit pax Domini nostri Jesu Christi quatenus et hic fructum bonæ actionis percipiant, et apud districtum judicem præmia æternæ pacis inveniant, amen, amen.

Ego Eugenius Catholicæ Ecclesiæ episcopus.

Ego W. presbyter cardinalis ecclesiæ Lateranensis.

Ego Hubaldus presbyter cardinalis tituli S. Praxedis.

Ego Manfredus presbyter cardinalis tituli S. Sabinæ.

Ego Aribertus presbyter cardinalis tituli Sanctæ Anastasiæ.

Ego Rolandus presbyter cardinalis tituli Sancti Marci.

Ego Conradus Sabinensis episcopus.

Ego Ismarus Tusculanus episcopus.

Ego Hugo Ostiensis episcopus.

Ego Odo diaconus cardinalis Sancti Georgii ad Velum Aureum.

Ego Gregorius diaconus cardinalis S. Angeli.

Ego Guido diaconus cardinalis Sanctæ Mariæ in Porticu.

Ego Jacinthus diaconus cardinalis Sanctæ Mariæ in Cosmedin.

Ego Joannes diaconus cardinalis Sanctorum Georgii et Bacchi.

Ego Gerardus diaconus cardinalis Sanctæ Mariæ in Via Lata.

Datum Laterani per manum Bosonis S. Romanæ

Ecclesiæ scriptoris, x Kal. Februarii, indictione xv, Incarnationis Dominicæ anno 1152, pontificatus vero domni Eugenii papæ III anno octavo.

DLVII.

Ad Henricum Eduensem episcopum. — Increpat quod infestus sit Vizeliacensi cœnobio.

(Anno 1153, Jan. 27.)

[MANSI, *Concil.*, XX, 658.]

EUGENIUS episcopus, servus servorum Dei, venerabili fratri HENRICO Eduensi episcopo, salutem et apostolicam benedictionem.

Quod apostolicæ benedictionis te participem facimus, non ex tuis meritis, sed de apostolicæ sedis benignitate procedit. Sicut enim pro certo nobis a compluribus significatum est, omnes molestiæ atque vexationes, quas dilecto filio nostro Pontio abbati Vizeliacenses burgenses ipsius villæ ausu nefario præsumpserunt, per instinctum et incitationem tuam habuerunt exordium : et eos in tanta nequitia contra Deum, et contra commissum tibi episcopale officium, et animæ tuæ salutem, fovere, ac manutenere non times. Diceris namque quod et eisdem burgensibus excommunicatis communicare præsumas, et ad divina officia eos tu ipse admittas, atque presbyteris tuis divina eis officia celebrari permittas atque præcipias. Quia ergo tam gravem et immoderatum excessum impunitum prætermittere nec possumus, nec debemus, per præsentia tibi scripta mandamus, quatenus proxima beati Lucæ festivitate tam pro terminanda controversia quæ inter te et prædictum abbatem agitatur, quam pro his, ad nostram præsentiam occasione seposita venias, super contrarietatibus, quas ipsi abbati diceris intulisse, nobis sufficienter respondere paratus. Interim vero eidem abbati nullam perturbationem seu molestiam quibuslibet modis inferre præsumas : sollicite cavens, ut supradictorum excommunicatorum, vel interdictorum nullus a te, vel a tuis presbyteris ad divina suscipiatur officia, sed ad quemcunque locum parochiæ tuæ aliquis devenerit, donec præsens fuerit, nullus ibi divina officia præsumat celebrare. Quod si, statuto termino, ad nos venire neglexeris, aut hæc vel alia quæ ad prædictorum vindictam burgensium a nobis seu fratribus nostris statuta sunt præsumpsisti, vel præsumpseris violare ; pro certo cognoscas, et causam ipsam processum dictante justitia recepturam, et te officii tui periculum incursurum.

Datum Laterani, vi Kal. Febr.

DLVIII.

Privilegium pro Ecclesia Atrebatensi.

(Anno 1153, Febr. 5.)

[BALUZ., *Miscell.* ed. Luc., II, 170.]

EUGENIUS episcopus, servus servorum Dei, venerabili fratri GODESCALCO Atrebatensi episcopo ejusque successoribus canonice subtituendis, in perpetuum.

Officii nostri nos hortatur auctoritas pro Ecclesiarum statu satagere et earum quieti et utilitati salubriter auxiliante Domino providere. Dignum namque et honestati conveniens esse dignoscitur ut qui ad Ecclesiarum regimen assumpti sumus, eas et a pravorum hominum nequitia tueamur et beati Petri atque apostolicæ sedis patrocinio muniamus. Proinde, venerabilis frater in Christo Godescalce episcope, tuis justis postulationibus clementer annuimus, et præfatam Atrebatensem Ecclesiam, cui Deo auctore, præesse dignosceris, sub beati Petri et nostra protectione suscipimus et apostolicæ sedis privilegio communimus. Ad exemplar igitur prædecessorum nostrorum felicis memoriæ Urbani, Paschalis, Gelasii, Calixti, et Innocentii Romanorum pontificum ejusdem Ecclesiæ episcopalem dignitatem sicut hodie est præsentis scripti pagina roborantes, statuimus ut quidquid prædictæ Ecclesiæ beatus Remigius contulit, videlicet Orcos et Sambucetum, quæcunque etiam eadem Ecclesia juste et legitime possidet aut in futurum poterit adipisci, tibi tuisque successoribus confirmamus. In quibus hæc propriis nominibus adnotanda subjunximus : Archidiaconias duas, Atrebatensem scilicet et aliam quæ Obstrevandensis dicitur. Illos etiam limites inter Atrebatensem et Cameracensem Ecclesias esse sancimus quos antiquitus fuisse vel scriptorum monumentis vel territoriorum divisione vel certis aliquibus indiciis constat, ut annuente Deo Ecclesiarum pax nulla occasione turbetur, et quæ pro fidelium salute statuta sunt perenni tempore inconvulsa stabilitate persistant. Abbatias quoque infra Atrebatensis episcopatus limites sitas, videlicet S. Petri Hasnoniensis, Sancti Salvatoris Aquicinensis, Sancti Vindiciani de Monte Sancti Eligii, Sanctæ Ragenfredis de Domniaco, Sanctæ Rictrudis Marcianensis, Sanctæ Mariæ de Strumo cum cæteris infra præfatos limites sitis, et monasterium Sancti Præjecti de Bethunia tibi tuisque successoribus subjectas esse et earum abbates vel abbatissas canonice obedire præcipimus. Abbas vero Sancti Vedasti de Nobiliaco et successores tibi tuisque successoribus obedientiam manu promittant, et de his quæ ab Atrebatensi Ecclesia possidere noscuntur debitam reverentiam et subjectionem exhibeant. Partem decaniæ de Vals, quæ infra limites Atrebatensis territorii sita est, ecclesias scilicet de Bajoncourt, de Vallibus, de Migerol, de Chaom, de Brodovilla, de Caxenignicuth, de Sarving, de Halcurth, de Schulsa, de Hailcourt cum appendiciis earum. Porro ad victam et ad mensam episcopi Atrebatensis altaria de Avions, de Culois, de Menricourt, et altare Sancti Martini de Hennino Rainardi, necnon et Mareolum cum silva, terra, aqua, molendinis, furno, hospitibus, et cum omni districto totius villæ et molendinis de Schenfolt, et molendinum aliud cum duobus furnis et cambo et hospitibus infra Atrebatum, et terras, vivarium de Bronnis. Quæ omnia, quia prædecessor tuus recolendæ memoriæ Alvisus episcopus in vita sua noscitur tenuisse tibi nihilominus confirmamus. Altare insuper de Monci, Gamapis, altare Sancti Martini, altare de Atluth cum appendiciis suis, Vulpi, Wlgeval, altare de Raincourt cum appendiciis suis, altare de Miralmont et Sanctæ Mariæ de Postumviller, de Bagunils, de Bulgy, Hangra, Ruyth, Berry, Cornay, Bruay, Hesdinvil, Camblin, Maresch, Hanubiis, Tungry, Herlu, Obertio, Harmenteriis, Salty, Belona, Carency, Novavilla; altare de Athis in Ostrevando Syrici, et ecclesiam de Berberiis cum appendiciis suis. Præterea custodiam Atrebatensis ecclesiæ et reditus ad ipsam et ad luminaria ejusdem ecclesiæ pertinentes, scilicet altare de Curcelles, Gummicurt, Hervilert, et altare de Vimi tuis usibus et domesticæ necessitati confirmamus.

Decernimus ergo ut nulli omnino hominum liceat præfatam Ecclesiam temere perturbare aut ejus possessiones auferre, aut ablatas retinere, minuere, seu aliquibus vexationibus fatigare, sed omnia integra conserventur eorum pro quorum gubernatione atque sustentatione concessa sunt usibus omnimodis profutura, salva sedis apostolicæ auctoritate. Si qua igitur in futurum ecclesiastica sæcularisve persona, hanc nostræ constitutionis paginam sciens, contra eam temere venire tentaverit, secundo tertiove commonita si non satisfactione congrua emendare curaverit, potestatis honorisque sui dignitate careat, reamque se divino judicio existere de perpetrata iniquitate cognoscat, et a sacratissimo corpore ac sanguine Dei et Domini Redemptoris nostri Jesu Christi aliena fiat, atque in extremo examine districtæ ultioni subjaceat. Cunctis autem eidem loco justa servantibus sit pax Domini nostri Jesu Christi, quatenus et hic fructum bonæ actionis percipiant, et apud districtum judicem præmia æternæ pacis inveniant. Amen.

Ego Eugenius Catholicæ Ecclesiæ episcopus subscripsi.
Ego Conradus Sabinensis episcopus subscripsi.
Ego Ymarus Tusculanus episcopus subscripsi.
Ego Hugo Ostiensis episcopus subscripsi.
Ego Gregorius presbyter cardinalis tituli Calixti subscripsi.
Ego Hubaldus presbyter cardinalis tituli Sanctæ Praxedis subscripsi.
Ego Aribertus presbyter cardinalis tituli Sanctæ Anastasiæ subscripsi.
Ego Bernardus presbyter cardinalis tituli Sancti Clementis subscripsi.
Ego Octavianus presbyter cardinalis tituli Sanctæ Cæciliæ subscripsi.
Ego Rolandus presbyter cardinalis tituli Sancti Marci subscripsi.
Ego Gerardus presbyter cardinalis tituli Sancti Stephani in Cœlio monte subscripsi.
Ego Joannes Paparo presbyter cardinalis tituli Sancti Laurentii in Lucina subscripsi.
Ego Joannes presbyter cardinalis tituli Sanctorum Petri et Pauli subscripsi.
Ego . . . . . .

Ego Oddo diaconus cardinalis tituli Sancti Georgii subscripsi.
Ego Gregorius diaconus cardinalis tituli Sancti Angeli subscripsi.
Ego Guido diaconus cardinalis tituli Sanctæ Mariæ in Porticu subscripsi.
Ego Joannes diaconus cardinalis tituli Sanctorum Sergii et Bacchi subscripsi.
Ego Gerardus diaconus cardinalis tituli Sanctæ Mariæ in Via Lata subscripsi.
Ego Odo diaconus cardinalis tituli Sancti Nicolai in Carcere Tulliano subscripsi.
Ego Bernardus diaconus cardinalis tituli Sanctorum Cosmæ et Damiani subscripsi.

Datum Romæ apud Sanctum Petrum, per manum Bosonis, S. R. E. scriptoris, Nonis Februarii, indictione xv, anno Incarnationis Dominicæ 1152, pontificatus vero domni Eugenii papæ III anno octavo.

DLIX.

Canonicos Atrebatenses ad tuenda officia ecclesiastica hortatur.

(Anno 1153, Febr. 5.)

[BALUZ., *Miscell.* ed. Luc., II, 170.]

EUGENIUS episcopus, servus servorum Dei, dilectis filiis canonicis Atrebatensis Ecclesiæ, salutem et apostolicam benedictionem.

Sicut mater carnalis a propriis filiis quos studuit enutrire sustentari desiderat, sic mater spiritualis Ecclesia ab his quibus pro sua facultate necessaria subministrat servitium debitum instanter exposiulat, nec illis suum beneficium libenter impendit qui debitum ipsi servitium subtrahunt. Non enim rationi debitum volunt exsolvere qui panem Ecclesiæ in otio manducantes desident, et se ab ejus servitio non certa et rationabili occasione absentant. Et quoniam inter vos quosdam esse audivimus qui cum de altario commissæ vobis Ecclesiæ vivant, ipsi nolunt Ecclesiæ deservire, imo non certa nec rationabili causa intercedente, in periculum animarum suarum, ab Ecclesiæ vestræ obsequio se subtrahunt, per præsentia scripta vobis mandamus quatenus, nisi certa et rationabili causa se occasio aliquando ingerat, ita sitis in servitio Ecclesiæ assidui ut prædicta Ecclesia debito servitio non fraudetur. Quod si aliquis vestrum, nisi evidenti et honesta causa interveniente, in servitio Ecclesiæ vestræ laborare forte noluerit, quoniam scriptum est ut qui non laborat non manducet, scire vos volumus quia sententiam quam venerabilis frater noster Godescalcus episcopus vester consilio sanioris partis vestri capituli in ipsum canonice promulgare voluerit nos, Deo auctore, firmam et ratam habebimus.

Datum Romæ, apud Sanctum Petrum, Nonis Februarii.

DLX.

Ad clerum et populum Atrebatensem. — Sententiam quam episcopus illorum in haereticos diœcesis suæ feret, se in antecessum probare significat, cui et ipsi ut pareant edicit.

(Anno 1153, Febr. 5.)
[Mansi, *Concil.*, XXI, 689.]

EUGENIUS episcopus, servus servorum Dei, dilectis filiis clero et populo Atrebatensi, salutem et apostolicam benedictionem.

Quando inter prælatos atque subjectos tanta est unio charitatis, quod et prælati subjectis quæ salubria sunt sollicita attentione prospiciunt, et subjecti prælatis se in omni obedientia et humilitate submittunt, tunc Ecclesia Dei procul dubio suo cursu dirigitur et tranquilla pace atque jucunditate lætatur. Venientem itaque ad apostolicæ sedis clementiam venerabilem fratrem nostrum Godescalcum episcopum vestrum debita benignitate recepimus, et quandiu inter nos commoratus est, inter fratres et coepiscopos nostros ipsum præcipue pro suæ honestatis reverentia fraterna charitate tractavimus. Et quoniam de statu commissæ sibi Ecclesiæ quædam ad nostram audientiam pervenerant, quæ nec nos nec eum in requisitione sui et in correctione negligentes esse permittunt, viva ei voce injunximus ut ad eorum emendationem et conservandam in eadem Ecclesia honestatem et religionem ita promptus et districtus existat, ut et in his ipsum suum officium complevisse appareat, et animum nostrum ulterius nulla exinde sinistra fama perturbet. Inter cætera enim idem frater nobis suggessit, quod non sine grandi gemitu nostri cordis referimus. Nuntiavit siquidem nobis, quod adeo quorumdam pravorum in commissa sibi ecclesia malitia creverit, ut hæreticis sint pravitatis laqueo irretiti; qui etiam non verentur cum quibusdam aliis tendiculas hæreticorum extendere, ut suæ perditionis plures socios habeant, et se cum multorum animis condemnent. Sane illis ecclesiasticæ severitatis rigor est districtius opponendus. Et ideo sententiam quam in eos prædictus frater noster episcopus vester religiosorum virorum consilio promulgaverit, nos, auctore Deo, ratam habebimus, et ut ipsam firmiter observetis vobis omnino injungimus. Quia igitur, sicut idem frater noster a nobis et de cura commissi sibi gregis et de imminentia sui officii fuit propensius exhortandus, ita vos ad ipsius obedientiam et venerationem nostrarum litterarum estis admonitionibus exhortandi; eumdem fratrem nostrum ad Ecclesiam suam et ad vos cum sedis apostolicæ ac litterarum nostrarum prosecutione, ducente Domino, remeantem universitati vestræ duximus attentius commendandum, per præsentia vobis scripta mandantes, quatenus eum reverenter et honeste recipiatis et filialem ei reverentiam et honorem jugiter exhibentes, tam de his quæ supradicta sunt, quam de aliis quæ in vobis fuerint corrigenda, humiliter salubribus præceptis ejus obediatis; quatenus et ipse pro impenso vobis gubernationis officio perpetuæ coronam gloriæ valeat, Domino donante, percipere, et vos obedientiæ merito ad gaudia æternæ felicitatis possitis cum eo pariter introire.

Datum Romæ, apud Sanctum Petrum, Nonis Februarii.

DLXI.

Ad sanctimoniales Dyniacenses. — Significat earum reformationem Atrebatensi episcopo se demandasse.

(Anno 1153, Febr. 5.)
[*Ibid.*, 688.]

EUGENIUS episcopus, servus servorum Dei, sanctimonialibus Dyniacensibus, salutem et apostolicam benedictionem.

Quod vos apostolicæ benedictionis alloquio salutamus, non ex vestris meritis fieri, sed ex apostolicæ sedis consueta benignitate credatis. Non enim de conversatione vestra nobis talia referuntur, quæ nostrum animum incitent ut vobis apostolicæ benedictionis gratiam conferamus, quoniam, sicut relatione quorumdam audivimus, ita laxis habenis post vestra desideria curritis, ut vestri voti memoria videatur a vobis penitus excidisse, et videamini retrorsum abire, cum ad anteriora deberetis totis viribus anhelare. Sane charitatis igniculus, qui fomes et nutrimentum honestatis esse dignoscitur, peccatis exigentibus, adeo in vobis refriguit, quod monasterium vestrum tam in spiritualibus quam etiam in temporalibus est plurimum imminutum. Nos igitur, quoniam statum vestrum in melius cupimus, auxiliante Domino, reformari, venerabili fratri nostro Godescalco Atrebatensi episcopo, de cujus utique honestate atque religione confidimus, quoniam in his plenius instructus esse dignoscitur, dedimus in mandatis, ut gratam Deo religionem in vobis studeat reformare, et monasterium vestrum ad frugem melioris vitæ reducere. Ideoque per præsentia vobis scripta mandamus atque præcipimus, quatenus in his quæ ad emendationem vitæ vestræ et correctionem monasticæ disciplinæ spectaverint, supradicto fratri nostro humilitate debita pareatis, et ipsius monita et salubria mandata benigne suscipiatis, et irrefragabiliter observetis; scientes quia si de cætero salubribus monitis ipsius contempseritis obedire, nos sententiam, quam propter hoc in vos ipse dictaverit, auctore Deo, ratam habebimus.

Datum Romæ, apud Sanctum Petrum, Nonis Februarii.

DLXII.

Ad Duacenses. — Ut obsequium debitum episcopo Atrebatensi præstent.

(Anno 1153, Febr. 5.)
[*Ibid.*]

EUGENIUS episcopus, servus servorum Dei, dilectis filiis hominibus majoribus et minoribus Duacensibus, salutem et apostolicam benedictionem.

Cum universalis Ecclesiæ sit nobis cura commissa, oportet nos omnium sollicitudinem gerere, et filios ipsius qui a semita rectitudinis deviare noscuntur, ad viam veritatis attentius revocare. Venientis siquidem ad nostram praesentiam venerabilis fratris nostri Godescalci Atrebatensis episcopi narratione accepimus, quod debitam reverentiam sicut patri et episcopo vestro ipsi exhibere non vultis, et cum aliquam culpam committitis, ab eo vocati ad ipsum venire ausu temerario recusatis; imo cujusdam vestrae institutionis occasione, cum vestro debueratis capiti unanimiter adhaerere, ipsum caput relinquitis, et ab eo separari nitimini, sine quo nequaquam vivere potestis. Sine capite namque membra vegetari non possunt, etiamsi alicujus capitis membra esse forte ab aliquibus videantur. Membra itaque suo debent capiti adhaerere, a quo et vitam recipiunt, et sine quo vivere nullatenus possunt. Ut autem vos doctrinam salutis a capite vestro percipere valeatis, ut etiam vestrum caput de impensa vobis doctrina possit praemium obtinere, universitati vestrae per praesentia scripta mandamus, et mandando injungimus quatenus supradicto fratri nostro sicut patri et animarum vestrarum episcopo debitam reverentiam et obedientiam deferatis; et ad ipsum, cum pro corrigendis excessibus fueritis evocati, accedere nullatenus contemnatis; scientes quia si aliquis vestrum ipsi contumax et rebellis exstiterit, et ab eo vocatus ejus praesentiam adire contempserit, sententiam, quam idem frater noster propter hoc dictaverit in eum, nos auctore Deo ratam et firmam habebimus.

Datum Romae, apud Sanctum Petrum, Nonis Februarii.

DLXIII.

Theodoricum comitem Flandrensem hortatur ut Godescalco, episcopo Atrebatensi, homines villae Mareoli restituat.

(Anno 1153, Febr. 5.)

[BALUZ., *Miscel.*, ed Luc., II, 171.]

EUGENIUS episcopus, servus servorum Dei, dilecto filio suo nobili viro THEODORICO comiti Flandrensi salutem et apostolicam benedictionem.

Sicut qui concessa sibi a Domino potestate rationabiliter utitur, praemium sine dubio consequetur, sic e converso qui acceptae potestatis occasione rationi contrarium operatur, poenam non modicam sustinebit. Venientis siquidem ad apostolorum limina et nostram praesentiam venerabilis fratris nostri Godescalci Atrebatensis episcopi conquestionem accepimus quod in villa sua quae vocatur Mareolum plurima ipsi gravamina inferas et ipsius villae homines contra justitiam et ejusdem fratris nostri voluntatem in propria terra retineas. Sane tu cum plurimas villas ac villicos habeas, res alienas, et tui episcopi maxime, non deberes auferre, et ipsum tam graviter et injuste offendere quem deberes sicut patrem filiali devotione diligere et ab aliorum inquietationibus propensius defensare. Ad hoc siquidem est a Domino tibi temporalis collata potestas ut in terra tuae provisioni commissa justitiam serves et facientes injustitiam frenis coerceas aequitatis.

Caeterum nisi tua nobilitas in se ipsa justitiae semitam servare voluerit, nisi duxerit et a rerum Ecclesiae inquietatione et injusta occupatione desistere, unde in districto examine praemium comparasse debuerat, inde sibi supplicium procul dubio inveniet praeparatum. Et quoniam ejusdem fratris nostri oppressiones atque gravamina salva conscientia pati non possumus, et te de caetero contra ipsum (defensare) nolumus, per apostolica tibi scripta mandamus et mandando injungimus quatenus saepedicto fratri nostro subsides suos restituas et nullam ipsi de caetero super hoc molestiam inferas. Quod si facere forte nolueris, scire te volumus quoniam venerabili fratri nostro Samsoni Remensi archiepiscopo dedimus in mandatis ut tam in personam quam in terram tuam districtius tantam praesumptionem studeat vindicare.

Datum Romae, apud Sanctum Petrum, Nonis Februarii.

DLXIV.

Ad Sibyllam Flandrorum comitissam.—Ut conjugem comitem ab injuriis in Godescalcum episcopum Atrebatensem dehortetur.

(Anno 1153, Febr. 5.)

[*Ibid.*]

EUGENIUS episcopus, servus servorum Dei, dilectae in Christo filiae SIBYLLAE Flandrorum comitissae, salutem et apostolicam benedictionem.

Quoniam, dilecta in Domino filia, devotionem tuam in his quae ad Dominum pertinent credimus esse sollicitam, idcirco apostolicis te litteris duximus honorare et ad venerabilis fratris nostri Godescalci Atrebatensis episcopi auxilium in animae tuae ac viri tui salutem propensius incitare. Si enim idem frater noster a viri tui oppressione tua fuerit industria liberatus, ex hoc ipso praemium duplicatum recipies; quoniam et tuam animam, quae utique eodem peccato tenetur, cum possis et negligas obviare, a laqueo diaboli eripere studuisti. Scriptum namque est: *Mulier diligens corona est viri sui.* Profecto, sicut ex supradicti fratris nostri conquestione accepimus, in una sua villa sola quam habet, vir tuus ipsum multipliciter inquietat, et homines subsides videlicet ipsius de villa eadem ipsi contra justitiam et per violentiam aufert. Nos ergo, quoniam de tua devotione, prudentia et discretione confidimus, praesentibus litteris nobilitati tuae mandamus, quatenus virum prudenter commoneas, ut a supradicti fratris nostri inquietatione desistat et homines suos quos retinet ipsi restituat. Non enim hominis sunt, sed Dei et Ecclesiae ipsius sunt illa quae ipse fratri nostro abstulisse dignoscitur. Ideo, nisi ea restituere forte voluerit, nos venerabili fratri nostro Samsoni Remensi archiepiscopo dedimus in mandatis ut tam in personam quam in terram ipsius tantam malitiam districtius studeat vindicare.

Datum Romae, apud Sanctum Petrum, Nonis Februarii.

DLXV.

Ad Samsonem Remensem archiepiscopum.—*Ut Theodoricum Flandriæ comitem retrahat a damnis in episcopatum Atrebatensem inferendis, et non desistentem ipsum et terram ejus puniat.*

(Anno 1153, Febr.)

[Mansi, *Concil.*, XXI, 687.]

Eugenius episcopus, servus servorum Dei, venerabili fratri Samsoni Remensi archiepiscopo, salutem et apostolicam benedictionem.

Ratio persuadet et fraternæ debitum charitatis nos compellit omnibus et maxime fratribus nostris episcopis benignum solatium ministrare. Veniens siquidem ad nostram præsentiam venerabilis frater noster Godescalcus, Atrebatensis episcopus, adversus nobilem virum Theodoricum, Flandriæ comitem, in auribus nostris querelam deposuit, quod homines suos in villa quæ Mareolum dicitur ipsi contra justitiam auferat, et jam sæpius requisitus, a sua non velit præsumptione desistere. Super quo eidem comiti et litteras direximus, et tuam fraternitatem, ut ipsum a prædicti fratris nostri inquietatione cessare commoneas, attentius duximus incitare. Per præsentia itaque scripta fraternitati tuæ mandamus, quatenus, si supradictus comes a te commonitus memorato fratri nostro suos homines reddere noluerit, et ab ipsius infestatione desistere, tam in personam quam in terram ejusdem comitis tantam præsumptionem attentius studeas vindicare. Præterea, quoniam, sicut ex ipsius fratris nostri narratione nobis innotuit, ipsum pro tui officii debito diligas et honores, gratum nobis est, et ut de cætero pro beati Petri et nostra reverentia charitatis affectu eumdem fratrem nostrum propensius diligas quamplurimum tuam fraternitatem rogamus.

DLXVI.

Ad Guerricum abbatem S. Vedasti. — *Hortatur ut Godescalco episcopo Atrebatensi obediat, solidosque decem pro Botelgeria solvat.*

(Anno 1153, Febr.)

[Baluz., *Miscell.* ed. Luc., II, 169.]

Eugenius episcopus, servus servorum Dei, dilecto filio Guerrico abbati Sancti Vedasti, salutem et apostolicam benedictionem.

Ordo rationis expostulat et justitiæ deposcit integritas ut sic nostra jura studeamus inconcussa servare quod fratribus nostris episcopis suam justitiam nullatenus videamur auferre. Eapropter, juxta quod prædecessor noster bonæ memoriæ Innocentius papa prædecessori tuo mandasse dignoscitur, et nos devotioni tuæ mandando præcipimus quatenus venerabili fratri Godescalco Atrebatensi episcopo obedientiam tuam promittas, et de his quæ ab Atrebatensi Ecclesia possidere dignosceris debitam reverentiam et subjectionem exhibeas. Præterea idem frater noster conquestus est quod decem solidos, quos prædecessor tuus pro Botelgeria singulis annis supradicti fratris nostri prædecessori exsolvisse noscitur, ipsi contra justitiam auferas. Ideo per præsentium tibi auctoritatem mandamus quatenus, si verum est quod nobis proposuit supradictus, eidem fratri nostro cum integritate restituas.

DLXVII.

Ecclesiæ Verdensis protectionem suscipit possessionesque ac privilegia confirmat, petente Hermanno episcopo.

(Anno 1153, Febr. 6, Romæ ap. S. Petrum.)

[Ineditum.— Vide Jaffé, *Regesta Rom. pont.*, p. 651.]

DLXVIII.

Ad Wibaldum abbatem. — *Suos ad Fridericum imperatorem legatos ei commendat.*

(Anno 1153, Febr. 8.)

[Marten., *Ampl. Collect.*, II, 558.]

Eugenius episcopus, servus servorum Dei, dilecto filio suo Wibaldo Stabulensi abbati, salutem et apostolicam benedictionem.

De quorum devotione ac sincera charitate amplius confidimus, ea quæ ad honorem Dei et Ecclesiæ atque regni promovenda et dirigenda sunt, securius commendamus. Inde est, quod dilectos filios nostros B. Sancti Clementis presbyterum et G. Sancti Angeli diaconum cardinalem, sapientes siquidem et honestos viros quos ad charissimi filii nostri Friderici illustris Romanorum regis præsentiam de nostro latere delegamus, dilectioni tuæ duximus attentius commendandos, per præsentia scripta mandantes, quatenus eos honeste suscipias, honeste pertractes, et in exsequendis et perficiendis, quæ cum prædicto filio nostro eis tractanda et disponenda commisimus, pro beati Petri et nostra reverentia eis diligenter assistas, ut de studio et labore tuo Ecclesiæ Dei honor et regno augmentum, Domino largiente, proveniat, et nos tibi gratias agere debeamus.

Datum Romæ, vi Idus Febr.

DLXIX.

Ad Bernardum archiepiscopum Tarraconensem. — *Rursus præcipit ut Toletano archiepiscopo pareat.*

(Anno 1153, Febr. 9.)

[Mansi, *Concil.*, XXI, 675.]

Divinæ majestatis clementiam et superni cognitoris sinceritatem, qui judex est constitutus offendit, si pro cujuslibet gloria, vel personarum acceptione, sive humilitate, justitiam deserat. Æqua enim sunt libramina justitiæ. Et nos in eminenti sedis apostolicæ specula, disponente Domino, constituti, Christi legatione fungentes, majoribus et minoribus, et sapientibus et insipientibus, in suo jure debitores existimus. Memores siquidem sumus, quod jam secundo per apostolicam sententiam mandavimus, ut Toletano archiepiscopo tanquam primati tuo humilitate debita obedires : vel, si aliquam contra hunc justitiam habere confideres, in Pascha proxime præterito, per te vel per sufficientes responsales tuos, prædicto fratri nostro Toletano archiepiscopo, vel ejus nuntiis, in nostra præsentia super iis responderes. Tu vero neutrum ex iis, unde plurimum admiramur, usque modo effectui mancipare curasti. Quia igitur a sua querimonia Ecclesia Toletana non desistit, et nos in sua ei justitia deesse non possumus, nec debemus : per iterata tibi scripta mandamus, et mandando præcipimus, quatenus venerabilem fratrem nostrum Ildefonsum ipsius Ecclesiæ archiepiscopum, primatem tuum dilatione seposita recognoscas, et debitam ei obedientiam deferas ; vel proxima Dominicæ Resurrectionis solemnitate, sufficientes responsales tuos ad præsentiam nostram, remota occasione, transmittas. Quod si neglexeris, ex tunc prædictam Ecclesiam sua defraudari justitia, parante Domino, minime patiemur.

Datum Romæ, apud Sanctum Petrum, v Idus Febr.

DLXX-DLXXI.

Ad Joannem Toletanum archiepiscopum.— Confirmat primatum Toletanum.

(Anno 1153, Febr. 13.)

[Mansi, *Concil.*, XXI, 670.]

Eugenius episcopus, servus servorum Dei, venerabili fratri Joanni Toletano archiepiscopo, ejusque successoribus canonice substituendis, in perpetuum.

Potestatem ligandi atque absolvendi in cœlo et in terra, B. Petro, ejusque successoribus, auctore Domino, principaliter traditam, illis ecclesia verbis agnoscit, quibus Petrum est idem Dominus allocutus : *Quæcunque ligaveris super terram, erunt ligata et in cœlis, et quæcunque solveris super terram, erunt soluta et in cœlis* (*Matth.* xvi). Ipsi quoque et propriæ firmatio, et alienæ fidei confirmatio, ab eodem Deo paratur, cum ad eum dicitur : *Rogavi pro te, Petre, ut non deficiat fides tua, et tu aliquando conversus confirma fratres tuos* (*Luc.* xxii). Oportet ergo nos, qui licet indigni B. Petri residemus in loco, prout divina nobis clementia scire et posse donaverit, prava corrigere, recta firmare, et in omni Ecclesia sic ad æterni arbitrium judicis disponenda disponere, ut de vultu ejus judicium nostrum prodeat, et oculi nostri videant æquitatem (*Psal.* xvi).

Tuis itaque, dilecte in Christo frater Joannes archiepiscope, justis postulationibus gratum impertimur assensum, et prædecessorum nostrorum Honorii, Lucii, Romanorum pontificum felicis memoriæ vestigiis inhærentes, per præsentis privilegii paginam sedis apostolicæ auctoritate statuimus, ut per universa Hispaniarum regna primatus obtineas dignitatem. Pallio itaque a sede apostolica tuæ charitati concesso in missarum celebrationibus, uti debebis tantum in præcipuis festivitatibus ; tribus videlicet diebus in Natali Domini, in Epiphania, Hypapanton [Hypapante], Cœna Domini, Sabbato sancto, tribus diebus in Pascha, in Ascensione, Pentecoste ; in solemnitatibus B. Mariæ, S. quoque Michaelis, et S. Joannis Baptistæ ; in omnibus natalitiis apostolorum, et eorum martyrum quorum pignora in vestra ecclesia requiescunt; S. quoque Martini et Ildephonsi confessorum, et omnium commemoratione Sanctorum ; in consecrationibus ecclesiarum, episcoporum et clericorum; in annuo consecrationis tuæ die, et in natali etiam SS. Isidori et Leandri.

Primatem te universi præsules Hispaniarum respicient, et ad te, si quid inter eos quæstione dignum exortum fuerit, referent, salva tamen in omnibus sedis apostolicæ auctoritate. Sane Toletanam Ecclesiam præsentis privilegii stabilitate munimus, Complutensem ei parochiam, cum terminis suis, necnon ecclesias omnes, quas jure proprio antiquitus possedisse cognoscitur, confirmantes ; episcopales præterea sedes, Oxomam, Segoviam, Saguntum, Palentiam, eidem Toletanæ Ecclesiæ tanquam metropoli subditas esse decernimus. Reliquas vero, quæ antiquis temporibus ei subjacebant, cum Dominus omnipotens Christianorum restituerit potestati, suæ dignatione misericordiæ, ad caput proprium referendas decreti hujus auctoritate sancimus. Porro illarum diœceses civitatum, quæ Saracenis invadentibus, metropolitanos proprios amiserunt, eo tenore vestræ subjicimus ditioni ; ut quoad sine propriis exstiterint metropolitanis, tibi ut proprio debeant subjacere. Si quæ autem metropoles in statum fuerint proprium restitutæ, suo quæque diœcesis metropolitano restituatur ; ut sub proprii regimine pastoris super divini collatione beneficii glorietur. Si qua igitur in futurum ecclesiastica sæcularisve persona, etc.

Datum Romæ apud S. Petrum, per manus S. R. E. scriptoris, Idibus Febr., indict. I, Incarnat. Dominicæ anno 1152, pontificatus vero domni Eugenii III papæ anno VIII.

DLXXII.

Ad Hispaniorum episcopos. — Ut Toletano archiep. tanquam primati obediant.

(Anno 1153, Febr. 13.)

[*Ibid.*, 675.]

Eugenius episcopus, servus servorum Dei, venerabilibus fratribus episcopis et archiepiscopis per Hispaniam constitutis, salutem et apostolicam benedictionem.

Apostolicæ sedis clementia singulis Ecclesiis et ecclesiasticis personis suam servare dignitatem et justitiam consuevit. Unde nos, quorum præcipua interest ecclesiarum omnium curam gerere, venientem ad nos venerabilem fratrem nostrum Ildefonsum [Joannem] Toletanum archiepiscopum benigne recepimus, et inspectis prædecessorum nostrorum privilegiis, primatus dignitatem per universa Hispaniarum regna, juxta eorumdem privilegiorum tenorem, ei confirmavimus. Ipsum itaque cum gratia sedis apostolicæ et litterarum nostrarum prosecutione ad sedem propriam remittentes, universitati vestræ præcipiendo mandamus, quatenus eidem tanquam primati vestro absque ulla contradictione canonicam obedientiam et debitam reverentiam exhibere curetis. Dignum namque est, ut qui multis lætatur præesse subditis, nullatenus suis erubescat subesse prælatis.

Datum Romæ, apud S. Petrum, Idibus Februarii.

DLXXIII

Monasterium Elwangense tuendum suscipit ejusque privilegia ac possessiones confirmat.

(Anno 1153, Febr. 19. — Romæ, apud S. Petrum.)

[Kham, *Hier. Aug*, II, 32.]

DLXXIV

Ad Hu. decanum et canonicos Tullenses. — Ne S. Deodati canonicus, qui in morbum implicatus, nec sui compos « religiosæ vitæ » sponsionem fecerit, ad persolvendam fidem cogatur.

(Anno 1153, Febr. 19.)

[Mabill., *Annal. Bened.*, VI, 523.]

Eugenius episcopus, servus servorum Dei, dilectis filiis, Hu. decano et canonicis Tullensis Ecclesiæ, salutem et apostolicam benedictionem.

Veniens ad apostolicam sedem lator præsentium J. ecclesiæ Sancti Deodati canonicus in audientia nostra exposuit, quod A. decanus suus.... eum ad religiosam vitam propter hoc debere transire contendit, quoniam ipsum ægritudine laborantem asserit hoc in sua præsentia promisisse. Iste vero firmiter asseverat quia se hoc promisisse non recordatur; vel, si promisit, ita erat, ut ipse asserit, a proprio sensu alienatus, ut quod ageret præ nimia ægritudine ignoraret, et neque tonsus est, neque habitum religionis assumpsit. Sane si suggestio hujus veritate subsistit, non videtur quod transire ad arctiorem vitam ex tali sit promissione cogendus. Rei veritatem discretioni vestræ transmisimus inquirendam, per præsentia vobis scripta mandantes, quatenus isto et illis, qui ei super hac re calumniam inferunt, ante vestram præsentiam evocatis diligenter id examinare curetis, et si suggestionem hujus inveneritis veritate fulciri, absolutum eum ab arctiori vita, ex illa promissione decernatis habendum.

Data Romæ, apud Sanctum Petrum, xi Kal. Martii.

DLXXV

Privilegium pro monasterio Cantavensi.

(Anno 1153, Mart. 3.)

[Manrique, *Annal. Cisterc.*, II, 195.]

Eugenius episcopus, servus servorum Dei, dilectis filiis Radulpho abbati monasterii Cantavensis, ejusque fratribus, tam præsentibus quam futuris, in perpetuum.

Quoties illud a nobis petitur, quod honestati et religioni convenire dignoscitur, animo nos decet libenti concedere, et petentium desideriis congruum impertire suffragium. Eapropter, dilecti filii in Domino, vestris justis postulationibus benigno concurrentes assensu, præfatam ecclesiam, in qua divino mancipati estis obsequio, sub beati Petri et nostra protectione suscipimus, et præsentis scripti patrocinio communimus, statuentes ut quæcunque possessiones, quæcunque bona eadem Ecclesia in præsentiarum juste et canonice possidet, aut in futurum concessione pontificum, largitione regum vel principum, oblatione fidelium, sive aliis justis modis, præstante Domino, poterit adipisci, firma vobis vestrisque successoribus, et illibata permaneant. In quibus propria designatione confirmamus vobis et ecclesiæ vestræ per vos grangiam quæ vocatur Horta cum appendiciis suis. Sane laborum vestrorum quos propriis manibus aut sumptibus colitis, sive de nutrimentis vestrorum animalium, nullus a vobis decimas præsumat exigere.

Decernimus ergo ut nulli omnino hominum liceat præfatam ecclesiam temere perturbare, aut ejus possessiones auferre, vel ablatas retinere, minuere, seu aliquibus vexationibus fatigare, sed omnia integra conserventur eorum, pro quorum gubernatione et sustentatione concessa sunt, usibus omnimodis profutura. Si qua igitur in futurum ecclesiastica sæcularisve persona, hanc nostræ constitutionis paginam sciens, contra eam temere venire tentaverit, secundo tertiove commonita, nisi temeritatem suam congrua satisfactione correxerit, dignitatis honorisque sui dignitate careat, reamque se divino judicio existere de perpetrata iniquitate cognoscat, et a sacratissimo corpore et sanguine Dei et Domini Redemptoris nostri Jesu Christi aliena fiat, atque in extremo examine districtæ ultioni subjaceat. Cunctis autem eidem loco sua jura servantibus, sit pax Domini nostri Jesu Christi, quatenus et hic fructum bonæ actionis percipiant, et apud districtum judicem præmia æternæ pacis inveniant. Amen.

Datum Romæ apud S. Petrum per manum Bosonis sanctæ Romanæ Ecclesiæ scriptoris, v Nonas Martii, indictione prima, Incarnationis Dominicæ anno 1152, pontificatus vero domni Eugenii papæ III anno viii.

DLXXVI

Privilegium pro monasterio Vallis bonæ, eisdem prorsus verbis, eodem die et anno ac superius datum.

(Anno 1153, Mart. 3.)

[*Ibid.*]

Datum Romæ apud S. Petrum per manum Bosonis sanctæ Romanæ Ecclesiæ scriptoris, v Nonas Martii, indictione prima, anno 1152, pontificatus vero domni Eugenii papæ III anno viii.

DLXXV

Ad canonicos S. Petri Romæ. — De quarta parte oblationum ipsis concessa.

(Anno 1153, Apr. 10.)

[Mansi, *Concil.*, XXI, 632.]

Eugenius episcopus, servus servorum Dei, dilectis filiis Bernardo presbytero cardinali S. Clementis, et ecclesiæ B. Petri archipresbytero, atque cæteris ejusdem ecclesiæ canonicis, tam præsentibus quam futuris, canonice substituendis in perpetuum.

Beatorum Petri et Pauli tam eminens et tam gloriosa societas, ut et ambo sint doctores gentium, auctores martyrum, principes sacerdotum ; et cum inter universos apostolos peculiari quadam prærogativa præcellant, æqualitatis in cœlo meritis disparitatem non sentiunt. Petro ab ipso Salvatore nostro Domino Jesu Christo claves regni cœlorum sunt commissæ ; Paulus a Deo electus est, ut de multitudine gentium regnum cœlorum impleat sua prædicatione. Petrus petra est et fundamentum fidei, et ne ruamus, in soliditate nos firma sustentat; Paulus, ne pravo hæreticorum dogmate vulneremur, mortalitatis honestate et invincibili ratione fidei nos armat. Petrus, principatum tenens, ex potestate ligat et solvit; Paulus diligens prædicator, ne quid reprehensibile vel ligatione dignum in nobis appareat, mirabili nos exhortatione præmunit. Petrus firmamentum nostrum est ac domus fortitudinis, et in fide ejus plantati et radicati sumus : Paulus vas electionis prædestinatos a Deo et electos cœlestis tubæ sonoritate vocavit ; et pro nobis sine intermissione orans, ne a fide et veritate deviemus, apud Deum interveniendo nos protegit. Cum igitur ii duo maxima seminaria Dei Ecclesiam illustrantia, pari et amicabili splendore et fraterno amore præfulgeant, æquitatis et justitiæ persuadet ratio, ut nos, qui licet indigni Christi vices in terris agimus, et in ejusdem apostolorum principis cathedra residere conspicimur, domesticam B. Petri familiam paterno diligamus affectu, et pia eam provisione in suis necessitatibus adjuvemus. Hujus itaque rationis debito provocati, dilecti in Domino filii, quartam partem omnium oblationum, quæ de altari ejusdem B. Petri apostoli, et tam de arca, quam de omnibus ministeriis ipsius ecclesiæ, præterquam de ministerio B. Leonis, proveniunt, vobis, ex consensu fratrum nostrorum episcoporum et cardinalium, sedis apostolicæ auctoritate concedimus, et præsentis scripti pagina confirmamus. Ita videlicet, ut semper, cum volueritis, facultatem liberam habeatis eamdem oblationem in vestris manibus retinendi atque custodiendi, seu aliis quibus volueritis cum nostro atque nostrorum successorum consensu vendendi : salva in omnibus aliis et retenta in nostris successorum nostrorum manibus ipsius ecclesiæ libera dispositione atque custodia.

Hoc autem ideo facere dignum duximus, ut vos die ac nocte studiose in Dei laudibus desudantes, tam in missarum celebratione, quam in matutinis et aliis horis, pro vivorum ac defunctorum salute, attenta diligentia et honeste decantandis, prædictam B. Petri ecclesiam obsequio debito veneremini ; et Dei fideles apostolorum limina devotione debita visitantes, locum ipsum in majori devotione ac veneratione semper habeant. Decernimus ergo, ut nulli omnino hominum fas sit hujus nostræ concessionis paginam temerario ausu infringere, seu quibuslibet modis perturbare. Si qua igitur in futurum ecclesiastica sæcularisve persona id attentare præsumpserit, secundo tertiove commonita, nisi præsumptionem suam congrua satisfactione correxerit, potestatis honorisque sui dignitate careat, reamque se divino judicio existere de perpetrata iniquitate cognoscat, et a sacratissimo corpore ac sanguine Dei et Domini Redemptoris nostri Jesu Christi aliena fiat, atque in extremo examine districtæ ultioni subjaceat. Cunctis autem hanc nostram constitutionem eidem loco servantibus sit pax Domini nostri Jesu Christi, quatenus et hic fructum bonæ actionis percipiant, et in futurum præmia æternæ pacis inveniant.

Amen, amen, amen.

Ego Eugenius Catholicæ Ecclesiæ episcopus subscripsi.

Ego Conradus Sabinensis episcopus subscripsi.

Ego Ymarus Tusculanus episcopus subscripsi.

Ego Hugo Ostiensis episcopus subscripsi.

Ego Gregorius presbyter cardinalis tituli S. Calisti subscripsi.

Ego Guido presb. cardinalis tituli S. Chrysogoni subscripsi.

Ego Hubaldus presbyter cardinalis tituli Sanctæ Praxedis subscripsi.

Ego Manfredus presbyter cardinalis tituli Sanctæ Savinæ subscripsi.

Ego Aribertus presb. cardin. tituli Sanctæ Anastasiæ subscripsi.

Ego Hubaldus presb. card. tituli Sanctæ Crucis in Jerusalem subsc.

Ego Guido presbyter cardinalis tituli Pastoris subscripsi.

Ego Astaldus presb. cardin. tituli Sanctæ Priscæ subscripsi.

Ego Gerardus presb. card. tituli S. Stephani in Cœlio monte subsc.

Ego Joannes Paparo presb. card. tituli S. Laurentii in Damaso subsc.

Ego Joannes presbyter cardinalis tituli Sanctorum Joannis et Pauli tituli Pammachii subscripsi.

Ego Centius presb. card. tituli Sanctor. Laurentii in Lucina subsc.

Ego Henricus presb. card. tituli Sanctor. Nerei et Achillei subsc.

Ego Oddo diaconus card. S. Georgii ad Velum Aureum subsc.

Ego Guido diac. card. Sanctæ Mariæ in Porticu subsc.

Ego Hyacinthus diac. card. S. Mariæ in Cosmedin subsc.

Ego Joannes diac. cardin. Sanctorum Sergii et Bacchi subsc.

Ego Gerardus diac. card. Sanctæ Mariæ in Via Lata subsc.

Ego Odo diac. cardin. S. Nicolai in Carcere Tulliano subsc.

Ego Bernardus diaconus cardinalis Sanctorum Cosmæ et Damiani juxta templum Romuli subscripsi.

Datum Romæ apud Sanctum Petrum per manum Bosonis sanctæ Romanæ Ecclesiæ scriptoris, quarto

Idus Aprilis, indictione prima, Incarnationis Dominicæ anno 1153, pontificatus vero domini Eugenii III papæ anno nono.

Locus plumbi.

DLXXVIII.

Bulla qua fundatum a Pipino et Carolo principibus monasterium Sarlatense, sub sancti Petri tutela recipitur.

(Anno 1153, Maii 3.)

[*Gall. Chr. nov.*, Instr., II, 496.]

EUGENIUS episcopus, servus servorum Dei, dilecto filio RAYMUNDO abbati Sarlatensis monasterii S. Salvatoris, ejusque successoribus, regulariter substituendis, in perpetuum, etc.

Eapropter, dilecte in Domino fili Raymunde abbas, tuis justis postulationibus gratum impertientes assensum, Sarlatense monasterium cui Deo auctore præsides, sub B. Petri et nostra protectione suscipimus, et præsentis scripti privilegio communivimus; statuentes ut idem locus, sicut ab ejus fundatoribus nobilis memoriæ Pipino et Carolo principibus institutum est, quietus et ab omni exactione seu gravamine liber in perpetuum perseveret. Præterea quascunque possessiones, quæcunque bona idem monasterium in præsenti juste et canonice possidet, aut in futurum concessione pontificum, largitione regum vel principum, oblatione fidelium, seu aliis justis modis, Deo propitio, poterit adipisci, firma tibi tuisque successoribus et illibata serventur. In quibus hæc propriis duximus exprimenda vocabulis: Ecclesiam videlicet S. Mariæ de Mercato cum decimis et appendiciis suis, S. Martini de Campaignaco, S. Leontii cum appendiciis earum, S. Mariæ de Montignaco cum capella intra muros ipsius castri posita, S. Riberii cum appendiciis suis, S. Petri de Corn, S. Mundanæ cum curiis de Marciliaco, de Calabro, S. Simeonis de Gordonio, S. Petri de Cador, capellam S. Mariæ de Carlux, ecclesias S. Amandi de Symeyrols, medietatem reditum ecclesiæ S. Mariæ de Pratis, S. Jacobi de Trapa cum appendiciis suis, curtes de Syourac, ecclesiam S. Mariæ de Moncuq, S. Mariæ de Capella cum plurimis ecclesiis et terris in vicaria de Cauves positis, ecclesias S. Hilarii de Doissac, S. Mariæ de Sales, ecclesiam S. Sacerdotis de Aurenca cum appendiciis suis in ecclesiis S. Vincentii, S. Aviti, S. Martini de Drot, S. Petri de Auvert, ecclesiam S. Mariæ de Valle, S. Martini de Claviaco cum appendiciis earum, ecclesiam S. Desiderii, S. Saturnini, S. Martini de Causac, ecclesiam S. Martini de Pertus, S. Martini de Lenvilla, S. Joannis de Podio Girolmi cum capella S. Mariæ Magdalenæ, ecclesias S. Martini de Saussignac, S. Saturnini de Annac, S. Stephani de Borchet, S. Aviti de Balares, ecclesiam de Somensac, S. Juliani, S. Petri de Roqueta, ecclesiam S. Sulpitii de Pico, ecclesiam S. Michaelis de Lantes, ecclesias S. Germani de Ravanella cum appendiciis suis, S. Petri de Nessa cum appendiciis suis; medietatem reditum ecclesiæ S. Amandi, ecclesiam S. Christophori cum appendiciis suis, monasterium Sigiacense cum appendiciis suis, ecclesias S. Mariæ de Mercato, S. Mariæ de Aurevilla, S. Severini, S. Frontonis, S. Petri de monasterio S. Crucis, S. Perdulphi, S. Eulaliæ, capellas S. Mariæ de Monte, S. Joannis de Agen, S. Martini de Gardelus: duas partes reditum eccl. S. Mariæ de Monsaguel, monasterium quoque de Fita cum ecclesiis S. Fidis, S. Mariæ de la Esterna, S. Mauritii, S. Damiani, S. Mariæ de Borbel, S. Mariæ de Rocella, S. Mariæ de Berrat cum decimis et earum appendiciis, et cum medietate reditum ecclesiæ S. Petri de Toules, vobis et per vos Sarlatensi cœnobio confirmamus: ecclesias S. Petri de Caviac, S. Martini de Genebredo, S. Mariæ de Sergiaco, cum pertinentiis earum: in parochialibus autem ecclesiis quas tenetis, presbyteros eligatis et episcopo præsentetis, quibus, si idonei fuerint, episcopus animarum curam committat, ut de plebis quidem cura episcopo respondeant; vobis vero pro temporalibus ad ipsum monasterium pertinentibus debitam subjectionem exhibeant. Obeunte te nunc ejusdem loci abbate, vel tuorum quolibet successorum, nullus ibi qualibet subreptionis astutia seu violentia præponatur, nisi quem fratres communi consensu, vel fratrum pars consilii majoris secundum Dei timorem, et B. Benedicti Regulam providerint eligendum. Sepulturam quoque vestri monasterii et locorum ad ipsum pertinentium sicut hactenus habuistis, secundum antiquam consuetudinem, liberam et quietam permanere censemus; nec archiepiscopus vel episcopus aliquis, tam ipsum Sarlatense cœnobium, quam Fitense et Issigiacense monasteria, seu abbatis personam interdicere, vel excommunicare præsumat; nemo inobedientes monachos contra abbatem manu teneat, nullus circa ecclesias seu monasteria vestra novas ecclesias vicinius solito fundare præsumat.

Decernimus ergo ut nulli omnino hominum liceat præfatum monasterium temere perturbare, aut ejus possessiones auferre, vel ablatas retinere, minuere, seu quibusdam vexationibus fatigare, sed omnia integra conserventur eorum, pro quorum gubernatione ac sustentatione concessa sunt, usibus omnimodis profutura; ad indicium autem hujus a sede apostolica perceptæ libertatis, de supradicto Sarlatensi monasterio aureum unum, de Fitensi vero alterum, de Issigiacensi alium, quotannis, nobis nostrisque successoribus persolvetis. Si qua igitur in futurum ecclesiastica sæcularisve persona, hanc nostræ constitutionis paginam sciens, contra eam temere venire tentaverit, secundo tertiove commonita, si non satisfactione congrua emendaverit, potestatis honorisque sui dignitate careat, reamque se divino judicio existere de perpetrata iniquitate cognoscat, et a sacratissimo corpore et sanguine Dei et Domini Redemptoris nostri Jesu Christi aliena fiat, atque in extremo examine districtæ ultioni subjaceat; cunctis autem eidem loco sua jura servantibus, sit pax Domini nostri Jesu Christi, quatenus hic fructum bonæ actionis percipiant, et apud districtum judicem præmia æternæ pacis inveniant. Amen.

Ego Eugenius Catholicæ Ecclesiæ episcopus.

Ego Conradus Sabinensis episcopus.

Ego Odo Dircardus [f. diac. card.] Sancti Georgii ad Velum Aureum.

Ego Iacyntus diaconus card. S. Mariæ in Cosm.

Ego GG. presbyter card. Calisti.

Ego Guido presbyter card. S. Grisogoni.

Ego Ismarus Tusculanus episcopus.

Ego Hugo Ostiensis episcopus.

Datum Romæ apud S. Petrum per manum Bosonis sanctæ Romanæ Ecclesiæ scriptoris, v Non. Maii, indictione I, an. Incarnat. Dom. 1153, pontificatus vero domni Eugenii III papæ VIII.

DLXXIX.

Ad S. Pontii et Crassensem abbates. — Ut servent decretum Urbani II, in concilio Claromontano.

(Anno 1153, Maii 12.)

[Mansi, *Concil.* XXI, 678.]

Eugenius episcopus, servus servorum Dei, dilectis filiis S. Poncii, et Crassensi abbatibus, salutem et apostolicam benedictionem.

Grave nimis est sedis apostolicæ mandatis dura cervice resistere, et ejus constitutiones velle in irritum revocare. Per alia siquidem scripta sollicitudini vestræ mandavimus, ut excommunicatos venerabilis fratris nostri Petri Narbonensis archiepiscopi nequaquam susciperetis, et de substituendis sacerdotibus in parochialibus vestris ecclesiis, quas in provincia ipsius habetis, decretum prædecessoris nostri sanctæ memoriæ Urbani papæ firmiter servaretis. Quod nimirum tale est : « Sane quia monachorum quidam episcopis jus suum auferre contendunt, statuimus ne in parochialibus ecclesiis quas tenent, absque consilio episcoporum presbyteros collocent : sed episcopi parochiæ curam cum abbatum consensu sacerdoti committant, ut hujusmodi sacerdotes de plebis quidem cura episcopis respondeant, abbati vero pro rebus temporalibus ad monasterium pertinentibus debitam subjectionem exhibeant, et sic sua cuique jura serventur. »

Vos vero, sicut ex iterata ipsius fratris nostri conquestione accepimus, neque ipsius interdictum, neque decretum ipsum servare ullatenus voluistis. Per iterata itaque vobis scripta mandamus et mandando præcipimus, quatenus et a consortio excommunicatorum memorati fratris nostri omnino abstineatis, et in vestris ecclesiis, quas in ejus episcopatu habetis, absque ipsius consensu presbyteros minime collocetis. Alioquin nos, et ipsos presbyteros excommunicandi, et ecclesias interdicendi, ei auctoritatem concessimus.

Data Romæ, apud S. Petrum, IV Idus Maii.

DLXXX.

Ad monachos archiepiscopatus Narbonensis. — Ut servent decretum Urbani II in concilio Claromontano.

(Anno 1153, Maii 12.)

[*Ibid.*, 679.]

Eugenius episcopus, servus servorum Dei, dilectis filiis abbatibus, prioribus et aliis monachis, per episcopatum Narbonensem constitutis, salutem et apostolicam benedictionem.

Quoniam quidam monachorum episcopis jus suum auferre contendunt, a venerabilis memoriæ Urbano prædecessore nostro in Alvernensi concilio statutum est, ne in parochialibus ecclesiis quas tenent, absque consilio episcoporum, presbyteros collocent, sed episcopi parochiæ curam cum abbatum consensu sacerdoti committant : ut hujusmodi sacerdotes de plebis quidem cura episcopis rationem reddant, abbati vero pro rebus temporalibus ad monasterium pertinentibus debitam subjectionem exhibeant. Quia ergo justitiæ ac rationis ordo suadet, ut qui a successoribus sua desiderat mandata seu instituta servari decessoris sui voluntatem et statuta custodiat : per præsentia vobis scripta mandamus, quatenus presbyteros, quos in parochialibus ejus ecclesiis collocatis, venerabili fratri nostro Petro Narbonensi archiepiscopo præsentetis ; ut si idonei fuerint, animarum curam, sicut statutum est, ab eo suscipiant. Nihilominus quoque vobis præsentium auctoritate mandamus, ut oblationum et decimarum portionem quæ a populo provenit, et secundum statuta canonum ad jus archiepiscopi spectare dignoscitur, exceptis his quæ vobis a sede apostolica specialiter de his indulta sunt, ei absque contradictione aliqua persolvatis. Præterea, quoniam ad aures nostras perlatum est, quod quidam ex vobis parvulos solemniter baptizare, laicis pœnitentias et eucharistiam contra suæ professionis regulam dare præsumunt, præsentium auctoritate omnimodis prohibemus, ne de cætero id attentare præsumant. Alioquin nos eidem fratri nostro archiepiscopo vestro potestatem concessimus, ut in hujusmodi præsumptores ecclesiasticæ severitatis censuram exerceat.

Data Romæ, apud S. Petrum, IV Idus Maii.

DLXXXI.

Privilegium pro ecclesia S. Mariæ Astensi.

(Anno 1153, Maii 16.)

[Ughelli, *Italia sacra*, IV, 363.]

Eugenius episcopus, servus servorum Dei, venerabili fratri Anselmo Astensi episcopo, suisque successoribus, regulariter substituendis, in perpetuum.

In eminenti sedis apostolicæ specula, disponente Domino, constituti, fratres nostros episcopos fraterna charitate debemus diligere, et Ecclesiis quibus Domino militare noscuntur, suam justitiam conservare. Eapropter, venerabilis in Christo frater Anselme episcope, tuis justis postulationibus clementer annuimus, et Ecclesiam Beatæ Mariæ, cui

Deo auctore præesse dignosceris, sub B. Petri et nostra protectione suscipimus, et præsentis scripti privilegio communimus : statuentes ut quascunque possessiones, quæcunque eadem Ecclesia in præsentiarum juste et canonice possidet, ac in futurum concessione pontificum, largitione regum, vel principum oblatione, fideli cura, seu aliis justis modis, Deo propitio, poterit adipisci, firma tibi tuisque successoribus, et per vos eidem Ecclesiæ illibata permaneant. In quibus hæc propriis duximus exprimenda vocabulis : Abbatiam S. Dalmatii de Pedona, cum castro, curte, et Valle Gessii usque ad fenestras, et plebem ejusdem loci, cum omnibus ecclesiis ad se pertinentibus, abbatiam SS. Apostolorum, cum omnibus pertinentiis suis, abbatiam S. Anastasii cum omnibus pertinentiis, abbatiam de Azano, cum castello, et capellis, et omnibus pertinentiis suis, abbatiam S. Christophori, plebem Quadrigentinam, cum castro, curte, et ecclesiis ad se pertinentibus, plebem Onvilliensem, cum omnibus ecclesiis ad se pertinentibus, plebem de Montalto cum omnibus ecclesiis ad se pertinentibus, plebem S. Mariæ in Grana cum castro, curte, et ecclesiis ad se pertinentibus, plebem Pizenzana, plebem de Meirade, plebem de Bagnasco, plebem de Duodecimo, plebem de Musantia cum omnibus ecclesiis ad ipsam pertinentibus, plebem S. Julii de Lavegia, cum curte, castello, et ecclesiis ad se pertinentibus, plebem S. Vincentii de Marcelengo, plebem de Predocha, plebem de Canalibus cum omnibus possessionibus, et ecclesiis ad se pertinentibus, plebem de Novello, cum ecclesiis ad se pertinentibus, plebem de Vitia cum ecclesiis, castro, curte, silvis, et omnibus pertinentiis suis, plebem de Garena, cum xenodochiis et ecclesiis, et pertinentiis suis, atque boscho, qui dicitur insula S. Joannis, plebem S. Petri de Publico, cum curte et omnibus ecclesiis ad se pertinentibus, plebem de Manchiano cum ecclesiis ad se pertinentibus, plebem de Lavaldesio cum curte et ecclesiis ad se pertinentibus, plebem de Bagennis cum castro, curte, silva, bannale, et cunctis ecclesiis ad se pertinentibus, plebem S. Petri in Grado, cum curte, castro Earcuo, capellis, silvis, et omnibus pertinentiis suis, plebem de Carazone, cum castro, curte, et ecclesiis ad se pertinentibus, plebem S. Petri de Vico, cum curte, et capellis, et eremitorio S. Ambrosii, quod dicitur Mons Altus, cum ferraria, valle causalia et castro Rivoburente usque ad cacumina Alpium, plebem Predolensem, cum curte, castro, et ecclesiis ad se pertinentibus, plebem de Bagennis superioribus, cum curte, castro, capellis, silvis, et castro Forfice, usque in Bisimalta, et cum ecclesia S. Stephani juxta fontem Brobii, cum pertinentiis suis, plebem Moroxinam cum omnibus ecclesiis ad se pertinentibus, plebem S. Albani cum castro, curte, ecclesiis, molendinis, et silvis, castrum quod vocatur Altavilla, cum curte, et pertinentiis suis. Quidquid habetis in Monte Magno; castrum Contansteris cum pertinentiis suis; Caprile cum toto suo comitile; comitatum, qui dicitur Serralonga; silvam quæ dicitur Populare, cum castris, et villis infra contentis; Ceresolas cum castris, et pertinentiis suis; castrum Summæripæ de Boscho, cum suis pertinentiis; castro Summæripæ de Paterno, cum suis pertinentiis; Cajarascum cum omnibus suis pertinentiis, castrum quod dicitur Montaldus; comitatum, et receptum Pollensii, comitatum civitatis, et totius episcopatus, cum publicis functionibus, et quæ largitione imperatorum Astensi Ecclesiæ rationabiliter collata esse noscuntur.

Sancimus præterea, ut omnes decimationes vestri episcopatus, exceptis iis quæ de laboribus suis, quos propriis manibus, vel sumptibus excolunt, monachis, a sede apostolica indultæ sunt, secundum sacrorum canonum instituta, sine alicujus contradictione in vestra dispositione consistant. Quod si feudali consuetudine de decimis lites emerserint, ecclesiastico tantum judicio terminentur ; liceat quoque vobis exactiones, quæ sub prætextu feudi vel alia occasione in Ecclesiis fiunt a laicis removere. In parochialibus vero ecclesiis, quas in vestro episcopatu, monachi seu regulares canonici tenent juxta decretum prædecessoris nostri felicis memoriæ papæ Urbani, presbyteros eligant, et vobis præsentent, quibus, si idonei fuerint, animarum curam vos debetis committere ut de plebis quidem cura vobis respondeant : eis vero pro rebus temporalibus ad eorum loca pertinentibus dignam subjectionem exhibeant, salvo nimirum apostolicæ sedis privilegio.

Decernimus ergo ut nulli omnino hominum liceat præfatam Ecclesiam temere perturbare, aut ejus possessiones auferre, seu ablatas retinere, minuere, aut aliquibus vexationibus fatigare, sed integre conserventur eorum, pro quorum gubernatione et sustentatione concessa sunt, vobis omnino profutura. Si qua igitur in futurum ecclesiastica sæcularisve persona, hanc nostræ constitutionis paginam sciens, contra eam temere venire tentaverit, secundo tertiove commonita, si non satisfactione congrua emendaverit, potestatis honorisque sui dignitate careat reamque se divino judicio existere de perpetrata iniquitate cognoscat, et a sacratissimo corpore ac sanguine Dei, ac Redemptoris nostri Jesu Christi aliena fiat, atque in extremo examine districtæ ultioni subjaceat. Cunctis autem eidem loco justa servantibus sit pax Domini nostri Jesu Christi, quatenus et hic fructum bonæ actionis percipiant, et apud districtum judicem præmia æternæ pacis inveniant. Amen.

Ego Eugenius Catholicæ Ecclesiæ episcopus.
Ego Conradus Sabinensis episcopus subscripsi.
Ego Oddo diac. card. S. Georgii ad Velum Aureum subsc.
Ego Joannes Tusculanus episcopus subsc.
Ego Wido diac. card. S. Mariæ in Porticu ss.

Ego Oddo diac. card. S. Nicolai in Carcere Tulliano subsc.

Ego Hugo Ostiensis episcopus subsc.

Ego W. presb. card. tit. S. Callisti subsc.

Ego Guido presb. card. tit. B. Chris. subsc.

Ego Ubaldus presb. card. S. Praxedis subsc.

Ego Manfredus presbyter cardinalis tituli Sanctæ Sabinæ subscr.

Ego Aribertus presb. card. tit. S. Anastasiæ subcripsi.

Ego.... presb. card. tit. S. Pastoris subsc.

Datum Romæ, apud S. Petrum, per manum Rolandi, presbyteri cardinalis ac cancellarii, xvii Kal. Junii, indict. 1, Incarn. Dom. anno 1153, D. Eugenii III papæ an. ix

DLXXXII.
Privilegium pro parthenone Othmarsheimensi.
(Anno 1153, Maii 21.)
[SCHŒPFLIN, *Alsat. diplom.*, I, 480.]

EUGENIUS episcopus, servus servorum Dei, dilectis in Christo filiabus EVANCHILDI abbatissæ monasterii Sanctæ Mariæ de Othmershein ejusque sororibus tam præsentibus quam futuris, regularem vitam professis, in perpetuum.

Quoties de conservando quod pie gestum est, sacerdotalibus judiciis regalia decreta concordant, et quæ religiose statuta sunt, tam sacerdotalis auctoritatis quam dignitatis regiæ privilegiis muniuntur, tanto majus obtinere debent pietatis opere firmamentum, quanto attentius pravorum incursibus, ne illa perturbare valeant, duplici auctoritate fuerit obviatum. Veniens ad nos, dilecta in Domino filia Evanchildi abbatissa, in audientia nostra exposuisti, quod nobilis memoriæ Rudolfus prædium suum, in quo monasterium propriis sumptibus ad honorem sanctæ Dei genitricis Mariæ pro suæ animæ salute construxerat, sanctæ recordationis Leone VIII papa prædecessore nostro per partes illas transitum faciente sub annuo censu albæ ac superhumeralis unius ei et per cum beato Petro apostolorum principi obtulit, et ut de manu ejusdem prædecessoris nostri consecrationem acciperet, devotione debita postulavit; qui voti sui tandem compos effectus, locum ipsum de suarum rerum ubertate dotavit, et tam privilegio ipsius antecessoris nostri, qui illustris memoriæ Heinrici tunc Romanorum regis omni vexationi atque calumniæ suorum successorum exemit, nulla quidem consuetudine, nullo penitus jure sibi aut suis successoribus in eodem loco retento, excepto quod advocatiam ipsius penes hæredes suos statuit post suum obitum residere, sic utique ut de illis, si plures essent, isthoc merito advocatiæ administraret officium, quem abbatissa et sorores illius loci advocatum sibi voluntate propria decernerent eligendum. Cæterum ne advocato quisquis esset ad diripienda bona Ecclesiæ aut sorores a divinis cultibus disturbandas materia vel occasio ulla suppeteret, statutum est et antefati prædecessoris nostri ac regis privilegio confirmatum, ut advocatus de his quæ tunc etiam possidebat nihil prorsus haberet, sed de his solummodo quæ in sequenti acquireret, ita videlicet ut si essent duodecim mansi, unus ejus usibus cederet, qualem ei vellet abbatissa concedere; si vero non essent tot mansi, tandiu exspectaret, donec numerus duodecim impleretur, et tunc de xii unum juxta electionem abbatissæ reciperet. Ad majorem quoque ipsius loci securitatem statutum est, et in scripto redactum, ut si forte advocatus monasterium destruere vel dissipare præsumeret, et commonitus a Romano pontifice satisfactionem debitam contemneret exhibere, Romanus antistes eum ab advocatiæ officio removeret, et abbatissa cum sororibus suis advocatum sibi alium eligendi liberam haberet penitus facultatem. Quoniam igitur, dilecta in Christo filia Evanchildi, eamdem ecclesiam ad jus beati Petri specialiter pertinentem nostro petisti privilegio communiri, nos quæ præscripta sunt confirmantes, ad exemplar supra nominati antecessoris nostri, eam tanquam juris sacrosanctæ Romanæ Ecclesiæ sub beati Petri et nostra protectione suscipimus, et præsentis scripti patrocinio communimus, statuentes ut quascunque possessiones, quæcunque bona eadem Ecclesia in præsentiarum juste et canonice possidet, aut in futurum concessione pontificum, largitione regum vel principum, oblatione fidelium, seu aliis justis modis, Deo propitio, poterit adipisci, firma vobis, dilectæ in Christo filiæ Evanchildi, abbatissæ cæterisque sororibus, et his quæ post vos successerint, et illibata permaneant. Sane consecrationes altarium, benedictiones sanctimonialium, et alia ecclesiastica sacramenta a diœcesano suscipietis episcopo, siquidem gratiam et communionem apostolicæ sedis habuerit et ea gratis absque pravitate voluerit exhibere, alioquin liceat vobis catholicum quem malueritis adire antistitem, qui nostra fultus auctoritate, quod postulatur indulgeat. Obeunte vero te, dilecta in Domino filia Evanchildi, nunc ejusdem monasterii abbatissa, seu qualibet earum quæ post te successerint, nulla ibi qualibet subreptionis astutia seu violentia præponatur, nisi quam sorores ejusdem loci vel sororum pars consilii sanioris secundum Deum duxerint eligendam, a Romano quidem pontifice benedictionis gratiam recepturam.

Decernimus ergo ut nulli omnino homini liceat præfatam ecclesiam temere perturbare aut ejus possessiones auferre, vel ablatas retinere, minuere, seu quibuslibet vexationibus fatigare, sed omnia integra conserventur eorum, pro quorum gubernatione et sustentatione concessa sunt, usibus omnimodis profutura, salva diœcesani episcopi canonica justitia. Si qua igitur in futurum ecclesiastica sæcularisve persona, hanc nostræ constitutionis paginam sciens, contra eam temere venire tentaverit, secundo tertiove commonita, nisi reatum suum congrua satisfactione correxerit, potestatis honorisque sui dignitate careat, reamque se divino judicio existere de perpetrata iniquitate cognoscat, et a sacratissimo corpore et sanguine Dei et Domini Redemptoris nostri Jesu Christi aliena fiat, atque in extremo examine districtæ ultioni subjaceat. Cunctis autem eidem loco justa servantibus sit pax Domini nostri Jesu Christi, quatenus et hic fructum bonæ actionis percipiant, et apud districtum judicem præmia æternæ pacis inveniant. Amen, amen, amen.

Datum Romæ apud Sanctum Petrum per manum Rolandi S. Romanæ Ecclesiæ presbyteri cardinalis et cancellarii, XII Kal. Junii, indictione prima, Incarnationis Dominicæ anno 1153, pontificatus vero domni Eugenii III papæ anno nono.

DLXXXIII.
Quartam Traniani Roccæ partem, a Vincione comite de Montumano Ecclesiæ Romanæ dono datam, eidem comiti per emphyteusin tribuit.

(Anno 1153, Jun. 3.)

[UGHELLI, *Italia sacra*, III, 638.]

In nomine Domini, anno Dominicæ Incarnationis 1153, anno nono pontificatus domini Eugenii tertii papæ, Indict. I, mensis Junii die 3.

Ego quidem D. Eugenius episcopus, servus servorum Dei, et in sanctissima sede beati Petri apostoli papa tertius. In præsentia fratrum meorum episcoporum, cancellarii et cardinalis, hac die propria, spontaneaque mea voluntate loco, et concedo tibi Wicioni comiti de Montumano, tuisque hæredibus et successoribus in perpetuum, id est quartam integram partem unius Roccæ quæ dicitur Tranianum, cum integra quinta parte domorum, et casalinorum, terrarum, sementariarum, vinearum, silvarum, pratorum, padulium, et pantanorum, cum fontibus, rivis, aquis, aquarumque decursibus, montibus, collibus, et plagis, et planitiis, cum integra quinta parte omnium placitorum, et bundorum, et cum quinta parte totius honoris, et districti, et cum omnibus ipsi castro generaliter et integre pertinentibus positis in territorio Clusino, sicut inter suos concludit affines, juris beati Petri, et sanctæ Romanæ Ecclesiæ, ad tenendum, utendum, fruendum, meliorandum, et sicut dictum est, in perpetuum possidendum. Qualiter beati Petri et sanctæ Romanæ Ecclesiæ competit per donationem a te mihi, meisque successoribus factam, ita tibi, tuisque hæredibus, et successoribus in perpetuum loco et concedo, et omni anno, mense Maio persolvatis pro pensione nobis, nostrisque successoribus, et sacro Lateranensi palatio, dimidium Morabetini, et si acciderit, quod per tres annos nobis, nostrisve successoribus dictam pensionem non persolveritis, et in quarto anno requisitus, duplum nobis, et nostro sacro palatio confertur. Ego itaque una cum meis successoribus defendere promittimus tuis, tuisque hæredibus, ac successoribus contra omnes honores, si opus, et necesse fuerit. Si qua vero pars contra fidem hujus locationis venire attentaverit, et cuncta, quæ dicta sunt, quodlibet modo non observaverit, vel si tu conductor, aut tui hæredes, aut successores, nobis, et sacro nostro palatio, quæ dicta sunt non persolveritis, et observaveritis, tunc dicta pars infidelis parti fidem servanti pro pœna decem boni auri libras, et soluta pœna, hæc duæ locationis chartulæ uno tenore conscriptæ per manum Andreæ scrinarii sanctæ Romanæ Ecclesiæ mense, et indictione suprascripta prima, secundum eorum tenorem firma permaneant.

Signum† manus suprascripti domini Eugenii summi, et universalis pontificis, et in sacratissima sede beati Petri apostoli papæ tertii, hujus chartulæ rogavi.

Centius Frajapanis Romanorum consul.
Hyacinthus D. papa dapifer.
Petrus Urbis præfectus.
Maximus Guitianus.
Oddo Franconis.
Assalitus Conradi de Guito.
Guivad de Radicofani.
Salac filius ejus.
Mirus Massinelli.
Ardimanus Castellionis vallis de Ove.
Gerardus vicecomes de Civitella.
Petrus de Aseja.
Benedictus Zenonis.
Blasius de Macello.
Orlandinus Bometti.
Bevarsus de Caviano.
Cossivallus de Mejola.
Arnolsinus Castellionis vallis Uvæ.

Et ego Andreas scriniarius sanctæ Romanæ Ecclesiæ complevi, et absolvi.

DLXXXIV.
Privilegium pro Trenorciensi monasterio.

(Anno 1153, Jun. 6.)

[JUENIA, *Hist. de l'abbaye royale de Tournus* Preuv., p. 164.]

EUGENIUS episcopus, servus servorum Dei, dilecto filio PETRO Trenorchiensi abbati, salutem et apostolicam benedictionem.

Quæ a fratribus nostris episcopis rationabili providentia fiunt, in sua volumus stabilitate subsistere et ut futuris observentur temporibus, confirmationis nostræ munimine roborare. Quocirca, dilecte in Domino fili, tuis justis postulationibus gratum impertientes assensum, donationem ecclesiæ de Moncellis quam Petrus bonæ memoriæ, et Ubertus Lugdunenses archiepiscopi monasterio tuo fecisse, et scripti sui pagina roborasse noscuntur, tibi et per te ipsi monasterio, auctoritate sedis apostolicæ confirmamus, et ratam in posterum permanere decernimus, salva Lugdunensis Ecclesiæ canonica justitia et debita reverentia. Nulli ergo omnino hominum liceat hujus nostræ confirmationis paginam temerario ausu infringere, seu modis quibuslibet perturbare. Si quis autem id attentare præsumpserit, indignationem omnipotentis Dei et beatorum Petri et Pauli apostolorum ejus incurrat.

Datum Romæ, apud Sanctum Petrum, viii Idus Junii.

In plumbo : Eugenius papa III.

DLXXXV
Privilegium pro abbatia Conchensi.
(Anno 1153, Jun. 6.)
[Mabill., *Annal. Bened.*, VI, 724.]

Eugenius episcopus, servus servorum Dei, dilecto filio Odoni abbati monasterii SanctæFidis Conchensis, ejusque successoribus regulariter substituendis, in perpetuum

Religiosis desideriis dignum est facilem præbere consensum, ut fidelis devotio celerem sortiatur effectum. Eapropter, dilecte in Domino fili Odo Conchensis abbas, tuis justis postulationibus clementer annuimus, et monasterium B. Fidis virginis, quæ ibi requiescere dicitur, cui, Deo auctore, præsides, ad exemplar prædecessorum nostrorum felicis memoriæ Urbani et Calixti Romanorum pontificum, sub B. Petri et nostra protectione suscipimus, et præsentis scripti privilegio communimus; statuentes ut quascunque possessiones, quæcunque bona idem monasterium inpræsentiarum juste et canonice possidet, aut in futurum concessione pontificum, largitione regum vel principum, oblatione fidelium, seu aliis justis modis, Deo propitio, poterit adipisci, firma tibi tuisque successoribus et illibata permaneant. In quibus hæc propriis duximus exprimenda vocabulis : Ecclesias videlicet de Grandinabru, de Montiniaco, de Saunas, de S. Cypriano, de Nota-villa, de Marciliaco, de Sancto Marcello, de Bella-calma, de Manso Bosonis ; et in ecclesia de Prunsologio quinque solidos censuales, ecclesiam de Campaniaco cum tota villa, ecclesiam de Cauniaco, de Pricio, de Pratis, ecclesias de Trebes et de Monteroserio, ecclesias de Persia et de Speleu, de Anadiliaco, de Curedis, de sancto Felice, de Organeto, de Albiniaco, de Brommæ, de Brommato, de Barro, de Camporerio, de Goliniaco, de Spayraco, de Balsiaco, de Riniaco, et quod habetis in ecclesia de Firminihio, ecclesias de Vivario, de Flaniaco, de Lemniaco, de Claniaco, de Malavilla, de Pervenqueriis, de Croso, de Gasanguas, de Bellomonte, de Monte-Aldone, de Rodolayguas, de Seyraco, de Borno, de Monte-Acuto, de Sepedo, de Pino, de Castello-Mauron, ecclesias S. Fidis de Vauro et de Peralrorio, et Salvitate Armandi, ecclesias de Molendino Pizino et de Tavanella, de Avarolago, de Ussello, de Alavastria, de Montebruno, de Sancto Mamete, de Sancto Romano, de Auriaco, de Castelletto supra Ligerim et de Sancto Victore, de Chavannico, de Columbario juxta Visternum, ecclesiam Sanctæ Fidis, ecclesias de Pallatio, de Vayraco, de Celliano, de Lecaraco, de Manabello, de Larereiis, de Cailla, de Plancas. In episcopatu Albiensi ecclesias de S. Felice et de Fontelupino, ecclesiam de Gullas, ecclesias de Vinairolio, et de Exculto, de Podio-palenoso, et de Carzag, ecclesias de Castaneo, de Embaisso, de Cambone, de Sancto Christophoro de Murello, de Caparosso de Callitone, de Baracz, de Barbasta, ecclesias Sancti Sepulcri et Sancti Joannis de Estecestat, ecclesias de Horson et de Hosforda.

Obeunte vero te nunc ejusdem loci abbate, vel tuorum quolibet successorum, nullus ibi qualibet subreptionis astutia seu violentia præponatur, nisi quem fratres communi consensu vel fratrum pars consilii sanioris secundum Dei timorem et B. Benedicti Regulam elegerint. Electus autem a diœcesano episcopo benedictionem consequetur, siquidem catholicus fuerit, et gratiam atque communionem apostolicæ sedis habuerit, etsi eamdem ordinationem gratis et sine pravitate voluerit exhibere ; alioquin liceat ei vel ad apostolicam sedem recurrere, vel catholicum, quem maluerit, adire antistitem, qui nostra fultus auctoritate, quod postulaverit, indulgeat. Idipsum etiam de altarium sive basilicarum consecratione, et monachorum, qui ad sacros fuerint ordines promovendi, ordinatione concedimus. Adjicimus etiam ut nulli episcoporum facultas sit absque Romani pontificis licentia locum vestrum vel monachos interdictioni vel excommunicationi subjicere ; nec pro communi diœcesis interdicto præfatum monasterium a divino vacet officio, sed potius clausis januis et exclusis excommunicatis et interdictis, divina vobis liceat suppressa voce officia celebrare. Laicos præterea liberos vel clericos e sæculo fugientes, nisi excommunicati sint, ad conversionem suscipere nullius episcopi vel præpositi contradictio vos inhibeat. Sepulturam quoque ejusdem loci omnino liberam esse decernimus, ut eorum qui se illic sepeliri deliberaverint, devotioni et extremæ voluntati, nisi forte excommunicati vel interdicti sint, nullus obsistat, salva tamen justitia matricis ecclesiæ. Sane illam irregularem consuetudinem, ne ultra fieri debeat interdicimus ; id est ne sanctorum ejusdem monasterii reliquiæ ad publicos conventus extra voluntatem fratrum inibi Deo servientium deferantur. Decernimus ergo ut nulli omnino hominum liceat præfatum monasterium temere perturbare, aut ejus possessiones auferre, vel ablatas retinere, minuere, aut aliquibus vexationibus fatigare ; sed omnia integra conserventur eorum, pro quorum gubernatione et sustentatione concessa sunt, usibus omnimodis profutura, salva diœcesanorum episcoporum canonica justitia in supradictis capellis. Si qua igitur ecclesiastica sæcularisve persona hanc nostræ, etc.

Ego Eugenius Catholicæ Ecclesiæ episcopus subscripsi.

Ego Conradus Sabinensis episcopus.

Ego Ymarus Tusculanensis episcopus.

Ego Hugo Ostiensis episcopus.

Ego W. tituli Calixti presbyter cardinalis.

Ego Guido presbyter cardinalis tituli Sancti Chrysogoni.

Ego Jordanus S. R. E. presbyter cardinalis tituli S. Susannæ.

Ego Odo diaconus cardinalis S. Georgii ad Velum Aureum.

Ego Guido diaconus cardinalis S. Mariæ in Porticu.

Ego Jacinthus diaconus cardinalis S. Mariæ in Cosmedin.

Datum Romæ apud Sanctum Petrum per manum Rolandi sanctæ Romanæ Ecclesiæ presbyteri cardinalis et cancellarii, vii Idus Junii, indictione prima, Incarnationis Dominicæ anno 1153, pontificatus vero domni Eugenii papæ III anno ix.

DLXXXVI.
Privilegium pro monasterio S. Benedicti de Saxo montis Lateronis.
(Anno 1153, Jun. 13.)
[UGHELLI, *Italia sacra*, III, 631.]

EUGENIUS episcopus, servus servorum Dei, dilecto filio ACTONI abbati monasterii Sancti Benedicti de Saxo Laterone, ejusque fratribus tam præsentibus, quam futuris, regularem vitam professis.

Religiosis desideriis dignum est facilem præbere consensum, ut fidelis devotio celerem sortiatur effectum. Eapropter, dilecti in Domino filii, vestris justis postulationibus clementer annuimus, et præfatum monasterium, in quo divino estis obsequio mancipati, sub beati Petri et nostra protectione suscipimus, et præsentis scripti privilegio communimus, statuentes ut quascunque possessiones, quæcunque bona idem monasterium in præsentiarum juste et canonice possidet, aut in futurum concessione pontificum, largitione regum, vel principum, oblatione fidelium, seu aliis justis modis, Deo propitio, poterit adipisci, firma vobis vestrisque successoribus et illibata permaneant. In quibus hæc propriis duximus exprimenda vocabulis : Ecclesias Sancti Blasii Bellicionis, Sancti Salvatoris Stratensis, Sancti Leonardi, in qua est hospitale de trabe Donati, ecclesiam Sancti Christophori in Serrasicca, ecclesiam Sancti Salvatoris Schifæ.

Decernimus ergo ut nulli omnino hominum liceat præfatum monasterium temere perturbare, aut ejus possessiones auferre, vel ablatas retinere, minuere, seu aliquibus vexationibus fatigare, sed omnia integra conserventur eorum, pro quorum gubernatione atque sustentatione concessa sunt, usibus omnimodis profutura, salva diœcesanorum episcoporum canonica justitia. Si qua igitur in futurum ecclesiastica sæcularisve persona, hanc nostram concessionis paginam sciens, contra eam temere venire tentaverit, secundo tertiove commonita, si non satisfactione congrua emendare curaverit, potestatis honorisque sui dignitate careat, reamque se divino judicio existere de perpetrata iniquitate cognoscat, et a sanctissimo corpore ac sanguine Dei et Domini nostri Jesu Christi aliena fiat, atque in extremo examine districtæ ultioni subjaceat. Cunctis autem eidem loco justa servantibus sit pax Domini nostri Jesu Christi, quatenus et hic fructum bonæ actionis percipiant, et apud districtum judicem præmia æternæ pacis inveniant. Amen.

Ego Eugenius Catholicæ ecclesiæ episcopus.

Datum Romæ, apud S. Petrum, per manum Rolandi presb. card. et cancellarii, Idib. Junii, indict. I, Incarn. Dominicæ anno 1153, pontificatus vero D. Eugenii III papæ anno nono.

DLXXXVII.
Privilegium pro Camaldulensi congregatione.
(Anno 1153, Jun. 16.)
MITTARELLI, *Annal. Camaldul.*, III, App., 464.]

EUGENIUS episcopus, servus servorum Dei, dilecto filio RODULPHO Camaldulensium priori, ejusque fratribus tam præsentibus quam futuris, regularem vitam professis, in perpetuum.

Religiosis desideriis dignum est facilem præbere consensum, ut fidelis devotio celerem sortiatur effectum. Eapropter, dilecti in Domino filii, vestris justis postulationibus clementer annuimus et prædecessoris nostri felicis memoriæ Paschalis papæ vestigiis inhærentes præcipimus, et præsentis scripti auctoritate sancimus, ne cuiquam omnino personæ, clerico, monacho, laico cujuscunque ordinis aut dignitatis, præsentibus aut futuris temporibus, liceat congregationes illas et loca illa, quæ Camaldulensis eremi, sive cœnobii disciplinam et ordinem susceperunt, quæque hodie sub illius regimine continentur, ab ejus ullomodo subjectione et unitate dividere. Quæ videlicet loca et congregationes conservandæ unitatis gratia singularibus visa sunt vocabulis adnotanda : In episcopatu Arretino monasterium Sancti Salvatoris Berardingorum, Sancti Petri in Rota, Sanctæ Mariæ in Agnano, Sancti Quirici in Rosa, eremus Fleri, monasterium Sancti Viriani, Sancti Bartholomæi in Anglare, juxta Balmum monasterium Sanctæ Mariæ in Trivio, in Galrata monasterium Sanctæ Mariæ in Insula. In episcopatu Montis Feretrani monasterium montis Herculis ; in episcopatu Foropopiliensi hospitale Almerici ; in episcopatu Pensauriensi monasterium Sancti Decentii, eremus Fajoli ; in episcopatu Bononiensi monasterium Sancti Archangeli juxta castrum Britti, Sancti Felicis ; in episcopatu Florentino monasterium Sancti Petri in Luco, Sancti Salvatoris juxta civitatem ; in episcopatu Fesulano monasterium Sanctæ Mariæ in Poplena, ecclesiam Sanctæ Margaretæ ; in episcopatu Vulteranno monasterium Sancti Petri in Fontiano, Sanctæ Mariæ in Puliciano, Sancti Petri in Cerreto, Sancti Justi prope civitatem ; in episcopatu Pisano monasterium Sanctæ Mariæ de Morrona, monasterium Sancti Stephani in Cintoria, Sancti Savini in Cerasolo ; in ipsa civitate monasterium Sancti Michaelis, Sancti Fridiani ; in episcopatu Lucano monasterium Sancti Salvatoris in Cantiniano, Sancti Petri in Puteolis. Item in Sardinia, in archiepiscopatu Turritano monasterium Sanctæ Trinitatis de Saccaria, ecclesiam Sancti Petri de Scanno. Item in Tuscia in episcopatu Clusino eremum Vivi in monte Amiato cum omnibus supradictorum locorum pertinentiis. Hæc igitur omnia cum omnibus ad ipsa monasteria pertinentibus statuimus et apostolicæ sedis auctoritate sancimus, tanquam corpus unum sub uno capite, id est sub priore Camaldulensis eremi, temporibus perpetuis permanere, et in illius disciplinæ observatione persistere, sub illo, inquam, priore qui ab ipsius congregationis abbatibus sive prioribus, et ab eremitis regulariter electus, præstante Domino, fuerit.

Porro congregationem ipsam ita sub apostolicæ sedis tutela perpetuo confovendam decernimus, ut nulli episcoporum facultas sit, aliquod ex his monasterium absque prioris conniventia vel apostolicæ sedis licentia excommunicare, vel a divinis officiis interdicere. Fratribus autem ipsis licentia sit, a quo maluerint catholico episcopo consecrationum et ordinationum sacramenta suscipere. Decernimus ergo ut nulli omnino hominum liceat, etc. Si qua igitur, etc. Cunctis autem, etc.

FAC MECUM, DOMINE, SIGNUM IN BONUM. SANCTUS PETRUS, SANCTUS PAULUS, EUGENIUS PAPA TERTIUS.

Ego Eugenius Catholicæ Ecclesiæ episcopus ss.
Ego Conradus Sabinensis episcopus ss.
Ego GG. presb. card. tit. Calixti ss.
Ego Guido presb. card. tit. Sancti Chrysogoni ss.
Ego Manfredus presb. card. tit. Sanctæ Savinæ ss.
Ego Arimbertus presb. card. tit. Sanctæ Anastasiæ ss.
Ego Julius presb. card. tit. Sancti Marcelli ss.
Ego Ubaldus presb. card. tit. Sanctæ Crucis in Hierusalem ss.
Ego Octavianus presb. card. tit. Sanctæ Cæciliæ ss.
Ego Gherardus presb. card. tit Sancti Stephani in Cœlio monte ss.
Ego Joannes Paparo presb. card. tit. Sancti Laurentii in Damaso ss.
Ego Oddo diaconus card. Sancti Georgii ad Velum Aureum ss.
Ego Guido diac. card. Sanctæ Mariæ in Porticu ss.
Ego Joannes diac. card. Sanctorum Sergii et Bacchi ss.
Ego Gerardus diac. card. S. Mariæ in via Lata ss.

Datum Romæ apud Sanctum Petrum per manum Rolandi presbyteri cardinalis et cancellarii XVI Kal. Julii, Indictione prima, Incarnationis Dominicæ anno 1153, pontificatus vero domni Eugenii papæ III anno IX.

DLXXXVIII.

Ad Bernardum Tarraconensem archiepiscopum. — Ut Toletanum primatum agnoscat.

(Anno 1153, Jun. 29.)

[MANSI, *Concil.*, XXI, 674.]

Quisquis voluntatem gerit ut sibi alii subjiciantur, dedignari non debet ut ipse quoque aliis sit subjectus. Indignum siquidem et reprehensibile nimis est, ut ab hominibus contemnatur, quod ab ipsis angelicis spiritibus novimus observari. Legimus etenim et credimus archangelos angelis præesse, et veluti subditis divina jubere obsequia. Quapropter super honestate ac religione tua vix mirari sufficimus, quod neque Toletano archiepiscopo, sicut per apostolicam tibi sententiam mandavimus, obedientiam, quam a tua fraternitate sibi deberi expostulat, exhibuisti: neque statuto tibi termino, per te, vel per tuos responsales, sufficientem ei vel ejus nuntiis respondere paratus, ad præsentiam nostram venisti. Per iterata iterum scripta tibi mandamus, et mandando præcipimus, quatenus aut venerabili fratri nostro Ildefonso [*cor.* Joanni] Toletano archiepiscopo, tanquam primati tuo, obedientiam sine molestia et contradictione exhibeas: aut proxima Quadragesimæ prima Dominica, qua cantatur, *Invocavit me*, super hoc sufficienter respondere paratus, nostro te conspectui repræsentes. Quod si nec obedientiam ei detuleris, nec eo termino sibi responsurus ad nostram præsentiam veneris, ex tunc tibi usum pallii penitus interdicimus.

Datum Romæ, apud S. Petrum, III Kalendas Julii.

DLXXXIX.

Ad Joannem Toletanum archiepiscopum. — Significat ipsi quid ad Bernardum Tarraconensem scripserit.

(Anno 1153, Jun. 29.)

[*Ibid.*]

Personam tuam vera in Domino charitate diligimus, et commissæ tibi Ecclesiæ Toletanæ honorem ac dignitatem, in quantum ratio et honestas permittit, integre custodiri volumus et servari. Inde est, quod venerabili fratri nostro Bernardo Tarraconensi archiepiscopo, apostolicæ sedis legato, per iterata scripta mandando præcipimus, quatenus absque molestia et contradictione obedientiam tibi exhibeat, vel proxima Dominica Quadragesimæ, qua cantatur, *Invocavit me*, super hoc tibi respondere sufficienter paratus, nostro se conspectui repræsentet. Quod si neutrum adimplere curaverit, ex tunc sibi usum pallii omnino interdiximus. Præterea venerabili fratri nostro Ildefonso Bracarensi archiepiscopo, viva voce in præsentia nuntiorum tuorum præcipimus, ut tibi tanquam suo primati, et successoribus tuis obedientiam debitam et reverentiam deferat.

Datum Romæ, apud Sanctum Petrum, III Kalend. Julii.

DUBIA.

DXC.

Spurium, quod Conradus III rex Ecclesiæ Ultrajectensi tribuisse fertur, diploma confirmat.

(Anno 1145, Mart. 18.)
[COCQUELINES, II, 284.]

EUGENIUS episcopus, servus servorum Dei, dilectis filiis decano et capitulo Ecclesiæ Trajectensis, gratiam, gloriam et apostolicam benedictionem.

Supplicatio charissimi in Christo filii Conradi III, regis Romanorum illustris, nobis per dilectum filium Conradum ipsius fratrem, vestræ Ecclesiæ præpositum, propter hoc ab eodem rege ad Romanam curiam [adde missum], continebat ut privilegia, per Romanorum reges et imperatores antecessores suos, Ecclesiæ vestræ concessa, necnon privilegium ab ipso Ecclesiæ vestræ prædictæ concessum, auctoritate apostolica dignaremur confirmare, cujus privilegii tenor talis est :

« In nomine sanctæ et individuæ Trinitatis, Conradus, divina favente clementia, rex Romanorum III.

« Si Ecclesias Dei amplificamus, et earum jura regali auctoritate tuemur et confirmamus, antecessorum nostrorum piorum regum vel imperatorum exempla imitamur; et hoc nobis ad regni nostri celsitudinem et præcipue ad animæ nostræ salutem profuturum non ambigimus. Eapropter tam futurorum quam præsentium Christi, nostrique fidelium regni noverit industria, quod nobis apud Trajectum civitatem residentibus, et de pace ac de statu regni tractantibus, fidelis noster Hardbertus ejusdem loci venerabilis episcopus, Conradus frater noster præpositus, decanus et capitulum majoris ecclesiæ dictæ civitatis ad nostram præsentiam venerunt, nostræ celsitudini supplicantes, ut sicut antecessores nostri, pii Romani reges, et imperatores ipsam ecclesiam Trajectensem multis honoribus et privilegiis dotaverunt; sic nostra regalis excellentia ipsorum vestigia imitando, dictæ ecclesiæ aliquam honoris prærogativam concedere dignaremur. Nos itaque considerantes, quod regalem decet excellentiam illos honorare debere prærogativa ampliori, quorum devotionem continuis obsequiis experimur; attendentes etiam nos et antecessores nostros reges et imperatores in dicta ecclesia a fundatione ejus inter canonicos primum locum obtinere, nostramque præbendam in eadem duos deservire sacerdotes, pro nostra salute, et regni tranquillitate ac pace Deum exorantes, et dicti Hardberti venerabilis episcopi fidele servitium, ac dilectorum nobis decani et capituli grata obsequia, et devotionem frequentem, qua nostram regalem excellentiam, et dilectam conjugem nostram Gertrudim reginam, per aliquod tempus in ipsa civitate commorantem, plurimum honorarunt, et propter hoc volentes eamdem ecclesiam majorem Trajectensem honoris prærogativa speciali sublimare, [ob remedium animæ nostræ et animarum domni Henrici III avi nostri (cujus viscera in ipsa ecclesia pro pignore sunt sepulta) et Henrici IV avunculi nostri imperatoris, nec non interventu dilectæ conjugis nostræ reginæ prædictæ, ac Conradi fratris nostri charissimi, ejusdem ecclesiæ præpositi, jus eligendi et instituendi episcopum in ipsa ecclesia, quod ad reges Romanorum et imperatores pertinere dignoscitur, et ab antecessoribus nostris [regibus et imperatoribus usque ad nostra tempora est devolutum et deductum, ante dictis præposito, decano ac capitulo ecclesiæ Sancti Bonifacii ejusdem loci, eidem majori Ecclesiæ ab earum fundatione speciali fraternitate, ut nobis innotuit, conjunctis in donationem perpetuam regali magnificentia concedimus [in donum, et damus potestatem nostram omnimodam, a nullo successorum nostrorum infringendam, ut cum episcopatum prædictum vacare contigerit, iidem præpositi, decani et capitula majoris et Sancti Salvatoris Trajectensis ante dicti, et nulli alii, nisi ecclesiarum suarum concanonici, episcopum alium eligendi plenariam habeant potestatem. Ut autem hæc nostra donatio, donum et privilegium, regia magnificentia voluntarie ac liberaliter concessa, iisdem perpetua sint, et rata credantur ab omnibus, et inconvulsa omni deinceps tempore conserventur, hæc in charta conscribi jussimus, manu propria, ut infra videtur, corroborantes, idoneos testes, qui præsentes aderant, subternotari fecimus : quorum nomina hæc sunt :

« Anselmus Navelburgensis episcopus, Albero Leodiensis episcopus, Wernerus Monasteriensis episcopus, Nicolaus Cameracensis episcopus, Udo Ossenburgensis episcopus, Walramus dux, Wilhelmus comes palatinus, Henricus comes de Zulphene, Arnoldus comes de Clivo, Adolphus comes de Monte, Henricus comes de Gelre, Conradus præpositus Trajectensis, Emo præpositus S. Bonifacii, Conradus Tielensis præpositus, Lambertus S. Petri præpositus, Godefridus de Renen, Alardus de Megene, Otto præfectus Trajectensis, Egbertus de Anestelle, Bertholdus de Aldensecle, Jacobus de Saterfole.

« Signum domni Conradi Romanorum regis III.

« Ego Arnoldus cancellarius vice Henrici Moguntini archiepiscopi et archicancellarii recognovi, anno Dominicæ Incarnationis millesimo centesimo quadragesimo quinto, indictione VIII, XV Kalend. Novemb., regnante Conrado Romanorum rege tertio, anno vero regni ejus VIII.

« Data apud Trajectum, in Christo feliciter. »

Eapropter nos pro nostræ Ecclesiæ reverentia et ejusdem regis supplicantis instantia inclinati, considerantes etiam ad Ecclesiam vestram dicti regis devotionem, qua ipsa regali magnificentia favorabiliter et excellenter honoravit, antedictum privilegium, cujus tenor his nostris apostolicis litteris de verbo ad verbum est insertus, et omnia privilegia per Romanos reges et imperatores Ecclesiæ vestræ ad honorem Christi et Ecclesiæ exaltationem concessa, apostolica auctoritate confirmamus, inhibentes sub anathematis vinculo, ne imperialis vel regalis, vel episcopalis, vel clericalis, vel laicalis persona aliqua, cujuscunque status conditionis existat, ipsam Ecclesiam Trajectensem contra hujusmodi privilegium et nostræ confirmationis tenorem, molestare, aut in ejusdem præjudicium in præmissis quidquam in perpetuum audeat attentare, decernentes irritum et inane, si quid a quoquam in contrarium fuerit attentatum. Nulli ergo omnino hominum liceat hanc nostræ confirmationis paginam infringere, vel ei ausu temerario contraire. Si quis autem hoc attentare præsumpserit, indignationem omnipotentis Dei ac beatorum Petri et Pauli apostolorum ejus se noverit incursurum.

Datum Romæ, apud Sanctum Petrum, xv Kalendas Aprilis, pontificatus nostri anno I.

DXCI.
Bona privilegiaque monasterii Illisineburgensis confirmat.

(Anno 1148, Mart. 23.)

[*Neue Mittheilungen a. d. Geb. hist. ant. Forsch.* II, 300.]

EUGENIUS episcopus, servus servorum Dei, dilecto filio SIGEBODINI Illisineburgensi abbati, ejusque successoribus regulariter substituendis, in perpetuum.

Quia sollicitudini apostolicæ competit, religionem Deo placentem modis omnibus propagare et defensare, propterea, dilectissime in Domino fili, Sigebodo Illisineburgensis abbas, tuas tuorumque fratrum petitiones humillimas clementer annuimus et secundum tenorem privilegii quod prædecessor noster felicis memoriæ Innocentius papa secundus vestro cœnobio contulit, quæcunque vobis auctoritate apostolica statuere confirmavit, nos quoque eadem auctoritate statuentes confirmamus, quæ prohibuit prohibemus, quæ concessit nos quoque firma vobis et illibata manere, sub perpetui anathematis interminatione, decernimus. Ex donatione videlicet Arnoldi episcopi qui cœnobii vestri devotissimus exstitit fundator; decimationes in Berneidiggerode, in Sutheauno, in Bireslove, in Thideziggerode, in Gulisbere, in Winitherode, in Brodesende, in Luttherigerode, in Boviggerode, in Emmenrode, in Geschenrode, in Eggerziggerode, in Backenrode, in Beneziggerode, in Waliggerede. Ex donatione vero Burchardi secundi Deo dilecti episcopi, decimationes in Iggenlove, in Bareleslove, in Roresheim, in Thrubike, in Aldenrode, in Thurwardiggerode, in Gunderaderode, in Ezerdiggerode, in Werslove. Ex donatione vero Heriaudi episcopi qui et Stephanus dictus est, donationes in Dannenstide, et in Suthlochtenheim; seu et omnes mansos in præfato privilegio prædecessoris nostri seriatim descriptos. Ex donatione vero Reinhardi episcopi decimationes de novalibus in omnibus locis in quibus decimas habere videmini; prædia quoque in Papesthorpe et in Wochkenstide octo talentorum censum annuatim persolventia, quæ per Ottonem episcopum pro Gedenhusem et Alerstide vestro sunt collata et confirmata monasterio. Hæc ergo et omnia quæ nunc in præsentiarum tuo vel tuorum prædecessorum studio conquisita canonice possidetis, sed et quæcunque in posterum justis duntaxat modis potueritis obtinere, in utriusque sexus mancipiis terris, cultis et incultis areis, ædificiis, agris, pratis, pascuis, campis, silvis, venationibus, aquis aquarumque decursibus, rivis, piscationibus, molis, molendinis, teloneis, viis et inviis, exitibus et redditibus, mansis et decimis, quasitis et acquirendis, more prædecessorum nostrorum sub interminatione anathematis et æternæ damnationis vobis confirmantes, auctoritate nihilominus apostolica prohibemus, ut nullus de prædiis quæ a vobis in usus vestros excoluntur decimas vel aliquas pensiones exigat, et ut nullus advocatus præter jus et beneficium antiquitus institutum aliquid sibi arripere vel usurpare præsumat; subadvocatos vero et eorum exactores omnimodis ab ecclesiæ vestræ infestationibus per episcopos removeri et coerceri in virtute Spiritus sancti præcipimus; sin autem aliquis contra hanc nostram præceptionem vel prohibitionem de cætero aliquid attentare præsumpserit, ut apostolici decreti violator, nisi admonitus resipuerit, Christianorum careat sepultura. Concedimus quoque et confirmamus in vestro monasterio liberam fieri nobilium sepulturam, et ut in Aderstade, imo in omnibus parochialibus capellis sub jure proprietateque vestri monasterii constitutis secundum decreta apostolica Leonis, Gregorii, Agapiti, Bonifacii, per abbates loci vestri monachi presbyteri constituantur, divina officia populis celebraturi, salva nimirum debita Halberstadensis Ecclesiæ reverentia. Ne ergo ulla deinceps ecclesiastica sæcularisve persona monasterium vestrum cum omnibus rebus suis et personis sub apostolicæ tutela clementiæ constitutum, quolibet modo quidquam (corrigi aut quidquid) eorum quæ in prædecessorum nostrorum seu per nos tradito privilegio prælaxata sunt, violando temere perturbare præsumat, sub perpetua anathematis et æternæ damnationis interminatione auctoritate apostolica prohibemus. Cunctis autem vos foventibus et defendentibus sit pax in die Domini nostri Jesu Christi. Amen.

Ego Eugenius catholicæ Ecclesiæ episcopus ss.

Ego Theodewinus episcopus cardin. tit. S. Rufinæ.

Ego Octavianus cardinal. tit. Sanctæ Ceciliæ ss.

Ego Bernardus presbyt. card. tit. Sancti Clementis ss.

Ego Hubaldus episcopus Ferentinus ss.

Ego Jacintus cardin. tit. S. Adriani ss.

Præsentibus et annitentibus episcopis Joanne Ostiensi, Witlone Prænestino, Samsone Remensi, Gisilberto Pictaviensi, Adalberone Trevirensi, Hartberto Utrensi, Bernardo abbate Claræ vallis.

Datum Remis per manum Rolandi cancellarii, x Kalendas Aprilis, anno Domini millesimo centesimo quadragesimo octavo, indictione xi, pontificatus vero domni Eugenii papæ tertii anno quarto feliciter.

DXCII.

Bulla pro confirmatione instituti Præmonstratensis in Rottio et possessionum ejusdem monasterii.

(Anno 1152, Decemb. 15.)

[Hugo, *Annal. Præm.*, II, 446.]

EUGENIUS episcopus, servus servorum Dei, dilectis filiis OTTHONI abbati et prælato Ecclesiæ sanctæ Dei Genitricis Mariæ et Beatæ Verenæ virginis in Roth, ejusque fratribus tam præsentibus quam futuris regularem vitam professis in perpetuum.

Quoniam sine veræ cultu religionis, nec Ecclesia potest salva consistere, nec gratum Deo exhiberi servitium; oportet nos ubicunque possumus sacram religionis observantiam instituere, et institutam exacta diligentia conservare. Eapropter, dilecti in Domino filii, vestris justis postulationibus clementer annuimus, et ecclesiam sanctæ Dei genitricis Mariæ et beatæ Verenæ de Rotha, quæ a venerabili matrona et vidua nomine Hemma, et filio ejus Chunone liberis hominibus in proprio suo allodio constructa est, et sub unius bizantii (*nummi aurei*) censu, sacrosanctæ Romanæ Ecclesiæ annis singulis persolvendo beato Petro principi apostolorum oblata, et in qua divino mancipati estis obsequio, sub beati Petri et nostra protectione suscipimus et præsentis scripti privilegio communimus; imprimis siquidem statuentes ut ordo canonicus, qui secundum Dei timorem et beati Augustini Regulam, ibi auctore Domino institutus esse dignoscitur, perpetuis ibidem temporibus observetur.

Præterea possessiones sive ecclesiasticas sive sæculares ad se pertinentes, ut est Ecclesia proprii fundi Rothæ, cum omni dote, cum omni jure ecclesiastico, et proprio allodio et cæteris prædiis in eadem villa, cum omni jure existentibus; similiter ecclesia Schopflohé, cum hominibus censualibus, cum omni dote, cum omni jure ecclesiastico, et allodium proprium in eadem villa cum omni jure existens. Similiter capellana ecclesia Nertenbuech, et allodium proprium ibidem cum omni jure legitimo existens, et allodium Tempsheim et prædia in villis Hoggenberd, Veldstettim, Grabanstet, Grabenstetten; ecclesia quoque Steinbach cum hominibus censualibus, cum omni dote, cum omni jure ecclesiastico, et cætera prædia cum omni jure legitimo in eadem villa existentia; prædia quoque in villis videlicet Dathofen, Mazenhofen, Harde, Hausen, Oye, Crawinkel, Mamper, Maiselstein, Stirenhosen; capellana ecclesia Ruthinæ cum proprio allodio et vinea ibidem plantata. In villa Curiensi, quæ dicitur Amodes, prædium unum; in villa Wilperch prædium unum; ecclesia capellana Mowiler et allodium ibidem cum omni jure legitimo in villa quæ dicitur superior Mowiler, prædium unum. Welmanswiler, Dieplshofen, Richenhofen, Bunofen, Steinethala, Mitthenrieth, Haslach, Murwangen, Habbesegg, Conradiswiler, Chonen, Welants, Spinnelwag, Zell, Binroth, Eicheberg, Bonlanden, Bachen, Halden, Ege'sec, Obsingen, Rothum, Herbruchts, Waltenwyler, Bermeswiler, Manzenwiler, Orfundorf, Lophaim, Hitishaim, Dalmafinger, Schaffhusen, Berg; nec non et alia quæcunque bonæ sive cambiis, sive qualicunque alio pretio conquisita in villulis prædiolis, longe vel prope positis, eadem Ecclesia in præsentiarum juste et canonice possidet, aut in futurum......

Ut autem omnipotenti Deo servire quietius valeatis eumdem locum ab omni potestate seu dominio advocati aut cujuslibet laicæ personæ liberum permanere decernimus et quietum. Sane laborum vestrorum quos propriis manibus aut sumptibus....
Sepulturam quoque ipsius loci liberam esse sancimus.... Obeunte autem in Domino ejusdem loci quolibet præposito, nullus ibi quolibet subreptionis astutia seu violentia præponatur, nisi quem fratres communi consensu elegerint. Decernimus ergo ut nulli omnino hominum liceat.... Ad judicium autem quod eadem ecclesia beati Petri et sanctæ Romanæ Ecclesiæ juris existat, unum bisant'num nobis, nostrisque successoribus annis singulis persolvetis. Deinde omnibus apostolicis viris jugum nostrum invicem Christi nobiscum portantibus, videlicet episcopis, presbyteris, membris Christi et spiritalibus armis accinctis apostolica benedictione mandamus, et in vera charitate Christi rogamus, et præcipimus ut ubicunque prædicta ecclesia prædicti fratres Rothensem, ad sacram Romanam Ecclesiam pertinentes, vestræ indiguerint subventionis spiritualibus armis vestris perversos homines, invidiæ et odii fomite adversus eos inflammatos et vim acrioris potestatis sibi inferentes, in vice nostra, imo omnipotentis Dei, durius increpando, excommunicando, anathematizando, sicut vobismetipsis subveniatis, et ad sedem apostolicam, nisi forte communi consensu et rogatu fratrum, si ita expedit, subveniatur, severissime compellantur.

Si quæ ergo in futurum ecclesiastica sæcularisve persona hanc nostræ constitutionis paginam sciens, qualibet subreptionis astutia, seu violentia, seu aliqua advocatiæ occasione nefanda, quam sibi et omni hominum deinceps, excepta sola regali persona, a nobis apostolica auctoritate sciat esse interdictam, contra eam venire tentaverit, bona eorum videlicet diripiendo, vel aliquam vim potestatis inferendo, sive in proprio fundationis loco, sive in possessionibus, jullulis, prædiolis longe vel prope ad se pertinentibus, sive homines eorum suis servitiis subjugando, secundo tertiove commonita, nisi reatum suum congrua satisfactione correxerit potestatis honorisque sui dignitate careat.... Insuper omnes sibi adhærentes, faventes, consentientes, apostolicæ auctoritatis imo omnipotentis Dei nostri et omnium summorum pontificum et sacerdotum excommunicationis et anathematis alligationi subjaceant, et in extremitate vitæ eorum, omnium fidelium communione priventur, et ne a quoquam sacerdotum visitentur, per sanctam obedientiam interdicimus, sed sepultura asini, sicut bene promeruerunt, sepeliantur, ut in extremo etiam examine districtæ et æternæ ultionis præmio multentur. Cunctis autem eidem loco jura sua servantibus, sit Domini nostri Jesu Christi, quatenus et hic fructum bonæ actionis percipiant, et præmia æternæ pacis inveniant. Amen.

Ego Eugenius catholicæ Ecclesiæ episcopus.
Ego Conradus Sabinensis episcopus.
Ego Gg. presbyter card. tit. S. Calixti.
Ego Guido presbyter cardinalis tit. S. Chrysogoni.
Ego Theobaldus presb. card. tit. S. Praxedis.
Ego Gilbertus indignus sacerdos sanctæ Romanæ Ecclesiæ.
Ego Albericus Ostiensis episcopus.
Ego Imarus Tusculanus episcopus.
Ego Octavianus diaconus card. S. Nicolai in Carcere Tulliano.
Ego Guido diaconus card. Sanctorum Cosmæ et Damiani.
Ego Odo diaconus card. S. Georgii ad Velum Aureum.
Ego Baradus diaconus card. sanctæ Romanæ Ecclesiæ.
Ego Joannes diaconus S. Mariæ.
Ego Petrus diaconus S. Mariæ in Via Lata.
Ego Jordanus presbyt. card. tit. S. Susannæ.
Datum Romæ apud Sanctum Petrum per manum Bosonis sanctæ Romanæ Ecclesiæ scriptoris, xviii Kalendas Januarii, indict. xv, Incarnationis Dominicæ 1152; pontificatus vero domni Eugenii III. papæ anno vii.

VARIORUM
AD EUGENIUM PAPAM EPISTOLÆ.

I.

Conradi imperatoris ad Eugenium. — Wibaldi abbatis absentis et renitentis, electionem in abbatem Corbeiensem, atque unionem Keminadæ et Visbikæ ad Corbeiense monasterium confirmari petit.

(Anno 1146.)

[MARTEN., *Ampl. Collect.*, II, 198.]

Dilectissimo in Christo Patri suo EUGENIO sanctæ Romanæ Ecclesiæ summo pontifici CONRADUS Dei gratia Romanorum rex et semper Augustus, filialem per omnia dilectionem et debitam in Domino reverentiam.

Sanctitati vestræ notum esse volumus quod, post depositionem Heinrici quondam Corbeiensis abbatis, qui eidem Ecclesiæ nimis inutilis fuit, fratres prædicti monasterii elegerunt sibi in abbatem quemdam Heinricum ejusdem Ecclesiæ præpositum. Quo non longo post tempore defuncto, tota Corbeiensis Ecclesia spirituali Patre orbata, pari voto et unanimi consensu, elegit sibi in Patrem et pastorem animarum Wibaldum Stabulensem abbatem, quatenus per ipsius industriam et nostrum adjutorium nobilis illa Ecclesia, quæ plurimum a sua magnitudine per negligentiam præcedentium abbatum deciderat, Dei præeunte misericordia, aliquatenus reformaretur. Et quoniam prædictus fidelis noster Stabulensis abbas, cum hæc de ipso fierent, non solum absens, sed etiam longe remotus erat, nos eum auctoritate regia diu renitentem ac reclamanem evocavimus, et ad petitionem totius Corbeiensis Ecclesiæ, onus ad quod vocabatur, omnino invitum subire coegimus, quatenus in Corbeiensi monasterio et divini cultus religio per ipsum reformetur, et debitum regni servitium ad defensionem sanctæ Dei Ecclesiæ exinde paratius et auctius exhibeatur. Erant in propinquo duæ abbatiolæ feminarum, quæ nullum regno et nobis vel in militia vel in alio servitio præbebant supplementum, quæ adeo confusæ et inordinatæ erant, ut de conversatione et moribus habitantium melius sit silere quam loqui. Multiplici ergo exhortatione vestra super talibus locis corrigendis diu admoniti contulimus ad Ecclesiam Corbeiensem jure proprietario eadem duo loca, videlicet (140) Ke-

---

(140) Keminadensis parthenonis ad Visurgim fluvium fundationem ab Imma comitissa et Gerone comite edidimus in tom. I ex autographo in archivis Corbeiensis monasterii a nobis reperto. Wisbikense vero, seu, ut loquitur Chronicon Saxonicum a nobis edendum, Wisbikense puellarum monasterium originem suam debet Adelaidæ imperatrici, ejusque filiæ Mathildi abbatissæ, a quibus constructum est circa 992.

minade et Visbike, ut et divina religio inibi reformetur, et Corbeiensis abbatia in temporibus hujus abbatis honore et divitiis per nos augeatur. Super quo sinceritatem vestram, de quâ plurimum confidimus, attente monendo rogamus ut quod eidem abbati et Corbeiensi monasterio de duabus præfatis cellis legitima donatione per præcepti paginam confirmavimus, vos vestri privilegii scripto roborare non abnuatis, et abbati in suis opportunitatibus benignam exauditionis aurem inclinetis. Dignum siquidem est, ut quos nos in gratia nostra clementiore vinculo recepimus, vos propitia benevolentia dilectionis ulnis amplectamini, et quos e converso fovere disponitis, nos contra omnes incursus defensare studeamus, et honorare condigne debeamus.

II.

Eberhardi episcopi Bambergensis ad Eugenium. — De Henrico archiepiscopo Moguntino conqueritur.

(Anno 1147.)

[HERMANN, *Episcopatus Bamberg.*, Prob., p. 104.]

Reverendissimo domino Patri et creatori (141) suo EUGENIO summo pontifici sanctæ Catholicæ Ecclesiæ EBERHARDUS Babenbergensis humile opus manuum suarum divina et apostolica gratia si quid est, cum universis commembris suis et confratribus debitam in Christo obedientiam et omnem suæ possibilitatis devotionem.

Benedictus Deus, qui universæ Ecclesiæ suæ benedixit ad introitum vestrum, et post magna luminaria firmamenti quæ nocti præerant exstincta, luminare majus ut præesset diei accendit in persona vestra. Vere, etenim vestris et temporibus et meritis exortum est in tenebris lumen rectis corde, lumen utique ad illuminationem gentium et gloriam plebis Israel; qua luce illuminati fideles in fide per dilectionem operantur, et infideles ad fidei unitatem in brachio divinæ virtutis aggregantur. Quod commune gaudium universæ terræ tanto nos specialius attingere credimus, quanto vobis arctiori vinculo servitutis et obedientiæ subjacemus....

De cætero misericordia vestra, clementissime Pater et domine, ante oculos nostros semper est, quia omne meritum nostrum prævenistis in benedictionibus dulcedinis. Unde non quantas debemus, sed quantas possumus in conspectu divinæ majestatis sanctitati vestræ gratias humiliter referimus, et quidquid boni nobis est, post Deum vestræ paternitati ascribimus.

Ut autem inter prospera simus humiles, adversa nobis non deesse divina providentia disposuit, domino Moguntino archiepiscopo non judicialiter agente nobiscum, sed exitialiter nos persequente, eo quod vestram obedientiam suæ præponimus, eo quod in episcopali benedictione percipienda de plenitudine gratiæ vestræ participare præsumpsimus, et de fonte potius quam de rivo potare maluimus. Cujus rei immanitas usque adeo excrevit, ut Moguntini nobis servis vestris et filiis, si dicere audemus, mortis periculum et Ecclesiæ vestræ minitari præsumant excidium. In his autem omnibus unicum in vobis spei nostræ refugium sumentes, a vestræ auctoritatis sententia ita pendemus, ut neque mors neque vita a vestra nos separare possit obedientia. Omnipotens Deus dies vestros in sua pace disponat, et ad consolationem omnium fidelium temporum vobis tranquillitatem concedat.

III.

Conradi imperatoris ad Eugenium. — Significat ei Henricum filium suum communi principum acclamatione in regem Romanorum electum, seque assumpta cruce accingere ad expeditionem Hierosolymitanam.

(Anno 1147.)

[MARTEN., *Ampl. Collect.*, II, 204]

Dilectissimo in Christo Patri suo EUGENIO sanctæ Romanæ Ecclesiæ summo pontifici CONRADUS Dei gratia Romanorum rex et semper Augustus filialem per omnia dilectionem et debitam in Domino reverentiam.

Litteras sanctitatis vestræ per legatum vestrum, virum utique nobis cum omni dilectione et honore nominandum T. (142) Sanctæ Rufinæ episcopum, missas gratissime accepimus, et quæ in ipsis continebantur, filiali et intima charitate ad effectum perduximus. Siquidem de ordinatione regni nobis a Deo concessi, super qua nos paterna sollicitudine monere et exhortari curastis, magna cum attentione et diligentia in frequenti principum conventu apud Frankenevort, ubi generalem curiam habuimus studiose et efficaciter, Deo præstante, tractavimus, ordinataque et firmata communi per omnes regni nostri partes solida pace, filium nostrum Heinricum in regem et sceptri nostri successorem unanimi principum convenientia, et alacri totius regni acclamatione electum, mediante hac Quadragesima in palatio Aquisgrani (143) coronare, divina præeunte misericordia, decrevimus. Sane quod dicitis, nos rem tantam scilicet de signo vivificæ crucis, et de tantæ tamque longæ expeditionis proposito absque vestra conscientia assumpsisse, de magno veræ dilectionis affectu processit. Sed Spiritus sanctus, qui ubi vult spirat, qui repente venire consuevit, nullas in captando vestro vel alicujus consilio moras nos

---

(141) Seu consecratori.

(142) Theodevinum Germanum cardinalem ab Innocentio II creatum atque ab eo in Germaniam legatum missum, qui, teste Ottone Frisingensi, Conradum ipsum Aquisgrani imperiali diademate decoravit, archiepiscopo Coloniensi, ad quem id munus

de jure spectat, recenter electo necdum pallio donato.

(143) Id factum fuisse anno 1147 scribit monachus Gemblacensis apud Mireum, ne post discessum imperatoris regnum absque principe remaneret.

habere permisit. Sed mox ut cor nostrum mirabili digito tetigit, ad sequendum se sine ullo moræ intervenientis spatio, totam animi nostri intentionem impulit. Et quoniam vos ad partes Galliæ tam per litteras vestras, quam per legatum vestrum venire cognovimus, venerabilem paternitatem vestram ut ad Rhenum accedere velitis, summa cum dilectione attente monendo invitamus, quatenus simul positi, ea Deo miserante pariter tractare ac disponere valeamus, per quæ pax Ecclesiarum et Christianæ religionis ordo congruis provectibus augeatur, et regni nobis a Deo concessi status cum nostri honoris incremento opportunis decretis firmetur. Et quoniam in articulo profectionis nostræ nulla nobis prolixitas temporis suppetit, in sexta feria, quæ in paschalem hebdomadam habetur, desideratam faciem apud Argentinam videre optamus. Legatos nostros, viros utique prudentes et discretos, ac sanctæ Romanæ Ecclesiæ regnique amatores ac nobis charissimos, Buconem videlicet Wormatiensem episcopum, Anselmum Havelbergensem episcopum, Wibaldum Corbeiensem abbatem vestræ sinceritati commendamus, ut ea quæ vobis dixerint tanquam ab ore nostro audiatis, et in rebus sanctæ Romanæ Ecclesiæ et regni cum eis formaliter tractare ac disponere non abnuatis.

IV.

Hugonis Rothomagensis archiepiscopi ad Eugenium. — Orat pontificem ut libertatem Vizeliacensis cœnobii asserat.

(Anno 1148.)

[*Spicil.* edit. in-fol., t. II, p. 512.]

Reverendo Patri et domino suo EUGENIO, Dei gratia summo pontifici, HUGO Rothomag. humilis sacerdos, obedientiam debitam et reverentiam.

Quod sancta Romana Ecclesia provida dispensatione juris ac dignitatis contulit quibuslibet Ecclesiis, confidimus ratum ab ipsa teneri nec ab aliquo in posterum idipsum posse violari. Ecclesia siquidem Vizeliac., quæ vestra est, a domino, ut audivimus, Eduensi episcopo graviter infestatur, et quod eidem libertatis ac dignitatis Rom. pontificum gratuita benignitate collatum est, cassare nititur. Super hoc autem quod idem frater noster episcopus, ut dicitur, affirmat, in eodem Vizeliaco aliquem episcopum præter ipsum vel ejus assensum, ordines non posse celebrare, vel altaria consecrare; utriusque recordamur officium prece et monitu abbatis ipsius Ecclesiæ atque conventus nos ibidem complesse, aliosque quamplures episcopos auctoritate privilegiorum S. R. Ecclesiæ, quæ ibidem habentur, similia perpetrasse. Piæ igitur paternitati vestræ pro eadem Ecclesia vestra Vizeliac. supplicamus, ut in eadem libertate et dignitate ipsam conservare dignemini, qua antecessores vestri eam servaverunt, nec de jure suo eamdem minui, vel injuste privari sustineatis, charissime Pater et domine.

V.

Henrici Romanorum regis ad Eugenium. — Archiepiscopum Moguntinum excusat, quod concilio Remensi non interfuerit, eumque ad pontificem proficiscentem commendat.

(Anno 1148.)

[MARTEN., *Ampl. Collect.*, II, 268.]

Dilectissimo in Christo Patri EUGENIO sanctæ Romanæ Ecclesiæ summo pontifici, HENRICUS Dei gratia junior Romanorum rex, filius magni Conradi inclyti triumphatoris, Romanorum regis et semper Augusti, filialem per omnia dilectionem et debitam in Domino reverentiam.

Charissimus pater noster catholicæ fidei cultor a nobis et a regno suo discedens, nobis hæc suprema et memoriæ arctius impressa mandata dedit, ut personam vestram summo dilectionis affectu amplecteremur, ut sacrosanctam matrem nostram Romanam Ecclesiam præcipua diligentia coleremus, et res ipsius tueri ac defensare, ubicunque se opportunitas offerret, non negligeremus. Quæ piissima religiosi genitoris nostri monita non surda aure, nec pigra cordis intentione suscipientes, ad effectum ea perducere sollicita devotione curavimus; sic de cætero intenti, ut crescente in nobis per divinam indulgentiam ætate et sapientia, cuncta in melius augere et complere studeamus. Morem regni nobis a Deo collati vestram prudentiam ignorare non credimus, in eo videlicet, quod Moguntinus archiepiscopus ex antiquo suæ Ecclesiæ et dignitatis privilegio, sub absentia principis custos regni et procurator esse dignoscitur, quæ priscorum instituta regum gloriosus genitor noster, ut in cæteris, secutus, nostram ætatem et regni gubernationem reverendo Patri nostro Henrico Moguntino archiepiscopo, omnium principum favente conniventia, magna cum attentione commisit. Quantum vero ejusdem venerabilis archiepiscopi absentia toti regno et personæ nostræ incommoda sit, optime novit intelligentia vestra, cui mores Galliæ Belgicæ, quæ sceptris nostris ex majori parte subdita est, et totius Germaniæ ignoti non sunt. Inde factum est ut tempore synodi vestræ, quam in Remensi civitate, divina favente clementia, ad totius sanctæ Ecclesiæ incrementum celebrastis, ad vestræ sanctitatis præsentiam venire idem archiepiscopus non posset, quoniam alterius regni fines tutus ingredi non potuit, et nostras res, quæ quanto sunt per Dei misericordiam majores, tanto sunt ad regendum difficiliores, relinquere, nobis cum consilio multorum principum renitentibus, salva fide et honestate sua, non valuit. Verum, quoniam frequenti vocatione vestra commonitus, ad vestræ celsitudinis præsentiam transire nunc festinabat, nos in præterita Nativitate beatæ Mariæ curiam, Deo auctore, in oppido Franckenevort celebravimus, ubi congregata principum nostrorum frequentia, tam de ipsius archiepiscopi absentia, quam de securo ad vos transitu sub prolixa deliberationis mora tractavimus. Eum itaque ad vestræ sublimitatis præsentiam contra nostram et totius regni utilitatem impræsentiarum proficiscentem, filiali et affectuosa commendatione prosequimur, orantes intime plissimam et in bonis expertam nobis paternitatem vestram, quatenus eum benigne suscipiatis et honeste petitionis nostræ intuitu habitum, ad nos cum gaudio ipsum vestra benedictionis gratia communitum in brevi remittatis.

VI.

Ejusdem ad eumdem. — Pontificis patrocinium precatur.

(Anno 1148.)

[MARTEN., *Ampl. Collect.*, II, col. 230.]

Reverendo in Christo Patri suo et domino EUGENIO summo et universali pontifici, HENRICUS, Dei gratia Romanorum rex, debitæ dilectionis et obsequii sinceritatem.

Benedictus Deus, qui sinceritatis vestræ discretionem in officium et dispensationem summi pontificatus assumere dignatus est. Justitiam enim et veritatem sicut religiosi de vobis sentiunt diligitis, et quæ ad decorem domus Dei spectant, sollicite pertractatis, unde nimirum vestræ sinceritati in hoc obedire parati sumus, ut materialis cum spirituali gladio in Ecclesia nostris temporibus concorditer operando fructificent. Pater enim noster devotissimus filius vester, qui pro dilatatione Ecclesiæ crucem Christi circumfert, novissime a nobis recedens, iterando præcepit ut justitiæ innitamur, religionis formam amplectamur, Ecclesiæ dignitatem, regni honorem summa diligentia tueamur. Sub obtentu igitur Patris nostri, qui Romani imperii dignitatem per extera regna traducit, et pro dilatanda Ecclesia seipsum periculis omnibus usque ad effusionem sanguinis exponendo perpetuum fœdus cum Ecclesia pepigit, patrocinium vestrum, qui specialis Pater Ecclesiæ estis, confidenter requirimus, quia, secundum Deum et Patris nostri præceptum, paternitati vestræ in omnibus obedire parati sumus.

VII.

Ejusdem ad eumdem. — Ut Henricum Moguntinum archipræsulem et alios ad papam transeuntes benigne suscipiat, ducissam Poloniæ ab excommunicatione solvat, et Wibaldum abbatem habeat sibi commendatum.

(Anno 1148.)

[MARTEN., *ibid.*, col. 232.]

Dilectissimo in Christo Patri EUGENIO summo et universali pontifici, HENRICUS Dei gratia Romanorum rex filialem per omnia dilectionem et debitam in Domino reverentiam.

(145) Ex præposito anno 1142 creatus est archiepiscopus Moguntinus et, anno 1151, jussu Eugenii papæ III, depositus fuit. Exstat ad eum S. Bernardi epistola 323. De eo annalista Patherbornensis ad annum 1153.: *Dejectus est*, inquit, *Henricus Moguntinus archiepiscopus ac metropolitanus noster, reus an innocens, non convenit, inter scriptores. Vir cætera bonus et simplicior quam politicorum calliditas*

Sinceritati vestræ totis animi viribus multas gratiarum actiones referimus, quod legatos nostros et litteras affectione paterna suscepistis, et dulcissimis responsis vestris nostram ætatem ad divinæ religionis cultum, sanctæ Ecclesiæ amorem benigne informastis, et de absentia inclyti Patris nostri, vestri utique devotissimi filii, piam et efficacem consolationem exhibuistis. Vestris ergo apud Deum intervenientibus meritis, quantum per ipsius gratiam ætate et industria proficere possumus, tantumdem in vestræ personæ et sacrosanctæ Romanæ Ecclesiæ dilectionem, ac totius catholicæ Ecclesiæ defensionem crescimus. Siquidem Pater noster a nobis sub vexillo sanctæ crucis recedens, hæc nobis suprema et multoties repetita mandata reliquit, ut vos sicut ipsum filiali et intimo affectu diligeremus, ut a vobis tanquam a fidelissimo ætatis nostræ tutore verum consilium, et competens adjutorium in omni opportunitate nostra speraremus. In quo traditæ nobis ab ipso disciplinæ proposito constanter permanentes, reverendam nobis paternitatem vestram pio studio salutamus, orantes ut petitiones nostras, quæ in subjectis habentur, intra efficaciam exauditionis admittatis. Primum quidem ut charissimum nobis Patrem ac præceptorem atque adjutorem nostrum (145) Henricum venerabilem Moguntinum archiepiscopum, nec non alios archiepiscopos, episcopos, abbates, præpositos seu cæteras personas, quæ de regno Patris nostri sunt, ad cujus successionem Dei misericordia ordinati sumus, et ad vestram præsentiam transeunt, clementi bonitate suscipiatis, eosque admonitione sedula, quod patienter et fortiter absentiam Patris nostri ferant, et nostram indolem educare studeant, exhortari non abnuatis, quatenus et ipsi cum gaudio in proprio dignitatis suæ statu ad sua revertentes, reditum Patris nostri cum jucunditate exspectent et nostris atque regni opportunitatibus debitum fidei et consilii effectum accommodent. Ducissa quoque Poloniæ nostra amita, tum per sententiam excommunicationis quæ a vobis in ipsam promulgata fuit, tum propter absentiam Patris nostri, sui utique domini et fratris, vim patitur, et de terra sua et de honore ducatus sui exsulare cogitur. Super qua re vestra discretio bene meminisse debet, quod Pater noster eamdem sororem suam cancellario vestro, viro utique sapienti et honesto nobisque charissimo, in manum commisit, et per eum vestræ celsitudini ipsam attente commendavit, ut videlicet ad ejus restitutionem clementem operam adhibere dignemini. Corbeiensem quoque abbatem Wibaldum nostrum utique et regni nostri fidelem, pari diligentia et

ferret. Cujus ob id patrocinium susceperat divus Bernardus. Sed cleri, quem formare aggressus, odio et accusationibus prævalentibus, Embecam in Brunswicensi ducatu digressus exsul hoc anno obiit, ubi et humatus quiescit. Dictum ejus familiare erat: Fui dives canonicus, pauper præpositus et mendicus episcopus.

simili studio in manum praedicti cancellarii vestri, per manum inclyti Patris nostri praesentialiter commissum vestrae mansuetudini nos quoque commendamus, ut eum in omni necessitate sua clementer protegatis, et praecipue in duabus abbatiolis obtinendis, videlicet Kaminata et Visbike, quae quia fere collapsae et destructae erant tam in religione quam in possessionibus, mansuetissimus Pater noster eas Corbeiensi monasterio et praefato abbati jure proprietario contulit, quatenus per ipsius industriam divinus ibidem ordo reformetur, et, possessionibus recollectis, quae dispersae sunt, atque conservatis, loca penitus, ut coeperant, non destruantur.

VIII.

Henrici ducis Saxoniae ad Eugenium. — Wibaldi abbatis Stabulensis merita praedicat oratque ut pontifex ratam habeat Kaminadae unionem ad Corbeiense monasterium.

(Anno 1148.)

[MARTEN., *Ampl. Collect.*, II, col. 234.]

Sacrosanctae Romanae Ecclesiae summo pontifici EUGENIO, HENRICUS dux Saxoniae, promptae et officiosae servitutis devotionem.

Commendamus paternitati vestrae dilectum dominum meum venerabilem Corbeiensis Ecclesiae abbatem Wibaldum, quem pro causis Ecclesiae suae ad vestrae majestatis praesentiam venisse cognoscimus, quem etsi in conspectu vestro gratiam invenisse non ambigimus, pro affectu tamen, quo eum diligimus, nostra quoque commendatione eum prosequimur. Obsecramus ergo paternitatem vestram, quatenus eum in suis petitionibus clementer exaudiatis, et praecipue pro Ecclesia Kaminatensi, in qua et religionis divinae cultum tanquam vir religiosus ac timens Deum reformavit, et ipsius Ecclesiae praedia ac possessiones, quae Juditha abbatissa adjutoribus et amatoribus suis post depositionem sui plusquam ad centum (145) mansos in beneficio concesserat, tanquam vir strenuus Dei adjutorio et nostro fere ad integrum recollegit, et usibus ecclesiae restituit. Salubre itaque nobis exemplum et commonitorium in protegendis et adjuvandis de caetero Ecclesiis praestabitis, si bonum quod in eadem Ecclesia ad laudem Dei inchoavimus, secundum petitionem praedicti venerabilis abbatis stabile et firmum vestra auctoritate feceritis. Valete.

IX.

Henrici comitis Namurcensis ad Eugenium. — Se paratum esse ea observare, quae Treveris in curia papae ordinata fuerant, de causa quae ipsum inter et archidiaconum Virdunensem vertebatur

(Anno 1148.)

[MARTEN., *ubi supra*, col. 244.]

Reverendo Patri et domino suo EUGENIO sanctae Romanae Ecclesiae summo pontifici HENRICUS comes de Namuro et Lutzelemburch, devotionem filii cum fideli servitio.

Sicut inter me et Richardum, archidiaconum Virdunensem, in curia vestra Treveris, mediante Clarevallense (146) abbate, ordinatum fuit, et in vestrae societatis praesentia confirmatum, ita die constituta observare et adimplere modis omnibus postmodum volui sub testimonio Virdunensis (147) episcopi et Corbeiensis abbatis. Sed ipse Richardus archidiaconus valde ingeniose coepit occasiones quaerere, qualiter a propositis conditionibus recederet, et Anselmum quemdam, liberum hominem meum, atque alios quosdam studiose sollicitavit, ne homines sui fierent, et ne beneficia, quae a me habent, ab ipsius manu reciperent. Ego pro reverentia vestri apostolatus in praedictis conditionibus et placito permanere absque dolo et sine fraude volo, cum tamen, si in gratia vestra fieri..., ut me de hac causa coram meo judice pulsaret, et in foro, cui haec jurisdictio pertinet, super litigare vellet, paratum me modis invenirent. Ea propter paternitatem vestram humili supplicatione deprecor, ne in me vobis obedientem, et ea quae praescripta sunt observare cupientem sententiam mittatis, vel terram meam sub aliquo interdicto ponatis; quatenus vestrae personae excellentiam tanto plus diligere

---

(145) De d'stractis a Juditha abbatissa postquam fuit deposita, haec reperimus in quadam schedula Stabulensis monasterii : *Domna Judi.ha, , abbatissa, haec dedit de praediis Kaminatensis Ecclesiae postquam deposita fuit. De curia An. mansum unum in Cadenberc cum sex mancipiis, Odikoni advocato. J em de eadem curia Thiedero duos mansos. Item Reinhero unum mansum et* XII *solidos. Item uxori Sigehurdi tres mansos. Item Helprado* V *solidos avenae et* V *so.idos donariorum. De curia Cokerbike dedit Odikoni advocato unum mansum et mancipium unum nomine Budonem. Item eidem feminam nomine Seburgem cum tribus filiis suis. Item Hermanno mansum unum et mancipium Radulphum. Item Odoni mansum unum et mancipium Borgodonem. Item Rikberto advocato mansum unum cum mancipio Mane. Item eidem mansum unum cum Huicone mancipio. Item eidem mansum unum cum Reino fo mancipio. Item eidem mancipia* IX, *quae Teutonice vocantur Enlope. Item Waldingo* V *mancipia. Item Henrico de Boiwide dedit* V *mansos cum mancipiis, suis qui sunt beneficium Helpradi dapiferi nostri. Item eidem* IV *mansos quorum unus de beneficio Tankeradi,* III *de* *beneficio Brunonis. Item Arnoldo mansum unum qui nobis pertinet. De curia in Heppenstide dedit Henrico advocato duos mansos Odikoni advocato unum mansum, Epponi* I *mansum. De curia Invidele dedit Odikoni advocato duos mansos, Ricberto advocato* IV *mansos, Herimanno advocato unum mansum. Heinrico advocato* III *mansos qui sunt beneficium. Helpradi dapiferi mei, Tezzoni unum mansum qui est beneficium Heinrici clerici. Item Rikberto advocato* XXIV *mancipia qui Teutonice vocantur Enlope. Et haec omnia fere ad praebendam congregationis pertinent. Apud Bardenwich dedit in beneficio* III *marchas. Iu curia Wichmannesburg dedit in beneficio* XXXIX *mansos, et de indominicata terra* XII *mansos cum tribus domibus et curtibus earum, dedit insuper* XX *villas Slavicas ad eamdem curiam pertinentes. Inter Bodenhusen et Sutherburg dedit* XXV *mansos et de indominicata terra* VIII *mansos, cum duabus domibus et curtibus earum et villas Slavicas* XIII *et unam dimidiam. Item Walthardo sub advocato* III *mansos. Item Gerarto* II *mansos.*

(146) S. Bernardo qui tunc Treveris cum Eugenio versabatur.

(147) Alberonis episcopi scilicet et Wibaldi abbatis.

valeam, et ad defensionem Ecclesiæ Dei esse devotior.

X

Conradi imperatoris ad Eugenium. — Ut præposituram Xantensem Thiebaldo capellano suo canonice electo conferre dignetur.

(Anno 1149.)

[MARTEN., Ampl. Collect., II, col. 365.]

Litteris paternitatis vestræ plenis piissimi affectus, plenis lætitiæ et gratulationis, per aliam paginam et per alios nuntios plenius respondere decrevimus, et de nostro statu ac regni a Deo nobis commissi ordinatione pressius quædam magnitudini vestræ intimare. Sed fervente interim non fictæ circa vos charitatis igne, beatitudinem vestram filiali ac sincera dilectione salutantes, obnixe rogamus ut prima post reditum nostrum petitio apud vestram sanctitatem exauditionis aditum inveniat. Coloniensis archiepiscopus (148) ab officio episcopali a vestra æquitate suspensus est, atque ideo ad vestræ manus ordinationem pertinere credimus, quidquid pontificalis et canonici juris in episcopio suo esse dignoscitur. Et quoniam Xantenses clerici post obitum præpositi sui B. pari fere affectu et canonica voce filium vestrum, nostrum scilicet dilectum capellanum (149) Thiebaldum in præpositum sibi elegerunt, exceptis paucissimis, quorum ætas et discretio in nullis habenda est, benignitatem vestram attente monendo rogamus, ut prædictam præposituram pro nostræ dilectionis intuitu prænominato clerico nostro conferre non abnuatis, quem aliquando vacante tunc præpositura absque ulla reclamatione elegerant Xantensis Ecclesiæ canonici. Eamdem præposituram obtinuit quondam. H. præpositus, præstante sibi bonæ memoriæ papa Innocentio, cum defuncto Hugone (150) archiepiscopo Coloniensis cathedra vacaret, quod etiam simili forma vestræ sanctitati licere et convenire non dubitamus.

XI.

Ejusdem ad eumdem. — Scribit in gratiam Thiebaldi præpositi Xantensis et Ottonis clerici.

(Anno 1149.)

[MARTEN., ibid., col. 359.]

Dilectissimo in Christo Patri suo EUGENIO sanctæ Romanæ Ecclesiæ summo pontifici CONRADUS Dei gratia Romanorum rex et semper Augustus, filialem per omnia dilectionem et debitam in Domino reverentiam.

Gratum nobis valde est, et in secreto cordis nostri memori benevolentia collatum, quod dilectum capellanum nostrum Thiebaldum pro nostræ dilectionis et intercessionis respectu in Xantensi præpositura provexistis. Dignum enim et justum esse arbitramur, si prædecessorum vestrorum ac nostrorum, virorum utique sanctissimorum ac sapientissimorum instituta et jura servantes, illas personas diligere ac sublimare curemus, quæ a vestræ sanctitatis misericordia in sacrosanctæ matris nostræ Romanæ Ecclesiæ gremio benignius confoventur, sicut vestra benignitas eos, quos nostra clementia propensiori bonitate evehere dignatur, honorare et amplificare sollicita est. Et quoniam non inchoasse sed perfecisse virtutis est, excellentiam vestram intime rogando monemus, quatenus eadem benedicta et larga manus vestra, quæ in prædicta persona gratiæ et honoris bona fundamenta jecit, ædificare ad perfectum non abnuat: videlicet si Coloniensis misericordiam vestram obtinuerit, et officii sui plenitudinem recuperaverit, non noceat præposito, qui a vestra manu tanquam a beati Petri manu investitus et promotus est. Cæterum quia vestra discretio, sicut nobis scripsistis, sacrorum canonum et sanctæ Romanæ Ecclesiæ sanctionibus contraire non potest, nec debet, nos de talibus statuendis et firmandis vestram nolumus sollicitare prudentiam, sed tamen quod firmari non debet, tolerari potest, ut de dispensationis temperamento fructus multiplicetur in recompensationis incrementum. Hoc propterea dicimus, quod incongruum esse credimus, ut aliquis in Ecclesia Dei circa hanc personam, quam vos sublimastis, rigorem canonum quasi vestigia vestra sequendo teneat, in aliis vero personis, quas vos ignoratis, pro arbitrio suo remittat. Si ergo aliqua Ecclesia pari voto et unanimi assensu eumdem virum, ut auferat opprobrium ejus, apprehendere voluerit, tanto debebit circa ipsum gratiæ dispensationis esse inclinatior, quanto certius cognoscitur vestræ sanctitati pro nostræ dilectionis interventu esse acceptior. Cæterum, sicut proxime vestram sublimitatem rogavimus, quatenus quemdam liberum hominem nostrum Ottonem, qui apud vestram discretionem infamatus est, quod cujusdam clerici Virtzeburgensis, Conradi videlicet nasum truncaverit, ab excommunicatione, qua pro hoc immodatus est, absolvi faceretis, quoniam ab eodem clerico super eadem re in nostra curia pulsatus, judicio gentis suæ et curiæ nostræ, quod innocens esset, juramento comprobavit, ita et in præsenti attente facimus, rogantes ut per præsentem nuntium tam nobis quam Bavembergensi episcopo super eodem negotio rescribatis. Salutat dilectam paternitatem

---

(148) Arnoldus, qui in concilio Remensi cum Moguntino archiepiscopo de Simonia accusatus, a summo pontifice depositus dicitur in Gallia Christiana, tametsi ab officio suo tantum suspensus hic memoratur.

(149) Is erat archidiaconus Coloniensis, ut discimus ex Wibaldi ad eum epistola infra referenda.

(150) De quo Albericus in Chronico ad annum 1138: *Hugo, post Brunonem electus Coloniensis archiepiscopus, dum Romam iret consecrandus, peregre est defunctus, intra duos menses vita et sacerdotio functus, in Apulia apud Mel hiam quievit.*

vestram dilectus vester in Christo filius Henricus Junior rex Romanorum.

XII.

Ejusdem ad eumdem. — Ut Arnoldum Coloniensem archiepiscopum benigne suscipiat, ac suæ sedi restitutum remittat.

(Anno 1149.)

[MARTEN., *Ampl. Collect.*, col. 384.]

Dilectissimo in Christo Patri EUGENIO sanctæ Romanæ Ecclesiæ summo pontifici, CONRADUS Dei gratia Romanorum rex et semper Augustus, filialem per omnia dilectionem et debitam in Domino reverentiam.

Quam gratus sit sacræ menti vestræ honoris nostri status, ac nostræ personæ sospitas, regnique nobis a superna majestate collati pax atque tranquillitas vestræ magnitudinis affatus, quos post reditum nostrum a Hierosolymitana expeditione primos accepimus, evidenter patefecerunt; nos vero pari circa vos pietatis studio excitati, graviter et moleste ferimus quidquid in venerabilem personam vestram et in res sacrosanctæ matris nostræ Romanæ Ecclesiæ, cujus nos a Deo defensores ordinati sumus, perperam agitur. Sed ad eosdem vestræ beatitudinis apices respondere distulimus, donec in proximo, præstante Domino, tales ad vestram sublimitatem legatos dirigamus, qui et litteris nostris et viva voce sua de omni proposito nostro vestram debeant sanctitatem certificare. Cæterum ad præsens nostræ instantis et obnoxiæ petitionis summa hæc est, ut quia gremium suum redeuntibus nunquam sancta mater claudit Ecclesia, venientem ad vos Arnoldum venerabilem Coloniensis Ecclesiæ archiepiscopum, paterna cum pietate suscipiatis, et eum cum integritate honoris sui pro nostræ dilectionis intuitu ad nos remittatis (151). Nec enim credi oportet quod de contumacia vobis suam exhibere præsentiam recusaverit, sed cum sit et senio et assidua ægrotatione confectus, tantum laborem arripere non potuit, præsertim cum per absentiam ejus non parvi motus et implacabiles discordiæ oboriri potuerint, quæ et personæ nostræ importunos labores et regno nostro non modicas incommoditates ingerere valerent. Superest ut nos toto pietatis affectu, ut facitis, diligatis, et a nostra parte religiosum boni filii consilium et auxilium exspectetis.

XIII.

Ejusdem ad eumdem. — Ratisbonensem episcopum Jerosolymam tendentem ipsi commendat.

(Anno 1150.)

[MARTEN., *ibid.*, col. 401.]

Dilectissimo in Christo Patri suo EUGENIO, sanctæ Romanæ Ecclesiæ summo pontifici, CONRADUS Dei gratia Romanorum rex et semper Augustus, filialem dilectionem et debitam in Christo reverentiam.

Fidelis noster vestræ sanctitatis filius Ratisbonensis episcopus, licet in rebus regni nostri plurimum nobis opportunus esset et commodus, detineri tamen nequaquam potuit, quin ob fidei ardorem et solvendi voti desiderium sub signo Crucifixi Jerosolymam tenderet. Quem ad vestræ celsitudinis præsentiam venientem, pro nostræ dilectionis interventu paterna benignitate suscipietis, et adjutum in his quæ sua necessitas poposcerit, tam per manus vestræ protectionis, quam per fidelium vestrorum suffragia, vestraque benedictione roboratum hilariter ad sui propositi complementum dimittetis. Implevit enim amaritudine animam illius verbum, super quo vestræ sanctitati suspectus effectus est. De quo nos ei veraciter testimonium perhibemus, quod ipse nec Christianum exercitum vendiderit, nec prodiderit, nec sacrosanctæ matris nostræ Romanæ Ecclesiæ dignitatem in aliquo minuerit.

XIV.

Ejusdem ad eumdem. — Mittit ad eum legatos, rogatque Eilulfum abbatem monasterii Morbacensis ab eo confirmari, et Ottonem clericum absolvi.

(Anno 1150.)

[MARTEN., *ibid.*, col. 404.]

Dilectissimo in Christo Patri suo EUGENIO, sanctæ Romanæ Ecclesiæ summo pontifici, CONRADUS Dei gratia Romanorum rex et semper Augustus, filialem per omnia dilectionem et debitam in Domino reverentiam.

Postquam, Deo propitio, nostram fragilitatem moderante, ab expeditione Jerosolymitana reversi fuimus, vestram beatitudinem salutarem et sacrosanctam matrem nostram Romanam Ecclesiam visitare per sublimes legatos nostros disposuimus; sed, Deo extendente manum suam in retribuendo, tam gravi et tam diutina corporis infirmitate afflicti sumus, ut a rebus agendis cessare cogeremur. Verum, recepta nunc per divinæ pietatis indulgentiam sospitate, in ejusdem voluntatis proposito perseverantes, eosdem legatos ad vestræ celsitudinis præsentiam destinare communicato principum consilio statuimus, ut tam de Ecclesiæ quam de regni statu et utilitatibus ea vobiscum tractare et ordinare possimus, per quæ et populus Christianus in pace ac timore Dei vivere, et imperium Romanum in pristinæ dignitatis robur reformari, Deo auctore, valeant. Causam Morbacensis monasterii a latoribus præsentium viris utique religiosis ac prudentibus plenius intelligere potestis, quæ in conspectu et præsentia Basileensis episcopi, in cujus parochia idem monasterium consistit, nec non Constantiensis, Bavembergensis, Eistadensis, ac Spirensis episcoporum, nec non abbatis Corbeiensis et aliorum multorum tam abbatum quam religiosorum atque litteratorum virorum diu tractata et diligenter discussa est et ex ordine juris ac rationis ad hunc finem perducta,

---

(151) Hæc epistola nullum habuit effectum; nam papa archiepiscopum ut dignitati suæ restitueret, nullatenus potuit persuaderi.

ut quia concors in malis præfati monasterii congregatio, quibusdam tamen eorum contradicentibus, personam vitiis suis consentientem elegerat, nos auctoritate Regulæ sancti Benedicti edocti, adhibito episcoporum et abbatum suffragio, non sivimus pravorum prævalere consensum. Ad reformandam itaque religionem et restaurandum regni nostri honorem præfecimus eidem monasterio virum venerabilem ac religiosum Eilulfum, Erliacensem abbatem, cujus adnitente industria prædictum monasterium ab antiquis spurcitiis emundetur. Quod factum, ut a vestræ sanctitatis benedictione roboretur, attente monendo rogamus, nec inclinetis aurem vestram censoribus illis pseudomonachis, qui episcopum Basileensem nihil de eodem negotio tractantem ad vestram præsentiam appellaverunt. Etenim tam temeræ provocationes totam ecclesiasticam disciplinam subvertunt, et omnem juris ordinem confundunt. Præterea sublimitatem vestram intime rogamus, quatenus quemdam liberum hominem nostrum Ottonem, qui apud vestram discretionem infamatus est, quod cujusdam clerici Wirceburgensis, Conradi videlicet, nasum truncaverit, ab excommunicatione absolvi faciatis, quoniam ab eodem clerico super eadem re in nostra curia pulsatus, judicio gentis suæ et nostræ curiæ, quod innocens esset, comprobavit: cui actioni filius vester, noster utique amicus Guido cardinalis interfuit.

XV.

Ejusdem ad eumdem. — Petrum Capuanum archiepiscopum, cujus ope sanitatem recuperaverat, ei commendat.

(Anno 1150.)

[MARTEN., *Ampl. Collect.*, II, col. 406.]

Dilectissimo in Christo Patri suo EUGENIO sanctæ Romanæ Ecclesiæ summo pontifici, CONRADUS Dei gratia Romanorum rex et semper Augustus, filialem per omnia dilectionem, et debitam in Domino reverentiam.

Deo propitio res nostras moderante, et per adversa et prospera vitæ nostræ cursum dispensante, post reditum nostrum a Jerosolymitana expeditione, gravi et longa infirmitate decubuimus, sed eadem, divinæ bonitatis gratia nostræ saluti consulens, providerat nobis Petrum (152) Capuanæ Ecclesiæ quondam archiepiscopum, virum in arte medicinæ absque ulla dubitatione peritissimum. Divina itaque nobis opitulante misericordia et cooperante prædicti viri studio ac diligentia, integram sospitatem nos recipere gaudemus, atque ad res imperii gerendas, quas, interveniente invaliditudinis obstaculo, intermiseramus, nos tota animi intentione viribus receptis accingimur. Paternitatem itaque vestram, quam vera charitate diligimus, et de qua plurimum confidimus, attente monendo rogamus ut prænominato curatori nostro apud vestram celsitudinem tam in honore quam in utilitate assequenda valeat, quod

(152) De hujus archiepiscopi pontificatu altum in Italia sacra silentium, ubi locum habere debet inter

ex arte sua nobis profuit, et Ecclesiam suam, quam ei beatæ memoriæ papa Innocentius in urbe Roma tradidit, cum omnibus aliis rebus suis quiete et honeste possideat, nec ei aliquam molestiam in omnibus rebus sibi pertinentibus inferri patiamini.

XVI.

Ejusdem ad eumdem. — Mittit ad eum oratorem magistrum Henricum, curiæ suæ notarium.

(Anno 1150.)

[MARTEN., *ibid.*, col. 410.]

Dilectissimo in Christo Patri EUGENIO, sanctæ Romanæ Ecclesiæ summo pontifici, CONRADUS Dei gratia Romanorum rex et semper Augustus, filialem per omnia dilectionem et debitam in Domino reverentiam.

Ex quo nos propitia divinitas a partibus Orientis post multa pericula terra marique suscepta sanos et incolumes ad propria reduxit, quia non licuit sanctam ac venerabilem paternitatem vestram facie ad faciem corporalibus oculis intueri, proposueramus aliquos de magnatibus nostris ad vos dirigere, ut tam de statu sacrosanctæ matris nostræ Romanæ Ecclesiæ et aliarum Ecclesiarum, quam de imperii Romani reformanda dignitate discretissimi consilii vestri sententiam familiari et intima inquisitione acciperemus. Sed primo detinuit nos gravis infirmitas, a Deo nobis ad correctionem data, quæ nos in tantum sex fere mensibus afflixit, ut majoribus rebus gerendis pene essemus inutiles. Quæ occasio aliquorum aluit audaciam, et quorumdam motuum excitavit seminaria, ad quæ sopienda et comprimenda, cum sospitatem munere cœlesti fuissemus adepti, tota nos animi vigilantia præcinximus. Et nunc de bonis principiis opportunum finem cum Dei gratia sperantes, misimus impræsentiarum ad vestram celsitudinem magistrum Henricum curiæ nostræ notarium, virum utique prudentem et honestum, et nobis, ut scitis, familiarem et acceptum, qui vestræ discretioni extra præsentium litterarum seriem quædam de voluntate nostra ac rebus nostris viva voce intimabit, cui credere nullatenus dubitabitis.

XVII.

Balduini Noviomensis episcopi ad Eugenium. — Narrat quomodo inter molestias et opprobria monachos religiosos in Ecclesiam Compendiensem induxerit loco canonicorum vita infamium.

(Anno 1150.)

[DUCHESN., *Hist. Franc. script.*, IV, 544.]

Sanctissimo Patri et domino EUGENIO Dei gratia summo pontifici, BALDUINUS Noviomensis Ecclesiæ minister indignus, quidquid boni potest oratio vel affectus.

Onerastis ut dominus et magister humeros imbecilles adeo, ut in exsequendi operis injuncti sollicitudine perurgente pene virtus exhausta deficeret. Nec enim leve vel modicum, Ecclesiam Compendiensem tam celebrem, tam famosam, tanta denique Gaufridum, qui anno 1138 devixisse videtur, et Alphanum, qui sedisse dicitur ab anno 1165 ad 1185.

auctoritate subnixam, in alium statum quamvis præcipuum derepente convertere, cum in hujusmodi clericis, si tamen clerici, consuetudo principetur antiqua, plusque deterius inolitum quam melius insolitum placeat et delectet. Sed ecce probatis nos ad aquas contradictionis, ubi vexatus est ille venerabilis Sancti Dionysii abbas, vestræ sanctitatis servus fidelis et prudens. Mirabiles elationes maris experti sumus, sed mirabilior et longe potentior in altis Dominus et summus Pontifex ejus, qui miserunt nos. Denique perurgente sancta obedientia vestra, cum sciremus scriptum esse, *Servus sciens voluntatem domini sui, et non faciens digna, plagis vapulabit multis*: voluntati vestræ propensius inhærentes, suscepimus opprobria clericorum exprobrantium Deo et vobis, et initiavimus locum vere sanctum religioni et ordini : monachos deputavimus, abbatem virum religiosum et strenuum canonice electum constituimus, et in festivitate beatorum martyrum Cornelii et Cypriani, quæ celebritas ibi maxima est, abbatem ipsum solemniter benediximus, et erit benedictus Deo volente, et gratia vestra confirmante. Sicque impleta veridica illa Domini sententia : *Omnis plantatio, quam non plantavit Pater meus cœlestis, eradicabitur*. Succisa est arbor, quæ etiam terram occupabat, et plantata est oliva fructifera in domo Dei quæ de misericordia vestra sperat plurimum, et ad præsens indiget quamplurimum. Manus domini regis filii vestri gloriosi principis fuit nobiscum, quem vere in hoc opere probavimus servum Dei viventis, qui dicere possit : *Domine, dilexi decorem domus tuæ*; et illud : *Zelus domus tuæ comedit me.* Quomodo satagebat, quomodo ardebat igne Dei, ut fieret ista mutatio dexteræ Excelsi? Sed et ipse nobiscum bibit de torrente, confusionem accepit, dissimulavit injuriam, distulit majestatem. Prima die vocavit nobiscum clericos in capitulum : non venerunt. Sequenti die ipsemet profectus est, et vix eo compellente venerunt. Lectæ sunt litteræ, quas præfato abbati pro hoc ipso opere per me direxistis, ut sciatis : sed nec vestræ auctoritati delatum est. Vidimus ibi superbiam Moab, superbus est valde. Taceo quæ postea manus flagitiosa peregit, et quomodo fraude et præter horam intravit ecclesiam, reliquias sanctas asportare molitus. Quod et ex parte fecit, funes pendentes præcidit, ne forte ad sonitum signorum populus conveniret. Quæ omnia præsentium lator sanctitati vestræ melius declarabit. Quid plura? Superest, domine, ut quod nutu Dei et vestro bonum accepit initium, auctoritas vestra stabilire, munire, confirmare studeat in perpetuum. Unde vivant monachi non habent. Clerici, tam foranei quam intranei, qui beneficia possident, nihil eis communicare volunt, sed magis habere videntur fiduciam, quod Jordanis influat in os eorum. Rigatio plantationis novellæ in manu vestra est, domine : ne arescat, ne deficiat, quod omnino inimicus molitur. Pluviam voluntariam segregate hæreditati Dei et vestræ.

XVIII.

Conradi imperatoris ad Eugenium papam. — *Ut Herimanni Trajectensis episcopi electionem confirmet, et comitem de Ara ab excommunicatione absolvat.*

(Anno 1151.)

[MARTEN., *Ampl. Collect.*, II, 483.]

Dilectissimo Patri suo EUGENIO sanctæ Romanæ Ecclesiæ summo pontifici CONRADUS Dei gratia Romanorum rex et semper Augustus, filialem per omnia dilectionem et debitam in Domino reverentiam.

Vacante Trajectensi episcopatu post discessum piæ memoriæ Hariberti episcopi, misimus ad eamdem Ecclesiam legatos nostros cum mandatis, motus temerarios qui in rebus hujusmodi suboriri solent et direptiones rerum ecclesiasticarum fieri auctoritate nostra prohibentes. Mandavimus etiam ejusdem urbis clero, honoratis et populo ut, depositis partium studiis, sese electioni futuræ in spiritu concordiæ et humilitatis præpararent, nec tale aliquid animositate certandi committerent, in quo libertas electionis canonicæ jus libertatis amittere convinceretur. Verum ipsi libertatem pietatis a Patribus indultam in velamen malitiæ assumentes, dissensionibus et ambitione rem totam perturbare cœperunt, et longo tempore tantum potestatis tam in spiritualibus, quam in sæcularibus rebus magnitudinem absque rectore fluctuare permiserunt. Cæterum ad animum rediens majoris ecclesiæ præpositus, et ejusdem ecclesiæ decanus, cum reliquo clero et universis nobilibus unanimi consensu in dominum Herimannum ecclesiæ Sancti Gereonis in Colonia præpositum, virum scilicet integræ vitæ et probati testimonii, convenerunt. Sed quidam ministeriales ejusdem ecclesiæ, tumultu facto, armisque illatis, coegerunt quosdam de eodem clero denominare et quodam modo eligere Frithericum præpositum Sancti Georgii in Colonia, hominem videlicet infra ætatem et ordines, cujus ignorantia fautores ipsius ad subversionem Ecclesiæ abuterentur. Nos itaque de tantæ Ecclesiæ ruina compassione clementi condolentes, iterato misimus eis cum præceptis regalibus legatos, imperantes eis, quatenus omni occasione postposita, mediante Quadragesima, quæ transacta est, nostro sese conspectui præsentarent, accepturi ex regio more contentionum finem, et urbis suæ dominum, qui melioribus suffragiis juvaretur. Venit itaque præfatus Hermannus ad præsentiam nostram cum suis electoribus, sed illi, qui juvenem elegerant, juveniliter agentes, neque venerunt, neque canonicam excusationem seu legitimam transmiserunt, nisi quod prædicti Fritherici præpositi... comes videlicet A. absque attestatione cleri et populi, et certis per epistolas mandatis venit, et negotium differri postulavit. Verum nos, adhibito episcoporum et principum et virorum prudentium ac religiosorum consilio, consideravimus electores prædicti Hermanni præpositi sanioris esse consilii, de persona a canonicis institutionibus non discrepante, quibus ex magno fervore assentiebant omnes nobiles ac præpotentes ejusdem terræ, qui Trajectensem Ecclesiam et in pace legibus honestant, et in bello armis defensant. Itaque quia in nostra præsentia nulla contradictio juxta juris ordinem huic electioni opponeretur, cum omnis Ecclesia in nostram præsentiam esset vocata, judicatum est ab episcopis et principibus nullam nos debere moram probabilibus desideriis inserere, sed personam absque vi et ulla mala machinatione electam, et in sacris ordinibus ætate congrua inventam provehere. Proinde celsitudinem sacerdotii vestri, quam vera in Domino charitate amplectimur, attente monendo rogamus, ut opus a nobis laudabiliter inchoatum, benedictione sacræ manus vestræ perficere et confirmare non abnuatis, et labentis Ecclesiæ Trajectensis ruinam celeri benedictione fulciatis. Rogamus præterea sanctitatem vestram pro nostro consanguineo nostro comite de Ara, quem quidam clericus nomine Jonathas per subreptionem a vobis excommunicari fecit, quatenus eum a Leodiensi episcopo absolvi faciatis, eo scilicet rationis moderamine, ut, postquam fuerit absolutus, synodaliter vocetur, et causa, quæ super quadam Ecclesia inter eos agitur, canonico judicio decidatur.

XIX.

Henrici episcopi Leodiensis ad Eugenium. — Petit confirmari electionem Arnoldi Coloniensis archiepiscopi.

(Anno 1151.)

[MARTEN., *Ampl. Collect.*, II, 487.]

Reverendo Patri suo et domino EUGENIO, summo et universali sanctæ Romanæ Ecclesiæ pontifici, H. Dei gratia Leodiensis Ecclesiæ humilis minister, tam devotam quam debitam totius subjectionis obedientiam, et promptum ac fidele in omnibus obsequium.

Post decessum bonæ memoriæ A. Coloniensis archiepiscopi, Coloniensis Ecclesia nos et alios ejusdem metropolis suffraganeos ad diem electionis futuri antistitis ordine canonico evocavit, et præmissis jejuniis et litaniarum obsecrationibus, et invocata sancti Spiritus gratia, et exorato eo, a quo est omne datum optimum et omne donum perfectum, quique facit unanimes habitare in domo, elegit sibi, remoto omni privato studio, communi omnium, non dicam favore et assensu, sed desiderio et acclamatione, Arnoldum ejusdem ecclesiæ majorem præpositum, regiæ curiæ cancellarium, virum utique moribus et natalibus, ordine et ætate, et omni prudentiæ ratione sacerdotali officio congruentem, qui vitæ merito et doctrinæ scientia tam possit prodesse quam præesse. Tanta quippe fuit actionis illius in tempore brevitas, ut magis videatur esse optatum quam perpetratum, et ipse magis raptus quam electus. Siquidem in quo tunc accusari posse videbatur, ultra regularem modestiam renisus est, et fere inobediens factus trahi potius atque cogi quam vocari compulsus est. Proinde sanctitatis vestræ advoluti genibus, clementiæ vestræ supplices preces effundimus, ut in hac persona tantis omnium votis expetita multiplices Ecclesiæ Coloniensis calamitates relevare dignemini, et unam de pulcherrimis sacrosanctæ matris nostræ Romanæ Ecclesiæ filiabus in pristinum dignitatis suæ statum per manus beati Petri et vestras reformare. Veremur enim et subintellexisse nos pro certo credimus, quod nisi in manu vestra potenti adjutus et confortatus fuerit, onus omnino portare detrectet, et rejecta ad pedes vestræ celsitudinis sindone, qua amictus videbatur, nudus profugiat a vobis.

XX.

Ecclesiæ Coloniensis ad Eugenium. — De electione Arnoldi majoris ecclesiæ S. Petri præpositi in archiepiscopum Coloniensem.

(Anno 1151.)

[MARTEN., *Ampl. Collect.*, II, col. 488.]

Reverendissimo Patri suo et domino EUGENIO, sanctæ Romanæ Ecclesiæ summo pontifici, W. decanus, archidiaconi, abbates, præpositi, clerus, honorati et universus populus Coloniensis Ecclesiæ, tam devotam quam debitam totius dilectionis ac subjectionis obedientiam.

Excellentiæ vestræ notitiam præteriisse non credimus, quod mater nostra Coloniensis Ecclesia, una utique de inclytis filiabus sacrosanctæ matris nostræ Romanæ Ecclesiæ, cui nunc, Deo auctore, feliciter præsidetis, prompta et alacri non solum constantia, verum etiam efficacia militavit, tum videlicet quando eadem Romana Ecclesia pro assertione veritatis et orthodoxæ religionis ac sanctarum constitutionum defensione arma contra tyrannos sumere, et sese viriliter tueri, et in propriam libertatem vindicare coacta est. In quo certamine quantum universalis status catholicæ Ecclesiæ virium et incrementi suscepisse visus est, tantum procul res nostra familiaris tum in suæ pacis perturbatione, tum in suarum rerum diminutione detrimenti accepit. Siquidem tunc patria nostra occubuisse credenda est, cum, exstinctis justitiæ defensoribus, inermis et absque protectore relicta est, tanto ruinæ suæ majorem factura ruinam, quanto sublimatis suæ potiorem perceperat gloriam. Nam ex prælatorum suorum et nostra communi negligentia de celsitudine sua venit in abjectionem, de regula in abusionem, de divitiis in egestatem, in commotionem de tranquillitate, in ignominiam de splendore, in infamiam de nobilitate. Et hoc quidem factum est sanctissimis ac justissimis divinæ providentiæ judiciis, sed a nostra cognitione penitus remotis, cum in omni Patrum nostrorum decessu nostra mens omnium fere et concordia fuerit, ut tales, Deo auctore, in Patres et pastores animarum eligere possemus, qui ad tale onus portandum et ad tantam dignitatem decorandam sufficientes et idonei crederentur. Omni enim capite languido necesse est omne cor moerens existere, et a planta pedis usque ad verticem in eodem corpore nullam esse sanitatem. Sed divini ordinis sapientia, quæ attingit a fine usque ad finem fortiter, et disponit omnia suaviter, nostras voluntates ad suum nutum convertebat, ut non in ædificationem, sed potius in subversionem nostræ procederet electionis conniventia. Omnium tamen suffragiis et præcipuis votis expetebatur jam tertio is, qui nunc, Deo res nostras miserante, electus est, quia, ut de patriarcha Jacob legitur : *Erat vir in cunctis prospere agens ;* sed cum suam nimis importune prætenderet humilitatem, cœlestem, ut credimus, offendebat majestatem. Verum cur diximus electus, cum universorum non solum lacrymis et precibus, quin etiam violentis manibus sit tractus et coactus? etenim post obitum patris nostri Arnoldi archiepiscopi, Coloniensis Ecclesia salutem et protectionem suam jam a longis retro temporibus esuriens, triduanum jejunium cum desiderio cunctorum indixit, et comportatis per omnes vicos urbis sanctorum confessorum corporibus, Severini, Cuniberti, et Ailulfi, qui Coloniensem Ecclesiam viventes in carne plantaverant, et in charitate divina dilataverant, Dei omnipotentis clementiam humili prece et sincera devotione interpellabant, ut pastor æternus, talem suis ovibus pastorem per merita et intercessiones prædictorum pastorum ostendere et ordinare dignaretur, qui eorum imitando vestigia populo Dei posset et utiliter præesse et efficaciter prodesse. Die vero qua futuri antistitis erat formanda electio, invocata devotius et attentius sancti Spiritus gratia, votis concordibus et pari cunctorum ordinum acclamatione traximus ad intronizandum virum venerabilem vestræ sanctitatis filium, Arnoldum majoris ecclesiæ præpositum, qui ita ministraverat, ut bono gradu esset dignior, et in modico antea fidelis, postmodum supra multa constitutus, demum in Domini sui gaudium introiret. Renitens vero et reclamans excusabat seipsum, prætendens humilius quam verius virium suarum imbecillitatem, et ad memoriam reducens multiplices Ecclesiæ nostræ conquassationes et ruinas, et eos præcipue defectus mœrens quod Coloniensis Ecclesia omni fere dignitate et potestate, quam a sede apostolica priscis temporibus gloriose acceperat, nudata prorsus et spoliata videretur. Et licet nostræ fraternitatis universitas in eodem mœrore jamdiu contabuerit, tamen de vestra misericordia confisi spe bona consolabamur eum, futurum non dubitantes, quod vestra clementia ipsius desiderium et nostram petitionem nequaquam desereret. Mittimus itaque ad vestræ sublimitatis pedes unum de senioribus Israel, quem nos novimus, quod senex populi sit ac magister, non solum ætate corporis legitima, sed etiam senectute mentis et gravitate sacerdotali, quatenus divinæ potentiæ operatio per vestræ benedictionis gratiam de spiritu vestro tradat ei, ut sustentet vobiscum onus populi. Si enim a vestra benignitate non fuerit clementer, quod Deus avertat, susceptus, et stola prima, quam Coloniensis Ecclesia jamdudum se dolet amisisse, vestitus, eliget abjectus esse in domo Dei sui, magis quam habitare in tabernaculis peccatorum et sic fructus, qui jam in flore apparuit uberrimus, peribit, et terra nostra duplici contritione conteratur.

XXI.

Conradi imperatoris ad Eugenium. De electione Arnoldi archiepiscopi Coloniensis, quam petit confirmari.

(Anno 1151.)

[MARTEN., *Ampl. Collect*, II, col. 491.]

Dilectissimo in Christo Patri suo EUGENIO, sanctæ Romanæ Ecclesiæ summo pontifici, CONRADUS Dei gratia Romanorum rex et semper Augustus, filialem per omnia dilectionem et debitam in Domino reverentiam.

Coloniensis Ecclesia, quæ sui magnitudine ac decore omnes fere Germaniæ et Galliæ præeminebat Ecclesias, ad tantam pastorum suorum negligentia (153) calamitatem deciderat, ut omni tam religione, quam dignitate miserabiliter spoliata cerneretur. Deo igitur res humanas moderante, et cujus vult miserente, subtractus est ab hac vita ejusdem Ecclesiæ antistes A., cujus tempore conquassata plurimum et attrita fuerat, et tunc fideles filii præfatæ Ecclesiæ clamaverunt ad Dominum, cum tribularentur, ut de necessitatibus suis eriperet eos. Quorum devotas preces Deus ex abdito misericordiæ suæ exaudiens, misit eis spiritum consolationis et unanimitatis, ut pari voto, parique sententia et consona omnium acclamatione eligerent sibi in Patrem pastoremque animarum suarum et dominum Coloniensis urbis Arnoldum (154) ejusdem urbis majorem præpositum, nostræ curiæ cancellarium, pro eo quod ejus scientia et honestate cum Dei adjutorio et vestra benedictione ac nostro præsidio sperabant et pacem in terra revocari, et latrocinia coerceri, et reformari leges, et honestari mores. Ipse autem ultra humilitatis et obedientiæ regulas reclamabat et renitebatur, pro eo quod ad tantas et tam multiplices ruinas intus et foris resarciendas se infirmum et debilem arbitrabatur, et sese mori malle vel in perpetuum exsulare quam matrem suam se prælato ab improbis lacerari ac substerni protestabatur. Irruentibus itaque in eum tam clero quam honorati et populo, tractus est in ecclesiam violenter, nec more vel ordine suo renitens inthronizari potuit, dicens hujus consilii et rei summam usque ad vestræ celsitudinis assensum et jussionem velle differre. Descenderamus tunc ad eas partes Lotharingiæ ad reprimendos motus bellicos, et vindicandas latronum incursiones, qui totam episcopatus illius regionem rapinis et incendiis perturbaverant, et irreparabili metu vastationis cuncta compleverant. Ingressi ergo urbem Coloniensem, quæ tota erat

---

(153) Præsertim Arnoldi, quem Eugenius III ob Simoniam ab officio suspendit.

(154) Ex hac Conradi imperatoris ad Eugenium papam epistola aliisque præcedentibus et subsequentibus emendanda est Gallia Christiana, quæ Arnoldi II electionem anno 1155 consignat, cum Conradus anno 1152, mense Februario, fato functus fuerit, et in ejusdem instrumento anni 1151 pro Walcioduro superius relato Arnoldus dicatur electus Coloniensis.

coronata gaudio, spe et alacritate tam unanimis in tam excellentem personam electionis, et nostro celeri ad eamdem rem confirmandam adventu, coegerunt nos electores religiosa quadam et humili violentia a templo, in quo suscepti eramus, non discedere, donec electionem canonice et concorditer factam, regio more confirmaremus, et electum ad reformandam pacem et justitias sæculares faciendas proveheremus et adjuvaremus. Verum ille, solito studio contradicere persistebat, asserens se nequaquam sufficere ad sanandas contritiones eorum. Cum lacrymabili spectaculo tota Coloniensis Ecclesia ad pedes ejus prostrata jaceret, flens et supplicans ut labenti et corruenti matri suæ tanquam pius filius manum accommodaret. Nos igitur de vestra bonitate, quam plurimum in Domino diligimus, confisi, promisimus tam Ecclesiæ Coloniensi quam sibi, quod apud sublimitatem vestram modis omnibus obtineremus, quatenus ipsa Coloniensis Ecclesia tum in privilegiis suis antiquis, sed neglectis, ut nunc per vestræ benedictionis largitatem renovandis et confirmandis roboraretur, tum persona ipsius pristina dignitate juxta prædecessorum suorum formam honestaretur. Et adfuit divina clementia bonis principiis meliores augens successus, quoniam ad ingressum ejus, nostra cooperante clementia, et bellorum tuba conticuit, et latronum grex tantæ fortitudinis manu perterritus in suæ malitiæ absconso delituit. Proinde sinceritatem vestram attente monendo rogamus, quatenus pro nostræ dilectionis ac petitionis intuitu eumdem electum, ad vestræ mansuetudinis præsentiam venientem granter suscipiatis, et apostolicæ benedictionis gratia consecratum, cum privilegiis suis renovatis et auctis celeriter ad nos remittatis. Cum enim ex officio Coloniensis Ecclesiæ in Italico regno cancellarius existat, et nobis in Cisalpinis partibus tam ex magnitudine sui principatus, quam ex diutina familiaritate, opportunus et profuturus esse non dubitetur, tum sacrosanctæ matri nostræ Romanæ Ecclesiæ, tum imperio nostro favorabile et fructuosum videtur, si persona idonea majoribus incrementis et majori prærogativa per vos promoveatur.

XXII.

Ejusdem ad eumdem.— Expeditionem Italicam pro Ecclesiæ utilitate se parare significat, commendatque Bremensem archiepiscopum et Wibaldum abbatem.

(Anno 1151.)

[MARTEN., *Ampl. Collect.*, II, col. 499.]

Carissimo in Christo Patri suo EUGENIO sanctæ Romanæ Ecclesiæ summo pontifici, CONRADUS Dei gratia Romanorum rex, et semper Augustus, filialem per omnia dilectionem et debitam in Domino reverentiam.

Sicut paternitatis vestræ benevolentiam in omnibus nostris nostrorumque negotiis sæpe et nunc experti sumus, sic adhuc in cunctis sentire non dubitamus, celsitudini vestræ hoc repromittentes, quod ad promovendum Ecclesiæ Dei et vestrum honorem, quanta debemus diligentia, semper erimus parati. Inde est, quod nos generalem curiam apud Herbipolim medio mense Septembri celebravimus, ibique expeditionem Italicam, receptis a principibus, qui convenerant, fide et sacramentis, efficaciter ordinavimus : in qua rite peragenda, quoniam præsentia et consilio dilecti nostri Har., venerabilis Bremensis archiepiscopi carere nec debemus nec volumus, paternitatis sanctitatem attenta benevolentia rogamus, ut diem et terminum pro conservanda Bremensis Ecclesiæ dignitate sibi constitutum benigne illi remittatis, et causam ipsius usque ad nostrum adventum differatis, hac interposita circumstantia, ut in nostro adventu eadem causa in vestra præsentia secundum tenorem veritatis et justitiæ terminetur. Confisi enim de vestra sinceritate fretique consilio dilecti nostri O. cardinalis vestri, qui tunc præsens erat, præfatum archiepiscopum, cum jam ad iter faciendum succinctus esset, apud nos retinuimus, ut in tanta et tam celeri expeditione eum promptiorem habere valeamus. Sanctitati vestræ attente commendamus charissimum nobis Corbejensem abbatem Wibaldum, virum utique prudentem, et tam vobis quam sacrosanctæ matri nostræ Romanæ Ecclesiæ per omnia fidelissimum, ut eum pro nostræ dilectionis et petitionis intuitu clementer excipiatis, tam in privilegiis suis confirmandis quam in aliis suis petitionibus benigne exaudiatis, et aliqua vestræ benedictionis et gratiæ prærogativa insignitum, ad nos cum gaudio celerius remittatis.

XXIII.

Friderici I imperatoris ad Eugenium.— De electione et coronatione sua pontificem certiorem facit.

(Anno 1152, Mart.)

[PERTZ, *Monum. Germ. hist.*, Legg. t. II, p. 89, ex codice Wibaldi Malmundariensi.]

Dilectissimo in Christo Patri suo EUGENIO sanctæ Romanæ Ecclesiæ summo pontifici, FRIDERICUS Dei gratia Romanorum rex et semper Augustus, filialem per omnia dilectionem et debitam in Domino reverentiam.

Patrem patriæ decet veneranda priscorum instituta regum vigilanter observare, et sacris eorum disciplinis tenaci studio inhærere, ut noverit regnum sibi a Deo collatum legibus ac moribus non minus adornare, quam armis et bello defensare. Solemnem itaque imperii Romani morem a proavis nostris, imperatoribus videlicet et regibus, ad nos transmissum sequentes, legatum nostrum, virum et discretum et honestum E. venerabilem Bavenbergensem episcopum, adjunctis sibi H. Treviriensi electo, et A. Everacensi abbate ad vestræ sanctitatis præsentiam et ad Urbem destinare curavimus, ut tam ex præsentis paginæ indicio quam ex ipsorum viva voce de nostris provectibus et totius Ecclesiæ ac regni statu certiores esse possetis. Itaque quando placuit terribili, et ei qui aufert spiritum principum, terribili apud reges terræ, in cujus manu sunt omnium potestates et omnium jura regnorum, felicis memoriæ patruum ac nutritorem nostrum gloriosum Romanorum regem Conradum de præsenti vita evocare, universi principes regni, tanquam divino Spiritu suscitati, decima septima die post depositionem ejus, in oppidum Frankenevurt, tam per se ipsos quam per responsales honoratos convenerunt, et absque ullius moræ interjecto spatio, eadem die cum ingenti divinitus data concordia, ipsi principes et cæteri proceres cum totius populi favore et alacritate nos in regni fastigium elegerunt. Quinta postmodum die, id est transacta proxime mediante quadragesima, pari et eodem consensu cum benevola populi acclamatione in oppido Aquisgrani nos per sacratissimas devoti filii vestri Arnoldi Coloniensis metropolitani, et venerabilium episcoporum manus oleo sanctificationis regaliter unxerunt, et in solio regni cum benedictione solemni collocaverunt. Nos vero in multiplicibus regiæ dignitatis ornamentis, quibus partim per laicorum principum obsequia, partim per venerandas pontificum benedictiones vestiti sumus, regium animum induimus, tota mentis virtute intendentes, ut juxta professionis nostræ formulam, quam ab orthodoxis præsulibus in ipso regni throno et unctione sacra accepimus, honorem vobis et dilectionem, et sacrosanctæ matris nostræ Romanæ Ecclesiæ et omnibus ecclesiasticis personis promptam et debitam justitiam ac defensionem exhibeamus, viduis ac pupillis, et universo populo nobis commisso, legem et pacem faciamus et conservemus. Cum enim duo sint, quibus principaliter hic mundus regitur, videlicet auctoritas sacra pontificum et regalis potestas, omnium Christi sacerdotum obedientiæ devoti colla submittere parati sumus, ut propitia Divinitate, temporibus nostri principatus, verbum Dei expedite currere non prohibeatur, et paternas regulas ac decreta sanctissimis diffinita conciliis nullus audeat absque pœnæ gravioris vindicta violare, quatenus per studii nostri instantiam catholica Ecclesia suæ dignitatis privilegiis decoretur, et Romani imperii celsitudo in pristinum suæ excellentiæ robur, Deo adjuvante, reformetur. Et quoniam beatitudinis vestræ animum de obitu prædicti serenissimi principis scimus non immerito perturbatum, vobis tanquam patri charissimo constanter promittimus, quod sicut eidem glorioso quondam regi in regni solio successimus, ita hæreditariam dilectionem tam ad vestram personam omnino specialem, quam ad sacrosanctæ matris Romanæ Ecclesiæ promptissimam ac devotissimam defensionem suscepimus, hac scilicet ordinis ratione, ut quæcunque ad liberationem et honorationem apostolicæ sedis intenderat et ordinaverat, nos constanter perficere studeamus, ita ut juxta felicem, ad sanctum virum, Domini promissionem inimicis vestris inimici simus, et odientes vos affligamus. Sane prænominatos legatos nostros benignitati vestræ attente committimus, ut eos pro nostræ dilectionis intuitu benigne tractetis, et in suis petitionibus clementer exaudiatis, intime etiam rogantes, ut dominum abbatem de Evera nobis, tam in divinis quam in rebus humanis necessarium liberum nobis remittatis.

(*Rescriptum Eugenii vide supra inter ipsius epistolas, sub num.* 504.)

XXIV.
Friderici I imperatoris pactum cum Eugenio III papa (155).

(Anno 1153, Mart. 23.)

[PERTZ., *ibid.*, pag. 92.]

In nomine Domini, amen. Hæc est forma concordiæ et conventionis inter dominum papam Eugenium et dominum regem Romanorum Fridericum constituta, mediantibus cardinalibus Gregorio Sanctæ Mariæ trans Tiberim, Ubaldo Sanctæ Praxedis, Bernhardo Sancti Clementis, Octaviano Sanctæ Ceciliæ, Rolando Sancti Marci, Gregorio Sancti Angeli, Widone Sanctæ Mariæ in Porticu, abbate Brunone de Caraville, ex parte domini papæ: Anselmo Havelbergensi, Herimanno Constantiensi episcopis, Outhelrico de Lenceburch, Widone Werra, Widone Blandratense comitibus, ex parte domini regis. Dominus siquidem rex jurare faciet unum de ministerialibus in anima regis, et ipse idem manu propria data fide in manu legati domini papæ promittet, quod ipse nec trevam nec pacem faciet cum Romanis, nec cum Rogerio Siciliæ, sine libero consensu et voluntate Romanæ Ecclesiæ et domini papæ Eugenii, vel successorum ejus qui tenorem subscriptæ concordiæ tenere cum rege Friderico voluerint, et pro viribus regni laborabit Romanos subjugare domino papæ et Romanæ Ecclesiæ, sicut unquam fuerunt a centum annis et retro. Honorem papatus et regalia beati Petri sicut devotus et specialis advocatus sanctæ Romanæ Ecclesiæ contra homines pro posse suo eidem conservabit et defendet, quæ nunc habet. Quæ vero nunc non habet, recuperare pro posse juvabit, et recuperata defendet. Græcorum quoque regi nullam terram ex ista parte maris concedet. Quod si forte ille

---

(155) Pactum quale a legatis Friderici et papæ initum est, exstat inter epistolas Wibaldi abbatis, apud Martenium t. II Ampliss. Collectionis, ep. 585, cujus textum emendavimus ope codicis Malmundariensis Confirmationem regiam primus Baronius ad an. 1152, pag. 378, ex codice Cencii Vaticano evulgaverat, tantis vero mendis refertam, ut nostram codici 1 Vaticano n. 2040, mbr., sæc. XIV, XV, ubi folio 55 legitur, innixam, merito multo emendatiorem censeas. Nec tamen vel ita omnia sanata fuisse contendimus; nota enim temporis quo pactum a rege confirmatum fuisse legimus, medela indiget, qua anno Incarnationis 1153, regni II, indictioni I, assignetur, cum et Fridericum die 23 Martii anni 1152 Coloniæ moratum, et legatos Eugenii, pacti, ut videtur, portitores, Bernardum tt. S. Clementis et Gregorium tt. S. Mariæ in Transtiberim cardinales, prout ex litteris papæ ad Wibaldum scriptis patet, mense demum Februario aut Martio anni 1153 Alpibus trajectis in Germaniam advenisse constet.— PERTZ, *Monum. Germ. hist.*, Legg. t. II, p. 92.

invaserit, pro viribus regni, quantocius poterit ipsum ejicere curabit; hæc omnia faciet et observabit sine fraude et malo ingenio. Dominus vero papa apostolicæ auctoritatis verbo una cum prædictis cardinalibus in præsentia præscriptorum legatorum domini regis promisit, et observabit, quod eum sicut charissimum filium beati Petri honorabit, et venientem pro plenitudine coronæ suæ sine difficultate et contradictione, quantum in ipso est, imperatorem coronabit, et ad manutenendum, atque augendum, ac dilatandum honorem regni pro debito officii sui juvabit; et quicunque justitiam et honorem regni conculcare aut subvertere ausu temerario præsumpserint, dominus papa a regiæ dignitatis dilectione præmonitus, canonice ad satisfactionem eos commonebit. Quod si regi ad apostolicam admonitionem de jure et honore regio justitiam exhibere contempserint, excommunicationis sententia innodentur. Regi autem Græcorum ex ista parte maris terram non concedet; quod si ille invadere præsumpserit, dominus papa viribus beati Petri eum ejicere curabit. Hæc omnia ex utraque parte sine fraude et sine malo ingenio servabuntur, nisi forte libero et communi consensu utriusque immutentur.

Confirmatio regia.

Venerabili in Christo Patri EUGENIO Dei gratia apostolicæ sedis pontifici, FRIDERICUS Dei gratia Romanorum imperator Augustus, filialem dilectionem et debitam in Christo reverentiam.

Regiæ majestatis dignitas postulat quæ ad pacis et concordiæ bonum spectare noscuntur, attenta sollicitudine stabilire, et ut inter regnum et sacerdotium indissolubili charitate bonum ipsum perpetuo perseveret, diligenti studio et exacta diligentia laborare. Hujus itaque rationis prospectu concordiam inferius adnotatam, quæ inter nos et vos, Deo auctore statuta est, sicut ab utraque parte stabilita est et ordinata, ne aliquid arbitrio nostro immutasse videamur, per eadem verba præsentis serie scripti præcipimus adnotari.

In nomine Domini, amen. Hæc est forma concordiæ etc., *ut supra usque ad verba*, utriusque immutentur.

Testes autem sunt, quorum nomina infra scripta cernuntur.

Arnoldus Coloniensis archiepiscopus, Hermannus Constantiensis episcopus, Anselmus Havelbergensis episcopus, Arditio Cumanus episcopus, Curiensis episcopus, Wibaldus Stabulensis abbas, Albertus Coloniensis decanus, magister Henricus notarius, Godefridus Viterbiensis capellanus regis. Ex laicis quoque Woelpho dux, marchio Hermannus de Baden, comes Ulricus de Lenzburch, comes Wernerus de Lenzburch, Anselmus camerarius et ministerialis regni.

Signum domini Friderici Romanorum imperatoris invictissimi.

Ego Arnoldus cancellarius recognovi.

Dat. Constantiæ, decimo Kalendas Aprilis, indictione decimaquinta, anno Dominicæ Incarnationis millesimo centesimo quinquagesimo secundo, regnante domino Friderico Romanorum rege glorioso, anno vero regni ejus primo.

XXV.

Bernardi et Gregorii cardinalium epistola ad Eugenium. — *Latorem præsentium ei commendant*

(Anno 1153.)

[MARTEN., *Ampl. Coll.* II, 561.]

Reverendo Patri et domino EUGENIO, Dei gratia summo pontifici B. presbyter et G. diaconus sanctæ Romanæ Ecclesiæ cardinales debitum per omnia famulatum.

Lator præsentium vir nobilis est, et sicut multorum relatione didicimus, bene morigeratus et sacrosanctæ Romanæ Ecclesiæ valde devotus, qui ad limina apostolorum causa orationis, et ad pedes sanctitatis vestræ veniens postulavit, ut eum pietati vestræ litteris nostris commendaremus. Eapropter majestati vestræ eum commendantes rogamus, quatenus solita benignitate ipsum suscipiatis, et devotioni circa sedem apostolicam paterna vestra admonitione majora incitamenta præstetis.

XXVI.

Roberti Exoniensis episcopi ad Eugenium. — *Contra Hugonem de Cotes, qui canonicorum regularium ordinem reliquerat.*

(Anno 1148-1153.)

[Epistolæ Gilberti Foliot, edit. GILES, t. II, p. 131, vide *Patrologiæ* t. CXC.]

Reverentissimo et sanctissimo domino et Patri EUGENIO summo pontifici, R. Dei gratia Exoniensis humilis episcopus, et sanctitatis vestræ servus, salutem et debitam cum omni devotione obedientiam.

Rogatu venerabilis fratris nostri et amici Gilberti Herefordiensis Ecclesiæ et monachorum Glocestriæ, et maxime pro veritate manifestanda, scripsimus domino Cantuariensi archiepiscopo, apostolicæ sedis legato, veritatem quam scimus de Hugone de Cotes, et eamdem vobis eorumdem rogatu veraciter scribimus. Relicto, ut audivimus, canonicorum regularium ordine, ut pro certo scivimus, apud nos inclusus factus, non qualiter vellemus apud nos conversatus est. Ut enim de cæteris taceamus, de incontinentia etiam apud vulgus infamatus est, et non immerito, ut credimus. Clericus namque juxta cujus ecclesiam cellam habebat, ut asserit, deprehendit cum eo in cella sua mulierculam, quæ per fenestram cellæ ad eum introierat, et quia non erat alius introitus vel exitus, per eamdem exivit. Quam cum super introitus sui causa conveniret, nihil conveniens, nihil honestum respondere potuit. Hac igitur ejus inhonestate et infamia, licet ad hoc magnæ honestatis et bonæ famæ viri multum studuerint, nunquam ad plenum sedata, multoties volebat a cella sua exire, et secundo hoc etiam religionis proposito relicto, monachalem ordinem se velle simulat subire. Et certe licet honestorum et religiosorum virorum honesta et religiosa violentia diu detentus, tandem absque conscientia et licentia nostra, non parvam, ut audivimus, pecuniam secum asportans exivit, et tamen nec monachicum habitum assumpsit, nec ad claustrum canonicorum unde exierat, redivit. Sed post multam vagationem ad nos rediens, petiit ut in parochia nostra, et in alia hæreditate posset sub eremitæ nescio vel canonici specie habitare, quod nos nullatenus sine vestra vel legati vestri auctoritate, tum propter ejus inconstantiam, tum propter infamiam pristinam permisimus. Quod cum intellexisset, prædictus Hugo post multum temporis ad nos rediens, dixit se præsentiam vestram visitasse, vitæ suæ seriem totam et veritatem vobis revelasse, et sic auctoritate vestra cum hac postulatione et proposito, ad nos rediisse, sed de hoc procul dubio mentitus fuisse probatus est, utpote qui nec litteras vestras sibi testes ostendere potuit, nec aliquo vero vel verisimili argumento, quod vos vidisset, vel quo tempore dicebat visitasset, probare. Convicit enim eum quidam clericus noster, qui eo tempore, quo se dicebat vos visitasse, cum domino Roberto bonæ memoriæ cancellario vestra in curia morabatur. Hæc pauca de multis quæ honestius tacenda videntur, vobis scripsimus, ne verbis ejus persuasibilibus, quibus abundat, vel falsa religionis specie quam prætendit, vos decipiat. Valeat sanctitas vestra.

Sancti Bernardi, Petri Venerabilis, Sugerii, Wibaldi abbatis, ad Eugenium III papam epistolas vide inter ipsorum Opera.

ANNO DOMINI MCXLVIII

ULGERIUS

ANDEGAVENSIS EPISCOPUS

NOTITIA

(*Histoire littéraire de la France*, t. XII, p. 302)

Quoique la patrie d'Ulger ne soit marquée dans aucun monument, il est très-vraisemblable qu'il naquit en Anjou (1), puisqu'on le voit, dès son enfance, parmi les élèves de l'école d'Angers. La régularité de ses mœurs et les progrès qu'il fit dans les lettres lui méritèrent d'abord un canonicat. Il obtint ensuite l'emploi d'écolâtre après la retraite de Geoffroi Babion, et y joignit, l'an 1113 selon les uns, ou 1119 selon les autres, la dignité d'archidiacre d'Outre-Loire (2).

Le grand nom qu'Ulger se fit par ses leçons attira dans la ville d'Angers l'élite de la jeunesse française. Guillaume Quadradi, fils du baron de Jonsac, élu évêque de Saintes l'an 1127, fut un de ses premiers et plus affectionnés disciples (3). L'historien de l'Université d'Angers rapporte une lettre qu'il lui écrivit peu après son élection, lettre où l'on remarque les traces d'une tendre et vive reconnaissance. Le temps nous a sans doute envié plusieurs témoignages semblables de la gratitude de ses autres élèves. Car on voit, par les éloges qui lui ont été donnés dans le temps, qu'il avait acquis des droits sur le cœur comme sur l'esprit de tous ceux qui avaient passé par ses mains.

Après avoir gouverné avec tant de succès l'école d'Angers, il fut jugé digne d'être mis à la tête du diocèse, lorsque l'évêque Renaud de Martigné le quitta pour passer à l'archevêché de Reims. Les Chroniques de Saint-Florent de Saumur et de Saint-Aubin d'Angers placent son ordination en 1125, le XII des calendes d'octobre, c'est-à-dire le 20 de septembre. A peine fut-il installé, qu'il se vit obligé d'aller à Rome pour un sujet que l'histoire ne dit pas (4). Gui d'Etampes, évêque du Mans, et Guillaume, évêque de Poitiers, l'accompagnèrent dans ce voyage. A son retour il renouvela le différend de ses prédécesseurs avec les abbés de Vendôme touchant le rachat des autels. On ne répétera point ce qui a été dit ci-devant (5) pour expliquer la nature de cette contestation. Ulger poussa vivement sa pointe, et trouva toujours une résistance égale à ses efforts. Il avait en tête un homme qui ne lui cédait ni en savoir, ni en fermeté, ni en crédit, et qui de plus, avait sur lui l'avantage du bon droit. C'était le célèbre Geoffroi de Vendôme. Les légats du pape mandèrent jusqu'à quatre fois au prélat de cesser ses poursuites, attendu

(1) *Gall. Chr. vet.* t. II, p. 132; Liron. *Singularités hist.* t. I, p. 387.
(2) *Hist. univ. And.* t. I, p. 88; Liron. *ibid.*
(3) Egas. Bul., *Hist. Univ. Paris.*, t. II, p. 216.
(4) Lobineau, *Hist. de Bret.*, t. II, p. 279.
(5) *Hist. lit.*, t. XI. p. 204-206.

que l'abbé de Vendôme avait pour lui un canon du concile de Clermont qui condamnait le rachat en question comme un pacte illicite et simoniaque (6). Ulger, excité par son archidiacre Richard, loin de se rendre, assembla son synode pour engager tout le clergé d'Anjou dans sa querelle. Là il se plaignit amèrement de la prétendue révolte de l'abbé de Vendôme et de la témérité qu'il avait eue, selon lui, de le citer devant le légat. L'assemblée entra dans ses vues. En conséquence, il jette un interdit sur toutes les églises de l'abbaye situées dans son diocèse. Appel à Rome de la part de Geoffroi. Le pape Honoré II délègue l'archevêque de Tours et l'évêque du Mans pour terminer ce débat. Mais Ulger, ayant intercepté les lettres adressées à ces prélats, en empêcha l'effet. Celle que le pontife lui écrivit à lui-même pour l'exhorter à la paix eut aussi peu de succès. L'abbé Geoffroi ne vit point l'issue de cette affaire; mais Fromond son successeur fit, par la médiation du pape Innocent II, l'accord suivant avec Ulger (7). L'abbé de Vendôme renonça aux oblations des baptistères dans ses églises du diocèse d'Angers, et l'évêque lui accorda pour l'avenir celles des purifications et des noces, comme il en avait joui par le passé.

Un autre démêlé, qui exerça notre prélat durant la plus grande partie de son épiscopat, dans lequel il fit paraître la même vivacité et qu'il laissa le soin de terminer à son successeur, fut celui qu'il eut avec Pétronille de Chemillé, abbesse de Fontevrault (8). L'objet en était peu considérable, car il s'agissait seulement de quelques petits domaines que l'évêque contestait à l'abbaye. Il n'y eut pas moyen toutefois de l'amener à un accommodement. Les gens de bien en gémirent. Saint Bernard, sans entrer dans le fond du procès, ne put s'empêcher de mander au prélat que sa conduite à cet égard scandalisait le public. Sa lettre était d'ailleurs assaisonnée de témoignages de la plus haute estime pour le mérite d'Ulger. Le pape Innocent, dont les religieuses de Fontevrault avaient réclamé la protection, cita l'évêque d'Angers à Rome, où il fut obligé de se rendre l'an 1137. Il en revint sans s'être laissé fléchir ni par les prières, ni par les menaces du pontife. Sa résistance fut punie d'un interdit de ses fonctions, qu'Innocent lui fit signifier l'année suivante.

Mais à la prière de l'abbé de Clairvaux, qui ne pouvait voir dans l'opprobre un prélat, d'ailleurs si estimable, il fut promptement rétabli (9). On voit parmi les poésies d'Hildebert (p. 1337) une petite pièce qui fut faite à l'occasion de cet interdit, et dans laquelle on représente Ulger comme un évêque dont le courage était à l'épreuve de tout, lorsqu'il s'agissait de la fidélité à ses devoirs. Elle a pour titre : *Disputatio inter Romanum pontificem et Ulgerium episcopum.*

Au milieu de ces embarras et de toutes les sollicitudes attachées au ministère épiscopal, Ulger n'oublia pas le soin des écoles de son diocèse. Il fut attentif à les pourvoir d'excellents maîtres et pour les mœurs et pour la capacité. Il n'y en avait pas pour un seul à la fois dans la ville d'Angers. Nous avons une lettre d'Herbert (10), l'un d'entre eux, à Hilaire professeur d'Orléans, dans laquelle il nomme cinq autres de ses collègues qui enseignaient en même temps sous l'épiscopat d'Ulger. Leur émulation était excitée par son attention à récompenser leurs travaux. On se contentera de citer Boemond, qui, de maître d'école, devint archidiacre, et Veslat, qui parut avec la même dignité au concile de Reims de l'an 1131, où il accompagna le prélat.

Cet illustre évêque, après avoir fourni glorieusement une longue carrière, la termina par une mort édifiante, le 17 octobre de 1148. C'est l'époque marquée dans les Chroniques de Saint-Florent de Saumur et de Saint-Aubin d'Angers (11). On est d'autant mieux fondé à les en croire sur ce point, qu'on ne trouve pas d'acte d'Ulger postérieur à cette année. Son corps fut inhumé dans la nef de l'église, devant la chapelle de Saint-Mathurin, près de la porte du cloître, où l'on voit encore aujourd'hui sa figure en émail avec son épitaphe sur une plaque de cuivre attachée au mur. La figure le représente en habits pontificaux, la mitre en tête; mais mitre singulière, moins semblable à celles d'aujourd'hui qu'à un bonnet de docteur. L'histoire témoigne qu'il emporta dans le tombeau les regrets universels de son peuple, pour lequel il avait toujours eu les entrailles d'un père et le zèle vigilant et actif d'un vrai pasteur. L'épitaphe est conçue en ces termes :

Hic jacet Ulgerius teneris consuetus ab annis,
Lingua, mente, manu fructificare Deo.
Hujus opus multis prodesse, docere minores,
Exstirpare scelus, consolidare fidem,
Flentem solari, nudum vestire, superbum
Frangere, nec quemquam lædere, recta sequi.

Ulger est un des prélats du XIIe siècle dont les auteurs contemporains ont le plus célébré le savoir (12). À juger par là de la fécondité de sa plume, on serait porté à croire qu'elle aurait enfanté quantité de volumes. Cependant il ne reste de lui qu'un petit nombre d'écrits assez succincts, et l'on n'en connaît pas beaucoup d'autres qui aient été la proie du temps.

Entre ceux-là, le plus remarquable et le seul, à bien dire, où l'on aperçoive des traits sensibles de ce rare génie qu'on lui attribuait, est son plaidoyer sur le procès qui se poursuivait en cour de Rome entre l'abbaye de Vendôme et celle de la Roé, touchant l'église de Saint-Nicolas de Craon. Il est court, mais clair, méthodique, nerveux, éloquent et tel, en un mot, qu'il pourrait encore aujourd'hui servir de modèle. Baluze, qui en a fait part au public dans le second volume de ses mélanges, l'appelle *gravissimam et elegantissimam relationem*. Ce fut en présence du pape Innocent II qu'Ulger le prononça l'an 1136. En voici le début : « Père et seigneur unique de ce monde, dit-il, en adressant la parole au pape, la compassion et la charité m'engagent à répondre pour le pauvre abbé Jean et pour sa maison très-pauvre, que l'abbé et les moines de Vendôme, à la faveur du voisinage, s'efforcent d'opprimer sous le poids de

---

(6) Gauffr. Vindoc. ep. l. III, ep. 12.
(7) Liron. *Sing. hist.* t. I, p. 592.
(8) Cosnier. Exord. Fontis-Ebr., p. 192.
(9) Bern. ep. 340.
(10) Duches. t. IV, p. 767.
(11) *Hist. Univ. And.* p. 121.
(12) *Act. ep. Cenom.*, p. 345 ; Order. Vit. *Hist. Eccl.* p. 882; Bern. ep. 340.

leurs excessives richesses. Cet homme, parvenu jusqu'à vous non sans d'extrêmes fatigues, n'a dépêché personne avant son départ pour le prévenir en cette cour; il n'a pareillement amené personne avec lui, enfin il n'attend depuis son arrivée personne qui soit convenu avec lui de le suivre. Il est seul, il est sans crédit, il est pauvre. Seul, il est attaqué par plusieurs; sans crédit, il est en butte à des hommes puissants; pauvre, il est environné d'adversaires très-riches. Son âme est plongée dans l'affliction. C'est ce qui me porte à le secourir; parce qu'il n'est ni d'un honnête homme, ni d'un chrétien de refuser son aide à l'innocent opprimé. Cette homme est votre serviteur et prêt à vous donner toutes les marques de dévouement qui dépendront de lui. C'est un chanoine régulier de l'église de Sainte-Marie du Bois, laquelle, entre toutes les églises saintes, passe pour la plus sainte, et entre les églises pauvres est assurément la plus pauvre. C'est, dis-je, le fils pauvre de cette mère indigente qui, résolu de combattre pour elle, vient se jeter aux pieds de votre majesté pour lui demander justice. Je me joins à lui et je vous supplie avec lui de vouloir bien prêter une oreille attentive et un cœur sensible à ses moyens de défense. Car mon dessein n'est nullement d'amuser votre sérénité par de vains discours au préjudice du respect dû à la gravité de son caractère. Je laisse à Cicéron et à ses imitateurs les ornements de la rhétorique. La vérité pure dont l'évidence doit faire le salut de ma partie, et l'énoncé simple et succinct de ce qui est essentiel à la cause que je défends : voilà ce que je me propose, très-saint Père, de vous mettre sous les yeux, ainsi qu'à cette auguste cour devant laquelle j'ai l'honneur de parler. » L'orateur expose ensuite le fait. Il s'agissait, comme on l'a dit, de l'église de Saint-Nicolas de Craon, que chacune des deux parties prétendait lui appartenir. Ulger décrit en peu de mots l'histoire de cette église. C'était, dans son origine, une chapelle ou oratoire que les seigneurs du lieu avaient fait construire pour eux et pour leur famille. Elle n'avait alors ni titre, ni revenus paroissiaux; mais ces mêmes seigneurs, voulant depuis y faire célébrer l'office divin, la dotèrent de plusieurs portions de leur fief pour l'entretien d'un certain nombre de chapelains. Quelque-temps après, ils s'avisèrent de la donner avec toutes ses dépendances à l'abbaye de la Roé. Cette donation fut confirmée, non-seulement par Renaud de Martigné, pour lors évêque d'Angers, mais aussi par le pape Paschal II. Cependant, ce même Renaud, des mains duquel Albin, abbé de la Roé, avait reçu l'investiture de cette église, changea d'avis lorsqu'il fut nommé archevêque de Reims; et par le conseil de Gilbert, archevêque de Tours, d'Hildebert, évêque du Mans, et d'autres graves personnages, il en investit l'abbé de Vendôme. Le motif de cette variation était que la chapelle en question se trouvait dans l'enceinte de la paroisse de Saint-Clément, qui appartenait à cet abbé. Les légats du Saint-Siège, du nombre desquels était Innocent II, alors cardinal, approuvèrent la nouvelle investiture, et le pape Calixte II la ratifia. Mais tout cela ne fit point lâcher prise aux religieux de la Roé. Ils protestèrent contre l'injustice et se maintinrent dans leur possession. Ulger entreprend de faire voir qu'elle est légitime et hors d'atteinte, étant fondée sur un titre incontestable de propriété. Il réfute avec force les objections des religieux de Vendôme. Il faut se ressouvenir qu'il était alors en procès avec eux, et l'on peut assurer que si l'on a besoin de passion pour être éloquent, son ressentiment personnel le servit à merveille en cette occasion. Enfin, il remporta une pleine victoire sur ses adversaires, qui furent déboutés de leurs demandes. Il y a bien de l'apparence qu'Ulger fit de semblables plaidoyers dans les affaires qu'il eut en son propre nom, mais il n'en reste aucun vestige.

Nous avons de notre prélat sept lettres, dont il y en a deux au pape Lucius II dans le tome IV (p. 769-770) des Historiens de France de Duchesne. Ulger, dans la première, se jette en esprit aux pieds du pape pour lui recommander Odon, doyen de Saint-Martin de Tours, qui fut obligé de se rendre à Rome sur une citation fort dure qui lui avait été faite. Il n'explique point l'affaire qui était l'objet de ce voyage; mais il atteste que tout le chapitre de Saint-Martin est prêt à rendre témoignage, devant le Saint-Siège, de l'innocence du doyen. La seconde est en faveur de Robert, prieur du monastère de Saint-Cosme de Tours, qui devait la rendre lui-même au pape. L'évêque d'Angers le prie de faire un bon accueil à Robert, de lui accorder ce qu'il va demander et de le renvoyer satisfait en France. Il ajoute, à la fin, qu'il doit bientôt dépêcher à Rome Peloquin, son official, avec des marques de son parfait dévouement pour le Saint-Siège : *cum intersignis servitutis meæ.*

Le même éditeur a mis à la suite de ces deux lettres un mandement, ou lettre pastorale d'Ulger à tout le clergé de son diocèse, pour recommander à leurs charités les députés de l'Ordre des Templiers dont il fait un grand éloge. Ce mandement se trouve aussi dans l'Histoire de l'Université de Paris par Duboulai.

Entre les lettres de Suger publiées dans le même volume, la troisième est de notre prélat. Elle fut écrite à cet abbé pour lors régent du royaume pendant le voyage de Louis le Jeune à la terre sainte. Ulger prie Suger, qu'il traite de majesté, de vouloir bien confirmer l'élection que les religieux de Bourgueil avaient faite de Robert pour leur abbé après la mort de Pierre. Robert, qui remit lui-même au régent cette lettre, en apportait aussi une de son chapitre, par laquelle on lui demandait la même grâce. Mais comme cette élection s'était faite sans qu'on eût demandé la permission de la cour, Suger en bon politique ne l'approuva dans sa réponse qu'avec la restriction, *salvo regni jure,* « en sorte, dit-il, que si elle blesse en quelque sorte la dignité royale, les électeurs seront tenus de répondre à la cour du roi, lorsqu'il sera de retour, ou devant nous qui avons l'honneur de tenir sa place. »

La cinquième lettre publiée par Souchet dans ses notes sur la Vie de saint Bernard de Tiron (p. 302), est adressée à Guillaume, abbé de cette maison. Elle a pour objet de l'engager à consentir que le prieuré d'Asnières, en Anjou, dépendant de Tiron, fût érigé en abbaye, sans que toutefois il sortît de la dépendance du chef-lieu. Cette lettre renferme un grand éloge des religieux d'Asnières et de ceux de Tiron. Elle est de l'an 1139.

Nous ne connaissons la sixième que par ce qu'en rapporte D. Liron (13), qui l'avait lue dans l'Histoire manuscrite de l'abbaye de Saint-Nicolas d'Angers. C'est un accord, dit-il, que le prélat fit entre cette maison et celle des religieuses de Roncerai, à l'occasion d'un corps mort porté dans l'église de Saint Nicolas; les religieuses, à l'instigation du curé de Saint-Jacques, revendiquant la sépulture de ce cadavre, vinrent avec leurs gens pour l'enlever de force. Il y eut en cette occasion des violences commises de leur part, qui ne firent honneur ni à leur sexe, ni à leur état. Cette affaire devait avoir des suites; mais la sagesse d'Ulger les prévint par l'accommodement dont nous parlons. Nous l'avons qualifié de lettre sur ce qu'il est adressé aux parties dans la forme épistolaire. Peut-être mériterait-il mieux le titre de charte.

On est en doute si la septième lettre, qui n'a jamais vu le jour, non plus que la précédente, existe en-

---

(13) *Singularités hist.*, t. I, p. 401

core. (14). Ce qui est certain, c'est que Babin, chancelier de l'Université d'Angers, en avait eu l'original entre ses mains ; mais depuis il a disparu. Cette lettre est une réponse de notre prélat à celle que saint Bernard lui avait écrite pour l'engager à terminer son différend avec l'abbaye de Fontevrault.

Ulger honorait d'une estime et d'une affection singulière l'abbaye de Marmoutiers. On a la preuve de ces sentiments dans une charte dont le monastère conserve l'original. Elle contient la fondation de l'hospice de Saint-Éloi dans la paroisse de Saint-Étienne d'Angers, en faveur des religieux de Marmoutiers. C'est ainsi qu'elle finit : *Facta est hæc donatio, Ludovico regnante in Francia, et Gaufrido filio Fulconis regis Jerusalem, comite Andegav. data per manum Vasleti magistri scholarum et cancellarii* XVII *Kalendas Novembris*. Mais il est à propos de représenter en partie le texte de cet acte, pour les raisons que l'on verra ci-après. « Donner avec joie, dit Ulger, et porter les autres par la magnificence de ses aumônes à faire la même chose, c'est en quoi un prêtre, et surtout un évêque, doit faire consister sa gloire... C'est pourquoi moi Ulger évêque, quoique indigne, de l'Église d'Angers..., ayant su que la très-sainte église de Marmoutiers n'avait en propriété dans notre ville aucun domicile où ses religieux pussent être logés et nourris; pour remédier à un tel inconvénient, j'ai résolu de leur donner en aumône, et leur donner effectivement à perpétuité par ces présentes un verger dont j'étais en possession comme évêque, lequel est situé dans la paroisse de Saint-Étienne. Ce qui a été fait de l'avis de Richard doyen, de Grafion Préchante, des archidiacres Normand et Raoul, de maître Vaslet, de maître Gordon et de plusieurs autres chanoines, lesquels ont prié nos frères de Marmoutiers d'accepter ledit verger pour y faire construire un hospice commode. Car il n'est pas bienséant que des religieux d'un si saint et si respectable monastère, qui a tant de divers hospices ailleurs, et qui dans le nombre de ses établissements l'emporte sur les autres maisons régulières, n'ait pas de lieu où se retirer dans une ville aussi grande que celle-ci, ou n'en ait que par emprunt. » Dans le reste de l'acte, Ulger assigne des fonds pour la subsistance des obédienciers de cet hospice, auquel Normand de Doé, son successeur, unit le prieuré de Vern, en 1152. Pocquet de la Livonière, dans son Histoire de l'Université d'Angers, prétend que l'objet de cette fondation était de procurer aux religieux de Marmoutiers la facilité de venir étudier aux écoles de cette ville. Mais cela ne paraît ni de près ni de loin dans l'acte qui vient d'être rapporté. Il y a bien plus d'apparence qu'Ulger n'avait en vue que la commodité des officiers de Marmoutiers, que leurs affaires attireraient à Angers. D'ailleurs qui se persuadera qu'une abbaye si célèbre n'eût pas dans son sein plusieurs personnes aussi capables que les professeurs angevins de faire des leçons sur les principales facultés des sciences? N'a-t-on pas fait voir dans le discours sur l'état des lettres en ce siècle (15), qu'elle avait elle-même une école florissante, une bibliothèque nombreuse, et d'habiles moines qui faisaient tous les jours des conférences à leurs confrères? Il est surprenant que D. Rivet, auteur de ce discours, ait adopté le sentiment de la Livonière sur l'antiquité des collèges monastiques dans l'école d'Angers.

Le même historien rapporte une autre charte de notre prélat, par laquelle il oblige chacun de ses successeurs à traiter les bedeaux de l'Académie au jour de la cérémonie des licences, comme il le pratiquait lui-même. Cette fondation se trouve aussi rappelée dans le 35ᵉ des statuts de cette Université publiés l'an 1373 sous le scholastique Pierre Bertrandi. On voit par là, comme il a été remarqué ci-devant, que la licence ou faculté d'enseigner se conférait dès lors avec un certain apparat.

Messieurs de Sainte-Marthe ont donné dans leur *Gallia Christiana* (t. II, p. 134) le testament d'Ulger sur un original mutilé dont la fin manque. L'auteur au commencement y parle de la longueur des incommodités de son exil; circonstance de sa vie qu'on ne connaît point d'ailleurs. Il dit que, malgré cette disgrâce et d'autres traverses qu'il a essuyées pendant son épiscopat, il n'a pas laissé de recouvrer un assez grand nombre d'églises et de fonds dont il fait le détail. Il les donne tous à ses chanoines en adressant la parole à Richard leur doyen. Cet acte est assez bien écrit, et renferme de grands sentiments d'humilité.

Il serait inutile, par rapport à notre objet, de faire passer en revue les autres chartes de notre prélat, dont il existe un grand nombre dans les archives des églises d'Anjou. Elles font à la vérité l'éloge de sa sagesse, de sa bienfaisance et de sa charité; mais comme elles n'ont aucun trait à la littérature, cela nous suffit pour les supprimer.

On ne dira qu'un mot de ses poésies. On a vu sur Marbode (16) les deux épitaphes qu'Ulger avait consacrées à la mémoire de ce prélat. Ce sont les seuls fruits de sa veine qui soient entre les mains du public. Baillet (17), qui le nomme Oulger, le fait auteur d'une Vie de saint Maurille en vers. Mais on a fait voir ailleurs qu'elle appartient à Marbode. Ménard, dans son Histoire manuscrite d'Anjou (p. 47, col. 2), témoigne avoir vu divers petits poèmes d'Ulger à la louange des saints; ouvrages, dit-il, écrits d'un style grossier, et que pour cette raison il n'a pas jugé à propos de transcrire. Du moins aurait-il dû nous en marquer les titres et les dépôts où ils se conservent.

Enfin Ulger, suivant le témoignage de Jean de Sarisberi, avait fait un ouvrage intitulé : *Venalitium disciplinarum*, qui n'est point venu jusqu'à nous (18). C'est le seul écrit connu de sa façon, dont la perte semble sur l'étiquette mériter nos regrets.

(14) *Hist. Univ. Andegav.* p. 116.
(15) *Hist. lit.*, t. IX, p. 36.
(16) *Hist. lit.* t. X, p. 458 (*Patrologiæ* t. CLXXI).
(17) Table Crit. 13. Sept. n. 3.
(18) *Metalog.* l. II, c. 19 (*Patrologiæ* t. CXCIX).

ULGERII EPISCOPI ANDEGAVENSIS

AD INNOCENTIUM II PAPAM

RELATIO PRO MONASTERIO ROTENSI

Adversus monachos Vindocinenses.

(Baluz. *Miscell.* edit. in-fol., t. III, p. 15, ex chartario ecclesiæ S. Licinii Andegavensis.)

Unice Pater orbis et domine. Charitas et pietas nos impellunt ut respondeamus pro Joanne paupere et pro loco suo pauperrimo, quos Vindocinensis abbas et monachi aptitudine suæ affinitatis et mole facultatum suarum, quas ipsi habent nimias, moliuntur suffocare, domine mi papa Innocenti. Cum pauper iste tandem ad nos defessis alis pervenerit, nullum præmisit, nullum secum adduxit, nullum qui sequeretur ex condicto exspectat vel exspectavit. Solus est, impotens et pauper est. Solus a multis impetitur; impotens a potentibus, pauper a divitibus circumdatur. Anxiatus est in eo spiritus ejus. Ideo succurrere ei desidero; quia non est liberi nec Christiani hominis, non subvenire oppresso. Iste quidem servus vester et fidelis pro posse suo, canonicus est regularis ecclesiæ Sanctæ Mariæ de Bosco, quæ inter sanctas habetur sanctissima, sed inter pauperes cognoscitur esse pauperrima. Hinc, inquam, pauper filius ejus, pro paupere matre statim pugnaturus, orat et supplicat pedibus majestatis vestræ, et nos cum illo et pro illo oramus et supplicamus quatenus aures capitis vestri et cordis dignemini convertere ad responsa suæ defensionis. Neque enim est nobis animus serenitatem et reverentiam vestræ gravitatis otiosis sermonibus detinere. Tullio et Tullianis sit sua rhetorica. Sed puram veritatem, quæ eum liberabit, et ea tantum quæ sibi ad hoc negotium sint necessaria, simpliciter et succincte vobis et curæ vestræ præsenti proposuimus intimare.

II. Nobilis quidam de nostratibus ædificavit duas ecclesias, unam in abbatiam Regularium canonicorum, qui extunc in ea usque modo devotissime Deo deservierunt; alteram vero in capellam et in oratorium sibi et suæ propriæ familiæ construxit. Et hanc ipsam inter ædificandum dicitur, et recognoscitur ab adversario, illi regulari ecclesiæ, de qua ante diximus, contulisse. Hæc autem capella nihil omnino de reditu juris parochialis possidebat. Sed permittentibus illis regularibus canonicis quos jam commemoravimus, ille idem Dominus capellanos suos, quos feodatos habebat et habuerat jam antea multo tempore, assignavit ei, ut inibi more canonico celebrarent divinum officium in honorem Dei et piissimi Nicolai quorum possessiones erant in censivis, in agriculturis, in vendis forensibus, in furnis, in molendinis, et in his quæ fuerant excerpta de dominicatura et de mensa ipsius domini; quæ licenter posset dedisse alicui suorum militi sive clienti, si placuisset, aut mimo aut histrioni, si leviter agere voluisset.

Postmodum vero filius filii illius intelligens illam regularem Ecclesiam plus nimis indigere, quia sita est in terra sterili, in locis palustribus atque silvestribus, unde ipsa Ecclesia de Bosco nominatur, ad perficiendum hoc quod suus antecessor incœperat animum intendit, et ad supplementum inopiæ victus et vestitus pauperum fratrum, capellam quam sæpe replicamus cum tota capellania jam multoties nominatæ abbatiæ dedit. Verum ut hoc suum desiderium recto itinere incederet et debito ordine cederet, quidquid dominationis, quidquid potestatis in eam habuit, totum id penitus refutavit et posuit in manu domini mei Rainaldi venerabilis ante Andegavensis episcopi et modo Remensis archiepiscopi, affectuose deposcens quatenus hoc suum depositum illi regulari monasterio quod multoties revolvimus tam redderet quam donaret.

III. Sane dominus meus ille episcopus, valde congratulatus ante de tanto incremento illius indigentis Ecclesiæ, sicut suscepit de manu illius nobilis, sic investivit illam pauperem abbatiolam de ista capella in manibus Albini abbatis, tradendo ei claves illius capellæ, tradendo ei cordas signorum ejus, necnon et chartam constitutionis ejusdem, insuper et libros, et si qua sunt alia. Hoc autem concesserunt capellani servitio ipsius capellæ attitulati, et se ipsos et suas capellanias, sive mavis dicere præbendas, in manu abbatis et dispositione ejus reddiderunt. Hoc concessit archipresbyter loci illius Rainaldus, et noster decanus Normannus, et nostrum capitulum, quorum illa capella censualis erat. Et hoc concessi ego Ulgerius, qui eo tempore indignus administrabam officium archidiaconatus, hac conditione, ut numerus servientium non diminueretur.

IV. Et ut hoc totum opus perfectissimam consummationem sortiretur, ipsum abbatem Albinum destinavit idem dominus meus episcopus ad dominum nostrum papam Benedictum Paschalem, orans et supplicans ei ut dexteram dignationis suæ huic eleemosynæ imponeret, et hanc capellam illi abbatiæ, de qua nobis est sermo, daret et concederet et apostolica auctoritate confirmaret. Qui de more suæ benignitatis tam dignis petitionibus, tam justis precibus inclinatus, rogata concessit, et per apostolica scripta, quæ gratissima nobis in medium attulimus, et vobis, videte, videte illa, ostendimus et offerimus, hanc capellam illi abbatiæ confirmavit, et Albinum et socios ejus satis et super satis lætos, lætissima sit anima ejus, ad propria remisit.

V. Ex illa autem die abbas Sanctæ Mariæ de Bosco tenuit illam capellam, non ut in suam, sed vere suam, et habuit et obtinuit plenissimum jus in ea abbatis et domini, cantando in ea privatim et publice pro velle suo, cantando in festis et in profestis diebus; et obeunte vel abeunte aliquo de capellanis illius capellæ, abbas in loco vacuo et jure suo substituit quem elegit, sæcularem quem voluit, et regularem quem placuit. Tenuit autem illa abbatia et possedit hanc capellam, ut de antiqua donatione taceamus, in temporibus domini nostri papæ Paschalis, quoad ipse supervixit, et in diebus domini nostri papæ Calixti nobilissimi, et in diebus dulcissimi domini mei papæ Honorii, et in diebus vestris, Innocenti reverendissime.

VI. Usque ad hoc momentum urbani et periti oratores non detrahebant nobis, eo quod auditis adversariorum argumentis, statim non in ea involvaimus, et ad succidenda ea non festinavimus. Per hanc enim viam rei gestæ narrationis liberius et compendiosius pedetentim ad illa accedemus, et ea ipsa maxime in quibus adversarii plus confidunt, inutilia et futilia esse ostendemus, et ariete rationis dirimemus, aut quasi quid habent vigoris et jurium magis ex nostra parte quam ex parte adversariorum stare probabimus.

VII. Abbas Vindocinensis intendit in abbatiam Sanctæ Mariæ de Bosco et in hanc pauperem filiam ejus in hoc modo. Injuste tenetis capellam Sancti Nicolai de Credone, et injuste nobis aufertis eam. Joannis est depulsio. Nec eam vobis auferimus, aut injuste eam tenemus. Nostra enim est ratione juris et longitudine quietæ possessionis. Abbas Vindocinensis ad probationem partis suæ adduxit quod Rainaldus Remensis archiepiscopus, qui ante erat Andegavensis episcopus, et Gilbertus Turonensis archiepiscopus, adhibitis sibi Ildeberto Cenomanensi episcopo et aliis sapientibus, adjudicaverant Ecclesiæ Vindocinensi investituram capellæ Sancti Nicolai, et quod papa Calixtus necnon dominus noster Innocentius et Petrus Leonis in tempore suæ legationis id ipsum confirmaverant. Insuper astruit abbas Vindocinensis quod Gaufridum suum antecessorem Rainaldus dominus noster Andegavensis episcopus de illa capella investierat judicio, et judicii et investituræ testes litteras sigillatas ei fecerat, et quod illa capella infra parochiam Sancti Clementis, quæ sua est, facta sit.

VIII. Joannes hic omnia hæc infirmat. Illud quod judicium vel adjudicationem vocatis, si inoffensa majestate domini mei Remensis archiepiscopi potest dici, non fuit nec debet dici judicium, sed potius præjudicium sive peregrinum judicium; aut justum judicium non fuit, quia non fuit factum apud eum quem debuit, nec per eos quos debuit, nec eo modo quo debuit, nec eo loco, nec eo tempore, neque circa hos circa quos decuit. Apud eum apud quem debuit non fuit factum. Apud papam duntaxat debuit judicari, non apud quemcunque alium, de re ista quam magnificandus Paschalis papa dederat, quam concesserat, quam litteris et sigillo suæ auctoritatis confirmaverat. Per illos, per quos debuit non fuit factum, quia in primis per papam, et post ipsum, per cardinales suos, et per eos quos admisisset, et non per alios, debuit fieri. Unde nec per Turonensem archiepiscopum nec per Cenomanensem episcopum debuit fieri. Insuper autem adhuc dicunt Turonensem archiepiscopum adjudicasse monachis illam infamem investituram, imo inversuram. Respondemus causam non advenisse ad ipsum archiepiscopum, nec delatam fuisse ad ipsum, sed ipsam venisse ad causam hortatu et ducatu Vindocinensis abbatis, qui de festo Sancti Mauricii infecto ipsum archiepiscopum extraxit, et Andegavi sumptibus a Turoni abduxit, et ut suum causidicum pridie quam causa tractaretur, et quantocunque tempore ante Andegavi fuit, eum abbas procuravit, et ab hospitio abbatis ad causam cum abbate venit, et a causa a hospitium abbatis cum abbate rediit. Tunc temporis quidquid scivit et potuit ad opus abbatis Vindocinensis, et fecit et potuit. Et ideo nobis suspectus fuit. Eo modo quo debuit factum non fuit, quia festum Sancti Bartholomæi transierat quando episcopus diem ad agendum, videlicet crastinum ab instante tunc festo, præfixit. Illi autem quos episcopus vocabat ad causam, causati sunt brevitatem hujus termini et duritiam Credonensis domini, qui eis sæpius sua auferebat, et aliquando canonicum a se captum nisi redemptum abire non permittebat. Dictum etiam fuit ab illis quod illa capella, pro qua ad causam vocabantur, abbatiæ de Bosco erat. Ad causam equidem venirent die constituto; sed causam non ingrederentur, nisi prius judicaretur si causæ illæ sufficientes essent ad impetrandum sibi salvum terminum et commodiorem. In illo termino cum utraque pars convenisset, et abbas Vindocinensis quæreret judicium de jam dicta capella, respondit pars adversa se causam illam non ingredi, nisi prius sit judicatum si causæ superius dictæ sufficientes essent, ne eo die ratione possent cogi ad placitandum, sicut et in positione istius termini ipsi determinaverant. Insuper non fuerunt vocati secundo nec tertio. Eo loco quo debuit factum non fuit, quia nec ante papam. Nec in loco jussionis factum fuit, quia illi clerici qui impetebantur, inducias sex mensium ad agendum de vita sua, scilicet de præbendis suis, de usufructu quarum in servitio Dei vivere debebant, et servitio quarum ordinati erant, obtinere non potuerunt. Circa illos circa quos decuit factum non fuit, quia circa abbatem et circa canonicos regulares Sanctæ Mariæ de Bosco factum non fuit, quorum tantum erat et proprietas et possessio sæpissime jam præfatæ capellæ datæ et confirmatæ per Andegavensem episcopum, per archidiaconum, per archipresbyterum, per decanum et capitulum Sancti Mauricii, per capellanos illius capellæ quæ nobis est in ore, et ad cumulum, per dominum nostrum papam magnificum et mirificum Paschalem, cujus auctoritas supergreditur et excedit longe omnes donationes et confirmationes aliorum. Unde nos confisi de summi judicis misericordia et vestra, similiter de Dei et nostra et horum pauperum justitia, confidenter dicimus, quandoquidem isti regulares canonici non fuerunt vocati ad causam nec judicati, illud quod hic judicium nominatur, circa hos circa quos decuit factum non fuit, nec istos regulares debere damnari, nec propter hoc a causa præcipitari, etiamsi illi sæculares capellani, cum ipsi essent vicarii prædictorum regularium et officiales eorum et...... et instrumentum, pro culpa sua et pro defectu suo a causa exciderunt. Imo nos affirmare credimus quod si argumenta adversarii efficacia essent, ad removendos sæculares capellanos valerent, regularibus autem non obessent, sed prodessent, cum sæcularium depositio regularium esset admissio, et cum regularium ipsorum sit, et non alterius personæ, in locum ipsius capellæ vacuum intrare, et vel sibi retinere, vel alii quem eligent dare.

IX. Ad hoc quod dicunt adversarii, dominum Andegavensem episcopum investituram fecisse Gaufrido Vindocinensi abbati de capella post hoc judicium, respondemus quod investitura ex tali judicio non est approbanda, et nos desiderare et desiderando orare apostolicam dignitatem et ejus sanctæ curiæ auctoritatem ut judicent utrum investitura apud talem, per tales, tali modo, tali loco, tali tempore, circa tales, facta et judicata, investitura debeat esse vel dici, vel inversura, cum a papa et a curia ejus nulla nisi canonica fuerit sic admittenda, nec pro investitura habenda, et cum illud quod vocant investituram, in logis tantum et vocalis esset, non realis, neque materialis, et magis præceps et festinata quam excogitata.

X. Ad hoc autem quod adversarii dicunt, Rainaldum episcopum Andegavensem investivisse Gaufridum abbatem Vindocinensem de capella per clavem ipsius capellæ, respondemus quod huic argumento, imo arguto et arguendo mendacio, obviat, et quod multis clericis et plurimis laicis patet Albericum sacerdotem in memorata clave extracta de valtheo et sua propria insuper et viginti libris promissis abbati Vindocinensi redemisse filium suum Paganum monachum ab intolerabili jugo Vindocinensis monasterii, et eum redemptum reddidisse abbatiæ Sancti Albani.

XI. Quod autem dicunt Andegavensem episcopum fecisse chartam eis in testimonium judicii et investituræ, magis videtur eis officere quam proficere, quia non fuit composita per eum qui ante erat magister scholarum; cum in Andegavensi ecclesia nulla charta de rebus ad Andegavensem pertinentibus soleat recipi, nisi a magistro scholarum dictata et laudata fuerit. Addimus quod charta illa non continet priores nostræ Ecclesiæ, quibus quæcunque charta caret non tantum perdit auctoritatem, sed etiam meretur calumniam.

XII. Contra hoc quod asserunt dominum Calixtum papam et vos et dominum Petrum Leonis confirmasse tale judicium et talem investituram, non est mirum si ista confirmavistis, qui nullum super hoc ratiocinantem audiebatis. Verum Romana Ecclesia illius discretionis semper debet esse ut si aliquis ab ea falsitatem inducendo, vel veritatem tacendo, alicujus rei confirmationem injustam obtinuerit, agnita veritate, tali occasione nulli rem suam debet auferre. Dominus Gaufridus abbas, qui multum prudens et multum litteratus et multum eloquens fuit, satis ostendit quod in his rationibus non multum confidebat, nec multum urgebant, qui Turonis, ubi vos et abbas et nos vobiscum eramus, de capella ista nullum clamorem protulit; similiter nec in celeberrimo Remensi concilio, ubi archiepiscopus Remensis fuit, cui isti innituntur, et ubi nos vobiscum fuimus, super hoc quod isti clamant, clamorem sive querelam ad aurem sanctitatis vestræ detulit. Ad ultimum, isti regulares, qui modo possident, parati sunt comprobare capellam illam jam a triginta annis vel a quadraginta fuisse datam ecclesiæ Sanctæ Mariæ de Bosco, sine reclamatione legitima sibi facta.

XIII. Nunc autem, reverendissime Pater, pervolate partem adversariorum et nostram, et conferte auctores auctoribus, assensores assensoribus, modos modis, loca locis, tempora temporibus, impetitores impetitis, et quod etiam per nos non rogati faceretis, recte judicantes, sæpissime jam commemoratæ abbatiæ de Bosco hoc suum satis parvum solatium adjudicate. Quod si apud vestram sublimitatem oratio nostræ parvitatis nullius fuerit, commoveant viscera vestra paupertas hujus fratris et ecclesiæ suæ pauperis humilitas, quia vos estis sustentator pauperum, et pater orphanorum, et advocatus eorum. Vos estis judex judicum terræ. Sententia vestra definit universas. Acceptio personarum non fuit apud Christum, nec debet esse apud vos vicarium ejus. Vestrum est bene posita confirmare. Amodo sollicitudinem causæ pauperis istius et fratrum suorum in sinum clementiæ vestræ projicio. Amodo curam hujus pauperis Joannis et aliorum fratrum suorum habeatis. Quia, domine, tibi derelictus est pauper. Orphanorum non dicam eris, sed sis adjutor.

ULGERII EPISTOLÆ.

I.

Ad Lucium II papam. — Odonem S. Martini Turonensis decanum commendat.

(Vide in Lucio II, inter variorum epistolas ad ipsum, *Patrologiæ* tom. CLXXIX, sub num. 2.)

II.

Ad eumdem. — Ut Robertum priorem S. Cosmæ Turonensis benigne suscipiat.

(Vide ubi supra, sub num. 3,)

III.

Ad clerum Andegavensem. — Milites Templi Hierosolymitani commendat.

(DUCHESNE, *Script. rer. Franc.*, IV, 770.)

Ulgerius Andegavensis indigne dictus episcopus, archipresbyteris, archidiaconis, prioribus, presbyteris, et omni clero in Andegavensi episcopatu constitutis, vitam quæ finem beatitudinis nescit.

Mandamus vobis atque rogamus et supplicamus, quatenus hos fratres nostros, cum ad vos venerint, benigne et affectuose suscipiatis, et ecclesias vestras ad prædicandum eis exponatis, et corda vestrorum parochianorum ad impendendas eis eleemosynas suas largissime inclinetis. Isti enim sunt nuntii, et officiales et commilitones militantium Christo in sacrosancto Templo Domini Jerusalem, quorum militia sine dubio vera est, et Deo gratissima. Quæ abjectis sæcularibus desideriis, videlicet gaudiis nuptiarum et omnimoda voluptate, et expers proprietatis, professa arduam religionem, ut æternam consequatur beatitudinem, contra hostes Dei, qui sanctam civitatem Jerusalem, et alias Orientales persequuntur, pugnare elegerunt; nec dubitant dare animas, et fundere sanguinem, dum deleant et exterminent gentiles impios a sanctissimis locis, quos Dominus elegit nativitati, et passioni suæ, et conversationi. Nos vero cupientes participes esse eorum beatitudinis et sortis, concedimus, ut si ecclesiæ sint interdictæ, ad quas illi tendent, in adventu eorum semel in anno, uno die ad honorem Dei et eorum solemniter pulsatis signis celebretur divinum officium in ipsis, admissis omnibus parochianis: exceptis excommunicatis, et si qui sint fratres eorum, qui signum, vel habitum, aut vitam eorum habeant, ea vice, si mortui sint, sepeliantur. Hos diligit et amplectitur papa Romanus et tota Romana Ecclesia, et omnes qui Deum amant. Omnibus vero, qui sua beneficia eis porrexerint, quintam partem pœnitentiæ peccatorum, quæ confessi fuerint, relaxamus. Valete.

IV.

Ad Sugerium abbatem S. Dionysii. — Nuntiata Petri Burguliensis abbatis morte, rogat ut successorem ejus Robertum benigne suscipiat.

(Exstat in serie epistolarum Sugerii ordine tertia. Vide *Patrologiæ* t. CLXXXVI, col. 1348.)

ULGERII TESTAMENTUM

(*Gall. Christ. vet.* t. II, p. 134.)

In nomine Domini nostri Jesu Christi, ULGERIUS, episcoporum minimus, RICARDO decano ecclesiæ B. Mauricii Andegavensis, et toti conventui ejus in perpetuum.

Patientia misericordis Dei in providentia sedis Andegavensis contra mores et vitam nostram constituti, licet gravitate exsilii, et aliis multis incommoditatibus impediti, nonnulla supra vires enitentes, Dei gratia acquisivimus quasdam ecclesias et vicos, laborantes ædificavimus sane non modice, qualitate et quantitate peccatorum nostrorum, quæ sæpe ad memoriam revocabamus, perterriti. Trahente nos illa sententia: *Date et dabitur vobis* (Luc. v;), eligimus dare ecclesiæ B. Mauricii, de cujus visceribus et medullis processerant expensæ quæ ad hoc fuerant necessariæ et efficaces, et nobis et successoribus nostris illa quæ super scripsimus: Furnum Calomnæ quem dedit nobis in eleemosynam Turpinus de Ramoforti, et uxor ejus Villana, et molendinum quod est in excluso Roberti de.... Et census qui sunt in porta Andegavensi, qui fuerunt Helenoti, et Lagenarium de Transmeduana, et dimidiam ecclesiam S. Clementis de Platea, et ecclesiam S. Mauricii de Bosco juxta Bellamnoam, et ecclesiam et vicum S. Philippi cum pertinentiis suis, et dominium Ecclesiæ Grugli quod dedit nobis Philippus de Sauconay, et impositionem ipsius sacerdotis, et ecclesiam de Castello, præter partem illam quam habet abbatia S. Albini, et ecclesiam S. Quintini cum capella sua, et terram, quam ibi habemus in novo vico de Samonaco, et ecclesiam de Loigniaco, et vicum Sancti Egidii cum ecclesia post mortem Radulphi archidiaconi, ecclesiam de Poimellis, ecclesiam de Alenconio et de Chemerario, ecclesiam de Monteboherii, ecclesiam de Solemniis, ea damus quidquid habemus in castello novo, et ecclesiam Sancti Martini de Bosco. Damus insuper in Helonio, et in Chyreio, et medietariam quæ est ecclesiam de Jallia et capellam quæ est proxima, apud Salviniacum, quæ Benedicamus-Domino nuncupatur et Burgensem unum apud quinque solidos, ecclesiam S. Petri de Priscinniaco, dimidiam ecclesiam de Valleio, et de Laigniaco, et de Chineiaco, Philippo de Gresolla, et quindecim de Gauterio et de Disseio, et quod habebamus in ecclesia Sancti Symphoriani. Hæc omnia damus vobis salvo jure archidiaconorum et archipresbyterorum. Præter- *Reliqua membranæ verba exciderunt.*

MARBODI REDONENSIS EPISCOPI

EPITAPHIUM DUPLEX

AUCTORE ULGERIO ANDEGAVENSI EPISCOPO.

(Vide *Patrologiæ*, t. CLXXI, in Marbodo.)

ANNO DOMINI MCXLIX

OGERIUS LUCEDII ABBAS

NOTITIA

(FABRIC. *Biblioth. med. et inf. Lat.*, t. V, p. 161.)

Ogerius, Lucedii abbas in diœcesi Vercellensi, cujus Sermones editi sunt inter S. Bernardi Opera. Tractatum ms. De laudibus Deiparæ memorat Oudinus, tom. II, p. 1417. [Ex tractatu ejus De laudibus S. Dei Genitricis, qui exstat ms. in cod. 761 bibliothecæ Universitatis Taurinensis, integram præfationem evulgarunt viri doctissimi qui commentarios ejusdem bibliothecæ scripserunt, tom. II, pag. 240, MANSI.]

OGERII SERMONES.

(Vide *Patrologiæ* tom. CLXXXIV, col. 880, inter Opera S. Bernardi.)

ANNO DOMINI MCXLIX

ARNULFUS DE BOERIIS

NOTITIA

(FABRIC. *Bibl. med. et inf. Lat.*, I, 142.)

Arnulfus, monachus de Boeriis, ordinis Cisterc. in diœcesi Laudunensi sæculo XII, scripsit *Speculum monachorum* quod exstat ad calcem Operum S. Bernardi, t. II edit. novissimæ Mabillonianæ, Paris. 1719, p. 816.

ARNULFI

SPECULUM MONACHORUM.

(Vide *Patrologiæ*, t. CLXXXV.)

ORDO RERUM

QUÆ IN HOC TOMO CONTINENTUR.

HERMANNUS ABBAS S. MARTINI TORNACENSIS. 9
Notitia. 9
Monitum in tractatum sequentem.
TRACTATUS DE INCARNATIONE JESU CHRISTI. 9
Præfatio. 9
Cap. I. — Quæ fuerit necessitas incarnationis Filii Dei, hic quæritur. 11
Cap. II. — Cur Deus ipsum primum hominem creavit. 12
Cap. III. — Conveniens fuit ut homo post peccatum non redimeretur, nisi cum aliqua satisfactione facta Deo. 15
Cap. IV. — Quid homo Deo abstulit, quando de ligno vetito comedit. 16
Cap. V. — Congrua et decens redemptio naturæ humanæ. 19
Cap. VI. — Fit Deo condigna satisfactio per incarnationem. 20
Cap. VII. — Quomodo antiqui Patres, ante legem et post, desideraverant adventum incarnationis. 24
Cap. VIII. — De beata Maria destinata ab æterno, ut ad exsecutionem incarnationis concurreret. 28
Cap. IX. — Idem locus S. Scripturæ potest exponi variis modis. Iterum de beata virgine Maria, magnus illius encomiastes. 52
Cap. X. — Quomodo nudus Noe passionem Christi figuraverit. 54
Cap. XI. — Auctor vertit sermonem suum ad beatam Virginem quam deprecatur ut misericordiæ Matrem. 56
DE MIRACULIS S. MARIÆ LAUDUNENSIS ET DE GESTIS BARTHOLOMÆI EPISCOPI ET S. NORBERTI. — LIBRI TRES. 57
NARRATIO RESTAURATIONIS ABBATIÆ S. MARTINI TORNACENSIS. 59
Prologus. 59
Incipit liber. 41
Generosa Alulfi conversio. 66
Odo abbas S. Martini cum sociis relinquit institutum clericorum, et assumit Benedictinum. Sigerus præcentor et Hermannus præpositus fratres fiunt monachi. 67
Monachi S. Martini solitudinis amore locum deserunt, sed jussu episcopi redeunt. 68
TEULFUS MAURINIACENSIS MONACHUS.
CHRONICON. 151
LIBER PRIMUS. 131
LIBER SECUNDUS. 135
LIBER TERTIUS. 166
JOANNES MONACHUS S. LAURENTII LEODIENSIS.
Notitia. 177
VISIO STATUS ANIMARUM POST MORTEM ET MIRACULUM S. LAURENTII MARTYRIS. 177
GUILLELMUS ABBAS S. THEODORICI PROPE REMOS.
Notitia. 185
Notitia altera. 187
Præfatio in opera beati Guillelmi vitam et catalogum librorum ejus exhibens. 201
EPISTOLA AD FRATRES DE MONTE DEI DE VITA SOLITARIA. 205
MEDITATIVÆ ORATIONES.
Meditatio I. — Contemplatur anima præscientiam Dei, prædestinationem ac reprobationem. 205
Meditatio II. — Sistit se Deo anima; cupiens ab eo illuminari, et SS. Trinitatem, avulsa a sensibilibus mente, cogitare. 208
Meditatio III. — Anima desiderium videndi Deum exprimit, et circa objectum ipsum fruendum exspatiatur. 211
Meditatio IV. — Orandi donum petit, statum suum priorem, ac novissimum solitudinem suam describit. 215
Meditatio V. — Diversos modos orandi recenset; passionem Christi et peccata sua in memoriam revocat. 218
Meditatio VI. — Anima gaudium beatorum, ac cœlum, id est Deum, et arcam testamenti, id est humanitatem Christi, contemplatur. 222
Meditatio VII. — Anima videndi Dei desiderium exprimit. 227
Meditatio VIII. — De multiplici facie hominis, et osculo atque amplexu sponsi et sponsæ. 229
Meditatio IX. — Anima discutit, seu in judicium vocat cogitationes suas et affectus. 232
Meditatio X. — Incarnationis et passionis Christi consideratio. 235
Meditatio XI. — Cæcitatem suam exponit, cupiens a Deo illuminari, et pastorale onus abdicare. 237
Meditatio XII. — Confessio peccati, et desiderium amandi Deum hic exprimitur. 242
DE CONTEMPLANDO DEO LIBER. 250
DE NATURA ET DIGNITATE DIVINI AMORIS. 250
DISPUTATIO ADVERSUS PETRUM ABÆLARDUM AD GAUFRIDUM CARNOTENSEM ET BERNARDUM.
Ut Dei et Ecclesiæ causam adversus Petri Abælardi errores, quorum aliquot capitulo producit auctor. 2
Rescriptum Bernardi ad Guillelmum. — Libellum contra Petrum Abælardum conscriptum laudat, etc. 282
DISPUTATIO CATHOLICORUM ADVERSUS DOGMATA PETRI ABÆLARDI. 283
Monitum domni Tissieri. 283
LIBER PRIMUS. 283
LIBER SECUNDUS. 297
LIBER TERTIUS. 309
Responsio Petri Abælardi contra calumnias objectorum. 330
DE ERRORIBUS GUILLELMI DE CONCHIS ad sanctum Bernardum. 334
DE SACRAMENTO ALTARIS. Falso, S. Anselmo a quibusdam ascriptus. 342
GUILLELMI EPISTOLA ad quemdam monachum qui de corpore et sanguine Domini scripserat. 342
LIBER DE CORPORE ET SANGUINE DOMINI. 346
Cap. I. — Quomodo æstimandum sit de corpore Domini; et quod in diversis locis sit uno eodemque tempore, non tamen ubique. 346
Cap. II. — Quomodo necessaria nobis sit modo corporis Domini præsentia. 348
Cap. III. — De visibili specie in sacramento corporis Christi. 349
Cap. IV. — Quid in sacrificio secundum naturam quid supra naturam sit. 350
Cap. V. — De spirituali manducatione corporis Christi. 351
Cap. VI. — De duplici corpore Christi. 353
Cap. VII. — Quod unum corpus Domini sumatur sæpe sine altero. 355
Cap. VIII. — De corporali manducatione corporis Domini. 354
Cap. IX. — De diversis corporis Domini sacramentis, et ipso nomine sacramenti. 355
Cap. X. — Recapitulatio, quomodo cogitandum sit de sacramentis. 358
Cap. XI. — Cur tam obscuræ sententiæ inveniantur in libris Patrum de sacramentis. 359
Cap. XII. — De trino corpore Domini. 561
SPECULUM FIDEI. 365
ÆNIGMA FIDEI. 397
BREVIS COMMENTATIO IN PRIORA DUO CAPITA CANTICI CANTICORUM.
COMMENTARIUS IN CANTICA CANTICORUM e scriptis S. Ambrosii collectus. 441
EXCERPTA EX LIBRIS S. GREGORII PAPÆ SUPER CANTICA CANTICORUM. 441
EXPOSITIO ALTERA SUPER CANTICA CANTICORUM. 473

QUÆ IN HOC TOMO CONTINENTUR

EXPOSITIO IN EPISTOLAM AD ROMANOS. 547
DE NATURA CORPORIS ET ANIMÆ LIBRI DUO. 695
LIBER PRIMUS. Physica humani corporis. 695
LIBER SECUNDUS. Physica animæ. 707
VITA S. BERNARDI. 725

DIVUS ALGERUS CANONICUS ET SCHOLASTICUS LEODIENSIS.

Præfatio. 727
De Algero veterum testimonia. 738
Divi Algeri. — De sacramentis corporis et sanguinis Dominici. — Prologus. 739

DE SACRAMENTIS CORPORIS ET SANGUINIS DOMINICI. 743

LIBER PRIMUS.

Cap. I. — Quod Deus hominem Dominicum pro nobis assumptum super omnia exaltavit. 743
Cap. II. — Quod quoniam Christus exaltatus est super omnia, et in eo nobis cuncta donata sunt, similem etiam gloriam nos sperare debeamus. 745
Cap. III. — Quod ad majorem tantæ gratiæ certitudinem ipsum caput nostrum Deus, nos membra ipsius ita constituit, ut nos corpus ejus cum ipso capite dicamur Christus, sacramento et veritate corporis sui nos sibi uniens et incorporans. 747
Cap. IV. — Quid sit sacramentum, et quot modis accipiatur. 751
Cap. V. — Quod visibile sacramentum panis et vini, nuncupative dicatur corpus Christi. 752
Cap. VI. — Quod Christus in pane sacramentali non ita personaliter sit impanatus, ut in carne incarnatus. 754
Cap. VII. — Quod, remanentibus qualitatibus suis, substantia panis et vini in verum corpus Christi mutetur. 756
Cap. VIII. — Quomodo sacramentum corporis Christi a cæteris sacramentis differat vel conveniat. 760
Cap. IX. — Quod novus panis et vinum in corpus Christi mutata novam carnem vel sanguinem non generant. 766
Cap. X. — Quod non de quolibet Filio hominis, sed de ipso Christo intelligendum est : « Nisi manducaveritis carnem Filii hominis, non habebitis vitam in vobis. » 769
Cap. XI. — Quod in sacramento visibili sit spirituale et invisibile corpus Christi. 771
Cap. XII. — Quod corpus Christi, cum in sacramento sit spiritualiter, non tamen minus substantialiter et vere. 775
Cap. XIII. — Quod veritas corporis Christi visibilibus etiam signis sit sæpius ostensa. 779
Cap. XIV. — Quod corpus Christi est, cum sit locale, in cœlo et in terra. 780
Cap. XV. — Quod corpus Christi divisum et a fidelibus sumptum permanet incorruptum et integrum. 783
Cap. XVI. — Quod immolatio Christi in altari, non dicitur quod iterum occidetur, sed quod vera ejus immolatio repræsentata, idem in altari nunc, quod tunc in cruce operetur. 786
Cap. XVII. — Quod dupliciter vel tripliciter dicitur corpus Christi. 790
Cap. XVIII. — Quod invisibile corpus Christi in sacramento, sacramentum sit visibilis corporis Christi in humana forma, verum veri, idem ejusdem. 792
Cap. XIX. — Quod sacramentum duobus modis significat, vel sua ex se similitudine, vel alicujus actionis erga se. 794
Cap. XX. — Quia in sacrificio est sacramentum corporale, et corpus spirituale, duæ sunt etiam ejus comestiones : una corporalis, altera spiritualis; et boni quidem duabus comestionibus sumunt corpus Christi, mali tantum una. 797
Cap. XXI. — Quod sicut nec minus a malo, nec magis a bono sacerdote consecratur veritas corporis Christi, sic nec minus a malo, nec magis a quolibet bono sumitur quantum ad substantiam. 798
Cap. XXII. — Quomodo vere et salubriter sumi possit corpus Christi. 805

LIBER SECUNDUS. 807

Cap. I. — Quod sacramentum corporis Christi, nullatenus solvatur in digestionem vel aliquam fædam corruptionem. 807
Cap. II. — Cur visibile sacrificium, invisibili Deo, fiat. 814
Cap. III. — Cur sacrificium Ecclesiæ non constat solo sacramento, vel corpore et sanguine Christi sine sacramento, vel cur utraque. 815
Cap. IV. — Cur fides tantopere exigatur in hoc sacramento corporis Christi. 821
Cap. V. — Cur magis consecretur in pane et vino et aqua corpus et sanguis Christi, quam in cæteris corporum speciebus. 822
Cap. VI. — Cur, sumpto corpore Christi, non statim etiam in carne vivamus æternaliter, cum ipsa sit vita æterna. 823
Cap. VII. — Cum temporalibus meritis æterna retributio fiat. 825
Cap. VIII. — Cur panis in carnem, et vinum in sanguinem per se consecrentur. 825
Cap. IX. — Cur corpus Christi magis consecretur in pane candido quam nigro, vel cujuscunque coloris, cum sanguis consecretur in cujuscunque coloris vino. 827
Cap. X. — Cur magis consecretur corpus Christi in pane azymo quam fermentato. 827

LIBER TERTIUS. 831

Cap. I. — Quod sancti quibusdam suis auctoritatibus videntur astruere, hæreticorum sacramenta esse irrita et noxia. 831
Cap. II. — Quod solius Dei sit, omnia sacramenta facere semper et vera et sancta quantum ad ipsum. 833
Cap. III. — Quod sacramenta Christi pro meritis ministrorum fieri credenda non sunt, ne pereat unitas sacramentorum et Ecclesiæ. 834
Cap. IV. — Quod Deus pretiosa sacramenta in non pretiosis speciebus posuit, non ut essent vilia et abjecta, sed gratuita. 836
Cap. V. — Quod tanta sunt Dei sacramenta ut omnium hominum superent merita. 837
Cap. VI. — Quod laico vel pagano baptizare permittitur. 838
Cap. VII. — Quod sanguinis effusione, vel sola fide baptismus compleatur. 838
Cap. VIII. — Quod sicut in baptismate, sic in conficiendo Christi corpore, nihil a bono magis, nihil a malo minus fiat. 840
Cap. IX. — Quod sacramenta hæreticorum de Ecclesia sunt et in Ecclesia fiunt. 841
Cap. X. — Quod sacramento tenus sacerdotium apud hæreticos maneat omnino integrum. 842
Cap. XI. — Quod etiam salutare sit sacrificium hæreticorum si communietur a Catholicis. 844
Cap. XII. — Quomodo solvatur illud, quod sancti de improbandis hæreticorum sacrificiis dicunt. 846
Cap. XIII. — Utrum sacramenta rite fiant, si solemnibus verbis aliqua contra fidem, vel incuria, vel hæresi interserantur. 847
Cap. XIV. — Quare in nomine Trinitatis baptisma fieri institutum sit. 852

DE SACRIFICIO MISSÆ. 854
LIBER DE MISERICORDIA ET JUSTITIA. 855
Admonitio prævia. 855
Incipit præfatio Domni Nicolai Leodiensis in libros magistri Algeri. 858
Incipit Epistola magistri Algeri Leodiensis. 858

PARS PRIMA LIBRI DE MISERICORDIA ET JUSTITIA. 859

Cap. I. — Quod misericordia præferenda sit omnibus præceptis. 859
Cap. II. — Quod misericordia præferenda sit etiam obsequiis divinis. 860
Cap. III. — Quod Christus in Evangeliis misericorditer cum præcepto addidit indulgentiam et consilium. 860
Cap. IV. — Item Paulus idem in suis Epistolis. 861
Cap. V. — Quod præceptum ipsis etiam prophetis et apostolis cum discretione est relaxatum. 861
Cap. VI. — Quod præcepta canonica pro tempore, pro persona, pro variis rerum eventibus, vel partim temperata, vel omnino sint intermissa. 861
Cap. VII. — Præceptum solo pietatis intuitu intermissum pro evento rei. 862
Cap. VIII. — Item pro persona. 862
Cap. IX. — Item necessitatis intuitu pro tempore. 862
Cap. X. — Item pro tempore. 862
Cap. XI. — Item pietatis intuitu pro eventu præceptum partim temperatum. 863
Cap. XII. — Item necessitatis intuitu intermissum. 863
Cap. XIII. — Item pietate temperatum. 863
Cap. XIV. — Quod necessitate vel utilitate mutilanda sint decreta. 864
Cap. XV. — Item necessitate. 864
Cap. XVI. — Item utilitate. 864
Cap. XVII. — Item, cum nullum omnino peccatum sit perpetrandum, mutilatur præceptum canonicum, ut in difficultate majoris et minoris criminis minus sit eligendum. 864
Cap. XVIII. — Ut turpe promissum non fiat. 864
Cap. XIX. — Ut fides rescindatur. 865
Cap. XX. — Ut sacramentum non impleatur. 865

CAP. XXI. — Ut pro vitanda luxuria inanis gloria toleretur. 865
CAP. XXII. — Item quod pro vitanda superbia expediat cadere in luxuriam. 865
CAP. XXIII. — Item quod omne peccatum admittendum sit propter vitandum pejus. 866
CAP. XXIV. — Qualiter personæ in variis difficultatibus positæ contemperanda sit medicina pastorum. 866
CAP. XXV. — Quod discretio præceptorum Dei charitate Dei dispensanda sit. 866
CAP. XXVI. — Quod eos debet punire justitia quos non corrigit misericordia, et quod palam sunt arguendi, qui palam peccant. 866
CAP. XXVII. — Quia canonica decreta alia sunt misericordiæ, alia justitiæ, et ex utrisque temperamentum faciendum est. 867
CAP. XXVIII. — Quod iniqui, si non possunt corrigi, sunt tolerandi. 868
CAP. XXIX. — Quod iniqui sint vitandi. 868
CAP. XXX. — Quod mali non sunt defendendi. 868
CAP. XXXI. — Quod mali non sunt adulationis blandiendi. 868
CAP. XXXII. — Quod malis prælatis adulatio non est impendenda, sed contradictio. 869
CAP. XXXIII. — Quod in malo non est obediendum. 869
CAP. XXXIV. — Quod prælati mali sunt arguendi et corripiendi a subditis. 869
CAP. XXXV. — Quod prælatus correctionem subditorum libenter amplecti debet. 869
CAP. XXXVI. — Quod subditi non temere vel amare, sed humiliter et discrete prælatos reprehendere debent. 870
CAP. XXXVII. — Quod subditi, quamvis prælatorum vitia reprehendant, tamen eis exhibere debent subjectionis reverentiam. 870
CAP. XXXVIII. — Quod subditi prælatorum occulta vitia publicare non debent, sed magis tolerare, ne cum merito constituatur plebis princeps, culpam suam in eis vindicent. 870
CAP. XXXIX. — Quod prælatus a subditis, nisi a fide deviaverit, magis tolerandus est quam accusandus aut detrahendus. 871
CAP. XL. — Quod non usque protendenda est tolerantia malorum, ut spe impunitatis continuæ magis peccetur. 872
CAP. XLI. — Quod ideo tolerandi sunt mali, quia certis documentis accusari non possunt. 872
CAP. XLII. — Quod non noceat bonis malorum tolerantia, si quantum, salva pace, fieri potest, correctio adhibeatur pro cujusque gradu et persona. 873
CAP. XLIII. — Quod tolerandi sint mali pro unitate pacis servanda. 873
CAP. XLIV. — Quod aliquando tolerandi sint mali solo pietatis intuitu. 874
CAP. XLV. — Quod perfectis non est deserenda malorum cohabitatio. 875
CAP. XLVI. — Quod quibuslibet infirmis malorum etiam corporaliter deserenda sit [cohabitatio], ne ab eis corrumpantur. 875
CAP. XLVII. — Quod senior districte increpandus est, quando junioribus malum exemplum præbet. 875
CAP. XLVIII. — Quod non nocet bonis, etsi sacramenta cum malis etiam cogniti communicent. 876
CAP. XLIX. — Quod non noceat sacramenta suscipere a malis prælatis consecrantibus et ministrantibus ea, quamvis hoc sancti quibusdam suis sententiis innuere videantur. 876
CAP. L. — Quod in sancta Ecclesia Spiritus sanctus per malorum ministerium probos colligit, et non extra Ecclesiam ubi sunt excommunicati et hæretici. 878
CAP. LI. — Quod per malos prædicatores bona prædicatio audienda est. 879
CAP. LII. — Quod baptisma, etsi a pagano detur, non est iterandum. 879
CAP. LIII. — Quod per malos ministros, etiam cognitos, baptisma celebretur. 880
CAP. LIV. — Quod cum damnatis malis non solum sacramenta divina communicare, sed nec cibum carnalem debemus sumere. 880
CAP. LV. — Quod baptisma est ratum etiam a laicis pro aliqua necessitate datum. 882
CAP. LVI. — Quod sacramenta a quovis Catholico, quamvis peccatore, ministrari possunt et consecrari, nec a bono majus, nec a malo minus perfici. 882
CAP. LVII. — Quod non merita sacerdotum, sed officia in divinis mysteriis sunt attendenda. 883
CAP. LVIII. — Quomodo in judicio suo non improbat Deus, eos etiam habere Spiritum prophetiæ, qui non habent meritum prophetæ. 883
CAP. LIX. — Quod qui indigne offerunt hostias in altari, quamvis sint sanctæ, non santificantur ab eis. 883
CAP. LX. — Quod in solo verbo Creatoris conficiatur corpus et sanguis Christi, qui nos redemit. 883
CAP. LXI. — Quod vera caro sit, quam accipimus in sacramento. 884
CAP. LXII. — Quod in sacramento corporis et sanguinis Domini alio modo species videtur, et dente teritur; alio modo res et fide manducatur. 884
CAP. LXIII. — Quod sacramentum non specie sola, sed etiam re sumendum est, ut tanquam cum Christo unum simus. 885
CAP. LXIV. — Quod non nocet si mali sumunt nobiscum sacramenta, qui aut ignorantur aut tolerantur. 885
CAP. LXV. — Quod per ministrum reprobum, sed tamen catholicum remissio peccatorum detur. 886
CAP. LXVI. — Quod non merito ministrorum, sed gratia et justitia Spiritus sancti solvuntur vel ligantur peccata a Deo, ut neque intra Ecclesiam sit qui injuste admittitur, neque extra qui ab ea injuste repellitur. 886
CAP. LXVII. — Quod injusta excommunicatio potius nocet excommunicanti, quam excommunicato. 886
CAP. LXVIII. — Quod non solum culpa, sed etiam ordo observandus est in judicio. 886
CAP. LXIX. — Quod a pseudoepiscopis potest rata haberi ordinatio. 887
CAP. LXX. — Quod omnia sacramenta a peccatore, sed tamen catholico rite ministrentur. 887
CAP. LXXI. — Quod in unitate Christiana non obest malus sacerdos vel collegis bonis vel popularibus subditis. 887
CAP. LXXII. — Quod in mandatis Domini audiendis non per quem, sed quid a quo dicatur attendendum est. 889
CAP. LXXIII. — Quod omnia sacramenta, cum absint indigne tractantibus, prosunt tamen per eos digne sumentibus. 889
CAP. LXXIV. — Quod malum bonis bene datur, sicut angelus Satanæ Paulo ad custodiam; et bonum malis male, sicut Caiphæ spiritus prophetiæ ad ruinam. 889
CAP. LXXV. — Quod solo consensu mala fiunt; quia nullum est peccatum nisi voluntarium. 890
CAP. LXXVI. — Quod etiam commistio carnaliter non est peccatum sine consensu voluntatis. 890
CAP. LXXVII. — Quod etiam in consensu carnalis commistionis, si adhibeatur ratio, vel annullatur, vel minuitur culpa. 891
CAP. LXXVIII. — Quod quibus placent mali, illi tantum communicant malis; quibus autem displicent non communicant. 891
CAP. LXXIX. — Quod aliquando subtrahenda est correctio malorum, ne ipsi vel deteriores fiant, vel etiam exacerbati aliis noceant. 891
CAP. LXXX. — Quod nullum est detrimentum cum pseudoepiscopis et presbyteris conversari, et non consentire. 892
CAP. LXXXI. — Quod culpis prælatorum implicantur qui in aliquem consensum eis accommodant. 892
CAP. LXXXII. — Quod caute arcendi sunt mali, ne eorum culpis implicemur, et abjiciendi de Ecclesia, ne cum eis periclitemur. 892
CAP. LXXXIII. — Qua discretione complenda sit tanta diversitas scripturarum, quia mali modo jubentur excommunicari, alii autem mediocriter corrigi, ut curentur. 892
CAP. LXXXIV. — Quod aliqui non sunt excommunicandi, ne alios sua excommunicatione contaminent. 895
CAP. LXXXV. — Quod non est correctio differenda. 895
CAP. LXXXVI. — Quod aliquando peccatori subserviendum est, non in his quæ male, sed quæ bene agit, etiam si male intentat. 895
CAP. LXXXVII. — Quod correctio peccatorum charitative et misericorditer exercenda est discrete. 895
CAP. LXXXVIII. — Quod peccatum est correctionem differri, si sine impedimento potest fieri. 896
CAP. LXXXIX. — Quod quando plures eodem contaminati sunt morbo, potius est differenda quam exercenda correctio, quia melius est aliquos in Ecclesia non corrigi, quam ipsam scindi. 896

PARS SECUNDA. 897
CAP. I. — Quod in disciplina Ecclesiæ modus et tempora servanda sunt. 897
CAP. II. — Quod disciplina bona intentione est exercenda et magna discretione. 897
CAP. III. — Quod in disciplina magis est misericordia tenenda quam severitas. 897
CAP. IV. — Quod et ignoscendo malis et plectende, semper dilectionis et correctionis intentione utendum est. 898
CAP. V. — Quot modis consensus malis exhibetur, laudando, imitando et tacendo. 898

Cap. VI. — Quod nec amore, nec metu tacenda est veritas. 899
Cap. VII. — Quod nec metu scandali nec compassione falsa veritas reticenda est. 899
Cap. VIII. — Quod, licet pax exterius turbetur per increpationem, intus tamen tenenda est per dilectionem. 899
Cap. IX. — Quod injusta est misericordia quæ malis et impœnitentibus impenditur. 900
Cap. X. — Quod vera est misericordia malos corrigere. 901
Cap. XI. — Quod non simplicitati aliquando, sed pigritiæ imputandum est non corrigere. 901
Cap. XII. — Quod in nos delinquitur, pro Deo remittere; quod in Deum, canonice vindicare debemus. 901
Cap. XIII. — Quod prælati a subditis non solum reprehendi, sed etiam accusari et convinci debent. 901
Cap. XIV. — Quod episcopi metropolitanum suum accusare debent. 902
Cap. XV. — Quod clericis licitum est quemlibet superioris ordinis accusare, etiam episcopum, et quod ipse episcopus non debet reprehendere. 902
Cap. XVI. — Qua discretione accipiendum sit quod sancti vetant ne' prælati a subditis arguantur vel accusentur; iterumque imperant ut ab eis accusentur et arguantur. 903
Cap. XVII. — Quod etiam boni laici ad accusationem episcoporum sunt admittendi. 903
Cap. XVIII. — Quod boni juvenes districta increpatione malos senes ferire debent. 903
Cap. XIX. — Quod non omnes episcopi sunt episcopi. 904
Cap. XX. — Quod aliquis malus episcopus vel impudicus canis magis dicendus est quam episcopus. 904
Cap. XXI. — Quod a minoribus non sit refugienda correctio. 904
Cap. XXII. — Quod etiamsi subditi mala intentione reprehendant prælatos, tamen se excusare debeant propter vitandum majus scandalum. 905
Cap. XXIII. — Quod vicissim prælati a subditis et subditi a prælatis arguendi sunt. 906
Cap. XXIV. — Quod prælati non ab omnibus, sed tantum a bonis, et nulla omnino macula respersis, vel etiam, non suspectis accusandi sunt. 906
Cap. XXV. — Quæ personæ infames dicendæ sunt. 907
Cap. XXVI. — Quod inimici ab heri et nudiustertius accusatores et testes esse non possunt. 907
Cap. XXVII. — Quod consanguinei et familiares accusatores et testes esse non debent. 907
Cap. XXVIII. — Quod non solum vita et opinio accusatorum testium, sed etiam intentio perscrutanda est. 907
Cap. XXIX. — Quod sancti ideo vel nullam vel difficilem voluerunt esse sacerdotum accusationem, ne a malis quibuslibet possent infestari. 908
Cap. XXX. — Quo ordine complenda sit disciplina. 908
Cap. XXXI. — Quod priusquam accusari debeat episcopus, conveniendus est non semel, sed sæpissime; non amaro, sed familiari colloquio, ut corrigat quæ in se corrigenda cognoverit. 909
Cap. XXXII. — Quod metropolitani suffraganeis suis superbi et graves esse non debent, nec sine eorum consilio aliquid, nisi quod ad proprium pertinet parochiam, tractare. 909
Cap. XXXIII. — Quod si episcopus admonitione subditorum incorrigibilis fuerit, tunc canonice ad primatem causa ejus deferatur, qui eum ad concilium convocet. 909
Cap. XXXIV. — Quod subditi et prælatos humiliter reprehendant, et reprehensos venerentur. 910
Cap. XXXV. — Quod prælati a subditis reprehensi vel debent se purgare, si sunt innocentes; vel emendare, si sunt culpabiles. 910
Cap. XXXVI. — Quod cujus scitur ab omnibus culpa sciri debet ab omnibus pœnitentia. 911
Cap. XXXVII. — Quod cum levis culpa quælibet quotidiana confessione fratrum solvi credatur; criminaliter tamen prælatorum tantum absolutione laxatur. 912
Cap. XXXVIII. — Quod sacerdotum pœnitentia, etsi debet sciri, non tamen ab omnibus videri. 912
Cap. XXXIX. — Quod sacerdos, si dignam pœnitentiam egerit, pristinæ suæ dignitati restituatur. 913
Cap. XL. — Quomodo solvendum est quod aliqui sancti post pœnitentiam prohibent dignitatis restitutionem, aliqui concedant. 914
Cap. XLI. — Quod de criminalibus et mortiferis peccatis, si prælatus vult corrigi, a subditis non est accusandus, et cum correctus accusari non debeat, non est damnandus. 915
Cap. XLII. — Quod discrete contemperanda sunt verba Gregorii, quibus dicit lapsos non debere restitui, ne sit contrarius cæteris sanctis, et in sequentibus sibi ipsi. 916
Cap. XLIII. — Quod etiam damnatus, si vere pœnituerit, restitui potest; quia non peccat qui exercet justitiam. 917
Cap. XLIV. — Quod postquam prælatus sæpe commonitus incorrigibilis permanserit, tunc ad primatum causa ejus deferatur. 921
Cap. XLV. — Quod proditores et laceratores episcoporum infames fieri, deponi, et curiæ tradi debent. 922
Cap. XLVI. — Quod qui publice scripta vel dicta contumeliosa in aliquem confingit flagellandus est. 922
Cap. XLVII. — Quod convicium non est pro accusatione sumendum. 922
Cap. XLVIII. — Quod si accusatores non fuerint legitimi, non est vexandus episcopus. 922
Cap. XLIX. — Quod episcopus accusatus septuaginta duobus testibus idoneis convincatur. 923
Cap. L. — Quod Silvester papa non vetat subditis quin accusent prælatos, sed ne præsumptuose id faciant. 923
Cap. LI. — Quod cum causa accusandi ad primatem canonice perlata fuerit, tunc primas magis pacem reformare debet quam judicium. 925
Cap. LII. — Quod si pacem reformare non poterit, tunc accusatus, acceptis ad minus sex mensium induciis, debet synodum infra provinciam congruo tempore auctoritate apostolica congregatam, ad se defendendum convocare. 924
Cap. LIII. — Quod totum synodalem ordinem Damasus papa breviter lucideque describit. 925
Cap. LIV. — Quod accusatus a communione non debet suspendi, antequam convictus sit, nisi judicio se subtrahat. Spoliatus vero rebus suis tandiu ipsis restituendus est, quandiu spoliatus erat antequam respondeat. 926
Cap. LV. — Quod duodecim judices sibi eligere debet accusatus episcopus. 926
Cap. LVI. — Quod primas personas accusantium vel accusati, cujus fidei, cujusque vitæ sint rimari debet, ut et per hoc accusantibus magis vel minus credat, et accusato magis vel minus parcat. 927
Cap. LVII. — Quod accusatores et testes præsentes viva voce accusare vel testificari debent, et accusatus præsens judicari, nec se debent nisi de præsenti negotio infamare vel calumniari. 927
Cap. LVIII. — Quod si judicium subterfugerit, æque absens ut præsens, tam accusatus quam accusator damnetur. 928
Cap. LIX. — Quod quatuor personæ in omni judicio sunt habendæ. 929
Cap. LX. — Quod judicium fieri non debet usquedum ad perfectum ventilata sit quæstio. 929
Cap. LXI. — Quod tribus modis expurgare se potest accusatus, scilicet vel magis idoneis testibus, vel summo examine, vel, ante omnem publicationem, confessione et pœnitentia. 929
Cap. LXII. — Quod si accusatus se expurgare noluerit, tunc vel convincetur, vel sponte peccatum suum confitebitur, et damnabitur. 930
Cap. LXIII. — Quod judicium, si ordinabiliter non fuerit habitum, vel metu alicujus potestatis subversum, accusatus vel ante vel post damnationem appellet apostolicam sedem. 930
PARS TERTIA. 931
Cap. I. — Quod quatuor species eorum sunt, qui sunt extra Ecclesiam, et quorum sacramenta non sunt rata. 931
Cap. II. — In quo differant schismatici ab hæreticis. 931
Cap. III. — Quod schismatici in sacramenti sanctitate sunt pro nobis, non in schismatis vulnere. 932
Cap. IV. — Quod schismaticorum baptisma verum quidem est, sed non prodest quandiu sunt in schismate. 932
Cap. V. — Quod etiam ordinati schismaticorum conversi recipiuntur. 933
Cap. VI. — Quod velut arida manus verum membrum est, sed inefficax; sic eadem dicta vel opera pro intentione vel fide sunt inutilia, vel noxia. 935
Cap. VII. — Quod fides sit necessaria facientibus sacramenta vel miracula. 936
Cap. VIII. — Quod pro fide hæreticorum damnentur vel approbentur sacramenta eorum. 936
Cap. IX. — Quod Paulianistarum baptisma est irritum; Novatianorum vero ordines rati cum manus impositione. 936
Cap. X. — Quod nullius hæresis, nisi Novatianæ, clerici sunt jure recipiendi. 937
Cap. XI. — Quod Bonosiaci pro necessitate sunt recepti. 937

Cap. XII. — Quod Donatistæ pro utilitate sunt recepti. 938
Cap. XIII. — Quod a Leone Maximus recipitur, Maximus ex laico et Donatista in episcopum ordinatus. 938
Cap. XIV. — Item Novatiani ab Innocentio. 938
Cap. XV. — Item Donatus Novatianus a Leone. 938
Cap. XVI. — Quod sacramenta hæreticorum quamvis sint vera, tamen inutilia. 939
Cap. XVII. — Quod etiam sunt noxia. 939
Cap. XVIII. — Quod ab hæreticis baptizati per manus impositionem sunt recipiendi. 940
Cap. XIX. — Quod nulla hæreticorum sacramenta sunt rata. 940
Cap. XX. — Quod sacramenta hæreticorum vera sunt quantum ad formam, non quantum ad spiritualem gratiam. 940
Cap. XXI. — Quod corpus Domini ab Arianis confectum sacrilega sanctio dicatur. 941
Cap. XXII. — Quod sine fide frustra cætera ecclesiastica haberi videantur. 941
Cap. XXIII. — Quod hæreticorum baptizati cum pœnitentia et manus impositione sunt recipiendi, clericis vero non. 941
Cap. XXIV. — Quod ad aliud et ad aliud referenda sunt varia Ecclesiæ statuta. 942
Cap. XXV. — Quod a Catholicis in Ecclesia omnia sacramenta salubriter, sed ab hæreticis damnabiliter accipiantur. 942
Cap. XXVI. — Quod baptizati ab hæreticis, vel ex consensu, vel conscientia, clericatus honore privandi sunt. 943
Cap. XXVII. — Quod ignoranter ab hæreticis baptizati non debent ab ordinibus repelli. 943
Cap. XXVIII. — Quod violenter ab hæreticis ordinati aliquem colorem excusationis habent. 943
Cap. XXIX. — Quod hæretici etiam corporaliter sunt vitandi. 943
Cap. XXX. — Quod Simoniacus a fide exorbitet. 943
Cap. XXXI. — Quod capitale quidem est facinus venundare et comparare Spiritum sanctum. 945
Cap. XXXII. — Qualiter in utroque Testamento punita sit Simoniaca hæresis. 945
Cap. XXXIII. — Quod sacerdotium in his non subsistat qui præmiis id assequuntur. 946
Cap. XXXIV. — Quod benedictio ei convertitur in maledictionem, qui emendo spiritualia ad hoc ut fiat hæreticus promovetur. 946
Cap. XXXV. — Quot modis Simoniæ pretium impendatur. 947
Cap. XXXVI. — Quot anathematis opprobrio, suscepti honoris amissione, monasterii restrictione mulctandus sit Simoniacus, tam vendens quam emens. 948
Cap. XXXVII. — Quod proprii honoris periculo subjaceat, quisquis nedum ordines, sed dispensationem alicujus ecclesiastici boni vendiderit vel emerit. 948
Cap. XXXVIII. — Quod ecclesiam vel decimas vendere vel emere Simoniaca est hæresis. 948
Cap. XXXIX. — Quod moderni Simoniaci satagunt Spiritum sanctum emere in sacramentis sicut Simon in miraculis. 949
Cap. XL. — Quod Simoniaci nullam auctoritatem habeant a Veteri Testamento vendendi vel emendi, quamvis alicubi hoc inhui videatur. 949
Cap. XLI. — Quod ex initio Simoniæ bonus aliquis fructus non possit provenire. 950
Cap. XLII. — Quod Spiritus sanctus in Simoniacis non lucet sacramentis. 951
Cap. XLIII. — Quod Spiritus sanctus nec vendi nec emi potest. 951
Cap. XLIV. — Quod non possit etiam eleemosyna fieri ex pretio Simoniæ. 952
Cap. XLV. — Quod conscitis et consentientibus noceat Simonia. 952
Cap. XLVI. — Quod deponendus sit, qui ab eo quem Simoniacum non dubitat, se ordinari permittit. 953
Cap. XLVII. — Quod vehementer contra Simoniam sit exardendum. 953
Cap. XLVIII. — Quod persequendi vel vitandi sunt Simoniaci. 954
Cap. XLIX. — Quod etiam debellanda sit Simonia. 954
Cap. L. — Quod sacramentum cum sit quantum ad verum bonis bonum, malis tamen fit magnum malum. 954
Cap. LI. — Quod bis sit Dominus transfiguratus in carne. 955
Cap. LII. — Quod in baptismate hæreticorum, quamvis concedatur ratum, non credendum sit haberi Spiritum sanctum, nisi sequatur manus impositio. 955
Cap. LIII. — Quod quicunque hæretici communione se maculat, non amplius promoveri debeat. 956
Cap. LIV. — Quomodo irrita et non vera dicantur hæreticorum sacramenta, cum sint vera et sancta. 956
Cap. LV. — Quod alia sint sacramenta dignitatis, alia necessitatis. 956
Cap. LVI. — Quod loco vel tempore vel promotione damnandus sit qui illicite ordinatur. 957
Cap. LVII. — Quod talis episcopus conceditur cætera sacramenta administrare, qui tamen prohibetur ordines facere. 957
Cap. LVIII. — Quod præeminere debet sanctitate qui præeminet dignitate. 957
Cap. LIX. — Quod damnatus sit Anastasius papa ex suo decreto, quo contra auctoritatem sanctorum ordinatos ab Acacio damnato absolvere nisus est. 958
Cap. LX. — Decretum quo Felix papa damnat Acacium. 958
Cap. LXI. — Item Gelasius damnat. 959
Cap. LXII. — Item Hormisda. 959
Cap. LXIII. — Quod decretum Anastasii fuit contrarium decreto Innocentii. 959
Cap. LXIV. — Quod Acacius damnatus sit. 959
Cap. LXV. — Quod licet ante adventum Christi, Ecclesiæ personæ reges et sacerdotes fuerint, tamen post ejusdem regis et sacerdotis adventum regnum divisum est a sacerdotio. 960
Cap. LXVI. — Quod alius non debet absolvere nisi idem qui ligat, nisi forte ex consensu. 961
Cap. LXVII. — Quod inferior superiorem non potest absolvere. 961
Cap. LXVIII. — Quod prævaricatoria absolutione rei reum non absolvunt. 961
Cap. LXIX. — Quod sæcularis potestas de divinis non debet judicare. 961
Cap. LXX. — Quod licet duæ principales potestates sint regnum et sacerdotium, tamen sicut sacerdotes regibus in terrenis, sic etiam plus reges subjici debent sacerdotibus in divinis. 962
Cap. LXXI. — Quod sedes apostolica sit prælata cunctis sacerdotibus et Ecclesiis. 962
Cap. LXXII. — Quod aliqua regiæ civitatis potestas, non potest immutare prærogativam ecclesiasticæ dignitatis. 962
Cap. LXXIII. — Quod rex publice est a sacerdotibus arguendus si peccet. 962
Cap. LXXIV. — Quod quivis hæreticus secundum regulam ipsius est arguendus. 963
Cap. LXXV. — Quod ab omnibus Ecclesiis apostolica sedes appellari debeat; ipsa autem nec appellare debet, nec ab aliqua judicari. 965
Cap. LXXVI. — Quod sola auctoritate sedis apostolicæ hæretici dejiciendi sunt. 965
Cap. LXXVII. — Quod hæreticus proprio judicio se damnat. 965
Cap. LXXVIII. — Quod culpa sine correctione remitti non potest. 964
Cap. LXXIX. — Quod uniuscujusque hæresis judicium non est retractandum, sed sine omni ventilatione pro tenore antiquæ constitutionis inde est agendum. 964
Cap. LXXX. — Quod sine ulla ventilatione synodi apostolica sedes et damnare et restituere potest quos oportet, utpote cui licitum est de omnibus judicare et neminem de illa. 964
Cap. LXXXI. — Quod hæretici sunt qui in aliquo vivis sacerdotibus catholicis superponuntur, vel superpositis communicant. 965
Cap. LXXXII. — Quod aliquis crimen suum tam litteris quam voce confessus, non amplius debet audiri. 965
Cap. LXXXIII. — Quod cujuslibet mali sacerdotis, vel hæretici, vel damnati, vera sunt sacramenta. 965
Cap. LXXXIV. — Quod illicite dans vel accipiens sacramenta, nisi pœnituerit, puniendus est. 966
Cap. LXXXV. — Quod sola avaritia commendat Simoniam. 967
Cap. LXXXVI. — Quod de Simonia damnanda nulli tacendum. 968
Monitum in sequens opusculum. 968
LIBELLUS DE LIBERO ARBITRIO. 969
Cap. I. — Quale fuerit Adæ liberum arbitrium ante et post lapsum. 969
Cap. II. — Nec prædestinatio bonorum ad præmium, nec præscientia malorum ad pœnam obest libero arbitrio. 970
Cap. III. — Æterna Dei visio, qua omnes sibi actiones nostras semper præsentes habuit, iisdem nullam necessitatem infert, sed omnino liberas relinquit. 971
Cap. IV. — An meritis et precibus nostris possit prædestinatio obtineri. 972

CAP. V. — Arbitrium nostrum sic nunc liberum est, ut mala ex se solo, bona nonnisi ex gratia velle possit. 972

HENRICUS SALTERIENSIS.
Notitia. 972
TRACTATUS DE PURGATORIO S. PATRICII HIBERNORUM APOSTOLI. 973
Ad Lectorem præfatio. 973
Prologus. 975
CAP. I. — De nomine, existentia et loco purgatorii. 977
CAP. II. — De modo et ritu conficiendi peregrinationem hujus purgatorii posterioribus his sæculis. 983
CAP. III. — De purgatorii inventione, et ritu in ejus peregrinatione antiquitus observato. 987
CAP. IV. — De militis pœnitentia ejusque ingressu in purgatorium et nuntiis a Deo ad ipsum destinatis. 989
CAP. V. — De accessu dæmonum et primo tormento quod passus est miles. 991
CAP. VI. — De quatuor campis pœnalibus, ad quos miles fuerat tractus. 992
CAP. VII. — De rota ignea, domo fumigante, monte excelso, et flumine frigidissimo ad quod dæmones militem traxerunt. 993
CAP. VIII. — De puteo flammivoro, et ponte altissimo, ad quem a dæmonibus miles deducebatur. 995
CAP. IX. — De gloria cœlesti et paradiso terrestri militi ostensis, et colloquio pontificum cum eo. 996
CAP. X. — Quomodo miles egressus est purgatorio, Hierosolymam adiit, et reliquam vitæ tempus insumpsit. 1000
CAP. XI. — Hujus historiæ examinatio et multiplex probatio. 1001
CAP. XII. — De tempore et materia purgationis, et subjecto purgabili in hoc purgatorio. 1002

EUGENIUS III PONTIFEX ROMANUS.
Notitia historica. 1003
Libellus de miraculis Eugenii papæ III. 1010
Observatio prævia. 1010
Incipit de miraculis ad sepulcrum domni Eugenii III papæ Romani. 1010
Notitia diplomatica in epistolas Eugenii III. 1011
EUGENII III EPISTOLÆ ET PRIVILEGIA. 1013
I. — P. priori ecclesiæ S. Frigdiani Lucensis significat, Lucio II die 15 Februarii mortuo, se in B. Cæsarii ecclesia electum pontificem esse, precationes pro se fieri cupit. 1013
II. — Ecclesiæ Oscensis possessiones, petente Dodone episcopo, confirmat. 1015
III. — Ad abbates et propositos Præmonstratenses. — Ut ad generale capitulum semel in anno Præmonstratum conveniant. 1017
IV. — Monasterii S. Trinitatis de Curba fossa (Lucernensis) protectionem suscipit, bonaque confirmat. 1017
V. — Privilegium pro monasterio S. Joannis Kattenbornensi. 1018
VI. — Ad Alvisum Atrebatensem episcopum. 1020
VII. — Fratrum S. Frigdiani Lucensium privilegium confirmat, ut ex eorum numero diaconi cardinales S. Mariæ Novæ sumantur. 1020
VIII. — Privilegium pro monasterio S. Mariæ de Carcere. 1020
IX. — Ad Guillelmum de Montepessulano. 1022
X. — Privilegium confirmans libertatem et omnia bona Ecclesiæ Majoris Monasterii. 1022
XI. — Alviso episcopo Atrebatensi mandat ut de matrimonio Balduini de Rispens et Mathildis de Albiniaco decernat. 1026
XII. — Elargitio privilegiorum monasterio S. Salvatoris Papiensis diœcesis, ordinis Casinensis, quod sanctæ Romanæ Ecclesiæ subjectum tantummodo declaratur. 1026
XIII. — Privilegium pro monasterio S. Petri Perusini. 1029
XIV. — Privilegium pro monasterio S Bertini Sithiensis. 1031
XV-XVI. — Monasterii S. Bertini Sithiensis et Theoderici, Flandriæ comitis de Henchin ad Berquarium concœnobium, et ejusdem monasterii de electione Alchiasensi privilegium confirmat. 1032
XVII. — Monasterium S. Georgii Pragæ in sedis apostolicæ protectionem suscipit, ejusque possessiones confirmat. 1032
XVIII. — Ad Bartholomæum Laudunensem et Ursionem abbatem S. Dionysii Remensis. 1033
XIX. — Ludovico Francorum regi respondet se litteras ejus « debita benignitate » accepisse voluntatique ejus satisfecisse. 1034
XX. — Donationes a Germaniæ proceribus, episcopis cæterisque factas monasterio Schyrensi in Bavaria confirmat. 1034

XXI. — Ad Rotrodum Ebroicensem episcopum — Ut nonialibus fontis Ebraldi ecclesiam ab abbate Conchiensi eis donatam concedat. 1036
XXII. — Ad Joannem Bracarensem archiepiscopum. — Ut Toletanum primatum agnoscat. 1036
XXIII. — Privilegium pro parthenone Fontis-Ebraldi. 1037
XXIV. — Privilegium pro ecclesia S. Mariæ Veronensi. 1038
XXV. — Confirmat pacem inter Theobaldum episcopum Veronensem, et Albertum abbatem Nonantulanum, hac pactione factum ut alter « jus parochiale, » alter « jus fundi » habeat in plebe Nogariensi. 1040
XXVI. — Ottoni præposito fratribusque Cappenbergensibus et ejusdem congregationis sanctimonialibus Wisclensibus immunitatem decimarum concedit. 1041
XXVII. — Privilegium pro monasterio S. Mariæ de Columna. 1041
XXVIII. — Ottoni episcopo Pragensi et Wladislao Bohemorum duci homines quosdam ob invasa bona Heinrici episcopi Moraviensis excommunicatos nuntiat. 1044
XXIX. — Abbatibus Gradicensi et Trebicensi necnon Ottoni duci Moraviensi, mandat ut una cum duce Bohemorum Conrado, Wratislaw et Theobaldum duces et eorum complices ad satisfactionem episcopo Moraviensi compellant. 1044
XXX. — Ad preces Heinrici Moraviensis episcopi, monasterium Litomyslense in sedis apostolicæ protectionem suscipit ejusque possessiones confirmat. 1045
XXXI. — Privilegium pro monasterio S. Salvatoris Montis-Acuti. 1046
XXXII. — Privilegium pro Ecclesia S. Petri de Guastalla. 1048
XXXIII. — Privilegium pro abbatia S. Mariæ Castellonensi. 1050
XXXIV. — Bulla in gratia Alberti abbatis S. Theodardi. 1051
XXXV. — Ad Othonem Lucensem episcopum. 1052
XXXVI. — Ad G. abbatem S. Nicolai de Vedogio. 1053
XXXVII. — Alviso episcopo Atrebatensi mandat ut judicet inter abbatem S. Nicolai de Vedogio et sacerdotem de Baptalmis. 1053
XXXVIII. — Ad Theobaldum Veronensem episcopum. 1054
XXXIX. — Widoni presbytero cardinali mandat ut de castro quodam ortam inter canonicos et nobiles quosdam Veronenses controversiam dirimat. 1054
XL. — Privilegium pro Ecclesia Regiensi. 1055
XLI. — Privilegium pro Ecclesia Berchtesgadensi. 1057
XLII. — Monasterii SS. Petri et Pauli Hadmersiebensis protectionem suscipit ac privilegia et possessiones confirmat. 1059
XLIII. — Ariberto presbytero cardinali, Gregorio episcopo Bergomensi et abbati monasterii de Astino defert cognitionem controversiæ inter S. Alexandri et S. Vincentii canonicos. 1059
XLIV. — Confirmatio sive renovatio et nova concessio privilegiorum monasterio S. Joannis Evangelistæ Parmensis diœcesis ordinis Casinensis. 1059
XLV. — Monasterii Molismensis possessiones et privilegia confirmat. 1062
XLVI. — Senaensi, Volterano, Florentino, Lucensi, Lunensi episcopis præcipit ne impediri patiantur eos qui orationis causa se conferant ad altare B. Jacobi apostoli, in ecclesia Pittoriensi miracula edentis. 1062
XLVII. — Indulgentiam B. Jacobo devotis concedit. 1063
XLVIII. — Ad Ludovicum regem Galliarum. — De expeditione in terram sanctam suscipienda. 1064
XLIX. — Privilegium pro monasterio S. Stephani Frisingensi. 1066
L. — Privilegium pro monasterio de Loco restaurato. 1067
LI. — Privilegium pro monasterio S. Remigii Remensis. 1069
LII. — Privilegium Carthusianis Montis Dei concessum. 1071
LIII. — Privilegium pro monasterio Bellævallis. 1072
LIV. — Privilegium pro monasterio Sanctæ Mariæ Cuisiacensi. 1074
LV. — Archiepiscopis et episcopis mandat ut electos præpositos ordinis Præmonstratensis in abbates, postposita dilatione, benedicant. 1076
LVI. — Privilegium pro ecclesia S. Joannis Evangelistæ Ravennatis. 1077
LVII. — Ecclesiam B. Petri Ratisponensis protegendam suscipit possessionesque ejus confirmat.
LVIII. — Privilegium pro monasterio S. Mariæ Springirsbacensi. 1080

LIX. — Bernardo episcopo Hildesheimensi ejusque successoribus præcipit ne castrum Wincenburgense alienent, Goslarienses qui præposituram quamdam invaserant, impune dimitti vetat. C. præpositum et R. canonicum commendat. 1082
LX. — Ad Gregorium Bergomensem episcopum. 1082
LXI. — Ad P. priorem et fratres S. Frigdiani Lucensis. 1083
LXII. — Ad abbatem et fratres S. Georgii Lucensis. 1083
LXIII. — Privilegium pro ecclesia S. Joannis Rattenbornensi. 1084
LXIV. — Ad Petrum Regensem et Bertrandum Forojuliensem episcopos. 1085
LXV. — Apud Henricum Moraviensem episcopum intercedit pro fratribus, qui e monasterio in monte Strahow sine licentia discesserunt. 1085
LXVI. — Privilegium pro monasterio S. Mariæ in Regula. 1085
LXVII. — Monasterii S. Petri Gandensis sive Blandiniensis protectionem suscipit, bonaque ac privilegia confirmat. 1087
LXVIII. — Privilegium pro parthenone Farensi. 1089
LXIX. — Privilegium pro monasterio S. Lamberti Subenensis. 1091
LXX. — Privilegium pro monasterio S. Michaelis Bergensi. 1092
LXXI. — Confirmatio bonorum omnium et privilegiorum a summis Romanis pontificibus Trenorciensi monasterio concessorum. 1093
LXXII. — Ad Engolismensem et Lemovicensem episcopos. — Ut controversiam de Roca-Bovis curtis inter Cluniacenses et clericos fine canonico terminent. 1095
LXXIII. — Bulla de confirmatione bonorum monasterii Crisenonis. 1096
LXXIV. — Bulla in gratiam monasterii Sancti Martini. 1097
LXXV. — Privilegium pro monasterio S. Zenonis Reichenhallensi. 1099
LXXVI. — Sancti Alexandri Bergomatis significat definitivam sententiam ab eo latam super pluribus controversiarum capitulis. 1100
LXXVII. — Privilegium pro monasterio Casæ Dei. 1102
LXXVIII. — Privilegium pro monasterio Nantuacensi. 1103
LXXIX. — Privilegium pro monasterio Mortuimaris. 1104
LXXX. — Privilegium pro monasterio Cluniacensi. 1105
LXXXI. — Ad H. priorem et fratres S. Marcelli de Salseto. — Confirmat eis donum ecclesiæ de Savatia factum ab Eustachio Valentinensi episcopo, antequam inobediens esset Romanæ Ecclesiæ. 1106
LXXXII. — Odoni priori et fratribus S. Martini de Campis concedit, ut, decedentibus canonicis B. Gervasii de Enera, ibi monachi substituantur. 1107
LXXXIII. — Privilegium pro ecclesia S. Martini Buronensi 1107
LXXXIV. — Bulla pro sancto Evurtio Aurelianensi. 1109
LXXXV. — Privilegium pro ecclesia S. Mariæ Parmensi. 1111
LXXXVI. — Privilegium pro ecclesia S. Andreæ Rotensi. 1113
LXXXVII. — Institutionem canonicorum regularium in ecclesia Tarentasiensi laudat. 1113
LXXXVIII. — Confirmat jura et possessiones canonicorum regularium ecclesiæ S. Petri Tarentasiensis, et statuit ut ibi semper ordo regul. secundum S. Augustini Regul. observetur. 1114
LXXXIX. — Universos Dei fideles per Galliam constitutos ad suscipiendum bellum sacrum hortatur. 1115
XC. — Privilegium pro cœnobio SS. Petri et Pauli Westmonasterii. 1115
XCI. — Ad capellanos ecclesiæ Placentinæ. 1117
XCII. — Ad abbatem Sugerium. — Ut monasterium B. Medardi a comite Suessionensi prægravatum adjuvet apud regem. 1118
XCIII. — Ad Egelbertum episcopum et canonicos Bambergensis ecclesiæ — De Henrici imperatoris sanctitate, miraculis et canonizatione. 1118
XCIV. — Ad Petrum Bituricensem archiepiscopum. — De primatu in provinciis Bituricensi et Burdigalensem. 1119
XCV. — Bulla pro confirmatione bonorum et immunitatum Tangerloæ. 1120
XCVI. — Ad clerum et populum Tornacensem. — Episcopum postliminio Ecclesiæ Tornacensi restitutum, a se consecratum mittit. 1122

XCVII. — Ad Ludovicum (VII, regem Francorum. — Consecratum a se episcopum Tornacensem Anselmum commendat. 1122
XCVIII. — Ad Alvisum Atrebatensem et Milonem Morinensem episcopos. — Ut Anselmum a se consecratum Tornacensem episcopum a rege Francorum et a comite Flandrensi recipiendum curent. 1123
XCIX. — Ad Bernardum Clarævallensem abbatem. — Significat se ad ejus instantiam consecrasse Anselmum in episcopum Tornacensem, mandatque ut pro pace ipsius laborare studeat. 1124
XCIX bis. — Privilegium pro monasterio S. Petri Salisburgensis. 1125
C. — Privilegium pro monasterio S. Nicasii Remensis. 1127
CI. — Ad Samsonem Remensem archiepiscopum. — Objurgat quod Francorum regem, contra jus archiepisc. Bituricensis, in Bituricensi civitate coronare præsumpserit, ipsique propterea usum pallii interdicit. 1128
CII. — Consulibus Laudensibus scribit « manifestum esse, quia scriptum, quod Laudensis episcopus sub nomine Robaldi B. M. Mediolanensis archiepiscopi, de causa quæ inter ipsum et fratres de Correto agatur, in prædecessoris sui Lucii præsentia protulerit, ab eodem papa reprobatum sit. 1129
CIII. — Monasterio Floriacensi privilegia concedit. 1129
CIV. — Ad Henricum episcopum Moraviensem. — De quodam negotio pacis seminandæ eidem commisso. 1129
CV. — Ad R. Vasatensem episcopum, de abbatia S. Fremerii. 1130
CVI. — Privilegium pro parthenone B. Mariæ in Sylva Nidi-Merli. 1130
CVII. — Ad episcopos provinciæ Burdegalensis. — De ecclesiastica et canonica libertate. 1132
CVIII. — Privilegium pro canonicis ecclesiæ S. Ursi de Aosta. 1133
CIX. — Privilegium pro monasterio Reicherspergensi. 1134
CX. — Privilegium pro monasterio SS. Petri et Pauli Paderbornensi. 1137
CXI. — Gerhohi, præpositi Reicherspergensis « contra pessimas novitates » scripta laudat, eumque ad perseverantiam hortatur. 1139
CXII. — Privilegium pro ecclesia S. Laurentii Clarholtensi. 1139
CXIII. — In ecclesia S. Wicberti Quedlinburgensi institutum a Thoma, presbytero cardinali, apostolicæ sedis legato ordinem canonicum confirmat. 1140
CXIV. — Ad Henricum episcopum Moraviensem. — Adversis rebus afflictum consolatur. Commendat Tebaldum Wladislai ducis fratrem, excommunicatione solutum. Sacerdotes quosdam ob sacra in Conradi excommunicati terra procurata muneribus dejectos nuntiat. Permittit ut Wladislaum absolvat. 1140
CXV. — Monasterii Varlariensis jura de eligendo abbate ac de deferenda advocatia confirmat. 1141
CXVI. — Ecclesiæ S. Mariæ et S. Blasii Frideselensis protectionem suscipit possessionesque confirmat. 1142
CXVII. — Villano archiepiscopo Pisarno omnia indulta quæ olim Innocentius II Balduino concesserat, iterata liberalitate confirmat anno 1146. Kalendas Junii, indictione octava. « Datum Viterbii per manum Roberti S. Romanæ Ecclesiæ cardinalis cancellarii. 1142
CXVIII. — Henricum Moraviensem, Ottonem Pragensem, episcopos, Wladislaum ducem et universum clerum et populum per Bohemiam et Moraviam constitutos ad comprimendam clericorum incontinentiam hortatur. 1142
CXIX. — Vladislaum, Bohemorum ducem, rerum ecclesiasticarum studiosum, laudat. Uxori ejus Gertrudi salutem ascribit. Heinricum episcopum Moraviensem commendat. 1143
CXX. — Privilegium pro monasterio Stabulensi. 1144
CXXI. — Henrico, Moraviensi episcopo, mandat ut Wladislaum, ducem Bohemiæ, ad satisfaciendum pro illatis Ecclesiæ Ratisbonensi damnis commoneat. 1145
CXXII. — Ecclesiæ S. Sepulcri Hierosolymitanæ protectionem suscipit possessionesque confirmat. 1145
CXXIII. — Theobaldum episcopum laudat quod propter canonicorum bona a civibus occupata urbi suæ sacrificiis interdixerit. Mandat ut excommunicationis sententiam eadem de causa in nobiles quosdam a Guidone presbytero cardinali pronuntiatam, observandam curet. 1149
CXXIV. — Arnoldo Tridentino, Lothario, Vincentino, Bellino, Patavino, episcopis, mandat ut nobiles quosdam occupata canonicorum Veronensium bona vendere cogant. 1150
CXXV. — Canonicis Veronensibus asserit castrum

Ceretense a Widone presbytero cardinali iis adjudicatum. 1151
CXXVI. — Episcopatum Tornacensem, e Noviomensium episcoporum potestate exemptum, petente Anselmo episcopo, confirmat. 1151
CXXVII. — Ad Raimundum Petragoricensem episcopum ut clericos de Rocabovis curtis per excommunicationem compellat ad restituendam Cluniacensibus eam ecclesiam. 1153
CXXVIII. — Bulla pro monasterio Gellonensi. 1154
CXXIX. — Privilegium pro ecclesia Sancti Zenonis Hallensis. 1156
CXXX. — Privilegium pro ecclesia S. Donatiani Brugensi. 1158
CXXXI. — Ad abbatem et monachos Beccenses. 1159
CXXXII. — Privilegium pro monasterio Petriburgensi. 1160
CXXXIII. — Privilegium pro eodem monasterio. 1163
CXXXIV. — Ad Theobaldum episcopum Veronensem. — Monet ut excommunicationem in canonicorum hostes editam a presbyteris Runchensibus et aliis observari jubeat. 1164
CXXXV. — Ad Lotharium episcopum Vicentinum. — Ut de archipresbytero S. Bonifacii, qui excommunicatis communicaverit, pœnas capiat. 1165
CXXXVI. — Privilegium pro monasterio S. Georgii in Bruféningensi diœcesi. 1165
CXXXVII. — Privilegium pro monasterio S. Margarethæ Osterhovensi. 1167
CXXXVIII. — Privilegium pro monasterio Windbergensi. 1168
CXXXIX. — Privilegium pro monasterio Sanctæ Mariæ Abbendonensi. 1170
CXL. — Regularis ordo Canonicorum S. Augustini Claustroneoburgi institutus, una cum cæteris privilegiis et immunitatibus, tam in temporalibus quam in spiritualibus, auctoritate apostolica confirmantur. 1172
CXLI. — Eberhardo episcopo Bambergensi jus pallii aliaque privilegia concedit. 1175
CXLII. — Conrado Romanorum regi Henricum Moraviensem episcopum remittit et commendat. 1175
CXLIII. — Privilegium pro monasterio S. Nicolai Septem-Fontium. 1176
CXLIV. — Monasterii S. Augustini Cantuariensis possessiones et privilegia confirmat. 1177
CXLV. — Ad Hugonem Antissiodorensem et Godefridum Lingonensem, episcopos, et Bernardum Clarævallensem abbatem. 1178
CXLVI. — Ad Guillelmum Nivernensem comitem. — Ut Vizeliacenses monachos et Burgenses, pro facienda seu recipienda justitia, Vizeliaco exire non compellat. 1178
CXLVII. — Ad eumdem. — Ut cesset ab infestatione Vizeliacensium. 1179
CXLVIII. — Ad Ludovicum Francorum regem. — De eodem argumento. 1180
CXLIX. — Ad eumdem. — De eodem argumento. 1181
CL. — Ad eumdem. — De eodem argumento. 1182
CLI. — Ad Odonem Burgundiæ ducem. — De eodem argumento. 1182
CLII. — Hugonem archiepiscopum Turonensem tam Dolensis quam cæterorum Britanniæ citerioris episcoporum metropolitam sancit. 1183
CLIII. — Monasterii Vivensis possessiones et privilegia confirmat. 1185
CLIV. — Privilegium pro monasterio Raitenhaselacensi. 1186
CLV. — Bulla pro Camaldulensi congregatione. 1187
CLVI. — Privilegium pro parthenone S. Petri de Luco. 1190
CLVII. — Ecclesiæ Ulciensi ecclesiam B. Mariæ Secusiensem adjudicat, Petrumque præpositum per baculum exinde investit. 1192
CLVIII. — Privilegium pro monasterio S. Petri Puteolensis Lucensis diœcesis. 1192
CLIX. — Ad Gregorium episcopum Lucensem. — Ut S. Frigdiani canonicis in ecclesiam S. Pantaleonis introducat. 1193
CLX. — Privilegium pro monasterio S. Dionysii Mediolanensi. 1194
CLXI. — Privilegia et possessiones abbatiæ SS. Solutoris et Adventoris Taurinensis confirmat. 1196
CLXII. — Privilegium pro monasterio Bonævallis ordinis Cisterciensis. 1198
CLXIII. — Privilegium pro parthenone Tartensi. 1199
CLXIV. — Ad Lugdunensem et Bisuntinum archiepiscopos, etc. — Confirmat constitutionem Calixti II papæ de pace et securitate territorii Trinorciensis intra certos terminos crucibus distinctos. 1201
CLXV. — Privilegium pro ecclesia S. Pancratii in Ranshoven. 1201
CLXVI. — Ad expeditionem sacram adversus Slavos in Pomerania populos excitat. Regem Hispaniarum quoque scribit bellum contra Saracenos Iberiæ comparare. 1203
CLXVII. — Privilegium pro monasterio Fusniacensi. 1204
CLXVIII. — Gregorio episcopo Lucensi præcipit ut fratres S. Frigdiani intra dies 20 in S. Pantaleonis ecclesiæ possessionem mittat. 1205
CLXIX. — Petente Henrico, episcopo Tullensi, vetat consuetudinem Frostrariorum, quæ vulgo Probatio denominari soleat, infra bannum Wischerii seu Tracoldisvillæ, ab Hugone comite Wadaniei-montis dimissam, referri, castraque infra quatuor leugas prope Tullensem ecclesiam a duce Lotharingiæ ædificari. 1205
CLXX. — Privilegium pro monasterio S. Mariæ Thenoliensi. 1206
CLXXI. — Privilegium pro monasterio Ferrariensi. 1207
CLXXII. — Privilegium pro monasterio Grimbergensi. 1209
CLXXIII. — Privilegium pro ecclesia S. Martini Laudunensis, Præmonstratensis ordinis. 1210
CLXXIV. — Adalberoni, archiepiscopo Trevirensi monasterium S. Maximini asserit, pactumque inter eum et Henricum comitem Namurcensem, præsente Conrado Romanorum rege, opera Bernardi abbatis Clarævallensis confectum, probat. 1212
CLXXV. — Privilegium pro monasterio S. Laurentii Leodicensis. 1213
CLXXVI-CLXXVII. — Bulla in gratiam Galtheri abbatis S. Mariæ de Capella ad Plancas. 1214
CLXXVIII. — Privilegium pro monasterio Bellilocensi. 1215
CLXXIX. — Privilegium pro monasterio Præmonstratensi. 1217
CLXXX. — Privilegium pro monasterio Calvimontensi, ordinis Præmonstratensis. 1220
CLXXXI. — Privilegium pro ecclesia S. Nicolai de Theles (de Marchasio Radulphi). 1221
CLXXXII. — Cœnobii S. Mariæ Suessionensis omnia bona possessionesque confirmat. 1223
CLXXXIII. — Ad Letardum abbatem et monachos Beccenses. 1225
CLXXXIV. — Privilegium pro monasterio S. Mariæ Waverleiensi. 1226
CLXXXV. — Ad Petrum Cluniacensem abbatem. — Balmensem abbatiam, ob piaculum cujusdam in magistrum Osbertum facinoris et contemptum Romanæ Ecclesiæ, ad prioratum redigit, quem ipsi, ad instaurandam in eo religionem, regendum committit. 1227
CLXXXVI. — Ad Guillelmum comitem Malisconensem. — Ut Cluniacensibus Balmensem ecclesiam assignet et opem conferat. 1227
CLXXXVII. — Ad Humbertum Bisuntinum archiepiscopum. — Ut Cluniacensibus pro reformatione ecclesiæ Balmensis opem conferat. 1228
CLXXXVIII. — Bulla in gratiam monasterii Tironensis. 1228
CLXXXIX. — Privilegium pro ecclesia S. Mariæ Branensi. 1231
CXC. — Privilegium pro monasterio Jandurensi. 1233
CXCI. — Privilegium de ecclesiis episcopo Parisiensi subjectis, de conventione habita inter Stephanum episcopum et regem Ludovicum, et de præbendis canonicorum qui fiunt episcopi, et præterea de tallia, quam rex facere solebat in terris episcopi, a Ludovico rege condonata. 1234
CXCII. — Concordiam inter Stephanum, quondam episcopum Parisiensem et Theobaldum archidiaconum factam per Matthæum episcopum Albanensem, Joannem S. Chrysogoni et Petrum S. Calixti presbyteros cardinales confirmat. 1236
CXCIII. — Bulla pro parthenone S. Dionysii Montis-Martyrum. 1236
CXCIII bis. — Privilegium pro monasterio S. Martini de Campis. 1239
CXCIV. — Bulla de dedicatione ecclesiæ Montis-Martyrum. 1242
CXCV. — Concordiam a Giraldo episcopo [Lemovicensi] inter monasterium Usercense et Maismacense factam confirmat. 1242
CXCVI. — Privilegium pro monasterio S. Heriberti Tuitiensi. 1244
CXCVII. — Privilegium pro monasterio S. Quintini

Montensi. 1245
CXCVIII. — Bulla ad Ivonem abbatem et monachos Rothonenses pro confirmatione eorum privilegiorum. 1247
CXCIX. — Ad Stephanum regem Anglorum. — Ut Robertum Londinensem episcopum in gratiam suam recipiat. 1248
CC. — Ad Mathildem Anglorum reginam. — Ut virum suum ad dilectionem præfati episcopi hortetur. 1249
CCI. — Ad Theobaldum Cantuariensem archiepiscopum. — De controversia inter Cantuariensem archiepiscopum et Bernardum episcopum S. Davidis de jure metropolitico. Utrumque jubet + B. Lucæ festivitate proximi sequentis anni ad se venire. 1250
CCII. — Fragmentum privilegii pro monasterio S. Martini de Campis. 1250
CCIII. — Ad presbyteros ecclesiarum Balmensis monasterii. — Relaxat interdictum quo ecclesias ad Balmense monasterium pertinentes juste mulctaverat. 1251
CCIV. — Heinrico Moraviensi episcopo mandat, ut Conradum Romanorum regem, exhortetur ad intendendum unioni Constantinopolitanæ Ecclesiæ cum Romana. 1251
CCV. — Privilegium pro ecclesia S. Salvatoris Cæsaraugustana. 1252
CCVI. — Privilegium pro monasterio S. Mariæ Lucellensi. 1253
CCVII. — Privilegium pro ecclesia S. Mariæ Dei-loci. 1254
CCVIII. — Ad consules Lucenses. — Pro fratribus ecclesiæ S. Frigdiani. 1256
CCIX. — Ad [Gregorium] episcopum Lucensem. — Ejusdem argumenti. 1257
CCX. — Abbatiam Messinensem monialium Benedictinarum nobilium in diœcesi Iprensi suscipit in protectionem, ejusque possessiones recenset atque confirmat. 1257
CCXI. — Privilegium pro monasterio Trunchiniensi. 1259
CCXII. — Nicolao abbati Corbeiensi bullam tribuit, datam Altissiodori per manum Guidonis S. R. E. diaconi cardinalis et cancellarii, iii Kal. Augusti (Jul. 30), indict. x, anno 1147. 1260
CCXIII. — Privilegium pro monasterio S. Mariæ Vallis-Christianæ. 1260
CCXIV. — Ad Heinricum Moraviensem episcopum. — Gratius sibi fuisse si potius in Terram Sanctam quam adversus Slavos in Pomerania profectus fuisset. 1262
CCXV. — Monasterium S. Mariæ de Novo Castro Nuenburgensis in tutelam sedis apostolicæ recipit. 1262
CCXVI. — Bulla pro Ilbenstadiensis Ecclesiæ confirmatione. 1263
CCXVII. — Monasterium de Alderspach, ordinis Cisterciensis, sub apostolicæ sedis protectione recipit. 1265
CCXVIII. — Privilegium pro cœnobio S. Mariæ Huntingdunensi. 1266
CCXIX. — Bulla pro confirmatione possessionum abbatiæ S. Mariæ Bertiniæ-curtis sive Moncelli. 1268
CCXX. — Privilegium pro monasterio Rigniacensi. 1269
CCXXI. — Ad Matisconensem et Cabilonensem episcopos. — Ut Jocerannum Grossum, Branciduni dominum, compellant satisfacere de illatis Cluniacensi monasterio injuriis, secundum definitionem Lugdunensis archiepiscopi. 1271
CCXXII. — Monasterio Cluniacensi asserit Baernam Monteriam, a Guillelmo, comite Matisconensi, concessam. 1272
CCXXIII. — Bulla confirmans bona et immunitates Ecclesiæ Stivagiensis. 1274
CCXXIV. — Privilegium pro monasterio de Yergua. 1278
CCXXV. — Privilegium pro monasterio S. Mariæ de Nienzabas. 1279
CCXXVI. — Privilegium pro monasterio S. Viti Prulensis. 1280
CCXXVII. — Bulla ad fratres Savignienses — Confirmat eorum ordini Cisterciensi unionem. 1282
CCXXVIII. — Charta de cognitione juris Sancti Mammetis in territorio Divionensi. 1282
CCXXIX. — Ad Sugerium abbatem. Interrogat quinam episcopi opem ipsi ferre recusent ad regni defensionem; locus concilii certus designatus; de duce Lotharingiæ excommunicato; de ecclesia de Buxis. 1283
CCXXX. — Fragmentum bullæ per quam confirmat bona et possessiones monasterii S. Lamberti Lætiensis. 1284
CCXXXI. — Henricum episcopum Moraviensem evocat ad concilium Treverense eique Joannem legatum suum commendat. 1284
CCXXXII. — Ad H. [Eberhardum] archiepiscopum,

episcopos et abbates per Salzburgensem provinciam constitutos. — Ejusdem argumenti. 1284
CCXXXIII. — Privilegium pro monasterio S. Joannis Reomensi. 1285
CCXXXIV. — Privilegium pro monasterio S. Mariæ Jettensi. 1285
CCXXXV. — Privilegium pro parthenone Helderensi. 1287
CCXXXVI. — Privilegium pro Ecclesia Christi Londinensi. 1289
CCXXXVII. — Ecclesiæ S. Mariæ et S. Joannis supra Maternam fluvium juxta Gournaium castrum sitæ, decimas quasdam asserit. 1291
CCXXXVIII. — Privilegium pro parthenone S. Spiritus Paraclitensi. 1291
CCXXXIX. — Ad Cluniacensem abbatem. — Statuit ut abbas S. Germani Antissiodorensis deinceps eligatur cum consilio abbatis Cluniacensis, electus vero benedictionem percipiat ab episcopo Antissiodorensi. 1294
CCXL. — Privilegium pro monasterio S. Augustini Morinensi. 1295
CCXLI. — Henricum Moraviensem episcopum a vocatione consilii Trevirensis absolvit. 1296
CCXLII. — Ecclesiam S. Albani Basileæ in tutelam suam recipit, singulasque ejus possessiones nominatim confirmat. 1297
CCXLIII. — T[heobaldum] episcopum Veronensem reprehendit quod, canonicorum possessionibus non restitutis, urbem interdicto solverit. Præcipit ut eas reddendas curet. 1298
CCXLIV. — P[eregrino] patriarchæ Aquileiensi scribit se mirari quod milites quosdam propter occupatas Ecclesiæ Veronensis possessiones excommunicatos absolverit. Mandat impellat eos ut ablata restituant. 1299
CCXLV. — Ad Henricum Juniorem, Romanorum regem. — Laudat ejus pro Ecclesia zelum, prosperaque ei omnia exoptat. 1299
CCXLVI. — Ad Anselmum Havelbergensem episcopum — Ut usurpata a suis prædia Corbeiensium restitui curet. 1300
CCXLVII. — Ad Reinherum canonicum Havelbergensem. — Ut viginti mansos, quos Corbeiensi monasterio abstulerat, restituat. 1300
CCXLVIII. — Privilegium pro monasterio Lacensi. 1301
CCXLIX. — Monasterium S. Petri in Nigra Silva tuendum suscipit et ejus bona confirmat. 1302
CCL. — Monasterii Heilsbronensis protectionem suscipit possessionesque confirmat. 1305
CCLI. — Privilegium pro monasterio S. Eucharii Trevirensi. 1303
CCLII. — Privilegium pro monasterio S. Mariæ Lonnicensi. 1304
CCLIII. — Ad presbyteros, clericos, laicos per Archæ et Zulphichæ parochias constitutos. 1305
CCLIV. — Ad Corbeienses monachos. — Hortatur ut Wilbaldo abbati humilem reverentiam exhibeant. 1306
CCLV. — Ad Henricum episcopum Leodiensem. — Ut compescat raptores bonorum Stabulensis monasterii. 1306
CCLVI. — Ad abbatem et fratres Sancti Benedicti super Padum — Mandat ut obedientiam et reverentiam exhibeant abbati Cluniacensi, nec eligere possint sibi abbatem sine ipsius auctoritate, præcepto, consilio et assensu. 1306
CCLVII. — Monasterii S. Disibodi protectionem suscipit bonaque ac privilegia confirmat. 1307
CCLVIII. — Privilegium pro monasterio Bonifagetensi. 1307
CCLIX. — Bulla ad capitaneos Nonantulensis monasterii vassallos. — Ut monasterium contra inimicos defendant. 1309
CCLX. — Privilegium pro ecclesia SS. Apostolorum in Monte Cornelio Leodiensi. 1309
CCLXI. — Privilegium pro monasterio S. Mariæ Longipontis. 1311
CCLXII. — Monasterii Benedicti-Burani bona privilegiaque confirmat. 1312
CCLXIII. — Sententiam ab episcopis quibusdam inter Henricum, abbatem Hersfeldensem, et Ottonem, episcopum Halberstadensem, de decimis latam confirmat. 1314
CCLXIV. — Ad Moysen Ravennatem archiepiscopum. — De ipsius jure super confirmatione electionis Placentini episcopi. 1314
CCLXV. — Privilegium pro monasterio Laureshamensi. 1314
CCLXVI. — Mandatum ad archiepiscopos, episcopos, etc., super restitutione facienda Laureshamensi monasterio. 1316
CCLXVII. — Privilegia possessionesque monasterii Maulbrunnensis confirmat. 1316

CCLXVIII. — Privilegium pro monasterio Helmesvardensi [Helmershusensi]. 1317
CCLXIX. — Privilegium confirmationis bonorum omnium monasterii Altahensis seu Althæ inferioris, Salisburgensis diœcesis. 1318
CCLXX. — [Peregrino] patriarchæ Aquileiensi mandat, præcipiat comitibus quibusdam ut libras ccc T[heobaldo] episcopo Veronensi debitas, pendant, prædiaque canonicis Veronensibus adempta reddant. 1319
CCLXXI. — Ad Henricum Juniorem Romanorum regem. — Amitæ ipsius (ducissæ Poloniæ) provisurum se promittit. 1320
CCLXXII. — Ad prælatos Teutonicos. Ut Juniori regi Henrico assistant, suisque consiliis et operibus cum adjuvent. 1320
CCLXXIII. — Privilegium pro ecclesia S. Mariæ Cameracensi. 1321
CCLXXIV. — Ad Odonem ducem Burgundiæ. — Arguit quod infestus sit Ecclesiæ Vizeliacensi. 1323
CCLXXV. — Ad I. comitissam Nivernensem. — Increpat quod infestet eos qui Vizeliacum pergunt. 1323
CCLXXVI. — Privilegium pro Affligemiensi monasterio, Cameracensis diœcesis. 1323
CCLXXVII. — Altaria, possessiones ac privilegia abbatiæ Eenhamensis, ordinis S. Benedicti diœcesis Mechliniensis confirmat. 1325
CCLXXVIII. — Ecclesiam Wladislaviensem in fidem et tutelam recipit, terminosque episcopatus ac limites diœcesis Wladislaviensis ab Ægidio Tusculano episcopo et Boleslao duce Poloniæ statutos, confirmat. 1328
CCLXXIX. — Sancto Martino præbendam, perpetuam in ecclesia Ambianensi confirmat. 1331
CCLXXX. — Ad A. Bremensem, H. Mindensem et T. Ferdensem antistites. — Ut prædia Kaminatæ monasterii a variis usurpata curent restitui. 1331
CCLXXXI. — Ad Corbeienses monachos — Confirmat depositionem Henrici abbatis. 1332
CCLXXXII. — Monasterii SS. Facundi et Primitivi Sahagunensis protectionem suscipit, possessionesque ac privilegia confirmat. 1332
CCLXXXIII. — Bulla pro abbatia S. Mariæ Flabonis-Montis. 1332
CCLXXXIV. — Ad Fuldenses. — Contra suum mandatum factam ab eis electionem declarat irritam, mandatque ut præsentibus quibusdam quos nominat abbatibus ex altero claustro eligant sibi abbatem. 1334
CCLXXXV. — Ad Ebracensem, Everbacensem, Hersfeldensem et Corbeiensem abbates. — Ut Fuldam accedentes abbatem ex altero claustro eligi curent. 1335
CCLXXXVI. — Privilegium pro parthenone S. Andreæ Goessensi. 1335
CCLXXXVII. — Monasterium S. Ægidii de Canawella sub protectione sua sumpsit. 1336
CCLXXXVIII. — Epistola a paribus ad Gallicanos episcopos, qua jura Majoris-Monasterii in parochialibus ei subjectis definit. 1337
CCLXXXIX. — Decanos per Bonnensis Ecclesiæ archidiaconatum constitutos G. præposito obtemperare jubet. 1337
CCLXXXIX bis. — Privilegium pro monasterio S. Theoderici Remensi. 1338
CCXC. — Privilegium pro abbatia S. Dionysii Parisiensis. 1339
CCXCI. — Privilegium pro monasterio S. Remigii Remensi. 1342
CCXCII. — Ad abbatissam et moniales S. Petri Remensis. — Munimentum abbatissæ et monialium S. Petri Remensis contra abbatem et monachos S. Nicasii, super calciata de Turno. 1342
CCXCIII. — Privilegium pro monasterio S. Mariæ Basso-Fontensi. 1343
CCXCIV. — Bulla confirmans Præmonstratensium subrogationem in Bucilio. 1344
CCXCV. — Monasterii Theloniensis protectionem suscipit disciplinamque Præmonstratensem ac bona confirmat. 1345
CCXCVI. — Ad A. [Alfonsum] Hispaniarum regem. — Toletanum primatum confirmat. 1345
CCXCVII. — Ad Sugerium abbatem. — De monachis in ecclesia Sanctæ Genovefæ constituendis. 1347
CCXCVIII. — Ad canonicos Sanctæ Genovefæ. — Ut monachos quos ad ipsorum cœnobium missurus est, honeste recipiant. 1347
CCXCIX. — Breve ad Hugonem Antissiodorensem episcopum. 1348
CCC. — Privilegium pro ecclesia S. Sepulcri Hierosolymitana. 1348
CCCI. — Privilegium pro ecclesia quæ dicitur ad Plebem Martyrum [Ulciensi]. 1350
CCCII. — Privilegium pro monasterio Bellelagiensi. 1352
CCCIII. — Ad Humbertum Bizuntinensem archiepiscopum, etc. — Ut contemptum Romanæ Ecclesiæ digne puniant in presbytero qui excommunicationem ab eo latam transgressus fuerat, et redditus Balmensis monasterii Cluniacensibus subripuerat. 1353
CCCIV. — Monasterii Rueggisbergensis protectionem suscipit possessionesque confirmat. 1354
CCCV. — Ad abbatem Sugerium. — Mutato consilio non jam monachos ad S. Genovefæ ecclesiam mittere vult, sed canonicos regulares. 1354
CCCVI. — Monasterii Claravallis Mediolanensis possessiones confirmat. 1354
CCCVII. — Alberoni archiepiscopo Treviresi, et Alberoni episcopo Virdunensi, et Metensis Tullensisque Ecclesiarum archidiaconis mandat, Matthæum ducem sub excommunicationis pœna admoneant ut castrum prope Tullum ædificatum destruat. 1354
CCCVIII. — Episcopatus Cremonensis Ecclesias jubet Oberto episcopo obtemperare. 1355
CCCIX. — Privilegium pro monasterio Tollensi. 1356
CCCX. — Ecclesiæ Ulciensi ecclesiam B. Mariæ Secusiensem a sese addictam esse testatur. 1358
CCCXI. — Ad universum clerum Romanum. — Ut capellani promittant obedientiam rectoribus titulorum, sive ecclesiarum. 1358
CCCXII. — Bulla pro ecclesiis S. Ambrosii Mediolanensis. 1358
CCCXIII. — Parthenonis S. Mauritii Mediolanensis protectionem suscipit possessionesque confirmat. 1360
CCCXIV. — Bulla pro canonico S. Antonii Placentini. 1361
CCCXV. — Monasterio S. Salvatoris et canonico ordini in eo Bonifilii justa opera instituto privilegia ab Innocentio II concessa confirmat. 1361
CCCXVI. — Ad Gerardum Bononiensem episcopum. 1363
CCCXVII. — Monasterio SS. Salvatoris et Juliæ martyris Brixiensis diœcesis, ordinis Casinensis, bona omnia, omnimodamque exemptionem confirmat aliaque concedit privilegia. 1363
CCCXVIII. — Privilegium pro ecclesia B. Mariæ Brixiensi. 1366
CCCXIX. — Henrico episcopo Moraviensi commendat Guidonis diac. card. legati in Poloniam missi, negotia tam ibidem quam in alia terra illa quæ noviter luce Christianæ fidei est perfusa, efficienda. 1368
CCCXX. — Sugerium abbatem laudat quod statum ecclesiæ Sanctæ Genovefæ ordinaverit. 1368
CCCXXI. — Monasterium S. Mariæ in Arena Vratislaviense confirmat. 1369
CCCXXII. — Ad Joannem electum Placentinum. 1369
CCCXXIII. — Clerum populumque Placentinum jubet metropolitæ, archiepiscopo Ravennati, parere. 1369
CCCXXIV. — Ad Moysen Ravennatem archiepiscopum. — Ut electi Placentini episcopi, ab ipso et successoribus consecrationem accipiant. 1370
CCCXXV. — Privilegium pro ecclesia S. Mariæ Lunensi. 1371
CCCXXVI. — Bulla qua confirmantur eremo Camaldulensi donationes Hieronymi episcopi Aretini. 1372
CCCXXVII. — Bulla pro parthenone S. Hilari in episcopatu Fesulano sita. 1375
CCCXXVIII. — Bulla pro monasterio sanctimonialium Sancti Martini de Agello. 1375
CCCXXIX. — Ad Antissiodorensem, et Suessionensem episcopos et abbatem Sugerium. — De electione episcopi Atrebatensis. 1376
CCCXXX. — Bulla pro Guidone abbate monasterii S. Mariæ de Morrona. 1377
CCCXXXI. — Mundiburdium papale datum monasterio Scotorum ad Sanctum Jacobum Ratisbonæ. 1378
CCCXXXII. — Ad domnum abbatem Sugerium. — De negotio ecclesiæ S. Genovefæ. 1379
CCCXXXIII. — Ad Sugerium abbatem. — De ecclesiæ S. Genovefæ negotio. 1380
CCCXXXIV. — Ad Sugerium abbatem. — Ut Hugoni Victorino expensas ad Romanum iter largiatur; et de negotio ecclesiæ S. Genovefæ. 1380
CCCXXXV. — Ad Wibaldum abbatem et fratres Corbeienses. — Ut nullum apud eos locum Henricus depositus inveniat. 1380
CCCXXXVI. — Radulphi episcopi Hortani et canonicorum Majoris Ecclesiæ controversias dijudicat. 1381
CCCXXXVII. — Ad Hugonem Sancti Augustini monasterii Cantuariæ abbatem. 1382

CCCXXXVIII. — Bulla pro eremo Fontis Avellani. 1583
CCCXXXIX. — Privilegium pro monasterio S. Petri Mutinensi. 1584
CCCXL. — Henrico Moraviensi episcopo, de reditu populi ad obedientiam gratulatur. 1585
CCCXLI. — Ad Heinricum Moraviensem episcopum. — Ut Wladislaw, ducem Poloniæ, ab excommunicatione absolvat. 1585
CCCXLII. — Clero et populo de Lemos et de aliis populis præcipit ut episcopo Lucensi obediant, cui jam ex apostolicæ sedis mandato eorum ecclesiæ fuerunt restitutæ, quæ ab Ovetensi episcopo prius occupantur. 1586
CCCXLIII. — Henrico Moraviensi episcopo quemdam recommendat. 1586
CCCXLIV. — Ad archipresbyteros diœcesis Mutinensis. 1587
CCCXLV. — Privilegium pro monasterio S. Petri Salzburgensis. 1587
CCCXLVI. — Guidonem Bonarum-vallium abbatem hortatur ut monasterium Vallis-magnæ et ipsius monachos inter fratres ordinis Cisterciensis admittat. 1590
CCCXLVII. — Ad Coxanensem, Bisuldunensem et alios abbates. — Ut G. Massiliensi S. Victoris abbati, cui benedictionis munus impendit, obediant. 1590
CCCXLVIII. — Ad Cunradum nobilem virum marchionem. 1590
CCCXLIX. — Ad [Hugonem] Senonensem et [Hugonem] Rothomagensem archiepiscopos. — Eos monet, ut parochianos suos, qui damna et injurias Parisiensi Ecclesiæ intulerunt, ad eidem Ecclesiæ satisfaciendum coerceant. 1591
CCCL. — H. [Hugonem] Viennensem archiepiscopum, cui committitur cognitio controversiæ, quæ fuit inter Eduensem episcopum [Henricum] et Petrum Venerabilem abbatem Cluniacensem super proprietate ecclesiarum de Poloniaco. 1591
CCCLI. — Ad Hugonem monasterii Sancti Augustini Cantuariensis abbatem. 1591
CCCLII. — Rescriptum ad Theobaldum Cantuariensis Ecclesiæ archiepiscopum super absolutione Sylvestri prioris. 1592
CCCLIII. — Ad archiepiscopum et capitulum Ecclesiæ Turonensis. — Recusat scribere Dolensibus et Briocensibus, utpote excommunicatis. 1592
CCCLIV. — Ad Conradum regem Romanorum. — Eum Hierosolymis reversum, ob tribulationes ipsi et exercitui ejus irrogatas, consolatur. 1593
CCCLV. — Ad H. Senonensem archiepisc. ejusque suffraganeos. — De eodem argumento. 1594
CCCLVI. — Ad Sugerium abbatem. — De Gallici regni perturbatoribus. 1595
CCCLVII. — Ad Sugerium abbatem. — De Ludovici VII regis Franc. reditu ex transmarinis regionibus. 1596
CCCLVIII. — Litteræ de electione Mathildis secundæ abbatissæ Fontis-Ebraldi. 1596
CCCLIX. — Ad Conradum regem. — Thiebaldo capellano suo confirmat præposituram Xantensem, modo aliam præposituram, quam antea possidebat, remittat. 1597
CCCLX. — Ad Bermundum Bitterensem antistitem. — Mandat ut Trencavello vicecomiti Bitterensi permittat capellam suo in palatio construere. 1597
CCCLXI. — Ad Serlonem abbatem Savigniensem. — Ut ipse et omnes ipsius monasterio subjecti vivant juxta Cisterciensium institutum. 1598
CCCLXII. — De Heinrici Moraviensis episcopi valetudine dolet eumque consolatur. 1598
CCCLXIII. — Ad Henricum archiepiscopum Moguntinum. — Mandat ut etam per se quam per episcopos suffraganeos circumvagationes pseudo-nuntiorum, qui sub nomine suo discurrant et indebitis exactionibus fideles Ecclesiæ fatigare præsumant, studiose ac diligenter attendat; et si aliquis ad manus ejus vel suffraganeorum devenerit, et præcipue Ildebrandinus, quondam Jacincti diaconi cardinalis serviens, capi faciat. 1599
CCCLXIV. — Ad universos fratres Fontis-Ebraldi. 1400
CCCLXV. — Privilegium pro monasterio S. Lucii Curiensis. 1400
CCCLXVI. — Ad Sugerium abbatem. — Ut clericorum duorum excommunicatorum causam ordine judiciario definiat. 1401
CCCLXVII. — Ad Conradum imperatorem. — Ejus intuitu iterum confirmat electionem præpositi Xantensis, et depositionem archiepiscopi Coloniensis differt. 1402
CCCLXVIII. — Bulla ad Obertum Mediolanensem archiepiscopum. 1403
CCCLXIX. — De annua celebratione dedicationis ecclesiæ B. Frigdiani Lucensis. 1404
CCCLXX. — Ad Bracarensem archiepiscopum. — Eum suspendit ab episcopali officio, nisi Toletano archiepiscopo exhibeat obedientiam. 1405
CCCLXXI. — Ad Alfonsum Hispaniarum regem. — De primatu Toletano. 1405
CCCLXXII. — Ad Sugerium abbatem. — Ut de sacerdotis excommunicati ab archidiacono causa cognoscat, et sacerdotis percussores excommunicet. 1405
CCCLXXIII. — Ad H. archiepiscopum Senonensem. — De eodem argumento. 1407
CCCLXXIV. — Ad abbatem Sugerium. — Ecclesiasticæ alterius causæ judicem constituit. 1407
CCCLXXV. — Fratrum S. Laudi Rothomagensium disciplinam canonicam confirmat. 1408
CCCLXXVI. — Ad prælatos Poloniæ. — Arguit eos quod latam a G. nuntio suo interdicti sententiam non observent, atque ut resipiscant eamdem sententiam confirmat.
CCCLXXVII. — Privilegium pro monasterio S. Martini Anhusano. 1409
CCCLXXVIII. — Ad episcopum Castellanum [Venetum]. 1411
CCCLXXIX. — Bulla pro monasterio S. Benedicti de Placentia. 1411
CCCLXXX. — Guiberto præposito et canonicis S. Laurentii Januensis amplam omnium bonorum ac jurium, tum et Raymundi comitis donationis confirmationem elargitur. 1411
CCCLXXXI. — Privilegium pro ecclesia Fontis-Ebraldi. 1413
CCCLXXXII. — Ad abbatem Sugerium. — De Ludovici regis consilio transmarinæ expeditionis. 1414
CCCLXXXIII. — Ad abbatem Sugerium. — Ut thesaurum ecclesiæ Sanctæ Genovefæ pignori obligatum redimi faciat. 1415
CCCLXXXIV. — Bona, possessiones privilegiaque Sanctæ Mariæ de Reno confirmat. 1415
CCCLXXXV. — Bulla pro translatione monasterii Middelburgensis. 1417
CCCLXXXVI. — Ad canonicos ecclesiæ Aurelianensis. — Pro domno Philippo, de ecclesia Sanctæ Letæ, quam asserit ad decanatum suum pertinere. 1418
CCCLXXXVII. — Ad abbatem Sugerium. — Ut causam ecclesiasticam, de qua jam epist. 372 et 373, definiat. 1418
CCCLXXXVIII. — Ad Petrum præpositum Ulciensem. — Præcepit ne in ecclesia S. Mariæ Secusiensi unquam amodo quispiam ordinetur vel recipiatur, nec victus alicui neque vestitus donum concedatur, nisi, regulari prius habitu sumpto, canonicam vitam professus sit. 1419
CCCLXXXIX. — Monasterii S. Nicolai Andegavensis protectionem suscipit. 1419.
CCCXC. — Ad abbatem Sugerium. — De orientali Ecclesia; de pontificis et regis habito colloquio; de Ecclesia Compendiensi. 1419
CCCXCI. — Ad Wibaldum abbatem. — Ut Godeboldum canonicum Mindensem excommunicet, nisi ablatam Everardo ecclesiam de Hemeringen restituat. 1420
CCCXCII. — Ad Wibaldum abbatem. — Laudat ejus in Romanam Ecclesiam zelum, atque in ejus gratiam scribit Mindensi episcopo et Bremensi archiepiscopo. 1420
CCCXCIII. — Ad Henricum Mindensem episcopum. — Kaminatensem ecclesiam propter inopinatum casum et mortem cujusdam monachi reconciliatione non indigere, et ut ablata eidem ecclesiæ restitui faciat. 1421
CCCXCIV. — Ad Hartwicum Bremensem episcopum. — Commendat ei Wibaldum abbatem, et ut ablata Kaminatensis Ecclesiæ prædia restitui faciat. 1421
CCCXCV. — Ad Conradum regem. — Gratam habet ejus legationem, in qua res Ecclesiæ et regni firmentur. Morbacensis monasterii negotium commissiose se episcopo Lausanensi; et de Ottone qui clerici nasum amputaverat. 1422
CCCXCVI. — Monasterii Ebracensis protectionem suscipit bonaque confirmat. 1423
CCCXCVII. — Parthenonis Wechterswinklensis protectionem suscipit. 1423
CCCXCVIII. — Ad Pontium Vizeliacensem abbatem. — De eodem argumento. 1423
CCCXCIX. — Ad ducem Burgundiæ. — Arguit quod Vizeliacensi cœnobio sit infestus. 1423
CD. — Ad Henricum Eduensem episcopum. — Arguit quod Vizeliacensi cœnobio sit infestus. 1424
CDI. — Ad Hugonem Antissiodorensem episcopum. — De eodem argumento. 1424
CDII. — Bona omnia, donationes et exemptiones monasterii S. Quirini Tegernseensis confirmat, quod ordinario episcopo subjectum in spiritualibus declaratur. 1423

CDIII. — Ad Eberhardum archiepiscopum Salzburgensem. — Ut Ottonem filium Ottonis comitis Palatini adigat ad prestandam pro illata injuria satisfactionem Ottoni ep. Frisingensi, aut nolentem excommunicet, fratresque monasterii Tegerns. sibi commendatos habeat. 1427
CDIV. — Ad P. ecclesiæ S. Frigdiani Lucensis priorem. 1427
CDV. — Privilegia et immunitates canonicæ S. Mariæ. Montisbelli confirmat. 1428
CDVI. — Privilegium ecclesiæ canonicorum B. Mariæ in Raitenbuch, Frisingensis diœcesis, sub regula S. Augustini. 1429
CDVII. — Possessiones abbatiæ Lobiensis, ordinis S. Benedicti, in diœcesi Leodiensi recenset ejusque privilegia confirmat et ampliat. 1431
CDVIII. — Ad abbatem et conventum Lobiensem. — Ne amplius sedeant in refectorio cum canonicis, nec in uno sint choro. 1434
CDIX. — Privilegium pro monasterio S. Mariæ Compendiensi. 1435
CDX. — Privilegium pro Ecclesia Pennensi, petente Grimaldo episcopo. 1437
CDXI. — Ecclesiæ Monopolitanæ possessiones, petente Michæle episcopo, confirmat. 1437
CDXII. — Godescalco, creato episcopo Atrebatensi, gratulatur. 1438
CDXIII. — Ad Eberhardum Bambergensem episcopum, etc. — Ut monachos restituat in ecclesiam Heidenheimensem, pulsis inde clericis sæcularibus. 1439
CDXIV. — Ad Henricum Moguntinum archiepiscopum. — De eodem argumento. 1440
CDXV. — Ad Gosvinum Cisterciensem et universos abbates apud Cistercium congregatos. — Scribit se, nisi officia obstarent, ad eorum conventum libenter accessurum fuisse. 1441
CDXVI. — Ad Sugerium abbatem S. Dyonisii. — De violentia comitis Andegavensis erga fratrem suum Robertum. 1441
CDXVII. — Ad eumdem. — Commendat Mo. subdiaconum. 1441
CDXVIII. — Ad abbatem Sugerium. — Consolatur eum de nepotis morte. 1442
CDXIX. — Monasterii Salvatoris et S. Bonifacii Fuldensis privilegia et possessiones confirmat. 1442
CDXX. — Privilegium pro monasterio Weissenauensi. 1444
CDXXI. — Abbatiæ S. Salvatoris de Majella ecclesias et bona, quæ late recenset, confirmat, jura tuetur, vindicat libertatem.
CDXXII. — Ad Senonensem archiepiscopum. — Ut judicet de controversia quæ est inter episcopum Aurelianensem et abbatem Vizeliacensem. 1449
CDXXIII. — Ad M. [Manassem] Aurelianensem episcopum. — De eodem argumento. 1449
CDXXIV. — Bulla pro episcopis Aurelianensibus. 1449
CDXXV. — Ad Pontium Vizeliacensem abbatem. — De controversia quæ ipsi erat cum episcopo Eduensi. 1451
CDXXVI. — Privilegium pro monasterio S. Trinitatis et S. Michaelis Miletensis. 1452
CDXXVII. — Ad Ludovicum regem Francorum. — Pro ecclesia Belvacensi. 1454
CDXXVIII. — Ad Henricum episcopum Belvacensem. — Item de eodem. 1455
CDXXIX. — Ad Hugonem Antissiodorensem episcopum, et Bernardum abbatem Clarevallensem — Pro reconciliatione regis cum Belvacensi episcopo. 1456
CDXXX. — Ad Hugonem Rothomagensem archiepiscopum. — Item pro vexatione Belvacensis Ecclesiæ. 1457
CDXXXI. — Ad G. rectorem et Boloniensem populum. — Ut habitatores S. Cassiani et Rudolphum episcopum Imolensem ab Imolensium injuriis defendant. 1457
CDXXXII. — Privilegium pro Ecclesia Bellovacensi. 1458
CDXXXIII. — Ad Henricum Belvacensem episcopum. — Respondet ad litteras Henrici quibus petebat absolvi ab onere episcopalis dignitatis, cujus petitionem nec Eugenius, nec qui illi, post Anastasium IV, successit Adrianus IV admittere voluerunt. 1459
CDXXXIV. — Ad Hugonem Rothomagensem archiepiscopum. — Pro Hugone de Gornaco. 1460
CDXXXV. — Ad Henricum Belvacensem episcopum. — Episcopalis muneris deponendi licentiam denegat. 1460
CDXXXVI. — Privilegium pro monasterio Michaelsteinensi. 1461
CDXXXVII. — Bulla pro Guarino abbate Sancti Joannis in Valeia (Carnot.) 1462

CDXXXVIII. — Bulla pro Theobaldo abbate Sancti Carauni. 1463
CDXXXIX. — Confirmatio privilegiorum ab Innocentio papa II Rotensi monasterio Ord. S Benedicti concessorum. 1464
CDXL. — Bulla pro monasterio S. Quirici de Rosis. 1466
CDXLI. — Roberti archiepiscopi Acheruntini, jura metropolitana confirmat eumque pallio donat. 1467
CDXLII. — Parthenonis S. Cyriaci Gerndorensis protectionem suscipit possessionesque confirmat, imposito sororibus marcæ argenti censu annuo. 1469
CDXLIII. — Ad S. Pontii et Crassensem abbates. — Ut servent decretum Urbani II, in concilio Claromontano. 1469
CDXLIV. — Moniales ad S. Georgium Pragæ de obitu Heineici, episcopi Olomuciensis, ipsarum maximi benefactoris, consolatur, gratiasque agit pro ornamentis missis. 1470
CDXLV. — Privilegia hospitalis S. Blasii confirmat. 1470
CDXLVI. — Parthenonis S. Petri Majoris Florentini bona et privilegia confirmat. 1471
CDXLVII. — Ad Tarraconensem archiepiscopum, apostolicæ sedis legatum. — Ut Toletanum primatum agnoscat. 1472
CDXLVIII. — Privilegia pro ecclesia Imolensi. 1473
CDXLIX. — Marsicanorum S. Joannis et S. Sabinæ clericorum de oleo consecrando controversiam dijudicat. 1474
CDL. — Ad Raimundum Toletanum archiepiscopum. — Gratulatur quod Bracarensis archiepiscopus, ejus primatui se subjecerit; increpat quod in ejus fines invaserit eumque durius habuerit. 1475
CDLI. — Monasterii S. Mariæ in Pongartenberge possessiones confirmat, atque illud in suam protectionem suscipit. 1476
CDLII. — Ad [Eberhardum] Saltzburgensem archiepiscopum. — Mandat judicet inter abbatem Baugartensem et [Conradum] episcopum Passaviensem, de possessionibus quibusdam litigantes. 1477
CDLIII. — Ad Passaviensem episcopum. — Illum de mandato archiepiscopo Saltzburgensi dato certiorem facit. 1478
CDLIV. — Parthenonem S. Zachariæ Venetum sub apostolicæ sedis protectione suscipit, eique sua bona confirmat. 1479
CDLV. — Monasterii Altenbergensis possessiones confirmat. 1480
CDLVI. — Privilegium pro canonicis Pistoriensibus ex archivo eorumdem. 1480
CDLVII. — Bulla protectoria data de monasterio de Esrom. 1482
CDLVIII. — Ad Theobaldum Cantuariensem archiepiscopum. — Ut [Silvestrum] electum abbatem monasterii S. Augustini dedicet. 1483
CDLIX. — Ad Othonem I ep. Frisingensem. — Ut in causa prædii, ab Ottone comite palatino reddendi, monachis Tegernseensibus faveat. 1484
CDLX. — Ad Eberhardum archiepiscopum Saltzb. — Ut comitem Ottonem tandiu excommunicatum habeat, dum de ablatis monasterio Tegerns. decimis eidem satisfaciat. 1484
CDLXI. — Ad Ragusiensem archiepiscopum [Andream]. 1485
CDLXII. — Ad P. ecclesiæ S. Frigdiani Lucensis priorem. 1485
CDLXIII. — Ad Conradum Vic. et universum clerum Romanum. 1486
CDLXIV. — Ad Arnoldum archiepiscopum Coloniensem. — De jurium et privilegiorum multorum archiepiscopo et metropolitanæ ecclesiæ Coloniensis presbyteris canonicis ante diu concessorum confirmatione. 1486
CDLXV. — Ad Colonienses. — Arnoldum archiepiscopum propria manu consecratum ac pallio decoratum eis remittit, præcipiens ut ei obediant, etc. 1488
CDLXVI. — Ad Conradum regem. — Legatos ipsius honorifice se suscepisse, ac ipsius votis in omnibus obsecundasse. 1489
CDLXVII. — Ad Henricum episcopum Leodiensem. — Ut comites de Los et de Monte Acuto ablata Stabulensi monasterio restituere compellat. 1490
CDLXVIII. — Ad Hartwicum archiepiscopum Bremensem. — Ut ablata a suis parochianis Kaminatensi cœnobio prædia restitui curet. 1491
CDLXIX. — Ad Henricum archiepiscopum Moguntinum. — Ut ablata Corbeiensi monasterio a suis parochianis restitui procuret. 1491

CDLXX. — Ad Bernardum episcopum Paderbornensem — Ut a Widikindo ablata Corbeiensi monasterio restitui sub anathematis districtione compellat. 1492

CDLXXI. — Ad Hermannum Trajectensem episcopum. — Ut prædia Corbeiensis monasterii in sua diœcesi sita conservet. 1492

CDLXXII. — Ad Ulricum episcopum Halberstadiensem. — Ut parochianos suos Corbeiensibus fratribus molestos compescat. 1493

CDLXXIII. — Ad Henricum ducem Saxonum. — Commendat ipsi Wibaldum Corbeiensem abbatem. 1493

CDLXXIV. — Ad episcopum Verdensem. — Conqueritur quod frater ipsius et alii ejus parochiani bona Kaminatensis monasterii invadant. 1493

CDLXXV. — Ad episcopum Mindensem. — Ut Corbeiensi monasterio benefacere pergat. 1494

CDLXXVI. — Ad abbatem Luneburgensem. — Henricum Corbeiensem abbatem depositum officio suo non fuisse restitutum. 1494

CDLXXVII. — Abbati Luneburgensi mandat ne monasterium Corbeiense patiatur ab Henrico, dejecto abbate, vexari. 1495

CDLXXVIII. — Bulla pro monasterio Valciodorensi. 1495

CDLXXIX. — Augustensis Ecclesiæ (provinciæ Tarentasiensis) privilegia confirmat. 1496

CDLXXX. — Ad Henricum Belvacensem episcopum. — De negotio magistri Petri. 1498

CDLXXXI. — Ad eumdem. — Pro S. nepote abbatis S. Dionysii. 1499

CDLXXXII. — Rescriptum ad Hugonem abbatem S. Remigii, ut Carthusianorum Montis-Dei necessitatibus subveniat. 1499

CDLXXXIII. — Fragmentum privilegii ad Guillelmum decanum et canonicos Viennenses (Allobrogum). — Confirmat eis omnia ecclesiæ Viennensis privilegia et bona, enumerans inter cætera, « Pupetum cum pertinentiis suis, tertiam partem Viennensis monetæ, municipium quod dicitur Convenfacum cum ecclesia et pertinentiis suis : Charentonjacum, Chomondum, burgum qui dicitur Villa, villam S. Clari, ecclesiam de Reventino, S. Victoris S. Petri de Sessiaco, villam de Faramundo, ecclesiam S. Genesii, montem Salomonis. » 1500

CDLXXXIV. — Ad prælatos, comites ac barones per Alemaniam constitutos. — Ut Conrado imperatori in expeditione Italica adsint. 1501

CDLXXXV. — Ad abbatem de Regniaco. — Judicem eum constituit, super controversia de qua epistola superior. 1502

CDLXXXVI. — Ad abbatem de Chora. — De decima quam usurpaverat in Viziliac. deque pecunia quam mutuam acceperat. 1502

CDLXXXVII. — Ad Lingonensem episcopum, etc. — De controversia Vizeliacensis abbatis cum episcopo Eduensi. 1502

CDLXXXVIII. — Ad G. Lingonensem episcopum. — Ut Nivernensem comitem, nisi resipuerit, excommunicet. 1503

CDLXXXIX. — Privilegium pro monasterio Bremetensi. 1504

CDXC. — Monasterium Heidenheimense in suam recipit tutelam eique varia concedit privilegia. 1507

CDXCI. — Eberhardo Babenbergensi et Burchardo Evestettensi episcopis commendat Adalbertum abbatem Heidenheimensem, ut ei quovismodo assistant. 1508

CDXCII. — Gerhardo Eystettensi comiti, Adelbertum abbatem Heidenheimensem, ejusque fratres attentius commendat. 1509

CDXCIII. — Adelberto, monasterji Heidenheimensis advocato, mandat ut Adelbertum abbatem hujus monasterii manutenat, et ab infestationibus protegat. 1509

CDXCIV. — Ad Rothomagensem, et Remensem et Senonensem archiepiscopos, etc. — Pro Ecclesia Belvacensi. 1510

CDXCV. — Ad Henricum Belvacensem episcopum. — Pro ecclesia de Ruricorte. 1511

CDXCV bis. — Confirmatio bonorum omnium et libertatum monasterii Rorensis Canonicorum Regularium S. Augustini Ratisponensis diœcesis. 1511

CDXCVI. — Privilegium pro Ecclesia Coventrensi, pellente Galtero episcopo. 1513

CDXCVII. — Ad Bernardum Santonensem episcopum. — Ut novam ecclesiam ædificari sinat. 1514

CDXCVIII. — Privilegium pro monasterio Silviniacensi. 1515

CDXCIX. — Ad Petrum Cluniacensem abbatem et monachos Cluniacenses. — Ingratitudinis eos arguit et negligentiæ, quod Gignacenses monachos fratribus de Miratorio atrociter infestos non compescuerint. 1517

D. — Ad Hugonem (Humbertum) Lugdunensem archiepiscopum. — Ut sub excommunicationis interminatione restitui curet fratribus de Miratorio res a Gignacensibus ablatas. 1518

DI. — Privilegium pro Ecclesia Tarvisina. 1520

DII. — Monasterio Fiteriensi privilegia tribuit. 1522

DIII. — Monasterii Heilsbronnensis possessiones quasdam confirmat. 1522

DIV. — Ad Fridericum imperatorem. — Gratulatur ei de sua electione, sperans eum inchoata a Conrado Ecclesiæ exaltatione completurum. 1522

DV. — Ad Stephanum Metensem episcopum. — Ut Henricum comitem de Salmis cogat restituere cellam Asmingiæ, quam abstulerat abbati Sancti Michaelis ad Mosam. 1523

DVI. — Ad Henricum de Salmis. — Jubet ut restituat abbati S. Michaelis cellam Asmingiæ, quam abstulerat, alioquin canonica ultione plectendus. 1524

DVII. — Ad Metensem, Virdunensem et Tullensem episcopos. — Mandat ut Rainaldum comitem Barrensem ab infestatione ecclesiæ S. Michaelis arceant, et ad restitutionem ablatorum adigant sub pœna censuræ ecclesiasticæ. 1524

DVIII. — Privilegium pro Ecclesia Trevirensi. 1525

DIX. — Privilegium pro monasterio Hemmerodiensi. 1527

DX. — Privilegium pro monasterio Wadegozingensi. 1529

DXI. — Privilegium pro abbatia Springirsbacensi. 1532

DXII. — Bulla qua controversia antea agitata ab abbatissa monasterii Brixiani Sanctæ Juliæ contra episcopum Cremonensem propter ecclesiam de Cicognaria coram episcopo Regiense, demum dirimitur. 1533

DXIII. — Confirmatio advocatiæ abbatiæ de Altaha inferiore ad episcopum Bambergensem ab imperio translatæ. 1536

DXIV. — Ad Henricum Eduensem episcopum. — Ut vocatus ad G[odefridum] episcopum Lingonensem accedat, de damnis monasterio Vizelaciensi illatis rationem redditurus. 1537

DXV. — Bulla pro Sancto Joanne Senonensi. 1538

DXVI. — Ad omnes fideles. 1539

DXVII. — Rescriptum Sylvestro electo monasterii S. Augustini Cantuariensis 1539

DXVIII. — Ad Theobaldum archiepiscopum Cantuariensem ut [Sylvestrum] electum monasterii S. Augustini dedicet. 1540

DXIX. — Ad conventum S. Augustini Cantuariensis. — Ut Sylvestro abbati obediant, etiamsi archiepiscopus dedicare eum noluerit. 1540

DXX. — Ad Moysem Ravennatem archiepiscopum. — Ut Placentium episcopum benigne habeat. 1541

DXXI. — Ad Cistercienses. — Confirmatio constitutionum. 1541

DXXII. — Ad capitulum Magdeburgense. — Ne faveant episcopo Cicensi Ecclesiæ Magdeburgensis invasori. 1543

DXXIII. — Ad episcopos Germaniæ. — Improbat translationem episcopi Cicensis in Magdeburgensem archiepiscopatum translati. 1544

DXXIV. — Ad Wibaldum abbatem. — Commendat ei causam A. [Adelgoti] Curiensis episcopi, et ut ecclesiasticas immunitates adversus laicos tueatur. 1545

DXXV. — Bulla pro canonica B. Mariæ Fanensi. 1546

DXXVI. — Bulla pro monasterio S. Joannis in valle Turæ (apud Toggios). 1548

DXXVII. — Ad Raimundum Hierosolymitani hospitalis magistrum. 1550

DXXVIII. — Ad Odonem ducem Burgundiæ, et Burgundos proceres. — Ut burgenses Vizeliacenses habeantur excommunicati. 1550

DXXIX. — Ad Hugonem Senonensem archiep. G. [Godefridum] Lingon, T. [Theobaldum] Parisiacensem et Henr. Trecensem episcopos. — Ut burgenses Vizeliacenses habeantur excommunicati. 1551

DXXX. — Privilegium super omnes proprietates monasterii S. Mariæ Bozaviensis. 1551

DXXXI. — Ad [Petrum] Cluniacensem abbatem. — Ut abbati Vizeliacensi exsuli Silviniacense cœnobium concedat. 1552

DXXXII. — Ad Arnaldum Narbonensem archiepiscopum. — Ut Magalonensem episcopum et Petrum de Verona Cluniacensibus juxta Montempessulanum degentibus infestos, compescat. 1553

DXXXIII. — Privilegium contra archidiaconos Parisienses pro auctoritate episcopi. 1554

DXXXIV. — Ad Raimundum Magalonensem, et Adelbertum Nemausensem. 1555
DXXXV. — Privilegium pro monasterio SS. Laurentii et Hilari. 1555
DXXXVI. — Bulla pro Ecclesia Constantiensi. 1557
DXXXVII. — Ad clerum et populum Toletanum. — Ut Muzarabes Toletano archiepiscopo pareant, et ut cæremoniis ab eo non dissentiant. 1559
DXXXVIII. — Ecclesiam S. Rumaldi Mechliniæ, olim collegiatam, nunc metropolitanam, cum omnibus suis possessionibus ac decimis, in protectionem apostolicam recipit. 1559
DXXXIX. — Possessiones ac privilegia abbatiæ S. Cornelii Ninovensis confirmat, eumque recipit in protectionem sedis apostolicæ. 1561
DXL. — Privilegium pro ecclesia S. Laurentii Januensi. 1562
DXLI. — Ad Villanum Pisanum archiepiscopum. 1563
DXLII. — Ad archipresbyterum tituli Sancti Marci. 1564
DXLIII. — Ad Arditionem Romanæ Ecclesiæ subdiaconum et magistrum Omnibonum. 1564
DXLIV. — Ad Æsculapium presbyterum. 1564
DXLV. — Ad universum clerum. — De raptoribus, et ecclesiarum violatoribus, et quando post peractam pœnitentiam sit neganda sepultura ecclesiastica, nisi satisdent de damno restituendo. 1564
DXLVI. — De testibus adhibendis in causa separationis propter cognationis propinquitatem. 1565
DXLVII. — Thebaldi episcopi Parisiensis et canonicorum S. Genofevæ litem de parœcia ecclesiæ S. Joannis decernit. 1565
DXLVIII. — Ad Bertoldum abbatem et fratres cellæ Wirzeburgensis. 1566
DXLIX. — Hugonem archiepiscopum Viennensem reprehendit quod fratribus Cisterciensibus et Cluniacensibus injurias inferat. 1567
DL. — Ad Joannem episcopum Patavinum. — De usuris. 1567
DLI. — Privilegium pro monasterio Sancti Sylvestri in Monte-Suavi. 1567
DLII. — Ad episcopum Lingonensem. — Ut judicet de iis qui cum excommunicatis Vizeliacensibus communicarunt. 1568
DLIII. — Privilegium pro ecclesia Sanctæ Mariæ de Capemberg. 1568
DLIV. — Hildensemensi ecclesiæ, intercessore Raynaldo de Dassel, præposito abbatiam Ringelheimensem confirmat. 1570
DLV. — Ad Petrum Bituricensem archiepiscopum. — Mandat ut ecclesiam de Monte Majori et res sacerdotis defuncti, male ablatas, restituat monasterio Sancti Dionysii. 1571
DLVI. — Bulla pro parthenone Sancti Salvatoris Ebroicensis. 1572
DLVII. — Ad Henricum Eduensem episcopum. — Increpat quod infestus sit Vizeliacensi cœnobio. 1575
DLVIII. — Privilegium pro Ecclesia Atrebatensi. 1575
DLIX. — Canonicos Atrebatenses ad tuenda officia ecclesiastica hortatur. 1578
DLX. — Ad clerum et populum Atrebatensem. — Sententiam quam episcopus illorum in hæreticos diœcesis suæ feret, se in antecessum probare significat, cui et ipsi ut pareant edicit. 1579
DLXI. — Ad sanctimoniales Dyniacenses. — Significat earum reformationem Atrebatensi episcopo se demandasse. 1580
DLXII. — Ad Duacenses. — Ut obsequium debitum episcopo Atrebatensi præstent. 1580
DLXIII. — Theodoricum comitem Flandrensem hortatur ut Godescalco, episcopo Atrebatensi, homines villæ Mareoli restituat. 1581
DLXIV. — Ad Sibyllam Flandrorum comitissam. — Ut conjugem comitem ab injuriis in Godescalcum episcopum Atrebatensem dehortetur. 1582
DLXV. — Ad Samsonem Remensem archiepiscopum. — Ut Theodoricum Flandriæ comitem retrahat a damnis in episcopatum Atrebatensem inferendis, et non desistentem ipsum et terram ejus puniat. 1583
DLXVI. — Ad Guerricum abbatem S. Vedasti. — Hortatur ut Godescalco episcopo Atrebatensi obediat, solidosque decem pro Botelgeria solvat. 1583
DLXVII. — Ecclesiæ Verdensis protectionem suscipit possessionesque ac privilegia confirmat, petente Hermanno episcopo. 1584
DLXVIII. — Ad Wibaldum abbatem. — Suos ad Fridericum imperatorem legatos ei commendat. 1584
DLXIX. — Ad Bernardum archiepiscopum Tarraconensem. — Rursus præcipit ut Toletano archiepiscopo pareat. 1584
DLXX-DLXXI. — Ad Joannem Toletanum archiepiscopum. — Confirmat primatum Toletanum. 1585
DLXXII. — Ad Hispaniorum episcopos. — Ut Toletano archiep. tanquam primati obediant. 1586
DLXXIII. — Monasterium Eiwangense tuendum suscipit ejusque privilegia ac possessiones confirmat. 1587
DLXXIV. — Ad Hu. decanum et canonicos Tullenses. — Ne S. Deodati canonicus qui in morbum implicatus, nec sui compos « religiosæ vitæ » sponsionem fecerit, ad persolvendam fidem cogatur. 1587
DLXXV. — Privilegium pro monasterio Cantavensi. 1587
DLXXVI. — Privilegium pro monasterio Vallis Bonæ, eisdem prorsus verbis, eodem die et anno ac superius datum. 1588
DLXXVII. — Ad canonicos S. Petri Romæ. — De quarta parte oblationum ipsis concessa. 1588
DLXXVIII. — Bulla quæ fundatum a Pipino et Carolo principibus monasterium Sarlatense, sub sancti Petri tutela recipitur. 1591
DLXXIX. — Ad S. Pontii et Crassensem abbates. — Ut servent decretum Urbani II. in concilio Claramontano. 1593
DLXXX. — Ad monachos archiepiscopatus Narbonensis. — Ut servent decretum Urbani II. in concilio Claromontano. 1594
DLXXXI. — Privilegium pro ecclesia S. Mariæ Astensi. 1594
DLXXXII. — Privilegium pro parthenone Othmarsheimensi. 1597
DLXXXIII. — Quartam Traniani Roccæ partem, a Vincione comite de Montumano Ecclesiæ Romanæ dono datam, eidem comiti per emphyteusin tribuit. 1599
DLXXXIV. — Privilegium pro Trenorciensi monasterio. 1600
DLXXXV. — Privilegium pro abbatia Conchensi. 1601
DLXXXVI. — Privilegium pro monasterio S. Benedicti de saxo montis Lateronis. 1603
DLXXXVII. — Privilegium pro Camaldulensi congregatione. 1604
DLXXXVIII. — Ad Bernardum Tarraconensem archiepiscopum. — Ut Toletanum primatum agnoscat. 1605
DLXXXIX. — Ad Joannem Toletanum archiepiscopum. — Significat ipsi quid ad Bernardum Tarraconensem scripserit 1606
DXC. — Spurium, quod Conradus III rex ecclesiæ Ultrajectensi tribuisse fertur, diploma confirmat. 1607
DXCI. — Bona privilegiaque monasterii Hillisineburgensis confirmat. 1609
DXCII. — Bulla pro confirmatione instituti Præmonstratensis in Rottio, et possessionum ejusdem monasterii. 1611

VARIORUM AD EUGENIUM PAPAM EPISTOLÆ. 1613

Epist. I. — Conradi imperatoris ad Eugenium. — Wibaldi abbatis absentis et renitentis, electionem in abbatem Corbeiensem, atque unionem Keminadæ et Visbikæ ad Corbeiense monasterium confirmari petit. 1613
Epist. II. — Eberhardi episcopi Bambergensis ad Eugenium. 1615
Epist. III. — Conradi imperatoris ad Eugenium. — Significat ei Henricum filium suum communi principum acclamatione in regem Romanorum electum, seque assumpta cruce accingere ad expeditionem Hierosolymitanam. — De Henrico archiepiscopo Moguntino conqueritur. 1616
Epist. IV. — Hugonis Rothomagensis archiepiscopi ad Eugenium. — Orat pontificem ut libertatem Vizeliacensis cœnobii asserat. 1617
Epist. V. — Henrici Romanorum regis ad Eugenium. — Archiepiscopum Moguntinum excusat, quod concilio Remensi non interfuerit, eumque ad pontificem proficiscentem commendat 1618
Epist. VI. — Ejusdem ad eumdem. — Pontificis patrocinium precatur. 1619
Epist. VII. — Ejusdem ad eumdem. — Ut Henricum Moguntinum archipræsulem et alios ad papam transeuntes benigne suscipiat, ducissam Poloniæ ab excommunicatione solvat, et Wibaldum abbatem habeat sibi commendatum. 1619
Epist. VIII. — Henrici ducis Saxoniæ ad Eugenium. — Wibaldi abbatis Stabulensis merita prædicat oratque ut pontifex ratam habeat Kaminadæ unionem ad Corbeiense monasterium. 1621
Epist. IX. — Henrici comitis Namurcensis ad Eugenium. — Se paratum esse ea observare, quæ Treveris in

ORDO RERUM QUÆ IN HOC TOMO CONTINENTUR.

curia papæ ordinata fuerant, de causa quæ ipsum inter et archidiaconum Virdunensem vertebatur. 1622

EPIST. X. — Conradi imperatoris ad Eugenium. — Ut præposituram Xantensem Thiebaldo capellano suo canonice electo conferre dignetur. 1623

EPIST. XI. — Ejusdem ad eumdem. — Scribit in gratiam Thiebaldi præpositi Xantensis et Ottonis clerici. 1625

EPIST. XII. — Ejusdem ad eumdem — Ut Arnoldum Coloniensem archiepiscopum benigne suscipiat, ac suæ sedi restitutum remittat. 1625

EPIST. XIII. — Ejusdem ad eumdem. — Ratisbonensem episcopum Jerosolymam tendentem ipsi commendat. 1625

EPIST. XIV. — Ejusdem ad eumdem. — Mittit ad eum legatos, rogatque Eilulfum abbatem monasterii Morbacensis ab eo confirmari, et Ottonem clericum absolvi. 1626

EPIST. XV. — Ejusdem ad eumdem. — Petrum Capuanum archiepiscopum, cujus ope sanitatem recuperaverat, ei commendat. 1627

EPIST. XVI. — Ejusdem ad eumdem. — Mittit ad eum oratorem magistrum Henricum, curiæ suæ notarium. 1628

EPIST. XVII. — Balduini Noviomensis episcopi ad Eugenium. — Narrat quomodo inter molestias et opprobria monachos religiosos in Ecclesiam Compendiensem induxerit loco canonicorum vita infamium. 1628

EPIST. XVIII. — Conradi imperatoris ad Eugenium papam. — Ut Herimanni Trajectensis episcopi electionem confirmet, et comitem de Ara ab excommunicatione absolvat. 1630

EPIST. XIX. — Henrici episcopi Leodiensis ad Eugenium. — Petit confirmari electionem Arnoldi Coloniensis archiepiscopi. 1631

EPIST. XX. — Ecclesiæ Coloniensis ad Eugenium. — De electione Arnoldi majoris ecclesiæ S. Petri præpositi in archiepiscopum Coloniensem. 1632

EPIST. XXI. — Conradi imperatoris ad Eugenium. — De electione Arnoldi archiepiscopi Coloniensis, quam petit confirmari. 1634

EPIST. XXII. — Ejusdem ad eumdem. — Expeditionem Italicam pro Ecclesiæ utilitate se parare significat, commendatque Bremensem archiepiscopum et Wibaldum abbatem. 1635

EPIST. XXIII. — Friderici I imperatoris ad Eugenium. — De electione et coronatione sua pontificem certiorem facit. 1636

EPIST. XXIV. — Friderici I imperatoris pactum cum Eugenio III papa. 1638

EPIST. XXV. — Bernardi et Gregorii cardinalium epistola ad Eugenium. — Latorem præsentium ei commendant. 1640

EPIST. XXVI. — Roberti Exoniensis episcopi ad Eugenium. — Contra Hugonem de Cotes, qui canonicorum regularium ordinem reliquerat. 1640

ULGERIUS ANDEGAVENSIS EPISCOPUS.

Notitia. 1641
RELATIO PRO MONASTERIO ROTENSI. 1649
EPISTOLÆ. 1653
ULGERII TESTAMENTUM. 1655
Marbodi Redonensis epitaphium duplex auctore Ulgerio. 1657

OGERIUS LUCEDII ABBAS.

Notitia. 1657
SERMONES. 1657

ARNULFUS DE BOERIIS.

SPECULUM MONACHORUM. 1657

FINIS TOMI CENTESIMI OCTOGESIMI.

Ex Typis L. Migne, au Petit-Montrouge.

www.ingramcontent.com/pod-product-compliance
Lightning Source LLC
Chambersburg PA
CBHW071417300426
44114CB00013B/1289